U0918802

中国国家博物馆百年纪念

主编·吕章申

安徽人民出版社

百年国博纪念学术文集

主　　编：吕章申

副 主 编：黄振春　董　琦　陈履生

编　　委：吕章申　黄振春　都海江　董　琦　张　威
陈履生　金　祥　冯靖英　相瑞花　李六三

顾　　问：潘震宙　王宏钧　夏燕月　孙　机　苏东海

统　　筹：铁付德　李守义

装帧设计：张子龙

序　言

中国国家博物馆的前身是1912年7月9日成立的“国立历史博物馆筹备处”。至今，国家博物馆已经走过了百年的历程。

国家博物馆从艰苦创业、不断发展到壮大辉煌的这一百年，也是中国博物馆事业从播种萌芽、茁壮成长和日臻成熟的一百年，是我中华民族和国家不断发展强盛的一百年。百年国博，百年风雨历程。一代又一代国博人的奉献和梦想都凝聚到了一百年后今天的国博“世界大馆”之中。百年来，国家博物馆对我国博物馆事业的建设、发展和运营起到了引领作用，为我国文物博物馆事业的发展做出了重要贡献。在隆重纪念国家博物馆成立100周年之际，为回顾前辈先驱对国博和我国文博事业的贡献和展示今天国博人的学术成果，激励后人奋发努力、严谨治学的学术精神，推动我国文博事业迈向世界一流的明天，特别组织出版了这部《百年国博纪念学术文集》。

这部凝聚了国博人辛勤耕耘和智慧结晶的文集，总结梳理了百年以来国家博物馆研究人员发表的具有代表性的学术论文和研究成果，其内容丰富，涵盖历史、艺术、文物、考古、陈列展览、宣传教育和科技等多个学科领域，较为集中地展现了国家博物馆100年历史中各个阶段的学术成果和创新精神。

一百年来，国博人以强烈的事业心和使命感，艰苦创业，潜心研究，不懈追求，崇尚学术。1926年建馆初期，就曾编辑出版了《国立历史博物馆丛刊》。由于时局和条件所限，虽然只出版了3期，但是仍然可以从刊登的《模制考工记车制记》、《钜鹿宋代故城发掘记略》、《满清入关前与高丽交涉史料》、《本馆演讲会讲演录》等20多篇文章中，看出其注重学术研究的氛围和孜孜不倦的创新精神。这一优良的传统，在国家博物馆不同的历史阶段一直在延续。一百年来，国家博物馆这个宽广的平台培育出许多著名的专家、学者。

时过百年，改扩建后对外重新开放的新国博展现于世，建筑面积近20万平方米，成为全世界面积最大的博物馆。在“人才立馆、藏品立馆、业务立馆、学术立馆”的办馆方针指引下，馆藏文物数量突破百万，《中国国家博物馆馆刊》发行已过百期，新展陈不断推出，《国博讲堂》的社会影响与日俱增，发表专著和论文数量逐年递增。这一切，反映出国家博物馆的业务和学术建设不断发展，影响力也在不断扩大。

今天的国博，坚持“历史与艺术并重”的发展定位，已形成一支学科齐全、专业互补、结构合理的人才队伍。在新馆建设、文物藏品建设、国博特色的陈展体系建设、公众服务体系建设、安保体系建设和规章制度建设等方面都取得了突出的成就，初步实现了“国内领先、国际一流”的建馆目标。

今天的国博，倡导无处不历史，无处不艺术，无处不学术。

纪念国博百年，不仅只是回顾百年的辉煌历程，更是为了放眼未来、踏上新的征程。面对新的形势、新的任务，国博人将坚持优良传统、发挥优势、扩展视野，团结奋进，谱写国家博物馆事业发展新的篇章。

中国国家博物馆　馆长　吕章申

目 录

博物馆学

中国古代史研究

古文献研究

近现代史研究

文物研究

考古学研究

美术史研究

科技史与文物保护

博物馆学

努力奋斗，开拓创新 建设世界一流的国家博物馆

吕章申

2012 年 7 月将迎来中国国家博物馆建馆 100 周年。经过几代人的努力，国家博物馆有了今天这样一个崭新的面貌，在“世界大馆”中有了一席之地。应该说新的国家博物馆的建成开馆是中华之崛起，中国软实力之提升的一个重要象征，引起了国人自豪，世界惊叹。

掐指算来，我到国家博物馆任职已经六年有余。2005 年 9 月中旬，文化部部长孙家正同志来国博宣布我的任职决定，在这个中层和副高职称以上干部大会上，他向大家介绍我的情况并提出要求与希望。最后

图一　2003年2月28日，李岚清同志及刘云山同志、孙家正同志等出席中国国家博物馆挂牌仪式

让我表态。当时我讲到：再过 3 个月，我就 50 岁了，按规定 60 岁退休，我在国博可以工作 10 年。这 10 年在国家博物馆的历史长河中只是很短的一段，而在我自己的人生道路上将是很长很重要的历程。我要用这 10 年的时间好好为国博的发展做些打基础的工作。至今时间已经过去了大半，有些工作已经完成，有些工作正在完成或有待完成。最近学术委员会的同志一定要我写篇文章，限于时间，只能回顾一下这些年的

简要情况，以供大家批评指正。这些年来，我们领导班子带领全馆同仁，主要做了以下几件事：

一是研究确定国家博物馆的发展定位。

我到任后，先想到如何确立国博的发展定位，因为这是首要之问题。记得2003年1月，文化部决定成立国家博物馆筹备工作领导小组，由文化部副部长潘震宙同志任组长，我当时是人事司长，任副组长。2003年2月底，举办国家博物馆成立挂牌仪式时，中央政治局常委、国务院副总理李岚清同志出席并揭牌，孙家正部长讲话（图一）。我在场认真听了这个讲话。讲话不长，但把成立国家博物馆的目的、意义、作用讲得很透彻。其中讲到："国家博物馆的建设应该与我们这样一个大国地位相称，与中华民族悠久历史和灿烂的文明相称，与蓬勃发展的社会主义现代化事业相称，与广大人民群众日益增长的文化需求相称。"这4句话讲得很实际、很贴切、很高明。后来，我们就把这"四个相称"确定为国家博物馆的建馆方向。

我认为，中国国家博物馆的组建，不是简单的把原中国历史博物馆和中国革命博物馆两馆合并和更改一个名字的事情。而是体现了党中央、国务院对博物馆事业发展的高度认识和重视，标志着国家博物馆事业的发展翻开了崭新的一页，具有里程碑的意义。

潘震宙同志是国博的首任馆长，在担任馆长不到3年的时间里，做了大量工作，打下了很好的基础。特别是组织完成了改扩建工程方案设计的国际招投标工作，并评选出了中标方案。他到任后不久就提出建设"国内领先、国际一流"的国家博物馆。我们把此确定为建馆目标。

2006年，我们把"人才立馆、藏品立馆、业务立馆、学术立馆"作为国家博物馆的办馆方针。主要是认识到要把国家博物馆建成"四个相称"的"国内领先、国际一流"的世界大馆，没有各方面的人才，没有足够数量和质量的藏品，没有高水平的各项业务，没有高水准的学术研究是不行的。这"四个立馆"是四根巨柱支撑着国家博物馆的健康发展，缺一不可。

紧接着，我们把"历史与艺术并重"作为国家博物馆新的发展定位。过去的中国历史博物馆和中国革命博物馆，定位为历史性的博物馆。而国家博物馆的成立，就不应是单一的历史馆。因为艺术在历史长河当中的亮丽是耀眼的，是不可或缺的。著名博物馆学专家苏东海先生早在上世纪90年代末就著文提出把我馆艺术的缺失补上。后来我又谈到：国家博物馆应该是"无处不历史，无处不艺术，无处不学术"的最高殿堂。

国家博物馆突出"以人为本"的科学发展和管理理念，以"三贴近"为宗旨，发挥好"阵地"、"课堂"和"四个重要作用"，这些都是功能定位的组成部分。上述的定位，是否合适，还有待大家研究讨论完善，我们只是抛砖引玉。欢迎智者、仁者批评指导。

二是努力争取尽快把新馆建成。

国家博物馆组建后不久，党中央、国务院就决定扩建其馆舍。因为老馆建筑面积只有6.5万平方米，实用功能也不完善，已不能适应新的发展需要。2004年开始在世界范围内征集改扩建工程的设计方案。当时有10家国际国内著名的建筑设计单位参加了竞赛，共收到10个设计方案。经过专家的最终评选，德国的GMP建筑事务所和中国建筑科学研究院联合体设计的方案中标。虽说有了中标方案，但国内众多专家并不是很满意此方案。而该方案上报国家发改委审批，也因不太满意而搁置。

我上任后必须首先抓工程建设，因为这件事情太重要了。多次到国家发改委汇报和了解情况。后来了解到，一是对中标方案不太满意，二是认为时间上来不及。2008年北京要办奥运会，2009年是建国60周年大庆。当时已是2006年初，天安门广场届时不能是个大工地。所以要改到2009年国庆60周年以后再考虑建馆。这个考虑虽有一定道理，但我听到这个消息后心里十分着急，因为再等4年以后建馆，期间谁也不知道会发生什么变数。后来2008年的世界经济危机风波就证实了我们的担心。因此，我下定决心要想一切办法争取把工程建设往前赶。首先决定用最快的速度修改中标方案，让上级和专家对方案都满意。说实话，我当时看了中标方案也同样不满意。一是中标方案与老馆采取对比的设计手法，这就与老建筑不协调。二是中央大厅2.4万平方米太大（是现在新馆西大厅的3倍），挤占了展厅面积，这就很不合理。三是功能布局有些零乱等等。

与德国建筑师谈修改中标方案，开始并不是容易的事情。因为西方发达国家把建筑师视为艺术家，其建筑设计是人家创作的作品，不能谁说改就改的。好在不久他们就知道了我是清华大学建筑系建筑学专业

图二　2007年3月17日，陈至立同志及孙家正同志等为国博改扩建工程动工奠基

毕业的，是吴良镛先生的学生，也是高级建筑师。这样，我们就有了共同语言。在修改方案过程中尽管争论不断，甚至“打架”，但还是合作得很愉快。最终的实施方案，基本上把原来的中标方案做了颠覆性的修改。特别值得称赞的是设计方加班加点，日夜兼程，不辞辛劳，只用了半年的时间，6易其稿，最终产生出了这个令建筑等各方面90%以上专家都赞成的方案。期间，国务委员陈至立同志主持召开了三次至关重要的协调会议，促进了工程尽快上马。新的设计方案于2006年9月上报国家发改委，10月，国家发改委上报国务院；11月22日，国务院常务会议批准；2007年3月开始动工、7月开始挖地基，这就为早日建成新馆赢得了宝贵的时间（图二）。工程图纸量大，需要快出。边设计、边施工、设计方十分用力。北京奥运会期间，工程也基本上没有停工，保证了工程进度。

国家博物馆新馆建设，是党中央、国务院在“十一五”期间批准并建成的巨大文化设施，是新时期我国文化建设的标志性工程，也是最大的文化惠民工程。是中国软实力提升的象征，是中国的首善文化窗口，影响和意义重大。

当然，建成新馆并非易事，其酸、甜、苦、辣味味俱全，故事也很多，留待以后回味。总建筑面积近20万平方米，功能之全、施工难度之大，仅用三年半时间就建成了这座世界上建筑面积最大的博物馆（是

原来老馆面积的3倍），且建筑质量优良，硬件设施达到世界一流，应该说这是很不容易的，是会载入史册的。记得我到国博工作不久，80多岁的离休老馆长王宏钧先生给我写信，他说：“当年周恩来总理讲，人民大会堂（17万平方米）这个建筑肩膀高，革命历史博物馆（6.5万平方米）肩膀低，以后要解决这个问题。”50年后，我们这一代人完成了周总理的遗愿。今天想来，其根本原因，是党和政府高度重视，是我们的国家强大了，所以才有财力和能力做成这件大事。

国博新馆建筑风格，追求与老馆协调一致，整体设计庄重、质朴、大气。功能分区合理，空间序列、立体造型和室内外装饰等，都具有中国文化元素和中国气派。

2011年3月1日，建成开放后的新馆，至今已迎来近400万的观众。其中有我们党和国家领导人，有外国总统、总理、议长等政要、贵宾，还有世界大博物馆的馆长，他们对新馆建筑都给予了高度的评价，大都用“震撼”来形容。

5月，我们请建筑界的专家，两院院士来馆参观座谈。吴良镛院士讲到：现在证明国博最终确立的“留三面方案”非常正确，既没有改变原有的建筑外貌和风格，又实现了新老建筑的有机协调，保持了天安门广场原有风貌的和谐统一。设计实施的方案非常成功，结合了传统和现代的文化元素，整体视觉效果很好。尤其是室内空间及流线处理上显得简洁、大方、庄重、朴素。

关肇邺院士讲到：东西方建筑风格的差异来源于双方文化和价值的差异。国博改扩建工程的设计、能够很好地将中国的文化元素和西方建筑设计元素结合起来，是建筑设计领域里中外合作设计的典范。

李道增院士说：国博的设计走的是一条中国式的设计路线，既吸收了西方先进的设计，又结合了中国的文化。新馆建筑空间结构简洁、实用、整体和谐统一，总体设计思想符合科学发展观，体现了中国人讲求“天人合一”的思想，很有中国气势，符合国博世界大馆的地位。

何镜堂院士说：国博是中国文化软实力的象征，是历史文化的最高殿堂。设计者充分认识到了国博这个项目的重大意义，又恰逢吕章申馆长是建筑师出身。双方互相学习，互相尊重，使得新馆建筑大气简洁，手法新颖，新旧馆实现了和谐统一，使观众油然而生民族自豪感。

三是努力争取增加馆藏。

藏品是国家博物馆组织陈列、展览和进行学术研究的根源，是为公众提供文化服务和对外文化交流等业务活动的基础，是国家博物馆赖以生存的根本条件之一。

有了宏伟的建筑，藏品的数量和质量不够，也不能称其为“国家”博物馆。国博原有藏品约65万件，古代藏品约40余万件，近现代藏品约20余万件。这个数量与世界大馆比起来显得少了许多。

2006年，我们得知国家文物局还存有近40万件文物，是从上世纪50年代以来积攒的，现由文物咨询中心（原文物总店）保管。原计划调拨给故宫博物院等单位。这使我喜出望外，我馆立即起草申请报告申要这批文物藏品。经过三四年的不懈努力，在蔡武部长、单霁翔局长的关心支持下，最终决定将这批文物调拨给国家博物馆，这真是一件天大的事。2010年2月举行了调拨交接仪式（图三）。蔡武部长、单霁翔局长都作了重要讲话，我在发言的时候，由于过于激动和高兴，竟然喜泪横流。国博一夜之间增加了40万件古代藏品，这是一件“前无古人后无来者”的大事，在世界博物馆史上也是闻所未闻，怎么能不让人高兴呢！

我馆的藏品保管一部和保卫处等部门，不畏艰苦，不怕酷暑和严寒，用了180多个工作日，加班加点，安全顺利完成清点移库工作，完成了一件历史性的任务。经初步清点，共计40多万件。其中佛像约25700多件，瓷器283000多件，玉器85500多件，书画3800多件，杂项36100多件。这一批宝贵的财富，最终入藏国家博物馆。

这些年来，国家财政部对国博收藏经费不断加大投入给予支持。从2005年至2011年底，国博共接受捐赠和征集2800多件古代文物藏品，41000多件近现代文物藏品。加上国博藏的善本、珍贵图书资料10多万件，使国家博物馆现有藏品数量已增加达约120万件。这个数量与世界大馆比不算多，但也不算少。

因为我们不像西方列强通过抢夺别国的文物来充实自己的博物馆。

特别值得一提的是，2006 年底，改扩建工程动工前，65 万件文物从老馆内迁出，用了 67 天的时间安全无损的搬迁到了首都机场附近临时租用的库房，在这里存放了 4 年多的时间，2011 年 10 月，用了 45 天的时间又安全无损的搬回了新馆库房。加上文物局调拨的 40 万件文物，100 多万件文物安全地搬出去，又安全地搬了回来，这是百年一遇的大事，保管和保卫等部门的同仁虽说倍加辛苦，但深感责任重大，工作十分认真。上百万件文物一件件过目，一件件过手，与文物面对面交流，亲手包装、运输，通过这些古物与祖先进行对话，大家没人叫苦叫累，出色地完成了文物搬出搬回的历史性任务。

图三　2010年2月11日，蔡武和单霁翔等同志出席国家文物局39万件文物划拨国家博物馆收藏交接仪式。

最近，中央办公厅已将中办特会室收藏保管的中央国际礼品近万件移交国博收藏保管。国际友谊博物馆已划入国博，其近 2 万件国际礼品也已移交国博收藏。

这样，国博的藏品不仅数量大大增加，品类也更加丰富多样，为陈展和学术研究提供了更好的基础。

四是努力建设有国博特色的陈展体系。

陈列和展览是国家博物馆开展业务活动，为公众服务的主要手段和形式，也是发挥社会教育功能等社会效益的主要途径。如何建立有国家博物馆特色的陈展体系，如何将近 7 万平方米、48 个展厅利用好，这是摆在国博人面前的一个新的历史性课题。

从 2007 年开始，我们就陆续进行了两个基本陈列的研讨论证。一个是古代中国通史性的陈列，这是唯有国家博物馆才具有条件承办的一个重要陈列，也是国博的“看家”陈列。1959 年首次推出的“古代中国通史”陈列，是由周恩来总理、郭沫若同志等亲自关心，中宣部、文化部及各方面专家学者直接领导、参加审定。当时的陈列大纲是以原始社会、奴隶社会、封建社会来划分，以阶级斗争、农民起义为主线。

今天的“古代中国”基本陈列怎么搞法，是摆在我们面前的一项艰巨任务。我们先后分别召开了四次全国性的论证座谈会，请史学、考古学、博物馆学、艺术学等新老专家、学者共同研讨陈列大纲。最终决定：以反映古代中国文明为主线，以历史朝代来划分，用博物馆语言也就是主要用文物说话，以文物陈列来表现，而非以教科书的语言方式。大纲经国家文物局、文化部上报中央和国务院领导同志批准。于 2011 年 5 月底开始预展，广泛听取广大公众的意见。但因我馆自己的文物数量不足，十几个省市的馆、所给予大力支持，借到一部分文物。但还有一些有代表性的文物没能借到，在一定程度上会影响陈展效果。

另一个是“复兴之路”基本陈列，这是中央领导同志确定的陈列题目。陈列大纲经过中央党史办、中央文献办、中宣部、中央办公厅等领导、专家、学者共同讨论、审定。这个基本陈列主要是回顾 1840 年鸦片战争以来，中国各阶层人民在屈辱苦难中奋起抗争，为实现民族复兴进行种种探索，特别是中国共产党领导全国各族人民争取民族独立、人民解放、国家富强、人民幸福的光辉历史，充分展示历史和人民怎样选择了马克思主义、选择了中国共产党、选择了社会主义道路、选择了改革开放。通过陈列昭示我们：没有中国共产党就没有新中国，就没有中国特色社会主义；只有社会主义才能救中国，只有改革开放才能发展中国、发展社会主义、发展马克思主义。该陈列自 2011 年 3 月 1 日复展以来，受到广大公众的欢迎，参观者如潮，留言称赞者甚多。

除上述两个基本陈列之外，已陆续开展若干个专题陈列：“馆藏现代经典美术作品”、“古代青铜器艺术”、“古代佛造像艺术”、“古代瓷器艺术”、“古代玉器艺术”、“古代钱币艺术”、“古代书画艺术”。2012 年还会陆续开展“明清家具艺术”、“国际礼品展”、“水下考古成就展”、“蜡像艺术展”等等。

2011 年还举办了四个国际展览，有德国“启蒙的艺术”、秘鲁“印加人的祖先”、还有法国、意大利的两个高档工艺美术品的展览。今后若干年还要先后与英国、意大利、法国、美国、俄罗斯等大国的著名博物馆合作举办展览。

国博还设有地方展厅，每年展出一个地方博物馆的藏品。2011 年 12 月第一个推出的是“新疆古代服饰展”，是我馆文化援疆的一项重要工作，2012 年还将推出西藏历史文物展。

2011 年从 3 月 1 日开馆试运行以来，已开展陈列和展览 40 余个，数量之多、质量之好、品类之丰富是前所未有的。

我馆的陈列展览、美术设计、策展这支队伍，经受了百年一遇的历史机遇，他们大展身手，一年就设计、布展出这么多展览，让我这个馆长十分感动和自豪。这是一支有水平、有干劲、能吃苦的队伍。当然这支队伍也经受了考验和锻炼。这里要特别指出，我馆的部分著名老专家在很多方面发挥了非常重要的作用。

国家博物馆的陈展体系，主要思路是，在陈展组成上力求丰富、多样。既要展示中华古代文明，又要展示近现代文明和在中国共产党领导下取得的巨大成就。同时还要展示世界文明成果。既有基本陈列、专题陈列，也有临时性展览；既有历史类展览，也有艺术类展览；既有本馆的藏品展览，也有与国内外合作的展览；既有侧重于学术的展览，也有配合时政的展览；既有反映传统艺术的展览，也有反映当代艺术成就的展览。我们计划用 2/3 的展厅用于基本陈列和专题陈列及国际展览，1/3 的展厅接待临时展览。

国博特色的陈展体系可以说初步形成，但还需要不断丰富和完善，不断修改和做好细部的大量工作。经过不断努力，真正打磨出既有国博特色，又具世界一流水平的陈展体系。

伴随着若干个陈列、展览和各项业务工作的展开，全馆各方面的学术活动大大增多，学术研究大大加强，学术质量和学术成果大大提高，在这些方面也是前所未有的。

五是建立“以人为本”的公众服务体系。

2011 年 3 月 1 日新国博试运行以来，克服种种困难，边收尾、边调试、边开放。面对大量观众涌进新馆，在安全有序的前提下，有计划、有步骤地推出各项公共服务内容，完善公共服务设施，不断提高为公众服务的水平。以提供文化服务为核心的新国博公众服务体系初步形成。

（一）尽可能创造条件，为观众提供快捷方便的门票预订服务。为方便观众参观，目前提供 4 种门票预订方式。团体观众电话预约，零散观众通过网站预约或短信预约。没有预约的观众也不拒之门外，随时提供现场实名制取票方式。

针对不同观众构成，分别在西门北侧设立零散观众入口，西门南侧设立绿色通道，方便残疾人或高龄老人进入。西门中部设立国宾通道，专门为国务、外交活动使用。北门设立团体观众入口，集中安排团体观众进入。

（二）存包服务、安检服务、查询服务。标识、信息提示和公共广播等系统努力做到有求必应，处处体现“以人为本”。在方便观众参观的同时确保场馆和文物安全，在北门外和西门外设有存包处。在入口检票处设有安检门、X光机等安检设备。西大厅和北门厅分别设有4个服务台，为观众提供各种贴心服务。同时在公共区域设有标识牌、电子信息提示屏，方便观众快速查找陈展信息。

（三）配备专职讲解员和志愿讲解员。设有语言导览和手机导览。建有观众体验设施，开展学术讲座和沙龙。公共教育手段多样，内容丰富。国博手机导览中文版和英文版现在可以提供500件展品20个小时的在线导览服务，以后会逐步增加。特别是以服务青少年为核心的1500平方米观众体验区，青少年可以在美术、戏剧、音乐、影视、实验和制作等6个方面进行娱乐体验活动。同时还组织高水平的讲座、论坛、对话等活动。

（四）设有咖啡、茶座、自助餐等休闲服务项目。设有工艺纪念品、出版物等文创产品，满足各类观众文化消费需求。

（五）为全面服务公众的需求，新闻发布、专题报道、网站、微博、舆情掌握等传统媒体与新媒体技术相结合，向公众提供更多的信息量和了解公众的需求情况。

为公众服务系统还在不断完善中，服务水平我们会不断努力一步步提高。

六是建立安全有效的安保体系。

新馆建筑规模巨大，珍宝巨多，安保工作巨重，因此建立国博安全保障体系是头等大事。目前，国博安保体系由安全机制、人防系统、技防系统、物防系统、规制和预案五部分组成。

（一）安全管理机制。国家博物馆《安全管理办法》中明确规定，安全领导小组由馆长任安全第一责任人，相关部门主任为小组成员。全馆逐级签署《安全岗位责任书》和《安全奖惩办法》。这种安全管理机制，从管理组织架构上确定了安全工作是由主要馆领导负总责而展开，各部门参予实施，安全保卫处具体执行和监督执行。

（二）人防系统。人是安全管理的核心。任何技术、设备、物防等，都要人去有效、合理地付诸实施。我馆的人防是由保卫处一支强悍的保卫干部队伍和驻馆武警官兵共同组成。我馆对保卫干部的主要要求标准是：政治思想过硬、技术过硬、身体素质过硬。驻馆武警官兵更是个个过硬，人人强悍，是一支可靠的安全保障主力。

（三）技防系统。技术防范主要包括：安全监控报警系统、消防报警系统、消防水系统、安检防暴系统、阻车防范系统、展柜报警系统等主要技术设备。

（四）物防系统。各类物防产品随着科学技术的不断进步产品功能日益成熟有效。根据文物等级和珍贵程度，增加防暴、防盗、防水、防火、防破坏等物防措施。同时，对安保人员自身防护采取物防的自救装备等技术设备手段。

（五）规章制度和应急预案。对安保人员的管理和设备的使用，都必须有规章制度来约束，同时需要制度和方案（应急预案）来指导。为此，我馆结合新馆的实际和以往的经验组织汇编了《国家博物馆安全保障方案》和《国家博物馆安全管理办法》等41项安保规章制度、各类方案和突发事件应急处置预案。

国家博物馆的安保工作是一个完整有效的体系。今后会进一步结合我馆安全机制及制度、方案，不断加强和完善人防、物防、技防之间的联动，形成强有力的整体效能。在安全上做到万无一失。

七是健全和完善各项规章制度，科学管理。

建立健全和完善各项规章制度，用制度来科学管理国博，是我馆事业健康发展的保障。自国博组建以来，已先后制定了近30项全馆性的规章制度。馆领导班子对规章制度的建设十分重视，在2008年初就成立了以馆长为组长的调研领导小组，分别对新馆建设、藏品征集、陈列展览、学术研究、文物考古、公共服务、对外交流、文化产业、管理和运行机制等方面进行系统调研，形成符合国博实际的调研报告。按照各项事业发展的总体思路，有重点地开展规章制度建设工作。2009年开始，首先修订了《规章制度建设管理办法》。而后逐步制定出办公自动化系统运行、公文处理、档案管理、督查工作、合同管理、印章制度、财务管理、科研项目管理、文物保护、对外交流与合作、网站域名使用、政府采购管理、文化产业管理、商标管理、著作权管理办法等16个制度办法。2010年以来又制定出涉及全馆安全运行管理、新闻发布管理、企业财务管理、科研成果奖励、艺术著作出版经费资助、用电管理、美术创作管理、职工培训管理、人才引进办法、职工加班管理等10余项规章制度。编印《中国国家博物馆规章制度汇编》，发全馆遵照执行。

国家博物馆已基本形成按制度办事，用制度管权，靠制度管人的科学有效的运行机制。同时，加强制度的落实和执行，在馆长办公室增设督查科，负责全馆各项事务的督促检查工作，以保证各项规章制度的贯彻落实。

记得在2007年一次馆内干部大会上，我明确提出一个目标：争取在2012年7月国家博物馆建馆100周年的时候，把我馆初步建成“国内领先、国际一流”的国家博物馆。当时有不少同志持怀疑态度，甚至有人认为是天方夜谭。因为那个时候新馆还八字没有一撇，大家的疑虑是自然的。但我这个馆长一直是信心十足。因为有党中央、国务院的亲切关怀，有文化部等政府有关部门的大力支持。

今天可以说，在建馆100周年即将到来的时候，我们的目标初步实现了。但我也深深知道，“国内领先”较容易做到，真正达到“国际一流”还有很长的路程。“硬件”是一流了，而“软件”建设不是一朝一夕的事。因为这不仅与国博人的素质有关，更与我们整个国民的素质有关。我们仍然任重而道远，我们必须继续持久地努力再努力。

2011年12月13日

（原文刊于《中国国家博物馆馆刊》2012年第1期）

中国文物博物馆事业可持续发展战略研究

苏东海

可持续发展的思想是人类关于发展的新的战略思想。可持续发展思想从提出到形成世界范围的响应和实践，不过是近一二十年的事情。十几年间，它迅速成为全球性的研究热点并成为许多国家和不同专业领域的战略指南。可以想象出它的思想力量和实践价值。可持续发展思想对文物博物馆事业尤为重要。我在这里对其理论意义及其在文博事业的战略实践，作一点探讨。

一　可持续发展思想的理论意义及全球性实践的展开

可持续发展思想是在 20 世纪后期，人类环境意识、生态意识新的觉醒的基础上诞生的。可持续发展思想把整体观念、持续观念和道德观念注入到发展的思想中去，为人类走出环境危机、生态危机找到了一条有远见的道路。

可持续发展思想的提出开始于环境保护。1972 年在瑞典召开的第一次人类环境会议宣言中提出了“为了当代和后代，保卫和改善人类环境已成为人类的紧迫目标”。1983 年联合国第三十八届大会决定成立世界环境与发展委员会，由挪威前首相格罗·哈莱姆·布伦兰特担任主席。该委员会由来自世界各国的在科学、教育、经济、社会以及政治方面具有重要影响的 22 位代表组成，其中 14 人来自发展中国家。该委员会经过广泛调查和深入研究，1987 年向联合国提交了一份具有划时代意义的长篇报告，题为《我们共同的未来》。该报告以可持续发展思想为指导，对当前人类在经济发展与环境保护方面存在的问题进行了全面系统的评价。《布伦兰特报告》中首次提出了持续发展 (Sustainable Development) 的意义，即“既满足当代人的需要又不危及后代人满足其需要的发展。”这个定义，有人称为“布氏定义”。《布伦兰特报告》在 1987 年第四十二届联合国大会上得到通过，可持续发展思想及其定义遂为各国所普遍接受。对于“布氏定义”，一些研究者认为不够充分，我国一些研究者还试图在“布氏定义”的基础上再增加一些内容，但都不成功。因此，国家科委社会发展司司长甘师俊指出，目前所有对可持续发展的定义都不能充分地表达可持续发展的全部真谛，也许可持续发展本身就是一个不需要定义的公理。这种说法不无道理。

1991 年由国际自然与自然资源保护联盟、联合国环境规划署和世界野生生物基金会共同发表了《保护地球：一项可持续生存战略》报告，进一步从理论上展开了可持续发展的思想，提出了可持续生存的九大原则和衡量可持续性的指标体系，形成了可持续发展的理论框架，为 1992 年的联合国环境与发展大会作了理论准备。

可持续发展思想的理论内涵十分深刻、丰富，现阶段仍处在哲学思考和实践归纳阶段，对它的研究方兴未艾。就现有的研究成果来看，我认为其理论核心可概括为三点：

（一）整体发展的观点。持续发展思想认为，世界上任何事物均处于一个整体之中进行运动。整体运动是具有决定意义的，不是局部决定整体而是整体决定局部。用整体观点和整体战略把生态系统、社会系统和经济系统的矛盾和利益；当代人和后代人的矛盾和利益；当代人之间的矛盾和利益加以整合使之持续发展，这是人类思想能力的新境界。

（二）持续发展的观点。世界上的事物均处于永远的发展之中，但人类往往未能自觉地把后代的发展的可能性作为当代发展的必要因素去对待，因此人类的发展战略往往是短视的。而可持续发展思想却是把未来的发展作为当代发展的前提来对待，这就远远伸延了人们的发展眼光，把后代的权益和当代的权益溶为一体去运作，从而造福无穷。

（三）平等发展的观点。可持续发展的思想体现了一种道德观念。人与自然之间，当代人之间，当代人与后代人之间处于平等地位。人不应为了自己的发展而无限制地掠夺自然，也不应为了自己的发展而侵夺他人或后代人的权益。可持续发展思想把平等的观念注入到自己的理论中去，大大提高了人类发展的道德水平。

由于可持续发展思想从整体观点、持续观点和平等观点上提高了人类的思想境界和思想能力，实际上是一次新的思想解放，使人类有可能走出工业文明的困境，迈向生态文明的新世纪。

1992 年在巴西里约热内卢召开了联合国环境与发展大会，183 个国家和地区的代表团以及 70 个国际组织的代表出席了会议，其中有 102 位国家元首、政府首脑亲自与会。这是一次把可持续发展思想推向全球实践的具有历史意义的大会。会上通过了《里约热内卢宣言》等一系列可持续发展的全球协议，特别是其中的《21 世纪议程》将可持续发展的理论和概念推向实际行动。会后，各国都以《21 世纪议程》为蓝图，遵循可持续发展原则，制定并组织自己国家的发展战略。例如，美国于会后成立了总统可持续发展理事会，制定国家持续发展战略。许多国家建立了相应的组织。英、德、芬兰、丹麦等国更从不同领域开展工作。许多大城市制定了城市可持续发展计划。例如法国巴黎制定了题为《为了明天城市可持续发展——大规划》等。我国李鹏总理出席了这次大会，并于 1993 年在世界上首先推出《中国 21 世纪议程》白皮书，对“可持续发展总体战略”、“社会可持续发展”、“经济可持续发展”、“资源综合利用和环境保护”作了规划部署。表明了中国政府不仅从理论上而且从实践上选择了可持续发展的战略道路。1995 年江泽民总书记在中共十四届五中全会的报告中指出：“在现代化建设中，必须把实现可持续发展作为一个重大的战略。”1996 年全国八届人大四次会议通过的《关于“九五”计划和 2010 年远景目标纲要》进一步将可持续发展与科学兴国并列为两大战略。《纲要》中可持续发展战略这一节涵盖了社会各项事业。可持续发展将成为国家和全国人民为之贯彻的战略实践。

二　从“文物匮乏”现实出发，制定我国文物持续发展战略

可持续发展战略是一种科学的系统工程，它不仅要在哲学的层面上思考，而且要在操作的层面上运行。这就使得人们在制定可持续发展战略时，不是从概念出发，而是从事实出发。在制定我国可持续发展总体战略时，对我国的国情有了不少新的认识，澄清了某些笼统的概念。例如过去说我国“地大物博”，实际上并非完全如此。我国土地面积有 960 万平方公里，美国有 940 万平方公里，两国土地面积差不多，但中国大地上有效生存空间（能住人的地区）只有美国的 1/2 或 1/3，至于人均有效生存空间就只有美国的 1/10 或 1/5。我国可耕地只有 20 亿亩，人均耕地相当世界平均水平的 1/3，我们不是“地大”而是“地少人多”。我国其他经济资源也是相当紧缺。人均森林面积不足世界平均水平 1/6，人均草原面积不足 1/2，人均矿产资源也只有世界平均水平的 1/2，等等。因此我国在制定可持续发展的总体战略时应立足于“地少人多”、“资源紧缺”的国情上，而不是立足在“地大物博”的笼统说词上。

同样道理，我们在制定文物可持续发展战略时，也需要对我国文物的实际情况作一点量化分析。说我

们有几千年光辉灿烂的文化，积淀了无数的宝贵文物和历史遗迹，这是可能的。可是这无以数计的文物和遗迹大多还沉睡在地上或地下，对我们来说它们还只是潜在状态的文物。这些潜在的文物到底有多少，我们无法知道，更无法计量，因此它们实际上还没有被我们真正地拥有。而我们真正拥有的、国家登记入册的、可见的文物那就太少了。现在全国有1800座博物馆，拥有藏品总量约为800万件，全国文管所约有200万件，合起来号称拥有1000万件文物。如果加上全国文物商店所有的1000万件，全国已知文物或称可见文物总共也不过2000万件而已。拥有2000万件文物，对于我们这样一个文化古国来说，对于拥有1000多座博物馆的国家来说，文物是多了还是少了？我们可称文物大国吗？做点比较就清楚了。

美国史密森学会拥有自然科学、历史和艺术等方面的博物馆16座。这16座博物馆的藏品总量就达到1.4亿多万件。其所属的国立自然历史博物馆的藏品8000多万件。所属的国立美国史博物馆拥有藏品1700万件。后者收藏了美国开国总统乔治·华盛顿的佩剑、托马斯·杰斐逊起草《独立宣言》时的办公桌、历届总统的礼服、战争中用的星条旗、爱迪生发明的第一台留声机和第一支电灯泡，以及移民史、工业史、政治史、民俗风情等大量文物。1964年建馆后，30年间这个馆征集入藏了1700万件文物。美国只有200多年历史，人称美国无历史，就是这个无历史的国家的历史博物馆却拥有1700万件文物。这个馆的馆藏量就等于我国1800座博物馆馆藏总量的一倍以上。美国科罗拉多州历史博物馆馆藏总量700万件，一个相当于我们的省级博物馆其馆藏量几乎接近我国博物馆馆藏的总量。我国馆藏最多的北京故宫也只有100万件，其他大馆和各省馆也不过十几万件。相比之下，我国现有文物数量实在太少了，博物馆的文物太匮乏了。如果我们要制定文物可持续发展战略，就必须摒弃“文物大国”的虚幻称号，树立起“文物匮乏”意识，从文物匮乏的实际出发制定文物保护、文物开发、文物享用的可持续战略。

三　从文物是不可再生资源的认识出发，制定高度严格的文物保护战略

可持续发展战略中，把可再生资源与不可再生资源看作不同属性的资源，采取不同的对策。不可再生资源是保护的重点，也是持续发展对策研究的重点和难点。旅游界对不可再生景点的资源，提出提高使用效益，寻找替代性资源，尽可能推迟其枯竭时间的对策，以保持可持续旅游。文物属于不可再生性，从可持续发展观点来看，应该采取特殊对策使之能够持续存在。我们应该从“文物匮乏”的国情出发，制定高度严格的文物保护战略。

首先，要确保国有文物总量持续的有增无减。为此应该严把文物出口关，严禁博物馆出售、拍卖藏品，杜绝临时拥有文物的非正式收藏机构的文物流失。任何人无权擅自处置文物，更无权挥霍国家有限的文物。

其次，加强馆藏文物的安全保护，提高防止风险的系数，与国际博协安全专业委员会建立密切合作关系，引进新的安全观念和技术手段。加强地下文物资源的保护。地下资源是人民的财富，为国家所有，人人负有保护的义务，各级政府负有保护的责任。文物资源的任何破坏和损失，都不仅是对当代人的犯罪，而且是对后代人的犯罪。我们要从可持续发展的观点来看文物资源的破坏的深远影响。

第三，要大力提高文物的科学保养能力，千方百计地延缓文物的自然老化和消失的进程。1936年的斯大林宪法原本，曾经置于地下几十米的深处以求永存，但并不如今日运用高科技营造的保存小环境。高科技营造的文物保护小环境不仅可以更好地保护库存文物，而且可以更好地保护陈列展出中的文物。陈列柜中的小环境可以使之达到库房内环境标准，从而接近解决文物保护与文物使用的传统矛盾。但是不论高科技如何发展，它只能延缓文物的老化过程而不可能使文物永不变质。正如同人的生命可以延长但不可能不死亡一样。但是计算机的发展给我们提供了使文物永续存在的另一种存在形式。现在计算机已经可以贮存文物的清晰图象和准确的图形信息，完全可以据之复原文物原状，从而使后代可以永续享用这件文物。我国上海博物馆、陕西秦俑馆、云南省博物馆、北京故宫博物院、敦煌研究院等已开发这种计算机贮存系统。这是应该提倡的。

在我国文物匮乏的现状下，保护和抢救现有文物及其后备资源是文物持续发展的最紧迫的任务。

四　从文物资源与后代共享的原则出发，制定文物资源开发的战略

我国对文物的开源限于经济实力，尚不能作很大的投人。但我国有1000多座博物馆，遍布各市县的文管所，加上全国城市中的文物商店，可以说我国已有相当规模的文物征集、购入基地。出土、出水的文物时有增加，蒙尘的传世文物时有发现，遗址、遗迹的开发保护日益扩大，我国文物的总量是会根据国力稳步增长的。如果能对全国新兴的、迅速扩大着的文物收藏爱好者采取积极方针予以引导、扶植和提高，使之形成庞大的文物收藏后备军，这将会对我国的文物积累产生很大的影响，并为后代保存更多的文物。

近现代文物比古代文物消失得更快，应该对近现代文物的征集更加关注。人类从钻木取火到火镰取火再到使用火柴经历了多少万年，而使用火柴，从1861年英国建立人类第一座火柴厂到1995年这家火柴厂关闭，火柴只盛行了100多年就为打火机所取代。火柴正在消失中，为了保持人类对火柴的记忆，挪威政府把挪威最后关闭的一家火柴厂整体保存下来，建立了火柴生态博物馆，供人参观并少量生产供特殊需要。鉴于当代文物迅速消失，瑞典博物馆界发起了博物馆为未来而征集的运动。70多家博物馆参加这一运动，对当代生活的不同领域分工合作进行跟踪、注录。如对一个普通家庭的房屋及全部用具用品进行登记造册，以便日后整体入藏。国际博协把1996年国际博物馆日的主题确定为“为未来而征集”，这是可持续发展思想的体现。我国文物征集收藏的方针也应该向近现代倾斜，加强对加速消失中的近现代文物的研究和收藏。

对于地下文物资源的开发，限于我国经济力量、科技力量和地上保管条件，我们应该采取慎重的方针。我认为可以定这样一条原则：凡是地上保护保管条件不如地下的不应开发。对于地下文物资源的开发不仅要论证条件，而且要论证后代权益。任何人无权批准透支属于后代人应享有的文物后备资源。鉴于国际上倾向于“物加环境”的保护原则，重要的大遗址群应与环境一起进行整体保护。对于事关后代权益的地下文物资源的开发要贯彻可持续发展的思想及文物资源与后代共享的原则。这既是可持续发展的科学态度，也是一种更高的道德要求，我们在这点上应有充分的认识。

五　质量意识与博物馆总量目标

我国现有博物馆约1800座，这个数目怎么看？我们不能以人均享有博物馆的数字与博物馆发达国家进行横向比较，这是脱离实际的。英国2.6万人享有一座博物馆，美国2.9万人享有一座博物馆，而我国约有70万人才享有一座博物馆。从人均数上说我国是太少了，但从绝对数上说我国博物馆数仅次于拥有3000座博物馆的日本，已高居亚洲第二。所以制定博物馆持续发展总量目标时，应以本国的博物馆发展的历史进程为依据。我国现有的1800座博物馆，其中3/4是三中全会以后发展起来的。十几年间，我国新建1000多座博物馆，可见其速度之快。而速度过快必然引起人们对其质量的担忧。因为建立一座博物馆需要相当长时间的科研准备、藏品准备和建筑准备，博物馆是以文化精品为基础的永久性机构。国际博协对博物馆定义中规定：“博物馆是一个不追求盈利、为社会和社会发展服务的公开的永久性机构。”这些年，我们比较重视“不以盈利为目的”的规定，而对永久性机构的规定注意不够。其实不以盈利为目的是一切公益机构的通性，而永久性机构才是博物馆之个性要求。文物是要求永续存在的，不能放在一时存在的机构中，而必须收藏进可靠的永久性机构中，这个永久性机构就是博物馆。我国相当大的一部分博物馆没有够得上称为永久性的库房。严格地说，没有永久性库房的博物馆是不够格的。作为博物馆应该有一定数量和质量的藏品，有永久性的建筑和机构，有一定数量的专业人员，定期陈列展出和社会服务。用这些最起码的条件衡量，我国很大一部分博物馆是达不到的，或者是缺项的。因此，从总体上说我国博物馆的质量是有缺陷的。我们必须树立博物馆建设的“质量意识”，下大力提高现有博物馆的质量，在制定博物馆持续发展

的总量目标上，应以提高现有博物馆质量为主，适量发展缺项的、新类型的博物馆。到20世纪末，我国不达标的博物馆应该普遍达标，我国博物馆的总体质量应上升到一个新的台阶。

六　文物收藏与文物享用的双重目的

博物馆具有文物收藏与文物享用的双重目的。博物馆收藏的意义在于使用，但使用并不是博物馆收藏的全部意义。除了使用，博物馆收藏的本身也是目的。我们对为收藏而收藏的目的强调得不够。我们既要看到为使用而收藏的目的，也要看到为收藏而收藏的目的；我们既要看到文物为今天、明天以至子孙万代的使用的意义，也要看到永远保存人类文化足迹不使之消失的意义；既要看到使用文物产生的社会效益，也要看到保存文物使之永续存在也是一种社会效益。因此，应该说，博物馆具有使用与收藏同等重要的双重意义和双重目的。我们在制定博物馆持续发展战略时应把文物收藏与文物使用放在同等重要的位置上。

在收藏方面，由于经费和库房条件的限制，文物征集工作必须制定有限目标。博物馆应根据本馆性质确定征集的方针和范围，把有限的经费集中使用到对本馆最有价值的文物征集上，而不要盲目滥收，范围过宽。前些年美国一些博物馆由于收藏过多过滥，库房爆满而不得不重新明确收藏宗旨，缩小收藏范围，剔除非本馆宗旨之藏品。为了纠正无计划收藏的弊端，美国有的学者提出物品只有在将来得以利用的条件下才予以收藏的观点。有的学者甚至主张：只有在一个博物馆具备收藏某物的主客观条件下才能入藏该馆。所谓主观条件是指本馆的专业人员是否具有保存和研究该物的潜在能力；客观条件是指保存该物的物质条件。不具备以上两个条件，即使该物是某馆多年求之不得之物也不应入藏。可见入藏的主要根据不是需要而是可能。这种观点也值得我们借鉴。我国博物馆在开展征集工作时要避免国外博物馆所走过的盲目收藏的弯路。

为了走可持续发展道路，我国对现代、当代文物的征集收藏应予以特别关注。这是由于现代、当代社会发展很快，变动频繁，物品的消失呈加速度趋势。加之人们对现、当代文物远不如对古物关注，因而出现了时代越近，物品淘汰率越高，文物幸存率越低的现象。10年前长沙市发动周边18个乡征集50年代土改文物，竟连一张土地证都找不到，而20年代农运中的红缨枪却不难找到。可见文物时间越早越能得到更好的保护。为了博物馆收藏可持续发展，必须加大现、当代文物的研究、宣传，增加经费投入，使现、当代文物在全国文物总量中的份额逐渐由约1/3上升到约1/2。

文物使用方面，要提高文物使用率，更好地发挥博物馆社会效益。我国博物馆文物的使用率与国外相比差得太远。卢浮宫拥有艺术精品40万件，开辟了250多个展厅，经常展出20万件而且定期更换，藏品使用率达3/5。艾尔米塔什博物馆收藏艺术品300万件，开辟了400多个展厅供藏品展出。我国故宫博物院藏品百万件，只有10余个展厅，展出文物不足1万件，占藏品总量的1%，且缺乏更换。我国博物馆文物一方面匮乏，一方面又没有充分利用，这是很大的浪费。对于馆藏量较大的博物馆应建立陈列品更新和更换的目标要求，以提高藏品使用率。

在博物馆基本陈列开放的同时，不断举办专题展览是70年代以来各国博物馆盛行的做法。临时专题展览提高了博物馆藏品的利用率和利用频率，扩大了库藏品的使用面，更好地发挥了博物馆的社会效益，使博物馆更加红火地走上持续发展的道路。

七　建立国家对博物馆调控的机制

我国的博物馆大部分由国家文化部门管理，但还有相当一部分分属于军队、院校、科协、政协、文联、党史办、地方志以及民政、卫生、农业、地质、冶金、铁道、纺织等政府部门，隶属关系十分多头。国务院体制改革后，国家文物局升了格，其职权也扩大为主管全国文物博物馆事业。在统管全国文博事业的体制下，必须建立相应的管理机制去运行。主要机制当然是依法治理，通过法律、政策和政令实现统管，但文物主管部门要与归属各异的博物馆建立组织联系才能有效地进行宏观调控。我认为建立全国博物馆登记制度是可行的第一步。北京市的实践证明是成功的。北京有100多个博物馆，归属中央和地方等众多部门。北京市人民代表大会通过了北京市文物局制定的博物馆登记办法并以政令公布。博物馆的申请由资格评审委员会确认后予以登记。由于登记工作是政府行为，因此颁发的博物馆证书可以作为税收和公益团体的其他优待的凭证。这一办法受到了博物馆的欢迎，北京市文物局也得以与全市不同归属的博物馆建立了初步的组织联系，并通过定期验证活动有效地调控和规范各博物馆的活动。如果国家文物局制定了全国博物馆登记法（或注册法），授权各省市进行登记注册并报国家文物局汇总公布，可能是与各地各部门建立组织关系和宏观调控的一条渠道，也是国家文物局深化体制改革的一项措施。

（原文刊于《中国文物报》1996年9月8日）

关于“藏品立馆”的若干思考

万　冈

新中国成立以来，在党和政府的高度重视和亲切关怀下，博物馆事业取得了令人瞩目的成就。特别是改革开放以来，中国的政治、经济、文化、社会事业发生了翻天覆地的变化。博物馆事业进入了全新的发展阶段，一大批新建、改建的现代化博物馆陆续建成开放，为继承中华文明，弘扬优良传统，普及科学知识，发展先进文化，构建和谐社会，做出了积极的重大贡献。

为适应我国经济和社会事业的迅速发展和广大人民群众精神文明需求的日益增长，同时也为适应中国对外文化交流不断增加的迫切需要，党中央、国务院决定，在中国历史博物馆和中国革命博物馆的基础上组建中国国家博物馆，并于 2003 年 2 月 28 日正式挂牌成立。

几年来，我馆领导认真贯彻落实中央精神，紧紧抓住组建国家博物馆这个历史时机，以科学发展观为指导，明确了博物馆建馆方向和建馆目标，制定了办馆的方针、职能和任务，为国家博物馆今后的发展提出了宏伟的构想，我们深受鼓舞。现在我仅就“藏品立馆”谈谈我的一些建议，仅供参考。

一　充分认识“藏品”作用，确立“藏品立馆”理念

博物馆藏品是博物馆按照自身的性质、任务和社会需要，收集入藏的文物和标本。博物馆藏品具有历史价值、科学价值和艺术价值，是国家宝贵的科学文化财富。博物馆藏品是人类社会和自然界的实物见证，是人们认识人类社会和自然界发展变化的实物资料，它不仅在博物馆占有重要地位，而且在博物馆各项业务活动中具有重要作用。

（一）藏品是建立博物馆必须具备的条件

博物馆的建立，必须从收集藏品开始，藏品是博物馆存在的前提，这是创办博物馆必须具备的条件。有藏品才有博物馆，博物馆离开了藏品，也就失去了存在的价值。

中国历史博物馆的前身是 1912 年 7 月 9 日在北京国子监旧址成立的国立历史博物馆筹备处。成立之初，即开始收集藏品，接收了国学旧有的礼器、书版、石刻等 5 万余件。1920 年国立历史博物馆在端门正式成立，随即积极开展藏品收集工作和考古发掘工作，到 1926 年藏品已达 21 万余件。1949 年 1 月北平和平解放后，北平军事管制委员会文化接管委员会派尹达、王冶秋接管国立历史博物馆。新中国成立后，改名为北京历史博物馆。1958 年党中央决定在北京天安门广场东侧建立中国历史博物馆。1959 年 10 月新馆建成后，中国历史博物馆收集的藏品迅速增加。

中国革命博物馆前身是 1950 年 3 月在北京北海团城成立的中央革命博物馆筹备处，后迁入故宫西华门武英殿。从开始筹建，就十分重视藏品收集工作。1950 年 6 月，中央人民政府政务院发布了《征集革命文物令》，宣布中央博物馆筹备处业已在京成立，正式开始收集藏品工作。1958 年党中央决定在北京天安门广场东侧建立新馆，中国革命博物馆建成后，藏品收集不断丰富。

（二）藏品的数量和质量是衡量博物馆地位的重要标志

藏品是体现博物馆价值和地位的重要标志。一个博物馆必须拥有藏品，不但要求数量丰富，而且要求质量精美。博物馆只有拥有数量巨大的藏品，而且藏品中有许多具有重要价值的珍品，甚至还有一些极其珍贵的精品，才能受到国内外的广泛关注，引起社会上各方面的普遍重视。目前国内外一些著名的、国际一流的博物馆，无一不是因其藏品数量十分丰富而且质量十分精美而享誉世界。

英国伦敦的大英博物馆，拥有数百万件藏品，其中以古代埃及艺术，希腊、罗马艺术和东方艺术等藏品最为著名，如埃及罗塞塔碑石、法老木乃伊以及大型人物雕像，希腊巴台农神殿上的建筑雕刻，雅典卫城出土的雕塑，古罗马时代历代皇帝半身雕像，中国敦煌石窟的经卷、绘画等。还收藏有英国大宪章原稿、莎士比亚的著作手稿等和大量珍贵钟表。

法国巴黎卢浮宫博物馆，藏品十分丰富，不仅收藏了17世纪和欧洲文艺复兴时期许多艺术家的艺术珍品，还收藏了土耳其、埃及的许多珍贵文物，以及罗马教皇极为名贵的绘画、雕塑。藏品中有誉为“世界三宝”的《维纳斯》、《蒙娜丽莎》、《胜利女神》等精美藏品，还收藏有路易十五用过的镶有136克拉钻石的皇冠等。

美国纽约大都会艺术博物馆，拥有1000多万件藏品，收藏最多的是美国绘画、雕塑和装饰艺术品，收藏的欧洲绘画也很丰富，还有世界各地的艺术珍品，其中就有许多幅中国宋、元、明、清的书画精品。

俄罗斯圣彼得堡艾尔米塔什博物馆，有大量的藏品，主要是俄罗斯和各国稀有的珍贵文物。其中有古希腊、罗马的雕塑，西欧中世纪和近代的雕塑和绘画等，古罗马《塔夫里卡的维纳斯》雕像、莱奥纳多·达·芬奇的《贝诺亚圣母》画作、伦勃朗的《浪子回头》画作都很著名。

故宫博物院是中国文物收藏最为丰富的博物馆，藏品中一类为清代宫中的历史文物和奇珍异宝；另一类为中国历代文化艺术珍品。主要有青铜器、玉石雕刻、古代印玺、法书名画碑帖、古代陶瓷器、纺织刺绣品、漆器、珐琅金银品、竹木牙雕、文房用具、明清家具、中外钟表等最为著名。传世的商周战国时期的青铜器，如商酗亚方尊、酗亚方鼎、春秋立鹤方壶等都是稀世孤品。历代法书名画碑帖，如晋陆机《平复帖》、晋王献之《中秋帖》、晋王珣《伯远帖》、唐韩滉《五牛图》、五代顾闳中《韩熙载夜宴图》、宋张择端《清明上河图》、宋王希孟《千里江山图》等都是书画中精品之作。收藏的英法制作的钟表，有些在现今英法本土亦不经见，极为珍贵。

上海博物馆有藏品近百万件，其中精品有10多万件。尤以青铜器、陶瓷器、书画独具特色。青铜器自夏代至战国，形成完整的体系，有许多是流传有序，著称于世的重器。陕西扶风出土的西周孝王大克鼎、山西浑源出土的春秋晚期的牺尊，都是稀见之珍品。陶瓷器多是各个时期代表之作，唐越窑海棠式大碗、宋钧窑月白釉出戟尊，均为不可多得之精品。书画收藏极为丰富，素有“半壁河山”之称。书画中大多享有盛誉的传世佳作，晋王献之《鸭头丸帖》、唐孙位《高逸图卷》是上海博物馆镇馆之宝。收藏的古玉，上自马家浜文化，下迄明清，自成系统。历代玺印，有战国至明清各个流派近万方。各个时期的钱币，足可反映中国货币发展之历史。

（三）藏品是博物馆开展业务活动的物质基础

博物馆的征集保管、陈列展览、科学研究和社会教育等工作，构成了博物馆业务活动的整体。博物馆的各项业务活动都与藏品有密不可分的联系，藏品是博物馆开展各项业务活动必不可少的物质基础。博物馆离不开藏品，博物馆的业务活动离开了藏品，就无法正常进行工作。

北京鲁迅博物馆举办的“鲁迅生平事迹展览”获得了“1997年度全国十大陈列展览精品”之一。河南省博物馆举办的“楚国青铜艺术”，获得了“1998年度全国十大陈列展览精品”之一。这两个陈列展览，除了与陈列展览的内容设计、艺术形式、表现手法等有直接的关系外，很重要的原因，就是与展出了许多珍贵藏品有重大关系。“鲁迅生平事迹展览”展出大量鲁迅的手迹、手稿、译稿、作品、书信、日记、诗词等实物，其中就有著名的鲁迅手书题赠柳亚子的《自嘲诗》条幅，鲁迅写作的《阿Q正传》手稿等珍品。

河南省博物馆展出的“楚国青铜艺术”专题陈列，展出了系列精湛的楚国青铜器近百件，集中展示了精美绝伦的楚国青铜铸造技术，其中就有商代乳钉方鼎、牛首兽面纹尊、春秋莲鹤方壶、龙耳方壶等稀世精品。

（四）藏品是进行思想教育的生动教材

博物馆藏品内容丰富，具有真实、形象、直感等特点，能使不同文化程度和从事各种专业的观众产生难以忘怀的印象。如中国革命博物馆举办的“人民的好总理——周恩来百年诞辰纪念展览”展出了400多件珍贵藏品，全面展现了周恩来伟大的一生，使展览具有令人信服的历史感和真实感。通过这些藏品的展示，群众易懂，也容易接受，能收“百闻不如一见”之效，这是其他教育手段不可替代的。又如徐悲鸿纪念馆举办的陈列，展出了徐悲鸿在各个时期的国画、油画和素描的代表作，这些精美的艺术品，能给人美的享受，陶冶人的情操，提高人们的艺术修养和文化修养，也使人们认识到这位杰出的画家和教育家的卓越人生。

（五）藏品是科学研究的可靠实物资料

博物馆的藏品，能如实反映事物的真实面貌，为人们提供多方面的历史信息，为科学研究提供重要的第一手材料。湖北省博物馆在湖北随州发掘的战国曾侯乙墓，出土了一套完整的曾侯乙青铜编钟，钟上有6000多字铭文，不仅解决了中国音乐界长期争论的问题，也大大补充了我国研究先秦音乐史的内容。浙江省博物馆收藏出土的青瓷数量颇为丰富，其中唐末五代余姚金银镶口的青釉瓷器的发现，不仅揭开了青瓷史上的谜底，也为中国陶瓷史的发展提供了重要的实物资料。

（六）藏品是开展对外文化交流的重要资源

我国的博物馆藏品十分丰富，我们可以充分利用博物馆的藏品，通过各种形式，广泛开展文化交流，使世界各国人民目睹中华文明的瑰宝，加深对中国的了解，增强彼此的友谊。改革开放以来，中国的博物馆先后在世界上20多个国家举办了各类不同的展览500多个，展示了中国悠久璀璨的文化，使世界进一步了解了中国，博物馆的藏品发挥了重要的作用。特别是北京举办奥运会期间，由国家文物局和中国科学技术协会联合主办的“奇迹天工——中国古代发明创造文物展”，通过300多件（组）精品文物，展现了中国辉煌灿烂的古代科技发明，为世界了解中国提供了一个窗口，为东西方文明架起一座桥梁。

藏品是博物馆赖以生存的关键，是博物馆一切工作的核心所在，大量事实充分说明藏品在博物馆中的重要地位和作用。正如刘月兰同志在《博物馆藏品管理工作的几点思考》一文中所说：“博物馆事业的发展有赖于馆藏文物，藏品是各项工作的源泉。因而博物馆在确立方向时，都将‘藏品立馆’作为首要方针。”博物馆为了各项业务能顺利开展，为了使博物馆工作能可持续性地向前发展，我们必须确立“藏品立馆”的理念，充分重视藏品收集工作，深入开展藏品研究，切实搞好藏品管理，为实现我馆的宏伟构想，发挥应有的作用。

二　重视藏品收集工作，不断充实馆藏文物

博物馆是以收集藏品起家的，藏品是博物馆的根基。博物馆没有藏品，就不是真正意义上的博物馆。博物馆的藏品收集工作，关系到博物馆各项业务活动的开展，也关系到博物馆工作可持续性的发展。

苏东海先生在《试论博物馆及博物馆学之中国特色》一文中，就明确指出：“我们要建设有中国特色的博物馆，必须千方百计地充实馆藏。一个博物馆有丰富的、高质量的馆藏，它的教育的功能、科研的功能，才能成为有源之水，有本之木。”

中国国家博物馆是在原中国历史博物馆和中国革命博物馆已有的基础上组建而成的。虽然在过去几十

年中，两馆对藏品的收集，做了大量的工作，收集了大量的藏品，但与国内外一些著名的博物馆有丰富的、高质量的馆藏比起来，还有一定的差距。目前我馆正处在新馆建设的关键时期，收藏藏品应是我馆当务之急。

博物馆肩负有收集藏品，保护藏品的重要任务，作为国家博物馆更应义不容辞，全力以赴。我馆应根据“保护为主、抢救第一、合理利用、加强管理”的文物工作方针，树立“中外兼收、古今并重、突出重点、坚持标准”全方位收集藏品的理念，有目的、有计划地开展藏品收集工作。具体来说有以下几个方面：

第一，我馆在藏品收集工作中，一定要注意“中外兼收”，不仅要重视中国文物收集工作，也应做好外国文物收集工作。长期以来，我国的博物馆对外国文物收藏较少，研究不多，这是我国博物馆十分薄弱的环节，与我们作为一个世界文明大国的博物馆事业很不相称。外国文物是世界各国人民的历史文化遗产，也是研究中外关系的重要资料，博物馆必须予以高度重视。

第二，我馆在藏品收集工作中，一定要坚持“古今并重”，既要重视古代历史文物收集工作，也应重视近现代历史文物的收集工作。目前中国社会发展很快，沧桑巨变，近现代历史文物正在迅速消失，如不及时收集，就有可能湮没难寻。作为国家博物馆，要认真做好古代历史文物的收集工作，更应认真做好近现代历史文物收集工作，切实防止“厚古薄今”的倾向发生。

第三，中国是一个多民族的国家，各个民族的生产、生活、风俗、习惯、宗教、信仰等方面实物资料极为丰富。过去我馆对民族、民俗文物收集、研究重视不够，今后应及时抢救，认真地收集，还应加强管理，深入开展研究，充分发挥它应有的作用。

第四，我国历代的书画碑帖、近现代美术作品、民间工艺美术作品，历史悠久、琳琅满目，都是我国珍贵的文化艺术遗产，也是我国博物馆极为重要的藏品。国家博物馆不仅是一个历史性的博物馆，而是集历史性、文化性、艺术性为一体的综合性博物馆，在今后的藏品收集工作中，不仅要收集历史方面的文物，还应收集文化、艺术方面的文物。

博物馆藏品的收集和积累，既要依靠国家文物主管部门的大力支持，又应发挥博物馆本身的积极作用，认真搞好自身的工作，扩大本馆在社会上的影响，通过各种不同途径和方法，积极开展藏品收集工作。以下是我的几点建议：

第一，国家文物局是我馆上级业务主管部门，历来对我们的工作都很关心和支持，我们应当积极争取他们更多的帮助。国家文物局已拨交我馆 39 万件文物，这是对我馆的极大支持。我馆应尽快编目入藏，结合新馆建成和建馆百年大庆，尽可能向社会予以展示。

第二，各地博物馆对中国历史博物馆和中国革命博物馆筹建新馆期间，曾调拨一批文物支援两馆，对两馆的发展发挥了积极作用。今后我馆应继续加强与各地博物馆的联系，活跃馆际间藏品的相互交流。

第三，过去许多年来，中国历史博物馆和中国革命博物馆接受过许多人捐赠的文物，他们这种热爱我国文化遗产、愿意将文物捐献给国家的高尚行为，应当受到社会的尊重，博物馆应当很好地予以宣传和表扬，鼓励更多的人来关怀博物馆，将文物捐赠给博物馆。

第四，中国美术家协会、中央美术学院、中央工艺美术学院等单位对中国历史博物馆和中国革命博物馆给予了很大的支持，许多著名的美术家、书画家为两馆创作了大量美术、书画作品，我馆应继续加强与他们联系，保持密切协作，争取他们给予宝贵的援助。

第五，许多考古发掘单位，通过田野考古发掘和水下考古发掘，收集了大量考古发掘文物，这些都是国家宝贵的科学文化财富。但是不少单位对这些文物，长期积压在库，没有很好地展示。我馆应和他们主动加强联系，充分进行协商，在文物交换与使用方面，争取他们的大力支持。

第六，中国民间文艺家协会和中国社会科学院民族研究所都收藏有大量民族文物和民俗文物，我曾主动与他们进行联系，他们愿同我馆长期合作，提供有关文物进行展示。

第七，北京故宫博物院在南京朝天宫还存放有一批抗日战争胜利后从四川运回的文物，长期积压在库。建议国家文物局、文化部能否请示国务院，调拨或借用部分藏品支援我馆，在新馆正式开放后公开进行展示，以便充分发挥文物的作用。

三 深入开展藏品研究，力争多出精品成果

博物馆不但要征集藏品，积累藏品，为国家保护宝贵的科学文化财富，还应该研究藏品，深入发掘藏品的内在文化价值，充分展示其在社会上的重大作用。

藏品是博物馆研究的重要对象，也是博物馆据以研究有关学科的实物资料。研究藏品是博物馆一项经常的重要基础工作，其目的就是揭示藏品本身蕴藏的内在价值和作用，探寻其反映自然界和人类社会生活变化的现象和规律。

博物馆的藏品研究，主要有以下几个方面，即关于藏品的科学鉴选、藏品的科学鉴定、藏品的专题研究。

（一）关于藏品的科学鉴选

博物馆通过各种途径不断地收集藏品，扩大藏品的积累。但在入馆的大量物品中，往往鱼龙混杂、玉石不分，其中难免有一些价值不大或没有什么价值的物品，这就需要通过我们进行科学的鉴选，确定哪些具有收藏价值，符合博物馆的入藏标准，可以收藏保管。这种对入馆的物品进行科学鉴选的过程，也就是对藏品进行科学研究的过程。首先要对入馆的物品的真实性进行鉴别，鉴定其真伪。然后要对其有无历史的、科学的、艺术的价值，作出正确的判断。最后要按照博物馆对藏品的要求，是否符合入藏条件，进行必要的选择。凡是符合入藏条件的，就要尽快登记编目入藏，妥善、科学的保管。

（二）关于藏品的科学鉴定

博物馆藏品的科学鉴定是一项细致、复杂的科学研究工作，它不仅要对藏品的真伪作出科学的鉴定，还要定出藏品的名称，确定藏品所属的时代，还要正确揭示藏品所反映的社会现象、自然现象及其规律性的特征，揭示藏品的历史价值、科学价值和艺术价值，评定它在政治上、学术上的意义，并作出完整的科学论述。

（三）关于藏品的专题研究

博物馆藏品的专题研究，是博物馆科学研究的一种重要内容。藏品的专题研究，有个体的单项研究，也有群体的综合研究。个体的单项研究，就是研究具体的单个藏品，如对某件青铜器、书画、瓷器、印章、传单的研究。而群体的综合研究，就是对一组藏品或一类型藏品、一个时代的藏品或一个墓葬出土文物，进行分析、比较的综合研究。藏品的专题研究，是对藏品更加深入的研究，要对藏品的时代背景、社会环境、特点、作用、影响等，作出科学的评论和阐述。

藏品研究工作是一种艰苦、复杂的脑力劳动，在大多数的情况下，都是个人进行独立的钻研。常言说博学多问，见多识广。研究藏品必须多学、多看、多想、多问。只要我们勤奋努力、刻苦钻研，就一定能够取得好的成果，成为有成就的专家。

研究藏品，个人钻研是完全必要的，但毕竟个人的精力和智慧有限。有些研究项目，特别是一些综合研究项目，应当在个人研究的基础上，开展必要的集体合作，这样可以集思广益，有助于更好地取得成果。

博物馆的藏品数量很多，门类庞杂，研究任务十分艰巨，这是一项长期的业务活动。博物馆应当建立一支有较高水平的研究队伍，长期从事藏品的研究工作。同时，也应鼓励业务部门的工作人员积极参与藏品研究，特别是藏品保管部门的工作人员，更应义不容辞地参与这项工作。藏品保管部门的工作人员，长期担负着藏品保管工作的任务，他们经常接触藏品，对藏品研究来说有着得天独厚的条件，只要自己刻苦努力、认真钻研，就能取得很好的成就。博物馆有许多著名的专家，如傅振伦、史树青、耿宝昌、叶佩兰等，都是长期从事博物馆藏品保管工作的，他们在藏品鉴定、藏品研究工作中，作出了显著的成绩。

博物馆藏品研究工作的学术成果，有的直接体现在陈列展览之中，有的则以科学论文、研究报告、学术专著等形式在社会上发表。如2007年8月15日，我馆在上海召开的《中国国家博物馆馆藏文物研究丛书》

出版发行新闻发布会，这种形式非常有利于我馆藏品研究工作的开展。我馆应更好地把藏品研究工作认真规划好，充分调动我馆业务部门工作人员积极参与，力争培养更多的优秀人才，多出一些精品成果。

四　切实搞好藏品管理，充分发挥社会效益

博物馆保存了大量藏品，不仅数量巨大，而且种类庞杂，不仅要长期妥善保存，还要经常提取使用，保管工作任务十分繁重。为了保障藏品的安全，充分发挥藏品的社会效益，博物馆必须切实搞好藏品管理工作。

藏品管理工作是博物馆一项重要的日常业务，必须严格按照国家文物局的有关规定，认真做到“制度健全、账目清楚、鉴定确切、编目详明、保管妥善、查用方便”等基本要求。

为了搞好藏品管理工作，我馆应当采取以下措施：

（一）加强藏品管理工作队伍建设，提高藏品管理人才素质

藏品管理工作人员担负着博物馆保管藏品的重任，博物馆必须认真加强藏品管理工作人员的挑选和培养工作，必须选择配备一批具有高度敬业精神，坚守工作岗位，热爱本职工作，积极钻研业务的干部，才能胜任这项工作。博物馆藏品管理工作专业性很强，业务水平的提高，不仅靠学识的丰富，还要靠经验的积累。目前博物馆有一批经验丰富、业务水平较高的藏品管理工作人员，工作中应充分发挥他们的作用。同时应采取各种方式，培养一批德才兼备年轻有为的干部去担任藏品管理工作，我们要鼓励他们在工作岗位上，边干边学，努力成材，不断提高业务水平和工作能力，还应提倡“人才冒尖”，为他们创造各种条件，对他们成名成家给予充分的支持和帮助。

（二）认真改善藏品保管条件，切实保障藏品妥善管理

博物馆必须保障藏品长远妥善保存下去，这是博物馆事业的百年大计。藏品库房和藏品保管设备是博物馆藏品获得安全保障的最起码的条件，博物馆应当采取必要的措施，切实地逐步加以解决。国家博物馆在建设新馆期间，应充分重视库房的修建，力求建筑坚固，布局合理，确保藏品安全，工作条件方便，还应采用一些现代化的技术和设备，提高藏品科学管理水平。

（三）严格坚持规范操作，加强藏品的制度化管理

博物馆藏品管理工作人员担负着保护国家宝贵的科学文化财产的重任，他们必须提高法制观念，恪尽职守，依法办事。博物馆应当根据国家制定的有关法规，结合本馆的具体情况和工作需要，建立一套藏品管理工作的规章制度和工作程序，认真贯彻执行。藏品管理工作有关制度，既要健全严密，又要切实可行。只有真正做到有章可循，有法可依，严格按照制度办事，进行规范操作，才能使藏品管理工作各项任务顺利完成。

（四）充分发挥藏品的社会效益，更好地为改革开放服务

改革开放以来，我国在各方面都发生了深刻的变化，博物馆也取得了巨大的进步。正如胡锦涛同志在《高举中国特色的社会主义伟大旗帜，为夺取建设小康社会新胜利而奋斗》一文中所说：“当今时代，文化越来越成为民族凝聚力和创造力的重要源泉，越来越成为综合国力竞争的重要因素，丰富精神文化生活越来越成为我国人民的热切希望。”博物馆作为传播科学、传承文明的一种软实力，应当贯彻科学发展观，打破传统的封闭模式，提高博物馆的社会化程度，更好地面向广大群众，为使人民的基本文化权益得到更好保障，社会生活更加丰富多彩，精神面貌更加昂扬向上，做出积极的贡献。

2010 年是我馆即将建成，2012 年是我馆建馆 100 周年大庆，国家博物馆应结合我馆新馆建成和建馆百年大庆，充分发挥馆藏文物的作用，通过举办陈列展览，加强科学研究，搞好编辑出版等业务活动，积极开展中华民族优秀的历史文化和光荣的革命传统教育，丰富广大人民的精神文化生活，更好地为国家的改革开放事业服务。

参考文献：

1. 国家文物局：《中国博物馆学概论》，文物出版社，1985年。
2. 王宏钧：《中国博物馆学基础》，上海古籍出版社，2001年。
3. 彭常新：《以改革的精神，开放的胸怀发展博物馆文化》，《中国文物报》2008年3月12日。
4. 国家文物局博物馆司：《博物馆事业改革开放30年》，《中国文物报》2008年11月28日。
5.《中国国家博物馆成立》，《中国文物报》2003年3月5日。
6.《中国大百科全书·文物博物馆卷》，中国大百科全书出版社，1993年。

（原文刊于《中国国家博物馆学术讲座文集》，2011年）

试论博物馆教育的主体和客体

齐吉祥

博物馆的所有教育活动从根本上讲，都是通过人来完成的，人身心的需要和人的能动作用，决定着博物馆教育的内容和结果。在构成博物馆教育的诸要素中，人的因素，始终处于主导地位，博物馆教育的价值和功能，最终主要是通过博物馆社教人员的实践活动和受众的接受与变化来实现。因此，既要对参与博物馆教育的各类人员进行剖析，还要研究博物馆社教人员和受众之间的关系，依此组织和开展博物馆教育活动，才能有真正理想的结果。

为了认识博物馆社教人员和受众之间的关系，首先要明确他们在博物馆教育活动中的地位。相对于博物馆教育活动而言，他们都是这一活动的承担者，无疑，他们都处于主体地位，或者称之为博物馆教育复合主体。然而，具体到他们两者之间在博物馆教育活动中的相对地位而言，则又有了主、客体的区别。

一　博物馆社会教育主体的构成与特点

（一）博物馆社会教育主体的确认

在博物馆教育中，博物馆教育人员与博物馆受众是人的因素中关系最密切的两个方面，在博物馆教育活动中，他们互为存在的条件，均是教育活动的承担者。至于他们谁是教育的主体，大家看法不一。

在人们通常习惯的观念中，认为博物馆教育人员是博物馆教育活动的主体，这一观点，有其合理的一面，即揭示了博物馆教育活动中受众是教育活动的对象，而博物馆教育人员则以自身的活动来引发受众身心的发展和变化。但是，这一观点并不够全面：首先必须看到，受众具有主观意志和意识，他们在教育活动中并不是消极、被动的接受教育，而是根据自己的意志、情感、需要和能动性，积极参与乃至影响博物馆的教育活动，特别是进入博物馆的观众，在参观过程中所表现的各种思想情绪、动作行为，总在一定程度上影响着讲解人员。再者，博物馆教育归根结蒂是要使受众得到发展，而且教育目的的最终实现是要看受众是否接受，并通过积极努力将教育的设想变为现实。没有受众的主动探求、吸收，教育过程的进行几乎是不可能的。为此，我们认为将博物馆受众视为主体，是比较恰当的。

将博物馆受众视为主体，指的只是受众在博物馆教育活动中的地位，即主体地位。这是以人为本教育理念的具体体现，是对博物馆板着面孔以教育者自居的彻底否定，博物馆和受众的关系不再是给予和接受的关系，而是平等对话和共同探究的关系。这种定位有助于博物馆教育人员深刻认识由于时代的变化而引起的博物馆职能的改变，从而切实增强服务意识。同时，也可以激发受众的能动性、自主性和创造性。需要特别强调一点的是，这种确认丝毫不影响博物馆教育人员在教育活动中的主导作用。博物馆受众的身心所以能朝着社会要求的方向和谐发展，正是博物馆教育人员在教育活动中发挥主导作用的结果。主体地位和主导作用，是从不同角度看待事物的结果，不能互相取代。

（二）博物馆社会教育主体的特点

1. 主体的共性特征

成员的广泛性。不论是否来博物馆，不论学识、学历，不论国籍、民族，也不论年龄、身体等自然状况，凡是愿意接受或参与博物馆教育活动的，统可归之为博物馆受众。这种广泛性意味着受众之间有诸多的差异，决定了他们有各种不同层面的需求。

充分的自主性。受众完全凭自己的意志、情趣，决定接受博物馆教育的内容、方式和程度，没有考核、竞争与淘汰的外在压力，没有认知上的限制，他们的思想和感情，可以在自己喜爱的内容中尽情驰骋。

2. 个体发展阶段特征

每个人的人生发展都是有阶段性的，分析、认识人生各阶段普遍具有的典型特征，才能明确博物馆教育在受众个体发展的每一阶段的任务和方法，更好地体现其针对性。

划分人生阶段的标准是多种多样的，这里试以年龄为链条，从生理、心理、社会三个方面相统一的角度予以人生阶段的划分，其主要标准是人认识社会和融进社会的自主水平。参照教育学等相关理论，结合博物馆教育活动，将受众分为幼儿、童年、少年、青年、成年和老年六个阶段，其特征简述如下：

幼儿（1.5—6岁）阶段。这是人生的启蒙时期，是人开始主动认识周围世界的阶段。当前社会上把3岁做为幼儿前、后期的分界线，即3岁以后幼儿要更多地接触社会，有了少许语言能力，有了好奇心，尤其对童话故事中的人物、动物感兴趣。博物馆教育应该关注3岁，特别是4岁以后的幼儿，适宜采用彩色图形、绘声绘色的口语和浅显、生动的故事开展教育活动。

童年（6、7—11、12岁）时期。这是人生的奠基时期。带有一定强制性的学习是童年时期的主要内容。他们有很强的吸收能力，在认知来源上从以口头语言为主，过渡到书面语言为主。情感开始复杂化，但还不会掩饰自己的情感，而且其情感较易随情景而变化，和幼儿相比更重视他人对自己的评价。由于童年 的率真，对成年人有较大依赖性。由于身体的各种器官及功能还比较脆弱，各方面均缺乏持久性。

博物馆对这一层面的受众开展教育活动，带有奠基性，在这些幼小心灵撒播博物馆的种子，对博物馆教育的持续发展尤其重要。对于博物馆的知识和信息，他们还不会做出恰当的选择，必须予以耐心、细致的引导。内容上切忌过多、过深，以免超出能接受的范围和精力集中的时间，引起“消化不良”。要用各种方法对他们进行鼓励，肯定他们在吸收博物馆知识上的点滴成果，不断激发其寻求博物馆知识的兴趣。

少年（12、13—15、16岁）时期。这是人生的起飞时期。虽然和童年阶段仅差5岁左右，但身心均有很大变化，生理趋向成熟，精力也特别充沛。他们大多在学校就读初中或高中一年级。在认知方面，已注重逻辑思维，对所学内容和周围事物，开始作出独立的判断。他们主动追寻社会文化，喜欢参加新鲜而富有兴奋性、刺激性的活动。已具有一定交往能力，常结伴行动。情绪不稳定，欠缺自我控制能力，有时一次聚会、一张光盘、一本小说、一场报告会，就能使其改变原来的思想。

他们来博物馆参观或参加博物馆的活动，大多是集体行动，有时还是年级行为，人数较集中，有比较明确、具体的学习目的和学习内容。博物馆社教人员要有针对性地设计讲解内容和安排各项活动，要有新鲜感，要强调启发式的讲解，注意充分调动他们的探究精神。在人数较多时，要科学安排讲解的批次。

青年（16、17—30岁左右）时期。这是人生的成熟时期，正如孔子所说“三十而立”，个人的身体、婚姻、学历、职业、个性、才能、世界观等一系列重大问题大多确定。

青年已取得社会公民的正式资格，步入成年人的行列，有较强的社会责任感，他们比任何阶段的人都更关心社会的发展和明天，所以，毛泽东主席对青年人说“你们是早上八九点钟的太阳，希望寄托在你们身上”。

他们的各项能力，特别是观察、分析事物的能力和解决问题的能力，都发展到较高水平，情感的表现也较少年稳定而深沉。但成熟性不足，缺乏实践经验和历史感。由于城乡差别等因素，他们在文化水平上存有很大差异，有的已获研究生学历，有的仅是初中，同时男、女性别之间在性格、爱好、价值取向等方面也有明显差别。他们既精力旺盛，又不时因工作和生活所累而身心疲惫。

这一层面的受众，由于年龄跨度大，其差别也相应较大，对其接待要讲究因人而异。他们中的大多数，将参观博物馆视为一种休闲活动，虽然有一定的学习愿望，但没有明确的具体学习内容，往往凭感觉和爱好予以选择。博物馆社教人员要善于引导他们进行探讨、分析，所讲内容要有一定深度和哲理性。

成年（30 岁左右—60 岁左右）时期。这是人生的定型时期。

这个时期年龄跨度较大，可以 50 岁为界分为两个阶段，因为从生理学上讲，人身体功能的衰退从 50 岁左右开始加速，人们习惯上把 40 岁左右称为“中年”。

成年人肩负工作、生活两副重担，特别是中年人，既是事业上最富成就，又是养育子女、促其成才的重要阶段。而且往往对子女寄予厚望，不惜投入。

成年人已经体验了人生诸多事宜，对客观世界有了较多认识，从而产生了较强的自控力，为人处事稳健、练达，其中一部分变的较比世故、平庸。在认知方面，为提高生活质量，喜欢获取文化信息，中年人因事业需要，大多继续求知、探索。特别是 40 岁左右的人，为适应时代和社会的既激烈又迅速的变化，更是精力旺盛地孜孜以求。

这个层面的受众同样也是有较大差别，也要注意因人而异。他们到博物馆参观大多是出于广泛的兴趣爱好，少量是与所从事的工作学习的内容有一定关联。这个层面的受众不乏群体行为。其中，中年人的一部分喜欢同子女一起参与博物馆教育活动，博物馆方面若对其子女多予关照，将使他们感到格外满足。

就总体上讲，讲解内容要简单扼要，要注重知识性、趣味性，对参观目的较明确者，要注意充实其知识体系。

老年（60 岁以上）时期。这是人生的“夕阳”阶段，生理机能明显衰老，适应外界能力减弱，大多退出社会职业生涯，闲暇时间增多，子女也多因成家立业而分离，部分遭遇丧偶之不幸。因之，老年人易生孤独感，情感上需要慰藉。

“夕阳无限好，为霞尚满天”，老年人并非消极地用余生等待生命的结束，尤其是全社会对老年人的关爱，焕发了老年人“老有所为”的心态，燃起再次扬帆的激情，老年生活充实而愉悦，这从各地雨后春笋般涌现的老年大学、老年书画展和大量出现于旅游团队中的老年人身影即可见一斑。

博物馆教育要在满足他们“享受闲暇”上下功夫，要有晚辈对长辈的温暖和关爱，要满足他们怀旧的心理，要提供各种便利条件。

二　博物馆教育客体的构成和职业品质

（一）博物馆教育客体的构成

构成博物馆教育客体的有讲解员、外联员、科普人员、电教人员和教育部门负责人等。由于各馆的性质、隶属关系等方面的不同，上述岗位的名称也叫法不一，如讲解员一职，有的称辅导员、解说员、说明员，还有人主张叫博物馆老师，虽然名称不同，但从事的教育工作大体一致。这些人员既有专职，也有兼职，还有义工和临时工。

讲解员是教育客体中最核心的部分，是博物馆宣传教育职能的主要体现者，在博物馆范畴他们最有机会和受众进行直接的双向交流，他们对受众的影响力最大，在一定意义上说讲解员是博物馆的形象。

早在 1905 年，南通博物苑的创建者张謇就倡议博物馆设招待员提供讲解服务，然而，这一倡议未能成为现实。1906 年美国波士顿美术博物馆设立了讲解员，从此，讲解员这一职务在博物馆得以确立。中国，由于近代博物馆事业发展缓慢，直到 1949 年 7 月，才有了第一批专职讲解员。因为旧中国人民大众的文化水平普遍很低等缘故，讲解员的起点定位也很低，从 20 世纪 50 年代的讲解员看，大多只有小学和初中学历。这一低起点，极大地制约了讲解工作和讲解队伍的发展，并产生了许多消极影响。现今情况有了很大改观，学历普遍提高到大专以上，拥有了一批博物馆中、高级业务职称的骨干力量，博物馆社教工作得以极大扩展。其前景是大幅度增加知识含量和艺术性，造就专家型、学者型的讲解队伍。

我国劳动和社会保障部等部门编制的《中华人民共和国职业分类大典》划定的1838个职业中，就有讲解员一职。讲解员的设置可有专职、兼职、义工（志愿者）、临时四种，博物馆教育是一项事业，专职讲解员是该项事业取得成功和发展的重要保证。口头讲解被视为中国博物馆的一大特色，按照中国的国情，这种博物馆教育的方式还将继续下去。兼职讲解员系由博物馆业务人员担任，而且应该是有中级以上（含中级）职称的、具有较高业务水准的业务人员，才有此资格。义工讲解员来自社会，服务受众，与受众更具亲和力。在国外，博物馆义工队伍相当庞大，且运作成熟。我国博物馆界只是在近十年才开始组织志愿者，目前，在中国国家博物馆、故宫博物院、中国科技馆等处都取得较好效果。临时讲解员主要是针对临时性的展览，而且观众数量很大的特殊情况而设立的，面向社会，特别是大专院校，紧急招聘，突击培训，此乃应急之举。

外联人员。博物馆教育不能坐等公众，而是要主动送服务上门。调查表明，在当今的文化市场和教育市场中，博物馆占有的份额是非常微小的，相当多的公众不了解博物馆，不知道博物馆展什么、有什么教育活动、甚至连博物馆的存在都不知道。外联人员的任务就是拓展各种途径，把博物馆教育推向社会，把更多的公众变成受众，并增大受众中观众的比例。

科普人员。主要从事编写普及博物馆教育的展览简介、活动介绍、宣传品等，设计并组织教育活动等项事宜。规模较小、人员编制不多的博物馆，可由讲解员兼顾。

电教人员。现代科学技术的发展，特别是数字技术的发展，为博物馆教育提供了受众喜闻乐见的新手段。大多数博物馆都开设了网页、设置了多媒体，有的还开辟了电化教育室，电教人员日益成为博物馆教育人员的重要组成部分。

部门负责人。这是教育客体中最关键的配置，直接影响博物馆社教队伍的效率和作风，汉高祖曾说："置将不善，一败涂地。"所以这个人选应该是管理型的优秀人才。

除上述人员外，社会上一些人士也有可能成为教育客体的临时成员，如一些专家、学者应邀举办学术报告或讲座，学校教师和博物馆社教人员共同策划教育活动等。这种临时成员大多有相当建树，是特别宝贵的人力资源。就他们的每一个个体来讲，投入到博物馆社会教育的时间、精力都可能是很少的。然而，若干个体汇集起来，其能量之大，不容怀疑。尤其不能忽视的是，这些人的教育课题或活动项目，往往都是博物馆自身成员所不具有的，对丰富博物馆的社教内容和扩大教育效果，提升博物馆知名度有重大意义。这种作法是博物馆教育社会化的一种体现。

（二）博物馆社会教育客体的职业品质

博物馆教育客体的整体构成和每一个成员的思想境界、工作态度、知识水准、能力状况乃至着装举止、音容笑貌，都是影响博物馆教育主体同博物馆情结，也就是从学习情趣到学习效果的一个重要因素，因此，必须重视博物馆教育客体职业品质的提高。职业品质的构成，主要是职业道德和智能结构两个方面。

1. 职业道德

职业道德是人们在职业活动中应该遵循的行为准则，它是一般社会道德在不同职业中的特殊表现形式，是人们道德品质的重要组成部分。职业道德是在长时间的自我修养和社会公德的影响中形成的。博物馆教育客体的职业道德主要包括以下内容：

培养稳定的事业心。博物馆教育无疑是一项大有可为的事业，它需要教育人员的大量付出：时间、精力、体力，乃至情感。每个称职人员的付出，都要远远超过工作日的界限，可是，这种劳动支付和由这种劳动所取得的报酬往往是不相匹配的，甚至在局部环境中还不被承认。博物馆教育的产品属于精神产品，大部分劳动价值呈潜在的形式，其教育成果往往要经过一段相当时间，才能显现出来。博物馆社教人员应该从事业的高度看待自己所从事的工作，充分认识其重要意义，努力做到甘心奉献，热爱本职工作。当遇到困境，遭受挫折时，能不放弃努力，不改变理想。

事实证明，任何一种教育行为，教育者在艰辛付出的同时，也播种收获，教育既使被教育者成才，也使教育者成才，博物馆社会教育自然也不例外。我国不少社教人员在各自的岗位上做出了令世人瞩目的成就，他们用亲身实践证明了博物馆社会教育工作是人们施展才华的大舞台，是培养人才的好场所。

牢固树立服务意识。从本质上讲，博物馆社会教育也是一种服务，是国际博物馆界共同遵循的“为社会和社会发展服务”这一博物馆原则的具体体现。对博物馆社教人员而言，服务既是一种职责，也是一种手段。受众完全有权要求博物馆提供优质的服务，便捷、舒适、自由地获取博物馆的知识和信息，以及享用博物馆的相关设施。博物馆社教人员应当提供尽心尽意的服务，同时还要通过这种服务，拉近公众同博物馆的距离，扩大博物馆的市场份额，更好实现博物馆社会教育的职能。

服务的一个核心问题是“热爱受众”，只有热爱受众，才能全心全意为受众服务，才能竭尽全力地从事社教活动，才能宽容受众。

强化团队协作精神。博物馆社教人员的工作具有个别性特点，在同一时间和空间内，往往只是一个人面对受众开展活动；对教育内容的钻研、准备，很大成分上也是单独进行；在博物馆社教的艺术性上更是个性鲜明。正是这种不可避免的个别性特点，决定了每一名博物馆社教人员都要有团队精神，正确地看待个人的作用，处理好个人和他人、集体的关系。因为每个人完成的仅是社教工作中的一个环节，产生的也只是局部效应，整体的社教工作是大家协作的结果。

再者说，当今社会方方面面的竞争日趋激烈，挑战和机遇往往成并存的态势，这就更需要团结协作，运用集体的力量，甚至是社教部门和馆内其他部门乃至社会上的相关部门的通力合作，才能保证工作的圆满完成。

除以上三点以外，博物馆社教人员还要注意在政治、思想、品德方面的提高，应该做到“以身立教，为人师表”。宋代著名思想家陆九渊曾说：“师者，人之模范也。”

2. 智能结构

智能结构包括知识和能力两个方面，这是博物馆社教人员为受众服务的资本，也是衡量社教人员是否合格的核心条件。

知识结构。博物馆社教人员的知识结构由专业知识、社会知识、语言艺术、教育学、心理学、外语等方面知识组成。从整体上讲，是比较广博的。从功能上讲，可分为两种：其专业知识是博物馆社教人员用以对受众开展各种教育活动的“原材料”，对这种知识的掌握程度，决定着教育活动的深度和广度。因此，在专业知识方面务求扎实，一些综合性、科技性、历史性、艺术性的博物馆，专业知识的面涉及广泛，应注意博中求专、不乏见地。

第二种知识即专业知识以外的各种知识，是博物馆社教人员在教育过程中的工具。掌握社会知识，才能了解社会的需求、受众的需求，才能知道社会热点，使博物馆社教活动更具针对性，所以社会知识务求丰富。语言艺术的作用更不容轻视，它可以使教育活动更具魅力。教育学、心理学可以使博物馆社教人员了解受众身心活动和发展的规律，以避免盲目性。当然对博物馆社教人员来说，掌握教育学、心理学的目的在于实际应用，因此，主要是掌握其基本原理和原则即可。由于我国国际地位不断提升，国际交往日益扩大，来自国外的博物馆受众也呈上升趋势，为了更迅速、更准确地传播中华文明，博物馆社教人员应掌握一定外语，可视岗位不同，有不同程度的要求。有些博物馆的社教人员根据工作内容还应具有一定才艺，如歌唱、朗诵、书画等。

总之，博物馆社会教育人员为了适应社会发展的要求，必须把自己培养成综合性知识人才。同时，还要注意做到在知识领域上的与时俱进，新的知识、新的发现、新的认识层出不穷，予以及时了解和掌握运用，才能跟上时代的步伐。

能力。一定的能力是成功地完成某种或某些活动的必要前提，而且往往是多种能力的综合运用，才能较好地完成一项工作。博物馆社教人员面对差异众多的受众，自然需要多种能力。

博物馆教育是一项极富生命力的事业，做为博物馆教育客体的每一名成员，在为这一事业贡献自己的聪明才智的同时，使自己也变得愈加美好。

（原文刊于《中国文物科学研究》2006 年第 4 期）

关于博物馆藏品信息管理模式转型的思考

安 莉

随着信息时代的到来及互联网络的日益盛行，社会信息化进程不断加速，信息数字化热潮呈现席卷全球之势，深刻影响着社会的各个层面，数字资源已逐渐成为信息社会的核心资源之一。数字技术和网络技术在文化领域的应用，形成了文化传播新的发展趋势，数字博物馆也成为令人关注的领域之一。藏品信息数字化是数字博物馆的重要内容之一，也是数字博物馆的基础。

我馆近现代藏品信息管理系统的运行，实现了对近现代藏品数据的数字化存储和管理，解决了传统工作模式下信息检索慢、统计数据难、资源利用水平低、数据易丢失等问题。近现代藏品从征集、鉴选、编目到入库将全部通过计算机网络完成，方便了藏品数据管理和数据统计，大大提高了藏品的管理水平，有效地保护了藏品。藏品信息管理从传统向数字化、网络化管理模式的转型为数字国博的建设奠定了基础。

一 对传统藏品信息管理模式的认知

博物馆藏品是国家宝贵的科学和文化财富，是博物馆业务活动的物质基础。藏品管理是博物馆主要业务工作之一，是各项业务工作的基础。藏品信息管理又是博物馆藏品管理的一个重要组成部分，是藏品管理工作的延伸和发展。藏品信息产生于藏品本身，是藏品的衍生产品，是人们通过对藏品的认知和研究，以文字、图像等形式，记录、描述、复制、加工于其他载体之上的信息产品；也是能够反映文物藏品历史价值、艺术价值、科学价值的实现形式。所以，藏品信息可以相对独立于藏品本身，可开发，可处理，可共享，可传播，是有丰富价值的文化资源，它为展示、研究、宣传历史，弘扬民族文化提供可靠的依据。

藏品信息管理系统的建立，不仅实现了博物馆藏品管理工具与手段的升级换代，而且引发了博物馆藏品管理的指导思想和工作模式的深刻变革。多年来，我馆近现代藏品征集、编目、建档、入库、库房管理等一整套流程，都是传统的手工操作的管理模式，采用纸质的信息载体进行。从文物征集入馆的第一步开始，就要填写藏品登记表、征集单据等一些记录藏品原始信息的表格；在文物编目、建档阶段，还要重新填写藏品编目草卡上文物的各种信息，经审核后，打印出4—5套目录卡片，包括库藏卡、顺序卡、时期卡、物名卡、人名卡，其中库藏卡在文物点交入库时，随文物一并交库房保管人员，建立分库目录，用于库房管理。藏品草卡和顺序卡作为藏品档案的一部分交由总账管理。其余3套卡片按类别分检排序，提供使用者进行藏品信息检索。对文物进行更深入鉴定时，也要根据藏品卡片内容填写《藏品鉴定表》或《藏品档案表》。另外，文物入库后，总账人员登录国家文物局印制的《藏品总登记账》。

在传统的藏品信息管理模式下，藏品的征集、编目、建档、入库工作要经过多道程序，费时费力，重复劳动，而且随意性强，造成信息不规范，容易出现误差。更存在着档案、资料保存不善、查找使用不便等问题。

二　藏品信息数字化管理的诸多优势

（一）促进藏品管理工作的规范化、标准化

藏品管理工作规范化主要包括了藏品定名规范化、藏品分类规范化、藏品计量与计件规范化等内容。藏品管理工作的规范化是实现藏品数字化管理的基础和前提，反过来，又促进了藏品管理工作的规范化、标准化。

我馆收藏的近现代文物种类多，来源范围广，质地无所不包，形态千变万化，工艺繁简各异，功用囊括了人类社会生活的各个方面。规范藏品信息描述语言，准确把握语言文字，针对不同的文物对象，使用标准的专业词语或传统的固定词语，是实现藏品信息化管理的必要条件。对于藏品名称、质地、工艺、纹饰等类的信息，必须采用专业的、规范的文字语言进行概念性描述。手工填写藏品卡片信息时，随意性很强，对于每项信息没有一个规范的标准，或者是有标准而没能严格执行。再者，因为有的项目内容多空格写不下，随意写在旁边空白处，造成卡片信息内容和形式上都不够不统一、规范。在经过反复论证后，我们对每项内容的字数都合理地进行了限定。为了给使用者提供更全面的藏品信息，根据近现代藏品的定名特点，近现代文献类藏品，因作者、使用者和特征问题最为重要，在名称中用字描述较多，因此，我们将定名一栏设定最多 80 个汉字，可折行，最多两行，使藏品名称既简要、精练、准确，又尽可能多的涵盖藏品信息。

对于藏品的其他信息，我们尽可能采用下拉基表的形式，设定规范的用词，使用时可直接在基表中查找。如关于藏品现状描述，虽然在相关的规范中有相应的规定，但由于在实际工作中所遇到的情况千差万别，随意性比较大，大家根据自己的理解用词，出现现状描述词汇繁多，不够统一和规范，有时同一种情况，用词也有差异。我们在进行系统论证阶段，广泛征求意见，统一认识，在此基础上，将现状描述用词进行规范，总结了若干种常用的描述词，归入现状描述基表中，编目人员可根据藏品具体情况，选择一个相对恰当的词汇。这样，避免大家随意臆造词汇，使现状描述用词统一、规范。如果遇到新的情况，还可以随时添加内容。

（二）藏品计件科学，便于数据统计

藏品计件计量问题一直以来是我们实际工作中经常遇到的难题。国家文物局《博物馆藏品管理办法》规定，单件藏品编一个号，按一件计算；成套藏品按不同情况分别处理，组成部分可以独立存在的，按个体编号计件，组成部分不能独立存在的，按整体编一个号，组成部分可给分号，按一件计算，在备注栏内注明实际数量，以便查对或统计。按照这个规定的精神，各馆又根据各自的不同情况进行藏品的计件计量，由于采用的计件计量方法不同，统计标准不一致，所以很难科学、准确地统计出全国博物馆藏品总量。我馆统计藏品数量一般按照藏品号，即藏品号到多少藏品的数量就是多少，单位为件（套），这样统计出来的数量并不是实际的藏品数量。计算机为我们提供解决问题的方法，我们在录入界面中对原有卡片项目稍作调整，将原有的数量一栏分为件数、单位、分号情况、实际数量四个数据项。编目人员根据藏品的具体情况填写。对于其组成部分不可独立存在的藏品，单位用件，虽有分号，实际数量也是 1；对于一套组成部分可独立存在的藏品，单位用套，由几部分组成，实际数量就是几。如：朱德的元帅服，由上衣、裤子和帽子三部分组成，因 3 件组成一套，使用一个藏品号，分号为 3，实际数量也是 3。这样，可根据不同需要统计出不同的藏品数量，而且统计起来也更加方便、快捷。

（三）藏品信息存储丰富，检索方便、快捷

原有的卡式目录受到页面及各项内容要求的局限，不可能将藏品所有主要信息都反映在卡片上。如，毛泽东、朱德、周恩来等多人联合署名发布的布告。根据藏品定名的相关要求，我们在藏品名称中一般只提到前两三位人物，而其余人物一律用等字代替。这件布告的人名卡也只为名称中出现的人物建立，在布告中署名的其他人物的人名卡中则不包括此件。这样，藏品中所包含的一些信息被淹没。而在藏品信息数字化条件下就可以避免这种情况。我们把其余隐去的人名填在说明栏中，将说明内容作为可检索的一个项目，这样，查询任何一个在布告后面署名人的文物都可以查到此件布告。

藏品信息管理系统的应用，使基础管理工作规范化的同时，提高了工作效率，为研究和使用者提供了更加方便、快捷的检索，以及更加科学、准确、规范的藏品信息，并且实现了多人同时检索相同专题藏品。

（四）自动查重功能弥补了传统管理模式的不足

使用手工填写藏品草卡时，有时由于工作疏忽，可能会出现领号错误，致使出现两件文物重复使用同一个藏品号的情况，直到向库房保管员点交文物时才被发现。这时，文物上已经标号，文物卡片上也已填号，如果要修改，就会牵动一整套工作程序。为避免出现重复用号的问题，我们提出了在藏品号一栏中设定藏品号唯一的需求，如果新录入的藏品号与已经存在于总账册中的藏品号相同时，界面就会出现一个对话框，提醒是否要覆盖原有同号文物。这样会及早发现使用藏品号出现的错误问题，及时纠正，避免了重复用号带来的麻烦。

三　关于藏品信息管理模式转型的几点思考

藏品信息由传统的管理模式向数字化、网络化模式的转型是大势所趋。但电脑不是万能的，它不能自动生成任何数据，更不能对数据进行合理的分析、归纳等处理，而只能按照人设计的程序运行。因此，前期对藏品的认真细致的研究，对藏品信息的采集、整理、归纳、分类等工作，都为实现藏品信息数字化管理奠定了基础。

（一）藏品信息的标准化、规范化是实现数字化管理的前提

藏品编目（编制目录卡片）的目的，是为了更好地管理藏品，更方便检索和利用。传统的纸质卡式目录，对外检索、查询的卡片有 3 套，分别是物名卡、时期（事件）卡、人名卡，排卡员根据具体情况按照相关专题分别编排，供人们检索、查询。藏品信息数字化后，要通过计算机自动检索，这对藏品信息的标准化、规范化的程度提出了更高、更严格的要求。而对藏品信息的分类也不是在排卡环节完成，而是在编目环节。这就要求编目人员即严格执行编目条例中的相关规定，又要结合计算机检索的特点，做出标准化、规范化的藏品信息。

近现代藏品编目条例中规定，实物名称包括地区、物主、事件、用途、通称等几项内容；文字材料类文物名称包括作者、事件、原标题或内容摘要、通名等。在实际工作中经常遇到，有的历史事件、组织机构或人的名号等，除正式的名称（或全称）外，还有为人们普遍接受的通俗的叫法（或简称）。一般，在正式的文件中可能会用正式的名称或全称，而通俗的称谓或简称更为人们接受和认知。如，世界贸易组织，又被人们称作 WTO；近代民主革命家孙中山先生，他的原名叫孙文，中山是从他在流亡日本时的化名“中山樵”演化而来，而孙中山更广为人知。为了方便一次性检出相关数据，在编目环节录入数据时掌握好数据的规范。

关于文物的年代，编目条例中规定，“藏品年代凡确知具体时间者应注明年、月、日，不知具体时间者，可标明时期，如：旧民主主义革命时期、第一次国内革命战争时期等，如以某一历史事件为年代者，在事件后边应加写“期间”二字，如五四运动期间等。旧民主主义革命时期的文物年代，除写公元外还须写明朝代年号并加上括号，如 1836 年（道光十六年）、1855 年 4 月 14 日（太平天国乙荣五年二月二十八日）。”近现代史按照历史脉络历史事件又可分为，旧民主主义革命时期，新民主主义革命时期，社会主义革命和建设时期；冉细分还可以分为，太平天国革命时期，鸦片战争时期，“文革”时期，新时期，等等。原编目条例有关年代的写法显然不能满足计算机查询的要求，为了解决这个问题，我们采取了通过年代基表建立具体公元纪年与历史时期的关联。 如，《国民党一届中执委和中监委第一次全会签名录》，年代是 1924 年，它是第一次国共合作重要的历史见证，属第一次国共合作时期的文物。但因为名称和年代中都没有“国共合作”

的字样，因此很难快捷地检出。将公元纪年与年代基表中的第一次国共合作时期相关联，检索起来就会方便、快捷。

（二）深入挖掘藏品信息是提高数字化管理水平的保证

近现代文物是中国近现代历史某一历史阶段或历史事件的见证物，尤其是文献类藏品往往承载着丰富的历史信息。以我馆收藏的黎锦熙先生日记为例。黎锦熙先生（1890年—1978年），是著名的语言文字学家、词典编纂家、文字改革家、教育家。他一生经历了清末、民初、帝制复辟、北洋政府、国民党统治和中华人民共和国等几个历史阶段。他从13岁起开始写日记，直到1978年去世，共记了73本日记。内容涉及国内外大事、政治变革、政权更迭、自然灾害、学术进展、人物品评、朋友往来、社会生活等诸多方面，或详或略。从日记中所涉及到与友人交往看，有许多是文化名人或政界风云人物，如：毛泽东、徐特立、蔡和森、鲁迅、蔡元培、许德珩、李公朴、茅以升等。《黎锦熙日记》为研究中国近现代史提供了极其宝贵的原始资料，其所涵盖的历史信息不言而喻。原有的卡式目录受到篇幅所限，不可能成为大量信息的适合载体，而藏品的数字化为承载这些丰富的历史信息提供了技术平台。而只有对藏品进行深入研究，将其所涵盖的信息发掘出来，才能通过计算机信息网络系统充分展现给使用者，使其在展览和科研中发挥更大作用。通过这次实践，我们深深体会到深入的藏品研究是实现藏品数字化管理的保证。研究越深入，提供的信息越全面、丰富，检索就越方便、快捷。藏品的数字化对我们今后的藏品研究、鉴定工作提出了更高的要求。

（三）藏品信息的科学分类是实现数字化管理的条件

藏品数字化的意义在于能够对藏品信息资源实现智能管理、智能检索、智能研究等功能。因而，在数据库的建设中对藏品体系化、规范化、科学化的分类也是非常重要的课题。如何通过科学分类使藏品快速有序地在数字化管理中发挥理想的使用功效，这不是计算机和通讯设备本身可以完成的，而是需要在程序设计环节中完成的前期工作。

传统的卡式检索目录的分类只是按照藏品的某一种特性进行平面化的较为单一的分类方式进行分类，如：物名卡、时期（事件）卡、人名卡等。而一套卡片代表着一种检索条件，如果要检索满足两个以上条件的文物，就要分别查询，再进行汇总、确认。如在举办“毛泽东与文艺”专题展览时，在原有卡式目录中，既可以从人名卡中检索到“毛泽东”的相关文物，也可以从时期（事件）卡中检索到某一时期“文艺”专题的文物。但是要将此两个检索条件同时一次性检出相关文物，就难以实现。近期我们筹办有关廉政专题展览时，由于没有该专题分类，我们只能从数万件的藏品中一一筛选相关文物。

为了更加方便快捷地检索，藏品信息数字化管理要求可实现多种多样、灵活转换的立体分类方式。即将文物按不同的物名、功用、历史时期等条件进行科学分类，实现多重条件一次检索完成。以美术作品为例，美术藏品有多种分类方法，可按绘画技法分为国画、油画、版画、素描、水粉画、漫画等不同画种；在不同的画种中，又可以按作品的时期分为旧民主时期、新民主时期、社会主义建设时期等，还可以再细分为鸦片战争时期、太平天国时期、“文革”时期等；而按照其社会功用及其表现形式，习惯上又分为宣传画（招贴画）、年画、漫画、连环画、组画等绘画体裁。再从题材所表现的内容又可以分为肖像画、风俗画、历史画、风景画和静物画等；中国画还可以按人物、花鸟、山水分类……要实现立体分类方式，就要求我们加强藏品分类体系研究，不断深入挖掘藏品的多重特性，根据不同种类藏品的特点，进行科学的复式重组分类，为准确、快捷地检索目标提供必要条件。

（四）高素质的管理人员队伍是实现数字化管理的重要保证

联合国教科文组织总干事费德里科·马约尔在“关于发展问题”的国际讨论会（教科文组织，巴黎，1994年6月18日—19日）上强调，发展过程“首先应为发挥今天还有明天生活在地球上的人的一切潜力创造条件，人既是发展的第一主角，又是发展的终极目标”。藏品信息数字化是由软件和计算机群通过互联网连接在一起的高级信息系统，是科技革命带来的高科技多媒体网络大容量的信息管理系统。数字化将改变藏品资源的保护、研究及展示等原有的单一的管理方式，在某种意义上说，是一次藏品管理方式的革命，这就需要管理人员必须跟上藏品管理方式更新的步伐，迅速转变观念，提升自身素质，尽快熟练掌握新的管理工具、管理手段和管理方法。而最大限度地发挥先进技术、先进设备的性能，均取决于人对它掌握和使用的熟练程度。如果管理人员对计算机这个先进的设备和技术不认同或不能熟练地操作，藏品信息数字化管理就成为空谈，也就根本无法适应藏品数字化后的工作需要。要改变或提升管理人员结构和素质，建立一支高素质、高水准数字化管理的专业人员队伍，迅速转变管理人员藏品管理理念，按照藏品数字化的工作需求对藏品管理人员提出新的工作要求。

另外，由于认知水平的限制和偏差，有些人没有认识到数字博物馆对于提高博物馆管理水平、促进博物馆发展的重要性，还有些人只在意新鲜的虚拟展示而忽略了基础的数字典藏，因此，只有认知水平提高，观念更新，才能使数字博物馆建设走上良性发展的轨道。说到底，人的因素是最根本的，它是完成博物馆藏品数字化建设工程的重要保证。

（五）完善的硬件设施是藏品数字化管理的技术支撑

当前藏品信息数字化管理需要使用的技术和设备成本过高，与博物馆强烈需求形成巨大反差。在藏品信息管理系统几年的试运行过程中，我们深深体会到计算机及相关配套设备的完善与稳定，是实现藏品数字化管理的技术支撑和重要保证。先进的计算机网络藏品信息管理系统的优势不言而喻，但在系统不完善、硬件设施不稳定的诸多因素影响下，藏品信息管理系统的运行也会受到影响，藏品数字化建设的进程势必会受到阻碍。

近年来，在强大网络技术的支持下，数字化博物馆对传统博物馆产生了较大的影响和冲击。藏品信息管理模式也处于传统向数字化的转型之中。藏品信息数字化管理与传统管理模式相比具有诸多优势，但它也还存在数字化信息贮存载体寿命有限，数字化方式存贮信息极易受到外力（磁场、计算机病毒、黑客侵入等）干扰、破坏；数字化信息极易下载和复制，知识产权难以保障等诸多不足。在目前阶段做好传统模式向数字化模式的转型工作，使传统和现代两种信息管理模式优势互补，最大限度地发挥各自的优势，在传统与现代模式的碰撞中找到藏品信息管理的最佳契合点，以更有效地保护好、利用好、传承好历史文化遗产，无愧于子孙后代，这是我们每一位从事博物馆藏品管理人员的职责。

（原文刊于《北京博物馆学会保管专业十年学术研讨纪念集》，北京燕山出版社，2010 年）

关于加强博物馆陈列展览策划的思考

龚 青

陈列展览是博物馆向社会奉献的最主要的精神文化产品，是博物馆实现其社会职能，体现其突出的文化特色和固有的文化价值的主要方式和重要手段。要想使陈列展览成为具有竞争优势的文化品牌，事先周密考虑，精心筹划至关重要。万事预则立，只有经过高智慧运筹谋划的陈列展览，才具有鲜明的个性，独特的影响力和感染力。可见，精心策划是陈列展览成功的基础和首要环节。因此，在改革创新陈列展览工作时，就不能不探究陈列展览策划这一重要课题。

一 陈列展览策划的涵义

策划作为人类的高级思维活动，是人类特有的一种认识功能，是人类智慧的集中体现。究竟什么是策划呢？关于策划的涵义，有多种解说，各有见地，比较有代表性的观点主要有这样几种：1.“策划是一种程序，在本质上是一种运用脑力的理性行为。是针对未来要发生的事情作为当前的决策。”2.“策划就是为达成目的，组合一些因素，而付诸实行的计划。是效率、智慧的结晶。”3.“策划是为实现特定的目标，提出新颖的思路对策，并制定出具体实施计划方案的思维活动。”4.“策划就是在考虑现有资源的情况下，激发创意，制定出有计划的，可能实现的，解决问题的一套策略规划。”[1]从上述策划的种种定义可以看出，策划不同于一般的“建议”，也不是简单的“计划”，而是一种高智慧的谋略，是一种综合性的创新活动。策划的实质就是为实现最佳目标制定有效举措或方案。

综上所述，对陈列展览策划的涵义就不难界定了。我认为可以这样概述：陈列展览策划是为了实现陈列展览的预期目标，借助科学方法、系统方法和创造性思维，对陈列展览的目标、步骤、策略、手段等进行事先规划和设计，编制出具体行动方案。包括调查研究、分析判断、制定策略、指导实施、调整方案等。陈列展览策划包含若干单项策划，有整体策划（又称总体策划）、内容策划（一般博物馆将选题策划包含其中）、形式策划和宣传推广策划等。

总之，陈列展览策划是创造性从事陈列展览实践的谋划、运筹，是高效运作陈列展览的手段和途径。加强并不断完善陈列展览策划工作应该成为当今博物馆业务工作不容忽视的重要方面。

二 陈列展览策划需要把握的基本要素

如今，陈列展览策划已日益为博物馆所普遍重视和推崇。如何成功地进行陈列展览策划呢？结合策划学理论，通过对陈列展览策划案例正反两方面经验的分析研究，我认为准确把握对陈列展览策划具有普遍意义的基本规律，或者说是基本要素，对策划一个成功的陈列展览有着不可低估的重要作用。本文所探讨的陈列展览策划要素主要是针对临时专题展览而言。

（一）找准目标市场

所谓找准目标市场，这里有两方面的含义：

一是找准特定目标市场。陈列展览的服务对象是社会公众，而社会公众却是一个十分庞大的群体。由于年龄、职业、知识结构、认知能力、价值观念及精神追求等方面的差异，导致其精神文化需求必然是多层次的。况且在文化多元化的今天，社会公众的文化消费选择越来越多样化，一个陈列展览不可能适应所有社会公众的文化需求。任何一个陈列展览，由于主题、内容、艺术形式、举办时间和所适应文化程序的局限，总是对社会公众中的某一部分公众最为适合。这一特定的群体就是“目标观众群”，也就是陈列展览的特定目标市场。因此，在陈列展览选题策划阶段，必须首先确定目标市场，即明确该展览主要的服务对象是哪些社会公众。然后，根据目标观众群的需求运筹策划展览。实践证明，有的放矢，针对不同的目标观众群精心设计不同的陈列展览是行之有效的，能够实现更切实际和更大的社会效益。

二是找准理想目标市场。陈列展览的理想目标市场就是广大的社会公众。与找准特定目标市场相比较而言，我认为找准理想目标市场是更为成功并值得推崇的做法。要做到这一点，就必须了解观众需求，既要把握目标观众群的需求，也要关注社会公众潜在的文化需求，力求寻找两者的契合点，同时结合博物馆的馆藏资源及相关文化机构的资源条件，进行综合研究分析。

近几年，在社会上引起轰动效应，赢得良好的社会和经济效益的陈列展览基本上都是在策划陈列展览时比较好地找准了目标市场，尤其是找准了理想目标市场。反之，那些没有明确的目标市场，仅凭策划者一厢情愿，或者一味凭感觉策划的陈列展览，必然落到了受观众冷落的尴尬境地。

（二）融入新颖独特的创意

何谓创意？“它是人的大脑在进行创造性思维活动过程中所创造的，具有某种新质或新内容的思想。”[2]简言之，创意就是创造性设想、构想。创意作为一种思想的创造，是一切创造的先导。就陈列展览策划而言，创意是策划的前提和基础，是策划的构想阶段，并贯穿融通于策划全过程。概括言之，创意是陈列展览策划的灵魂和核心。陈列展览策划则是对创意进行有机组合，使创意得到升华，并使其转化为具体策划方案的创造过程。

既然创意被视为陈列展览策划的灵魂，那么，能否产生好的创意就成为决定陈列展览策划成败的关键因素。好的创意如何产生呢？策划者只有精通本专业知识，关注和掌握相关科学文化知识，善于捕捉文化信息，准确把握社会需求，并具有强烈的事业心和创造激情才能发掘创意潜能，迸发出高质量的创意。总之，创意是策划者文化素养和创新能力的体现。由此可见，高素质的人才是陈列展览策划的关键。博物馆的领导要善于发现、培养和使用那些业务精，知识结构新，富有创新意识和创新能力的复合型人才。

创意贵在新颖独特。与众不同，具有鲜明个性的创意可以赋予陈列展览策划更广阔的视野，更新和更独特的思路，从而使陈列展览具有高雅品位和独特个性，提升陈列展览的层次和水平。例如，2002年底，中国革命博物馆隆重推出“神州风采——世界遗产在中国”大型展览。该展览成为当时京城博物馆的一大参观亮点，创造了革博冬季参观人数之最，收到了良好的社会和经济效益。探究其原因，新颖独特的创意是这次展览成功的关键因素。创意体现在该展览的许多方面：

其一，选题首创新颖。“世界遗产”是全人类共同继承和拥有的财富。保护好这些流传千古的人类瑰宝，是全人类共同的责任和目标。中国是世界遗产大国。截至2001年底，中国已有28处文化和自然遗产被联合国教科文组织世界遗产委员会批准列入《世界遗产名录》，位列世界第三。2002年，为纪念《保护世界文化和自然遗产公约》签订30周年，联大将这一年定为“联合国文化遗产年”，为此，对世界遗产的宣传报道形成高潮。一时间，多渠道、多角度了解世界遗产成为公众的文化需求，而当时博物馆界尚没有一个全面涉及中国的世界遗产题材的陈列展览。俗话说：机不可失。策划者抓住这一极佳的办展时机，对28处世界遗产地的有关信息、相关题材的展览信息、观众市场的需求信息等进行综合分析研究，最终确定展览选题定位是：聚齐中国的28处世界遗产地，集中展示华夏世界遗产神韵，呼唤全社会对中华世界遗产的珍爱和保护意识。事实证明，这种新颖独特，雅俗共赏的展览题材，容易得到广大公众的认同和喜爱。

其二，内容个性化，特色鲜明。从展览整体来看，突出了“全、真、奇”的特点。观众走进展厅，仿佛置身于中华世界遗产地，可以尽情领略世界遗产神韵。“一天游遍28处世界遗产地”的特别感受，令观众赏心悦目，留连忘返。就展览视角来看，在博物馆有限的空间内，全面展示28处世界遗产风采显然是不切实际的幻想。策划者经过反复研讨论证，最终确定以各遗产地最有代表性和最具影响力的景观复原和弥足珍贵的文物为展览切入点，凸现各遗产地的独特魅力。独特的视角，立体的展示，令观众耳目一新，激发了广大观众强烈的参观热情。

（三）重视整体策划

陈列展览是一项复杂的系统工程。既然是系统工程，就必须按照系统理论进行综合策划，就要从系统整体功能最大化发挥的角度运作策划。正因为如此，重视并把握好整体策划（又称总体策划）就成为一种必然需要。

所谓整体策划，就是对陈列展览涉及的各单项策划，多种因素进行全面考虑，整体把握，协调推进。总之，整体策划是一种全方位、复合型的策划。要想把握好整体策划，其关键要充分认识并掌握好策划的系统性。陈列展览策划涉及内容、形式、宣传推广等多项策划，每一单项策划都有着不可替代的重要作用，但同时每一单项策划又不是孤立存在的，而是彼此相互依存，互相制约的。可是按照目前绝大多数博物馆的机构设置，每一项策划都分属于博物馆的不同业务部门，有的展览形式设计还是由中标的设计公司来承担。如果各自为战，单一运作的话，很难在统一的目标上达到协调运作，这就需要将各方面的策划纳入到一个可操作的大系统中，简单地讲，就是要成立一个整体策划机构。这个机构一般由总策划者和各单项策划者组成，对展览策划进行统筹兼顾，通盘考虑。通过不断的交流沟通，使各项策划达到更高层次的和谐和统一，从而打造出精品陈列展览。我还认为：注重整体策划中的系统性，对指导陈列展览成功具有决定作用。

整体策划还体现在对博物馆一系列陈列展览的预先筹划和安排上。这是有关博物馆的发展方向、业务定位以及不断提升博物馆竞争实力，树立博物馆社会形象的带有战略性、方向性、全局性的策划，其重要意义显而易见。

（四）坚持策划的实践性

陈列展览策划是在创新思维的指导下，对未来要举办的陈列展览进行事先筹划，用于有效指导陈列展览实践，提高陈列展览的成功率。因此，陈列展览策划必须坚持实践性，其实践性主要包括三方面的涵义。

第一，陈列展览策划方案必须具有可操作性。由于陈列展览策划方案是未来陈列展览的行动指南，因此，策划者必须对陈列展览的程序和相关知识有准确的了解和把握，一切从陈列展览实际出发，实事求是，量力而行，使策划方案科学合理，切实可行。否则，凭想象，不符合客观实际，不具有可操作性的策划方案，即使创意再奇妙独特，方案再鼓动人心，也只能是没有任何实际意义和价值的空谈。

博物馆的陈列展览无论何种类型，文物、图片和相关辅助展品无疑是表现陈列展览主题和内容的重要资源。因此，在选题构思阶段，就必须同时考虑到陈列展览所需的相关资源，策划者要充分考虑到需要和可能的有机结合。不然，选题虽然标新立异，文化和商业价值含量均很高，但如果没有或非常缺乏体现主题和内容所需要的文物标本及其他辅助展品，选题也只能是画饼一张，不具有可行性的选题是毫无价值的。

第二，陈列展览策划方案必须去实施。陈列展览策划从创意构想到撰写策划方案，一切还只是在“纸上谈兵”。策划能否最终成功，组织实施，具体落实至关重要。只有按照策划方案制定周密详细的落实计划，在一定的筹展周期内，经过筹展人员不辞辛苦，认真细致地完成大量烦琐具体的工作，策划方案才能转化成真实的陈列展览。否则，再好的策划方案，如果不落实到位，其结果，要么是方案无法兑现，被束之高阁；要么是方案的执行效果大打折扣，无法达到预期的效果。

第三，陈列展览策划方案需要不断修正和完善。陈列展览策划方案是针对未来的陈列展览预先制定的方案，而客观世界是复杂多变的，不可避免地会出现一些事先无法预料的变化。因此，在陈列展览策划方案具体实施过程中，策划者要对出现的新情况和新问题及时进行研究分析，以变应变，找出切实可行的解决方法。根据变化的实际情况，对陈列展览方案及时进行调整、修改，使之更加完善合理，这是促使陈列展览成功的重要保障。

三　加强陈列展览策划的重要性

加强陈列展览策划的重要性主要体现在如下几方面：

（一）陈列展览策划是推动陈列展览工作科学有序运作的前提

如今博物馆的陈列展览数量多，内容多样化。要想高效有序地运作这些陈列展览，从宏观规划层面上看，必须要加强陈列展览的预见性和计划性，要研究制订出长期（三年或五年）和近期（年度）工作规划。涉及的主要内容包括明确展览选题、确定筹展周期、安排展出时间、配置筹展人员、考虑运作方式等诸多方面。另外，从 2000 年起，对于由国家财政专项拨款的陈列展览项目，必须至少提前半年向财政部提交正式的项目申报文本。财政部对项目的规范化管理也迫使博物馆不得不强化对陈列展览项目的计划性。总之，宏观规划的编制看似简单，实则不然。那些凭想当然，随意拼凑的规划，必然问题重重，难以运作。只有经过富有创意的策划，展览规划才是科学合理的，才能使多个陈列展览有条不紊地运作，避免陷入匆忙上阵，突击作战，或反复变换，事倍功半，甚至是半途而废，劳而无功的被动局面。

（二）陈列展览策划是打造陈列展览精品的关键

为了更好地体现博物馆陈列展览的文化价值和独特的教育功能，从根本上强化精品意识，创作陈列展览精品已成为博物馆工作者的共识和执着追求。

陈列展览精品是博物馆的名牌产品，一般要具备这样几个重要特征：选题坚持先进文化前进方向，紧扣时代脉搏，具有独创性和原创性；展出内容和展品组织体现最新研究成果，具有较高的学术和文化含量；形式设计与内容设计和谐统一；制作精良，工艺精细，展示效果良好；宣传推广及时准确，形式新颖，影响广泛等。总之，陈列展览精品要主题鲜明，内容精彩，形式新颖，宣传推广有新意，能够满足广大观众求知、审美的需求，带给观众愉悦的精神享受。

另外，如今无论是精品陈列展览，还是具有较高品位的陈列展览都不再仅仅是一个单纯的陈列展览，而是要配合陈列展览编辑出版大型画册（或图录），组织学术研讨会、展览讲座及其他相关活动等。例如 2002 年底，中国革命博物馆在举办“神州风采——世界遗产在中国”大型展览的同时，还推出“神州风采——画说世界遗产 28”大型画展，配合展览编辑出版了《人类的瑰宝——中国的世界遗产》大型画册，组织由中国的 28 处世界遗产单位参加的“世界遗产（中国）知识竞赛”活动，与各遗产地和中央电视台联合开办了介绍 28 处遗产地的“一日一地”电视专题节目。

结合展览编辑出版图册和组织相关的学术活动，可以扩大展览的信息传播量，进一步挖掘展览背后深层次的历史文化内涵，有助于观众更好地认识和理解展览。组织其他相关活动可以扩大展览的影响力，吸引观众，更好地实现博物馆的社会功能和作用。

可见，打造陈列展览精品并非易事，既要把握好陈列展览体系中带有灵魂性质的学术和文化价值，又要突出形式设计的艺术性和创造性，为人们在特定环境中接受历史科学、文化知识营造最佳的视听效果。同时，还要统筹安排与展览相关的系列宣传推广活动，以增强展览的知名度和辐射力，引起社会的广泛关注和共鸣。要想高水准地完成这样一个复杂系统的展览工程，若不事先进行周密考虑，用心策划，不但无法合理有序地开展工作，而且也难以使陈列展览达到思想性、科学性和艺术性的完美结合，吸引观众，实现良好的社会效益和最佳的经济效益也将无从谈起。

（三）陈列展览策划是拓宽博物馆发展空间，增进文化交流的客观需要

当今，博物馆在认清自我，保持“本馆特色”的同时，以更加开阔的视野和开放进取的姿态，通过“引展”、

“推展”和“合办”等多种运作方式不断加强中外馆际和相关文化机构的交流与合作，以实现文化资源共享，有效发挥文化资源的重要作用。上海博物馆1998年以来举办的30多个展览中，向国外就推出了“中华瑰宝——来自上海博物馆的中国五千年艺术展”、“自然之美——上海博物馆藏品展”等多个展览[3]。博物馆通过多种渠道，加强内外文化交流的趋势由此可见一斑。

合作办展和交流展览项目，尤其是中外合作办展和引进展览项目，由于涉及的方面和环节更为复杂，不确定因素和风险因素也相对增多，因而更需要事先调查研究、反复论证。项目确定下来后，要对项目所采取的方式方法、步骤、手段等进行精心筹划，合理安排。只有这样，才能把握主动，赢得成功。

总之，陈列展览策划对博物馆工作者来讲，具有很强的挑战性。强化陈列展览策划是加强和完善陈列展览工作的科学性和有效性的内在需要，是博物馆不断保持和发展自身竞争优势，吸引观众，在文化市场中独树一帜，立于不败之地的需要。

注释：

[1] 覃礼刚：《现代全能策划》，中国经济出版社，2001年，第23—24页。

[2] 同[1]，第264页。

[3] 山水：《超越自我》，《中国文物报》2003年4月9日。

（原文刊于《中国博物馆》2004年第3期）

为历史存照　与时代同行
——中国历史博物馆九十年

李　季

人们隆重纪念一个博物馆走过90年历程，不仅是回顾她作为社会公益机构在将近一个世纪岁月里应有的奉献，更是在褒扬她始终与时代同行，始终用先人悠久的历史遗产，去启迪、激励正在创造历史的今人。

中国历史博物馆的历史折射出现代中国的历史变迁

翻阅中国历史博物馆90年的大事记载，能够称得上最重大事件的应该是这两项：1912年建馆和1959年建新馆。

人们对90年前印象最深刻的事件显然是1911年爆发的辛亥革命，两千多年的帝制訇然倒塌。在旧制度的废墟上，人们在兴奋中摸索建立新的国家构架、社会构架，包括文化构架。通过晚清对欧美新式文化教育设施的介绍、考察、引进、模仿，民国肇始，自当把建立现代意义的博物馆、图书馆、学校、新闻出版机构等，作为教化国民的重要举措。

应该说，在内忧外患、百废待兴的民国建立之初，从下述时间表看，国立历史博物馆的筹建过程是颇具办事效率的。

1912年1月1日，孙中山在南京就任中华民国临时大总统，3日，任命蔡元培为临时政府的教育总长。4月，临时政府迁往北京。

6月，蔡元培派教育部社会教育司的佥事周树人（鲁迅）勘选馆址。周树人查看多处地址后，于当月25日提出利用国子监房舍的意见。

7月9日，民国政府教育部决定成立国立历史博物馆筹备处，聘请京师大学堂教授胡玉缙为主任，以国子监的礼器、书版、石刻等为最初的一批馆藏文物。

从议事、调查到拍板、实施，一共不到两个月时间，估计那些刚刚履职的先贤们还没有习惯于太繁复的行政审查程序。蔡元培先生在批准建立历史博物馆筹备处的第二天，主持召开全国临时教育大会。由于对袁世凯专权忍无可忍，未等曲终人散，蔡元培即愤然辞职。但这次大会毕竟做成几件垂范后世的大事，如颁布民国教育新学制（壬子癸丑学制），通过汉语注音字母方案，等等。也许我们今天还要庆幸当年蔡先生决策的果断、周树人先生具体操办的敬业。其后，民国元年的短暂兴旺景象很快消弭，袁世凯站稳脚跟以后倒行逆施引起的战乱纷争立即开始。

同在1912年成立的还有中华书局、中国银行，稍早些的有清华大学（1911年），最近都在隆重纪念90周年。这些至今仍在自身各界发挥显赫作用的机构的诞生，有助于解读成立历史博物馆的时代背景。

国立历史博物馆筹备处1918年迁入故宫前部端门至午门及其朝房，在此一呆就是40年。1926年10月10日正式开馆。1929年起，归国立中央研究院历史语言研究所管理。1933年至1948年间，除抗战沦陷时期外，归在南京成立的中央博物院筹备处管辖。1948年，暂时由北京大学代管。

1949年10月1日，中华人民共和国成立的同一天，改名“国立北京历史博物馆”，隶属中央人民政府文化部。

历史博物馆命运的重大变化发生在1958年8月，中共中央北戴河会议决定在天安门广场东侧筹建中国历史博物馆和中国革命博物馆。这属于新中国于将近10年国力积聚后在首都进行的第一批重大公共建筑项目，史称“十大建筑”。新馆与人民大会堂遥相呼应，与天安门呈“品”字形分布，天安门广场的基本格局由此确定下来。直到40多年以后，在讨论新的国家博物馆选址方案时，各界专家对当时的规划仍然交口称赞甚至感激不已。这种首都的核心区域，反映了人们心中民族、国家、历史、文化的位置，一直伴随我们在回顾渊源的同时走向未来。

1959年新馆建设的时间表也反映了那个特定时代特有的奇迹。

在1958年8月的北戴河会议决定之后，10月即成立了筹建领导小组，任命邓拓为组长、尹达为副组长，负责历史博物馆的筹建工作。10月28日新馆破土动工。11月文化部向学术研究单位征求中国通史陈列重点大纲的意见，12月陈列大纲草案定稿。

1959年1月，确定中国通史陈列需要处理好的主要原则；2月，经中央批准，中宣部向各地发出新馆调用文物的电报；3月至6月，按照时代顺序，从原始社会到明清逐段陈列试展、审查、讨论、修改。7月，周恩来总理指示教育部行文，选调应届高中毕业生，培训为新馆的讲解员。8月，新的中国通史陈列在尚未完全竣工的新馆址布置就绪，24日，中宣部部长会议决定新馆定名“中国历史博物馆”。9月，内部预展和周恩来总理等审查。10月2日，“中国通史陈列”正式预展。

宛如一连串的快放镜头，从动议到新建一座宏伟的建筑到布置完大型陈列，只用了一年时间。据档案记载，建馆布置陈列期间，全国77个单位支援了文物，33个单位支援了人力。几乎所有全国知名的历史、考古、文物专家都参与了筹建工作，如郭沫若、翦伯赞、范文澜、陈垣、顾颉刚、吴晗、吕振羽、张政烺、胡厚宣、唐兰、郭宝钧、商承祚、苏秉琦、王冶秋等，大师云集，难以备述。凡借用或调用文物30517件，资料520件，图书55种498册。

以文物陈列反映中国大历史为己任，在中国开历史类博物馆之先河，在相当长的时期创造了一种历史陈列模式

中国的近现代博物馆事业始于晚清。一些西方传教士从19世纪后半叶起，陆续在上海、山东、天津等地创办博物馆，收藏动植物、矿物标本，机器模型，以及古代青铜器、石器和近代民俗文物等。1905年实业家张謇建立的南通博物苑，陈列范围大体相仿。

关于创建历史类博物馆的初衷，我们能看到的记录只有民国元年教育部提出的“京师首都，四方是瞻，文物典司，不容阙废”这种比较空泛的理由。但是与1914年在清宫前三殿建立的专门收藏陈列宫廷文物的“北平古物陈列所”明显区别，历史博物馆的目光更多地放在收藏全国各地的历史文物，特别是出土文物。

从历史博物馆1912年到1937年间的业务活动考察，除接收社会捐献和政府移交文物外，主要是主动派员赴各地收购、采集、发掘出土文物，在此基础上举办不同时期，不同地点的历史展览。例如1924年在午门城楼公开展出河南信阳汉墓和河北钜鹿宋代古城出土文物，有点类似今天的考古重大新发现精品特展。1926年正式开馆所举办文物陈列，专门辟有发掘类陈列。同时，编制历代疆域地图、出版《国立历史博物馆丛刊》、举办历史学术讲座等等。

1927年制定的《教育部历史博物馆规程》第一条明确建馆宗旨为“搜集历代文物，增进社会教育”。

从建馆早年收藏文物的记载看，范围包括新石器时代陶器、石器，殷商甲骨刻辞，三代玉器、青铜器，汉魏隋唐墓志、陶俑、铜镜、造像，宋元瓷器、钱币，加上接收的部分敦煌写经、明清大内档案文物，确实有通贯陈列中国历史的准备。可惜受时代条件局限，虽有不少学人志士呕心沥血、惨淡经营，直至1949年，陈列内容终难与国立历史博物馆之名相符。

1949年中华人民共和国成立后，作为新政权政治观、历史观的重要组成部分，重新审视、重新表现这个文明古国的历史进程，成为历史博物馆的新历史使命。

1950年初，运用历史唯物主义观点，筹办“社会发展史陈列”的任务被提上工作日程。1951年，中央人民政府文化部提出在历史博物馆筹办“中国通史陈列”，这个名称一直沿用到现在。

作为历史博物馆的中心工作，1951年着手筹备“原始社会陈列”，1952年展出“夏商周陈列”，1954年展出“秦汉陈列”，1955年展出“魏晋南北朝陈列”，“隋唐五代陈列”。1958年，“宋元陈列”开放，“明清陈列”基本完成。每一历史阶段的陈列大纲，都由当时一流的专家学者参与研讨、把关。另外，除接收一些调拨的出土文物外，历史博物馆从1949年起，陆续接受了许多著名收藏家的捐献，如贺孔才、张钧孙、霍明志、尹达、王冶秋、范文澜、徐悲鸿、沈从文、启功、叶叔重、冯友兰等，不仅数量动辄上千件，而且包括大盂鼎等国宝重器。这样，在1959年新馆建成之前，历史博物馆已经为一个反映中国大历史的空前规模陈列做好了扎实、细致的前期准备工作。

1959年10月，作为全国文史考古专家学者共同创作的结晶，第一版完整的“中国通史陈列”在新落成的馆址预展，1961年7月1日正式对外开放，并不断对局部内容修改、补充、完善，直至1966年8月被迫关闭。尽管后来由于形势的变化做过较大修改，但是这种中国特有的“通史陈列”的主体框架并没有太大变动，而且在相当一段历史时期，成为全国各历史类博物馆的主要陈列模式，影响深远。

在“文化大革命”中的1970年，开始筹备大幅度修改“中国通史陈列”，重点强调按照历史发展分期、打破王朝体系，突出阶级斗争，突出农民起义。1975年中央政治局同意预展，1978年1月正式对外开放。

1983年，与中国革命博物馆合并了14年后，恢复中国历史博物馆建制。

1988年，俞伟超馆长主持再次修改“中国通史陈列”，国务院批准文化部《关于中国历史博物馆修改“中国通史陈列”呈请调用文物的报告》。1990年，“中国通史陈列”完成原始社会到魏晋南北朝的修改，1997年最后完成隋唐到明清的修改。这一版本，删去了在过去历史条件下做出的种种不恰当的表述，新增加了大量考古发掘与研究的最新成果，简化了辅助展示手段。

1999年1月，因馆址大楼加固维修，报国务院批准，“中国通史陈列”关闭撤陈。此后，开始了新世纪版“中国通史陈列”的研讨和前期准备。各界专家学者对未来的历史陈列寄予很高期望，并就缩短展线、突出重点，编年史与专题史陈列相结合，吸收历史考古科学前沿成果，与世界诸古代文明相联系关照，以及内容与艺术设计以观众为本等问题展开热烈讨论，提出许多真知灼见，并希望对现在的模式有所突破和创新。目前，中国历史博物馆的筹展人员正在继续调研和征求意见，努力超越自我，争取随着时代的前进重新演绎这一经典陈列。

积极参加各地的考古调查与发掘活动，努力反映最前沿的学术成果，
始终得到全国文物考古博物馆界的支持和帮助

考古成果与出土文物，是支持历史类博物馆生存与发展的主要基础。

学术界公认中国现代田野考古学的诞生是1921年安特生在河南渑池仰韶村的发掘。据记载，自1921年以来，历史博物馆不断派出专业人员到河北、河南、山西、陕西等地从事考古调查与发掘。1925年，民国政府农商部地质所将其顾问安特生在河南、河北及西北地区收集的新石器时代石器、陶器转交历史博物馆。1927年，历史博物馆派员参加西北科学考察团对新疆和山西五台山的考古调查活动。此后，这类考古调查

发掘活动随着时局变化时断时续。

中华人民共和国成立后，进行大规模经济建设，配合基本建设进行考古发掘的任务日趋繁重。在此背景下，1950 年，历史博物馆派傅振伦等参加雁北文物勘察团及北京东郊高碑店村汉墓发掘；1952 年，参加河南洛阳配合基本建设考古发掘；1954 年，参加河北曲阳北朝修德寺遗址发掘；1955 年，参加西安的考古发掘。

1956 年，历史博物馆成立考古都，其后陆续参加山西侯马晋国都城遗址、河北易县燕下都遗址、山东临淄齐故城和曲阜鲁故城遗址发掘。这些对古城址的大规模全面发掘，不仅在考古技术层面是很大提高，而且培养了一大批业务骨干，在中国考古史上写下了重要一笔。

新馆建立后，中国历史博物馆参与过的重要考古发掘与民族调查活动可以列举如下：

1961—1962 年，参加云南、四川，内蒙古等地的少数民族调查和征集文物。1973 年赴西藏进行民族调查。同年，参与湖北大冶铜绿山古矿冶遗址的确认和考古调查。1976 年，参加山西夏县东下冯遗址发掘。1979 年，馆内恢复考古部建制。1980 年，参加山西应县辽代木塔出土文物整理研究。1983 年，参加山西垣曲古城和平朔煤矿汉墓发掘。1985 年，参加长江三峡的考古发掘。1986 年，参加宁夏考古调查，后参与发掘海原县菜园遗址。

由于我国考古事业不断向新的深度和广度发展，1987 年，组建全国唯一的水下考古学研究室。15 年间在国家文物局领导下，培训出一批水下考古队员，在从辽宁到西沙群岛的漫长沿海地区开展水下文物调查和发掘。1997 年组建了另一个全国唯一的航空遥感摄影考古中心，使考古学家得以从俯瞰的角度重新寻找和解析古代遗存。至此，中国历史博物馆的考古队伍陆海空三军齐备。

请进来举办考古最新成果专题展览，也是历史博物馆保持历史文物陈列新鲜感的重要手段。1954 年与考古所合办“全国基本建设中出土文物展览”，毛泽东主席两次前来参观，留下了极为珍贵的历史镜头。1975 年举办“各省市自治区新发现文物汇报展览”，1979 年与湖北省博物馆联合举办“湖北随县曾侯乙墓出土文物展览”，1988 年举办“陕西扶风法门寺珍宝展”，1997 年举办“全国考古新发现精品展”，1999 年举办的“中国文物事业 50 年”展览，更是考古新成果的大荟萃。

不厌其详地列举了这么多历史博物馆与全国考古事业的联系，只是想说明，要办好一个历史类的博物馆，只局限在自己的殿堂内绝对不行。必须有开放的心态和开放的事业，在追踪历史理论和文献资料研究最新进展的同时，始终保持对最新考古发现与研究的关注和参与，始终与全国乃至国际的考古、博物馆界保持密切联系。中国历史博物馆研究人员多年来出版的大批有分量的学术著作，参加的高水平学术交流与研讨活动，都表明了这一点。

与时代同行，建设面向新世纪的中国历史博物馆

一个人到了八九十岁，旧称耄耋之年，从字形亦可揣测出有衰老已至之意。一个机构到了 90 岁，能否不衰不老，在继承优良传统的同时，兴利除弊、不断创新、与时俱进?

总结 90 年的历史经验，继续保持活力的关键在于保持和发扬自己的特点和优势。中国历史博物馆最基本的任务，是站在天安门广场这个历史位置，站在今天的历史高度，通过文物展品向中外观众讲述中国大历史。这里所谓的大历史，是指它的系统、综合、全面，具有相当的深度和厚度，具有丰富的视角和广阔的视野。不仅仅是考古发掘成果的堆砌，也不单纯是政治史、文化史、物质文明史，还可以包括对某一时代剖面横向的扩展（如展出的“大唐丰韵——唐代社会生活展”），或者某一领域的纵向贯穿（如“中国古代科技文物展”，包括天文、陶瓷、纺织、冶金等 10 项专门科学技术的历史）。突出艺术鉴赏性，学习艺术类博物馆精致的展示手段，确实是很多历史类博物馆正在加强的方向。作为国家历史博物馆，确实应该借鉴其他各类博物馆的长处，但是作为自己的本职，还是要以历史的大局观、大手笔，以最新的研究成

果和历史证据，展示中华文明进程的恢弘史诗。

当前的展览项目已经成为测试博物馆综合水平的系统工程，包括策划选题，文物征集与展品选择，内容与形式设计，布陈施工制作，包装与社会推广营销，讲解导览，科技保护、监测与修复，为观众服务的设施与环境，图书信息资料支持，安防监控，等等。中国历史博物馆在其中许多方面曾经取得过不俗的成绩，在国内取得过领先地位。但是今天在博物馆界日新月异的进步面前，各方面都有明显差距。近几年，通过举办“中国文物事业 50 年”、“盛世重光——山东青州龙兴寺佛教造像精品展”、“敦煌艺术大展”、“金色宝藏——西藏历史文物大展”、“中国历史博物馆珍藏特展”、“张大千绘画艺术回顾展”，以及准备向馆庆 90 周年献礼的“契丹王朝——内蒙古出土辽代文物精品展”等不同类型的展览，不仅在“中国通史陈列”暂时关闭期间吸引了大批观众，而且大大提高了自身各方面的业务水平和运作能力。

现在，不仅国内一些著名博物馆在努力向世界先进水平靠拢，北京和一些主要城市新建的博物馆都具有很高的起点和追求。面对挑战与机遇，不进则退，时不我待，不敢有任何懈怠。2001 年，为了适应博物馆事业的发展，适应社会主义市场经济体制的要求，中国历史博物馆根据国务院和文化部、国家文物局关于事业单位改革的文件精神，在国家文物局直接领导下，进行了人事制度改革和机构调整。通过改革办馆模式，在探索社会主义市场经济条件下的运营方式，争取社会力量支持，不断加强自身发展能力等方面取得了显著成绩，正在逐步建立面向未来、面向世界的科学管理体制。特别是在国务院领导同志的关怀下，中国历史博物馆“十五”（2001－2005 年）事业发展项目，已得到了国家财政资金的大力度支持。这些项目涵盖了博物馆最重要的 10 项业务建设：举办大型文物展览；征集充实珍贵文物；建立现代化的文物保护设施；建立包括互联网站、局域网在内的完整的信息工程体系；建立多媒体观众导览和完善的观众服务系统；建立现代化的监控防火防盗安全防卫系统；建立服务于国际国内的一流的博物馆藏品科技保护中心；博物馆馆藏文物研究；提高田野考古、水下考古、航空考古的研究水平；以及建立开放型的服务于全国文物博物馆界的中国文物、博物馆研究资料中心。通过实施这些项目，将充分地发挥国家级博物馆应有的作用，努力把中国历史博物馆建设成为代表国家向世界展示中华文明的窗口。

中国历史博物馆“中国通史陈列”的年代从原始社会一直延续到 1911 年。中国历史博物馆自身的历史恰恰又从 1912 年续写。相信人们从一个博物馆 90 年的命运变迁，能够看到国家民族的风云变化。也相信通过今后 10 年的努力，百年华诞时的中国历史博物馆将随着国家的更加强盛而创造新的辉煌。

（原文刊于《中国历史文物》2002 年第 3 期）

中国革命史陈列艺术设计的几个问题

李仁才

中国革命博物馆在1987年筹备恢复“中国革命史陈列”时，除了要求在内容上有较大修改之外，同时要求形式上也要有较大改观。对于这样一个建馆30年的老馆及占有4500平米的陈列来说，陈列形式改观并不是一件轻而易举的事。为了搞好这次在有限条件下的大规模陈列形式修改工作，我们一开始就确定了以下几条要求：

1. 目前的陈列形式基本上沿续了五六十年代时的形式，存在着陈旧、呆板等缺点，这次修改力争在形式上有所突破，在某种程度上达到改变原有的陈列面貌。

2. 这次修改，建筑上不作改动，发挥原有建筑高大、开阔的优势，并充分利用自然光源，合理安排布局，做到陈列形式同原有建筑形式的和谐。

3. 序幕厅的设计不追求形式上的新奇，要求庄重、有气势，能够反映近百年来中华民族可歌可泣的历史。它不是陈列内容的重复，而是陈列内容的高度概括。

4. 新的方案全部采用假墙，取消挂镜线。由于新旧民主两个陈列合在一层，必须增加墙面。假墙的分割，既要求富于变化，又要给人以宽敞的感觉。

5. 为解决阴天、光线暗时的参观，并解决部分假墙背光的问题，拟增加照明设备。

6. 新的设备设计方案要求规格化，适应灵活多变，便于修改；留用部分展拒，新增加的设备要求同原有的协调起来，做到系列化。

7. 色彩上要求在统一中求变化，在某些部分可以使用较强烈的色彩加以突出。

8. 适当增加声光电，增加复原陈列和布景箱，在形象化上下功夫，加强艺术感染力。

从已经完成的陈列来看，以上的八条要求都已基本达到。尽管在不少方面，从设计到制作上还有很多不足之处，但修改后的陈列较之过去的陈列形式，的确是向前迈进了一大步，并受到同行和观众的充分肯定。

一

有这样一句名言：“在科学中，一加一永远等于二；但在艺术中，它可能是三，或者更多。”这句名言，精辟而富有哲理地道出了艺术的特殊作用，这种作用是其他方面所不能替代的。对于博物馆，艺术同样起着特殊的作用。1980年夏季，“中国青铜器展览”在美国芝加哥菲尔德自然史博物馆展出时，由于美国艺术家的精心设计，仅仅几件秦俑马，在展柜内经过镜面的重复反射，出现了“千军万马”的景象，达到了特殊的艺术效果。同一般陈列方法相比，它的作用不知超出多少倍。这个众所周知的例子，足以说明艺术对于博物馆所起到的重要作用。

当今，我国博物馆界已经领悟到艺术的作用，在重视陈列艺术方面，较前有了很大提高，认识到博物馆如果不重视陈列艺术的提高，就不能适应形势的需要。然而，前一段时间，有些同志认为有了联壁柜，或是用了铝合金等新材料，或是采用了人工照明，则陈列艺术水平就提高了。这种认识把艺术的天地看得太狭小了。应当说，把艺术运用到陈列中是极其广阔的。它不单单是陈列设备的设计，而是可以渗透到陈列各个方面中去的。我认为一个陈列的艺术设计大体上包括陈列设备、序幕厅、重点场景和大型辅助展品三个方面。“中国革命史陈列”的艺术设计也是在这几方面进行了不少努力。只注意一个方面而忽略了其他方面，都会影响陈列艺术形象的完整性。

要使陈列在艺术上达到一定的水平，关键在于要有较高艺术素养、业务能力强的设计人员和有一定艺术鉴赏力的陈列工作决策人。这两者构成一个博物馆的陈列艺术水平高低的关键性因素。提到陈列工作决策人，并不要求他们在艺术上有何专长，只希望他们在把握正确的表现内容的同时，懂得一些艺术，理解和支持艺术设计人员在创新及追逐时代发展方面所进行的努力。

陈列艺术设计的另一个重要问题是，在吸收国内外好的经验的同时，要结合自身条件和特点，发挥自己的优势，创造出具有鲜明个性的陈列艺术设计。

二

任何一件陈列设备，都是根据陈列的需要而设计的。“中国革命史陈列”因其特定的类型，展品主要是图片、文献、实物，它的陈列设备则不同于主要是文物的古代史陈列。中国革命史陈列的设备是在不断实践、总结提高的基础上设计出来的。1959 年新馆建成时的陈列设备，主要是学习苏联这类博物馆的形式，采用大、中、小三个型号的镜框，并配以展柜。增加一部假墙，镜框用线悬挂在墙上。文革之后于 1979 年开放的陈列，除了保持原有的镜框之外，考虑到设计的灵活和照片与文物的组合，增加了不同规格的版面，但整个陈列形式并没有大的改变。

这一次陈列修改，更新了陈列设备。新的设备采用轻钢方管框架结构与版面、展箱相结合的形式，一改过去的老面孔，形式上具有较强的时代感，并能较好的适应陈列的需要，是改进陈列设备的一次新的尝试。在这方面，周士琦同志已做了较详尽的介绍（见《中国博物馆》1990 年第 4 期），这里不再赘述。

修改后的陈列设备主要有如下优点：

1. 由轻钢方管框架和版面、展箱组成的墙面，使得假墙、版面一体化，有着双重功能，能够节约大量材料。

2. 版面、展箱规格统一，互换性好，安装方便，有利于修改。

3. 由于墙面除了版面之外，还有展箱，使得一些小件的立体展品可以上墙，有利于文物组合。

根据不同的需要，展柜有平柜、坡柜、中立柜等，另外，为了便于一些专题组的文物组合，在三元里人民抗英、农民运动及长征中过雪山、草地等处，使用了较大的联壁柜，这种联壁柜的形式、尺寸、色调都和墙面相协调，整体感较强。

新制作的陈列设备，在轻钢方管的表面，采用新工艺静电喷塑方法，一律喷成黑色。大胆地使用黑色，也是使得这个设计具有较强现代感的因素之一。黑色是永恒的，它有稳重感，并且可以和任何一种颜色配合使用。

三

每一个陈列都要有个序幕或者开头，就像每一本书都要有个封面一样。不同类型的陈列，在序幕的设计上是不尽相同的，但它们的共同点是以完美的艺术形式体现陈列的特点。

“中国革命史陈列”的序幕设计，改变了过去那种缺乏特点的领袖像加语录的形式，在序厅正面创作了一幅反映近百年来中国人民苦难、斗争、胜利历程的浮雕壁画，并将新中国成立时的第一面国旗和开国大典时的礼炮放在序厅中央。这幅壁画和国旗、礼炮，以及周围墙上的毛泽东题词“人民的胜利”和孙中山题词“世界潮流浩浩荡荡，顺之则昌，逆之则亡”，虽然各自形式不同，但都是紧紧围绕着中国人民革命的胜利一个主题。这个序幕设计同其他一些陈列序幕设计相比，最大的不同是以珍贵的文物为中心，从而更加突出了博物馆的特点。由于笔者对此已有专题介绍（见《中国博物馆通讯》1990 年第 8 期），现仅就个别问题作些补充。

在“中国革命史陈列”序幕的中心位置搞一幅浮雕壁画，是根据陈列的特定内容，经过认真考虑确定的。在现代建筑中搞一幅壁画已比较普遍。然而，博物馆的壁画应不同于一些宾馆、大厦的壁画，它不是纯装饰性的，它应该是一件高质量的艺术品。它虽然不一定是永久性的，但应该有较长时间的稳定性。尽管在数年之后创作水平还会提高，也不要轻易更换。像人民英雄纪念碑的浮雕，如果现在搞，一定比当时的水平高，但它已经是历史的纪录。博物馆的壁画也是如此，正因为这样，在组织创作上，要进行周密的考虑后决定。现在比较普遍采用的招标的办法，即从若干应征的方案中选出一个加以实施。但经常遇到所征方案均不够理想，结果反复几次，最后勉强通过一个的情况。“中国革命史陈列”序幕的壁画，则是选定作者进行创作的办法，用这种办法当然不应是盲目的，而是要两作者进行充分的了解后而选定的。同时，这幅创作是作者酝酿已久的题材，出于他的创作激情，他对题材的构思、艺术的处理有深入的考虑，因而创作的作品就容易取得成功。这幅名为《血肉长城》的陶釉浮雕壁画已得到社会上的公认，认为是近年来在艺术创作上的一幅优秀作品。

四

以多样的艺术形式，加强重点场景和大型辅助展品的设计，是陈列艺术设计中不可忽视的环节。作为革命史类型的陈列，由于展品本身缺乏形象的吸引力，在整个陈列中，搞些形象化强的辅助展品是十分必要的。这些形象化的辅助展品可以有些趣味性，但就艺术上讲，必须是格调较高的，不能模仿“迪斯尼”。形象化不应庸俗化。同时，在数量和布局上要精心安排，不能太多和太密。采用什么艺术形式恰当的表现陈列内容，是至关重要的。每种艺术形式都有它的特长和局限性，要扬其所长，避其所短，它才能真正发挥艺术的作用。

“中国革命史陈列”的重点场景及大型辅助展品约有十余处。它们分布在陈列地带中间，以各自不同的艺术形式和艺术风格，展现在观众面前。

复原陈列是陈列艺术手法的一种，它的作用是再现历史，给人以真实感。复原要有根有据，决不能随便臆造。但是在不违背历史真实的情况下，对某些具体问题也可以灵活掌握。1977 年举办的“周恩来同志纪念展览”中复原的周总理的办公室，在面积及房屋高度上略少于原办公室，这是可以允许的。“革命史陈列”中的京师大学堂，是复原了当时大学堂大门的建筑，将“大学堂”的门额悬挂在门上。原建筑的五间五个门，由于场地限制，只复原了三间三个门，通过这个不太完整的建筑，仍可领略到大学堂的高大外观，为陈列增加了气势。

在陈列中用蜡像的形式，在中国革命博物馆尚属首次。应当承认，我国的蜡像水平同国外相比差距很大，而且，本馆自己制作是在毫无资料和经验的情况下进行的，因此难度更大。《孙中山会见李大钊》是复原了上海孙中山故居会客室一角及孙中山、李大钊、宋庆龄一组蜡像。这组蜡像尽管在人物的心理刻画和相互间情感交流上还存在缺陷，但创作态度是严肃认真的，几个人物都比较像，在道具、服装的制作上都下了些功夫，这是应该肯定的。

模拟陈列《五卅运动时的上海街头》，表现了“五卅”那天，示威群众的队伍通过南京路，一个人力车夫在路边看着贴在墙上的传单和漫画。这个场景的创作，是从一幅真实的历史照片引申出来的。它采用蜡像与绘画相结合的形式，前面的店铺、人力车、人力车夫都是实的，而南京路的新道、远处的示威队伍，则用绘画来表现。这组场景之所以比较成功，不仅仅在于它把馆藏的五卅时期的传单极其自然地与场景结合在一起，更在于它的艺术构思，巧妙的避开难于表现的方面，从一个侧面反映了这场伟大的爱国运动。曾有同志对此提出意见，认为场面冷冷清清，应该表现群情激昂的示威场面。其实，蜡像同超写实主义的雕塑一样，适合表现一个静止的场面，同时，这也像创作一幅画，选择哪一个瞬间，不一般化的表现主题，并给观众以联想、回味的余地。

苏联画家谢罗夫画的《列宁宣布苏维埃政权成立》大家早已熟悉，但他的另一幅名叫《占领了冬宫》的油画，很多人是不大熟悉。画面上并没有战斗的场面，只有一名红军战士在向一个工人纠察队员借火吸烟，从这个建筑物地面上的子弹壳来看，一场激烈的战斗刚刚结束。这幅画比起直接表现战斗场面更深刻、更耐看。《五卅运动时的上海街头》在创作立意上和这幅画是极其相似的。另一件模拟陈列《长征路上的木板标语》，则将文物和景观结合在一起，将毛泽东所讲的“长征是宣言书，长征是宣传队，长征是播种机”，通过形象，生动地表现出来。

衬景画是近年来陈列艺术设计中常用的一种形式。顾名思义，衬景画即以画来衬托文物并达到一种气氛。它同大型团体操的背景画有着某种相同的功能。衬景画不应喧宾夺主，而应有助于文物的突出。它可以有各种不同的风格，不能形成固定的格式。有一种偏见，认为衬景画一定要画得真实。其实真实不一定是艺术。革命史陈列中的几处衬景画，都形式各异，各具特色。用以衬托鸦片战争虎门大炮的白描衬景画是根据关元培《筹海初集》中的虎门炮台全图摹绘的，有浓郁的民族风格，同整个开间的展品在形式上十分协调。农民运动的兴起一组的文物组合，以农民协会的祠堂作衬景，形式上用大小不一、深浅不一的单色园点组成祠堂的形象。这幅画以较强的工艺性完成，犹如计算机的点阵，具有强烈的现代感。白洋淀水上游击队木船背后的衬景，为一幅雁翎队出击的照片。由于照片显得水面不够开阔，又没有芦苇荡的特点，因此，通过绘画弥补了照片的不足。这一幅由照片和绘画组成的衬景，既不违背原照片的真实性，又互补了各自的不足，在陈列艺术形式上进行了新的探索。

此外，在杀害李大钊用的绞架、抗日战争胜利等几处重点场景的设计上，都较前有很大提高。

五

“中国革命史陈列”的艺术设计，同样存在着继承和发展的问题。决不能因为改观，就将过去一些好的艺术设计全盘否定。从所完成的陈列来看，在不少地方仍可看出新设计是在旧设计的基础上发展而来的。例如几种展柜的设计，虽具有现代设计简洁的特点，但也保持了过去的基本造型，在一些道具及其他陈列设备上也是如此。但是，也决不应该不顾时间和环境的变化，认为过去好的设计不能改动。

在修改前的陈列中，人民解放军解放南京占领总统府的一组文物，放在一个寓意“埋葬蒋家王朝”的棺材中，用一根折断的中华民国国旗杆象征国民党统治的覆灭。在当时来看，这个设计相当形象、深刻，因而受到称赞。但是现在看来，“埋葬蒋家王朝”在提法上欠科学、客观，所以这次修改去掉了棺材的造型，用一个高立柜代替，保留了折断的旗杆，背景衬以解放军占领总统府的照片，使这个组合更确切、完整。

修改前开国大典开间的设计，是一个优秀的设计，它那雄伟的气势，庄重的气氛，使观众肃然起敬。这次陈列修改，由于将第一面国旗放到了序幕厅，又没有一个独立的开间，周围增加了新政协的会匾及渡江大船，因此保留原有的设计也难于达到原来的效果，必须根据新的条件和环境重新设计。新的设计，在屏风上方，从顶棚垂下红色幕布，下部呈孤形拉至屏风顶口，上面绣有金色国徽，解决了周围大件文物的干扰，使得廾国大典处在应有的突出地位。

六

如果说，一个陈列的艺术设计搞得好，那么，一半功劳是属于制作的。革命史陈列中的一些重点场景，设计虽是主要的，但是制作则是关键的。有一句说做衣服的俗话，叫做“三分做工，七分熨工”，有些重点场景，也可以说是三分设计，七分制作。如农民协会祠堂衬景画的制作者，他们所付出的劳动远比设计者更艰难，因此，每一件成功的艺术设计，都离不开制作人员的心血。

陈列水平的高低，取决于制作水平的高低，同时，往往又取决于整个社会经济的发展。在革命史陈列中，从纺织品、小五金、各种灯具到框架的静电喷型、标题字的喷铜等新工艺，无不和社会联系在一起。因此，要及时掌握社会上新材料、新技术的信息，并把它们运用到陈列中来。

在陈列修改中，有些方面在制作水平上有明显的提高，如丝网印技术广泛应用于陈列，使得陈列的图表、文字规格、精致，但也暴露出在制作上还有不少欠缺之处，同设计上存在的不足一样，这些都有待今后逐步的改进和提高。

任何事物都不是一成不变的。随着时间的推移，新的可以变成旧的，先进的也可能变成落后的。不断提高陈列艺术水平，才能使陈列具有强大的生命力。

（原文刊于《中国博物馆》1991 年第 3 期）

博物馆展陈信息论

马英民

博物馆陈列展览的基本功能在于正确汇集与传递信息。从某种意义上讲，博物馆展陈其实就是一个信息平台，一个博物馆方式的信息收集、处理、传输、接收、反馈过程。所以，可把博物馆展陈归于信息科学范畴，以信息论指导其理论与实践。信息论对于博物馆展陈研究的意义是无可置疑的。但一篇文章不可能对其相关内容均能作深入探讨，更不可能按照信息科学的理论和方法，对博物馆展陈信息的信息总量、各类信息比重、信道容量、信息熵、信息保真度等等予以透彻论述、精确推演和测算，而只能就其概念、构成和特性、操控等基本问题略陈管见。

一　从信息科学的角度审视博物馆陈列展览

什么是信息论？简言之，信息论就是研究信息产生、处理、计量、传输等一般规律的科学，即研究什么是信息，信息从何而来，信息如何测算，如何经过“编码”、“译码”等加工处理工作，使信息变换为需要的形式并传输给受众，发挥信息的功效。换言之，信息论就是通过研究产生信息的“信源”、传输信息的“信道”、接收信息的“信宿”及三者关系，揭示信息的产生、获取、存储、处理、传输、接收、利用、控制等一般规律的科学理论。信息论一般被认为是由上世纪40年代美国科学家申农（C. E. Shannon）发表著名论文《通信的数学理论》所创立。之后至今半个多世纪以来，由于信息规律的普遍性，以及申农在信息理论中创造的新概念、新思路、新方法、新成果的应用，信息论在深度与广度上得到迅速发展。一方面，信息论在通信理论、电子学、计算机科学、数字影像技术、自动化技术等方面得到长足进展，使自身理论基础日臻完善；同时，人们也逐步将信息论引申到其他领域，运用这一科学理论的观点和方法来观察和诠释诸如物理学、光学、声学、化学、生物学、医学、生理学、心理学、语言学、社会学、经济学等方面的问题，使这一理论逐渐形成和发展为涵盖众多学科的更为广泛领域的信息科学即广义信息论。博物馆学及陈列展示理论和实践与信息科学密切相关。信息论在其加速发展的过程中，利用其新的概念、理论、方法及成果，加强对博物馆学及其展陈活动的研究和认识，从而进一步丰富这一理论，成为信息科学延伸、扩展的必然趋向。

正是由于信息科学与博物馆学及其陈列展示理论联系紧密，所以，在较长一个时期以来，人们已经开始关注并试图从信息论的角度来审视和理解博物馆及其展陈活动，着手将信息论的理论、方法应用于博物馆及其展陈研究。美国学者玛蒂·保尔（Marty Paul）曾指出：“博物馆为信息科学的专业工作者提供了一个独特的研究知识的积累、分析和传播的独特环境。”[1]美国另一学者姆·巴克兰德（M. Buckland）认为，博物馆陈列品即是信息[2]。国际博物馆学委员会前主席、荷兰学者彼得·冯·门施（Peter Van Mensch）则更为明确地提出：“博物馆学属于信息科学。”他认为：“博物馆学的最主要之点在于信息。博物馆的物是信息的载体，博物馆学要研究如何对待博物馆的信息，收集哪些信息，应该保护哪些信息，保存哪些信息，以及为谁收集这些信息，如何使用这些信息等等。这些就是博物馆学最根本之点。”[3]中国学者也已在尝试以信息理论来观察、解释博物馆的大众传播和社会教育功能。严建强以“比拟”的方式，“把博物馆活动看做是两个相联的通信过程”，即自然界和人类历史作为“发信人”，将作为其特殊电文的遗存物发送给“收信人”——博物馆，博物馆在对“电文”进行“译码、译读和解释”即对这些遗存物进行研究整理后，再作为“发信人”以展陈等形式发送给“收信人”——社会公众，从而实现了自然界和人类历史相关信息向社会公众传播的过程。他明确提出：陈列展示就是“向观众提供自然和人类社会生活的有关信息”[4]。有的学者认为：“受到当时流行的信息论和传播学的影响，在博物馆传播研究中引入大众传播的理论和方法。这无疑是博物馆学研究中的一个重要发展，表明博物馆学在两个方面的重要进步——对博物馆信息功能的重视和博物馆信息研究的科学化。”[5]“对于博物馆而言，展示是一种发出信息的过程；对于观众而言，博物馆的展示则可以视为是一种接受信息的场所。”[6]宋向光在分析信息时代到来后的博物馆业务时也提出：“博物馆是信息集中的地方，如何高效地辨识、收集、确认、整理、存储和提取信息是博物馆的基本业务活动之一。”[7]国内还有一些学者也从不同角度作出了相应论述，不再一一详列。由上可知，将信息理论引入博物馆学及展陈研究，从信息论的视角认识博物馆及其展陈活动，将陈列展览归属信息科学，已日益成为博物馆学及陈列学界的共识。

反观博物馆之陈列展览活动，无论从其性质、内容、效能，还是其运行过程和机理，也理应属于信息科学范畴。

人们知道，博物馆展陈活动，就是通过在特定空间内按照一定主题、序列和艺术风格组合成以文物、标本为主的展品群体，为观众反映自然或社会的某些事实、现象及其规律，从而实现宣传教育、传播知识、提供欣赏的社会功能的过程。也就是说，博物馆展陈的社会功能，是通过按一定要求组成的展品群体“为观众反映自然或社会的某些事实、现象及其规律”而得以实现的。由此可知，陈列展览只能是“自然或社会的某些事实、现象及其规律”的“反映”，而并非那些事实、现象本身。那些事实、现象本身是博物馆展陈之外曾经发生过的某些真实的客观存在。那么，陈列展览为什么能够“反映”那些客观存在过的事物呢？这是因为，组成这些陈列展览的展品群体蕴含、承载、传递了那些事物的相关信息即展陈信息。

我们知道，博物馆展陈中的展品群体是由文物展品（含标本等）和非文物展品（含辅助展品）组成的。文物展品作为其所反映的事物的“遗存物”，本来就是那些事物的组成部分或“子体”，自然具有或保留着“母体”产生的事物的某些形态、特征、性能等。文物展品所承载的所有信息，毫无疑义地都会成为其所反映的那些事实、现象及其规律的信息，其信息保真度可达至百分之百。这也是为什么只有文物展品，才能最真实地反映信源，成为最具博物馆语言特征和说服力的最有价值的展品的缘由所在。当然，这也说明，文物已不是信源，已不是曾真实存在过的客观事物或现象本身，而是由信源产生、遗存的承载着信源信息的载体。因为它们已从原来的事物、现象及其运动过程中，从彼时彼地的时空关系中脱离或抽取出来，成为残存、孤立、凝固而“没有生命”的东西了。同时，作为文物，还需要根据保管、研究和展示的需要，进行必要的整理、加工等（如活的动、植物被制成标本），而不能不使之发生某些改变而不同于原状。所以，即使这些文物蕴含、承载着信源富有价值的信息，它们也只能屈居于信源的“符号”——展陈信息载体之列了。

非文物展品一般并非来自信源，而是根据展陈需要由人工创作而成。这些展品是策展者主观创意的产物。虽然展陈信息要求非文物展品制作应以信源为依据，但由于制作者主客观条件的局限，这些展品所承载的信息不可能全部与信源符合，而必然会存在诸多的差异，其信息保真度也是难以保证的。当然，由于这些展品并非凭空产生的，而是策展人员在一定程度上吸纳信源相关资讯用于创作的结果。也就是说，这些展品也被赋予了信源的某些信息。所以，这些展品也会在不同的方面以不同的形式和角度反映信源。因此，这些展品也会在展陈中占有一席之地。至于这些展品反映信源的程度，则是由其创作过程中被赋予的信源资讯的多少决定的。由上可知，陈列展览所反映的博物馆展陈之外曾发生过的客观真实事物及其运动，是陈列展览的信源。博物馆办展人员经过策划、设计、布陈，“按照一定的主题、序列和艺术形式组合”起来的展品群体，使那些本已不存在的事实、现象在一定程度上得以“复原”、“再现”，从而成为展示那些事实、现象的渠道和形式，是信息传输的信道。而通过参访展陈接受并反馈信息的观众，是展陈信息的信宿。这样，整个展陈活动就形成了一个“信源——信道——信宿”完整的信息传递链条，实现了信息传输的全过程。所以，陈列展览其实质就是相关信息的传递平台。博物馆举办的展陈活动，实际上也就是一种特定的、具有博物馆个性的信息传输过程。因此，将博物馆陈列展览纳入信息科学范畴，以信息论指导陈列展览的理论和实践，是顺理成章、理所当然的。

将信息理论引进博物馆展陈研究与实践的意义是显而易见的。

第一，从展陈理论看。毋庸讳言，我国博物馆学学科建设以及陈列展览理论研究至今尚不够深入，不够成熟。由于这一领域可归属信息科学范畴，因而，以信息论新的视角和成果，运用其成熟的概念、观点、方法予以审视和探讨，对本领域积累的丰富经验予以提炼和提升，必将有利于加强本领域理论建设。尤其是对博物馆展陈的实质与机理，对展陈各环节的特点及其内在关系，对展陈的诸多重点、难点问题，从理论上作出深入的诠释和解答，进而指导展陈的策划、设计，使之更为科学合理，从而取得理想展效。

第二，从展陈实践看。由于信息科学揭示了信息从产生、获取、汇集，到处理、加工、传输、控制等方面固有的特点和规律，而且由于信息理论强调分类、概率、保真、容量、测度等原则和方法，因而，使信息理论对博物馆展陈实践具有了很强的指导性、应用性和可操作性。如人们可以按照办展要求，通过测算信息量、信道容量、抗干扰系数、信息转化率、保真度等，控制信息传输及各类展品的选用和展示，使博物馆展陈活动各组成环节的运作更有依循、更为精准、更加科学合理和更为自觉。

第三，从展效评估看。评估一个陈列展览的成败优劣，不仅要看举办者的主观意图及其展示了什么，更要看这一展陈的客观效果，即观众得到了什么，感受如何。虽然多年来人们曾对展陈评估及其标准进行了许多设想和探索，还开展了评选全国展陈“十大精品”等活动，但到目前为止，似乎仍未形成或建立一套博物馆展陈评估的科学、严谨的标准和方法。由于信息科学是以概率论、随机过程和数理统计等基本方法来研究信息规律的，并进一步实现了对信息及其各环节的量化研究和测度。如通过测算信息总量及各类信息量，尤其是文物信息量，了解展陈的规模及其构成是否合理；通过探讨对展陈信息特点和规律的把握和运用，检验信息传输形式得当与否；通过对信宿量、信宿实际接收信息量及所占展陈输出信息总量比例即信息转化率、信宿反馈信息量以及信息保真度等的测算，检验展陈信息传输状况优化程度等等，从而确定一个展陈的实际展效。这无疑将使陈列展览效果的评估更为科学有据。

二　博物馆展陈信息的构成及其特性

（一） 博物馆展陈信息的分类与构成

博物馆推出的每一个陈列展览的展品，少则数十件，多则数百、数千件甚至更多。加之与展陈密切相关的内外环境及其设施设备、各种服务等所形成的信息，就使展陈所承载的信息种类繁多而信息量巨大。多角度地审视和考察这些信息的分类和构成，有助于深入理解和认识博物馆展陈信息的特点、实质及其相互关系，对信息传输进行更合理的操控以获得更好的展示效果。那么，博物馆展陈信息是如何分类构成的呢？

1. 按信息方位分。从博物馆整体空间方位看，展陈所提供的信息，可分为两大类：一类是布置于展厅内的陈列品所蕴含的信息，可称为“展品信息”；一类是与展陈直接关联的展厅内外环境（包括空间、设施、设备、建筑、宣传、服务等）所形成的信息，可称为“氛围信息”。展品信息是博物馆展陈信息的主体，氛围信息是传输展品信息必要的条件和手段，也是不可或缺的。策展者的责任在于将二者恰当地结合起来，使展陈信息传输达到完美的效果。

2. 按信息来源分。博物馆展陈的文物信息，来自其所产生的事物即信源，是信源的遗存，可称为“遗存信息”。这类信息是原来事物的客观见证，是最具博物馆展陈个性和本质特征的信息。另一类则是根据展陈需要进行人工创作所产生的信息，可称为“人工信息”或“创造信息”。文物是以往事物的遗存，限于这些遗存物复杂的流传过程以及征集、保管、研究等主客观因素的制约，其被博物馆收藏的数量必然是很有限的。这就是说，不管一座博物馆有多少藏品，均不可能满足展陈对全部信息的需要，要求文物展品对每一个展陈主题和内容都能表现得系统、全面、准确、充分而宜于观赏是不现实的。因此，需要在办展过程中进行适量的人工信息的创作予以弥补和加强。但由于这些人工信息是主观创作的产物，尽管它们可能吸收了信源的某些信息，仍难免会存在不同程度的失真或不实。这是此类信息应高度注意和着力解决的问题。

3. 按信息性质分。一个展陈的全部展品及其内外环境，一般承载着十分丰富的性质不同的各种各样的信息。如一些大型综合性博物馆展陈，既展示承载自然界信息的展品，又展示承载人类社会信息的展品。在表现人类社会展品的展示中，其信息可涵盖经济、政治、军事、文化、外交、民族民俗等各相关方面的内容。博物馆展陈作为一种特殊的文化作品或现象，还会同时被赋予诸如思想性、知识性、艺术性、趣味性、观赏性、参与性、服务性等信息。策展者只有经过精心设计和整合，使不同性质的信息在不同类型、不同主题和内容的展陈中，各依其序，各有侧重，合理构成，才能办出满足不同层面广大观众需要的展陈。

4. 按信息作用分。在展陈中，不同信息对于实现办展意图有着不同的作用和价值，这是正确传输信息必须妥善处置的。一是基本信息和辅助信息。一个陈列展览必须有一定数量的富有价值的展品做支撑，才能组成其框架和展线。这些展品不可或缺，否则展线就会被改变或间断，此类展品提供的信息即为基本信息。而围绕、陪衬、配合此类展品的一些相关展品提供的信息，可看做辅助信息。二是重点信息和一般信息。每个展陈都会突出重点内容，营造亮点、看点。这些组成亮点、看点的展品信息，即可看成展陈的重点信息。一些博物馆展陈以本馆的珍贵文物如“镇馆之宝”组成展陈的突出亮点，这些展品所提供的信息，可以看作重点信息中的核心信息。而展陈重点信息之外的信息则可视为一般信息。三是主题信息和其他信息。一件展品一般承载着多种信息，这些信息中符合展陈主题需要的信息，可视为主题信息，此外则是其他信息。如国家博物馆在军事博物馆举办的“复兴之路”展览中展出的鎏金编钟，人们更多地注意到的可能是其造型、材质、色彩等信息。但这些信息并非该展品所传递的主题信息，其主题信息是见证帝国主义列强掠夺中国文物、对中国实行文化侵略的行为，因为这件编钟是曾被侵略者掠走后又辗转回到中国的。

5. 按信息感受分。不同的展品信息会带给观众不同的视觉冲击和心理感受。这主要是由展品的表征决定的。这些表征主要可分为：一是立体与平面。在博物馆展陈信息中，一些具有体量的器物、标本、艺术品、景观复原以及建筑、环境等“立体”展陈信息，更富有博物馆语言特征，会给予观众更深、更强烈的印象，在展陈中宜更多采用。而文字、图片、表格等一类的“平面”展陈信息，其视觉冲击相对较弱，在展陈中不宜过多采用。二是静态与动态。我国展陈过去基本为静态展示，近年来动态手法在不断加强。实践证明，适度的动态展示会使信息传递更为活泼生动，展陈信息传输的动静结合会收到更为理想的效果。三是有形与无形。在以往展陈以实物为主的“有形”展示的基础上，近年来展示的科技手段日益丰富，出现了大量音响、影像等声、光、电“无形”信息传递形式。尽管这些形式中有不少受到观众喜爱，但办展者应慎用这些手段，防止喧宾夺主、哗众取宠而影响展效。

6. 按信息传播分。随着信息科学和信息传播形式的发展，博物馆的信息传输手段也不断改进和多样化，各类展演、报告、广告、报道、书刊、音像、影视、网上数字博物馆、虚拟博物馆等大量涌现，这就使博物馆展陈信息的传输也形成了现实与虚拟的不同形式。

在上述较有代表性的展陈信息分类构成之外，办展人员为便于工作，也常会从本馆或本展陈实际出发，对展陈信息进行一些更具个性与特色的细化分类，如文物信息还可按质地、年代、人物、事件等分类。有的则是将一些展品信息的相关要素结合起来用以分类，以更准确地为这些展品在展陈中定位。如大体量的文物重点信息，观赏性强的人工场景亮点信息，文物最新科研成果信息，等等。当然，策展人员还会高度重视收集、处理观众反馈信息，此类信息也应视为展陈信息的相关构成内容。展陈信息经过精心处理，形成以遗存信息为主的按一定序列和审美要求组合的信息流，以适宜的方式传输给观众，使策展者的意图得以实现。

（二）博物馆展陈信息的特性

与信函、邮电、报刊、书籍、电（视）台、网络、会议、学校教学等信息及其传播相比，博物馆展陈信息有其显著的特殊性。要正确认识和处理博物馆展陈信息，首先应对此类信息的特性进行深入了解和探讨。此类信息较之一般信息究竟有一些什么样的不同之处呢?

1. 信源、信道、信宿的共处性。展陈信息及其传播与一般信息的重要区别，在于展陈信息的信源、信道、信宿三者共处于博物馆展厅这样一个统一的特定空间。一是信源再现于展厅。本来，展陈信息的信源并不在展厅之内，而是存在于博物馆举办展陈之前甚至遥远年代的某些客观事物。由于展陈的展品及其内外环境承载并传输着那些事物的信息，从而使那些事物在展厅内得以反映或“再现”。换言之，亦即原本客观存在过的原始信源再现为“展厅信源”。当然，展厅信源是策展者从某种意图出发，对所收集的原始信源的信息进行“译码”、“编码”工作——研究、选择、整合并予以相应展示的结果。展厅信源承载、传输原始信源的信息越真实、越准确、越全面，展厅信源就越接近于原始信源。这也是博物馆追求的办展方向和目标。展厅信源的文物展品真实地表现着原始信源的固有性质和特征；体现艺术真实的艺术品也承载着原始信源的一定信息；严格按照原貌复原的景观及一些仿造的人工场景，也被赋予了原始信源的某些信息；加之内外环境营造的符合原始信源要求的氛围，使展厅信源的可信度大大增强，甚至使观众产生如临其境、如睹其人其事的感受，从而拉近了展厅信源与原始信源的距离。当然，展厅信源永远不可能等同于原始信源。二是展厅即信道。与其他信息的信道不同，传输展陈信息的信道是以博物馆展厅作为特定载体的。我们知道，展陈一般是设于展厅内的。展陈中承载着各类相关信息的展品，是依一定序列和要求布置于展厅中的。为了将蕴含于展品中的信息按展陈要求传输出来，策展者会在展厅内巧妙分割空间，配以相应光线和色彩，采用各种表现手法和途径，营造相应的展厅内外环境氛围，达成展示效果。同时，为了更好地让观众接受信息，策展者还会在展厅内吸引观众参与互动以及开展交流、讲座、收集反馈信息等活动，并加强为观众服务。这就使展厅充分体现了作为传输展陈信息的信道作用。三是信宿在展厅接收信息。展陈信息有别于一般信息的另一个明显之处，是作为信宿的观众必须走进博物馆，走进展厅，通过直接参观展陈，观赏展品，感受氛围，并参与相关活动，才能接收并反馈信息。由于观众是千差万别的，对同一个博物馆的展陈，不同的观众观感和要求也会不尽相同。这就要求博物馆要因时、因地、因人制宜，办出受到各层次观众群体欢迎的展陈。

2. 各类信息的兼容性。博物馆每一个展陈都是由数量可观的展品即信息载体组成的，每一件展品都蕴含、承载着数量不等的信息。如一件在鸦片战争中广东虎门抗英使用过的大炮展品，不仅传递着见证反抗侵略的信息，同时也在传递着其造型、材质、颜色、体量、形态、工艺技术、流传过程、展示背景等信息。每一个展陈都有一定数量的文物、艺术品、辅助展品及所营造的内外环境信息，加之观众现场的反馈信息，就使展陈信息种类繁多而复杂。如此大量的不同信息经过处理、加工，相互补充而有机结合，就构成了丰富多彩、各具个性的博物馆展陈。这就充分体现了博物馆展陈信息的兼容性。这种兼容性主要体现在如下三方面：其一，遗存信息与创造信息兼容。“三遗”信息是博物馆展陈的基本信息，但往往不能完全满足展陈内容的展示需要，而必须增添一定数量的人工创作展品即创造信息。此类信息不仅可以补强遗存信息，更好地表现展陈内容；在某些环节如展陈的序厅中，还有其独到的作用。其二，不同性质的信息兼容。构成博物馆展陈的信息多种多样，具有各种不同性质。根据不同类型展陈及其内容、风格的要求，使不同性质的信息相互有机结合，就会调理成观众欢迎的多姿多彩的文化大餐。其三，主题信息与其他信息兼容。一个展陈一般只有一个主题。由于展品承载的各类信息是混杂在一起的，其中符合展陈主题的信息即主题信息，在展示中应得到突出和加强，而一些偏离主题甚或与之相牴牾的信息，就需要予以淡化乃至消除处理。当然，这要根据展陈的具体情况做具体分析和对待。有些信息尽管并非主题信息，但有助于增强展陈的真实感及其艺术性、观赏性、趣味性、参与性等，使展陈更具吸引力、感染力，从而发挥了与主题信息相辅相成的作用，增强了展示效果，也应适当利用。

3. 信息接收的直观性。博物馆展陈信息的接收，主要是通过参观展陈直接的视觉刺激，使观众获得感受和体验而实现其传输过程的。首先，这一特性是由展陈信息的信源、信道、信宿共处于一个有限的特定空间决定的。布置一个展陈的博物馆展厅，为了适宜观众参观，面积一般为数十至数千平方米，即被限于参观者视觉可有效感知的范围内。在这样一个再现信源的展厅空间内，参访者需要进入现场，置身其中，穿行其间，身临其境地观赏和感受。观众对展品既可环视四周，通观全局；也可全神贯注，逐件欣赏；并可随时作出信息反馈。当然，为了更好地传递展陈信息，策展者也会使观众同时接受一些听觉、触觉、嗅觉等直感性的信息，以及开展观众参与活动、让观众零距离接触展品等。不言而喻，观众接收展陈信息主要是通过直接的视觉感知而获取的，参观展陈主要是看。其他方面的感官刺激是为了让观众更好地看，更深入、仔细地观察和欣赏，以便使观众获得更多的信息。其次，这一特性也是由展陈信息载体的特有形态决定的。作为博物馆展陈信息的载体，一类是文物展品，包括“遗物”、“遗址”、“遗迹”，标本、文献、原版照片等；一类是人为创造的展品，如绘画、雕塑、沙盘、模型、复原景观、人工场景以及展墙、展柜、展板、展台、展架、道具等各种辅助展品；还有就是与展陈相关的馆舍建筑及展厅内外环境等。也就是说，这些载体主要是由实物组成的，且大多为三维立体形态，一般都具有一定的体量、造型、结构、材质、色彩、方位等可为视觉感知的外观或表征，有的还具有较强的观赏性。观众正是通过观察、欣赏这些外观和表征，感知和接收展品所传递的信息的。最后，这一特性同时也是由展陈信息特殊的传输形式决定的。博物馆展陈信息的传输，是通过展示按照某种序列和艺术形式组合起来的一定数量的展品并吸引观众参观而实现的。陈列展览主要是视觉作品或视觉艺术，策展者通过各种手段和方法，对展品的展示形式、展陈氛围进行艺术设计和营造，使之适合观众参观的生理、心理要求，并形成观众参观所需要的视觉冲击力和观赏性。尤其是对于展品非表征的不易被直观感受的潜在信息，策展人员要通过博物馆展陈手法，使之成为直观可睹的信息，实现信息传输和展示效果。

4. 信息传输的可控性。一是选题控制。作为博物馆展陈信息由来的原始信源，其信息往往是极其芜杂而繁多的。博物馆展厅尽管可大可小，但不可能也不必要展示原始信源的全部信息，只能根据展陈选题和主题，有选择、有侧重地再现原始信源的部分相关信息。而博物馆展陈的选题及其主题，是由策展者根据现实需要和对相关信源的认识确定的。也就是说，展陈的题材和内容是可选择、可控制的。二是展品控制。原始信源是某些已然逝去的客观事物，是一成不变的。作为布设于博物馆展厅内的陈列展览即展厅信源，却是举办者按照选题和主题，进行主观创作的作品或产物，其承载、传输的信息完全是可以控制和调整的。一个展陈的信息总量，是由作为信息载体的展品数量及其信息传输方式决定的。策展者可根据展陈类型、展厅空间、展示要求及藏品状况等，决定和调控展品规模和信息总量。在相同的展厅空间内，不同类型、不同内容、不同风格的展陈所需要的信息量是不同的，有的需要大量信息，实施“密集型展示”，如一些兵器、货币、票证、徽章、昆虫标本等；有的则需要疏朗，如有的家具、佛像、绘画、雕塑展示。有些珍贵文物，尤其是被视为“镇馆之宝”的展品，则无论其体量大小，都应舍得给予其较大的展示空间。三是分类控制。由于展陈信息的兼容性，每一个展陈都会蕴含各种信息。组成展陈的每一件展品，也承载着各类不同的信息。这些信息在展陈信息传播中的价值和作用是不同的，策展者需要根据展陈主题及内容的要求，对各类不同性质的信息在展示中的比重和数量予以全局衡量、规划和协调，以使整个展陈的信息得到有机合理的搭配和结合，使各类展品以及每件展品传输的信息符合展陈内容要求。一旦既有藏品所蕴含的某类信息不能满足展陈需要，就应通过人工创作赋予相关信息的展品，使此类信息得到补充和加强。四是形式控制。在展厅空间及展品总量确定的条件下，如何设计、运用展品的展示形式，对于展陈信息的传输关系很大，也是策展者责任和水平的体现。策展者要通过对每一件展品所蕴含不同信息的艺术处理，对整个展线的起伏、节奏和展示重点、亮点的设计，以及对展示氛围和环境的精心营造，使展陈信息的传输符合需要。

三　博物馆展陈信息的正确操控

根据信息论原理，博物馆展陈要实现其社会功能，就要通过正确操控展陈信息，科学、合理地汇集、传输信息。而能否真实、准确、恰当地传输展陈信息，主要取决于是否能正确认识和处理好展陈的信源、信道、信宿及三者关系。认知信源是前提，科学传输是保证，信宿需求是依归，策展者应从这三个基本方面入手，实现对博物馆展陈信息的正确操控。

（一）忠于信源。博物馆展陈就是相关信息载体的有序汇集和展示。而这些信息的信源就是展陈之前曾存在过的某些事物，展陈是这些事物经过信息简化和整合的“再现”。致力于客观、准确、全面地反映相关事物及其运动规律，为人们提供足资借鉴的信息，是博物馆展陈的作用、目的和价值所在。因此，展陈信息只有忠实于信源，真实而充分地反映信源，陈列展览才能正确传输信息，实现自己的社会功能。怎样才能使展陈信息忠实于信源呢？首先，策展者对信源要做深入研究而达致正确认知。这是举办展陈的前提和先决条件。只有正确认识信源才能正确反映和再现信源。由于信源是展陈之前已经发生过的事实或现象，时空的流转，主客观条件的限制，使人们对信源的认识存在诸多困难。这就要求办展人员不仅要继承前人既有的与信源相关的科研成果，并及时了解、吸收新的科研成果，更要通过博物馆特有的信息“编码——译码”工作，对大量馆藏实物进行深入、独到的研究和探索，以获取更多有关信源的科研信息。还要通过文字、口述、音像、实地考察等其他可能的形式或途径，拓宽、加深对信源信息的考察和探究，以最大限度地洞察相关事物及其运动的实质，破解疑难问题，使人们对信源的认识逐步接近真实和全面。总之，只有通过“去伪存真，去粗存精，由此及彼，由表及里”地研究和探讨，对信源进行客观、深入、全面的了解和认识并能实质性把握，才会使博物馆展陈正确反映信源具有可能性。

在正确认识信源的基础上，还要处理好如下关系：

一是信源与展陈主题的关系。任何陈列展览都是围绕主题去策划和布置的。主题是展陈的指导思想和灵魂，偏离主题就达不到办展的预期目的。可是展陈的主题从何而来？展陈的主题与展陈所反映的信源又是什么关系呢？毋庸置疑，展陈的主题是不能主观臆造而强加于展陈的，而应是在对展陈所反映的信源的深入研究和认识的基础之上提炼而成的。脱离信源的主题只能是无源之水，无本之木，其展陈信息必然失真，不仅没有意义，而且会造成有害的影响。“文革”时期从主观需要出发，篡改历史，搞夸大阶级斗争、路线斗争一类的主题展陈就是如此。从不同的信源以及对信源的不同视角、不同范围、不同要求出发，人们可以选择不同主题的展陈选题。当然，最终以什么主题举办展陈，还要参照办展目的及有关软硬件状况而定，如人员、藏品、场地、设备、经费等等，尤其要依据社会需要、公众愿望，在不同选题中确定适当的选题及其主题。而主题一旦确定，就要通过这一主题去反映由其所产生的信源。由上可知，从表面看，一个展陈的选题和主题是由策展者主观决定的，其实质反映的却是策展者对以往相关事物即信源深入研究和认识的结果。展陈主题确定后，就要致力于如何反映信源。由于不同的主题要求的视角、切入点、侧重、内涵、外延、风格等不同，一个信源可以有多个主题，但一个主题却只能有一个信源。展陈作为“再现”的信源，并非信源的全部信息，而是根据主题需要，选择性地展示信源的某些相关信息，且大多只能“点到为止”。即便如此，这种展陈也必须反映有关信源的全局、实质及其内在联系，而不能以偏概全，以现象掩盖本质，以偶然掩盖必然，从而最大限度地真实反映和再现信源。这就要求策展者必须秉持正确的立场、观点和方法，提高思想水平、研究水平和展示水平。需要说明的是，有的理论宣传部门，由于他们占有某些信源的更多信息，往往也能较好理解信源全局性、实质性的问题，因而提出该信源的选题或主题也是不足为怪的。当然，这些“权威部门”也应更多地听取博物馆专业人员的意见。

二是信源与展品的关系。由于主客观条件的制约，博物馆展陈作为“展厅信源”只能是原始信源的一个“缩影”。也就是说，这种展厅简缩版的信源只是在依据展陈主题，通过展品传输信息，有选择、有侧重、以点带面地展示原始信源。虽然，展厅信源只是原始信源经过压缩的某个侧面或局部，但就展厅信源自身而言，却是一个符合展陈主题要求又体现博物馆特征的完整的体系，即其传输的信息合于逻辑而能“自圆其说”，亦即展陈的展品在特定角度和一定程度上反映着原始信源的实质和全貌；否则，就会出现以偏概全、歪曲事实而造成信息失真。所以，要如实反映主题选定的信源，展陈的展品第一要系统，第二要典型，不能有明显的缺项或弱项，才能撑起整个展陈。这就要求首先文物展品不但要丰富、全面，更要具有代表性、典型性，要精心征集、鉴选、展示那些最有意义和价值的文物。同时，展陈信息传输还要求展品展示要符合博物馆语言特征，如展品不仅具有思想性，也应具有可视性等。而在实际工作中，要达到上述要求是十分困难的。因为文物的征集不是完全由人们的主观意愿决定和解决的，不是想征集什么就能征集到什么。有的展陈内容甚至永远也征集不到相关文物。有些文物虽然和内容相关，但这些文物承载的信息代表性、典型性不强，不能充分、实质性地反映信源，展示效果自然也不会理想。这就要求展陈必须辅之以赋予信源信息的人工再造展品，补强缺项、弱项。当然，由于人工展品是人们主观创作的产物，不可能完全真实地反映原始信源原生态的事物，应尽量慎用、少用。

三是信源与展陈氛围的关系。在信源信息保真的前提下，为配合展陈，策展者尚须按照信源信息传递的要求，结合展陈内外环境的特点进行设计，设置及服务要能营造出烘托、配合、陪衬、美化符合信源信息传递的氛围，增强观众亲临其境的感受。这对于观众更好地理解展陈内容，接受信源信息是十分有利和必要的。

（二）把握信道。从博物馆展陈信息传输的固有规律和特点出发，根据展陈内容需要科学、合理地展示展品，充分实现陈列展览的社会功效，是把握信道的基本内容和要求。其主要环节是：

其一，信息总量有度。把握信道的首要环节在于展陈信息总量的控制。一个博物馆及其展厅包括环境的空间规模是一定的，而一个展陈需要多少件展品，需要什么样的展品；一件展品需要提供何种信息，提供多少信息和怎样提供，却是通过策展者的设计和处理来实现的。博物馆展陈作为信息传播的通道，像其他任何道路一样，其通行量也是有着客观限度的。这种限度既是由既定的展示空间及相关条件决定的，也是由展陈内容及其艺术风格的特殊要求决定的。展品在展厅内不能像在仓库里一样摆放，也不是展线密度越高、信息量越大越好，展品流必须根据展陈内容和艺术要求，有疏有密，疏密有致，有起伏，有节奏、有韵律地去展示。这种限度还特别是由处于同一空间接受信息的信宿决定的。展品规模过大，信息量过多，参观时间过长，必然会超越人的生理、心理承受能力，引起观众视觉疲劳，展陈效果也就会过犹不及、欲速而不达。尽管由于展陈类型、内容、要求、风格等不同，等量展厅布置的展品数量相互可以有不同程度的区别，但实践证明，各类展陈在一定展示空间的展品即信息总量总会有一个相应的限度。如社会历史类展陈，一般以每千平方米不超过300件（组）展品为宜，超越限度展效就会受到影响。

其二，信息构成协调。博物馆展陈是一门综合艺术，具有信息的兼容性，承载着各种各样的信息。把握信道就要遵从博物馆展陈信息传递的特点、规律和艺术风格的要求，使各类信息构成比重得当，成为一个和谐有机的整体。当然，不同类型、主题的展陈，其各类信息的构成及其信息量的比重达致协调与和谐的标准和要求可以是有所区别的，即使在同一类展陈中，这种构成及比重也会因时因地不同而有所变通，不是千篇一律和一成不变的。策展者就是要从实际出发，科学合理地确定展陈信息的分类、比重和选择、创作标准。随着时代的变迁和社会的发展，人们的价值观、审美观也在不断变化，对博物馆展陈各类信息的需求和关注也随之在不断改变。如与过去相比，当今博物馆展陈在艺术性、观赏性、趣味性、参与性、服务性等信息方面的比重在逐渐增加，以新的和谐、协调的信息构成满足社会公众的需要是时代对博物馆人的呼唤。

其三，信息传递得法。要正确把握博物馆展陈信息，关键在于展品信息的传递要科学、准确、灵巧而恰如其分。为此，需要特别处理好如下各点：一是注重布局。由于博物馆展陈信息传递是在信源、信道、信宿共处同一空间中实现的，因此，展厅格局设计对于正确传递展陈信息和实现展陈整体艺术效果意义重大。展陈谋篇布局既不能单调刻板、一览无余，也不可杂乱无章、如入迷宫，而是要通过匠心独运的展厅空间的分割与再造、参观路线的顺当设计，以及从展线走向到重要文物、艺术品、景观以及设施设备的布置和配备，使展陈形成一个新颖、合理、个性化的适宜参观的格局。二是优选信息。注重对展品的选择、创作及其信息处理，按照展陈信息构成要求征集、选择最具典型性的展品尤其是文物展品，是正确传递博物馆展陈信息的基础。在此基础上，还要通过空间分配、辅助展品、设施设备、营造氛围等手法，对展品承载的多种信息分别作强化、弱化甚至消除处理，使之符合展陈内容需要。三是突出文物。由于文物展品承载和传递的信息是信源最具说服力的见证，博物馆展陈必须突出文物展品信息。要突出文物展品信息，既要注重充分展示单件文物的信息，也要在文物组合、文物流中的信息传递方面下工夫。对于价值高、体量大、观赏性强的珍贵文物，更应着力凸现。必须强调的一点是，文物展品展示一定要做好安全保护工作。四是营造看点。展陈信息传递不宜平铺直叙，而应有重点，有亮点，有看点。展线要低潮、平潮、高潮互见，既高潮迭起，又要围绕总高潮逐浪推进。与各级高潮相对应，在展陈中要通过各种展示手段包括声、光、电等科技手段的运用，营造各级看点。一个展陈中是否有几个能引起观众高度关注和兴趣的看点，是展陈成功与否的一个显著标志。需要指出的是，在展陈看点的营造中，序厅及尾厅的设计占有十分重要的地位。由于序厅是整个展陈的基调、缩影和点睛之笔，是给予观众的第一印象，对能否引发观众的参观兴趣和欲望关系很大，因而是必须大力着墨之处。尾厅是对整个展陈的总结和展望，处理得好会使观众对展陈回味无穷而认识升华，大大提升展示效果，因而也不可寻常视之。五是开展互动。使观众与展品的接近无障碍乃至零距离，并吸引观众开展互动活动，是近年来博物馆展示形式的一大发展和热点，也是展陈信息传递的特有形式和长处。博物馆展陈应坚持“三贴近”原则，在内容与形式上注重引发参访者的共鸣，并使其积极参与其中，通过互动获得体验和沟通，加强信息的传递。

其四，信息氛围相宜。事实表明，观众参观博物馆展陈，需要在展厅内外氛围中，获得舒适、愉悦的感受和体验。只有这样，观众才能更好地观赏展品、学习知识，更乐于接受展陈信息。这也是博物馆信息传递的魅力所在。这就要求策展者必须重视创造与展陈信息传递相适宜的展厅内外氛围。1. 内环境。也称内部空间，指展厅陈列内容所涵盖的空间环境。不仅指展陈整体布局及其艺术风格、空间分割与再造、展线与观众参观路线的设计、重点文物和场景的安排，也包括光线、色彩、温湿度的处理和材料、技术、工艺运用等。这是营造展示氛围的最核心的部分，是创造一个良好、舒适的参观与展出环境的主要内容。2. 外环境。也称外部空间，指主体建筑、功能服务设施、自然或人工绿化、馆区所创设的人文景观等。通过对外部环境进行美化、艺术化、主题化设计，使整个外部空间形态既优雅、和谐，又与展陈内容相互呼应、密切配合、浑然一体，实现展陈与环境的整体展示效应。这已成为当代博物馆展陈理念与实践的发展趋势。3. 注重服务。博物馆能否热情接待参访者，为观众周全服务，直接关系到观众参观情绪和展陈信息的传播效果，也是改善和优化展陈氛围的重要内容。要加强对展陈参访者的接待和服务，在使整个展陈内容和形式适宜参观的基础上，要结合展陈，健全相关的服务设施设备及有效措施。在展厅内，应注重吸引观众参与、互动，为观众提供良好的讲解、讲座、语音导览、视频导览、休息空间及设施、卫生间、残障人服务等。在展厅外，则要注重咨询、存放、安检、餐饮、购物（尤其是特色纪念品）以及娱乐、聚会、住宿等服务。总之，要真正为观众着想，做到展陈优美，环境幽雅，服务优良，博物馆展陈信息传递才有可能实现最佳功效。

（三）贴近信宿。所谓贴近信宿，就是坚持以人为本的理念，使博物馆展陈选题符合观众期望，展陈内容和形式让观众喜闻乐见并能积极参与，展陈环境适宜观众参访，同时以观众反馈意见评估展效和改进展陈及服务。

博物馆展陈为什么必须贴近信宿呢？这不但是由于博物馆及其展陈是公益性事业，为社会公众服务是其根本宗旨和社会功能，广大群众拥有享用此类文化信息的权力，同时也是党和国家向社会公众进行宣传教育的窗口和阵地。从信息论的角度看，还由于观众即信宿是展陈信息传输的终端。只有受众在数量和质量上充分接收展陈信息，展陈信息才能更好地完成自身的传输过程，实现信息传输目的。

怎样才能贴近信宿呢？一方面，在理念上要坚持以广大群众需要为依归的原则办展并贯彻始终，致力于办受社会欢迎、让观众满意的展陈，而不只是让领导、专家或自己满意即可。另一方面，在实践中，则需要做好三个步骤的工作：

1. 展前，要坚持依据社会公众的期待和愿望确定展陈选题即信源，并据以征集文物、选用及创作展品，使展陈内容和形式的设计为群众所喜爱。由于社会公众包括各类群体和个人，而每位博物馆展陈的参访者在人生阅历、文化修养、审美情趣、参访目的等方面都会有很大差别，其接受博物馆展陈信息所获得的体验和感受也会不尽一致，甚至大异其趣。因而，要使每个展陈都达到观众人人满意是不可能的。如何解决这一问题呢？首先，必须满足基本观众的要求。这是博物馆展陈和观众所具有的个性决定的。因为博物馆及其展陈的宗旨、性质、类型、任务及主、客条件不尽相同，因而自然会形成各自不同的观众定位，即在不同的人群中形成自己的主要观众群体即基本观众。如科技类馆观众以少年儿童为主，艺术类展陈以较高文化层次人群为主，一些专业类展陈则以关注相关专门信息人群为主等等。博物馆所举办的展陈必须首先得到这部分观众的肯定和好评，基本观众是否满意是展陈成功与否的首要标准。其次，展陈设计要着眼于“照顾多数”。这就是要从博物馆及其展陈与观众所具有的共性出发，在展陈设计可能的范围内，尽量考虑到各方面观众的需要和兴趣，合理搭配展陈的各类信息，适当增大展示的艺术性、趣味性、观赏性等普适性信息量，力求使展陈最大限度地做到雅俗共赏，老少咸宜，使各方面的观众都能从展陈中有所获益，从而吸引更多的人前来参观，扩大观众面。再次，有针对性地举办展陈。如在综合性博物馆中增加展陈的门类，使各层面的观众能“对号入座”，各取所需，各有所得；通过更多地举办不同内容和风格的临时展览适应和满足不同层次观众的要求等。最后，注重对观众的引导和培养。举办展陈要以广大群众需要为依归，并非观众“想看什么就展什么”。因为实际上这不但是办不到的，也是不应简单“照办”的。因为群众的要求是多种多样的，在顾及大多数群众的基本愿望和要求的同时，也不能面面俱到和迎合一些低级趣味的东西。要通过培育健康积极向上的情趣格调，提高观众素质，增强观众共识，扩大观众面。无疑，这也是更为实质、根本和长远地满足观众需要和以人为本。

2. 展中，要为观众参观提供精彩展示和上佳的内外环境与服务。在展厅内，要为观众奉献展陈精品，让观众感到好看、爱看、耐看、值得看。由于观众一般是在站立或行走中观赏和接受展陈信息的，为避免或减轻观众视觉和身体疲劳，参观路线和展品布置要符合人体科学要求，使参观者更便于活动，适宜观赏。要从观众尤其是青少年的兴趣和爱好出发，多安排一些参与、互动项目。同时，做好参观中的各项服务工作。对于展厅外的公用空间和环境，要结合主题信息进行一体化设计，并加强各方面的服务，真正使展陈达到寓教于乐的目的，让观众乘兴而来，满意而归。

3. 展后，注重信息反馈，做好观众调查和意见收集工作。博物馆展陈信息能否充分传递，博物馆社会功能究竟发挥如何，观众拥有最终发言权。只有通过观众调查，获得观众对展陈的真实观感和看法，才能客观公正地对陈列展览的展效作出评估，也才能据以对展陈做出调整、修改并加强相应服务，使展陈得到改进和完善。进行观众调查，贵在全面、准确、及时、规范。要通过各种形式的观众调查，切时了解和把握观众接受展陈信息的数量、质量、满意度及其愿望、要求等。通过不同类别的观众调查，准确把握因时、因地、因人而异的参观效果，并加以区别对待，有针对性地改进展陈，使展陈从内容到形式均更加适应社会公众需要并与时俱进。

综上所述，博物馆展陈理论及其活动属于信息科学，但此类信息有着与一般信息显著不同的构成和特性。这就要求博物馆策展者自觉地以信息论为指导，认识和把握陈列展览信息及其传播的特点和规律，使此类信息得以正确汇集和传输，以更好地发挥博物馆展陈的社会功能。

注释：

[1] 冯承柏：《“博物馆信息学”札记》，《中国博物馆》2001年第4期，第35页。

[2] www.bookschina.com/1940244.htm。

[3] www.bookccc.com / j / No178969。

[4] 严建强：《现代博物馆的使命及其判断》，《美术馆》（网络版）2002年总第3期。

[5] 陈晰：《博物馆传播中符号编译和控制》，《中国博物馆》2005年第4期，第27页。

[6] 乐俏俏：《关于博物馆信息传播的新思考》，《中国博物馆》2006年第3期，第69页。

[7] 宋向光：《缪斯的献祭：知识，抑或信息》，《中国博物馆》2008年第3期，第65页。

（原文刊于《烈士与纪念馆研究》，上海人民出版社，2009年）

近现代文物要研究的100个课题

肖贵洞

上世纪90年代，近现代文物由革命文物扩充、演化而来，尚未形成独立完整的理论体系，研究的性质与课题也不甚明确。经过近20年的探索与实践，逐渐领悟到近现代文物的研究，是社会科学与自然科学交叉、多元、多系统、多领域的项目，涉及前沿学科、横断学科与边缘学科，众多的课题需要研究。

爱因斯坦1938年在《物理学的进化》中指出："提出一个问题往往比解决一个问题更为重要"，"从新的角度看问题，却需要创造性的想象力，而且标志着科学的真正进步。"

在这种思想鼓舞下，苦思冥想，集纂了100个课题的题目。不都是难题、新题，有的还可能是低级原始的题目；实际需要研究的也远远超过这个数目，取个整数便于记忆。不恤浅陋无知，披露出来，稍加注释，以乞引起掊击，造成争鸣与研究的氛围。

一　有关近现代文物总体研究的题目

（一）近现代文物科学完整的内涵

经过50年探索，革命文物的概念亦趋清晰，而革命文物仅是近现代文物的一部分。按大百科文物卷解释，"主要有革命文物、民族文物和民俗文物等"。这种解释不能涵盖所有近现代类型文物，因为漏掉了大量的在社会发展中起过重大作用的器物与物品，漏掉了一些典型的工艺美术品，漏掉了非物质文化遗产的载体。再说民族文物和民俗文物又是哪些器物，又包括什么？重大罪犯的证物、赃物是不是近现代文物？所有这些都是不清楚的，要进行探讨研究。

（二）近现代文物构成的充要条件

这个课题也涉及古代文物，与第一课题有相似之处，又完全不同。这是从逻辑学角度谈构成近现代文物的充要条件。具备了必要条件，不等于是文物；具备了充分条件也不见得是文物；只有具备充分和必要条件，才能成为文物。构成文物的充要条件是哪些，目前还不清楚，不清楚，文物的研究就无从谈起。

（三）近现代文物的总体特点

近现代文物是近现代人造物中的一部分，是近现代社会的一种物证反映，特别是生产力发展的标志，具有客观物质性、时空标定性、可见功用性、不能再生性（唯一性）等。笔者概括的这些特性，并不能真正全面反映近现代文物的总体特点，实质性的、规律性的特点，还没有揭示出来。

（四）近现代文物的社会地位与作用

现在认为是公益性事业，除了依据证物、展示研究、教育启迪、鉴赏清玩等外，还有哪些重要作用？是否能成为产业？能否在经济发展中像资产、商品一样流通增值？

（五）近现代文物的科学系统分类与分类理论

所谓科学系统分类，就是像植物按界、门、纲、目、科、属、种，或元素周期表，以层分类。近现代文物分类，曾按质地、功用、名称、产地、来源、工艺等角度分，都出现严重重复重叠现象，找不到恰当的方法。社会上也没有分类学理论基础。这是个老难题，尽快破解才好。

（六）近现代文物信息的种类与采集

近现代文物的信息是多元、多方位、多系统的，全部信息到底有多少种，现在还无法统计清楚。笔者曾概括了十几个方面，远远反映不出来，甚至连眼见到的都说不完全，更何况那些隐形、隐蔽的，采集更无法谈起。

（七）近现代文物价值评估的量化标准

这是个老难题。目前看来，近现代文物不是商品，无法用商品方法来定值；也不是固定资产，也不能用资产评估方法估价。可在管理、调拨、交换、借用、投资抵押、保险金交付等一系列活动中，偏偏要以等级和价格的形式表现出来。亟待出台量化标准。

（八）准确地判断近现代文物的质料暨成分

这又是一个老难课题。摸索了近50年，也没有摸到正确途径和方法。近现代文物的构成质料太复杂，除了单质、化合物之外，合金、高分子材料、复合材料、合成材料、光电材料等应有尽有，材料学也难以概括全面。准确地判断确实不易。

（九）近现代文物形态描述的项目与内容

近现代文物的形态，指的是可见物质的固体外观。物质具有固态、液态、气态和离子态四态，近现代文物当然具有四态，其他三态（液、汽、离子）姑且不论，仅以固态描述为要，描述的项目与内容尚未统一规范。

（十）谁有资格确定近现代文物

近现代遗存物浩如烟海，谁来确定其中哪一件是文物。从事文物工作的当然可以，其他社会成员有没有资格？

有关近现代文物总体研究的课题多得很，仅列10个，留待有兴趣者去发掘、发现、研究。

二　有关近现代文物搜集方面的专题

（一）统一近现代文物搜集的概念与提法

革命文物惯用征集。所谓征集，如同征兵、征粮、征购一样，被征者是义务，应当无偿服从。对搜集革命文物还行得通，对搜集近现代文物就行不通了。陆续出现收购、搜集、采集、收集、捐献、奖金、回酬等诸多的提法，概念的内涵也不清晰，需要统一。

（二）近现代文物源流探析

源，指的是产生文物的渊源，人类活动的区域范围与内容。流，指的是文物流向的渠道与方式。只有源流清晰，才能做到心中有数。

（三）近现代文物的概率预测

预测包括两方面：一是已成为近现代文物的估计与推算；二是对将要成为文物的准文物初步估计，如同对地下埋葬的古代文物推测一样。这需要概率论、随机过程等多方面知识和技能。

（四）发现近现代文物的秘诀

有的近现代文物需要发现。所谓发现，就是在社会公众尚未认识到的时候，独具慧眼，能及时识别出来。如同在一堆乱石之中能看出哪块石头中含有玉料。发现是有秘诀的，只有深入实践和研究才能获取。

（五）搜集的方式、渠道和方法

沿用的方式，多是等待“送货上门”，按媒体线索去索取的并不多，到现场采集和发掘的更少。除此还有哪些方式与渠道？还有哪些具体方法？要做专题研究和探索。

（六）当前持有者的心理状态分析

持有者指的是，当前持有近现代准文物的法人和自然人。他们的心理状态是复杂和多变的，如惜售、囤积居奇、发财、要社会酬报（声誉、待遇）等多种。只有分析透了他们的心理状态，才能应付自如。

（七）拒收的策略与方式

常常有人将自己或亲属收藏、继承、创作、拾捡来的，明显不够文物的旧物，无偿捐献给博物馆，其行为可嘉。但捐献物收藏价值不大、同类物极多，难以拒收。采取何种策略与方式，使其不伤感情和积极性，并将其物带回？

（八）如何处理找后账

20 世纪 80 年代前，博物馆现收藏的近现代文物暨革命文物，绝大部分是无偿捐献捐赠的，即使发一点奖金也是象征性的。市场经济开放以来，捐献者及其后人，提出各种理由和条件，要求偿还和酬谢。如何妥善处理此类事宜？

（九）专职收集者的素质概要

博物馆暨文物工作者都可为博物馆收集近现代文物，而部署、筹划、确认、操作需要专职收集者来完成。不是随便一个人就可以充当专职收集者的，要高素质人才才能承担胜任。

（十）与《物权法》、《著作权法》、《文物法》等诸法关系

近现代文物的收集，实际是物与财产的继承、转移，涉及到《物权法》、《著作权法》、《文物法》、《拍卖法》等诸多法律。在执行过程中存在着不少矛盾，如税收问题，就不容易解决。与诸法关系要摆恰当。

三　准文物的有关收藏事项

（一）准文物及其收藏程序

近现代器物与物品被收集来之后，还不能称为文物，只能称之为准文物，因为其中有的要被淘汰、剔除、返还和暂存。准文物经过一系列工作程序之后，正式入藏，才能称为文物。这个工作程序是繁杂而具体的，目前尚不统一和规范，有待于研讨深化科学。

（二）鉴选的标准与方法

新进馆的准文物，有的可能是赝品、失去标志的复制品，或者是不够收藏标准、不能收藏的器物与物品。鉴选就是经过专家与有关人员鉴别和选择文物，剔除淘汰非文物。鉴选的标准和方法还处于随意性阶段，缺乏条理化、理论化。

（三）收藏领域工作内容与范围的扩展

近现代文物是人类智慧的结晶，是资产、资源，是金矿、海洋，蕴藏着大量的信息和财富。在收藏领域除了做好管理研究、养护利用之外，还应做哪些工作？工作范围有多大？

（四）定名的要素与规则

给近现代文物的个体，起定个名称很容易，但真正做到一物一名、一名一物，文字简洁，几十万种无重复，可就不那么容易了。经过几十年摸索，还没有找到公认的要素与规则，经常出现重名或繁缛的冗长名称，无法准确快捷地输入计算机和快速查询检索。

（五）测定和表述文物的物理和化学性能

这是个庞杂而繁琐的大题目，直接运用到物理和化学的基本原理，又直接涉及到诸多指标体系，还要使用到测试、检测仪器。目前还没有看到有关的论述。至于如何表述，更是无从谈起。

（六）标识号码的编排与制作

不可能也没有必要将文物的名称写在文物本体上。简单的识别标定方法，就是将一个标识号码固定在文物本体上。大部分单位都这样做了，但充满着盲目性和随意性，实用效果不理想，缺乏研究。一是如何

科学地编排号码，编排号码要用数学、分类学等多学科理论知识。二是标识载体和字码的位置、面积、颜色、形状、固定方式等要有科学合理的要求。

（七）卡片的编排体例与内容

近现代文物卡片的用途，如同图书目录卡片一样，就是为阅读者提供名称和号码，便于检索提取。而提供的方式与信息内容远远超出目录卡片。要从号数、名称、年代、物主、来源、物体功能、质地、形状等 30 多个角度侧面查询，便于掌握文物的特征，难度极大。首先是卡片的排列体例，设多少、如何设，没有先例。其次栏目内容也不好设定，有时设 40 多条目，也满足不了，可有的条目要空着。

（八）近现代文物档案的利用和发挥

国家文物局曾制定了《藏品档案填写说明》，就档案的性质、功用与填写栏目，作了概括说明。一些近现代文物被填入藏品档案，有的至今尚未行动。填入档案之后也就完事大吉，如何发挥其作用和充分利用，却没有考虑。近现代文物档案是资产、证据，其价值是无法估量的。

（九）文物管理的中心枢纽——总账职能外延

经过一系列工作程序，准文物被确认为近现代文物之后，要填报总账，就成了注册的国有资产，谁也不能再随意变动。总账填报的栏目内容与档案，与其他表格不同，有其特殊的要求与格式，起着文物管理中心枢纽作用。当前对总账的职能外延，还缺乏足够深刻认识。

（十）注销、销毁的法律依据

准文物被确认为近现代文物填报文物总账之后，总有极少数文物，由于各种原因，不适于收藏，例如含有放射性物质，又例如隐藏政治事端，就要注销、销毁，但缺乏法律依据，诸多法律没有这一条。

四　正式入库前的技术处理

（一）准文物暂存栖息环境和条件

尚未被确认为文物的准文物，需要一个暂存、周转的栖息地。这个栖息地既不同于正式文物库房，又不同于一般房间，有特殊的要求与功能。其环境和条件必须满足各种类文物的需要，保证文物的安全和技术处理的方便。

（二）正式入库前的整体要求和各项指标

近现代文物达到各种技术要求和各项指标，才能正式进入文物库房。如污染、锈蚀、易燃、霉菌虫卵、放射性、隐患等，湿度、熔点、光洁度、牢固度等超过一定指标，就不能进入库房。目前对正式入库前的总体要求，还没有明晰条理化，一些指标也没有制定。

（三）点交、清点的注重着眼点和诀窍

近现代文物正式入库前，有关人员要与库务专管员进行点交、清点。双方的注重着眼点在什么地方，不同类型的文物是不同的，但又有规律性的共同点。虽然接收点交了千万次，并没有总结出成文的经验和教训，其中肯定有不少技巧与诀窍。

（四）清洁的概念、过程与方式

近现代文物清洁的目的，就是在入库前，达到洁净无瑕、无污染、无异物、无隐患，而清洁的过程与方式是复杂、多样的，因此清洁的概念含义是多元、多维的，决不是用水一洗了之。既要运用传统特殊方式，又要创新运用科技手段。如皮毛要用黄米面揉洗；锈蚀要用强溶剂，或超声波；有的器物要薰蒸，或红紫外线、珈玛射线；有的目前还没有有效方法。

（五）消毒、灭菌、杀虫、防腐的方法、设备和途径

清洁并不能达到消毒、灭菌、杀虫、防腐的效果，消毒、灭菌、杀虫、防腐也就成了入库前要做的工作。此工作进行了无数次，仍然有相当的盲目性、随意性。在方法、设备和途径上，没有系统的章法可循。

（六）阻燃处理的机理与方式

对于竹木棉麻、纸张皮毛等有机可燃性质料的近现代文物，在入库前要进行阻燃处理。研究部门与公安消防部门对灭火、灭火剂有深透的了解，但对阻燃剂、阻燃机理，特别是对适用于各种文物的阻燃剂机理与种类说不清楚。这个课题涉及到诸多学科。

（七）金属器物内部有害锈的去除与阻止

对青铜器表面有害锈去除，文物界有一套完备的方法，效果良好。而对金属内部有害锈的去除与阻止，特别是大型铁器深层内部，肉眼看不到、工具触及不到的锈蚀，拿不出有效可行方法。用浸泡后封护的方法，锈蚀仍然继续向深层进行。

（八）修复的原则、机理与程序

古代文物修复已形成专业门类与体系，青铜器、陶瓷器、书画古籍碑帖等已有专著面世。近现代文物的修复也取得了一定成绩，但修复的基本原理、原则与程序还未系统整理出来。

（九）文物照片的重点要求和表现力

每件近现代文物入库前都要拍照留影制取照片。照片应当突出表现哪些，重点部位在哪里，采用哪种片基，色彩达到什么要求，反差究竟多大等等技术要求和表现力，现在还不那么清楚。

（十）派位的根据与禁忌

每件近现代文物进库房前，都要为其派定一个固定合理的位置——哪间库房、哪排号架柜、哪一层档、哪一个位。派位的依据是什么？是按质料、体积、重量、性能，还是随意有空就放？能不能重叠积压？有没有禁忌？

五　库内外环境与日常管理

（一）库外周边环境与条件

曾经有过这方面的有关规定，但没有法律效力，在博物馆内都行不通。作为文物工作者应当清楚，为争取合理合格的周边环境与条件而努力。最起码库房周围50米之内没有危险物（高压电、易燃物、化工放射性物质等）、污染源（公共厕所、厨房、汽车库等），远离水库、交通枢纽、地震断裂带等，还有一些科学合理要求，有待于提出来，条理化，提交给有关部门。

（二）文物库房在博物馆面积比例与位置

按经验认定及国外博物馆建筑规定，文物库房应占博物馆总建筑面积的三分之一，陈列室占三分之一，行政办公用房占三分之一。文物库房应当在博物馆的中心位置，距陈列室和研究部门较近，出入库方便，在地上一层与地下一、二层最合适。不过这需要科学论证与具体数据说明，才能使决策领导者相信。

（三）文物库房开间与容积的科学设定

文物库房开间的面积与容积多大最科学，最适于贮存文物。实践证明，进深14－15、宽15－16、高4－4.5米最理想。这是从肉眼观察到的最远距离、占地面积最小容积最大、节省建筑材料等经验出发而具体设定的，还缺少科学原理和数据论证证明，涉及到极值、极限理论。

（四）文物库房内普遍要求与特殊要求的矛盾

文物库房内的温度、湿度、清洁度、光洁度、照明光线、空气的成分和含量等条件与指标，有明确统一的要求与规定，无疑是正确的。然而只注重了普遍一般要求，而忽略特殊要求，出现了诸多矛盾。因为各种质料的文物保存的最佳值是不相同的。如纸张相对湿度40%以下就容易干裂，而金属、陶瓷相对湿度越小越好，这个矛盾如何解决。

（五）文物件数收藏的饱和点

一个定值的容积库房存放多少件文物为最佳？扩大一点说，就是求文物收藏件数的饱和点。这是难以推算，而实际需要解决的问题。因为现在还不知道如何推算文物的总和体积，也不可能超数量的无限存放文物。

（六）理性架柜的设置

文物库房必须设置一定数量的架柜。什么质料、型制、性能、容积、结构层次等的最为理想，数量多少、占室间体积多大、排列样式如何最科学合理。这需要运筹学、数理统计、材料学等多方面知识和原理才能设计出来。

（七）合格库务专管员的素质与职责

现在有一种现象：库务专管员频繁调动，把有的单位淘汰的人塞进来。到底什么样的人才是合格的库房专管员，库务专管员要不要相对稳定，还不清楚。再一种现象：库务专管员一年不干活也显现不出来，整天忙个不停别人不知道。到底库务专管员的具体职责是什么，干些什么活并不清楚，需要具体的明文规定。

（八）库务专管员与所管文物的比值

一个库务专管员应当负责管理多少件文物？达到什么标准？谁也说不清楚。这是个具体实际问题，应当从道理和具体实践上论述清楚。

（九）无火源库房要不要安置灭火设备

有关部门规定文物库房必须安置消防灭火设备。消防灭火设备要大量投资、消耗大量器材、设置管道机器、占据大量空间。对于存放有可燃材料的一般库房来说，是正确和必要的，应当执行。而对于个别固定的无火源库房有必要吗？例如存放金属、陶瓷等一类高熔点器物库房，架框等都是金属的，内无任何可燃性材料，远离照明线路，这样的库房也必须安置灭火设备？

（十）盘库的快捷合理的程序与要点

为及时清点文物数量、核实进出库情况和观察文物本体变化状态，在规定时间内要进行盘库。盘库是项耗时、费力而细致的事情，盘点千件文物要三四个人20天时间，现在还没有摸索到快捷合理的程序与要点。普查与抽查、重点查，由账查物或由物查账，先大（件）后小或先小后大等等都不好办。

六　保管养护方式、方法和机理的探索

（一）养护方式与机理的根本转变

现在的养护，就是为文物提供益寿延年的环境条件，以防外部条件所引起的衰老变化。实际上是一种消极被动的养护方式，养护的机理也不清楚。至于如何提高和加强文物自身的抗衰能力，更是无从谈起。要想创造中国特色的保管，就必须从根本改变被动方式，采取积极主动养护方式。

（二）避免盲目养护，探求文物的极限寿命

不管采取什么方式、方法养护，近现代文物迟早要消亡，转换成其他物质存在形式。现在养护的目的、目标，就是延长、推迟消亡的时间，也就是使文物趋近极限寿命。而现在并不知道各类文物的极限寿命，岂不是盲目养护？探求极限寿命不是件容易的事，涉及物质结构、生命科学等前沿学科。

（三）近现代文物自行消亡的原因与机理

只有在掌握了近现代文物自行消亡的原因与机理，才能针锋相对地提出阻止、拖延、推迟文物消亡的理论和方法，从而进行积极主动自觉的养护。可这是极困难的事，社会上还没有相关理论与研究机构，仅有《固体的破坏》类似论文。

（四）反催化剂的寻找与运用

催化剂本身并没有变化，而能促进和加速其他物的变化。按辩证法推断，有催化剂存在就有反催化剂存在。实际上反催化剂是抑制剂的一种，抑制剂种类多、用途广。如果将反催化剂运用于文物养护多好，但不知道具体的哪一种，需要寻找。

（五）动态养护的试探

现在奉行的静态养护方法，文物入库之后就静止不动地摺放柜架上，看来不见得适于所有的文物，动态养护可能更有利一些。当然这个“动”是多种多样的，如何“动”也是需要研究的，哪些物要“动”，“动”到什么程度，要做理论推导、物料分析和实践证明。动态养护是一种新的养护方法。

（六）冬眠物质的研求与实施

冬眠动物到一定时期就开始冬眠，冬眠术可算是一种延长寿命的方法，获取冬眠的机理和物质也就成关键。有的文物在弄不清消亡衰败的原因之前，能施放冬眠物质，使文物处于冬眠状态，延长若干年寿命有多好，期待这一天到来。

（七）缺氧养护的方式与范围

现在已弄清一些文物之所以衰败、锈蚀、腐烂是由于氧气的作用，因此缺氧养护成为追求的一种方式。但如何造成缺氧，造成缺氧的方式是哪些，缺氧养护适于哪一类的文物，还没有完全搞清楚，仅仅局限于封闭充氮气、惰性气体是不够的，要形成完整的理论体系。

（八）如何抑制降低冷冻养护的负作用

低温冷冻贮藏一些物料无疑是一种保鲜、延寿的有效方法，这种方法也被引进近现代文物养护中来。如果文物永远地静止不动地摺放在库房柜架上，那确实是一种好方法，可实际上文物要陈列展示和检测研究，时而出库又进库，突然间温度升高、降低，必然引起急速膨胀和收缩，这对文物的影响和破坏是相当大的，恐怕要比常态养护损失大多少倍。再说长期低温、冷冻贮藏会使质料变硬、变脆，如何抑制降低冷冻养护引起的负作用，值得深入研究。

（九）近现代文物养护的新要求——功能长存

近现代文物中新增添了音响、影视的载体，唱片、磁带、磁卡、录音机、录像机、数码相机等。除了要保护它们本体之外，关键在于它们的功能长存——能精确出音、出影，否则就失去了收藏的意义。而它们的功能很容易丧失，磁性材料受磁场作用变动极大，这给近现代文物养护提出了新要求，当然古代文物也存在这个问题，如笛、箫、喇叭等一类，不过比较容易保护和存在。

（十）摆脱地球引力、磁力作用的设想

地球上任何物体都要受引力、磁力的作用，这可能是万物存在和消亡的根源。现在航天技术发展如此快速，我国的嫦娥探测卫星已奔向月球，如果有可能将极珍贵的文物运载到引力和磁力较小的星球上去，可能文物的寿命会增加很多。

七　创建中国特色宣传利用体系

（一）为建设中国特色社会主义服务

近现代文物是中国人民进行革命和建设的历史见证物，凝结着几代人的血汗与智慧。建设中国特色社会主义需要这些珍贵遗产诠释过去的历史事实，宣传利用就是为了建设中国特色社会主义服务，至于怎样更好地服务，还需要进一步阐发和研讨。

（二）开辟开拓宣传利用的新领域、途径与形式

现在的宣传利用途径和形式，一是实体展示，直接请观众观摩；二是交换、调拨、借用、复制文物，扩大宣传区域与场所；三是利用各种媒体（书报、影视、广播等）传布消息。几种途径形式都取得了一定成果，也存在不少问题，在过去还可以应付局面，现在难以适应新形势，需要开辟、开拓新的领域和途径。

（三）衡量博物馆级别、影响作用的标准

现在有一种观点：凡是建筑体最大、最豪华、最现代化就是级别最高、影响作用最大、最好的博物馆。这种观点有偏颇，没有懂衡量博物馆的标准。衡量一个博物馆主要是看收藏文物的多少与质量，其次是看

基本陈列的水平。没有文物收藏就不能叫博物馆，如同动物园、银行没有足够量的珍奇动物和资金流动，就不能成为动物园、银行。这个道理还要广而告之。

（四）评断陈列展示的依据与标准

观众的多寡与踊跃程度，不能作为评断陈列展示的主要依据与标准。因为其中隐藏着一些假象，如有的轰动展览，是免费组织参观或媒体造成的。评断陈列展览的水平高低：一看文物的数量与珍奇程度，观众是来看文物的；二看政治品位，媚俗跟风的不是好展览；三看观众的反应、反映，认识提高了多少，感觉如何；四看艺术表现，花里胡哨不是好展览；五看投入，巨额投资不是好展览。

（五）以物为本、以物喻史、以物寓情的表现手法

陈列展示不是教课书，也不是电影电视戏曲，而是以文物为中心的静态实体展示（动态科技展不是陈列），以物为本、以物喻史、以物寓情，让文物说话，才是陈列的表现手法，因此不能搞冗长文字说教，也不能搞连续画面重叠。

（六）观众心理状态分析

只有了解观众的心理状态，才能为观众更好地服务。而观众又是多种多样、多层次的，年龄、性别、职位、文化程度、性格、特长等是不相同的，心理状态是复杂的，无法概述和分析的，但作为观众，从参观心理角度是可以归类、梳理，寻找出规律性的共同心理，不过这要下苦功夫观察分析，研究透各种心理学。

（七）达到最佳讲解效果的基础和前提

欲想达到最佳讲解效果，就得及时捕捉到观众临场的心理需求。临场心理需求是心理状态的一种反映，就是喜欢什么、需要哪方面的知识。这要通过观众的眼神与动作，长期观察和总结规律才能捕捉到。

（八）宣传——文物讲解的职责

宣传与教育有相同的地方，都是向接受者发布一定信息，还有不同的地方，从对接受者的要求来分：教育对接受者有强制的味道，居高临下，接受者必须承认、信任和掌握；而宣传则是接受者可以信任，也可以不信任。学校进行的是教育，博物馆文物讲解是宣传。当然其中有很多真理性的知识，也有许多虚假、迷信和反科学的糟粕。

（九）建造适于观众参观的陈列环境

陈列环境直接关系到观众的心情、行为动作以及参观效果。适宜的陈列环境包括多方面内容：空气的组成和鲜度，温湿度的高低与变化，光线和色彩的亮度强弱，声响的频率与强度，电磁波及隐形物质的多少与辐射力等等，如何建造适于观众参观的陈列环境，各项指数达标，还需要深入研究。

（十）培养和造就资深讲解员队伍

讲解员是文物宣传的重要执行者，他们在走动中给各种层次的观众讲解陈列文物内容，在一定程度上说，并不比教师、广播员、主持人、演员等要求低。可现在将之作为终身职业的人不多，物色一个青年人，讲解几年就转行，这种青春职业的理念应当改变。培养和造就资深讲解员是建设特色宣传利用体系的重要组成部分。

八　鉴定辨伪分解条目

（一）近现代文物鉴定内涵概要

就是要概括阐明近现代文物鉴定的性质、作用、方向、对象、任务、目的和意义，以及基本原理和方法。

（二）鉴定项目及其相互关系

鉴定项目可以概括为：物品正名、辨明真伪、确定物属、评估价值和纠正偏差五项。辨明真伪是基础与关键，物品正名是先导，其他三项在前两项基础上进行，这些需要具体详细地解释与陈述。

（三）辨伪基本方式、方法梳捋

方式方法有：经验目鉴、仪器探测，公理、情理、物理与道理，物性指标、逻辑判断、数理逻辑推测等。一直在实践中沿用就是没有梳捋出条理化的纲目，因而显得杂乱不系统。

（四）定性定量分析在鉴定中的应用

定性定量分析是化学分析的重要方法，在鉴定近现代文物中已经得到应用。如鉴定一件八路军（棉）军装，分析化验其中“棉花”的成分元素与含量，其中含有化纤成分，棉花含量较低，就不是八路军原军装。但目前应用范围与规模仍很窄很低，需要进一步扩大应用。

（五）数字化鉴定的涵义与应用范围

数字化鉴定是一种新提法，实质上是定量分析的特殊方法，就是将无法量化的性能、形态，用具体数据显现出来，或用数字进行操作，是一种有发展前途的方法，可以充分利用电脑和其他科技仪器（CT 与核磁共振仪）。

（六）社会鉴定与近现代文物鉴定的异同

化学研究、司法、医学、商品等社会鉴定行业与部门，各自已形成完整的体系，并取得辉煌业绩，主要解决的是，是不是，是什么，各多少等自然科学物化性质方面问题。近现代文物鉴定是个新课题，处于起步阶段，理论方法基本上空白，而鉴定对象和要解决的问题却复杂一些。对象是近现代所有的物品、器物，除要解决自然科学物化方面的问题，还要解决社会（科学）属性的问题。吸取采纳、借用社会鉴定的经验、理论、方法，还要创建自己的方式方法。

（七）近现代文物衍生物的种类与渊源

近现代文物的衍生物主要是赝品，而赝品又有有源和无源之分。有源指的存在原文物，根据原文物，制作出复制品、仿制品、模拟品、篡改件、冒充附会件、误传件、顶替件等。无源指的根本没有过原文物，却出现编造品、伪造品、伪装品、诬陷造谣件等。赝品的渊源自然是那些靠文物谋取荣誉和金钱的人群。

（八）近现代文物赝品常见破绽与瑕纰

可以概括为：时空逆序、残旧过度与背离、着力点错位、功能无效、尺度越轨、画蛇添足等条理归纳性弊病，尚未被人理解，需要进一步解释与细化。

（九）情理判断辨伪要则

情理判断辨伪须掌握和运用时空定位、规则与规矩、功能验证、症象核查等法则。确定这些法则要经过理论推导和实践证明。

（十）实践是鉴定者成长必由之路

所谓实践，就是具体直接参与近现代文物的管理、保护、利用等活动。不管学识多广、技能多高，不参与实践，就不可能成为一个合格的鉴定者。要广泛宣传和阐发这个道理，实践是鉴定者成长必由之路。

九　能形成专著的科目

（一）近现代文物全息鉴定

全息一词是全部信息的简称，最早用于激光照相。近现代文物所载有的信息是多维、多层、多系统的，仅靠单一或少数信息进行鉴定是不全面、不可靠的，只有捕捉全部信息，也就是进行全息鉴定，才是正确方向，才能达到理想的效果。

（二）近现代文物字迹学

字迹，指的是文献文字形象笔道轨迹。文献字迹的形成方法有四大类，各类之中又有几十种和上百个子种。所呈现出来的字迹丰富多彩，既有共同的发展变化沿革规律，又有独自的风格特点，具备了形成文献字迹学的条件与基础。社会上仅有单项的研究与制作部门，而没有综合全面的研究和利用部门。文献字迹学对于推动文献研究、文字学、鉴定，将起重大作用。

（三）近现代文物复原复制技术

复制是重新制作的意思，广泛存在于众多部门与行业之中，只不过很少用这个词。近现代文物复制不完全等同于社会上的复制概念，要求用原材料、原工艺，形制外观无限逼近原文物，达到分辨不出真假的程度，因此称为复原复制。复原复制经过50多年发展已初具规模，理论与实践有了相当水平，有待于整理提高。

（四）近现代文物修复技术

古代文物已有铜器、陶瓷器、书画、纺织品等修复著作面世，近现代文物修复的器型、器具、物品，要比古代文物多一些，难度相应大一些。现在也积累了一些经验，创造了一些方法，需要进一步总结提高。

（五）近现代器物成形工艺技术概述

近现代器物的种类相当繁杂，而成形制作工艺不外乎机械加工拼装、铸造、焊接、塑造、粘接、冲压、缝纫等十几大类。各类都有专门深入的研究和著作，而缺乏全面的综合性理论概述。这种理论概述正是进行近现代文物研究所必需的。

（六）近现代文物学

构成一门学科要三个条件：一是丰富的内容、研究对象；二是研究方法、体例；三是研究者。近现代文物学已具备了这三个条件，有待于近现代文物学出世。其内容应包括：名称正义、定义概念、性质分类、目标方向、源流探析、作用发挥、发展沿革、功能试解、工艺形成、流传规律等。

（七）近现代文物检测分析原理、方法和仪器

社会上检测方法和仪器多得很，适于近现代文物检测分析的方法和仪器还没有完全筛选出来。现已掌握的形态、波谱、元素、色谱、热重、色度等方法的原理，文物界的人士还不清楚，因此需要一本近现代文物检测分析原理、方法和仪器的专著。

（八）近现代文物残旧形成机理与防治

近现代器物与物品从成形之日起，就开始残旧，直至消亡。尽管也采取一些措施阻挡，也无法从根本上挽救，被确定为近现代文物之后，如何阻止、降低残旧速度，社会上只有研究钢铁疲劳的机构，没有也没有必要设置整体研究的机构与项目。研究残旧形成机理与防治是近现代文物工作的任务与科目。

（九）近现代文物与非物质文化遗产

近现代文物是有形的物质遗产。非物质文化遗产是无形的，但必须依附一定的物质条件即载体，才能显现出来。两者有什么关系？区别与联系在哪里？非物质文化遗产有哪些功用特点和传播规律？载体的性能、保护与利用等等，需要专著形式的书籍解答释疑。

（十）社会发展与近现代文物

近现代文物是近现代社会政治、经济、文化的反映和见证。在作为一般使用物时肯定起了很大作用，而被确定为近现代文物之后，与社会发展有哪些作用？作用的形式与内容是什么？应当论述清楚。

十　能编辑成图册图集的篇目

（一）近现代徽章图谱

徽章包括：勋章、奖章、证章、肩章、像章、纪念章、帽徽等，佩戴在身上表示身份、职业、荣誉的标志物。除少量布质外，大部分是精致的金属制品，其中不乏金银与宝石饰件。虽然也出版过若干图册图集，但缺乏全面系统的整理，缺少北洋政府、国民政府颁发的一系列勋章。而这些勋章又是制作精良的银质制品，且存世量很少，社会上一些人闻所未闻。

（二）公章钤记演变集录

公章钤记指的是权力机关运用的印章及其印迹图样。清末上至皇帝玉玺，下至各衙门、省、府、道的印鉴，

民国时期各届政府的大印，新中国中央政府国务院、人大、政协、军委、各部委的图章，构成了一个丰富多彩的门类，演变过程独具特色。以集录的形式展现出来将是一件极有意义的事情。

（三）精密仪器、仪表图录

测绘仪器：经纬仪、罗盘指南针、测距仪等。光学仪器：显微镜、望远镜、测光仪等。记时仪器：滴漏、各种钟表等。近现代精密仪器、仪表大概有十几大类，几百种仪器，形成庞大系统。选择其中有典型意义的仪器、仪表编辑成图录出版是件有价值的事。

（四）音响影像设备图册

各种乐器、留声机、收音机、录音机、照相机、录相机、电视机、VCD、DVD 等音响影像设备在近现代形成了庞大系列，直接影响社会的发展和人民生活，社会需要广泛宣传与介绍。

（五）运载工具影集

近现代运载工具大发展，天上飞的飞机、火箭、飞船；地上跑的自行车、摩托车、汽车、火车；水中行的各种船舰，多种多样，各显其能，选择其精华编辑成影集肯定受欢迎。

（六）主流服装图样别录

从照片、电视、电影上可以看到清末、民国时期以及新中国早期人们的服饰着装，但比较零散破碎，看后得不到一个整体变化的脉络，应当编绘出一册社会主体人群服装的图样。

（七）照明器材发展演变图集

火把、蜡烛、动植物油灯、灯笼、煤油灯、桅灯、汽灯、手电、电灯、高压钠灯、发光二极管等灯具燃料组成的照明器材，形形色色，丰富多彩，现在就缺少一本完整权威的演变图集供人们鉴赏。

（八）嫁娶凭证汇编

近现代各式各样的嫁娶凭证保存下来很多，但缺乏系统的收集、整理、研究和编辑出版。嫁娶凭证是婚姻制度的一种反映，也是民俗学研究的内容，汇编并不难，关键有人去干。

（九）学历文凭汇集

学历文凭是谋得职业、职位与待遇的重要凭据和“敲门砖”，因而出现了诸多伪造的学历文凭，如果编辑一套完整的文凭图样，将对识别伪造文凭起相当大的作用。

（十）信息传递器具选粹

电话机、电报机、传真机、手机、电脑打印机等信息传递器具是近现代发明和发展起来的，为人类文明发展作出重大贡献，在每个发展阶段都留下了实物证据。为防止被淘汰的被人们遗忘，选择其中精华编辑印制出版，是刻不容缓的事情（电报机即将被淘汰）。

（原文刊于《中国文物科学研究》2008 年第 1 期）

中国博物馆陈列设计的学科发展之路

周士琦

一　从设计到陈列设计

设计是连接精神文化与物质文明的桥梁，人类寄希望于通过设计来改善人类自身的生活环境。设计师是一个导演，同样的内容通过具有个性设计者之手，会产生不同风格与感染力的作品。

一部稿子来了，通过装帧设计变成书才能传达出去，但没有变成书之前，它的价值就是一部稿子而已。陈列大纲提供的也只是文字，重要的是寻求和创造表现文字的形式。

设计是人类的基本活动，任何一项规划设计是有一个目标，而设计则是实现这一目标的进程，在设计过程中包括设计方法，设计用途，设计与自然界、社会、技术的关系，设计的需求与目的，设计美学，设计与文化、教育等方面的关系，形成一个综合性的设计功能。观察我们周围的环境，要从设计观点出发。

设计是美学和科学、美术和技术相结合的一种复杂创造性工作，设计是为生产服务的，因此又有推动生产技术进步的一面。设计是有对象、有目的的，因此有从属的一面，设计是可以自由创造可供欣赏的艺术形式，因此又有独立性。设计是为了满足人们视觉上的审美需要和使用上的实际需要，因此必须体现艺术价值和实用价值。必要的物质材料与多种必要的工艺技术有顺序按理想的结合，最终形成具有物质和精神两种功能的整体形态。

设计的主观方面有经验、感觉、心理；客观方面有形式法则、科学规律、工艺技术。经验、感觉、心理必须遵循法则规律，工艺则是为经验、感觉、心理服务。这方面是相互补益，相互渗透。设计在审美水平的提高，意识修养的提高，社会需求的变化和提高，促进两者不断深化探究，不断改革创新。

芬兰艺术大学设计大师威勒海蒙曾说过：“设计是一个国家最重要的脸面。”

国际工业设计协会（ICSID）对工业设计的定义：“就批量生产的工业产品而言，凭借训练，技术知识，经验及视觉感受而且赋予材料、构造、结构、形态、色彩、表面加工以及装饰以新的品质和资格。”工业设计师应在上述工业产品全部、侧面或几个方面进行工作，并对包装、宣传、展示、市场开发等问题付出自己的技术知识和经验以及视觉评价，这些都属于工业设计范畴。

工业设计是带有国际性的，有些产品如家具、家庭用品等，可能具有明显的民族特色，因此不同国家的消费者有不同的习惯，然而即使是这类产品设计方法，仍然相同。地域性的工业设计是不存在的。

在一个高度分工合作的世界里，交易会和展览会已成为有效推动经济建设的不可缺少的工具。

在今天竞争激烈的情况下如果不注意深入探讨“设计”的问题，没有一个企业能在市场上取得成就的。

展览会是将工业造型过程中的每一个阶段，加以清晰地表现，同时让大家对这一个代表现代工业社会对新审美风尚的重要部门获得一个印象。

一位巴伐利亚工业设计师说：他们在进入现代化工业社会之后，仍然没有丧失由传统与习俗塑造而成的独特风格。

现代设计能让人从中感知设计者尊重科学、尊重人、处处精益求精，并十分关注时代进步等众多信息，设计含量，实际是信息的含量，新的设计一定要注入新的信息，包括社会进步，人类平等和生活提高等信息，而不是崇拜神权、拜金主义等。

设计，它包含的科学领域是广泛的，它以美学、心理学、构成理论等作为基础学问，再以人类工程（人机）、传播理论、生产工艺、经济学等作它的应用工程学，最后以制作、印刷、摄影等实际技术以及其技术理论，使它达到预想的目的。设计创造的灵感可来自历史，吸收先人的成果，加以现代的转化；亦可来自大自然，人们生存环境中的万事万物都可为设计师提供灵感（古人对自然，日月风云雷电、圆方角的知识）；还可来自对其他艺术的借鉴。

二　博物馆陈列设计

用“陈列设计”，未用“展示”这个词，主要是强调博物馆的个性。“设计”这个词近几年来对它的解释很多，工艺设计、服装设计、书籍设计……有的从动词、名词来分别论述，有的从视觉传达、产品设计、空间环境设计以及二维、三维、四维多方位来分析。

博物馆是一个国家、城市进步和文明程度的重要标志，是普及提高科学文化素质和掌握历史知识的重要场所，再教育的第二课堂。

地方博物馆更贴近社会基层当地居民，显示它的亲和力和乡土教育，凝聚居民对地方的认同和热爱，存留着该地方居民的共同记忆。

地方博物馆含有更多的当地历史文化信息，用当地人熟悉的“语言”说“让人感兴趣”的故事。

博物馆的陈列设计是按照博物馆的规律，创造新的形式，使内容得以充分表示。形式不是随意性的，它是受到各方面制约的，形式要依博物馆的个性、文物、主题而定，依环境、历史文化传统而定，依功能结构、材料新技术工艺而定，当然设计师的修养、实践经验和独创性是不可缺的。

总体设计使一个完整统一的构思在设计过程中贯彻始终，在将要完成的陈列上由表及里地得以体现，在总体构思的前提下深入推敲设计中的每个项目。

在总体设计的过程中首先要处理好的一对关系就是内容与形式。内容与形式这个问题在党史陈列中，以前受“左”的影响，特别强调内容决定形式，形式服从内容。到1985年文化部在“正确对待文艺与政治之关系”中指出：“长时间文艺从属于政治形成一种固定观念”，以阶级斗争为纲，“更把文艺等同于政治，完全用政治的标准要求文艺，把文艺当作政治的图解，严重妨碍了文艺的发展”。否定文艺从属于政治的提法，是思想的大解放，是清除“左”的思想影响的重大成果。

在美术界也谈到内容与形式的关系，吴冠中同志认为艺术作品就是靠形式来达到表达自己，影响观众的目的，形式起决定作用，没有形式就没有内容。

在研究博物馆的陈列问题时，以内容研究为基础的陈列大纲提供的仅仅是文字，对于陈列设计来说，“更重要的是寻求和创造表现文字的形式，就陈列内容而言，形式即内容，陈列研究的结果，它的表现与存在方式是形式”。“只有通过形式才能进入内容，在这里，不是内容决定形式，而是形式决定内容，形式制驭一切”。强调形式在陈列中的作用，无疑给陈列设计者提出了更高的要求。

在博物馆陈列展览精品评选标准中，讲内容的科学性，从内容和形式的关系讲是强调内容和形式的完美结合。有的陈列设计内容和形式结合得不够好，偏重在形式上做文章，未能很好地表现主题思想，没有真正地理解主题思想，了解文物，对内容研究不够，没有找到合适的形式表现内容，应引起设计工作的重视。

陈列设计实践与理论研究，常在传统、经典与创新中反复。传统绝不意味着是一个凝固的模式，僵化的样式。相反，“传统”也为我们提供了“创新”的历史借鉴。传统是一个文化的证据，有人用它来重温，也有人用它来发挥。传统是一些值得保留的东西，太传统则无生气，完全放弃传统也会令人无所适从。传统好像一条路，每一次回头，都会看到我们是从什么地方出发，打算往什么方向走下去。

列宁在评价托尔斯泰时指出：托尔斯泰的时代过去了，但是，在他的遗产里，却有着没有成为过去而是属于未来的东西。

遗产是不会随着时代的流逝而成为过去的。不能在传统的框框中创新，要在传统的基础上创新。

徐悲鸿：撷古人之长可也，一守古人之旧，且拘门户派别焉，不可也。

梁思成：创造新的既需要对于旧的有认识；共同努力为中国创造新建筑，不宜再走外国人摹仿中国式样之路；应该认真研究了解中国建筑的构架、组织及各部做法权衡等，始不至落抄袭外表皮毛之讥。重历史及艺术价值，参考我们自己艺术藏库中的遗宝，加以聪明地利用。

经典之作，它是一个需要内在创造技能及天时地利的过程。

经典不是即兴之作，而是经年累月的专业技艺，精雕细致之工，它排除所有累赘之处而得到最简化和超越时代的形态。

创造经典也需要挑战原有观念的勇气、以新的眼光认识问题的能力和化险为夷的胆略，经典总是超前于它们的时代，是新思维和艺术完整性的典范。

博物馆陈列设计的理性思维和艺术的形象创造相结合，既有创作原理的继承和发展，又有形象的借鉴与创造。

三　中国博物馆陈列设计的发展历程

20 世纪 50 年代后，陈列设计随博物馆事业的发展而发展，从大的设计范围形成自己的特征。中央美院实用美术系设计课有室内装饰、家具、书籍装帧、宣传画、会场布置、陶瓷设计等，中央美院所属的展览工作室参与了很多展览、国际博览会以及革命博物馆的陈列设计工作。

50 年代初，我国参加民主德国莱比锡、苏联莫斯科、波兰波兹南、保加利亚普罗夫迪夫、法国巴黎等的博览会，由当时实用美术系主任张仃先生担任总设计师。

当时的中国革命博物馆在西华门武英殿的党史陈列是利用古建做博物馆的陈列，主要解决古建与陈列的矛盾。“开国大典”是展览序幕的中心，还创作有一批革命历史画，成为我馆美术创作藏品的精品。这一时期的陈列设计为新馆的建设做了准备。

1959 年新馆建成，陈列设计从总体设计思想着手，制订陈列比例尺寸规范。在重新设计陈列柜时，吸取了我国传统家具的风格与结构特点，并结合陈列功能要求，形成革命博物馆陈列家具的风格。有人讲，我国博物馆陈列是“照搬”苏联博物馆的，这是不准确的。可理解为是学习苏联，并同我国博物馆陈列的实际相结合。

1982 年中国博物馆学会恢复活动，1984 年中国博物馆学会第一个下设专业委员会——陈列艺术委员会在宁波成立，1986 年开办第一期陈列艺术设计培训班，这批学员现在都成为博物馆的骨干力量，有些设计获得精品奖。陈列艺术委员会自成立，组织学术研究，举办陈列艺术培训班，编辑出版学术著作等，为陈列艺术设计这一新学科的发展做出很大成绩。

进入 90 年代，上海、北京、广州、沈阳、河北、浙江的专业美术设计公司，清华工美、鲁艺、广州美院等院校的设计力量，也为博物馆的陈列设计和实施做出成绩。其间，很多博物馆的陈列获得十大精品奖。

四　博物馆陈列技术与装备的发展

技术的发展直接影响着陈列艺术形式的改观和创新。20 世纪 50 年代的博物馆陈列主要使用木、三合板、纸、油漆等材料，如前面提到的革命博物馆在故宫西华门武英殿所做的中共党史陈列是利用天花板藏灯，解决人工照明；在麻布面假墙上用传统悬挂方式陈列照片和文献，陈列柜都是按加里宁博物馆的图纸做的。

20 世纪 60 年代，开始使用方钢管材料（图一、二、三）。

70 年代，铝合金、多画面幻灯、全息等新材料、新技术大面积进入博物馆，1977 年的全国科技大会展览首次使用录像，开了博物馆影像陈列的先河。

80 年代，光导纤维、录像、多媒体开始大面积使用，这一时期最大的改变是采用方钢管框架结构。在革命博物馆的陈列中，结合文物的特点，形成了陈列的整体风格。“格兰设计思想”在博物馆陈列中得到了成功的应用（图四）。

90 年代，开始使用幻影成像和防紫外线技术。自动控制等技术被广泛使用，新的技术不断产生。

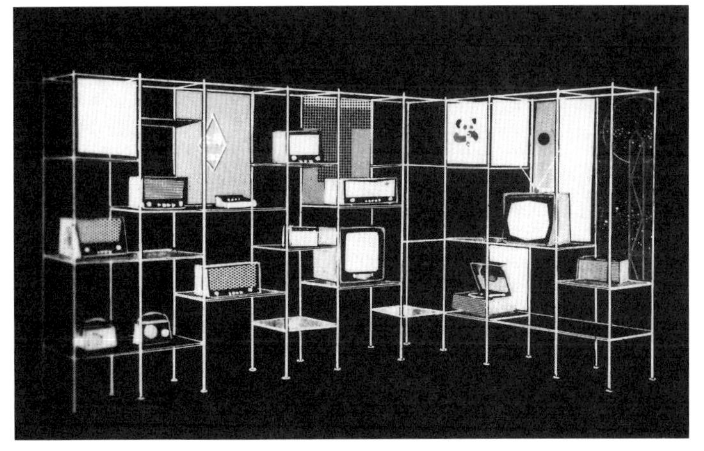

图一　钢管支架展板与实物组合

图二　安徒生生平展览（铝合金展架）

图三　捷克儿童展

五　博物馆陈列理论发展与著作出版

博物馆陈列艺术设计受艺术、科技、工程等相关学科，社会文化背影的影响，不同时期有着不同的思想体系。

20 世纪 50 年代，社会主义内容，民族形式，政治标准第一、艺术标准第二，内容决定形式、形式服从内容。

60 年代，中而新，精心设计，精心施工。

70 年代，民族风格，地方特色，时代精神。

80 年代，弘扬建设传统文化理念。

90 年代，现代建筑地域化，地域建筑现代化，乡土建筑现代化，现代建筑地区化。

21 世纪，博物馆建设取得不少成就，但建筑与陈列的矛盾仍不少。许多省级博物馆建筑获奖，但不好用。

中国博物馆陈列设计在理论著作方面的发展相对较慢。20 世纪 50 年代初，时任美院展览工作室主任的吴劳先生著述的《展览艺术设计》，至今依然是我国展览艺术的经典之作。

中国革命博物馆 1961 年开馆，1962 年编印《中国革命博物馆陈列设备图集》，内容有假墙、屏风、镜框、陈列柜、旗帜、台座、重点文物柜、休息椅、标题牌等。一方面总结了陈列设计的成果，也对兄弟博物馆的陈列设计给予很大的帮助。

1994 年对《博物馆陈列艺术》一书开始拟定提纲，书稿完成之后，编委会又组织专家复审和完稿，历时 7 年，

图四　中国革命博物馆“旧民主主义革命时期”陈列一角（方钢管框架）

图五　中国历史博物馆“通史陈列”一角

图六　西藏博物馆序厅

图七　北京颐和园瞻宁堂宫廷家具珍品展一角

图八　北京颐和园瞻宁堂宫廷家具珍品展一角

1997年底出版。书中对陈列艺术设计的问题做了全面的叙述，注重理论与实践相结合，具有很强的实用性，对增强我国传统博物馆陈列艺术设计工作的科学性，并使其更为规范化，起到了积极的推动作用。在当时尚无一本有关中国博物馆陈列艺术设计方面专著的情况下，本书的出版是填补了这一空白（图五、六、七、八）。

从那以后出版有关陈列艺术的专著有《中国博物馆陈列艺术图集》、《中国博物馆建筑与文化》、《陈列艺术》、《空间展示设计》、《历史空间媒介》、《展示设计学》、《展示设计艺术》、《中国博物馆陈列精品图集》、《聆听陈列艺术的脚步声》等。

陈列艺术设计理论研究虽然有很多成果，也还需进一步科学地加以归纳、整合，形成系统的知识，提炼出基本理论，作为创造的起点。

回首中国博物馆陈列设计近60年的发展历程，我们发现：加强博物馆理论和方法的研究，不断探索博物馆事业的自身规律，培养博物馆专门人才是发展博物馆事业的根本问题，博物馆的陈列应力求体现我国当代先进文化的前进方向，体现鲜明的时代特点、勇于创新的精神，增强精品的意识，努力创作陈列精品。

（原文刊于《中国国家博物馆学术讲座文集》，2011年）

极少主义与博物馆形式设计

王 杰

极少主义（Minimalist）是20世纪50年代以美国为中心的一种美术流派，同时也被称为ABC艺术或硬边艺术派，它源于抽象表现主义，宗旨是按照法国艺术家杜尚的“减少，减少，再减少”的原则直接对画面进行处理，在绘画语言的表达上主张削减至极为单纯的形色关系，空间也被压缩到最低限度的平面，并且力求保持一种纯客观的审美态度，主观上排除创造者的任何感情表达。极少主义在雕塑、文学、音乐和舞蹈等姊妹艺术上也有着具体体现，它们都强调结构的单纯性，追求一种非常化的平面以及空洞和奇特效果，同样也不主张表露情感。离展示设计专业最近的学科——建筑学，“否定”和“减少”成为思维上的方向舵，它的设计理念非常地接近日本造园艺术中的枯山水手法，就是几块石头，数点青苔，一片白沙，又加上几道耙痕，再借助一点光线，于是就拥有了宇宙中“于有限求无限”的哲学意义。

极少主义是返朴归真、追求本质、删繁就简，是人们心灵中燃起的渴望

极少主义的目的在于以“最少”的手段获得“最大”的张力——以简单、基本的几何结构，减少多余的装饰因素，追求基本的成分。

“极少主义绝不是细节的缺失，相反，它对细节的要求惊人地苛刻，到了增一分则肥，减一分则瘦的地步。”“极少主义不是简单地返回原始，它是借用原始的形式表达更加复杂的内容和情感，那是一种高而纯洁的境界。”

笔者以前看过几个博物馆的陈列，我们权且先把它们归为极少主义的实例：一是美国大都会博物馆一个临时展出的“日本陶瓷展”，据说是韩国人的形式设计，它没有我们通常使用的柜托一类的辅助设备（这在我们看来似乎是必不可少的），而是将所有陈列品直接摆放在高大的展柜里边，一字排开，平铺直叙，既无那种高低错落的节奏感，又无繁文缛节的装饰手段，所有能看到的只是文物。为了避免高大展柜形成的空旷错觉，采用一种丝制布帘来遮挡上部，以降低展示空间，通过灯光的调节作用构筑了一个较为虚幻的顶部，柔和地衬托出陶器本身的清雅，使展品看上去更加一目了然。这种手法看似简单，实际上却包含了一种理念，传达着博大精深的文物美感和精准含蓄的审美情趣，这同东方文化中的“有即是无，无即是有”的哲学辩证关系和尊崇极简的美学法则倒真是不谋而合。

另外还有美国费城的独立纪念馆，一个不大的建筑物矗立在独立宫对面的草坪上，这个类似玻璃房子的展馆，整个展厅中只有一件展品——带有裂缝的独立钟，除此之外没有采用任何的陈列辅助手段，观众、游人所看到和听到的是这口钟后面的关于起草《独立宣言》的历史和背后的故事。这两个案例在设计表现可谓是简到了极致。前一个是手法而后一个是空间。这让我们联想到齐白石的一幅画，上面寥寥数笔，“横空出世一枯枝，上仅仅站立一鸟，其他别无所有”。但画画用笔之神妙，令人感到环绕鸟的是一片无垠的空间，广袤得和天际群星相接，无边无涯，通过“笔愈简而意愈深”，引发出无边遐想的出色境界。

独立纪念馆的表现手法如同极少主义的住宅内部空间设计，空间已不再是满足基本的居住需要，已经上升到了艺术的范畴。在这一点上两者之间具有异曲同工之妙。极少主义原则强调的不是设计上的忽略而是有意的省略，因为在设计和建造的始终，应该是一个不断删减内部装置的过程。这种理念体现在博物馆上应该是一种简洁、合理而又严格的布局，使空间宽敞而富有灵活性，展墙的走向和空间的进程要有韵律感，简约的界面与线条的流畅也应该成为设计思维的方向舵。

极少主义应该是一种净化，一种复杂之后的单纯，其容量远远超过复杂本身

极少主义设计的住宅内部空间，往往只是简单地摆放着少量的家具，有时就像是艺术品（家具）展示场所，浴缸被还原为方的形状，就像是地面上陷进的一个精密的坑。HAKUEI是别墅设计师AKIRASAKAMOTO所做的案例，完全遵循极少主义的规律，以光线为主的戏剧化处理，优质的建材，简洁的形式以及各种相关元素的合理布局，构成了该建筑宁静的氛围及光线的反射，使人们的注意力直接关注于最简单的事物。因此在街道上远观HAKUEI别墅，给人们最初印象就是一些极其简单的线条和墙体上大小不一的开口。这也许是一种回归，回到了原始的建筑设计理念上。

极少主义正是运用极少的设计语言，通过简洁的线条、明快的空间关系、讲究的照明，使之看上去丰富多彩，“这种仿佛剥离细节的简白，往往需要借助物质表达以外的力量。光线成为唤起强烈感受的关键，没有一个极少主义的空间作品能够去除这一点。那些（看起来）毫无变化的立方体，仿佛既没有心智的余地，也没有情感的窄间，但光线能给它们单纯和宁静的力量。这种有无相生的过程，充满东方的哲理精神”。光线的巧妙运用是设计师的法宝，它能带来建筑空间和陈列展览中物质的、心理的奇妙作用，轻而易举地把观众带入预先设计好的环境中去。

进入快节奏的社会，人们的生活方式和审美取向也发生了根本变化，博物馆也要适应这种快节奏，在有限的时间和空间里迅速地传达信息，密集陈列是一种方式，简洁陈列也是一种方式，而后者是建立在以少胜多的基础之上的。用少量的、经过优化的文物精品和经过艺术化的展示环境，则具有更多更大的意义。展品和空间构成了乐章，任何角度和任何空间的变化都会形成旋律，一个顶面或展览是一个流淌的信息流，所有的细节也随之涌动，接踵而至。借助纯粹的元素来诉说空间内（文物与展示空间）所含的丰富意境，通过简单的线面呈现利落精确的形式，空间不再是一个简单的覆盖体，是一个最完美的纯粹空间。它具有巨大的张力，它可以用来隐藏不同功能的工作区域和产生诸多变化的心理影响。

笔者前一段时间参观了一座博物馆，如果用极少主义的标准来解读，除了它的出土文物自身所具有的震惊世界的神秘色彩和观赏性的确令人折服外，陈列设计却片面地、过多地为追求丰富变化而变化，为寻求诠释内容的博大精深，力图营造神奇诡秘的展出氛围，设计者在形式设计上采用了相对应的符号、语言和所有的视觉要素——形、色、光、材、质，构成了个性很强的高能音符，再加上博物馆建筑结构中的异型形态——圆、弧、弓、扇，地面和天花也无一遗漏，以及大量的随机造型。看起来是改变了过去“简单”的陈列手法，全方位调动了造型、色彩、材料、质地等因素来进行所谓的美化装饰，增强陈列的视觉冲击作用，但是反过来又掉进了另一个窠臼之中：整体风格过于繁杂，辅助展品喧宾夺主，因为它们所承载的信息量已经远远超过了文物本身。

利用辅助展品对整个展出环境氛围进行烘托，使陈列更直观和更具观赏性，这本来无可厚非，但过多地采用装饰手段，也会干扰其主体的作用。设计大师也一直在说，好的设计是看不见设计，体现的是匠心独运，而不应该哗众取宠。俄罗斯圣彼得堡的一个叫做“列宁格勒被围困900天”的小展览，它以极简单的设计手法，利用有限的空间，以看似不经意和寥寥数笔，达到的却是一种浑厚的、沉重的、催人泪下的艺术效果。整个展厅，沉浸在一种厚重的灰色基调之上，没有任何一点多余的装饰，造型上简洁粗放的线

条和块面，突出了为数不多的文物和几乎不明显的解说词。展厅虽小内容却非常丰富，设计虽简约却感人至深。如果将这两个设计类比，一个“错”在堆砌，一个“贵”在取舍。一个“位置相戾，有画处多属赘疣”，另一个则“虚实相生，无画处皆成妙境”。

极少主义特别注重建筑和室内空间带给人们的视觉心理的作用，博物馆也理应如此，要营造宽大通透的展示环境，合理分配有限的空间，发挥光照的独特造型作用，构成空间的内敛，使陈列展示中朴实无华的文物与简洁含蓄的展墙展柜等辅助设备和谐共生，同时利用材质间木质的、玻璃的、钢铁的质感构成既现代又淳朴的风格，体现出自在自为的空间和舒适雅致的氛围，始终使观众的兴趣保持在最佳状态。封闭的、简洁的空间有助于保持展示环境的独立性和单一性，这样才能在参观过程中不受或少受外界的干扰，当然也包括陈列自身的不当形成的干扰，这样的展示环境才是文物的空间和艺术的空间，文物和艺术设计自然而然就融为了一体。简洁的和艺术的展示空间和陈列可以使人心情舒畅，减少观展时间长、信息量大引发的无形压力，让参展者充分享受参观带来的舒适和体验。

极少主义原则应该是减少到不能再减，
陈列设计的原则是好的设计是看不见设计

极少主义反复强调以减少为原则，应该是减少到不能再减，陈列设计的原则也是强调做好减法，好的设计是看不见设计。罗丹的《巴尔扎克像》同样带给我们一点启示，它告诉我们如何取舍：巴尔扎克像身着宽大的、与身体浑然一体的长袍，突出了他巨大的脑袋以及像狮子鬃毛一样的蓬松头发，显得庄重而且健美。作品的完美程度得到艺术界公认。但最初在讨论雕像小稿时，罗丹的学生布德尔被雕像的一双手所吸引，不断赞叹：“我喜欢这双手，头部是整个雕像的焦点，长袍创造了自身的协调，这双手十分有力，但是……”就是这个“但是”说明了背后的潜台词。这是一双结构准确、异常生动的手，但它过于有力了，已经影响到作品的整体感觉。最终手是被“砸”掉了，尽管这是几个星期的辛劳，又雕得那么出色。但是它干扰了雕像的主体部分——头像以及整体的内在精神。虽然它太完美、太精彩，但对于巴尔扎克雕像来说，过于张扬着个性的手无疑是败笔，画蛇添足的东西应该毫不犹豫地舍弃掉。

1992年法国排演芭蕾舞剧《天鹅湖》，庆祝巴士底狱大剧院落成，超豪华的演员阵容，一流的舞台效果，完全不同于以往见过的任何演出版本，舞台布景简单到了只有巨大的色块背景和几何形状的布景道具。例如第一、三幕的宫廷内景，只由几个拱形门或金色四方柱结构组成，由此诠释其雄伟与繁华；第二幕处理得更为大胆，深色背景高悬着巨大的圆也许象征着一轮明月，上虚下实，彩色横线的分割让人联想起湖面倒影与粼粼波光，侧幕上的不规则横线代表了湖光山色，色彩关系几近于黑白，或饰以金银，显得既优美而又奢华。整个舞美设计看起来大气磅礴，极具现代感和构成意味，体现了“妙在似与不似之间”的艺术境界。简洁的舞美设计语言同华丽的服饰、流畅的舞蹈、浑厚的交响乐交相辉映，更加突出了舞蹈肢体艺术的魅力。舞美结构的单纯性，追求非常化的平面以及空洞、奇特效果，应该是极少主义在舞美设计上的典范。

从以上的例子可以看出，极少主义对我们的陈列设计来说具有实际的指导意义，极少主义简到极致带给我们的是艺术感和整体性。

（原文刊于《中国博物馆》2005年第1期）

个性·氛围·少而精
——浅谈“近代中国”陈列特色

李俊臣

中国革命博物馆于1996年6月12日推出的“近代中国”陈列，坚持了原有党史、革命史陈列的基础，保持了原有陈列内容的精华，吸收了文博界、史学界最新研究成果。它是一次再创作、深加工的大工程，而不是简单的陈列面积的缩小和展品的删减，尽管新的陈列有相当一部分文物和展品呈现着“似曾相识”的面孔，但从总体框架总体风格上看，确实收到了“面目焕然一新”的效果。其中原因何在？我们最深刻的体会是，这次修改更注重探索和掌握博物馆陈列工作的规律，注重运用博物馆的特殊语言，在形式与内容的结合上着实下了点功夫。具体地说，这次新陈列在思想内容主旋律的鲜明性；设计风格与时代的同步性；展品组合的典型性；展示手段的多元性等方面给观众留下了较深的印象，收到了“吸引人”、“感染人”的社会效应。

人们评论“近代中国”陈列为精品陈列，我们的理解是：它是一个有个性的陈列，一个有历史氛围的陈列，一个少而精的陈列。

“近代中国”陈列是集历史性、普及性、学术性与艺术性于一体的综合工程。它的推出引起了社会强烈的反应。《人民日报》发表的《百年风云尽收眼底》一文（1996年6月12日，夏燕月执笔），对陈列内容作了详尽的说明与介绍，全国主要新闻媒介作了热烈的宣传和报道。现在就运用博物馆的特殊语言弘扬主旋律问题分三方面做些展开性的说明与探讨。

转变观念，重新认识博物馆的特殊功能

“是文物挂帅还是政治挂帅？”这样一个令人生畏的政治命题在六十、七十年代曾极大地困惑着文博界同仁的创造性思维。人们讳言博物馆的特征，不敢谈个性，害怕讲风格。在“左”的思想束缚下，更谈不上掌握和研究陈列工作的规律。于是教科书式的陈列体系，千篇一律的陈列手段，正反面文物的机械区分与简单化处置，全国上下大小雷同的陈列模式比比皆是。离开了文物陈列工作的特殊功能，势必将博物馆工作引向自我封闭、脱离群众、落后于时代的困境。内容与形式的关系，观点与文物的关系是一个两相结合与统一的无穷尽的课题，绝不能将两者简单对立起来，割裂开来。强调一方而偏废另一方都是有害的。经过多年来几次大的陈列修改，我们深深感到掌握博物馆工作规律，运用博物馆特殊语言的重要，只有坚持以文物为基础的原则，体现陈列形象化的特征，才能办出为观众所欢迎的展览，更好地发挥博物馆在精神文明建设中的作用。

博物馆有自己的优势，有自己的特征。它收藏的丰富、直观、形象的文物是历史的直接记录和见证物。这是陈列的物质基础，是任何历史教科书、任何艺术创作所没有的特殊的形象“语言”。其历史真实感和直观性具有文字所不能代替的感染力。我们的陈列工作就是要靠文物说话，调动一切手段帮助文物说话。事实说明，善于和不善于运用博物馆的特殊语言，其陈列质量和水平不一样。

要体现博物馆陈列的个性还必须要确立新的形象化的陈列体系。我们这次修改遵循着1990年江泽民总书记对我馆“中国革命史陈列”作出的“高扬爱国主义旗帜，弘扬浩然正气”的指示进行的。有了原有陈列的坚实基础，又有了明确的方向，使我们对主旋律的把握就有了更清晰的认识。我们改变历史教科书式的陈列体系为博物馆形象化的陈列体系。陈列把整个近代中国历史浓缩为：列强入侵，中国沦为半殖民地半封建社会；救亡图存，中国近代化的开端；辛亥革命，中华民国成立；北洋军阀统治，国共合作的国民革命；国民政府统治，土地革命；全民抗战，打败日本帝国主义；解放战争，中华人民共和国成立7个部分。标题新颖、明确，表明了每个历史阶段的社会形态的变化和革命斗争的对象与任务。观众反映说：“这个陈列以鲜明的主题丰富的内容，告诉了人们一个真实的‘近代中国’。”人们评论说：“近年来，社会上出现了‘告别革命’，肯定殖民侵略，美化封建统治等一些中国近代史研究的错误思潮。中国革命博物馆用它独特而生动的形式，正确地宣传了历史，澄清是非，及时地教育人民。”人们谈观后感往往用“好教材”、“历史教科书”、“生动的一课”来表述内心感受。事实说明我们没有把陈列搞成教科书式的文字说理，而是着重在以“博物馆独特而生动的形式”上下功夫，靠有个性的陈列体系，靠文物说话，收到了震撼心灵的效果。

营造历史氛围，把观众带进历史从而留下深刻印象

我们从总体设计上力求使陈列“远看有气势，近看有内容”，注意营造凝重、庄严的历史氛围，使观众走进历史，如临其境，促使人们庄重的思考。

以序幕厅为例，这是历次陈列设计的重头戏，也是一般展览需要熬费苦心解决的难题。我们比较了若干设想和方案确定了主题单一、虚实结合、高度概括、风格庄重的陈列要求。序幕厅正面是以国歌为主题的浮雕壁画，体量大、造型美、色调庄重，将“苦难、斗争、胜利”三组内容有机地融为一体，直观地表述了“把我们的血肉筑成我们新的长城”的含义。面对着它，国歌的旋律在人们心头油然升起，中国人民百余年斗争的悲壮历程历历在目。而在巨幅艺术品前面一个象征神州大地的台座上，矗立着新中国第一面五星红旗，两旁陈放着开国大典时的礼炮，这两组实物记载着国庆日庄严的时刻和永恒的历史瞬间；在序幕厅背面、侧面展墙上悬放着近代中国两位历史巨人孙中山和毛泽东遒劲有力、富有中国气派的题词，点明了人民是创造历史的主人和历史发展的规律。这个大厅只用了6件展品就形成了一个完整的陈列布局。陈列的结尾部分是“开国大典”。首尾相应，一脉贯通，“红旗下的思考”会使观众的思绪一直延续在整个陈列展厅参观过程中。当他们看完1840年—1949年整个历史进程走出大门时，面对天安门广场的一景一物，自然会有所思，有所感。如果我们的陈列能够给人以深刻印象，将历史与观实，历史文物与社会生活衔接起来，令老年人回忆往事，珍视余年；使青年人懂得历史，热爱今天；给不同层次不同需求的观众提供信息与实证，那么，博物馆的特殊功能也就体现出来了。

谋篇布局，巧施笔墨，以文物组合、场景复原手法突出陈列重点和时代特征

陈列水平的高低直接影响人们的感觉。参观者离开博物馆后，或许会留下一个美好丰富的印象，或许会留下一个平淡单调的感受。至今年逾花甲、满头银丝的老校长还在向我们津津有味地回忆她戴红领巾时

参观革命博物馆、过队日，在红旗下、在绞架、铡刀前宣誓的情景，英雄们烈士们的形象深深刻在心灵的空间，左右着她的一生。博物馆的陈列设计、内容选择、形式布局、讲解配置都要始终紧扣给观众的第一印象即心理学上的“首因效应”来展开。实践说明，那些富有创新精神的东西最具有吸引力，最醒目、最有感染力的特征给人留下的印象最深刻。根据我国国情，目前大多数博物馆、纪念馆改进陈列手段，引进高科技展示设备条件尚不具备，相当一段时间还难以改变版面文字说明、照片加实物的陈列模式。我们从实际出发在谋篇布局、文物组合、场景复原上动脑筋，想点子。陈列面积压缩，陈列空间更显得珍贵，大有“寸土寸金”“寸土必争”的感慨。我们注意选择代表本馆陈列主题思想的文物予以突出表现，充分挖掘其内涵，通过艺术手段将其展示给观众，使人们能够理解它，认识它，接受它。尤其是镇馆之宝更应在展示位置、装饰、采光、色彩方面予以特殊处理。面面俱到的陈列形式不一定能收到理想的陈列效果，有时反而会流于一般化。要肯于动刀斧，大胆割爱，省略可有可无的东西，尤其是文字密密麻麻的平面文物。要保证代表性、典型性、大体量文物的展示空间。如虎门大炮、太平天国洪秀全的玉玺、荣氏家族纺织厂的石磨、上海纱厂的粗纱机、北洋军阀的督军服、北伐战争的山炮、李大钊就义的绞架、土地革命的石门、台儿庄战役时清真寺弹痕累累的砖墙、中国人民抗日缴获品日军战刀、渡江战役的木船等等。在陈列手法上我们不平均使用笔墨，为保证重点，突出主旋律的鲜明性，有意识地留空白，让空间，腾版面，在每个历史阶段以不同形式划出一定地段营造有时代特征的复原景观、文物组合、大体量文物展示的场景。之所以这样做，是为了揭示人们这一段发生了什么大事件，历史舞台上活动着的主角是谁？这一段的时代特征是什么？既为了起画龙点睛、提纲挈领的作用，也为了强化人们的接受力，同时也减少了观众视觉、心理上的疲劳感。如“近代中国”一开头陈列了林则徐的全身塑像，背后是十台全图的摹拟放大的版面，气势恢宏，寓意明确。在辛亥革命部分我们复原了孙中山任南京临时大总统的办公室的局部，文字说明表示，他只做了 3 个月临时大总统就让位给了袁世凯。墙面上悬挂他题写的“奋斗”二字，体现了这位革命先行者一生的精神风貌。在 20 世纪 20 年代，近代史上发生的最伟大事件是中国共产党的成立，我们按 1 ： 1 的比例复原了中共一大会址的正门和会议室，留给人们的印象是强烈的，且有历史的真实感。在土地革命部分开头我们陈列了馆藏一级文物：红军石刻标语。并按原样复原了门楼，瓦笼上枯黄的衰草微微飘动，似乎在向人们讲述那一段血与火搏斗的历史……抗日战争一开头利用过道和墙角参照一张历史照片再现了日机狂轰滥炸上海的情景，婴儿在硝烟中的啼哭声深深震撼着人们的心灵。陈列最后部分是解放战争。毛泽东手展地图凝目沉思的巨型雕塑向人们展示了杰出军事家的风采，背面油画勾勒出的陕北高原的千山万壑衬映着“运筹帷幄”、“胸中自有雄兵百万”的壮阔胸襟。转过来浩浩荡荡的支前大军的历史照片衬托着一辆独轮小车，告诉人们一个真理：依靠人民，无往不胜。

另外，本馆的社会地位要求它的陈列具有一定的专业性、权威性和示范性。我们选用的辅助展品艺术都具有一定的经典性和高品位，很多作品都是经过几十年考验的大师级上乘之作。有的作者已作古，其作品相应地具有文物价值和欣赏价值。如遵义会议模型就是一件精致的工艺品，是中国工艺美术水平的经典之作。

十一届三中全会以来，经过拨乱反正，推陈出新，文博事业焕发了活力。特别是近几年来，中央颁布的《爱国主义教育实施纲要》运作起来，文博事业更是欣欣向荣，在社会文化生活中，在社会主义精神文明建设中日益发挥着应有的引人瞩目的作用。全国一个个爱国主义教育基地的涌现就是证明。人们欢呼文博界的春讯的到来不是没有道理的。抓住机遇，迎接挑战，走出低谷，开拓创新，是当今博物馆人共同奋斗的目标。我们愿与同仁们共助共勉，争取把工作做得更好些。

（原文刊于《北京博物馆学会第二届学术会议论文集》，经济日报出版社，1998 年）

陈列展览形式设计与“博物馆疲劳”

王 蕾

博物馆的陈列形式设计是对陈列内容的艺术加工和再创作的过程，设计者会通过各种生动、直观、形象的表现方式，将陈列主题和内容准确完整地传达给观众。而作为陈列活动主体参与者的观众，毫无疑问是设计人员在进行陈列设计时需要重点研究和考虑的对象，陈列设计的每一个环节都应从观众的角度出发，满足观众的认知需求，符合观众的审美心理。因此，了解和研究观众的心理需求对陈列艺术设计的最终效果是非常重要的，在很大程度上关系到展览的成败与优劣。

随着博物馆观众人数的增加，我们不难发现一个普遍存在的现象，即“博物馆疲劳”症状[1]。这种“博物馆疲劳”早在1916年吉尔曼的关于展览设计因素与观众参观疲劳之间关系的论文中就已经进行过论述。之后，美国心理学家罗宾逊和麦尔顿也对这一问题进行了研究与探讨[2]。

所谓“博物馆疲劳”是观众在参观时，以站立与行走态势相交替，体力上消耗较多，同时视觉、听觉等感官不断接受信息，进而传递给大脑进行思考，因此脑力活动强度也比较大。在这种情况下，如果参观时间超出一定限度，人就会由于长时间保持高度集中的注意力，而比较容易产生心理上、精神上的疲倦感，表现出对展览的注意力不断下降、涣散，进而导致了某些特定的行为，例如会快速通过展陈空间，或者对看过的展览未留下什么印象……

这些现象是我们展览设计者所不愿意看到的，也是有悖于陈列设计初衷的。从陈列形式设计角度而言，设计者如果仅仅关注展品的摆放，而忽略对展览受众群体细致的研究分析，做出的展览是不会达到预期展示效果的。现代展示设计理念提倡关注受众的需求，对他们参观需求与目的的研究是解决“博物馆疲劳”问题的关键所在。

一 受众心理与参观需求研究

博物馆的陈列展览应该把文物载体、信息更多地释放出来，通过有效的手段变成观众易于理解、乐于接受的东西。为了吸引观众的视线，使观众对陈列展览始终保持较高的兴趣，展览的趣味性和艺术性、娱乐性是必须要考虑的。

形式设计人员在进行展览形式设计之初，除了对陈列内容作深入的研究和解读以外，还应该针对观众的需求与参观目的作一番分析，例如：观众的组成、参观目的、兴趣点所在、观后的感受和反应，在参观中可能需要使用的设施以及在展厅停留的时间等多个方面。对受众需求的研究，对于我们为观众营造一种舒适、愉快和满意的陈列展览环境具有重要的意义，可以让观众在展厅花费的时间和精力更有价值，从而减少“博物馆疲劳”症状的产生。

广义而言，博物馆的观众是一个共同体，其行为有一定的共性，而经过细化分类，会发现不同群体在共性之外存在着不同的动机和需求。经调查研究大致包括：学生，希望在直观环境中接受科学知识、文化教育与陶冶情操；成年人，出于喜爱，希望通过参与及娱乐，放松心情，获得愉悦的感受；旅游者，慕名而来参观游览……除此之外观众组成中也包括一些专业研究人员等。只有通过对参观人群的大体分类，以及对参观者参观需求和动机的分析，我们才能有的放矢地确定陈列展览的设计原则。

长时间在博物馆展厅中参观而产生疲劳感的因素很多，而且因人而异。经调查，发现观众产生疲劳感的原因大致分以下几类：1. 认为博物馆的展览内容过多、展线过长、展品类似；2. 认为展览形式呆板、单调，缺乏趣味性及亲和力；3. 认为博物馆展览空间缺乏完善的配套服务设施等。

要避免展览形式设计给观众的参观活动造成负面影响，应该从环境心理学研究角度予以分析和指导。博物馆的展览环境提供观众与展品的对话空间，它和人们的参观行为关系密切，因此会对人们的行为产生一定的影响。从形式设计原理来讲，展览环境本身具有一定的秩序、模式和结构，陈列展览中运用的环境心理学是研究展览环境与受众之间相互关系的科学，它是从心理学和行为的角度探讨人与环境的最优化组合，即怎样的展览环境最符合受众的心愿。作为博物馆陈列形式设计人员，应该合理运用环境心理学原理，把展陈环境演变成一系列多元因素与人之间关系的四维综合空间，这样才能真正的从设计角度去解决“博物馆疲劳”的现象。

二　形式设计与“博物馆疲劳”的成因

作为展览的直接实施者，应该从展览形式设计的角度入手，剖析“博物馆疲劳”成因，以便在今后的设计中避免或减少容易使观众产生疲劳的因素。总而言之，博物馆的陈列形式设计或多或少的存在以下问题：

（一）设计缺乏多元化

不论是哪种设计，都有一些基本的逻辑。在设计与人的关系方面，不仅包括性能、可用性、安全性、功能等基本因素，还有情感化、人性化的关联。伊藤寿郎与森田恒之主编的《博物馆概论》一书中这样写到[3]：“博物馆陈列的理念即它的最高理想，要由该馆的陈列意图决定，但只有当观众的参观目的和博物馆的陈列意图取得一致时，才能收到理想的效果。”有些博物馆的展览之所以使观众产生疲劳现象，其主要原因是由于陈列设计形式单调、缺乏变化，多以传统的展品静态展示方式为主；同时展品过多，展线过长，这些必然会导致观众随着参观时间的延长而产生疲劳厌倦感，减低参观兴趣，甚至最终放弃继续参观。有专家提出，现代博物馆陈列设计应该推崇现代和传统的形式并存，并打破各自样式的连续性，使片段的内容相互变化，创造多元秩序，使之产生一种能量和兴奋。这也是现代的艺术性专题类博物馆易于被观众接受的主要原因。不同的展览陈列根据展览主题的不同，如果能在表现形式上体现出鲜明的特点，在视觉上产生强烈的变化，使观众从一个展区进入到另一个展区时，不断地有新的和多变的感觉，就会给他们带来兴奋感和丰富的联想，在感官和精神上张弛有度，交替变换，可起到舒缓精神疲劳紧张度的作用。因此，博物馆的陈列在展示形式上应该勇于创新，运用适当的先进手段，多考虑观众的心理需求，依靠多元化的展览形式吸引观众，增强展览的可视性。

（二）设计缺乏个性化

虽然国内各地博物馆的陈列展览在形式设计上面已经取得了一些进步，在形式表现和材料运用上都有所创新和突破。但是参观几家博物馆的展览后，多少会给观众留下相似甚至雷同之感。这是由于在同一时期，各个博物馆争相选用新技术新材料，才导致了千人一面的现象。这种普遍存在的状况，需要引起我们展览形式设计人员的足够重视。最新的表现手段、最先进的制作材料，并不一定适合表现所有的陈列主题和内容，应该寻求最恰当的、最能体现个性化的陈列形式去表达主题，来创造丰富多彩的、符合人性化需求的陈列展览。那种缺乏个性的模式化设计方式如果泛滥下去，势必会使我们的陈列展览失去活力和吸引力，加重观众的疲劳感。

三　形式设计与“博物馆疲劳”的缓解

“博物馆疲劳”的产生原因很多，但并非无法解决。我们可以尝试通过有效的形式设计方法，从陈列形式设计角度缓解观众的疲劳感。

（一）把握展陈空间布局的节奏和韵律

博物馆中的藏品多是稀世之宝，甚是世间唯一。但是再好的东西如果都摆出来，而且还放在一起，几千米的展线看下来，难免使观众产生审美疲劳。到那时这些珍宝在观众眼里全被视若寻常物，疲劳感驱使着人们草草浏览，走马观花。因此在设计展陈空间布局时，要敢于取舍，有张有弛，疏密结合。尽量避免给观众造成审美疲劳。

设计人员可以在展厅空间内，使用各种各样的技术手段为观众设定行进方向和参观路线。在设计时有意识地采用吸引、引导和转移观众注意力等多种方法，来调节观众的参观速度和节奏，确保展览的主题及重点部分能给观众留下深刻的印象。同时尽可能的让观众自觉自愿地在展厅中多作停留。

另外，设计人员还应该尽可能地缩短展线，突出陈列重点，避免面面俱到的陈列形式。实践证明，对于多数观众而言，在一定时间内，往往一部分展品就足以占据他们的注意广度和使他们产生充实感。因此，我们在进行设计时，有意识的将主次展品穿插陈列，使空间布局产生节奏变化，即可以达到舒缓观众视觉紧张度的目的，也利于观众对知识的获取和记忆。

（二）设置参与性的互动环节

在保证展示主题和内容充分体现的前提下，增加展览的趣味性和观众参与的程度，广泛适应观众的需求层面，也是缓解参观疲劳的有效手段。

随着博物馆社会职能的不断延伸，我们越来越意识到博物馆应该改变以往在提供宣传、教育、娱乐时候“被动”的、“单向”的行为方式，而采用更“主动”和“双向”的方式，并且尽可能地体现以“人”为本的价值取向。

国外博物馆比我们更早的注重引入高新技术和可参与的交互式展示手法，展览形式灵活、多变，技术材料新颖、先进，展示效果维妙维肖，将陈列展览融教育性与趣味性于一体。与传统的陈列手段相比具有强烈的吸引力和凝集力。

近些年国内的众多博物馆也开始在展览形式上追求以满足观众需求为主的设计理念。历史艺术类博物馆的展览，不同于科技信息类展览，在运用高科技多媒体展陈技术时就必须考虑所运用的技术手段、设备和所要表现的展览主题及整体艺术形式之间的和谐与相融，应使观众在自然、顺畅的参观过程中不知不觉地通过多媒体展陈装置接受更多的历史文化信息。眼看、耳听、手摸，甚至嗅觉都是现代的展示方式。这些展示手法如果通过恰当的设计和组合，会给观众营造出一个身临其境的体验式场景，也会留给观众新奇而深刻的印象和直接的感受。

（三）丰富展示环境的色彩与照明

视觉疲劳也是“博物馆疲劳”的一种表现。光是视觉的媒介，光环境是展陈空间的必要依托。不同的展示空间应该根据展览内容的需要设计适合的照明方式，为了确保展示效果和吸引观众的注意力，设计人员需要考虑照明强度、光的质量和呈现实体感等多种因素。好的照明应将展品的形状、色调和质感充分显示出来，使展品比背景更为明亮而突出，才可给人强烈的印象，同时又不能过于强调照明的变化而给观众带来视觉负担。整体陈列从头至尾一致的光照形式当然也是不可取的，由于它一成不变的照明方式，难以达到塑造展品形象，吸引观众视线的展示效果，同时还容易使人产生昏昏欲睡之感，导致观众视觉上的疲劳，从而降低对展览的关注程度。

（四）增加辅助展品及背景知识

在进行形式设计时，要尽量照顾大多数观众的知识层次，展品的背景知识和资料，不可或缺，展示文字应该深入浅出，言简意赅、通俗易懂。辅助说明文字数量不宜多，最好以多种形式来表现，比如图片、图表、示意图等，或者以游戏的形式出现，例如先以提问的方式吸引观众参与到寻找答案的环节中。总之，灵活变化的形式会比传统的版面更便于观众阅读和记忆，同时能起到调动观众参观兴致的作用。

（五）完善标识导览系统

标识导览系统的设计看似简单，但却不容忽视。标识导览系统在展览区域大致包括展览平面分布图、室内展厅等公共空间标识、常设展厅入口标识、参观线路导引等。过去的博物馆对这方面重视不够，标识不明确、不醒目、未经过设计，甚至没有标识的现象很多。近些年随着博物馆事业的发展，标识导览系统已经逐渐成为展览设计中不可或缺的一个项目，例如在展厅中设置展览的平面布局图和参观路线，不但可以方便观众更全面、更详尽地进行参观，还可以为有选择性参观需求的观众提供便捷导引，间接的起到减轻“博物馆疲劳” 的作用。

（六）拓展公共服务区域功能

配套的服务设施对缓解观众的疲劳也起着重要作用。像展厅中的休息区域、纪念品销售区、视频播放区、甚至饮水区、餐厅等须做到应有尽有，同时应该和陈列展览的空间设计一同考虑，根据观众参观需要，合理安排休息区的分布，避免过于集中或稀少。国外博物馆在这方面做的比较全面，许多博物馆在自己的宣传页上，除了对博物馆藏品、交流活动的介绍外，经常会出现关于这家博物馆的咖啡吧和餐厅如何有特色、值得一品等推荐性的文字描述，说明在国外博物馆已经把休闲娱乐功能充分融入到博物馆的职能当中了。

除此之外，还可以在形式设计中适当的引入一些自然景观，同样能够起到变换和调节观众心理的作用，有助于减轻博物馆疲劳。如苏州博物馆将展厅里的休息区设置在室外园林旁边，观众坐在室内的休息区中，可以透过落地的玻璃门窗尽揽室外茂密的竹林，如果观众有兴趣也可走出展厅去亲临感受。

四　结　语

博物馆的陈列设计应该与时俱进，在充分了解受众需求的基础上，不断发掘最适合的陈列表现形式，吸引更多的观众，使他们能够在轻松、舒适的环境中获得艺术的享受。

注释：

[1] 1916年，美国博物馆学家本杰明·吉尔曼在《科学月刊》上发表了一篇关于博物馆疲劳的文章。

[2] 1928年至1931年间心理学家罗宾逊和麦尔顿在美国博物馆协会和卡内基基金会的支持与资助下，运用心理学的研究方法在美国的一些博物馆里对观众的行为作了系统深入的研究。这些研究对于“如何在展览设计中考虑观众”有很大启示。

[3]［日］伊藤寿朗、森田恒之编著，吉林省博物馆学会译《博物馆概论》，吉林教育出版社，1986年。

参考文献：

1. 国家文物局、中国博物馆学会编《博物馆陈列艺术》，文物出版社，1997年。
2. 陈同乐：《多元的陈列设计风格》，《陈列艺术》，2003年。
3. ［美］玛格丽特·霍尔：《展览论——博物馆展览的21个问题》，北京燕山出版社，2007年。
4. ［日］伊藤寿郎、森田恒之主编《博物馆概论》，吉林教育出版社，1986年。
5. 弗朗斯·斯考滕、许杰：《心理学与展览设计简述》，《中国博物馆》，1988年。
6. 郝国胜、黄琛：《博物馆社会服务功能研究》，知识出版社，2005年。

（原文刊于《中国博物馆通讯》2009年第8期）

寻找流逝的时光——“古埃及国宝展”形式设计阐述

郭 萍

提到“埃及”这个名字，总是会让人想到雄伟的、巍然屹立在沙漠边缘的金字塔，也会想到灌溉着两岸土地的伟大的尼罗河。尼罗河流域的居民在他们的年轻时代就已建造了金字塔，完成了很多伟大的事业，并在它所生存时代的大部分时间中继续前进。在古代东方文化的盛大合奏中，埃及人奏响了第一曲壮丽的乐章。

2003 年，“走近金字塔——古埃及国宝展”来到北京，展览共展出了一百多件珍贵文物，这些文物从不同角度体现了古埃及文明的辉煌成就。针对展品的特色，展览的形式设计者巧妙利用了中国国家博物馆高大的展厅，致力于构筑宏大、壮美的艺术氛围，充分展现了古代埃及艺术的瑰丽与神秘，从而为观众呈现出一场流光溢彩的视觉盛宴。

一 展厅视觉空间的营造

这里提到的视觉空间是指展厅的内部空间，即展览空间。展览空间是展品存在的外部环境，展品的斑斓魅力在这个舞台上获得展示。展览空间的设计要紧紧围绕展品而展开，应做到整体布局合理、内容排列有序、层次清楚、重点鲜明，并具有空间平衡感。

“古埃及国宝展”的展品形质不一，差别较大，要在 3000 平方米的展厅布置 100 多件文物，合理的空间分布、营造氛围至为重要。古埃及的建筑一般是通过中央列柱分割神庙的内部空间，同时列柱也加强了神庙的装饰性，这种装饰性成为古埃及建筑风格的主要特征，并影响到亚洲、欧洲及美洲地区的建筑。这种风格为展览设计者所采用，成为展厅空间划分的重要参照。展览设计者采用了颇有特色的柱体进行排列组合，并配以“弓”字、“［”字、“—”字形展墙分割单元，这样的空间布局为展览营造了古拙、神秘的环境氛围。

在个别单元的处理上，展览设计者都遵循着以小释大的法则。展览第一部分“法老的世界”重在表现法老神圣的权力，金字塔、神庙就是这种权力的象征。设计者在展厅入口设置了 24×5 米的巨幅背景画，内容包括金字塔、神庙、塔门、狮身人面像，这幅背景画与摆放在展厅中央的埃赫纳吞法老半身像共同将时空倒转，通过画面组合，不同位置景象穿插在一起，给观众以强烈的视觉印象。金银器是这部分展示的亮点，但形制与雕塑反差较大。设计者设置了 16 根仿鲁克索神庙风格的圆形立柱，将这些形似盛开纸草花的立柱按照 4×4 的方式排列，立柱中心搭结仿石过梁，构成装饰风格鲜明的中央列柱大殿。这种设计最大限度地利用了现有展厅的高度，并且将金银器柜嵌入靠墙的列柱间，既有效地解决了金银器的展示空间问题，还使观众身临其境般地体验了古埃及建筑的恢宏与庄严。展览第二部分为“官吏阶层”，表现的是古埃及金字塔状的社会结构。古埃及社会等级分明，宰相是最高官吏，国家基层各级官吏总称为书吏。书吏是古埃及社会的一支庞大的知识分子队伍，政府对国家的管理离不开书吏。为了有别于第一部分，这部分的空间设计并未采用神庙列柱的形式，而是设计为简化的“弓”字形方柱框架结构，以 2×6 的形式排列，将各种官吏造像集中摆放在“弓”字框架下，从而拉近观众视距，并能多角度观赏这些形象生动的人物造型。展览第三部分为“享受生活”，展现古埃及人生活的乐趣。设计者利用标准展柜有序的排列，将古埃及人生动有趣的日常生活展现给观众。第四部分“众神护佑的国度”，展现古埃及人的宗教信仰。古埃及是一个虔信神灵的国度，其宗教是一种典型的地区性多神教，特色在于神人关系的相对和谐。在这一部分，设计者再次采用中央列柱的装饰风格，将 20 根以盛开纸草花做饰面的方形立柱按照 4×5 的方式排列，立柱上方搭结仿石过梁，单元入口用假墙摆成“T”字形。神庙的柱廊效果将神像与环境融为一体，观众从两侧进入列柱大殿，精巧别致的神像摆放在列柱下更显神秘。第五部分“永恒的来世”，展现古埃及的墓葬文化。古埃及人认为生命就像日出日落一样循环往复，死亡只是新生命的过渡阶段。展览设计者制作了“［”形特殊展台，在其衬托下，精美的彩绘人形棺、做工考究的随葬品一一呈现在观众面前，似乎在上演着人间天上周而复始的生命过程（图一、二、三、四）。

图一 “法老的世界”空间设计效果

图二 “官吏阶层”空间设计效果

图三 “众神护佑的国度”空间设计效果

图四 “永恒的来世”空间设计效果

视觉空间也有其内在的秩序。展览设计的第一原则是寻找并遵循这种内在秩序，进而借助联想与想象，捕捉特定的节奏与韵律；展览设计者还要灵活运用诸多形式设计因素，造就展览空间的体量感、虚实空间感、明暗光影感、空间造型静态感、时间形态流动感、景观形态错觉感，这样才能创造理想化的展厅视觉空间。

二 展览造型的选择

造型是对一个或一组物体的艺术塑造，是明显的、摸得着的、为视觉所感受到的艺术。雕塑、油画、建筑是造型，展览中的展柜、展架、辅助展品也是造型。展览造型就是展览元素的形象化，是展览艺术设计的物化形象。

在埃及祭庙建筑中，塔门是常见造型之一，它与形形色色的列柱构成了祭庙建筑的重要特征。塔门是用两座塔楼构成的大门，两座塔楼之间有狭窄的过道。“古埃及国宝展”为了给观众提供更好的审美感受，在博物馆西门厅仿制了古埃及何露斯神庙塔门。原塔门高 36 米、宽 70 米。结合我馆西门大厅高度及消防安全通道的有关规定，设计者将仿制的塔门造型定为高 6 米、宽 14 米。根据现场拍摄的照片和收集到的资料，用电脑按比例合成图、定色，最终完成大面积电脑喷绘。走入大厅有一件非常有名的埃赫纳吞法老半身石像。像高 1.94 米，宽 1.12 米，重约 2000 千克。这件法老像是本展览的重要文物，如何展示成为讨论的焦点，当时相关单位人员担心文物受损，建议将文物直接放置地上，只在地面做一些简单的支撑件加固，项目组成员考虑到这样的展示效果不能更好的体现埃赫纳吞法老的至高无上，有背展览的宗旨，因而坚持将法老像安置在台座上，并从博物馆建筑的承重量和展览期间文物的安全性、视觉造型多方面考虑，设计了一个梯形展台，提高了展示视觉角度。展台高 1 米，前后梯形上边长 2 米，下边长 2.6 米，左右梯形上边长 1.7 米，下边长 2.3 米，增大了底部接触面积，减少了压强使整个雕像的各部分受力均匀，文物安全得到了有效的保障，视觉感受有了明显改观。古埃及的建筑使人震撼，尤其是神庙前高耸的柱廊效果深深吸引着人们，用形似盛开纸草花的柱子构成列柱大殿里中央较高过道的外围，这样的布局在古埃及相习成风，这些列柱大殿仿佛再现了尼罗河的丛薮，在尼罗河丛薮里纸草花盛开的茎干耸立在还没有来得及散开来的茎干之上。列柱大殿的这一种处理方式，和神庙中普遍的古代象征作了出色的结合，神庙是神祇的住宅，在这里是太阳神的住宅，根据埃及传统，太阳是从河畔丛薮中生长起来的荷花中诞生的。为了使观众有走进几千年前古埃及神殿的感觉，设计者分别在展览的第一部分、第四部分仿制了不同风格的立柱，形成一种中央列柱大殿效果。第一部分仿制的圆形立柱源自尼罗河东岸卡纳克．阿蒙瑞神庙，即鲁克索神庙中盛开的纸草花立柱，原立柱高 20 米，现根据本馆建筑与安全特点，立柱主体框架定为长 9 米、宽 8.9 米，仿纸草花立柱高 3.8 米，柱底直径 0.85 米，柱顶直径 0.55 米。柱体两侧镶嵌四组橱窗式展柜，与廊柱巧妙连接。柱体表面喷涂仿石漆，做成真材石料效果，打磨后再次喷涂，使立柱表面有细微颗粒的感觉，寻求写实手法，此处的橱窗式展柜表面也采用的是这种方法。至于第四部分选用方形立柱主要考虑此处展厅一侧有一排方柱，若用圆柱造型将很难实现，采用方柱造型正好与展厅方柱协调一致，增加了环境共鸣，另外与第一部分的圆形立柱从造型及形象上有所区别，产生新的视觉效应。仿制的方形立柱形象来源于埃及古王国时期第四王朝基寨·考夫拉金字塔、河谷神庙内景和几何体纸草植物造型，整体造型由 20 根高 4 米的方形立柱和过梁结构组合而成，方柱四侧的纸草图案用细木工板切割而成，然后采用仿真石漆喷涂，其工艺要求与圆形立柱相同。两处柱廊为展厅营造出悠远、凝重的视觉环境，使观众仿若穿行于历史时空之中（图五、六、七）。

图五　塔门造型设计效果

图六　圆形列柱造型效果图

图七　方柱造型设计效果

三　展览色彩的阐释

色彩是与造型不可分割的重要设计元素，甚至比造型更早的进入人的视线。色彩设计的关键在于色调的和谐。色调并不是一种具有独立意义的表现手段，它只有在整个形象结构和谐地融合起来并且服从于表现内容的时候，才具有意义和审美价值。色调的和谐是指艺术作品的一切组成色调获得了内在的统一，共同构成了一个有机的阐释系统。

确立展览色调时，设计者总结了以往的经验，根据古埃及文化的内涵及“古埃及国宝展”的文物特点进行了精心的构思。耸立在尼罗河两岸的壮丽的金字塔、神庙以及周围的沙石呈现给人们的色调都是浅黄色，它们在灿烂的阳光照耀下，呈现出迷人的金色。阴刻的柱面文字、纹饰，塔门阴刻饰面，墙面浮雕、壁画等阴影处呈现出赭石色。这些都给设计者留下很深的印象，浅黄赭色调便早已沉积在设计者心里，成为展览的主色调，连同中央列柱大殿效果构成埃及展的特有风格。黄色常常使人联想到阳光，同时在所有颜色中它的明度最高，它给人以光明、活泼、向上和轻快的感觉。淡雅的浅黄色，与文物色形成统一色调更显和谐，无论是厚实、凝重的石器，还是精致、绚丽的金银器在浅黄色的衬托下都更为突出。以浅黄色为主的色调主要运用在展厅墙面、柱子、隔断墙、展台、台座和背板等表面，形成大面积的黄色系，追寻色彩还原感。寻求浅黄赭色调的同时，为使色彩富有变化，更真实，在单元说明的色调处理上，采用简洁的浅黄底色上贴深赭石色的电脑刻字作为点缀；小展柜底部是深褐色。为使明度有差别，地面铺大面积浅赭石色地毯，使浅黄色与赭石色中间形成和谐过渡色，共同产生黄赭色调。根据内容需要，以及丰富环境色，在不同区域增加了面积大小不同的纸草、风景、壁画喷绘等。减弱单色系的单调感，增加色调的韵律感，减弱观众长时间参观带来的疲劳感。如进入大厅第一部分“法老的世界”的大型组合风景喷绘，是以基泽的金字塔、法老哈佛拉的大斯芬克斯狮身人面像、胡福金字塔、何露斯神庙塔门、阿布－西姆尔的拉姆捷斯二世的祭庙、鲁克索神庙大柱等为题材配合着蓝天白云、黄土沙地通过电脑技术巧妙的组合在一起，超宽幅的景象将观众拉入画面，带着观众一同步入大厅，欣赏着叹为观止的文物。纸草画是埃及重要艺术品，它是在特殊加工的纸草上绘制的图画，是国家重点保护文物，不容许出境。为使观众对埃及纸草画有一些认识，设计者在不同位置放大了几张纸草画喷绘，如进入塔门的通道两侧以及第五部分“永恒的来世”展出的石棺、彩绘棺上方墙面。墓室壁画也是埃及艺术中非常精彩的部分，在第三部分“享受生活”的过渡区域，设计者选用了底比斯的纳赫特墓室壁画作为点缀，构筑出生动有趣的视觉情境（图八、九）。

图八　展览色彩设计效果

图九　展览色彩设计效果

四　展览灯光的利用

光线是视觉的媒介，合理、优美的照明不仅能保证观众舒适地观赏文物，而且能够烘托展览气氛、创造展览意境、提高展览语言的表现力，从而感染观众的情绪。

运用光来描述展览氛围和文物，既是宏观设计的表现手法，更是微观设计中重要的表现手段。展览设计者利用光的不同投射角度，交叉使用聚、散、强、弱的投射方式，会使展品产生不同的艺术效果。本展览应出资方要求完全采用人工光照明。由于大件文物无法放入展柜内，高大展厅光源具有局限性，如何解决照明成为难题，现有展厅灯光不具备聚光效果，而增加聚光灯空阔展厅却无处安置。设计者从文物的观赏角度、观众视觉、眩光等综合因素，首先设计了多种规格的“［”字展台、“弓”字展架等辅助展具，将各种灯具巧妙的隐藏在展具顶部，既解决了照明问题又不影响视觉效果。如第一部分和第三部分沿墙摆放的塑像和石刻，第五部分靠墙安放的石馆、彩棺都被放置在2.8米或3米高“［”字展台内，展台顶部安灯，文物摆放在底台上，光源主要由顶部投射而来。第二部分官吏塑像错落摆放在3米高“弓”字展架下，射灯安装在展架横梁处。其次是在场景氛围中设计的柱子与柱子之间过梁处安灯，如第一部分纸草形圆柱过梁、第四部分纸草形饰面方柱过梁，这种方式既解决了文物照明又改善了环境用光。再次是在展厅现有柱子或台座上安装射灯或柔光灯，如第一部分大厅中央有四个柱子，四个柱子中摆放着埃赫纳吞法老半身像，这件文物是本展览的亮点，如何布光花费了许多心思，设计人员根据以往经验，先将主光源从前方柱子一侧利用高强射灯投射而来，又在其余几个柱子上安置普通型射灯或将光源减弱分别作为辅助光源进行补光，由于光源都是从塑像上方投射而来，光源距离塑像较远，大型塑像的底部较暗，轮廓也显得不够清晰，影响观看效果，这样又在支撑法老像的台座上增加了两个小型柔光灯补充底部光源，使埃赫纳吞法老半身像在主次分明的光源映照下，轮廓更清晰，形象更生动。四个柱子周围其他塑像的光源分别由靠近的柱子上方布灯照明作为主光源，周边柱子散射过来的光源作为辅助光源。最后是在现有柱子或墙体上安灯，如第一部分埃赫纳吞法老半身像之后的巨幅背景画，就是在其对面展厅柱子上分别安装了两组灯照明。又如第三部分、第五部分的纸草画喷绘和墓室壁画喷绘，是在对面墙体上安灯。多种多样的照明设计使古埃及文物的光芒充分的展现出来（图一〇）。

图一〇 展览灯光利用效果

“古埃及国宝展”的实际筹备期只有短短的一个月，内容设计、形式设计、制作设计、施工、文物加固等多项工作都要在此时间内完成，工作程序环环相扣。尽管设计者努力寻求完美，但仍然还有许多不尽人意的地方，敬请业内人士批评指正。

参考文献：

1. 中国博物馆学会:《博物馆陈列艺术》,文物出版社,1997年。
2. ［埃及］阿·费克里主编《古代埃及史》,商务印书馆,1973年。
3. 中国国家博物馆主编《守望文明》，中国社会科学出版社，2008年。
4. ［俄］罗塞娃等：《古代西亚埃及美术》，人民美术出版社，1985年。

（原文刊于《陈列艺术》2008年第4期）

中国古代史研究

商周奴隶主贵族的政治思想

巩绍英

一

中国的奴隶制时代，虽然已经有了比较发达的文化，但在政治思想方面，还处在初期的发展阶段，没有形成较完整的理论体系。所谓夏、商、周三代的“先王之道”，只是后代的儒家为了维护奴隶制或者给封建制寻找理论根据的一种理想的说法，有时是为了所谓“托古改制”制造出来的幻景。不过，从奴隶社会到封建社会的思想发展过程和继承关系来说，从上层建筑的演变过程来说，这个时代的思想，总是一个源头，值得研究。

奴隶占有制度保存了战争俘虏的生命，提高了劳动生产率，通过社会的分工，为艺术和科学的发展创造了条件，这同原始社会比较，是一个“巨大的进步”。但它究竟是历史上最野蛮、最粗暴的剥削形式，拿奴隶当牛马，当工具，用的“几乎是野兽般的手段”。奴隶主阶级是历史上第一个剥削阶级、统治阶级，这个阶级对于自己和奴隶的关系，也是最没有掩饰和遮蔽的，他们的宗教信仰的形态也是比较粗糙的。只是由于他们还保留着从氏族社会蜕变过来的血缘关系，用这种关系维持他们阶级和统治集团内部的团结，所以在表面上有一层温情脉脉的面纱，但这并不适用于奴隶。看看这个阶级对自己的地位，对自己和奴隶的关系是怎样想的，作为历史上的一个借鉴，很有意义。后来的封建地主阶级和资产阶级的思想是复杂得多了，伪装得巧妙多了，拿这个原型来比较一下，就更容易看清楚它们的实质。

《礼记·礼运篇》有两段话很重要，很为人注意：

> 大道之行也，天下为公，选贤与能，讲信修睦。故人不独亲其亲，不独子其子。使老有所终，壮有所用，幼有所长，鳏、寡、孤、独、废疾者皆有所养。男有分，女有归。货恶其弃于地也，不必藏于己。力恶其不出于身也，不必为己。是故谋闭而不兴，盗窃乱贼而不作，故外户而不闭，是谓大同。

这就是说，当时还没有私有财产，没有贵族的世袭制，各尽所能，没有阶级的对立和斗争。这是原始共产社会的影子，是一种古老的传说，经过后代儒家理想化了的。

> 今大道既隐，天下为家，各亲其亲，各子其子，货力为己，大人世及以为礼，城郭沟池以为固，礼义以为纪，以正君臣，以笃父子，以睦兄弟，以和夫妇，以设制度，以立田里，以贤勇（武士）知（谋士），以功为己，故谋用是作而兵由此起。禹、汤、文、武、成王、周公由此其选也。此六君子者，未有不谨于礼者也。以著其义，以考其信。著有过，刑仁讲让，示民有常。如有不由此者，在势者去，众以为殃。是谓小康。

这个小康，所谓“三代之英”，就是中国的奴隶社会。这时已经有了私有财产，有了奴隶主贵族的世袭制，有了阶级斗争，也有了战争，因此就要有一套制度和统治的方法。但这位作者却把儒家的道德观念同古代奴隶社会的一些现象搅在一起，虽然与大同比较，有些差别，但总的来说，却把奴隶社会美化了。

儒家还有所谓三代质文说，反映了奴隶制时代的文化，由虞夏之质到殷周之文，有一个逐渐发展的过程。公羊学家董仲舒把这种说法神秘化，设计出一套黑、白、赤三统的图案，作为改制的标准。司马迁也采入《史记·高祖本纪》：

> 夏之政忠，忠之敝，小人以野，故殷人承之以敬；敬之敝，小人以鬼，故周人承之以文；文之敝，小人以僿（薄），故救僿莫若以忠。

这种历史的循环论，认为三王之道若循环，终而复始，当然是很荒谬的。但抛开这一点不说，这些话也反映了一些当时的实际政治情况，包括统治阶级政治思想方面的情况。

关于夏商周三代政治制度的特点，通常的说法是“夏尚忠，商尚质，周尚文”。董仲舒的《举贤良对策》说“夏上忠，殷上敬，周上文”。忠的意思是“朴而不文”，质是“质朴”（《论语》皇侃疏），文是“文饰”（《广雅释诂》）。忠和质意义相近，可以看到后人对原始公社生活的末期或原始社会向奴隶社会过渡时期的一种揣想，用来与周代的文相配，或者是把周代氏族军事民主制度的某些孑遗移上去，当作商的对立面。重要的是质、敬和文，说明中国奴隶社会政治制度发展演变的两个阶段，而以商周两代为代表。王国维《殷周制度论》所说“中国政治与文化之变革莫剧于殷周之际”，虽然只看到局部性的现象，没有接触到更根本的问题，还是有些道理的。

二

《礼记·表记》对于夏代的评论，更多地出于想象，没有很大的实际意义，姑置不论。对于商代的政治，却抓住了一些特征，就是说：“殷人尊神，率民以事神，先鬼而后礼，先罚而后赏，亲而不尊。”可以借用这几句话作为要点进行一些分析。

（一）先罚而后赏

刑罚是奴隶主阶级的主要统治工具。用暴力手段镇压奴隶和被征服民族的反抗，对于已经建立了像商那样的奴隶制国家的统治阶级来说，是必不可少的。

刑罚不始于商。《世本》说：“皋陶制五刑”，“伯夷作五刑”，“夏作赎刑”。《左传·昭公六年》叔向说：“夏有乱政而作禹刑。”原始军事民主制度的晚期，至少是第一个奴隶制国家的夏朝，已经有了刑罚。《尚书·吕刑》说：“苗民弗用灵（令），制以刑。”《康诰》说：“殷罚有伦”，“罚蔽殷彝（常）。”荀子说：“刑名从商。”商朝的刑法已经有了比较完备的制度。这是与时代的发展和统治阶级的需要完全符合的。

商朝奴隶主阶级对待奴隶最残酷，殷墟发掘的大量人殉可以证明。这是奴隶制已经得到充分发展，奴隶的来源已经有了充分保证的表现。商代的东夷、荆楚、戎、狄、氐、羌以及周围的很多方国都是掠夺奴隶的对象。甲骨文中的羌几乎是奴隶的同义语。甲骨文有很多表示刑罚的字，如劓，象以刀割鼻；幸，作[illegible]，或释梏，象手械；執，象两手共一木；圉，象人在囹圄之中；童、僕、妾等头上从辛，作[illegible]，是一种刑具，象黥面为奴隶。传说商纣还用过“炮烙”等刑罚。古代的肉刑如劓、刵（刖）、椓、黥等都是对付奴隶的措施，轻的做个记号，重的毁残肢体或断绝生殖能力；但还要保持劳动能力，“墨（黥）者使守门，劓者使守关，宫者使守内，刖者使守囿，完者使守积”（《汉书·刑法志》），各有各的用场。

商朝奴隶主贵族用刑罚威吓奴隶，从保留到现在的文献中可以看到的《尚书·汤誓》说：“尔尚辅予一人，致天之罚；予其大赉汝，尔无不信，朕不食言：尔不以誓言，予则孥戮汝，罔有攸赦。”如果你们帮助我对夏执行天的惩罚，我就要普遍犒赏你们，不会说了不算数；如果你们不服从我，我就要连同妻子杀掉你们，不会受到赦免。盘庚要迁徙国都到殷，一连发表了几篇文告。《盘庚上》说：“矧予一人制乃短长之命。”“邦之臧（善），惟汝众；邦之不善，惟予一人有佚罚。凡尔有众，其惟致告：自今至于后日，各恭尔事，齐乃位，度乃口，罚及尔身，弗可悔！”《盘庚中》说：“自上其罚汝。”“我乃劓殄灭之无遗育，无俾易种于兹新邑。”简直要斩尽剿绝，连后裔种子都不留。还要说是“乃祖乃父，其断弃汝，不救乃死。”“乃祖乃父，丕乃告我高后曰：作丕刑于朕孙。”拉出他们死去的祖先出面，请求重重地处罚他们，要坚决遗弃他们，完全是一派恫吓的言辞。另一篇对奴隶主贵族百姓以及邦伯、师长等奴隶管理人说的话，就另换了一种口气，要“念敬我众”，要“式敷民德，永肩一心”，希望取得谅解和合作，把事情办好。

古代兵刑不分，兵是刑的一部分，只是使用的范围不同。《国语·鲁语》说：“大刑用甲兵，其次用斧钺（大辟），中刑用刀锯（腐、刖），其次用钻笮（膑、黥），薄刑用鞭朴。”这就是说，刑罚是惩罚奴隶的；战争是刑罚的扩大，是用来征服其他国家和民族的。征服的结果就是俘获新的奴隶，把他们纳入用刑罚直接镇压的范围。“战争是政治的继续”，是另一种形式的继续，这就看得更清楚了。

（二）先鬼而后礼

鬼神迷信在原始社会就有了。鬼，就是祖先崇拜，认为人死了，就有一种超自然的力量，可以保护子孙后代，抵御野兽和敌对部落的侵袭。神，最初是自然物的崇拜，日月星辰，山林川泽，风雨雷电，以至吃田家的老虎，吃田鼠的猫，都有神，都要祭祀。有些神是保护生产的；有些神是破坏生产的自然力量，人对付不了他们，也要用祭祀讨好它们，以求减少灾祸。在社会发展的过程中，原始的部落神转化为地方神，如山川社稷之神，地方神又集中为一个统一的最高的神——上帝。上帝就是奴隶主阶级最高统治者的投影，其他的神都要由上帝管辖，而且有等级，有分工，就同人间的奴隶制国家的统治机构一样。奴隶主贵族就是用这一套虚构的东西当作现实的国家政权的补充，甚至是靠山，用来欺骗被统治的奴隶和人民大众。

孔子称赞禹“菲饮食而致孝乎鬼神”。商朝奴隶主贵族为了巩固本阶级的统治，特别是一家族统治集团的统治，把鬼和神联在一起，把祖先和上帝联在一起，把上帝拉到自己的家族以内，当成最早的祖先。“帝立子生商”，自己成了上帝的“元子”，就是天子。这就是神权政治的观念，也就是天命的观念。神权是地上的君权或皇权的根据，这样建立起来的奴隶主国家政权就完全是合法的了。所以，在中国的奴隶制时代，鬼神祭祀是国家政治生活中第一等大事，所谓“国之大事，在祀与戎”（《左传·成公十三年》），就是这个意思。这就叫作“率民以事神”。

从卜辞里可以看到商朝的祭祀制度极其繁复，而且很有秩序，很有系统，按年、按月、按旬、按日，几乎每天都有祭祀的活动。这些活动不只是装装样子，而是用来指导国家政治和王的行动。上帝是这个宗教信仰的中心，经过帝臣、帝史、四方诸社（土）和山川之神，还有一些半人半神的人物如帝喾、帝俊、高祖夔以及先公先王作助手（宾帝、配天），主宰人间世界。上帝有绝对的权威，可以降福、降祸、降食、降馑，降若或不若，这是地上奴隶主贵族统治权力的反映。所以，商朝统治者特别重视占卜，年成好坏，战争胜负、下雨刮风、用人行政，一切吉凶祸福，都要问卜，表明他们的一切活动都是按照上帝的意志来行事的，应该得到奴隶们的绝对服从。

《尚书·洪范》指出这个准则：

> 汝则有大疑，谋及乃心，谋及卿士，谋及庶人，谋及卜筮。汝则从，龟从，筮从，卿士从，庶民从，是之谓大同：身其康强，子孙其逢吉。汝则从，龟从，筮从，卿士逆，庶民逆，吉。卿士从，龟从，筮从，汝则逆，庶民逆，吉。庶民从，龟从，筮从，汝则逆，卿士逆，吉。汝则从，龟从，筮逆，卿士逆，庶民逆，作内吉，作外凶。龟筮共违于人，用静吉，用作凶。

这就是说，只有卜筮的结果，即鬼神的意志有决定的意义，是必须服从的。自从“绝地天通”以来，一般人们不能同鬼神直接打交道，掌管祭祀占卜等宗教事务和历史记录的祝、宗、卜、史成为第一流的天官，学术文化是奴隶主贵族垄断的专业。商朝的统治是宗教、政治和学术文化三位一体的典型。

《洪范》的著作年代虽然有些问题，但它的一部分思想内容可以作为商朝奴隶主贵族神权政治思想的代表。它的中心思想是“建用皇极”。所谓“皇极”，是最高的政治原则和道德原则，也就是上帝的教训。只有王，“无党无偏”，能够具体体现这些原则，一切庶民的言行都要遵守这些原则，才能得到“寿”、“富”、“康宁”、“攸好德”、“考终命”等“五福”，否则就要受到上帝的处罚。它还强调说：只有统治者，能够“作福”，能够“作威”，也可以“玉食”，其他人不能占有这些统治权力和生活享受，否则就要遭到灾祸。

所谓“先鬼而后礼”，先鬼是无疑的，后礼不是不要礼，也不是很少讲求礼。当时的礼是以鬼神祭祀为中心，几乎完全是围绕着上帝的神坛和宗庙建立起来的，很少涉及人事。在人事制度方面，更多地保留着原始社会的风俗习惯，也离不开鬼神禁忌，没有发展到“周礼”那样完整的程度，这是可以理解的。

（三）尊而不亲

这里附带说一下所谓“尊而不亲”。商代同刚刚从原始氏族公社制度脱胎出来的夏代比较，阶级的分化和对立有了发展，等级的差别也更明显；但没有完全剪断血缘家族的脐带，甲骨文中的“王族”、“子族”、“多子族”等可以证明这一点。还有“大宗”、“小宗”等，表明宗法制度已形成了。如果认为商代的奴隶制更发展，已经把氏族制的残余彻底扬弃了，还缺乏充分的根据。后来周朝代替商朝的统治时，周正处在从原始社会末期的氏族公社生活向奴隶制过渡的过程中，保存氏族制的残余更多些，为了控制商朝奴隶主贵族和其他被征服的民族，把家族宗法制度发展到更完密的程度，这是一个特点。

三

商周之际政治上文化上有一次大变革。这是在同一奴隶制经济基础上的变革。变革的原因不只是新的统治者代替了旧的统治者，两个奴隶主贵族统治集团换了班，最根本的是酝酿在社会内部的阶级矛盾和阶级之间的斗争，对历史的发展起了推动作用。这就反映到一系列上层建筑，包括国家制度和思想意识等方面，都发生一些新的变化，出现一些新的东西。

关于商朝统治者的奢侈残暴，特别是末代的商纣，即商王受，是一个有名的暴君，不仅有一些文字记载，殷墟出土的材料也是有力的证明。商纣的时候，内有“小民方兴，相为敌雠”，被征服的夷人也离心离德，“如蜩如螗，如沸如羹，小大近丧”（《诗·大雅·荡》），外有以周人为领袖的包括很多方国部落如庸、蜀、羌、髳、微、卢、彭、濮等八百诸侯的大联合、大反抗，把他的统治推到火山口上。商朝统治集团内部也发生了分化和混乱，有些人带着祭器投奔了周。终于导致了“前徒倒戈”和“血流漂杵”的结局。在牧野之战中，由于奴隶起义的配合，推翻了商朝的统治。这些历史情况，不能不反映到周朝统治者的政治思想里面，形成一些特点。

（一）天命靡常的观念

实在说，像商朝末年这样的大变乱，在奴隶社会的历史上是罕见的，对于奴隶主贵族统治者的震动是很大的。这就叫作“殷鉴”。

商朝统治者尊信天命，认为自己体现了天命。有人警告商纣：殷的天命已经完结了，是王的行为自绝于天，所以天抛弃了我们。纣还有恃无恐地说：“我生不有命在天！”在他看来，上帝保护自己的儿子是当然的，无条件的。但这个上帝在阶级斗争的强大压力下，态度也发生了变化，对更加小心翼翼地侍奉他的周人感到更大的兴趣，“乃眷西顾”，天命转移了；严厉的惩罚落到殷人的头上。

周人灭商，代替了殷人的统治，为了给自己的统治寻找理论根据，证明它的合法性，就说殷人做错了事，失掉了天命，所以“昊天大降丧于殷，我有周佑命，将天明威，致王罚，敕殷命终于帝”（《尚书·多士》）。天命是可以改的，上帝是有所选择的，所谓“皇天无亲，惟德是辅”（《左传·僖公五年》引周书），“天惟时求民主”（《尚书·多方》）。周人受天命，灭掉了商，代替了商，完全是体现了天的意志，“皇天上帝改厥元子兹大国殷之命”（《召诰》）。“天亦大命文王殪戎殷，诞受厥命，越（与）厥邦厥民”（《康诰》）。但还要表示不得已的意思，“非我小国敢弋（取）殷命，惟天不畀（与），允罔固乱，弼我，我其敢求位！”“非予罪，时惟天命”（《多士》）。西周初年的一些文献里面反反复复地讲的就是这些话。这些话不仅是对周人说的，更多地是对被上帝抛弃的殷人说的，要说服他们自认倒霉，老老实实地服从周朝奴隶主贵族的新统治。当然，对于广大的奴隶和被征服地区的人民，也有欺骗的作用。

从这个理论出发，在不同的历史条件下，就必然导出一个新的观念，就是“天命靡常”的观念。在周朝奴隶主贵族的首领周公写的主要是告诫统治集团内部的一些文献如《大诰》、《康诰》、《君奭》等篇里面，就提出“天棐（非）忱”，“天不可信”，“天畏（威）棐忱，民情大可见，小民难保……惟命不于常”等等；这是商朝灭亡的经验教训，也是阶级斗争的经验教训，使周朝统治者的注意力或多或少地从天命转向人事，对神权政治思想进行一点修正和补充。要保持天命，巩固天命，主要的经验教训有两条：一是“敬德”，二是“保民”。

（二）“敬德”和“保民”

“德”是商周之际的新概念。甲骨文和《尚书》的商书各篇虽然屡见“德”字，但不占很重要的地位。西周的金文和周书就不同了，连篇累牍地充满了对“德”的号召和要求，如“敬德”、“敏德”、“克明德”、“共明德”、“先哲厥德”、“淑哲厥德”等等，还有《诗·大雅·文王》的“聿修厥德，永言配命，自求多福”，说的都是一个意思，弹的都是一个调子。当时所谓“德”就是统治者的行为准则，也是统治阶级制定政策的最高原则，要时刻警觉，把这些原则弄清楚，弄准确，并且掌握好，就可以保持天命，巩固住奴隶主贵族的统治地位。当然，这也就是说，统治者对于自己的政策和行为，要有些约束，不能太胡闹。这一点，主要是对统治阶级和统治集团内部进行教育，至于用德政或德教作为对奴隶和人民的统治工具，还是以后的事情，不包括在这个概念之内。

“保民”就是巩固对奴隶的占有关系，不让他们成批地跑掉，或者起来造反。周朝统治者在伐殷的时候，注意到争取殷人统治下的奴隶和人民群众的支持，表示“民之所欲，天必从之”（《左传·襄公三十一年》引《泰誓》佚文）。“天视自我民视，天听自我民听”（《孟子》引《泰誓》佚文）。在战争中又看到奴隶的力量，知道“民情大可见”，知道“小民难保”，不能简单地看作“畜民”，看作牛马或会说话的工具，还要有一套统治方法。所以，在周公写的一些文献里面，就反复提到“保民”、“治民”、“裕民”、“作新民”、“诞作民主”等等，对于他们的生产劳动和生活条件要关心，还要注意到他们的情绪，不使他们“不康”、“不静”、“厥心违怨”、“厥口诅咒”，造成对统治者的威胁。这些政策的目的是为了在保持奴隶占有制的条件下，缓和阶级矛盾，稳定社会秩序，防止造成商朝末年那样的情况，民跑掉了，或者闹起乱子来，天也就靠不住了。但当时对民的态度，还是当作一种消极的被动的因素，并没有超出奴隶占有制的范围。也就是说，还是奴隶主对待奴隶的态度，而不是像后来的思想家那样，把他们当作一种积极的能动的因素来看待，提高他们的社会地位和政治地位。没有新的历史条件出现，这种情况是不会发生的。

“敬德”、“保民”的思想，反映了奴隶社会阶级矛盾更加尖锐的状态，也是奴隶社会更高的发展阶段的产物。这种思想，在当时的条件下，有一定的进步意义。

（三） 亲亲和尊礼

中国奴隶社会的一个重要特点，就是在氏族公社制度残余的基础上，以血缘关系为纽带建立起一套家族宗法制度。到西周时候，这种制度发展得很完备。

“亲亲”就是指这种家族宗法制度。这个制度主要是按照血缘关系的亲疏远近，首先把奴隶主贵族的一个家族，即同一个祖先的子孙组织起来，然后经过异姓的婚姻关系（周代实行“同姓不婚”的制度，可以扩大婚姻面），把天子、诸侯、卿、大夫各级统治者统统组织起来，联缀成一个庞大的网，就加强了整个奴隶主阶级贵族统治集团的统治力量。在被统治的奴隶和被征服民族的汪洋大海中，这样组织起来的统治阶级，虽然人数不多，可是掌握了国家机器和一整套统治工具，就可以保持一个相对的优势，不致被吞没掉。

关于周代的宗法制度，《礼记·丧服小记》和《大传》等篇都有叙述，《大传》说得更清楚些：

> 别子为祖，继别为宗，继祢者为小宗。有百世不迁之宗，有五世则迁之宗。百世不迁者别子之后也，宗其继别子之所自出者，百世不迁者也。宗其继高祖者，五世则迁者也。尊祖故敬宗，敬宗尊祖之义也。

这里说的是宗庙制度。宗就是神主。天子和各级贵族（诸侯、卿、大夫）的嫡子为大宗。庶子为小宗。庶子为别子自为后世的始祖，对其他小宗而言也是大宗。大宗的神主是固定不动的。小宗有继高祖之宗，继曾祖之宗，继祖之宗，继祢（父）之宗，这些神主按照亲尽迭毁的制度，是要迁移的。这就有了亲疏贵贱的差别，有保留，有淘汰，一切祭祀范围、丧服制度、土地财产的继承，以及对同族人的收养等义务都有了明确的标准。所以说：

亲亲故尊祖，尊祖故敬宗，敬宗故收族，收族故宗庙严，宗庙严故重社稷，重社稷故爱百姓，爱百姓故刑罚中，刑罚中故庶民安，庶民安则财用足，财用足故百志成，百志成故礼俗刑，礼俗刑然后乐。

这就是从同宗到同族，从同姓到异姓，从百姓到庶民，都联系在一条线上，所谓家齐而国治，国治而天下平了。

要巩固这个制度，还要有一套宗教与政治合一的制度。一个贵族成员的冠、婚、丧、祭以及他们之间的朝、聘、宴、享等都要有一套仪节，并逐渐发展为道德规范和必须遵守的教条。这些就是所谓“周礼”。相传周公制礼作乐，在夏商两代的基础上，有因有革，有损有益，是一项重要的政治建设和文化建设。后来发展为“礼仪三百，威仪三千”，所以孔子赞叹地说：“郁郁乎文哉，吾从周！”认为是奴隶制时代的盛世。周代的礼与德互为表里，德是内容，礼是形式，德是抽象的原则，礼是具体的仪式和条文。二者统一起来，可以调整奴隶主贵族成员之间的关系，共同对付奴隶和人民群众。这就叫作“经国家，定社稷，序民人，利后嗣”（《左传·隐公十一年》）。为了维护家族宗法关系，并以此为奴隶主贵族政治统治的出发点，德和礼的中心是孝，所谓“孝子不匮，永锡尔类”（《诗·小雅·既醉》）。“孝乎惟孝，友于兄弟，施于有政”（《论语》引《周书》）。按照孔子的说法，这就是政治，奴隶主阶级统治的连续性和稳定性，就是这样来保证的。奴隶主贵族为了把这些统治原则以及有关礼的一套制度和具体知识世代传习下去，培养自己的接班人，还建立了学校教育制度，教育的对象是各级贵族的子弟“国子”和“庶子”，教育的内容是礼、乐、射、御、书、数，以礼乐为首，包括军事训练和各种文化知识，都是对贵族有用的东西。

《礼记·曲礼》说：“礼不下庶人，刑不上大夫”，二者之间有不可逾越的界限。礼只是奴隶主贵族内部的事情，对于奴隶的统治，主要还是靠刑罚。周人不是不重视刑罚，对奴隶主阶级来说，无论在任何时候，暴力的统治工具都是最重要的，不可少的。周人对迁到洛邑的殷人说：“乃有不用我降尔命，我乃其大罚殛之。非我有周秉德不康宁，乃惟尔自速辜。”（《尚书·多方》）对封到殷故地卫国的康叔说：如果有群聚饮酒的人，要“尽执拘以归于周，予其杀！”（《酒诰》）据《吕刑》说：五刑之属已经有三千条：墨罚之属千，劓罚之属千，剕罚之属五百，宫罚之属三百，大辟之罚其属二百，而且有很多考察核实的手续。周人对刑罚的使用要慎重一些。周公告诫康叔说：要学文王那样，“克明德慎罚”，要“敬明乃罚”，“用其义刑义杀”，不要“乱罚无罪，杀无辜”（《康诰》、《无逸》）。还要具体分析犯罪的环境和动机，有意识的还是无意识的，一贯性的还是偶然性的。这些做法，同殷人比较，是要进步一些，也聪明一些了。

可见，宗法制度本身并不是目的，目的是在于加强奴隶主贵族的统治力量，巩固奴隶主阶级对奴隶的专政。适应当时的阶级对抗形势，奴隶主和奴隶不仅属于两个不同的阶级，而且往往属于两个不同的民族，所以在统治者和被统治者之间，采取礼和刑两套不同的政治制度和政策，就是必要的了。

四

西周末年，社会有了新的变化。厉王失国，不是外来的军事征服的结果，不是别的民族抢去“天命”，而是一场激烈的阶级斗争，奴隶和“国人”联合起来，拆了奴隶主贵族的台。这个事变的导火线是经济方面的反专利斗争。宣王的改革，“不藉千亩”和“料民太原”，也是当时的阶级斗争形势造成的。奴隶集体耕种的藉田维持不下去，井田的疆界和国野分治的制度受到破坏，国家的两件大事，祭祀的瓷盛和兵源都发生了问题，不得不重新开辟财政来源和登记户口，补补漏洞。春秋时代，很多国家在阶级斗争力量的推动下，实行一些改革，但没有解决什么问题。一直闹到春秋战国之际，有些国家爆发了政治革命，新兴的地主阶级依靠奴隶和人民群众的支持，夺取政权，实行变法，完成了社会变革的过程。由于具体条件不同，这些国家的改革，有比较成功的，也有失败的，中途流产的，或者以新旧势力之间的暂时妥协结束的。但从总的过程来说，算是实现了从奴隶社会到封建社会的革命转变。

这些情况，反映到奴隶主贵族的思想意识，也有了一些变化，并且激起一些斗争。我们首先从这些变化谈起。

（一）天的信仰的动摇

西周末年，阶级斗争逐渐表面化、尖锐化，奴隶主阶级的统治地位受到冲击，旧有的等级和秩序受到破坏，奴隶主贵族统治集团内部乱成一团糟，又一次出现商朝末年那样“如蜩如螗，如沸如羹”的局面，天子的权威下降，没有能力保护奴隶主阶级的利益，控制不了这个局面。这种情况，反映到人们的思想意识里，一部分奴隶主贵族对天或上帝的信仰发生了怀疑，发出越来越多的埋怨、责备和咒诅：怨天、恨天、骂天，说上帝“板板”，“荡荡”，“其命多辟（僻）”，“天之方难”，“天之方蹶”，“天之方虐”，“天之方懠（怒）”，等等（《诗·大雅·板》、《荡》），意思是这个上帝糊里糊涂，不能给人做什么好事，净胡闹，净乱发脾气，净害人。西周灭亡以后，像这样的诗就更多了，调子也更加凄惨了，甚至把社会动乱的一切责任都加在天的身上。这些诗也许有些指桑骂槐的味道，更多地是发泄对地上统治者的怨气，但至少说明对这个至高无上的主宰者的信仰是动摇了，旧有的神权政治观念在统治阶级内部已经维系不住了。

（二）人的地位的提高

铁制生产工具的普遍使用，给农民和手工业者的家庭个体经济的发展创造了条件，奴隶的大量逃亡和暴动，使一部分奴隶主贵族放弃旧的剥削形式，采用新的更加有利的剥削形式。新的社会因此产生了，人的重要性逐渐得到承认，人与人之间的关系也有了新的变化。他们的地位，同原始氏族部落那种个人完全融入集体，以及奴隶占有制度下拿人当牛马和工具的情况比较，已经有了很大的差别。这样，反映到人们的思想意识里，人成为积极的活动的因素，人和鬼神的关系也就是相对的而不是绝对的了。

周宣王时候，《烝民》诗的作者尹吉甫，认为“天生烝民，有物有则，民之秉彝，好是懿德”，就表现了这种新观念。天不只生奴隶主贵族，也生烝民，即庶民，包括奴隶在内。德不只对于奴隶主贵族是需要的，对于庶民和奴隶也不能没有，当然，贵族和奴隶的身分不一样，德的具体范围和涵义也不会完全一样。到春秋时代，有些奴隶主贵族统治者，对天和人的关系表现了比较开明的态度，比如郑国的子产反对禳火灾，反对祭龙； 齐国的晏婴反对禳彗星；鲁国的臧文仲阻止用焚巫尪的办法祈雨，他们认为“天道远，人道迩”，应该更多地注意人事。有些人的态度更明朗些，走得更远些。比如随国的季梁说：“民，神之主也，是以圣王先成民而后致力于神。”（《左传·桓公六年》）东周的史嚚说：“国将兴，听于民，将亡，听于神。神，聪明正直而壹者也，依人而行。”（《左传·庄公三十二年》）晋国的师旷说：“天之爱民甚矣，岂其使一人肆于民上以从其淫，而弃天地之性。”（《左传·襄公十四年》）这些话，虽然没有从根本上否定天和鬼神的存在，也没有完全推翻它们的统治地位，却把人或民的意义提到前面来了。这总是一个进步。春秋时代，奴隶制盛行的时候普遍流行的人殉制度，已经受到非难，认为是“乱命”、“非礼”。宋襄公用人祭，司马子鱼表示反对，说：“祭祀以为人也。民，神之主也，用人，其谁享之！”（《左传·僖公十九年》）这都是重要的征候。

这个时期，在自然科学的发展和阶级斗争所造成的社会变动的条件下，有些思想家试图从阴和阳两种物质力量或者金、木、水、火、土几种物质要素之间的互相联系、互相作用中，探索自然界和社会历史发展的规律。这就是原始的阴阳五行学说。他们把这种规律或必然性叫作“道”或“天道”。这种新的“天道”观念同旧的奴隶主贵族的“天命”观念是完全对立的。朴素的唯物主义思想有了进一步的发展。

（三）尚贤的思想

由亲亲、尊尊转为尚贤，是历史发展的必然性。所谓尚贤就是打破血缘家族的宗法关系，废除奴隶主贵族的世卿、世禄制度。由于社会经济基础的变动，这些制度已经受到破坏，反映这些制度的旧观念已经动摇。自由的小生产者大量出现。士的阶层也游离出来，他们掌握着学术文化知识和从政的能力，要争取政治地位。有些奴隶主贵族统治者要维护自己的地位和权力，适应新的形势进行一些改革，也要利用他们的积极性。所以，“尚贤”成为一个时代的比较普遍的风气。

春秋时代的齐国，很早实行了选贤的制度，管仲的执政就是一个典型。很多国家如卫国、鲁国和晋国也流行着选贤、举贤的言论，有些国家在新兼并的边疆地区设立的或由采邑改编的郡县就实行了这种办法，加强了统治。有些国家如秦国，贵族的政治势力和旧的传统比较薄弱，来自别的国家的人如由余、百里奚、蹇叔等，能够比较容易地进入统治集团，参与政治。这种情况，并没有改变奴隶主阶级国家的实质，也没有从根本上动摇奴隶主贵族的统治地位，但已经多少打破了贵族世袭的制度，为后来的官僚制度的产生准备了条件。这时的士，作为一个社会阶层，还是为奴隶主阶级的政治统治服务，只有在国家政权的阶级成分有了变化之后，他们的立足点才会转过去，为新的统治阶级服务。但也有一些比较先进的政治人物，代表了新的社会力量走上政治舞台，提出新的政治要求和改革方案，并积极争取掌握政权，改造政权，这就开始了从量变到质变的发展过程。

（四）法治的观念

从礼治到法治的转变就有了更进一步的意义。法治的思想反映了原来还处于被统治地位的阶级上升了，要求取得政治权力，保障自己的经济利益。他们要求用法治代替礼治，打破奴隶主贵族的特权，用新的等级制度代替旧的等级制度。有些奴隶主贵族改变了剥削方式，蜕变为新的社会力量的组成部分，也要求实行这样的改革。解放了的奴隶和自由的小生产者，也要求用法律的形式保护自己的地位和财产所有权。在这种情况下，有些国家的统治者，公布了成文法。

春秋时代，管仲在齐国主张“设象以为纪”，与《周礼》所说“悬治象之法于象魏，使万民观其象”的做法相近。管仲的政治改革表现了新旧交替的特点。他一方面整顿旧制度，维持奴隶制时代的国野分治和工商食官等制度，并与诸侯订立盟约，提出“无易树子，无以妾为妻”等，维护家族的宗法关系；另一方面，提出“尊贤育才”，反对世官世禄，并实行“相地而衰（差）征”的政策，承认了土地私有，成为春秋战国之际赋税制度改革的先声。子产在郑国的改革，最初也限于整顿井田和奴隶劳动的编制，承认了一部分地主经济和农民个体经济的合法性；但没有停止在这一点上，他还“立谤政，制参辟，铸刑书”，发动了一个开放社会舆论和公布成文法的运动。后来，晋国的执政赵鞅和荀寅更把范宣子的刑书铸在铁鼎上面，表示这个运动已经成为一股潮流，什么“周公之典”、“唐叔之法度”，在这个潮流面前被冲得七零八落，就要成为历史的陈迹了。

五

春秋时代，有些国家的奴隶主贵族，在阶级斗争和新的社会因素的推动下，酝酿出一些改良主义的政治思想，有些国家也进行了一些进步的政治改革。但大部分国家的实际政治权力，还掌握在顽固保守势力手里，坚持既得的经济利益和统治地位。在思想文化方面占支配地位的倾向还是保守的。代表进步倾向的是刚刚显露头角的新兴地主阶级和一部分自由小生产者。在历史向前发展的过程中，有些改良主义的势力也逐渐向右转，与顽固保守势力结成同盟，共同抵制新兴的力量。

孔子和他创始的儒家，基本上是保守的，但也带有改良的倾向；在后来的发展过程中，儒分为八，才从中分化出来一部分代表新兴势力的真正进步的思想家。

孔子和儒家对于前述几个问题表现了调和折衷的态度。

（一）对天命的态度

孔子对天和鬼神的态度，有些闪烁其词，如说“天何言哉”，“祭神如神在”，“未能事人，焉能事鬼”

之类。他认为“务民之义，敬鬼神而远之，可谓知矣。”（《论语·雍也》）似乎在当时唯物主义思潮的影响下，有一点比较清醒的头脑。但由此得出孔子是无神论者的结论，却未必正确。孔子的政治立场没有脱离商周以来奴隶主贵族的传统观念。他把鬼神的祭祀制度，所谓“郊祀之礼，禘尝之义”，当作政治活动的中心。他特别强调天命，表示自己“知天命”。他说：“君子有三畏，畏天命，畏大人，畏圣人之言。”（《季氏》）所谓天命，就是上帝的意志和权力，是必须服从的；大人即统治者是执行天命的，也是天命的具体体现者，圣人懂得天命并且用他的话传达给被统治的奴隶和人民群众，也是不能违抗的。

后来的学者把这种对天命和鬼神的绝对服从叫作“诚”，成为最高的道德范畴。孟子说：“诚者天之道也，思诚者人之道也。”（《尽心上》）《中庸》的作者说：“至诚之道，可以前知。国家将兴，必有祯祥，国家将亡，必有妖孽。见乎蓍龟，动乎四体。善，必先知之，不善，必先知之，故至诚如神。”这样，儒家本身就成为天命和鬼神的代言人，也就是宗教了。

（二）对人的态度

孔子讲“仁”，就是“爱人”，不能说只爱奴隶主，奴隶不算是人。他的马厩失了火，他问“伤人乎”，不问马。不好说只是问伤奴隶主乎，不问奴隶；或者说为他饲养马的都是奴隶主，没有奴隶。确定所谓“仁”的阶级本质，主要是根据它的内容和所起的作用。孔子和儒家的仁，归根到底是要维护奴隶社会的秩序和旧的等级制度，所谓“克己复礼为仁”，要做到“非礼勿视，非礼勿听，非礼勿言，非礼勿动”（《论语·颜渊》）。只能老老实实地在这个社会秩序的范围内生活，不能乱说乱动，破坏它的一切制度和规范。

孟子提倡“仁政”，所谓“以不忍人之心行不忍人之政”。他批评当时的统治者，“庖有肥肉，厩有肥马，民有饥色，野有饿莩，此率兽而食人也。”“狗彘食人食而不知检（节制），涂有饿莩而不知发（赈济），人死则曰：非我也岁也，是何异于刺人而杀之，曰：非我也兵也。”（《梁惠王上》）还有，“争地以战，杀人盈野，争城以战，杀人盈城，此所谓率土地而食人肉，罪不容于死。”（《离娄上》）这些话说得很激烈，真有点像“人道主义”的样子。但当时已进入战国时代，新旧势力之间正进行着决死的搏斗，暴力和战争成为促进社会变革和促成全国统一的手段，也是不可避免的必经之路。

孟子这些说法，实际上是要保护旧制度。

（三）维护礼治，反对法治

孔子的“礼”就是“周礼”。周礼是西周奴隶主贵族一整套典章制度的总汇，包括很多繁琐的教条和仪节。是中国奴隶社会发展到最高阶段的上层建筑。孔子死抓住这些教条不放，把它们当作最高的标准来衡量一切事物，批评一切“违礼”的现象，特别是新兴地主阶级突破了旧的等级制度，如季氏旅（祭）泰山、八佾舞于庭之类的现象，认为是不得了的政治事件。他坚持旧礼制，认为孝的最大意义就是“无违”，就是“生事之以礼，死葬之以礼，祭之以礼”（《论语·为政》），“三年无改于父之道，可谓孝矣”（《学而》）。他坚决反对晋国公布成文法，认为把本来由统治者掌握的法律条文铸成刑鼎，公之于众，就放弃了奴隶主贵族的特权地位，打乱了贵贱的次序，“民在鼎矣，何以尊贵？贵何业之守？贵贱无序，何以为国？”（《左传·昭公二十九年》）而且这些条文本身，在他看来，就是一种“乱制”，是不足以为法的。这同晋国奴隶主贵族的政治代表叔向反对铸刑书的言论，认为有了这种刑书，人民就会“弃礼而征于书，锥刀之末，将尽征之，乱狱滋丰，贿赂并行”（《左传·昭公六年》），是一种“乱政”，完全是一个调子。

到了孟子的时代，很多国家的新兴势力当了权，法治已经成为现实，李悝的《法经》已经流传到各国。他也说“不以规矩不能成方圆”，“不以六律不能正五音”，但认为“徒法不能以自行”，把所谓“规矩准绳”等等转了一个大圈子，归结到“先王之道”、“先王之法”，还是归结到“礼义”（参见《孟子·离娄上》）。孟子还大力宣传所谓“孝悌之义”，提倡儒家的“三年之丧”等制度，把褊狭的滕国当作榜样。《中庸》的作者更狂热地歌颂旧礼制，歌颂所谓“大孝”和“达孝”：

> 夫孝者，善继人之志，善述人之事者也。春秋修其祖庙，陈其宗器，设其裳衣，荐其时食。宗庙之礼，所以序昭穆也。序爵，所以辨贵贱也。序事，所以辨贤也。旅酬下为上，所以逮贱也。

燕毛，所以序齿也。践其位，行其礼，奏其乐，敬其所尊，爱其所亲，事死如事生，事亡如事存，孝之至也。郊社之礼，所以事上帝也。宗庙之礼，所以祀乎其先也。明乎郊社之礼，禘尝之义，治国其如示诸掌乎！

《中庸》这部著作的时代虽然晚些，但这段文字却把奴隶主阶级的政治哲学，所谓孝和宗庙之礼的政治作用，讲得十分详尽。奴隶主贵族就是靠这一套进行政治统治的。

（四）维持分封制度，反对郡县制度

孔子和儒家在维持贵族的世官、世禄制度的前提下，还提倡“举贤才”，“尊贤使能”，提高士的政治地位。这是从他们的社会身分和地位出发的，表现出一些改良的倾向。但他们对待春秋战国之际的社会改革和政治改革，对待最重要的关键问题，却采取了反对的态度。孔子反对鲁国用田赋，认为破坏了“周公之典”。他要求恢复“礼乐征伐自天子出”和“君君、臣臣、父父、子子”的旧秩序。孟子主张整顿经界，恢复以奴隶主贵族国家土地所有制为基础的井田制和国野分治的办法。国中实行什一的彻法，野实行八家同井的助法。要求“死徙无出乡，乡田同井，出入相友，守望相助，疾病相扶持”，使社会经济的发展回复到奴隶制时代农村公社生活的老样子。他在这个基础上设计了一套从天子到公、侯、伯、子、男五等分封的制度和分田制禄的办法。这些就是他的政治改革方案。他反对“辟草莱，任土地”，认为这样的结果使“经界不正，井地不均，谷禄不平”，他的方案会受到最大的阻碍，这是“暴君汙吏”和“民贼”干的事情。孟子表面上也赞成天下要“定于一”，但他的“仁政”思想和恢复分封制的政治图案，实际上同当时各国正在普遍推行的中央集权化的郡县制，走的不是一条路。

六

在社会大变革中一部分奴隶主贵族完全没落了，变成了破落户。他们没有像子产那样“救世”的雄心，寻找一条维新的道路，也没有信心继续抵抗新制度，维护旧制度。最初，他们对新社会的阵痛中产生的一些现象表示怀疑、咒诅和厌弃，反对干涉，反对进步。接着，他们就否定一切，陷于悲观绝望的境地，对现实的世界采取不合作的态度。最后，他们自己虚构出一个幻想的世界，追求精神解脱，自我陶醉。这就是以老子、庄子为代表的道家思想。它的特点如下。

（一）不要鬼神，发明了一个超自然的“道”

老子、庄子不讲有意志的天，也不讲鬼神，在他们看来，这些人们自己制造出来而又支配着人们的“超人间的力量”，已经失掉对奴隶主贵族的庇护作用，所谓“天地不仁，以万物为刍狗”。为了安慰自己，他们另外制造了一个驾乎天地鬼神之上的“道”。道本来是指自然的规律，他们却把这个道变成一种超自然的神秘力量。《老子》的作者说，道这个东西是天地万物的祖宗，在上帝以前就存在了，“道生一，一生二，二生三，三生万物”。“道冲而用之或不盈，渊兮似万物之宗。……吾不知谁之子，象帝之先”。道这个东西超越一切感觉和理性的知识，视之不见，听之不闻，搏之不得，“其上不皦（明），其下不昧，绳绳兮不可名，复归于无物，是谓无状之状，无物之象，是谓惚恍”。有了这种道，鬼神就用不着了，“以道莅天下，其鬼不神，非其鬼不神，其神不伤人”。

《庄子》中有一段话说得更神秘：“夫道，有情有信，无为无形，可传而不可受，可得而不可见。自本自根，未有天地，自古以固存。神鬼神帝，生天生地。在太极之先而不为高，在六极之下其不为深，先天地生而不为久，长于太古而不为老。”（《大宗师》）这就是说，道是无限的、绝对的，超越一切时间和空间，无时不在，无处不在，生出天地，生出鬼神，只有它自己是自己的根本，在天地以前就存在了。有了这种道，就可以同天地鬼神对抗了。人要向这种道学习，就可以成为“有道之士”，“不死不生”，“乘云气，御飞龙而游乎四海之外”，与天地万物合为一体，同天地鬼神对抗而不受它们的支配了。后世所谓“神仙”的幻想就是这样来的。

（二）不要贵贱，不谴是非

奴隶主贵族已经下了台，一切亲疏贵贱的等级差别成为没有意义的了，一切对立和斗争也成为历史的陈迹，可以归于消解了。老子主张和光同尘，挫锐解纷，这样就“不可得而亲，不可得而疏，不可得而利，不可得而害，不可得而贵，不可得而贱”，成为天下最贵的了。他认为：“吾所以有大患者，为吾有身，及吾无身，吾有何患！故贵以身为天下，若可寄天下，爱以身为天下，若可托天下。”奴隶主贵族变成了穷光蛋，也就什么包袱都没有了，还有什么顾虑？还有什么要计较？一身之外，一切宠辱荣患都无关轻重，就是最大的幸福。所以，他要“知其雄，守其雌”，“知其白，守其黑”，委曲求全，“被褐怀玉”；认为“祸莫大于不知足，咎莫大于欲得”，只有“知足之足”算作“常足”，这样来求得一点自我安慰，也是自我陶醉。

《史记》中说庄子把千金重利和卿相的高位看做郊祭的牺牛，拒绝楚威王的礼聘。《庄子》各篇的作者更否认一切物我、彼此、得失、利害、生死、存亡、寿夭、穷达、贫富、贵贱等差别，宣传绝对的相对主义。他们认为，站在道的高度，这些差别就都不存在了。“以道观之，物无贵贱；以物观之，自贵而相贱；以俗观之，贵贱不在己”（《秋水》）。他们认为一切事物的差别都是主观的，没有客观的标准。“自其异者视之，肝胆楚越也；自其同者观之，万物皆一也。”（《德充符》）所以，他们根本“不谴是非”。“道恶乎隐而有真伪？言恶乎隐而有是非？道恶乎往而不存？言恶乎存而不可？道隐于小成，言隐乎荣华，故有儒墨之是非，以是其所非而非其所是”（《齐物论》）。当时学术思想战线上的斗争是阶级斗争的反映，所谓“百家争鸣”的局面，表现了这场斗争的尖锐性和复杂性；但在这些退出了政治舞台的奴隶主贵族看来，却是“彼亦一是非，此亦一是非”，像给猴子分橡子一样，朝三暮四或者朝四暮三，是无可无不可的事情。所谓“仁义”和“是非”简直是一种酷刑，“与其是尧而非桀，不如两忘而化其道”。只有把一切仁义、礼乐之类的东西忘光了，“堕肢体，黜聪明，离形去知”，连自己也忘了，回到婴儿的境地，才能做到“安时而处顺，哀乐不能入”（《大宗师》）。这就是他们对现实世界的态度。

（三）不要礼法，不要刑政

老子猛烈地抨击当时的统治者，反对新兴地主阶级的政治。“民之饥以其上食税之多。”“兵者不祥之器。”“法令滋章，盗贼多有。”“民不畏死，奈何以死惧之！”他也揭露了当时的社会矛盾，“朝甚除，田甚芜，仓甚虚，服文采，带利剑，厌饮食，财货有余”，这样的统治者简直是强盗。他也反对儒家的一套仁义教化的办法，认为“大道废，有仁义”，“绝仁弃义，民复孝慈”。他主张无为而治，所谓“治大国若烹小鲜”，采取不干涉政策。他反对“尚贤”，并公开宣扬愚民政策，要使民无知无欲，“虚职心，实其腹，弱其志，强其骨”，“其政闷闷，其民淳淳”，就容易接受统治。他认为统治者和被统治者的关系越疏远越好，“太上下知有之，其次亲而誉之，其次畏之，其次侮之”。最后，他的最高政治理想是倒退到类似原始公社的“小国寡民”的生活，“使有什伯之器而不用，使民重死而不远徙，虽有舟舆无所乘之，虽有甲兵无所陈之，使人复结绳而用之，甘其食，美其服，安其居，乐其俗，邻国相望，鸡犬之声相闻，民至老死不相往来”。

《庄子》的作者更发展了这些观点，不要礼治，也不要法治，成为高度的无政府主义状态。有人认为，庄子主张“以刑为体，以礼为翼”，不废礼乐刑政，还保留着儒家的色彩。其实，他所说的“体”和“翼”，就是“浸假而化予之左臂以为鸡，予因以求时夜，浸假而化予之右臂以为弹，予因以求鸮炙”，无非是安时处顺，无可无不可的老办法（参见《大宗师》）。庄子的政治主张更彻底，他要“无为名尸（主），无为谋府，无为事任，无为知主”（《应帝王》），像浑沌一样。庄子的政治理想也更渺茫，他们不仅要倒退到容成氏、大庭氏、伯皇氏、中央氏、栗陆氏、骊畜氏、轩辕氏、赫胥氏、尊卢氏，祝融氏、伏羲氏、神农氏那些“小国寡民”的社会，而且要一直回复到泰氏的“其卧徐徐，其觉于于，一以己为马，一以己为牛”（同上），连人和自然、人和禽兽都混同在一起。他们所说的“至德之世”，完全是一片洪荒世界，“同与禽兽居，族与万物并”，人和禽兽，“君子”和“小人”都没有什么区别。照他们的意思，社会永远停留在这种浑沌状态就好了，“纯朴不残，孰为牺尊？白玉不毁，孰为珪璋？道德不废，安取仁义？性情不离，安用礼乐？”人类的进化，就像“残朴以为器”，是工匠的错误，“毁道德以为仁义”，是所谓“圣人”的错误（参见《马蹄》）。他们主张“至德之世，不尚贤，不使能，上如标枝，民如野鹿”（《天地》），孝子用不着讨好父母，忠臣用不着讨好君主，根本不知道仁义忠信这一套东西。他们认为礼乐刑政就同络马首穿牛鼻一样，完全是违反自然的事情。他们特别憎恶新兴地主阶级夺取政权的行动，认为田成子杀齐君而盗其国，“有乎盗贼之名，而身处尧舜之安，小国不敢非，大国不敢诛”，“窃鉤者诛，窃国者为诸侯，诸侯之门而仁义存焉”（《胠箧》），连仁义圣知都成了赃物。所以，他们掊击一切统治者，认为“圣人不死，大盗不止”，只有毁灭一切文明，没有任何可以做赃物的东西，天下才可以治理好。

（四）不要文化，停止社会进步

由上述几点，自然要得出这样的结论。老子的观点是“智慧出，有诈伪”，“民多利器，国家滋昏；人多伎巧，奇物滋起”。所以“绝圣弃智，民利百倍”；“绝巧弃利，盗贼无有”。庄子更认为一切机械文饰都有伤天性，“有机械者，必有机事，有机事者，必有机心”（《天地》），就会离开所谓“道”。所以说，“绝圣弃知，大盗乃止；擿玉毁珠，小盗不起。焚符破玺，而民朴鄙。掊斗折衡，而民不争。殚残天下之圣法，而民始可与论议。擢乱六律，铄绝竽瑟，塞瞽旷之耳，而天下始人含其聪矣。灭文章，散五采，胶离朱之目，而天下始人含其明矣。毁绝鉤绳，而弃规矩，攦工倕之指，而天下始人有其巧矣。故曰：大巧若拙。削曾史之行，钳杨墨之口，攘弃仁义，而天下之德始玄同矣。”（《胠箧》）总之，没落的奴隶主贵族已经在斗争中失掉了一切，就忌恨这一切，要求毁灭这一切，或者闭上眼睛不承认这一切，像《伊索寓言》里的狐狸一样，说“我本来不爱吃这酸葡萄”。奴隶主贵族在思想斗争战线上，这一个弯子也算转得不小了。

在《老子》书里，还有一套“正言若反”、欲取姑与、以柔弱胜刚强的“君人南面之术”，是奴隶主贵族思想意识的另一个方面，为申不害、韩非等法家所继承，成为新兴地主阶级统治的一种“利器”。这里就不多说了。

七

在社会阶级关系急剧地分化、改组的过程中，出现了众多的自由小生产者，组成了以墨子为领袖的墨者团体，“摩顶放踵”，为实现自己的政治主张而奋斗。墨子以宗教家的姿态出现，主张尊天明鬼，肯定天的意志和鬼神的权威，天的意志是“天下之明法”，是统治者的最高政治原则，也是人们的行为规范。他的学说如兼爱、非攻等就是天意的体现，能够实行这些学说的应该受赏，否则应该受罚。他反对儒家的政治观点，提出一整套政治主张同儒家对抗：“国家昏乱则语之尚贤、尚同，国家贫则语之节用、节葬，国家熹音湛湎则语之非乐、非命，国家淫僻无礼则语之尊天、事鬼，国家务夺侵凌即语之兼爱、非攻。”（《墨子·鲁问》）他反对奴隶主贵族的繁文缛礼，厚葬久丧，也反对新兴地主阶级的兼并战争。这个团体组织性很强，生活很刻苦，在战国初期活跃了一个时候，墨子的学说一度成为“显学”，后来就中断了。

战国时期，各国新兴的封建地主阶级夺取了政权，实行变法，全面打破了奴隶主贵族的特权和政治统治。在意识形态领域里，展开了百家争鸣的局面。新兴地主阶级的启蒙思想家荀子，作为儒家的一派，把春秋以来学术思想的发展推到一个新的高峰。他提出人定胜天的思想，认为天只是一种自然现象，“大天而思之，孰与物畜而制之？从天而颂之，孰与制天命而用之？”“强本而节用则天不能贫，养备而动时则天不能病，修（循）道而不贰（忒）则天不能祸。”（《荀子·天论》）这种思想，表现了新兴地主阶级对征服自然和完成社会改造的信心和生气勃勃的进取精神，对儒家的“天命”、墨家的“天志”以及道家的“人不胜天”的思想，都是有力的批判。荀子把儒家的礼治发展成为法治，完全打破了“礼不下庶人，刑不上大夫”的界限，把社会的分工，财产的分配，在新的阶级对立的基础上建立起来的社会秩序和等级制度，都纳入礼的范围，也就是法的范围，使封建的伦理关系和政治制度固定化、理想化。荀子的政治理想是“王道”，也承认霸道和强国之术，认为只是程度的差别，表示赞同法家暴力革命的主张。他主张“法后王，一制度，隆礼义而杀诗书”（《儒效》），称赞“大儒”和“雅儒”，反对“略法先王而足乱世术”的“俗儒”和各种“贱儒”。他除了孔子、子弓以外，对当时的各种学派如道家、墨家、法家、名家以及子思、孟子一派的儒家，都有所批判，也有所吸取，为秦以后学术思想的统一准备了条件。

法家崛起于百家之间，逐渐形成了自己的理论体系，成为新兴地主阶级在政治上和思想上的主要代表。他们蔑弃奴隶主贵族的传统文化，不信天命，不信鬼神，摆脱传统观念的束缚。他们把早期道家作为自然规律的“道”同春秋以来逐渐发展成熟的法治精神结合起来，主张用法治代替礼治，剥夺奴隶主贵族的统治权力。他们提出：实行耕战政策，用暴力手段镇压奴隶主贵族的反抗。扶植新兴的封建地主经济和个体农民经济，并经过战争推行新制度，铲除旧制度。在思想文化方面，他们特别反对那些垄断着奴隶主贵族传统文化并千方百计地要恢复奴隶制的儒者，认为这些人“以文乱法”，是“蝨”，是“蠹”，是“奸伪无益之民”，应该禁绝，要求“燔诗书而明法令，塞私门之请而遂公家之劳，禁游宦之民而显耕战之士”（《韩非子·和氏》）。他们主张“明主举实事，去无用，不道仁义，故不听学者之言”（《显学》）。“明主之国无书简之文，以法为教；无先王之语，以吏为师”（《五蠹》）。这就是秦朝“焚书坑儒”的理论根据。

随着奴隶主贵族统治的倒台，原来依附奴隶主阶级的知识分子，即儒者的职业集团，也有一个分化和重新组合的过程。以荀子为代表的一派虽然保持着儒家的外貌，实际上转到封建地主阶级的立场，从事传经的事业；经过他们一代代传授下来的儒家经典，保留了大量的奴隶制时代的遗文，这些崩塌了的大厦上的一砖一石，也是被利用来构筑封建社会的上层建筑的一部分材料。

八

中国的奴隶制时代，从夏代算起，到春秋战国之际，大约经历了一千七八百年；一前一后，都有个社会过渡或新旧交叉的阶段，加在一起，要有 2000 年以上。在这漫长的岁月里，奴隶主阶级在历史舞台上的表演不算少了，他们也饱历沧桑，有升有沉，有欢有戚，思想意识和政治态度的变化也有几次曲折，走了一条“之”字路。远古文献无征，思想文化方面也有一个发展的过程，越往后就越清楚些，完整些。这里概述的只是鸟瞰，但也不妨从中得出几点简短的结论。

（一）奴隶主贵族的政治思想，作为奴隶社会的上层建筑，是奴隶制这个经济基础存在和活动的时代的产物，是为这个经济基础服务的。它所有的特点，正反映了奴隶制经济的特点，特别是中国类型的家族奴隶制经济的特点。上帝的崇拜和祖先的崇拜结合在一起的神权政治，成为奴隶主贵族政治思想的核心。强大的家族宗法制度和严密的等级制度，加强了奴隶主贵族的统治力量，保证了他们对失掉了家族关系的奴隶或者由于军事征服的结果而沦为奴隶的整个国家和部落的统治地位。德治或礼治用于团结奴隶主阶级，刑罚用于镇压奴隶阶级的反抗。这些内容同奴隶制的社会经济基础是完全一致的。春秋时代有些政治家，为了摆脱奴隶制的危机，维护奴隶主阶级的统治，实行一些政治改革，但没有离开这个基本立场。孔子和儒家更在新旧势力决战的时刻，采取调和折衷的改良路线。到了老庄的道家，来了一个大转弯，把天命、鬼神连同礼法刑政都一古脑抛掉了，说明这个时候奴隶制的经济基础已经完全垮掉了，所以这些人采取了完全消极的态度。

（二）在奴隶制时代，意识形态领域的发展和变化是异常迟缓的，甚至长时期处于停滞的状态，但有时是急剧的，跳跃式的。这种形势，主要决定于生产发展和阶级斗争的推动力量。夏商之交，奴隶参加了斗争；商朝奴隶制国家的规模和灿烂的青铜文化远远超过了夏代。商周之际，武王领导的“人民解放战争”取得了胜利，奴隶们的“前徒倒戈”起了决定的作用；周朝的建国规模和礼乐等制度有了发展，成为奴隶制的全盛时代，统治阶级的政策也有了改变。西周末年，一直到春秋战国之际，铁器的使用，阶级斗争在更大的范围内展开，造成了社会大变革。这个时候，奴隶主贵族也有了分化，他们的思想也活跃起来，有悲伤的，有愤激的，有比较开明的，也有比较顽固的，在社会变革的过程中起了不同的作用。战国时期，新的社会因素已经成长壮大起来，取得了支配的优势，新旧势力之间的斗争进入短兵相接的阶段，各个阶级和各种不同的社会力量都形成了自己的理论体系，企图促进或者阻止社会的变革，于是展开了学术文化战线上百家争鸣的局面。等到新兴地主阶级的政治地位逐渐稳定起来，全国统一成了历史的必然性，在学术文化方面也逐渐走向定于一尊。

（三）在新旧交替的过程中，思想文化上的斗争形势是很复杂的。阶级斗争的力量交叉错综，形成很多平行四边形；反映到意识形态的领域，又经过很多折光和反射，不是一目了然的。一个学派内部包括不同的社会成分，也会有不同的政治倾向。在它的发展过程中，有分化，有改组，有的前进，有的后退，有的向左转，有的向右转。一个人的思想立场也不是固定不变的，在不同的时期和环境里，由于接受各种外来因素的影响和干扰，也可以有不同的表现。所以就一个学派或一个人的观点，会出现一些互相矛盾和复杂的情形；要看主流，看本质方面，主要看发展的方向，即倾向性。很多新兴的地主阶级是从奴隶主贵族蜕变过来的，它们作为剥削阶级和统治阶级，在政治、经济和思想意识方面有着千丝万缕的联系。它们之间的关系有时是对抗性的，有时是非对抗性的，或者由对抗性的转为非对抗性的。依附它们为它们服务的知识分子是一个特殊的社会阶层，在社会变革浪潮的冲击下，也有一个分化和改组的过程，有的从奴隶主阶级知识分子蜕变为封建地主阶级知识分子，所持的理论观点也就变了，或者形式上没有变，语言概念没有变，内容和性质却变了。这也要往前看，不能往后看，算老账。对于这些情况，都要用历史唯物主义的观点作具体分析，形而上学的观点是要不得的。

（四）奴隶制时代离今天很远，但是还有可以借鉴的东西。古代的希腊和罗马，在奴隶劳动的基础上，创造了光辉灿烂的科学和艺术，也创造了哲学。古代中国的文化，在奴隶制的商周两代，也达到很高的水平，比较系统的哲学和政治理论出现得略晚一些，主要是春秋战国之际的社会运动成了思想文化发展的酵母，有了唯物主义哲学的发展，有了孔墨显学，有了百家争鸣的热闹局面。当然，这些文化的内容，哪些是精华，哪些是糟粕，应该分清楚，但只要不割断历史，这份遗产还是要给以整理和批判地继承，当作培育新文化的养料的。这篇文章的意思就在这里。

（原文刊于《中国历史博物馆馆刊》1981 年总第 3 期）

西周春秋时期的“国人”

任常泰　石光明

西周春秋时期的“国人”，在当时的社会生活中，占有重要的地位。弄清“国人”的构成，阐明“国人”斗争的性质和作用，对了解西周春秋时期的社会阶级关系，揭示我国由奴隶制向封建制转变的历史进程，均具有一定的意义。为此，本文试就我们的管见，提出一点很不成熟的看法，欢迎批评指正。

一

西周春秋时期的统治阶级，都把划分“国”与“野”视为建立国家统治秩序的一件大事。春秋时期著名的政治家管仲，在他向齐桓公陈述如何治理国家的办法时，开宗明义便提出，必须有一套能“以民为纪统”的制度，就是按照“昔者圣王治天下”的老规矩，“参其国，而伍其鄙，定民之居，成民之事”。《周礼》一书反映得尤为明显，其叙述的基干，即是“惟王建国，辨方正位，体国经野，设官分职，以为民极”。区分“国”与“野”，是当时社会组织结构的基本内容，不论是在周天子的王畿，或是在各诸侯的封国，都是如此。

按照《周礼》的说法，王畿不过千里，王城的城郭以内，叫作“国中”；城郭以外，距城百里之内，叫作“郊”或“四郊”；“郊”以外，称“野”。“郊”以内，设“六乡”，在“野”，则设“六遂”。

先秦典籍称国，有几种不同的含义。清人焦循说：“国之称有三。”“合天下言之，则每一封为一国；就一国言之，则郊以内为国，外为野；就郊以内言之，又城内为国，城外为郊。”[1]自然，我们在这里所要讨论的“国”，既不是邦国之“国”，亦非专指城中之“国”，而是在一国之内与“野”对称的“国”。这个“国”，它包括郊以内的所有“国中及四郊”之地，亦即“六乡”地区的总和。这个“国”，也就是当时统治阶级赖以治理整个国家的中心。

“国”与“野”居住地域的不同，反映在对这些居民的称呼上，即有“国人”与“野人”的区别。所谓“国人”，贾公彦在《周礼·泉府》“国人、郊人从其有司”条下注云：“国人者……六乡之民也。”所谓“野人”，即是居住于“野”的地区、“六遂”的居民，《周礼》中亦称“甿”、“氓”或“野民”。

依据《周礼》的记载，“国人”与“野人”的区别，不仅是居住地域的不同，更主要的是他们的身份、社会地位各不相同。

首先，“乡”与“遂”的社会组织有着很大的不同。

《大司徒》记载“六乡”的组织是：“五家为比，使之相保；五比为闾，使之相受；四闾为族，使之相葬；五族为党，使之相救；五党为州，使之相赒；五州为乡，使之相宾。”《遂人》记载“六遂”的组织是：“五家为邻，五邻为里，四里为酂，五酂为鄙，五鄙为县，五县为遂。”

从乡与遂的不同社会组织可以看出，“六乡”的比、闾、族、党、州、乡，还多保存着聚族而居的形式；而六遂的邻、里、酂、鄙、县、遂，则是一种政治地域的划分。

其次，“国人”有当兵的义务，“野人”则不能当兵。

《周礼》中军队的组织编制与“六乡”的乡党组织是相结合而为一的。《小司徒》说：“乃会万民之卒伍而用之：五人为伍，五伍为两，四两为卒，五卒为旅，五旅为师，五师为军，以起军旅，以作田役，以比追胥，以令贡赋。”还说：“凡起徒役，家毋过一人。”每家抽一人入伍，“五家为比”，即成为“五人为伍”；“五比为闾”，即成为“五伍为两”；“四闾为族”，即成为“四两为卒”，“五族为党”，即成为“五卒为旅”；“五党为州”，即成为“五旅为师”；“五州为乡”，即成为“五师为军”。孔颖达在《诗·公刘》疏中云：“周之军赋皆出于乡。家出一人，故乡为一军。”

“六遂”则不同，其各级官吏的主要职责，都是监督农业耕作，并“征敛其财富”。江永在《群经补义》中说：“管仲参国伍鄙之法……是齐之军悉出近国之十五乡，而野鄙之农不与也。”朱大韶在《实事求是斋经义》卷二中亦说：“六军之众出于六乡……其六遂及都鄙尽为农。故乡中但列兵法，无田制；遂人但陈田制，无出兵法。”

第三，“六乡”的“国人”有议论国家大事的权利。

《乡大夫》谓：“大询于众庶，则各帅其乡之众寡而致于朝。”《小司寇》说：“小司寇之职，掌外朝之政，以致万民而询焉。一曰询国危，二曰询国迁，三曰询立君。”“众庶”、“万民”，在这里都是指乡大夫所掌之民，即是“国人”。外朝是周代专门朝会“国人”的一种制度。就是说：对外战争与媾和，国都的迁移，以及国君的废立等国家的政治大事，当时的统治者都要征询“国人”的意见。

“国人”的这种政治权利，在“六遂”的“野人”中是不见的。

第四，“六乡”的“国人”有受教育的权利。

《大司徒》谓：“以乡三物教万民而宾兴之。一曰六德：知、仁、圣、义、忠、和；二曰六行：孝、友、睦、婣、任、恤；三曰六艺：礼、乐、射、御、书、数。”可见，乡有学校的设置。这与《左传》记载的子产不毁“乡校”可以互证[2]。

同样，“国人”这种受教育的权利，“六遂”的“野人”亦没有。

“国”与“野”地域的划分，“国人”与“野人”的身份和社会地位的区别，不是偶然的观象，而是当时的政治制度在社会组织结构和阶级关系上的具体表现和反映。

周族原为偏据我国西北一隅的一个小国，灭商前，其经济、文化的发展均不如殷人先进，还保存着相当浓厚的氏族组织的残余。灭商后，为了有效地对广大被征服的殷人进行统治，西周统治者利用和扩大了从氏族血缘关系演变而来的宗法制度，形成了一个严密的统治网，建立起一整套严格的统治秩序。“地有高下，天有晦明，民有君臣，国有都鄙，古之制也。”[3]不仅在周族的内部有着明显的尊卑、高下的等级差别，而且在征服者与被征服者之间，更有着统治与被统治的阶级界限。

周初，大规模地分封同姓贵族和异姓功臣为诸侯，这些受封的少数奴隶主贵族挟其族人，每到一地便建立自己的统治据点，聚族居住在设防的城内及四郊，即居住在“国”的地区之内，也就是所谓的“国人”。而那些被征服的殷人，则主要居住在距城较远的野鄙，即所谓的“野人”。

二

“国人”因居于“国”而得名，但是，是否凡是居于“国”内的居民全都属于“国人”呢？或者说“国人”都具体包括哪些人呢？他们的发展变化又是怎样的呢？这是本文所要讨论的一个主要问题。

关于西周时期“国”内居民的具体构成状况，史籍中虽然缺乏比较详确的记载，但我们仍可从春秋初年管仲辅助齐桓公治理齐国的情况了解其一斑。《国语·齐语》说：“管子于是制国，以为二十一乡，工商之乡六，士乡十五。”《管子·小匡》说：“制国为二十一乡，商工之乡六，士农之乡十五。”《国语》与《管子》二者的说法是一致的，“士乡”也就是“士农之乡”。可见“国”内的居民包括有士、农与工、商。

关于“士”：

西周时的“士”，主要是指武士。前面已经讲过，当时只有“国人”才有当兵的义务，军队中的战士不言而喻是属于“国人”。西周时的战争，以车战为主，战车上的武士披甲，所以又称他们为“甲士”。“国之大事，在祀与戎”[4]。武士担负着“执干戈以卫社稷”的重任，在宗法等级制度中属于统治阶级的最低层。他们“食田”、“隶子弟”，是奴隶主贵族维护其统治的重要支柱。

春秋时的甲士，仍然是由“国人”组成的。如在卫国，“卫懿公好鹤，鹤有乘轩者”。公元前660年，当狄人入侵的时候，卫国的“国人受甲者皆曰：使鹤，鹤实有禄位，余焉能战！”结果卫懿公被打得大败，卫为狄人所灭。“国人受甲者”，即是领取武器充当甲士的“国人”。这就清楚地说明：士不仅属于“国人”无疑，而且他们的态度，对战争的胜败、国家的安危存亡，关系极大。

春秋时的士亦比较复杂，不仅武士的数量明显地增多了，重要的是这时还出现了许多偏重于从事政治和文化方面的文士。齐桓公为创霸业，就曾“为游士八十人，奉之以车马衣裘，多其资币，使周于四方”，“以监其上下之所好，择其淫乱者而先征之”[5]。到了春秋后期，随着“学在官府”制度的日益崩溃和私人讲学的出现，文士的人数不断增多，一些卿大夫为了培植自己的势力，开始兴起私门养士之风。鲁国“季孙养孔子之徒，所朝服而与坐者以十数”[6]；齐国陈成子“杀一牛，取一豆肉，余以食士”[7]。孔子的弟子中有不少是当过邑宰的，他们都属于这一类的人物。

关于“国人”中的农民问题：

前面已经说过，“士乡”也就是“士农之乡”。在较早的时候，士并不完全脱离农业生产，即所谓“三时务农，而一时讲武”[8]。只是到了后来，由于生产力的提高，战争规模的扩大，士才逐渐与农业生产相脱离，成为一个相对独立的阶层。即使如此，士之子弟则仍然要从事生产。《礼记·少仪》讲：“问士之子长幼，长则曰能耕矣，幼则曰能负薪未能负薪。”郑玄注云：“士禄薄，子以农为业。”同时，按照宗法制度的规定，只有嫡长子才有继承权，而嫡长子的同母弟及庶兄弟则都要被分出去另立门户。这些旁系的子孙，五世亲尽即降为普通的农民。有的甚至还在五服之内，就有从中分化出去变为“庶人”的可能。所谓：“五庙之子孙，祖庙未毁，虽及庶人，冠、取妻必告，死必赴，不忘亲也。”[9]其所反映的就是这种情况。此外，也还有一部分自由农民，是从破落失势的贵族转化而来的。如晋大夫冀芮破落后，子“冀缺耨，其妻馌之，敬，相待如宾”；晋大夫“范、中行氏，不恤庶难，欲擅晋国，令其子孙将耕于齐”[10]。

那么，“国人”中的自由农民，主要是文献中所记载的什么人呢？史籍记载比较明确而且可以作为我们探讨对象的，无过于“庶人”。“庶人力于农穑”[11]，“庶人耕农树艺财用足”[12]，可见“庶人”是农业生产者。但是，关于“庶人”的身份、地位，史家的争论就很多了。有人认为是奴隶，有人认为是农奴，还有人认为是自由农民。我们认为：“庶人”不仅是自由农民，而且属于“国人”的一部分。

首先，我们认为，在考察“庶人”的身份时，对《国语·周语》中记载的周厉王时“国人暴动”的一段材料，应该予以足够的重视。

> 厉王虐，国人谤王。……王怒，得卫巫，使监谤者，以告则杀之。……王喜，告邵公曰：“吾能弭谤矣，乃不敢言。”邵公曰：“是障之也。防民之口，甚于防川，川壅而溃，伤人必多，民亦如之。是故为川者，决之使导；为民者，宣之使言。故天子听政，使公卿至于列士献诗，瞽献曲，史献书，师箴，瞍赋，矇诵，百工谏，庶人传语，近臣尽规，亲戚补察，瞽、史教诲，耆、艾修之，而后王斟酌焉，是以事行而不悖。……”王不听，于是国莫敢出言。三年，乃流王于彘。

这条材料对了解“庶人”与“国人”的关系极为重要。因为：它所记述的就是关于“国人”反抗周厉王的事件本身，即是说是当事人讲当时的“国人”的事。其次，从所讲的内容看，上自公卿列士，下至“百工”、“庶人”，都是可以用各种方式或办法议论国家政治或表示、反映自己的意见的。从邵公讲话的全文看，其所称的“民”，也就是“国人”的同义语。在邵公看来，国君行政应该听取“民”的意见，也就是应该听取包括“百工”、“庶人”在内的这些“民”的意见。应该让他们讲话，国君才能做到“行事而不悖”，也才能防止“川壅而溃，伤人必多”的悲剧发生。历史的事实也正好说明，正是由于周厉王拒绝邵公的劝告，禁止“国人”的言论，不听包括“百工”、“庶人”在内的广大“国人”的呼声，终于导致了“三年，乃流王于彘”的悲剧。

据此，我们觉得有理由认为：所谓的“百工”、“庶人”，在这里都是属于“国人”的范畴的。

与之相似的材料，还可以举出晋国师旷和晋侯的一段对话：

晋侯曰：“卫人出其君，不亦甚乎？”对曰：“或者其君实甚。……夫君，神之主而民之望也。若困民之主，匮神乏祀，百姓绝望，社稷无主，将安用之？弗去何为？……是故天子有公，诸侯有卿，卿置侧室，大夫有贰宗，士有朋友，庶人、工、商、皂、隶、牧、圉皆有亲昵，以相辅佐也。善则赏之，过则匡之，患则救之，失则革之。自王以下，各有父兄子弟，以补察其政。史为书，瞽为诗，工诵箴谏，大夫规诲，士传言，庶人谤，商旅于市，百工献艺……”[13]

师旷的对话与邵公的劝谏辞，二者基本上是一致的，“庶人”亦是包括在“民”之中的。“庶人谤”与“国人谤”的性质相同，其差异只是前者的范围比后者要小一些而已。

还有，据《国语·周语》记载，“庶人”是跟王一起参加籍田典礼的，并且在国王歆飨三牲大牢，公卿大夫依次尝过之后，“庶人终食”。这种能同王参加籍田典礼，并且能够吃到“大牢”的“庶人”，当不可能是奴隶，只能是自由人。

为了进一步证明“庶人”的身份，下面再引述《国语·楚语》中的三条材料：

其祭典有之曰：国君有牛享，大夫有羊馈，士有豚犬之奠，庶人有鱼炙之荐，笾豆脯醢，则上下共之，不羞珍异，不陈庶侈。

天子举以大牢，祀以会；诸侯举以特牛，祀以太牢；卿举以少牢，祀以特牛；大夫举以特牲，祀以少牢。士食鱼炙，祀以特牲；庶人食菜，祀以鱼。上下有序，民则不慢。

祀加于举：是以古者先王，日祭月享，时类岁祀，诸侯舍日，卿大夫舍月，士、庶人舍时。天子徧祀群神品物，诸侯祀天地三辰及其土之山川，卿大夫祀其礼，土、庶人不过其祖。

这三条材料，都是讲祭祀等级差别的，尽管“庶人”的等级最低，但却有自己的祭祀活动，最后一条还将“士”与“庶人”并列。这证明“庶人”的身份是自由人，而不是其他。

关于“庶人”属于“国人”的问题，《周礼·地官》中记载的是很清楚的。

闾师，掌国中及四郊之民，六畜之数，以任其力，以待其政令，以时征其赋。凡任民任农，以耕事贡九谷；任圃，以树事贡草木；任工，以饬材事贡器物；任商，以市事贡货贿……凡无职者出夫布。凡庶民不畜者祭无牲，不耕者祭无盛，不树者无椁，不蚕者不帛，不绩者不衰。

乡大夫之职，各掌其乡之政教禁令。……大询于众庶，则各帅其乡之众寡而致于朝。

郑司农注云：“大询于众庶”，《洪范》所谓“谋及庶民”。

《周礼》的这些记载一再说明：“庶人”是居于“国”之内的，他们从事农业，有自己的财产，有过问国家大事的权利，他们是当时居于“国”的自由农民，是“国人”。

关于工商问题：

“国”内的居民中包括有工商，这是大家所一致公认的，但是，工商在当时是否全是奴隶呢？他们在西周春秋时期有过什么样的变化没有呢？这是值得讨论的问题。

西周时期实行“工商食官”制度，工商主要是由官府控制并为奴隶主贵族服务的。在这种制度下，从事工商的人既有为官府管理工商的官吏，更有广大的工商奴隶。从西周末年起，在官府控制的工商业之外，又出现了私营的手工业和商业，产生了独立的手工业者和商人。春秋后期，他们的人数日益增多，有的独立商人经商致富，成为当时很有地位的巨商大贾。因此，工商既非全部属于“国人”，亦不是全部都非“国人”，而是只有那些在“工商食官”制度下从事管理工商的小吏，以及那些独立的手工业者和商人，才属于“国人”，其中不包括毫无人身自由权利的工商奴隶。

关于“国人”中包括工商的问题，《左传·定公八年》记载卫国的一条材料是一个有力的例证。

> 晋师将盟卫侯于鄟泽……卫人请执牛耳，成何曰：“卫，吾温原也，焉得视诸侯？”将歃；涉佗挼卫侯之手及捥，卫侯怒……欲叛晋，而患诸大夫，王孙贾使次于郊，大夫问故，公以晋诟语之……公曰：“又有患焉，谓寡人必以而子与诸大夫之子为质。”……将行，公孙贾曰：“苟卫国有难，工商未尝不为患，使皆行而后可。”（杜注：欲以激怒国人）……行有日，公朝国人，使贾问焉，曰：“若卫叛晋，晋五伐我，病何如矣？”皆曰：“五伐我，犹可以能战。”……乃叛晋。

卫侯不愿忍受晋国的侮辱，欲叛晋，他采纳了公孙贾的意见，利用“为质于晋”的矛盾，不仅激怒了诸大夫，而且也激怒了工商等“国人”。由于得到“国人”的支持，卫侯终于下定了叛晋的决心。这件事清楚地说明：当时卫国的工商乃是“国人”的一个重要组成部分，并非完全是奴隶。他们不仅是与国家命运密切相关的，而且是卫国敢于决心叛晋的重要力量。

关于独立商人兴起的情况，从郑国的事例中，可以得到进一步的具体说明。郑国是西周封国最迟的一个国家，是在周厉王被“国人”驱逐事件发生以后建国的。郑桓公友，是周厉王的儿子，周宣王的弟弟。他生于西周动乱的末世，死于西周最后灭亡的锋镝之中。鉴于西周末年阶级斗争剧烈冲突的历史教训，郑国在开国时，就与商人订过盟约，“尔无我叛，我无强贾”[14]。后来双方一直信守着这个誓约。子产在追述桓公时的历史情况时说：“昔我先君桓公与商人皆出自周，庸次比耦，以艾杀此地，斩之蓬蒿藜藿而共处之，世有盟约以相信也。”原来郑国的统治者与商人，同样“皆出自周”，他们都是开国时的创业人，在郑国开始建国的艰苦岁月中，商人是出过力，立过功的。因此，郑国商人的经营活动始终受到本国统治阶级的尊重，其社会地位一直较高。这说明：在周王国和郑国，至少在西周后期，已经存在着一支具有相当势力而又独立于官府工商业之外的私营商人。

郑国统治者与商人订立盟约，是历史上的一个重要事件，它反映了西周末年商业所发生的巨大而深刻的变化。一个独立的商人力量，已经出现在历史的舞台之上，这也正是周厉王实行“专利”之所以激起“国人”强烈反抗的主要原因之一。所谓“专利”即是专山林川泽之利。韦昭在《国语·周语》注中说：“天地成百物，民皆将取用之，何可专其利也。”山林川泽之利，原来是为大家所共有的，其利益直接与工商有关。周厉王实行专利，严重地侵犯了这部分“国人”的利益，因此而引起了他们的不满。

郑国的独立商人，为国出力、干预政治，历史上有两个有名的事例，一个是弦高假借君命犒劳秦师；另一个是郑国商人在楚谋救晋国大夫荀罃。它生动地说明：到春秋中期以后，郑国商人的力量已经相当强大，他们不只一般地参与国家政治，而且在对外的一些重要问题上，敢于假借君命，藐视秦楚，采用各种手段同对方进行斗争。

文献中关于春秋时期独立商人的材料很多。孔子的弟子子贡“废著鬻财于曹鲁之间”，“结驷连骑，束帛之币以聘享诸侯，所至，国君无不分庭与之抗礼”[15]，即是一个颇有势力的富商。晋国绛地的商人，他们“能金玉其车，文错其服，能行诸侯之贿”[16]，更可想见当地商人之富，活动能力之大了。

“百工”（此指管理官府手工业的官吏）属于“国人”的问题，前面已经讲过，不再多述。关于春秋时期独立手工业者的情况，在《吕氏春秋·召类》中记载着这样一个故事：宋国的执政贵族司城子罕，要住在他庄宅南面的一位制鞋工人搬家，这位工人说：“吾恃为鞔以食三世矣，今徙之，是宋国之求鞔者不知吾处也，吾将不食。”因此他不肯搬走。由此可知，春秋时确已存在着一批操着世代相袭职业的独立的手工业者。他们居住“国”内，自食其力，可以任意迁徙。因而，我们没有理由说他们不是“国人”。

以上，我们对“国人”的构成及其发展变化的情况，作了一个粗略的考察，概括起来说：

（一）西周春秋时期的“国人”，主要包括居于“国中及四郊”的士、庶人和工商，以及那些低级的官吏。士，有武士和文士；庶人，是指居于“国”内的自由农民，不包括从事农业生产的奴隶和农奴；工与商，是指在“工商食官”制度下为官府管理工商的小吏，还有那些独立的手工业者和商人，亦不包括从事工商的奴隶。

（二）“国人”的构成，在西周至春秋时期经历了一个发展变化的历史进程，尽管由于社会发展很不平衡，各国的情况也不尽相同，但总的趋势则是：随着时间的推移，历史的发展，以及人口的繁衍，“国人”的队伍是在不断地扩大了。

三

西周春秋之际，是我国古代社会发生重大历史转折的时期，社会充满了矛盾和斗争，而“国人”与奴隶主贵族之间的矛盾和斗争，则是其中的一个重要方面。

“国人”斗争的发生，开始见于西周末年，这就是历史上著名的“国人”驱逐周厉王事件，有人称之为“国人暴动”。关于这次事件，《国语·周语》有比较详细的记载，其中的一部分前面引述过，现将其余的部分摘录如下：

厉王说荣夷公，芮良夫曰：“王室其将卑乎！夫荣夷公好专利，而不知大难……今王学专利，其可乎！匹夫专利，犹谓之盗，王而行之，其归鲜矣。荣公若用，周必败。”既，荣公为卿士，诸侯不享，王流于彘。

《国语》的记载说明：导致这次事件发生的原因，是周厉王的暴虐和任用荣夷公实行专利。以周厉王为一方，“国人”为另一方，双方斗争的结果，则以周厉王被“国人”所驱逐而告终。

这次事件，充分显示了“国人”的巨大力量，是我国古代历史上的一个划时代的大事。周天子的神圣地位，从此被动摇了；“国人”拥立共伯和执政的出现，揭开了春秋时期“礼乐征伐自诸侯出”的序幕。

“国人”驱逐周厉王事件的发生，不是偶然的，而是西周历史发展的必然产物。我国奴隶社会在商代的基础上，经过周初数百年的长期发展过程，自西周中期以后，伴随土地的大量开垦，生产和交换的扩大，奴隶制的“井田制”、“工商食官”制逐渐在崩溃。“国人”驱逐周厉王事件的发生，表明旧的社会秩序和制度已经出现严重的危机，新的社会因素已经出现，并开始显示出自己的力量。新与旧的矛盾，已经开始表现为公开的冲突。

“国人”驱逐周厉王事件，在我国古代历史上产生了深刻的影响，曾引起了古代史家们的重视。司马迁根据《春秋历谱牒》所作的《十二诸侯年表》，就是从共和元年——公元前841年开始的。这也是我国历史有确切纪年的开始。

另据《史记·周本纪》记载，周幽王的败亡，亦与周厉王被逐的情况颇为相似。亦是由于幽王的暴虐和任用“好利”的虢石父为卿，以致造成“国人皆怨”。幽王失去“国人”的支持，诸侯又相继叛乱，西周因而灭亡了。

很显然，我国古代历史的这一重要转折和变化，是与“国人”斗争的兴起密切相关的。

“国人”的奋起斗争，促进和加速了大变革的春秋时代的到来。周厉王时所发生的“国人暴动”事件，乃是我国古代社会由奴隶制向封建制过渡开始的信号和标志。

进入春秋时期，社会动荡愈演愈烈，整个社会呈现出“礼崩乐坏”、“贵贱无序”的局面。在极其尖锐而又错综复杂的矛盾斗争过程中，不仅许多弱小的国家相继被少数几个大国所吞灭，而且使社会各阶级和阶层的状况，也发生了急剧的变动。旧的奴隶主贵族日趋没落，并逐渐“凋零殆尽”；新兴的封建势力则不断地成长壮大起来，有的还先后掌握了国家的政权；以士、庶人和工商为主体的“国人”，也随之发生了深刻的分化。

士、庶人、工商是自由人中的最底层，其地位仅高于奴隶。他们中除少数人，或由于在战争中立有军功，得以升迁致富外，其余的大部分人，均要受着贵族的压迫与剥削。春秋时期频繁的战争，更加重了他们的负担，“国人”的生活状况就越加困苦而悲惨。在宋，“宋殇公立，十年十一战，民不堪命”[17]。在鲁，“国人”，“其父兄之食粗而衣恶者，犹多矣”[18]。在齐，“民参其力，二入于公，而衣食其一。公聚朽蠹，而三老冻馁。国之诸市，屦贱踊贵”[19]。在晋，“庶民罢敝，而宫室滋侈；道馑相望，而女富溢尤”[20]。在楚，“宫室无量，民人日骇，劳罢死转，忘寝与食”[21]。

“国人”处境的恶化，加剧了他们同贵族之间的矛盾。“民人苦痛，夫妇皆诅”。春秋时期的“国人”斗争，不仅在次数上显著地增多了，而且遍及各国，斗争的形式越来越多，规模也越来越大了。

逃亡，原是奴隶社会中阶级斗争的一种久已有之的形式，春秋时期这种斗争有很大发展，在他们的队伍中除了奴隶，还有为数众多的“国人”。“民闻公命，如逃寇仇”[22]。“上失其道，民散久矣”[23]。他们有的逃开公室后，归附于私门，充当“隐民”、“私属徒”或“宾萌”，是私家在同公室斗争中的重要依靠力量。有的甚至沦为“盗贼”，活跃于各地，成为对统治阶级的一个巨大的威胁。

“民溃”，是春秋时期阶级斗争的一种新形式。“凡民逃其上曰溃”[24]。“民溃”，主要是指“国人”叛离贵族。例如：公元前661年，卫国遭受狄人的攻击，因卫懿公的腐败，“国人受甲者”拒绝出战，结果卫为狄所灭。这是一个清清楚楚的“国人”叛上事件，在前面我们已就《左传》的记载作了叙述。可是，同一事件，在《吕氏春秋·仲冬纪·忠廉》篇中却称为“民溃”。《忠廉》篇曰：“狄人攻卫，其民曰：‘君之所予位禄者鹤也，所贵富者宫人也，君使宫人与鹤战，余焉能战？’遂溃而去。”可见，前者所谓的“国人受甲者”，即是后者所说的“遂溃而去”的“民”，因此“民溃”问题说到底往往就是“国人”叛上的同义语。

春秋时的“民溃”事件，史籍中屡见不鲜。很多是在外来敌军迫境的危急情况下发生的。公元前660年狄人攻邢，“邢溃”；公元前657年齐桓公率诸侯之师征蔡，“蔡溃”；公元前624年鲁会合诸侯兴兵伐沈，“沈溃”；公元前583年楚子重出兵攻莒，连克三城，“莒溃”，等等。其中有的“民溃”，直接导致了国家的灭亡。

也有的“民溃”事件，是由于过度的强制劳役所引起的。如：“梁伯好土功，亟城而弗处，民罢而不堪。则曰：‘某寇将至’。乃沟公宫，曰‘秦将袭我’。民惧而溃，秦遂取梁。”

之外，还有一种称为“师溃”的，史籍所见亦颇不少。如：公元前530年楚国的师溃即是典型的一例。此事《国语》与《左传》均有记载，前者说：“楚灵王不君，其臣箴谏不入，乃筑台于章华之上……罢敝楚国，以间陈蔡……其民不忍饥劳之殃，三军乃叛王于干谿。”后者说：灵王“师及訾梁而溃……右尹子革曰：‘请待于郊，以听国人。’王曰：‘众怒不可犯也。’”最后子革也弃灵王而去。

无庸赘言，“师溃”与“民溃”其性质是相同的，同属于“国人”叛上的范畴。

“百工”暴动，是春秋时期阶级斗争的另一种重要形式。其中著名的一次，是周景王时发生的“王子朝因旧官百工之丧职秩者与灵景之族以作乱”，前后持续了长达20年之久，最后王子朝失败，抱着周朝的典籍流亡到楚国去了。所谓“旧官百工之丧职秩者”，自然指的就是原来的“工官”。

上述这些，仅是众多事例中的几件，但据此已经足以看出，在春秋时各种形式的反抗斗争中，几乎都无不有“国人”的参与，而且是其中的一支重要力量。

“国人”是武装力量的主要来源，他们又有着传统的参与政治的权利，因而其斗争影响到国家政治生活的各个方面。

首先，春秋时期“国人”干预国君废立的事例甚多。仅据《左传》记载，在小小的莒国就曾先后发生过三次：太子“仆因国人以弑纪公”；公子“展舆因国人以攻莒子，弑之，乃立”；莒大夫乌存率国人以逐莒子庚舆。同样，即使周王室王位的确立，也必须以“国人”的态度为转移。如王子朝与周敬王争夺王位，“晋侯使士景伯莅问周故”，进行干预。然而，士景伯也不能不问于“介众”（“介众”，即大众）。最后因“国人”大众以王子朝为不直，“晋人乃辞王子朝，不纳其使”，而决定支持周敬王[25]。还有如上面所讲过的，就像楚国这样的大国，楚灵王在訾梁师溃之后，自己的去留问题，也要“待于郊，以听国人”。

其次，在各国内部的不同势力相互斗争中，“国人”更是一支决定谁胜谁负的巨大力量。如“郑子孔为政也专，国人患之”，“甲辰，子展、子西率国人伐之，杀子孔而分其室”[26]。又如晋国的范氏、中行氏作乱，“二子将伐公”，“国人助公，二子败”[27]。又如，卫国的“齐豹、北宫喜、褚师圃、公子朝作乱”，卫侯遂盟“国人”，结果公子朝、褚师圃“出奔晋”[28]。

其三，在各诸侯国间的相互斗争中，决定其成败的关键，同样也在于是否能获得“国人”的支持。如公元前633年，卫国因晋国不许它参与同齐国的会盟，“卫侯欲与楚，国人不欲，故出其君以说于晋，卫侯出居于襄牛”[29]。又如公元前598年，楚国攻破了郑国的都城，但由于郑国的君民比较齐心，使楚国感到“其君能下人，必能信用其民”，遂不敢侥幸灭郑[30]。

其四，新兴封建势力若要战胜旧的奴隶主贵族势力，尤其需要依靠“国人”的支持。采用各种办法争取民众，是当时各国新兴力量决定政治策略的一个共同的基本特点。如齐国的陈氏，“有施于民，豆区釜锺之数，其取之公也薄，其施之民也厚”，“民归之矣”[31]。姜姓的齐国终为田姓的齐国所代替。史墨在回答赵简子问鲁昭公为季氏所逐“莫之或罪”时讲得更富哲理，他说：“天生季氏，以贰于鲁侯，为日久矣。民之服焉，不亦宜乎！鲁君世从其失，季氏世修其勤，民忘君矣。……社稷无常奉，君臣无常位，自古以然。”[32]在他看来，只要得到“国人”的拥护，新兴势力迫使国君放弃其世袭的王位和权利，都是正当的，合理的，并且是有充分的历史和理论根据的。

正是由于这样，当时的一些有远见的政治家，都把“国人”的意向作为自己决定政策、考虑问题的重要依据。子产不毁乡校，就是一个突出的事例。子产之所以不同意毁乡校，与邵公劝谏周厉王时所持的理由如出一辙，他们都深知“众怒难犯”，“犯众兴祸”的道理，一切都不能不以民心的得失、向背为转移。

总之，“国人”与“野人”的区分是由西周春秋时期的社会政治制度所决定的，它反映了当时的等级差别和阶级之间的对立。“国人”的主体是居于“国”内的士、庶人和工商，他们是自由人中的多数，是奴隶主贵族赖以维护其统治的政治支柱，在社会生活中占有举足轻重的地位。“国人”斗争的兴起与发展，是与我国古代社会由奴隶社会向封建社会转变的历史进程密切相关的。尽管由于历史和阶级的局限，在“国人”的斗争中常常有少数贵族参加，有时他们的斗争甚至为少数旧贵族所利用，但其主流和斗争的性质始终是平民反对贵族的斗争。“国人”的向背以及他们的斗争，不仅关系到某一个国家或某一个政治势力的成败与存亡，更重要的是它对瓦解奴隶制度，打击没落的奴隶主贵族势力，对支持新兴封建势力的成长和建立封建政权的斗争，都起着重要作用，它是我国古代社会由奴隶制向封建制转变过程中的一个不容忽视的社会势力。

注释：

[1]《孟子正义·梁惠王章句下》。
[2]《左传》襄公三十一年。
[3]《国语·楚语》。
[4]《左传》成公十三年。
[5]《国语·齐语》。
[6]《韩非子·外储说左下》。
[7]《韩非子·外储说左上》。
[8]《国语·周语》。
[9]《礼记·文王世子》。
[10]《国语·晋语》。
[11]《左传》襄公九年。
[12]《管子·五辅》。
[13]《左传》襄公十四年。
[14]《左传》昭公十六年。
[15]《史记·货殖列传》。
[16]《国语·晋语》。
[17]《左传》桓公二年。
[18]《国语·鲁语》。
[19][20][21]《左传》昭公三年。
[22]《左传》昭公十九年。
[23]《论语·子张》。
[24]《左传》文公三年凡例中说：“凡民逃其上曰溃，在上曰逃。”《谷梁传》昭公二十九年则说：“溃之为言，上下不相得也。”《公羊传》僖公四年亦说：“溃者何？下叛上也。国曰溃。邑曰叛。”
[25]《左传》昭公二十四年。
[26]《左传》襄公三十年。
[27]《左传》定公十三年。
[28]《左传》昭公二十年。
[29]《左传》僖公二十八年。
[30]《左传》宣公十二年。
[31]《左传》昭公二十六年。
[32]《左传》昭公三十二年。

（原文刊于《中国历史博物馆馆刊》1982年总第4期）

说“田”

罗伯健

一　田义探源

田主要有两义；一为田地，一为田猎。《说文》：“田，陈也，树谷曰田，象四囗十，阡陌之制也。”其中“象四囗十”一句很不好理解，若读为：“象四囗，十、阡陌之制也”，如此断句，似可通。但既云象四囗，则十显是重复，故清人段玉裁以为《说文》有错字，其在《注》本云四乃形字之讹，故径将四改为形，当作“象形，囗十、千百之制也”（段谓《说文》无阡陌二篆，阡陌二字阜旁为后人所加）。自许慎以来，历代治文字者多依许说，把陈释为陈列整齐之陈。从《说文》解释田义分析，田之本义应是动词，即“树谷”，也就是种田，但又云田“象四囗十，阡陌之制也”，则田之本义又是名词，象田地上有阡陌纵横之形状。许慎所释田义无论是种田或田地，总而言之，田的本义与田地有关，而作为田猎一义则是畋字之假借。《说文》以降，大多数人对田之本义是田地之说无异议。且近世学者多以田为象形之说而甲骨文田字正作田、田、囯等来证明商代已实行豆腐方块式的井田制，因此，有必要对田的本义作深入探讨。

甲骨文中，都用一个田字表示田地和田猎（少数作囯、囲、国），如《小屯·殷虚文字乙编》第5584片：“……我北田不其受年？”此条卜辞中的田指的是田地；《殷虚书契前编》第2.26.5片：“囗辰王卜，贞：田敦，往来亡灾，王乩曰吉，兹邘，获鹿二。”此条卜辞的田指的是田猎。不但甲骨文如此，先秦文献中田地与田猎也多用同一个田字表示，如《易·乾九二》：“见龙在田，利见大人”，此田系田地；《易·巽六四》：“田获三品”，系指田猎。这种例子很多，不胜枚举。甲骨文有畋字，仅数见，且均为残辞中出现，其义目前尚无法确定是否指田猎。西周金文未见畋字，这样一来，田地与田猎同用一个田字，其间必有某种联系。或以为：田猎之所以用田字，是因为田猎是在抛荒后的田地或休耕的田地上进行，“田是土地的本意，而田猎的田是假借，先有田地（休田）而后有田猎”[1]；或以为：田的这两种意义都应来自“焚林而田”，即焚烧山林进行田猎，也就是田地的开垦[2]；或以为：田是田猎战阵之象形，囗表示古代贵族猎所——囿的疆界，十表示囿内划分之狩猎区域[3]。我以为后一看法接近事实，即田的本义不是田地，而是田猎，将田字解释为土地上有沟洫道路之象形是以后世的田地形式比附之说，但田不是囿的象形，而是古代狩猎的一种形式和方法。

田的本义是田猎，首先从甲骨文中可找到证据。甲骨文中田字的用法及出现次数，作为田猎的用例大大超过作为田地的用例，仅据《殷墟卜辞综类》所列，田猎之田用例达3000多条。而田地之田用例则不足100。甲骨文中有不少火田，即焚林而田的记载，如《小屯·殷虚文字乙编》2507片：“翌癸卯，其焚擒？癸卯，允焚，获兕十一、豕十五……”《小屯·殷虚文字丙编》284片：“翌戊午，焚擒？戊午卜，㱿贞：我狩敏，之日狩，允擒虎一、鹿四十、犰百六十四。”据考证，“卜辞中较明确用焚者就有十条以上”[4]。而且，卜辞中贞问田猎吉凶往往问“不遘风？”“不遘大风？”“不雨？”“不遘雨？”“不遘大雨？”等等，这些关于天气的卜问，可见天气对田猎有很大影响。特别是因为火田，倘若刮风下雨便会使田猎无法进行，这也是为什么每次田猎都要事先贞卜的原因之一。用田字表示田猎，如若按第一种解释，是在荒田上行猎，那么，按古籍记载荒田轮休时间最多为三年。则这数年时间内荒田上的草木决不能生长到足以栖息大量禽兽和大动物的茂密程度，而卜辞中田猎擒获的动物种类多为麋、鹿、兕、狼、虎、雉等，像虎这一类动物没有数十年时间生长的密林是无法让它栖身的。还有，卜辞所载每次猎获禽兽的数量也相当多，曾有人对此作过详细统计："兕，最多一次有三十头，曾擒获五十八头以上；豕，一次多达百头，共获一百四十头以上；豚，最多一次三十七头；鹿，最多一次一百六十二头；麋，最多一次四百五十一头；麑，最多一次一百五十九头；豸，最多五十六头；狼，最多一次一百六十四头；虎，曾一共擒获七头；还有牛，象等。"[5]每次猎获如此多的野兽，很难想象这是在抛荒数年的田地上进行，可以断言，这种田猎决非是在抛荒的田地上进行。

要了解田猎为什么用这样一个田字，我们可以从一些山农们焚烧林地的方法中得到启发。笔者曾在广西桂东南地区务农数载，这地区的农民在准备开垦某一片荒地前，先要将这片地上的草木烧光，为了不让大火燃及附近的林木，则须先把这片林地四周数丈宽的草木砍光，形成一条环绕这片林地的"隔火带"，当地人称之为"火路"，这种火路，平时在林区都有，道理很简单，就是为了防火，故而在范围广阔的山地，就形成了一个纵横交错的火路网，田字的囗十，便是这种火路的简化象形。

焚林而田之前必须先砍修出火路的方法在古文献中仍有线索可寻。《孟子·滕文公上》："当尧之时，天下犹未平，洪水横流，泛滥于天下，草木畅茂，禽兽繁殖，五谷不登，禽兽侵人，兽蹄鸟迹之道，交于中国，尧独忧之，举舜而敷治焉。舜使益掌火，益烈山泽而焚之，禽兽逃匿。"汉赵歧注："烈，炽。益视山泽草木炽者而焚之。"赵注把烈作为草木之形容词，解为炽烈，即繁茂，显与同意不合，且有增字释经之嫌。这句话中的烈字当为动词（上文字云"举舜而敷治焉"用例相同），是裂之假借。《尔雅·释诂下》："烈，余也。"《广雅·释诂三》："袓，余也。"（袓为裂之别体，从中从衣，一也）。裂的意思是分裂、分离。《广雅·释诂一》："裂。分也。"所谓"益烈山泽而焚之"，即益分山泽而焚之，分山泽，最合理的解释无疑是砍出一条隔火带。这种隔火带，古文献中又称之为防。《春秋谷梁传·昭公八年》："秋、搜于红，正也，因搜狩以习武事，礼之大者也，艾（刈）兰以为防。"晋范宁注："防为田之大限。"所谓田之大限，是指田猎区域的范围，边界。《周礼》记载，每逢周王举行大规模田猎活动，负责管理山泽的"山虞"、"泽虞"两种职官的职责之一就是要事先砍出防来，为田猎作好准备。《地官·山虞》云："若大田猎，则莱山田之野。"《泽虞》："若大田猎，则莱泽野。"汉郑玄注："莱，除其草莱也。"周代田猎多与阅兵即进行军事训练、演习相结合，因此除需砍修出防之外，还要砍出一片开阔地以供陈兵，一般这片开阔地带多选择在防之南面。《周礼·夏官·大司马》："中冬，教大阅……虞人莱所田之野。"郑注："郑司农（众）云：'虞人莱所田之野，芟除其草莱令车得驱驰，《诗》曰：田卒污莱。'玄谓莱、芟除可陈之处。"郑玄已不大明白田猎、防、陈兵教战之处三者的关系，故其注仅认为莱是芟除可陈之处。《诗·小雅·车攻》："田车既好，四牡孔阜，东有甫草，驾言行狩。"毛传："田者大芟草以为防，或舍其中，褐缠旃以为门，裘缠质以为槸，间容握，驱而入，击则不得入，左者左，右者之右，然后焚而射焉。……故战不出顷，田不出防，不逐奔走，古之道也。"孔疏："田猎者必大芟杀野草以为防限作田猎之场，拟杀圍之处，或复止舍其中，谓未田之前誓士戒众，故教示战法当在其间止舍也。其防之广狭无文。"将毛传与郑注一起结合来阅读经文，防与田猎、陈兵的关系就清楚了。故清人王念孙在《广雅疏证·释天》中谓："王者以四时为畋，以奉宗庙，因简戎事，刈草为防，驱而射之，不题禽，不诡遇，不捷草，越防不追。"

通过上面文献记载可见古代田猎是有防的，防本指堤防，以防洪水，引申为把防火之隔火带也称为防。后世借狩猎以习武仍保留了刈草为防的方式，不能不说是古代焚田而猎时砍修防火带的遗风。

综上所述，田之本义为田猎，田字的囗十应为隔火带之象形，作为田地义，是在焚烧草木进行田猎后的土地上耕种[6]，因此，田不是先有田地义而后有田猎义，恰恰相反，而且，用甲骨文中的田字来直接证明商代行井田制，是值得考虑的。

二　甲、金文中的田和田人

在甲、金文中，田还有一种意义，即作为身份、官职，称为田、多田。目前所见较早的具有这种意义的甲骨文记载是武丁时期。《甲骨文合集》6057正面："𢀛方出愎我示㯻田七十五人。""𢀛方亦帰我西啚（鄙）田……"。反面："土方帰我田十人。"对这三条卜辞，历来治甲骨学者均将田与人分读，读田为田地之田，解释为𢀛方、土方掠夺了我某地的田地和人民，或释为𢀛方、土方出动了多少人掠夺我某地的田地，这样解释恐不大恰当。我以为"田多少人"是帰的宾语，田指人的身份，"田七十五人"、"田十人"，均指作为田此种身份的多少人（"西啚田"下也应缺"□□人"）。帰也作愎，当依唐兰释侵，即《春秋谷梁传·隐公五年》："苞人民殴牛马曰侵"，就是掳掠。田是不动产，掠夺不走，因此有人解释为掠夺田中的收获物，但这只是一种推理，于文无证。联系这段卜辞上文云"𢦏（灾）二邑"，邑也是不动产，故曰灾，即灾害，侵我田多少人，就是掳掠了我方作为田这种身份的人多少个。

商代的田由职官演变为诸侯，裘锡圭先生曾作过详细考证：田是商王派驻在商都以外某地从事农垦的职官，商后期，由于世官制，拥有族众和武装的田，很容易发展为诸侯[7]。裘先生对田的起源和演变的论述很有见地，在这里想稍加补充的一点是：田的本义指田猎，则作为田这种身份的人初始恐与田猎有关。甲骨文中有这方面的记录：《殷契卜辞》53："……戌卜，贞：令犬征田京。"《京都大学人文科学研究所藏甲骨文字》281："戊子卜，穷贞；令犬族裒田于。"犬征是族名也是其族首领之名，这第一、二两条卜辞是商王命令犬征在京这个地方进行田猎（事实上犬征是代表着整个族众），第三条卜辞是令犬征族在虎地进行农垦，正因为田猎或农垦需远离商都，故常常会遭到异敌攻击和掳掠：卜辞"侵我田（多少）人"就是这方面的反映。

西周，金文中的田已作为诸侯之一，也即文献中的甸，令方彝："诸侯：侯、田、男。"小盂鼎："侯、田。"而从事农垦耕殖的人则由田变为"田人"，也作"畋人"或"田畋"。次卣："公姞令次嗣田人。"柞钟："嗣五邑畋人事。"扬簋："官嗣量田畋。"克盨："王令尹氏友、史趛典善夫克田人。"这种田人之职责当为《左传·成公十年》注："田人主为公田者。"从商代后期开始，原先整个统称为田的身份或职官的意义开始分化为二，其首领有的发展为诸侯的田（甸），其一般族众则成为田人。

三　金文中田之单位面积蠡测

西周金文中常有田之赏赐，见以下数铭，旟鼎："王姜易（赐）旟田三于待劚。"不嬰簋："易女（汝）弓一、矢束、臣五家、田十田。"敔簋："易田：于敋五十田，于早五十田。"卯簋："易于亡一田，易于宝一田，易于隊一田，易于截一田。"师永盂："易畀师永氒（厥）田湇易（阴阳）洛疆眔师俗父田。"克鼎："易女田于埜，易女田于溥，易女井寓匔田于䣄㠯（以）氒臣妾，易女田于康，易女田于匽，易女田于障原，易女田于寒山。"多友鼎："易女土田。"上述铭文中赐田有的是有具体数量的，云"田三"、"五十田"、"一田"、"田十田"等，对于一田之单位面积，众说纷纭，唐兰先生认为一田即百亩，引《考工记·匠人》"田首倍之"注："田，一夫之所佃百亩"为证[8]。然甲、金文及先秦典籍均无一田为百亩的明确记载，郑注显然有受后世田制影响之成分。要探讨商周田之单位面积仍需从甲、金文中寻找线索。本文在上述二个问题中已指出：田本义为田猎，方法为焚林而田，田猎后焚烧过的土地也称田，具体负责田猎和耕种者也称田。联系郑注"一夫之所佃"为田来考虑，郑注是有所依据的，佃就是治田。《汉书·韩安国传》："方佃作时，请且罢屯。"注："佃，治田也。"但郑云"百亩"则错了。商周时田之单位面积可能是以人来计算的，即以一夫所能耕作者为限，具体数额尚未确定，但大体上彼此相差不会太大。近世京郊山区，田的面积也仍有以人畜耕作时间来计算者，如用一上午的时间耕种的一块称为“一晌地”，这和郑注“一夫之所佃”同为按人工来计算的一样。用这个观点看西周金文中的一些现象，有些问题可能会得到更合理的解释。五祀卫鼎云井伯邑父、定伯、琼伯、伯俗父令三有司、内史、寺等人监督和勘定邦君厉付予裘卫四田，“氒逆（北）疆罘厉田，氒东疆罘散田，氒南疆罘散田、罘政父田，氒西疆罘厉田”。大概正是因为一田之单位面积尚未确定，故仅云付予四田是不明确的，尚须明白无误地勘定这四田的四至。散人盘记载矢人付予散人之田，也详细记述了所付田之四至及环境标识，这也证明当时田之单位面积未定，故需将其四至标识记录在案。若田的单位面积是确定的，则何必这样不厌其烦呢？还有，卫盉记载矩伯从裘卫处要了价值八十朋贝的瑾璋，代价是给予裘卫“田十田”，平均一田值贝八朋，矩又要了“赤虎（琥）两、麀𠦪两，韐一”，价值二十朋，代价是给田三田，则一田平均值贝不到七朋。同为一田，其一值八朋，其一值不到七朋，其间必有差异。这种差异有两种可能：一为田之质量好坏不同，一为大小多少不同。然铭文中未见有田之好坏的区别，直言“其舍田十田”，“其舍田三田”。那么，第二种可能性更大，即十田中的每一田与三田中的每一田其大小是不等的，但相去不甚远（这从每田值八朋与差不多七朋可知）。这其中不也透露出当时田之单位面积尚未以具体数量来确定，而以人力即一夫所耕之大小为单位的信息吗？

上述意见，仅是本人对商周田之单位面积的蠡测，很不成熟，尚有待深入研究。

注释：

[1] 王明阁：《先秦史》；《对卜辞中“王其田”的几点看法》，《北方论丛》1970年第6期。

[2] a. 张政烺：《卜辞裒田及其相关诸问题》，《考古学报》1973年第1期；b. 孟世凯：《商代田猎性质初探》，《甲骨文与殷商史》。

[3] a. 徐中舒：《井田制度探源》，《中国文化研究汇刊》第4卷；又《试论周代田制及其社会性质——并批判胡适井田辨观点和方法的错误》，《四川大学学报》1955年第2期，又《甲骨文字典》“田”字条。b. 徐喜辰：《殷代兵制初探》，《吉林大学学报》1988年第1期。c. 杨升南：《殷契卜辞田字说》，《徐中舒先生九十寿辰纪念文集》，巴蜀书社，1990年。

[4] 同[2]b.。

[5] 黄然伟：《殷王田猎考》，《中国文字》第14册，1964年。

[6] 同[2]a.。

[7] 裘锡圭：《甲骨卜辞中所见的田牧卫等职官的研究》，《文史》第19辑。

[8] 唐兰：《西周青铜器铭文分代史征》，卫盉注释。

（原文刊于《中国历史博物馆馆刊》1992年总第18—19期）

匈奴民族形成发展阶段说

杨　阳

匈奴族源问题是一个难度很大的研究课题，而且至今仍未得出比较一致的结论。在《匈奴民族起源于鄂尔多斯地区辩难》一文中[1]，我们曾结合文献和考古学资料，考察了匈奴与自然地理环境，匈奴的葬俗、政治、经济、文化等诸问题，切断了匈奴与北狄在族源上的联系，从而否定了匈奴与鬼方、獯鬻、猃狁、北狄同族源说。在此，笔者谨就这一问题再提几点补充意见，以求教于诸位学者。

一　匈奴民族形成于何时

这个问题实际上是诸家分歧的焦点。其中早者认为匈奴起源于夏商，晚者则坚持匈奴起源于战国。上下一二千年，时差可谓大矣！

笔者认为，在考察匈奴民族的形成过程，探讨匈奴族源问题时，首先应当搞清楚“民族”这个概念，对民族的定义做出统一的规定，只有这样，才有可能在一定范围之内展开有意义的讨论，以期逐步解决这一难题。

关于民族的定义，学术界也有不同的看法。有的学者主张各种人们共同体，包括氏族、部落和民族，都可从广义上称为民族；但更多的学者则主张民族是原始社会后期由部落或部落联盟融合而成的，是“政治社会”即阶级社会或文明社会的产物，应与氏族、部落的概念有本质的区别。笔者赞成后一种观点。

民族是一个历史的范畴。民族是历史上形成的具有一定特征的人们共同体；民族不是从来就有的，而是社会发展到一定阶段的产物。根据马克思主义的理解，原始社会解体以前的氏族和部落都不能称之为民族，氏族和部落不应包括在马克思主义民族概念之内。从民族产生至民族消亡，是与生产方式的变化相适应，与阶级社会的存在相始终的。故原始社会时，民族应未产生。这种观点是符合历史发展的逻辑性的。

在民族概念统一的前提下，我们再来探讨匈奴民族形成于何时的问题。既然民族是阶级社会的产物，那么，匈奴何时由原始社会进入阶级社会，就成为匈奴民族形成于何时的关键。

《史记·匈奴列传》在记述匈奴早期历史时这样写道：“自淳维以至头曼，千有余岁，时大时小，别散分离，尚矣，其世传不可得而次云。然至冒顿而匈奴最强大，尽服从北夷，而南与中国为敌国，其世传国官号乃可得而记云。”“逐水草迁徙……然亦各有分地。”“士力能弯弓，尽为甲骑。其俗，宽则随畜固射猎禽兽为生业，急则人习战攻以侵伐，其天性也。”这段记载正是匈奴在头曼单于之前，牧场仍归氏族公有，生产组织与军事组织合而为一，氏族组织还未解体，氏族部落和部落联盟极不稳定，王位并未世袭，国家还未建立的社会状况的真实写照。这种社会状况表明，匈奴当时仍处于原始社会阶段，还未踏入阶级社会的门槛；也就是说，匈奴作为一个民族实体，还未最后形成。

到了匈奴第一个单于头曼和其子冒顿单于时（前3世纪晚期至前2世纪早期），匈奴社会发生了根本的变化。这个变化的显著标志是，冒顿杀其父头曼单于自立为单于，确立了匈奴单于的世袭制度。匈奴单于世袭制的确立也标志着匈奴社会从此进入阶级社会。另外，在漠北发掘的属于前 3 世纪至前 2 世纪的匈奴墓葬中，有随葬品甚为丰盛的富有大墓，还有许多随葬品极其贫乏的穷困小墓。这可以看作是匈奴社会发生质变的一种反映[2]。

匈奴名称最早见于古代文献的年代是前 4 世纪末，这恐怕是匈奴同中原诸侯国接触的上限，也应是匈奴出现于历史舞台之时。到了前 3 世纪末，匈奴更作为一个民族实体和政治实体而崛起于大漠南北。否则，一部匈奴史何不自商周间的鬼方开始?

二　关于匈奴人种归属的联想

由于人种在构成民族特征的诸因素中，最具有遗传性和稳定性，对研究古代民族的起源和发展具有一定的参考价值。因此，匈奴族的人种归属也是学术界长期争论不休的问题之一。基本上可以分成三种不同的见解：匈奴应属蒙古人种；匈奴是一个混合的种族，兼有欧罗巴人种和蒙古人种两种成分；匈奴属于欧罗巴人种。

潘其风先生根据国内外发现的匈奴的颅骨材料，分析了匈奴族的人种成分，发表了《从颅骨资料看匈奴族的人种》等几篇文章，提供了一些很有价值的资料。其中有些论据和推论给了笔者几点启示，激发了一些联想，虽然其结论中尚不无可以商榷之处。

1977 年在青海省大通县上孙家寨发现东汉时期（相当于 2 世纪）的南匈奴贵族墓，该墓随葬品中有“汉匈奴归义亲汉长”铜印一枚可证[3]。“综合形态和测量分析两方面的比较，大通匈奴颅骨体质特征的主要倾向，表现出与北亚蒙古人种有较密切的关系”。“基本上与贝加尔湖匈奴组接近”，但“又与贝加尔湖匈奴组不尽相同”[4]。

1973 年发现的内蒙古伊克昭盟杭锦旗桃红巴拉古墓，据考古发掘报告说，这是春秋晚期白狄或称为先匈奴的墓葬[5]。“桃红巴拉颅骨的面部特征，与贝加尔湖匈奴组有些相似”，但“显然存在着较大的差异”[6]。

1979 年在内蒙古乌兰察布盟凉城毛庆沟遗址发现了一批战国时期的墓葬，考古发掘报告认为毛庆沟第一期文化应属于某一支狄人的文化，而二、三、四期文化则可能与楼烦有关[7]。“毛庆沟组头骨的体质形态特征，与蒙古人种东亚类型的现代华北组接近，与北亚和极区类型差别明显，只是面部扁平性与北亚类型有些相似。”“就现有的颅骨材料，我们知道甘肃史前混合组、商代殷墟安阳一组、夏家店上层文化的南山根组等古代居民的面宽都偏窄。也可以说至少远在青铜时代，一种面型相对较狭的古代居民就已经广泛地分布于华北地区。与此相联系考虑，毛庆沟组的面宽较窄这一特征的出现，可能并非偶然，这也许可以认为毛庆沟组的体质特征与青铜时代的华北居民有较密切的关系。”[8]潘其风先生则认为：

> 上述匈奴头骨材料出土地点的地理分布，在亚洲发现的地域南自河套地区，北至贝加尔湖，时代自公元前六世纪到公元一世纪，包括了春秋战国、西汉和东汉几个历史时期。分析这几组匈奴头骨人种的类型的差异和分布，大致可以看到下面这样一些现象。
>
> 外贝加尔地区和蒙古诺颜山出土的头骨的人种类型基本相同，都可归属于蒙古人种的古西伯利亚类型。外贝加尔地区的匈奴人中还杂有欧罗巴人种因素的混入。但离诺颜山以西三百公里呼尼河沿岸发现的时代稍晚的匈奴人群中，则存在有欧罗巴人种和蒙古人种两个大人种共存的现象。
>
> 在我国境内所发现的匈奴墓葬中，迄今尚未见到有两个大人种共存或混血的现象。同时也缺乏以长颅型结合低颅型为主要特征的古西伯利亚类型的头骨。桃红巴拉和毛庆沟两组头骨的颅面形态特征虽然带有某些北亚人种的因素，如较高的上面高和扁平的面部，但主要是以接近东亚人

种的形态特征占优势，尤其像毛庆沟组头骨中普遍的高颅性质和较窄的面宽这类与东亚人种相似的特征，显然与外贝加尔地区和诺颜山的匈奴头骨有差别。从时代上看桃红巴拉和毛庆沟两组均早于外贝加尔和诺颜山的匈奴遗存。

……

值得注意的是，在东欧匈牙利发现的匈奴时期墓葬中得到的古人类学材料，也有属于古西伯利亚类型的头骨。这证明了入侵欧洲的匈人就是源于东方的匈奴。既然北匈奴的后裔仍保持有古西伯利亚类型的特征，那么我们有理由推测组成北匈奴的主体居民是属于古西伯利亚类型的人群。[9]

从以上几组匈奴人种材料的分析中，我们可以归纳出：在外贝加尔和蒙古地区发现的匈奴人骨可归属于蒙古人种的古西伯利亚类型；内蒙古地区发现的所谓春秋战国时期的匈奴人骨虽带有北亚人种的因素，但主要是以接近东亚人种的形态特征占优势；青海大通发现的东汉时期南匈奴贵族人骨表现出与北亚蒙古人种有较密切的关系。

这里需要指出的是，桃红巴拉和毛庆沟墓葬的族属是否为匈奴？我们曾在有关文章中对以桃红巴拉为代表的一批属于春秋战国时期的匈奴墓葬的可信程度提出质疑，并认为由于北狄与匈奴实非一族，而至战国晚期之前，在鄂尔多斯一带活动的民族主要是北狄，并未纳入匈奴的势力范围，因此这批墓葬的族属应是北狄[10]。田广金先生在后来出版的《鄂尔多斯式青铜器》一书中，已对自己过去的观点在某种程度上作了修正[11]。

由此看来，可以得出这样的结论：

（一）先于匈奴民族几百年，从“原草原居民”中发展起来而活动于北方地区的北狄民族，通过与华北地区华夏民族的接触，不但在政治、经济和文化等方面发生了变化，而且在人种上也发生了变化，逐渐更接近于东亚类型。

（二）于前 3 世纪兴起的匈奴民族，其人种应归属于蒙古人种的古西伯利亚类型，后在其民族大发展和大融合阶段，又杂入了东亚类型、欧罗巴人种等成分，但在程度上，这种东亚类型成分也比北狄民族的东亚类型成分所占比例少得多。这可能是由于强大的秦汉政权与匈奴政权在政治军事上的敌对性和地理区域上的隔离性所造成的。

匈奴人种的归属还说明，在匈奴民族兴起之前，与中原华夏民族打过交道的鬼方、猃狁和北狄绝非匈奴或先匈奴，否则上千年的交往混居，恐怕难以保持匈奴原生血统的“纯洁性”，从而应在后来的匈奴民族人种成分上，表现出更多的东亚类型体质特征。关于这一点，已从青海大通、东汉时期南匈奴贵族人骨仍以古西伯利亚类型成分为主这一事实中得到了印证。

三　匈奴民族与夏、羌等民族同一族源辩难

在匈奴族源诸说中，匈奴与夏同族之说，历史最为悠久。司马迁在《史记·匈奴列传》一开始便说：“匈奴，其先祖夏后氏之苗裔也，曰淳维。”以后历代，倾向此说者不乏其人。

内蒙古文物工作队的陆思贤先生，在《“撑犁孤涂单于”词义反映的“挛鞮氏”族源》一文中论证和发展了这一观点[12]。其论据主要是：匈奴统治集团的主体民族奉祀的原始图腾是龙；顾颉刚先生认为黄帝、禹、烛龙、鼓、姮娥等神话均属于昆仑系，出于羌戎，匈奴统治者挛鞮氏对于天与龙的信仰又如此相似，那么也应源出羌戎；夏民族与匈奴民族的立国星象同为“昴星团”，说明夏民族在远古也是匈奴的一个支系，或同出于羌戎族；夏民族与匈奴族所崇拜的图腾神都是龙，族源相同也无可非议。

对陆先生的观点，笔者不便苟同。试提几个问题如下，以期引起讨论。

（一）匈奴与夏在人种类型上的比较

前面我已介绍了匈奴民族的人种类型，现在我们再来看看夏民族的人种类型的归属。

由于相当于夏代的河南龙山文化晚期和二里头文化的人骨材料采集缺乏，夏民族人种类型还不能明确定性。但韩康信、潘其风二位先生在经过分析比较之后，得出以下结论："大约在公元前第五至四千年，生活在黄河中游的具有中颅型、高颅、中等面宽和面高、中等偏低的眶型，较宽的鼻型，比较扁平的面和上齿槽突颌、中等身高等特征占优势的新石器时代居民，可能与传说中的华夏集团有关 。"[13] 这就说明，夏民族的人种类型至少不能归于蒙古人种的北亚类型。也就是说，从人种学的角度，排除了夏民族与匈奴民族同一族源的可能性。

（二）匈奴与夏、羌在语言上的异同

语言是民族的一个重要特征，也是形成民族的一个重要因素。在研究各种人们共同体的特点及其发展规律时，语言是最显著的民族学标志。

关于匈奴民族的语言问题，目前研究匈奴语言的学者一致认为匈奴语属于阿尔泰语系中的一个语族，但究竟属该语系中的蒙古语族抑或突厥语族，则尚有争议。留传至今的匈奴语并不多。《史记・匈奴列传》说匈奴人"无文书，以言语为约束" 。《后汉书・南匈奴传》也说呼衍氏等大姓"主断狱讼，当决轻重，口白单于，无文书簿领" 。现存的匈奴语汇是由西汉时人用汉语音译保存下来的。

关于夏民族的语言问题，虽然目前仍在探索阶段，但近些年来考古学的新发现，已为这一问题的解决，提供了可靠的依据。邹衡先生认为："尽管现在学术界对于夏文化的认识尚未完全一致，但二里头文化就是夏朝所属的考古学文化，即夏文化。" "二里头文化的文字……都刻在陶器之上……这些陶文……从结构来看，同甲骨文已经非常接近。"[14] 汉字是与中国古代文明同时产生的。夏代的文字与以后的商周时期的甲骨文、金文乃至楷书是一脉相承的。夏民族的语言也无疑属于汉藏语系。这就说明，夏民族与匈奴民族在语言上分属两个语系，毫无语言间的亲属关系，即无语言间的历史渊源关系。并且，夏民族已有自己的语言文字，匈奴民族则有语言而无文字。很难想象，与夏民族同族源的匈奴通过 1000 多年的发展形成民族之后，竟将原有的语言演化为另一语系的语言，并丧失了原有文字。

另外，羌族语言亦属汉藏语系，早已成为定论，与匈奴语言也不能混为一谈。

（三）匈奴与夏、羌在图腾上相同与否的意义何在

图腾是氏族的徽号或标志。图腾崇拜是在自然崇拜的基础上发展起来的，它与母系氏族是同时发生的，是原始氏族社会的产物，并曾在很长的历史时期内存在过。

匈奴的图腾是什么？有人认为以龙为图腾，姑可作为一说。此外，匈奴中的不同氏族可能还有其他类型的图腾。于省吾先生认为："《晋书・北狄・匈奴传》：北狄以部落为类，其人居塞者，有屠各种、鲜支种、寇头种、乌谭种……凡十九种，皆有部落，不相杂错。……当时匈奴可能处在父系制时代，因而还保存着图腾划分氏族的遗风。"[15] 这十九种部落虽皆称北狄，却并不尽为匈奴，且当时的匈奴不可能仍处于父系制时代。但由此却可知匈奴的图腾不止一种。在北方广大地区发现的"鄂尔多斯青铜器"的动物纹母题，主要有鸟纹、蛇纹、鹿纹、山羊纹、虎纹、豹纹、马纹、牛纹、驼纹、狼纹和其他不明种属的动物纹等。其中鸟纹、鹿纹、蛇纹、山羊纹和虎纹，是各个时期最有特征的[16] 。这么多动物纹母题的存在，似乎也可作为匈奴等北方游牧民族图腾崇拜多样性的考古实物例证。

羌的图腾是什么？于省吾先生认为："《后汉书・西羌传》：西羌有牦牛种、白马种、参狼种等，都系图腾名称。"[17] 另外，根据历史文献、民族学和考古学的材料，羌族还敬"羊神"和"白石神"[18] 。

夏的图腾是什么？根据不同的传说，有不同的说法，有薏苡图腾说、石图腾说、熊图腾说、鱼图腾说、龙图腾说，等等。我们可以把这些图腾理解为夏族体系的组成部分[19] 。

由于我国古代图腾研究尚缺乏全面、翔实的材料，大多是一种猜测，所以仅以图腾相同与否作为若干民族是否同源，作为参考还可以，作为论据则缺乏科学性。就拿龙图腾崇拜来说，我国还有不少民族的图腾与之有关，如古越人及苗、彝、傣等族[20] 。当然，人们是绝不会认为这些民族既以龙为图腾，就一定与夏、匈奴等族同源的。

（四）匈奴与夏、羌在考古学文化上的关系

国内外发现的属于匈奴民族的考古学文化遗存，和国内发现的属于夏民族的考古学文化遗存，以及属于古羌人的考古学文化遗存，分属于不同的考古学文化的区、系、类型，这是众所周知的事实。鉴于篇幅有限，不可能罗列大量的考古学文化现象以作分析比较，故笔者在此仅想借此题目作为一种提示。有关问题将另文论述。

四　从匈奴姓氏看匈奴与他族之关系

姓氏是标志社会结构中一种血缘关系的符号，因此姓氏的同异也能区别民族的同异。

部落联盟是形成民族的母体，而部落是由若干氏族组成的。氏族—部落是有着单一不变的共同祖先的纯血统的人们共同体。姓氏是氏族组织的标志之一，姓是族号，氏是姓的分支。姓氏的来源主要有：（1）血缘的因素，如姒、姬、姜等古姓均从女旁，“姓，人所生也。从女，从生，生亦声”[21]。（2）地缘的因素，如黄帝本姓公孙，后因“长于姬水”，改为姬姓；神农氏因“长于姜水，故为姜姓”[22]。（3）由图腾的名称发展而来，“如云南新平扬武鲁魁大寨的彝族人认为，方姓是獐子变来的；杨姓是绵羊变来的；范姓是水牛变来的；张姓是绿斑鸠变来的，等等”[23]。此外，还有以国为姓，以官为姓者。姓往往表示氏族成员所出生的氏族，同姓的氏族部落则表示这些氏族部落之间的血缘关系。社会的发展导致氏族—部落制度的瓦解，人们冲破血缘纽带的束缚，在一定范围内流动交往，混杂居住，使原先属于不同部落的人们逐步具有操同一语言并占有一个共同地域等特征，从而成为产生和发展民族的母体。因此，对古代姓氏构成的研究，可以为我们探寻古代民族的族源以及识别民族之间的关系，提供一条颇有参考价值的线索。

根据《史记·匈奴列传》、《汉书·匈奴传》、《后汉书·南匈奴传》的记载，匈奴开国时期，除了皇族挛鞮氏外，有两个显贵氏族即呼衍氏和兰氏，后又有须卜氏。东汉时期增加了一个名族丘林氏。到南匈奴时，还有出身于韩氏、当于氏、呼衍氏、郎氏、栗籍氏等各氏族的骨都侯。《晋书·北狄匈奴传》也说匈奴有出身于呼延氏、卜氏、兰氏、乔氏等氏族的人世代担任高官显职，还有“勇健而好反叛”的纂母氏、勒氏等氏族。到了魏晋时期，在匈奴中又出现了两个新的显贵氏族即屠各氏和沮渠氏。

据《春秋》、《左传》、《国语·周语》、汉王符《潜夫论·志氏姓》等历史文献记载，赤狄包括东山皋落氏、廧咎如、潞氏、甲氏、留吁、铎辰等部落集团；赤狄统治集团原姓隗，后又融入妘、姬二姓。白狄包括鲜虞、肥、鼓等部落集团，其族姓为姮；春秋战国时鲜虞统治集团又为姬姓。长狄的族姓如漆。

关于夏的姓氏，据《史记·夏本纪》所载：“禹为姒姓，其后分封，用国为姓，故有夏后氏、有扈氏、有男氏、斟寻氏、彤城氏、褒氏、费氏、杞氏、缯氏、辛氏、冥氏、斟戈氏。”比较一下以上三个古代民族的姓氏，似乎看不到三者之间有什么相同之处。这就又从“姓氏学”的角度，排除了匈奴与北狄、夏属于同一族源的可能性。

五　匈奴民族发展阶段说的内涵和轮廓

在关于匈奴族源的四种观点中，最有影响的实际上是鬼方、混夷、獯鬻、猃狁、戎、北狄和匈奴（胡）一脉相承之说，以及匈奴为夏后氏苗裔之说两家。通过对这两家观点的辩难，笔者认为两家观点难以成立，应当予以排除；并提出一种新的可能性即“匈奴民族形成发展阶段说”。

匈奴民族形成和发展的前一阶段是匈奴民族的一元形成时期，即匈奴民族的主体直接从原始社会末期的部落联盟脱胎而来，其中并无其他“老民族”的成分；后一阶段才是匈奴民族的多元发展时期，即又融入了多种民族成分。值得注意的是，在后一阶段中，匈奴民族有被笼统化和扩大化的倾向。在匈奴民族统治的疆域内，除了一些被同化的部落和民族外，还有许多被征服了的部落和民族，如乌桓、鲜卑、丁零等，他们虽然在匈奴民族的统治之下，但仍保持自身的民族特征，未被同化，正因为如此，当匈奴民族衰落和西迁后，这些原来被统称为“匈奴”的部落和民族才又分化出来，再度发展、崛起。这里需要把握住两个概念，一是纵向的，即匈奴民族形成和发展的阶段性；二是横向的，即匈奴民族主体构成的排他性。这就是匈奴民族形成发展阶段说的概念和内涵。

那么，是否可以根据此说，大致勾画出匈奴民族形成过程的轮廓来呢？笔者作了以下的尝试。

根据前面匈奴人种的分析结果，匈奴民族的祖源可能活动于大漠以北，时间长约“千有余岁”。汉初的娄敬说匈奴“本处北海之滨”（北海，一般指今贝加尔湖）。可以作为一条印证材料。后其重心南移，约公元前 4 世纪晚期，才与中原诸侯国接触，并始见于历史文献。

关于匈奴此时南下的原因，估计与当时东亚地区气候上总的变化趋势有关。“从气候的变迁来说，根据孢粉分析和碳十四年代的测定，我国的广大地区，在五六千年以前曾具有一种温暖湿润的气候；根据大量考古学资料和历史资料的分析，从三千年前开始现了气温的下降趋势，这种趋势一直延续到现代，而其间又穿插着若干次以世纪为期的气温回升和复降”。“大致在二千到二千五百年前，我国温暖气候开始转向寒冷”。“五六千年的湿润气候，之后所出现的变干阶段在华北、东北、西北、西南和长江以南都有证据。尽管它们发生的时间未必完全一致，但是，一个非常干燥阶段的存在则是可以肯定”[24]。有的学者进一步提出，中国近 5000 年的气候史上，出现过四个寒冷时期，其最低温度大体在公元前 1000 年、公元 400 年、1200 年和 1700 年。这时年平均温度要降低 1 到 2 摄氏度，即等温线要向南推移 200 到 300 千米，即从长城一线推到黄河以北。这一趋势是从东向西发展。另外，4 至 6 世纪和 11 至 13 世纪也正是亚洲的干燥期。这些自然条件的变化，正好同中国古代历史上几次北方民族的南下与西迁——即公元前 1000 年左右的西周后期与春秋，公元 400 年的“五胡十六国”，公元 1200 年左右的契丹、女真和蒙古，公元 1700 年左右的清入关——相吻合。这一现象似乎不能当成纯属巧合[25]。

另外，北方草原地区的自然地理条件和游牧经济的特点，也是匈奴南下的重要原因。第一，北方草原地区的自然地理环境决定了匈奴游牧经济的单一性，手工业和农业虽已产生，但所占比重甚小。第二，游牧经济决定其生活的流动性，游牧民的迁移，在一般情况下是有比较固定的路线，在传统范围内往复进行的，但是这种相对固定性很容易由于天灾或其他地区游牧民的干扰而受到破坏，从而迫使他们做出超乎寻常的大规模与远距离的迁徙。第三，由于游牧经济的脆弱性，抗拒自然灾害的能力很低，一遇风灾雨雪，严寒旱疫，牲畜便大量死亡，使牧民的生活和再生产遭受毁灭性的打击，例如《史记·匈奴列传》、《汉书·匈奴传》和《后汉书·南匈奴传》曾记载了公元前 104 年冬、前 89 年、前 71 年冬、前 68 年及公元 46 年前后，匈奴地区发生的这类情况。这种经济上的不稳定性，便导致了匈奴的政权和国力忽强忽弱，骤兴骤衰。经济上的单一性决定了对外交换的需要；生活上的流动性使之容易突破自然经济的隔绝状态；而经济上特殊的脆弱性更增大了与外界进行交换的迫切程度。当时，蒙古草原的东、西、北三面所分布的都是经济类型相似的民族，无法满足这种需要，而南面中原的农业地区则是唯一的交换市场。再加上农区和牧区之间没有巨大的自然屏障，而且还有像河套这样宜农宜牧的过渡地带，可以充当农、牧民族进行交往的桥梁。

这种自然和经济上的诸多因素形成强大动力，推动着北方游牧民族千百年来不断反复的“南向运动”。“游牧世界”与“农耕世界”的关系，有时还表现为军事冲突。

约到了公元前 3 世纪晚期，匈奴民族初步形成。匈奴历史上第一个单于头曼，建王庭于漠南阴山之北的头曼城[26]，其势力突破了长城，占领河套以南地区。公元前 215 年，秦始皇派蒙恬收复了“河南地”，头曼单于不胜秦，北徙。公元前 209 年，中原各地起兵反秦，“于是匈奴得宽，复稍度河南，与中国界于故塞”。西汉元帝时，“习边事”的郎中侯应说：“臣闻北边塞至辽东，外有阴山，东西千余里，草木茂盛，多禽兽，本冒顿单于依阻其中，治作弓矢，来出为寇，是其苑囿也。”[27] 可知冒顿单于原来也居于阴山之中。之后，匈奴冒顿单于征服了北方诸族，以国家形式独立于北方草原地区，并将其单于庭由漠南阴山之北迁至漠北。

简言之，匈奴的祖源来自漠北；民族形成的发祥地在阴山一带；民族大发展时期的重心又回到漠北。

民族形成和发展的过程应具有阶段性和多样性，不同的民族也应有不同的历史和道路；一个民族之所以成为民族，就因为它本身具有不同于其他民族的许多特征，具有可识别性；就其个别特征来看，或许是若干民族所共有的，但就某个民族的全貌来说，它又是仅为这个民族所特有的。民族的历史是一个非常复杂的发展过程。

匈奴族源作为一个历史上的难题，难就难在历史文献和考古资料缺环甚多，无法进行系统的分析研究。在这样的条件下，要想找到解开这个历史之谜的钥匙，复原匈奴历史的本来面貌，仅仅在历史文献和考古资料上做文章就不够了。我们应当运用历史学、考古学、体质人类学、文化人类学、民族学、语言民族学、姓氏学、宗教符号学、自然科学方法和手段，以及包括想象力在内的逻辑推理，对匈奴历史进行综合性研究，以求逐步做出符合历史逻辑性的具有最大可信程度的结论。

注释：

[1][10]雷从云、杨阳:《匈奴民族起源于鄂尔多斯地区辩难》,《内蒙古师范大学学报》1984年第3期。

[2]林干:《匈奴墓葬简介》,《匈奴史论文选集》，中华书局，1983年。

[3]青海省文物管理处考古队:《青海大通上孙家寨的匈奴墓》,《文物》1979年第4期。

[4][6]潘其风、韩康信:《内蒙古桃红巴拉古墓和青海大通匈奴人骨的研究》,《考古》1984年第4期。

[5][11][16]田广金、郭素新:《鄂尔多斯式青铜器》，文物出版社，1986年，第203—219页。

[7]同[5]，第227—315页。

[8]同[5]，第316—341页。

[9]潘其风:《从颅骨资料看匈奴族的人种》,《中国考古学研究——夏鼐先生考古五十年纪念论文集》(二集)，科学出版社，1986年。

[12]陆思贤:《"撑犁孤涂单于"词义反映的"挛鞮氏"族源》,《内蒙古大学学报》1985年第3期。

[13]韩康信、潘其风:《古代中国人种成分研究》,《考古学报》1984年第2期。

[14]邹衡:《中国文明的诞生》,《文物》1987年第12期。

[15][17]于省吾:《略论图腾与宗教起源和夏商图腾》,《历史研究》1959年第11期。

[18]周庆明:《卡约文化和寺洼文化的族属问题——兼论我国古羌人的起源》,《中国历史博物馆馆刊》1984年总第6期。

[19]a.朱天顺:《中国古代宗教初探》，上海人民出版社，1982年;b.袁珂:《中国古代神话》，中华书局，1960年。

[20][23]宋兆麟等:《中国原始社会史》,文物出版社,1983年。

[21](汉)许慎:《说文解字》。

[22]《史记·五帝本纪·索隐》。

[24]《中国自然地理——历史自然地理》,科学出版社,1982年。

[25]a.程洪:《新史学:来自自然科学的"挑战"》,《晋阳学刊》1982年第6期;b.宁可:《地理环境在社会发展中的作用》,《历史研究》1986年第6期。

[26]《汉书·地理志》。

[27]《汉书·匈奴传》。

（原文刊于《内蒙古社会科学》1992年第1期）

由占田课田制看西晋的土地与农民

余 逊

一 问题的提出

晋司马炎在公元280年（太康元年）平吴统一全国后，曾公布农民的占田和课田制度（以下简称占田制），规定农人种田的亩数和租税负担。《晋书·食货志》的记录说：

平吴之后，制户调之式，丁男之户岁绢三匹绵三斤，女及次丁男为户者半输。男子一人占田七十亩，女子三十亩。其外丁男课田五十亩，丁女二十亩，次丁男半之，女则不课。男女年十六已上至六十为正丁；十五已下至十三，六十一已上至六十五为次丁；十二已下六十六已上为老小，不事。

这一段记载，文字简略，有三点容易使人发生疑问：（一）只说明户调绵绢的数目，而无每亩纳田租多少的记录。似乎田租合并在户调内征收。元初马端临就有这样的推测[1]。（二）有男女每人占田多少的规定，似乎晋代普遍授田。所以马端临说那时"户户授田"，"无无田之户"[2]。（三）"其外丁男课田五十亩……"，"其外"二字，是指占田七十亩、三十亩的男女之外的丁男丁女呢，还是指男女除耕种自己所应占田地之外，还要种几十亩田将收获物缴归政府作为租课呢？

我曾经就晋朝公布此制的前后史实，对于《晋书·食货志》记录的内容，写出以下三段意见，希望对于上面所提出的三个问题，能提供比较接近事实的解答。希望能将西晋时代的农民和土地的问题，写出一个大体的形貌，并望读者君予以指教。

二 占田制是屯田制的发展

在讨论本问题之前，先需扼要地叙述此前旧时期和占田制有关系的史实。

196年（汉刘协建安元年），曹操在许下建立屯田，耕种荒地，收获谷物很多，成绩良好，后来推广到其他各地。历曹丕、曹叡以至魏末，不断地扩充新的屯田区域。曹魏领土内，今山东平原，河南、山西、陕西、湖北、安徽等处的无主荒地，大部分成为政府管理的屯田农场[3]。

屯田制有三项特点：第一，屯田是在长期战乱之后，垦种荒闲无主的土地。除一部分是由当地驻军轮班耕种外，大概是招募各地农民前来屯垦。这些来自四方离乡背井的农民，情绪不免低落，心理时常动摇，甚至于怨恨逃亡[4]。所以管理屯田区的官吏，叫做典农中郎将、校尉、都尉[5]，官衔都是武职，大概采取严格的军事管理，不属地方的行政系统。屯田的农民，曹魏时称为典农部民或屯田客，西晋称为田卒或田兵[6]，待遇和身份，都与普通农民不同。第二，名义上是招募愿意迁徙的农民，实际上不免出于强迫。

后来虽然侧重人民自愿应募[7]，但政府必须悬出比较优厚的待遇，才能招诱安土重迁的劳动人民。本来农民离开家乡，替政府屯田，本身就是徭役性质，不应当再科派他们的徭役。所以“招募屯田”，必须“加其复赏”[8]，豁免应募者徭役的负担。虽然曹叡在洛阳大兴土木，曾调取典农部民做工，这大概是违反常例的特殊事实，所以引起了典农中郎将毋丘俭的抗议[9]。可见屯田的农民，在原则上是不服徭役的。第三，屯田区的土地归政府管制。皇帝是大地主，屯田客是国家的佃客。政府便参照私人地主的租率，规定屯田客向政府缴纳粮食的数额。据晋朝人的记述[10]，用官牛耕种者官六民四，自务私牛的官民中分。

汉末一般知识分子讨论土地问题，颇有主张井田制者。如刘志（汉桓帝）时的崔实，刘协（汉献帝）时的仲长统、司马朗都是[11]。司马朗是司马懿的胞兄，他的主张，对于后代司马氏的政权颇有影响。他认为，从前政府因为难于夺取人民祖传的产业，是以至今井田不能恢复。现今大乱之后，人民分散，土地没有主人，变为政府控制的公田，正可以乘此时分给农民，以实现儒家所倡导的井田制。这是汉末大部分儒生的共同看法。司马氏以儒生世家标榜，这也可以算是司马氏的家学。

屯田制的施行，政府虽然增加了粮食收入，但在同一行政区内，有两种不同的行政系统，两种身份和待遇不同的农民，统治者大概也感觉有些不便。而且成立已久的屯田老区，屯田客在那里生活已久，视为故乡，已无相率逃亡的顾虑，用不着中郎将、校尉、都尉那些军队式的特殊管理。司马昭灭蜀的第二年（264年，魏曹奂咸熙元年），遂“罢屯田官以均政役、诸典农皆为太守，都尉皆为令长”[12]。司马炎做皇帝后，于268年（泰始四年），下诏“废典农为郡县”[13]。屯田区和田官，既然改为普通地方行政区及其官吏，屯田客名义也不存在，就成为普通农民。他们还可以照旧时规定的田亩数额，从事耕种。屯田区既取消，可以说政府已将控制的土地权开放，成为旧日屯田农民的合法占有了。据267年（泰始三年）政府官吏编辑的《晋故事》说[14]：“凡民丁课田，夫五十亩，绢三匹，绵三斤。”这里所记的课田和棉绢征收的数目，与280年晋平吴后施行的占田制内所规定，完全相同。由此可见，在264年罢屯田官命令公布以后，268年废屯田区的命令发布以前，占田制内课田的规定，已经实行。这样，表面上适应了司马朗分配公田的主张，其实只取消了一部分旧屯田区以及典农等田官和典农部民、田兵、田卒等名词，实质上不会有什么改变。负担方面，也没有减轻，政府也不会减少财政收入（详第四节）。这是统治者玩弄名词的把戏，而好些旧屯田区，却从此改换招牌，成为新的行政区了。

但是地广人稀土地荒废的情形，在司马氏的统治区域内，还普遍存在。那时全国尚未统一，军事行动尚需进行，曹操营屯田储军粮的政策，还有其继续存在的客观条件。有些地方，还有大片的荒废土地，需要发动人民前往屯垦。有些成立不久的屯田新区，大概还需要典农中郎将、都尉等田官的特殊管理。所以5年之间（264年到268年）下了两次改屯田区为郡县的命令。足见第一次命令公布后，并没有普遍执行，还有许多屯田区照旧存在。就是第二次命令发表的那一年，傅玄还向政府提出意见，认为当时政府将田兵的租谷比例，增加到官八士二和官七士三，必定使他们无法生活，发生反感。主张仍恢复曹魏的旧制。他又指出政府不应增加田兵种田的亩数，致使他们不能精耕细作，收获量反而减少[15]。足见这次命令颁布后，有些地方还在进行屯田区的经营。

280年（太康元年），全国统一后，战争时期过去，需建立一个经常的土地和租调制度，才有《晋书·食货志》所载农民户调和占田课田的统一规定。我们从《晋故事》的记录知道，280年以后，新颁布的课耕户调的制度，还是13年以前（267年以前）已经实行的旧法。由此又可知占田制在267年以前已逐步施行。大概行屯田制的区域早已逐渐减少，行占田制的地方逐渐增加，直到280年军事行动结束、晋廷公布占田制后，屯田旧法与占田新制同时并立的现象，大概要消失了。

由此可见占田制是屯田制的发展，是逐渐演变逐步进行的。264、268两年的废屯田区的命令，正可以看出两种制度交替演变的痕迹。我们不能把280年占田制的公布，认为是崭新的开始，这是很显然的。

三　占田制与晋廷的垦田政策

从曹操以后，统治者常发动人民垦种荒地，但采用的却是屯田制度。西晋统一前后，对于垦荒，也曾经作为政府主要的课题。但是配合这种政策的，不仅靠旧的屯田制，而主要是新的占田制。

前揭指出264年罢屯田官的命令颁布后，占田制已逐步实施。曹魏几十年的屯田努力，虽然逐渐恢复了北方的农业生产，但一直到魏末晋初，北方劳动力还是缺乏，待开垦的地方还很多。所以264年一面宣布罢屯田官，一面以供给两年粮食免除20年徭役的优厚条件，劝募蜀人内徙[16]。280年平吴后，晋廷公布：将吏渡江的免除徭役10年，百姓和百工免除20年[17]。政府既尽力招诱南人北来，自然要替他们筹划职业。在封建社会中，一般没有特殊技能的劳动人民，要谋生计，很自然的被分配去垦种荒地。晋廷便可以按照占田制分配土地给农民，而不必强迫农民做统治者的佃客。就是一般郡县的农民，如果自有土地还不是政府规定的占田课田数额，尚有余力者，也可以领取荒地垦种。政府也因此增加田租的收入。

269年（泰始五年），司马炎曾命令地方官吏“务尽地利、禁游食商贩”[18]。《食货志》载杜预上书司马炎说，宋侯国地域内，应当容纳2600人种田，因为泗陂水患，坏了许多土地，以致不够分配。傅玄曾向政府建议，严惩垦田不实的地方官吏[19]。大概当时郡县守长，都要负责劝导人民垦田，要统计所管区域内农民和垦田的数目，计算两者分配的盈亏，按时报告政府。但地方官所报告的垦田数目，并不一定可靠。司马炎时，他的胞弟司马攸曾就当时农民就业的情形作一个大体的推测[20]，认为土地有余，而人民不务农的很多。就是已经列名参加农业生产的人，其中还有虚假。他建议严勅地方长官，认真检举监督。司马衷（惠帝）时，束皙论垦田的状况说：“今天下千城，人多游食，废业占空，无田课之实。”[21]这就是说，全国各地还有很多不务农的人们，虽然也照政府规定占田，实则空有其名，而荒废不务正业，实际上并不去种，不能完成课田的任务。这就是傅玄所说的垦田不实的现象了。由此可见晋初曾责命地方官吏，普遍推行垦田政策。而郡县对于农民垦种田亩多少，当然要遵照政府所定的占田数额。所以占田制是与晋朝政府垦田的政策相配合。这比屯田制的开垦，限于一定区域之内，仅由典农等田官负责，要广泛多了。

但西晋的农民，除了一部分按照政府的占田制耕种土地完纳课税外，还有很多无田的人们，做贵族官僚地主的佃客，替他们垦荒种田，和三国时情形相同。《晋书·食货志》载有晋廷规定大小官僚占田和田客的数目。马端临说晋朝户户授田，无无田之户，显然是误解，用不着深论。

四　占田制下的农民负担

前面说过，司马氏政权施行的占田制，形式上适应了司马朗分配公田的主张。但就史书所记载的研究，农民的负担，并不因之减轻，政府并没有遭受财政收入减少的损失。

在叙述占田制下农民负担之前，先需说明在屯田时期，政府向屯田客征收些什么？前面曾说过屯田客不负担徭役，而从他们的全部收获物中，提取百分之五十至六十交给政府。虽然晋初曾一度增加到百分之七十或八十，但傅玄曾向政府提出将使人民无法生活引起反感的忠告，和恢复曹魏旧制之建议，大概这种过高的征收，实行期间，不致长久。这由后来封裕向慕容皝叙魏晋征收田租旧制，还是举出官六民四和官民中分的比例，并且强调说魏晋没有剥削百姓至十分七八的事，可以作为侧面的证明。除征收谷物外，大概还有户调。曹魏时司马芝曾说过“典农专以农桑为事”[22]，而洛阳野王典农部，有桑数百顷[23]。足见屯田区内还兼营蚕桑。政府也必会向他们征收女红的成品。征收的方法和数量，史虽无明文，我推想大概是采取曹操所定的户纳绢二匹、绵二斤的旧制。晋初行占田制，也按户征收绵绢，这当是旧制的继承，也可作为屯田区内行户调制的旁证。

《魏志》载“咸熙元年罢屯田官以均政役”，可见罢屯田官的目的，一来为的是消除郡县行政官和屯田官并立的行政上不统一的毛病；二则可以调整普通农民须服徭役而屯田客被豁免的不平均现象。由此可见，占田制施行，屯田客改为普通农民后，必然增加了徭役的负担。又从《晋故事》和《晋书·食货志》所记载的户调制看，“丁男之户，岁输绢三匹绵三斤”，较曹操的旧制，又增加了一匹绢一斤绵了。

《晋书·食货志》所叙丁男丁女的占田课田的规定，我以为是指男女除耕种自己应占的旧地外，还要替政府种课田。占田部分的收获物归自己，课田部分归官。男子共种田百二十亩，以五十亩的收获归官，占全部生产品百分之四十强。女子共得五十亩，须提供二十亩的收获物，恰好占百分之四十。比较屯田旧比例减少百分之十至二十。但从魏到晋，行屯田制已数十年，农村经济逐渐好转，大多数农民，大约已能自己养牛，用官牛的不会很多。政府在屯田区所收得的粮食收入，通常都是适用官民中分的比例。则课田新制的征粮，实际比屯田时期只减收百分之十。但占田后的农民，都要服徭役，户调也较曹魏旧制增加，负担实际上有加无减。政府方面，并没有减少什么财政收入，表面上还可以轻减田租率向农民示惠，至少可以作为对那些农民加上徭役负担后的变换和安慰。

但《食货志》所载的占田课田，虽可以这样解释，但总是缺乏每亩纳粟多少的规定。《晋故事》于“民丁课田五十亩”下有“亩收租四斛”[24]一句。傅玄在268年曾说当时生产量低落，一亩只收数斛，甚至不够所耗种子[25]。由此推测，一亩四斛，是通常的生产量。课田五十亩，亩收租四斛，就是收五十亩的全部收获。但傅玄又说曹魏屯田开始时，“白田收至十余斛，水田收数十斛”，可见产量有变动。如果产量增加，政府对每亩征收的数量，便需要随时调整。所以，在经常的法制内，只载课田的亩数，作原则性的规定。而且只说田租率而不载数量，也是汉代的旧办法。其每亩征收的数量，随时制定章程公布。《晋故事》内所收，都是些政府公布的品式章程[26]，所以保存了晋初每亩收租数量的材料。《晋书·食货志》大概只记录晋初正式的典制，而遗漏了品式章程的记载，所以无每亩收租多少的说明。这与曹操和东晋以后都有田租数量的规定者不同，遂致引起后人的误会，而有田租与户调合并的揣测了。

五　结　论

在历史上，每一个封建统治者，未取得政权之先，加强自己的力量，以打垮敌人，尤其注意军力的培养与扩张。等到爬上皇帝的宝座后，就要聚精会神，创立制度，以巩固他的政权，保障他的利益，消弭一切可能危害王朝的因素。每一个时代的政治和经济制度的建立，其着眼点大概都是如此。屯田制的实施，替曹操准备了充足的军粮，创造了武装胜利的基本条件。曹操成功以后，屯田制又成为政府财政收入的重要来源。但一种制度，沿用既久，其中某些本来是重要关键的部分往往因内外在条件变更而失其意义，甚至成为发展的累赘。所以到魏末司马昭主政时，对于行用了几十年的屯田制，需要加以修正，以增加行政上指挥的便利和经济上更多的收获。屯田制就在这种情形下，逐渐让位给装璜虽改实质不变的占田制。但是劳动力不曾充分利用，非边远的地区还有荒闲的土地，使统治者感觉到“地有遗利，人有余力”。尤其是司马炎咸宁时的连年饥馑，政府收入减少，发生财政支绌的现象，政府中因此讨论到节用的问题[27]，而且可以使统治者联想到因饥荒而发生不幸事件的可能，于是务农积谷，成为统治集团的重要课题。占田课田的规定，便推广到旧屯田区以外的地方，而一般农民，都要按照政府规定的田亩数额，增加生产了。我对于晋代占田制的了解是这样的。

西晋时代，大部分地域内，固然人口密度不大，还有余地可供开垦。但其政治经济中心的司州郡县，据《晋书·束皙传》载，便苦于地狭人繁。元康七年（297年）[28]束皙曾向政府提出充实凉州的建议，又主张改境内牧地为田园，排积潦以便耕种。这时晋朝统治阶级内部的冲突已很厉害，关中又有氐族的反抗，299年以后，统治者家庭内自相残杀的八王之乱，愈演愈烈。束皙的建议，至少未曾全部实行，《晋书》内也没有执行此项建议的记载。这一部分田产不够的人，政府征收他们多少田租？用何种标准征收？这些无产或田少的人们，如果得不着足以维持生活的土地，一部分便要舍本逐末，成为政府所取缔的游食商贩，一部分为官僚地主所吸收，做他们的佃客。可能还有一部分潜藏在社会下层，成为后来反抗统治者的基本力量。这些问题，有的因史料缺乏，无法明了，有的因情形复杂，需要另外讨论，此时不及详述了。

注释：

[1][2]《文献通考》卷二、卷三《川赋考》。

[3][7]a.（清）俞正燮：《癸巳类稿》卷一一《魏典农说》，道光求日益斋刻本；b. 鞠清远：《曹魏的屯田》，《食货》第三卷，第二期。

[4]《三国志·魏书》卷一一《袁涣传》，载涣与曹操的谈话。

[5]同[3]a。

[6]同[3]b。

[8][9]《魏志》卷二八《毋丘俭传》载俭讨司马师檄。

[10]《晋书》卷四七《傅玄传》载玄泰始四年上书中话；卷一〇九《慕容皝载记》载封裕对皝语。

[11]《后汉书》卷八二《崔骃附实传》，卷一九《仲长统传》；《魏志》卷一五《司马朗传》。

[12][16]《魏志》卷四《陈留王奂纪》。

[13][17][18]《晋书》卷三《武帝纪》。

[14]《印学记》卷二〇，《宝器部·绢类》引。

[15][19][25]《晋书》卷四七《傅玄传》。

[20]《晋书》卷三八《齐王攸传》。

[21]《晋书》卷五一《束皙传》。

[22]《魏志》卷一二《司马芝传》。

[23]《魏志》卷九《曹爽传》。

[24]原书作"课田五十亩，收租四斛"。依此计算，每亩田租不及一斗。而下文又说："凡属诸侯，皆减租谷亩一斗，计所减以增诸侯绢，户一匹。"如每亩租不及一斗，则无可减矣。切采"收租四斛"上，承上文而说一亩字，今为补正。

[26]《晋书·刑法志》。

[27]《晋书·武帝纪》、《晋书·王攸传》。

[28]《晋书》卷五一《束皙传》，谓张华为司空，以为贼曹属，时欲广农。皙上议曰："伏见诏书，以仓廪不实，关右饥穷，欲大兴田农……"云云。考惠帝纪，张华以元康六年（二九六年）为司空，永康元年（三〇〇年）被杀，皙为张华掾属，必在此五年中。纪又载元康六七两年，关中饥。则皙之建议，必在此时，而七年饥尤甚，故系于此年。

（原文刊于《进步日报》1951年2月16日）

唐代前期的土地租佃关系
——吐鲁番文书研究

孔祥星

甘肃敦煌和新疆吐鲁番出土唐代文书中，有一部分与土地租佃有关的文书，对于了解当时的社会经济状况颇为重要，中外学者曾对这些资料进行了研究，发表了一些文章，取得了一定的成果，也引起了争论。遗憾的是，由于当时能看到的土地租佃契约等文书较少，各方论据尚嫌不足，问题未能深入展开，结论也有待于新发现的资料加以证明。此后随着新中国考古工作的进展，在这方面获得了新资料[1]，为研究唐代前期西州的土地租佃关系提供了一些根据。本文拟结合这些新发现的文书，谈谈个人的看法。

一　租佃文书的研究情况

有关土地租佃关系的文书一经发现或发表，立即引起国内外学者的高度重视，他们从不同的角度对这些文书进行研究、探讨，但总的看来，问题还是围绕租佃关系的性质及与此有关的土地制度展开的。为了使问题更明了些，我们不妨先将争论的几个问题概括如下：

第一，关于唐代前期租佃关系的流行情况。在这个问题上意见比较一致，一般都认为：唐代前期租佃关系是流行的、普及的。

第二，关于官田和民田的租佃情况。在土地租佃关系中是以官田出租为主还是以民田出租为主呢？一种意见认为官田出租为主[2]，另一种意见则认为民田出租多于官田[3]。

第三，关于唐代租佃关系的性质。中外学者在这方面的分歧最大。一种意见是将唐代的租佃关系分成两种不同类型，但对两类性质的分析和将契约划分在哪一类却各有差异。韩国磐先生认为有两种租佃关系：一种是贫苦农民不得已而典租田地，实际上是以田地为抵押的关系；另一种是缺地农民不得已而租佃土地的关系，其中当以后一种情况较多[4]。孙达人先生则明确提出：一种类型是“租田人”（地主）利用租价（高利贷）剥削“田主”（贫苦农民）的关系，这类契约中，租价都是预付的；另一种类型是真正的封建地主与佃农之间的封建租佃关系，在这里，地租是租地人向地主提供的无偿剩余劳动[5]。吴震先生也基本上持这种观点[6]。日本学者仁井田陞先生根据契约中主佃双方承担的责任，也将租佃契分成两种形态：“第一种形态”田主和租田人具有对等地位，不是封建地主和农民之间的租佃关系，而是均田农民之间没有剥削的租田关系。“第二种形态”是田主对租田人的不对等地位，田主处于优势地位[7]。沙知先生则按官田出租和私田出租来分析租佃关系的性质，他认为私田出租中主要是小土地占有者（基本上是均田农民）的交错出租，而官田出租则具有强制性质[8]。因此他们虽然把契约或租佃关系分成两类，但各人的看法有的接近，有的则差异很大。

另一种意见是将契约分成三种类型（日本学者池田温先生）：地主型、钱主或麦主型、舍佃型。第一类型地主处于优势地位，第二类型租田人即麦主或钱主占优势地位，第三类型主佃双方处于对等地位[9]。

还有一种意见，如日本学者堀敏一先生则认为：一直被分成的两种类型的租佃关系只是租价支付方式的区别，而不能说是主佃地位的高低，但是在官田租佃关系里，已有佃人地位处于从属性的萌芽，因此从高昌国时代就存在的租佃关系基本上是相同的性质[10]。

第四，关于土地租佃流行的原因。沙知先生指出：由于授田额的严重不足，而所授土地的零星片断、极其分散，成为当地租佃关系发达的一个重要原因[11]。日本学者西嶋定生先生认为，由于唐代均田制授给农民的土地非常零细，而一户所得之地又分在多处，相距远，土地零细，须租佃官田、寺田以补充生计，土地位置远而分散，不利于生产，需互相贷借，交换土地耕种，因此租佃制得到普及[12]。日本学者西村元祐先生也强调了这一点：租田制是因为均田制授田额低下而新发生的与其对立的另一种生产关系[13]。日本学者周藤吉之先生根据文书中反映出来的同乡人之间租佃关系也相当普及等原因，认为仅仅以土地远距离分散是不能说明佃人制的普及的，而农民贫困乃是佃人制普及的理由之一[14]。但是崛敏一先生指出，把农民相互间的土地贷借原因归结为贫困的根据是不充分的，租佃关系在唐朝均田制下还继续着、普遍存在是由于田地的零碎分散[15]。从上述几种看法中，我们可以发现，学者们的看法尽管有所分歧，但有一个共同点，都是将租佃关系与当时实行的均田制联系在一起，来寻求租佃关系流行的原因，即由于唐代均田制授田额低或所授土地位置分散，造成了唐代前期土地租佃的盛行。

在简略地归纳了上述四个方面的争论之后，我们可以说，租佃关系的性质乃是争论的焦点、问题的关键所在，它涉及了当时的生产关系、土地制度。由于对租佃关系或租佃契性质看法不同，可以导致完全不同的结论，尤其是唐初的租佃制史书记载很少，把它搞得清楚些，可以帮助我们去了解唐初的社会经济情况。下面将分别论述这几个问题。

二　唐代前期土地租佃关系的状况和性质

（一）唐代前期土地租佃关系的流行情况

吐鲁番出土文书中，有“青苗簿”、“租佃契”及有关租佃纠纷的公私文牒等。它们在一定程度上反映了当时租佃制的状况和性质，下面一一予以介绍。

“青苗簿”系管理水利的堰头向上级申报的文牒，登录着该渠堰青苗亩数、自耕和租田人的姓名，有的还列举田亩四至和所种农作物的种类。时间在武则天时期。有的学者又把它称为“佃人文书”[16]、“堰头牒”[17]。从文书上可以看到佃种土地的类型、亩数和人数。如日本龙谷大学藏2372号吐鲁番文书：

（上缺）渠第一堰堰［头］康阿战
（上缺）职田捌亩半　佃人焦智通种粟
都督职田拾壹亩半　佃人宋居仁种粟
杜浮禄拾亩　自佃种粟
□［仁］王寺陆亩　佃人张君行种粟
□［寿］寺贰亩　佃人氾文寂种粟
［氾］文寂贰亩　自佃种粟
县公廨柒亩壹佰步　佃人唐智宗种粟
康索典壹亩半　佃人唐智宗种粟
赵寅贞半亩　佃人唐智宗种粟
阚祐洛贰亩　佃人康富多
张少府壹亩　佃人康善隆
□相德壹亩　佃人康善隆

（下略）（据池田温《中国古代籍帐研究》录文，人名侧的加注字省略）

文书中列出的土地有自耕和租佃两种，租种的土地又分官田（官吏的职田和公廨田）、寺田及民田三种。有的人除耕种自己所有的土地外，还租种土地，如佃人氾文寂。有的人既租佃官田也租佃民田，如佃人唐智宗。

这类文书共出土 40 余件，日本学者曾将自佃和租佃的情况作了统计，数字稍有差别。池田温先生的统计是：

表一　各类田种中租田数统计

耕地种类	耕地亩数	自耕	租佃	租田占耕地亩数
官田	101	8	93	93%
寺观田	55	10.5	44.5	81%
百姓田	315	130	170	54%

据表一，官田绝大部分佃种，寺观田大部分租种，民田的租种数也超过自耕数。在被列入统计的 471 亩土地中，租佃的田共有 307.5 亩，占总亩数的 65%。表明当时出租佃种的土地是很多的。又据周藤吉之先生统计，租佃 10—17 亩的佃人有 5 名，5—9 亩的佃人有 16 名，4 亩以下的佃人有 45 名，其中租佃 2 亩的占 25 人，在 300 余亩租佃田中，缔结租佃关系的人数竟达 66 人次之多，不能不说当时土地租佃关系是小规模地频繁地进行着。

"租佃契"系出租田地者和租田人订立的契约。过去不少中外学者曾努力搜集过敦煌和吐鲁番出土的租佃契，并发表了一些研究文章。但那时所看到的契约数量较少，地域分散在敦煌和吐鲁番两地，时代上从唐初直到唐末。这样一来，用涉及整个唐代又分散在不同地域的不多契约来论证问题，不免有材料不足之感。最近，国家文物局古文献研究室吐鲁番文书整理组整理了相当数量的各种契约，众多的契约被发现，说明了当时用契约方式维系的土地租佃关系十分流行（有关契约后文将详细叙述）。

吐鲁番还相继发现一些因租佃纠纷向官府申诉的文牒以及官司接到诉讼后处理的文牒。如为租佃葡萄园发生纠纷，阿梁向官司申诉的文牒："府司，阿梁前件蒲为男先安西镇，家无手力，去春租与彼城人卜安宝佃。准契合依时覆盖如法，其人至今不共覆盖，今见寒冻。妇人既被下脱，情将不伏，请乞商量处分。谨辞。"[18]前半为状辞，后半为官府的批示（略）。又如《高昌县为田主催佃租帖》[19]，帖文前段写明佃户姓名及欠交租粮数额，要求帖到当日佃户"即送地子并麸（？）"给地主田参军。帖文由张县尉、史成忠连署。这都是官司干预租佃关系的明显事例。也证明土地租佃关系已在政治、经济生活中处于一定的地位了。

总之，通过以上几类文书反映出唐代前期租佃的土地增多，发生土地租佃关系频繁，流行用契约形式维系的土地租佃关系。

（二）官田和民田的出租情况

第一节第二个问题中曾经提到，关于这个问题有着两种截然不同的结论，但是两者的立论根据都是前面介绍的"青苗簿"，只是统计的标准不同。韩国磐先生统计了龙谷 2845 和 2372 号吐鲁番文书，得出以官田出租者为多的结论；沙知先生依据大多数"青苗簿"的综合统计，得出私田出租远远多于官田的结论。我们认为为了研究这个问题必须以多数的材料加以统计，这样才能在一定程度上反映出它们的规律性或倾向性。前引池田温先生的统计中（表一），可以看出这样一些现象：如果仅从各类田种分析的话，官田中出租的田最多，占此类田总数的 93%，民田最少，占此类田总数的 54%。但是如果把各类田种加在一起统计，官田出租田所占比例较低，仅占列入统计数的 21.2%，相反，民田出租田所占比例就大了，占全部田亩的 66.8%。可见从不同的角度加以比较，结论也会不同。因此，关于这个问题的研究首先要明确出发点。我认为从统计数字看，官田（职田、公廨田）出租多、民田出租少是合乎正常的情况的，但由于官田从绝对量来说少于民田，因此不能简单地说以官田出租为主。问题还不止于此，对于我们来说，需要进一步探讨的是官田和民田出租的性质如何？两者是否不同？

（三）唐代前期租佃关系的性质

让我们看看各类租佃契约的特征。

唐代前期出土的不少租佃契约，是目前分析租佃关系的最丰富和最重要资料。这里首先介绍几份契约，看一看它们的主要内容和形式：

傅阿欢租田契

（上缺）年八月廿六日，武城乡傅阿欢（中缺）范酉隆边夏孔进渠廿四年中常田贰亩，交与夏价银钱拾陆文，钱即日交相付了。到廿四年春耕田时，范傅边不得田时，壹（中缺）讁银钱叁文入傅，田中租殊佰役仰田主承了。[渠]（中缺）讁傅自承了，两和立券，画指为信。田主[范]酉隆（画指）夏田[人]傅阿欢知见□□思（画指）知见（下缺）

这件契约是1964年阿斯塔那10号墓出土，从伴出其他文书分析，应是贞观廿三年立契。系租田人傅阿欢向田主范酉隆租佃常田二亩（契约中的"夏"字应通假，《释名》"夏，假也。"），租价预付银钱。契约规定田主承担"租殊佰役"的责任，在约定的时间内租田人得不到租田耕种时，田主要被罚三倍的租价给对方。"租殊佰役"是吐鲁番高昌至唐契约中常见的习用语，也称为"紫租佰役"、"赭租百役"、"田中役使"、"租课"等，表示与土地有关的一切赋役由田主承当。租田人则需承担"渠破水讁"的义务，"讁"有时也写成"谪"，系习用语，对其含义有不同的认识。有的人认为"谪"应是"课"字的别体，指从渠旁开一个缺口，引水溉田，每次溉田要计亩交纳水课，因此"渠破水谪"一语应理解为破渠引水溉田时交纳水课的义务[20]。有的人认为"谪"、"讁""溢"的意思，表明租田人应负渠破水溢（渠道溃破、渠水溢散）的责任[21]。过去由于所见材料有限，根据新发现的资料，释为"溢"是不妥的。本契约中"壹钱讁银钱叁文入傅"，"讁"应作"罚"解。因此"渠破水谪"、"渠破水讁"是责罚的意思。这件契约即孙达人先生所说的"租田人"（地主）利用租价（高利贷）剥削"田主"（贫苦农民）的类型，也类似于仁井田陞先生所说的"第一种形态"，即均田农民之间结成的契约。

杨大智租田契

垂拱三年九月六日，宁戎乡杨大智交小麦肆斛，于前里正史玄政边，租取逃走卫士和隆子新兴张寺潢口分田贰亩半，其租价用充隆子兄弟二人庸緤直。如到种田之时，不得田佃者，所取租价麦壹罚贰入杨。有人悋护者，仰史玄应当两和立契，画指为记。租田人杨田主史玄政（画指）知见人侯典仓（画指）。

这件契约是1964年阿斯塔那35号墓出土，租田人杨大智向名义上的田主史玄政租佃口分田贰亩半，租价预付小麦。契约规定田主届时要交出租田，违者罚两倍租价给对方。

张海隆租田契

龙朔三年九月十二日，武城乡人张海隆于同乡人赵阿欢仁边，夏取叁肆年中、五年、六年中武城北渠口分常田贰亩，海隆、阿欢仁二人舍佃食，其耒（耕）牛、麦子、仰海隆边出，其秋麦二人庭分。若海隆肆年、五年、六年中不得田佃食者，别钱伍拾文入张，若到头不佃田者，别钱伍拾文入赵。与阿欢仁草玖围。契有两本，各捉一本。两主和同立契，获指[为]记。田主赵阿欢仁（画指）舍佃人张海隆（画指）知见人赵武隆（画指）知见人赵石子（画指）。

这件契约是1960年阿斯塔那337号墓出土，系租田人张海隆向田主赵阿欢仁租佃口分常田二亩，期限三年，收获粮食后两人平分，即所谓的"对分制"。如果一方违约退佃，须罚钱50文给对方。这就是池田温先生所说的"舍佃型"契约，即主佃双方处于对等地位。

索善奴租田契

贞观廿二年十月卅日，索善奴（中缺）夏孔进渠常田肆亩，要迳（中缺）年，别田壹亩与夏价大麦五斛、与（中缺）年年到五月内偿麦使毕，到十月内偿（中缺）毕。若不毕，壹月麦秋壹斛上生麦秋壹（中缺）若延引不偿，得拽家资平为麦直，若身[东]西无者，一仰妻儿及收后者偿了。取麦秋之日，依高昌旧故平袁（园）斛中取使净好，若不好，听向风常取。田中租课仰田主，若有渠破水謫仰［佃］（中缺）为信。田主赵佃田人索善奴（画指）知见人冯怀勗（画指）知见人刘海愿（画指）。

这件契约是1964年阿斯塔那24号墓出土，系租田人索善奴向田主赵某租佃常田四亩，租价后付，分夏秋两季交该季所生产的粮食若干斛斗，即我们通常所说的“定额租制”。此外契约还规定了交租时间：五月和十月；交租用斗：高昌斗；租粮质量：净好；违约处罚措施：过期按月生利，交不起租，以家资财物抵偿，租田人生死逃亡，由家属承担义务。这就是孙达人先生所说的封建地主与贫苦农民结成的真正的封建租佃关系，也是仁井田陞先生划分的“第二种形态”契约。

以上四份契约使我们看到了当时各类契约的一般形式和内容，也发现了它们的一些异同。诸如租佃的土地有常田、部田，租价有货币、粮食，交租方式有预付和后付，租额有定额租和对分制，此外主佃双方承担的义务也多少不一。

吐鲁番出土的租佃契约究竟能分成多少个类型？不同类型的契约各有什么特征？各类契约为什么会出现这些差异？这都是我们研究租佃关系性质必须首先解决的一些问题。我认为既然预付租价和后付租价已成为学者们划分契约类型的一个方面，成为确定租佃关系性质的重要标志，那么这里也不妨先按照支付方式将契约分成两大类进行排比研究。在预付租价一类，我觉得还可以细分为两种：一种租价是货币，另一种租价是实物。下面兹将出土契约中比较完整的按二类三种列表如后（吐鲁番出土租田契中，有一部分麴氏高昌时期的契约，从形式到内容与唐代租田契均有连贯性，为了更好地分析比较，表中亦将这个时期的契约列入。另外在租田契中，还有一部分租佃葡萄园、菜园的契约，需另行归类探讨，除在行文中提到外，暂不列入表中）。

表二 （见第125页）是预付货币的租佃契，可以看到：

租田种类：能够判明的几乎全是常田，所列十一例中，除一例标明为麦田外，其余各例都是常田。

租出年限：从时间保留完整的契约来看，几乎都是在立契的次年佃种一年。

租田数量：以二亩最多，二亩以上仅一例。

租价种类与数额：麴氏高昌至唐初几乎都是银钱，租额5—16文不等。

表三 （见第126页）是预付实物的租佃契，可以看到：

租田种类：主要为部田，十例中有七例为部田。

租佃年限：一般在订立契约的次年，有的在第三年佃种一年。

租田数量：二亩半以上五例，二亩以下四例，部田最多达四亩，床田达七亩。

租价种类与数额：一季付毕，个别分两次付毕。主要为小麦，租额每亩1—2.5斛不等。

表四 （见第127页）是后付实物的租佃契，可以看到：

租田种类：目前能明确判明的主要是常田。

租佃年限：长短不等，有一年、三年甚至于六年的。

租田数量：三亩以上的有六例。

租价种类与数额：一般分夏秋两季交租，契约中几乎都定在五月和十月，以该季所产农作物交租，五月份有的契约明确写着大麦，有的仅写为麦，十月份是床或粟。我们从后付契约中交小麦的时间（六月）、方式（只交一种）分析，上述五月份交的麦也应是大麦。

至于租额，从目前发现的契约来看，主要是定额租，只交一季小麦的租用，每亩是二斛二斗（高昌斗）或六斗半（汉斗）。交两季租的是每亩大麦5—6斛、床5—6斛或粟6.5—7斛（高昌斗、官斗）。

总结了上列三表的各自特点后，就可以概括一下它们之间的异同了。

租田种类：预付货币契约基本上是常田，预付粮食契约主要为部田，后付粮食的主要为常田。

租佃年限：预付租价契约一般为一年，后付契约总的来看期限较长。

租田数量：如果把各类契约中出租的田亩数量平均统计一下，预付货币契每起平均为1.9亩，预付实物契每起平均为3.05亩，后付实物契平均每起为4.5亩，说明后付租价契约每起的平均租田数要比预付契约多一些。

租价种类和支付方式：预付租价契约有货币和实物之别，后付租价契约都是粮食。预付粮食的主要为小麦，一次交毕。后付粮食的多为两季交租，主要为大麦、床或粟。

此外，各类契约上立契双方所承担的义务也有异同（下文再详细比较）。

表二　预付货币租田契统计

本文编号	墓号	立契时间	主佃姓名	田土种类	亩数	租佃年限	每亩租价（银钱文）	备注
1	326	高昌延昌二十四年二月	田阿众 智贾	常田	1		5	
2	326	高昌延昌二十四年前后		常田	1.5	1年	16	
3	308	高昌延昌二十八年四月	范阿六 赵显曹	常田	1.5	次年1年	6	
4	338	高昌延寿六年三月	赵伯怀 赵明儿	常田	3	1年	6.7	
5	10	唐贞观二十三年八月	范西隆 傅阿欢	常田	2	次年1年	8	
6	10	唐永徽四年四月	支醜 傅阿欢	麦田	2	次年1年	6	
7	10	唐永徽四年	冯庆 傅阿欢	常田	2	次年1年	12	
8	10	唐永徽五年	董尾柱 孙沙弥子	分常田	2	次年1年	15	
9	10	唐永徽年间	范西隆 傅阿欢	常田	2	?		
10	35	唐长安三年	曹保保 史玄政	分常田	2	次年1年	320文（铜钱）	借钱契，以常田二亩为抵押
11	敦1	唐天宝五年十月	吕才艺	分常田	2	次年1年	225文（铜钱）	《敦煌资料》第一集

注：主佃姓名上为田主，下为租田人。

表三　预付粮食租田契统计

本文编号	墓号	立契时间	主佃姓名	田土种类	亩数	租佃年限	每亩租价（斛）	备注
12	326	高昌延昌二十四年前后	智演	常田?	3		小麦 2.5	田种写成专田有人释为寺田
13	48	高昌义和四年前	时显明真明	埳床田	7		床 3	按官斗收租
14	140	高昌重光四年五月		部麦田		次年	大麦 7	
15	20	唐显庆四年十二月		分部田	11	次年 1 年 第 3 年 1 年	小麦 2	贷麦契，以田抵押
16	10	唐龙朔元年十一月	李虎祐 孙沙弥子	分常田	2	第 3 年 1 年		文书残，似为预付租价契
17	4	唐乾封元年	竹苟仁 龙憧熹	部田	1	1 年	麦 2	附于其他契后
18	332	唐高宗时期		部田	4		小麦 2.5	
19	35	唐垂拱三年九月	史玄政 杨大智	分常田	2.5		小麦 2	原田主为逃走卫士和隆子兄弟
20	N°314	唐天授元年一月	康海多 张文信	部田	5		小麦 1	租价两次付毕，即付与 6 月后付
21	龙谷 3107	唐开元二十四年二月		分部田	2	次年 1 年	小麦 2	小麦的小字系池田温补

表四　后付粮食租田契统计

本文编号	墓号	立契时间	主佃姓名	田土种类	亩数	租佃年限	每亩租价（斛）	用斗	备注
22	153	高昌延昌三十六年二月	□□□ 宋□□	常田	3	6	5月大麦6 10月床6 或粟7		
23	151	高昌义和三年五月	无艮玖子 氾马儿	部田	7		床5□	官斗	
24	155	高昌延寿六年	贾□□ 郑海□	常田	4	1	5月大麦5 □月秋5		
25	117	高昌延寿九年		部麦田			麦2		
26	135	高昌时期	法济 田婆泰	常田	2		5月□□ 10月床6.5 或粟□	官斗	伴出延寿五年文书
27	15	唐贞观十四年		常田	17		□月麦 10月床5或粟 □		
28	24	唐贞观二十二年十月	赵 索善奴	常田	4		小麦2.5	高昌斗	
29	24	唐永徽二年十月	赵欢相 孙客仁	常田	4	6	5月麦 10月秋	旧圆斗	
30	337	唐龙朔三年九月	赵阿欢仁 张海隆	口分常田	2	3	□月麦平分 □月秋平分		
31	25	高昌时期	张永究 赵祐宣	分部田	1		6月大麦7.5 10月□□5斗	官斗	
32	15	唐贞观十五年正月	康寺 赵相□				□月麦3.5 10月秋□	高昌斗	
33	301	唐贞观十七年正月	张欢仁 张园富 赵怀满	未注明	? 2		小麦2.2	高昌斗	同时租佃二人地
34	龙谷2828	唐显庆四年			7	1	小麦0.65	汉斗	
35	137	唐高宗时期					□月大麦7 □月秋□		

各类契约上为什么会出现这些异同呢？经过分析研究，我想在以下几个问题上谈谈自己的一些看法。

1. 各类租田契中租田的种类

吐鲁番出土的籍账和其他文书中，关于田种有很多名称，如永业田、口分田、剩田、退田、常田、部田、潢田、薄田、黑埳田等，很明显，这些名称都具有特定的含义，系根据不同的要求加以称呼的。租田契中出现的主要名称是口分常田、口分部田、常田、部田，此外还有麦田、黑埳田。这些究竟是一些什么样的田呢？关于常田和部田的含义，学者们之间曾有不同的看法。马雍先生在《麹斌造寺碑所反映的高昌土地问题》一文中，认为“常田是不需要轮番休种之田，而与常田相对的部田就是需要轮休之田”。某些日本学者也持有类似的看法[22]。有的日本学者则认为部田是土地贫瘠或耕作受到限制的劣质田，其中一部分是易田[23]。我基本同意这种看法。这里再引一份吐鲁番出土的有关田地价格的文书，稍作一点补充。

（上缺）亩土价

潢田六亩中价

官部田廿九亩下价

黑埳田一顷

马雍先生认为“潢”就是蓄水的陂塘，潢田应指靠潢水灌溉的田。朱雷先生在考释北凉赀簿文章中认为是“易于造成水浸渍现象的土地”[24]。池田温先生在谈到杨大智租田契中的田种时，指出“张寺潢口分田”当有张寺潢的贮水灌溉之便[25]。至于黑埳田，我认为这大概是《齐民要术》中提到的强土黑墟之田[26]，即土块坚硬、比较贫瘠的田。从文书排列顺序看，部田介于潢田和黑埳田之间，次于潢田，优于土质贫瘠的黑埳田。文书第一行残缺，从文书系根据田种质量排列价等以及又没有当时最流行的常田判断，我认为所残缺的田种极有可能是常田。

这件文书再一次证明：常田、部田、潢田等名称主要是根据该田质量（水利条件、土质肥瘠等）加以区分的。因此契约中出现这些名称就比较好理解了，因为田土质量乃是立契的一个关键所在，故在契约上必须注明田土的种类。

前述租田种类比较中业已指出，预付货币和预付实物租田契的主要差别在田种，前者几乎都是常田，后者绝大多数为部田。表明在当时当地质量好的田种租价预付时一般要预付货币——银钱。

同样租价都是支付粮食的，由于田土质量不同，其租价种类和支付方式也有差别。出租常田，粮食一般后付，交两季租。出租部田，无论粮食预付或后付，一般是一次或一季付毕。常田和部田的交租情况，为我们研究部田的耕作方式、如何轮休又提供了一点线索，这种田大概一年只种一季，因此仅交一季租价。

契约中呈现出来的这种带有一定规律性的现象，证明麹氏高昌至唐前期吐鲁番地区缔结租田契时，租田质量乃是决定租价支付方式和种类的一个重要因素。

2. 各类租田契的租额

计算租田契的收租率是确定契约性质的一个重要方面，但又是一个十分复杂的问题。一是由于当时当地的亩产不明，即使是同样的田种，亩产也不尽相同；二是当时当地各类物品的价格以及它们之间的比价资料不多。因此，根据契约上的租价是难于确定它的收租率的。就拿本文所提到的预付货币契约来说，同样是常田，每亩租价就相差很大。所以关于这个问题还有待于今后更深入地研究。但是，由于租额涉及了各类契约的性质，如有的学者提出：预付租价的租额很低、很轻，后付租价的租额很高。并以此得出前者不是地租而是高利贷，后者才是封建地租的结论，从而把租价作为划分两类契约性质的一个标志。事实又怎样呢？这里我们把都是支付粮食的预付租价契和后付租价契作一些肤浅的比较，看一看它们的租额。

由于这些契约中，后付粮食的契约注明了收租时的用斗，而预付粮食契几乎没有注明用斗，而且即使注明用斗的，斗的名称也不一样，因此，为了加以比较，首先要搞清收租时的用斗情况。

前述后付粮食的租额中，可以看到斗的名称有“官斗”、“高昌斗”、“汉斗”三种不同的叫法。从表四所列七例用斗名称明确的契约来看，三例“官斗”都属于高昌国时期，三例“高昌斗”都属于唐太宗贞观年间，一例“汉斗”属于唐高宗乾封年间。此外，未列入表统计的唐高宗总章元年（668年）和仪凤年间（676年—678年）租田契中，用斗名称是“高昌斗”。可见斗的名称的差别与时代早晚有关系。这种不同正好反映了当时历史的变化。唐太宗贞观十四年（640年）唐灭掉高昌，以其地置西州。因此，麴氏高昌租田契中的“官斗”当然是高昌国颁布的斛斗。唐太宗、唐高宗时期租田契中的“高昌斗”当是高昌国灭亡后对旧斗的称呼，如有的契约中便称为“高昌旧故平圆斛斗”（1964年阿斯塔那24号墓出土贞观廿二年契）、“（上残）旧圆斛”（同上墓，唐高宗永徽二年契）。“汉斗”应是对唐政府新颁布的斛斗的民间称呼。契约中用斗名称的交错情况，至少表明唐灭掉高昌后，贞观年间民间仍习惯于用旧斗；到了唐高宗时期，旧斗和新斗并用，因此在立契时须特别注明用斗名称。当然之所以须注明，也说明了高昌斗和唐斗的标准不一样。

“高昌斗”与“汉斗”的量有什么差别呢？表四中后付小麦的有两例，分别是高昌斗二斛二斗和“汉斗”六斗半。两契由于文书破损田种不明，但其租价种类和交租方式都异于常田的契约，极有可能是部田。如果两者的田种和亩产都差不多的话，“汉斗”的量大约是“高昌斗”的三倍多。《隋书·律历志》“开皇以古斗三升为一升。大业初，依复古斗。”《左传》定公八年孔颖达疏：“周、隋斗秤于古三而为一。”《旧唐书·食货志》记载：“凡量……十升为斗，三斗为大斗，公私并用大斗。”唐斗亦是古制之三倍。麴氏高昌的斗制虽然不明，大概相当于唐斗的三分之一吧。

明确了不同名称斗的量后，基本上可以断定表四所列那些租佃常田契约交租时的用斗。这些契约在高昌至唐高宗时，租额大致相同，其中有的还保留有“官斗”或“高昌斗”的名称，因此，其他那些用斗名称残损不明的契约，也应该是“高昌斗”。这样一来，它们的租额大致是：一季交租的，每亩交小麦“高昌斗”2—2.2斛，相当于“汉斗”0.66—0.73斛；两季交租的，每亩“高昌斗”大麦5—6斛、床5—6.5斛或粟6.5—7斛，相当于“汉斗”大麦1.8—2斛及床1.8—2.2斛（或粟2.2—2.3斛）。

以上分析了后付粮食契中的用斗及租额，预付粮食契由于在立契之时已经支付了粮食，因此契约上一般不再注明所用斛斗，这就为我们分析它们的用斗和租额带来困难。但是后付粮食的用斗及租额的确定，也为搞清预付粮食契约的用斗及租额提供了有利条件。

目前预交小麦的契约能判明时间和租额的有7件：

（1）高昌延昌二十四年前后	常田（？）	2.5斛
（2）唐高宗显庆四年（659年）	部田	2斛
（3）唐高宗乾封元年（666年）	部田	2斛
（4）唐高宗时期	部田	2.5斛
（5）武则天垂拱三年（687年）	潢田（？）	1.6斛
（6）武则天天授元年（690年）	部田	1斛
（7）唐玄宗开元廿四年（736年）	部田	1斛

第一例属高昌时期，肯定用的是“高昌斗”，折合“汉斗”为每亩常田（？）8.3斗。（2）（3）（4）例属于唐高宗时期，其中两契是唐高宗初年，那时使用旧斗（高昌斗）、新斗（汉斗）的可能性都存在。如果使用的是“高昌斗”的话，折合“汉斗”为6.6—8.3斗，与第（1）例的租额大致平衡，同时与前引贞观、显庆年间两份后付粮食契的租额“汉斗”6.5斗、7.3斗也差不多。（2）（3）（4）例的田种都是部田，两份后付契约的田种前文已分析过，极有可能也是部田，因此，我认为（2）（3）（4）契使用的应是“高昌斗”。至于（5）（6）（7）三契，时间稍晚一些，从制度变迁的一般趋势来看，使用“汉斗”的可能性极大。

如果上述推测无误，那么预付小麦和后付小麦契约的租额应该说是差不多的。

此外，预付和后付租价契约中，各有一份单季交床的，前者高昌义和四年立契，每亩交床三斛。后者高昌义和三年立契，每亩交床五斛。两契立契时间相当，租额的确是预付的为低，但是两契的田种不同，预付契约为床田（埳字前文书残损，当是黑字），后付契约为部田，正如前文所指出的那样，黑埳田的质量次于部田，因此其租额低于部田是完全合理的。

预付契约中，还有一份单季交大麦的，系高昌重光四年立契，田种为"部麦田"，每亩交大麦七斛□斗半。后付租价契约中虽然没有发现只是单交大麦的，但是两季中有一季交纳的是大麦，也可与它比较一下。这些契约的租额是夏季交大麦5—6斛（有两份残契仅夏季一季即交大麦7斛和7.5斛，秋季残，不明）。一季所交租已和重光四年契相当，如果加上秋季租，显然租额高了。可是正如表四所显示的那样，两季交租契的租田都是常田，重光四年预付租价契租田则为部田，常田比部田租额高也是正常的。

最后，还需要补充一句，上述唐高宗时期的三份预付租价契约（（2）（3）（4）例）都是按"高昌斗"计算与后付契约的租额比较的，如果按"汉斗"计算，那么每亩小麦2斛和2.5斛的租额比后付契约每亩"汉斗"6.6斗则高多了。

根据上述种种情况，我认为从目前发现的租出契看，难以得出预付租价契比后付租价契租额很轻的结论。

两类契约的租额既然差不多，因此，把预付租价契看成是高利贷者（租田人）与贫苦农民（田主）的关系，后付租价契看成是封建地主（田主）与贫苦农民（租田人）的关系就不甚妥当了。因为租额相当，两种契约中租田人的情况已没有多大区别了。他们都要在租田里付出劳动，给对方差不多的租额，如果亩产相同，他们自己留下的收获物也就大致相等，只是支付租价的时间不同而已。对于高利贷者来说，这就达不到利用很轻的租价剥削农民的目的了。

吐鲁番地区除了出土这类预付粮食的租田契外，也出土了一些借贷粮食的借粮契，将两者比较一下，也可以给研究预付粮食租田契的性质提供一点线索。下面首先将这些借粮契的基本项目简示如下：

表五　借粮契统计

编号	墓号	立契年月	借粮数量（斛）	利率	过期责罚	归还时限
	34	高昌延和元年三月	大麦5.9	7/10用货主家斗	1月生利1/10	6个月
	321	高昌延和五年二月	多人借大麦			
	321	高昌延和五年二月	大麦5,5,5	8/10		
	184	八年九月	青麦1.8		家资抵押	次年5月
	320	高昌延和十年二月	大麦2,2,4,8、	小麦5/10		5月还大麦
			小麦1,10	小麦6/10		6月还小麦
	338	高昌延寿十年	大麦2,4,6,6,7,7,8			
	338		大麦3,5,5,6,6,7			
			小麦1,8,2,3,……			
	N*313		大麦30		1月生利1/10	

这些借粮契从立契时间上看，主要在春季二、三月，即人们所说的青黄不接的季节，它的一个显著特点是利率极高，大麦利率为50%—80%，小麦为60%。如第一契，借大麦5.9斛，规定利息是"一斗生麦七升"，按此利率，半年以后必须归还10斛多麦。又如第六契，借大麦5斛，规定"一斗升作一斗八升"，利息竟达80%。而且还贷时的用斗有的也有所规定，如第一契明文规定还贷时需用贷主家的斗。这些借粮契的另一个显著特点是一张借粮契上有多人借粮，如第七契，契约残损过甚，但还能看出有13人分别向一个货主借贷大麦、小麦。又如第六契，系7人从赵仫伯那里分别借贷大麦、小麦。可知这些契约仍然是民间订立的契约，而不是官文书。从这些契约的利率之高、借贷时间、借贷人数等几个方面来看，贷主是一个地地道道的高利贷者。这些借粮契才是真正的高利贷契约。当然，这些借粮契中不是没有例外的情况，如被我们列入预付粮食租田契中的《白僧定贷麦契》即是一个特例。

白僧定贷麦契

显庆四年十二月廿一日，崇化乡人白僧定于武城乡主王才欢边举取小麦肆斛，将五年马塠口分部田壹亩更六年胡麻井部田壹亩，准麦取田，到年年不得田耕作者，当还麦肆斛入王才欢。租殊佰役一仰田主；渠破水讁一仰佃［人］，［两］和立契，获指为信。麦主王才欢贷麦人白僧定知见人夏尾信知见人王士开知见人康海□。

此契的整个内容和形式极类似租田契，如果把最前面的文字和后面的署名格式改动一下，就是王才欢租田契了。它的一个突出点是当租田人（麦主）届时得不到田耕种时，田主（贷麦人）只需还所取麦四斛给麦主，没有任何利息。此契可以说是预付粮食租田契，租额与其他预付粮食的租田契差不多。按通常情况，难于想象高利贷者会采取如此优厚的无息借贷。因此，我认为此契从某一个侧面证明了预付粮食租田契与表五所列高利贷契是有所不同的。

3. 主佃双方承担的责任（义务）

契约中主佃双方承担责任的差别，也是中外学者探讨各类契约性质的一个重要内容。这里将各类契约中立契双方所承担的责任或义务列表如下：

表六 预付货币契主佃双方承担义务

编号	墓号	立契时间	田主义务	租田人义务	署名方式		
			租殊佰役	退佃责罚	渠破水讁	田主	租田人
1	326	延昌二十四年	√		√	?	?
2	326	延昌二十四年前后	√		√	?	?
3	308	延昌二十八年	√		√	?	?
4	338	延寿六年	√		√	?	?
5	10	贞观二十三年	√	1 罚 3	√	①	2
6	10	永徽四年	√	?	√	?	?
7	10	永徽四年	√		√	1	2
8	10	永徽五年	?	?	?	①	2
9	10	永徽年间	√		√	夏田人②	钱主 1
11	敦 1	天宝五年	?	1 罚 2	?	2	钱主 1

注：? 号表示契残不明，空格表示无此项规定。

①、2 表示署名先后顺序，带圈者表示署名下有画指。

表七 预付粮食契主佃双方承担义务

编号	墓号	立契时间	田主义务		租田人义务		署名方式	
			租殊佰役	退佃责罚	渠破水讁	退佃责罚	田主	租田人
12	326	延昌二十四年前后	√		√			
13	48	义和四年前	√		√		?	?
14	140	重光四年	√		√		?	?
15	20	显庆四年	√	还租价	√		2 贷麦人	1 麦主
16	10	龙朔元年	√	1 罚 2	√	1 罚 2	①	?
19	35	垂拱三年		1 罚 2			②	1
20	N*314	天授元年		1 罚 2			1	②
21	龙 3107	开元二十四年		1 罚 2			2	1 麦主

表八　后付租价契主佃双方承担义务

编号	墓号	立契时间	田主义务		租田人义务						署名方式	
			租殊佰役	退佃责罚	渠破水讁	租粮干净	过期生利	家资抵押	后人承租	其它	田主	租田人
22	153	延昌三十六年	?		?	?	√	?			?	?
23	151	义和三年	√		√	√						
26	135	高昌时期	?		√	√					?	?
32	15	贞观十五年	√		?	√	√				?	?
33	301	贞观十七年	√		?	√	√	√	√		①	②
28	24	贞观二十二年	√		√	√	√	√	√		1	②
29	24	永徽二年	√		√	√	?	?	?	交田主草等	①	②
34	龙谷	显庆四年	√	√	√	√	√			退佃受罚	①	2
	2828											
										交田主草	①	②
30	337	龙朔三年		√						退佃受罚		

从以上三份表中可以看到：

预付货币的契约比较一致，基本上是田主承担租殊佰役，租田人承担渠破水讁的责任。个别契约还规定届时田主交不出租田时，要罚他已收租田人所预付租价的二倍或三倍给租田人。

预付粮食契约形式较为复杂，一种与预付货币的主要形式相同，即田主承担租殊佰役，租田人承担渠破水讁。另一种是武则天时代及其后的契约，契约上已没有上述规定，只对主佃双方退佃等提出要求。对田主规定要罚一倍的预收租价，对租田人则根据立契时的具体情况提出相应的要求。唐高宗时期个别契约上上述两种规定都有，似乎随着时代的推移，契约形式也在发生变化。

后付粮食契约的形式也比较一致，除对分制契约规定了主佃双方退佃的处罚措施外，田主都只承担租殊佰役的义务，而租田人则承担较多的义务，诸如交租时间的限制、过期和交不出租价的处罚措施、租粮质量及处理办法、租田人身死或逃亡后的补救措施，等等。

契约中呈现的这种状况，成了中外学者判断立契双方身份、地位的标志之一。但是同样一份契约，学者们之间可以得出相同的结论，也可以得出完全相反的结论。看一看仁井田陞、孙达人、池田温三位学者对几份契约主佃双方地位的划分，即可明了学者们之间的意见是多么不一致。以下附表中："田主 > 租田人"，表示田主地位优于租田人；"田主 < 租田人"，表示租田人地位优于田主；"田主 = 租田人"，表示双方处于对等地位。这里所使用的"地位"一词，是说契约中所规定的条件对于立契双方是有利或不利，从而反映出他们的身份（阶级、阶层）的异同。

附表

编号	墓号	立契时间	仁井田陞	孙达人	池田温
33	301	贞观十七年	田主 > 租田人（耕田人）	田主 > 租田人（秤田人）	田主 > 租田人（秤田人）
34	龙谷 2828	显庆四年	田主 = 租田人	[田主 < 租田人]	田主 > 租田人
30	337	龙朔三年	田主 = 租田人（舍佃人）	田主 > 租田人（舍佃人）	田主 = 租田人（舍佃人）
20	N*314	天授元年	田主 = 租田人	田主 < 租田人	田主 > 租田人
21	龙谷 3107	开元二十四年	田主 = 租田人（麦主）	田主 < 租田人（麦主）	田主 < 租田人（麦主）
11	敦 1	天宝五年	田主 = 租田人（钱主）	田主 < 租田人（钱主）	田主 < 租田人（钱主）

注：（　）内名称，系契约上的署名称呼。

从表中可以看出：除了第1契都认为田主身份高于租田人外，对其他各契看法就不尽相同了。仁井田陞认为2—5契对于立契双方都有条款进行约束，因此主佃双方是处于对等地位，是均田农民之间没有剥削的租佃关系，而第1契只对租田人有许多约束，因此田主的地位优于租田人，但两者身份如何？他并没有进一步指明。孙达人认为4—6契都是租价预付，表明“租田人”除了优越的经济地位之外，同时也多少意味着他们具有较高的社会地位。从这一点出发，论证了租田人是高利贷者，田主是贫苦农民。1、3两契，是租价后付，对于租田人有许多约束，因此田主是封建地主、租田人是贫苦农民。池田温对麦主、钱主型契与孙达人的看法类似，而田主型契2、4则正相反。

他们的这些看法，比较了各类契约双方所承担的不同义务，并以此作为确定主佃双方身份地位的一个手段。这些看法是否正确呢？我认为：首先，正如前文所指出的那样，各类契约中主佃双方承担的责任虽然有一定的倾向性，但差别仍然存在，因此仅从契约本身一刀切是困难的。如四件预付银钱契（本文总编号5.6.7.9），租田人是同一个傅阿欢，但田主承担的责任却不一样，有的规定了田主届时交不出租田的处罚措施（表六总编号5契），有的没有这条规定（有的因契约残损缺文，难于判断是否有此项规定），据此，我们是难于确定主佃双方是对等或不对等的。预付粮食契情况更为复杂，例如有的学者曾注意契约后面的署名和画押情况，但这批契约中署名的顺序是不一致的，有的租田人在前，田主在后，有的正相反。又如，有的契约规定了租田人中途退佃的处罚条件，如果是高利贷者，为什么他预付了租价后又不要租田佃种呢？

其次，我认为关于主佃双方的身份，还需要尽可能利用其他的文书和资料加以分析、证实。幸好，在出土这些契约的某些墓葬中保存有墓志和其他文书，为我们了解主佃双方的身份地位提供了一些参考（只能说是参考）。

这里先举出几名租田人：

左憧憙：1960年发现的阿斯塔那4号墓墓主，随葬墓志记载他：“鸿源发于戎卫，令誉显于鲁朝。德行清高，为人析表。财丰齐景，无以骄奢……”从有关契约看，他曾当过“前庭府卫士”，即唐代府兵制的一员府兵。唐初置府兵时的原则是“财均者取强，力均者取富，财、力又均者取多丁”[27]。左墓随葬的契约中，有不少是他放高利贷的契约以及他预付租价租佃农田、菜园、葡萄园等契约，此外还有他的买奴契、买草契等。证明他的家境的确比较富裕，是一个高利贷者。这种情况符合了孙达人关于预付租价契租田人是高利贷主的分析。但是，我们把此墓出土的租佃田园契与其他同类契比较一下的话，左憧憙所预付的租价也并不比一般低，如乾封元年契后付的另一笔租田，系左憧憙预付麦贰斛租佃竹苟仁部田壹亩，无论以什么样的斛斗计量都不比其他预付租田契租额低。

傅阿欢：1964年发现的阿斯塔那10号墓墓主。墓中出土租田契约7件，6件预付租价，1件残甚。其中租田人系傅阿欢本人的有5件（另有租田人为孙沙弥子的2件），可知他多次租佃土地。其墓志只是高38、宽25、厚12厘米的土块，上面仅写着“傅阿欢”三字，与吐鲁番出土的砖墓志成鲜明的对比。至少表明其出身、身份没有多少可写的，因此，他的经济、政治地位是不会太高的吧。

张龙相：墓中出土高昌重光四年（623年）租佃部麦田契一份，预付租价大麦7斛多。其墓志也是土块，也仅写着“张龙相墓永徽六年□戌七日”几个字。情况与傅阿欢差不多。

以上三人都是预付租价的租田人，除左憧憙经济地位较高一些外，其他两人难于判断为封建地主和高利贷者。

张住海：吐鲁番阿斯塔那363号墓出土了租田契残片3件，发掘者对残片作了录文[28]，池田温对此进行了缀合复原，认为田主是卜老师，租田人是张住海。我认为这三片残契的第一片与一般租田契格式不一样，亦有费解的地方。行文中出现了三次冠在人名前面的地名高昌县。“……年拾月壹日，高昌县宁昌乡人卜老［帅］……柒月……高昌县人以（？）住海于高昌县……年年别与租”。尽管如此，租田人确系某住海。这份残契规定了收租时的用斗，还给租田人规定了交租时间、租粮质量、过期生利的条件，与赵怀满租田契等后付契约中对租田人的有关约束差不多，即田主优于租田人。恰好墓中还出土了一份残借钱契，钱主是张住海。如果两者是一个人的话，那么后付契约中的租田人却是一个放高利贷者。

氾法济：1972年发现的阿斯塔那151号墓墓主。墓志为：“重光元年（620年）庚辰岁二月朔甲廿二日己卯，新除鹿门散望，追赠虎牙将军氾法济之墓表。”该墓出土义和三年（616年）后付租价契约一份，租田人氾马儿，汜法济与汜马儿不是一人也当是亲属关系。

赵恶仁：1960年发现的阿斯塔那330号墓墓主。据墓志为云骑尉："志性敦善，景行温和，恭顺在怀，乡闾慕义……骁雄劲节，功劳显著，蒙授云骑之官……"墓中出土总章元年（668年）后付租价契约。租田人就是赵恶仁。

张君行：显庆四年后付契约的租田人，契约上署名为队正，唐代府兵50人的头。

总之，从出土墓志和其他文书看，张住海、汜马儿、赵恶仁等后付租价契的租田人都不是很贫苦的农民。

竹辰住：龙谷2847号"青苗簿"文书中，提到他是西州成家堰堰头，在该堰自种二亩田，并分别租种索僧奴地二亩、张汉姜地二亩、竹达子地一亩。竹辰住一人在一年中租种多块土地，与上引傅阿欢有类似的地方。虽然不能判明他租佃土地时支付租价的方式，但他担任堰头，作为一堰水利的管理者，具有一定的农业生产经验，很可能是参加劳动的均田农民。

像竹辰住这样耕种自己占有的一部分土地，也租佃他人的土地的人还可以举出一些，如龙谷大学藏2372号"青苗簿"中的汜文寂，在某渠第一堰内自种二亩、租种二亩，也有可能是均田农民。

根据上述材料来看，预付租价契的租田人不能都看成是封建地主或高利贷者，而后付租价契的租田人也不能都是贫苦无地的农民。

其次，再看看田主：

卜老师：如果上面提到的张住海租田契的田主是卜老师的话，从出土的卜老师诉词等来看，他是宁昌乡一个贫穷教师，眼盲，妻儿俱出走。墓中还出土了一份借钱契，借钱人很可能也是卜老师。契约规定他月满必须送利，钱主需钱之时，必须立即还清本利，并以家资杂物口分田园作为抵押。张住海租田契系后付租价契约，田主卜老师的社会经济地位不高是显而易见的。

以上对于主佃双方身份进行了一些分析，由于材料限制，这些分析当然是很肤浅的。但是它在一定程度上证明，仅从契约上规定的主佃双方承担的义务或者从支付方式的先后，是难于确定各类契约中主佃双方的阶级成分或阶层的。

那么，契约中为什么会出现主佃双方承担责任的异同呢？我认为形成这些差异的主要原因乃是立契时所规定的支付方式的不同。同样都是租田人，如果粮食在立契时已由租田人付给了田主，契约上当然没有必要像后付契约那样，给租田人另行规定一系列交纳租价的条件。同样都是田主，在预付租价契中，他已得到对方的货币和实物，如果中途退佃，必然会给租田人带来经济损失。而在后付租价契中，双方都暂时没有从对方获得经济利益。因此，关于田主届时交不出租田的处罚措施，在预付租价契中比较多地出现，而在后付租价契中几乎没有。立契时的要求不同，条件自然不同，这是可以理解的。它反映出当时订立契约时的情况是错综复杂的，不是按照某些模式作成的。

4. 租田正式交付耕种的时间

除了立契的日期外，预付租价契约中还有不少明确写明了佃种的时间。我们发现，这类契约从双方立契到田主把租田交给租田人正式耕种，其间往往有一段较长的时间。如预付粮食契约中，一例立契在五月，佃种在次年。一例立契在十一月，佃种在第三个年头。另一例立契在十二月，其中一亩地也规定在第三个年头开始佃种。预付货币契约中，正式佃种在次年，而立契在头年二、三、四月的有四例，八月、十月的各一例。立契之后第三个年头才开始正式佃种土地，其间隔之长就不用说了。即使是次年开始佃种的，有的间隔时间也不算短。在探讨契约性质时不能不注意这个因素。

我认为：第一，这种现象表明至少这批契约中，贫苦农民在青黄不接或谷麦将熟之时，为了维持生计，被迫出卖青苗的情况是极少的。

第二，这种现象也表明不少租田人在付出租价较长一段时间以后，才能从租田中得到收益。租田人既然在预付租价半年甚至一年多以后始能使用土地，得到收益，可见他预付的钱或物的周转时间相当长。如果是高利贷契，间隔时间越长，所得利息越多，预付的租额则越少。但是目前发现的这些契约中，还很难判断出间隔时间长租价就轻的事例，对于高利贷者说来，这种状况是不会出现的。

与此相反，在吐鲁番出土的不少借钱、借物契中，货主或者很快要从所借出的钱、物中牟取利益，或是放贷时间较长而牟取更高的利息。前者可以举出一些出土的借钱契（表九）：

表九　借钱契统计

编号	立契时间	银钱（文）	担保条件	利率	归还期限
4	显庆五年三月	10	家资杂物平为钱直	月利 1/10	须钱之日
4	麟德二年十一月	48	家资杂物口分田桃用作钱直	过期后月利 1/10	限期
		24			
363	麟德二年正月	10	家财平为钱直	月利 1/10	须钱之日
4	乾封元年四月	10	家资杂物口分田园用充钱子	月利 1/10	须钱之日
4	乾封三年三月	20	中渠菜园半亩与作钱直	月利 1/10	月满
4	总章三年三月	40	任掣家资系为钱直	月利 1/10	须钱之日
19	咸亨四年	20	残损	依乡法	当年
363	仪凤二年九月	8	家财杂物口……	月利 1/8	
35	长安三年二月	铜 320	口分常田贰亩	依乡法	

表九所列十例中，立契时间正月底一例，二、三月五例，四月一例，也主要是在“春荒荒死人”的春季。立契以后即按月生利，利率为 1/10。还贷时间许多契约竟规定为钱主“须钱之日”，借钱人本利即还。尚有不少契约以家资杂物、口分田园作为抵押，可以想象，在如此苛刻的条件下，借贷人是很容易失去所规定的那些抵押物的，因为索取本利的时间没有具体规定，高利贷者便可乘机勒索。

后者即前文表五所举的贷麦契，还贷时间一般较长，但利息高得惊人，时间越长利息订得越高，如表五第五契，二月立契，规定五月还大麦，利息为 50%；七月还小麦，利息为 60%。

这批预付租价的租田契与这些高利贷契约的不同点，也是探讨它们性质的一个方面。

第三，这种现象表明田主对于出租的土地是有一定的计划或安排的。既然出租的土地一般在次年甚至于第三年交给租田人，因此有的田主至少可以收获当年的农作物，有的还能收获第二年全年的农作物。如果农民仅仅为了一时的需要，他们还能通过借贷手段，用其后收获的农作物偿还，不一定要典种出去自己所耕种的土地。因此那些头年春天立契，次年佃种，或者间隔一年，第三个年头开始佃种的土地，主佃双方是有所计划安排的。

综合以上租田种类、租价数额、主佃双方承担责任、佃种时间四个方面，我认为吐鲁番出土的租田契应根据具体情况加以区别。总的看来，预付租价和后付租价契约的租额差不多，至少不能看到前者比后者轻很多的现象。契约中租价种类（货币、实物）、支付方式（预付、后付及一次付毕、两季付毕）等的差别与该租田种类质量有很大关系，土质、灌溉条件好的常田，或者预付银钱，或者租额较高，后付两季租粮。土质等经营条件较差的部田、黑垆田，或者预付粮食，或者租额较低，交一季租。而租价的支付方式又决定了主佃双方承担义务的不同。因此，这两类三种支付方式不同的契约在性质上没有根本的区别，契约上出现的差异，不是由于主佃双方经济、政治地位的不同所决定的。

5. 租田的位置和数量

吐鲁番出土的各类租田契性质既然没有根本的区别，那么，它们究竟属于什么性质的契约呢？主佃双方又为什么要订立这些契约呢？我认为从上文介绍的一些主佃双方的情况来看，他们主要是唐代均田制下的均田农民以及一些经济较富裕的小地主。订立契约的目的主要是为了更好地进行农业生产。这从租田的位置和数量也可看出一点线索。

第一，租田的位置是有利于租田人集中耕地进行生产的。从契约中主佃双方所冠的乡名中，可以看到主佃双方虽然有的是同一乡里，有的不是同乡，但从几份租田位置明确的契约来看，租田人所租田地相对地集中在一块。如武城乡孙沙弥子分别从宁昌乡董尾柱、顺义乡李庸祐处租佃口分常田贰亩，这两块田的位置都在石宕渠。傅阿欢先后从同乡人范酉隆处租佃常田二亩，租田都位于孔进渠。又如左憧憙从同乡人大女吕玉㚎处租佃菜园肆拾步，从张善憙处租佃菜园壹所，这两块菜园都在张渠。另外宁戎乡杨大智从史玄政处所租之田位于新兴张寺潢，从其它文书看，新兴在高昌城北 20 里处，而杨大智所在的宁戎乡亦在高昌城北 20 里。这就证明，逃走卫士和隆子的田地与杨大智居住之地相近。这种现象在“青苗簿”中也存在。如前举竹辰住分别租种竹达子田一亩、张汉姜田二亩、索僧奴田二亩，连同自己占有的田二亩，总共四块七亩田都集中在西州成家堰王渠一带，竹辰住又是该渠堰堰头，管理、耕种当极为方便。又如龙谷 2845、2851 文书中，有三人各租佃两块田，这些田也都集中在某堰内。利用租佃，把耕地集中在一块形成了当地农业生产的趋势。更有甚者，在较晚的契约中，我们还看到了互佃契，1973 年阿斯塔那 506 号墓出土的张小承、□□□互佃契，他们各以常田五亩交互佃种，为期 10 年，义务各自承担：“（上缺）役各自承抵”。其目的只能解释为为了更好地进行农业生产而耕种对方的土地。这些事例都说明了租田人所租之田是尽量集中在一块，或者有利于自己耕种的地方。为什么会出现这种状况呢？不少学者认为这与当时均田制授受的土地远距离分散有关。日本学者西嶋定生曾对 45 户的授田状况进行了统计，两块田之间的距离在 5 里以下的有 9 户，10 里以下的 11 户，20 里以下的 6 户，30 里以下的 8 户，30 里以上的 20 户[29]。每一户所授的土地相距甚远，是不利于耕种管理的，为了克服土地分散产生的困难，租佃方便于自己耕种的土地，确是当地租佃关系频繁发生的原因。由于各户土地分散，因此同乡人之间发生租佃关系也是正常的，这样做可以相对地将耕种的土地尽量集中在一块。

第二，各类租田的数量与均田授给各户每段土地的数量是比较一致的。在上述租田的数量中曾经指出：预付银钱契以二亩最多，预付粮食契二亩也较多，后付粮食契二至四亩居多。我们在籍账和有关均田文书中所看到每段田的亩数与此也大体相当。如阿斯塔那 78、103、35 和哈拉和卓 39 号墓出土的贞观、武则天时期的手实中，有不少保留有各户申报的田亩地段、数量，初步的统计是一段为一亩的有 17 块，为二亩的有 21 块，为四亩的有 6 块，表明当时以一段二亩、一段一亩的居多，四亩次之。租田契与这些文书的一致性反映出当时发生土地关系时大体上是以一段地为标准。另外，每起租田契的数量和西州地区每丁的授田额也是相适应的。据有的学者研究，当时西州每丁授田大概在十亩左右[30]。也还有的学者对“青苗簿”中 312 亩百姓田的占有者进行过统计，发现占有者共 127 人，而四亩以下即有 120 人[31]。因此在租田契中出现的一、二亩，三、四亩的租田数量就可以理解了。即在当时所得不多而极分散的土地中，将一部分租佃出去。总之，从租田的位置和数量来看，我认为当时的租佃状况与均田制的实施现状是有关系的。

综合上述五点，关于吐鲁番租田契的性质，我同意沙知等学者的意见，这主要是小土地占有者之间的交错出租，而产生这种出租方式的主要原因乃是均用制下所授田地的零星分散，为了保证农业生产的顺利进行，尽可能地将土地集中在一二处或接近住居的地方。

当然也有一些值得注意的契约和租佃事例。如龙谷 3361 号文书中，同时有三人分别租种某汤观的 20 亩土地。又如唐贞观十四年契（编号 27）系一次出租 17 亩常田。在授田严重不足的当地，租出 17 亩常田、20 亩土地是甚为特殊的现象。前者很有可能是封建地主和农民的封建租佃关系，后者主佃双方，一个一次出租 17 亩，一个能够一次租佃 17 亩，可能是有特殊关系而订立的契约。还有左憧憙这样的人，既放高利贷，又租佃菜园、葡萄园和农田，这些租佃契约是否含有典押的性质呢？也是值得进一步研究的。

三 结 语

对吐鲁番出土的租田契及其他有关租佃的文书进行比较分析后，关于唐代前期西州的土地租佃关系可以总结出下列几点：

第一，流行以契约形式维系的土地租佃关系，立契的双方主要是小土地占有者，租佃的目的是以交错出租土地的方式达到更好地进行农业生产。

第二，租田的种类、质量是决定契约支付方式、租额高低的一个重要原因。而支付方式的不同又造成了主佃双方承担义务的差别。

第三，预付租价与后付租价契的租额大致相同，预付货币在当时的租佃关系中占有重要地位。后付粮食契中主要流行定额租，分成制极少。

本文根据吐鲁番出土文书，对唐代前期西州的土地租佃关系作了一些分析，至于当时中原和江南的土地租佃关系，有待今后更深入地进行研究。但是，西州土地租佃关系研究的进行，必将有利于对唐朝前期土地租佃关系的研究。

注释：

[1] 文物局古文献研究室吐鲁番文书整理组整理的吐鲁番出土文书，将陆续出版（文中未另注明出处的均同此）。

[2][4] 韩国磐：《根据敦煌和吐鲁番发现的文件略谈有关唐代田制的几个问题》，《历史研究》1962年第4期。

[3][8][11] 沙知：《吐鲁番佃人文书里的唐代租佃关系》，《历史研究》1963年第1期。

[5] 孙达人：《对唐至五代租佃契约经济内容的分析》，《历史研究》1962年第6期。

[6] 吴震：《吐鲁番文书》，《历史教学》1980年第5期。

[7][日] 仁井田陞：《吐鲁番発见の唐代租田文书の二形态》，《东洋文化研究所纪要》23。亦见《中国法制史研究——土地法·取引法》第十一章第二节，1960年。

[9][17][25][日] 池田温：《中国古代の租佃契》（上）（中），《东洋文化研究所纪要》第60、65册。

[10][15][日] 堀敏一：《西域文书よりみた唐代の租佃制》，《明治大学人文科学研究所纪要》五。亦参见《均田制の研究》第六章《均田制时代およびその崩壊过程の租佃制》，1975年。

[12][29][日] 西嶋定生：《吐鲁番出土文书より见だる均田制の施行状态》，《西域文化研究》第二。又见《中国经济史研究》。

[13][23][30][日] 西村元祐：《唐代吐鲁番における均田制の意义》，《西域文化研究》第二。又见《中国经济史研究——均田制度篇》，1968年。

[14][16][31][日] 周藤吉之：《佃人文书の研究——唐代前期の佃人制，《西域文化研究》第二。

[18] 黄文弼：《吐鲁番考古记》，中国科学院，1954年。

[19] 新疆维吾尔自治区博物馆：《吐鲁番县阿斯塔那——哈拉和卓古墓群发掘简报》，《文物》1973年第10期。

[20] 马雍：《麹斌造寺碑所反映的高昌土地问题》，《文物》1976年第12期。

[21] 吴震：《介绍八件高昌契约》，《文物》1962年第7、8期。池田温亦同意此看法。

[22][日] 宫崎市定：《トルフアン発见田土文书的性质について》，《史林》43卷第3号。

[24] 朱雷：《吐鲁番出土北凉赀簿考释》，《武汉大学学报》1980年第4期。

[26]《齐民要术》卷一。

[27]《唐律疏义》卷一六。

[28] 新疆维吾尔自治区博物馆：《吐吐鲁番阿斯塔那363号墓发掘简报》，《文物》1972年第2期。

（原文刊于《中国历史博物馆馆刊》1982年总第4期）

唐代和籴制度探讨

朱睿根

封建政府向民间收籴粮食，根据储备目的可分为两种：一种是官府为解决军粮和京师用粮的“和籴”；另一种是以丰补歉、平衡物价的常平仓的“平籴”。由于当时向农民收购粮食都称为和籴，文献上或一概称之为和籴，或笼统名之为平籴[1]。当然这两者之间有着很密切的联系，很难截然分开；但是它们毕竟是两种不同的制度，有其相异之点。首先从开始年代上讲，平籴最早可追溯到战国魏国李悝首创的平籴法，后来的发展则在西汉宣帝时。当时“岁数丰穰，谷至石五钱，农人少利，大司农中丞耿寿昌，请令边郡皆筑仓，以谷贱时增其价而籴以利农，谷贵时减价而粜，名曰常平仓，人便之”[2]。而类似和籴的做法源流虽较远，但目的为筹措军粮并正式名之和籴者，则始于北魏。宣武帝即位后，与南方萧齐战争的规模日趋扩大，大批军粮需从后方的河、冀运往江淮前线。为了解决百姓疲于道路之艰辛，除令番戍之卒，营起屯田之外，又“收内郡兵资，与民和籴，积为边备”。其次，从管理机构和实施区域而言，唐时的和籴是度支郎中、员外郎所职掌，“凡和籴和市，皆量其贵贱，均天下之货以利于人”[3]，“凡天下边军，有度支使以计军资粮仗之用，每岁所费，皆申度支会计，以长行旨为准”[4]。而常平仓之平籴则归常平署所掌管，即“掌平籴、仓储出纳”[5]。其施行的地域，据玄宗天宝八年京师及全国各道藏粮仓储分布看来，和籴除施行于西京、东都外，尚包括关内、河东、河西、陇右四道（包括下属羁縻州），唐后期由于经常和河北藩镇用兵，则扩展到河南道。而常平仓则遍布于全国十道[6]。再次，从储粮场所和籴粮本钱来源看，平籴粮食储之当地常平仓，用于荒年出粜。各州县都规定一定的常平本钱，用于收籴粮食。如开元七年六月敕，规定常平本钱“上州三千贯，中州二千贯，下州一千贯”[7]。到宪宗元和年间，常平仓和义仓合而为一，称常平义仓[8]。而供军和京师和籴，则和租赋一样储之于沿边正仓（包括军仓）和京师太仓、东都含嘉仓等，本钱一般以“户部钱”充，不予出粜。在此，只有太仓和含嘉仓稍有不同，既储有正租、和籴粮，从记载上看并兼有常平仓性质，在唐后期，遇荒年也降价出粜。

“和籴”和“平籴”既有差异，又有共同之处。西汉宣帝初置常平仓时，虽然主要是便民，但建仓于边郡也和供军食有关。两者收籴的办法亦相仿佛，常平仓是在年岁丰熟，防止谷贱伤农的情况下，令“所在以常平本钱及当处物，各于时价上量加三五钱，百姓有籴（粜）易者为收籴，事须两和，不得限数”[9]。储边供军和解决京师用粮的和籴，也于丰年百姓粮储充溢时收籴，原则上也应“官出钱、人出谷，两和商量，然后交易”[10]。而军仓和常平仓粮必要时也有交互使用的情况。正因为如此，所以人们常常把和籴、平籴混为一谈，或认为广义的和籴就应该把和籴、平籴两个内容一并包括在内。

但是为了分析、研究的方便，使问题的讨论切中要害，免得把两种制度合在一起不易说清问题，还是有必要把“和籴”和“平籴”加以区分，有必要把“和籴”的概念明确下来。所谓“和籴”我认为系指封建国家为解决军粮和京师用粮，而在当地和京畿州县向百姓收籴粮食之谓也。本文即就这个概念来讨论和籴制度中的一些问题。

和籴，在唐代作为一种重要的经济制度，实施时间长、规模大，有着比较完整的制度和办法。在当时起过不容忽视的作用。解放以来在研究唐代和籴问题上有这么几种观点：一种观点认为唐代和籴按其性质不同，以安史之乱为线分前后两期，前期主要是一种政府和农民之间建立在自愿基础上不带强制性的交换关系；后期主要是一种变相的赋税，政府以强制手段收购粮食，只支付部分价值，或一文不付[11]。另一种观点虽亦以安史之乱为线而分两期，但根据敦煌资料认为前期和籴即是具有强制性的一种变相赋税，后期和籴的强制性发展到更为严重的地步，甚至变为一种对农民掠夺的手段，成为农民一种灾难性的经济负担[12]。相互之间意见分歧较大。

本文拟从和籴的实施情况中，探索一下唐代前期和籴的性质，是自愿还是强制，对农民利多抑弊多，起了什么作用？唐后期和籴的流弊是什么？流弊到底有多大？并就以上问题和史学界同志们讨论。

一　唐前期和籴的实施情况及其作用

唐代和籴始于太宗贞观年间。据《资治通鉴》卷一九三记载："（贞观四年九月）思结部落饥贫，朔州刺史新丰张俭招集之，其不来者，仍居碛北，亲属私相往还，俭亦不禁。……俭单骑入其部落说谕，徙之代州……俭因劝之营田，岁大稔，俭恐虏蓄积多，有异志，奏请和籴以充边储。部落喜，营田转力，而边备实焉！"这是在边境，从少数民族营田所得谷粟中实行和籴以充边储。从现掌握材料看来是唐代和籴的开始。其次从《金石续编》卷第四所录两块太仓和籴砖铭文上看到贞观十四年和二十三年，都在关辅地区实行过和籴。一砖铭为"贞观十四年十二月廿四日，街东第二院，从北向南第六行，从西向东第九窖，纳和籴粟六千五百石……"。另一砖，铭为"贞观廿三年十二月廿九日，大街西从北向南第一院，从北向南第六行，从西向东第十三窖，纳和籴米四千四百石"。两砖表明贞观十四年和二十三年，都从京畿诸州县和籴粮食，短递运至太仓，储备军用。贞观十四年（640年）唐大将侯君集灭高昌，置西州（治高昌城），在交河城（吐鲁番西北）置安西都护府。贞观十八年（644年）灭焉耆（今焉耆回族自治县），置焉耆都护府。贞观二十年（646年）灭薛延陀。贞观二十二年（648年）灭龟兹（今库车县）。以上两砖的和籴年代正在这一段期间，佐证了文献记载"贞观、开元后，边土西举高昌、龟兹、小勃律，北抵薛延陀故地，缘边数十州戍重兵，营田及地租不足以供军，于是初有和籴"的正确性[13]。

高宗时文献中有关和籴的记载短缺，但最近新疆吐鲁番出土文书正弥补了这一空白。1973年阿斯塔那214号墓，出土了《唐和籴青稞帐文书》，今摘录如下：

（前缺）

拾文钱壹文籴得青稞一斗　绵壹屯　两屯当练壹匹　准次沽（估）直钱银伍文（后缺）［73TAM214：148（a）］

练壹匹籴得青稞一石三斗　右同前勘案内，去年六月中旬　银钱壹文，籴得青稞一斗三升又称今［73TAM214：149（a）］

执□谘裁：讫准状下高昌等　速籴纳讫申其有去年和籴［73TAM214：151］

以上几件文书虽纪年部分残缺，但从同墓所出有纪年唐高宗麟德二年文书推知[14]，可作为唐高宗时在西州高昌县实行和籴的实物例证。

武则天时，仍继续实行和籴以充边储。《唐会要》卷九〇载："证圣元年三月二十一日敕，州县军司府官等，不得辄取和籴物，亦不得遣人替名取代。"1972年在新疆吐鲁番阿斯塔那187号墓出土了一文书残片，其上记有"纳和籴直在今怀送到新附"等字样。文书虽仅存残片，但从同墓一方墓志中有武周新字，武则天是在载初元年以新字"曌"为己名的，由此推知此文书年代当在她称帝的载初至长安年间（689年—704年）。大谷文书2836号，武则天长安三年（703年）三月，敦煌县录事董文彻牒（下面将引原文并详细论述）。

牒文大意是劝告百姓种植桑麻，自家纺纱织布以供衣料，不要完全依赖和籴换取绢帛以解决衣着问题，反映了敦煌县和籴的一些情况。以上三条材料，两条系在边陲敦煌和西州高昌县和籴的物证，另一条则系证圣年间纠正全国州县军司府官在和籴中出现偏差的敕令，三条材料辅证了武则天时期普遍地实行了和籴制度。

唐代和籴到玄宗开元、天宝期间，无论从地区、规模、数量上都有很大扩展，这和玄宗时的政治、军事形势变化有关。

开元期间，在兵制上改府兵制为募兵制，边镇兵和中央禁卫军全由召募而来的雇佣兵组成，一切装备、粮饷全由国家供给。与此同时，由于玄宗贪立边功，不断对边疆少数民族用兵，在缘边地区设立了十个节度使和经略使。边镇地区军粮增加。数额庞大的军粮开支，除依靠附近州县地租外，还实行着屯田与和籴。

盛唐时期，京师长安诸司衙署林立，机构日益庞大，官员众多；国内外宾客辐辏，人殷地狭；加以六军糗粮，百官禄廪，不断增多，邦畿之税给用不充。除了冒江淮风浪之险，溯河渭湍险之艰，运江淮以南租米以供外，在关辅地区丰穰时，就在京畿和籴，以省转输所耗财富。史载开元时“牛仙客为相，有彭果者献策，广关辅之籴，京师粮廪益羡，自是玄宗不复幸东都”[15]。开元二十五年，关辅地区丰收，玄宗敕令“关内诸州庸、调、资课，并宜准时价变粟取米，送至京逐要支用。其路远处不可运送者，宜所在收贮，便充附近军粮。其河北、河南有不通水利，宜折租造绢以代关中调课”[16]。关中地区把应交庸、调、资课的绢、帛、钱等折价交纳自种羡余的粟、米，而外地应交的租谷，则折交绢、布运送入京，取代关中课调。这实质上就是以江淮和河南、河北地区的租粟折价纳绢、布向关中实行和籴。同年九月，为防止谷贱伤农，令“户部郎中郑昉、殿中侍御史郑章。于都畿，据时价外每斗加三两钱，和籴粟三四百万石”[17]。并决定停运江淮当年租米。天宝中每年“以钱六十万缗赋诸道和籴，斗增三钱，每岁短递输京仓者百余万斛”[18]。这就是开元、天宝期间各地和籴的情况。

天宝十四年（755 年），安史之乱爆发，唐玄宗逃往四川，肃宗即位于灵武，调凤翔、朔方兵抵御，当时大量军队驻屯在关中，其所需军粮亦依靠江淮轻货和籴以充。史载“肃宗初，第五琦始以钱谷得见，请于江淮分置租庸使，市轻货以济军食”[19]。于是“吴盐、蜀麻、铜冶皆有税，市轻货由江陵、襄阳、上津路转至凤翔”[20]。肃宗上元元年（760 年），曾为诸道米粟不能流通周转，特下敕令严禁闭籴，并派诸节度观察使于管内拘捕发令闭籴者。反映了当时仍实行着和籴。

安史之乱中，当朝廷内调西北戍兵之际，吐蕃乘机夺取河西、陇右、剑南西川边境大片土地。代宗宝应二年（763 年）吐蕃军偷袭大散关，深入到奉天、武功，第三天即占领长安，掳掠士女、百工，虽被郭子仪设疑兵以败之，逃出长安。但凤翔以西，邠州以北，陆续被吐蕃军占领。为捍卫西京，唐在凤翔、泾州、邠州、渭北设节度使，驻以重兵。所以代宗时关内道和籴占主要地位。大历八年，京师大稔，谷价骤贱，为使关中百姓不致谷贱受损，遂于十一月敕令“度支江淮转运三十万石米价并脚价，充关内和籴”[21]。大历九年五月“以时属年丰，理国之本，莫先兵食，乃诏度支支七十万贯，诸道转运使支五十万贯充和籴”[22]。上述事例说明，当时和籴仍基于解决军食和京师用粮。

自太宗贞观年间到开元、天宝以前，政治局面安定，财政、经济情况较好，国家有一定的支付能力。因此迄至安史之乱以前，和籴基本上能做到官出钱、民出谷，两和商量然后交易，而价格也较高于时价。肃宗、代宗时期仍勉强维持着这种状况。

最近有同志根据部分敦煌、吐鲁番资料，认为唐代安史之乱以前和籴即带有强迫性，不是建立在自愿基础上的贸易，并认为“武则天长安三年三月三日敦煌县录事董文彻牒就是其中一件能说明当时和籴具有强制性的典型史料”[23]。我认为这种意见值得商榷。

大谷文书 2836 号，武则天长安三年（703 年）三月，敦煌县录事董文彻牒[24]，录文如下：

1. 家奴客须着，贫儿又要充衣。相学鹤望和籴，
2. 谷麦漫将费尽。和籴既无定准，自悮（误）即受单
3. 寒。岂唯虚丧光阴，赤露诚亦难忍。其桑麻
4. 累年劝种，百姓并足自供。望请检校营田官，

5. 便即月别点阅萦子及布。城内县官自巡，如有

6. 一家不缉绩者，罚一回车驮远使。庶望规模

7. 递洽，纯朴相依。谨以牒举请裁，谨牒。

8. 长安三年三月日录事董文彻牒

（下略）

这是敦煌县录事董文彻草拟的牒文，经县内主司研究、县尉摄主簿最后决定：准牒下乡，榜示村坊，使家家知委，每季点检，有不如法者，随犯科决。责令符到奉行。牒文内容是劝告百姓种植桑麻，每家纺线织布，以自供衣料，防止“赤露诚亦难忍”之苦。并劝令百姓不要依赖和籴解决衣着（当时的和籴是官府的绢帛易粟麦），因为那样不但“谷麦漫将费尽”，而且“和籴既无定准，自误即受单寒”。从牒文内容分析，百姓是乐意实行和籴的（相学鹤望和籴）。官府强令百姓实行纺绩自给自足；不要完全寄希望于和籴解决穿着问题，理由是万一当年没有实行和籴，就有遭受“单寒”之苦。

为了弥补此牒件文字过简，含义模糊，容易理解乖误，拟结合文献辅证之。查阅文献，代宗大历以前，官府和籴价格一般高于时价，遇到丰年百姓愿意将多余粮食出粜给官府。如上引证圣元年（695年）三月二十一日敕文，提到了和籴时州县军司府官等，不得遣人替名取代。为什么在和籴时要禁止州县军司府官“遣人替名取代”呢？这说明了和籴时，政府支付和籴实价，对出粜粮食的农民是有利的，因此才会出现州县军司府遣人替名取代的现象。显而易见，如果和籴价格很低，州县官吏又有何必要“遣人替名取代”呢！其次，我们再从价格上看也是如此，如开元二十五年，关辅地区丰收，为减轻江淮漕运京师的艰难，决定于都畿“据时价外，每斗加三、两钱，和籴粟三、四百万石，所在贮掌”[25]。这说明和籴粮价略高于时价。此外，“开元二十六年三月丙申敕曰：如闻宁、庆两州，小麦甚贱，百姓出籴（粜）又无人收籴，衣服之间，或虑难得，宜令所司与本道支使计会，每斗略加于时价一两钱，籴取二万石，变造麦饭，贮于朔方军城。”[26]这又是官府在丰收之年实行和籴以解决百姓衣着困难的实例。说明唐代百姓丰年出粜粮食购买衣料较为普遍，也是牒文中百姓盼望和籴解决穿着问题的一个极好注脚。

下面我们再引P3348号文书，唐天宝四载河西豆卢军和籴会计牒来探讨分析[27]。从实例中看看和籴价格高于抑低于市价，对百姓利多抑弊多。

整个文书分A、B两个部分，A篇共52行，B篇共83行，这两篇文书内容稍有些不同，但研究起来，却互补有无，非常重要。两篇均由几个相同内容的文书粘接在一起。因前后均有残缺，现于A、B两篇中各选一完整内容转录如下：

A（前略）

13. 伍阡柒伯玖拾壹硕（石）贰㪷（斗）肆胜（升）肆合·斛㪷。

14. 　　　三载冬季交籴纳·准估计当

15. 　　　钱壹阡伍伯柒拾伍贯玖伯五文。

16. 伍阡肆伯伍硕捌胜参㪷柒合·粟 斗估廿七文

17. 　　计壹阡肆伯伍拾玖贯伍伯柒拾陆文。

18. 壹拾柒硕壹㪷、床，斗估计七文计肆贯

19. 　　陆伯壹拾柒文。

20. 贰伯陆拾贰硕伍㪷·青麦，斗估卅文，

21. 　　计柒拾捌贯柒伯伍拾文。

22. 柒拾陆硕柒合，小麦斗估卅二文计贰拾

23. 　　肆贯参伯贰拾参文伍分。

24. 贰拾玖硕捌㪷，豌豆，斗估廿九文计捌贯

25. 　　陆伯肆拾贰文。

下

26. 肆阡捌伯捌拾陆硕参㪷伍胜伍合·麦

27. 粟床豆等，准和籴估，折填充

28. 交籴匹段本。其斛㪷，收附军

29. 仓，同前载冬季载支粮帐讫。

缝背署印 （以下同）

30. 壹拾柒硕壹㪷、床。

31. 贰伯陆拾贰硕伍㪷、青麦。

32. 柒拾陆硕柒合、小麦。

33. 贰拾玖硕捌㪷、豌豆。

34. 肆阡伍伯硕玖㪷肆胜捌合、粟

35. 玖伯肆硕捌㪷捌胜玖合、粟。填本外

36. 利润，其粟收附同前季利润账讫。

B （上略）

12. 柒阡壹拾柒屯匹壹拾铢、行纲敦煌郡

13. 参军武少鸾、天宝三载十

14. 月十二日、充 旨支四载和

15. 籴壹万段数。其物并给百

16. 姓等和籴直，破用并尽。

17. 伍阡陆伯匹，大生绢匹估四百六十五文计

18. 贰阡陆伯肆贯文。

19. 伍伯伍拾匹河南府絁、匹估五百五十文

20. 计参伯肆拾壹贯文。

21. 贰伯柒拾匹，缦绯，匹估五百五十文

22. 计壹伯肆拾捌贯伍伯文。

23. 贰伯柒拾匹、缦绿匹估四百六十文

（缝背署印）

24. 计壹伯贰拾肆贯贰伯文。

25. 参伯贰拾柒屯壹拾铢、大绵屯估一百五十文

26. 计肆拾玖贯伍拾文。

27. 以前匹段、准估都计当钱参阡贰伯陆

28. 拾陆贯柒伯伍拾玖文，计籴得斛㪷

29. 壹万壹伯壹拾伍硕陆㪷玖胜壹合。

30. 其斛㪷，收附去载冬季军仓载支

31. 粮帐、经支度勾、并牒上金部·比部，

32. 度支讫。

33. 玖阡贰伯肆拾柒硕柒胜肆合，粟斗估卅二文

34. 计贰阡玖伯伍拾玖贯陆肆 拾文肆分

35. 肆伯壹拾柒硕参㪷伍胜参合，小麦斗估卅七文

36. 计壹伯伍拾肆贯肆佰

（缝背署印）

37.　　贰拾文陆分。

38.　　壹伯参拾玖硕贰斟陆胜肆合、床斗估卅二文

39.　　计钱肆拾肆贯伍伯陆拾伍文贰分。

40.　　肆拾玖硕伍斟，豌豆计钱壹斗估卅四文

41.　　拾陆贯捌伯参拾文。

42.　　贰伯陆拾贰硕伍斟，青麦，斗估卅五文

43.　　计钱玖拾壹贯捌伯柒拾伍文

（下略）

上引A篇文书第13行至36行为一完整内容。文书13行至29行，记载了豆卢军仓按市价（准估）从市场总共购得粮食五千七百九十一石二斗四升四合，并分类载明了每种粮食的数量、斗估价，作为天宝三载向军仓交籴的粮食，总钱数为一千五百七十五贯九百零五文（笔者把各类粮价相加为一千五百七十五贯九百零八文五分）。文书26行至36行，则载明了同样钱数按和籴价格（准和籴估）只能籴得粮食四千八百八十六石三斗五升五合。因为军仓粮食已从市场购得交籴，这里只需要交代清楚同样钱数和籴所能购得粮食总数（包括了粟、小麦、青麦、豌豆、床各类粮食数）。因为和籴价高于市价，所以同样钱数市场购粮要比和籴多得粟九百零四石八斗八升九合。这多得的粮食作为利润登账收讫。从这个实例证明了粮食的和籴价确高于市价。遗憾的是这里只记明了粮食和籴总数，并未记明各种粮食和籴的斗估价钱。幸亏同文书B篇为我们解决了这个问题。B篇是记载支用天宝四载匹段和籴粮食的账单。上引第12行至42行为一完整内容。从12行至32行，记载了行纲敦煌郡参军武少鸾，于天宝三载十月十二日，支取四载和籴本绢絁等一万段，七千零一十七屯匹十铢。从河南府等地运来。并分类注明了绢、絁、缦绯、缦绿、大绵的匹屯数和匹屯估价以及每类物品总价。以上这些匹段总计当钱三千二百六十六贯七百五十九文，籴得粮食一万零一百一十五石六斗九升一合，收附于天宝三载（去载）冬季军仓账内。从33行至43行，则记载了和籴得的各类粮食的数额、斗估价、钱数。从文中注明“其物（匹段）并给百姓等和籴值”得知，这里籴得的粟、小麦、床、豌豆、青麦的斗估价即和籴价。

上引B篇12行至42行和籴账是预支天宝四载的和籴钱额用于天宝三载和籴收附于三载冬季军仓。同上引A篇交籴粮食收附于同年同季军仓，属于同一财政年度，其和籴价相同应是无疑义的。因此把这些粮食和籴斗估价填入到A篇30行到36行各类和籴粮食单价中，则天宝三载一千五百七十五贯九〇五文（九〇八文五分之误）钱市籴与和籴得粮食差额、斗估和籴与市籴差额如下表：

粮食名称	市籴数量	市估（斗计）	各类粮食钱额	和籴数量	和籴估（斗计）	各类粮食钱额	每斗和籴价高于市估价	备注
粟	5405石8斗3升7合	廿七文	1459贯576文	4500石9斗4升8合	卅二文	1440贯305文9.2分	5文	
床	17石1斗	廿七文	4贯617文	17石1斗	卅二文	5贯472文	5文	
青麦	262石5斗	卅义	78贯750文	262石5斗	卅五文	91贯875文	5文	
小麦	76石7合	卅二文	24贯323文5分	76石7合	卅七文	28贯122文5.9分	5文	
豌豆	29石8斗	廿九文	8贯642文	29石8斗	卅四文	10贯132文	5文	
总计	5791石2斗4升4合		1575贯908文5分	4886石3斗5升5合		1575贯907文5.1分		市籴比和籴多得粟904石8斗8升9合

从上表中看出1575贯908文5分（双方折算，尾数为908文5分与907文5.1分，有0.99文钱的误差），按市场价格可购得粮食5791石2斗4升4合，而按和籴价则只能籴到4886石3斗5升5合，以同样钱数按市价购粮要比和籴多得粟904石8斗8升9合。和上引A篇文书记载完全符合。各种粮食的斗和籴价分别为粟、床32文，青麦35文，小麦37文，豌豆34文。均每斗比市价高出5文。

上面是从和籴价格高于市价，说明实行和籴对百姓是有利的，因而达到两和商量、然后交易也是可能的。下面再从百姓（包括行商）提出牒状请求以粮食充和籴来分析。如P3348号文书背面，有唐天宝六载（747年）十一月，河西豆卢军军仓收纳籴粟牒[28]。此牒分A、B两篇，A篇1件，B篇10件。为分析研究方便，今从A篇中引1件，B篇中引2件如下：

唐天宝六载（747年）十一月河西豆卢军军仓收纳籴粟牒［豆卢军之印］

A （前欠）

1. 廿九日

2. 军仓

3. 行客任悊子，纳交籴粟壹伯捌硕陆㪷。空。

4. 右奉判，令检纳前件人交籴粟，纳讫具

5. 上者。谨依检纳讫，具状如前。谨录状上。

6. 牒件状如前，谨牒。

7. 天宝六载十一月日典李惠明牒

8. 典张玄福

9. 判官司法参军于重晖

10. 付判、元感示.

11. 监官别将 曹阿宾。

12. 廿九日。

13. 十一月廿九日，典邓儁受。

14. 孔目判排官（押）付。

15. 计料·晖白。

16. 廿九日。

17. 行客任悊子粟壹伯捌硕陆㪷：估廿一文估参伯捌文。计钱贰拾贰贯捌佰

18. 陆文，折给小生绢陆拾匹、

19. 牒件斛㪷如前。谨牒。

（后欠）

B1

1. 粟壹伯硕。

2. 牒·建忠今有前件粟·请纳交籴。请处分，谨牒。

3. 天宝六载十二月十日，百姓泛建忠牒。

4. 付 判·元感示。

5. 十八日。

6. 十二月十八日典邓儁 受。

7. 孔目 判官（押）付。

8. 连、晖 白。

9. 十九日。

B2 （前略）

1. 右重进等。各请上件交籴斛㪷，望请预付匹段。

2. 其斛㪷，限日填纳。谨连判状如前，请处分。

3. 牒·件状如前·谨牒。

4. 天宝六载十二月日行客常重进等牒

5. 行客曹庭训

6. 付判准状元感

7. 示。 十七日

（下略）

上引A篇文书系天宝六载十一月，河西豆卢军仓收籴了行客任悊子粟一百零八石六斗纳讫上报主管单位请求付钱（绢）的牒状。从这个牒状看来，百姓交籴粮食，要经过提出申请、获准、纳讫付款等一系列的手续。最后由主管负责人元感批准，付给粮价款（小生绢）为止，算是完成了全过程。B1件文书则系百姓氾建忠请求将已有粟一百石纳充和籴，经和籴主管负责人批准后，才能按手续交籴。还有如B2件文书，系常重进等人，申请交籴粟、小麦的同时，提出预付粮价匹段、限期交纳粮食的请求。经主司批准，有关人员稽核后办理。

从上引敦煌资料中，百姓主动提出申请和籴手续之冗繁、获准之困难看来，在丰收之年百姓是愿意将多余粮食出粜给官府的。

下面我们再引天宝九载（750年）八九月，敦煌郡仓纳谷牒来加以分析[29]。这里共16个牒件，是敦煌郡仓15天的粮食出纳账。记载了从天宝九载八月廿七日到九月十八目的粮食进出账目。其中八月廿七日以后中间脱落二十九、三十两日账，九月十八日以前中间脱落一、二、三、十、十六等5日账。因为是流水账，既有进仓粮，又有出仓粮。进入仓的粮食包括了二分税、种子粮、镇戍回残粟、和籴粮，等等。出仓粮的用途，仅从上述仓账看，有“付县便送冷泉等五戍充马料”的[30]；有“给县令韦漠八月廿日上后禄”的[31]。这个郡仓的进出粮食，制度是很严密的，每日进出粮之后，除仓史具牒状外，仓督、司仓参军，乃至郡司马、长史都得签署。从骑缝署谦及××日谦字看来，这个名谦者，当为郡的最高官太守。

细从账目分析，各种账目登载方式均不相同：二分税以县为单位，按各类粮食总额登记。如“廿八日·纳敦煌县百姓天九二分税，青麦参拾贰硕，豌豆壹伯玖拾肆硕，床壹伯肆硕，粟陆伯贰拾捌硕”[32]。种子粮按县分乡登记交纳总额。如在敦煌县天宝九载八月廿七日向郡仓交纳种子粮的账目中（以“」”号表示文书一行截止）：“合今载应纳种子粟、壹万贰阡贰伯捌拾伍硕玖㪷参胜。」洪池乡：柒伯壹拾陆硕壹㪷壹胜陆合玖勺」”[33]。其他每乡各占一行。而和籴粮就是按人登记，如“肆日，纳百姓宋希盛和籴粟贰拾肆硕。梁思贞粟贰拾贰硕。曹思礼粟肆硕捌㪷”[34]。从登记中看，有一人一天纳两次或三次的。就九月四日收纳和籴粮的情况，笔者作了一下统计，在这一天之内，交籴两次以上的有张袛国等15人，其中有翟洪悊等3人交籴3次。15人中除两人连着交两次外，其他13人均交了一次，过后再交一次或两次[35]。这种情况表明交籴时随到随收，方便百姓。收完后面人的粮以后，前面交过的人又送粮到接着收。达到了一定总额，注明以上都计多少粮食，入×行从×（方向）第×眼窖等字样。有人认为“文书如此具体、详细、不厌其烦地将百姓交纳和籴粟的数量、姓名、时间上报给郡仓，说明百姓所分别承担的定额和籴任务，是由当地政府强制规定的”[36]。我认为这种说法值得商量。因为这是郡仓每日出纳账，当然只能按每人名下登记籴粮数量，交籴一次，登上一笔。仓账中既未按县、乡、里登记，又未见有派购限交总数，各人交粮后又不计累进数，哪能看出有定额强制摊派的痕迹？如果一定要对郡仓按名详细登记和籴粟的数量作点推测，我认为结论正好相反，可能是为了付价款及防止和籴冒名顶替有关。

综上所述，从太宗贞观时起迄至代宗大历以前的唐前期，无论从文献或敦煌、吐鲁番文书分析，当时和籴对国家和百姓都是有利的。对国家来说，边境、戍兵重镇就地就近解决军粮，免除了长途运输，节省了巨大的脚费开支，即使在边地稍高于时价和籴，也是合算的。对百姓来说，封建时代各种苛捐杂税和劳役都强加在自己身上，减少了运输劳弊和脚费开支，即减轻了自己的劳役和经济负担，能有较多时间从事农业生产，对农业生产的发展和社会经济的繁荣是起积极作用的。和籴价格优饶，在当地丰收的情况下，对百姓也是有利的。

二 对唐后期和籴流弊的具体分析

德宗统治期间，由于和藩镇的不断战争，吐蕃贵族又经常入侵，加以建中四年（783年）泾原镇兵哗变，拥朱泚为秦帝，占领了长安。德宗为应付这巨额的军粮军资支出，于贞元年间实行和籴。“（贞元）三年闰五月，度支奏河南河中府及同、华、晋、绛、陕、虢、鄜、坊、丹、延等州今年夏税各送上都及留州留都府钱八十一万贯，请量取三十万贯折籴豆麦等贮纳”[37]。同年吐蕃在平凉劫盟，唐召诸道兵17万戍边“月给粟十七万斛，皆籴于关中”[38]。在这里既有和籴又有折籴。既有支取当年夏秋两税钱，又有预支来年夏税钱进行折籴的。

也就在德宗时，和籴部分变质，京畿和籴多被抑配，匹段等和籴本物估逾于时价。如贞元四年八月诏：“京兆府于时价外加估和籴，差清强官先给价直，然后贮纳。续令所司，自搬运载至太仓，并差御史分路访察，有违敕文，令长以下当重科贬。先是，京畿和籴多被抑配，或物估逾于时价，或先敛而后给直，追集停拥，百姓苦之。及闻是诏，莫不欢忻乐输焉。”[39]此外从贞元元年改元赦书“京畿及侧近州县所欠百姓科（诏令作和市）和籴价直，委度支即勘令支给。”[40]贞元九年冬季大赦制“近年以来，因和市和籴欠负百姓钱物，并即填还；以后官司应有市籴者，各须先付价值，不得赊取抑配。”[41]这两个诏令都强调要勘令支给和预付和籴值，反映了和籴中赊取抑配、不给货值的情况。

到了宪宗统治时期，由于宪宗在听取谏诤、改革弊政、尊贤任能方面均做出了一些成绩，在安史之乱后算是一个比较振作的皇帝，一度出现了所谓“元和中兴”的景象，在军事上对藩镇用兵获得了一定的胜利。他采用了对藩镇用兵态度坚决的裴度等的主张，讨平了淮西吴元济的叛乱。但是由于长期对藩镇用兵，特别是对成德王承宗的数次用兵，战争以失败告终，而消耗钱粮数额巨大。如第一次用兵，调动各道兵共20万人，消耗军费七百余万缗，单是遣散诸道行营将士回本镇就共赐布帛二十八万端匹。在此期间，每岁军镇及京师用粮，旧例运江淮米以充，然久不盈其数，欠缺之数靠递年和籴贮备，这又是和籴规模、数额较大的一朝。

元和年间是和籴害民最严重的时期。白居易在《论和籴状》中指出：“伏见有司以今年丰熟，请令畿内及诸州和籴，将收钱谷，当利农夫。以臣所见，有害无利，何者？……比来和籴，事殊不然，但令府县之官，散配人户，促立程限，严加征催，苟有稽迟，即被捉搦，迫蹙鞭挞，甚于赋税，和籴之名乃为虚设，故曰有害无利也。”[42]白居易并以自己身经目睹，揭露和控诉了和籴之弊。论述元和时和籴之弊的莫过于白居易，而根据此疏所涉及的地点、事实来看，主要是指京畿及关内诸州，而不是泛指全国。也就在这同一《论和籴状》中，白居易在建议以优饶价格开场和籴的同时，更多地讲述了折籴的好处：“折籴者，折青苗税钱，使自纳斛㪷，免令贱籴（粜）别纳见钱，在农人亦甚为利。……今若量折税钱纳斛㪷，既无贱籴（粜）粟米之费，又无转买匹段之劳，利归于人，美归于上，则折籴之便岂不昭然，由是而论，则配户不如开场，和籴不如折籴，亦甚明矣。”[43]因为当时青苗税钱交的是现钱，百姓为了纳税必须卖去谷物取得现钱。如果实行和籴，百姓粜粮给政府，度支给的是杂色匹段，百姓还要卖去杂色匹段，再交钱纳税。两次倒手转卖，商人乘百姓急卖之机压价套购，农民损失甚大，今若以应纳税钱折交粮食，可免两次转卖所受剥削。对官府和百姓都是有利的。

白居易时为右拾遗，职当谏官，对时政弊端颇为不满，因此在上疏时，指陈时政，未免言辞激切；但即使如此，对折籴也是大加肯定的。那么在元和时和籴、折籴之规模、数额又是如何呢？元和七年（812年），接受了户部侍郎判度支卢坦奏议，于“今冬诸州和籴贮粟，泽潞四十万石，郑、滑、易、定各一十五万石，夏州八万石，河阳一十万石，太原二十万石，灵武七万石，振武、丰州、盐州各五万石，凡一百六十万石。……各于时价每斗加十文”[44]。元和八年九月，又根据“权判度支、兵部尚书王绍奏请折籴粟，京兆府二十五万石，同州五万石，华州三万石，陕州五万石，虢州三万石，河中府三万石，绛州二万石，河南府六万石，河阳节度管内十万石，准旧仍各于本州处中旬时估，每斗加饶五之一，京兆府量加五之二，以当府秋税青苗钱折纳。”[45]这两次和折籴数量都是很大的，第一次和籴一百六十万石；第二次折籴合计六十二万石，折籴实质上系和籴的另一种形式。从实行和籴折籴地区之广看来，白居易所揭露的和籴抑配，仅是部分地区，不能以偏概全，全盘否定和籴。

穆宗长庆以后，在和籴问题上出现了另一些偏差，主要是官吏、豪强、富商相互勾结，侵吞和籴之利。长庆元年二月敕：“春农方兴种植是切。其京北京西和籴使宜勒停。先是，度支以边储无备，请置和籴使，经年无效，徒扰边民，故罢之。”[46]同年七月十八日大赦，“制近边所置和籴，皆给实价，如闻顷来，积弊颇甚，美利盖归于主掌，善价不及于村闾，或虚招以奉于强家，或广僦用盗于游客，若不严约，弊何可除”[47]。前一敕文说明，由于和籴不能按制度进行，和籴使徒起骚扰边民之作用；后一赦文则明确指出，就是和籴时国家给了实价，主掌官吏、豪强、富商狼狈为奸，乘百姓缺钱粜粮时压价套购、屯积居奇，以所购粮食给国家加价和籴，百姓仍然得不到实利。

文宗时继行和籴，规模较大，其情况可由以下材料窥其大概。其时为促进物资流通以丰补歉，曾允许商旅把丰收地区的粮食运往歉收灾区出粜。如文宗大和三年（829 年）九月诏：“以河南、河北诸道频年水旱，重以兵役，而徐汴管内遭水潦。如闻江淮诸郡，所在丰稔，困于甚贱，不免伤农，州县长吏，苟思自便，条约不令出界，虽无严榜，以避诏条，而商旅不通，米价悬异，致令水旱之处，种食无资。……宜令御史台谏御史一人，于河南巡检。但每道每州界首，物价不等，米商不行，即时潜有约勒，不必更待文榜为验，便具事状及本贯刺史、县令察判名闻，如河南通商旅之后，淮南诸郡米价渐起。”[48]经过谏御史赴河南巡检以后，准许江淮诸郡丰收之粮经商旅运往河南，淮南地区的米价就上升了，河南种食无资的情况也稍得解决。大和八年明确敕令近京诸道不得阻遏商人贩运。诏曰：“岁有歉穰，谷有贵贱，权其轻重，须使通流，非止救灾，亦为利物，同州诸县至河中、晋、绛、京西北丰熟之处，宜令近京诸道，许商兴贩，往来不得止遏。”[49]这说明在全国丰歉均存的情况下，如果政府在价格上有所规定，掌握得当，允许商人贩运，对粮食流通、救济灾荒还能起到一定的作用。反之，如果掌握不当，甚至主掌官吏本身就和富商勾结，必然会造成官商狼狈为奸，利用和籴牟取暴利。如开成元年（阙名）《请贵籴便民奏》中记载：“每年供诸司并畿内诸镇军粮，计粟一百六十余万石，约以钱九十六万六千余贯籴之畿内。百姓每年纳两税见钱五十万贯，约以粟麦二百余万石粜之。是度支籴以六十，而百姓粜以二十五。农人贱粜，利归商徒；度支贵粜，贿行黔吏。”[50]这个实例表明，商人利用农民交纳两税现钱，不得不出粜粮食时，压价收购，以购得粮食供国家实行和籴。这样，和籴价格优饶之利就全归主管官吏和商徒了。

上述这种商人利用和籴牟取暴利的事实，一直到懿宗咸通七年（866 年）仍是“积弊继有多端，善价不及乡闾，美利皆归司局，徒为名目，不益公私”[51]。

商人操纵和籴，有时也影响国家和籴任务的完成，危及军粮和京师用粮的供应。如宣宗大中六年（852 年）五月敕“今年京畿及西北边稍似时熟，即京畿人家竞搬运斛斗入城，收为蓄积，致使边塞粟麦，依前涌贵，兼省司和籴亦颇艰难。”[52]紧接着六月敕文中即加禁止“近断京兆北斛斗入京，如闻百姓多端，以面造曲入城贸易，所费亦多。切宜所在，严加觉察，不得容许。”[53]这说明了商人搬运京兆附近粮食入城，以面造曲贸易获利，以致影响了边塞和省司和籴。官府也不得不严加禁断，革除此弊。

综上所述，唐后期和籴的流弊，从德宗以后迄至唐末都不同程度地存在，情况也不相同。在德宗、宪宗时期，由于进行了一些削平藩镇的统一战争，在军粮、军费开支庞大、国家财力匮乏、支付能力困难的情况下，在京畿、关中地区出现过和籴赊取抑配、视同赋税一样的严加征课，但也非全国皆然。穆宗以后，政治腐败，贪污行贿成风，流弊则表现为另一方面。官府和籴时给了实价，“美利盖归于主掌，善价不及于村闾”。主掌官吏、豪强、富商相互勾结，侵吞其利，百姓得不到和籴实利。不过仍然不能视为全是如此。穆宗、敬宗时期仍较大规模地实行折籴。文宗、宣宗尚能注意对和籴一些流弊的厘革。历史事实说明：唐后期的和籴情况复杂，需要对具体情况作具体分析。只见其弊，全盘否定，而把它看成是完全的掠夺手段，造成灾难性的后果，这种观点是不全面的。

1983 年 7 月 20 日初稿

1984 年 1 月定稿

注释：

[1]《册府元龟》把和籴、平籴均包括在《邦计部·平籴》目内，而《唐会要》则把又和籴、平籴全包括在《和籴》目内。

[2][6]《通典》卷一二《食货十二·轻重》。

[3][4]《旧唐书》卷四三《职官二》度支郎中、员外郎条。

[5]《唐六典》卷二〇《常平署》。

[7][8]《册府元龟》卷五〇二《邦计部·常平》。

[9][17][20][21][22][25][26]《册府元龟》卷五〇二《邦计部·平籴》。

[10]《白氏长庆集》四一《论和籴状》。

[11]徐寿坤:《对唐代和籴的分析》,《史学月刊》1957 年第 2 期。

[12][23][36]卢开万:《唐代和籴制度新探》,《武汉大学学报》1982 年第 6 期。

[13][15][18][38]《新唐书》卷五三《食货三》。

[14]这几件文书的年代下限不会晚于麟德二年。高宗自永徽元年即位至麟德二年（650—665 年），已有十四五年的时间。如果把上述文书断为高宗时期的文书，应该不会有太大的谬误。

[16]《通典》卷六《赋税下》。

[19]《旧唐书》卷四九《食货》。

[24][日] 池田温 :《中国古代籍帐研究》录文部分，东京大学出版会，1979 年，第 343—344 页。

[27]同[24]，第 463—466 页。

[28]同[24]，第 467—472 页。

[29]同[24]，第 472—477 页。

[30]同[24]2 郡仓，第 472—473 页。

[31]同[24]11 郡仓，第 476 页。

[32]同[24]2 郡仓，第 472—473 页 2。

[33]同[24]1 郡仓，第 472 页。

[34][35]同[24]4 郡仓，第 473 页。

[37][42][43][44][45]《册府元龟》卷五〇二《邦计部·平籴》。

[39][46][52]《唐会要》卷九〇《和籴》。

[40]《文苑英华》卷四二〇。

[41]《文苑英华》卷四二六。

[47][48][49][51][53]《册府元龟》卷五〇二《邦计部·平籴》。

[50]《全唐文》卷九九七（阙名）《请贵籴便民疏》。

（原文刊于《平准学刊》1984 年 1 月）

突厥世系新证
——唐代墓志所见突厥世系

王义康

由于史籍记载不一，突厥可汗的世系扑朔迷离。为廓清迷雾，突厥史研究者做了大量工作，有代表性的是岑仲勉先生在《突厥集史》中对东突厥可汗世系的疏证，其结论为多数学者所接受。但是囿于当时的条件，岑仲勉先生仅能在有限的史料范围内疏证，并无新材料佐证，部分结论难免具有推测性，一直未成定论。继岑仲勉之后虽有人试图判定文献记载的正误，但多为臆测，大有治丝益棼之势。卢向前先生则是另辟蹊径，从婚姻形态审视突厥世系，试图解释文献记载的歧异[1]。他的研究提示文献记载的突厥世系是汉人根据自己的计世方式编排的世系，是否反映突厥可汗族系真实的血缘关系或计世方式是有疑问的。尽管如此，在无法确定突厥人进入中原人视线后是否以母系计世的情况下，汉人编排的突厥世系仍具价值，它在某种程度上反映了中原王朝对突厥起源与发展的认识，而这种认识还会进一步影响中原王朝与突厥政治关系的发展。因此，厘清传统史籍中汉人编排的突厥世系，对于了解突厥的起源与发展，乃至颉利可汗败亡后唐与突厥之关系仍具有意义。本文旨在确定传统文献中所载汉人编排的突厥世系是否有一个统一的说法，即文献的甄别。近十余年，有多方阿史那氏成员墓志材料公布，为我们提供了进行甄别的依据。墓志所记突厥世系也由汉人书写，恰恰可与汉文史书相互印证。由于有的墓志写作时间与《周书》、《隋书》成书时间大体一致，墓志所记世系是当时汉人编排的突厥世系的实录，不存在后世传抄致误或篡改之嫌。

一　土门与科罗、木杆、它钵之关系

关于突厥早期四位可汗的关系是治突厥史者首先遇到的难题。《周书》记载土门（?—552年在位）与科罗（乙息记可汗，552年—553年在位）、木杆（553年—572年在位）、它（他或佗）钵（572年—581年在位）三可汗为父子关系，而《隋书》记载土门与科罗、木杆、它钵为兄弟关系，今流行本《北史》则两说并存。孰是孰非，难以确定。岑仲勉先生说："《通鉴考异》七云：'乙息记可汗，颜师古《隋书·突厥传》云弟逸可汗立，今从《周书》及《北史》。'按《隋传》称弟，《周传》称子，然处罗侯云：'自木杆可汗以来，多以弟代兄'。不数科罗，《通鉴》一六五作'子'，是也。"[2]岑先生最终同意了司马光的考证，即土门与科罗、木杆、它钵为父子关系。

目前涉及突厥早期四位可汗关系的叙述，国内外学者一般都接受岑仲勉先生的裁定。但薛宗正力主土门与科罗、木杆、它钵可汗为兄弟之说[3]，且不乏支持者[4]。但是此说的论证过程多是脱离文献材料的臆测，更难以取信。父子说、兄弟说，哪一种是正确的？可以援引新出《阿史那思摩墓志》来进一步验证。《墓志》记载：

> 公讳思摩，本姓阿史那氏，阴山人也……曾祖伊力可汗，威摄龙乡，道高狼望，北降屈射，东争瓯脱。祖达拔可汗，屡扰萧关，频惊细柳，负空同而称骄子，阻昌海而擅全兵。父咄六设。

气凌大荔，威加小月，功宣左衽之域，绩著毡裘之君[5]。

《墓志》所记思摩曾祖伊力可汗，《隋书》作伊利可汗，这是人们熟知的突厥立国可汗土门可汗，无须赘叙。思摩祖父达拔可汗，有人将其比定为“达头可汗”，即阿史那玷厥，理由是“达拔”为“达头”之异音[6]。姑且不说“拔”与“头”音相去甚远，不存在相同或相近的问题，且“达拔”与“达头”是出自阿史那氏不同的支系。达头可汗是伊利可汗（或土门可汗）之弟室点密可汗之子，为西面突厥可汗。阿史那思摩正史均记载为东部突厥支系成员，况且《墓志》明记思摩祖“达拔可汗”为伊力（利）可汗之子，其曾祖、祖均为东面突厥可汗。东、西突厥支系不同，将“达拔可汗”移作西面突厥“达头可汗”是错误的。

那么，达拔可汗到底是东突厥哪位可汗呢？确切说他是正史记载的它钵可汗，名库头[7]。“达拔”为“它钵”音之异译。中古音译写 t、d 并无区别[8]，“达”与“它”音相近或相同，二者为同音异写；“拔”与“钵”音相近或相同，如铁勒部落“拔野古”史书又译作“勃曳固”[9]，钵、勃同音，“拔”为“钵（勃）”之同音异写。因此，“达拔可汗”即“它钵可汗”。

《墓志》记载达拔可汗“屡扰萧关，频惊细柳，负空同而称骄子，阻昌海而擅全兵”。按墓志通常的写法，这是概括墓主生平的夸饰之词，但是所述达拔可汗与中夏的关系及其威势，恰恰与正史记载它钵可汗在位时与北周关系的实际情况相吻合。

突厥初兴，需要西魏这样的强援来对付柔然和其他游牧部落，因此保持了与西魏良好的关系，从而顺利地征服了大漠地区。进入北周，木杆可汗继续实行与北周结好的政策，但是开始逐渐倾向于中立政策，使用外交手段周旋于北周、北齐之间，在三方中占据了主导地位。虽然如此，北周纳突厥公主为皇后，突厥与北周依然保持军事同盟关系，出兵助北周伐北齐。它钵可汗继位后，突厥与北齐关系得到改善，实行不偏不倚的中立政策。至北齐灭亡前，突厥与北周、北齐没有发生过一次战争。北周武帝建德六年（577 年）灭北齐，打破了突厥、北周、北齐三方鼎立局面，突厥实行的平衡外交失去了存在的客观条件。为了维持旧有局面，它钵可汗不惜以武力帮助北齐复国，突厥与北周关系全面破裂[10]，甚至以兵戎相见，由平衡转变为敌对。宣政元年（578 年）四月，它钵入寇幽州。北周刘雄兵败战死，迫使北周武帝亲率六军北伐，武帝中途而卒。此年冬天它钵复寇边，围酒泉，大掠而去。大象元年（579 年），寇并州[11]。它钵频频入侵，给北周造成很大的军事压力。这就是《墓志》所说的达拔可汗“屡扰萧关，频惊细柳”。无疑，“达拔可汗”即它钵可汗。

思摩父咄六设，史书有载[12]，但不言其所出，《墓志》可补其缺。它钵死前，嘱咐其子庵罗传位其兄木杆可汗之子大逻便。然而大逻便母贱，众不服；庵罗母贵，为突厥所重视。加之摄图与大逻便不睦，力挺庵罗，庵罗继位可汗，但大逻便不服，庵罗又不能节制大逻便，遂让位于摄图。庵罗降居独乐水，称第二可汗，为小可汗。《墓志》说得很明确，思摩以可汗之孙的身份，先授波斯特勤，后迁俱陆可汗，其父咄六设未曾为可汗。所以，思摩父咄六设为它钵可汗另一子，与庵罗为亲兄弟关系。石见清裕先生所作突厥世系表，将咄六设定为科罗可汗之子，思摩为其孙[13]，是为失察。

至此，我们可以明确阿史那思摩所出，曾祖为土门可汗，祖为它钵可汗，父咄六设，为菴罗兄弟。《册府元龟》记载思摩为颉利可汗从叔[14]，如果结合《墓志》与正史，这一记载是可以得到印证的。启民可汗父正史记载虽有异，但其祖为科罗可汗诸书却无异议。若按汉人的计世方式参照思摩所出，思摩为颉利可汗从叔，则颉利父启民可汗与思摩为同曾祖的从兄弟，启民祖科罗可汗与它钵可汗为兄弟，这与正史记载科罗、木杆、它钵三可汗为兄弟关系恰恰吻合。

总之，诸书记载科罗、木杆、它钵三可汗为兄弟关系是一致的，差异只是土门（伊利）与科罗、木杆、它钵三可汗是父子抑或兄弟。既然《墓志》所记它钵（达拔）为伊力（土门）可汗之子，那么土门可汗与科罗、木杆、它钵三可汗为父子关系则是确定无疑的。因此，对于此事记载，《周书》、司马光所见《北史》是。而《隋书》、今本《北史》非。

二　染干与摄图、处罗侯之关系

染干（启民可汗，599年—611年在位）与摄图（沙钵略可汗，581年—587年在位）、处罗侯（叶护可汗，587年—588年在位）的关系，是突厥世系中又一大疑难。史书记载有以下三种异说：（1）《隋书·长孙晟传》记载染干为处罗侯之子。《通典·突厥传上》记载："沙钵略之弟处罗侯之子，名染干。"与《长孙晟传》同。（2）《隋书·突厥传》记载"沙钵略子曰染干，号突利可汗。"《北史》卷九九《突厥传》与《隋书》相同。（3）《通鉴》卷一七五记染干为沙钵略之子，同书卷一七八却记染干为处罗侯之子，司马光并为此做了辨证："《突厥传》云'沙钵略子'，今从《长孙晟传》。"[15]司马光虽做考异，却前后不能照应，一事两说。

岑仲勉先生比较了《通典》与《隋书·突厥传》后认为后者有夺文，肯定了《通鉴》而不采纳《隋书·突厥传》的说法，认定染干为处罗侯之子[16]。虽然岑仲勉先生的辨证不无道理，但是史书记载对后世影响甚大。马长寿先生在其论著中，关于染干所出也是一事两说。一谓染干为摄图（沙钵略）之子，一谓染干为莫何可汗（处罗侯）之子[17]。

如果将史书有关记载与《阿史那摸末墓志》互证，即可明了染干与沙钵略、处罗侯之间的关系。《墓志》记载：

> 公讳摸末。漠北人也……曾祖阿波设，祖启民（染干）可汗，父啜罗可汗。可汗者，古之单于也……春秋卅三，以贞观廿三年二月十六日，薨于宜阳之里第。[18]

摸末，《阿史那勿施墓志》记墓主之父为摸末单于郁射设[19]，史书也记为奥射设，摸末则为其单于号。据《摸末墓志》，启民（染干）父为阿波设，可能有人会联想到木杆可汗之子大逻便阿波可汗[20]，这是不必要的[21]。因为关于染干之父，史书记载虽然有歧异，但是范围很确定，在摄图与处罗侯二人之间。那么，阿波设到底是二人当中谁呢？我们首先要明确这样一个问题，既然摸末曾祖无论是摄图还是处罗侯都是东突厥大可汗，何以《摸末墓志》追述其曾祖舍可汗之名号，而以突厥贵族子弟担任的官职"设"来追述曾祖的显赫的地位呢？这是判定"阿波设"身份的关键所在。从《墓志》文本，我们可以推测：以"阿波设"指代突厥大可汗，或者说以为大可汗的名讳，说明其已不是一般意义的突厥职官。此种以职官代可汗名的例子又如岑仲勉先生曾指出的，《阙特勤碑》之"阿波 yar γ an 达干"，乃毗伽可汗之名，而非职任[22]。另外，摄图继位后，号"伊利俱卢设莫何始波罗可汗"，给隋文帝上表自称"大突厥伊利俱卢设始波罗莫何可汗臣摄图"[23]。其中"俱卢设"即是摄图成为突厥最高统治者后，为表示其可汗至尊地位所加名号的一部分，是专有名号，而非职官，并为突厥与中原所共知。因此，《摸末墓志》中的"阿波设"，也当是大可汗尊号的一部分。另一方面，既然沙钵略可汗尊号为俱卢设，则"阿波设"不可能指摄图，只能是处罗侯。所以，《墓志》所记阿波设非沙钵略可汗，而是处罗侯，即染干父为处罗侯。

北周末年，长孙晟入突厥时处罗侯为"突利设"，开皇元年时为突利可汗[24]，后由其子染干继袭突利可汗。颉利可汗时，又以始毕可汗子什钵苾为突利可汗，突利号在处罗侯一系中沿袭不衰，可以说此号足以显示处罗侯一系的尊荣。然而史书明确记载处罗侯、什钵苾为突利可汗时统领东方之众，突利仅是突厥统治东方区域长官的称号。罗新先生考证小可汗升为大可汗以后，往往要改变自己的可汗名号，以表示地位的变化[25]。《摸末墓志》不以"突利设"指称处罗侯，恰恰说明"阿波设"是处罗侯成为大可汗后所取的与自己身份地位相匹配的名号，这种情形犹如摄图继位后加号"俱卢设"。《墓志》以"阿波设"指称曾祖处罗侯，也说明"阿波设"远比"突利设"尊崇，并且作为处罗侯大可汗时的尊号也是为人所熟知的。处罗侯史书又称莫何可汗或叶护可汗，为隋所册拜[26]，莫何、叶护都是处罗侯可汗名号的一部分。如果按照摄图可汗名号全称的排列方式，处罗侯可汗名号全称应为"阿波设莫何叶护可汗"。正史指称突厥可汗或首领往往只是撷取名号一部分，非全称，这也给后世读史带来困难。正史指称处罗侯只是撷取其可汗名号全称的后两者中其一，而《墓志》恰恰撷取了前者"阿波设"指称其曾祖处罗侯，《墓志》则昭示了正史阙失的部分。

综上所述，《墓志》所记阿波设实际上是处罗侯可汗尊号的一部分，阿波设即是处罗侯，史籍所记染干为处罗侯之子是正确的。

三　苏尼失世系

苏尼失所出，正史记载多有歧异，也是突厥世系一大疑案。《旧唐书》本传记载：

阿史那苏尼失者，启民可汗之母弟，社尔叔祖也。其父始毕可汗以为沙钵罗设，督部落五万家，牙直灵州之西北，骁雄有恩惠，甚得种落之心，及颉利政乱。而苏尼失所部独不携离。突利之来奔也，颉利乃立苏尼失为小可汗。

岑仲勉先生认为此文所叙世系，异常矛盾，并指出难以理解之处："1. 苏尼失为启民可汗之母弟及社尔之叔祖，则其父应为处罗侯可汗，始毕乃其胞侄也，而传则谓其父始毕可汗。2. 苏尼失如为始毕之子，则于启民应为孙，于社尔应为从兄弟，而传则谓启民母弟及社尔叔祖。"为解释这些矛盾，岑仲勉先生援引伯希和"始波罗"为"沙钵略"异译之说，认为"始波罗"的异译就是"始毕"。即上引《苏尼失传》中"始毕"即为"沙钵略"，并推测说："假定上说无误，斯苏尼失为沙钵略之子，于启民为从兄弟行，如是，则《旧书》此节世系只改一字——即母弟为从弟——而全文上下并无矛盾"[27]。其他史料记载的错讹由此也可得以理顺。

岑仲勉先生的考证可谓用功至深，具有非凡的洞察力，但是毕竟是通过语音比勘得出来的结论，也许有人不以为然。笔者认为岑仲勉先生的推测是可信的，可以从文献记载及墓志材料得到证实，而且正史所记苏尼失世系还可以继续扩展。

《元和姓纂》卷六《六止》史氏条记载：

本姓阿史那，突厥科罗次汗子，生苏尼失。入隋，封康国公，怀德郡王。

岑仲勉先生认为："此'突厥科罗次汗子'，殆'突厥科罗汗次子'之讹，系叙社尔而夺其名者。苏尼失以贞观四年始降，封怀德郡王。'入隋封康国公'六字，殆后文'大奈'下所错简，将于此条详之"[28]。即应将"入隋封康国公"置于史大奈下，康国公指史大奈，而非苏尼失。

《元和姓纂》"河南史氏"意在讲述史大奈所出及改姓史氏由来。史大奈为阿波（木杆可汗之子大逻便）系处罗可汗的特勤[29]，虽与苏尼失同源，却支系不同。《元和姓纂》却羼入了苏尼失的世系材料，因而岑仲勉先生在推寻苏尼失所出时舍弃了这条材料，这不能不说是一疏失。因它恰恰是推考苏尼失身份、家世的重要文献材料。其价值在于它将苏尼失的先世与乙息记可汗（科罗）联系起来，以此可以推寻苏尼失的确切世系。

《隋书》卷八四《突厥传》记载，处罗侯（叶护可汗，启民父）卒后，沙钵略（摄图）可汗之子雍虞闾继位，为颉伽施多那都蓝可汗。"其年（开皇十一年），（都蓝可汗）遣其母弟褥但特勤献于阗玉杖，上（隋文帝）拜褥但为柱国、康国公。"两相参照，《元和姓纂》所说苏尼失"入隋封康国公"并非空穴来风。苏尼失即褥但特勤，康国公非史大奈的封爵。非常清楚，苏尼失为科罗可汗之孙，沙钵略可汗次子，都蓝可汗之弟[30]。因此，岑仲勉先生的推测是正确的[31]。《元和姓纂》脱文太多，已无法恢复原貌，但大体应为："突厥科罗汗子沙钵略汗，生雍虞闾（或都蓝），次子苏尼失，入隋封康国公，唐怀德郡王"。这理应是《元和姓纂》卷五讲述阿史那氏的内容，林宝却误入卷六河南史氏大奈一族，遂惑于后世。

以上考知的苏尼失世系，可以与《阿史那忠墓志》相互印证。《墓志》记载："曾祖大原，祖邕周，并本国可汗。……父苏（尼失），左骁卫大将军、宁州都督"[32]。《墓志》记苏尼失祖、父为突厥大可汗与推考结果是相符的。有人因为《墓志》所记苏尼失祖大原、父邕周，与岑仲勉先生推测的苏尼失祖乙息记可汗（科罗）、父沙钵略名讳不一致，而否定了岑说[33]。我们从文献记载证明了岑仲勉先生推测的正确性，顺理成章，大原、邕周就是乙息记、沙钵略父子二可汗。上述否定岑说，关键是不了解史书所记突厥可汗名号往往只是撷取一部分或只是一种。

《周书》卷五十《突厥传》记载："土门遂自号伊利可汗，犹古之单于，号其妻为可贺敦，亦犹古之阏氏。"他书《突厥传》也有同样的记载。《旧唐书》卷一九四下《突厥传下》在追述室点密的事迹时说："初，室点密从大单于统领十大首领，有兵十万，往平西域诸胡国，自为可汗，号十姓部落。世统其众。"直接称木杆可汗为大单于[34]。这看上去是汉人史书编纂者对突厥可汗称号不经意的比附，但是实际上汉文史料记载突厥首领官号往往既有单于号又有可汗号。如《阿史那勿施墓志》记其祖为奚纯单于处逻（罗）可汗，父为摸末单于郁射设。勿施子《阿史那哲墓志》记载哲曾祖为奚纯单于处罗可汗，祖为摸末单于郁射设[35]。武后曾册封默啜为"颉跌利施大单于立功报国可汗"[36]，同时授予单于、可汗号。颜真卿撰《康阿义屈达干碑》称默啜可汗为"阿史那颉佚施默啜"[37]，"颉佚施"即"颉跌利施"省略写法，武后赐封的单于号成为默啜名讳的一部分。以单于号作为突厥首领的名讳，也见于正史。例如《旧唐书》卷六九《刘兰传》载："时突厥携离，有郁射设阿史那摸末率其部落，入居河南，（刘）兰纵反间计以离其部落，颉利果疑摸末，摸末惧而颉利遣兵追之，兰率众迎击，败之。"可见处罗可汗子郁射设生前死后都曾以单于号为其名讳。《阿史那忠墓志》记曾祖大原、祖邕周，紧接着又强调"并本国可汗"，说明大原、邕周非忠曾祖、祖父的可汗号。而据以上说明，处罗可汗及子郁射设的单于号都以双汉字书写，可推知大原、邕周当分别是苏尼失祖乙息记可汗、父沙钵略可汗的单于号。有人将大原定为都兰可汗雍虞闾，大原、邕周分别为沙波略可汗子与孙[38]，却无任何证据，纯属臆测。

总之，岑仲勉先生推测的苏尼失世系，既可以从传世文献得到证实并扩展，又可与墓志相印证。史籍记载的苏尼失世系既有错讹，也有正确的因素。

四　结　语

第一，本文将出土阿史那氏成员墓志与汉文史籍记载结合起来，探讨了正史所记突厥世系有歧异或模糊不清的三个问题。可以确定阿史那思摩曾祖为土门可汗、祖为它钵可汗，父咄六设为菴罗兄弟。土门可汗与科罗、木杆、它钵三可汗为父子关系：阿波设即为处罗侯可汗尊号的一部分，染干为处罗侯之子；苏尼失为科罗可汗之孙，沙钵略可汗次子，都蓝可汗之弟。传统汉文史籍记载的突厥世系，与出土墓志所见突厥世系具有相一致的一面，是可以互相印证的。因此，由汉人编排的突厥世系本身有一个统一的记载系统，史籍记载的歧异乃是文献编纂或传抄错讹所致，而非突厥婚姻形态及母系计世直接产生的结果。

第二，日本学者护雅夫曾指出突厥正统可汗具有限于阿史那氏的传统，他认为贞观二十三年（649年）唐对突厥诸州都督、刺史人选的安排其意在于防止突厥诸族奉阿史那氏崛起，故对其势力予以削弱和打击，这样做的原因无外乎阿史那氏是突厥的正统可汗。其结果调露元年（679年）突厥诸部叛乱时阿史那氏已非实力派人物[39]。护雅夫的论述虽精，但未论及唐与突厥可汗家族即阿史那氏不同支系之间的关系，其认识难免有笼统、模糊之嫌。在厘清汉人编排的突厥可汗世系的前提下，我们将对贞观四年以后唐与突厥正统可汗家族的关系，以及突厥正统可汗家族不同支系的盛衰、沉浮获得更为明确、深入的认识。

唐在统领突厥旧部的问题上，对待启民可汗系子孙与其他可汗子弟是有差异的。贞观四年突厥灭亡后，置顺、化、佑、长四州，又置北开、北宁、北抚、北安四州。东突厥灭亡前夕，突利可汗最早率部降唐，在唐对突厥的战争中起了关键作用，在安排突厥降部时格外得到太宗的信任和优宠，授右卫大将军、顺州都督，封北平郡王，继续统领旧部。阿史那思摩武德年间来朝，唐封和顺郡王，贞观四年归降后，授左武侯大将军、化州都督，改封怀化郡王。苏尼失归降后授右卫大将军、北宁州都督，封怀德郡王。同时唐以中郎将史善应为北抚州都督，以右骁卫将军康苏密为北安州都督。八州都督人选可考者五人，两位为非阿史那氏成员，启民系可汗子孙仅突利一人且已属特例，久失汗位的它钵可汗系子弟一人，沙钵略系子弟一人。在突厥汗位传承历史上，沙钵略可汗子都蓝可汗的汗位，乃是在隋的支持下由启民夺取，其后汗位一直在启民与三子中传承，启民一系成为突厥可汗的核心家族。与此同时，其他可汗子孙成为启民打击防范的对象。如思摩因前可汗之孙缘故，曾为俱陆可汗，统领铁勒诸部，手握重兵，“为启民所破，拘于隋室”[40]，最后由隋炀帝释放，才返回突厥，始毕、颉利可汗时虽授特勤，然而“终不得典兵为设”[41]。苏尼失，其父沙钵略可汗以其为沙钵略设，直到贞观四年二月仍为沙钵略设[42]，颉利可汗众叛亲离之际才立为小可汗以示笼络，此前一直未曾升迁，显然是出于防范其势力崛起的缘故。突厥归降后其首领虽然受到优待，但是在统领突厥旧部问题上，唐对启民系子弟还是有所顾忌的，其原因无外乎启民父子长期以来是突厥正统可汗的核心家族。贞观十三年，突利弟结社率主谋，纠集故部首领图谋夜袭行宫，奉突利子贺逻鹘为主，北返故部。计划败露，结社率等被诛，贺逻鹘免死，流放岭外，始毕可汗子孙失宠。这件事加强了太宗对突厥的防范心理，遣突厥于黄河以北安置。册封阿史那思摩为可汗。以苏尼失子检校长州都督、左屯卫将军阿史那忠为左贤王[43]，辅佐思摩在碛南立国，统领突厥部落。右贤王所出不详[44]。此次安置，主要由它钵、沙钵略系子孙统领突厥，继续削弱启民系子孙在部落中的势力、影响力。其结果突厥降户重建汗国时，启民系子孙已非实力派人物，叛众扶立的可汗，及后突厥的创建者骨咄禄已非启民子孙[45]，阿史那氏的汗位由具有实力的其他可汗后裔继承，这是唐始料不及的。启民系突利可汗子孙虽有人随叛众返回草原立国者[46]，但已屈从于非启民系的突厥可汗后裔。

附：东突厥世系表

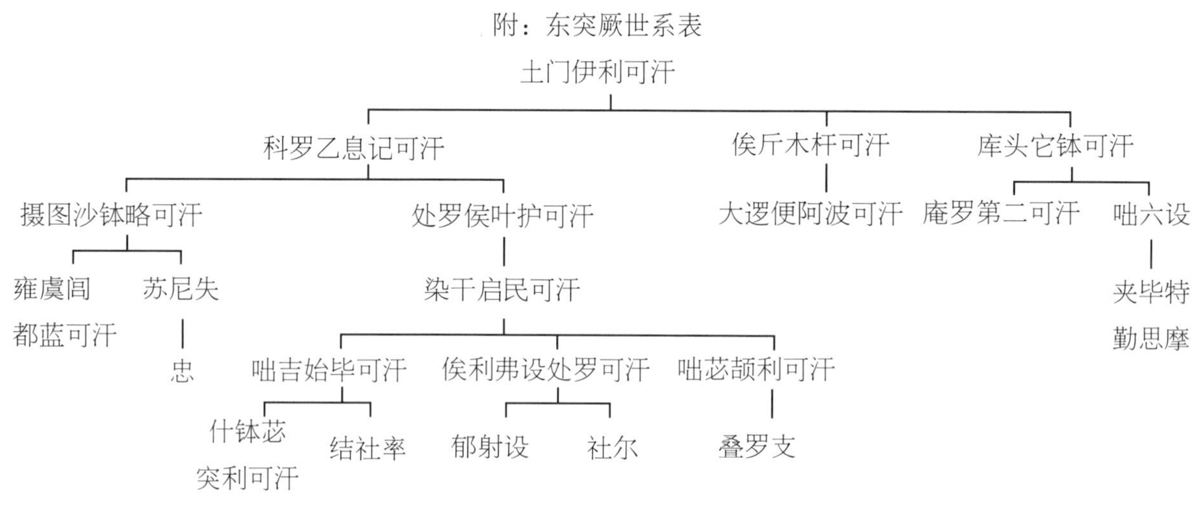

注释：

[1] 卢向前：《唐代胡化婚姻关系试论——兼论突厥世系》，《敦煌吐鲁番文书论稿》，江西人民出版社，1992年。

[2] 岑仲勉：《突厥集史》下册，中华书局，1958年，第504页。

[3] 薛宗正：《突厥可汗谱系新考》，《新疆大学学报》1998年第4期。

[4] 劳心：《东突厥汗国谱系之我见》，《新疆大学学报》2000年第4期。

[5][40] 周绍良、赵超主编《唐代墓志汇编续集》，上海古籍出版社，2007年，第38页。

[6] 艾冲：《唐太宗朝突厥族官员阿史那思摩生平初探》，《陕西师范大学继续教育学报》2007年第6期。

[7] 林梅村：《布古特所出粟特文突厥可汗纪功碑考》，《民族研究》1992年第2期。

[8] 同[2]，第976页。

[9]《旧唐书》卷八《玄宗纪上》。

[10] 吴玉贵：《突厥汗国与隋唐关系史研究》，中国社会科学出版社，1998年，第82—91页。

[11]《北史》卷九九《突厥传》。

[12][36]《新唐书》卷二一五上《突厥传》。

[13][日] 石见清裕：《唐の北方问题と国家秩序》，汲古书院，1998年，第195页。

[14]《册府元龟》卷九八〇《外臣部·通好》。

[15]《通鉴》卷一七八“隋文帝开皇十三年”条。

[16] 同[2]，第513页。

[17] 马长寿：《突厥人和突厥汗国》，广西师范大学出版社，2006年，第27、30页。

[18] 同[5]，第47页。

[19]《全唐文补遗》第2辑，三秦出版社，1995年，第445页。

[20] 葛承雍：《东突厥阿史那摸末墓志考述》，《唐韵胡音与外来文明》，中华书局，2006年，第142页。

[21] 阿波设也见于薛延陀，与阿波可汗没有关系。贞观二十年六月，唐太宗为了对付薛延陀，派校尉宇文法前往乌罗护、靺鞨，恰逢薛延陀阿波设兵于东境，宇文法率靺鞨出击，大败薛延陀。参见《通鉴》卷一九八"唐太宗贞观二十年"条；《唐会要》卷九六《薛延陀》。

[22] 同[2]，第875页。

[23]《隋书》卷八四《突厥传》。

[24]《隋书》卷五一《长孙晟传》。

[25] 罗新：《可汗号之性质——兼论早期政治组织制度形式的演化》，《中国社会科学》2005年第2期。

[26] 同[2]上册，第64页。

[27] 同[2]上册，第186—187页。

[28]《元和姓纂》(附四校记)第2册，中华书局，2008年，第825—826页。

[29] 同[10]，第43—48页。

[30]《隋书》卷一二《礼仪志七》载："大业三年正月朔旦，大陈文物。时突厥染干朝见，慕之，请袭衣冠，帝不许。明日，率左光禄大夫、褥但特勤阿史那职御……等拜表，固请衣冠。"据此，苏尼失又称职御。

[31] 薛宗正赞同岑仲勉的说法，却又说"摄图即都蓝可汗"，所拟世系将苏尼失列为都蓝可汗子，又不知何据。参见薛宗正：《突厥可汗谱系新考》，《新疆大学学报》1998年第4期。

[32] [43]《阿史那忠墓志》，《全唐文补遗》第1辑，三秦出版社，1994年，第50页。

[33] 陕西省文物管理委员会、礼泉县昭陵文管所：《唐阿史那忠墓发掘报告》，林干编《突厥回纥历史论文选集》上，中华书局，1987年，第417页。

[34] 有关研究参见罗新：《匈奴单于号研究》，《中国史研究》2006年第2期。

[35] 同[5]，第493页。

[36]《新唐书》卷二一五上《突厥传》。

[37]《全唐文》卷三四二。

[38] 劳心：《东突厥汗国谱系之我见》，《新疆大学学报》2000年第4期。

[39] 护雅夫：《东突厥官号考序说——"突厥第一汗国"之可汗》，《东洋学报》第37卷第3号，1955年。

[41]《旧唐书》卷一九四上《突厥传上》。

[42]《唐会要》卷九四《北突厥》。

[44]《旧唐书》卷一九四上《突厥传上》载："又以左屯卫将军为左贤王，左武卫将军阿史那泥熟为右贤王以贰之。"王鸣盛《十七史商榷》卷二九《阿史那忠》云："其上文《思摩传》中牵叙处，竟误认忠与泥熟为二人。及徐读至下文，方知忠即泥熟，并非二人。岂非谬中之谬乎？"

[45] 调露元年首倡叛乱者为阿史德氏，拥立的可汗阿史那泥熟匐所出不详，阿史那伏念为颉利从兄之子，骨咄禄为"颉利之疏属"。参见《通典》卷一九八《边防十四·突厥传中》。又薛宗正认为阿史那泥熟匐为突利可汗后裔，阿史那伏念为处罗可汗之子郁射设后裔，但不知何据。参见薛宗正《突厥史》，中国社会科学出版社，1992年，第441页。

[46] 王义康：《唐代边疆史地五题——唐代墓志札记五则》第三题《启民可汗后裔与后突厥之关系》，周伟洲主编《西北民族论丛》，中国社会科学出版社，2008年。

（原文刊于《民族研究》2010年第5期）

从礼到法：中国古代性别制度的法典化

高世瑜

决定男女两性地位、建构两性关系的社会规范，事实上包含两个层面：一是成文的规范，姑称之为“性别制度”[1]；二是不成文的规范，包括民风习俗、观念舆论等（当然，如果将其也视为一种无形的制度亦无不可）。而前者即“性别制度”又包含了礼制与法制两个层面。

中国传统的性别制度，大体形成于周，成熟于汉。初始主要体现于“礼”，亦即通过礼制规定男女地位，约束男女行为、两性关系。《礼记·大传》总论礼之纲要便说：“亲亲也，尊尊也，长长也，男女有别。”涉及了性别规范。“礼”的形式主要依靠对人的教化，原则上说，强制性较小，也不具备惩罚功能。另一方面，这些社会规范也逐渐从“礼”进入“法”。中国古代“法”的形成晚于“礼”，一般认为在春秋战国时期。它自建立以来便涉及两性关系与妇女，其立法精神与“礼”相一致；随着法律的发展成熟，有关性别与妇女的礼制越来越多地进入法律，礼与法逐渐合流。法律依靠政治权力、采用强制形式推行各种制度规范，更主要的作用在于对违犯者进行惩罚，故而起到了“以刑护礼”的作用。有关性别的社会规范由礼入法，或者说性别制度的法典化，标志着其强制性增强，无疑是其强化的反映。

自先秦以来历朝的法律以及一些具有法律意义的诏敕、命令等，对于两性关系、婚姻、家庭、妇女犯罪等多有涉及，但是其时尚未形成完整、成熟的法律体系，有的诏令等更是临时因人因事而发，故可以说尚未形成关于性别规范的成熟法典。唐代是性别制度由礼入法、形成正式法典的重要时期，唐律的出现便是其标志。或者可以说，至唐代，性别制度才最终完成了法典化过程。

一

一般认为，中国古代的法律与法治自春秋战国时代而兴。我们可以看到，最早的律条便涉及性别问题。被认为是古代法典之源的战国时代的《法经》“杂律”中列有“淫侈”，便是与两性关系有关的律条。据《晋书·刑法志》记载，其内容有“夫有一妻二妾其刑聝，夫有二妻则诛，妻有外夫则宫”，旨在限制丈夫于一妻一妾之外再纳妻妾和妻子的婚外性关系。由此可知，中国古代的法典自出现起便涵括性别制度，主要是严格规范婚姻制度与两性关系；从刑罚看，对违法者惩戒相当严厉。

实施以法治国的秦代，法律中更有多种律条涉及婚姻、两性关系、家庭伦理等问题。睡虎地秦简《法律答问》中便载有此类律条。如，关于婚姻制度，《法律答问》中有：“女子甲为人妻，去亡，得及自出，小未盈六尺，当论不论？已官，当论；未官，不当论。”即身高未满六尺的妻子逃亡是否应当论罪。答为：婚姻若经官府便论罪，否则不论。又有：“女子甲去夫亡，男子乙亦阑亡，相夫妻，甲弗告情，居二岁，生子，乃告情，乙即弗弃，而得，论何也？当黥城旦舂。”即妻背夫逃亡并与他人结婚、生子，对方知情后仍不离弃，当判“黥城旦舂”。此外还有男子娶逃亡人妻生子，事发后如何处置其子之问，大意为若男方不知情可判归男方。另外还规定，丈夫若休弃妻子须到官府登记，“弃妻不书，赀二甲”，即如未经官，要处缴纳罚金。

对于婚外性关系，《法律答问》有：“甲、乙交与女子丙奸，甲、乙以其故相刺伤，丙弗知，丙何论处？毋论。”即二男子因与同一女子通奸而相伤，女子不知情，故不论罪。从律条看，女子与人通奸似并无很重罪罚。但是对于血亲之间的通奸惩罚极为严厉，规定：“同母异父相与奸，何论？弃市。”即判死刑。秦律还涉及夫妻关系，《法律答问》有关于夫殴妻的律条：“妻悍，夫殴治之，决其耳，若折肢指、肤体，问夫何论？当耐。”即夫殴妻若撕裂耳朵、折伤肢体当处耐刑。律条中还有：“‘夫有罪，妻先告，不收’，妻媵臣妾、衣器当收不当？不当收。”即妻子若先告发有罪丈夫，则不收为官奴婢，也不没收其陪嫁奴婢、衣物。另外根据律文中“妻有罪以收，妻媵臣妾、衣器当收，且畀夫？畀夫。”研究者推断，丈夫应是妻子财产的法定继承人。此外还有夫盗钱妻藏匿或与之共饮食当收，夫为城旦逃亡则收其妻子等律条，可知妻子与丈夫共犯或受丈夫株连，往往会被收为官奴婢。关于家庭伦理，秦律明确维护尊长的权利，如对于殴打祖父母、曾祖父母等均严加处治，规定子不得告发父母，并严惩不孝等。对于婢妾类身份卑贱的妇女，睡虎地秦简《封诊式》中有“黥妾”条，大意为：某里五大夫乙派家吏甲捆送婢女丙到官，告称丙强悍，请求施黥劓。可见，秦时婢妾若“悍”，是可能处黥劓刑的[2]。

此外，秦代还以刻石明确规定：“有子而嫁，倍死不贞；防隔内外，禁止淫泆，男女絜诚；夫为寄豭，杀之无罪，男秉义程；妻为逃嫁，子不得母，咸化廉清”[3]，等等。此为古代首次正式以法令形式提出妇女再嫁与贞节问题；但同时规定，男子通奸也要严惩，杀之无罪。刻石虽非正式法律条文，但它是以皇帝名义发布的命令，显然具有法的意义。

从以上所列种种可以看出，秦代虽然崇法轻儒，但关于性别的律条与儒家“礼”的纲常伦理精神却完全一致；唯在严格规范两性关系方面，对于男女双方都有限制、惩罚，虽程度可能有所不同，但对于妇女的单方面压迫似并不特别严重。

汉代是儒家礼制发展的重要时期，法律也获得空前发展，并且发明了以经断狱，首开以礼入法之端，汉代因此被认为是法律儒家化之始。汉律已亡佚，现存关于两性关系的法律条款大体包括：禁止乱伦及其他淫乱行为，如汉律中有“立子奸母，见乃得杀之”[4]的律条，严禁母与子、继母与继子之间的两性关系。《白虎通·五刑》载：“女子淫，执置宫中不得出也；丈夫淫，割去其势也。”从这些律条以及一些案例处理情况看，对于所谓“淫乱”行为，汉律对于男女两性的处罚基本上是对等的，刑惩较为严厉。对于婚姻关系，从汉代多起出妻事例看，“七出”虽未确定是否已入律，但汉律是明显保护丈夫出妻权力的；但是，也有少量妻子请求离异的事例，未见官府以法律干预，说明对于女方的离异权力也予以承认。另外，汉律严格维护家庭伦理秩序，有案例如：某女子何侍因搏其婆母耳光，被司徒鲍昱判“减死”之罪[5]。更值得注意的是，张家山汉简《二年律令·贼律》中有三条简文涉及了家庭成员之间的斗殴行为：（1）“妻悍而夫殴笞之，非以兵刃也，虽伤之，毋罪。”（2）“妻殴夫，耐为隶妾。”（3）“妇贼伤、殴詈夫之泰父母、父母、主母、后母，皆弃市。”从三条律文明显可见夫妻地位高下迥异：夫殴伤妻，只要未使用兵刃便无罪，而妻仅殴打丈夫便判耐刑并罚没为奴婢；妇女与夫家尊长的地位差别就更加悬殊，妇女殴伤或只是詈骂夫家尊长就要处以极刑。律条对于夫权和家族伦理秩序的维护极为明确。有研究者认为，与秦律相比，汉律对于“妻悍而夫殴笞之”，即丈夫殴打妻子更为宽容；而与其后的唐律相比，对于妇女殴打、詈骂丈夫祖父母、父母的处罚要更重。由此可见，汉律对于“妇”、“妻妾”的约束更为严厉，对于夫权的维护更为有力[6]。这种看法是基本合乎事实的。

此外，汉代还曾发布过一些临时法令保护被掠卖的妇女，如东汉光武帝刘秀多次发布诏令，凡有被掠卖者，一律任其回家，阻拦者依法治罪。东汉章帝为鼓励生育曾将“胎养具为令”[7]，即由官府补助孕妇食物，以养胎儿。

对于妇女犯罪，《周礼·秋官司寇》有“女子入于舂槀”之条，汉律与之一致，对于轻犯的主要惩罚刑律是服劳役，令其从事舂稾类劳动：“舂者，妇人不豫外徭，但舂作米”；“凡有罪……女为舂，舂者，治米也，皆作五岁。……女为白粲者，以为祠祀择米也，皆作三岁。……女为作，如司寇，皆作二岁。……女为复作，皆一岁到三月”。“复作者，女徒也。谓轻罪……女子软弱不任守，复令作于官”[8]。可见女犯主要从事舂米、择米等不太繁重的劳役。女犯或可以以钱代役，汉平帝、东汉光武帝都曾发布宽减刑罚诏令，准许女徒回家，每月出钱雇人于山伐木，称“顾（雇）山”[9]。对于犯重罪者，死刑之下有宫刑，即幽闭。东汉光武帝为施宽政曾多次下诏将女犯死刑减为宫刑。对于宫刑，历来解释不一，有的认为是终身监禁，也有的认为是以肉刑破坏生殖机能，尚待进一步考证。汉律中已有孕妇减刑的法规。《汉书·刑法志》载：“孕者未乳……当鞠系者颂系之。”颂，据颜师古注，读容，有宽容之意。即孕妇未分娩，拘缚要宽松些。

汉代已有明确的女性亲属“从坐”法，即男性若犯大罪，母、妻、女等亲属或从死，或流放边地，或没入官府为官奴婢。如，犯大逆不道罪，“父母妻子同产者皆弃市”[10]。西汉明帝、安帝颁布减刑令时曾提出，女子若已出嫁则可不从家人流徙。西汉平帝与东汉光武帝都曾对从坐妇女下过宽免诏令，命令从坐妇女及80以上、10岁以下男性，不得拘禁，并著之于法令。

可以说，古代有关性别与妇女法规的基本框架、内容在汉律中已具雏形。

二

魏晋是古代法律体系发展的重要时期，而且更明显地呈现出了礼法合一的特色。曹魏以“八议”入律，标志着儒家礼制正式入法，或者说法律的儒教化。晋律更加严谨、规范化，被认为上承秦简《法律答问》，下启《唐律疏议》，基本确立了古代法典的规模。其“峻礼教之防”，首创“准五服制治罪”，更表明了礼与法的密切结合[11]。其后，南北朝各朝多沿袭汉、晋律，并有所改进；隋朝虽短，也曾两次修订法律。在法律体系的不断发展中，有关妇女与性别的法律也随之日渐详备。

这一时期有关性别与妇女的律条，大体有如下一些内容：

严格规范两性关系。曹魏正始中朝廷曾议论过“男女淫乱”等罪免死，恢复古之肉刑问题[12]。《晋书·刑法志》记载晋律之纲要称：“重奸伯叔母之令，弃市。淫寡女，三岁刑。崇嫁娶之要，一以下聘为正，不理私约，峻礼教之防，准五服以制罪也。”非常注重严惩奸淫罪行。北魏拓跋氏进入中原前，针对鲜卑族两性关系的混乱，曾特别严厉地规定：“男女不以礼交皆死。”[13]魏孝明帝神龟中，驸马都尉刘辉与二民女通奸，殴打公主伤胎，三人皆被处死，且罪及二女兄长全家，引起争议。朝臣提出：二女已嫁，“礼云，妇人不二夫，犹曰不二天。若私门失度，罪在于夫，釁非兄弟”。又有引《春秋》之义者，皆认为不应罪及其兄。终因牵涉皇家贵主，而未被采纳[14]。

规范婚姻制度。晋武帝曾明令禁止以妾媵为嫡妻，泰始十年（274年）诏称：“嫡庶之别，所以辨上下，明贵贱……自今以后，皆不得登用妾媵以为嫡正。”[15]晋《官品令》还规定了诸王、郡公与八品官员的妾媵人数，大体自八妾至一妾逐级减少[16]。北魏下诏禁止贵贱非类通婚，称：“夫婚姻者，人道之始。是以夫妇之义，三纲之首，礼之重者，莫过于斯。尊卑高下，宜令分别。”[17]北周则有禁娶与母同姓者为妻妾的规定。

维护家庭伦理纲常，惩治不孝。晋律中有“妻伤夫五岁刑，子不孝父母弃市”[18]。“子贼杀伤殴父母，枭首；骂詈，弃市；妇谋杀夫之父母，亦弃市。”[19]此与汉律一脉相承。北魏对于不孝的惩治也极为严厉，雁门曾有害母之人，不仅被处极刑，而且殃及其子。朝臣奏议认为：罪犯“禽兽之不若”，“使其烟祀不绝，遗育永传，非所以劝忠孝之道，存三纲之义”；建议将其二子投之边僻，并且不准匹配，以绝其后[20]。东魏元孝友还曾上书，请求对宗室王无子者以不孝论罪：“其妻无子而不娶妾，斯则自绝，无以血食祖父，请科不孝之罪，离遣其妻。”[21]但最终因朝廷意见不一，未立为法。

上文已述，妇女的“从坐”法，自秦汉已有之。值得注意的是，魏晋时此刑律曾引起过不止一次讨论，朝廷因此对其进行了较大改革。魏法犯大逆者，诛及已出之女。曹魏正元中，朝臣奏议提出："大魏承秦汉之弊，未及革制，所以追戮已出之女，诚欲殄丑类之族也。然则法贵得中，刑慎过制。臣以为女人有三从之义，无自专之道。出适他族，还丧父母，降其服纪，所以明外成之节，异在室之恩。而父母有罪，追刑已出之女，夫党见诛，又有随姓之戮。一人之身，内外受辟。今女既嫁，则为异姓之妻；如或产育，则为他族之母……于防则不足惩奸乱之源，于情则伤孝子之心。"故建议："在室之女，从父母之诛；既醮之妇，从夫家之罚。宜改旧科，以为永制。"朝廷因此改定律令[22]。另外，魏时因天下草创，逃亡者多，故用重法，士卒逃亡，罪及妻子。曾有逃亡士卒之妻虽嫁夫家，尚未得见其夫，也被判弃市。朝臣奏议认为："夫女子之情，以接见而恩生，成妇而义重。故诗云：未见君子，我心伤悲，亦既见止，我心则夷。又礼未庙见之妇而死，归葬女氏之党，以未成妇也。"故"刑之为可，杀之为重"。魏太祖从之[23]。魏还曾有罪犯妻子配嫁之律，史载钟毓为侍中廷尉时，"及士为侯，其妻不复嫁，毓所创也"[24]。说明有所改革。晋律也有女子从坐之法，但晋明帝太宁中，因解结案诛及将嫁之女而引起议论，朝廷改革旧制，从此"女不从坐"，"复三族刑，唯不及妇人"[25]。北魏也有强盗杀人得赃，妻子配为乐户或配驿的从坐法。北齐时，对妇女从坐法又做了一定改革："令妇人年六十以上免配官"[26]。从以上历次讨论与改革可以看出，妇女"从坐"的残酷刑律在一定程度上开始走向理性化，并得到了一定的宽减。

对于妇女的刑罚，汉代虽多次下过宽减诏令，但从现存记载看，并无明确、规范的律条。魏晋律于此立法原则更为明确，即：妇女的刑事处罚与老小同论，相对于男子，可有一半或某种程度的减缓。如晋律有"老小、女人当罚金、杖罚者，皆令半之"的律条。南朝因之，如梁律规定对于诸种刑罚，皆可以金、绢赎罪；而数量，相对于男子，女子一律"半之"。北周律也规定："妇人当笞者听以赎论。"对于孕妇，魏晋律比汉律减刑幅度更大，并有了明确的缓刑条款。梁律有："女子怀孕者，勿得决罚。"[27]北魏律条则有："妇人当刑而孕，产后百日乃决。"此外，北魏还因男女斩刑皆去衣裸体，有失礼法，而改革旧制，不令袒裸[28]。

隋律其实是颇值得注意的，因为唐律即是在开皇律的基础上修订的，许多篇目、条款都基本沿袭隋律。可惜隋律已亡佚，但史载中留下的一宗关于妇女再嫁的立法颇为引人注目。《隋书·高祖纪》载：隋文帝开皇十六年（596年）"诏九品以上妻、五品以上妾，夫亡不得改嫁。"《李谔传》详载此事缘由：李谔因"见礼教凋敝，公卿薨亡，其爱妾侍婢，子孙辄卖嫁之，遂成风俗"。上书进奏："臣闻追远慎终，民德归厚，三年无改，方称为孝。如闻朝臣之内，有父祖亡殁，日月未久，子孙无赖，便分其妓妾，嫁卖取财。有一于兹，实损风化。……复有朝廷重臣，位望通贵，平生交旧，情若弟兄。及其亡殁，杳同行路，朝闻其死，夕规其妾，方便求聘，以得为限，无廉耻之心，弃友朋之义。"文帝阅后十分嘉赏，"五品以上妻妾不得改醮，始于此也"。以上史载似有歧义，一说九品以上妻、五品以上妾，一说五品以上妻妾。《李谔传》对诏令的记载较为简略，《高祖纪》所载似更详实可信。从唐制可知，"格以禁违止邪"，"立格"即立为禁制，可见这一诏令被纳入了法制范畴。从李谔表章还可以看到，首议者提出这一问题的缘由是贵家子孙嫁卖父祖妾婢之风，其所指所重在于孝与义，而非妻妾的再嫁与贞节问题。但无论如何，这是历史上首次以国家法律制度形式禁止妇女再嫁。尽管所限只是官员妻妾，在妇女中人数微乎其微，还是具有重要历史意义。只是其实施时间与效果恐怕有限，据同书《刘炫传》载："炀帝即位，牛弘引炫修律令。高祖之世……以风俗陵迟，妇人无节，于是立格……九品妻无得再醮。炫著论以为不可，弘竟从之。"即到炀帝修订律令时，主持者牛弘便接受刘炫的反对意见，将其废止了。可见即使禁格得到有效施行，也只是行用了十余年，所以影响不会太大。

此外，隋朝也有因与母别居、居母丧而嫁娶、母病危而远行敛财被弹劾治罪的事例[29]，说明隋律对于不孝母亲是有制裁律条的。

从以上记载中，我们不仅可以看到魏晋至隋有关性别与妇女的法律的建构已日见周密，而且可以从有关立法、执法依据的言论中，饶有兴味地看到法与礼合一的鲜明特色，看到这些法规的建构、改革是如何以礼制为依归的。

三

唐律被认为是中国古代传世第一部成熟、完备的法典。它上承战国秦汉，集前代之大成；下启宋元明清，为后世法典之圭臬。从性别与妇女角度亦可做如是观。它也是第一部关于性别制度的成熟法典，是性别制度由礼入法的里程碑。唐律继承、总结并改革了既往前朝的有关律条，“一准乎礼”，即以礼教伦理为准则，全面制定了有关性别与妇女的法规，从而使周、汉以来的性别制度与有关妇女权利、地位等社会规范由礼制化全面走向法制化，或者说礼、法合一化[30]。

首先应该说明的是，唐朝法规事实上应该包括律、令、格、式四部分，但后三者多已亡佚，只能就目前所知者立论。唐律是“正刑定罪”的刑律，有关妇女与性别的律条主要集中于“名例”、“户婚”、“斗讼”、“杂律”、“断狱”诸篇中[31]；“令以设范立制”，留存至今的唐“令”中也有少量与性别有关的条文。其继承前代有关律条者不再详述，以下主要关注其超越前代的新发展。其要者可以大略分为以下四方面。

（一）婚姻制度与两性关系

唐律婚姻法十分细密，此处只述及与妇女权利、地位密切相关者。

首先，严格规定了一夫一妻多妾的婚姻制度。包括：禁止重婚，“有妻更娶妻者，徒一年”，并令离之。禁止以妾为妻，因为“妾通买卖”，与妻“等数相悬”；并严禁以婢为妾，因为“婢乃贱流，本非俦类”。唐令规定男子有纳妾权力：“五品以上有媵，庶人以上有妾。”媵为地位较高的侧室，关于置媵人数，据《唐六典》：亲王媵十人，嗣王、郡王及一品官媵十人，二品媵八人，三品及国公媵六人，四品媵四人，五品媵三人。余皆为妾。庶人则只称妾。对于妾的数量，无论贵族、庶人均无限制。故其时高官显贵之家妾婢常有至数十、数百者。

其次，对于婚姻有许多限制，如同姓不婚、良贱不婚、逃亡妇女不得成婚、居父母丧不得为婚、禁娶人妻、监临官不得娶所监临女等，对违者有惩治律条。

对于离婚，唐律有关于法定离婚与协议离婚的详细规定。法定离婚大体有三种情况：第一种是婚姻违犯律条，由官府强制离异。第二种是婚姻发生“义绝”情况，即夫妻或双方亲属发生斗殴伤害或乱伦通奸行为。包括：（1）夫殴妻之祖父母、父母，杀妻之外祖父母、伯叔父母、兄弟、姑、姊妹；（2）夫妻双方祖父母、父母、外祖父母、伯叔父母、兄弟、姑、姊妹互相杀害；（3）妻打骂夫之祖父母、父母，杀伤夫之外祖父母、伯叔父母、兄弟、姑、姊妹；（4）妻与夫之缌麻以上亲属通奸，或夫与妻母通奸；（5）妻欲害夫。有以上情况则属“义绝”，法律规定强制离婚。从以上关于“义绝”的律条可以清楚地看到，其标准对于夫妻双方有明显的差别：丈夫殴、杀妻之亲属为“义绝”，而妻子仅是打骂、杀伤夫之亲属便为“义绝”；妻欲害夫属“义绝”，夫欲害妻则不论。同样，妻对夫家与夫对妻家的斗殴伤害，量刑也有明显轻重差别。第三种是妻子犯“七出”之条，法律承认丈夫单方面的离婚权力。值得注意的是，唐律首次将礼制中的“七出三不去”[32]纳入了法律条款。“七出”依令为：无子、淫佚、不事舅姑、口舌、盗窃、妒忌、恶疾；“三不去”为：经持舅姑之丧、娶时贱后贵、有所受无所归。妻犯“七出”，丈夫有权休妻；但“妻若无七出及义绝之状，而出之者，徒一年半；虽犯七出，有三不去，而出之者，杖一百。若犯恶疾及奸者，不用此律”。说明既承认丈夫的离异权，又对妇女婚姻权益有一定保护。

协议离婚，唐代称“和离”，即夫妻双方自愿离异，法律对此不加干涉：“夫妻不相安谐而和离者，不坐。”只要双方立下文书由双方家长、亲属、邻舍见证人签名、按指印即可生效。敦煌文书中便有这种离婚书，称“放妻书”。其时离婚、改嫁风气的盛行，与这种法律保证是有一定关系的。“放妻书”中还有对妻子再嫁的祝词：“愿妻娘子相离之后，重梳蝉鬓，美裙娥媚，巧逞窈窕之姿，选聘高官之主。解怨释结，更莫相憎，一别两宽，各生欢喜。”[33]从中可见时人对于离婚、再嫁的开明观念。这对于保证男女婚姻质量、保护妇女婚姻权益都有一定积极意义。

对于不经法律程序，一方擅自离去，造成事实离婚者，唐律也有制裁，但只限于惩罚女方："妻妾擅去者，徒二年；因而改嫁者，加二等。"疏议指出此条依据是"妇人从夫，无自专之道"。对于丈夫擅自离去则无惩罚律条。可见婚姻法对于女方的约束比对男方严格得多。

对于非婚两性关系，唐律首禁"内乱"——"谓奸小功以上亲，父祖妾及和者"，即男子与女性尊长间的性关系。对于一般"奸"罪，"和奸"者，男女同罪；但若女子有夫，则加重惩罚："诸奸者，徒一年半；有夫者，徒二年。"可见法律特别严格约束已婚妇女的性行为，以维护夫权。并且规定"妇人犯奸者，亦不得减赎"，即不适用其他罪以铜减赎等律条，说明对妇女奸罪惩罚最为严厉。若是强奸，则"妇女不坐"。另外，奸罪根据良贱等级的不同，处罚也不同，如：男子"奸他人部曲妻，杂户、官户妇女者，杖一百"，即较奸良民妇女减刑；而"奸己家部曲妻及客女各不坐"，即不坐罪，实际上是承认主人对于家中贱民妇女的性权力。若监临主守官奸淫所监管女子，加奸罪一等。这对于处于弱势的部分妇女权益有一定保护作用。

（二）家庭斗讼

关于家庭斗讼的律条，最明显地体现着夫为妻纲、男尊女卑的礼制原则。女子同于卑幼，疏议曰："妻之言齐，与夫齐体，义同于幼。"故对于夫与妻妾、夫家尊长与子媳等亲属间的斗讼，量刑有加有减，等数相悬。

如：唐律中首恶"十恶"之八"不睦"条中有："殴告夫及大功以上尊长、小功尊属。"将"夫"与"尊"并论，其依据是礼，疏议曰："依礼：'夫者，妇之天。'又云'妻者，齐也。'"同理，夫"殴伤妻者，减凡人二等；死者，以凡人论"。而"妻殴夫，徒一年；若殴伤重者，加凡斗伤三等；死者，斩"。不难发现，关于夫妻间斗殴的律条与汉律如出一辙。此外，根据卑幼者为尊长者讳的礼制原则，若妻告夫，与卑幼告尊长同，"虽得实，徒二年"；若"诬告重者，加所诬罪三等"。而"夫若诬告妻，须减所诬罪二等"。从以上诸条可见，比之常人斗讼，夫与妻一加刑一减刑，两者地位高下尊卑截然分明。媵妾之辈更低一等。如：丈夫殴妾，不折伤无罪；折伤以上，减伤妻罪二等，减凡人罪四等；若殴死，减凡人罪二等。而媵妾殴夫，则加妻罪一等；詈夫者，杖八十。媵妾与妻相犯，则与妻犯夫同。可见唐律不仅严格维护夫权，而且严格维护正妻与媵妾间的贵贱等级差别。

妇女与夫家亲属间斗讼，也依尊卑名分而同罪不同刑。如妻妾詈骂夫之祖父母、父母者，徒三年；殴者，绞；伤者，斩；过失杀者徒三年，伤者徒二年半。反过来，夫家尊长亲属殴杀子孙之妇，致废疾者，杖一百；笃疾者，加一等；死者徒二年；故杀者，流二千里；过失杀者不论。若被杀者是妾，各罪又皆减二等。长辈诬告子孙妻妾，皆不论罪。夫家尊长与卑幼妇女之间，除了夫妻尊卑有别外，又加上长幼之序，故量刑更是各有加减，甚于夫与妻。

（三）妇女财产继承权

唐代以前没有明确的关于妇女财产继承权的律条。事实上，历代妇女基本上都没有财产继承权，但女儿作为父系家庭之女，可以得到一定数量的资财作为嫁妆。唐代律令对此做出明确规定："诸应分田宅及财物者，兄弟均分，妻家所得之财，不在分限。……其未娶妻者，别与聘财；姑姊妹在室者，减男聘财之半。"[34]一方面规定女子没有继承权；另一方面又保证未嫁者分得男性一半的聘财，并规定女子对从娘家带来的私财具有所有权，夫家分家时不能作为家庭财产分割。

若家庭没有男性子嗣，唐代称"户绝"，则女儿无论在室还是出嫁，均有继承父母遗产的权利。唐令规定："诸身丧户绝者，所有部曲、客女、奴婢、店宅、资财，并令近亲转易货卖，将营葬事及量营功德之外，余财并与女，无女，均入以次近亲。"[35]

女子嫁后与丈夫、儿子同居共财。若寡居又无子，唐令规定："寡妇无男者，承夫分；若兄弟皆亡，同一子之分。"[36]即无子可以继承丈夫的一份财产；若丈夫与兄弟皆亡，则可按一个儿子的份额在家族中分得财产。这就使得寡妇在夫家的生计得到一定保证。

（四）妇女刑律与缘坐法

对于贵族妇女犯罪，唐初有“五品以上官妻及女等有犯罪者，并没为官婢”的诏令，但未形成固定律条，唐初曾有官员上疏反对“五品以上妻犯奸没官”[37]。唐律则明文规定，“妇人有官品及邑号犯罪者，各依其品，从议、请、减、赎、当、免之律。”不因夫、子而受封，与男子有封爵者同。媵妾也有赎罪法。说明贵族妇女及有封爵的妇女与男子一样有减免刑罚的律条。

依据女子为从属、卑幼之法理，在“家人共犯，止坐尊长”律条下，疏议特别指出：“尊长谓男夫者。假有妇人尊长，共男夫卑幼同犯，虽妇人造意，仍以男夫独坐。”即即使是合谋或妇女是主使，也仍独由男子顶罪。

对妇女行刑方面，唐律沿袭前代孕妇缓刑等制度，律条更加严谨，并加强了对违犯律条的监临官员的惩处。规定：“诸妇人犯死罪，怀孕，当决者，听产后一百日乃行刑。若未产而决者，徒二年；产讫，限未满而决者，徒一年。”拷、决杖、笞刑，也须产后百日执行。未产而行刑者，杖一百；伤重者，以“斗杀伤”论；因此堕胎，徒二年；致死者，加役流。产后未满限行刑，监临官减上述诸罪一等。另外，若犯流罪，“妇人之法，例不独流”，一般改为留住本地决杖或做工。

妇女“缘坐法”（即从坐法）如上所述，唐前已有之。唐律沿袭这一古制，规定：“诸谋反及大逆者……母女、妻妾（子妻妾亦同）……并没官……妇人年六十及废疾者并免。”即谋反、谋大逆等重犯的女性亲属一概没入官府为官奴婢，配给宫中掖庭或其他官署从事缝作、做饭等劳役。彻底废弃了前代从死的重刑，这无疑是个进步。

综合上述，我们可以看到自先秦至中古有关性别与妇女法规的逐步建立与发展，尤其是唐律的集大成与规范化。可以说，自秦汉、魏晋以来，尤其是自唐代起，法制日益完备、严密，从而与礼制一起成为妇女生活与两性关系的规范。从上述法规中，我们还可以发现以下一些特点：

1. 立法忠实地以“礼“为准则，唐律明言”一准乎礼”，律疏解释律条时也无不以儒家礼法作为理论根据。在涉及妇女与性别方面，处处明确体现着男尊女卑、夫尊妻卑、长尊幼卑、嫡尊庶卑的礼制原则，体现着妇女的从属性身份和对于夫权、父权的严格维护。

2. 对于妇女的立法原则，是视同老小、卑幼与从属者。唐律称：“妻之言齐……义同于幼”，“其妻虽非卑幼，义与期亲卑幼同”。依据这一原则，妇女作为从属者有随男子坐罪的“缘坐”之法，作为卑下者在家庭斗讼中处于劣势地位，并且被剥夺了大部分财产继承权；但同时，作为卑弱、从属者，又受到种种宽减刑罚的待遇。

3. 在婚姻制度与两性关系方面，对于一夫一妻多妾、良贱嫡庶分明的婚姻制度的维护不断加强，尤重对妻妾一方的约束；对于男子的单方面离异权给予了法律保障，但又通过“三不去”等法规对妇女的婚姻与生活权益给予一定保护。对非婚两性关系尤其是血亲、乱伦性关系的惩戒十分重视，且较为严厉，但逐渐走向规范和理性化；对于有夫之妇的婚外性行为及相关男性的惩戒逐渐突出、加重，反映了夫权的提升和法律对其维护力度的加大。

4. 对于家庭伦理关系，包括丈夫与妻妾、妇女与夫家亲属、尊长与卑幼的等级秩序的维护十分明确、有力，律条明文规定了双方的同罪不同刑，或加或减，等数相悬。但同时应该注意，所谓“尊长”与“卑幼”都是男女同论。如长幼相犯，都是祖父母、父母、伯叔父母及兄姐嫂等同论，子与女、子孙与子孙妇等同论，即只依长幼、年辈分别论罪，并不区分性别。男性卑幼犯女性尊长也一样论罪。由此可证在家庭伦理秩序中，长幼尊卑之序居于男女性别等差之上，即首先以长幼论尊卑，其次才以性别论高下。律条忠实地贯彻了这一礼制原则。

从妇女史与性别制度的发展角度看，唐代关于妇女与性别的法制的建立与完善，不仅使得男女两性在社会和家庭中的地位等差、两性之间的主从关系更加明确化、凝固化，而且通过“以刑护礼”，强化了对于这种等差和关系的维护。

注释：

[1] 此系沿用近年学者翻译引进的词语，若使用“秩序”、“规范”之类亦无不可。笔者感觉“制度”一词似应更侧重指成文规范。

[2] 上引秦简《法律答问》见《睡虎地秦墓竹简》，文物出版社，1978年。文中异体字已据整理小组释文改过。并参翟宛华《从出土〈秦律〉看秦的婚姻家庭制度》，《社会科学》（甘肃）1988年第5期；王子今《张家山汉简所见“妻悍”、“妻殴夫”等事论说》，《南都学坛》2002年第4期。

[3]《史记·秦始皇本纪》。

[4]《春秋公羊传》桓公六年何注引律。

[5]《太平御览》卷六四〇引《风俗通义》。

[6] 王子今：《张家山汉简所见“妻悍”、“妻殴夫”等事论说》，《南都学坛》2002年第4期。

[7]《后汉书·章帝纪》。

[8]《汉书·惠帝纪》注、《汉旧仪》卷下、《汉书·宣帝纪》注。

[9]《汉书·平帝纪》、《后汉书·光武帝纪》注。

[10]《汉书·景帝纪》注如淳引律。

[11]《晋书·刑法志》。以上参杨廷福《〈晋律〉略论》，《江海月刊》1984年第2期；韩玉林《魏晋律管窥》，《法律史论丛》第3辑，1983年。

[12]《三国志·魏书·陈群传》、《三国志·魏书·钟繇传》。

[13]《魏书·刑罚志》。

[14]《魏书·刑罚志》。

[15]《晋书·武帝纪》。

[16]《魏书·太武五王·临淮王传》引。

[17]《魏书·高宗纪》。

[18]《宋书·顾觊之传》引晋律。

[19]《南史·孔靖传》引晋律。

[20]《魏书·邢虬传》。

[21]《魏书·太武五王·临淮王传》。

[22]《晋书·刑法志》。

[23]《三国志·魏书·卢毓传》。

[24]《三国志·魏书·钟繇附毓传》。

[25]《晋书·明帝纪》、《晋书·解结传》。

[26]《北史·崔昂传》引律。

[27]《隋书·刑法志》。

[28][36]《魏书·刑罚志》。以上参程树德《九朝律考》，中华书局，2003年。

[29] 见《隋书·郑译传》、《隋书·厍狄士文传》、《隋书·元寿传》。

[30] 以上参马小红《礼与法》，经济管理出版社，1997年。

[31]（唐）长孙无忌等著《唐律疏议》，中华书局，1982年。以下不一一做注。

[32]《大戴礼记·本命》作“七去三不去”。

[33]《敦煌资料》第1辑，中华书局，1961年。

[34][日]仁井田陞：《唐令拾遗·户令》，长春出版社，1989年。

[35][日]仁井田陞：《唐令拾遗·丧葬令》，长春出版社，1989年。

[37]（唐）褚遂良：《谏五品以上妻犯奸没官表》，《全唐文》卷一四九。

（原文刊于韩国中国史学会2002年第三回国际学术大会论文集《通过中国妇女看中国历史》，简本刊于《光明日报》2002年10月8日）

蒙古汗国国号“大朝”考

于采艺

在已经出版的元史、蒙古史论著以及大中学历史教材中，都找不到“大朝”这个国号。然而，这个“大朝”确曾在中国历史上存在过，它就是元朝建立前成吉思汗创立的“蒙古汗国”。

12 世纪末到 13 世纪初，成吉思汗经过长期奋斗，逐步统一了蒙古各部，于 1206 年称大汗，建立了蒙古汗国。1260 年，忽必烈即大汗位于开平，至元八年（1271 年），宣布国号为“大元”，正式建立元朝。在自 1206 年至 1271 年长达 65 年的历史中，蒙古贵族不仅统一了长江以北和西北的广大地区，而且统一了西藏、云南等地，并在辖境内建立了各级行政管理机构，推行了一系列政治、经济、文化、军事、宗教政策，形成了一套严密的统治机制，现在的历史著作一般称之为“蒙古汗国”。按理，它应该像辽、金、西夏一样，有自己的国号。但是，这点似乎被历史淡忘了，甚至连《多桑蒙古史》都明确否认它有国号存在：“中国自古以来旧制，建一新朝者必须建一国号，忽必烈之先世都于蒙古，视汉地若帝国之领地，无须此。迨至忽必烈建都于汉地而采用汉地礼制之时，遂以建立国号。而于 1271 年取乾元之意，立国号曰元，并建年号。”[1] 我国的史学家大多也持这种观点。近些年出版的许多史学著作以及《辞海》等有关辞书[2]，也都不谈蒙古汗国的国号。其实，这个时期的蒙古贵族政权是有“大朝”国号的。不仅他们这样自称，当时的宋朝人也这样称呼他们。

一 问题的提出和有关研究的简要回顾

关于蒙古贵族政权的国号，最早提出和对这个问题进行研究的是古钱学家。他们是从鉴赏“大朝通宝”钱引起对这个问题注意的。关于“大朝通宝”钱为何朝何代铸造，正史没有明确记载。不过，清朝中期以后的古钱谱中有不少著录，有的还附有拓片。清代古钱专家翁树培在其所著《古泉汇考》中专门论述了“大朝通宝”钱，说“此钱径六分，上下读之”。在征引了一些题有“大朝”纪年款的石刻后，他指出：“蒙古太宗六年甲午（1234 年），金亡。至世祖元年庚申（1260 年）始改元中统，前此并无年号。且世祖至元八年始建国号大元，前此并无国号。但称‘大朝’。”他的研究结论是：“‘大朝通宝’当为蒙古未改国号大元以前所铸。”[3] 这是研究者第一次提出“大朝通宝”的断代问题。

到民国时期，一些古钱专家又对它进行了较深入的研究。罗伯昭在所著《元初权钞钱说》中对翁树培之说加以重申和补证。他认为：“大朝之称唐史无之，因而‘大朝’当为蒙古未改国号‘大元’以前之称明矣。”其结论是：“（一）大朝钱为蒙古未建大元以前之铸品；（二）元初另有交钞，名‘大朝金合’、‘大朝通宝’者；（三）大朝钱二品，乃先后铸以权钞者。”[4] 这里虽然提出了蒙古未建大元以前国号为“大朝”的问题，但只是一般推论，更未论定其为正式国号。

以收藏元代钱币最著称的宣愚公，撰《大朝通宝续考》，肯定了“翁氏（树培）考大朝钱为蒙古未改国号‘大元’以前所铸之说”。又以载籍史料、金石碑刻、塔幢墓志中辑录的一些建国号大元以前有“大朝”

年款的元初资料支持其说。同时，也纠正了罗氏关于“大朝之称唐史无之”的说法。列举了历史上唐、武周、后唐、后晋、宋等也曾称为大朝，指出大朝并非蒙古汗国的专有称谓，而是时人对当朝的一种尊称，“云‘大朝’者，犹皇朝、国朝云尔”。他还根据“大朝通宝”的形制特征等指出：“谛观是钱（锦县于泽山藏）文字及一切孔郭形制虽不能确定为（元）世祖以前何帝何后所铸，大抵属元初之物，翁氏（树培）之说固极可信，然与正品中之至大、至正钱形制又不合，则非正用品又无疑也。”[5]对于翁树培、罗伯昭提出的“大朝通宝”钱的断代给予了充分肯定。

丁福保编《古钱大辞典》赞同其说，把“大朝通宝”钱列为元初最早的铸钱。在此之后的古钱图录与研究论文大都沿用其说[6]。但也有些专家对此仍存疑虑，因为所见到的“大朝通宝”均为传世品，并无可靠的考古资料和确切的文献记载。

1992年，台湾学者萧启庆先生发表《说“大朝”：元朝建号前的蒙古汗国国号——兼论蒙古汗国国号的演变》[7]。至此，这个尘封已久的问题再被重新提起。萧先生指出：“在过去一般印象中，元世祖忽必烈于至元八年（1271年）采用‘大元’一名之前，蒙古迄无国号。实际情形，并非如此。自成吉思汗时代开始，即有 Yeke Mongghol Ulus 的国号，汉译为‘大蒙古国’。‘学者知者渐多’。但是，蒙古政权在汉地曾使用‘大朝’为国号一事，一直受到中外历史学人的忽视。过去仅有古泉学及金石学者注意到此一重要名词。而古泉及金石学者亦未加以系统论证，更未能指出其重要的历史意义。”同时指出，古泉学家“认为‘大朝’不过与‘皇朝’、‘国朝’相当，是一种尊称。这两种说法都不过是臆测而已”。“实际上，‘大朝’与‘大蒙古国’都是蒙文 Yeke Mongghol Ulus 的汉译。后者为直译，前者为简译。在此简译中省去种族之称的蒙古，并将原义为‘人民’、‘国家’的 ulus一字，依汉人的观念，译为‘朝’字”。其原因在于“‘大蒙古国’一词显然种族意味太强，不足以羁縻汉族土民，通将其简化为‘大朝’。‘大朝’之称，已蕴涵中原王朝的意义，不似‘大蒙古国’全为外来征服政权的意味”。总之，“‘大蒙古国’为蒙古的正式汉文国名，使用以对外为主，‘大朝’则稍欠正式，以对内使用为主。当然这种分工，不尽严格”。

至今，关于蒙古汗国国号“大朝”研究的大体情况和主要观点就是这些。

二　历史文献中所见“大朝”

忽必烈至元八年（1271年）十一月宣布“大元”以前称“大朝”，不仅是当时南宋的汉人以此称之，蒙古政权也这样自称，这有大量的资料佐证。

其一，《醉义歌》“序”中写到：“及大朝之西征也，遇西辽前郡王李世昌于西域。”[8]这是蒙古建国初期的名臣耶律楚材随成吉思汗西征，于1222年途中所作。“大朝”为蒙古汗国自称无疑。

其二，《西游录》中写到：“此城（讹打剌城）渠酋尝杀大朝使命数人、贾人百数，尽有其财货。”[9]《西游录》是耶律楚材西征归来后，于1228年写成。这里所谓“大朝”，即成吉思汗建立的蒙古国。这也证明，“大朝”确系蒙古国的自称。

其三，《佛祖历代通载》为元代著名的佛教学者释念常撰写[10]，其中多处写到“大朝”，现举数例：（1）“辛亥，大朝太祖成吉思汗皇帝是年起兵”。辛亥为1191年，时蒙古汗国尚未成立，铁木真亦尚未取得成吉思汗号。此是以后来的国号、汗号书前事。（2）“甲寅，金云蹈子爱王大办是年正月举五国城叛，求大朝援兵，金兵屡败，金亡之始也”。甲寅为1194年，此亦以后来国号书前事。（3）“壬辰……大朝使过宋，议夹攻金”。此系指1232年，蒙古大汗窝阔台遣王檝为使至宋，商议夹攻金朝事。（4）“庚戌，大朝灭辽东高丽”。庚戌为1250年，大朝即蒙古汗国。时蒙古汗国贵由汗已死，汗位悬空。《元史・外夷・高丽》载：“当定宗、宪宗之时，（高丽）岁贡不入。故自定宗二年（1246年）至宪宗八年（1259年），凡四命将征之，凡拔其城十有四。”此即《佛祖历代通载》所记“灭辽东高丽”。（5）“庚申，大元世祖圣德神功文武皇帝即位……宋改景定元年，大朝遣郝经通好”。庚申，即1260年，是年，忽必烈即大汗位，遣郝经通好南宋。当时尚未改国号为“大元”，故仍称“大朝”。

释念常虽为汉僧，但其观点是代表元朝的。这也从一个侧面证明蒙古政权当时是自称“大朝”的。

其四，《蒙鞑备录》载“（蒙古）往来却用汉字”，“每见其所行文字犹曰‘大朝’”[11]，《蒙鞑备录》是南宋赵珙于元太祖十六年（1221年）出使蒙古归来写成。他以亲历亲见，记述了蒙古情况，说明蒙古汗国的公文都自称“大朝”。此为信史，不会有假。

其五，《大金国志》载：“弗折衷于大朝，恐失真于他日。”

其六，《宋史·理宗本纪》“赞”说：“蔡州之役，幸依大朝以定夹攻之策。”[12]

其七，《元史·任志传》载：志与金兵战，“金曾擒其长子如山以招之，曰：‘降则尔子得生，不降则死。’志曰‘我为大朝之帅，岂爱一子！’亲射其子殪之。”[13]

其八，宇文懋昭所著《大金国志·章宗纪年》载：明昌五年（1194年）爱王叛金引蒙古为援，“爱王闻大兵至，忧畏不知所出。掌书记何大雅说王曰：‘主以讨臣，今兹之来，头势甚重……不若求援于大朝，为讨之’？爱王许诺”。这里的“大朝”即指蒙古汗国而言。又同书《东海郡侯纪年》：“又有蒙古国，在女真东北，唐谓之蒙兀部……蒙人称帝，既侵金国……至是，‘大朝’乃自号‘大蒙古国’。”

以上史书、文献记载了蒙古汗国是自称国号为“大朝”的。

三 “大朝”款石刻墨迹的证明

比历史文献更能说明问题的是石刻、墨迹。史籍重要的价值毋庸置疑，但其在成书、流传过程中，由于政治、抄写、印刷等原因，常有“失真”情况存在。但是作为当事人亲笔写的石刻、墨迹则相对好些，其所包含的历史信息是更直接的历史证明。前辈古钱学家曾搜集了不少这方面的资料。此据前辈学者曾经揭举，以及20世纪80年代以来文物工作者新发现的“大朝”款石刻、墨迹略加梳理，作为历史文献的补证。

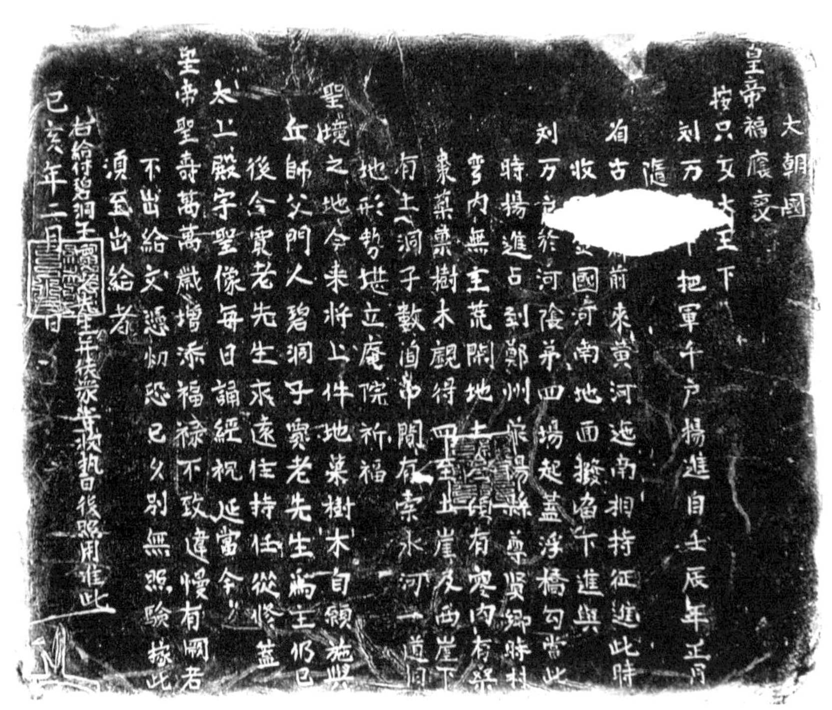

图一 窝阔台十一年（1239年）碧洞子执照牌拓片 国家博物馆藏

其一，以“大朝”、“蒙古国”连用，既为国号又兼年号。《重修十方云光洞记题》：“大朝蒙古国丁巳（1257年）三月望日立。”[14]这类款式的石刻文字较为罕见。

其二，以“大朝”作为国号直接用于题记或碑刻的行文中。（1）呼和浩特市郊区万部华严经塔墨书题记：“大朝国宣德州宣德□。”[15]（2）《刘修三灵侯庙像记》：“大朝国解州闻喜县。”（3）《崇圣宫给文碑》：“今自大朝兴国以来，为本宫兵革之后。”[16]（4）国家博物馆藏有一件碧洞子执照碑拓本（图一），开头就是：“大朝国皇帝福荫里……”末署“己亥年二月”，即太宗窝阔台十一年（1239年）。

其三，以“大朝”为国号系于年号之前者。（1）《重修云阳山圣寿寺记》：“大朝中统元年（1260年）八月。”（2）《洞真观主者王氏葬亲碑》：“大朝至元四年。”（3）山西万荣县太赵村发现一通《稷益庙修舞厅碣》，末署：“大朝至元八年三月初三日创建。”[17]忽必烈于至元八年（1271年）十一月宣布改国号为“大元”，此碣刻于是年三月，当时还未有“大元”之国号，而当时万荣县又在蒙古汗国统治之下，直书“大朝”至元年号。（4）呼和浩特市城郊万部华严经塔，有一条墨书汉文题记：“大朝至元八年七月二十八日西夏国仁王院僧惠善到此。”（图二）[18]

图二　元代西夏僧人题记
（采自史金波《西夏文物》图版413）

其四，将“大朝”放在干支纪年之前，作为国号兼年号。（1）《德兴府秋阳观记》：“大朝庚辰岁（1220年），长春真人卧云海上，以真风玄行闻于辇毂。”（2）《重修悟真观记》：“大朝丁酉岁（1237年），遣使马珍考试天下随路僧道等，共止取一千人。”（3）《中书令耶律公祭先妣文》：“维大朝癸卯岁（1243年）八月乙巳朔。”（4）河南辉县白云寺有青石塔铭一方，高120、宽55厘米。正书题曰：《冠山寂照通悟禅师徽公塔铭并引》，出自金末元初著名文学家、诗人元好问手笔。塔铭记述了禅宗云门宗大师澄徽（1192年—1245）一生的事迹。塔铭末署：“大朝丙午年四月初十日。”[19]丙午为1246年，时蒙古汗国贵由汗在位。（5）《盩厔重阳万寿宫圣旨碑》：“大朝辛亥（1251年）七月初九日，终南十方重阳万寿宫立石。”[20]

这些都说明“大朝”作为蒙古汗国国号曾在辖区内得到包括汉族在内的各民族的普遍认同。

四　历史文物的见证

更重要的是，我们有“大朝”文物的证明。这些文物是20世纪80年代以后陆续发现的，这是最直接、最权威的历史见证。

关于“大朝通宝”钱，一些前辈古钱学家提出它是元初铸钱的推论后，也有些古钱专家一直存在不同意见。其主要原因是“大朝通宝”（图三）均是传世品，缺乏出土文物证明。直到1986年，宁夏维修拜寺口双塔清理西塔塔刹时发现一枚原藏的银质“大朝通宝”钱（图四），这个问题才得到科学证明。

图三　国家博物馆藏大朝通宝钱币

拜寺口双塔位于宁夏贺兰县金山乡贺兰山拜寺口北坡一处西夏寺庙废墟内，东南距银川市50公里。双塔东西对峙，相距约80米，同为13级八角密檐式。据文物考古专家考证，拜寺口双塔始建于西夏中晚期，元代初期曾进行过维修。“大朝通宝”钱就是在西塔的刹室内发现的。同时发现的有元初中统元宝交钞，以及唐嘎、印花布、铜佛像等，均具有元初风格，是较为典型的元代早期文物。考古专家认为，大朝通宝钱的年代同这批文物应大致相近。佛塔的地宫或塔室都是放置舍利或珍贵物品的，“西塔刹室内所藏的文物也应该是被看作珍品而放入的，一枚小小的，极不起眼的大朝通宝如果不是有其特殊的含义，不是蒙古货币，是决不可能当作珍品放入刹室的”。通过与金代“大定通宝”和传世的“大朝通宝”对比研究，可以肯定“大朝通宝”是仿照“大定通宝”铸造的，时间在金大定十八年（1178 年）以后。因此，“大朝通宝钱的铸造上限在金大定十八年，其下限是元初。这段时间，正是成吉思汗创建的蒙古汗国时期。大朝通宝钱无疑是蒙古汗国时期铸造的货币”[21]。

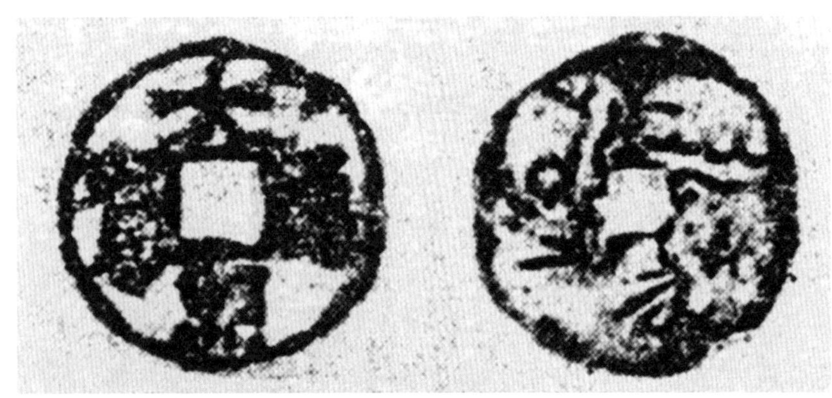

图四　宁夏贺兰县拜寺口双塔出土的大朝通宝银币

图五　大朝国师统领诸国僧尼中兴释教之印
西藏罗布林卡藏

这个结论有可靠的科学根据，令人信服。不过，维修简报说：“‘大朝通宝’四字。背面亦有文字，经专家辨识，为四个维吾尔文字：‘蒙兀尔（帝国——原注）、合罕、钱、宝。’铸造工艺粗糙。”[22]需要补充和说明的是：蒙兀尔即蒙古，合罕应为一个词，在汉文典籍上称为“可汗”、“可寒”或简称为“汗”，是古代柔然、突厥、回纥、蒙古等北方民族对其最高统治者的称号。大体相当于汉文“天子”、“帝王”之义。总括来说，这几个古维吾尔文字译成汉语为“蒙古汗宝钱”。这就有力地排除了前人所说的唐、武周、后唐、后晋、宋等铸造的可能。同时，其背面为古维吾尔文，也反映了蒙古汗国改国号为“大元”以前的特征。《元史·释老传》记载说：“我国家肇基朔方，俗尚简古，未遑制作，凡施用文字，因用汉楷及畏兀字，以达本朝之言。”[23]这枚铸钱的出土，为前贤推论“大朝通宝”为蒙古汗国时期铸造提供了权威证明。如果说，前述石刻、墨迹多系个人题写，属于“民间行为”，那么官铸铜钱则无疑是“官府行为”了，“大朝”作为国号当然是经当时最高权力机构认可的了。

蒙古汗国不仅铸造了“大朝通宝”钱，还颁行过“大朝”官印。西藏文管会珍藏的“大朝国师统领诸国僧尼中兴释教之印”（以下简称“大朝国师印”图五）就是流传至今的奇珍。关于这方印章，《西藏历代藏印》一书是这样描述的：“元代，木印，如意钮，高 10 厘米，方，边长 6.6 厘米，藏罗布林卡。”该书编著者还作了如下考订：

> 元朝初年，“凡施用文字，因取模（“模”为“汉”之讹——引者按）楷及卫兀字（维吾尔文），以达本朝之言”。后元世祖“特命国师八思巴创为蒙古新字，译写一切文字，期于顺言达事而已。自今（至元六年）以后，凡有玺书颁降，并用蒙古新字”（《大元圣政国朝典章》）。所以，现元代封印多为八思巴字，而且印质非玉即金（包括银、铜），惟此印为汉文，且印质乃木印。显系复制印章，而非元朝正式封印，“大朝国师……”，疑为“大元国师”之讹。[24]

这个考订值得商榷。其一，现存的元代封印多为八思巴字，这是因为流传至今的元代印章多为至元六年（1269 年）颁行八思巴字以后所制，此前的印章流传下来的极少。而在颁行八思巴字之前的元代印章，一般是杂用畏兀儿字和汉文。《元典章》称："凡施用文字，用取模楷，及卫兀字，以达本朝之言。"（"模楷"为"汉楷"之讹）这说明，颁行蒙古新字（即八思巴字）之前，元朝（包括建国号"大元"之前的汗国）的敕号及封印，兼用蒙古畏兀字和汉文。因此，不能因此印为汉文就疑其伪。其二，不能因为元代颁封的国师印多为玉、金、银、铜而此印为木质即疑其为复制。元初，职官、封印均无定制。"太祖起自朔土，统有其众，部落野处，非有城郭之制，国俗淳厚，非有庶事之繁，惟以万户统军旅，以断事官治政刑，任用者不过一二亲贵重臣耳。"[25]到忽必烈称汗整饬官制之前，大略如此。至元七年（1270年），徐世隆任吏部尚书时，"以铨选无可守之法"，乃撰成"选曹八议"，在刘秉忠、许衡等人的筹划下，"酌古今之宜，定内外之官"，才形成了一套比较稳定的职官制度和封印制度。另外，中国古代大臣王侯的印章，一般是铜印、木印，王侯也可用银印、金印，只有皇帝之印才用玉，所以称为玉玺。皇帝特别尊崇功高望重的大臣、王侯或宗教首领，有时也特赐玉印，但这只是一种崇高荣誉的封典，并非实际用印。元、明、清时期，一般只对佛教首领（主要是藏传佛教领袖）赠玉印，其意义即在于此。对此，有时还要特别颁发谕旨加以说明。玉印属于荣誉封典性质，而木印作为日常用印，史书一般是略而不书的。其三，"'大朝国师……'疑为'大元国师……'之讹"，这是不能成立的。因为，官印是职权的凭证，刻写、监督程序非常严格，不可能出现刻写错误。事实恰恰相反，因有"大朝"二字，更证明此印为真印，决无讹误，更非复制或伪造。

更重要的是，"大朝"为蒙古汗国时期的国号，所册封的大朝国师确有其人，他就是克什米尔地区的密宗高僧那摩。他在窝阔台称汗时来到蒙古宫廷，受到极高礼遇。贵由汗曾师从他学习佛法。蒙哥汗时封他为国师，统领天下释教。其事迹见于《元史·铁哥传》："铁哥，姓伽乃氏，迦叶弥尔人。迦叶弥尔者，西域竺乾国也。父斡脱赤与叔父那摩俱学浮屠氏。斡脱赤兄弟相谓曰：'世道扰攘，吾国将亡，东北有天子气，尽往归之。'乃偕入见，太宗礼遇之。定宗师事那摩，以斡脱赤配金符，奉使省民瘼。宪宗尊那摩为国师，授玉印，总天下释教。"[26]其事迹还有金石碑刻为证。《常山贞石志》卷十五收录元人石刻碑文《大朝国师南无大士重修真定府大龙兴寺功德记》里，载其事颇详[27]。此碑是由当时当地社会名流赵从证居士撰文，恒阳石匠杨春刻石，宣授辅教大师真定路提□都僧录释印书丹并撰额，岁次己未（蒙哥汗宪宗九年，即1259年）四月二十八日主讲僧立石。真定府（今河北省正定县，现为石家庄市郊区）龙兴寺，也称龙藏寺，始建于隋开皇六年（586年），后屡毁屡建，现改为隆兴寺，为全国重点文物保护单位。其碑文说："国师南无大师，北印土迦湿弥罗（按：即《元史》所说"迦叶弥尔"，"北印土"，一般写作"北印度"）国人。"与《元史》所记吻合。另外，碑文说他来到蒙古汗廷之后受到崇高礼遇，"宗族上下，相府大臣，尊而敬之泰山北斗。累蒙蒙哥皇帝眷遇隆厚，宣诏不时，常有异恩，讵可胜计"。与《元史》所记完全相同。蒙哥汗五年（1255年），那摩曾奉命到真定府传布佛法，大修龙兴寺。该寺僧人感其德，故刻石立碑记其事。将其碑文与《元史》进行综合研究可知，"大朝国师统领诸国僧尼中兴释教之印"必为蒙哥汗册封那摩国师之印。

"大朝通宝"钱和"大朝国师印"作为蒙古汗国国号"大朝"的证明，应该算得上是"铁证"了。

五　不是结论的结束语

综上所述，笔者有以下一些不成熟的看法，提出来就教于专家学者：

第一，"大朝"作为蒙古汗国的正式国号，有大量的文献、石刻墨迹、钱币和官印证明。

蒙古汗国"大朝"国号，并不是一些古钱专家所说的只是"皇朝"、"国朝"的尊称，而是正式国号。虽然唐宋时期有以"大朝"为尊称的习惯，但并未得到官方认可，至今没有见到当时有关的官方文书，更没有以"大朝"的名义铸钱和封印。而且从现在能见到的史料来看，"皇朝"、"国朝"只在行文中使用，作为国号时，一般要标明正式国号，如"大唐"、"皇宋"等。而我们前举各种文献资料都证明，"大朝"是作为正式国号使用的，并且不限于汉族地区。如《蒙鞑备录》等资料，就是记录的蒙古游牧区，而且在圣旨等官方文书和铸钱、官印中都正式使用。可见“大朝”国号在蒙古汗国辖区内为官府认可、民间承认，对内对外普遍使用，并不只是在汉族地区使用。前引呼和浩特万部华严经塔的记载，当时即属于蒙古游牧区。清代著名学者赵翼的《廿二史札记》说：“元太祖本无国号，但称蒙古，如辽之称契丹也。世祖至元八年，因刘秉忠奏始建国号曰‘大元’，取‘大哉乾元’之义，国号取文义自此始。”[28]这种观点流传较广，以至于一些史学论著、《辞海》等辞书均不提“大朝”国号，这种情况应该改变。

第二，关于“大朝”国号和“大蒙古国”（包括蒙古族称）的来历，学术界的看法并不完全统一。萧启庆先生的大作《说大朝》一文中认为：“实际上‘大朝’与‘蒙古汗国’都是蒙文 Yeke Mongghol Ulus 的汉译。后者为直译，前者为简译。在此简译中，省去种族之称的蒙古，并将原义为‘人民’、‘国家’的 ulus一字，依汉人的观念，译为‘朝’字。”这种说法很值得商榷。Yeke Mongghol Ulus 是近代蒙文的含义，和“大朝”的来源没什么关系。“大朝”和“大蒙古国”也不是它的繁简不同译法。

萧先生又说：“成吉思汗究在何时采用 Yeke Mongghol Ulus 一名为国号，因缺乏明确的记述，已难以确考。《建炎以来朝野杂记》乙集称成吉思汗先世已自号大蒙古国，其事不可信。1206 年全蒙古统一时，有关史料皆记载采用成吉思汗尊号事，但未言及采用国号。但从蒙古人历史发展看来，Yeke Mongghol Ulus 一号采用于此时最有可能，盖此时成吉思汗不仅为蒙古部之主宰，所有蒙古民族皆已成为其家产，故以 Yeke Mongghol Ulus 称其国家，最为适宜。Yeke Mongghol Ulus 一名之采用至迟亦不晚于 1211 年伐金之时。这一名称此后遂成为日益扩大的蒙古帝国的正式国号。”这种说法并没有说清楚“大蒙古国”的文化来源。

关于“大蒙古国”的文化渊源，笔者赞同清代乾嘉时期著名学者赵翼《廿二史札记》的观点。他说：“孟（赵）珙《蒙鞑备录》谓：先有蒙古斯国雄于北边，后绝衰灭（《辽史》有磨古斯国，盖即珙所称蒙古斯。磨、蒙声相近。又，《辽史》有阻止斯酋长磨古斯来侵，则磨古斯乃阻卜酋长之名——原注）。成吉思起事，慕蒙为雄国，乃改称大蒙古国，此为建国号之由。”[29]据此，则“大蒙古国”来源于北方少数民族的部族名（并逐渐演变为蒙古族名）。

“大朝”源自汉文化，是唐代开始形成的一种历史习俗。唐朝疆域广大，国力强盛，周边一些地方性民族政权尊之为“大朝”，唐朝人也以“大朝”自居。这种习惯宋代人因之。唐宋间边疆民族地区一些“小国”政权，也受到这种习惯影响，在国号前加“大”字。例如，党项族拓拔氏建立的政权自称“大夏”（宋人称“西夏”）；金宣宗贞祐三年（1215 年）宣抚蒲鲜万奴据辽东自立建国号“大真”；女真族建立的金朝自称“大金”。赵翼已经注意到这个问题，指出：“金太祖……以金为（国）号（按：《金志》太祖以国产金，且有金水源，故称：‘大金’——原注）……金末宣抚蒲鲜万奴据辽东，僭称天王，国号‘大真’。”[30]这是受到汉文化影响而形成的民族心理，借“大”为号，自我激励，激扬压倒敌国的气势。成吉思汗借用汉文化中的“大朝”称谓，建国号为“大朝”，既是受汉文化的影响，也源于这种民族心理。到后来忽必烈建国号“大元”是这种习俗和民族心理的因袭。

注释：

[1]［瑞典］多桑：《多桑蒙古史》，上海世纪出版社集团、上海书店出版社，2001 年。

[2]《辞海》在“蒙古”的辞条下注：“13 世纪初年，蒙古部的首领成吉思汗统一大漠南北各部落，建立统一的蒙古汗国。”上海辞书出版社，1979 年，第 1627 页。

[3] 丁福保：《古钱大辞典（下册）· 翁树培之古泉汇考》，中华书局，1995 年，第 95 页。

[4] 罗伯昭：《元初权钞钱说》，《古钱大辞典》总论，中华书局，1995 年，第 60、61 页。

[5] 丁福保：《古钱大辞典（下册）· 宣愚公之大朝通宝续考》，中华书局，1995 年，第 96 页。

[6] a. 丁福宝原编、马定祥批注《历代古钱图说》，上海人民出版社，1992 年，第 139 页；b. 国家文物局编《中国古钱谱》，文物出版社，1986 年；上海博物馆青铜器研究部编《上海博物馆藏钱币——元明清钱币》，上海书画出版社，1994 年；c. 朱活：《古钱新典》，三秦出版社，1994 年，以及其他古钱图谱均沿袭此说。

[7] 原刊于《汉学研究》第 3 卷第 1 期。

[8]（元）耶律楚材：《湛然居士集》，中华书局，1986 年。

[9]（元）耶律楚材著、向达校注《西游录》，中华书局，1981 年。

[10]（元）释念常：《佛祖历代通载》卷三一、三二，江陵古籍刻印社，1993年。
[11]《蒙鞑备录》是南宋赵珙（旧误传为孟珙）在成吉思汗时期蒙古汗国的亲身见闻录，是研究当时蒙古汗国的重要史料。
[12]《宋史》卷四五《理宗本纪》，中华书局，1977年。
[13][23][25][26]《元史》，中华书局，1976年。
[14]转引自翁树培《古泉汇考》、宣愚公《大朝通宝续考》，均见丁福宝《古钱大辞典》。本节引文凡未注明出处的，均转引上书。
[15][18]李逸友：《呼和浩特万部华严经塔的金元明各代题记（附录）》，《文物》1977年第5期。
[16]蔡美彪：《元代白话碑集录》，科学出版社，1955年，第19页。
[17]《稷益庙修舞厅碣》转引自夏扬《河东现存宋、金、元舞台碑碣资料与浅说》，原载傅仁杰、行乐贤主编《河东戏曲文物研究》，中国戏剧出版社，1992年。
[19]温玉成：《记新发现的元好问撰〈徽公塔铭〉》，山西省考古学会、山西省考古所编《山西省考古学会论文集》（1），山西人民出版社，1992年。
[20]同[16]，第117页。
[21]雷润泽等：《宁夏拜寺口双塔发现的大朝通宝和中统元宝交钞》，《中国钱币》1989年第4期。
[22]宁夏回族自治区文物管理委员会办公室、贺兰县文化局：《宁夏贺兰县拜寺口双塔勘测维修简报》，《文物》1991年第8期。
[24]欧朝贵等：《西藏历代藏印》，西藏人民出版社，1991年，第12页。
[27]笔者另有专文论证"大朝国师印"为蒙哥封赐那摩之印。见拙文《"大朝国师印"考》，《故宫博物院院刊》2006年第3期。
[28][29][30]（清）赵翼：《廿二史札记》，中国书店，1987年。

（原文刊于《内蒙古社会科学》2005年第6期）

明代军屯制度的历史渊源及其特点

王毓铨

屯田制度在中国约有两千年的历史。先是用民户屯田（移民屯垦），然后才用军士（驻军屯垦），中间有个发展阶段。一般人都认为屯田始于汉文帝时晁错“募民徙塞下”住种的建议。其实我们还可以把它往前推几百年。战国时商鞅在秦国变法，急耕战之赏，用三晋的民人从事耕垦，使秦人应敌于外。那时行的未尝不是一种屯种。如果我们把这件事和商鞅新法中的“什”“伍”的编制、乡县的组织联系起来看，这个可能似乎是可以肯定的。再往前，魏文侯时，李悝作尽地力之教，“行田”（授田）以百亩，仿佛也是一种组织农民屯种的方式。春秋以后，各地诸侯，新扩地土，辟为郡县，直隶公室（或王室），可能移徙或派拨民人屯耕，增强公室的集权力量。最初用民屯垦的制度未尝不是在这种情形之下发生的。它是一种有组织的、在官府的直接监督之下的垦种方式。若果如此，用民屯种之事是和春秋战国以来公室专制集权以至日后专制主义皇权的集权有关。换句话说，屯田是加强封建专制集权的一种政治经济的措施；它随专制主义集权的发生而发生，随着它发展而发展，最后也随着封建专制主义集权物质基础的变化而废弃。

将民屯的组织原则应用到军事上，利用军事组织和军法抑配士卒从事耕垦，便是汉代以后的军屯制度。

明代以前的军屯制度的史实，不打算在这里多费言辞；在这里仅仅想描绘出几点自汉至明军屯制度上的发展和变化，作为了解明代军屯制度的历史背景。

中国历史上的军屯制度大致可以分作两个发展阶段。由汉到宋是一个阶段，由辽金到明是另一个阶段。在清代，它已经没有什么大作用了。

在第一个阶段中，军屯主要是以局部驻防军兼营屯种，以供局部的需要。而兼营屯种的驻防军几乎全在边镇，不重腹里。那时军士屯种也不是军事制度上的通制，也没有全国一致通行的军事屯田法。

譬如说，汉代的军屯有武帝时朔方到令居的屯田、河西居延屯田、西域轮台的屯田，有昭帝时张掖的屯田、楼兰的屯田，有宣帝时车师的屯田、赵充国的屯田，等等，那都是边镇屯田。东汉光武时，马援屯田长安上林苑、刘隆屯田武当、李通屯田顺阳、王霸屯田新安、杜茂屯田晋阳广武、王霸屯田函谷关，明帝时窦固屯田西域，和帝时曹凤等屯田防羌，安帝时班勇屯田柳中，等等，也都是边镇军屯。三国曹魏的大规模屯田，开设境内各地，是抑民屯种，不是军屯。只有两淮屯田是军屯，它也在魏国的南疆，为备吴而开。由曹魏的民屯发展出来了西晋的占田课田制和北魏隋唐的均田制，那些都是近于民屯性质的派种制度，也不在我们的讨论之中。三国曹魏而外，蜀国诸葛亮会分兵屯田渭南和兰坑，为防魏的“久住之基”，也是边镇屯田。吴国的军屯似乎也没有表现为例外。

西晋在军屯制度上没有什么发展。到了东晋元帝先因军需，后因饥荒，曾诏“使军各自佃作，即以为廪”[1]。证诸明帝时前将军温峤又奏请诸外州郡“非临敌之军，且田且守”以及请四军五校分二军出屯要处[2]，元帝的诏令并未完全实行。即使实行，也是因一时之急，并不是一种正规的典制。

边镇屯田为的是省转输，固防守。这个军屯原则一直贯穿着由汉到南宋的军屯制度。隋唐以下事例繁多，实在不能多举。西魏北周行府兵制，隋唐因而扩大之。大体是从均田制下的民户抽籍出来，免其租庸调，成为所谓“兵农合一”制。在汉族军制上是种新制度。军士且耕且守，平时于农隙教练之，遇事调拨进征。究其实，并不算是一种军屯制度，而是一种军户制度，也可以说是世兵制度。军户授田如均田制，免其赋役（租庸调），自备械粮，使当军差。军差便构成了这部分检为军户的均田户的主要封建义务负担。这个办法的主旨是检选有田土的农民当军，或使军士都有田土，借以保证军役的来源，增强国家武装的力量，并不是使军士格外屯种供给军粮。府军另外还屯田或营田便是证明。唐高祖武德三年益州道行台左仆射窦轨破党项、吐谷浑后驻军屯田松州备羌，四年赵郡王孝慕破萧铣迁荆州大总管开设屯田，武德初副大使薛大鼎在山南道开屯田实仓廪，并州大总管屯田太原备突厥，这些都可证明府兵不就是军事屯田制；除军士户下授田耕种自给外，在某些镇防地区还要从事屯种。而且这些事都发生在高祖武德中。自武德元年九月置府兵后，府兵只有十二军，分隶关内诸府；关内以外无所谓“一寓之于农”的府兵。而上记武德中屯田各事都不在关内而在沿边[3]。所以唐代的屯田仍然是驻军屯种，不可与户下受田耕种自给的府兵制的“一寓之于农”者相混。

唐太宗贞观十年，创立诸府军名号总曰折冲府，天下十道置府六百三十四，关内设二百六十一。关内府军居三分之一以上，而关内却无屯田，而屯田仍在边镇。贞观二十年（646年）李素立在瀚海都护府开设屯田统治铁勒、回纥，高宗龙朔中刘仁轨屯田百济经略高丽，调露二年黑齿常之屯田（营田）河源防备吐蕃，屯田开设的地点和目的都很明显。武后天授初以宰相娄师德为河源积石怀远等军、河兰鄯廓等州检校营田大使，圣历元年又改为陇右诸军大使检校河西营田，大足元年刺史李汉通在甘州屯田，中宗景龙末都督王晙在桂州屯田，玄宗开元五年都督宋庆礼在营州屯田，也都是边镇屯田。开元十四年（726年），初废京司职田，有人请借此在关辅开置屯田，宰相李元纮就以“内地置屯，古所未有”为理由，打消了这个建议[4]。二十二年在河南道陈、许、豫、寿四州地置屯百余，二十五年下令取消。建议在关内的屯田以及在河南暂时的屯田，都未必是军屯。特别是河南的屯田在宰相张九龄的监督之下，它多半是民屯。

自高宗永徽到开元，一方面由于均田制和府兵制的破坏，一方面由于方镇（节度使）势盛，“武夫悍将……据要险，专方面。既有其土地，又有其人民，又有其甲兵，又有其财赋，以布列天下……京师不得不弱”[5]。京师所得的供应减少，于是开元二十五年遂大修屯政，诏定屯官叙功之法。据该诏，屯有两种：一属司农寺，这是民屯；一隶州镇诸军，这大半是军屯。民屯自然可能在腹里，军屯仍然在边境要冲地方。当然这时所谓要冲地方已经和唐朝初年的含义不同。唐初主要备外患，而开元年间还得防内忧（方镇）。《新唐书》谓“天下屯九百九十二”者，数目不少。但据开元诏及开元前后的屯田史实看，其中有民屯，而且恐怕主要是民屯。管理民屯的有“营田使”，宋代仍沿用此制。

如此看来，有唐一代，在军屯制度上并没有发生什么大变化[6]。

宋因唐制，有营田，有屯田。屯田主要是军屯，营田主要是民屯。但营田时而也用兵，屯田时而也用民。一时制度，相当混乱。但于军屯制度原则，即边镇屯田以省转输以固防守，也没有什么变化。

中国历史上军屯制度的变化，开始于辽金，发展于元代，完成于明。

辽金在军屯上的新制度的产生，基本上是由于他们特殊的军事制度。依辽制，其部族民年15以上50以下，都隶兵籍。金人则诸部之民，无它徭役，壮者皆兵。两者在军事编制的原则上，完全一样。两者的军士供应，如步骑之仗糗，也都是军士自备。他们征服了汉族，到了中原地带。驻在中原的兵的主要经济来源是农业。所以辽金的统治者都分配给契丹人和女真人土地，叫他们耕种自给。这一方面是配备给他们的军士供给自己的条件，同时也是他们以征服者的身分获得土地和人民的权利。在这一点上辽金的军事制度影响了辽金时期的土地制度。

这是一方面。

另一方面，辽金都是从外来征服了汉族的土地和人民。为镇压和防备被征服者的反抗，他们必须把军队散驻在被征服的地区内。这样内外各地都得驻军。驻军所在之地，就得分拨土地屯种。结果是军屯遍各地。为说明此事，我们且举几个金朝的例子。熙宗天眷三年（1140 年），攻取了江南，“犹虑中原士民怀贰”，于是创设屯田军。“凡女直奚契丹之人，皆自本部徙居中州，与百姓杂处，计其户口，授以官田，使自播种……凡屯田之所，自燕南至淮陇之北，俱有之。皆筑垒于村落间。”[7]海陵王贞元元年迁都，于是徙上京路太祖、辽王宗干、秦王宗翰、右谏议乌里补的猛安以及太师勖、宗正宗敬之族，处之中都。徙斡论、和尚、胡剌三国公、太保昂、詹事乌里野、辅国勃鲁骨、定远许烈、故梁国公勃迭八猛安，处之山东。徙阿鲁之族，处之北京。按达族属，处之河间。“授田牛，使之耕食，以蕃卫京国”[8]。世宗大定十七年（1177 年），“拘刷良田”给女真猛安谋克人户。二十一年括山东路民田分给女真屯田人户。又不欲猛安谋克和民户杂居，命凡山东东西两路屯田与民田互相犬牙交错的，皆用官田对换。二十二年从山东路猛安内摘八谋克，徙于河北东路酬斡青狗儿两猛安旧地，无牛者，官给之。又尽徙河间宗室于平州，土薄者易以良田[9]。二十四年以上京率胡剌温之地广而腴，又欲上京兵多，它日可为缓急之备，遂迁速频一猛安，胡里改二猛安，二十四谋克，以实之。出府库钱济行资，市牛畜[10]。“当是时，多易置河北山东所屯之旧，括民地而为之业，户颁牛而使之耕，畜甲兵而为之备，乃大重其权，授诸王以猛安之号，或新置者特赐之名，制其奢靡，禁其饮酒，习其骑射，储其粮糒，其备至严也。”[11]章宗承安五年，以中都山东河北等路屯驻军人土地不足，遣枢密使完颜宗浩括地给军，凡得地 30 余万顷[12]。泰和四年，又增定屯田法。旧制军人所授之地不得租赁与人，今更定制“所拨地止十里内，自种之，每丁四十亩，续进丁同此。余者许令便宜租赁及两和分种”[13]。金朝猛安谋克屯田此后还有发展，但它的主要特点和它的主要制度，大致就是这样。

从以上事实，我们可将金代屯田制度的特征归纳出下面几点：

（一） 各地猛安谋克军人原则上都给与土地屯种自给。

（二） 所括之地原则上是系官田土，间括民田，或和民田调换。

（三） 屯田地土都是比较肥沃的，官给牛具。

（四） 猛安谋克遍设各地镇压汉族人民。凡设有猛安谋克之处就有军屯。京城附近地方也有屯兵，也有军屯。

（五） 章宗时代屯田每份四十亩。（日后间有三十亩五十亩之数）

如果将金朝的军屯和以往的军屯比较，就可以看出军屯制度前后的不同了。主要点是在此以前的屯田是边镇屯田，金朝则是遍地屯田；以往军屯地区重在外境，金朝是内外全有。以往军屯没有统一的严格制度，金朝的则有新屯田法，军丁有份地，每份四十亩（也有三十亩五十亩的）。

到了元朝，屯田制度大为发展。军屯大发展，民屯也大发展。而且民屯变成了军屯的积极的辅助部分。民屯为了供兵，它本身几乎已全部军事化。因之军屯在元朝整个国家的政治军事经济设施中，比以前更加重要了。

元朝屯田的开始，远在它进据黄河流域或征服南宋以前。元太祖、太宗、宪宗各代都曾开设过屯田，北起蒙古地区南达河南中部都有。不过，大事推行屯田，是在世祖忽必烈时期。

世祖忽必烈的时候，元朝的屯田制度奠定下了规模，后代只有更改增益，制度上没有什么变化。世祖时期的屯田有军屯有民屯。无论军屯民屯，边镇和腹里均有。有以左右中前后五卫为主的侍卫亲军的屯田，有大农司所管辖的民屯，有宣徽院所管辖的民屯，有腹里大河等处所管辖的军民屯，有各行中书省，如辽阳等处，河南、陕西等处，甘肃等处，江西等处，江浙等处，四川、云南、湖广，所管辖的军屯和民屯。元朝民屯的军事性很强。所以不明了元代的民屯，自然不能明了元代的屯田，也不能完全明了元代的军屯；它们之间的关系较其他各代军屯和民屯之间的关系，密切得多。但为说明历史上的军屯的变化，而篇幅又有限，此处只好暂舍民屯，先说军屯，即完全用军士屯种的屯田。

元代军屯事例见于《元史·本纪》、《兵志》、《食货志》及有关人物《列传》的很多，不能备举。只好抽述些代表事例，加以分析，借以说明元代军屯制度上的新创制和明代军屯制度的直接历史关系。

为说明元代军屯制度上的特点，且举侍卫亲军屯田事为例[14]，然后再旁及其他。

世祖时的侍卫亲军设有左、右、中、前、后五卫，各兼屯田。

左卫屯田，建立于中统三年（1262 年）。调枢密院 2000 人于东安州南永清县东荒土及本卫原占牧地，立屯开耕。本卫屯田分置左右手屯田千户所，为田一千三百一十顷六十五亩。

右卫屯田和左卫屯田同时建立的。调本卫军 2000 于永清益津等处立屯开耕。分置左右手屯田千户所。屯军和屯田顷亩和左卫同。

中卫屯田建立于至元四年（1267 年），初设于武清香河等县。因各屯地界相去百余里，往来耕作不便，十一年迁于河西务等处。屯军数目和左右卫相同，也是 2000 人，田土是一千三十七顷八十二亩。

前卫屯田是至元十五年开设的，也分置左右手屯田千户所，屯种的是霸州保定涿州荒闲地土。屯军数目和左右卫同，2000 人，田一千顷。

后卫是和前卫同时开设的，在永清等处。屯军 2000，同左右卫，屯田一千四百二十八顷一十四亩。

此外还有武卫屯田、中翊侍卫屯田、左右翼屯田万户府和钦察卫屯田，性质也相近。

武卫屯田是至元十八年开设的。发“迤南军人”3000 名在涿州、霸州、保定、定兴等处，分设了广备万益等六屯。为田一千八百四顷四十五亩。至元二十六年罢蒙古侍卫军从人之屯田者，别以斡端别十八里回还汉军，大名卫辉两翼新附军，和前后二卫迤东还戍士卒合并屯田，设左右翼万户府以领之。遂在大都路霸州和河间等处立屯开耕。置汉军左右手二千户所，新附军六千户所。共军人 2051 名，为田 1399 顷 52 亩。中翊侍卫屯田是至元二十九年调拨大同隆兴、太原、平阳等处军人 4000 名组成的屯田军，在燕只哥赤斤地面和红城周围设立屯所，开耕荒田 2000 顷。钦察卫屯田是至元二十四年发本卫军 1512 名开设的。分置左右手屯田千户所和钦察屯田千户所，在清州等处屯种。

以上各例都是侍卫亲军各卫的屯田情况，从这些情况中可以归纳出这么几点：

（一） 元代不只在边远地区，即使近京腹里也设有军屯。

（二） 一个卫中正军和屯田军分离：正军专事操练防守，屯田军专事屯种供给军饷。

（三） 各卫屯田分设若干屯所，少的有两个，多的如武卫，有六个（“六屯”）。左右翼屯田万户府一共八个。

（四） 左右等卫各有屯军 2000 人，屯田一千顷或千顷稍多。中翊侍卫屯田军 4000 名，屯田二千顷。每军一名屯田约五十亩，或五十亩稍多一点。

（五） 屯田军有的是调用枢密院的军卒（左卫），有的是调拨本卫的卫军（右卫），有的是各省入备侍卫的军士（前卫），有的是“迤南军人”（武卫），有的是汉军（后卫），有的是“回还汉军”和“新附军”（左右翼屯田万户府），有的是由各万户府摘拨来的军士（中翊侍卫）。看这个情形，大概屯田军的军人条件不如正军，尤其以“汉军”和“新附军”屯田表现得格外明显。

（六） 各卫屯军及屯种事宜似由各卫管理。没有卫的组织的，则设屯田万户府以领之。

（七） 拨给屯军开耕的地土多半是荒闲田。

军屯也是官给牛具种子。这事虽然在上引诸卫屯田建置事例中未见记载，但证诸元代其他若干军民屯史实，这点是可以肯定的。

元代一反过去边镇屯田，即所谓“为守边之计”的屯田，全国内外都在设屯，这点和金代一样；是和金人同以征服者镇压被征服者所必须采取的办法。《元史·兵制》云，国初用兵征讨，遇坚城大敌则必屯田以守之。“海内既一，于是内而各卫，外而行省，皆立屯田，以资军饷”[15]，此话不虚。“由是而天下无不可屯之兵，无不可耕之地矣。”[16]此言不免稍过，但也近实情。

金代军屯虽然和过去的军屯多有不同，但却没有操守正军和屯田军分离的现象。元代则两者分离，各守专责。这个办法是否世祖以前就有，不得而知。中统元年世祖即位，朵儿赤召见对言，“西夏营田，实占正军。傥有调用，则又妨耕作”。因此他建议将“南军”的子弟“成丁者别编入籍，以实屯力”。这样，

“地利多，兵有余”。这个建议当即被元世祖采纳了[17]。用南军成丁子弟代正军屯种，一则可使操守军专事操守；二则使屯种军专事屯种。正军、屯军分别组织分别管理，这是元代军屯制度上的新创设。中统二年将宪宗三年设立的凤翔种田人户“隶平阳兵籍，毋命出征，务耕屯以给军饷”[18]，三年又“诏凤翔府屯田军隶兵籍，仍屯田凤翔”[19]，就是上述原则的体现。

操守正军和屯田军分离后各安专职自然有好处。另外还有一个好处，那就是侍卫亲军都指挥使和万户府的万户可以尽量调拨那些不利分子从事屯种。那些不利分子主要有两种：一种是非蒙古族的汉军；一种是“年老不堪备征战者”。前者已有实例，后者有福建汀州、漳州的屯军为证[20]。把健壮的军丁，可以信任的本族的军丁作为正军操守征进，把老弱的和异己的军丁束缚在土地上屯种，是符合蒙古族统治者利益的。这个政策，终元一代未见变更。

其他如设立屯所，督理屯种：一卫设屯田军约2000人，人约屯地五十亩；开耕地土以荒闲田为主等，都是元代在屯田制度上的新创，或制度化了以往军屯上的某些办法（如以荒闲田为屯田，金代无，金以前有），开军事屯田制度史上的一个新阶段。《元史·兵制》记福建汀州、漳州屯田谓“世祖至元十八年，以福建调军粮储费用依腹里例置立屯田”。可见元代的屯田，至少腹里屯田是有一定的“例”的。“例”的详细规定虽然没有保存下来，但上记八点必包括在“例”的实质中，那应该是没有什么问题的。

不过这点推论是根据有限的史实作出的，当然不全面。世祖以后，多有增益，也有个别例外。增益虽是增益，但仍符合世祖时期的原则。如拨屯地土方面除荒闲地之外，还有“官地”、“没官田”、“诸王所占田”，等等。荒闲田虽然是一时抛荒或未垦种地土，但大概都不是不可种植的瘠薄田土。至元二十年曾因蒙古侍卫军在新城的屯田地多砂砾，不可耕种，改拨“良田”予之[21]，就是个例子，这也是“右武”的政策。

元代初年的军屯，只记有屯田军的数目，没提到是否会按照某种比例（即卫兵的几分之几）下屯。《元史·成宗本纪》载大德八年（1304年）三月，“命凡为卫兵者皆半隶屯田”。这是元史上第一次提出用卫军的半数屯田。因此也许我们可以说，元代卫军依比例或按半数下屯的制度，始自成宗。

成宗时期这个诏令至少有两重意义：一方面它表示着世祖时期的屯田曾经产生了显明的效果，才导致成宗颁布了这道严格要求卫兵半数屯田的命令。另一方面它可能反映了世祖时期的屯田规模到这时已趋废弛，才迫使元代的统治者不得不用强令卫兵半数屯田。

如果将元代的军屯和以往历史上的军屯比较，谁都可以发现元代军屯在规模上无可比拟的广大，在制度上已渐臻完备。它已经从单纯的边镇屯田，发展为全面的内外屯田。它已经从“为守边之计”，发展成为镇压内部人民的有效手段。它已经从局部补助军食的作用，发展成全国性的“以供军储”的措施。它已经从且佃且守的戍军兼屯军，发展成为专职的屯田军。它已经发展成为专制封建统治者奴役人民的一种特殊剥削方式。

明代的军屯制度就是元代制度的延续，同时也是元代制度的发展。到了明代，卫所遍设全国内外各地。每卫必拨军屯种，且有一定比例。每军给屯地一份，官给牛具种子，课征一份屯田子粒。督比屯种，组织严密：有屯田则例，有红牌事例，有样田比较法。在法制上，在实施上，整齐划一，远远超过了元代的和元代以前的屯田制度。明代人论明代法有这样的话：“自古屯营之田，或用兵或用民，皆是于军伍之外，各分兵置司。惟我朝之制，就于卫所所在有闲旷之土，分军以立屯堡，俾其且耕且守。盖以十分为率，七分守城，三分屯耕。遇有儆急，朝发夕至。是于守御之中而收耕获之利，其法视古为良。近世又于各道专设风宪官一员以提督之。其牛具农器则总于屯曹，细粮子粒则司于户部。有卫所之处则有屯营之田，非若唐人专设农寺以领之也。”讲这话的就是讲求治国平天下的政论家邱浚[22]，他说的也颇得要领。军屯制度到了明代可以说是登峰造极了。

但是在阶级社会里，具体地说，在中国专制主义封建社会里，统治制度的新创设或较有效的传统制度的加强，主要是阶级矛盾的广泛化和尖锐化的表现。军屯制度自辽金以后逐渐强化，元明两代发展到顶峰，是专制主义封建社会中阶级矛盾尖锐化的具体反映。从统治者皇权方面来说，军屯制度是封建专制主义统治者皇权，在阶级矛盾的威胁下所采取的巩固它的统治基础的措施。有关这个问题的历史因素很多，我们很难一一叙述。现在且提出其中主要二三因素，略作些说明，借以了解军屯制度在中国专制主义封建社会后期特别发展的原因。

领受了历代封建专制主义统治失败的教训，元明统治者皇权必须解决这个重要问题：如何巩固封建专制主义国家的统治基础，并如何加强专制主义统治的机能。

这所谓封建专制主义国家的统治基础就是它的物质基础——地租和生产地租的劳动人户（赋役）。封建专制主义国家的统治机能有多种，军队是其主要机能之一。而恰恰在这两个问题上，历代封建专制统治者遭到了极大的失败。

汉代专制主义封建社会发展的结果，出现了“上家累巨亿之赀，斥地侔封君之土”的豪强大族。农民丧失了土地，“无所跱足，乃父子低首，奴事富人，躬帅妻孥，为之服役”（崔寔语）。遂至富人之家，“奴婢千群，徒附万计”（仲长统语）。原来向国家输租的地土，几乎变成了豪族的私产。原来为国家服役的农民，大量沦为豪族的私属。汉代的国家丧失了土地，丧失了人民，丧失了有土地的军队，汉代的封建专制政权倒了。均田制的实行，本来也为的是使封建专制主义国家可以借此保持土地（不只名义上而且在实际上）的国有权和劳动力及军伍的措施，可是“王公百官及富豪之家比置庄田，恣行吞并，莫惧章程”（唐玄宗天宝十一年诏）。其中“多田翁”卢从愿，具有“地癖”的章澄、李彭年之流不过是一二偶见于记载者而已，结果农民或大量流散，或“依托强豪，以为私属”（陆贽语）。国家的土地和人民变成私人的了。均田制破坏了，编户丧失了，府兵制崩溃了，唐代封建专制主义国家的基础动摇了。待至藩镇割据，元和间天下二十三道中竟有十五道“不申户口”。供税之户仅及天宝年间的四分之一[23]。“常赋殆绝……王业于是荡然”[24]。宋代建国至英宗治平仅100年，而全国垦田“赋租所不加者十居其七”[25]。宋代有专制集权之表，实无专制集权之实。

地租（赋役）收入的亏短和人户的逃亡，影响整个国家机构的供应，军队当然包括在其中，即使在其中不占首要的地位。但是军队的供应不单纯是食粮问题，还有个军役来源的问题。汉代兵制之坏，坏在应当军役的农民丧失了土地，唐代均田制的破坏，导致了府兵制的堕废。由此统治者得出的经验是，军士户下必须有土地，封建社会中最好的兵是有土地的农民。有土地的农民不似招募的浮游丁口，他有固志、有斗志、有较高的品质。而且他的土地可以保证他的家庭生活，保证供应军役劳动力的再生产。

为了保证军役的来源，元明统治者承袭了从魏晋发展起来的配户当差制：军役由固定的军户来充当。军户耕种军田，名隶军籍，供应军役，父死子代，永远充当。这样一来，问题可以解决一部分。

但问题在这方面解决了一部分，在另一方面却又生出了一部分。军户的佥编须有一定的数目，才能保证战时军士的数量。譬如明代军户不下200万。户出一丁，便为200万军卒，足够应用。但平时或没有大战事时，决占用不了200万人。这是一个问题。如保持200万军卒在卫，每人每月口粮一石，一月二百万石，一年就得二千四百万石，这是个很大的数目；差不多近于明代全国夏税秋粮中全部食粮的总数。倾全国食粮以供军那是办不到的。因此怎样利用不必要从事操守的多余的军卒，便成了问题。为解决这个问题，元明的统治者在以往历史中找到了现成的办法：用军卒开耕屯种，使其能自给，且以给其他官军俸粮。这就是所谓“无农不耕，而吾借不耕之人而役之。无兵不战，而吾乘不战之时而用之。”[26]

用军屯种，当然一切要以军法从事。用军法督理屯种是用最粗暴的方式把屯种者束缚在土地上，在官府的直接鞭策下，进行奴役性的生产和剥削。这虽然不是种合理的生产方式，不可能维持多久的方式，但在暴力的威胁下却暂时较能保证生产上的劳动力和地租。专制主义封建统治者所可能做到的、所希望能做到的，也就是这个。

元明统治者不只利用了历史上的军屯制度，而且还大大地发展了这个制度（梗概已见前）；使它无论在规模上或督理则例上，都远远超过了前代。他们之所以如此，也是有原因的。这就是因为元明统治者，特别是明代的统治者，企图不只使军役来源有保证，也要军队的供应有保证。希望无论发生什么事故，皇帝的武装供应不致受影响，能保持它维护封建专制主义皇权的作用。这在金代猛安谋克的屯田制度中已见端倪，元代又发展了一步，明代一开始便十分明显。癸卯年（元至正二十三年，1363年），朱元璋在申明将士屯田的命令里，很明确地提出了两点：（一），“兴国之本，在于强兵足食”；（二），“若兵食尽资于民，则民力重困”，所以“诸将宜督军士及时开垦以收地利，庶几兵食充足，国有所赖”[27]。洪武二十一年又勅五军都督府：“若但使兵坐食于农，农必受弊，非长治久安之术。”[28]他的目的是使“守城军的月粮，就屯种子粒内支”[29]。为什么？太宗朱棣说的明白：“若只叫那穷乏的百姓供给安生的军士，百姓转见艰难，军士转见骄惰了。倘或百姓供给不全，军士也只得坐受饥饿，两下都不便当。因此上着恁每官军依着定的分数下屯。”[30]为求得专制主义封建皇权的“长治久安”，避免“倘或百姓供给不全”的危险，使军士不“骄惰”而兵强食足，明代统治者才集中了历史上军屯经验之大成，通过军户制度和军屯制度，企图建立一个庞大的、维护封建专制皇权的、自给自足的武装力量——人力自给，粮食自给，兵器自给[31]，以免再蹈汉唐以来因赋役亏短、人户逃亡，而造成的封建专制主义政权基础削弱致军伍败坏的覆辙。

元明统治者的主观企图虽然如此，他们的努力虽然也曾收到了相当的效果，然而曾不几时（元在世祖以后，明在宣宗以后），屯田破坏，屯政废弛，终至名存实亡。到底为什么？这也是本文中想解答的一个问题。

最后，还想顺便在这里说明一点，那就是由于研究明代的军屯制度的历史来源，发现了辽金元三代以征服者统治汉族，加强了土地国（皇帝）有的实行，加强了对人民人身的占有，因之加重了人民对皇帝的封建人身隶属关系，加重了封建的专制统治。如同在军屯制度中一样，在明代专制皇权的全部统治中，到处充满着金元时代的军事的、粗暴的、野蛮的极端专制。

注释：

[1]《晋书》卷二六《食货志》。

[2]《晋书》卷六七《温峤传》。

[3]《新唐书·兵志》载：“高祖以义兵起太原，已定天下，悉罢遣归，其愿留宿卫者三万人，以渭北白渠旁民弃腴田分给之。”这是恩赐田土，不是用旧日义兵从军屯种。

[4]《旧唐书》卷九八《李元纮传》。

[5]《新唐书》卷五〇《兵志》。

[6]德宗时因李泌请屯田备吐蕃，戍卒满三年戍期愿留者即以屯田给为永业，于军屯本身亦无基本变化。

[7][12]《续文献通考》卷四《田赋考》四《屯田》。

[8][10][11]《金史》卷四四《兵制》。

[9][13]以上事实见《金史》卷四七《食货志二》。

[14][15][16][20]《元史》卷一〇〇《兵制三·屯田》。

[17]《元史》卷一三四《朵儿赤传》。

[18]《元史》卷四《世祖本纪一》。

[19]《元史》卷五《世祖本纪二》。

[21]《元史》卷一二《世祖本纪九》。

[22][26]（明）邱浚：《大学衍义补》卷三五。

[23]《旧唐书·宪宗纪上》。

[24]《旧唐书·僖宗纪》。

[25]《文献通考·田赋考》。

[27]《太祖实录》卷一二，癸卯年二月壬申。

[28]《太祖实录》卷一九三，九月丁丑。

[29]（明）潘潢：《请复军屯疏》，载《皇明经世文编》卷一九八，引洪武二十六年明太祖圣旨中语。

[30]同[29]，引太宗敕谕中语。

[31]明代各卫设有军器造作，由各卫“军匠”打造兵器。

（原文刊于《历史研究》1959年第6期）

靳辅治河述论

王永谦

黄河源远流长，是我国第二大河流。黄河流域是中华民族和祖国文化的摇篮。但是，“河灾之羡溢，害中国也尤甚”[1]。自元代起，封建统治者开始设有河道总督，专门管理治河。从此，我国治理黄河的历史便进入了一个新的阶段。在明、清两代，16 世纪后半期（明嘉靖到万历）的潘季驯，17 世纪后半期（清康熙）的靳辅、陈潢，对于黄河下流的修堤防汛工作，都曾作出过重大贡献。

本文仅就清康熙时期靳辅治河的事迹，试作粗浅论述。

一

靳辅字紫垣，“其先济南历城人也，明洪武中始祖清，以百户从军戍辽，遂为辽阳（今属辽宁）人”[2]。隶汉军镶黄旗。其父应选，官至通政使司右参议。

靳辅生于清太祖天聪七年，即明崇祯六年（1633 年）。顺治九年（1652 年）由官学生“考授国史院编修”[3]。十五年（1658 年）“改内阁中书”，不久又迁兵部员外郎。康熙元年（1662 年）迁郎中。七年（1668 年）迁通政使司右通政。八年（1669 年）擢国史院学士，充纂修世祖章皇帝实录副总裁官。九年（1670 年）十月，改内阁学士兼礼部侍郎。十年（1671 年）“特简巡抚安徽等处都察院右副都御史”。十五年（1676 年）又加兵部尚书衔。十六年（1677 年）三月，升为河道总督（简称总河，也称河督）[4]。十七年（1678 年）六月，由于漕运总督（简称总漕或漕督）帅颜保奉命率其标兵前往南昌，会剿“三藩”叛军，故“漕运事物，令总河靳辅摄理”[5]。二十七年（1688 年）夏，罢总河职。二十八年（1689 年）春，复其旧秩。三十一年（1692 年）二月，再度被起用，复任总河。同年十一月十九日，“勤劳王事，卒于位”，终年六十[6]。

靳辅是清代著名的治河专家。他同时代人王士祯在为他所撰的《墓志铭》中评论说：靳辅的一生，“论其大者，而功名尤在治河一事。其利益在国家，其德泽在生民”。他所著《治河书》（即《治河方略》）及治河《奏疏》被称为“千古河防之龟镜”[7]。

靳辅治河是在极端困难的历史条件下进行的。由于明末清初的长期战争，加上清初各地蝗、雹、水、旱等自然灾害频仍，社会经济遭到极大破坏。河工年久失修、“官窜夫逃，无人防守”[8]，河决极为频繁。在这种情况下，南北往来商贾船舶，苦于“沿途榷税”，“每盗决此堰（指高家堰），顺流直达，为利滋大”[9]。豪强地主也置人民死活于不顾，经常盗决河堤以资灌溉。另外，无业游民或贫苦夫役为求生计，也时而决河；以盗取木桩贩卖[10]。这种人为地盗决河堤，更大大地加重了河患。据不完全统计，顺治年间黄河大的决口达 20 次。例如：顺治六年（1649 年）夏季伏秋，大雨连旬，黄淮并涨，湖淮两决。江北淮扬一带广大地区，北接黄河，南通高宝，西有洪泽，东连大海，汪洋一片，无分江河湖海，“浪拍树头，禾沉水底，麦穗成堆，漂浮水面，椽木人畜累累，随流而下，男妇牛驴死伤者，难以枚举。其淹溺号哭之情，目不忍见，耳不忍闻。”[11]在大水底下是“粮田淹没”、“淹倒城郭，陷没庐舍，溺死人口”[12]。在一望无际的水面上是“尸漂遍野”，

“水流尸骸，成为鱼贯”[13]。总河杨方兴为之“闻报魂飞”。他说：“伏秋水涨，岁岁有之，亦处处有之，未有如今岁淮扬之特甚者。”[14]顺治年间，黄河年年泛滥，堤岸处处溃决，河患造成的灾害是非常惨重的。朝廷虽“发丁夫数万治之，旋筑旋决”[15]，没有取得任何成效。康熙最初15年内，黄河决口竟达69次，平均每年决口4.6次，比顺治年间几乎增加了三倍半。至康熙十五年（1676年），黄河自武陟、荥阳，特别是开封以下，南北两岸土、石堤工已经冲决无存。归仁堤和高家堰两道大堤仅存残迹。清河以下至海口河道淤垫甚高，阻塞入海之路，水逆入清口，倒灌洪泽湖，合淮水并力东冲运堤，黄、淮、湖、运连通一片，而高宝七州县“千村庐舍悉作鱼穴”。素称财富之区而为清朝每年四百万石漕粮之半的“江南苏（州）、松（江）、常（州）、镇（江）、淮（安）、扬（州）六府，连年灾荒，民生困苦”[16]。“至淮、扬一带，兵燹之余，十室九空，加以连值灾祲，苦累益甚”[17]。由于长期战争和连年水灾，给广大劳动人民带来极大苦难。河道之破败与灾害之惨重，已达到了极点。

上述情况，对清朝的统治产生了极其不利的影响。其一，清政府税粮短缺，入不敷出，财政窘迫。百姓“食居两无，束手待毙，漕务钱粮，从何出办”[18]？更兼运堤崩溃阻漕，漕粮既不能照额完解，又不能按期运达京师。民穷财竭，“司农告匮”。其二，社会动荡不安，清朝的统治地位很不稳固。在兵燹之余又连遭水灾的情况下，百姓贫穷如洗，“倘有司一言钱粮，一言催征，将逼窜之他方，投之水底，更或有走险为非之徒，结党为盗，因英霍土寇，啸聚深山，皆乘机窃发，势必使然也。”[19]“禾苗既已无收，征输于何交纳？加以催呼，责以供应，民何以堪命？若非鸟兽散，将必虎狼噬，揭竿盗兵，将来之害有不可言者矣”[20]。群情鼎沸，人心骚动。黄河水患所造成的严重后果，既使清朝的漕粮无出，运道梗阻，财政收入变成无源之水，以致国库空虚，仓储无存，又迫使人民“揭竿盗兵”，起来造反。这样，就势必从根本上动摇清朝的统治基础。因此，“安此残黎，即所以安地方，固此人心，即所以固邦本也”。治理黄河成为清朝统治者“安地方”、“固邦本”，以达到长治久安的一个重要任务。

正当清初社会经济凋敝不堪与河道敝坏至极之际，又恰逢“三藩”之乱。平定三藩的战争连续达8年之久，军饷浩繁，征调繁兴。这不仅增加了清政府财政上的困难，而且直接影响到社会经济的恢复和对黄河的治理。

农业是封建社会关系国计民生的主要生产部门。为恢复社会经济，发展农业生产，国家的安定统一是必要前提，而治理黄河，消除水患，也是必不可少的重要条件。康熙即位后，对所面临的政治军事形势、社会经济状况以及河患的严重性，是有清醒认识的。因此，他“听政以来，以三藩及河务、漕运为三大事，夙夜廑念，曾书而悬之宫中柱上”[21]。经常以“河道关系运道民生，甚为重大”或“河道国计民生攸关”的道理晓谕九卿，反复强调治河的重要性，还曾6次南巡阅视河工。在平定三藩之乱和收复台湾之后，康熙又晓谕大学士等说：“今四海太平，最重者治河一事。”[22]这都充分说明，治河是清朝前期稳定社会秩序、恢复和发展社会经济，以巩固和加强清朝统治的一项极端重要措施。

然而，从顺治初年至康熙十五年（1676年），清政府虽然花了许多钱粮，5次更换河道总督，但均未取得治河成效，河患日甚一日。内外臣工皆以河之水性无常，人无能为治，把河道总督一职视为畏途。而康熙十五年（1676年）黄淮并涨，洪水大发，淮扬地区灾情的疏报，纷至沓来。同时总漕帅颜保也特疏奏报“运堤崩溃”阻漕，申明漕粮不能按期运输京师的原因。康熙为此焦虑不安，便遣工部尚书冀如锡、户部侍郎伊桑阿前往阅视河工，并再三嘱谕、告诫他们说：“河工经费浩繁，迄无成效，沿河百姓皆受其困。今特命尔等前往，须实心相视，将河上利害情形体勘详明。各处堤岸应如何修筑，务为一劳永逸之计，勿得苟且塞责。如勘视不审，后复有事，尔等亦难辞咎。”[23]尽管平定三潘的战争尚在吃紧，康熙仍下定决心要把河道治好。冀如锡、伊桑阿回报总河王光裕题报虚假，贻误河工，“全无治河之才，以致河工溃坏”，请革其职，“另简贤能”[24]。康熙再遣吏部侍郎折尔肯、副都御史金俊“察审”，证明属实，便罢了王光裕的职。这时，云南道御史陆祚蕃疏言：“河道关系重大，必得才能熟练之员，始能胜任厥职”，还认为只有提高总河的职权，才能有利河工，建议以后河工道员应由总河保举“题请”[25]。康熙也懂得，惟有用人得当，河工始能告成，也就采纳了这一建议。

但是，为政之道，全在得人。康熙亲政以来，对“知人难，用人不易，致治之道，全关于此”，是深有感触的。在上述种种情形下，究竟挑选谁来担任新的总河，康熙不得不慎重其选。

康熙十年（1671年）至十六年（1677年）初，靳辅在安徽巡抚任上，治绩优著，显露出经世才华。康熙十一年（1672年）四月，他奏请豁免了临淮、灵璧二县虚报开垦田4600余顷的田粮[26]。随后，由于凤阳地区荒芜未垦的土地很多，他“上补救三疏：一曰募民开荒，二曰给本劝垦，三曰六年升科”，于是，流亡百姓“归者数千家”。他还上疏说：“致治之道，首在足民，足民有道，不在请赈蠲租，而在因民之力，教以生财之方。……今欲田无旷土，岁无凶年，莫如力行沟田之法。……沟田一行，其利有四：水旱不虞，利一；沟洫既通，水有所泄，下流不忧骤张，利二；财赋有所出，利三；经界既正，无隐占包赔之弊，利四。”[27]其疏方下部议，“三藩”就发动了叛乱，因而沟田之法未能实现。由于“皖居三楚要害”，康熙命靳辅“增兵接壤防守”。于是靳辅“练标兵，募乡勇，严斥堠，远侦探，武备大振”，加强了九江、湖口、彭泽一线的攻守，并“擒斩歙县宋镳（标）等”于巢湖。户、兵二部因军需浩繁，议省驿站经费以佐军饷，事下各直省巡抚条议。康熙十五年（1676年）二月，靳辅上疏提出了既裕军饷又苏驿困的两全之策。他说：“省费莫先省事。今督抚提镇每事必专员驰奏，糜费孔多。计惟事关军机，必用专骑驰奏，余悉汇奏，以三事为率，是一骑足供三事之役矣。”[28]部议如其所奏，着为令。结果“岁省驿递金钱百余万两”。这一年，靳辅“疏报存留各属扛脚等项银十一万七千余两，节省驿站银十二万九千余两”，得到康熙“实心任事”并加兵部尚书衔的嘉奖[29]。正是由于这种原因，康熙“稔其才”，以原官迁升靳辅为河道总督。

二

靳辅于康熙十六年（1677年）三月受命治河，速即交代安徽巡抚事，四月初五日赶赴宿迁河工署所就任。他投身治河，既要同大自然斗争，与洪水拼搏，又要同“积弊”斗争，整顿河务。与此同时，还要克服国家财力、人力、物力不足的困难，筹划河工经费。他在事11年，呕心沥血，辛苦操劳，疏通下流，大辟海口，开挑烂泥浅诸引河，整治高家堰，筑塞翟家坝及清水潭等诸决口，修复运堤，移建南、北运口，创开皂河、中河，于是黄淮安澜，漕运畅通，河工底绩，大功告成。

（一）靳辅大修计划

“非历览而规度焉，则地势之高下，不可得而知，水势之来去，不可得而明，施工之次第，亦不可得而定也。”[30]靳辅莅职后，首先就是“遍历河干，广咨博询”，进行为期两月有余的实地考察。同时，他还研究了我国历代治河的利弊得失，主张承继明代潘季驯的治河学说。他根据潘季驯“筑堤束水，以水攻沙”的原则，结合考察的实际情况，详细分析了河道淤塞敝坏的根源和进行治理的周密办法，制定了大修计划，分别列为《河道敝坏已极疏》及《经理河工八疏》奏上。他在《河道敝坏已极疏》中，首先阐明了治河与治运的相互关系，驳斥了只知“保运”不求治黄的错误做法，提出了必须筹审全局，“将河道运道一体，彻首尾而合治之”的方针。他说：“盖运道之阻塞，率由河道之变迁；而河道之变迁，总缘向来之议治河者，多致力于漕艘经行之地。若于其他决口，则以为无关运道而缓视之。殊不知黄河治否，攸系数省之安危，即或无关运道，亦断无听其冲决而不为修治之理。矧决口既多，而运道因之日梗。是以原委相关之处，断不容歧视也。”[31]如果不从全局出发，没有长远打算，一味因循旧习，只图补苴，不仅会堵东决西，堵南决北，贻误时日，白费钱财，而且最终必将“河患日深，而莫可救药矣”。他又进一步分析河患所以日深的原因，是由于顺治以来黄河各处决口没有及时堵塞，于是“河淮两水俱从他处分泄，不复并力刷沙，以致流缓沙停，海口积垫，日渐淤高，从此由远至近，由外至内，河沙无日不停，河底无日不垫，海口淤而云梯关亦淤，云梯关淤而清江浦、清口并淤矣。”[32]迨至康熙十五年（1676年）洪水大发，黄淮并涨，清口以下河身垫高，水不能奔趋归海，而睢湖诸水又合淮水并力东冲，直射运河，涓滴不出清口。黄水乘高四溃，一股入明代所开的废河，历杨家庙会淮直奔清水潭，另一股入洪泽湖，由高家堰决口会淮也注清水潭。其他各决口同时四溢漫流，势分流缓。下流河身比以前淤垫得更高。河沙日日加积，河身日日加高。这时若不立即大为修治，不仅洪泽湖要变成陆地，而南则运河，东则清江浦以下河道必将日益淤高。黄河受到三面壅遏，没有归海之路，势必冲突内溃，恐怕上流山东、河南二省也将都有沦胥及溺之尤。到那时虽花费数以千万计的金钱，也难刻期补救。所以，他反复强调“河道敝坏已极，修治刻不容缓”，以坚定康熙大修的决心。随后，他又在《经理河工八疏》中，提出了具体治河方案和周密措施。兹将要点分述如下：

第一疏：首先挑清江浦以下历云梯关至海口300里河身之土，以筑两岸之堤。“下流疏通则上流自不饱涨”。水有归海去路，上流堤岸决口也易修筑堵塞。若尽堵决口，大水一来，下流不通，仍要四处冲决。这是先治下流，以导黄淮归海之计。其方法是于河身两旁，离水三丈各挑宽八丈引河一道，成“川”字形，待黄淮水下注，三面夹攻中间两条淤沙，日洗日刷，日深日宽，三河合而为一，可复故道。其中又“切切以云梯关外为重，而力请筑堤束水，用保万全”[33]。这是一种“以水治水”和“寓浚于筑”的办法，可以大为节省人力钱粮，一举三得。为保证施工，其措施订有募夫之法、验丈之法以及劝惩之典（条例）。

第二疏：下流既已疏治，再于全淮会黄之所的清口挑高家堰以西至清口淤垫浅滩（即烂泥浅），开通长20里引河一道。这样，在堵塞高家堰决口之后，清水便可以畅出无阻，直流会黄，助黄冲刷下流。

第三疏：修筑高家堰坦坡。淮水下流既已疏治，则清水可直行会黄刷沙。于是再将运河西岸临湖一带，历七里墩、武家墩、高家堰、高良涧，至周桥闸的残缺单薄堤岸，一律帮筑坦坡。工部尚书冀如锡条奏疏内开应用石工、埽工、板工，一律加高宽阔。此法诚然坚固，但不能耐久，费用也太多。板石诸工遇怒涛撞击易于损坏冲塌。大水乘风若遇坦坡，只不过随高逐低，水来平漫而上，水退顺缩而下，无怒激之势，故坦坡也自无冲崩之虞。当此钱粮绌乏之际，“今欲求费省工坚，惟有帮修坦坡之法，可为久远卫堤之策也。”[34]

第四疏：黄淮上下流既已治理疏通，高家堰也已帮筑坦坡，则筑古沟、翟家坝一带堤工，并堵塞黄淮各处决口，就可以次第施工，使黄淮两河之水尽归故道而入海。其方法是于堤根密下排桩，多加板缆，以蒲包裹土再用麻绳捆扎填塞决口。此法比用埽堵决之法省费过半，而且工坚耐久。

第五疏：以上疏塞筑防各工一一举行，使黄淮可尽复故道，合流入海，从根本上消除了运堤冲溃梗阻之尤。于是，闭通济闸坝，深挑运河，尽堵清水潭等各处决口，就成为当务之急，即可次第兴修，最后达到“治黄保运”，以通漕艘的目的。

靳辅在以上五疏中所制定的治河方案，是从下而上，先疏后堵，浚筑结合，归要于潘季驯的“借淮助黄”、“束水攻沙”。由于靳辅进行了实地考察，对“水性”即流水规律有比较透彻认识，对黄淮形势、致患原因、诸冲决要害、整治关键了若指掌，分析得井然有条，事细而不繁，理精而入微，首尾贯通，一环紧扣一环，治河方案寓于事理之中，很有说服力，从而取得了康熙的支持。

第六疏：筹画钱粮，以济工需。治河兴工，必先筹画钱粮。以上全部大修工程，加上第八疏内应打造浚浅船296只，合计需银二百一十五万八千余两。靳辅深知，在国家财力不足的情况下，又值军兴旁午、需饷浩繁之际，其大修计划能否完成，关键是河工经费预算能否得到朝廷特别是康熙的批准。因此，他在每一疏中，都从不同角度详细阐明了大修的必要性和重要性，并反复说明他所提出的治河方案，是经过“委屈筹策”，力求节省而又务使工坚耐久的。如按工部尚书冀如锡根据廷臣之议所条列工程修筑，所需钱粮则不下五六百万，势属难行。如仍照过去办法，且求治标不图治本，更是糜费钱粮，而徒劳贻害。处于大修经费“既事在必不可少而又实无可拨之项”这种万般无奈的情况下，靳辅经过深思熟虑，“委屈详酌”，提出了筹划钱粮的三项办法：其一，议令淮扬二郡被淹田亩涸出后补纳修河之费。淮扬二郡被淹田亩不下十万余顷，约可得银一百六七十万两。其二，议令过往商船于运河浚深通行之日，量纳剥浅之银，约可得银一二十万两。其三，议请开广武生纳监之事例，约可得纳银一二十万两。以上三款如蒙“俞允”，那么河工经费就基本够用了，即便还有不足，请许于河库内通融动用。只是由于以上三项银两，均在河工告成后才能责成输纳，不能满足目前河工急需。为此，请令直隶（今河北）、江南（包括今江苏、安徽两省）、浙江、山东、山西、河南、湖北各直省州县完全实行豫征康熙二十年分一切起存正杂钱粮十分之一，大约可得银二百万两，限期解缴总河衙门。待河工告成后，再将以上三款所得抵还各直省豫征之数，并移会各直省于该年应征项下少征十分之一扣还民间。“如此一转移间，不费公帑而大工可刻期兴举矣。”[35]

第七疏：整顿河务，厘除积弊，裁并河官，选调贤员。“自两河失故，十有余年，夙弊相沿、废弛日甚”[36]。如河工职掌纷淆，事权杂出，搪塞推诿，“以致掣肘误工”，“坐视敝坏”[37]。甚至河官夫役“不知河道为何物”。唯“利于多事，希图乘机侵蚀”[38]。诸弊丛生，不一而足。靳辅一面裁并河工管理机构，画一职掌，精减河官，一面选调贤员，并订立防守章程。于是，诸弊清厘，河务整肃。

第八疏：尽裁夫役，改设河兵，以为永久保全河道之计。在黄河与运河两岸，依据地形水势之缓急及河工之险要等情形，分为六营，按里设兵建墩，给置浚船浚器具，使之驻于堤、墩之上，每日看守，依制防护，随时修葺，按期疏浚，合计共设河兵 5860 名，置浚船 296 只，准支步战、守兵粮饷，即以全裁夫工充此兵饷。

最后，靳辅表示在三年内把河道治理好，并向康熙立下了“军令状”。他说：如果“料理失宜，以致徒縻时日，虚费钱粮，无益于民生运道，并旋修随圮，限内冲决，则请将臣从重处分，以为后来溺职者之戒”。待工程告竣后，请康熙特遣大臣确验定夺[39]。

（二）靳辅治河大修计划告成

按照清制，凡军国大事，须召开议政王大臣会议，即廷议，也称“国议”，由诸王大臣签议。由于靳辅提出的大修计划事关重大，便下廷议。廷议以“目今军饷维殷”和用夫过多，请暂缓实行。而康熙被靳辅的治河计划所打动，决心大修，便谕令说：“河道关系重大，应否缓修，并会议各本内事情，著总河靳辅再行确议具奏。”[40]靳辅于康熙十六年（1677 年）九月二十九日奉旨后，立即对大修计划再次进行审查和研究，并作了适当修正。同年十二月，他遵旨复奏说：“臣反复筹维，再三勘阅，上历桃、宿、邳、睢、灵璧以至徐州，下而山（阳）、清、安东经云梯关各套港，以达海口。复阅洪泽湖一带，并高邮、宝应、江都、泰州以及安丰、何垛等各场，凡江南扬州以北，黄运两河，并黄河之南北两岸，运河之东西二堤，臣莫不亲行遍历，详加体察。以臣目之所见，耳之所闻，合之舆情，参之往籍，有断断难以缓议者。”[41]坚定不移地主张大修，并再分别列为《敬陈经理河工八疏》奏上。

他的后八疏与前八疏相比较，基本内容虽然大致相同，但也有一些改变，尤以第一疏为最突出。概括起来说，其主要改变有以下几点：第一，因廷议用夫过多，经“反复筹酌，更得侉车代挑之法”，凡“往来运土则以侉车”，即改用独轮车运土。这样可以省夫一半。第二，施工范围从自清江浦以下历云梯关至海口，又往上扩展到徐州黄河两岸。第三，原以挑河身之上筑两岸之堤，只限遥堤。后者更以挑河身之土筑缕堤束水，量筑格堤为“重门之障”，并将残缺遥堤，也一律加帮高厚。第四，在前八疏奏上后，靳辅即按其治河方案动工兴修，至此有的工程已告竣工，故在后八疏中呈报说明。当时已告竣工或正在兴举工程有：

1. 康熙十六年八月内，洪泽湖下流烂泥浅一带至清口淤断，淮流不能下注，遂于八月二十一日兴工先筑土坝一道，拦阻黄流，随后将淤断河身挑挖疏通，十一月初二日竣工，应作挑引河一道科算[42]。

2. 五月初二日兴工筑武家墩拦河大坝一道，七月二十三日武家墩决口闭合龙门，九月初九日完工[43]。

3. 于家冈决口堵塞，白洋河决口闭合龙门[44]。

4. 八月黄河内灌运河，运河日垫日高，水停而不流，故于九月初七日开工，闭坝挑浚。因回空（漕船于通州石、土二坝交兑毕漕粮返回称谓）急须修舱，不能久待深挑，所挑只一、二、三、四尺深不等，已于十月初一日完工，初二日开坝放船[45]。

5. 九月初三日以后，至十一月中旬，已将黄运两河沿岸王家营、张家口、刑家口、二铺口，并一切无名小口，尽行堵塞。同时一面将黄河下游淤浅捞浚疏通，一面将运河淤浅之处设法捞浚，并把回空漕船逐船送过[46]。

6. 将高家堰等临湖一带堤工决口加紧堵塞，以束淮济运。其中高家堰三官庙大决口筑堤一百八十一丈五尺，十一月初一日已闭合龙门。又高家堰六安沟决口筑坝六十八丈五尺，管家西决口筑坝十二丈八尺，俱于十二月初一日闭合龙门。现正在各各加帮宽厚[47]。

7. 临湖一带决口34处，尚有30处未经堵塞。其中高家堰未堵决口数处，正在不分昼夜，飞星堵塞，大约在年底之内可以断流[48]。

8. 筑翟家坝之堤并堵成河九道之工程，以及堵塞杨家庄决口工程，业已陆续兴举[49]。

以上工程均较坚固又省费过半，使漕运也比以前有了一些保证。靳辅治河取得了初步的实际效果。

最后，靳辅从“居中调度，反复查勘”，亲自指挥施工的切身体验中，更加深刻认识到“河道之急当大治，断断不可议缓情由”[50]。更兼已有如许工程告竣，就使他有了“修治刻不容缓”的新的理由。他说：“堵决筑堤等工，业已陆续兴举，断难议缓，以致有半途而废，前功尽弃之虞者也。”[51]靳辅在后八疏中，以坚定的态度和充足的理由，明确有力地回答康熙：大修治河，万万不能缓行。

后八疏奏上，再下廷议。康熙十七年（1678年）正月，廷议允行。至此，靳辅治河的大修计划，几经周折，终于被清政府正式通过实施。康熙以治河大事应动正项钱粮，遂于二月准拨给大修工费银二百五十余万两[52]。于是，靳辅督集人夫，备物运料，于黄、淮、运三条河干上，兴工治河。他指挥施工，发现问题，随时修正施工方案、采取补救措施。

在黄河干线上，他一面将河南岁修工程，请命责成河南抚臣料理，一面动工疏筑黄河下流。自清江浦历云梯关至海口，于河身两旁各疏引河一道，以所挑之土筑两岸之堤，共长九万五千四百丈。下流疏通后，就把主要力量放在堵塞决口上。先堵塞一些小口，后堵塞大口，最后筑塞杨家庄决口。下流疏筑工程及塞清河、安东等县决口各工，均于康熙十七年（1678年）十一月告竣[53]。康熙十八年（1679年）初春，又开始动工增筑宿迁、虹县两县黄河南岸归仁堤，长六千三百二十五丈。由于康熙十九年（1680年）曾受洪水所阻，难于施工，故至康熙二十年（1681年）三月才告完工。至康熙二十二年（1683年），黄河两岸大决口21处，全部筑堵，河归故道。此外，他还把黄河堤工自徐州再向上历萧县、砀山而扩展至虞城县境内，并于堤岸增建减水闸坝30座、涵洞49座，以防异涨泄洪保堤之计。

在淮河临湖一带，康熙十七年（1678年）九月以前，先后修筑高家堰堤工并帮修坦坡，将高家堰34处决口尽行堵塞。随后，堵塞翟家坝成河九道大工，于十一月全面动工，历时半载，至康熙十八年（1679年）五月初，先后竣工。与此同时，在淮河下流烂泥浅上，除已挑引河外，又挑引河二：一自新庄闸西南至太平坝，一自文华寺永济河头，南经七里闸转而西南至太平坝。两渠并行，互为月河，具达烂泥浅，然后分水十之二佐运，十之八射黄刷沙，并把南运口移至七里闸。运艘北上由文华寺出七里闸，绕武家墩入新挑烂泥浅引河上游，下达清口转入黄河。这样，南运口与淮黄交会之处的距离，就从原来的二百丈增至十有余里。并且河身曲折，从而免除黄河内灌于运之患。而“重运过淮，扬帆直上，如履坦途”[54]。

在运河干线上，大挑山阳（今江苏省淮安县）、清河（今江苏省清江市）、高邮、宝应、江都五州县运河，修筑两岸堤工，堵塞运堤决口32处。以上各工，均于康熙十七年（1678年）十一月告竣。此外，南、北运河共建闸坝26座，涵洞54座，其中，修筑清水潭决口一工最为艰难。清水潭上受高、宝诸湖之水，由于黄淮并涨之水冲决高家堰、怒奔清水潭，于是冲开大决口南北宽三百余丈，水深至七八丈，而东西则与湖水相连，汪洋无际。其势汹涌，“旋澜飞沫，如雷如电”，莫能抵御。在此之前，曾历杨茂勋、罗多、王光裕三河臣相继经营堵塞十有余年，前后费帑金五十余万，随筑随圮，终无底绩，“大为漕艘患”。工部尚书冀如锡等勘阅此工，估帑金达五十七万两，仍不敢保证必能成功。靳辅“周行阅视”后，决定必先堵塞高家堰各处决口，令全淮尽出清口，杀其上流水势，然后才能动工堵塞清水潭决口。高家堰诸决口堵塞后，靳辅便“身宿工次，调度董率”，专力以图清水潭之工。他吸取以前在决口直接下埽填土失败的教训，采用“避深就浅，于决口上下退离五六十丈为偃月形，抱决口两端而筑之”的方法[55]，筑成西堤一道，长九百二十一丈五尺，东堤一道长六百零五丈，又挑绕西越河一道，长八百四十丈。自康熙十七年（1678年）九月初八日动工，凡185日而大工告成，仅用费九万两有奇，比部原估省帑四十八万余两。“上（康熙）嘉之，名河曰永安，新河堤曰永安堤。”[56]于是，运艘及商民船只往来无复漂溺之险，商民称颂。

康熙初年，运艘入黄河，西北逆行约200里，因董口淤而取道骆马湖，湖行40里入沟河。又行20余里至窑湾口，接泇河入邳州境。“湖浅水面阔，纤缆无所施，舟泥泞不得前，挑挖舁送，宿邑骚然。”[57]靳辅查宿迁西北40里皂河集有旧淤河形一道，于是挑新浚旧，创开皂河40里，上接泇河，下达黄河。又自皂河迤东历龙冈岔路口至张家庄20里，挑新河3000余丈，并移运口于张家庄。此项工程，自康熙十九年（1680年）初开始动工，中经大水冲淤，历时二载始告成功。自此，“飞挽迅利，而地方宁息，军民实庆永赖云。”[58]

靳辅大修计划限定三年为期，由于康熙十九年、二十年两次大水，不仅对其所兴各工是一次严峻考验，也使其工期大为延迟。堵塞杨家庄决口大工，至康熙二十年（1681年）二月底尚未完工。于是，他疏请下部议处，得旨：“靳辅著革职，令戴罪督修。”[59]“辅乃并力塞筑杨（家）庄决口”，至年底才闭合龙门。其工刚报完成，忽于康熙二十一年（1682年）正月，再度溃决。他竭尽心力，拼命抢修，经有月余，始得重新筑塞。不料宿迁徐家湾堤工也漫决百丈有余，他即刻督夫抢救，于三月中旬堵塞。于是，他一面自行勘查各工，督令各官善修堤坊，一面疏请钦差阅工。其疏刚刚奏入，又有萧家渡民堤坐陷，决口九十余丈。事隔月余，候补布政使崔维雅也以所辑《河防刍议》与《两河治略》二书及条例二十四事奏呈，“言辅所建减水坝无功当毁”[60]，“请尽变辅前法”[61]。同年五月，康熙遣户部尚书伊桑阿、工部侍郎宋文运、给事中王曰温、御史伊喇喀勘工，并以崔维雅随往。伊桑阿等带领崔维雅将黄河两岸堤工，并归仁堤、高家堰、运河、皂河等处工程，一一详细勘查后，回到徐州，连同崔维雅两书及条陈二十四款与靳辅共同会议。在会议上，靳、崔二人展开激烈争辩。靳辅“逐款登答”，把崔维雅驳斥得体无完肤，狼狈不堪。十月，伊桑阿等还奏，说今限已逾、黄河未归故道，应将靳辅及监修各官从重治罪，责令赔修。又说，如果照崔维雅所议另行修筑，也难保必能成功。其二人所议悬绝，臣等难以定议，请皇帝裁决。正在此时，靳辅驳辩崔维雅的奏疏也呈上，大略疏言，臣治河于今五年，原估续估各工，均已次第告竣。不意萧家渡民堤坐陷，以致黄河仍未归还故道。但是，海口大辟，下流疏通，河道腹心之患之除，堵塞此口也很容易。崔维雅将所建筑的各项工程纷纷议折议毁，以堕成功而酿后患，断然不可。伊桑阿等奏疏与靳辅奏疏并下廷议。康熙对大臣说：“崔维雅条奏二十四款，朕初览时，似有可取，及览辅回奏，崔维雅所奏诚无可行者。”[62]并召靳辅来京面奏，详加询问。十一月，靳辅至京，面奏萧家渡决口明年（康熙二十二年）正月可塞。其余堤工须银一百二十万两，可以全完。康熙当即严厉指责他说：“尔从前所筑决口，杨家庄报完，复有徐家沟（即徐家湾），徐家沟报完，复有萧家渡。河道冲决，尔总不能预料。今萧家渡既筑之后，他处尔能保其不决乎？前此既不足凭，将来岂复可信！河工事理重大，乃民生运道所关，自当始终酌算，备收成效，不可恃一己之见。”[63]并问崔维雅条奏事。靳辅毅然回答说，崔维雅所议“断不可行”。“上（康熙）是之。”靳辅即退离京，赶回江南工所。康熙既以崔维雅所议毫无可取，又怀疑靳辅治河未必成功，便提出海运之议。伊桑阿等议奏海运难行，黄河运道在所必治。又议奏以靳辅已经革职及疏称海口大辟等因，暂停处分，限令6个月修浚萧家渡决口。而将监修各官俱行革职，戴罪赔修。康熙从其请，并宽免赔修，仍给帑堵筑，限期完工。而崔维雅条奏各款“无庸议”，结束了这场争论。

康熙二十二年（1683年）四月，靳辅疏报萧家渡工成，河归故道。因大溜直下，七里沟等40余处险汛日加，请修七里沟等处险汛，并天妃坝、王公堤及运河等闸座。又疏请饬河南抚臣修筑开封、归德两府境内河堤，以防止流壅滞。以上各工，均从其请。康熙谕勉他说：“河道关系国计民生，最为紧要。今闻河流得归故道，深为可喜。以后益宜严毖，勿致疏防。”[64]十二月，康熙诏复靳辅原职。

黄、淮两河尽复故道，河务整顿一新。河淮湖运堤岸均已增设河兵，“凡采柳运料、下埽打桩、增卑修薄诸务，画地分疆，日稽月考，著为令甲，而诿卸中饱诸弊悉绝”[65]。靳辅治河的大修计划，至此才真正告成。

康熙二十三年（1684年）七月，内阁学士席柱奉差福建、广东展界事毕复命，在回答康熙询问靳辅及其治河情形时说：“曾见靳辅，颜色憔悴，河道颇好，漕运无阻。臣来时，见宿迁地方将水分排筑堤，共计五堤，其二堤已完，三堤正在修筑。水盛时，开闸以杀其势，令其循堤四散分流，无冲决之患。”于是，康熙说：“河道关系漕运，甚为紧要。前召靳辅来京时，众议皆以为宜更换。朕思若另用一人，则旧官离任，新官推诿，必致坏事，所以严饬靳辅，令其留任，限期修筑。今河工已成，水归故道，有裨漕运商民。使轻易他人，必至贻悔矣。”[66]十月，康熙南巡阅河，遍视各处河工修筑情形，感到满意。十一月，康熙回銮至山东费县探沂地方，召靳辅入行宫慰勉说：“尔数年以来，修治河工，著有成效，黾勉尽力，朕已悉知。此后当益加勉励，早告成功，使百姓各安旧业，庶不负朕委任至意。”[67]还“御书阅河堤诗赐之”[68]。诗曰：“防河纾旰食，六御出深宫。缓辔求民稳，临流叹俗穷。何年乐稼穑，此日是疏通。已著勤劳意，安澜早奏功。”[69]并面嘱靳辅说：“俟河道告成之日，纂述一书，垂之永久”，并赐书名“治河书”[70]。

康熙二十四年（1685年）正月，靳辅疏请增建清河县至徐州黄河两岸减水闸坝、涵洞诸工，以保徐州上流堤工，并请于清河运口及归仁堤也添建闸坝。后来，为了防止河南黄河异涨冲决，靳辅又疏请修筑河南黄河两岸各处险工，并请增设兰阳、仪封、荥泽河员，免开封、归德两府民办青柳。事下部议，俱从其请。这时，靳辅治河的范围下从海口而上已扩展到孟津了。

从康熙二十五年(1686年)至二十七年(1688年)初，靳辅除兼管下河修治外，一面继续进行大修善后工程，一面又以黄河风涛险恶，漕运不便，疏请自骆马湖凿渠，于所历宿迁、桃源、清河三县黄河北岸遥、缕二堤内，挑开300里中河一道，改由仲家庄出口，并建双金闸一座。这样，漕船一出清口就可以截流，径渡北岸，由仲家庄运口进入中河，历皂河、泇河北上，从而使黄、运分离，避免黄河180里风涛沉溺之险。

靳辅治河年深日久，治河范围日广，规模宏大，治绩昭著。其治河经验丰富，治河理论“大要师潘季驯遗意”而至精湛，“人以为季驯有所不逮焉”[71]。

（三）下河问题与靳辅革职

靳辅任河事最久，功高底绩，权重名显，其性格又刚直不阿，因而受人倾轧也最多。靳辅在经受了崔维雅非难不久，又在下河修治问题上同于成龙发生争议，以后接连受到更为严重的打击。

康熙二十三年（1684年）南巡阅河时，目睹高邮、宝应诸州县湖水泛滥，田亩被淹，决意图治下河。康熙二十四年（1685年），因靳辅正在进行善后帮筑高家堰及黄河两岸堤工，无暇管理下河工程事宜，便命安徽按察使于成龙经理其事，“仍受辅节制，奏事由辅疏报”[72]。从此，靳辅与于成龙围绕下河修治问题，展开了一场历时三年之久的激烈斗争。

康熙在这次南巡阅河行至江宁时，以时任江宁知府的于成龙居官“清廉爱民”，曾召入行宫面加奖励，亲书手卷赐之，并“超迁为安徽按察使”。康熙回銮京都后，又特召于成龙之父参领于得水，以其“教子有方”，尝赐貂裘披领。还谕之曰：“尔其最勉尔子，殚心竭力，始终如一，朕不难频加显擢。”[73]又召谕八旗诸大臣“视得水之教成龙”寄书劝勉在外为官子弟。于成龙受到康熙宠信，更欲急图“频加显擢”。而在治理下河问题上，康熙又曾说过：“高、宝等处，湖水下流，原有海口，以年久沙淤，遂至壅塞。今将入海故道，浚治疏通，可免水患。”还表示只要能除患济民，“纵有经费，在所不惜”[74]。因此，于成龙受命经理海口及下河事宜后，立即按照康熙的旨意，疏请开通海口，挑浚下河水道，以排泄下河地区积水。靳辅则坚决反对于成龙开浚海口的意见，认为下河地卑于海五尺，疏浚海口不仅不能泄水注海，反而会引潮水内灌，危害极大。他主张筑长堤束水敌潮，并请将堤内涸出田亩丈量还民，其余招民屯垦，取佃价以补偿河工之费。康熙召靳、于二人驰驿诣京师，廷议河工事务。这年十一月，靳、于皆至京师。在廷议上，靳辅仍主筑长堤以敌海潮，于成龙则坚持开浚海口故道。大学士、九卿俱从靳辅之议，通政使司参议成其范、给事中王又旦、御史钱珏从于成龙议，事不能决。而起居注官宝应人乔莱等下河诸州县京官也谓靳辅之议有累于民，力主从于成龙议。康熙以“乡绅之议如此，但未知百姓如何”，遂命工部尚书萨穆哈、学士穆称额速往淮安、高邮等处，会同漕督徐旭龄、江宁巡抚汤斌，“详问地方父老，期于两旬回奏”。

康熙二十五年（1686年）正月，萨穆哈、穆称额还奏：河滨百姓皆谓挑浚海口无益，应行停止。康熙不得已才暂罢挑浚海口之议，而升于成龙为直隶巡抚。四月，汤斌以巡抚入为尚书，独奏浚海口必有益于民。

于是，下河之议又起。康熙怒责萨穆哈、穆称额奏报不实，夺其官职。又召大学士、九卿及乔莱等定议挑浚海口，发帑二十万，命工部侍郎孙在丰往董其役，并铸监修下河工部印授之，以重威权。十二月，孙在丰疏请敕河臣将运堤滚水闸坝尽行闭塞，以便开浚下河。康熙谕大学士等曰："今若不闭塞滚水坝等口，则下河一面挑浚，上河一面放水，何日方有成功？若即闭塞，日后运河溃决，则靳辅借以为辞。"因命大学士会同九卿详看靳辅以前奏疏内，在议筑堤以束下河之水时"有无闭塞滚水坝等口之语"。如果有这类话，那么，"今孙在丰修理下河，又云不可闭塞，可乎？"随即大学士等会同工部议覆"奏请令靳辅、孙在丰来京，其滚水坝等处应否闭塞，二人各陈己见，恭候皇上裁定"，把问题又推给康熙。康熙甚为恼火，大发雷霆，说："此下河决宜开浚，断不可止，孙在丰不必令其来京。堵塞堤闸之处，孙在丰何敢轻言。若日后上河溃决，渠能任其咎乎？孙在丰所请不过上河不放水耳。假使靳辅治理下河，不塞水口，能于巨浸中从事乎？令靳辅为之，必欲闭塞诸口，今孙在丰为之，又云不可，岂非有阻挠之意耶！着靳辅来京，朕面问之。"[75]又说屯田害民，无可复议。康熙对靳辅表示极大不满。

康熙二十六年（1687年）正月，靳辅奉命至京，商讨闭塞滚水坝以浚下河问题。几经周折，最后议定闭坝期限，令孙在丰从速备料集夫，于本年十二月兴工。康熙虽欲挑浚下河并强使兴工，但对其能否成功既无把握，又恐一旦运堤冲溃，不但阻漕，下河水患也将更加严重。因此，康熙于七月又令辅子治豫询问靳辅何策可纾下河田亩水患。靳辅不避劳怨，根据对下河地区的周密勘察，曲加筹划，"以为杜患于流，不若杜患于源"。一改筑长堤之策为筑重堤之计，并仍请将涸出田亩还民之余，招民屯垦，以裕河库。康熙把靳辅奏疏示询于成龙，于成龙仍说下河宜开，重堤不宜筑。康熙无奈靳辅始终反对挑浚下河之议，而坚持筑堤减水之说，不得不于十月遣尚书佛伦、侍郎熊一潇、给事中达奇纳、赵吉士与总督董纳、总漕慕天颜会勘下河情形。十二月，佛伦等还奏，皆欲用靳辅筑重堤之议，请停下河之工。而于成龙、慕天颜、孙在丰则坚决反对停工。于是又下廷议，会太皇太后崩，其议未上，下河事再告停止。

康熙二十七年（1688年）正月，御史郭琇上疏参奏靳辅"糜费帑金"，"攘夺民田，妄称屯垦，取米麦越境货卖"，指责他听命幕客陈潢，犯上抗命，疏称"皇上以下河为必可开，而靳辅百计阻挠，欲令功垂成而终止。且屯田一事，皇上洞知其累民，会勘诸臣亦知其累民，则靳辅、陈潢之罪，了如指掌矣。"[76]请立即斥革，敕部严加处分。于是，群议蜂起，内外之官合计齐攻，交章奏劾靳辅。给事中刘楷、御史陆祖修以及慕天颜和孙在丰等，先后上疏论说靳辅治河无功，糜费金钱；屯田累民，"积恶已盈"；及阻挠下河开浚情状，甚至还以"帝舜殛鲧"比之。声称"去一靳辅，天下万事仰赖"，请罢靳辅。二月初六日，郭琇又上一疏，纠劾大学士明珠等背公结党，纳贿营私，事仍连及靳辅。疏称："靳辅与明珠、余国柱交相固结，每年糜费河银，大半分肥，所题用河官，多出指授，是以极力庇护。"而在治理下河问题上，"靳辅张大其事，与成龙议不合，于是始一力阻挠，皆由倚托大臣，故敢如此。天鉴甚明，当洞悉靳辅累累抗拒明诏，非无恃而然也。"[77]靳辅身负重劾，处于万死一生之际，若不及早申诉，必至是非功罪不分，有口难辩，因自请入觐，缮疏密奏。先疏论于成龙及诸参劾者朋谋陷害原委情状，然后又自辩受命治河以来之始末，对被参各点情由真伪予以一一辟驳，最后请求康熙"再巡亲阅堤工"，以明断是非功罪。靳辅被参各疏及自辩疏，一并下廷议，结果于二月靳辅革职，以福建总督王新命任总河。至此，下河问题之争议，以靳辅罢职而告终。

综上所述，我们清楚地看出：靳辅之所以被罢职，根本原因就在于他"累累抗拒明诏"。在修筑减水坝（即滚水坝）、屯田及下河修治三个问题上，他都直接触犯了康熙的旨意。其次，靳辅清丈隐占田亩，兴举屯垦，又深深地结怨招谤于江南省特别是高宝诸州绅士，也是一个重要原因。第三，于成龙嫉恨、排陷靳辅，更是十分明显的重要原因之一。于成龙上依恃康熙旨意，以与靳辅相抗衡，下联结江南绅士，以打击靳辅，最后把靳辅推下了台。但归根结底，这乃是由于靳辅违抗了康熙意志所致。

在靳辅被劾罢职之际，创开中河之工告竣报京。康熙命内阁学士开音布（凯音布）、侍卫马武往勘中河。不久，开音布等还奏中河情形，并绘图进呈。适值康熙奉太皇太后梓宫将近陵寝，驻跸新城内。康熙听完开音布等汇报中河情形后，谕廷臣说：“前于成龙奏云，靳辅开中河无所裨益，甚为累民，河道已为靳辅大坏矣。今开音布等往勘中河，奏云中河内商贾船行不绝。若塞支河之口，则骆马湖之水汇流中河，水势既大，漕艘可通。今数年以来，河道未尝冲决，漕艘亦未至有误。若谓靳辅治河全无裨益，微独靳辅不服，朕亦不惬于心矣。于成龙在直隶爱民缉盗，居官颇优。但怀挟私仇，阻挠河务，殊为不合。朕非欲起用靳辅，只以河务所关甚大耳。今九卿已将靳辅议罪，皆言其治河无益。若王新命闻之，亦顺从于成龙之说，以靳辅所治不善，不坏河道，将原修之处尽行更改，是伊等各怀私忿，遂致贻误河工，可乎！”[78]当听到开音布等又奏称慕天颜不许闭塞支河之口，还曾勒令中河所行漕艘尽行退回时，康熙勃然大怒，痛斥慕天颜的行为“深属可恶”，命兵部尚书张玉书等疾速回京，将慕天颜提拿夹讯，拷问究竟“谁为唆使”。并命张玉书及内阁学士图纳、左都御史马齐、兵部侍郎成其范、工部侍郎徐廷玺等再往阅河工。

康熙二十七年（1688年）五月，九卿等遵旨拘审慕天颜，结案覆奏说：于成龙曾寄书慕天颜，“言河工之事不应顺靳辅而言”，所以他才敢阻挠中河之工，并在下河问题上附从于成龙，而借机另行参奏靳辅。于成龙也承认“寄书是实”，对参奏靳辅挑浚中河无益之言，“自甘妄奏之罪”。八月，张玉书等勘阅河工还奏略称：黄河两岸出水很高，河身渐次刷深，黄水汛溜入海，并无阻滞，故数年以来，虽遇大水，未经出岸。其已建闸坝堤岸及已浚引河，俱“应如辅所定章程，无庸更改”[79]。十月，刑部等衙门会议，慕天颜“阻挠河工，应杖一百，徒三年，不准折赎”；于成龙“陈奏失实，应削去太子少保，降二级调用”[80]。康熙旨令，削去于成龙宫保衔，从宽免降调；慕天颜以造船有功，从宽免罪。至此，于成龙等借下河问题对靳辅发起的一场恶意攻击，才最后宣告失败。而靳辅治河十一年的是非功罪，也得到澄清。

靳辅罢职后，康熙仍时时不能忘怀于他，每河、运之事必咨询他，并命他与诸大臣同往勘阅，筹划治理之策，参加董理重大工程事宜。康熙二十八年（1689年）春第二次南巡阅视河工，康熙命他扈从。他对各处缮治工程也多有建言。康熙听到沿途百姓一片称誉靳辅之声，又亲见他所浚治河道刷深畅流，修筑堤岸坚固，始褒他“实心任事，劳绩昭著”，命复其原品。这一年，他奉旨纂述《治河书》（即《治河方略》）成，并疏表进呈。康熙三十一年（1692年）二月，他再被起用，复任河道总督。他以老疾辞谢，康熙劝慰不许，并命顺天府丞徐廷玺为协理。时值陕西西安、凤翔二府灾荒，康熙命他董理截留江北漕粮二十万石，溯河而上，备贮蒲州（今属山西永济），以赈济饥民。他力疾就道，经画周详，亲诣督运。自清河至荥泽，以达三门底柱，安流无恙，得到康熙的嘉奖。西运将完，他因操劳过度，竟病倒荥泽。康熙闻状，特命其子治豫驰驿省视，接回调治。靳辅自知时日不多，再三上疏请求解任。并仍念念不忘河工，连连上疏“陈两河善后之策及河工守成事宜几万言。又请豁开河筑堤废田之粮，并请淤出成熟地亩之赋”[81]。康熙俱从之。他还时刻不忘受其牵累而有功治河者，又“别疏请复陈潢官，并起用熊一潇、达奇纳、赵吉士”[82]。除陈潢已故外，熊一潇等均设录用。十一月十九日，他病终官舍，遗书上闻。康熙为之“临轩叹息”，赐祭葬，谥文襄。

三

靳辅治河告成，首先是使濒河及东南数省人民免遭水患漂溺之苦，其生命财产也有了一定保障。由于田亩涸出，人民得以就业生产，从而使东南半壁江山出现了社会相对安定的局面，社会经济也得以较为迅速的恢复和发展，使清政府的财政收入有了较为明显的增加。

其次，靳辅对运河的治理疏通，特别是移建南、北运口，相继挑浚皂河、中河，使漕艘“扬帆数里，即渡洪河，引缆千樯，便登天府”。这既减轻了人民纤挽之劳，有利于农业生产，又保证了漕运畅通，使东南地区每年四百万石漕粮源源不断地输达京师。

再次，由于大运河的畅通，从而促进了南北各地区的经济、文化交流，商品经济随之日益活跃起来，运河沿线城市也日渐繁荣。

总之，靳辅治河对清朝前期社会经济的恢复和发展，对巩固和加强清朝统一的中央集权统治，是起了相当重要作用的。这就为历史上所谓“康乾盛世”的出现，创造了良好的条件。

正是由于上述原因，所以，在靳辅死后，淮、扬地区广大劳动人民及清朝统治者都从不同的角度怀念这位治河专家。康照三十五年（1696年），总河董安国以江南士民呈请捐资建祠河干，下部议行。康熙四十六年（1707年），康熙第六次南巡阅河后，谕吏部说：“靳辅自受事以后，斟酌时宜，相度形势，兴建堤坝，广疏引河，排众议而不挠，竭精勤以自效。于是淮、黄故道，次第兴修，而漕运大通。其一切经理之法具在，虽嗣后河臣互有损益，而规模措置不能易也。至于创开中河，避黄河一百八十里波涛之险，因而漕挽安流，商民利济。其有功于运道民生，至大且远。”[83]而沿淮百姓，对靳辅治绩，也广为传扬。康熙以靳辅“有大建树于国家”，特予褒荣，加赠太子太保，予骑都尉世职。雍正五年（1727年），世宗以靳辅“劳绩茂著”，再追赠工部尚书。七年（1729年），又命江苏巡抚尹继善择地建祠，祀辅及河道总督齐苏勒，有司春秋致祭。八年（1730年），诏建贤良祠于京师，以辅入祀。

靳辅“自康熙十六年至三十一年，凡三膺总河之任，教疏议独多”[84]。他在治河实践中除著有《治河书》（即《治河奏绩书》，又称《治河方略》，后附《河防述言》一卷）外，还有治河奏疏即《靳文襄公奏疏》八卷。康熙三十年（1691年），他还于河工官廨把陈潢所撰述的《历代河防统纂》一书编审加序，使其得以流传下来。该书是陈潢在襄助他治河时，“采辑列朝言河诸书，上述国史之文，下裒（哀）诸家之集，综核源流之异同，参考政治之得失”而写成的。书中分河源、河道、河患、河政、河议、杂志6门，分目1600有奇，共28卷，“上自姚姒，下迄天崇，四千年事，裒（哀）罗略尽”[85]。在乾隆时期编纂的《四库全书总目》中，对靳辅的治绩给予了较高的评价，称其《治河奏绩书》与张伯行所著《居济一得》一样，“均尚非纸上之空谈也”[86]。又称“至今论治河者犹称辅焉”[87]。靳辅治河实践及其著述，丰富了我国人民治河的经验，在我国治理黄河的历史上占有重要地位。另外，靳辅对大运河的疏浚治理，特别是创开中河，作出了较大贡献。王士祯在为靳辅撰写的《墓志铭》中评价说：“中河既成，杀黄河之势，灑七邑之灾，漕艘扬帆，若过枕席。说者谓中河之役，为国家百世之利，功不在宋礼开会通，陈瑄凿清江之下云。”[88]在我国大运河的发展史上谱写了光辉的一页。

我们认为靳辅治河的历史功绩，是不可低估的。

注释：

[1]《汉书》卷二九《沟洫志》。

[2][6][7][65][88]王士祯:《蚕尾集》卷四《靳辅墓志铭》。

[3]《清史列传》卷八《靳辅传》。又见《清史稿》卷二七九《靳辅传》及《国朝先正事略》卷五《靳文襄公事略》。在《碑传集》卷七六《河臣下·靳辅》作“顺治七年辅年十九，入翰林为编修”。此从前者为“顺治九年”。又各书均称辅年十九授编修，考之生卒当为顺治九年。

[4]《清史列传》卷八《靳辅传》作康熙“十六年八月（辅）授河道总督”；俞正燮:《总河近事考》(癸巳类稿卷一二，第27页）作“六月”;《清圣祖实录》卷六五第17页作“二月”，俱误。此从《靳文襄公奏疏》卷一《恭报到任疏》为“三月”。

[5]《清圣祖实录》卷七四、康熙十七年六月甲午。

[8]《清史稿》卷一二六《河渠志·黄河》。

[9]邵远平《河工见闻录》高家堰条，第29—30页。

[10]参见靳辅《治河方略》卷五《经理河工第八疏》。疏曰：堤防之坏“或与近堤之人有仇，而盗决以淹之，或因已田干旱而盗泄以溉之”。又据乾隆《淮安府志》卷六《运河》记载:“近（指康熙初年）各场海口多废不修，港口或为势家侵占，奸民营种堤外草场为稻田，不利开闭，是以各闸俱废，间有闸口尚存，闸板无有，用土实填，河身淤浅，潴而不流、虽奉旨开放，时开时塞。”又《清史稿》卷一二六《河渠志·黄河》记载:“命明珠等相视海口……毁白驹奸民闭闸碑。”这里所指的就是豪强地主即“势家”、“奸民”决堤灌溉之事。

[11][12]据中国第一历史档案馆藏全宗(二)《清顺治朝题本》（三）灾荒类32号，江南总督马国柱《题为霪雨水灾异常孑遗流亡甚惨仰祈皇仁急救生灵事》。

[13][17]据中国第一历史档案馆藏全宗（二）《清顺治朝题本》（三）灾荒类24号，凤阳巡抚王一品《题为急陈异常水患城乡一望汪洋事》。

[14]据中国第一历史档案馆藏全宗(二)《清顺治朝题本》(三)灾荒类30号，河道总督杨方兴《题为淮扬水灾异常事》。

[15]《清史稿》卷一二六《河渠志·黄河》。

[16]《清圣祖实录》卷四二，康熙十二年四月辛亥。

[18]据中国第一历史档案馆藏全宗(二)《清顺治朝题本》(三)

27 号户部尚书巴哈纳等《题为恭报灾伤情形事》。
[19]据中国第一历史档案馆藏全宗(二)《清顺治朝题本》(三)28 号淮扬总督吴惟华《题为汇报江北异常水灾百姓沉溺已极等事》。
[20]据中国第一历史档案馆藏全宗(二)《清顺治朝题本》(三)灾荒类 29 号凤阳巡抚王一品《为再陈异常水灾属邑民困堪悯垦乞圣明速赐蠲赈以活沟瘠以安地方事》。
[21]《清圣祖实录》卷一五四，康熙三十一年二月辛巳。
[22]《大清圣祖仁皇帝圣训》卷三三《治河一》，康熙二十八年九月戊申上谕。
[23]《清圣祖实录》卷六三，康熙十五年十月辛未。
[24]《清圣祖实录》卷六五，康熙十六年二月丙辰。
[25]《清圣祖实录》卷六五，康熙十六年二月癸丑。
[26][29][67][76]《清史列传》卷八《靳辅传》。
[27][28][65][81]王士祯:《蚕尾集》卷四,《靳辅墓志铭》。
[30]张霭生:《河防述言》第一册《审势第二》。
[31][32]靳辅:《治河方略》卷五《奏疏上·河道敝坏已极疏》
[33]靳辅:《治河方略》卷五《奏疏上·经理河工第一疏》
[34]靳辅:《治河方略》卷五《奏疏上·经理河工第三疏》。
[35]靳辅:《治河方略》卷五《奏疏上·经理河工第六疏》。
[36]靳辅:《治河方略》卷一《治纪上·首严处分》。
[37]靳辅:《治河方略》卷五《奏疏上·经理河工第七疏》。
[38][39]靳辅:《治河方略》卷五《奏疏上·经理河工第八疏》。
[40]《清圣祖实录》卷六八，康熙十六年七月甲午。
[41]张霭生:《河防述言》第一册《治河第一·奏疏》
[42]靳辅:《治河方略》卷六《奏疏下·敬陈经理第二疏》。
[43][44][46][47][48][49][51]靳辅:《治河方略》卷六《奏疏下·敬陈经理第四疏》。
[45][50]靳辅:《治河方略》卷六《奏疏下·敬陈经理第五疏》。
[52]《清圣祖实录》卷七一，康熙十七年正月乙酉；卷七七，康熙十七年十月己巳。
[53][60][71]光绪《清河县志》卷五《川渎中》。
[54]《清史稿》卷一二七《河渠志·运河》。参见乾隆《淮安府志》卷六《运河》。
[55]靳辅:《治河方略》卷二《治纪中·永安河》。
[56]《清史稿》卷一二七《河渠志·运河》。
[57]《清史稿》卷一二七《河渠志·运河》。并参见靳辅《治河方略》卷二《治纪中·皂河》。
[58]傅泽洪:《行水金鉴》一三五《运河水》。
[59]《清圣祖实录》卷九六，康熙二十年五月癸丑。
[61]《清史稿》卷一二六《河渠志·黄河》;《清史列传》卷八《靳辅传》。
[62]《清史列传》卷八《靳辅传》;《清圣祖实录》卷一〇五，康熙二十一年十月庚寅
[63]《清圣祖实录》卷一〇六，康熙二十一年十一月丙辰。
[64]《清史列传》卷八《靳辅传》;《清史稿》卷二七九《靳辅传》
[66]《清圣祖实录》卷一一六，康熙二十三年七月乙亥。
[68]《清史稿》卷二七九《靳辅传》。
[69]傅泽洪:《行水金鉴》卷四九《河水》。
[70]靳辅:《治河方略》卷首《进书表一道》。
[72]《清史稿》卷二七九《靳辅传》;《清圣祖实录》卷一一八，康熙二十三年十二月戊申。
[73]《大清圣祖仁皇帝圣训》卷三六《澄叙一》。
[74]《清圣祖实录》卷一一七，康熙二十三年十一月丁卯。
[75]《大清至祖仁皇帝圣训》卷三三《治河一》。
[77]《圣祖世宗两朝大事记》，康熙二十七年二月事。
[78]《清圣祖实录》卷一三五，康熙二十七年四月庚申。
[79]《清史列传》卷八《靳辅传》;《清圣祖实录》卷一三六，康熙二十七年八月乙卯。
[80]《清圣祖实录》卷一三七，康熙二十七年十月辛丑。
[82]《清史稿》卷二七九《靳辅传》;《清史列传》卷八《靳辅传》。
[83]《清史列传》卷八《靳辅传》。又参见靳辅《治河方略》，康熙四十六年《圣谕》。
[84][86]《四库全书总目》卷六九《史部·地理类二》。
[85]陈潢:《历代河防统纂》靳辅序。
[87]《四库全书总目》卷五五《史部·诏令奏议类》。

(原文刊于《清史话丛》1985 年第 6 辑)

章学诚在史学上的贡献

傅振伦

章学诚（1738 年—1801 年）号实斋，清浙江会稽人，是我国封建时代杰出史学家之一。他在阐述史学问题上，提出了一些精辟卓越的见解。《文史通义》是他的代表作，这部书纂集了他研究史学的心得，不仅批判了过去的文学和史学，也提出了编写文史的主张。他对编纂史书的具体做法，又表现在他所修的诸种地方志之中。这都为史学研究工作开辟了新的道路。他的《校雠通义》折衷校雠诸家之说，畅论求书、治书等方法，辨章学术、考镜源流，又替史料的搜集、鉴定、编次等工作，提供了很多具体意见。他在我国史学上是有一定的贡献的。

一

我国史学，随着时代的不断发展，到了清朝初年，受到王守仁“姚江学派”的影响，养成一种风尚，即“束书不观，游谈无根”。正如顾炎武所说：“今之学者，偶有所窥，则欲废先儒之说，而驾其上。不学则借一贯之言，以文其陋；无行则逃之性命之乡，以使人不可诘。”因此，顾炎武倡为“经学即理学”的说法[1]。号召当时学者，脱离宋明儒者的羁勒，直接求反于六经，主张“凡文之不关于六经之指，当世之务者，一切不为”[2]。当代学者颜元、李塨则以为学问不当求之冥想，也不当求于书册，而当求于日常行事。颜元说：“但以读经史，订群书为穷理处事，以为求道之功，则隔千里。”[3]“生存一日，当为生民办事一日。”[4]黄宗羲则主张治史，以为经世之用，他说：“明人讲学，袭语录之糟粕，不以六经为根柢，束书而从事于游谈。故问学者必先穷经，经术所以经世。不为迂儒，必兼读史。读史不多，无以证理之变化。多而不求于心，则为俗学。”[5]他们虽然从封建统治阶级的利益出发，但打破了封建传统的说教，而提出新的见解，这种思想是非常可贵的。还有王锡阐、梅文鼎，则兼治天文、历算等科学。浙东史学在余姚黄宗羲之后，鄞县有万斯同、全祖望，会稽则有章学诚。章学诚不满于经生家之“擘绩补苴”，他在前人研究的基础上，通过自己的刻苦钻研，进一步提出治史应以切合人事为归。这也说明章学诚的史学思想是有其历史渊源的，并非无本之木，无源之水。

二

章学诚对刘知几、郑樵、曾巩等人的史学成就，不是全部肯定，而是吸收他们有益的东西。他说：“郑樵有史识而未有史学，曾巩具史学而不具史法，刘知几得史法而不得史意，此余《文史通义》所为作也。”[6]在他看来，刘知几、郑樵、曾巩在史学上各有优点，但却不全面，所以他才著书立说，吸前人之长，加以补充发挥。他的史学观点，正是发展了刘知几等史学思想而形成的封建社会末期比较完整的史学体系。

章学诚的史学思想来源于刘知几者有六点。

（一）对古代经典的看法

古人一向所推尊为经典的《尚书》、《春秋》、《左传》，刘知几看作为记言、记事、编年的三种历史学派，加上《国语》、《史记》、《汉书》，统称为“六家”[7]。章学诚在《文史通义·易教上》和《方志立三书议》又进一步提出“六经皆史”的命题，指明六经记述古代的典章制度，是先王的政典，也是人们生活的记录。这种史料并没有什么神秘，也并没有像一般陋儒所指为有永恒意义的经典。他两人以六艺经书包括在史部之内，打破了尊经抑史、甲经乙史的传统思想的束缚，这在封建社会不是一般士大夫分子所能做到的。

（二）分史学为著作和纂辑二部分

刘知几把史料的搜集、记录和史书的著作说成是史学上不同而又有联系的两个部门，《史通·史官建置篇》说：“为史之道，其流有二，何者？书事记言，出自当时之简，勒成删定，归于后来之笔。”章学诚《书教篇》把史书分为撰述与记注之学；《报黄大俞先生》又分为著述与此类二家；《报广济黄大尹论修志书》则分为著作之史与纂辑之史。两人的见解又是相同。

（三）抨击文史合一的弊病

刘知几《史通·核才篇》反对文人作史，嫌其过于重视文艺表达的形式，而忽略了历史真实。章学诚也有同样的看法，他说：“文人之文与著述之文不可同日语也。著述必有立于文辞之先者，假文词以达之而已。”[8]“词采以为才，非良史之才也。”[9]他们都攻击文人骚客编写历史的毛病。

（四）对史学家应有的条件和态度

刘知几说史有“三长”：才、学、识[10]。章学诚则加以申论，说：“义理存乎识，词章存乎才，征实存乎学，刘子女（知几字）所以有三长难兼之论也。”[11]刘知几不仅说史有三长，还说：“犹须好事正直，善恶必书。”[12]章学诚进一步发挥而提出“史德”之说，他说：“能具史识者，必知史德。德者何？谓著书者之心术也。”[13]这就是说，写历史必须力求反映事实的真实性，不允许有个人的偏见。两人对史学家应有的修养和态度，也是一致的。

（五）详今略古

刘知几主张编写历史当详今略古[14]。章学诚也说：“历观前史记载，每详近而略于远事，刘知几所谓班书倍增于马，势使然也。”[15]“太史公书详于汉制。……迁于此不详，后世何由考其事耶？”[16]详今略古又是两位史学家相同的见解。这种观点，实际上也是把历史著作为当时政治服务，以巩固封建地主阶级统治的政权。

（六）记事必须真实

刘知几在《史通·载文篇》指摘魏晋以次诸史载文伪谬雷同失真的缺点，《叙事篇·妄饰章》又加以发挥。章学诚在《文史通义·书教下》也说：“史为记事之书，事万变而不齐，史文屈曲，而适如其事，则必因事命篇，不为常例所拘，而后起讫自如，无一言之或遗，而或溢也。”《古文十弊》更不惜辞费，再三畅论了这个问题。《史通·因习篇》和《邑里篇》都以为史之记事，不当因袭旧史，籍贯也不当从地望，而应该从实而书。章学诚《湖北通志检存稿·前志传》则说：“古之作者，编年、纪传不同体而同工，语无相袭，蕲自成一家之言耳。”《评沈梅村古文》也说：“传述文字，全是史裁，法度谨严，乃本《春秋》家学。官名地名，必遵现行制度，不可混用古称，使后世无可考证。”我们知道，历史是政治性非常强烈的社会科学，是研究社会发展规律的科学，是理论的基础，它在马克思列宁主义中占有重要地位。因此，史学上的首要问题就是记事必求其真实。封建时代史学家刘知几和章学诚也认识到这一点，是很可贵的。他们还主张真伪不分，是非难明的史实，可以存疑。所以《史通·采撰篇》说：“异词疑事，学者宜善思之。”章学诚所作《和州志》、《永清县志》都有《阙访列传》，后者更详论阙访等法，还论没有“阙访”必有十弊。可见对这个问题，两位史学家的见解，也是相同的。

从上述六项事实看来，章学诚是继承了刘知几的史学观点而加以发扬的。宋人郑樵也发展了刘知几的史学观点，章学诚也接受了郑樵的优良传统。例如，郑樵赞成通史，反对断代史，甚至斥断代史《汉书》

作者班固为猪，誉通史《史记》作者司马迁为龙；他还编写了历代通史的《通志》。章学诚作《释通篇》，极力推崇郑樵的观点，说通史之修有"六便"，有"二长"。又如郑樵《通志·总序》竭力称赞图谱的功用，还写成《图谱略》，而《年谱》也说："为书者不可无图谱。图载象，谱载系。为图所以周知远近，为谱所以洞察古今。"而章学诚《书教下》也主张天象、地形、舆服、仪器，应当别绘为图。由此可知，章学诚的史学思想又是在郑樵学说的基础上继续提高的。章学诚的学说形成封建末期完整的史学体系，并不是偶然的。

三

章学诚的史学思想是在前人造诣的基础上，更作进一步的发展，成为一个宏伟的体系。值得论述的，有以下几点。

（一）扩大史学的范围

我国图书，从晋朝以来部分为经、史、子、集四部。刘知几《史通》把经、子、集的大部，都列入史籍的范围（详见《六家》、《杂述》、《杂说中》等篇）。章学诚把他这一说法加以扩大，在《报孙渊如书》里说："盈天地间凡涉著作之林，皆是史学。"《论史籍考要略》说："经部宜通，子部宜择，集都宜裁，方志宜选，谱牒宜略。"《史考释例》又说："盖史昼三之一，而三家多与史相通。混而合之则不清，拘而守之则已隘。"综合他论著中的说法，所谓史学范围，有以下六项：

1. 古代经典。徐彦（唐朝贞元长庆以后的人。王鸣盛以为即《北史》的徐遵明，似误）《公羊疏》说："六艺皆《春秋》。"王守仁《传习录上》答徐爱语有"五经亦史"的话；章学诚因之，说"六经皆史"。《文史通义》的《书教》、《诗教》、《礼教》、《经解》等篇，都申述了古代经典是古史研究的资料，是古代社会生活的记录。他对儒家盲目崇拜古人的观念和传统思想，大事抨击，予以批判，表现了他的历史进化的观点。

2. 州县志书。方志是一个地区的地理和历史，《方志立三书议》说："方州虽小，其所承奉而施布者，吏、户、礼、兵、刑、工，无所不备，是则所谓具体而微矣。国史于是取裁，方将如《春秋》之借资于《百国宝书》也，又何可忽欤？"《史通·杂述篇》以都邑簿、郡书等方志列为史学杂著的一部分，但对它的评价并不很高，章学诚才把这类著作提高到应有的地位。

3. 官府案牍。章学诚编修方志，特别重视公文案牍。《答客问中》也给予很高的评价，他说："若夫比次之书，则掌故令史之孔目，簿书记注之成格，其原虽本柱下之所藏，其用止于备稽检而供采择，初无他奇也。然而独断之学，非是不为取裁，考索之功，非是不为按据，如旨酒之不离乎糟粕，嘉禾之不离于粪土。是以职官故事，案牍图牒之书，不可轻议也。"

4. 金石图谱。刘知几、郑樵都重视图谱。《史通·书志篇》说："金石草木、缟纻丝枲之流，鸟兽虫鱼，齿革羽毛之类，或百蛮攸税，或万国是供。……亦有图形九牧之鼎，列稽四荒之臣。观之者擅其博学，学之者骋其多识。凡为国史者，宜各撰方物志，列于食货之首。"《杂说上篇》说："观太史公之创表也……列行索纡以相属，编字戢舂而相排。读者阅文便覩，举目可详。"而《通志》也撰图谱、金石等略。章学诚也进一步说明它们的重要性，提高在史料学上的地位。他说："三代钟鼎，秦汉石刻，款志奇古，文字雅奥……取辨其事，虽庸而不可废。"[17]又说："图象为无言之史，谱牒为无文之书。相辅而行，虽欲阙一而不可者也。"[18]史书有了图谱，便把繁杂的史文，形之于图象表谱，不仅便于研究，而且又能缩减史书的篇幅。

5. 歌谣谚语。在封建社会，士大夫分子往往把诗文看作文学，不承认是史料，至于歌谣谚语更目为不能登大雅之堂。到章学诚却把它在史料学上的地位提得很高。我们知道，谣谚是城乡人民的口头文学，有的经过文人的整理加工。明清两代的歌谣反映了当时人民生活的一个侧面，明代的谣谚更是新鲜活泼。但它在史学上的地位，一般是被忽略的。章学诚却特别重视它，他说："土风殊异，人事兴衰，纪传所不及详，编年所不能录，而参互考验，其合于是中者，如《鸱枭》之于《金縢》，《乘舟》之于《左传》之类。其出于是外者，如《七月》追述周先，《商颂》兼及异代之类。"[19]他打破了从前学者卑视歌谣的错误观念，而给它以正确的地位和评价。

6.私家著作。广泛的私人著作，章学诚以为大半都是有参考价值的资料。《和州志·文征·征述第二》说："征述者，记、传、叙、述、志、状、碑、铭诸体也。其文与别传图书，互为详略。盖史学微，而书不专家，文人别集之中，应酬存录之作，亦往往有记传诸体可裨史实者。"万季野修《明史》，多取私家野史，也是这个道理。

历史资料的范围很广，现在历史学家把它分为文献、口碑、实物、美术作品等类。章学诚生在封建社会的清朝乾嘉时代，就能认识到史料范围的广泛，这种见解是可贵的。

（二）方智的记注与圆神的撰述

刘知几分史学为书事记言与勒成删定两途。前者指文献资料而言，后者指根据前人资料而写成的专著。章学诚采取了这一论据，分史学为记注与撰述两端。两者相须而成，但性质却有所区别。一个只是一种功力，而另一个才是一种学问。《书教下篇》说："撰述欲其圆而神，记注欲其方以智也。夫智以藏往，神以知来。记注欲往事之不忘，撰述欲来者之兴起，故记注藏往似智，而撰述知来似神也。藏往欲其赅备无遗，故体有一定，而其德为方。知来欲其抉择去取，故例不拘常，而其德为圆。"史家著作当广考记注的往事，写成一书，对于后人起一定的作用，因此就要求其圆通神奇，精心选择运用，才能成为名著。《申郑篇》赞扬郑樵《通志》说："子长孟坚氏不作，而专门之史学衰。……郑樵生千载而后，慨然有见于古人著述之源，而知作者之旨，不徒以词录为文，考据为学也。于是遂欲匡正史迁，盖以博雅；贬损班固，讥其因袭；而独取三千年来遗文故册，运以别识心裁。盖承通史家风，而自为经纬，成一家言者也。"章学诚所推崇的对象，不仅是郑樵，不仅是他所作的《通志》，而主要的是《通志》的通史体裁，所以《释通篇》极力称赞这种体制。《书教下篇》还赞扬袁枢《通鉴纪事本末》说："司马迁《通鉴》病纪传之分，而合之以编年。袁枢《纪事本末》又病《通鉴》之合，而分之以事类。按本末之为体也，因事命篇，不为常格，非深知古今大体，天下经纶，不能网罗隐括，无遗无滥。文省于纪传，事豁于编年。决断去取，体圆用神，斯真《尚书》之遗也。"章学诚所推崇的对象，不仅是袁枢，不仅是他所作的《通鉴纪事本末》，而主要的是他所创造的纪事本末体裁，所以《与邵二云论修宋史书》再次称道纪事本末之体。这就是他所谓圆而神的撰述。古代史书，先有编年体，次有纪传体，且各有得失[20]。而纪事本末体最为后出。章学诚修史，主张用《通志》纪传通史的编制，采用纪事本末的体裁，用以补救二体的缺陷，这又是他所称为圆而神的撰述。他所谓"化臭腐为神奇"者，也是指此而言。

（三）整理旧史方案

我国旧史卷帙浩繁，史学工作者从事研究，往往感到漫无头绪，无从下手。章学诚对于这个问题，也作了努力，进行了探讨。

首先，章学诚仿朱彝为《经义考》、谢启昆《小学考》和《四库全书总目提要》等体例，编修了《史籍考》。它的体例具见《论修史籍考要略》和《史考积例》，目录也载在《章氏遗书》。这是研究我国已往史书的目录学。可惜这部稿子落入谢启昆手，辗转又归潘世恩，未及刊行，就被烧掉了[21]。

其次，章学诚感到已往旧史，"纪传苦于篇分……编年苦于年合"。"一朝大事，不过数端，纪传名篇，动逾百十。不特传文互涉，抑且表志载记，无不牵连。……文章愈富，而于事之宗要愈难追索"。因此，他倡议编辑编年史和纪传史的"史学别录"，使得"详略可以互斜，而繁复可以检省"，这是一种"通检"，好像今天的"索引"一样。用它和"正史"的目录相为经纬，用做研究史学的纲领（详《史学别录例议》）。这是研究历史的很好的工具书。

章学诚仿傅山《两汉书姓名韵》的体例，编制《明史列传人名韵编》。其后，他著《校雠通义》，在《校雠条例篇》里也强调这种工作，说：“人名、地名、官阶、书目，凡一切有名可治，有数可稽者，略仿《佩文韵府》之例，悉编为韵。”乾隆五十七年（1792年）他在武昌修《续通鉴》，续编《史籍考》，同时编成了《历代纪年经纬考》，更替它编制索引，名曰《历代纪元韵览》。此后，汪辉祖仿之而编《史姓韵编》、《三史同姓名录》、《九史同姓名略》，都是受了他的启发。

其三，纪传史的史料纷繁，综错互见，章学诚在《书教下篇》也谈到整理的方法，说：“以《尚书》之义，为迁史之体，则八书三十世家，不必分类，皆可仿左氏，而统名曰传。……因事命篇，以纬本纪。……文省而事益加明，例简而义益加精。……至于人名事类，……则别编为表，以经纬之。天象、地形、舆服、仪器……别绘为图，以表明之。”他计划重修《宋史》也想采用这种方法。

这些整理旧史的方法，虽未曾全面进行，也有成书而失传的，但是散见《章氏遗书》的这类文章，都是有参考价值的。

（四）在方志学上的贡献

方志是地区史地综合的图书，是我国特有的文化典籍，它比西方的地志学，更为精密。章学诚把它和“国史”相提并论，给它以很高的评价。他说：“方州修志有二便：地近则易核，时近则迹真；有三长：识足以断凡例，明足以决去取，公足以绝请托。”[22]他还建议州县当设立“志科”，从事搜辑数据，编辑方志[23]。他不仅参预两湖麻城、常德、荆州等志的体例，还修成了和州、永清、亳州、湖北等志。《和州志》最初实现他的史学理想，后修永清、亳州等志，体例有所提高，最后修《湖北通志》，体法更为精审。以《湖北通志》而论，它包含有纪、图、表、考、政略、列传，还附有掌故、文征、丛谈。

章学诚以旧志编辑经过作《前志列传》；人物阙疑则为《阙访列传》[24]，这都是前人所未有的体例。他所修的方志，特别重视文献掌故的集录，又是它的一种特征。乾嘉学者修志，意见不一。有偏重疆域沿革者，有侧重人物褒贬者。篇幅虽多，而实用很少。他说：“方志如古国史，本非地理专门。”[25]又说：“考古固宜详质，不得已而势不两全，无宁重文献而轻沿革耳。”他作方志特别矫正这些缺点。他还对官府文献的掌故，公私论著的文征，有关史事考证的丛谈，无不尽量收录。这种修志方法，对我们今天编辑新的省志、县志，或村史、家史，还有参考的价值。

以上是章学诚史学的概念。此外，还有他更加优越的史学论点，值得特别叙述的，有以下四点。

第一，治学不空谈义理。在封建社会，统治阶级的唯心主义思想占统治地位。当时的士大夫分子往往脱离实际，空谈义理。说什么“道是先天地而生”。显然，这是唯心主义思想。章学诚主张“六经皆史”，就是从认识论出发：并引用《易经》上“道”与“器”的关系，说明有了器才有道。他在《原道上篇》说：“天地之前，则吾不得而知也。天地生人，斯有道矣，而未形也。三人居室，而道行矣，犹未著也。人有什伍而至百千。一室所不能容，部别班分，而道著矣。仁义忠孝之名，刑政礼乐之制，皆其不得已而后起者也。”这就是说，有了人，才有人的活动，才有了“道”。人越多，活动越广，“道”才能昭彰明著，积渐发展，成为礼教，成为制度。这是把人看作是第一性的物质，而道是第二性的意识。这对于空谈义理的唯心主义者来说，是严重的打击。

第二，社会发展是必然的趋势。章学诚不仅承认世界是物质的，而且还认为社会发展是有一定的规律的。《原道上篇》说：“人之初生，至于仟伍千百，以及作君作师，分州画野，盖必有所需而后从而给之。……譬如滥觞积而渐为江河，培塿积而至于山岳，亦其理势之自然，而非尧舜之圣过乎羲轩，文武之神胜于禹汤也。……当日圣人创制，只觉事势出于不得不然，一似暑之必须为葛，塞之必须为袭，而非有所容心，以谓吾必如是而后可以异于前人，吾必如是而后可以齐名前圣也。”这说明社会发展有一定的规律。“圣人”只是因势利导，以推动社会的进步，然而这并不是一二人的力量之所能勉强，所以这篇文章还得出了这个结论：“故道者，非圣人智力之所能为，皆其事势自然，渐形渐着，不得已而出之。”

第三，学于众人才能成为“圣人”。在封建社会里，认为“圣人”是至尊无上的人物，“圣人”的聪明才干是先天地而生；而章学诚则提出相反的意见。他认为“圣人”的聪明才干是学自众人的，《原道上篇》

说："学于圣人，斯为贤人。学于贤人，斯为君子。学于众人，斯为圣人。……周公以天纵生知之圣，而适当积古留传，道法大备之时，是以经纶制作，集千古之大成，则亦时会使然。非周公之圣智能使之然也。盖自古圣人，皆学于众人之不知其然而然，而周公又遍阅于自古圣人之不得不然而知其然也。"向众人学习，即成"圣人"，这是颠扑不破的真理！

第四，学习是为了知今致用。章学诚在《方志立三书议》说："羲农黄帝不相袭，夏商周不相沿。"《史积篇》说："传曰：礼，时为大；又曰：书同文。盖言贵时王之制度也。"《易教中篇》说："孔子谓岁改易，而周人即取以名揲卦之书，则王者改制更新之大义，显而可知矣。"这就是说，事物的发展是不停止的，历史的研究也不是以古代为限，更重要的是重视现代。这类的话虽出自刘知几，但他则更加以阐述。他之所以着重现代，则是为了求其实用。《记与戴东原论修志》说："修志者非示观美，将求其实用也。"《浙东学术》说："史学所以经世，固非空言著述也。且如六经同出于孔子，先儒以其功莫大于《春秋》，正以切合当时人事耳。后之言著述者，舍今而求古，舍人事而立性天，则吾不得而知之矣。学者不知斯义不足言史学也。"这种论点，现在还有现实的意义。

另外也需要看到，章学诚是属于封建社会统治阶级的学者，在政治思想、伦理观点，是站在统治阶级的立场上。对不符合封建道德的言行他是竭力反对的。如《妇学篇》充满着重男轻女的反动现点，自然是应予批判的。但总的来说，他生在200多年前，有以上比较进步的见解，的确是值得珍视的。他不愧为吾国杰出的史学家。

注释：

[1]（清）全祖望：《鲒埼亭集》卷一二《亭林先生神道表》。

[2]《亭林文集》卷四《与人书二》。

[3]《存学》卷三。

[4]《年谱》卷下。

[5]《清史稿·儒林列传·黄宗羲传》。

[6]《志隅·自序》。

[7]《史通·六家篇》。

[8]《文史通义·答客问》。

[9]《文史通义·言公上》。

[10]《唐会要》卷六三。

[11]《文史通义·说林》。

[12]《唐会要》卷六三。

[13]《文史通义·史德》。

[14]《史通·烦省篇》。

[15]《刘氏三世家传》。

[16]《文史通义·记与戴东原论修志》。

[17] 见《文史通义·言公上》、《古交十弊》。

[18]《和州志·舆地图序列》。

[19]《驳文选义例书再答》。

[20] 见《史通》的《古今正史篇》、《六家篇》、《二体篇》。

[21] 见《乾坤正气集》。

[22] 见《文史通义·修志十议》。

[23] 见《文史通义·州县请立志科议》。

[24] 见《永清县志·阙访列传序例》。

[25] 见《文史通义·记与戴东原论修志》。

（原文刊于《史学月刊》1964年第9期）

试论石达开

齐钟久

石达开是太平天国的杰出将领之一，在他的一生中，对太平天国革命既作出过重大的贡献，也存在着明显的错误。对这样一个历史人物，本来是可以有各种不同评论的，但是，在“四人帮”横行的时候，石达开被定为“阶级异己分子”、“分裂主义者”、“叛徒”，从此也就没有人再敢讲石达开的好话了。“四人帮”倒台以后，学术民主的空气恢复了，不少同志研究了石达开的问题，发表了许多实事求是的意见，尽管彼此之间还存在着不同的论点，但其目的都是为了在共同的探讨中，求得对他的正确评价。

我认为石达开是太平天国前期重要的领导人之一，是有卓越才能的军事家。他在天京事件中顾全大局，光明磊落，取得了太平天国军民的拥护和信任。石达开出走的主要原因是受挟制、排挤，是惧祸出走，责任在洪秀全。石达开的严重错误在于远征不返，坚持分裂，给太平天国革命造成了不可弥补的损失。最后，他在大渡河兵败，为救三军性命而受骗被俘，在成都英勇就义。因此，总观石达开的一生，应该说是功大过小，是个应当肯定的人物。

一　太平天国杰出的军事家

石达开，广西贵县人，出身于地主阶级家庭，在洪秀全和冯云山的影响下参加拜上帝会后，他“不惜家产”，倾家投入太平天国革命的洪流之中。金田起义时，石达开任左军主将，“不惮劳瘁，尽心竭虑，百计图维”[1]。永安建制时，他被封为翼王，成为太平天国前期领导核心人物之一。在太平军从永安至南京的进军中，石达开亦是一路领先，显露出非凡的军事才能。有记载说：“太平军自永安趋湖南，攻长沙破岳州、汉阳、武昌，经安河而下金陵，与清军大小数百战，独达开所部未尝挫，清军称之曰‘石敢当’，所至争避之。”[2]建都天京以后，特别是在西征当中，他的军事才能更得到充分的发挥。

1854年4月以后，太平天国西征军节节失利，湘潭战败、武昌失守以及田家镇之败，使太平军受到不小的损失。在这种情况下，曾国藩的湘军又分水旱两路进犯九江，洪秀全急派石达开督军西援。1855年11月，石达开进军到江西湖口，在这里，遇到了强大的湘军水师。石达开亲自率各将领登高观察敌人的水师大营，当时敌人是以快蟹、长龙等大船在中间指挥，四周以舢板轻舟联络配合，而且拥有洋枪、炮。一些将领都被敌人的强大阵容吓住了，但是，石达开却从中看出敌人的弱点，定下了破敌之策。他分析出敌人的船只虽多，但必须以大小配合才能顺利作战，如果将其分割开来，使之首尾不能相顾，那么敌人的长处就会完全丧失。因此，石达开不急于同敌人决战，而是采取疲惫敌人的办法，每夜派兵船鸣鼓震天并施放火箭火球，使敌人时时戒备，不得安宁。在这样相持了近一个月的时间以后，敌人的求战之心更切了，这时石达开主动撤去湖口的军队，诱敌深入。敌人果然进入鄱阳湖，待其轻便之舟百余号及精卒2000余人进入内湖，石达开即派兵在湖口设卡筑垒，断其退路，把敌人的水师分为内湖、外江两部分。然后，即派兵攻击，用火烧毁了敌人的战船40余只，迫使他们退回九江。

1855 年 2 月，石达开率罗大纲、林启荣等乘夜袭击湘军水师，以火弹、喷筒烧毁其战船 10 余只。接着即围攻曾国藩的座船，杀死了管驾官把总刘盛槐、李子成等，尽得其文卷册牍。曾国藩仓皇逃上小船，他在羞愤之下企图寻死，为部下劝阻，狼狈退往南昌。这一仗打得湘军水师“辎重尽失，不复成军”。石达开乘胜再克武昌，扭转了西征军自湘潭战败以来的局面。

10 月，湘军进攻武昌，同时也围攻九江。石达开奉命自安庆西上进援。他在掌握敌情以后，认为以重兵力战而解武昌、九江之围，不如采用“围魏救赵”之计。因此，他一方面令武昌守将坚守，自己则率领援军从湖北通城进取江西。石达开知道湘军的老巢是湖南，而江西是湖南的屏障，如果进兵江西，必然会扯动敌人，九江、武昌之敌就会不打自退了。

1856 年初，石达开先后占领了江西的瑞州、临江等地。曾国藩果然因太平军逼近南昌，急调周凤山等全军自九江回救江西，接着又撤攻武昌的一部分军队回援江西。3 月，石达开分四路进攻樟树镇，大败湘军周凤山部，歼敌千余人，尽破其营盘，周凤山率残敌溃逃南昌。这一仗打得敌人魂飞魄散，曾国藩坐困南昌，间道请援于湘鄂，惶惶不可终日，惊呼：“道途久梗，呼救无从，中宵念此，魂梦屡惊。”[3]

由于太平军英勇战斗，石达开指挥有方，至此，江西 8 府 54 州县，尽为太平天国所有，西征取得了重大胜利。

从这些战例来看，石达开不愧为太平天国第一流的军事家。当时他仅仅是一个 24 岁的青年将领，而且受命于兵败和敌强我弱之际，在这种不利的情况下，能够正确分析敌我形势，制定出正确的作战方案，打得老奸巨滑的曾国藩一筹莫展，使整个战局从败转胜，的确是非常不简单的事。

石达开的军事才能，在当时就得到了各方面的公认。太平天国后期的著名将领陈玉成认为在太平天国诸将领中，只有冯云山、石达开二人具有将材；李秀成对石达开也深为敬佩，说他“文武足备”[4]，“谋略甚深”[5]。在外国人麦高文所发的通讯中也认为石达开“是英雄侠义，勇敢无畏，正直耿介的，正是全军的中坚人物。他的头衔称为‘电师’，这真能表示他的军事行动。他是饱受教育，而又能行动的人”[6]。

对这样一个为革命内部拥护、各方面推崇的将领，敌人是非常害怕的。曾国藩说：“逆首石达开狡悍为诸贼之冠。”[7] 左宗棠也说：“石逆狡悍著闻，素得群贼之心，其才智出诸贼之上……是贼之宗主，而我之所畏忌也。”[8]

二　天京事件中光明磊落

1856 年，太平天国西征和天京外围的战争取得重大胜利以后，杨秀清被胜利冲昏了头脑，个人野心恶性膨胀起来。他伪托天父下凡，逼洪秀全封其为万岁，企图取洪秀全而代之，洪杨之间争权夺利的斗争急剧尖锐起来。洪秀全为了保住自己的王位，密诏韦昌辉回天京诛杨。韦昌辉受命后，即带兵到天京，于 9 月 2 日将杨秀清杀死，并乘机滥杀杨秀清的部下，企图从中夺取更大的权力。这一切都是以洪、韦联合为一方，杨秀清为另一方，双方争权的斗争，与石达开并无关系。

首先，韦昌辉是受密诏而诛杨的，石达开并未接到杀杨的密诏。请看下列记载：

当杨秀清逼封事件发生后，洪秀全一面“令群贼即于穴外所筑土城上密布枪炮，恐杨来暗算；一面遣腹贼至江西调北贼韦昌辉回金陵”[9]。

“……急以情事潜使达北贼”[10]。

“洪立即召其心腹盟弟北王韦昌辉回兵勤王，一以保护自己的生命，次则诛灭谋篡位者”；“当洪秀全得知东王奸谋之后，本来是同时宣召北王及翼王二人的……翼王石达开不知何故，不能接到此诏谕；或已接到而不能或不愿遵行亦未可料”[11]。

“立传谕诏召出征安徽之北王韦昌辉及奔丹阳之顶天侯，或并有其他首领回京”[12]。

从这些材料看，对洪秀全诏召韦昌辉回京是一致肯定的，但对石达开是否被诏召的问题，前两条材料是否定的，后两条材料是模棱两可的。就后两条材料而言，前者在说到洪立即召其心腹盟弟韦昌辉时是十分肯定的，后来又补充说同时召北翼二人，石达开不知何故不能收到此诏以及或已接到不愿遵行等，从口气上来看，只能是作者的一种推测；最后一条材料只提到“或并有其他将领”，从这句话，我们只能理解为可能有，也可能没有，即使有，也不能肯定“其他将领”就是石达开。

杨秀清当时是太平天国的实际领导人，石达开是受杨秀清领导的。从石达开的表现来看，他平时对杨秀清“敬若神明”，对杨的指挥和领导一贯服从。既然是这样，那么石达开在没有受命于更高领导人的情况下，是不会突然反对杨秀清的。

其次，以前根据《李秀成自述》中“翼王与北王密议杀东一人，杀其兄弟三人源清、辅清而已，除此以外俱不得多杀”的话，把石达开说成是韦昌辉的同盟者。现在看来这个说法是不正确的。因为东王逼封万岁时，韦昌辉在江西，石达开在湖北，他们之间不存在密议的条件。实际上石达开知道天京事件的时间是很晚的，大约在韦诛杨近一个月以后才得到消息。同时，在这一时间内，石达开并无任何与诛杨有关的军事行动。可见密议之事并不存在，这一点已为不少同志所同意。

再者，石达开并无与韦昌辉联合反对杨秀清的共同基础。韦昌辉与杨秀清之间存在的矛盾是很尖锐的，这一点当时的记载很多。韦昌辉虽然表面上处处阿谀杨秀清，但骨子里却时时企图夺取杨秀清的权位。杨秀清对韦昌辉也防备很严，对他极不信任，很少给他独立出外掌兵的机会。如1854年，杨秀清令韦昌辉到湖北主持军事，但私下又叫人禀奏挽留，并伪装不准，到韦昌辉临走时，忽然又改派别人前去。还有一次杨秀清“令韦昌辉赴湖北、安徽，行次采石，杨贼复下令调回，改遣石达开往”[13]。除此以外，杨秀清还因韦昌辉部下张子明激变水营问题，打了韦昌辉几百杖，还经常伪托天父下凡来挫折他。杨、韦之间的矛盾，当时已为敌人侦知，在曾国藩情报机关所编的《贼情汇纂》中就预料了“杨贼与昌辉互相猜忌，似不久必有并吞之事”。可见杨韦之间的矛盾，在天京事件以前已经很是尖锐了。

石达开与杨秀清之间就不是这样。由于石达开有很高的军事才能，而且为人正直，所以杨秀清“喜其诚悫，屡委以军事”[14]。杨秀清经常派石达开担任政治与军事的重任，这说明杨秀清与石达开之间的关系是正常的，杨对石是信任的。

石达开本人对杨秀清除有“平日性情高傲”的批评外[15]，未见有其他的什么特别不满。因牧马人某甲的事所引起的杨秀清无理处罚石达开的岳父黄玉昆事，被人们认为是石、杨之间积怨的重要原因。我认为在这件事上，石达开开始可能对杨秀清是很不满的，但事后，杨秀清同意石达开将黄玉昆领回，在翼王府工作，不久又恢复了黄的职务和爵位，照样委任军事，所以这件事可以说基本上得到了解决，即或石达开仍有不满之处，也不会到要仇杀的程度。

另外，石达开因为经常在外主持军事，在天京的时间是比较少的，经常打仗，必然就要把精力集中在军事指挥上，很少会有时间考虑争权夺利的问题。由于石达开平时并无权欲的表现，因此与杨秀清之间不会有重大的矛盾，这也是杨对他较信任的原因。

石达开知道天京事件的消息是比较晚的，可是在一听到消息后马上就采取了行动。

“达开领众在湖北，闻有内乱之信……返回金陵，要与他们排解”[16]。

“翼王在湖北洪山知道京城害杀许多之人，在湖北洪山营中同曾锦兼、张遂谋，狼狈赶回京都，计及免杀之事”[17]。

从这两条材料看，石达开知道天京事变的消息，是在湖北洪山营中，而且在此以前，并没有材料证明石更早知道此事。他在知道这事以后，非常着急，想到的就是要赶快制止这场内部屠杀，所以不顾一切，只带了几个随从人员，就火速赶回了天京。这时，天京城门紧闭，气氛十分紧张，石达开只得“射书城上”，请求入城，结果只被允许只身入城。这对石达开来说是相当危险的，当时天京城内正在进行屠杀，而且韦昌辉又为人阴忍残刻，弄不好，生命是没有任何保障的。但是石达开并未考虑这些，为了革命的利益，他勇敢地进城，希望经过自己的劝说，结束这场内部的屠杀。

可是事与愿违，石达开在见到洪秀全以后[18]，他的一片真诚和正义行动，并未得到支持，反而使洪秀全疑心石达开要杀他的同盟者韦昌辉[19]。石达开在韦昌辉处，责备其不应该乱杀无辜兄弟，要他停止屠杀，结果是“语不合”，并有“图害之意”。石达开发觉自己的劝说不能起到任何作用，相反引起了洪秀全的疑心、韦昌辉的仇视，因而预感到大祸将要临头，所以连夜“吊城由小南门而出，走上安河”[20]。

从石达开赶回天京到吊城逃走，前后只有不过一天的时间。在这短短的时间里，他晋见了洪秀全，诫责了韦昌辉，并发觉自己有被杀的危险，可见当时的形势是非常紧张的，也可以想象石达开与韦昌辉之间的斗争是相当激烈的。

果然，在石达开逃走后，韦昌辉即派兵包围了翼王府，他捉不到石达开，就杀了石的全家老小。据《金陵省难记略》中，韦昌辉“搜翼贼不得，疑避洪贼所，遂执妻小去要洪贼。洪贼力白其无，乃杀之”的记述看[21]，韦昌辉杀石达开全家是在天王府进行的。可见这时洪秀全是站在韦昌辉一边的，不然，为什么不出来制止？为什么对石达开一家的惨死无动于衷？

石达开逃离天京以后，在安庆起兵靖难。他并未因洪秀全不支持而有所忌恨，仍然顾全大局，拥护洪秀全，只要求诛韦昌辉，但是这一要求并未得到洪秀全的允许。韦昌辉亦在天京准备负隅顽抗，并派秦日纲举兵追击石达开。这时石达开也调回了湖北洪山的军队，集合了足够可靠的兵力，于 11 月 8 日自安庆渡江进至泾县，准备向天京进军，以武力来平息韦昌辉的变乱，解救天京的危难。

得道多助。广大的太平军都同情翼王石达开，附从于韦昌辉的只是少数几个死党。在这种情况下，洪秀全只好下令诛掉韦昌辉。洪秀全之诛韦昌辉并非出于他的自愿，而是由于“见全体军心皆归附翼王，不得不屈从其主张”[22]。因此，诛韦平息内乱之功不在洪秀全，而应归于广大的太平军战士和石达开。韦昌辉被诛后，“人心乃定”。洪秀全将韦昌辉首级派人解送宁国，交给了石达开，结束了两个月的变乱局面。

综上所述，石达开在整个天京事件中，始终是维护太平天国革命利益的。他事先并不知道杨秀清的逼封，也不知道洪、韦的诛杨，所以就谈不上参加任何一方。当他得知事变的消息后，顾全大局，维护洪秀全，一切行动都以平息变乱，挽救太平天国的命运为目的，丝毫没有乘机夺权的表现，并且作出了重大的牺牲。因此，应该说石达开在天京事件中表现是无私、无畏的，其态度是光明磊落的。

三　如何看待他的出走和远征

由于石达开在革命实践中包括在天京事件中的一贯表现，使他在广大太平军将士中建立了很高的威信，取得了他们的信任和拥护。“大家喜其义气，推为义王”[23]，但石达开在群众的拥护面前，并未骄傲起来，或乘机擅权，而是表现得十分谦逊，对大家推为义王，谦辞不受。

石达开回到天京以后，“合朝同举翼王提理政务，众人欢悦”[24]。“众人欢悦”这四个字，充分说明了石达开是很得人心的，大家都希望他协助洪秀全掌理天朝政务。事实上，石达开也是当时辅政最适合的人选，洪、石如果能够很好地合作，那么天京事件后的种种困难和不利局面是可以得到扭转的。可是，石达开的辅政却使洪秀全有“不乐之心”，他由于被杨秀清篡权弄怕了，疑神疑鬼，怕石达开也要篡他的权位，但因为是“合朝同举”，又慑于石达开的实力，不得不叫石辅政。为了对石达开时刻加以防范，剥夺他的权力，洪秀全加封他的大哥洪仁发为安王，二哥洪仁达为福王，并让他们主持军政，对石达开进行挟制和排挤。这两个人是“又无才情，又无计算，一味固执”[25]。根本谈不上有什么掌理军政的才能，只是被洪秀全派去专门对付石达开的工具。

石达开虽然名义上在“辅政”，但实际上却得不到洪秀全的信任。由于疑忌之故，洪秀全甚至“不授以兵事，留城中不使出”[26]，取消了石达开的军事指挥权；同时，石达开还要处处受到洪仁发、洪仁达的挟制，日子是很不好过的。据湘军李续宾所得的报告中说：“……金陵各伪王忌石逆之能交结人心。石逆每论事，则党类环绕而听；各伪王论事，无肯听者。故忌之，有阴图戕害之意。”[27]洪仁发、洪仁达对石达开有图害之意，应该说是反映了洪秀全的意思的，因为这两个人是洪秀全特意安排的，自然要按洪的意图办事。《石达开自述》中说：“有谋害达开之意。”明清档案馆藏福济奏折内所附的石达开在安徽六安州所张贴的告示中，也有“疑多将图害，百喙难分清”的话。

在这样的情况下，石达开的出路不外三条：1. 与洪秀全对抗，取洪秀全而代之；2. 继续受挟制排挤，坐以待毙；3. 避祸出走。此外再没有别的出路了。

走与洪秀全对抗的路，石达开是不愿意的，因为他自幼很重义气，决不愿留下一个篡权的罪名。这一点从他出走以后所发的告示、训谕等文件中，一直使用太平天国年号，并承认洪秀全是“主”的地位，可以证明。第二条路，是根本不可能被选择的，因为无论什么人也不会愿意去做无谓的牺牲。因此，石达开被迫选择了出走的路，避免与洪秀全产生冲突，我认为是无可指责的。

有的人认为石达开和李秀成同样都受到洪秀全的怀疑，可是李秀成没有出走，而是以其愚忠的行动感动了洪秀全，解除了怀疑。因而责备石达开的出走，认为他也应该像李秀成那样，委曲求全，以愚忠来取得洪秀全的信任。我认为石达开即使用李秀成那套方法，也无济于事。这主要是因为，石达开在金田起义以前就是领导核心的人物，在太平军中他被认为是“在家计议起首共事之人”，也就是开国元勋；建国以后，石达开在斗争的实践中，又树立了很高的威信。照理说，这应该是一件好事，可是在洪秀全看来则大为不然。他认为石达开愈是功绩大，愈是威信高，就愈是有条件篡权，对他王位的威胁也就愈大，所以只要石达开存在，洪秀全的怀疑就不能消除，心也就不能安。这种为保护王位所产生的疑心，是不可能用讲清道理或谈清思想的办法解决的。

李秀成与石达开的情况就不同了。1857 年以前，他在太平军中只是一个中下级军官，后来在“朝中无人”的情况下，才被洪秀全亲自提拔起来主持军事，因此，李秀成在太平军中的威望与地位根本无法与石达开相比。在洪秀全看来，李秀成根本没有篡权的条件，对他的王位不构成威胁。洪秀全对李秀成的怀疑，在 1860 年以前，是由于知道了叛徒李昭寿有给李秀成的劝降信，怀疑他要降清；在以后主要怀疑李秀成不以主要兵力保卫天京。这种性质的怀疑与怀疑篡权是完全不同的，所以能用忠诚的表现去化除。

有的人认为石达开出走，欺骗和裹胁了 10 万太平军。我认为石达开对部下不存在欺骗和裹胁的问题。石达开出走后所发的布告中，在把出走的原因阐明以后，有这样一段话，即“谆谕众军民，依然守本分，各自立功名；或随本主将，亦一样立勋”。这说明他对部下并不是下硬命令，而是允许他们在自己与洪秀全之间选择，或走或留都听其自便，毫无逼迫之意。另据记载，石达开出走后，曾经做过李秀成和陈玉成的工作，拉他们一块走[28]，但李、陈均未同意，仍留下来，可见石达开并无胁迫的行为。因此，与其说石达开用裹胁和欺骗的手段带走 10 万太平军，不如说石达开的困难处境得到了 10 万太平军的同情，愿意跟他出走。对洪秀全来说，则是由于他不能任贤用能，专信同姓，任人唯亲，使“朝中之人甚不欢悦”，“各有散意”而失去了 10 万之众[29]。

石达开脱离天京以后，屯军安庆一带，这时如果他能从太平天国的利益出发，顾全大局，就应该巩固和发展天京西面的屏障安河，以自己的兵力配合其他太平军作战，确保太平天国的主要地区。这样，就能够对太平天国的革命事业继续有所贡献。可遗憾的是，石达开并没有这样做，而是从此走上了分裂的道路。他坐视太平天国其他将领战败而不予援救，置太平天国的危难于不顾，最后带兵离开了安河，远征不返，铸成了大错。以后，石达开虽然在名义上还打着太平天国的旗号，承认洪秀全是“主”，但这些完全都是空话，实际上已与太平天国脱离。

石达开将太平天国的精锐部队带走，给太平天国造成了兵力空虚的局面，使敌人乘虚而入，许多重镇相继失守，军事上陷于很大的被动。石达开带兵远征，虽然在反清上同太平天国的目标是一致的，对敌人也起到了一些牵制作用，但是由于他的兵力远离了太平天国的主要战场，所以从总体上看，他的斗争对太平天国的军事斗争并无多大意义，不能过高地估价。

特别应该提到的是，石达开出走以后，洪秀全曾数次向其请援。据故宫明清档案馆藏的福济奏折，内有“又据六安州练总萧禀缴所获贼信，内有翼王私自出京，誓不回去，并将来天京必定空虚等语。外抄伪诏数纸，亦以石逆遁去，金陵无人主持，令各伪官百计迎回，竟不复返”[30]。1858 年 2 月，当石达开驻军江西时，洪秀全也“曾数次派人到抚州请援”[31]，这就是说，洪秀全已经感觉到石达开带兵出走，给太平天国在兵力上造成很大困难，希望他能配合作战。这本来应该是石达开与洪秀全重新合作的契机，但是石达开并未响应，相反拥兵进入浙江，这种错误行为，完全辜负了太平天国军民对他的期望与信任。

我认为自从洪秀全主动请援以后，石达开一直有重回太平天国与洪秀全合作的可能性。例如杨秀清的族弟杨辅清，自杨秀清被杀以后，因为害怕，一直带兵在江西、福建一带流动，不敢回天京去。1857 年 11 月，他与石达开在江西汇合，共同作战。可是到 1858 年 9 月，杨辅清率兵进入安徽，东援天京，重新回到太平天国队伍。洪秀全对他很重用，命与李秀成、陈玉成等同掌兵权，后来，还封他为辅王。可见石达开要走杨辅清的路并非不可能。

另外，太平天国在以后所发的天历、文告上都照样列有石达开的职衔，在《朝天朝主图》上，还把他列在南王冯云山之下，李秀成、陈玉成之上，这也可以说是洪秀全对石达开的一种争取。

以后，石达开专听元宰张遂谋之言，在分裂的道路上愈走愈远，特别是在到达庆远以后，对太平天国的官制等也有所改变。他的这些行动，开始使部下发生了怀疑与不满，军心逐渐涣散，出现了分离、叛降的情况。1861 年，石达开的部下朱衣点、吉庆元等曾“恳求翼王到南宁、贵县系翼王生长之处，招集多兵，劝翼王返旗回京，共匡王室”[32]。这说明他的部下，对他分裂的错误有所不满，并产生了思归之念。但是，石达开对这些忠言根本听不进去，当他回到广西老家以后，又企图隐居山林。吉庆元等见石达开毫无悔改之意，只好脱离他，各率所部“返旗回京”，“出江扶主”，于 1861 年，与李秀成部在铅山汇合。当洪秀全得到奏报以后，非常高兴，特地命名这支军队为“扶朝天军”。

石达开顽固坚持分裂错误，由受部下拥护变成了丧失军心，陷于孤立。他的错误不但造成了他自己必然失败的结局，而且也给太平天国革命带来了不可弥补的损失。因此，对他的这一错误是应该批判的。

四　受骗被俘，英勇就义

1861 年，石达开率军离开贵县，经湖南、湖北远征四川。1862 年，在长宁受阻后，即绕道贵州至云南昭通。1863 年，石达开分三路进攻四川，由李复猷率军三万人从贵州边境绕入四川；赖裕新率军由宁远深入；他本人则自昭通出发渡过金沙江，企图抢渡大渡河，进入四川腹地。结果，前两军皆战败，石达开所率军队亦在大渡河被清军包围。石达开进行了数次突围战斗，都不能成功，将士死伤很多，辎重也尽失去。在进退无路的情况下，石达开自投清营被俘，在成都英勇就义。

石达开最后的结局，算不算变节投敌？应当对当时的具体情况全面地进行分析，不能只看他自投清营的表面现象，简单地定案。

石达开为什么要自投清营呢？在进退无路的情况下，石达开本来是想投河自尽、为国捐躯的。他先让“其妻妾五人抱持幼子二人携手投河”[33]，然后自己也打算投河。但是，当他想到部下尚有 7000 多将士时，认为自己不能以一死了事，应该用自己一个人的死，去换取部下的生。所以他改变了自尽的念头，给四川总督骆秉章写了一封信，其中写道：

窃思求荣以事二主，忠臣不为；舍命以安三军，义士必作。……大丈夫生不能开疆报国，奚爱一生？死若可安将全军，何惜一死？达闻阁下仁德普天，信义遍地，爰修斯书，特以奉闻。阁下如能依书赴奏，请主宏施大度，胞与为怀，格外原情，宥我将士，请免诛戮，禁勿欺凌……则达一人可以自刎，三军饬以全安。然达舍生果能出全吾军，捐躯稍可仰对我主，虽斧钺之交加，死不为辱；任身首之分裂，义亦无伤。[34]

这封信讲得很清楚，石达开在一开头就断然表示了“求荣以事二主”的事，他是不作的，这也就是说决不降清。下面的内容完全是为了“舍命以安三军”，他提出，如果清方能答应不杀其部下将士，那么他自己甘愿自刎，或受斧钺交加、身首分裂的大苦。可见石达开投清营决不是为了保全自己的性命，而是为救部下，已将生死置之度外了。

凡是叛徒，其投降的目的不外是为了保住自己的身家性命，求得一官半职，为敌人效劳。但石达开完全不是这样，如果他真的要投降敌人，为什么要让“妻妾五人抱持幼子二人携手投河”？难道他不想保住他们吗？如果他真的要投降，为什么要表示“不事二主”，不为清朝做事？因此，可以认为石达开决不是投降敌人。

敌人在得到石达开这封信以后，派参将杨应刚、游击王松林到石达开营中游说，假作答应石达开的要求。石达开救部下性命心切，轻信了敌人的诱骗，到清营自投。

另外，有的人因《石达开自述》中有一句“因想真心投诚，或可侥倖免死”的话，就断定石达开自投清营的目的是为了“免死”，我认为这也是值得商榷的。因为《石达开自述》并非他亲笔所写，而是由敌人记录的。对这种出于敌人记录的自述，我们不可漠置，但也不可以全信，因为敌人对一个革命者往往是要加以污蔑的，所以我们要对它进行认真的分析，然后才能去伪存真。

我们可以从石达开在被俘以后的表现，来证明他完全没有怕死或乞活的表示，而是大义凛然。当石达开被解到成都以后，骆秉章等审讯他时，他对参加金田起义以来的革命经历侃侃而谈，“历历如绘”[35]；对清方“当世诸将负盛名者，皆加贬辞”[36]。如果说石达开是为了保命，那么他在敌人面前为什么不俯首帖耳，污蔑革命，美化敌人以讨好，反而敢于痛陈革命经过，对敌人加以贬低呢？这不是与求活的目的太不相合了吗？

石达开的英勇表现，使敌人都不得不承认“其枭桀坚强之气溢于颜面，而词气不亢不卑，不作摇尾乞怜之语”[37]，并断定他“非真有投诚反正之心”[38]。最后，石达开在“临刑之际，神色怡然”[39]，从容就义。

从这些事实来看，我们决不能给石达开作出为了“侥倖免死”叛变投敌的结论。

虽然石达开最后没有变节投敌，但是对他“舍命以安三军”的思想是应该加以批判的，这是他对敌人存在幻想和对敌人凶残的本质没有认识的具体表现。事实上，石达开的这种做法，非但未能达到“安三军”的目的，相反使敌人得以顺利地镇压了他的全军。

注释：

[1]《天情道理书》，见《太平天国印书》，江苏人民出版社，1979年。

[2]凌善清：《太平天国野史》，文明书局，1923年。

[3]《曾文正公全集》奏稿《陈明邻省援兵协饷片》。

[4][17][20][23][24][25][29]《李秀成自述》。

[5]（清）赵烈文：《能静居士日记》，《续修四库全书·五六四·史部·传记类》，上海古籍出版社。

[6][12][22][美]麦高文：《太平天国东北王内讧详记》，转引自罗尔纲《太平天国史事考》。

[7]《曾文正公全集》奏稿《陈明石逆情形片》。

[8]《左文襄公全书》书牍《与王璞山》。

[9]（清）涤浮道人：《金陵续记》，见《太平天国》，第4册，神州国光社，1952年。

[10][21][26]（清）张汝南：《金陵省难记略》，见《太平天国》，第4册，神州国光社，1952年。

[11][美]裨治文：《太平天国东北两王内讧纪实》，见《逸经》第17期。

[13][14]（清）张德坚：《贼情汇纂》，见《太平天国》，第3册，神州国光社，1952年。

[15][16]《石达开自述》，见《太平天国》，第2册，神州国光社，1952年。

[18]据张汝南《金陵省难记略》，石达开入城后先见洪秀全，后见韦昌辉。

[19]据《石达开自述》：“达开返回金陵，要与他们排解，洪秀全心疑，要杀韦昌辉，达开见事机不好，走到安徽。”

[27]《李忠武公遗书》书牍《复王鑫书》。

[28][31]郭廷以：《太平天国史事日志》，商务印书馆，1940年。

[30]见朱金甫《故宫太平天国档案史料浅谈》。

[32]《吉庆元、朱衣点等六十四名将领上天王奏》（中国历史博物馆钞件）。

[33][35]《骆文忠公奏稿》，见《太平天国》，第2册，神州国光社，1952年。

[34]《石达开致唐友耕书》，见《太平天国》，第2册，神州国光社，1952年。据罗尔纲先生考证，该信是石达开致骆秉章的，见《答关于一封石达开信的受信人问题》，《历史学》1979年第1期。

[36]（清）薛福成：《书石达开就擒事》，见左舜生辑《中国近百年史资料初编》，中华书局，1938年。

[37][38][39]（清）刘蓉：《养晦堂文集·复曾源浦中丞书》，转引自戴逸《中国近代史稿》，人民出版社，1958年。

（原文刊于《中国历史博物馆馆刊》1980年总第2期）

戊戌维新运动的历史作用

杜永镇

戊戌维新运动，是中国近代历史发展进程中一个重要的历史事件。在林彪、“四人帮”横行的日子里，历史研究横遭浩劫，戊戌维新的历史，也遭受其肆意歪曲和践踏。本文仅就戊戌维新运动的历史作用提出一些初步看法，请教于史学界诸同志。

一　中国近代维新思想的开端与发展

19 世纪 30 年代末，中华民族同西方资本主义侵略势力的矛盾，日趋尖锐。迨自 1840 年英国人用炮舰政策打开了中国的大门后，外国资本主义势力接踵而至，长期闭关自守的中国，被卷入世界资本主义市场的漩涡，日益成为外国列强争夺、抢占的对象。中国战败后的处境，对社会引起了极大的震动。当时有一些从地主阶级中分化出来的曾致力于“经世致用”之学而具有改革社会思想的士大夫，他们在现实政局的强烈刺激下，为谋求富国、强兵、御侮之策，进而提倡了解世界，向西方学习“制夷”长技，以及对社会进行某些改革的主张。尽管他们的主张和要求未能实现，但从启导人们去认识、接受新事物而言，确具有难能可贵的作用。龚自珍、林则徐和魏源，便是中国近代维新思想的启蒙者和先驱。

半个世纪以后，维新派思想家梁启超不止一次地提到维新派思想的发展与早期“经世之学”的关系。他在《论中国学术思想变迁之大势》一文中，提到中国近代新思想的萌芽，求其来源，“不得不远溯龚、魏”。

19 世纪 60 年代，中国情势又起了急剧的变化。声势浩大的太平天国农民起义、第二次鸦片战争，以及此伏彼起的各族人民反封建的斗争，直接威胁着清王朝的生存。为了挽救封建统治的崩溃，从地主阶级分化出的洋务派，他们热衷于早期地主阶级改革派“师夷长技”的主张，并以此作为他们推行“洋务新政”的论据，从而实现“富国强兵”的目的。在洋务派官僚的经营下，近代中国开始出现了第一批军事工业和民用工业。差不多与洋务派同时，并同它有着密切关系的早期资产阶级改良派，他们在与洋务派所追求的目标基本一致的前提下，不但仿求西方人的“长技”，而且把目光首次投向西方政治制度——君主立宪方面，并提出了他们的设想。因此，从 19 世纪 60 年代到甲午中日战争以前的 30 多年中，作为社会思潮的总的趋势来说，基本上是围绕“洋务新政”这个主题而进行的。

洋务派的求强求富活动，离不开对外国的依赖，而外国资本主义列强决不会让中国走上资本主义的道路，而是要把中国变成它们的殖民地。清政府从 60 年代开始推行的“洋务新政”，虽兴办起中国第一批近代工业，客观上对民族资本主义的产生和发展起过一定的积极作用，但其主要目标却在于维护和巩固满、汉地主阶级的封建统治秩序。然而作为帝国主义和封建主义的对立物——中国资本主义以及中国无产阶级和民族资产阶级，终于从上述两种压迫势力下，在六七十年代应运而生。中国无产阶级的产生虽早于资产阶级，但由于当时的历史条件，还不可能促使它形成一支独立的政治力量。作为当时中国新兴的社会阶级——资产阶级的出现，它为了自身的发展，必然要求摆脱帝国主义和封建主义的经济束缚和政治压迫。充当这个新兴阶级代言人的，既不是坚持“天不变，道亦不变”的顽固守旧文人和洋务派官僚，更不是在中国大肆宣扬“中华归主”的外国传教士，而是那些同投资于新式工业的商人、地主和官僚在政治、经济上有密切联系的、开明的封建士大夫。他们在现实生活中，逐渐转化为中国近代早期的资产阶级知识分子。甲午中日战争以前，新兴资产阶级知识分子的代表人物有王韬、郑观应、薛福成、马建忠、陈炽等。他们看到清政府在对外关系方面接二连三的失败和外国列强的疯狂掠夺，惊呼中国“民穷财尽，有岌岌不可终日之势”[1]。他们在“愤彼族之要求，惜中朝之失策”的激情支配下，为了改变中国的贫弱状态，纷纷著书立说，要求学习西方。在他们看来，既然西方资本主义国家有办法使本国强盛起来，中国何尝不可以向它们学习？而且“以中国幅员之广，人材之众，竭其聪明才力，何难驾西人而上之哉”[2]！因此，他们希望清政府“总揽政教之权衡，博采泰西之技艺”，开议院、设学堂、理商务、练水陆[3]，从而“使中国日趋于文明富强之境”[4]。

以王韬、郑观应等为代表的资产阶级知识分子，他们出于富强中国的目的，要求对封建制度进行某些改革，希望清政府学习西方君主立宪政治，也提出过一些有利于资本主义发展的措施。但由于他们刚刚从封建士大夫行列中转化出来，特别是民族资本主义经济薄弱，这就决定了他们的改革主张和方案必然带有浓厚的封建意识，他们本身也不可能形成一股独立的政治力量。尽管如此，他们要求改革社会的思想和主张，较之龚、魏毕竟前进了一步。

中日甲午战争以后，中国民族资本主义工业有一定程度的发展，但清政府的对外投降，特别是帝国主义列强以新的方式宰割中国而引起的中国民族危机的出现，在中国人民思想中产生了巨大的反响，进一步促进了人们的觉醒。以康有为、梁启超、谭嗣同、严复为代表的资产阶级维新派，痛感国家民族濒临危亡而悲愤交集。康有为惊呼：“俄北瞰，英西睒，法南瞬，日东眈。处四邻之中而为中国，岌岌哉！”[5]他们已经感到自己的祖国“虽名为国，而土地、铁路、轮船、商务、银行，惟敌之命，听客取求。虽无亡国之形，而有亡之实矣”[6]。在这种局势下，谭嗣同指出：“凡有心人，其何以堪？”[7]惨痛的现实，使他们敏锐地感到清政府那一套陈旧的法度，既不能抵御外侮，也不能使中国富强。他们愤怒斥责清政府在“瓜分日闻，祸至无日”的处境下，“而犹有守旧最奇之制，实为败军割地之由”[8]。痛斥李鸿章是古今所无的卖国奸臣[9]，批判清政府推行的“洋务新政”，只不过是“盗西法之虚声，沿中土之时弊”[10]。他们坚信要救国，只有变法维新学习西方，竭力主张清政府“弃旧图新”。他们自己则通过办学堂、学会和报馆等手段，广泛宣传西欧资产阶级社会政治学说和自然科学（即西学），希望光绪皇帝学习、仿行日本的君主立宪制。因为日本距中国最近，而且它又是向西方学有成效的国家。

以康有为等为代表的资产阶级维新派，在抨击封建君主专制和封建意识形态的深度与广度方面，以及对社会所产生的影响，都超过了他们的前辈。他们代表了中国民族资产阶级的愿望和要求，促进了人们的思想解放，许多爱国知识分子被卷入到这个进步的潮流中来。吴玉章同志回忆说：“甲午战争的失败，更激发了我的救国热忱，我需要找寻一条救亡图存的道路。我知道当时政治的腐败和官场的黑暗，因此，对‘洋务’运动的失败并不感到惊奇。但是，中国的出路究竟何在呢？我有些茫然。正当我在政治上十分苦闷的时候，传来了康梁变法维新的思想，我于是热烈地接受了它。”[11]

资产阶级维新派通过自己的实践活动，登上了历史舞台，推动了变法维新思想的广泛传播。1898 年，这种思潮发展到了顶点，形成了一次救亡图存的爱国运动——资产阶级维新运动。

可以概见，中国近代维新思想随着国内形势的发展变化而不断丰富、充实起来。从它发端时起，差不多经历了半个多世纪的曲折历程，到 19 世纪末，终于酿成具有资产阶级性质的戊戌维新运动。这次运动，代表了当时中国近代历史车轮前进的步伐，是中国共产党出世以前，先进的中国人为了拯救祖国的危亡，把向西方寻求来的“真理”（资产阶级政制与工艺）与中国社会实际相结合，采用非暴力的手段，力图把半殖民地半封建的中国社会，转变为资本主义社会的一次具体运用。

二 维新运动对封建专制壁垒的猛烈冲击

资产阶级维新派，为了推行他们的救亡图存方案，冒着坐牢、杀头的危险，首先对统治中国两千多年的封建专制制度提出挑战，同握有重权的封建顽固派展开了激烈的思想斗争。这场阶级斗争，反映了中国资本主义力求挣脱帝国主义、封建主义桎梏的强烈愿望，是新兴资产阶级要以先进的生产方式代替封建落后的生产方式的初次尝试。

历代封建专制主义的卫道士们，为了维护封建统治秩序，编造出种种欺世谎言，把君权说成是“受命于天”，是至高无上、神圣不可侵犯的东西。如果人们“稍有异论，不曰非圣无法，则曰大逆不道”。梁启超认为其恶果就在于使“中国思想之自由，闭塞者已数千年”[12]。维新派为了顺利推行他们的变法主张，以及在政治上取得部分权力，势必要对阻碍他们前进的障碍物——封建专制制度、传统皇权观念展开抨击。严复斥封建君主为“窃国大盗”，“其什八九皆所以坏民之才，散民之力，漓民之德者也”[13]。谭嗣同除了把秦以来的历代君主斥之为“民贼”、“大盗”外，更从朴素的道理上解释了君民关系的概念。他在《仁学》中指出：“生民之初，本无所谓君臣，则皆民也。民不能相治，亦不暇治，于是共举一君。……夫曰共举之，则且必可共废之。”“故君也者，为天下人办事者，非竭天下人之身命膏血，供其骄奢淫纵者也。”他甚至指出：“彼君之不善，人人得而戮之，初无所谓叛逆也。”“叛逆”二字，只不过是“君主创之以恫吓天下之名”而已。康有为指出：“考中国败弱之由，百弊丛积，皆由体制尊隔之故。”[14]在维新派看来，中国弄得如此贫弱窳败，是与封建君主专制分不开的。因此，凡纲常名教、俗学陋行、考据词章、功名利禄等封建网罗，维新派均大胆地予以抨击。其切中时弊之言，既大大超过了前人，也说出了当时人们所不敢言者。

维新派历史地批判了“君权神授”的传统观念，使两千多年来的封建皇权观从此发生了动摇。如果维新派自己思想上没有一个飞跃，是提不出这种启发人们思想的论述来的。正如后来梁启超在谈到《仁学》时所说：“然彼辈当时并卢骚《民约论》之名亦未梦见，而理想多与暗合，非思想解放之效力不及此也。”[15]维新派对封建专制制度和皇权观念的抨击，为后来20世纪初的中国资产阶级民主革命提供了思想武器。

维新派在抨击封建皇权专制的同时，又对摧残人才的封建文教制度展开了批判。因为不冲破它的束缚，推行变法维新的人才就很难涌现。故康有为认为：“变法之道万千，而莫急于得人才。得人才之道多端，而莫先于改科举。”他鄙笑那些“翰苑清才，而竟有不知司马迁、范仲淹为何代人，汉祖、唐宗为何朝帝者。若问以亚非之舆地、欧美之政学，张口瞪目，不知何语矣”。他把八股取士制度，比作“白起之坑长平赵卒四十万而十倍之”[16]。严复斥责八股取士是败坏民智、民力的“牢笼”，它有“锢智慧”、“坏心术”、“滋游手”三大危害[17]。这些尖锐的批判，不但表现了维新派对封建文教制度的痛恨，而且在当时的爱国知识青年中产生了积极影响。吴玉章同志后来回忆说：“当我读到康梁（特别是梁启超）的痛快淋漓的议论以后，我很快成了他们的信徒，一心要做维新志士，对于习八股、考功名，便没有多大兴趣了。”[18]

维新派予封建科举制度以无情鞭笞，同时还提倡把“学以致用”与“学习新学”（即西学）结合起来。严复指出：如果广求西学，就不难发现“中国从来政教之少是而多非”。要使国家免于危亡并富强起来，“则不容不通知外国事，自不容不以西学为要图”[19]。康有为则极力主张“学诸欧之政治、工艺、文学知识，大译其书，以善其治”[20]。

维新派为了广泛宣传、学习西方各国的长处，公布他们变法维新的主张，壮大自己的阵容，在各地兴办了学堂、学会和报馆，多达300余处，并大力翻译、出版西欧资产阶级社会政治学说和自然科学。不少学会打破了封建等级观念。湖南长沙的“南学会”在入会章程中规定：“凡入会者，俱作为会友，一切平等，略贵贱之分。”[21]苏州“苏学会”章程中也有类似的规定：“本会中人，概以平等相礼。”[22]此外，严复等在天津编辑出版的《国闻报》，梁启超等在上海创办的《时务报》，都是当时在社会上畅销一时的报刊。特别是严复译的《天演论》，不但唤起了人们的爱国热忱，而且为后来资产阶级革命派提供了民主革命的锐利武器。康有为在提到这部启蒙著作时说：“《天演论》为中国西学第一者也。”[23]

维新派在变法维新运动中对封建壁垒的冲击，对西学的广泛传播，以及他们变法维新主张的公开披露，为转变当时的社会思想作出了积极贡献。各地出现了前所未有的“言时务”、“谈西学”的新风尚。特别是在湖南，其效果更为显著，它表现在“人人皆能言政治之公理，以爱国相砥砺，以救亡为己任，其英俊沉毅之才，遍地皆是。其人皆在二三十岁之间，无科第，无官阶，声名未显著者，而其数不可算计”[24]。尽管以西太后为首的封建顽固势力发动政变，血腥地镇压了这次运动，但“虽有政变，而民智已开，不复可遏抑矣”[25]。康门弟子欧榘甲在《论政变中国不亡之关系》一文中写道：“斯时智慧骤开，如万流潏沸，不可遏抑也。及政变而八股复矣，然不独聪明英锐之士，不屑再腐心焦脑，以问津于此亡国之物，即于高头讲章，舌耕口穑数十年，号为时艺正宗者，亦谓诵之无味，不如多阅报之为愈矣。”[26]在历史的长河中，被反动势力斥之为“异端”、“邪说”的思潮，往往成为变革当时社会风气的先导。戊戌维新运动的历史，也说明了这点。

资产阶级维新派发动、领导的这次运动，其进步作用确是不可泯没的。毛泽东同志在《论人民民主专政》一文中，高度地评价了康有为、严复的历史地位和作用，赞扬他们是“代表了中国共产党出世以前向西方寻找真理的一派人物”。尽管维新运动被封建顽固势力所绞杀，然而新的思想潮流既已将旧的思想壁垒打开了缺口，它就要继续发展和扩大。

三　维新运动为辛亥革命作了必要的准备

19世纪末，在中国发生的资产阶级维新运动，给社会带来了一些前所未有的变化。从来没有过的新学堂、学会和报馆，在全国范围内出现了。西方资产阶级政治社会学说，也于此时在中国较多地传播开来，这些新的事物尽管还处于微弱状态，但它对长期受封建思想钳制的中国社会，却起了一定程度的振聋发聩的作用。另一方面，封建顽固势力对维新运动的残酷镇压，则又加深了人们对清政府反动面目的认识。正反两个方面的教育，促使广大爱国青年决心走上推翻清朝的道路。维新运动以后，不少志士表达了他们的这种思想。有的说：“杀机愈演愈烈，而文明之期愈迫愈近[27]，”有的表示：“暴动而后能有所创立，有所成就[28]，”有的主张：“欲立新国，必自亡旧始。”[29]梁启超更明确表示：要挽救中国危亡，争求社会的进步，“必取数千年横暴、混浊之政体，破碎而齑粉之。”[30]他认为“专制政体之不能生存于今世界，此理势所必至也。以人力而欲与理势为御，譬犹以卵投石，以螳当车，多见其不自量而已。故吾国民必有脱离专制苦海之一日。吾敢信之，吾敢言之”。因此，他主张“Revolution（即日人所谓革命，今我所谓变革）为今日独一无二之法门。不由此道而欲以图存，是磨砖作镜、炒沙为饭之语也”[31]。可见，经过维新运动之后，人们的政治思想在前进，在变化。然而这个转变也是有一个过程的。

1898年9月，维新运动遭到了封建顽固势力的血腥镇压。维新派遭杀害，被通缉，受株连；学堂、学会、报馆被查封；维新派著作被禁。清政府的种种倒行逆施，使革命志士“激而震奋，不动不止矣”[32]。当时，在台湾的一些兴中会会员，为维新运动死难的“六君子”开会追悼。原时务学堂学生林圭，在运动失败后，东渡日本，加入了孙中山先生创立的兴中会，对谭嗣同的被害，“君殊惋痛，用是弥切九世之仇，不能须臾去怀。乃以实行革命家自任，不屑以理想空谈自见”[33]。年轻的资产阶级民主革命思想家邹容，曾如饥似渴地阅读严复译的《天演论》和梁启超、黄遵宪等创办的《时务报》等新学书刊。当他在重庆听到谭嗣同被杀的噩耗后，异常悲愤。他写了这样的诗句来悼念他：“赫赫谭君故，湖湘志气衰。惟冀后来者，继起志勿灰。”[34]邹容不但对死者表示了崇敬，同时他还看到维新运动并没有改变中国险恶的处境，因而希望“后来者”继续同封建顽固势力战斗。从以后邹容本人的实践来看，他实现了自己的诺言，为革命做出了贡献。曾与谭嗣同等创办时务学堂、主持编辑《湘报》的唐才常，他“自经戊戌八月的激刺，对于满清已有十分之绝望，恨不及时扰乱满清之全局，组织新政府以代之”[35]。1899年秋，唐才常东渡日本，由毕永年（原系康有为弟子，维新运动失败后，逃往日本，加入兴中会）“介见孙中山商讨合作，庚子在上海创‘正气会’为运动机关，又组织‘自立军’于湘、鄂、皖各省”[36]。当时孙中山正从事惠州起义的准备，对唐才常的举兵计划表示支持。据唐才常的弟弟唐才质说：“在日本时，先兄由毕永年介绍，与孙中山先生相见于旅次，讨论在湘、鄂和长江一带的起兵计划，孙先生认为可行。”[37]11月，梁启超设筵饯别唐才常、林圭、秦力山等离日回国举事，并邀孙中山、陈少白、宫崎寅藏等作陪。会上，孙中山向唐等介绍了汉口兴中会会员容星桥的情况，望与之联系，协助义举。因此，汉口自立军的活动，大得其助。在孙中山的支持下，有不少兴中会会员投入了自立军行列，并担负起一定的领导工作。

唐才常的举兵起义活动，一方面取得孙中山的赞助，另一方面又与康梁保持着密切的联系，故自立军又号“勤王军”[38]。唐才常在组织自立军的同时，为了联络长江一带的哥老会力量，在上海创立了“正气会”（后改称为自立会）。该会章程明确规定以“务合海内仁人志士，共讲爱国忠君之实，以济时艰”为宗旨，但在章程的序言中却又写着“上切不共戴天之仇，下存何以为家之思”，“非我族类，其心必异”[39]的不满清朝封建统治的词句。这种矛盾状况，正反映了戊戌维新运动失败后，一部分知识分子继续寻求救国途径的心理状态。值得注意的是，自立军的起义，已不再是戊戌维新运动的重演，而是20世纪初资产阶级改良派与资产阶级革命派在政治上的一次密切合作。

1900年9月，自立军起义失败，进一步促进了知识分子向革命的转变。秦力山（原时务学堂学生，南学会会员，曾任自立军安徽后军统领，后加入中国同盟会）自起义失败后，因“尽知汉局之隳，罪在康之拥资自肥，以致贻误失事，遂对康宣布绝交，愤然再渡日本”[40]。于1901年同戢元丞、沈翔云等创办《国民报》月刊，“专提倡革命排满，及排斥保皇邪说”[41]。它是中国留日学生中创办较早的革命刊物，得到过孙中山的捐资帮助。曾率领自立军在湖南常德起义的陈犹龙，事败后率多人逃往日本东京，改名左仲远。因知军事后援无济，遂与朱菱溪诸人“群向梁启超算帐，梁特迁居横滨避之”[42]。此后，陈、朱遂与章太炎等发起“支那亡国纪念会”，宣扬排满之说。原任南学会邵阳分会负责人樊锥，自被封建顽固势力逐出湖南后，赴日本投入革命派行列，与杨笃生（原时务学堂教习）、陈天华、黄兴等编辑《游学译编》，宣扬民主革命思想。杨笃生在所著《新湖南》一书中指出：清朝“二百年来之历史，皆爱新觉罗之罪状”。他强调对于清王朝“非隆隆炸弹，不足以惊其入梦之游魂；非霍霍刀光，不足以刮其沁心之铜臭”。1900年以前，曾表明自己“常与尊清者游”的章太炎，因不满自立会的“勤王”宗旨，遂毅然剪去自己头上那条象征忠于清朝的发辫，并于1901年在《国民报》撰文批驳康梁的保皇主张。此外，还有许多曾跟随康梁的报刊编辑、记者，如郑贯一、黄世仲等，都先后投入了革命派行列。

由此可以看出，大批知识分子经过戊戌维新运动之后，顺应时代的潮流，走上了革命的道路。1900年自立军的起义，则加速了这个转变的进程。此外，我们还必须看到，从前维新运动的一些领导者们，他们并没有因运动遭到封建顽固势力的镇压而销声匿迹。严复仍继续通过翻译向社会介绍西欧资产阶级的政论和哲理；梁启超则通过创办《清议报》、《新民丛报》，继续撰写反对封建专制的论著，深受广大青年知识分子的欢迎。他在论述《清议报》的任务时说：“十九世纪与二十世纪交点之一刹顷，实为中国两异性之大动力相搏相射，短兵紧接，而新旧代嬗之时也。……《清议报》虽不能为其主动者，而致窃附于助动者，未敢多让焉。”[43]“因而高唱自由平等之说……颇为世人欢迎。”[44]而《新民丛报》“出版两年，阐扬民族主义，不遗余力。所著破坏论，尤痛快透彻，足以惊破顽固派之迷梦。……故出版未久，即已风行国内外，言新学者咸奉为典型”[45]，“影响国内青年之思想至巨”[46]。虽然梁启超在当时知识界中许多人知道他是保皇党，也有不少刊物对康梁提出了批判，但那时两派之间的思想斗争还没有发展到公开对立和决裂。它们的斗争目标，基本上还是集中在以西太后为头子的清朝政府。郭沫若同志在《少年时代》中曾提到梁启超说：“他是资产阶级革命时代的代言者，他的功绩实不在章太炎之下。”因此，在谈到20世纪初广大知识分子的思想发展过程时，这些事实恐怕是难以抹煞的。迨自1903年以后，革命与改良两种政治思想和派别的斗争，日益尖锐和明朗化。1904年孙中山《敬告同乡书》一文的发表，标志着两派的公开决裂。

1905年资产阶级革命政党——中国同盟会成立后，革命党人以《民报》为阵地，继续同康梁作斗争。1906年，两派论战达到高潮。此后，改良派内部日益分化，“自甲辰以至丙午，其间由恶迁良，出保皇会以入革命党者，不可以千数计。”曾畅销一时的《新民丛报》，自1903年以后“销路顿减”。迨《民报》问世，“向之与《新民丛报》有关系者，莫不倒戈相向”[47]。曾担任《新民丛报》代理编辑的马君武，在横滨脱离康梁，于1905年加入中国同盟会。到了1907年，《新民丛报》再也办不下去了，不得不于同年7月自行宣告停刊。

戊戌维新运动，是一次资产阶级民主革命性质的启蒙运动。运动的目标是要把半殖民地半封建的中国，变成一个独立、民主、富强的资本主义中国。尽管这个历史任务资产阶级维新派无力完成，但他们发动、领导的这次运动，却揭开了中国资产阶级民主革命的序幕，为资产阶级领导的民主革命——辛亥革命在思想理论上作了必要的准备。

注释：

[1] 薛福成:《筹洋刍议》，中国史学会编《戊戌变法》第1册。

[2][3] 郑观应 :《盛世危言》。

[4] 容闳 :《西学东渐记》。

[5] 康有为 :《强学会序》，《戊戌变法》第4册。

[6] 康有为 :《应召统筹全局折》，麦仲华编《戊戌奏稿》。

[7]《谭嗣同全集》，第127页。

[8] 康有为 :《请停刀弓石武试改设兵校折》，麦仲华编《戊戌奏稿》。

[9][37]《湖南历史资料》1958年第3期。

[10] 梁启超 :《变法通议》。

[11] 吴玉章 :《辛亥革命》。

[12] 梁启超 :《康有为传》，《戊戌变法》第4册。

[13] 严复 :《辟韩》，《戊戌变法》第3册。

[14] 康有为 :《上清帝第七书》，《戊戌变法》第2册。

[15] 梁启超 :《清代学术概论》，《戊戌变法》第1册。

[16] 康有为 :《请废八股试帖楷法试士改用策论折》，麦仲华编《戊戌奏稿》。

[17][18][19] 严复 :《救亡决论》，《戊戌变法》第3册。

[20] 康有为:《请广译日本书派游学折》，麦仲华编《戊戌奏稿》。

[21]《湘报》第34号。

[22]《苏学会章程》，《戊戌变法》第4册。

[23]《康有为与张之洞书》，《戊戌变法》第2册。

[24][25] 梁启超 :《戊戌政变记》。

[26]《戊戌变法》第3册。

[27][32] 李群 :《杀人篇》，《清议报》第88期。

[28] 杨笃生 :《新湖南》。

[29]《中国灭亡论》，张枬等编《辛亥革命前十年间时论选辑》第1卷。

[30] 梁启超 :《新民说》。

[31] 梁启超:《论专制政体有百害于君主而无一利》、《释革》，《新民丛报》第21、22期。

[33] 冯自由 :《兴中会时期的革命同志》，中国史学会编《辛亥革命》第1册。

[34] 邹鲁 :《中国国民党史稿·列传》第4编。

[35] 黄中黄（章士钊）:《沈荩》。

[36][38]《辛亥革命》第1册，第152页。

[39] 张难先 :《湖北革命知之录》，第22页。

[40] 冯自由 :《革命逸史》初集，第87—88页。

[41] 冯自由 :《中国革命运动二十六年组织史》，第56页。

[42]《辛亥革命》第1册，第161页。

[43] 梁启超 :《本馆第一百册祝词并论报馆之责任及本馆之经历》，张枬等编《辛亥革命前十年间时论选辑》第一卷。

[44] 同[41]，第43页。

[45] 同[41]，第62页。

[46] 冯自由 :《革命逸史》第三集，第147页。

[47]《恨海来函》，《民报》第五号。

（原文刊于《中国历史博物馆馆刊》1981年总第3期）

走向复兴的反思：11到19世纪中叶的中国与世界
——三论中国从先进到落后的三百年

王宏钧

一 历史对文明的考验

人类社会的各种文明，迄今为止无不经受过历史的考验，并正在考验之中。

人类社会一步步地向前迈进，形成了由低级社会形态向高级社会形态的有规律的逐步发展。但是，自然环境的差异、文化传统的不同和不断出现的各种不同的历史机遇和条件，每个民族社会的发展，并非按照同样的一种固定程序和模式，而是各自有着特殊的形式和不尽相同的道路。

从古以来，尼罗河流域、底格里斯河、幼发拉底河流域、印度河恒河流域、黄河长江流域、古希腊、古罗马、古伊斯兰世界，以及地中海北岸的意大利城市，直到“太阳不落的”大不列颠联合王国，文明一个接一个地兴起，又一个个地衰落下去。而新的文明又在兴起。

衰落的文明在一定的机遇与条件下，往往又复兴起来。

在我们考察的历史年代——公元11世纪，中国正值被外国一些历史学家评论为“近代中国开端”的宋朝。这时在商周汉唐以来高度发展的中华文明中，中国人首先发明了印刷术、火药和指南针。这三种发明后来被誉为“改变整个世界面貌的巨大力量”。与此同时，欧洲刚从罗马帝国衰落以来漫长的“黑暗时代”中走出来。到14世纪开始了一次进步的变革，欧洲开始了“文艺复兴”。这一变革被认为是古希腊罗马时代文化艺术、科学和政治的复兴，它推动中世纪的欧洲向近代过渡。15世纪末16世纪初，出现了“伟大的地理发现”，使16世纪改变了整个世界的格局和发展趋势，成为世界历史的转折时期。16—17世纪中叶，西欧封建社会开始解体，已经萌生的资本主义社会形态开始确立。18世纪后半叶英国发生了工业革命，到19世纪初欧美一些国家已开始进入近代大工业时代，并开始向中国扩张。与此同时，中国经过13世纪80年代到14世纪60年代蒙古贵族的元朝统治以后，已进入封建社会晚期。中国社会固有的经济政治文化结构和社会机制，使明清两代带着固有的各种社会矛盾，沿着固有的历史轨道，继续向前发展，并取得了一定成就。但是，如果放到整个世界发展形势和人类历史前进潮流中去考察，相形之下，已经大为衰落了。曾经以发达的物质文明和精神文明长期居于世界前列的中国发生了从先进到落后的历史转折。

落后就要挨打；不断挨打，也就更加贫穷落后。19世纪40年代以来，西方列强纷至沓来，强加给中国无限的屈辱与苦难，但同时也加速了中国传统社会的解体，激发了中国人的民族觉醒而奋起抗争。经过一代一代的中国人坚持不懈的斗争与探索，流血牺牲，前赴后继，中国终于在1949年站立了起来，昂首屹立于世界的东方，带着焕发的青春，在现代化的征程中走向复兴。

“前事不忘，后事之师”。文明悠久的中国，从先进到落后的转变，究竟是怎样形成的？其原因是什么？从那个时候开始，一代又一代的中国人不断地探索；许多中外学者和政治家也都试图给以解答。但是，直到今天仍然见仁见智，莫衷一是。因此，振兴祖国的夙愿，促使我不揣疏浅，开始自己去探索，也陆续提出了一些浅见。

本文再次提出一些看法，以就教于广大读者和各方专家学者。

二 “改变了整个世界面貌”的中国三大发明

17世纪初，被誉为英国唯物主义和整个现代实验科学创始人[2]的佛朗西斯·培根（Francis Bacon 1561年—1626年）在他的《伟大的复兴》中曾经写道：“我们应该观察各种发明的威力、效能和后果，最显著的例子便是印刷术、火药和指南针，这三种发明古人都不知道；它们的起源虽然是近期，但不为人所知，默默无闻。这三种东西曾改变了整个世界事物的面貌。”培根接着指出：“第一种在文学（文化——引者）上，第二种在战争上，第三种在航海上，由此又产生了无数的变化。这种变化是这样的大，以至没有一个帝国、没有一个教派、没有一个赫赫有名的人物，能比这三种机械发明在人类的事业中产生更大的力量和影响。”[3]

培根生当16、17世纪之际，他从当时迅速改变着的世界中敏锐地看到了这三种发明的重大世界意义。但他并不知道这都是11世纪前后中国宋代人的发明。

中国的印刷术创始于6世纪左右的隋朝，北宋庆历年间（1041年—1048年），毕升发明了活字印刷术。中国火药的发明约在9世纪。11世纪时，中国在战争中已有使用爆炸性火药的火炮。

指南针的发明，在中国更早。前3世纪成书的《吕氏春秋》已有“磁石召铁”之说。公元前1世纪初，王充的《论衡》中说磁勺柄指南，这时已发明了最早的指南针。12世纪初，即宋徽宗时（1101年—1125年）朱彧《萍洲可谈》和徐竞《宣和奉使高丽图经》都记载了指南针（罗盘针）已使用于航海。

印刷术最先传到朝鲜、日本。13世纪雕版印刷术传到波斯，活字印刷术先传到阿拉伯。14世纪波斯纸币上曾印有中国和阿拉伯文字。14世纪末15世纪初，威尼斯开始有雕版印刷的圣像。15世纪中叶，德国和英国先后有了印刷术，开始有活字印刷的42行本《圣经》。

火药和火器，在蒙古人几次西征中西传。火药成分主要是硝石，在波斯语中叫作“中国盐”，阿拉伯语中叫“契丹雪”。火器，则被叫作“契丹火铳”。后来传到了欧洲。

指南针（罗盘针），宋代开始使用于航海。宋元时期中国的商船和阿拉伯、波斯的商船同时活跃在南中国海和印度洋上。这时，阿拉伯和波斯的商船也有了指南针。

11—13世纪初的欧洲与当时的宋代中华帝国、拜占庭帝国和阿拉伯帝国比较起来，还是“不发达地区”。从13世纪起，欧洲在文化、技术水平和经济潜力上才逐渐发展起来。因为“第四世纪将近结束之时开始的各蛮族对罗马帝国西方各省的侵略和征服，标志着基督文明史中的一个黑暗时代的开端。这个时代一直继续到11世纪”[4]。

三大发明传入欧洲以后，印刷术成了14世纪开始的欧洲文艺复兴和科学发展的重要手段。火药把欧洲中世纪的骑士炸得粉碎。罗盘针促成了西欧探险家发现美洲新大陆和环球航路，从而空前地改变了世界面貌。三大发明预示着近代工业文明的诞生。因此，19世纪中叶卡尔·马克思更明确地指出：印刷术、火药和罗盘针“这些都是资产阶级发展的必要前提”[5]。

三 东西方在征服海洋中的先后贡献和两种历史前景的出现（15—16世纪初）

15世纪末16世纪初环球新航路和新大陆的发现，促成了16世纪全世界历史转折时期的到来。但是，远在欧洲人出现于印度洋之前许多世纪，中国人、印度人、阿拉伯人和马来人，在开拓印度洋和太平洋上的航路和航海技术方面已经取得了很大成就。这条航路把从中国东海、南海到中南半岛太平洋西部地区、印度次大陆、波斯湾、阿拉伯半岛，直到非洲东岸联系起来。所以“环球航路”的发现，应该说是西欧人在亚洲人多少世纪以来征服海洋的基础上所做出的新的伟大贡献。

中国位于亚欧大陆的东部，有广阔深袤的国土，也有长达 18000 公里的海岸线和 5000 多个沿海岛屿。所以，中国是一个大陆国家，同时也是一个海洋国家。

从很遥远的古代起，中国沿海的居民已开始了征服海洋的活动。公元前 5 至前 4 世纪，齐、燕等国君主相继派人多次“入海求蓬莱、方丈、瀛州”（“海上三神山”），到公元前 3 世纪末，秦始皇“东临碣石”，派徐福入海求仙，都是中国人对海洋奥秘的初期探索。公元前 2 至前 1 世纪，汉武帝七次巡海，并派人带着黄金和“杂缯”（丝绸）“入海”换取珍宝，广事招徕海上商人和使者。这时，从日南（越南南部）、徐闻、合浦到黄支（印度半岛东岸）[6]和已程不（斯里兰卡）的航路已经开通。

中国的丝绸辗转到达欧洲，引起了罗马人的极大兴趣。大秦王（罗马皇帝）“常欲通使于汉，而安息（今伊朗呼罗珊地区）人欲以汉彩缯与之交利，故遮不得自达”[7]。原因是“大秦国——与安息、天竺交市海中，利有十倍”[8]。东汉永元九年（公元 97 年）和帝派甘英“使大秦、到条支”[9]。条支即波斯湾的安提阿克城。甘英听信安息人介绍海上的巨大风险而没有渡海。三国时期，孙权派朱应、康泰出使南海，“其所经及传闻，则有百数十国”[10]。以后南方的宋、齐、梁等几个王朝都很重视南海交通。“海南诸国，大抵在交州南及西南大海州上，相去近者三五千里，远者二三万里，其西与西域诸国接”。宋、齐时，“至者有十余国”，到梁时，“航海岁至，逾于前代”[11]。

隋唐时期，与海外诸国交往频繁，中国人出洋远航的海域扩大了。这时，广州港繁荣起来。《新唐书·地理志》引用了贾耽《广州通夷海道》的详细记载。宰相贾耽曾任鸿胪卿，主持过唐朝与国内各族及海外诸国往来的事务。他熟悉海外的地理交通，所记载的这条海道，从广州开航，到顿门山（今香港顿门岛）“乃帆风西行”，到海峡（今马六甲海峡）。海峡“北岸则罗越国（今马来半岛南端），南岸则佛逝国（今印尼苏门答腊）。由佛逝国东行四五日，至诃陵国（今印尼爪哇）”。再出海峡到狮子国（今斯里兰卡），再经几个小国，“至提飓国（今印度河口以西、卡拉奇东）”。从提飓国西行，“至提罗卢和国，一曰罗和异国（今波斯湾内阿巴丹附近）。国人于海中立华表，夜则置炬其上，使舶人夜行不迷”。再西行，“乃大食国之弗利剌河（即幼发拉底河），南入于海。小舟溯流，二日至末罗国（今伊拉克巴士拉），大食重镇也”。自末罗向西北“陆行千里，至茂门王所都缚达城”[12]。缚达城即阿拉伯帝国全盛时代阿拔斯王朝（黑衣大食）的都城巴格达。

在贾耽记载中，航路最西端是三兰。关于三兰所在地，学者说法不一。或认为在非洲东岸，或认为即红海口外的亚丁[13]。五代时期，东南沿海的吴越、南汉和闽都注重开展海上贸易。吴越与日本往来频繁，闽则积极“招徕海上蛮夷商贾”[14]。

960 年宋朝建立时，西北地区已并立着几个民族政权。西夏崛起，与宋朝、甘州回鹘以及藏族的宗歌王国之间不断发生战争，东西陆上交通受阻，因此宋朝更为重视海上的交通和贸易。雍熙四年（987 年）便“遣内侍八人赍敕书、金、帛，分四纲，各往海南诸蕃国，勾招进奉，博买香药、犀牙、真珠、龙脑”[15]。在一些港口设市舶司，制定法令，管理海上贸易。天圣元年（1023 年），大食国使者由传统的丝绸之路经沙州（敦煌）过西夏“来贡”，宋仁宗“恐为西人（西夏）钞略”，诏命此后由海道至广州，再达京师（开封）[16]。这里所说的大食，系指当时的波斯、阿拉伯以及东非的许多伊斯兰国家。北宋时，这些国家的商人、使者来华者很多，出海贸易，获利巨大。中国东南沿海“以海商为业”的迅速增加，而市舶税也成为宋朝一项很大的财政来源。“南渡之后，经费困乏，一切倚办海泊”[17]。所以，宋高宗一再强调“市舶之利最厚”，“市舶之利，颇助国用”[18]。曾分遣使者出海，招徕蕃商，给予优惠。

海外交通贸易的发展，促进了造船工业和航海技术的进步。当时中国的海船既大且坚，构造和设备都比其他诸国胜过一筹，许多大食商人都喜欢乘中国船[19]。这时，中国人在远洋航行中开始使用航海罗盘（指南针）。中国的海员夜间根据星辰判断航路，昼间则根据太阳。如果密云满天，他们就使用罗盘针。如果说以前波斯人、大食人在航海史上占着优势，到了这时中国人不仅可与之并驾齐驱，而且在航海技术上已有过之。

宋代，中国与海上诸国的往来比以前更加频繁，大食和三佛齐（今印尼苏门答腊岛上的古国）是东西两个海上重镇。东西往来的中国、大食和印度的商船都要在三佛齐“修船转移货物”。有些中国商人去三佛齐“往返不期年，获利百倍”[20]。

从宋代开始，中国已与菲律宾群岛通航。当时来中国的文古老、麻逸、三屿、蒲哩噜、蒲岛等，都是菲律宾群岛中的岛国。到元代，当地居民来中国经商、中国商船前去贸易的日渐增多，这就为后来（16世纪）沟通从中国东南沿海，中经马尼剌，到墨西哥的奥克波尔卡的太平洋贸易航线开了先河。

元朝建立以后，忽必烈采取了积极的海外政策。他不同于以往各王朝在海上只是希望招徕海外诸国“入贡互市”，这位带着新兴游牧贵族特有的奋进气质和征服欲望的大汗，曾在前后20年中，不惜以10万计的兵力和数千艘舰船，对海外的日本、占城、爪哇等进行多次侵略性的远征。这在中国历史上前所未有。同时，他在至元十七年（1280年）入主中原以后的15年中，不断地遣使“招收海外诸蕃”，从真腊、暹、罗斛、南巫里、爪哇，直到马哈答束，前后20多次[21]。对于海外贸易，他也很开放，曾诏谕：“诸蕃……诚能来朝，朕将宠礼之；其往来互市，各从所欲”[22]。在与日本关系紧张期间，也未禁止日本商人来华贸易。元朝对海外贸易之开放，也是以往王朝所未有。

元朝之特别重视海外贸易，首先因为市舶税是巨大的财政来源。不但允许私人经营海外贸易，政府也出船出本钱，交舶商做生意，从中得利，叫作“官本船”。从两宋以来，海外贸易一直是沿海豪富的致富之道。早在入主中原之前，蒙古诸王、后妃、勋戚、贵族已各自把银子交回回商人经商或放高利贷，坐收其利。入元以后，通蕃贸易获利巨大，入海经商者日多，王、后、贵族们凭仗权势，获利更非一般商人可比，因此元朝对海外贸易也更加重视。

在元朝建立和统一全国的过程中，众多的西域阿拉伯人、波斯人进入并居住泉州、扬州等东南沿海和长江沿岸城市。他们信奉伊斯兰教，被称为回回，其政治地位在全国四等人制中被列在第二等色目人中，仅次于蒙古人，而在汉人、南人之上。在中世纪的航海史上，尤其在印度洋中，阿拉伯人、波斯人占着重要的地位。他们具有丰富的航海和海外贸易的经验。元代《秘书监志》中曾记载：“至元二十四年二月十六日，奉秘书监台旨，福建道骗（遍）海行船回回每（们），有知道回回文剌那麻，具呈中书省行下合属取索者。奉此。”[23]“剌那麻”（波斯语之译音）即“指路”、“旅行指南”或海道图经之类。仅此一例也可说明回回人对中国航海技术的发展和海外交通贸易曾做出了贡献。

当时的国际形势对元朝海外交通也出现了特别有利的条件。蒙古伊儿汗国统治的波斯湾和黑海之间的广大地区是元朝的“宗藩之国”。因为元朝大汗与伊儿汗国的君主同是成吉思汗幼子拖雷的后裔，历代伊儿汗都奉元朝皇帝为宗主，相互关系十分密切。由于元朝与西北诸王的长期战争，以及察汗台汗国与伊儿汗国不时发生的战争，陆上驿站交通受到影响，海上往来势必增多。

以上各种有利条件，促使元代的海外交通空前发展。

元代海外交通的港口，除原有的泉州、广州、庆元（宁波）、杭州、温州之外，新开辟了上海、澉浦二港。至元二十四年（1287年）“开（太仓）刘家港导娄江入海”，刘家港地当江海之汇，“可容万斛之舟，海商云集”，被称为“六国码头”[24]，后来明初郑和七下西洋多由此港起航出洋。

元代航行的海域，东自澎湖、琉球（今台湾）、菲律宾群岛，西至阿拉伯半岛，远达东非层拔罗（今桑给巴尔）和刁吉儿（明代称木骨都束，即今索马里首都摩加迪沙）[25]。元人航海活动的频繁和地理范围的扩大，对海上气候、风向、水流的变化和海外各地港口的地形、停泊条件，以及各地的风土人情、物产贸易的了解，也积累了更多的航海知识。罗盘针之使用于航海，最早见于宋人的《萍州可谈》和《宣和奉使高丽图经》。关于航海使用罗盘针的记载，则最先见于元人周达观的《真腊风土记》[26]。关于元代造船工业的发展，两位来华的外国人曾有记载。《马可波罗行记》中写道："中国商人乘载往还印度群岛之船，盖松杉所造者，只一舱面，约五六十个小房间，每商人可占用一小房，在内亦安适。船仅一舵，而有四桅，有时亦加用两桅……每一大船需二三百水手驾之，此盖巨者，能容五六千筐胡椒。昔日之船较今为尤大也。"另一位来华的非洲摩洛哥人伊本巴图塔（Ibn Batuta）记载说，中国海船有三种，大的有十二帆。每船海员 1000 人，其中 600 人为水手，400 人为护勇。较大的船桨（橹）相当于桅杆，每桨用 15 人摇，更大的要增到 30 人摇。一船共有 30 桨，摇桨人两边对峙，用两条巨缆各系其一端，摇桨的一推一挽，口唱渔歌，以歌的节拍协调摇桨的动作。从这些记载可以了解其发展的状况。

当蒙古人进入中原，统一中国的初期，社会经济文化曾遭到严重破坏。但经过一段时间的恢复，元代的中国仍是东方富庶的大国，《马可波罗行记》中有许多具体生动的记载。14 世纪初，一位到过广州的欧洲旅行家曾说：广州一城，抵得上三个当时欧洲最繁荣的商业城市威尼斯，"全意大利的货物也没有这座城市多"[27]。《马可波罗行记》在欧洲传播以后，中国和东方的财富，好像神话一样使欧洲的贵族、商人和冒险家们醉心向往。这被说成是"远方契丹（中国）的诱惑"[28]。

"11 世纪是欧洲各国由早期封建社会过渡到成熟的封建制度的主要分界"[29]。欧洲从过去所谓的"黑暗时代"走出来以后，从 13 世纪起社会经济起了重大变化。社会农牧业迅速发展，促进了手工业技术的迅速提高和各部门的分化。锻造业、武器制造业、采矿业、金属加工业、纺织业（尤其是毛纺织业）、磨粉业和建筑业发展起来。

欧洲中世纪城市最早出现的是意大利的威尼斯、热那亚、比萨和那不勒斯，还有法国南部的马赛、阿尔、那波尔和芒佩利埃。这时地中海东部沿岸的君士坦丁堡、亚历山大里亚、大马士革和巴格达，都是历史悠久的工商业繁荣的城市。意大利这些城市的海上贸易，首先促进了自己的发展。

13 世纪，欧洲商业主要集中在地中海，因为这里是西南欧各国与东方各国贸易的主要通道。以往阿拉伯和拜占庭商人在这种贸易中占主导地位，从 12 到 13 世纪（特别是由于十字军东征），这种贸易上的优势就转移到热那亚、威尼斯以及马赛和巴塞罗那商人手中，南欧和西欧的这些城市的商业和手工业繁荣起来。

14 世纪，意大利的威尼斯和热那亚等几个滨海城市的造船业中，已有上万造船工人。佛罗伦萨城乡的毛纺织作坊约 200 家，其中手工业工人近 3 万人。这时，曾经起过进步作用的行会制度，由于极力维护小生产方式，为避免同行业中引起竞争，因而立下各种规约阻止技术的改进和生产的发展，所以越来越变成了进一步提高生产力的阻碍而开始瓦解。这样，商业资本从流通领域开始涌入生产领域。从包买商逐渐发展出手工工场主，封建社会母体中孕育的资本主义生产关系的萌芽开始出现。但这仅限于几个出口贸易城市的纺织业为主的几种行业中。资本主义生产关系的萌芽，使欧洲封建社会内部的文化生活发生了非常重要的变化。文艺复兴时代来临了。

正在这时（14 世纪中叶），中国爆发了反抗元朝蒙古贵族统治的历时 18 年的大规模农民战争。1368 年，明朝建立，元朝灭亡。经过几十年的"休养生息"，社会经济又发展起来。1405 年—1433 年的 28 年中，郑和率领的庞大船队进行七下西洋的远航，中国的航海力量重新活跃在从中国东南沿海、东南亚海域，并横越印度洋直到非洲东岸的辽阔海洋上，与亚非 30 余国加强了友好往来，促进了经济文化交流，也为人类征服海洋的事业和世界文明的发展作出了卓越的贡献。

"从 10 到 15 世纪这一时期，中国变成了一个强大的航海强国，它的沿海城市成为世界贸易的中心。"[30]

15 世纪中叶，地中海与东方的商路出现了严重的障碍，其原因是土耳其奥斯曼帝国的兴起和扩张。同时，蒙古金帐汗国的崩溃，从黑海北岸横穿亚洲大陆直到中国的商路也受到阻隔。经过埃及、红海和波斯湾的东西商路，又为阿拉伯人所垄断。地中海的贸易和意大利繁荣的工商业城市衰落了。这时，欧洲中世纪的经济，已从半停滞的地方状态中开始挣脱出来，向商品经济过渡。15 世纪末叶迅速发展的欧洲工业和贸易都要求有更多的交换手段，为了得到东方的货物和财富，西欧国家开始积极寻找通往东方的新航路。这主要是伊伯利亚半岛的葡萄牙人和西班牙人。他们为了避免意大利人控制通往东方的航道，垄断贸易，因此设想向西航行，找另一条通往东方的道路。首先是航海家亨利亲王沿着非洲海岸航行，设想绕过非洲到达东方。其后，探险家哥伦布设想渡过海洋向西直驶，也许可以更容易地到达东方。1492 年，西班牙支持的探险家哥伦布发现了美洲“新大陆”。1497 年，葡萄牙人瓦斯科·达·伽马绕过好望角，第二年到达印度的卡利刻特。1519 年葡萄牙人斐尔多·麦哲伦继承和发展了从远古以来人类征服海洋的成果，实现了从欧洲到亚洲的环球航行。

15 世纪末到 16 世纪初，“伟大的地理发现”，加速了欧洲封建制度的解体和资本主义生产关系的产生。同时，也揭开了欧洲对非洲和美洲人民进行掠夺和剥削的序幕。

15 世纪初郑和船队中最大的宝船长 48 丈，宽 18 丈。据日本研究东方科学史的学者薮内清推断：“这种船的大小可以和现在八千吨级的大船匹敌”[31]。87 年后，哥伦布带着伊萨伯拉王后给契丹大汗（中国皇帝）的一封信和 88 个人所乘的横渡大西洋的三艘船中，最大的圣玛丽亚号长 63 英尺，宽 20 英尺[32]，其吃水量约为 210 吨。如果仅从航海技术上看，哥伦布发现美洲大陆时的航海探险，被认为“还完全是探索性的”。“欧洲直到达·伽马时期，在航海技术方面，才终于达到了郑和时代的水平”[33]。但是中国古代文明和社会发展行将落后于西欧的历史趋势，已从 15 世纪先后的远洋航行中露出了端倪。

明成祖派郑和远航的主要目的是“宣德化而柔远人”[34]，“通四夷”以“示中国富强”，总之，主要是为了扩大大明帝国的政治影响，从而巩固封建统治，以及永乐皇帝本人在国内外的政治地位。郑和的庞大船队，每一次虽然都装载许多各色丝绸、布匹、精美瓷器和大量金银铜钱，但这些主要是用作“赏赐”或礼品，以“招徕远人”、“慕义向化”和“来朝入贡”；一部分是为了换取庞大船队远航中的给养，并不是为赢利去发展海上贸易。因而明成祖一死，郑和下西洋的壮举就被评价为一种“弊政”。这种评价的根据是：“费钱粮数十万，军民死且万计。纵得奇宝回国，于国何益？”[35]因此，明成祖的继承者明仁宗即位之日便下诏：“下西洋诸番国宝船悉皆停止。”[36]宣德年间，虽因“帝践祚岁久，而诸番国远者未贡”，再次派郑和“历忽鲁模斯等十七国而还”，但从此以后，不仅远洋巨舶不再建造，连下西洋的档案也被隐匿而不知下落。中国在世界航海史上的壮举从此成了绝响。

对此，美国历史学家 E.M. 伯恩斯和 Ph.L. 拉尔夫也不无惋惜地评论说：“鼎盛时期的明代海军强于当时任何欧洲国家的海军。可是明朝却在 1424 年左右停止了远洋航行活动。此后，明政府限制中国人只能在沿海水域航行，并且不赞成百姓出国旅行。结果，不但减少了国家的商业税收，而且恰恰在西方各国人民开始摆脱偏狭的乡土观念之时，使中国不幸地与世隔绝。”[37]

西欧航海家远航的目的和命运与郑和下西洋完全不同。“东方的财富”和“黄金的渴望”驱使他们从事冒险的航行。哥伦布在他的日记中说：“黄金是一个可以令人惊叹的东西，谁有了它，谁就能支配他所欲的一切。有了黄金，就是要把灵魂送到天堂也是可以做到的。”他日夜祈求上帝赐给他产金的土地。“黄金”这个字成了驱使葡萄牙、西班牙等西欧探险家远渡大洋的符咒。当绕过好望角的瓦斯科·达·伽马从印度返航的时候，果然，带回的香料、丝绸、宝石等货物，所获纯利竟达航行费用的 60 倍[38]！所以，葡萄牙的亨利亲王、马努尔国王和西班牙伊萨伯拉王后考虑的不是政治上的威德与影响，而是获得财富。他们支持航海的历史动因，是当时商品经济发展的要求和资本主义原始积累的需要。

四　西欧资本主义的兴起和中国落后趋势的形成

（16世纪中叶—17世纪中叶）

15 世纪郑和与西欧探险家先后征服海洋的壮举，出于两种不同的历史动因，也预示着两种不同的历史前景。

新航路发现以后，首先对西欧的商业和整个经济领域产生了巨大影响。欧洲的贸易扩大了，新的商品在欧洲市场上出现了。美洲的烟草、可可、土豆、玉米、西红柿和中国的丝绸、瓷器和茶叶都成了国际贸易中的重要商品。印度和南洋群岛的咖啡、香料、大米、白糖也大量增加。以前威尼斯商人从地中海东岸一带收购的胡椒，每年约2000吨，这时，每年运往里斯本的香料激增到7000吨；世界各个遥远地区之间的经济联系开始建立或扩大了。

从美洲输入了大量白银、黄金，这极大地增进了国际间的流通，国际贸易大量增加。造船工业与金属制造工业显著发展。“尤其是国际贸易及银行与交换的各种手段的发展，可以称得上是一场‘商业革命’，至少这个术语适用于1550—1700年间的荷兰与英国。”[39]

欧洲的贸易中心，由于沟通世界的新航路的发现，从地中海沿岸，转移到大西洋沿岸。意大利城市的商业地位进一步衰落了，葡萄牙的里斯本、西班牙的塞维利亚、尼德兰的安特卫普和英国的伦敦逐渐兴起，成为东西国际贸易的中心。欧洲各地的商人纷纷在安特卫普设立了办事处，以进行各种批发贸易和商业金融活动。1531年在安特卫普建筑了一所专用大厦，大厦的三角门楣上的醒目题词是：“供各民族的和说各种语言的商人的需要。”[40]这就是最早的交易所。在交易中，买主只看货样就可以签订贸易合同。期票、债券，在交易所可以作为有价证券流通。传统的经营方式逐渐改变。新的买卖形式——交易所的贸易活动出现了。

这种种商业活动中的变化，被称为“商业革命”。

这场商业革命使大量财富积累起来，有助于资产阶级的形成与壮大，刺激了多样化需求的扩大，并且培育了一个与代表传统保守经济思想相对抗的企业家经营学派——重商主义，其思想与价值标准都有利于经济的发展。而这一切后来又成为导致工业革命的火种。

这一时期的另一重大变化是所谓“价格革命”。

黄金是驱使西欧航海家冒险远航的“符咒”，所以葡萄牙人到达非洲海岸、印度和远东地区以后，到处搜寻的是黄金。美洲墨西哥和秘鲁金银矿的发现，使西班牙人惊喜若狂，为了获得金银，土著印地安人和从非洲运去的黑种人，都变成了开矿的奴隶。1521年至1544年间，西班牙人平均每年运回黄金2900公斤，白银30700公斤。1545年至1560年间，平均每年运回的数量激增，黄金达5500公斤，白银达246000公斤。葡萄牙人在15世纪末到16世纪末的100年中，从非洲掠夺的黄金达276000公斤。大量低廉的金银不断流入西欧，使货币购买力下降引起了物价上涨。16世纪以前，西欧物价除了因战争或歉收等原因发生暂时的波动外，数百年中一直基本稳定。16世纪30年代起，物价不断上升。西班牙掠夺来的金银最多，物价上涨也最早、最快。开始是农产品价格上涨，随之是手工业品价格上涨。到16世纪末，西班牙谷物涨价五倍，物价平均上涨四倍。法国、英国和德国的物价，平均上涨两倍到两倍半。

物价不断上涨，而城乡雇佣劳动者的工资提高很少、很慢。他们的生活下降了。一般人民日趋贫困，以致破产。贸易商人、制造商人却因一面利用城乡贫民的廉价劳动力；一面按不断上涨的价格出售商品而大发其财。跟着他们的路子进行经营的贵族和富裕农民也因此而迅速致富。新兴资产者的队伍壮大了，一无所有的无产者队伍也壮大了。墨守传统方式收取定额货币地租的贵族封建主，却日益入不敷出，其财富和社会地位逐渐降到新兴资产者之下。

价格革命引起了各个阶级、阶层社会地位的巨大变化。它加速了西欧封建制度的解体和原始积累时期资本主义生产关系的发展。

哥伦布、达·迦马和麦哲伦的探险远航，美洲和环球航线的发现为正在兴起的西欧资产者开辟了前所未有的广阔的天地。同时也给美洲、非洲和亚洲带来了殖民奴役的皮鞭和枷锁。美洲土著居民被剿灭和奴隶化，东印度被征服和劫夺，非洲黑色人种被“猎获”为商品。欧洲人的殖民掠夺，使财富大量流回母国，转化为资本。“资本主义生产时代的曙光”在血与火中闪耀。

16 世纪，随着新市场的出现而日益增加的商品需求，冲破了西欧封建行会束缚的手工业经营方式，进入手工工厂时代。新的组织形式和生产技术的应用，更刺激了这些行业生产的发展。

1600 年，英国东印度公司建立。1602 年，荷兰东印度公司建立。1604 年，法国在印度建立贸易公司。1621 年，荷兰西印度公司建立。贸易变成了世界性的贸易。

“货币产生贸易，贸易增多货币。”“因此，增进我们财富和宝藏的通常手段应该是对外贸易。在对外贸中我们必须遵循的原则是，每年我们出售给外国人的东西在价值上必须大于我们消耗他们的东西。”[41]这就是重商主义最著名的代表人物、英国东印度公司董事托马斯·孟（Tomas Mun 1571 年— 1641 年）的名言。

东印度和中国的市场，美国的殖民地化，各地殖民地的贸易，使商业、海上运输业和制造业空前高涨，“因而使正在崩溃的封建社会内部的革命因素迅速发展”[42]。

如果我们把从 16 世纪到 17 世纪中叶作为一个历史阶段来考察，不难看出，这一时期正是世界历史的转折时期。其特点至少有以下几点：

（一）在人类社会发展的历史进程中，封建制社会形态开始向资本主义社会形态过渡。这是最具有重大历史意义的特点和空前的历史机遇。

欧洲西部的荷兰、英国，由于那时具备了资本主义发展的有利条件，首先向资本主义社会形态过渡。在这些有利条件中，地理上邻近世界海上商路应是一个“得天独厚”的重要有利条件。

欧洲、亚洲和北非的大多数国家和民族尚处在封建制度的不同发展阶段，封建关系开始解体，资本主义成分的萌芽，在欧洲已较普遍，在中国也已出现。美洲、大洋洲和非洲，除地中海沿岸尼罗河流域以外的大部地区和亚洲一些地区的各部落、各民族，有的处在原始阶段；有的处在阶级社会形成的阶段；有的处在奴隶占有制阶段。

（二）这一时期，在思想、文化和科学方面，发生了“一次人类从来没有经历过的最伟大的进步的变革”[43]。这种变革，14 世纪始于意大利，后来发展到西欧德、法、英、荷等国而各有特点。法国人称之为文艺复兴，德国人称之为宗教改革，而意大利人则称之为“500 年时代”（即 16 世纪）。

在意大利主要表现为诗歌、绘画、雕塑、建筑和音乐方面取得的突出成就，其代表人物有：“标志着封建中世纪的终结和现代资本主义纪元的开端”的诗人但丁，后人称为“人文主义之父”的彼德拉克和《十日谈》作者薄伽丘，有举世闻名的艺术大师达·芬奇、米开朗基罗和拉斐尔。

文艺复兴中出现的人文主义思潮，其核心是反对中世纪神学的和封建制度的思想禁锢，要求人的个性和智慧的解放。这是人类思想摆脱中世纪停滞状态的最重要的前提。

这一伟大的变革，在德国主要表现为：马丁·路德开始倡导的宗教改革和闵采尔领导的德国农民战争。这两种不同的社会运动，都把人文主义思想和人民大众抗议天主教教会和封建制度的统治结合起来，发展成 16 世纪欧洲反对现存社会和政治秩序的波澜壮阔的社会运动。

15、16 世纪之际，新的海路、大洋和大片陆地的接连发现，证明了以往人们的知识、见解和概念的不足和错误。人文主义的流行，使人们的智慧得到解放，促进了西欧科学的发展。天文学是自然科学中最先取得重大突破的一个部门。“自然科学当时也在普遍的革命中发展，而且它本身就是彻底的革命。”[44]哥白尼临终前，以他的不朽名著《天体运行》向教会的权威发出了挑战，从此自然科学便开始从神学中解放出来。

天文学、地理学、物理学、数学和医学大踏步地前进了。化学、生物学、矿物学也取得了成就。17 世纪中叶，建立了以实验和利用数学进行研究的新的科学方法，“它和古希腊人的天才的猜想及阿拉伯人片断的无联系的研究不同”[45]。为新的自然科学打下了基础，以后进一步发展，促进了现代科学、技术时代的到来。

西方历史学家曾把文艺复兴的人文主义、文化科学的繁荣和地理大发现等成果，评价为使“‘世界的发现和人的发现’成为可能”的重大变革。

17 世纪的欧洲，对于意大利、西班牙和德国，意大利经济史学者卡洛·M. 奇波拉认为，可以说是“黑暗世纪”；对法国来说是“灰暗世纪”；然而对荷兰却是黄金时代；英国如果不算黄金时代，至少也是白银时代。这一时期整个世界在巨变，欧洲本身也在巨变。

到了 17 世纪末叶，荷兰和英国成了欧洲文化最发达的国家。文化在社会各阶层中得到广泛传播，它所具有的巨大经济意义无法估量。因此，卡洛·M. 奇波拉强调指出：“我们必须牢记，发达国家与不发达国家的真正区别主要并不在于一小批文化贵族的存在，而在于教育要在全体人民中更广泛地普及。”[46] 19 世纪最后 20 多年直到今天，举世瞩目的日本的高度发展也一再证实了这一论断。

（三）世界各大洲之间，以往很少往来和互相隔绝的状态，由于地理大发现、世界性贸易的扩展和殖民势力的扩张已被冲破。正在兴起的西欧资本主义浪潮冲击着各大洲的海岸。一切民族都被这一巨大的浪潮卷了进去。

1492 年，哥伦布远航成功，葡萄牙和西班牙为争夺新土地发生了纠纷。1494 年，两国在教皇的仲裁下，以佛得角群岛以西处划界，此线以东“新发现”的土地归葡萄牙，以西属西班牙。这条线被称为“教皇子午线”。1500 年，葡萄牙人到达巴西。1501 年侵占印度的果阿。1511 年侵占马六甲。1516 年（明正德十一年），葡萄牙已派人来到中国。1519 年至 1521 年，侵入墨西哥。1536 年西班牙侵入智利。1555 年（明嘉靖三十六年），葡萄牙侵占中国澳门。1621 年，荷兰人侵占巴达维亚（雅加达），1622 年侵占中国澎湖，1624 年侵占台湾。在这种形势下，1639 年，日本颁布了最后的“锁国令”。这一时期，非洲、亚洲、美洲许多民族陷入被劫夺、被奴役的殖民地地位。西方殖民主义的前哨也已试探性地袭击中国的沿海，并侵占了中国的几个海岛。

在 16 世纪末到 17 世纪中叶的世界历史转折时期中，中国明代社会带着固有的各种矛盾，沿着自己的轨道继续向前发展。

在进入 16 世纪以前，明朝建立已 130 多年。明朝初年施行“与民休息”的方针，元末凋敝的农业首先恢复并发展起来，同时采取了降低商税税率、裁减各地课税司局等一些便商措施，商业活动也开始活跃。从洪武到永乐、宣德的最初 67 年，逐渐呈现出国家安定、社会经济迅速发展的局面。与此同时，洪武四年（1371 年）开始施行“海禁”，不许商民出海贸易。洪武十三年（1380 年）取消丞相制度，皇帝直接掌管六部，封建君主专制的政治体制空前加强。经过“靖难之变”，燕王朱棣夺取了皇位，是为明成祖永乐皇帝。在这种形势下，出现了郑和七下西洋。可是，就在这时“海禁”仍在继续。

16 世纪初，明代中国社会，在国势渐衰、社会动荡、“海内民困财竭”[47]之中，进入了世界历史转折时期的 16 世纪。从明武宗、世宗，中经穆宗、神宗、光宗、熹宗，直到崇祯帝十七年明朝灭亡，前后近 140 年。前 60 多年，武宗、世宗相继在位。武宗，15 岁登基，就是沉溺于放荡淫乐的正德皇帝。他先后宠信宦官刘瑾、江彬。宦官擅权贪财，继续利用“厂卫”，实行恐怖统治。刘瑾获罪被杀，查抄出的黄金竟达 240000 锭，又 57800 多两，银元宝 5000000 锭，又 1583600 两，其他珍宝难以胜数。皇帝荒唐暴虐和宦官的擅权乱政，暴露了君主专制政体的腐败。皇庄官庄的不断扩大，土地兼并的剧烈，官赋地租的加重，军屯、商屯破坏，闹得“天下纷纷，民不堪命”。四川农民反封建统治的斗争，波及到陕西、汉中和贵州。刘六、刘七起义，“势如风雨”，三次兵临北京城下。封建社会的主要矛盾——阶级矛盾激化了。

世宗，就是醉心于道教的丹鼎符箓、多年不问朝政的嘉靖皇帝。专会迎合他的爱好、善撰祭仙表文的严嵩受到宠信。严嵩位居内阁首辅达 20 年，联朋结党，把持朝政。“宾客满朝班，姻亲尽朱紫。”“诸边军粮百万，强（大）半贿（严）嵩。”君主专制的腐败又以另一种形式表现出来。严嵩事败，抄没的家产又胜过刘瑾。一部《天水冰山录》可以为证。皇帝摆道场、兴土木，大肆挥霍；权臣田连州县，鲸贪不已。加以军费不断增加，明朝财政的危机日益加深。这时，北边鞑靼南下，围困了北京；东南防务废弛，“倭寇”猖獗于沿海。“南倭北虏”更加剧了全国的动荡不安。

穆宗即位到神宗初年，为了挽救封建统治的危机，出现了首辅张居正的改革。张居正主张：“务农讲武，足兵足食，乃今日最急者，余皆迂谈也。”改革中加强了长城一线的防务，开设了多处马市，改善了明朝与蒙古各部的关系。裁减冗员，严行考核，整顿了吏治。抑制豪强，清丈田亩。明初税田8亿多亩，弘治时还剩4亿多亩，这时清查出勋戚官僚隐没的税田3亿多亩。改革赋役制度，实行一条鞭法，相对减轻了农民的负担。他曾提出的“省征发，以厚农而资商”、“轻关市，以厚商而利农”的施政思想，有利于商品经济的发展。嘉靖末年，倭寇之患平定后，隆庆改元开放海禁，“准贩东西二洋”，增加了财政收入，私人海外贸易也逐渐活跃起来。生丝、茶叶、丝绸、棉布、瓷器、铁器、漆器等产品，运销欧洲，并经马尼剌用大帆船运往美洲。这时，大量白银开始流入中国。商人资本显著发展，出现了新安（徽州）、山右（山西）、陕西、福建等商邦，还有专门从事海外贸易的海商。

16世纪末17世纪初（万历二十九年前后），苏州丝绸业织工、染工已各有数千人。“机户出资，机工出力”，“计日受值”，“相依为命”。萌芽状态的资本主义生产关系，明确地出现了。松江的棉布业、江西景德镇的制瓷业、广东佛山的冶铁业中这种不同程度的“萌芽”也出现了。

张居正的改革，前后近20年，取得了可喜的成效。但他死后，以万历皇帝为首的腐朽势力重新抬头。朝廷派出大批宦官充当“矿监税使”，到处横征暴敛，“吸血饮髓，天下咸被其害”。对城市商业和手工业的摧残，尤为惨重。从16世纪的最后一年到17世纪的最初两年，苏州的织工、景德镇的瓷工、北京西山煤矿的矿工和临清、荆州、武昌、昆明的商民人等，被激起了连续的反抗。

1616年，建州女真的首领努尔哈赤崛起于东北，自称大汗，建立了与明朝敌对的汗国，国号大金。20年后，皇太极继汗位，改国号为大清。女真改称满洲（族）。明清战争连年。1641年，满洲八旗铁骑已兵临山海关前。

明神宗之后，光宗嗣位一月而亡。继立的熹宗年少无知，游嬉终日。朝政又被宦官魏忠贤所专擅。魏的残暴邪恶更甚于刘瑾。监察机关的首脑杨涟等百名大臣参奏魏的罪状。在野的东林党人在书院评议朝政，反对“阉党”。宦官把持的明代特种刑讯机构“厂卫”竟然把杨涟等人以极残酷的手段迫害致死。黑暗的恐怖统治笼罩着全国。

万历中期以后，土地兼并加剧，17世纪初不少地方已造成“有田者什一，为人佃作者什九”的局面。私租不断提高，官赋连续“加派”，陕西、河南又连年灾荒，难以存活的农民，终于揭竿而起，汇成了百万洪流，推翻了明朝黑暗的封建统治。一个多月后，满洲八旗进入北京，清朝入主中国。

明代中叶以后的中国社会，可谓矛盾重重，危机起伏。但是，这一时期的社会经济、文化仍在发展，不过发展缓慢。此时，商品经济最发达地区的一些行业中，已经萌生的资本主义生产关系明显地发展了。城市商民人等反封建统治的斗争出现了。

在思想文化领域，中国与欧洲不同。佛、道、伊斯兰教并存，但是占统治地位的始终不是哪种神学，而是儒家思想。这时以李贽为代表的反对“以孔子之是非为是非”，认为“穿衣吃饭是人伦物理”的“异端”，在儒家思想的营垒中出现了。反对封建礼教、歌颂爱情和婚姻自由的《牡丹亭》等戏曲，反映市民生活、海外贸易的文学作品《三言》、《二拍》等小说以及风格清新的徐渭水墨画，在文学艺术领域中都已出现。在古典科学技术名著《本草纲目》、《农政全书》、《天工开物》问世的同时，徐光启又和意大利耶稣会士利玛窦合作译出了《几何原本》、《测量法义》，和熊三拔合作译出了《泰西水法》。西方近代早期的科学技术开始传入中国。

这一时期，葡萄牙、西班牙、荷兰、英国的殖民势力虽然连续袭扰广东沿海，但慑于东方大国的声威和几次小小接触，使他们还不敢像对待土著部落那样肆无忌惮，横冲直入。他们占据的几个岛屿，在明朝君臣看来，不过是“孤悬海外”的不毛荒岛。至于利玛窦等西方传教士到中国，也不过是来了几个“倾心向化”、懂些“奇技淫巧”的西洋“番僧”而已。

这一时期，美洲的玉米、红薯、西红柿和烟草，已开始在中国的原野上播种、收获，并且在市场上买卖。中国人最先发明的火药、火器，这时又以“佛郎机”、“红夷炮”的更新品种“返销”到中国，使用于山海关内外的战场上。

从16世纪到17世纪中叶的历史进程中，不难看出：悠久的中华文明仍在发展，古老的中国社会仍在前进，不过是在固有的社会机制的多重矛盾的交错中缓慢地前进。

1644年的明清更替，曾被当时人看作“天崩地解”，是中国历史的转折。其实，这种转折，不过是封建多民族国家中民族统治关系的历史转折，而不是旧社会形态向新社会形态的过渡。更为重要的历史转折是：中国在世界上从先进退居落后的趋势，已开始形成了。

五 资本主义确立、工业革命兴起与古老文明的衰落（17世纪中叶—19世纪中叶）

17世纪中叶，中国明清王朝的更替与英国的资产阶级革命同时发生。

1646年英国资产阶级革命的胜利，标志着世界资本主义时代的开始。它首先为英国资本主义的迅速发展开辟了道路，并对以后法国和意大利的资产阶级革命运动，产生了积极的影响。资本主义的发展，不是一帆风顺的，曾经遇到封建势力的重重阻碍，并进行过反复的较量。那时，在中欧和东欧封建农奴制还完全保存着。封建专制的君主政体，几乎遍于欧洲。即使在荷兰和英国，贵族和僧侣也分享着政权，保有优越的政治地位。反封建制度的各种形式的斗争，仍然是18世纪欧洲的重要历史内容。德国学者于尔根·库钦斯基曾说：“如果我们大约在1630年从英国来到大陆，那是另外一个世界，不管我们在法国、俄国，在德国或意大利，我们都会看到，封建主义、封建的战争，对贸易往来、旅行和货币流通的封建障碍，戴在农民、手工业者和工场手工业者身上的是封建枷锁。”“在群众受到压制的封建泥坑里只有潜在微小的发展。”[48]

欧洲资本主义发展过程中，原始积累的重要来源是对美洲、非洲和亚洲的强暴掠夺和残酷剥削。掠夺和剥削来的大量财富，在欧洲形成了建立资本主义大工业的资本。但是，直到19世纪初叶，中国、日本、伊朗、土耳其等东方国家仍未被卷入殖民地体系之中。这些国家仍然保持着自己的独立和封建统治。

1776年，英国在北美洲的13个殖民地爆发了独立战争。这是一次民族独立的战争，也是一次资产阶级革命。“现代的文明的美国历史，是由一次伟大的、真正解放的、真正革命的战争开始的。”[49]它对18世纪欧洲反封建革命运动给予了有力的支持，也对当时整个美洲反殖民主义的民族独立运动发生了重大影响。

这一时期西欧的特点是生产力的迅速发展。工场手工业在社会生产中占着主要地位。

英国革命以后，推行了许多有利于本国工商业发展的政策。英国在与葡萄牙、荷兰、法国争夺海上霸权中接连取得胜利，不断扩大自己的殖民地，开辟了广大的原料来源和海外市场。18世纪中叶，英国已拥有大量的资金和欧洲最先进的手工工场。以手工技术为基础的工场手工业，训练出许多熟练的技术工人和有一定专业知识的技术人员。在工场手工业中，分工更为细密，协作不断加强，工作程序的组织更加合理，工具也更加简单化和专门化。

市场的不断扩大，需求的不断增加，手工业生产的迅速发展，提出了技术改造的迫切要求。

18世纪60年代，英国首先在棉纺织业中开始用机械劳动代替手工劳动，1785年，蒸汽机开始应用，引起了工业革命。从此，手工工场时代开始过渡到近代大工业时代。

17至18世纪，欧洲经济发展过程中，法国、瑞典、奥地利、普鲁士和俄罗斯等国，也实行重商政策、关税保护政策和奖励工商业和工场手工业政策，用赋税制度、公债、工商业垄断以及商业战争和殖民战争，竭力促进对外贸易的扩展和由小商品生产向资本主义工场手工业过渡。因为实行这样一些政策，国家可以大量增加收入，也可以争取新兴资产者的支持，以便共同反对封建领主。

封建君主专制政体在资本积累过程中，起过积极的作用。这是欧洲大多数国家在经济发展中的共同特点，与同时期中国封建君主专制完全不同。

进入18世纪以后，法国工农业有显著发展，资本主义手工工场日益发达，特别是北部的城市和乡村。冶炼业和煤矿业中出现了大规模生产。当时巴黎的60万居民中，有半数是工人和工人家属。农村中封建关系仍占主要地位。农村人口占全国人口80%左右，但所占土地只有全国耕地的30%—40%。地租在18世纪中叶增加了一倍。当时法国社会分为三个等级。教士和贵族属第一和第二等级，人口不到全国人口的1%。资产阶级、城市平民、工人和广大农民统称为第三等级，负担全国纳税义务，没有任何政治权利。1789年，巴黎人民攻占巴士底狱，爆发了法国革命。资产阶级和人民结成同盟，反对君主专制。法国革命开始了资本主义更广泛发展的时期，沉重打击了欧洲封建体系，也推动了拉丁美洲反殖民主义的民族独立运动。法国革命产生了深远的影响，“以至整个19世纪，即给予人类以文明和文化的世纪，都是在法国革命的标志下度过的”[50]。

在欧洲资本主义发展的过程中，生产力不断地增长，社会关系不停地变化，封建社会中遗留下来的一切阶级都遭到排斥，以往那些固定的古老关系和与之相适应的陈旧观念，都在被消除。

18世纪，文艺复兴时期的人文主义思想也得到很大发展。平等、自由、民主和人权这些崭新的思想概念成为资本主义制度政治、法律的原则。英国洛克的《政府论》，反对“君权神授”，提出了“天赋人权”。法国启蒙思想家伏尔泰提出：“一切享有各种天然能力的人，显然都是平等的。”“除了法律以外，不依赖任何别的东西，这就是自由人。”孟德斯鸠在《论法的精神》中提出了“政治自由的关键在于人们要安全”。他批判了封建专制政体，论证了政治自由。狄德罗提出了“主权在民”，认为只有人民才是真正的立法者，而国家是以人民的意志为基础。卢梭在他的《社会契约论》、《论人类不平等的起源和基础》中，提出了人人生而平等、在法律面前人人平等的思想和“人民主权”的学说。他们的自由、平等思想，被写入美国独立的《人权法案》和法国革命的《人权宣言》之中。18世纪的“自由”、“民主”，使人们的思想和智慧从封建的禁锢中进一步解放出来，促成了欧美资产阶级政治体制的建立。后来经过马克思主义的批判扬弃，被社会主义赋予了新的内容。

思想大解放使近代科学技术飞跃发展，新的理论、新的发现、新的发明创造层出不穷，并转化为新的生产力。生产力的发展和科学技术的进步是相辅相成、互相促进的。牛顿力学和蒸汽机的发明标志着近代科学的形成。蒸汽机的出现使工业革命释放出人力、畜力时代无法想象的巨大创造力量。1700年，英国年产煤260万吨，蒸汽机使用后，1795年产煤1000万吨。蒸汽机作为炼铁炉的鼓风动力前后，英国年产铁量，1740年为17000吨，1796年增至125000吨。工业革命极大地提高了劳动生产率。正如马克思所说：新兴的资本主义大工业，“仿佛用法术创造了如此庞大的生产资料和交换手段”[51]。

伴随着工业革命的发展，西方的近代科学普遍得到迅速发展。蒸汽机促进了热机理论的创立。这一理论又为能量守恒和转化定律的发现奠定了基础。印染、冶金、制药等工业的发展，为化学研究提出许多的新课题，出现了无机、分析、有机、物理四个化学的分支学科。1803年，英国道尔顿第一次提出了原子学说。1828年，德国维勒第一次从无机物中人工合成了有机物——尿素。采煤、采矿、运河、隧道工程推动了地质学的建立和发展。数学领域，在微积分的基础上，又有变分学等新领域的开拓。概率论、非欧几何都有显著成就。德国哲学家康德和法国天文学家拉普拉斯提出的关于太阳系起源的星云说，是哥白尼以来天文学取得的最大的进步。19世纪30年代，细胞学建立。与此同时，达尔文找到了生存竞争、自然选择这个自然界物种进步的谜底，20年后写成了震撼世界的《物种起源》。1753年，美国《独立宣言》的起草人之一富兰克林，发明了避雷针，这是电学研究的第一次实际应用。1808年—1814年间，高压蒸汽机的火车头，开始带动长列车厢，在英国的铁轨上运输货物和旅客。1819年第一艘英国的汽轮渡过大西洋。1837年，美国艺术家莫尔斯发明了用自己名字命名的电报编码。1844年，第一条有线电报路线，在华盛顿和巴尔的摩之间架设起来。

18世纪末至19世纪初，工业革命已从英国扩展到法国、比利时和美国。长期处于封建贵族分散割据状态的德意志和意大利，也在局部地区开始采用机器，发展商业（这时俄国、波兰等东欧各国的封建农奴制尚未废除，工业革命尚未开始）。工业革命大大促进了资本主义生产力的发展，这使资本主义制度更加巩固，为资本主义各国进一步向外侵略扩张，提供了条件。

如果我们把从 17 世纪中叶到 19 世纪 40 年代，作为一个历史阶段来考察，这一时期，清朝为封建统治的巩固、多民族国家的统一和抵抗外来的侵略，进行了长达百年的不同性质的战争，社会经济、文化，仍然缓慢地继续发展。但是，与西方资本主义世界生气勃勃的上升发展相对照，古老文明的中华帝国正在民族矛盾和封建桎梏中衰落下去。

满洲贵族在建立自己统治的过程中，遇到了汉族人民的抵抗，抵抗最强烈的是江南地区和整个长江以南的半个中国。

南方的明朝宗室臣民建立了弘光、隆武、永历等几个反清政权，被称为南明。南明这几支力量，大都不久便被消灭。永历政权由于和农民军联合，坚持最久，直到顺治十八年（1661 年）吴三桂率领清军大举进攻，才宣告灭亡。这一年，曾经率战船打到南京城外的郑成功，从厦门渡海驱逐荷兰人，收复了台湾。直到康熙三年（1664 年），各地的抗清运动才基本停息。康熙十二年（1673 年）又爆发了“三藩之乱”。立足未稳的清朝一度岌岌可危。从云贵川到湖广，从闽浙赣到陕甘的大半个中国，战乱又持续了 8 年。康熙二十二年（1683 年），清军渡海，统一了台湾。二十四年（1685 年），开放海禁，设江海、浙海、闽海、粤海四榷关，海上中外贸易才又逐渐活跃起来。

这时东北边疆的形势日益紧张。正当西欧葡、西、荷、英诸国相继侵扰我国东南沿海的时候，俄国向东扩张，越过乌拉尔山，占据西伯利亚，17 世纪中叶，接近了中国边境。明崇祯十六年（1643 年），俄国派一批哥萨克越过外兴安岭，开始侵入中国黑龙江以北精奇里江地区。顺治九年（1651 年）占据了我国达斡尔族首领阿尔巴西的村寨，作为侵略点，被叫作“阿尔巴金”。哥萨克沿黑龙江而下，制造了惨绝人寰的暴行。顺治十二年（1654 年）又从贝加尔湖一带侵入中国尼布楚一带。东北地区是清朝的“龙兴之地”，俄国人的侵入，清廷早已密切注视。“三藩”、台湾相继平定之后，经过充分准备，康熙二十四年（1685 年），清军把盘据在雅克萨的俄国侵略者驱逐出境。清朝撤军两个月后，俄国人又卷土重来，再次占据雅克萨。清军再次进攻并将之围困。俄军弹尽粮绝，俄国接受了清廷提出的通过谈判解决两国边界争端的要求。康熙二十八年七月（1689 年 9 月）签订了《中俄尼布楚条约》。这个条约是中国历史上与外国正式缔结的第一个条约，它明确地划定了两国的边界。东北边疆恢复安定。中俄两国的边境贸易也在这里开始。

在中俄正准备谈判的康熙二十七年（1688 年）夏，厄鲁特蒙古准噶尔部首领噶尔丹，突然率领三万兵马，由杭爱山向喀尔喀蒙古（外蒙古）大举进攻。喀尔喀蒙古抵抗不住，几十万人被迫向内蒙古南迁。

厄鲁特是明代瓦剌的后裔。明中叶以后，在天山以北，额尔齐斯河、巴尔克什湖和伊犁河流域游牧，准噶尔是厄鲁特四部之一，厄鲁特早在清朝入关以前已臣属于清朝。康熙十年（1671 年），噶尔丹夺得准部首领的地位，先后并吞了青海和天山南路的“回部诸城”，“威令至于藏卫”。噶尔丹为了向东夺取蒙古大草原，竟与向南扩张的俄国达成“谅解”。康熙二十九年（1690 年），噶尔丹又大举向东进攻内蒙古，前锋到达北京以北的乌珠穆沁，距北京 900 里，“京师戒严”。康熙皇帝召见了正在北京的俄国使臣吉里古里和伊法尼齐，指出：“噶尔丹迫于内乱，食尽无归，内向行劫。今乃扬言会汝兵，同侵喀尔喀。喀尔喀已归顺本朝，倘误信其言，是负信誓（指《尼布楚条约》）而开兵端也。”[52]康熙一面严正警告俄国，一面发兵三万北上迎击噶尔丹。这年八月，清军大败噶尔丹于内蒙古克什克腾旗境内的乌兰布通（大红山）。康熙三十年（1691 年）的“多伦会盟”，康熙帝妥善地解决了喀尔喀三部的长期纷争，建立了盟旗制度，促进了蒙古的重新统一。康熙三十四年（1691 年）秋，噶尔丹扬言借俄国鸟枪兵六万，沿克鲁伦河东进。康熙三十五年（1696 年），康熙帝率领大军亲征，分三路深入喀尔喀蒙古。六月，昭漠多（今蒙古人民共和国乌兰巴托之东）之战，噶尔丹几乎全军覆没，众叛亲离，大势已去，“一代枭雄”，“饮药自尽”。噶尔丹被平定以后，清廷设置了乌里雅苏台将军和科布多参赞大臣，管辖和守卫着北部边疆。

康熙五十五年（1761 年）继任的准噶尔部首领策妄阿剌布坦派兵攻入西藏，占据拉萨。清廷深感“西藏屏藩青海、滇、蜀”，西藏混乱，则边无宁日。康熙五十七年（1781 年）派兵从青海和打箭炉（今四川康定县）两路向西藏进军。直到康熙五十九年（1720 年），清军进入拉萨，驱逐了准噶尔军队，护送六世达赖由青海塔尔寺入拉萨，举行“坐床”典礼，西藏局势才恢复安定。雍正五年（1727 年）设驻藏大臣，加强了对西藏的管辖。

雍正元年（1723 年），青海又发生了和硕特部罗布藏丹津的叛乱。第二年，叛乱平定。雍正七年（1729 年）准噶尔部首领噶尔丹策零继续袭扰喀尔喀。清廷命北路屯兵科布多、西路屯兵巴里坤分进合击。雍正九年（1731 年），在科布多以西 200 里的和通泊之战，清军损失惨重。雍正十年，准噶尔部长驱侵入喀尔喀，袭击塔米尔河清朝额附策零的牧地。在鄂尔浑河畔的光显寺（额尔德尼昭）之战，额驸策零歼灭了准噶尔军大部。此后，几经谈判，至乾隆四年（1739 年）划定了准噶尔与喀尔喀的牧区界限。西北局势维持了 20 年的和平。乾隆十年（1745 年），准部首领噶尔丹策零死后，准部贵族争夺汗位，“互相残杀，群遭涂炭”达 10 年之久。最后，统治权落在达瓦齐之手。乾隆十九年（1754 年），曾经帮助达瓦齐的准部贵族阿睦尔撒纳，与达瓦齐发生了冲突，率所属两万人归顺清朝。这时，乾隆皇帝看到统一大西北的时机已经到来，乾隆二十年（1755 年），清军由阿睦尔撒纳为前导，进抵伊犁。准部首领达瓦齐被俘。后来，乾隆皇帝赦免达瓦齐，封他为亲王。伊犁平定后，阿睦尔撒纳一心想为“四部总台吉，专制西域”，清廷不允许。于是，他自立为汗，战火又起。乾隆二十二年（1757 年）清军再入伊犁。阿睦尔撒纳逃往俄国，病死在托波尔斯克。

清军攻占伊犁时，被准部拘留的维吾尔族首领大和卓布那敦和小和卓霍集占逃回南疆，联合各“回城”贵族反对清军，战火又燃烧起来。乾隆二十三年（1758 年），清军在库车、叶尔羌、黑水营连续失利。而布那敦兄弟因“虐用其民，厚敛淫刑”，也很快失去了各“回城”的支持。乾隆二十四年清军得到增援，布那敦、霍集占带领妻子奴仆三四百人，“越葱岭而逃”。乾隆二十七年（1762 年），清廷设总统伊犁等处将军，管辖全疆军政要务。

雍正时期，西南少数民族地区的“改土归流”，继明朝之后，在云贵等省推行。改革中废除了世袭的土司，建立府、州、县地方行政区，由朝廷任命的官员进行管理，结束了小地区的与外隔绝状态。但是也伴随着土司的抵抗和清廷的暴力镇压。

从 17 世纪 80 年代到 18 世纪 60 年代，从黑龙江、外蒙古，直到新疆、西藏、青海和云贵的广大边疆地区，在康雍乾时期，经过了近百年的对内进行封建统一和反对外来侵略的长期战争，多民族封建国家得到了统一和巩固。在 17、18 世纪西方殖民势力不断入侵的年代，多民族国家的统一和巩固具有反对西方殖民主义入侵的重要意义。所以，直到 19 世纪 40 年代以前，中国并没有被西方殖民扩张的巨大浪潮所吞没。

明末清初，长城内外、大江南北战乱连年，达半个多世纪。农业、手工业、商业和海外贸易的发展，遭到不同程度的严重破坏，尤其经济最发达的江南地区最为严重。康熙二十年（1681 年）以后，腹里各省才逐渐恢复，到康雍之际，才恢复到明万历时期的水平。乾隆中叶得到显著发展，超过前代。

清朝初年，“名家大族，倾圮消灭，十不存一”。明朝藩王、宗室从直隶、鲁、晋直到湖广的藩田已业失其主。顺治六年（1649 年）颁布“垦荒令”，垦荒的人，不论原籍别籍，均编入保甲，开垦荒地，给以印信执照，永准为业。同时，在社会大动荡中，封建人身依附关系趋向松弛。雍正年间，法令中已把佃户规定为“良民”，没有主仆名分的雇工，按“凡人”看待。山西的“乐户”、浙江的“惰民”、皖南无文契可凭的“世仆”、“伴当”，广东水上的“疍户”、江苏常熟的“丐籍”等“贱民”，全都“开豁为良”，“与齐民一同编列户甲”。工匠的匠籍也已废除。

赋役制度进行了改革。清朝入关后，首先宣布免除明末的三饷加派，按万历年间则例征收田赋和丁银。

康熙帝亲自调查后，于五十二年（1793 年）宣布以后征收丁银，固定在康熙五十年的数额，此后人口增长，丁银不再增加，称作“盛世滋生人丁永不加赋”。雍正七年（1729 年），全国绝大部分地区把丁银按亩分摊到田赋中征收，称为“地丁合一”或“摊丁入亩”。这时，2000 多年的人头税名存实亡，变成了土地附加税。

明末以来，黄河年久失修，夺淮入海，河水不断泛滥。康熙帝十分重视治河，经过近 50 年的努力，取得了显著的成效，先后完成了黄、淮、运三河交汇地区的高家堰等许多险要工程，使黄河、淮河的水患逐步得到治理。

这一时期，垦荒成绩显著，农业生产迅速发展，人口也猛增。

关于全国耕地、人口和粮食产量，在历史档案和文献中都没有留下完整可靠的数字，中外学者的多年研究，目前仍各是其是[53]。因为计量的价值完全取决于衡量所使用数据准确性的特定标准。目前在这一点上各家还存在着不少差异。我们只好从《清实录》留下的数字中去考察其大体的趋势。顺治十八年（1661 年），田地、山荡共 5265028 顷有奇。推算起来，大约 5 亿 5000 万亩。到雍正十二年（1724 年），田地、山荡、畦地已达 890 多万顷，推算起来，已达 7 亿多亩。这比顺治十八年已增加 1/3左右。不过，这也仅恢复到明万历时的水平。这时，粮食产量也不断提高。从清朝征收钱粮的数字中，也可以看出大体趋势。例如，顺治十八年（1661 年），全国征收米麦豆 617 万石，康熙六十年（1721 年）为 690 万石。到乾隆六年（1741 年），“各省通共存仓米谷”3172 万石，乾隆五十九年（1794 年）已达 4500 多万石。这时出现了一些新的水稻高产区。宋代“苏湖熟，天下足”的谚语，至明代，由于江南苏松等五府地区大量改种桑棉油料等经济作物，已变成“湖广熟，天下足”。这时，湖广而外，四川、江西的大米已源源输往江南。明末引进的美洲高产耐寒的作物，乾隆时大力推广。四川和北方许多州县已“遍山漫谷皆苞谷”。南方善种红薯的老农，曾被召到北方传播经验，乾隆皇帝特赏八品顶戴，以示奖励。棉花、烟草、落花生、甘蔗的推广，使许多著名的经济作物区出现。乾隆《御制棉花图》就是提倡种棉的宣传画。

这一时期，全国人口的增长比耕地和粮食更快。根据康熙五十年（1711 年）全国人丁数额推算，约在 1 亿左右。乾隆六年（1741 年），初次通过保甲制度编查户口，当年人口 1 亿 4300 余万。乾隆二十七年（1762 年）已超过 2 亿。乾隆五十九年（1794 年）达 3 亿 1000 多万。到了道光十六年（1836 年）已突破了 4 亿大关。在 18 世纪初到 19 世纪 30 年代的 100 多年中，人口猛增了三至四倍。耕地面积，雍正二年（1724 年）达到 7 亿多亩以后，增加就很困难；直到光绪十三年（1887 年），才达到 9 亿多亩。不难看出，人口增长速度，远远超过了耕地和粮食的增长速度。耐旱耐寒的高产作物玉米和红薯的广泛种植，在人口急剧增长的过程中发挥了巨大作用。

在清代经济的发展中，边疆地区和台湾海岛的开发卓有成效。这是清代的突出成就。17 世纪末叶以来，在加强东北边防的过程中，黑龙江流域修筑了黑龙江（瑷珲）城、莫尔根（嫩江）城、卜魁（齐齐哈尔）等城，建立了一系列驿站，驻防各地的官兵率先开垦耕种，兴起了军屯。到 19 世纪初，这些城市“流人日至，商贾云集，竟为内地，其街市喧阗，仿佛北省中上州县”[54]。

蒙古族历来以畜牧为业。康熙三十七年（1698 年）噶尔丹平定以后，康熙帝专门派内阁学士黄茂等“前往教养蒙古”，并从宁夏派去“能引水者数人”，“教之引河（黄河）水灌田”，促进了内蒙古河套地区的开发。后来遂有“黄河百害，惟富一套”之说。

西北新疆地区，在准部、回部平定以后，驻防的满汉官兵大兴屯田，其后又有维吾尔族的回屯、商民的商屯，“皆携眷移戍”、“人口日繁”。在伊犁九城附近的伊犁河岸，修建数十里的长渠。乾隆末年，乌鲁木齐已是“字号店铺，栉比鳞次”。这时，康藏交通枢纽的打箭炉康定，也已“商旅满关，茶船遍河”。台湾的农业和制糖等手工业也发展起来。

这时，边疆兴起一批新的中小商业城镇，从东北的黑龙江城（瑷珲）、嫩江、齐齐哈尔、多伦诺尔、张家口、归化城、乌鲁木齐、伊犁、哈密、阿克苏、叶尔羌、克什噶尔、西宁，直到西南的打箭炉等都是边疆各地的贸易中心。国内市场空前扩大了。

清代的手工业到18世纪有显著发展。棉织、丝织、制瓷、制茶、制糖、造纸、矿冶、造船等行业，无论生产技术、生产规模、产品的质量、数量都有显著提高。这时，丝织业中心苏州“比户习织，专其业者不啻万家”。南京发展更快，江宁一城仅缎机就有3万张以上，仅宝聚门内就“不下数千家”。松江棉布花色品种增多，远销海内外。“一岁交易，不下数十百万。”当时“南北商人所贩青兰布疋，俱于苏郡染造，踹房多至四百余处，踹匠不下万人。”乾隆时，景德镇已有民窑二三百区，“终岁烟火相望，工匠人夫不下数十万人。”广东佛山一镇，“炒铁之炉数十，铸铁之炉百余，昼夜烹炼，火光烛天。”“凡一炉场，环而居者三百家。”造船业也有发展。康熙南巡到苏州曾了解到，每年有上千只新造的大船出洋，一半都不再回航，而销售于海外。

在商业手工业的发展中，工商业公所和会馆陆续建立，以北京、苏州、上海、佛山为最多。乾隆时，广州的丝织业、南海石湾的陶瓷业和佛山的绫帽业中的手工业工人已建立起“西家行”，这是相对于资方“东家行”的初期工会组织。清代初年遭到严重摧残的萌生不久的资本主义性质的手工业行业，这时又逐渐滋长起来，但仍然是稀疏微弱的。

在康熙二十四年（1685年）开放海禁后，四口通商，生丝、丝绸、茶叶、瓷器等大量出口，海外贸易相当活跃。康熙五十六年（1717年），海禁又严格起来，对南洋贸易，只许外人来华，不准中国商人出洋。到乾隆二十四年（1759年），因英商“洪仁辉事件”，不但只限广州一口通商，广州也制定了《防范外夷规条》，闭关政策更严厉地执行起来。

这时正是中国封建社会晚期的“康雍乾盛世”，乾隆中叶可说是“盛世”的顶峰。如果仅从制造技术水平来比较，中国并不落后于西欧，因为西方的工场手工业，和同时代的中国手工业一样，都是以手工技术为生产基础。

日本学者太田英藏在研究了《天工开物》以后说：“从古代继续发展到明代，并不比西洋的技术落后。中国制造技术落后于世界的水平，那是产业革命以后的事。”[55]英国研究中英通商史的学者格林堡，也持有同样的看法。他说：“自16世纪至19世纪，在将近三百年的中西交往中，最显著的事实是西方人希求东方的货物，而又提不出多少商品来交换。在机器生产时代之前，在技术上的优势使西方能够把世界变成一个单一经济之前，在大多数工业技艺方面比较先进的还是东方。”[56]

可是，在清朝“盛世”的后期，乾隆五十年（1785年）第一个蒸汽机制造厂在英国建立起来。法、比、美、德、意各国也相继进行了工业革命。

乾隆五十一年（1786年），台湾的天地会，贵州、湖南的苗民相继起来反抗清朝统治。五十八年（1793年）又爆发了历时九年、波及五省的白莲教起义。“盛世”已经过去，清朝封建统治已经由兴盛而衰败。古老的传统中国社会，由于没有孕育出新的生机与活力，衰落了。

在中国封建社会晚期出现的“康雍乾盛世”，这100多年的辉煌实质已是西天的晚霞。如果把这“盛世”的成就放到世界历史发展的洪流中去考察，就不难看到：从16世纪到18世纪末19世纪初，中国社会虽然仍沿着自己的轨道继续往前走，但是已经落后了。这种落后，不在于落后于哪一个国家，而是落后于人类历史前进的步伐和时代的潮流。

六　中国从先进转变到落后的主要原因

以上我们考察了从11世纪到19世纪中叶，欧洲从“黑暗时代”走出来以后，西欧新社会形态的萌生、发展到确立和经过工业革命进入近代大工业时代的主要过程；同时也考察了中华文明从高度发展中出现三大发明和逐步衰落的主要过程。我们做这样的中西历史比较研究，其目的是为了探讨：究竟什么是中国在世界上从先进转变为落后的主要内在原因。以下试作几点论述。

（一）中国传统社会机制的辩证发展

中国自古是一个多民族国家，又是一个以中原汉族地区为主体的国家。秦汉以来，中国封建社会的基础是占主导地位的小农业和家庭手工业相结合的自然经济，建筑在这种基础之上的是君主专制中央集权的官僚政治结构，集中反映并维护这种经济政治结构的是传统的又不断发展变化的儒家思想为主的意识形态。从两汉到唐宋，上述社会结构的机制总体上适应了当时社会生产力的发展，顺应了人类历史前进的潮流。因此，出现了灿烂的中华文明。中国也长期居于世界的前列。

11 世纪三大发明在中国出现以后，12 世纪上半叶，金朝大兵南下，进驻淮河以北，使淮河流域、黄河流域的社会发展受到严重影响。13 世纪 80 年代，新兴的蒙古贵族统一中国。元朝以统治草原游牧社会经济的方式统治中原的农业经济地区，使社会发展出现逆转。忽必烈虽曾"推行汉法"，社会经济一度恢复，并有所发展，但在四等人制下，不久就陷入停滞和衰退。元朝海陆交通发达，对外开放前所未有，所以在当时的世界上仍是富庶的东方大国。

14 世纪中叶，明朝建立，重建了传统的经济、政治结构和儒家思想统治。这时，君主专制政体空前加强，厉行海禁前所未有。虽然郑和七下西洋，但闭关、锁国继续施行。清朝定鼎中原，除保障满族特权地位以外，基本上"清承明制"。传统社会的政治、经济结构和机制又继承下来。而且，大力推行尊孔崇儒、屡兴文字狱，空前严厉地禁锢了人们的思想；海禁政策更变本加厉。

16 世纪（明朝中叶）开始，世界历史已进入转折时期。这时，两千多年来曾经推动中华文明取得辉煌成就的社会机制及其各种历史积极因素，已经逐渐转化为社会发展的消极力量。我们认为，这就是延缓中国社会发展和导致中国在世界上从先进转化为落后的内在基本原因。

中国传统社会的这种固有机制，既扼制了自身孕育出来的新社会经济形态（资本主义）因素的发展。也制约了类似 17、18 世纪之际俄国彼得一世的改革以及 19 世纪日本明治维新在中国社会的出现。

如果进一步探讨中国传统社会内在机制转化为社会发展消极因素的种种外在表现，我们认为主要有：地主土地所有制下自然经济的牢固，封建统治的"重本抑末"国策对商业手工业的压制，宋明理学和文字狱对人民思想的禁锢，禁海闭关的自我封闭，以及战争与动乱，过剩人口的压力，自然环境制约下的民族问题和盲目自大保守的心理状态。

（二）地主土地所有制下小农业和家庭手工业的牢固结合

秦朝建立以前，"用商鞅之法，改帝王之制，除井田，民得买卖"[57]，已经从封建领主制过渡到封建地主制。秦汉以来，"男耕女织"一家一户的小农经济，是我国地主制经济的基本生产单位。

中国地主制经济与欧洲领主制经济不同。欧洲领主土地是使用农奴集体劳动的大规模经营。农奴屋舍的附近也有自己的少量自用地，剥削形式以劳役地租为主，畜牧业则在公用的草地、休耕地和收割后的全部农地放牧。那里的手工业，除农奴家庭的纺织等项以外，领主庄园内有磨房、面包房、打铁炉和各种专门工匠。农奴自己的粮食，必须送到领主的磨房和烤炉去加工，交纳磨房税和烤炉税。酒，也禁止农奴酿造，农奴若喝酒则必须买领主的酒，违者处罚。所以领主的庄园是农业和手工业结合的整体单位，这种结合主要不是在农奴家庭之内。

中国的封建地主制，以中国小农经济为基础，与欧洲领主下的农奴制相比，农民有较多的人身自由和生产的相对独立性。实行实物地租制，使农民有较大的活动余地，以获得时间来从事剩余劳动。这种产品，自然归农民所有。所以，在传统农业中，中国这种小农经济，比欧洲领主庄园中劳役地租下的农奴制生产积极性高，劳动生产率高。这就是在古代，中国长期居于世界先进地位的重要原因之一。

但是，中国封建社会毕竟是建立在以地主阶级及其政权剥削、压迫农民为基础的社会。每当土地兼并激烈、剥削、压迫加重，使农民无法继续进行小农业和家庭手工业相结合的生产，以维持一家一户生存的时候，社会危机就出现了。这时农民反抗斗争的风暴就会到来。风暴过后，不论造成什么样的政治结局，为了重新稳定封建统治秩序，恢复封建经济，政府政策、剥削关系总会多少得到一些调整。这时，农民又重新回到小块土地上，一家一户的小农业和家庭手工业又重新结合起来，继续下去。

中国历史上，每当民族矛盾激化和统治阶级内部矛盾激化，也爆发过多次民族之间的战争和统治阶级不同利益集团之间的战争。这些战争也曾造成人民流散、土地荒芜的动乱局面。但动乱过后，总使小农业和家庭手工业的结合恢复起来。否则，社会就无法安定下来，生存下去。

从秦末到明末清初，上述几种社会危机，总是周期性地爆发，从而使剥削关系也不断地周期性得到程度不同的调整，在地主土地所有制下小农业和家庭手工业相结合的社会经济结构，也就继续存在下去[58]。所以，中国封建社会的又一特点，是这种经济结构具有很强的自身调节机制和再生机制。这一特点长期维护了小农业和家庭手工业的牢固结合。

这种牢固结合着的一个个小农家庭是孤立的、分散的。血缘的宗族纽带又把他们联结起来，形成宗法家族的社会结构。这种社会结构，有神权、皇权、族权和夫权四条粗大的绳索捆绑着，这就使小农业和家庭手工业的自然经济结构更加难以分散。

明清时期出现了货币地租，小农经济的相对独立性增强，农民支配自己生产品的余地扩大，他们就把一部分剩余粮食和家庭手工业产品，投入市场。明代中叶以后，苏州府盛泽镇的丝绸市场、震泽镇和湖州南浔镇的生丝市场、松江县的棉布市场，以及桑叶市场和更多地区的粮食、棉花市场，就是这样形成和发展起来。

进入18世纪以后（康熙晚年到乾隆年间），经济作物扩大，农民家庭生产的少量谷物、生丝、丝绸、茶叶、棉花、棉布和烟叶、甘蔗、蔗糖、豆油、豆饼等等也转化为小商品，进入市场。中国小农经济对商品经济发展的适应性，远强于欧洲的农奴制经济。

但是，中国的小农经济并没有从自给自足中走出来。农民的家庭手工业并没有从与小农业的紧密结合中分离出来。其中一个重要的原因是封建王朝的“重本抑末”的传统基本国策。“重本”就是极力维护小农业和家庭手工业相结合的基本经济结构。进入18世纪以后，另一重要原因是这时期中国人口大量猛增，而土地的开垦已经相对饱和。人口的增加固然曾经是社会经济发展的重要因素，但在土地开垦已经在一个国家里达到饱和状态的时候，就全然不同了。

康熙四十八年（1709年）十一月，康熙帝说：“本朝自统一区宇以来，于今六十七八年矣。百姓俱安享太平，生育日以繁庶。户口虽增，而土田并无所增。分一人之产，供数家之用，其谋生焉能给足？”[59]按中国清代人口增殖的通常估算，25年左右，一户之家至少可分为三四户或更多。再一个25年左右，由三四户至少可以分成10户到15户，或更多一些。如果没有其他条件，一户百亩之家分下来，每户已不足10亩，或更少。在这样情形下，户数越来越多，地块越来越小。农民可租佃的土地势必逐渐减少，而租佃的条件也逐渐苛重，农民之间租佃土地的竞争也会出现。地主增租夺佃也就不断发生。农民要生存下去，只有忍受更沉重的剥削。剥削加重，农夫只有更加精耕细作，农妇只有日以继夜，拼命纺织，使“一月可得四十五日（劳动日）之功”。这样小农业和家庭手工业二者相依为命，一家人才能勉强度日。再加上地主、商人、高利贷三者一体的剥削压在农民头上，小农业和家庭手工业也就更加相依为命，不可分离了。

商品经济的发展，使封建经济结构解体，萌生的资本主义因素才能得到发展、壮大、成长起来。但是，商品经济的发展，“对旧生产方式究竟在多大程度上起解体作用，这首先取决于这些生产方式的坚固性和内部结构”[60]。

小农业和家庭手工业牢固结合，是中国封建经济结构的特点。这种封建经济结构具有深厚的自我调节机制和再生产机制，推动着封建社会自身不断发展。到了封建社会晚期，这种调节机制、再生机制已转化为巨大的历史惰性，使封建地主制下的自然经济结构难以解体，而长期延续下来。明清时期商品经济的发展程度，并不足以改变这种状况；新的生产方式因素，也难以滋生成长。这是西方资本主义兴起以后，中国从先进退到落后的首要原因。

（三）对商业手工业的压制

封建国家对待商业和手工业的基本政策，15—16 世纪以来，中国与西欧完全不同。

西欧各国从 15 世纪末叶的等级代表制君主政体，开始为君主专制政体所代替，到 17 世纪已达最盛。西欧的君主专制产生于这样一个过渡时期。“那时，旧封建等级趋于衰亡，中世纪市民等级正在形成现代资产阶级，斗争的任何一方尚未压倒另一方”[61]。在这个过渡时期中，王权要实现君主专制，就必须首先战胜旧封建领主。因此，王权与资产阶级曾结成反对封建等级的联盟。资产阶级帮助王权取得了君主专制的胜利，王权也曾支持资产阶级的发展，如前文所述，贷款给工商业主、实行重商主义的有利于工商业发展的税收政策、对外贸易政策等等。所以，西欧君主专制政体支持、保护过工商业的发展，鼓励过资产阶级上升。到 19 世纪上半叶，君主专制才到处都成了工商业发展道路上的障碍。

中国从秦汉起直到明清一直坚持“重本抑末”的传统国策。“富国之本，在于农桑”[62]。“重本抑末”、“厚农轻商”是中国封建政治权力维护其社会经济基础的基本政策。在中国封建领主制向封建地主制过渡中，它已与土地“民得买卖”同时开始。最早的倡导者是在战国时秦国变法的商鞅。“富国强兵”是历代封建国家追求的最高目标。富国主要靠田赋增多，强兵主要靠兵源充足，而田赋和兵源都来自农民的力役和赋税，所以必须“重农”。重农就是维护小农业与家庭手工业相结合的社会经济结构。抑商是为重农，因为商业发展过快，中间剥削加重，势必使农民更加困苦，威胁着兵粮的来源，有些农民还会弃农经商，这将使社会基础不稳。所以必须“抑商”。但商可以“通有无”、增殖财赋，所以“抑商”并不是简单地一味压制商业，而是使本末不可倒置，把商业和商品经济的发展控制在不妨碍小农经济牢固的限度之内。这样在封建王朝看来，才是士、农、工、商各安其分，各得其所。

“重本抑末”的实质是根据封建国家的根本利益，摆正农与商（工商）二者主次轻重关系的基本经济政策。只要不本末倒置，历代还是不乏“恤商”措施、放宽政策，以促使工商业得到适度发展，从而繁荣封建经济，增加国库税源；如果工商业发展过快，商人势力膨胀，那就必须加强压制，加强打击，这样，才能巩固封建统治基础。商鞅而后，西汉晁错的《论贵粟疏》，中唐刘晏的“阴笼商贾之利，潜制轻重之权”，直到 11 世纪王安石变法中所说：“盖制商贾者恶其盛，盛则人去本者众；恶其衰，衰则货不通。”[63]以上都是各代政治家针对当时社会经济发展状况和面临的经济危机所作的政策说明或评论。

经过元末的社会动乱，明朝初年，实行“与民休息”的政策，在大力奖励垦荒的同时，朱元璋也曾采取了一些恤商措施。元朝商税二十取一，降为三十取一，并免除书籍、田契税。当时天下税课司局凡 400 余处，他裁撤了 364 处。洪武二年（1369 年）诏令内外军民官司不得以“和买”扰民。宋元以来“官不给值，民仍输物”的“和买”，也被禁止。这是一项恤商便民的改革。所以到永乐、宣德年间，明朝社会经济的发展出现了十分活跃的现象。

从正统直到嘉靖（1436 年—1566 年）的 100 多年中，君主专制政体日益腐败，宦官专权不断，权臣擅政相继，各种社会矛盾日趋尖锐。这段时期，明初的一些“恤商便民”措施也变成了害商扰民的苛政。

对商品经济发展的压抑，虽然时紧时松，总体上却一直坚持不断，更突出地表现在对商业、手工业的掠夺、摧残和对海外贸易的禁止与严格控制。前一方面，明朝比清朝更为严厉；后一方面，则清朝更甚于明朝。

丝绸、瓷器是中国驰名世界的主要商品，很早以来在国外就有着广阔的市场[64]。茶叶是刚进入欧洲市场的新商品。开发铁铜等矿产资源更是关乎社会经济发展的大事。仅从以下几个事例已可以看出民间工商业遭受的压制之严重。

苏州，是明代丝织业的主要中心，也是资本主义萌芽发展最明显的地方，这里遭到封建统治的打击也最重。“吴民生齿最烦，恒产绝少，家杼轴而户纂组，机户出资，机工出力，相依为命久矣。”[65]万历二十九年，织造太监孙隆到苏州检查“五关漏税”，税卡的设置，“密如秋荼”。结果，“吴中之转贩日稀，织户之机张日减”。孙隆又擅自加征，“妄议每机一张，税银三钱”。于是“人情汹汹，讹言四起”。“机户皆杜门罢织，而织工皆自分饿死。”“染房罢，而染工散者数千人；机房罢，而机工散者又数千人。”[66]

这是明代封建统治强加给丝织业的一场大灾难。

中国著名的制瓷中心很多。宋元以后，景德镇已居全国之首，这也是制瓷业中最先出现资本主义萌芽的地方。“工匠来八方，器成天下走。”明朝沿袭前代的办法，洪武时，设“御窑厂”，有官窑两座，宣德时已增加到58座，实际上是挑选水平最高的瓷窑由御窑厂垄断起来。正统元年（1436年），除了命浮梁窑户进造5万件以外，竟然下令“禁私造黄、紫、红、绿、青、蓝、白地青花诸瓷器，违者论死”！这样压制瓷器生产，其荒唐、横暴，可谓已极！

官窑烧造不及，于是任务分派给民窑，工价由官方规定，叫作“官搭民烧”。嘉靖时，官窑自烧的“部限瓷”大鱼缸，估价50两，民窑承制只给20两。“钦限瓷”对花纹、釉色、轻重、厚薄要求苛刻，“最为难成”。“不能成器者，责以必办；不能办，则官窑悬高价以市之”。这笔钱，当然由民间窑户出。所以，民间瓷窑不仅“疲于供应”，而且“历年亏损，习以为常”。这就造成了“民以陶利，亦以陶病久矣”。

16世纪以后，茶叶已成为欧洲人的主要饮料之一。中国茶叶的大量运销，使欧洲商人获得高于成本数十倍的惊人暴利。但是，明朝政府对茶叶的控制，其严厉也是惊人的。明代边患不断，为了用茶叶换取蒙古、西番（康藏青海）的战马，嘉靖中叶《大明律》的附例中甚至规定：“私茶出境与关隘失察者并凌迟处死”！商人贩茶和贩盐类似，必须先向政府交钱领取“茶引”，然后凭“茶引”到产地去买茶。凡是商人买到的茶叶没有“茶引”或与“茶引”不符者，被检查出来就要以“私茶”论。贩私茶与贩私盐同罪，重者直至杀头。

明朝规定，“有官茶，有私茶”。官茶和合法的私茶都按规定运到边境去换马，所谓“茶马贸易”。有时商人运去的茶叶交换不出去，就会因茶叶腐烂变质而蒙受严重损失。

明朝的开矿、冶炼，除官方需要外，一律严行禁止。洪武十五年（1382年），有个小官吏上疏：“磁州产铁，元时置官，岁收百万斤。”请求继续开采。朱元璋不但不采纳，竟把提出建议的人“杖而流之海外”。景泰时又有人建议恢复山西宁远的铁矿，工部认为这是违背“祖训”，把建议者又下了监牢。明清两朝严禁开矿，是害怕大批劳动者集中于山林之中，容易“啸聚为盗”。

到了嘉靖、隆庆年间，封建统治日益腐败，法度不行，吏治败坏，皇室奢侈日甚，官吏到处贪污不已，豪强兼并，“国匮民穷”。为了挽救封建政治、经济危机。16世纪60－80年代，出现了张居正的政治改革。张居正曾提出：“商不得通有无以利农，则农病；农不得力本穑以资商，则商病。故商农之势，常若权衡。”[67]他的这种经济思想已是对传统“重本抑末”的原则性修正。因为这时商品经济已很活跃，已经萌生的资本主义因素已有明显发展。这种经济思想既反映了当时社会经济的发展趋势，也促进着这种历史趋势的发展。张居正的改革取得多方面的成效，但明朝君主专制政体的腐败已积重难返。万历十年（1582年）他死以后，以万历皇帝朱翊钧为首的腐朽保守势力重新抬头，既不重农，更非抑商，完全是肆意掠夺。

万历二十四年（1596年），明朝改变了过去的政策，同意各地开矿。但随后派出了一批宦官充当“矿监”、“税使”。这帮家伙到处肆意妄为，横征暴敛。指着人家的房子说，这里有矿，“则家立破”；指着某人说，他漏税，“则橐立尽”，“毁家逾垣，祸延鸡犬”。

万历三十年（1602年），根据运河沿线城镇的报告，京东河西务关原来布店160多家，现在只剩下30多家；临清关原来缎店32座，现在倒闭了20家；布店72座，现在倒闭45家。

从万历二十四年至三十三年（1596年－1605年），长达十年之久，封建统治对工商业这样横暴的掠夺和摧残，实属历史罕见。各地工商业和正在滋生的资本主义萌芽，经历了一次长期的严重灾难。

明末清初，从天启七年（1627年）陕北农民起义开始，直到康熙二十三年（1684年）统一台湾为止。半个多世纪中，战乱频仍，遍及大半个中国。社会经济遭到严重破坏，工商业萎缩，尤以江南为甚。此后，逐渐恢复，到乾隆时期才得到显著发展，超过了历史上的最高水平。

康熙（清圣祖）当政的61年中，一再强调：“阜民之道，端在重本”，“国家要务莫如贵粟重农”。雍正（世宗）继位时，社会经济已有所发展，工商业也渐趋活跃。因此，他说：“农为天下之本务，而工商皆其末也”。“市肆多一工作之人，则田亩中少一耕稼之人。”所以，他们虽然也采取了一些“恤商便民”的措施，但没有忽视“抑末”。康雍时期的限织、禁矿是抑末的主要政策，从顺治直到嘉道的禁海、闭关更阻碍了整个经济和科学文化的发展。

江南丝绸织造业，从宋元到明代已有很大发展，也是资本主义萌芽最早出现的行业。入清以后萎缩凋零，清廷为满足宫廷需要，在江宁（南京）苏、杭选拔织造“能手”，建立织造衙门，这就是“江南三织造”。清廷一方面垄断了高级织造人才，同时规定民间机户每户“不得逾百张”，每张机“纳税五十两”[68]。拥有100张以上的，以违律论，要受到处罚。这就严重阻碍了丝绸织造业、商业和其他有关行业的发展。清廷还通过采买、领织（织造局预支钱粮、包给机户雇匠织造，织成后送局结算）和加工（分发丝斤给机工织造），垄断和控制了丝绸的一大部分生产，从而更限制了商品经济的发展。

到康熙五十一年（1712年），许多机户联合向江宁织造曹寅请求放宽各户织机不准超过百张的限制。曹寅是与康熙有着不同一般关系的亲信。曹寅奏请康熙批准，于当年起，解除了织机数目的限制，并减轻了税额。“自此有力者畅所欲为”。乾隆时，江宁绸缎织机已有三万台。道光时增至五万台，其中缎机三万台。有的大机户拥有织机五六百张。苏州丝绸织机也达一万数千张。这就大大促进了商品经济的发展。

禁矿的原因仍如明代。清廷认为：“矿山一开，则无赖奸徒号召云集，诚恐将来滋事。”“今日有利，聚之甚易；他日利绝，则散之甚难。”“人聚众多，为害甚巨。”“若招商开厂、设官征税，传闻远近，以致聚众藏奸，则断不可行也。”[69]

这一时期，唯有铜铅矿和银矿是例外，在官府严格监督控制下，时断时续地允许开采。原因是当时银钱缺乏，造成了通货紧缩，官私不便，从相反的方面与通货膨胀一样造成社会经济的恶果。铜铅可以铸钱，白银本身就是通货。清朝最初的90年的禁矿政策，大大限制了商业资本投入矿山开采。矿业不发达，矿产品流通贩运、金属加工业和有关商业也就难以发展。

乾隆二年（1737年），矿禁开始解除，“凡产铜矿山、实有裨鼓铸，准报开采”。于是，云南、广东的铜、铅、铁矿相继开采。五年（1740年）山东章丘、淄川、博山、峄县等二十几县的煤矿批准开采。其后，山西、归化城（今呼和浩特），八十几处煤矿开采。七年（1742年）四川铜矿“准其招商”开采。八年（1743年）两湖铁铜铅矿的开采“听民自便”。此后，甘肃的硫磺矿，浙江温、处两州铁矿，四川江油宜宾的铁矿，贵州铅矿，广西铅矿都相继报准开采。后来贵州、陕西、甘肃、新疆、云南等地的金银矿开采也得到批准。“宝藏之兴，轶于往代”。

广东铁矿的开采，使佛山的铸铁业恢复发展起来。“四方商贾萃于斯，四方之贫民亦萃于斯；挟资以贾者什一，徒手而求食者则什九也。”[70]矿业的发展，带来了金属加工冶铸城镇的繁荣，而矿场本身因聚集大量人口，需要大量消费品和生产上需要的物品，也带来了商业的兴起，使矿场向城镇化发展。云南象羊厂矿山一开，“远近来者数千人，……不数月而荒巅成市，即名之曰象羊厂”[71]。乾隆十三年（1748年），云贵总督张允之奏报：“黔省崇山峻岭……其他幅员日广，加以银、铜、黑白铅厂，上下游十有余处，每厂约聚万人、数万人不等，游民日聚。现今省会及各郡县，铺店稠密，货物堆积，商贾日集。”[72]

由此可见，开禁以后矿业的发展，不仅使矿区商业繁荣，而且也推动了较大范围商品经济的发展。对比之下，不难看出，长期的禁矿对商品经济发展的严重抑制作用。

乾隆晚年，从皇帝到大小官僚日益奢侈腐化，贪污受贿普遍成风，人口急剧增长，土地兼并严重。嘉庆元年（1796年）爆发了历时九年、遍及川楚陕甘豫五省的农民起义，不久又爆发曾打进皇宫的天理教起义，康雍乾的盛世过去了。惊魂甫定的嘉庆皇帝，深恐“聚集丁夫，恐滋生事端”，禁矿又重新严厉执行，新矿不准开，一些旧矿也以各种借口陆续封闭。

此外，出于同样理由，嘉庆八年（1803年）竟下令不准聚集人众打造大船，砍伐树木售卖；十一年（1806年）更规定：“嗣后大渔船遇有破漏者，即随时报明地方官拆毁，不准修复，亦不许违例添造。”道光四年（1824年），在处理“陕省南山匪徒”的“善后事宜”中，对江南、浙江、福建等省各府州县山区种植兰靛、苎麻等经济作物和造纸等的棚户，也按保甲编组户口，严加管理。这些已不是出于什么“重本抑末”，而是“杯弓蛇影”的恐惧心态的过敏反应。但对农产品商品化和山区农业手工业的发展，又加紧了抑制。

（四）禁海闭关

海关是国家设在沿海口岸，管理进出国境的船舶、货物、人员，征收关税等有关事务的政府机构。我国古代并无海关之名，随着海上交通和贸易的发展，到清代康熙年间才正式以海关之名出现。

自秦汉至初唐海上进出的船舶、货物和人员，一般均由当地的郡太守、州刺史等地方官管理。中唐时期，海上交通和贸易进一步发展，大食、狮子国（斯里兰卡）和日本、高丽的海船逐渐增多。中外使节、商人、僧人、留学生往来频繁。根据这种形势，唐玄宗时期，开始在广州设立市舶使。

10世纪起，宋元两代海上交通和贸易之发达超过唐代。北宋在广州、泉州、杭州、明州和密州板桥镇（今青岛市西南）设立了市舶司，还在秀州华亭县（今上海市内）设置市舶务（务是司的下属机构）。宋室南渡后，两浙路市舶司移置华亭，杭州、明州改司为务。并增设温州、江阴军（今江阴市）、澉浦（今浙江海盐县）等务场。

宋元时期海外贸易发达，虽然也有时控制海上交通，但没有禁海政策。“明初定制，片板不许下海”。这是中国禁海闭关的开始，但是严格意义上的闭关政策的推行，应是从18世纪初康熙末年开始。

明初，以“海疆不靖”，实行海禁，同时实行朝贡贸易制度，与海外诸国进行有限贸易。洪武元年（1368年）曾在太仓设市舶司，两年后以离京师（南京）过近而裁撤。后来又在明州（宁波）、泉州、广州设市舶司，洪武七年（1374年），又都废置。

明成祖时期，国势日强，经济发展，海外诸国不断入贡，于是他采取了主动出访，宣扬中国富强，以招徕远方诸国的积极对外政策。于是有郑和七下西洋的盛举。明成祖死后，明朝君臣只看到：虽然郑和带回来不少奇珍异宝，招徕了不少远方客人，但是劳民伤财，于国无益。所以，远航壮举，昙花一现，明朝又关上了大门。嘉靖中叶，商品经济发展，倭寇已经平定。隆庆时，“开海禁，准贩东西两洋”。“于是五方之贾，熙熙水国”，分市东西两路，“所贸金钱，岁无虑数十万，公私并赖”[73]。所以终明之世未再禁海。而这一时期，中国的丝绸、瓷器、茶叶等许多产品大量出现在南洋、欧洲和美洲的市场，资本主义因素也明显地滋生出来。不过，这时西方殖民主义者已大举东来，亚非许多地区已成为他们的殖民地。这时中国的海商只能往来于日本、朝鲜、中南半岛、印尼群岛、马来半岛与菲律宾群岛，再不能穿过马六甲海峡进入印度洋了。

从清顺治元年到康熙二十三年（1644年—1684年）的40年中，为对付东南沿海抗清势力，防止沿海人民的反抗，顺治十三年（1656年）实行严厉的禁海和迁海政策，宣布“片板不许下海”、“片帆不准入口”的禁令。随后又强行命令东南四省沿海居民内迁到距海30到50里，筑界封锁，界外房舍全部焚毁，制造了沿海的无人区。康熙二十三年（1684年）台湾统一，才“勘界复业”、“招民开垦”，同时设江、浙、闽、粤四海关，开海贸易。到了康熙五十六年（1717年）正月，根据康熙帝的旨意，兵部等衙门会同闽浙总督、两广总督商议后，清廷作出了新的规定：

1. 中国商船只许往东洋贸易，不准前往南洋，广东、福建水师负责巡查，违者严拿治罪。外国夹板船仍许前来，各地方官严加防范。

2. 今后海船初造时，应报明海关监督，地方官亲验烙印，取船户甘结，并将船只丈尺、客商姓名、货物往某处贸易填写船单，沿海口岸文武官照单严查。按月册报督抚存案。

3. 将船卖与外国人者，造船与卖船之人皆立斩。留外不回者，将知情者枷号三月。该省总督行文外国，令其将留下之人解回，立斩。出海时，每日每人准带米一升及余米一升，如有超额之米，查出入官。船户、商人一并治罪。以小船偷载米粮驳运至大船者，严拿问罪。

4. 沿海文武官如遇私卖船只、多带粮米、偷越禁地等事隐匿不报，从重治罪。

这时，清朝开海贸易的政策，已转变为严厉的闭关政策。

雍正五年（1724 年），根据福建总督高其倬“请复开洋禁，以惠商民”的请求，雍正帝考虑工商业的发展会使沿海人民不致因饥饿而作乱，大清江山可以得到稳定，因此，清廷解除了南洋贸易的禁令。到了乾隆二十四年（1759 年），西洋人洪仁辉等因为贸易上的纠纷从遥远的东南海口，闹到了天津。于是乾隆决定，闭江、浙、闽三关，归广州一口。清朝的闭关政策发展到高峰。直到资本主义的炮舰袭来，才轰开了封建中国的大门。

康熙二十三年（1684 年）开海禁、设四关，可以说是大为开放。五十六年（1717 年）却又转向加强海禁，闭关自守。这是什么原因？康熙五十五年（1716 年）十月二十六日，康熙帝对大学士九卿的谈话中透露出来。

他首先说：“天下事未有不由小而至大者，大者宜留心，小者犹不可忽。即如海防，乃今日之要务，朕时加访问，深思远虑，故具知原委。”

这篇谈话很长，要点如下：

1. 我南巡苏州，去船厂访问，众人都说：每年造船出海贸易者多至千余艘，回来者不过十之五六，其余全卖在海外，携银而归。官造船数十艘尚需数万金，民间造船何如许之多？

2. 海外有吕宋、噶喇吧等处，常留汉人，自明代以来有之，此即海贼之薮也。官兵出哨或遇贼船四五只，官兵船止一二只，势不能拒敌，舵工又不奋力向前，将领亦无可如何，何能剿灭？

3. 张伯行曾奏，米多出海贩卖，斯言未可尽信，但不可不为预防。出洋贸易所带之米适用而止，不应令其多带。

4. 东洋可使贸易。若南洋，商船不可令往。红毛等船，听其自来。出南洋必从海坛经过，此处截留不放，岂能飞渡？沿海炮台，足资防守，明代即有之，应令各地方设立。

5. 往年由福建运米广东，所雇民船三四百只，每只约用三四十人，通计即数千人，聚集海上，不可不加意防范。台湾之人时与吕宋等地人互相往来，亦须预为措置。

6. 海外如西洋等国，千百年后，中国恐受其累。此朕逆料之言。汉人心不齐，如满洲蒙古，数十万人皆一心。朕临御多年，每以汉人为难治，其不能一心（按：即不能与清朝一心）之故。国家承平日久，务须安不忘危[74]。

他看到了：西洋等国将来必使中国受其累；他担心汉人最为难治，不与清朝一心；他更担心海外贸易的发展，使内地汉人与海外汉人联合起来，甚至西洋人也可能乘机插手，而清朝又无力剿灭。一句话，“是他害怕外国人会支持很多的中国人在中国被鞑靼人征服以后大约最初半个世纪里所怀抱的不满情绪”[75]（引者按：这里的中国人指汉人，鞑靼人指满族人）。这就是清代闭关政策的核心。

这里，康熙帝在新的历史条件下，把明太祖的禁海政策增添了鲜明的时代内容。远在万里之外的德国人，大概还不知道清朝皇帝有这样一篇政策演说。但是，马克思的洞察力，却使他在评论中，事实上给康熙帝的政策谈话作了最准确的提炼和概括。

外交总是内政的延长，清代的闭关政策，归根到底是封建统治下自给自足的自然经济的产物。这一点，从康熙皇帝禁止海船和大米出口，以及屡次对丝绸、铁锅等等出口严加限制中已反映出来。不过，更明确的阐述还是那条乾隆皇帝答复英国特使马戛尔尼（George lord Macartney）要求建立正式通商关系的敕谕：“天朝物产丰盈，无所不有，原不藉外夷货物以通有无。”这是从一家一户的自给自足，扩大为一个国家的自给自足。但是值得注意的是，乾隆皇帝的答复并不完全是虚骄的浮夸，从当时中英贸易的分析中，可以看出这正反映了当时中国的国情。因此，清代的闭关政策也是一个以自然经济为基础的封建帝国，面对着席卷世界的资本主义狂潮巨浪时所能做出自我保护性的选择。

清代的闭关政策，不仅是对外贸易方面的严格限制，而且是为了避免被两种陌生的巨浪所冲垮，从政治、经济、思想文化、科学技术各方面所作出的自发的排斥外来新生事物的反应。

清代闭关政策造成了中国各个方面的更加落后，导致更加可悲的后果。

（五）人民思想的禁锢

在中国古代文明的发展过程中，产生了高度的思想文化。其中最具有中国民族特色和深远影响的是儒学。孔子创立的儒学是两千多年来中国传统文化的主干。它随着封建制的产生而创立，随着封建制的发展而发展变化，两千多年来一直居于统治思想的地位，对历史产生过巨大作用。但也随着封建制的渐趋衰落而日益僵化，成为社会发展的消极因素。汉代的董仲舒以先秦孔孟学说为主，糅合法家和阴阳五行等学说，形成了一套“天子受命于天”、“天不变，道亦不变”的“天人相感”的思想体系。他的大一统说，强调统一是天地常道，古今通理。推崇君主专制，把君主神化，使儒学成为从汉到清的主导统治思想。对维护中国封建时代社会秩序、国家统一和增强中华民族的凝聚力有积极作用。但“独尊儒术”，形成以孔子是非为是非的思想观念和思维定式，排斥、压制其他学说，却对人们思想的自由解放、学术的百家争鸣和科学的创造发明，造成了深远的消极影响。他标榜孔孟的“德治”和“仁政”，宣扬“三纲”（君为臣纲，父为子纲，夫为妻纲）、“五常”（仁、义、礼、智、信）作为封建的伦礼道德规范。这套儒学适应了当时统一多民族封建国家巩固和发展的需要。但是“天道”加“三纲”就成了束缚人民思想的四条封建统治的绳索。愈到后来，束缚力愈强。

在我们所考察的历史年代，宋代商品经济发展，阶级、民族的矛盾也很尖锐，人们的思想出现了各种新的动向。这时。儒学批判地吸收了一些佛道思想形成了理学。朱熹总理学之大成，以“理在气先”的唯心主义，向人们宣扬“三纲五常”，鼓吹“存天理，灭人欲”，形成了宋以后统治人们思想的封建礼教。理学要求人们放弃提高物质生活水平的愿望和努力，绝对服从封建伦理纲常的教条，宣扬封建禁欲主义，抹煞人们的个体意识、个体生存与发展的欲望。对于广大劳动百姓，特别是妇女，是一副无形的沉重的精神枷锁。“饿死事小，失节事大”的说教，其流毒深远，更使宋以后无数妇女被剥夺了青春、爱情，甚至生命。

明清时期，封建专制主义大大加强，儒学、理学就成了封建思想统治的主要工具。

明清两代在培养、选拔封建官员的科举制度中，规定应试的文章必须“代圣贤立言”。对经义的阐述，必须以朱熹和宋元理学家的注释为依据，不允许联系当代现实，也不允许发挥自己的见解。这就严重束缚了人们独立思考的个性和创造发明的才智的发展。同一时期的中国与文艺复兴、宗教改革时期的欧洲，形成了完全相反的对比。科举出身、掌握国家大政的大臣和直接接触百姓的地方官员大都是这样一种头脑，社会的活力和生机也就逐渐消失，整个社会思想日趋沉闷、凝固。

清朝的满族，带着从奴隶制上升的民族锐气和固有文化入主中原，高度发展的汉人封建文化吸引了他们，很快地接受了儒学思想和宋明理学。康熙皇帝尊孔崇儒，推崇朱熹。他在16岁就制定了《圣谕十六条》，以儒家思想教育臣民，提倡以“儒学治国”。他把朱熹送入孔庙接受祭祀。在他主持下还编纂了《朱子全书》、《性理精义》等许多理学书籍，广为宣传。所以他曾被称为“理学皇帝”。以后的皇帝代代相承。“霜叶红于二月花”，清朝的封建思想统治更甚于明朝。

这时，西方的科学技术曾通过传教士传播进来，康熙本人很认真地学习，更重视历算和造炮技术的应用。但是，他毕竟不是俄国的彼得一世，在提倡学习西方科学和推广应用方面，他没有多少作为。因为儒家一向视科学技术为“奇技淫巧”，“君子不器”等这样的封建教条，开明的皇帝也不敢逾越。康熙曾命法国传教士白晋和巴多明给他讲解西洋解剖学，并写成讲义，附有图像，翻译成满、汉文，准备刊印。但考虑再三，终以“此乃特异之书”，将稿本藏于内府文渊阁。这就是鲜明的例证[76]。对一般臣民禁锢之严峻，更可想见。到了1793年，英国特使把西方洋枪洋炮、洋船（模型）、望远镜等29种工业革命后的科技产品，作为礼品送到乾隆皇帝面前，并未引起他的惊奇和兴趣，只是看作进贡的“玩好”。当马戛尔尼邀请福康安检阅英国使团的卫队演习新式武器操法时，福大人竟说：“看亦可，不看亦可。这火器操法，谅来没有什么稀罕。”[77]处在18世纪末的乾隆皇帝和福（康安）大将军的思想境界，比17世纪初翻译《几何原本》的明朝礼部尚书徐光启该有多少差距?

16到18世纪，不是没有出现过儒学的“异端”，如万历年间有慨叹“天不生仲尼，万古长如夜”的李贽；

乾隆年间的戴震更激愤地抨击过理学。他说："以法杀人犹可救，以理杀人无可活。"但是，明太祖朱元璋开始制造了文字狱，清代更有过数十次骇人听闻的文字狱的血腥屠杀，影响深远。乾嘉时期已把学者们逼入繁琐考据的治学道路。直到19世纪上半叶，仍使龚自珍"避席畏闻文字狱"，"谈虎色变"，发出"九洲生气恃风雷，万马齐喑究可哀"的慨叹。这时的中国社会已是"噤若寒蝉"，生气殆尽。人们的思想在僵化，社会也在僵化，与弥漫欧美的自由、平等和竞争、进取的精神，已不可同日而语。这种社会精神状态，如果没有剧烈的冲击与震撼，是难以苏醒和奋起了。封建君主专制的严酷思想统治不能不是造成中国落后的一个重要原因。

（六）战争与动乱

战争是世界各国不断发生的普遍历史现象。虽然正义战争具有历史进步意义，其他战争有时也会带来一些意想不到的积极的副产品。但是，不论哪种战争总都不可避免地造成人员、物力的损失和社会的动乱，给人民带来苦难，影响社会经济的发展。

在我们考察的历史年代的前一个世纪中，第一个十年，907年曾经强大统一的唐朝为朱温所灭，此后出现了分裂割据的五代十国。北方，梁、唐、晋、汉、周相继，战争频繁。南方各国战祸较轻，生产得以发展。960年，宋朝建立。979年灭北汉，结束了五代十国的局面。但是，契丹族的辽朝和党项族的西夏已于几十年前建立。今河北、山西北部到黄河河套一带是辽的疆土。在河西走廊到河套一带是西夏的范围。这时又形成辽、西夏与宋并立，战争频仍的局面。1115年，女真族崛起，建立金朝。1125年灭辽，1126年金兵攻入开封，北宋灭亡，宋室南渡是为南宋。金朝占据的地区，南到淮河至大散关一线，西接西夏，与南宋、西夏继续对峙。1206年蒙古崛起，成吉思汗建立了蒙古汗国。1234年，金在蒙古和南宋的联合进攻下灭亡。1227年，西夏为成吉思汗所灭。1280年，蒙古铁骑随即南下，1279年灭南宋，统一中国，建都大都（北京）。

从10世纪初到13世纪70年代末，在中国广大土地上，从北到南，从东到西，战争连绵，动乱不已。至于蒙古的"西征"，更把战火和灾难带到了中亚、西亚直到欧洲东部。

元朝政府采取了种族歧视的等级制度。蒙古贵族、僧俗大地主、富商和各族上层分子残酷地剥削、压迫各族人民，人民的反抗不断。1351年终于爆发了反元朝统治的人民大起义。1368年，朱元璋的军队攻入大都，结束了98年的元朝统治，建立了明朝。

16世纪到17世纪中叶，是世界历史转折时期，也是中国从先进到落后趋势形成的时期。从17世纪中叶到18世纪末19世纪初，是资本主义制度在西欧、北美一些国家确立和迈入近代大工业时代的时期，也是中国古老文明衰落的时期。在这关键性的300年中，从万历四十四年（1616年）努尔哈赤建立后金，明清战争开始，天启七年（1627年）陕北澄城又揭开了明末农民战争的序幕，民族冲突、阶级对抗交织在一起，从长城内外到大河上下，战争连年，烽火遍地，直到崇祯十七年（1644年），闯王进京，明朝灭亡，清朝入关。随即清兵南下，南明抗清，"扬州十日"、"嘉定三屠"，商品经济最发达的江南地区遭到毁灭性的破坏。从闽浙沿海到云贵四川、从长江中游两岸到粤桂海边，战乱持续直到康熙三年（1664年）。九年之后，清朝统治阶级内部不同利益集团的矛盾激化，三藩之乱爆发。南半个中国又遭受了八年战火。直到清军渡海统一台湾，才告一段落。从1616年到1684年，17世纪中，前后持续半个多世纪。三次遍及中国大部分地区的战争和动乱，给人民造成的苦难，对社会经济文化造成破坏，史不绝书，难以估算。同时，也不能不加速了中国从先进到落后的转化。

（七）过剩人口的压力

人是第一生产力。历代帝王无不希望自己有更多的领土和人民。因为领土可以变为耕地，而人民多就意味着赋税、力役和兵源增多。这是很简单的道理。

清朝从顺治入关就大力推行开垦荒地和招徕百姓的政策。到康熙四十八年（1709年）二月康熙帝已开始察觉，生育日繁，户口日增，而土田未增[78]。康熙五十年（1711年）十一月，他又说："前者云南、贵州、广西、四川等省遭叛逆之变，地方残坏、田亩抛荒，不堪见闻。自平定以来，人民渐增，开垦无遗。或砂石堆积，难于耕种者，亦间有之，而山谷崎岖之地，已无弃土，尽皆耕种矣。由此观之，民之生齿实繁。”[79]康熙五十三年（1714 年），又有人建议垦荒，康熙帝批评说：“条奏官每以垦田积谷为言，伊等俱不识时务。今人民蕃庶，食众田寡，山地尽行耕种，此外更有何应垦之田，为积谷之计耶？”[80]那时人口和耕地的矛盾已相当尖锐了。

雍正乾隆时期，人口持续迅速增加。他们别无良策，只得违背祖训，不顾“时务”，叫人民继续开垦。乾隆五年（1740 年），乾隆皇帝特谕：“各省生齿日繁，地不加广，穷民资生无策，亦当筹划变通之计。向闻边省山多田少之区，其山头地角，闲土尚多，或宜禾稼，或宜杂植，……即内地各省，似此未耕之地，不成丘段者，亦颇有之，皆听其闲弃，殊亦可惜。于是特降谕旨，凡边省、内地零星土地可以开垦者，嗣后悉听该地民夷垦种，免其升科。”[81]其实雍正年间，南北各省的村头、屋角、沟尾、道左、坟旁、庙基、沙冈和水滨已经开垦了。

到乾隆三十八年（1774 年），乾隆帝开始认识到：“若求可垦之地，则惟新疆乌鲁木齐等处地土沃衍，尚可招徕屯垦，至于内地开垦一说，则断无其事。各省督抚亦断不得以此为言。”[82]

可是，大量人口无地可种，破坏生态平衡的盲目开垦不断发生。乾隆三十七年，直隶永定河边蓄水防洪的淀泊，“水退一尺，则占耕地一尺”，“每遇潦涨，水无所容，甚至漫溢为患”[83]。乾隆四十六年（1781 年），黄河“河滩地亩，尽皆耕种麦苗，并多居民村落……筑围打坝、填塞日多”[84]。这时，山东的独山、微山、昭阳、马场等湖泊，吴淞的淀山、庞山、大斜港等湖泊，浙江余杭的南湖、会稽的鉴湖、上虞的夏湖和湖南的洞庭湖等，南北各地都出现了“与水争地之势”。

从康熙初年以来，黄、淮、运三河，因关系漕运，已花了很大力量进行治理。可是，乾隆五十三年（1789 年），长江终于又咆哮了。五月下旬宜昌府长阳县，平地水深一丈多，城墙倒塌，衙署、监狱、仓库倒塌。六月二十日酉刻，荆州长江决口二三十处，每处十几丈到几十丈不等，江水直逼城下，冲开了西门、北门，又冲开了小北门和东门。荆州城内水深一丈有余，满汉两城文武衙署、兵民房屋、监狱、仓库纷纷淹没、倒塌。逃出来的人爬上城墙、屋顶和树上。逃不出来的多被淹死。

这次长江决口，上起宜昌府长阳、宜都、松滋，直达江陵；荆州以下沿江的华容、安乡、澧州、岳州、蒲圻、沔阳、汉川、汉阳、武昌、黄岗、黄梅、九江，直到太平府的芜湖、当涂，全都江水横流，汪洋一片。皖南的休宁、祁门、黔县，江西的南昌府、饶州府，连浙江的淳安都被水成灾。

各地灾情的奏报不断送来，乾隆皇帝考虑：“荆州古来重镇，城犹是城，江犹是江，何以从古未闻有被淹之事。而本朝百余年来，亦未闻此事。乃十年之间，四十四、四十六年及本年三被淹侵。此次江水竟至冲入城内！？”[85]他怀疑必是长江改道所造成。但是，钦差大学士阿桂查询以后报告说：“荆州府对岸一带，向有泄水之路八。近惟虎渡一处，现在尚可泄水，其余七处俱久在湮废。江水分泄之路既少；又沙市对岸，有地名窖金洲，向来只系南岸小滩，近来沙势增长，日渐宽阔，江流为其所逼，渐次北趋，所谓南涨北坍，以致府城濒江堤岸多被冲塌，屡致淹没。”[86]

这个南岸小滩，为什么沙势日渐宽阔，造成这样严重的灾害呢？阿桂提审了窖金洲的地主萧逢盛。根据萧的供认，阿桂弄清了原因[87]。原来从雍正二年（1724 年），这个江边的沙洲已有人垦种。萧的祖父从雍正七年起到乾隆二十七年止，陆续向本处民人契买新垦种的沙洲土地，种植芦苇。每年向官府纳课。每遇沙洲涨出，芦苇即环洲而生，阻遏江流。洲面日宽，江面就日狭，上流壅高，所以溃决。

乾隆帝这时才明白，这个“窖金”的沙洲原是祸害之洲。在严惩契买沙洲地的地主和主管官员之后，他想起了与水争地，也不仅荆州一处，“即如黄河之外滩，以及西湖、淀河、山东江南湖陂等处，百姓私占耕种者甚多”。于是，传谕各省督抚，嗣后再有类似窖金洲阻遏水道，造成堤工破坏的，断不准其任意开垦。否则严治其罪。

乾隆五十三年（1788 年），在巨大人口的压力下，盲目开垦的结果，是发生了百年不遇的水患。巨大的灾难，使乾隆帝和他的臣民知道了“与水争地”的严重后果，可是，他们还不知道，对黄河、长江和各个水系所造成的水土流失、生态平衡破坏，导致了怎样严重的深远的隐患。至于造成这种严重后果的根本原因，他们更没想到就是庞大的过剩人口。

人是第一生产力。在农业为主的历史年代，人力必须和土地结合才是生产力。否则，仅仅在可能性上是生产力，还不能转化成实在的生产力。当一个国家的人口大量猛增，使国家的土地资源容纳不了，承受不起，这时过剩的大量人口就不再是可能性上的生产力，而转化成社会的沉重负担。中国在18世纪人口迅速增加的结果，其中土地容纳不下的过剩人口就形成了庞大的社会负担。它压在全部可耕地上，也压在全部社会生产力上，拖住社会经济使其难以发展，也拖住已经落后的中国更加落后。

（八）自然环境制约下的民族问题和盲目自大保守的心理状态

自然环境无疑是人类社会发展的必要条件，同时也制约着社会的发展。

在亚洲东部，以黄河流域、长江流域为中心的广大土地，孕育了中华民族，中华民族也开发了这片土地。在这片广大土地上，由于平原、河谷、草原和山地的差异，曾经形成了农耕民族和游牧民族。

南边、西边的高山，北边的大沙漠和东边的大海形成了四周的天然界限，远古以来使这片广大土地成为地球上一个相对独立的地理单元。界限以内的不同民族，由于经济条件的差异，出现了产品的交换，例如马匹、牛羊和食盐、布帛以及粮食铁器、茶叶、丝绸的交换。在接触中不同的文化互相影响、交流，促进了交换的发展；接触中也出现了矛盾和冲突，冲突的扩大就成为战争。长期的大规模战争，在中原民族和北方民族之间曾不断发生，例如：汉与匈奴，唐与突厥、吐蕃，宋与西夏、辽、金、元，明与鞑靼、瓦剌、满洲，清与准噶尔等等。既然大家都生活在一个“大院”里，这种碰撞是难以避免的。然而，长期的大规模战争，不能不使社会生产遭到不同程度的严重破坏，成为历史发展的消极因素。这种不断的互相影响与交流、互相融合与碰撞，终于形成了包括50多个民族的中华民族。中国古代文明也呈现出特有的丰富多彩。然而，在统一多民族封建国家的形成过程中，也一次又一次地付出了巨大的代价，影响了社会经济文化的发展。

在长期相对封闭的自然环境中生活，中国人认为：这片土地就是“天下”。对外交通有了发展以后，中国人又认为：这里是文教礼义之邦的“中国”（中央王国），而天然界限以外的国家、民族是未开化的“四夷”。中国长期在这种自然环境中发展，与外界很少往来，所以中国古代文明也就呈现出独特性。但同时也造成了中国人，尤其是历代封建统治者的盲目保守、自大、不关心外界事物的自我满足、自我封闭的心理状态。这当然不能不影响社会历史的前进。

自从进入16世纪，世界地图不断改变原来的面貌。中国四周的天然界限也暗淡下去。当时的中国人不知道世界形势的巨大变化，依然抱着陈旧的世界观念。所以当陌生的西方人来到中国时，仍然被视为“外蕃”、“四夷”，叫作“荷夷”、“英夷”以至“红毛夷”；而自己是“文明礼让”、“无所不有”的“天朝”。但是，这些“夷人”，居然从难以猜测的万里之外，来到东方，并霸占了一些岛屿、出没海上。又有那么多“奇技淫巧”，所以康熙帝预测千百年后，必是“中国之累”——潜在威胁。因而，清朝又关上了“天朝”的大门。这时盲目自大和内心恐惧并存，保守与落后也同时表现出来。

七　对于亚当·斯密、翁贝托·梅洛蒂、费正清有关论点的评论

导致中国衰落的原因，很久以来已不断引起关心中国的外国学者的注意与研究。最早的可举出英国的古典经济学家亚当·斯密（Smith Adam），最近的可举出意大利的马克思主义学派学者翁贝托·梅洛蒂（Umberto Meloti）和美国著名的中国历史学家费正清（John K. Fairbank）。

早在1776年（乾隆四十一年），杰出的英国古典经济学家亚当·斯密（1723年—1790年），在他的

《原富论》中从当时迅速发展的资本主义国家的角度，做了如下的评论："中国似乎长期处于静止状态，其财富也许在许久以前已完全达到该国法律制度所允许有的限度，但若易以其他法制，那么该国土壤、气候和位置所可允许的限度，可能比上述限度大得多。"[88]

亚当·斯密在200多年前已经敏锐地指出了中国的停滞和落后，同时也指出中国避免继续落后下去的可能性。这种可能性转化为现实的必要条件就是"易以其他法制"。至于历史悠久的中国为什么不能更早地"易以其他法制"，他没有进一步涉及。人们也不应该苛求这位200多年前的经济学大师再作进一步解释。

近年来，欧美学者对这个问题作了进一步研究。意大利的翁贝托·梅洛蒂在1972年于米兰出版的《马克思与第三世界》一书中写道；"中国拥有许多世纪之久的统一局面和悠久的中央集权化的官僚机构，这是它优于欧洲之处，但中国缺乏成为一个'现代国家'所不可缺少的经济基础。这一经济基础是可以建立的。其条件是：至少使那些在传统体制以及与'亚细亚'农村格局有关的官僚权力影响下加强起来的压力有所减少。但在明朝统治下，多次试图改进赋税制度，补充新的官员，经营国家垄断的事业以及操纵政府的其他传统工具，使它们适应新的条件——但丝毫没有作出改变国家性质的尝试。"[89]

翁贝托首先指出的是缺乏"现代国家"的经济基础，而要建立这样的经济基础，其条件是"改变国家性质"。

这里翁贝托·梅洛蒂所指出的"改变国家性质"和亚当·斯密指出的"易以其他法制"是同一个含义。历史的遗憾是：这种社会革命性变革，不仅乾隆年间没有可能出现，鸦片战争以后也没有出现。直到1895年《马关条约》签订，以康有为为首1200名举人才"公车上书"，要求光绪皇帝"拒和"、"变法"。载湉深受启迪，"益明中国致败之故，若不变法图强，社稷难资保守"。1898年6月11日光绪皇帝下"明定国事"诏书，宣布变法开始，此后他连续下达谕旨，从政治、经济、军事、文教等方面进行变革，推行新政。但好景不长，9月21日慈禧太后发动政变，将光绪皇帝囚禁在中南海瀛台，"百日维新"被扼杀在血泊之中。

在进入20世纪以前，传统中国社会最后一次丧失了变革维新的历史机遇。

美国著名的中国历史学家费正清根据他多年对中国历史的研究，在1978年做出了新的论断。在他主编的《剑桥中国晚清史1800—1911》的《导言》中他写道："当这种接触（按：指西方扩张势力来到中国——引者）在近代成为事实时，导致中国衰落的一个原因恰恰就是中国文明在近代以前已经取得的成就本身，要理解中国的衰落，就必须懂得中国早先取得的成就，因为这种成就之大竟使得中国的领袖人物对于灾难的降临毫无准备。"[90]

费正清教授的独到见解，发人深省，引人深思。

为什么"导致中国衰落的一个原因恰恰就是中国文明在近代以前已经取得的成就本身"呢？如果说"这种成就之大竟使得中国的领袖人物对于灾难的降临毫无准备"，那么，首先应问：究竟是什么势力，为了什么目的，强行使灾难降临到中国呢？这与中国文明已经取得的成就本身有什么必然的关系呢？

我们认为：导致中国衰落的原因，与其向"中国文明在近代以前已经取得的成就本身"去寻找，不如向产生中国文明的社会中去寻找，向中国传统社会机制的发生、发展、衰落的辩证演变中去寻找。而这正是本文所探讨的中心问题。

注释：

[1] 参见拙稿《中国从先进到落后的三百年》，《中国史研究》1980年第1期；《从先进到落后的转变及其原因》，载汝信总主编《中国马克思主义研究丛书》之一、王戎笙主编《马克思主义历史观与中华文明》一书第16章，重庆出版社，1991年，第590—261页。

[2]《马克思恩格斯全集》第2卷，人民出版社，1957年，第163页。

[3]［英］李约瑟：《中国科学技术史》第1卷第1分册，科学出版社，第42—43页。

[4]［美］海斯·穆恩·韦兰：《世界史》上册，纽约1946年重印版，第282页。

[5]《马克思恩格斯全集》第30卷，人民出版社，1957年，

第 318 页。

[6] 黄支，各家的考证不同，有人认为即今印度半岛东岸之康普契拉姆（Kanāpra），有人认为应是维查雅瓦达（Vijayawada）。

[7]《汉书 · 地理志》卷二十八。

[8][9]《后汉书 · 西域传》卷八十八。

[10][11]《梁书 · 南海传》卷五十四。

[12]《新唐书 · 地理志七下》卷四十三下。

[13] 关于三兰，张星烺认为应在东非沿岸。近人认为，应在今达累斯萨拉姆，或应是索马里的异译；而日本家岛彦一认为古代亚丁（Aden）的别名为 Samr□n，即三兰。参见陈得芝、陈高华有关论著。

[14]《新五代史 · 闽世家》卷六十八。

[15]《宋会要辑稿》职官四十四之一。

[16]《宋会要辑稿》蕃夷四之九十一至九十二，《宋史·大食传》卷四百九十。

[17]（清）顾炎武：《天下郡国利病书》卷一百二十。

[18]《宋会要辑稿》职官四十四之二十三。

[19] 参见王曾瑜《谈宋代造船业》，《文物》1975 年第 10 期。

[20]《福建蒲田祥应庙碑记》，《文物参考资料》1957 年第 9 期。

[21]《元史 · 世祖本纪》和《马可波罗行纪》。

[22] 同 [21]。

[23]（元）《秘书监志》卷四，转引自陈得芝《元代海外交通与郑和下西洋》，《郑和下西洋论文集》第二集，南京大学出版社，1985 年，第 199 页。

[24]（元）杨谌：《昆山郡志》卷一《风俗》，桑悦：《太仓州志》卷一《沿革》，并参见陈高华《元代的海外贸易》。

[25] 陈得芝：《元代海外交通与郑和下西洋》，《郑和下西洋论文集》第 2 集，南京大学出版社，1985 年。

[26] 夏鼐：《真腊风土记校注》，第 15、22 页。

[27] 苏联社会科学院：《世界通史》4 卷上册，三联书店，1962 年，第 102 页。

[28][美] 海斯 · 穆恩韦兰：《世界史》中册，第 420 页。

[29] 苏联社会科学院：《世界通史》第 3 卷上册，三联书店，1962 年，第 430 页。

[30] 同 [27]。

[31][日] 薮内清：《中国 · 科学 · 文明》，中国社会科学出版社，1988 年，第 118 页。

[32][美] 海斯·穆恩韦兰：《世界史》中册，第 425—426 页。

[33] 同 [31]，第 119 页。

[34] 宣德六年《长乐南山寺天山妃之神灵应记》，《西洋番国志》，中华书局，1982 年，第 53 页。

[35] 严从简：《殊域周咨录》卷八。

[36]《明仁宗实录》。

[37][美] E. M. 伯恩斯，Ph. L. 拉夫尔：《世界文明史》第 2 册，商务印书馆，1988 年中译本，第 93—94 页。

[38] 同 [28]，第 423 页。

[39][意] 卡洛 · M. 奇波拉：《欧洲经济史》第 2 卷，商务印书馆，1988 年，第 4 页。

[40] 苏联社会科学院：《世界通史》第 4 卷上册，三联书店，1962 年，第 125 页。

[41][英] 托马斯 · 孟：《从对外贸易取得的英国财富》。

[42]《马克思恩格斯选集》第 1 卷，第 252 页。

[43] 恩格斯：《自然辩证法（摘录）导言》，《马克思恩格斯选集》第 3 卷，人民出版社，1972 年，第 445 页。

[44][45] 恩格斯：《自然辩证法》，人民出版社，1961 年，第 158 页。

[46][意] 卡洛 · M. 奇波拉：《欧洲经济史》第 2 卷，商务印书馆，1988 年，第 3 页。

[47]《明通鉴》卷三十八。

[48][德] 于尔根 · 库钦斯基：《生产力的第四次革命理论和对比》，第 38—39 页，转引自沈定平《从国际市场的商品竞争看明清之际的生产发展水平》，《中国史研究》1988 年第 3 期。

[49] 列宁：《给美国工人的信》，《列宁全集》第 28 卷，第 43 页。

[50]《列宁全集》第 29 卷，第 334 页。

[51]《马克思恩格斯选集》第 1 卷，第 256 页。

[52]《清实录》康熙二十九年。

[53] 参见梁方仲：《中国历代户口、田地、田赋统计》，上海人民出版社，1980 年；[美] 何炳棣：《1368—1953 中国人口研究》，上海古籍出版社，1989 年；以及全汉升、王业键等有关论著。

[54] 西清：《黑龙江外记》卷六。

[55][日] 太田英藏：《<天工开物>中的机织技术》，《<天工开物>研究论文集》。

[56][英] 格林堡：《鸦片战争前中英通商史》，第 2 页。

[57]《汉书 · 食货志》。

[58] 参见拙稿《在中国封建社会中“生产力怎样和阶级对抗同时发展”》，《中国历史博物馆馆刊》1979 年第 1 期。

[59]《清圣祖实录》卷二百四十。

[60] 马克思：《资本论》第 3 卷，人民出版社，1975 年，第 371 页。

[61] 马克思：《资本论》第 1 卷，人民出版社，1975 年，第 167 页。

[62] 语见《礼记 · 郊特牲》。

[63]《王文成公集》卷七《答韩求仁书》。

[64]《荷兰东印度公司与瓷器》，转引自中国硅酸盐学会编《中国陶瓷史》第 412 页。

[65][66]《苏州织造局志》卷一。

[67]《张文忠全集 · 文集 · 赠水部周汉浦榷竣还朝序》。

[68]《周治上元江宁两县志》卷七《食货志》。

[69]《清文献通考 · 征榷五》（雍正谕旨）。

[70]《乾隆佛山忠义乡志》卷六《物产》。

[71] 张泓：《滇南新语》《象羊厂》条。

[72]《清高宗实录》卷三百一十一。

[73]（明）张燮《东西洋考》。

[74]《清圣祖实录》卷二百七十。

[75]《马克思恩格斯选集》第 2 卷，第 6 页。

[76] 潘吉星：《康熙与西洋科学》，《自然科学史研究》1984 年第 4 期。

[77] 刘复译《乾隆英使觐见记》下卷。
[78]《清圣祖实录》卷二百四十。
[79]《清圣祖实录》卷二百四十九。
[80]《清圣祖实录》卷二百五十九。
[81]《清高宗实录》卷一百二十三。
[82]《清高宗实录》卷九百七十八。
[83]《清高宗实录》卷九百一十。
[84]《清高宗实录》卷一千一百四十七。
[85][86]《清高宗实录》卷一千三百〇八。
[87]《清高宗实录》卷一千三百一十二。
[88][英]亚当·斯密:《原富论》即《国民财富的性质和原因的研究》，商务印书馆，1979年，第47页。
[89][意]翁贝托·梅洛蒂:《马克思与第三世界》，商务印书馆，1981年，第125页。
[90][美]费正清主编《剑桥中国晚清史》(1800—1911)上卷，中国社会科学出版社，1985年，第9页。

(原文刊于《中国历史博物馆馆刊》1992年总第18—19期;《秋海棠叶集》，中国社会科学出版社，1998年)

古文献研究

《殷契通释》序

徐协贞

殷墟契文自《铁云藏龟》出世后，首释者为孙氏诒让，曰《契文举例》，惟就个体字加以解释。继起者为罗氏振玉之《殷墟书契考释》、王氏国维之《殷先王先公考》，名震一世。追后释者渐夥，刊物亦增，非不知为知，即人云亦云、削足适履、千篇一律。除叶氏玉森略有发明外，余悉师承罗、王，于卜辞真谛强半不解。余前兼历史博物馆主任时，检阅卜辞出土之物，始疑盘庚以后犹为石器时代。后阅卜辞，不惟通辞内无金字，即金偏旁字亦不一见，更自信断定时代之不误。时代既定，一切文物制度自然划若鸿沟，故对诸家释文稍滋怀疑。原拟潜心研究，冀有猎获资飨学者，奈委命下吏，终日碌碌于机械事业，无暇及此。自政府南迁，余因休职消遣岁月，赓续前志，遂将所有卜辞按例排列，互相参校，始发见卜辞大都为方名平列之辞，究未知其用也。旋发见祭辞祖名上下莫非方名，于是知殷人之祭必用各方人为牲，当未祭前先决于卜，贞则用之，如贞某某等方名平列之辞，均此类也。其他征伐田狩等卜，亦皆与各方有密切关系。是卜辞主干即为方名，前释者擿埴索涂，宜乎凿枘不入。夫方名者何？乃各部落之标识也。例如殷在未组织王朝以前，亦为部落之一，其标识则为“唐”，“唐”古文“啺”，“汤”为“啺”讹变也。嗣后组织王朝，在商曰商，在殷曰殷，不过为群部落首领，即所谓部落王朝也。与成周有礼法制度之王朝迥然不同。周秦人殷周并称已失其实。按汤前二祖曰示壬，《史记·殷本纪》曰主壬，误矣。卜辞有妣祭始于示壬，示壬以前不见妣名，更有二祖或三祖同一妣之辞，至武丁后犹见之。综观各节，就人类演进过程中可为殷之世纪作一简明表式：

殷前半纪	殷后半纪
旧石器时代	新石器时代
混乱部落社会	王朝部落社会
两性杂交（血族群婚）	亚血族群婚
游牧生活	农业萌芽
生食人时期	熟食人时期

此表据卜辞作之，非等虚拟，其与考古学之诠次进化史之公例若合符节，读者自知。然则殷代以及殷代前之一切社会制度，藉此可以概见。至经传所谓“五帝三王”，见诸卜辞者则多为殷之祖宗，或为方名。所谓唐虞夏者，唐即汤，如上述，虞夏亦为方名，可见吾国经传载殷以前史迹，非周秦之虚构即汉人之伪托，此三千年之迷雾得卜辞昭临一扫而清，世人仅以无系统之金文、不完整之木简等而视之，岂不冤哉！不独此也，殷代数千部落至周以后逐渐解散，经解散之氏族即以其标识为姓，故无论何姓皆为集团之遗留，非个人之子孙，如姓氏各《志》谓某姓为某帝后，某姓为某王后，岂当代帝王有后而与帝王同世之人尽无后耶？此理极浅，不辨自明。其间有不受解散者，遂率其氏族迁移他处，按卜辞方名证之，现今民族几占三分之二。

人类学者谓人类始于帕米尔高原，由高加索而西者为白种人，由昆仑而东者为黄种人，越地中海而南者为黑种人，此说确否，姑不具论，若证诸卜辞，世界民族强半为殷部落，谅非偶尔之聚合也，讲人类学者宜注意焉。溯自原始以来，荒莽大地应为无记名物，至周秦以后称为某山、某水、某乡、某亭、某丘、某聚、某故国、某故城等，均系殷代数千部落或藉为栖息之所、或辟为领守之域，皆因其标识而留其名，如大方内之山水曰大山大水，又仒为大方，从人字，即《山海经》神话中之大人国，此类史影皆可于卜辞证明之。厥后虽稍有沿革，然稽诸较古之春秋战国地图及前后汉《地理志》，则殷代各方所在地悉可按索。况周之国名除楚外皆为殷之方名，领区分布显有可征，再就连辞旁证，未知各方不难确定，此从事历史地理者不可不知也吁。卜辞之质量如此其重，卜辞之价值如此其高，若不能彻底研究，剖璞探骊，实有负此宝物也。余老矣（生 1868 年），虽有其志，惜无其力，未得究竟，终觉颜汗，特揭此大纲，贡献于世，俾研究卜辞者不再入于歧途，则余绵薄之愿偿矣。卜辞印行者阙释尚多，现出土者珍品不少，苟能以邃密之心思淘沙漠之金质，钩玄索隐，必更有无穷之发现。余意接踵而起者必大有人在，不敢如罗氏藐视天下人，曰发潜阐微为区区一人之责（见《后编》序）。书成付梓，略述其凡，弁诸篇首。

民国壬申年秋八月序于故都西垣郢臼寄庐

（原文刊于《殷契通释》，1933 年）

评《春秋公羊解诂》

洪廷彦

何休作《春秋公羊解诂》与赵岐作《孟子章句》，均在身受宦官迫害之后。这两本经注，都宜联系汉末政治来研究，进而分析其对后世的影响。本篇先谈对《春秋公羊解诂》（以下简称《解诂》）的一些粗疏看法，以求教于研究经学史的同志们。

何休自述注《公羊》的缘起，谓："传《春秋》者非一，本据乱而作，其中多非常异义可怪之论。说者疑惑，至有倍经任意，反传违戾者，其势虽问不得不广，是以讲诵师言，至于百万，犹有不解，时加酿嘲辞，援引他经，失其句读，以无为有，甚可闵笑者，不可胜记也……余窃悲之久矣。往者略依胡毋生条例，多得其正，故遂隐括，使就绳墨矣。"（《解诂序》）其旨似在卫护春秋经传的本义。可是，后世对他却颇多指责。《困学纪闻》卷七："尝考公羊氏之传，所谓谶纬之文与黜周王鲁之说，非公羊之言也。苏氏谓何休公羊之罪人，晁氏谓休负公羊之学。五始、三科、九旨、七等、六辅、二类、七缺，皆出于何氏，其墨守不攻而破矣。"孔广森也说他"时有承讹率臆，未能醇会传意"（《春秋公羊经传通义叙》），魏源甚至批评他在某些问题上"玷经害教"（《董子春秋发微序》）。看来，《解诂》并非完全符合公羊传的原意，是无可否认的。自公羊传成书以后，曾经有过不少"公羊先师"，他们对公羊传的解释，随着时势的变迁而多有分歧，《解诂》当然也不能不打上时代的烙印。

《后汉书·儒林传》称：何休因陈蕃之辟，"与参政事，蕃败，休坐废锢，乃作《春秋公羊解诂》，又以《春秋》驳汉事六百余条；党禁解，又辟司徒，群公表休道术深明，宜侍帷幄，拜议郎，屡陈忠言"。可见，何休并非不问世事之儒生，而是敢于发表政治主张，积极参与士人与宦官之间剧烈斗争的名列党锢的人物。

刘光汉（刘师培1908年前曾用名）在其所著《两汉学术发微论》中说：汉儒说经，往往假经义以言政治，《公羊传解诂》即是其例。这一论断是正确的。但它并没有把何休重要的政治主张揭示出来；而且，他所论证的何休思想还夹杂了他自己当时的政治观点。最突出的例子是：他片面强调《解诂》严于夷夏之别，扬言"夷狄之族与中国殊，百世不可易"。其目的在于替排满宣传制造经学上的根据，并不符合何休的原意。实际上，何休所解释的公羊家言，夷夏之别并非固定不变，没有什么"百世不可易"的意思。这个问题对于正确认识何休的思想比较重要，本篇后半部分将予以辩正。

东汉末年政治论坛上所讨论的问题有哪些？侯外庐同志主编的《中国思想通史》指出：最主要的有四个：第一是农民起义问题；第二是征讨羌人问题；第三是经济破产问题；第四是外戚宦官干政问题。对于这些问题，积极参加当时政治斗争的何休，不可能没有他自己的看法。在他遭受禁锢而作《解诂》之时，自然可以借解释春秋经传的"微言大义"来发抒他对现实政治的意见。然而，他既然说：孔子为了"畏时远害"，没有把关于"改周受命之制"详细地著于竹帛（见《解诂》隐公二年），在汉末严酷的斗争环境中，何休自己当然也得"畏时远害"，不可能畅所欲言。但只要细读《解诂》全文，还是可以隐约窥见其用意的。

东汉后期，土地兼并剧烈，农民起义不断爆发。针对这一情况，何休惊呼"民食不足，百姓不可复兴，危亡将至"（《解诂》宣公十年）；认为"民以食为本"，"饥寒并至，虽尧舜躬化，不能使野无盗寇，贫富兼并，虽皋陶制法，不能使强不凌弱”，于是提出一个以井田制为基础的治本之计，想借此实现“均民力、强国家”，避免贫富兼并，使“四海之内莫不乐其业”而“野无盗寇”的理想（《解诂》宣公十五年）。此外，他还主张开仓廪、赈匮乏，节省开支（《解诂》宣公十年），限制租税、职贡之外的一切征求（《解诂》桓公十五年），反对“汉家敛民钱以田为率”（《解诂》哀公十二年）。所有这些都是为了缓和社会危机。

为了维护封建社会秩序，何休很重视礼乐的作用，认为礼乐可以使民“不敢慢，不敢争”，“须臾离礼则暴慢袭之，须臾离乐则奸邪入之”（《解诂》隐公五年）。然而一旦有了“盗寇”，当然还是要使用武力来镇压，而且，“征伐之道，服则可以退，不服则可以进”（《解诂》僖公廿六年、桓公七年）。东汉一代，内地武备比较削弱，这对维持封建统治是不利的。应劭《汉官仪》：“自郡国罢材官、骑士之后，官无警备，实启寇心，一方有难，三面救之，发兴雷震，烟蒸电激，一切取办，黔首嚣然，不及讲其射御，用其戒誓，一旦驱之以即强敌，犹鸠鹊捕鹰鹯，豚羊弋豺虎，是以每战常负，王旅不振。”何休有鉴于此，在《解诂》里特地引用孔子“不教民战，是谓弃之”的话，强调“存不忘亡，安不忘危”，决不可“忽忘武备”（桓公六年）。

可是，在征伐“夷狄”的问题上，何休似乎并不赞成轻动干戈。如前所言，征讨羌人问题，在东汉后期曾经引起激烈的争论。熹平六年，又发生关于征讨鲜卑的争论。当时蔡邕上疏说：“边垂之患，手足之蚧搔，中国之困，胸背之瘭疽。方今郡县盗贼尚不能禁，况此丑虏而可伏乎？”（《后汉书·鲜卑传》）在这类问题上，何休的主张与蔡邕相仿佛。《解诂》成公十五年：“当先正京师乃正诸夏，诸夏正乃正夷狄”；《解诂》庄公三十年进而提出“戎亦天地之所生，而乃迫杀之，不仁也”的论点，比蔡邕的意思更深一层。

所谓“先正京师”，在东汉末年确是严重的问题。当时的京师正是宦官干政、迫害士人之时。《解诂》僖公十九年：“梁君隆刑峻法，一家犯罪，四家坐之，一国之中，无不被刑者。百姓一旦相率俱去，状若鱼烂。”僖公三年：“僖公放佞臣郭都等，理冤狱四百余人，精诚感天。”宣公元年：“古者刑不上大夫，所以尊贤者之类也。古者疑狱三年而后断。”这几段，都可视作针对党锢之祸而有意发挥的。

东汉朝廷内部不但有宦官专政问题，而且还有累世公卿之家和“家有甲兵之藏”的强臣，这对统一的中央集权的封建国家也是严重的威胁。公羊家以讥世卿、弱臣势为其重要主张，何休在这个时候，当然更要宣扬这个论点，企图挽救正处于“王纲解纽”的东汉王朝。《解诂》一则曰：“卿大夫任重职大，不当世，为其秉政久，恩德广大，小人居之必夺君之威权。”再则曰：“襄公委任强臣，国家内乱，故讥之。”（隐公三年、襄公十一年）并且举“堕三都”之事，认为是弱臣势之必要措施（定公十二年）。

值得注意的是，《公羊传》在倡言“大一统”的同时，对于春秋战国时期还存在着的封建五等，不能不承认其既成事实，但却回避《论语》“兴灭国、继绝世”的话。《解诂》则不然。它不但明确地说：“王者据土，与诸侯分职，俱南面而治，有不纯臣之义。”（隐公元年）还一再扬言“王者起，当追有功，显有德，兴灭国，继绝世”，“兴灭国、继绝世、举逸民，天下之民归心焉”（昭公三十一年、宣公十七年）。在郡县制已经实行了几百年的东汉王朝，何休这位公羊家居然又拾起了公羊传所不取的孔子的这个老调，岂非咄咄怪事！

其实，这是不难理解的。正因为郡县制已经实行了几百年，而东汉王朝却处于土崩瓦解的危乱之中，有些人不免对郡县制产生怀疑，而希望恢复分封制，或部分地保留分封制。和何休约略同时的荀悦便是如此。《汉纪》卷五：“孔子作春秋为后世法，讥世卿不改世侯。六王七国之难作者，诚失之于强大，非诸侯治国之咎。其后遂皆郡县治民，而绝诸侯之权矣。当时之制，未必百王之法也。”稍晚一些，在曹操当政的建安年间，主张行井田的司马朗，也认为“天下土崩之势。由秦灭五等之制而郡国无搜狩习战之备故也”，只是感觉到在当时的条件下，井田可以复行而五等却“未可复行”（《三国志·司马朗传》）。何休至少是反对完全废除分封制的。《解诂》成公五年：“山者，君之象。河者，四渎所以通道中国，与王道同。

记山崩壅河者，此象诸侯失势，王道绝，大夫擅恣，为海内害。”诸侯的作用，在他的笔下，描写得如此重要！

刘逢禄《春秋公羊经何氏释例》：“夫郡县之法，势不能重其权而久其任，如古诸侯也……圣贤之才不世出，则莫若修封建之制，得如齐桓晋文者以为方伯连帅，则灭亡之祸可免。”这段话，与何休的原旨是符合的。《解诂》昭公二十三年，何休指责“王室乱莫肯救”是违反“尊尊”原则，败坏君臣上下关系的“新有夷狄之行”。他所指望作为王室藩卫的，便是能够遵守“尊尊”原则的诸侯。

“尊尊”是要维护君臣上下的等级秩序和服从关系。单有这个原则还不够，“《春秋》下理人情。人情者，一曰尊，二曰亲，三曰贤”（孔广森《春秋公羊经传通义叙》）。因此，还得有“亲亲”和“尊贤”两条原则。

何休继承董仲舒的观点，认为依据血缘亲近关系的“亲亲”原则，是与“尊尊”互为救敝而不可偏废的。《解诂》桓公十一年：“天道本下，亲亲而质省，地道敬上，尊尊而文烦。王者始起，先本天道以治天下，质而亲亲；及其衰敝，其失也，亲亲而不尊，故后王起，法地道以治天下，文而尊尊，及其衰敝，其失也，尊尊而不亲，故复反之于质也。”应该说明：何休所谓“反之于质”，不能理解为抛弃“尊尊”原则而专讲“亲亲”。因为，“尊尊”是谁都必须遵守的，“亲亲之恩”则“唯人君然后得申”（《解诂》庄公三十二年）。所以，《春秋繁露·十指》所说的“《春秋》承周文而反之质”，比《解诂》桓公十一年的“《春秋》改周之文，从殷之质”这句话更确切些。在处理王室贵族之间的关系时，“尊尊”和“亲亲”都应贯彻。片面强调“尊尊”而忽略“亲亲”，则须讲“亲亲”来救敝；片面强调“亲亲”而不顾“尊尊”，则须讲“尊尊”来救敝。汉代公羊家所谈的文质，大体是这个意思。在封建诸侯的问题上，何休在主张“兴灭国、继绝世”的同时，还主张“先封同姓”。《解诂》隐公十一年：“《春秋》变周之文，从殷之质，质家亲亲，先封同姓。”

先秦进步思想家既讲“亲亲”，又讲“尊贤”。何休继承董仲舒的观点，着重讲“尊尊”和“亲亲”，但又倡言“尊贤”。他认为公卿大夫士皆当“选贤而用之”，“通贤共治，示不独专”；反对“天子诸侯不务求贤而专贵亲亲”（《解诂》文公元年、庄公元年、隐公三年）。他希望君主对“盛德之士”尊而不名（《解诂》桓公四年），要求贤者做到“笃信好学，守死善道，危邦不入，乱邦不居，天下有道则见，无道则隐”，懂得“道不行，义不可以素餐”（《解诂》宣公十七年、庄公二十四年）。诸如此类的论点，在东汉末年都不是空言。对于与宦官斗争的士人，包括何休本人在内，无疑是精神上的支持和行动的指针。

《解诂》宣公六年：“君虽不君，臣不可以不臣。”在这个“尊尊”的总原则下，臣对君，“谏而不从得去”。《解诂》庄公二十四年说，这是“申贤者之志，孤恶君也”。《白虎通·谏诤》则称之为“屈尊申卑，孤恶君也”。就这点而言，“尊尊”原则在一定程度上成为不是绝对的东西。不仅如此。《公羊传》僖公十九年：“梁亡，自亡也。”《解诂》：“其自亡者，明百姓得去之君当绝者。”《公羊传》襄公三十一年：“莒人弑其君密州。”《解诂》：“密州为君恶，民所贱，故称国以弑之。”《公羊传》文公十八年：“称国以弑者，众弑君之辞。”《解诂》：“一人弑君，国中人人尽喜，故举国以明失众，当坐绝也。”这类话固然是对被推翻、被杀戮的君主的贬责，但也并非对杀戮君主者的褒扬。

贾逵说：“左氏义深于君父，公羊多任于权变”（《后汉书·贾逵传》）。公羊容许“贤者”执行“反于经”的“权”，放逐君主，这是事实。《公羊传》桓公十一年：“祭仲，贤人也。何贤乎祭仲？以为知权也。权者，反于经然后有善者也。”《解诂》阐发其义：“祭仲知国重君轻，君子以存国除逐君之罪，虽不能防其难，罪不足而功有余，故得为贤也。汤孙太甲骄蹇乱德。诸侯有叛志，伊尹放之桐宫，令自思过，三年而复成汤之道，前虽有逐君之负，后有安天下之功，犹祭仲逐君存郑之权是也。”尽管贾逵那句话是指责公羊于君臣之义不如左氏坚守，何休还是想出“国重君轻”的理由来加以辩护。为了“存国”而“逐君”，仍不失为贤人，这就表扬了贤者在逐君之后有安天下之功。

汉儒早有“天命所受者博，非独一姓”、“存五帝之后，著三统，示不独有”（《汉书·刘向传》、《汉书·梅福传》）等言论。何休采用《春秋纬》“紫阳宫为天帝，太微宫有五帝座……是五帝与天帝，六也”之说，谓“上帝、五帝在太微之中，迭生子孙，更王天下”（《解诂》宣公三年）。意思很清楚：能够受天命而为天子的不只是一家。每一个朝代都不可能永远独有天下，到了一定的时候，必会有新朝“受命而王”；而有资格“受命而王”的，无非是上帝和太微宫五帝的子孙。何休还引用谶纬“获麟之后，血书鲁端门”的荒诞故事，说什么“孔子仰推天命，俯察时变，却观未来，豫解无穷，知汉当继大乱之后，故作拨乱之法以授之”，后来果然有“圣汉受命而王”之事（《解诂》襄公十四年）。

何休作《解诂》时，东汉是否快将发生新朝“受命而王”的变革呢？范晔说：“自桓灵之间，君道秕僻，朝纲日陵，国隙屡启，自中智以下，靡不审其崩离。”（《后汉书·儒林传》）事实上，当时有识之士，早已感觉到“大树将颠”（《后汉书·徐穉传》）。郭太叹道：“汉室灭矣，但未知瞻乌爰止于谁之屋！”“夜观乾象，昼察人事，天之所废，不可支也！”（《后汉纪》、《后汉书·郭太传》）何休似乎也该学孔子，来一番“仰推天命，俯察时变”，期待新朝的“受命而王”。然而，“畏时远害”，《解诂》是不可能有这种明白的表示的。有一点可以断言：何休既然提出了一系列重大的政治主张，这些主张又明显地具有针对现实的特点。他作《解诂》，无疑也是为了“作拨乱之法”以遗后之来者。

何休所面临的乱世，是在两汉长期大统一之后出现的。在汉代，统一的中央集权的封建国家，较之秦代有很大的发展，历时约400年。在这个过程中，宣传大一统的公羊学起了明显的作用。可是，到了桓灵之世，东汉帝国却濒于土崩瓦解。正是在这个阶段，先秦诸子学说的复兴，日益冲击着董仲舒以来的儒家独尊局面。经今古文之间继续进行着剧烈的斗争，出现一些兼通古今、博览群书而不专守博士一家章句的通儒。总的说来，思想界沉寂的空气开始有了转变。士人们对于政治、社会、人生等问题，纷纷作各种不同的评论。被誉为“学海”的何休，便是和“经神”郑玄齐名的著名通儒（《拾遗记》）。他写《解诂》，博采《论语》、《孟子》、《孝经》、谶纬和汉儒各家之说，借阐发公羊大义来发抒自己的政见，其目的在于维护封建等级制度，维护统一的封建帝国的长治久安。然而，他的愿望未能实现。在他身后，中国历史经历了一次大动荡，分裂割据局面竟持续300多年，其间虽有西晋的统一，毕竟是短暂的。但这并不足以证明何休的《解诂》，在这几百年中没有什么影响。皮锡瑞说：“自汉以后，公羊之学浸微，学者惟争郑、王之异同，未有辨郑、何之得失者。”（《发墨守箴膏肓释废疾疏证自序》）这句话未必正确。《北史·儒林传》称：“何休公羊学大行于河北。”《魏书·刘兰传》：“兰博物多识，为儒者所宗……而排毁公羊，又非董仲舒，由是见讥于世。”可见，公羊学包括《解诂》，在北魏时，并非“浸微”，而是相当的盛行。究竟何休的公羊学在当时有没有影响，有多大的影响，这是值得研究的。

何休的政治思想显然有浓重的神学色彩。《解诂》隐公元年开宗明义说：“《春秋》以元之气正天之端，以天之端正王之政”，“政不由王出，则不得为政”，“王者不承天以制号令则无法”。这就是说：天子统治天下是接受天命，对天负责；天掌握奖惩之权；王政的善恶，以是否符合于天意来判定，“天人相与报应之际，甚可畏也。”（《解诂》庄公十一年）一旦遭逢乱世，如前所说，也只能由天来执行授命之权，然后由“受命而王”的王者来拨乱反正；臣民必须无条件地服从君主，“贤者”尽可以去当“逸民”，充其量只可以执行“反于经”的“权”，但功罪还得由最终的效果来判定。实际上还是由天意来决定。

信赖天命，把它视为最高的主宰，当然不可能找到真正的“拨乱之制”。《解诂》提出的“拨乱”的方案，没有揭示致乱的根本原因，总的说来是不能实现的。尽管何休参加了政治斗争的实践，接触到社会矛盾的某些方面，因而针对当时存在的严重问题，设想了一些改革的措施，可是就连这些问题也不可能洞察其根源，而只是盼望“王者”、“贤者”来发号施令，终究还是落空。举例来说：土地兼并确实是封建社会致乱的一个重大问题，每当土地兼并发展到高潮，大批农民流离失所，被迫发动起义；豪强地主称雄于一方，形成对皇权的严重威胁，以至出现割据势力。东汉是这样，其他朝代也大体是这样。何休注意到这个问题，把解决这个问题视为救乱致治的首要之务，不失为有一定的见解。然而，他不可能知道，只要封建土地占有制还存在，土地兼并只能在一定时间内受到某种抑制，不可能根本杜绝，而封建土地占有制的发生发展是有深厚的社会原因的。不可能由“王者”、“贤者”下令来改变。因此，何休主张复井田，完全是一种空想；司马朗说：“今承大乱之后，民人分散，土业无主，皆为公田，宜及此时复之（井田）”（《三国志·司马朗传》），也同样是空想。因为即使是在建安年间，豪强地主虽然受到打击，但势力还是不小，他们决不会容许废除封建土地占有制的。

在一个多民族的国家里，如何处理民族间的关系，从来是一个十分重要的问题。从东汉后期起，这个问题曾经引起剧烈的争论。当时，匈奴、西羌、鲜卑、乌桓等族大量地迁居幽、并、凉三州，从事于垦荒、放牧，并参加了汉朝的军队，受到汉朝官吏、地主的压迫，不断地发生反抗和武装暴动。其中羌族发动的反抗战争历时最久，规模也最大。汉朝先后调动了不少军队去镇压，非但未能解决问题，反而消耗了大量的财力和兵力，分散了镇压内地不断爆发的农民起义的力量。何休停止对“夷狄”用兵的主张，显然是由于看到了这个形势，同时也是以公羊家传统的关于“夷狄”的观点为依据的。

公羊家的“大一统”思想，包括处理“诸夏”与“夷狄”关系的原则。《公羊》隐公元年：“王者无外。”成公十五年：“王者欲一乎天下。”《解诂》：“王者以天下为家”，“据大一统”。要达到“王者无外”，“大一统”，得有一个“渐治”的过程。《解诂》隐公元年：“于所传闻之世，见治起于衰乱之中，用心尚麄觕，故内其国而外诸夏。……于所闻之世，见治升平，内诸夏而外夷狄。……至所见之世，著治太平，夷狄进至于爵，天下远近小大若一。”这就是说：在前面两个阶段，中国、诸夏、夷狄是有内外之别的，到太平世，天下统一，三者就无区别了。在夷夏有别之世，对于“夷狄”侵犯中国和诸夏，春秋经传“尊王攘夷”表扬抵抗的态度是很鲜明的，“不与夷狄执中国”、“不与夷狄获中国”、“不与夷狄之主中国”的话，多次见于《公羊传》（隐公八年、庄公十年、昭公二十年……）。然而，《公羊传》又一再讲“许夷狄”（文公九年、襄公廿九年）。《解诂》昭公二十三年：“中国所以异乎夷狄者：以其能尊尊也。”何休认为，夷夏之别不单是种族之异，划分夷夏的一个主要标准，在于能否遵守“尊尊”原则，也就是能否按礼义行事。“夷狄”如果有“礼义”，是可以进爵的，不行“礼义”则“当受贬责”。《公羊传》哀公十三年：“公会晋侯及吴子于黄池。吴何以称子？吴主会也。”“吴主会，则曷为先言晋侯？不与夷狄之主中国也。”《解诂》：“时吴强而无道，败齐临淄，乘胜大会中国……深为讳辞，使若吴大以礼义会天下诸侯以尊事天子。故进称子”，“明其实自以夷狄之强会诸侯尔，不行礼义，故序晋于上”。只此一例，已足证明何休之意是以能否行礼义作为“夷狄”能否进于爵的标准，所谓太平之世夷夏无别，是以“夷狄”行礼义为前提的。

何休关于夷夏关系的这些观点，在中华民族的发展史上有重大的影响。当着经济文化比较落后的兄弟民族向比较先进的地区发动战争时，汉族不断地用武力去抵御；当进入中原地区的兄弟民族已经熟习农桑，接受汉族的封建经济和文化，并且采取有利于民族融合的政策时，汉族士人往往持拥护和合作的态度。这都可以从《解诂》中找到经学上的根据。在前秦和北魏，汉族士人纷纷与苻坚和拓跋氏合作，并不会受到公羊家的指责，甚至可以说是公羊家所允许的。这大概是公羊学在当时北方盛行的一个原因。

当然，《解诂》的其他一些观点，也能适应北魏统治者的需要。当拓跋氏统一北方之后，“受命而王”的思想，是可以被利用的；“尊尊”、“亲亲”的原则，对于巩固拓跋氏的统治同样是需要的。“尊贤”的原则，也并不会有什么妨碍，甚至行井田的思想也尽可以加以附会，利用于均田制的颁行。所有这一切都是何休公羊学在当时政治上可以起到的作用。从中国历史的发展趋势来看，自南北朝到隋唐，是由分裂到统一的过程，而这次大统一是在民族大融合的基础上完成的。何休公羊学的大一统思想，包括他对民族问题的观点，在这一历史发展的进程中是有积极作用的。

综上所言，何休的《春秋公羊解诂》是在政治斗争中抒发政治主张的著作。它不但是清代今文学家赖以阐发“微言大义”的重要典籍，在清代后期政治思想史上有重大的影响，放眼漫长的中国封建社会的发展史，这部经注也是不容忽视的。联系各个时期的历史实际，特别是每一次从分裂到统一的历史发展过程，深入分析何休公羊学在其中的作用，是一个重要的课题，有待于专家们共同研究。本篇只是尝试着作些初步的探索而已。

（原文刊于《上海图书馆建馆三十周年纪念论文集》，上海图书馆，1983年）

《直斋书录解题》提要补正

胡玉缙

厉鹗《宋诗纪事》称其端平中仕为浙西提举，改知嘉兴府，考周密《癸辛杂识》莆田阳氏一条，称陈伯玉振孙时以倅摄郡，又陈周士一条，称周士直斋侍郎振孙之长子，则振孙始仕州郡，终官侍郎，不止浙江提举，鹗盖考之未详也。原本间于解题之后附以随斋批注，随斋不知何许人，然补阙拾遗，于本书颇有所裨，今亦仍其旧焉。

钱大昕《十驾斋养新录》云："考《会稽续志》，浙东提举题名有陈振孙，端平三年二月初六日，以朝散大夫知台州兼权，八月正除，十二月二十六日到任，嘉熙元年五月改知嘉兴府。是振孙由浙东提举改知嘉兴府，非浙西也。《四库总目》又引《癸辛杂识》莆田阳氏子妇一条，又陈周士一条，谓振孙始仕州郡，终官侍郎，不止浙西提举，予检汲古阁毛氏所刊《癸辛杂识》无此两条，不知总目所据何本也。"玉缙案：陆心源《仪顾堂集·养新录书后》云："阳氏子妇一条，见《齐东野语》卷之八；陈周士一条，见《齐东野语》卷之九总目所引，虽书名不同，确有所本，钱氏殆未检耳。"此足以订钱说。吴氏《拜经楼藏书题跋记》载陈鳣跋云："陈振孙《宋史》无传，《癸辛杂识》别集载徐元杰一条，知振孙于淳祐四年官国子司业。"下引《会稽续志》，全袭钱说，今从略。又钱泰吉《曝书杂记》从《书录解题》考得直斋事迹，谓尝分教鄞学，宰南城，倅莆田，分条纂辑，文繁不录。又《曝书杂记》云："随斋批注，《养新录》疑为元时洛阳杨益，以其有《随斋诗集》也。乡先哲沈双湖吏部谓随斋为程棨，见《颐彩堂集·书直斋书录解题后》。云'录中附有随斋批注，一时纂修诸公未详其人'。"余案卷三郑樵《石鼓文考》，批注有先文简字，宋龙图阁学士吏部尚书新安程泰之大昌谥文简，曾孙棨字仪甫，号随斋，元时人。周益公作《文简墓志》云："公自宦游去乡里，乐吴兴溪山之胜而卜居焉，晚得安吉梅溪乡邸阁山，规营茔域，卒葬其地。子四人，准、新、本、阜，孙三人，端复、端节、端履。"文简自歙迁湖，子孙贯安吉，与直斋同时同里，而批注所云樵以秦斤、秦权有"乔、医"两字，遂以古鼓为先秦物，先文简论而非之，其说具载《演繁露》，则随斋为棨，确然无疑。李慈铭《受礼庐日记》云："今观卷三《新唐书》下，卷五《越绝书》下，批注皆有文简云云，是沈说可信。然其批注寥寥，亦无所发明，至以隋曹宪为撰《博雅》，又注啖助为姓名，则其浅陋可知矣，此等人亦不足深考。"玉缙案：深考所以补提要之阙略也。王先谦《虚受堂书札·又与筱珊》云："尊藏《书录解题》钞本与《大典》本互勘，字句颇多殊异增省之处。杂艺类《唐朝名画录》一卷，元别为一条，《大典》本据《通考》录入，合之于《画断》，赖此本犹见元书画目，音乐类亦有数条为《大典》本所无。"玉缙案：陈鳣尝从《通考》补得十余条。张宗泰《所学集》有跋是书五则：其一云："解题叙述诸书源流，州分部居，议论明切，为藏书家著录之准，然当审正之处，正复不少。如'是能读三坟五典八索九邱'，见昭十二年传，本楚灵王语，而以为右尹子革之言。《文献通考》王氏《诗总闻》下云：'其书有闻音谓音韵云云，每闻下各有训释'，计四十七字，而此本无之，不知何时节去。《春秋集传纂例》云：'唐给事中陆质伯淳撰，质本名淳，避宪宗讳改焉，故其书但题陆淳。'案淳既避宪宗讳改名为质，不应仍字伯淳，当依《四库提要》作伯冲为是，冲淳声相近。而但题陆淳，亦当为陆质之讹也。《化书》为谭峭景升所作，宋齐邱攘为己作，解题亦不能辨。《孙子》下云：'孙武事吴王阖庐而不见于《左氏传》，未知果何时人也。'案孙子齐人，《史记》有传，岂得以不见《左传》遂云不知何时人？又刊《江湖集》者临安书贾陈起宗之，其人虽处阛阓之中而有诗名，乐与名流往来，其刊此集，亦好名之习，云书贾巧为射利，则考之未审也。《徐照集》下，随斋批注云：‘致中又字灵晖’，案《宋诗纪事》徐玑字文渊，一字致中，号灵渊，非又字灵晖。《欸乃集》云：‘昭武严次山撰，欸音暧，乃如字。’案《宋诗纪事》，次山名仁，严羽之弟。又‘欸乃’终当以读若‘袄霭’为允，今江河渡口梢工张帆时，犹群然作此音，予尝亲闻之。”其二云：“解题有歧出未能画一者，如《资治通鉴》下云：‘丞相河内司马光撰’，而别集《传家集》下，又以为涑水人。考《东都事略》作陕州夏县人，当以涑水在夏县，故题作涑水人，而河内则其祖籍，不足据也。《唐十道四蕃志》云：‘唐太府少卿梁载言撰，载言又有《具员故事》及《梁四公记》’，案二书前已分收入职官、传记，不当再见于此。又张华《博物志》，自合编入小说，乃杂家、小说并收，解题一语不异，则失之重沓矣。小说类之《石林燕语》、《避暑录话》均叶梦得撰，而一漏于前，一编于后，亦为失于照管。《雪山集》下云：‘富川王质景文撰，尝著《诗解》三十卷，未之见也’，案直斋编王氏《诗总闻》于诗类，而不知即王氏之《诗解》，转云未见，亦失之眉睫。但《诗总闻》二十卷，而诗类作三卷，不知何以悬殊至此。而此作三十卷，疑亦二十之误也。《书丹词》一卷，眉山程垓王伯撰，案垓与东坡为中表，而其词集乃编入南宋诸家中，时代舛矣。垓家有拟舫名‘书舟’，故以名集，此作‘书丹’亦误。”其三云：“《解题》失考者亦复不一而足，如《博异记》称谷神子，谷神，冯廓号也，见《读书志》杂家，而云不知何人。《墨客挥犀》彭乘撰，而云不知名氏《道山清话》王暐撰，而云不著姓。**郑翼谨案：晁志疑谷神子为冯廓，或云名还古，皆未定之辞。又《墨客挥犀》，《辞海》始题彭乘撰，王国维跋，疑无名氏杂钞而成。至《道山清话》，有其孙暐跋，《说郛》误为撰者，又妄加王姓，提要已驳之。**邵伯温有《闻见录》二十卷，其子溥作《后录》三十卷，已详杂史类，而于后录下但曰‘邵某撰’，不著其名，何也？又邵溥《提要》作邵博。《参同契》下，紫阳先生，张伯端号也，而云不知何人。《上清金碧篇》称烟萝子，烟萝子，济原县王屋人也。《班马异辞》三十五卷，据《解题》即《班马异同》，其卷数亦适相合，而何以讹同作辞？且此亦不当入类书也。《李卫公备全集》下云：‘《姑臧集》者，兵部员外郎段令纬所集，其曰姑臧，未详。’案十六国之吕光据姑臧，其地为今凉州，德裕为剑州西川节度使，当是取其地之相近者以名集也。《花间集》下云：‘卫尉少卿字宏基者所集，未祥何人。’案赵崇祚字宏基，蜀人。《梅溪词》下云：‘汴人史达祖邦卿撰，张约斋磁为作序，未详何人。’案叶绍翁《四朝闻见录》，‘苏师旦既逐，韩侂胄为平章，专倚堂吏史邦卿奉行文字，拟帖拟旨，俱出其手，权炙缙绅，侍从柬札，至用申呈’，即其人也。而磁亦镃之讹。《竹屋词》云：‘高观国宾王撰，亦不详何人。高邮陈造并与史二家序之’，案朱彝尊《词综》云：‘高观国，山阴人。’又‘并与史’三字，亦未明白，当云高邮陈造与史邦卿二家序之。”其四云：“《数术大略》下，鲁卿秦九韶，**郑翼谨案：直斋原作鲁郡，张集误郡为卿。**前《纪元历》下作蜀人秦九韶，亦失于参考也。”余正巾箱本刊刻之误，从略。其五云：“《解题》有案语数条尚待商酌者，如《新唐书》二百二十五卷，案语云：‘《宋史·艺文志》作二百五十五卷，而李绘补注者仍作二百二十五卷，其互异所由不可考。’案《新唐书》二百二十五卷，中有子目二十三卷，合之共得二百四十八卷，意者《宋史》又析目录为七卷，故作二百五十五卷欤？《后唐废帝实录》张昭下，案语云：‘《东都事略本传》，昭旧名昭远，避汉祖讳止称昭’，案张昭旧名昭远云云，全见下页《周太祖实录》下，此案语为无取矣。《邺中记》一卷案语云：‘《唐书·艺文志》有陆翙《邺中记》二卷，疑即此书。’案《解题》云：‘记自魏而下僭伪邺都者六家宫殿事迹’，而今本《邺中记》一卷，专记石虎事，与解题不合，则非一书也。《古列女传》案语云：‘不特自程婴母为始也’，程婴当作陈婴。《公孙龙子》案语云：‘《汉书》六十四篇，此云十四篇误’，案《公孙龙子》《汉志》正作十四篇，则是《解题》本不误，而案语反误也。《观林诗话》，楚东吴聿子书撰，案语云：‘《文献通考》吴聿作张律’，案《尔雅》不律谓之笔，以字子书意推之，当以作张律者为是。”玉缙案：《提要》本仍作吴聿。张氏《藏书志》、瞿氏《目录》并有旧钞残本。张云：“存楚词类一卷，别集类三卷，《四库》本从《大典》录出，此则原本残帙。”瞿云：“此出文渊阁所钞，即秀水朱氏、抱经庐氏所见本也。核与今馆本同；惟字句差有小异。庐氏又得子部数门于鲍氏，知此书原本惟别集分三卷，诗集分两卷，其余每自为卷，全书当分五十六卷。诗集后次以总集、章奏、歌辞，而以文史终焉，其余次第与馆本同。”玉缙案：丁氏《藏书志》有庐文弨校藏巾箱本，今归江南图书馆。

（原文刊于《四库全书总目提要补正》，中华书局，1964年）

《明史·食货志》的源流

何珍如

在校补《明史·食货志》的过程中，我先后接触到五种明代《食货志》。它们是：王原《明食货志》；万斯同《明史稿·食货志》、傅维麟《明书·食货志》、王鸿绪《明史稿·食货志》、张廷玉《明史·食货志》。

上述五种《食货志》，除傅维麟的《明书·食货志》外[1]，其余四种可以说是一脉相承的，从体例、内容，以至于文字，都极其相近，差异很小。为什么四种《食货志》如此相似？它们之间有什么因袭关系？下面谈谈粗浅的看法。

王原《明食货志》十二卷，康熙刻本，载所撰《学庵类稿》中。

王原，《清史稿》无传。据《青浦县志》：他是江苏青浦人，"初名琛，字仲诒，一字令诒，号学庵，晚号西亭。"[2]其生卒年月不详。同邑人王昶说：王原"年二十四为县学生。康熙二十七年成进士，未及用。从刑部尚书徐乾学修《一统志》于包山。三十三年，选广东茂名县……年至八十四卒。"[3]他的著作繁富，内容广泛[4]，《明食货志》即其主要著作之一。

《明食货志》原"为目十二：曰农桑、曰户口、曰田制、曰赋役、曰漕运、曰仓库、曰盐法、曰钱钞、曰茶矾、曰课税、曰上供采造、曰会计"[5]。可惜，现存《明食货志》已残缺不全，仅有《农桑》、《赋役》、《盐法》、《上供采造》四卷。而且《上供采造》一卷，尚缺卷首。史称王原《明食货志》"序事有法，赡而不秽，要而能举，诚良史也"[6]。

《明食货志》确切的著作时间，目前尚未弄清。王原在《明食货志》的自序，和朱书为它所写的序言里，均未提及。我们知道"王君学庵有文百余篇"，汇集为《学庵类稿》的时间是"康熙丙子年"[7]，即康熙三十五年。由此可以肯定：《明食货志》的写作时间，一定早于康熙三十五年。

朱书说："其为书不屑追拟明史。"王原未尝进入史馆，但却参与其事，其《明食货志》被史馆采用，与徐乾学兄弟有密切关系。徐氏兄弟曾先后主持《明史》的纂修工作。徐元文于康熙十八年五月，被任命为《明史》监修[8]。康熙二十一年，徐乾学也被任命为《明史》总裁[9]。王原在其《历代宗庙图考》的自序中说："康熙二十五年，余在京师，昆山徐先生为少宗伯。于时天子有意乎礼乐之事，临轩问宗庙制度古今兴革之宜。先生擢左都御史，非职掌所存，遂不果进。又三年，先生携局归东山，招余山中，分纂《一统志》。"[10]《明食货志》主要依据《明实录》，其中多处直录《明实录》原文。而《明实录》在当时尚属禁密，一般人很难看到[11]。因此，《明食货志》应是王原馆于徐乾学家时写成的，即康熙二十五年至康熙三十三年间（康熙三十三年后王原即调任广东茂名、贵州铜仁等地，远离京师）。

《明食货志》是在徐乾学的支持下完成的，而徐氏又身为《明史》总裁，因此《明食货志》得以采入史馆，为《明史·食货志》打下了基础。

现存万斯同《明史稿》有两种：一种是313卷本，只有纪、传，而无表、志；另一种为416卷本，纪、传、表、志皆有。后者有《食货志》11卷，其目为《农桑》、《户口》、《田制》、《赋役》、《漕运》、《仓库》、《盐法》、《钱钞》、《茶矾》、《课税》和《会计》。与王原《明食货志》所不同的是：无《上供采造》一卷。然其内容全部并入《课税》之中。

康熙十八年，康熙皇帝下诏修《明史》时，监修徐元文曾推荐黄宗羲参与修《明史》，黄宗羲坚辞不就，派其学生万斯同前往。

万斯同“博通诸史，尤熟明代掌故”[12]，“明十五朝之《实录》几能成诵，其外邸报、野史、家乘无不遍览熟悉，随举一人一事问之，即详述其曲折始终，听者若悬河之泻”[13]。康熙十八年“开局修《明史》，崑山徐学士元文延先生往，时史局征士，许以七品俸，称翰林院纂修官。学士欲援其例以授之，先生请以布衣参史局，不署衔，不受俸。总裁许之”[14]。可见，万斯同是以布衣身份参与史馆工作，馆于徐元文家核定《明史稿》，自康熙十九年至三十年，历时近11年，史稿粗成，凡416卷。惟诸志未就。此时（康熙三十年）徐元文故去，万斯同乃馆于王鸿绪家继续核定《明史稿》。王原《明食货志》也就在这一时期，经万斯同略加删削纳入万斯同《明史稿》。因此，万斯同《食货志》与王原《明食货志》无甚区别。

康熙二十一年，王鸿绪被任命为《明史》总裁[15]。徐元文、徐乾学兄弟故去以后，万斯同馆于王鸿绪家，核定《明史稿》，前后近8年，即康熙三十三年至四十一年（康熙四十一年四月，万斯同病故）。

康熙四十七年，王鸿绪与大臣阿灵阿、侍郎揆叙等谋举皇子允禩。次年，王鸿绪被罢官。在其回原籍时，将史馆草稿尽数携去，以数年之功力，删改全部列传，增损为208卷，于康熙五十三年进呈。王鸿绪上疏说：“臣旧居馆职，奉命为《明史》总裁，与汤斌、徐乾学、叶方霭互相参订，仅成数卷。及臣回籍多年，恩诏重领史局，而前此纂修诸臣，罕有存者。唯大学士张玉书为监修，尚书陈廷敬为总裁，各专一类：玉书任志，廷敬任本纪，臣任列传。因臣原衔食俸，比二臣有余暇，删繁就简，正谬订讹，为是数年，汇分成帙。而大学士熊赐履续奉监修之命，檄取列传稿以进，玉书、廷敬暨臣皆未参阅。臣恐传稿尚多舛误，自蒙恩归田，欲图报称，因重理旧编，搜残补阙，复经五载，列传二百零八卷，其间是非邪正，悉据公论，未敢自信，谨缮写全稿，赍呈御鉴，请宣付史馆，以备参考。”[16]其后，王鸿绪以所进《史稿》无表、志，遂将万斯同核定之表、志，稍加删改损益，与前所进208卷，合为310卷本，于雍正元年进呈，即为现今流传之王鸿绪《明史稿》。

王鸿绪《明史稿·食货志》是在万斯同《食货志》基础上加工而成。但是，王鸿绪也曾补充了一些材料。例如在《坑冶》部分，补充了“陕西凤凰山银坑八所”等材料。这些内容，王原和万斯同二人的《食货志》都没有写。不过凤凰山银矿的开采，始于建文四年，王鸿绪写为洪武三十五年，恐怕是沿《明实录》之误[17]。王鸿绪《食货志》共6卷22个门目，即：《户口》、《田制》、《赋役》、《漕运》、《仓库》、《盐法》、《钱钞》、《茶法》、《课税》、《市舶》、《马市》、《上供采造》、《采造》、《采木》、《坑冶》、《铁冶》、《铜场》、《珠池》、《织造》、《烧造》、《会计》（附《俸饷》和《国家经费》）。门目较王原《明食货志》、万斯同《食货志》分得细致，文字却大为简化。但是，由于删削过多，删去了一些重要史料。加以脱文、字讹，有些地方不易理解。

雍正元年七月，雍正皇帝下诏继续修《明史》。任命张廷玉、朱轼、徐元梦、觉罗逢泰为总裁[18]。此次纂修之《明史》，主要依据王鸿绪所进310卷《明史稿》，在其基础上增删润色。至雍正十三年全书成。凡332卷。乾隆即位后，下诏将《明史》全稿付武英殿镂版，至乾隆四年七月，全书刊成，即今通行之《明史》。

《明史》有《食货志》6卷，共21个门目。其前三卷的目次与王鸿绪《明史稿·食货志》完全相同。后三卷的目次稍有变动，即增加了《柴炭》和《俸饷》二目，合并《铁冶》、《铜场》于《坑冶》之中。但就其内容上看，二者差别不大，只是《明史·食货志》补充了一些万历以后的材料。而且文字更加简炼。

上述四种《食货志》不仅在编纂过程中有着密切的联系，而且在编纂的体例和文章的内容上也是一致的。下面分别举例说明。

四种《食货志》都是分门别类，依时间顺序，简略介绍了明代的社会经济状况，以及明政府的财经政策等。例如《坑冶》部分，均分为金银、铜、铁等几个子目，分别依时间顺序，逐朝介绍官矿的开闭、矿课的数字，明政府对矿场的管理等方面的内容。而且四种《食货志》都以“坑冶之课，为金银、为铜、为铁……而金银矿最为民害”。作为本部分的开端。强调洪武初年，朱元璋反对开矿的“祖训”，然后叙述历朝开矿的劳民伤财，以及“中使四出”、“横索民财”的腐败矿政，引伸出“明亡盖兆于此”的结论。

不仅如此，四种《食货志》在文字上也是十分相近的，许多处仅有个别字句的差异[19]。

另外，四种《食货志》的错误陈陈相因之处也不少。例如：

铁冶所，洪武六年置。江西进贤、新喻、分宜，湖广兴国、黄梅，山东莱芜，广东阳山，陕西巩昌，山西吉州二，太原、泽、潞各一，凡十三所。岁输铁七百四十六万余斤。

“洪武六年”应为“七年”[20]。万斯同、王鸿绪、《明史》三个《食货志》，皆沿袭王原《明食货志》之误。又如：

永乐间……设贵州太平溪、交阯宣光镇金场局，葛溪银场局，云南大理银冶。

“葛溪”应为“葛容溪”。此误始于万斯同《食货志》，王鸿绪及《明史》两《食货志》因之。

再如：王原《明食货志》根据《明实录》[21]：

英宗即位，下诏封坑冶，撤闸办官……未煎铅矿在库，每为盗贼焚劫，戕守吏。奸民争开坑穴私煎，相杀伤。于是严其禁令。

万斯同《食货志》将“未煎铅矿”误为“永煎铅矿”，“未”“永”一字之差，意思大变，谬矣。

王鸿绪《食货志》与《明史·食货志》，皆未详加考订，以错改错，把“永煎铅矿在库”，改为“既而禁革永煎……”仍不通。

从上述所举实例看，万斯同《食货志》与王原《明食货志》极为相近，《明史·食货志》与王鸿绪《食货志》也无大区别。虽然王原《明食货志》已残缺，不能详考，但是仍然可以得出这样的结论：《明史·食货志》奠基于王原。四种《食货志》的关系是：《明史·食货志》来源于王鸿绪《明史稿·食货志》；王鸿绪《明史稿·食货志》来源于万斯同《明史稿·食货志》；万斯同《明史稿·食货志》来源于王原《明食货志》。而它们共同的主要材料依据是《明实录》。

《明史·食货志》是在王原、万斯同、王鸿绪等人《食货志》的基础上编纂而成的。因此总的来讲，它比前面几个《食货志》写得好。其主要优点是内容概括、文字简炼。例如《坑冶》部分，仅用1900余字，即将明代由洪武至崇祯17朝，200余年的矿场开闭、产量、矿课，以及明代的矿业政策，作一概括说明。比王原《明食货志》的同一部分，少用了2000余字，但基本内容不减。万历二十四年后“白银广为开采”一段，就是一例[22]。文中仅用300余字，即介绍了明政府对金银矿的大规模搜求，矿政的腐败，矿监的分布情况，以及矿监仗势欺人、横索民财、荼毒百姓的残暴情景。言简意赅。在文字上，比王原《明食货志》、万斯同《食货志》简炼；在内容上，比王鸿绪《食货志》有所充实。

但是，《明史·食货志》由于过分追求文字的简炼，往往删削过多，加以脱文漏字，有些处令人费解。例如：

天顺四年，命中官罗永之浙江，罗珪之云南，冯让之福建，何能之四川。课额浙、闽大略如旧，云南十万两有奇，四川万三千有奇，总十八万三千有奇。

这里所说的“课额浙、闽大略如旧”，这旧额到底是多少，在《明史·食货志》中，记载天顺以前浙江和福建的课额共有四处。即：

洪武年间“岁课皆二千余两”。

永乐年间“福建岁额增至三万余两，浙江增至八万余两”。

宣德年间“颇减福建课额，其后增至四万余，而浙江亦增至九万余”。

正统时，“乃命侍郎王质往经理，定岁课，福建二万余，浙江倍之”[23]。

实际上，《明史·食货志》在这里所指的“旧额”既不是洪武时的课额，也不是永乐、宣德和正统三朝期间的课额。翻阅《明实录》，乃知“闸办浙江各银场银三万八千九百三十两……闸办福建各银场银二万八千二百五十两”[24]。

前详后略，是四个《食货志》共同的缺欠，虽然《明史·食货志》补充了一些万历以后的材料，但是仍嫌不足。在《明史·食货志》诸门目中，大约有一半左右，只写到万历年间，下缺天启、崇祯二朝。其他门目，虽然记述了万历以后的事项，但亦往往失之疏略。例如《坑冶》部分金银矿的开采和冶炼，自万历二十五年以后即无记载。事实上金银矿的开采和冶炼在万历二十五年以后，屡有兴革[25]。这些情况在《明实录》等书中是有所记载的。例如：

> 万历三十五年……云南巡按周懋相称："云南……永盛、新兴……共十场……宜为酌量照例开采……"从之。[26]
>
> 万历四十八年，下诏罢天下矿税。[27]
>
> 崇祯九年，令开采金、银、铜，铁、铅诸矿。[28]

“铁冶”和“铜场”两部分缺漏更多。从时间上说，宣德、正统、天顺、成化、天启五朝，只字未提。嘉靖、隆庆、万历等朝一带而过。这两部分主要是写洪武和永乐两朝情况。

遵化铁厂是明代著名的铁厂之一，它不仅规模宏大，而且历史悠久。该厂自洪武初年开始冶铁，至万历九年，100多年连续不断[29]。万历九年后停顿，至崇祯时又开。有关遵化铁厂的材料很多，可惜《明史·食货志》均未采纳。

在明代，金银矿是不许民间私采，而是由政府垄断的。因为它直接关系到明政府的经济命脉。官府严禁民间私采，人们就采取另外一种方式获得金银——“盗矿”。自永乐、宣德年间开始，历朝都有“盗矿”事件发生。“矿徒入山”不仅“盗采银矿”，有时发展成为武装起义。其中规模最大的要数正统年间的叶宗留、陈鉴湖领导的“盗矿”斗争。正统以后“盗矿”事件更加频繁，嘉靖、万历时，几乎遍及全国各矿区。《明史·食货志》在这方面的记载，稍嫌简略。只是在正统、景泰、嘉靖三朝一带而过。

《明史·食货志》主要偏重于封建国家财经政策的记载，而对于生产技术的发展很少涉及。其实明代无论是农业，还是手工业，都比过去有所发展，规模也比过去大。例如陕西南山铁厂就是一例。该厂冶铁炉高达一丈七八尺，可以冶炼矿石数百斤。“旁用风箱”鼓风，需“十数人轮流曳之”。在炉前，“通计匠、雇工十数人可供给一炉”。而且各种匠人有明确分工。此外，“供给一炉所用（运炭）人夫须十数人”，每炉还有一人专管“辨火候，别铁色成分”。可见每供一炉需工匠、雇工数十人。因此，大铁厂“常川有二三千人”。小厂“亦有千数百人”[30]。《宋史·食货志》比较重视记载有关生产技术方面的资料，而《明史·食货志》则忽略不记。这是《明史·食货志》的另一个重要缺欠。但《明史·食货志》内容扼要，文字简炼，只用4万余字，即勾画出明代财政经济状况的简要轮廓，仍不失为研究明代社会经济的重要参考资料。

注释：

[1] 傅维麟：《明书》有《食货志》三卷，共二十一个门目：钱法、钞法、盐法、茶法、织造、矿采、窑冶、珠宝、采木、内府库、仓庾、漕粮、太仓银库、各镇正饷、土贡、商税、厨料、工料、市舶、鱼课。另外尚有《土田志》、《赋役志》、《河漕志》。傅维麟曾参与《明史》纂修工作。其《食货志》虽未被采纳，但在《明史·食货志》的纂修中，是会有所参考的。

[2][3]（清）王昶：《青浦县志》卷三〇，乾隆五十三年刻本。

[4]《青浦县志》卷三〇："（王原）著作繁富：诗有《矩檠》、《北乡》、《闽海》、《寒字》、《过岭》、《潘州》、《惠阳》、《岫山》、《铜江》、《鸾台》、《沧江》、《都蔗》、《南腮》诸集；经有《学庸正讹》、《论孟释义》、《春秋咫闻》、《周易咫闻》；史志有《历代宗庙图考》、《明食货志》；谱录有《深庐劄记》、《深庐集训》、《终制杂说》、《鸡庐柘集》、《自著年谱》，等等。"

[5][6]（清）朱书：《明食货志序》，载王原《学庵类稿》中。

[7]（清）鲁超：《学庵类稿·序》，载《学庵类稿》中。

[8]《清史稿》卷二五六《徐元文传》。

[9]《清史稿》卷二七一《徐乾学传》。

[10]《历代宗庙图考·序》，载《学庵类稿》中。

[11] 在明代，新皇帝即位后，即编纂前朝《实录》。《实录》编成后，誊写正副两本，正本藏于皇史宬金匮玉室，副

本存内阁，其稿本则于太液池旁椒园焚毁，以示禁密。

[12]《清史稿》卷四八一《文苑传》。

[13]（清）黄百家：《万斯同先生传》。

[14]（清）全祖望：《万贞文先生传》，转引自李晋华《明史纂修考》，第42页。

[15][16]《清史稿》卷二七七《王鸿绪传》。

[17]《明成祖实录》卷一四。

[18]《东华录》雍正卷一。

[19]王原：《明食货志》："府军前卫校丁成言：'河南陕州地有上下绞，上下黄塘，旧产银矿。前代皆尝采取，岁收其课'。上曰：'土地所产有时而穷，岁课成额。征取无已。言利之臣，皆戕民之贼也。'"共63字。万斯同《食货志》也为63字，所不同的是把"陕州"误为"陕西"；"上曰"改为"帝曰"。王鸿绪《食货志》减为36字："有请开陕州银矿者，帝曰：'土地所有，有时而穷，岁课成额，征取无已，言利之臣，皆戕民之贼也。'"《明史·食货志》除将"征取"改为"征银"外，别无区别。

[20]《明太祖实录》卷八八。

[21]《明英宗实录》卷八："管银场太监山寿等奏：'近奉诏书，停止银场，封闭坑冶。缘云南新兴七场，及四川行都司密勒山场，俱有未煎铅矿在库，令人典守。而傍近盗起焚毁库藏，戕害守者，劫掠铅矿，乞严加禁捕。'"

[22][23]《明史》卷八一《食货志》。

[24]《明英宗实录》卷三一四。

[25]万历以后，矿场兴革可参见《明神宗实录》卷三五六、三五八、三五九、三六〇、三六一、三六三、三六五、三六六、四一六；顾炎武：《天下郡国利病书》卷八七。

[26]《明神宗实录》卷四三七。

[27]谈迁：《国榷》卷八三。

[28]谈迁：《国榷》卷八九。

[29]参见《明会典》卷一九四；王圻：《续文献通考》卷二九；《春明梦余录》卷四六。

[30]严如熤：《三省边防备览》卷九。

（原文刊于《中国历史博物馆馆刊》1982年总第4期）

校理《四库全书总目》残稿的再发现

黄燕生

《四库全书总目》是清乾隆间官修的一部大型书目提要。该目对所著录的一万余种古籍的作者、要旨、版本均作了系统评介。由于参与编撰提要的多为当时的学者名流，又为历代官修书目中搜罗较广的一种，因而学术价值之高，向为人们看重。

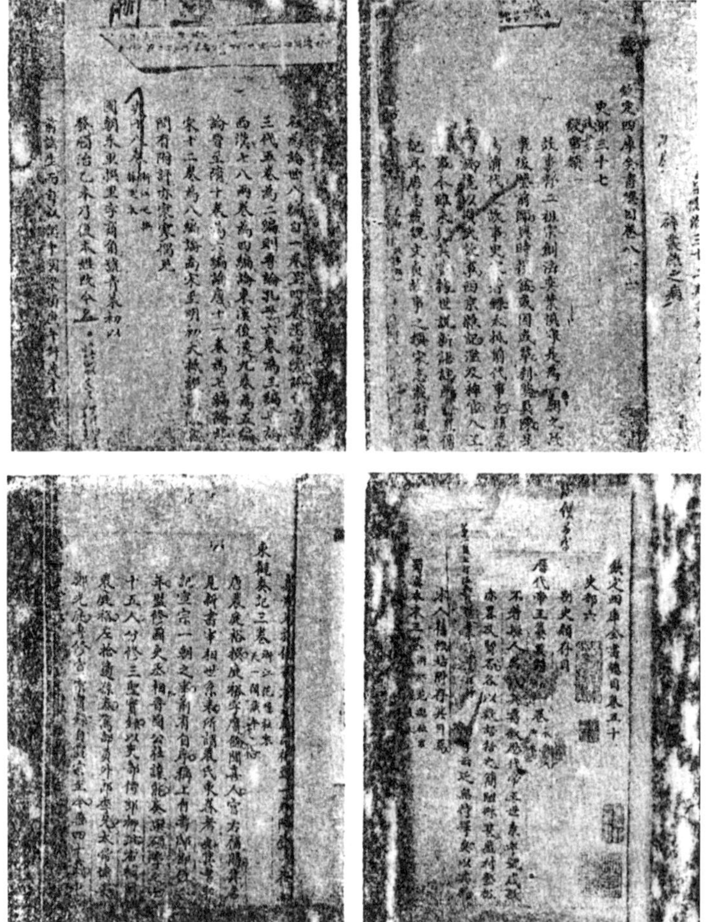

《四库全书总目》的底稿本，在清代以后散入民间，学者罕谋一面。建国前，仅王重民先生在故宫博物院图书馆发现李清《南北史合注》、周亮工《读画录》等九种被四库馆臣列为全毁的图书，并据以编录出《四库抽毁书提要稿》。此外，未见系统介绍和研究者。建国以来，若干《总目》残稿陆续被发现，并为一些图书馆收藏。据《中国古籍善本书目》史部目录类（征求意见稿）著录，上海图书馆藏有123卷，中国历史博物馆图书馆藏有13卷，辽宁省图书馆藏有1卷。沈津先生曾对上海图书馆所藏《总目》残稿24册作了认真校理和评介，辑得稿本中“凡不见通行本以及辽海书社排印的《文溯阁四库全书提要》的有六十六种，计经部三种、史部十七种、子部一种、集部四十五种”。沈津先生的校理成果，刊布于《中华文史论丛》1982年第一辑。笔者最近在编辑《中国历史博物馆古籍善本书目》时，对馆藏《四库全书总目》残稿进行了细致校勘和初步探讨，亦有一点新发现，愿借沈文的余绪，在此介绍出来，供研究者参考。

一

中国历史博物馆藏《四库全书总目》残稿系1961年自琉璃厂一书贾处购来。共3册。半页9行，行21、2字不等，四周双边。书口题“钦定四库全书总目 × 部 × 卷”及页码，卷端书“钦定四库全书总目卷 ×”。

恭楷抄录，有朱笔圈点。间有批改及签条，或朱笔或墨书，各卷多寡不一，从字体看，批者至少是两人。书中还贴有许多夹条，以蝇头小楷书写，系藏书者用大东书局本校勘残稿所得校记。残稿每册卷首钤印四方：“南通冯氏景岫楼”（朱文）、“冯雄印信”（白文）、“宜秋馆藏书”（白文）、“振唐鉴藏”（朱文），有一册卷末钤“丰城欧阳恬昉所藏”朱文印一方。由此知是书曾经李之鼎、欧阳凤熙、冯雄之手。该书原用三种笺纸抄录，经过后人重新装订，卷帙页码散乱不整。《中国古籍善本书目》仅著录存卷五十至五十三，八十一至八十七，八十九至九十，未能完全体现残稿状况，笔者校阅时依装订次序做了存卷一览表（见附表）。

册	卷	类	页	笺纸
一	五十	史部六别史类存目	1—26	绿格棉纸
	四十九	史部纪事本末类	共 28 页 （此 28 页起《通鉴纪事本末》，止《三藩纪事本末》，书口无字，无圈改）	绿格竹纸
	五十一	史部　杂史类	15	绿格棉纸
	五十二	史部　杂史类存目一	31—35	绿格棉纸
	五十三	史部　杂史类存目二	8,9,28,32—35	绿格棉纸
二	七十九	史部三十五职官类	1—20	绿格棉纸
	八十	史部三十六职官类存目	1—23	绿格棉纸
	八十一	史部三十七故事类一	1—3，13—19，23—26	绿格棉纸
三	八十二	史部三十八故事类二	1—9，20—37	绿格棉纸
	八十三	史部三十九故事类存目一	1，2	绿格棉纸
	八十四	史部四十故事类存目二	18	绿格棉纸
	八十五	史部　目录类一	13，14	绿格棉纸
	八十六	史部　目录类二	38—43，48	绿格棉纸
	八十七	史部　目录类存目	22，23	绿格棉纸
	八十九	史部　史评类存目一	6—9，17—18（6—9 为红格棉纸，17—18 为绿格棉纸）	绿格和红格棉纸
	九十	史部　史评类存目二	6—8，14—24（6—8、14—22 为红格棉纸，23、24 为绿格棉纸）	绿格和红格棉纸

这些残稿的书款格式，与上海图书馆所藏残稿完全相同，而历史博物馆所藏残稿史部三册十六卷，恰为上图本所无。以书影互相对照，还发现两个稿本的天顶部分都被切去一些，以致部分眉批已失全貌，这绝非巧合。另需指出的是，历博本以三种笺纸凑成，其中，仅史评类存目数页用红格笺纸，保存了抽毁提要，与上图本相似，余皆以绿格笺纸抄录，大部分文字已遵照批语做了抽、换、挖、改，难窥原貌。从这一点看，历博本这一部分在成书时间上略晚于上图本。

据《办理四库全书档案》记载，《四库全书总目》在刊刻以前，先后两次进呈，一是在乾隆三十九年（1744年）七月，《档案》上册第 28 页：“乾隆三十九年七月二十五日，奉谕旨，四库全书处进呈总目……”；另一次是在乾隆四十六年（1781 年）二月，《档案》上册第 72 页：“乾隆四十六年二月十三日，奉上谕，四库全书总裁奏进所办总目提要。”历博藏《总目》稿本的撰作时间当在第一次进呈之后，第二次进呈之前，可有两点证明：第一，第一次进呈之后，乾隆批示：“查各省进到之书，其一人而收藏百种以上者，可称为藏书之家，即应将其姓名附载于各书提要末；其在百种以下者，亦应将由某省督抚某人采访所得附载于后……”反映了初进本尚未注明收藏者或采访人姓名，而稿本不仅多已标出藏家采者，在用竹纸抄写的纪事本末类提要稿中，《绥寇纪略》、《滇考》、《左传纪事本末》、《平台纪略》、《永陵传信录》、《三藩纪事本末》诸书还注有督抚姓氏，如浙江巡抚三宝、江西巡抚海成、江苏巡抚萨载，一如乾隆旨意，而这些人名在后来的定本中尽被删去，概因人事迁移所致。据《清代职官年表》，萨载于乾隆四十年（1775年）十月授江苏巡抚，次年三月改任；海成于乾隆三十七年（1772年）五月升江西巡抚，乾隆四十二年（1777年）十一月革职；三宝于乾隆三十八年（1773年）正月自山西巡抚改任浙江巡抚，乾隆四十二年（1777年）五月迁湖广总督。由此判断，残稿中竹纸抄录部分的完成应在乾隆四十年秋至乾隆四十一年春。第二，残稿的大部分是以棉纸抄写的，其中别史类《尚史》一书著为“内阁学士纪昀家藏本”，殿本则作“兵部侍郎纪昀家藏本”。按纪昀于乾隆四十四年（1779年）擢内阁学士兼礼部侍郎，四十七年（1782年）改兵部侍郎。由此判断，这一部分残稿的写作时间当在乾隆四十四年至四十六年之间。

二

《四库全书总目》自拟议编纂至修订印行，历经二十余年，其间，不仅有选书的删落增补，措词的润色修饰，还有篇目的更改和分类的变换。前一变更，我们尚可在《办理四库全书档案》以及有关史籍中查见；而后一变化，只能依赖于比勘稿本和刻本的同异方能发现。关于分类的改动和提要稿排列次序的变化，沈津先生在校理上海图书馆藏24册稿本时发现了一些，并且作了介绍，但上图藏本似无类目改易，历博藏本虽只3册，却恰恰展示了职官、政书两目在付梓前的初始面貌，从而为研究这部重要官修书目的体例特征及其演变提供了难得的资料。

在通行本中，《四库全书总目》史部职官类分析官制、官箴二子目，共收书21部。稿本职官类初未析子目，只收书16部，审批者将《州县提纲》等书移后，另加按语云：“右职官类官制之属十五部，三百七十五卷，皆文渊阁著录。”又于卷末增按语：“右职官类官箴之属六部，十七卷，皆文渊阁著录。”由于分析子目，职官类序不得不改，于是批者又将序文中“今所采录，大抵唐宋以来一曹一司之旧事，与箴铭训告之词，亦足以裨益见闻，申明劝戒，明人所著，率类州县志书，则等之自命矣”一段作了修改，划去“箴铭”二字，改作“儆戒”，又划去“亦足以裨益见闻，申明劝戒”11字，改为“今厘为官制、官箴二子目，亦足以考稽掌故，激劝官方。”殿本是序悉同改处。职官类存目也是这样，稿本按语原作“右职官类四十九部五百八十四卷，皆附存目”，自“四十九部”以下划去，改写“官制之属”；并于此后添写了《牧民忠告》等8部书名，皆前面删落者，另加按语：“右职官类官箴之属。”

篇目上最为显著的差异，是通行本《总目》史部政书类在稿本中原作故事类。由于此类易题，其序、按语及子目按语也都被朱笔圈去重写。我们可以对照一下序文修改前后的不同：

> 稿本《四库全书总目》史部故事类序
>
> 故事有二，祖宗创法，奕叶慎守，是为一朝之故事。后鉴前师，与时损益，或因或革，利弊具陈，是为前代之故事。史家著录，大抵前代事也。隋志所载，挽以《汉武故事》、《西京杂记》，滥及稗官。《八王故事》今虽未见其书，据《世说新语》注所引直传记耳；唐志载魏文贞《故事》之类，宋志载尉迟偓《中朝故事》之类，均循名误采，不核本书，更如《树萱录》之入种植矣。今总核遗文，惟以国政朝章六官所职者，入于斯类，以符《周官》故府之遗。至仪注条格，旧皆别出，然均为成宪，义可同归。政典礼经，古原一理，后世失其本意歧为多途，非先王制作之义也。

殿本《四库全书总目》史部政书类序

志艺文者有故事一类，其间祖宗创法，奕叶慎守者，为一朝之故事。后鉴前师，与时损益者，为前代之故事。史家著录，大抵前代事也。隋志载《汉武故事》，滥及稗官；唐志载魏文贞《故事》，横牵家传。循名误列，义例殊乖。今总核遗文，唯以国政朝章六官所职者，入于斯类，以符《周官》故府之遗。至仪注条格，旧皆别出，然均为成宪，义可同归。惟我皇上制作日新，垂模册府，业已恭登新笈，未可仍袭旧名。考钱溥《秘阁书目》有政书一类，谨据以标目，见总括古今之义焉。

案故事一类，渊自《七录》、《隋书·经籍志》之旧事，隋志云："古者朝廷之政，发号施令，百司奉之，藏于官府，各修其职，守而弗忘。……今据其见存，谓之旧事篇。"宋欧阳修撰《新唐书·艺文志》，更名为故事，仍以前代典章故实之书为著录对象。然而，既名旧事、故事，界限不清，难免收书过滥，诚如四库馆臣指出的，隋志、新唐志、宋志均有望文生义，循名误采，泛列各种"故事"的例子。比较《总目》的稿本和定本，我们可以看出，四库馆臣的努力，就是要立下一个标准，明确收书范围。其最初的设想，仍是沿袭故事之名，但在类序中郑重申明："故事有二"，一为可供鉴览的前代典章旧事，一为名标"故事"，却流为稗官杂说，全失"政典礼经"之意的著述，今所著录，"惟以国政朝章六官所职者，入于斯类"；后来，大约觉得仅在类序中阐述还不足以说明其性质，仍有名实不符之嫌，于是在定稿时，径改为政书类。政书类序除了阐明此类渊源于前代故事，还特别指出："惟我皇上制作日新，垂模册府，业已恭登新笈，未可仍袭旧名。"这就是说，在收到诸书时，不仅要"谨据以标目，见总括古今之义焉"，剔除那些难以与国政朝纲相列的杂谈稗说，还要增入本朝政典，而不是像隋志、新唐志那样只注目于前朝旧事。从这个意义上讲，这样的标目及其分类标准，较之前代史志更为客观了，也更加明确了。

故事类既易题为政书类，该类中一些子目按语也不得不变更。

原通制目按语作：

案旧事之名，见于隋志，盖学古入官议事，以制之义，非徒资博闻也。历代以来，留心掌故者，或辑故事以备史，或采史以为故事，其间以一家之书而该历朝之典，以一代之书而兼六职之全者，总而汇之，谓之通制。

批者将此段划去，另拟一段按语：

案纂述掌故，门目多端，其间以一代之书而兼六职之全者，不可分属，今总而汇之，谓之通制。

原故事类营建目按语作：

案司空所掌，河渠为大，然其事异地形相表里，因势制宜，非可勒为成法。故修浚之政，别入地理；至于百工之事，率皆艺术；亦不足以称令典，惟录其司于官者。旧典罕征，故弥略焉。

在定本中，营建目改题考工目，此段按语悉被删除。

与上海图书馆藏本相似，历博所藏《四库全书总目》稿本中诸书的分类及排列次序，也与通行本有较多出入。在分类上，《礼部志稿》、《太常续考》二书，稿本均入故事类，殿本列于职官类；《殿阁词林记》，稿本列职官类，殿本入传记类；《列卿记》、《大臣谱》二书，稿本入于职官类存目，殿本则置于传记类存目；《春明梦余录》，稿本在史部故事类，殿本改列子部杂家类；《宋绍兴十八年同年小录》、《宝祐四年登科录》二书，稿本均入卷八十二故事类，而殿本列之卷五十七传记类。在排列次序上，《州县提纲》、《麟台故事》二书，稿本原置职官类第三、第四，但在居第二位的《翰林志》提要末，有眉批云："下接写麟台故事一篇"，《州县提纲》上又有一行批语："□十六□□移在后"，于是在殿本中，《州县提纲》被挪至十六，《麟台故事》升为第三。此外，由正式选书降为存目的有：《尚史》，原居别史类，殿本改列别史类存目；《元典章》，稿本列故事类，殿本降为政书类存目。稿本中还有一书两见的例子，如《鸿猷录》十六卷，一见纪事本末类，一见杂史类。

由于分类、排列的变更及其进呈后的不断增损，《四库全书总目》的稿本各类所收图书往往少于通行本。以故事（政书）类为例，我们可以列表比较其不同。

稿本故事类			殿本政书类		
通制之属	15 部	1191 卷	通制之属	19 部	2298 卷
典礼之属	19 部	682 卷	典礼之属	24 部	1191 卷
邦计之属	4 部	36 卷	邦计之属	6 部	53 卷
军政之属	3 部	21 卷	军政之属	4 部	271 卷
法令之属	1 部	30 卷	法令之属	2 部	77 卷
营建之属	1 部	34 卷	考工之属	2 部	35 卷

实际上，《四库全书总目》从稿本到定本所经历的类目排列的修改，其痕迹也留在定本之中，不过在稿本发现以前未得昭释。例如，通行本中，职官类《土官底簿》提要云：“今亦附载于职官之末焉。”但刊本是书之后尚有九书，难称“职官之末”，很使人迷惑不解。历博所藏《总目》稿本中，此书恰恰是职官类最后一部，可见馆臣所述原不谬。稿本这一页还贴有收藏人（疑是冯雄）所作一纸校笺，对此颇有精论：

> 按此稿本“土官底簿”条为职官类最后一条，其后即为职官类之结语（大东本与此结语不同），故于提要末称“附载于职官之末。”嗣后，条目次序前后移动，条目之数亦增多（此稿本原无清人职官类之著述，刊本所有者，当系以后添入），“土官底簿”条已不居最末，故“职官之末”一语，实有语病，乃于其上冠以“明代”二字。

三

《四库全书总目》初稿进呈以后，经乾隆皇帝审阅后发下改正，稿本中留下的大量批语及其挖补痕迹，便是当年修改的结果。

据笔者校阅，稿本中的批语有眉批、签批、侧批多种形式，除近代藏书人所作校签（用连史纸楷书写成，竖贴于原稿中）及个别签改外，批改文字基本上是由一种流畅的行书笔体写成，与上海图书馆藏本书影对照，行书批校的字体别无二致。据有关专家看后，认为是当时出任四库全书馆总纂官的纪昀所书。沈津先生通过与北京图书馆、湖北图书馆、福建图书馆所藏纪昀所批善本及上海图书馆藏《三松堂鱼素检存》所收纪昀书札比照，也判定是纪昀的手笔。

由纪昀所作批改，有这样几种情况：

（一）对提要稿文字的校正

杂史类《东观奏记》条，原稿作：“唐裴庭裕撰，庭裕字膺余”，纪昀用朱笔在“字”前增“一作廷裕”；又，“晋公藏之于阁，以补讨论”，朱笔划去“补”字，改作“备”字；又，“序末不署成书”，朱笔改“署”为“著”。以上三处改动，悉同殿本。故事类《大唐开元礼》条，原稿将“杜佑撰《通典》”写成“杜佑撰《礼典》”，纪昀也予以更正。职官类存目《南京太常寺志》条，原有一句“官制总理河道右都御史”，纪昀在“右”字后增一“副”字，并加签云：“六页后五行右字下脱副字”，查殿本已改正。故事类《荒政丛书》条，原稿注“无卷数”，朱笔圈改为“十卷”。

（二）对书写格式提出要求

稿本每行字数不等，为统一格式，纪昀不惮其繁，每每作出批示。故事类《通典》条有眉批：“以下俱十八字写”，同类《汉官旧仪》、《大唐开元礼》、《谥法》、《政和五礼新仪》、《绍熙州县释奠仪图》诸条，也都有“（匀）为以十八字（写）”，“此篇十八字写”，“（匀）十八字写”，“仍十八字（写）”等批语。有的提要由于改动较多，则批示换纸重写，如故事类存目《古今鹾略》、《鹾略补》条有朱笔眉批：“此半页换写，照原格。”

（三）对分类及排列次序的重新条理

如前面提到的职官类分析官制、官箴二子目，所收诸书提要的位置变化较多，纪昀对此均作出详细圈改，并于书眉以“一”、“二”、“三”等字码标明新的顺序。故事类更名政书类，纪昀也用朱笔逐卷予以圈改。

（四）增补条目

稿本卷五十别史类存目原无《彩线贯明珠秋敬录》提要，批者在该页作签云：“十一页脱彩线云三条”，签条左贴一纸，墨笔添补《彩线贯明珠秋敬录》提要，文字全同刊本，题下另有朱批一行：“补明帝后（纪）略之前。”同卷《南宋书》条也有一签，云：“十二页后七行下落晋书一条”，查殿本，所增者为《晋书别本》。同卷《读史津逮》条签注：“二十一页读史上落廿二史、春秋纪传二条”，据殿本，所增者正是《廿二史纪事提要》和《春秋纪传》。

（五）删削条目

《四库全书》的编纂，本之“寓禁于征”的原则。在编纂过程中，一些嫌涉“违碍”的书籍不断被查出删除，而蒙难最多的是明末清初人士的著述。历博藏《总目》稿本因被挖捕、换页并重新装订，删落的提要稿多已不见，仅卷九十史评类存目数页未经挖改，保存有六篇被纪昀圈以“删”字的提要。这六篇的书名、作者及批语是：

《宋元史发微》明陵侹撰（□条删）

《读史一班》明周时复撰（□条删，□三页写成二页）

《寰宇分合志》明徐枢撰（删）

《古今治统》明徐奋鹏撰（删，挖七行）

《续史》清朱里撰（删）

《读书论世》清吴肃公撰（删）

按上述六书皆见于《清代禁毁书目》之《全毁书目》。这六部明末清初人所作史论被删落的原因，从可查的一点材料看，都是“记载违谬，语多触犯”；“卷内语极狂悖”；“中间议论甚为偏谬，应请销毁。”清朝“康乾盛世”，也正是文网渐密的时代，倡编《古今图书集成》的雍正皇帝、议修《四库全书》的乾隆皇帝，虽然也对汉学表现出浓厚的兴趣，但他们绝不允许汉族学者借读书论世之名，发思古之幽情，写出不利于维持专制统治的词语来。所以，尽管这些著述的撰人多已作古，然其所撰之书却不可恕，依然搜讨批判，付之一炬，连留之“存目”的运气都被剥夺。清朝书禁之严酷，于此可见一斑。

（六）对提要的修改

比勘稿本与刊本，可以看出相当多提要稿经过了整理和改动。有的属于对疏误文字的校订，如前述《东观奏记》、《大唐开元礼》的校改；还有一些属于对提要内容的修改或增补。如杂史类存目《嘉靖倭乱补钞》条，“凡倭之构乱”后，朱笔添“以及平戢始末，皆载之大旨，谓倭乱”14字。职官类《三事忠告》条，于“可坐言而不可起行者也”后，亦有大段增补，系以墨笔添之书眉，共6行，因书顶被裁去，文字不全，后人用朱笔补录于旁：“明张纶林泉随笔曰，张文忠公三事忠告，诚有位者之良规劝，其在守令则有守令之式，居台宪则有台宪之箴，为宰相则有宰相之谟。醇深明粹，真有德老之言也。考其为人，能竭忠殉国，正大光明，无一行不践其言云云。其推挹可谓至矣。”故事类《元朝典故编年考》条，“国朝孙承泽撰”后有朱笔添增“承泽有尚书集解，已著录”。按此10字原在同卷《春明梦余录》条中，因是书降至子部杂家类，故添书于此。目录类《文渊阁书目》条，原稿云：“有正统间原疏，称各书取来”，“取来”前6个字被划去，朱笔添改为：“六年题本一通，称各书自永乐十九年南京。”以上改处，悉同殿本。

下面，谈一下稿本中的近人校签。

历博藏《总目》稿本除了有朱、墨二色批改和个别签补之外，还有大量近代人所作校签，均纵贴于所校文字之上，其纸薄墨新，题写恭正，与旧签原批迥然不同；所用校本，又系1926年上海大东书局的排印本。从稿本钤有数方藏书印看，校签应是民国间藏书家冯雄所作。王謇《续补藏书纪事时》载：“冯翰飞（雄），久任上海涵芬楼编纂。精究水利，游踪甚广。喜藏书，以在中州、西蜀所获为多，俱不经见之小品书。又喜考古发掘，居蜀时，曾发现当地县志未著录之碑碣多种，与刻有汉代年号之岩墓一处。著有《蜀中金石志》、《云岫楼读书志》。辛亥后，余屡见之于沪西秀州书店。旋闻调南京水利局供职，将全部藏书捐赠合众图书馆（馆址在旧蒲石路），可为达观者矣。”冯雄的校签作得很细，几乎每一处文字差别都予以签明。但是他花费了大量功夫，目的却仅在证明此稿本先于刻本。例如，前面引述校签中《土官底簿》一段，所论颇为精到，但结论只是：“显然，足证此稿本在先，刊本在后。”实际上，稍稍比勘二本，就不难发现刊本的文字祖之稿本，而且条目盈于稿本。一些乾隆四十七年（1782 年）以后纂成补入的新著皆未列入稿本。稿本的成书时间不但早于付梓的乾隆五十八年（1793 年），还应在乾隆四十六年（1781 年）第二次进呈之前。另外，冯雄校签也有几处失于详审，稿本中个别后来移入别类的条目未能查出。稿本卷八十职官类存目《列卿纪》一百六十五卷，校签：“七页《列卿纪》，此篇原本无”，实刊本列于卷六十一传记类存目三；稿本卷八十一故事类一《春明梦余录》七十卷，校签：“二十三页《春明梦余录》，原本无此篇”，实刊本列于卷一百二十二子部杂家类六；稿本卷八十二故事类二《宋绍兴十八年同年小录》一卷，校签：“大东本无”，实诸刊本均在卷五十七传记类一。

四

《四库全书总目》进呈后，尽管在乾隆的一再督谕下，由纪昀等人作了认真的覆核校改，仍有一些条目未能尽善。尤其是自审校到刊刻，又经历了十年，其间因为人事的变迁，条目的移改，某些提要不得不再次修订。虽然稿本中看不到再次修订的批语，但比勘刻本，还是可以清楚地寻见这些新的改动。属于人事变迁的如别史类《邃古纪》条，稿本作：“谋㙔著书百余种，周亮工尝刊其目，今不尽传。”后因周亮工著述涉违碍，于乾隆五十二年（1787 年）被撤出，相关文字亦加删落。查殿本，此段改作：“谋㙔号为博洽，平生著述一百余种，不尽传。”职官类存目《明职》条，稿本提要末多一行：“前有乾隆四年尹会一序，乃巡抚河南时所重刊也。”此段文字后来不见刊本，大约因为尹会一的儿子尹嘉铨屡次上书为其父请谥，触怒乾隆皇帝，又查出其所著书，多有狂悖之语，于是在乾隆四十六年（1781 年）三月下旨将尹嘉铨处绞，尹会一虽死去多年，但有此后祸，不能不受株连，二人著述均被查禁。属于条目移改的，如《元典章》原列故事类《文献通考》之后，殿本降为存目，故所作评语各有所道，原稿称：“此编虽鄙俚少文，上不及《大金集礼》，下亦不及《明会典》，而累朝故事，不可中阙者，故仍录存之，备考核焉。”殿本改作：“此书于当年法令，分门胪载，采掇颇详，固宜存备一朝之故事，然所载皆案牍之文，兼杂方言俗语，浮词妨要者十之七八，又体例瞀乱，漫无端绪，……不足以资考证，故初拟缮录，而终存其目。”直道出原有收入《四库全书》之意。再如《春明梦余录》，原列史部故事类，提要有云：“每门多录明代章疏，连篇累牍，又似乎杂史。”又有按语称：“按是书虽似乎杂史，而入之杂史为不伦；虽似乎地志，而入之地志亦不类。核其分曹列职，于故事为近，故舍其少而从其多，舍其名而从其实，附之故事类焉。”后来在刊本中，此书改入子部杂家类，原稿文字不得不改，于是四库馆臣将上面两段文字合并为：“分列官署，似乎职制；每门多录明代章疏，连篇累牍，又似乎故事。”还有一些条目，经馆臣重新修改后，与原稿有较多文字出入。属于此类的有《尚史》、《秘书志》、《南台旧闻》等篇。兹分述如下：

（一）《尚史》

稿本题七十卷，述分卷云：“作世系图一卷，本纪五卷，世家十三卷，别传三十八卷，年表四卷，志十卷，序传一卷。”殿本题一百七卷，分卷为：“作世系图一卷，本纪六卷，世家十五卷，列传五十八卷，系六卷，表六卷，志十四卷，序传一卷。”提要中“知镕铸众说之难也”以后一段文字也与刊本迥然不同。

原稿作：

锴虽以诗名一时，其史才则断断非迁比，而顾为迁之所难，且排比牵贯，一用旧文，体如诗家之集句，尤迁之所不能，而顾欲凭借骕书变其面貌，中求驾乎其上，计亦左矣。

殿本作：

且排比鳞次，一用旧文，体如诗家之集句，求其剪裁诸说，使联贯如出一手，比吕东莱之读诗纪尤难之又难。今观其书，于残膏剩馥掇拾成文，时露凑合之迹者，固在所难免，而联络融贯，位置天然，如百纳之琴不乖音律，如千狐之腋不露裁缝者，亦往往而有，不可谓非困难见巧，为史家特出之创格，存之亦足备一体也。

浙本作：

此书一用旧文，剪裁排比，使事迹联属，语意贯通，体如诗家之集句，于历代史家特为创格，较镕铸众说为尤难，虽运棹或不自如，组织或不尽密，亦可云有条不紊矣。

（二）《秘书志》

是书稿本提要略简于定本，且定本书名题《秘书监志》。

稿本作：

元著作郎王士点、著作佐郎商企翁同撰。士点，字继志，东平人；企翁，字继伯，丰州人。其书成于顺帝至正中。凡至元以来建置沿革、典章故事，无不具载。司天监亦附录焉。盖元制，司天监隶秘书省也。后列职官题名，以及直长令史，皆纤悉详录，尤可以资考核。朱彝尊尝据以辨吴鄹即张应珍，以大德九年改名，历仕秘书少监，非宋遗民。证《吉安府志》之误。则有裨史学亦多矣。固可与《宋馆阁录》并传也。

殿本作：

元王士点、商企翁同撰。士点有《禁扁》，已著录。企翁，字继伯，曹州人，官著作佐郎。其书成于顺帝至正中。凡至元以来建置沿革、典章故事，无不具载。司天监亦附录焉。盖元制，司天监隶秘书省，犹汉制以太史令兼职天官之义也。后列职官题名，与《南宋馆阁录》例同。其兼及直长令史，皆纤悉详录。则以金元以后，椽吏为士人登进之阶，往往由此起家，洊至卿相，其职重于前代耳。其所纪录，多可以资考核。朱彝尊尝据以辨吴鄹即张应珍，以大德九年改名，历仕秘书少监，非宋遗民。证《吉安府志》之误。则于史学，亦多所裨矣。

（三）《南台旧闻》

是书稿本提要繁于定本。

稿本作：

国朝黄叔璥撰。叔璥有《南征记程》，已著录。是书乃其官御史时，搜采经史，参以《通鉴纲目》、《白孔六帖》、《潜确类书》、《广治平略》、《博物典汇》、《阅史约书》、《刘氏鸿书》、《事林广记》、《读史节万世王衡录》诸书。裒辑成编。详述御史典故。凡提纲三卷，宪署、建置、官仪、职差、判、说论、切谏、弹劾、按录、风节、鉴戒各一卷，杂录二卷，共十三门。每事各注所出之书，颇为详备。其曰南台者，据王士祯《分甘余话》“今都察院可称南台，不可称西台”语也。

殿本作：

国朝黄叔璥撰。叔璥有《南征记程》，已著录。是书详述御史典故，凡十三门，每事各注所出之书。其曰南台者，据王士祯《分甘余话》“今都察院可称南台，不可称西台”语也。

上述三书，《秘书志》、《南台旧闻》改动不大，前者，刊本强调了元代秘书监职权重于前代，故“其所纪录，多可以资考核”；后者，刊本删除了原稿所列参引之书及篇目，评估出典一如从前。唯有《尚史》的修改涉及到对作者的评价。原稿中，馆臣对李锴仿马骕《绎史》，集旧史材料，重加排比，汇为《尚史》的作法深不以为然，虽称此举“尤迁之所不能”，但又断言李锴之史才远非司马迁之比，讥其“变其面貌，以求驾乎其上”。在定稿中，馆臣的评论就比较客气了。说是书虽难免有穿凿凑合之迹，然能有条不紊，联络融贯，“为史家特出之创格”。

通过比勘稿本和定本，可以觅见许多文字差异，四库馆臣秉承乾隆之意，对诸条目反复审核，肆加删饰，其迹斑斑俱在。除上述较多改易之外，属于小的修改还很多，如《大唐开元礼》提要首句“唐太子太师、同中书门下三品兼中书令萧嵩等奉勅撰”，稿本于此处多“嵩，江陵人，瑀之曾侄孙，事元宗以才略显，事迹具《新唐书》本傳”24字。《瘗鹤铭考》条，原稿云：“此书当原石走水之后，视张弨所录较更详也。”殿本改为：“此书当原石出水之后，视张弨所录更为赡确，固亦桑世昌、俞松之流亚也。”《滇考》条，原稿称：“大端仿纪事本末之体……似乎舆记，其实则杂史也。”殿本改作“其实则纪事本末之体也。”《列卿记》提要，稿本仅至“颇为详备”而止，殿本此后尚有84字。另外，还有个别书名、用本的变化，纪事本末类《平定金川古略》等四书，原稿均不加“钦定”二字；《元典章》和《宝祐四年登科录》二书，原稿都注为“浙江巡抚采进本”，殿本则分别采用“内府藏本”和“两淮马裕家家藏本”。

《四库全书总目》稿本的发现，对整理和研究这部中国学术史上极为重要的工具书具有十分重要的意义。目前，《总目》的校注本尚未出现，要完成这项浩大工程，除了比勘不同版本的《总目》、对照现存诸阁《四库全书》的卷首提要外，利用残稿校理，并辑其删落之文，是很有意义的工作。据悉，复旦大学图书馆还藏有翁方纲为《总目》所撰提要手稿1000余种，如能将此手稿与上图、辽图、历博所藏《总目》残稿汇而校之，将会给学术界同仁提供一份极有价值的数据，并且极大地裨益于《总目》的校点工作。

附：删毁书目提要

宋元史发微四卷　浙江范懋柱家天一阁藏本

明陆侹撰。侹，鄞县人。其书论《宋史》者三卷，论《元史》者一卷。皆世所常谈而《元史》尤为简略。

按：此条见卷八十九第18页（绿格）史评类存目一。《清代禁毁书目》之《全毁书目》著录。

□□□□

明周时复撰。时复字懋修，长州人。是书评论史事，率皆剿袭陈言。如谓张仪倾危，甚于苏秦，此司马迁赞也；贾谊不能用汉文帝，苏轼论也。项羽无断，汉高大度，诸葛亮为王佐、马谡空为大言之类，皆久有定评，何烦复述？至赵主父不当宠孟姚，汉武帝不当容董偃，此自古至今，无一人以为是者，亦何待时复发挥哉？

按：此条在稿本卷九十第6页（红格），列史评类存目二。其书名著之前页，已佚。查《清代禁毁书目》，《全毁书目》载有周时复《读史一班》，即是此书。

寰宇分合志八卷　浙江吴玉墀家藏本

明徐枢撰。枢，江都人，以岁贡生官即墨县教谕。是编虽以寰宇分合为名，实特抄撮诸史帝纪统系及建国都会享祚修短，仅末附幅员郡国诸论而已。于其命名之义，既不甚合，所论亦皆剿袭陈言，而参以偏驳之见。

按：此条见卷九十第14页（红格）史评类存目二。《清代禁毁书目》中，《全毁书目》、《违碍书目》均著录。该目补遗所录军机处奏疏（第十六次）有云：“查《寰宇分合志》，系明徐枢撰，中间议论甚为偏谬，应请销毁。”据孙殿起《清代禁书知见录》，该书有明万历间刻本和清光绪间重刻本。另据《中国古籍善本书目》（征求意见稿），明刻本仅南开大学图书馆藏有一部。

古今治统二十卷　浙江巡抚采进本

明徐奋鹏撰。奋鹏，字自溟，临川人。是书成于崇祯戊寅。综论帝治统，上起三皇，下迄元代，各为论断而自注之。盖欲仿罗泌《路史》罗苹附注之式，然襞积字句，排冗芜杂，实学泌而不成，所注尤多疏舛。其例有正统，有闰统，有散统，有易统。自古以来，所最诋者莫若元，尤最诋许衡之仕元，称衡生宋地，为宋人，又注其下曰宋进士，是殆生平未识史书，故有此瞽说。统观其书，殆一老悖陋儒，而有狂易之疾者也。

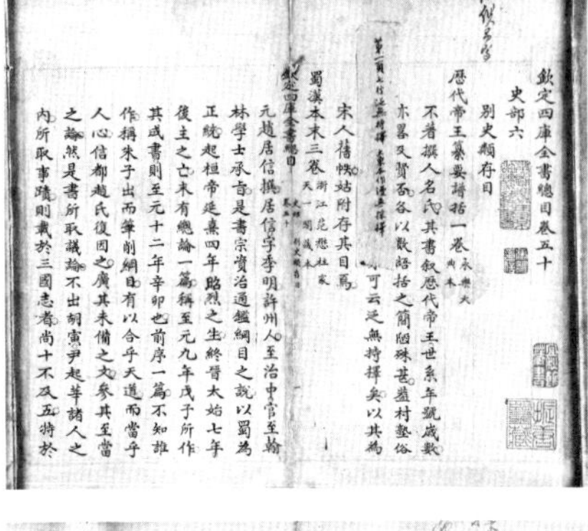
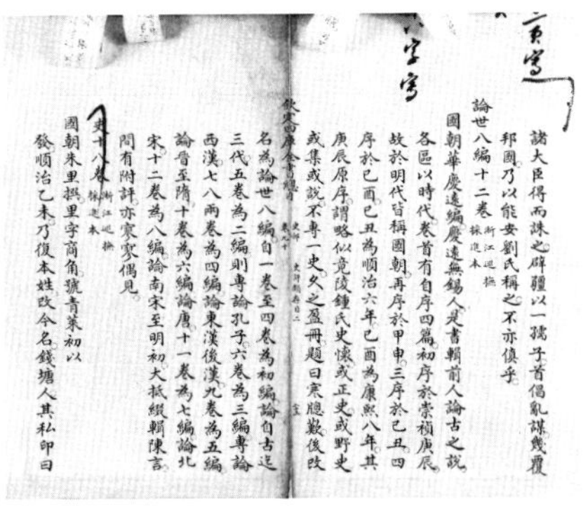

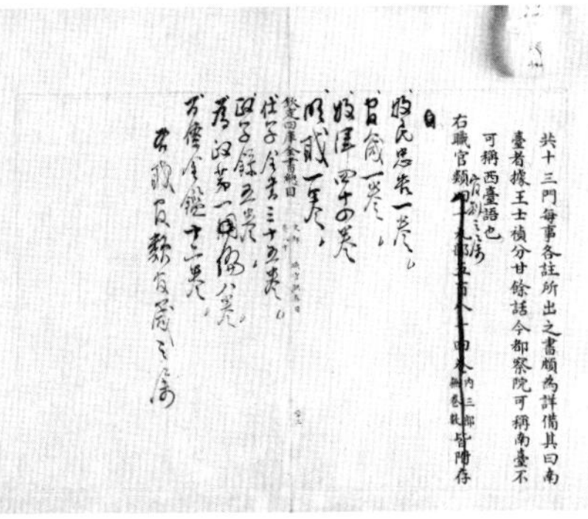
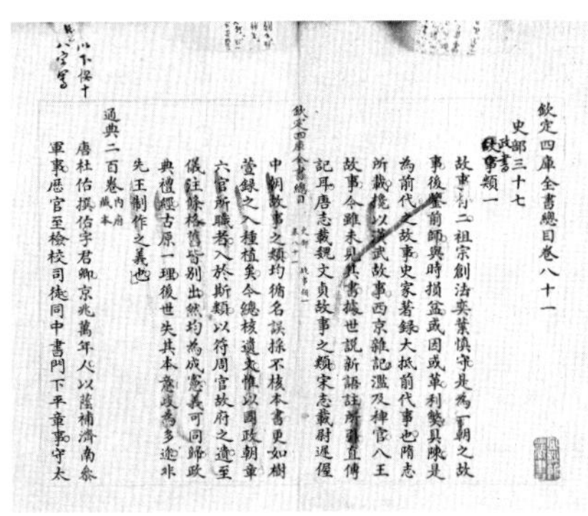

按：此条见卷九十第17至18页（红格）史评类存目二，《清代禁毁书目》中，《全毁书目》、《违碍书目》均列有此书。该目补遗所收军机处第十次奏疏称：“查《古今治统》系明徐奋鹏撰，乃所作历代史论，词多肤浅，无资考订，末卷内语极狂悖，应请销毁。”据孙殿起《清代禁书知见录》，是书有清雍正元年刻本和道光甲午耕余堂木活字本传世。

□史十八卷　浙江巡抚采进本

国朝朱里撰，里字商角，号青莱。初以□□□□□□发，顺治乙未，乃复本姓，改今名。钱塘人。其私印曰前诸生，而自叙称中明崇祯庚午科茂才。明代未闻茂才科，未之详也。择历代名臣一千五百九十九人，各为之传。然以传为名，实非传体，不过史论耳。以元代别为附录，犹明人乖谬之论。至谓许衡、姚枢，不当仕元，尤为悖妄。衡与枢皆北人，生宋南渡百余年后，于宋渺无君臣之分，乃责以为宋处士，直谓之呓语可矣。

按：此条见卷九十第23页（绿格），书名及提要均有挖空。《清代禁毁书目》之《全毁书目》著有朱星《续史》八本，当为此书。孙殿起《清代禁书知见录》载：“《续史》十八卷，明钱塘朱里辑，顺治十四年丁酉刊。起西汉，止南宋。又名《青莱续史》。”《中国古籍善本书目》（征求意见稿）著录有顺治本，题《青莱续史》。

读书论世十六卷　安徽巡抚采进本

国朝吴肃公撰。肃公有《读礼问》，已著录。是书取历代史事，为之论断。自五帝迄于明代，随笔札记，绝无次第。末一卷为衰语，乃其泛论往事，而无时代可归者。肃公自序称揆之圣贤中正之则，无失吾儒精义之学，然大抵老生常谈。每卷中间附他家论说，而张潮居其半，盖是编即潮所参订耳。

按：是条载卷九十第24页（绿格）。《清代禁毁书目》之《全毁书目》著录。据该目补遗二所列，是书属“记载违谬，语多触犯”一类。传世有康熙诒清堂刻本。

（原文刊于《中华文史论丛》第48辑，1991年）

《御制台省箴》碑文考议

李正华

在天安门后端门院内，东西朝房廊下现各存一方清康熙庚辰（三十九年，1700 年）满、汉文《御制台省箴》石碑。迄今已有 310 年的历史。该碑始放置清朝“吏科”直房廊下，即东朝房北头之首（今天安门国旗护卫队驻地）。1952 年，北京历史博物馆（中国国家博物馆前身）在东朝房举办《中国历史展览》，参观路线由南往北，石碑放置处正好是出口，影响观众参观路线。因此，该碑南移至东朝房南数第五间廊下，即清朝“礼科”直房（图一）。满文石碑与此相对应，移至西朝房南数第五间廊下，即清朝“工科”直房。《御制台省箴》是康熙为言官的座右铭，同时亦是康熙注重用教化、用制度感化、约束官员，而不是采用严酷惩罚的宽厚思想的明证。因此，具有重要的史料价值。

图一 《御制台省箴》石碑在“礼科”直房廊下

一 碑文与注释

该石碑青石质。碑首高 85、宽 87 厘米，二龙戏珠浮于卷云之上，珠下正中是篆书首额“御制台省箴”（图二）。碑身高 180、宽 98 厘米。碑座高 80、宽 118、厚 32 厘米。碑文 5 行 26 字，2 行 27 字，1 行 16 字，共 8 行，全文 200 字。碑身左右两侧各有 3 条小龙浮于卷云之上，上下也各有两条小龙对首浮于卷云之上。

碑文如下（图三）：

台省之设，言责斯专。寄以耳目，宁取具员。通明无滞，公正无偏。党援/宜化，畛域

图二 《御制台省箴》石碑首

宜捐。洞达政体，斯曰能贤。古昔诤臣，风规凛然。讦谟谠论，/垂光简编。朕每览绎，如鉴在悬。居是官者，表里方直。精白乃心，克广/其识。国计民生，臧否黜陟。凡所敷陈，敬将悃愊。风霜之任，以惩奸慝。搏/击之威，以儆贪墨。毋摭细务，苟塞言职。毋纷成宪，妄逞胸臆。书思入告，/当宁对扬。沽名匪正，营私孔伤。或藏嫌怨，谬为雌黄。受人指嘱，尤为/不臧。形诸奏牍，有玷皂囊。职司献替，亟宜审详。敬尔在公，风纪岩廊。/词箴用勖，诞告联常。康熙庚辰，御制并书。

碑身上方正中有一方篆书宝玺 "广运之宝"。落款篆书"康熙宸翰"、"稽古右文之章"，碑文右上角有一小椭圆篆书印章"渊鉴斋"。康熙御笔真迹现藏于河北省蔚县博物馆（图四）。

考《御制台省箴》碑文，见于《清实录六·圣祖仁皇帝实录三》康熙三十九年至六十一年，卷一九七至卷三〇〇。著录了"康熙三十九年夏四月辛未颁御制台省箴以儆言事诸臣箴"[1]。

碑文注释：

1. 台省：汉尚书台在宫禁中，当时称禁中为省中，故尚书台又有台省之称。唐则以台省为御史台与三省（中书、门下、尚书）之合称。清朝沿用。碑文中专指"六科"官员。

2. 箴：劝告，规诫。如：箴言。《左传·宣公十二年》："箴之曰：民生在勤。"

3. 讦谟：大计，宏谋。《诗·大雅·抑》："讦谟定命。"

4. 臧否（zāng pǐ）：褒贬，批评。臧，善。否，恶。《晋书·阮籍传》："籍虽不拘礼教，然发言玄远，口不臧否人物。"

5. 黜陟：亦作"绌陟"。指官吏的进退升降。《书·舜典》："三载考绩，三考黜陟幽明，庶绩咸熙。"

6. 悃愊：至诚。《汉书·刘向传》："发愤悃愊，信有忧国之心。"

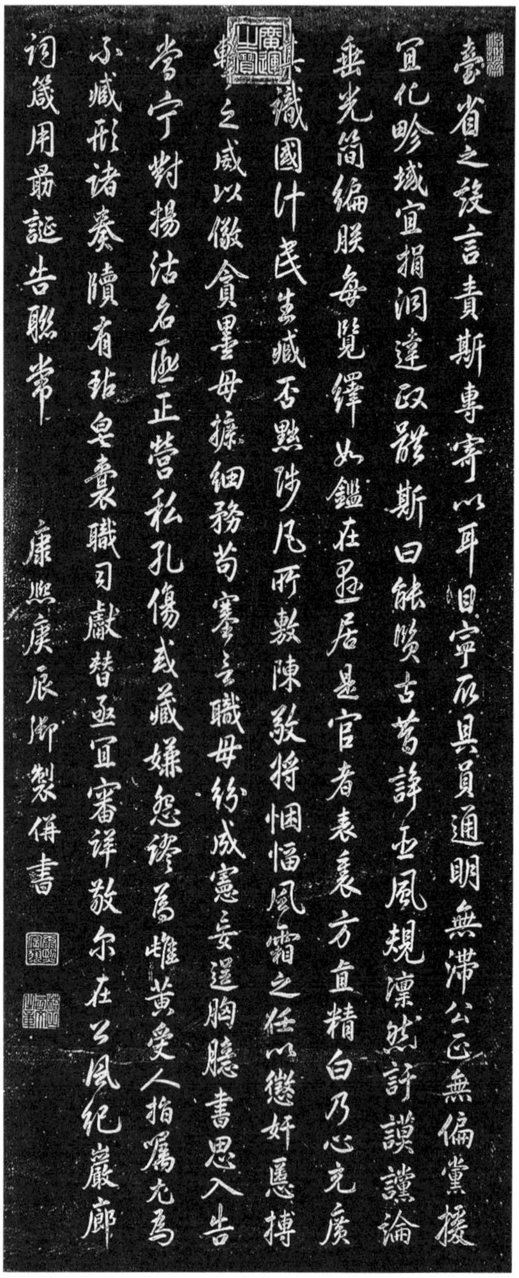

图三 《御制台省箴》碑文拓片

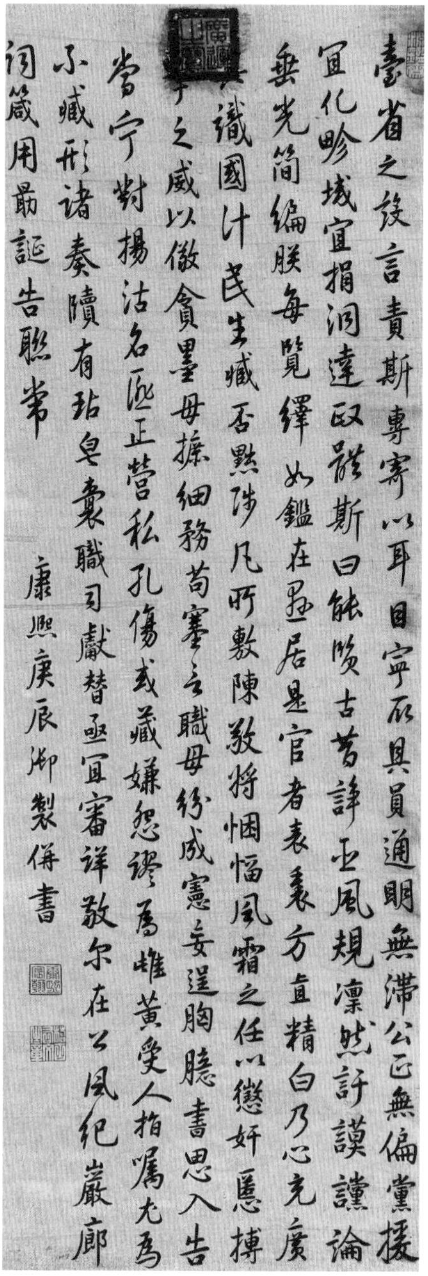

图四 康熙御笔

7. 奸慝：邪恶的心术或行为。《汉书·王莽传赞》：“太后寿考，为之宗主，故得肆其奸慝。”也指邪恶不正的人。《左传·昭公十四年》：“救灾患，宥孤寡，赦罪戾，诘奸慝。”

8. 儆：告诫，警告。《三国志·吴书·吴主传》：“夫法令之设，欲以遏恶防邪，儆戒未然也。”

9. 摭：拾取，摘取。韦承庆《灵台赋》：“游书圃而摭芳。”

10. 胸臆：主观想象和揣测。苏轼《石钟山记》：“事不目见耳闻，而臆断其有无，可乎？”

11. 宁（zhù）：古代宫室屏门之间，为帝王视朝时站立的地方。《礼记·曲礼下》：“天子当宁而立，诸公东面，诸侯西面。”

12. 对扬：对答称扬，旧时多对王命而言。《书·说命下》：“敢对扬天子之休命。”传：“对，答也。答受美命而称扬之。”《诗·大雅·江汉》：“虎拜稽首，对扬王休。”又作“对敭”。《宋书·武帝纪》晋义熙三年：“其降承嘉策，对敭朕命。”敭，“扬”的异体字。后专指臣子在皇帝面前进对。南朝梁刘勰《文心雕龙·章表》：“原夫章表之为用也，所以对扬王庭，昭明心曲。”《周书·王轨传》：“轨消（贺若）弼曰：‘平生言论，无所不道，今者对扬，何得乃尔翻覆？’”参阅宋程大昌《考古编·十对扬》。

13. 牍：古代写字用的狭长的木板。杨修《答临淄侯笺》：“握牍持笔。”引申：书籍，文书。

14. 皂囊：汉制，群臣上章表，如事涉秘密，则封以皂囊。《后汉书·蔡邕传》：“以邕经学深奥，故密特稽问，宜披露失得，指陈政要……具对经术，以皂囊封上。”注引《汉官仪》：“凡章表皆启封，其言密事得皂囊也。”唐杜牧《樊川集》二《长安杂题》长句之四：“束带谬趋文石陛，有章曾拜皂囊封。”

15. 献替：“献可替否”的略语。《晋书·虞啸父传》：“卿在门下，初不闻有所献替邪？”

16. 敬：严肃，慎重。《管子·内业》：“敬慎无忒。”

17. 风纪：法度，纲纪。唐韩愈《昌黎集》二二《祭虞部张员外》文：“分司宪台，风纪由振。”

今多指作风和纪律。

18. 岩廊：高峻的廊。《汉书·董仲舒传》："盖闻虞舜时，游于岩廊之上，垂拱无为，而天下太平。"注引晋灼："堂边庑。岩郎，谓严峻之郎也。"廊，古作"郎"。后以喻庙堂和朝廷。汉桓宽《盐铁论·忧边》："今九州同域，天下一统，陛下优游岩廊，览群臣极言。"

19. 勖：勉励。如：勖勉。《诗·邶风·燕燕》："以勖寡人。"

20. 诞：句首语气词。无义。

二　碑文考议

（一）"台省"职官之滥觞

"台省"，官署名，东汉设置。《中国历代职官词典》载："汉尚书台在宫禁中，当时称禁中为省中，故尚书台又有台省之称。唐则以台省为御史台与三省（中书、门下、尚书）之合称。"[2]

《辞源》云："汉尚书治事之地为中台，在禁省中，故称台省。"《三国志·魏·夏侯玄传》"（李）丰不知而往，即杀之"注引魏略："正始中，迁侍中尚书仆射。丰在台省，常多托疾。"唐时尚书省称中台，门下省称东台，中书省称西台。故统称台省。唐杜甫《杜工部草堂诗笺三·醉时歌赠广文馆学士郑虔》："诸公衮衮登台省，广文先生官独冷。"[3]

汉的尚书台、三国魏的中书省，都是代表皇帝发布政令的中枢机关。后因以"台省"指政府的中央机构。南北朝以来，虽尚书台已多改称尚书省，并逐渐形成中书、门下、尚书三省分权的制度，但"台省"之称仍沿用不变。

唐高宗（李治）龙朔二年（662年）改尚书省为中台、门下省为东台、中书省为西台。故统称台省。咸亨元年（670年）十二月，均复原名。

唐朝宰相张九龄于玄宗（李隆基）开元三年（715年）提出的选官原则为"不历州县不拟台省"。即州县指地方官，台省指中央官，在唐朝大部分时间里，地方治理实行州县两级行政体制，中央机构以三省（尚书省、中书省、门下省）、六部（吏部、户部、礼部、兵部、刑部、工部）和御史台为主体，故概称"台省"。该选官原则为，没有在地方州县任职的经历，就没有担任中央台省官的资格。张九龄敏锐地发现，在官员任用上重内官、轻外任的积弊是地方官员升迁几率小的症结所在。长此以往，造成地方官员缺乏责任感，地方治理水平降低，导致中央负责决策的官员不了解地方实际情况，下情壅蔽，制定政策不切合实际，如同闭门造车。"不历州县不拟台省"的选官制度，为唐朝选官制度注入了活力，为造就"开元盛世"打下了基础。时空跨越千年，这种重视官员实践经验的选官制度，至今仍可资借鉴。

宋朝后三省分立之制渐成空谈，行政全归尚书省。元代尚书省时置时废。

明朝以后，吏、户、礼、兵、刑、工六部尚书分掌政务，六部尚书相当于国务大臣。各部均直接对君主负责，遂不设尚书省。

清初袭明制，太宗（爱新觉罗皇太极）于天聪五年（1631年），始设六部。清初仿明制，设六科，掌勘察官府公事，为独立机构。至雍正元年（1723年）始隶都察院。凡负责城市、仓库、漕运、监察的官员，自此统称台省。

据笔者考证，《御制台省箴》石碑之所以"落户"端门院内的东西朝房，是因自明洪武六年（1373年）在该地设六科。清沿明制，康熙庚辰（三十九年）东、西朝房已是"六科"所在地。东朝房为吏、户、礼科；西朝房为兵、刑、工科。

笔者研读史籍，认为"台省"始于汉代尚书。本指尚书和御史台，直至清朝沿用。在碑文中专指负责监察的"六科"官员，而不是指一般官署。"六科"属言官之列，类似于今天的纪检委和监察部。

（二）厘清“六科给事中”溯源及作用

1.“六科给事中”官职回溯

提及“六科给事中”，当追溯源头“给事中”官职的设置。据《中国历代职官词典》载：“给事中，官名。以在殿中给事（执事）得名。秦置。西汉为大夫、博士、议郎的加官，掌顾问应对，位在中常侍之下。东汉省。魏重置，或为加官或为正员。晋始全为正员，员无定。在散骑常侍下、给事黄门侍郎上。南朝属集书省。北魏不置。北齐属集书省。隋初不设，开皇六年（586年），在吏部设给事郎。炀帝移归门下省，掌省读奏案，为从五品官。唐改名为给事中，位正五品上。高宗曾改为东台舍人，旋复旧称。唐给事中掌读署奏抄，驳正违失，诏敕若有不当，亦可于涂改后奏还，号为‘涂归’。又与御史、中书舍人审理天下冤滞。宋、辽皆置。元无门下省而单设给事中，兼修起居注，成为史官。”[4]

明初，承前代制度，统设给事中，正五品，不分科。据《明史·志六·职官三》载：“洪武六年设给事中十二人，秩正七品，始分为六科，每科二人，铸给事中印一，推年长者一人掌之。”[5]六科给事中辅助皇帝处理奏章，稽察驳正六部之违误。《明史·志六·职官三》又载：吏、户、礼、兵、刑、工六科。各都给事中一人，正七品，左、右给事中各一人，从七品。给事中，吏科四人，户科八人，礼科六人，兵科十人，刑科八人，工科四人，并从七品。神宗（朱翊钧）万历九年（1581年）裁兵科五人，户、刑二科各四人。礼科二人。万历十一年（1583年），复设户、兵、刑三科各二人，礼科一人。

“六科，掌侍从、规谏、补阙、拾遗、稽察六部百司之事。凡制敕宣行，大事覆奏，小事署而颁之；有失，封还执奏。凡内外所上章疏下，分类抄出，参署付部，驳正其违误。吏科，凡吏部引选，则掌科即都给事中，以掌本科印，故名，六科同，同至御前请旨。外官领文凭，皆先赴科画字。内外官考察自陈后，则与各科具奏。拾遗纠其不职者。”[6]

由此观之，六科给事中是皇帝的耳目，主管法度、准则并规劝皇帝使之改正错误，弥补缺失，考核、考察六部官员之事宜。凡是皇帝的命令或诏书，宣布后执行，大事斟酌后，翻转过来再向皇帝进言，小事签署颁布，有不妥的文告退回斟酌封好再向皇帝上书，凡是中央和地方官员进献的奏章，分条陈述，分类抄写出来，安排交给六部。驳斥并纠正六部的错误，纠劾官吏。

据《明史·志六·职官三》载：凡每日上朝，六科轮一人站立殿堂左右，珥笔记旨。凡是向皇帝进言和上书，每日要附上各科的名册，每五日一送内阁备案，准备编纂。执行机关指定时限内奉旨分条目处理，政务由六科核查后五日注销一次。内官传出皇帝的诏书一定要翻转过来向皇帝上书，得到皇帝的旨意后再执行。

六科官员乡试、会试时充当考试官，殿试时充当受卷官。皇帝对宗室、诸蕃封土授爵或免官或告谕外国时，充当正、副使者。

六科还负责将写有朝臣姓名状貌的竹签，悬挂在宫门上，查对相符，朝臣才得入宫门，六科全都主管。

登午门鼓楼站岗时，六科每日一人，同锦衣卫莅临监视。接受文书时，全部将题本封闭好。遇到判决的囚犯，有投掷冤案诉状的，则判决停止刑法，请求皇上的命令。凡是大事朝廷商议，大臣在朝廷推荐，大的官司在朝廷审讯，六科都主管参与。

明初承前代制度，统设“给事中”，不分科，是正五品官员，以后几次改变官吏的品级第次。明太祖（朱元璋）洪武六年（1373年），始分为吏、户、礼、兵、刑、工六科，各科设给事中，各科二人，分科治事。九年（1376年），确定给事中十人。十年（1377年），隶属承敕监。十二年（1379年），改为隶属通政司。二十二年（1389年），改给事中为源士，增至八十一人。二十四年（1391年），定制，六科各设都给事中一人，为正八品。左、右给事中二人，从八品。给事中共四十人，正九品。惠帝（朱允炆）建文年间（1399年—1402年），升都给事中为正七品，给事中从七品，不设左、右给事中。增设拾遗、补阙。“成祖初，革拾遗、补阙，仍置左、右给事中，亦从七品。寻改六科，置于午门外直房莅事。六科衙门旧在砖门内尚宝司西。永乐中灾，移午门外东西，每夜一科直宿。”[7]

综上而论，明太祖（朱元璋）洪武六年（1373年），开始设置六科，明成祖（朱棣）永乐初年（1403年），将六科官署设置在午门外直房莅事，六科衙门设在砖门内尚宝司的西边。到永乐年间，遭受火灾，才移置午门外东西直房。

2. 清朝“六科给事中”的设置及作用

清朝“六科给事中”是怎样设置的？其职能与作用如何？清“初沿明制，六科自为一署。”[8] 清初六科亦置给事中，无员额限制。

《清史稿·志十二·职官二》载：“顺治十八年，定满、汉都给事中，左、右给事中，各一人，都给事中由左给事中转，左给事中由右给事中转。”[9] 又设汉给事中二人。康熙三年，六科只留满、汉各一人。

康熙“五年，改都给事中为掌印。”[10] “六科给事中，吏、户、礼、兵、刑、工六科掌印给事中，满、汉各一人。”[11]初制，满员由四品官员担任，汉员由七品官员担任。康熙二年（1663年），改为满员由七品官员担任，汉员仍是七品，满、汉同级。六年（1667年），满员又改为四品。九年（1670年），满、汉官员俱定为七品。至雍正七年时（1729年），满、汉官员升为正五品。光绪三十二年（1906年）均升为正四品。

“给事中，满、汉各一人。”[12]初制七品，至雍正七年时，升为正五品。

“笔帖式八十人。”[13]其中吏、户、兵、刑四科各为十五人，共六十人。礼、工二科各为十人，共二十人。至光绪三十二年（1906年），酌留三十人。

六科给事中“掌言职，传达纶音，勘鞫官府公事，以注销文卷。”[14]

综上考证，六科给事中的权力巨大，他是主管言论的官员，传达皇帝的声音，校订、查问、审讯官府中的事宜，记载和销毁文卷。他可以直接给皇帝上奏书进言、御前请旨、考察六部官员，起着承上启下的作用。

据考，康熙朝吏科，分管考核、选拔官吏，注销吏部、顺天府的文卷。户科，分管稽核赋税，注销户部文卷。礼科，分管考核典礼，注销礼部、宗人府、理藩院、太常寺、光禄寺、鸿胪寺、国子监、钦天监的文卷。兵科分管考核军政，注销兵部、銮舆卫、太仆寺的文卷。刑科，分管考核法律，注销刑部文卷。工科分管稽查工程，注销工部文卷。有不妥的文告退回斟酌封好，立即让皇帝知道。

清初沿明制，六科亦置给事中。清顺治十八年（1661年），制定六科的官级第次是都给事中，其次是左给事中，再次是右给事中。康熙五年（1666年），改都给事中为掌印给事中。雍正初年（1723年），为加强皇权，六科始隶都察院。六科给事中与各道监察御史合称科道，同任漕、盐等差，台省合一。品级亦擢升正五品。至光绪三十二年（1906年），改革官制，又废六科之名，只设给事中二十人。仍隶属都察院，分掌原六科公务。

据以上史籍记载并考证，吏、户、礼、兵、刑、工“六科给事中”，是清初因袭明制而设立的独立机构，为中央监察组织。六科属言官之列，类似于今天的纪检委和监察部。它“职掌稽察六部百司之事”，是对中央政府“六部”实行“对口监察”的组织，有钳制六部的权限。虽说六科的干部，都属于中下层官员，但“六科给事中”具有特别的权力，品卑而权重。他们主管言论，传达皇帝的声音，可以直接对皇帝进言上奏章，具有稽查、弹劾六部官员之权力，其权力在六部之上。终明清两朝，因遭六科言官弹劾而被撤职的六部堂官不胜枚举。康熙朝这种小官管大官的统治方法非常奏效。“六科给事中”的设置，对清代极端君主专制体制的强化殊关重要。因此碑文中的“台省”是专指负责监察的“六科给事中”的，而不是指一般官署。碑文是康熙皇帝亲自给“六科给事中”撰书的。

另外，在碑身正中上方有10厘米见方的宝玺“广运之宝”。据《明史·志六·职官三》载：“奖励臣工，用‘广运之宝’。”[15]可见，碑文中“广运之宝”的出处在此，清朝皇帝一直沿用。

康熙《御制台省箴》墨宝原藏故宫，是谁将该墨宝带出紫禁城？笔者曾在2007年《紫禁城》第4

期发表论文《午门外的“御制台省箴”碑》，蔚县文化局局长宋建忠和副局长兼博物馆馆长李新威在网上阅之，与笔者联系，告之康熙御笔墨宝在该处保存。1982年，时任蔚县博物馆馆长班开明带墨宝请故宫书画专家刘九庵鉴定，认为康熙字迹及宝玺都是真品。1991年又经国家文物局全国古代书画鉴定小组谢稚柳、刘九庵鉴定，也认为是康熙真迹。后笔者走访了河北蔚县博物馆，求证是谁将康熙墨宝带出紫禁城，经调研获知，1957年始建蔚县博物馆，为征集文物，发现康熙墨宝藏于魏家祠堂，便将其收藏到博物馆。上世纪60年代“文革”期间，博物馆闭馆，为免遭劫难，将该墨宝藏于简陋柴房中，才得以保存。

笔者阅读史籍进行查考认为，与康熙朝刑部尚书魏象枢及子魏学诚有关。魏象枢，河北蔚县人，是康熙朝言官，他在朝中执掌纠察百官之职达数十年，是少有的清廉正直之臣，因而受到康熙帝的器重，被后人誉为清初直臣之冠。《清史稿·传三三·列传五十》载：“顺治三年进士，选庶吉士。四年，授刑科给事中。……五年，劾安徽巡抚王懩受贿庇贪吏，懩坐罢。转工科右给事中。……康熙十一年，复疏纠湖南布政使刘显贵侵公帑不当内升，给事中余司仁欺罔不法，皆坐黜。十二年，以岁满加四品卿衔。擢左佥都御史。十三年，岁三迁，至户部侍郎。……十七年，授左都御史。疏言：‘国家根本在百姓，百姓安危在督抚。愿诸臣为百姓留膏血，为国家培元气。臣不敢不为朝廷正纪纲，为臣子励名节。’”[16]康熙帝对魏象枢所上申明宪纲十事深为嘉许，认为切中时弊。“十八年，迁刑部尚书，象枢疏言：‘臣忝司风纪，职多未尽，敢援汉臣汲黯自请为郎故事，留御史台，为朝廷整肃纲纪。’”[17]康熙对魏象枢的人品、才能极为推崇，乃让他以刑部尚书职兼任左都御史，在执掌刑法的同时，继续行使其纠察百官之任。

魏象枢对投机钻营、利欲熏心的小人严若冰霜，而对清正廉洁、质白如水的君子，则力挺举荐。江苏嘉定知县陆陇其向有清廉之名，却被人弹劾而遭罢官。魏象枢虽与陆素不相识，然早就耳闻其政声，故而上疏朝廷力推重新起用。十八年，康熙令朝臣推举廉吏，魏象枢又举荐十位颇有清名的官员，其中就有陆陇其。二十三年，康熙赐御书寒松堂额。二十五年，卒，71岁。赐祭葬，谥敏果。《清史稿·传三三·列传五十》又载：“子学诚，进士，授中书，上推象枢恩，改编修，官至谕德。”[18]经查《清秘述闻》亦有著录，卷九载：“魏学诚，字斋礼，山西蔚州人。康熙壬戌进士，四十五年以谕德任。”[19]《国朝畿辅诗传》卷二十五：“学诚，字一斋，一字无伪。蔚州人，象枢子。康熙二十一年进士，历官春坊谕德。……故刑部尚书象枢子也。以其父居官清正，故有是命。”[20]在清代，翰林院职掌编修国史、记载皇帝的起居注、进讲经书和撰著诰敕制命等等。凡是编纂文史巨籍、入南书房值侍皇帝和上书房授皇子皇孙书以及外放学政、主考，多由翰林院成员充任。

魏象枢是表里如一的言官，正如《御制台省箴》所言：“居是官者，表里方直……风霜之任，以惩奸慝。搏击之威，以儆贪墨。”正是他一生的光辉写照。他虽于康熙二十五年（1686年）故去，而《御制台省箴》是康熙庚辰三十九年（1700年）所作，但此时，魏学诚已于康熙壬戌二十一年（1682年）任翰林院编修，有机会接触康熙墨迹。魏象枢颇得康熙帝推重，而其父居官清正的声名也是人所共知的，这件墨宝或可作为对魏象枢为官的肯定，恩赐其后人，或者也是对魏学诚的一种勉励，让他不负皇恩和家风，更可作为朝廷对魏氏家族贡献的表彰。故笔者推测，《御制台省箴》的康熙墨迹，应该是赏赐给魏学诚，并由他带出紫禁城，放置于魏家祠堂保存的。

石碑经过300多年历史变迁，除游人留下少许刻痕外，整体保存完好，真是一大幸事，是难得的一件历史文化遗产。碑文字迹清晰，书法苍劲有力，康熙皇帝的撰文是行草，笔力充沛，气韵连贯，字里行间渗透着一种豪气，用笔挥洒豪迈，布局妙趣天成，真是字字皆有灵性，具有神韵。康熙不仅是一位治国有方的杰出皇帝，而且也是一位颇具造诣的书法家。

注释：

[1]《清实录六·圣祖仁皇帝实录三》卷一九八。

[2]《中国历代职官词典》，上海辞书出版社，第133页。

[3]《辞源》第3册，商务印书馆，1982年，第2589页。

[4]《中国历代职官词典》，上海辞书出版社，第277页。

[5]《明史·志六·职官三》，中华书局，1974年，第1806页。

[6]同[5]，第1805页。

[7]同[5]，第1807页。

[8][9][10]《清史稿·志十二·职官二》，中华书局，1976年，第3307页。

[11][12][13][14]同[8]，第3306页。

[15]同[5]，第1803页。

[16][17]《明史·传三三·列传五十》，中华书局，1974年，第9907页。

[18]同[16]，第9908页。

[19]（清）法式善：《清秘述闻》卷九，清嘉庆四年刻本，第142页。据《蔚州史话》载："明朝洪武七年(1375年)，蔚县称蔚州卫……隶属大同府……康熙三十二年（1693年）改蔚州卫为蔚县，归宣化府辖，隶属直隶保定府布政司。"见金钧兴《蔚县历代隶属沿革》，中共蔚县县委宣传部、党史办《蔚州史话》，1984年，第3页。

[20]（清）陶樑：《国朝畿辅诗传》卷二五，第351页。

（原文刊于《收藏家》2010年第6期）

日本大庭脩著《云梦出土竹书秦律的研究》简介

姚 鉴 王家琦

1975年在我国湖北省云梦县睡虎地出土的千余枚秦简，经云梦秦墓竹简整理小组整理释文，先后在《文物》1976年6、7、8各期上发表。由于它的主要内容是秦朝的法律和文书以及编年记（即大事记），是研究秦史的新材料，所以引起了中外史学工作者的注意。1977年日本关西大学《文学论集》第27卷第1号曾发表了大庭脩氏《云梦出土竹书秦律的研究》一文，现将此文介绍于后，供史学研究者参考。

《云梦出土竹书秦律的研究》内容分为“绪言”、“竹书秦律的概观”、“竹书秦律具有的意义”等三部分。“概观”为本文中心，又分为四小节论述：

第一节为《出土秦律的分类及其性质》。在本节中，他说在“治狱案例”（即《封诊式》）中看不出像《文物》1976年第5期《云梦睡虎地秦简概述》一文所说的类似汉代“比”的性质。他认为有“爰书”的文例集之感[1]。

第二节为《竹书秦律的律名》。在本节中，关于《田律》，他说《田律》存六条，汉朝也传“田律”之名，恐怕是承受秦律内容的吧。关于《厩苑律》，他认为萧何增写的三篇律中有“厩律”，曹魏废止，晋加牧事，复活为“厩牧律”，南北朝大致继承，想是近于秦的“厩苑律”的。他引秦律《内史杂》“苑啬夫不存[2]，县为置守，如厩律。”说这是《厩苑律》的略称，还是另外有“厩律”，更有“苑律”，还不可预断。并说“厩律”非萧何的独创，值得注意。关于《工律》，他说想来秦也有“尚方律”，因临潼秦俑坑出土的武器有“尚方”铭文。说秦也有尚方制作的武器。据律文“县及工室听官为正衡石羸”[3]，说“工室”与汉的左右工室、考工室有关联。又据律文“公甲兵各以其官名刻久之……入叚（假）而毋久及非其官之久也，皆没入公，以齎律责之”。说可以指出“齎律”这样的律名。

在论述《效》律八条时（在第一种内），他说《云梦秦简释文》（二）第二种别出《效》律二十九条，这八条都包含了，两者有重复的关系。效律，大约是“校”或“考”的意思，后世“考课令”的“考”字尚存其意。又说在《效》律中有“以职耳不当之律论”、“以效羸不备之律论”[4]、“以平辠人律论之”的表现，可指出分别有“职耳不当之律”、“效羸不备之律”、“平辠人律”的存在。关于《传食律》，说这律名见于《魏新律序略》，“秦世，旧有厩置、乘传、副车、食厨，汉初承秦不改。”从这段文字可以推定它的内容。关于《行书》律，说这是有关传送公文书的律。据简文“行传书、受书，必书其起及到日月夙莫（暮），以辄相报殹（也）。”说这项规定有如居延汉简、敦煌汉简是汉代文书传递的实证[5]，此律汉代也应存在。关于《内史杂》律，说有这杂律，那么有没有“内史律”？不明。内史和他郡不同，是特别行政地区，可能有律文。一官厅、一行政地域适用的法，汉代有光禄挈令、北边挈令等名为“挈令”的令[6]。关于《属邦》律，他说，“邦”这样的语辞，《释文》第四种的律文有：“臣邦人不安其主长而欲去夏者，勿许。●可（何）谓‘夏’？欲去秦属是谓‘夏’[7]。”“真臣邦君公有辠，致耐辠以上，令赎。可谓‘真’？臣邦父母产子及产它邦而是谓‘真’[8]。●可谓‘夏子’？●臣邦父、秦母谓殹。”夏就是对秦的臣邦、他邦，对秦母存在臣邦父，故可推想“邦”指秦以外六国的地域。“属邦”，与汉的“属国”同义，是汉避高祖刘邦讳改为属国的。因此，想是关于占领地区的律。

对于秦简《为吏之道》后面附录的“●廿五年闰再十二月丙午朔辛亥，●告相邦……魏户律”和“●廿五年闰再十二月丙午朔辛亥，●告将军……魏奔命律”两条，他说以王命为律文，这一点在研究立法史上是很重要的资料。并对《概述》文中“从历朔推算，应为魏安釐王二十五年”，指出计算的根据没有详细说明。他虽已知魏武侯二十五年（公元前 371 年）闰月朔日干支与简不合的问题，但仍考虑了这一年代。

按：文物出版社 1978 年出版的平装本《睡虎地秦墓竹简》（睡虎地秦墓竹简整理小组编），《魏户律》条下的注释也主张安釐王二十五年（公元前 252 年）。说：“丙午为初一日，则辛亥为初六日。历朔与汪曰桢《历代长术辑要》所推相合。”

又按：《文物》对秦墓竹简由于系初步报导而有一些未谈的问题，在平装本《睡虎地秦墓竹简》中则有较详的说明与补充（本书秦简图版仅有举例）。

第三节为《秦律释文的问题》（详后）。

第四节为《竹书秦律的年代》。在本节中，他认为：

决定年代的资料，如《大事记》终于始皇三十年（公元前 217 年），二十六年秦统一天下后，只经过了四年。

律文中有“命书”语，“命书”指王的命令。始皇二十六年统一天下后，“命”曰“制”，“令”曰“诏”，所以，若律文成立于始皇统一天下之后，“命书”应称为“制书”。

又，统一后“百姓”改为“黔首”，但《仓律》中有“百姓有欲叚者”的话。

《置吏律》有“县、都官、十二郡”，指内史与十二郡。十二郡，大约在庄王（庄襄王）时期，至少始皇即位前就有了。

在第四种律中有“可（何）谓‘甸人’？‘甸人’守孝公、瀗（献）公冢者殹（也）。”瀗公，一般写作献公，是孝公之父、先代的秦王，所以这律文不能不是孝公子惠文王时代的。

他说从以上诸例看，律文不是一时期成立的，可知是商鞅变法以后与时逐渐增加的，恐怕是始皇即位以前已经成立了，而始皇统一后，还作为现行法具有效力。

在文章最后部分《竹书秦律具有的意义》中，他说，竹书秦律不仅在秦代研究上是有用的史料，而且在对汉代法制的理解、研究上也有很大贡献。

他据《晋书·刑法志》“汉承秦制，萧何定律，除参夷连坐之罪，增部主见知之条，益事律兴、厩、户三篇，合为九篇”的记载，认为当是萧何把云梦出土的田律以下诸秦律整理编成通用的规定为兴、厩、户律三篇。但其他秦律也未废止，不入三篇的律仍照样继承下来。他举汉初惠帝四年除挟书律引张晏注“秦律敢有挟书者族”为例证，说明其他还有不少。

又说，竹书秦律有《金布律》，《晋书·刑法志》引《魏新律序略》汉有金布律，《汉书·萧望之传》引有金布令，《汉书·高帝纪》臣瓒注也引金布令。现在看秦金布律的内容，大略包括《魏新律序略》所说的金布律的内容。因此，《萧望之传》和臣瓒注引的金布令的内容，想是汉代规定的。那么，汉继承秦的金布律为汉的金布律，与汉新追加的金布令并存，想也是可能的。

又说，竹书秦律的出现为秦汉法制的联系提供了有力的资料，有待于今后的研究。

他认为《释文》的第一种、第二种、第三种都是李悝《法经》、商鞅六律所没有的律名，都是商鞅制定六律后追加的。那么，秦以律名称追加法，而追加法以“令”名公布则是由汉开始的。这能否得到承认，还应考查，但在研究秦律上是值得考虑的问题。又，推定为武侯时代的《魏户律》、《奔命律》，是对李悝《法经》六篇的魏的追加法的名称叫“律”。不是法而称“律”，也是值得注意的。

他认为竹书秦律是墓主私用并以之祔葬的。它的内容是：下级吏“须知”的《南郡守腾文书》（即《语书》）、《为吏之道》，加上可以说是“爰书”的文例集的“治狱案例”，再有也可以称为律的问答书的《释文》第四种秦律，以及和考校的技术问题有关的《效律》二种，可以看作是一个单独的集成。这与在《大事记》

看到的“喜”这一人物经历县史、令史，终于县的治狱生涯是符合的。而这与竹简所出的坟墓不大，也正一致。

在《竹书秦律的概观》部分的《秦律释文的问题》一节中，大庭脩氏提出一些问题：

他认为《文物》1976年6、7、8期所载《云梦秦简释文》的最大问题是哪些文字写在同一简上，而哪些文字写在别一简上；另外的复数的简它们的接续又是怎样决定的。这一切都不明。他说这是简牍研究上基本的问题。从出土状态来考虑，一定有什么根据，他很想知道。例如《释文》（三）中的第四种秦律约190条的顺序，内容大略是商鞅六律的顺序。是就内容看这样整理的呢，还是从出土状况客观（出土位置）的配列的结果呢？他是不明白的。

又举《中国画报》1976年7号《初次出土的秦代竹简》一文，说，其中42页左提示出《游士律》二简，这释文出于《释文》（二）第9页右半三项（即第三种）从第7行到第13行。他并从第5行引用《释文》如下：

●驾驺除四岁，不能驾御，赀教者一盾；免，赏（偿）四岁繇（徭）戍。除吏律。

●为（伪）听命书，瀍（废）弗行，耐为侯（候）；不辟（避）席立，赀二甲，瀍（废）。

游士在，亡符，居县赀一甲；卒岁，责之。●有为故秦人出，削籍，上造以上为鬼薪，公士以下刑为城旦。●游士律。

他说，据照片对简的记载忠实地记录的释文为：

除吏律●为听命书瀍弗行耐为侯不辟席立赀二甲瀍游士在亡符居县赀。

一甲卒岁责之●有为故秦人出削籍上造以上为鬼薪公士以下刑为城旦●游士律。

这样比较，两者明显不同，“除吏律”记律名的三个字在简头，不是像《释文》（二）的释文那样在“驾驺除四岁”之文的最后。这一来，“驾驺除四岁……赏四岁繇戍”之文明显是在另一简[9]，到此的文字包括黑点是“九十字”[10]。包括“除吏律”字的简是“三十一字”[11]，包括“游士律”字的简是三34字，所以想至少有三简。包含“除吏律”字的简假定称第四简，包含“游士律”字的简叫第五简，那么，第四简的简文，是《除吏律》的律文呢，是《除吏律》以外的律文呢，还是《游士律》的律文呢？怎样决断好？的确，第三种的律名似写于律文之后。然而为了判断这样考虑好，一、二、三、四、五简的配列就有必要从出土状况论证客观上是无误的。如单独举出第四简，接着律名的律文考虑为《除吏律》的内容也无妨碍。恐怕云梦秦简整理小组从他说的一、二、三简的内容判断，把这看作《除吏律》为宜。从第四简的“游士在亡符”以下和第五简的内容一定考虑这些是《游士律》，其判断想来似是可以承认的。此时难于归属的是第四简的“●为听命书……赀二甲[12]，瀍”这一独立的律文，内容上作为《游士律》考虑好不好呢？特别是最后的“瀍”字，像释文小组说的那样是“废”的意思吗？很难判断。第三种的条文多以“瀍”字结尾，所以解释是困难的。由于第三种律条不像第二种那样每一条另成一简，所以更应遵从简牍释文的原则，指出从哪一个字开始进入一简。

按：1977年，文物出版社曾经出版线装本《睡虎地秦墓竹简》一书，刊出8种竹简的全部图版。据此书图版与释文对看，比较方便。例如，“除吏律”三字在简首的那一简以前，确有三简。计：“任瀍官者为吏……上造以上不从令赀二”是第一简；“甲●除士吏……●发弩啬夫射不中”是第二简；“赀二甲……赏四岁繇戍”是第三简。又，所说“第二种”，即《效律》条文，共有简60支，《文物》释文各条也不是全按照每支简文为起止的。

他认为，从简牍释文技术方面说有一个应注意的问题：他用《文物》1976年第7期第11页上题作“秦法律令（部分）”十三简的图版与释文第一种《效》律第二条及第四条比较[13]，提出“一甲过千石以上赀官啬夫二甲……以其秏石数”（相当图版从右数第二简）及“入禾万石一积而比黎之为户……是县入之县”（同上第五简）两项简文。他说，其中“石以上赀官”五个字、“石一积”三个字从图版上看不出来。想是这几个字原简上不鲜明，释文是用其他方法补进去的，这是因为这些内容亦存在于《效》律其他条文中。因此，他把《释文》第二种《效》中每段低入二字的作为一条，计二十九条；把第一种中

《效》的各段作为八条，两相逐条对比。他指出“一”《效》从第一到第八各条与“二”《效》中的第八、第九、第十、第十一、第十二、第十三、第十五、第十六各条“殆为同文”。并说“一”《效》第四条（即“二”《效》第十一条前半）和第五条（即“二”《效》第十一条后半和第十二条前半）与《仓律》第十条有一致的部分。他说，图版从右由第一简到第三简相当“一”《效》第二条，即“二”《效》的第九条；第四简相当“一”《效》第三条，即“二”《效》的第十条；第五、六、七简相当“一”《效》第四条，即“二”《效》的第十一条前半。他认为第二种《效律》律文若是完全的，那么第一种的缺字部分也就明白了。假定是用这样方法补的，就应当明白注出，这是简牍释文的原则。又指出第二简的最末文字“以其秏石数”的“数”字能看出一半，第三简的头部只“负之”二字，其上没有文字，第二简较它简短，下部想有缺损。说，“石数论负之”的“论”字想来也是从第二种补的，应用前说的同样手续标示。第五简缺的三个字也是如此。

按：《文物》图版第二简上看不出来的5个字、第五简上看不出来的4个字（加上下面“而”字），在线装本《睡虎地秦墓竹简》的图版上以及竹简的照片上，都能看到比《文物》图版较为清晰的文字残迹，再参考线装本《效律》图版有关简文，这九个字的释文是可以肯定的。至于第二简末端，确有缺损，但在线装本的图版上，已补上所缺的那块残简片，可以看出“数”字的下半及“论”字的一部分。

他说，第四简的第一字按图版可读作“入”字，其次第五简的第一字是相同的字。第一种《效律》第三条（图版第四简）第一字释“度”，第四条（图版第五简）第一字释“入”。此“度”的这一释文与第二种《效》律第十条的“度”有关联。这也违反首先应忠实于原简作出释文的原则。

按：关于《文物》图版第四简，根据线装本《睡虎地秦墓竹简》图版及竹简照片细加审看，此简上端有残缺，对照同书《效》律图版的同样简文，可以说这简上存留的字迹并不是“入”字，实际是“度”字下边残存的那一小部分。

他在文中并说，缺少照片的简牍研究是多么困难、多么徒劳。说他在居延汉简上也是下过力的一个人，希望尽可能早日把照片和正规的报告书一同出版。

按：关于包括全部出土竹简的云梦睡虎地秦墓发掘报告，文物出版社不久就要出版了，这将更有利于秦简研究的开展。

注释：

[1] 大庭脩著有《爰书考》，见日本《圣心女子大学论集》第12集，1958年。

[2]“存”，《文学论集》（以下简称《论集》）引文作“在”，误。

[3]“赢”，《论集》多作“羸”，误。

[4] 按：此句的秦简原文为“以效赢、不备之律赀之”。

[5] 原注据伊藤道治《汉代居延战线的展开》，载《东洋史研究》一二、一三，1952年。

[6]［日］大庭脩：《关于絜令》，《东洋史研究》一二、一三，1952年。

[7]《论集》少“是”字。

[8]《论集》“它”作“宅”，误。

[9] 此项引文《论集》误作“驾驺除四岁赏四岁……繇戍”。

[10] 包括黑点在内应是89字。

[11] 包括黑点在内应是30字。

[12]《论集》作“资”，误。

[13]“第一种”《论集》作“第二类（种）”，“第四条”《论集》作“第六条”，误。

（原文刊于《中国历史博物馆馆刊》1981年总第3期）

近现代史研究

西方物质文明与晚清民初的中国社会

苏生文

鸦片战争之前，西方的“精奇器物”（如钟表、洋琴、三棱镜、日晷、玻璃瓶等）和建筑形式就已经输入中国，但一般只是作为皇家和富贵家庭的摆设（如圆明园的西洋楼，实际上并不怎么发挥居住功能，而只是提供给皇帝享乐的“巨大的玩具”），对中国社会的影响很小。

鸦片战争之后，随着中国的被迫开放以及远洋航运的发达，从遥远的欧洲舶来的体现西方物质文明的声光化电、饮服日用、交通通讯、市政建设、文化娱乐、居住方式乃至生活方式都不同程度地传入中国，对中国社会特别是开放的通商口岸以及附近地区产生了极大的影响。一方面，它打破了传统中国社会单调、封闭、等级森严的局面，丰富和改变了中国人的生活；另一方面，打乱了中国社会发展的固有周期，如错剪到中国历史拷贝上的“蒙太奇”，强行将西方已经先行一步的“现代文明”引入中国社会，从而对传统的社会生活造成巨大冲击，引发了城乡冲突、公私冲突、新旧冲突、强弱冲突和华洋冲突，这几类冲突又往往交织在一起，呈现出错综复杂的局面，构成了近代中国复杂的社会景象。

一　从视洋物为“奇技淫巧”到“仿洋改制”

在中国被强行开放的初期，人们对西方物质文明基本上采取鄙视的态度，视洋货为“奇技淫巧”，视洋人为“夷人”，或者在译名前面加上“口”字旁，以示“犬羊之性”。那些思想比较开通的人，则被讥为“鬼子”（如恭亲王奕訢被称为“鬼子六”）。科甲出身的人如果参与“夷务”马上“为同乡、同列所不齿”[1]。向西方学习则是“拜异类为师”，一般有地位的中国人都不愿意把子女送到教会学校去读书。看到火车，则“诧所未闻，骇为妖物，举国若狂，几致大变”[2]，认为修铁路是“以万万借贷盘剥膏脂为此嬉戏无用之举”[3]，开山凿石“恐惊耳骇目，群视为不祥，山川之神不安，即旱潦之灾易召”[4]，“行之外夷则可，行之中国则不可”[5]。见到轮船，也害怕得要命，据说“一个显要官员携家带口离开南方（广州），乘了一艘包租的外国轮船。可是船还未开出虎门，他就已经吓得半死了，恳求船长让他在香港上岸。船长当然没有同意。后来，这位官员在上海上了岸，说死说活也不再乘海船北上了”[6]。

外国人也以“海外天子”自居，不屑与华人为伍。他们有相对独立的社交圈，甚至连平常吃的食品也都是从外国直接运来的，过着和中国人完全不一样的生活。在租界的洋人社会里甚至形成了这样的“风气”：只有讲英语、读《泰晤士报》、打网球、戴英国式的软木遮阳帽、穿白鞋黑袜，每天饮威士忌，同时要“蔑视中国人”，“才算是真正的绅士派头，才是文明人在东方的天职”[7]。体现了浓重的殖民地文化色彩。西方人用歧视性的语言描绘中国的艺术，说中国音乐“实在不能算作音乐，也不能当作娱乐”、“仍然保留在未开化的阶段”，甚至用“地狱之乐”、“驴子的尖叫”、“汽船的锅炉”、“敲破钟”、“可以比之于一只狗睡了一觉后，刚刚醒来时伸肢张爪时所发出来的声音”等侮辱性的词汇形容中国的音乐[8]。似乎除了“在吃的方面，我们（西方人）都会毫不犹豫地承认，中国文明远远超过我们西方文明”[9]外，在其他方面都与“西方文明”相去甚远。我们可以从流传至今的由西方人恶意“捕捉”的图片资料（从这些图片资料上看，中国社会似乎充满着乞丐、裹脚、鸦片、酷刑等丑陋的现象）体会到这一点。

19世纪七八十年代以后，随着洋务运动的开展、国人走向世界的机会的增多、大众传媒工具的推介以及租界文明的示范，这种情况开始发生了变化。

洋务派所经营的枪炮、轮船、铁路、电报、机器织布机等，是西方物质文明中最核心、最能体现工业革命成果的部分。有人把火车和轮船的发明与《独立宣言》、《人权宣言》和《共产党宣言》相提并论，说“正如整个世界感受到斯蒂芬森的机车、富尔顿的汽船和加特林的机枪的影响一样，它也感受到《独立宣言》、《人权宣言》和《共产党宣言》的影响”[10]。洋务派引进这些先进的生产工具，是为了达到“富国强兵”的目的。由于上有奕訢等人的支持，下有李鸿章、左宗棠等“中兴之臣”的努力，十九世纪七八十年代以后，洋务运动逐渐走向深入，取得了一定的成效，“洋务”渐渐从为士人所不齿的事情变成一个时髦的事情，通晓洋务的人受到重用，一般不懂洋务的人也“钻营奔竞，几以洋务为终南捷径”[11]，“洋泾浜”英语大行其道，与“洋”有关的人和物在社会上得到越来越广泛的认同。

洋务运动的另一大成果是让更多的国人走出国门，直接接触到西方文明（或者从日本那里间接地接触西方文明——因为日本自明治维新之后以“脱亚入欧”为自己的既定目标，在很多方面引进或模仿西方的文明模式）。

从19世纪70年代开始，清政府陆续派出驻外使节、技术专家和留学生出洋，这些出洋的使节（和他们的随员）、技术专家和留学生的领队（或监督），除少数人如刘锡鸿、吴嘉善外，大部分人本来思想就比较开通，如郭嵩焘、曾纪泽、薛福成、徐建寅、黄遵宪等（容闳就更不用说了），而那些留学的学生又都聪颖年少极具可塑性，此时又亲历了欧风美雨，他们在赞赏西方的政治文明之余，也对西方的物质文明羡慕不已，在日常生活中或多或少地“沾染”上一些“洋派”的生活习惯，如郭嵩焘在任英国公使期间，用西方的方式举办招待茶会[12]，曾纪泽在出使期间频频参加舞会[13]，黄遵宪回国后还保持着用西餐请客的习惯[14]，等等。长期担任翻译的陈季同更是经常出入巴黎的沙龙、舞会，生活方式相当欧化，为此还欠下了许多私债[15]。大家所熟知的留美幼童和留欧的海军人材，他们生活中的“西化”成分就更多一些。特别是留美幼童，因在美国期间分散到美国人的家庭中，与美国人同吃同住，在学校里更是与美国同学同学习同娱乐，西化（美国化）的生活成分还要浓些，他们与在国内的同龄人完全不一样，性格活泼大方，热爱体育活动，而且改穿了西服，有的甚至剪掉了辫子。

上述这批走出国门、直接接触到西方物质文明的中国人多是有身份的人（或者即将变成有身份的人），交游比较广泛，社会关系比较复杂。如郭嵩焘和李鸿章私交极深，李鸿章在作出许多重大决策之前，多要征求郭嵩焘的意见；湖南维新的主持者巡抚陈宝箴早年与郭嵩焘过从密切，他的维新思想显然受到郭氏的影响[16]；郭和曾国藩家族、左宗棠是儿女亲家，和家乡湖南的其他各界名流都有交往，虽然回国之初多遭冷遇，群起攻击者有之，避之惟恐不及的更不在少数。但随着时间的推移，他们对西方文明（包括物质文明）的推介却对中国社会产生了着着实实的影响。湖南虽然地处内地，却在随后的“戊戌变法”中能够处在“开风气之先”的位置上，这无疑与郭嵩焘、曾纪泽等几位见过世面、有头脑的湘籍外交家的影响有关。诚如梁启超所说的，“湖南以守旧闻于天下，然中国首讲西学者，为魏源氏，郭嵩焘氏、曾纪泽氏，皆湖南人。故湖南实维新之区也。”[17]

大众传媒工具也是中国人了解西方物质文明的一个窗口。创办于1872年的第一份通俗性大报《申报》，在介绍西方物质文明方面可以说是不遗余力。如果我们翻阅一下旧《申报》，可以看到整版整版的广告，其中的内容多半是推销或介绍稀罕的舶来品，火车轮船、相机唱机、电报电话、洋布洋装、洋铁洋油……等等，可以说无所不包。在《申报》的影响下，其他近代报刊也纷纷出笼，并且逐渐形成了一个信息传播网络，由大城市向周边地区辐射，这对于人们开阔眼界、认识西方物质文明无疑起到了巨大的作用。包天笑在回忆《点石斋画报》（随《申报》附送）对他少儿时期的影响时写道：“我在十二三岁的时候，上海出有一种石印的《点石斋画报》，我最喜欢看了。本来儿童最喜欢看画，而这个画报，即是成人也喜欢看的。……虽然那些画师也没有什么博识，可是在画上可以得着一点常识。因为上海那个地方是开风气之先的，外国的什么新发明，新事物，都是先传到上海。譬如像轮船、火车，内地人当时都没有见过的，有它一编在手，可以领略了。”[18]由此可见，人们对西方物质文明的认识在很大程度上是靠报刊来实现的。

中国人走向世界，世界也走进中国。租界是世界走进中国的产物，是展示西方物质文明的一个窗口。由于列强在中国设立租界或租借地的时候，已经都是比较发达的资本主义国家，因此在租界或租借地的开发和发展过程中，可以直接引进外国先进的市政技术和模式，进行城市规划、开辟西式马路、铺设自来水管道、安装煤气照明系统、开通电话电报线路、设立消防卫生组织，等等。租界城市先进的管理方式，为中国人了解西方文明提供了一个窗口，刺激着仁人志士走向寻求救国富民真理的道路。康有为早年游历上海以后，见“上海之繁盛，益知西人治术之有本，舟车行路，大购西书以归讲求焉”[19]，从此走上了维新之路。一般民众也为租界直接、简单、表面化的“文明”所折服，“莫不啧啧称颂”[20]。当时流行沪上的竹枝词中多有为租界的“物质文明”大唱赞歌的，如[21]：

洋楼更比蜃楼好，谁读坡仙海市诗。（咏洋楼）
火轮船走快如风，声响似雷逆浪中。（咏轮船）
无数关山一线通，人工巧制夺天工。（咏电报）
两地情怀一线通，有声无影妙邮筒。（咏电话）
火树千株照水明，终宵如在月中行。（咏街灯）

由于租界是“五方杂处”的社会，外国人和中国人在这里共同生活，西方的某些生活方式很自然对华人社会产生影响。如洋装的剪裁风格对当时时装（特别是女装）的影响；中西合璧的里弄式住宅开始在上海出现，西式的建筑材料（如玻璃等）在中式建筑中得到普遍的运用；赛马、马戏、幻灯等西式的娱乐方式也吸引了众多的华人前去观看。饮食可能是所有物质生活中最不容易改变的，但19世纪七八十年代以后，还是有一部分中国人接受了糖果、点心、汽水、啤酒等西式食品。1883年，上海还出现了第一家由中国人开办的“番菜馆”——“一品香”，食客主要都是中国人。随后又出现了“四海吉祥春两处，万长春与一家春”等十数家[22]。中国人开始初步地接受了西方的某些生活方式。人们不再视“洋货”为“奇技淫巧”，而是部分地接受，正如外商在一份报告中所称的那样，“几乎没有一个中国人的家庭不用一些进口洋货，假若不用棉织品，至少要用煤油作室内照明之用，或者欧洲制造的，迎合中国人嗜好不胜枚举的某些小东西”[23]。大约也是这个时候，国人对外国人的称谓也发生了变化，“夷人”不再叫“夷人”，改叫“洋人”；“西番”也不叫“西番”了，改称“西洋”；从事涉外事务也不称“夷务”，改称“洋务”了。人们对西方物质文明的认识逐渐从“鄙视”转向了“逐步认可”。当然，这种“认可”还主要局限在中国东南沿海、长江中下游等开放较早、与西方物质文明接触比较密切的区域。这些区域，也就成了19世纪90年代末期发生的以“仿洋改制”为特征的“戊戌变法”的区域基础。

发生在19世纪末的戊戌变法虽然打着“托古改制”的旗号，但实际上是一个向西方学习（或通过日本间接向西方学习）的改革，这从康有为变法奏议中可以看出。在变法其间，康有为向光绪皇帝进呈的《日本明治变政考》和《俄罗斯大彼得变政考》，是希望光绪皇帝依效明治皇帝或彼得大帝，“以俄国大彼得之心为心法，以日本明治之政为政法”，实行变法[24]；进呈的《列国政要比较表》则通过比较各国的经济状况，希望光绪了解世界大局，认清差距，迎头赶上；在进呈的《日本书目志》的按语中也明确表达了对西方民主政治的羡慕向往之情。戊戌变法的中心内容之一是政体改革，拟在中央设立制度局以“总其纲”，下设十二局以“分其事”。设制度局是受西方的君主立宪和“三权分立”政体的启发；设法律局，则“采用罗马及英、美、德、法、日本之律”；设度支局，是为了学习西方的“理财之政”[25]；设学校局，是受欧美日普遍实行的学校制度的启示[26]；设海军陆军局，是仿效德日改革兵制；设农、工、商、铁路、邮政、矿务诸局，改变“民穷商匮”的局面，这主要是受西方特别是美国富国政策的启发，甚至提出要通过容闳的关系邀请美国人来办铁路矿务[27]。“制度层面”的改革如此，“器物层面”的改革也一样。在《请禁妇女裹足折》中，康有为认为欧美之人身强体壮，是因为母亲不裹足，“传种易强”，而国人体质纤弱，是因为母亲裹足，不但自己体弱，而且“传种易弱”，祸及子孙，所以要禁裹足，强体质，“与万国竞”[28]。在《请断发易服改元折》中，康有为认为国人“辫发长垂，行动摇舞”，容易误缠机器，而“今为机器之世，多机器则强，少机器则弱，辫发与机器，不相容也”。西服“衣制严肃，领袖白洁”，有尚武之风，而国人“裒衣博带，长裾雅步”，“犹佩玉鸣琚，以走趋救火”，不利于万国竞争。所以要断发易服，以“国民之趋向，振国民之精神”[29]。总之，不论是“政治文明”还是“物质文明”，康有为都认为应该向西方学习。从某种意义上说，康有为着手进行的变法，实际上是一场“仿洋”的改革。

从康有为提出的改革方案来看，他对西方的政治文明和物质文明都有较多的了解、也有独到的见解。其实他当时也并没有去过西方，他的学识也都是此前的二三十年随着社会的逐步开放、西学的逐渐传播而获得的。如果没有二三十年对西方文明了解的知识基础和对西方文明“逐渐认可”的社会基础，康有为提出如此系统的改革方案是不可想象的。如果把鸦片战争至戊戌变法这数十年中国社会对西方文明“认可”的程度制成一个曲线表的话，戊戌变法是这条曲线的最高点。

二　从“最恶洋货”到“以洋为尚”

“戊戌变法”本来可以使“西风东渐”的步伐大大加快，因为它“终止了对外国人的传统恨恶与闭关自守的政策，鼓吹与列强友善和联盟的政策，而且倡导开放全国”[30]。可是由于当时中国传统社会的基础还非常牢固，顽固势力还十分的强大，所以很快就失败了，没有发挥应有的作用。昙花一现的“戊戌变法”失败后，维新派被杀或逃亡、同情维新派的实权人物或被罢黜或被调离北方政治中心，中央和北方的实权完全被慈禧、刚毅、载漪、毓贤等一批最保守的顽固势力所控制，在他们的别有用心的煽动和纵容下，积聚在北方百姓心中的对洋人洋物的怨恨被诱发了出来。这些百姓中确实有一部分是因“洋货”的冲击而破产的农民和手工业者，也有一部分平常受传教士或“二毛子”欺负的老实人，他们出来“灭洋”是长期矛盾激化的结果，但也有很多百姓平常并没有接触什么洋人洋物，只是轻信对洋人洋物的谣言，诸如洋人“剜目剐心、采生折割”、“童子割肾，妇女切乳，剜眼取胎，婴孩同煮”[31]、铁路破坏风水、照相机摄人魂魄之类（义和团运动之所以发生在风气相对比较闭塞的北方地区而不是开放比较早的东南沿海地区，原因也就在这里），于是一呼百应，原来零零星星的反洋教、破坏洋物的行为发展到大规模的、有组织的“灭洋”运动。义和团除了杀“洋鬼子”、“二毛子”外，还“最恶洋货”、不仅“挑铁道，把线砍，旋再毁坏大轮船”[32]，甚至“洋灯、洋磁杯，见即怒不可遏，必毁而后快。于是闲游市中，见有售洋货者，或紧衣窄袖者，或物仿洋式，或上有洋字，皆毁物杀人”[33]。北京前门大栅栏是个繁华的商业区，因该区内有一个卖西药的店铺，义和团决定把它烧毁。他们说只要施“法术”就不会殃及周围的店铺，结果“法术”无效，一场大火使大栅栏变成一片灰烬，千余户受害。

义和团运动的发生有其深刻的社会生活的背景，除了有些传教士、“二毛子”的为非作歹引起公愤外，西方物质文明的传入带来的种种社会问题也是不可忽视的原因之一，如舶来品的大量输入、近代交通工具的使用造成一部分农民和手工业者的破产等。但平心而论，制造罪恶的是鸦片、强权和不平等条约，而不是普通的衣食住行用等从西方传入的新鲜事物。不问青红皂白地与“洋”字为仇显然是错误的，至少也是偏激的。义利团“挑铁道，把线砍，旋再毁坏大轮船”的行为虽然为饱受欺凌的中国人出了一口恶气，但是其结果不但无助于问题的解决，反而使中国人民堕入了更加苦难的深渊。

义和团运动失败后，慈禧太后逃出京城，在路途中吃够了苦头。惊魂初定之时，她的心态发生了微妙的转变：对外国的人和物，由鄙夷而生恐惧，由恐惧而生艳羡，不仅认可并颁布了一系列仿效西方（或者日本）的新政措施，如练新军、废科举、建学堂、派游学、改刑律、奖励工商、筹备立宪，等等，而且似乎在一夜之间对原来颇为厌恶的西洋玩意儿也发生了浓厚的兴趣，“只要是新鲜的我都愿意试试”[34]，比如照相、看电影、试洋服、用洋器、安装电灯、试乘火车汽车，等等。慈禧太后的这种心理变化其实也折射出当时一般中国民众的心理变化，正如孙中山所指出的，“经过义和团之后，中国人的自信力便完全失去，崇拜外国的心理便一天高过一天”。（孙中山《民权主义》）“西风东渐”的历程，经过世纪之交的短暂倒退后，戏剧性地来了一百八十度的大转弯，继续向前，而且步伐大大加快，一度出现了“大江南北，莫不以洋为尚”的“盲目崇洋”的风气[35]。“开风气之先”的南方自不必论，在接受和仿效西方物质文明方面已经走得更远了，处于北方的天津、北京等大城市此后也风气大变。天津（华界）在袁世凯的主持下，在仿效租界进行市政建设和发展与民生有关的实业方面都取得了显著的成绩。以保守著称的京城的新鲜事物也层出不穷：西餐馆从外城开到内城，吸引着“红花翎顶日日来”；沉迷于京剧的北京人还拍摄了中国第一部电影——《定军山》，一些茶馆改称“文明茶园”，放映幻灯和电影；一些家庭用上了自来水，安上了电灯和电话；公共阅报栏和“京师万牲园”等文化娱乐场所面向大众开放；铁路穿透了厚厚的外城墙直达前门的两侧：汽车也开始出现在街头，甚至还举办了一次国际性的汽车拉力赛。“东渐”的“西风”使天子脚下的京城平添了一丝新鲜的气息。

辛亥革命继清末“新政”之后使“西风东渐”进程进一步加快。

辛亥革命推翻了封建制度，根据西方的政治模式建立起了民主共和国，孙中山等民国临时政府的领导人都有长期在西方生活的经历，他们“西化”的民主意识和生活方式对社会必然产生影响。因此，民国初年，中国社会生活中的西化成分也骤然加大，所谓“共和政体成，专制政体灭；中华民国成，清朝灭；总统成，皇帝灭；新内阁成，旧内阁灭；新官制成，旧官制灭；新教育兴，旧教育灭：枪炮兴，弓矢灭；新礼服兴，翎顶补服灭；剪发兴，辫子灭；盘云髻兴，堕马髻灭；爱国帽兴，瓜皮帽灭；爱华兜兴，女兜灭；天足兴，纤足灭；放足鞋兴，菱鞋灭；阳历兴，阴历灭；鞠身礼兴，拜跪礼灭；片卡兴，大名刺灭；马路兴，城垣巷栅灭；律师兴，讼师灭；枪毙兴，斩绞灭；舞台名词兴，茶园名词灭；旅馆名词兴，客栈名词灭”[36]。这些“兴”的东西多是从西方传来的。

在服饰上，“民国开幕以来，外货之势力愈涨，国货之行销愈滞。……革命巨子多由海外归来，草（西）冠革履，呢服羽衣，已成惯常，亦无足异，无如政界中人，互相效法，以为非此不能厕身新人物之列。”“官绅宦室，器必洋式食必西餐无论矣，少有优裕者亦必备洋服数袭，以示维新。下此衣食维艰之辈，亦多舍自制之草帽，而购外来之草帽。”[37]“更有西装新少年，短衣窄袖娇自怜。足踏黄革履，鼻架金丝边，自诩开通世莫敌，爱皮西地口头禅，醉心争购舶来品，金钱浪掷轻利权。”[38]

在饮食上，吃西餐成为赶时髦、充门面、夸耀财富、显示品位的手段，“遇有佳客，尤其大菜花酒，不足以示诚敬”[39]。政要人物如袁世凯、徐世昌、段祺瑞等也经常邀请中外名流举行西餐宴会，以表明自己的“开通”和“文明”。

在建筑上，国人似乎“忽然找到了‘凡是西方的都是好的’的段落……于是‘洋式楼房’、‘洋式门面’如雨后春笋，酝酿出光宣以来建筑界的大混乱”[40]。

在“西化”的表象下面，是一种不断加深的“崇洋”心态，这种心态到20世纪二三十年代达到了高峰。过去为士人所不齿的教会学校这时候早已成为穷人们“望洋兴叹”的“富人的学校”了，那些留学的“海归”就更加吃香，同样的学历，留学归来者很容易就可以谋得高薪的大学教授职位，而在国内高校毕业的只能当一名讲师（许多学者的回忆文章和口碑资料都可以证明这一点）。钱钟书小说《围城》里的主人公方鸿渐在欧洲“游学”了几年，不学无术，但因弄到了美国“克莱登大学”的假博士文凭，被“三闾大学”聘为副教授，算是屈就了，但在副教授中又是等级最高的。钱钟书是过来人，对那一段历史非常清楚。《围城》虽是小说，但里面的人也多有“原型”（某个人或某类人），可作为当时中国社会“崇洋”程度之旁证。

《美术生活》杂志有一段弹词颇为传神，摘录如下：

她被那，摩登二字心迷醉。式式趋时恐未遑。庙宇无缘僧道拒，不信神佛不烧香。只知道，画眉入时口红擦，再加旁氏白玉霜，淡黄胭脂抹二颊，香粉涂来同鸡蛋光，法国香水周身洒，洒得身躯阵阵香。头发烫成波浪式，革履咕咕响非常，花绒旗袍长且小，短大衣衩把铜钮来镶。男女朋友同出外，福特汽车极堂皇。百乐门里舞来跳，大上海影戏看第三场。影戏看完西餐吃。回到家中天要亮，腰又痛来背又酸。二目昏花不能张，浑身疲倦难支持，立刻更衣卧牙床。宿粉褪去胭脂淡，本来面目乃得彰。看他是，鸡皮鹤发令人呕，嫫母无盐丑难藏。可笑那，如此老太如此样。[41]

虽然极尽讽刺之能事，不免有点夸张，但的确反映了当时社会的一些现象。

三 “文明排外”与“逆流而上”

西方学者芮玛丽认为：“历史上没有哪一年能像1900年对于中国那样具有分水岭般的决定意义。”[42]笔者认为是很有道理的。1900年义和团运动的失败，一方面，固然使中国丧失了自信心，“崇拜外国的心理便一天高过一天”；但另一方面，也引发了国人对这些行为的反思，促进了新民族主义的形成——这种“新民族主义”与“义和团式”的旧民族主义有着很大的不同，不再是盲目地、简单地排斥西方物质文明，而是在承认西方物质文明优越的前提下，试图将利权从洋人手中夺回：不是破坏铁路而是自己修铁路（尽管火车、铁轨是进口的）；不是毁坏轮船而是自己经营轮运（尽管轮船也是从外国买来的）；不是捣毁机器而是购买外国的机器为我所用；不是简单地排斥“洋货”而是自己学会生产这些“洋货”——也就是采用外来的工艺和技术、用外国发明的机器生产出拥有自己民族品牌的商品，如荣氏的机制面粉、张謇大生纱厂的机制棉纱、张裕葡萄酒、南洋兄弟烟草公司的香烟、“五洲”肥皂、鸿生火柴、“佛手”味精、华生电扇，等等，将“洋货”国产化（注意：“国货”不等于“土货”），套用当时中国知识阶层常用的话说，就是“文明排外”（以别于“盲目排外”）。

“文明排外”运动始于20世纪初期兴起的“收回利权运动”和辛亥革命后兴起的“国货运动”。

1903年9月，清政府为了“寓商于农、寓商于工、寓商于路、寓商于矿”[43]，设立了一个新的衙门——商部，允许民间创立公司。接着，清政府撤消原来主管铁路的具有国家垄断性质的矿务铁路总局，把铁路事宜并归商部管理，并于1903年12月颁布了《铁路简明章程》，开放铁路修筑权，规定无论是官（地方官）、华商、洋商均可申请集股兴办铁路，经商部批准后，按商部制定的有关公司章程办理，并鼓励华股、限制洋股。在这个大环境下，全国各地掀起了铁路商办的高潮，广东、湖南和湖北三省将原定由美国合兴公司承办的粤汉（广州—武昌）铁路收回自办；江苏、浙江人民则从中英银公司手中收回了苏杭甬铁路的开办权。其他各省也相继成立了铁路公司，在清末数年出现了“无省不有商办筑路计划，无省不有商办铁路公司”的盛况[44]。

继铁路商办高潮兴起后，1905年，上海等地发生了为反对美国虐待华工而开展的抵制美货的斗争、1907年发生了江浙两省抵制英货的斗争、1908年发生了山东抵制德货、两广抵制日货的斗争。这些斗争与铁路商办交相辉映，在清末形成了一个“收回利权运动”的高潮，并最终间接地导致了清政府的下台（导火线是清政府宣布铁路“干路国有”政策），改变了中国近代史的历程。

辛亥革命后，在改易服式浪潮的冲击下，“中华国货维持会”以及一批以提倡国货为宗旨的社会实业团体诞生，标志着中国近代国货运动的开端[45]。在“中华国货维持会”的努力下，1912年10月，参议院正式通过了《服制法》，规定礼服礼帽“料用本国纺织品”。在之后的几年时间里，各国货团体积极开展各种倡导国货的活动，并由上海推向全国。1919年的“五四运动”以及1925年的“五卅运动”发生后，民族意识空前高涨，“国货运动”进入了蓬勃发展的阶段。民族工商业者创国货品牌，消费者抵制洋货、争相购买“国货”，构成中国近代反帝斗争的一项重要内容。当时的许多国货商品多利用民众的爱国热情，在广告上推销自己商品，如“不吸香烟，果然最好，要吸香烟，请吸国货‘长城牌’”、“美人可爱，香烟亦可爱。香烟而为国，货则犹可爱”、“大国耻，用人民的血来洗；小国耻，用五洲固本皂来洗。若用外国皂洗衣，便是增加小国耻”等等，取得了良好的广告效应。部分国货产品之所以能在与外资的较量中取胜或占有自己的一席之地，除了这些企业自身的努力（如采用先进的大机器生产、聘请专业技术人才、经营得法）之外，一个很重要的原因就是得益于时不时掀起的反帝爱国运动。正如“鸿生”火柴的创办者刘鸿生所说的，“真正使我第一个企业成功的主要原因，是那时的爱国运动推动了这个企业的发展，因为当时每个人都愿意购买国货”[46]。

在新民族主义运动中，提倡“文明排外”的领导者或积极参与者有不少是中学根底、又接受西方教育的知识分子。他们有着强烈的民族感情，但又亲身感受过西方物质文明的优越与舒适，因此，对西方物质文明的认识充满着矛盾交织的过程，内心也要比一般有爱国心的普通民众痛苦得多。梁思成就是一个典型的例子。梁出身书香名门，有一定的国学功底，又接受过正规的西方建筑学专业训练，在如何评价中国传统建筑文化这个问题上，同他的父亲梁启超一样，也是“善变”的，“笔端”（设计）也难免常带“感情”：在赞美中国建筑的同时，也不讳言中国传统建筑在材料、功能方面的不尽如意，说“如果故意的避免机械和新科学材料的应用，便是作伪，不真实，失却反映时代的艺术的真正价值”[47]。一边批评把中国“大屋顶”盖在西式建筑之上不伦不类，一边又设计不少类似的建筑（可能比别人结合得好一点）；既批评那种“光秃秃的玻璃方盒子式建筑”[48]，又自己设计了类似的“方盒子式建筑”（如 30 年代设计的北大地质馆、北大女生宿舍楼——真难以想象这类建筑是出于梁思成之手）；既盛赞中国建筑“二千年维持一贯系统”，又批评“保守有余，创造不足”。如果再加上一些政治的因素，则又更加复杂了。二三十年代那一批活跃在中国建筑舞台上的留学归来的建筑师或多或少都带有类似的困惑和矛盾。更有甚者，有的华侨“由于在海外遭受帝国主义或洋人的欺凌，因此在建筑房屋时产生了一种极为奇怪的念头，他们干预设计，将中国式屋顶压在西洋式建筑上进行厌压，以此来舒畅他们保守压抑的心情”[49]。

另外，在“文明排外”的过程中，故意与西洋物质文明唱反调、不分青红皂白地肯定中国传统的东西（包括糟粕）的知识分子也大有人在。鲁迅有一段绝妙的话，很能代表这类人的感情：

> 因为多年受着侵略，就和“洋气”为仇，更进一步，则故意和这“洋气”反一调：他们活动，我偏静坐；他们讲科学，我偏扶乩；他们穿短衣，我偏着长衫；他们重卫生，我偏吃苍蝇；他们壮健，我偏生病……这才是保存中国固有文化，这才是爱国，这才不是奴隶性。[50]

“西风东渐”是晚清以来、特别是 20 世纪以来中西文化交流的主流，但值得注意的是，“逆流而上”否定西方文明、赞赏中国传统文明的西方人也不在少数，如当过溥仪老师的英国人庄士敦，就对中国文化和中国人的生活方式非常痴迷，在他的眼里，“不仅在中国的文化及宗教中，而且在中国的社会结构中竟然存在着如此众多的真正值得钦慕和保存的东西”，因此激烈反对那种把西方的“文明”强加给中国的做法[51]。20 世纪一二十年代，当中国人追风建造大量的不伦不类的“洋式门面”建筑的时候，西方的建筑师墨菲却将中国传统建筑“飞扬的曲面屋顶，配置的秩序，诚实的结构，华丽的色彩以及完美的比例”[52]这五大元素运用到自己的设计中。著名的科学史学者李约瑟在对中国传统建筑进行“深刻”地观察后也认为：“中国伟大建筑整体之形式是联合一种与大自然调和之谦德和一种诗意的幽情而成有组织的式样，为任何其他文化所不及。”[53]

20 世纪 20 年代来华的英国哲学家罗素的想法就更有意思，他在比较了租界与中国老城区后发表议论道：

> 租界的街道平坦，灯光明亮，房屋都是西式建筑，店铺里陈列着欧美的商品。而在租界旁边往往就是中国人住的地方，那里街道狭窄，店铺布置得喜气洋洋，空气中弥漫着中国特有的气味。穿过一道大门，眼前又冒出一道；在兴致勃勃地领略了老镇的凌乱美之后，欧洲的清洁和赴宴般的端庄毫无美感、给人一种奇怪而又爱恨交加的复杂感受。在租界里感觉安全、宽敞、卫生；而中国人居住的地方别有风情，拥挤不堪，疾病丛生。我虽然爱中国，但这些在同一城市中的景物过渡常常让我意识到自己是欧洲人。对我来说，中国的方式并不意味着幸福。但在对贫困和疾病的原因作了

必要的推断之后，我倾向于认为："中国人的生活给中国人的幸福要比英国人的生活带给英国人的幸福多得多。"[54]

罗素是位思想奇特复杂的哲学家，他在简单地描述地西方人治下的租界安全、宽敞和卫生以及华界拥挤不堪、疾病丛生后，笔锋一转，反而认为"欧洲的清洁和赴宴般的端庄"毫无美感，而华界的狭窄凌乱却有一种"凌乱美"，最后得出中国人的生活还要比英国人的生活幸福得多的结论，与当时一般人的想法大异其趣，反映了他对现代文明的一种深刻的思考。

四　余　论

西方物质文明的引进虽然只不过是中国近代化进程中的一些枝节或侧面，远不比维新、革命、运动那样有深度，但其对社会造成的影响，是绝对不可小视的，"它没有大炮那么可怕，但比大炮更有力量；它不像思想那么感染人心，却比思想更广泛地走到每一个人的生活里去"[55]。对一般老百姓来说，维新、革命乃至改朝换代，也许都不会对自己的生活有所影响，但如果在饮食、服饰或者风俗习惯方面只要稍微有点变化，可能就是惊世骇俗的，动辄就会引起轩然大波。鲁迅小说《阿Q正传》里的"假洋鬼子"从东洋回到未庄，因为穿上了洋装，剪去了辫子，结果"他的母亲大哭了十几场，他的老婆跳了三回井"。形象地说明了这一点。在那些占据统治地位的官僚士大夫来眼里，西方政治上的那一套民主制度，中国早在远古时期的尧舜、周公时代就"古已有之"，未必不可接受。但如果在饮食、服饰或者风俗习惯等方面学习西方，则是关系到是"用夷变夏"还是"用夏变夷"的大是大非问题，是万万不能做的。刘锡鸿加在郭嵩焘头上的十大罪状里，就有遮洋伞、披洋服、自学洋文、跟地位低的人握手、与外国人接触时左右错位或站立姿势不对、用西式餐具西式茶点招待客人等鸡毛蒜皮的小事[56]。不久后，郭嵩焘果然因此而被撤去驻英公使一职，黯然回到国内。留美学童也是因为类似的罪状（"适异忘本"、"沾其恶习"）而被召回的。可见小节不小，在封建社会的背景下，"服食器用"这些日常生活的东西不仅仅是用来满足生存的需要的，而且还具有辨夷夏、等贵贱、别尊卑的伦理道德功能。"季路结缨于垂死"[57]、苏武在匈奴19年不改汉家衣冠、清初江南志士"宁可留发不留头、不可留头不留发"等我们耳熟能详的事迹也都印证的这一点。据说在戊戌变法的时候，"光绪意欲改变中国辫子风俗的诏令一传出，（据康说：这是真的。）旗人的不满竟达到顶点。对满人说来，割掉象征旗人征服汉人的辫子，即等于否认旗人在中国的统治"[58]。看来，"辫子问题"与戊戌变法的失败大有关系，康有为后来就对自己提出剪辫建议颇为后悔[59]。

人们经常拿中国的近代化进程与日本的明治维新作比较。我们发现，日本明治维新提出的"殖产兴业"、"富国强兵"和"文明开化"三大口号，前两者与中国近代化的内容几乎完全一样，所不同的是在"文明开化"这一点上。日本"文明开化"的主要内容之一就是鼓励本国国民全方位地学习西方，包括在日常生活中穿西装、吃牛肉、喝牛奶、吃西餐、住洋房、学习西方的娱乐方式和模仿西式的礼仪等，明治天皇和政府要员甚至还带头做示范[60]。而中国虽然随着时间的推移，在社会生活中采用西方的生活方式的情况也不鲜见，但作为政府的提倡则始终没有过。中国的近代化过程始终没有跳出"中学为体，西学为用"的框子，实际上，即使是在"用"上，吸收也是很有限的——虽然我们不会由此得出日本近代化之所以成功而中国的近代化之所以不成功是因为前者实行了"文明开化"而后者没有的结论，但其间微妙的因果关系很耐人寻味。

尽管这样，西方物质文明的传入，对推动了中国的近代化进程还是起了重要作用。正如曾经当过北京大学校长的蒋梦麟先生所说的，"很少人能够在整体上发现细微末节的重要性。当我们毫不在意地玩着火柴或者享受煤油灯的时候，谁也想不到是在玩火。这点星星之火终于使全国烈焰烛天。火柴和煤油是火山爆发前的迹象，这个'火山'爆发以后，先是破坏了蒋村以及其他村庄的和平和安宁，最后终于震撼了全中国"[61]。

注释：

[1] 中国史学会编《洋务运动》2，上海人民出版社，1961年，第39页。

[2] 辜鸿铭、孟森:《清代野史》,巴蜀书社,1998年,第1264页。

[3]《光绪七年正月十六日降调顺天府丞王家璧奏》，中国史学会编《洋务运动》6，上海人民出版社、上海书店，2000年，第150页。

[4]《光绪七年正月十六日通政使司刘锡鸿奏折》，中国史学会编《洋务运动》6，上海人民出版社、上海书店，2000年，第156页。

[5]《光绪七年正月初十日翰林院侍读周德润奏》，中国史学会编《洋务运动》6，上海人民出版社、上海书店，2000年，第152页。

[6] 聂宝璋:《中国近代航运史资料》第1辑，上海人民出版社，1983年，第463页。

[7] 尚克强、刘海岩:《天津租界社会研究》，天津人民出版社，1996年，第193页。

[8] [美] 韩国鐄:《西方人的中国音乐观》，转引自陶亚兵《明清间的中西音乐交流》,东方出版社,2001年,第79—82页。

[9] [美] 明恩溥:《中国人的特性》,光明日报出版社,1998年,第316页。

[10] [美] 斯塔夫里阿诺斯:《全球通史——1500年以后的世界》，上海社会科学出版社，1999年，第325页。

[11] (清) 王韬:《韬园文录外编》，中州古籍出版社，1998年，第80页。

[12] 刘志琴主编《近代中国社会文化变迁录》1，浙江人民出版社，1998年，第483—485页。

[13] 曾纪泽:《出使英法俄国日记》，岳麓书社，1985年。

[14] (清) 皮锡瑞:《师伏堂日记》，转引自刘泱泱《近代湖南社会变迁》，湖南人民出版社，1998年，第331页。

[15] 李华川:《晚清一个外交家的文化历程》，北京大学出版社，2004年，第37页。

[16] 汪荣祖:《走向世界的挫折》，岳麓书社，2000年，第311—312页。

[17] 梁启超:《戊戌政变记》,《饮冰室合集》专集之一，中华书局，1989年，第130页。

[18] 包天笑:《钏影楼回忆录》上，台北龙文出版社股份有限公司，1990年，第134页。

[19]《康南海自编年谱》，中国史学会主编《戊戌变法》4，神州国光社，1953年，第116页。

[20]《论道路工程宜固》《申报》1880年4月25日。

[21] 顾炳权:《上海洋场竹枝词》，上海书店，1996年。

[22] 陈无我:《老上海三十年见闻录》，上海书店，1997年，第367页。

[23] 姚贤镐:《中国近代对外贸易史资料》2，中华书局，1962年，第1093页。

[24] 汤志钧编《康有为政论集》上，中华书局，1981年，第208页。

[25] 同 [24]，第214—215页。

[26] 同 [24]，第305—306页。

[27] 同 [24]，第228页。

[28] 同 [24]，第335—336页。

[29] 同 [24]，第368—369页。

[30]《"野蛮较佳于维新"》，中国史学会编《戊戌变法》3，第516页。

[31]《江西省刊布》，王明伦选编《反洋教书文揭帖选》，齐鲁书社，1984年，第21页。

[32]《义和团史料》上，中国社会科学出版社，1982年，第4页。

[33] 佚名:《天津一月记》，中国史学会编《义和团》2，上海人民出版社，1957年，第146页。

[34] 德龄:《清宫二年记》，王树卿、徐彻主编《慈禧与我》，辽沈书社，1994年，第294页。

[35] 陈作霖:《炳烛里谈·洋字先兆》，十竹斋1963年重印本，第10页

[36]《新陈代谢》,《时报》1912年3月5日。

[37]《论维持国货》,《大公报》1912年6月1日。

[38]《西装叹》,《申报》1912年4月22日。

[39] 虎痴:《做上海人安得不穷》,《申报》1912年8月9日。

[40] 梁思成:《建筑设计参考图集序》,《梁思成文集》2，中国建筑工业出版社，1984年，第221页。

[41]《新闻夜报播音园地汇编·摩登老太太》,《美术生活》第11期，第16页。

[42] 芮玛丽:《历史三调·序言》，江苏人民出版社，2000年，第2页。

[43]《张振勋商办农、工、路、矿议》，宓汝成《中国近代铁路史资料》3，中华书局，1963年，第923页。

[44] 张家璈:《中国铁道建设》,商务印书馆,1946年,第10页。

[45] 潘君祥:《近代国货运动研究》，上海社会科学出版社，1998年，第8页。

[46]《刘鸿生企业史料》下，上海人民出版社，1981年，第462页。

[47] 梁思成:《建筑设计参考图集序》,《梁思成文集》2，中国建筑工业出版社，1984年，第222页。

[48] 梁思成:《中国建筑发展的历史阶段》，张复合主编《近代建筑的研究和保护》5，清华大学出版社，2006年，第672页。

[49] 余阳、许焯权:《厦门近代建筑之"嘉庚风格"研究》，张复合主编《近代建筑的研究和保护》4，清华大学出版社，2004年，第270页。

[50] 鲁迅:《从孩子的照相说起》。

[51] 邓向阳:《米字旗下的威海卫》，山东画报出版社，2003年，第36页。

[52] 屈德印:《试析墨菲在中国的典型高校建筑》，张复合主编《近代建筑的研究和保护》1，清华大学出版社，

1999 年，第 236 页。
[53][英]李约瑟:《中国之科学和文明·土木及水利工程》，台湾商务印书馆，1990 年，第 24 页。
[54][英]罗素:《中国问题》,学林出版社,1996 年,第 57 页。
[55]陈旭麓:《近代中国社会的新陈代谢》,《陈旭麓文集》1，华东师范大学出版社，1996 年，第 371 页。
[56]曾永玲:《郭嵩焘大传》，辽宁人民出版社，1989 年，第 265—267 页。
[57](元)许名奎、吴亮:《忍经·劝忍百箴》。
[58]《窦纳乐致英国外交大臣信》，中国史学会编《戊戌变法》3，第 527 页。
[59]黄彰健:《戊戌变法史研究》下，上海书店出版社，2007 年，第 700 页。
[60]汪淼:《明治政府的文明开化政策》,《史学集刊》，1987 年，第 1 期。
[61]蒋梦麟:《西潮·新潮》，岳麓书社，2000 年，第 42 页。

（原文刊于《文史知识》2008 年第 1、2 期）

赫德与中葡《和好通商条约》

相瑞花

1887 年 12 月 1 日，清政府与葡萄牙签订的《和好通商条约》（以下简称中葡条约）是中葡两国涉及澳门地位的第一个正式条约。其中最重要的内容是清政府允准葡萄牙“永居管理澳门”。此时，曾经称霸远东的葡萄牙殖民帝国早已衰败，无实力与中国抗衡。然而，清政府却在没有外国武力胁迫的情况下，与葡萄牙签订了这一丧权辱国的不平等条约。探其原因，除清政府的昏庸腐败外，身为中国海关总税务司的英国人赫德在其中起了至关重要的作用。

一　中葡谈判的缘起

澳门地区自古以来就是中国领土不可分割的部分。16 世纪中期，葡萄牙人以晾晒被海水浸湿的货物为借口，贿赂广东地方官员得以入居此地，后又向中国政府交纳地租，将澳门半岛的一部分作为居留地。时至 19 世纪，在清政府于鸦片战争中失败和资本主义列强瓜分中国的背景下，葡萄牙趁机加紧对澳门的侵略扩张，相继占领澳门半岛全部和氹仔、路环两个离岛，并企图用条约的方式将其侵夺的权益合法化，均未成功。然而，19 世纪 80 年代，却因为清政府实行鸦片税厘并征产生了对葡萄牙有利的局面。

是时，清政府既因为支付中法战争的军费而国库空虚，又由于创设海军和推行洋务需要巨款。为了增加中央的财政收入，清政府把着眼点放在了鸦片税收上。鉴于英国占领下的香港是鸦片输入中国内地的主要集散地，1885 年 7 月 18 日，中英两国政府签订《烟台条约续增专条》，对鸦片税厘并征做出了具体规定：每箱鸦片向海关一次性缴纳税厘 110 两（其中关税 30 两、厘金 80 两），即可在内地畅行无阻。同时规定中英双方应尽快派员查禁香港至中国内地偷漏鸦片之事[1]。

翌年 5 月 19 日，中英双方就港英当局协助中国进行鸦片缉私和税厘并征问题进行谈判。中国代表是海关总税务司赫德、上海道邵友濂。英国代表是英国驻天津领事璧利南、香港法官劳士。谈判尚未结束，邵友濂即被清政府调任臬司，于 8 月 1 日离港北上，赫德成为中国方面的唯一代表。

赫德（Robert Hart），字鹭宾，1835 年 2 月 2 日出生于英国北爱尔兰。1854 年奉英国外交部委派来华工作。9 年后被清政府任命为海关总税务司，直到 1911 年逝世，任职长达 48 年。随着中国半殖民地化的加深，赫德逐步控制了中国海关的行政权和管理权，并进而干预中国的政治、经济和外交。赫德精通中文，办事圆滑果断，深得清政府信任。恭亲王奕訢等人口口声声地称他为“我们的赫德”。因为这次谈判涉及与海关有关的鸦片税厘并征，所以赫德被清政府选中为谈判代表。

中英谈判开始后，港英当局的代表即表示，港粤之间的缉私办法，必须以与澳门同样接受为前提，“澳门若不肯照办，则香港亦不肯应允”[2]。“此事（中国）必须（对葡）允立条约。而条约内最不可少者，必有永租字样”[3]。这就迫使清政府因有求于澳葡当局而不得不与葡萄牙谈判。

港英当局节外生枝地提出与澳门一起实行鸦片税厘并征有着自己的目的：

1. 取得与澳门相同的贸易条件。长期以来，中国政府认为，澳门的主权一直属于中国，故对进出澳门的中国民船装载的货物按国内货物征税，而对往来香港的同类船货则按照洋货征税。这种情况使澳门在贸易上比香港占优势，英国人对此深为不满。

2. 除香港外，澳门也是鸦片走私贩子的庇护所。如果香港缉私，澳门不缉私，势必形成鸦片走私向澳门集中的局面。这是港英当局不愿意看到的。

3. 法、美、德、俄等较为强大的西方殖民国家都曾有购买澳门作为泊船、驻兵之地的企图，而这种企图一旦变为现实，将对隔水相望的香港构成威胁。为此，英国政府在鸦片税厘并征问题上大作文章，力图帮助葡萄牙获得占据澳门的条约。

赫德虽是中国的官员和谈判代表，但面对的谈判对手是自己的祖国，因此，他把天平的砝码放在了英国方面。1886 年 7 月 11 日，赫德在给金登干的信中直言不讳地写道："要施行这种办法（指税厘并征），我们就必须设法使澳门也照办，也就是说必须与葡萄牙开谈判，而这也就意味着承认葡萄牙在澳门的地位。……任何条约如果不用若干字句承认葡萄牙在澳门的地位，是决不会被接受的。"[4] 将澳门问题与鸦片征税扯在一起，就形成了"若不准葡人立约，澳门必不愿照办，澳门不照办，香港亦必不允"[5] 这样层层牵制的局面。

为达此目标，赫德在清政府中大造应与葡萄牙立约的舆论。他声称用"巨款商换"澳门"办法艰难"，葡萄牙人可能"将澳门交与法、德、俄及他国"，鼓吹"将澳门永远租与葡萄牙而不收租银，此等办法，与国体无碍，且可守住洋药（即鸦片）税厘"[6]。又说，"港官现议办法实于事有益，惟澳门不一体办理必不行"[7]，强调必须与葡萄牙谈判。他还致电直隶总督李鸿章，"请中堂帮助，照我意与大西洋（即葡萄牙）订立澳门条约，须照香港一律办理，免洋药绕越偷漏"[8]。在赫德的蛊惑下，财政困绌的清政府打开了与葡萄牙谈判的大门。

二　中葡条约的签订

1886 年 7 月至 1887 年 12 月，中葡双方进行了长达一年零五个月的谈判。谈判过程大致可分为三个阶段。

（一）澳门谈判

1886 年 7 月 21 日，中葡谈判拉开序幕。赫德担任中国政府代表，澳门总督罗沙担任葡萄牙政府代表。

谈判尚未开始，赫德就向清政府提出"若葡人肯接受海关章程及香港所拟办法，则请中国允准以下两层：一是，与葡国订立条约与别国条约无异；一是，将澳门永远租与葡萄牙而不收租银"[9]。在谈判中，他以所谓维持已成"局面"，照顾中葡"双方政府的体面"[10] 为宗旨，向中国方面提出允准葡萄牙永驻管理澳门；向葡萄牙方面提出协助中国办理洋药税厘并征。对于葡方来说，因为中国实行洋药税厘并征而能订立澳门地位条约，实属意料之外。葡萄牙紧紧地抓住这个送上门的机会，大力要求扩展在澳门的殖民权益，所提出的条件远远超出了清政府允准的范围。除了葡人永驻澳门外，还要求租用或割占对面山大小马骝洲等岛屿、关闭澳门附近的中国关卡等。为此，清政府中负责外交事务的总理衙门急电赫德，"澳外厘卡系征收各货厘金，不止洋药一项，碍难撤回。对面山至内港之中途均系中国地方，葡国欲请驻扎管理，万不能行。总税司前电，澳督所愿只居用澳门一语，今忽添此两端，均于中国有损，断难允准。总税司再与从长计议，倘彼仍执前说，只可暂行罢议"[11]。赫德不顾总理衙门反对，几乎答应了罗沙提出的所有条件，于 8 月 10 日与罗沙签订了《拟议条约》和《续订洋药专条》。主要内容是：1. 中国允许葡萄牙永远驻扎管理澳门及其属地，包括澳门"拉巴海岛（即对面山岛）及附近该岛之马骝洲二小岛；2. 中国停撤设在澳门附近的关卡和巡船；3. 葡萄牙"会同中国在澳门设法相助中国征收洋药税项"；4. 中葡两国所拟条约"按有约各国已订之章一体均沾办理"[12]。

赫德超越总理衙门给予他的权限，作出的无原则让步，无疑给以后的谈判造成了极大的困难。

此后，赫德全力以赴地推动中葡签约。10 月 27 日，赫德向总理衙门递交了一份他同港、澳当局谈判的报告，企图说服清政府接受葡萄牙提出的条件。他声称：要想让港、澳当局协助中国缉查鸦片走私，非答应葡人要求不可。对葡人的要求，他一一辩解道：葡萄牙要求永驻管理澳门，“并非格外允新异事，只系将多年相沿之事，作为固有之事”；中国撤除澳门附近的关卡后，“粤省地方虽少得税厘，然不停办，则国家少一税厘并征之益，何得因小失大”。关于葡人要求占领对面山一事，他说：“照现在情势，中国不能以对面山地方有所作用，而让借于葡萄牙管理，于澳门地方安抚事宜，闻有关系。”[13]清政府为了争取葡萄牙在澳门协助征收鸦片税，同意对葡萄牙“居用”澳门予以考虑，但对葡方的其他无理要求断然拒绝。

与此同时，赫德还积极活动，举荐金登干为未来中葡谈判的中方代表人选，得到总理衙门认可。金登干（J. D. Campbell）系英国人，1862 年入中国海关供职，1873 年被赫德任命为中国海关税务司驻伦敦办事处代表，在英国等欧洲地区活动，是赫德的得力助手。赫德企图通过金登干的外交努力，达到谈判的目的。他指示金登干“必须使里斯本政府接受我寄去的方案”，“只要澳门在洋药征税问题上同中国合作，总理衙门大致可以应允订立条约，内附承认葡萄牙占据（occupy）和治理（govern）澳门的条款”[14]。

（二）里斯本谈判

1886 年 11 月，中葡第二阶段谈判在葡萄牙首都里斯本举行。金登干担任中国政府代表，葡萄牙外交大臣巴罗果美担任葡萄牙政府代表。

谈判围绕“拟议条约”进行。巴罗果美要求割占拱北，撤除关卡，尽可能扩大在澳门的权益。他甚至在谈判桌上态度强硬地威胁道：“中国倘若不答应葡萄牙占据这个岛屿，现在的谈判难免失败，而须再过许多年才能解决这问题。”“中国究竟愿意洋药税厘并征专条立刻就能实施呢？还是愿意等待多少年以后才能实施？”[15]因为中国政府坚决反对撤除澳外关卡、拒绝割让或出租拱北，金登干在谈判中无法做出让步。谈判处于僵局。

对谈判进行遥控的赫德万分焦急。他接连函电里斯本，劝告巴罗果美：中国政府“反对割让拱北。他们大致将不要别人合作而独立进行洋药征税。此事必可办成，但他们的举动一彻底，可以对澳门造成极大的损害，因此我极力劝您收回关于拱北的要求”[16]。至于关卡问题，赫德担保说：“所有关卡都将完全在我的直接隶属之下，民船贸易也可不再受留难和不便。因此请撤回停闭关卡要求。”[17]他通过金登干转告巴罗果美等人：“如果我替你们办到条约和地位条款，这够不够？”“目前的大好机会万一错过是决不会再来的。如果错过就不会有条约，中国将永远不肯承认葡萄牙在澳门的地位。”[18]葡萄牙人自然不会错过这个难得的机会。几经周折后，葡萄牙在拱北和关卡问题上作出了让步。签字前 3 天，葡方又提出增加“与葡国治理他处无异”字样，以便使澳门地位的含义“更加明晰而完备”[19]，赫德对此没有异议，指示金登干立即签字。

1887 年 3 月 26 日，金登干和巴罗果美分别代表中国和葡萄牙在草约上签字。草约包括以下条款：1. 中国与葡萄牙签订与西方列强“一体均沾”的通商条约；2. 葡萄牙永驻、管理澳门以及属澳之地，与葡国治理他处无异；3. 未经中国允许葡萄牙不得将澳门让与他国；4. 葡萄牙仿照香港办法在澳门协同中国征收鸦片税[20]。

（三）北京谈判

1887 年 7 月，中葡双方在北京开始第三阶段的谈判。中方代表是庆郡王奕劻、总理衙门大臣工部左侍郎孙毓汶等；葡方代表是全权大臣罗沙。

早在此阶段谈判开始前，获悉里斯本草约内容的中国朝野舆论已经哗然。两广总督张之洞、广东巡抚吴大澂等极力反对。他们奏请清政府妥议，从缓与葡萄牙签约。奏文指出，允许葡人永驻管理澳门，后患严重。几十年来葡人不断蚕食澳门附近地区，澳门的界址已经十分复杂，应迅速划分。他们还指出，鸦片缉查的关键在香港而不在澳门，不必为了缉查鸦片而使澳门为葡萄牙所管。

就在张之洞等人纷纷上书之际，葡萄牙谈判代表罗沙抵达北京，并私下与赫德进行了会晤。罗沙除坚持里斯本草约内容外，特意带来一幅澳门属地划分图，“该图东至九洲洋，南至横琴、过路环，西至湾仔、银坑，北至前山城后山脚，周围百余里皆加以红线划入葡人界内”[21]。旨在按图索地扩大殖民权益。赫德深知，在澳门主权和索地问题上，草约中有意地采用笼统、含糊的字眼，才骗取了清政府的认可，如果葡方把这些问题具体明确地提出来，势必引起中国方面的警惕和反对。因此，赫德不但不去帮助中国政府据理力争，反而站在葡萄牙立场上，竭力主张推迟划界。他劝告罗沙，在取得“能够到手的东西以前，暂时不要添索新花样”。他说：“我认为目前最稳妥的办法是不指明附属地，先签立条约。条约的条款内有了‘澳门及其附属地’等字，将来日子一久，自会形成更有利的东西。葡萄牙按约占据和治理澳门已经没有疑问，到那时如有必要，再在纸面上规定澳门的附属地。”[22]

罗沙起初没有听从赫德的意见，在致总理衙门的照会中仍然附上了标有澳门“属地”的地图。总理衙门的官员们看后被激怒了：“附属地反到比澳门大！馒头比蒸笼还大，怎样能行？”[23]指出葡人“意在蒙混多占”，要求“反复辨驳，将原图交还”[24]。

为此，广东巡抚吴大澂等专门到澳门及其附近地区勘查，并上奏指出，澳门一带有葡萄牙旧占之地、新占之地和近年来图占之地，“拟请”清政府“暂缓订约或竟作为罢论，葡使若有要求，请饬总理衙门商令葡使暂回澳门，与臣等清理地界，似亦急脉缓受之一法”[25]，建议清政府在谈判中不要让步。两广总督张之洞上《澳界轇轕太多澳约宜缓定》的奏折，主张“除原租围墙以内之地仍旧听其居住，已侵占者明示限制，察其于我无大碍，分别租给、收回，未侵占者，力为划清，严加防范”[26]。在广东地方官员的坚决反对下，总理衙门的大臣们表示“中国大可不必别人帮忙而自办洋药税厘并征”[27]，并酝酿买回澳门的方案。赫德见状十分焦急。为了不使谈判搁浅，他竭力劝说罗沙，“总理衙门不肯有所举动，我们不便强迫，以免整个谈判失败。只有连哄带骗，下种以后顺其自然，慢慢让它开花结果”[28]。罗沙在赫德的说服下，被迫放弃了关于附属地的条款。与此同时，赫德在总理衙门的大臣们面前拼命鼓吹与葡萄牙立约的必要性，使清政府接受草约。

1887年12月1日，中葡两国正式签署了《和好通商条约》。条约共54款。内容分为三个部分：第一，葡萄牙在华权益问题。葡萄牙获得片面最惠国待遇，分享列强在中国经商的种种特权，如在中国通商口岸居住、建造房屋、设立教堂的权利，以及领事裁判权、在华传教权、派遣公使进驻北京的权利等等。第二，澳门地位问题。双方重申同意草约中第二、三款的精神，即葡萄牙“永居管理澳门”，澳门界线“俟两国派员妥为会订界址，再行特立专约，其未经定界之前，一切事宜俱照依现时情形勿动，彼此不得有增减改变之事”，不经清政府允许，葡萄牙“永不得将澳门让给他国”。第三，葡萄牙协助中国查禁鸦片走私，实行税厘并征。条约于翌年4月28日经中葡双方互换批准[29]。

中葡条约是中葡关系史，也是中国近代历史上一个十分重要的条约。葡萄牙以同意澳门与香港一样实行鸦片税厘并征为代价，达到了事实上侵占澳门的目的。条约中包括了当时中外约章中的“一切通常条款”。葡萄牙据此得到了西方列强自鸦片战争以来通过武力胁迫和外交讹诈等手段在中国攫取的侵略权益。条约中关于澳门地位的条款使中国政府丧失了对澳门的管辖权。因此这个名曰“和好”的条约，实则是一个对中国危害甚大的不平等条约。当然，澳门与割让给英国的香港岛和九龙半岛南端有所不同，未经中国同意，葡萄牙不能根据自己的意愿转让这块土地。澳门仍然是中国的一个特殊地区。

三　赫德在中葡条约签订中的作用

综观中葡条约的签订过程，赫德的言行是否如他自己曾经标榜的，在中外交涉中“总税务司是中国的官吏，自然要求能有对中国最好的解决方法”呢[30]？否！赫德在中葡条约签订过程中担任着双重角色，一方面他是中国政府官员，另一方面他又念念不忘“我固是英国人也”[31]。他希望看到的是英国在华利益得到最大限度的满足，继续保持英国在远东的势力超过任何国家的地位。所以，尽管在一些具体条款问题上，他坚持了中国政府的立场，但他绝对不会把中国的利益放在英国的利益之上。在中英双方有利益冲突时，他毫不犹豫地向英方倾斜。在中葡条约问题上，他的所作所为，代表的是英国的利益，反映的是葡萄牙的要求，损害的是中国的主权。

（一）赫德的立场向英国倾斜，代表了英国和葡萄牙的利益

1. 贯彻英国政府的意图

如前所述，英国诱迫中国与葡萄牙签约，政治上是为了维护其在香港乃至远东的地位，经济上是为了使香港获得与澳门相同的税收利益。英国自始至终关注中葡谈判，并为赫德、金登干的活动出谋划策。1886年11月，英国外交部在致英国驻葡萄牙全权公使彼得的信中，谈及金登干“将赴里斯本进行中葡之间即将进行的谈判”，指示彼得要“竭力相助金登干先生完成其使命”[32]。此后彼得多次探询里斯本谈判的进展情况，并告诉金登干“英国外交部很注意这事，……如澳门不肯合作，则中港协议即不能成立”[33]。

在赫德与金登干的通信中，多处记载了他们与英国方面所保持的密切联系。1887年3月，金登干在中葡谈判遇到周折之际会见彼得，并将谈话情况向赫德做了汇报。金登干说：“在这种情形下，最后或仍须通过彼得施加压力。他曾屡次表示，如有此需要，必定帮忙。他说英国外交部对于谈判很关切，极愿它成功”[34]。就连授权金登干在里斯本草约上签字的谕旨，也是英国公使致电英外交部，通过英国驻里斯本使馆对谕旨予以证实的[35]。中葡草约签订后，赫德立即电函金登干“你可以把草约内容秘密通知英国公使转交英国外交部”[36]。1887年4月2日，葡萄牙国王在议会开幕仪式上的讲话（涉及中葡草约）英译稿，经彼得核对并同时电传给英国外交部和赫德。由此不难认定，中葡关于澳门地位的条约是在英国的怂恿和影响下签订的。赫德站在英国立场上，千方百计地促成了符合英国利益的条约。

中葡谈判的结果，令英国如愿以偿。条约中“葡萄牙永不得将澳门让与他国”的条款，排除了其他国家占据澳门的可能，巩固了香港的地位，使英国吃了定心丸。往来香港和往来澳门的民船取得了同等待遇。鸦片税厘并征的实行，更使英国政府和鸦片烟贩大获其利。

2. 反映葡萄牙政府的要求

葡萄牙人梦寐以求的愿望是获取合法永居澳门的权利。而英国为了自身的利益，极力促成中葡直接谈判。双方的利益达到了高度一致。在1886年中英关于鸦片缉私的谈判中，英国代表就把“洋药税厘并征专条如没有澳门合作就无法实现”的方案事先通报了澳葡当局，以便协调行动。赫德则不折不扣地贯彻英方意图，处心积虑地为英、葡谋利益。赫德称自己是“以葡萄牙的朋友和顾问身份行事”[37]。他把“实利胜于空名，实利胜于形式”作为劝说葡萄牙人的原则[38]，绞尽脑汁地帮助葡萄牙在澳门从非法盘踞变为合法永居。在葡萄牙人提出过分要求时，他总是不厌其烦、苦口婆心地劝说其放弃不切实际的欲望来换取澳门地位条款。

葡萄牙人深领赫德的一片苦心。中葡里斯本草约签订前夕，葡萄牙外交大臣请金登干代表他向赫德“致谢并致最大的敬意”[39]。中葡里斯本草约签订之后，葡萄牙国王隆重地接见金登干，再三请金登干代表他感谢赫德为葡萄牙所作的一切。在赫德的策划下签订的中葡条约包含了西方列强数十年间通过战争和外交等手段，胁迫中国签订的不平等条约中攫取的种种特权。除此之外，还使葡萄牙在澳门的地位发生了质的变化，即由过去的居留者变成了统治者，变成了以不平等条约为依据的对澳门的事实上的占领。

（二）赫德利用清政府的昏庸腐败，促成了严重损害中国利益的不平等条约

在清政府任职多年的赫德对中国半殖民地半封建社会的现状了如指掌。他在对清政府的弊病进行分析后断言“中国官吏到处都一样腐败”[40]。赫德能够促成有损于中国主权的不平等条约，根本原因在于他利用了清政府的昏庸无能。

1. 赫德以清政府急于实行鸦片税厘并征为由，诱迫清政府签约

清政府同意与葡萄牙进行谈判和签约的主要原因是争取港澳当局协助征收鸦片烟税，增加中央财政收

人。谈判中，“总理衙门所要求的合作是能确保洋药税厘征足”[41]。这一动机本身就暴露了清政府的腐败。早在1774年，英国第一任印度总督哈斯丁斯在宣布垄断鸦片贸易的目的时曾说：“鸦片不是生活必需品，而是一种有害的奢侈品。除仅仅为对外贸易的目的外，它是不被容许的。明智的政府应该严格限制鸦片的国内消耗。”[42]这些话是说得不错的，尽管英印当局后来向中国大肆走私鸦片。

对于鸦片给中国人民带来的危害，林则徐在19世纪30年代也曾指出：鸦片“迨流毒于天下，则为害甚巨，法当从严。若犹泄泄视之，是使数十年后，中原几无可以御敌之兵，且无可以充饷之银”[43]。为查禁鸦片，中国人民曾进行了血与火的抗争。然而令人遗憾的是，到了19世纪80年代，清政府不仅允许鸦片堂而皇之地涌入中国，而且还提出了税厘并征的政策。追溯谈判和签约的历程，英国政府以在香港征收鸦片税须以澳门同样办理为前提，迫使清政府走上与葡萄牙谈判之路；葡萄牙以协助中国征收鸦片税为筹码，与清政府讨价还价。赫德更是利用清政府急于实行鸦片税厘并征的心理，在澳门问题上一再对中国进行劝诱，施加压力。实际上，就财政收入而言，对鸦片实行税厘并征，仅使中国对西方的鸦片输入取得一个固定的税额，而西方各国在海关一次性交纳税厘后，即可在中国内地享受自由运销的权利。正如赫德所称：鸦片税厘并征的结果，“将使印度鸦片比以往任何时候都会有更大的销售量，而且对消费者来说价格还要稍微便宜一些”。这说明，赫德的努力意在保护和扩大英国商人的利益。诚然，中葡条约签订后，鸦片贸易额迅速上升，海关税收随之提高，清政府的税收也有所增加。但是，所增加的区区白银怎能与国家主权受到的损害相抵？怎能与给中华民族带来的鸦片危害相抵？鸦片税作为一种具有十分严重的殖民地性质的税收，是对中国人民的极大侮辱。清政府不以为耻，反以征收鸦片税增加财政收入为得计。其腐败程度可见一斑。

2. 赫德利用清政府不谙有关国际法律和外国语言的情况进行哄骗和愚弄

根据国际法的规定：“领土主权是指一国对其领土享有最高权力，不允许任何国家或个人侵犯其领土，同时对其领土内的一切人或物享有排他的管辖权”[44]。在中葡谈判中，赫德极力哄骗清政府放弃对澳门的领土管辖权。他在致总理衙门的信函中反复说明，葡萄牙驻扎管理澳门只是将多年相沿之事，作为固有之事，与国体无碍。可悲的是，清政府的决策者们认识不到这种说法对中国领土主权的损害，竟轻而易举地表示同意。

赫德还煞费苦心地在条约的文字表述上下功夫。鉴于条约用中、英、葡三种文字书写，以英文本为标准文本，故赫德致函里斯本：“地位条约的英文字句必须仔细斟酌，使它包含了每一意义。我预料用Perpetual Occupation（永久占据）等字就可达到目的。中文文字不妨含蓄，只要提到就够了，不必说的太多。”[45]赫德再三强调行文中不可带有“强占”或“割让”等字眼，而要用“永久占据”这样含糊的字样欺蒙清政府。对于葡方代表罗沙所拟的带有割占意味的中文本，赫德极为恼火。他对罗沙说：“我只问你一件事，你对occupy这个字怎样解释和翻译？”[46]occupy译成中文含意是占据、占领和占有等。就是说，既然在英文本中已用occupy这个字表达了葡萄牙的目的，何必还要用带有刺激意味的字眼引起中国方面的反对而导致谈判破裂呢？

澳门“附属地”问题是谈判的焦点之一。赫德等人耍尽花招，一方面将中葡条约中文本的第二款“属澳之地”等字样删去，另一方面又在该文本中写上对草约的第二款“仍允无异”，故这种删改并无实际意义。特别是该约的葡文本和作为标准文本的英文本与中文本不尽相同，其文字为中国“完全批准里斯本草约中‘永驻管理’的内容”，明示该约允准葡萄牙“永居管理”的仍是澳门及其“属澳之地”。就这样，清朝政府稀里糊涂地使葡萄牙得到了占据澳门及其“属澳之地”的条约依据。

3. 赫德利用清政府对他的信任，在重大问题上自作主张

如前所述，赫德在未经清政府允许的情况下，擅自与罗沙签订《拟议条约》和《续订洋药专条》，给中方在其后的谈判工作造成极大被动。他在请示清政府之前，就擅自通知他的得力助手登干准备代表中国参加里斯本谈判。特别是当葡方代表提出在草约中增加“与葡国治理地处无异”时，赫德即急不可待地表

示同意加进这一葡萄牙旨在明确对澳门实施殖民统治的条款。赫德的一次次越权，清政府或没有觉察，或予以纵容，致使赫德有恃无恐。

4. 赫德利用清政府实施的外籍税务司制度，赢得葡萄牙信任，扩大控制中国海关的权力

第二次鸦片战争后，英法等西方资本主义列强一步步地掠夺中国的海关行政权，外籍总税务司拥有了“综理全国关税行政与关员任免事项”的权力[47]。据此，赫德在里斯本谈判中，建议总理衙门把澳门周围关卡划归总税务司管辖。针对葡方担心中国政府设立关卡会损害澳门利益，他反复表示“总理衙门的修正案是‘关卡继续保留，但改归总税务司管辖’。加这一‘但’字在基础中是一非常重要的限制性条款，保留它是合乎你们利益的”[48]，请葡萄牙人放心。葡方最后做了让步。

在中葡谈判中，赫德最得意的是把原属于两广总督和粤海关监督的管理港澳周围关卡的权力划归税务司掌握。英国人马根被任命为“在香港附近的税务司，管一个总关和五个分卡”；匈牙利人法来格被任命为“在澳门附近的税务司，管两三个分卡[49]。对此，赫德在给金登干的信中高兴地说：“总的来说，我们业已胜利。现在我已将各通商口岸往来香港和澳门的民船贸易，从粤海关监督的掌握中抢了过来，置于税务司们的管辖之下。”[50]

当然，赫德的特殊身份决定了他在谈判中不得不考虑中国的利益，否则他就无法取得清政府的信任，保住自己的地位。综观中葡条约的签订过程，赫德也曾设法压低葡萄牙方面的过分欲望，减小对中国的损害。譬如他反复劝告葡萄牙放弃占据对面山和撤除澳门关卡的要求，坚持了中国政府的立场。然而，他这样做的前提是维护英国和西方列强的根本利益，促成条约的签订。

（三）要恰当地评价赫德在中葡谈判中的作用

赫德在中葡谈判中起了至关重要的作用，但是这种作用并非没有限度。当时中国是个半殖民地国家。一方面，它在经济、政治、外交等方面对帝国主义有依赖性，赫德正是利用中国半殖民地外交的对外依赖性而左右谈判，并胁迫清政府对外妥协。昏庸腐败的清政府把谈判的重任委以赫德、金登干等帝国主义分子，殊不知他们与谈判的对手联成一气，损害中国的利益。事实证明，依靠帝国主义分子办外交，难以维护中国权益。另一方面，中国又有别于殖民地国家，仍享有相当的独立性。它的外交大权并未完全丧失。清政府仍是最终的决策者。谈判中重大事项的决定，条约各款的取舍，均由清政府核准定夺。即便是赫德与罗沙在澳门谈判中私拟了《拟议条约》和《续订洋药专条》，但其中部分条文遭到清政府反对后，仍然不得不在里斯本谈判中竭力说服葡萄牙放弃原来的主张。当然，这并不意味着低估了赫德所起的恶劣作用。正是赫德老练的外交手腕和锲而不舍的斡旋活动，加速了谈判的进程，促成了条约的签订。谈判的结局，是清朝政府半殖民地外交的必然结果。

综上所述，中葡条约是葡萄牙在英国支持下与中国签订的不平等条约。赫德利用清政府的昏庸无能操纵谈判，对缔结条约起了特殊重要的作用。

注释：

[1] 王铁崖：《中外旧约章汇编》第1卷，第471—473页，三联书店，1957年。

[2][5][6][9] 王彦威、王亮：《清季外交史料》第67卷，书目文献出版社，1987年，第22页。

[3] 同[2]，第23页

[4] 中国近代经济史资料丛刊编辑委员会主编：《中国海关与中葡里斯本草约》，中华书局，1983年。

[7] 同[2]，第20页。

[8] 同[2]，第21页。

[10] 中国第二历史档案馆、中国社会科学院近代史研究所合编《中国海关密档》第4卷，中华书局，1992年，第518页。

[11] 王彦威、王亮：《清季外交史料》第68卷，书目文献出版社，1987年，第6页。

[12] 同[4]，第9—11页。

[13] 同[4]，第7页。

[14] 同[4]，第2—3页。

[15] 同[4]，第18—19页。

[16] 同[4]，第19页。

[17] 同[4]，第54页。

[18] 同 [4], 第 23 页。
[19] 同 [4], 第 74 页。
[20] 同 [1], 第 505—506 页。
[21] 蔡国祯 :《澳门公牍录存》, 第 5 页。
[22] 同 [4], 第 91 页。
[23] 同 [4], 第 93 页。
[24] 王彦威、王亮 :《清季外交史料》第 73 卷, 节目文献出版社, 1987 年, 第 25 页。
[25] 同 [24], 第 18 页。
[26] 同 [24], 第 9 页。
[27][45][46] 同 [4], 第 92 页。
[28] 同 [4], 第 95 页。
[29] 同 [1], 第 522—530 页。
[30] 中国近代经济史资料丛刊编辑委员会主编 :《中国海关与中法战争》, 科学出版社, 1957 年, 第 71 页。
[31] 金梁 :《近世人物志》, 第 344 页。
[32] 同 [10], 第 421 页。
[33] 同 [4], 第 69 页。
[34] 同 [4], 第 73 页。
[35] 同 [4], 第 72—73 页。
[36] 同 [4], 第 78—79 页。
[37] 同 [4], 第 43 页。
[38] 同 [4], 第 41—42 页。
[39] 同 [4], 第 67 页。
[40] 邱克:《局外旁观者——赫德》,陕西人民出版社,1996 年。
[41] 同 [4], 第 42 页。
[42] 丁名楠等 :《帝国主义侵华史》第 1 卷, 科学出版社, 1958 年, 第 10 页。
[43]《林则徐集·奏稿(中)》, 中华书局 1965 年, 第 601 页。
[44] 王铁崖等主编 :《国际法》, 法律出版社, 1981 年, 第 135 页。
[47]刘锦藻:《清朝续文献通考.职官四》,商务印书馆,1936 年。
[48] 同 [10], 第 589 页。
[49] 同 [10], 第 519 页。
[50] 同 [10], 第 597 页。

(原文刊于《中国边疆史地研究》1999 年第 4 期)

关于党史研究中的问题

丁宁和　方孔木

中国共产党领导中国人民进行了长期的英勇顽强的斗争，取得了新民主主义革命的彻底胜利，建立了伟大的中华人民共和国。在几十年的艰难困苦和曲折复杂的斗争中，我们党积累了极其丰富的经验，其中既有成功的，也有失败的。正确地宣传党的斗争历史，科学地研究和总结这些历史经验和教训，对于教育人民和子孙后代继承党的革命传统，鼓舞我们为实现祖国四个现代化而努力奋斗，都有重要的意义。

多年以来，党史这个领域是受林彪、“四人帮”和他们那个顾问破坏的重灾区。粉碎“四人帮”以后，在党史研究和宣传中，面临着大量拨乱反正，恢复历史本来面目的艰巨任务。

党史是一门党性很强的科学。究竟什么是党史的党性？党性与科学性的关系如何？这是关系党史研究工作的根本问题，而正确理解这个问题，又往往同正确理解党史如何为无产阶级的事业服务有关。我们认为，一切历史学科都是隶属于一定阶级，为一定的阶级服务的。作为历史学之一的党史同样是这样。无产阶级的党史研究必须为无产阶级革命事业服务，即为无产阶级实现推翻资本主义、建立共产主义这一宏伟壮丽的事业服务。这就是党史研究的鲜明的党性原则。无产阶级的党史研究联系于无产阶级的历史使命和根本利益，而不是眼前的局部利益。党性原则和科学性原则是一致的。因为无产阶级与一切剥削阶级不同，它的阶级利益与人类的根本利益一致，与社会发展的规律一致。无产阶级绝不像剥削阶级那样为了维持自己的统治而伪造或歪曲历史来欺骗人民，相反，它要求一切历史研究（包括党史研究）严格遵循辩证唯物论和历史唯物论的原理，科学地总结历史的经验，阐明历史发展的规律。如果离开了科学性，离开了实事求是，离开了按照历史的本来面貌去阐述历史的要求，而空谈什么党性，那就不是无产阶级的党性。毛泽东同志曾明确指出：“没有科学的态度，即没有马克思列宁主义的理论和实践统一的态度，就叫做没有党性，或叫做党性不完全。”[1]所以党史的科学性和党性是统一的，它们都包括在辩证唯物主义和历史唯物主义之中。不能离开科学性谈党性。同时，也不能简单地把科学性理解为即是真实性。诚然，科学性必须建立在客观事实的真实基础上，没有真实性，科学性就无从谈起。但科学性比真实性更高，更深刻，它不仅能揭示历史事件的真实过程，而且要阐明其本质和规律，阐明客观真理。马克思以前的历史学，也曾搜集过大量的真实材料，但它不能阐明社会发展的规律。所以党史研究要做到党性和科学性的统一，不但要求党史工作者详细地、全面地占有历史资料，而且还必须掌握分析、综合这些材料的观点和方法，即要有高度的马克思主义理论修养。

毛泽东、邓小平等老一辈无产阶级革命家对党史的研究和宣传如何坚持实事求是的原则，曾作过许多精辟的教导。1958 年，北京大学编了一本《北京大学学生运动史》，毛泽东同志看后谈了两点意见：第一，（我）1918 年、1919 年两次来北京确有其事；第二，封面上的两张照片，李大钊的应比我的大。这两点同 1936 年他和斯诺谈话的意思是一致的。毛泽东同志把李大钊、陈独秀看作是自己的启蒙老师。毛泽东同志这些谈话告诉我们如何用历史唯物主义的态度编写历史。1973 年，延安革命纪念馆在陈列中出现的人物比较少，周恩来同志看了很不安，而且说，如果因为牵涉到刘少奇，新四军的命令和新四军七个师的领导人都不能出了，那么连毛主席的文章也就不敢发表了。中国革命博物馆的党史陈列，关于党的一大代表原先只标出毛泽东、董必武、陈潭秋、何叔衡、王尽美、邓恩铭的名字，其他人都没有提。1961年，邓小平同志审查时，提出应该把出席会议的人全写上，把其中某些人以后变坏的情况也写上，这样可以看出人物是变化的。现在的陈列按照邓小平同志的意见，把出席者的名字都写上，陈独秀当选为中央局书记也写上了。很多老同志和广大人民群众在参观时都认为这样做很好。1977年邓颖超同志在审查中国革命博物馆的陈列时，也曾多次提出，不能按活着的人的地位来摆历史，应当根据当时的材料、当时的历史情况来陈列。如黄埔军校的陈列，原来只摆周恩来同志的单人头像。邓颖超同志说，为什么只摆周恩来？当时还有肖楚女、恽代英、熊雄等很多同志嘛！“不能按活人的地位来摆历史”。邓颖超同志说得多好呵！这是多年来党史研究中存在的通病，而且这个病很顽固。

上面这些情况告诉我们，无论研究党史，编写党史，或陈列党史，都必须贯彻一个原则，就是坚持辩证唯物主义和历史唯物主义，从历史实际出发，实事求是。但是，多年以来，林彪、“四人帮”和那个所谓“理论家”为了篡党夺权，把辩证唯物主义和历史唯物主义践踏得不像样子，他们说什么党史研究和宣传的“方针是参考历史，重在为现实服务”。这样，历史完全像胡适所说的那样，成了任人打扮的少女。在这种思想的影响下，党史上一些人物、事件的评说，随着形势的变化，一会儿这么讲，一会儿又那么讲，极大地破坏了党史这门学科的科学性和严肃性，损害了党的威信。

现仅就民主革命时期的党史研究中，如何从事实出发，实事求是，把党性和科学性统一起来，谈四个问题。

一　正确理解群众、阶级、政党和领袖的关系

党的十一届三中全会提出：“全国报刊宣传和文艺作品要多歌颂工农兵群众，多歌颂老一辈革命家，少宣传个人。”这是完全正确的，是马克思主义的。从马克思、恩格斯、列宁、斯大林，到毛泽东同志，都一贯教导我们，无产阶级革命事业是广大人民群众的事业，只有依靠广大人民群众的斗争，才能取得革命的胜利。同时，他们又教导我们，马克思主义并不否认个人的历史作用，特别是无产阶级的领袖在革命中起着极其重要的作用。因此，在我们的党史研究中，既要强调人民群众的作用，党的领导作用，同时也不能忽视领袖的作用，而应当按照历史事实将两者恰当地结合起来，以阐明党领导的革命历史的全过程。

中国共产党是中国革命的组织者和领导者，中国革命就是在我们党的领导下取得胜利的。毛泽东同志作为我们党的领袖，在中国革命中起过极其重大的作用。毛泽东同志是我们党的创建者之一，是我国早期工人运动、农民运动、武装斗争和统一战线工作的卓越领导者之一。在1927年大革命失败以后，他在非常困难的条件下，根据中国的具体情况，阐明了我国革命的一系列重大问题，找到了我国革命的正确道路。他和周恩来、朱德等同志一起缔造了人民军队，创建了革命根据地，指挥了长期的革命战争。正是在毛泽东同志为首的党中央领导下，中国人民冲破了艰难险阻，战胜了国内外强大敌人，取得了革命的伟大胜利。对毛泽东同志在我国革命中的丰功伟绩必须充分肯定。不能说我们对毛泽东同志的革命实践和思想都研究够了。例如对毛泽东同志在1927年以前的革命实践和理论上的贡献，如何正确认识，就应很好地研究。毛泽东同志在1927年以前写的《中国社会各阶级的分析》、《湖南农民运动考察报告》，就是两篇光辉文献。《中国社会各阶级的分析》在1951年收入《毛泽东选集》时，有些地方作了改动，如把无产阶级是“革命运动的主力”改为“革命运动的领导力量”。作为历史文献，一般当以不改为好，有些问题需要重新认识，可以像马克思、恩格斯对待《共产党宣言》那样加注、加序（毛泽东同志在延安重印《井冈山土地法》时也是加了一个注而未作修改的）。但是，我们不能由于有这个改动就否定它的意义，因为就是完全按原文看，这一著作也是当时的光辉篇章。《湖南农民运动考察报告》是我党解决农民问题的重要文献，具有重大历

史意义。另外，据沈雁冰和当年曾任广东区委秘书长的赖玉润的回忆，中山舰事件发生后，毛泽东同志坚决主张反击；据邓颖超同志回忆，在1926年国民党二届二中全会通过“整理党务案”时，毛泽东同志也是坚决反对的。毛泽东同志亲自主办的广州第六届农讲所和武汉农讲所，规模很大，为以后革命的发展播下了火种。所以，在1927年以前，毛泽东同志从理论到实践都是很光辉的。如果不是这样，在1927年大革命失败的关键时刻，毛泽东同志怎么能那么快、那么自觉地率领秋收起义部队向农村进军，开辟农村包围城市的道路呢？

但从另一方面也应该看到，过去在党史研究中那种孤立地宣传毛泽东同志，不注意研究、宣传周恩来、刘少奇、朱德同志及其他老一辈无产阶级革命家、革命先烈和人民群众在历史上的功绩的思想，也很严重。现在更应当注意克服。长时间以来，在党史的研究中片面强调要突出红线，并且由突出红线到只讲红线，只讲个人。如1959年，那个“理论家”到中国革命博物馆审查，看到陈列较多表现了党的其他领导人，就训斥这是“分庭抗礼”、“不突出红线”。在那种思想影响下，陈列中其他领导人和革命群众的作用被削弱了。当时中宣部的领导人周扬同志同这种唯心主义的做法作了斗争，指出这是“有帅没有兵”、“有灵魂没有肉体”。可是“文化大革命”开始后，那种只突出个人的思想，被林彪、“四人帮”发展到了登峰造极的地步。他们出于篡党夺权的政治野心，大搞新蒙昧主义。他们打着“大树特树”、“突出毛主席”的旗号，把毛泽东同志孤立于党之上、群众之外，借以打击周恩来、刘少奇、朱德等老一辈无产阶级革命家，抹煞无数优秀的革命先烈和革命人民。这样就把党史的范围搞得越来越窄，把党史搞成了个人生平事业史，把党的领袖变成没有发展、没有战友、脱离群众的孤家寡人。这是对我们党史的糟踏，也是对领袖历史作用的恶意歪曲。所以在党史研究中拨乱反正的一个重要问题，就是按照马克思主义的基本原理，强调党的集体领导和人民群众的力量，正确处理领袖和群众、个人和集体的关系，恢复党史的本来面目。

无产阶级的革命领袖不是一个人，而是一个集团。列宁指出：“阶级通常是由政党来领导的；政党通常是由最有威信、最有影响、最有经验、被选出担任最重要职务而称为领袖的人们所组成的比较稳定的集团来主持的。”[2]毛泽东同志指出：“指导伟大的革命，要有伟大的党，要有许多最好的干部……要有几百个最好的群众领袖。”[3]中国共产党是在一个伟大的国家里进行一场伟大的革命，党在领导中国人民前赴后继、英勇不屈的奋斗过程中，涌现出一批又一批杰出的领袖人物。中国革命的历史生动地说明，缔造党、缔造军队、缔造国家都不是一个人，而是一个集体。中国革命的胜利是毛泽东、周恩来、刘少奇、朱德和其他许多无产阶级革命家卓越领导的结果，是马列主义、毛泽东思想指引的结果。

比如，关于党的创始人，过去只是在讲“一大”时提到四个人或六个人的名字，而讲党的缔造者则只说毛泽东同志。这是不符合实际的。毛泽东同志在1936年同斯诺的谈话中就着重讲到陈独秀和李大钊在建党中的作用。周恩来同志在同斯诺的谈话中也说陈独秀、李大钊是党的创始人。除陈、李外，毛泽东、蔡和森、董必武、王尽美等都是党的创建人。周恩来同志在1920年就宣传马克思主义，随后又是旅欧党团组织的主要创建者，因此也是党的创始人之一。当然，在以后党的建设中，特别是在延安整风运动中，毛泽东同志对我们党的建设作出了特殊的贡献，这必须充分肯定。而周恩来、刘少奇、陈云、任弼时等同志对党的思想建设和组织建设也作出了重要贡献，这也应当肯定。只有全面地研究这些问题，才能反映我们党的建立和发展的实际情况。

在第一次国内革命战争时期，毛泽东同志在农民运动方面的理论和实践是非常卓越的。然而就我们党领导的农民运动来说，首先是从广东开始的，而广东的农民运动又首先是从彭湃同志领导的海丰农民运动开始的。彭湃同志领导的海丰农民运动对以后广东以至全国农民运动都起了示范作用。毛泽东同志对海丰农民运动很重视，早在1926年就写文章，要求把海丰农民运动的经验向全国推广。周恩来同志也给彭湃同志写的《海丰农民运动》一书题写了封面。彭湃同志主办的第一届农民运动讲习所，是我国农民运动的一个创举，为后来各届农民运动讲习所提供了宝贵的经验。

毛泽东同志后来曾热烈赞扬彭湃同志是“农民运动大王”。但在很长一段时间，一写农民运动，总要先写毛泽东同志领导的岳北、韶山农民运动，再写海丰农民运动。写广东农讲所也只是说毛泽东同志主办的，而不提彭湃同志。实际上毛泽东同志主持的是第六届，彭湃同志主持第一、第五届，罗绮园主持第二届，阮啸仙同志主持第三届，谭植棠主持第四届。所以应当按历史事实反映这些情况，充分肯定彭湃同志领导的海丰农民运动在我党历史上的地位，彻底批判林彪、“四人帮”和那个顾问散布的“谁要讲彭湃最早搞了农民运动，谁就是贬低毛主席”的谬论。毛泽东思想是全党和千百万群众革命实践的结晶。毛泽东同志对待彭湃同志和海丰农民运动的态度，完全说明了这一点。

在大革命失败以后的关键时刻，是毛泽东同志为中国革命开辟了农村包围城市、武装夺取政权的道路，为中国革命指明了航向。但又必须看到，在大革命失败后，全党都在苦斗，都在摸索、寻找新的革命道路和斗争方法，而且很多同志都搞起了武装斗争，并且向农村发展。在当时的苦斗和摸索中，最成功、最好的是毛泽东同志开辟的井冈山道路，而井冈山道路也是由许多干部和广大战士用生命和鲜血创造的。毛泽东同志总结了井冈山斗争和其他地方斗争的经验，提出了工农武装割据的思想，以后又逐渐丰富和发展成为农村包围城市、武装夺取政权的理论。这个理论正是我们党集体智慧的结晶。毛泽东同志写的《星星之火，可以燎原》的原稿，在谈到武装割据的时候，就曾提到朱德毛泽东式、方志敏式、李文林式、贺龙式。所有当时各地的起义和斗争，都对我们党的武装斗争道路的形成作出了贡献。同时，各革命根据地也是互相支援、互相依存的。如第五次反“围剿”时，蒋介石共调动100万兵力，其中用在中央革命根据地的是50万，其余50万用在其他根据地。如果100万都压在一块根据地，那情况就会更加困难。但由于林彪、“四人帮”和那个顾问的干扰破坏，长期以来，往往只宣传毛泽东同志领导的湘赣边界秋收起义、井冈山、红一方面军、中央根据地。南昌起义在党史宣传中曾被严重削弱，广州起义一度几乎被否定，其他各地起义和各革命根据地，以及东北抗日联军的斗争，在党史编写中也是一带而过。像鄂豫皖根据地，是全国第二块大的根据地，最高潮时，红军发展到45000人。但由于张国焘曾在这个根据地担任过领导工作，就不敢大胆宣传。黄麻起义、鄂豫皖根据地的创始人、领导人，也很少提及。冯白驹同志从1929年起，直到全国解放，一直在极其困难的条件下坚持海南岛的革命斗争，只是由于解放后批判过他的“地方主义”错误，就连冯白驹的名字也不能提了。这是很不应该的，影响很坏。第二次国内革命战争时期，可说是“群雄四起”，我们在党史研究中对南昌起义、秋收起义、广州起义和各地起义，对各根据地和抗联的创始人、领导人，对各根据地的土地革命、武装斗争，都应该根据实际情况给予充分肯定。

著名的古田会议决议，对我军的建设具有重要意义。这个决议也是党的集体智慧的结晶。1929年6月，红四军党的第七次代表大会以后，陈毅同志去上海出席中央军事会议，向当时主持中央工作的李立三同志和主持中央军委工作的周恩来同志汇报了红四军两年来的斗争情况，反映了红四军“七大”的争论。周恩来完全肯定了毛泽东同志的正确领导，支持毛泽东关于红军的行动策略和建立农村根据地、建立一支坚强的革命军队的主张，并主张毛泽东回红四军主持前委工作。党中央除口头向陈毅做了具体指示外，还在9月28日写了一封近万字的书面指示，即九月来信。九月来信是周恩来的思想，是他委托陈毅起草的。来信肯定了毛泽东“工农武装割据”的思想，指出中国革命是先有农村红军，后有城市政权，这是中国革命的特征，是中国经济基础的产物。来信指出，红军的基本任务是发动群众斗争，实行土地革命，建立苏维埃政权，实行游击战争，武装农民，并扩大本身组织，扩大游击区域及政治影响于全国。来信指示红军要克服单纯军事观点，以免使红军的一切军事行动成为单纯的军事行动。来信对红军中存在的各种非无产阶级思想，分析了原因，说这是由于理论水平低，党的教育缺乏造成的，并提出了纠正的方法，指出要以政治教育去发动红军士兵自觉地向上，彻底纠正不正确的倾向，同时要坚决地废止肉刑。九月来信不但总结了红四军的斗争经验，而且也总结了党领导的整个红军的斗争经验。正是根据中央九月来信的精神，红四军前委统一了认识，于1929年12月在福建上杭古田，成功地举行了全军第九次党代表大会，通过了毛泽东同志起草的决议。古田会议决议是遵循中央九月来信写的，但又不是照抄来信，它结合红四军两年来斗争的实际情况，把中央来信具体化，丰富和发展了中央来信的精神。因此可以说，古田会议决议是毛泽东、周恩来、朱德、陈毅等同志集体制定的。它生动地说明了毛泽东思想不止是毛泽东同志一个人的智慧，而是他和他的战友们、党、广大红军战士和革命人民集体智慧的产物，是“在党和人民的集体奋斗中”产生的。林彪、“四人帮”和那个顾问诬蔑说古田会议决议是针对朱德、陈毅同志的，完全是无稽之谈。

革命领袖的思想，是在革命的实践中逐渐形成和产生的，并且是在革命实践中不断丰富、发展和完善的。任何把领袖神化，认为领袖是天生的马克思主义理论家，或者像林彪所说的那样是几百年、几千年才产生的天才，都是错误的，是违背历史唯物主义原理的。毛泽东同志说过：“如果有人说，有哪一位同志，比如说中央的任何同志，比如说我自己，对中国革命的规律，在一开始的时候就完全认识了，那是吹牛，你们切不要信，没有那回事。过去，特别是开始时期，我们只是一股劲要革命，至于怎样革法，革些什么，哪些先革，哪些后革。哪些要到下一阶段才革，在一个相当长的时间内，都没有弄清楚，或者说没有完全弄清楚。”[4] 只是经过两次胜利和两次失败的经验教训和比较，到抗日战争时期才认识了中国这个客观世界和中国革命的规律，才制定了合乎实际情况的党的总路线和一整套具体政策。毛泽东同志在 1941 年《关于农村调查》中也讲了他自己对于中国农村阶级的认识过程，说他对富农问题的正确认识是在井冈山时期的寻邬调查之后，对贫农作用的认识是在兴国调查之后。过去在党史中写秋收起义，不讲攻打长沙的计划。似乎讲了就贬低了毛泽东同志。其实这恰恰是违背毛泽东同志实事求是的一贯教导。为了正确反映毛泽东同志关于农村包围城市这一战略思想是在斗争实践中逐步形成和发展的，就应该如实地说明秋收起义原计划是要攻打长沙的，只是在起义遭受挫折后，毛泽东同志才改变了攻打长沙的计划，向敌人统治力量薄弱的农村进军。只有研究和分析具体的实际情况，才能看到事物的发展变化，才能了解领袖在革命实践中如何不断总结经验、不断加深对中国革命规律的认识，从而引导革命逐步向前发展，逐步取得胜利。对无产阶级的任何一个领袖都不能神化，都只能根据历史材料进行实事求是的研究和宣传。

在党史工作中，还有一个重要课题就是必须深入研究和宣传革命先烈。陈毅同志在著名的《梅岭三章》中说，“创业艰难百战多”。在长期的革命斗争和战争中，我们牺牲了多少革命烈士啊！没有无数先烈的艰苦奋斗和英勇牺牲，我们的胜利是不可能的。在战场上，在敌人的监狱中和刑场上，他们抛头颅，洒热血，慷慨悲歌，英勇就义，用生命开辟了中国革命胜利的道路。先烈们的牺牲使我们难过，先烈们牺牲的精神给我们以巨大鼓舞和力量。他们的英雄业绩，我们应该研究，应该宣传，而且必须研究和宣传。在我们的先烈中，有许多是我们党的理论家、活动家、党或军队的领导人，他们的生平活动，与我们党的历史或重大事件有直接关系，尤应注意研究和宣传。然而多年来，我们对先烈的研究和宣传太少了。林彪、“四人帮”和那个顾问不仅不许我们研究和宣传，而且对许多先烈进行恶毒诬蔑，对他们的家属和亲人进行残酷迫害，对有的研究和宣传者也进行了残酷打击。如李大钊同志是我国第一个马克思主义传播者、中国共产主义运动的先驱、党的主要创始人之一，对我们党的建立和中国革命的发展作出了不可磨灭的贡献。1927 年他被北洋军阀逮捕，英勇地牺牲在敌人的绞刑架下，表现了共产党人崇高的气节。但是“四人帮”却诬蔑李大钊同志只是一个“激进的资产阶级民主派”，甚至妄图把他打成“叛徒”，不许进行宣传。蔡和森同志是我们党的著名理论家、宣传家、卓越的领导人。早在 1920 年，他就指出只有社会主义才能救中国，并且主张“明目张胆”地成立中国共产党，领导中国革命。他为中国人民的解放，为实现社会主义、共产主义理想，奋斗终生，最后被敌人摊开四肢钉在墙壁上活活打死。蔡和森同志就义 40 多年了，然而在粉碎“四人帮”以前，除 30 年代李立三同志写过一篇纪念文章以外，再没有其他纪念文章和回忆文章，在党史的编写和陈列中也很少提及，就是提及也不过是作个陪衬而已。他的那些光辉的革命实践和思想被湮没了。邓中夏同志是中国工人运动的著名领袖，在长辛店工人俱乐部、开滦五矿大罢工、二七大罢工、五卅运动和省港大罢工等等工人运动和群众运动中，他都作出了重大贡献。早在 1924 年，他在著名的《我们的力量》中就提出了无产阶级领导权的思想，他为中国工人阶级的解放和实现工人阶级的历史使命奋斗不息，最后被敌人枪杀在南京雨花台。然而对他也很少研究和宣传。方志敏同志是赣东北革命根据地和红十军的创始人，他在率部北上抗日途中被国民党反动派包围逮捕。在敌人监狱中他写下了《清贫》、《可爱的中国》等万世不朽的光辉作品，表现了崇高的共产主义情操和铮铮铁骨。可是在“文化大革命”中他的亲属也遭到迫害。刘志丹同志是陕北革命根据地的主要创始人之一，在东征中英勇牺牲，毛泽东同志和周恩来同志都对他有很高的评价。然而一本描写他革命活动的小说《刘志丹》，却被那个阴险毒辣的顾问诬蔑为利用小说进行反党，制造了一个大冤案。此外像恽代英、瞿秋白、罗亦农、赵世炎、陈延年、陈乔年、肖楚女、李求实、何孟雄、阮啸仙、刘伯坚、左权、彭雪枫、杨靖宇等等，都是我们党优秀的领导人或负责工作人员，他们为了中国人民的解放和共产主义理想，或牺牲于战场，或就义于敌人刑场，他们的革命事迹都值得我们怀念、研究和宣传。研究和宣传革命先烈是我们党史工作的重要组成部分，我们应当努力作好。

“人民，只有人民，才是创造世界历史的动力。”[5]马克思主义承认领袖的权威作用，是在肯定人民群众是历史创造者这个前提下提出来的。只有相信人民，发动和依靠人民，才是彻底的历史唯物主义者，才能领导革命取得胜利。民主革命时期的党史就是一部如火如荼的轰轰烈烈的革命群众运动的历史。党领导的工人运动、农民运动、学生运动、妇女运动、各阶层广大人民的爱国民主运动，都是群众运动。党领导 20 多年的革命战争是大规模的威武壮烈的人民战争。我们就是依靠人民战争推翻了三座大山，取得革命胜利的。在十年内战时期，30 万红军固然来自工农群众，就是红军的多次反“围剿”战争，巩固和发展革命根据地，也都得到广大群众的热烈支援。抗日战争时期，在敌后战场，在各个抗日根据地，更是形成了一个陷敌于灭顶的人民战争的汪洋大海，地雷战、地道战、麻雀战、游击战，村自为战，人自为战，使敌人寸步难行，到处挨打被歼。八路军、新四军战士和广大人民群众创造出千奇百态的歼敌方法，取得了无数次大小胜利，也留下了许许多多可歌可泣的英雄事迹。在解放战争时期，解放区人民对解放战争进行了最热烈的支援。仅辽沈、淮海、平津三大战役，就动员民工 539 万人，担架 11 万副，大、小车 82 万辆。陈毅同志形象地说过：“淮海战役的胜利，是人民群众用小车推出来的。”人民群众的牺牲是巨大的，人民群众对革命的贡献是伟大的。党史工作应该具体深入地研究人民群众的伟大贡献和作用，歌颂人民群众的英雄业绩，这是人民的要求，也是历史唯物主义的原理。

二　正确评价历史人物

对于历史人物的评价，是历史研究工作中的一个重要问题。只有根据历史唯物主义的观点，从事实出发，把问题提到一定的历史范围内，进行具体深入的研究分析，才能对历史人物得出正确的认识和评价。对党史上的人物的评价也应该是这样，采取实事求是的态度。但是，我们在过去的研究工作中，简单化、绝对化的做法很严重，特别是对错误路线的代表人物，似乎只能一概骂倒，一骂到底。这是不符合马列主义原则的。列宁对普列汉诺夫、考茨基的评价就是很好的例证。我们应该像列宁那样采取实事求是的态度，进行具体的分析和研究。绝不能像林彪、“四人帮”和他们的顾问那样任意歪曲和伪造，任意贬低和拔高。我们的原则只能是实事求是。

在我们的党史研究中，首先遇到的一个复杂人物是陈独秀。陈独秀是五四新文化运动的著名领袖，在进步青年中有着广泛的影响，“五四”后成为有很大影响的马克思主义宣传者，对我们党的创立和早期革命的发展起过重要作用，从党的一大到五大，他都先后当选为党的书记和总书记。但是，陈独秀在第一次国内革命战争时期（主要是在后期）犯了右倾机会主义路线的错误，使革命遭到失败，以后又成为取消派，因进行小组织活动被开除出党。对这样一个人物究竟怎样评价？过去对他是一概骂倒，全盘否定，“四人帮”和那个顾问甚至说他是混进党内来的。有的同志因为曾对陈独秀的前期活动作了正面评价而遭到打击。事实上，毛泽东同志早就对陈独秀作过全面评价，除了在 1936 年同斯诺的谈话以外，1945 年也曾说过陈独秀类似俄国的普列汉诺夫。1953 年毛泽东同志外出视察同安庆地委书记傅大章同志谈话时又说过：“陈独秀晚年犯错误不小，但在党的启蒙运动时是有功劳的，其功不可磨灭。”最近一两年，不少文章对陈独秀的前期活动作了全面的分析和评论，肯定了他的作用。其实，我们认为，对陈独秀的后期活动，也应该实事求是地分析和评价。例如，对我党在第一次国内革命战争后期的右倾机会主义路线，陈独秀当然应负很大责任，但事实上这也与当时共产国际代表的指导有关。以后，陈独秀与托派合作，进行反党活动，当然必须批判。但在蒋介石把他抓起来长期关入监牢后，他并未投降蒋介石。就这一点来说，与张国焘跑到蒋介石那里当特务，显然又有区别。1937 年陈独秀出狱后，一方面不再与托派来往，赞成抗日，表示愿去延安，另方面也发表过不少错误言论，不愿检查过去的错误。这说明陈独秀后期有严重的政治错误，但他并不是汉奸、间谍。至于所谓他每月向日本人领 300 元津贴，那是某顾问的诬陷。

瞿秋白同志犯过盲动主义的错误，在狱中写过《多余的话》，过去据此错误地说他是叛徒，“文化大革命”中还被砸坟碎骨。瞿秋白同志是我们党的领导人之一，从三大到六大均被选为中央委员。在大革命时期，他对工人运动、农民运动、统一战线工作都作出了重要贡献。他写了不少文章，对戴季陶主义、国家主义派的谬论进行了尖锐的批判。在陈独秀、彭述之拒绝在《向导》上刊完毛泽东同志的《湖南农民运动考察报告》时，他却帮助毛泽东同志将该文印成小册子，并写了序言，热情号召“中国的革命者个个都应该读一读毛泽东同志这本书”。他在大革命失败后主持召开的“八七”会议，对于结束陈独秀投降主义路线，整顿处于涣散状态中的党的工作，确定党的土地革命和武装反抗国民党的总方针，起了重要作用。对党的第一次“左”倾路线错误，瞿秋白有责任，但也是执行了共产国际的指示。后来他参加党的六大的领导工作，并向大会作了《中国革命和中国共产党》的报告。在立三路线发生后，他又主持召开党的六届三中全会，纠正立三路线。四中全会后的中央排斥打击瞿秋白同志，并把他开除出中央政治局，但他继续勤恳地为党工作，在上海与鲁迅合作，领导左翼文化运动，进行反文化“围剿”的斗争。1934 年初瞿秋白同志进入中央苏区，任教育人民委员。后在闽西转移时被捕，1935 年 6 月从容就义。瞿秋白同志在狱中所写的《多余的话》在对自己进行无情的解剖时，也表露出某些消极因素。但仅根据《多余的话》定他为叛徒是根本不能成立的，由此而否定他的一生更是不对的。瞿秋白同志的一生是光荣革命的一生。当然我们也不同意说《多余的话》“有夺目的光辉”，因为那也不完全符合事实。

李立三同志是党的历史上犯过“左”倾路线错误的领导干部，但对他也应作全面分析。从党史的研究来说，应该着重分析当时的环境，错误的内容，社会和思想根源，以便总结经验，记取教训。但是“文化大革命”期间，林彪、“四人帮”和那个顾问对李立三同志全盘否定，而且进行残酷迫害。李立三同志早年在安源从事工人运动，领导安源工人大罢工，担任安源路矿工人俱乐部主任，在工人中很有威信，工人们还编了赞扬他的歌谣。1925 年五卅运动中，他是上海总工会委员长，直接领导了震撼世界的五卅运动。在武汉时期，他参加领导了收回汉口英租界的斗争。后来他参加了南昌起义，任前委委员、政治保卫处处长。他和周恩来同志一起，对张国焘阻止起义的错误，进行了坚决的斗争。党的六大以后，他是党中央常委兼宣传部长，实际上主持中央工作。1930 年他犯了几个月“左”倾路线错误，给党的工作造成损失。但他在三中全会上承认了错误，随后即离开了中央领导岗位。总的来看，像李立三那样的同志，对革命的贡献是主要的。在党的“七大”会上，毛泽东同志提议选李立三为中央委员，让他继续做革命的领导工作，是完全正确的。“文化大革命”期间对李立三同志全盘否定的做法，不是马克思主义的态度。

毛泽东同志 1944 年在《学习与时局》一文中说过：“我党历史上，曾经有过反对陈独秀错误路线和李立三错误路线的大斗争，这些斗争是完全应该的。但其方法有缺点：一方面，没有使干部在思想上彻底了解当时错误的原因、环境和改正此种错误的详细办法，以致后来又可能重犯同类性质的错误；另一方面，太着重了个人的责任，未能团结更多的人共同工作。这两个缺点，我们应引为鉴戒。”我们研究党史，评论党史上的人物，也应该按照毛泽东同志的教导，认真分析当时的历史条件，总结历史经验。对于历史上的错误，不能太着重于个人的责任，既要弄清是非，又不损害同志，一切从实际出发，实事求是地下结论。

我们研究民主革命时期党的历史，还遇到一个复杂和困难的问题，就是有不少在党史上有地位的领导同志，解放后还健在，并且仍然担负领导工作；然而在新的历史时期，有的同志可能犯这样那样的错误，有的在运动中被整错了，挨批了，打倒了，从而对他们过去的历史就不能再谈了。这样的结果是，今天这个出了问题要改历史，明天那个打倒了，又要改历史，一部党史就被弄得极其混乱。而且，不仅一般研究机关和高等学校编写的党史改来改去，就是《毛泽东选集》这样极为严肃的革命历史文献，有时也因人的变化而被改动。那个顾问就曾公开指令把毛选中刘少奇同志的名字全部去掉。这种以当前政治形势和个人荣辱毁誉为转移的评史学风，实在是要不得。我们必须改变这种状况，必须严格按照历史唯物主义原则，根据历史事实来分析历史，解释历史。我们研究民主革命时期的党史，就是要根据民主革命时期的实际情况来评论当时的历史事件和历史人物。否则，党史上的混乱就永远解决不了。

例如，关于安源工人运动问题。全国解放后，很强调刘少奇同志对安源工人运动的领导，把他的作用说得比李立三同志高。“文化大革命”中，刘少奇同志被打倒，把刘少奇同志、李立三同志批得一无是处。于是安源罢工的胜利被说成是毛泽东同志的正确路线战胜“工贼”刘少奇、“老机会主义分子”李立三反对罢工、破坏罢工的机会主义路线的结果。这就搞乱了历史真相。近两年来，又出现了对《劳工记》那首歌谣的一些议论，把安源工人运动的历史搞得愈加混乱。

事实是，安源工人运动是在中共湘区委员会领导下开展起来的。据1923年刘少奇同志和朱少连写的《安源路矿工人俱乐部略史》记载，1921年12月中旬，安源工人写信给中国劳动组合书记部（湘区分部），请求派人“到安源帮助指导一切”。书记部当即派了毛泽东、李立三、宋友生和张理全等到安源考察，开展活动。不久毛泽东同志又派李立三同志等到安源开办工人夜校，组织工人俱乐部。一直到罢工前，主要工作是李立三同志在安源具体领导。罢工前夕，为了加强领导，党组织和毛泽东同志又派刘少奇同志到安源。大罢工时，李立三同志是罢工指挥部总指挥，刘少奇同志担任工人俱乐部同路矿当局谈判的全权代表。李立三调走后，刘少奇同志负主要责任。当时，毛泽东同志是中共湘区委员会书记，兼劳动组合书记部湘区分部主任，也多次亲自去安源，了解情况，指导工作，而李立三、刘少奇同志是长期在安源具体负责。所以，毛泽东、李立三、刘少奇同志都是安源工人运动的重要领导人。由于李立三同志在那里时间长，和工人接触多，很多实际工作也是他做的，因此工人们在歌唱自己斗争的历史时也颂扬了李立三同志（“直到一九二一年，忽然雾散见青天，有个能人李隆郅，年龄只有二十四，出洋外国转回程，工会湖南来办起，劳动工界结团体……”），这也是很自然的。那些歌谣，就是稍后整理出版的《劳工记》。但是解放初期，萍乡县委宣传部一位干部改动了那个歌谣，把“李隆郅”改作“毛润之”（共改了五句）。他写了一篇关于安源罢工的文章，引用了那首被改动的歌谣，发表在1953年出版的一个党史资料上，后来广泛流传。也许他是出于好意，但改动历史资料，还声明它出于原来《劳工记》的记载，显然是很不严肃的。因为我们可以用各种形式歌颂自己的领袖，但根本不需要用改动历史资料的办法来歌颂。近两年，有些史学工作者了解这个情况后，又怀疑毛泽东同志在安源工人运动中的作用。这也是不对的。毛泽东同志对安源工人运动的组织领导作用不应怀疑，它不但有李立三同志的回忆可以证明，而且有当年别的《劳工记》歌谣为证。我们现在看到有四本《劳工记》（有的叫《罢工歌》），都是当时的原件。它是安源罢工胜利后，工人用歌谣形式歌颂自己斗争史的唱词，从工人如何受压迫唱到罢工胜利，一直唱到1924年，每本都有好几百句。因为当时是各唱各的，所以内容虽大致相同，但没有一个统一的版本。这是民间文学一般具有的特点。四本《劳工记》可分为两类：有三本只唱了李立三、刘少奇和朱少连等；另一本既唱了李、刘等，也唱毛泽东同志，而且唱毛泽东同志很突出，还提到李立三同志来安源是受毛泽东同志委托。这本珍贵的史料足可证明毛泽东同志当时的重要作用。但回过头来说，私自改动历史上记载的文字总是不对的。这也给我们史学工作者一个教训，对待历史文献和资料必须极其严肃认真才行。

刘少奇、李立三同志在安源做过的事情应该按历史的本来面目搞清楚。“文化大革命”期间有人说刘少奇鼓吹“文明罢工”。“文明罢工”几个字不是刘少奇同志本人的话。1922年安源路矿工人罢工前，俱乐部曾担心罢工后万余工人不能齐心，不能维持秩序；工人代表就担保自己能够齐心，能够维持秩序，会“比平时更加文明”。《略史》写了这一点。很清楚，所谓“更加文明”，是指更有秩序、有组织、有纪律。这有什么不对呢？按照马列主义原理，罢工是锻炼工人的学校。锻炼什么呢？就是锻炼组织性纪律性。

罢工是对敌斗争，是战斗。如果没有坚强的组织纪律，就容易被敌人击破，造成工人阶级的孤立，而导致罢工失败。安源罢工胜利的一个重要原因是工人有严格的组织纪律。“文化大革命”期间还说刘少奇是“工贼”。因有个矿长在日记中记载了刘少奇同志答应矿长的三条，“一直井锅炉房须保护，一电机及电机锅炉须保护，一安源地方须保守秩序”。就把这三条作为刘少奇背叛工人的罪证。这同样是错误的。那三条不是刘少奇私下跟资本家达成的协议，而是罢工前俱乐部研究决定的。因为锅炉房是供窿内（即井下）打水和打风机用的，若遭破坏，全矿就会被水淹没，没有风，窿内会起火。电机除供电车用电外，还供给安源全市电灯及窿工处饮水，若破坏，则全市黑暗，万余工人无水可饮。第三条前面已说过了。所以，说这三条是叛变出卖工人利益，是毫无道理的。如果当时按照某些人说的那样，破坏了直井锅炉和电机等，不仅将使整个矿井遭受毁坏，而且使全矿工人失去工作，结果，势必使党脱离广大群众。安源罢工是党领导的，不是自发的工人运动，只有自发的工人运动才破坏机器。关于谈判问题。谈判前拟了 17 项条件，经过刘少奇同志和资方谈判，达成 13 条协议，这本来是罢工胜利的成果，长期以来一直是这样肯定的。可是在批判刘少奇同志时，却说他把 17 条改为 13 条，向资本家投降。实际上所谓谈判，就是要讲条件，谈判中允许进行必要的妥协，如果原定几条就是几条，那还谈判什么呢？据记载，刘少奇同志在谈判中是很勇敢的，工人称誉他“一身是胆”。还有，在“文化大革命”中有人说安源工人对刘少奇有个鉴定，说他“精神不好，过于审慎……”。那更是歪曲。事实是刘少奇同志在 1923 年总结安源工人运动经验时，在《俱乐部过去的批评和将来的计划》一文中对自己的工作作了自我批评。当然，刘少奇同志在作自我批评时，谈到了工人对他的反映。这正说明他具有共产党人虚心听取群众意见、勇于自我批评的高贵品格。把他的自我批评说成是别人对他的鉴定，真是荒谬透顶。当然，刘少奇同志当时也可能有缺点，但对他在安源工人运动中的功绩必须肯定。

刘少奇同志不但领导过安源工人运动，而且这以后又在上海、广州、武汉等地发动和领导工人运动，在全国第二、第三、第四次劳动大会上为中国工人阶级的团结和工人运动的发展作了重大努力，成为中国工人运动的著名活动家和卓越的领袖。林彪、江青和那个顾问任意颠倒黑白，歪曲历史，把刘少奇同志打成所谓“叛徒、内奸、工贼”，置之死地。这个被颠倒了的历史必须重新颠倒过来，恢复历史的本来面目。事实上，刘少奇同志 1925 年到上海以后，和瞿秋白、蔡和森、李立三等同志一起领导了著名的五卅运动，后因积劳成疾，不得不暂时回湖南家乡休养，在路过长沙时被赵恒惕逮捕，中华全国总工会立即提出抗议，各界人士也积极营救。赵恒惕慑于群众和舆论的压力，不得不释放刘少奇同志。刘少奇同志到广州后曾受到省港工人的热烈欢迎，邓中夏同志高度评价了刘少奇同志的革命活动，称他是我们工人阶级的一位勇敢的战士。北伐军打下武汉以后，刘少奇同志又到武汉负责湖北省总工会的工作，在 1927 年 1 月发动和领导了著名的武汉工人阶级收回汉口英租界的斗争，为中国人民反帝斗争史写下了光辉的一页。刘少奇同志对我国工人运动的发展作出了重大贡献，这是任何人也抹杀不了的。

刘少奇同志在白区的工作也曾被全盘否定。第一次国内革命战争失败后较长一段时间，刘少奇同志主要做白区工作，他在顺直省委、满洲省委和在上海工作期间，都做出了很大的成绩。他当时发表的一些文章，现在看来还是比较正确的。如在 1932 年他写的《批评“退出黄色工会”的策略》，强调党的工作要把公开工作与秘密工作、合法斗争与非法斗争结合起来，利用合法组织进行革命活动。这完全是对的。由于当时党处于王明“左”倾机会主义路线统治时期，刘少奇同志的正确思想被认为是“右倾”的，因此他曾写过检查文章《我的错误》，登在当时党中央机关刊物《斗争》上，但该刊“编者按”还说他检查得不够。1936 年以后，刘少奇同志受党中央委派，领导中共北方局工作，成绩很显著。这期间他写的一些有关白区工作的文章，党的六届七中全会《关于若干历史问题的决议》中已经作了充分肯定。

彭德怀同志过去也被批得一无是处，把彭德怀同志对中国革命的贡献全盘否定，甚至说他是带着“入股思想”“投机革命”。彭德怀同志领导了平江起义，开辟了湘鄂赣革命根据地，创立了红五军，以后跟随毛泽东同志转战南北，任红三军团长、红军陕甘支队司令、红军抗日先锋军总指挥、八路军副总司令、中国人民解放军副总司令等职，为中国革命和中国人民的解放，立下了汗马功劳。全国解放后，彭德怀同志又率中国人民志愿军抗美援朝，取得了震惊世界的胜利。但在1959年庐山会议后，有关平江起义、湘鄂赣根据地的创建、保卫延安等等战史都不写了，就是写，也不再提彭德怀同志的名字。有的回忆录写某些重要战斗场面时，说军团长如何指示，如何如何在前线指挥，可是这位首长是谁，却没有名字。彭德怀同志指挥的百团大战，是抗日时期我军发动的一次很大的战役，驰名中外，它对于打击日本侵略者的凶焰，驳斥国民党对八路军“游而不击”的诬蔑，提高我党我军在国内外的声威，和鼓舞全国人民的抗日斗志，都有重要意义。党中央和毛泽东同志当时对此都是肯定的。即使从总结经验来看，这个战役有些缺点错误，但主要也是属于策略上的。可是很长时间来，在各种党史、革命史的教材和论文中，都不提百团大战。有的写了，也是化整为零，只写各地的各个战斗。这实在不应该。我们是写历史，写历史必须反映历史的实际情况。在林彪、“四人帮”和那个顾问的淫威下，因某人有问题而株连历史的事，比比皆是。当时甚至连彭德怀同志在平江发动起义处拴过马的一棵梧桐树也被挖掉，说是“挖修根”。有人讽刺说：不但株连到人，而且株连到树。这种反历史主义的流毒必须彻底肃清。

但另一种情况也需要注意，就是有问题时被一概否定，现在平反昭雪了，又一概肯定。这也不是实事求是的态度。例如，有的同志写回忆彭德怀同志的文章，对1930年第一次打长沙采取完全肯定的态度。我们认为，这应该进一步研究。第一次打长沙从战略和政治路线上讲，是受立三路线的影响。因为当时不是想打一下扩大影响和搞点给养就走，而是想长期占领，被迫撤出后第二次还要打，这实际上正是“城市中心”的思想。关于这一点，1936年毛泽东同志同斯诺谈话时已讲过：“红军当时的主要任务是补充新的兵员，在新的农村地区实行苏维埃化，尤其重要的是在苏维埃政权的坚强领导下巩固红军攻克的地区。为了这些目的，没有必要打长沙，这件事含有冒险的成份。然而如果第一次的占领只是一件暂时的行动，不想固守这个城市，并在那里建立政权的话，那么，它的效果也可以认为是有益的，因为这时全国革命运动所产生的影响是非常大的。企图把长沙当作一种根据地，而不在后面巩固苏维埃政权，这在战略上和战术上都是错误的。”[6]彭德怀同志后来也曾谈到：现在检讨起来，三军团前委，包括自己在内，是受了夺取武汉为根据地的立三路线的影响，放松了对江西扩大革命根据地及其巩固工作。当时只知道服从中央领导，而不知道为什么要服从，也辨不清自己当时执行的路线是否正确。毛泽东同志和彭德怀同志的分析和回顾，可以使我们对攻打长沙这个问题有一个较全面的认识了。当然，当时攻打大城市是中央命令，责任在中央，而不在彭德怀同志。

另外，还有一个问题，就是像林彪这样货真价实的叛徒、卖国贼，在党史中是否还要写呢？当然我们决不提倡宣传林彪，对他的罪行必须彻底清算和批判，但研究过去的历史，对林彪在历史上做过的事情，还是应该实事求是，不要一笔抹掉。因为这不是林彪个人的问题，如果简单地抹掉林彪在党和军队中的活动，很多问题就难于讲清楚。中国革命博物馆在新近的陈列中，都按历史的原貌，在红军、八路军和中国人民解放军的序列中标出了林彪的名字和职务。这有助于正确反映党史的实际情况。

历史人物的评价是个复杂问题，党史上人物的评价更为复杂困难。我们一定要坚持马列主义原则，维护党史的科学性和严肃性。

三　正确处理阶级斗争和路线斗争的关系

共产党是革命的向导，党的路线正确与否是革命成败的关键。所以，党史研究自然要讲路线斗争。但是，就民主革命阶段党史的内容来说，首先是党领导人民群众战胜三大敌人的历史。新民主主义革命的总路线就是：“无产阶级领导的，人民大众的，反对帝国主义、封建主义和官僚资本主义的革命。”[7]党史的任务就是要研究这个伟大的革命，研究我们党如何在极其艰难困苦的条件下发动和领导我国人民经过长期的、反复的、英勇顽强的斗争，冲破种种艰难险阻，战胜国内外的强大敌人，逐步取得胜利的。当然也要研究党内的路线斗争，但是研究党内的路线斗争，决不能脱离这个伟大的革命，而要环绕着这个伟大的革命。离开这个革命，离开当时的对敌斗争，孤立地研究路线斗争，是很难研究清楚的。林彪、“四人帮”和那个顾问用路线斗争代替一切，把党史搞成路线斗争史。在他们的思想影响下编写的某些党史和党史资料，也是只看到路线斗争，看不到我党领导的整个革命斗争和革命发展的过程，实际上也就贬低了这个革命。我们应当记取这个教训，在研究中处理好路线斗争和党领导的整个革命斗争的关系。

我国的革命斗争是错综复杂的，其中有对敌斗争，有统一战线中的阶级斗争，也有党内的路线斗争，这些斗争有时是交织在一起的，但是又有区别，性质有所不同。例如第一次国内革命战争时期，革命的敌人主要是北洋军阀以及支持北洋军阀的帝国主义和地主买办阶级；在统一战线中既有同国民党老右派的斗争，又有同国民党新右派的斗争。由于我们党还是幼年的党，对中国革命的特点和复杂性缺乏正确的认识，“党的领导机关中占统治地位的成份，在这一阶段的末期，在这一阶段的紧要关头中，没有能够领导全党巩固革命的胜利，受了资产阶级的欺骗，而使革命遭到失败。”[8]单用路线斗争说明不了这场大革命的全过程。又如抗日战争时期，我们的大敌是日本帝国主义，我党领导全国人民进行着严酷的抗日战争。当时蒋介石国民党虽是国内大地主大资产阶级的政治代表，但我们同它建立了抗日统一战线，方针是又联合，又斗争。这个斗争，与对日本帝国主义的斗争不同。至于党内两条路线的斗争，与上述两种斗争，性质更有不同。如果在研究党史中，主要不讲与敌人斗争而讲党内两条路线斗争，就会严重歪曲党史的基本内容。过去有的学生学了党史，往往不知道革命对象是谁，而只恨几个机会主义路线代表人物和犯路线错误的干部。这就达不到党史教育的目的，既不能完整地总结历史的经验教训，又难看出中国共产党的伟大、光荣、正确。效果显然是不好的。

路线斗争在一般情况下属于内部矛盾。一些人犯路线错误，往往是由于马列主义水平低，没有掌握马列主义的精神实质，对中国的社会情况缺乏调查研究，对革命规律认识不清。少数人从路线错误发展成为敌我矛盾，叛党而去，那是后来的事。所以在批判党内错误路线的时候，应严格划清两类不同性质的矛盾，是什么性质的错误就是什么性质的错误，既不夸大，也不缩小。例如张国焘，第二次国内革命战争时期他先执行“左”倾路线，后又实行右倾逃跑主义和分裂主义路线。但在 1937 年党的延安会议上，由于他作了检讨，党中央对他还是作党内问题处理，一方面严肃批判他的错误，同时仍然分配他一定的工作。直到 1938 年他逃离延安，投入国民党怀抱，党中央才把他开除出党。这是我党在民主革命时期处理党内斗争的一个很好例证。我们在党史研究中也必须区别不同性质的矛盾，不能把路线错误当成敌我问题，也不能把工作中的错误当作路线错误，而要认真进行具体的分析。

对于党内的错误路线必须严肃批判，以便总结经验，吸取教训。但是对错误路线的批判也必须采取实事求是的科学态度。例如，第二次国内革命战争时期的第三次“左”倾路线即王明路线统治我党达四年之久，使中国革命遭受极大损失。但是在延安整风时，毛泽东同志对它并没有简单地一棍子打死了事，他一方面严肃批判了这次路线的错误，从政治上、军事上、组织上和思想上深刻分析它的内容及其社会、历史和思想根源；另一方面对犯错误的同志也未完全否定，从而团结了更多的同志一道工作。毛泽东同志说：“对于任何问题应取分析态度，不要否定一切。例如对于四中全会至遵义会议时期中央的领导路线问题，应作两方面的分析：一方面应指出那个时期中央领导机关所采取的政治策略、军事策略和干部政策在其主要方面都是错误的；另一方面应指出当时犯错误的同志在反对蒋介石、主张土地革命和红军斗争这些基本问题上面，和我们之间是没有争论的。即在策略方面也要进行分析。例如在土地问题上，当时的错误是实行了地主不分田、富农分坏田的过左政策，但在没收地主土地给无地和少地的农民这一点上，则是和我们一致的。”[9]在我们过去的党史研究中，往往总爱作简单的结论，要么绝对肯定，要么绝对否定。这是要不得的。我们今后应该改变这种状况，要养成分析的头脑，对于复杂的事物要作反复深入的分析研究，把我们的工作推进一步。

研究党史上的路线斗争必须实事求是，不应随意上纲，不能把工作中的错误或某些问题上的不同意见说成路线错误或路线斗争，也不能乱挂乱联，张冠李戴。过去很多党史讲义讲到第一次党代表大会时，说在这次会上“出现了反对两种错误倾向的斗争，毛泽东同志坚持了正确意见。”据了解，“文化大革命”前田家英同志为此事问过毛泽东同志：“一大有没有路线斗争？”毛泽东同志说：“懂啥子哟，都是年轻人。”在董必武同志的回忆中，也没有说一大有路线斗争，只说某些问题有争论和讨论。董老说：关于共产党员能不能到政府中做官当议员的问题有争论。李达同志和当时参加会议的其他人也没有说过反倾向斗争或路线斗争。据党的一大纲领记载，关于党员是否可以担任政府官员或议员曾有争论，而没有提到错误倾向问题。只有陈潭秋同志的回忆中谈到有两种错误倾向，即合法马克思主义和小团体主义的倾向。这个问题可以进一步研究。但从多数同志的回忆、党纲记载来看，一大的争论或讨论，提不到“反倾向斗争”和“路线斗争”的高度。又如1928年井冈山斗争的“八月失败”问题，“文化大革命”以来，有些党史讲义把“八月失败”同瞿秋白的“左”倾路线挂在一起，而且越联越具体。我们认为是不切实际的。根据是：第一，《关于若干历史问题的决议》讲得很清楚，瞿秋白“左”倾路线到1928年初在许多地方已经停止，到同年4月，就在全国范围的实际工作中基本上结束了。而“八月失败”发生在1928年8月。第二，毛泽东同志1928年11月写的井冈山前委给中央的报告（即《井冈山的斗争》）原稿上点明：“八月失败”是湖南省委、特别是湖南省委巡视员杜修经的错误。第三，1945年七大时，陈毅同志在发言中谈到，“八月失败”，他要负责。朱德同志插话，说他要负责。毛泽东同志说，你们都负不了责，湖南省委负责。

还有一个问题，就是在党史研究中，不应在批判错误路线时否定革命群众英勇斗争的革命精神及其历史功绩。例如，大革命失败后某些地方举行的武装暴动带有盲动性质，但是广大群众、党员和干部包括犯路线错误的领导干部都是要革命的。他们在国民党反动派的屠杀政策面前英勇不屈，这种反抗精神和革命英雄气概应该得到肯定。即使谈到王明路线指挥下的第五次反“围剿”和白区斗争，也要既讲“左”倾路线的危害，又讲国民党反动派的凶残，红军和根据地人民的浴血奋战，以及白区地下党组织领导革命群众的英勇斗争。对张国焘错误路线也是这样，必须肯定鄂豫皖和川陕根据地的干部和群众、四方面军的干部和战士英勇奋斗的业绩，把错误路线的主要负责人和广大干部、群众区别开。著名文学家梁斌同志在小说《红旗谱》中描写了高、博、蠡暴动，“文化大革命”中就被加以“为王明路线翻案”的罪名，惨遭打击。这次暴动是否与王明路线有关，当然可以研究。但是，梁斌同志用艺术形式反映广大人民在党组织的领导下反对国民党反动派和地主豪绅的英勇斗争，有什么不对呢？我们就是要歌颂人民群众的斗争，歌颂革命者为实现共产主义理想誓死如归的精神。

四　要详细占有资料，认真研究资料

在党史研究工作中，要贯彻实事求是的原则，做到党性和科学性的统一，必须充分占有资料，认真研究资料。

首先是占有资料。没有资料或资料不全，就无法进行研究，或者研究不清楚。我们在党史研究工作中很感困难的一件事，是缺乏资料。现在一般党史工作者能够看到的原始资料还很少。如果研究党史，对党过去一些重要会议的报告、决定、总结、指示，以及我军在一些重要战役中的作战计划、决定、命令等都看不到，很多事件就很难搞清楚。实在说，现在很多重大问题讲不清楚，主要是因为缺乏资料。特别是党内的一些重要资料。全国解放后，陆续公布过一些有关党史的教学、研究参考资料，尤其是近两年又公布了不少资料，这对于研究和宣传党的历史很有意义。但是随着研究和教学工作的深入，也还是很不够的。我们认为，对党的文件当然应该注意保密，这是必须遵守的。然而革命胜利已经30年了，党在民主革命时期的文献，已经是30年、40年或半个世纪以上的历史文献了，即使有些还不宜公开，也应该是少数的。因此希望能够尽可能多公布一些党的历史文献。这对于党史的研究、教学和陈列都有重要意义，对于广大群众进行革命传统教育也是十分必要的。

当然，在过去的长期战争环境中，在严重的白色恐怖下，党的历史文献损失不少，特别是国民党反动派和帝国主义对革命文献、文物破坏更严重，有很多重要材料可能找不到了。还有一种情况，就是在当时那种极端严酷的处境中，对有些事件的处理或决定本来就没有文字材料，而只是若干领导同志或某些组织的工作同志碰头决定、分别执行，既没有书面决定，也没有原始记录，只有当事人才知道事情的始末。这种情况不仅在白区工作中是常有的，就是在革命根据地也是不少的。这就只能靠老同志的回忆了。我们的老一辈革命家、老干部、老战士，在我们的党史上，在我国的革命斗争中，建立了丰功伟绩，他们的很多活动都是与党史、革命史有关的，有许多重大事件是他们亲身经历的。不必说有很多重要事件没有文字材料，就是有文字材料的，也不够齐全，或不够具体，这只有靠老同志的回忆才能解决。解放以来，我们不少老同志写了革命回忆录，这对于党史研究和教学很有帮助，也深受广大群众的欢迎。我们怀着极为崇敬的心情，希望、请求我们的老革命家、老同志把你们所知道的有关党史、革命史的情况、资料写成回忆录，给我们和子孙后代留下这份珍贵的遗产。

尽量收集资料、占有资料是一方面；另一方面则是认真分析和研究资料，这也很重要。只有对资料进行认真的分析研究，才能找出事件的内部联系，看到事物的本质。党史研究上的某些问题，同占有资料不充分有关，同对待资料不够严肃认真也有关系。有些问题的说法，同历史资料是不符合的。

一些党史文章和讲义，都说李大钊同志赞扬《湘江评论》是“现今最重要文字”。但经查对，那不是李大钊同志的话，而是胡适在《每周评论》第 36 期上写的一篇介绍刊物的文章中讲的。分析原因，可能是这样一种指导思想：由于看到这篇文章讲得很好，但说此话的人是胡适不好引用，就以李大钊同志是《每周评论》的主编而改为李大钊同志的话[10]。其实那时李大钊已不在北京，从 26 期起是胡适编辑的。这样做是不好的。因为这件事并不难解释，用不着张冠李戴。当时毛泽东同志主编的《湘江评论》，特别是他写的《民众的大联合》，在全国产生了广泛的影响，以至资产阶级知识分子的代表人物胡适也不能不予以称赞。这样说岂不是更符合实际情况吗？

过去很多党史讲义，介绍党的一大的文章，都说一大通过了党章。事实是，一大通过的是党纲和当前工作任务，到党的二大才有第一个党章。

有的党史书讲周恩来同志参加了党的五大，这可能是根据日本人写的一本小册子上的材料。据邓颖超同志回忆，她从广州脱险到了上海，5 月 1 日在法租界党的秘密机关见到周恩来同志，周恩来同志正在组织同志们撤退、隐蔽，非常忙。据聂荣臻同志回忆，“四·一二”以后，中央派他到上海找周恩来同志，他和周恩来同志离开上海时，听到了“马日事变”的消息，这时五大早已开过。他和周恩来同志都是五大代表，但都没有能参加。

有的党史讲义说，瞿秋白同志在“八七”会议后任临时中央政治局书记。这也不够准确，瞿秋白自己在《多余的话》中说：“从 1925—1931 年初，整整五年我居然成了中国共产党的领袖之一，最后三年甚至仿佛是最主要的领袖（不过并没有象外间所传说的‘总书记’的名义）。”《关于若干历史问题的决议》中有一条关于瞿秋白同志的注释，也只是说他担任中央领导工作，没有讲具体职务，没有讲他担任中央书记。

1971 年毛泽东同志南巡时讲到瞿秋白路线时说：“他们在湖南弄到一个小册子，里面有我说的‘枪杆子里面出政权’这样的话，他们就大为恼火，说枪杆子里面怎么能出政权呢？于是把我的政治局候补委员撤了。”这段回忆可能有误。因为至今还没有看到毛泽东同志说的那本小册子。而且据有的同志回忆，在“八七”会议上毛泽东同志在发言中提出了“枪杆子里面出政权”的光辉思想，瞿秋白同志是赞成的。再查一下 1927 年 11 月党中央扩大会议关于政治纪律问题决议案，问题就清楚了。那个决议说：“毛泽东同志为八七紧急会议后，中央派赴湖南改组省委执行中央秋收暴动的特派员，事实上为湖南省委的中心，湖南省委所犯的错误，毛泽东同志应负严重的责任，应予开除中央临时政治局候补委员。”决议并没有具体指责毛泽东同志提出的“枪杆子里面出政权”的话。当时的处理是否正确是另一个问题。事实证明，在秋收起义受挫折后，毛泽东同志率领起义部队向井冈山进军是一个伟大的成功。因而可以指出当时的处理不当。

但在讲到处理的原因时还是应以中央会议的决议为依据。

三大纪律八项注意的形成过程，现在的说法也不一致。如1978年一个刊物上说，1928年春毛泽东同志在桂东沙田宣布的就是三大纪律八项注意，不能说1929年以后才发展成三大纪律八项注意，否则会被林彪钻空子。这种说法是不符合事实的。《毛泽东选集》第四卷《中国人民解放军总部关于重行颁布三大纪律八项注意的训令》一文的题解讲得清楚，八项注意后两项是1929年以后补加的。斯诺写的《西行漫记》讲得更具体，后两项是林彪提的[11]。《西行漫记》第四篇是斯诺根据毛泽东同志谈话记录的，整理后又经过毛泽东同志的审阅，因此是比较准确的。毛泽东同志1965年是说过，三大纪律八项注意是在1928年在桂东沙田宣布的。显然这里是把三大纪律八项注意作为一个总的概念来记的，并没有讲它的形成过程。如果讲具体形成过程，还是以上面两个材料为宜。

关于举行八一南昌起义的决定问题，也有不同说法。有的同志认为只是若干同志商量的，在当时那种情况下不可能举行正式会议。有的同志认为进行这样大的举动不可能不由党的会议决定，并举出《伟大的道路》所记述的朱德同志的谈话为根据。这个记述说，7月18日共产党在南昌（按：可能是武昌？）附近的一个小村子举行一次重要秘密会议，南昌起义就是在这次会议上决定的。参加会议的有周恩来、朱德、苏兆征、谭平山、叶挺、贺龙、叶剑英、李立三、林祖涵等，毛泽东同志也参加了。根据有关材料和当时情况来看，南昌起义是由当时五人临时中央政治局及有关同志的会议决定的。周恩来同志是临时政治局常委兼军委书记、南昌起义前委书记，李立三、张太雷同志及张国焘也是临时政治局常委，事后他们都向中央写了报告。张太雷同志并未参加南昌起义，但他也作了报告，并谈到起义前决定的某些情况。瞿秋白、蔡和森同志当时也在中央工作，他们也参加了起义的准备工作。蔡和森同志曾谈到，张国焘对张发奎有幻想：张到南昌去时对暴动很不坚决等。所以南昌起义是由中央决定的。中央决定前曾有过庐山会议，中央决议后自然会召开某种会议，向有关人员传达布置，不过尚未见到具体材料。至于朱德同志所讲的那次会议，是什么范围什么性质的会议，还不清楚，也没有其他材料可为佐证，是否史沫特莱记叙有误，也不清楚。这个问题还需要进一步掌握材料和慎重研究。

周恩来同志说过："只有忠于事实，才能忠实于真理。"上面的事例说明，只有充分地把握历史事实，进行实事求是的研究分析，才能弄清事情的真实情况，得出正确的结论。但要能做到忠于事实，首先要有一个老实的严肃的治学态度，不能为了某个时期的需要去改铸过去的历史。同时，要做到忠于事实，也不能把任何材料都看成是真实的历史，而要将丰富的原始材料进行去粗取精、去伪存真的分析和整理，讲求其真实性和可靠性，不然就可能以讹传讹，造成混乱。

在新的历史时期，我们的党史工作者肩负着重要任务。我们要努力学习辩证唯物主义和历史唯物主义，彻底肃清林彪、"四人帮"和那个顾问所散布的流毒和影响，恢复党史的本来面目，把党史研究工作推向前进。

注释：

[1]《毛泽东选集》第3卷，人民出版社，1953年，第800页。

[2]《列宁选集》第4卷，人民出版社，1960年，第197页。

[3]《毛泽东选集》第1卷，人民出版社，1951年，第67页。

[4] 毛泽东：《在扩大的中央工作会议上的讲话》（1962年1月30日）。

[5] 同[1]，第1030页。

[6][美]埃德加·斯诺著、董乐山译《西行漫记》，三联书店，1979年，第151页。

[7]《毛泽东选集》第4卷，人民出版社，1960年，第1315页。

[8]《毛泽东选集》第2卷，人民出版社，1952年，第573页。

[9] 同[1]，第942—943页。

[10]《每周评论》是陈独秀、李大钊等发起创办的，实际负责编辑的是陈独秀，李大钊同志常写文章，也做些编辑工作，是编者之一，不是主编。

[11] 同[6]，第148页。

（原文刊于《近代史研究》1980年第2期）

毛泽东在中国共产党创建前后

夏燕月

20世纪初的中国，在帝国主义、封建主义的黑暗统治下，国家四分五裂，军阀连年混战，人民生活在水深火热之中。忧国忧民的毛泽东，曾投笔从戎支持辛亥革命，后在湖南省立第一师范度过五年半“修学储能”岁月。他受湘学士风和伦理学教师杨昌济先生影响，崇尚“实学”，注重实践，多次游学考察，身无分文，心忧天下。他关心劳苦大众，目睹工人们如嗷嗷待哺的求学情景，决心办好工人夜校。他关注国内外形势变化，被同学们誉为“时事通”。他立志探求救国真理，若“十年未得真理，即十年无志；终身未得，即终身无志”[1]。心系社会、苦学砺志的远大抱负，伴随着毛泽东的整个青年时代。参与创建中国共产党是毛泽东实现理想抱负的关键一步。此举改变了毛泽东的人生历程，也改变了中国历史的进程。

一 经受五四大潮洗礼，引导新民学会发生质的飞跃

（一）大力支持新民学会会员和湖南学生赴法勤工俭学，对于如何更好地“施展抱负”，形成了自己的独特见解。毛泽东在社会实践中，深感应结交能够刻苦耐劳、意志坚定的青年，为实现共同理想而奋斗。1918年4月14日，他和蔡和森等发起组建新民学会。学会“以革新学术，砥砺品行，改良人心风俗为宗旨”，要求会员生活严肃、思想进步、有为国家民族做事业的远大志向。新民学会的成立，是毛泽东在一师办成的一件非常有意义的大事。不久，蔡和森等人离开湖南赴法勤工俭学，毛泽东即成为新民学会的实际领导人。

1918年夏，即将毕业的新民学会多数会员，对当下混乱的政局感到迷茫。毛泽东等决定学会向外发展，认为应以一批同志为核心向外开辟阵地，进而联络全国以至全世界同志，共谋全人类解放事业。因此他始终支持会员和湖南青年到国外勤工俭学。他于1918年8月第一次走出湖南来到北京，为赴法勤工俭学生做了大量的筹措路费等具体工作，直到1919年3月离开北京转道上海，送走两批赴法学生之后才回到长沙。

但毛泽东自己却没有出国，主要原因是他第一次到北京后思想发生了深刻变化。北京是新文化运动的中心。毛泽东在李大钊任主任的北京大学图书馆当助理员期间，吸收了许多新鲜有益的知识，结识了一些社会名流和有志青年；参加了新闻学研究会、哲学研究会及各类社团的活动；拜访了陈独秀、胡适、蔡元培等著名人物，特别是读到李大钊宣传俄国十月革命的文章，大开了眼界。如火如荼的新文化运动带来的思想解放和学术自由氛围，使他深切感受到从未有过的振奋和刺激，开始重新思考怎样更好地“施展抱负”。他认为留在国内有好处：一是“看译本较原本快迅得多，可于较短的时间求到较多的知识”；二是“世界文明分东西两流……东方文明可以说就是中国文明。吾人似应先研究过吾国古今学说制度的大要，再到西洋留学才有可资比较的东西”；三是“吾人如果要在现今的世界稍为尽一点力，当然脱不开‘中国’这个地盘”[2]。因此，他决定留在国内深入了解研究中国国情，以解决改造中国的问题。

（二）组织领导湖南人民反帝反封建斗争，使新民学会成为以马克思主义为主要信仰的革命团体。1919年五四运动爆发后，毛泽东作为新民学会和湖南学生运动的领导人，始终站在反帝反封建斗争的最前

列。他作为宣传最新思潮的《湘江评论》主编和主要撰稿人，从7月创刊至8月中旬被反动当局查封，撰写了40篇文章。他热情欢呼十月革命，“浩浩荡荡的新思潮业已奔腾澎湃于湘江两岸了！顺他的生，逆他的死”[3]；在《民众的大联合》一文中提出社会改造“根本的一个方法，就是民众的大联合”[4]。

同年9月，毛泽东以新民学会会员为骨干，领导了声势浩大的驱张（敬尧）运动，经过10个月奋战终于取得胜利。接着，他抓住机遇领导了湖南人民自治运动，连续发表14篇文章，大胆设想中国改造可先由各省立“国”，率先建立“湖南共和国”，一省一省问题解决后，便可达到全国问题的总解决[5]。这是他屡试“新村”未果后，把各种社会改革理想在更大范围内付诸实践的尝试。然而，企图通过和平请愿，实行制宪的尝试又遭失败。

毛泽东不仅善于领导实践斗争，而且善于学习马克思主义并认真总结经验教训。经过不断剖析、扬弃空想社会主义等思想影响后，成为坚定的马克思主义者。他后来回忆说：“我第二次到北京期间，读了许多关于俄国情况的书。我热心地搜寻那时候能找到的为数不多的用中文写的共产主义书籍。有三本书特别深地铭刻在我的心中，建立起我对马克思主义的信仰。我一旦接受了马克思主义是对历史的正确解释以后，我对马克思主义的信仰就没有动摇过。”[6]1920年11月25日，他连续给向警予等5位会员写了5封信，着重谈到改良主义在中国行不通，“政治改良一途，可谓绝无希望。吾人惟有不理一切，另辟道路”[7]；革命运动必须有正确的理论指导，“主义譬如一面旗子，旗子立起来了，大家才有所指望，才知所趋赴”[8]；稍后在给蔡和森的信中强调指出：“俄国式的革命，是无可如何的山穷水尽诸路皆走不通了的一个变计，并不是有更好的方法弃而不采，单要采这个恐怖的方法。”[9]他对于社会改造有了新的思考：“从事于根本改造之计划和组织，确立一个改造的基础，如蔡和森所主张的共产党。”[10]

新民学会后期曾召开过两次重要会议。一次是1920年7月确定以“改造中国与世界”为学会方针的巴黎蒙塔尔纪会议，出现了以蔡和森为代表的革命派和以萧子升为首的温和派的分歧。另一次是毛泽东、何叔衡为统一会员思想，于1921年元月在长沙召开的新年大会，逐个讨论学会应以什么作共同目的、采用什么方法和目前如何着手等重要问题。讨论中，会员们一致主张以“改造中国与世界”为共同目的，会上“关于主义争辩甚厉”。毛泽东对旅法会友提出的五种方法进行了精辟分析：“社会政策，是补苴罅漏的政策，不成办法。社会民主主义，借议会为改造工具，但事实上议会的立法总是保护有产阶级的。无政府主义否认权力，这种主义恐怕永世都做不到。温和方法的共产主义，如罗素所主张极端的自由，放任资本家，亦是永世做不到的。”因此“激烈方法的共产主义，即所谓劳农主义，用阶级专政的方法，是可以预计效果的，故最宜采用”[11]。毛泽东的论述有很强的说服力，使“同一学会，则以奉同一主义为宜”成为共识[12]。表决时18位与会者中“赞成布尔塞韦克主义者十二人”，多数会员产生了组党组团的迫切要求。两次大会遥相呼应。在毛泽东和蔡和森领导下，新民学会发生了质的飞跃，即发展为以马克思主义为主要信仰、以“改造中国和世界”为宗旨的革命团体。后来学会74位会员中先后加入共产党的有31人，毛泽东、蔡和森、向警予、夏曦、李维汉、蔡畅等都担任过党的重要领导职务，其他30多人从事教育和科技工作，并同情革命。只有极个别人后来变为反共分子。

二　扩大马克思主义传播，创建长沙共产党早期组织

五四运动后，中国早期共产主义者为适应中国社会发展和革命的需要，掀起一场研究、传播马克思主义的思想运动。此时，毛泽东第二次到北京，与李大钊、邓中夏等人有了更加频繁的接触。1920年4月，他从北京到上海，同正在与李达、李汉俊等筹组上海共产党早期组织的陈独秀多次交谈。他后来回忆说：“陈独秀谈他自己的信仰的那些话，在我一生中可能是关键性的这个时期，对我产生了深刻的印象。”“他对我的影响也许超过其他任何人。”[13]毛泽东在北京、上海，同当时中国思想界两位巨人的再度会晤，受到

了深刻影响和启发，与他们建立了组织上和思想上的联系，进而确定了全新的革命目标和任务。

（一）创办文化书社，成立俄罗斯研究会，努力扩大马克思主义传播，为长沙共产党早期组织的建立打下思想基础。1920年7月，毛泽东回到长沙后办了两件大事。第一是创办文化书社。毛泽东认为要发动组织革命斗争，首先要推动对新思潮的学习和研究，扩大马克思主义传播。他与何叔衡、彭璜等联合各界知名人士，共同发起成立文化书社。他在《文化书社缘起》中写道："湖南人现在脑子饥荒实在过于肚子饥荒，青年人尤其嗷嗷待哺。文化书社愿用最迅速、最简便的方法，介绍中外各种最新书报杂志，以充青年及全体湖南人新研究的材料。也许因此而有新思想、新文化的产生，那真是我们馨香祷祝、希望不尽的！"[14]对于新文化，他认为"不但湖南，全中国一样尚没有新文化。全世界一样尚没有新文化。一枝新文化小花，发现在北冰洋岸的俄罗斯"[15]。其深刻涵义是将马克思主义指引下取得十月革命胜利的俄国作为学习榜样。9月9日文化书社开业时，毛泽东任特别交涉员。他们努力扩大营业范围，与全国六七十家书报社和文化团体建立了联系。经营的书籍有164种，杂志45种，日报3种，其中有《马格斯资本论入门》、《劳农政府与中国》、《新俄国之研究》等译著，有《劳动界》、《新青年》、《少年中国》等刊物。文化书社的迅速发展，团结了社会各界人士，促进了新文化、新思想在全省的传播，对于马克思主义宣传、湖南建党和培养干部等方面都起了特殊作用；同时，也体现了毛泽东对新文化新思想将带来新希望的热切追求。文化书社不仅是湖南人民的精神粮站，新民学会活动的主要场所，也是毛泽东开展建党建团工作及与外省党团组织联络的重要场所。

第二件事是发起成立湖南俄罗斯研究会。1920年8月22日，毛泽东同方维夏、彭璜、何叔衡等联络社会各界，召开湖南俄罗斯研究会筹备会，通过了以"研究俄罗斯一切事情为宗旨"、发行荟集个人和集体研究成果的《俄罗斯丛刊》、派人赴俄罗斯考察和提倡赴俄勤工俭学等重要事项。9月15日研究会成立。会员们发表不少宣传俄国十月革命的文章，毛泽东还将一些重要论文推荐给有影响的报纸转载。俄罗斯研究会在湖南广大群众特别是青年中影响很大，曾介绍任弼时、萧劲光等6位青年到上海发起组创办的外国语学社学习。萧劲光回忆说："那时，我们参加俄罗斯研究会不久，毛泽东同志是俄罗斯研究会的书记干事。我们是通过在船山中学学习的伍岳，找到船山中学校长贺明范的关系加入俄罗斯研究会的，后来也是通过他办手续去上海的。到了上海，我们进入外国语学社学习俄语。"[16]后赴俄国留学。

通过文化书社和俄罗斯研究会等组织，毛泽东引导会员和青年学习马克思主义，扩大马克思主义传播，为长沙共产党早期组织的建立打下了思想基础。

（二）列入全国组党计划的长沙共产党早期组织，在新民学会先进分子中秘密诞生。长沙共产党早期组织是在毛泽东的筹划下建立的。1920年初，毛泽东经过实践斗争，认为单靠个人力量绝不可能实现社会的改造，更不可能撼动旧社会的根基；应当切实研究中国情况和问题。把有着相同志向的人结合成"一个高尚纯粹勇猛精进的同志团体"[17]。当时，虽然尚未明确提出建立共产党，但已经产生了要建立一个能担当改造中国社会大任的坚强组织的设想。1920年夏，中国共产党酝酿筹备期间，受李大钊、陈独秀启发，回到长沙后，毛泽东结合当时社会政治实际情况，在扩大马克思主义传播的同时，坚持"潜在切实"、注重"打基础"、"找真同志"的方针，"不张扬，不标榜，不图形式，不务虚名"，脚踏实地、埋头苦干，在新民学会先进分子中慎重开展建党的筹备工作。萧子升在晚年回忆时说："1920年，（新民）学会出现了分裂，在毛泽东领导下那些热衷共产主义的人，形成了一个单独的秘密组织。"[18]

长沙筹建共产党早期组织，一开始就列入全国的组党计划。1920年8月，上海共产党发起组成立后，毛泽东与陈独秀等取得密切联系。据周佛海回忆，1920年夏他回到上海，见到陈独秀和共产国际代表维经斯基商讨组党时，提到计划"预备在一年之中，于北平、汉口、长沙、广州等地先成立预备性质的组织"[19]。李达在回忆各地筹建党组织时也提到：上海发起组成立后，"由陈独秀、李汉俊找关系……在湖南由毛泽东同志负责"[20]。

1920年11月左右，毛泽东收到陈独秀、李达来信，接受正式筹建共产党早期组织的委托。他们还把上海发起组、上海机器工会的组织情况和《中国共产党宣言》起草等情况告诉毛泽东。期间，毛泽东邀请陈独秀来长沙，参加湖南社会主义青年团的成立大会。陈独秀因赴广东出任孙中山军政府的广东全省教育委员会委员长一职，未能来长沙。经过慎重物色，毛泽东和何叔衡、彭璜等6人在建党文件上签了名。史实表明，长沙共产党早期组织筹建时，虽从未在新民学会会员中公开过，但确实是在该会先进分子中秘密诞生的，时间约在1920年11月间。不久，毛泽东写信告诉蔡和森："党一层，陈仲甫先生等已在进行组织。"[21]

三　为中国共产党的创建作出独特的贡献

长沙共产党早期组织在毛泽东领导下，组织严密，步调一致，联系群众，艰苦奋斗，在革命斗争中显示出坚强的战斗力；他们认真扎实，奋发有为，做了大量开拓性的实际工作，取得了优良业绩，在思想上、政治上和组织上为中国共产党的创建作出了不可磨灭的贡献。

（一）中国共产党成立前，领导长沙共产党早期组织开展了大量卓有成效的工作，取得了优良业绩。第一，深入研究、传播马克思主义，全力办好文化书社和俄罗斯研究会。特别可贵的是他们在实践斗争和不断探索中，通过长篇通信和热烈讨论，使学习研究不断深化。1920年10月，毛泽东受湖南《大公报》委托任英国唯心主义哲学家罗素来长沙演说的记录员。他在12月1日致萧子升、蔡和森等会员的信中，对罗素的所谓"用教育方法使有产阶级觉悟"的观点进行了深入批判，对社会改良主义作了彻底否定："我对于罗素的主张，有两句评语，就是'理论上说得通，事实上做不到'。"其一，通过教育改造社会是不现实的。因为资本家掌握着教育权，并且有法律、军队保护，"共产党人非取政权，且不能安息于其宇下，更安能握得其教育权？"其二，要资本家信共产主义，是不可能的。"历史上凡是专制主义者，或帝国主义者，或军国主义者，非等到人家来推倒，决没有自己肯收场的"。而无政府主义要求"无强权无组织的社会状态"，结果必定"难以终其局"[22]。毛泽东在看到蔡和森要"明目张胆正式成立一个中国共产党"的长信之后，非常高兴：在1921年1月21日的复信中明确表示："唯物史观是吾党哲学的根据"，"你这一封信见地极当，我没有一个字不赞成"[23]。不久，毛泽东在编辑《新民学会会员通信第三集》时特别提到，这一集"以讨论'共产主义'和'会务'为两个重要点。信的封数不多，而颇有精义"[24]。由此可见，这些通信和讨论，大大提高了党员对于党的性质、宗旨、指导思想和党的纲领等党建基本理论问题的认识。

第二，建立社会主义青年团，使其成为党的助手和后备军。1920年10月，毛泽东收到北京、上海寄来的社会主义青年团章程后，立即筹划建团工作。当年建团工作骨干、一师学生张文亮在日记中多处记载了毛泽东关于建团工作要贯彻积极慎重、注重质量的方针，以及要"多找真同志"、"中坚分子"的嘱咐。在毛泽东直接领导下，湖南社会主义青年团于1921年1月13日正式成立，有团员16人，毛泽东任书记，何叔衡、郭亮、肖述凡、夏曦等都是团员。到7月份发展到39人，其中有毛泽东的小弟毛泽覃。到1923年发展到700多人，成为全国团员人数最多的省份之一。

第三，到工人中去开展宣传组织工作。毛泽东于1920年秋开办了湖南一师民众夜校和失学青年补习班，向工人进行启蒙教育。在他的争取和帮助下，湖南劳工会先后创办了两所工人夜校和其他学校。他还经常深入到长沙各工厂进行调查研究，宣传、组织工人开展斗争。李达在回忆中共一大时写道：代表们在住所交换各地经验，认为"长沙小组，宣传与工运都有了初步成绩。看当时各地小组的情形，长沙的组织是比较统一而整齐的"[25]。

由于长沙党组织做了大量扎实工作，党员队伍迅速壮大，数量多，质量也高。1921年6月毛泽东接到上海发起组通知，于月底同何叔衡作为代表去上海参加中共一大。大会宣告中国共产党成立，中国革命由此进入了一个新的时代。

（二）中国共产党成立后，继续扩大马克思主义宣传，建立党的各级组织，领导工人运动，使湖南地区罢工斗争得到迅速发展。一大闭幕后，毛泽东回到长沙，为进一步扩大马克思主义宣传，创办了湖南自修大学。自修大学培养了湖南34县和外省4县的200多名青年，两年后就被军阀当局查封。1921年10月10日领导全省工作的中共湖南支部成立，毛泽东任书记。他首先到基层去开展工作，发展党员，建立党的各级组织。他换上粗布短褂，穿上草鞋，深入工厂矿山，同工人交朋友，启发工人觉悟，吸收先进分子入党，到自修大学等基础较好的学校去发展党员。他多次到安源，于1922年初在安源建立了湘区第一个产业工人党支部。到中共二大召开前湖南已有党员30人，并在此基础上成立以毛泽东为书记的中共湘区委员会。

一大后，为了集中力量领导工人运动，还成立了中国劳动组合书记部，毛泽东任中国劳动组合书记部湖南分部主任。他首先解决了湖南劳工会的改组问题，把这个受无政府工团主义影响较深的工人组织引导到正确的轨道上来。在他的领导下，1921年12月25日长沙举行万人示威，反对帝国主义“共同支配中国”的华盛顿会议。此时，共产国际代表马林由张太雷陪同到桂林途经长沙时，毛泽东在文化书社接待了他。后来马林在给共产国际报告中说：沿路考察，一些城市的青年组织“并没有对工人运动的发展作出什么贡献。只有长沙的青年组织举行了反对华盛顿会议的示威并建立了一个纺织工人联合会，这个工会组织于1921年12月底举行了罢工”[26]。毛泽东还派干部到基层，建立粤汉铁路工人俱乐部和安源路矿工人俱乐部，建立长沙泥木工会等20多个产业工会，1922年11月成立了湖南全省工团联合会。他和中共湘区委员会先后领导了安源路矿、粤汉铁路、水口山铅锌矿和长沙泥木工人大罢工。特别是闻名中外的安源大罢工，成为中国工人运动第一次高潮中“绝无而仅有”的成功范例。期间，湖南省罢工达10次，胜利及半胜利有9次，失败的仅1次，“大引起社会注目”[27]。在毛泽东领导下中共湘区委员会成为全党领导得力、组织严密、业绩卓著的地方党组织之一。陈独秀在中共三大报告中说：“就地区来说，我们可以说，上海的同志为党做的工作太少了。北京的同志由于不了解党组织，造成了很多困难。湖北的同志没有及时防止冲突，因而工人的力量未能增加。只有湖南的同志可以说工作得很好。”[28]中共三大，毛泽东当选为中央局成员，在党中央的领导岗位上开始了新的征程。

综上所述，在中国共产党成立前后，毛泽东不仅是勇于实践、不懈奋斗的实干家，又是善于学习研究、不懈探索的思想家。他关注对中国社会现实的调查研究，重视把马克思主义与实际相结合，在认真的自我批评中吸取失败教训，使理论在实践中不断完善、升华。以毛泽东为代表的中国共产党人在追求真理和早期建党活动中，所表现出的高度的社会责任感、严肃的科学态度和积极开拓的实践精神，值得我们继承、弘扬与学习。

注释：

[1] 中共中央文献研究室、中共湖南省委《毛泽东早期文稿》编辑组：《毛泽东早期文稿》，湖南人民出版社，1995年，第87页。
[2] 同[1]，第474页。
[3] 同[1]，第294页。
[4] 同[1]，第338页。
[5] 毛泽东：《打破没有基础的大中国建设许多的中国从湖南做起》，长沙《大公报》1920年9月5日。
[6] [美]埃德加·斯诺著、董乐山译《西行漫记》，三联书店，1979年，第131页。
[7] 同[1]，第548页。
[8] 同[1]，第554页。
[9]《毛泽东书信选集》，中央文献出版社，2003年，第4页。
[10] 毛泽东1920年11月对易礼容6月30日来信所加的按语，《新民学会资料》，人民出版社，1980年，第92页。
[11]《毛泽东文集》第1卷，人民出版社，1993年，第2页。
[12]《谢觉哉日记摘抄》（1921年1月3日），《新民学会资料》，第169页。
[13] 同[6]，第133、130页。
[14] 同[1]，第499页。
[15] 同[1]，第498页。
[16]《萧劲光回忆旅俄支部前后的一些情况》（1979年11月），《“一大”前后》（三），人民出版社，1984年，第112页。
[17] 同[1]，第464页。
[18]《共产主义小组》（下），中共党史资料出版社，1987年，第575页。
[19] 同[18]，第471页。
[20] 李达：《中国共产党的发起和第一次、第二次代表大会经过的回忆》（1955年8月2日），《“一大”前后》（二），人民出版社，1985年，第8页。
[21][23] 同[9]，第11页。
[22] 同[9]，第4—5页。
[24] 同[1]，第575页。
[25] 同[20]，第12页。
[26]《毛泽东传(1893—1949)》，中央文献出版社，1996年，第82—83页。
[27] 毛泽东：《省宪下之湖南》（1923年7月1日），《前锋》1923年第1期。
[28] 同[26]，第89—90页。

（原文刊于《党的文献》2011年第1期）

湖南农民运动概述（1921—1927）

陈继馨

在第一次国内革命战争时期，随着革命形势的发展，湖南农民运动继广东之后日渐兴起，湖南成为全国农民运动最发达的一个省区。以湖南为中心的全国农村大革命，冲决了几千年专制政治制度的基础，动摇了帝国主义、军阀、贪官污吏的墙脚，为反帝、反封建的新民主主义革命开辟了广阔的前景。研究湖南农民运动的史实，有助于我们了解中国共产党领导中国革命所走过的道路。

一

湖南农民运动，大体经历了秘密和公开两个时期，以北伐军进军湖南前后为界。

在近现代史上，湖南成为南北军阀拉锯的战场。1917 年冬至 1918 年，南北军阀在湖南境内混战，1920 年以后，湖南处于军阀赵恒惕的统治之下，赵在吴佩孚的支持下，打着修改“省宪”的招牌，实际取消自治以附北。军阀的统治，使广大人民特别是农民处于水深火热之中。

共产党人和先进的知识分子很早就注意到农民问题，1921 年，在《共产党》月刊第 3 期上发表《告中国农民》，详细介绍湖南农村各阶级的社会经济情况，分析土地日益集中的原因，指出农民要摆脱封建主义的剥削和压迫，只有从地主手中夺回土地。中共湖南支部于 1921 年 10 月 10 日成立后，发动乡村教师和学生、工人，利用假期回乡的机会，进行宣传和组织农民的工作。长沙办了农村补习教育社，发行了《农村》周刊，在农村开办了 30 多所学校，随后各县农村补习教育社也相继建立和发展起来。

湖南农民运动始于衡山岳北。南岳衡山的北麓，有个名叫白果的地方。它与湘乡、衡阳接壤。这一带的田地，多为赵恒惕及其亲故占有，农民不堪忍受其剥削和压迫，多往水口山当矿工，这一条件使当地农民与工人之间形成密切的联系。1923 年 4 月，中共湘区委员会派遣水口山工人中的共产党员刘东轩、谢怀德回到家乡衡山岳北开展农民运动。经他们积极活动，秘密串连，不久，即仿效水口山工人俱乐部十人团的组织方式，以十家雇农、贫农、佃农或自耕农，组成一个小组，公举一个“十代表”。经过半年的工作，组织了许多农民小组，并产生了“百代表”和区的总代表。

同年八九月间，孙中山任命的湖南省长兼湘军总司令谭延闿率部进驻衡阳，讨伐赵恒惕。岳北农民乘谭、赵战争之机，于 9 月中旬在白果召开了盛大的岳北农工会成立大会，周围几十里的一万多农民参加了大会。选举刘东轩、谢怀德为正副委员长。发表了宣言，指出：“要为自己解除困苦，争谋利益，只有大家联合起来呵！”大会还议决了四项行动案，即：《关于农民生活要如何改良之议决案》、《关于本会对政府态度之议决案》、《关于农村教育之议决案》、《关于农村妇女的生活要如何改良之议决案》。岳北农工会成立后，领导农民进行了平粜、阻禁的斗争，即限令地主以平价出售粮食，阻止地主把粮食运往外地牟取暴利，斗争获得成果。

11 月下旬，在谭延闿的军队退出衡山之后，赵恒惕派军队镇压了岳北农工会，枪杀和逮捕了农工会干部和积极分子70余人，焚烧了岳北农工会会址和农民住房一二十幢。岳北农工会虽然失败了，但它的意义是很深远的。1924年1月，邓中夏在《中国农民状况及我们运动的方针》一文中指出："我们可以征测中国农民的觉悟是到了要农会的程度，能力是到了敢于反抗压迫阶级的时候，这种壮烈的举动，比较香港海员和京汉路工的罢工，并无逊色，真是中国革命前途可乐观的现象呵。"[1] 5月，中共湘区委员会在给中央的报告中指出：岳北农工会失败的原因，是由于行动过激烈，色彩太显露，客观方面由于军阀势力大。

1923年6月，中国共产党召开第三次全国代表大会，确定了与国民党建立统一战线的方针。1924年1月，孙中山召开了有共产党人参加的国民党第一次全国代表大会，国共合作正式建立。同年4月1日，在共产党人的帮助下，国民党湖南临时省党部成立，共产党员和社会主义青年团员多数参加了国民党。中共湘区委员会按照中央第30号通告精神，派遣大批共产党员、共青团员深入各县，发动国民党左派，建立县党部。1925年5月底，秘密召开了国民党湖南省第一次代表大会，正式建立了省党部，共产党员夏曦、何叔衡、郭亮、熊亨瀚，及国民党左派谢觉哉、凌炳等当选为执委。"五卅"运动后，省党部由秘密逐渐转向半公开，为组织和教育群众创造了有利的条件，推动了革命运动的恢复和发展。湖南农民运动在全国反帝的高潮中又复兴起来。

1925年春节前夕，毛泽东从上海回到湖南韶山养病，亲自组织和领导了这里的农民运动。毛泽东后来这样说过："以前我没有充分认识农村里阶级斗争的程度，但是，在1925年'五卅'惨案以后，以及在继之而起的政治运动的巨浪中，湖南农民变得非常有战斗性。我离开了我在休养的家，发动了一个把农村组织起来的运动。在几个月之内，我们就组织了20多个农民协会，这激起了地主的愤怒。他们要求把我抓起来。赵恒惕派军队来逮捕我，于是我逃到广州。"[2]

毛泽东在韶山，首先发动一些贫苦知识分子从开办农民夜校入手，半年内建立了20多个秘密农协组织，建立了中共韶山支部、共产主义青年团及国民党组织。"五卅"运动中，毛泽东抓住这一有利时机，以"打倒列强、洗雪国耻"为号召，在一些乡建立了公开的群众组织——雪耻会，使秘密活动与公开活动结合起来。党支部和秘密农协通过雪耻会领导农民进行平粜阻禁和夺取乡村教育权的斗争。

同年5月，共产党员汪先宗领导的湘潭东一区株洲八叠乡秘密农协成立，领导农民开展了平粜斗争，号召农民拥护广东革命政府，打倒英、日帝国主义，打倒土豪劣绅，废除赵恒惕的伪"省宪法"。11月，成立了株洲农民协会，会员发展到5000多人。当地土豪劣绅对其极为痛恨，他们勾结团防局，将汪逮捕，并严刑拷打。12月9日，汪被当地驻军杀害。汪先宗是湖南最早牺牲的一位农民运动领袖。他的牺牲，在工农群众中引起极大震动，株洲市民万余人参加了汪案鸣冤委员会，各地群众纷纷开会，追悼烈士，并抗议赵恒惕政府的暴行。

为了贯彻中央扩大会议的决议，中共湘区委员会于1925年10月召开扩大会议，讨论"五卅"运动以来湘区党的工作和今后的任务。会议通过的《农民运动决议案》，分析了湖南即将由反动统治过渡到国民革命的政治形势，强调农民问题在国民革命中的重要性，比较全面地分析了农村的阶级状况，认为佃农、雇农是农村中的革命派，是工人阶级的革命同盟军，自耕农是农民中之中立派，在政治斗争中我们应联络之，在经济斗争中应中立之，地主阶级则为农村中之反动阶级，目前对其恶劣者应攻击，对无大恶者可暂取缓和态度。提出了包括集会、结社、言论、出版等自由，农协和乡村自治政权机关应由农民选举，不得绅士包办，取消团防地主武装，组织农民自卫军，由农协及乡村自治机关规定最高租额、最低谷价，反对高利贷，没收大地主、军阀、官僚、庙宇的土地交给农民等内容的宣传和组织农民的14条纲领。会议决定区委下设农民运动委员会，夏明翰任书记。这一决议案的内容，经国民党湖南省党部以《湖南农民运动实施纲要》发布。《纲要》进一步提出湖南急需发展农运的37县的区域。11月下旬，中国共产主义青年团湘区代表大会所通过的《关于农民运动决议案》，完全接受湘区农运决议案的精神，并提出注意青年农民的教育工作和经济利益。不久，成立了青年农民运动委员会。

中共湘区委员会十分注意农运干部的教育和培养。早在1924年6月，由湘区党、团发起组织农民通讯社，出版《农民通讯》周刊。中共湘区创办的湘江学校，于同年8月增设农村师范部，以培养农运干部。1925年，湘区委员会选派了55名党团员和优秀工人、学生去广州第四届、第五届农民运动讲习所学习。12月，第五届农讲所结业的湘籍学生回省。他们以国民党湖南省党部农运特派员的身份深入农村，组织秘密农协。同时，湘区党、团组织了寒假工作指挥部，为回家的同学办了农民运动讲习班，印发了《告农民书》、《农村寒假宣传纲要》、《农民运动实施纲要》、《饥荒歌宣传画》、《湖南农民》（旬刊）等宣传材料。到年底，湖南有组织的农民约2万余人。同时，长沙、湘潭、平江、益阳、宁乡、醴陵、南县、华容、常德、安源、安化、宝庆、衡山等地也都在着手组织农民运动。

随着广东革命根据地的统一和国民革命军的迅速壮大，全国工农群众运动的高涨，国民革命军北伐消灭北洋军阀的条件逐渐成熟。中共中央根据形势的要求，于1926年2月举行了特别会议，指出，本党现时最主要的责任，是在各方面准备广州国民革命势力的往北发展，以建筑工农革命联合的基础，而达到国民革命的全国范围内的胜利。这时湖南的形势是：由于赵恒惕在湘统治6年，广大人民认清了他实行“自治”和“省宪”的假面具及反人民的本质。围绕着全省形势，中共湖南区委决定建立反赵的联合战线，发动群众开展以反英讨吴驱赵为中心的革命斗争，为广州国民政府的北伐作准备。2月10日，各界群众成立了湖南人民反英讨吴行动委员会。3月9日，长沙各团体举行了3万多人的市民大会，通过省党部提出的《对湘局主张之二十四条》，成立了“湖南人民临时委员会”，号召人民参加反吴战争，工农组织反吴运输队。大会提出打倒赵恒惕，请国民政府北伐。此时，赵恒惕的部下第四师师长唐生智有取赵自代之势。赵恒惕在各方面的逼迫下，于3月12日向各界及唐发表“去职通电”，委唐生智为内务厅长代行省长职。当晚赵即逃往岳州，随后去汉口。驻长沙的叶开鑫部亦于13日开往岳州，依附军阀吴佩孚。25日唐生智正式就任代行省长职。

由于军阀赵恒惕被驱除出湘，中共湖南区委利用这一有利的政治形势，加快了农协组织的发展，农民运动由秘密走向半公开或公开。到1926年4月，有农协组织的县是：湘潭、平江、长沙、衡山、宁乡、醴陵、湘乡、益阳、湘阴、临湘、岳阳、浏阳、华容、南县、常德、麻阳、衡阳，耒阳、宜章、常宁、永兴、祁阳、嘉禾、郴县、大庸、茶陵、安源等，其中成立县农协9个，区农协43个，有组织的农民达3.8万余人。5月份，有组织的农民又增至6万人。

由于唐生智倾向革命，为吴佩孚所不容。4月，吴佩孚任命叶开鑫为“讨贼联军湘军总司令”，进攻唐生智。中共湖南区委和国民党省党部一方面积极争取唐生智参加国民革命，一方面发动群众支持讨吴战争。4月1日，湖南区委发表《对湖南政局宣言》，指出湖南军队不仅要讨伐叶开鑫，尤其要讨伐英帝国主义的走狗吴佩孚，唐生智政府必须加入革命阵线，拥护国民政府，保护民众政治自由和经济利益，才能取得讨吴伐叶战争的胜利。接着，湖南区委书记李维汉发表《湖南政变之由来及其意义》一文，明确指出，唐生智只有站在国民政府方面，保护民众利益，进行“废宪讨吴”工作，才有真正的出路。这时，广州国民政府派白崇禧、陈铭枢来湘，劝说唐生智参加革命，取得成效。为了在国民革命中建立广泛的联合战线，国民党省党部农民部发表了《湖南农民运动目前的策略》，指出只要现政府能保障人民的自由，以及工农团体的发展，我们当竭诚与之合作。并指出：“本省农民运动，除尽力组织穷苦农民群众并拥护其最低限度的经济条件之改善外，还应引导中小地主及一切小资产阶级群众参加国民革命。就是大地主除开最小部分之难同情革命者外，也要设法使之在革命运动中能守中立。”[3]4月24日，国民党省党部在长沙召开讨吴市民大会，夏曦、徐特立在发言中号召各界人民积极参加反吴讨叶战争。长沙市郊2万多农民参加大会和示威游行。28日，湖南省党部和湖南人民反吴战争委员会通电各县组织人民反吴战争委员会，号召各阶级、各党派、各团体一致联合讨吴。全省40多个县组织了反吴战争委员会。广大农民参加了运输、向导、交通、破坏、扰乱、慰劳、后防等工作，有的县还组织敢死队，上火线参战，支援唐军。4月底，叶开鑫的部队进占长沙，向衡山、湘乡、湘潭逼进。唐生智的部队退往衡山、衡阳一带。唐生智向广州国民政府求援。

5 月下旬，国民革命军北伐先遣队第四军叶挺独立团及第七军钟祖培旅进入湖南。6 月 1 日，唐生智就任国民革命军第八军军长兼北伐军前敌总指挥职。唐生智的部队在北伐先遣队的援助下全线反攻，叶开鑫的部队溃退。7 月初，国民革命军誓师北伐。在广大群众的支援下，北伐军第四、七、八军等首先进攻湖南，势如破竹。至 8 月 22 日，吴佩孚的主力全部被逐出湖南。

湖南农民对北伐战争的支援：

醴陵泗汾之役：北伐军入湘前，国民党省党部便派人到醴陵秘密组织了平民救国团，参加者九成是农民。7 月 10 日，北伐军进攻醴陵时，数千农民担任侦探、向导、通讯、运输等工作，还组织了 300 人的敢死队，手持梭标、鸟枪、土炮，奔赴火线，分布于栗山坝、泗汾一带。敌人在泗汾桥上扼江而守，用机枪扫射封锁，企图阻止北伐军渡河。农民敢死队用松树炮袭击敌后方，用鸟枪、梭标攻击敌阵线，又在四周遍插北伐军旗帜，迷惑敌人。在阵地上一片呐喊声和隆隆的枪炮声中，北伐军分两路渡河，但敌仍顽抗不退。后来，北伐军向泗汾桥上冲锋，农民武装队两旁夹击，已渡河的军队由武装队带领从山径中突击敌人后方，敌人不备，大败而逃。接着，在数千农民的支援下，很快攻占了醴陵城。第四军政治部抵醴陵后，每天都有萍醴一带工农群众前来报告敌情，领取宣传品。

平江之役：北伐军进攻前，平江县附近河流两岸的农协已秘密组织起各种支援队和数百人的敢死队。北伐军发起进攻前夕，当地国民党组织按照第七军第一路指挥的指示，农民武装齐集在托莲，准备策应。8 月 19 日，总攻击开始，农民敢死队协助围攻白石岭，冒弹冲锋，勇猛登山，敌军大乱，节节败退。此役被农民击毙的敌军不下 300 人，缴获大量枪支弹药，农民阵亡者 13 名。接着，北伐军攻击县城，敌陆沄、孙建业顽抗，在各个城门密布地雷电网，只留北门作退守。北伐军由农民作向导，以优势兵力从小路包抄城外的敌人，另以一小部突击北门，敌人在巷口用机枪封锁，使北伐军进退两难，早已潜入巷内的农民这时放火烧房子，敌人因前有北伐军，后有大火，守敌陆沄在绝望中开枪自杀。北伐军一举占领了平江。当时广州《民国日报》报道："此次北伐胜利夺得平江，其力量全在农民。"

临江之役：当敌军从汨罗溃逃经过临湘时，当地农民手持锄头，在忠、桃两区的白荆桥、聂家市及县城沿河一带埋伏，到处树起青天白日红旗迷惑敌人。北岸敌军以为北伐军渡河了，亦开始渡河。这时，武装农民与县清乡营协同迎击敌军，敌人不明虚实，弃城而逃。

岳州之役：岳州是武汉的门户，吴佩孚以重兵把守。8 月 20 日，岳平一带农协的农民向李宗仁军长报告，经侦探得知岳州敌军军心涣散，惶恐万分，请神速攻岳，并自愿当向导。农民带领北伐军由平江北乡渡微水黄茅山，直扑岳州。敌人不知有此小道，未设防，惊慌溃逃，敌军 2000 多人投降。

湖南广大农民参战的事实说明，北伐战争，不是简单的军事行动，它体现了占全国绝大多数人口的农民要求解放的力量。农民的行动，受到北伐军将领的赞赏。在湖南人民欢迎国民革命军大会上，第七军第二路指挥胡宗铎说："本军抱着为民众牺牲，实行去干，但军队系一小部分，未有民众力量之大，故专恃军队，决难成功……说此次军事战胜，不如直接了当的云是民众胜利。"[4]

湖南农民在北伐中的伟大功绩，为自己争得了政治地位，农民运动更加迅猛地发展起来。

二

北伐军进入湖南后，中共中央于 7 月 31 日发布第 1 号通告，指示中共湖南区委应迅速扩大民众运动，领导群众为争取人民的自由权利而斗争。8 月 6 日和 18 日，湖南区委根据中央的精神和湖南的新形势，连续两次发表《关于湖南政局的宣言》，提出革命政府应维护民众的政治自由和经济利益，号召民众起来结成工农商学各界的大联盟，进而召集乡民、县民、省民会议，发布政纲，伸张民权，完成国民会议的初步基础。8 月 16 日至 9 月 5 日，国民党湖南省党部在长沙召开第二次全省代表大会。湖南区委为贯彻中共中央关于壮大左派、争取中派、反对右派的方针，给大会致信，希望国民党精密地考虑如何扩大和巩固联合战线以及提倡革命民权问题。大会接受了湖南区委对湖南政局宣言的内容，发表了扶助工农运动的宣言，通过关于农民运动、改组团防等决议，制定了发展全省农运的规划，指出湖南已有54县有农协组织，有组织的农民达20万以上，要求在3个月内各县都建立农协组织。

从1926年7月至9月，各县农协组织蓬蓬勃勃地发展起来。在此期间，由于省农协还未建立，长沙县农协代行湖南省农协的职权。同时着手改组由土豪劣绅把持的旧农会。7月7日省务会议议决："各县县农会一律撤销，从新组织农民协会，新组织法未颁布以前，仍适用旧农会组织法"，并由建设厅通令各县乡农会进行改组。各县土豪劣绅利用"仍适用旧农会组织法"一语，破坏农民协会组织。第六军党代表林祖涵8月12日由攸县致电唐总指挥：沿途见旧农会与农协冲突，请遵中央党部颁发的农协章程组织农民协会，取消旧农会，以符本党扶助农工发展政策。8月30日，国民党省党部通告各县农运特派员，遵照1924年国民党中央执委会颁布的农协章程迅速组织新农会，以击破各地土豪劣绅乘机利用宗教观念和依靠封建爪牙所组织的假农会。同时，促请湖南省政府查办在各地出现的土豪劣绅和团防局破坏农运的活动。9月中旬，省建设厅颁发了整顿旧农会的四项办法：（1）凡依照国民党第一次代表大会宣言及政纲组织的农协，一律保护提倡，否则不准成立。（2）旧农会或按旧农会组织法组织的农协，概行取消。（3）未组织农协的县，由省党部农民部商同省农协派特派员去组织。（4）旧农会房屋财产移交给各级农协，未成立农协的县，由县长或县党部代为接收保管。同月，广州农讲所派回湘籍毕业生30多人，以国民党中央农民部或省党部农民部特派员身份赴各县开展农运，进一步为农民运动充实了力量，加速了农协组织的发展。省农协筹备处为了加强对农民的教育，颁布了《入会须知》：

服从农会命令，遵守农会纪律。
按章交纳会费，拥护多数议决。
不分地方界限，不分姓氏差别。
不得借会营私，私斗尤须禁绝。
凡属本会会员，务须亲爱团结。
万众一心向前，打倒贪官豪劣。
帝国主义军阀，专吸工农膏血。
工农联合奋斗，敌人完全消灭。

10月1日至13日，中共湖南区委在长沙召开第六次全省代表大会，出席会议的代表27人，代表党员3714人。大会讨论了农民运动由组织时期进入争斗时期的各种政策问题。提出铲除土豪劣绅、贪官污吏，剥夺反动政权机构和地主武装团防局、警察的司法行政职权；县政府由人民选举；农民有武装自卫之权；实行减租减息等，作为农民最低限度的政治、经济要求。这些要求，实际上成为湖南农运高潮时期的斗争纲领。

湖南农民运动的发展，也有如一日千里之势。到1926年11月，在全省75个县、2个特别区中，成立县农协的有长沙、湘乡、湘阴，浏阳，湘潭、衡阳、宁乡、益阳、茶陵、南县、澧县、汉寿、衡山、祁阳、蓝山、慈利、平江、醴陵、宝庆、临湘、耒阳、郴县、宜章、岳阳、常德、新宁、华容、绥宁、临武等29县。成立县农协筹备处的有武冈、沅江、新化、永兴、汝城、嘉禾、溆浦、泸溪、临澧、桃源、芷江、麻阳、安乡、城步、攸县、新田、常宁、安化、酃县等19县。特别区有长沙近郊及株萍路。通讯处有零陵、道县、安仁、桂东、资兴、东安、宁远7处。区农协共有462个，乡农协共有6867个，会员有136.7万余人。到1927年1月，会员激增到200万。至年底统计，派出的农运特派员共203人，其中共产党员182人；湖南的农运已进入向封建阶级进攻的高潮，湘东南、湘北和湘中各县都开展了轰轰烈烈的政治经济斗争。

对于湖南农民运动的高潮，毛泽东在《湖南农民运动考察报告》中作了很生动的描述："农民的主要攻击目标是土豪劣绅，不法地主，旁及各种宗法的思想和制度，城里的贪官污吏，乡村的恶劣习惯。这个攻击的形势，简直是急风暴雨，顺之者存，违之者灭。其结果，把几千年封建地主的特权，打得落花流水。地主的体面威风，扫地以尽。地主权力既倒，农会便成了唯一的权力机关。”[5]

湖南的农村大革命，震动了社会各阶层，很自然地引起地主豪绅和右派势力的非难和诬蔑。他们说什么农民运动“越轨”了，破坏了社会秩序，扰乱了北伐后方，影响了税收和军饷，说农民运动是“惰农运动”、“痞子运动”。中共湖南区委机关刊物《战士》和由左派掌握的国民党省党部机关报《湖南民报》以及《湖南通俗日报》等，都报道了各县农运情况，揭露土豪劣绅摧残农运的事实，批驳了种种谬论，并列举了农民在支援北伐战争、打倒土豪劣绅、建立农村政权和武装、开展经济斗争、破坏农村陋习、修道路、修塘坝、清匪、禁赌、禁烟等方面的丰功伟绩。

在暴风骤雨般的农村革命群众运动中，不可避免地出现了一些过火的举动：如擅自捕人，随意罚款，打人或任意处决，砸庙堂和祖宗牌位，禁止榨糖、酿酒、坐轿、穿长衫，冲击北伐军官的家属等等。这些虽属支流，但不利于巩固和扩大农村的联合战线，最大限度地孤立打击敌人。中共湖南区委在10月30日和11月16日给中央的报告中，指出农运中的一些过火行为，会使贫农陷于孤立。提出通过国民党促使省政府镇压破坏农运的反动势力，促使国民党左派加入农运，“督促省党部派一批左派干部人才到各县工作，通告我们同志须注重联合战线上策略”[6]。

为了总结经验教训，决定今后的策略，12月1日至28日湖南第一次农民代表大会和工人代表大会同时在长沙开幕。参加农民代表大会的有来自52个县农协和2个特别区农协的170名代表。会议听取了各县农运报告，通过了《接受中国共产党湖南区第六次代表大会对于农民目前最低限度要求之主张决议案》。区委书记李维汉在大会作《世界政治经济状况》、《全国政治经济状况》、《中国共产党与工农阶级》的报告，谢觉哉作《国民革命与工农阶级》的报告。毛泽东应邀参加了大会，并在欢迎他的大会上发表了关于工农商学联合问题的演讲，指出国民革命是各阶级联合革命，农民问题是国民革命的中心问题，“我们现在还不是打倒地主的时候，我们要让他一步。在国民革命中，是打倒帝国主义、军阀、土豪劣绅，减少租额、减少利息，增加雇农工资的时候”。大会制定了铲除贪官污吏、土豪劣绅、推翻封建统治、建立乡村民主政权、建立农民自卫武装，以及开展农村妇女和青年运动、开办农村教育、废除农村陋习等40个决议案。发表了《湖南省第一次农民代表大会宣言》，指出：“农民在乡村中打击土豪劣绅，虽然所取手段出于法律之外，其实这是革命争斗中所必取的手段。这时候，不是东风压倒西风，就是西风压倒东风，怎能不严厉一点？若是害怕‘纠纷’，采取怀疑或反对的态度，这不算是革命党。”宣言号召“农民在乡村中建立民主的自治，根本铲除土豪劣绅的封建政权”。大会选举省农协第一届执委17人，候补执委11人，正式成立了省农民协会。大会号召“全省被压迫农民在湖南省农民协会旗帜之下团结起来”。

第一次农代会指出基层农协中存在着组织不严密，缺乏训练，土豪劣绅混入其中等问题，如攸县农协筹备数月，被少数反动分子操纵；湘乡永丰地区，有一地痞流氓宋葆和掌握团防和三十一区农协执委；湘潭东四区反动分子吴子炽勾结地痞文礼科、王冥生等，假借农协名义压迫农民，殴打省农运特派员；省近郊农协宣布九峰镇少数土豪劣绅利用痞徒李德霜、廖戡宇等组织假农会，带团防武装包围特派员，勒提公款，私派亩捐，诬控农民。因此，农代会通过的《农民协会组织问题决议案》中规定：“省农民协会于必要时得举行洗会运动，以淘汰不良分子。”1927年1月18日，省农协第二次执委会为整理农协各级组织，拟定整顿组织案，发给各级农协遵照办理。接着，省农协发布省字第26号训令，指出：农运前途很可乐观。但最近潜伏危机，就是各处地痞流氓，纷纷混入下级农协的趋势，他们易受土豪劣绅和反动派的调唆，从中捣乱。还发现下级农协不服从上级农协指挥，各自为政的现象。这些问题所造成的后果是给土豪劣绅等反动派以造谣中伤的机会，从而形成反动势力的联合。决定采取如下办法：（1）为使真实农民的意见在各级农协中充分表现，乡农协执委，须绝对是耕田农民，专营手工业，或体力劳动者，其他分子尤其是地痞流氓，应严加淘汰。（2）区农协执委，3/5须真实农民，专营手工业，或体力劳动者。2/5是有职业的知识分子，或为农民谋利益的人。带有地痞性的人，应严厉制止，以免扰乱农民组织。（3）

如发现某一区乡农协，不服上级县协命令，地痞流氓入协会，借协会以敲诈良善，或无故逮捕等，县农协应设法改组或解散其组织。（4）各级协会宜多用会议处理事务，严防委员长一人包办。有的县转发了这一训令或发布了相应的训令。湖南省第一次农代会所决定的洗会运动，是为了纯洁农协组织，纠正农运中的某些偏差，以达到巩固和扩大联合战线的目的。但有的县在执行洗会中采取简单的发布告办法限制农民运动，有些地方还随便逮捕、关押农民。这挫伤了农民的革命热情，给土豪劣绅破坏农运以可乘之机。这些问题，在毛泽东视察湖南农民运动的过程中得到纠正。

第一次全省农民代表大会闭幕后，毛泽东在区委举办的、由参加农民代表大会的党、团员参加的训练班上作了三次关于农民问题及调查方法的报告。1927 年 1 月 4 日至 2 月 5 日，毛泽东到湘潭、湘乡、衡山、醴陵、长沙五县视察了农民运动。在视察湘潭、湘乡、衡山后，他向区委、党校和团校各作一次报告。视察醴陵、长沙后，又在区委作了一次报告。在视察中，毛泽东发现在“衡山、湘乡二县的监狱里，关了好多个乡农民协会委员长、委员”。他认为“这个错误非常之大，助长了反动派的气焰”，并指出“决不能跟着土豪劣绅的口白，笼统地骂‘痞子’。要解决这‘少数不良分子’的问题，也只能在农会整顿纪律的口号之下，对群众做宣传，对他们本人进行训练，把农会的纪律整好，决不能随便派兵捉人，损害贫农阶级的威信，助长土豪劣绅的气势”[7]。湖南区委及时改正了毛泽东所指出的这些错误，在 1 月份的农运报告中指出：“我们在社会群向农运进攻之包围中，我们亦自认现在农运的确是太左稚，于是通告禁止农协罚款、捕人等事，而且限制区乡农协执行委员，皆须现在耕种之农民担任……几乎不自觉的站到富农、地主方面而限制贫农。自润之同志从乡间视察归来，我们才感贫农猛烈打击土豪劣绅，实有必要，非如此不足以推翻现在乡村之封建政治。不过现在乡村之小资产阶级——富农、中小地主，已日渐离开我们而有与土豪劣绅结合、共同向我们进攻之势，故此时不能不劝告贫农让步。”2 月 12 日，毛泽东由长沙到武昌，16 日，他在给中央的报告中，提出要以“农民运动好得很”、“贫农乃革命先锋”的事实，纠正“农民运动糟得很”、农民运动是“痞子运动”、“惰农运动”的议论；以从来没有什么联合战线存在的事实，纠正农协破坏联合战线的议论；肯定了农民在革命时期一切向封建地主阶级冲击的行动；指出今后的问题，不是责备谁破坏联合战线，而在于共同负责建设起一个联合战线。3 月，毛泽东在湖南《战士》周报和《湖南民报》上发表了《湖南农民运动考察报告》，热情支持和歌颂农民运动“乃是广大的农民群众起来完成他们的历史使命……孙中山先生致力国民革命凡四十年，所要做而没有做到的事，农民在几个月内做到了。这是四十年乃至几千年来曾成就过的奇勋”。3 月底，省农协发布省字第 642 号训令，更正了省字第 26 号训令中的主要内容，肯定了失业农民是农民运动中最勇敢的先锋队，强调对农民的教育和训练，整顿纪律，要群众避免自由行动和左稚行动，停止对一般小资产阶级的进攻，注意联合战线等七条办法。

毛泽东的《湖南农民运动考察报告》的主要思想可以概括为四点，即：（1）充分地肯定了农民在中国革命中的伟大作用；（2）明确指出了在农村建立农民革命政权和农民武装的重要性；（3）提出了党在农村中的阶级路线的基本思想，指出贫农是农民革命的领导力量；（4）着重宣传了放手发动群众、组织群众、依靠群众的革命思想。

三

毛泽东考察后，湖南农民运动更加迅猛地发展起来。3 月中旬，国民党二届三中全会通过了对农民运动的宣言。决定“拥护农民获得土地之争斗，至于使土地完全解决而后止”。会后，湖南区委和国民党省党部大力宣传这个宣言。3 月 12 日，湖南区委发表《对农民运动的宣言》，4 月 3 日，又发表《为建设民主的新湖南问题宣言》，强调目前紧迫的任务是在斗争中建设乡村自治，满足贫农的土地、资本和民食问题。同月 10 日，国民党湖南省党部农民部发表《告全省农民书》，指出农运的目的，不仅在打倒土豪劣绅、地主，尤在打倒土豪劣绅、地主所赖以生存之封建制度；农运目的，不在减租减息，而在解决土地问题。因此，必须使农民“取得乡村政权，并组织农民自卫军，以镇压土豪劣绅、不法地主及一切反革命”。

为了适应农运发展形势，培训基层农运干部，长沙、湘潭、衡阳、衡山、宁乡、安化、湘乡、醴陵、平江、浏阳、攸县、岳阳、临湘、桂阳、宜章、常德、临澧、麻阳、宝庆、武冈等县都开办了农运讲习所或训练班。为了建全基层党组织，发展农村党员，2 月 16 日，中共湖南区委制定了《发展党在农民中的组织计划》，指出农民党员目前仅 1700 余人，要求在两个月内，每个农协成立一个支部，每 100 个农协会员中有一个党员，要多吸收贫农入党。国民党省党部亦拟定了发展农工党员的计划。

“四一二”前后，全国阶级斗争日益尖锐，湖南农村的斗争围绕着镇压土豪劣绅的反攻倒算、建立乡村政权、农民武装和民食、土地问题等，继续深入发展。现分别论述如下：

（一）镇压土豪劣绅的反攻倒算

从农民协会建立开始，农村的封建势力即从多方面进行反扑，他们组织假农会、保产党、三爱党、族农会和农协对抗，贿买地痞流氓混入下级农协搞破坏；勾结团防残杀农运干部。一些反动县长和右派的国民党地方党部，也勾结土豪劣绅，攻击农运，残杀农民。1926 年 12 月 17 日至 19 日，在长沙举行了 300 多团体、6000 人的“湖南人民拥护国民党中央联席会议议决案及肃清反动派大运动”，进行了大规模的讲演会，向省政府和省党部请愿，要求以革命手段，肃清一切反动派。22 日，有 24 县的旅省人士在长沙举行“湖南各县旅省各界反土豪劣绅运动大联合”大会，有 5000 多群众参加，向省党部、省政府再次请愿。1927 年 1 月 4 日，湖南审判土豪劣绅特别法庭成立，颁布了《惩治土豪劣绅暂行条例》和《惩治贪官污吏暂行条例》。4 月初开始审理 80 多件积案，判决李佑文、叶德辉等一批反革命和土豪劣绅死刑。各县特别法庭也纷纷成立。4 月 14 日，长沙举行了“湖南人民第二次铲除反动分子示威大会”，有 600 多个团体，10 万多群众参加。枪决了反动首领俞敕华、徐国梁。4 月下旬，省党部议决将湖南审判土豪劣绅特别法庭改为湖南省特别法庭。同时，各县特别法庭也纷纷成立。

在农村革命高潮中，中共湖南区委、省党部、省政府和农协强调了政策的重要性。1927 年 1 月 17 日，省政府、省党部及各团体联席会议议决：禁止打毁教堂及外侨商店，不得稍有资财者即指为土豪劣绅，加以危害及处罚。1 月 30 日，省党部和省政府联席会议讨论关于各团体自由逮捕问题，认为自由逮捕本属非法行动，但这是革命高潮时不得已的直接行动，指出在逮捕时必须由党部负责人或团体负责人发命令。4 月 14 日，省党部、省政府和各团体联席会议议决：因各地捕人，逃者甚多，以致金融停滞，市面恐慌，“各机关检举土豪劣绅，非有当地最高上级机关密命，不得私擅逮捕”。4 月 28 日，第五十五次省党部执委会通过《保障革命军官佐士兵家属案》。5 月 3 日，湖南省各界联席会议讨论议决了《厉行革命纪律决议案》。5 月 12 日，中共湖南区委拟定《保障革命军人家属及其财产条例草案》，向各团体、临时联席会议提出，请其采用。5 月 17 日，省党部通令各级党部、省农协、省工会及所属各团体，对革命军人家属须切实保护，制止反动派向革命军人家属进攻。对于处死刑案件，省政府有处决之权，但须报告中央备案。

（二）建立由省、县到乡村的革命民主政权

农村革命逐步深入后，农村政权和农民武装的问题便愈益突出。在农运高潮中，湖南农村存在着两种情况，一种是农运发展地区，如湘中、湘南各县，已经推翻了地主豪绅的统治，实现了一切权力归农协；另一种是代表地主豪绅的政权尚未被推翻，还有相当势力。属于前一种情况者，应当将农协专政的局面转变为联合战线性质的乡村自治政权。属于后一种情况的，当务之急是要夺取地主武装，推翻地主豪绅的政权。早在 1924 年和 1925 年的国民会议运动中，中共湖南区委即主张建立由省、县到乡村的革命民主政权，以省民会议来推动区乡自治的实现。1926 年 12 月 6 日，成立了省民会议筹备处，制定了省民会议组织法，经国民党中央二届三中全会通过。1927 年 2 月 16 日，中共湖南区委发出《如何实现乡村民主政权》的通告，指出农民运动的发展，摧毁了土豪劣绅的封建势力，农村的团保制度已失去作用，但还未建立起新的政治组织以代替旧的，因而有的地方成为无政府状态，农民力量强大的乡镇，农协成为农民专政、甚至贫农专政的机关，强调应以党的扩大联合战线的策略思想来建设乡村民主政治，使小资产阶级参与乡村政权而不对农运恐惧，以摧毁反革命的联合战线；并计划在3个月内实现区乡自治。2月中下旬，省政府及各团体代表联席会议通过《区乡自治条例》及《湖南省行政大纲》，此大纲是“建设湖南新民主政治的最低政纲，是适应目前湖南民众的政治要求的政纲”。3月底，中共湖南区委又发出《为召集省民会议宣言》，主张召集省民会议，以推动地方自治的实现。“目前人民已在积极参与并管理政权，区乡自治的基础已具备；为了镇压反革命势力，在斗争中建立并巩固民众的政权；为了解决农民的土地问题，为了继续北伐，促进国民会议的实现，都必须召集全省的人民代表大会，形成决议。”湖南区委的上述计划，由于在总的战略上，在革命的全局上没有掌握武装和政权的思想，对于如何实现区乡自治的联合战线的政权也缺乏具体措施，加之政局变化甚快，因而未能实现。

（三）建立农民的武装

武装是政权的支柱和保障。北伐军击败了军阀的武装力量，农民在支援北伐战争中缴获了不少敌人的武器，但这些武器多数交给了国民革命军。岳阳农民协会曾请示湖南省政府将北伐中截获的数百枝枪，依照广东省农协的办法组织农民自卫团，但省政府议决：“农民自卫团俟全省统一章程颁布后，再行按章组织，所截敌枪令岳阳县长从速备价收回，缴解军事厅。”[8]颜昌颐向中央报告湖南区委情形时指出：“农民此次参加北伐战役中得了许多武器和作战经验，自农民协会成立后，他们均需要武装组织，推倒从前压迫他们的团防局。”[9]团防局是地主阶级的武装力量，是土豪劣绅、贪官污吏的爪牙。湖南省党部召开的第二次代表大会通过了《改组团防局以利革命进行案》，其中规定各县团防局由县长兼任，副局长、分局长由民众团体选出。但一些县长与土豪劣绅相勾结，镇压农民运动，各地不断发生团防局枪杀农民的事件。如嘉禾东区团防局长枪杀农民6人；岳阳团防局长姜子林惨杀农民多名，焚烧农民房屋；宜章团防局长残杀农民50余人；湘东保安司令罗定枪杀农协委员长等等。上述情形，正如1927年初，中共中央《关于目前形势与党的主要工作》报告中指出的：民众运动已深入农村，打倒土豪劣绅的口号，在乡村中非常普遍。惟民众自己尚缺少武装力量，而反动派的社会基础仍极深厚，不仅各地农运时受压迫，国民党组织亦时遭他们明显的攻击，如现时的军事失败，必不免来到一极大的反动。

3月中旬，国民党省党部向国民党中央提出成立农民自卫军，指出“非将封建制度之流毒根本肃清，御用式之团防一律打破，不足以巩固革命之后防”[10]。4月中旬，中共湖南区委书记李维汉提出，应于最短期间，用各种方式使农民至少得到3万枝枪，有很好的训练和组织。同时，省农协通令各县组织自卫军，指出“最近各县土豪劣绅以及反动分子反攻日激，有非颠覆革命势力不已之势，如惨杀农民，围打特派员之事实层出不穷。在此时期，我革命民众，若不急图自卫，武装起来，将何以铲除土豪劣绅所代表之封建势力，而巩固乡村政权，确定民主政治之基础”[11]，特决定两项办法：（1）各县协如未设自卫部，着即增设，以统一自卫军之组织与训练；（2）各县自卫军如已有枪械或纠察棍及梭标，应进行整顿和训练。国民党省党部宣传部还印发了《武装农民宣传要点》，提出将各县团防局的枪枝拨给农协组织农民自卫军；从没收土豪劣绅财产中以及政府的土地税中提出一部分钱给农民购买武器。4月23日，省农协和总工会在长沙开办300人的工农自卫军干部训练队。训练队成立了一个委员会，由谢觉哉、王则鸣、杨人杞、袁晓煦、易礼容（柳直荀代）、郭亮组成。省农协还颁布了《农民自卫军组织法》。长沙、浏阳、安乡、湘潭、鄗县、宝庆、汝城等各县都收缴了团防局的一些枪支，组织了农民自卫军，或开办了军事训练班，训练自卫军骨干。但是，总的看来，湖南的农民武装数量不大，军事训练也很缺乏，因而不能抵挡正规的反动军队之进攻，还不足以作为革命的农村政权的保障和依靠。

（四）平粜阻禁问题

农村中粮食的流通，及谷米的价格，向来由地主、土豪劣绅、奸商所操纵，使贫苦农民深受其苦。在农民运动的高潮中，贫农阻止地主富农把谷米运出境，并禁止高抬谷米价和囤积居奇，限定以乡为单位流通谷米。若使谷米由本乡流通他乡，则要有区农协命令；由本区疏通他区，要有省农协命令。省农协设有运谷米的护照，由专人管理。贫农的目的完全达到，谷米阻得水泄不通，谷价大减。囤积居奇的绝迹，从经济上打击了地主阶级，保证了民食。但是，由于湖南以出产谷米为大宗，本可以输出省外，吸取现金，笼统的阻禁，使税收、金融受到一定影响，同时给生活也带来不便。1926 年 12 月中旬，财委会决定短期开禁放米百万石。湖南农民第一次全省代表大会对于平粜、阻禁，曾有“按照当地所需食谷存仓外，一概放行”的决议，省农协更三令五申实行开禁，但结果依然。1927 年 1 月 16 日，中共湖南区委发出《关于阻禁平粜问题的通告》，指出各地阻禁平粜，使谷价日见低落，金融闭塞，自耕农、佃农等小资产阶级的农民，有脱离农协的趋势。在国民革命中，无产阶级应联合小资产阶级，有时甚至要向小资产阶级让步，使农民运动不致过早分化，以免敌人乘机进攻。3 月中旬，由省农协、省党部农民部、总工会、民政厅、建设厅联合组织了民食维持会。经过调查，决定各地粮食采取留四去六办法，使民食不致缺乏，金融亦得到调剂。为了支援武汉国民政府的北伐，5 月 3 日，经湖南各界联席会议议决，由工农两会、国民党省党部、省政府组织湖南经济委员会，将粮食以法令形式集中于农协，农协再以最低价粜给当地平民，其余谷米由政府按平价收买，接济前方军食或缺粮的县，所得资金办农民银行。计划每月接济武汉军米 5 万石。当时，唐生智派人来湖南采购军米 25 万石，不到一星期，由各县农协帮助采购军米总数已达 17 万石，这充分体现了农民的组织和管理能力。

（五）土地问题的提出

1926 年七八月间，北伐军入湘不久，农协势力还不强大，地主依然按照剥削从重的惯例，纷纷通知佃农加租加押。到 10 月，农协势力大增，一致反对加租加押，地主便不敢再提加租加押四字。及至 11 月后，在湘中、湖南农运发达的地区，农民提出减租、减押、减息和废除苛捐杂税的要求。衡阳县将田租减为东佃各半。醴陵、浏阳、永兴等县实行了二五减租或三七减租。安化全县普遍减息成功，月息由七八分减为四五分。浏阳、醴陵全县实行减押、退押。攸县、醴陵、宜章皆有减税运动。

随着农村革命运动的高涨，土地问题日趋迫切。1927 年初，湖南区委开了三次会议讨论共产国际第七次扩大执行委员会关于中国问题的议决案，同意共产国际关于中国革命应准备将土地革命作为重点的意见。毛泽东在视察湖南农民运动后给中央的报告中也指出：贫农的问题有两个，即资本问题与土地问题。这两个都已经不是宣传的问题，而是要立即实行的问题。1927 年 3 月，中共湖南区委在《对湖南农民运动的宣言》中亦指出：目前农民迫切需要土地，“必须于最短期间使这些贫农能够满足这一低度的要求”。到 4 月中旬，农民对土地的迫切要求表现出以下几种情况：清丈田亩，使所缴的租和耕种面积相当；插标占田，即将田地的耕种权重新支配，益阳、衡山、长沙、湘潭、湘乡、醴陵等县皆有此举；平均佃权和分谷，各县都有；分田，由长沙附近霞凝镇农民提出，规定以人口为标准：男子 1 人，每年作谷 8 石，有妻室者倍加，有子女者每丁加谷 4 石。此外，湘潭、醴陵也有类似情况。宝庆的农民将收缴的 2000 多张田契烧掉了；湘乡巴江区地主自动把契约交出，宝庆仙槎区贺氏，自动捐产，平江、衡阳的地主，亦开始交田出来。国民党长沙市党部建议将土地没收归公，由农协及区乡自治机关组织土地委员会，将土地分配给农民。中共湖南区委书记李维汉在《湖南革命的出路》一文中指出：“土地问题，不仅贫农需要解决，就是政府财政问题，亦必待没收土地，实行累进农业税，才能根本解决。”他强调湖南已发展到了一个新时期，这个新时期的中心任务，便是土地问题。解决了土地问题，便是解决了革命的出路问题。参加中共“五大”和武汉国民党中央土地委员会的湖南代表，都提出了在湖南实行没收地主土地的提案或意见。在中央工作的毛泽东支持并赞同湖南代表的意见。在中共“五大”会议上，党内对土地问题意见分歧，湖南的提案未能提交大会讨论。国民党土地委员会从 4 月上旬开会，直到 5 月 6 日才原则上作出没收反革命和大地主的土地，目前只实行减租减息的决定。经国民党中央讨论，决定暂不公布这个决定，只同意湖南先行一步，搞一个单行条例。中共中央委托李维汉回湘帮助湖南区委拟定一个解决土地问题的单行条例，作没收和分配土地的准备。

1927 年 5 月 8 日至 19 日，湖南省党部召集各县市党部代表在长沙开联席会议，会议通过了《农民运动决议草案》、《武装问题决议草案》、《土地问题决议草案》、《镇压反革命问题决议草案》等。这次会议认为严密党的组织，镇压反革命，解决财政和土地问题，为省民会议的召开等作了研究和准备。

由于蒋介石的叛变，时局急剧恶化。1927 年 5 月 21 日，在何键的策划下，长沙发生了许克祥的军事叛变，即“马日事变”，湖南革命形势转入低潮，革命运动遭到残酷镇压。

“马日事变”后，党领导工农群众进行了英勇的反击，曾计划进攻长沙。如湘潭、湘乡的农军在姜畲、易家湾等地消灭了部分敌军，浏阳的农军于 5 月 31 日分两路扑向省城，其他各县的农军进行了英勇的战斗。各地农军虽然遭到残酷的镇压，但斗争此起彼伏，从未止息。后来部分农军参加了毛泽东领导的秋收起义，成为工农红军的骨干力量。

轰轰烈烈的湖南农民运动，虽然在马日事变后被镇压下去了，但它的历史功绩是不可磨灭的，这就在于它猛烈地冲击了几千年专制政治制度的基础，严重地动摇了帝国主义、军阀、贪官污吏的墙脚，为完成反帝反封建的革命开辟了空前广阔的前景。它充分显示出农民中间蕴藏着的伟大的革命力量，证明了中国农民是中国无产阶级最可靠、最广大的同盟军。

注释：

[1]《邓中夏文集》，人民出版社，1983 年，第 57 页。

[2]《毛泽东 1936 年同斯诺的谈话》，人民出版社，1979 年，第 44 页。

[3] 中国国民党中央执行委员会农民部编印《农民运动》，1926 年 5 月 17 日。

[4] 广州《民国日报》1926 年 7 月 30 日。

[5]《毛泽东选集》(一卷本)，人民出版社，1964 年，第 14 页。

[6]《中共湖南区委关于国民党运动的报告》，载《中央政治通讯》第 12 期，1926 年 10 月。

[7]《湖南农民运动考察报告》，《毛泽东选集》(一卷本)，人民出版社，1964 年，第 22 页。

[8]《湖南省政府公报》第 14 期，1926 年 11 月 21 日。

[9]《中央政治通讯》第 11 期，1926 年 11 月 14 日。

[10]《湖南民报》1927 年 3 月 16 日。

[11]《湖南民报》1927 年 4 月 14 日。

（原文刊于中国革命博物馆、湖南省博物馆编辑《湖南农民运动资料选编》，人民出版社，1988 年）

对“农军围攻长沙”之说的剖析

夏立平

1927年5月马日（21日）事变以后，在5月31日，是否发生过10万（一说30万）农军围攻长沙的壮举？党史界根据《中共八七会议告全党党员书》和蔡和森的《党的机会主义史》，一般都认为确有其事。只是有一个右倾机会主义分子陈独秀，派了特派员赶到阵前，下了一道撤退令，才使长沙唾手可得的胜利化为泡影。有的甚至进一步加以发挥，说在马日事变时，就存在一条以毛泽东为代表的正确路线，同陈独秀的右倾投降主义路线进行了针锋相对的斗争[1]。

大革命时期的湖南农民运动，是在北伐胜利进军中蓬勃兴起的。当时幼年的中国共产党正与国民党联合进行国民革命，尚未意识到要自己独立掌握武装力量；在共产党领导下的湖南农民，开始普遍地组织起农会和农民自卫军，在乡村展开镇压土豪劣绅的反抗活动，尚不足一年；中共湖南省委派军事干部到省农民协会，训练各路农民自卫军，也是离马日事变不远的事情。著名的浏阳农军，甚至是在马日事变后，才招募成军的[2]。一个没有统一的军事建制，平日又没有经过军事训练，更没有实战经验的农协会员，在马日事变后，掐头去尾不足一周的时间里，怎么能够集结十几万人的队伍，对长沙形成围攻的军事局面？为了探明事实真相，我查阅了有关史料，认为：

其一，马日事变后，实际上没有发生过“农军围攻长沙”之事。

其二，在党内传播“农军围攻长沙”说，始于批判陈独秀的“需要”，继之是神化领袖的“需要”。

一、马日事变后，实际上没有发生过“农军围攻长沙”之事，其根据是：

（一）马日事变后湖南省政府（包括一部分驻军）的往来电文[3]。它是反映这一问题比较直接的史料。

1. 敬电（二十四日）：近日形势险恶，暴徒啸集湘潭、湘乡、宁乡、益阳一带……谋攻省城。

2. 敬电：大部农工在德山集中，希图暴动……

3. 有电（二十五日）：湘潭、醴陵一带麕集千人，携枪之外概执梭标，并闻有机关枪三挺，时向全湘通电调队，危词耸动，声言围击长沙……

4. ×电（文内提到二十四日事）：……茶、攸、萍、醴各县农协，集中醴陵阳叁石……拆毁株萍铁轨，宣言分道向省城进攻……

5. ×电（文内提到二十四事）：水口山工会，已解散矿警，夺去枪支，闻已调常宁、耒阳、衡阳、衡山各属纠察队，集中护湘关，联络向省会进攻……

6. 俭电（二十八日）：衡阳暴动分子已于昨晚完全铲除，秩序如常。

7. ×电：宁乡农民自卫军，前由暴徒调往湘潭一带集合，图攻省垣，兹经该县长设法调回，改编为挨户团，并将麕集农民解散。

8. 古电（三十一日）：……湘潭、湘乡、宁乡、醴陵、益阳、株州各地啸聚日多……前日，拆毁株萍线，并向易家湾一带进攻……

9. 世电（三十一日）：……湘潭暴徒麕集数千，据许克祥团长报告，业将驱散向姜畲纷窜。

10. 五月三十日，湖南省政府紧急会议记录："本日暴徒扑城，发生枪声，已经各武装同志剿除……"

11. 六月三日，湖南《南岳日报》发表湖南省政府世（三十一日）电：……本日午，浏阳率众数千，直达小吴门外，希图扑城，我武装同志前往劝止，竟敢射击，毙士兵二名，受伤五名，将士难再容忍，只令武力制止，勒令解散。惟无知被胁，未令追奔。事后调查，始悉该暴徒计划三路进攻，阴谋久蓄。幸武装同志同心协力，遏止暴乱，城乡秩序平静如常……

12. 冬电（六月二日）：浏阳扑城后……派兵分赴城乡清查，幸所到即散，然潜伏四处，彻底肃清殊为不易。

13. 支电（六月四日）：……当夜（指五月三十一日）岳麓山后，集众数千，希图偷渡扑城。浏阳门外之阿弥岭聚众四五百，以谋反攻。一夕数惊，守兵殊倦。幸次日天明各散去。日昨据报告，该股已向划属浦迹集合。岳麓山一股则已窜向宁乡。

以上这些电文，反映了这样的事实：1. 湖南农军在一些区县进行过广泛的反击活动，敌人也曾分析过农军"图谋进攻省垣"。2. 5月31日扑城的，只是浏阳一路数千人。

三个多月之后，湖南省政府代主席周斓，在1927年9月17日的纪念周演讲时，也还是只提到浏阳农军扑城的事，而没有提什么10万农军围攻长沙，他说："第三国际在华政策失败后，鲍罗廷仍命中国共产党搞'狂暴式'的活动……什么叫'狂暴式'的活动呢？马日以后，浏阳暴徒扑城，武汉搜出大刀梭标，长沙搜获梭标枪枝，就是一个先例。我们想，狂而且暴，非要做到灭绝人类不可，你看可怕不可怕！"如果，5月31日确曾发生过10万农军围攻长沙的局面，那么，周斓在这个讲话中，绝不会舍弃这样一个更加可以证明他所谓的"狂暴式"的例子的。

（二）中共中央政治局5月25日《对于湖南工农运动的态度》和6月1日《农民运动策略大纲》两个决议案。

这两个决议举了许多农民运动过"左"的例子，但只字未提有所谓农军攻长沙的事实或计划。决议案要求"切实矫正"的是"……自由逮捕罚带高帽子，游街示众，均分财物，普遍的罚款，禁止米谷出境……实行禁烟禁酒等的'道德运动'……用强迫手段，铲除烟叶……一般'平产式'的没收财物、罚款式的写捐"等一般农运中的问题，并且说，党要"预察"到"更加剧烈冲突之继续发展"的"危险性"。

（三）马变时在湖南活动的有关负责人在"八七"会议后写的回忆文章。

省农协秘书长柳直荀说："长沙附近数县有一个进攻长沙的计划。"后来，"省方负责人"叫他们停止出发。当时因发信太迟，浏阳部已经出发。因此，有5月31日下午，浏阳工农军单独扑长沙的壮举[4]。

浏阳县委书记潘心源的报告提到醴陵、湘潭、浏阳、平江、岳州各路的情况。他说在29日以前，醴陵曾通知浏阳，说"设总部在湘潭"，搞什么？没有交待。而浏阳在主战派战胜消极派以后，也是只原则"决定采取进攻政策"。进攻哪里？如何进攻？都没有具体化。而反攻长沙的计划，实际上只是"醴陵于五月二十九日上午，突然打电话给浏阳，说他们决定于五月三十一日拂晓会攻长沙"。此时"岳州县委已自己贴出打倒共产党的标语，自动解散一切民众团体"；平江，说要"与岳州取一致行动"。五路兵马已经失掉两路了。到了5月31日，湘潭"没有开始与敌人接触便倒了台"，醴陵是"前线正在前进，后面的负责同志却无故退却，因此使农民发生恐慌，便无意识的向后溃散了"。最后，只剩浏阳一路，又是为了"与醴、潭取一致行动"，"不得不勉强下动员令"，"对工农没有广泛的宣传这次作战的意义"[5]，在精神上、物质上均没有会攻长沙的准备。

历史的本来面目就是如此。

至于是否曾经有些同志或有的组织设想制定过围攻长沙计划，其说不一，由于至今没有直接的文件印证，只能存疑。

马变后，湖南不少区县的农协会员曾确有过广泛的反击活动。但是，不论当时农军是否有围攻长沙的意图，事实上，只是些时聚时散、“此起彼伏的骚动”[6]，根本没有形成围攻长沙的军事局面。

二、党内传播“农军围攻长沙”说，始于批判陈独秀的“需要”，继之是神化领袖的“需要”。

“在社会历史领域内进行活动的，全是具有意识的、经过思虑或凭激情行动的、追求某种目的的人；任何事情的发生都不是没有自觉意图的，没有预期目的的。”[7]从20年代到70年代，“农军围攻长沙”说，一直在党内断断续续被传播着，也不是历史的偶然误会。

起因：

1927年4月，蒋介石从国共合作进行国民革命的联合战线中分裂出去后，两湖地区又相继发生夏斗寅、许克祥的叛乱。武汉地区人心浮动，谣言与传闻四起。中央和省委断绝联系。中共中央在当时也听信了一些道听途说、似是而非、真真假假的传闻，除了“农军围攻长沙”外，还有“湖南省委自溃”，“长沙CP省委整个被杀害”[8]，等等。这些有关湖南的传闻从何而来？蔡和森在《党的机会主义史》中，为我们提供了线索。它们出自湖南的“每日都有逃亡的同志和农民”之口，其中主要是来自彭公达。因为，蔡和森在“八七”会议前后酝酿新中央政治局名单时，谈到“许久以来代表湖南农民革命之激烈倾向的毛泽东、彭公达同志……亦未在列”时，特意在彭公达的名字后面，加上括号，作了一个说明：“彭是马日事变后，提议号召三十万农民进攻长沙的。”[9]彭公达的这种“激烈倾向”，很得蔡和森的赞赏，因而蔡和森才推荐马日事变前还不是省委成员的彭公达为政治局委员。

马变后，中央听信了一些传闻，有些客观原因。首先是，湖南省政府见到不少区县的农民进行广泛的反击活动，曾一度扬言“农军要围攻长沙”。再就是在事变中，仓促成立的湖南秘密临时省委，在5月22日至5月31日，大体10天时间里，始终没有与中央接上关系[10]，中共中央秘书长蔡和森也说“省委始终没有报告来”[11]。中央5月下旬指定19人组织湖南省委、陈独秀通知易礼容回湖南工作时，根本不知道湖南还有一个秘密临时省委的组织[12]。

更为重要的是，在北伐战争中，党领导的工农运动，尤其是以湖南为中心的农民运动猛烈开展，在胜利的喜悦中，党内较为普遍的心理状态是，估计“在很短时间内，将有几万万农民从中国中部、南部和北部各省起来，其势如暴风骤雨，迅猛异常，无论什么大的力量都将压抑不住。他们将冲决一切束缚他们的罗网，朝着解放的路上迅跑。一切帝国主义、军阀、贪官污吏、土豪劣绅，都将被他们葬入坟墓”。但是，许克祥发动马日事变后，有500万农会会员、“一切权力归农会”的湖南，一夜之间山河变了颜色。不久，生气勃勃的大革命整个被葬送了。这是怎么一回事？毛泽东在1938年11月写的《战争和战略问题》一文中说：“在中国，离开了武装斗争，就没有无产阶级和共产党的地位，就不能完成任何革命的任务。”“在北伐过程中，忽视了军队的争取，片面地着重于民众运动，其结果，国民党一旦反动，一切民众运动都塌了台。”但是，在当时，甚至在一个相当长的时间里，全党还未能找到这个科学的答案。党内一部分人都还停留在“假若我们能运用伟大的（工农）力量，去对付将要叛变的资产阶级，结果我们可由三大政策一直领导到非资本主义的道路……而获得的是工农小资产阶级的民权独裁制”的片面性认识上[13]。于是，看到一些掠影，听到一些传闻，就构成了“十万农军围攻长沙”的“壮举”了。

但是，事隔两个多月以后，中央完全可以，也完全应该通过于5月下旬改组的新省委调查一下真相；而且，马变时隐蔽在长沙近郊的李维汉，已于6月回到武汉，在“八七”会议前夕，他就曾对国际代表罗明那兹起草的《告全党党员书》中有关“十万农军围攻长沙”的问题，当面向大会报告人瞿秋白提出异议，但是，瞿秋白以已来不及请示罗明那兹为理由，未予更动[14]。会后，新中央仍然没有对这个问题进行核实和澄清，就把一个传闻作为批判陈独秀的事例，载入了史册——《中共八七会议告全党党员书》。1929年，蔡和森在《党的机会主义史》一文中，又重复了这种传闻。

陈独秀是中国共产党的主要创始人，历任五届中央书记，一旦撤销他的职务，这个弯要转起来，也不那么顺利，如“八七”会议前，共产国际曾派人到长沙，“征求省委对陈独秀的意见，意见是要把陈独秀搞掉”，但是遭到碰壁[15]。“八七”会议后，在苏联学习和工作的同志听传达时，就感到“非常震惊，很不理解”[16]。“农军围攻长沙”尽管是传闻，但是，用来揭露陈独秀的右倾，是最好不过的典型事例了。它可以“证明”我们本来是很有力量的；我们本来是能够取胜的，败就败在陈独秀的手里。

“八七”会议在党史中，无疑是占有极其重要的地位的。但是，对陈独秀缺席裁判，又为了批判他的需要，把一个传闻载入党的正式文件等情况，在党内生活上，应该说是不正常的。

半个世纪以后，又有些小册子、戏剧、展览，在肯定“农军围攻长沙”说的基础上，进一步提出马变时就有一条以毛泽东为代表的正确路线，和以陈独秀为代表的右倾投降主义路线的斗争；并且让演员双眼望着北斗，双手擎着血衣，像土改时控诉地主老财那样控诉陈独秀。这又是神化领袖的一种需要，并不是历史的真实。事实是：

中共中央对马日事变，是一致持继续与武汉国民党合作，避免“纠纷”的方针。当时的中央农委书记毛泽东也不例外。

政治局5月25日通过的《对湖南工农运动的态度》和6月1日通过的《农民运动策略大纲》，是中共中央要继续维持与武汉国民党的合作关系，避免“纠纷”的历史性文献。在讨论这些文件时，是否有人持不同意见呢？通过时，是否有人持保留意见呢？蔡和森在《党的机会主义史》一文中说，他和立三曾“本能的偶然的提议”过，“叶挺及中央军事政治学校全部武力应即占领粤汉路，兜剿夏斗寅，若唐生智全部叛变，则直由粤汉路取湖南为根据地，再进攻湖北与广东……”，最后“和森、立三的提议采用了一半”。蔡文的这段叙述给人一种印象，似乎政治局在讨论夏斗寅问题上是一致的；而在湖南问题上，却存在着武力解决与和平解决两种对立的意见。但是，蔡和森提出用武力解决湖南问题，是有个“唐生智若全部叛变”为大前提的，而当时唐生智的主力正在北伐前线，与北洋军阀作战，唐生智本人又一再公开表态拥护革命，拥护联俄、联共、扶助工农三大政策，如唐在西平对将士及政治工作人员训话时，说：“初期农民运动难免有幼稚现象，革命军人财产受损失是偶然的误会。革命应联合农工，为农工谋利益。共产是社会进化最后的必然现象，反共产即是反革命。”在接见湘省请愿代表团时，他说：“农工运动如有幼稚行动，尽可请求中央党部设法纠正，绝不能以农工运动发生幼稚行动，对整个的农工运动发生怀疑。我们对于总理三大政策，应始终拥护，才能求得革命成功。许克祥未奉长官命令，擅行屠杀民众，不但违反党纪，并且违反军纪。”当然，唐生智可能是因为当时他在湖南后方的力量空虚，“故意的卑词下礼”[17]来麻痹中国共产党，但是，在马变的彼时彼刻，唐生智尚未叛变，则是一个客观存在的事实。所以，不是政治局未采纳蔡和森的建议，而是蔡和森自己提出武力解决湖南问题的大前提，在当时并不存在。

1927年6月4日，中共中央发表两个文件：《中共告全国农民群众》、《中共致中国国民党书》，大概是在收到共产国际五项指示电文后，“政治局内有点‘进攻’的新空气”[18]，但是，仍是建议武汉国民政府迅速讨伐叛军；号召湖南农民武装起来，推翻反动军阀，帮助国民政府重新在长沙建立政权。

在此期间，毛泽东主持的中央农委，连续发出农字五号、七号中央通告；全国农协在6月13日前，也接二连三发出训令。它们都与上述中央文件精神一致。毛泽东本人还在6月13日的国民党中央军委会上说过：“农民协会确有扰害军人家属的举动”，因为“有哥老会在内把持”，并“对湖南事件承认不用武力的办法是对的”。这个讲话，虽然出自汪精卫的转述，但是，它是载于当年武汉国民党中央执行委员会政治委员会第二十八次会议速记录上的，应该说是真实可靠的。

毛泽东集中全党智慧，开辟了一条农村包围城市，武装夺取政权的革命道路，赢得了新民主主义革命的伟大胜利。但是，我们很难说，在马变的彼时彼刻，就有一条以毛泽东为代表的正确路线，和陈独秀的右倾投降主义路线进行了针锋相对的斗争。

在十年浩劫中，林彪、“四人帮”把党内生活中的黑暗面，集中发展为一条“公式”：只要所谓大方向正确，只要为了神化领袖的需要，可以无中生有，有化为无。在党史中运用这一公式神化领袖，有的拔高，有的夸大，有的移花接木，有的穿凿附会……手法多种多样。把正确路线形成的时间尽量提前，也是常用手法之一。

在党史领域里，打破禁区、拨乱反正，任务倍巨倍艰。

注释：

[1] 湖南社会科学研究所现代史研究室：《马日事变》，湖南人民出版社，1979年。

[2] 苏先俊：《湖南浏平岳军事经过报告书》，《中央政治通讯》1927年9月17日。

[3] 湖南省政府致武汉国民政府电，湖南省政府公报，第44期《马夜事变专号》，1927年。

[4][6] 柳直荀：《湖南马夜事变之回忆》，《布尔什维克》第20期，1928年5月30日。

[5] 潘心源：《秋收起义前后浏、醴、平的革命斗争》，1929年7月2日。

[7][德] 恩格斯：《路德维希·费尔巴哈和德国古典哲学的终结》，《马克思恩格斯全集》第21卷。

[8][9][11][13][17][18]蔡和森：《党的机会主义史》（1927年9月），《蔡和森的十二篇文章》，人民出版社，1980年。

[10][14] 李维汉：《关于我在"马日事变"过程中一些情况的说明》，《党史研究资料》1980年第3期。

[12] 易礼容的回忆，1978年7月4日。

[15] 易礼容的回忆，1978年7月11日。

[16] 吉合：《蔡和森同志在莫斯科批判陈独秀》。

（原文刊于《党史研究资料》1980年第22期）

回忆鲁迅一九二七年在广州的情况

徐彬如

一 鲁迅来中山大学前的背景

中山大学的前身是广东高等师范，后改称国立广东大学。孙中山先生重新解释三民主义的演说，就是在广东大学钟楼礼堂做的。1924年冬，孙中山北上，次年3月病逝北京。1926年秋，为了纪念孙中山，广东大学改名为国立中山大学。

广大原来的校长邹鲁（邹海滨，广东大埔人），是孙中山的秘书，后来参加了西山会议派。1925年秋季开学时，学生把邹鲁赶走了。当时校内两派斗争很激烈。左派学生组织叫新学生社，郭瘦真当社长，是中国共产主义青年团领导的。还有国民党领导的学生组织叫民权社，头头是毕磊和刘范，最初右派势力大，后来我们做了分化工作，1925年8月间把毕磊争取了过来（他在二五年初思想就已经有了转变）。他随即参加了共青团，年底入了党。民权社被分化后，其中右派为后来成立孙文主义学会的基础。新学生社在斗争中发展很快，逐渐占了上风。

在邹鲁当校长时，广大文学院一直是被广东的旧文人把持着，到1925年秋开学前，学生要求文学院改组，聘请郭沫若当院长。这时中大成立了一个筹备委员会，由褚民谊（先是医学院院长）当主席。在此期间，学校里的斗争还很激烈。毕磊被争取过来后，民权社瓦解了，但在文学院的教授、讲师中，右派力量仍大，他们反对郭沫若当院长。由于左派学生的积极斗争，代理校长顾孟余、陈公博等不敢不支持，郭沫若还是当了文学院院长，创造社的成仿吾、郁达夫等人也来了。医学院、农学院也来了不少左派教授。

郭沫若来后，文学院进行了大整顿，腐败的老文人都给清理了出去。新学生社这时已发展到近千人，学生运动大发展。文、理、法、农、医各学院都成立了党的分支部。整个广东的形势很好，国民党的中央党部也大都是共产党人掌握工作，左派势力很大。

1926年夏秋之间，中大委员会的委员长是戴季陶，副委员长是顾孟余，朱家骅还是个委员。可是戴季陶在上海，一直没有到校（由褚民谊临时代理其职务）。因当时中大我党势力大，戴季陶不同我们接头，不得我们允许，是进不了中大的。暑假前后，戴季陶在上海与陈独秀见面。这时正是戴季陶写了《孙文主义哲学基础》一书，我们和他进行激烈的意识形态斗争的时候。中共广东区委书记陈延年很注意对敌思想斗争。陈独秀在理论斗争上退让，而陈延年则很坚决。中大总支书记原是邱启勋，1926年初，他突然消极（次年三月登报叛党），陈延年和穆青（当时的广东区委组织部长）便决定让我当中大总支书记。这是在“三·二〇事件”（即“中山舰事件”）以前的事。以后陈延年就直接抓中大的工作，抓得很紧。陈独秀与戴季陶在上海见面后，妥协退让，错误地通知广东区委说：戴到广东后可以和他谈判、提条件，让他进中大当校长。

右派在广大被打下去之后，毕磊当了广东区学生运动委员会副书记。学委会大约是1925年夏秋成立的，和军委会、工委会一样，也是广东区委直接领导的，负责管理广东的文化教育工作、青年团工作，也管黄埔军校的青年工作。学委会书记是恽代英，萧楚女和我都是委员。邓中夏也参加学生运动的领导工作。这时郭沫若已由恽代英向党建议，决定参加北伐军总政治部作宣传工作。郭去后，文学院院长就暂时空缺了。

广东区委接到陈独秀的通知后，陈延年便部署学委会去和戴季陶谈判，由恽代英、邓中夏、毕磊出面。陈独秀在上海决定推荐施存统（施复亮）当中大的秘书长。此人思想右倾，陈延年对他印象很坏，几次对他提出严厉的批评。后来由陈延年建议，决定在中大成立政治训育部，训育员要共产党员，有邓中夏、恽代英、苏兆征、罗绮园等人；主任则让李济深担任，副主任甘乃光，是李提名的。政治训育部编写小册子，作为学生训练的课本，组织训练由共产党员担任。陈延年一再强调工作必须独立自主。这时鲁迅正在厦门，我们提出要请鲁迅来中大当文学院长。我们与戴季陶谈判了两三次，提出许多条件，聘请鲁迅便是其中一条。最后一次是恽代英、邓中夏、毕磊和我四个人一同去的。其时实际上条件都已谈好，因为我是中大总支书记，让我去见见面的；恽代英、邓中夏、毕磊是代表区委。去前陈延年很严肃地告诉恽代英，要和戴季陶斗，要大骂他一顿，思想斗争是不能让步的，界限必须划清。记得戴季陶住在东山中大医学院内一座小洋楼里，他假装很诚恳的样子，向我们说：你们有什么要求我都可以答应，我听共产党的话。还说：现在国共合作，你们多多帮助国民党呀！你们要有人专做国民党工作，不然国民党要垮台啦！其实他是要我们挂名跨党，为国民党服务。恽代英严厉批评他说：你那本书（按指《孙文主义哲学基础》）全是胡说八道，欺骗群众！把他骂了一顿。戴接着又假惺惺地说：现在还有什么别的理论呢，只有马列主义才是理论，我是瞎胡说的。我们一起骂他是“自觉的反革命”。最后他和他的老婆把我们送出来。

这就是鲁迅来中大前的情况。

二 鲁迅来中大及我们党和他的接触

在鲁迅未来之前，施存统先到广州，向广东区委报到后转来中大当秘书长。邹鲁当校长时原有一个秘书长，因为秘书长可以决定教材，所以我们就叫他离开了。施到中大后住在大钟楼，代表校长，权力挺大。他大摆架子，好像他是陈独秀派来的，应该由区委管，不能由中大党组织领导。后来陈延年说：他应该由中大总支管，章伯钧也是这样，都是单线联系。所以他们向陈延年汇报工作，每次都由我带去。

鲁迅在厦门接到中大的聘书，决定到广州来了。我们听到消息，陈延年就立即部署工作，决定由毕磊公开和鲁迅联系，作好宣传工作，用鲁迅的威望发动中大学生，进一步开展斗争。当时广东党组织编有三个刊物：《人民周刊》，先由张太雷主编，张太雷去了武汉后，由任卓宣（即后来成为托派的叶青，当时是广东区委宣传部长）接编；《少年先锋》，李求实（当时的共青团广东区委宣传部长）主编；《我们的生活》（党内刊物），任卓宣主编。区委还决定让中大也出一个刊物，由陈延年、恽代英、李求实、任卓宣、毕磊和我一起研究如何办，取什么名称。最后由陈延年定名为《做什么？》（英文名 *What to Do?*）。陈延年、李求实、毕磊还专门研究了欢迎鲁迅的工作，写什么文章。总支有个《支部生活》（由我主办），也配合写了我党与鲁迅联系的报导。我们写文章欢迎鲁迅，是为了团结鲁迅，同国民党右派作斗争。《做什么？》要出刊了，应有一篇发刊词，陈延年指示应结合当前的政治形势、北伐以及与国民党右派的斗争来写。最初由施存统和任卓宣写了一个初稿，陈延年一看，不成。讨论时，陈延年当面批评施存统的思想和戴季陶一样；又批评任卓宣教条主义，说瞿秋白是他的老祖宗（指句式欧化）。陈延年还批评了施存统的文风，说是“老古董”，他念了稿中一句后问道：“三十一个字才一个逗号，谁看得懂？”初稿被推翻了。后来写了第二稿，毕磊看完交给我，我再送给陈延年，最后由陈延年作了较大的修改后定稿，题目是《我们应该做什么？》。《做什么？》由毕磊主编，做具体编辑工作的还有许杰。许是从上海来的党员学生，南方人，笔头还流畅。这个刊物出了三四期就不出了，我们送过给鲁迅，鲁迅日记上有记载。

国民党右派也企图争取鲁迅，写欢迎鲁迅的文章。他们也搞了一个组织，叫做“左派青年团”，其后台是国民党的青年部长甘乃光。甘原是岭南大学的学生，一个投机分子，最初以左派面目出现，取得廖仲恺的信任和器重，爬了上去。廖死后，他就变了，反对我们，右派原形毕露。“左派青年团”还纠合一伙共产党的叛徒组织所谓“革命文学社”，办了一个刊物叫《这样做》，和我们的《做什么？》唱对台戏，污蔑攻击我们。“革命文学社”的头子、《这样做》的主编孔圣裔是二七年初便在报上公开声明退出共产党的叛徒。当时斗争很激烈。右派学生的头子是沈鸿慈，他们很野蛮，经常拿棍子打我们，我们叫他们“树的党”，几个右派女学生也很凶，被称为“树的婆”。“树的”是英语 Stick（手杖，棍子）的音译。当时意大利的法西斯党又译为棒喝党，所以“树的党”也是法西斯党的意思。对于“树的党”的野蛮行为，我们当然也不客气，是坚决反击的。

鲁迅于 1927 年 1 月来到广州后，区委除指定毕磊和他联系外，又加派了一个陈辅国，记得是我提出的。陈很不错，年轻，聪明。后来在“四・一五”大屠杀时牺牲了，死时才二十二三岁。他们两人是以学生领袖的身份同鲁迅接触的。

鲁迅在广州时，我到他那里去过十多次，《鲁迅日记》只记了 3 次。1 月 24 日记着我和潘考鉴（此人后来消极叛变）到访，那是第二次，第一次是毕磊带我去的。鲁迅好像事先已知道我的身份，对我非常诚恳、热情。我去时他正在房子里（大钟楼）翻书，床上桌上都是书报杂志，地下堆着线装书，还有蓝花土布的行李。许广平站在他身边。鲁迅向我介绍许广平时，说是他的学生（这时他们还没有结婚）。我们谈了些政治形势，具体内容记不起来了。毕磊和陈辅国几乎每天都和他见面。“左派青年团”的人也去找鲁迅，开头鲁迅对他们也很热情，因为都是青年，后来知道这伙人不好，对他们就冷淡了，而对我们一直是很好的。毕磊经常同鲁迅去“陆园茶室”吃茶，我有时也去。给我印象最深的是，我每次去都见他在看书，连上茶馆也把刚收到的书报杂志带去，一边喝茶谈话，一边拆阅书刊。他的这种学习精神，实在使人感动。

鲁迅来后，学生要开欢迎大会，最初他说不必了，后来支部几次派人去和他谈，他才同意了。欢迎会是以学生会名义开的，朱家骅却跑去主持。我和毕磊还有一位“杂务公社”的校工等人都上了台。朱家骅致词时别有用心地吹捧鲁迅，说他是战士，是思想先驱者，反封建不妥协，始终和章士钊（章那时站在北洋军阀一边）斗，和高长虹斗。鲁迅听了很反感，很不满意朱家骅的吹捧。鲁迅接着讲话，说自己并不是什么战士、先驱者，如果是战士，就应该留在北京和军阀斗；还讲到因为听说广东很革命，赤化了，所以决心到广州来看看，来到后果然满街都是红标语，但仔细一看，那些标语却是用白粉写在红布上的，“红中带白”，有点可怕！

国民党的上层人物也出面拉拢鲁迅。陈公博、甘乃光、孔祥熙、戴季陶等官僚政客都送帖子请鲁迅吃饭，鲁迅一概拒绝。请帖送来很多，他便统统拿到楼下传达室去展览，并贴上一张条子，写了四个大字，概不赴宴！

陈延年非常注意做团结鲁迅的工作，指示我们把党主办的刊物经常给鲁迅送去。我到鲁迅那里去，主要就是送刊物，记得送有《人民周刊》、《少年先锋》、《做什么？》等。陈延年最初对鲁迅是有分析的，他说鲁迅是“自由人”（就是知识分子的意思），但不是一般“自由人”，而是彻底反封建的知识分子，应该好好地做工作，团结他，同右派斗争。有一回，鲁迅和我谈起党的事情，问陈延年是否负责广东党的工作，还说陈延年是他的“老仁侄”，人很聪明。这件事我向陈延年谈了，陈延年也说鲁迅是他的父执。不久，鲁迅向毕磊表示希望与陈延年见面，陈延年听到毕磊的反映，立即同意了，后来鲁迅和陈延年就作了一次秘密会见。这事是由毕磊和陈延年的秘书任旭（此人后是托派，改名任曙，现在还活着）安排的，所以他们在什么地方（不知是在区委机关还是在陆园茶室）见的面，谈了些什么，我都不清楚。

鲁迅把希望寄托在青年身上。他对代表共青团和他接近的青年特别热情。我们和他接触，一次比一次感到亲切，很快建立了感情。他对我们送去的刊物很重视，常拿我们的《做什么？》同反动分子的《这样做》对比，对各种青年进行分析，很快就看出所谓“左派青年团”是什么货色，他们鼓吹的“革命文学”是什么东西。当时北伐战争取得很大胜利，武汉早已打下，与此同时蒋介石正加紧进行叛变革命的阴谋活动，到处制造事端，广东的右派也很嚣张。有一次我们开会，“左派青年团”来挑衅捣乱，双方争了起来，他们竟把礼堂周围的小树都拔出来打我们。鲁迅看见非常气愤。鲁迅对我们的感情是很真挚的。由于毕磊不断向他介绍党内情况，他对我们党的了解也逐渐加深，有了深厚的感情。所以，毕磊在“四・一五”反革命大屠杀中牺牲后，鲁迅感到异常悲痛，后来写了《怎么写（夜记之一）》来纪念毕磊。这充分表达了鲁迅对我们党的感情。

三　“四·一五”反革命大屠杀

1927年4月12日，蒋介石在上海发动了反革命政变，接着，广州发生了“四·一五”血腥大屠杀，数以千计的共产党员和革命群众死于国民党反动派的屠刀之下。这一切，鲁迅都亲眼看到，感到极大愤慨。当时，中大师生先后也有300多人被捕。鲁迅激于义愤，不顾个人安危，于“四·一五”当天下午，冒雨从白云楼寓所赶赴中大，召开各主任紧急会议，商量营救被捕学生。会议要求学校当局立即释放被捕者，并阻止反动军警搜查教授宿舍。营救无效，鲁迅愤而辞去中大的一切职务，向反动派表示强烈抗议。

反动派要搞政变，我们是知道的，但准备不足，事前只通知少数负责同志转移驻地。当时萧楚女因病住在东山医院，毕磊在中大宿舍，都没有搬家，结果都被捕牺牲了。

“四·一五”那天，我也还在中大，我原住在二楼学生宿舍，后来为了避免敌人搜查，搬到三楼教授宿舍许德珩教授房里去（许当时去了武汉）。原和我在二楼同住的几个党员，一个夏占元，一个刚从北大调来的金某，还有一个记不起来了。夜里两点多钟，敌人包围了二楼，金某跑了出来，上楼告诉我夏占元被捕了，叫我赶快躲开。我也听到楼下右派学生头目在嗥叫抓人，立即光身跑到隔壁王若怡教授那里去。王说朱家骅认识他，知道他是共产党党员，他那里不能呆，于是把我带到另一位教授房间去。这位教授叫什么名字，我现在想不起来了，只记得他是刚从上海商务印书馆来的，和郑振铎相识，这位教授人很好，很同情我们，同意保护我。他叫我躲在帐子里，便出去把门锁上。等到外面枪声不响了，他才回来。他告诉我鲁迅召开营救会议的事，说鲁迅要朱家骅去找李济深出个布告，不准搜查教授宿舍，现在布告已贴在三楼，大概不会来搜查了，叫我安心。接着他又出去打听消息，天快亮时他带回一些传单，告诉我萧楚女、毕磊被捕了，外面正在捉我。不久他又去买点心给我吃，这时天已亮了。他说楼下已有标语说我已经被捉到，这样情况可能会好些，叫我呆着，他再到外面去探听一下。直到下午两三点钟他才回来，说大街上传说确已抓到了我，也捉到了澎湃，并说准备把我送走，要我考虑到什么地方去。我们商量了一阵之后，他便用棉花、绷带把我的头给包上，把他的西服给我穿上。刚好外面下雨，他又给我穿上雨衣，还递给我一支雪茄烟，并把他仅有的60元钱送了给我。这时已是四五点钟了，街上开始戒严。他已雇好了一辆汽车等在中大后门。我们事先商量好，我在前面走，他在后面跟着。如果中途发生什么情况，我就自己走路，他上汽车。我下了楼，真的看见捉到徐文雅的传单。一路上没有发生什么事，比较顺利地到了柯麟（柯辉萼，中大医科部党分支部书记）朋友的姐姐家里，和柯麟接上头，脱险了。我和鲁迅的关系也从此中断了。

陈延年和我都是出席中共“五大”的代表，大约在1927年3月间，陈延年去武汉，让我留下来。他走前把毕磊和我找去，指示如何继续做鲁迅的工作，并总结了前一段做鲁迅工作的经验。他已经改变了过去认为鲁迅是“自由人”的看法，谈到他和鲁迅见面的情况，认为鲁迅思想发展得很好，已经是我们的人了。

我找到柯麟处接上了党的关系，党决定我还是去汉口参加“五大”。等了半个多月，5月初，我坐船到了上海，见到陈延年，陈说大会已开完了，便把我留下来做军队工作。大约在5月10号以后的一天，我去四川路安慎坊和周总理、陈延年见了面。以后总理去汉口，又打电报来要我去，是陈延年通知我的。6月26日，陈延年和我谈了话，我就离开他到汉口去。当天，陈延年就被捕了，这是因为叛徒出卖，机关被破坏了。

注：徐彬如（徐文雅）同志是1927年鲁迅在广州中山大学任教期间的中共中山大学总支部书记，兼文科部书记，和鲁迅有较多的接触。本文原是作者1971年一次座谈会上的谈话记录，这次刊登时又经他本人校订。

（原文刊于《中山大学学报》（哲学社会科学版）1976年第6期）

瞿秋白与莫斯科中山大学派别纠纷

王凌云

瞿秋白根据共产国际的指示，于1928年5月中旬到达莫斯科。6月至9月，他先后在这里出席了中国共产党第六次全国代表大会和共产国际第六次世界大会，会后留驻莫斯科，担任中国共产党驻共产国际代表团团长，负责协调共产国际对中国革命的指导，并参与中山大学的管理工作；同时，他还担任共产国际的主要领导工作。

莫斯科中山大学，原名中国孙逸仙劳动大学，简称孙逸仙大学或孙大，人们习惯上则称为中山大学。该校于1925年9月成立，其任务是为中国的大革命培养政治干部。它由苏联一手创办而成，校长由俄国人担任。学校虽然名义上由联共（布）中央和中国国民党中央执行委员会共同管理，但实际上，该校在行政上、教务上、党务上均听命于联共中央。学生绝大部分在中国国内招收，由国民党中央执行委员会出面选拔，人员多由国民党和共产党分别选派，但却要求学生中的百分之六十五为“纯国民党员”。在统一战线背景下，学生的来源十分广泛，成分也十分复杂，包括不同阶级、不同阶层的各类青年。国共合作破裂后，1927年7月26日，国民党中央执行委员会发表声明，“取缔”中国孙逸仙劳动大学，并与其断绝一切关系。10月，向忠发来到莫斯科，中国共产党中央才正式同这所学校发生关系。1928年，中国孙逸仙劳动大学改名为中国劳动者共产主义大学，专门为中国共产党培养干部。

莫斯科中山大学学生成分的多样性以及联共党内斗争和中山大学米夫、陈绍禹（王明）反对中共驻共产国际代表团斗争的相互交织，注定了这所学校不能平静。派系丛生，纠纷频仍。中共代表团团长瞿秋白及其他成员在参与管理这所学校的工作中，为了维护中共党的团结，对米夫操纵下的学校党组织——支部局及其所支持的陈绍禹教条宗派，进行了批评和斗争。但因米夫、陈绍禹有联共及共产国际作后台，这就决定了这场斗争的必然结果。斗争的失败，又决定了瞿秋白此后的命运。

中山大学的派别纠纷起于1927年。在中国大革命的高潮中，就中国革命的许多问题，在联共党内，斯大林派同以托洛茨基为首的反对派，始终存在着意见分歧。从1927年4月起，斯大林同托洛茨基围绕着中国革命所面临的严峻形势，展开了激烈的争论。中山大学的一部分学生也卷入了这场争论。一派标榜忠于斯大林和共产国际；一派则自觉或不自觉地支持托洛茨基反对派。不久，中大第一任校长拉狄克因参加反对派的活动被撤职，一部分学生因此遭受株连，受到处分。

中国大革命失败后，被派往中国的米夫和他的翻译、中大学生陈绍禹于8月间回到莫斯科。任中大副校长的米夫回到学校时，正值原教务长、时任代理校长阿古尔同支部局，即教务派和党务派的权力之争闹得乌烟瘴气的时候，许多学生卷入了这两派之争。没有卷入这两派的，则形成第三种势力，学校被搞得四分五裂。米夫联合第三种势力，同支部局一起搞垮了教务派，很快控制了学校的局势。不久，米夫被正式提升为校长。从此，这位青年人便掌握了学校的大权。

米夫的得力助手陈绍禹，依仗米夫的支持，在学校大搞宗派活动，拉拢一部分学生，打击一部分学生，很快便形成了一个以陈绍禹为核心的宗派。为了打击异己，他们给反对他们的同学扣上了各种“反动派别”

的帽子，诬陷俞秀松等组织“反党小集团”，给反对他们的工人出身的李剑如、余笃三等扣上“工人反对派”的帽子等等，不一而足。

陈绍禹等人捏造事实，指控俞秀松、董亦湘、周达明等人组织“江浙同乡会”，在学生中四处散播，引起学生的很大不满。1928 年 5 月，中大支部局会同苏联的“格柏乌”对“江浙同乡会”进行调查。支部局本来就为米夫所操纵，所以，很快便草草做出了“江浙同乡会”确实存在的结论，并决定严加惩处。而后，陈绍禹别有用心地向此时尚在莫斯科的向忠发汇报“江浙同乡会”一事。向忠发不问事实真相，来到中山大学，大谈“江浙同乡会”是“反党小组织”，甚至煞有介事地说“他们与蒋介石有勾结，受蒋介石的经济帮助，还听说与日本领事有勾结”，并表示对他们中的领袖人物“予以严厉制裁”[1]。在学生中引起了恐慌。

陈绍禹等人制造“江浙同乡会”事件，不仅仅是为了打击异己，他们还想借此来影响中国共产党，为日后在党内夺取权力作准备。据他自己讲，在中共第六次代表大会上，“按照大会主席的决议，作了《关于江浙同乡会问题》的报告”[2]。一个学校内的小小“组织”，竟然能拿到中共全国代表大会上去讲，而且在会后，趁代表尚未回国之机，他“还报告了反‘江浙同乡会’的斗争”[3]。这就说明陈绍禹一帮人非同一般，也就注定了日后以瞿秋白为首的中共代表团同陈绍禹教条宗派斗争的艰巨性和复杂性。

陈绍禹的宗派活动引起了许多中大受压制的学生的不满和愤恨，纷纷向中共中央和刚刚组成的中共代表团申诉。中共代表团在广泛听取了中大学生的意见，并掌握了一定的证据后，于 8 月 15 日致信联共中央政治局，说明在“江浙同乡会”问题上，同联共中央的调查结果有不同意见；同时，瞿秋白又向中共中央写信报告，据他们了解，在中大存在“江浙同乡会”的说法证据不足。“在一些江苏、浙江籍同学中，对某些问题意见不一致并不是一件罪过，而不应当把政治上的分歧当成罪过。”更何况“在被认为这一传说中的同乡会员的人当中，并不都是江浙人，例如周达明被列为同乡会的会长，却是贵州人”[4]。

1928 年秋，由于中山大学部分学生的强烈不满和中共代表团所持的不同意见，共产国际监察委员会、联共（布）中央监察委员会和中共代表团，联合组成审查委员会，共同审理“江浙同乡会”一案，周恩来参加了这一工作。经审查后，由联共中央监察委员会和中共代表团共同发布《告中国同志书》，认为“江浙同乡会”组织并不存在。至此，这场风波方得平息。

9 月，瞿秋白向共产国际东方部部长库西宁建议撤换中山大学校长米夫的职务，未被采纳。

1929 年 1 月 7 日，联共中央就中山大学所出现的问题作出决议，即《消灭学生中的派别和斗争及造成共产主义的团结精神》，中共代表团参加了这一决议的讨论和通过。决议的第一条就特别指出：“同时必须完全消灭中大学生之中的派别纠纷和斗争，而造成‘共产主义的思想团结和同志关系’”。[5]

鉴于中大学生和代表团所反映的问题，1929 年 2 月 7 日，中国共产党中央致信中国驻共产国际代表团，决定对莫斯科中山大学的问题进行调查。代表团接到中央的信后，决定按照中央的要求，开始调查工作，遂派邓中夏将这一决定在中大支部局会议上正式宣布。4 月，调查工作开始。正在此时，瞿秋白回到莫斯科，“开始为中大工作”[6]。他是在共产国际“六大”结束后，同各国代表于 9 月到苏联南部参观游览，而后，因劳累过度，旧疾复发，留在巴库疗养。

因中大政治方面的问题，联共中央已于这一年的 1 月 7 日作过决议，并已将决议发给学校，要求学校遵照执行，所以，中共代表团此次调查，“主要的目的只在于帮助学校发现许多最具体的有益的提议（如工人教本、生产学习、科学分配、汉文翻译改良的方法、实际运动如工运、组织、宣传等分科学习方法等）”[7]。6 月 1 日，中共代表团写出了“书面提议改造学校的具体意见”[8]，即瞿秋白所称的“意见书”，经过翻译后，于 6 月 17 日将中、英文各一份分别送交联共中央、共产国际东方部及中山大学的校长和支部局。

同一日，代表团致信联共中央，进一步阐述改造学校的意见。他们认为，在现在的情况下，改造中大必须从两个方面着手，即：一方面加深加紧对于不良倾向（尤其是右倾及调和派）的斗争；另一方面实行教务上、校务上必须的改革，加强党部对于这些改革的领导。他们在信中还特别强调，“为着实行这种重要的任务，必须消灭一切的成见和纠纷、相互之间的猜疑和不信任，无形之中与党对立的情绪等等。”[9]由于中山大学派别斗争的复杂，代表团在信中还特别提出，学校在审查和处理学生时，必须有一套切实具体的办法，以确保公允。

6 月 15 日，瞿秋白写信给中共中央政治局，向中央报告此次调查的结果，并将调查报告，即“意见书”的底稿寄给了党中央，请政治局务必就此发表意见，并将意见正式写信到国际东方部和联共中央。他鉴于该校“旧习太深、爱斗纠纷”。所以在信中再次要求中央多派一些工人来[10]。

1929 年 6 月，学年结束前夕，学校支部局以惯例要举行年终总结大会。可是，这次大会非同往年，它是由米夫操纵下的支部局精心布置的，“目的是整中共代表团和反对支部局一派的同学”[11]。陈绍禹一派提议让芬可夫斯基到会并讲话。此人是中大所在地的苏共区党委书记。他们还建议让中共代表团团长瞿秋白及其他成员出席会议，把他们“拉出来打”[12]。这是一次米夫、陈绍禹宗派同中共代表团进行公开较量的会议。瞿秋白出席了会议，并在会上讲了话，对中大的政治状况作了充分的估量，“对支部局的领导也颇有批评”[13]。

由于事先有所准备，所以会议一开始，陈绍禹宗派中的一些人，对中共代表团和瞿秋白便展开了猛烈的攻击。有人挑拨说：“代表团反对向忠发，而学校支部局是赞成向忠发的。”还有人公开指责“代表团某人某人是调和派”，甚至说：“改造学校是代表团领导右倾、进攻党部。”[14]会上，中大支部局的俄国委员托肯甚至提出，这年 4 月中共代表团对中大问题的调查，是背着学校当局的一次“秘密调查”，这无疑是火上添油，使得一部分不明真相的同学对瞿秋白和代表团更加不满。张国焘作为代表团的成员也出席了会议，并发了言，对支部局的工作和“左”倾错误也进行了批评。

会议期间，米夫、陈绍禹教条宗派还利用支部局的宣传阵地——墙报，对瞿秋白和代表团捏造事实，进行攻击。中山大学的广大党员和团员对支部局的工作及其支持下的陈绍禹宗派活动，表示了强烈的不满。会议一再延期，进行了 10 天，支部局的工作报告仍然没有通过。最后，由中共代表团、校长（米夫已于 1929 年春辞去校长职务，专任共产国际东方部的工作，由魏格尔接任校长）和支部局共同作出了一个决议案。

“十天大会”后，瞿秋白忙着出席共产国际第十次执行委员会全体会议，张国焘因病去外地疗养，代表团的其他成员也因共产国际派有其他工作而离开了莫斯科，直到 8 月底才陆续回来。

9 月，新学年开始后，中大的局面更加混乱。学生中的派别纠纷愈演愈烈。有一批人“在反对倾向的斗争之中，夹杂着许多派别成见，这样，李剑如等和盛宗亮等的双方斗争，仿佛变为：谁是百分之百的布尔什维克，谁是右倾，谁是反右倾，你说我是右倾，我说你是右倾的现象；再则，又仿佛甲派是专门拥护代表团的，乙派是专门拥护支部局的”[15]。

盛宗亮又名盛岳，陈绍禹教条宗派中的干将。李剑如，工人出身，曾参加上海工人第三次武装起义。他和工人出身的余笃三等因反对陈绍禹的宗派活动，被扣上“工人反对派”的帽子。

苏联党中央委员会为了检查这年的“一・七”决议在中大执行的情况，调查解决学生中日益严重的派别纠纷，便于新学年开始后，决定组成审查委员会，再次对中大进行调查。

新学年开始后，在中山大学掀起了一场“清党”运动。

1929 年 4 月，在联共（布）第十六次全国代表大会上，通过了《关于清洗和审查联共（布）党员和预备党员》的决议，在党内掀起了一场清洗右倾分子及一切反对派别的运动。中大的全体中共党员，在此之前，都加入了苏联共产党，成为联共党员和预备党员，因此，他们都必须参加联共的这次“清党”运动。联共（布）监察委员会组成了以苏联红军总参谋部情报部副部长贝尔津为主席的中山大学清党委员会于 9 月进驻中山大学。10 月，中大清党委员会召开有共产国际东方部、联共（布）中央、联共（布）区委等代表参加的第一次全校清党大会，中山大学的“清党”运动从此开始。

此时，支部局同代表团的关系越来越紧张。在支部局看来，中大内部的事务，应当完全由他们来处理，代表团不应过问；而在代表团看来，学校当局只应管理学校的行政和教务，学生的思想工作及回国后的工作分配等应由代表团来处理。特别是在中共代表团组成不久，便参与处理中大的派别纠纷，对“江浙同乡会”的调查纠正，为无端被打成“反革命”的学生甄别，使得米夫和陈绍禹教条宗派十分恼火。这次的“清党”运动便给他们提供了一个打击异己，攻击陷害瞿秋白及中共代表团的绝好机会。他们以种种罪名迫害曾经反对过他们的学生，逮捕、流放、罚做苦工，使“清党”运动严重扩大化。他们收集和捏造瞿秋白及代表团的种种所谓“幕后活动材料”，“仔细审查他们自中共六大以来的各种讲话，从中找出同中共中央和共产国际立场相抵触的地方”[16]。他们还利用中大支部局的机关报——墙报，作反对瞿秋白和代表团的宣传，“登载奇形怪状的讽刺画，说代表团组织小团体（右派），和托派勾结反对国际”[17]。

在第一次清党大会上，陈绍禹教条宗派对瞿秋白及代表团其他成员发动“全面的政治攻势”[18]。他们的代表盛岳在会上发言，公开指责瞿秋白及代表团的其他成员“犯了机会主义的罪行，瞿秋白犯了左倾机会主义”，“而张国焘则是右倾机会主义”。他们在中山大学培植“反党第二路线联盟”[19]。新上任的校长及党的书记则以老子党的架势，为陈绍禹一派撑腰。校长魏格尔在会上提出，邓中夏在本年初曾“秘密调查”学校，“以机会主义的政纲，领导小组织反党”[20]，党的书记伊格纳沃夫在会上则更加盛气凌人。他在会上说，“他以前曾经对代表团同志采取外交政策，说过并不反对代表团，并没有叫墙报定下进攻代表团的方针，但是，他是准备了许多，现在是可以用大炮机关枪大大进攻代表团了。”他还声言，“这是得着区委的命令的”[21]。

苏联党的各级组织对中山大学的派别纠纷，不仅没以中立的态度进行调解，反而公开站到陈绍禹教条宗派一边，号召“用大炮机关枪”向代表团开火，挑起各派学生对代表团的不满，使校内的派别斗争更加激化。他们进而还将这种宗派斗争扩大到中国共产党内去，藉此把责任推卸到中共代表团身上。对此，瞿秋白及代表团的其他成员非常气愤，他们向共产国际监察委员会正式提出“极端严重的抗议”[22]。

瞿秋白身处风浪之中，屡遭冷落和打击，其弟景白在第一次清党大会后失踪，使他的精神遭受沉重的打击，健康日渐恶化，至 1930 年初，再度病重。虽然如此，他仍然在逆境中坚持工作。

自他介入中山大学的工作后，对于错综复杂的派别纠纷，“只想弥缝和缓和这些斗争，觉得互相攻讦批评的许多同志都是好的，”却故意夸大事实“奉为‘打倒对方的理由’”，所以只有“站在调和的立场”[23]。瞿秋白只想消除学生中的派别纠纷，维护中国留俄学生的党内团结，尽心竭力地办好学校，以更好的完成其为中共培养干部的任务。他更倾心于学校的改造工作，在政治上、教务上、学生成分上都不止一次地向学校提出过许多具体的意见，以期改善学校的况状。他也几次向国内写信，要求中共中央尽量多派些工人来中山大学读书。他甚至曾向中央表示，愿意辞去共产国际的一切事务，“专管中大事”，否则，请特派一人来莫斯科，专门管理中大的事务[24]。1929 年 11 月，在中大“清党”的高潮中，他以中共代表团的名义，致信联共中央，提出中山大学必须尽快的进行根本改造，应该“加强领导，进行国际教育，和无情地清洗现在的学生成份”，他还要求“过去的领导公开的承认错误”[25]。矛头直指米夫。

所有这些都是瞿秋白的善良愿望，岂知米夫及其中国的追随者在苏联大国沙文党及共产国际的支持下，正在加紧对他及中共代表团的攻击和迫害。

瞿秋自在担任共产国际的领导工作中，对国际内部的斗争有了比较深一层的了解，联系到往日共产国际同中国革命的关系，他逐渐醒悟到盲从的危害。正像他所说的，在国际工作期间，“相当得到一些新的知识，受到一些政治上的锻炼”[26]，因而蒙发了独立自主的意识。对于米夫操纵下的支部局及陈绍禹宗派的诬陷和攻击，瞿秋白及代表团的其他成员勇敢地进行了反击。

1930 年 1 月 2 日，联共中央审查中大委员会向中大支部局大会报告第二次审查结果。同一天，中共代表团针对这一报告，发表了自己的意见，即由瞿秋白起草了一份《告中大学生书草案》，公开批评学校的领导，指出学校领导存在着许多缺点、错误，反倾向的斗争没有切实的进行，没有系统地去研究学生群众。哈莫夫区委竟使学校里的中、俄同志分裂为两个中、俄支部，至今没有有系统地组成中国工人能够看得懂的讲义[27]。

后来，瞿秋白又写了《清校问题》。这篇像是一份报告的文章为何而写，写给谁的，尚不清楚。这是一篇申诉书，它历数代表团介入中大工作以来所遭受的冷落和攻击；这又是一篇辩护书，它说明代表团一年多以来为中大所做的工作，驳斥支部局的种种指责，为他及代表团进行辩护。他再次批评中大支部局，指出："在这种严重的政治斗争之中，不去消灭派别斗争的成份，反而去专门听信有派别成见的话"，"支部局不但不改正他的错误，反而利用托派的挑拨手段，客观上无论如何不能不是助长派别纠纷，扩大学校中的派别纠纷到中国党里去，固定一部分学生同志反对中国党中央委员会的派别成见，想藉此把中大不能保证培养布尔什维克干部的糟糕情形的责任，推卸到中国代表团身上。""我们赞成支部局的正确意见，但向来不赞助支部局的那些政治上的错误。"[28]

但是，面对着有权有势，凌驾在中国党之上的联共中央和共产国际，面对着有帮有派，有强大后台的米夫、陈绍禹宗派，瞿秋白及中共代表团又能奈之如何？！

1930年三、四月间，在中山大学"清党"运动结束后，共产国际便做出了《共产国际政治委员会因中大派别斗争关于中共代表团行动问题的决议》。随后，共产国际东方部的负责人米夫，把瞿秋白及代表团的其他成员召到他的办公室，向他们宣读了这份决议。决议指责他们：

"中共代表团须担负李剑如、余笃三派别行动的部分责任。

这一派别在中大进行无原则的斗争，走到实际上与托派联盟的道路。中共代表团的多数（瞿秋白、邓中夏、余飞）领导了李剑如、余笃三的活动。"

共产国际政治委员会表示："以坚决的态度谴责中共代表团的代表对于中大派别斗争的行动。"决议还要求中共中央"以必要的限度刷新代表团的成份，并与国际执委政治秘书处商定新的成份"[29]。

4月，中共中央派周恩来到莫斯科，同共产国际"协商"中共代表团的改组问题。结果，瞿秋白、邓中夏、余飞被撤职，先后回国。中山大学的学生也随着"清党"运动的结束，陆续回国。1930年秋，中山大学停办。

中山大学的派别斗争并没有因其停办而结束。这场斗争随着陈绍禹教条宗派一批骨干的回国，引进到中国共产党内。1931年1月，陈绍禹教条宗派在共产国际和米夫的支持下，一举掌握了中共中央的大权。此后，对党内持不同意见者，则进行"残酷斗争、无情打击"。瞿秋白被撤销政治局委员的职务后，陈绍禹所把持的中共中央政治局于1931年2月20日又通过了一个《中央政治局关于一九二九——一九三〇年中共中央驻国际代表团行动问题的决议案》，指责瞿秋白"曾以中大学生中反支部的派别行动来影响过去的中央政治局"[30]。他们用中大派别斗争的大棒，继续对瞿秋白进行打击、迫害。

注释：

[1] 向忠发：《中国工农代表团来苏联经过报告》（1928年9月14日），转引自陈铁健著《瞿秋白传》，上海人民出版社，1986年，第353页。

[2] 王明：《中共五十年》，现代史料编刊社，1981年，第137页。

[3] 周恩来：《关于党的'六大'研究》，《周恩来选集》上卷，人民出版社，1980年，第184页。

[4] 盛岳：《莫斯科中山大学和中国革命》，现代史料编刊社，1980年，第233页。

[5][6][7][8][9][14][15][17][20][21][22][28] 瞿秋白：《清校问题》（1930年初），手稿。

[10][24] 瞿秋白：《致中共中央政治局的信》（1929年6月15日），手稿。

[11] 陈修良：《莫斯科中山大学里的斗争》，见《革命回忆录》增刊（1），人民出版社，1983年。

[12] 同[4]，第240页。

[13] 张国焘：《我的回忆》第二册，现代史料编刊社，1980年，第401页。

[16] 同[4]，第244页。

[18] 同[4]，第244－245页。

[23][26] 瞿秋白：《多余的话》，《瞿秋白文集》第7卷，人民出版社，1991年。

[25] 屈维它：《致联共中央信》（1929年11月），手稿。

[27] 瞿秋白：《告中大学生书草案》（1930年1月2日），手稿。

[29][30] 中国人民解放军国防大学党史党建政工教研室编《中共党史教学参考资料》第15册，第15、14页。

（原文刊于《党史研究资料》1995年第6期）

试析张东荪的中间路线思想

宋亚文

中国现代史上的中间路线，亦称第三条道路，一般地说，是指介于国共两党之间的中间势力或第三方面的政治路线，它作为一种政治思潮曾一度活跃于中国的政治舞台。许多民主人士对中间路线进行过大量精辟的论述，本文试就张东荪的中间路线思想作一粗浅的分析。

一 张东荪中间路线思想的形成

张东荪中间路线思想的发端可追溯到20世纪30年代初期。九一八事变后，为反对蒋介石的独裁统治，呼吁抗日救亡。张东荪等人组织了中国国家社会党。1932年5月20日，他在为该党起草的政治宣言中，提出了“修正的民主政治”的观点，并从政治、经济、教育等方面对其进行了系统的阐述。具体地说，就是在政治上“必须建立一种政治制度在原则上完全合乎民主政治的精神；在实施上必须使党派的纵操作用不能有所凭借”[1]。在经济上，既反对资本主义，又反对共产主义，而主张“调和资本主义与国家社会主义。实行‘混合经济’”[2]。在教育上，他指出教育的目的“是把全国的人每个都要变成军事动员与生产动员之一”[3]。在军事上则“一方面要大大的提倡对外的军备，提高军人的人格，使他们有一条光明的路可走。他方面须以全国力量反对内战，同时大减常备军额”[4]。概括言之，即“必须有一个全体的计划，把政治经济教育军备冶于一炉，对中华民族所以生存与发展之道作一个大大的推进。于是使政治经济教育军事合成一个大效率”[5]。基于这种分析，他又进一步归纳自己的观点为：“于政治是把根据效率的科学与个性差别的科学以与站在平等原理上的民治主义调和为一；于经济是把易于造产的集产主义与宜于分配的普产主义以及侧重自治的行会主义调和为一；于教育是把淑世主义与自由主义调和为一；然后三方面再综合之，成一整个儿的。”[6]不难看出，张东荪的这些论述包含着较为浓厚的调和也即中间性的色彩，只是没有明确的冠以“中间性”等术语而已。据此，我们可以说他的中间路线思想在这时已经露出端倪。

此后，在民族危机日益严重而国民党却又奉行不抵抗政策的情况下，张东荪逐步认识到须有一个政治力量来执行自己政治主张的紧迫性，也就是要“另起炉灶，造成一个新的势力，打开一个新局面，方能有路可走”[7]。但随着全面抗战的兴起，张东荪又及时调整了自己的思路。他所领导的国社党也以民族大义为重，“改变了对国民党揭露和批评的立场，表示愿意接受蒋介石的领导，共赴国难”[8]。他的政治主张也随之向“调和资本主义与社会主义”、“调和共产党与国民党”以共同抗日转化，并试图“借参加国民参政会之机，赴武汉向国共两党领导人陈述，促成实现”。[9]可国共两党之间错综复杂的矛盾，毕竟不是靠他个人的周旋所能解决的。这样，张东荪第一次想把自己中间性的政治主张付诸实践的尝试以失败告终。但他并不气馁，而是在友人的鼓励下，将自己的有关思想整理成文，托人分送毛泽东、蒋介石以及《再生》杂志社，不幸因中途被国民党检查员扣留而没有面世。

抗战胜利以后，和平民主成为世界政治发展的主流。国共两党重庆谈判的举行，曾一度使饱经战争创伤的中国人民因看到了和平的曙光而兴奋不已。各党派围绕建国问题纷纷发表各自的见解和主张，张东荪也在自己创办的《正报》上发表《一个提供给大家参考的建国方案》一文，“坚决主张在和平的基础上实现民主，赞同中共提出的联合政府，希望通过国内各种政治势力间的协商方式解决战后重大问题”[10]。这些主张深化了“修正的民主政治”的观点，为其中间路线思想的完整提出奠定了理论基础。随着国共两党斗争的日益加剧，中国面临着内战的严重危机，广大中间派民主人士从调和国共冲突、和平建国的愿望出发，争相倡言他们关于中间路线的政治主张，形成了中间派议论时政、发表政见的热潮。张东荪利用这一有利时机，于1946年5月发表《一个中间性的政治路线》的演讲，将自己酝酿良久的中间路线思想公诸于众。此后，他又进一步完善了关于中间路线思想的理论构建，使其具备了较为独特的思想内容。

二　张东荪中间路线思想的主要内容

张东荪的《一个中间性的政治路线》一文，在理论界引起了强烈的反响。许多中间派民主人士著文响应，特别是施复亮的《何谓中间派》和《中间派的政治主张》等文，与之形成唱和之势，倍受鼓舞的他又连续发表《追述我们努力建立“联合政府”的用意》、《和平何以会死了》及《美国对华与中国自处》等一组文章，更加深入地阐述了自己的主张。至此，张东荪关于中间路线思想的内容基本完备，主要包括以下两个方面：

第一，调和美苏与国共关系，求得国际、国内政治的稳定或平衡，达到中国外交与内政问题一并解决的目的。

张东荪认为，“所渭中间性具有两重意义。第一是就思想的本质而言，从全世界来分别的，第二是就党派的分野而言，只限于中国目前的实况。前者属于国际，后者属于国内。前者是说在所谓资本主义与共产主义之间我们想求得一个折衷方案，其国际的关系便是由于美国采取资本主义而俄国则以共产主义来立国，我们今天不仅在思想上必须设法调和这两个主义并在国际关系的外交方针上亦必须设法调和这两个不同主义的国家。后者是指中国国民党与中国共产党之间应有一个第三者的政治势力而言，这个第三者在其主张上与政治路线上必须是恰好在他们两者的中间”[11]。就中国当时的政治现状而言，确实存在着美国支持国民党、苏联支持共产党的事实，为了不使人们产生认识上的混乱，他进一步声明不能因此就以为“国民党是以资本主义为其政纲；共产党在现在就奉行共产主义，所以在国共之间绝对不等于在资本主义与共产主义之间”[12]。具体地说，中间性的政治制度就是“在政治方面比较上多采取英美式的自由主义与民主主义；同时在经济方面比较上多采取苏联式的计划经济与社会主义。从消极方面来说，即采取民主主义而不要资本主义，同时采取社会主义而不要无产专政的革命，我们要自由而不要放任；要合作而不要斗争”[13]。总而言之，张东荪试图通过在资本主义与共产主义，在国共之间分别建立中间性的政治制度和政治路线，以此调和美苏及国共之间的矛盾，求得中国内政与外交问题的一并解决。可见，他的中间路线思想有着较为浓厚的折衷与调和色彩。

第二，变国共两党为普通政党，建立兼具美苏两国优点的中间性的联合政府，最终求得中国问题的妥善解决。

成立联合政府的主张是中共在1944年9月的国民参政会上提出来的。1945年毛泽东在《论联合政府》的报告中又指出：“中国急需把各党各派和无党派的代表人物团结在一起，成立民主的临时的联合政府，”[14]待打败日本侵略者之后，再成立“包括更广大范围的各党各派和无党派代表人物在内的同样是联合性质的民主的正式的政府”[15]，来领导全国人民建设新中国。这一号召得到广大中间派民主人士和全国人民的普遍拥护。1946年初政协会议的开幕把成立联合政府提上了议事日程，但内战的爆发很快中断了这一进程。

面对这种情况，张东荪仍不放弃争取和平的努力，他在呼吁停止内战的同时，还积极阐明自己关于联合政府的观点，希望国家的政治生活能够重新回到政治协商的道路上来。他认为，尽管在内战已起的情况下还提联合政府不免有些“明日黄花”之感，但它仍“不失为一剂永久有价值的起死回生汤”[16]。他阐述说：“我们以极诚恳尊重的态度来劝国民党，请其抛弃那个偏右的作风来稍稍转向于中间，同时亦极亲挚极虚心的态度来劝共产党，请其把一些过火的地方与所谓幼稚病都矫正过来，而亦转向中间的一条道路，所以我们一百二十分赞成联合政府。”[17]他认为，这样的联合政府必须建立在一个中间性的共同纲领之上，而此共同纲领又必须为各党承认并达到彼此协商、互相让步、共同遵守的境界，所以联合政府的道路，说到底就是具有折衷、调和性质的中间道路。他把这种联合政府的道路又称作民主的道路，但它既不是纯粹英美式的，更不是苏联式的，而是综合了美苏两国优点的中间性道路。此外，从国际上来说，他认为有这样一个中间性的联合政府也同样重要。他说“要使中国成为中和性的国家介乎美苏之间，则必定先把中国的政府变为联合政府。换言之，则用联合政府以表现中国在国际上的中间性”[18]。他认为，无论国共那一方执政，都不会令美苏同时满意和放心，以至会引起国际纠纷，所以中国最理想的出路就是联合政府，即由国共合作来实现中国的统一。“这样统一的中国，才能对美苏有中和作用”[19]。这种主张的形成基于他对“民主”的解释。他认为“各党协商，由共同而得一致，由不同而互相钳制，这乃是真民主”，“民主的精神就在于容纳‘异’而折衷于‘同’。第一是Compromise；第二是Check and balance。没有这两点，则决没有民主”[20]。他把中国内战的原因完全归咎于国共两党的不合作，指出要达到把中国变成真正民主国家的目的，首先“必须把国民党由特别政党变为普通政党”[21]；其次，要把共产党拉入联合政府，“因为它加入了政府便不能不自改变其性质，即把革命的政党变为普通的政党”[22]，只要国共两党都变为普通政党并都进入联合政府，那么中国的问题将会迎刃而解。

总之，在张东荪看来，无论从国际、国内哪一方面来说，成立联合政府都是很重要的，所以他归纳说：“联合政府是解决一切困难的总匙。”[23]但很显然，张东荪理想中的联合政府与中共所倡导的联合政府存在着一定程度的差异。

三　张东荪中间路线思想的特点

通过以上分析，我们不难发现张东荪的中间路线思想有着较为鲜明的特点。

第一，张东荪对中间路线思想的探讨无论理论上还是实践上都开始得较早。

张东荪的中间路线思想发端并初步形成于30年代，由于他对中间路线问题长期不懈的关注与研究，使他能够在40年代中后期率先发表关于中间路线的政治主张，并在理论界引起强烈的共鸣，推动了中间路线社会思潮的形成。

第二，张东荪以国际政治环境为背景来阐述其中间路线思想的视角是广阔而新颖的。

张东荪立足国际立场对中间路线的论述始于抗日战争时期。当时，为达到加强抗战力量的目的，他提出了在国际上寻求中间性政治路线的主张。他认为中国与美苏等国协同作战对取得抗战胜利是十分必要的，但因美苏毕竟是主义不同的国家，它们在中国问题上发生猜忌也是不可避免的，甚至还会影响到双方对中国的大量援助，“而中国要战胜却又必须得到双方的大量援助”[24]，这就要求中国在政治上做出一种实际的状态来，以适应国际政治形势的需要。为此，张东荪设想“把国际方面的外交与国内方面的政制冶于一炉以求解决”[25]，并指出达到这一目的的最佳途径就是：“中国必须于内政上建立一个资本主义与共产主义中间的政治制度。”[26]其根本出发点，就是要设法在美苏之间找到一个中间点（或平衡点），求得美苏对中国艰难处境的共同谅解，以避免引起双方对中国政局产生反感进而放弃对中国抗战的援助。其用心可谓良苦。张东荪这种把中国政治纳入国际政治轨道的设想，拓宽了人们处理中国问题的思路。

第三，张东荪幻想依赖美国的扶持来实现其中间路线政治理想。

张东荪一向把建立联合政府作为实现自己政治理想的最好方式。但随着政协路线的破坏，对联合政府的期待也就化为泡影。他在认真分析“和平何以会死了”的原因后，得出结论说：那主要是因为“美国自毁其调人资格”所致也[27]，即美国对联合政府含义的曲解和一味帮助国民党打内战的行为，直接导致了联合政府的功败垂成。

即使这样，他觉得仍有必要寻求美国的支持。他号召广大中间派人士挺身而出，向美国表明“我们只反对美国以中国作反苏基地这一点”[28]，而不是无条件反美，纵使不是无条件亲美，也至少可以采取比苏联更亲善一点的态度，以便“一方面可挽回中国自身的悲剧，在他方面消弭未来的世界大战”[29]。他认为，中国问题糟糕至此，美国须负大部分的责任，如果美国觉悟，中国问题还有一线挽救的希望。所以，他希望美国政府放弃其片面援助国民党的政策，并呼吁美国人积极配合中国人把国共两党“重新拉回政协的老路”[30]。他甚至还设想组织中间派民主人士访美（后来还建议去访苏），去向这些国家宣传他们自己的政治主张，寄解决中国内政、外交问题的全部希望于美国的善心大发和苏联对目前中国亲美甚于亲苏的外交政策的谅解上。总而言之，就是要先从疏通美苏关系入手，“倘使美苏关系能清理出头绪来……国共关系亦不难得到解决”[31]。张东荪这种过分依赖美国来解决中国问题的构想是不切实际的，因为美国绝对不会无条件地帮助中国争取民主政治的前途，但他由于自身的局限性所致而不能清楚地认识到这一点。可从另一个角度来说，和平改良的方式确实也是他们无奈的选择，因为，他们手中无一兵一卒，也就是说，他们没有武力可作其政治要求的后盾，而“只能以言论以理性去活动，争取大众的同情拥护”[32]，进而幻想外力的援助。

四　对张东荪中间路线思想的评价

综上所述，张东荪的中间路线思想包含国际、国内两重意义的中间性，并以联合政府作为实现之最佳方式。通过以上分析，我们不难发现其局限性所在。

首先，他对中国在国际问题上的中间性表述，完全出于一厢情愿的考虑，因为他在论述过程中似乎是把美苏等国作为静物来对待，任凭自己乐观的想象来设计对中国较为有利的所谓中间性制度，而现实的状况是美苏等国决不会根据他的愿望来决定其对华政策。

其次，他在国共问题上的中间性论述，虽然对中共略表同情，但基本上对双方抱同等批评的态度。如他说“我们既不赞成官僚资本，亦不赞成这种报复性的土地政策，我们主张应当有一个全国适用的土地改革办法，使耕者有其田之理想由和平法得以实现。我们同时主张根本铲除官僚资本，务使工商业依国家所定的全盘计划得由个人努力以发展之”[33]。众所周知，官僚资本是国民党统治的基础，而土地改革是中共新民主主义革命的中心内容，这就意味着张东荪同时向国民党统治的合理性以及新民主主义革命存在的合理性发起了挑战，这必然招致国民党的压制和共产党的批评，从而决定了其政治主张始终处于两党夹攻中的尴尬境地。

再次，他幻想通过美国的帮助来建立联合政府并实现自己的政治理想也是行不通的，美国大力援助国民党打内战的事实就是最好的明证。1947 年 10 月，民盟被解散，实际上宣告了中间路线的破产，中间势力也随之急剧的分化。在中共的感召下，张东荪等多数中间派民主人士走上了与中共合作的道路。

尽管张东荪的中间路线思想中所包含的对中共的激烈批评有偏颇之处，但其中也不乏如建立多党合作的联合政府、实现耕者有其田、发展工商业、铲除官僚资本等与中共新民主主义革命纲领一脉相承的合理因素。这也正是日后大多数中间派能够和中共精诚合作的政治理论基础。

虽然中间路线作为一种政治思潮已经沉寂半个世纪之久，但张东荪等人中间路线思想中富有建设性的改良方案在今天仍有值得借鉴的地方。同时，以张东荪等为代表的中间派民主人士关心国家大事，积极参政议政的责任感和爱国主义精神是值得肯定的。

注释：

[1][3][4][5][6] 张东荪：《我们所要说的话》，《再生》1932年第1期。

[2] 左玉和：《张东荪传》，山东人民出版社，1998年，第302页。

[7] 同[2]，第327页。

[8][9] 同[2]第336页。

[10] 同[2]，第351页。

[11][12][13][17][24][25][26][33] 张东荪：《一个中间性的政治路线》，《再生》1946年第118期。

[14][15] 毛泽东：《论联合政府》，《毛泽东选集》，人民出版社，1991年，第1029页。

[16][18][19][20][21][22][23] 张东荪：《追述我们努力建立"联合政府"的用意》，《观察》1947年第2卷第6期。

[27] 张东荪：《和平何以会死了》，《时与文》1947年第13期。

[28][29][30][31] 张东荪：《美国对华与中国自处》，《文汇报》1947年3月20日。

[32]《中国民主政团同盟的成立宣言》，中国民主同盟中央文史资料委员会编《中国民主同盟历史文献》，文史资料出版社，1983年，第11页。

（原文刊于《河北大学学报》2003年第1期）

东京审判的研究与评价

吴金华

东京审判是第二次世界大战结束后远东国际军事法庭对以东条英机为首的日本军国主义领导集团的审判。审判工作从 1946 年 5 月 3 日开始，到 1948 年 11 月 12 日结束，历时长达两年零七个月。中国作为被日本法西斯侵略受害最深、时间最长的国家，参加了东京审判。

总起来看，东京审判是严肃公正的，得到了全世界包括日本进步舆论的支持。但是，东京审判在很大程度上又是被美国所操纵的，出于他们国际战略利益和西方资本主义司法观念，审判本身和审判结果又都有种种不尽如意之处。

作为人类历史上规模最大的军事审判——东京审判，无论是其审判本身还是其审判结果，对战后日本和世界的影响都是巨大的。目前，我国史学界对东京审判的研究还很不充分。本文试图对这一问题作一粗浅探讨，以期抛砖引玉。

一　东京审判的缘起

1945 年 8 月 15 日，在世界反法西斯力量的沉重打击下，日本天皇裕仁被迫发布诏书，宣布无条件投降。曾经横行一时的日本法西斯遭到了彻底失败，亚洲和世界各国人民的反侵略斗争，特别是中国人民长达 14 年艰苦的抗日战争终于取得了最后胜利。为实现持久的和平，为伸张正义、惩罚战犯，也为了教育民众，警示后人，中、美、英、苏等战胜国在日本东京组织了“远东国际军事法庭”，对一批日本甲级战犯进行了公开审判。因为审判的地点在东京，故又称“东京审判”。

惩办日本战犯一事经过了长期酝酿，早在 1943 年 12 月 1 日发表的中美英三国《开罗宣言》中，即已宣布要“制止及惩罚日本之侵略”[1]。1945 年 7 月 26 日发表的中、美、英、苏（后加入）四国《波茨坦公告》中更明确指出：“吾人无意奴役日本民族或消灭其国家，但对于战罪人犯，包括虐待吾人俘虏者在内，将处以法律之裁判。”[2] 1945 年 9 月 21 日，日本签署无条件投降书，正式承担了履行《波茨坦公告》中各项条款的义务。1945 年 12 月 26 日，美、英、苏三国外长在莫斯科会议上通过决议，征得中国政府同意后，决定成立“远东委员会”和“盟国管制日本委员会”，其成员由中、美、英、苏、法、荷、加、澳、新西兰、印度和菲律宾等 11 国代表组成，执行管制日本和惩办战犯的领导任务，并授权盟军驻日本最高统帅部为上述任务之“执行当局”，随后，经有关各国多次协商，最后决定由 11 国代表共同组成远东国际军事法庭，以便审判日本战犯。1946 年 1 月 19 日，驻日盟军总司令麦克阿瑟将军签署发表了特别通告，正式宣布在东京成立远东国际军事法庭。

由于日本战犯为数甚众，不可能在一地同一法庭同时审判日本战犯。远东国际军事法庭宪章中区分和制定了战犯的三种犯罪：甲、破坏和平罪；乙、战争犯罪；丙、违反人道罪。与此相对应，日本战犯也分为甲、乙、丙三级。其中乙、丙级战犯的审判由有关各国分别在新加坡、马尼拉、关岛、横滨、伯力、南京、上海、沈阳等地进行。东京法庭只负责审判日本甲级战犯。

为了使日本战犯归案受审，远东盟军总部从 1945 年 9 月起就下令逮捕日本战犯。到 12 月中旬，共指定了 110 名前日本军政领导人为甲级战犯嫌疑，其中除了前首相近卫文、前厚生省大臣小泉亲彦、文部省大臣桥田邦彦、前参谋总长杉山元、前陆军大臣阿南惟几、前关东军司令官本庄繁等人自杀外，其余人等均被盟军逮捕拘押。

远东国际军事法庭认为：由于官职地位，或遵从政府、或遵从上级命令而行动，不是被告免除罪责的理由。从 1946 年 3 月起，远东国际检查局开始进行被告选定工作。通过对 100 多名甲级战犯嫌疑进行调查和审问，最后确定了东条英机、土肥原贤二、板垣征四郎、梅津美治郎、松井石根等 28 名被告。这 28 人都是日本法西斯统治集团的成员，而且是首脑人物或高级将领，他们当中绝大多数都参与了对中国的侵略战争，其中东条英机等人更是侵略中国的罪魁祸首，东条英机在被捕之际自杀未遂，终于没有逃脱历史的审判。

二　东京审判的特点

远东国际军事法庭设立的目的是为公正与迅速地审判日本战犯。根据远东国际军事法庭宪章，法庭成员应有 6 人以上 11 人以下的法官。由盟军最高统帅根据签定日本投降书的各签字国所提名的人选来任命，庭长由盟军最高统帅从法官中指派一人担任，有 6 名法官出席即可开庭，法庭的一切决定与处分由出庭法官以多数表决，如双方票数相等，庭长的票数即为决定票。

首席检查官由盟军最高统帅委任，负责对战争罪犯控诉；任何与日本处于战争状态的联合国家皆有权委派陪席检查官一人，以协助首席检查官工作。

被告有权自行选任辩护人，有权亲自或由其辩护人代行辩护，有权申请法庭传呼证人或召阅文件，有权诘问任何证人；诉讼的正式用语为英语和日语。

法庭有权对犯罪者处以死刑或其他刑罚，判决应遵照盟军最高统帅的命令执行；盟军最高统帅有权随时减轻判决或加以某种修正，但不得加重处罚。

2 月 16 日，盟军总司令麦克阿瑟任命了美、英、中、苏、澳、新、荷等 39 个国家的代表为远东国际军事法庭法官，根据远东委员会从远东国际军事法庭的设置背景及其宪章可以看出[3]，东京审判与纽伦堡审判有着明显的不同，纽伦堡审判是美、英、法、苏四大国以对等的形式实施的审判，而东京审判只是由盟军最高统帅麦克阿瑟单独宣布远东国际军事法庭宪章，任命法官和检查官，而且对法庭的判决有否决权和减刑权。虽然宪章规定："法庭不受技术性采证规则的拘束，但实际采用的还是美、英法律体系的有关规则"。美、英法律体系诉讼规则的特点为：1. 在刑事案件中较偏向于保护被告，采纳证据比较严格，不同于欧洲大陆法律体系中，法官可以根据"自由心证"（或称：自由裁量）来判断案件的是非，这使被告处于比较有利的地位；2. 对当事人（包括原告或被告）以及证人的审问，不同于欧洲法律体系那样由法官担任，而由双方律师担任（在刑事案件中，原告方由检查官担任），这样被告律师有较大的发言权，有时可以左右审判程序和进程。在东京审判中，美国借口日本辩护律师不谙美英的法律程序，特从美国招来大批律师，为日本被告做义务辩护人。这些美国律师飞扬跋扈，利用美英式诉讼程序的特点，竭力为战犯推卸罪责，使法庭出现了原告为被告辩护的怪现象。

三　中国代表在东京审判中的作为

根据盟军总部的邀请，中国政府派出了具有强大实力的参审班子。派往东京参审的法官、检查官和顾问是三个最重要的人选，由行政院提交选拔名单，最后选定 42 岁的梅汝璈法学博士为中国法官，他曾任中央大学、武汉大学一级法律教授，立法院委员会委员长。检查官是向哲浚，曾任东吴大学法律系教授。他们的几位助手是方福枢、杨寿林、裘邵恒、刘子健。后来因工作需要又增派了几位顾问，倪征燠是首席顾问，他是留美博士，东吴大学法律系教授。其他顾问分别是：吴学义、鄂森、桂裕。周锡卿、张培基、高文彬、郑鲁达、刘继盛5位任英文、俄文、日文翻译。1946 年 3 月底，中国代表团飞抵东京。

1946 年 5 月 3 日，举世瞩目的远东国际军事法庭正式开庭，审判厅正中的墙壁前插着组织法庭的中、美、英、苏、法、荷、加、澳、新、印、菲等共 11 国的国旗。国旗前面是高高的法官坐席，法官席的左侧为检查官席，右侧为辩护团席，对面是被告席，审判厅的旁侧设有来宾席、新闻记者席和旁听席。对战犯的审理工作于 1946 年 5 月 3 日正式开始，第一批受审的是以东条英机为首的 28 名甲级战犯。根据远东国际军事法庭的厅规，每个甲级战犯都要有确定的检察官和辩护律师。而检察官对所审战犯有举足轻重的影响，因而，中国法官梅汝敖和中国检察官向哲浚在争取到对松井石根、土肥原贤二的审判权之后，又争取到对板垣征四郎的审判权。最初检察长基南把板垣征四郎分给了菲律宾，不同意再做改变，由于中国法官和检察官的再三坚持，方使板垣征四郎最终掌握在中国司法人员手中。

搜集战犯犯罪罪证的工作是十分艰苦的，由于当时国民党政府对东京审判不予重视，甚至以为这是一场“战胜者对战败者的官司”，因此不需要提出什么证据，致使在检查提证方面的第一阶段，法庭几乎无据可稽。为摆脱困境，争取主动，中国代表四处寻找证据，他们动员伪满皇帝溥仪出庭作证。到盟军总部查阅日本内阁、军部和外务省的有关材料，其中包括天皇御前会议、五相会议、关东军报告、汪伪档案等，甚至还翻阅过去报纸，夜以继日地摘抄、翻译、整理，终于掌握了大量罪证，为审判战犯做好了准备工作。

远东国际检查局在向东京国际法庭陈述日本战犯对外侵略的各项罪行时，最先揭露了日本法西斯发动“九一八”事变，侵吞中国东北，扶植傀儡政权“满洲国”和残害、奴役东北人民的罪恶事实，为了进一步证明日本侵略中国东北的真相，在中国检察官向哲浚的安排下，将前伪满皇帝溥仪传唤到庭当面作证。这位当年的伪满洲国皇帝，此时成了一个普通的证人。他用自己的亲身经历证明了日本如何炮制“满洲国”，如何利用他这个清代废帝为傀儡，侵略和统治东北。溥仪承认，他自己从未拥有过真正的权力，伪满政府完全由驻扎在满洲的“日本关东军司令官”掌管，“任何时候、任何敕令都不是我（溥仪）亲自发布的。”[4]溥仪自 8 月 16 日至 27 日出庭达八日之久，留下了东京审判证人出庭时间最长的记录。他的长篇证词成为日本侵略和掠夺掌管东北的有力证据。土肥原贤二人称“东方的劳伦斯”（劳伦斯是以擅长搞阴谋而著称于世界的英国间谍），在中国搞特务活动多年，又隐藏得很深，罪证确实很难寻找。梅汝璈、向哲浚、倪征燠等找到了当时的国防部长秦德纯、宛平县长王冷斋出庭作证。秦德纯控诉土肥原 1935 年 5 月借口中国军队在张北地区逮捕日本特务，由汉奸带路闯至秦德纯家中，蛮横地提出惩办抓日本特务的中国宪兵，张北县以北不能驻守中国部队等无理要求。秦德纯拒不接受，土肥原瞪大双眼威胁说：“你知道外交后面是什么？”秦德纯气得当场吐血。对当事人秦德纯的指控，狡猾的土肥原一口咬定自己无罪，甚至放弃了申辩权，在法庭上不发一言，在这样的情况下中国检查方面在反诘板垣时，常用“一箭双雕”的办法，把二犯联系起来相提并论。例如倪征燠在反诘板垣时，为了证明土肥原和板垣合谋拼凑由唐绍仪和吴佩孚共同组织傀儡政权，倪质问板垣：你派往中国拉拢吴唐合作的土肥原，是否就是当年僭充沈阳市长，扶植傀儡称帝，勾结关东日军，策动华北自治，煽动内蒙自治，煊赫一时，无恶不作，而今坐在被告栏右端的被告土肥原？板垣无法作答，形同默认。中国检查方面，还举出奉天特务机关报上的报道：“华南人士一闻土肥原、板垣之名，即有谈虎色变之慨。”由于中国检查方面证据确凿，攻破了辩护方的无耻谰言。首席检察官向哲浚和首席顾问倪征燠用一系列无可辩驳的事实和例证揭露了板垣征四郎和土肥原贤二两罪犯在中国炮制伪满洲国，强迫东北人民种植吸食鸦片，制造华北、内蒙伪政权，发动七七事变，血腥屠杀无辜百姓、虐待战俘等事实。

中国公诉人负责的另一个罪犯是松井石根。松井石根是华中派遣军司令，南京大屠杀惨案的制造者。为了制服他，检察官助手裘邵恒经法庭同意，带了两名美国人专程回国调查取证，取得了大量的人证、物证，带回了南京大屠杀中的幸存者伍长德和许传鲁，还有南京大屠杀的目击者金陵大学的美籍教授贝斯蒂、传教士史密斯、英国人罗伦斯、牧师约·梅奇等人，向法庭提供了确凿无疑的证词。中国检察官在罪行例证陈述中指出："日本军队对人道的犯罪涉及一切占领地区和整个期间，最典型的例子是 1937 年占领南京后发生的事件。在中国军队停止了一切抵抗，南京市完全由被告松井石根指挥下的军队控制后，开始了暴行和大骚乱，一直延续了 40 多天无人制止。那些士兵，在军官和东京统帅部完全了解和同意之 下，企图通过屠杀来永久消灭中国民众的抗战意识。这些暴行包括了杀人、残害、拷打、凌辱、掠夺和破坏，因而不是孤立的事件。日本军队为了扩大侵略，还使用了鸦片和其他麻醉品，企图以此来使反抗侵略的人丧失意志和能力……获取巨额收入，以资助军事、经济侵略。"[5]中国法官还搞到一件纳粹德国驻南京大使发给德国外交部关于日军侵占南京时施暴的一份秘密电报。这份电报真实地描述了日军在南京杀人放火，强奸抢掠的情况。电报结尾说道："犯罪的不是这个日本人，或者那个日本人，而是整个日本皇军——它是一部正在开动的野兽的机器。"纳粹德国的这份材料是一份非常有用的证据，因为日本盟国提供的材料更有说服力。那些受害者和目击者真实确凿的血泪控诉，引起了法庭极大的重视，终于使当年耀武扬威的松井石根在法庭上惊慌失色，两腿发软，最后在法庭宪兵的扶持下，拖出法庭。

1948 年 4 月，历时两年的庭审终于结束，法庭的工作进入了判决书的起草阶段，在梅汝敖的积极争取下，法官们推定由中国法官负责起草判决书中有关中国的部分。梅汝敖与几位助手通力合作，在 300 余页的初稿上倾注了大量心血。在法官会议上，梅汝璈慷慨陈词："由法庭掌握的大量证据可以看出，日军在南京的暴行，比德军在奥斯维辛集中营的单纯用毒气屠杀，更加惨绝人寰。砍头、劈脑、切腹、挖心、水溺、火烧、砍去四肢、割下生殖器、刺穿阴户或肛门等等。对此种人类文明史上罕见之暴行，我建议，在判决书中应该单独设一章予以说明。"就这样，梅汝敖将日本战犯矢口否认的南京大屠杀写进了判决书内。

在量刑阶段，法官们的主张也不相同。已经废除或部分废除了死刑且没有遭受日本侵略者过多荼毒的国家的法官，当然不会轻易赞成适用死刑。庭长韦伯主张将战犯流放到荒岛上，印度法官巴尔则干脆主张慈悲为怀，无罪开释全部日本战犯！美国法官虽同意适用死刑，却仅仅坚持对发动太平洋战争和虐待美军俘虏的战犯判处死刑——经过无数次的面红耳赤的争论、磋商、投票表决的结果是 6 票对 5 票，就是这 1 票的微弱优势，把 7 名首要战犯送上了绞架。

四　审判的结果

在东京法庭上，有关各国的检察官都相继进行了例证陈述，历数了日本进行侵略战争各个阶段日本战犯的犯罪事实。东京审判从 1946 年 5 月 3 日开庭到 1948 年 11 月 2 日宣判终结，共历时两年零七个月。其间共开庭 818 次，法庭记录 48000 页，出庭作证的证人达 419 人，出示文件证据 4000 多件，判决书长达 1213 页，规模空前，堪称人类历史上规模最大的一次国际审判。

远东国际军事法庭于 1948 年 11 月 12 日庄严宣告：东条英机、土肥原贤二、广田弘毅、板垣征四郎、木村兵太郎、松井石根、武藤章 7 人被判处死刑；荒木贞夫、桥本欣五郎、田俊六、平沼骐一郎、星野直树、木户幸一、小矶国昭、南次郎、冈敬纯、大岛浩、佐藤贤子、岛田繁太郎、铃木贞一、贺屋兴宣、白鸟敏夫、梅津美治郎 16 人被判处无期徒刑；东乡茂德被判处有期徒刑 20 年；重光葵被判处有期徒刑 7 年，第一批受审的被告原来是 28 名，以上被处罪行的计 25 名。被告松冈洋佑和永野修身于审判过程中死去，另一被告大川周明因发精神病，被宣告对他停止审判。

远东国际军事法庭至此完成了它的历史使命，宣布闭庭。1948 年 12 月 23 日凌晨，东条英机等 7 名战犯的绞刑在东京市巢鸭监狱秘密执行，行刑现场由中、苏、美、英四国代表监刑。7 名战犯的尸体由美军卡车随即运往横滨火化，其骨灰被撒入荒野。

五　对东京审判的评价

（一）东京审判是正义的审判

毫无疑问，东京审判是战胜国对战败国的审判，如果不战胜日本就不可能对它进行审判。在第二次世界大战中，德意日法西斯军队以惨无人道的手段侵略别国，使战火燃遍近40个国家，全世界五分之四的人口被卷入战争，侵略者给全人类带来灾难，成为世界公敌。截至1945年5月1日，47个国家加入《联合国宣言》对德意日宣战，这意味着除去轴心国和其仆从国以外，当时世界百分之七十的主权国家都参加了反侵略战争。也正是由于全世界绝大多数国家和人民的参战，才最终战胜了法西斯势力，因而它是正义对邪恶的审判。

（二）东京审判是公正的审判

东京审判是根据法律和国际惯例进行的，这些法理和准则是经过1946年12月11日联合国大会一致通过的。远东国际军事法庭虽然由11个国家的法官代表组成，但它是代表所有受害国的立场，代表全世界多数人民 进行审判。在法庭宪章中规定了公平审判的法律原则与程序，被告都有充分的申辩权利。在法庭上受理证据4336件，先后419名证人出庭作证，有779人书面作证，经过长达两年零七个月，818次开庭的严肃、认真审理，远东国际军事法庭列举了详细的判罪理由，才做出了最后判决，判决书长达1213页。其正义性、合法性、权威性是不容置疑的。

（三）东京审判的文件是日本法西斯的罪行录

东京审判的各项记录和判决书等文件，作为极其重要的历史文献本身具有巨大的历史意义，仅就长达1200多页的判决书而言，它实际上是第一部日本帝国主义对外侵略战争的秘史。它所依据的资料，如日本御前会议记录，内阁会议记录，五相会议记录，伪满洲国秘密文件，汪伪档案，纳粹德国外交部文件，以及亲历者溥仪等千余名证人的证词等，都是确凿的第一手资料。由于它的无可置疑的权威性，它本身就是日本法西斯所犯累累罪行的如山铁证。

（四）东京审判也有不彻底性

东京审判是公正的、严肃的、但东京审判也有它不彻底的方面：

1. 没有追究日本天皇的战争责任

天皇是日本的最高统制者，是日本军队的最高统帅，同时，天皇还号称是创造日本国家的万世一系的子孙，是神权的化身，假如没有这种拥有最高权力的天皇陛下的命令和统帅，日本要发动那样一场战争是不可能的。从1931年的“九一八”事变，到1945年“八一五”宣布终战诏书，裕仁天皇推动指导了一连串的侵略战争。裕仁天皇是日本最大的战犯，是侵略战争的罪魁祸首。日本投降后，不仅中国及亚洲国家强烈要求追究裕仁天皇的战争责任，国际舆论以至日本一些人士也认为日本裕仁天皇应是罪恶战争的最高责任者。

然而，掌握东京审判大权的美国出于自身的政治需要，没有追究天皇的责任。于是“天皇是日本国家的象征，是日本国民统一的象征”被写入日本新宪法内，保留了天皇原有的世袭君主地位。而天皇又成为大小战犯的保护伞，给极右势力的复辟找到了靠山和借口。

2. 没有追究垄断财阀的战争责任

军事实力是以经济实力为基础的，没有日本垄断财阀的支持，日本军国主义侵略战争就不能进行，然而战后对日本的垄断财阀并没有追究其支持战争的罪行，根据联合国军总司令部命令，只是解散了几个大财团，对小财团并没有触动，而大财团只是分化成一些小财团，而这些财团又成为日本右翼势力重掌国家政权的经济基础。

3. 对日军使用细菌、化学武器残害无辜群众的罪责追究的不彻底

侵华日军在中国肆无忌惮地使用细菌战和毒气战，残酷地把中国战俘和平民当作实验品，甚至进行活

人解剖，是最严重的犯罪行为，可是在东京审判中这些罪行并没有成为审理对象。

4. 对日军侵华制造惨案的罪行审判不彻底

日军侵华期间在中国制造了无数起惨案暴行，仅河北省1985年统计，一次杀害10人以上的暴行就达500多次，涉及121个县；一次杀害50人以上的惨案160起；一次杀害500人以上的惨案15起，如潘家峪惨案杀害1500多人，成安惨案两次杀害5300人[6]。日军在长城线上制造无人区，残杀百姓数万人；在华北地区实行了杀光、烧光、抢光的“三光”政策；强迫良家妇女为日军当慰安妇，强迫中国军民当劳工，在中国制造“万人坑”100多个，杀害中国军民成千上万。因为当时国内国际局势，使这些犯罪的事实没有在东京审判中提出进行审理。

5. 对战犯的审理和追究不彻底

东京审判从开庭之日起至行刑之日止，历时两年又七个月，由于对这第一批甲级战犯审理历时如此之久。人们已经不能再对第二批，或第三批甚至第四批战犯进行审判，后来由于美国的战略政策的变化，盟军总司令麦克阿瑟发布所谓“战犯假释”令，提出把受审的甲级战犯释放、减刑。使东京审判应达到的效果遭到了破坏。

6. 对战争赔偿的解决不彻底

战争赔偿是战后需要解决的重大课题，但二战后的日本赔偿并没有通过法庭用法律形式解决，而是根据波茨坦宣言，由远东咨询委员会制定的“临时赔偿方案”解决的。由于国际形势的变化和美国态度的变化，日本的战争赔偿结果是虎头蛇尾，不了了之。

由于东京审判的不彻底，也由于日本天皇制的政治保护和财团的经济支持，使得日本右翼能有市场兜售其否认侵略战争性质的观点，日本军国主义复活的危险也依然存在。同时，也正由于东京审判的不彻底，以至战争结束50余年后的今天，日本对亚洲各国民间受害赔偿问题、慰安妇问题、战俘劳工问题、细菌化学武器问题、重大惨案暴行问题、经济掠夺问题、文化掠夺问题、殖民地奴化问题，等等，未能澄清和彻底解决。日本国内不时出现公然篡改历史，美化侵略的事件，一些内阁成员竟然络绎不绝地参拜“靖国神社”，为东条英机之流的死魂招灵，一些国会议员竟然纷纷散布掩饰日本军国主义侵华战争罪恶事实的奇谈怪论，这表明日本国内确实有一股企图重温军国主义旧梦的势力。所以最应正视东京审判历史意义的应该是日本政府和国民自身，虽然东京审判所声讨和惩罚的只是日本统治集团中的少数人，但它确实教育了日本人民，要他们觉醒起来，不再受军国主义宣传的欺骗。为了不让历史的悲剧重演，日本人民应与中国人民和世界人民一道，为民主和正义，为世界的永久和平而努力。

注释：

[1]《日本问题文件汇编》，世界知识出版社，1955年，第4页。

[2] 同[1]，第6页。

[3] 远东委员会1946年2月设立，由中、美、英、苏、法、加、澳、新、荷、印、菲等11国组成，是盟国对日占领政策的最高决策机构，地址在华盛顿，1952年解散。

[4] [苏]斯米尔诺夫、扎伊采夫：《东京审判》军事译文出版社，1988年，第73页。

[5]《朝日新闻》东京审判记者团：《东京审判》河北人民出版社，1988年，第90—91页。

[6] 宋俊然：《浅析侵华日军在河北的暴行》，《日军侵华暴行（国际）学术研究讨论文集》。

参考文献：

1 郭大钧、吴广义：《浴血八年树丰碑》。

2 张效林译《远东国际军事法庭判决书》。

3《文史资料选辑》第22辑。

4 倪家襄：《东京审判内幕》。

5 [苏]拉金斯基、罗森布立特：《日本首要战犯的国际审判》。

（原文刊于《东北沦陷史研究》1999年第3期）

解放战争时期解放区工人工资状况研究

朱 珠

在 1945—1949 年的解放战争中，由中国共产党领导的各解放区工人的工资形态和工资状况都较前有很大变化。本文谨就中共中央和各解放区政府有关工人的工资政策与制度、各企业工人的工资形态与状况进行研究与探讨。

一 解放区工人的工资制度

纵观有关解放区工人工资制度的资料，情况非常复杂。其形成与中共中央的政策和各解放区政府的指示及规定有着密切关系，大致可以概括为几部分：

（一）由供给制向工资制过渡

在第二次国内革命战争和抗日战争时期，中国共产党逐步在根据地创办自己的工业体系后，大都对工厂工人实行供给制的生活待遇，工人们过着大体平均的战时共产主义生活。抗日战争后期，为了促进生产的发展，有些工厂开始试行工资制。这些工厂的成功经验使中共中央进一步确认，供给制已经成为解放区工业生产发展的不利因素。首先，供给制的平均主义原则难以调动职工的生产积极性；其次，新解放区和新从国统区到解放区来的技术人员、技术工人对供给制极不适应。根据这种情况，中央于 1946 年 4 月发出《关于公营工业发展方针》，明确指出："公营工业应否定战时性的、平均主义的供给制，按多劳多得的合理原则，实行全面工资制，按技术与劳力支出之不同，规定不同之工资。""半供给性的混合工资制可以作为从供给制到全面工资制的过渡办法。"根据中央的指示精神，各解放区公营企业更加重视由供给制向工资制的过渡。

在陕甘宁边区，公营企业在抗日战争时期实行的供给制工资，经历了"货币工资"、"货币实物混合性工资"、"实物工资"和"全面工资"四个阶段。1943 年 5 月，边区公营工厂联席会议为消除直接供给实物的局限性，鼓励工人增加产量、降低成本，达到公私两利、发展生产的目的，决定将实物工资（把实物工资和货币工资两部分都折成小米支付）改为全面工资。其根本区别是：1. 将工人按技术水平及劳动态度划分为若干等级，支付不同的工资。2. 支付办法是将实物工资和货币工资全部折成小米，再按小米价格的变动情况发给货币。此后，陕甘宁边区公营工厂工人的工资开始由供给制向全面工资制过渡。进入解放战争时期后，1946 年 3 月，《陕甘宁边区公营工厂工资修正暂行办法》中，又对各类工厂职工的生活待遇标准和津贴费数额作了明确规定，其中各等级职工所享受的粮食、服装和"什支"（杂费）待遇数额都是相等的，只是在津贴费部分有较为明显的差别。这反映，陕甘宁边区公营企业在这一时期所实行的工资制，并非企业化管理下所实行的全面工资制，而只是由供给制向全面工资制转变过程中的一种过渡形式，即半供给制。当然，就在这一时期，有些企业已经改为全面工资制。如：1946 年 4 月，陕甘宁边区邮政管理局发布的《员工待遇办法》中就明确指出："根据各内地局员工及长途邮工生活的需要，及求得今后工作上的便利，经济上的节约，并建立一定制度起见，应将过去的供给制改为薪金制。”并且明确划分了员工等级，规定了各级员工的不同数额的生活待遇和薪资标准。由于战争局势变化的影响，陕甘宁边区公营企业由供给制向工资制的过渡并非一帆风顺，而是曾经出现过反复。1947 年 3 月，国民党军队进犯延安后，边区公营工厂陷于不断转移和开工不足的状态。为了节省开支，陕甘宁边区政府财政厅于 4 月发布《关于公营工厂工资制改为供给制的通知，并规定了供给标准。为了保证支前生产的顺利进行和工人实际生活水平不致下降过多，边区工业局于 1947 年 7 月发布《关于工业局所属公营工厂战时职工待遇暂行补助办法》，被服局也商准财政厅改为生产计件，超过生产任务部分按民机标准发给工资。以上措施有效地促进了战时生产的发展。如：被服厂 1947 年 6 月每机生产 8.7 件，8 月便增加到 14.4 件，增产 65%；晋绥解放区公营工厂除少数民用厂在抗日战争前后转为工资制外，大部分兵工企业（包括由陕甘宁边区转入晋绥的兵工厂）则由于长期处在军火生产任务过重的状态，在较长时期内实行着企业军管和员工待遇的供给制。直到 1948 年中，晋绥兵工会议上才决定实行半供给制。1948 年 11 月，西北解放区总工会制定的《西北公营工厂工资制度提纲》发布并实施后，陕甘宁和晋绥边区公营工厂才实现了由供给制向全面工资制的过渡[1]。

在华中，1946 年 3 月召开的华中解放区第一次工人代表大会作出《关于公营工厂工资问题的决议》，要求各个企业从供给制改为工资制，明确指出这是工厂走上企业化的必要步骤，并规定：1. 评定工资应根据不同性质之职工订出统一技术标准，确定统一技术等级，并根据工种订立各自的工资标准；2. 女工与男工做同样工作且效率相同的，应支付同样的工资；3. 在确定的生产任务完成之后，超过任务之数量、质量及原料节约都应订立提成分红、累进奖励或按质分等之办法，以鼓励职工生产热忱，使工资趋于合理化。这个决议还对工人技术等级和工资标准作了非常具体的规定。

在华北，晋察冀解放区早在 1943 年 5 月就在许多工厂实行了全面工资制；晋冀鲁豫解放区也在 1946 年开始实行全面工资制[2]。在军工企业，为了保证前线所需的军火的安全生产及供应，一直实行军事管理，对职工实行军队编制和供给制待遇。但是，这种管理体制下的军工生产靠的是军事化的指挥，缺乏计划性和精确的经济核算，缺乏各种完备的企业管理手段和产品检验制度，尤其缺乏对职工生产积极性的调动作用。针对这种情况，1947 年 12 月，华北兵工会议对军工生产企业化管理问题进行认真研究后，确认“企业制将成为我们今天与今后工厂发展的必然方向”，并指出：在不具备实行企业制条件的地方应“实行企业制与供给制中间的津贴制，即在供给制基础上加些津贴，这种津贴的增多与减少，是按照生产成绩来评定的，是不固定的津贴。这样对生产也可以起刺激作用。但须了解，这只是一种过渡办法。完全的军队供给制，‘干不干一斤半’的办法，绝不宜继续在工厂中执行。”此后，晋察冀和晋冀鲁豫解放区的军工企业逐步转为全面工资制，特别是晋冀鲁豫军工部还很快形成了四等三级工资制，有利地调动了工人的积极性，促进了军火生产的发展。需要特别指出的是，晋冀鲁豫解放区的邮政系统，由于长期工作在战争环境，为便于管理，仍然长期对员工实行供给制待遇。直到 1949 年 1 月，冀鲁豫行政公署《关于邮局贯彻企业化方针自一月一日起实行统筹统支系统供给的通令》发布后，冀鲁豫邮政系统才开始转向企业化经营，但仍然没有对员工实行工资制，只是由政府供给转为由华北邮政总局供给。实行工资制则是在新中国成立以后。

（二）公营企业的工资制度

解放区的工资制度是随着公营工厂企业化管理的逐步实行，在中共中央指导下逐步形成的，它与工资等级制度的健全有着密切的关系。东北是工资工作的先进地区，中共中央的很多政策都是先在那里实施成功后，再逐步向各解放区推广。所以，在此着重对东北解放区的企业的工资等级、标准和支付办法加以论述。

关于工薪支付办法。解放战争初期，由于东北各解放城市尚未连成一片，而且各地党和政府缺乏对城市和企业的管理经验，各地区公营工人的工资大都是各自为政。随着东北解放区不断扩大并连接成片，为了保证工人的实际生活水平稳中有升，调动工人的生产积极性，并使各地在处理工资问题时有章可循，东北解放区的人民政府在中共中央和中共东北局的指导下，开始着手统一管理企业工资。1948 年 3 月，东北行政委员会在《统一公营企业及机关学校战时工薪标准》中指出[3]：第一，实行以实物计算的货币工薪制，并规定了米、布、油、盐、煤五种实物在计算单位“分”中所占的固定比例；第二，凡可以实行按件计算工资的企业应实行计件工资；第三，工薪等级的高低应根据技术高低及熟练程度、学术专长、劳动程度等条件经民主评定确定。这种工薪制实施不久便显露出不足，即导致每当工人领工资时，投机商便哄抬物价，使工人的实际生活水平失去保障。针对这种情况，东北行政委员会于1948年9月颁发的《公营企业工薪标准修正指示》[4]，规定职工工资的70%是规定的五种实物，30%是货币。这种实物与货币的混合支付，既稳定了物价，也保证了职工生活。但是，其发放手续繁琐，而且规定的五种实物过于简单，根本无法满足职工实际生活所需的物品种类。于是，东北行政委员会又于1949年4月28日颁布《工薪标准关于支付办法的补充指示》[5]，规定工资的50%是货币，50%是工薪券，职工用工薪券可以在国营商店或合作社换取价格优惠的各种物品。这种支付办法有效地保证了职工的实际生活水平，稳定了市场物价。东北解放区公营企业工资支付办法的探索和变革对其他解放区也有一定的影响，建国前夕，华北地区也采用了类似的工薪支付办法。

关于工资等级制度。1948年3月以后，在第六次全国劳动大会筹备期间，中共中央认真研究了东北地区工人的工资状况，总结成功经验，并根据各地普遍存在的问题于1948年8月9日发出《对东北局关于公营企业工资标准草案及说明的几点意见》[6]，明确指出：“战时工资应低于平时水平，同时，职工应有生活水准的必须保证，技术管理能力的差别，亦必须适当地规定予以待遇上的区别，不如此，则无法持续生产与鼓励生产。因此，（1）最低工资标准应保证维持连本人在内的两个人的生活；（2）实物交叉累进的等级工资制；（3）规定一般工资的最高额。”紧接着，1948年8月召开的第六次全国劳动大会通过的《关于中国职工运动当前任务的决议》中又明确指出：“工厂工人的工资，应采用交叉累进的等级制度。在此制度内，依据职工生产过程中的分工与技术程度，规定等级，等数不限三等，级数宜多，同级工资仍保留若干差别。”正是在中共中央指示六大决议的指导下，东北行政委员会在9月发出的《公营企业工薪标准修正指示》中[7]，对工薪等级和校准作出正确的规定。此后，东北解放区开始积极探索并试行交叉累进工资制，逐步形成了13等39级的“一条龙”等级工资制，在39级之外另设等外5级，并规定最高工资标准为630分，最低工资标准为40分。交叉累进的等级工资制能够比较科学地反映东北解放区各系统、各企业在工资等级排列中的交叉性和等级间差额的累进关系。等级排列的交叉性，是由各种企业各类工人的劳动性质不同所决定的。所以，这些因素便成为元宝工资等级的依据；在划分等级、评定工资时，按照技术高低、责任轻重、熟练程度、劳动强度等不同的标准，必然使工人等级和工资标准呈现出上下交叉的形式；各等级之间的差额累进关系，是因为无论哪一等级的工人要提高技术，都要付出不同程度的努力。因此，比较合理的工资制度应该是等级越低，等级之间的距离越小，反之，则差额越大。交叉累进工资制对激励工人钻研技术和努力生产有着积极的推动作用。这一制度的实行，为建国后工业系统的工资改革奠定了基础。

关于工薪等级标准。根据中共中央在《关于东北局公营企业工资标准草案及说明的几点意见》中提出的“最低工资标准应保证维持连本人在内的两个人生活”的指示，各解放区和各系统都制定了工资等级标准。通过对比分析，解放区公营企业的工资标准有以下特点：第一，考虑到战争环境下市场物价难以控制，也为以满足工人生活的最低要求——吃饱肚子，各解放区工人的工资标准一般都是以实物计价，计价依据为各种粮食。如：东北、晋察冀、晋绥都是小米，晋冀鲁豫是小麦和小米，而华中则是大米。第二，由于各地经济状况不同，物价差异较大，各解放区工人的工资标准也有很大差异。据1948年8月统计同一时期的最高工资标准[8]，东北为351.4斤，而华中仅为210斤。第三，由于各地的工资标准均为根据中共中央政策，缀合本地的具体情况所定，其反映出的往往是每一地区职工的平均生活所需，而不单纯是工人的劳动价格与产品价值的比率。由此可见，解放区公营企业的工资标准仍然具有战时共产主义的特性。第四，各地工人的工资标准一般分为高、中、低三个档次，后来又逐步划分出若干等级[9]，这种做法有效地避免了工资分配中的平均主义，为实行按技、按劳取酬打下了良好的基础，也充分调动了工人们的生产积极性。第五，各地区规定的统一工资标准与各系统、各行业规定的工资标准有出入。如东北行政委员会公布的工薪标准，最高工资为351.4斤，而辽南军工的最高标准却高达500斤[10]，纺织局的最高标准仅有301.2斤。这反映各解放区统一规定的工资标准不是绝对的，系统和行业的工资标准还受着本系统和本行业生产与经营等各种因素的制约。第六，由于各解放区都处在程度不同的战争环境，也由于人民解放军的战略决战需要大量的军工产品，所以，各地军事工业系统的工资标准明显地高于其他系统的公营企业。如：晋冀鲁豫军工部的最高工资标准为576斤，普通公营企业的最高工资标准仅为532斤；晋察冀军工局的最高工薪标准为360斤，普通公营企业仅为330斤[11]。

（三）私营企业的工资制度

私营工商业是解放战争时期解放区新民主主义经济的重要组成部分，私营工商业职工的工资问题也是一个非常敏感的问题。以东北解放区为例，由于许多城镇是直接从日伪手中解放的，私营工商业占很大比重，工人工资问题十分突出。解放之初，由于资本家规定的工资很低，工人们的第一要求是开展增资斗争。结果是工人的收入和生活虽稍有好转，但劳资关系极差。因为增资无法满足工人的要求，资本家也无法接受工人的“过火斗争”。1946年7月，哈尔滨老巴夺烟厂和同记商场首创了劳资分红制。其内容是：由劳资双方协商，按生活标准、物价变动、劳动强度、技术水平等标准调整工资，并把剩余资金按人数平均分红。分红制一经实行，立即调动了工人的生产积极性，企业效益明显提高，资本家也比较满意[12]。但是，接踵而来的党政干部和工会干部在工作中“左”的偏差，给哈尔滨繁荣工商业的劳资分红带来一场混乱，使私营工商业遭受到严重损失。1946年10月，中共东北局发出的《关于城市工人店员工作的指示》中指出：“目前在私人工商业中，分红斗争是发动组织工人店员的最有力武器，是主要斗争口号。”并强调劳资间的分红比例要“使资本家有利可图，能扩大再生产”和“规定最低限度分红标准作为起码，然后以工资为比例分配红利，可以调解职工及工人内部之纠纷”，但是，工会干部们在具体执行中却出现了严重偏差。他们片面强调“工人利益”，指出像老巴夺和同记商场那样的分红资本家得利太多，引导工人要求“对半分”，严重地违反了劳资两利政策。1946年底，由于国民党军队进攻哈尔滨，中共东北局的党政领导机关曾准备暂时撤退，工人们怕共产党一走资本家不履行合同，便硬逼资本家提前“年关分红”，没有盈利的工厂和商店则提出“借红”。战争年代的工商业，由于受到交通、能源、货源、销路等各方面的影响，利润本来就十分有限，人们却硬是把因货价上涨而形成的账面收入的膨胀一概作为“红利”分掉，这实际上是分掉了资本。这种人为的削弱资本的行为，很快导致许多私营工商业的萎缩，工厂无法开工，商店无钱进货。当工人们感受到失业的威胁后，劳资关系便更加紧张。直到1947年10月，这种情形才被完全制止。

解放区私营工商业的工资制度比较复杂。如：1945年10月张家口解放后，私营工商业中除存在工资分红制外，还有以下几种：累进工资制，是把奖励与计件结合起来，很多企业采用这种制度；超额奖励制，是一种集体分红的工资制度，与累进工资制大体相同，但仅适用于无法以个人工作量计算生产数额的企业，如面粉业；包件分红制，是适用于生产品种繁多的企业的工资制度，如铁工业[13]。

二　解放区工人的工资状况

纵观解放区工人工资状况的有关资料，工人的工资水平确实较抗日战争时期有所提高。

首先，老解放区生产的发展势必带来工人工资水平的提高。据胶东区统计，在1945年同一时期，老区的最高工资为1500斤，而新区则为1200斤。

其次，新解放区的工人们摆脱了国民党和日伪的统治，公营企业职工真正成为企业的主人，私营工商业职工也有政府和工会做主。这种政治地位的提高和政府对工资政策的不断调整，极大地激发了工人们的生产积极性。生产的迅速发展又使工资水平得以不断提高。据晋冀鲁豫边区检查厅调查[14]，在1948年同一时期，石圪节煤矿工人的最高工资达600斤，相当于战前的182%，长治铁匠为240斤，相当于战前的375%；冀鲁豫书店印刷工人的最高工资1936年为285斤，1947年为379斤，增长了133%。当然，由于经营不善或受战争的影响，有些企业工人的工资与战前相比，不仅没有提高，甚至略有下降。如：太行印刷厂学徒工资为129—149斤，低于战前的工资水平。但并没有低于晋冀鲁豫辖区政府制定的122斤的学徒最低工资标准，所以其基本生活还是有保障的。

为了更全面地了解解放区工人的工资水平，有必要对其工资状况进行几种横向比较：

一是公营企业与私营企业工资水平之比较。由于解放区政府对私营工商业职工的工资问题采取增加工资和协调劳资关系的政策，没有规定统一的工资标准，所以，私营工商业职工的工资状况较为复杂。以东北解放区为例，抗日战争胜利后，私营工商业职工开展了增资斗争，但成效甚微，工资水平不及公营企业。分红制度实行以后，私营企业的工资出现猛增。如，三民印刷厂工人的工资、伙食费和分红三项收入相加，超过公营印刷企业工人工资的三倍；义昌泰制粉厂工人的最高收入达99750元，而公营企业劳动英雄的最高工资仅为30000元。也正是这次分红运动中的过“左”偏向，使哈尔滨的私营工商业遭受到严重破坏。除“左”的分红外，私营工商业的工资基本上是由本企业生产和经营情况及劳资关系协调的程度决定，其水平与公营企业相比，并没有超出很多，有的还要略低一些。如：晋绥解放区在1946年同一时期，由工人自己经营的磁窑沟煤窑日工资为小米7斤，公营的梁家集煤窑日工资5.5斤；东北解放区，在齐齐哈尔公营粮加工业的铁工最高工资为290斤，私营的同类同种工人最高工资为300斤[15]。嫩江公营工厂平均工资为202.8斤，私营企业的平均最高工资为175.8斤[16]。

二是各系统工资水平之比较。随着解放区的扩大和工业生产的发展，生产门类和行业迅速增加，军工业、重工业、轻工业、商业和农副手工业等系统的界限更加明晰，各系统的工资也逐步有了较为科学的标准。由于劳动强度、技术水平和经营状况等诸多因素的不同，各系统的工资水平也逐步拉开距离。以晋冀鲁豫解放区为例，以每个系统的平均工资为依据，在1948年同一时期，军事工业系统工人工资为小米532斤，重工业系统工人工资最低的工矿处为387斤，工资最高的石圪节机工厂为600斤，平均占军工系统的113%；轻工业系统水平最低的为247斤，最高的永生磁厂为450斤，平均占军工系统的55%；农副手工业系统收入最高的熬硝工为600斤，最低农村互助组为247斤，平均占军工系统的76%[17]。以上数字反映，晋冀鲁豫的工资水平是：重工业系统低于军工系统；轻工业系统低于重工业系统，更低于军工系统；商业系统的工资低于军工和重工业系统，却高于轻工业系统；农副手工业系统低于军工、重工、商业系统，但也高于轻工业系统。

三是技术工人与女工、童工工资比较。解放区的工资政策提倡男女同工同酬，所以，在公营企业，特别是女工最多的纺织行业，没有单独规定女工的工资标准，其工资水平自然与同等级的男工相同。如：哈尔滨皮革业，女工的工资最高达到49600元，与该行业工人最高等级收入仅少14000元，与普通技工持平；徒工的最高工资最高为30000元，可以满足自己的生活所需。在私营企业中，女工和徒工的工资待遇也有了很大改善。如：胶东玲珑金矿的女工最高工资为每日6斤粮，接近小工每日最低6.5斤的水平；哈尔滨二合公商行的学徒工资为120斤小米，比普通店员最低工资138斤也相差无几，足够满足日常生活所需[18]。

三　解放区工人生活的改善

解放战争时期，在各解放区政府和工会的领导下，工人生活有了明显改善。

一是将工人的工资收入与其实际生活所需相比较，能够反映工人生活水平的提高。以东北解放区的哈尔滨为例，1947年底，市政府提出的工人生活必需品标准表反映，一个工人每月需要消费的最低水平为10220元，即4071分102.2斤小米；同一时期，哈尔滨公营企业工人收入情况为：第一工厂技师的最高工资为60000元，起毛工最低工资为15000元；东生工厂技师的最高工资为33000元，杂工最低工资为15000元；电车一厂最高工资为43750元，最低工资为15375元。哈尔滨公营企业职工的最高工资水平能够养活4—6口人，最低工资也能够满足1.5人的生活所需。至于私营企业，由于这一时期恰巧处于分红阶段，工人的工资水平就更高了。以老巴夺烟厂为例，工人的最高收入达72821元，可以养活7—8口人[19]。

二是工人实际生活有所改善。以东北解放区为例，尽管战争环境中物价不断上涨，但由于政府对工资制度，特别是支付办法的不断变革，最终采用以实物工薪券支付的办法，保证职工的实际收入，并且组织国营商店和职工消费合作社调剂职工生活用品，使职工生活有了实实在在的改善。如：大连几个工人家庭生活调查表就充分反映，工人们的家庭生活还存在一些困难，但与解放前相比，已经有了不同程度的改善，安奉铁路沿线职工解放前有很多人家揭不开锅，甚至要饭吃。解放后，全线工友不仅有吃的，有棉衣穿，而且还有了存粮。在此基础上，工人还有了结余，使参加储蓄成为可能。1949年5月20日，《东北日报》公布了《东北银行奖励工薪储蓄存款章程》，这反映职工参加储蓄已经成为普遍现象。在晋绥，解放前有无数小煤窑的矿工失业，其中清源麻峪沟煤矿的矿工不仅没有饭吃，而且没有一个人有衣服穿。解放后，这些失业工人在工会的帮助下，不仅找到工作，而且每天能得到3—9斤小米的工资，不用再为吃穿发愁[20]。在新解放城市北平，解放初期物价飞涨，1949年4月，面粉价格为182元，比3月下旬增长了5.11%。但由于政府采取以实物大米折合工资的办法，有效地保证了工人的实际收入，工人生活不仅有所改善，而且略有结余。如：1949年6月的20天内，长辛店地区就有627人参加折实储蓄，其中绝大多数是工人。

综上所述，解放战争时期各解放区工人在中共中央的领导下，各解放区政府和工会的指导下，通过调整工资政策、标准和发放方式，使各地、各系统、各行业工人的工资状况有了明显的改善。其结果是，充分激发和调动了广大工人以实际行动发展生产、支援解放战争的积极性，使解放区的工人运动得到健康发展。

注释：

[1] 1949年2月晋绥边区与陕甘宁边区政府合并。《晋绥革命根据地工人运动史》，第240页。

[2] 刘晓林主编《晋察冀革命根据地工人运动史》，中国工人出版社，1992年，第179页。

[3]《东北日报》1948年3月14日。

[4]《东北行政导报》第2卷，第4期。

[5]《东北日报》1949年5月4日。

[6] 中华全国总工会编《中共中央关于工人运动文件选编》下册，档案出版社，1985年，第240—243页。

[7]《东北行政导报》第2卷，第4期。

[8]《关于解放区工人的工资工时待遇福利劳保及政治地位的一般介绍》，原件存中华全国总工会干校工运史研究室。

[9][10]《南满工资一览表》，引自《工资会议记录》。原件存中央档案馆。

[11]《晋察冀边区工业局军工会的四个通知》，原件存中央档案馆。

[12]《哈市61家粮米业订阅对半分红合同》，《东北日报》1946年11月6日。

[13]《张市劳资合作的民族工商业发展》，《北方文化》第2卷6期，1946年8月。

[14][17]《前晋冀鲁豫边区审计检查厅检查组关于工资问题的调查报告》，1948年5月30日。原件存中央档案馆。

[15]《晋绥解放区工资待遇情况》，1946年7月。原件存中央档案馆。

[16]《统一公营企业及机关学校战时工薪标准的修正案》，1948年。原件存中央档案馆。

[18] 根据《胶东玲珑金矿工运工作》整理，其中粮和金的单位不详。原件存中央档案馆。

[10]《工资参考资料》，原件存中央档案馆。

[20]《晋绥解放区工人生活改善》，《新华日报》1946年1月30日。

（原文刊于《中国近代工人阶级和工人运动》，中共中央党校出版社，2002年）

试论毛泽东关于农业互助合作的理论和实践

董 谦

毛泽东毕生致力于把马克思列宁主义的普遍真理和中国的具体实践相结合。他关于农业生产互助合作的一系列精辟的论述，是他对发展马克思列宁主义所作的杰出贡献的一个不可忽视的重要方面。远在30年代第二次国内革命战争时期，毛泽东就在中央苏区经过深入的调查研究，推广了劳动互助社，耕牛合作社等各种农业互助合作的组织形式。到40年代抗日战争后期以及第三次国内革命战争时期，他又在各个解放区提倡和普遍推广了互助组、互助大队和农副业生产合作社等各种组织形式。一直到50年代，在由新民主主义向社会主义的过渡时期，他又进一步在全国提倡和普遍推广了农业初级社和高级社等组织形式。毛泽东关于农业生产互助合作的思想理论在前后20多个年头的实践中，得到了反复的验证，不断的充实和完善。正是在这个逐步成熟的思想理论的指导下，中国几亿农民由个体经济逐步走向集体化的道路，取得了农业社会主义改造的伟大的历史性胜利，从而结束了我国几千年的封建剥削制度的历史。这个伟大的历史功勋是不可磨灭的，正如列宁所说的："有了完全合作化的条件，我们也就在社会主义基础上站稳了。"[1]

今天我们在进一步调整和改革农村集体经济的结构时，研究毛泽东关于探索农业集体道路的伟大理论贡献和革命实践活动，仍有重要的现实意义，对于在农业合作化的基础上逐步实现现代化，我们应该充满信心。我们不能割断历史，以偏概全，不能因为毛泽东在领导农业社会主义改造的后期曾经一度产生要求过急，工作过粗，改变过快，形式也过于简单划一等错误，而全盘否定毛泽东关于农业互助合作的科学理论，否定他对农业实行社会主义改造的正确思想和实践活动。

一　根据中国的国情，毛泽东在农业互助合作理论上的创造和发展

中国农业互助合作运动的历史发展进程，首先是和各个时期各个革命根据地的创建人，特别是毛泽东把马克思列宁主义关于农业合作制的普遍真理同中国农村的具体实践相结合，并据此来指导了各个不同革命时期的互助合作运动，有着非常直接的关系。他既学习别国经验又不完全照搬别国的经验，而是根据中国国情和中国革命的性质，经过不断的探索，逐步提出并初步形成为具有一定中国特色的马克思主义关于农业互助合作化的理论和指导思想。

中国是一个农民众多的、农业占国民经济很大比重的、政治经济发展不平衡的半殖民地半封建的落后国家。它既不同于欧洲先进的资本主义国家，也不完全相同于取得全国政权的苏联。所以，农业改造的任务，比起苏联和资本主义国家尤为艰巨，道路也更为曲折。

在第二次国内革命战争时期，为了切实解决中央苏区农民在发展生产和支援战争中人畜力的困难，毛泽东在1933年曾深入到江西兴国长冈乡、瑞金石水乡、福建上杭才溪乡等地，对来自农民群众中的劳动互助社等组织形式，作了系统的调查和指导，并对这些群众的创造作了肯定的评价。

长冈乡、石水乡、才溪乡的农业互助合作关系，是在共产党掌握一个地区的政权之后，随着土地革命

斗争的深入和对封建土地所有制的打击，在民间固有的亲族之间临时性的伴工、换工互助的习惯基础上，建立和发展起来的。它是为了调剂人畜力困难，而先后建立的农业劳动互助社、耕田队、犁牛合作社和消费合作社等多种形式的群众生产和消费的组织形式。正如毛泽东在调查中所指出的，劳动互助社是 1931 年在上杭才溪乡开始创设的，“现在全苏区实行的劳动互助社，就是发源于此”[2]。耕田队是青壮年大批参加红军的情况下，为解决红属耕种困难新组织起来的。犁牛合作社是在当时农业技术落后和耕牛缺乏的情况下，由瑞金石水乡群众提出来的。消费合作社也是 1930 年 10 月由上杭才溪乡开始创设，1931 年在兴国椰木乡（长冈乡原属椰木乡）“开花结果”的。正因为这多种劳动组织形式，是根据群众的意愿和固有习惯，所以办得很出色，深受群众欢迎。毛泽东在当时曾这样评价说：“劳动力的有组织的调剂，成为生产上的中心问题，因此，群众热烈的欢迎劳动互助社。”[3]“劳动互助社在农业生产上的伟大作用，长冈乡明显的表现出来了。”[4]他对犁牛合作社的评价说：“我们希望各地都能实行，它不但解决贫苦农民一大困难，对于增加农业生产更有大的意义。”[5]同样，对消费合作社也给予了肯定的评价：“古林村（原属椰木乡——作者注）合作社为全县合作社首创，又办得最好，有模范合作社之称。”[6]

在这里，毛泽东除认为耕田队的作用同劳动互助社一样主要是调剂劳动力，“可以合并到劳动互助社，使组织上统一起来”以外[7]，对其他几种组织形式都给予了热情的支持和赞赏。根据他对这些劳动组织的指导和评价，可以看出毛泽东在民主革命时期关于农业互助合作的思想理论，已经开始形成。这就是在中央苏区推行的劳动互助社、耕田队和犁牛合作社等等劳动组织形式，它们在现阶段，只能是“小生产者自助互助的团体”，只能是在私有制的基础上，“在自愿原则下”，以“调剂劳动力”为主要任务。

这时，毛泽东对互助合作问题的调查和论述，很重要的贡献还在于：他对实际工作中超越革命阶段的错误作法，进行了及时的纠正。他明确指出：“吉安县政府主席（原纯化区委书记，又是主席）杨成芙，主张将纯化区的田共耕共费，作三步达到：第一步区为单位分田，第二步组织合作社，第三步共耕共费，这是完全错误的。”[8]很显然，这种以区为单位组织合作社，实行统一劳动和统一分配的看法和作法，是超越革命阶段，脱离实际的“贪大求公”的幻想。从这里就越发证明了，中央苏区农业互助合作运动，其所以能沿着正确的道路发展，主要就是由于毛泽东创造性地运用了马克思列宁主义关于合作制的理论，在努力探索着一条适合中国国情的农业互助合作道路。

到抗日战争时期，随着革命形势的转变，我们党和毛泽东关于农业互助合作的思想理论又有了新的发展。1941 年 4 月 19 日，在《〈农村调查〉的序言和跋》一文中，毛泽东还特别对苏维埃后期党在农村的经济政策（包括互助合作政策），作了中肯的检查，指出：“对于农民和城市下层小资产者以外的一切社会成分，执行了所谓‘一切斗争’的政策，这个政策无疑是错误了。”这表现在参加农业互助社、耕田队和犁牛合作社的成分上，只限于农民小生产者。有鉴于这个历史教训，毛泽东在当时即进一步提出党在整个农村工作中的策略路线，现在与过去应该有原则的区别。指出：“现在，党的政策必须与此不同。”“现在的政策，是综合‘联合’和‘斗争’的两重性的政策。”在经济政策方面，“国营经济合作社经济是应该发展的，但在目前的农村根据地内，主要的经济成分还不是国营的，而是私营的，而是让自由资本主义经济得着发展的机会，用以反对日本帝国主义与半封建制度，这是目前中国最革命的政策，反对和阻碍这个政策的施行，无疑义地是错误的。”毛泽东综合了过去江西农民群众的经验，又综合了当时陕甘宁边区农民群众的经验，对发展合作社经济更加重视了，思想和方针也更加条理化和明确了。他那时写的《抗日时期的经济问题和财政问题》，以及《开展根据地的减租、生产和拥政爱民运动》和《组织起来》几篇文章，就是抗日时期以至第三次国内革命战争时期，党领导根据地和解放区生产运动和互助合作运动的基本纲领，这个基本纲领的主要之点，“就是把群众组织起来，把一切老百姓的力量、一切部队机关学校的力量，一切男女老少的全劳动力半劳动力，只要是可能的，就要毫无例外地动员起来，组织起来，成为一支劳动大军。我们有打仗的军队，又有劳动的军队……我们有了这两支军队……那么，我们就可以克服困难，把日本帝国主义打垮”[9]。而“目前我们在经济上组织群众的最重要形式，就是合作社”[10]。这种合作社，在性质上，根据我们的经济是新民主主义的，还是建立在个体经济基础上（私有财产基础上）的集体劳动组织；在组织规模上，根据群众的觉悟和经验，还是在劳动互助的基础上（过去江西红色区域称耕田队或劳动互助社，陕北和华北称变工队、换工队），建立起来的一种低级形式的合作社，而不是苏联式的被称为集体农庄的那种合作社。为什么不去建立集体农庄的那种合作社？这恰恰说明毛泽东关于发展合作经济的思想，是从当时我国所处的具体环境出发的。关于这个问题，1945 年 1 月 10 日，毛泽东在陕甘宁边区劳动英雄和模范工作者会议上的讲话中，曾作了极为深刻的论述。指出："有一个问题必须再次引起大家的注意，就是我们的思想要适合于目前我们所处的环境。""如果我们真正了解了我们所处的环境是一个建立在个体经济基础上的、被敌人分割的、因而又是游击战争的农村根据地，如果我们所做的一切都是从这一点出发，看起来收效很慢，并不轰轰烈烈，但是在实际上，比较那种不从这一点出发而从别一点出发，例如说，从城市观点出发，其工作效果会怎么样呢？那就决不是很慢，反而是很快的。"[11]后来在第三次国内革命战争时期，各个解放区农业互助合作运动稳步健康发展的事实（初级形式的合作社这时为数很少，普遍推行的还是各种形式的互助组），就生动地说明了毛泽东再次提醒大家要注意适合中国国情的思想，已是我们党早期指导农业互助合作运动的根本思想，也是对列宁合作经济思想在中国农村具体环境中一个重要的新发展。

在从中华人民共和国成立，到社会主义改造基本完成这一过渡时期，我们党关于个体的农业经济实行合作化的问题，特别是在实行初级社时期，还是坚持了过去要注意适合国情和逐步集体化这一根本指导思想，例如，在 1949 年 3 月党的七届二中全会决议中，不仅就其性质再次明确肯定了"这种合作社是以私有制为基础的无产阶级领导的国家政权管理之下的劳动人民群众的集体经济组织"，而且也同时指出我国的国情仍然是："中国人民的文化落后和没有合作社传统，使得我们的合作社运动的推广和发展大感困难；但是可以组织，必须组织，必须推广和发展。"1951 年 9 月，毛泽东还根据这一根本指导思想，亲自主持制定了《中共中央关于农业生产合作社的决议（草案）》，并在同年 12 月 15 日，为印发这个决议草案写了一个党内通知。指出："请即照此草案在党内外解释，并组织实行，这是在一切已完成了土地改革的地区都要解释和实行的，请你们当作一件大事去做。"直到 1953 年 6 月 15 日，毛泽东在中央政治局会议上的讲话中，不仅继续强调了发展互助合作运动和不断提高农业生产力水平，"这是党在农村中工作的中心"，而且具体提出了"逐步过渡"的设想："我们提出逐步过渡到社会主义，这比较好。所谓逐步者，共分十五年，一年又有十二个月。走得太快，'左'了；不走太右了。要反'左'反右，逐步过渡，最后全部过渡完。"[12]从中国农村的实际情况出发，逐步过渡以及反"左"反右的思想，到 1955 年 6 月以前，一直还是毛泽东指导农业互助合作运动的基本思想。这在中央召开的几次重要会议上，毛泽东都作了反复的阐述。一次是在 1953 年 10 月、11 月关于农业互助合作的两次谈话中，毛泽东虽然对"纠正急躁冒进"作了不切合实际的批评，但还是要求对互助合作运动实行"积极领导，稳步发展"，从"今冬明春，到明年秋收前，发展三万二千多个，1957 年可以发展到七十万个"[13]。并指明"稳步不前，右了，超过实际可能办到的程度勉强去办，'左'了，这都是主观主义"[14]。二次是在 1954 年 6 月 14 日中央人民政府委员会第三十次会议上的讲话中，毛泽东还是坚持"必须允许逐步去办"的思想，当他谈到像我们这样一个 6 亿人口的大国，要实现农业的社会主义化、机械化需要多少时间，仍然是说，"大概是三个五年计划，即十五年左右"。而且说在这个时间内，也仅仅是"可以打下一个基础"。因为"实现不是一天，而是'逐步'"。这个"逐步"，到建成一个伟大的社会主义国家，那就需要更长的时间，"大概经过五十年即十个五年计划，就差不多了"。在这里，他还很幽默地说，只有敌人"最喜欢我们在一天早晨搞出个社会主义，搞得天下大乱，他们就高兴了"[15]。三次是在 1955 年 3 月中国共产党全国代表会议上的讲话中，毛泽东不仅反复表明了"我们要进行两条战线的斗争，既反对'左'，也反对右"[16]。而且对社会主义社会建成（包括农业社会主义化）所需要的时间，继续坚持了原来的看法，并进一步指出："在我们这样一个大国里面，情况是复杂的，国民经济原来又很落后，要建成社会主义社会，并不是轻而易举的事。"[17]也正是在毛泽东和党中央这些正确思想的指导下，农业互助合作运动的发展，在某些地区虽曾经一度出现过急躁冒进的倾向，但很快得到纠正后，仍然在基本上保持着稳步前进这一"逐步过渡"的步伐。就以 1951 年底中央印发关于合作社的决议草案后的三年来看，全国建立的初级社1952年4000个，1953年15000个，1954年114000个，1954年冬猛增到497000个，为同年春发展数额的四倍多，到1955年6月为止，经过初步整顿之后，总共留下633000个；全国建立的高级社，1952年10个，1953年15个，1954年虽是大发展，但也不过201个。这个合作化运动的实践，就有力地说明了：1955年以前，在发展的速度上，除1954年春冬发展过快过猛外，其他几年基本上都是稳步前进的，偏差也是不大的。

到1955年下半年掀起农业合作化高潮以后，毛泽东虽然在发展的速度和规模上，由“左”右齐反一变而为只强调反右，但在同一时期的几篇讲话中，却仍然体现了从国情出发和逐步过渡这一指导思想。

就以1955年7月31日毛泽东在省市自治区党委书记会议上的报告来说，他虽一开始就不恰当地批评了某些同志指导合作化运动“像一个小脚女人”，和几种“错误”的思想、立场和看问题的方法，但在基本上还是再三讲要“逐步地实现对于整个农业的社会主义的改造”，要“每年按照实际情况规定一次发展农业合作化的控制数字，并且要对合作化的工作进行几次检查”[18]。这就是说，一要求在基本上完成农村社会改革的时间，仍为“十八年”，“在1960年以后，逐步地分批分期地由半社会主义发展到全社会主义”。而基本上完成农业技术改革，则“大概需要四个至五个五年计划，即二十年至二十五年的时间”。依据这个发展的进度，那就是1960年半社会主义化，1968年（按18年计）全社会主义化，1978年（按25年计）机械化科学化；二是要求不要一刀切，有些地方可以“暂停”、“整顿”，有些地方可以“边发展”、“边整顿”，有些社的部分社员可以让他们“退社”，个别的社也可以让其“暂时解散”，并批评了“那种不许有停顿，不许有间歇的思想是错误的”。

1955年10月11日，毛泽东在党的七届六中全会上的结论中，他虽然继续强调了“反对无穷的忧虑，反对数不清的清规戒律”，提出还是“大发展好”。但他同时也指明“必须注意防‘左’”，“在两个浪潮之间，必须要有一个休整的时间”，“明年来就要比质量，那时数量问题是第二位的了”。而基本上完成农业社会主义改造的时间，依然坚持着“大约在三个五年计划的时间内”。对办高级社的问题，这时虽已开始提出“应当办一批高级社”，但是，“至于办多少，你们去研究”。他也并没有作出什么硬性的规定。

总起来看，1955年的农业合作化运动，尽管在方针、政策和办法方面，在党内的意志还不统一，但从全国范围来说，毛泽东和党中央还是在基本上坚持了从国情出发和逐步过渡这一指导思想。所以，到1955年底，全国农业社会主义改造，还是取得了了不起的成绩。半社会主义农业生产合作社，由1954年的497000个发展到633000个社，增加了136000个社。入社农户数字是1692万户。全社会主义农业生产合作社，则由1954年的201个社发展到一千个社，增加了799个社，入社农户数字是4万。在这里无论是初级社或是高级社，特别是高级社发展的步子，都还是稳步前进的，也符合原来到1960年基本上完成社会主义农业合作化的步伐和要求。

问题是到1956年农业合作化高潮的后期，由于毛泽东对形势作了不切实际的过分乐观的估计，改变了原来的指导思想，以致产生了“左倾”冒进的错误。

这种“左”的思想，一是表现在对阶级斗争形势的错误估计上，1955年10月11日，毛泽东在党的七届六中全会上的结论中，不只强调了“在这个十五年的时期内，国际国内的阶级斗争会是很紧张的，要把解决农业合作化的问题”，作为四项阶级斗争内容之一，继续给资产阶级以“粉碎性的打击”，“使帝国主义绝种，封建主义绝种，资本主义绝种”，而且特别指明，要使“小生产也绝种”。为了使“小生产也绝种”，不仅对小农经济从政治上、经济上予以种种打击和限制，而且把干部中坚持“稳步发展”的思想，错误地当作“右倾顽症”，来反复地批评，并上升到阶级斗争的高度，一概看作是“他们受了一些中农的影响”，“听了富裕中农一叫”。而在农民群众中，又由于特别强调了“富裕中农的资本主义倾向是严重的”，“反革命破坏合作化运动的问题，是一个普遍的问题”。所以，在全国很多地区都重新进行了“反对自私自利的资本主义的自发倾向”的阶级斗争教育。这就使已经绷紧的“阶级斗争的弦”，越绷越紧，并从而促使农业合作化运动中命令主义的严重发展。

二是表现在对农业合作化高潮形势的错误估计上，毛泽东在党的七届六中全会的结论中，还肯定地认为“群众要求大发展”合作社，这就开始以“大发展”的“左”的思想为指导，而背离了自己一贯倡导的“逐步过渡”的思想。同年12月21日毛泽东为中共中央起草的给上海局、各省委、自治区党委的通知中，头一条即具体提出：“农业合作化的进度，1956年下半年基本上完成初级形式的建社工作。”“合作化的高级形式，争取于1960年基本上完成，是否可缩短一年，争取1959年基本上完成。”并以苏联农业集体化的规模来作比：“苏联是十万个社，我国是否以三十几万个社或者四十几万个社为适宜。”这个进度和规模，6天之后，他在为《中国农村的社会主义高潮》写的“序言二”中，又得到重申和阐述：因为“中国的情况起了一个根本的变化”，合作化发展的速度和规模，“已经不能完全按照原来所想的那个样子去做了，这些都应当适当地扩大和加快”。怎么“适当地扩大和加快”呢？那就是把过去多次甚至在“序言一”里仍然规定的基本上完成社会主义改造的时间，由三个五年计划的期间内（即从1953年到1968年），缩短到五年时间内，即由1960年基本上完成半社会主义的改造，提前到1956年，也就是说，1955年12月提出的要求，比同年7月计划规定的时间要缩短四年。而逐步地分批分期地由半社会主义发展到全社会主义，按1955年7月的计划规定，是在1960年以后，但到同年12月提出的要求，则又变为1960年，并力争于1959年基本完成。在这之前，还要求在1956、1957年办两批大型高级社（100户以上的），其发展总社数能到达30万个，或者40万个，或者50万个[19]。这样就把基本上完成高级合作化的时间，不仅比原计划提前了七八年，而且比原来要求完成初级合作化的时间（1960年），还要提前一年。即使如此，如果在以后的实际工作中，不急于搞“公社化”，而能真正按照这个要求的步骤去做，力争到1960年甚至1959年来基本上完成农业的全社会主义合作化，也还是有可能不至于发生后来那样大的偏差。

由于对当时农村阶级斗争形势和农业合作化高潮形势，作了不切实际和过分乐观的估计，毛泽东在对农业合作化运动的指导思想上，就对发展的速度和规模，作了迅速的改变和一再的升级。这就是，全国合作化的高级形式，就不是什么“争取于1960年基本上完成”，而是又提前四年，要求在1956年一个年头基本上完成。

据统计高级社和初级社到1956年底社总数即达756000个，入社户数即占农户总数的93.3%。可以说：“合作化完成了”，“在六七年之内，资本主义所有制和小生产者个体所有制的社会主义改造，就基本上完成了。”[20]因为经过这一场伟大的斗争，推翻了旧的社会制度，建立了新的社会制度，即社会主义制度。在这个意义上，也可以像毛泽东所说：“情况基本上是健康的。”[21]

那种认为农业合作化发展过快过急，而就完全否定农业社会主义改造伟大成就的观点，显然是站不住脚的。何况在当时毛泽东也已察觉到，并且多次公开承认了这种过快过急的错误。他说：“我们搞革命和建设，总难免要犯一些错误，这是历史经验证明了的。”[22]“合作化迅速完成，有人担心会不会出毛病。幸好，毛病有一些，不大，基本上是健康的。”[23]他甚至把“社会主义革命来得急促”的情况，作了这样形象的比喻：“象牛吃草一样，先是呼噜呼噜吞下去，有个袋子装起来，然后又回过头来慢慢嚼。”[24]与此同时，他还承认了“在建设方面，我们刚开始，只有八年。我们建设的成绩是主要的，但不是没有错误”[25]。问题是毛泽东在当时并没有进一步指明发生“左”倾“急促”思想的根本原因，是在于对农村合作化高潮形势的发展和农民小生产者社会主义的积极性估计过分乐观，以及把干部群众当中主张稳步发展的思想，都一概当作“富裕中农的资本主义思想”或“右倾机会主义思想”来批判，才在实际工作中出现了只追求数量不重视质量的偏差。归结到一点来说，在高级社发展的速度和规模上，毛泽东也是有点背离了他自己一贯倡导的从中国国情出发和逐步过渡的这一指导思想。为了说明这一点，这里只举一个例子。毛泽东为了证明在建国后的18年时间内，有可能基本上完成农业方面的社会主义的改造，在1955年7月31日省市自治区党委书记会议上的报告中，曾引用苏联的经验来启发我们说：“苏联是在1920年结束国内战争的，从1921年到1937年，共有十七年时间完成了农业的合作化，而它的合作化的主要工作是在1929年到1934年这六年时间内完成的。”[26]在这里，他不但指明苏联完成农业合作化所需要的时间，而且还特别指明苏联在合作化的过程中，也犯过一次所谓“胜利冲昏头脑”的错误。可是，他并没有从反面接受苏联这个错误的教训，还是不顾中国的国情，在农业的社会主义改造上，一再加码和升级，直到 1957 年 10 月 9 日在党的八届三中全会上的讲话中，仍然提出这样不切实际的要求：“我们是不是可以把苏联走过的弯路避开，比苏联搞的速度更要快一点，比苏联的质量更要好一点？应当争取这个可能。”[27]在这种“左”倾“急促”思想的指导下，加以这时过分强调学习苏联农业集体化的经验（在《关于农业合作化问题》一文中，就有四处对苏联经验称赞备至，并认为“正是我们的榜样”），所以，高级社的巩固工作还没做好，一年之后，又在 1958 年开始了人民公社化运动。这就使农业改革的道路，要避开的“弯路”，没能避开，反而走了更大的“弯路”。

综上所述，中国五十年来的历史经验证明，农业互助合作运动能不能沿着正确的道路发展，最根本的一条，就是在指导思想上，能不能从中国的国情出发，把马克思列宁主义关于农业合作化的理论同中国农村的具体实践相结合，在组织形式和完成时间上，既不能固步自封，也不能照搬外国经验；在组织方法和步骤上，既不能像一个小脚女人走路那样慢慢吞吞，也不能搞“一刀切”和“一哄而起”；在组织性质和规模上，既要反对稳步不前，等待观望，也要反对超越革命阶段，脱离实际的“贪大求公”和过急过快的幻想。但是，每个阶段的主要错误倾向是什么，在领导决策时，一定要看得清，抓得准，决不能以假乱真，自乱天下。正确的只能是，从中国国情出发，逐步过渡，这样做正如毛泽东自己所说：“看起来收效很慢，并不轰轰烈烈，但是在实际上 ……其工作效果会怎样呢？那就决不是很慢，反而是很快的。”对此，我们的经验和教训可以说是很多很多了，大家也都是有极为深刻的体会的。

但总的来看，毛泽东在对中国农业改革道路的探索，从思想理论到实践，都作出了重大贡献。

二　在实践中，逐步形成的毛泽东互助合作思想的四个特征

关于毛泽东互助合作思想，它的核心，就是把马克思列宁主义关于农业合作制的理论和中国农村具体的实践相结合，从中国国情和中国不同革命阶段出发，在逐步过渡的思想指导下，逐步摸索到一条初具中国特色的农业互助合作道路。围绕这个核心——方向道路的问题，采取什么样的组织形式、规模和方法，以及根据什么样的性质和目的，才能使农业互助组、初级农业合作社和高级农业合作社得到巩固和发展，毛泽东在实践中也不断地总结和提出一系列原则性和规律性的创见，并逐步形成为毛泽东互助合作思想的四个特征。

第一，中国农业劳动组织，凡是有一定的生命力，在中国的土壤上发芽生长起来的，多是因为能根据民间固有的传统的多种扎工、换工形式，根据中国革命的性质和社会生产力的性质，坚持了由低级到高级，由临时性到常年性和因地制宜的原则而逐步形成的。

第二，中国农业劳动组织，无论是变工队、互助组，还是初级社、高级社，凡是办得有成效的，主要原因之一，就是它能有计划、有步骤、有秩序地在农民创造的各种劳动组织的基础上，经过典型示范，坚持了由小到大、由少到多、由点到面的原则而巩固和发展起来。

第三，中国农业劳动组织无论是互助组，还是初级社和高级社，凡是能巩固和持久发展的，其原因之一，就是它坚持了自愿、互利和民主管理三原则。

第四，中国农业劳动组织无论是互助组、初级社或高级社，凡是能巩固和持久发展的，其原因之一，就是在通常年景之下，能努力增加农副生产，注意增加社员收入，使农民生活逐年有所改善，真正达到逐步富裕起来的目的，从而体现社会主义农业集体化的优越性。

综上所述，农业互助合作组织，在形式上，土生土长和多样化；在性质上，基本上适合中国革命发展的不同阶段和农村社会生产力发展水平不高的状况；在规模上，由小到大，由少到多，由点到面和逐步推广；在方法上，坚持自愿（经过示范启发）、互利和民主管理三原则；在目的上，增加集体生产，增加农民收入，走勤劳致富的道路；同时，正确地进行思想政治工作和社会主义前途的教育，克服形式主义和平均主义，等等。这就是略具中国特色的农业互助合作道路的成功经验，也是毛泽东互助合作思想的基本特征。

根据对中国农业互助合作运动发展规律及其发展道路的这个探索，如果遵照毛泽东自己最初设想的，到1968年完成社会主义的农业高级合作化，而不在1958年过早地搞“政社合一”的人民公社化，或者即使后来搞公社化，也能贯彻多年来巩固和发展农业互助合作运动一直坚持的各种原则和经验教训，那么也许会少走多少弯路。更不会在公社化20年之后，再在农村恢复和推行各种形式的责任制。现在，在农村所以普遍推行各种形式的责任制，一方面是说明要改变那种不甚合中国国情和超越农村生产力发展水平的“政社合一”的农村人民公社这一组织模式。另一方面，也是说明只有根据生产关系必须适合生产力性质这一客观规律：坚持和恢复多年来在农业互助合作运动中所探索和总结的成熟经验，在农村普遍推行为农民所欢迎的各种形式的联产承包责任制，这不仅是对建设具有中国特色的农村社会主义道路的进一步探索，而且也是对毛泽东农业互助合作思想的进一步发展。

三　结　语

对个体农业的社会主义改造，毛泽东根据中国幅员辽阔，各地经济发展很不平衡等具体情况，确定了逐步过渡的指导思想，并遵循多年来他自己倡导的上述四项原则，探索了从临时互助组和常年互助组，发展到半社会主义性质的初级农业生产合作社，再发展到社会主义性质的高级农业生产合作社的过渡形式，在几亿农民的大国中比较顺利地实现了如此复杂、困难和深刻的农村变革，促进了农业和整个国民经济的发展，正如党中央《关于建国以来党的若干历史问题的决议》所指出的：“这的确是伟大的历史性胜利。”

在纪念毛泽东诞辰90周年的时候，我们高兴地看到，党的十一届三中全会以来，党中央在根本指导思想上完成了拨乱反正的任务，彻底纠正了“左”的错误之后，在农村及时地总结和推行了农民自己创造的具有中国一定特色的联产承包责任制。这种社会主义农业合作经济的新形式，极大地调动了广大农民的生产积极性，有力地促进了农业生产的迅速发展，使我国农业在社会主义道路上向前迈进了一大步。目前我国农村出现了一派欣欣向荣的喜人景象，农业战线率先开创了社会主义建设的新局面。我们今天在农村实行的联产承包责任制，绝不是对于互助合作运动和农村社会主义改造的否定。绝不是像有人所说的那样：“辛辛苦苦几十年，一夜退到解放前”，偏离了社会主义方向，走歪了社会主义道路。恰恰相反，我们今天实行的各种形式的农业生产责任制，正是在农业社会主义改造已经取得伟大胜利这个基础上，在总结人民公社化正反两方面经验教训的基础上实现的。农业生产责任制尽管多种多样，但基本生产资料，首先是土地集体所有，坚持生产资料公有制，坚持按劳分配则是共同的，而这正是坚持社会主义方向、社会主义道路的最主要、最根本的标志。因为决定社会主义性质的是公有制、按劳分配等根本制度，而不是生产的分配和经营管理的具体形式。哪种具体形式和具体做法，有利于促进社会主义农业生产的发展和农民的勤劳致富，就应当被广为采用。联产承包责任制，把农民的责、权、利有机地结合起来，成为社会主义农业合作经济的新形式。就是因为它适合当前我国农村生产力发展的水平和农民觉悟的水平，能极大地调动广大农民的生产积极性，能有力地促进农业生产的迅速发展和农民迅速走向富裕。因此，我们对于十一届三中全会以来，党中央关于在农村实行生产责任制的一系列方针政策，要历史地、全面地把它看作是毛泽东关于农业互助合作思想在社会主义建设新时期的一个重大发展，是我们党对马克思列宁主义合作制理论的一个重大贡献。

为什么有些人会把实行联产承包责任制，误认为是偏离了社会主义道路，倒退到单干呢？这主要是由于长期受苏联集体农庄这种模式的影响，把生产资料公有化和劳动集体化混为一谈，把按劳分配局限于只能实行评工记分这种计酬的办法，殊不知生产资料公有化并不意味着劳动必须集体化，干活一定要拉大帮、“大呼隆”，而不能搞个人承包、家庭承包和专业承包。按劳分配也不一定非实行评工记分的办法，才是坚持社会主义的分配原则，而联产计酬就不是按劳分配，就是偏离了社会主义分配原则。这种把生产、分配和经营管理的具体形式所作的适合我国国情的变革，看作是偏离社会主义的方向、道路，是倒退到单干，显然是非常错误的。事实证明，干农活拉大帮，是没有效率的，实行评工记分的计酬办法，是不能从根本上解决“吃大锅饭”的平均主义问题，是不能更好地调动广大农民劳动积极性的。总之，联产承包责任制，无论是土地等主要生产资料的所属，还是劳动方式和分配方式，都是坚持了社会主义基本原则的。这是社会主义农业合作经济的一种新形式，这种具有强大生命力的新形式，必将在实践中不断向前发展。当前，许多地方涌现了一批专业户，他们有的是承包专业户，有的是从家庭副业发展而来的自营专业户。其中，有的在自愿互利的基础上开始进行新的联合，这种新的联合不会再沿着过去“三级所有，队为基础”的老路走，它是出于专业生产大发展的需要，从生产、供销、技术、服务等各个方面形成的多种形式的合作经济，有的已经突破了原有的社队，甚至地区的范围，正在向着专业化、社会化方向发展。有的地方还出现了农，工、商、副联合体。这种值得重视的新型的经济组织，将为我国社会主义农业的迅速发展，开辟更为广阔的道路。胡耀邦在十二大报告中就曾深刻地指出：“随着农业生产的发展和农业经营管理能力的提高，必然会提出新的各种联合经营的要求。我们要真正按照有利生产和自愿互利的原则，促进多种形式的经济联合。可以预料，我国农村在不太远的将来，一定会出现有利于因地制宜地发扬优势，有利于大规模采用先进生产措施，形式多样的更加完善的合作经济。”邓小平在十二大的开幕词中，更进一步指明了它的发展方向。即：“把马克思主义的普遍真理同我国的具体实际结合起来，走自己的道路，建设有中国特色的社会主义。”他们所作的这些论述，不仅是对历史经验的最精辟的总结，对社会主义新时期的社会主义现代化建设的指导思想的新的理论概括，而且是对毛泽东农业互助合作思想的进一步丰富和发展。

在如何建设具有中国特色的社会主义农业的问题上，我们党在过去曾进行了不断的探索，前后经过二十多年的反复实践，有经验，也有教训；有胜利，也有挫折和失败。今天我们党在农村推行的各种形式的生产责任制，也还是对建设有中国特色的社会主义农业的进一步探索。但我们相信，在这个新的探索中，只要能认真接受过去农业互助合作运动正反两方面的经验，正确地领会和对待毛泽东关于农业互助合作的思想理论，沿着十一届三中全会以来党中央所确定的路线、方针和政策坚定地走下去，建设具有中国特色的社会主义农业集体化道路的伟大历史任务，就一定能顺利实现。

注释：

[1]《列宁选集》第4卷，人民出版社，1960年，第684—687页。
[2]《毛泽东农村调查文集》，人民出版社，1982年，第344页。
[3]同[2]，第310页。
[4][7]同[2]，第311页。
[5]同[2]，第313页。
[6]同[2]，第316页。
[8]同[2]，第277页。
[9]《毛泽东选集》四卷合订本，人民出版社，1967年，第882页。
[10]同[9]，第885页。
[11]同[9]，第964—965页。
[12]《毛泽东选集》第5卷，人民出版社，1977年，第81—82页。
[13]同[12]，第124页。
[14]同[12]，第121页。
[15]同[12]，第130页。
[16]同[12]，第152页。
[17]同[12]，第139页。
[18]同[12]，第185页。
[19]同[12]，第261页。
[20]同[12]，第443页。
[21]同[12]，第404页。
[22]同[12]，第350页。
[23]同[12]，第379页。
[24]同[12]，第447页。
[25][27]同[12]，第473页。
[26]同[12]，第184页。

（原文刊于《党史研究资料》1983年第12期）

留学生与清末民初的移风易俗

曹欣欣

社会风俗是社会意识形态之一，是一种社会文化现象，主要包括风俗习惯（一个民族或一定地域的人们在物质生活和文化生活方面长期形成的共同习惯：衣着、饮食、居住、生产、婚姻、丧葬、节庆、礼仪等方面的规则、好尚、信仰和禁忌）和社会风气（一定时期人们在日常生活中形成的思想言行方面带有普遍性的倾向）[1]。在中国历史的长河中，清末民初的社会风俗显示出了它的独特之处，这就是伴随着中国社会的转型，一方面它不可避免地体现出落后的社会制度和腐朽思想意识的影响而带有浓厚的封建色彩，另一方面在近代化起步后受到社会进步思潮和西方文化的冲击，它又出现了移风易俗的新气象，体现出社会的进步。而学成归国的留学生们因其曾留学国外的经历，使他们与"天下移风"产生了密不可分的联系。

一　清末民初移风易俗的历史背景

在我国漫长的封建社会里形成了各种风俗。它们或是反映了自然条件对人们生活的影响，或是反映了封建的伦理道德观念和宗教迷信等对人们思想和行为的支配等等。有些是中华民族优良传统和美德的体现，有些则不可避免地带有浓厚的封建性和落后性，成为禁锢人们思想的精神枷锁，阻碍中国社会的全面进步。直至清末民初，无论是风俗习惯，还是社会风气，其封建性和落后性均与社会变革的时代潮流相抵牾。正如严复所指出的："中国礼俗，其贻害民力而坐令其种日偷者，由法制学问之大，以至于饮食居处之微，几于指不胜指。"[2]《清稗类钞·风俗类》所列陋俗为："我国上古男皆束发于顶，世祖入关，乃薙发垂辫。女子多缠足，不轻外出。男子吸鸦片者甚众，亦好赌博，烟管赌具，几视为日用要物……而知书识字者，百人中不可得一也"；"正月初五日为破五，妇女不得出门"，等等。至于迷信鬼神、纳妾狎妓、包办婚姻、重男轻女、磕头跪拜等更不胜枚举，成为社会公害。可以说，清末民初的风俗是封建伦理观念和封建迷信观念广泛渗透的领域，是封建主义最顽固的堡垒。

随着社会的转型，凸显移风易俗的迫切性，并使其成为历史的必然。第一，鸦片战争后，国门大开。列强在政治、经济、文化等各方面的入侵加速了中国社会各方面的变化，风俗的变革也不可避免。第二，为寻求救亡图存之路，先进的中国人走出国门，走向世界，在将西方的科学技术和资产阶级的社会政治学说介绍到中国的同时，也带来其生活方式，使中国传统风俗受到挑战。第三，清政府实行的新政在政治、经济、军事特别是文化各领域的改革也必然引起体制和观念的更新，从而带来了社会风俗的变化，有些举措还直接冲击传统习俗，如：1902 年 2 月 1 日颁布准满汉通婚上谕等。第四，19 世纪末，民族资产阶级初步形成并开始走上政治舞台，必然要用资本主义的生产方式和社会制度取代封建主义的生产方式和社会制度，包括用新的风尚取代落后的社会习俗，以利于中国资本主义的发展。戊戌维新时期，资产阶级改良派为了实现君主立宪的政治主张，就从改造风俗入手。康有为上书请断发易服改元禁缠足，梁启超主张先变去跪拜之礼[3]。而辛亥革命及中华民国的建立，更在制度上和观念上为近代习俗取代封建习俗创造了前所末有的有利条件，并成为推动社会风俗进步的强大动力。它对那些根深蒂固的、与封建君主专制制度密切相关的“三纲五常”封建伦理道德和由它派生出来的种种封建习俗的猛烈冲击，在新旧更替的历史进程里产生了深远的影响。第五，陋俗本身存在着不科学、不文明、不方便、不卫生等弊端。

正是在多种因素的共同作用下，随着近代化的起步，到20世纪初，中国出现了比其他年代来得剧烈的“天下移风”的势头，所谓“世异则事变，事变则时移，时移则俗易”[4]。此外，清末民初留学生的增多及其努力为西俗东渐和中西风俗的融合，为移风易俗起了重要作用，这正是本文所要探讨的。

二　留学生对清末民初移风易俗的贡献及影响

近代以来，西俗东渐是我国社会风俗演进的主要方向，且由于资本主义商品经济的一定发展，政治的日趋民主化，尤其是资产阶级进步价值观的逐渐传播，我国社会风俗的演进基本上是朝着文明、进步的方向。在这一过程中，留学生往往起到了开风气之先的作用。由于有在国外求学、生活的经历，他们比同一时期的其他社会群体更多地接受了西方先进的科技、文化和民主思想，接受了西方进步的价值观念，也目睹了西方全新的社会风俗。因此，他们对中国传统社会风俗的弊端有较为深刻的认识。同时，19世纪末20世纪初民族危机的加深，使他们怀有强烈的民族存亡的忧患意识。他们投身于移风易俗，批判中国传统文化中落后的东西，力求使国人摆脱封建习俗的束缚，推动社会的进步，是有着深厚的情感基础的，是爱国情怀的具体体现。他们对移风易俗的贡献主要表现在以下方面：

（一）积极倡导

社会风俗作为一种文化现象是世代传承下来的，相沿成风，相习成俗。人们习惯于遵循已有的传统，习惯于模仿前辈，又具有从众心理。因此，移风易俗，改变传统的观念和行为从来是非常艰难的。它的实现不在于少数人的行为，关键是要启发民众的觉悟，动员民众参与。在这方面，留学生以各种方式宣传移风易俗的道理，大力倡导移风易俗。

1. 创办刊物，著书立说。清末民初，书刊报纸是影响社会文化发展变化的重要途径之一。留学生通过办刊、办报、著书立说等方式进行思想发动，宣传资产阶级自由、平等、博爱的观念，介绍西方的社会风俗，批判中国风俗之弊害，号召国人冲决封建礼教的压制，不做习俗的奴隶，成效显著。据不完全统计，在辛亥革命前十年里，即1901年到1911年，留学生出版的报刊就达六七十种。其对移风易俗的见解涉及到方方面面，不仅对民主革命思潮的传播起了很大作用，也为移风易俗运动的开展提供了理论武器，给清末民初的中国社会带来了清新之风。

第一，反对封建服制，主张剪辫易服。在中国封建社会，衣冠服饰是礼制的重要内容，所谓“衣服有制”。人们的服装被赋予政治色彩，以至于“改朔易服，皆兴亡之事”[5]。着满装、蓄发辫是清王朝专制统治权威的象征，也是当时中国风俗的特殊标志。剪辫被视为叛逆，去满装、着西服同样为世俗所不容。中国最早赴美留学的幼童于1881年被清廷下令撤回，穿西服是一大罪状。驻英公使郭嵩焘遭弹劾的罪名之一，也是因披了一件洋外衣御寒被认为是失节。至20世纪初，留发辫仍被守旧者视之为“国制”，“一若土地可失而发辫不可失，利源可失而发辫不可失，政权财权皆可失而独此发辫不可失”[6]。留学生有感于“今之辫、服，牵掣行动，妨碍操作，游历他邦，则都市腾笑”[7]，不适应近代社会的发展趋势和世界潮流，呼吁剪辫易服，使中华民族以文明、健康的面貌立于世界民族之林。特别是当革命的矛头指向清统治者的时候，断发易服成为动员民众支持革命最有力的召唤，对剪辫运动和洋装的普及起到推波助澜的作用。1912年3月5日，临时大总统孙中山通令全国剪辫时更旗帜鲜明地指出：“满虏窃国，易于冠裳，强行编发之制……今者满廷已覆，民国成功，凡我同胞，允宜涤旧染之污，作新国之民。”[8]终使发辫之消除与清朝封建统治俱尽的预言得以实现。服饰带有深刻的礼的烙印，体现着封建特权、等级制度和道德观念。为打破这一现状，使服饰适于穿着，并与世界文明接轨，孙中山在复中华国货维持会的函件中要求制定服装的图式，指出：“此等衣式，其要点在适于卫生，便于动作，宜于经济，壮于观瞻。”[9]促使在中国延续数千年的衣冠之制解体，出现了形式多样的着装，成为风俗领域显著的变革之一。

第二，反对男尊女卑，力倡妇女解放。在半殖民地半封建的中国，妇女处于社会最底层，所受压迫比男子更甚，君权、神权、族权之外，还有夫权，并渗透于风俗之中。在资产阶级民主革命思想的传播过程中，特别是在辛亥革命浪潮的激荡下，留学生开始借用西方的天赋人权理论为妇女解放运动摇旗呐喊，且不失时机地向国人介绍西方女权发达之概貌，动员妇女投身解放运动。1903 年，邹容在他的《革命军》一书中提出：“全国无论男女，皆为国民”、“凡为国人，男女一律平等，无上下贵贱之分。”[10]丁初我以《女子家庭革命说》大声疾呼“女子乎！欲革国命，先革家命；欲革家命，还请先革一身之命”[11]。秋瑾撰写了《勉女权歌》，为“男女平权天赋就”[12]呐喊，又在弹词《精卫石》中呼吁“人权天赋原无别”、“由来男女要平权”[13]。柳亚子撰文揭露封建礼俗“三从七出，所以禁锢女子之体魄；无才是德，所以遏绝女子之灵魂”，呼吁二万万女同胞奋发团结，谋求解放[14]，将妇女解放上升到参政的高度更是留学生们的一大贡献。《女权日报》等十分鲜明地为妇女参政张本。留学生所提出的倡兴女学、妇女参政等一系列主张，使得女权思想带有鲜明的时代特点，也触动了“男尊女卑”的传统观念和“重男轻女”的社会风俗，对唤起女界同胞的觉醒和男女平等新风尚的建立起了推动作用。

第三，反对封建婚姻，提倡婚姻自由。封建婚姻往往取决于父母之命、媒妁之言，取决于男女两人的生辰八字是否相克。留学生强烈反对封建婚姻，主张婚姻自由。《觉民》载文《论婚礼之弊》，在对东西方的婚礼风俗作了比较研究之后，指出封建婚姻的专制、繁琐等诸多弊端，号召“推倒专制之恶风，遏绝媒妁之干涉，斩芟仪文之琐屑”，“以自由结婚为归着点，扫荡社会上种种风云”[15]。《留日女学会杂志》发表《婚姻改良论》，以改良婚姻“微独为谋社会之发达所当有事，亦为谋国家之进步所当有事”[16]，呼吁改革早婚、卖婚、婚姻专制之弊。

此外，留学生批判中国风俗之弊端还涉及到许多方面。抨击迷信“佞佛媚神，耗金钱于无益之地”[17]。南京临时政府时期，孙中山多次阐述鸦片之害，颁布禁止鸦片令，规定吸鸦片者“不可为共和之民……于立法时剥夺其选举、被选举一切公权”[18]。辞去临时大总统职后，孙中山仍将革除鸦片积弊视为己任。

综观留学生对移风易俗的诸多见解，不仅在当时有助于国人冲破封建习俗的桎梏，而且对于经济全球化的今天如何对待传统民俗和西方文化，对于建设具有中国特色的社会主义精神文明，仍有借鉴意义。

2. 组织团体，扩大影响。清末民初，产生了众多的风俗改良团体。其中，留学生所创之团体占有一定数量。他们将腐败的社会风气与风俗习惯作为众矢之的，不仅在团体内用进步文明的风俗观约束自己，而且通过团体的力量改造社会风俗。1911 年 2 月，唐绍仪、蔡元培、汪兆铭、宋教仁等 26 人发起组织社会改良会，力倡思想观念的变革和改良社会风俗。其基本宗旨是“以人道主义去君权之专制，以科学知识去神权之迷信”、“以人道主义及科学知识为标准而定改良现今社会之条件”。在《章程》中列举的决意革除的“旧染污俗”达 36 条之多[19]，主张：婚姻自由；废跪拜之礼；婚、丧、祭等事不作奢华迷信举动；年节不送礼等。这是现代文明对传统陋俗的全面宣战，也为辛亥革命冲击了旧的道德规范和价值体系后新风尚的确立明确了方向。褚辅成于 1907 年在嘉兴组织“不吸烟会”，自任会长，倡导戒吸鸦片烟，“众皆改吸旱烟，盛极一时”[20]。

特别是一些女留学生团体以“争取女权，振兴女学”为宗旨，颇为活跃，如：1904 年胡彬夏创建于东京的共爱会，1906 年燕斌、唐群英、吴亚男创建于东京的中国留日女学会，张维英创立的自由结婚演说会等。辛亥革命后，女留学生提出参政要求，女子参政团体纷纷成立，如：林宗素发起女子参政同志会、吴木兰组织女子同盟会等，以致“风起潮涌，无论自由党、社会党，均有女子入会，诚为数千年未有之举”（《时报》1912 年 4 月 7 日），掀起了中国近代史上第一次妇女参政运动。特别是由女子参政同志会、女子同盟会、女国民会、女子后援会、女子尚武会组成的女子参政同盟会，开创性地提出普及女子教育、实行一夫一妻制度、提倡女子实业、禁止强迫卖娼等 11 项政纲，并将其作为该团体的奋斗目标。

留学生的风俗改良团体将力量集结在一起，向封建礼教、男权主义和陈腐的道德观念发起挑战，在清末民初的移风易俗运动中发挥了开风气之先的作用。

3. 制定法令，破旧立新。舆论宣传移风易俗固然重要，但要消除根深蒂固的危害社会、危害国民的不良风俗，有必要通过法令取缔和禁止。辛亥革命后，伴随着政治、经济的变革，蠲除旧染污俗的变革也以相当规模展开。南京临时政府建立伊始，在不到两个月的时间里，不仅制定了体现资产阶级自由、平等精神的《中华民国临时约法》，而且颁布了《临时大总统改历改元通电》、《严禁鸦片通令》、《令内务部通知革除前清官厅称呼文》、《命内务部晓示人民一律剪辫令》、《令内务部通饬各省劝禁缠足文》等一系列有关移风易俗的文告、法令，包括革除前清官厅称呼、剪辫、禁缠足、禁烟、禁止蓄娼和买卖奴婢、禁止赌博、禁止举办迎神赛会等，充分体现了以孙中山为首的革命政府革除恶风陋俗的鲜明立场以及通过改革风俗"以培国本"的决心，也有力地冲击了封建落后的恶风陋俗，出现了以官职、先生、君替代老爷、大人之称；以鞠躬之礼代替以前的跪拜、相揖、请安、拱手等旧式礼节；以公历取代中国传统历法、以中华民国年号取代传统的干支纪年法、"女子把脚从此解放了，已裹的放掉……民国纪元以后生下的女儿，一概不缠足"等新气象[21]。值得注意的是，在南京临时政府部长和次长当中，2/3 是留学生出身。南京临时政府教育总长蔡元培还在新的教育宗旨中注入自由、平等、博爱的精神，于 1 月 19 日颁布《普通教育暂行办法》，规定初等小学实行男女同校，打破了男女不能同校的传统。

4. 发表演说，开启民智。为了唤起民众移风易俗的觉悟，留学生还利用各种集会和公开场合发表演说，用资产阶级天赋人权等观念批判戕害人权、践踏女权等种种恶俗，提倡恢复人权，解放个性，男女平权，用无神论和近代自然科学知识揭露天命、鬼神等迷信。胡彬夏在无锡"天足社"的演说中沉痛地指出："今日中国所以衰颓之故，莫不知由于女子之为废人。"[22]在 1903 年的拒俄运动中，"留日女学生闻俄事急，学生编成义勇队，亦开会商议协助。胡女士彬夏、林女士宗素、方女士懋、华女士桂、龚女士圆常、钱女士丰保、曹女士汝锦、王女士莲，皆含泪演说，呼誓死以报国，及签名军队"[23]，对唤醒女界的爱国热情产生了影响。

总之，留学生致力于移风易俗的宣传鼓动，虽然远没有达到彻底改造社会、改造国民性的要求，但对各种封建社会陋习的尖锐批判却令国人警醒，为改造恶风陋习起到了宣传与倡导作用，为天下移风和中西风俗由冲突走向融合营造出了时代的氛围，促使社会风俗这一封建主义最坚固的堡垒发生变革。

（二）身体力行

移风易俗是思想领域的革命，必然要触动封建统治秩序，因此遭到顽固守旧势力的阻挠和反对。锋芒直指封建习俗的根源——三纲五常的一些进步刊物就被清政府查封。另一方面，陋俗一旦深入人心，则产生不易改变的，甚至是畸形的审美标准，就像民国初年一些人仍留恋辫子。这正是移风易俗的艰巨性之所在。风俗的进步，不仅需要新的观念和当政者的支持，还需要有带头人以实际行动做出表率，这比舆论宣传更为复杂和艰难，也更需要勇气。留学生中不乏无畏的破旧立新的先锋，不仅大张旗鼓地宣传鼓吹，而且亲身参与，成为铲除社会陋俗、树立社会新风的重要力量。

1. 率先剪辫易服。剪辫在近代中国显然带有观念变革的意义，而观念的变革需要行为的推动。19 世纪 50 年代起，有些定居海外的华人开始剪除发辫，但没有形成风气，对国内的影响不大。1862 年，留美幼童薙发蓄辫、长衫马褂、瓜皮缎帽、布鞋布袜，因遭美国人嘲笑，纷纷要求剪辫易服，并在留学生副监督容闳的支持下改变了装束。虽然这些变化发生在美国而非中国，但这是留学生对中国传统习俗的挑战。1895 年，孙中山、陈少白等毅然剪辫以示反清。1901 年，章太炎在上海宣布割辫。1903 年，在拒俄运动中，不少留日学生愤于清廷腐败卖国纷纷剪辫，表示与之决裂，走上革命道路。1906 年，拥有很多归国留日生的新编陆军带头剪掉辫子，一时"军界中纷纷落发辫者不可胜数"[24]。这在社会上产生了较大影响，天津警察中就有1/3 的人剪了辫子[25]。辛亥革命爆发后，志士仁人更把标志清王朝统治的辫子作为革命目标，剪除辫子不止是弃旧从新的标志，而且成为革命与进步的象征。直至孙中山就任临时大总统后通令全国剪辫，剪辫形成高潮。

至于着装，19 世纪末，摒弃长袍马褂改穿洋装被认为是伤风败俗之事。20 世纪初，留学生在广泛宣传资产阶级民主革命思想的同时，倡导建立在天赋人权、自由平等思想基础上的西方文明，许多人穿上了象征西方先进生活方式的西服。今天我们可以看到 1900 年孙中山与尤列、秦力山在东京的合影、1905 年孙中山与留学生在比利时的合影，黄兴与宋教仁在日本等的照片，都是身穿西服，正如舆论所言："革命巨子，多由海外归来，草冠革履，呢服羽衣，已成惯常，喜用外货，亦无足异。无如政界中人，互相效法，以为非此不能侧身新人物之列"[26]，给国人以革新之感，对洋装的普及起到了推波助澜的作用。为了根除封建服制的束缚，充分体现中国人民奋发向上的精神面貌，体现服装的民族特色，孙中山还创制了一套中西合璧、被誉为"中山装"的新式服装。与西服的式样繁琐、穿着不便相比，它的最大优点是实用方便、庄重大方、结构合理、穿着舒适，很快流行开来。在一般县城，"服公务者多用西装短制中山服"[27]。由等级分明的服制到中山装，体现在服装上的不平等被打破，成为一场以易服为形式对传统礼教的革命。女装的变化也与民国初年留学生的日益增多有关。如：受日本女装影响，上海的青年妇女多穿窄而修长的高领衫袄，下穿黑色长裙，简洁朴素，时称"文明新装"。这些变化在一定程度上促进了中国传统服饰习俗的演变，并成为 20 世纪初社会风尚转变的标记。

2. 致力于实现男女平等和妇女解放。留学生除做了大量的舆论宣传工作外，还开始了男女平等思想的实践。缠足是泯灭妇女人性、残害妇女身心的恶俗，留学生大都反对女子缠足，且将不缠足作为妇女解放的第一步，是向封建礼教、男权主义和陈腐的道德观念的进攻和反抗。吴玉章不为亲友非议所动，使女儿成为家乡第一个不缠足的女性[28]。蔡元培在续弦时提出女方须是天足。为了使女子与男子一样享有平等教育的权利，并在德、智、体各方面发展，1902 年 4 月，蔡元培与上海教育界人士发起成立中国教育会，创办爱国女校，发布章程，最早将中国近代女子教育宗旨付诸实施。1908 年，王季鲁为培养女子体操教员，以"强国强民，振兴中华"，创设了中国女子体操学校，自任校长，开中国女子体育教育之先河。而走出国门留学成为有志妇女反抗封建礼教、谋求自身解放的时代标志，并且人数渐增，蔚成风气，打破了"女子不出门"等传统习俗。仅就留日而言，当时"中国女子在京（指东京）者百人许，而其最著名者共 30 人，其中长于英文者有吴弱男女士及陈撷芬女士一流；长于汉文者有秋瑾女士、林宗素女士一流；长于数学、几何、代数者有陈光璇女士、黄振坤女士一流。长于音乐者有潘英女士一流"[29]。特别是在南京临时政府成立后出现的一批较有影响的妇女活动家中大多是归国留学生，如林宗素、吴木兰、王昌国、唐群英、沈佩贞等。1912 年 3 月，南京临时政府制定约法期间，唐群英等几十名妇女上书孙中山，坚决要求"将女子与男子权利一律平等明白规定于临时约法之中"，"以重法律，以申女权"[30]。

虽然妇女参政运动成果有限，然而她们谋求自身权利的精神却鼓舞广大妇女不断为之奋斗。辛亥革命后，广东省议会章程就规定女议员为 10 名，庄汉翘、黎金庭、李佩兰等 10 人当选为女议员。其中，黎金庭还被任命为宝安县县长。在清末民初的妇女解放运动中，从放足到兴学，到要求参政，这巨大的变化在世界女权运动史上亦属罕见，其中留学生发挥了不可忽视的作用。

3. 推动礼俗改革。中国乃礼仪之邦，华夏文明中的礼仪文化曾是中华民族的骄傲。但在长期的封建社会中，特别是经宋明理学的渗透，封建、保守、繁琐甚至是扼杀人性的礼俗不仅不适应近代社会发展的需要，而且束缚人们的观念和行为。留学生反对封建礼仪，倡导文明、健康、体现民众平等之权的礼仪。

跪拜之礼是中国基本的礼仪，数千年来，起着维护封建等级制的作用，体现着上下尊卑。它与民主政治、平等原则、人权主义相背离。1903 年，胡汉民在梧州中学任教时破旧立新，被守旧势力指责为"废跪拜之礼，渎男女之防，败俗伤风，莫此为甚"[31]。孙中山当选临时大总统后坚决主张废止跪拜礼，用鞠躬代替跪拜。

传统的婚姻礼俗尊崇"父母之命，媒妁之言"，留学青年陆续学成回国不仅带回了日本和西方的婚姻观念，而且率先成为婚姻自由的实践者，以自由恋爱和文明结婚改变着婚嫁风俗。1905 年 7 月 5 日，留日学生王建善在《时报》刊登征婚广告，公开了自己的姓名、学业、住址等情况，并建议通过通信的方式结识、结婚。8 月 2 日，他又在《时报》刊登广告，阐述"男女配合，以专一为贵"的婚姻观念，无疑是领时代潮流之举。

蔡元培续弦时提出了五个条件：1. 女子须天足；2. 女子须识字；3. 男方不娶妾；4. 男死后女可再嫁；5. 男女双方意见不合可离婚[32]。可说是惊世骇俗，也体现出尊重女性、婚姻自主、蔑视陋俗的可贵精神。1909 年，曾留学日本的张维英提倡婚姻自由，并为自己选择夫婿[33]。而作为清政府首批派往欧洲的留学生，又在中国驻英、法、德等国使馆任职的陈季同，甚至娶了法国人为妻，不仅是清末自由婚姻的典范，也是极具魄力之举。他们的行动带动了婚姻观念的突破，表明封建包办婚姻开始瓦解。

婚礼是国人的重要礼仪。旧式婚礼不仅渗透封建意识和迷信色彩，更有纳采、问名、纳吉、纳征、请期、亲迎等诸多繁文缛节，难以逾越。一些留学生著文揭露、批判旧式婚礼的弊端，并亲力而为，倡导文明婚礼。1905 年 8 月 13 日，曾留学日本士官学校的吴晋与承志女学堂的顾姓女子举行了西式婚礼，来宾多达 200 余人[34]。1913 年，章太炎身着西服，脚穿革履，在哈同花园举行文明婚礼。在留学生的带动下，借鉴西方婚礼的文明婚礼因其便利、时尚及体现男女双方的意志而在都会商埠及至内地渐渐实行起来，使婚礼废除了跪拜改行鞠躬，仪节简化而崇尚简朴。徐珂编撰的《清稗类钞》记载了当时“文明结婚”情况：“光、宣之交，盛行文明结婚，倡于都会商埠，内地亦渐行之。礼堂所备证书由证婚人宣读，介绍人、证婚人、男女宾代表皆有颂词，亦有由主婚人宣读训词，来宾唱文明结婚歌者。”[35]最先接受了西方近代文明和男女平等的婚姻观念的留学生冲破了封建思想的束缚，力求改革传统的婚俗，成为清末民初自主择偶和新式婚礼的最早倡导者和实践者，体现了婚俗改革的进步思潮，也必然促使传统婚俗发生变化。

丧礼是中国封建宗法制度中的另一个重要礼仪，体现着封建宗法制、家族制、等级制的尊卑之序。传统丧礼包括停尸、入殓、吊丧、下葬等程序，每个程序中又有许多仪式，繁琐不堪，耗财费时，迷信色彩甚浓。20 世纪初，留学生开始仿照西方改革丧仪。1903 年，李家鳌在《中外日报》上刊登启示，谢绝其妻子丧礼中的赙赠等[36]。1905 年 7 月 31 日，李叔同为其母所开的追悼会采用了简单的西式追悼会寄托哀思，以打破我国丧仪的繁文缛节[37]，一时传为佳话，促进了丧礼的改革。

总之，接受了资产阶级进步思想的留学生积极投身于移风易俗，以资产阶级天赋人权观和民主、科学、自由、平等的价值观批判封建专制主义、迷信思想、封建礼教和男权主义等社会陋俗，以达到唤起民众、改造国民性、推动社会进步的目的。而清末，特别是经过辛亥革命洗礼后出现的移风易俗运动，由于有了留学生的积极参与，成效更为显著。

三　留学生参与清末民初移风易俗的特点

清末民初社会风俗的改革因其艰难曲折以及跌宕不定的政局等原因而存在局限，但如前所述，诸多变化已经显现。综观留学生在清末民初移风易俗方面的贡献，体现出如下特点：

（一）将“欧风美雨”注入其中

清末民初，西俗东渐、中西风俗冲突与融合是社会风俗演进的主要方向。这个显著特点和留学生的积极倡导与不懈努力有着密切关系。西方习俗体现着资产阶级“自由、平等、博爱”的思想，这是代表人类进步和民主的因素，与中国传统习俗中以三纲五常、忠孝节义为核心的封建道德有着尖锐的冲突。留学生所倡导的移风易俗大多以西方国家为榜样，借鉴西俗改革中国旧俗，如：文明婚礼的滥觞、去满装着西服及与西方物质文明密切相联的生活方式的渐趋西化等。中西风俗融合的结果使清末民初的社会风俗呈现出与祖辈不同的风貌，更引起国人生活方式、消费习惯、审美情趣、价值观念等一系列变化，从而促进了我国社会风俗的演变。

当然，西俗东渐并对移风易俗产生影响并非只有留学生这一条渠道，洋货的不断输入、西书的翻译出版、租界和租借地的出现、外国传教士的宣传等等，都在潜移默化地影响着国人的价值观念，冲击着中国传统的生活方式，使风俗习惯和社会风气发生变化。比如洋纱洋布的倾销使人们一改在多种场合穿着土布衣服的习惯，就连“四乡之妇女老幼”，“或祭祀，或应酬，或往稠人广众之中，皆穿洋布细密光泽者，以为外观美丽”[38]，反映出西方文明的物质载体——洋货对人们的审美观和消费观产生的影响。但是，毫无疑问，留学生的倡导对社会风俗变革中的中西融合起了较大的作用。

（二）融入了爱国情怀

移风易俗从来就不单纯是改变某些风俗习惯，古人曾有“移风易俗，天下皆宁”之论[39]。清末，风俗改革正处在民族危机之时，留学生关注社会风俗这一领域，不仅将其作为开启民智的社会启蒙运动的重要内容，而且视作摧毁封建的纲纪伦常、统治秩序和强国强民的重要途径。可以这样说，在民族危机之时，通过革除恶风陋习改造落后的国民性，使之适应救亡图存的时代要求，是留学生参与移风易俗的内在动力。

在留学生的有关言论中，响彻其间不绝于耳的始终是爱国主义主旋律。严复痛感民族危机严重，极力鼓吹维新变法，通过鼓民力、开民智、新民德来达到民富国强、救亡图存的目的，使破除旧俗与强国保种联系起来。陈撷芬鲜明地指出：“中国为什么不强？因为没有人材。为什么没有人材？因为女学不兴。”[40]凸显妇女解放与救亡图存的紧密联系。革命党人何香凝大声疾呼：“然则天下兴亡，吾二万万同胞安能漠视哉！”号召广大妇女“湔除旧习，灌输新知，游学外国，成己成人，勿放弃责任，坐以待毙”[41]，阐明妇女求知在于担起救亡重任。《女子世界》为当时出版的以妇女为读者对象的历时最长、影响较大的刊物，丁初我、秋瑾等担任过主编。发刊词强调：“女子者，国民之母也。欲新中国，必新女子；欲强中国，必强女子；欲文明中国，必先文明我女子；欲普救中国，必先普救我女子，无可疑也”[42]，将妇女解放运动与爱国救亡运动紧密联系在一起。武昌起义爆发前后，许多远在国外的女留学生满怀爱国激情纷纷踏上归国之途，为推翻清王朝而战，秋瑾正是她们中的杰出代表。显然，此举不仅打破了“女子无才便是德”“女子不出门”等陋俗，更与救亡图存、强国富民融为一体，表现出深厚的爱国情怀。

（三）女留学生更为注重提倡妇女解放

20世纪初，妇女解放问题面临着来自家庭、社会和政府甚至是自身的重重阻力。作为新式知识分子的女留学生是中国最早觉醒的女性，对于自身的社会地位与妇女解放的艰难，有较之其他的女性群体更为清醒的认识。在谋求妇女解放的艰难历程中，她们勇敢地担负起时代所赋予的历史使命，一改此前主要由男性为妇女解放呼吁的现状，与摧残和扭曲妇女人性的封建习俗进行了顽强的抗争，为妇女解放而呐喊，为男女平权而行动，投入了极大的热情。

据不完全统计，在1901年—1911年的10年间，女留学生先后在国内外创办妇女报刊近30种。其中较有影响的有：1902年陈撷芬创办的《女学报》、1904年丁初我创办的《女子世界》、1906年燕斌创办的《中国新女界杂志》、1907年秋瑾创办的《中国女报》、1911年唐群英创办的《留日女学会杂志》等等。这些报刊均以宣传妇女解放、争取女权为宗旨，批判压迫妇女的封建伦理观念和礼俗，提出妇女解放、男女平等、婚姻自主和家庭革命等口号，对妇女解放产生了深远影响，也昭示了社会风俗变革的崭新风貌。

如前所述，清末民初移风易俗的演进中，留学生们几乎参与了各个方面的变革。从服饰到称谓，从历法到节令，从婚仪到丧礼，从家庭到社会，从信仰到禁忌，从行为到观念，从微观到宏观，凡陋俗均大加挞伐，号召人们冲决封建礼教的压制，不做习俗的奴隶，建立文明健康的新风尚。他们肩负起了西学东渐、改革风俗的时代重任。

四 结 论

季羡林先生曾说：“对中国近代化来说，留学生可以比做报春鸟，比做普罗米修斯，他们的功绩是永存的！”[43]这生动地概括了留学生在中国社会走向近代化过程中的作用。社会风俗领域的变革是中国社会近代化进程中深刻的革命，是中国社会近代化的重要方面。

对清末民初移风易俗演进的考察表明：留学生正是给这一领域带来甘霖的先驱者。虽然由于封建等级制思想和封建礼教的长期熏陶，由于人们习惯于对固有风俗及其观念的承袭，清末民初的移风易俗在去除不平等、不自由、不人道、不文明、不健康、不科学的陈规陋习方面还有相当的距离，但它毕竟形成了一股进步的时代潮流，对恶风陋俗进行了一次较为全面的涤荡，这样的实绩无疑与留学生相关联。特别是他们将移风易俗与国家富强和民族生存联系起来，宣传西方的天赋人权、民主自由理论，具有解放思想、转变观念的作用，使自由、平等的观念初入人心，并开阔了国人的视野，让更多的中国人将目光投向世界，促进了人们思想的进步，推动了社会文化观念的转变和移风易俗的深入。

同时，他们对我国传统社会风俗中封建性、落后性的批判及倡立新风俗的努力，有助于西方近代社会习俗与我国传统风俗从冲突走向融合，有助于社会风俗的文明进步，也有助于扩大资产阶级民主思想和辛亥革命的影响，更为中国近代化的起步创造了较为进步的社会氛围。因此，在中国大地上出现的数千年来罕见的风俗领域的变革，自当有留学生积极倡导与实践之功。对此，应大书特书。

注释：

[1]严昌洪:《中国近代社会风俗史》,浙江人民出版社,1992年,第10页。

[2]严复、原强:《侯官严氏丛刻》,《严复集》第1册，中华书局，1986年，第28页。

[3]梁启超:《湖南时务学堂课艺批》,《戊戌变法(二)》，神州国光社，1953年，第548页。

[4](汉)刘向:《说苑·杂言》。

[6]《说发辫》,《大公报》1904年8月25日。

[7]《剪辫易服说》,《湖北学生界》第3期。

[8]《命内务部晓示人民一律剪辫令》,《孙中山全集》第2卷，中华书局，1982年，第177页。

[9]同[8]，第62页。

[10]邹容:《革命军》，中华书局，1958年，第35页。

[11]《女子家庭革命说》,《女子世界》第4期。

[12]秋瑾:《勉女权歌》,《秋瑾集》，上海古籍出版社，1979年，第117页。

[13]同[12]，第60页。

[14]《哀女界》,《女子世界》第9期。

[15]《论婚礼之弊》,《觉民》，第1—5期。

[16]履夷:《婚姻改良论》,《留日女学会杂志》第1期。

[17]《题词》,《留日女学会杂志》第1期。

[18]同[8]，第155页。

[19]《社会改良会章程》,《宋教仁集》(下册)，中华书局，1981年，第378页。

[20]庄一拂:《褚辅成先生年谱初稿》,《浙江辛亥革命回忆录》，浙江人民出版社，1981年，第128页。

[21]黄炎培:《我亲身经历的辛亥革命事实》,《辛亥革命回忆录》第1集，中华书局，1961年，第68页。

[22]胡彬夏:《在无锡“天足社”的演说辞》,《女子世界》第4—5期。

[23]《留学记录》,《湖北学生界》第4期。

[24]《饬禁兵士剪辫》,《大公报》1906年5月9日。

[25]《剪辫易服先声》,《大公报》1906年6月24日。

[26]《论维持国货》,《大公报》1912年6月1日。

[27]《新繁县志》卷四。

[28]吴玉章:《辛亥革命》，人民出版社，1969年，第42页。

[29]日本东京调查员:《外国特别调查》,《女子世界》第3期。

[30]《女子参政会上孙中山书》,《时报》1912年3月23日。

[31][32]《胡汉民自传》,《近代史资料》1981年第2期。

[33]《电阻张女士自由结婚》,《大公报》1909年6月28日。

[34]《文明结婚记》,《时报》1905年9月2日。

[35]徐珂:《清稗类钞》第5册，中华书局，1987年。

[36]《上海李兰舟葬妻告窆谨辞赙助启》,《中外日报》1903年4月24日。

[37]《天津追悼会之仪式及哀歌》,《大公报》1905年7月24日。

[38]彭泽益:《中国近代手工业史资料》第2卷，三联书店，1957年，第239页。

[39]《礼记·乐记》。

[40]陈撷芬:《尽力》,《女学报》第2期。

[41]何香凝:《敬告我同胞姊妹》,《江苏》第4期。

[42]《辛亥革命时期期刊介绍》第1册,人民出版社,1982年,第461页。

[43]周棉:《中国留学生大辞典》,南京大学出版社,1999年。

（原文刊于《徐州师范大学学报》2005年第2期）

留学生与中国院士的计量分析

白云涛

从晚清至今一百数十年间，中国莘莘学子，远赴海外，艰苦求学，绵绵延延，共历十代。其中1872年至1875年分四批官派120名12至15岁幼童赴美为第一代；1877年选派海军留学生近百人分赴欧洲各国学习海军为第二代；1902年清末“新政”之后约十年间万余学子跨海赴日求学为第三代；1909年至1945年总计数千的“庚款留学生”和“自助学者”赴美求学为第四代；从1915年开始到1920年形成高潮，总计约2000多人（以早期中国共产党人为主）的“留法勤工俭学”者为第五代；从1920年莫斯科东方大学建立到1930年莫斯科中山大学（由东方大学中国部改名而成）关闭，先后在苏俄学习的总计逾千的中国共产党人和国民党人为第六代；从1927年国民政府定都南京到1937年抗战爆发，国民政府官派美欧和自费赴美欧，总计数千的留学者为第七代；从1938年至1948年官派和自费赴美欧的万余留学者为第八代；从1950年到1963年中华人民共和国先后向苏联和东欧派出的18000余留学者为第九代；从1978年首批公派留学赴美，随即以各种形式远赴全球各个国家和地区（以美欧日澳为主），至今总计达数十万的新时期的留学者为第十代[1]。

从1948年中国第一批院士——国立中央研究院81名院士，以及1955年中华人民共和国中国科学院第一批172名院士和1994年中华人民共和国中国工程院第一批96名院士至今，中国历史上共有中央研究院院士81人、中国科学院院士969人[2]、中国工程院院士642人[3]、中国科学院和中国工程学院外籍院士71人[4]，总计1763人。扣除1955年中国科学院院士中所包含的1948年国立中央研究院院士36人[5]、一身而二肩中国科学院院士和中国工程院院士者33人[6]、两院外籍院士71人、取消院士资格者1人[7]，实际1622人[8]。

中国院士是中国科学家群体的杰出代表。本文试图通过对近代中国留学生与中国院士的计量分析，探索近代以来留学生在中国近现代历史中的地位，展望新时期留学潮对未来中国社会的影响。

一　1948年中央研究院院士的计量分析

1928年6月，中华民国中央研究院在上海成立，蔡元培为第一任院长，时有享誉国内外的顶尖学者百余人。1935年，中央研究院成立由30名著名学者组成的评议会，作为院务学术机构。1946年，由重庆迁至南京的中央研究院修改组织法，决定实行院士制，随后拟议院士人选。时人选院士资格有二：一是在专业上有特殊著作、发现或贡献：二是主持学术机关在五年以上而成绩卓著。经反复筛选，1948年4月“国立中央研究院”第一批院士诞生。即：

数理组院士28人：

姜立夫、许宝騄、陈省身、华罗庚、苏步青、吴大猷、吴有训、李书华、叶企孙、赵忠尧、严济慈、饶毓泰、吴宪、吴学周、庄长恭、曾昭抡、朱家骅、李四光、翁文灏、黄汲清、杨钟健、谢家荣、竺可桢、周仁、侯德榜、茅以升、凌鸿勋、萨本栋。

生物组院士 25 人：

王家揖、伍献文、贝时璋、秉志、陈桢、童第周、胡先骕、殷宏章、张景钺、钱崇澍、戴芳澜、罗宗洛、李宗恩、袁贻瑾、张孝骞、陈克恢、吴定良、汪敬熙、林可胜、汤佩松、冯德培、蔡翘、李先闻、俞大绂、邓叔群。

人文组院士 28 人：

吴敬恒、金岳霖、汤用彤、冯友兰、余嘉锡、胡适、张元济、杨树达、柳诒徵、陈垣、陈寅恪、傅斯年、顾颉刚、李方桂、赵元任、李济、梁思永、郭沫若、董作宾、梁思成、王世杰、王宠惠、周鲠生、钱瑞升、萧公权、马寅初、陈达、陶孟和。

此第一届中央研究院院士，除人文组个别院士，都曾接受过留学教育。具体情况，有如下表：

1948 年国立中央研究院院士接受留学教育情况一览表[9]

	数理组留学生专家	生物组留学生专家	人文组留学生专家	总计	所占留学生比例	所占院士比例
美国	17	17	15	49	63.6%	60.5%
英国	3	4	2	9	11.7%	11.1%
德国	3	1	2	6	7.8%	7.4%
法国	2	1	2	5	6.5%	6.2%
日本	1	1	3	5	6.5%	6.2%
比利时	—	1	1	2	2.6%	2.4%
瑞士	1	—	—	1	1.3%	1.2%
合计	27	25	25	77	—	95.0%

如表中所示，国立中央研究院第一届 81 名院士，77 名接受过留学教育，所占院士比例高达 95%。而留学院士中又以留学美国者最多，占院士比例高达 60.5%，加上欧洲诸国，高达 89%。这些曾经留学欧美的院士，多为取得令人称羡的博士或硕士（多为博士）学位，且归国后成绩卓著的早期庚款留学生。20 世纪初留日潮中的留日学子在数量上远远超过早期庚款留学生，但当选院士的比例很低，其主要原因一是留日生大多完成大学教育后便返国工作，很少留在日本继续深造获得较高学位。而留学美欧者，不但在取得大学学位后留在留学国继续深造，取得了博士或硕士的较高学位，不少人还在取得较高学位后，仍然留在留学国，在导师的指导下，进行过相当一段时间的比较深入的研究工作，大多从中领悟到了研究的性质和途径。同时，不管是社会科学还是自然科学，许多学科的前沿那时已经集中在美国。再加上当时的美国，已经建立起了有利于科学发展的现代学术制度。在美欧留学并作过科研工作而归来的学者，大多是现代学术制度培养出来的佼佼者，掌握着当时最先进的科技。这些都是留学美欧者占据院士如此高比例的重要因素。

从年龄结构上来讲，40 岁以下的共三人，即 37 岁的陈省身、38 岁的许宝騄、39 岁的华罗庚，都在数理组，且都在数学门。46 至 60 岁者占 80% 以上，其中 51 至 55 岁者占 30.9%。数理组和生物组只有一位超过 60 岁，其他 60 岁以上院士均集中在人文组中。未曾接受出国留学教育的张元济、柳诒徵、陈垣、顾颉刚四人均为人文组成员[10]。这一方面说明，数、理、化、生物等自然科学在中国发轫较晚[11]，另一方面也说明在自然科学领域，天才的科学家往往在年轻的时候便已经有辉煌的成就，而社会科学，特别是历史、语言科学，往往要积累到一定程度才能有所成就。

这一届院士是当时中国自然科学界和社会科学界的最高代表。留在新中国工作的院士，特别是自然科学院士，大多成为1955年中华人民共和国第一届学部委员（院士）[12]。

二 中国科学院院士的计量分析

1949年10月1日，中华人民共和国成立。11月，中央人民政府宣布成立中国科学院，郭沫若为院长，李四光、陶孟和、竺可桢、吴有训为副院长，此五人皆为1948年中央研究院第一届院士。随即实行学部制，并于1954年开始筹备建立物理学数学化学部、生物科学部、技术科学部和哲学社会科学部。1955年6月，中国科学院学部成立大会召开，172名自然科学家成为第一批学部委员。1993年10月，国务院第11次常务会议决定中国科学院学部委员改称中国科学院院士。自1955年至今，中国科学院进行了九次院士推选工作，共推选出969名院士。此969名院士接受留学教育的情况，有如下表：

中国科学院院士接受留学教育情况统计表[13]

	1955	1957	1980	1991	1993	1995	1997	1999	2001	合计	所占留学家比例	所占院士比例
总计	172	18	283	210	59	59	58	55	56	969		—
留学专家及所占院士比例	158	16	199	55	17	16	11	16	19	507		—
	92%	89%	70%	26%	29%	27%	19%	27%	34%		—	52%
留美专家及所占院士比例	87	9	128	19	5	3	2	7	9	269		
	51%	50%	45%	9%	8%	5%	3%	7%	9%		53%	28%
留英专家及所占院士比例	21	3	39	7	—	—	2	2	2	76		
	12%	17%	14%	3%	—	—	3%	4%	4%		15%	8%
留德专家及所占院士比例	21	1	9	2	2	—	—	1	1	37		
	12%	6%	3%	1%	3%	—	—	2%	2%		7%	4%
留法专家及所占院士比例	13	2	3	—	1	2	—	—	—	21		
	8%	10%	1%	—	2%	3%	—	—	—		4%	2%
留日专家及所占院士比例	9	—	1	1	—	—	—	—	—	12		
	5%	—	1%	1%	—	—	—	—	—		2%	1%
留苏专家及所占院士比例	—	—	12	22	9	8	6	4	3	—		
	—	—	4%	10%	15%	14%	10%	7%	5%		13%	7%
其他	7	1	7	4	—	3	1	2	3	—		
	14%	6%	3%	2%	—	5%	2%	4%	5%		6%	3%

如表中所示，1955年172名院士，接受过留学教育的比例高达92%，其中留学美国的院士占院士总数的51%。1957年18名院士，接受过留学教育的比例也很高，达89%，其中留学美国的院士占院士总数的50%；加上曾经留学欧洲的院士，两届留学美欧专家均占院士总数的80%左右。其原因和1948年国立中央研究院院士的产生是一样的，那就是这两届院士的主要成员是1909年到1945年第四代的总

计数千的“庚款留学生”和“自助”赴欧美求学者。而第五代“留法勤工俭学”的早期中国共产党人和第六代在莫斯科东方大学和中山大学学习的中国共产党人，不少成为中国共产党的第一代领导集体成员，如曾经留法勤工俭学的周恩来、邓小平、陈毅、李富春、聂荣臻、李立三、朱德等，曾经在莫斯科东方大学和中山大学学习的刘少奇、邓小平、任弼时、张闻天、聂荣臻、肖劲光、肖三等。可见，留学对中国科学和政治影响之大。

从1958年到1979年，长达22年的时间，中国没有进行院士推选工作。1980年一次推选出中国科学院院士283人，接受过留学教育的院士占院士总数的比例虽有所减少，但仍占70%，留美留欧院士仍占院士总数的64%。这是因为此批院士的主体仍然为第四代“庚款留学生”和“自助”赴欧美求学者，他们和祖国共患难，走过了20多年的风风雨雨，终于迎来了改革开放，迎来了科学的春天。值得注意的是，在1955年和1957年两届院士中比例为零的留学苏联者，在1980年届院士中的比例突然上升到4%，他们是中华人民共和成立后从1950年到1963年间向苏联和东欧派出的第九代留学者。

1949年中华人民共和国成立后，实行“一边倒”外交政策，与苏联和东欧社会主义国家结成了友好同盟关系。在美苏冷战和社会主义与资本主义阵营对抗的国际环境下，中华人民共和国很自然地和欧美资本主义国家中断了留学教育上的往来。为了工业化建设，从1950年到1963年，中华人民共和国向苏联和东欧派出了18000余人的第九代留学者。1964年，中苏关系破裂，中国停止对苏派遣留学生。自此至1978年，长达15年时间，中华人民共和国的留学教育几乎完全断绝。而在史无前例的1966年至1976年“文化大革命”中，大多数归国留学生的政治和社会地位一落千丈。这一时期，是中国留学教育前所未有的低潮时期。反映在留学生与中国院士的计量关系上，我们看到，1991年推选的中国科学院院士，留学美国的院士所占比例由1980年的45%急剧下降到9%。以后逐年下降，1993年占5%，1995年占3%，留学英德法日的比例也是如此。而1991年中国科学院院士中留学苏联的院士比例由1980年的4%猛增到10%，1993年达到15%，1995年14%，1997年10%，一直维持着相对较高的比例。这些院士都是在与美欧等资本主义国家几乎断绝留学教育往来的这段时期，留学苏联和东欧的第九代留学者。

同时，我们看到，20世纪五六十年代留学苏联（或在苏联短期工作过）的人员中，如江泽民、李鹏、邹家华、钱其琛等，成为中国共产党第三代领导集体的核心成员。

从1978年开始，新时期的留学热潮澎湃而起，至今公派留学生已近60万人，其他各种途径出国求学者不计其数。1978年，邓小平曾经讲过：“中国推行改革开放政策，首先就是要对美国开放。不对美国开放，对任何其他国家开放都没有用。”[14]由那时至今的留学潮，学子们先是争相远赴现代科学最发达的美欧日，其中留学美国者为最多，数量虽然很难精确统计，但无人对此持有异议。随后留学地域逐渐扩大，至今遍及世界一百多个国家和地区，留学专业涵盖所有自然科学和社会科学的学科门类。相对而言，仍以留美为主，欧洲诸国、日本、澳大利亚等次之，留学前苏联、现俄罗斯，以及原东欧社会主义国家者较少。反映在留学生与中国院士的计量关系上，我们看到，1999年中国科学院院士中留学美国的比例从1997年的3%开始缓慢上升到了7%，2001年留学美国的院士比例继续上升到9%。而留学前苏联的比例1999年下降到7%，2001年继续下降到5%。反映出老的留学前苏联的留学者逐渐减少，渐渐消失于中国的科技界，而新的留学美国的留学者逐渐上升，并开始活跃于中国科技界的趋势。

三　中国工程院院士的计量分析

1993年10月，国务院第11次常务会议在决定中国科学院学部委员改称中国科学院院士的同时，决定成立中国工程院。1994年6月，中国科学院第七次院士大会推选产生中国工程院第一批96名院士。自此至今，中国工程院先后进行了六次院士推选工作：共推选出工程院院士642名。此642名院士接受留学教育情况，有如下表：

中国工程院院士接受留学教育情况计量统计表[15]

	1994年度	1995年度	1996年度	1997年度	1999年度	2001年度	合计	所占留学专家比例	所占院士比例
总计	96	216	20	116	113	81	642		
留学专家及	46	54	7	34	18	25	184		
所占院士比例	48%	25%	35%	29%	16%	31%		—	29%
留美专家及	15	12	4	5	3	12	51		
所占院士比例	16%	6%	20%	4%	3%	15%		28%	8%
留英专家及	2	2	—	—	2	2	8		
所占院士比例	2%	1%	—	—	2%	2%		4%	1.2%
留德专家及	5	5	—	—	—	—	10		
所占院士比例	5%	2%	—	—	—	—		5%	2%
留法专家及	—	—	—	1	—	—	1		
所占院士比例	—	—	—	1%	—	—		0.05%	0.02%
留日專家及	—	4	2	3	1	2	12		
所占院士比例	—	2%	10%	3%	1%	2%		7%	2%
留苏专家及	20	31	1	23	12	6	93		
所占院士比例	21%	14%	5%	20%	11%	7%		55%	13%
其他	4	4	—	2	—	3	13		
	4%	2%	—	2%	—	4%		7%	2%

中国工程院院士产生于改革开放的90年代，新中国成立以前的留学专家健在的很少了。所以，留学生院士只有184人，只占院士总数的29%。从上面的计量统计表中，我们很清楚地看到，曾经留学苏联的院士在留学院士中的比例很高，占55%，占院士总数的13%。原因很简单，这些留学苏联的院士都是建国初期五六十年代我国向苏联派出的第九代留学生。相反的，留学美国的院士丧失了比例优势，只占留学院士的28%，占院士总数的11%。原因也很简单，从建国到改革开放，我们几乎断绝了与美国和其他资本主义国家的留学往来。

然而，另一个引起我们注意的事实是，虽然曾经留学苏联的院士总体上比例很高，但1999年曾经留学苏联的院士占院士总数的11%，比1997年20%的比例猛然下降了九个百分点，2001年又下降到7%，比1999年下降了四个百分点，比1997年下降了13个百分点。而曾经留学美国的院士在1999年是一个明显的转折点。1999年，曾经留学美国的院士只占院士总数的3%。但到2001年，曾经留学美国的院士占院士总数的比例突增到15%。这突增的12个百分点的曾经留学美国的院士，主要是改革开放初期赴美留学、学有所成归国后建功立业的第十代留学生中的佼佼者。而之所以曾经留学苏联的院士占院士总数的比例猛然下降了13个百分点，其原因也不言而喻，当然是从上个世纪60年代起中国与苏联绝交，断绝了留学往来，而改革开放后与美、欧、日相较，苏联科技水平已经大为落后，新时期留学者又乏人赴苏留学的缘故。

由中国工程院院士所反映出的从建国到改革开放短短30年的留学史，折射出的是看似简单实际复杂的国际上的政治史、外交史、科技发展史。

四 历史之于今的启示

纵观中华130余年留学潮，通过组成中国院士的留学生成分的计量分析，我们看到，上个世纪三四十年代，中国现代科技事业开始起步，总计数千的第四代留学生，包括庚款留美生，以及总数远远多于“庚款生”的数千“自助”赴美求学者，多为从上个世纪四十年代到八九十年代的中国现代科学事业的各学科的奠基人和学术带头人[16]。他们当中大多理所当然地成为1948年中央研究院第一批院士，也理所当然地成为1955年、1957年、1980年中国科学院院士。他们是彪炳千古的中国现代科技事业的开拓者和促进者，他们为中国由传统社会向现代社会、传统经济向现代经济、传统政治向现代政治、传统文明向现代文明的转变，作出了重大贡献。以研究中国科学技术史而闻名世界、对中国人民感情至为深厚的英国学者李约瑟，曾十分遗憾地叹息现代科学未能从古代科学极为发达、对世界文明贡献极大的中华民族诞生。但中华民族仅仅以数十年之期，取得当今举世瞩目之现代科技成就，也足以傲视世界了。现代科学技术，19世纪发轫于欧美，自20世纪起，美国以有利于促进现代科学技术发展的先进的现代学术制度始执其牛耳。第四代的庚款留美生和大量的“自助”远赴美欧求学者，适逢其会，求学海外，建功中华，开拓了中国现代科技事业。当然，我们不能忘记上个世纪五六十年代留学苏联的近二万人的第九代留学生，他们是中国发展基础工业和全面建立科研体系的骨干力量[17]。但是，他们不是在现代学术制度下产生和成长的，他们多是工程技术方面的佼佼者，不是现代科学理论上的先行者。可以说，如果没有留学生，特别是如果没有第四代的庚款留美生和“自助”留美生，就没有今天的中国现代科技事业。

与绵延不绝的留学运动相始终的，不仅仅是留学生群体对中国科技事业和文化事业的影响，对中国政治、文化等领域的影响也是非常深刻和深远的。

1912年中华民国南京临时政府成立，首届临时内阁18名成员，15名留学出身，占83%。1912年至1928年历届北洋政府内阁成员有56名留学出身，占51%。20年代的北洋政府的24任外交部长，几乎全为欧美归国留学生。从1927年到1949年，历届国民政府内阁成员中有56人留学出身，占57%。从辛亥革命到1949年，是归国留学生对中国社会政治影响最大的时期。在这一时期，归国留学生对引进西方的自然科学和社会科学，对推进中国早期的现代化，对现代中国政治的演进，起到了其他社会群体无法起到的作用[18]。由于意识形态的一致和长期的党和国家之间合二而一的合作关系，中华人民共和国成立后，留学人员中至今在中国政治领域发挥较大作用的，多是留学苏联者。

新时期的留学潮自改革开放初期肇始，就呈现出逐年增长、蓬勃发展的态势。据1999年中华人共和国教育部公布的资料，从1978年到1999年，中国有近32万人远赴海外留学，平均每年16000人[19]。进入新世纪，出国留学更呈现出井喷式的发展。据统计，2000年全国出国留学人员为39000，2001年达84000，2002年突破十万大关，达125000。2003年，出国留学人员继续保持较快的增长势头[20]。由此推算，截至2002年，能够统计到的出国留学人员总计568000人。与此同时，随着中国综合国力的急升，中国在国际事务中地位的日益提高，来华外国留学生与日俱增，汉语也逐渐成为全球最强势的语言。据统计，2002年外国在华留学生有86000人，全世界逾85国开设汉语课程，学习汉语学生超过3000万人，且已有40万外国人通过“中国汉语水平考试”（外国留学生称“汉语托福”），其中2001年通过者为98000人，2002年超过了十万[21]。

因留学人员出而不归而造成人才外流，是长期以来人们非常关注并希望政府制定相应政策切实解决的问题。这是个发展国家的普遍问题。其实，人才的流入与流出不取决于有关政策，而是取决于国家的发展程度。我们看到，随着改革开放的发展，中国综合实力的强大，创业机会的增多，近年来出国留学人员的回流出现了迅猛递增的良好势头。据统计，从1978年到1996年，我国出国留学人员总计27万人，回国9万人，回归率为33%。其中国家公派44000人，归国37000人，回归率84%；单位公派86000人，回国48000人，回归率56%：自费留学139000人，回国4000人，回归率3%。自1997年以来，上述三类人员的回归率每年大幅度提高，其中国家公派回归率现已达95%以上，自费留学回归率也以每年13%以上的速度逐年递增[22]。另外，从长远看，在全球化日益发展的今天和未来，任何国家的出境留学而不归和人境留学而不去，都不是狭隘的人才流失和人才吸收问题，都不存在人才损失和人才受益的绝对反差。宏观而言，留学运动是发展国家人才质量向发达国家人才质量比肩的提升过程，也是国际间人才的优化配置过程。人才在全球范围内涡旋流动，既有利于人类社会的发展和人类文明的进步，也有利于人才流出国的长远利益。在这个问题上，发达国家比我们认识的要深刻，并开始采取某些措施。比如德国，现出国留学生占国内在校本科生总数的13%，有关部门认为这个比例远远不够，计划到2008年要发展到出国留学生占国内本科生总数20%的比例。同时，德国对外国在德留学生的比例也不满意，希望到2008年外国留德学生增长到本国在校本科生的10%[23]。用这个比例来看待中国的留学工作，不管是流出的本土留学生，还是流入的外国留学生，仍然需要增加较大的比例。

众所周知，改革开放以来的归国留学人员开始在中国的现代化建设中发挥越来越重要的作用，新时期的留学运动开始进入祖国母亲受益越来越大的回报期。但是，我们也非常遗憾地看到，留学归国人员的作用多体现在自然科学、社会科学的研究上或促进中国生产力现代化的高科技产业发展上，以及引进和传播先进的管理理念方面，在上层建筑和意识形态领域所体现的作用虽然潜移默化，但仍然极为有限。新加坡前总理李光耀曾指出："缺少有必要专业知识的官员是妨碍中国前进的一个重要因素。"有的学者也感慨道：与目前中国在职官员攻读学位的热潮相比，由归国留学人员担任各级行政领导或行使各种管理之职，将更有益于加快中国改革开放的步伐，使中国能更快地与世界先进水平接轨[24]。我们也没有忘记：19世纪60年代，"日本，小国耳，何兴之暴也？伊藤、山县、榎木、陆奥诸人皆二十年前出洋之学生也。愤其国为西方所胁，率其徒百余人，分诣德、法、英诸国，或学政治、工商，或学水、陆兵法。学成而归，用为将相。政事一变，雄起东方。"这是清末知识分子急切地东渡日本，从而形成留日潮的根本原因[25]。

我们正在经历的改革开放以来的留学运动，将是一个没有终点的中华民族教育走向世界的运动。随着全球教育国际化的实现，教育地域界限的淡化以致消失，中国的留学教育将和世界各国一样，最终成为不具有任何特殊性的常规教育。就目前中国而言，"支持出国，鼓励回国，来去自由"留学工作方针的确定，"革命化、年轻化、知识化、专业化"领导干部用人方针的确定，将使更多的新时期的留学归国者在政治和意识形态领域，发挥越来越重要的作用，从而影响中国社会的未来走向。

或许做任何预测现在都还太早，还是让我们拭目以待吧！

注释：

[1] 参见原国家科委主任宋健《百年接力留学潮》文，载《科技日报》，2003年2月12日。如此划分的还有著名近代史家戴逸等，可参见戴逸为《建国初期留学生归国记事》所写之序《中国留学教育的光辉道路》，该书于1999年由中国文史出版社出版。

[2] 本数据采自"中国科学院学部联合办公室"网站（www.casad.ac.cn）《历次增选的中国科学院院士（学部委员）人数（按学部统计）》（访问日期：2003年9月2日）。2003年度中国科学院58名院士资料也从该网站获得。

[3] 本数据系笔者根据中国工程院编：《中国工程院院士》（1）（2）（高等教育出版社，2000年5月版）和《中国工程院院士》（3）（4）（高等教育出版社，2002年6月版），以及中国工程院网站有关数据编绘而成。其中《中国工程院院士》（1）（2）收录了1994年、1995年、1996年当选的332位院士的简介和照片，《中国工程院院士》（3）收录了1997年当选的116位院士的简介和照片，《中国工程院院士》（4）收录了1999年当选的113位院士的简介和照片。2001年院士数据是通过网上查询中国工程院网站和其他数据获得的。2003年度中国工程院院士的增选工作正在进行，已经第二轮评议产生出的170名候选人，不在本文统计之数和研究之列。

[4] 本资料系笔者根据中国科学院学部办公室网站《历次增选的中国科学院院士》（截止到2002年）和中国工程院网站《全体外籍院士名单（25人）》（截止到2001年）综合统计而成（访问日期：2003年9月2日）。在总共71名外籍院士中，包括陈省身、李政道、丁肇中、杨振宁等在内的36名外籍华裔科学家，无一例外，均为美籍华裔科学家。具体情况如下：

		1994	1996	1998	2000	2001	2002	小计	总计	美华裔
中国科学院	外籍院士数量	14	10	8	7	/	7	46	71	36
	美华裔	10	7	3	3	/	2	25		
中国工程院	外籍院士数量	/	7	5	6	7	/	25		
	美华裔	/	2	1	4	2	/	9		

[5] 他们是中国科学院数学物理部院士叶企孙、华罗庚、许宝騄、严济慈、苏步青、吴有训、赵忠尧、饶毓泰，化学部的庄长恭、吴学周、曾昭抡，生物学部院士王家揖、贝时璋、邓叔群、冯德培、伍献文、汤佩松、张孝骞、陈桢、罗宗洛、秉志、俞大绂、钱崇澍、殷宏章、童第周、蔡翘、戴芳澜、李四光、杨钟健、竺可桢、黄汲清、谢家荣，技术科学部院士茅以升、周仁、侯德榜、梁思成（笔者依据1948年和1955年院士名单对照统计）。

[6] 他们是钱学森、侯祥麟、张光斗、严恺、邵象华、李国豪、张维、罗沛霖、王大珩、吴阶平，严东生、陆元九、师长绪、吴良镛、赵仁恺、闵恩泽、郑哲敏、朱光亚、张宗祜、潘家铮、沈志云、顾诵芬、周干峙、石元春、常印佛、宋健、王越、闵桂荣、陈俊亮、王淀佐、王选、李德仁、路甬祥。

[7] 1980年被评议为学部委员的方励之，1989年被撤销学部委员资格。

[8] 1980年以来，特别是近年推选的中国科学院和中国工程院院士中，包含了台湾、香港、澳门地区著名科学家。计有：香港中文大学黄乃正和香港大学孔祥复、苏国辉、张佑启、郑耀宗于1999年当选为中国科学院院士，香港大学任咏华（女）、梁智仁、唐叔贤和香港理工大学陈新滋、香港中文大学麦松威、香港科技大学叶玉如（女）于2001年当选为中国科学院院士，台湾阳明大学张心湜于2001年当选为中国工程院院士。1980年以前上述三个地区的院士不在本文统计之数和研究之列。

[9] 本表根据罗丰：《夏鼐与中央研究院第一届院士选举》（载《中华读书报》2003年2月19日）文中转载的夏鼐于1948年底撰写的《中央研究院第一届院士的分析》中的有关表格编辑而成。夏鼐时为中央研究院历史语言研究所副研究员，因评议院士期间该所所长傅斯年赴美医治高血压病，所内事务暂由夏鼐代理，夏鼐因此而代傅斯年参与评议院士之全过程，并以列席者身份出席评议会议。夏鼐虽未入院士之列，但对院士评议过程知之甚详，并于1948年底撰写了《中央研究院第一届院士的分析》一文，从纯学术的角度分析了当选院士情况。

[10] 参见罗丰《夏鼐与中央研究院第一届院士选举》文。

[11] 一般认为中国现代自然科学研究的开端是1915年中国科学社成立和《科学》杂志的发行。参见中国科学院院士郝柏林《20世纪我国自然科学基础研究的艰辛历程》文，载《北京观察》，2002年第9期。

[12] 1948年评议产生的国立中央研究院第一届81名院士，1949年底随国民党政府赴台者九人，占院士总数的11.9%；赴美定居者12人，占院士总数15%；留在大陆为新中国工作的60人，占院士总数74%，他们是：数理组的姜立夫、许宝騄、华罗庚、苏步青、吴有训、李淑华、叶企孙、赵忠尧、严济慈、饶敏泰、吴学周、庄长恭、曾昭抡、李四光、翁文灏、黄汲清、杨钟健、谢家荣、竺可桢、周仁、茅以升、萨本栋，生物组的王家揖、伍献文、贝时璋、陈桢、童第周、胡先骕、殷鸿章、张景钺、钱崇澍、戴芳澜、李宗恩、张孝骞、汤佩松、冯德培、蔡翘、俞大绂、邓叔群、罗宗洛、秉志，人文组的金岳霖、汤用彤、冯友兰、余嘉锡、张元济、杨树达、柳诒徵、陈垣、陈寅恪、顾颉刚、梁思永、郭沫若、梁思成、周鲠生、钱端升、马寅初、陶孟和、陈达、萧公权。参见李扬《多少"院士"留在大陆》文，载《炎黄春秋》，1999年第3期。

[13] 本表系笔者根据中国科学院学部联合办公室编：《中国科学院院士画册》1955年、1957年卷、1980年卷、1991年卷（以上三卷为中国科学院内部印行）、1993年至1999年卷（上海教育出版社，2002年3月第一版），以及"中国科学院学部联合办公室"网站（www.casad.ac.cn）"院士介绍"（2001年）等数据编辑而成。

[14] 高建国：《仰不愧天，俯不怍人——纪念李慎之先生》，《怀念李慎之同志》，第405页。

[15] 本表系笔者根据中国工程院编：《中国工程院院士》（1）（2）（高等教育出版社，2000年5月版）和《中国工程院院士》（3）（4）（高等教育出版社，2002年6月版），以及网上有关数据编绘而成。其中《中国工程院院士》（1）、（2）收录了1994年、1995年、1996年当选的332位院士的简介和照片，《中国工程院院士》（3）收录了1997年当选的116位院士的简介和照片，《中国工程院院士》（4）收录了1999年当选的113位院士的简介和照片。2001年当选院士的学历情况主要是通过网上查询中国工程院网站和其他数据获得的。

[16] 参见宋健《百年接力留学潮》一文对庚款留美生的评价和定位。

[17] 参见宋健《年接力留学潮》一文对上个世纪五六十年代留苏学生的评介和定位。

[18] 参见程希：《关于全球化时代留学人员地位和作用的若干思考》，《中国发展》2002年第1期。

[19] 参见程希：《关于全球化时代留学人员地位和作用的若干思考》，《中国发展》2002年第1期。

[20] 神州学人编辑部：《呵护留学》，《神州学人》2003年第10期。

[21] 关于2002年外国来华留学生数，采自教育部国际合作与交流司司长曹国兴《留学工作的根本是为国家培养人

才》文，载《神州学人》，2003 年第 7 期。关于外国在华留学生和全球学习汉语情况，采自《走，去中国学汉语》、《汉语走向世界》、《十万外国人考汉语托福》等文，均载《编译参考》2003 年第 3 期。
[22] 陈学飞：《人才流动与留学效益之评说》，《神州学人》，2003 年第 7 期。
[23] 曹国兴：《留学工作的根本是为国家培养人才》文，载《神州学人》，2003 年第 7 期。
[24] 程希：《关于全球化时代留学人员地位和作用的若干思考》，载《中国发展》，2002 年第 1 期。

（原文刊于《近代中国留学生论文集》，香港康乐及文化事务署，2006 年）

文物研究

郑州二里岗早商骨刻字符与乇土祭祀

李维明

二里岗是一条大致呈东西走向的土岗，位于郑州市东南部，因距旧城二华里得名。其北部有熊儿河，西部有一条时令小河。20 世纪 50 年代初，因早商文化的发现和命名而成为具有文化分期标尺意义的典型遗址（图一）。这里发现的早商文化主要遗迹有：商城外城墙南墙、夯土面、居址、灰坑、水井、壕沟、烧坑、祭祀坑、墓葬等。主要遗物有日常生活用品，如陶鼎、鬲、甗、甑、豆、簋、盆、罐、刻槽盆、壶、瓮、缸、尊、爵、斝、杯、纺轮、网坠、弹丸、拍子、管、环等；骨蚌器，如铲、刀、镰、镞、锥、针、簪、管等；石器，如锛、斧、刀、镰、凿、纺轮、网坠、弹丸、砺石、环等。值得注意的是，青铜爵、斝、钻、钩、刀、镞、筒状器、片；原始瓷尊、硬陶；陶塑虎、龟、羊、鱼、猪、跪坐人及涂朱砂陶片；水晶石、绿松石、铜矿石、自然石；相当数量的殉人、用牲；牛、羊、猪、狗、马、鹿、禽，蚌、鱼、螺、蛤等动物遗骸；用牛肩胛骨、羊肩胛骨、猪肩胛骨、龟腹甲制作的卜骨、骨刻字符等遗存应与祭祀有关[1]。笔者依据二里岗早商三片骨刻字符结合祭祀遗存，试对遗址性质作出推断。

一　牛肋骨刻辞与乇土

1953年4月中旬，在二里岗西北部考古发掘工地采集到一段商代牛肋骨残片（图二：中），残长约7.3、宽3.8、厚0.3厘米，上有三竖行刻辞，可分为上下两辞[2]。

1. 上面一辞，从左至右分两竖行，存4个字：

又

乇土羊

又，殷墟甲骨刻辞中“又”多与祭祀活动有关，祭祀对象多为祖先神（先王、先妣），也用于自然神（河）。所献祭品有牛、羊、猪、犬、谷、酒，人牲羌、奚。由此可见，“又”在辞中作祭名，为商代一种特定的祭祀活动。

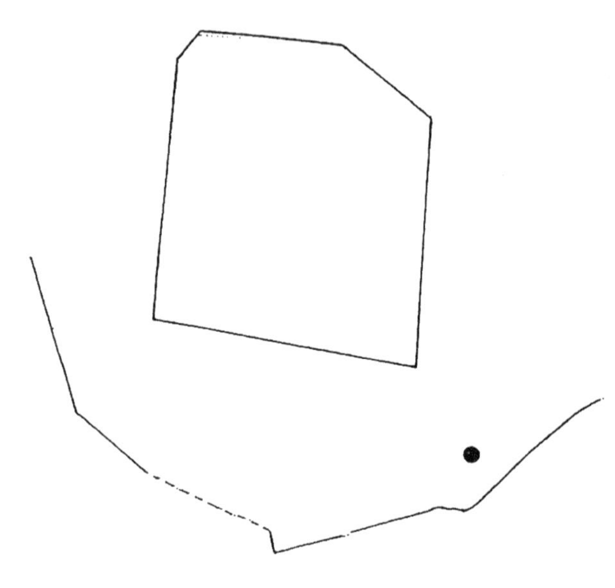

图一　二里岗遗址位置示意

二里岗遗址早商文化所存烧坑、祭祀坑、殉人、动物牺牲、卜骨、陶大口尊、石器、自然石等与祭祀活动有关的遗迹，有些可与殷墟甲骨刻辞又祭的内容联系。

乇，殷墟甲骨刻辞中“乇”多与祭祀活动有关，涉及祭祀对象（多为祖先神先王、先妣）、祭祀名称、献牲种类和数量、祭祀地点、祭日等。也有与地名（或方国）有关，如殷墟甲骨刻辞：

贞乇（1 期，《甲骨文合集》22328）

乙未卜今日乇不雨，吉（3 期，《小屯南地甲骨》2268）

丁丑卜……贞王其往乇田无灾。（3 期，《甲骨文合集》28589）

……乇方……戍其……吉（5 期，《甲骨文合集》36538）

《说文解字》六下：“乇，艸叶也从垂穗上贯一下有根象形凡乇之属皆从乇。”

《元和郡县图志》卷第八，河南道四，管城县条：“圃田泽，县东三里”。

《诗·小雅·车攻》“东有甫草”注：“甫大也田者大芟草以为防……笺云甫草者圃田之草也，郑有甫田。”《水经注》记该泽盛产麻黄草，属草本状灌木，可入药。

殷墟卜辞中存有用新鬯中祭祀祖乙的记载（《甲骨文合集》18938），《史记·殷本纪》、《吕氏春秋·季夏纪》、《论衡·无形》等文献记商王在商都以植物辨吉凶的事例。据此推断，商人有崇草习俗。

图二　二里岗遗址出土商代骨刻字符

考古钻探表明，郑州商城遗址东邻大泽，淤泥深达 13 米以上[3]。二里岗早商文化遗存中，陶大口尊口沿上多见近草形刻符（图三）。这里出土的早商牛肋骨刻辞中的“乇”亦近草形。《诗经·时迈》：“薄言震之”郑笺云薄犹甫也甫始也。又亳与薄上古音均属并母铎韵部，亳为乇声。据此推测，周代以来所称圃田或可寻源于殷墟甲骨刻辞乇田，周《诗经》所言甫草，或可寻源于郑州二里岗乇草。该遗址出土商代牛肋骨刻辞“乇”与东周陶文“亳匋”[4]，表明此地商代乇声地名至少延续至东周时期。

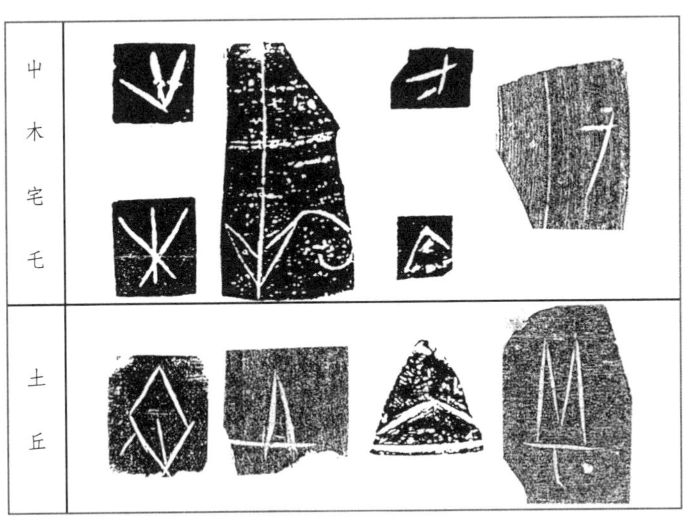

图三　二里岗遗址出土商代陶刻字符

土，殷墟甲骨刻辞中以单称“土”为多，也有显示不同方位（如东土、西土、南土、北土、中土），不同地域（如唐土、甫土、亳土等）设“土”者。祭祀自然神（帝、河、岳），以求雨、受年。所献祭品有牛、羊、酒，人牲等，有燎、又、御等不同祭祀仪式。

《说文解字》十三下：“土地之吐生物者也。”

《礼记·月令》郑玄注：“社，后土也，使民神焉，神其农业也。祀社日用甲。”

《淮南子·齐俗训》：“殷人之礼，其社用石。”

二里岗早商文化遗存陶大口尊口沿上有“土”形刻划（图三），埋藏有灰、白色自然石，出土骨刻和陶刻存有“十”（甲）形符号，这些遗存现象显示此地为早商一处“土”。二里岗为一条东西长约 1500 米，南北宽约 600 米，高出地面约 5 至 10 米的土岗。这座犹如天然祭坛的土岗与其西、北面的河流和东面的大湖（泽）可共同作为自然神受祭。牛肋骨上出现的“又乇土”与殷墟甲骨刻辞中“乇田无灾”

（3期，《甲骨文合集》28589）一样，祈神庇佑乇地平安无灾。

羊，祭祀献牲。在殷墟甲骨刻辞中，羊作为牺牲多献给祖先神（先王、先妣），也献给自然神（河、岳、帝），或用于盟誓。作为牺牲有白羊、黑羊、山羊之分，数量从一到百不等，使用燎、沉、卯等不同的祭献方式。二里岗早商文化遗存中羊碎骨和陶塑羊头（图四），当为此地商代祭祀活动用羊牲的实物佐证。

综上所述，牛肋骨上面所存4字刻辞“又乇土羊”，记录了商代早期一次在乇地之土用羊作牺牲祭祀神祇的活动。

2. 下面一辞，从左至右分三行，存7个字：

丑

乙贞比（及）孚

七月

丑，《说文通训定声》叚借以纪六旬，为十二支之名，又以纪年、纪月、纪时。

乙，《说文通训定声》叚借以纪旬为十干之一。

（按：丑或为添刻字，字序当在乙后，即为乙丑，为干支纪日。）

贞，《说文解字》三下：“贞，卜问也”。二里岗遗址出土早商文化卜骨数以百计，其中以牛肩胛骨为多，次为羊、猪肩胛骨，再次为龟腹甲，也用牛头骨、牛肋骨、狗肩胛骨。牛骨多经锯、削、刮、磨等工艺整治，羊、猪、狗肩胛骨多不加整治。一般直接施灼，也有施疏密不等的钻或凿。遗址出土青铜钻可能是在卜骨上施钻的工具。这些卜骨出自地层、祭祀坑、水井、墓葬中，具有宗教意义。

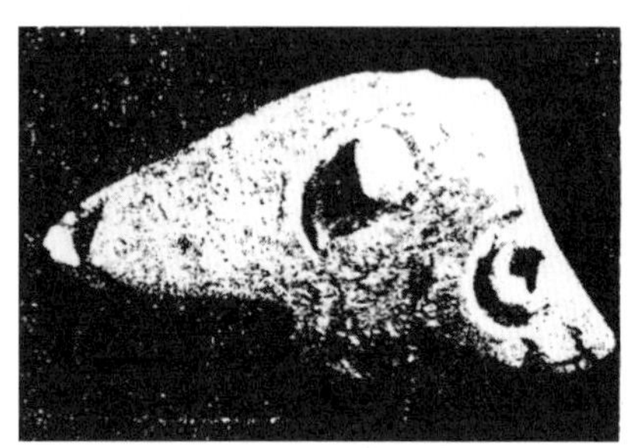

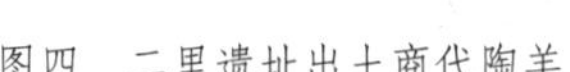
图四　二里遗址出土商代陶羊

比（及），陈梦家先生释从[5]。《说文解字》八上：“从，相听也，从二人。”《说文解字注》以类相与曰从。《说文通训定声》叚借为從。殷墟卜辞中有“从受”、“从又”等辞例。李学勤先生释“就”或“自”意[6]，郑杰祥先生认为是动词[7]。

宋镇豪先生释比[8]。《说文解字》八上：“比，密也，二人为从，反从为比。”《说文解字注》余意有俌（辅也）、及、次、类等。殷墟卜辞中有“比羌”、“比奚”、“比犬”、“比擒”等辞例，显示比有捕献意。

常玉芝先生释及[9]。《说文解字》三下：“及逮也从又从人”。殷墟卜辞中有“及方”、“及伐”等辞例，显示及有征伐意。

二里岗遗址早商文化有用于祭祀的人、牛、羊、猪、狗、马、鹿、禽，蚌、鱼、螺、蛤等牺牲。

笔者倾向于释逮捕意。

孚，俘虏。

陈梦家先生释受[10]。《说文解字》四下：“受相付也”。殷墟刻辞有“受又”辞例，显示接受意。裴明相先生作“得”意[11]，李学勤先生认为是地名或人名[12]，郑杰祥先生释人名[13]。

宋镇豪先生释为[?]，认为可能是地名、族名或人名[14]。

常玉芝先生释孚（俘）[15]。

二里岗遗址早商文化多见埋藏于坑中的人骨，其中人首，残缺的人骸与猪骨共埋，俯身埋葬等遗存。这些非正常死亡埋葬现象应与祭祀人牲有关（图五：左），有些人牲当来自战俘。

七，数词。学者多释十。李学勤先生首释七。按甲骨文七、十造型判断当释七。

月，纪月。

综上所述，牛肋骨下面所存7字刻辞“乙丑贞比（及）孚七月”，记录了商代早期一次发生在七月乙丑日有关捕俘一事的贞问内容。

二　牛肱骨刻辞与祭祀

1953年9月，在二里岗西北部考古工地C1T30内距地面50厘米深处，出土一片形状近不规则状圆形的商代牛肱骨[16]。这片牛肱骨纵横最宽约3.57—3.75厘米，背面有明显的锯痕，在凸起的一面有笔划较粗的刻辞（图二：左）。

陈梦家先生认为似为㞢字[17]。学者或释“有”[18]，或猜想为地名或族名[19]，或具体推断“㞢”族故地在今河南省新郑市[20]。

笔者以为其上显示笔划多于“㞢”字。从不同视角观察，可能得出不同的释读认识[21]：

1. 在字骨居中偏右位置契刻一个双手上举屈下肢，腰部不相连属的人形。字形硕壮，笔划深刻，转折有力。相类字形在殷墟甲骨刻辞中可以见到（如㞢，见《甲骨文编》第646页，乙4678）。

二里岗遗址早商文化祭祀遗存有分层埋葬的殉人和殉牲，共存陶器、石器、骨器、卜骨、自然石等遗物。殉人有人头骨，或仅存上身缺失腰部以下的残体。尤其是发现有与猪骨共埋的殉人保持双手上举屈下肢的姿态（图五：右），与字骨上显示双手上举屈下肢的人形相近。据此判断，这片字骨显著位置契刻这一双手上举屈下肢的人形与祭祀活动有关。

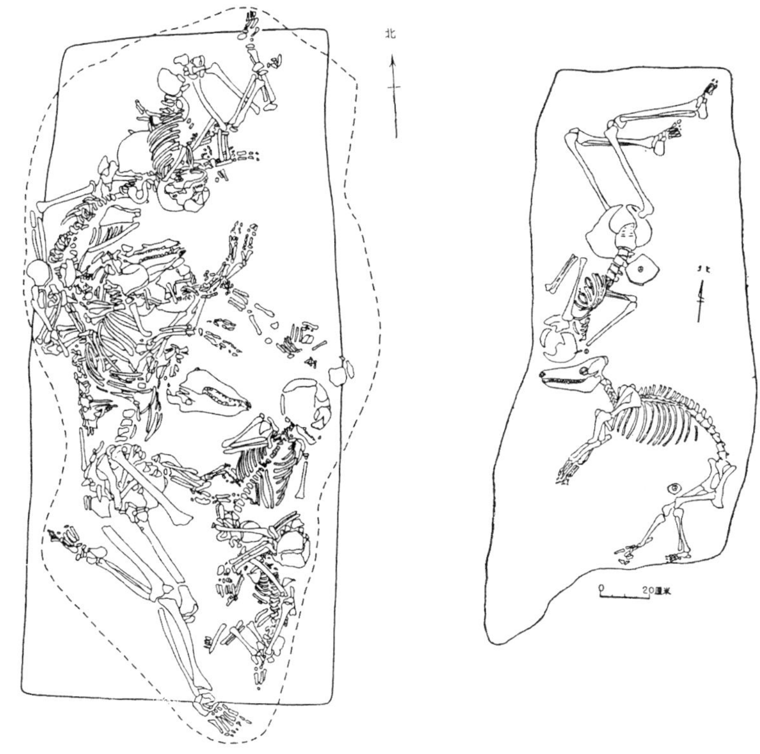

图五　二里岗遗址出土商代祭祀遗存

图片显示，在人形下方偏左位置契刻有横置的屮。前述商人可能有崇草习俗。因此，这片字骨上出现的屮也应与祭祀活动有关。

拓本显示，在人形左、右和上方存有刻道浅而宽近梯形框架。二里岗遗址发现有早商文化建筑遗存（如居址、夯土面、城墙、壕沟等）。推测这一近梯形框架或为建筑土坛，或为天然土岗（二里岗）。

2. 如果将拓本与图片倒置观察，则在上方似有一横置类屮形。屮根部左下似一“㞢”形，再下为“冂”形，因其中或下方似存点状若干，推断为“雨”字。其下存有刻道浅而宽的边框。若然，则字骨上出现“㞢雨”一辞，这一辞例见于殷墟甲骨刻辞，如：

　　呼舞㞢雨（1期，《英国所藏甲骨集》996）

　　贞舞㞢雨（1期，《甲骨文合集》5455）

　　其舞㞢雨（1期，《甲骨文合集》12835）

如是，这片牛肱骨刻辞由2至3个象形字符，会意记录了商代早期一次祈雨祭祀活动的场面。《墨子》、《荀子》、《吕氏春秋》等先秦文献有关商王成汤桑林祷雨的传说与此记录存有相合之处。

这片商代牛肱骨出土地点距西北方向存有“乇土”的商代牛肋骨刻辞采集地点不到100米处。常玉芝先生曾经提示，据牛肋骨刻辞上“丑”字刻写特征判断，该肱骨刻辞上出现的屮或可释为“丑”，记录了“丑”日在这里举行的一次用人牲（俘）的祭祀活动。如是，可与牛肋骨刻辞上出现的“乙丑贞，及俘”记录相对应。据此判断，这片牛肱骨刻辞同样记录了商代早期在“乇”地举行的一次祭祀活动。

三 骨条刻纹与目族

1954年4月5日，二里岗遗址出土一件长约12.5厘米，宽约1.5—2.17厘米的商代长条形薄骨片，骨片较窄一端钻有一个小孔，近端部分刻有双纵目，间以菱形格（图二：右）[22]。原报道称刻纹，陈梦家、李学勤、肖良琼等先生均称为字，但未见考释[23]。

如果作字解，其上所刻双纵目或释为“目目”，《说文通训定声》：“目目，左右视也，从二目，会意，读若拘，又读若良土瞿瞿”。殷墟甲骨刻辞有“目目”（释“臣臣”，1期，《甲骨文合集》9251正），表示方国（族）与商王朝存有进贡关系。考古发现，在二里岗西相邻的南关外遗址出土有“目”字陶文（T95:158），“目”字陶文也见于郑州市人民法院曾经出土的一件大口尊口沿上（2FH1:46）。据此推断，这件骨条上所刻“目目”或可省写为目，与“目”国（族）有关。

如果将其视为图案，则与较早的二里头文化铜牌饰上兽面纹相近，属于礼仪活动用器。

笔者认为，这件长条形骨片可能是一件骨匕。其上的刻划，无论释为文字（或图案文字），还是视为图案，由于出土于二里岗遗址祭祀场所，当属祭祀礼仪用器。

综上所述，二里岗遗址早商文化内涵显示，这里曾经是商代早期一处面积较大、延续使用时间较长的祭祀场所。据这里出土商代牛肋骨刻辞记载，此地至少在商代早期名乇，存有“乇土”。因此，郑州商城可称为“乇城”。

注释：

[1] 据不完全统计，二里岗遗址早商文化骨刻字符数量约占郑州早商文化骨刻字符总数的一半。

[2] 河南省文化局文物工作队：《郑州二里岗》，科学出版社，1959年，第38页。

[3] 河南省文物考古研究所：《郑州商城外郭城的调查与试掘》，《考古》2004年第3期。

[4] 李维明：《郑州出土战国陶釜印文初识》，《中国文物报》2007年10月19日。

[5][10] 赵全嘏：《郑州二里岗的考古发现》，《新史学通讯》1953年6月号。

[6][12][19] 李学勤：《郑州二里岗字骨的研究》，《中国社会科学院历史研究所学刊》第1集，社会科学文献出版社，2001年第1—5页。

[7][13] 郑杰祥：《二里岗甲骨卜辞的发现及其意义》，《中原文物》2008年第3期。

[8][14] 宋镇豪：《夏商社会生活史》，中国社会科学出版社，2005年，第905页。

[9][15] 常玉芝：《郑州出土的商代牛肋骨刻辞与社祀遗迹》，《中原文物》2007年第5期。

[11][18] 裴明相：《略谈郑州商代前期的骨刻文字》，《全国商史学术讨论会论文集》，《殷都学刊》1985年。

[16] 有关这片字骨的公布材料有拓本、照片和文字描述。不同刊物公布的拓本，显示字形笔划不尽相同（见陈梦家《殷虚卜辞综述》图版拾肆《考古学报》1957年1期图版陆·6、《郑州二里岗》图叁拾·25）。照片（见《文物参考资料》1954年5期图五甲、《殷虚卜辞综述》图版拾肆）显示字形笔划较拓本清晰、完整。

[17] 陈梦家：《解放后甲骨的新资料和整理研究》，《文物参考资料》1954年第5期。

[20] 郑杰祥：《二里岗甲骨卜辞的发现及其意义》，《史海侦迹——庆祝孟世凯先生七十岁文集》，新世纪出版社，2006年，第4—8页。

[21]《中国文物报》2009年2月27日7版刊登《夏代、商前期牛骨刻辞试读二例》一文，左数第2栏出现的“图二”当删除，右栏，“曾”应为“兽”。刊载于《纪念王懿荣发现甲骨文110周年国际学术研讨会论文集》中《郑州早商文化骨刻字符浅识》一文，第292页正数第8行“见于郑州商城偏东南部”，改正为“见于郑州商城内城北墙外，内城内偏东南部”。第294页正数第4行“南关补”应为“南关外”；倒数第2行“右下圆点标识处”，更正为“内城右上圆点标识处”。第295页正数第5行“左上”，更正为“左下”。借此更正并向读者致歉。

[22] 材料见于《文物参考资料》1954年第5期封三。

[23] a. 陈梦家:《殷虚卜辞综述》,科学出版社,1956年,第17页。中华书局1988年重印本;b. 李学勤:《谈安阳小屯以外出土的有字甲骨文物参考资料》1956年第11期第17页;c. 肖良琼:《周原卜辞和殷墟卜辞之异同初探》,《甲骨文与殷商史》,第二七七,上海古籍出版社,1983年。

(原文刊于《中国文字博物馆》2009年第2期)

覭公簋与唐伯侯于晋

朱凤瀚

覭公簋为一件在香港私人收藏家处所见青铜盆形腹簋。其口微外侈，方沿平折，腹较浅且稍外鼓，略显束颈，圈足较高，直足壁微鼓，双兽首半环形耳的下部有圆角长方形小珥。颈部纹饰带的正、背面中间均有对称的兽首，兽首两侧各有两涡纹（正、背面共有 8 个），涡纹与兽首之间饰对称的“立刀形”纹（实际上是龙纹肢体变形），涡纹间夹以顾首龙纹；腹部饰竖条棱纹；圈足纹饰带的正、背面中间有对称的低平的双“立刀形”突棱，两侧各饰两个对称的勾喙变形夔龙纹（正、背面共有 8 个）；颈与圈足的纹饰带上下均界以凸弦纹。此器口径 18、底径 13.6、高 12、两耳之间宽 21.6 厘米。

簋腹内底部有铭文四行共 22 字，现将其释文写定如下：

覭公乍（作）䜌（妻）姚
毁（簋），遘于王令（命）
昜（唐）白（伯）侯于晋，
唯王廿又八祀。⋈

下面，先对铭文本身作简单的考释，再来讨论相关的问题。

作器者覭公，“覭”字在以往金文中未见，不能确识。但从“见”之字，多取与之相合的偏旁字为声，则此字应是从见、[illegible]声的字。或即从爻声。“爻”声母为匣母，从“尧”得声的字如“晓”、“娆”皆为晓母，匣、晓均为喉音，极相近，而“爻”、“尧”韵部又皆属宵部，所以爻与尧音近同。又《类篇》“觉”字古文作“𧢲”、“覐”，显然是从“爻”、“交”得声的两个形声字。惟“觉”字上古音为见母、觉部韵，“爻”为匣母、宵部韵，声母相近，而觉、宵二韵有别。但《说文解字》谓“觉”从“学”省声，而“教”的篆文又作“学”，先秦典籍中“教”、“学”二字亦常通用，“教”则从“爻”得声，这说明“觉”、“学”、“爻”、“教”诸字上古音读可能皆近同，故《类篇》“觉”字古文从“爻”得声。据上述资料颇疑“覭”即“觉”字，依音或可读为“尧”字，如是则“覭公”即“尧公”，是属地在尧或以尧为氏的贵族。但铭文之末有族氏名号⋈，此名号见于商晚期金文，所以不能排除此覭氏属于商遗民。

䜌，从妻，朿声，即妻字。

姚字在本铭中应隶定作“㛐”，但“姚”字所从之“兆”实际上是由“㛐”所从之“涉”讹变而来，学者已有明辨[1]。姚是古姓，《说文解字》云：“虞舜居姚虚，因以为姓。”段玉裁注曰：“《帝王世纪》云：‘舜母名握登，生舜于姚虚，因姓姚氏也’。《世本》：‘舜姓姚氏’。”

“妻姚”，即姚姓之妻，为覭公之配偶。“覭公作妻姚簋”，说明是覭公为其夫人作礼器，或可能是祭器。商周铜器铭文中多见男性家族长为其夫人作祭器之例（多用以祭其母，即其妻之婆婆）[2]。当然，也不排除可能是生活用食器。

“昜”，在此当读为唐。殷墟卜辞中，受祭之先王“唐”即“汤”。昜伯，即唐伯。春秋时期的晋公盦，称唐叔为“我皇祖鄘公”，唐实际上仍写作昜。《史记·晋世家》：“周公诛灭唐”，成王“于是遂封叔虞于唐。唐在河、汾之东，方百里，故曰唐叔虞。……唐叔子燮，是为晋侯。”《汉书·地理志》“太原郡晋阳县”条下云：“故《诗》唐国。周成王灭唐，封弟叔虞。”郑玄在《诗谱·唐谱》中称“唐者，帝尧旧都也，今日太原晋阳是”。郑玄说唐是在太原晋阳，是不对的，诸家早已指出此点，但其言唐在尧之旧地，则是值得注意的。《晋世家》正义引《括地志》则曰：“故唐城在绛州翼城县西二十里。”从上述文献来看，叔虞虽被封于唐，虽是晋国公室始封的先祖，但未称晋侯，是时也当未有称“晋”的国家，故而春秋时期的晋公盨仍称唐叔虞为“鄶（唐）公”。始称晋侯的是其子燮父。本铭文中受命“侯于晋”的唐伯，应即是指燮父，由此亦可知燮父在侯于晋前称“唐伯”。

“遘于王命唐伯侯于晋”一句中“遘”是会、遇之意，即覭公为其妻作此簋之时，正与唐伯燮父被周王封侯于晋之时相合。与此“遘于”含义相同的金文例句，如成王时的保卣，其铭文有“遘于四方迨，王大祀祓于周”。迨，聚会之意。《尚书·康诰》：“唯三月哉生魄，周公初基作新大邑于东国洛，四方民大和会。”保卣铭文中的“四方迨”即相当于《康诰》之“四方民大和会”。“遘于四方迨”即正遇到四方所来民之和会，此时的“遘”也可理解为“正值”，这是当时流行的一种以大事记时的方法。

“唯王廿又八祀”，“祀”虽是商晚期商人纪年习用之词语，通常认为是因为商王室以周祭方法祭先王、先妣，遍祭一周恰值一年，故年亦称祀。但周人在克商后依然沿袭了此一记时词语来记王年。如康王时的大盂鼎，铭末记“隹王廿又三祀”，即是康王在位之二十三年。盂是周人贵族，并非商遗民，说明用“祀”记王年，并不是商遗民独用的习惯语。直到西周晚期周厉王自作簋（即周厉王㝬簋）在铭文中仍用“祀”来记王年。

根据以上考述，本文所论覭公簋的铭文大意，用现代汉语来讲就是“覭公为妻姚作此簋，其时正值王命唐伯为侯于晋，即在王廿八祀时”。铭文末尾的“⋈”是覭公家族名号。

在以上简要考证的基础上，再来讨论几个相关问题。

第一，覭公为其妻作礼器，本是家内之事，为何要以王封晋侯的大事记时？上文曾经论及，覭公，也可能可以读为“尧公”，所在尧地或即尧之故墟。覭公本人有可能是商遗民，未必是尧之后裔，只是属地在尧，故称。上文还引《诗谱·唐谱》郑玄所言唐是尧之旧都。因此，很可能覭公是随着唐叔封于唐作为唐叔臣僚而来到此地，而其所分配的属地在唐这一区域内尧之故居地，遂自称覭（尧）公。也正因此，燮父受封于晋为侯，将迁都于晋，自然对于作为僚属的覭公本人也有密切关系，故他在为妻作礼器时铭记此大事件。此外，覭公之妻名“妻姚”，其父族属舜之后裔。根据史载尧、舜部族的密切关系，妻姚之父族属地亦当近于唐地，即距郑玄所言尧之旧都不远。舜之属族，史称“有虞”，其具体地望，据《史记·五帝本纪》集解引皇甫谧云：“舜嫔于虞，因以为氏，今河东大阳西山上虞城是也。”此虞城一说在今平陆东北。所以，“妻姚”的父族之属地当时也在晋侯辖域内，或临近晋地，覭公为妻姚作器以晋侯受封记时，可能也与此有关[3]。

第二，“王命唐伯侯于晋”，对讨论晋国名晋之由来有启发意义。燮父始为晋侯，但对于“晋”之名的由来，过去有两说。一说如郑玄在《诗谱·唐谱》中所云：“成王封母弟叔虞于尧之故墟曰唐侯，南有晋水，至子燮改为晋侯。”郑樵《通志·都邑略》云：“晋都唐，谓之夏墟，大名也，本尧所都，谓之平阳，成王封母弟叔虞于此，初谓之唐，其子燮立，始改为晋。”两种文献所言似是说燮父并没有迁都，仍在旧都唐地，只是因唐地有晋水而改名[4]。第二说据《说文解字》所称“晋，进也，日出万物进”。又有《史记·周本纪》曾记载唐叔虞向周王进献“嘉谷”。所以，此说认为晋得名于此嘉谷之进献。但覭公簋的铭文明言唐伯是受王命而“侯于晋”的，根据其他也言及王命某贵族“侯于”某地的西周金文例证可知，被封者皆是从原驻地迁至此受封之地，所为侯之地是新的封地。这样看来，第一种未迁都只是改唐为晋之说，即难以成立了。而第二种进献嘉谷之说也同时失去其可信性，因为晋之得名显然是缘于受封至晋地。而且以上第一说是言晋得名于尧墟即唐南部之晋水，但本铭径言“侯于晋”，是晋国之得名并不是燮父因晋水而名之，而是原本即有晋地。晋地得名是否缘于晋水，似不能确证。综上所言，燮父所居晋国都邑“晋”并不在唐叔初封之“唐”旧地，而是其新迁之都。唯今本《竹书纪年》言康王九年：“唐迁于晋，作宫而美，王使人让之。”明言唐迁都至晋，倒是符合本铭所言，只是此文言康王九年迁于晋，如即是指迁晋之年，则因本铭记王廿又八年侯于晋而不可信了。因此，北赵晋侯墓地附近肯定会存在的与之相联系的西周晋国都邑并非唐叔所封之唐，也似乎是可以肯定的了。

图一 肄簋文

图二 赛克勒美术馆所藏肄簋

第三，本铭涉及到的一个最重要的问题，是燮父封侯于晋的年代问题。亦即是说铭文所言“唯王廿又八祀”命唐伯侯于晋的王，究竟是哪个王？

与这个问题直接有关系的是这件铜簋的器形所属年代。与此件簋形制甚为接近的是现藏于美国华盛顿赛克勒美术馆的肄簋（图一），该簋有铭文 37 字（图二），铭文记戊辰日肄受弜師赏赐。后半部又记年月日与族氏名号为“在十月一，唯王廿祀劦日，遘于妣戊武乙爽豕一。幸旅”。即说明此受赐之戊辰日正值商王室周祭中以“劦祭”祭武乙配偶妣戊之日。由此可知，肄簋是商末的铜器。两器形制特征近同，只是肄簋腹部较深，且更显圆鼓，圈足相对略高，底部斜张。在纹饰方面，两器也很相近，均以竖条棱纹饰腹部；特别是颈部纹饰带，肄簋也是以正、背面对称的兽首居中，两侧分布涡纹与顾首龙纹，两器顾首龙纹之形象尤为相近；两兽首半环耳上的纹饰亦近似。由此可以认为，此二器在设计、制作上有出于同一工艺传统的可能。由这种情况来考虑，䚄公簋之年代应当与肄簋较为接近，就形制而言，属于商末至西周早期的器形。当然，考虑到铭文内涵与字体，这件簋还是归属于西周早期器为妥。与䚄公簋形制基本相同的还有甘肃灵台白草坡 M1 出土的簋 (M1：8)[5]。白草坡 M1 年代在西周早期。䚄公簋铭文字体手写感较强，商末周初金文所具有的很强之波折在此铭中已基本不见，而且文字不拘谨，比较开朗。其字体风格与现藏于大英博物馆的属成王时的渣司土逘簋接近，而且更为潇洒。铭文在布局上仍保持商末周初的形式，即竖成行而横不成列，每行文字多少不一，字形大小也不一。所以，如就铭文书写形式看，此器似应当是在西周早期中段时。

综合器物形制、铭文所界定的年代及铭文内涵，“唯王廿又八祀”的“王”显然只能在成王、康王中间选择。现存文献只记成王封唐叔虞于唐，但其子燮父是在哪一位王时被封为晋侯，则未见明确的记载。从道理上讲，自然是非成王即康王。但是，无论是此二王中的哪一个，二十八祀的在位年数均牵扯到西周王年与金文历谱的排定。例如，依照已出版的《夏商周断代工程 1996—2000 年阶段成果报告（简本）》（以下称《简本》），成王在位年是公元前 1042 年一前 1021 年，在位 22 年；而康王在位年为公元前 1020 年一前 996 年，在位 25 年[6]。显然都不能容下此“廿又八祀”了。所以，根据此件簋所记王的年数，有必要对成王或康王在位年数作进一步讨论。下面从两种可能性出发试作简要分析。

（一）“唯王廿又八祀”之王是康王

言此二十八年是康王在位年，是否能成立呢？在文献中可见，燮父活动年代主要是在康王时。例如，《左传》昭公十二年记楚子对右尹子革言：“吾先王熊绎与吕伋、王孙牟、燮父、禽父并侍康王”。“吕伋”即齐太公子丁公伋，王孙牟即卫康叔子康伯，禽父即鲁伯禽。《北堂书钞》卷一八“帝王部”引《竹书纪年》曰：

“晋侯筑宫而美，康王使让之。”今本《竹书纪年》则作：康王九年“唐迁于晋，作宫而美，王使人让之。”此在康王时的晋侯应当是燮父。

此外，晋侯墓地 M114、M113 的墓主人如按有的学者认为的那样是燮父及其夫人，而两墓年代范围在西周早、中期之际，M114 略早于 M113，则言燮父主要活动于康王时，与 M114 年代不违背。但是，言此王为康王，有以下两点障碍。

其一，上文论及覭公簋之形制与铭文字形特点，依此二因素，盖器物作成似不会晚于西周早期中段。即使依《简本》所列武王 4 年、成王 22 年，再加上此假设是康王之 28 年，已有 54 年，其时已在西周早期偏晚段。将这件簋定在此时，即与上文分析的器物年代不尽合。如果说在这半个世纪的时间中，覭公簋仍沿袭与商末时肄簋相近同的器形，保持旧制的时间似亦嫌略长。

其二，仍以《简本》“西周金文历谱”为例，如是康王，则康王在位年即要由《简本》的 25 年至少延至 28 年。本器无历日记载，延长康王在位年对康王的历谱并无影响。但是，康王在位年向下延长，不仅与文献中所记康王在位 26 年的旧说有所悖离，而且势必使昭王元年下移，但昭王在位年又不会少于 19 年，因为有古本《竹书纪年》所记昭王南征年数有已被多数学者认定为昭王时器的折尊、睘卣等为证。昭王年数下移，从排历谱角度看，对于昭王问题不大，因昭王时有历日的铭文，还没有“四要素”俱全的。但是，昭王在位年代下移，势必造成穆王铜器王年历谱之整体调整。穆王在位 55 年史有明载，压缩其年数多有不妥。而如将穆王在位年数再下移，又会挤压西周中期其他王在位年数。排过西周金文历谱的学者皆知道，《简本》金文历谱中西周中期诸王的年数本已相当拥挤。所以，将二十八年定为康王年数存在较大问题，涉及昭王以下金文历谱的调整与文献是否支持等问题。

（二）“唯王廿又八祀”之王是成王

如认定为成王，与上文所言燮父主要活动于康王时的记载并不矛盾，其时已在成王末，燮父为晋侯后大部分时间应当是效力于康王。但这一种可能性若能成立则有如下问题需要讨论。

其一，唐叔为成王弟，被成王封于唐。如依文献所记，始侯晋者为燮父，而此二十八年又属成王，则唐叔必卒于成王在位年，是弟年寿短于其兄。但应该说明的是，虽武王卒后周公摄政时成王及唐叔均年少，但已皆非孩童[7]。即以唐叔而言，春秋时期的晋公盦铭文追忆唐叔事迹曰：“我皇祖鄅（唐）公，□受大令（命），左（佐）右（佑）武王。”其言虽可能有溢美祖先之意，但唐叔总不至于在周初尚是幼儿。唐叔受封时间，学者或据《国语·晋语四》所云“岁在大火……唐叔以封”，以及《周语下》称“昔武王伐殷，岁在鹑火”，而定为武王克商后第三年，因为在岁星十二次中，鹑火后，经鹑尾、寿星即为大火，大火在鹑火后第三年[8]。《周语》与《晋语》所记武王克商及唐叔受封时之岁次，虽有可能是东周占星家据他们所掌握的历史年代与当时已有的岁星纪年方法推算出来的，但仍可作为参考。依上所述，如燮父受封于晋的时间确是成王二十八祀，则唐叔当卒于此年或此年前的几年，其在位的年数可能已有 30 年左右（成王“廿又八祀”之含义详见下文）。

其二，“廿又八祀”如为成王在位之年，则要因其在位年数的增加在《简本》历谱中上调或下调。上调即将成王元年上移，这自然要涉及武王克商年数的推拟。如下调，其对于排金文历谱造成的困难，已在上文论及假设“廿又八祀”为康王年数时论及，不再赘述。

现在，来试论一下，如果“唯王廿又八祀”为成王在位之年，则成王在位总年数定为多少年为妥。

成王在位年数，先秦文献未见记载，汉以后学者多持 37 年说，其中含有周公摄政 7 年，成王亲政年数是在周公摄政 7 年返政后第二年开始计算[9]。成王年数不当太短，可能是比较合乎史实的。但即使取此说，也还有一个问题，即“唯王廿又八祀”是从何年始记呢？是从武王卒后第二年，即周公摄政始年记，还是从周公致政成王之年（即周公摄政第七年）记，或是从周公返政后次年始记呢？关于这个问题，这里采取笔者已讨论过的成王元祀从周公致政成王之年计的说法[10]。依此计算，“唯王廿又八祀”即应是成王亲政第二十七年，此时自武王卒后周公摄政元年算起，已有 34 年。

表一　武王至康王年历表

武王元年	公元前 1061 年	一月己巳朔，二十四日壬辰 二月己亥朔，二十六日甲子	《汉书·律历志下》引《武成》："唯一月壬辰旁死霸""二月既死霸，越五日甲子"
成王元年 （周公摄政始年）	公元前 1058 年		
成王七年 （周公摄政七年）	公元前 1052 年	二月丙子朔，二十日乙未三月丙午朔	《召诰》："唯二月既望，越六日乙未""越若来三月唯丙午朏"（按：先天一日）
成王三十七年 （成三十一祀）	公元前 1022 年	四月壬子朔，十四日乙丑	《顾命》："四月哉生魄乙丑"
康王元年	公元前 1021 年		
康王十二年	公元前 1010 年	六月庚午朔	《毕命》："六月庚午朏"（按：先天一日）
昭王元年	公元前 995 年		

如设定成王在位 37 年（含周公摄政 7 年），武王至康王的年历中，几个有年、月、月相、干支所谓"四要素"界标的年数之合历情况，可列为表一加以说明[11]。昭王元年姑从《简本》。

需要说明的是，列出上表的用意并不在确定诸王具体所在年代，也不在于要讨论武王克商年，而主要是为了说明，文献所记与成王有关的几个历日在成王 37 年的系统中是大致可以合历的。

以上对䚄公簋铭文所记"唯王廿又八祀"属于何王的两种可能性的分析，仅是从讨论与簋铭纪年相关的史实出发的一种探讨。西周诸王年代、武王克商年及相关的金文历谱的研究是一个需要非常慎重进行的学术课题，䚄公簋铭文所提出的问题应该会对这一课题的研究有促进作用。

注释：

[1] 董莲池：《金文编校补》，东北师范大学出版社，1995 年，第 476 页。

[2] 朱凤瀚：《论商周女性祭祀》，见《中国社会历史评论》第 1 卷，天津古籍出版社，1999 年。

[3] 西周金文资料中与姚姓女子有关的器物已著录有几件，其中，《殷周金文集成》2679 铭文作"旟叔樊作易姚宝鼎"，此鼎出土于山西长治，属西周晚期。"易"如亦可读为"唐"，则也反映了晋地区域内族氏通婚之事。此器可能是旟叔樊为其女作媵器，即旟氏属姚姓，其女嫁于易（唐）氏。此唐氏是唐地之族氏，是否为唐叔后人，不可确知。当然，也可能是旟叔樊为其妻作器，则易（唐）姚是唐氏姚姓女。比较起来，前一种可能性大一些。

[4]《史记·晋世家》正义引《括地志》所引徐才《宗国都城记》云："唐叔虞之子燮父徙居晋水旁，今并理故唐城。唐者，即燮父所徙之处……"这里似乎不是在言燮父徙于晋地，而是言徙居于故唐城之晋水旁。

[5] 甘肃省博物馆文物队：《甘肃灵台白草坡西周墓》，《考古学报》1977 年第 2 期。

[6] 夏商周断代工程专家组：《夏商周断代工程 1996 — 2000 年阶段成果报告（简本）》，世界图书出版社公司，2000 年。

[7] 周初成王的情况，参见朱凤瀚《〈召诰〉、〈洛诰〉、何尊与成周》，《历史研究》2006 年第 1 期。

[8] 王晖：《周初唐叔受封事迹三考》，见《西周史论文集》（下），陕西人民教育出版社，1993 年。

[9] 朱凤瀚、张荣明：《西周诸王年代研究述评》，见《西周诸王年代研究》（夏商周断代工程丛书），贵州人民出版社，1998 年。

[10] 朱凤瀚：《〈召诰〉、〈洛诰〉、何尊与成周》，《历史研究》2006 年第 1 期。

[11] 西周年历据张培瑜所著《三千五百年历日天象》，河南教育出版社，1990 年。

（原文刊于《考古》2007 年第 3 期）

关于秦国杜虎符之铸造年代

马非百

1973年西安市郊区山门口公社北沉村社员平整土地时，发现一件秦国杜虎符，已由陕西省博物馆征集收藏。符身长9.5、高4.4、厚0.7厘米。虎作走动形，昂首，尾端卷曲。身上有错金篆书铭文9行，共40字。铭文云：

> 兵甲之符，右在君，左在杜。凡兴士被甲，用兵五十人以上，必会君符乃敢行之。燔燧之事，虽毋会符，行殴。[1]

这与过去发现的新郪虎符不同之处，有下列各点：

1. 新郪称“甲兵”，杜符称“兵甲”。
2. 新郪称“燔燧事”，杜符称“燔燧之事”，多一“之”字。
3. 新郪符文只四行，杜符分九行。
4. 新郪称“右在王”，杜符称“右在君”。

此外，铭文内容、字数及书法则完全一样。新郪虎符为“秦并天下前二三十年间物”，王国维在其所著《秦新郪虎符跋》一文中，已有考定。则此符亦必为秦物，殆无可疑。

案秦虎符见于记录者，除新郪虎符外，尚有多种：

阳陵虎符——见《秦金石刻词》及《历代牌符录》等书，王国维有跋。秦甲兵虎符——见《小校经阁金文拓本》、《历代牌符录》等书。

秦王命虎符——见同上书。

但除秦甲兵虎符因铭文残缺外，其余新郪及秦王命二符皆称“王”，阳陵虎符称“皇帝”，而此符独称“君”。这虽然只有一个字之差，但很重要，明明白白地反映了它的铸造年代。

秦代称“君”者，只有惠文君一人。《史记·秦本纪》：

> 孝公卒，子惠文君立。

此下又称“惠文君元年”。《张仪传》则称“魏因入上郡、少梁，谢秦惠王，惠王乃以张仪为相。……仪相秦四岁，立惠王为王”。据《六国表》及《秦本纪》，魏纳上郡及张仪相秦，在惠文君十年。从此往下数四年，即惠文君十四年（前324年）。是年惠王更元元年。在此前一年，即惠文君十三年，惠文君称王（《楚世家》及《田齐世家》）。不久，韩、燕亦称王（《韩世家》、《燕世家》及《六国表》），魏、齐则早已于惠文君四年称王（《秦本纪》），则惠王之更元一定是称王的具体表现。在更元称王以前凡13年则皆称君。据此，则此符之铸造年代，必在此13年间实甚明显。

据《始皇本纪》二世二年（前208年），章邯曰：“盗已至，众强，今发近县不及矣。郦山徒多，请赦之，授兵以击之。”“近县”云者，指京师咸阳附近各县而言。这说明了两件事：

第一，京师附近各县都有“兴师被甲”的义务，也就是说京师附近各县必皆保存有兵符。

第二，各县虽保存有兵符，但都没有常备兵，国家用兵，必须临时征集。征集必需相当时日，而镇压陈、吴起义，又急不可待，所以说“今发近县不及矣”。所以才采用“赦郦山徒，授兵以击之”的办法来代替“发近县兵”。

杜是周时杜伯国名，秦武公十一年（前687年）开始成为秦的杜县（见《史记·秦本纪》）。《汉书·地理志》：“京兆尹：杜陵，故杜伯国，宣帝更名。”王先谦补注云：“宣帝陵，秦武公县，见《秦纪》。宣帝乐之，起陵更名，见《宣纪》。瓒注：杜陵在长安南五十里。”现在距发现杜兵符的北沉村约2千米的地方，还有杜城村，距西安约有4千米，地处丈八沟公社与山门口公社之间。

注释：

［1］《文博简讯》,《文物》1979年第9期。

（原文刊于《文物》1982年第11期）

战国古玺考释十种

石志廉

一　"鄃氏"大陶玺（图一）

此玺曾经桐乡冯汝玠宝商君残戟室收藏，任熹《汉瓦砚斋古印丛》著录。方形鼻纽，通高6.1、宽8.4、长8.1厘米。阴文"鄃氏"二字，为战国玺印字形最大者。故宫博物院藏有战国"十年仑氏"戟。美国芝加哥贾坎克所藏湖南长沙近郊出土战国"鄃氏"银皿上有划刻题铭"二十九年，仑氏麦酉□□□册"。战国鄃氏方肩方足布，其鄃字作[古文]，按鄃氏即纶氏，为地名，在今河南登封西南。《竹书纪年》："楚吾得帅师及秦伐郑，取纶氏。"事在楚怀王廿五年（前304年）。《左传·哀公元年》："虞思于是妻之以二姚，而邑诸纶。"注：虞邑。仑氏银皿作于楚怀王廿九年。

图一　"鄃氏"大陶玺

这纽大陶印不同于三晋式，应为楚印。湖南长沙出土的楚"郏蓳鉢"三合玺节，郏书作[古文]，邑旁作[古文]，与此玺鄃字作[古文]的邑旁风格甚相近似。但战国时楚之货币，只见有蚁鼻钱及郢爰、钣金等，尚未见有方肩方足布。战国时的方肩方足布多为三晋之物，故鄃氏方肩方足布应为楚怀王廿五年前的三晋货币。

二　"左廩桁（横）木"玺（图二）

古玺形制奇诡多变，种类繁多，但作筒状者前所未见。此玺曾经郭申堂《续齐鲁古印捃》、黄濬《尊古斋古鉢集林》等书著录。形如圆筒，中空，下有一穿孔，后部缩进一圈，犹如子母口。黑灰色锈，印面径3.3、长6.4、孔径2.8、外径3.4、孔距印底端3.7厘米。传为山东临淄出土，为周叔弢先生旧藏，现归天津艺术博物馆。战国玺中有"右廩"、"左廩之鉢"、"平阿左廩"、"怀里廩鉢"、"君之廩"等。战国陶量中有"廩量"。此玺之廩字书作[古文]，与子禾子釜、陈纯釜的廩字书作[古文]，河北静海古城址发现的陈和忐左廩陶量残片的廩字书作[古文]，相同。另外从其黑灰色坚锈的质地特征看，它也应是山东出土的战国齐器。

图二　"左廩桁木"玺

左廩桁木玺文的桁即横，音同，可互通假。玉璜也称玉珩，可为其证。此玺既非秤杆所用者，也不是用来鈐打在装粮口袋上封泥所用的。杆秤最早见于南北朝时期。战国时尚无杆秤，故无法嵌银秤杆上。战国的横（衡）杆，已发现者如长沙左家公山出土的横（衡）杆为木制，扁平长方形。中国历史博物馆藏的战国楚“王”字铜衡，传安徽寿县出土，也是作扁平长方形。湖北云梦睡虎地出土的西汉婴家木衡，也是扁平长方形。迄今尚未发现有战国时的圆形秤杆，故此玺不应是镶嵌圆形秤杆所用者。战国时只有衡杆，大都作扁平长方形，有用竹木或铜制作者，但大小不一耳。

这件铜玺作圆筒形，一端下面有一穿孔，应是按装木柄使用的烙印。按木柄后，可以钉贯其穿，以防脱落。玺文左廪桁木阳文四字，应是打烙在左廪公用的木横（衡）上面的烙印。这种木横（衡）体形宽大，衡值甚重，如战国三晋时的五年司马成公大铜权，重 30 余千克的所谓禾石权，估计即为这种木衡所用者。烙印应打烙在衡的中间部位，表示此衡是已经取得公家承认的标准器，可以正式通行于市。

战国玺中尚有“右正（征）桁木”方形阳文四字铜玺一纽。正即征，“勿正（征）关鉨”的正字和“正（征）官之鉨”的正字可为其证。右正（征）桁（横）木，即右廪征收粮食所用木衡之义。过去人们有的将其释为右正木行木，这种释文是不对的。左廪桁（横）木和右正（征）桁（横）木都是同一类型的铜玺，它们对研究战国时的度量衡制度具有十分重要的价值。

三　勿正（征）关鉨（图三）

图三　勿正关鉨

此玺柯昌泗《谧斋印谱》、黄濬《续衡斋藏印》等书著录。后归天津周叔弢先生，现为天津艺术博物馆藏品。印呈长方扁片形，小鼻纽，赭黄色锈，长 3.3、宽 3.2 厘米。阳文四字勿正関鉨，可释为“勿正（征）关鉨”，正即正，楚鄂君启节作政，上海博物馆藏楚“正（征）官之鉨”，其正（征）字书作正，正、政与征均为一字，可互通假。関乃关字，楚鄂君启节关字作関，从门串声，可为其证。战国玺有行人关、䊷关、句羹关等。行人关的关字作関，执关的关字作関，句塦关的关字作関，此玺关字作関。勿正（征）关鉨乃战国时关卡免除征收关税所用之官印。用此印打在货物上作为标记，运输时路过关卡即可免征关税，验关者见此印则放行，不再征税。楚鄂君启节铭文中的“见其金节则勿征，不见其金节则征”可为其明证。战国时关卡为征税，还制有专用的量器如釜、鉚等，铜釜、铜鉚山东胶县曾有出土，即著名的子禾子釜及左关之鉚，过去人们将鉚释为鋘，是错误的。战国玺中尚有“退酱（将）关和（鉚）”一纽，过去有人释为酱（将）和（鉚）退关，也是不对的。“左关之和（鉚）”和“退酱（将）关和（鉚）”铜玺，都是关卡征税时所制之器。此玺从文字用途、锈色看，都是战国时的楚器，为研究古代关卡征税方面的重要文物。

四　中戠（织）室鉨（图四）

图四　中戠室鉨

此玺于 1953 年在北京历史博物馆举办楚文物展览时展出。系湖南长沙战国楚墓出土，方形坛纽，径 2.3 厘米 ×2.3 厘米，阴文四字作中戠室鉨，应释作中戠（织）室玺。中字甲骨文作中、中、中。晚周战国文字体形奇诡多变，一个字即有上下倒置，或左或右，重文省文，或一笔兼用及合文繁文、横读斜读等情况，故此玺把中字写成中，假如把甲骨文中、中的二横都放在上面的话，就可把中写成为中，尤其是中和它更相类似。黄质《宾虹草堂鉨印释文》中，有一战国“中信”二字铜玺，其中字作中，写法与此玺基本相同。战国春成侯钟的中字作中，战国玺文尚有写作中、中者，与此亦近似。

戠即戠，戠也，笔画稍有繁简耳。甲骨文戠作戠、戠、戠，宂簠戠字作戠，因金文中十作丨或丨，一与·同，⊙与田同；故𢦏与𢦏实为一字，释作戠字无疑。又甲骨文中𩁹字作　等形，也作　或　的变形，由此也可证明戠字的写法　或　是一样的。

战国玺“戠　之鉨”的戠字作　，见太田孝太郎《梦盦藏印》。“戠从”玺作　，见黄濬《续衡斋藏印》“下蔡戠襄”玺，戠作　，“戠室之鉨”作　　　，下蔡戠襄与戠室之鉨的戠字写法与此玺戠字写法完全相同。

戠可通假作职或织，周代豆闭段的织衣即写作戠衣可证。我们现在所常说的你在机关单位担任什么“职务”，这个名称就是从古时的“织务”一名演变而来的。

　即室字，空首布的室字作　、　，与此大同小异。湖南长沙仰天湖出土楚简第十六简有铚字，其至旁即书作　，楚铸客豆等器的室字作　，与此更相吻合，可证　即室字。　即鉨字，此玺全文可释作“中戠（织）室鉨”。

《汉书·百官公卿表》云：“少府，秦官，掌山海池泽之税，以给供养，有六丞。属官有……东织，西织……河平元年省东织，更名西织为织室。”西安汉城曾出织室令印，见张脩府《碧葭精舍印存》。以此观之，中戠（织）室鉨和戠（织）室之鉨，均为掌管宫廷纺织事业官吏所用之印。楚墓中发现的丝织品种类的繁多和竹简上书有大量带丝旁的文字，已证实楚国纺织工业的发达和技术水平之高，此玺出土更可说明楚国官府纺织事业的一些分工管理情况。汉代织室令的起源，当亦沿袭于此。

五　“大飤”玺节（图五）

《考古学报》1957 年第 4 期刊载了彭青野等《长沙沙湖桥一带古墓发掘报告》一文，在其中 E10 号战国墓葬内出土了一个铜玺节的一边。下部作长方形，上部有柄，纽作半圆形，上端有一孔，下端有凸榫两个。通高 2.3、长 1.5、宽 0.7、柄纽高 2 厘米。这个玺节另外应当还有一边才能合成为一完整的长方玺节。

它的作用和性质与长沙出土的战国郑菫三合玺节是相似的，所不同者，这个玺节是二合。玺节的一边上有阴文二字作　，系二字合文，可释为大飤。飤字甲骨文作　、　，1959 年河南安阳后岗南坡圆形殉葬坑出一商鼎，铭文中有飤字作　，裹鼎作　、　，伯就即作　，楚子簠作　，龙节作　。《说文》：“飤、粮也，从人食。”大飤者，太飤也。乃掌王及诸侯饮膳者所用的玺节，是与膳夫，割官、司蒸等性质相似的官吏。

传世的战国玺中有“戠飤之鉨”及“淖飤之鉨”，汉代官印中有“北海飤长”、“新兴飤长”、“东平飤官长印”，“杜陵飤官口丞”等印，可为佐证。

图五　“大飤”玺节

六　“日庚都萃车马”铜烙印（图六）

此玺铜质，郭申堂《续齐鲁古印捃》等书著录。通高 8.4、宽 6.6 厘米，方筒形纽，可纳长木柄，周边作四柱八孔，中空，可用以盛装木炭火，实为一车马烙印。阳文“日庚都萃车马”六字，文极纤瘦疏宕。

柯昌济《金文分域编》谓：“周日庚都萃车马鉨，山东通志光绪十八年出土，潍县王文敏以百五十金得之，方二寸二分、四边作铜墙，如方笔筒，筒内有数柱横撑其间，疑古钤马印，

图六　“日庚都萃车马”铜烙印

其筒所以盛火也。周季木云易州出土。"

按周季木说易州出土也很有可能，因易县出土的郾王戠戈铭文作"郾王戠作王萃□"、"郾王戠作巨萃锯"，郾王腰戈铭文作"郾王腰作雷力萃鍨鉘"，郾王戠矛铭文作"郾王戠作黄萃钌"。战国燕印"左军丞鍴"其军字下面的车字写法与此玺的车字颇有近似之处。根据以上例证，此玺很有可能为易县出土之燕器。柯氏疑其为古铃马印之说，亦甚有见地。

战国时即已开始使用烙印，出土楚国漆木器如漆棺、漆耳杯上都有带烙印者，如1956年湖南长沙省银行干校清理战国晚期木椁墓，在外椁左上角发现三个圆形烙印；右下角发现两个圆形烙印，径大5厘米，阴文"沅易于国"四字，是古代的商标。1953年长沙杨家湾战国晚期木椁墓出羽觞（耳杯）20个，每个底中央有一相同烙印，字已不可识。

汉代烙马的大铜印发现较多，如"灵丘骑马"，见《贞松堂集古遗文》；"邻駘"、"革曲"、"魏石"、"夏丘"、"常骑"、"襄丘"等，见《万印楼印举》。这些巨大的铜印，全是古代用来烙在车马上作为所有者的标识用的。在史籍上烙马之印也有不少记载，如《北史》卷三《魏孝文纪》中说："延兴二年（472年）五月，诏军警给玺印传符，次给马印。"《唐六典》中更有详细的记录说："凡在牧之马皆印，印右髆以年辰，尾侧以监名。"

汉印中尚有打烙在牛和量器上用者，山东安邱出土的"戈牛"字铜烙印，即打烙在牛身所用者。山东无棣出土的"粟"字铜烙印，是打烙在木制量器上用的。两者均为阳文长柄大印。战国时楚国打烙在漆木器上的烙印实物，至今尚未发现。日庚都萃车马铜烙印，是已发现的唯一战国时期的烙印实物，也是最早的烙印。

七　传遽之鉨（图七）

此玺王光烈《古鉨精华》著录，阴文四字，其第一字作[古文字]，应释为传。战国骑传马节，传字作[古文字]，龙节传作[古文字]，传室之玺传作[古文字]，见《十钟山房印举》、《古鉨精华》等书。中国历史博物馆陈列的楚王命传遽虎节传作[古文字]，战国陶文传作[古文字]、[古文字]，见《古陶文舂录》附30上，雁节传作[古文字]，与[古文字]大同小异，实为一字，只不过有繁简耳。

图七　传遽之鉨

第二字[古文字]应为遽之省文。楚王命传遽虎节之遽即省作[古文字]。王存义《切韵》且作[古文字]，上[古文字]作[古文字]。1954年河南洛阳出土战国错金[古文字]镡戈作[古文字][古文字]。金文遽，邵钟作[古文字]，壬午剑作[古文字]（《金文编》267），兮甲盘[古文字]作[古文字]，[古文字]儿钟[古文字]作[古文字]，雁节作[古文字]，卢氏涅金和卢氏空首布的卢作[古文字]、[古文字]、[古文字]、[古文字]等，其上部之虍均与[古文字]相近，故[古文字]应为遽之省文。疑卢氏涅金和洮涅金空首布均为古代之用来作为遽驲专用货币，[古文字]为星之变体，即驲，言涅金者，涅金也，涅为驲字之或体。

虡和遽都是群母鱼部字。《说文》[古文字]字或体作鐻，鐻遽皆从豦声。典籍中驲和遽都训为传车之传。《尔雅·释言》"驲、遽、传也。"《左传·僖公三十三年》"且使遽告于郑。"杜注："遽，传车。"《左传·哀公二十年》："群臣将传遽以告寡君。"《周礼·秋官·行夫》："掌邦国传遽之小事。"《释名·释宫室》："传，传也。人所止息而去后人复来转转相传无常主也。"（第二个转字据毕沅校本加）《广雅·释言》："传，舍也。"1958年贵州赫章县可乐镇出土一汉代"武阳传舍比二"铁炉，它与古代驿传交通有关。战国秦汉之际有邮、亭、驿、传等设施。传，《汉书·高帝纪》颜师古注："传者，若今之驿，古者以车，谓之传车，其后又单置马，谓之驿骑。"传有房舍供食宿。《史记·廉颇蔺相如列传》叙完璧归赵故事有"秦王……舍相如广成传"的记载，司马贞索隐指出"广成是传舍之名"。武阳是汉代犍为郡治首府，故地在今四川成都以南彭山附近，"武阳传舍比二"铁炉应是武阳地方官办传舍的用具。"比二"即同样炉子有两件。可证传遽之鉨与传室之鉨，平阴都遽驲，上党遽司马等印的用途一样，都是车马远行持以供给食宿和休憩所用者。此印称为传遽之鉨，其意义更为明显。

八　郢粟客鉨（图八）

此玺曾经合肥龚心钊收藏，现归上海博物馆，传为安徽寿县出土。印作长方形，鼻纽，制作古朴典重，通高 1.6、宽 3.4、长 3.4 厘米。阴文“郢粟客鉨”四字，是过去从未发现过的楚国官印。

战国玺中称客的为数极少，所见仅有客戒之鉨、羊府諹（疡）客、右𫡩客鉨及群𥝢客鉨等寥寥数印。战国楚铜器中有铸客豆、铸客盘等。客戒疑系械客。羊府諹（疡）客是治羊病的兽医。铸客是有关冶炼的技术指导。𥝢群客鉨见《尊古斋古鉨集林第二集》，前人无释文。按𥝢即廪字，应释为群廪客鉨。战国“右廪”玺（中国历史博物馆藏），其廪书作𥝢。山东临淄出土战国陶廪量，廪书作𥝢，廪字下部均从禾。战国平阿左廪鉨，廪书作𥝢。上海博物馆藏战国“□王友廪”鉨，廪书作𥝢。河南登封古阳城遗址出土的战国陶廪量，廪书作𥝢。可证战国时的廪字下部可书作禾或米，二者相同。故知𥝢亦即廪字。群廪乃仓廪集中的地方，或为王家之仓廪。群廪客鉨，乃司廪有关的技术管理人员所用之官印。其性质和内容与郢粟客鉨甚有近似之处。

图八　郢粟客鉨

郢粟客是专司种植小米的农业技术指导。解放前有些地区农民不会种瓜，每当种瓜季节，要从河南山东等地请来瓜客为其种瓜。郢粟客鉨即楚国从外地请来为其种植小米官吏所用的官印。从这些文例来看，凡战国玺中之称为客者，大都是楚国的官印。

九　险官之鉨（图九）

此玺宽 2、长 2 厘米。阴文四字曰“险官之鉨”，见方清霖《周秦古鉨精华》著录。战国时称某官之鉨的印散见各家印谱。著录的有计官之鉨、正官之鉨、伍官之鉨、割官之鉨、皮官之鉨及裘官之鉨等。此玺称险官之鉨，为过去所未见，很值得研究。

《周礼·司险》：“司险，掌九州之图，以周知其山林川泽之阻而达其道路。”注：周犹徧也，达道路者，山林之阻，则开凿之。川泽之阻，则桥梁之。孙诒让《周礼正义》云：“掌九州之图者，即大司徒职，所谓天下土地之图。此官掌案图，以考其险要形势及道路远近。云九州者，明司险道路之事，及要服而止，九州以外，不必遍及也。”《说文·阜部》云：“阻、险也。国野险阻有守禁者，及道路所通，皆考图以知之。”《管子·地图篇》云：“凡兵，主者必先审知地图轘辕之险，滥车之水，名山、通谷、经川、陵、陆、丘、阜之所在，苴草、林木、蒲苇之所茂，道里之远近，城郭之大小，名邑、废邑、困殖之地，必尽知之。地形之出入相错者，尽藏之，然后可以行军袭邑，举错知先后，不失地利，此地图之常也。”

图九　险官之鉨

根据以上文献记载的情况，可知此玺之险官即《周礼》所谓的司险，他是专门掌管古代天下土地之图，以考其险要形势及道路远近者，其官职对古代军事交通占有重要地位。

十　外司虗（炉）鍴（图一〇）

此玺现为故宫博物院藏品，黄濬《续衡斋藏印》、于省吾《双剑誃古器物图录》等书著录。印呈长方形，长柄纽，纽侧上端有一穿，阳文外司虗鍴四字，可释为外司虗（炉）鍴。通高 10、宽 1.3、长 4.8 厘米。其虗（炉）字书作虗，与战国燕之刀币背文外虗（炉）书作“外虗”、“外虗”（见刘心源《奇觚室吉金文述》第十三，廿四）、“外虗”、“外虗”（上书第十三、廿五）、“外虗乙”作“外虗乙”的虗（炉）字写法十分相似。金文邾公华钟的炉字书作𨩄，邵钟书作𨩄，曾伯霥簠书作𨩄，根据以上诸例观之，按虗即炉之省文。

图一〇　外司虗鍴

《左传·定公四年》“炉金初官于子期氏”。**1956**年河南陕县上村岭虢太子墓出土有卢（炉）金氏孙铭文的铜盘，说明在春秋时已出现以铸铜官职作为姓氏的例子。燕国明刀币的背文，大都以左、右、外、易四字来记其炉次，燕（郾）国之印，其鉥字与三晋玺印不同，有其特殊的风格。它把鉥字均书作鍴，如东易津泽王氏鍴、单佑都宰王氏鍴等，且其形状大都作带穿高柄纽长方条形。从以上特点来看，此玺也应为燕器，乃燕国掌管铸造钱币炉次的官吏所用之印。这类的战国官印，以前从未发现过，是关于古代钱币铸造方面极为重要的实物资料，值得重视。

（原文刊于《中国历史博物馆馆刊》**1979**年总第**1**期）

栾书缶应称名为栾盈缶

王冠英

中国历史博物馆在最近一次修改通史陈列期间，对馆藏文物的栾书缶又进行了研究。重新研究栾书缶的原因有两个：一是该器历来被认为是晋器，但其形制和文字却表现出强烈的楚器作风，它究竟是晋器还是楚器值得研究[1]；二是在文字释读上还有一些问题，直接影响了该器年代、国别的认识和判定。

下面是笔者对这些问题的看法。

一

栾书缶，又称书□缶，原系容庚先生所藏，相传购自估人倪玉书，出土时间和地点不详。该器通高 40.5、口径 16.5 厘米。通体素面，盖有斜角云纹四环纽，腹部饰四环耳，底部有三个凸出的楔形小足。器身有错金铭文 5 行，每行 8 字，自左至右行文，成韵语：

正月季春，元日己丑，

余畜孙书巳，择其吉

金，以作铸缶。以祭我

皇祖，䖒（吾）以祈眉寿。栾书之子孙万世是宝。

器盖内有刻铭 2 行，每行 4 字：

正月季春，

元日己丑。

图一　栾书缶

整个器形朴素大方，匀称精美，为传世之精品（图一）。

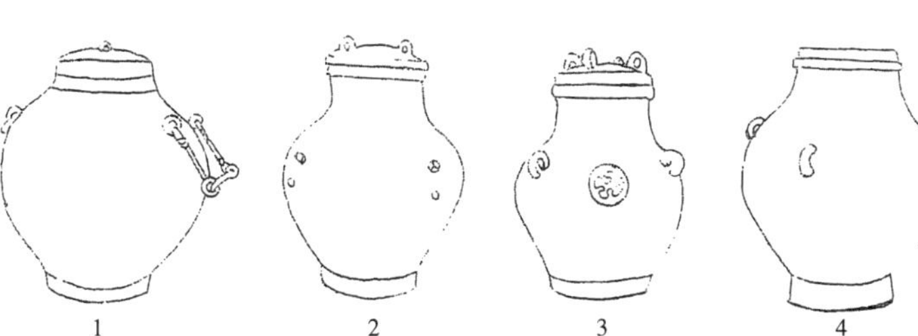

图二　尊缶的形制

1. Ⅰ型（浙川下寺M1出土）　2—4. Ⅱ型（寿县蔡侯墓、江陵望山M2、寿县楚王墓出土）　5. Ⅲ型（随县雷鼓墩M2出土）

栾书缶从形制上看，应属春秋中晚期至战国流行于江汉平原或江淮流域的“尊缶”一类，故该器自铭为“缶”。尊缶是一种楚式壶，为典型的楚式器。其形制经学者研究大体可分为 3 型（图二）[2]。

Ⅰ型。短颈，溜肩，深鼓腹，拱盖，肩侧有一对链形提环。

Ⅱ型。圆肩略凸出，圆鼓腹，盖及腹上部各饰四环纽。

Ⅲ型。长颈，上下略扁的矮腹型，余皆同Ⅱ型。

栾书缶的形制，与上述Ⅱ型尊缶相似。因此，我们把栾书缶定为楚式器。中原三晋地区在这一时期，主要流行长颈垂腹兽耳莲盖壶和短颈深腹铺首衔环耳壶（图三），与尊缶的形制差别较大[3]。所以仅从铭文把栾书缶定为晋器尚不足为据。

栾书缶不仅器形属于楚式，文字书体亦颇具楚风，我们从图四“金”、“皇”二字的比较看出，栾书缶较多地吸收了当时俗体文字的写法，比较注重书体线条化，所以看起来与当时的一般金文有比较明显的差别[4]。其实，以金文的俗体而言，栾书缶同楚地区、楚风格的金文也是有相通之处的。裘锡圭先生曾指出。栾书缶铭文中“宝”字所从之“宀”作“亼”，番君簠、邾公釷钟“宝”字、“寍”字所从之“宀”亦作“亼”[5]。番、邾都是与楚有一定渊源关系的国家[6]，其文字俗体出现一致的现象决非偶然。

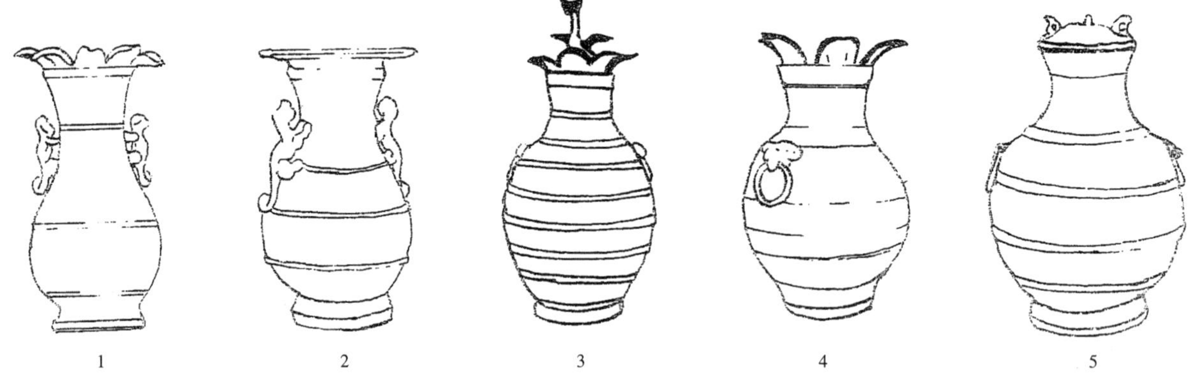

图三　春秋中后期至战国中原三晋地区流行的兽耳莲盖壶和铺首衔环耳壶
1.山西侯马上马村M15出土　2.河南陕县后川M2040出土　3.河南汲县山彪镇M1出土　4.洛阳金村出土　5.山西长治分水岭M11出土

	栾书缶	楚或楚地区文字	周晋齐鲁地区文字
金		吴王光鉴　赵孟壶 邾公釷钟　曾伯陭壶	番生簋　录伯簋
皇		曾侯乙钟　王孙[illegible]钟	番生簋　[illegible]

图四　金文中“金”、“皇”二字不同字体写法的比较

栾书缶从左至右行文，也体现了一定的楚器特征。现在能见到的从左至右行文的铜器铭文不少，翻检所及，像樊君匜、番哀伯鼎、邻王盥盘、上都府簠、曾子原口簠、曾仲子敔鼎、长子口臣簠、鄴伯簠、鄮公汤鼎、公孙㝅父匜、虞侯壶、虚司寇伯吹壶等[7]。除少数是北方器物，绝大多数属楚或楚地区器物。

二

栾书缶从形制、文字看属楚器，但铭文的内容却表明它是晋器。铭文记载了作器者与春秋中期晋国的贵族栾书有关，铭末的套语也是希望“栾书之子孙万世是宝”。

这里的关键是该器的作器者是谁，他与楚国究竟有什么联系。以前的学者大都认为作器者是栾书，称该器为栾书缶。只有于省吾先生认为作器者不是栾书而是书𢀜，称之为书𢀜缶[8]。现在看来于先生的意见是正确的。该器明言“余畜孙书巳，择其吉金，以作铸缶”，书巳并不是栾书；“栾书之子孙万世是宝”，表明作器者是栾书的子孙，并不是说作器者就是栾书。这主要牵涉到“余畜孙书巳”的释读问题。

“余畜孙书巳”的“巳”，过去学者或释兄，或释老，或以为属下读，读如“以”[9]，这都不一定可靠。书兄、书老和畜孙连言，文意扞格，文气亦不顺。下文连用两个“以”字，都用本字，此处假巳而为之。亦不可解。其实，以文意推之，“余畜孙书巳”与陈肪簋“余陈仲产孙釐叔和子”、郘钟“余毕公之孙、郘伯之子”的句式是一样的。“余”系作器者自称，“畜孙书巳”则是“余”的同位语。“畜孙”即孝孙。《礼记·祭统》：“祭者，所以追养继孝也。孝者，畜也。顺于道不逆于伦，是之谓畜。”“书巳”即书嗣，巳假为嗣。古汉语巳读如“以”，而与祀、祠相通假，如大盂鼎“故丧师巳”、赵孟壶“台（以）作祠器”，巳、祠皆即祀字。《国语·郑语》有“其后皆不失祀”，《汉书·地理志》作“其后皆不失祠”。嗣从司，声与祠同，与巳同属邪母之部，古音极近，故可通假。《诗·大雅·江汉》“召公是似”，似从以得声，毛传亦曰似即嗣字。由是可知，“余畜孙书巳”乃是说余孝顺之子孙、栾书之后人的意思。铭末“栾书之子孙”云云，正应此为句，不是说栾书和书巳是一个人。

那么，“畜孙书巳”是谁呢？据《左传》、《史记·晋世家》和《世本》，能充当栾书“畜孙”辈的子孙只有栾盈和栾鲂两代。下面列出秦嘉谟辑补的栾氏系谱：

靖侯—栾叔—栾宾—共叔成—栾枝—栾盾—栾书—栾黡—栾盈—栾鲂—栾鍼

结合该缶的形制、铭文等特点，我们认为该缶的作器者应是栾盈。栾盈是春秋晚期晋国的显贵，曾为晋国的公族大夫，到栾鲂时栾氏已经衰败。据《左传》、《国语》等文献记载，栾盈由于与范氏矛盾，曾为士匄所逼，于襄公二十一年（前551年）出奔楚。第二年“自楚适齐”。后潜回晋国，攻范氏未成，为范氏所杀，尽灭“栾氏之族党，栾鲂出奔宋”。

这件缶，很可能就是栾盈在楚国流亡时所作，因而它具有楚式风格。《国语》记载栾盈出逃，“执政使栾氏之臣勿从，从栾氏者为大戮施”，栾鲂和家臣奴仆都没有随行，因而该缶有极大的可能出自楚工匠之手。这也就决定了该缶以楚器、楚文字记录晋内容的独特风格。

该缶不具姓名，直以栾书后人称之，这也是有一定原因的。《国语·晋语》中记载栾盈能“改桓（即栾黡）之行而修武子（即栾书）之德”。栾书是春秋中期很有影响的人物。故栾盈出亡时以此获得别人的同情和支持。

从以上的分析，我们可以认为，栾书缶实际上是一件“楚材晋用”的特殊风格的铜器。它的作器者是栾盈而不是栾书，此器应称为栾盈缶或书巳缶。作器时间当在鲁襄公二十一年或二十二年（前551年—前550年），以前学者把它定为春秋中期是不大妥当的。

注释：

[1] 在修改通史陈列前期，俞伟超馆长即告笔者，中国社会科学院考古研究所叶小燕先生怀疑栾书缶不是晋器。为此有关同志还进行过一次讨论。

[2][3] 高崇文：《两周时期铜壶的形态研究》，俞伟超主编《考古类型学的理论与实践》，文物出版社，1989年。

[4][5] 裘锡圭：《文字学概要》，商务印书馆，1988年，第48页。

[6] 番君，李学勤先生认为即文献中的沈尹氏，楚国贵族，又称沈氏。见其所著《论江淮间的春秋青铜器》，《文物》1980年第1期。郲为曹姓小国，楚陆终之后。《太平寰宇记》以为陆终裔子史封于郲。

[7] 樊君匜，见湖南省博物馆《介绍几件馆藏周代铜器》，《考古》1963年第12期；番哀伯鼎，见信阳地区文管会《河南信阳发现两批春秋铜器》，《文物》1980年第1期；郐王盥盘，见江西省历史博物馆、靖安县文化馆《江西靖安出土春秋徐国铜器》，《文物》1980年第8期；上鄀府簠，见杨权喜《襄阳湾出土的鄀国和邓国铜器》，《江汉考古》1983年第1期；曾子原彝簠，见曾昭岷、李瑾《曾国和曾国铜器综考》，《江汉考古》1980年第1期；曾仲子敔鼎，鄁公汤鼎，见刘彬徽《湖北出土两周金文国别年代考述》，《古文字研究》第13辑：长子□臣簠，见马承源《记上海博物馆新收集的青铜器》，《文物》1964年第7期；鄬伯簠，见荆州地区博物馆《江陵岳山大队出土一批春秋铜器》，《文物》1982年第10期；塞公孙𢍰父匜，见湖北省博物馆《湖北枝江百里洲发现春秋铜器》，《文物》1972年第3期；虞侯壶，见曾广亮《山西省文物商店收进春秋虞侯壶》，《文物》1980年第7期；虞司寇伯吹壶，见《三代》12·23·1。

[8] 于省吾：《商周金文录遗》（514），科学出版社，1957年。

[9] a. 容庚：《商周彝器通考》，哈佛燕京学社，1941年；b. 平心：《栾书缶铭文略释》，《华东师大学报》1958年第1期；c. 马国权：《栾书缶考释》，《艺林丛录》第4编。

（原文刊于《文物》1990年第12期）

关于战国楚简中“礼玉”、“佩玉”的几个问题

于成龙

玉文化是中华文明的特色之一，以目前的考古发现来看，至少具有八千年悠久的历史。自新石器时代以降，尽管王朝兴替更迭，用玉的传统却始终传承不绝。国人崇玉，爱玉，以玉为礼器行于“吉”、“凶”、“宾”、“军”、“嘉”五礼之中。在考古发掘的遗址以及墓葬之中，出土了大量玉器，传世品也为数众多，这为相关问题的研究提供了实物资料。然而，其中用于随葬的玉器于五礼之中属“凶礼”之用，且某些遗址的性质亦不甚明确，加之五礼各自的用玉制度相异，因此，在一般情况下，除去一些共同因素，如器型等，墓葬以及遗址之中出土的玉器并不能直接用于研究“吉”、“宾”、“军”、“嘉”四礼的有关制度问题。

自20世纪50年代至今，有24批战国时期的楚简先后在长沙、临澧、常德、信阳、江陵、随州、荆门以及新蔡地区被发现[1]。其中的10批简文，即长沙仰天湖竹简[2]、信阳竹简[3]、望山一号墓竹简[4]、望山二号墓竹简[5]、天星观一号墓竹简[6]、九店竹简[7]、秦家嘴竹简（3批）[8]、江陵砖瓦厂竹简[9]、荆门包山二号墓竹简[10]与河南新蔡葛陵楚墓竹简[11]，部分记录了当时楚人在祈祷以及其他方面的用玉制度，并且其中的大部分内容可与典籍之中的有关记载相互印证。简文所载是当时客观的实录，无需更多主观的推断，借助正确的释读，我们即应对其有较为明确的认识。如此，这些简文内容对于我们正确理解典籍之中的有关记载，索隐钩沉，解决学术界长期的悬案，进而如实地揭示历史的本原，无疑具有重要的价值。

一 人鬼用玉

在中国古代的祭祀活动中，有一制度至迟自唐代贾公彦开始已经混淆不清，即周人的宗庙人鬼祭祀是否存在“礼神之玉”。

古人的祭祷对象，以《周礼·春官·大宗伯》所云大体可分为天神、地祇与人鬼三类，且三者的祭法名不相同，如《仪礼·觐礼》：“祭天燔柴，祭山川丘陵升，祭川沉，祭地瘗。”《周礼·春官·大宗伯》曰：“以禋祀祀昊天上帝，以实柴祀日、月、星、辰，以槱燎祀司中、司命、飌师、雨师。”又云“以血祭祭社稷、五祀、五岳，以狸沉祭山、林、川、泽。”可知，祀天神之时，将所用祭品即牺牲、玉、帛置于积柴之上[12]，燔燎而升烟；祭地祇之际，用作祭品之牺牲、玉、帛或瘗埋，或沉，或升[13]。

而人鬼祭祀通常是在宗庙之内举行，如《周礼》、《仪礼·特牲馈食礼》及《仪礼·少牢馈食礼》等所记[14]。这些典籍主要记录了宗庙祭祀过程中的主要仪节，并且，这些记载的实录性已为出土材料所证明[15]。考宗庙祭祀仪节，无升烟和瘗埋的祭法，因此，如以玉器作为祭品，这些“礼神之玉”势必不能如牺牲、酒、食一样，在祭祀过程中为享祭之主即祭主所立之尸歆享。如此，宗庙人鬼祭祀中是否用玉？

《周礼·春官·肆师》云：“立大祀，用玉帛牲牷；立次祀，用牲币；立小祀，用牲。”汉郑玄说此职“大祀”

中包含宗庙。其意是宗庙人鬼祭祀中存在“礼神之玉”。而唐贾公彦疏谓，宗庙祭祀中无升烟和瘗埋的祭法，没有专门的礼神之玉。因此，贾氏臆测，或是以灌圭作为礼神之玉。清孙诒让正义也遵从贾氏之说[16]。然而，灌圭是用以盛郁鬯，献予宗庙祭祀中的享祭之主即祭主所立之尸，故《周礼·春官·典瑞》云“祼圭有瓒，以肆先王”。此处，灌圭仅是祭器，即作为盛载祭品即郁鬯的工具，并非是祭品的组成部分，其作用如同祭祀活动中用以承载牲体之俎。由此，贾公彦所说不得要旨。

对于人鬼用玉，典籍之中别有记载。如《尚书·金縢》记，既克商二年，武王患病，弗愈。周公欲代武王受疾，向太王、王季与文王祷告时，“植璧秉圭”。伪孔传云：“璧以礼神。植，置也。置于三王之坐，周公秉桓圭以为贽。”郑玄说，此即始告神时置璧于神坐以礼神[17]。此璧即是用为祭品。清孙诒让疑此为非常之法[18]。

郑注简约古奥，后人往往不得其解。自唐贾公彦疏《周礼》至今，未有学者对其说提出异议。

战国楚简文中记录有大量的对于宗庙人鬼举行的祈祷[19]，其中明确地记有祭品用玉，即礼神之玉。由此可以确知，贾疏是曲解郑注。我们将有关简文序次如下：

1. 亯归佩玉一环柬大王，……（望1：28）

2. ▨圣逗王、恕王各佩玉一环，东宅公佩玉一环。（望1：1090）

3. ▨［平］夜文君各一玉▨（新甲三：121）

4. ▨举祷佩玉，各㻈璜。册告自文王以就圣逗王各束锦加璧。（新甲三：137）

5. ▨就祷三楚先屯一䍧，缨之𪉲玉；……（新甲三：214）

6. 文夫人，举祷各一佩璧。……（新乙一：13）

7. 就祷三楚先屯一䍧，璎之𪉲玉。壬辰之日祷之。▨（新乙一：17）

8. 王、文君。举祷于昭王、献惠王、文君各一佩玉。辛未之日祷之。▨（新乙一：21、23）

9. 融、穴酓各一䍧，璎之𪉲玉。壬辰之日祷之。▨（新乙一：24）

10. 举祷三楚先各一䍧，璎之𪉲［玉］（新乙三：41）

上节录10则简文之中，祈祷对象均为人鬼。一为楚先，如祝融、穴酓[20]；二为墓主的直系先祖，如柬大王、圣逗王、恕王、东宅公、［平］夜文君、文王、文夫人、昭王、献惠王均是。且简文明言，诸如璧、璜、环等均是祈祷人鬼所用的祭品，即礼神之玉。如简1“亯归佩玉一环柬大王”其大意是，享献柬大王佩玉一环。由此，人鬼用玉这一祭祀制度的存在毋庸置疑。

在宗庙人鬼的祭祀过程中无升烟与瘗埋的环节，如此，人鬼用玉祭毕即成神余，应如何处理？

《礼记·曾子问》载孔子语：“天子诸侯将出，必以币、帛、皮、圭告于祖祢，遂奉以出，载于斋车以行。每舍，奠焉而后就舍。反必告，设奠。卒，敛币、玉，藏诸两阶之间，乃出。”可知，用以礼敬人鬼的祭玉同皮帛，是祭毕埋在宗庙的东西两阶之间[21]。此种宗庙祭祀中的埋神余之事又见于《仪礼·聘礼》及《仪礼·有司彻》。

人鬼用玉这一周人的祭祀制度由战国楚简所载得以证实，如此，汉郑玄及孔安国说至确。

此外，商甲骨卜辞之中亦有以玉祀人鬼之例、如：

甲申卜：争贞：燎于王亥其玉？《合集》14735正

庚午贞：王其爯珏于祖乙，燎三宰…乙亥酻？《合集》32535

甲辰卜，㱿贞：我奏兹玉黄尹若？《合集》10171正

卜辞所记简略，殷人祭礼之详情缛节不得考。且“燎玉”作为祭法不见周人的宗庙祭祀过程中，但是，上卜辞中明言以玉礼敬王亥、祖乙与黄尹。此种透出殷、周二礼的因、损关系，其事正如《论语·为政篇》所载孔子语“殷因于夏礼，所损益可知也；周因于殷礼，所损益可知也”所云。

二 楚简中的六器

“六器”、“六玉”与“六瑞”，是先秦典籍记载用玉制度中经常提及的三个概念。关于三者的内涵，或有学者与本文对典籍之中的有关记载以及注疏的理解存在较大差异。因此，在讨论战国楚简中的“六器”之前，有必要将以上三个概念予以略述。

战国《中山王礐壶》曰：“外之则将使上觐于天子之庙，而退与诸侯齿长于会同。”由此可知，先秦典籍中记载的会同之礼确实存在。《周礼·春官·大宗伯》曰：“以玉作六器，以礼天地四方。以苍璧礼天，以黄琮礼地，以青圭礼东方，以赤璋礼南方，以白琥礼西方，以玄璜礼北方。”文中“璧”、“琮”、“圭”、“璋”、“琥”、“璜”，乃是会同之时，用以礼敬方明即天地四方神祇所用之玉[22]。文中苍璧、黄琮、青圭、赤璋、白琥、玄璜分别与天、地以及东、南、西、北相配。此处玉色、器型与所祀神祇相应，很可能与当时流行的天圆地方以及五行思想有关[23]。此即是“六器”。

又《仪礼·觐礼》：“方明者，木也。方四尺，设六色，东方青，南方赤，西方白，北方黑，上玄下黄。设六玉：上圭，下璧，南方璋，西方琥，北方璜，东方圭。”郑注：“六色象其神，六玉以礼之。”敖继公、金榜皆云，上引文《周礼·春官·大宗伯》所云“六器”即此“六玉”。且金榜说《仪礼·觐礼》“上圭下璧”是记者文误。惠士奇、秦惠田、盛世佐、凌庭堪、孙希旦、庄有可说并同[24]。

由此可知，“六玉”与“六器”乃是一物二名。

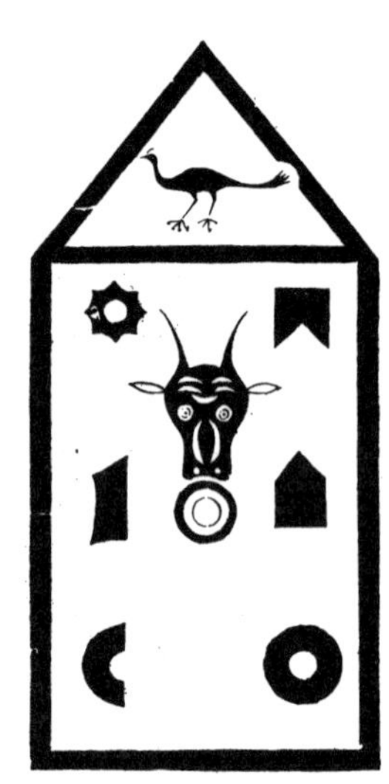

图一 汉柳敏碑阴

在周人的用玉礼制中，“瑞玉”是指天子及公、侯、伯、子、男五等诸侯所执的圭和璧。关于“六瑞”，《周礼·春官·大宗伯》云“以玉作六瑞，以等邦国。王执镇圭，公执桓圭，侯执信圭，伯执躬圭，子执谷璧，男执蒲璧”。可知，“六瑞”之中包括“圭”、“璧”两器[25]。其中，镇圭是周王所执以祭天、地、宗庙及朝日、夕月等，而桓圭以下则是五等诸侯朝见王以及自相朝所执[26]。瑞玉作为符信由天子颁受，是爵命的标志。诸侯执瑞玉朝见天子，如《仪礼·觐礼》所记；或诸侯之间遣使执瑞玉相聘问，如《仪礼·聘礼》所言。

又《尚书·尧典》曰：“辑五瑞，既月乃日，觐四岳群牧，班瑞于群后。”《史记·五帝本纪》集解引马融云：“五瑞，公、侯、伯、子、男所执以为瑞信也。”

可知，《尚书》之“五瑞”是专据诸侯而言[27]，并非是“五瑞”别有它器。

学者或以汉碑中“六玉图”以探讨“六瑞”及“六器”[28]。

宋人洪适《隶续》载《汉柳敏碑阴》（图一）以“瑁”替“琥”。又此书《益州太守碑阴》及《六玉碑》中，并画“瑁”。

《周礼·考工记·玉人》“天子执冒四寸，以朝诸侯”，文中“冒”即“瑁”之借字[29]。瑁是天子朝诸侯专用，其与圭、璧、琮、璋、璜组合，既非上文之“六器”，又非“六瑞”。

由上文“六瑞”与“六器”之比较可知，二者均有圭、璧。因其所用不同，故或称“器”，或称“瑞”。此即是《周礼·春官·典瑞》郑注“人执以见曰瑞，礼神曰器”。然而，人执之“瑞”也可称“器”，如《仪礼·聘礼记》：“圭、璋、碧、琮，凡此四器，唯其所宝，以聘可也。”又《左传》文公十二年记，秦伯使西乞术来聘，襄仲辞玉曰“重之以大器”。对曰：“不腆先君之敝器，使下臣致诸执事，以为瑞节。”此即是“瑞”与“器”对文则异，散文亦通之例[30]。

有学者在对某些遗址及墓葬出土的玉器进行研究之时，对典籍之中有关“礼玉”的记载，尤其是“六瑞”及“六器”的相关问题提出质疑：

（一）认为《尔雅》“肉倍好谓之璧，好倍肉谓之瑗，肉好若一谓之环”是汉初经学家故弄玄虚，强加区分。环与瑗均是璧[31]。

（二）认为“璜”作为组玉佩中的构件在西周时期盛行。战国以降，“珩”兴而“璜”废。因此，“璜”

必不能是贯穿两周的瑞玉。而“琥”是“珩”的一种。两者很难共存。如此，“六器”之说不免瓦解[32]。

（三）认为瑞圭不见于南方的楚系墓葬，因此，诸如《吕氏春秋》及《战国策》中记载的有关楚人“执圭”之事，可能仅是“徒有虚名”，而非是用以彰显等级身分[33]。

上述的质疑主要关系到“六器”的器名、组成和器用。下文我们亦将从这两个方面对有关问题予以讨论。

（一）器名、组成

在战国楚简记录的祈祷之中，玉器作为祭品占有相当大的比例，其中的有些内容涉及学者提出的疑义。今录有关简文如下，以备考。

1. 赛祷大佩玉一环，后土、司命、司禄各一小环。大水佩玉一环，二天子各一小环，侸山一玦。（包213 — 214）

2. 璧、琥，择良月良日归之。（包219）

3. 一绊带，一双璜，一双琥……（望2：50）

4. ▨举祷佩玉各㻗璜。册告自文王以就圣𧻚王各束锦加璧。（新甲三：137）

5. ▨佩玉，于侸山一珽璜▨（新乙三：44、45）

6. 牺牲、珪、璧唯［佳］▨（新零：207）

上揭简文1、2同为包山二号楚墓竹简，其中“璧”与“环”共存；可知，璧与环为两种不同之器无可置疑，由此，《尔雅》对于璧与环的区分并非是汉儒故弄玄虚之作。

又上列简文4“束锦加璧”之“璧”，在此处用为“享玉”。其事与《左传·襄公十九年》“贿荀偃束锦加璧，乘马”及《仪礼·觐礼》“束帛加璧”相当。此种以“璧”为“享玉”之事在楚简之中凡8例，且又见于《秦骃祷病玉版》中。由此可知，诸如《周礼》、《仪礼》等典籍中关于“享礼”以及“享玉”的记载属实可信，并且，由楚简中以“璧”为“享玉”的事实，我们可以推断以“璧”为“瑞玉”的可信。“享玉”的使用决定于“瑞玉”，“束帛加璧”或“束锦加璧”决不能言“束帛加环”或“束锦加环”，由此可以确知，璧与环绝非一物[34]。

在目前出土的楚简之中，尚未发现以“瑗”作为玉器，或用以祈祷，或用为随葬；但是，“瑗”字在楚简中已出现，如包山二号楚墓文书简记“新官师瑗”。

《尔雅·释器》“好倍肉谓之瑗”，又《荀子·大略篇》云：“聘人以珪，问士以璧，召人以瑗，绝人以玦，反绝为环。”可知，瑗乃是不同于璧及环的器物。

如前所述，由楚简文可以证实，璧异于环；如此，我们有理由相信，瑗亦不同于璧与环。

如上，据楚简所记可以断定璧与环为不同两器，而且借助其他的出土材料，我们也能在一定程度上了解璧与环的器型。

殷墟花园庄东地商甲骨卜辞中：“璧”字有以下五种形体[35]：

上列商卜辞之璧字中，○、□、⊡、Ⴍ均为形符，是“璧”之具象。其中，⊡与□是繁省两体，前者中

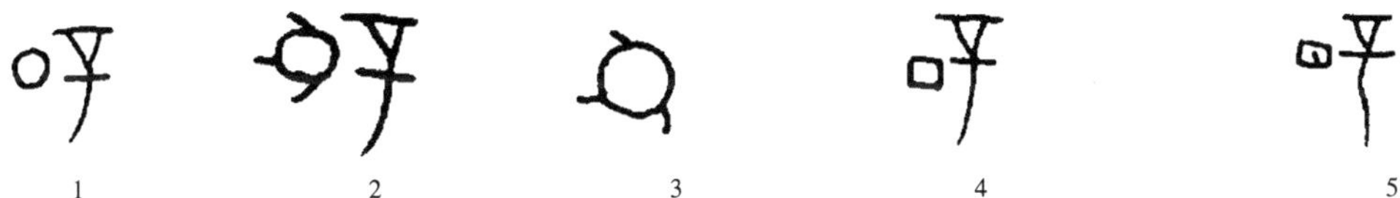

以一点象征璧好，后者将其省略。其中，“○”描绘的实物如图二：1，此种器型广泛见于新石器时代考古学文化以及商周时代的遗址、墓葬之中。“⊡”对应的实物如图二：2、3。《周礼·春官·典瑞》曰“璧羡以起度”，郑玄谓，“羡，不圜之貌”。又《周礼·考工记·玉人》云“璧羡度尺，好三寸，以为度”，郑玄说：“羡犹延，其袤一尺而广狭焉。”清黄以周说，此璧为椭圆形[36]。不圜之璧应即此种器型。在凌

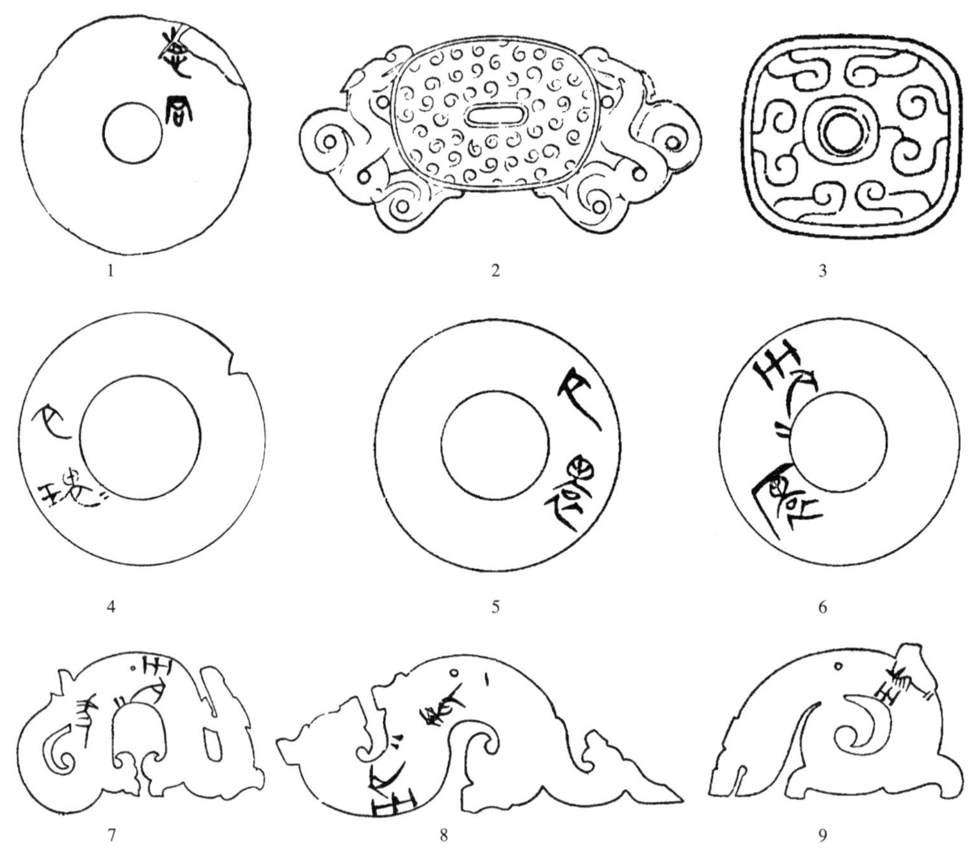

图二　中山王墓出土玉璧、玉环及玉琥
1.玉璧　XK:185　2.玉璧　XK:361　3.玉璧　XK:370　4.玉环　XK:116　5.玉环　XK:184　6.玉环　XK:120　7.玉琥　XK:355　8.玉琥　XK:352　9.玉琥　XK:347

家滩文化中，此种不圜之璧即已存在[37]。“[illegible]”即是吴大澄《古玉图考》所谓“璇玑”[38]。由此可知，璇玑为璧之一种。

战国中山王譽墓中出土有墨书为“玉环”之器（图二：4—6）。在这些自名为环的器物中，“好倍肉”或“肉好若一”者均称“环”[39]。但是，这里我们需要考虑的是，事件与空间上的差别因素，不应仅以此来否定《尔雅》“好倍肉谓之瑗，肉好若一谓之环”的严格区分。

由上列楚简文2、3、4及5可知，“璜”与“琥”在战国时期并存，不存在“珩”兴而“璜”废的问题。

又战国中山王譽墓出土有自书为“琥”之器（图二：7—9）。此前，关于琥的器型，唐贾公彦说，以玉为虎形；聂氏《三礼图》引《郑图》云：“白琥以玉，长九寸，广五寸，刻伏虎形，高三寸。”且《左传·昭公三十二年》孔疏亦说琥作虎形。清孔广森疑，琥当是半琮之制。孙诒让以孔说为是[40]。今以出土材料证之，琥为虎形。

上举简文6祭品中有“圭”。如此，《周礼·春官·大宗伯》所云之“六器”在楚简文中已发现有四种，即圭、璧、琥、璜。琮在晋侯墓地M91、洪洞永凝堡M52、洛阳东周城北墙M603、长沙浏城桥M14等两周墓葬中均有发现[41]。至于璋，在典籍及彝铭中作为礼玉无疑，学者对此已有详论[42]，恕不赘述。由此，“六器”之说并未瓦解[43]。

（二）器用

在目前出土的数批楚简之中，包山楚简保存基本完整[44]，其余多批简册出土时或残断，或文字漫漶不清，又加之人为扰乱，因此在一些简文中，我们仅知所记是祈祷，但不知祈祷对象；而在另一些简文中，又浑言用玉，如新甲二：2“𤥭玉”、天34“玉玩”，从中亦无法确知其所用器型。如此，我们在研究楚简中用玉的器型以及器用时，须将这些因素考虑在内，在统计中选择明言器型与器用的简文。本文所制下表即以上述为原则。此外，有关下表中天神、地祇以及人鬼的问题请参见笔者博士论文《楚礼新证——楚简中的纪时、卜筮与祭祷》第三章第六节。

战国楚简中祭品用玉与随葬用玉一览

器名	器用	简文	编号
圭	祭品	牺牲、珪、璧唯［佳］⧅	新零：207
璧	祈祷人鬼	⧅举祷佩玉各臦璜。册告自文王以就圣趄王各束锦加璧。	新甲三：137
	祭品	牺马，先之以一璧，迈而归之。……	新甲三：99
	祭品	⧅先之一璧⧅	新甲三：142—1
	祈祷地祇	⧅……。于北方一犕，先之⧅	新乙二：30
	祈祷地祇	⧅于北方一犕，先之以⧅	新乙三：40
	祈祷地祇	祷北方一犆，先之一璧。就⧅	新乙四：14
	祭品	⧅之，敢用一元犕、牂，先之⧅	新乙四：48
	祈祷地祇	⧅一鹿，北方祝祷乘良马，珈（加）［璧］⧅	新乙四：139
	祈祷天神	归佩玉于二天子，各二璧。	新甲一：4
	祈祷天神	璧、琥，择良月良日归之。	包 219
	祈祷人鬼	文夫人，举祷各一佩璧。	新乙一：13
	祭品	牺牲、珪、璧唯［佳］⧅	新零：207
琥	祈祷天神	璧、琥，择良月良日归之。	包 219
	佩玉	一缂带，一双璜，一双琥……	望 2：50
璜	祈祷人鬼	⧅举祷佩玉各臦璜。册告自文王以就圣趄王各束锦加璧。	新甲三：137
	祈祷地祇	⧅佩玉，于偻山一珽璜⧅	新乙三：44、45
	佩玉	一缂带，一双璜，一双琥……	望 2：50
环	祈祷天神、地祇	赛祷大佩玉一环，后土、司命、司禄各一小环。大水佩玉一环，二天子各一小环，偻山一玦。	包 213—214
	祈祷人鬼	亯归佩玉一环柬大王……	望 1：28
	祈祷天神、地祇	举祷大佩玉一环，后土、司命各一小环；大水佩玉一环。	望 1：54
	祭品	□□疾缨一环	秦 99：11
	祈祷人鬼	⧅圣趄王、卲王各佩玉一环，东宅公佩玉一环。	望 1：109
	祈祷天神、地祇	享祭大一佩环，司命、司祸、地主各一吉环；享祭大水一佩环；	天 7—02
	带环	一缂带，一双璜，一双琥，一玉钩，一环。……	望 2：50
	随葬品	有二环，红组之绥。	仰天湖简策
	随葬品	革带有玉环，红组。	仰天湖简策
	带环	一革带，佩：一□□□，一由，一耑环	望 2：50
玦	祈祷地祇	大水佩玉一环，二天子各一小环，偻山一玦。	包 213—214
珥	祈祷天神	解于二天子与云君以佩珥	天 3—02
	随葬品	一司翾珥，一司齿珥。	信阳楚简遣策简 2—02
玉钩	带钩	一缂带，一双璜，一双琥，一玉钩，一环。	望 2：50

由上表的统计，我们可以得出结论如下：

1. 目前，以楚简所见战国时期的楚人祈祷用玉有：圭、璧、琥、璜、环、玦、珥。在《周礼·春官·大宗伯》、《春官·典瑞》及其他典籍中记载的祭品用玉多为“礼玉”，而在楚简中，除“礼玉”之外，大量以“佩玉”作为祭品，如天3—02“解于二天子与云君以佩珥”、新甲一：4“归佩玉于二天子，各二璧”、包213—214“赛祷大佩玉一环”等。以“佩玉”作为祭品又见于《齐侯壶》“于上天子用璧、玉佩一嗣。于大无嗣折，于大嗣命用璧、两壶、八鼎。于南宫子用璧二、佩玉二嗣”。由此可知，在周时的祈祷用玉中，除专门“礼玉”之外，“佩玉”也在使用，其祈祷对象遍及天神、地祇、人鬼。

2. “璧”，即可为祭玉如上表中新零：207，又可为“享玉”如新甲三：137，也可作为“佩玉”如新乙一：13，此即是一器多用。其他如“琥”、“璜”等情形与之相同。它可帮助我们全面理解古人用玉的一些问题。

3. 在中国古代的祭祷制度中，祭品的使用类别以及数量决定于祭主的身分等级。如天子以大牢祭先王与社稷，见《礼记·王制》、《郊特牲》所记，而大夫、士则分别以少牢及特牲祀祖祢，此事见《仪礼·少牢馈食礼》与《特牲馈食礼》。又《国语·楚语》云：“其祭典有之曰：国君有牛享，大夫有羊馈，士有豚犬之奠，庶人有鱼炙之荐。”亦说此礼。

424

在楚简记录的祭品用玉之中，我们发现，器类也与祭主的等级身分密切相关。如下表，我们将出土简文的楚墓墓主身分与其所用的祭品用玉分别对应[45]：

墓主	身分	祭品用玉
新蔡葛陵楚墓墓主坪夜君成	封君	圭、璧、璜
天星观一号楚墓墓主邸昜君番勳	封君	环、珥
包山二号楚墓墓主邵𠩺	大夫	璧、琥、环、玦
望山一号楚墓墓主悼固	士	环
秦家嘴楚墓墓主	庶人	环

上表祭品用玉之中，“璧”的使用最为关键。前战国楚简中祭品用玉与随葬用玉一览表“璧”栏内新甲三：137、新甲三：99、新甲三：142—1、新乙二：30、新乙三：40、新乙四：14、新乙四：48与新乙四：139，凡8则简文之中，“璧”用作享玉[46]。“享玉”的使用决定于瑞玉。据《周礼·秋官·小行人》郑注，璧作为享玉，是公、侯、伯、子、男五等诸侯享天子所用。而五等诸侯的瑞玉，为圭与璧，即《周礼·春官·典瑞》所云“公执桓圭，侯执信圭，伯执躬圭，缫皆三采三就，子执谷璧，男执蒲璧”。换言之，以“璧”为享玉的先决条件，必须是以圭或璧为瑞玉的五等诸侯。若天子或诸侯之臣，均无“瑞玉”，而有“挚”，此即《周礼·春官·大宗伯》所云“以禽作六挚，以等诸臣，孤执皮帛，卿执羔，大夫执雁，士执雉，庶人执鹜，工商执鸡”。

若以周制，楚子有“瑞玉”，亦有“享玉”，而楚之封君仅有“挚”，绝无“享玉”。《秦骃祷病玉版》之祭主也应如此[47]。然而，东周以降，诸侯僭越，礼制向上逾侈。公元前704年，楚熊通自立为王，即武王，开诸侯僭越称王之先河。由此，我们即可以理解楚之封君坪夜君成与秦之显贵即《秦骃祷病玉版》之祭主均以“璧”为“享玉”之事。此即是当时层层僭越，礼制向上逾侈的表现。如前所述，“璧”作为“享玉”的先决条件，必须是以圭或璧为“瑞玉”。由上战国楚简中祭品用玉与随葬用玉一览表以及我们所作的楚简中祭品用玉的器类与墓主等级，身分的比较可知：“璧”，为“享玉”仅用于封君，且“圭”的使用亦仅限于封君。此当是楚人以“圭”作为瑞玉之实证。典籍之中，频见楚人的“执圭”之事。

《淮南子·道应训》载楚宣王之将子发攻蔡，曰“子发攻蔡，踰之。宣王郊迎，列田百顷而封之执圭”，高诱注：“楚爵功臣，赐以圭，谓之执圭，比附庸之君。”

《吕氏春秋·异宝篇》记：“荆国之法，得五员者，爵执圭，禄万担，金千镒。”

《战国策·楚策》曰：“楚尝与秦构难，战于汉中。楚人不胜，通侯、执珪死者七十余人，遂亡汉中。”

《战国策·齐策》：“昭阳为楚伐魏，覆军杀将得八城，移兵而攻齐。陈轸为齐王使，见昭阳，再拜贺战胜，起而问：‘楚之法，覆军杀将，其官爵何也？’昭阳曰：‘官为上柱国，爵为上执圭。’”

又《战国策·周策》之楚将景翠，爵为“执圭”，官为柱国。

由此，以楚国之法，“圭”为瑞玉，是爵命的标志。上述典籍所记与楚简中载楚之封君用“圭”正相契合。如此，楚简文中封君以“璧”为“享玉”，正是由其以“圭”为“瑞玉”的先决条件而来。《秦骃祷病玉版》的情况与之相同。如此，由楚简可以证实典籍之中记载的楚人“执珪”之事，楚人是以“圭”来彰显爵命以及等级身分。

此外，我们综合前文所作楚简中祭品用玉的器类与等级身分的比较以及《秦骃祷病玉版》，可以认识到：圭的使用仅限于封君，璧的使用者包括封君和大夫，而环则封君、大夫、士与庶人四个等级均可使用。此即是礼学家所说的“上可兼下”，而“下不可兼上”。

战国时期，礼崩乐坏，层层僭越。虽然礼制向上逾侈，但是其内部的等级制度依然有着严格的界定，此即是《中山王嚳壶》所云“君臣之位，上下之体”。战国楚简中的祭品用玉体现了其中的一个侧面。

三　佩　玉

“佩玉”，在古代典籍之中作为一专有名词，至少包含两个概念：一是作为命服；二是作为生活中的饰玉。

《周礼·天官·玉府》：“共王之服玉、佩玉、珠玉。”郑注：“佩玉者，王之所带者。”《礼记·玉藻》云：“古之君子必佩玉”，“君子无故玉不去身，君子于玉比德焉”。又曰：“天子佩白玉而玄组绶，公侯佩山玄玉而朱组绶，大夫佩水苍玉而纯组绶，世子佩瑜玉而綦组绶，士佩瓀玟而缊组绶。”

由上引文可知，佩玉是周时等级身分的象征，是命服之一。

此外，佩玉作为命服，与韨并系于腰际革带之上，如《礼记·玉藻》“凡带必有佩玉”；且垂于韨前[48]。因此在典籍以及出土材料之中，佩玉与韨，两者时常并提，如《礼记·玉藻》：“一命缊韨幽衡，再命赤韨幽衡，三命赤韨葱衡。”文中“衡”，即“珩”之假字[49]，是佩玉上端一主要构件，用以牵拉提缀其他构件[50]。“衡”，义取佩玉之上横梁之用，唐贾公彦曰：“衡，横也。谓葱玉为横梁”[51]。

又如西周彝铭之中，“珩”与韨，两者连言，作为命服以赏赐。如：

《番生簋》云“易朱市、悤黄”；

《曶壶》曰“易女秬鬯一卣、玄衮衣、赤市、幽黄”；

《何簋》“王赐何赤市、朱亢”。

上录铭文中，市即是韨，亢、黄即是珩。

中山王嚳墓中出土有自书“珩”之器（图三）。同时，如图三：1，此“珩”又自名“琥”。由此可知，“衡”、“珩”是言器用，而非是说其器型。作珩之器，不嫌作琥，或如图三：2以及其他器型。

图三　中山王墓出土玉珩
1.XK: 350　2.XK: 356

关于佩玉的结构，《周礼·天官·玉府》郑注引《诗传》说：“佩玉，上有葱衡，下有双璜、冲牙，嫔珠以纳其间。”可知，佩玉是由不同的玉饰件杂结而成。然而，关于佩玉的具体系结方式，典籍之中并无明文。晋皇侃、北周卢辩、唐贾公彦、孔颖达、清陈奂、黄以周、任大椿、俞樾及孙诒让等均对此有论，聚讼甚多。[52]今人郭沫若、郭宝钧亦试图复原，意见相左[53]。此问题暂付阙疑，以俟来考。

又《诗经·郑风·女曰鸡鸣》：“知子之来之，杂佩以赠之。”

《诗经·郑风·有女同车》：“有女同车，颜如舜华。将翱将翔，佩玉琼琚。”

《诗经·卫风·竹竿》：“淇水在右，源泉在左，巧笑之瑳，佩玉之傩。”

上举诗文中的佩玉，男女均可佩挂，且可赠送。因知，此类佩玉与上文提及的、作为命服的佩玉不同，应是生活中的饰玉。

综上，至迟自西周开始，佩玉已成为命服以及生活服饰中的一部分。

近年，在山西曲沃曲村 M6214、陕西长安张家坡 M58、以及河南二门峡上村岭 M2001 等西周墓葬中，出土了一些“组玉佩”[54]。对于这些组玉佩的构成以及系结方式，学术界有所讨论[55]。

周人慎终追远，两周彝铭恒语“追孝”，故《礼记·中庸》云“事死如事生，事亡如事存”。然而，此类语句侧重是言生者对亡者应持有的态度。入殓的随葬品与生时所用存在较大的差异，此即古代礼学家所说的“死异于生”。如，冠为周时成年男子必备之物，年满二十即行加冠之礼，其事见于《仪礼·士冠礼》；而亡时入殓则免冠，且改用桑笄，此事即《仪礼·士丧礼》所云“鬠笄、用桑”。此种“死异于生”的事例，在田野考古发掘之中，我们时常可以见到。如，出土的玉覆面决非是生前所用。

目前尚无任何证据表明，上文所列举的组玉佩是墓主生时佩带之物。因此，本文不以其作为依据，来研究上文提及的、作为命服以及现实生活服饰中的西周佩玉的有关情况。

战国时期是中国古代历史进程中一个极为重要的发展阶段，在这一时期，政治、经济、军事、思想文化各个领域均发生了翻天覆地的变化。礼崩乐坏，层层僭越，如此，此时的佩玉制度又是怎样的面貌?

“灵衣兮被被，玉佩兮陆离”。辞句节选于《九歌·大司命》，其大意是言，诗人自身得依随司命，被服神衣，被被而长，玉佩众多，陆离而美[56]。虽然神思飞荡的遐想浪漫贯穿于屈原作品之中，然而诗人对于佩玉的描写是本于现实。此处诗文中提及的、所佩带的众多玉饰当是“佩玉”。

《左传·定公三年》云“蔡昭侯为两佩与两裘以如楚”，杜预注：“佩，佩玉也。”

又《左传·哀公十三年》记吴申叔仪乞粮于公孙有山氏：曰：“佩玉繠兮，余无所系之。”

在战国楚简之中，楚人的佩玉情况有所记载；并且，在洛阳中州路西工区东周墓[57]、信阳二号楚墓[58]、江陵武昌义地楚墓[59]，以及荆州纪城一号楚墓的出土材料上[60]，也保留了这一时期佩玉的部分情况。综合这些材料，使我们得以对战国时期，尤其是楚人的佩玉进行粗略的考察。

据楚简文记录，佩玉或用为祭品，或作为随葬品[61]。

简文中关于佩玉的称谓大别有两种：一是具体玉器名称，如：

1. 高归佩玉一环柬大王……（望 1：28）

2. ☐圣逌王、卲王各佩玉一环，东宅公佩玉一环。（望 1：109）

3. ☐举祷佩玉，各㻌璜。册告自文王以就圣逌王各束锦加璧。（新甲三：137）

4. 文夫人，举祷各一佩璧。……（新乙一：13）

5. 赛祷大佩玉一环，后土、司命、司禄各一小环。大水佩玉一环，二天子名一小环，侸山一玦。（包 213 — 214）

由上揭简文可知，环、璜、璧与玦均可单独为佩玉。此种以单器为佩的情况，在典籍之中有载。

《礼记·玉藻》记“孔子佩象环五寸而綦组绶”。虽然孔子佩象环，而非玉环，但是其与上录简文所记有相同之处，即以单器为佩。

二是浑言称佩，例：

1. 王、文君。举祷于昭王、献惠王、文君各一佩玉。辛未之日祷之。☐（新乙一：21、23）

2. 璧、琥，择良月良日归之。且为巫纓佩。速巫之。……（包 219）

上节录简 2 大意是，以璧、琥和佩作为祭品进行祈祷[62]。文中“纓”，读为绷[63]。《说文》：“绷，束也。”“佩”是楚简文中用作佩玉之佩的专字[64]。简文“为巫绷佩”意即为巫（神祇）结佩。佩玉言结，其构成必非单件，应是上文提及的“佩玉”。又例：

1. 一革带，佩：一□□□，一由，一耑环。一绯带，一双璜，一双琥，一玉钩，一环。……（望 2：50）

2. 一素绯带，有□钩，黄金与白金之错，其佩……（信阳楚墓 101 号简）

上揭简文 1、2 分别节录于望山二号楚墓与信阳楚墓遣策，其上所记是随墓主入葬的器物。两则简文中共记有三条腰带。

其中，简文 1“一耑（端）环”、“一玉钩，一环”与简文 2“有□钩，黄金与白金之错”，是指带钩以及与带钩配合使用的带环。两则简文中的“佩”（珮）是承上文革（绋）带而言，即指附于带上的佩玉[65]。而简文 1“一双璜，一双琥”则是简中所记第二条腰带上所附一组佩玉的具体构件。

有关楚人佩玉的具体系结型式在信阳二号楚墓、江陵武昌义地楚墓及荆州纪城一号楚墓出土的彩绘木俑身上可以见到，如图四。随葬木俑是当时的一种风气，在长沙仰天湖等战国楚墓中均有发现[66]，并且在曾侯乙墓及望山二号楚墓的遣册中也有记载[67]。这些随葬的木俑即《周礼·春官·冢人》所言“象人”。木俑身上的彩绘服饰及佩玉无疑是人世间现实生活的写照。从图中可以看到，木俑身上的佩玉均是附于腰带而下垂，此与上揭简文所记正合[68]。

当然，佩玉的系结方式亦如图四中所示，不会等齐划一。等级身分不同，佩玉的用材以及编结方式的复杂程度也会随之而异，如前文引《礼记·玉藻》所言。上举望山简文中由，“一双璜，一双琥”构成的佩玉应如何连结，尚无从无知晓，仅从木俑以及其他材料中得以启示。

图四　玉人及墓俑

1.洛阳中州路西工区东周墓　2.信阳2号楚墓　3.荆州纪城1号楚墓　4.江陵武昌义地楚墓　5.信阳2号楚墓

又上举简文 1“一革带，佩：一□□□一由”中的“一由”，是就附于此条腰带上的佩玉而言。在战国楚简中，“由”与“思”为一字，由是思之省[69]。如此，“一由”即“一思”。

信阳楚墓遣策简 2—02 记：“一司翲珥，一司齿珥。”

上简文所记是两付瑱，即一付翲瑱，一付齿瑱[70]。“司”作为玉饰的量词又见于它处记载，如《齐侯壶》“于上天子用璧，玉佩一嗣。于大无嗣折，于大嗣命用璧、两壶、八鼎。于南宫子用璧二、佩玉二”[71]。铭文中“嗣”即“司”[72]。上举简文 1“一思”之“思”，与“司”相通，如《周礼·地官·司市》云“上旌于思”，郑注：“思当为司字，声之误也。”[73]由此：简文 1 之“一思”，即为“一司”，是革带上佩玉的量词。

四　玉　缫

在周人的用玉礼制之中，又有系玉的丝带即“缫”。如《仪礼·聘礼记》说朝天子以及问诸侯所用瑞玉：“皆玄纁系，长尺，绚组。”郑注：“采成文曰绚，系，无事则以系玉，因以为饰。皆用五采组。”又《周礼·考工记·玉人》：“天子圭中必。”郑注：“必读如鹿车縪之縪，谓以组约其中央，为执之以备失坠。”此“中必”即上引《仪礼·聘礼记》之“绚组”[74]。《仪礼·聘礼》曰：“贾人西面，坐，启椟，取圭，垂缫，不起而授宰。宰执圭，屈缫，自公左授使者。”文中“垂缫”与“屈缫”皆据玉缫而言[75]。《山海经·中山经》云祭品用玉：“婴用吉玉，采之。”郭璞注曰：“又加以缯彩之饰也。”又云“婴用圭璧十五，五彩惠之”。郭璞注：“惠，犹饰也。”可知，文中“采之”与“五彩惠之”意同上文《仪礼·聘礼记》之“五采组”[76]。

《左传》襄公十八年记，晋侯伐齐，将济河，献子以朱丝系玉二珏，向河祷告，并沉玉。文中用于系玉的“朱丝”即是“缫”。由此，典籍之中系玉的丝带即“缫”，有别称组，称必者，又有直言丝者。

在战国楚简文中发现有使用“玉缫”，如：

1. **有二环，红组之绥。……**

2. **革带有玉环，红组。**

上揭两简出自仰天湖遣策[77]。简文1中“绥”即“緌”，如《礼记·玉藻》及《仪礼·士冠礼》中冠緌之字，两经旧本中多作绥[78]。“緌”，或指注于古代旌旗之上的牦牛尾饰，如《礼记·明堂位》注曰：“緌，谓注牦牛尾于杠首。”或指古代帽带的下垂部分，如《礼记·内则》“冠緌缨”，孔颖达疏：“结缨颔下以固冠，结之余者，散而下垂，谓之緌。”要之，“緌”多训为有下垂貌的穗状装饰[79]。

上举简文之中，“红组”用于玉环，可知其即是“缫”。由此证明，典籍之中有关玉缫的记载属实可信。

此外，在传世以及考古发掘品之中，时常可以见到“圭”的下端有一圆孔。此孔即是用于系缫，亦即上文引《周礼·考工记·玉人》“圭中必”之意；而非是“不使用时悬挂之用”[80]。

注释：

[1] 24批楚简包括《楚系简帛文字编》中所记22批与上海博物馆藏及新蔡葛陵楚墓所出。本文据作者博士论文《楚礼新证——楚简中的纪时、卜筮与祭祷》（北京大学考古文博学院2004年博士学位论文）有关章节改写而成，相关情况请参见此文。

[2] 史树青：《长沙仰天湖出土楚简研究》，群联出版社，1955年。

[3] 河南省文物研究所：《信阳楚墓》，文物出版社，1986年。

[4][5] 湖北省文物考古研究所、北京大学中文系编《望山楚简》，中华书局，1995年。

[6] a. 滕壬生编《楚系简帛文字编》，湖北教育出版社，1995年；b. 王明钦：《湖北江陵天星观楚简的初步研究》，北京大学考古学系1989年硕士学位论文。

[7] 湖北省文物考古研究所、北京大学中文系编《九店楚简》，中华书局，2000年。

[8] a. 荆沙铁路考古队：《江陵秦家嘴楚墓发掘简报》，《江汉考古》，1988年第2期；b. 滕壬生编《楚系简帛文字编》，湖北出版社，2008年。

[9] 滕壬生编《楚系简帛文字编》，湖北教育出版社，1995年。

[10] 湖北省荆沙铁路考古队：《包山楚简》，文物出版社，1991年。

[11] 河南省文物考古研究所编《新蔡葛陵楚墓》，大象出版社，2003年。

[12] 在祭礼之中，礼神之玉与燔瘗之玉有别。《周礼·春官·大宗伯》孙诒让疏云，盖礼神之玉，有一定之制度，祭毕则藏之；燔瘗之玉，但取备物，其形制必沽而小。

[13] “升”即“庋悬”，见《周礼·春官·大宗伯》孙诒让疏。

[14] 人鬼祭祀又有在郊外为坛祭之者，详见《楚礼新证——楚简中的纪时、卜筮与祭祷》第三章第四节。

[15] 见拙文《楚礼新证——楚简中的纪时，卜筮与祭祷》，北京大学考古文博学院2004年博士学位论文，`第三章。

[16] 见此职及《周礼·春官·大司乐》及孙诒让疏。

[17][18] 见《周礼·春官·大宗伯》郑注。

[19] 见《楚礼新证——楚简中的纪时、卜筮与祭祷》。

[20] 由其他简文可知，简5、7、10中“三楚先”为老僮、祝融、穴畬。

[21] 见唐孔颖达疏。

[22][24][40] 见《周礼·春官·大宗伯》孙诒让疏。

[23] 夏鼐先生认为显然是战国时代的儒家思想。与本文理解不同。见《汉代的玉器——汉代玉器中传统的延续和变化》，《考古学报》1983年第2期。

[25] 夏鼐先生将璧、琮、圭、璋、璜、琥六种玉器称为“六瑞”，意即六种瑞玉。与本文理解不同。见《商代玉器的分类、定名和用途》，《考古》1983年第5期。

[26] 见《周礼·秋官·小行人》孙诒让疏。

[27][30] 见《周礼·春官·典瑞》孙诒让疏。

[28][31] 夏鼐：《商代玉器的分类、定名和用途》，《考古》1983年第5期。

[29][36]《周礼·考工记·玉人》孙诒让疏。

[32] 孙庆伟：《周代墓葬所见用玉制度研究》，北京大学考古文博学院2003年博文论文，第134—135页。

[33] 同[32]，第150、157页。

[34] 关于楚简中的“享玉”问题，请参见拙文《战国新蔡葛陵楚简中的“享玉”制度》，《中国历史文物》2005年第4期。

[35] 中国社会科学院考古研究所编著《殷墟花园庄东地甲骨》，云南人民出版社，2003年。

[37] 安徽省文物考古研究所编《凌家滩玉器》，文物出版社，2001年，第102页，图版107。

[38] 整理者认为其形似殷墟出土的牙形玉璧，见中国社会科学院考古研究所编著《殷墟花园庄东地甲骨》第6册，云南人民出版社，2003年，第1629页。

[39] 河北省文物研究所：《嚳墓——战国中山国国王之墓》，文物出版社，1996年，第541页。

[41] 同[32]，第135页。

[42] 同[32]，第153页。

[43] a. 拙文《〈山海经〉之“婴”与楚卜筮简中“瓔”字浅说》，《古文字研究》第25辑，中华书局，2004年，第369—373页；b. 拙文《楚礼新证——楚简中的纪时、卜筮与祭祷》有关章节对楚简中的其他用玉制度有论。

[44] 同[10]，第3页。

[45] 秦家嘴楚墓墓主等级，原简报未定。出土此批竹简的墓葬均为小型墓，由此，墓主的身份不会超过士，暂定为庶人。见《江陵秦家嘴楚墓发掘简报》,《江汉考古》1988年第2期。关于包山楚墓、天星观一号楚墓、新蔡葛陵楚墓、望山楚墓的墓主等级情况，见《包山楚墓》,文物出版社，1991年，第337页;《新蔡葛陵楚墓》,大象出版社，2003年，第185页。

[46] 关于楚简中的“享玉”问题，请参见拙文《战国新蔡葛陵楚简中的“享玉”制度》,《中国历史文物》2005年第4期。

[47] 请参见拙文《战图新蔡葛陵楚简中的“享玉”制度》,《中国历史文物》2005年第4期。

[48]《礼记·玉藻》:“韠下广二尺，上广一尺，长三尺，其颈五寸。肩，革带，博二寸。”郑注:“颈五寸，亦谓广也。颈中央，肩两角，皆上接革带以系之，肩与革带广同。凡佩，系于革带。”孔颖达正义:“韠、佩并系于革带者，以大带用纽约，其物细小，不堪系韠、佩故也。”

[49][51][52] 见《周礼·天官·玉府》孙诒让疏。

[50] 唐兰先生认为，金文中“黄”不是“珩”，而是用于系市的带子。见《毛公鼎“朱韨、葱衡、玉环、玉瑹”新解——驳汉人“葱珩佩玉”说》,《唐兰先生金文论集》，紫禁城出版社，1995年。陈梦家先生和日人林巳奈夫也表达了类似观点，分别见《西周铜器断代》,《考古学报》1956年第1—4期;《西周时代玉人像之衣服及头饰》,《故宫季刊》第10卷第3期。

[53] a. 郭沫若:《金文丛·考释黄》,《郭沫若全集》,科学出版社，2002年，第349—374页；b. 郭宝钧:《古玉新诠》,《历史语言研究所集刊》第20本下册，1949年。

[54] a. 北京大学考古系编《燕园聚珍》,文物出版社,1992年；b.《中国玉器全集》卷一,河北教育出版社,1993年;c. 北京大学考古系等:《天马—曲村遗址北赵晋侯墓地第五次发掘》,《文物》1995年第7期。

[55] a. 孙机:《周代的组玉佩》,《文物》1998年第4期；b. 孙庆伟:《周代墓葬所见用玉制度研究》，北京大学考古文博学院2003年博士学位论文。

[56] 见王逸注。

[57] 洛阳中州路西工区出土玉人，见 *Mysteries of Anāent China*.fig.73.

[58] 河南省文物研究所:《信阳楚墓》，文物出版社，1986年。

[59] 江陵县文物局:《湖北江陵武昌义地楚墓》,《文物》1989年第3期。

[60] 湖北省文物考古研究所:《湖北荆州纪城一、二号楚墓发掘简报》,《文物》1999年第4期。

[61] 分别见于楚卜筮祈祷简文与遣策之中。

[62] 详见拙文《楚礼新证——楚简中的纪时、卜筮与祭祷》。

[63] 同[10]，第56页，考释(433)。

[64][65] 同[4]，第96页，考释(56)。

[66]《长沙仰天湖战国墓发现大批竹简及彩绘水桶、雕刻花板》,《文物参考资料》1954年第3期。

[67] a. 同[4]，第127页，考释(124);b. 裘锡圭、李家浩:《曾侯乙墓竹简释文与考释》注释[279]、[280],《曾侯乙墓》，文物出版社，1989年，第487—531页。

[68] 孙机先生对此有论。见《周代的组玉佩》,《文物》1998年第4期。

[69] 同[15]第二章第四节。

[70][72] 刘雨:《信阳楚简释文与考释》，河南省文物研究所编《信阳楚墓》，文物出版社，1986年，第135页。

[71] 刘雨先生云，金文中玉可称“嗣”，如齐侯壶铭“于南宫子用璧二备、玉二嗣”,庚壶铭“商之以玉嗣”。见《信阳楚简释文与考释》,河南省文物研究所编《信阳楚墓》,文物出版社，1986年，第135页。

[73] 高亨:《古字通假会典》，齐鲁书社，1997年，第411页。

[74] 见《周礼·考工记·玉人》孙诒让正义引贾公彦疏。

[75] 见《仪礼·聘礼》胡培翚疏引江筠、戴震说。

[76] 罗新惠先生认为“五采惠之”即以五彩绘饰玉器。与本文理解不同。见《说新蔡楚简“嬰之以兆玉”及其相关问题》,《文物》2005年第3期。

[77] a.《楚系简帛文字编》1004页；b. 彭浩:《战国时期的遣策》,《简帛研究》第2辑，法律出版社，1996年，第48—58页；c. 史树青:《长沙仰天湖出土楚简研究》,群众出版社，1955年。

[78] 见《周礼·天官·夏采》孙诒让疏。

[79] 清段玉裁云:“緌者下垂之意,故系于冠缨为饰者谓之緌,旌旗之旄亦谓之緌。”见《周礼·天官·夏采》孙治让疏。

[80] 夏鼐:《汉代的玉器——汉代玉器中传统的延续和变化》,《考古学报》1983年第2期。

(原文刊于《中国玉文化学论丛》2006年第4编)

河南新野画像砖戏车图像考议

陈成军

20 世纪 80 年代，为充实“中国通史”陈列，原中国历史博物馆从河南征调了一块河南新野出土的平索戏车车骑出行图画像砖。与此内容相似的画像砖在该地多有发现，亦先后见诸报道。有的学者认为，这些画像砖上的戏车图像以写实成分为主，反映了中国古代杂技艺术的高度成就； 有的认为它们与官吏出行有关，为汉代车骑制度的重要补充；有的认为它们展示了戏车将要登桥的场面，是表现高超技艺时设下的伏笔。本文试对此问题进行探讨，不当之处，尚祈指正。

一

汉代是中国百戏发展的重要历史时期。宋末元初的马端临在《文献通考》中曾对汉代众多的百戏项目有较为全面的概括：“杂戏盖起于秦汉，有鱼龙蔓延、安息五桉、都卢寻橦、丸剑、戏车……跟挂、腹旋、吞刀、履索、吐火、激水、转石、嗽雾、扛鼎、象人、怪兽、合利之戏。”[1]戏车是其中大型杂技项目之一。

图一

图二

戏车图像在河南新野汉画像砖上屡有发现，多是双车双橦联索的表演。根据构图方式，其戏车图像大致可分为三种情况：

（一）河南新野任营村斜索戏车图画像砖

此画像砖最右为一座拱桥，因砖残断未知桥上情况。桥左一骑者肩旗缓辔前行，其上方为一飞马回首、弯弓遥射的骑者。两骑者之后为两辆奔驰的戏车，车上各建一橦，舆内各乘一驭手和一伎。前辆戏车橦顶之横木右端有一伎倒挂，两臂平伸，掌心内各置一圆球。其中左掌心圆球上一伎作金鸡独立，两臂弯举，手中各托一丸，似在作弄丸表演，右掌心圆球上一伎叉腰半蹲。后辆戏车橦顶蹲一伎，两臂斜垂，左手挽一绳索上端，绳索下端为前辆戏车舆内之伎所握，而一上身裸袒之伎正沿斜索而上（图一）[2]。

（二）河南新野樊集村平索戏车车骑出行图画像砖

此画像砖中部为一拱桥，桥下一人荡舟，水中鱼、龟游动。桥上两车、两骑吏向右行驶，有两人恭立桥头，候迎车骑。车骑上方为一猎手狩猎和两武士格斗的场面。桥左端为两辆奔驰的戏车，车上各建一橦。前辆戏车橦顶蹲一伎，左手拉一与后辆戏车橦顶相连的软索，右手执一身体悬空之伎之足；另一伎则双手握橦，身体悬空呈水平状。后辆戏车有一伎正缘橦而上。在连接双橦的软索上，一伎作倒悬跟挂动作（图二）[3]。

（三）河南新野樊集村平索戏车车骑出行图画像砖

据发掘者认为，此画像砖被切割成两部分，从拼合的图像看，是一幅完整无损的戏车和车骑出行场面。在画像砖左部，前后奔驰的两辆戏车各建一橦。前辆戏车橦顶蹲一伎，他右手执一软索，其另一端与后辆戏车橦顶相连；左手执一软索，其另一端为飞马拉拽的一伎所执。车橦下方有一伎正缘橦而上，上方一伎正双手执橦，身体悬空呈水平状。后辆戏车橦顶有一伎作倒立。前后两条软索上均有两伎在表演，前软索中部有一伎在荡索；后软索中部有一伎倒挂，其一手执在前辆戏车车橦上作身体悬空表演之伎之足；另一手执在后辆戏车车橦作表演之伎之手。此两伎仿佛在戏车高橦上借助在软索上倒悬跟挂之伎的力量作腾跳易橦等动作（图三）[4]。

图三

对于这些戏车图像，学者们首先从杂技艺术方面给予了高度的评价。有的学者认为，任营村戏车图像把寻橦和履索两个难度较大的技艺结合起来，堪称中国古代杂技的精华所在[5]。对于内容更为复杂的樊集村戏车图像，有的学者认为，在车马飞奔的情况下，我国汉代能表演如此的惊险场面，是无法想象的。一个个准确、和谐、高超而惊险的动作，令人叹为观止[6]。有的学者还认为，这些超出文献记载水平的戏车表演应以写实成分为重[7]。另外，有的学者还从车骑制度方面进行了研究，认为樊集村戏车图像的总体内容属汉代的车骑出行场面，而汉画中的车骑出行场面和史家的记载多是出行队列后布置乐队，或“妻妾乘辎軿，子弟从兵骑”，尚未见到出行队伍后跟随戏车的场面。樊集村戏车图像为我国汉代官吏车骑出行提供了新内容[8]。

二

汉代文献关于戏车的记载较为匮乏。除《汉书·东方朔传》中有“设戏车，教驰逐，饰文采，聚珍怪”[9]的记载外，较为详尽的记载仅见诸张衡的《西京赋》和李尤的《平乐观赋》。因此，为正确认识汉赋中关于戏车的描述，首先有必要了解汉赋夸张、铺陈的艺术特点。

著名学者李泽厚先生在《美的历程》中曾对汉赋有一番颇为精彩的论述：“尽管有所谓‘讽喻劝戒’，其实作品的主要内容和目的仍是在极力夸张、尽量铺陈天上人间的各类事物，其中又特别是现实生活中的各种环境事物和物质对象：山如何，水如何，树如何，鸟兽如何，城市如何，宫殿如何，美女如何，衣饰如何，百业如何，充满了汉赋的不都是这种铺张描述么？文学没有画面限制，可以描述更大更多的东西。壮丽山川、巍峨宫殿、辽阔土地、万千生民，都可置于笔下，汉赋正是这样。尽管是那样堆砌、重复、拙笨、呆板，但是江山的宏伟、城市的繁盛、商业的发达、物产的丰饶、宫殿的巍峨、服饰的奢侈、鸟兽的奇异、人物的气派、狩猎的惊险、歌舞的欢快……在赋中无不刻意描写，着意夸扬。”[10]汉石刻专家李宏先生的论述也切中肯綮：“面对社会太平、物产繁茂、文明丰富的现实，汉文学家感于诗辞之拘谨，而纷纷趋之于赋，众多作品汇成一个时代特征的整体——其思汪洋恣肆，其文恢弘巨丽，其辞广征博采，其音振玉贯珠。社会形势引导了汉人的审美趣向，物质和精神财富的尽情享用助长了浮华、虚夸的性情泛滥。在知识和艺术的表达方式上，也以文辞繁富、洪篇巨制为上。”[11]均将汉赋夸张和铺陈的艺术特征表述无遗。汉代张衡的《西京赋》和李尤的《平乐观赋》在描述戏车表演时正是秉承了汉赋的这种特点。张衡《西京赋》云："尔乃建戏车，树修旃。侲僮程材，上下翩翻。突倒投而跟絓，譬陨绝而复联。百马同辔，骋足并驰。撞末之伎，态不可弥。弯弓射乎西羌，又顾发乎鲜卑。"[12]李尤《平乐观赋》云："戏车高橦，驰骋百马，连翩九仞，离合上下。"更为重要的是，戏车一旦任由马匹纵横驰骋，势必造成严重的后果。李尤的《平乐观赋》中对此也有客观的叙述："或以驰骋，覆车颠倒。"[13]这说明驰骋中的戏车表演在当时确实存在，但"覆车颠倒"的后果说明这种表演并不成熟。因此，漠视汉赋中对戏车表演夸张和铺陈的描述，一味地认为这些辞赋正是汉代戏车图像的生动证明[14]，这样的推论很可能会偏离实际；而忽略李尤对戏车驰骋表演的客观记载，认为汉画中戏车的驰骋表演以写实为主，代表了汉代杂技的最高水平，这种说法亦难以令人信服。

汉赋铺陈、夸张的艺术特点是正确理解戏车图像的关键，而汉画像的装饰特征则是合理认识这些戏车图像的另一重要因素。不可否认，写实、传神的作品在汉代取得了重要成就，但我们还应该注意装饰性在汉代艺术中的突出地位。在汉代装饰艺术与写实的结合中，装饰因素始终处于被强调的突出地位。据研究，汉画像在诸多表现形式上，装饰手段都占上风。以汉画像石为例，它采取平列散点透视的构图方式，事物造型没有固定的视点，在一个平面上集中了不同场景中的不同对象，天上人间、四面八方都在同一视平线上排列叠加，上下左右有条理、有节奏地展开。这种包罗万象的构图方法所产生的时空感是造成汉代画像石艺术装饰效果的重要因素。出于对现实的表现和赞颂，人们还往往用主观的审美旨意改造客观形象。在外观特点的有效表现中，不少画像石就利用纯熟的夸张和变形，来和心灵的情趣谐同，以追求理想化的形象再现[15]。出于对汉画艺术这种装饰特征的认识，我们有必要对戏车图像的构图方式和表现手法给予更多的关注。

基于上述认识，我们现对新野的三种戏车图像做具体分析。对于任营村斜索戏车图像，有学者是这样描述的：后辆戏车橦顶蹲一伎，与前辆戏车的车伎互相注目，同心协力拉着一根软索。后辆戏车驭手仰首望索，紧勒马缰，控制车速，使之慢于前车，保持两伎所拉软索呈斜向直线状态。令人惊叹的是，斜索中间一伎正向上递步，其两臂自然上翘，以保持身体平衡。由于软索为飞车联索，倾斜 56 度，履索难度远远超过平地设平索技艺，堪称汉代杂技之精粹。该学者还认为，该图像中的内容与文献记载相符，而两辆戏车联索、斜向履索的技艺则远远超出文献记载的水平。从画像风格看，所见飞车联索斜上之伎，应为写实。就是倒挂托双伎的瞬间绝技，从我国富有悠久历史的气功效果上看，伎人裸胸袒腹，肌肉隆起，强健有力，也应以写实成分为重[16]。其实，这样的描述和推论都带有浓厚的主观色彩，缺乏足够的客观依据。在任营村斜索戏车图像中，两辆戏车并非匀速运动，前辆戏车速度远远快于后辆戏车。在这种情况下，后辆戏车橦顶伎人的左臂不仅要承受伎人履索时的力量，还要承受前辆戏车奔驰时所产生的拖拽力量。这两种力量使橦顶伎人很难保持身体平衡，势必会出现李尤所说的"覆车颠倒"的情况。这样，后辆戏车驭手通过控制车速，使后辆戏车慢于前辆戏车，以保持软索的斜向直线状态的设想确实不切实际，而从容履索之伎的表演亦根本无从谈起。至于倒托两伎的表演，在平地上亦已难做到，更何况在奔驰的戏车上，而且两伎还要在倒挂之伎的两掌心圆球上作表演，令人无法想象。

对于构图更加复杂的樊集村平索戏车图像，有学者认为，该图像刻画出戏车将要登桥的场面，制造出了起伏的道路环境，这应是艺术家们在表现高超技艺时设下的伏笔。在平坦的大道上，两辆戏车能够和谐有致地进行表演，在通过有高低落差的拱桥时，必然造成两辆车的前后错落，车上的高橦一高一低，连接两车的软索亦必然发生倾斜。在这种情况下，伎人的平衡能力将受到严峻的考验。为行进途中的戏车设下这样的伏笔，正是要激起观众的悬念，双车过桥而又不中断演出无疑将是高难度的[17]。如前所述，李尤在《平乐观赋》中记载戏车在奔驰中表演容易出现"覆车颠倒"的危险，而面对这些戏车图像，学者们却认为在平坦的大道上，两辆戏车能够和谐有致地进行表演，这未免有点牵强。其实，樊集村平索戏车图像存在着与任营村斜索戏车图像同样的问题。在图二所示戏车图像中，两辆戏车并非匀速运动，后辆戏车的速度远快于前辆戏车的速度，这使得两辆戏车间的软索根本无法保持平直状态，并保证倒挂伎人的表演。前辆戏车橦顶伎人的左手无法成为所拽伎人身体处于水平状态的支点，所拽伎人之身体要想悬空并尽力和软索保持水平状态亦不现实。至于图三所示平索戏车车骑图，如果按照发掘者所言可以合二为一的话，那么前后两辆戏车是尾随拱桥上的车骑队伍而行，而在戏车前策马飞奔的伎人只能在拱桥奔驰的车骑队伍中“见缝插针”了。更不可思议的是，策马飞奔的伎人如何使所拽软索保持平直状态，并保证软索上的伎人飘飘欲飞而不受到桥上车骑队伍的干扰呢！如此表演，如果真是以写实成分为主的话，那么出现的就不仅仅是李尤所言“覆车颠倒”的悲剧了。

我们不仅要对这些戏车图像的写实程度进行适当的剖析，对戏车图像是否与当时的车骑制度有关也要审慎思考。有学者认为，樊集村戏车图像的总体内容属汉代车骑出行场面。汉代官吏出行时，前有开路的步卒、骑吏和导骑，后有保卫的骑吏以及随从军卒。车上装饰着各种仪仗，有些还有磬、笳、箫鼓吹，一路上吹吹打打，吆喝之声不绝于耳，以表现其地位和权势。《三国志·吴书·士燮传》描写东汉末年交趾太守士燮出行的情况：“雄长一郡，偏在万里，威尊无上，出入鸣钟磬，备具威仪，笳箫鼓吹，车骑满道。”车骑出行成为反映汉代官吏政治生活的一项重要内容[18]。其实，新野三种戏车图像并非仅图二有车骑出行的场面。图一画面虽然残损，但从肩旗缓辔前行的骑者和残存的车乘画面推断，戏车前当有一列车骑队伍。图三虽然系两块图像拼合而成，但是戏车前的车骑队伍清晰可见。那么我们是否可以据此认为戏车是汉代车骑制度的重要组成部分呢？显然不能。如前所述，从杂技技术方面考虑，这三幅戏车图像存在着诸多不合理的因素和夸张、铺陈的地方。很难说官吏在出行时，在其车骑队伍后面会跟随表演难度非常大、“覆车颠倒”事故随时可能发生的戏车。另外，在汉画像上，汉代艺术家常把不同场景中的事物汇聚到同一画面中进行表现，并都按照自己的思想予以大胆地铺陈和变化。这点在三幅戏车图像中亦有展示。图一除戏车和车骑队伍外，还有飞马回首、弯弓遥射的骑者。图二除戏车和车骑出行外，还有追逐野兽和二人对击的画面。图三除戏车和车骑场面外，还有猎人追逐野兽、驭手驾御瑞兽和数人跪拜的场景。值得注意的是，图三猎人追逐野兽的画面被安排在前辆戏车和在软索上飘飘欲飞的伎人之间，使整个画面带有明显的拼接痕迹。这样，尽管整个画面充满了各种事物，但有些已失去事物的本真，带有相当多的不合理因素。在这种情况下，我们怎能遽然认为本来是被拼合在一起的事物之间会有某种必然的联系呢！

总之，笔者无意否认汉代戏车杂技所取得的成就，只是就新野三种戏车图像技艺超出文献记载作一些具体的分析。戏车图像所存在的杂技方面的不合理因素和包罗万象的构图特点，说明它们不可能以写实成分为主，完全代表了汉代杂技艺术的最高水平，更不能贸然认为它们与汉代的车骑制度有关，是当时车骑制度的重要补充。

注释：

[1]《文献通考》卷一四七，浙江古籍出版社，1988年。

[2] a. 崔乐泉：《汉代戏车画像砖》，《中国文物报》1991年3月24日；b. 魏忠策：《罕见的汉代戏车画像砖》，《中原文物》1981年第3期；c. 魏忠策：《河南新野出土罕见的汉代杂技艺术画像砖》，《人民日报》1981年10月11日。

[3][6][8][18] 王如雷：《新野发现一块汉代戏车画像砖》，《中原文物》1989年第3期。

[4] a. 河南省南阳地区文物研究所：《新野樊集汉画像砖墓》，《考古学报》1990年第4期；b. 宋治民：《论新野樊集汉画像砖墓及其相关问题》，《考古》1993年第8期。

[5] 崔乐泉：《汉代戏车画像砖》，《中国文物报》1991年3月24日。

[7][16] 魏忠策：《罕见的汉代戏车画像砖》，《中原文物》1981年第3期。

[9]《汉书》卷六五，中华书局，1962年。

[10] 李泽厚：《美的历程》，天津社会科学院出版社，2001年，第131页。

[11][14] 李宏：《汉赋与汉代画像石刻》，《中原文物》1987年第2期。

[12] 费振刚等辑校《全汉赋》，北京大学出版社，1993年，第420页。

[13] 同[12]，第384页。

[15] 吕品、周到：《河南汉画中的杂技艺术》，《中原文物》1984年第2期。

[17] 李陈广：《汉画戏车浅论》，《汉画研究》1991年创刊号。

（原文刊于《中国历史文物》2005年第3期）

滇国佩饰

王永红

2004年新年伊始，中国边疆地区古代文化系列展之一——“云南文明之光——滇王国文物展”在中国国家博物馆隆重开幕。作为筹展组成员，笔者有幸亲眼目睹滇王国文物的精华，也聆听了许多专家的讲述。对滇国文物，尤其是佩饰有了一些肤浅的认识，特撰此文，希望能得到更多专家的指正。

滇国是西汉边疆的古国之一，以今滇池区域为中心，旁及周围数百里之地。战国末至西汉中期，为滇国的最繁荣时期。有关滇国和滇王的记载，最早见于司马迁的《史记·西南夷列传》：“西南夷君长以什数，夜郎最大；其西靡莫之属以什数，滇最大；自滇以北君长以什数，邛都最大。此皆椎结、耕田、有邑聚。其外西自同师以东，北至楪榆、名嶲、昆明，皆编发，随畜迁徙，毋长处，毋君长，地方可数千里。”当时云南以滇池区域为中心，是滇国统辖区，滇国的东部为夜郎国，北部有邛都国，西部以洱海区域为中心，即昆明国。滇国历史虽久，但受到中原王朝的注意，是在西汉武帝时。当时张骞出使大夏（今阿富汗），将见到的蜀布、邛杖的情况上报给汉武帝，并建议开辟由西南地区从身毒（印度）至大夏的道路，这样不仅路途近，而且可避免匈奴的干扰。汉武帝采纳了张骞的建议，几次派使臣探求身毒道，都因云南西部昆明国的阻拦而未能成行。也正因为此，西汉统治者才开始重视滇国。公元前112年，汉武帝先征服了两广的南越割据政权，兵临滇国的东南部。紧接着又灭掉滇国东部的夜郎国和北部的邛都国，使滇王更加孤立。西汉王朝曾派遣使臣劝说滇国降汉入朝，当时滇王依仗自己尚有实力，又有“同姓相扶”的劳浸、靡莫等部落的支持，没有把汉王朝放在眼里，甚至还对汉使者说：“汉孰与我大？”有意羞辱汉使者，拒绝投降。汉武帝听后很生气，于公元前109年，一举击灭滇国东北的劳浸、靡莫部落。滇王由于失去同盟者的支持，汉朝军队又紧逼滇池区域，只得降汉为臣。汉朝在原滇国领地设置益州郡（郡治滇池县，今晋宁县），并赐滇国统治者“滇王王印”，允许滇王继续统治原滇国领地[1]。西汉末年，内地大量汉族移民进入云南，云南的郡县制亦不断巩固，并逐步取代了滇王的地方政权。东汉初，滇国及滇王名称已很少见于史书记载。至东汉中叶，我国西南边疆

图一　杯形金饰

历史上长达数百年的滇国完全销声匿迹了。

由于特定的历史条件和特殊的地理位置，滇国与中原地区长期隔离，其文化很少受中原传统礼教的束缚，形成了自己独特的风格。云南自古以来又是多民族和多种文化的汇集地，其文化受了东南亚青铜文化、斯基泰艺术和北方草原文化等的影响。滇国是一个未发明文字的古王国，汉文献上有关滇国的记载也只寥寥数百字，其丰富的文化湮没在历史的岁月中，而大量的出土文物就像无字史笔，书写出了滇文化曾有的辉煌。滇国佩饰只是滇国文化的一个组成部分，希望能通过这一小小的窗口，来展示滇国文化特有的风貌。本文提及的佩饰，仅限于滇国所特有的，范围包括头饰、耳饰、项饰、腰饰和臂饰。

图二

（一）头饰：滇国的头饰除中原流行的簪和发针外，还有一种特殊的类似杯形的装饰品。如江川李家山68号墓出土的一对杯形金饰（图一），整体呈圆锥形，似一覆置的小酒杯，面刻阴线卷云纹，背空。一件背面近顶处有一横梁供穿缀佩戴；另一件背面相应的位置凿有两小孔，孔旁附着铁锈痕。出土时反扣在死者头部的两侧，说明其为两件一组对称使用的头饰。李家山69号墓出土的四舞俑铜鼓上的二俑，头部额角就戴有类似的头饰（图二）。

图三

（二）耳饰：据《华阳国志·南中志》和《后汉书·西南夷传》记载，云南古代有“儋耳蛮”，“其渠帅自谓王者，耳皆下肩三寸，庶人则至肩而已”。《说文》曰：“儋，垂耳也。”这里所叙述的“耳垂至肩”或“耳皆下肩三寸”，绝对不是指耳朵下垂肩部，而是指滇国特有的一种耳饰。滇国居民喜佩大耳环，如晋宁石寨山和江川李家山墓地均出土不少玉制大耳环，整体似玉镯，两侧有穿孔，便于佩挂。玉环的大小不一，大者直径约6厘米，小的也有2—3厘米，如果再加上系挂物，总长度均在9—10厘米左右。佩戴这样的耳饰，势必会下垂至肩部，有的甚至到了肩部以下。滇国青铜器上的人物，无论是骑士（图三）、舞俑，或是一般的劳作者，其耳环大都下垂至肩。滇国还有另外一种耳饰，佩戴时也可达到“下肩三寸”，如晋宁石寨山13号墓就出土了一组28件的玉耳饰（图四），大小相依有序，最大者直径4.4厘米，最小者2.1厘米，出土时相迭为一组，对称置于墓主左右耳部。

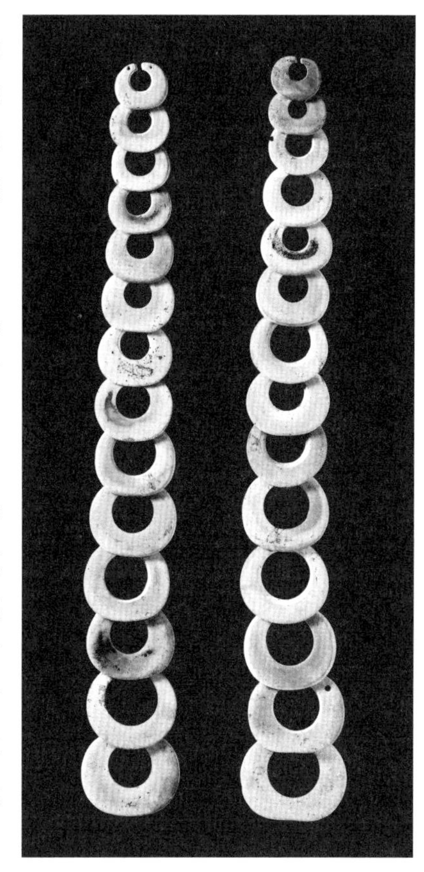
图四　玉耳饰

（三）项饰：滇国的项饰主要有三种：一种是金制的项链，即将许多圆形的金珠穿连在一起，系于颈项，并下垂至胸前，有的悬挂1或2条，也有的多至4或5条。凡金项链多出自滇国的大墓中，可见此类装饰品是专供统治阶层人物使用的。另一种为孔雀石小珠所制，在石寨山和李家山墓地的许多小墓中，尽管随葬品很少，或者根本无任何随葬品，但一串孔雀石小珠（图五）是少不了的。可见此类项饰是滇国中、下层男女都可佩戴的装饰品。第三种为用各种玛瑙珠管串缀成的项饰，表面经磨平抛光，色彩鲜艳绚丽，半透明，枣核状，两端截平，中央穿孔贯两端。在这种串饰中，有一种珠管曾引起学术界的关注，

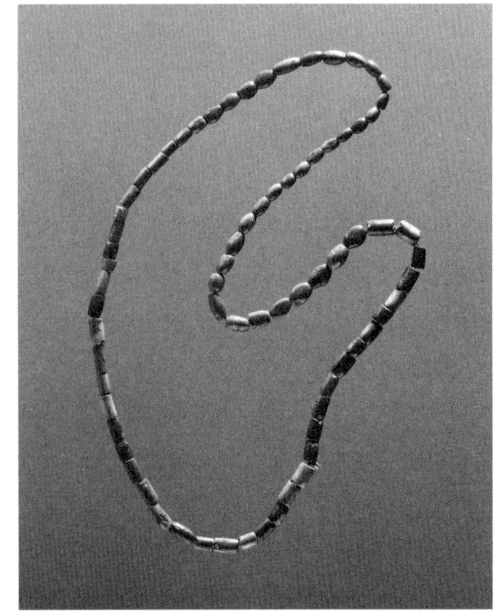

图五　孔雀石珠串饰

图六　金腰带及圆形铜扣饰

图七　圆形猴边鎏金铜扣饰

图八　四人乐舞铜俑

这种珠管为半透明圆柱形，肉红色，两端大小不一，表面饰数量不等的弦纹。中央穿孔较直，粗细较均匀，与玉器、玛瑙器等钻孔的工艺技术迥然不同。这种石珠称为肉红石髓，表面的弦纹并不是天然的，而是化学腐蚀而成，即称为蚀花工艺。此类蚀花工艺最早出现在西亚和南亚一带，包括巴基斯坦信德省的萨温城、印度的德里和康本拜，以及伊朗、伊拉克等地。滇国墓地中的蚀花珠可能是本地所制造，也可能是输入品。持外来说的专家认为，滇国的蚀花珠是从西亚或南亚输入的，其传入路线很可能是古代四川经云南至缅甸、印度的“蜀一身毒道”，传播者是四川商贾或侨居在云南西部地区的印度、缅甸居民[2]。

（四）腰饰：滇国各民族的腰饰比较丰富，从青铜器上的人物图像和出土实物看，主要有腰带、铜扣饰、带钩及短剑等。

滇国青铜器上多有腰佩扣饰或佩剑的人物形象，扣饰或剑悬挂在一根腰带上。江川李家山 51 号、47 号墓出土的金腰带（图六）及圆形铜扣饰准确直观地表明了这种腰带和铜扣饰的装饰作用。腰带用黄金锻打而成，前、后部上沿略高于两侧，周边凿有小孔一周，以缝缀在皮革腰带上，两端中间分别凿有一个和两个方形孔，位置可重合，出土时方孔内扣有圆形扣饰背面的矩形齿扣，两方孔可调节腰带之长短，金腰带上还錾刻卷云纹和曲线纹。圆形铜扣背面有矩形齿扣，正面内凹如浅盘，中央嵌一乳突形红玛瑙饰，其外镶嵌细密的绿松石和玉环，再外嵌绿松石，部分绿松石已有脱落，此器充分反映了滇贵族装饰之奢华。类似装饰作用的扣饰在石寨山和李家山墓出土了很多，而供悬挂于腰部的铜扣饰多为圆形，其表面均有玛瑙、

图九　龙纹金带钩

图一〇　有翼虎纹银带钩

玉石和孔雀石等镶嵌物，边沿多浮雕动物雕饰。如晋宁石寨山6号墓出土的一件圆形猴边鎏金铜扣饰（图七），周边有鎏金浮雕小猴一圈，首尾相接，形象生动，富于情趣。此扣饰鎏金与玛瑙相映生辉，工艺精湛，堪称难得的艺术珍品。腰部佩戴圆形扣饰的人物形象在滇国青铜器上很常见，无论是骑士、乐舞者（图八）或是执伞者，大都腰佩圆形扣饰。

图一一　二人盘舞鎏金铜扣饰

滇国墓地还出土大量铜扣饰，扣饰实际上是为连接革带或金带的两端，其功能与带钩相同，所以滇国居民极少使用带钩。在仅有的几件带钩中有的可能来自内地，如昆明官渡羊甫头出土的金带钩（图九），是用金片模压凸起一变形龙纹，龙身短小，臀部肥硕，身披丝带，脚踏祥云，龙身密布鳞甲，三角形双眼上镶有玻璃状透明物，龙头下有一只虎。这件带钩上的龙纹显然是受到了中原文化的影响，而其中的虎图案则是滇文化所特有的。滇国的带钩中有的甚至来自更远的中亚或西亚地区，如晋宁石寨山7号墓出土的有翼虎纹银带钩（图一〇），整体作盾牌形，前端较宽，转角处略呈弧形，后端较窄，转角方直。带钩的前半部有一弧形孔槽，槽内横装一齿舌，至今仍活动自如。空槽用以穿带，齿舌用以扣孔，这都是带钩上的必备之物。正面有突起的花纹，中间为一只有翅的飞虎，右前爪持一树枝物，昂首翘尾，雄视眈眈，形象极其生动。虎的双目用橙黄色琉璃珠镶嵌，全身错以极薄的金片和嵌有绿松石小珠，虎身后作山石或云气缭绕之状。制作工艺十分精湛。对它的产地问题，考古界有不同的看法，有专家认为这种翼兽是“古希腊的所谓亚述式有翼兽”，据此断定该带钩源于西亚或中亚地区[3]。

滇国居民喜好佩剑，不仅将军和战士佩剑，就连舞蹈和奏乐者、巫师，甚至执伞者和放牧人身侧都佩剑，似乎没有身份上的严格区别。如晋宁石寨山17号墓出土的四人舞乐铜俑和江川李家山69号墓出土的四舞俑铜鼓上的舞蹈者，都身佩短剑；晋宁石寨山13号墓出土的二人盘舞鎏金铜扣饰上的两个舞蹈者则身佩长剑（图一一）；晋宁石寨山13号墓出土的四人铃舞鎏金铜扣饰上的四个舞蹈者头戴筒状尖顶帽，右手执铃。

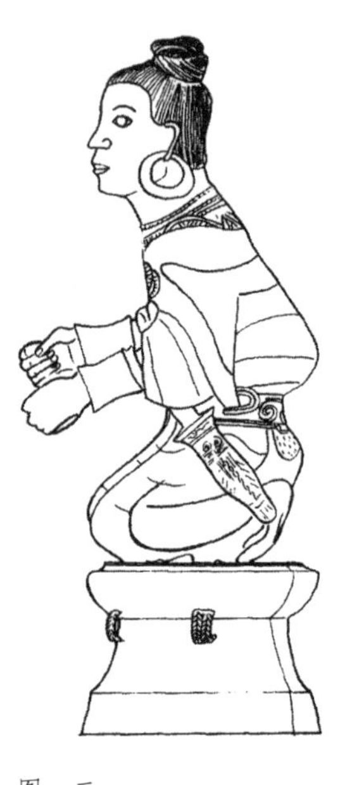

图一二

图一五

有专家认为这个饰物表现的是“滇人巫舞”[4]，这四个人是巫师，他们身侧都佩有短剑。晋宁石寨山和江川李家山大型墓葬中常出土执伞状的铜俑，这种铜俑出土时置于随葬铜鼓或贮贝器上，并位于棺木两端，似有导引灵魂之意。铜俑有男女之分，在男俑腰部左侧常常佩戴铜剑，有的剑鞘从外形看还相当精致（图一二）。晋宁石寨山71号墓出土的人形柄铜剑，剑首为空心，外形似一人形，裸体，双手置于胸前，双面对称。剑首顶部有一个圆孔。剑身饰螺旋纹和卷草纹。此类剑剑身较短，在战斗中很少使用，极有可能是一种装饰佩剑。官渡羊甫头113号墓出土的铜剑、铜削及组合铜鞘（图一三），更使人容易联想到这种器物的装饰功能。这组器物是同时出土，剑身窄长，蛇首形茎，茎饰连珠纹、直线纹和三角形镂孔；铜削柄为凹口椭圆形，

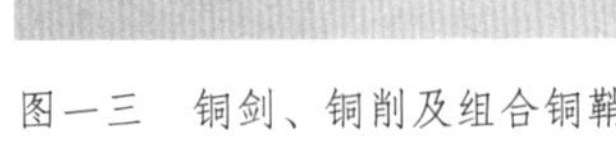

图一三　铜剑、铜削及组合铜鞘

图一四　嵌绿松石铜镯

铸旋纹、弦纹；铜鞘一侧插剑、一侧插削，鞘体有几何形镂孔，并饰双旋纹、三角齿纹等，背面有两穿以便系挂，这种组合式铜鞘在滇文化中是首次发现。剑既为防身的短兵器，也有装饰作用，而削就如今天的小刀，具有广泛的用途。剑与削是滇族男子的必备之物，将剑和削插入同一鞘中，既方便实用又匠心独具。

（五）臂饰：滇国的臂饰主要是镯和臂环，镯有金、铜和玉制品，多佩于手腕和肘部，有的手腕佩一镯，有的四五镯重叠，布满整个手肘，相当于钏。如江川李家山23号墓出土的一套8件嵌绿松石铜镯（图一四），出土时四镯一组分别佩戴于墓主人左右手臂上。镯面均镶嵌两周绿松石，青黑的铜色与绿松石相间衬托，使镯色显得幽雅，增加了美感和艺术效果。晋宁石寨山1号墓还出土有一组30件的金镯，用薄金片打制而成，外表有压印的瓦纹一道，上下边沿有锥刺圆点纹，出土时成组戴于墓主手臂，当为装饰手臂的金臂钏。金钏全部出自石寨山和李家山西汉中期至东汉早期的大墓中。晋宁石寨山20号墓出土的执伞铜女俑手臂就戴有这种钏（图一五）。

图一六　宽边玉镯

图一七　骑士猎鹿铜扣饰

滇国臂饰中最特殊的是一种宽边玉镯（图一六），因其形象类似中原的玉璧或玉瑗，曾使人们对它的用途有所误解。这种玉镯在墓葬中大多出自墓主的手臂上，有的和铜镯同时使用；有的镯上还附有死者的肘骨残片，因此其为臂饰应确定无疑。这种玉镯的内沿皆有突起的唇边，是为加大与手臂的接触面，不致在戴镯时磨破皮肉。滇国青铜器图像上戴此宽边玉镯者也为数不少，其中有狩猎的勇士（图一七）、全身着盔甲的战士、舞乐者，也有滇国的社会上层人物。可见戴这种宽边玉镯也没有太严格的职业和等级限制。

滇国佩饰丰富多彩、造型奇特，与中原同时期战国、两汉时期的佩饰有很大区别，它很少受等级和职业的束缚，具有普遍性。另外，滇国是一个多民族的王国，其佩饰也具有民族融合的特点，更加开放自由，装饰性远大于实用性，不象中原的佩饰过于严肃和规范化，使人感到庄重神秘有余，生动活泼不足。小小的佩饰浓缩了历史的发展，形象地反映了滇国历史的一个侧面。

注释：

[1]《史记·西南夷列传》，中华书局，1982年。

[2]作铭：《我国出土的蚀花的肉红石髓珠》，《考古》1974年第6期。

[3]张增祺：《滇国与滇文化》，云南美术出版社，1997年，第291、294页。

[4]张瓔华：《滇人青铜器巫舞图像析论》，《民族艺术研究》1989年第2期。

（原文刊于《中国历史文物》2004年第1期）

孔望山摩崖造像中涅槃像的图像特征及其年代

王 睿

孔望山是位于江苏省连云港市海州区东北2.5千米的一座孤立小山，山体、山前开阔地带和山峰上分布有各种石刻遗迹（图一）。山体南麓最西端的岩块被劈削、凿平形成大小不等的平整立面，上面有用剔地

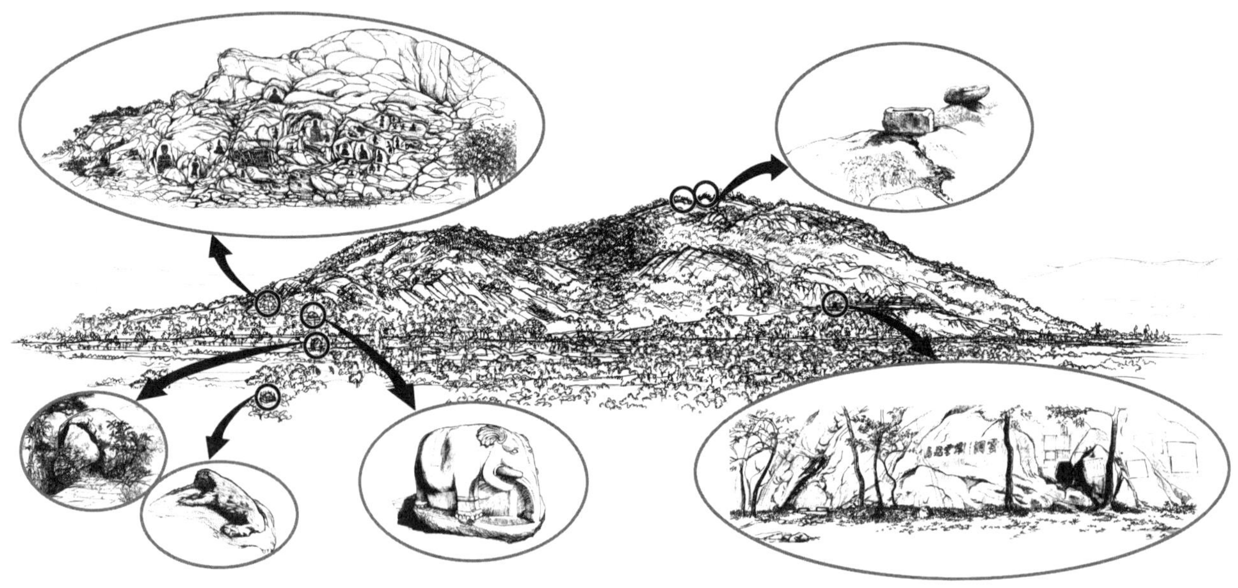

图一 孔望山遗址石刻遗迹分布图（丁晓愉 绘）

图二 孔望山摩崖造像全景（宗同昌 摄）

浅浮雕技法雕造的崖面造像和在崖面造像间零散分布的小龛（图二）。1981年公布了摩崖造像的调查结果，其中也涉及了分布在山前开阔地带上的石象、石蟾蜍和碣形石碑座（文中称为“馒头”状巨石）等石刻遗迹的材料[1]。

1980年史树青识别出孔望山摩崖造像中存在“涅槃”等佛教造像内容，并根据石刻风格认为时代属于东汉时期[2]，由此引发了关于孔望山摩崖造像年代和图像学意义的热烈讨论，关于其年代的认识总括起来大致可以分为东汉晚期和魏晋以降两种观点。

持东汉晚期说的有阎文儒[3]、俞伟超和信立祥[4]、步连生等诸位先生[5]，他们分别论述了其作为东汉晚期艺术作品的根据，并得到了大批汉画像石专家的赞同[6]。巫鸿在探讨中国早期佛教艺术问题时则认为把年代定在2－3世纪一个较为宽泛的范围内为妥[7]。魏晋以降的晚期观点有魏晋[8]、唐代等诸说[9]，

丁明夷虽然没有明确指出造像的具体年代，但认为要晚于东汉晚期[10]。

有学者为调和上述分歧，提出造像完成于不同时期。瑞和（M. M. Rhie）和温玉成认为制作时间间隔不长，用圆雕技术雕成的“涅槃”和“舍身饲虎”两组像晚于其他造像，但都不会晚于3世纪[11]；但有学者提出孔望山造像的制作跨越了东汉、魏晋直至唐代漫长的历史时期，涅槃像的雕造年代晚于其他像[12]。更有学者在探讨中国境域内的涅槃图像时采取了回避态度，对孔望山涅槃像不予讨论[13]。孔望山摩崖造像分布在长18、高6米的狭小范围内，整个造像风格一致，是用统一技法施凿而成的。各像之间无叠压破坏迹象，位置的选取、体量大小、身姿都是经过通盘考虑制作而成的，具有祭祀功能的人工遗迹更是把它们紧密联系起来，“就其规模来说，把它放在汉代的石刻建筑工程中也属一般性的，它不比建造雕刻嘉祥武氏墓群石刻或沂南画像石墓更庞大和复杂。”[14]所以分期制作的可能性不存在。

上述对年代的认识虽然有早晚之别，但论证方法都是从造像的雕刻技法和服饰风格、中国佛教艺术的传播规律和佛教流传情况等几方面来讨论的。对佛教流传情况和中国佛教艺术传播规律的探讨，实质则在于在东汉晚期地处黄海之滨的孔望山是否能出现构图如此复杂的涅槃像。

学者们均据佛经的流布情况来论证涅槃像在东汉晚期出现的可能性，持东汉晚期说的学者认为，“佛教传播的一般规律是先传佛教故事和偶像，然后才是译经活动。但随着译经活动的展开，人们对佛教内容的了解不断加深，必将推动造像活动的发展”[15]，孔望山造像就是在此背景之下产生的。而另一方则认为东汉时佛经翻译与流传的特点是“外来僧携来什么梵本经就译出什么经……不能完全依据译经情况来推断当时已造出什么像。……东汉时代的人们，还不可能对涅槃图像有什么正确理解和知识。东晋义熙十三年（417年）法显译出《大般泥洹经》六卷后，因经中说‘一切众生皆有佛性’，竺道生首倡‘一阐提人皆得成佛’和‘顿悟成佛’说，《涅槃经》才得到广泛的传播……东汉、三国初的涅槃经都已不存，但据佑录和法经录，作为支谦译《大般泥洹经》异译本的《长阿含·游行经》和竺法护译《方等般泥洹经》却还在，此二经均为小乘涅槃经（注：《方等般泥洹经》应为大乘涅槃经）……（孔望山涅槃像）即或是涅槃像中的人物，也只能是据大乘涅槃经造出，其时代也不会在东汉”[16]。

根据以上的讨论，首先需要澄辨佛教发展史中的一些基本概念。“涅槃”是有关释迦牟尼的佛传故事，与出生、觉悟、说法同为释迦牟尼佛一生中经历的重要事件。不只小乘和大乘涅槃经包含涅槃内容，概略提到释迦生平的经典也提到“涅槃”情况，也都可以与涅槃图像相对应。从佛教的思想体系及其发展史来看，“涅槃”概念有两个范畴或层次，一是小乘佛教中作为释迦牟尼一生终结点的“涅槃”；二是大乘佛教中即佛性学说的“涅槃”。佛教发展到大乘以后，倡导入世救众生，对个人解脱的灰身灭智仍感消极，从而改造“涅槃”为“常乐我净”，形成大乘佛教的佛性学说，使“涅槃”，达到佛性思想的重要境地。图像表现上，大小乘佛教的涅槃图像存在差异，如小乘佛教的涅槃图常与“装棺”、“分舍利”等场景相连，大乘的则添加了“临终说法”和狮兽的出现，但就孤立地存在于其他造像间的孔望山涅槃图而言，是无从分辨其是根据大乘或小乘佛经而成的，换言之仅从佛经方面来考虑是难以澄清其制作年代的。

孔望山摩崖造像中的涅槃像是典型的佛教涅槃构图形式，呈卧姿的X42周围遍布举哀弟子，至少由X4—X61、X64和X72组成。X42头向左而有高肉髻，枕右手而卧于中心，周围遍布举哀弟子；X41头戴高冠，身着圆领窄袖衫，托臂支颐跪坐在X42头前；X4—X33仅刻画出头部，主要分布在X42身体上方的崖面上，其中X4、X8、X11-X17、X23、X24为光头比丘像，带有单重头光或双重头光，X10、X33头簪花；X34、A35位于X42头前，头簪花：X36—X40、X43—X47、X51—X61和X64分布在X42身后，其中X37、X38头顶簪花，X54、X56头戴尖顶帽，X61头戴大弁武冠；X48、X49卧于X42身体下方；X50为一尊头有高肉髻、右手施无畏印、左手持水袋正面佛立像，位置上位于X18—X33所在岩石的东侧面上，其图像学指代意义不明，但从造型和位置观察，应属于涅槃像；持花立像X72位于这组群像上方，根据涅槃经的内容和所在位置分析很可能也属于这组涅槃像（图三）。

目前中国境域内现存的涅槃图像除属于中亚系统的克孜尔石窟外，北朝时期开始大量出现在石窟寺的雕刻、壁画以及造像碑上。从北朝到隋唐时期除与克孜尔石窟有直接传承关系的炳灵寺第132窟（北魏）外[17]，基本上可以北周时期（557年—581年）雕造的麦积山第26窟为界分为早、晚两期（参见附表）。

图三 孔望山涅槃像示意图（丁晓愉 绘）

图四 日本大阪市立美术馆藏6世纪中叶造像塔（涅槃部分）（王睿 摄）

早期的涅槃图在构图上粗略仿制犍陀罗作品，释迦躺卧在画面中心，周围有弟子形象围绕，对于犍陀罗涅槃图像中的特定要素如娑罗双树、释迦身姿、举哀者形象的描绘，则呈缺失或与之相违背的观象。早期的涅槃图像经常用帐幔这种中国传统界定场景的做法来代替娑罗双树。对于犍陀罗涅槃图中释迦身姿的特定表现形式——带有背光，枕右手而卧，头向左，中国早期的涅槃图像常用普通人的睡眠或死亡的身体姿态来表现佛的涅槃，头向右者居多，双手并于身体两侧仰卧而非侧卧。对于背光只有在云冈石窟的两例涅槃图中有表观。举哀者人数远远少于犍陀罗作品中常见的僧俗皆有的拥挤场面，只分布在释迦身后或头前脚下（参见附表；图四、图五）。

中国早期的涅槃图像较其图像祖型而言简略至极，只有在特定的佛教语境中和对佛教知识有所了解的情况下，才能识别出其涅槃内容。所以有学者认为：“中国北朝期的涅槃图，与犍陀罗和克孜尔石窟同类题材忠实于佛经的做法不同，有着独特的表达方式，很难认为它是以前者为粉本制作而成的。”[18]

北周至隋唐时期的涅槃图像对于娑罗树、释迦的身姿和背光、僧俗皆有的举哀者等特定要素有准确的描绘，偶有个别情况，如初唐时期四川卧佛院中的释迦形象，头仍向右，双手平伸在身体两侧。这时期涅槃图像构图基本上可以划分为两类，一是继承了炳灵寺132窟以来的中亚地区的表现形式，用两三棵树木表观娑罗树林，释迦身躯巨大，占据画面中的绝大部分，背光覆盖全身，头前有摩耶夫人、足部有迦叶抚足的情节，举哀的僧俗弟子由原来事件的参与者淡化为背景，位于背光上或释迦身后，如敦煌莫高窟280窟和千佛洞第8窟中的涅槃图像（图六）。另一类是“涅槃”成为涅槃经变中的情节之一，用富丽灵动的线条表现了娑罗双树间，释迦头向左、枕右手而卧，头前足后及周围刻画有悲痛欲绝的僧俗弟子，有时场

图五 河南博物院藏浚县出土北齐武平三年造像碑（涅槃部分）（王睿 摄）

图六 甘肃敦煌莫高窟280窟中涅槃图（图自敦煌文物研究所：《中国石窟·敦煌莫高窟》第二卷，文物出版社，株式会社平凡社，1984年，图114）

景之上有飞天、床前有狮兽形象，如敦煌莫高窟332和山西博物院所藏天授三年的造像碑（图七）。

图七 山西博物院藏天授三年造像碑（涅槃部分）（图自中国美术全集编辑委员会：《中国美术全集·雕塑编》，人民美术出版社，1988年，42页，图四三）

图八 孔望山涅槃像中的释迦形象（傅万里 拓）

从上述涅槃图像的发展情况看，孔望山涅槃像难以纳入北朝至隋唐时期涅槃图像的发展轨迹中，位于中心的释迦像虽然受山石条件限制只雕造出上半身，但真确表观出了高肉髻，头向左、枕右手的身姿（图八）。举哀者有58人之多，分布在头前、身体上部以及脚下和身后。孔望山涅槃像的复杂表现形式是构图简略、特定要素错误百出的早期涅槃图无法比拟的，而释迦与举哀者身体比例、举哀者的位置与晚期涅槃像中佛身巨大、淡化处理举哀者的第一类差别明显，其刻板呆滞的形象又与用生动传神的笔触描绘出的摹写出的悲痛欲绝的弟子、飞天、床前异兽的晚期第二类迥异。

释迦头枕右手入涅槃，是创立于西北印度，流行于印度本土、中亚与西域广大区域标准涅槃图的要素之一，但早期汉译佛经及相关文献中并未提及，如西晋白法祖译《佛般泥洹经》："施床使北首……佛偃右胁卧。屈膝累脚。"[19]、北凉昙无谶《佛所行赞》："如来就绳床，北首右胁卧，枕首累双足，犹如师子王。"[20]《魏书·释老志》："释迦年三十成佛，导化群生，四十九载，乃于拘尸那城娑罗双树间，以二月十五日而入般涅槃。"[21]"头枕右手"文本的相关描绘要在后秦鸠摩罗什所译《禅密要法经》中才间接提到[22]："世尊在世，教诸比丘右胁而卧。我今亦当观诸像卧，寻见诸像牒僧伽梨，枕右肘右胁而卧，胁下自然生金色床。"[23]孔望山涅槃像至少由60个像组成，释迦姿态刻画准确，头枕右手，右胁向下。构图如此复杂完备的涅槃像对于中国工匠而言，无图像传承却存在特定表现方式，不管当时流行何种涅槃经，仅凭据经文雕刻完成是不可想象的。所以孔望山涅槃像的主体部分依据的不会是佛经类文本，应该从图像类粉本中寻找答案。

佛教中表观"释迦之死"的涅槃图像最早出现于1世纪后半叶贵霜王朝时期的犍陀罗美术中，盛行于2—3世纪，直至四五世纪仍在制作，现在保存有犍陀罗"涅槃图"70件之多，全部是浮雕。表现形式上受到了希腊、罗马葬礼美术的影响，每件作品之间虽然各有差异，但表现形式基本一致，即画面的两端各配置娑罗双树，释迦头向左、枕右手横卧在画面中央的大床上，其周围有为之悲叹的世俗人物、诸神、出家的佛弟子等。几乎所有的涅槃图都插入了涅槃经的几个富有特征的插曲，但图像与佛经之间并没有明确的直接联系，从图像中存在的某些细节在涅槃经中并没有提到的情况推测，当时也可能存在着口头传承的涅槃经[24]。

孔望山涅槃像某些细节表明了它与犍陀罗涅槃像间可能存在着粉本上的直接联系。释迦卧于中心，举哀者众多，紧密分布在身体上部、头前、身下和脚后，尤其身体上部三块岩石上的群像分3排呈横向排列的构图与人物分布与犍陀罗洛里阳·坦伽依（Loriyan_Tangai）出土的此类浮雕相仿（图九）[25]。释迦姿势也与犍陀罗同类图像相同，头向左而有高肉髻，枕右手而卧。举哀者既有带头光的比丘形象，也有头上簪花的世俗人物，这种表现形式也多见于犍陀罗涅槃图像中。最为明显的是位于释迦头前的X41的位置、身姿和服饰等细节的表现，与栗田功介绍的一件私人收藏涅槃浮雕上释迦像头前的坐像相似[26]。X41头戴高冠。著圆领窄袖衫，身体及面部略向左侧，露右耳，右臂弯曲，右手托住左臂的肘部，左手托腮，手心向头，酷似后者中头戴城塞冠，肩部有城塞装饰的人像（图一〇）。释迦佛偶像化和巨大化倾向，是犍陀罗地区涅槃图的晚期特征，孔望山涅槃像的释迦与举哀众人的身体比例呈观出早期的形式特点[27]。

图九　犍陀罗洛里阳（Loriyan-tangai）出土的涅槃浮雕像（图自田辺胜美、前田耕作编集‘世界美术大全集·东洋编·第十五卷一中央アジア’小学馆，1999年，112页，図版141。）

图一〇　日本私人收藏犍陀罗涅槃浮雕像（图自宫治昭著‘涅槃と弥勒の図像学一インドから中央アジアへ一’吉川弘文馆、1992年，143页，図55。）

图一一　山东安丘董家庄汉墓后室圆柱栌斗伏兽（图自安丘县文化局、安丘县博物馆：《安丘董家庄汉画像石墓》，济南出版社，1992年，28页，图13）

孔望山涅槃像与犍陀罗某些涅槃图像上的构图与某些细节的相似不应该是巧合，它很可能是参照了犍陀罗涅槃图像的粉本，用传统技法对涅槃图像进行本土化创作的作品。

关于孔望山摩崖造像的雕刻技法，持东汉晚期说的学者们已经进行了充分论述[28]，雕造摩崖造像所使用的技法都包含在汉画像石的线刻、凹面线刻、减地平面线刻、浅浮雕、高浮雕和透雕等六类基本雕刻技法之中。涅槃像绝大部分是用汉画像石的浅浮雕制作而成，在汉画像石创作技术中，这种技法兴起稍晚，盛行于山东、苏北地区的东汉中晚期画像石中，鲁南一带如临沂白庄、滕县西户口等地的汉墓中出土的画像石为其代表作[29]。X42所使用的高浮雕技法出现在东汉晚期，在汉画像石中使用较少，一般用于墓葬建筑的门额、过梁和立柱等处，如安丘董家庄汉画像石墓的甬道封门石、门扉、门额及室内的三根立柱上就运用了纯熟的高浮雕手法雕刻出建筑构件、伏兽、上下相叠的人兽等形象（图一一）[30]。

孔望山涅槃像的个别形象着汉代衣饰，X54、X56头戴尖顶帽，尖顶帽是汉代艺术中胡人服饰上最主要的特征[31]；X61头戴武弁大冠，《续汉志》“武冠一曰武弁大冠，诸武官冠之”[32]，是将弁和平上帻组合在一起，即在弁下衬以平上帻，为汉代的常见的冠饰[33]，汉代的石雕翁仲像[34]、陶俑、画像砖、画像石和壁画墓中的人物多戴此冠。

孔望山涅槃像在制作过程中，当地传统艺术表现形式的应用体现出了东汉晚期佛经文本或口头描述的影响。据《开元释教录》[35]，两晋前关于“涅槃”的汉译佛经有东汉安世高译《小般泥洹经》（一卷）、西晋白法祖译《佛般泥洹经》（一卷）、东晋法显译《大般涅槃经》（三卷）、失译附东晋录《般泥洹经》（二卷）、姚秦佛陀耶舍和竺佛念译《长阿含经·游行经》，以上属于小乘经；属于大乘的有东汉支娄迦谶译《小般泥洹经》（一卷）、魏安法贤译《大般涅槃经》（二卷）、吴支谦《大般泥洹经》（二卷）、西晋竺法护译《方等般泥洹经》（二卷）、东晋法显和觉贤共译《大般泥洹经》（六卷）、北凉昙无谶译《大般涅槃经》（四十卷）；另也见于佛传类经文，东汉竺大力并康孟祥译《修行本起经》[36]、北凉昙无谶译《佛所行赞》[37]。

东汉、三国时期的涅槃经很早即被著录，但多已不存，如东汉安世高译《小般泥洹经》和支娄迦谶译《小般泥洹经》、魏安法贤《大般涅槃经》、吴支谦《大般泥洹经》。现存的支娄迦谶所译《道行般若经》[38]、《般舟三昧经》[39]、《佛说无量清净平等觉经》中涉及了涅槃内容，其异译词“泥洹”等多次出现[40]。

孔望山造像中的持花立像X72位于涅槃组像的左上方，为一头戴单翅尖顶帽，身着圆领长衫，腰束带，衫下露裤脚，足蹬软靴的胡人形象。在诸本涅槃经中都有对外道持花的描述，“有异学者。名优为。从佛所来。持天花。花名曼陀勒”[41]；“是时有异道士。名阿夷维。见佛灭度。得天曼那罗花”[42]；巴利文本的涅槃经记述了大迦叶与外道的一段对话，“朋友啊！你知道我们尊师的情况吗？”“是的，朋友，我知道。从今天算起，七天前修行者哥达玛亡故了。所以，我才手持这支曼陀罗花。”[43]犍陀罗涅槃浮雕中就有对这一细节的图像表现，外道为裸体形象，并手持一花，如塔夫提·巴依（Takht_i_Bahi）出土的浮雕，维多利亚与阿尔伯特美术馆（Victoria & Albert Museum）所藏的浮雕是在画面的右端，弗利尔美术馆（Freer Gallery）保存的一件和洛里阳·坦伽依（Loriyan_Tangai）出土的涅槃浮雕上，在画面左端则描绘有两人正在交谈[44]。X72的位置和手持花的造型与涅槃内容均能契合，至于其胡人装扮，联系到举哀者中X54、X56为头戴尖顶帽的胡人形象，孔望山涅槃图在表现这一内容时进行了本土化的改造。

图一二　斯沃特（Swat）出土2世纪佛像【图自Rhie, Marylin Martin: *Early Buddhist Art of China and Central Asia,* vol.One, Brill Leiden Boston Köln, 1999, Plates（Black and White）: 1.28】

X4—X33、X36—X40、X43—X47、X61—X61 和X64仅刻画出头部，头头相挨密布在X42身体上方和身后，在这些形象中，不但有比丘和头上簪花者形象，还有典型的胡人和头戴武弁大冠的汉代图像中常见的人物形象，再现了佛经中描绘的景象，“四百八十里中。头头相附。间不容针。皆是诸天……曰周匝四百八十里中。比首相附。皆是尊天。以一小针于上投之。针不堕地”[45]。

孔望山涅槃像中关于花的表现非常突出，围侍X42的头像中的X10、X33、X34、X35、X37、X38被刻画成头簪花的形象，X10身后还刻有一条六瓣花，不会是无意之为。在涅槃经诸本中都有关于花的记述，《长阿含经·游行经》：“偃右胁。如师子王。累足而卧。时双树间所有鬼神笃信佛者。以非时花布散于地……时忉利天于虚空中以文陀罗花、优钵罗波头摩拘摩头分陀利花。散如来上及散众会”[46]，巴利文本：“沙罗双树之花提前盛开。……另外，天上的曼陀罗花自虚空中落下，为了供养修行完成者，落到修行完成者的身上，飘满，撒满。”[47]洛里阳·坦伽依（Loriyan_Tangai）出土的具有代表性的浮雕涅槃图中表现有天人散花[48]，这种头部簪花的形象在犍陀罗地区出土的佛像（图一二），中亚地区的形象中有发现（图一三）。

在X42身体下方有卧像X48、X49，可能也是受涅槃经中某些记述的影响“皆悉愕然殒绝迷荒。自投于地。

图一三　尼雅出土彩绘木雕器腿（局部）【图自 Rhie, Marylin Martin：*Early Buddhist Art of China and Central Asia*. vol.One, Brill Leiden Boston Köln, 1999，Plates（Black and White）：1.60】

举声大呼曰……举声悲号宛转躃地绝而复苏……时诸比丘亦复如是。悲恸殒绝自投于地。宛转号咷不能自胜”[49]，“叩头者搏頬者椎心刮面搣发。裂衣躈地啼哭……诸比丘有宛转（于）地……绕殿三匝头面着地。跄面奄土吐血而绝者”[50]。

目前虽然尚难指陈东汉晚期孔望山涅槃造像制作的具体依据，但考虑到在中国的佛教早期传播是由于汉末以来印度和西域的胡人僧人或信徒不断入居中土而流传开来的复杂情况[51]，除在以往讨论中关注的“经”与“像”一一对应关系，还应注意到佛教传播中“像”的流传、宗教思想以及与信仰有关的行为方式等非物质性媒介所起的作用。佛教传播中就物质载体而言应该是经、像并存的，“经”与“像”的关系既有上述讨论中所专注的对应关系，也存在并行情况，并且越在早期并行情况应该越为突出和普遍，而以往对孔望山涅槃像的讨论忽略了对“像”的流传情况的考察。

在有关僧侣活动的文献记载中，“像”是传教活动中与“经”密不可分的组成部分。东晋法显“持经像归国”[52]，宋云、惠生游历西域时，惠生曾“减割行资，妙简良匠，以铜摹写雀离浮图仪一躯及释迦四变塔。”[53]有关北魏太安年间（455 年—460 年）的记载，更能说明“像”的传播情况：“太安初，有师子国胡沙门邪奢遗多、浮陀难提等五人，奉佛像三，到京都（今大同）。皆云，备历西域诸国，见佛影迹及肉髻，外国诸王相承，咸遣工匠，摹写其容，莫能及难提所造者”[54]。

图一四　美国旧金山亚洲艺术博物馆藏2-3世纪的青铜佛龛（Sonya S. Lee 提供）

在有关佛教的早期记载中，就有大量论及“像”的记述。“世传明帝梦见金人，长大，顶有光明，以问群臣。或曰：‘西方有神，名曰佛，其形长丈六尺而黄金色。’帝于是遣使天竺问佛道法，遂于中国图画形像焉。”[55]“汉明帝求法”的内容就包括求“像”。东汉末年的《牟子理惑论》关于“像”的记述颇详：“时于洛阳城西雍门外起佛寺，于其壁画千乘万骑，绕塔三匝，又于南宫清凉台及开阳城门上作佛像。明帝存时预修造寿陵，陵曰“显节”，亦于其上作佛图像。”[56]东汉末年笮融造作浮图寺，也包括“像”的制作：“以铜为人（此指佛像），黄金涂身，衣以锦采。”[57]上述记载都说明了“像”在当时的传播情况。

现存涅槃图像资料均为石刻和壁画类，但佛教艺术的载体应该是多样的，石刻和壁画并不能涵盖所有的佛教艺术的物质载体形式，此外还有青铜铸造类、木质雕刻类和织物上的绘画类等易于毁损的佛教艺术品。从旧金山亚洲艺术博物馆藏2—3世纪的青铜佛龛（图一四）[58]、藏于中国国家博物馆的象牙菩萨像（图一五）[59]、克孜尔石窟第205窟菩萨手持的丝织物上有佛传四相图画（图一六）等情况分析[60]，它们也是构成佛教传播中物质载体的重要组成部分。

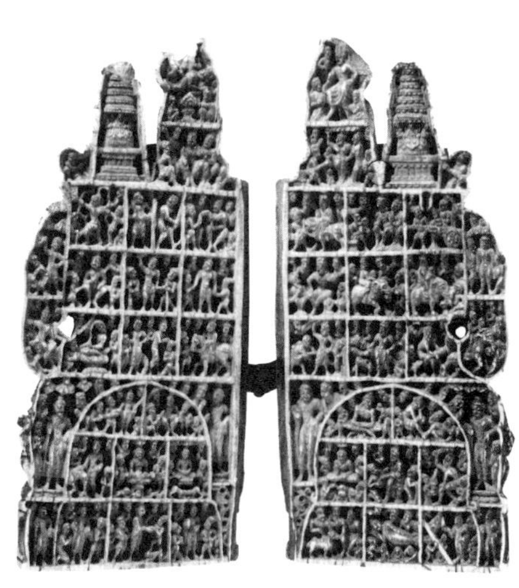

图一五　中国国家博物馆藏“象牙菩萨像”（图自中国历史博物馆：《华夏之路》第三册，朝华出版社，1997年，150页）

汉代画像石制作过程的研究成果也表明当时四处游走的工匠们携带的介质是某种画稿而非画像石成品。近年山东青州、诸城等地出土的北齐造像，风格上与周边同时期造像迥异，而与印度本土造像最为接近[61]，“大约不是简单的前此出现的薄衣形象的恢复，而与6世纪天竺佛像一再直接东传”的结果[62]，都启示我们孔望山涅槃像在东汉晚期出现在黄海之滨可能就是由于佛教艺术传播的多材质性以及人口流动引起的非物质性媒介传播所造成的或特殊或偶然的途径。

图一六　克孜尔石窟第205窟“阿阇世王灵梦入浴”图（图自宫治昭著‘涅槃と弥勒の図像学ーインドから中央アジアへー’，吉川弘文馆，1992年，図313）

孔望山摩崖造像中的涅槃像主体上是以犍陀罗涅槃图为粉本，表现形式上受到了佛经等文字记述的影响而进行的本土化创造。根据技法和衣饰分析，时代为东汉晚期。至于持晚期说学者认定孔望山摩崖造像的时代不会是东汉时期是因为当时佛教的涅槃、轮回等思想学说尚未被世人理解[63]，在孔望山崖面造像中，主像是头戴武弁大冠、博衣宽带凭几而坐的汉装人像，由五十九像组成的涅槃图居于其左下方，这决定了孔望山涅槃像不能完全在佛教信仰框架来解说，它何以出现在位于黄海之滨的孔望山摩崖造像上，容另文作答。

附表： 唐代以前中国境域内涅槃图像情况一览表

地点		时代	释迦造型			举哀者及其位置	树木
			头向、身姿	手	背光		
1	美国旧金山亚洲艺术博物馆（Asian Art Museum of San Franãsco）藏青铜龛	2-3 世纪	头向左，横卧	不明	无	8 人，其中释迦身后有 6 人，身前 2 人	2 棵
2	甘肃省博物馆藏造像塔	北魏	头向左，仰卧	两手长伸在身体两侧	无	8 人。其中释迦身后有 6 人，头前足后各 1 人。	无
3	甘肃麦积山石窟 1 号窟正壁	北魏				原型已无，后经明代补修	
4	甘肃麦积山石窟 133 窟 132 窟 10 号造像碑	北魏	头向左，仰卧	两手长伸在身体两侧	无	6 人，其中释迦身后有 4 人，头前足后各 1 人	无
5	山西云冈石窟 11 窟南壁上层	北魏，5 世纪	头向右，仰卧	两手长伸在身体两侧	无	比丘 4 人，其中头足部各有 1 人	2 棵
6	山西云冈石窟 35 窟东壁左上部	北魏，5 世纪末	头向右，仰卧	两手长伸在身体两侧	舟形身光	10 人，其中 1 人在足部	无
7	山西云冈石窟 38 窟北壁东部	北魏，5 世纪末	头向右，仰卧	两手长伸在身体两侧	舟形身光	9 人，其中头足部各有 1 人	无
8	河南龙门石窟魏字洞（17 窟）北壁佛龛东侧	北魏正光四年（523 年）	头向左，仰卧	两手长伸在身体两侧	无	11 人	无
9	河南龙门石窟普泰洞（14 窟）北壁佛龛西侧	北魏普泰元年（531 年）	头向左，仰卧	两手长伸在身体两侧	无	7 人，其中头部有 1 人	无
10	甘肃炳灵寺石窟 132 窟东壁门口上部	北魏 6 世纪	释迦身形巨大，头向左，横卧	枕右手	有头光、身光	舟形背光上有 8 人，头部 1 人	无
11	美国芝加哥艺术研究院（Art Institute of Chicago）藏造像碑	西魏大统十七年（551 年）	头向左，横卧	两手长伸在身体两侧	无	9 人，其中头、足部位各有 1 人	龛沿上有 4 棵
12	日本大阪市立美术馆藏造像塔	西魏 6 世纪中叶	头向左，横卧	两手长伸在身体两侧	无	11 人，其中比丘 6 人，头足部位各 1 人	龛外 2 棵

地点		时代	释迦造型			举哀者及其位置	树木
			头向、身姿	手	背光		
13	* 甘肃麦积山石窟 127 号窟正壁龛上右侧	西魏	仰卧	两手长伸在身体两侧	无	无存	
14	* 甘肃麦积山石窟 135 号窟，正壁中央龛上	西魏	无存				
15	日本东京国立博物馆藏浮雕台座	北齐天保十年(559 年)	头向右，仰卧	两手长伸在身体两侧	无	比丘 12 人，其中头足部位各有 1 人	8 棵
16	河南浚县出土，河南博物院藏造像塔	北齐武平三年(572 年或 579 年)	头向右，仰卧	两手长伸在身体两侧	无	10 人	龛中央有 1 棵
17	河北南响堂山石窟第 5 窟前壁上部	北齐	头向左，仰卧	两手长伸在身体两侧	无	11 人，其中头、足部位各有 1 人，身前 1 人	龛外有
18	* 甘肃麦积山石窟 26 号窟窟顶后斜面	北周	仰卧	两手长伸在身体两侧	无	无存	
19	* 甘肃敦煌莫高窟 428 窟西壁中央	北周	头向左，横卧	两手长伸在身体两侧	有头光、背光	比丘 13 人，其中头、足部位各有 1 人；俗人 12	4 棵
20	* 甘肃敦煌西千佛洞 8 窟西壁中央	北周	释迦身形巨大，头向左，横卧	枕右手	有头光、身光	14 人，足部有 1 人?	2 棵
21	河南博物院藏造像塔	隋开皇二年(582 年)	头向左，仰卧	两手长伸在身体两侧	无	比丘 13 人，其中头前有菩萨 5 人，足部有迦叶	龛中央有 1 棵
22	* 甘肃敦煌莫高窟 280 窟主室窟顶	隋	释迦身形巨大，头向左，横卧	枕右手	有头光、身光	16 人，其中足部有 1 人，头前有摩耶夫人	3 棵
23	* 甘肃敦煌莫高窟 295 窟主室窟顶	隋	头向左、横卧	枕右手	有头光、身光	15 人，其中足部有 1 人	2 棵
24	* 甘肃敦煌莫高窟 420 窟窟顶北面(法华经变)	隋	头向左，横卧	枕右手	有头光、身光	多人，头足部位有人	有
25	山西博物院藏造像碑	唐天授三年(692 年)	头向左，仰卧	枕右手	无	多人	2 棵

地点		时代	释迦造型			举哀者及其位置	树木
			头向、身姿	手	背光		
26	甘肃敦煌莫高窟332窟西壁中央	初唐	无存				
27	* 甘肃敦煌莫高窟332窟南壁西部（经变）	初唐	头向左，横卧	枕右手	有头光、身光	比丘、菩萨多人	2棵
28	四川广元千佛洞495窟（雕塑）	初唐	头向左，横卧	两手长伸在身体两侧	无	11人，其中释迦身前1人，身后10人	2棵
29	四川广元千佛洞746窟（雕塑）	初唐	头向左，横卧	枕右手	无	10人	2棵
30	四川安岳卧佛院	8世纪初	释迦身形巨大，头向右，横卧	两手长伸在身体两侧	无	多人	无
31	* 甘肃敦煌莫高窟120窟东壁门口上部	盛唐	无存				
32	* 甘肃敦煌莫高窟130窟东壁门口北侧	盛唐	无存				
33	* 甘肃敦煌莫高窟39窟西壁	盛唐	无存				
34	* 甘肃敦煌莫高窟46窟南壁	盛唐	头向左，横卧	枕右手	有头光、背光	比丘、俗人23，足部有人	2棵
35	* 甘肃敦煌莫高窟225窟北壁	盛唐	头向左，横卧	枕右手	有头光、背光	比丘、俗人18	不详
36	* 甘肃敦煌莫高窟148窟西壁	盛唐	无存				
37	滨松市立美术馆藏造像碑	唐开元二十二年（734年）	头向左，横卧	枕左手	无头光	僧、俗8人，其中头前、足部各1人	2棵
38	* 甘肃敦煌莫高窟44窟西壁	中唐	无存				
39	* 甘肃敦煌莫离窟92窟窟顶	中唐	无存				
40	* 甘肃敦煌莫高窟158窟，西壁	中唐	释迦身形巨大，头向左，横卧	枕右手	无	无存	

说明：此表以平野京子《中国北朝期の涅槃図についての一考察》“仏教芸术”205号，118、119页文中附表为蓝本，其中的1、12、28-30、37为增添项。1、12、30、37参见Lee，S. Sonya，*Nirvana Imagery in Medieval Chinese Art*. Univ. of Chicago, 2004：Plate3、29、83、47；28、29由四川广元市文管所王剑平提供。表中*代表壁画。

注释：

[1] 连云港市博物馆：《连云港市孔望山摩崖造像调查报告》，《文物》1981年第7期。

[2] 刘长征：《"国宝"的发观者——史树青先生在连云港市考古随记》，《光明日报》1981年3月6日。此消息亦见《连云港孔望山发现东汉摩崖造像》，《光明日报》1981年3月3日；《千年石刻遇知音》，《文汇报》1981年3月24日。

[3] a. 阎文儒：《孔望山佛教遗像的题材》，《文物》1981年第7期；b.《再论连云港孔望山佛教造像的题材》，《考古与文物》1981年第4期。

[4][15] 俞伟超、信立祥：《孔望山摩崖遗像的年代考察》，《文物》1981年第7期。

[5] 步连生：《孔望山东汉摩崖造像初辨》，《文物》1982年第9期。

[6] 参见蒋英炬《孔望山摩崖造像时代管见》、李发林《也谈孔望山石刻的年代问题》、汤池《孔望山造像的汉画风格》、李洪甫《试论孔望山摩崖造像的施主及其凿刻年代》，《孔望山造像研究》第1集，海洋出版社，1990年，第16—30、47—71、72—91、281—291页。

[7] Wu Hung（巫鸿），*Buddhist Elements in Early Chinese Art (2nd and 3rd Centuries A. D.)*, *Artibus Asiae*, 1986,47(3/4), p. 295. 中译本见郑岩、王睿编译《礼仪中的美术》，三联出版社，2005年，第338页。

[8] 阎孝慈：《论孔望山佛教造像的年代问题》，《文物与考古》1983年第3期。

[9] a. 阮荣春：《孔望山佛教造像时代考辨》，《考古》1985年第1期；b.《"早期佛像"暨孔望山造像之辨析》，《孔望山造像研究》第1集，海洋出版社，1990年，第31—45页。

[10] 丁明夷：《试论孔望山摩崖造像》，《考古》1986年第10期。

[11] a.Rhie，Marylin Martin, *Early Buddhist Art of China and Central Asia*, vol.1, Brill Leiden Boston Köln, 1999,p. 45; b. 温玉成：《孔望山摩崖造像研究总论》，《敦煌研究》2003年5期。

[12] 李德方：《孔望山造像之略见》，《文物报》1986年6月27日。

[13] 贺世哲：《敦煌莫高窟的"涅槃"经变》，《敦煌研究》1936年第1期。

[14] 蒋英炬：《孔望山摩崖造像时代管见》，《孔望山造像研究》第1集，海洋出版社，1990年，第29页。

[16] 丁明夷：《试论孔望山摩崖造像》，《考古》1986年10期，946、947页。

[17][日] 平野京子：《中国北朝期の涅槃図についての一考察》"仏教芸术"205号，第111页。

[18] 同[17]，第103页。

[19]（西晋）白法祖译《佛般泥洹经》（二卷），《大藏经》第1册，新文丰出版公司影印，1987年，第168页。

[20]（北京）昙无谶译《佛所行赞》（五卷），《大藏经》第4册，新文丰出版公司影印，1987年，第46页。

[21]《魏书·释老志》卷一一四，中华书局，1974年，第3027页。

[22] 李静杰：《中原北方宋辽金时期涅槃图像考察》，《故宫博物院院刊》2008年第3期，第8页。

[23]（后秦）鸠摩罗什译《禅秘要法经》（三卷），《大藏经》第15册，新文丰出版公司影印，1987年，第256页。

[24][日] 宫治昭：《涅槃と弥勒の図像学—インドから中央アジアへ—》，吉川弘文馆，1992年，第113、142、143页。

[25][日] 田辺胜美、前田耕作编《世界美术大全集·东洋编15·中央アジア》，小学馆，1999年，第112页、図版141。

[26] 同[24]，第143页、図55。

[27] 同[24]，第526页。

[28] 见连云港市博物馆《连云港市孔望山摩崖造像调查报告》，俞伟超、信立祥《孔望山摩崖造像的年代考察》，《文物》1981年第7期，第6、8—11页。一批汉画像石专家在相关论述中也涉及了技法问题，如蒋英炬《孔望山摩崖造像时代管见》、李发林《也谈孔望山石刻的年代问题》，《孔望山造像研究》第1集，海洋出版社，1990年，第8—23、53—54页。

[29] a. 山东省博物馆、山东省文物考古研究所编《东汉画像石选集》，齐鲁书社，1982年，图360—386页；b. 蒋英炬、吴文祺：《试论山东汉画像石的分布、刻法与分期》，《考古与文物》1980年4期。本文用"减地平面线刻"代替原文的"凸面线刻"。

[30] 安丘县文化局、安丘县博物馆：《安丘董家庄汉画像石墓》，济南出版社，1992年，第9—22页。

[31] 邢义田：《古代中国及欧亚文献、图像与考古资料中的"胡人"外貌》，《美术史研究集刊》第9期，国立台湾大学艺术史研究所印行，2000年，第66、69、70页。

[32]（晋）司马彪：《续汉书志·舆服下·武冠》，中华书局，1965年，第3668页。

[33] 孙机：《汉代物质文化资料图说·服饰Ⅱ武士的弁、冠与头饰》，文物出版社，1991年，第232页。

[34] 见山东出土的东汉乐安太守麃君墓翁仲、鲁王墓前一对翁仲和北京丰台永定河石人，李零：《翁仲考》，《入山与出塞》，文物出版社，2004年，第60、61、64页。

[35]（唐）智升：《开元释教录》，《大藏经》第55册，新文丰出版公司影印，1987年，第480、498、507、510、516、480、487、488、494、507、519页。

[36]（后汉）竺大力、康孟详译《修行本起经》，《大藏经》第3册，新文丰出版公司影印，1987年，第461—472页。

[37] 同[20]，第1—54页。

[38]（后汉）支娄迦谶译《道行般若经》，《大藏经》第八册，新文丰出版公司影印，1987年，第425—478页。

[39]（后汉）支娄迦谶译《般舟三昧经》,《大藏经》第13册，新文丰出版公司影印，1987年，第837—919页。

[40]（后汉）支娄迦谶译《佛说无量清净平等觉经》;《大藏经》第12册,新文丰出版公司影印,1987年,第279-299页。

[41]同[19]，第173页。

[42]（东晋）佚名译《佛般泥洹经》(二卷),《大藏经》第1册，新文丰出版公司影印，1987年，第189页。

[43]编译自宫治昭著《涅槃と弥勒の図像学ーインドから中央アジアへー》，吉川弘文馆，1992年，第140页。

[44]同[43]，図44、51、49，カラーロ绘10。

[45]同[19]，第169、173页。

[46]（后秦）佛陀耶舍、竺佛念译《长阿含经·游行经》,《大藏经》第1册，新文丰出版公司影印，1987年，第21、26页。

[47]同[43]，図131。

[48]同[43]，カラーロ绘10。

[49]同[46]，第16、24、27页。

[50]同[19]，第171、172、174页。

[51]罗世平：《汉地早期佛像与胡人流寓地》,《艺术史研究》第1辑，1999年，第79—101页。

[52]（梁）释僧佑撰，苏晋仁、萧链子点校《出三藏记集·法显法师传》，中华书局，1995年，第575页。

[53]（北齐）杨衒之撰、范祥雍校注《洛阳伽蓝记》新1版，上海古籍出版社，1978年，第329页。

[54]《魏书·释老志》卷一一四,中华书局,1974年,第3036页。

[55]《后汉书·西域传》卷八八,中华书局,1965年,第2922页。

[56]周叔迦辑撰、周绍良新编《牟子丛残新编》，中国书店，2001年，第15页。

（原文刊于《艺术与科学》卷五，清华大学出版社，2007年）

“八天神”图像之误读
——关于丹丹乌里克壁画残片的释读

李 翎

丹丹乌里克（Dandan Oilik，维吾尔语意为“象牙房”），是塔克拉玛干沙漠腹地古代于阗王国的一个遗址，它东南距和田城约 120 千米，西距和田河 75 千米，东距克里雅河 35 千米 。从 19 世纪 80 年代开始，欧洲一些学者就开始收集和调查丹丹乌里克出土的各种文物，其中斯坦因获得了大量的文物和文献。2002 年 10 月，新疆文物局、新疆文物考古研究所和日本佛教大学尼雅遗址学术研究机构共同组成考察队，对丹丹乌里

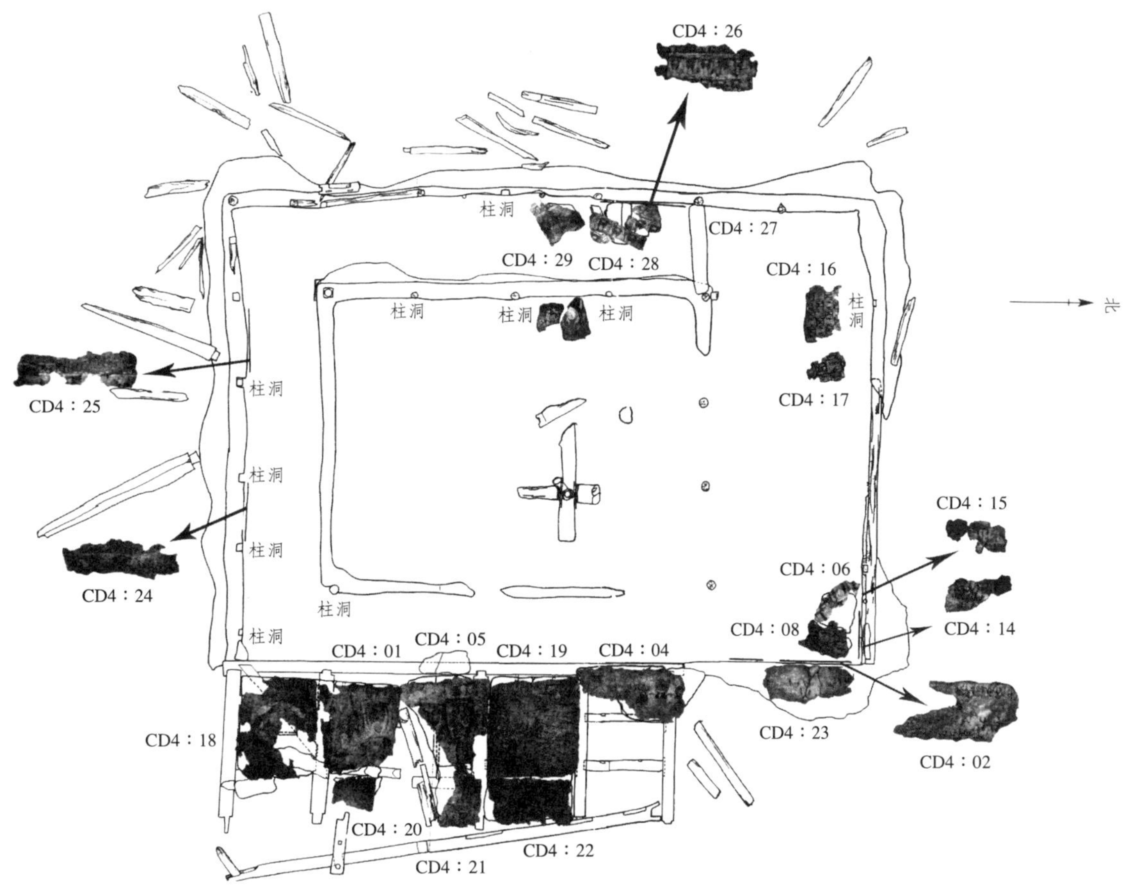

图一　CD4寺址平面图及壁画位置

克的一座佛寺遗址（编号为 CD4）进行了抢救性发掘，出土了一些壁画和考古资料（图一）。丹丹乌里克的新发现，再一次引起各领域学者的关注。2009 年 11 月 20 — 22 日由北京大学考古文博学院、新疆文物局、北京大学中古史研究中心、日本佛教大学、中国社会科学院考古研究所在北京大学考古文博学院共同召开了《汉唐西域考古：尼雅—丹丹乌里克国际学术研讨会》，会上关注的焦点之一就是壁画中一队骑马者的形象。这种形象在斯坦因当年掠走的丹丹乌里克的文物中也有相关的木板画。图像描绘的马呈侧面，踏步向前，马

上的骑者有头光，面上有胡须，足下蹬靴，帛带飞扬，右手上举持一钵，前方有一只黑鸟向钵中俯冲（有的形象在细节上有差异，图二），通过与其他壁画风格的比对，这批壁画残片时代上基本属于公元9世纪左右的。对于这类图像，一直以来，始终没有清晰的认识，直到最近由学者解读了壁画残片上的于阗文题记，图像似乎才变得清晰起来。会上提供了文物出版社出版的《丹丹乌里克遗址——中日共考察研究报告》（以下简称《报告》），《报告》中收录有两篇关于这一图像的研究论文。其一是文欣、段晴对于一块有一匹骑枣红马形象的壁画残片上所存的五行草体婆罗谜文字的解读（壁画残片编号为CD4：15，高12、宽21厘米），发表在论文《丹丹乌里克佛寺壁画上的于阗文题记考释》中，文字解读的内容为“此八天神，供养人Budai令绘。愿他们护佑！”（图三），同时在论文中，作者提到“此八天神即应指这些骑马者。现存骑马者像有七个，而且第一个骑马者之前可能还有同样的形象，只不过已经残缺了。这样‘八’的数字很可能就是实指所绘的骑马者的数量。供养人Budai令人绘八位骑马天神，并且求其护佑”。在文章后面，提到段晴认为“这一组八神是于阗八曜的形象”，所谓“八曜”，按段晴《于阗文中的八曜》指出的是：日曜、月曜、火曜、水曜、木曜、金曜、土曜、彗星[1]。至于骑者前面的飞鸟，文中的解释是“很可能即是阿胡拉·马兹达（Ahura Mazda）的象征，但在这里，已经淡化到光明的象征，保护神的象征，这是壁画中的另一个显著伊朗元素”。其二是古丽比亚的论文《丹丹乌里克新发现佛寺壁画初探》[2]，作者也认同八神就是指文字其侧的骑马人像，文中说“从壁画中题记的位置来看，这八位守护神所指应是位于其侧的骑马人像，目前尚残存七身，从东墙托佛足男性供养人的右侧开始一直延伸到北墙，结束于这段铭文处”。不同于文欣、段晴文章对于八神为于阗八曜的解释，该论文认为此八神指的是于阗的八位守护神，论文通过于阗文、藏文及汉文文书及佛典中记载的于阗八位守护神，列举了八神的名号，名号各不相同，记载之一有：毗沙门天王、散脂大菩萨、阿质多天王、阇诃多诃龙王、虚空头陀天王、莎伐那末利天王、阿隅阇天女、悉他那天女等[3]。

图二　CD4：14壁画残片

图三　CD4：15壁画残片

两篇论文基本的结论就是：题记中所言“八天神”系指丹丹乌里克CD4寺址东墙角延伸至北墙的一列残存的七位骑马者。

笔者通过图像学的分析方法和造像题记的习惯做法等方面的分析，认为题记所说的“八天神”可能指的不是骑马者，理由如下：

一、骑马者的数量不是八个（即前面两篇论文提到的残存七个，推测前面还有一个）。

通过《报告》所提供的壁画残片，可知在丹丹乌里克CD4寺址中，出现骑马者形象的位置有三处，一处即是寺址东北角延伸至北边的壁画，由三块壁画残片组成，编号分别是：CD4：02、CD4：14、CD4：15，于阗文题记即出现在CD4：15上，此处可见残存七位骑马者（见图四及图二、三）。第二处位于倒塌的东墙，残片编号是CD4:04，可见有一位骑马者（图五）。第三处也是位于东墙，残片编号是CD4:05，在壁画的右下角可见骑马者一位，图像不太清晰，但头光清晰可见，发式与其他骑者相同（图六）。也就是说，现存骑马者实际上可能是九位，分为三处，这个数字还没有考虑到壁画消失的部分。通常认为第一处可以凑够八这个数字的原因，就是推测在“第一个骑马者之前可能还有同样的形象”[4]，笔者不知这个第一个指的是哪处，因为按照马前进的方向，第一个骑马者应指北壁的CD4:15，但显然，前方是题记不可能再出现连续的骑者。如果指东墙的那组，即CD4:02，第一个骑者前面也不会有。通过清晰可见的四个连续的骑者形象，可以看出，马与马紧密相连，后面马头和前蹄的位置应该可见前一马的臀或尾，但这里什么都没有显示。以上论文还提到可以凑够八这个数量的另外一个依据，就是托普鲁克墩2号佛寺中出土的千佛下面的骑者形象，从残存的壁画看，可以看到八位（图七）[5]，但事实上我们无法判断这一列骑者的前后是否还有连续的同伴。

佛教壁画中次要的组神或图案，可能在整个寺庙壁画中重复出现，如佛教中的护法四大天王、新疆龟兹地区石窟寺顶的天相图等。如果假定第一处可能是八个一组的话（包括托普鲁克墩2号佛寺中出土的千佛下面的骑者像），其他两处残存的骑马是否是另外两组呢？即第一处是一组八神，第二处又是一组，第三处又是一组。但经过笔者的观察，这种理解仍然无

图四　CD4：02壁画残片

图五　CD4：04壁画残片

图六　CD4：05壁画残片

图七　达玛沟托普鲁克墩2号佛寺壁画残片

1　2　3　4　5　6　7　8　9

图八

1.金曜　2.木曜　3.水曜　4.火曜　5.土曜　6.计都星　7.罗睺星　8.月孛星　9.紫气星

法成立，最具说服力的是第二处CD4:04残画。在CD4:04残画中，我们可以清晰地看到骑者有头光、前方有黑鸟向下俯冲，无法辨识的右手，推测也是持钵的。理论上讲，他的样式与第一处所谓的八神完全一致，也就是说应该是八神之一，但通过壁画可见，在骑者的前面是莲花等图案，不可能再有骑者形象，在其后面，据《报告》描述是佛的大脚，推测是一尊大立佛像，因此也不可能再有骑者跟随其后，那么，这里出现的所谓八神只有一位，作为组神出现的图像，这种表现方式无法解释。

二、壁画中所谓的“八天神”可能不是如文欣、段晴文中所说的于阗“八曜”。

所谓于阗八曜，按段晴先生《于阗文中的八曜》，说明其是源于印度的神，文中还引用了唐代中国僧人一行撰写的《宿曜仪轨经》，说明“先礼赞帝释天、继之是毗沙门天、然后才礼赞日、月、水、火、木、金、土、计都、罗睺等大曜，在发愿文中，几大曜刚好是同帝释天、梵天、毗沙门天等四大天王排列在一组中，他们的任务是保护于阗国土”，文中最后还列出了于阗八曜日、月、火、水、木、金、土、彗星对应的梵文，说明曜神信仰与印度文化的渊源关系。按印度教图像志，包括后期吸收到佛教中的神像图式，可见他们的样式与丹丹乌里克的骑马者没有任何相似之处（图八：1－9）。如果说伊朗文化影响而使之改变的话，但事实上，在丹丹乌里克出现的一些与印度神话有关的神还是保留着基本的图像传统，如D.VII.6木板画中的大自在天像（图九，有的学者将之称为湿婆神，实际上此神进入佛教系统后，为天部护法，称为“大自在天”），而骑马者的造型中，没有印度曜神的任何图像元素，有些令人困惑。

三、壁画中的骑马者可能不是如古丽比亚文中所说的八位于阗守护神。

古丽比亚在文中赞同题记的“八天神”所指就是骑马持钵者，所不同的是对于八天神的理解。古丽比亚认为这些骑马者表现的是以毗沙门天王为代表的八位于阗守护神，作者例举了《大方等大集经》卷五五《月藏分》之《分布阎浮提品》[6]、敦煌出汉文写卷P.3352、S.5659、S.2113A、于阗语卷P.2893、藏文卷P.t.960《于阗教法史》(Li-yul-chos-kyi lo-rgyus)第32-33行以及藏文《于阗国授记》（Li-yul lung-bstan-pa）、《牛角山授记》（Ri-Glang-ru lung-bstan-pa）中对于于阗守护神的详细记载。诸种材料所指守护神名号不完全一致，但其中有一个共同的神就是毗沙门天王[7]。

毗沙门天王在于阗地区有着悠久的信仰传统，图像样式也基本固定，但在骑马者中间没有我们所熟悉的毗沙门天王形象。并且同样有头光、持钵的骑者，还有骑骆驼、着俗装的形象（图一〇，下面的形象），还有出自丹丹乌里克10

图九　大自在天神像，斯坦因掠丹丹乌里克木板画D.VII.6.

图一〇　出自丹丹乌里克7号遗址，斯坦因编号D.VII.5.

图一一　于阗出木版画，现藏大英博物馆

号遗址(斯坦因编号D.X.5)的骑马者形象，虽然有头光，但显然着的也是俗装。

四、本文的观点：基本赞同题记中的“八天神”指的可能是以毗沙门天为代表的八位于阗守护神，但图像则另有所指。

于阗八曜的记载在文献中并不多见，相关的实物图像材料也没有发现。但以毗沙门天为首的于阗八守护神的记载，则散见于各种语文卷中[8]，也可见到类似的图像材料。对于毗沙门天的信仰在于阗地区一直十分盛行，推测以其为首的八神信仰应该比较流行，也更容易被信众接受。作为供养人出资造像，绘制一个普遍流行的组神可能性会更大些，因此，笔者在这里要强调的是题记中的“八天神”图像，所指应该不是骑马者。理由如下：

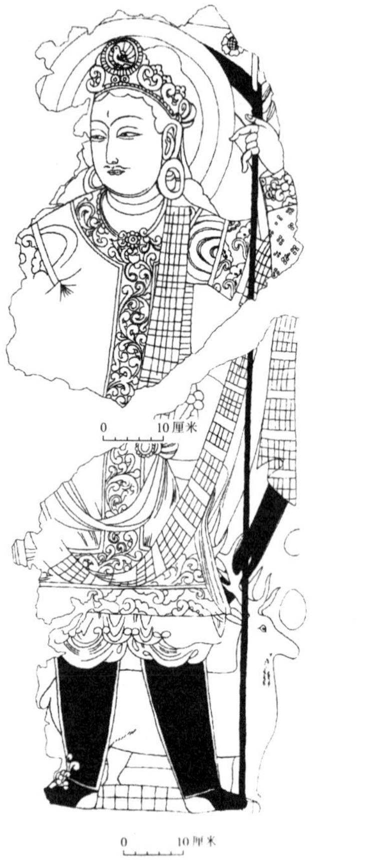

1. 笔者认为对于八天神图像的误读，可能是由于题记的位置导致的。

在壁画残片编号为CD4：15发现的这则婆罗谜文题记“此八天神，供养人Budai令绘。愿他们护佑！”，按照敦煌或内地的说法，其实就是供养人题记，换成通用的语言格式或许可以是这样的语言表述格式：“Budai为求护佑，敬绘八天神一心供养”。由于新疆地区壁画所存的供养人题记极少（有一些民族文字的题记，可能还没有解读，尚不知是否供养人题记），我们通过敦煌壁画、绢画或汉地造像碑的供养人题记进行比对，结果发现：供养人画像通常绘在主像的下端，而题记通常题写在供养人的左右或中间，实际上就是绘画的边缘位置，而题记中提到的供养神通常是指图像构成中的主神，而不会是边缘次要的、类似装饰性的形象。也就是说，虽然本则题记恰巧题写在骑马者的左侧，但并不意味着题记中的“八天神”所指就是旁边的骑者，而应该是壁画中已经消失的某种（组）主神像。当然，也有针对图像题写的文字，但通常是榜题，只标明某某佛、某某菩萨，而不属于供养人题记。图像的误读是我们往往从环境中分裂、肢解下一个碎片进行解读，而忽视了图像的整体性格。幸运的是考古学家为我们构建了寺庙的整个布局图，使我们得知这个题记及骑马者所处的位置，包括以往所出的骑马者木板画（据说是沿墙根摆放的），因此，从整个寺庙壁画的布局考虑，这种次要神的小像，可能类似寺庙或佛堂的一种装饰，而供养人出资造像应是绘制更为流行而重要的神祇。

图一二　托普鲁克墩1号佛寺南壁西侧

2. 图像传统不支持骑马者为八天神。

毗沙门天在于阗地区一直受到崇拜，许多文献资料证明此神是于阗地区重要的守护神，当地多建有毗沙门天神庙，玄奘《大唐西域记》记：“（于阗国）王甚骁武，敬重佛法，自云‘毗沙门天之祚胤也’。昔者此国虚旷无人，毗沙门天于此栖止……（王）齿耋云暮，未有胤嗣，恐绝宗绪。乃往毗沙门天神所，祈祷请嗣，神像额上，剖出婴孩，捧以迴驾，国人称庆……”[9]由于具有这种信仰，对毗沙门天王的造像和礼拜一直十分盛行，因此其图像有着一惯的表现传统。依据出土的材料，可知其基本的图像元素是：立姿，身穿铠钾，一手持长杆状的兵器，有的或持塔。只要以此为图式，就具有清晰的可辨识性。作为群众性的礼拜场所，图像的易辨识性十分重要，同样，对于出资的供养人来说，绘制人们熟知的形象，才能达到割资造像的目的，所以绘制的八天神之一的毗沙门天王应该是于阗地区通常表现的样式。可是在数位骑马者中间没有类似的形象。虽然CD4遗址中没有发现类似毗沙门天王的壁画残片，但于阗地区并不缺乏这样的材料，如出自和田、现藏大英博物馆的木板画毗沙门天王与骑马者（图一一）、托普鲁克敦1号佛寺南壁的天王像残画（图一二），以及图像样式与之一致的敦煌154窟的壁画（图一三）等。因此笔者以为，依据题记，在当时的寺庙壁画中，除了佛像外，可能还另外绘有毗沙门天等八神。托普鲁克墩1号佛寺出现的天王像和天女残像可以作为这个推论的证据之一（图一四）。当然，通常对于这幅残画的辨识，人们依据毗沙门天王与吉祥天女的关系，推测其为吉祥天女，理论上笔者也基本同意这种说法。但从八天神的角度思考，则可能会另有结论。作为源自印度的图像传统，这种类似裸体的形象不是吉祥天女通常的表现方式，比照敦煌地区出现的都是长衣垂地的慈母相吉祥天女形象[10]，似乎可以认为这种天女残像或许属于另外的图像系统。由此联想到丹丹乌里克斯坦因编号D.II佛寺所出壁画中的裸体女子与已经消失的天王塑像（图一五）的组合[11]，与托普鲁克墩1号的两个残画所表达的可能有相似的主题[12]。

本文认为八天神不是骑马者，还有一个重要的证据就是斯坦因发现的一块木板画（图一一），也出自和田废寺，但具体出土地点不详，现藏大英博物馆。这幅画表现一位骑马者，样式与其他类同，在他前方是于阗佛教护法神毗沙门天王，样式是我们见到过的毗沙门常式，即立姿、武装、左手托塔、右手持长兵器，并且有巨大的身光。从两个形象的神态和表现方式上来看，这似乎是一个觐见的场面[13]，如此，似乎可以证明毗沙门天王是比骑马者高级的神[14]，与之不是一个图像系统。而本属于于阗八守护神之一的毗沙门天王，也就不可能是由这些骑马者组成的所谓的八天神之一。从毗沙门天王为于阗“八天神”之一这个思路考虑，我们有理由重新认识敦煌石窟壁画中出现的“八神”组像。

莫高窟第9窟甬道顶、第98窟甬道顶分别绘有晚唐和五代的一组八神壁画。98窟是五代河西拓西大王曹议金为其女婿于阗国王开的功德窟，国王供养像绘于东壁南侧，有榜题“大朝大宝于阗国大圣大明天子即是窟主”，98窟

图一三　敦煌154窟南壁西侧

图一四　托普鲁克墩1号佛寺南墙东侧与西侧天王像对应的天女像

图一五　丹丹乌里克第II号寺院壁画，英因探险队拍摄

明确是为于阗国王所开，第 9 窟有毗沙门决海等与于阗历史相关的壁画，所以两窟甬道顶的八神图虽然没有榜题，考虑与于阗的佛教信仰有关。据发表的资料，可以看到第 9 窟的八个图像，而第 98 窟则只公布有四个，本文以第 9 窟晚唐的图像为例[15]。八神像旁边都有榜题框，但没有文字，所以我们无法知道这八神的名号，下面笔者依据图像描述其样式。

图一六　莫高窟第9窟第一组神

第一位神为天王形，右手持杖；第二位神上身裸，下系裙，穿凉鞋，面呈怒相，似乎有六臂，由于图像不清，这里参考第 98 窟同一尊神的图像进行描述。右三臂分别持双金刚杵、剑、下垂结印，左三手上举持物（不清）、当胸持螺（？）、下伸持细杖（图一六、图一七）；第三位神为兽首（鼠首?）两臂，身穿铠钾，右手持兵器，左手持物（不清）；第四位天王形，双手胸前捧盘（？）（图一八）；第五位怒相，头戴高冠，身穿铠钾，双手交叉胸前，左手执杵，双肩上有火焰宝珠（可参看第 98 窟同一尊神）；第六

图一七　莫高窟第98窟五代绘组神像之一

图一八　莫高窟第9窟第二组神

图一九　莫高窟第9窟第三组神

位是天女形，头戴冠，身着宽袖长衣，右手持火焰宝珠，左手持长茎花（图一九、图二〇）；第七位二臂，穿凉鞋，右手结印，左手持物（？）；第八位天王形，左手持塔，右手握长杆兵器（图二一）。在这八尊神像中，容易辨识的有两尊，一是第六位天女形的神，在莫高窟第 154 窟与毗沙门天一同出现过，在第 98 窟与其他七神也一同出现过，据研究认为是于阗国掌管庄稼的恭御陀天女[16]，二是第八位天王形神，这无疑是典型的于

阗守护神毗沙门天王的像式。因此以往的研究认为这是于阗的八个护国神王[17]，笔者认同这一观点。通过与丹丹乌里克所出绘画的比对，基本可以认定，敦煌壁画中的这组神可能正是CD4：15壁画残片题记中提到的于阗“八天神”的图像类型。理由是除以上恭御陀天女、毗沙门天王二尊神与于阗文化有关以外，毗沙门天王的像式与丹丹乌里克所出基本相同，还有一个依据就是壁画八神中的第三位兽首神的表现。这个兽首基本上可辨识是鼠首，而鼠与于阗国有着密切的关系。鼠的图像在丹丹乌里克也有表现，可以参看斯坦因编号D.IV.5画有鼠王传说的木板画（图二二），鼠首的表现方式基本相同。另外还有一尊是上文提到的第二位六臂神像（图一七），笔者推测可能是大黑天神，即汉文所谓的“摩诃迦罗”。此神的表现样式按汉文佛经描述为三面六臂，但在藏传佛教图像志中，多表现为一面六臂式（图二三），且敦煌壁画中也不乏此神的记载。如敦煌108窟甬道顶南北坡于阗瑞像榜题有：“毗沙门天王守护于阗国；摩诃迦罗神护于阗国……”还要提到的是散脂大将，此神在于阗瑞像中多次出现，在藏文《于阗国授记》及前文提到的于阗语卷子P.2893、p.t.960藏文《于阗教法史》、《牛

图二〇　莫高窟第98窟组神之一

图二一　莫高窟第9窟第四组神

角山授记》等文献中都提到八守护神之散脂大将，只是目前尚无法与现存敦煌壁画中的图像相对应。

通过敦煌壁画八神组像以及各种语文卷子的记载，似乎可以确定于阗八天神中常出现的至少四位的名号，即毗沙门天王、恭御陀天女（或称“恭陀那天女”、“悉他那天女”）、鼠王神及散脂大将。丹丹乌里壁画残片 CD4：15 于阗文题记所指的“八天神”图像，可能即是属于这种有毗沙门天王、恭御陀天女、鼠王及散脂大将等八神组合[18]。公元 9 世纪中叶之后，吐蕃内乱，其在西域的统治很快瓦解，重新立国的于阗再次成为西域经济、文化的中心，但其西北的黑汗和东部的吐蕃，仍然是挥之不去的威胁，或许为了企求这种独立的长久，CD4 佛寺的功德主 Budai 出资请画工绘制了这种一直以来流行的于阗八守护神。另外，通过 CD4 寺庙遗址的平面图来看，四周壁画所绘主要有立佛、无量寿佛及千佛等，推测八天神所绘的位置只能是在顶部，比照的对象仍然是敦煌莫高窟。敦煌出现于晚唐、五代、宋初的于阗瑞像图，据专家统计，至少有 27 座洞窟，大多绘制于甬道顶部，“它们在石窟中被放置的地位如此固定，这些情况强烈地提示人们注意瑞像的特点”[19]。

图二二　鼠王传说，斯坦因编号D.IV.5.木板画

图二三　藏传佛教图像系统之六臂大黑天神

最后，笔者有一个推测，就是有头光、持钵、骑马者可能是于阗地区表现的一种地方神。我们可以看一下斯坦因编号 D.II 佛寺所出壁画，即有裸女的那幅（图一五），其中的佛像，虽然是坐姿，但左手抚腰，右手上举持钵的样式与骑马者持钵的姿态几乎完全相同。我们知道，通常佛持钵的姿态并非如此，而是或双手于腹前捧钵或单手托钵，上举的样式很少见到，尤其是这里表现的钵的样式，一律是一种低矮的盘状盛器，而不是佛通常所持的高圆收口的僧钵，并且由于壁画的污损，佛钵上面是否也绘有黑鸟已无从知晓。从佛和这类骑马神像的这种姿态上判断，这种人物造型可能是于阗地区流行的一种佛、菩萨（？）表现类型。而从壁画通常的结构上分析，骑马者的位置，一般正是画家表现千佛或供养人的位置。而木板画形式的骑马者像（以及其他类型的神像），似乎是一种随时移动的礼拜像，因此推测，这种神像应是一种具有地方性信仰的次要神。

注释：

[1] 段晴：《于阗文中的八曜》，《民族语文》，1988 年第 4 期，第 36—40 页。

[2] 中国新疆文物考古研究所、日本佛教大学尼雅遗址学术研究机构：《丹丹乌里克遗址——中日共同考察研究报告》，文物出版社，2009 年，第 235—250 页。

[3] 具体材料详见上揭书，第 244 页。另外，悉他那天女在 S.5659 中称为"恭陀那天女"。

[4] 同 [2]，第 263 页。

[5] 同 [2]，彩版七七一：1、2。

[6] 可参见《大集月藏经》，凡十卷。隋代那连提耶舍译，即《大方等大集月藏经》。本经虽为大集经之一部分，然以其首尾完全，故可视为独立之一经。其内记载佛于佉罗帝山初化比丘菩萨，并度化众多魔王、波旬、阿修罗、天龙、鬼神等归佛之事迹。本经与会之会众有不同种类（菩萨、诸天、鬼神），数量甚多（如有学无学六百万、诸眷属八十亿那由他百千菩萨摩诃萨），混有世俗之星宿占法等怪异记述，罗列印度十六国及西域诸国之史地，对佛法灭尽之思想并有详细之描述。

[7] 护于阗国之神的相关内容可详，见张广达、荣新江《敦煌"瑞像记"、瑞像图及其所反映的于阗》，《于阗史丛考》（增订本），中国人民大学出版社，2008 年，第 207—210 页。

[8] 同 [2]，第 224 页。

[9]《大唐西域记》卷一二《瞿萨旦那国》，季羡林等校注本，中华书局，1985 年，第 1001 — 1008 页。

[10] 如大英博物馆藏斯坦因绘画第 45 号《行道天王图》、大英博物馆藏版画毗沙门天王图等。

[11] 最靠东面的 D. II 是佛寺，有大小两间殿堂，大的一间是中间为佛坛，四周回廊式；小的一间正面靠墙是佛坛；两间房子的门都向北开。大佛殿中发现了一些佛像周围的塑像装饰和附属的小塑像，回廊保存有壁画千佛。小佛殿中发现有比较完整的坐佛塑像、佛像周围的装饰塑像和纹饰。在东墙靠近佛坛的地方，保存有一座毗沙门天王像的下半身，其背后的壁画上，绘有龙女传说和高僧像。还有三排骑者的壁画。在 D. II 所发现的木板画上，D. II. 4 是两面各绘一个三人组合的神像图；D.II.03 单面绘画，两个坐像，有头光，怀抱紧束的婴儿；D. II.79 绘一像是在跳舞的女子；D.II.010 是一个窄长的画板，上面绘有五个坐像，有些模糊不清，斯坦因以为很可能是佛教的神像。非常遗憾的是，鲍默等人再次掘开这座佛殿时，毗沙门天王像已基本毁坏，龙女故事画也看不见了。引自荣新江《佛像还是袄神？——从于阗看丝路宗教的混同形态》，《九州学林》1 卷 2 期，上海复旦出版社，2003 年。

[12] 这个假设，让我们再次回到斯坦因最早的解说即"龙女"的解释上。首先，裸体与出自水中有着可能的联系，重要的是在于阗八大守护神中就有龙王，这里龙王或许变换为龙女的形象。还有的可能就是表现八神中的阿隅阇天女或悉他那天女。因为这类天女图像没有表现传统，因此，是否于阗地区的画工自己创造了这种近似裸体的天女，以表现八神中两位天女中的某一位。

[13] 释读这是一个"觐见"场面的观点，见林梅村《于阗花马考》，《西域研究》2008 年第 2 期。

[14] 图自田边胜美、前田耕作编《世界美术大全集·东洋编 15·中央アジア》，小学馆，1999 年，第 208 页，图 196。

[15] 孙修身主编《敦煌石窟全集 12—佛教东传故事绘画卷》，上海人民出版社、上海世纪出版集团，2000 年，第 78—81 页。

[16] 同 [15]，第 76 页，图版 61 的说明。

[17] 同 [15]，第 80 页，图版 63 的说明。

[18] 其实，唐代西域所称的"毗沙门"可能统指天王，而不是特指北方天王，据赞宁《高僧传》卷三记："第三重译直译者，一直译，如五印夹牒直来东夏译者是。二重译，如经传岭北楼兰、焉耆，不解天竺言，且译为胡语，如梵云邬波陀耶，疏勒云鹘社，于阗云和尚。又天王，梵云拘均罗，胡云毗沙门是"。关于这个问题，笔者将另著文讨论。

[19] 张广达、荣新江：《敦煌"瑞像记"、瑞像图及其所反映的于阗》，《于阗史丛考》（增订本），中国人民大学出版社，2008 年，第 178—182 页。

（原文刊于《西域研究》2011 年第 2 期）

吐谷浑佛教考

梁 丰

吐谷浑所处的时代正值佛教在中国广泛传播和迅速发展时期，其周边政权无不深受佛教的影响和渗透。由于南北对峙，中西交通孔道上的河西走廊因被北方政权据有而阻塞，吐谷浑所控制的地区成为东晋、南朝与西域交往的要道，西域与中原的使者、商人、僧侣也往来其间[1]。随着僧侣和信徒的经过，吐谷浑或多或少要受到佛教文化的影响。6世纪，随着南北分裂局面的结束，丝路干道重新回到传统的河西走廊，但由于吐谷浑特殊的地理位置，穿越吐谷浑领地的青海古道[2]，仍然与丝路贸易和佛教流传有着重要关联，吐谷浑为佛教传播继续起着积极的作用。然而，有关吐谷浑的佛教，正史中除南朝系史书有零星记述外，北朝系史书不见任何记载。今人对这个问题的研究，除日本学者后藤胜做过一篇专论[3]，山名伸生从佛教美术的角度探讨过吐谷浑和成都佛教造像的关系外[4]，国内学者仅是附带提及吐谷浑自慕利延后期信仰佛教[5]，很少有人对这一问题进行更为深入系统的论述。本文不揣浅陋，仅就佛教传入吐谷浑的时间和吐谷浑前期的佛教性质进行探讨。

一 佛教传入吐谷浑时间考

《梁书》卷五四《西北诸戎传》关于吐谷浑传入佛教的记载十分明确：

> 慕延，宋元嘉末又自号河南王。慕延死，从弟拾寅立，乃用书契，起城池，筑宫殿，其小王并立宅。国中有佛法。拾寅死，子度易侯立。

从上述材料看，吐谷浑确曾信仰佛教。这已为大多数学者所承认。但佛教从什么时候开始传入吐谷浑，却仍是一个尚未解决的问题。

据这条记载有两种解释。第一种，吐谷浑在拾寅时代开始有佛教。并且，吐谷浑贵族也是在这个时候由移动篷帐生活开始转向城郭屋宇生活[6]。第二种，拾寅时代以前吐谷浑已有佛教[7]。

通过其他材料的佐证，拾寅时代吐谷浑“国中有佛法”，应该没有问题。拾寅是吐谷浑第十二代可汗，在位时间为452年—481年。关于拾寅敬慕佛教，《高僧传》卷第八义解五《玄畅传》也有记载：“释玄畅，姓赵，河西金城人。少时……往凉州出家……后遇玄高，事为弟子……其后虐虏剪灭佛法，害诸沙门，唯畅得走。以元嘉二十二年（445年）闰五月十七日发自平城……以八月一日达于扬州……宋文帝深加叹重，请为太子师，再三固让……迁憩荆州，止长沙寺……迄宋之季年……西适成都……至升明三年，又游西界，观瞩岷岭，乃于岷山郡北部广阳县界，见齐后山，遂有终焉之志……以齐建元元年四月二十三日建刹立寺，名曰齐兴……齐骠骑豫章王嶷作镇荆、陕，遣使征请。河南吐谷浑主，遥心敬慕，乃驰骑数百，迎于齐山。值已东赴，遂不相及。”齐建元元年是公元479年，这段文字记述的是拾寅死前二年的事情，因此，“河南吐谷浑主”指的当是拾寅。

认为拾寅时代以前吐谷浑已有佛教，主要是依据《高僧传》卷一一习禅《慧览传》的一段记载：“释慧览，姓成，酒泉人。少与玄高俱以寂观见称。览曾游西域，顶戴佛钵，乃于罽宾从达摩比丘咨受禅要。达摩曾入定往兜率天，从弥勒受菩萨戒。后以戒法授览，览还至于阗，复以戒法授彼方诸僧，后乃归。路由河南。河南吐谷浑慕延世子琼等，敬览德问，遣使并资财，令于蜀立左军寺，览即居之。”慕延是拾寅前一代可汗，也即《魏书》、《北史》中的慕利延，在位时间436年—452年。慕利延在元嘉十六年（439年）被宋文帝册封为河南王，嫡子瑍为左将军，河南王世子[8]。世子瑍与琼字形相近，瑍和琼当为同一人[9]。所立寺院称左军寺，盖因瑍为左将军之意。拾寅是慕利延从兄弟之子[10]，与瑍亦为从兄弟。瑍身为世子而未继可汗位，其原因史书没有记载，无从查考，但从他对佛教的态度，说明在慕利延时代，至少在439年之后吐谷浑王室贵族中已有人开始接受佛教。然而北魏太平真君五年（即刘宋元嘉二十一年，444年）北魏进军吐谷浑，次年攻占鄯善，慕利延败走于阗[11]，“遂入于阗国，杀其王，死者数万人。南征罽宾。遣使通宋求援……七年，遂还旧土”[12]。这里的七年当指太平真君七年（446年）。吐谷浑人的这次入侵虽然时间不长，但却给于阗造成极大的破坏。据说藏文《于阗国史》记述了当时杀人如麻，致使人民减半，佛教寺院也大半被毁[13]。

于阗是当时信仰佛教的地区，由于慕利延大肆杀戮佛教徒、毁坏寺院，因此持慕利延时代吐谷浑开始接受佛教之说的学者一般认为，吐谷浑是在慕利延返回故地后经过慧览的一番教化才信仰佛教的，慧览经由吐谷浑的时间当在446年—452年之间[14]。而唐长孺先生则推测，慧览过吐谷浑的时间在战祸之前[15]。唐先生的考证是有道理的。其一，经过如此惨烈的战争，慧览即使在今后几年也很难在罽宾、于阗从容求法授戒。其二，慕利延在于阗烧毁佛寺、杀戮佛教徒之后，慧览会不会冒着生命危险到吐谷浑传教？这实在大可怀疑。其三，作为《高僧传》这样一部书，对于毁佛这种事件是不会忽视的，而从《慧览传》上看，却丝毫没有经历这场战乱和痛惜佛教受损的笔墨。基于以上三点，我们把慧览路过吐谷浑的时间确定在慕利延败退于阗之前，即在439年—444年之间。而这也就是吐谷浑开始正式接受佛教的时间。至于慕利延为什么先允许世子接受佛教，并在蜀建立左军寺，后来却又在于阗毁灭佛寺，这一点将在下文中加以解释。

佛教有否可能更早传入吐谷浑？从现有材料上看，这种可能性不大。《高僧传》卷七义解四《慧叡传》载：冀州出身的僧人慧叡，“常游方而学，经行蜀之西界，为人所抄掠，常使牧羊。有商客信敬者，见而异之，疑是沙门，请问经义，无不综达，商人即以金赎之。既还袭染衣，笃学弥志。游历诸国，乃至南天竺界……后还憩庐山，俄又入关从什公（鸠摩罗什）咨禀。后适京师，止乌衣寺……叡以宋元嘉中卒。”按龟兹高僧鸠摩罗什于401年岁末被后秦迎至长安，尊为国师，卒于413年[16]。如此，慧叡去长安的时间当在这期间，他西行归国的时间绝不会晚于413年。至于他何时路过吐谷浑，虽无具体时间可考，但可以其他旁证材料加以推断。东晋高僧法显于399年从长安出发沿陆路西行求法，历经10余年，也就是在412年，取海道返国[17]。慧叡往返的路线虽然不详，但他游历诸国，到达了南天竺界，所需时间长短应与法显大致相当，而他归国的时间要比法显早许多，由此可知，他西行求法的时间应在399年以前。根据慧叡的经历推算，他在蜀西界的遭遇有可能发生在视罴时代（390年—400年）前后。蜀的西界很早成为吐谷浑的势力范围，《魏书·吐谷浑传》载：“吐谷浑遂徙上陇，止于枹罕暨甘松，南界昂城、龙涸，从洮水西南极白兰数千里中，逐水草，庐帐而居，以肉酪为粮。”昂城，即今四川西北的阿坝。龙涸，今四川西北的松潘。慧叡经过时那里还不识僧人，说明视罴时代前后佛教可能在吐谷浑尚未流传。

从文献记载上看，吐谷浑开始接受佛教似乎是因为慧览路经吐谷浑，经过教化，他的德行学问赢得了王室的敬重。其实，从吐谷浑的发展史看，这一时期接受佛教并非偶然。吐谷浑原为辽东慕容鲜卑的一支，公元3世纪末4世纪初，单于涉归庶长子吐谷浑率所部从慕容鲜卑中分离出来，西迁至今内蒙阴山。西晋永嘉末，又从阴山南下，至陇西枹罕（今甘肃临夏）西北，然后子孙相继，向南、北、西三面开拓疆域，统治今甘肃南部、四川西北和青海等地的氐、羌等族。吐谷浑孙叶延时，仿效汉族帝王传统，以其祖之名为氏，亦为“国号”，初步形成了一套简单的管理国家的政治机构。从此，吐谷浑亦由人名而为姓氏、族名，乃至国名。

从叶延建立政权至阿豺时代（417 年—426 年），是吐谷浑逐渐发展阶段。当时吐谷浑北部先后建立有前凉、前秦、后凉、西秦、南凉、北凉、夏等政权，为了能立足于强悍的群羌之地，在十六国、南北朝群雄割据，政权更替频仍的情况下，吐谷浑积极利用各种矛盾，周旋于强国之间，努力发展自己。吐谷浑与北方其他政权发生关系是从碎奚时代（351 年—375 年）开始的。当时前秦势力向西发展，为不殃及自己，碎奚向苻坚遣使献物，被苻坚拜为安远将军、漒川侯[18]。西秦对吐谷浑的威胁最大，为了北境的安宁，视连、视罴在位期间时而被迫向西秦称臣纳贡，时而与之兵戎相见。西秦拜视连为沙州牧、白兰王[19]。树洛干和阿豺两代可汗不仅从西秦手中收复失地，而且扩土发展。阿豺时又遣使刘宋，欲联宋抗秦，被封为浇河公[20]。慕利延兄慕璝为可汗（426 年—436 年）时，吐谷浑由发展进入兴盛时期。他通刘宋，被授陇西公，据《魏书·吐谷浑传》载："招集秦凉亡业之人及羌戎杂夷众至五六百落，南通蜀汉，北交凉州、赫连，部众转盛。"慕璝与北凉沮渠蒙逊、夏国赫连定以及刘宋联合抗御西秦。431 年赫连定灭西秦，旋为慕璝击溃擒获并送北魏都城平城，慕璝因此被北魏封为大将军、西秦王。通过一系列战争，吐谷浑占据西秦大部分故地，大大扩展了统治地域，其东北部抵达陇西一带，拥有沙州全部，河州、秦州大部分及凉州的一小部分，获得了西秦、夏两国的大量人口和财物，乞伏氏、赫连氏后成为吐谷浑统治集团的组成部分。吐谷浑从此进入强盛时期，并与南北朝建立了密切联系。需要指出的是，吐谷浑邻近的这些政权大都笃信佛教，许多高僧在那里讲经弘法并被崇为国师或军国顾问，声名远扬，吐谷浑不可能没有受到影响。尤其是慕璝的领土扩展，将许多佛教的势力范围纳入吐谷浑的统治之中。如陇西秦州，为西秦的领土，5 世纪初佛教在陇西地区已相当兴盛，至今遗存的永靖炳灵寺和天水麦积山石窟都有西秦时的绘画和雕塑。在麦积山，与慧览俱以寂观见称的禅宗高僧玄高等当时在那里修行，据《高僧传》卷一一习禅《玄高传》说山上有徒众百余人。凉州作为魏晋以来河西的政治、经济、文化中心，更是佛教向东传播的主要地区。《魏书·释老志》载"凉州自张轨以来，世信佛教"，鸠摩罗什居凉州 16 年（385 年—401 年），那里有着深厚的佛教基础。如此广泛、浓厚的佛教氛围，必然会对吐谷浑产生影响。因此以慧览为契机，慕利延时代开始接受佛教是很自然的事情。

二　吐谷浑佛教性质考

从上面的论考中，我们知道吐谷浑在慕利延时代已经接受佛教，但却有许多矛盾的现象令人费解。

慕延世子琼等既然接受了佛教，为什么在蜀为慧览立左军寺？无独有偶，《梁书》卷五四《西北诸戎传》中另一条吐谷浑与佛教有关的记载是"伏连筹袭爵位。天监十三年（514 年），遣使献金装马脑钟二口，又表于益州立九层佛寺，诏许焉"。伏连筹为什么不在自己的统治区域建塔立寺，却要在梁朝的益州建一座九层佛寺呢？

首先这不是由于建筑技术上的原因。吐谷浑虽然一直保持着游牧民族的生活习性，有城郭而不居，有屋宇而杂以篷帐，但毕竟建有城郭、屋宇。拾寅时开始筑宫殿，"其居止出入，窃拟王者"[21]，子弟王者也由移动篷帐生活开始转向城郭屋宇生活。此外，慕璝召集的秦凉亡业之人，应该是一些汉人生产者，而且很多应该是佛教徒。因此，吐谷浑应该具备独立创建寺院的能力。不在自己的领域建塔立寺，究其原因，主要是自然环境与人文环境使然。

魏晋时期进入中原的各族，因与汉人接触，在文化上、社会经济上都在不断汉化，胡族上层都有很高的文化水平[22]，因此，他们建立的政权很快接受了佛教。而吐谷浑很早从慕容鲜卑中分离出来，汉化较浅。《洛阳伽蓝记》记述北魏僧人宋云、惠生在伏连筹时代（神龟元年，518 年）去西域取经，取道吐谷浑，他们描述当时吐谷浑的语言文字同于北魏，流行汉语，但"风俗政治，多为夷法"。1960 年和 1981 年考古工作者曾两次对位于今青海湖西岸的吐谷浑晚期都城伏俟城进行了调查研究[23]，探明伏俟城由内城和郭城组成。郭城呈长方形，东西宽 1400 米，北垣被切吉河冲毁，长度不明，城垣有砾石垒砌。内城在郭城西部，方形，边长约 200 米。墙无雉堞，仅东墙正中开门。宫殿遗址可能建在位于城内偏西北处发现的边长为 70

米的方形台基处。城门和宫殿皆东向，可能是沿袭鲜卑“以穹庐为舍，东开向日”的旧俗。地面遗迹稀少，反映了吐谷浑后期仍然过着游牧为主的生活。另一方面，吐谷浑统治的区域，原本羌、氐聚居之地，《后汉书·西羌传》卷八七曰：“河关（今甘肃兰州西南）之西南羌地是也。滨于赐支，至乎河首，绵地千里。赐支者，《禹贡》所谓‘析支’者也。南接蜀、汉徼外蛮夷，西北［接］鄯善、车师（今新疆吐鲁番）诸国。所居无常，依随水草。地少五谷，以产牧为业。”可见汉代西羌也是以游牧经济为主。因这里地处险远，汉族势力直到西汉中期才刚进入，开发也主要集中在自然条件好的河湟流域，尤其是湟水地区。根据青海省考古普查资料看，汉代遗址墓葬在湟水流域有400余处之多，而在黄河流域的却不足10处，而且主要分布在化隆、循化两县的黄河两岸[24]。由此推论聚居在这里的羌、氐各族受汉文化影响是十分有限的。吐谷浑吸收了文化并不是很先进的羌、氐各族，使他们成为主要部民，自然在文化上、社会经济上不能同在汉民族聚居地区建立的民族政权相提并论。因此，由于这种特殊的自然和人文环境，对《梁书》中“国中有佛法”一句就不能简单地理解为吐谷浑也像当时的其他政权那样广泛信仰佛教，合理的解释是吐谷浑自慕利延时代起虽受到了佛教的浸染，但对佛教的接受是有限的。吐谷浑的宗教信仰仍然主要是原本原始的巫术，即遇事占卜，敬鬼神，祭祀天地山川日月等。巫术是漠北匈奴和鲜卑等北方游牧民族传统的信仰，《高僧传》卷一〇神异下《昙霍传》记载，建和二年（401年）高僧昙霍来到河西鲜卑建立的南凉传教，南凉国主之弟耨檀说：“仆先世以来，恭事天地名山大川。今一旦奉佛，恐违先人之旨。”于是，为证明佛道神明，昙霍幽闭七日不食，毫无饥渴之色，耨檀才厚加敬仰，改信皈依。正因为吐谷浑接受佛教的程度有限，所以前述慕利延一方面认可世子琼向宋遣使并出资为慧览在益州建寺，而当他侵入于阗这个佛教之国时，不仅屠戮人民，对佛教寺院也毫不留情。

佛教又有像教之称，立寺建塔、开窟造像在吐谷浑周边地区曾蔚然成风，至今遗留下许多当时的佛教美术遗迹。然而，迄今为止的考古发现和笔者对青海地区进行过的实地调查，青海南北朝时期的佛教遗存很少，所有遗迹也主要分布在西宁及以东的农业地区，这也反映了吐谷浑佛教并不兴盛的状况。

吐谷浑所处的地理位置及本身游牧经济为主的特点，决定了它势必与内地的其他政权发生密切的联系。慕利延和伏连筹都选择在南朝统治下的益州地区建塔立寺，与其说是由于仰慕佛教，不如说是以此作为一种外交手段，来加强与对佛教极为重视的南朝之间的良好关系。

吐谷浑作为地处边疆较为弱小的政权，为了自我保护和获得更多的利益，向南北两大政权均遣使称臣，接受封号，但与北朝的关系是时战时和，而与南朝一直和平友好，从未发生过战争。公元420年，刘宋建立，吐谷浑正当阿豺在位。他兼并氐、羌，拓土至龙涸、平康，和刘宋西边的益州接壤。由于从龙涸沿岷江而下，就可到达蜀郡的中心成都。这条经青海通往巴蜀之路，被称为青海古道中的“河南道”，当时西域、柔然与南朝往来皆经此途径。阿豺423年开始遣使通宋，献方物，此后交往不断。据周伟洲先生《吐谷浑史》中的统计，吐谷浑向刘宋遣使计20次，向南齐遣使1次，向萧梁遣使9次。445年北魏击慕利延，致使其败走于阗。次年虽返回故土，但慕利延惧魏军再至，于宋元嘉二十七年（450年）向宋遣使并上表“……若不自固者，欲率部曲入龙涸、越嶲门”，请求保护。宋太祖不仅赐以牵车，而且同意“若虏（北魏）至不自立，听入越嶲”[25]，可见双方关系之密切。以上仅是见于文献记载的，没有记载的肯定还有。吐谷浑在梁大同六年（540年）最后一次向南朝遣使后，可能由于侯景之乱后梁朝诸王混战，生产凋敝，尤其是西魏553年占取益州之后，吐谷浑与之交恶，所以入梁朝贡的交通也就基本被阻断了，以至直至陈朝的史籍中都不再有关于吐谷浑的记载。

吐谷浑向南朝遣使献方物，一方面要表示名义上的臣属关系，另外是为贸易往来。所献方物也是投其所好，联络感情，以换取更大的经济和政治利益。众所周知，自东晋以来南方许多帝王名士积极倡导佛教，梁武帝萧衍还以护法人主自居，亲自登坛讲演佛理，使南方佛教之盛达到顶点。吐谷浑遣使并携带资财要求南朝君主同意在他们领土内的益州建塔立寺，其实和投其所好贡献方物性质是一样的，而且有什么方物比这样修功德更赢得人心呢。为表示对华夏文化的虔敬，梁大同六年夸吕可汗遣使，还向梁武帝“求释迦像并经论十四条”，梁武帝“敕付像并制旨涅槃、般若、金光明讲疏一百三卷”[26]。以这样的方式和南朝交好，并非只有吐谷浑。高昌沮渠政权为了对抗北魏，曾四次遣使刘宋，据唐长孺先生考证，其所行的路线都经过吐谷浑境内，所携带敬献的方物，其中一次就有在中原尚未获见的佛经《毗婆沙论》[27]。

选择益州建塔立寺也非偶然。益州的中心地成都自西汉起就是仅次于长安的大都市，有天府之国的美誉。南北朝时期为刘宋、南齐和萧梁所领有，553年尉迟迥率西魏军夺蜀，从此归入北朝的统治。由于地理上的便利，吐谷浑与益州的关系尤为密切。《梁书·河南传》载伏连筹在天监十三年、十五年迭献方物。“其使或岁再三至，或再岁一至。其地与益州邻，常通商贾，民慕其利，多往从之，教其书记，为之辞译，稍桀黠矣”。不仅如此，河南道在南北朝时期成为南朝与柔然以及西域往来的重要通道。《南齐书·州郡志》载：“益州，镇成都，……西通芮芮河南，亦如汉武威张掖，为西域之道也。”《南史·萧纪传》记载：萧纪551年僭号于蜀之前，曾经“……在蜀十七年，南开宁州、越嶲，西通资陵、吐谷浑。内修耕桑盐铁之功，外通商贾远方之利，故能殖其财用，器甲殷积”。益州特别是成都地区不仅商业繁盛，文化昌达，佛教也十分兴盛。从考古发现看，以成都为中心有许多当时的佛教造像出土，仅毁于唐武宗废佛之厄的位于成都市西门外万佛寺遗址就已陆续出土宋、梁、北周和隋唐造像200余躯，所以吐谷浑在益州建寺立塔即迎合了当地的佛教氛围，同时也在那里为宣传自己建立了一个窗口。

综上所述，由于所处的特殊地理位置，吐谷浑对佛教的传播有过积极的贡献，同时佛教也影响到吐谷浑。可以肯定，至少在慕利延时代，佛教传入了吐谷浑。不过，由于自然和人文环境的限制，吐谷浑对佛教的接受是十分有限的。《梁书》“国中有佛法”只是说明了吐谷浑受到佛教的影响，并不能因此将其信仰佛教的程度与当时周边的政权相提并论。而史料中关于吐谷浑在益州建塔立寺的记载，则更多地是吐谷浑利用佛教与南朝亲善的一种外交手段而已。

注释：

[1] a.[日]松田寿男：《吐谷浑遣使考》，《史学杂志》第48编，1937年第11、12期；b.唐长孺：《南北朝期间西域与南朝的陆路交通》，《魏晋南北朝史论拾遗》，中华书局，1983年。

[2] 经由吐谷浑境的青海古道及其走向已有不少研究，各种观点参见伍成泉《近二十年来（1980—1999年）吐谷浑史研究述略》，《中国史研究动态》2000年第11期。

[3][7][日]后藤胜：《吐谷浑の仏教》，载《山崎先生退官记念东洋史学论集》，1967年。

[4][日]山名伸生：《吐谷浑と成都の仏像》，《仏教艺术》第218号，1995年。

[5] a.周伟洲：《吐谷浑史》，宁夏人民出版社，1985年；b.白翠琴：《魏晋南北朝民族史》，四川人民出版社，1996年。

[6]同[1]a。

[8][25]《宋书》卷九六《鲜卑吐谷浑传》。

[9] 关于二人的关系，后藤胜先生和唐长孺先生以二人为同一人，周伟洲先生则认为二人为兄弟，参见《吐谷浑史》附录二：吐谷浑世系表。笔者认为从现有材料来看，应为一人。

[10] 关于慕利延与拾寅的世系，《梁书》与《魏书》卷一〇一《吐谷浑传》不同，本文从《魏书》。

[11]《魏书》卷四下《世祖纪第四下》。

[12]《北史》卷九六《吐谷浑传》。

[13] 余太山主编《西域通史》，中州古籍出版社，1996年，第93页。

[14] 同[5]a

[15][27] 同[1]b。

[16] 鸠摩罗什进长安的时间参见《高僧传》卷二《鸠摩罗什传》。辛年诸记不同，本文同意上海辞书出版社1983年版《辞海·宗教分册》的说法。

[17]（东晋）法显著、章巽校注：《法显传校注》，上海古籍出版社，1985年。

[18]《晋书》卷一一三《苻坚载记》上。

[19]《晋书》卷九七《吐谷浑传》。

[20] a.《北史》卷九六《吐谷浑传》；b.《宋书》卷九六《吐谷浑传》。

[21]《北史》卷九六《吐谷浑传》。

[22] 万绳楠整理《陈寅恪魏晋南北朝史讲演录·胡族的汉化》，黄山书社，1987年。

[23] a.黄盛璋、方永：《吐谷浑故都——伏俟城发现记》，《考古》1962年第8期；b.青海省文物考古队：《青海湖环湖考古调查》，《考古》1984年第3期。

[24] 李智信：《青海古城考辨》，西北大学出版社，1995年。

[26]《南史》卷七《梁本纪》中。

（原文刊于《中国历史文物》2002年第5期）

丝路文化瑰宝——敦煌

孙国璋

一 丝绸与丝绸之路

丝绸是我国古代人民的一大发明。早在五千年前，生活在黄河流域与长江流域下游地区的人，就会利用蚕丝制作丝线、丝带和绢。三千多年前的商代，丝织技术有所提高，除了平织的绢，还有单色的绮和绣出多彩纹饰的绢或绮。到了战国时期，出现了色彩鲜艳的织锦。汉代的丝织工艺取得较高成就，这是因为改进了养蚕技术，提高了缫丝、织造和印染技能，改良了桑树的栽培方法，而使得丝织品的质量和数量有很大的提升，此时除了有绢、绮、锦、绣之外，又有提花罗和印花敷彩纱。经过魏晋南北朝到唐代，我国的丝绸生产，不仅工艺精美高超，在吸收了波斯纹样与纬锦工艺后，花色品种更加繁盛新颖。名贵的缭绫，丝绒的地毯都为诗人所赞颂。美丽的丝绸不仅为我国人民所喜爱，也深受中亚、西亚和欧洲人的爱慕。早在公元四世纪，我国的丝绸已通过印度远销欧洲，西方人视丝绸为无上珍品，美丽神奇的丝绸吸引着罗马的权贵、希腊的富豪，他们以穿著中国丝绸的服饰为荣，对丝绸的不断需求，促使商队不断扩大，一条通向西方的大道于是形成。这条大道东起汉代都城长安（今西安）、洛阳，经河西走廊到达敦煌，出玉门、阳关，进入新疆。由于塔克拉玛干沙漠的隔阻，只能沿昆仑山北侧或天山南侧西行，分为南、北两路。南路，从敦煌出古阳关，经若羌、和阗到莎车等地，跨帕米尔高原，经阿富汗、伊朗，到达地中海沿岸诸国。北路，从敦煌出古玉门关，经吐鲁番、库车到喀什等地，越帕米尔高原，经过苏联的费尔干纳、撒马尔罕到达伊朗，向西可至古罗马帝国。两汉以后，在天山的北侧又开辟一道，后称北路，从西安经哈密、伊犁，过伊犁河、楚河可达土耳其，即古东罗马地区。

新北路开通后，原北路改称中路。南路与中路从莎车或喀什，经塔什库尔干向南达克什米尔到印度。

从汉到唐的一千多年间，在海路未成为中西交通干线之前，这三条路是运销丝织物的主要通道，被后来的中外历史学家称之为“丝绸之路”。

丝绸之路在民间早已通行，但作为中原王朝正式通往西域或西方的交通要道，还是从汉武帝通西域开始。

秦汉之际，匈奴逐渐强大。匈奴是我国北方的一个游牧民族，善骑射，其势力东达今鸭绿江流域，西到新疆，南抵河北、山西的广大地区。新疆在汉时称西域，是个富庶的地方，匈奴控制西域后，依仗骑兵的优势，不断对西汉的北方进行掠夺。河西地区被匈奴占领，中原通往西域的交通要道为其控制。河西与西域地区就成为匈奴掠夺西汉的一支右臂。

西汉初年，国力不强，王朝无力抵抗匈奴，只能以和亲和馈赠大量金玉丝绸及酒食的方式，求得边境的安宁，但匈奴仍不时南下侵扰汉境，直到武帝时，国力增强，为斩断匈奴的右臂，派张骞出使西域，目的是联络被匈奴赶出河西的大月氏来合击匈奴。由于大月氏已在中亚定居，无意东归，张骞虽没有达到目的，但对西域的地理、物产和各民族的风土人情，有了一定的了解。西域的富饶与匈奴控制西域后对汉王朝的严重威胁，促使武帝用兵西域。从公元前 127 年至前 119 年，汉将卫青、霍去病转战于黄河以南、大漠以北，收复河西地区，消灭了匈奴主力，匈奴内部分化，浑邪王降汉。从西汉都城长安出兵西域，须在漫长的河西走廊设立据点。公元前 111 年，先后设立武威、酒泉、张掖、敦煌四郡。同时，大量移民、屯田、设防，加强对河西的开发。西域，其境多城郭小国，这些城郭之国必依靠一强大势力才能自安，匈奴受挫，西域五十余国与汉交往。公元前 59 年，汉设西域都护府于轮台东北的乌垒城，目的是保护和管理西域的通道。

西汉末，北匈奴乘中原混乱控制了西域，胁迫西域诸国共寇河西。公元 73 年，东汉明帝派窦固屯兵武威进兵哈密，班超随征。班超采取对西域诸国通好的策略，来孤立分裂匈奴的统治，迫使北匈奴西迁。班超出使西域 30 年，为丝路的复通与西域的安定贡献了一生。

南北朝时期，由于南北分裂，突厥、吐谷浑等部屡寇西部边境。吐谷浑系我国古代民族之一，原是居于辽宁河东的慕容鲜卑的一支。公元四世纪初，从辽东迁徙到内蒙阴山游牧，不久由阴山经陕北，向西过陇山，定居于今甘肃南部、四川西北、青海大部和新疆南部，建立吐谷浑王国，都城在青海湖西七公里的伏俟城。人口虽不过数十万，但常与突厥、党项连兵，是西陲边境长期的不安定因素。北魏统一北方后，在政治、经济、文化方面进行了一系列改革，巩固了政权，这对河西的恢复起了很大作用，不仅河西三郡户数人口增加，中西交通也日趋频繁，僧侣、商人、使臣来往不绝。著名高僧竺法护、鸠摩罗什、昙曜等都是通过丝绸之路进行宗教传播与文化交流。西域十六国使者也相继到魏都平城（即今大同），携珍宝马匹朝贡。西魏、北周时期吐谷浑仍不断来犯，虽有征战，但都未能使西部边境安定。

历代建都长安的王朝，都把西北边境的防御放在首位。欲保秦陇之地的安宁，必须先巩固河西地区的防御。隋唐立国以后也是如此。

隋王朝立国虽短，但对与西域交市十分重视。丝绸之路在经济、文化、政治、军事，乃至宗教等方面都有其重要性，历代夺取这条路控制权的争战也非常激烈。西陲不宁，丝路难以畅通，影响隋帝国与西域交往的主要是吐谷浑的寇边与阻截使者、商贩。

隋代与西域各国的商业往来，比北周有所发展，当时西域胡商，多至张掖与中国交市，裴矩被派往张掖管其事。裴矩通过与西域商人交往，了解各国的风俗、山川、地理情况，写成《西域图记》，入朝奏上，这使隋炀帝了解西域各国实情，及时采取对策。裴矩从此各方游说，说服铁勒与东西突厥放弃和吐谷浑联盟，这为征服吐谷浑创造了有利条件。

公元 609 年，隋炀帝西巡，到达青海与河西走廊，往返半年之久，在封建时代，中原帝王亲巡大西北，只有隋炀帝一人。西巡的目的是安定西陲，畅通丝路，发展贸易。隋文帝时期，吐谷浑内讧，无力寇边，文帝采取招抚政策。开皇年间，以宗室女光化公主远嫁吐谷浑汗世伏。大业初年，吐谷浑又屡犯张掖。不征服吐谷浑，丝路难以畅通，为此隋炀帝亲征。他从长安出发，沿渭河西行，越陇山，到陇西、临洮，经青海西宁与民乐扁都口，穿越祁连山，到达张掖。隋炀帝亲征得胜，吐谷浑南遁。青海大部归入中原王朝，并在其地设西海、河源、且末、鄯善四郡，派将镇守，同时移民屯田，征兵戍边，使丝路上往来商旅有了安全保障。

隋炀帝西巡之前，已派裴矩在张掖负责联络西域事务，劝说西域各国前来朝谒。隋炀帝在河西停留期间，高昌王和西域 27 国使者来朝。为显示中国之盛，令与会者佩金玉、衣锦绣，梵香奏乐，颁赐物品，并设鱼龙戏以助兴。又令武威、张掖仕女盛装观看，凡是衣着车马不华丽者，由郡县督促解决。因此数十里人潮观盛会，不能不令西域人赞叹。对西域使者如此盛情款待，实为促进中西贸易的发展。隋唐时期是丝绸之路繁荣的高峰，而隋代正是登上高峰的起点，为登峰开辟了道路。隋末地方割据势力云起，突厥、吐谷浑回归故地。唐朝初建，无力争战，因此，政府禁止百姓进入番地。这种人为的政治隔绝，使得玄奘西行取经时，一过武威就必须昼伏夜行，从玉门关到哈密之间的戈壁滩上，玄奘迷失道路，饮水又失手倾覆，被困在戈壁中五天四夜，险些丧命。

唐代对“丝绸之路”的咽喉河西走廊十分重视。当时的重臣褚遂良说：“河西者，中国之心腹。”不控制河西，秦陇不安，东西交往受阻。唐王朝在关中稍事安定之后，便挥戈西进，首先平定了凉州、沙州的割据势力，控制了整个河西。接着打败东突厥，收复哈密。高昌王入朝。于是，哈密以西、波斯以东，使者朝贡不绝，商旅相继于路，唐王朝与西域的交通初步打开。但不久，高昌王又与西突厥勾结，东击哈密，西破焉耆，并阻挠西域诸国朝贡通商。贞观十四年（640 年），唐太宗派侯君集率军灭高昌，并在高昌地设西州，在交河置安西都护府，留兵镇守。库车、和阗仍在西突厥控制之下。不久西突厥各部争权，加之西域地区扩大，西突厥无力控制西域各国，因此，西域各国一面臣于西突厥，同时又与唐朝建立朝贡关系。贞观十八年（644 年），玄奘西行归国，到达于阗，于阗王派使臣、驼马将玄奘护送到敦煌。此时，中西交通较以往发生很大变化，丝路畅通。

唐贞观八年（634 年），吐谷浑国王为部下所杀，子年幼，大臣争权，国中大乱。唐太宗派大臣侯君集前去救援，幼主十分感激，随后亲自入朝，献马牛羊近万头，并向唐朝请婚，唐以宗室女弘化公主远嫁，从此吐谷浑与唐王朝保持亲戚关系。唐龙朔三年（663 年），吐谷浑为吐蕃所灭。吐谷浑王率部移居甘肃武威地区。吐蕃尽得吐谷浑之地。

唐王朝对西域，一方面运用武力征服突厥各部，利用他们内部矛盾，拉拢其臣服或军事征服，然后在其地设立行政机构。在新疆东部建立州、县、乡、里制度加强管理。在边境则设都护府、都督府，用本地区、本民族领袖统管地区，同时将中原地区流放的汉人安置在边地碎叶城。为巩固行政机构，派将镇守，移民戍边，广开屯田，使镇守官兵有物质保障。另一方面采取联姻，藉此来改善关系。贞观十五年（641 年），唐太宗将文成公主嫁给藏王松赞干布。唐中宗神龙三年（707 年），将金城公主远嫁藏王赤德祖赞，唐王朝因此可以缩短战线，专营西域，直至显庆二年（657 年），西突厥诸部纷纷归属于唐，至此，唐王朝完成了统一西域。唐代的均田制、府兵制都推行到西域。更重要的是文化的交流，西域的龟兹乐、高昌乐、康国乐传到唐朝宫廷，熬糖、种棉等传入中原，中原的养蚕、造纸传到西域。

五代时期，中原战乱。河西地区，东有回鹘称雄，西面于阗强盛。处理不好东西关系，河西不得安宁。到了宋代，河西虽属中原管辖，但西夏的建立早已重视这块中西交通要地。五代采取联姻，东结回鹘，西联于阗，以改善关系。宋代则远交辽以对付西夏。

古老的“丝绸之路”历经汉、魏晋、南北朝、隋唐、五代、宋等朝代，中间曾历数度盛衰。

元代成吉思汗时期，以其强弓硬弩向欧亚大陆扩展。成吉思汗的重臣耶律楚材与丘处机随行，他们留下的游记，别俱特色。既有对这一历史事件的亲睹实录，又有许多中亚、西亚地区的风情。耶律楚材的《西游录》，丘处机的西行见闻，由其弟子李志常撰写成《长春真人西游记》，都是研究丝绸之路的重要著作。

丝绸之路上的贸易交往，促进了东西方经济、文化的交流。西方的玻璃、玻璃器、珊瑚、琥珀、蔬菜水果、毛皮和毛织品以及珍禽异兽，不断经此输入我国，我国的冶金、水利灌溉技术、漆器生产技术随之输入西方。特别是我国的四大发明，尤其是造纸、印刷、火药的西传，对欧亚经济文化的发展起了很大作用。

伴随着丝绸之路上的经济贸易，东西方文化之间的交流也日益频繁，中国的天文 、医药学、文学、音乐和绘画艺术不断传入西方。波斯、东罗马的杂技百戏，印度、阿拉伯的音乐舞蹈源源传入我国。特别是佛教的传入，促进了中国的哲学、绘画、文学、建筑等方面的发展。

二　敦煌与敦煌石窟

敦煌地处河西走廊的西端，南接青海，西临新疆。战国以前，河西是羌戎等部落民族活动的地方。战国至秦，为月氏、乌孙等民族生活的地区。秦末汉初，匈奴控制河西。公元前 121 年，西汉尽收河西之地，并先后设立河西四郡，敦煌是四郡中最西边的一郡，敦煌有文字记载的历史从此开始。敦煌设郡后，修长城，设玉门关、阳关，敦煌成了中西交通的咽喉之地。

敦煌是丝绸之路经过的地方。西汉初，丝绸经营由中央控制，与西域的交往多通过使节。使节既是中原政权的代表，又是经济贸易的商贾。自从张骞出使西域封侯显贵以后，随同张骞第二次出使西域的官吏，纷纷请求派为使节。武帝为扩大与西域的交往，大小都封个使节。这些正副使节往返西域，都要经过敦煌。当时派往西域的使节，多则一年十几批，少则五六批，每批数百人，所携带的物品，多仿照张骞出使西域的款式。张骞第二次出使西域时，每人马二匹、牛羊以万计，所带金、币、丝绸价值数千万。每年这么多的人带着马、牛、羊和货物，通过敦煌，于是出现“使者相望于道”的壮观景象。

敦煌又是和亲公主路过的地方。和亲是加强民族团结，促进地区安宁的一种政策。公元前105年，汉武帝以江都王刘建的女儿细君为公主嫁给乌孙王。细君死后，汉又以楚王刘戊的孙女解忧为公主远嫁乌孙。公主经敦煌，官员迎送，武卫相随，其规模与气魄远非使节所能比。公元前60年，乌孙遣使者又来请婚，宣帝以相夫为公主，并配备官员侍众一百多人，隆重地送相夫公主到敦煌，后因乌孙情况有变，公主暂留敦煌。公元前65年，龟兹王及夫人来朝，汉帝赐以车骑、旗鼓、歌吹，并赠绮绣杂缯等数千万。这支浩浩荡荡的队伍也是经过敦煌。

敦煌还是前线的补给站。从汉武帝派张骞通西域后的一百多年间，破楼兰、姑师，联乌孙，伐大宛，与匈奴争车师，远征康居等等，凡征战于西域，敦煌就是前线的后方。敦煌之所以能成为后方基地，是设郡移民实边，推行屯田，民屯使移民得到土地，军屯使军队减轻长途运输，增加供给。东汉末，西北边境受到羌人的威胁。到了曹魏时期，注意加强西北边防实力。当时的敦煌太守仓慈重视农业生产，兴修水利，改进生产工具，把牛耕和耧带到敦煌，促进农业的发展。同时，抑豪强，扶贫弱，解除了大族对西域商人的拦截与欺诈，中西贸易交往兴盛。太守皇甫隆继仓慈经营这一地区，魏晋时期的敦煌比汉代繁荣，文献中记载当时的敦煌是中原与西域交往的一个都会。这说明敦煌在中西交通上起着重要的作用。

敦煌是佛教传入内地的第一站。东汉明帝梦金人从空中来，于是集大臣占梦。傅毅是个学识渊博、贯通古今的人，他回答说，西域有神，其名叫佛，陛下所梦，一定是佛。明帝以为是，就派郎中蔡愔、博士弟子秦景等往古印度寻访佛法。蔡、秦二人到了今阿富汗一带得到佛经、佛像，并与印度高僧迦叶摩腾、竺法兰相遇，遂相邀同至中国。永平十年（67年），汉使梵僧一同来到东汉都城洛阳，初住鸿胪寺，第二年建白马寺，以纪念这次驮回取得的经与像的一匹白马。敦煌地接西域，汉使西去求法，梵僧东来传经，都要经过敦煌。这一时期，有世居敦煌，译经最多，名声显赫的西晋高僧，号称“敦煌菩萨”的竺法护，有竺法护的学生，后在敦煌立寺教学，一心传法，而死于敦煌的竺法乘。据文献记载，这一时期敦煌已有不少寺塔，而且寺庙里还有佛像和绘画。

十六国时期，先后统治过敦煌的有前凉、前秦、后凉、西凉、北凉，其中影响较大的是前凉、西凉与北凉。自西晋“八王之乱”后，中原战乱不断，唯凉州相对安定，中原到河西避难者日月相继。中原的先进技术与不断增加的劳动力，促使凉州经济不断发展。凉州是北部中国的文化中心，敦煌是凉州文化的中心。凉州地区历代保留着儒教传统。魏晋时期，中原士族避难凉州，随行的儒生、技艺、工匠，使凉州固有的汉文化增加新的成分，丰富了地区的传统文化。敦煌的学者、儒生著作流传于世的很多。西凉时敦煌人阚骃著《十三州志》。北凉时沮渠茂向朝廷奉献各种著作18种。西凉王李暠以敦煌为回都，曾先后营建靖恭堂、谦德堂、嘉纳堂，在堂内画有历代名人像。李暠本人能诗善赋，并在敦煌大兴儒学。

北魏统一全国后，敦煌置敦煌镇，后又改为瓜州。西魏、北周因循之未改。公元525年，魏孝明帝第四代孙元荣出任瓜州刺史，后被封为东阳王。中原王朝派皇室成员长期牧守敦煌，东阳王为第一人。北周时，于义刺史瓜州，建平公于义一门十大将军，其显赫地位不亚于西魏当年的东阳王。可见当时的中原王朝对敦煌的重视。

隋文帝杨坚，公元589年灭陈，结束了280多年的南北分裂局面。隋朝立国短，但对西域各国的商业来往，比以往大有发展。

唐代是我国封建社会的鼎盛时期，广大西北地区有着与中原不同的兴衰历史。每个朝代的历史应该是个不可分割的统一体，但各地区的盈虚丰歉并不统一。不平衡的历史现象在唐王朝近三百年统治中有明显反映。唐初称敦煌为瓜州，以秦王李世民为凉州总管，使持节凉甘等九州事务。可见，唐朝立国之初对河西地区的重视。“贞观四载，天下安康”。这是《隋唐嘉话》上的叙述，这时的敦煌改称沙州。当时的太守重视农业水利，广修水渠，干渠、支渠就有 37 道，渠面有的达 3 丈多宽，因此戈壁沙滩可开垦种田，扩大了耕种面积，先进耕作工具“曲辕犁”也在这一地区应用。安西四镇的设立，使中西交通畅通。西域各国的使节、商队、僧侣，不绝于路。这时的敦煌并未因玉门关迁至安西而失掉其重要地位。

公元 755 年，唐王朝内部爆发安史之乱。吐蕃乘机占领河西。公元 781 年，敦煌为吐蕃占领。公元 848 年，敦煌人张义潮趁吐蕃内讧，带领蕃汉人民赶走吐蕃统领，进一步收复河西。唐封张义潮为瓜、沙、伊、西等十一州节度使，建立归义军，敦煌此后为张氏所统治。张义潮死后，归义军政权成为张氏女婿们争夺的对象。进入五代后，曾任长史的曹仪金于公元 914 年掌握了归义军政权。此后，曹氏世守敦煌 140 年之久。因此，五代至宋初的敦煌称为曹氏统治时期。

五代时期，中原战乱，河西的瓜、沙二州东有回鹘称雄，西有于阗强势，曹氏以联姻来东结回鹘，西联于阗，使中国西北各族间交往频繁，商业兴旺。从五代至宋，曹氏一直向中原各朝称臣纳贡，以取得合法的地位和敕封。

公元 1036 年，西夏占领瓜、沙二州，曹氏归义军政权结束。西夏为党项族建立的一个封建割据政权。党项为羌族的一支，早期为游牧部落，但很早就接受汉文化，并仿照汉字创造了西夏文字，西夏王李元昊本人就通晓蕃汉文字。西夏统治长达两个世纪。公元 1227 年为蒙古所灭。

元代对敦煌的统治，始自铁木真五征西夏之时，历时 140 多年，比元朝对中原的统治还长半个世纪。蒙古以河西为桥梁与西藏联系。凉州在当时是蒙古在西北的一个行政中心。意大利人马可波罗在他所著的游记中，记叙有关沙州城和当地的风俗习惯，是当时沙州的真实写照。

明嘉靖三年，即公元 1524 年，嘉峪关关闭，敦煌为吐鲁番所占，河西之地尽失。

清康熙五十四年，即公元 1715 年以后，嘉峪关以外的地区逐渐收复。敦煌从沙州所升为沙州卫，还迁内地五十六州县民户至此屯田，并派光禄少卿汪漋督修沙州城，也就是 1949 年前的敦煌城。

敦煌石窟，包括安西榆林窟、敦煌的西千佛洞与莫高窟。因为三处石窟都属于古代敦煌郡境内，而且石窟的形制、开凿的年代和艺术风格，也都相同。但莫高窟的规模最大，内容最丰富，最具有代表性。

莫高窟，俗称千佛洞，位于敦煌城南 25 公里处。洞窟开凿在鸣沙山东麓崖壁上，依山傍水，坐西向东，上下有五层，高低错落，窟前有大泉河水流过，遥与三危山相对。现存从十六国至元代的洞窟 492 个，有彩塑 2000 身，壁画 40000 多平方米。根据洞窟的分布，分为南、北两区。北区长约 600 米，是画工、塑匠的居住洞室，部分洞窟为墓室。有壁画和塑像的洞窟仅存 5 个。南区长近 1000 米，敦煌艺术的重点洞窟集中在这里。

莫高窟为何时何人所开凿，没有正史记载，只能在遗留下来的历代文书和碑刻中寻找。根据唐代武周圣历元年（698 年）重修莫高窟佛龛碑的记叙，莫高窟是前秦建元二年（366 年），一个叫乐僔的和尚，西游到敦煌，这时已近黄昏，茫茫的沙漠上一片夕阳，突然在其眼前出现了神奇的景象。对面的三危山一派耀眼金光，好像千万尊佛像在金光中显现。乐僔和尚被这一景象所炫惑，认为这是个圣地，随后在这里募人开窟，这就是此处开凿的第一个石窟。后又有一位法良禅师从东方来到这里，发下心愿，在乐僔的窟旁开凿了第二个石窟。石窟的开凿从这两个和尚开始。接着王公贵戚、地方上的大小官吏、富商、平民，一家、一族，一个乡社团体等，不断修建起大大小小的佛窟。到了唐代，莫高窟已是拥有一千多个石窟的佛教圣地。

敦煌艺术，是敦煌石窟的建筑、彩塑和壁画三者结合的艺术。彩塑是石窟内容的主题，壁画是对主题的补充和图解，它不仅阐明主题，而且装饰洞窟，使石窟的建筑、彩塑和壁画相互结合为一整体，富丽而壮观，是我国宝贵的文化遗产。

莫高窟的建筑，是石窟与土木建筑的结合体。开凿石窟就是修建佛寺，因此石窟又称石窟寺，这种建筑形式源于印度，随着佛教的传入而为我国人民所接受，并不断发展成为具有中国特色的石窟寺艺术。

石窟的形制，有禅窟、寺塔窟和殿堂窟几种。

禅窟，是禅僧修行的地方。“禅”是梵文的音译，又称“禅定”，意思是静坐思虑，这是佛教的六种修行方法之一。进行禅修，需要有个安静的去处，到深山老林中凿一洞窟或结一草庐，适于坐禅修行。敦煌石窟的禅窟，是开在主室内的左右两壁，凿出仅容一人打坐的小室，这就是禅窟。有禅室的洞窟，后壁开大佛龛，塑佛像，这种洞窟的平面呈长方形或方形，窟顶呈平顶或覆斗顶。

寺塔窟，又称中心塔柱窟，是在主室内的后侧中央留有一方柱，方柱直通窟顶，柱的下部凿成塔座，上承塔身，故称塔柱。塔身的四面开龛，龛内塑佛像。这种洞窟的平面呈竖长方形，窟顶，在塔柱前方凿成人字形，称人字坡，前后两坡塑出椽子，脊部塑出脊方，与山墙交会处有木制斗拱装饰，这是模仿木结构房屋的屋顶建筑形式。塔柱的左右与后方为平顶。

寺塔窟的修建与早期佛教的礼佛仪式有关，佛陀在佛弟子的心目中是超人，无法表现其具体面貌，佛教徒只崇敬佛的遗迹、遗物，如佛生前到过的地方，刻一脚印表示，说法的地方刻一法轮、宝座、菩提树等等。塔的梵文意译是坟冢，原是埋葬释迦牟尼“舍利”的建筑物。舍利是释迦牟尼死后，弟子将其遗体火化，骨灰结成五彩晶莹的珠子，称舍利子。因此塔也是佛的象征。以塔为中心，四周以廊庑环绕是早期佛教信仰所需，善男信女绕塔礼佛会获得无上福报，僧禅“入塔观像”，面对佛塔，闭目静思，观像，含有看、念、想的意思，也就是观察佛的种种善行，思虑世间因果相报的事迹等等，生前坐禅苦修，死后得升天堂。寺是我国古代官署的名称，如大理寺、光禄寺、鸿胪寺等。佛教传入我国后，印度高僧来传佛法，当时被安排到专门接待贵宾的鸿胪寺居住，以后为高僧建造居所也命名为寺，从此佛教建筑就称为佛寺。我国北魏时期洛阳最大的寺院永宁寺，就是以塔为中心，佛殿堂阁建于四周，这种佛寺以廊庑或院墙围成院落，院中建塔，同中心塔柱窟的功能相同，因此一座寺塔窟即一座佛寺。

殿堂窟，一种由前室、甬道、后室三部分组成的洞窟。前室为横长方形，室外有木构建筑，木构建筑现已无存。后室为主室，呈方形，覆斗窟顶。后壁开龛塑像，或在左右两壁与后壁开三龛塑像。室内有宽敞的活动空间，供善男信女瞻仰、礼拜和集会使用。一种是在主室的后壁塑大像，又称大像窟，窟外为土木建筑的殿堂与石窟相接，外观为层层楼阁，内部有宽敞的礼拜堂。一种是在主室中设低坛，坛后沿留一背屏直通窟顶，坛上塑大像，佛徒可绕坛观像，这种大像窟多为大型洞窟。另一种是在主室的后壁设一高坛，坛上开凿一矩形龛，龛为盝顶，龛外沿绘塑有柱和幔帐璎珞装饰，形似一帐床，帐内塑像。殿堂窟多为覆斗顶。

莫高窟的建筑，据文献，在1500余年间，前后开凿了1000多窟室，由于年代久远，自然灾害和人为的破坏，崖壁大面积崩塌，窟室外景已非原貌。唐宋以来，有许多关于古代莫高窟建筑的记述，从这些文献中得知石窟是悬空开凿，窟前有土木建筑的楼阁相连接，窟与窟之间有栈道相连，因此就出现重檐飞阁映入崖下河水之中的壮丽景象。

莫高窟有关寺院的记载，在唐咸通六年（865年）的《莫高窟记》中就有“晋司空索靖题壁号仙岩寺”的追述。隋唐时期有崇教寺、灵阁寺，后来又有皇庆寺、雷音寺等等，这些寺院名称，有的是泛指莫高窟，因此可知莫高窟又叫仙岩寺、崇教寺。有的是几个洞窟属于某一家族或为某寺院所管辖，由于时代的变迁，石窟窟主的更换，寺院的名称也就随主而易了。

三　敦煌艺术

敦煌莫高窟艺术是塑、绘并重。塑像是洞窟的主题，每一洞窟都有其主尊像，也就是主要供奉的佛像。佛像的两侧，有的还塑菩萨、弟子、天王、力士等。除圆塑外，还有浮塑、影塑和善业泥等。绘画内容丰富，形式多种多样，有尊像画，也就是佛、菩萨的画像。故事画、经变画、佛教史迹画，供养人画像、建筑画、装饰图案画、山水和动物画等。随着历史的发展，信仰的变化，塑、绘的形式和内容也在不断地发展和变化。

莫高窟现存最早的洞窟，为十六国的北凉时期所开凿。北凉至北魏，敦煌艺术受西域，特别是龟兹佛教艺术的影响，龟兹艺术中的裸体菩萨，到了具有儒家思想的敦煌，便难以存在，因此，佛教艺术在敦煌经过选择，然后相互融合产生了早期敦煌艺术。西魏时期，中原绘画传统影响敦煌，南朝士大夫的尚清谈、饮酒赋诗、学神仙，形象以清瘦为美，风度以着宽袍大袖为潇洒，这种风习传遍全国，反映到绘画中，形成了西魏以后秀骨清相，褒衣博带、潇洒飘逸的人物形象特点。总之，敦煌艺术首先接受了西域艺术的影响，继而中原艺术给敦煌带来新风格，两种风格的融合，形成具有敦煌地方特色的早期敦煌艺术。

隋代政治上的统一，促进了经济上的发展和文化艺术上的繁荣。此时，开窟造像盛况空前，在艺术内容上不断创新，在艺术形式方面进一步中国化。唐代盛世，由于政治力量的强大，经济基础的雄厚，石窟艺术登上了当时文学艺术的高峰。它融合了国内各民族的艺术成果，吸取了国外艺术的专长，形成中国石窟寺艺术的独特风格。它不仅影响西域，还越过葱岭影响印度，与日本的佛教艺术也有不解之缘。晚唐时期，虽不像盛世之时那样辉煌，但从艺术形式到内容，都与人们的生活愈趋密切，进一步反映当时的社会现实。这些通过佛教而折光反映古代社会的艺术长卷，是我们研究历史、了解古代社会的宝贵财富。

唐代以后，敦煌莫高窟艺术进入晚期，历经五代、宋、西夏、元四个时期和三个不同民族政权，前后长达 400 余年，统治者无不大力提倡佛教，开窟造像从未间断，这说明敦煌石窟艺术是我国各族人民吸收外来文化共同创造的艺术宝库。五代开始的曹氏画院，修建了不少大型殿堂窟、塑像和壁画，内容丰富，布局严谨，并出现一些新题材，反映出佛教进一步中国化。壁画中出现多种多样的社会生活场景，为研究当时当地的社会历史提供了丰富的形象资料。曹氏画院以后，莫高窟艺术内容和形式有较明显的变化。西夏时期壁画内容趋于贫乏，形式上满足于装饰效果而不求深入。元代壁画密宗题材突出，虽然开窟不多，但出现新风格，取得新成就，打破了莫高窟最后时期的沉寂气氛。

敦煌莫高窟各个历史时期艺术的风格不同，这座蕴含着 4 至 14 世纪文化艺术的宝库为我们研究各个时期的建筑、服饰、音乐、舞蹈等提供了诸多资料。

（原文刊于《丝路文化瑰宝——敦煌》，万卷楼图书有限公司，2000 年）

唐代陶瓷的艺术瑰宝——长沙窑

李知宴

长沙窑是唐代中晚期陶瓷艺术领域升起的一颗璀璨的新星。其产量大，品种多，博取众窑之长，在制作工艺上独创性很强，有许多发明创造，开辟了陶瓷美学的新篇章。关于长沙窑的学术研究已经有几十年的历史，富于成果，特别是湖南的考古学家和陶瓷专家做出了很大贡献。下面从几方面来谈谈对长沙窑的认识。

一笔丰厚的文化财富

图一　唐长沙窑飞凤纹执壶

长沙窑生产的瓷器，是供人们生活中饮食所需的器具，但它有深厚的文化底蕴，形象地表现了人们的思想理念，时代的民风习俗，社会经纬各个方面的内容极为丰富，是1000多年前的文化财富。它像一面镜子，折射出大唐社会的灿烂辉煌，很生动形象，其造型、绘画、文字是研究、认识唐朝文化艺术的难得的宝贵资料。在长沙窑瓷器研究过程中会发现，各类产品从造型到装饰内容的许多方面都与唐代社会跳动的脉搏息息相关，都是唐代社会生活的直接反映。

唐代诗歌艺术非常繁荣，是我国文学史上的一个高峰。《全唐诗》是唐代诗歌的总汇，它收集了上千位著名诗人的诗，但《全唐诗》对唐代诗歌并没有收集完全。许多长沙窑瓷器上由工匠们书写的诗，朗朗上口，亲切动人，时代性强，但未收录在《全唐诗》中。

唐朝提倡文化教育，使国人的文化素质超过以往任何一个朝代。在唐朝教育中，读书进取成为青年上进的模范。长沙窑瓷器上有很多鼓励人们读书的诗文，宣扬读书是一种高尚的行为：

白玉非为宝，黄金我不须。
怀念千张纸，心藏万卷书。
上有千年鸟，下有百岁人。
丈夫具纸笔，一世不求人。

长沙窑工匠还将儒家的思想编成诗句，用彩笔写在瓷器上，让人们在日常生活中受到启迪：

仁义礼智信。

羊伸跪乳之义。

牛怀舐犊之恩。

言满天下口无过。

行满天下无怨恶。

富从升合起，贫从不计来。

唐朝社会的发展，首先是经济的发展，商品在社会上广泛流通，推动社会商品经济的规模日益扩大，社会财富增加。对秦汉以来“重农抑商”的传统在某些方面有所突破。尤其唐朝后期，朝廷腐败，内部倾轧，战乱不止，中央政府控制能力减弱，很多人从事商业活动，寻找出路。长沙窑也正是以极强的商品属性得到发展。长沙窑瓷器的诗以坚定的口吻、乐观的精神赞扬商人的奋斗，广告式地宣传商品和经商的经验：

图二　唐长沙窑褐彩贴胡人乐舞执壶

人归千里去，心画一杯中。

莫虑前途远，开坑（航）逐便风。

男儿大丈夫，何用本乡居。

明月家家有，黄金何处无。

大河通小河，山深鸟雀多。

主人看客好，曲路亦相通。

买人心惆怅，卖人心不安。

题诗安瓶上，将与买人看。

日日思前路，朝朝别主人。

行人山水上，处处鸟啼新。

酒酝香浓。

陈家美春瓶。

郑家小口，天下第一。

卞家小口，天下有名。

唐朝历经的200多年中，战争很多，有正义的战争，也有非正义的战争，无论哪种战争都给庶民百姓带来负担和牺牲。长沙窑瓷器上就出现描写战斗场面的诗文：

图三　唐长沙窑褐彩几何纹双耳壶

一日三场战，曾无偿罚为。

将军马上坐，将士雪中眠。

唐朝后期，社会动荡，很多人离乡背井，出外艰难谋生，长沙窑瓷器上的诗句抒发了他们的思乡之情：

一行千里别，来时未有期。

月中三十日，无夜不相思。

夜夜挂长钩，朝朝望楚楼。

可怜孤月夜，沧照客人愁。

唐朝社会在我国封建时代虽繁荣而强大，但也是建立在人剥削人的基础上，劳动人民苦难多多。来自社会下层的工匠在诗里倾诉着他们的苦难心声和不满：

日月虽明，不照复（覆）盆下。
街下满梅时，春来尽不成。
口中花易发，荫处苦难生。
罗网之鸟，悔不高飞。

图四　唐长沙窑褐彩贴胡人舞蹈壶

也有一些诗句以轻松的笔调歌颂男女之间的爱情和春天的无限风光：

君生我未生，我生君已老。
君恨我生迟，我恨君生早。
自从君去后，常守旧时心。
洛阳来路远，不用几黄金。
春水春池满，春时春草生。
春人饮春酒，青鸟弄春生。

唐朝社会宗教文化交流很活跃，伊斯兰教在广大地区存在。伊斯兰艺术品对中国陶瓷、金银器、织锦等艺术门类都有影响。长沙窑瓷器上就留下了“真主的仆人”、“安拉的仆人”等文字。

有的陶塑人物形象深目高鼻，大胡子，体形胖大，是外国人形象；有的就像中东的伊斯兰人物。唐朝扬州等地就居住着很多波斯人，长沙窑瓷器上粗大的连珠纹、忍冬纹、胡人舞蹈纹等都来自波斯等伊斯兰工艺。

唐长沙窑瓷器上的诗、画出自生活在社会下层的工匠之手，贴近广大庶民百姓的生活，反映了大众的心声，其内容宽广，文化底蕴深厚，是一笔丰厚的文化遗产，在工艺学、史学、民俗学等方面有重要的研究价值。

工艺创新的带头者

把长沙窑瓷器和唐代其他瓷窑作一比较，就会发现，在制作工艺上各类新发明最多的是长沙窑。继承传统，在传统的基础上创新，是长沙窑最突出的特点。

（一）器物造型种类超过唐代各个窑口

长沙窑是唐代中晚期的瓷窑，又处于南北交汇的中间点，各个瓷窑的器型它都能制作出来，并在继承的基础上加以发展，成为新的式样。如唐代越窑、邢窑都流行的短流执壶，长沙窑加一个粗壮实用的横柄，成为横柄壶；把肩部的短流随手切出棱边，有六棱、八棱、九棱、十棱、十二棱，信手快切，潇洒豪爽，成为新式样，再将肩腹做成瓜体形，就成为全新的式样。

除继承瓷器式样以外，金银器、铜器、漆器以及中东伊斯兰世界里的金银捶揲器形，它都学习过来，加以创新。许多器形做成人们喜爱的花形，如葵口、海棠形、荷花形；许多器形做成鸟形、鱼形、瑞兽形、狮形。这些是将植物、动物形象与日用器形结合，成为新器形。有的通过捏塑，将器形做成动物形象，又新颖，又生动，如瓷埙。周世荣先生在《石渚长沙窑出土瓷器及其相关问题的研究》一文中将各种器形及动物形象用线条勾画出来，多达250多种，动物形象达100多种，构图简洁，跃跃欲动，生动传神。

（二）釉和彩的创新

长沙窑是青瓷窑，主要产品是青瓷器，受烧成气氛的影响，釉呈青黄色。其釉色还有孔雀绿釉和宝石蓝釉，这是由于釉里有钴元素在起作用。宝石蓝釉深沉明快，浑厚素雅。孔雀绿是淡枣色釉，上面盖一层釉，成淡淡的孔雀绿釉色调，由铜元素在氧化焰中烧成。红彩的呈色也与铜元素有关，在还原焰中烧成。还有褐绿彩斑、绿红彩斑、绿彩、绘画等装饰。还有铜红釉，尽管数量很少，但也是一种创新。彩绘的方法有釉上彩、釉中彩、釉下彩和在化妆土上施彩，等等。长沙窑瓷器在釉和彩上的突出贡献是扩大了釉上彩工艺的运用，釉上彩斑，连珠、绘画，随意挥洒，毫不拘谨，达到无轨可寻的传神境界。

图五　唐长沙窑红彩执壶

长沙窑使用的各种釉透明度低，微带乳浊感，看釉下花纹如隔纱看美人，千姿百态，韵味无穷。

长沙窑在铜的使用上走上了新台阶。绿彩、绿斑、绿釉用高温烧成，成功者碧绿如翡翠，非常美观。铜在陶器上使用很早，汉代绿釉陶器上就使用了铜元素。但长沙窑的窑工进行了探索性试验，烧成铜红彩，在遗址中发现的铜红彩作品的标本是最早的高温釉里红彩瓷。长沙窑瓷器的釉里红工艺尽管是初期的，尚不成熟，但它的开发为高温红彩、釉里红和红釉的发明起了不可估量的作用，为陶瓷美学开辟了广阔的新领域。

诗画艺术大创举

唐朝以前，在瓷器上书写文字的很少，有文字的瓷器只是简单地刻划年号、吉祥语或工匠名字，在瓷器上用金属彩料作绘画只是个别现象，只在南京地区发现一件是三国到晋初的釉下褐彩画神仙故事罐。唐朝之前，把彩画和诗结合装饰瓷器的做法更是没有。长沙窑把高温彩绘画与书写文字、诗、警语有机结合起来，在陶瓷工艺史上是一大创举。它是一个时代的产物，这些文化现象与唐朝经济、文化、绘画艺术的发展有密切关系。陶瓷艺术，特别是装饰艺术是社会文化的一个有机组成部分。唐朝后期，文坛上兴起题画诗的热潮，把绘画艺术提高到一个崭新阶段。画诗结合的艺术要求画家同时也是诗人，或画家与诗人结合，珠联璧合。这种风气在画坛上代代相传，一代胜过一代。

长沙窑的褐绿彩绘与诗文结合是一大创举，对后代产生了深远的影响。如宋金元明时期，磁州窑白釉黑花作品广泛采用画、诗结合的方式装饰瓷器，清代御窑为宫廷烧造的粉彩、珐琅彩瓷上写有诗，特别是珐琅彩瓷器件件都写有诗。在瓷器上绘画题诗，延伸了瓷器所能表达的境界，赋予诗歌以视觉形象。瓷器有了绘画、诗歌、联句、警语就更富神采，引发用瓷人许多联想，丰富人们对美的享受。长沙窑这个创新，意义非凡。

古代中国的友好使者

唐朝后期，特别是9世纪后半期，统治集团之间的倾轧愈演愈烈，战乱连年不止，唐朝经济重心逐渐转向南方，政权、财政几乎完全依靠南方。南方社会相对平稳，城市特别是沿海城市规模越来越大，社会对外各方面的联系转向海路，海上丝绸之路活跃起来，丝绸、陶瓷器、铁农具、钱币等物品通过海上丝绸之路运往南亚、中东及非洲东部、北部。

1981年我到全国各地考察，在西安发现唐墓中出土有长沙窑瓷器，但不多。在宁波发现有多个长沙窑遗址，当地一个工地据说是唐代出海码头，可能是个囤货栈，在那里集中发现了一大批瓷器，有最好的越窑青瓷和长沙窑瓷器。由于愚昧和贪婪，有人将它们全部打破，我和宁波文管会的同志收集了成堆的瓷片，我们断定这些瓷器一定是准备外销的。在扬州唐城遗址施工现场发现大量外销瓷，其中最精美的长沙窑瓷器现在博物馆展出。在安徽，古运河遗址出土了大量唐宋瓷器，唐代瓷器中有长沙窑器。在福建泉州、广东的广州均有出土的长沙窑瓷。西沙群岛考古发现大量长沙窑瓷器。在国内内河航路，只要是与沿海港口城市有联系的地方，都能发现长沙窑瓷器。在国外，越南、印度、巴基斯坦、阿富汗、伊拉克、斯里兰卡、泰国、日本、埃及，非洲的东部、北部，马来西亚、菲律宾、新加坡、印度尼西亚等地都发现有长沙窑瓷器。甘肃、青海、新疆陆上丝绸之路沿线没有看到、也没有听说长沙窑瓷被发现。

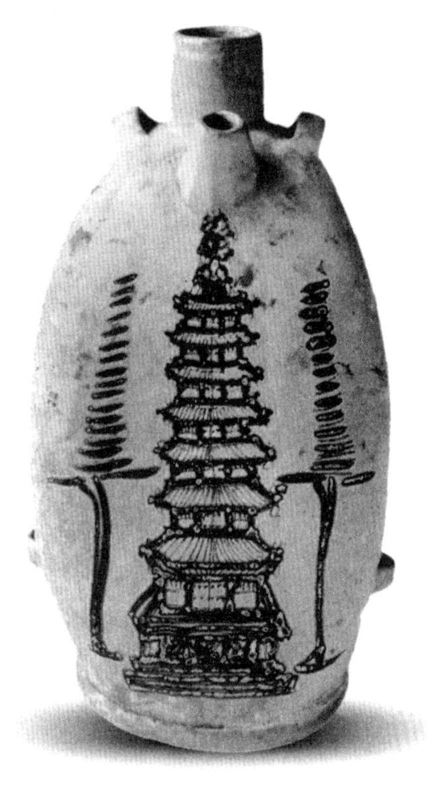

图六　唐长沙窑绿彩宝塔纹穿带壶

我曾经两次访问泰国，发现泰国留存的长沙窑瓷相当多。当地博物馆工作人员以及到泰国考察过的日本陶瓷学家告诉我：曼谷有一条河与大海连接，是出海口也是渔港，大批渔船由此出海打鱼，港口处也是一个很大很热闹的市场，就像我们的农贸市场，渔民打鱼回来，进港前随便往海里撒网，收网时总会有长沙窑瓷器被打捞上来，有完整的，也有破碎的。我因故未能去看看，日本学者中有人去光顾，在农贸市场地摊买到长沙窑瓷器。日本同志社大学铃木重治教授买了一些，5000日元就买一个完整的大碗，还在日本学术讨论会上展出。

在斯里兰卡，长沙窑瓷器出土更多。在印度和斯里兰卡相隔的保克海峡，古代航船中途停靠补充给养的地方是贾夫纳半岛，那里更是有成堆的中国唐代瓷器被发掘出来。其中最多的陶瓷器是越窑青瓷、邢窑白瓷、长沙窑瓷器和唐三彩陶器。在斯里兰卡的一个古都，有一个废弃的城堡，现在作为整理历年贾夫纳半岛发掘的中国瓷片的工作站，有几万包瓷片，最多的是长沙窑瓷。在当地国家博物馆，一个展览大厅中央的一个大柜里，中国瓷器被很艺术地摆在一起，有4件完整的瓷器，分别是越窑、邢窑、长沙窑、唐三彩，他们向人解释，这是中斯友好往来的象征。这里港湾平静，当年承载瓷器等中国货物的货航经休整补给以后，通过保克海峡进入红海到达中东、非洲各国。

我在新加坡南洋艺术学院讲学期间，当地一些收藏界朋友经常拿瓷器请我鉴定，长沙窑瓷器算比较多的一种，据说是从印度尼西亚附近海中打捞上来的，有人甚至说有整船的长沙窑瓷器。新加坡大学李光前博物馆收藏并展出着许多长沙窑瓷器。

日本学者三上次男首先提出了“海上陶瓷之路”的观点，认为通过陶瓷之路把长沙窑瓷器以及瓷器表现的中国文化、艺术传播到各国。在唐代，中国与哪些国家有联系，哪里就有人员和商贸往来，就有长沙窑瓷器。中国海上航路开拓到哪里，哪里就会出现长沙窑瓷器。长沙窑瓷器是中外友好往来的见证，也是传播友谊的使者，是陶瓷史上的瑰宝。

（原文刊于《收藏》2011年第5期）

唐代诗镜文化的延伸

孙克让

在浩瀚的《全唐诗》5万余首诗中，涉及“镜”、“鉴”的诗篇竟达2000余首，从皇帝到平民，从各类官员到文人寒士，从儒家诗人到佛道诗人，均对铜镜文化有着浓厚的兴趣。许多大诗人更是借镜之题抒发出对人世间的种种感悟。例如：白居易竟有咏镜诗89篇之多，李白有咏镜诗80余篇，杜甫29篇，元稹42篇，孟郊44篇，刘禹锡35篇，杜牧26篇，李商隐21篇，贾岛12篇，等等。咏镜内容包含了政治、哲学、宗教、文化艺术等，涉及人类生活的各个方面。

贾岛有一句诗直接将诗与镜结合了起来：“新诗不觉千回咏，古镜曾经几度磨。”说的是铜镜要经常打磨，才能继续使用；新诗要反复咏唱，甚至吟咏千百遍，才能成为精品。两者的道理是如出一辙的。

唐代是中国古典诗歌的鼎盛时期，同时，也是铜镜在封建社会发展中的顶峰时期。首先，铜镜的铸造工艺更加精密，冶炼次数不断增加，出现了百炼镜；其次，铜镜的造型更加多样化，除了以往的方形、圆形，又出现了菱花、葵花和亚字形的多种造型。纹饰也不再仅限于汉以来的神人、怪兽，而是更贴近人类生活的花草蜂蝶、象征爱情的鸳鸯、象征长寿的仙鹤、报喜的喜鹊和人物故事等。铜镜的铭文更趋向诗词风味。所有这些都是人本主义的发展结果，是向世俗化发展的一种趋势。

在唐代诗镜文化中，最突出的是镜文化的延伸部分。这是延续了自古以来的“格物致理”传统，给镜文化带来了更加深刻的内涵。由于涉及面极广，本文不可能全面进行阐述，只从三个方面略述一二。

一 关于三鉴

唐太宗关于三鉴的论述对整个唐代及后世都产生了巨大影响。三鉴是：“以铜为鉴，可正衣冠；以古为鉴，可知兴替；以人为鉴，可明得失。”唐太宗将其以史为鉴的思想落实在治国立法的实践当中，并根据自己的心得体会，亲自撰写了《帝范》和《金镜》，为后人立了一面修身治国平天下的镜子。150余年后，大诗人白居易有感于唐玄宗大搞千秋节和颁赠千秋镜等活动，助长了社会风气的败坏，愤然写诗以警示当朝及后人，诗曰：“我有一言闻太宗，太宗常以人为镜，鉴古鉴今不鉴容。四海安危居掌内，百王治乱悬心中。乃知天子别有镜，不是扬州百炼铜。”诗中暗指张九龄上《千秋金鉴录》，玄宗不但不引以为鉴，反而将其革职外用。而扬州百炼铜指的便是江心镜和千秋镜，都是出自扬州贡镜。

以史为鉴的唐诗在《全唐诗》中多有表现，如李白《商山四皓》：“秦人失金镜，汉祖升紫极。”刘威《三闾大夫》：“三闾一去湘山老，烟水悠悠痛古今。青史已书殷鉴在，词人劳咏楚江深。”在唐诗中有很多篇提到“殷鉴”，殷鉴指的是《诗·大雅·荡》：“殷鉴不远，在夏后之世。”原意为告诫殷人子孙，以夏灭亡为鉴，后成为以史为鉴的代称。

另外，唐诗中以五侯专权为史鉴的作品也很多，如秦韬玉的《读五侯传》：“汉亡金镜道将衰，便有奸臣竞佐时。专国只夸兄弟贵，举家谁念子孙危。后宫得宠人争附，前殿陈诚帝不疑。朱紫盈门自称贵，可嗟区宇尽疮痍。”五侯指的是西汉末年成帝时，外戚以成帝母王太后的关系把持朝政，王谭、王根、王立、王商、王逢时五兄弟同时被封侯，时称五侯。唐玄宗以后，外戚和宦官逐渐当道，于是诗人以历史上的五侯专权为鉴，以告诫时人。这是一个典型的以史为鉴的例子。

图一　唐海兽葡萄镜

二　关于千秋节、千秋镜及其影响

唐玄宗开元十七年（729年），左丞相张说率百官上表，奏请以唐玄宗李隆基八月五日生日为千秋节，全国放假三日，大设宴席以庆贺。此举严重助长了铺张浪费的习气和腐败的作风，当时的丞相张九龄从国家利益出发，上呈《千秋金鉴录》，冒死进谏，而后唐玄宗佯装高兴，却借故罢了张九龄的相位，时人不敢多言，但是时过境迁，经过安史之乱之后，人们都以此为鉴。杜甫《千秋节有感二首》：“自罢千秋节，频伤八月来。先朝常宴会，壮观已尘埃。凤纪编生日，龙池堑劫灰。湘川新涕泪，秦树远楼台。宝镜群臣得，金吾万国回。衢尊不重饮，白首独余哀。”“御气云楼敞，含风彩仗高。仙人张内乐，王母献仙桃。罗袜红蕖艳，金羁白雪毛。舞阶衔寿酒，走索背秋毫。圣主他年贵，边心此日劳。桂江流向北，满眼送波涛。”这是诗人以时事为鉴的典型事例。

图二　唐双鸾纹千秋镜

舒元舆亦有诗《八月五日中部官舍读唐历天宝已来追怆故事》，也是以千秋节事为鉴的诗。作者读史而感伤，认为玄宗是个圣明帝，只是错用了杨国忠和李林甫，弄得国家日益腐败，使安、史有可乘之机。今天看来，初乱君心者当为张说，千秋节促进了玄宗追求长生之梦，由于痴迷于道教，而废治国之大事，远忠臣而近小人，国家怎能不由盛而衰呢?

以千秋镜、千秋节为事鉴而入诗入文，自唐以后，历代不绝。宋代洪迈的《容斋随笔》中有一篇《端午贴（帖）子词》，记述的是“唐世五月五日扬州于江心铸镜以进，故国朝翰苑撰端午贴（帖）子词，多用其事，然遣词命意，工拙不同”，多数词人抱以歌颂之辞，唯东坡不然，曰：“讲余交翟转回廊，始觉深宫夏日长。扬子江心空百炼，只将《无逸》监兴亡”。洪迈接着评述东坡曰：“其辉光气焰，可畏而仰也，若白乐天《讽谏百炼镜》。”说白居易的“用意正与坡合”。洪迈亦作一联：“愿储医国三年艾，不博江心百炼铜。”其意正与白、苏相合。

图三　云龙纹千秋万岁镜

三　文衡之鉴

唐代的文人达士常常把铜镜看成是一种法定的衡器，称为衡镜。除此之外，铜镜还有如心镜、朗鉴、明镜、宝镜、吏部镜、藻镜和文镜等称号，大体与衡镜相同或相似。这些都与唐代科举考试相关，也是文坛和诗坛中的专用词汇。这是为什么呢？原来，中国知识分子有“格物致理”的传统，善于从万物中探寻人生的哲理。追溯到春秋战国时期，就有许多文献以镜的映照功能来阐述深奥的道理，如孔子、老子、庄子等对此均有论述。郭象在注《庄子》时曰：“鉴，镜也。鉴物无私，故人美之。今夫鉴者，岂知鉴而鉴邪？考而可鉴，则人谓之鉴耳。”“夫鉴之可喜由情，不问知与不知，闻与不闻，来即鉴之，故终无已。”至魏晋时刘勰的《文心雕龙·知音》中云：“无私于轻重，不偏于憎爱，然后能平理若衡，照辞如镜矣。”初唐时，直中书省张蕴古《上宝箴》指出：“大明无私照，至公无私亲。”由此可见，以镜为衡器之说由来已久。唐贞观之后，更加重视和发展了衡镜观念，成为常用词汇。

图四　（明）宋应星《天工开物·化铜图》

衡镜观念最多用于科举制度。科举制度始于隋代而盛于唐代，在当时具有很大的进步意义，改变了魏晋以来从门阀中选官的旧制度。唐代采取了科举与推荐相结合的选拔人才的措施，一般贫寒之士也有机会做官，由于考场纪律十分严格，而主考官又多由德高望重的名人做主司或礼部高官做主考官，时人认为很公正，所以常用衡镜来称呼科举制度。李白有诗《送杨少府赴选》：“大国置衡镜，准平天地心。群贤无邪人，朗鉴穷情深。”李颀有《送裴腾》：“衡镜合知子，公心谁谓无。”也是将科举称为衡镜。张籍有一首喜进士发榜的诗《喜王起侍郎放牒》：“东风节气近清明，车马争来满禁城。二十八人初上牒，百千万里尽传名。谁家不借花园看，在处多将酒器行。共贺春司能鉴识，今年定合有公卿。”此是唐穆宗长庆元年之事，先由礼部侍郎钱徽任主考，放榜后，有人认为不公，所以皇帝诏中书舍人王起、知制诰白居易重试，此诗当是重试后的贺喜发榜，“共贺春司能鉴识”，认为王起、白居易这次放榜是公正的，并预言这些新科进士中一定会出公卿一类的人才。

图五　（清）陈崇光《柳下晓妆图》

图六　（清）无名氏《磨镜图》

在唐代的取士过程中，不仅要有考试成绩，还要有德高望众的名人来推荐和主考官来推举，所以获进士后，考生纷纷向名人及礼部主司投献，投献的作品多是诗词和议论文，争取老师们的肯定与推荐。孟郊中进士后有诗《擢第后东归书怀献座主吕侍御》：“大君思此化，良佐自然集。宝镜无私光，时文有新习。”称科举为“宝镜无私光”。张道符有《和主司王起》：“三开文镜继芳声，暗暗云霄接去程。会压洪波先得路，早升清禁共重名。”又将科举称为“文镜”。还有殷文圭《省试夜投献座主》：“避开公道选时英，神镜高悬鉴百灵。”又将科举考试称为“神镜”。这些都可以看做是对主司与座主的赞美。

再说“吏部镜”。在唐代，每年都要对各级官员的政绩进行考核，由专门机构吏部来执行，还设有考功郎。考核后分为三等，三等中各分上、中、下三级，凡中等以上者可升官或加禄，中等以下者降官，严重者罢除。因此，官员利用不同形式向上级表示忠心，以求有好评。岑参《暮秋会严京兆后厅竹斋》：“盛德中朝贵，

图七　唐开元十年铭家史镜

清风画省寒。能将吏部镜，照取寸心看。”诗中将吏部考官称为“吏部镜”，是说吏部掌管考核，公正如镜。

再谈一谈“镜精神”。在孟郊的一首《自惜》诗中云：“零落雪文字，分明镜精神。”孟郊一辈子穷苦，从小喜欢读诗、抄诗、做诗。他的诗多感伤自己的遭遇，是一种寒苦之音，有一种直白又实事求是的精神，他希望自己做一个冰清玉洁之人，如同铜镜一般，故称自己是“分明镜精神”。

从以上看，唐诗历经漫长的文学发展之路而达到顶峰，唐镜亦历经数千年发展而致极盛，二者在唐代汇集在一起，发生撞击，使精神的诗作与物质的铜镜结合在一起，为我们提供了完整的诗镜文化。

（原文刊于《寻根》2007 年第 6 期）

从西夏铸币看西夏与宋辽金关系

王俪阎

西夏钱币简述

迄今为止，可以通过考古实物等确定为西夏王朝铸造的钱币共有 14 种，包括西夏文的福圣宝钱、大安宝钱、乾祐宝钱、贞观宝钱、天庆宝钱；汉文的大安通宝、元德通宝、元德重宝、大德通宝、天盛元宝、乾祐元宝、天庆元宝、皇建元宝和光定元宝[1]。其中天盛元宝和乾祐元宝除了铜钱外，还有铁钱。这些钱铸造于八代皇帝的时期，大体情况如下：

1. 福圣宝钱：铸造于毅宗福圣承道（1053 年—1056 年）年间。铜质，一般钱径 2.3—2.5 厘米，重 3.5—5 克（图一）。该钱铸造粗疏，文字多浮浅，钱肉薄厚不均，穿孔、轮廓多不规则，有背错范者。钱文多漫漶不清，并缺乏端庄和力度。写法多变，如“福”字就有多种写法。有出土、传世者。1985 年宁夏盐池首次出土[2]。此后，宁夏、内蒙古、甘肃和陕北屡有出土，但数量少，出土多的是 1987 年内蒙古乌番陶利窖藏，一次也只有 7 枚[3]。

2. 大安宝钱：铸造于惠宗大安（1075 年—1085 年）年间。铜质，一般钱径 2.2—2.56 厘米，以 2.4 厘米左右者居多，重 3—5.6 克（图二）。形制大小、薄厚不一，版式多样。钱铸造粗糙不规范，内外廓不规整，有花穿、背错范等情况。文字多漫漶不清，且写法多样，但部分钱文周正，钱背有月、星、横等纹饰。宁夏银川、平罗、石嘴山、固原、盐池、吴忠，内蒙古鄂托克旗、乌蕃村、通辽、奈曼、巴林左，甘肃永昌、临夏，陕西西安、定边，吉林扶余及辽宁朝阳等地均有出土，是西夏文钱币中出土最多，著录最早的[4]。

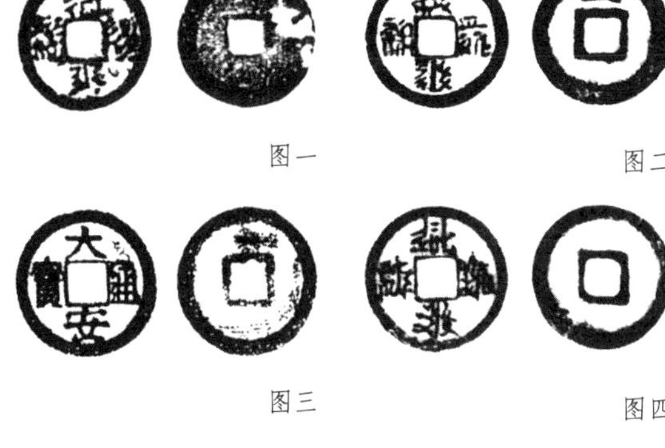

图一　图二

图三　图四

图五　图六

3. 大安通宝：铸造于惠宗大安（1075 年—1085 年）年间。铜质，发现的数枚实物，分别源于内蒙古西林出土、陕西定边出土和西安文物园林局收藏。西林出土者，钱径 2.45 厘米，重 4.04 克（图三）；定边出土者与西安园林文物局藏者均为 2.32 厘米，且为红铜质地。钱文共同特征是大、安二字清楚，通、宝二字稍显粗糙不清，特别是宝字。此外，“通”字接廓明显。辽、西夏和金三个少数民族政权都有“大安”年号，辽也铸造有“大安元宝”，但辽钱数量较多，为隶书，旋读，与西夏的隶书对读有区别。大安通宝是现知最早的西夏汉文钱。

4. 贞观宝钱：铸造于崇宗贞观（1101 年—1113 年）年间。铜质，一般钱径 2.4—2.72 厘米，重 3.8—6.4 克（图四），有出土、传世两种来源。出土者见于内蒙古和宁夏吴忠及同心。总体大于毅、惠宗钱，而且轮廓分明，钱文规整清晰，明显比前代铸造精致。

5. 元德通宝：铸造于崇宗元德（1119年—1127年）年间。铜质，一般钱径2.2厘米，重2.8—4.3克（图五）。有宽、窄缘之分，钱文有隶书、楷书两种，楷书者稍小，隶书清新秀丽，楷书端庄凝重。清嘉庆年间凉州（今甘肃武威）两次出土，初尚龄《吉金所见录》最早收录。此钱是最少见的西夏汉文钱。

6. 元德重宝：铸造于崇宗元德（1119年—1127年）年间。铜质，有折二、折三两种[5]，折二者一般钱径2.75—2.96厘米，重3.7—8.2克（图六）；折三者一般钱径3.1—3.3厘米，重6.3克。多窄缘窄廓，制作精整，钱文楷书，端庄凝重，疏落有致。内蒙鄂托克旗、宁夏盐池有出土。

图七

图八

图九

图一〇

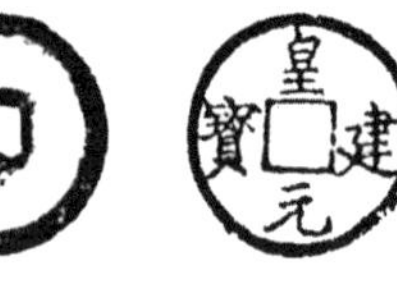

图一一

图一二

7. 大德通宝：铸造于崇宗大德（1135年—1139年）年间。铜质，一般钱径2.45厘米，有小钱直径仅为1.7厘米。轮廓、文字无定式，缘、廓宽窄、大小差别大。尤其是文字“德”、“通”漫漶不清，铸造相当粗糙，与崇宗时铸造的其他钱币无可比拟，与此后的西夏钱也不成一体，为何如此有待进一步研究。现已经发现的数枚均为钱谱所录的传世品，包括张叔驯在1940年《泉币》第1期发表的一枚；王锡户《货泉汇考》著录的数枚及华光普《中国古钱目录》著录的一枚等。

8. 天盛元宝：铸造于仁宗天盛（1149年—1169年）年间。有铜、铁两种质地。铜钱一般直径2.2—2.5厘米，重1.8—4.7克（图七）。钱文楷书、旋读，版式多样，包括宽缘、窄缘，宽廓、窄廓，大字、小字，光背、背星、月纹，背“西”字等（有人认为这是铁钱铜母的[6]）。文字端庄秀丽，布局不一，大小、重量、厚度多变。此钱最早著录于乾隆钦定的《钱录》，是钱谱中第一个明文著录的西夏钱币。铁钱除了稍小于铜钱，最大钱径只有2.4厘米外，其余特征与铜钱相同。天盛钱的铸造见于文献记载，据《宋史·夏国传》卷四八六载：“绍兴二十八年（西夏仁宗天盛十年，1158年）始立通济监铸钱。”1975年以来，宁夏、内蒙古、甘肃、陕西等地陆续有所出土。该钱也是存世较多的西夏钱币之一。

9. 乾祐宝钱：铸造于仁宗乾祐（1170年—1193年）年间。铜质，钱直径2.35—2.5厘米（图八）。铸工精细，文字规整但笔画不清，根据布局可以分成不同版式。最早著录于李佐贤《古泉汇》[7]，清嘉庆十年（1805年）在凉州（今甘肃武威）窖藏首次出土，1970年以来宁夏、甘肃也有出土。

10. 乾祐元宝：铸造于仁宗乾祐（1170年—1193年）年间。铜、铁两种质地。铜钱一般直径2.3—2.6厘米，重2.7—5.2克（图九）。缘、廓较规整，钱文有楷书、行书两种，行书仅见一枚[8]。文字大小不一，均旋读。绝对数量比天盛钱少得多。铁钱直径在1.94—2.6厘米之间，只有楷书一种，特征与铜钱相同。在宁夏、甘肃、陕西、内蒙等地均有出土，铁钱多而易得。

11. 天庆宝钱：铸造于桓帝天庆（1194年—1206年）年间。铜质，一般直径2.34—2.52厘米，重3.8—5.5克（图一〇）。文字工整，但因笔画少而清晰可辨，旋读。清嘉庆十年（1805年）凉州（今甘肃武威）窖藏首次出土，1970年以来，陕西、宁夏和甘肃等地均有出土。

12. 天庆元宝：铸造于桓帝天庆（1194年—1206年）年间。铜质，一般直径2.3—2.61厘米，重3.15—5.2克（图一一）。钱文楷书，有多种版式。清嘉庆十年（1805年）凉州（今甘肃武威）窖藏首次出土，1970年以来，陕西、宁夏和甘肃等地均有出土。其与辽天庆的区别是制作更为精整。

13. 皇建元宝：铸造于襄宗皇建（1210年—1211年）年间。铜质，一般直径2.32—2.6厘米，重3—6.2克（图一二）。钱文楷书，旋读，文字秀丽，铸造精致。陕西、宁夏等地有出土，1993年在定边砖井一次出土371枚。

14. 光定元宝：铸造于神宗光定（1211年—1223年）年间。铜质，一般直径2.2—2.54厘米，重2.4—4.9克（图一三），以楷书为主，偶有篆书[9]。该钱铸造十分精整。1979年以来，陕西、甘肃、宁夏、内蒙古等地均有出土，是西夏最晚的一种钱币。

西夏文钱币均为旋读；汉文钱币中，大安、元德为旋读，其余为顺读。汉文钱基本为楷书，只有乾祐元宝为行书者，光定元宝还有篆书者。

与宋一样，西夏铸币也是年号钱，应该是仿效宋的作法。但是值得注意的是，西夏的年号钱少有连贯性，从已确认的钱币看，各代皇帝所铸币共出现三种情况：第一种是在位时用了几个年号，但只铸造某一个年号钱。如毅宗谅祚，先后用延嗣宁国、天祐垂圣、福圣承道、奲都、拱化为年号，可所见铸币只有西夏文“福圣宝钱”。惠宗秉常先后以乾道、天赐礼盛国庆、大安和天安礼定为年号，所见铸币只有西夏文“大安宝钱”和汉文“大安通宝”。襄宗以应天、皇建为年号，也只铸汉文“皇建元宝”。第二种是在位时用了若干个年号，但只零星用了部分年号铸钱。如崇宗乾顺先后以天仪治平、天祐民安、永安、贞观、雍宁、元德、正德和大德为年号，而所见铸币只有西夏文“贞观宝钱”，汉文“元德通宝”、“元德重宝”及“大德通宝”等钱。仁宗仁孝先后以大庆、人庆、天盛、乾祐为年号，却只铸有天盛元宝、乾祐元宝铜、铁钱。仁宗时代，西夏进入鼎盛时期，钱币铸造技术与质量进一步提高，不但铸币精整，西夏汉文钱自此也由“通宝”改为“元宝”了。第三种是皇帝在位时只用了一个年号，并铸了一种钱。如桓宗仅用天庆一种年号，铸有西夏文“天庆宝钱”和汉文“天庆元宝”。神宗只以光定为年号，铸币也只有“光定元宝”铜钱。上述几种情况的出现，与当时西夏社会的政治、经济密切相关。以年号为线索可以发现，铸币年份的西夏曾经发生了许多载于史册的重大事件。

图一三

图一四

西夏铸币与宋、辽、金关系

目前发现的西夏铸币是以有文献记载的天盛年间设立“通济监”铸钱为分界线，前后呈现两种明显特点。天盛设监以前铸币稀少。以出土的西夏钱币为例，天盛以前铸造的福圣钱、大安钱、大德钱、贞观钱等屈指可数，只有元德钱相对多些，但是不管哪一种钱，在一个出土地点最多二三枚。到目前为止，出土、传世的天盛以前的西夏钱币加在一起，也不过几十枚。这些钱币铸造工艺略显粗糙，相当部分具有明显的不足之处，如钱体略小、版式众多、钱文不甚清晰（图一四、一五、一六）。而天盛以后钱币制作明显进步，轻重、厚薄大体一致，缘廓规整，布局得当，字体庄重秀丽，铸造精工，有些钱的精美程度甚至超过宋代。自设立通济监以后所铸的钱币，如天盛、乾祐、光定等出土的地区多，数量也多。西夏铸币最大特征是西夏文钱的铸造早于汉文钱的铸造，其总体发展变化看是从只采用西夏文铸钱，到西夏文与汉文共用铸钱，以及全部改铸汉文钱过程。而钱币的这种变化体现了西夏建国后与宋、辽、金政治关系的变化。

图一五

图一六

自1038年景宗元昊称帝建国西夏开始与宋对峙，至1227年末主李晛向蒙古请降亡国的190年间，西夏经历了由游牧向农耕转化，由奴隶社会向封建社会迈进的发展变化。在这一过程中，其一方面仿照宋的各项制度完善自身政权机构的建立，不断吸取汉民族的先进经验，充实、壮大自己实力，根据自身需要与宋政权或对峙征战，或议和共处；另一方面不断进行内部激烈的争权夺势的斗争，对汉民族文化或排斥、或使用，“蕃”、“汉”之争此消彼长。从第二代皇帝毅宗谅祚即位开始，争纷还没有间断，凡是铸币年号所处时间段内，都有一些重大事件发生[10]。

西夏开国皇帝李元昊的民族意识很强，反对“用夏变夷”[11]，在正式称帝建国前，就采取了一系列“蕃”化的措施，废除唐、宋赐给党项族的李、赵姓，改为“嵬名氏”，发布“秃发令”，强令党项族人一律剃光头，穿民族服装。即位后又着手创制西夏文字，在对宋、辽的往来文书中用两种文字书写，并仿照宋的典章制度建立起自己的国家制度，实行了一系列的改革，全面“蕃化”。元昊的建国引起宋的不满，两国交恶，元昊借与辽的“甥舅之亲”关系，得到辽的援助，与宋开战，迫使宋与之签定不平等条约。元昊死后，随后即位的毅宗谅祚又因年幼，政权由母后没藏氏家族把持，宋朝派使到夏册封谅祚为夏国主，夏亦派遣使臣到宋谢封册。而辽则因为南壁旧怨不肯对谅祚行册封，并借口夏所派的贺正使迟期，羁留夏使，欲集兵讨伐。没藏氏闻讯后迅速采取措施向辽请和，献宝物，为谅祚请婚，极尽讨好之事。惠宗秉常即位后由皇太后梁氏摄政，梁氏母党为争取党项贵族支持，恢复蕃礼。崇宗乾顺时，依然是梁氏母党专权，直到乾顺借助辽的力量结束母党专权的局面。由于依靠辽道宗的扶植亲政，乾顺执政后，政治上完全依附辽朝，对宋大多数时间采取和解政策。

仁宗在位时期，辽亡金兴，宋室南渡，夏处于金的包围之中。仁宗附金和宋，求得自身发展，将西夏的封建经济、文化建设推向鼎盛时期。西夏汉化、封建化、商品化程度深入。此间西夏仿照宋铸钱的做法，设立专门铸钱机构通济监铸钱，西夏所铸造的汉文钱币作为通货手段开始参加流通。西夏自行设立钱监铸币主要有两个原因：一是用南宋所铸大铁钱与金交易时，受到苛刻盘剥，十分不公平；二是金阻隔了宋、夏交往，使得夏无法从宋得到足够的钱币，而通过长时间的征战掠夺，夏已经获得了宋的铸币技术与铸钱工匠，可以自力更生了。西夏后期，襄宗安全、神宗遵顼先后通过篡权谋得皇位，安全采取附金抗蒙政策，而遵顼采取附蒙攻金政策。

综上所述可见，西夏铸币不只是用做流通手段，因时期不同、所用文字不同是与当时的政治、经济、文化相关联的。其所体现的关系分为两个阶段，自建国至1125年辽被金灭亡前，西夏多以附辽侵宋为主，此间西夏与辽以政治联姻为同盟，从北宋获取政治、经济利益，在文化之争上，“蕃礼”多占上风。而1126年后，由于金在西夏与南宋间形成强大隔阂，宋、西夏关系相对松弛，不论西夏、宋，主要对付的都是金。西夏在这一阶段中主要外交政策是先联金和宋抗蒙，后联蒙侵金。与此同时，国内大力发展商品经济，经济的发展促使铸币成为流通手段。早期铸币为西夏文字，是党项统治者意欲摆脱汉文化，推广西夏文，向辽示好、向宋示威的结果。实际上从初始起，西夏钱币就没有摆脱汉文化影响，采用年号作钱文就是汉的做法。中期两种文字共用，一方面取决于与辽、宋关系的好坏；另一方面缘于统治集团内部蕃、汉势力争斗时哪一方占上风；晚期全面采用汉文铸钱，是在与金、南宋三族鼎立过程中，商品经济发展，铸币完全成为流通手段的结果。

西夏铸币采用的文字不同，铸币的目的也不同，西夏文的年号钱多是为了纪念某一西夏国大事而铸造，如福圣宝钱，主要为庆祝毅宗立后；大安宝钱主要为纪念惠宗亲政；贞观宝钱主要为崇宗向辽请婚成功，取得政治联姻；乾祐宝钱主要为仁宗对金帮助他除掉任得敬，保持国家统一；天庆宝钱主要为桓宗附金和宋，金册封其为西夏国王的产物。也就是说，西夏文钱币基本是为纪念等目的而铸，汉文钱币才是真正主要的流通货币。

注释：

[1] 牛达生：《西夏钱币辩证》，《中国钱币》1984年第4期。

[2] 吴峰云、任求训：《宁夏盐池发现西夏官印和西夏钱币》，《宁夏文物》1986年试刊号。

[3] 伊盟文物工作站、乌审旗文物管理所：《内蒙古乌审旗陶利出土西夏窖藏古钱》，《内蒙古金融》1989年第3期。

[4] 见传本宋洪遵《泉志》卷一一，洪氏将其归于梵字钱。

[5] 据《中国钱币大辞典·宋辽西夏金编·辽西夏金》卷收录者统计。

[6]《泉币》第23期述及程伯逊所得背西天盛铜钱时称其为“铜品母钱”。

[7] 见《古泉汇》利十五“西夏梵书钱”。

[8] 1984年宁夏贺兰山滚中口出土，是近3万枚出土钱币中唯一的一枚。

[9] 牛达生：《银川首次发现篆书光定元宝》，《中国钱币》1985年第2期。

[10][11] 以下自福圣承道二年到天庆元年间的历史事件根据《宋史·夏国传》记载摘录。

（原文刊于《中国历史文物》2008年第6期）

明清时期的天安门

刘如仲

1368 年朱元璋在南京建立明朝后，将军政大权集中于皇帝之手，进一步加强了中央集权。在经济上也采取了许多恢复和发展生产的措施，为明代封建政治经济的繁荣奠定了基础。

为了巩固新建立的王朝，朱元璋先后把他的儿子分封到全国重要城镇，特别是北方重镇。所分诸王，多拥有重兵。尤其分封北平的燕王朱棣，常带大兵出塞巡边，掌握各地驻兵与指挥权。朱元璋死后，皇太孙朱允炆即位，不久削藩，燕王朱棣起兵，攻下南京，建元永乐。

北京是朱棣的兴业之地，他称帝后便考虑都城北迁。永乐五年（1407 年）正式开始修建北京城。参加修建的工人，一部分是招募来的“工匠”或称“大工”，另一部分则是各州县征调来的“小工”。当时北京的工程主要分为内城、皇城和紫禁城三部分，皇城的位置基本上为元城旧址，但宫殿之制则仿南京。修建皇城历时 13 年，永乐十八年（1420 年）竣工，次年正月正式迁都北京，改称为京师。

明朝的北京，皇宫居于北京城的中心，紫禁城整个外表呈长方形。紫禁城有 8 门：承天门、端门、午门即五凤楼、左掖门、右掖门、东华门、西华门、玄武门。皇城外有 6 门：大明门、长安左门、长安右门，东安门、西安门、北安门即厚载门。到了清代，紫禁城、皇城依然如旧，只是顺治元年（1644 年）将大明门改为大清门，顺治八年（1651 年）改承天门为天安门，北安门为地安门。康熙即位后，玄武门因避讳改为神武门。

清代的天安门为皇城之正门，午门则为紫禁城的正门，因此皇城之四门南为天安门，北为地安门，东为东安门，西为西安门。天安门之外东西南三面，南有大清门，东有长安左门，西有长安右门。而紫禁城则南为午门，北为神武门，东为东华门，西为西华门。四隅各有角楼一座，谓之四维楼，东西北三面有守卫房 732 间。

此外，还有太庙、社稷坛、三海、管理皇室生活事务的衙门，如明代的二十四卫、清代的内务府十三衙门等。皇城之四周有 6 米多高的红色围墙，如今只留下天安门东西两侧覆盖着黄琉璃瓦的红墙，其东、西、北三墙早已先后拆除，只留下黄城根的名称。

一

天安门始建于明朝永乐十五年（1417 年）六月，当时叫做承天门，即“承天之门”。永乐十四年朱棣巡幸北京，因议营建宫城，至“十五年改建皇城，于东去旧宫可一里许，悉如金陵之制”[1]。南京的承天门楼为五间，北京的承天门楼初建时仍为五间[2]。明英宗天顺元年（1457 年）七月，承天门被火烧毁，到宪宗成化元年（1465 年）三月，由工部尚书白圭主持重修的承天门改为九间[3]。这里的五间或九间，是指它的东西宽，而没有计算南北进深。中国计算旧式的宫殿的间数应是宽和进深并计，如东西宽的间数叫做“几间”、“几楹”，而南北的进深间数则叫做“几进”。因为宫殿之构造，在外表是无法看出它有“几进”，而明清的各种书中亦无记载天安门城楼内有“几进”，所以，长期以来一直没有天安门城楼准确的间数。前面所说承天门初建时东西五间，而实际南北为三进，这样为15间，后来重修时则东西为九间，南北为五进，实际的间数是45间。

这九五的数字并不是偶然出现的，是封建统治者精心炮制出来的，它利用儒家的阴阳学说，《易经》的乾卦第五爻中有“九五，飞龙在天，利见大人”。这个九为阳性的极数，五则是阳性的中数，两者合之即人君帝王之象，对应帝王有“九五之尊”。故此，天安门、端门、午门城楼，皆用九五这个数字来定它们的间数。

天安门实际上是一层的重檐大殿，但是在历史文献及平常之称呼，皆称之为“楼”。“天安门，是为皇城正门，门五阙，上覆重楼九楹”[4]，这里明确称为“重楼”。重楼又称重屋。在我国古代就有重屋之载，《考工记》云：“殷人重屋，堂修七寻，堂重三尺，四阿重屋。”《唐书・西域传》亦有“东女国，所居皆重屋，王九层，国六层”。这种重屋就是重楼，如天安门、端门就是一种重檐歇山庑殿顶重楼，屋顶之中有一个正脊，两边上下各有两脊，向着四方翘首伸去。东西两边之山墙绘有金色的绶带及其他吉祥图案，在有脊兽瓦檐之下面，露着金漆彩画的椽棁梁，在这之下又有一层瓦檐，最下面才是房屋的门窗。它从外表看上去是两层瓦檐，像两层房子叠在一起。形状像一座楼，只是没有楼门和楼窗，也没有楼板和楼梯。

天安门建筑面积为2000多平方米，有成行排列的60根柱子，而且雕梁画栋，金碧辉煌。《大清会典》说它“雕扉三十六”[5]，就是每间房有四扇油饰红色的菱花窗门。窗门下部是雕花裙板，台基四周有汉白玉栏杆，望柱上有莲瓣瓜头，柱与柱间的栏板为荷瓶雕刻。此外，整齐如龙爪菊一样的斗拱、梁枋有华丽的缠枝莲和宝珠吉祥草彩绘。暗檐处则绘以青、蓝、绿等冷色，与鲜艳的红柱、红墙相对映衬，十分美观。

天安门楼上之正脊与垂脊上有吻兽，垂脊上还有仙人和九个“压胜”走兽，它们是狁、獬、鱼、海马、天马、麒麟、狮子、凤、龙。吻兽，传说能避火，还能守护宫殿，就是在正脊之两端有一个龙头形正吻，吻背上插有扇形之物，以象征鸱尾。古代传说南海有一种鱼的尾似鸱（猫头鹰），翻浪可成雨，故屋顶装配上它可以避火。又有“九脊封十龙”之说，就是天有十条龙来守护着宫殿。

天安门城楼上，东、西各建有三间黄瓦、红墙、红窗的小房子，它们是守护天安门城楼护军的兵房。明朝宫内的守军将士都是太监，称为内军或内兵，所有警卫任务全由他们充当。清朝的宫内守军分为四级：内宫包衣护军、内廷八旗护军、前朝侍卫亲军及外朝八旗护军。守卫天安门的是外朝八旗护军，它共分为十个军营，由满洲和蒙古八旗的精壮兵丁充任，总部设在景远门，称护军统领处。它除了守卫天安门外，还守卫午门、端门、东西长安门。守护天安门城楼和端门的兵丁数为“护军参领一人，护军校二人，护军十八人，值端门、天安门”[6]。大清门则为“前锋参领一人、前锋校一人，前锋兵九人，护军校一人，护军九人，直大清门”[7]。不论哪一级的守护军，他们的值班房全都设在宫门的左右，不准上楼，而天安门的守护军则较特殊，他们住在天安门城楼左右的兵房中，其任务为了望和守护城楼。

天安门的城台由汉白玉的须弥座和砖台组成。须弥座高1.59米，砖台高13米，它用每块84斤重的大砖砌成，砖缝内灌以糯米石灰汁，非常结实坚固。天安门总高为33.70米。

天安门城楼的门洞共有5个，所谓的“五阙”。这5个门洞均为券形，门洞大小不一，中间最宽，高8.82米，宽5.25米，是皇帝通行之门洞。旁边的门洞依次为4.43米和3.83米。券门洞着有两扇朱红大门，门上饰有大铜镀金乳钉99个和金包龙头铺首。

天安门城楼下，东西各有三间小房，为守值班房，也叫查验门照守门兵房。仍为黄色琉璃瓦和朱色门窗。

天安门之东西连着高约6米的红墙，墙脊成人字形，两面斜坡。这就是今日仅存的皇城南墙，其余均不复存在，只留下东皇城根和西皇城根的名称。皇城墙“高一丈八尺，下广六尺五寸，上广五尺三寸，甃以砖，涂以朱，覆以黄硫琉瓦”[8]。皇城在1912年以前是完整的，“皇城居都城之中，垣周十八里有奇，共三千六百五十六丈五尺”，天安门是它的南门，但天安门禁闭不能通行。如果住西城的人要到南池子，则必须走西安门，过神武门，经东华门，才能到南池子。东城之人到南长街，也必须绕行。

在封建社会里，帝王的宫殿、宫门、王府或官宦之家的大门前，皆陈列一些不动的装饰，如日晷、嘉量、大鼎、大缸、华表以及各类动物，如龙、凤、狮、龟等，多为石质或铜质，较为笨重，不能移动，故名门殿前之不动装饰。清代门殿前之仪仗，天安门前的华表、石狮，千步廓前的大日晷都属于这一类。

据说门殿前的装饰起源甚早，如夏商时代就有木质的华表，当时叫做“诽谤木”、“望柱”或“谤木”，就是《古今注》所记“尧设诽谤之木……大路交衢悉焉”，让人民批评君主在政治上的过失之用。但在夏商以后，君主变成了世袭，不许对统治者发表政治上的批评意见，但门殿前的装饰物照样设立，成了街道标识和帝王的功德表彰标记，所以后来又叫做“柱识”或“表木”。到了秦代，开始改用石质，叫做“石表”，仍设宫门之外。到西汉时，在屋脊上安置吻兽，在华表上安置“承露盘”，盘上蹲着“螭吻”，盘下为一石质云朵，以示“螭吻”可以乘云飞向各处消灾，也称此石表为华表。华表的制度一直沿袭到清朝，天安门的华表亦如此沿袭而来。

华表为一高大的汉白玉柱，全身饰以一条浮雕缠龙，龙为四足五爪，底部为方形石栏，四角有柱，每柱上有一小石狮和八角形石座。华表连同底部的石座总高 9.57 米。它的顶端蹲立着一个怪兽，名叫“犼”，其性喜欢向上望，所以又叫“望天犼”。天安门外两个华表上的犼头向外望，传说是“望帝出”，告诫帝王别深居大内，要外出察看民情。这个传说反映了广大人民的善良愿望。

天安门前的汉白玉狮子共有两对，一对在金水桥南；一对在金水桥北，在左者为雄性叫“[illegible]”；右者为雌性叫“狔”。这[illegible]狔早已绝迹，传说狴狔与獬豸能镇压贪官污吏。故古代多用汉白玉刻成狴狔，陈放在皇宫门及衙署大门外之左右，以警戒贪官污吏。明清时期的监察御史，多把狴狔的形象绣在衣服之补子上，以表示弹劾坏人。后来佛教大兴，因佛经曾放在鸿胪寺，以后建庙时则仿照鸿胪寺的制度，在寺门外放置狴狔，并传说为释迦牟尼护法的狮王。而天安门的两对石狮，则更有具体的解释。据说金水桥北之石狮叫“门狮”，为守门之狮；金水桥南之石狮，为守护金水桥者。

金水桥南之石狮，腹部有孔洞及裂痕，这是明末清初，清军入京，清军阿济格部下在承天门攻打李自成起义军，子母弹留下的痕迹。金水桥面的石板，亦被炮弹摧残，清康熙二十九年（1690 年）重建天安门外的石桥，五座桥面的石板全部更换为新石，唯石狮受伤部未及更动，依然昂首蹲立在天安门前。到了清光绪二十六年（1900 年），八国联军侵入北京时，石狮和华表又遭到侵略军炮火的袭击，石狮肚腹上留下了侵略的罪证。

天安门前横越一道外金水河，它的水来自昌平的金水河。引金水河之水入都城充护城河始自元代，元朝还引玉泉山之水与之汇合，《欧阳原功碑记》记玉泉山之水“自积水潭环大内之左，合金水河，南流东出”。明朝修建北京宫城时，仍沿用元朝之水系，把承天门之外水叫外金水河；奉天门外之水叫内金水河。只是后来河道淤塞，水流干涸，所以清代的水源只剩下玉泉山了，但仍未改变金水河之名。

外金水河上的 5 个大石桥，一般称之为金水桥。5 个大石桥皆以大石板铺成，两头较宽中间狭窄，呈“)(”形，中间略向上突出。中者为汉白玉的栏杆，浮雕蟠龙柱。中间之桥面较左右桥面宽，为 8.55 米，供皇帝通行，也称为御路桥。御路桥和天安门的供皇帝通行的中央门洞紧连一起，与南面直通大清门的石板路，都是明清两代皇帝外出经过的路线，所以称这些地方为御桥、御路。

御路桥之东西为王公桥，供王公等贵人通行。这两座桥，和天安门中央门洞之左右两个门洞皆为王公们所经之门和桥。东桥，为东城居住之王公通行，又称左翼王公桥；西桥，为西城居住之王公通行，又称右翼王公桥。王公走下桥后，不能通过御道，只能沿其边缘向前走，亦不准穿越。王公桥东西之桥为品级桥，它也和天安门门洞最东西两端门洞一样，供三品以上的文武官员行走。唯文官走最东面之桥，进最东面之门洞；武官走最西面之桥，进最西面之门洞。王公桥和品级桥各宽 5.78 米，两桥各饰以荷花柱和汉白玉栏杆。在等级严密的封建社会里，统治阶级内部也是品级分明，就是亲王，亦不准从御路桥通行。

金水桥两端之桥称做公生桥，居东者称东公生桥，即今劳动人民文化宫前之桥，又叫东便桥或东小桥；居西者称西公生桥，即今中山公园前之桥，又叫西便桥或西小桥，均为清康熙二十九年（1690 年）重建。

桥微坡，呈拱面形，仍为两头宽，中间窄之“)(”形状，宽11.80米。公生桥为四品以下小官员、兵弁、民夫和太监出入行走之桥，入天安门则走东西最旁边之门洞。这座桥，多为居住在宣武、崇文、正阳门外的小官吏和兵弁们行走。其他地区之官员每天上朝，大多由东华门、西华门或神武门出入。

天安门外至大明门之间，两边围以高大的红墙，形成为“T”字形的院落，“T”字之三边各有一座门，南曰大明门，东曰长安左门，西曰长安右门。

中华门始建于明永乐十五年（1417年）六月，称大明门，为明朝北京宫殿外六门之一，即长安左门、长安右门、东安门、西安门、北安门（即地安门）、大明门。大明门的匾为长方形横匾，匾之质地为天蓝色金星石，上书“大明门”三个金字。崇祯十七年（1644年）李自成起义军进京，通过大明门、天安门入宫，推翻明朝。同年，清军入主北京，九月，取下“大明门”，换上同样质地的满汉文合璧的“大清门”匾[9]，一直保持到民国元年（1912年），才换新的木质黑地金字“中华门”匾，大小形式如同“大清门”，只挂了一年多，袁世凯称帝后，金字变色，他命令照天安门门额式样，改为蓝底金字竖式之“中华门”。

大清门为3个门洞，上为飞檐重脊，黄琉璃瓦，6扇红门，史载“大清门，三阙，上为飞檐重脊，前地正方，绕以木栏，名棋盘街，左右狮二，下马牌各一”[10]。皇城的大部分建筑大多重建或重修过，唯中华门从永乐兴建直到被拆，一直没有重修，只是光绪二十六年（1900年）八国联军侵入北京时，遭到大炮和机枪的袭击，6扇大门被打破，瓦被击落，此后换上了新门和黄瓦。

大清门在明清两代，为皇城的瓮城南门，长安左门为瓮城东门；长安右门为瓮城西门。《清会典》载“天安门之外，环以城，制与皇城同，正中曰大清门，东曰长安左门，西曰长安右门”[11]。这个瓮城和前门外的箭楼一样，只是形状不同，前门外之瓮城，为灰色的瓮城墙，大清门左右为红色的瓮城墙。这个瓮城已在新中国成立后先后被拆除。

大清门在明清两代，不仅有国门之称，它还被誉为“吉门”。因为明清两代规定它只准进喜，不准出丧。凡是娶皇后用大红轿从大清门（大明门）经天安门、端门、午门抬进宫去。清人绘《光绪大婚图》非常形象地描绘了这一全过程。如是娶妃嫔只能用红彩车从神武门进入。明清两代之帝后死后，帝后之棺灵只能从东华门或西华门出，妃嫔则只能从神武门出，就连正阳门也只能准结婚的喜轿出入，不准棺灵经过。

长安左右两门均建于明永乐十五年（1417年），其形状和大清门一样，只是它的门洞上没有匾额。门各三阙，东西向，门外各立一下马石。这两座门为瓮城之左右门，它是家在外城的文武官员入朝的旁门。但因明清两代统治者通过长安左右门张贴科考的金榜和举行秋审、朝审，因此又称这两门为“青龙门”与“白虎门”。长安左右门均于1952年拆除。

大清门与正阳门之间的一块空地，明清两代都称为“天街”，即承天门街的简称。承天门街起自汉朝，唐《两京城坊考》中有：宫城南门外有承天门街。朱元璋在南京建明皇城时，其皇宫规制，多参考汉唐宫殿之制。朱棣建北京皇宫时，仍仿南京之制，建有“天街”。又因其形状似棋盘，自明永乐以来始称为“棋盘街”。它的范围为大清门以南，正阳门以北，东交民巷西口以西，西交民巷东口以东。

明朝称大明门为“国门”，棋盘街地处国门外，为了不让人民接近“国门”和在国门前摆摊设肆，在其中央设有红色木质栅栏，并有栅门，木栅内为东西长、南北窄的小广场，明人绘《皇都积胜图》上就绘有两座红色木质栅栏，横亘在棋盘街上。这种木栅栏在大明门前有南北两座，两座木栅栏中间，隔着一条石板路。因两座木栅栏就好象是两个棋盘，中间之石板路就好似两个棋盘中间的河界，棋盘街即因此而名。到了清乾隆四十年（1775年），弘历皇帝把棋盘街的两座木栅栏改为正方形的石栅栏[12]。据说改成石质是因为风水关系，乾隆以为用石栅可以堵住棋盘街上的“黄河为界”的河，以使南边的兵卒不能北进。这是一种传说，也可能是石质经久耐用。不论木质或石质的栅栏，栅栏内全为禁区，不准人民进入其内。

“棋盘街又名天街，玩月最为清旷”[13]。这“天街”小广场，还是演戏、百货贸易荟萃之地。明人绘《皇都积胜图》描绘棋盘街上的摊商小贩，高张布棚，纵横夹道，冠巾靴袜，衣裳布匹，绸缎皮毛，一处挨一处；折扇雨伞，刀剪铁器，陶瓷器皿，一摊连一摊，还有各种百货玩物。中间有弹琵琶的，唱小唱和数快板的，周围围着不少观众，还有不少来往行人，这就是大明门前的“朝前市”。此外，这里还是“玩月”之地，有诗描写道：“棋盘街阔静无尘，百货初收百戏陈。向夜月明真似海，参差宫殿涌金银。”[14]前者描绘出棋盘街的商业繁荣及收市后歌舞升平的情况。等到午夜之后，那繁荣嘈杂之景象已全部消失了，夜深人静，万籁无声，明月当空，这时散步在棋盘街上，真像置身大海，但回头北望，天安门和其他建筑，又显现出金银般的宫殿。棋盘街的盛况被描写得入微入肤。直到1912年共和成立后，天安门前的“天街御衢”才开放，准许人民从中华门及东西两长安门通行。

棋盘街以南就是正阳门、箭楼、正阳桥、五牌楼等建筑。明人绘《皇都积胜图》描绘的正阳桥为宽大的白石桥，桥下为护城河。桥上桥头有卖汤饼、水果、兑换银钱以及算命的摊商，桥头便是雄伟的箭楼和高耸的正阳门。正阳门的月城为明正统四年（1439年）建成。正阳门的两侧还有两座小庙，东为观音庵，西为关帝庙。史载“关帝庙在正阳月城门之右，每年五月十三日至祭”。

进大清门往北，两边红色的围墙，东边的红墙往北再折往东，直到东南角；西边的红墙往北再折往西，直到西南角。离墙一丈多地方，东西各有着一间间相联的朝房，这就是“千步廊”。千步廊建于明永乐十五年（1417年），东西两边各144间房，为一条房脊的有廊朝房。屋顶为黄琉璃瓦，红柱红柁，施以五色彩绘，崇脊双檐。红色窗门，饰以金色装饰，窗为黄纸。其下为汉白玉阶石。千步廊由南往北至拐角处，东西各110间，在东曰大清门内东朝房；西曰大清门内西朝房。东西朝房又分别随红墙往东西，各有34间连脊朝房，都是坐南朝北，东曰长安左门内南朝房；西曰长安右门内南朝房；东边二者合之称东千步廊；西边二者合之称西千步廊。东西千步廊皆于1952年拆除。

东西外朝房，实际上无多大用处，因为距宫殿太远，上朝者根本不在这里等候。到了宣德十年（1435年），将东西千步廊改为政府六科存储文书档案的库房[15]。到了清代，这里仍为库房，不只是文书库，还存放粮米和木料，千步廊“东为户部米仓，西为工部木仓”[16]。西千步廊的朝房，除5间用于办公外，其余全用于木仓，所存之木达15种之多，贵重之木，皆置放于木架上，以供宫廷等处使用，这些木料来源于采办、捐输、岁征等。这里的米仓，称为“内仓”。“内仓二十廒”“每仓以五间为一廒，每间七檩六椽”[17]。所存之米，“内仓共二十廒，规定以十廒储白粮（好米），八廒储漕粮（次白米），一廒储芝麻，一廒储黑豆，皆以一万石为一廒”[18]。内仓是清代的特别仓。千步廊东边北端折向东的34间朝房，为科考后“磨勘”之地，就是检查考试卷内有无错误，经“磨勘”后的试卷就存放在这里。

光绪二十六年（1900年），八国联军入侵时，东西千步廊遭到了帝国主义炮火的袭击，“内仓”之米被击毁流出，侵略者将数十万石米劫运天坛，就成了他们的军粮。辛丑条约后，派顺天府尹陈璧将千步廊等处进行修补。1915年，千步廊倒塌后被拆除。

东西三座门和左右公生门是后来建立的。明永乐十五年（1417年）兴建北京宫城时，只有长安左右门。到了明宣德时（1426年—1435年），长安左右门外兴建了许多住房和商店，只空着中间的通道。每当天安门有典礼活动时，则拥挤不堪，又因五府、六部、三院、六寺、一司等官府全在两长安门外，为方便官员入朝，遂于正统元年（1436年）英宗下令赶走民人，拆毁房屋，便在东西长安门外之南，修建了红色围墙，在南面建了牌楼式的旁门，下置栅栏门。在长安左门外的牌楼门称“公生左门”，上面之匾曰“履中”，又称“履中坊”；在右者称“公生右门”，上面之匾曰“蹈和”，又称“蹈和坊”。经过明中后期坏损，特别是明末清军追剿李自成起义军的战争，外朝房及左右公生门多被焚毁，清入主北京后，多尔衮下令清理战场，将左右公生门等全部铲为平地，东西两长安门和东西两长安街又贯通一起。于是在两长安门外各建一方形红墙黄瓦五间院落，作为清代的守卫室，为清护军营旗兵的住地。

到了清乾隆十九年（1754年），政府决定驱逐东西长安门外之民户，以官价收买所有民房，并限期拆除，于长安门外东西各增筑围墙，并建三座门。即建筑黄瓦顶之大红墙及在左右公生门之旧址各建一座三门洞的牌楼式公生门，于长安门外围墙之东，建一座三个门洞相连的便门，称东三座门；在右者，称西三座门。并在东西门外，各建立一个石碑，上有汉、满、蒙、回四种文字，曰：禁闲散各色军民人等车马通行。所以这围墙和三座门、公生门，全是阻挡人民的围墙和门。到了民国四年（1915 年）才将天安门外的围墙拆去，开放东西长安门，准许老百姓在天安门前通行。但东西长安门、公生门、三座门，到了新中国成立之后才全部拆除，建为宽广的大道。

端门是皇城的二门，紧靠着天安门，又称重门，是皇城正南面的内门。其建筑形式和内部结构与天安门基本相同。

附：明清时期天安门建置沿革表

时间	修建内容	资料
明永乐十五年（1417 年）六月	始建天安门	《春明梦余录》卷二
明天顺元年（1457 年）	天安门火灾	《明史》卷一二
明成化元年（1465 年）	修建天安门	《日下旧闻考》卷三二
清顺治元年（1644 年）	清军与李自成大战	《明季北略》卷二三
清顺治八年（1651 年）	改承天门曰天安门	《清世祖实录》卷六〇
清康熙二十八年（1689 年）	重修天安门	《清会典事例》卷八六三
清康熙二十九年（1690 年）	修天安门外石桥	同上
清乾隆二十九年（1764 年）	修天安门外石桥	同上

二

北京的建筑布局，和唐宋以来都城建筑的布局有许多相同之处，皇城建筑亦如此，如唐代在皇城宫殿前建一个广场，有横街的御道，从承天门到玄武门为一中轴线，元在北京建大都，皇城仍以丽正门至崇天门为一中轴，有御道、广场，左右有千步廊。朱元璋在南京建洪武京城，其布局也大同小异。

朱棣建北京，仍依南京建城之制，皇城居都城之中，紫禁城居皇城之中。皇城正南面的大门就是天安门，外门则是大明门，和内城的正南门正阳门相隔很近；皇城北面的大门是北安门；皇城东面的大门是东安门；皇城西面的大门则是西安门。皇城位居北京内城之南。午门又是紫禁城南边之大门，它与南边的端门、天安门、中华门、正阳门和北边的神武门、北安门为一中轴直线。在这个皇城之内，又分着若干个区域和部位，各部位又有其禁区。由大明门到承天门前，分成四个部位，大明门前面的棋盘街，叫做前街；东西长安门外以东和以西，东西三座门内，这一段街道，分别叫做东长安门街和西长安门街；东西三座门以外，分别叫做东长安街和西长安街。在明清时期，前街和东西长安门街，允许人民通行，但禁止死人送葬行走经过该地；从大明门内以北，承天门前以南和东西两长安门之内，这一段天街御衢，除王公以外，凡是不当官和不服役之人，不准通行，如果有人从大明门或东西长安门往里探头，就会遭“窥探禁门”之罪。

由天安门往北直到保和殿，这一段叫做外朝，这外朝分两段，其中从端门至午门叫前朝。前朝分三个部位，由天安门经端门到午门，这一段叫前朝中路；东边的太庙叫“左庙”；西边的社稷坛叫“右社”。前朝之名来自明清两朝在午门上“颁朔”和“受俘”。以后各部位为大朝。大朝又分若干个部位。

北京城的纬度，到康熙初年，据载“京师北极高度三十九度五十五分”[19]。这个数字和北京应当在北纬若干度上，只差一分。而经度则不然了，差距太大。中国封建帝王建都，必须将子午线穿过都城和皇宫的中央，把它叫“中线”，中线以东叫“偏东”；以西叫“偏西”，如“京师居中线……盛京偏东七度十五分……河南偏西一度五十六分”[20]。就是把它当作疆土和皇位一样，必须以皇上所在为中心。这个经度和天文数字上没有一点关系。

在天安门前的东西两侧，明清时期，建立着统治全国的五府六部，其中明代礼部首先建立，其他各部也先后集中于天安门前两侧，其东为礼部、户部、吏部、兵部、工部、宗人府、钦天监、鸿胪寺；西边则为五军都督府（即前、后、左、中、右五军）、太常寺、通政司、锦衣卫等。

清代，天安门前东西两侧的衙署基本上没有多大变化，其东侧仍为各部，有礼部、户部、吏部、宗人府，这些部所在地称户部街；再东则为兵部、工部、鸿胪寺、钦天监、太医院等，这些地方称为兵部街。其西侧，没有五军都督府了，而代之以八旗，故这些地方为一般人居住之胡同，如左府胡同、右府胡同、中府胡同等。但清朝在明锦衣卫旧址建立刑部，将此地称刑部街，后又称司法部街。稍后于此又增设了都察院、大理寺等机关。

天安门是明清两代帝王的重要活动地方之一，在封建社会里，它的最重要的政治活动是“颁诏”。颁诏可分“登极诏”和“颁恩诏”。首者为皇帝死后，儿子继位头一天把新皇帝继位原因和日期宣告全国；后者是有喜庆之事向全国宣告。宣告的文件称为“诏书”。诏书是用二尺宽二丈长的硬黄纸，边上饰有金龙，纸内写明诏令之缘由和条款。清代的诏书前半部为汉文，后半部为满文，末尾钤皇帝印玺，最后将它卷成四寸粗三尺长，外用有金龙云纹之黄缎包袱皮包上，横供于黄木架上，并由礼部尚书把它领至礼部，誊抄若干份，分发全国，以便向人民宣告。

天安门的颁诏程序是，事先将诏书陈置在太和殿内东边第一间屋之黄案上，皇帝则坐在殿内之宝座上，看着由礼部派来的取诏官以及四名随员官，用一个镀金云朵大铜盘盛着诏书，将其安放在一座黄色九龙绿亭子里，用十六名衣红花衣校尉抬龙亭，最前面为八名红花衣校尉抬着五彩香亭，镀金铜香亭内燃着檀香，在仪仗、乐队及文武官员的护送下，出端门来到天安门内，从天安门东边马道上城，由天安门城楼之后屏门入楼里，仍将诏书置城楼东边第一间屋之黄案上，龙亭、香亭则被抬下城楼置天安门外备用。之后，文武百官分成两队来到金水桥南面，面向天安门站着，待准备就绪，奏乐宣诏。宣诏由宣诏官执行，他先大声宣读诏书中之满文，这时金水桥南之文武百官则跪下倾听。此后，换一人再念汉文，最后，众官员则向北三跪九叩。宣读完毕，将诏书放在镀金大凤凰及朵云之云兜里，由天安门城楼上女儿墙正中放下来，以示天子帝王之命令由金凤凰乘云朵自天而降人间。再由礼部诏官取下诏书，仍放在龙亭内，在香亭、仪仗之导引下出大清门，送到礼部，由礼部刻字工刻字印刷在黄色毛边纸上，发给全国省府州县，使之一体知照。对此，清代毛奇龄有诗描写道：“双阙平明烟雾开，九重颁诏出层台。幡悬木凤衔书舞，仗立金鸡下敕来。”[21]

明清两朝，每年冬至，皇帝都要出宫去天坛祭天；到夏至时，则要去地坛祭方泽。遇此，午门、端门、天安门、大明门（大清门）大开，皇帝着祭祀服装，率文武官员，在繁杂的仪仗队前呼后拥下，至祭地司祭，每年开春后之二、三月，皇帝也要亲自到先农坛祭祀，行耕耤礼。清人绘《雍正祭先农坛图》描绘：图中之方坛即祭坛，上设黄幄，内供先农氏神位。坛之下面为穿着朝服的文武百官，着红衣者为音乐舞蹈队伍，他们都在恭候雍正皇帝的驾临。这个坛，在正阳门外之西南，建于明朝嘉靖年间，为皇帝祭农神之地，因为农神是我国古代传说中最先教人耕种之人。皇帝祭礼时要穿祭祀朝服和佩带朝珠，还有仪仗队随行，场面甚为壮观。崇祯九年（1636 年）夏至时祭方泽，“拱扈圣驾诣郊，前导后随，及沿途街衢列营把守，恭请飞云辇乘，龙旗宝纛，驾仪执事，并随驾叉刀围子手，红盔明甲官军，午门、端门、承天门、大明门……派拨官军、选壮共用一十一万九百八员名”护卫及把守各门[22]。

自隋唐以来，我国科举考试盛行，到了明清时期，科举考试仍很盛行。凡是参加最后一级考试的殿试，前三名为状元、榜眼、探花。考试之后，殿上要“传胪”，就是传呼考中者之姓名。有三位传胪官，他们分别站在太和殿前的三层台阶上，传呼考中前三名的姓名，这种仪式也称“金殿传胪”或“金榜题名”，是科甲中的大典。之后是张挂金榜。“传胪行礼毕，奉榜官捧黄榜至午门前，连云盘置龙亭内，校尉舁亭，导迎乐作，御仗前导，至长安左门外张挂，状元率诸进士，随出观榜，顺天府备伞盖仪从，送状元归第”[23]。张榜的地点在长安左门外的皇城墙前，以芦席临时搭盖九间龙棚，将金榜贴于席之北墙上，状元率诸进士观榜。明清两朝皆有《观榜图》描绘观榜之生动情形。明人仇英绘《观榜图》，其中心为描绘应试者和其家人观榜之各种神态。在众多的观榜人群中，有昂首观榜者，有背对榜者，那背对榜者，在仆人的搀扶下，颓丧地步出人堆，显然是落榜之士子。而清人梁亨绘的《观榜图》，画卷之重点更在观榜，画心偏左部位，画着应试者及其家属站在高挂的榜单前，昂首远眺，万头攒动，交头接耳，评论榜上之名。在这些观榜者中，有皓发之老人，有垂须之中年人，以及青年者，皆齐挤榜前。从此，亦可知考场中年龄有多么大的差距。画家们运用巧妙的手法，借着城门之隔，描绘出金榜题名与落榜者之差别。这些入试之士子，在没有传胪以前，有许多皆为无名望的穷秀才，只要登了金榜，就有进入宫门，罗列金銮殿之机会，成为新的权贵，仿佛是鲤鱼跳龙门一样，摇身一变成了龙。所以有人把天安门外之长安左门称为“龙门”或“青龙门”，在长安左门外有一条胡同就叫做鲤鱼胡同。

诸应试者观榜后，顺天府尹给状元等前三名的帽子上插上金花，披上大红彩缎，饮御酒三杯，在仪仗乐队导引下，乘彩马迎接至交道口之顺天府衙署内宴饮，然后将他们送归府第或各省之会馆。

东西两千步廊还是封建统治者进行“秋审”、“朝审”和“磨勘”的地方，只是在进行时不在屋内，而在千步廊外面的露天中举行。凡是各省判处死刑的囚犯，每年五月初一日以前，各省将其判处死刑的名册、口供和判决主文送京交刑部。六月初，刑部则按省县分别造册，于七月上旬交给皇帝，至八月中旬，刑部官员会同有关大臣，在西千步廊外举行秋审。到时，横列数十张方桌，上铺以红毯，各官员皆坐于桌后，把犯人的名册、口供，以及判决主文进行研究，之后，应改判者改判，应批驳者批驳。审毕，将结果交给皇帝，这段时间正是中秋节前后，故叫“秋审”。皇帝将在冬至前六十天，把判处死刑者用红笔勾掉，没有被红笔勾者，待来年再审。皇帝勾后，将各省名册送回各省，对被勾者立即执行。

朝审，则将北京刑部监狱里判处死刑的犯人，在每年霜降节前，将其犯人之姓名、口供、判决主文呈交皇帝，皇帝派刑部官员和有关大臣，在长安右门内南朝房前进行。届时将犯人从监狱里提出，押送到朝审公案前面跪下，然后例行审问公事，当问及犯人给你定的罪冤不冤，而犯人说“不冤”，即从速定案，再审下一名罪犯。审毕，又把犯人送回监狱，最后将朝审犯人清册交送皇帝，皇帝仍用红笔把犯人的名字一勾，被勾者在冬至节押赴宣武门外菜市口法场处决。

东千步廊也是科考后皇帝派御史检查主考官员所评定的考取者的试卷有无错误之处的地方。到时，在廊外向北摆上十几张八仙桌，铺上红毡，御吏则全部面向北而座，进行检查。如果没有错误才算考中，否则主考官和考生全都视为犯罪。这就是明清两朝考试中的“磨勘”制度，也是科考中最重要的一关，检查过后的试卷有一部分就存放在东千步廊，直到 1912 年才被当时的教育部接管。

每遇战争，如果皇帝需要亲征，一定要在天安门前祭路，祝愿出征胜利。如系大将军出征，皇帝则率领重要文武官员在长安门外祭旗，预祝出征胜利，并举行宴会，欢送出征之人。清代，每遇出征胜利，皆要在午门前举行“献俘”仪式，把俘虏由长安右门带入，经过天安门、端门，在午门前，兵部将俘虏交刑部。

在封建社会里，天安门是皇城的大门，是皇帝“宸居”之门，一般人民是可望而不可及，只有重要的皇亲国戚才能“通籍长安门”[24]。随着西方资本主义不断东侵，自英法联军侵入北京以后，北京多次遭到外国侵略者的侵占。光绪二十六年七月二十日（1900 年 8 月 15 日）下午三时，八国联军攻入北京城外，英、法等国由广渠门及东便门入城；日本等国由朝阳门、东直门入城。联军先占据天坛和先农坛，并以此为司令部，随后沿着前门大街向北攻，前门箭楼被侵略军用火炮击毁，只剩下大半截，前门楼亦遭炮击。随之，在棋盘街、大清门一带抢劫焚烧，将大清门的六面金钉红门全部焚烧。队伍进至大清门外，见到高大的天安门以及紧闭着的左右千步廊，恐遭清朝伏兵袭击，遂停兵观望，在大清门内用大炮、机枪射击，天安门城楼顶、门窗多被击毁，金水桥、华表、石狮亦弹痕累累。太庙前殿正脊吻兽被击毁两个。

帝国主义入侵后，天安门前东侧的兵部、工部、鸿胪寺等部门也被焚烧。《辛丑条约》后又强占兵部街以东，东交民巷和台基厂作为外国人的使馆、兵营，由帝国主义派兵驻守和管理，不准中国人进入。

《辛丑条约》签订后，逃在西安的慈禧太后派顺天府尹陈璧将被侵略军焚毁的正阳门、千步廊、天安门等处修复，其中千步廊顶上之黄瓦及梁柱均照原样修好，唯门窗则为死窗死门，不能随便开关，成了假门窗，到 1911 年辛亥革命时假门窗已朽坏。

由于帝国主义的入侵，天安门不但失去了它昔日的威严，而且已是遍体鳞伤，残破不堪。旧日的天安门，和中国人民一样，经历了苦难的岁月。1919 年的五四爱国运动首先在这里发难，从此，天安门不再沉寂无声了，其斗争火焰一直没有停熄。历次的反帝爱国、要求民主反对独裁等活动，广大人民群众都要在这里集会游行，向帝国主义和统治者发起猛烈的攻击，从而迎来了人民的胜利。直到1949年五星红旗从这里升起，天安门才开始了它的新的历史时期。

注释：

[1][2]（明）孙承泽：《春明梦余录》卷二，台湾商务印书馆，1976年。

[3]《日下旧闻考》卷三三。

[4][5][16]《大清会典事例》卷八六二。

[6][7]《大清会典》卷八七。

[8]《清会典事例·工部宫殿》。

[9]《清会典事例》卷八六三。

[10]《宸垣识略》卷三。

[11]《清会典》卷五八。

[12]《顺天府志》卷一三。

[14]（清）查嗣瑮：《查浦诗钞·杂咏》，康熙六十一年刻本。

[15]《日下旧闻考》卷六三。

[17]《清会典事例》卷二五。

[18]《户部内仓则例》卷二。

[19][20]《清会典事例》卷一一〇三。

[21]赵洛、史树青：《天安门》，北京出版社，1957年。

[22]《明清史料》乙编，第9本，张国元题本。

[23]《清会典》卷三三。

[24]（清）吴伟业：《吴门遇刘雪舫》，《吴梅村诗集笺注》，国学整理社，1936年。

（原文刊于《中国历史博物馆馆刊》1989年总第13—14期）

北京琉璃厂史话

王冶秋

一 辽代海王村—明代琉璃窑厂—书摊、书肆—大明门和城隍庙—清初慈仁寺

当公元1770年，即清乾隆三十五年的时候[1]，当时的工部郎中孟澔于琉璃窑厂取土处发现了辽御史大夫李内贞的墓葬，墓志上记载着李内贞于“保宁十年（978年）六月一日薨于卢龙坊私第，享年八十。其年八月八日葬于京东燕下乡海王村”。这个墓志当时没有拓本，只录出了铭文，又马上在移葬的时候埋掉了。许多有关北京风土文物的书籍，多著录这个发现，可是由于互相引征的关系，年代和铭文常有错误或简繁不一。当以乾隆年间钱大昕所作《记琉璃厂李公墓志》及为此墓写了《改葬故辽李公墓记》的大兴朱筠两人的记载为最详尽。盖此墓发现后十余日钱大昕即得知，欲去椎拓碑文，可惜碑已埋掉，他听说孟澔曾让人“抄写一通”，于是索来读后，写了记此事的文章；朱筠则是一年（乾隆三十六年九月十五日）以后由于孟澔的请求，为改葬的李内贞墓写了墓志的。

这个改葬的墓，钱说在“故兆东二十步”，朱说“迁骨于高阜大树之左坎，环以石，石复之，向南起冢，建志石于前”。总之，改葬的地方就在原来的葬地不远，将来可能重新发现的。

钱、朱两人所记的碑文，也多不同之处，分见钱著《潜研堂文集》及朱著《笥河文集》，互校以后，录出全文如下，或较原志相差不远了。

> 大辽故银青崇禄大夫、检校司空、行太子左卫率府率、兼御史大夫、上柱国，陇西李公，讳内贞，字吉美，妫汭人。后唐庄宗时举秀才，除授将仕郎，试秘书省校书郎，守雁门县主簿，次授蔚州兴唐县主簿，次授儒林郎，试大理寺丞，守妫州怀来县丞。大圣皇帝兵至，迎降，太祖一见器之，加朝散大夫，检校工部尚书，兼御史中丞，赐紫金鱼袋，兼属珊都提举使。嗣圣皇帝改银青光禄大夫，检校尚书右仆射，兼御史大夫。天授皇帝加检校尚书左仆射。故燕京留守南面行营都统燕王牒蜡以公才识俱深，委寄权要，补充随使左都押衙中门使，兼知厅勾，次摄蓟州刺史，次授都举银治都监。天赞皇帝改检校司空、兼御史大夫、上柱国、行太子左卫率府率。保宁十年六月一日，薨于卢龙坊私第，享年八十。其年八月八日，葬于京东燕下乡海王村。先娶殷氏女，有三子；后娶何氏女，生二男。弟僧可延，天顺皇帝授普济大师，赐紫。长子瓒，金紫崇禄大夫、检校司空、南奚界都提纪使，兼御史大夫。次子玉，燕京都曲院都监、金紫崇禄大夫、检校司空，兼御史大夫、上柱国。次子琰，银青崇禄大夫，检校尚书右仆射，兼御史大夫、上柱国，前大石银冶督监。次子玿，前辽兴军节度推官，将仕郎，试秘书省校书郎。次子璟，摄宣州观察推官。

乾隆时于敏中等编纂的《日下旧闻考》和同时人署名“吟梅居士”的戴璐所作《藤荫杂记》都记载了这事[2]。这是关系琉璃厂一带历史的一件重要材料，可以考见当辽代的时候，这里还是城外郊区的一个小村落。

琉璃厂的海王村，至少在辽代已经叫这个地名。金代或名“海王庄”（见震钧：《天咫偶闻》，说见《金史・后妃传》）。目前的海王村公园旧址，可能就在这个村落遗址附近。若以辽太祖神册元年（916年）来

计算，距今（1962年）已是1046年历史了。

元、明时期，这里逐渐成为琉璃窑厂。据有人考证，公元1277年以后元代官方就开始建筑了琉璃窑厂。

明代自永乐四年即公元1406年起，开始营建北京宫殿。到了1420年全部建筑完成，前后经历了十余年，1421年永乐即迁都北京。这一期间，使用了大批的琉璃瓦件，当时有大五厂即："神木厂"、"大木厂"、"黑窑厂"、"琉璃厂"、"台基厂"[3]。琉璃厂是烧造琉璃瓦件的，陶然亭附近的黑窑厂是烧造板瓦和条砖的。现在故宫中残余明代建筑及北京少数明代寺庙还可以看到当时烧造的黑色的和黄、碧等色的琉璃瓦件以及形制很大的砖瓦。

这里原来有河道可通西山，烧造琉璃瓦件的一些原料，多赖水道运输。清李慈铭《桃花圣解盦日记》中说道：

盖明嘉靖以前，外城未筑时，此地有水，西流为清厂潭，又西南为章家桥，又南为虎坊桥，又南为潘家河，而自厂桥南为梁家园，可引凉水河，处处经脉流通。

由于原来有河道，又加上烧窑取土，窑厂附近常常形成许多坑洼的地方，就成了所谓"窑坑"。交通来往，非有桥梁不可。所以琉璃厂附近许多地名多有"桥"字，就是这个原因。后来都市发展，就逐步填平，形成街市。现在到琉璃厂一看，全无痕迹了。

明代的琉璃厂，只是为皇家烧造琉璃瓦件的地方，占地很广。附近人烟似很稀少，树木很多，河流、水池，高阜、下洼，完全是一片郊野的景色。在明代人的著作里，如万历时沈榜编辑的《宛署杂记》，蒋一葵所著《长安客话》，崇祯时刘侗、于奕正合著的《帝京景物略》，都没有说到琉璃厂成为街市，因为那时这里只是一个窑厂，既不是著名风景名胜区域，更不是"文化街市"。《帝京景物略》中虽说到"琉璃厂店"，那只是新春在窑厂门外出售厂中所做的盛朱鱼的"琉璃瓶"及"倒掖气"等儿童玩具。

明末吴梅村曾咏及琉璃厂，也只是描述着琉璃烧造的器物及安装的情形：

琉璃旧厂虎坊西，月斧修成五色泥。

遍插御花安凤吻，绛绳扶上广寒梯。

《倚琴阁杂钞》中有以下记载：

琉璃厂瓦有黄碧二种，明代各厂，俱有内官司之，殿瓦之外，所置一曰鱼瓶，贮红鱼，杂翠藻于中；一曰琉璃片，以五色渲染人物花草炼成，嵌入窗户；一曰葫芦，大或者径尺，其色紫者居多；一曰响葫芦，小儿口衔，嘘吸成声，俗名倒掖气；一曰铁马，悬之檐以受风戛者也。

由此可见当时琉璃厂除了烧造瓦件以外，还烧造其他琉璃器物和儿童玩具。

清代大兴潘荣陛于乾隆二十三年（1758年）所写的《帝京岁时纪胜》，是一本文辞并茂的书，其中有"琉璃厂甸"条，可以看出当时情况：

琉璃厂在正阳门外之西，厂制：东三门，西一门，街长里许，中有石桥。桥西北为公廨，东北楼门上为瞻云阁，即窑厂之正门也。厂内官署、作房、神祠之外，地基宏敞，树林茂密，浓荫万态，烟水一泓。度石梁而西，有土阜高数十仞，可以登临眺远。

从上述明、清人的著作中，可以想见明代琉璃厂正如我们前些年看到北京东郊六里屯或麦子店一带窑厂的情况，不过这座琉璃厂的本身身价高贵，并有工部的驻厂监督所谓"官署"在那里，当较民窑阔绰得多了。

明代书籍、古玩等在市上出售，据明万历年间胡应麟在《少室山房集》中所述：

凡燕中书肆，多在大明门之右及礼部门之外，及拱宸门之西。每会试举子，则书肆列于场前；每花朝后三日，则移于灯市；每朔望并下澣五日，则徙于城隍庙中。灯市极东，城隍庙极西，皆日中贸易所也。灯市岁三日，城隍庙月三日，至期百货萃焉，书其一也。

《帝京景物略》中，有"城隍庙市"一条，其中所说与胡应麟所述一致，可见万历至崇祯期间，无什变化。如：

京师市各时日：朝前市者，大明门之左右，日日市，古居贾者也……城隍庙市，月朔、望、念五日，东弼教坊，西逮庙墀庑，列肆三里。图籍之曰古今，彝鼎之曰商周，匜镜之曰秦汉，书画之曰唐宋，珠宝、象玉、珍错、绫锦之曰滇、粤、闽、楚、吴、越者集。……市之曰族族：行而观者六，贸迁者三，谒乎庙者一。庙建自永乐初，正统中重修。洪武初，神有封号，曰：鉴察司民城隍显佑公，今称都城隍之神。……庙有石刻“北平府”三字，字径尺，半埋土中。

这里所说的“大明门之左右”的“居贾”，实际上是搭盖的简易的棚房，是常年每日营业的座商。近见中国历史博物馆所藏明代《皇都积胜图》，所绘为万历以前“皇都”内外情况。那时在大明门左右还是地摊及摊在桌子上的摊贩，其中就有卖书籍、字画、古玩的。后来的“居贾”想是由此发展起来的。

而每月只开三天的“市”，则为“城隍庙市”，这个城隍庙，即为“都城隍庙”，为明永乐中所建，在现在的西城复兴门附近。过去这条街就叫“都城隍庙街”，后来有一阵北京城的街道乱改了一下名字，就把它改为“城方街”了。同把“羊尾巴胡同”改为“羊宜宾胡同”是一样的。

由此可见，明代的北京书铺及流动书摊，即在大明门左右，以及考场前面、灯市、城隍庙的一些地方。

到了清代初年，类似这种“市”，改在现在宣武门下斜街的慈仁寺。这是明成化年间，周太后为她一个出家弟弟吉祥建的寺院。庙子很大，当时有几百和尚，几百顷庄田。清初有些文人学士常在这里借居。如康熙七年的时候，顾炎武就在这里住过。李因笃答顾的赠诗中有云：

忆折前津柳，同炊古寺羹。

自注中说：

前年与先生同客慈仁寺，予先别去。

刘体仁、高珩等人也都在这住过。庙里有两棵古松，相传为金、元时旧物，后来老树死了，又补种了新的。故又称“古双松寺”。清初诗人题咏很多。附近原有辽金（一作元）时所建的报国寺，改建为慈仁寺后，当地人仍叫报国寺，故又并称“报国慈仁寺”。

清初王渔洋在他的《池北偶谈》、《居易录》、《香祖笔记》、《古夫于亭杂录》等书中常有记他在慈仁寺购书的情况。如《池北偶谈》记：

己亥（按：指顺治十六年，公元 1659 年）于慈仁市见“客氏拜”三字名刺，朱克生以三钱得之，赋《客氏行》。

此事亦见孙国枚《燕都游览志》，说是宝应朱国桢克生得到这个“名刺”以后，“友人笑曰：使当天启时，此一纸，胜诏旨远矣”。盖客氏为熹宗的乳母，与魏忠贤通，相济为恶，势力极大。

又如《居易录》记：

官都二十余载，俸钱之人，尽以买书。尝冬日过慈仁寺市，见孔安国《尚书大传》，朱子《三礼经传通解》，荀悦、袁宏《汉纪》，欲购之。异日侵晨往索，已为他人所有。归来怊怅不可释，病卧旬日始起。古称书淫书癖，未知视予何如？自知玩物丧志，故是一病，不能改也。亦欲使我子孙知之。朱翰林竹垞，尝为予作《池北书库记》。

又《香祖笔记》说：

每月朔望及下浣五日，百货集慈仁寺，书摊只五六，往时间有秘本，二十年来绝无之。

他又在《古夫于亭杂录》中说过，以后并传为佳话的故事：

昔在京师，士人有数谒予而不获一见者，以告昆山徐尚书健庵（乾学），徐笑谓之曰：“此易耳，但值每月三五于慈仁寺书摊候之，必相见矣。”如其言果然。庙市赁僧廊地粥故书，小肆皆日摊也。又书贾欲昂其直，必曰：“此书经新城王先生鉴赏者。”粥铜玉窑器则曰：“此经商丘宋先生鉴赏者。”谓今冢宰牧仲（荦）也。士大夫言之，辄为绝倒。

《桃花扇》的作者孔尚任，曾有一首诗歌咏此事：

弹铗归来抱膝吟，侯门今似海门深。

御车扫径皆多事，只向慈仁寺里寻。

自注云：

渔洋龙门高峻，不易见，每于慈仁庙寺购书，乃得一瞻颜色。

王渔洋在慈仁寺购得徐一夔《始丰稿文》，如皋孙应鳌《淮海易谈》，虔州刊本《陶隐居集》，桂林刊本《二曹诗集》，金陵旧刻《樊川集》，琅玡《王若之集》，霍文敏《韬文集》及文俶写生花鸟画册等。

又如朱彝尊在慈仁寺得宋胥吏所抄南渡以后诸人词——《典雅词》；翁方纲在此得吴兴施元之、吴郡顾景蕃注宋椠本《东坡先生诗》；宋荦在此得杞杞县《刘文烈（理顺）书》，想是刘所书墨迹；何焯（义门）在此得《颍上黄庭》帖；朱竹垞在此购得《曹全碑》旧拓本。这些都是见于记述的，其他未见记述的想是更多了。

从明、清人笔记来看，明中叶以后京师固定书肆在大明门当时礼部的左右，即现在的前门内棋盘街一带。而在市上摆书摊的，明代则以都城隍庙为最著，清初则是慈仁寺。

慈仁寺到了乾隆年间，已经荒凉败坏。当时人戴璐在《藤荫杂记》中说：

慈仁庙寺久废，前岁复兴，未几仍止。盖百货全资城中大户，寺距城远，鲜有至者。国初诸大第宅，皆在城西，往游甚便，自地震后六十年来，荒凉已极。

二　康熙时琉璃厂的小街市—新春厂甸—《琉璃厂书肆记》—四库开馆—挟书买醉—朝鲜友人柳得恭与罗两峰—“莫典春衣又买书”—文物聚散流传—专业与专才

琉璃厂在康熙三十三年（1694 年）奉旨交窑户自办，黑窑厂就在这时废了。康熙三十九年（1700 年）汪文柏（号柯庭）在此监造房屋册籍，他的《柯庭余习》中有一首诗替小房主及贫民自盖棚房而需按间架抽税的事鸣不平：

庚辰秋琉璃厂监造屋宇册籍随笔书怀

有明户口聚，九门患居民。

皇朝定鼎初，出入从城闉。

圈地分八旗，天兵为比邻。

外城是官地，架屋许都人，

所以琉璃厂，衡宇如鱼鳞。

生聚六十年，结构非无因。

秦鲁豫吴越，黔蜀楚粤闽，

九州同复载，率士皆王臣。

竭来多僦寓，名利羁其身。

土著取租值，微薄堪养亲。

若论公家地，履亩税始均。

遗民费资斧，庀材及陶甄。

奈何起间架，此议太不仁。

况有杂徭苦，露肘衣悬鹑。

皇恩方浩浩，四海蠲租频。

如何辇毂下，翻令人叹呻？

余有守土责，实难缄我唇，

不顾司空怒，痛哭为具陈。

体君爱黎庶，岂愁大吏嗔。

位卑耻无权，有志终不伸。

聊成五字诗，语鄙意颇真。

倘值采风者，为我献枫宸。

疲氓得苏息，霜散回阳春。

从这首诗里可以看出康熙时琉璃厂已经盖起了许多小房屋，为了实行“间架税”，引起住户的普遍不满。汪柯庭曾官北城兵马指挥使，善画能诗，此时是官窑厂监督，见此不平，有所呼吁。

这时的琉璃厂虽然已经成为居民区，当然也有小街市，但是卖书的还是很少的。

王渔洋曾经说过：

京师书肆，皆在正阳门西河沿，余惟琉璃厂间有之，而不多见。灯市初在灵佑宫，稍列书摊，自回禄后移于正阳门大街之南，则无书矣。

大约康熙后期，年初的集市已改在琉璃厂厂甸，这里就逐渐发展起来，卖书的大约也由书摊逐步发展成为书肆，而至乾隆时极盛。

潘荣陛《帝京岁时纪胜》中说道：

门外（按：指琉璃窑厂门外）隙地，博戏聚焉，每于新正元旦至十六日，百货云集。灯屏琉璃，万盏棚悬；玉轴牙签，千门联络；图书充栋，宝玩填街。更有秦楼楚馆遍笙歌，宝马香车游士女。

震钧《天咫偶闻》（光绪二十九年，公元1903年刊行）中说：

自国初罢灯市，而岁朝之游，改集于厂甸，其地在琉璃厂之中，窑厂大门外。百货竞存，香车栉比，自初二日至十六日凡半月，午前游人已集……必竟日始归。……晚归必于车畔插相生纸蝶，以及串鼓或连至二三十枚，或又山查穿为糖壶芦亦数十，以为游戏。

琉璃厂的书业逐渐发展起来了，除了与年初集市有关外，可能由于以下几种原因：

据近人署名“枝巢子”（按即夏仁虎）所作的《旧京琐记》（约在民国年间刻版印行）中讲道：

旧日汉官，非大臣有赐第或值枢廷者，皆居外城，多在宣武门外；土著富室，则多在崇文门外，故有东富西贵之说。士流题咏，率署“宣南”，以此也。

汉官大多住在宣武门外，有些就住在琉璃厂一带，如孙承泽住琉璃厂南，宅号退谷园。王渔洋住在琉璃厂火神庙西夹道，院子里有一颗藤萝，花开满架，招客吟诗，并有《古藤诗思图卷》，惹得直到后来还有好多诗人题咏。乾隆时四库全书的编修官程晋芳也住在渔洋故居的隔壁（一说即是渔洋故居。见《藤荫杂记》），并有诗记述。他这时寄袁枚诗，有“势家歇马评珍玩，冷客摊钱问故书”的句子，袁枚笑说：“此必琉璃厂也。”

孙星衍在乾隆己酉（乾隆五十四年，1789年）也住在琉璃厂——地址在南夹道，即今万源夹道——校刊《晏子春秋》，当时“高丽”人朴齐家为他写了“问字堂”扁额。

这些例子都说明了尤其是做文官而又弄些学问的人，大都喜欢住在琉璃厂附近，因为出来不远就是书肆。同时也正因此又促进书业的发展。

约在明朝嘉靖以后，北京的“会馆”就逐渐兴建起来。清乾隆年间汪启淑所著的《水曹清暇录》中说道：

数十年来各省争建会馆，甚至大县，亦建一馆，以致外城房屋基地价值腾贵。

这些会馆里，住着来往的官员，赶考的举子，做买卖的商人。而且大都是在宣武门外到前门一带的地方。这与琉璃厂的繁荣很有关系。

到了乾隆三十八年（1773年）开四库馆，大集天下藏书，除了向各省藏书家“采进”以外，还需要大批收集流散书籍及考订用的参考书，以供那些编修们来应用。这样就大大促进了书业的发展，琉璃厂书业最盛的时代，即在此时。嘉庆间翁方纲在《复初斋诗集》自注中说道：

乾隆癸巳，开四库馆，即于翰林院藏书之所，分三处，凡内府秘书发出到院为一处，院中旧藏《永乐大典》内有摘抄成书汇编成部者为一处，各省采进民间藏书为一处。每日清晨诸臣入院，设大厨供茶饭，午后归寓，各以所校阅某书应考某典，详列书目，至琉璃厂书肆访之。是时江浙书贾，奔辏辇下，书坊以五柳居、文粹堂为最。

由于上述几种主要原因，琉璃厂就在这几十年里发展成为文化街市。

乾隆三十四年（1769 年）李文藻作《琉璃厂书肆记》的时候已有书铺如下[4]：

（1）声遥堂
（2）嵩秀堂唐氏[5]
（3）名盛堂李氏
（4）带草堂郑氏
（5）同升阁李氏
（6）宗圣堂曾氏
（7）圣经堂李氏
（8）聚秀堂曾氏
（9）二酉堂（李氏云“或曰二酉堂，自前明即有之，谓之老二酉”）
（10）文锦堂
（11）文绘堂
（12）宝田堂
（13）京兆堂
（14）荣锦堂
（15）经腴堂（9—15 皆李氏）
（16）宏文堂郑氏
（17）英华堂徐氏
（18）文茂堂傅氏
（19）聚星堂曾氏
（20）瑞云堂周氏
（21）积秀堂
（22）文萃堂金氏
（23）文华堂徐氏
（24）先月楼李氏
（25）宝名堂周氏
（26）瑞锦堂周氏
（27）鉴古堂韦氏（其中有董姓同卖法帖）
（28）焕文堂周氏
（29）五柳居陶氏
（30）延庆堂刘氏
（31）博古堂李氏

由此想见四年后四库开馆时，可能更有所发展，可惜没有像李文藻写出《书肆记》来，无法查考了。

李文藻不仅纪录了书肆名称，所见及所得善本，并且记述了书贾中的“晓事”者，如“五柳之陶，文粹之谢及韦”。尤其是把 70 多岁的老韦，写得很生动。当时书商大多为江西金溪人，老韦是湖州人，陶氏、谢氏都是苏州人。

李文藻还说到当时隆福寺只有“赶庙”的书摊。“散帙满地，往往不全而价低”。再有就是正阳门打磨厂有书肆数家。

李文藻也说到琉璃厂除书业以外的其他行业，如卖眼镜、烟筒、日用杂物的；如古董店及卖法帖、裱字画、雕印章、包写书禀、刻板镌碑的；遇见廷试的时候则有卖试笔、卷纸、墨壶、镇纸的。

琉璃厂肆这一时期发展极盛。除书业外，其他古玩书画及与文人有关的行业，莫不纷集琉璃厂。桥西且有酒肆，挟书买醉，见于吟咏的很多。

乾、嘉时著名藏书家黄丕烈得影钞金椠（蔡松年词）残本，其题诗中有云：

琉璃厂里两书淫，荛友荛翁是素心[6]。
我羡小嫏嬛福地，子孙世守到于今。

朝鲜友人柳得恭（字惠甫）也多在此买书，且与著名画家罗两峰交谊甚笃。那时罗两峰和他儿子罗允缵住在琉璃厂的观音阁，“落拓可怜”，柳得恭时访两峰，两峰并为画小像，题诗云：

驿路梅花影倒垂，离情别绪系相思。
故人近日全疏我，持一枝儿赠与谁？

这是因为柳氏有数日没有去看两峰，乃有此作。后来柳得恭送了他“苏定方平百济”、“刘仁愿记功”两碑，罗氏非常高兴，并且要把柳所作怀古诗介绍给鲍以文刻在《知不足斋丛书》中（事见柳著《滦阳录》）。

柳得恭并在《燕台再游录》中，记其与书商的交谈时事及描述当时书店的情况，历历如绘，极有情趣。如：

崔琦，琉璃厂之聚瀛堂主人；陶生，五柳居主人也。崔是钱唐人，陶生亦南人也。自前李懋官游燕时，及庚戌（按：当系乾隆五十五年，1790年）秋，多购书于五柳居，故陶有旧好，崔则新面也。聚瀛堂特潇洒，书籍又富，广庭起簟棚，随景开阖，置椅三四张，床桌笔砚，楚楚略备，月季花数盆烂开。初夏天气甚热，余日雇车至聚瀛堂散闷。卸笠据椅而坐，随意抽书看之，甚乐也。……崔生年少，亦能诗，雅人也。……每日午，崔生劝藕粉粥和砂糖，食之甚美。川楚匪乱，彼中士大夫缄口不言，便成时讳。崔陶两生时时痛言之，似是市井中人，无所忌惮而然耳。其言曰："厥初，川楚等省，赋税役重，穷民流为盗贼；满州大臣，要取功名，请剿，调乡勇讨之，一切驱督，绳以峻法。粮食又不给，乡勇悉变为盗贼，所在滋蔓，官长被杀害，平民被烧劫，惨不可言。始发沈阳、宁古塔、黑龙江等处各旗讨之。其将领日吃肥猪面饼，暖帐中拥美人，玩愒度日；其兵不习风土，未战而疾死者甚夥。又太上皇在时，凡有征讨，军饷一边用，一边奏，十万尅减五万，此所以迄无成功，如今都下讹言日至，虽有捷音，而亦未可准也。才闻湖北又失机也。匪原分青、黄、黑、白、红五股，每股又分五股，入据南阳卢氏山矣。"余又问崔氏曰："苏杭赋税甚重，几当天下之半，民何以堪乎？今尚晏然，川楚何故首发难也？"答："自今苏杭民，或聚党白昼殴打公差，亦岂非乱民耶？"崔陶之言，大约如此。

由此可见乾、嘉之际琉璃厂书肆的房舍布置，接待顾主，言谈时事等情况，是极为难得的一段史料。

又如黄丕烈回南以后，书商邮寄其所欲得及合意的书籍，如宋刻《王右丞文集》，明初《韩山人诗集》等，都足说明琉璃厂书业与学人的关系密切，了解每一顾主的爱好，无论是登门或者家居，可以得到他所需的书籍，对于收藏家，以及研究学问的文士都是极为方便的。因此琉璃厂的书肆，可以说与清一代的学术界有着千丝万缕的联系。

文人题咏琉璃厂购书的诗很多，如：

游厂肆

吴鼒

倾城锦绣压成都，九市精华萃一衢。
坊贾夸人书满屋，山妻谪我米如珠。
纷来燕地衣冠谱，谁仿吴兴仕女图？
独有慈仁名刹废，日高野鼠绕楹趋。
国初诸老买书多于慈仁寺，昨过之，榛芜塞径矣。（见《吴学士诗集》）

琉璃厂

潘际云

细雨无尘驾小车，厂桥东畔晚行徐。
奚童私向舆夫语，莫典春衣又买书。（见《清芬堂集》卷一二）

外自琉璃厂买书归

许韵兰

厂桥游趁上春初，囊有余钱尽买书。
归压轻舟应胜石[7]，伴郎披读快何如？（见《听春桥稿》卷三）

书肆以外，如字画、碑帖、金石文玩，琉璃厂也是著名的聚散之处。许多宋元名画，碑帖旧拓，商周铜器，唐宋名瓷，大多经过这里流入收藏家之手；又由于收藏家的衰败，复转入厂肆。许多书籍的聚散，名迹的流传，都说明了这种云烟变幻的情况。如乾隆时琉璃厂延庆堂刘氏书铺从内城购得曹楝亭的藏书[8]，以及后来光绪年间李葆恂所著《海王村所见书画录》，其中如《晋王右军临诸葛亮远涉帖》、《顾虎头洛神图》、《唐李升袁安卧雪图》、《五代卫贤盘车图》、《宋范宽重山复岭图卷》、《梁楷放牛归马图》、《元黄公望秋山无尽图》等件，无不经过琉璃厂。因此，琉璃厂对于我国文物的流传又有着历史的渊源。

又由于图书文物聚集于此，成为读书人或文物爱好者的必游之地，又促进了其他行业的发展，如所谓文房四宝——纸、墨、笔、砚等销售或制作商店；如装裱业、锦匣铺、小器作以及其他考试用品，也大多聚肆于此；后来书业又发展了自己刻印书籍、唱本及木刻水印笺纸等行业、作坊。因此，琉璃厂对于我国文化用品方面的手工业也有着重要的关联。

又因年初的集市，北京许多著名的手工艺品多在此发售，如早期的琉璃制品，后来的风筝、空竹、乐器、玩具、面人、剪纸、绒花等等。以及各种各样的小吃、食品。因此，琉璃厂对于北京特种手工艺、食品业也有着很大的关系。

琉璃厂在平日可能为读书人喜爱游逛的场所，而在新春节日，又成为广大群众游乐的去处。因此这个市场能够持续数百年不衰，不是无因的。

更值得特别提出的，是书业以及其他行业中经过长期师承传授，摸索钻研，成就了许多专才、绝技。如李文藻《琉璃厂书肆记》中所提及的"老韦"，不但卖书，而且读书，李氏说：

吾友周书昌，遇不全者，亦好买之。书昌尝见吴才老《韵补》，为他人买去，怏怏不快。老韦云：邵子湘《韵略》，已尽采之。书昌取视之，果然。老韦又尝劝书昌读魏鹤山《古今考》，以为宋人深于经学，无过鹤山，惜其罕行于世，世多不知采用。书昌亦心折之。韦年七十余矣，面瘦如柴，竟日奔走朝绅之门。

又如《清代野记》中所述光绪初年书肆主人如"宝森堂之李雨亭，普成堂之饶某；其后又有李兰甫、谭笃生诸人，言及各朝书版、书式、著者、刻者，历历如数家珍，士大夫万不能及焉。又有袁子回者，江宁人，亦精于鉴别碑帖，某拓本多字，某拓本少字，背诵如流。有若古泉刘者，父子皆以售古泉为业，其考证泉之种类，有出乎名家著录之外者；惜文理不通，不能著述，为可恨耳"。

《野记》中又说到佣于德宝斋骨董肆的山西太平县人刘振卿，曾著《化度寺碑图考》，"几使翁北平无以置喙，皆信而有证，非武断也"。德宝斋李诚甫能鉴别古彝器，"潘文勤、王文敏所蓄，大半皆出其手"。又有碑贾李云从，精于鉴别。端方受了盛伯熙（盛昱）、王莲生的戏弄，认为端只知"挟优饮酒"，哪能懂得碑版？端拍案曰："三年后再见。"于是找了李云从，朝夕讨论，"果不三年遂负精鉴之名矣"。又说："博古斋主人祝某，鉴赏为咸同间第一，人皆推重之。"又有琴工张春圃，技艺高超，慈禧找到宫里去弹琴，而他"不慕富贵，不趋势利"，实在是品艺兼优的人。

可惜这种专家，向不为人所重视，见于记载的太少了。而一些踩着这些垫脚石却得到盛名的人，反而博得头衔。旧社会中就以琉璃厂为例，也不知埋没掉多少人才。

三　《琉璃厂书肆后记》—从甲午到辛亥—帝国主义者的掠夺—古玩业的恶性发展—珍本秘籍，浮海而去

自从乾隆年间李文藻写了《琉璃厂书肆记》以后，虽然历代歌咏厂肆年初"光厂"（逛厂）的诗歌很多，但专门记述书肆情况的文章却很少。所见的有以下几篇：缪荃荪作《琉璃厂书肆后记》、震钧所作《天咫偶闻》、叶德辉的《书林清话》、伦明的《续书楼记》都也有些记述，当以缪著为完备。

缪荃荪所作《琉璃厂书肆后记》，写成于辛亥革命以后，记他从同治丁卯（1867年）入京，直到所谓"国变"（1911年），前后40多年所见琉璃厂书肆情况。此文距李作《书肆记》已140多年，李氏所记述的书铺，大多已不存在而改变为以下的书肆：

（1）文光楼石氏　　（2）文宝堂曹氏

（3）宝文斋，徐苍崖（江西人）　（4）善成堂饶氏

（5）大文堂刘氏（江西人）　（6）二酉堂

（7）聚星堂　（8）宝华堂张氏

（9）修文堂张氏　（10）翰文斋，韩心源

（11）正文斋谭氏　（12）宝名斋，李衷山

（13）勤有堂，杨维舟　（14）书业堂崔氏

（15）肄雅堂，丁子固　（16）萃文堂常氏

（17）文琳堂马氏　（18）益文堂魏氏

（19）酉山堂李氏　（20）会经堂刘氏

（21）文贵堂魏氏　（22）宝森堂，李雨亭

（23）李氏　（24）文华堂

（25）宝珍斋吴氏　（26）宝经堂魏氏

（27）同雅堂乔氏　（28）同好堂阎氏

（29）宝森堂（以下在火神庙）　（30）同立堂

（31）三槐堂　（32）善成堂

《附录》中又记“甲寅秋日重作京华之行，时时阅厂旧肆，存者寥寥晨星。有没世者，有闭歇者，有易主者，而继起者亦甚众”。按甲寅是民国三年，公元1914年。假若缪氏《后记》作于辛亥后一年，即公元1912年，则不过两年时间，就有很大变化，他在《附录》里所记的书铺如下：

（1）文光楼石氏（旧铺）　（2）弘远堂赵氏

（3）文宝堂曹氏（旧铺）　（4）晋华书局张氏

（5）文益书局张氏　（6）有益堂丁氏

（7）荣禄堂丁氏　（8）松筠阁刘氏

（9）槐荫山房马氏　（10）二酉堂傅氏（旧铺）

（11）宝华堂张氏（旧铺）　（12）文盛堂楼氏

（13）翰文斋韩氏　（14）孔群社张氏

（15）文友堂魏氏　（16）肄雅堂丁氏（旧铺）

（17）直隶书局　（18）文琳堂马氏（旧铺）

（19）萃文斋常氏（旧铺）　（20）弘道堂程氏

（21）来熏阁陈氏　（22）维古山房崔氏

（23）善成堂孙氏（旧铺）　（24）会经堂常氏（旧铺）

（25）文雅堂郭氏　（26）保古斋殷氏

（27）同古堂张氏　（28）修本堂岳氏

（29）会文堂刘氏　（30）九经堂刘氏

（31）鸿宝阁崔氏　（32）文英阁丁氏

（33）鉴古堂郭氏　（34）述古堂于氏

（35）玉生堂胡氏　（36）文焕堂赵氏

（37）敬业堂丁氏　（38）同好堂阎氏

缪氏《后记》一如李氏的《书肆记》。其中也说到除书肆外，还有搢绅铺、刻板、镌碑铺、骨董铺、法帖铺、装潢书画铺、南纸铺等。还说到打磨厂兴隆店有外来书贾的货车，五更开市，论堆估价，琉璃厂等处的书商以及收藏家都去买书，盛伯熙就常常带着被子睡在那里等着买书，居然得到：宋本七十卷之《礼记注疏》、《杜诗黄鹤注》等书；缪荃荪得到：宋本《范文正集》、元本《柳道传集》、正统本《苏平仲集》等书。

光绪三十三年（1907年）刊印的震钧所著《天咫偶闻》中录了李作《书肆记》后写了一段按语，述及咸丰至光绪末琉璃厂书业情况：

按李氏所称各肆，今惟老二酉仍在，余尽易名矣。所列各旧书，今皆不可得，有得之者，价且十倍。咸丰庚申以后，人家旧书，多散出市上，人无买者，故值极贱，宋槧亦多。同治初元以后乃渐贵，然收者终少。至光绪初，承平已久，士夫以风雅相尚，书乃大贵。于时南皮张孝达学使，有《书目答问》之作，学者按图索骏，贾人饰椟卖珠，于是纸贵洛阳，声蜚日下，士夫踪迹，半在海王村矣。然其价亦不一，宋槧本计叶酬直，每叶三五钱；殿板以册计，每册一二两；康乾旧板，每册五六钱；然如孙钱黄顾诸丛书，价亦不下殿板也。此外新刻诸书，则视纸板之精粗，道涂之远近以索值，大抵真字板较宋字赢十之三，连泗纸较竹纸亦赢十之三，道涂之远，较近者又赢十之三，于是同一新板，有倍价者矣。

震钧又在另一则中说到王懿荣收藏很富。在光绪初年，京城的士大夫，多喜金石、书画。当时潘祖荫、翁同龢是“一代龙门”，盛昱、王懿荣也都是精于鉴赏的。这样形成风气，琉璃厂的文物价格，又日形高涨。士大夫的学业，也不出考据、赏鉴二家。到了庚子事变以后，“一败莫挽”，诸家收藏，也丧失殆尽。

清末民初叶德辉所著《书林清话》，其中也录了李氏《书肆记》，并写了《后买书行》，叶对新学新书，十分仇恨。诗中说到他光绪十一年（1885年）到京，十八年做官以后，直到“变法”，先“盛”后“衰”，牢骚满腹。先是“同官半书淫，交游重文字”。后是“一朝海水飞，变法滋浮议；新学仇故书，假涂干禄位；哀哉文物邦，化作傀儡戏”。他只好“远法荛圃穷，近贪玉简利”了[9]。最后说到琉璃厂的变化是：“今则蓝皮之书，充牣市肆；西域之韵，纂夺风骚。宋椠贵至千金，插架等于古玩；廖板齿侪十客，牟利甚于榷场。以故鬻书者日见其多，读书者日见其少。士大夫假雕印而造交会，大都唐仲友之贪污；收藏家因字画而及古书，无非项子京之赏鉴。”

又有云间颠公（雷瑨）在他《懒窝笔记》中，有《记京城书肆之沿革》一文，多抄袭《天咫偶闻》而稍加改易字句，无甚可取。但其记甲午以后的情况，可以与叶著相参照：

至光绪甲午以后，朝廷锐意变法，谈新学者，都喜流览欧西译本……而京师书贾亦向沪渎捆载新籍以来，海王村各书肆，凡译本之书，无不盈箱插架，思得善价而估。其善本旧书，除一二朝士好古者稍稍购置外，余几无人过问。……民国肇兴，初时诸事草创，殊无人注意于书籍，向售旧书各肆，叹息咨嗟，尤有不可终日之势。今正式政府，早已成立，稳健派咸谓旧学不可尽废，国粹必须保存；因之旧时经史子书及诗文集，又有发动之机，业书者亦渐知宝贵旧籍。

又有伦明（字哲如）在他《续书楼记》中谈到庚子（1900年）以后琉璃厂及隆福寺等地书业情形：

壬寅（1902年）初至京师，值庚子乱后，王府贵家，储书大出。余日游海王村、隆福寺间，目不暇给，每暮必载书满车回寓。……辛亥（1911年），余再至京师，市值已大涨，询其故，则自吾乡辛仿苏开之也。辛君富饶，挟资数万游京师，征逐应酬外，兼好字画书籍，意所可，不计值。尝至其斋，见《墨海金壶》一部，中缺数册，云购价六百金，他可推知矣。九月间，武昌事起，都人初惊变故，仓皇奔避，数月来，议值未就之书，至是纷纷愿贬值售。……辛亥以还，达官武人豪于资，雅慕文墨，视蓄书亦为挥霍之一事。而海外学者盛倡东方文化，自大学校图书馆以逮私人所需无限量，就地之书不足给，于是搜书之客四出，始直隶、河南、山东、山西；次江、浙、闽、粤、两湖；又次川、陕、甘肃，各省域中，先通都大邑，次穷乡僻壤，远者岁一往返，近者岁三四往返。……京中旧习，士大夫深居简出，肆伙晨起挟书候于门，所挟书率陈陈相因，余概却不见。闲游厂肆，见有散置外室若不甚爱惜者，视之多有佳本，及遍翻架上下，尘灰寸积中残册零帙，往往惊所未见。又过街市，于冷摊上时亦无意遇之，盖小贩中有打鼓者，收买住户破旧书物，转鬻于市摊，以得之贱也，亦贱售之。游人熙熙，稍纵即逝，久之稍熟悉，则留以相待者有之。又书客之载书而返也，箧中琳琅，得之者在捷足。余先时而探其讯，则预伺焉……跟踪而求，十不失一。凡余之得书也，以俭、以勤、以恒。俭以储购书之资，勤以赶遇书之会，计童龄迄今垂四十年，其间居京师最久，又际群籍集中之时，日积月累，有莫知其然而然者。

伦明又有《辛亥以来藏书记事诗》其中谈到书商谭笃生、何厚甫、孙耀卿（即孙殿起）、王晋卿等人，并说何厚甫得到内府所藏宋本《备全总效方》四十卷，系海内孤本，后通过文友堂售于日本。

伦明搜书最勤，破衣敝履，一日几跑遍九城，所以厂肆中人多呼为“破伦”。先为通学斋的铺东，伦系以书作股，由孙殿起经营。孙殿起受他熏陶最久，也很得伦明的“俭、勤、恒”三味。

琉璃厂这一时期除书业外，其他文化商业及特种工艺作坊，仍多发展。

近人夏仁虎在他所著的《旧京琐记》里，有几条记载着清代光绪戊戌年（1898 年）以后的琉璃厂情况。

琉璃厂为书画古玩商铺萃集之所，其掌各铺者，目录之学与鉴别之精，往往过于士夫，余卜居其间，恒谓此中市佣亦带数分书卷气，盖皆能识字，亦彬彬有礼衷。

南纸铺并集于琉璃厂，昔以松竹斋为巨擘，纸张外兼及文玩骨董，厥后清秘阁起而代之，自余诸家，皆为后起。制造之工，染色雕花，精洁而雅致。至于官文书款式，试卷之光洁，皆非外省所及。詹大有、胡开文之墨;贺青莲、李玉田之笔，陈寅生之刻铜，周全盛之折扇，虽各设专铺，南纸铺皆为代销，书画家之笔单亦备。在昔科举时称极盛，科举停后，渐凋零矣。

刻字铺与眼镜铺，其工人皆籍金陵，聚处琉璃厂，今犹世其业。又有织工，昔内府设绮华馆，聚南方工人教织于中，江宁织造选送以为教习。又织绒毡者，亦南京人，能以金线夹绒织之，璀璨耀目，昔黄慎之创工艺局曾访得之，惜其工费太巨，不克推广，此艺遂成《广陵散》矣。今缎扇、羊灯之业皆废，而一般工人亦于此长子孙成土著矣。

夏氏又专有一条记述这事：

当时朝流中能讲工艺实业者，首推黄学士思永（按：即上条所述之黄慎之）……乃设工艺局于琉璃厂，提倡珐琅、雕漆、栽绒诸业，得超等文凭于法国赛会，出口岁增数百万。惜财力薄，无大资本家助之，所招股本，特乡年世好，戋戋廉俸而已，故终至停办。归任浦口商埠督办，值革命没于海上，余为清结其工艺局未完事，惜其造端宏、志愿大，而屈于所遇也。

这个工艺局所在地即海王村公园（按：海王村公园系民国六年创建，七年元旦开放）的前身，工艺局大楼，在修建公园时，即在此楼两旁盖了几十间房屋，以供铺户租用。大楼即改为工商改进会商品陈列所。

琉璃厂书商的籍贯，在乾隆时李文藻所记已是大都为江西人，湖州人、苏州人极少。据书业中人谈，当时江西人辈辈相传，不收他省徒弟。徒弟都是由家乡召来，有病有事退职，则负责送回江西。到了同治年间河北的南宫、冀州人在书业中突起，收徒则绝不收江西人。并立了另一文昌馆作为这个行业的会馆，江西人起而争执，并打了官司。有一个碑文记载这个北人公会会馆的建立，现在这个碑还在文昌馆内，可惜早年即已作了台阶石，无法看到了。

以书业为中心的琉璃厂文化街市，就以清乾隆时算起（姑且以乾隆元年，公元 1736 年计算），到清咸丰十年即公元 1860 年英法侵略军攻陷北京以前，其间经过 100 多年，都是比较正常发展着的。清代的朴学家、考据家，以及其他文人学士，几乎无一不同琉璃厂、隆福寺等书肆发生联系，关系中国学术很大。但是自从鸦片战争以后，帝国主义者几次武装侵略，强迫清政府一次一次地订立了不平等条约，如 1842 年的《南京条约》、1844 年美国胁迫订立的《望厦条约》、1858 年的《天津条约》以及在 1860 年所订的《北京条约》。例如《北京条约》，确认外国公使驻北京，开放天津港口，并给予外国传教士在中国活动更多的方便等条，这样就把清朝政府的闭关自守政策完全击破，中国的主权丧失更多，中国半殖民地的灾难更加严重。琉璃厂的商业，也从此蒙上半殖民地化的污垢，直到 1949 年北京解放，中华人民共和国的建立，才彻底把它洗刷掉。

英法侵略军在 1860 年攻陷北京之后，就大肆抢掠，如清宫，如圆明园，如西黄寺等文物集中最多的地方都抢得一干二净。圆明园在抢了以后，又放火把它烧掉。

八国侵略军在1900年攻陷北京的时候，又把前一抢掠之后，清政府经过40年在全国各地重新搜罗集中到宫廷的文物，抢了个二次。侵略军不仅抢了宫廷，也抢了其附属机关，如美、英侵略者在翰林院即抢走我《永乐大典》40多册，并且把《永乐大典》支垫军用物品，因为书本既大且厚，便于利用。武进刘宝真（可毅）就拾到数册，可见抢走的抢走，毁坏的更不可以数计。此外还抢劫了私人收藏。一处地方，不仅一次，而是无数次的洗劫。抢掠期间，因为分赃不均，互相攻打，后来为着调和，就举行拍卖。侵略军也到处以抢到的文物珠宝，向市民换鸡蛋，换银元。这时有些古玩商就趁机收买，大发横财。据说西什库教堂附近的达古斋古玩铺，主人原来是天主教徒，因为他是主教樊国梁的亲随，可以到处收罗，事变以后，就开了达古斋，来做“洋庄”生意，把中国许多重要文物盗卖到外国。琉璃厂的古玩铺，在这以后，成了帝国主义者搜刮中国文物的中心市场。几乎每一家古玩铺，以及许多“跑单帮”的古玩商，都成了帝国主义分子的爪牙，在帝国主义分子指使下，大肆搜刮，大肆破坏，现在我们到河南洛阳龙门、山西大同云冈、山西太原天龙山等地，看到我们祖国极为精美的雕刻，几乎每一个都是断手残足，支离破碎，甚至整个石雕凿成碎块运走，像龙门宾阳洞中北魏著名石雕“帝后礼佛图”，就是美帝国主义分子普爱伦先到龙门照了相，然后根据相片与古玩奸商岳彬订了“合同”，以5年为期，打碎这块雕刻，运到美国去的。现在一块陈列在美国纽约市艺术博物馆，一块陈列在美国堪城纳尔逊艺术馆。而这个盗匪主犯普爱伦却在他1944年作的《纽约市艺术博物馆所藏中国雕塑》一本供状中怎么写呢？他说1933年—1934年之间，这浮雕被人凿碎盗走后开始在北京古玩市场出现，当时只有“两个美国博物馆（按：指上述两馆）在努力挽救它”，这真是无耻到极点的谎言。我们在1952年“三反”“五反”运动中检查了这家古玩奸商，把普爱伦与岳彬所订立的“合同”，把凿碎了由于粘对不上因而留下的两大箱石块，通通拿到手了，原来这个被“人”凿碎盗走的“人”，不是别人，就是美国惯匪普爱伦。

其实，这不过是千万桩事件中的一件。其他如绘画、铜器、玉器、陶瓷器、漆器、石刻、壁画等几十年的劫夺，简直不可以数计。由于这样搜刮，并勾结了各地盗墓组织，又大肆挖掘了古墓，出土文物绝大部分被劫掠而去。

帝国主义者，尤其是美国帝国主义者通过琉璃厂古玩奸商盗走中国的历史文物太多了。据人估计，仅美国盗走我国的铜器就在一万件以上。

这一时期琉璃厂的古玩业有着恶性的发展。他们背后有帝国主义分子指使、撑腰，有大批金钱可以与军阀、官僚以及文物出土地的地主、恶霸挂勾，有几十条几百条线索通向各方，例如当时安阳有个地主恶霸娶儿媳妇，琉璃厂的一家古玩商就可以买了两节车皮的苏州成堂桌椅家具运去作贺礼。真是外有洋人，内有官府，手中抓住地主恶霸、狗腿子，以及惯匪，可以到处横行无忌，为所欲为。招牌上大书洋字，每家都有“洋泾滨”英语“专家”，洋人来往大摆筵席迎送，临走合影留念，所谓“八大公司”都是“腰缠万贯”、“房产一片”的一些家伙，在琉璃厂附近的炭儿胡同，如岳彬这样奸商就盖了极为讲究的房子，房上有电网，地下有“地窖子”，房里房外，无处不是在各地搜刮破坏而来的历史文物。当1952年我们看到他的时候，据说他早已“洗手不干”，在此吃“鸡油炒饭”，“纳福”一二十年了。

那时琉璃厂古玩业流传着一句话：“三年不开张，开张吃三年。”那时中国人几乎绝对看不到好东西的，只有“洋大人”来了，才迎入“内柜”，饱撮所藏。

这一股罪恶的黑风，不仅在古玩业中刮起，也刮到一些书业。像美国教会所办，而司徒雷登由此起家的燕京大学、哈佛燕京社，以及他们勾结汉奸所办起的大同书店，几十年来，常年累月地在琉璃厂、隆福寺搜罗我国地方志（美国国会图书馆有我国地方志4000多种，美国军部以数百人根据这些地方志绘制打算侵略我国的地图）、家谱，以及善本图书。所以书业里也有人大走“洋庄”。近人谢兴尧在1943年所写的《书林逸话》中有这样一段：

当事变（按：指七七事变）初起，因社会人心之不安定，旧书业与古玩行，皆一度沉寂，无人过问，其时间约半年至一年。自二十八年起，旧书业逐由消沉而复活，并臻极盛。……至前年（1941 年）冬季去岁春天，书价之昂，达于极点，几无一定标准。各大书店每年必出一次目录者，是时皆借口纸贵，未肯印行。实则恐怕自己将价定死，不能随时增涨，徒滋后悔，且反束缚。按去年冬季以前书价，若与事变前比较，经部与诗集，约增一倍；子部随笔小说，约加三四倍；史部杂史、地理及子部考据等，约增五六倍;至于书本秘籍，旧抄精校，竟增至十倍以上，抑或过之。余尝谓书贾云:以前书目，现已废除，且不适用。然余发现一原则，即凡旧书目中定价五元以上者，今皆可视为善本。此虽戏言，要亦实情。旧书之行市既如此……于是每家书店，皆派干员或远赴苏、杭、沪、粤，或近走齐、鲁、豫、晋，远采近取，博采穷搜，每寄货回，均获厚利。盖丧乱之余，各地方之世家巨族，昔日收藏，大皆流出，当时如鲁之潍县，晋之汾阳，豫之开封，凡所号文物之邦，一邑之地，即有北京“出外”书贾数十人之多。因互相竞争，货底亦随之增大。……至其销路，时购买力最强者若哈佛燕京社、大同书店，皆购寄美国，年各约数十万元。又兴亚院、满铁……亦买不少。又近三四年来，燕京大学及哈佛社因时会关系，挟其经费力，颇买得不少佳本。于是珍本秘籍，多浮海而去，言之令人浩叹。书商虽亦不愿所倚为世代生命者一去不返，然迫于经济生活，亦无可如何。自去年太平洋战起，燕京、大同解散停闭，旧书业虽一蹶不振，而书籍则得以保存，不至滔滔而逝，未始非大快事也。

他又说：

近十年来，旧书业颇出了几位人才，有负盛名者，有无人知者，或以气魄大而能放手作去，或以“吃得精”而能另辟一途。前者如来熏阁之陈某，修绠堂之孙某，孙某在沪时，因联络应酬喜吃酒，一夕数千金无吝色。陈某在京，凡东西学者或文化团体之来游历者，交际之费，亦颇可观。虽为同行所讥评，然其生意固极兴隆也。后者如通学斋、群玉斋二孙，文禄堂之王某，专收冷僻板本，不走大路，以其能合时代，获利最丰。通学斋孙某曾受伦哲如（东家）熏陶，著有《丛书目录拾遗》、《贩书偶记》二种，极具价值。至于北京书业，自以隆福寺之文奎堂、修文（绠？）堂，琉璃厂之来熏阁、邃雅斋等为最大，以城内保萃斋，城外松筠阁为最廉而较公平云。

四　《琉璃厂书肆三记》—一场官司—坊刻本—“七七事变”以后—好景不长，论斤称售—解放后的新生—供不应求—《中国板刻图书源流》—有待于《琉璃厂书肆四记》

乾隆以后，除李南涧（即李文藻）《书肆记》及缪荃荪《书肆后记》以外，记述琉璃厂这一以书肆为中心的街市的文字，多为零篇碎简，但大体可以看到这一文化街市发展盛衰的情况。近年故去的通学斋孙殿起老先生留心收集琉璃厂有关资料，遗有《琉璃厂小志》稿一部，约有 36 万字，是费时数十年搜罗资料的汇辑，死后经其外甥雷梦水等人整理，不久可由北京出版社出版。其中有《琉璃厂书肆三记》及《书业传薪记》两篇，由于孙老先生是书业中人，又勤于访问，记载较李南涧、缪荃荪更加详备。尤其是对于每一家书铺（包括新书铺），几从其开业起，直到每次易主，或改变经营业务，或某年停业，都有所述。每一铺主姓名籍贯、开业地点、师承关系，都是孙老先生几十年调查所得，因此记录很确实。现在书业中人，还常常谈起，孙殿起见到一位，就问一位，掌柜的也好，伙计也好，总是把来龙去脉问个详细，这种数十年如一日的精神，很可佩服。

孙的《书肆三记》其前言中说道：

清末以至今日，又廿余年，北京书业，变化万端，予厕身其间，见闻所及，辄为笔述，因作《三记》，非敢冀李、缪两记之续，聊资后来撰书林故实之参考云尔。

实际上这个《三记》不仅是限于这 20 多年时间，因为调查每一个铺子的开设年代，有上溯到道光、咸丰时期的；下限则直到“民国卅五年”。看来是逐年有所补充的。其间以光绪及民国初年开设者最多，大约调查一个铺子，追溯到两三代以前，大都也就模糊不清了。

按此记录，先后共有305家，包括没有铺面的个人经营书业者；地区亦不限琉璃厂，把隆福寺、宣武门内、东四牌楼、地安门鼓楼大街一带的全包括在内。

所记除上述项目外，偶尔也记其经营特点及铺主特长，或书业中掌故。例如：

有益堂　邓存仁，字峻山，束鹿县人，于光绪二十五年开设。峻山曾赴广东，收书颇多，同业中往远路收书者，此为最早。经营十余年歇。后易锦章书局，皆新书。又易文楷斋刻字铺。

福润堂　王福田，字慎俭，束鹿县人，于光绪二十九年开设，多残缺不完之书，故其牌匾曰配书处。其营业以售于清宫大内居多数，并得有入内腰牌。经营十余年歇。后易延古斋字画铺。近易中华善书局。

正文斋　谭锡庆，字笃生，冀县人，于光绪二十五年开设（先于光绪十六年在文昌会铺经营数年），所藏多古本精钞家刻之书。惟往往鱼目混珠，略有失神，必受其骗，盖仿旧抄本为其特长也。并藏有《长安获古编》、《历代名人年谱》等板。经营二十余年歇。后易孔群书社。

其记文友堂一则后并记有如下一段：

厂甸路南书肆文友堂，开设历六十余年，铺房前后连接，深约四丈，在房中间西墙根，原有瓜蒌一丛，每岁春时生蔓，蔓长四丈许，经窗户上端，至后院中木架上，夏秋茂若天棚，每岁结瓜蒌达二三百斤。据主人云，乃百余年之物也。民国三十年新正，该铺房尽毁于火，嗣于原址重建，今瓜蒌仍在，而铺已易主矣。

记他自己的铺子，很简明扼要：

通学斋　孙殿起，字耀卿，冀县人，于民国八年开设，在南新华街路东。民国二十年影印《二洪遗稿》，二十三年印行《丛书目录拾遗》，二十五年印行《贩书偶记》。

来熏阁　陈连彬，字质卿，南宫县人，于民国元年开设，多板本书。至二十年，质卿侄杭，字济川，继其业。案来熏阁字号，在咸丰间有之，为陈质卿之祖伯叔开设，收售古琴。至光绪廿余年，租于他人，至民国元年，经质卿收回，故其匾额曰琴书处者，盖不忘旧也。

其记聚珍堂书铺的开设，有一段故事，也很有意思。原来聚珍堂的掌柜刘英烈在年轻的时候，非常俭朴，走到街上，捡到一根线，他马上送到三槐堂书铺，说是这根线可以订一本书。这时恰好有一位顾客在书铺买书，看到这事，觉得刘英烈这个青年很诚实简朴，很佩服他的为人，由此交好，后来就出资让他开了聚珍堂书铺。

他又说到宝文斋、宝名斋两段故事，这是琉璃厂的老人们常常谈到的故事：

宝文斋是安徽人徐志沺开的，交接的都是当时的达官贵人。在同治年间某一次徐出门未回，有现任五城都堂某甲乘车由他铺门前过，把他的招牌碰掉了。店伙们出来一定要坐车的人亲自挂上，某甲无法，只好自己下车挂了招牌。事后徐回来知道这事，认为惹了乱子，第二天非来封门不可。他马上下了帖子请了某甲的老师及其他官员在第二天到他铺中吃酒。某甲第二天果然带人来封门，气势汹汹，可是走到宝文斋门前，看见车马盈门，到里面一看，他的老师等人在那喝酒，只好作揖打躬，忍气吞声地走了。

宝名斋是同治年间山西文水县人李炳勋（字崇山）开设的书铺，是当时书铺中最大的一个，有九间门面，有"琉璃厂一条龙，九间门面是宝名"的谚语。崇山交结大官，如工部尚书贺寿慈等人。有一次宝名斋在打磨厂铁柱公（即江西会馆）买到汉阳叶东卿（志诜）的藏书，计一百箱，其中还有铜器等物在内，不让拆看，因为急卖，价极便宜。当时工部尚书潘祖荫好搜罗金石文物，几次去看，都没有看到，因此得罪了很多人。到光绪初年，翰林院侍讲张佩纶去宝名斋买书，据说因为要架子上高处某书，铺伙不愿取下，张也怀恨在心。于是借故奏了一本，倒不是如孙殿起所记说他"私占官街、窑产"，而是说他招摇撞骗，甚至可以卖官鬻爵，包揽户部报销等事，最足以打动皇帝的是说他"戴五品官服"，"出入景运门"。景运门是宫内西华门进来到太和门的门，这是禁中，一个普通人如何能进？皇帝看来，这种事情太危险了。于是马上就准奏查办，把他驱逐出境了。

这事直到现在，书铺中的老人还有时谈起（缪荃荪《书肆后记》也提到这事，但人名及参奏人都有不同）。在过去并常常以此事教育店伙，认为北京是藏龙卧虎的地方，不知什么时候，得罪了有来头顾客，就会惹下大祸。这事见于张佩纶的《涧于集》，奏文如下：

书贾李钟铭招摇撞骗请驱逐片　光绪五年二月廿五日

臣闻山西人李钟铭即李春山，有琉璃厂开设宝名斋书铺，捏称工部尚书贺寿慈亲戚，招摇撞骗，无所不至。内则上自朝官，下至部吏；外则大而方面，小而州县，无不交结往来。或包揽户部报销，或打点吏部铨补，或为京员钻营差使，或为外官谋干私书，行踪诡秘，物议沸腾。所居之宅，即在厂肆，门庭高大辉煌，拟于卿贰，贵官骄马，日在其门，众目共睹，不知所捐何职？带用五品冠服，每有职官引见验放，往往混入当差官员中，出入景运门内外，肆无忌惮。夫以区区一书贾，而家道如此豪华，声势如此烜赫，其确系不安本分，已无疑义。现值朝廷整饬纪纲之际，大臣奉公守法。辇毂之下，岂容若辈借势招权，干预公事；煽惑官场，败坏风气。应请饬下顺天府该城御史将李钟铭即李春山即行驱还回籍，不得任令逗遛潜藏，以致别滋事端。再近来风气日靡，流品不分，士大夫过于自轻，至显秩崇阶，有与吏胥市侩饮博观剧，酬酢馈遗，比昵一如亲故者，甚非所以崇体制峻防闲也。拟请特旨饬禁，以挽颓风，伏祈圣鉴施行。谨奏。

二月二十六日即接到“上谕”，准其所奏。

从上述宝文斋、宝名斋两段故事中，也可以看到当时有的书商交接官府，声势也确实是烜赫的。另外一面，一些官僚贵族，争夺书籍，最后弄到借势欺人，书铺倒店，也实在不是什么“风雅”的事情。

孙殿起、雷梦水还有《记厂肆坊刻本书籍》一稿，记“清中叶以后，厂肆始有就前哲名著刻版印书者”，即藏书家所谓的“坊刻本”是也。这种“坊刻本”，多为一时行销的书籍，或者是把大部头书加以缩印，或是把罕见书加以影印，或以旧版重印，或照原刊本重刊，或者辑印某一类书，或者以自著书出版。

书铺由卖书而出版书，宋代已经如此经营。琉璃厂书肆出书，虽多以获利为目的，但是有些书也赖此流传下去。

清中叶以后直到民国年间有许多家刊行书籍，略举如下：

富文堂　双峰书屋刊书

有《皇朝经世文编》一百二十卷、《全唐诗》九百卷等书。

三槐堂　三槐堂刊书

多为满汉合璧书籍如《清文启蒙》、《清文指要》等书。

善成堂　刊书数十种如《新增算法统宗大全》、《唐诗三百首补注》、《第一才子书一百二十回》、《南北宋志传》、《西游真诠》等书。

老二酉堂　刊有《四书章注》、《说岳全传》等书。

正文斋　刊有《长安获古编》、《历代名人年谱》。

聚珍堂　刊有《王希廉评红楼梦百二十回》、《红楼梦影》、《儿女英雄传》等书。

文友堂　刊有《吉金志存》、《中国艺术家征略》、《太平广记》五百卷等书。

来熏阁　刊有《胡氏书画考三种》、《古文声系》、《段王学五种》、《山带阁注楚辞》、《永乐大典戏文》等书。

修绠堂　刊有《左盦集》、《孟邻堂文钞》、《祇平居士集》等书。

文禄堂　刊有《文禄堂访书记》、《文禄堂书影》等书。

通学斋　刊有《二洪遗稿》（按为清洪朴、洪榜兄弟所撰）等书。

富晋书社　刊有《说契》、《殷契钩沉》、《说文古籀补》等书。

其他如邃雅斋刊有《三传经文辨异》、《史记释疑》、《清代燕都梨园史料》等书。

又有刻字铺也刊印书籍，古玩铺如尊古斋刊有黄百川所著《金石图录》。同古堂墨盒铺、清秘阁南纸店都曾刊印书籍。

琉璃厂除书业外，当以古玩业为最盛，其间一个时期完全压倒书业，上面已经谈到。但是这个畸形发展的商业，终久是“好景不长”的。到了北京解放前夕，他们有的把字画古玩卷逃香港，有的则是“门前冷落车马稀”了。因为“洋大人”都在急急忙忙地准备逃跑，这些依附于“洋大人”的商业，当然要垮台。直到解放以后，由于政府的支持，转变了经营方式才逐步走上正轨，才算为国家做些收集流散文物的有益的事情。

书业到了解放前夕，由于蒋帮统治下的通货膨胀，已经到了奄奄一息的地步。大批书籍，已经论斤称售。记得解放初期，文化部门为了救济书业，拨出专款“称”了大批方志等书籍，使书业渡过了难关。以后随着文教事业的发展，书业就逐步繁荣起来，到了1955年至1957年，成了极盛的局面。那时由于新设大学及研究机关缺乏图书，都向书业收购，尤其是北京琉璃厂，差不多全国各地都向这里买书，书籍供不应求，书商又跑遍全国去收购，像琉璃厂的来熏阁、邃雅斋、开通书店、富晋书社、俪生书局，以及附近小书店及个人，无不分途采买；隆福寺的修绠堂、东雅堂、三友堂、文奎堂以及其他各家，莫不如此。那时除了学校机关以外，私人买书也是买到“疯了”的地步。那时“书包”一到，购书的人员差不多坐候打包，不等上架，已经一分而光。那时最“冲”的要整架收买，整包都要；私人购书最“冲”的要数西谛先生，有人说他的网既大且密，一网打过，所余无几了。

这一时期出来许多好书，琉璃厂、隆福寺等处的书商虽然利市百倍，但是收书之功是不可埋没的。近来约人写《琉璃厂书肆四记》，将可以看到这一时期的盛况。

总的看来，琉璃厂这一文化街市，与时代的变化息息相关，大致是：乾隆、嘉庆时期，所谓“承平盛世”，尤其是“四库开馆”，学人群集京师，书业、文物业以及其他有关行业都有大发展；道光、咸丰时期，外有侵略者入寇，内有农民大起义，动摇了封建统治者的基础，书业也就萧条了一阵；到了同治后期以至光绪初年，所谓“承平已久”，书业、文物等业又发展起来；到了“戊戌变法”以后，新书业应运而生；“庚子”以后，京师由于曾被外国侵略者占领，书和文物一面由于抢劫而散出，一面由于大家贵族衰败而出售，有的被外国人捆载而去，有的又聚集在厂肆。辛亥革命以后，新书业在琉璃厂纷纷建立，旧书业一度萧条；民国初年以至二十年左右，由于北京是文化城市，所谓“最高学府”以及一些研究机关大都在此，除图书馆购买外，学者教授购书之风也很盛，每到旧年初五以后，如钱玄同、刘半农、马隅卿等人多以厂甸书摊为“安身立命”之所，他们平素亦多在此购书，如《鲁迅日记》中就记着他每年在厂肆购书及文物、碑帖的账目。这一时期琉璃厂书业有很大发展，经营项目也有所改变。如戏曲小说的收集，杂志期刊的集配，史料书的盛销，考据书的注目，以至碑帖、信札，都各有分工，形成专业，因此也培养了许多专家，直到今天，还是书业的骨干。到了蒋介石反动统治时期，逐步弄到民穷财尽的地步，中国的学术机关及个人购书的力量越来越薄弱。而在此前后，帝国主义者的文化特务机关及野心分子乘虚而入，大肆搜罗抢劫，书籍、文物大批外流。琉璃厂肆由正常发展的文化街市，一变而为强盗、买办、洋奴的奔竞之所，连正当的书行文物行中人也为之愤激。到了中华人民共和国建立以后，书业文物业又得到苏甦发展，逐步走上正常的轨道。目前的中国书店正组织书业中的一些专家，在总结几十年经验的基础上，以实践所得，写出像《中国板刻图书源流》等专著。琉璃厂的各种文化行业也正在作进一步的调整，像荣宝斋这一木刻水印和文具纸张的商店，在北京解放的前夕，已经奄奄待毙，准备关门，现在成了中外闻名的商店。

琉璃厂这一文化街市，将伴随着首都的发展，人民文化生活的需要，而青春常在。

1962年7月25日灯下完稿

后　记

1961年我曾经写了《北京琉璃厂史话杂缀》，在《文物》月刊发表。那时虽然费了很多功夫搜集资料，但是个人力量有限，又不熟悉琉璃厂，写来既觉吃力，又觉挂一漏万的地方很多。以后总想有机会增补，又感到难以入手。这次有个好条件敢于提笔的，就是前年故去的通学斋孙殿起老先生的《琉璃厂小志》即将由北京出版社印行了。这是一部有关琉璃厂资料的总汇辑，是孙先生几十年辛勤访问，留心收集直到他故去之前还未编出的稿子，以后由他的外甥雷梦水等人整理，不日将可问世。我在1961年写那篇稿子以后，看到这部书稿，可是没有接洽好印行的地方，所以不敢掠美。这次出书有日，我就可以放心采用了。但是这部稿子中的资料，还缺少民国二十年前后的一些书业具体情况，虽然其中提到一些书店名称，等等。我近来正约请雷梦水同志写《四记》，当可补充这一方面的不足。我想能够全面而系统地描绘这条以书业为中心的文化街市的专书，还要靠他们来写；或者提供更为丰富的资料，由熟悉此道的来执笔。我不过在这空隙中，暂时编缀一些资料罢了。对于帮助我收集资料的朋友，提供校样给我看的北京出版社都于此致谢。错误和遗漏的地方很多，还请读者指正和补充。

书名虽然叫做《琉璃厂史话》，其实，不过是史话的编缀而已。

注释：

[1] 笔记中有作乾隆三年（《醉乡琐志》、《旧京琐记》），有作乾隆中（《天咫偶闻》）。

[2]《藤荫杂记》作者当时官水部，与孟澥相识，并曾看到挖出李内贞墓葬的案卷。

[3] 大五厂，后来都称五大厂，其说不一。有的说是：方砖厂、细瓦厂、琉璃厂、亮瓦厂、黑窑厂。当以明代有关资料为可信。

[4] 按《琉璃厂书肆记》手稿前在山东省图书馆，与刻本繁简不同，字句互异。王献唐先生曾有考证。

[5] 刻本秀字均缺，今照稿本补正。

[6] 按荛友系指黄丕烈的同年友张燮字子和。此一故事，又见《士礼居藏书题跋补录》。张子和的藏书处名“小嫏嬛福地”，近琉璃厂。

[7] 原注：时将还黔。

[8] 曹寅，号楝亭，为《红楼梦》作者曹雪芹的祖父。楝亭藏书后归其甥昌龄，故书中有两家藏印。

[9] 自注：“罗振玉在日本卖书买书，颇获利市。所刻《玉简斋丛书》甚精。”

（原文刊于《王冶秋文博文集》，文物出版社，1997年）

质朴大方　瘦硬通神

——中国国家博物馆新征明式家具赏析

关双喜

明式硬木家具，以造型洗练、形象浑厚、做工精巧、风格典雅而著称于世，其所选用材，多用坚实的硬性木材，其中唯黄花梨木（图一）和紫檀木（图二）最为贵重。

近期，中国国家博物馆征集入藏了一批制作精美的明式家具，共计27件。这批家具主要以黄花梨木材制作，也有少量紫檀木制作的家具，具有鲜明的"明式家具"特征，是我国古典家具中的上乘精品。

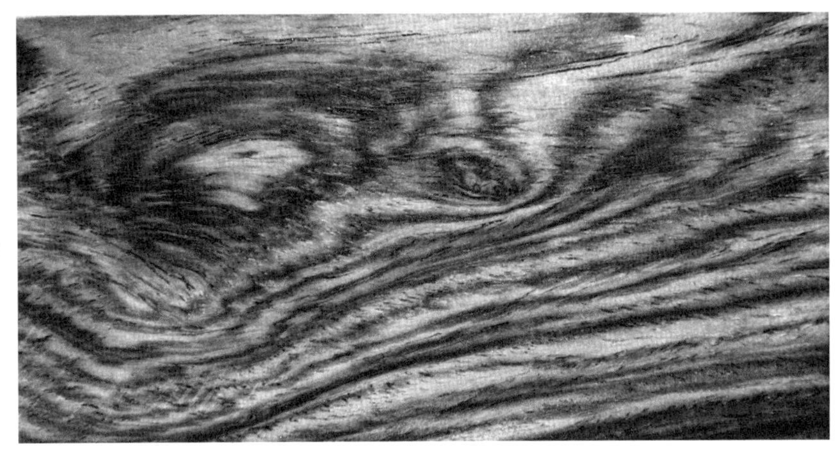

图一　黄花梨木

图二　小叶紫檀木

现将此次征集的家具依次介绍，供方家鉴赏。

1. 黄花梨木方柱官帽椅（一对）

官帽椅，因其形颇似古代官吏所戴冠帽得名。若将官帽椅进一步区分，就有"四出头"和"南官帽椅"之说。所谓"四出头"，即搭脑与扶手均出头；而"南官帽椅"则是四处无一出头。

此对"四出头"官帽椅（图三）产于明代，通体为黄花梨木所制，构件完整，且成对。该椅形制较大，长49、宽66、高116厘米。靠背板弯曲并透雕，为三段攒成，上下段为透雕花纹，中段平镶黄花梨木板，椅背正中的搭脑稍凹，延至两侧外翘出头；扶手及联棍弯曲有致，扶手端头前伸；椅腿四周饰有券口牙子，枨子不仅饰有黄牙条，同时均有明显的榫卯，为支撑椅子牢固之用。该椅局部虽有伤损，但未见修补改换，保持了原制状态。构件弯度较大，一来可见当时下料不小；二来优美的曲线和厚重的造型给人以富贵、肃穆之感，使之成为同类器物中的罕见实例。

2. 黄花梨木罗锅枨棋桌

棋桌是具有娱乐功能的桌子，多为满足文人"琴棋书画"之雅兴而精工制作，虽式样不一，但统称棋桌，在明代相当流行。棋桌的体积和形制有多种，但通常的制法是将棋盘、棋子藏在桌面之下的夹层中，下棋时揭去活动的桌面，露出棋盘，不用时盖上桌面，等同于一般的桌子。

图三　黄花梨木方柱官帽椅一对

图四　黄花梨木罗锅枨棋桌

图五　棋桌内部

图六　黄花梨木雕玉兰花笔筒

此次征集到的明代棋桌（图四），通体为黄花梨木所制，边长 87.5、宽 87.5、高 89 厘米。造型如同一般八仙方桌，直立的方材桌腿，以罗锅枨为支撑，并将四足立于内翻马蹄之上；桌面双层并束腰，上层色泽华美，下层设围棋、象棋、双陆棋三种棋盘（图五）。该棋桌大气挺拔，工艺精细，保存完好；一桌多用的巧妙构思，不仅反映了明代工匠的创造才能，同时折射出明代社会的人文风尚和风流雅士的生活情趣。

3. 黄花梨木雕玉兰花笔筒

笔筒在家具类别中属“小木器”，但在征集鉴选过程中，这件笔筒一丝不苟的精湛工艺却给我们留下了深刻印象，令人难以释手。

此次征集到的明代笔筒（图六），通体为黄花梨木所制，口径 18、高 17.5 厘米。该筒呈绚丽的紫红色，光滑圆润；筒口沿处微向外撇；筒身以高超底面的浮雕，雕出了盛开的玉兰花，生意盎然、充满活力、颇显质感。作为品种稀少的木器，该笔筒保存状态良好，通体散发浑厚扎实之感。

4. 黄花梨木三弯腿供盆

所谓供盆，顾名思义是供托器物的底座，用于置放器物。

此次征集到的明代供盆（图七），通体为黄花梨木所制，口径 40、高 22 厘米。该盆盆沿四边起置圆形边框，低束腰下饰一波三折的壶门券口牙子，边缘处起线脚，贯穿其下直至底部的三弯腿。该供盆造型古朴典雅，极富韵味，尤其是三弯腿的精心设计，增加了供盆的活力和美感。

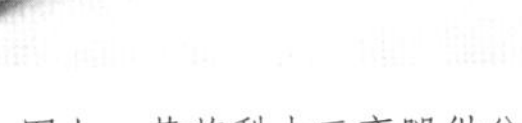

图七　黄花梨木三弯腿供盆

图八　黄花梨木三弯腿小坑几

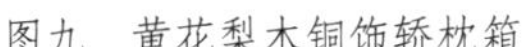

图九　黄花梨木铜饰轿枕箱

图一〇　紫檀木插门官皮箱

5. 黄花梨木三弯腿小炕几

炕几属小形木作，采用炕桌的形式，几面四周设有拦水线，一般撑托花盆、文玩等陈设品所用。明代炕几的制作极为简约、实用，是将三块板材构成“几”形结体，或将腿足置于四角构成桌形结体，成为具有一定承载力的居家用具。

此次征集到的明代炕几（图八），通体为黄花梨木所制，边长33、高13厘米。几面呈四方形，以五板相拼，安置于低束腰之上，其下壶门式牙条与腿足边缘形成线交圈，矮短的拱肩三弯腿呈弧形外弯，足端粗壮并饰有云纹，更为此物平添了几分飘逸与雅致。该炕几造型精巧、比例匀称、纹理和谐，是一件直接反映明代社会人文生活的珍贵藏品。

6. 黄花梨木铜饰轿枕箱

古人称“凡可藏物有底盖者皆曰箱”。明代箱具有多种，轿箱，顾名思义是指官吏乘轿外出时使用的箱具。

此次征集到的明代轿枕箱（图九），通体为黄花梨木所制，宽14、长59、高13厘米。该箱素面呈“T”形，上部开盖，箱盖由外向内呈凹面，可做旅途歇息的枕物；箱的四周边缘处以白铜包边加固；以方形铜合页相连接的箱盖与箱身之间，不仅形成了一个长形的储物空间，同时合页上还配有可上锁的云头形扣吊（现已缺失）；箱中部为较深的底部，两端凹进，便于安放在轿杆上，下轿时，即可取下箱子，随身携带，特别是用于官吏在出行途中对公文奏折的保管，是较为缜密安全的。

值得一提的是，轿箱是古代箱类家具中稀有之物，特别是采用优质的黄花梨木制成，可见当时此箱持有官吏的身份之显赫。

7. 紫檀木插门官皮箱

官皮箱的前身为镜箱，因名称中有“官”字，一说是官吏出行携带文书、印章等物品的箱具，但因传世物较多，尤其是花纹题材多用吉祥图案和鸾凤花鸟，又被认为是豪富人家的梳妆用具。

此次征集到的明末清初官皮箱（图一〇），通体为紫檀木所制，长33、宽40、高35厘米。该箱边角浑圆，

图一一　紫檀木雕螭纹长方箱

图一二　紫檀木折叠式棋盘

图一三　紫檀木折叠式棋盘

图一四　黄花梨木四屉提盒

上部开盖，箱盖与箱身以圆形铜合页相连，合页上配有可上锁的云头形扣吊，可上锁。其下置有一对鱼形吊牌，预示着人们祈望平安，富足的美好愿望。箱身以正中铜合页为界，左右各雕出略微凸出、光素无饰的双层长方面心；箱两侧设置了铜提环；整体箱身安置在雕有卷草花纹的底座上。该箱不仅保存完整，同时其木质所显现的致密纹理及深紫泛黑的光泽与独特的装饰融合在一起，给人以强烈的华丽庄重之感，是一件不可多得的古代艺术珍品。

8. 紫檀木雕螭纹长方箱

此次征集到的明末清初长方箱（图一一），通体为紫檀木所制，长 44、宽 26、高 23.5 厘米。主要用来存放文件簿册和贵重细软物品。

箱体呈长方形，箱盖与箱身以铜制合页相连，盖口与箱口起两道灯草线，此线不为装饰，而起到加厚与加固之用。箱身正面装有圆形铜面叶，可上锁；沿面叶两侧下端处，分别饰以螭纹浅浮雕；箱身两侧面安有提环。该箱造型简练，镌刻精致，色泽华贵，保存完好，典型地反映了明式家具“材美工巧”的艺术特色。

9. 紫檀木折叠式棋盘

棋盘历来是文人雅士的娱乐用具。此次征集到的明末清初棋盘（图一二），通体为紫檀木所制，正面为围棋棋盘，背面为象棋棋盘。深 47、宽 47 厘米。盘体由 12 块紫檀木组成，以铜制合页连接，有上、下折之分（图一三）。该棋盘结构奇特，制作精细，便于携带，存世量极少，是研究明式家具的重要文物资料。同时在棋盘的紧密拼合与灵巧折叠之间，我们看到了古代匠师富有创造性的劳动，体味到中国古典家具的悠远内涵。

10. 提盒

提盒为一种分层并有提梁的长方形箱盒，是古人出行盛放酒食或文具的器物。形状大小均有，大者为双人抬，小者为一人肩挑两具，更小者为一人手提。此次征集到的两具提盒，分别为当时江南地区和北方地区工匠所制。

（1）明末清初黄花梨木四屉提盒

四屉提盒（图一四）为江南地区制造，通体为黄花梨木所做，长35.5、宽19、高25厘米。该盒素面，平顶，以长方框制成底座；两侧立柱与横梁造为一体；连同盒盖共四层，各层之间均有子口衔口，最下层底盒嵌落在底座槽内；横梁的两侧转角及下部连接底座处和提盘的每层四角处均嵌以白铜饰件加固。如此精密的构造，想必放入文房用具，应当是平稳妥当、万无一失了。

图一五　紫檀木三屉提盒

（2）明末清初紫檀木三屉提盒

三屉提盒（图一五）为当时北方地区制造，通体为紫檀木所做，长39、宽22、高27厘米。该盒与前一提盒相比，体积稍大一些。除连同盒盖为三层外，该盒的通体形式、结构均与前一例黄花梨提盒基本相同，从做工与技法上看，基本一致，因此反映出这类器具在当时的流行程度。

两件提盒虽用料不同、产地不同，但为同时代制作，同样具有材质珍贵、纹理清新、工艺精湛、保存完好的明显特征；作为古人生活的文房用具，它体现了古人生活的精细与考究，也使我们领略到了古代人的一种生活情趣。

图一六　黄花梨木龙头折叠镜架

11. 黄花梨木镜架

镜架是古代的一种梳妆用具，多为折叠式，其形状犹如帖架，用来支撑铜镜梳理妆容。宋代已经流行，我们在留存的宋代画卷中可以看到此类器具的形态以及当时妇女使用镜架的情况。此次征集到的四具镜架。虽然均为贵重的黄花梨木所制，但在形制、技法、工艺上各具特色。

（1）明末清初黄花梨木龙头折叠镜架

龙头折叠镜架（图一六）通体为黄花梨木所制，长44、宽42、高46厘米。镜架最上端的横杆两侧均雕饰了引颈前伸的龙首，其装饰与一些衣架、脸盆架的风格极为相同；镜架以长条而微起的圆面扁材构成，正中为正方形，上下两端以开光的条板相协连接，两侧的短柱将该架的上、中、下三部分连接贯通，架下置放了更大的方格状框架，框架后端中部有一可折叠的支架，架底部中端，雕有金锭状的唇沿，用以阻挡和避免铜镜的滑落。

图一七　黄花梨木如意云纹折叠镜架

（2）明末清初黄花梨木如意云纹折叠镜架

如意云纹折叠镜架（图一七）通体为黄花梨木所制，长35、宽29、高30厘米。与前一镜架相比，体积略小。除镜架最上端的横杆两侧雕饰了如意云纹、底架中端没有唇沿外，该镜架的通体形式、结构均与第一例基本相同，从做工与技法上看，犹如同出一辙。

（3）明末清初黄花梨木镜架

镜架（图一八）通体为黄花梨木所做，长44、宽40、高46厘米。以四根长条四棱扁材构成长方形。

图一八　黄花梨木镜架

图一九　黄花梨木透雕镜架

图二〇　黄花梨木镜台

图二一　黄花梨木透雕镜台

架下用方格状框架固定，框架转角处饰白铜加固，框架后端中部有一可折叠的支架，架底部中端嵌有铜制面叶的唇沿。该镜架构造与一、二例镜架相比，构造虽简单，但支撑力度大，给人以轻便、坚实之感。

（4）明末清初黄花梨木透雕镜架

透雕镜架（图一九）通体为黄花梨木所做，长44、宽42、高38厘米。镜架上端的横杆两侧分别雕饰了龙首，镜架以长条浑圆的扁材构成，正中为正方形状，上下两端以透雕花卉图案的条板相协连接，两侧的短柱上、中、下三部分连接贯通，架下放置了雕刻坚固的方格状框架，框架后端中部有可折叠支架，架底部中端雕有唇沿，用以固定铜镜的摆放。该镜架的构造与外观和一、二、三例镜架相比，工艺繁缛、雕饰精致，而且用料宽厚、沉稳坚固，是一件不可多得的艺术珍品。

12. 镜台

镜台，亦称梳妆台，其功能与镜架相同，也是一种梳妆用具。在明式家具中分为折叠式、宝座式、五屏风式三种，用来在人们梳理妆容时，支托铜镜所用。

（1）明末清初黄花梨木镜台

镜台（图二〇）通体为黄花梨木所制，长36、宽35、高43厘米。该镜台的造型极为别致，上层边框内是为支架铜镜的背板；背板为攒框制成的三层八格。中层方格安角牙，中心故作空透，这样可使镜钮上的丝条从这里垂到背板的后面，其余各格装板为透雕的牡丹花纹，生动传神。下层正中为支架铜镜的金锭形镜托；下部台座上下共设三具抽屉，屉面均饰铜面叶及吊牌；四足内翻马蹄，显得敦实有力。该镜台设计严谨，雕刻精到，保存完好；木质纹理所呈现的紫红色，更加衬托出镜台的华贵与绮丽。

（2）明末清初黄花梨木透雕镜台

透雕镜台（图二一）通体为黄花梨木所制，长33、宽32、高47厘米。台座为两开门，门中央镶圆形铜面叶，面叶饰方形钮头与吊牌，四边立柱边缘处镶加铜合页；台座上边框内为支架铜镜的背板，背板为攒框制成的三层七格，中层方格安角牙，中心作空透，其余各格装板为透雕的花卉图案；底部为四足内翻马蹄。

该镜台与前一例镜台相比，其制作年代、外观造型、雕刻工艺以及所用选材基本一致，由此说明了此种家具在当时的流行程度，也在一定程度上反映了当时人们的审美情趣。

（3）黄花梨木“麒麟送子”镜台

“麒麟送子”镜台（图二二），为五屏风式，通体为黄花梨木所做。该镜台在同类器物中，形体硕大，长64、宽38、高92厘米。镜台下部为两开门台座；座上安装五屏风，中扇最高，左右四扇依次递减，并逐渐向内兜转；五屏风上均为精致透雕纹饰，雕有人物、凤鸟、花卉图案；台面正中置放镜托，为支架铜镜而设，镜托也为透雕纹饰，雕有麒麟送子图案。五屏风式镜台是在宝座式的基础上演化而来，整体构造不仅富丽堂皇，而且加设了屏风，使得这一梳妆用具变得更加委婉多姿。作为品种稀少的文物，该镜台造型精巧，保存完整，令人过目不忘，浮想联翩，仿佛看到了古代佳丽“对镜贴花黄”的动人场景。

图二二　黄花梨木“麒麟送子”镜台

图二三　黄花梨木折叠式平头案

13. 黄花梨木折叠式平头案

条案，是指腿子缩进带吊头，属于案形结构的窄长案，其形制分为平头和翘头两种。因其体积窄小，便于随意安放，因此用于居室陈设摆放。

此次征集到明代折叠式平头案（图二三），通体为黄花梨木所制，长97.6、宽48.8、高82.8厘米。案为方材，案面以格角榫攒边打槽镶独板面心；下装三根穿带支撑面心，边抹上舒内敛至底起边线；牙头与牙条由一木连作，两端所伸木轴纳入两侧牙条的臼窝，侧面牙条出榫与桌面相接合；腿足上端打槽嵌装牙条，再以双榫纳入桌面边框底部，并在腿足间各装两根梯枨以助稳固；尤为奇妙的是，该案为折叠式构造，在腿足构件拆卸后，可将牙条折叠平放于桌面底部，卸下的腿足部分，可成对以梯枨连接，十分便于搬运和储藏。

该案整体素朴简洁，比例和谐，保存完好；特别是奇特的折叠式构造，实为罕见，体现了明代工匠独

图二四　黄花梨木酒桌

图二五　黄花梨木卷草纹马蹄脚半桌

图二六　黄花梨木壶门式牙条马蹄脚半桌

图二七　黄花梨木攒斗牙条马蹄足六仙桌

具一格的设计理念，是一件珍贵的艺术精品。

14. 黄花梨木酒桌

桌子是居室陈设中不可缺少的家具，也是我国古典家具类别中品种与器型最多的一类，在形制上有方形、长方、条形、圆形等多种；方形桌的传世量居多，在功能上有饭桌、炕桌、书桌、棋桌、琴桌、供桌，等等。

酒桌是一种似“案”却被匠师称为“桌”的器具，因多以置放酒肴而得名。常见于一些古代画本，其功能是古人饮酒用膳所用。

此次征集到的明代酒桌（图二四），通体为黄花梨木所制，长 106、宽 43.3、高 81.4 厘米。桌面为长方形，以格角榫攒边纳二拼版面心，下装三根穿带出梢支撑，四周边沿隆起拦水线；四桌腿为方材，腿足上端开口嵌夹有透雕牙头的牙条，再用双榫纳入桌面边框，两端腿足间安装两根圆面方材梯枨，虽略显矮短，但线条简练，壮硕挺拔。

值得注意的是，此桌的牙头雕饰十分醒目，与基本常式的酒桌相比，不仅显得清新活泼，更平添了许多雅致与奢华。因此，小小酒桌反映了古人怡然自在的生活状态，散发出古代传统艺术的醇香。

15. 黄花梨木半桌

半桌是比酒桌稍高且窄、长度与方桌相近的长方形桌子。多为宴饮时，八仙桌不够用，再接一张较为窄些的桌子，因此匠师也将其称为“接桌”。

（1）明代卷草纹马蹄脚半桌

卷草纹马蹄脚半桌（图二五），通体为黄花梨木所制，长 99.1、宽 49.6、高 85.7 厘米；形制经典，保存状态良好。桌面为攒框打槽装板面心，有拦水线；低束腰，其下四边以厚实的外翻云纹牙子相对接，方材桌腿以罗锅枨为支撑，直立于内翻蹄足之上。可以想象，这一光面平整的半桌，与类似的桌案相拼接，形成更大面积的桌面，用于众人围坐，共同进餐，其乐融融。由此，我们不得不赞叹当时工匠的巧妙构思和娴熟的雕刻艺术。

（2）明代壶门式牙条马蹄脚半桌

壶门式牙条马蹄脚半桌（图二六），通体为黄花梨木所做，长 99.1、宽 58.4、高 88 厘米。桌面面心为打槽攒框装板式，起拦水线；低束腰；下为壶门式券口牙子，起线脚；为增强桌腿之间的联结，在壶门牙子下加撑罗锅枨；坚挺的方材桌腿，安放在内翻蹄足之上；足端内侧饰有细长的线脚，一直延伸至腿间和牙条。该桌桌面素朴，但形体方正挺直，于纯朴中显出不凡的造型特色和工艺水平。

16. 黄花梨木攒斗牙条马蹄足六仙桌

方桌一般有大、中、小三种规格，按照其体型的大小和可坐人数，依次称为八仙、六仙、四仙桌。约 2 尺 6 寸见方的叫六仙桌，属中型，可围坐六人，虽非单一用途，但常为饭桌使用。

攒斗牙条马蹄足六仙桌（图二七），为清初黄花梨木家具，长 87.4、宽 82.5、高 87.4 厘米。桌面为攒边平镶二板面心，面下装两根出梢穿带和两根横穿带交叉支撑，牙条和束腰以包肩榫与腿足处相结合，腿足上端以双榫纳入桌面的边框底部，下端伸展为敦厚的双层马蹄足，而桌面下的腿足间又以三段攒成的罗锅枨相连接，牙条与枨间加以矮老，全施阳线。

图二八　黄花梨木卷球足炕桌

该桌外观色泽亮丽，雕工精良，保存完好，使人观后感到格外赏心悦目，是明式方桌中材精工巧的完美实例。

17. 炕桌

炕桌是矮形桌案的一种，其宽度一般超过本身长度的一半，放置床上或炕上使用。使用时，炕桌的侧端贴近床沿线炕沿，居中摆放，以便两旁坐人。尤其是北方一般人家有时也将炕桌移至户外使用。

（1）黄花梨木卷球足炕桌

卷球足炕桌（图二八），为明代黄花梨木家具，长 94、宽 61、高 30 厘米。桌面为攒框打槽拼装板两块面心，下装三根穿带支撑，束腰与边沿起阳线的壶门式券口牙条为一木连做，弧线圆转的牙条连接至三弯腿，腿足端外卷成珠状，因此称“卷珠足”或“卷球足”，足底部又承一圆球，形成完整的支撑体。

图二九　黄花梨木包铜活折腿炕桌

该炕桌线条比例完美流畅，保存状态良好，具有典型的北派工艺风格。特别是“卷球足”的雕刻技法，更使炕桌足下生辉，成为明代设计艺术中的稀有符号。

（2）黄花梨木包铜活折腿炕桌

包铜活折腿炕桌（图二九），为明代黄花梨木家具，长 70.2、宽 44、高 24.5 厘米。桌面为格角榫造法攒边打槽平镶二拼版画心，下装三根穿带出梢支撑；桌面边框底部四角栽入舌状构件，略带弯弧的方材腿足上端，开口容纳舌状构件并以金属钉轴贯穿连接结；腿足下展为优美的外翻马蹄脚，底承足垫；炕桌两侧腿足各以两根横枨相连，呈梯形结构，下层横枨上安装长方形支架，并由两端伸出木轴插入腿足的臼窝；桌面的边缘、牙条相连处、梯形结构结合处以及足垫均以黄铜面叶镶包。此种匠心独具的构造，利用了腿足与桌面间的铜轴转动，将桌面撑起或叠入桌底，藏于牙条与桌面之间的空间，并利用桌底穿带上的条形锁舌固定了位置。

该炕桌设计独特，造型稀少，保存状态完好。在当时的制造年代、不仅适于居家使用，同时便于折叠储藏和出游旅行；尤其是随着近年来的重新被发现，这种设计巧妙、造型独特的炕桌已经越来越为当今收藏界所关注。

18. 圆角柜

圆角柜是古代柜架类家具的一种，是因其柜顶转角为圆形而得名，多用于存放衣服、被褥等物品。

（1）黄花梨木方圆腿圆角柜

方圆腿圆角柜（图三〇），为明代黄花梨木家具，宽 90.8、厚 50.1、高 184 厘米。该柜整体造型为双开门长方形，柜顶以格角榫攒边镶入面心板；下装两根穿带支撑；四根方材立柱以长短榫插入柜顶边框；两柜门为格角榫攒边镶板；门框内、外两侧均为混面，内侧门框贴弧形铜面叶，面叶上饰方形钮头和精致的吊牌；外侧门框起两头伸出门轴，插入柜帽与门下前腿足间底枨的臼窝；柜门下安放一根边沿起线，有精致透雕花瓣牙头的牙条，巧妙地连接了底枨和柜脚；柜门背面安四根穿带出梢装入门框；柜内设有活动屉板，中间一层格板装两个抽屉，抽屉面装有嵌铜面叶及拉手。

该柜造型美，用料精，保存佳，具有浓郁的“苏作”特征。腿足处的雕花装饰，犹如锦上添花，使挺拔的圆角柜尽显妩媚，令人过目不忘。

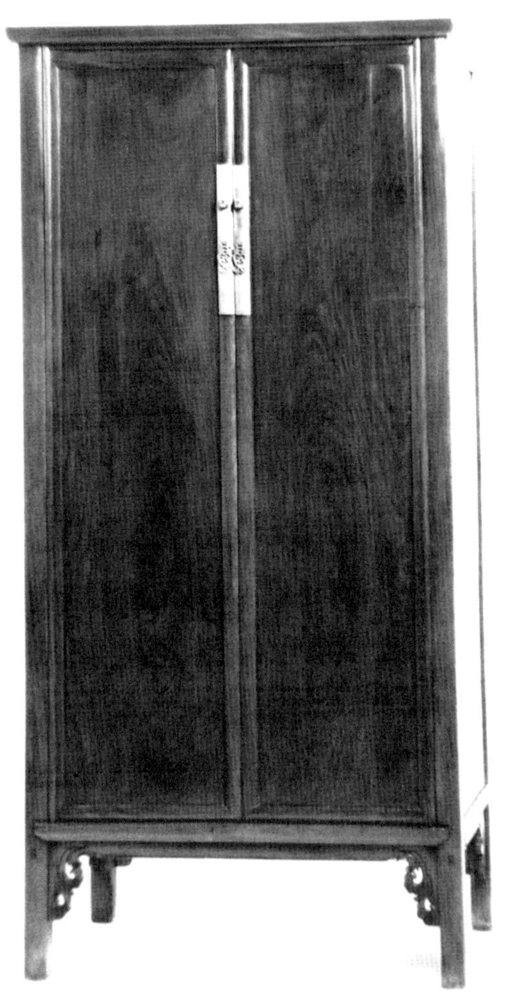

图三〇　黄花梨木方圆腿圆角柜

图三一　黄花梨木方材圆角柜

（2）黄花梨木方材圆角柜

木方材圆角柜（图三一），为明代黄花梨木家具，宽 78、厚 45.5、高 125.4 厘米。该柜整体造型为对开长方形，柜顶以格角榫攒边镶入面心板；下装两根穿带支撑；四根方材立柱外面打洼，上端以双榫纳入柜顶边框。活动式闩杆旁的柜门为格角榫攒边装板；三边方材框亦打洼，外侧起混面，门框两头伸出门轴，纳入柜帽与门下前腿足间底枨的臼窝；底枨两端在臼窝边各凸出一个半月形；柜门独板面心背后各安两根穿带出梢装入门框；柜内有两层活动屉板置于柜帮穿带上；底枨下安一带耳形牙头素牙条；两侧及背面亦安装类似牙条；门框与闩杆贴弧形铜面叶，面叶上饰三个长方钮头吊牌。

该柜造型优美，体现了明式家具的经典风格，工艺精细，具有北方地区工艺特色，色泽华贵，尽显黄花梨纹理之美，是我国古典家具中的精品。

（原文刊于《收藏家》2007 年第 10 期）

从乾隆《御题棉花图》看棉花种植在北方的推广

王 芳

《御题棉花图》（以下简称《棉花图》）是清代乾隆时的直隶总督方观承为“条举棉事”“恭呈御览”而制作的，分成上下两册，纸本，共二十一开。它的每一开由半开木刻版画和半开题记、乾隆御诗及方观承诗组成。每半开横25.5、纵22.8厘米。图册前有方观承的奏折，其后即乾隆皇帝“知道了，钦此！”的批语，并以赋附之。图册的结尾，是方观承的跋。

《棉花图》的主要内容，基本是按棉花种植和棉纱、棉布的生产顺序排列，分为16项：

1. 布种、2. 灌溉、3. 耘畦、4. 摘尖、5. 采棉、6. 拣晒、7. 收贩、8. 轧核、9. 弹花、10. 拘节、11. 纺线、12. 挽经、13. 布浆、14. 上机、15. 织布、16. 练染。

《棉花图》的内容是纪实性的，而且图文并重。它比较系统、详细地记载了乾隆时期我国北方，特别是北直隶地区的棉业情况，是十分珍贵的历史资料。《棉花图》的全部文字，曾发表于《华北棉产汇报》1939年10月1卷8期《清方观承氏之棉花图说录》一文中。本文试通过《棉花图》，结合其他有关历史记载，探讨乾隆时期，棉花种植在北方推广普及的原因等问题。

一

《棉花图》中所说的棉花，是一年生的草棉。草棉在我国种植和利用的历史十分久远，日本学者研究认为“关于棉布传入中国的记载……已经被大家确认的是在东汉明帝的时候。即当时南海方面的产品帛叠和白叠已为人们所知，这是用草木棉制成的棉布”[1]。1959年我国新疆民丰县北大沙漠发掘出东汉墓，发现了保存完好的蓝白印花棉布、白布裤和手帕。同年，在新疆巴楚县的唐代遗址中，又发现了草棉种子。在史籍中，对棉花和棉布的称谓有多种，棉花常被称为“吉贝”、“木棉”等，棉布则常被叫做“帛叠”、“白叠”等。但是，我国早期的棉花种植，都在边地少数民族地区，内地富人穿丝绸、皮裘，老百姓只能穿麻布，棉花和棉布却很罕见。棉花在北方广泛种植，经过了一个漫长的历史过程。

棉花种植在江南推广，是宋元之际。13世纪后期，胡三省注《资治通鉴》时说，“木棉，江南多有之”；明人李时珍在《本草纲目》中谈到棉花时也说，“种出南番，宋末始入江南”。《元史·世祖本纪》中记载：元政府“置浙东、江东、江西、湖广、福建木棉提举司，责民岁输木棉十万匹”，说明自宋代起，棉花已在江南多有种植。

元朝人黄道婆，把先进的棉纺织技术，从少数民族地区带来江南松江附近的乌泥泾。据元末人陶宗仪在《南村辍耕录》中记载：“国初时，有妪黄婆者自崖州来，乃教以作造杆弹纺织之具。”清初人褚华在《沪城备考》中也记载：“黄道婆为乌泥泾人，少流落崖州海峤间，元元贞间，携踏车椎弓归，教人以杆弹纺织之法，而木棉之利始传。”

随着江南人民对先进的棉纺织技术的掌握，劳动生产率提高，棉花比之丝、麻的优越特点显露出来。

棉花能加工纺织成布，棉布虽没有丝绸轻软、光泽，但却更经久耐穿，比麻布细密温暖，更适合于北方人民服用。而且，种植棉花能一举多得，棉花绒（即去子棉花）可为御寒棉衣及被、缛中的保暖填充物，“棉之核，压油可以照夜，其滓可以肥田，而秸槁亦中爨，有火力，无遗利云”[2]。元人王祯在《农书》中说的也很清楚：种棉“且比之桑蚕，无采养之劳，有必收之效。埒之枲苎，免绩缉之工，得御寒之益”。随着棉花的实用价值逐渐为人们所认识，它自然会成为人们生活中必不可少的物品。

还有一点值得注意，就是在中国封建社会里，农业有着重要的地位和作用，“重农”被历代封建统治者视为一种安民富国的政策加以推行，对于关系到国计民生的农作物，他们更是给予重视，对于棉花种植当然也不例外。在封建自然经济形态下，种植棉花也符合人们传统的、一家一户小生产以追求自给自足的心理状态和实际需要。自给自足经济最具体的表现，莫过于衣食两种生产劳动的结合，这种结合组织最自然的形态就是家庭。种植棉花，可以实现一个家庭的男耕女织，从《棉花图》反映的情况看，也是种棉由男劳力完成，而从采摘到纺织的过程，大部分由妇女、老人和儿童进行。正如方观承在《棉花图》奏折中说的：棉花“盖一物而兼耕织之务，亦终岁而集妇子之劬，日用尤切于生民，衣服独周乎天下”。因此，棉花种植在北方推广普及是必然趋势，绝不是一个偶然的历史现象。

棉花开始大量在北方种植，是在明代。朱元璋三令五申要人们种植一定数量的棉花，以保证国需民用。1366年他尚未统一全国就下令：“凡民有田五亩至十亩者，栽桑、木棉各半亩，十亩以上倍之。不种桑，罚每年出绢一匹，不种麻及木棉，罚出麻布、棉布各一匹。”[3]据《明成祖实录》的有关记载推算，从永乐元年至二十一年（1403年—1423年），全国每年平均征收棉花绒287375斤，反映出棉花种植已达到了一定的规模，当朝人就记载：棉花，“至我国朝，其种乃遍布于天下，地无南北皆宜之，人无贫富皆赖之，其利视丝枲盖百倍焉”[4]。就当时北方的植棉而论，以河南、山东两地较为突出。河南“中州沃壤，半植棉花”[5]；山东“棉花六府皆有，东昌尤多”[6]；“郓城，土宜木棉”[7]；“濒汶一带，擅水土之饶……西则地宜木棉”[8]。

据《棉花图》所载，到清代乾隆时期，棉花已经“遍植中土”，直隶所辖的“冀、赵、深、定诸州属，农之艺棉者什八九”；“三辅”地区，“种棉之地约居什之二三”。的确，这时北方棉花种植的范围、数量及投入的人力都进一步扩大和增加。对此，史不绝书，如：“宁津种棉者几半县，岁无大水，其利倍入”[9]；河南孟县也大量种植棉花，特别是“县西高坂，产棉花甚盛”[10]；河南北部内黄县，“东南两乡沙土，多种棉花，收成不为不盛”[11]；在北方植棉较早的陕西境内，这时的棉花种植进一步推广。乾隆《续商州志·物产》记载：“棉花，草木花。可为布，亦可代绵，近来植者渐广。”就连农业生产不太发展的“奉天各处”，也“地多宜棉”，“旗民种棉者”尚多[12]。时人李拔说：“予尝北至幽燕，南抵楚粤，东游江淮，西报秦陇，足迹所经，无不衣棉之人，无不宜棉之土。八口之家，种棉一畦，岁获百斤，无忧号寒。”[13]可见，在北方，尤其是今华北一带，棉花种植的规模很大，不少州县一半以上，甚至十分之八九的农民都种棉花，这是空前的。

另外，北方黄河流域地区的自然条件也更利于植棉。这一区域多冲积土层，气温适宜，雨量也可以，既无东南的高热、淫雨，也没西北的干旱、酷寒，棉花产量较高。据《棉花图》可以知道，当时直隶的棉花产量已达到“富于东南”的水平。《轧核》题记云：“稔岁，亩收子花百二十斤，次亦八九十斤”，这就是说每当丰收年景，亩产可达120斤，一般的年景，亩产达到七八十斤，也是没有问题的。

二

棉花是一种技术要求较高的作物，棉花种植能较迅速地在北方推广、普及，特别是到乾隆时，棉花在北方如此地广种多收，除了前面讲到的历史、自然方面的原因之外，还有当时特定的社会经济原因。

清初，由于明末战争的严重破坏，田地荒芜，人口流失，社会经济残破不堪。清入关后的顺治、康熙、雍正、乾隆等几代统治者，都采取了“奖励垦荒”、治理河流、改革赋役制度等积极措施，恢复和发展社会经济。《清文献通考·田赋考》所载，到乾隆三十一年（1724年）全国耕地面积的总数已达到了7414495顷，接近明末的耕地数字。乾隆皇帝对耕、织的生产十分重视，在继位初年所颁“上谕”中就曾指出：“一夫不耕或受之饥，一女不织或受之寒，而耕九余三，虽遇荒年，民无菜色。”[14]方观承在《棉花图·跋》中也说：“皇上御治之初，纂辑《授时通考》一书，特以桑余之利，木棉最广，详加采录，以其事益与耕桑并重。”乾隆时期，社会经济的恢复，乾隆本人对粮、棉生产的重视，为棉花种植的进一步发展，提供了良好的社会环境。加之北方人民积累了前人种植棉花的实践经验，很快就形成了一套适合于北方自然环境的植棉技术，使北方棉花的普及和高产得到了必要的技术保证。《棉花图》对棉花种植各个环节的记载，说明了当时北方的植棉技术。

“布种”，这是植棉的第一步。棉种的质量，对出苗及棉苗生长有较大的影响，选好种子非常重要。另外，棉子的表皮较厚，出苗较难，且易生虫害，所以布种前十分讲究种子处理。宋人曾经讲，“木棉子雪水浸种，耐旱；鳗鱼汁浸过，不蛀”[15]；元人讲棉种要“用水淘过子粒，堆于湿地上，瓦盆复一夜，次日取出，用小灰搓得伶俐”，再下种[16]。《棉花图·布种》中记载的选种和棉种处理方法则更为系统，即：棉种“选青黑核，冬月收而曝之，清明后淘取坚实者，沃以沸汤，俟其冷，和以柴灰种之”。还进一步指出，植棉“宜夹沙之土，秋后春中频犁，取细列作沟塍，种欲深，覆土欲实，虚浅则苗出易萎”。而且，就北方地势高，少河渠塘池的特点，提出“北地植棉多在高原，鲜溪池自然之利，故人力之滋培尤亟耳”，“种棉必先凿井，一井溉四十亩。种越旬日，萌乃毕达，农民仰占阴晴，俯瞰燥湿，引水分流，自近彻远”。

棉苗出齐后，如果植棉过密，会使棉花主干节间变长，果枝减少，少结棉桃，所以要间苗。明人徐光启说这是一项“功须极细密”的活儿[17]，需要反复进行多遍。第一遍宜密留棉苗，以备缺损，再锄仍宜稍密，三锄定苗。《棉花图·耘畦》说：“古法一步留两苗，虽不可尽拘，大要欲使根科疏朗耳”，“一月三耘、七耘而花繁茸细，犹之谷五耘而糠秕悉除也”，但“苗有壮硕异于常者，为雄本，不结实，然不可尽去，备其种，斯有助于结实者”。

图一　御题棉花图·采棉

“摘尖”，就是在棉苗长到一二尺高时，摘去中茎的尖，又叫“打心”，俗谓“打风叉”。元代《农桑辑要》一书中，已有了关于棉花摘尖、整枝的记载，说棉株长到二尺高时，即应打去冲天心，旁枝长到半尺，也应去心，这样才能使棉株节不空地开花、结实。《棉花图·摘尖》说：棉苗“高一二尺”时“视中茎之翘出者，摘去其尖”，“旁枝尺半以上，亦去尖，勿令交揉”，“则花繁，而实厚实多者，一本三十许，甚少者十五六”。

农作物种植讲究天时，种棉花因时制宜也是至关紧要的。从《棉花图》看，北方人民在植棉过程中，非常注意农时。例如，“布种”要“雨足清明”，种早了和种晚了都要影响结桃质量。这与徐光启所说：种棉“清明前五日为上时，后五日为中时，谷雨为下时，决不宜过谷雨”[18]，是相吻合的。《耘畦》说锄草、间苗“时维夏至，千锄毕兴”；《摘尖》说“宜晴忌雨，趋事多在三伏时”。“自八月后”，棉桃成熟，“妇子日有采摘”，“霜后叶干，采棉所不及者，黏枝堕陇，是为剩棉”，“至十月朔，则任人拾取无禁”（图一）。

从《棉花图》看，乾隆时北方人民已具有较高水平的植棉技术，对棉花的习性及生长规律有清楚的了解，是可以肯定的。

随着社会经济的发展，人们对棉布的需要大大增加，棉纺织业需要充足的原料，从而促进了对棉花的大量种植。

首先，江南的棉纺织业，在北方寻求原料。江南出产棉纱、棉布的地方，却不产或少产棉花。如无锡县，“不种草棉，而棉布之利独盛”[19]；苏州地区，虽然“纺之为纱，织之为布，家户习为恒业”，可“产木棉花甚少”[20]；嘉兴府也是“地产棉花甚少，而纺之为纱，织之为布者，家户习为恒业，不止乡落，虽城中亦然”[21]。于是，出现北花南贩的情况。明代就有“吉贝则泛舟而鬻诸南”[22]，清代仍存在这种情况，康熙《嘉定县志》记载：“今楚豫诸方皆知种艺，反以其货，连舻捆载而下，市于江南”[23]，讲河南的棉花运往江南。

再者，北方的棉花加工、纺织手工业，到乾隆时也发展到工具齐备、技术全面的程度。《棉花图》中记载的棉花加工和纺织工具，说明了北方棉花加工、纺织业的发展，必然会要求更多的棉花。

图二　御题棉花图·轧核

“轧核”，即去除棉子，是棉花加工特有的工序（图二），传统的丝麻加工都无此项工作。元代以前，轧核工具较为原始，叫“碾轴”。胡三省注《资治通鉴》时，江南虽然已经较多地种植棉花了，但是还采用着“铁铤碾去其核”的办法，没有先进的工具。此后，搅车出现，王祯《农书》中说“昔用碾轴，今用搅车，尤便”，搅车“比用碾轴，工利数倍。……凡木棉虽多，今用此法，即去子得棉，不致积滞”。搅车的构造是“四木作框，上立二小柱，高约尺五，上以方木管之，立轴各通轴，轴端俱作掉拐，轴末柱窍不透”，使用时“二人掉轴，一人喂上绵英，二轴相轧，则子落于内，绵出于外”[24]。而《棉花图》所反映的，当时北方使用的是轧车。“轧车之制为铁木二轴上下叠置之，中留少罅，上以毂引铁，下以钩持木，左右旋转，馁棉于罅中，则核左落而棉右出”[25]。从《轧核》图看，轧车的构造简单，其巧妙之处在于“叠轴拳钩互转旋”，手摇铁轴，而拳钩又将木轴带动，一个人就可以操作。

“弹花”，就是把晒干的新花弹松，也是棉花加工才有的工序。弹花的工具叫“弓”。胡三省在《资治通鉴》注中记载，弹花“以竹为小弓，长四五寸许，牵弦以弹棉，会其匀细，卷为小筒，就车纺之”。《棉花图》中的弓与胡三省时的就大不相同了。它“曲木为弓”，“张四尺许，上弯环而下短劲，蜡丝为弦，椎弓以合棉，声铮铮”。这种木制大弓，使用时要用弓椎打击弓弦，能够产生较大的弹力，“移时，结者开，实者扬，丰茸萦熟，著手生温”[26]。

《棉花图·纺线》所载的纺车，是“植木以驾轮，衡木以衔铤”，“纺者当轩，左握棉条，右转轮弦铤，随弦动自然抽绪”。这种纺车由一个妇女操作，左手捻纱，右手转轮，“单绪独引”，均纺单根纱。然而，早在明代江南一般就使用纺三根纱的脚车了，如徐光启在《农政全书》中就记载：“纺车容三繀，今吴下犹用之。间有容四繀者。江西乐安至容五繀。”雍正《南汇县志》也记载：“妇女纺织，莫勤于浦东，以两指捻一纱者，名纺车，一手三纱，以足运轮者，名脚车。浦东脚车尤多。”[27]和江南的脚车比较，似乎北方的纺车并不先进，其实，这与北方的气候条件有很大关系。“北方风日高燥，绵繀断续不得成缕”，所以不宜纺多根纱。肃宁是北方棉纺织较发展的地区，当地人“穿地窖数尺，作屋其上，檐高于平地二尺许，穿棂以透阳光，人居其中，借湿气纺之”[28]。

在《棉花图》中，还出现北方独特的络经工具，其形制与江南的不同。纺好的棉纱要“理其绪而络之以为经”，江南“用经床，枝竖八�，下控一軖，四股次第旋转”，而“北则持木架引繀，而卸络之势若相婴。薄者一架容数繀，重约四两许”，和江南的经床相比则更为便捷，“当其心闲手敏，茅檐笑语间，坐立皆可从事”[29]。

我国的手工织布得力于丝织。我国的丝织业历史久，织机很早就发展到世界先进水平，其构造、原理及工艺用于棉织的投梭机绰绰有余。《棉花图・上机》说，北方所使用的织布机，“与丝织同，柚受经，二人理之；杼受纬，一人行之”，操作时“手足并用”，用脚移综，使两组经线上下错成交口，手投梭，让带有纬线的梭从交口中穿过。

由于当时北方已有一套比较齐全的棉花加工和纺织工具以及成熟的技术，所以能够生产出精细的棉布。《棉花图》就记载：“南织有纳文绉积之巧，畿人弗重也，惟以缜密、匀细为贵。志称肃宁人家穿地窖，就长檐为窗以织布，埒松之中品。今如保定、正定、冀、赵、深、定诸郡邑所出布多精好，何止中品。”[30]北方织布以缜密、匀细为上乘，肃宁产的棉布能和著名的松江布媲美。

与棉纺织发展相适应，北方的棉布练染业也兴起，这在《棉花图》中也得到反映。从《棉花图・练染》看，北方已经有专门的染房。练染，要经过漂煮、洗晒等多道连续工序，技术较为复杂，设备要求也较高。其中有踹布一项，“下置磨光石版为承，取五色布卷木轴上，上压大石如凹字形者，重可千斤，一人足踏两端，往来转运之，则布紧薄而有光”[31]。踹石要性冷质滑，碾布时不易发热，一块好的踹石很贵重，可值银十几两[32]。练染所需的各种设备，不是一般小农之家能一一置办得起的。《练染》图描绘的染房，前有铺面，后有漂煮、晾晒房，一旁有浆洗池，全部是男劳力在工作，显然超出了家庭内部生产的范围，而形成生产作坊。北方的染房，可以染出“元、黄、朱、绿”各色“比丝新”的棉布[33]。

棉花加工、纺织手工业的发展，促使了棉花种植，棉花种植作为为手工业提供原料的生产，明显具有了商品生产的性质。

三

商品生产和发达的商品流通，正是《棉花图》产生时代的显著社会特点，《棉花图》对此也有反映。

当时，大城市越来越多，出现了像北京、南京、苏州、杭州、广州等拥有十万或几十万人口的大城市，还陆续有许多新的城镇形成，造成城市人口增加，农业人口减少。城乡手工业除丝、棉纺织业外，制糖、制茶、制烟业等也分别发展起来，与此相适应，农村中各种原料作物的种植也得到发展，社会分工更加细致多样。许许多多不种植棉花的人，在日常生活中也离不开棉花及棉布，所以棉花生产有着空前广阔的市场。在这种情况下，棉花种植已不再是单纯为“自给自足”了，而为供应市场的需要，即为出卖而生产也成为棉农的主要目的。清人高晋曾谈到江南“松江府太仓州海门厅通州并所属之各县”的植棉情况，很有代表性，也颇能说明北方人多种棉的情形。他说当地人“种花而不种稻之故，并非沙土不宜于稻，盖缘种花费力少而获利多，种稻工本重而获利轻，小民惟利是图，积染成风；官吏视以为常，亦皆习而不察”[34]。可见，商品生产的发展，又刺激了棉花的种植。

棉花种植的推广和产量的增长，造成棉花市场也大为活跃。棉农靠棉花为生，每当棉花收获，就要把棉花拿去出卖，而棉花商人就乘机而入，从中渔利。《棉花图・收贩》就专门对当时的棉花交易作了描述。

《收贩》图场面热闹，棉农们车拉手推，纷纷把自家种的棉花送到棉花交易处，棉商架称收购。仓库中，已收购来的棉花成包叠放，高如小山。仓库前的院里，有人扛着棉包鱼贯而入，还有人手端扁平编筐，上码放棉朵。据江南“新花称朵。一朵重八厘以上者花贵，不及八厘者花贱。乡人随其大小验之”的记载[35]，编筐上的棉朵，应是收购棉花时，检验棉花质量的抽样。《收贩》题记记载：“每当新棉入市，远商翕集，肩摩踵错，居积者列肆以敛之，懋迁者掌车以赴之，村落趁虚之人莫不负挈纷如。棉有定价，不视丰歉为增减，惟于斤衡论轻重。凡物十六两为一斤，棉则以二十两为斤，丰收加重至二十四两，仍二十两之直（值）

也。转鬻之小贩，则斤循十六两而取赢焉。”就是说，在秋季棉花上市的时节，棉商和棉花居积者，从四面八方赶来，从棉农手里收购当年新花。虽然棉花的单价一般不变，但是，一斤棉花包含的数量却看年景如何而定，一般年景以二十两为一斤，丰收年景加至二十四两为一斤，实际上棉花越是丰收，收购价就越低。当棉商转卖棉花时，一斤棉花的数量又按社会上通行的十六两计算，实际抬高了棉花的出售价格，实现了低价收购，高价售出的不等价交换。这些棉商不只在斤两上打主意，而且还利用季节差价牟取高利。他们在棉花收获上市的时季，以低价收购大量棉花，囤积起来，等到日后棉价上涨之后，再把棉花抛出发卖。例如，康熙十六年（1677 年），上海棉价上涨，一担（一百斤）值银二两六七钱，甚至有上等棉花值银三两者，棉商乘机卖出囤积的陈花，“积年陈花为之一空，富商之获利者甚众”[36]。

在北方产棉区，不但有活跃的棉花市场，也有棉纱和棉布交易。为维持生计，农家也把自家纺的棉纱和织的棉布拿去出卖。《棉花图·纺线》题记就载有棉纱的价值：“线之直（值）加所纺棉之三，匀不毛起者，加十之五。”据乾隆《孟县志》记载，河南孟县“棉花货用据常而论，每钱百文买到子花，必须二人昼夜疲瘃，乃可成线。除花价外，仅可得钱三四十文。及机户成布货市，除花线价外，每匹获利不足百文，且一日之内尚不能成此一布。”仅就棉纱而言，若原棉成本是一百文，纺成纱后其收益（增加价值）为三四十文许（也即“线之直加所纺棉之三”），这大约就是当时北方的棉纱价。

北方棉业中的商品经济高度发展，为资本主义萌芽的产生提供了历史前提。马克思曾指出：“商人资本的存在和发展到一定的水平，本身就是资本主义生产方式发展的历史前提。1. 因为这种存在和发展是货币财产集中的先决条件；2. 因为资本主义生产方的前提是为贸易而生产，是大规模的销售，而不是面向个别顾客的销售，因而需要有这样的商人，他不是为满足他个人需要而购买，而是把许多人的购买行为集中到他的购买行为上。另一方面，商人资本的任何一种发展，会促使生产越来越具有以交换价值为目的的性质，促使产品越来越转化为商品。”[37]

注释：

[1]［日］西嶋定生著，冯佐哲、邱茂、黎潮合译《中国经济史研究》第 3 部，农业出版社，1984 年。

[2]《棉花图·织布》。

[3]《明史·食货志》，中华书局，1974 年。

[4]（明）徐光启：《农政全书》卷三五，引丘浚《大学衍义补》。

[5]（明）钟化民：《救荒图说》上海商务印书馆丛书集成初编本，1936—1938 年。

[6] 万历《山东通志》卷八《物产》。

[7] 万历《兖州府志》卷四《风土志·郓城县》。

[8]《古今图书集成·职方典》卷二三〇《兖州府部·风俗考》。

[9]《畿辅通志》卷七四《物产》引《河间府志》。

[10] 乾隆《孟县志》卷四上《物产》。

[11]《河北采风录》卷二《内黄县水道图说》。

[12]（清）和其衷：《根本四计疏》，《皇朝经世文编》卷三五。

[13]（清）李拔：《种棉说》，《皇朝经世文编》卷三七。

[14]《乾隆朝圣训》卷二〇九，清乾隆刻本。

[15]（宋）苏轼：《格物粗》卷上《种植项》。

[16]《农桑辑要》，上海图书馆影印元刊本，1979 年。

[17][18]（明）徐光启：《农政全书》，商务印书馆万有文库本，1900 年。

[19]（清）黄印：《锡金识小录》卷一《备参上·力作之力》光绪二十二年刻本。

[20] 康熙《长州县志》。

[21] 乾隆《嘉兴府志》卷三二《物产》。

[22][28][30][31] 参见褚华《木棉谱》。

[23] 康熙《嘉定县志》卷四《物产》。

[24]（元）王祯：《农书》卷二一。

[25]《棉花图·轧核》。

[26]《棉花图·弹花》。

[27] 雍正《南汇县志》卷一五《风俗》。

[29]《棉花图·络经》。

[32]（明）宋应星：《天工开物》上卷《乃服·布衣》，明书林杨素卿刻本。

[33]《棉花图·练染》。

[34]（清）高晋：《奏请海疆禾棉兼种疏》，《皇清奏议》卷六一。

[35] 康熙《松江府志》卷四《土产·木棉》。

[36]（清）叶梦珠：《阅世篇》卷七《食货》四。

[37]《资本论》，《马克思恩格斯全集》第 25 卷，人民出版社，1974 年，第 365 页。

（原文刊于《中国历史博物馆馆刊》1987 年总第 10 期）

中国外销瓷研究概述

李锡经

中国陶瓷发展的历史悠久，资料很丰富，需要研究的领域很广，但在新中国建立以前，陶瓷的研究并没有建立起科学的体系，陶瓷史也没有能成为专门学科。

新中国成立以后，随着考古工作、博物馆事业的发展，陶瓷考古工作、鉴定工作和鉴赏工作等都很活跃地开展起来，从中央到各省市自治区都成立了文物研究机构，都有人从事陶瓷的研究。研究工作重视实际调查，把瓷窑遗址的调查、发掘和墓葬发掘所得到的科学资料和博物馆的收藏品、社会上流散的陶瓷文物结合起来，探讨陶瓷发展的规律，使陶瓷史上的一些重大学术问题逐步得到解决，取得一定成就，同时不断提出新的研究课题。

至于中国瓷器的外销问题，它是中外交通贸易史上的一个重要课题，但真正搞外销瓷器的研究工作，也还是在新中国建立之后的事。

一　中国古代外销瓷研究工作初期阶段

最早把陶瓷的研究工作建立在科学基础上的应该说是陈万里先生。陈先生从30年代起，应用了近代考古学的调查方法，同时结合文献和社会上留存的资料，以及博物馆的藏品等，进行综合研究，把中国瓷器研究推进到一个新的阶段。解放前他对越窑、龙泉窑的研究，取得了一定成绩，曾在国内外产生了影响。新中国成立之后，他专门从事古代瓷器的研究，实地调查了许多窑址，发表了一系列论文，引起了国内外学者们的重视。陈先生在其著作中，曾提出过中国古代青瓷的外销问题，但由于条件的限制，这一研究工作未能得到深入。

谈到中国古代外销瓷的研究，首先要提到韩槐准先生。韩先生是久居新加坡、搞果树园的一位华侨，他从20世纪40年代起就注意到了中国流传到南洋的瓷器。他曾在马来半岛南端的柔佛河流域的马坎门索尔顿地方的一个古遗址中发现过不少的中国东汉末期波浪纹瓷片，火度很高。这说明中国瓷器在东汉末期已输入马来半岛地区。他还收集了大量的中国陶瓷，并进行考证，运用国内外的图书资料，写出《南洋遗留的中国古外销陶瓷》一书，1960年在新加坡出版。书中介绍了从东汉到清代中国外销南洋各国的瓷器，对制作工艺试作了一些科学的解释，对不少作品的窑口作了初步推断。60年代他为了进一步深入研究外销瓷，回到祖国，并发表了一些研究论文，调查了一些窑址，他的工作对福建等地区的外销瓷研究产生重大影响。

1963年，夏鼐先生在《文物》月刊上发表的《作为古代中非交通关系证据的瓷器》一文中，介绍了30年代他在埃及福斯塔特遗址上见到的中国瓷器碎片，还介绍了近年来东非各国出土的有关中国外销瓷研究的材料。另外，陈万里先生在同期《文物》上也发表了一篇《宋末—清初中国对外贸易中的瓷器》，谈到了宋、元、明、清时代国内有关瓷器出口的文献资料，并介绍了T.佛尔克所著《瓷器与荷兰东印度公司》一书中关于17世纪上半纪中国瓷器对外输出的一些有关史料。

以上各项成果，为中国研究外销瓷的工作开辟了道路。因而在60年代中期，中国历史博物馆等单位就开始注意中国古代外销瓷的问题，收集有关的图片资料，初步绘制了中国外销瓷的区域和路线图。还在福建省晋江地区等处进行了窑址调查，把国外发现的资料和窑址出土的情况作了对照，探索中国外销瓷的发展历史。但在1966年以后，所有的学术活动，包括外销瓷的研究，都完全陷入了停顿状态。

二　中国古代外销瓷研究的现状

（一）重新调查窑址，按瓷窑体系进行调查，摸清基本情况。70年代中期，中国陶瓷考古工作者重新开展了研究工作。对外销瓷的研究，首先还是从窑址调查入手的。对过去调查过的窑址进行复查，开展窑址的发掘工作，由过去对单个窑址的调查，发展为对整个瓷窑体系的研究，从而找到这一瓷窑体系的生产时期、发展过程、制造工艺等。这样，逐渐摸清了中国陶瓷发展的基本情况，查清了一些巨大窑系的地区范围，推动了外销瓷的研究。

资料表明：中国瓷器发展的趋势是由长江下游开始，在六朝以后，逐渐向长江中游发展，六朝晚期向长江上游及珠江流域、晋江流域，即广东、广西、福建等沿海地区发展。南北朝时期北方瓷窑体系兴起。隋唐以来，山东、河南、山西、河北等地区陶瓷发展相当迅速，这时南方瓷业也有进一步的发展，陶瓷生产形成一个初步繁荣的局面。宋代以来，规模巨大，影响深远，艺术上独具风格的瓷窑体系建立起来了。元代瓷器生产的领域很宽广，景德镇以其优越的条件，汇集南北瓷艺，发展尤其迅速，新的品种不断创造出来，逐渐成为中国瓷器生产的中心。

在调查研究中，我国陶瓷史工作者注意到中国瓷器在东汉后期开始外销，在南洋发现中国南方生产的实物。隋唐五代时期瓷器外销逐渐增加，但外销瓷窑系不多；宋代以后情况大有改变，海外交通和海外贸易的大发展，使得瓷器大量外销。瓷器的外销又强有力地促进瓷器的发展。沿海地区的瓷业以前所未有的规模发展起来，如浙江的龙泉窑，福建的德化窑，泉州的磁灶窑，广东的潮州窑、惠阳窑、西村窑等之所以发展那样迅速、规模那样大，就是外销推动瓷业发展的结果。

（二）结合沿海地区城市经济的繁荣对外销瓷窑的考察。我们看到宋元以来南方，尤其是沿海地区城市经济的演变和繁荣与瓷器的外销关系极为密切，所以我们在研究中国外销瓷的同时把主要注意力放在沿海地区各个瓷窑体系的调查和发掘上。有关部门先后组织力量对广州西村窑、潮州笔架山窑、浙江龙泉窑、福建德化窑、泉州磁灶窑，以及江西景德镇的湖田窑进行了调查和试掘，对这些瓷窑的内涵和发展，进行了深入的分析，对它们生产的时代和地理范围作了进一步的调查，了解到它们都不止是在一个窑址、一个作坊进行生产，而是在一个相当大的地区范围内进行生产的。如龙泉窑我们了解到它分布在浙江西南部，据古文献记载和国外的出土资料来看，龙泉青瓷在宋元时代外销量是最大的。在明代，为了取得外销利益，广东的惠阳窑也在模仿龙泉青瓷，而且仿得极其相似。它的产量相当之大，外销的国家和地区竟达几十处之多。

德化窑系完全是一个适应外销需要而发展起来的窑系，该窑系分布在福建晋江沿海的广大地区。

（三）收集国外研究动态，进行国外出土的中国古代外销瓷的研究。战后30多年间，世界各地大量出土中国瓷片，还有很多极其重要的调查材料，如三上次男先生写的《陶瓷之路》等，都是非常重要的研究成果；我们也十分重视组织人力从事翻译工作。如徐本章等结合德化窑的调查发掘工作，对照南洋、菲律宾以及其他有关外国出土文献中的材料写出的《略谈德化窑的古外销瓷器》（《考古》1979年2期）等，就是对照国外出土材料，进行研究的成果。

（四）成立了古外销瓷研究会，把中国外销瓷的研究推进到一个新的阶段。为了深入研究德化窑，在

1980年开了一次学术讨论会，特别讨论了德化瓷的外销问题，把对德化窑的调查、发掘等研究工作与国外的发现结合起来。这时成立的古外销瓷研究会虽然人数不多，但工作开展得比较活跃，它促使很多博物馆、文物管理委员会、考古工作队抽出专门人员从事外销瓷的研究，根据各地的特点和属于当地的古外销瓷窑体系，分系统进行研究。目前，积累资料比较多的有唐代浙江的越窑，湖南长沙的铜官窑，宋元时代景德镇的湖田窑，浙江的龙泉窑，福建的德化窑、建阳窑、磁灶窑，广东的潮州窑、西村窑、惠阳窑等。对这些窑系开始生产的时代、发达的时代、外销的时代，在国内外的影响等情况做了较详细的探讨，把发掘品和国外的出土品结合起来。不少外销瓷研究会的成员又是海外交通史研究会的会员，它们的联合刊物就是《海交史研究》。

另外，在泉州海外交通史博物馆里专门有一个中国古外销瓷陈列馆，准备将研究成果用陈列方式表现出来，同时在景德镇也将要建立一个陶瓷历史博物馆，其中也要反映景德镇的外销瓷情况，这些工作都是初步的。

我们中国历史博物馆主要从事中国通史的研究、陈列和考古工作，对于外销瓷的研究开展得较迟。现在我们先集中力量对沿海地区外销瓷窑系进行调查和收集资料。我们设想按外销陶瓷发展历史的顺序，陆续用实物和图片资料把它展现出来，先搞一个供研究和学术交流的资料室，逐渐把这些实物资料和历史环境、海外交通密切联系起来，编出图录，写出专著，在外销瓷的研究工作中起到应有的作用。

（原文刊于《中国历史博物馆馆刊》1983年总第5期）

16—18世纪景德镇外销瓷的欧洲艺术风格

耿东升

中国陶瓷生产历史悠久，源远流长，先进的制瓷技术和精湛工艺，在人类文明发展史上做出了重要贡献。“人类的文化，由于各地域之间进行交流才得以不断发展，这是毋须赘言的。而通过陶瓷器，似乎可以更好地理解人类文化交流史……通过陶瓷器考察文化交流情况，最好的线索是中国的陶瓷器。没有任何国家的陶瓷像中国陶瓷那样历史悠久，风格多样，而且珍品众多，给予世界各地的陶瓷器以那么大的影响。”[1]

中国是世界上最早发明瓷器的国家，以天赐的瓷土，经陶工的精琢，烈火的洗礼，塑造成为精美绝伦的生活用具，它凝聚着劳动人民的聪明智慧和创造力。

明清时期是中国陶瓷生产的黄金时代，以江西景德镇窑为中心的制瓷生产达到巅峰。以工艺精湛、品种繁多、釉彩艳丽、纹饰精美而闻名于世，深受人们的喜爱。它不仅畅销国内，而且销售到许多亚洲国家，并远销到非洲、欧洲各个国家（图一）。

图一　瓷器铺（中国出口画），约绘于1830年，描绘的是中国瓷器商人等待西洋商贾来验货的情景

明代中期以后，随着新航路的开辟，欧洲人陆续到达中国沿海，东西方两大文明体系的直接碰撞，从此开始的贸易输出品以瓷器、丝绸、茶叶等为主，输往欧洲的中国瓷器有江西景德镇彩瓷、浙江龙泉青瓷、福建德化白瓷等，以景德镇窑的产品为主。不仅数量巨大，而且品种多，质量好。

由于地域环境、历史文化背景、生活习俗的不同，成就了各民族文化艺术风格，它不是独立的，而是与其他民族文化交流，不断地相互影响，发展丰富起来的。中国与欧洲虽远隔千山万水，随着中欧贸易与交流，远销欧洲的景德镇瓷器除具有中国传统文化艺术风格外，还融入了欧洲的艺术风格。

一　16—18世纪景德镇外销瓷器兴盛的原因

（一）明清时期景德镇制瓷业的繁荣

明清时期，中国的制瓷业在宋元瓷器生产的基础上更加昌盛，特别是江西景德镇以优越的制瓷条件，成为全国瓷业中心。它不仅生产供宫廷御用的官窑，还有为满足市场需要的民窑产品。瓷器生产数量大、品种多、质量精，景德镇呈现出“工匠来八方，器成天下走”的局面。宋应星《天工开物》记有“合并数郡，不及江西饶郡产……中华四裔驰名猎取者，皆饶郡浮梁景德之产也”[2]。万历时，“镇上佣工皆聚四方无籍游徒，每日不下数十万人”[3]。明万历王世懋《二酉委谭》有“天下窑器所聚，其民繁富，甲于一省，余尝以分守督运至其地，万杵之声殷地，火光烛天，夜令人不能寝”的记载，描绘了景德镇制瓷业的繁荣景象。明代中叶以后，商品经济发展较快，商业性农业和民营手工业有较大发展，社会分工不断扩大。“社会分工是商品经济的基础”[4]，商品经济的繁荣，加速了商品的流通。随着制瓷业资本主义因素的发展，民营窑场的激增，制瓷工匠的集中和瓷商的汇集，景德镇瓷业繁荣昌盛，出现了“官民竞市”的局面。景德镇瓷器“自燕而北，南交趾，东际海，西被蜀，无所不至”[5]。瓷业迫切要求扩大商业，发展海外贸易，也是大势所趋。清初沈怀清称“昌南镇陶器行于九域，施于外洋，事陶之人动以数万计”[6]。康熙五十四年（1715年）江西按察史刘廷玑所著《在园杂志》记：“至国朝御窑一出，超越前代，其款式规模，造作精巧”。清代景德镇承袭明后期实行的“官搭民烧”制度，对刺激技术进步和创新品种有重大影响，同时促进了瓷业的发展。清乾隆时期唐英《陶冶图说》记：“景德镇袤延仅十余里，……以陶来四方商贩，民窑二三百区，工匠人夫不下数十万，借此食者甚众。”繁荣的制瓷业，为国内外市场提供精美绝伦的瓷器，是海上贸易发展的前提。

（二）中欧新航路的开辟和欧洲人对中国瓷器的酷爱

著名意大利旅行家马可·波罗（Marco Polo，1254年—1324年）所著的《马可·波罗行记》在欧洲中世纪称为世界奇异之书，将他在中国和东方各国神奇而美丽的亲身经历，对元代时期中国壮丽的宫殿、繁华的城市、美丽的瓷器等描写，引人入胜。马可·波罗在1295年回到离别20年的故乡——威尼斯时，相传带回一件德化瓷香炉，被后人称为“马可·波罗炉”。《马可·波罗行记》在欧洲广泛流传，中国对西方世界是极其富饶神秘、令人向往的东方大国，盛产瓷器和丝绸。

15世纪末到16世纪，欧洲社会发生了巨大变化，封建社会逐渐解体，西欧进入资本主义原始积累时期，迫切需要发展海外贸易，在中国正值明中期以后，资本主义萌芽也开始滋生。东方世界成为欧洲锁定的目标。南洋一带的香料，也是欧洲人生活的必需品，欧洲为打破阿拉伯人的垄断，便竭力寻找通往东方的海上通道。欧洲大陆沿海国家葡萄牙首先完成了政治统一和中央集权化的过程，葡萄牙帝王和贵族们热衷于海外势力的扩张，企盼从远东的航海冒险中获得财富。15世纪末葡萄牙若奥二世积极组织力量，寻求西非通往中国的通道。1498年葡萄牙人得以实现，很快在印度洋和南洋一带确立了海上优势，夺取了阿拉伯手中的贸易权，开辟了南海—印度洋—大西洋相联的中欧交通航线。

欧洲葡萄牙人最早来到中国，西班牙、荷兰也紧随其后，从此中欧之间直接的贸易文化交流进入了新时期，通过海路，欧洲商人、传教士等不断来华，中国的大量商品，瓷器、丝绸、茶叶等源源不断地运往西欧，丰富了欧洲人们的生活。“在西欧见识到中国瓷器以后，中国瓷器就受到热烈欢迎，因为这是一种不是本地陶器所能比拟的器皿。中国瓷器所特备的优点，它那种不渗透性，洁白，具有实用的美以及比较低廉的价格，都使它很快成为当地人民深深喜爱的物品”[7]。此外来华的传教士等撰写有关中国著作，以及商人、使节撰写的游记报告，介绍中国的历史、科学、艺术、风俗等，西传至欧洲。

随着欧洲人对古老、神秘的中国的不断了解，欧洲出现了中国热，在18世纪中叶达到高潮。欧洲皇室贵族盛行收集中国艺术品，尤其是中国瓷器和漆器，在王宫中开辟“中国室”。贵族以收藏和使用中国瓷器为时髦，中国瓷器深受喜爱，成为比黄金还贵重的宝物，并作为夸耀财富的手段。它既是日用瓷，又是艺术品，中国坚致雅观、精美卫生、便于洗涤的瓷器，使欧洲人逐渐抛弃了昂贵的金银餐具和使用已久的木质食具和粗笨陶器。“中国热”不仅对欧洲宫廷生活，也对绘画、建筑、园艺、家具、陶瓷等产生了重大影响，同时，对整个欧洲社会也产生了深刻的影响。

16、17世纪葡萄牙皇室所使用的瓷器都托商人办理。依1541年欧洲文献记载，一个装饰葡萄牙王室纹章的中国瓷器约相当于几个奴隶的价格。

早在明代万历十二年（1584年），荷兰皇室通过葡萄牙和西班牙，向中国订购瓷器96000千件。在明代荷兰被称为“红毛番”，《明史》记红毛番“所产有金、银、琥珀、玛瑙……国土既富，遇中国货物，当意者不惜厚资，故华人乐与为市”。随着荷兰海上势力的扩张，在远东设立了两个贸易基地。荷兰于1602年成立了东印度公司，它是17世纪欧洲最庞大的商业机构，英文缩写“V.O.C”，经营中国瓷器等贸易。明万历三十二年（1604年）荷兰人截获了葡萄牙商船，得到中国瓷器约60吨，并运往荷兰拍卖，法王亨利四世、英詹姆斯一世争相购买。明天启三年（1623年）荷兰东印度公司在澳门开始收购瓷器，到17世纪，荷兰取代16世纪称霸一方的葡萄牙，在欧洲国家占据垄断地位。《荷兰东印度公司与瓷器》记载1610年（万历三十八年）7月有一艘船运9227件瓷器到荷兰，1614年上升到69057件。1637年为21万件。1639年输入荷兰瓷器36.7万件。1602年（明万历三十年）至1682年（清康熙二十一年）有1200万件瓷器被荷兰商舶运载到荷兰及世界各地，除小部分日本瓷器外，绝大多数为中国瓷器[8]。

中世纪以后，法国逐渐成为欧洲文化的中心。17至18世纪，路易十四、十五执政时期，法国文化艺术达到历史上的辉煌年代。绘画、建筑、雕塑艺术也取得了突出成就。17至18世纪，法国风行纤巧华美装饰风格的“洛可可运动”，装饰喜用淡白色调，从遥远东方来的中国瓷器，胎质洁白如玉，色彩素雅明快，绘制细腻工整，艺术风格富贵而典雅，符合法国人的审美情趣。精美的中国瓷器，也使帝王、贵族为之倾倒，并风靡法国的上流社会，同时促进了“洛可可”装饰艺术的发展。

1664年法国成立了东印度公司，大力发展航海事业。1698年（康熙三十七年）在广州建立了东印度公司。法国东印度公司商舶“宋菲托里特”号首航中国，1698年抵广州，于1700年返回法国，满载160箱瓷器，有数万件之多，被抢购一空。法国上层社会对中国瓷器无比喜爱，纷纷搜集与鉴赏，使商人们大发横财。路易十四是一位文化艺术的爱好与倡导者，对中国艺术也有浓厚的兴趣。1670年在凡尔赛宫内修建了著名的托里阿诺宫，以收藏中国青花瓷器而著称。路易15的宠姬帝帕多夫则动用国库的资金来收藏中国瓷器。

在科学和艺术方面都非常有传统的德国，早在15世纪对中国瓷器发生了浓厚的兴趣。18世纪，当时萨克森(Saxony)王国的王族、波兰国王奥古斯特斯(Augustus)和法国路易十四、路易十五一样，热爱搜集中国的瓷器，有几千件陈列在豪华的宫殿中。1713年—1740年普鲁士皇帝选皇后时，曾以600名骑士和邻近的君主换取一批中国瓷器，以此为婚礼增色。

1752年德国各邦中力量最大的普鲁士王国，由其国王腓特烈二世特准设立普鲁士王家艾姆敦对华亚洲贸易公司，并派船开展对华贸易。“普鲁士国王号”船从广州运回大量的瓷器、茶叶、丝织品等，以后曾十数次派船到广州，艾姆敦成为在德国的中国物品专卖市场，吸引了汉堡、不来梅、法兰克福、科隆等地商人。

图二　清康熙五彩彼得大帝纹章药罐
中国国家博物馆藏

入清以后，欧洲的意大利、比利时、丹麦、瑞典也来广州与中国通商。意大利于1670年向清朝派来使节，1731年丹麦在广州设立商馆，1732年瑞典东印度公司也在广州设立商馆。随着欧洲国家18世纪早期在广州设置贸易机构，中国瓷器出口欧洲达到了历史的高峰。中欧航路的开辟和欧洲国家在华设立贸易商馆对中国瓷器外销起着促进作用。

除了中欧海上贸易航线外，在欧亚大陆有一条由俄国到中国的陆上贸易路线。沙皇俄国非常重视与中国贸易，1689年（康熙二十八年）中俄签订了《尼布楚条约》，贸易不断增长，俄国官员、商人往来于莫斯科和北京之间。中国的瓷器与茶叶、丝绸等运往俄国。彼得大帝委托俄国商人订烧瓷器，康熙五彩药罐（图二）高19厘米，上绘彼得大帝的纹章，是贮存药物的容器。

中国入清以后，是中外关系史上的一个重要转折时期，中国与传统的亚非国家关系在西方国家冲击下逐渐削弱，中国与西方国家逐渐成为中外关系的主要内容。

（三）“海上陶瓷之路”的发达

“中国古陶瓷的对外传播与中西交通有着密切联系，从汉代起我国和东南亚、印度次大陆以及西亚的交通要道，历来就有陆路和海路两条路线”[9]。唐代以来，我国与诸国的海上交通日益频繁。广州、明州、泉州、扬州已成为当时世界闻名的四大港口。从广州湾起航，到印度半岛南端，再经阿拉伯湾到达西亚以至非洲的海路，输出品以陶瓷和丝绸为主，被称为“海上陶瓷之路”或“海上丝绸之路”。在埃及开罗南郊9世纪福斯塔特城遗址，出土有中国唐代三彩、长沙窑、越窑青瓷、邢窑白瓷等。一衣带水的日本京都、福冈、奈良等地出土有8、9世纪中国南方青瓷和北方白瓷。

宋代设立市舶司，采取奖励海外贸易的措施。我国是最早将指南针用于航海的国家，海船已能用指南针导航，朱彧《萍洲可谈》记有“舟师识地理，夜则观星，昼则观日，阴晦观指南针”[10]。1974年在福建泉州湾发掘的宋代海船，残长达24.20、残宽9.15米，复原后船长34.55、宽9.9米，排水量300余吨，船体有13个水密隔舱，提高了抗沉性。海船设计先进，船体坚固耐用，反映出宋代造船工艺高超。宋代铜镜装饰有航海的舶船图案。而欧洲18世纪才出现水密隔舱的船舶。

元代时期，元世祖时宣布“其往事互市，各从所欲”的政策。元代由于全国经济重心向江南转移，泉州港逐渐兴起，成为全国对外贸易第一大港。1977年南朝鲜新安打捞海底沉船，出土中国元代瓷器12700件，以元代龙泉窑青瓷为主，还有景德镇青白瓷、建窑黑釉器等，数量巨大、器物多样、制作精美，反映出元代海上陶瓷之路的规模，在土耳其的托普卡普撒莱博物馆和伊朗的阿迪别尔寺收藏有许多元代景德镇青花瓷和龙泉窑青瓷。

明代永乐时期，对海外朝贡国家实行较为开放的政策，郑和下西洋的壮举，标志着朝贡贸易达到了鼎盛。贸易往来也使得中国与亚非国家间的友谊和其他交往得到了较快的发展，永乐末年，“受朝命而入贡者殆三十国”。郑和下西洋是世界航海史和文化交流史上空前的壮举，人数之多，规模之大，是中国明初造船业和航海技术高度发展的标志和产物。郑和率领的是当时世界上最庞大的船队，宝船最大长44、宽18丈，张12帆，载重量达千吨以上，为当时世界上最大的船。宝船“体势巍然，巨无与敌”。它不仅反映出明代营造船只技术的精巧，而且反映航海技术高超，会用罗盘导航，善于利用海洋季风航行，远航在南海、印度洋上，经历惊涛骇浪。

郑和航行前后达28年，先后到达印度支那半岛、南洋群岛、印度、波斯、阿拉伯，最远到达非洲东岸。载去了大量的中国瓷器、丝绸、茶叶等，与当地人民交换货物。船舶归来时，《明史·郑和传》记“所取无名宝物，不可胜计”，有香料、玳瑁、犀牛角、象牙，还有烧制青花瓷所用的钴料——苏泥渤青料。

在郑和下西洋的影响下，各国贡使频频来华，带动了私人的海外贸易，沿海“往往私造海舟，假朝廷干办为名，擅自下番”[11]。明万历《东西洋考·饷税考》记有：“成弘之际，豪门巨室有乘巨舰贸易海外者。”隆庆帝即位后宣布“准贩东西二洋”。自此以后，中国海商才得到公开出海贸易的机会，私人海上贸易迅速发展，明王朝海禁政策至此基本瓦解，中国国内的商品经济有明显的进步。张燮《东西洋考》还记有商人李锦、潘秀、郭震等人经常往返于太泥（今泰国南部），专门和荷兰商人进行贸易，其中瓷器是主要的贸易商品。

康熙二十三年（1684年）开放海禁，“许江南、浙江、福建、广东沿海人民用五百石以上船只出洋贸易”。

明清时期，中国东海沿岸的一些著名海外贸易港口逐渐衰落。南海的广州是明清时期中国与欧洲、阿拉伯、印度等国进行贸易的主要商港。1685年，清朝开放广州等港作为中外通商口岸，中外贸易迅速增长，至乾隆二十二年（1757年）成为海外贸易的唯一港口。广州历史悠久，商贸繁荣，在广州，由官府特许经营的对外贸易商行称为“十三行”，又称为“洋行”、“外洋行”。明孙典籍《广州歌》记有：“广州富庶天下闻，四时风气长如春。”[12]康熙五十九年（1720年），洋行的商人为适应对外贸易而发展联合起来，广州集中了中国精美的货物，有瓷器、丝绸、茶叶、漆器等。

此外，随着西方国家与中国贸易的不断发展，荷兰、英国、法国等国的东印度公司在广州设立办事处，17世纪中叶，英、法、荷兰、丹麦、瑞典等国的商人，在广州珠江长堤一带，修建起洋行建筑，建筑均为高大的西洋风格，挂起本国的国旗（图三）。洋行多为贮存货物的场地，欧洲国家在华设立的商馆，对瓷器大量输入欧洲起着桥梁作用。由于欧洲各国相互开始激烈的贸易竞争，极大刺激了中国瓷业的发展，使外销瓷的生产达到了高峰。

图三　广州码头一角（中国出口的丝绸水彩画，约1780年—1783年）荷兰、英国、瑞典、法国皇家和法国东印度公司的商馆（从右到左）

清代雍正、乾隆时期，广州为适应外销需要，将景德镇所烧白瓷运至广州，依欧洲市场的需要和喜爱，彩绘烘烤而成，称为“广州织金彩瓷”，简称“广彩”。雍乾时期最盛，延至清后期。刘子芬《竹园陶说》记：“清代中叶，海舶云集，商务繁盛，欧土重华瓷，我国商人投其所好，乃于景德镇烧造白器，运至粤垣，另雇工匠，仿照西洋画法，加以彩绘，于珠江南岸，开炉烘染，制成彩瓷，然后售之西商。”

据记载，1685年—1757年，到中国贸易的欧美各国商船有312艘[13]。从1758年—1838年粤海关贸易的外国商船共达5107艘，平均每年63.8艘。其中大部分为西方商船[14]。明万历三十二年到顺治十三年，即1604年—1656年，荷兰销售达300万件中国瓷器，平均每年6万件。英国在17世纪把约有2500—3000万件中国瓷器运到欧洲，并在18世纪30年代后占据中国贸易的首位。

图四　1983年荷兰阿姆斯特丹佳士得拍卖行仓库一角
南中国海中国沉船和荷兰东印度公司沉船出土中国青花瓷器（16—18世纪）

1982年欧洲人在中国南海发现的1645年（顺治二年）的中国商船和1752年荷兰东印度公司的沉船（Geldermalsen号）中打捞出明代万历至清代乾隆时期瓷器高达19万件（图四），1983年—1986年5次在欧洲佳士得拍卖，拍卖总金额高达1000万英镑，轰动了世界。

以满足欧洲人对中国瓷器的酷爱为目的，景德镇昌盛的制瓷业为基础，中欧新航路的开辟和中欧海上陶瓷之路为桥梁，从而使16—18世纪输入欧洲瓷器达到高潮。

二　景德镇外销瓷器欧洲艺术风格的形成

1809年3月名叫托马斯·曼宁的欧洲旅行家从广东给他的赞助人生物学约瑟夫·班兹爵士的信中提到："他们从不用带缘的盘，但常用碟和盘来盛甜食等。我发现没人知道什么是（筒形）大酒杯。"[15]这段话反映出中西方文化生活习惯的不同。具有中国传统文化色彩浓厚的中国瓷器，输入欧洲后，由于历史背景、文化传统、审美情趣差异等原因，欧洲人不是按照中国瓷器的用途来使用，而是依欧洲自己的生活习惯和需要，对中国的瓷器进行随意改装，附加装饰和镶边，把瓶改为水罐或带流的壶等使用，或把盘挂在墙上，作为装饰品来使用。

精明的欧洲商人们认识到虽然中国瓷器艺术高超绝伦，但不符合欧洲人的习惯，解决这一问题的最好办法是定烧，商人或使用者出样，其造型、釉彩和图案具有欧洲艺术风格。中国瓷业按照欧洲的需要生产，瓷器更加符合欧洲人审美与习惯，使产品畅销于欧洲，也繁荣了景德镇瓷业。

清乾隆时期人蓝浦著《景德镇陶录》记有："洋器，专售外洋者，有滑洋器、泥洋器之分。商多粤东人，贩去与鬼子互市，洋瓷通过九江关、粤海关而出口，式样奇妙，岁无定样。"洋器指出口的瓷器，产品的种类、造型、装饰依外商要求而定。早在1616年（万历四十四年）10月10日，荷兰东印度公司彼得兹·科恩给公司董事们的信中写道："……这些瓷器都是在中国内地很远的地方制造的，卖给我们各种成套的瓷器都是定制，预先付款。因为这类瓷器在中国是不用的，中国人只拿它来出口。"[16]"1635年荷兰人定造一批瓷器，要求景德镇按照他们提供的木制的式样装造，如西餐使用的大型的杯、盘、碗、罐……食盐罐、茶叶瓶，都如式做成了。"[17]

为保证瓷器的畅销，外商对器物的式样、尺寸都会提出要求。乾隆四年（1739年）一份由法国东印度公司经理签署、法国商船"康地"号送往广州分公司代理人的指示信件中记："……二千到三千对高脚杯，每种颜色釉要各有相同的数量，但是，要避开荷兰在中国订购式样，今年的数量要稍多一些。三千个蓝釉的盘，但要八英寸高……盐瓶请不要超过十英寸高。"[18]

三　景德镇外销瓷器欧洲艺术风格的特征

景德镇外销瓷器欧洲艺术风格表现在其造型、图案、装饰等方面，符合欧洲人们的生活和艺术欣赏习惯。

图五　清康熙蓝地白花缠枝花卉纹器一组（2件花觚，1件盖罐）德国德累斯顿博物馆藏

（一）器物造型：可分陈设用瓷和饮食器具等类。陈设用瓷有成套瓶、罐、尊（图五）、人物瓷塑、动物瓷塑。欧洲人将大瓶、套瓶装饰于楼梯顶端、会客厅或放在壁炉上，器形高大，一般为40—50厘米，大者70—80厘米，形制端庄。人物瓷塑有西洋男女跳舞人，男、女雕像（图六）等。动物有鸡、狗（图七）、猴（图八）、鹦鹉等，造型生动、栩栩如生。洋狗在英国又称为"查理王猎犬"的驯狗，因查理二世（1660年—1685年在任）喜爱并饲养而得名。西方海员从非洲、印度、东南亚将猴带回欧洲作爱畜饲养，猴的瓷塑也十分流行。

饮食器具有成套的西餐用具，有盘、碗、碟等。喜用动物或瑞果形状的带盖汤碗，有野猪头（图九）、

图七　清乾隆红釉洋狗

图六　清乾隆粉彩荷兰仕女雕像

图八　清乾隆褐釉猴子

图九　清乾隆粉彩野猪头汤碗，广州加彩

象首、鹅形（图一〇）、鸭形等，均为模仿欧洲金属质动物头形容器。依记录，荷兰东印度公司在1763年订制了25件野猪头带盖汤碗和25件鹅式带盖汤碗。1764年又订制了19件野猪头盖汤碗。瑞果有石榴形等。调味用器有盐罐、姜罐、芥末罐等。口径达40厘米的深腹大碗，欧洲人用来调和“五味酒”饮料，它由烈酒、葡萄酒、果汁制成。茶具有茶杯、茶碟、茶壶等；酒具有啤酒杯、啤酒壶；咖啡具有咖啡壶（图一一）、杯等。

图一〇　清粉彩鹅形汤碗，1760年—1770年，广州加彩

卫生用具有呈扇贝形的剃须用盘（图一二）等。

器物以仿欧洲的金银、木制、玻璃、陶质品等为主，造型别致，形制新颖。

（二）装饰纹样：有欧洲人喜爱的植物花卉、鸟禽等，如荷兰国花郁金香、山楂花及孔雀纹（图一三）等，富有的欧洲人在花园饲养孔雀作为观赏之用；有希腊神话、圣经故事、欧洲皇室成员的肖像、西洋人物图纹样，如葡萄牙皇后的肖像，头戴假发，衣着17世纪贵妇观赏盆花、荡秋千，西洋人物奏乐图（图一四）等。纹章图徽有欧洲皇室、贵族、公司（图一五）、城市的纹章。据统计，纹章图徽约有300种。纹章瓷始于16世纪，兴盛于17—18世纪，最早的是葡王马努埃尔(Manuel)一世（1495年—1521年）纹章的青花瓶。欧洲的船舶（图一六）、建筑、风景、名胜等，如荷兰鹿特丹的街道、建筑、水车、磨坊，均仿自荷兰著名画家伦勃朗的铜版画。英国伦敦泰晤士河、牛津波塔尼卡尔公园，北欧渔民在北海捞鲸鱼的场面等，在广州的欧洲商人洋行和邸宅，以及他们日常生活题材等，都成为外销瓷的装饰纹样。

图一一　清康熙青花人物图咖啡壶

欧洲发生的社会历史事件，也被作为装饰纹样，如鹿特丹市民骚动图盘（图一七），反映的是1690年（康熙二十九年）7月4日，荷兰鹿特丹因警长奈佛尔脱渎职抓错杀人犯引发骚动，愤怒的市民袭击警长的住宅，用梯子、绳索、斧子毁坏其住宅的情景[19]。

图一二　乾隆粉彩牡丹雄鸡图扇贝形剃须盘

图一三　清康熙青花牡丹孔雀纹折沿盘

图一四　清康熙青花西洋人物奏乐图折沿盘

图一五　五彩荷兰东印度公司纹章图盘，1728年

图一六　清康熙五彩西洋船舶图盖盒

图一七　青花鹿特丹市民骚动图折沿盘

装饰图案多模仿欧洲版画、油画、印刷品等，艺术风格独特，充满异域风情。

（三）装饰技法：明末清初景德镇生产的外销产品之一——克拉克瓷，欧人称为“Kraak”。“Kraak”一词源自葡萄牙语，意为“巨形船只”（巨舶），原为一葡萄牙商船的名字，明万历三十二年（1604年）满载着整船的瓷器，被荷兰人截获，运到阿姆斯特丹拍卖，十分轰动，多为中国青花瓷，欧洲人称为“克拉克瓷”。日本依其图案形似芙蓉花，称为“芙蓉手”。克拉克瓷青花为多，器形有盘、碗、军持等，以花鸟、瑞兽为装饰，图案虽有中国传统画法，但放射状、模印状排列的菱花式或扇形开光布局已非中国风格，为模仿欧洲金银器的制作技法，开光似捶成的格子。由于欧洲商人的订购，景德镇外销瓷器为适应欧洲市场，不仅造型、图案具有欧洲艺术风格，绘制技法也采用西洋画法。此外，欧洲的绘画，包括素描、水彩画、油画、铜版画、肖像画等输入中国，也影响到中国传统绘画技法，但由于历史文化背景不同，中国和西洋画的不同艺术风格，中国绘匠对西洋技法掌握不好，图案中西绘画技法相融合，出现不协调的现象，如构图比例、施彩等方面，人物表情呆滞，色彩不和谐等。1698 年来到中国的法国耶稣会教父法兰西斯·格扎维埃·昂特雷科，18 世纪 20 年代在景德镇曾写道："中国画匠也吸收了从欧洲传来的有关风景和建筑的平面画画法，我们很难以我们的概念，去评论他们描绘事物的绘画风格。"[20]随着画技的提高与进步，装饰纹饰有西洋绘画的透视感、立体感等。陈浏《陶雅》云："有以本国瓷皿摹仿洋瓷花彩者，是曰洋彩，画笔均以西洋界算（透视）法行之，尤以开光中绘泰西妇孺为至精之品。至于花鸟，亦喜开光，又有不开光者……绘人物面目，其精细者，用写照法，以淡红笔描面部凹凸，恍如'传神阿堵'者。"

四　欧洲艺术风格的景德镇外销瓷在中欧文化交流上的历史作用

中国传统的制瓷工艺与欧洲艺术相结合，可谓珠联璧合，它不仅是研究欧洲国家历史的重要文物之一，也是中国与欧洲国家友好往来的见证。中国外销瓷的输出，促进了中国制瓷业更进一步的发展和繁荣，同时，使世界更多更好地了解中国。外销瓷的输入对欧洲陶瓷制造业产生了巨大的推动作用，也极大地促进了中欧之间文化的交流。德、意、荷、英等欧洲国家在中国瓷器的影响下生产瓷器，繁荣了世界陶瓷生产业。它也对欧洲社会生活和物质文化产生了重要的影响。随着中国精美的瓷器输入欧洲国家，使欧洲市场对瓷器的需要急剧增加，从而促进了欧洲的陶瓷生产发展。

1

2

图一八
1.清乾隆青花八吉祥纹扁壶 2.荷兰代尔夫特窑仿品

早在 1569 年（隆庆三年），葡萄牙传教士克罗兹关于中国的传记文学作品，向欧洲介绍中国瓷器的秘密，对欧洲瓷器生产起到了重要作用。明代万历十二年（1584 年），荷兰的陶器工匠们通过东印度公司，采购了中国的白色釉料和青花颜料，成功地仿造中国青花瓷器。17 世纪，荷兰的代尔夫特 (Delft) 窑集马略卡陶器流派之大成，以生产仿中国青花瓷的白釉蓝彩陶器而闻名，烧制出欧洲人喜爱的带有中国式图案的产品，并行销欧洲。

1627 年意大利皮萨城人制成软质青花瓷器，后模仿中国青花瓷。1680 年法国鲁昂窑仿制青花瓷。德国柏林的炼金匠、陶瓷家柏特格于 1709 年（康熙四十八年），烧制成功真正的硬质瓷器。在国王奥古斯都的核准下，1710 年（康熙四十九年）在邻近德累斯顿的小镇迈森，建成了皇家萨克逊瓷器工厂，并源源不断地供应欧洲市场。德国是欧洲第一个生产瓷器的国家，产品以康熙、乾隆时期的中国彩瓷、青花为摹本进行生产。18 世纪奥地利维也纳窑烧制硬质瓷器。英国彻尔西窑、"弓"窑、伍斯特窑，法国尚蒂伊窑仿烧中国瓷器，生产软质瓷器。俄国在 1745 年、1758 年分别在圣彼得堡、莫斯科生产瓷品。欧洲瓷窑在模仿中国瓷器的同时，烧制出各具特色的产品，繁荣丰富了世界陶瓷艺术。

欧洲国家生产的瓷器模仿中国外销瓷，造型、釉色、装饰、图案等方面，具有中国瓷器艺术风格。如明代万历景德镇窑外销的青花开光花卉水禽鸟纹盘，荷兰、英国、西班牙和德国有仿制。顺治青花麒麟芭蕉纹罐，荷兰 17—18 世纪代尔夫特有仿制。德国安斯巴赫 18 世纪烧制的彩绘楼阁纹八方盘，以康熙器为摹本。清代乾隆青花八吉祥纹扁壶，18 世纪荷兰代尔夫特窑和法国塞佛雷斯窑均有仿制（图一八）。

纹饰上，如英国的青花瓷器上绘有垂柳、亭台楼阁、小桥溪流等中国图案，称为"柳树图案"。装饰图案有的取材我国历史名人故事。18 世纪德国迈森和英国彻尔西烧制的彩绘司马光击缸救友图八方盘描绘的是，司马光立于缸前，镇定自若，缸破友救的情景。这是流传广泛的北宋时期我国著名文学家、历史学家司马光少年时代机智勇敢的故事。

中欧文化的互相交流，是相互了解学习的过程。欧洲商船不仅把中国瓷器运到欧洲，而且还将法国的珐琅器、意大利的玻璃器、荷兰的陶器、英国的金属器皿等艺术品和手工艺品带到我国，也丰富了人们的物质生活。

图一九　清乾隆珐琅彩课子图双耳葫芦瓶

清代康熙、雍正、乾隆帝均主张吸收外国文化艺术和科学。清宫中珍藏有意大利的玻璃器、法国里摩日的珐琅器、座钟等欧洲著名的手工艺品。欧洲艺术对当时的中国社会、宫廷生活、建筑、制瓷业也影响深远。

康熙四十八年开始兴建的圆明园，是闻名世界的“万园之园”，吸收欧洲建筑艺术风格，集东西方建筑学之大成者。故宫博物院珍藏的《雍正行乐图册》中，雍正皇帝装束十分多样，或身着汉族衣冠，作文人装扮，摹仿历史或传说中的名人，如偷桃的东方朔，竹林抚琴的阮籍，题壁的苏东坡。最为新奇的是，头戴西洋卷曲假发，着西洋服饰，俨然欧洲人的装扮，反映出异域西洋风俗对清代宫廷的巨大影响。

欧洲艺术的传入也影响到中国艺术的发展，对珐琅器、瓷器的制作影响最大。

18 世纪以后，法国著名的里摩日珐琅器制作精美，以餐具为多，闻名于欧洲。制作珐琅的材料也由法国商人、传教士带到中国，康熙朝以进口料烧制名贵的铜胎珐琅器，《景德镇陶录》卷七记有佛郎嵌窑（即指法国里摩日珐琅器）：“亦呼鬼国窑，即今所谓发蓝色……亦以铜作胎，用色药嵌烧，颇绚采可玩。”又说：“虽然绚采华丽，而欠雅润精细，可供闺阁之用，非士大夫文房清玩也。”其生产和发展也是受到法国铜胎画珐琅的影响。瓷胎画珐琅在铜胎画珐琅的影响下，也在康熙朝始制，并对粉彩瓷的生产有重大影响。

欧洲的珐琅工艺品、玻璃器皿、陶器、金银器、绘画等，对景德镇瓷器生产提供了参考资料，特别是油画、肖像画、铜版画、水彩画、素描等，对中国瓷器产生影响最大。

欧洲文艺复兴运动时期，艺术大师辈出，使西方绘画艺术提高到新的水平。随着 16 世纪传教士和欧洲商人经商来华，西方色彩浓厚的绘画流入中国，西洋绘画与中国绘画风格迥异。在清代时期，欧洲画家、艺术家郎世宁、王致诚、蒋友仁等，供职于清宫画院，对当时的绘画艺术影响较大，尤以郎世宁最为著名，供职时间最长。其绘画“凡名马、珍禽、奇花、异草，辄命图之，无不奕奕如生，设色奇丽，非秉贞等所及”[21]。中国与欧洲的绘画表现手法不同，西洋肖像画主要用颜色块面的堆叠来表现人物的形象和质感，中国传统的肖像画特别重视人物的轮廓线。西洋人物面部以渲染为主，且多用色彩，不见线条的痕迹，衣服的画法上也以色彩塑形。建筑物的描绘，注重光线照射下所产生的强烈明暗效果，运用焦点透视的手法，使画面出现很强的纵深感。

欧洲艺术对中国瓷器的影响，表现在造型、彩釉、绘制、纹饰等方面。造型有的模仿欧洲的器皿。康熙、雍正、乾隆时期瓷胎画珐琅，施彩浓艳，色彩斑驳。粉彩的绘制技法也吸收了西洋画法的长处，有立体感、透视感，色彩浓淡深浅，以分远近和层次，人物脸部和皮肤呈天然肉色，五官高低凹凸，建筑风景有透视的感觉。山水人物、花卉翎毛等，均精细入神，精致之器均为御用品。陈浏《陶雅》记：“贡品绘碧瞳卷发之人，精妙无匹，西商争购，值亦奇巨也。”绘画风格技法稚嫩，色彩鲜艳华丽，西洋艺术风格十分浓厚，可见西学东渐之风盛。

课子图（图一九）是乾隆时期珐琅器的流行画题，人物讲究解剖结构及比例，绘制采用西洋技法，注重明暗，富有立体感，形象准确，人物的脸部、衣冠服饰均富有质感。人物生动传神，画法细腻，色泽华丽，以色塑形，线条的痕迹不显，具有很浓厚的欧洲画风格。

总之，中欧海上“陶瓷之路”的开辟和繁荣，不仅把相距千山万水的中国与欧洲紧密联系在一起，而且中国所烧制的欧洲艺术风格的瓷器，在 16 — 18 世纪达到高潮。它是中欧文明与文化的融合体，不仅体现出中国发达和辉煌的制瓷业，同时也展示出富有异域风彩的西洋文化，在世界文化交流史上占有重要的历史地位，共为世界人类的文化发展做出了不可磨灭的贡献。

注释：

[1][日]长谷部乐尔:《通过陶瓷器了解东西方文化的交流》，出光美术馆、故宫博物院编著《陶瓷之路——中国、日本、中东、欧洲之间的陶瓷交流》，出光美术馆，1989 年。

[2][3](明)宋应星:《天工开物》中篇《陶埏》，明书林杨素卿刻本。

[4][苏]列宁:《俄国资本主义的发展》，人民出版社，1952 年，第 9 页。

[5](明)王宗沐:《江西大志》卷七《陶书》，明万历二十五年刻本。

[6](清)朱琰:《陶说》卷一，美术丛书本，神州国光社，1947 年。

[7][8] T.volker, *porcelain and the Dutch East India company*, 1954 年。

[9]冯先铭:《中国古陶瓷对外传播与外来影响》，出光美术馆、故宫博物院编著《陶瓷之路——中国、日本、中东、欧洲之间的陶瓷交流》，出光美术馆，1989 年。

[10](宋)朱彧:《萍州可谈》卷二，四库文澜阁本。

[11]《明宣宗实录》卷一〇三，中研院历史语言研究所本，1962 年。

[12](清)仇巨川:《羊城古钞》卷七，清嘉庆刻本。

[13][英]格林堡:《鸦片战争前中英通商史》，商务印书馆，1961 年，第 41 页。

[14]黄启臣:《清代前期海外贸易的发展》，《历史研究》1986 年第 4 期。

[15][16][20]中国硅酸盐学会主编《中国陶瓷史》，文物出版社，1987 年。

[17][18][19]朱培初:《明清陶瓷和世界文化的交流》，轻工业出版社，1984 年。

[21]《清史稿·艺术传·唐岱传》，中华书局，1977 年。

（原文刊于《中国国家博物馆馆藏文物研究丛书》，上海古籍出版社，2007 年）

广西出土的陶瓷器

李鸿庆

我国陶瓷工艺，历史悠久，烧造地点遍及全国。但是从古籍文献中，很难找出有关广西地区烧造陶瓷的记载，成为中国陶瓷史上一块空白。

建国以来，广西壮族自治区在考古工作中发现古窑址多处，填补了中国陶瓷史上的这一空白点。其中以宋代影青瓷中和窑址而论，可与驰名中外的景德镇瓷窑产品媲美。再从不断出土的印纹硬陶、原始青瓷和早期青瓷中，可以看出祖国辽阔的国土上，陶瓷工艺由陶向瓷发展过程都是基本相同的，各地窑业也是相互交流和互有影响的。

根据《建国以来广西文物考古工作的主要收获》一文所载[1]，广西地区至目前为止，已发现原始社会遗址 900 余处，古墓葬 100 余处，古窑址 60 余处。在古窑址出土的陶瓷器，更是不胜枚举。仅就笔者所知，原始社会遗址中发现有新石器时代晚期、伴随磨制石器出土大量陶片，在洞穴出土有较完整的圜陶釜和三足陶罐等，造型各有不同。贺县桂岭出土的春秋时期印纹陶器，尤属罕见。在自治区内各地发现的窑址中，值得重视的有宋代影青瓷窑和青瓷窑数处，均可与景德镇瓷窑、北方耀州窑和广州西村窑的产品媲美。至于在各地墓葬出土的战国时期原始瓷，东汉时期的早期青瓷，以及六朝至宋元时期的青瓷和明清两代的青花瓷器等，不少是有代表性的器物。兹将其中重要陶瓷，分别记述如下。

一　新石器时代晚期陶器和春秋时期印纹陶的发现

图一　新石器时代晚期绳纹四耳陶釜（广西那坡县感驮岩出土）

广西新石器时代文化的遗址，在区内各地发现不少，出土遗物亦非常丰富。由于广西地区石灰岩洞甚多，经过历年的普查，大多分布在桂林、柳州、来宾、临桂、灵川、阳朔、崇左、扶妥、靖西、武鸣、马山、都安、大新、贺县、富钟等地。洞穴遗址中发现的新石器时代中晚期的遗物和遗迹，除大量石器工具外，陶器多为夹砂绳纹粗陶，惜多是残器。惟桂南、桂西南地区发现有比较完整的陶罐和陶釜。前者是 1958 年龙州八角岩遗址出土，后者是 1962 年那坡县感驮岩遗址出土，均为夹砂粗陶，呈灰褐色，粗绳纹，圜底。陶釜口缘存残耳痕四处，釜内尚有烟炱痕（图一）。1959 年山东大汶口新石器时代墓葬出土的陶罐，底内亦有经过火炙变色痕迹，据考证是作为保存火种用。这为研究新石器时代中晚期生产和生活提供了一些线索。1973 年大新县杌圩公社歌寿岩遗址又出土陶釜、陶罐各一件，都是伴随着磨制的生产工具出土的。均为夹砂陶，轮制，通体细绳纹，胎薄质坚，火候较高。其陶罐底有细小三足如乳状，在广西地区是首次发现。从而说明原始社会时期陶器生产的演进，在仰韶时期已有圜底和平底两个系统，至于三足器成圈足器，则显然是受了中原文化的影响。

印纹陶是在陶坯未干时，从拍印演变到用模压印而成的有纹饰的陶器。早在新石器时代晚期，就有方格纹、编织纹、绳纹、篮纹等纹饰的印纹陶，有的地区也出现了几何纹。尤其在长江以南，东南沿海一带几何印纹陶，特别盛行。从商周延续到西汉初的遗址和墓葬中都有类似的发现，它是与青铜器文化并存的[2]。在广东大陆地区，地面上还普遍出现春秋战国时期的夔纹陶片，模仿铜器花纹，极为明显。这类陶片，是属于东南沿海大陆的新石器时代或最晚期到春秋时代的产物[3]。1964 年广西贺县桂岭同时出土有夔纹和雷纹陶釜等三器，胎质细腻，火候很高，均为圜底，并均有方格印纹。雷纹陶釜，肩上腹下饰云雷纹；夔纹陶罐，肩部有附耳一双，腹部满布清晰夔纹；夔纹陶釜，纹饰与前同，《广西出土文物图录》标名为罍。罍有方圆二种，圆者始见于西周，东周已经绝迹。它的形制是大腹、圈足、两耳，器物下部都有一个鼻耳[4]。此器如名为罍，似属不妥。这三件印纹陶器的发现，说明两广地区在春秋战国时期已经受了中原地区青铜文化的影响。据中国科学院上海硅酸盐研究所测试，印纹硬陶中氧化铝的含量较高，需要在较高的温度中烧成，它已经具有原始瓷的性能。从而可以进一步认识到广西地区近年来不断出土有关原始瓷的考古资料，是有其渊源的。在研究我国陶瓷发展史上，也是值得重视的。

二　战国末至西汉初原始瓷考古资料的发现

我国瓷器起源很早，它的制作方法和形态是从陶器发展而来，但瓷与陶有本质的区别。由于陶器制作技术不断提高，经验不断积累，到了条件具备时，才出现了瓷器。河南郑州商代遗址出土的 3000 多年前的青釉印纹尊，安徽屯溪西周墓出土青釉器等，这些新发现，已经改变了建国初期所谓“半瓷半陶”的名称，而把它都称为原始瓷器。所谓原始瓷器，虽用较高温焙烧而成，但釉层薄，烧结不良，较易剥落。总之，在胎和釉上，都表现出瓷的原始性和由陶到瓷的过渡性。由此明显看出，从商周的原始瓷到东汉烧制出比较成熟的早期青瓷，此一千多年中就是我国陶器向瓷器发展的过渡阶段。近年来，由于全国各地陶瓷考古资料的不断发现，其中属于原始瓷范畴的青釉器，实属不少。

1974 年广西平乐县张家公社银山岭发掘了一批战国墓群，随葬器物多为青铜乐器等，伴随出土的陶器有 360 件，除纺轮外，其他都是生活用具，以杯、盒为最多。其中有的火候较高，敲击有清脆声音，个别器表敷青釉或点滴青绿釉，有的器物外壁还模印方格纹或米字纹，说明印纹硬陶的传统作法尚未绝迹。值得介绍的有两件属于原始瓷范畴的器物：一为有釉印纹小陶杯；一为鋬耳陶罐。小陶杯酷似商周时期的青釉器（原编号“平银 153.9”），高 3.5 厘米，圆唇、深腹、平底，唇缘有压印人字纹带如绳纹，器表敷以青黄釉。鋬耳陶罐，通高约 4.7 厘米，子口、椭圆腹，上小下大，平底，底有三小足，腹一侧有弓形鋬耳，腹部满饰凹弦纹，器表敷有少量晶莹薄釉[5]。这两件釉陶，是目前出土从商周时期出现原始瓷以后的漫长岁月里由陶到瓷过渡阶段的典型产物，也说明我国在西汉初仍然处在陶瓷发展过程中原始瓷的阶段。到了东汉魏晋，由于制瓷技艺不断提高，成熟的青瓷在各地窑址或墓葬才有了实物出土。

三　东汉时期早期青瓷的发现

原始瓷的出现，在制陶工艺上为我国瓷器的创造和瓷质的不断改进提供了必要的条件。东汉时期我国已出现接近成熟的瓷器，从浙江上虞县汉代古址出土的实物和一些瓷片，得到了证实[6]。这种接近成熟的瓷器，釉呈青黄色，厚薄均匀，烧结良好，无剥落现象。釉色虽不够美观，但有柔和深厚之感，已脱离了原始青釉阶段，说明已初步接近成熟瓷的标准[7]，也可称为早期青瓷。

1955年广西贵县汉墓群出土有东汉青瓷器多件，其中第十四号墓同时出土青瓷耳杯共8件，只有一件比较完好，高4.4、口8.5×13.4、底4.7×8.3厘米。胎质灰白，内外施青釉，底有垫烧痕。同墓还出土有青瓷器二件：一为弦纹高足碗，高12、口径18.5厘米，胎质亦灰白色，叩之有清脆声，口下弦纹二道，内外敷青黄色釉，碗外浓釉下垂如泪痕；一为青瓷双纽罐，高24.1、口径14.7、底径15.2厘米，变双系改饰双纽在肩上，实属少见（图二、三）。还有1965年兴安田心村出土东汉青瓷罐，高11、口径9.6厘米，胎灰白，质坚致，鼓腹平底，肩上弦纹一道，通体施青黄釉。这些早期青瓷，与北京历史博物馆1924年发掘的河南信阳出土的东汉青瓷四系罐和1972年湖北当阳出土的东汉青瓷坛、青瓷四系罐、青瓷钵等同是早期青瓷的代表作品。

图二　东汉青瓷双纽罐（广西贵县东汉墓出土）

图三　东汉青瓷双纽罐（纽饰部分）

四　南朝青瓷

如上面所述，东汉是我国早期青瓷烧成时期，到了魏晋，在烧制技术上跨进了一个新的时代，所谓我国真正的瓷器诞生了。建国以来，全国各地清理了这一时期大量墓葬，也发现了许多古代青瓷窑址。南京两座东吴墓分别出土一件青瓷虎子和一对青瓷羊，在青瓷虎子（一作水注）上刻有“赤乌十四年会稽上虞师袁宜作”铭款，这是发现带有纪年铭文最早的青瓷。浙江上虞县是我国青瓷的著名产地，据调查已发现古窑址218处，其中有三国、晋代和南朝的龙窑各一座，从窑址出土的瓷片来看，烧结良好，釉面光亮明快，无裂纹，呈淡青色。瓷土淘练极精，呈灰白色，已达到真正瓷器的要求[8]。

自建国以来，贵县古墓群出土了不少东汉青瓷器。后于1973年又有三国吴黄龙元年铜镜的发现，可以推知在出土的青瓷中，可能也有三国时期的窑器。

1972年在梧州市文化路发掘了一座晋墓，出土的青瓷器、陶器和铜器等30余件，其中有青瓷鸡首壶、青瓷点彩罐、青瓷唾壶等。胎质细白，釉色青润，微有细碎纹。鸡首壶造型饱满，两耳作桥形，是晋瓷典型。值得注意的是一件晋瓷——青瓷弦纹盖盂，1958年梧州螺山六号墓出土，通高12.2、口径13、底径9厘米。盂正圆，口微敛如钵状，盖上圆纽如半球形。器内外满施浅薄青釉，有细碎纹，惜多剥蚀。盂底隐露垫烧痕两处，惟盖内外找不出垫烧、支烧或覆烧的痕迹，制作精巧，可以被认为是西晋早期青瓷珍品。

据近年来发现的陶瓷考古资料。南朝窑址都在长江以南。广东、江西两省墓葬出土的青瓷也不少。1974年广西恭城长茶地发掘了3座南朝墓，出土青瓷达100多件，数量之多，在广西是少见的。出土的青瓷器，大部分为生活用具，只有少许陶铜铁器伴随出土。这表明当时制瓷技艺相当普遍和成熟。其中主要青瓷有如下数器。

青瓷碗，碗型分大、中、小3式，多至23件。碗内外施青黄釉，有细碎纹，碗心釉厚聚结，泛有蓝翠如滴的斑点。小足厚重如玉壁状。

青瓷三足炉和五足砚，釉色青黄，隐有细碎纹，足均作蹄式，炉下连以平底圆盘，砚面凸起无釉，周有凹槽。在湖南长沙南齐墓出土青瓷中，不仅有同样的六足砚和三足炉等，伴随出土的文物中也有鐎斗和明器石猪等。而且该砖室墓还发现有“齐永元元年己卯刘氏墓”墓砖，这更说明广西恭城出土的青瓷是南朝墓葬遗物，为南朝青瓷的断代增添了可靠依据。

青瓷刻花盘，高 3.1、口径 21.3 厘米，胎质厚重，呈米白色，内外施青黄釉，釉不及底。盘内弦纹两道，浅刻莲瓣纹，莲心印有莲实图案。按《新中国陶瓷考古的主要收获》载：南朝墓出土青瓷盘较多。盘心多为凸雕或浅刻瓣纹，莲心多印有莲实数枚[9]。又按南京西善桥油房村南朝大墓发现有“八瓣连花纹墓砖”，这种特点与河南邓县彩色画像砖墓的砖纹——八瓣莲花纹中有莲实相像，从这一点也可以明南北朝时代佛教艺术的装饰花纹，在南北方是普遍流行的[10]。

五　隋唐青瓷

隋唐窑址，目前在广西地区还没有较多的发现。近几年来，钦州、昭平、桂平和灌阳等县墓葬出土的隋唐青瓷，很值得考证。1977 年钦州县双墩墓出土青瓷碗，据说是隋代产品，且有刻花纹饰者。由于隋代历史较短，近年来陶瓷考古资料的新发现，如西安大业四年（608 年）李静训墓、大业六年（610 年）姬威墓和安阳开皇十四年(594 年)张盛墓相继出土近百件白瓷，造型丰富多姿，可以看出隋代白瓷的真实面目[11]。但在烧制青瓷的成就方面，尚待进一步探讨。

1972 年广西昭平县庙岈出土青瓷彩绘水鸟执壶，高 18.8、口径 9.6、底径 10.7 厘米。胎质灰白，口唇外卷，短流，有柄如绶带。通体青黄釉并细碎纹，流下饰以釉下褐彩水鸟图案。1973 年桂平县桂平公园出土青瓷褐绿彩联珠纹双系罐，高 15.5、口径 3.6、底径 8.6 厘米。罐身筒状，通体浅淡青黄釉，饰以褐绿彩联珠圆圈和菱形图案，犹如缨络装饰。根据湖南省博物馆清理长沙瓦渣坪唐代窑址所采集的主要器物，如青黄釉褐绿彩绘花鸟瓷壶、褐彩贴花壶、黄釉褐绿彩绘大碗等，与广西昭平、桂平出土的上述两件褐绿彩绘瓷器，极其相似，都是属于唐代著名的岳州窑系，亦即所谓铜官窑产品[12]。

近几年来，广西有关唐代青瓷的重要发现，以灌阳黄关唐墓出土者为最著。该墓出土有青瓷刻花覆莲瓶、青瓷虫柄虎子和褐釉小碗。青瓷瓶，胎质灰白，长颈撇口，颈有凸稜一道，广腹平底，底有浅圈足，肩上刻以覆莲花瓣纹，口内外至腹下施青黄釉，色如浙江余姚上林湖越系窑址出土的唐大中四年（850 年）刻字青瓷罂的“黄鳝青”（釉如鳝鱼黄，隐现青色），可以说这是唐代越窑系青瓷的代表作品。青瓷虎子，造型特殊，腹如圆球，仰口、虫柄、柄如黄蜂飞落状，形态异常生动，反映了劳动人民丰富的想象力与高度的制作技巧。尚有一件褐釉小碗，底似釜而平，釉不及底。同时这座砖墓带有“唐开元二年（714 年）”纪年墓砖，这对唐代青瓷断代，有了可信的物证[13]。

六　宋代青瓷和影青瓷

建国以来，广西出土的宋代青瓷，主要发现于窑址中。1963 年兴安县严关发现古代青瓷窑址，在严关左近二三里许，沿马头山前，靠灵渠岸边，很多瓷片露出地面，俯拾即是。在废品坑出土有杯、碗、盘、碟、壶、砚等器皿。胎质灰白，大部分为青釉器，间有如钧窑天青、天蓝等釉色，并有如吉州永和窑黑釉玳瑁斑者。青釉泛黄，光泽厚润，多为印花装饰，亦有划花刻花者，图案以海水游鱼、荷花婴戏为题材，并有“太平”、“寿山福海”等铭款。从烧制工具来看，都用垫柱（如筒状）叠烧，因之支钉垫圈甚多，并未发现有匣钵装烧者，以致出现粘釉搭烧的废品不少。但是胎质坚致，敲之有清脆声，颇类广东西村晚唐至五代古窑产品，也类似陕西耀州窑青瓷风格。若以黑釉间有玳瑁斑者而论，颇似四川邛窑和吉州永和窑的制作技艺。至如窑变天青或天蓝釉色，又酷似宋代钧窑产品。据桂林文管会的调查，在窑址附近灵渠岸边，曾发现一件南宋庆元年款青瓷长方砚，惜已佚失。又在窑址废品坑中发现宋癸未年款双鱼印花陶模及“皇宋通宝”铜钱。按兴安县城建于唐代，县西南的严关为楚粤交通咽喉要道，其南即为著名的秦城。因此兴安这个地方，早在公元2世纪就成了当时社会政治、经济和文化的中心，窑址经过调查和试掘，初步推断它的时代，可早到晚唐、五代，延续至宋末元初[14]。

图四　元龙泉窑甪端熏炉（桂林市文管会藏）

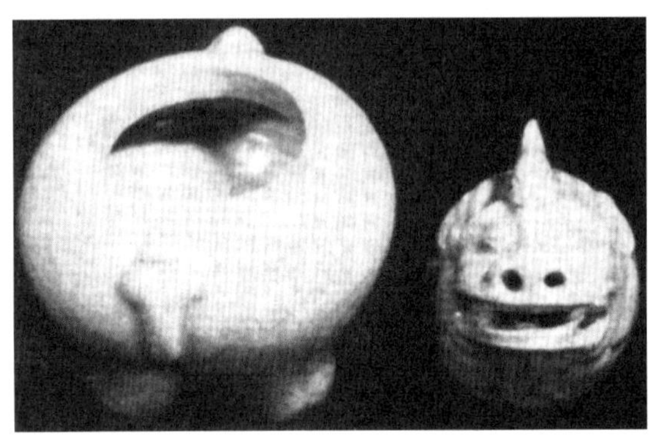

图五　元龙泉窑甪端熏炉（器、盖部分）

继发现兴安严关窑址之后，1975年在永福县城关公社又发现窑田岭青瓷窑址，该窑址沿洛青江岸约及2公里的山坡间，满布窑包和废品坑，附近尚有当时挖取瓷土的遗迹，今仍有“窑田”之称。该窑址附近曾出土一件青瓷瓜棱罐，高7.6、口径10.1厘米，卷唇，小圈足，腹作十二棱瓜形，满施青釉，胎质坚实，酷似陕西耀州窑。翌年经过初步调查，从废品堆又挖得青瓷印花双鱼碟，高2.2、口径10.7厘米，胎质灰白，内外青釉泛黄，釉不及足，碟内缠枝卷叶纹，碟心双鱼肥硕，颠倒并卧，饶有生趣。窑址暴露的残破匣钵很多，俯拾即是，还发现有印花碗模残片，可与中和窑影青瓷媲美，但质地不甚细腻，有吸水性。仅从出土的青瓷釉色来观察，有的青翠可爱，印花非常清晰，同时已能普遍使用匣钵生产，可以推断比兴安严关窑的技艺又前进了一步。考永福县为唐代建置，宋元间是从漓江经桂林沿相思江、洛青江至柳州（桂南）的水路中转站，可知永福是和当时政治经济和文化的发展有一定的联系，而与桂林地区兴安严关窑也有深远的渊源关系[15]，1979年7月间广西博物馆已经发掘窑址，出土了大批器物，计有腰鼓、陶模和青瓷饮具等十余种。初步断定为宋代窑址。

上面所述，是关于广西宋代窑址出土青瓷的概况，但也曾出现有关继唐代越窑而兴起的宋元时代龙泉窑的代表作品，为数虽然不多，但仍可供陶瓷考古者的研究。宋龙泉窑刻花莲瓣瓶，系解放前桂林开元寺遗址出土，高12.6、口径8.5厘米。洗子口，粗颈，釉色青而泛黄，底部露胎，隐有红色陶衣痕。腹部系用刀或篦状器刻行云流水纹饰，线条豪放，构图简洁，这是北宋龙泉初期产品的特征，也是五代期间著名的越窑衰败后，至北宋初相继兴起浙江龙泉窑的产物，可以定为古龙泉窑的代表作品。元龙泉窑甪端熏炉，是近年来桂林文管会征集流散文物之一，颇属罕见。胎骨厚重，青黄色釉，釉层较薄，且有开片纹，这是元代龙泉窑的物证。造型奇特，腹扁圆，有盖，盖作仰天兽首形，口鼻向上，有孔与腔通，鼻上有角，是古代异兽所谓甪端的形象（图四、五）。按《史记·司马相如传》云“兽则麒麟甪貑”，集解：“郭璞曰：甪貑，音端，似猪，角在鼻上。”它是一种传说中瑞兽形象，现在清故宫乾清宫内“宝座”前，还陈设着景泰仿古甪端熏炉。

至于广西藤县中和发现的宋代影青瓷窑址，更是值得重视。中和窑可与景德镇窑影青瓷媲美，有青出于蓝之誉，可以说它是全国号称瓷都的景德镇窑的陪都。中和窑位于藤县县城西南，北流河左岸的中和圩。范围长达2千米，曾于1964年和1975年先后两次发掘，惜发掘简报尚未发表。兹将闻见所及，简述如下。

中和窑为斜坡式龙窑，最长51.6、宽3米。出土的器物，以影青釉为主，白釉次之。胎薄釉匀，细致莹润。如无出土实物来印证，只与传世品的景德镇窑影青瓷相比较，是很难加以辨认的。出土的器物，完整者不多，但类型不少。圆器有碗、盏、盘、碟等，琢器有炉、尊、壶、灯及玩具等。若以造型论，碗盏有葵花式、菊瓣式，盘碟多卧足式，尊壶多瓜果式；如以纹饰论，碗盏多印花海棠、芙蓉、三婴戏荷等图案，盘碟光素有开片纹。尤其大批出土的印花瓷模，不仅构图题材丰富多彩，刻划娴熟，而且具有优美民族风格。如以瓷模的纹饰来说，有珍珠地、席纹地等各种绵地缠枝或折枝花卉图案，还有海水异兽、鸳鸯戏荷、双鱼戏荷等美妙生动的纹样。印模上刻有“覃”、“陈七”、“周三九”、“口六郎”、“上封”、“十二企口”等陶工名款。倘能编印出图录，实是研究我国陶瓷工艺史罕见的珍贵资料。

影青瓷的釉色，是白里微泛青色，并有透光如玉之感，故又称青白瓷，它是由较强的“还原焰”烧成。据《中国历代名窑陶瓷工艺的初步科学总结》说：影青的色调，不是纯绿，而是绿中泛有蓝色，经过光谱分析，釉中含有微量锂云母所致。过去只知青白瓷是江西景德镇宋代烧造的，也在安徽、福建以及潮州等地宋代瓷窑烧造，但都比不上广西中和窑生产的品种美好。而且创造出这么多的印花瓷模具，说明了这个瓷窑在烧制影青瓷技艺上实在有卓越成就。

七　明代青花瓷器

明代青花瓷器是在唐宋时期景德镇盛产影青瓷的基础上发展起来的，也是景德镇制瓷工匠重要发明之一。近几年来，由于各地元代遗址和墓葬不断出土精美青花瓷器，说明了元代景德镇生产青花瓷器已经达到相当成熟的阶段。明永乐宣德时期，窑场逐渐扩建，青花瓷器的生产达到鼎盛时期。按青花的呈色剂是钴土矿，系采取釉下彩绘，用高温一次烧成，产量不仅多，而且青花色泽幽菁，质坚耐用，畅销国外，深受人们的欢迎，在中国陶瓷发展史上，占有重要的地位。

桂林东郊尧山附近的明靖江王墓群，解放以来，不断出土明代青花各式瓷瓶、罐等。今将文化大革命前所见的藏品记述如下：1961 年靖江恭惠王邦宁次妃刘氏墓出土青花凤凰盖尊一对，造型俊俏，细足耸肩，颇饶地方风格。青花纹饰以凤凰对舞为题材，一凤一凰，徘徊飞翔，线条流畅，一洗官窑拘谨作风。砂底无釉，是明代嘉靖时期景德镇产品。桂林近郊明墓，也曾出土不少明代青花瓷器，其中珍器如青花人物盖罐，高约 20 厘米，细颈小口，腹如球状，通称撞罐。妙在盖为塞状，盖面有釉，釉下绘以青花轮形菊花图案，既美观，又实用，是万历窑的精品。又如青花八仙梅瓶，所绘人物线条，颇为生动。釉色白中隐现碧绿，莹润如玉，这是明正德窑青花瓷的特点[16]。1972 年发掘桂林东郊靖江安肃王墓，随葬品中有青花人物大梅瓶一对，可惜其一已破损，高 38.4、口径 6 厘米。小口鼓肩，绘以青花山水人物故事图案，线条洗练，犹有宣德青花浓深如靛的风格。按安肃王系靖江王第七代孙，尚有墓圹纪年，应是明正德青花瓷器的成熟作品。1977 年桂林北站明墓出土一件万历款青花人物大梅瓶，这是首次发现的景德镇官窑青花瓷。高 40.2、口径 5.9 厘米，绘以青花松云人物景，釉色细润，青花蓝翠如青金石色，肩上有青花楷书“大明万历年制”六字款，可以推想，桂林地区出土这类青花瓷瓶，都是江西景德镇烧制。

图六　明青花双龙盖尊（柳州明墓出土）

柳州、梧州以及永福等地的明墓也出土有青花瓷瓶罐。从胎质和釉色来看，也都是明代景德镇产品。柳州出土的青花双龙盖尊一对，通高 28.7、口径 5.2 厘米，广肩直腹，短颈小口，上覆球形小圆盖，绘以青花双龙赶珠纹饰，底釉光素，是嘉、万间产品（图六）。1976 年梧州郊区塘源大队明墓出土青花园庭婴戏盖罐一对。通高 31.4 厘米，胎质厚重，造

图七　明青花园庭婴戏盖罐（梧州塘源明墓出土）

图八　明青花花鸟梅瓶（永福百寿明墓出土）

型肥硕，口内白釉泛绿，隐如泪痕。一绘青花园庭柳下五婴扑蝶，一绘四婴。从胎釉和青花的特点来看，也是明正德时景德镇产品（图七）。1977年永福县百寿公社明墓又出土明青花梅瓶一对，一绘花鸟，一绘人物。花鸟梅瓶高24、口径2.9厘米，瓶身绘以花鸟图案，肩上饰有鱼鳞锦纹，底有双蓝圈，草楷“宣德年制”四字款。细审釉色滞白欠润，青花灰淡，但绘法流畅，显系明代民窑烧造（图八）。人物梅瓶，造型与前者相似，但胎质厚重，釉色精细，青花较淡，颇类明代正德时期的民窑产品，惜瓶口残缺。

这些明代青花瓷器，不仅在广西桂林靖江王墓群屡有出土，其他各县市也有类似青花瓷器的发现。说明了江西景德镇盛产的青花瓷器，遍及全国各地，同时可以看出它的造型、纹样都富有地方色彩和民族风格，在中国青花瓷的发展史上，是可贵的资料。

八　钦州紫砂

紫砂器是我国陶瓷领域里的另一系别，是一种澄泥陶工艺品，向以江苏宜兴窑著称。窑址在宜兴县的鼎山和蜀山二镇，鼎山镇所产者以紫砂为胎骨，敷以仿钧釉色，通称“宜钧”，为明万历间镇人欧子明所创，故又名欧窑。蜀山镇所产者，不施釉色，故称紫砂器，多系茶具、酒壶、文具、瓶、盆之类器物，以明正德间龚春所制著称。沿至清代，产品广为群众所喜爱，誉满全国，而且畅销国外。

广西钦州窑，也烧造类似宜兴紫砂器，现称为“坭兴陶”。据《钦州县志》载，民国九年（1920年）钦州城东35公里平心村山麓发现一座逍遥大冢，出土有“宁道务陶碑”并陶壶一件，上刻“开元二十年”字样，可见它的历史已相当久远。并称清咸丰间开始烧造类似江苏宜兴紫砂器，技艺颇精良。至光绪间，驰名全国，并参加了上海及巴拿马展览会比赛，获得优等奖章。广西壮族自治区博物馆也曾征集很多这类紫砂器，盘、碗、茶具、酒具居多，也有大及盈尺瓶盆等器，初视之，与宜兴紫砂颇难区别，但细审确有不同。从器表纹饰来看，钦州所产，虽近紫色而隐现赭黄，虽不施釉而甚光泽，且多填刻白泥纹饰，并缀以题字，末署“作于古安州”字样（钦州古名安州，隋开皇十八年（598年）改今名），器底多印有“黎家造”、“钦州”等小戳记铭款。又据钦州县坭兴工艺厂同志云：钦州烧制的所谓紫砂器的胎质原料，确与宜兴所产者不同，它是采自钦江两岸盛产的紫泥，因之胎质特别细腻，烧成后叩之有铿锵声，饶有地方风格和民族特点。解放以来，由于党和政府的重视，恢复生产，为了区别于宜兴紫砂器，故取名为“坭兴陶”。当前在贯彻“继承、提高、发展、适销”的工艺美术方针下，钦州紫砂（坭兴陶）的质量和工艺水平，不断提高，丰富了我国工艺美术的园地。

注释：

[1] 王克荣:《建国以来广西文物考古工作的主要收获》,《文物》1978年第9期。

[2] 饶惠元:《也谈印纹陶几个问题》,《考古》1960年第3期。

[3] 梁钊韬:《我国东南沿海新石器时代文化的分布和年代的探讨》,《考古》1959年第9期。

[4] 梓溪:《青铜器名辞解说(五)》,《文物》1958年第5期。

[5] 广西壮族自治区文物工作队:《平乐银山岭战国墓》,《考古学报》1978年第2期。

[6][8] 叶宏明、曹鹤鸣:《关于我国瓷器起源的看法》,《文物》1978年第10期。

[7] 李家治:《我国古代陶器和瓷器工艺发展过程的研究》,《考古》1978年第3期。

[9] 冯先铭:《新中国陶瓷考古的主要收获》,《文物》1965年第9期。

[10] a.罗宗真:《南京西善桥油坊村南朝大墓的发掘》,《考古》1963年第6期;b.陈大章:《河南邓县发现北朝七色彩绘画象砖墓》,《文物参考资料》1958年第6期。

[11] 冯先铭:《我国陶瓷发展中的几个问题——从中国出土文物展览陶瓷展品谈起》,《文物》1973年第7期。

[12] 冯先铭:《从两次调查长沙铜官窑所得到的几点收获》,《文物》1960年第3期。

[13] 金祖明:《浙江余姚青瓷窑址调查报告》,《考古学报》1959年第3期。按"黄鳝青"釉是唐代越窑最集中产区浙江余姚上林湖窑青瓷的特点,尤以上林湖附近出土的唐大中四年刻字罂为典型。

[14]《兴安发现古窑址》,《文物》1962年第9期。按兴安严关窑址从未发现过影青和粉青釉瓷器,影青属于青白瓷,粉青是宋代官、哥窑的独特釉色,与一般青瓷迥乎不同。《建国以来广西文物考古的主要收获》一文中误以为该窑曾出土有影青和粉青釉色。又该窑址出土的癸未年款印花双鱼陶模,曾刊印在《从几件出土文物谈宋元影青瓷器》(《文物》1973年第5期)一文插图中,误认是广西藤县中和窑出土的影青印花瓷模。再《三十年来我国陶瓷考古的收获》(《故宫博物院院刊》,1980年1期)一文中漏载此重要窑址。

[15]《广西文物通讯》1977年第1期。按《硅酸盐学报》1978年第6卷第3期载《中国历代南北方青瓷的研究》谓:上海硅酸盐研究所对东汉至宋代的南北方青瓷标本进行了胎釉的化学分析,认为广西北宋永福窑青瓷釉的颜色,比较特殊,呈深豆绿色,经分析证明,它是铁和铜在釉中混合着色而呈现的颜色,釉中含有氧化铜量为1.25%。

[16] 李鸿庆:《桂林出土的明代青花瓷器》,《文物》1962年第11期。

(原文刊于《中国历史博物馆馆刊》1981年总第3期)

缠足风习与满族马蹄底鞋源起考述

孙彦贞

女子缠足，是中国历史上独有的陋俗，曾在以汉族为主体的华夏文化区域内广泛流行。马蹄底鞋[1]，俗称为“花盆底鞋”或“旗鞋”，则是满族妇女有别于汉族妇女的典型服饰之一。它出现于缠足之风鼎盛的清代社会，并与汉族妇女的缠足弓鞋并行不悖。对于缠足，前人已从各种不同角度进行了大量研究，但对满族马蹄底鞋的出现及其与缠足的种种关联，尚欠进一步探讨，本文拟就这一问题谈一点自己的看法。

一

关于汉族女子缠足习俗的源起，由于不见诸官方记载，历来众说纷纭。其中追溯较早的主要有以下几种：有人根据《古今事物考》等书中的神话传说，提出缠足最早出现于夏商[2]。也有人从汉代武梁祠画像所绘春秋故事中看到女子“履头皆锐”，遂认为缠足始于春秋时期[3]。主张缠足始于秦汉说的依据是《杂事秘辛》中汉朝宫廷女官吴姁的如下奏言：“乘氏忠侯梁商女足长八寸，胫跗丰妍，底平趾敛，约缣迫袜，收束微如禁中……汉尺小，妇人缠足始此。”[4] 唐李延寿所撰《南史·齐本纪下》中有齐东昏侯命人“凿金莲花贴地，令潘贵妃行其上，曰：‘此步步生莲花也。’”的记载，因而成为六朝缠足说之根据。以上主张多见于明清人的文章议论中。隋唐缠足说在元明时期已经出现，民国以后曾一度流行。其根据一是清人所编《卫藏图识》中有“西藏灯具状如弓鞋，俗传为唐公主履”的记载，有人因此而认为文成公主当年所穿鞋子就是弓鞋；二是刘肃《大唐新语》和李肇《唐国史补》中关于马嵬媪拾得杨太真锦袜致富一事，元人将其穿凿附会为媪之女拾得三寸雀头履一只[5]。还有些证据是从唐代歌咏女子双足之美的诗歌中找来的[6]。

以上说法所依据的大多是传说材料，主观臆测成分很重，因而早有学者提出质疑。例如仔细审视汉画像石，不仅女子“履头皆锐”，男子履也“前锐”，清人估计这是侧画体所造成的效果；而且即便履头“前锐”，也只是说明鞋头甚尖，并不能作为女子已经缠足的佐证[7]。所谓汉《杂事秘辛》已被公认是明人伪作，其中所表达的当然是明人的观点，不能用作考证缠足源起的依据。再纵观《南史》中有关潘妃的前后记载，所谓“凿金莲花贴地”，不过是描述东昏侯与潘妃其人的奢侈无度，与后世将女子缠足喻为金莲没有任何关联。南北朝时期尤其北朝，胡风颇盛，更不可能出现缠足现象。段成式《酉阳杂俎》载“北朝妇人，以冬至日，进履袜及靴”，唐玄宗时所修《唐六典》有关于皇后、太子妃的鞋袜制式的明确记载，如韈、舄、履等，皆与缠足无关。唐中宗时宫人着男子衣靴，从驾时“皆胡帽乘马”[8]，这种装束是绝不可能缠足的。考古发现的隋唐墓葬中，不仅出土了大批女俑，还有不少线刻壁画，均未见缠足女的形象。明朝人沈德符在《万历野获编》中说，他曾看到过唐长孙皇后绣履图，其履“与男子无异”，也见过武则天画像，“其芳趺亦不下于长孙”[9]。从唐永泰公主墓石椁线刻上可清晰地看到“唐代妇女所穿的履，头部有的非常高大，其高度甚至和着履者面部的长度相仿”[10]。至于唐诗中的“纤”、“小”，显然是对女子双足之美的一种形容，并不表明缠足。

目前，随着各种文献和考古文物资料的日益丰富，人们对缠足源起的认识逐渐集中到五代至宋这一历史阶段。

主张五代缠足说的学者，几乎都以元人陶宗仪《辍耕录》卷一〇所引《道山新闻》中的一段话为依据："李后主宫嫔窅娘，纤丽善舞。后主作金莲，高六尺，饰以宝物，组带缨络，莲中作五色瑞云，令窅娘以帛绕脚，令纤小屈上作新月状，素袜舞云中，回旋有凌云之态。……由是人皆效之，以纤弓为妙。以此知札脚自五代以来方为之。"但就目前掌握的资料看，窅娘"以帛绕脚"之事只是五代时期的一例孤证，属极个别现象。同时期的绘画作品和浮雕塑像中，均未发现有女性缠足的形象。叶恭绰在《矩园序跋》第二辑跋五代顾闳中《韩熙载夜宴图》中，曾提到图中女子履皆方头，以证其不缠足。各地博物馆收藏的宋代蹴踘铜镜纹饰中，女子的蹴踘形象均为天足。想来，窅娘作为舞女"以帛绕脚"，只是为了舞蹈的需要，临时用布帛将脚缠紧，使其紧俏利索，便于旋转腾跳。若窅娘"绕脚"像后世的缠足女子那样连行路都需人扶持，又如何能在舞蹈中"回旋有凌云之态"？可以肯定，窅娘"纤小屈上作新月状"的双足与后来从小缠裹变形的三寸金莲完全不同。清人也说"窅娘乃舞女，利屣不足为据也"[11]。

但"以帛绕脚"的方式似确从南唐窅娘开始，因此有学者指出，缠足最初可能是以舞鞋的形式从宫廷流向上层社会，进入北宋以后又传入民间，并逐渐演化为妇女缠足的社会习俗[12]。这一推测为五代至宋的缠足源起说找到了一条比较合理的发展脉络。至于宋元以后愈演愈烈的缠足与五代窅娘"以帛绕脚"是否有明确的传承关系这里姑且不论，但后世意义上的女子缠足已见于宋代，应该是没有疑问的。苏东坡的《菩萨蛮》中有咏缠足的："偷立宫样稳，并立双趺困；纤妙说应难，须从掌上看。"陆游在《老学庵笔记》中也说，宋徽宗宣和末年有妇人鞋底尖锐，并以两色合成，名为"错到底"。生活于北南宋间宣和绍兴时的张邦基在其所撰《墨庄漫录》卷八中记曰："妇人之缠足起于近世，前世书传皆无所有。"《宋史·五行志》记载南宋理宗时，其宫妃束足纤直，名为"快上马"。除了文献中的记载，在福建福州和浙江兰溪等南宋墓的考古发掘中均有缠足鞋出土，20 世纪 90 年代初江西省德安县南宋周氏墓中出土的女尸，则是典型的缠足女。这就从文献和出土文物两方面证实了宋代缠足习俗的出现。需要说明的，一是宋时妇女缠足只是将双脚缠紧、裹直，使之尽量纤细，并不骨折弓弯，因而也不是很小。这大约是三寸弓足的最初形态；二是缠足习俗直到北宋中期宋神宗时还并不流行，裹足妇女很少，所谓"熙宁、元丰以前，人犹为者少"[13]，对此还有不少材料可为佐证[14]。南宋以后妇女缠足习俗开始流行，特别是京师地区妇人缠足还作为引领女性服饰的风尚之一。与张邦基同时代人赵令畤著有《侯鲭录》，其中记述："京师妇人装饰与脚皆天下所不及。"虽然此时女性纤瘦的双足成为一种为社会关注的审美取向，但仍未达到人人接受的地步[15]。

金元时期缠足习俗得到进一步推广，至元末而蔚然成风，并向纤小的方向发展。生活在元朝末年的陶宗仪说：对于缠足"近年则人人相效，以不为者为耻也"。这里有一个值得注意的现象，就是建立金、元少数民族政权的女真人、蒙古人均不缠足，但他们并不反对汉人缠足，相反还对此持欣赏态度。这与后来建立清朝的满族贵族有很大不同。元代甚至出现了奉帝王之命所作的咏女子缠足的应制诗[16]。元人萨都剌作有《咏绣鞋》一诗："罗裙习习春风轻，莲花帖帖秋水擎；双尖不露行复顾，犹恐人窥针线情。" 这种自上而下的赞赏提倡，使得元朝女子缠足之纤小更胜于南宋。难怪后来有些清人将缠足误认为自元代起始[17]。

进入明代以后缠足之风大盛，民国人姚灵犀在其所编《采菲录》正编《识小录》中引明中叶以后学者胡应麟的话说："宋初妇人尚多不缠者，盖至胜国而诗词曲剧亡（无）不以此为言，于今而极。""至足之弓小，今五尺童子咸知艳羡。"反映出明朝中后期缠足观念已普及至闾巷小儿。胡氏又在《少室山房笔丛》卷二四中说："古言妇人弓腰而不言弓鞋，言纤指而不言纤足。""古人风俗如堕马愁眉等史传尚未绝书，此独不著。太白至以素足咏女子，信或起于唐末，至宋元而盛矣。"说明缠足风习是伴随着传统文化的再度复兴而得到迅速传播的。明中期以后，提缠足言必三寸，女子裹足不但要小，还要弓，"弓鞋之制，以小为贵，由来尚矣”[18]。明清以后出现的咏妇女绣履诗云：“料理年头事，花鞋取样工。双弯履新吉，一拶试春红。”其中一个“拶”字，精练形象地反映出汉女缠足弓履的特征所在。清朝时的家景文词也有不少类似“杏子红裙，鹅儿黄袖，一尖新窄过年鞋”的描写[19]。这些文人墨客的诗词歌赋对缠足风习的兴盛无疑起到了推波助澜的作用。此时汉族社会对女性缠足尖小的关注，已近乎狂热。袁枚在《答人求妾书》中说：“今人每入花丛，不仰观云鬓，先俯察裙下……仆常过河南入二陕，见乞丐之妻，担水之妇，其脚无不纤小平正，峭如菱角者。”从明至清汉族妇女缠足趋于鼎盛，据《京华百二竹枝词》的描述，直至20世纪初的京师地区仍有不少汉女缠足：“坤鞋制造甚精工，争奈人多足似弓，庚子已过尚依旧，几时强迫变颓风。”

由此看来，汉族女性缠足的渊源并不复杂。从历史上众多歌咏女子双足（包括天足和缠足）的诗词中可以了解到，它最初与男性对女性双足的审美取向，以及以纤细为女性阴柔之美的社会时尚相关联，但随着社会的发展变迁，特别是宋明理学的兴起，人们的审美意识中掺入了更多的社会伦理内容。到清代乾隆时，社会上“甚至以足之纤巨，重于德之美凉，否则母以为耻，夫以为辱，甚至亲串里党传为笑谈，女子低颜自觉形秽，相习成风”[20]。封建伦理、礼教规范等儒家思想的逐渐渗透，明朝遗民抗清的民族逆反心理等诸多因素，不仅使清代汉族妇女的缠足登峰造极，对入主中原的满族贵族也产生了潜移默化的影响。

二

历史上满洲先人曾“削木为履”，其妇女历来没有缠足的习惯。清军入关以后，原有的满洲旧俗同中原汉族的传统文化习俗之间不可避免地发生了冲突。

明清之际正是中原地区缠足之风愈演愈烈之时。据明末清初人叶梦珠回忆，原明代缠足者主要集中于社会的中上层女性，“然予所见，惟世族之女或然。其他市井仆隶，不数见其窄也。以故履惟平底，但有金线装珠，而无高底笋履”。在平民和劳动女性中尚不流行缠足；但至“崇祯之末，闾里小儿，亦缠纤趾，于是内家之履，半从高底”[21]。可见缠足风习在明末发展推广之迅急。此外，从当时文人李渔在《笠翁偶集》中对三寸金莲的种种研究品评，可知当时社会对缠足小脚的推崇已到了何种地步。这种在汉族社会中风靡的现象，对入关不久的满清贵族自然会产生冲击和影响。清太宗皇太极在进入中原之前，已经警惕到满族征服者有可能被汉民族悠久的文化所征服。为了巩固刚刚建立的清政权，他于崇德三年（1638年）七月颁布谕旨：“有效他国（明朝）衣冠、束发裹足者治重罪。”[22]顺治元年（1644年），即清军入关当年，孝庄皇后又颁谕旨：“有以缠足女子入宫者斩。”据说此旨曾悬于皇宫神武门内，以警示满族王公贵族。曾有清宫词记述此事：“华风纤巧束双缠，妙舞争夸贴地莲，何似珠宫垂厉禁，防微早在入关年。”[23]顺治二年又下诏：凡是年以后出生的女子禁裹足。顺治十七年（1660年）皇帝还特下制书，要求天下痛改缠足积习，违者其父、其夫将被处以刑罚。如此连连不断的严厉皇旨，却无法禁断汉族习俗的渗透和影响。

“康熙之初，禁民间女子，不许缠足，然奉行者固多而习俗相陈，亦一时不能遽变者。迨八年已酉，复除其禁。”这里不难看出，虽然清初帝王一而再、再而三地颁布禁止缠足的圣谕，但由于缠足积习深厚难改，所以康熙七年（1668年）曾一度弛禁缠足，汉女缠足者“无不高跟笋履，纤趾愈多而藏拙者亦复不少”。但所谓“复除其禁”也只是针对汉族妇女而言，道光十八年（1838年）清廷又重申禁令，而且自皇太极颁布禁谕以来，清王朝始终严禁满族八旗妇女缠足。

清末汉军内务府镶黄旗人福格在《听雨丛谈》中记述了清代的缠足情况：“今举中夏之大莫不趋之若狂，惟八旗女子例不缠足。京师内城民女不裹足者十居五六，乡间不裹足者十居三四。东西粤、吴、皖、云、贵各省，乡中女子多不缠足，外此各省女子无不缠足。山、陕、甘肃此风最盛甚。”目前虽然还没有发现入关后满族八旗妇女缠足的确切文字记载，但汉军八旗中确有缠足女出现，嘉庆帝时“镶黄旗汉军应选绣女，内缠足者竟至十九人”[24]。这种情形必然对满族八旗产生一定影响。而且清朝皇帝三令五申的诏谕本身已经表明，入关以后很可能存在有满人仿效汉人缠足的现象。

《扬州画舫录》中记载，乾隆年间汉族女性的缠足弓鞋形制多样，造型别致：“女鞋以香樟木为高底，在外为外高底，有杏叶、莲子、荷花诸式；在里者为里高底，谓之道士冠。平底谓之底儿香。”仅从这些弓鞋的称谓上，即可知当时弓鞋品种之丰。清代后期，由于汉女缠足区域广大，各地区弓鞋形制也因之颇具代表性。北京、天津一带缠足之履“宛如弓形，他处则惟锐其端，而以扬州之鞋为最尖，欧美人常购之以为陈设品”。而同、光之际，沪妓为招徕顾客，则将弓鞋鞋底镂空，“中作抽屉，杂以麝香，围以雕纹，和以兰麝，凌波微步，罗袜皆芳”。还有人在中空的鞋底放置金铃，“隔帘未至，清韵先闻”[25]。由此可见汉女弓鞋制作装饰之精美。据说当时山西太谷县的富商巨室妻妾成群，其妾必缠足，而引人注目的是“其鞋底为他省所无。夏日所着，以翡翠为之，其夫握之而凉也。冬日所着，以檀香为之，其夫嗅之而香也”[26]。这些层出不穷、标新立异的弓鞋自然对当时满汉社会的风尚所趋产生影响。

19 世纪末来华的美国传教士在描述缠足后的汉族女性形象时说：“她们的上衣仅仅过膝，下面穿的是百褶裙，走路时裙下露出小脚尖尖的足尖。正像中国人常爱比方的那样，小脚女人像风中的花那样摆动着。”[27]这种柔弱的病态之美以及花样翻新的弓鞋，均成为汉族社会文人歌咏的畸形审美对象，如时人所作咏美人弓鞋词中就有“湖菱乌角，渚莲红瓣，不比帮儿还瘦。拈来直是小觥船，只合借灯前行酒”之句[28]。

从上述形制各异的纤鞋到风中杨柳的姿态，无论是追逐三寸纤足弓履之美，还是崇尚缠足所包含的文化内涵，总之，汉妇的三寸金莲、凌波微步对满族社会和满洲女性确实产生了相当的诱惑力。尽管禁令不准满人缠足，但皇宫中却出现了模仿汉女弓鞋花样的现象。乾隆年间“高宗尝选秀女，忽见地上现粉印若莲花，推问，有一女雕鞋底作莲花形，中实以粉，故使地上莲花随步而生。上怒，遽令内监逐之”[29]。既然宫中所选秀女都有此举，满族民间的羡慕追逐便可想而知。直至辛亥革命之际，身为满洲贵族的湖广总督瑞澂还写下歌咏三寸金莲的诗词《忆江南》：“金莲好，鞋子绣红罗，小立花间扶慧婢，高擎掌上咒情歌，三寸不曾多。”[30]即便是满洲上层贵族也难以抵御汉族女性纤足之美的诱惑吸引。

从表面看来，这些对时尚的追逐仿效似乎是圣谕禁令和社会风尚的矛盾，实质上是满汉两种文化之间矛盾冲突的一种反映。

与满族作为少数民族进入汉族地区的情形相似，历史上建立北魏王朝的鲜卑族和建立元朝的蒙古族也曾横刀跃马入主中原。他们对汉族文化所采取的态度截然不同，但都未达到巩固其统治的预期目的。鲜卑贵族从制度到服饰的全盘汉化，使整个民族最后同化于汉民族中；蒙古统治者进入汉地后没有改变自己的固有风习，这样虽然保持了蒙古族的民族性，但也使其无法在中原站稳脚跟，最终退回了蒙古草原。然而满清王朝与前两者均不同。入关后，他们为稳固对广大汉族地区和汉人的统治，一方面积极迅速地接受了中原的传统政治文化，对儒家伦理道德全盘吸收，并以儒家思想作为治国的根本，从而使整个民族的面貌发生了巨大变化[31]；另一方面又通过各种禁令措施，极力恪守满族的传统习俗，保持八旗的尚武本色，避免被汉族习俗所同化。康熙帝曾对八旗子弟中因不习骑射而日益文弱者“迭加申饬，垂为厉戒，后且及于妇女”[32]。乾隆皇帝更是直接批评了仿汉人妆饰的阅选秀女，指出此种妆扮“实非满洲旧俗”。他注意到入关后有满族妇女学汉族妇女的耳饰妆扮，改变原一耳带三钳的满洲旧俗，立即明令禁止：“断不可改饰”[33]。《清史稿》载，乾隆帝孝贤纯皇后遵循满洲风习，岁时按例进帝荷包，但惟“以鹿羔氄毧制为荷包进上，仿先世关外遗制，示不忘本也。上甚重之”。这种不忘满洲传统的作风深受乾隆帝的宠敬。

由此看来，清代统治者对满族妇女服饰和文化习俗如此重视，其意义显然超越了服饰和风俗的本身。同样，对满族妇女不准缠足的禁令，也正是基于这种思想。如何在二者之间找出平衡点，既有利于稳定对广大汉人的统治，使满人与汉族社会风尚同步，又能保持自己的民族特性，维护满清贵族的根本利益，这是入关以后满族统治者面临的重要课题。

马蹄底鞋，作为满族妇女服饰的特征之一，其形成的渊源和时间并无确切的时间可考。《清史稿·舆服志》中没有鞋履方面的记述，清代的史料笔记中也未见其源流。徐珂编撰的《清稗类钞》中有“旗女之马蹄底鞋平底鞋”条，曰：“八旗妇女皆天足，鞋之底以木为之。其法于木底之中部（原注：即足之重心处），凿其两端为马蹄形，故呼曰马蹄底。底之高者达二寸，普通均寸余。其式亦不一，而着地之处则皆如马蹄也。底至坚，往往鞋已敝而底犹可再用。”这里是指鞋的形制，并未涉及鞋的源起。有人提出满族高底鞋的样式主要出于实用的考虑：一是因为关外气候寒冷，高底可以将脚垫高隔凉；二是为增加身高，故意将鞋底增厚，这样无论坐或站都可显示出庄严的姿态；三是为了配合比较高的官家座椅，不必欠脚即可入座；更重要的是与旗妆中的“两把头”、旗袍配套穿戴[34]。还有学者认为满族妇女穿马蹄底鞋的原因除了使体态高长还可以在行走时表现出婀娜美姿，并不是为了掩饰天足[35]。根据第一种说法，马蹄底鞋似乎早在关外就已开始流行了。后面几种说法主要涉及马蹄底鞋的功能和效果，与其兴起的原因没有直接关系。

民国时期李家瑞编撰的《北平风俗类征》一书衣饰类引《东华琐录》曰：“盖缠足之风既深入人心，人情见少则怪，无足异者。清初宫妆，尚严体制，故妇女下裳犹掩履舄，而鞋底不露。中叶以后，宫中高髻，四方一尺，梳头既较前为大，而大脚又无法缠足，因为高履而杀其底，谓之‘花盆底’，底高则足小也。初尚长其下裳，掩映而行，后乃复短其衣边，故示流露。”这段文字说明“花盆底”式高底鞋（马蹄底鞋）兴起于清中叶，并和当时满族妇女追崇缠足时尚有关。满族妇女脚大无法缠足，而“底高”便可显得“足小”，穿花盆底鞋对其天足大脚可以起到掩饰的作用。这种说法虽然只是一家之言，但从满族服饰的历史渊源和高底鞋从汉到满的演变过程看，是有一定道理的。

众所周知，建立清朝的满族人崛起于东北地区，建国前一直过着半渔猎、半农耕的生活。历史上的满族妇女与其他北方民族妇女一样，曾经“执鞭驰马，无异于男”，游牧迁徙的生活方式决定了她们的行为举止与深受儒家礼教束缚的汉族妇女迥然有别。满族妇女服饰的特点是“衣皆连裳”，不分上下，下摆两面或四面开气，以便于骑射。即使入清以后，关外宁古塔的满族妇女也仍然在生产生活中承担着重要的劳动[36]。而穿上马蹄底鞋后的满族妇女却“袍不开气，行时以不动尘为有礼云”[37]。这与当时身处关外的骑马民族妇女特质全然不同，也与关外的生产生活方式不相适应。西清《黑龙江外记》卷六曾记载黑龙江地区满族下层女性足履状况是“夏日妇女跣足，或划袜行。然野花满鬓，无老少分，故有‘修头不修脚’之谚。”这一民谚恰恰说明了满族女性的双足与缠足三寸的汉族女性不同，并反映出当时关外满洲民族的审美取向还不在女性的足履之上。

因此笔者认为满人入关前妇女中尚未流行马蹄底鞋。明末清初人叶梦珠所作《阅世编》中提到清初满洲女服异于汉族的特征是“无裙制”和“长布没履”，却只字未提脚下“履”的形式，只是提出明末汉女缠足之习“本朝因之，满装则否”。明确满族女性不缠足。如果是有别于汉族妇女的特殊履形，叶氏应该会有所描述。叶梦珠生于明末，卒于康熙中后期，这说明至迟在康熙中期的清代满族女性中尚未流行马蹄底鞋。不过，满族的厚底鞋应该是早已出现了的，它既符合满人祖先“削木为履”的传统习惯，也确实可以起到隔凉保暖的作用，很适合关外的寒冷气候。只是鞋底过厚行走时恐不太便利，清中叶以后满族老年妇女和幼女所穿的“平底”鞋即为平木制成的厚底鞋，“其前端着地处稍削，以便于步履也”[38]。估计这种便于活动行走的鞋底形式大概比较接近原来关外木质厚底鞋的形态，而且一直留存于满族妇女的服饰之中，只是在马蹄底鞋流行后其穿着的对象范围有所缩小罢了。而马蹄底鞋应该是在满族传统的木质厚底鞋基础上发展起来的，可能也受到了汉族高底弓鞋的启发和影响。

明清之际，汉族缠足妇女中流行穿高底弓鞋，对缠足颇有研究的清初文人李渔很欣赏高底。他说：“鞋用高底，使小者愈小，瘦者愈瘦，可谓制之尽美又尽善矣。”同时又说：“足之大者，往往以此藏拙，埋没作者一段初心，是只供丑妇效颦，非为佳人助力。”后面这句话已明确指出“高底”可以使大脚“藏拙”。而且其效果明显，“有之则大者亦小，无之则小者亦大，尝有三寸无底之足，与四五寸有底之鞋同立一处，凡觉四五寸之小，而三寸之大”[39]。几乎与李氏同时代的叶梦珠也说高底的作用是“窄小者，可以示美；丰趺者，可以掩拙”[40]。由于高底鞋具有这种优越性，当时汉族妇女中缠足不够理想或未达金莲三寸者纷纷向“高底乞灵”[41]。这种风潮一时蔓延开来，对禁缠足令控制下的满族妇女自然会产生潜移默化的影响。李渔还特别点明“足之大者，利于厚而不利于薄，薄则本体现矣”，进一步说明要想掩饰脚大的“本体”，必须借助高底的作用，才可使大显小。这一特点自然会引起天足大脚又被禁止缠足的满族妇女的兴趣，可能无形中为她们提供了借鉴的样板。李渔的这段话还从侧面表明，当清初汉族妇女中流行高底鞋时，马蹄底鞋在满族妇女中恐尚未流行，否则李渔不敢将高底"藏拙"、"只供丑妇效颦，非为佳人助力"等话语公然写到文章中。成书于民国初年的《清稗类钞》服饰类中也有关于高底鞋的记述："高底，削木为之，上丰下杀，略如弓形，缠足之妇女以为鞋底，欲掩其足之大也。"这说明自清初至清末人们对高底鞋作用的认识始终是一致的。将此条内容与马蹄底鞋的形制说明加以对照，就会发现这两种鞋有不少相似之处。首先二者都是木底；其次都是改变木底的形状，将脚垫高；再次都是上大下小，马蹄底鞋"因为高履而杀其底"，高底弓鞋"上丰下杀"。关于两种鞋的最终效果，高底弓鞋可以"掩其足之大也"，这已是没有疑问的了。马蹄底鞋，不论其制鞋时的动机如何，穿在脚上也确有掩饰天足的实际功效。19 世纪末在华生活了 38 年之久的英国传教士吉伯特·威尔士说："满族的妇女虽然不缠足，但她们穿上一种特殊的鞋子，使她们离地足有一英寸左右，这被认为是象征了小脚。"[42] 这可能是当时比较普遍的看法。

关于马蹄底鞋出现的具体时间，目前虽然还没有发现确切的文字记载，但考虑到满族妇女的马蹄底鞋是与"两把头"和长袍配套穿戴，而两把头的形成时间已知在清代中叶前后[43]，马蹄底鞋的形成时间应该与此相距不远。《听雨丛谈》的作者福格生活于清咸丰至同治年间，即 19 世纪中叶，约相当于清中后期。他在书中论及满族妇女服饰渊源于古制时说："八旗妇人履底厚三四寸，圆其前，外衣通长掩足，轻裾大摆，亦与古装无异。"这里虽未说明马蹄底的形状，但从履底的高度和外衣的长度上看，与前引民国年间所编《北平风俗类征》所言"中叶以后，……底高则足小也。初尚长其下裳，掩映而行"是一致的。可见马蹄底鞋至少在咸丰（1851 年—1861 年）以前已经流行了相当的时间，到咸丰年间早已成为清朝满族妇人服饰之制的一部分。由此推论，马蹄底鞋大概兴起于 18 世纪中叶即清代中期前后，并有可能首先出现在京城的满清贵族妇女中，这种鞋"向以京师所制之形式为最佳"亦可为佐证[44]。起初，京师应是马蹄底鞋的时尚中心，以后各地纷纷效仿。到 19 世纪即嘉庆、道光以后，马蹄底鞋在满族妇女中普及开来，遂成为与衣裳、发式配套的旗装了。

三

综上所述可以看出，马蹄底鞋的形成与汉族社会中的缠足习俗并非毫无关联，它是清王朝入关后，满汉两种文化习俗相互冲突、交融的结果。从这个意义上看，马蹄底鞋一方面承袭了满族鞋履服饰的文化传统，在缠足风盛行的社会氛围之中，保持了自身鲜明的民族性，并在满族妇女中一直流行不衰；另一方面又受到汉族文化以及审美观念的影响，在不违圣谕、保持满洲女性天足的基础上，改造并吸收了汉族传统习俗中可为己用的内容，使追崇三寸金莲的满族妇女在穿着马蹄底鞋后，双足显得纤小秀丽。

1888 年来华的美以美会传教士曾记述了一段与清末王府福晋的对话："'太后脚小，为这个总觉得脸上有光，'福晋伸出自己穿着小而精雅的淡蓝色缎子绣花鞋的脚，接下去道，'可她的没我这么小。'"[45] 这清楚地表明在汉族审美文化的长期浸染下，尽管不能缠足，满族上层贵妇也以双足天然的纤细窄小为荣。同时，马蹄底鞋自形成后，其上的各种装饰日趋精致，形式多样，后妃贵妇有"莲花底满是珍珠的凤履"[46]，也有在鞋面的珍珠间镶嵌贵重宝石的马蹄底鞋，还有的"鞋上满系珠缨，饰以各种宝玉"[47]。即使很普通的马蹄底鞋鞋面和鞋帮上也往往有绣花和绚子为饰。此时满族马蹄底鞋的种种形式和装饰手法已丝毫不亚于《扬州画舫录》中描述的缠足弓鞋了。

如果略加分析便不难发现，这里除了旗鞋本身的形制和装饰上的特征外，更重要的是穿着马蹄底鞋的满族妇女，在步履姿态上更接近儒家伦理规范对女性行为举止的要求。与此鞋相配的旗头梳法是："率置于项之正中，其梳于后者，谓之燕尾，率垂至颈之下端。"[48] 这就在一定程度上限制了头颈的活动范围，而位于脚心中央的高鞋跟又要求穿鞋者步履轻盈稳重；二者相结合，遂使得满族妇女着旗装后步态婀娜，端庄有致，贵族妇女身侧还有婢女扶持，从而取得了与汉女缠足异曲同工之效。有学者甚至认为，在身材和步履的姿态美方面，着旗装的满族妇女更胜缠足汉女一筹[49]。所以在西方人眼里穿着马蹄底鞋的清末太后很有些气质："慈禧身高中等稍矮，可是穿的鞋鞋底正中有六英寸高——不知这是不是可以算作鞋跟？这个，再加上她从肩部一直拖下来的旗装，使她显得修长而庄严，似乎骨子里都是一个皇太后。"[50]

上述情形与清朝入关后将儒家伦理纲常作为满族社会遵行的准则又恰相符合。其实早在入关之前，满族统治者已经开始受到汉文化的濡染，如崇德四年（1639年）皇太极在册封乐乐弘贝勒妃的满汉文诰命中曾告诫贝勒妃"……慎勿越礼过分，以失常规，宜恭敬端肃，克相尔夫，使名著当时，以垂后世，无愧妇道矣"[51]。这显然是汉族传统社会对女性三从四德的纲常规范，说明此时满族统治者对本民族女性的伦理道德要求已完全按照儒家标准了。

入关不久，深受汉族儒学浸染的满族学者就提出：满汉妇女随意在街市易贸货物，"男女杂沓，甚非礼法"。并为此上书皇帝，要求相关部门传禁："以后八旗妇女，不得轻走街市，拥挤贸易。不惟风化之原可端，而政治之体亦美。"[52]这是满族统治者以封建纲常礼教束缚八旗妇女的开始。清代中叶以后，伴随着对儒家学说的彻底接受，清王朝确立了对八旗节妇烈妇的表彰制度[53]，满族社会对妇女贞操的态度与汉族社会迅速趋同。而汉族社会的缠足习俗早在元、明以后就被赋予了更多的道德礼教意义，其中包含的妇女行为规范以及对女性的束缚内涵早已超越了审美趣味本身。元人伊世珍的《娜嬛记》更是通过对话形式，道出了妇女缠足的最终目的："木寿问于母曰：'富贵家女子必缠足，何也？'其母曰：'吾闻之圣人重女，而不使之轻举也，是以裹其足。故所居不过闺阈之中，欲出则有帷车之载，是无事于足者也。圣人如此防闲，而后世犹有桑中之行、临邛之奔。'"汉人的缠足俨然已成为保持女性贞节的一种方式。清代流传颇广的《女儿经》明确指出，缠足"不是好看如弓曲"，而是"恐她轻走出房门，千缠万裹来拘束"。清苑歌谣也有："裹上脚，裹上脚，大门以外不许你走一匝。"由此可以看出，在以儒家纲常礼教规范妇女行为以及贞节观念方面，满清统治者入关后的主张与汉族社会已完全一致。如前所述，穿着履底高达二三寸甚至四五寸的马蹄底鞋的满族妇女，其步履姿态和行为举止必然会受到种种局限，与穿满族传统的木质平底鞋时有所不同，与入关前扬鞭策马、跣足而行的形象更是大相径庭。

由上可见，马蹄底鞋的深层文化内涵与汉族社会风行的缠足习俗之间确有某些相通之处，两者背后的文化关联正是满汉服饰文化冲突交融的反映，马蹄底鞋的出现客观上适应了入主中原的满清统治者对儒学尊崇与实践的需要；而另一方面，马蹄底鞋又毕竟不是汉族的缠足弓鞋，满族妇女的天足也不同于三寸金莲，二者的渊源和形制都相去甚远。马蹄底鞋虽然可能受到汉族高底履的一定影响，但它仍是在满族传统鞋履的基础上形成的，与旗袍、"两把头"一样，带有鲜明的民族特征，也符合入关后满清统治者维护本民族文化习俗的初衷。

马蹄底鞋与缠足弓鞋背后的文化关联，是一个值得深入探讨的课题，但由于目前尚缺乏十分确凿的证据和笔者学识有限，以上所述可能有不少谬误之处，还望读者指正。

注释：

[1] 马蹄底鞋见徐珂《清稗类钞》："……鞋之底以木为之。其法于木底之中部，即足之重心处。凿其两端为马蹄形，故呼曰马蹄底。"中华书局，1986年，第6212页。

[2] 转引自姚灵犀《采菲录》："妲己狐精也，犹未变足，以帛裹之，宫中效焉。"上海书店，1997年，第9页。

[3][4] 转引自《采菲录》，上海书店，1997年，第9页。

[5]（元）伊世珍：《娜嬛记》，明汲古阁刻本。

[6] 杜牧诗云："纤纤玉笋裹青云"；白居易诗云："小头鞋履窄衣裳"。

[7]（清）福格：《听雨丛谈》，中华书局，1984年，第157页。

[8]《新唐书·车服志》，中华书局，1975年。

[9]（明）沈德符：《万历野获编》卷二三，中华书局，1959年。

[10] 孙机：《中国古舆服论丛》，文物出版社，2001年，第466页。

[11][17][20] 同[7]，第156页。

[12] 高世瑜：《缠足再议》，《史学月刊》1999年第2期。

[13]（元）陶宗仪：《辍耕录》卷一〇，中华书局，1958年。

[14] 高洪兴：《缠足史》，上海文艺出版社，1995年，第16—

17 页。

[15]（元）白珽《湛渊静语》中记载：宋代理学家程颐第六代孙程淮生活在南宋末，其家族中的妇女至元代初年仍不缠足、不贯耳。

[16]如元李炯《舞姬脱鞋吟》："三尺轻云入手轻，一弯新月凌波浅。……金莲窄小不堪行，自倚东风玉阶立。"

[18][21][40][41]（清）叶梦珠：《阅世编》，引自《中华野史》（11），泰山出版社，2000 年，第 831 页。

[19]（清）顾禄：《清嘉录》，江苏古籍出版社，1999 年，第 232 页。

[22]《清史稿·太宗本纪二》，中华书局，1977 年。

[23]裘毓麟：《清代轶闻》卷三，中华书局、上海书店，1989 年。

[24]徐珂：《清稗类钞》第 13 册，中华书局 1986 年，第 6147 页。

[25]同[24]，第 6211 页。

[26]同[24]，第 6210 页。

[27][美]何德兰著、晏方译《慈禧与光绪：中国宫廷中的生存游戏》，中华书局，2004 年，第 151 页。

[28]（清）朱竹垞调寄《鹊桥仙》词上阙。

[29]徐珂：《清稗类钞》第 1 册，中华书局，1986 年，第 366 页。

[30]（清）瑞澂：《江南四好词》之四，转引自《缠足史》，上海文艺出版社，1995 年，第 30 页。

[31]定宜庄：《满族的妇女生活与婚姻制度研究》，北京大学出版社，1999 年，第 104 页。

[32][33]同[24]，第 6146 页。

[34]常人春：《老北京的穿戴》，北京燕山出版社，1999 年，第 188 页。

[35]周锡保：《中国古代服饰史》，中国戏剧出版社，1986 年，第 485 页。

[36]同[31]，第 56 页。

[37]夏仁虎：《旧京琐记》，辽宁教育出版社，1998 年，第 105 页。

[38]同[24]，第 6213 页。

[39]（清）李渔：《闲情偶寄》，上海古籍出版社，2000 年，第 160 页。

[42][英]吉伯特·威尔士、[英]亨利·诺曼：《龙旗下的臣民》，光明日报出版社，2000 年，第 129 页。

[43]a. 周锡保：《中国古代服饰史》，中国戏剧出版社，1986 年，第 484 页；b. 李家瑞：《北平风俗类征》，商务印书馆，1937 年，第 239 页。

[44]徐珂：《清稗类钞》服饰类，中华书局 1986 年，第 6212 页。

[45]同[27]第 180 页。

[46]沈义羚、金易：《宫女谈往录》，紫禁城出版社，1991 年，第 50 页。

[47]（清）裕德菱：《清宫禁二年记》，引自《中华野史》（15），泰山出版社，2000 年，第 4218 页。

[48]同[47]第 4234 页。

[49][朝鲜]朴趾源：《热河日记》卷一，转引自杜芳琴、王政主编《中国历史中的妇女与性别》，天津人民出版社，2004 年，第 362 页。

[50]同[27]，第 65 页。

[51]《中国国家博物馆馆藏文物研究丛书·明清档案卷·清代》，上海古籍出版社，2007 年，第 10 页。

[52]转引自杜芳琴、王政主编《中国历史中的妇女与性别》，天津人民出版社，2004 年，第 353 页。

[53]参见《八旗通志》初集《列女传》，吉林文史出版社，2002 年。

（原文刊于《中国历史文物》2005 年第 3 期）

近现代文物的鉴定问题

沈庆林

今天讲两个问题。一、近现代文物的认定；二、近现代文物的鉴定。这是两个层次的文物研究工作。

一　近现代文物的认定

我是从事近现代文物工作的，自 20 世纪 90 年代初，受国家文物局的委托，参加了全国文物系统近现代一级文物的初步确认工作，所以我所讲的主要涉及的是近现代文物。对一件文物的价值评估，首先要确定是文物，非文物不在其内，也不能是赝品。这是近现代文物鉴定的第一个层次的问题，要解决的是文物的真伪和是否具备文物条件的问题。如是赝品或不是文物，就没有必要做进一步的鉴定。近现代文物真伪的判别，主要从两方面进行。一是从文物质地和工艺特点的特征去判别，国家博物馆的肖贵洞同志在《中国文物报》上发表了系列文章，介绍了这方面的情况和经验，同志们可以找出来参考。另一个是从文物的流传是否有序去判别。这两种判别就是文物的客观性和人类文物意识相结合的过程。

什么是文物？文物是人类在历史发展过程中遗留下来的遗物、遗迹，但并不是所有的人类遗留下来的遗物遗迹都是文物。《文物保护法》和《大百科全书·文物博物馆卷》对文物的定义都做了限制，作为文物收藏是有选择的，不是只要是和历史事件、革命运动、一般人物有关的器物都是文物，它所关联的历史事件、革命运动必须是重大的，人物必须是著名的。不是只要是有纪念意义、教育意义和史料价值的器物就都是文物，必须是有重要纪念意义、教育意义和重要史料价值的器物才是文物。不是只要是艺术品和工艺美术品就都是文物，必须是珍贵的艺术品和工艺美术品才是文物。不是一切文献资料和手稿、图书都是文物，必须是重要的文献资料和具有历史艺术科学价值的手稿和图书才是文物。不是一切反映各民族社会制度、社会生产、社会生活的器物都是文物，必须是具有代表性的器物。应该说作为文物条件的起点并不低。要把住是否文物的关，就是要把握住上述段落中的条件。

作为不可移动文物，其前身是人类的活动场所；可移动文物，其前身或为生产工具，或为生活器皿，或为科学标本和仪器，或为观赏物。在成为文物前，它们都必须对人类有实用价值，能够成为人类历史发展的物证，成为研究人类历史和社会发展的实物资料。至于艺术品，本来就是作为观赏物存在于社会，它向文物转化的条件是艺术品位的高低，只有那些品位高，代表一定的艺术流派，在艺术史上有一定地位的艺术品才有可能转化成文物。

器物向文物的转化包含了人类意识的作用。文物是人们思维活动所形成的一个概念，是一种观念形态，[illegible]的内容是客观的，来源于文物的客观存在，它的形式又是主观的，是人们对文物客观存在的主观反映，[illegible]们感觉和思维活动的结果。就这一意义上说，文物不仅具有客观性的本质，而且具有人们主观意识的[illegible]没有人们的意识作用，文物难以形成。

[illegible]说过：“人的意识不仅反映客观世界，并且创造客观世界。”[1]列宁在这里说的“创造客观世界”

就是指意识的反作用，否认这种创造是机械唯物主义，夸大这种创造是主观唯心主义。文物意识的作用可以促成文物的形成，促进文物价值的实现，可以减少文物的自然消失。人类多数的活动场所和使用的器物随时间的推移而消逝，因为人们在当时并未认识它潜在的文物价值，没有意识到这些场所和器物对后人研究历史有什么价值。绝大多数文物从考古发掘而来。前人将殉葬品放入墓葬，并不是为后人的科学研究准备的，只不过是向死者提供的用具，是对于死者的一种祭祀。只是在后人意识到它的文物价值之后，才形成文物。今人有意识地把某些物品作为文物埋入地下以备后人考证和研究的也有，但是极个别的。近现代文物在它未形成文物之前，人们也没有意识到它的文物价值，而将其作为文物收藏起来。其中有的实用价值可能尚未丧失，人们在实际生活中还在使用。当人类意识到它的文物价值之后，它也才能转化为文物。

举一个例子。一支琼崖纵队战士用的粉枪，在这位战士未参加琼崖纵队之前，这支粉枪是他用以打猎维持生活用的工具，在这个意义上，粉枪不能成为革命历史文物；这位战士后来参加了琼崖纵队，这支粉枪成为同日本侵略军作战的武器，因而成为一件革命历史文物。持有该物的物主可能没有认识到它的价值，因而将其闲置在家中，没有当做文物看待，但是，这支粉枪并不因为物主的不认识就失去了它的文物价值，就不是文物。它只是一件未被人们认识的文物，是一件自在之物。这支粉枪的文物价值一旦被认识了，无论它是被博物馆收藏或是仍由这位战士收藏，它就实现了向文物的转化。因此，文物价值的显露和人类的有意识收藏是文物转化的标志。它是客观和主观的统一，是文物和文物意识的统一。没有这种统一，文物不能形成，而且其前途往往是消失。

这里，讲一讲藏品和文物的区别。藏品的概念较之文物的概念要广泛，并不是一切收藏品都具有文物价值。它可以是工艺品或艺术品，却不一定是文物。当代为纪念某一个历史事件而制作的纪念品，至少现在还不能算作文物，因为它不是历史事件的直接物证，在它身上没有历史痕迹，它的历史价值尚未形成。文物的历史价值、艺术价值和科学价值中，核心是历史价值。成为文物的艺术品、纪念品以及科学研究的手段和对象，都应该在它们各自专门史的领域中占有自己的位置，也就是说都应该有他们的历史价值。《中华人民共和国文物保护法》规定了“历史上各时代珍贵的艺术品、工艺美术品”是文物的组成部分，这里对艺术品和工艺美术品下了两个限制词，一个是“历史上”的，一个是“珍贵的”，这就是说，成为文物的必须是有历史价值的。因此当代艺术家的作品需要历史的筛选，历史上著名艺术家的作品也不是件件都可以成为文物的。紫檀博物馆展出的家具，除了历史遗存下来的明、清家具以外，可以是工艺美术品，或仿古的工艺美术品，却很难说是文物。同样，风筝博物馆展出的风筝，除了在风筝发展史上占有地位的风筝以外，也只是一种工艺品，而不是文物。目前有一股纪念品热，为了纪念某一事件，制作了纪念章、纪念表、纪念笔，或其他形式的纪念物，有的赠给博物馆收藏。这类纪念物并不能一概转化成文物，它的历史价值需要历史的沉淀。一支专门制作的纪念笔同中英联合声明的签字笔，其历史价值明显不同，后者在历史上所起的作用是前者无法相比的，后者所含的历史信息量，无论在量上或在质上都大于和高于前者。作为历史发展的物证，后者是唯一的，不能再生的，而前者则是可以再制作的。20 世纪 90 年代有一件事情，国庆 50 周年庆祝游行的彩车曾经被视为文物，并予以拍卖。拍卖是可以的，但是不是文物，也值得商榷。因为彩车制作得无论多么精致，它只是模型，是利用现代科学技术制作的模型。它可以是中华人民共和国成立 50 周年的宣传工具，却不是 50 年建设成就的物证。文物必须是在历史中形成的，带有历史痕迹的器物，而不是当代制作的模型。那么，纪念物是不是都不能向文物转化呢？那也不是，千百年后，随着时间的推移，具有历史烙印的文物在减少，这一历史事件的纪念物的量也在减少，经过历史筛选的纪念物有可能实现文物的转化。“孙中山奉安纪念章”、“红军十周年纪念章”等就是例子。尽管它们在发行时都是限[illegible]但是在当时不能件件都可认定为文物，只是在若干年后，纪念章的数量在减少，由常见物变成罕见物[illegible]存世量成为重要因素。

对于构成文物的条件，有时仁者见仁，智者见智，不容易统一。有的博物馆设立参考品库或周转库，将一时难以决定是否正式入藏的器物暂时先存起来，避免草率决断，使真正的文物遭受损失，这不失为一个可行的办法。

二　近现代文物的鉴定

这是人类文物意识的第二个层次的活动，是对文物的第二个层次的研究。它的任务是对文物作出价值的科学评估。文物价值的高低也是文物的客观存在，不是人类主观可以臆断的。人们可以经过研究去挖掘文物的尚未显露的潜在价值，而不能赋予它本身并不存在的价值。

给文物评级，是人类的意识活动，是文物的客观价值在人头脑中的反映，这种反映包括感觉、知觉、表象等感性的反映形式和概念、判断、推理等理性的反映形式。前者依赖于客观事物，具有直接性；后者是人们对大量感性资料进行抽象、概括的基础上形成的，具有概念性和间接性。人们通过对一件器物的上述两个反映过程，作出是否文物以及文物价值的判断。“文物”的概念就是人们对具有文物价值的器物的抽象和判断。感觉、知觉、表象是意识的初级形态，人们对文物的认识首先从感觉开始。对一件器物，人们通过感官，得到对这件器物外形、质地、铭文、功能以及这件器物经历的感性资料，经过思维，得出这件器物是否文物的判断。进而通过对这件器物有关资料的进一步占有，得出对这件器物价值的科学评价。一根从施工工地上挖掘出来的修筑京汉铁路时遗留下来的铁轨，人们通过视觉首先看到的是它的外形，看到浇铸铁轨的年代铭文。它的外形、它的铭文通过人们的感官，反映到人们的大脑中，使人们意识到这不是一件一般的物品，而是一件文物，它是在中国近代化过程中早期中国铁路建设的一件物证。随着调查研究的深入，通过人们的思维，进一步了解了京汉铁路以至中国铁路建设的发展历史，并了解到最初修建京汉铁路时遗留铁轨的现存量，从而判断出这根铁轨不仅是文物，而且是一件珍贵的文物。又如一只延安抗大瓷厂生产的瓷碗，上面烧有“抗大瓷厂”几个字。人们通过感观，意识到这是一件有纪念意义的物品，但这也只是人们对这只瓷碗个别价值的认识，在人们近一步了解了生产瓷碗时的历史背景，抗大瓷厂的建厂经过以及这只瓷碗同抗日根据地自力更生艰苦奋斗精神的联系，同抗日根据地以至中国陶瓷工业发展的联系之后，人们可以进一步深化对这只瓷碗内涵价值的认识，可以得出这是一件珍贵文物的结论。

对一件文物从感觉到思维，从认定到鉴定的过程中，感性资料的积累十分重要，它是人们文物意识形成的基础，这也是人们在征集文物时为什么要特别重视做好原始记录的缘由。文物上负载的文字信息更为可贵。它对于人们文物意识的升华起着重要作用，因为它给予人们的感性资料要比没有文字信息的文物丰富、直接。1936 年红军东征山西时赠给山西省洪洞县白石村小学的一架风琴，上面有“中国人民抗日先锋军总政治部赠白石村两级小学校留念”的铭文。有这段文字和没有这段文字所给予人们的感性资料是不同的。这段文字包含了许多价值内涵：首先，它确凿地证明这件文物的可靠性；其次，它从一个侧面反映了红军东征的史实；第三，它反映了红军和人民的亲密关系。如果没有这段文字，要证明这是一件文物及其价值就要费很多周折，因为它直接提供的感性资料是不确切和不丰富的。同样，一件文物的外形特征给人们的感性资料也是不同的，当我们看到一件文物时，常说的这件文物的文物感强，就是指的文物的外形特征，它是给人们的第一印象，是意识的第一感觉。有许多文物外形一般，又没有文字信息，这时人们的感性资料主要来自物主和当事人的介绍，这种介绍是一种间接的感性资料，它也是一种客观的反映，是这件文物在物主和当事人头脑中的反映，其基础和来源仍然是文物本身。人们在获取了大量的感性资料之后，利用[illegible]人积累的知识，对这些感性资料进行去伪存真，去粗取精，由此及彼，由表及里的分析研究，从而得到[illegible]件文物的科学认识。这就是意识的思维过程，也就是对这件文物的研究和鉴定过程。

[illegible]研究个别文物向研究文物群的过渡是又一种反映的过程。它可以是对同一类文物系统的总合反映，[illegible]对各类文物系统的总合反映，这也就是我们常说的对文物的分类研究。近现代文物大体有三种分

类方法：1. 时代结合专题的分类方法；2. 功能结合形态的分类方法；3. 质地的分类方法。后两种分类研究更贴近于物的研究，具有文物研究的特点。时代结合专题的分类研究，下分历史事件和人物，如鸦片战争、太平天国、洋务运动等事件专题或近代军事、近代教育、近代文化等历史专题。它是史和物结合的研究，基本上是为文物的利用服务的。功能结合形态的分类研究，可分为文献、武器等大类和布告、传单、通知、手稿、书信、日记以及枪、炮、船舰、矛盾等小类。质地分类方法，可分有机类、无机类以及纸张、纺织品、金属、木竹等若干小类。对这种文物群的分类研究，有助于对某一类文物的分类比较和存世量的掌握以及科学的保管和利用。把握文物群的运动规律，有助于总结对各类文物的鉴定标准。

近现代文物的价值评估，是一项起步不久的工作，缺乏经验。“近现代”又是一个时间的断代。近现代文物包罗万象，各种质地各种功能的文物都有。这就要求近现代文物的鉴定人员要有广博的历史和文物知识。

近现代文物一般地说具有以下特征：

（一）就其自然物质形态和实用功能说，不是罕见物，而是常见物，因而不为人们关注。仍以《中英联合声明》的签字笔为例，它的价值不在于它的笔的外形有什么特殊性，也不在于它作为笔的写字功能。作为笔，它不是罕见物，使它成为文物的主要价值在于用它在中英联合声明上签过字，同香港回归这一重大历史事件相联系。同重大历史事件相联系是近现代文物同古代文物一个重要不同。如果是古代的一支笔，不论它是否同某一个历史人物或历史事件有联系，它都可以被确认为一件文物。如果按古代文物的标准来判断，这只是一支并不罕见的笔，在笔的发展史上并不一定有位置，因此可能够不上珍贵文物的标准，甚至不具有文物价值。又如，子弟兵母亲戎冠秀喂伤员用的碗和勺，就碗和勺的自然物质形态和实用功能来说，没有文物价值，它的文物价值在于这位抗日战争时期的拥军模范曾用它照顾过伤员，这后一功能使它转化为文物。

（二）近现代文物要求其负载的信息量更大。许多古代文物由于时间久远，人们从它身上获取的信息量受到限制。人们得到的可能仅仅是长跨度的年代、不清楚的物主、简单的功用，也说不清楚这件文物同历史上的什么事件、什么人物有过何种联系。如果仅仅是这样的一些简单信息，就近现代器物来说，恐怕很难确认为文物。仍以戎冠秀的碗为例，如果只知道这是抗日战争时期（这已经是比较具体的年代了）的一只瓷碗，不知道瓷碗的物主是谁，不知道这只瓷碗同历史上的什么事件有联系，在瓷器发展史上也并无位置，没有代表性，这只瓷碗就没有负载向文物转化的必要信息，也就很难转化为文物。

（三）近现代文物主要散存于社会，加之社会变革速度快，因而较之古代文物更易于消失。20 多年后的今天，“文革”时期带有鲜明时代特征的“语录”用具已经很难寻觅。在压缩纱锭过程中，一批二三十年代以至“洋务”和“新政”时期的纺纱机也相继消失。

（四）有的近现代文物具有可选择性。这是由物品的数量决定的，由此产生近现代文物的典型相对性，只有那些具有相对典型性的物品才有可能转化为文物，这是古代文物所没有的特点。考古发掘中，有一件就是一件文物。在是否文物的界限上，用不着选择。它只有价值等级的差别，没有是否文物的争议。“98 抗洪生死牌”有若干个，博物馆只选择了有代表性的收藏。

（五）近现代文物具有前瞻性。有许多近现代文物，在社会上一出现，就可以确定它具备文物的条件，确认它的文物价值。如载人航天的飞行舱，“嫦娥”一号传回地球的第一张月球表面的照片，等等。

认识了上述的近现代文物的特点，可以有助于人们主动地自觉地去发掘和认识近现代文物的价值。影响近现代文物价值评估的几个因素如下：

（一）与文物相关的历史人物和历史事件的重要程度。重要的，价值高，反之就低。

（二）文物在历史上发挥作用的大小。作用大，价值高，反之就低。

（三）反映社会经济社会生活政治制度的文物价值取决于文物代表性的程度。代表性强，价值高，反之就低。

（四）艺术品和工艺美术品的珍贵程度取决于创作人的知名程度和该件艺术品在艺术史上的地位。创作人的知名度高，该艺术品在艺术史上的地位高，价值高，反之就低。

（五）文物的品相。品相好，价值高，反之就低。

（六）文物的存世量。稀有的，价值高，反之就低。

（七）报刊图书，成套的，价值高，反之就低。

（八）文献上有印章官方的，价值高，反之就低。器物上有铭文注记的，价值高，反之就低。

（九）文物所负载的历史内涵，情节生动感人的，价值高，反之就低。

上述因素要综合考虑。我们说，文物所相关的历史事件和历史人物愈重要，价值愈高。但是并不是所有与这一事件和人物相关的文物都同等重要、同等珍贵，主要还要看文物作用的大小。这也是不能将领袖人物的所有的生活用品都确认为文物的道理。

如何使近现代文物价值评估量化，是一个值得探讨的课题。文物和非文物的界限，一般文物和珍贵文物的界限，珍贵文物中一、二、三级文物的界限如何将其标准具体化，使之具有可操作性，是值得研究的一个课题。譬如说，如何衡量著名人物的“著名”，是不是可以参照级别和职务。一般地说，级别、职务反映了这位人物在历史上影响的大小，级别和职务越高，影响力越大，他在历史上发挥的作用也就越大。这是我们在确定文物价值时考虑的一个因素，也是评估文物价值一种量化的操作。但是，这又不是唯一的因素。有的历史人物级别不高，甚至没有级别，职务也不显赫或是没有职务，但是知名度很高。无论他的级别和知名度如何，最终还要看他的事迹。事迹可歌可泣，人物小，贡献大，也应是著名人物。与著名历史人物有关的物件，必须是具有重要纪念意义、教育意义和史料价值的。这是一条很重要的限制。在湖北确认一级文物时，遇到这样一个问题：有一件挂在房门上的门帘，是贺英用过的。贺英是洪湖地区著名的女英雄，也是一位著名的烈士，但是她住屋房门上挂的门帘，够不够文物的条件，就值得研究，更谈不上是否珍贵文物。

历史事件重要程度的衡量，“最早”和“最后”也可以作为量化操作一个参考标准。特别是反映社会发展的文物，最早的近代军队、最早的铁路、最早的邮局、最早的纺织工业以及最后退出历史舞台的生产工具和生活用具等等。

艺术品、工艺美术品和文物有一个重要的区别，就是文物是不可再生的，而艺术品和工艺美术品是可以再创作的。而作为文物的艺术品、工艺美术品也必须符合文物的这一性质，即作为文物的艺术品、工艺美术品必须是原创作，不是复制品。

对近现代文物的鉴定可以用三句话来概括：辨真伪，明事迹，清流传。辨真伪，就是要排除赝品和非文物；明事迹就是要弄清文物和历史事件、历史人物的关系，了解文物在历史事件中的作用；清流传，就是要了解文物是怎样流传下来的，弄清流传经过对于辨别文物的真伪也有重要意义。

注释：

[1]《黑格尔〈逻辑学〉一书摘要》,《列宁全集》第38卷，人民出版社，1960年，第228页。

（原文刊于《中国民族文博》2007年第2辑）

中国工农红军的影像纪录

张 明

1844年摄影术传入中国后，纪录历史的影像资料就成为今天人们回顾过去的事实依据，这一全新的记录手法使摄影这个诞生于西方的事物在东方得到空前的发展。在中国共产党奋斗的历史上，中国的摄影事业也经历了从无到有、由弱变强，最终释放出极大能量的发展过程。今天，当一帧帧记录中国革命历史的照片呈现在眼前，我们不禁为在艰苦环境下留存的这些影像资料而感动。本文就中国工农红军时期摄影事业的发展状况作一简要回顾。

1927年，蒋介石叛变革命，第一次国内革命战争失败。中国共产党开始在农村建立红色政权，保存和发展革命势力。在此后的10年间，共产党为粉碎国民党的围攻，为保存自己实力进行了艰苦卓绝的斗争。在恶劣的环境中，中国共产党和人民军队从一开始就把摄影作为重要的宣传工具和斗争的锐利武器。毛泽东、周恩来等领导人曾在不同的场合多次强调摄影宣传的重要。早在1924年，周恩来在黄埔军校亲自制定《战事政治宣传大纲》，其中第六条规定："应携带相机，沿途拍照战时情形及兵民聚欢等照片，并赶快冲洗，沿途陈列于军民联欢会中，或以之赠送各界代表。"[1] 这是共产党的高级干部对摄影工作第一次做出的最明确的指示。1925年，毛泽东代表国民党中央宣传部在中国国民党第二次全国代表大会上作《宣传报告》，强调了图画（包括绘画与照相）的重要性："中国人民不识字者占百分之九十以上。全国人民只能有一部分接受党的文字宣传，图画宣传乃特别重要。"[2]1929年，毛泽东亲自主持起草的《古田会议决议》中曾指出：军政治部宣传科的艺术股应该充实起来，出版石印的或油印的画报。这里讲的就是用图画和照片扩大宣传影响。但在忧患重重烽火连天的红军建立初期，摄影工作遇到很大的困难，摄影工作难以开展。尽管如此，共产党的领导人还是想尽各种办法开展摄影宣传工作，使一些记录党和红军活动的照片得以保存和流传，扩大了中国革命在国内外的影响。

一 借助照相馆或个体摄影师拍摄照片

在中国工农红军创立初期，由于缺乏摄影器具和技术人才，没有专职摄影人员和机构，在大多数情况下，借助于照相馆来开展摄影工作，用照片记录了许多重大事件。如：1927年，著名共产党人彭湃领导广东海丰、陆丰农民举行两次武装起义，建立了海陆丰苏维埃政权。苏维埃政权成立大会在海丰举行，当时就是请照相馆的人员拍摄了《庆祝工农民主政权成立大会》及以手执红缨枪的女赤卫队员为对象的《粤东妇女赤卫队》的照片。这些照片反映了党在组建工农红军、创立民主政权初期的革命活动。

在遇有重要纪念活动或重大战役胜利后，党为了保存革命史料，不得不请照相馆人员来拍照，其中，较为重要的有：《1930年红军第三军团攻克长沙后的群众大会》、《1931年11月在江西瑞金召开中共苏区第一次党代会》、《1931年苏区中央局委员合影》、《1931年中华工农兵苏维埃第一次全国代表大会》、《1932年庆祝江西工农兵苏维埃第一次全省代表大会群众大会》、《1932年江西工农兵苏维埃第一次全省代表大

图一　中国共产党苏区第一次代表大会会场（1931年11月，江西瑞金。照相馆摄）

图二　中国工农红军第一军团第四军全体指战员合影（1932年，福建漳州石码。照相馆摄）

会开幕典礼》、《1932 年中国工农红军总政治部全体人员合影》、《1932 年中国工农红军第一军团第四军全体于漳州石码合影》、《1933 年毛泽东在江西瑞金叶坪召开中央根据地八县贫农团代表大会上讲话》、《1934 年第二次全国苏维埃代表大会摄影》、《反"围剿"中的工农红军》等(图一、二)。

红军在长征途中历尽千难万险，仍未放弃用摄影记录历史的机会。这方面的照片主要有《1935 年 9 月，红军第二十五、二十六、二十七军会师于陕北永平》、1935 年 11 月 29 日，红二方面军开始长征胜利解放湖南新化时的《红军第六军团领导干部肖克、王震、夏曦等同志和十七师团以上干部合影》、1936 年 2 月，红六军团长征途径贵州解放毕节县城时，在教堂前拍摄的《王震和欢迎红军的贵州苗族群众合影》等。在长征途中，红军也曾拍摄过一些照片。《续西行漫记》的作者尼姆·韦尔斯女士 1937 年访问延安时，康克清把红军经过大草原时拍的一张照片送给了她，并且说："我们在长征中难得拍一张照片，所以这是非常珍贵的。"[3]可见中国工农红军在长征途中，并未完全停止摄影活动。

在抗日统一战线的新形势下，反映红军活动的照片上多题有"抗日"字样。如 1936 年《抗日红军战士剧社全体人员合影》、《中国人民抗日红军第二方面军第六军八一阅兵典礼暨抗战誓师大会》、《中国人民抗日红军第十五军团纪念五卅运动大会》等。

这些由照相馆或个体摄影师拍摄的照片，真实地记录了党组织的重要会议、政权建设、红军作战、群众集会以及党政军负责干部的肖像和革命活动。有的照片加印黑底白字的题款，注明摄影内容、时间与地点，以志纪念。

二　红军干部的摄影活动

当时，在红军中有少数领导干部会摄影，但在艰苦的战争环境中，照相器材奇缺，没有拍摄的条件，直到 1930 年以后，少数红军干部才有机会拍摄反映红军活动的照片，而能留存至今的照片非常少。这些领导人包括：聂荣臻、叶剑英、耿飚等。

1931 年春，在第二次反"围剿"战役中，红一军团从国民党军队手里缴获一台照相机和一些胶卷，军团政治委员聂荣臻用这台相机给部队拍摄照片，其中有一幅叫《红军帮助人民收割》(图三)的照片，画面上一片繁忙的夏收景象，干部战士弯腰挥镰，神态自然，动感强烈。几名战士军帽上的五角星帽徽清晰可见，突出主题。这幅照片描绘了军民鱼水之情，深刻地阐明了红军的革命本质，是一幅政治内容与艺术形式完美统一的优秀摄影作品。聂荣臻在照片背面题词："我们是人民的红军，准备一切牺牲，为着中华民族的独立自由而斗争！我们是工农的儿子，应随时地给农民群众以实际的利益和帮助。帮助群众夏收就是给群众以最实际的帮助，使群众更深刻来认识和了解我们。在帮助群众过程中，是更好的训练和锻炼了我们自己。荣臻六月六日于宫河。"[4]《红军战士在学习》这幅作品，则反映了在生活艰苦、战斗频繁的条件下，红军生动活泼的政治文化生活，充满革命乐观主义。

1932 年 4 月 3 日，红军东路军从长汀出发，挥师东进，占领龙岩， 4 月 20 日，一举攻克漳州。漳州战役，红军取得重大胜利，共歼灭国民党 4 个团，俘敌 1674 人，缴获步枪 2331 支，还缴获一批机关枪迫击炮等，最鼓舞士气的是缴获飞机两架。这是红军创建以来战果显著的战役之一。聂荣臻抓住时机，拍摄了《1932 年红军在福建漳州缴敌飞机》这张照片。

图三　红军帮助人民收割（1931夏，官河。聂荣臻摄）

在红军的领导干部中，耿飚是一位摄影爱好者。1932 年，红三军第二师攻打福建漳州时，缴获一台 6×9 厘米新闻镜箱，交给耿飚使用，耿飚请照相馆的师傅教他如何照相、冲洗照片。他将相机身上刻上“耿”字，背着尽可能多的胶卷、相纸、显影定影药水行军打仗。他背着相机参加了长征，拍摄了许多照片，有战场风光，有俘虏、战利品，更多的是为战友们拍生活照。他将照片贴到日记中，经常久久凝视，珍爱异常。在延安红军大学学习期间，他更是一有机会便给战友们拍摄照片，他拍摄的《红军大学》（图四），充分地表现了战争年代红军战士乐观向上的革命精神及充满自信的精神面貌。后经组织做工作，他把日记本借给了埃德加·斯诺。解放后，耿飚通过各种渠道向斯诺打听日记本的下落，得知日记本交给了丁玲，便托王震向在农场劳动的丁玲询问，丁玲说斯诺从来没有给过她。日记本的丢失造成耿飚终生的遗憾。斯诺在《西行漫记》中所使用的照片，有些就是耿飚的作品。

图四　红军大学（1936年，延安。耿飚摄）

三　红军中的摄影师

红军自建立之初，即非常重视对革命斗争形象史料的记录和保存，但因当时环境艰苦，党内军内均无专职摄影记者，直到 1932 年，从国外回来的苏静参加了中国工农红军，摄影工作在革命队伍中才正式开展起来。

苏静（1910 年—1997 年），曾用名苏孝顺，福建龙海县人。初中毕业后在家乡一小学任教师，后进入师范学校学习。1930 年，因在校积极参加学生运动，受到国民党当局的通缉，苏静随父到缅甸，在缅甸华侨小学任教时学会摄影。后来他又和英国人学会用透明赛珞珞做徽章的技术。1931 年，苏静回国在福建龙海县筹建照相馆，因参加革命活动，被国民党登报通缉，并掠去他筹办照相馆的全部摄影器材，苏静只好逃离家乡，于 1932 年 4 月底在漳州参加红军。土地革命战争时期，他任红一军团总指挥部参谋、科长等职，参加了中央苏区第四、第五次反“围剿”和二万五千里长征。

1933 年，聂荣臻政委将在江西丽川一次战斗中缴获的一架照相机交苏静使用，从那时起，苏静开始拍摄战斗新闻照片，他是中国工农红军第一位兼职摄影工作者，是中国红军时期新闻摄影的开创者之一。

1933 年 2 月，红军在第四次反“围剿”斗争中缴获一批机枪，但在部队中没人会使用，于是便让国民党军俘虏任教员，举办机枪训练班。朱德对训练班极为重视，并在机枪训练班开学时亲临现场讲话，苏静闻讯赶到现场，抓住时机拍摄了《朱总司令在江西中央苏区向红军机枪训练班战士讲话》的珍贵镜头，他称这幅作品是他参加红军后拍摄的第一张表现中国工农红军战斗生活的具有历史价值的新闻照片。由于国民党对苏区的严密封锁，这张珍贵的照片未能及时地送出冲洗，直到 1935 年 1 月，红军长征到达遵义后，才在一家照相馆冲洗出来，成为具有文献价值的历史见证（图五）。

为打通抗日通道，直接对日作战，中国工农红军在毛泽东、彭德怀率领下发动东征战役。1936 年 2 月，红一方面军根据瓦窑堡会议确定的“东渡黄河，进入山西作战，尔后相机向北发展”的战略计划，通过充分和周密的准备，于 2 月 20 日发起东征战役。苏静是唯一用相机经常拍摄红军战斗生活的人，他拍摄了攻占晋西中阳、孝义城等战斗的照片。虽然，这些照片今天看来画面不够清晰，但这在中国解放区摄影事业开创之初具有重要的意义。《红小鬼歌舞队》（图六）是 1936 年夏红一军团的红小鬼歌舞队在陕北排练舞蹈节目时现场抓拍的，画面中孩子们天真活泼的表情和质朴的舞姿，给我们留下深刻的印象。《红军战士剧团合影》（1936 年陕北）、《红军炊事员勤于学习》（1936 年）、《红军指战员帮组群众收割庄稼》（1936 年 5 月于晋西）等作品都在不同程度上反映了红军当年的生活场景，表现了红军部队生气勃勃的精神面貌。

图五　朱总司令向红军机枪训练班战士讲话（1933年，江西。苏静摄）

红军长征到达陕北后，摄影条件有所改善，所需摄影器材除了在战场上缴获外，还可到国民党统治的城市去购买。苏静一到陕北就曾托人从西安购买了一批胶卷。1936 年 5 月，红军在宁夏和马鸿逵部队作战时缴获了一架 4 寸大底片的相机和一批玻璃干版，肖华把相机交给苏静使用。苏静用这台相机拍摄了许多红军练兵、体育、学习、生活等方面的照片。1937 年 5 月 1 日，红一军团在陕西泾阳县云阳镇隆重举行“五一”运动大会，苏静全面报道了大会实况，拍摄照片百余幅，其中《会场全景》、《翻单杠》、《跳远》、《塞篮球》、《越障碍》、《刺杀表演》、《医疗救护》、《发奖》等 10 张照片最为精彩，在构图、用光及抓拍上都非常成功。苏静将精选的数十幅照片编上号码，写上说明，洗印了数十套，分送给军团首长和各参赛单位。这些照片就是用和马鸿逵部队作战时缴获的那架玻璃版的大相机现场抓拍的，难能可贵。

图六　红小鬼歌舞队（1936年，陕北。苏静摄）

抗日战争爆发后，根据国共两党协议，中国工农红军主力 4 万余人，于 1937 年 8 月改编为国民革命军第八路军，东渡黄河，开赴华北抗日前线。《改编东渡出师抗日》这张照片是苏静拍摄的又一力作。照片表现的是改编后的八路军第 115 师骑兵营的英雄健儿勒马黄河之畔，整装待发，准备驰骋疆场英勇杀敌的雄壮场面。画面上队伍整齐，气势高昂，表现了人民军队出师抗日、势不可当的英雄气概。

在此后的战争年代，苏静在繁忙工作中仍坚持摄影实践，拍摄了不少珍贵镜头。他曾参加组织拍摄了《中国人民的胜利》大型纪录影片。任中南军区副参谋长时，还给军区政治部举办的摄影训练队授课。1955 年，苏静被授予中将军衔。

童小鹏（1914 年—2007 年），福建长汀童坊镇人。1930 年 6 月参加中国工农红军，不久加入中国共产党。先后在红四军、红一军团政治部、政治保卫局任秘书。经过长征到达陕北后，曾任毛泽东秘书。

1936 年 12 月“西安事变”发生后，童小鹏随周恩来、李克农、罗瑞卿等由延安飞往西安，在西安红军联络处（后称八路军办事处）工作。1937 年 3 月，西安红军联络处处长李克农为他购买了相机和胶卷，并教会他拍照。从此，童小鹏成为一名兼职摄影记者。

在西安红军联络处，童小鹏拍摄了不少有关国共两党谈判及中共代表活动的照片。其中《周恩来束装待发》（图七）这张照片反映了1936年底，中共代表周恩来出色地完成调停西安事变的重大使命后，乘飞机返回延安。在西安机场，童小鹏抓住时机，拍摄了周恩来身着飞行服，以飞机为背景的特写照片，真切表现了一位伟大的革命家在民族危亡之秋，无私无畏地奔波，不辞劳苦的形象。1937年5月，周恩来、张云逸、孔石泉等25人从延安赴西安与国民党谈判，在途中遭遇土匪袭击，死伤20人。到西安后，童小鹏为他们拍摄了《脱险》这张照片以作留念。此外，童小鹏在这时期的摄影作品主要还有：《红军驻西安联络处》（1937年于西安）、《周恩来与邓颖超在西安红军办事处》（1937年于西安）、《国共和谈代表在终南山合影》（1937年2月于西安）、《中共代表周恩来、博古、林伯渠到庐山同蒋介石谈判后回到西安留影》（1937年夏）、《在西安红军联络处工作的一群红军"娃娃"》（1937年夏）、《到延安去——西安红军联络处为延安输送青年学生》等。

图七 周恩来束装待发
（1936年底，西安。童小鹏摄）

1937年5月，童小鹏随叶剑英、陈赓和国民党中央考察团人员一起到延安、陇中、陕南等地考察，拍摄了考察团在各地的活动和红军活动的照片。《欢迎为国共合作而努力的国民党中央考察团》这幅作品如实地记录了国民党中央考察团到达延安时，受到军民夹道欢迎的情景，延安南门高悬的欢迎标语使军民热烈欢迎的气氛得到充分表现，这反映了中国共产党愿与国民党联合抗日的诚心实意，是反映中国共产党统一战线工作的优秀作品（图八）。

1937年8月，中共中央革命军事委员会在陕西省泾阳县云阳镇隆重召开红军改编誓师抗日动员大会，童小鹏拍摄了红军集会誓师抗日、红军骑兵阵容及红军将领的照片。《红军集会誓师抗日大会会场》这张照片表现了中国工农红军拥护军委决定，积极参加抗日的决心。会场上，缤纷如云的旗帜和巨幅标语充满整个画面，淋漓尽致地表现了红军将士的抗日激情和昂扬的斗争士气。这时期，童小鹏的摄影作品还有：《毛泽东在延安凤凰山下的住房》（1937年于延安，在这间窑洞内，毛泽东写下了《实践论》、《矛盾论》、《论持久战》等著作）、《朱德在延安》（1937年5月）、《国民党中央考察团在延安、陕北、甘肃、红军驻地考察活动》组照（14幅，1937年5月）、《红军积极准备抗日》组照（其中包括《红军一部》、《陕南红军奉命集中陕北》、《红军机枪连》、《红军驳壳枪连》、《操练中的红小鬼》，1937年于陕西云阳和陕南等地）等。

图八 欢迎为国共合作而努力的国民党中央考察团
（1937年5月，延安。童小鹏摄）

1941年，童小鹏经当时分管南方局经济工作的董必武批准购买了一架二手的莱卡相机。此后，在国共两党和谈、重庆谈判、解放战争时期及开国大典等重大历史时刻，童小鹏拍摄的数千张照片，成为中国人民革命斗争的重要历史见证。

新中国成立后，童小鹏历任中共中央统战部秘书长、国务院总理办公室主任、国务院副秘书长、中央办公厅第一副主任兼秘书局局长等职。童小鹏虽身居高位，仍手不离相机，创作出许多优秀摄影作品。

四　外国友人的摄影活动

图九　毛主席在陕北（1936，延安。埃德加·斯诺摄）

图一〇　红军大学学员打网球。左起：赵尔陆、张爱萍、彭雪枫、陈士渠、肖文久（1936年，延安。埃德加·斯诺摄）

1936年，红军长征到达陕北后，一些外国朋友、新闻记者和作家不畏艰险，从世界各地到陕北苏区访问，摄取了大量照片，对欣欣向荣的陕甘宁边区经济文教事业、党政军民的革命活动和地方风貌，作了客观的报道，其中最著名的有埃德加·斯诺、海伦·福斯特及艾格尼丝·史沫特莱。他们在陕北为毛泽东、周恩来、朱德等中共领导人拍摄了肖像、工作及生活照片，同时拍摄了大量红军活动的照片，并把照片送往国外发表，宣传中国工农红军。

1936年6月，美国记者埃德加·斯诺冲破国民党的重重封锁，冒着生命危险，经过西安进入陕甘宁边区。他是第一个在红色区域进行采访的西方新闻记者。他在苏区4个月的采访时间里，深入到工厂、医院、学校、俱乐部、剧社、红军部队，和党的领导人、干部、战士、工人、农民、妇女、少先队员等各方面人士广泛接触，进行摄影采访。斯诺在中国采访期间，拍摄了许多照片，尤其是他在西北根据地接触了共产党军队的众多官兵。从他拍摄的照片中，上自领导人，下到普通士兵，都尽可能地呈现在他的镜头里，如在宁夏的红一军团战士、红军领袖的合影或个人留影、苏维埃第二次代表大会、红军战士的业余生活、红军的炮兵部队、延安抗日民众大会、前线女护士、红小鬼等等。特别是1936年斯诺在陕北延安采访时，为毛泽东拍摄了一张非常珍贵的照片。当时，斯诺离开安塞后，和马海德来到了中共中央所在地——陕西保安（今志丹县）采访毛泽东。在保安窑洞前，斯诺拍摄了《毛主席在陕北》，照片上毛泽东头戴八角帽，目光深邃。这张照片解放后成为家喻户晓的名作。后来斯诺第二任夫人洛伊斯·惠勒在谈到这幅照片的拍摄经过时说：当时斯诺想拍一张很神气的“官方的”照片，可是毛泽东穿着随便，又没戴帽子，他感到不太正式。和斯诺在一起的马海德摘下斯诺头上带五星的红军八角帽，把它戴到毛主席的头上。多年来，这张照片一直作为最能反映红军时期毛泽东风采的代表作广为流传，同时这也是斯诺在中国拍摄的著名照片之一。斯诺后来一直珍藏着这顶毛泽东戴过的红军帽。斯诺逝世后，洛伊斯1975年访问中国时，把这顶“属于中国人民”的帽子，亲手交给邓颖超，通过她把这顶帽子赠给原中国革命历史博物馆，即现在的中国国家博物馆（图九）。

在陕北采访期间，斯诺在宁夏同心县参加了庆祝豫海回族自治县成立军民联欢大会，应邀在会上发表演说。他说："我今天替你们照了红军活动照片，我将带到全世界上去传播，使全世界同情你们的人——广大的劳动大众，尤其是你们的同志兴奋鼓舞。"[5]

斯诺离开陕北苏区时拍了数十卷胶片，第一次拍到了中国红军的照片，这些照片和斯诺的报道文章不久就出现在国内外报刊上。美国《生活画报》和《时代周刊》曾出1000美元买了他拍的最好的75幅照片，这几乎是中国照片创记录的价格。1937年，斯诺著的附有照片插图的《红星照耀中国》一书在英国和美国出版。1938年1月在上海出版中译本，改名《西行漫记》，斯诺又为中译本提供了原版未曾收入的许多插图照片。这本书图文并茂，真实地报道了中国共产党领导下的工农红军的革命活动和解放区人民的生活情况（图一〇）。

图一一　红军小战士（1937年，延安。海伦·福斯特摄）

1937年，美国女作家、记者海伦·福斯特（斯诺的第一任夫人）继埃德加·斯诺之后，访问了当时中国革命的中心延安，并与中共领导人进行了广泛的接触。之后，创作了《续西行漫记》，反映了边区的艰苦生活和红军领导人与普通军民同甘共苦的作风，特别是着重赞颂了边区妇女地位的解放（图一一）。

海伦·福斯特，笔名尼姆·威尔斯，1931年来到中国上海，经美国总领事馆的一位副领事引见，于斯诺相识并结婚。1933年1月，他们从上海搬到北平煤渣胡同21号定居。1949年，她与斯诺的婚姻破裂。

图一二　第二方面军干部合影。左起：关向应、谭家述、王震、聂荣臻、肖克、程子华、陈伯钧、杨尚昆（1937年，延安。海伦·福斯特摄）

作为一名新闻记者，海伦在延安工作了4个月，拍摄了300多幅有历史意义的照片，其中，有红军领导干部的合影、红小鬼的身影、陕北百姓生活及贫困地区的百姓生存状况等。她把此行的结果写成书——《红色中国内幕》，很快此书被译成多种文字出版，1938年中译本以《续西行漫记》的名义在上海出版，内附60多幅照片插图，不少作品再现了红军将士坚毅、朴实、乐观的革命形象。表现了她热爱中国人民，同情中国革命的情怀（图一二）。

1928年12月，艾格尼丝·史沫特莱以《法兰克福日报》记者的身份来到古老的中国，到1950年与世长辞，她一直献身于中国人民的解放事业，将命运紧紧地和中国人民联系在一起。

1937 年 1 月，中国共产党正式邀请史沫特莱访问延安，这使她有机会和中共领导人进行深入地接触。尤其在和朱德的接触中，史沫特莱对他不平凡的经历产生了敬仰之情，因此决定为朱德写传记。

史沫特莱在中国采访期间，拍摄了大量照片，并撰写了《中国红军在前进》、《中国的战歌》、《中国在反击》等大量的著作来报道中国。她始终利用自己手中的相机和笔来记录中国的社会，反映贫民百姓的生存状况，揭露旧军阀及国民党政府的反动本质，同时大量报道八路军、新四军的抗战情况。她曾被誉为熟知中国事实真相的、为数不多的作家之一。

这些外国友人拍摄的反映红军时期的珍贵照片，经过他们在国内外的传播后立即引起轰动，改善了红军在人们心目中的形象，扩大了我党在国内外的影响。

中国工农红军的摄影活动，是在我党我军最艰难的时期开展和发展的。在艰苦的年代，摄影者克服种种难以想象的困难记录了红军的战斗、生活场景，反映了红色根据地政治、军事、经济、文化、教育、卫生、体育等方方面面状况。这时期的摄影工作对新中国的摄影发展事业有着不可估量的作用和影响。经过岁月的洗礼，经过无数次的艰难历程，红军时期的影像资料能留存到今天是何等的不易，它为今天的人们准确无误地记录了历史，留存了不可多得的珍贵信息。

注释：

[1][3][5] 陈申、胡志川、马运增等编著《中国摄影史》，摄影家出版社，1990 年。

[2][4] 顾棣编《中国红色摄影史录》，山西出版集团、山西人民出版社。

（原文刊于《近代中国与文物》2010 年第 4 期）

陕甘边根据地货币考

姚 杰

近年笔者对陕甘革命根据地，特别是其中的陕甘边根据地发行的几种货币，进行研究与考证，发现馆内藏有陕甘边根据地尚存空缺币种（如陕甘边区南梁油布币、陕甘省苏维埃银行贰角银币券），同时也发现一些原史料、书籍、回忆文字记载中的问题。由于现存史料有限，本文只对陕甘边苏区发行的几种货币及相关问题，结合馆藏试做初步探讨与梳理，仅为管窥之见，望方家、学者赐教。

陕甘宁革命根据地的前身——陕甘革命根据地，是由第二次国内革命战争时期建立的陕甘边和陕北两块革命根据地组成，其中陕甘边根据地（亦称陕甘边苏区）曾发行陕甘边区南梁油布币、陕甘边区农民合作银行兑换券（布币）、陕甘省苏维埃银行银币券（纸、布币两种）和铜币券等货币。

一 陕甘边区南梁油布币

陕甘边根据地建立前，南梁地区地广人稀，农田荒芜。1932年—1934年间，在刘志丹、谢子长等领导下，先后开辟了陕甘边和陕北苏区。1934年2月，陕甘边区革命委员会在南梁（现属甘肃省华池县）四合台村成立，习仲勋任主席，杨玉亭为财政委员会委员长，蔡子伟为文化委员会委员长。此时，以南梁为中心的陕甘边革命根据地正式形成。是年11月，陕甘边苏维埃政府成立。

陕甘边区南梁油布币，是中国共产党领导的陕甘革命根据地发行最早的苏区货币。陕甘边区革命委员会成立后，为了巩固根据地，活跃边区金融，促进贸易往来，发展经济，便利群众生活，恢复了因回汉民族矛盾停止了几十年的荔园堡集市，于此同时，为了抵御通货膨胀的国民党钞票，以及银元和实物不便携带，加之缺少小额辅币给苏区贸易流通带来的困难，“刘志丹和财政委员会的同志决定禁止国民党钞票在苏区流通，印刷发行我们自己的货币”[1]。

陕甘边区当时的物质条件很差，缺少印制钞票的设备和纸张，负责印制货币的人员就因地制宜，用布代替纸张，在白布上印好图案后，“怕掉色，就用热（桐）油处理。终于印制出根据地自己的货币。印制厂设在南梁的油坊沟，只有三名工人……完全靠手工刻板，手工印刷。”[2]（经与馆内专门从事印刷工作的专家看票后，确认我馆收藏的3枚油布币均为石印，非原记载的木刻、油印）。

油布币为银元兑换券，规定“每十角兑换大洋一元，票面分为一角（红色）、二角（蓝色）、伍角（紫色）、一圆四种”[3]。伍角、壹圆币尚未见实物发现。发行货币的准备金是靠打土豪和没收地主浮财等方式筹集的。苏区内一律使用这种票币。由于老百姓的赞成和拥护，油布币“在苏区人民群众中享有很高的信誉，币值较为稳定”。南梁油布币为根据地货币中非常罕见的珍品，具有很高的研究及史料价值。

（一）油布币概况

国家博物馆藏有壹角油布币2枚、贰角油布币1枚（原皆定名为普通布币），均为横式，毛边手工剪裁，仅正面印有图案。贰角和壹角币，票面图案相同，只是颜色不同，版别略有差异。图案设计简朴，具有鲜明的时代特征。

油布币上端框内有右读横书“全世界无产阶级及被压迫民族联合起来！”口号；中间框内为三颗五角星组成的主体图案，中间五角星稍大，星内有镰刀斧头图案，两侧五角星略小，内有红或黑色水油盖印的竖读票面值“贰角”、“壹角”等字样，两小五角星上方，分别有该票的印发时间和编号，其中表示月、日和编号的阿拉伯数字为黑色毛笔手写；两小五角星下方，各有一小方形黑色印章，印文均为“经理之印”；左右两侧框内分别印有竖书“提高工农生活”、“随时兑换现金”字样；下边框内印有“陕甘边区革命委员会财政委员会发行”字样。

贰角币纵 6.8、横 14.3 厘米，6 位编号“第 099866 号”，票面图案与文字为深蓝色。

壹角币纵 6.9、横 14 厘米，5 位编号“第 03459 号”；另一张壹角币纵 6.7、横 14.6 厘米，编号“第 09816 号”，均为红色油墨印制。其中壹角币，可见在大五角星上盖有三行竖读 12 字黑色方形印章，印文有些字迹因褪色模糊，已很难分辨；经馆内从事文献、文字专家辨认，印文前 5 个字为“财政委员会”，最后两字为“之印”，其余 5 个字经反复推敲辨认，似为“货币发行处”等字。背面盖有一大方形黑色印章，印文严重褪色，已分辨不清。

笔者在研究、考证过程中发现，在有关的书籍、文章中，对于油布币的发行与停止使用时间、流通地区、印制方法、色彩、用布的质地以及票面上盖印的印文等多方面的论述上均存在一些问题。例如：

1. 无面值油布币

《中国钱币大词典》说明为“陕甘边区南梁油布币 1934 年无面值半成品券”，与票面情况不符。该票为我馆藏币，面值贰角，只是脱色严重，不易辨认。另从它的磨损、脱色程度等多方面分析，应为正式发行与使用过的油布币。

2. 油布币票面印文

《陕甘宁革命根据地货币史》书中，油布币“背面无图案，在正中盖陕甘边区银行大印，两边竖写票面值，票面值下面各盖正副银行行长印章”。还有《陕甘宁革命根据地的集市贸易与“南梁油布币”》一文有，油布币“上盖陕甘边革命委员会财政委员会之印，印鉴是蓝色的”。而上述馆藏 3 枚油布币票面两小五角星下方，小方形黑色印章的印文均为“经理之印”，而非“正副银行行长印章”。馆藏票大五角星上盖的三行竖读 12 字方形印章的印文，既非上述所云“陕甘边区银行”，也不是“陕甘边革命委员会财政委员会之印”，且印鉴为黑色，而不是蓝色。

3. 关于油布币所用布的质地

一些书籍及文章认为南梁油布币是用白粗布印制。如林振荣、杨波撰写的《陕甘宁革命根据地的集市贸易与“南梁油布币”》一文：“这种白粗布质地的货币，虽制作粗糙，流通时间短，鲜为人知。”中国金融出版社出版的《陕甘宁革命根据地货币史》一书：“有三名工人用粗老白布代替纸张，印制出了质地硬脆，形同油布的陕甘边区银行货币。”经看票后得知，我馆收藏的 3 枚油布币所用的布质为过去俗称的白细洋布，而不是当地生产的粗老白布。

4. 关于油布币的颜色

首先，《中国钱币大词典》中，金诚先生介绍无面值油布币即贰角油布币的颜色为黑色；《中国近代纸币史》一书认为：“该油布币的版式是：黑色印刷，长方形券框。”但从上述介绍我馆藏油布币中可以得知，壹角油布币为红色，贰角油布币为深蓝色油墨印刷。因此，《中国近代纸币史》一书，笼统地将各种面值的油布币均认定为黑色印刷是不正确的。

其次，《中国钱币大词典》一书，认为无面值、半成品油布币，即贰角币为黑色印刷也是不对的。林振荣、杨波撰文，“票面分为一角（红色）、二角（蓝色）……”与我馆收藏的壹角、贰角油布币颜色相吻合。

再有，《中国钱币大词典》中，描述“壹角券：红黑色套印”也是不对的。壹角油布币的票面图案及文字只用单一颜色，即红色油墨印制，其中黑色的阿拉伯数字为人工毛笔手写，中间的方印及壹角面值均为黑色水油盖印，并不是与其他图案同时套印。

（二）关于油布币的流通地区与发行停止使用时间的考证

笔者考证过程中发现，在有关的书籍、文章中，均认为南梁油布币的发行和流通使用时间很短，且多数认为，油布币仅限于陕甘苏区的南梁地区流通使用，其发行和停止流通的时间也有不同说法，例如：

1. 中国金融出版社出版、魏协武主编的《陕甘宁革命根据地银行编年纪事》："1935 年 1 月，陕、甘、宁、晋 4 省军阀进犯南梁根据地，4 月上旬，陕甘边区苏维埃政府迁至洛河川的下寺湾。油布币即停止（发行 —— 笔者注），前后流通约半年左右。"

2. 《陕甘宁革命根据地货币史》："1934 年 2 月，陕甘边革命委员会财政委员会发行货币……油布币在 1934 年发行流通约有半年时间"， 1934 年 11 月 1 日至 7 日，"陕甘边区召开第一次工农兵代表大会，选举成立了陕甘边区苏维埃政府。随着陕甘边革命根据地的不断壮大，原发行的'油布票'已不能满足边区政治、经济发展的需要，于是陕甘边区苏维埃政府决定设立陕甘边区农民合作银行，发行'陕甘边区农民合作银行兑换券'，简称'农民券'，同时停止'油布票'的发行"。

3. 《陕甘宁革命根据地货币史》附录蔡子伟《南梁根据地革命斗争片段回忆》："陕甘边苏维埃政府成立后，为了活跃经济，我们在分配土地和发展生产的基础上，恢复了集市贸易。……废除了伪币，印制发行了陕甘边区自己的货币。"[4] 577

4. 林振荣、杨波撰文："边区革命委员会……在经济建设方面，为了活跃边区的经济，促进贸易事业的发展，在南梁东沟成立了陕甘边银行。……印刷发行我们自己的货币"。"这种白粗布质地的货币，虽制作粗糙，流通时间短，鲜为人知"。

陕甘边区南梁油布币是陕甘边区革命委员会财政委员会发行的，我馆收藏的 3 枚油布币上的印发单位也证明了这一点。由此，首先可以推论：南梁油布币开始发行的时间上限应为陕甘边区革命委员会成立之后，即 1934 年的 2 月 25 日之后。

其次，从各革命根据地发行货币所标明印发单位的规律上分析，通常根据地建立苏维埃政府之后，其发行的货币一般均标明"某某苏维埃银行"或"某某苏维埃政府"发行，陕甘边根据地建立苏维埃政府之后发行的货币就是很好的例证。

例如：上述所引《陕甘宁革命根据地货币史》一书，"1934 年 11 月，陕甘边区选举成立了陕甘边区苏维埃政府，原发行的'油布票'已不能满足边区政治、经济发展的需要，于是陕甘边区苏维埃政府决定设立陕甘边区农民合作银行，发行陕甘边区农民合作银行兑换券"。还有在其后，即"1935 年 4 月，陕甘边区苏维埃政府撤离南梁地区，迁至陕西甘泉下寺湾，并停止发行'农民券'，开始印发'陕甘省苏维埃银行'的'银币券'和'铜币券'"。

引文中提到的两银行的行名与货币上标明的印发单位，均与其他革命根据地发行货币时所标明印发单位的规律相吻合。所以，南梁油布币开始发行的时间下限，最迟不会晚于陕甘边苏维埃政府成立，即应在 1934 年 11 月 7 日之前。因此，我们可以推论：蔡子伟回忆中"陕甘边苏维埃政府成立之后，印制发行了陕甘边区自己的货币"的说法应该是不准确的。

再有，上述馆藏第一枚壹角油布币的印发时间为 1934 年 11 月 7 日，与贰角油布币的印发时间相同，其编号分别为 "第 03459 号"和"第 099866 号"；第二枚壹角油布币的印发时间为 1935 年 8 月 1 日，编号为"第 09816 号"。 从馆藏 3 枚油布币的印发时间和编号上分析，南梁油布币停止发行使用的时间不会早于 1935 年 8 月 1 日。

笔者经过研究、从多方面分析后认为：

1. 当时油布币的发行是根据陕甘苏区经济，贸易发展的需要，在不同时间、分批印发流通使用的，而且，特别是在重大的纪念日，印发一定数量的油布币以示纪念。已知至少为两次，即：上述 2 枚壹角油布币的印发时间"11 月 7 日"是俄国十月革命纪念日，它同时也是召开庆祝陕甘边苏维埃政府成立大会的纪念日，还有“8 月 1 日”是建军节。

2. 油布币流通范围不仅仅在陕甘苏区的南梁地区，它应该在陕甘苏区的其他一些地区也流通使用过。因为 1935 年 4 月，陕甘边区苏维埃政府已经撤离南梁地区，迁至陕西甘泉下寺湾，而我馆收藏的第二枚壹角油布币的印发时间为 1935 年 8 月 1 日，说明此时油布币在南梁以外的一些地区仍在继续流通使用。

3. 从馆藏第二枚壹角油布币的印发时间，以及油布币在苏区人民群众中信誉好，币值稳定，加之当时受多种客观物质条件的制约，此后发行的陕甘边区农民合作银行兑换券、陕甘省苏维埃银行的银币券和铜币券的发行量也不大等多方面推论：在一段时间内，油布币是与陕甘边区农民合作银行兑换券以及陕甘省苏维埃银行的银币券和铜币券相互补充、同时流通使用的。故上述“发行陕甘边区农民合作银行兑换券，同时停止油布票发行”和“1935 年 4 月上旬油布币即停止发行”的说法，以及油布币发行时间极短、发行量甚少，流通范围仅限于陕甘苏区的南梁地区等说法都是值得商榷的。

4. 从上述油布币发行时间的考证结论中，我们还可以推论，当时陕甘边革命根据地并未建立陕甘边银行，《陕甘宁革命根据地货币史》一书也认为，“实际上未设立银行，只设立了 4 家货币兑换所”。因为，依照根据地发行货币所标明印发单位的规律，如果陕甘边革命根据地已经建立了陕甘边银行，油布币上就应印有“陕甘边银行”字样，而不该在油布币下框内出现“陕甘边区革命委员会财政委员会发行”字样。故林振荣、杨波撰文中“在南梁东沟成立了陕甘边银行，印刷发行我们自己的货币”的说法也是不准确的。

（三）油布币存世量

根据笔者调查、考证，相关书刊登录的油布币图录，均为国家博物馆藏油布币。因此，目前油布币实物仅见我馆独家收藏 3 枚，其中贰角币 1 枚，壹角币 2 枚。

南梁油布币是陕甘革命根据地发行最早的苏区货币，因此油布币的发现，不仅改写了原陕甘革命根据地最早发行的苏区货币为 1935 年陕甘边区农民合作银行发行的布币的历史，而且丰富了苏区货币的种类，为研究陕甘边革命根据地财政经济史及苏区货币史，提供了极为珍贵的实物资料。

二　陕甘边区农民合作银行兑换券

1934 年 11 月 7 日，陕甘边特委和边区革命委员会在南梁荔园堡召开陕甘边区第一次工农兵代表大会，选举产生了陕甘边苏维埃政府。陕甘边区苏维埃政府成立后，根据地不断发展壮大，原发行的油布币已不能满足边区经济发展的需要，边区政府便决定在华池县南梁建立陕甘边区农民合作银行，杨玉亭为负责人，发行了陕甘边区第二种货币——陕甘边区农民合作银行兑换券。

国家博物馆藏有陕甘边区农民合作银行贰角兑换券 2 枚，其图案相同，版别稍有不同。《中国革命根据地货币》和《中国钱币大辞典》刊图，均为馆藏币，馆藏另一枚币未见书刊登录。再有，《中国历代货币大系》刊登了一枚由吴筹中先生提供的贰角兑换券，上述 3 枚兑换券皆同图不同版。

下面简述兑换券概况。

陕甘边区农民合作银行发行的兑换券，现仅见贰角面额券，其存世量以及相关的文字资料极少。该币为竖式，布质、石印，单面图案。

馆藏 2 枚均为蓝色，略浅，一枚纵 13.2、横 7.5 厘米，中间镰刀斧头图案内，有花纹框环绕的“贰角”面值；上端印有右书“陕甘边区农民合作银行兑换券”和“每十角兑换大洋壹圆”字样；下端有“苏区一律通用”、“中华苏维埃共和国五年制”字样（即 1935 年）；四角花纹框内，皆为斜书“2”字。一枚纵 13.1、横 8.8 厘米，中间盖有印文为“陕甘边区农民合作银行之印”的红色方印；其上有券的红色编号，现可辨认后 4 位数为“2642”，其前似有 1 或 2 位已磨损失色的痕迹；下端左右两侧各有一红色小方印，印文同为“总经理印”。

关于陕甘边区农民合作银行兑换券停止发行的时间，目前口径不一，尚未定论。现见两种说法，《中国钱币大辞典》记述：“1935 年 4 月后，陕甘边区农民合作银行改称陕甘省苏维埃银行，陕甘边区农民合作银行兑换券停止发行。”[5]另《中国革命根据地货币》一书：“一九三五年十一月后，因统一使用中华苏维埃共和国国家银行西北分行苏维埃纸币，陕甘边区农民合作银行兑换券即停止发行。”[6]现因缺少更具说服力的史实，还有待于进一步的史料发掘与补充。但笔者依据上述油布币的印发时间及考证的推论，在目前这两种说法中，较为倾向于后者。

还应指出的一点，《中国革命根据地货币》等书中记述的“兑换券是布质的，用蜡纸版油印之后，涂上桐油漆面凉干而成”的说法欠妥，该券应为石印，且未涂桐油漆面，非油布币。

三　陕甘省苏维埃银行发行的货币

1935年4月，陕甘边区苏维埃政府迁至陕西甘泉下寺湾后，将陕甘边区农民合作银行改称为陕甘省苏维埃银行，负责人仍为杨玉亭。该行发行了银币券和铜币券，“现收集到的银币券有一角、五角、一元三种和布质的一元一种；铜币券有二十枚一种”[7]。

国家博物馆的账册及分类编排的文物卡片中，原只见藏有陕甘省苏维埃银行发行的壹元面值银币券5枚（其中1枚为布质），后笔者在研究陕甘边根据地货币时，发现其中有2枚为壹角和贰角面值的银币券。贰角券的发现，令笔者喜出望外，因贰角券乃目前尚未见文字记载与实物发现的空缺币种。

再有，因馆藏贰角银币券的发现，使银币券发行的种类就由原来的3种变为4种，增加了陕甘省苏维埃银行发行银币券的面额种类。下面简单描述陕甘省苏维埃银行发行的货币特征。

（一）银币券

银币券均为横式，石印，设计简朴，其形式与风格基本相同，馆藏币均为6位编号。壹角券与贰角券票面图案相同，均为纸质，蓝色。壹角券纵7.4、横11.5厘米，贰角券纵7.4、横11.6厘米，颜色比壹角券略浅，因磨损、褪色严重，有些图案已分辨不清。

正面：小“工农”字样和“镰刀斧头”图案及装饰花纹组成底纹及边框图案；票面上端印有右读横书“陕甘省苏维埃银行”行名；行名下左右两侧均有由红色水油盖印的6位数编号戳印，壹角编号为“023829”，贰角券编号为“035877”；中间为一个有横线的大双边圆圈，圈内有由斜线纹组成的镰刀斧头图案，其圆圈偏下部，印有横书“中华苏维埃共和国五年印制”字样；圆圈两侧纵形花纹框内，分别有面值“壹（或贰）”、“角”字样；“壹（贰）”、“角”字下，均有一小方形红色篆字“总经理印”章；票的四角花纹框内为斜书“壹（贰）”字样。

背面：中间为镰刀斧头图案（贰角券基本褪色），其上盖有一方形红色印章，该章中间为地球图案，印文为竖读5行“全世界无产阶级及被压迫民族联合起来”。两侧纵形花纹框内，分别有阿拉伯数字“10（或20）”；票的四角花纹框内为斜书阿拉伯数字“1(或2)”；四周边框内，小“工农”字样为底纹；边框外四周，有似羽毛图形的装饰性图案。

五角券与壹角、贰角券图案大致相同，只是正面银行名称书写呈弧形，面值外的花纹框变为五角星，再有下端增加一行“凭票即付”字样。关于五角券的颜色，因馆藏无五角券，现所见书刊也未见记载，需进一步核实。

壹元券纸质与布质币图案相同，仅颜色不同。馆藏布币蓝色，纵8、横14.8厘米，编号“010247”；2枚纸币一枚为红色，纵8.1、横14.8厘米，编号“009633”；一枚为黑色，纵8.1、横15厘米，编号“018949”。其主要图案及布局与壹角、五角等面值券相似，而上述币背面边框外四周似羽毛图形的装饰性图案，布币为正面图案。再有，印文为竖读5行“全世界无产阶级及被压迫民族联合起来”印章，纸币皆盖印在背面，唯有布币盖印在正面。

（二）铜币券

陕甘省苏维埃银行发行的铜币券目前仅见1种20枚，亦为横式，设计风格、票幅与银币券相似，其背面四角的阿拉伯数字“2”，上端两角为正书，下端两角为倒书，而银币券皆为斜书。

馆藏上述货币，除1枚农民合作银行贰角兑换券为黄克诚收藏、捐赠外，其他均由林伯渠收藏，后由其夫人朱明捐赠我馆收藏。因其货币流通范围小，发行量有限，时又处敌我斗争异常尖锐激烈的战争环境，货币留存下来的可能性极小，故均极为珍稀。

陕甘边根据地先后发行的4种货币，打破了敌人的经济封锁，促进了苏区集市贸易及苏区与白区间的物资交流，为活跃、繁荣根据地经济，巩固和扩大根据地，支援革命战争做出了重大贡献。

特别值得一提的是，如果不是林老在长期的革命战争中，宁可舍弃自己的衣物，精心保存下来包括这几件鲜为人知、极其罕见的油布币等在内的几十件苏区、抗日根据地和解放区发行的各种质地的货币，那么，我们今天就很难能够亲眼目睹并且知晓，在第二次国内革命战争时期，中国共产党领导的陕甘边革命根据地曾经发行和使用过非常古朴且又极具时代与地方特色的边区货币。

注释：

[1][2][3] 林振荣、杨波：《陕甘边区革命根据地的集市贸易与“南梁油布币”》，《中国钱币学会革命根据地货币研究会第二次学术讨论会（延安）论文集》，《陕西金融·钱币专辑》1989年增刊。

[4] 蔡子伟：《南梁根据地革命斗争片段回忆》，《陕甘宁革命根据地货币史》附录，中国金融出版社，2003年，第250页。

[5][7]《中国钱币大词典》编纂委员会编《中国钱币大辞典·革命根据地编》，中华书局，2001年。

[6] 中国人民银行金融研究所、财政部财政科学研究所：《中国革命根据地货币》，文物出版社，1982年，第154页。

（原文刊于《陕甘边根据地研究》，中共党史出版社，2011年）

花纹与实物史料

韩寿萱

现代历史科学于文献史料之外还必须辅以实物史料，二者相辅相成，缺一不可。关于文献史料，凡历史研究工作者或历史教学工作者，都了解它的重要性，都能予以重视，但对实物史料的重要性则还有些人认识不够，因之在研究上或教学上就不能给以足够的重视或运用，这是我们今天史学界必须改进的重要环节之一。

实物史料的重要意义，在于它能证史、补史与扩大文字的历史，苏联在这一方面的先进经验就是有力的说明。在苏联，考古学已成为历史科学的组成部分，并已列为历史系必修课程。苏联历史学家这种重视和运用实物史料的先进经验，是值得我们很好地学习的。

我国古代杰出的历史学家司马迁，在他的旅行里，经常注意参观历史文物和历史遗迹，为他的历史著作打了良好基础。宋代的历史学家郑樵在他的《通志》里特列了图谱略，这是他重视实物史料的具体表现。他在《通志》里曾扼要地指出文献史料与实物史料的关系，他说：

图经也，书纬也，一经一纬，相错而成文。图植物也，书动物也，一动一植，相须而成变化。见书不见图，闻其声不见其形；见图不见书，见其人不闻其语。图至约也，书至博也，即图而求易，即书而求难，古之学者为学有要，置图于左，置书于右，索象于图，索理于书；故人亦易为学，学亦易为功。举而措之，如执左契。[1]

近人王国维也曾指出两种史料的密切关系，他说：

新出之史料，在在与旧史料相需，故古文字古器之学，与经史之学实相表里。[2]

由上所述，我们可以认识到实物史料的重要性，在研究上与教学上都不容忽视。因此，学习实物史料的门径，便成为很迫切的问题了。

实物史料的研究，实质上是古器物的研究。古器物的研究，不外形制与花纹两者的学习问题。形制的学习一般说来还没有什么困难，而花纹的学习则比较复杂、比较陌生。因此学习花纹是了解与运用实物史料上首先需要解决的关键性问题。

我们在花纹的学习上是有困难的，这种困难是由于史籍文献中缺乏图谱所造成的。郑樵曾着重地指出过这一点：

汉初典籍无纪，刘氏（即刘歆刘向）创意，总括群书，分为七略，只收书而不收图。艺文之目，递相因袭，故天禄兰台，三馆四库，内外之藏，但闻有书而已。萧何之图，自此萎地。后之人慕刘班之不暇，故图消而书日盛。……至今虞夏商周秦汉上代之书具在，而图无传焉。[3]

史籍中缺乏图谱这仅是造成我们今天学习花纹的困难之一，而更重要的原因是历代知识分子本身脱离生产、脱离实际，专为统治阶级服务，对于劳动人民所创造的花纹，不感兴趣，而以“万般皆下品，惟有读书高”的观点来看一切。我国本有极其丰富的资料和左图右书的优良传统，但他们不肯学习、不愿接受。例如过去的研究者多限于铭文方面，因此以往关于金石图录一类的书籍，对于实物的花纹很少注意，就是不重视花纹的具体表现。自解放以后，这种情况已开始好转，不过限于时间还仅仅是一些资料的收集或在论文里涉及而已，对花纹系统地、概括地、总结地进行研究，须待我们今后的努力，在这篇短文里，只是谈谈个人对于花纹的一些体会和学习的方法。

一　花纹的重要性

实物的花纹，有的称之为“文样”，也有用“图案”的名称，再古典地来说，便有“纹镂”或“琱绘”等不同的名称。它的应用最广，常见于陶器、铜器、漆器、织物、石刻、砖瓦、瓷器以及竹木等。总的说来，花纹是适应人们生活的需要。我们的祖先对于这点早已提到，荀子说：“雕琢刻镂，黼黻文章，所以养目也。”[4] 吕不韦也曾有同样的意见：“树五色，施五采，列文章，养目之道也。”[5]

我们的服饰、用具以至建筑等，随时都可看到花纹，可见花纹和我们的生活有着密切的关系，因此一切花纹都是结合生活上的需要。同时我们还必须指出花纹的产生，都是劳动人民在生产实践里，由于生产工具的逐步改进，生产力得到了提高之后，用他们的智慧创造的，他们积累经验，逐步提高，日趋完善、纯熟，终于发展成为装饰艺术。而花纹本身则反映了人民文化生活的逐步提高，社会生产水平的逐步上升，以及一定时代的社会思想意识。因此只有对花纹有了认识之后，才能充分地认识和深刻地了解实物史料的意义，从而结合文献史料，更好地研究和揭示历史的发展规律，使历史成为生产者的历史，劳动人民的历史。

实物花纹所反映的这种事实，已在我国历史里得到了充分的证明。在我国的原始社会里由于当时的生产工具打制石器得到了改进，成为磨制石器，生产力提高，我们祖先在生产实践中才能创造了陶器，才有了彩陶，而原始花纹因之出现。这些花纹总的说是属于几何图案的范畴，不外是由直线、曲线、平行线、方格纹、斜方格纹等组成，而有关于植物、动物和人首的花纹，则是极少数的。到了青铜器时代，生产工具得到了进一步的改善，生产力有了更进一步的发展，因此青铜器、白陶和骨器、玉器等都出现了。这时的花纹，也有了新的发展。在几何图案方面，有了雷纹、圆涡纹、圈带纹、鳞纹、瓦纹和环纹等较为复杂的花纹，更重要的是饕餮纹、夔纹、蝉纹、龙纹、鱼纹、鸟纹、凤纹以及鹿纹等[6]。这些花纹，反映着人类在生产实践中对自然的认识和对周围生物的接触，都有了扩大。春秋时期，铁器出现，到了战国便有了铁质生产工具的铸范，可见战国时期铁工具普遍使用，生产力得到了一大跃进。在传统的陶器、铜器、玉器之外，出现了琉璃器、漆器和瓦当等新器物。这时的器物不但在形制上起了变化，花纹也起了急遽的变化。在几何花纹方面，有斜方格点纹、浪花纹、陶纹、贝纹、三角窃曲纹及圆花纹、三角云纹以及斜方花纹等，还有新出的蟠虺纹、兽纹、蝠纹等[7]。更重要的是在这时的末期，出现了车骑纹、狩猎纹以及反映舞蹈、宴会及建筑等生活情况的花纹。总的说来，这时的花纹有了空前的发展，而向着写实方面迈进[8]。这就更具有史料的价值和意义了。汉代由于冶铁的发达和牛耕的普遍使用，生产力又得到了一个大跃进。这时期的器物，除了铜器、玉器、漆器之外，我们还看到大量的丝织物、画像石、画像砖以及新颖的釉陶。这时期的花纹，继承了战国以来的传统，更向着写实的途径发展，例如：车骑、狩猎、人物、建筑和铺首等更为普遍了；四神羽人等花纹也产生了；而文字在这时的图案化则又起着装饰花纹的作用。关于神话、传说、历史故事、社会生活以及当时生产等画像砖石，更是汉代的宝贵史料，而几何式的花纹当然也是更为丰富多彩了。汉代以后的花纹，也不外这一规律。从此可见花纹对我们了解实物，认识实物的巨大作用，也就是说我们必须通过花纹来理解实物史料，更进一步与文献结合，以说明历史的发展。

与此同时，我们还必须指出花纹是劳动人民的艺术创造，是我们艺术遗产的宝库。我们必须尊重它，研究它，经过去粗取精，发扬光大，以改进我们的工艺品，提高我们的民间艺术，在我们社会主义新文化的建设中要起到它应有的作用。从这点来说，我们也不能忽视花纹的重要意义。

二　关于花纹的特性

我们既认识到花纹的重要性，那么我们就必须学习它、研究它，就应先求掌握花纹的特性。据个人的理解，有下列的三方面。

（一）花纹的共同性

如前所述，花纹既是反映一时代的生产水平，又是反映一时代的社会意识，那么一时代的花纹就一定表现有它的共同性。我们知道花纹在一定程度上，虽受到所用工具、质料以及制法的影响，而各有特殊的风格；但在另一方面，而且是主要的方面，却存在着共同性。殷代的白陶、铜器与骨刻，是三种不同的质料，而它的花纹，却有着共同性，如雷纹、饕餮纹见于铜器，也见于白陶和骨刻；波形雷纹和三角雷纹见于铜器，也见于白陶器。周代的新兴花纹如环纹，出现于鼎、匜、盘、簋及簠等各器物，而饕餮纹不只见于铜器也见于瓦当。到了汉代车骑的花纹见于银错车马漏壶、画像砖以及其他石刻，如武梁祠和沂南古画像石墓等；而铺首见于画像砖、釉陶器、铜钟和画像石里。唐代的碑侧每刻蔓草纹，而铜镜的背面也有蔓草纹带；铜镜背面有宝相花，而敦煌的藻井也有同样的花纹。由此可见，一时代的花纹，因当时的生产水平和社会意识的影响，必然有它的共同性。我们从这点不只可以鉴定古物的时代，同时也对于这类的实物有所了解，因之对于实物史料的意义也有了认识。

（二）花纹的继续性

我们知道花纹是劳动人民的艺术创造，凡是人民大众所喜见的就都有它的继续性，即这一代人创造后，下一代的人继承传统，进而发扬光大，使它更完善，遂形成我们的艺术宝库。如龙的花纹，始于商代和周的铜器；到了汉代，龙纹见于武梁祠的祥瑞图，也见于瓦当；东汉末至六朝间，龙纹见于铜镜；唐代继之，铜镜的背面也有龙纹，如唐龙鉴、唐云龙鉴等；宋代的龙纹，不只见于瓷器，在建筑上也有；元代龙纹也见于铜镜；而明清两代的龙纹，更广泛地使用，见于瓷器、漆器、服饰及建筑等，更是不胜一一举出。由此可见，龙的花纹，从商代至清代，迄未中断，是继续发展的。凤鸟的花纹，大致与龙纹相同，也是起于商代，一直到了清代，有很长的历史，见之于铜器、漆器、瓦当等。鱼的花纹，也是起源于商，《博古图》里曾有以下的说明："古之制器，以鱼为饰者多矣，商有鱼敦，周有鱼尊，又有鱼簠。"[9]

此外见于著录者尚有周鱼瓿、周龟鱼錞、周鱼錞、周匜盘、周鱼兽纹盘，容庚教授在周匜盘的解释里说："铭鱼形十三，环列腹内。盘承水之器，故绘有鱼龙之纹于其中，汉洗多作双鱼纹，盖导源于此。"[10]

实则双鱼的花纹，已见于周代。《博古图》曾载有周双鱼錞，以双鱼为饰；战国时的双鱼纹更进而见之于陶器，如墨绘纹陶豆和水禽鱼纹陶壶，可见鱼纹的盛行；到了汉代，双鱼的花纹每见于铜洗，也见于铜羽觞中；唐代的瑞图鉴的背面纹饰里有比目鱼；1956年湖南长沙发现了宋代龙泉双鱼瓷碟；明代瓷器的花纹有双鱼、三鱼等；清代对于鱼纹常结合"吉庆有余"的图案而用之。可见鱼的花纹，是多么受到人们喜爱，多么广泛地被人使用。

铺首的花纹，又是一个例证。由于受人们的喜爱，在它出现之后，继续发展，广泛使用，直到明清。据今日古物的遗存，铺首的花纹，始见周仲兢簋和周举伯敦；战国时期的见于长沙出土的云纹壶和武英殿旧藏的猎壶，辉县发掘时，也发现了不少的铺首；到了汉代，铺首的花纹开始广泛地使用，见之于铜器，如钟、壶、钫、奁等器，而圹砖（画像砖）上也有铺首的花纹，陶器也不例外。同时也见于石刻，且用之于门户，门户使用这种纹饰，直到明清，宋代李诫的《营造法式》里特别列出，永以为例。六朝到唐代的石刻里，都可找到铺首的纹饰；宋代除了建筑之外，我们还能在瓷器里看到这种花纹，如龙泉窑兽首水丞、官窑兽耳方壶及莲花龙耳兽环壶等，此外铜器上也有铺首的花纹；明清两代继续了这种传统，我们在故宫博物院里的门户上如天安门和午门等，都可看到这种古老悠久的纹饰（图一）。

以上举出龙纹、鱼纹和铺首纹三种常见的花纹说明花纹的继续性，但这只是一般的来说。花纹的发展是随着生产水平的发展而发展，它经常有新的产生，另一方面也经常有旧的死亡，只有人们所喜爱的、艺术性较强的才有其继续性。如饕餮纹盛行于商、周两代，但汉以后除了仿制品外，便少见了。狩猎纹（图二）产生于战国，汉代盛行，唐代继之，唐后便少见了。宝相花的纹饰初见于唐代的铜鉴，宋代除了瓷器之外，还把它推广到建筑的彩绘上去，明代进一步用之于刻丝。八吉祥的综合性的纹饰，盛行于明清，明代丝织物中有八吉祥绫，瓷器中有八吉祥高足杯，清代丝织、木刻与瓷器中都用之。

总的说来，花纹是有它的继续性，但在它的发展过程中，一些花纹受到淘汰，同时又有新的花纹不断产生。即在其继续中，而各时代仍表现其特有的风格。因之使这一座宝库日益丰富，成为广大人民的共同财产，今后我们应根据这一基础，经过研究，使我们对于实物史料有进一步的认识，还可推陈出新吸取精华，以发扬我们社会主义的新艺术。

图一　铺首（摹自王振铎《汉代城砖集录》）

图二　狩猎纹（摹自容庚《宝蕴楼彝器图录》）

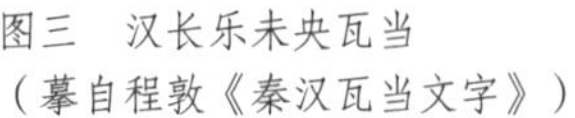

图三　汉长乐未央瓦当
（摹自程敦《秦汉瓦当文字》）

图四　汉君宜子孙洗
（摹自《陶斋吉金录》）

（三）花纹的产生及其象征性

花纹的产生，既是由劳动人民在他们的生产过程里，根据他们向自然斗争与社会生活的经验而创造出来的，那么它们都具有一定的意义，反映劳动人民对自然的认识，与社会意识的感受。但以时代的久远，已不易理解，考古学的资料，尚待研究整理。宋代的考古学者，虽有说明，但因限于历史条件，多所附会，不能适应我们的需要。兹就现在个人所能理解的，作初步的分析与解释。

1. 几何式的花纹，主要是由劳动人民对自然的认识而产生的，如云纹、雷纹、波纹等。还有他们在生产中对于所熟悉的产品，吸取精华，用之于花纹的，如绳纹、编织纹、方格纹、斜方格纹、三角纹等便是。这类花纹产生最早，由简单渐趋于复杂，随着时代而变化发展。

2. 动物和植物类的花纹，是劳动人民在生活中与动物和植物的接触而产生的。由于人类的进步，接触面扩大，征服和认识的对象日多，这类花纹也逐步丰富起来。如蝉纹、鱼纹、鸟纹、虎纹、鹿纹、羊纹、鹤纹以及植物方面的四瓣花纹、树状纹、叶状纹等，这类花纹，由少到多，随着时代的发展，逐步向写实方面发展。

3. 人类的生活、历史故事、神话传说的花纹，这类花纹，最早的就是战国时期新兴的狩猎纹，以及辉县出土的铜鉴和长沙出土的漆奁的花纹。到了汉代，武梁祠的画像石刻，不只有历史的故事，而且还有关于远古的神话和传说。正如《文选》里王延寿的《鲁灵光殿赋》里所说的："上纪开辟，遂古之初，五龙比翼，人皇九头，伏羲鳞身，女娲蛇躯。鸿荒朴略，厥状睢盱。焕炳可观，黄帝唐虞，轩冕以庸，衣裳有殊；下及三后，婬妃乱主，忠臣孝子，烈士贞女，贤愚成败，靡不载叙，恶以诫世，善以示后。"[11]

此外，还增加有本人的生平行事，类于后世的行述或哀启，且有将生产情况如前述的农耕图等作为纹饰，都是最足珍贵的实物史料。

4. 宗教的花纹，有起源于本国的，有随印度佛教传入的。如汉代的西王母、东王公、羽人之类，皆由汉代的神仙方士之说，而反映于艺术。如莲花、宝相花以及飞天等，都是因佛教而流行的。此类宗教的花纹，也是随时代的发展而增多，唐代的花纹，特别是铜镜的花纹，可以证明这点。

5. 文字的花纹，实即文字图案化，用来作纹饰的。这种花纹最早的就是秦汉瓦当上的文字，也就是以文字而起花纹作用的范例（图三）。此外如寿字、福字、喜字，不只流行于丝织物，而且见之于木刻、建筑等各方面。

6. 象征性的花纹，在封建社会里，统治阶级为了追求“长生不老”、“长乐未央”等奢望来巩固其统治的特权，因之产生了象征性的花纹。这一类花纹，愈至近代而愈多，到了清代，可以说是达到了高峰，兹选择一些典型的例子，分述于下：

图五　连生贵子
（摹自梁上椿《岩窟藏镜补遗》）

图六　五福捧寿
（摹自李杏南编《小品织绣图案集》）

（1）文字方面的象征：双鱼的花纹盛行于汉代，其后仍然继续不断，直到清代，我们仍可在铜镜的背面看到。它有这样悠久的历史，到底它象征什么？《博古图》对鱼的解释，有好几种说法。其中比较正确的一种说法是：“鱼醢物之属，又为丰年众多之兆，故《诗》言：‘众维鱼矣，实维丰年。’古之以多为贵者，莫不取此。”[12]

图七　四神（摹自梁上椿《岩窟藏镜》第二集四神规矩镜）

因汉人每喜通过假借转注的手段，来象征其愿望，当时的铜洗、铜盘等器物，饰以双鱼，即象征其在私有财产上的倍加有余（图四）。还有汉人在铜洗上喜用羊的花纹，冯云鹏曾指出它象征的意义说：“此器画羊，取吉祥之义，以为祝。”[13]这也是因为“羊”“祥”同音，而取羊做祥的象征。汉人还喜用鹿的花纹来象征他们“高官厚禄”的愿望，我们可以在李翕黾池五瑞图和武氏石室的祥瑞图里看到鹿的形象[14]。唐人也有这样的实物，如连生贵子镜，它的背纹是双婴立于莲上，因莲通连，取之以象征其“多男子”的愿望（图五）。至于宋代的实物，我们看到“太平有象砚”，这砚底刻有泰卦，下有一象，砚的形状如瓶，泰太同音，而瓶与平又同音，下刻了象，合之则成“太平有象”的吉语[15]。宋代以后，这类的花纹更多，如用月季花和二鹌的形象，以表示“月季双安”等，又如以蝠与福同音，遂以蝙蝠来象征福，如“五福捧寿”的花纹，便是一例（图六）。这都是通过文字的同音，以象征其愿望。

（2）实物方面的象征：这种花纹，是通过一定的实物，象征某种阶级社会的愿望，如以牡丹象征富贵，石榴象征多子，桃代表长寿。汉代的四神，也属于这类，四神即代表四方之神，也就是东西南北四方位的象征（图七）。

《汉书·天文志》说：“东宫苍龙……南宫朱鸟……西宫咸池（按即白虎）……北宫玄武。”[16]

图八　八吉祥（摹自李吉南编《明锦》）

曹植的《神龟赋》里也说明四神代表四方："苍龙虬于东岳，白虎啸于西园，玄武集于寒门，朱雀栖于南乡。"[17]

《三辅黄图》里也有同样的记述："苍龙、白虎、朱雀、玄武天之四灵，以正四方。"[18]

从以上所述，我们可以了解到什么是四神的象征。这四神里的龙虎是我们所熟悉的，无须解释，至于朱雀与玄武，梁上椿曾解释说："朱雀一称朱爵或朱鸟，似即凤凰之流。玄武为龟蛇相配。《埤雅》谓龟无雄，与蛇相近，龟蛇合谓之玄武。《说文》亦谓龟与蛇之头形同，以蛇为雄。"[19]

这类花纹在汉代的铜镜、瓦当上常见之，唐镜里也有四神的花纹，石刻中如墓志石也有四神的花纹，唐后仍有四神的花纹，可见其流行之久。此外我们再举佛教的八吉祥以示例。

佛教的八吉祥的饰纹成立于元初[20]，盛行于明清，可释之如下："一、法螺：佛说具有菩萨果，妙音吉祥之谓。二、法轮：佛说大法圆转，万劫不息之谓。 三、宝伞：佛说张弛自如，曲复众生之谓。四、白盖：佛说遍复三千，净一切药之谓。五、莲花：佛说出五浊世，无所染著之谓。六、宝瓶：佛说福智圆满，具完无漏之谓。七、金铃：佛说坚固活泼，解脱壤却之谓。八、盘长：佛说回环贯彻，一切通明之谓。"[21]

这类花纹见之于服饰，也见于木刻织造等，虽多产生于近代，而流行却广（图八）。清代皇帝的衣服，有采取这些吉祥花纹的，在民间也乐于使用，形成了一种社会的风尚。

图九　以兽头分单元的乳篮花纹（摹自武英《彝器图录》。按下图以棱分单元）

总之，花纹在实物史料上和民间艺术上，都有其重要的意义，但在旧社会里，知识分子一般地说来多是重视文献，忽略实物，对于与实物史料有着密切关系的花纹，更少注意。自解放后，旧史学的观点受到批判，而劳动人民所创造的花纹，也逐渐地引起重视，而花纹的收集，也逐渐增多，但系统地研究，还待开展，因此以上所述，只是个人的一些初步的不成熟的意见，作抛砖引玉的尝试。

三　怎样学习花纹

我们为了掌握实物史料，就必须学习花纹，兹以个人所见，分述于下。

（一）花纹的单元

我们学习花纹，首先应找出这一花纹的单元，确定范围，才能从花纹的整体认识花纹。在古器物上，花纹有的不易认识，若不先找花纹的单元，更难辨认，所以有必要先解决单元的问题。花纹单元的构成，虽然随着器物而有异，但却是有规律可循的，兹举例于下，以示寻求单元的途径。

在商代铜器里，有以棱分单元的，每一单元就是劳动人民创造花纹的面积。他们是在这一面积里，运用其智慧和经验来设计的。有以兽头分单元的，如商周簋和卣等器，多以此分单元（图九）；也有以圆涡纹为间，而分出单元的。汉代的铜镜，每以乳纹为间隔，来分出一单元，也有与规矩纹合而分单元的。汉代的射猎琉璃钟，用铺首为界，造成一单元，而设计其射猎的花纹。到了唐代的铜镜，又有以花枝纹或朵云纹为界，而分单元的。宋代建筑的彩绘中，有以如意头、剑环和云头来构成一空间，做为一设计的单元。清代的瓷器，有以一空间为一单元的，也就是所说的“开光”。

此外还有以单线、各种的花纹带、实物的一面或一部分为单元的，此类的形式很多，只要我们在学习中注意，不难看出。最后还必须指出单元有的是独立的，有的是对称的，有的是互相配合的，这在我们寻求单元时，应当予以注意。

（二）花纹的制法与作用

我们在找出单元之后，再进一步的问题，便是认识花纹；要认识花纹，就有必要了解花纹的制法和它所起的作用，这样就会使我们易于认识花纹。

花纹的制法很多，兹略举下列的几种，以示其例。

1. 镶嵌的方法：镶嵌是制成花纹的方法之一，在铜器里，商代有用绿松石嵌成花纹的，战国以来，用错金银的方法制成生动的饰纹。唐代盛行以螺钿和金银平脱等技术，造成极其优美的花纹。宋代以后，镶嵌所用的资料日多，其形式也多，这就使花纹更丰富多彩了。

2. 彩绘的方法：彩绘花纹，是表现花纹的最普遍的方法，陶器、漆器、铜器、瓷器、壁画、建筑以及日用什物等，都用这种方法。远在新石器时代，已有了彩陶，这是我们所熟知的。战国时期，已出土了彩绘的陶鸭，到了汉代更是盛行。战国漆器的花纹，多是彩绘的，后代的漆器花纹，描绘的技术和所用的颜色，更是日益丰富，敦煌壁画里的一切花纹，都是属于这类。宋代李诫的《营造法式》里，把建筑的彩绘图样，特立专题示例至有两卷之多。至于唐宋以来的瓷器，其花纹一般地说来，也是属于彩绘的范畴。这类花纹被广泛采用，流行至今，在我们的生活里，几乎每天都可看到。

3. 雕刻的方法：雕刻制成的花纹也很多，其技术也有种种的不同，最常见的是用浮雕或凹雕的技术。而浮雕主要地有高浮雕和低浮雕两种。我们看到商代铜器上的一些花纹，总的说来是突起的，即高浮雕的范畴；春秋以后的铜器花纹，一般是平面的形式，即低浮雕的范畴。汉代的石刻技术也很多，武梁祠的刻法是一种平面阳刻的技术，而孝堂山的画像石，则是阴线的刻法，而两城山的画像石的刻法，则是浮雕的另一种。战国漆器的针刻，又是雕刻里另一种技术，较线条的刻法更为细致。瓷器中的“贴花”，实质上也是属于浮雕的范畴。古代铜镜的饰纹也多用浮雕制成。此外还有建筑方面，也用雕刻的花纹，在《营造法式》里，如石作制度图样和雕木作制度图样，都是以雕刻的技术，以装饰建筑的证据。瓦当的花纹也是一例。至于我们所用桌椅，也多有用雕刻作为饰纹的，从而可见雕刻技术的广泛使用。

4. 纺织和印染的方法：我国的纺织物中，不论是毛织、丝织或棉织，多用花纹以“养目”。这类技术主要的不外是纺织和印染的两种方法：在纺织方面，其技术又有种种不同，总的说来，最常见的是在纺织时用不同颜色的原料织成花纹，这种在丝织、棉织和毛织上，都已普遍使用。其次用刺绣的技术，绣成各种花纹，此种技术，多用于丝织物中。另一种方法是以印染加工的技术而造成花纹，即我国汉代以后所说的“绞缬”、“缬缬”和“臈缬”等印染方法，在丝织、棉织物上多采用之。这些印染技术，在唐代尤为盛行，此类实物现在还有保存的，现在有些技术仍在西南民间流行。

以上所述只是三种主要的技术，此外如刻丝、戳纱、铺绒和平金等方法，也在丝织中采用，制成花纹。

这些制法的了解，不只对于我们认识花纹有帮助，而且也是研究花纹必须掌握的一部分知识。

在花纹的制法之外，我们还应掌握它的构成。花纹在一单元里，有的不是由单一的花纹组成，往往是由几种花纹组成，在这种情况下，我们就有必要找出重点，分别主次，一般地说来，有主纹与地纹二种。商周铜器中，其主纹有饕餮纹、龙纹、凤纹、鸟纹、夔纹、蝉纹等，也就是我们学习的重点；而各种雷纹，经常用作地纹。古镜中的主纹是四神、海兽、天马、仙人、鸾凤等，而云纹每用作地纹。唐代的镜鉴，有锦地蝴蝶镜，所谓锦地，即以龟背纹为地，而使主纹——蝴蝶纹——突出；也有以云纹为地，使主纹双鸾、双凤等，不至孤立，而得到调和匀称之感。在丝织物里，如龟背龙纹加金锦，龟背纹是地纹，而龙纹起着主纹的作用。清代瓷器中，有“锦上添花”的花纹，实质上也是主纹与地纹合组而成的一种花纹。从此可见，除了单一的花纹之外，凡是复杂的花纹，其中总是有主纹和地纹之分，地纹为了不至喧宾夺主，它的组成，就取了细致或低浅的形式，以便衬托主纹，使之突出，这是规律。因此，我们在学习花纹时，首先要分辨主次去抓主纹，否则我们便会迷失方向，这点我们在学习花纹时，必须予以应有的注意。

（三）怎样开始学习花纹

我们在上面既已论述了有关花纹的各方面，下面再谈谈怎样开始学习花纹。学习的方法，首先是通过实物的本身来学习，在实物上，找出单元，分别主次，抓着主纹，先求认织花纹，然后结合文献，以求理解实物史料的意义。但花纹因资料不同和制造的条件等，本已有不易辨认的，而古代的纹饰还有变体的花纹，更增加了鉴别的困难，这样我们就要求助于照相、摹绘和传拓的技术，往往在实物上，不易看出的部分，可在照相片或拓片上看清，还有我们可利用照相技术，把重要的部分或难于看出的部分放大，便可解决我们学习上的困难。当然在学习中，我们应充分地利用放大镜，以至显微镜等现代的工具，幻灯片更是有力的武器。利用这些现代化的工具，不只帮助我们辨认花纹，还可看出花纹的制法，如纺织物的经纬，雕刻的手法，都可借着这些工具求得了解，便可使花纹的学习更深入一步。

当然上述的工具，在今天还不可能都一一具备。但我们的博物馆事业，自解放以来，由于党和政府的重视，欣欣向荣，在短短的8年里，较大的博物馆，都有了系统的陈列，有的还可提供研究学习的资料，这对花纹的学习说来，是极其有利的条件。更重要的是由于我们的基本建设，全面开展，而自农业发展纲要发表之后，农业的建设，也是在大跃进中。因此文物出土日益增多，实物史料空前的丰富，有关花纹的资料，也迅速地积累，这对实物的研究和花纹的学习，都提供了前此没有的条件。因此，我们文物出版事业，也空前地繁荣，图录的书刊，愈来愈多，考古发掘报告，也是与日俱增，这些出版物所刊布的研究成果都是我们学习的最好资料，这是前人所从来没有的机会。只要我们有决心提高历史科学的研究和教学的质量，便能克服困难，学习花纹，以求对实物史料的理解，而把历史科学向前推进一步。同时要注意的，我们学习花纹，不是为花纹而学习花纹，我们的学习，是为了使历史科学的研究和教学走向健康的、现代化的大道，这是我们必须坚持的，也是必须始终贯彻的。

最后，我们必须指出花纹的研究，在今日还只开始，而系统的专题的研究，更是缺乏[22]。苏联专家曾向我们屡次提出要求，因此这一处女之田，亟待我们的努力，使它在我们大跃进的社会里，也早日有奇花怒放吧！

本文插图：陈长虹

注释：

[1][3]（宋）郑樵：《通志》卷七二，商务印书馆万有文库本，1933年，第837页。

[2]王国维：《海宁王静安先生遗书》第12册，《观赏别集》卷四，商务印书馆长沙石印本，1940年，第2—3页。

[4]《荀子集解》卷一三《礼论篇》，世界书局诸子集成本。

[5]《吕氏春秋》卷一四《孝行览》，世界书局诸子集成本。

[6]容庚：《商周彝器通考》上册，哈佛燕京学社，1941年，第99—135页。

[7]同[6]，第135—156页。

[8]商承祚：《长沙出土楚漆器图录》序，上海出版公司，1955年。

[9]《博古图》卷二六，万历二十八年吴万化宝石堂刻本，第20页。

[10] 容庚：《武英殿彝器图录》，哈佛燕京学社影印本，1934年，第85—86页。
[11]（梁）萧统：《文选》第4册，中华书局，第12—13页。
[12]《博古图》卷一八，万历二十八年吴万化宝石堂刻本，第14页。
[13]（清）冯云鹏：《金索·杂器》，清道光初年刻本。
[14] 冯云鹏：《石索》二《碑碣》；《石索》四《武梁祠下》，清道光初年刻本。
[15]（明）项元汴：《历代名瓷图谱》，图八，北京觯斋书社影印本，1931年。
[16]《前汉书》卷二六《天文志第六》，中华书局，1965年。
[17]（魏）曹植：《曹子建集》卷四，涵芬楼四部丛刊本，1933年，第1页。
[18]《三辅黄图》卷一，平津馆丛书本，第10页。
[19] 梁上椿：《岩窟藏镜》第二集，中卷，北京大业印刷局暨商业印刷所，1941年，第3页。
[20][日] 薮野道子：《明初の景德镇窑器》，东京宾云舍发行，1942年，第20页。
[21][日] 高木英彦：《支那绒毯考》，东京泰山房发行，1936年，第61—62页。
[22] 孙作云：《我国考古学界的重大发现，信阳楚墓介绍》，《史学月刊》1957年第12月。其中论及花纹与古代神话处以及所引的论文都值得参考。

（原文刊于《历史教学》1958年第4期）

我国古代的金错工艺

史树青

我们今天所见到的古代青铜器中，有一种金错铜器。所谓金错，或称错金，就是在铸造的铜器上用金丝或金片镶嵌成各种华丽秀美的纹饰或文字，然后用错石（应作厝石）在器表磨错光平。这是春秋战国时期青铜工艺方面出现的新技术，其艺术特征是用隐嵌的技法形成金线图案或文字，改变以前铜器模铸纹饰的呆板和拘束，突破传统的图形表象对称格式，出现了许多故事题材的片断描写，具有比较丰富、活泼的内容。这种精细青铜工艺的出现，与春秋战国时期生产力发展，铁工具的广泛使用有密切关系。

关于金错的文字，其书体多为鸟篆虫书，这是当时一种图案化的美术字，在我国汉字形体学和书法艺术史上也是一项新的成就。

金错工艺近也多称错金，加银则称错金银。《汉书・食货志》称："错刀以黄金错其文。"《盐铁论・教不足篇》称："富者银口黄耳，金罍玉钟，中者野王（今本误作舒玉）纻器，金错蜀杯。"张衡《四愁诗》："美人赠我金错刀，何以报之英琼瑶。"《北堂书钞》卷一三六引曹操《上杂物疏》："御物有尺二寸金错铁镜一枚，皇后杂物用纯银错七寸铁镜四枚，皇太子杂纯银错七寸铁镜四枚。"诸书所记汉代金错器物皆不称错金，故本文仍遵古称，谓之金错，加银则称之金银错。

一　探　源

我国古代有两句成语，叫作："它山之石，可以为错。……它山之石，可以攻玉。"最早见于《诗经・小雅・鹤鸣》。关于这两名话的含义，历代解释《诗经》的人都以为是指攻玉而言，实际后者是指磨玉，前者主要是指错金。我们从文献和文物都可看到商周以来的铜器，在铸成以后，表面都是经过磨错的，否则器身不能光洁。

《说文解文》："厝，厝石也，从厂昔声。《诗》曰：'佗山之石，可以为厝。'"段玉裁注："厝石各本作属石，今正。《小雅・鹤鸣》曰：'它山之石，可以为错。'传曰：'错，错石也（今本少一错字）……错古作厝，厝石谓石之可以攻玉者。'……金部鑢下云：'错铜铁也，错亦当作厝，谓刬磢之。'"《说文》又说："瓶，磋垢瓦石。"《广雅・释詁》："瓶，磨也。"郭璞《江赋》："奔溜之所磢错"，都是把瓶或磢作摩错解释。

清胡承珙《毛诗后笺》谓："错本摩错之义。"《广雅・释诂》："错，摩也。"王念孙《广雅疏证》谓："《小雅・鹤鸣》篇：'佗山之石，可以为厝'，今本作错。……《卫风・淇奥》篇：'如琢如磨'，《太平御览》引韩诗作'如错如磨'。束皙《补亡诗》：'粲粲门子，如磨如错。'用韩诗也。"可见错的本字作厝，《诗经》的"佗山之石，可以为厝"，今本作错，愿意是厝石的厝，就是细砂岩，所以《说文》解释厝为厝石，是很对的。作为动词用，则写作错或措。

但是，《说文》金部在解释“错”字时，说是“金涂也”。金涂是后世的鎏金；段玉裁解释金涂是“以金措其上”，好像是把错字作措施解，以金施铜器上，而不磨错，从这点看，段玉裁是把鎏金误为错金了。

1972年河北邯郸出土了一件东汉鎏金铜酒尊的承盘，上面有该铭：“建武廿三年，蜀郡西工造乘舆大爵酒尊。下者室铜工堂、金银涂章文工循、造工业、苏工卒（史）恽、长汜、令丞汎、掾曾、令史湆主。”所记“金银涂章文工”就是担任鎏金银的工人（有些汉代漆器上的铭文称从事漆器铜附件鎏金的工人为黄涂工）。由此可知，错是嵌金而摩错之，涂是把金泥涂在铜器上。金泥的制法是把金箔剪成碎片，装入坩锅（砂罐）内在火上炼红（约400℃左右），然后按一两黄金加七两水银（汞）的比例，使金箔溶解成为液体，把液体倾入冷水盆中，即下沉成为泥状固体，这种黄金和水银的混合物叫作“金泥”。涂金时用牙刷柄形的铜棒先蘸盐、矾等混合液体，然后轻抹金泥涂器上，用无烟炭火温烤，使水银蒸发，金泥即固于器上，这就是古代的鎏金，也就是后世的火镀金[1]，上述题铭证明《说文》所说的“错，金涂也”是不够全面的。

1968年河北满城中山靖王刘胜墓出土“楚大官糟”铜壶一件，器底阴刻：“楚大官糟,容一石，并重二钧八斤十两，第一。”通体施鎏金银蟠龙纹[2]。这件铜壶确是“金涂”（鎏金），但又经过磨错，其异于一般金错的地方，主要是不用金丝或金片嵌入凹槽，而是在凹槽内涂以金泥。金泥可以随意加厚，经过几次可以把凹槽涂平。然后再以厝石磨错，故仍可称为金错，这是金错工艺的一个发展。《说文》所说的“错，金涂也”，可能就是指鎏金以后加工磨错而言，一般的平面鎏金是不能磨错的。同墓出土金银错鸟虫书铜壶（甲壶），壶身及盖均为金银丝镶嵌，然后磨错，盖上铭文有“为盦盖，错书之……”等字，这是“金错”的本意。

1956年河南陕县出土铜匜、铜盘各一件，两器都有铭文：“卢金氏孙作宝匜（盘）子子孙孙永宝用。”[3]《汉书·人表》有鑢金，梁玉绳《人表考》云：“鑢金惟见定四，本作鑢氏也，金名。《释文》古慮、卢通用，故史、汉隆慮县亦作隆卢。”今检《左传·定公四年》作“鑪金”，杜预注：“鑪本又作鑢。”从这两件出土的铜器铭文看，并非如梁玉绳所说的“鑢氏也，金名”，而是鑢金氏。这个鑢金氏，应是春秋时期以磨错铜铁器为职业的手工业者，以职为氏，故称鑢金氏。“卢（鑢）金氏孙”当是祖孙三代从事这种官手工业，当然，他们不可能是直接生产者，而是这种官手工业的管理者。

《初学记》卷三十引晋刘欣期《交州记》，说鲛鱼皮可以鑢物。《玉篇》说鑢与铝同。鲛鱼即沙鱼，其皮可以错物，类似砂纸的作用。

综上所述，我们今天所见的金错铜器，就是指用厝石磨错而成的嵌金铜器。金涂是鎏金的古称，与金错是两种不同的工艺。

二 考 工

我国古代的冶铸技术，远在奴隶社会时期的商代就有了高度的发展，当时已经可以铸造重达875千克、高137厘米的大铜鼎——“司母戊”鼎，这个大鼎是商王文丁祭祀其母所作之器。到了春秋时期，根据考古发现和文献记载，冶铁术已经发明，齐国和晋国首先出现了鼓风用的冶铁风箱，春秋中叶齐国的铜器“叔夷”钟的铭文，有“造𨰻（铁）徒四千，为汝敌寮”的记载，这是使用奴隶从事冶铁的真实记录。当时采矿、冶铁的奴隶，有些是“犯人”或“战俘”，所以被称为“造铁徒”。

郭沫若同志在《管子集校·海五篇》说：“铁官之职，疑春秋末年已有之。《考工记》有‘段氏为镈器’，惜职文适缺。然镈器为铁制耕具，毫无可疑。”最近，郭沫若同志又在《班殷的再发现》中说：“彼（齐“叔夷”钟）‘造𨰻徒’余以为当是冶铁工人。此‘戜人’与彼字形相近，颇疑也是冶铁工人。如果可信，可见周初已有铁矿的冶炼和铁器的使用了。这是一项关系重要的史料，但不敢轻易肯定，留待更多的证据出现。”[4]

“叔夷”钟是山东临淄出土的齐国铜器，其铭文是铸造在钟上的。而春秋中期的一件晋国铜器“栾书”缶，则是金错铭文。栾书是晋国的大夫，一称栾武子，亦称栾伯。这件铜缶的肩部有铭文5行共40字，全部金错。在春秋时期的金错铜器中，以吴、越、楚、蔡的兵器为较多，其他地区造的带有金错文字的铜器则较少见。

到了战国时期，在铜器上使用金错的装饰技术有了新的发展，又出现了银错和铜错，其施用的范围，不只是在兵器、礼器和用器上，而车器、符节、玺印、铜镜、带钩和漆器的铜口、铜耳等，也多有精细的金、银错纹饰。

为什么春秋战国时期在铜器的制造技术上突破旧的传统，出现了金银错的精细手工艺呢？这应是随着冶铁炼钢的出现而出现的。

根据郭宝钧同志在《中国青铜器时代》一书中的统计，在考古发掘中，各地出土的春秋战国以前的手工工具多为铜制，如郑州、安阳发现的商代铜刀，郑州发现的商代铜钻，安阳、浚县、汲县、辉县、寿县发现的铜凿，安阳、汲县发现的铜锥，汲县、寿县发现的铜错，安阳，汲县、寿县发现的铜锯，郑州、汲县发现的刻镂铜刀等[5]。

随着冶铁的出现，春秋中期出现了锻铁（即《考工记》所说的段氏，古代段与锻通用，段氏即从事锻铁，以职为氏）和用作刻镂铜器的“刚铁”工具，这种“刚铁”并不与今天的钢铁相同，只是含炭量比生铁略少而已。

《国语·齐语》所说的“恶金”，《管子· 海王篇》所说：“今铁官之数曰：一女必有一针、一刀。……耕者必有一耒，一耜、一铫。……行服连轺辇者必有一斤、一锯、一锥、一凿。”可见斤、锯、锥、凿是成套的铁工具。《荀子·议兵篇》说：“宛钜铁钝，惨如蠭虿。”这可能是战国时期的事，但所说的“钜”，根据《说文》的解释就是“大刚”，古代无钢字，汉人所说的“刚”就是钢铁的钢字。

江苏六合春秋晚期吴国的墓葬中，曾发现一件铁器，可惜锈蚀过甚，已不能辩认器形[6]。长沙的早期楚墓中，也发现削和铁口锄，这类早期楚墓的年代，可定为春秋末叶，最晚也不过战国初年[7]。

战国时期的铁工具：斧、削、凿、小刀、锤、锉、夯锤等，在考古发掘中曾有出土，这种情况反映了当时铁工具的广泛使用。至于早期铁工具少见的原因，可能是由于早期的钢铁实物比较名贵，在地下保存较少，更因小件的钢铁手工工具在地下容易腐朽，这里举一个例子就不难明白。1953年在河北兴隆的一个战国晚期的冶铁遗址中出土了大量铸铁范，范上有“右廪”二字铭文，证明是燕国的官手工业工场遗址。这些铁范经过金相学和化学考察，证明是用“高温液体还原法”制造的。说明当时已经掌握了铸铁和金属型的冶金、铸造技术。用金属型铸造铁工具，既可大量生产，又可广泛使用，但是，我们迄今连一件用这些铁范铸造的铁工具都未发现。由此可见，古代各地铸造的铁工具能保留到今天是很不容易的。

正是由于铁工具和原始钢的出现，才出现了刻镂铜器的技术。否则，用铜刀刻镂铜器是十分困难的。因此我们可以说金错铜器的技术是和钢刀、钢凿、钢錾的使用分不开的。

根据初步研究，金错铜器的制作工序，可分下列几个步骤：

（一）铸器：春秋以前，青铜器的器形、纹饰和铭文都是用陶范铸造的，所以陶铸并称，《墨子·耕柱篇》有“昔者夏后启，使蜚廉采金于山川，而陶铸之于昆吾”的记载，陶谓作范，铸谓熔金。铸造金错铜器，大多数是在作范时，先把母范上的纹饰预刻凹槽，待器铸成后，以便在凹槽内嵌金。有的少数精细的金错纹饰，其金丝细如毫发，则是只铸器形，然后在器表錾刻凹线，以便金丝嵌入。

（二）錾槽：铜器铸铸成后，凹槽还需加工錾凿，精细的纹饰，需在器表用墨笔绘成纹样，然后，根据纹样，錾刻浅槽，这在古代叫作刻镂，也叫镂金。这种浅槽要略呈“△”形，底面不宜过于平滑，需有一些麻面，金丝或金片才能镶嵌牢固。

（三）镶嵌：镶嵌金丝或金片时，金丝、金片都要用火适当加温，金丝需截作点线，然后捶打，使之嵌入浅槽。

金丝、金片都比较细薄柔软，富有延展性，金丝可根据需要拉细延长，金片可根据需要捶展。

春秋战国的金错铜器，一般都是胎质软薄，形体较小，如果遇到这类器物，在嵌金时不宜捶打，需用玉石或玛瑙制的工具把金丝或金片挤入槽内，这种工具大小如手指，硬度较高，故能压制金铜，后世称为“压子”。

（四）磨错：金丝或金片镶嵌完毕，铜器的表面并不平整，必须用错（厝）石磨错，使金丝或金片与铜器表面自然平滑，达到“严丝合缝”的地步。然后在器表用木炭（椴木烧制的磨炭）加清水打磨，使之光滑平整。若用皮革反复打磨，光泽更强。

金银错铜器的制造，表现了我国古代劳动人民的聪明和智慧。但具体制作这种精细工艺品的匠师，其姓名则很少流传下来。1966 年陕西省博物馆在西安收集到一件前凉金错泥筩[8]，铭文中有“错匠邢芶”和“铸匠王虏”的职名和姓名。关于“错匠”的记载，文献和文物中都极少见，这件金错铜泥筩的发现，结合 1956 年河南陕西县出土的两件春秋时期“卢（鑪）金氏孙”铜器的铭文和许多出土的金错铜器来看，自春秋战国以来，这种手工艺就是官手工业的一个生产部门。

三　释　器

宋代以前出土的古代金错铜器，有一些见于《博古图》和《历代钟鼎彝器款识》。宋人所称“钿紫金为文”，应该就是指金错文字而言。不过，他们把金错说成钿金是不对的。近代的一些金石图录，对于金错文字的铜器多有著录，至于仅有纹饰而无文字者，则沿宋人遗风，著录甚少。新中国成立以来，文物考古工作有了很大的发展，各地出土了不少金错、银错铜器，为我国古代劳动人民所创造的青铜工艺增添了新的光彩。现就《中华人民共和国出土文物展览展品选集》(文物出版社，1973 年) 中几件重要的金银错铜器从其文字、图像方面作些说明，供研究参考。

(一) 金错夔纹铜豆　战国韩

高 19、口径 17、底径 11 厘米。深腹带盖，腹间两侧有环形耳，通体金错变形夔纹、垂叶纹、三角云纹等。1965 年山西长治分水岭出土[9]。

(二) 金银错鸟虫书铜壶　西汉

2 件，甲壶高 44.2 厘米，乙壶高 39 厘米。均长颈有盖，腹部两侧有对称铺首衔环，盖、颈及腹部用金银丝错成鸟虫书。

甲壶铭文：

为盦盖，错书之，有言三，敷鉌。(盖)

羲尊成壶，盖圜四叕。(颈)

心隹都勖，盛况盛味。(肩)

口味充闾，益肤延寿谷病，万年有余。(腹)

乙壶铭文：

□□盖。(盖)

口味充闾，益肤延寿谷病。(腹)

颈、肩铭皆与甲壶同，不录。

1968 年河北满城西汉中山靖王刘胜墓出土[10]。

(三) 金银错狩猎纹铜车饰　西汉

长 26.5、径 3.6 厘米。竹管状，中空，原按木心，似车伞盖柄。表面有凸起的轮节，把器面分为四段，各段除金银纹饰外，并用黑漆填补空隙，磨错光平。四段纹饰虽然不尽相同，但其内容都与畋猎有关。各段并嵌有圆形和菱形绿松石，纹饰精细，色彩辉煌，金银丝有的细如毫发，真可称之为“鬼斧神工”。

第一段：在缭绕山峦、花树的云气中，有三人骑在一个行走的大象背上，并有羽人，龙、马、熊、兔、奔鹿、翔鹤、飞鸟等，象的后边地面上还有一个伸出长颈的龟在爬行。

第二段：在缭绕山峦、花树的云气中，一骑马猎人，反身射虎，并有熊、鹿、狼、猴、山羊、羚羊、野牛、野猪、飞雁、飞鹰、鸱鸮、飞鸟等。

第三段：在缭绕山峦、花树的云气中，有一个人骑在骆驼背上，并有羽人，熊、虎、狐狸、野猪、鹿、兔、立鹤、飞鸟等。

第四段：在缭绕山峦、花树的云气中，一孔雀正在开屏鸣叫，距其较远处还立有较小的孔雀一只，并有羽人、熊、虎、野牛、野猪、獐、兔、飞雁、翔鹤、飞鸟等。

这些丰富多彩的西汉金银错纹饰，使人很自然地就会想到西汉大辞赋家司马相如和扬雄等人在他们的作品中所描述的声势浩大的畋猎景象。

畋猎是汉代贵族的一种豪华的娱乐，扬雄曾随从汉成帝刘骜游猎，对实际生活体验很深。他在《羽猎赋·序》中说："武帝广开上林，东南至宜春、鼎湖、御宿、昆吾，旁南山，西至长杨、五柞，北绕黄山，滨渭而东，周袤数百里。……泰液象海水，周流方丈、瀛洲、蓬莱。"可见当时的苑囿是仿照东海神山而建造的。这件车饰的图案用云气纹衬托，不但在内容上反映了当时统治阶级的升仙思想，同时也增加了图中人物的流动效果。

扬雄的《长杨赋》是继他的《羽猎赋》而写的。《汉书·成帝纪》称："(元延)二年……冬，行幸长杨宫，从胡客大校猎。"《长杨赋·序》所说的"……张罗网罝罘，捕熊、罴、豪、猪，虎、豹、狖、玃，狐、兔、麋、鹿，载以槛车，输长杨射熊馆，以网为周阹，纵禽兽其中，令胡人手搏之，自取其获，上亲临观焉。"图案中的骑马、骑象、骑驼人物，深目高鼻，正是当时胡人猎手的形象，这些纹饰内容很可能与《长杨赋》描写的校猎有关。

在成帝以前的汉代统治者，也曾不止一次地游猎，司马相如《子虚赋》，虽然托言楚王，实则是说当时的事。"……其上则有……鹓、雏、孔、鸾，腾远，射干，其下则有白虎、玄豹，蟃蜒、貙犴，兕象、野犀……于是乎及使专诸之伦，手格此兽。"还有他在《上林赋》所说的："其南……兽则犕、旄、貘、犛，沈牛、麈、麋，赤首、圜题，穷奇、象、犀，其北……兽则麒麟、角端，騊駼、橐驼，蛩蛩、驒騱、駃騠、驴、骡。"汉代无名的艺术匠师们，把这些奇禽异兽和狩猎者的形象用艺术夸张的手法，综合表现在一件不满一尺的车饰上，使人们感到它是一幅既有实际生活，又富于神话意味的精美罕匹的艺术作品。

1965年河北定县第122号墓出土，同时出土的金银错铜车饰还有軎、軏角、衡冒等，发掘报告待发表。

（四）金银错铜牺尊　西汉

高27.4、长41.8厘米。牺昂首、竖耳、瞪目、口微张。周身金银错云纹图案，头、尾和盖面嵌绿松石，眉嵌金片，以口为流，颈部铸出项圈，背上有盖，盖有机钮，可以开合。它与1963年陕西兴平出土的金错铜犀尊造型十分相似。

1965年江苏涟水三里墩出土[11]。

（五）金错虺纹铜钫　西汉

高615、口宽16、底宽19.5厘米。方口、方圈足，器身两面有对称铺首衔环，通体金错变形虺纹和勾连云纹，并有银错云纹边饰。

1964年陕西西安西关出土[12]。

四　余　论

（一）考古发现的错石

金错工艺所用的错石（厝石），在考古发掘中往往被认为是砺石，即俗称的磨刀石。错石是拿在手中用以磨错器物的工具，有似今之砂纸，两者有根本不同。

1965年湖北江陵望山楚墓出土一个木制工具箱，箱内有精细石工具各一件，粗者长19、宽4.6、高2.2厘米；细者长15.7、宽4.6、高2.9厘米[13]。这两件石工具，我曾见到原物，应属于错石一类。这种错石不一定是专门用于磨错铜器，但古代磨错铜器用的错石，应该就是这类石头（细沙岩）。

（二）铜错铜器

金银错铜器以外，还有铜错铜器。这类铜器以铜错纹饰者为较多，而铜错文字者尚未见到。有人认为宋人所说的“钿紫金”就是铜嵌铜器，未必可信。1935 年河南汲县山彪镇出土铜错水陆攻战纹铜鉴一对，一高 29.6、口径 54.6 厘米；一高 30.1、口径 54.5 厘米。两鉴纹饰图案略同，皆分上中下三层，满饰水陆攻战纹。这种纹饰皆预铸为凹槽（凹槽接缝有上下错落处，故推知为预铸），再以紫色金属（紫铜）镶嵌之[14]。

1995 安徽寿县蔡侯墓出土的大量铜器中，蔡侯尊缶和大孟夏姬盥缶，通体都是铜错鸟兽纹饰。这些铜器，都是春秋晚期的作品，是目前所见的最早的铜错铜器[15]。

战国时期铜错的青铜器，1951 年在河北唐山贾各庄曾出土铜错狩猎纹铜壶、铜错兽纹铜豆各一件[16]。1957 年河南陕县后川出土铜错狩猎纹铜壶、铜错涡纹铜匜各一件[17]。

（三）石错铜器

绿松石是古代常用的一种装饰品。汉代的一件嵌松石鎏金铜斛铭文中，称绿松石为“青碧闵（玫）瑰”[18]。商周时期镶嵌绿松石的铜器，所嵌绿松石多是片状或块状，其嵌槽则是预铸而成。细审所嵌的绿松石是用漆液粘附，然后磨错，可知春秋战国时期金错工艺的出现并不是凭空而来的。1965 年湖北江陵望山楚墓出土的“越王勾践”铜剑，剑腊正面兽面纹嵌碧琉璃，背面兽面嵌绿松石。嵌琉璃的一面未在琉璃上磨错，嵌绿松石的一面磨错痕迹十分清晰。

1964 年山东临淄商五庄出土金银错绿松石三钮大铜镜，径 29.8、厚 0.7 厘米。这面铜镜为三环钮，“在粗线条的云纹上错以金丝，地嵌绿松石……花纹风格与传世‘错石斜方云纹方壶’相近。”[19]“错石”这个名词是容庚同志在《商周彝器通考》中提出的。这件铜镜上面的金丝、绿松石均经磨错。因此使我们联想到今天建筑上的“水磨石”与古代的石错技术有着许多共同点。古代嵌松石的铜器，多是经过磨错的，应与金错并称。容庚称之为“错石”（正名应称“石错”）是有道理的。

（四）漆错铜器

商周时期，我国漆器手工艺已很发达。漆液性粘似胶，不但可以用它粘物，而且是保护木器的最好涂料。战国至两汉时期的一些铜器，往往在錾槽内不嵌金银，而填以黑漆。有的既嵌金银，又在未嵌金银处填漆（或在漆内掺以银粉），然后磨错光平，以增加纹饰的色调。1965 年湖北江陵望山楚墓出土变形龙纹铜尊，高 17.1、口径 24.5、底径 21.5 厘米，圆口有盖，盖心突起成圆饼状，周围有鸟形钮四个。腹部两侧有铺衔环，腹下有兽面蹄形足三个，腹部及盖面均有錾刻变形龙纹，刻线内全部填漆，经过磨错，极似金银错，故《湖北江陵三座楚墓出土大批重要文物》一文[20]，误称此器为“错金银铜卮尊”；《新中国出土文物》（外文出版社，1972 年）也误认为是“错金铜尊”。同墓出土的铜缶（《简报》误称壶），腹部的圆涡纹，也是这种做法。

（五）金错铁器

春秋时期器已经出现，这种新出现的金属，和铜器一样，同是被人们珍视的，甚至被用来制作精细的工艺品。例如 1957 年河南陕县后川出土的春秋时期的铁剑，虽腐蚀十分严重，但金质的腊、首，仍保存完好。同年信阳长台关楚墓出土的金错嵌玉铁带钩、1965 年江陵望山楚墓出土的金错凤纹铁带钩，都很巨大，后者长达 46.3 厘米，这样大的带钩，也是前所未见的。

1968 年河北满城西汉中山靖王刘胜墓出土的金错卷云纹铁匕首，虽锈蚀较重，而金光仍闪闪耀目，在西汉铁兵器中是很少见的。

1958 年四川成都天回山出土的金错铁书刀，1969 年甘肃武雷台出土的金错铁镜，都是东汉晚期的制品。金错书刀是削治竹简的工具，四川成都出土的东汉画像砖上所刻的书生腰间所悬的环柄刀，正是这种物件。《汉书・文翁传》：“买刀布蜀物。”如淳曰：“金马书刀，今赐计吏是也。作马形于刀环内，以金镂之。”晋灼曰：“刀、书刀，布、布刀也。旧时蜀郡工官作金马书刀者，似佩刀形，金错其拊（柄）。”东汉李尤《金马书刀铭》：“巧制练刚（钢），金马托形，黄文错镂，兼勒工名。”这件成都天回山出土的金错书刀，环首鎏金，刀柄一面有金错铭文：“光和七年，广汉工官□□□。服者尊，长保子孙，宜侯王，□宜□。”和李尤所说的大致相符。只是曾庸同志《金马书刀》一文称这类书刀都有马纹[21]，而这件书刀的刀柄另面却为金错云鸟形纹饰，并非马纹。

武威出土的金错铁镜，由于纹饰为铁锈所掩，直到最近才把腐锈剔清，露出了金银错八凤纹饰。这种铁镜在东汉、三国、两晋时期的墓葬中时有发现，与曹操《上杂物疏》中所记相合。

（六）金错玉器

北京市玉器厂潘秉衡老师傅（1906 年–1972 年）发明金错玉器。他利用传统的金错工艺技术，在制成的玉器上碾成细纹饰，然后嵌以金丝或银丝。这种玉器仍须经过磨错，因此，虽然俗称嵌金，实为金错。

我国古代 以“雕玉”、“镂金”为最精细的手工艺，根据东汉李尤和三国如淳的说法，“黄文错镂”和“金镂”也是金错的别称，所以金错又可称为镂金。金错玉器是“雕玉”和“镂金”的结合，是金错工艺的又一发展。

注释：

[1] 温廷宽：《几种有关金属工艺的传统技术方法》，《文物参考资料》1958 年第 3 期。

[2] 中国科学院考古研究所满城发掘队：《满城汉墓发掘纪要》，《考古》1972 年第 1 期。

[3] 中国科学院考古研究所：《上村岭虢国墓地》，科学出版社，1954 年。

[4] 郭沫若：《班毁的再发现》，《文物》1972 年第 9 期。

[5] 郭宝钧：《中国青铜器时代》图版贰，三联书店，1963 年。

[6] 江苏省文物管理委员会、南京博物院：《江苏六合程桥东周墓》，《考古》1965 年第 3 期。

[7] 湖南省博物馆：《长沙楚墓》，《考古学报》1959 年第 1 期。

[8] 秦烈新：《前凉金错泥筒》，《文物》1972 年第 6 期。

[9] 边成修：《山西长治分永岭 126 号墓发掘简报》，《文物》1972 年第 4 期。

[10] a. 同 [2]；b. 萧蕴：《满城汉墓出土的错金银鸟虫书铜壶》，《考古》1972 年第 5 期。

[11] 南京博物院：《江苏涟水三里墩西汉墓》，《考古》1973 年第 2 期。

[12] 西安市文物管理委员会：《西安市发现一批汉代铜器和铜羽人》，《文物》1966 年第 4 期。

[13] [20] 湖北省文化局文物工作队：《湖北江陵三座楚墓出土大批重要文物》，《文物》1966 年第 5 期。

[14] 郭宝钧：《山彪镇与琉璃阁》，科学出版社，1959 年。

[15] 安徽省文物管理委员会、安徽省博物馆：《寿县蔡侯墓出土遗物》，科学出版社，1956 年。

[16] 安志敏：《河北唐山市贾各庄发掘报告》，《考古学报》第 6 册，1952 年。

[17] 黄河水库考古工作队：《1957 年河南陕县发掘简报》，《考古通讯》1958 年第 11 期。

[18] 方国锦：《鎏金铜斛》，《文物参考资料》1958 年第 9 期。

[19] 齐文涛：《概述近年来山东出土的商周青铜器》，《文物》1972 年第 5 期。

[21] 曾庸：《金马书刀》，《考古》1959 年第 7 期。

（原文刊于《文物》1973 年第 6 期）

中国和西方艺术中的有翼兽

张天莉

有翼兽通俗地说就是带翅膀的动物，这在古代东方和西方的神话中都存在，是人类在儿童时期臆造出来的一种带有灵性和威力、具有某种特异功能的动物，人们希望它能帮助实现一些在现实生活中实现不了的愿望，但在自然界中它是不存在的。关于它的形象，各种各样，品类繁多。在中国，有龙、虎、狮、豹

图一

图二

图三

图四

图五

图六

图七

图八

以及人们主观臆造出的一些瑞兽等；在西方除此以外还包括相当多的食草类动物，它们无一例外，都带有一对翅膀。

对于有翼兽的起源，现在学术界有人认为起源于西方，说中国古代的有翼兽是通过草原文化从西方传入的。对于这一观点，也有学者持反对意见，认为中国的有翼兽与西方的有翼兽没有任何关系，但遗憾的是目前还未见有学术讨论见诸报刊。笔者在对一些资料进行对比之后，发现东西方有翼兽的确有很大的不同，而且从其形象和表现手法来看，中国的有翼兽自有它的体系和特点，因此不能简单地下中国的有翼兽来自西方的结论。下面就通过中国和西方有翼兽的对比来探讨其区别及起源。

图九

中国最早的有翼兽是龙，在古代文献中被称作“应龙”。战国时期伟大的浪漫主义诗人屈原在他的《天问》一文中吟道：“地方九则，何以坟之？应龙何画？”意思是说大禹把全国土地分为九等，是根据什么进行划分的？应龙又是怎样帮他用尾划地的？这里提到的“应龙”即是长着一对翅膀的龙，在传说中它用尾巴帮助大禹划分九州。另外屈原的《离骚》中还提到了“飞龙”，例如：“为余驾飞龙兮，杂瑶象以为车”，意思是“给我驾车用飞龙为马，车上装饰着美玉象牙”。“飞龙”顾名思义，就是会飞的龙，屈原幻想乘坐飞龙驾驶的车去巡游，表现了诗人浪漫主义的情怀。关于应龙的形象资料，在汉代的画像石中出现得最多（图一、二），这些龙均有翼，翼有大有小，有长有短，但都作升腾状，正好与屈原的诗相印证。

中国古代除应龙之外的有翼兽的形象资料亦有许多。中国国家博物馆藏的春秋时期青铜器黏镈的扁钮上就装饰了有翼兽（有人认为是应龙），这是一件乐器，它的钮镂空，作双龙吞食翼兽状，翼兽上半身已被吞入口中，仅留长尾、后肢和生于股际的两短翼在外（图三）。这是目前见到的最早的有翼兽形象。而最能代表中国特色的有翼兽是在河北平山战国墓出土的两件错银双翼神兽。神兽头部侧扭，前胸宽阔，两肋生翼，上饰长羽纹，臀部浑圆，并且全身错银，勾勒出以卷云纹为主题的装饰（图四）。这两件神兽，应是某种器物的底座，古代工匠能将想象中的动物刻划得如此活灵活现，不能不令人惊叹。

有翼兽发展到汉代，出现在陵墓之上，称为辟邪，在河南、陕西、四川等地均发现有汉代的辟邪，以东汉为多。此时的辟邪用整石雕刻，其形象糅合了狮与虎的特征，一般无角或有独角，作昂首挺胸状，特别是其头、颈、背至尾部以及四肢呈明显的S形，给人以极强的跃动感，增强了猛兽的活力。此类兽均表现它们的行走状，其翅膀雕刻得较小巧，只作装饰，没有一点实际作用（图五、六）。在这里顺便说一下，关于狮子的形象，的确是随着佛教的传入而进入中国的。在汉代以前的中国，动物形象包括一些瑞兽形象中均不见狮子，而汉以后，特别是东汉时期，狮子的形象较多见。也可能是因为狮子威严的相貌所至，人们把它们运用到瑞兽中，放在陵墓外面，起一个驱鬼辟邪的作用。

图一〇

到南北朝时期，有翼兽不仅有辟邪，还出现了天禄和麒麟。一般来说，双角的为天禄，独角的是麒麟，这两样均在帝王陵墓前；而王侯墓前的无角狮子形象称为辟邪，它们均有翼（图七）。此时的有翼兽秉承了汉代有翼兽的特点，其翼的装饰意味仍很浓厚，但是体形巨大，有的石兽长达3米多，真是绝无仅有。唐以后，在帝王陵墓外还出现了翼马的形象，如陕西乾陵和定陵的翼马（图八）。翼马亦称天马，是唐代最高统治者权威的象征。乾陵天马两肩的飞翅装饰成蔓草纹，更像一蓬大植物，突出了它的装饰意味。宋朝时期，在帝王陵墓外面还出现了甪端，也是一种有翼的神兽，不过头如麒麟，独角，狮身（图九）。此外，在一些佛教造像中也有一些有翼兽的形象，在这里就不一一赘述了。

图一一

以上是中国有翼兽的大体情况，下面我们来看一下西方有翼兽的发展。

西方有翼兽中也有龙的形象，他们称为飞龙。在西方各国民间神话中飞龙常以邪恶的面貌出现，成为被消灭、被征服的对象。例如古希腊神话中的英雄珀尔修斯就杀死了海中怪物飞龙，拯救了埃塞俄比亚公主安德洛墨达，并与她结婚。西方的飞龙很像远古时期的恐龙，在西方的一些艺术品中有它们的形象（图一〇、一一），总起来看，头小，双翼展开呈扇状，细尾卷曲，有的长着几个头。

西方有翼兽的形象最早出现在希腊瓶画上。例如现存美国纽约的一件制于公元前 510 年的高脚酒杯的侧面画有英雄赫拉克勒斯与格里奥内乌斯搏斗的情景：赫拉克勒斯身披狮皮，一手持木棒，一手拿弓箭；他的对手一手持长矛，一手拿盾牌。而在其盾牌上装饰着一带翼的野猪（图一二），翼的上端上卷，展开如扇形。这种带翼的野猪可能是格里奥内乌斯部族的图腾。再如现存雅典国家博物馆的一件约公元前 650 年的双耳大腹罐的腹部，绘有太阳神阿波罗和少女们乘坐翼马拉车（图一三）的图像，翼马似在行走，其翼也是上端翘起并微卷。这些可能是西方有关有翼兽的最早的图像资料，它们奠定了西方有翼兽的基本样式。

兴建于公元前 447 年—前 431 年的帕特农神庙是古希腊为祭祀战争和智慧女神雅典娜而建，位于雅典卫城，这座用白色大理石砌成的建筑物，我们现在能够看到的只是残垣断壁。通过复原图，可以知道在神庙的檐壁和山花上有精美的浮雕和立体圆雕，此外在神庙正面的檐脊两端还分别装饰着两个狮身鹫首的带翼兽（图一四）。此兽呈坐姿，两前爪一爪撑地，一爪指向前方；肩上的双翼用黄蓝两色装饰，顶端亦弯曲上卷，与瓶画上的表现手法一致。狮身鹫首的带翼兽，传说是太阳神阿波罗的圣兽之一，他曾经以此打败了独眼巨人。人们还把它当作保护家宅和城市平安的门神，因此才在雅典卫城的神庙上见到它的形象。这一习俗被古罗马人所继承，在庞贝出土的壁画中也能见到这样的描绘，同样是在屋脊上蹲踞着狮身鹫首带翼兽（图一五），其双翼不仅顶端弯曲，而且呈振翅欲飞的姿态。在这里绘画者突出了怪兽翅膀的功能。

图一二

再来看意大利那不勒斯国家考古博物馆藏的一件庞贝出土约公元前 1 世纪—公元 1 世纪的大理石桌架，桌架为一块完整的石板，石板的两面均装饰着浮雕，主体形象是豹头狮爪带翼兽，虽只雕出了兽头、兽的两前爪和双翼，却异常传神，特别是翅膀的羽毛刻画得清晰准确（图一六）。此兽仍未脱离西方带翼兽的传统形象，即两翼向上展开，呈蓄势待发的状态。

图一三

图一四

图一五

前文提到有学者认为中国的有翼兽是通过草原文化从西方传入的，那么我们就来看一下草原文化中的有翼兽形象。1877年，在阿富汗昆都士以西的欧克萨斯，当地居民发现了一批公元前5世纪—前4世纪的金银器，现在大部分文物藏于伦敦大英博物馆。阿富汗以北地区在历史上曾属大夏，但在这一时期属波斯帝国，因此这批金银器应是波斯王朝的遗物。其中有几件东西涉及到有翼兽。一件金质手镯（图一七），在手镯的两端装饰鹰首狮身头上长着山羊角的带翼兽，其双翼向上卷，与西方的有翼兽如出一辙，显然是受其影响。这种手镯在波斯波利斯宫殿柱头的雕刻中也有表现，戴在四位朝贡者的手臂上，他们要把手镯献给国王。据希腊的著述家库赛诺记述，这种手镯在波斯宫廷极为珍贵。另一件是金质帽饰（图一八），此为狮头鹿身带翼兽，其翼也毫不例外地向上翻卷。有人把它与俄罗斯艾尔米塔什美术馆收藏的西伯利亚文物，以及阿尔泰山地的巴及利库古墓群出土的遗物相比较，认为这件帽饰应为斯基泰文化的产物。在欧洲历史上曾起过重要作用的斯基泰人，其足迹遍布准噶尔周边和阿尔泰山草原地区，他们将欧洲文明带到了天山以北。

图一六

图一七

图一八

图一九

图二〇

1981年在我国新疆伊犁哈萨克自治州新源县巩乃斯河南岸出土一批文物，时代在约公元前500年左右。其中有一件对兽环形铜器（图一九、二〇），此器环形中空，在环的正面卧一对相互凝视的怪兽，兽似新疆虎，但头上生出双角，身躯两侧有向上卷曲的双翼，虎的前爪用浮雕的形式表现。这件东西的造型与欧克萨斯出土的手镯极为相似，只是此圈的直径达40多厘米，显然不能当手镯，有专家认为此物是生活在巩乃斯河流域的草原民族在宗教仪式中使用的神器。不管其用途如何，我们能够看到的是，上面的有翼兽和欧洲的有翼兽一脉相承，显然不属于中国的传统。

通过对比，中国和西方的有翼兽具有明显的差异，归纳起来有以下几点：

（一）翼所生的位置不同。西方有翼兽的双翅均在兽的肩轴部位，即兽的两前肢的顶端，不论早期或晚期的有翼兽全是一样的。而中国早期有翼兽的双翼生在肋下，如河北平山战国墓出土的错银双翼神兽就是明显的例子，而最早的有翼兽形象更是独特，双翼居然生在股际，这就是黏镈扁钮上的有翼兽。虽然到了汉代以后，中国翼兽的翅膀逐渐上移，也到了肩轴部位，但其中仍不乏在腰际的例子，如辽宁朝阳北燕贵族冯素弗墓出土的青铜虎子，其翼就在肋下（图二一）。关于这一点，国家博物馆研究员孙机先生有较深入的研究，他将有专门的论述发表。

（二）翼的形状不同。西方有翼兽的双翼翼端均上卷，形似一个半卷的植物，这一点也是从始至终贯穿的。中国绝大多数有翼兽的翅膀是向下的，即便向上也很少呈上卷的样式。

（三）翼的功能和表现手法不同。西方有翼兽的翼是有实际功能的，它表现该兽的一种飞翔或欲飞状态，因此在表现手法上注重兽的轻盈飘逸，呈蓄势待发的态势。而中国的有翼兽则把翅膀当作一种装饰，只是带翼而已，不去管它能飞否。这在陵墓雕刻中的有翼兽表现最为突出，它们都作行走状，表现的是兽的厚重和灵动感，至于身上的翅膀则成为了一种点缀。

综上所述，我认为西方的有翼兽和中国的有翼兽不具有渊源关系，虽然在我国新疆地区出土的有翼兽明显带有西方的特点，但是它与中原地区的有翼兽不属于同一系统，未成为中国有翼兽的起始，也并未影响到中原地区有翼兽的发展。

图二一

作为神话传说中的有翼兽，在东西方不同的文化背景中产生，尽管远隔千山万水，生活习俗千差万别，但其形象却惊人地相似。这说明人类早期的生产活动和社会生活是相似的，都经历了从愚昧向文明的发展过程，因此也就都经历了这样的神话时代，创造出相似的神话动物，所谓“心有灵犀一点通”。

参考文献：

1.《楚辞全译》
2.《中国青铜器全集》东周 3
3.《南阳汉画像石》
4.《魏晋南北朝文化》
5.《中国传统艺术——瑞兽纹样》
6.《东西方纹样比较》
7.《古希腊陶瓶画》
8.《大英博物馆》3
9.《大英博物馆》5
10.《古罗马文明》
11.《天山古道东西风》

（原文刊于《文物天地》2005 年第 8 期）

织金锦

沈从文

中国丝织物加金，从什么时候起始，到如今还是一个问题，没有人注意过。比较正确的回答，要等待地下新材料的发现。以目下知识说来，如把它和同时期大量用金银装饰器物联系看，或在战国前后。因为这个时代，正是金银错器反映到兵器、车器和饮食种种用器的时代，是漆器上起始发现用金银粉末绘饰时期，是用金捶成薄片上印龙纹作为衣上装饰时期。但是文献上提及锦绣时，是和金银联系不上的。春秋以来只说陈留襄邑出美锦、文锦、重锦、纯锦，锦字得名也只说“和金等价”，不说加金。迄今为止，还没有发现过这时期墓葬中丝织物加金的记录。长沙战国古墓中，得来些有细小花纹丝织物（新近还发现棺木上附着的黼绣被），可不见着金痕迹。陕西宝鸡县斗鸡台，发掘过西汉末坟墓，虽得到些鸟兽形薄金片，或是平脱漆上镶嵌的东西，可不像是衣服上的装饰。西北楼兰及交河城废墟中，掘出的小件丝绣品，其中有些金屑存在，丝织物还极完整，不见剥损痕迹，当时是用金箔黏贴，还是泥金涂绘，又或只是其他东西上残余金屑，不得而知。东汉以来，封建帝王亲戚和大臣的死亡，照例必赐东园秘器，有用朱砂画云气的棺木、珠襦玉柙。这种玉柙照《后汉书·舆服志》解释，是把玉片如鱼鳞重叠，用金银丝缕穿缀起来裹在身上的。一般图录中还没有提起过这种实物式样。中国历史博物馆中有份刘安意墓中出土遗物，有骨牌式玉片一堆，上下各穿二孔，穿孔部分犹可看出用金缕的方法，还是用细金丝把玉片钉固到丝织物上。当时这种金丝有一部分必然外露，但决不会特别显著。

《史记》、《汉书》都称西北匈奴胡人不重珠玉，欢喜锦绣。汉代以来中国每年必赐匈奴酋长许多锦绣。中国向大宛、楼兰诸国换马和玉，也用的是锦绣和其他丝织物。这种丝织物中，是有加金的，如《盐铁论》说的中等富人的服饰，即有“罽衣金缕，燕貉代黄”。说的金缕也可能指的是大夏大秦外来物。《晋书·大秦国传》称“大秦能刺金缕绣”。西北匈奴羌胡民族，既欢喜锦和金银，就有可能从大秦得到金缕绣。近半世纪西北发掘的文物，证实了史传所称西北民族爱好锦绣的习惯。在蒙古和新疆沙漠中，得到的汉代丝织物，如带文字的“韩仁”锦、“长生无极”锦、“宜子孙”锦、“群鹄”锦、“新神灵广”锦、“长乐明光”锦，和不带文字的若干种绫锦绣件，截至目下为止，还是中国古代丝织物中一份最有代表性的、珍贵的遗物。它的纹样和古乐浪汉墓出土的丝织物大同小异，恰是汉代中原丝绣的标准纹样（正和《盐铁论》说起过的，两地当时受中原墓葬影响情形相合）。中国科学院黄文弼先生，在他作的《罗布淖尔考古记》中说：“孔雀河沿岸之衣冠冢中，死者衣文绣彩，甚为丽都，虽黄发小儿，亦皆被服之。”[1]遗物中有一片近乎织成刻丝的织物，上面作的是一匹球尾马拉一辆车子，文献和其他报告图录中，还从来没有提起过。但似乎没有见过刺金缕绣。其中一个青红锦拼合成的锦囊，记录上虽说是从魏晋之际古墓中得来，其实是正格汉式锦，一件龙纹，或即《西京杂记》所谓蛟龙锦，有无极字样。一作对立小鸳鸯花纹，有一宜字，似宜子孙锦，已启唐代作风。这些丝织物据朱桂莘先生说，当时或着金。但从提花纬线考查，不像加过金。在北蒙古古坟中，曾得到一小片桃红色有串枝花的毛织物。花纹和一般丝织物截然不同，和汉末镜缘装饰倒相近。如非当时西北著名的细罽，从花纹看，有可能来自大秦或西方其他国家，时代当在魏晋之际[2]。

因《西域传》记载，中国丝织物加金技术上的发展，一部分学人即以为实来自西方。但是，一切生产都必然和原料发生联系。锦缎类特种丝织物生产，除古代的陈留襄邑，山东临淄，汉以来即应当数西蜀。金子生产于西南，汉代西蜀出的金银釦漆器，在国内就首屈一指。因此，中国丝织物加金的技术，说它创始于西南，或比较还符合事实。最早用到的，可能是金薄法，即后来唐宋的明金缕金法，明、清的片金法。丝织物纹样既和同时金银错纹样相通，加金部分也必然和金银错大同小异。

张澍《蜀典》引魏文帝曹丕《典论》，批评三国时丝织物说："金薄蜀薄不佳，鲜卑亦不受。如意虎头连璧锦，来自洛邑，亦皆下恶，虚有其名。"循译本文的意思，即川蜀织的金锦和彩锦，送给鲜卑民族，也不受欢迎！洛阳有名的出产，品质并不高。《诸葛亮文集》则称"蜀中军需惟依赖锦"。可知当时蜀锦生产还是军需主要来源。川蜀是金子重要生产地，捶金箔技术，于蜀中得到发展，是极自然的。

另一方面也反映出社会的需要。《三国志·魏书·夏侯尚传》称："今科制自公、列侯以下，位从大将军以上，皆得服绫、锦、罗、绮、纨、素、金银餙缕之物。"说的即明指各种丝织物衣服上加金银装饰。或刺绣、或织成，则不得而知（用金银缕刺绣作政治上权威象征，从此一直在历史发展中继续下来，到以后还越来越广泛）。 605

欢喜用金银表示豪奢，在西北羌胡民族中，最著名的是石虎。陆翙著《邺中记》，称石虎尚方锦署织锦种类极多，可没有提过金锦。其中有"大明光"、"小明光"诸名目，这种锦在汉墓中即已发现，还是韩仁锦类汉式锦。但这时节印度佛教大团花已见于石刻，反映于丝织物，很可能就有了后来唐代的晕锦类大花锦，宋时的大宝照锦，用虹彩法晕色套彩，技术上比韩仁锦已大有进步，可不一定加金。至于当时的织成，则近于宋以来刻丝。有几种明白称金缕和金薄，说明小件丝绣用金的事实。《邺中记》又称，"石虎猎则穿金缕织成合欢袴"，可见当时也用到比较大件衣着上。所说金缕即唐宋的捻金，金薄即后来的明金和片金（但唐人说缕金，却有时指明金，有时指捻金。捻金又可分后来克金式的和一般库金式的）。

《西京杂记》也记了许多特别丝织物，曾说"蚁文万金锦"，这个著作说的虽是汉代故事，反映的却多是魏晋六朝时物质，蚁文万金似乎只是奇异贵重的形容，花纹正如西域所得锦缎，并非用金织就。

许多记载中，惟《蜀典》引曹丕批评，所说金薄蜀薄指的近于后来织金，且和曹操《上杂物疏》文中一再提起的"金银参带"漆器相关联。文中还提起许多漆器是用金银绘画的。

另外东晋时也用泥金，王隐《晋书》称，江东赐在凉州的张骏以金印大袍。如金印大袍指一物，用金印必泥金方成功。

又《北史·李光传》，说赐光金缕绣命服一袭。还是像捻金绣，不是织金。

就情形说来，织金法大致至迟在东汉已经使用。川蜀机织工人所作金薄，必和所作金银釦漆器一样，当时实在具有全国性，既可得极高利润，自然会继续生产。

到三国时，由于中原长年战争影响到销路，也必然影响到生产。这时生产技术虽保留，品质已退步，不如本来。至于用捻金刺绣和捻金法，技术上有可能是从西方传来的。鱼豢《魏略》即称大秦能织金缕绣。至于在中国和泥金涂画，三种加金同时用到，当在晋六朝之际，以北方用它多些。原因除奢侈享乐，还有宗教迷信，谄媚土木偶像（《洛阳伽蓝记》提金银着佛像极多）。不久南北同风，南方用于妇女衣裙，且特别显著。隋代用泥金银即极多。到唐代，贞观时先还俭朴，及开元天宝之际，社会风气日变，一般器物多用金银，或金银装饰，如漆器中的平脱镜子，桌几，马鞍（姚汝能《安禄山事迹》还提到金银杓瓮笊篱）。加之外来技术交流，一般金细工部有长足发展，从现存实物可以明白。丝织物加金技术，也必然于此时得到提高。拈金织物于是同样得到发展机会。不过从唐人诗词描述中看来，用于女子歌衫舞裙中的，还不外两种方法：一即销金法的泥金银绘画或印花；一即捻金线缕金片的织绣。以泥金银绘和捻金刺绣具普遍性，织金范围还极窄。

“银泥衫稳越娃裁”、“不见银泥故衫时”、“罗衣隐约金泥画”、“罗裙拂地缕黄金”，即多用于女人衣裙的形容。也间或用到男子身上。《鸡跖集》称：“唐永寿中，敕赐岳牧金银字袍。”又“狄仁杰转幽州都督时，武后赐以紫袍龟带，自制金字十二以旌其忠”。这可见男子特种衣袍上加金银文字，从晋以来就是一种政治上权威象征，不会随便使用的。又《唐书》称：“禁中有金乌锦袍二，元宗幸温泉，与贵妃衣之。”段成式《酉阳杂俎》记元宗赐安禄山衣物中，也有“金鸾紫罗、绯罗、立马、宝鸡袍”。指的都是当时特种统治身份才能用这种加金丝织物衣服。

又《唐语林》称，贵妃一人有绣工700余人。为了满足当时杨家姐妹的穷奢极欲的享乐，衣裙中用金处必然极多。至于如何使用它？从敦煌唐代女子服装可以见出当时花朵的布置方法，主要多是散装小簇，即宋时金人说的“散答花”。串枝连理则多用于衣缘、斜领和披肩、勒帛。花式大都和现存唐镜花式相通（特别是男子官服中的本色花绫，如雁衔绶带、鹊衔瑞草、鹤衔方胜地黄交枝等等，反映到遗物和镜文中，都极具体分明）。它的特征是设计即或用折枝散装花鸟，要求的还是图案效果。作法则刺绣和销金银具比较普遍性，也有可能在彩色夹缬印花丝织物上，再加泥金银绘的。

《新唐书·肃宗纪》：“禁珠玉宝钿平脱、金泥刺绣”，正反映元宗时金泥刺绣必十分流行，经安史之乱后，才用法令加以禁止。但唐代特种丝织物，高级锦类，一般生产我们却推想是不用织金，也不必用金的。卫瑞符记李卫公故物中有锦绫袍，陆龟蒙记所见云鹤古锦裙，说的都是唐代讲究珍贵彩色绫锦，文字叙述非常详细，均没有提起锦上用金。两种织物照记载分析，都近于后来刻丝。

日本正仓院收藏唐代绫锦许多种，就只著明有四种唐代特种加金丝织物。惟用金到衣服上，且确有织金，和许多不同方法加金，开元天宝间《唐六典》已提到，用金计共有如下14种：销金、拍金、镀金、织金、研金、披金、泥金、缕金、捻金、戗金、圈金、贴金、嵌金、裹金（此为明杨慎所引，今《六典》无）。

唐人记阎立本画，用泥银打底，是和泥金一样把金银作成细粉敷上去的。若用于衣裙帐幔，大致不外是印花和画花。捻金是缕金再缠在丝线上成线，也可织，也可绣。一般说来，绣的技术上处理比较容易，用处也比较多。织金通常却用两种方法：一则缕切金银丝上机，是三国以来金薄法，唐宋明金法，明清片金法。一作捻金线织，捻金法有可能从西域传来。早可到三国时，由大秦来。晚则唐代由波斯通过西域高昌、龟兹诸地区兄弟民族，转成中原织工技术。北宋末文献纪录已有捻金青红锦五六种。但直到明代，织金锦中用到捻金的，占织金类比例分量还是极少。清代方大用，是因细捻金线技术有了特别进步，才把这种捻金范围扩大的（最有代表性的，或者应数清华大学藏乾隆两轴刻丝加金佛说法图，径幅大到一丈六尺以上。原藏热河行宫，共16幅，辛亥以后取回北京，存古物陈列所，日本投降后，不知为何被人偷出售于清华。还有一种细拉金丝织成的纯金纱，明代已见于著录，北大博物馆曾藏一背心，似清代剪改旧料作成）。

唐代宗时禁令中称：大张锦、软锦、瑞锦、透背、大裥锦、竭凿锦（即凿六破锦，龟子纹发展而成的）、独窠、连窠、文长四尺幅独窠吴绫、独窠司马绫……及常行文字绫锦，及花纹中盘龙、对凤、麒麟、天马、辟邪、孔雀、仙鹤、芝草、万字、双胜，均宜禁断。

禁断诸绫锦名目，如瑞锦、大裥、麒麟等锦，有一部分还可从正仓院藏绫锦中发现。这些锦样的设计，多出于唐初窦师纶。张彦远在《历代名画记》说得极清楚：

> 窦师纶，敕兼官益州大行台检校修造。凡创瑞锦宫绫，章彩奇丽，蜀人至今谓之“陵阳公样”……太宗时，内库瑞锦对雉、斗羊、翔凤、游麟之状，创自师纶，至今传之。

张彦远见多识广，笔下极有分寸，说的章彩奇丽，必然是在讲究色彩的唐代，也非常华丽。这些锦样真实情形，已不容易完全明白，但从正仓院藏琵琶锦袋（似织成锦），和时代虽晚至北宋，花式尚从唐代传来的紫鸾鹊谱刻丝（在《纂组英华》彩印过），内容我们还可仿佛得到一二。这种华丽色调，在宋锦中已有了变化发展，但反映于这片刻丝，还十分动人。一切事物都不是孤立存在的，所以此外我们也还可以从同时流行反映于敦煌洞窟天井墙壁间彩画团窠方胜诸锦纹，及铜镜、金银器上的花纹图案，得到唐代丝织物花纹基本特征。

因此我们明白，唐代丝织物工艺上的重要贡献，还是以花纹色调组合为主，即部分加金，也是从增加装饰效果出发，如正仓院藏加金锦，和元明以来之纳石失，遍地金，库金，克金，以捻金或片金为主要的丝织物，是截然不相同的。

丝织物加金有了进一步发展，大致是在唐末五代之际。丝织物花纹由图案式的布列，发展为写生折枝，也是这个时期。其时中原区域连年兵乱，已破败不堪。前后割据于四川的孟昶，江南的李煜，吴越的钱俶，政治上还能稳定，聚敛积蓄日多，中原画家和第一流技术工人，能逃亡的大致多向这些地方逃去。几个封建统治者，都恰是花花公子出身，身边又各有一群官僚文人附庸风雅，金银一部分用于建筑装饰和日用器物，一部分自然都糜费于妇女彩饰衣裙中。这些地方又是丝织物生产地，织绣上和当时花鸟绘画发生新的联系，大致也是在这个时期。惟关于这个时代的丝织物，除诗词反映，实在遗物反不如唐代具体（仅近年热河辽驸马墓出一件捻金织云凤类大袍或被面）。诗词中叙女子服饰用金极普遍。在瓷器上加金银边缘装饰，也是这个时代，从吴越创始各种“金银棱器”。

到宋统一诸国时，从西蜀吴越得来锦缎数百万匹，除部分犒军耗费，大部分是不动用的。北宋初年，宫廷俭朴和社会风俗淳厚，都极著名。旧有的还不大用，新生产也不会在这个时间特别发展。直到真宗时，社会风气才有了变化。由于政治上的新中央集权制，一面是从诸国投降得来无数金银宝货，一面是从各州府财政收入统属中央，且集中京师，就有了个可以奢侈浪费的物质基础。其时正和占据北方的契丹结盟议和，权臣王曾、丁谓辈，贡谀争宠，企图用宗教迷信结合政治，内骗人民，外哄契丹，因之宫中忽有天书出现，随即劳役数十万人民，修建玉清昭应宫，存放天书。把全国最好的工人，最精美的材料，都集中汴梁，来进行这种土木兴建工程。并集天下有名画师，用分队比赛方法，日夜赶工作壁画。一千多间房子的工程全部完成时，君臣还俨然慎重其事，把天书送到庙里去，大大地犒赏了参加这个工程的官吏和工人一番，丝织物用金的风气，也因之日有增加。

宋王楙著《燕翼诒谋录》，记述这个用金风气的发展，便认为实起于粉饰太平，上行下效，不仅士大夫家奢侈，市井间也以华美相胜。用金情形，则可从反复禁令中充分反映出来。其实，当时禁者自禁而用者自用。例如：汴梁城中 20 余酒楼，特别著名的樊楼，楼上待客用的大小金银器具，就有 2 万件。三两个人吃喝，搁在桌面的银器也过百两。即小酒摊吃过路酒的，也必用银碗。大中祥符八年（1015 年）诏令，提起衣服用金事，名目即有 18 种之多。计有销金、缕金、间金、戗金、圈金、解金、剔金、拈金、陷金、明金、泥金、榜金、背金、影金、阑金、盘金、织金、金线……

除部分是用于直接机织，其余大都和刺绣、印画、缠裹相关，即从用金方法上看，也可以想见这个中世纪统治阶级，是在如何逐渐腐败堕落，此后花石纲的转运花石，寿山艮岳的修造，都是从这个风气下发展而来的。

不过，现存宋锦或宋式锦，都很少见有加金的。说宋锦加金，且和一般习惯印象不相合。这有两个原因作成：1. 照习惯，鉴赏家对于锦类知识，除从《辍耕录》、《格古要论》、《博物要览》诸书，知道一些名目，居多只是把画卷上引首锦特别精美的龟子纹、盘绦琐子纹、八达晕等几何纹式彩锦，就叫做宋锦。即名目也并不具体清楚明白。因此不闻宋锦有织金。2. 宋人重生色花，即写生折枝，这些花也反映到锦的生产中，打破唐以来的习惯。这种生色花，而且部分加金，或全面用金。明代把这些花锦，斜纹织缪丝地的叫“锦”，平织光地的叫“缎”，福建漳州织薄锦叫“改机”（弘治间织工林宏发明），凡彩色平织，带金的叫作“妆花缎”或“织金缎”，不作为锦。因此，即遇到这种宋锦或宋式锦，也大都忽略过了。其实宋锦和社会上的一般认识，是不大相合的。折枝写生花部分加金和全面用金，在宋锦中是不少的。文献中提起的近百种锦名，大部分还可从明锦中发现。

宋锦加金至少有两种方法，我们已经知道。一即古代之金薄法，宋代称为明金。《洛阳花木记》称牡丹中有“蹙金球”，以为色类“间金”而叶杪皱蹙，间有黄棱断续于其间，因此得名。又记“蹙金楼子”，情形也相差不多。宋人欢喜把本色花鸟反映到各种工艺品上去，若反映于丝织物上时，自然即和建筑中的彩绘勾金，及现在所见织金妆花缎用金情形大体相合。宋锦中是有这种格式的。加金有多少不同，在宋人通呼为“明金”。记载这种丝织物名目，花纹和用处较详的，以《大金集礼》提起的比较多而具体。说的虽是南宋时女真人官服，我们却因此明白许多问题。因为这种服制花式，大多是抄袭辽和宋代的。也有捻金锦，如明清捻金或库金。文献上提起捻金锦的，多在南北宋之际。《大金吊伐录》记靖康围城时，宋政府和金礼物中即有金锦150匹。周必大《亲征录》称南宋使金礼物中，即有捻金丝织物200匹。周煇《清波杂志》卷六，载给北使礼物，也提起过青红捻金锦200匹。又周密记南宋初年高宗赵构到张浚家中时，张是当时有四万顷田著名大地主，献锦数百匹，其中也有捻金锦50匹。可知这种捻金锦在当时实在是有代表性的高级丝织物。同时也说明这种金锦，至迟在北宋中叶已能生产，但始终不会太多。《大金集礼》又叫作“捻金番缎”，说明从金人眼目中它既不是中国织法，也不是金人所能织，显然是西域金绮织工作的。又叫作捻金绮，和锦的区别或在它的织法上。关于这种织工，南宋初洪皓著《松漠纪闻》说得极详细：

> 回鹘自唐末浸微。本朝盛时，有入居秦川为熟户者，女真破陕，悉徙之燕山。甘、凉、瓜、沙，旧皆有族帐，后悉羁縻于西夏。惟居四郡外地者，颇自为国，有君长。其人卷发深目，眉修而浓，自眼睫而下多虬髯。帛有兜罗绵，毛罽，绒锦，注丝，熟绫，斜褐。又善结金线。又以五色线织成袍，名曰克丝，甚华丽。又善捻金线，别作一等背织，花树用粉缴，经岁则不佳，惟以打换达靼。辛酉岁，金人肆眚，皆许西归，多留不反，今亦有目微深而髯不虬者，盖与汉儿通而生者。

这个记载极其重要。我们知道，唐代工艺生产中若干部门，是和印度、波斯、阿剌伯，或西域回鹘技工关系密切的。丝织物加金工艺，在唐代得到高度发展，由金薄进而为捻金，和这个盛于唐，到宋代入居秦川为熟户的回鹘，必有联系。金人称“捻金番缎”，也是这个原因。

金锦中明金和捻金花缎，说的比较具体的，是《大金集礼》提起金人服制中的种种。可知道明金还是用处多。时代稍后记录中，元人费著作的《蜀锦谱》只提及一种，可推测得出纹样的，即“簇四金雕锦”。如簇四和《营造法式》彩绘簇四金锭相通，金雕即盘绦，则这种锦必然是捻金，不是明金。因为这种锦正如同琐子一样，捻金可织，片金织不出。至于陶宗仪《辍耕录》说的一种“七宝金龙”宋锦，却有可能是片金兼捻金两种织法，明织金中还保留这种锦类式样。

更详细地叙述这种宋代金锦花纹色泽的，只能靠时代晚后300年《天水冰山录》记严嵩家中收藏的宋锦名目得知。纪录中明说是宋锦的，计有大红、沉香、葱白、玉色种种。其中有三种织金锦，名目是：青织金仙鹤宋锦，青织金穿花凤宋锦，青织金麒麟宋锦。

这个文献对于明代锦段名目，记得非常清楚，当时说宋锦，必有不同于明锦的地方，如不是宋代旧织，也必然是宋式锦。但宋织锦和明织锦根本不同之处在什么地方？如不能从用金方法上区别，问题就必然是在配色艺术和组织技术上有个区别。从宋代种种工艺来比较，我们都可知道宋锦不可及处，即打样设计时，布置色泽，组织纹样都当成一件大事，而用金从艺术上说来，却不怎么重要。这三种青地织金锦，有可能是部分明金，不是全部用金的。

宋范成大《揽辔录》记南宋乾道六年（1170年）使金时，在路上见闻和京师印象：

> 民亦久习胡态度，嗜好与之俱化。最甚者衣装之类，其制尽为胡矣。自过淮以北皆然，而京师尤甚。唯妇女衣服不甚改。秦楼有胡妇，衣金缕鹅红大袖袍，金缕紫勒帛，掀帘吴语，云是宗室郡守家也。

根据这个记载，可知开封被金人占据后，中国淮河以北人民的服装，即多在压迫中改作金制，惟妇女不大变（这里所记某妇人穿的金缕鹅红或系鹅黄，是小鹅毛色。如鹅红，即只能是鹅顶鹅掌红色了）。金人服制各以官品大小定衣服花头大小，文献上记载得极详细。照《大金集礼》记载，且知道官吏衣服上的花纹用牡丹、宝相、莲荷甚多。有官品的通是串枝花。这是沿袭唐碑墓志、敦煌彩绘、《营造法式》、辽陵墓志等等花式而来的。这些花还继续发展到元代“纳石失”金锦纹样中，也反映到明代织金中。史传记载，金兵破汴梁后，除织工外，妇女多掳去刺绣。《金史·张汝霖传》称章宗时为改造殿廷陈设，织锦工用到1200人，花费两年时间才完工毕事。后来更加奢侈。这种织工自然大部分即得于汴梁和定州一带，有北宋初年由川蜀吴越江南来的头等锦工，也有唐以来即在西北、宋代成为秦川熟户的西域金绮织工。这种织锦工人和中国丝织物史发展，还有不可分割的联系，即元代纳石失金锦的生产，实由之而来。《元史·镇海传》说：

先时收天下童男女及工匠，置局宏州（山西大同附近）。既而得西域织金绮纹工三百余户，及汴京织毛褐工三百户，皆分隶宏州，命镇海世掌焉。

这里所谓“西域人”，显然即是洪皓《松漠纪闻》说起过的先居秦川为熟户，后为金人迁徙于燕山及西北甘肃一带，为人卷发深目，眉修而浓，眼睫以下多虬髯，善捻金线，又会刻丝织作的回鹘族织工！

镇海管理的丝毛织物生产，即元代著名的纳石失，名义上虽还叫作波斯金锦，其实生产者却有可能大部分都是中国人，和同化后的金绮工。《元典章》五十八，关于它的使用记载得极详尽。《舆服志》称天子质孙冬服即分十一等，用纳石失作衣帽的就有好几种。百官冬服分九等，也有很多得用纳石失。《元典章》织造纳石失条例，许多文件反复说到应如何作，不许如何作。对于偷工减料的低劣货色，禁止格外严，也可反映当时生产量之大。在当时，不仅丝织多加金，毛织物也用金，叫做毛缎子。不仅统治者百官衣服上用织金，三品以上官吏帐幕也用织金（萧洵记元故宫殿延时曾描述）。国家生产纳石失，不仅宏州设局，另外还设有许多专局，同属工部管辖监督。如撒答剌欺提举司，即有别失八里局。又织染提举司，也有专织纳石失局。《元典章》提起纳石失或织金缎时，虽一再传达诏令，说某某种龙形的不许织造应市，却又说织造合格的即允许市面流行。这种特殊丝织物随蒙古族政权织造了将近100年，曾经反映到游历家马可·波罗眼目中，因之也反映入世界各国人民眼目中。但是这种丝织物，竟和元代政权一样，已完全消灭，明代即少有人提起，这是和历史现实发展不大符合的。

丝织物虽然是一种极易朽败的东西，一世纪的大生产，总还应当有些残余物品留下来，可供研究参考。从图画中可见的，如元帝后妃像中几个后妃缘领花纹装饰，可推测必然是纳石失。元著名武将画像披肩，可能是纳石失。《明实录》记洪武初年赐亲王功臣锦绮织金必然还是元代库中旧存旧样丝织品。明初画相服饰材料，因之也必然有部分反映。

实物发现最有希望的地方，是故宫和中国北京和西北各地大喇嘛庙里，保存得完完整整的成匹成幅的直接材料，因明清二代的兴替，宫廷中或已无多存余。至于零碎间接的经垫、佛披、幡信、袈裟和其他器物及密宗佛像边缘装饰上的，却必然还有不少可以发现。在故宫库藏里，许多字画包首，册页扉面，和其他宋元旧器衬垫丝织物，同样可希望这种发现。其次，即明《大藏经》使用的经面、经套，其中织金部分，或出于纳石失式样，或即是本来的纳石失。前一部分，北京庙宇里的东西，剩下的也已经不会怎么多。因为元明以来密宗佛像，近数十年被帝国主义豪夺巧取，盗出国外的不下万千件。稍好的就不容易保全。但是，即就北京市目下能得到的而言，如果能集中一处，断缣败素中还是可希望有重要发现（有小部分可能是宋锦，大部分却是明织金锦缎，纹样还是极有价值的）。西北区大庙宇，由于宗教传统的尊重，不受社会变乱影响，就必然还有许多十分重要的材料。故宫收藏则从中得到的明清仿宋彩锦，或多于元纳石失金锦。至于明《大藏经》封面，就个人认识说来，即这份材料，不仅可作纳石失金锦研究资料，好些种金锦本名或者就应当叫作纳石失，并且还是当时的纳石失。

我们说明代加金丝织物，大都是元代纳石失发展而来，从《野获编》记录洪武初年，向北方也先聘使礼物中的织金名目，也可见出。五彩织金花锦由一寸大散答花朵到径尺大的大串枝莲，大折枝牡丹，和三五寸花头的蜀葵、石榴、云凤、云龙、云鹤，不宜于衣着，可能作帐幔帘幕、被褥的材料，和其他文献记录比较，我们就会具有一种新的认识和信念，纳石失金锦问题，虽在多数学人印象中，还十分生疏，却是一个可以逐渐明白的题目。明织金是一个关键，必须给以应有的重视。其次，即现存故宫部分充满西域或波斯风的小簇花织金锦，通名“回回锦”，在乾隆用物帷帐和蒙古包帐檐中都使用到。整件材料，部分还附有乾隆时回王某某进贡的黄字条，可知这类金锦至晚是乾隆时或较前物品。这类回回锦特别值得注意处，即花纹还充分具有波斯风，和唐代小簇花装饰图案近似。在有关帖木儿绘画人物服装和元帝后像领沿间用金锦花纹，也十分相似，元代纳石失也许仅指这类花纹金锦而言，还须待进一步研讨。

说到这里，我们可以为中国丝织物加金历史发展问题，试重复一下，提出如下意见，供国内专家学人商讨：

用金作装饰的丝织物，在战国有可能已产生，汉代以后得到继续发展。但真正的盛行，实只是元明清三代。起始应用虽可早到二千二三百年前，作用不会太大，用处也不会如何多。但至迟在东汉时，明金作法已能正确使用。六朝到唐末，是一个过渡阶段，在这个时期中，或因佛像中的金襕，影响到封建统治阶级妇女的装饰，衣裙领袖间除彩色描绘外，用金已比较多。特别是当时贵族妇女，需要用金表示豪富甚过于用色彩表示艺术时，金的使用范围必然日渐增加。但是，金银在丝织物中的地位，始终还是并没有超过具有复杂色彩的传统刺绣和织锦重要。在装饰价值上，则只有小部分的泥金缕绣的歌衫舞裙，有从彩色刺绣取而代之的趋势。到唐代，特别是开元天宝时代，因王鉷、杨国忠等人的聚敛搜刮，杨氏姐妹的奢侈糜费，和外来的歌舞，西域阿拉伯回鹘的金绮织工，以及谄佞佛道的风气，五者汇合而为一，织金丝织物需要范围就日广，生产也必然增多。到这个时代，用金技术已经绰有余裕。但用金事实，还是在社会各种制约中，不可能有何特别发展。到宋代，因承受唐末五代两蜀江南奢糜习惯，用金技术更加提高，织金捻金和其他用金方法已到18种。但使用还是有个限度。譬如说，封建帝王亲戚服制上常用，一般中等官吏衣服即不会滥用。妇女衣裙上局部用，全部还是不用。宣和时，更有两种原因，使丝织物加金受了限制，不至于大行于时：

一、衣着中因为写生花鸟画的发展，把丝织物上装饰纹样，已推进了一步。刺绣和刻丝，都重视生色花，能接近写生为第一等。即染织花纹，也开始打破了唐代以来平列图案布置的效果，而成迎风浥露折枝花的趋势。换言之，即黄筌、徐熙、崔白、赵昌等画稿上了瓷器，上了建筑彩绘，上了金银器，这个风气也影响到丝织物的装饰花纹。所以从唐代团窠瑞锦发展而成的八搭晕锦，凿六破锦发展而成的球路等彩锦，几何图案中都加入了小朵折枝花。色调配置且由浓丽转入素朴淡雅，基本上有了改变，金银虽贵重，到此实无用武之地。

二、当时艺术风气鉴赏水准已极高。特别是徽宗一代由于画院人材的培养，和文绣院技术上的高度集中，锦类重设计配色，要求非常严格。金银在锦中正如金碧山水在画中一样，虽有一定地位，不可能占十分重要的地位。徽宗宣和时，庭园布置已注意到水木萧瑟景致，桫椤木堂的建造，一点彩色都不用，只用木的本色，白粉墙上却画的是浅淡水墨画，和传世王诜的渔村小雪，赵佶自作的雪江图近似，在这种宫廷艺术空气下，丝织物加金，不能成为一个主要生产品，更极显明。

属于金工技术发展，和社会发展似乎稍有参差。关于金薄、缕金、捻金技术的进展，照近30年考古材料发现说来，商代即已经能够捶打极薄金片。春秋战国之际，在青铜兵器和用器上，都用到这种薄金片和细金丝镶嵌，就处理技术上的精工和细致而言，是早超过缕金丝作衣饰程度的。洛阳金村发现的一组佩玉，是用细金钮链贯串的。寿县和河南出土，捶有精细夔龙纹的金质片，可作战国时期金工高度技术的证明。特别是1951年在河南辉县发现的金银错镶松石珠玉彩琉璃带钩，和信阳长台关战国楚墓出土的铁错金银加玉带钩，实可作公元前5世纪中国细金工艺最高记录的证明。这个时期的巧工，文献上虽少提及出处，一部分来自楚民族和西蜀，可能性极大。到汉代，技术上有了新的展开，用金风气发展，仿云物山林鸟兽缕金错银法，已打破了战国以来几何纹图样，漆器上的金银釦和参带法，且使用相当普遍，中等汉墓里即常有发现。讲究处则如《禹贡文奏》和《盐铁论·散不足篇》所叙述，许多日用小件器物都用金银文画装饰。鎏金法应用更加广泛，且使用到径尺大酒樽和别的用具上。但从用金艺术说，比起战国时实在已稍差了些。这个时期蜀工已显明抬头。两北和乐浪所发现的漆器中，都具有文字铭刻。蜀工之巧在汉金银釦器中已充分反映出来。随同丝织物生产的发展，西蜀丝织物加金的技术，必然和釦器有同样成就，到汉末才逐渐衰落，但生产还是能供应全国需要。

晋人奢侈而好奇，王恺石崇辈当时争富斗阔，多不提金银珠玉，只说南方海外事物中珊瑚犀象，和新兴的琉璃。在这种情形下，自然不会以金银装饰为重。北魏羌胡贵族多信佛，用金银作佛像和建筑装饰，均常见于史传。但做衣服似和社会要求不大相合。石虎是极讲究用金银铺排场面的一个胡人，算是极突出的，史传才特别反映。西域金工作的捻金丝织物，亦必然在这个时期才比较多。南朝似乎犹保留了汉以来金银镶嵌工艺传统，常见于诗文歌咏中。但这个时代正是越州系缥青瓷在社会上普遍受尊重的时代，金银器在社会上能代替富贵，却不能代表艺术，即衣裙上用金，诗人形于歌咏，也着重在豪华，和服饰艺术关系就并不多。到唐代，豪华和艺术才正式结合起来，这从现存金银平脱和金银酒食用具在工艺上达到的艺术标准可见。但丝织物加金还不是工艺中唯一的重点。因为唐人重色彩浓丽，单纯用金是达不到这个要求的。金的装饰作用，已在丝绣织物上加多，还不至于大用。有捻金、织金等 14 种方法，一般使用的是女人服饰上的泥金银绘画。

宋代丝织物用金方法已加多，但工艺重点则在瓷器、绘画和刻丝织锦。瓷器装饰金银，虽从五代吴越起始，并无什么美术价值。宋代定州瓷器，虽还用到这个传统，用金银缘边，分量已减少成薄薄一线。绘画用大小李将军作金碧山水法的赵千里，在宋人画中，即只代表一格，并非第一流。刻丝重生色花，不重加金。克金还未发现。锦缎则如前叙述，要求艺术高点在色彩配合，不在金银。宫廷中织金丝织物，或有相当需要量，一般社会对锦缎要求，必不在加金。因此加金丝织物，不可能在北宋早期有极多生产。文彦博在成都为贡谀宫廷织造的金线莲花灯笼锦，近于突出的作品。南宋捻金锦已当作给金人的重要礼物，在南方大致还是发展有限。因织金固需要一套极复杂的生产过程，更重要的还是极大的消费。南宋时经济情形，是不可能如元明以来那么大量消费金银到丝织品上去的。《梦粱录》虽提起过这个偏安江南的小朝廷，由于上下因循苟安心理的浸润，和加重税收聚敛，经济集中，社会得来的假繁荣，都市中上层社会，糜费金银的风气，因之日有所增。一个临安就有许多销金行，专做妇女种种泥金印金小件用品，但是捻金明金，由于技术繁琐，在当时使用还是不会太多。

织金的进一步发展，和女真人占据北中国有密切关系。

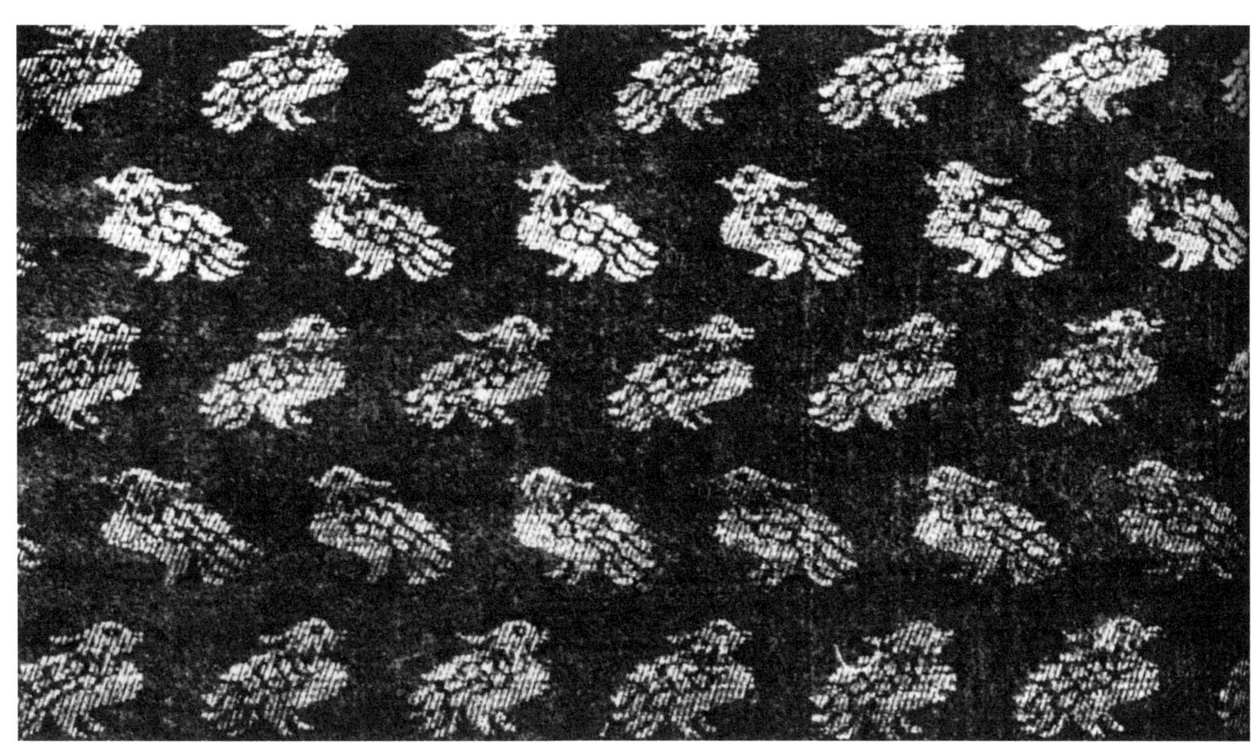

图一　元深蓝地鸳鸯纹织金锦

至于女真人对于丝织物加金的爱好，则和它的民族文化程度有关。金人兴起于东北，最先铁兵器还不多，用武力灭辽后，民族性还是嗜杀好酒。围攻汴梁时，种种历史文件记载，说的都是搜刮金银掳掠妇女为主要对象，虽随后把户籍、图书、天文仪器和寿山艮岳一部分石头，也搬往燕京（这些石头最先在北海，明代迁南海瀛台），作设都北京经营中国的准备。金章宗还爱好字画，和一群附庸风雅的投降官僚文人，商讨文学艺术，其实只是近于笼络臣下的一种手段。全个上层统治心理状态，金帛聚敛和种族压迫实胜过一切。800年前的金代宫室布置，真实情况已不得而知。唯从《张汝霖传》称用1200织锦工人，工作两年的情形行来，却可以想见，当时土木被文绣的侈奢光景。金人始终犹保持游牧民族的生活习惯，除服饰外，帷帐帘幕使用格外多，建筑中许多彩画部分，在这时节是用丝织物蒙被的。大串枝花丝织物的发展，必然在这个时期。《大金集礼》载文武官服制度，和其他使用织金丝织物记载，都叙述过。元官服制度多据金制，《辍耕录》记载可知。元代的纳石失金锦，就由于承袭了这个用金风气习惯而来。《马可·波罗游记》说的，用织金作军中营帐，延长数里，应是事实。

丝织物加金盛于元代，比金人有更多方面的发展，由许多原因作成，这和当时蒙古民族的文化水准、装饰爱好、艺术理解都有关系。更重要还是当时国力扩张及一种新的经济策略，用大量纸币吸收黄金方式，统治者因而占有了大量黄金的事实分不开。如没有从女真、西夏和南宋三方面政府和所有中国人民手中，及海外贸易，得来的无数黄金，元代纳石失金锦的大量生产，还是不可能的。

锦类的纹样发展，春秋以来常提起的襄邑美锦、重锦、贝锦，虽不得而知，惟必然和同时期的铜玉漆绘花纹有个相通处。到汉代，群鹄、游猎、云兽、文锦和同时金银错器漆器花纹就有密切联系，已从实物上得到证明。傅玄为马钧作传，称改造锦机，化繁为简，提花方法已近于后来织机。《西京杂记》记陈宝光家织散花绫，由于提花法进步，色泽也复杂得不可思议。唐初窦师纶在成都设计的锦绫样子，和文献上常提及的几种绫锦，从正仓院藏中国唐锦中，犹可见到对雉、斗羊、游鳞、翔凤诸式样。余如盘绦、柿蒂、樗蒲也已经陆续从明锦中发现。从这个发现比证中，得知道它和汉代已有了不同进展，颜色则由比较单纯趋于复杂，经纬错综所形成的艺术效果，实兼有华丽和秀雅两种长处。到宋代，因写生花鸟画的进步，更新的大折枝、大串枝和加金染色艺术配合起来，达到的最高水准，正如同那个时代的瓷器和刻丝一样，是由于种种条件凑合而成，可以说是空前的。时代一变，自然难以为继。

在金元之际，丝织物的生产，由色彩综合为主的要求，转而为用金来作主体表现，正反映一种历史现实，即民族斗争历史中，文化落后的游牧民族武力一时胜利时，就会形成一种“文化后退”现象。这种文化后退或衰落现象，是全面的，特别属于物质文化和人民生活密切关联的工艺，每一部门都有影响的。也只有从全面看，才容易明白它的后退事实。若单纯从丝织物加金工艺史发展而言，则元代纳石失金锦，依然可以说是进展的，有记录性的，同时还是空前绝后的。因为如非这个时代，是不可想象能容许把黄金和人力来如此浪费，生产这种丝织品，使用到生活各方面去，成为一部分人最高美的对象的！

注释：

[1] 黄文弼：《罗布淖尔考古记》，北平研究院，1948年，第70页。

[2] Sueji Umehara：《古代北方系文物的研究》，星野书店，1938年，第161页后图五三。

（原文曾以《中国织金锦缎的历史发展》为题，发表于1953年9月3日《新建设》第9期，署名沈从文。1960年收入北京作家出版社《龙凤艺术》一书，文字稍有增改，并改篇名为《织金锦》。1966年5月商务印书馆香港分馆《龙凤艺术》一书收入《织金锦》时，将文末最后4个涉及明织金锦的段落移到《明织金锦问题》文后，现据香港版《龙凤艺术》编入）

福建建安派木刻版画

李之檀

鲁迅先生在《“木刻纪程”小引》中说：“中国木刻画，从唐到明，曾经有过体面的历史。”版画对于普及和发展我国的科学文化曾做出过不可磨灭的贡献。

中国古代的木刻画从隋唐至明清曾经有过1000余年的发展历史，因地区与风格的不同，曾被分为福建建安派、江苏金陵派、安徽新安派等。过去专门介绍福建建安派版画的文章较少，笔者试做简单的介绍，供大家参考与讨论。

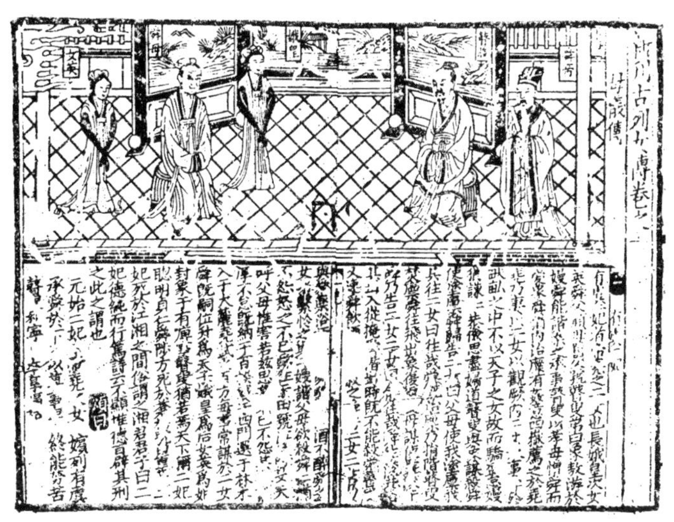

图一　建安余氏靖安勤有堂刻《列女传》图

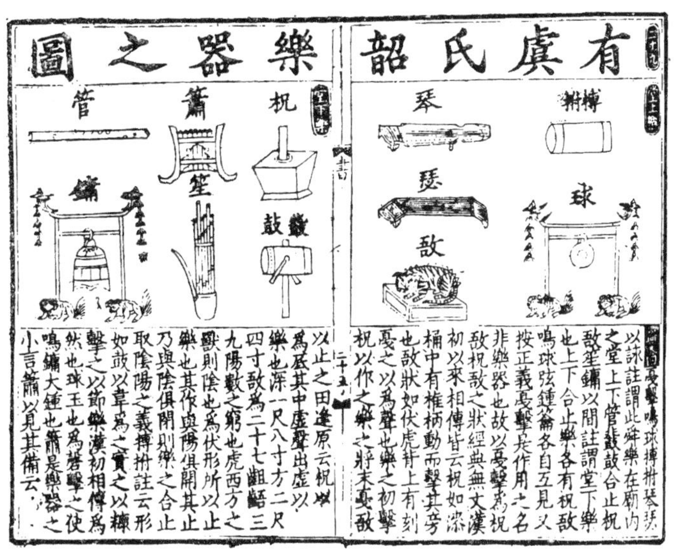

图二　福建书坊刻《尚书图》

福建地处我国东南边陲，唐、五代时经济得到发展，文化也随之繁荣，海上及水陆交通都很发达，又盛产木材及纸张，有利于出版事业的发展。福建刻书始于唐，北宋已有相当规模，南宋、元、明三代则非常兴盛，所印书籍极多，建版书流行于全国以及海外。福建建宁府是书坊聚集的地方，建安、建阳两县尤为有名，建阳的崇化、麻沙两镇刻书最多。宋元时代书坊多在建宁府附郭的建安县。宋代福建36家书坊中，标明建阳“麻沙”的只有7家，标明建阳“崇化”的只有1家。元代福建27家书坊中，标明“建阳”或“麻沙”、“崇化”的只有5家，其余都在建安。至明代建安书坊逐渐衰落，而建阳书坊独盛[1]。建阳书坊以麻沙、崇化两处最为著名。麻沙书坊在建阳县城西面约30千米的永忠里麻沙街，崇化书坊在麻沙东7千米的崇化里书坊街，现书坊公社所在地。麻沙书坊曾毁于元季，建阳县书坊明弘治十二年（1499年）也因火灾书版荡为灰烬。明嘉靖时麻沙有所恢复，而崇化书坊更盛，“书市在崇化里，比屋皆鬻书籍，天下客商贩者如织。每月以一、六日集”。据统计书坊总数达60家左右，嘉靖二十四年（1545年）福建书坊刻书已达451种[2]，加上嘉靖以后的刻书，总数在千种以上，在全国居于前列。

福建建安版画和福建刻书一样，也有着悠久的历史。北宋嘉祐八年（1063年）建安余氏靖安勤有堂刻《列女传》图（图一），是福建建安版画早期作品的代表作。列女传图是根据汉代刘向所著《列女传》而刻的著名版画，王回序说：“向为汉成帝光禄大夫，当赵后婕妤嬖宠时，奏此书以讽宫中。”可知意在宣扬和赞美从前妇女的美德。晋朝大画家顾恺之曾为刘向列女传作图，今故宫仍保留有宋人摹顾恺之《列女仁智图》。嘉祐本《列女传》分为8篇，123则，插图的形式为上图下文，文图相辅，图亦123幅。这种上图下文的形式留下很长时间的影响，在建安版画中非常流行，甚至被人认为上图下文是建安版画的特征。我们今天所见到的余氏《列女传》版画，多为清代道光时阮福的重刊本，已大失原意，宋刊本书影二页，见于吴兴刘氏《嘉业堂善本书影》卷二，24至25页。

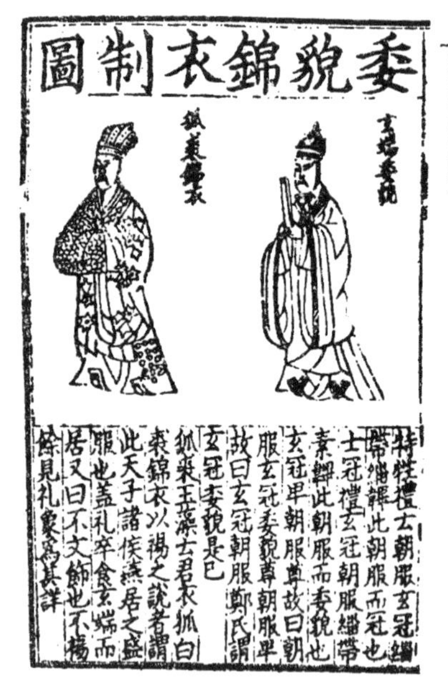

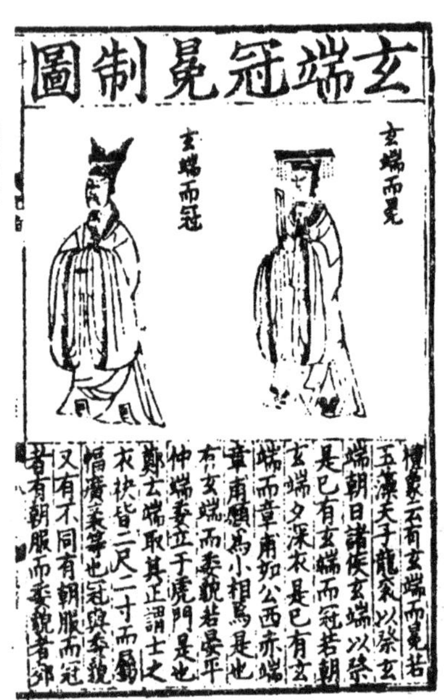

图三　宋刊《礼记》

图四　五百弟子受记品第八扉画

宋刻本《尚书图》（图二），为宋绍熙前后（1190年—1194年）福建书坊所刻，有图77幅，《中图版刻图录》收《尚书》“有虞氏韶乐器之图”一幅，上图下文，上有图题，纵19.6、横12.5厘米。故宫历代艺术馆亦展出有《尚书》图帛之图十二章形象。

《毛诗》、《周礼》、《礼记》、《论语》、《荀子》、老子《道德经》、庄子《南华经》以及扬子《法言》等不下数十种，皆以“纂图互注”为名，大多是福建刻本。宋刊《毛诗》有毛诗图谱5页、四诗传授图1页。宋刊《周礼》有图说27页。宋刊《礼记》（图三）有月令中星图、衣冠制图、器用制图、月令春夏昏星之图等。元翻宋刻本《荀子》，北京图书馆藏，有天子大路图、欹器之图。扬子《法言》南宋刊本有浑仪图、五声十二律图。明翻刻宋本老子《道德经》有老氏圣纪图等。明初刻本庄子《南华经》有太极图。由此可见一斑[3]。

郑振铎《中国版画史图录》收有南宋《妙法莲华经》版画3幅，为序品、药草喻品第五、五百弟子受记品第八扉画（图四），分别题“范刁”、“范生刁”、“建安范生刊”，当为福建刻工所刻版画。

建安虞氏全相平话五种，刊于元季中叶英宗至治年间（1321年—1323年），是现在所见的最早的讲史类话本。原书藏日本内阁文库。其中《三国志》一种，有日本盐谷温影印本及我国涵芬楼翻印本，其他四种，有日本仓石武四郎影印本。1956年文学古籍刊行社将涵芬楼翻印本和仓石武四郎影印本并为一集重印，名曰《全相平话五种》，五册函装。全相平话五种包括：《全相武王伐纣平话》（图五）、《乐毅图齐七国春秋后集》、《全相秦并六国平话》、《全相续前汉书平话》、《新全相三国志平话》。根据以上书名来看，原书似是一部连续性的历史演义性质的“讲史”类话本。《乐毅图齐七国春秋后集》题后集必有前集；《全相续前汉书平话》题续集必有正集。但现在我们能见到的仅存此五种。

《全相平话五种》题“建安虞氏新刊”、“至治新刊”，因此我们知道此书刻于元代英宗至治年间（1321年—1323年），为福建所刻。撰书人不详。刻工题有“樵川吴俊甫刊”、“古囗吴俊甫刊”、“黄叔安刊”。

《全相平话五种》均为上图下文，图占三分之一强，每对页一图，每图各有小标题，图中主要人物也标出人名。《全相平话五种》总计228幅图，是一部宏伟壮观的版画巨作。插图在狭长的画面上，运用概括手法，表现复杂的故事情节，几个人物可以代表千军万马，五六个人物而能表现一场大的战斗。画面以鲜明的人物形象特征以及环境的处理，使故事情节得到明确的表达，图幅极多，而不雷同，生动而有变化。元代人表现历史故事，由于当时的局限性，使其对久远的古代衣冠制度并不十分了解，而是以较近的印象中的宋代为依据，故画中人物多为宋代的衣冠，同时也夹杂着一些元代的东西。因此《全相平话五种》反映了宋元间的各方面的生活，而这种社会生活又是非常丰富多彩有声有色，对于我们了解宋元的生活面貌，也还是一份非常珍贵的历史形象资料。

图五　建安虞氏新刊《全相武王伐纣平话》

《全相平话五种》的图版制作极为精缜，形象简练而鲜明，并善于运用线条的疏密与黑白对比，构图布置稳定而又能变化无穷，图与图之间又具有一定的连续性，文字也刻得比较精美，可以说是继承了唐宋版画的优良传统，而又加以发扬创造，而成为元代版画中的重要代表作品。无论是研究当时的平民文学、研究当时的社会生活、研究出版的历史，还是研究古代版画，《全相平话五种》都称得起是一份十分重要的历史遗产。

图六　建安椿庄书院刻《事林广记》之玩双陆图

《事林广记》是元代一部民间日用百科全书型的类书，为南宋末年陈元靓所编。宋代的原本已经无存了，元明刊本多是经过增广或删改的。1963年中华书局曾用元至顺间（1330年—1333年）福建建安椿庄书院刻本《新编纂图增类群书类要事林广记》影印成册，此本共装订成6册，计前集13卷，后集13卷，续集8卷，别集8卷。题“西颖陈元靓编”，为椿庄书院刻本。据这个本子后集卷二纪年类“历代纪年”内称“今上皇帝天历至顺万万年”知其为元代至顺间所增补，刊刻年代也应在至顺间。

《事林广记》前集有天文、历候、节序、地舆、郡邑、方国、胜迹、仙境、人纪、人事、家礼、仪礼、农桑、花果、竹木等类。后集有帝系、纪年、历代、圣贤、先贤、宫室、学校、文籍、辞章、儒教、幼学、文房、服饰、闺妆、器用、音乐、音谱、武艺等类。续集有道教、禅教、文艺等类。别集有宫制、刑法、公理、货宝、算法、茶果、酒麴等类。其内容所包罗的方面，是极其广泛的。

类书附载形象性的插图，《事林广记》是一个创举。它的插图极为繁夥，而且形式多样，版式活泼。有谱表，有地图，也有很多形象与动作的人物插图，这无疑会大大地扩大它的读者，使其更具有通俗性及普及性。例如：仪礼类有大茶饭仪图，画两位贵官分左右坐交椅，侍者正在跪地献酒果，堂下有手捧乐器的乐队在演奏，堂上有屏风，堂下有长案，堂上左右各立有走动着的黑狗与白狗。表现了当时蒙古族的生活面貌，是研究元人风俗习惯的重要资料。农桑类有耕获图、蚕织图等，是继宋代楼竹耕织图之后的早期耕织图作品。先贤类有周濂溪、程伊川、张横渠、邵康节、司马光、朱熹等全身像，开木刻版画人像之先河。武艺类有弓箭式、步射总法、马射总法等，表现了蒙古族武士的勇悍形象。文艺类有玩双陆图（图六），画两位蒙古族贵官对坐于床榻上而一足垂地正在作双陆之戏，床后立侍者二人，一人捧仗，一人左手举主人之四方瓦楞帽，床旁陈一几，上杂陈酒茗杯箸，人物背后有画着牡丹孔雀的屏风作衬景，一只黑狗正由屏风后面转出，增加了生活的情趣。整个画面极为洗练，能抓住要点，笔墨不多，但蒙古族的形象特征跃然纸上，神态与个性活灵活现，很有元代蒙古贵族的生活气氛。圆社摸场图以踢毬为中心，有板、鼓、笛组成的唱赚表演，并有驾鹰、持弩、戏鸟等情节，服饰也具有元代蒙古族的鲜明特征，是重要的历史形象资料。

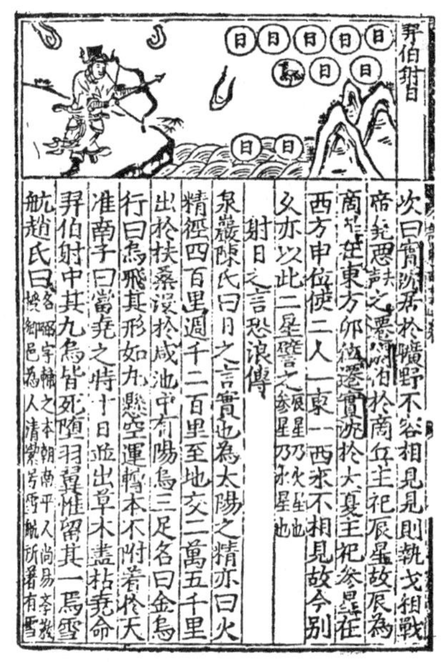

图七　詹易斋西清堂《新刊诸家选极五宝训解启蒙故事》

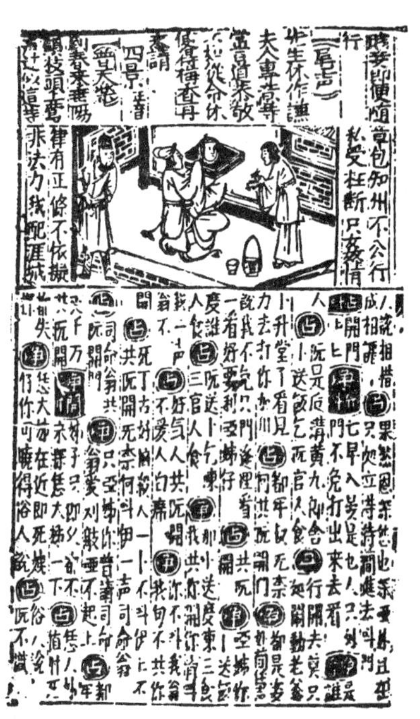
图八　余新安刊《荔镜记》

《事林广记》的作者陈元靓是宋宁宗、理宗时福建崇安五夫里人，无功名仕历，隐居著书。其居所与崇安、麻沙相距甚近，刻书颇为方便。他的著作还有《博闻录》、《岁时广记》。《事林广记》成书于宋而决不入元代，有的著述题“元陈元靓”是不确切的。

《事林广记》为民间类书，切于日用，流传甚广，翻刻频繁。除元至顺间建安椿庄书院刻本外，尚有北京图书馆藏后至元六年本、明永乐十六年、明成化十四年等刻本，多为福建所刻。而其中以椿庄书院本为最好，内容完整，较少错误，资料丰富，插图详明。原书旧藏故宫博物院，古物南迁后，被运往台湾。中华书局影印本是抗日战争以前商务印书馆拍摄原书的底版，因保存数十年后才付印，故多有模糊缺损之处。

在《事林广记》的影响下，明清两代类书附有插图的如：明官修的《永乐大典》、明章潢辑的《图书编》、明王圻辑的《三才图会》、清官修的《古今图书集成》等。

《新编连相搜神广记》刻书于至正间（约 1350 年），为福建建安派版画，把儒、道、释列为三教，首画孔子、老子、释迦牟尼三尊，并把各教的尊者都包罗在书中。插图甚富，虽有草率之感，但仍精简生动。明代翻刻本称《三教源流搜神大全》。

入明以后，洪武初年福建坊刻本版画有《道学源流》、《全相二十四孝诗选》。在此之后，则建安派版画不算突出，直至正德六年（1511 年）建安杨氏清江堂刻《新增补相剪灯新话大全》以后，建安派版画才重新抬头。

明嘉靖时期（1522 年—1566 年）建安版画有嘉靖元年建宁书林刘辉刊《诗经大全》20 卷图 1 卷，原书藏浙江省图书馆；嘉靖二十七年（1548 年）建阳书林郑世豪宗文书堂亦刊有《诗经大全》有图 1 卷。嘉靖三十年（1551 年）麻沙书林蔡氏道义堂刊《类编历法剋择通书大全》。嘉靖三十一年（1552 年）年建阳书林杨先春清白堂《新刊大宋演义中兴英烈传》，图像共 14 页，首页为岳王像，颇古雅秀劲，有日本内阁文库藏本。傅惜华《中国古典文学版画选集》收嘉靖建安版画两种：一为詹易斋西清堂《新刊诸家选极五宝训解启蒙故事》（图七）书内插图，上图下文，有羿伯射日、何逊吟梅、日休庙碑等图，原书为马隅卿所藏；另为嘉靖四十五年（1566 年）余新安刊南戏《重刊五色湖插科增入诗词北曲勾栏荔镜记》（图八）55 出，书内插图，单面方式、文中附图式。郑振铎《中国版画史图录》收嘉靖建安版画三种：闽人郑熜刊《茶经》附有全页之茶具图，如汤提点、金法曹、漆雕秘阁等，世不多见；嘉靖二十一年（1542 年）熊大木刊《日记故事》曾编入《中国古代版画丛刊》，上图下文，是典型的闽刻童蒙读物；约刊于公元 1560 年的《孔门儒教列传》，上图下文，左右为题，如齐人妇鲁女乐、闵子劝父留母、在陈绝粮讲诵弦歌、孔子辩齐商羊等。所叙自孔子至蔡元定，似出于元本。郑氏《图录》另收《文公家礼仪节》图 4 幅，题为隆、庆间刊。

建阳书林余氏是赫赫有名的刻书世家，宋元、明清世代相传，刻书达 400 年之久，所刻图书也最为精美。宋元著名的有余仁仲万卷堂、余志安勤有堂。据肖东发的初步调查统计[4]，余氏宋元明刻书达 195 种。余氏刻书，明初稍衰，至万历时又大盛，直到清康熙间仍有版画图书可见。清代同治刻本《书林余氏宗谱》及各种版本的《建宁府志》、《建阳县志》，可资借鉴查考。

图九　萃庆堂刊本《大备对宗》

明万历时期余氏刻版画图书最多的首推双峰堂。郑振铎认为“所谓双峰堂指的是兄弟二人，一名余象乌，字仰止；一名余象斗，字文台，均是双峰堂书铺的主人们”[5]。《新刊京本春秋五霸七雄全像列国志传》，万历三十四年（1606 年）刊，余邵鱼编，“书林文台余象斗评梓”，每卷第一页为大图半叶，余皆上评中图下文，北京图书馆、北京大学、上海图书馆、大连图书馆均有收藏。《新刊校正演义全像三国志传评林》，万历二十年（1592 年）刊，罗贯中原编，余象乌评，余象斗梓，上评中图下文，不列颠博物馆、牛津大学、日本早稻田大学均藏残本。《京本增补校正全像忠义水浒志传评林》25 卷，万历二十二年（1594 年）刊，罗贯中原编，余仰止评校，余象斗补梓，亦为双峰堂余氏刻本，上评中图下文，图左右为题，如洪教师林冲比杖棒、武松上岭打死大虫、李逵杀死四虎、宋江夜战祝家庄等，为较早的《水浒传》插图本，天一阁、南京图书馆、日本内阁文库等均收藏。《新刊皇明诸司廉明奇判公案》4 卷，题“建邑书林余氏双峰堂梓”，亦上图下文，北京图书馆藏本。《刻按鉴通俗演义列国前编十二朝》4 卷，题“三台山人仰止余象斗编集”、“闽双峰堂西一三台馆梓行”，亦上图下文。《新刻芸窗汇爽万锦情林》6 卷，为传奇及小说丛编，文分上下两层，扉页及书内插图，署“三台馆山人仰止余象斗纂、书林双峰堂文台余氏梓”，东京帝大研究所有藏本。《鼎锓崇文阁汇纂士民捷用分类学府全编》35 卷，万历三十五年（1607 年）余文台刻本，每卷冠图，单面方式，书内插图，文中附图式，傅惜华原藏。《全像北游记玄帝出身传》卷内书题“三台山人仰止余象斗编、建邑书林余氏双峰堂梓”，卷末牌记“壬寅岁季春月书林熊仰台梓”，亦上图下文；《全像华光天王南游志传》题“三台馆山人仰止余象斗编”，但又题“书林昌远堂李氏梓”，非似余氏原刊本而为重印或复刻本，上图下文。以上二种藏伦敦。《新刊八仙出处东游记》2 卷，题“书林余文台梓”，亦上图下文，后坊间仿刻本多奇劣，日本内阁文库藏。《全相观音出身南游记传》余氏刊本无存，有刘次泉刻本，似与双峰堂有关。

因余象斗自称三台山人，故一般认为三台馆梓行亦为余象斗所刊。《全像按鉴演义南北两宋志传》20卷，题“潭阳书林三台馆梓行”，上图下文，日本内阁文库藏本。《新刊按鉴演义全像大宋中兴岳王传》8卷，熊大木撰，题“潭阳书林三台馆梓行”，上图下文，有日本内阁文库藏本。《新刻按鉴演义全像唐国志传》8卷，亦题“潭阳书林三台馆梓行”，上图下文，有日本宫内省图书寮藏本。《新刻皇明开运辑略武功名世英烈传》6卷，题“书林余君召梓行”，图嵌正文中，亦为三台馆刊本，日本内阁文库及成篑堂有藏本。

除了双峰堂、三台馆外，还有余氏萃庆堂、存庆堂、克勤斋、书林余仙源、余文龙、余光斗、余元素、余季岳等刻本。《大备对宗》（图九）20卷，是一本联语汇选集，万历二十八年（1600年）建阳书林余德彰（泗泉）萃庆堂刊本，卷首冠图，单面方式，上为标目，图左右为联语，多历史故事，如龙马负灵图、唐王游月宫、四皓隐商山、苏武牧羊等，为全幅大图。《锲唐代吕纯阳得道飞剑记》2卷，题“闽书林萃庆堂余氏梓”，图嵌文中，万历刊，有日本内阁文库藏本。《锲五代萨真人得道咒枣记》亦为万历余氏萃庆堂刊本，图嵌正文中，有日本内阁文库藏本。《新镌晋代许旌阳得道擒蛟铁树记》2卷，万历三十一年（1603年）萃庆堂刊本，插图，北京图书馆及日本内阁文库有藏本。《新刻全像牛郎织女传》题“书林仙源余成章梓”，万历刊本，上图下文，周越然原藏，另有日本文求堂田中庆太郎藏本。《新绣精采天下便用博闻胜览考实全书》36卷，万历三十九年（1611年）余氏存庆堂刊，有图，北京大学藏。《大魁书经集注》（图一〇）万历十六年（1588年）建阳书林余明台克勤斋刊，全幅大图，上为图题，如“秦穆用贤兴霸”，有西谛藏本。《孔子家语图》版本多至十数种，亦有余碧泉克勤斋万历十四年刊本。《大明天元玉厝祥异图说》7卷，万历四十七年（1619年）古田人余文龙校刊，上图下文，原中法汉学研究所藏本。《新刻按鉴编集二十四帝通俗演义全汉志传》14卷，清宝华楼复刻明三台馆本，上图下文，北京大学藏本。《叶太史参补古今大方诗经大全》15卷，另有图1卷，万历三十三年（1605年）余氏同刊，北大、清华、北京师范大学、上海图书馆均有藏本。《新刊京本全像插增田虎王庆忠义水浒全传》上图下文，为郑振铎在巴黎国家图书馆所见，郑氏审定亦为余氏刻本[6]。明袁黄撰《了凡杂著劝农书》，万历间（约1590年）刊，也是建阳余氏所刻。

图一〇　克勤斋刊《大魁书经集注》

图一一　乔山堂刊《新镌考正绘图注释古文大全》

万历时期除了余氏以外还有熊氏、刘氏、杨氏所刊图书版画。

熊氏所刊版画有《登云四书集注》19卷，万历间建阳书林熊宗立种德堂刊，每卷冠图，单面方式，全版大图，风格近安徽新安派，西谛与傅惜华均收藏。《新锲京本校正按鉴演义全传三国志传》，“东原贯中罗本编次，书林冲宇熊成冶梓行”，汤宾尹校，此书甚罕见，栏外上方有八字图题，如“灵帝登位，青蛇绕殿”，上栏为图，图宽约占版匡高度的四分之一，图左右两侧各让出一行。又有《新刊翰苑广记补订四民捷用便用学海群玉》26卷，明武纬子辑，郑振铎《中国古代木刻画选集》收图一幅，亦为建阳书林冲宇熊成冶种德堂所刊。《新刊出像天妃济生出身传》2卷，万历间潭邑书林熊龙峰刻本，书内插图，上图下文，连环画式。《孔淑芳双鱼扇坠传》亦为熊龙峰刊行，见日本内阁文库藏熊龙峰刊小说四种。《新刻京本补遗通俗演义三国全传》20卷，万历二十四年（1596年）刊，题“书林诚德堂熊清波锲行”，有插图，北京图书馆藏。《列仙降凡传》万历二十三年（1595年）熊氏宏远堂梓行，插图也是大幅的，古朴类金陵派初期之作，收于郑氏《图录》。

刘氏所刊版画，首推刘龙田乔山堂。《新镌考正绘图注释古文大全》，万历元年（1573）刘龙田乔山堂刊，全书10卷，每卷附一整幅图，作风已渐趋于工致精丽。在这之后不久，刘氏又刻元杂剧《重刻元本题评音释西厢记》（图一一），书凡2卷20出，插图20幅，上有图题，两旁有联句，整幅大版，并附有莺红对弈、园林午梦、西湖景、钱塘梦各1图。刘氏一改过去上图下文的旧版式，大胆革新为整幅版插图，阳刻阴刻并用，加大人物，以人物为画面的主体。后来金陵派版画多采取这个形式。刘龙田另刻有《新锲台阁清讹补注孔子家语》5卷、《新锲全像大字通俗演义三国志传》，仍为上图下文。

图一二　叶志元刊本《新刻宗版青阳时调词林一枝》

《鼎镌国朝名公神断详刑公案》8卷，题“南闽潭邑艺林刘氏太华刊行”，上图下文，大连图书馆藏。《唐三藏西游释厄传》10卷，题“羊城冲怀朱鼎臣编辑，书林莲台刘求茂绣梓”，上图下文，图尚生动。

杨氏清江书堂从明宣德六年（1431年）到嘉靖三十二年（1553年），共有122年的历史，正德六年（1511年）时刊有《剪灯新话》。清江书堂之后，又有清白堂杨闽斋、杨居寀、杨美生等。《新刻全相二十四尊得道罗汉传》题“万历甲辰冬书林杨氏梓”、“书林清白堂梓”，上图下文，为万历三十二年（1604年）建阳书林杨氏清白堂刊，日本内阁文库藏。《京本通俗演义按鉴全汉志传》明万历十六年（1588年）刊，《东汉志传》末有木记“清白堂杨氏梓行”，上图下文，日本蓬左文库藏。《鼎镌京本全像西游记》上图下文，题“闽书林杨闽斋梓”、“清白堂杨闽斋梓”，刻于癸卯，似应为万历三十一年（1603年），日本内阁文库藏本。《重刻京本通俗演义按鉴三国志传》，上图下文，题“万历庚戌岁孟秋月闽建书林杨闽斋梓”，为万历三十八年（1610年）刊本，日本内阁文库藏。《红梨花记》2卷，双面合页连式，建阳书林杨居寀刊，傅惜华《中国古典文学版画选集》题万历间刊，北京图书馆善本书目题崇祯刊。《新刻按鉴演义全像三国英雄志传》明闽书林杨美生刊本，上图下文，存清嘉庆间翻刻本。《对音捷要琴谱》刊于万历元年（1573年），上图下文各占一半，有杨表正序，亦为杨氏所刊。

图一三　黄辉宇刻本《新刻施会元纂士民捷用一雁横秋》

万历时期除了建阳余氏、熊氏、刘氏、杨氏所刊版画外，建阳还有郑氏、叶氏、黄氏、陈氏、江氏、金氏、周氏等所刊版画。

郑氏所刊版画有《新镌校正京本大字音释圈点三国志演义》，题“闽瑞我郑以桢绣梓”，有图，商务印书馆藏。《京本音释注解书言故事大全》万历十九年（1591年）郑云竹（世豪）宗文书堂刊本[7]，西谛、北京图书馆及浙江省图书馆藏。《新镌京本校正通俗演义按鉴三国志》题“万历乙巳岁孟秋月闽建书林郑少桓梓”，“书林少桓联辉堂梓行”，为万历三十三年（1605年）所刊，上图下文，日本内阁文库、蓬左文库、尊经阁、成篑堂等藏。

叶氏所刊版画有《新刻京版青阳时调词林一枝》（图一二），为戏曲选集，万历间福建书林叶志元刊本，版式三栏，上下为传奇，中为散曲小曲，整幅版插图，《中国古典文学版画选集》收扉页、金貂记敬德装疯、调弓记李巡打扇三幅。

图一四　万历建安中箱本《赛征歌集》

图一五　美国国会图书馆藏《四种传奇》

黄氏所刊版画有《新刻施会元汇纂士民捷用一雁横秋》（图一三），为尺牍作法及书信选集书。万历三十九年（1611年）福建书肆黄辉宇（一作耀宇）刻本，4卷，每卷卷首冠图，整幅版画，单面方式，《中国古典文学版画选集》收寄梅一幅。《新刊徽郡原板绘像注释魁字登云日记故事》2卷，上图下文，为黄正选所刊，西谛藏书。《新刊徽郡原板校正绘图注释魁字登云三注故事》4卷，上图下文，为黄正达所刊。

陈氏所刊版画有《李九我先生批评破窑记》2卷4册，明万历书林陈含初刊本，插图出自建安木刻家之手，刻得很工细，颇像徽派，但也仍保留着福建的地方色彩。

江氏所刊版画有《唐诗鼓吹》10卷，为唐诗选集类书籍，万历间福建书肆三槐江子升刻本。书内插图，上图下文，图甚狭小。《中国古典文学版画选集》收江南道中、织女怀牵牛、齐安郡晚秋、罗敷采桑、灞陵道中、题杨柳诸图。

金氏所刊版画有《新调万曲长春》，是一种戏文唱词选本，万历中闽建书林拱唐金氏绣梓。三栏，上下为曲文，中为汇选江湖方言语，插图也还精致。书前扉页有一方朱文印记“每部售价银一钱二分”，读者约为文化不高的市井小民。

周氏所刊版画有《新锲便览二十四孝日记故事》1卷、《新锲徽郡原板校正绘画注释魁字便蒙日记故事》4卷，上图下文，文内插图，题“万历甲寅孟秋四有堂周氏静吾绣梓”，为万历四十三年（1614年）建阳书林四有堂周静吾刻本。

还有一些出书较少或未弄清出版家的万历时期建安派版画。《八能奏锦》封面扉页题“蔡正河梓”，卷尾木记“皇明万历新岁爱日堂蔡正河梓行”，为万历元年（1573年）刊本。《风鉴原理》约为万历八年（1580年）所刻，全名为《锲王氏秘传知人风鉴源理相法全书》，表现人物的种种面貌，为大幅的木刻插图，较夷门广牍本天形道貌中的人物图，更合于画理。《玉谷调簧》题“书林廷礼梓行”，卷尾木记题“万历庚戌年孟秋月刊行”，为万历三十八年（1610年）所刻。《太古正音琴谱》为万历三十九年（1611年）刊本，书内插图，单面方式或合页连式，为琴谱中之珍本，傅借华藏。《武夷志略》是福建名山武夷山的山志书，带有版画的山水志书，这算是较早而又有名的作品，为万历四十七年（1619年）福建崇安孙世昌刻本，摹宋高文举画，书内插图，单面或合页连成。郑振铎、傅惜华、南京图书馆、南京大学均有藏本。《赛征歌集》（图一四）为戏曲选集书，收有《琵琶记》、《幽闺记》等，为万历建安版巾箱本图书，书内插图，单面方式全幅版插图。《南宋志传》熊大木撰，南城书林翁少麓刻本，卷首冠图，单面方式。《古先君臣图鉴》，现藏日本，长泽规矩也《明清插图本图录》收元世祖图一幅，并著录此书有自太古至元，君图41幅，臣图100幅，亦为万历时福建刻本。《书言华句》亦为建安版全幅大图。

《图书编》是一部规模巨大的类书，共127卷，为福建古田人后至南昌做官的章潢（本清）所编，有经义、象纬历算、地理、人道诸篇，“取左图右书之意，凡诸书有图可考者皆汇辑而为之说”，可见插图很多。书成于万历五年（1577年），至万历十五年书出，原名《论世编》，后改名为《图书编》。后又增补，于章潢死后四年的万历四十年（1612年）由他的门人郃武知府新建人万尚烈刊行。四库馆臣认为章潢《图书编》“引据古今，评赅本末”，学术价值高于王圻的《三才图会》。万尚烈本为南京大学所藏。另有万历四十一年南昌涂宗濬刊本为南京图书馆所藏；天启四年建阳书林忠武堂刊本为中国历史博物馆所藏。

到了天启、崇祯时期，建安派版画比万历时期则大为减少了，可能是由于局势的变化，书的销路存在问题，特别是自崇祯后，南明与清割据，福建刻书就更受到影响。

天启时期的建安版画有：《新刊京本按鉴考订通俗演义全像三国志传》，天启间福建芝城潭邑黄正甫刊本，上图下文，图上有横标题，北京图书馆藏。《新刻一札三奇》8卷，是一部尺牍书，邓志谟编，每卷冠图，单面方式，天启间建阳书林爱庆堂刊本，傅惜华藏。《茶酒争奇》、《山水争奇》、《雪梅争奇》各3卷，邓志谟编，天启间建阳书林杨先春清白堂刊本，书内插图，单面方式或合页连式，北京图书馆藏。另有美国国会图书馆藏《四种传奇》，包括《花鸟传奇》、《童婉争奇》、《风月争奇》、《蔬果争奇》（图一五）各3卷，亦为邓志谟撰。《历代史略词话》2卷，明杨慎撰，天启刊本，现藏日本，郑振铎《中国古代木刻画选集》定为福建刻本。

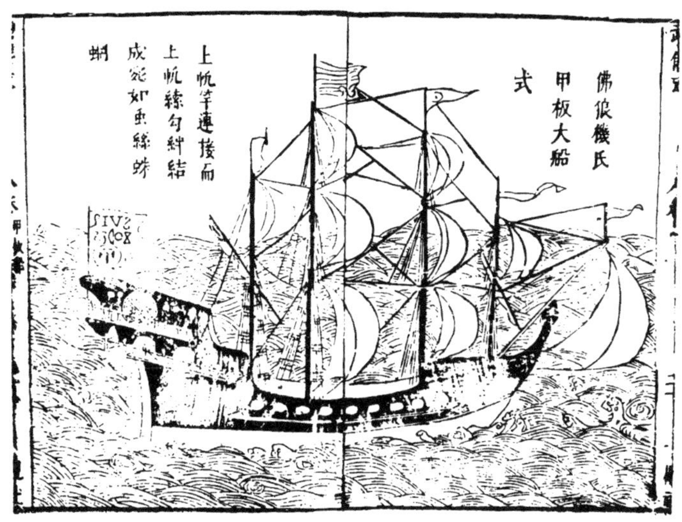

图一六　王介爵刊本《经国雄略》

崇祯时期的建安派版画有：《刻精选百家珠玑联》6卷，为联语书，崇祯元年（1628年）刻本，每卷冠图，傅惜华藏。《五刻理气纂要详辩三台便览通书正宗》2卷，为占卜书，崇祯十年（1637年）刻本，每卷冠图，单面方式，北京图书馆、四川省图书馆藏。《按鉴演义帝王御世盘古至唐虞传》2卷、《按鉴演义帝王御世有夏志传》4卷，均为崇祯间福建书林余季岳刊，上图下文，连环画式，均为日本内阁文库藏本，曾收于《中国古典文学版画选集》。《新刻全像水浒传》25卷，150回，崇祯中广东富沙刘兴我刊本，日本长泽规矩也《明清插图本图录》图版三二收1图。郑振铎《中国古代木刻画选集》第五册还收有崇祯间（约1640年）刻本《评林西汉志传》、《全像三国志传》、《新镌全像东西两晋演义志传》及《英雄谱》各1图。另有穆氏编辑《关帝历代显圣志传》，上图下文，亦为崇祯时期福建所刻。《兵录》14卷，广东都督佥事何汝宾撰，有万历三十四年（1606）自序，题“崇祯元年……重订于粤之正气堂”，为广东刻本，插图甚富，是书半采《武经总要》，半采明代新材料，是研究军事史、兵器史及火器的重要材料，北京图书馆藏书。《经国雄略》（图一六）48卷，明郑大郁撰，郑芝龙等鉴定，南明弘光（1644年—1645年）年间潭阳县人王介爵刊本。书分天经、畿甸、省藩、河防、海防、江防、赋徭、赋税、屯收、边塞、四夷、奇门、武备诸考。郑成功收复台湾的事迹为人们所熟知，郑芝龙是郑成功的父亲，故此书是研究郑成功时军事活动的重要参考书。原书为美国国会图书馆所藏，郑振铎藏有不全本，《中国版画史图录》收刀剑、鸟铳、沙船、叭吓唬船、法国甲板船、枪牌各式诸图。

清代福建建安派版画，所见不多，但仍有些重要的作品。小说及戏曲版画已寥寥无几了，顺治间（1644年—1661年）古潭书肆广平堂刻本《昆弋雅调》四集，为戏曲选集，仅卷首目录冠图，上栏目录，下栏图画，受苏杭月光版影响，图亦圆式。另有顺治间永庆堂余郁生刻本《梁武帝传》，单面方式，全幅大图，但也已接近尾声。以上两种，傅惜华《中国古典文学版画选集》均收有图。至康熙时，则有《闽颂汇编》及《中山传信录》两部重要作品问世，它们都以描写现实，而显得有血有肉，富于生气。《闽颂汇编》记录施琅等攻下台湾郑氏的事迹，是纪功之作，大约出于闽中文人之手。书刊于康熙二十三年（1684年），卷前有《平海图》16幅、《展界图》8幅，皆写实之作，场面开阔。郑振铎《中国版画史图录》及《中国古代木刻画选集》均收有图，《西谛书目》亦有著录。《中山传信录》6卷，徐葆光撰，《四库全书总目》著录称“康熙五十七年，册封琉球国世子尚贞为国王，以葆光为副使，归时奏上是书。绘图列说，纪述颇详”。书刊于康熙六十年（1721年），有《封舟图》，绘其往来于台湾之间时所乘的船只形象，另有《中山王图》、《王府秋宴图》、《重阳宴图》、《女集图》等，是研究清初台湾问题的重要史料。中国历史博物馆、南京图书馆、西谛均有藏书。乾隆时期有：乾隆二十四年（1759年）漱润堂刊周煌《琉球国志略》、乾隆二十九年（1764年）琉球官学教习潘相辑刊《琉球入学见闻志》，均有木刻版画插图。乾隆二十五年（1760年）所刊《台湾府志》，有台湾胜景诸图，如鹿耳春潮、鸡笼积雪、沙混渔火等，更是重要的历史资料。

综上所述，福建建安派版画可以概括为以下几点。

（一）福建建安派版画数量很大，仅这里举出的就有百余种。而且题材又是非常广泛的，既有宗教版画也有实用性版画和艺术性版画，包括经史图书、平话小说、讲史小说、传奇杂剧、戏文唱词、文学诗集、联语尺牍、佛经占卜、方志类书、军事海防等，简直是无所不包。这些图书发行于全国各地，外地也翻刻福建的刻书，同时福建刻书也流通于海外，今天日本藏有这么多的建安明版小说就是证明。

（二）建安派版画的形式也是多种多样的。上图下文固然是建安派版画的早期形式，也是最常用的形式，但上图下文绝不是建安派版画的唯一形式，有卷首冠图也有书内插图，有上图下文，也有全幅大图，有单面方式，也有合页连式，也有的全幅大图与上图下文并用。嘉靖刊《茶经》即开始有全页之图，万历初年刘龙田刻《古文大全》、《西厢记》，初改人物版画上图下文为全幅大图，打开了局面，之后的《风鉴原理》、《书经集注》、《列仙降凡》、《大备对宗》、《文公家礼》、《一雁横秋》、《太古正音》、《武夷志略》、《四书集注》、《词林一枝》、《赛征歌集》、《南宋志传》、《书言华句》、《史略词话》、《图书编》、《一扎三奇》、《七种争奇》、《通书正宗》、《经国雄略》均为全幅大图。这是与金陵派版画、新安派版画相互交流、相互学习与相互竞争的结果。书名中标上“京板”或“京本”，就是从北京或南京的版翻刻的，标上“徽郡原板”就是从安徽版翻刻的。其中还有的很明显地近于金陵派或新安派。

（三）过去给人们的印象似乎是建安派版画比较粗率，但这仅只是它的一个方面，建安版画所以能长期不衰，一方面靠数量多，价钱便宜，出版迅速；但另一方面也要靠质量的提高去和其他各派竞争。因此建安派版画也有不少非常精彩的作品，同样是刻得非常精致工丽或生动可爱的，特别是在后期。《中国古今地名大辞典》及《辞海》麻沙镇条都说麻沙书坊用榕树刻版，当地的人曾经指出可能辞条撰写者对当地的情况并不了解，所以所述是不合于实际的[8]。因为建安、建阳都在闽北，而闽北并不产榕树，但那里的梨木很多，又木质柔软，适于雕刻精致的图版。福建版画家，刻工以及印刷工人虽然没有留下姓名，但他们都为版画事业做出过不可磨灭的贡献。

（四）用简单的几个字来概括一派版画的特点是不容易的，但它的风格总是和当地的自然环境、风景山水、生活习惯、风土人情、历史特点等多方面的情况相联系的。但我仍愿用“古朴自然”来概括建安派版画的风格特点。古朴是指它有古老的传统，从宋元到明清，哪一派也不如它的历史悠久；同时它又是质朴的，它并不喜欢过多的修饰，或人为地去美化去装饰去加工。建安派版画，大多是刻工自画自刻，较少有文人画家的参加。“朴实无华，微妙自然”似乎可以概括建安派版画的风格特点。

另外需要说明的是刻工刘素明，过去一般都认为刘是建安的刻工，但刘素明的版画作品大多刻于杭州一带，如《六合同春》、《唐诗画谱》、《丹桂记》、《警世通言》、《古今小说》、《李评三国志》、《新编孔夫子周游列国大成麒麟记》、《朱墨本西厢记》、《禅真逸史》等。故郑振铎先生在他的晚年写《中国古木刻画史略》时说：刘素明“他是武林人，是杭州本地的木刻画家唯一传下显赫的姓氏来的人”。我认为这是有道理的。当然，这一点还可以进一步研究讨论。

注释：

[1] 张秀民：《明代印书最多的建宁书坊》,《文物》1979年第6期。

[2] a.嘉靖《建阳县志》卷三、卷五，上海古籍书店，1962年；b.张秀民《明代南京的印书》注[14],《文物》1980年第11期。

[3] 傅增湘：《藏园群书经眼录》，中华书局，1980年。

[4] 肖东发：《建阳余氏刻本知见录》,《福建省图书馆学会通讯》1983年第2期。

[5] 郑振铎：《中国古木刻画史略》选刊五《光芒万丈的万历时代》,《版画世界》1984年第7期。

[6] 孙楷第：《日本东京所见小说书目》卷五“明清部四讲史类水浒传”条，人民文学出版社，1981年，第99页。

[7] 杜信孚：《明代版刻综录》卷六15划092“郑云竹”条书言故事定为万历三十六年所刊，广陵古籍刻印社，1983年。

[8] 许道和：《麻沙本雕版印刷书话》,《福建省图书馆学会通讯》1983年第1期。

（原文刊于《中国历史博物馆馆刊》1986年总第8期）

关键是保护即将消失的非物质文化遗产

宋兆麟

我国启动非物质文化遗产保护已经6年多了，在评选名录、公布文化传承人、认定文化试验保护区上都取得了卓越成就，在国内外都有好的反响，这是有目共睹的。

应该说论坛就是总结经验教训，发表不同意见，提出建设性的看法，目的是把非物质文化遗产保护做得更好。事实上，怎么进行非物质文化遗产保护，并没有现成的经验，是摸着石头过河，经常总结经验教训，集思广益不断改进，使非物质文化遗产保护更上一层楼，论坛就是生动的平台。

一　对以往成就的回顾

6年来，中国在非物质文化保护工作上做了大量工作，归纳起来有5件事：

（一）进行科学普及，摸清了“家底”

中国有多少非物质文化？起初是不明确的。因此，最初的任务是进行科学普查，摸清家底，这是从事非物质文化保护的前提。这项工作是请各省同时进行的，主要了解每个省市有多少非物质文化；有几种类型（已经消失、面临消失、尚有旺盛生命力）；存在什么问题等。经过5年努力，基本完成。但是由于缺乏经验，又缺乏对普查的具体要求，目前还看不见具体成果，各省市发展也不平衡，不过基本摸清了家底。

（二）进行了“三评选”

在摸好家底的基础上，主要做了“三评选”工作，具体为三项：

1. 评选四级非物质文化保护名录，即分县、市、省、国家四级，其中国家级名录已评选两次，共1028项，发证书，拨一定款项加以保护。

2. 评选文化传承人，因为非物质文化是活态，有专人继承，两次已评出1488人，不过非物质文化传承有两种，一种由专人传承，如表演艺术、特殊工艺；另一种由社会或集体传承，不一定有专人传承。

3. 文化生态保护区，指对一定地区的非物质文化生态保护，原来较大，又没经验，称“文化生态试验区”，如原来的闽南、徽州、湘西和青海湟南地区。后来小型化。

（三）制定《非物质文化保护法》

我国历史文化遗产很丰富，历史久远。建国以后我国有《文物法》，现在正在制定《非物质文化保护法》，已讨论多次，不久可以问世。

（四）举办历史文化遗产日活动

这是文化部与国家文物局共办的。在这一天，除了召开有关专家座谈会外，主要是在各省市及中央举行各种演出、展出等活动，效果突出，有力宣传了非物质文化保护的重要性。我们把每年6月份的第一周的周末定为“历史文化遗产日”。

（五）举办各种非物质文化论坛

如北京、苏州、承德等地都举办了，从理论上探讨了非物质文化保护等问题，指导了工作，基本是成功的。但不少与会者来自高校、科研单位，有些观点脱离实际，如提出“抢救无形文物”、“甲骨文应列入非物质文化”等，各有评说。

从目前看，问题还是有的，主要是名录、传承人数量较多；有些地方重申请轻保护；有些地方把专家委员会看成为咨询机构而非决策机构，欠妥；有些地方过分开发，等等。这些问题应引起我们的注意并加以认真对待研究。

二　不可忽视的问题

在充分肯定成就的同时，我们应该冷静地想一想，我们的工作有什么不足？我认为还是有的，即在非物质文化遗产保护中，还存在一些缺失：

第一，能评上非物质文化名录、文化传承人和列入文化生态保护试验区的是少数，而大部分非物质文化未被列入。前者是可以传承的，是有活力的，列为名录、传承人是必要的，有积极的意义；后者数量大，基本上是难以传承的，正面临着消失的状态，但是却有一定的历史、艺术和科学价值，如票号、文面、文身、马帮、锔匠，等等，往往处于非物质文化名录之外，没有成为保护的内容。

第二，民族语言文字本来是非物质文化遗产的内容之一，但除水书外，其他民族文字没被列入保护范围之内，比较公认的有藏文、蒙古文、满文、傣文、维文、哈萨克族文，比较罕见的有东巴文、摩梭文、耳苏文、纳木依文、普米文、女书等，它们多数是象形文字系统，与氐羌后裔民族有关，是中国汉字传统范围，几千年至今未断。说明上述民族文字很重要，该不该保护？有的人认为这些文字“比较难，等等看”。非物质文化基本处于濒危状态，绝不是“等等看”的问题，客观现实是不等人的，你要等5年，社会已飞过10年。5年前对东巴教还可以记录，因为老东巴还在，现在老东巴已驾鹤西去，今天你只能记录变态的东巴教了，这是严重的教训。

第三，我国民间信仰极其丰富，为世界各国之最。如汉族的风水、石敢当、民间神祇、各民族的巫师、北方的萨满及其宗教活动。一提及这些民间信仰，就涉及“宗教迷信”，不是不闻不问，就是敬而远之。在这种情况下，当然没有纳入保护范围，缺乏科学的保护措施，但是民间文化总是与民间信仰交结在一起的。前面所说的民族文字，多数为巫师所掌握，畲族的“祖图”是杰出的民族文物，至于汉族家庭供奉的祖先影像也是家庭瑰宝，现在却当废品推向旧货市场，老的卖光了，有人就绘赝品。去年成都博物院一次就购买11000张庙画，我们也可以效仿之。

以上所举三例，是我们进行非物质文化遗产保护的不足，应该很好解决。

三　即将消失的非物质文化的价值

我们要保护即将消失的非物质文化，是否是把腐朽当神奇呢？否。我们所说的即将消失的非物质文化是有重大价值的。

（一）历史价值

在建国前后，我国保留了不同社会形态的历史遗迹，如泸沽湖的母系家庭和走婚、独龙河流域的父系家族公社、凉山的奴隶制、藏族的农奴制，等等。有些有经历的人还在，记忆犹存，可否编一个口述史？这对研究社会发展史很有价值，如果不管不顾，他们就带走了。闯关东、走西口的末代老人还在，也有这个问题。

文字是文明时代的重要标志，但是文字起源于何时？是什么形态的？可以说是一个谜。据我们对耳苏文、纳木依文、东巴文的调查研究，文字最初是由祭司发明和使用的，一般民众并不使用。最初的经书是图画式的，后来才有象形文字。因此对民族文字的抢救、记录，有助于解开汉字起源之谜。

马帮对历史研究也颇有价值，古代丝绸之路上多用马帮、骆驼帮，不久前西南地区还大量使用马帮。从我的观察看，马帮是一种职业，自身有一套组织、生活规律和若干技能，它在沟通和开发边陲地区上建立过丰功伟绩，赶马者是各民族经济、文化交流的媒介，他们唱的“马帮调”，是当地重要的文学作品。现在是否以一定形式把马帮的历史价值记录下来？

（二）艺术价值

当你翻开中国美术史时，首先映入眼帘的是高大、美丽的红山文化女神像，这是事实。但是同时也出土不少被打碎的小泥偶，有的人认为他们也是女神像，其实不然。民族调查说明，作为神偶都是庄严、美丽的，是神圣不可侵犯的，怎么会把神偶打得支离破碎呢？但是巫师在举行驱鬼、替身、送葬巫术时，却要捏制不少小泥偶，经过打烂弃之荒野，这有助于解释考古发现的泥偶身份。所以即使是不值一顾的巫术活动，也有它的重要价值。

文面、文身起源于史前社会，越人有“断发文身”之风俗，至今黎族、傣族、独龙族还保留了活态的文身风俗。其文身图案有不少神话、信仰和历史故事，而且当今不少城乡青年还有以文身为美者，在这种情况下，对民族文身能眼巴巴地看着它消失吗？这是历史艺术的活化石。

（三）科学价值

我们都知道中国有“四大发明”，其实何止四项呢？这在非物质文化方面是有充分反映的。如民间还有活态的竹纸、麻纸、皮纸、草纸制作工艺，山西、浙南还有活字版印刷术，还有罗盘制作、印染工艺，应在它们消失之前记录下来，对研究中国科技史有一定帮助。

我国有没有建筑学？有，还是一部浩瀚的历史呢。当你谈起故宫、天坛、长城、十三陵、大雁塔时，你能不为中国古代建筑学成就折服吗？还有四合院、窑洞、围楼、干栏、碉房等建筑，也是中国传统建筑的杰作。但是当时并没有纯粹的建筑学，而是在风水学的支配下完成的，所以我们不能无视风水学。

一提风水学，就想到有关名词，堪舆、地理、青囊、相地、相宅、卜地、图宅、葬术，名声不好听，好像是封建迷信的代名词。事实上风水学有两部分：一方面有科学性，是我国古代进行建筑规划和设计的学问。内有不少流派，包括天文、物候、水文、山脉、土壤等方面知识，运用鲁班尺、罗盘、指南针等科学仪器。清代职业有上九流、下九流之分，上九流有师爷、医生、画工，风水居第四位，可知在当时的社会地位不低；另一方面风水中有阴阳五行、占卜八卦，其中确实有封建迷信成分。因此风水内容庞杂，既有科学内容，又有封建迷信，鱼龙混杂，所以上不了非物质文化名录，也不会有文化传承人。然而它不是一个可以忽视的存在。目前出版界出了不少有关风水类的书籍，并且已上了清华大学的课堂，许多建筑都请风水师指导。我们非物质文化保护该怎么办？第一，风水学好坏参半，既有科学性，又有糟粕，我们不能泼脏水把孩子也泼出去，应正视它，通过现象看本质。第二，名录、文化传承人仅是保护的一些方式，可否应该还有其他保护方式？可以不上名录，不上传承人，但应该如实记录，为研究风水提供第一手资料。

过去锔锅锔碗手艺到处流行，现在被淘汰了，因为现在的瓷器便宜了，加上塑料制品和金属品的流行，使锔锅锔碗手艺退出历史舞台。但这项手艺极其重要：1. 它对文物修复有一定借鉴，又高于文物修复，因为文物修复是做样子活，能看不能用，锔锅锔碗工艺还可实用。2. 过去故宫有一种“钔器”，即包金边瓷器，瓷器破损了必请修碗高手修理，这需要极高超的技术。听说故宫有不少钔器无人修理，但修碗工还在。浙江象山地区有一个村有 30 多人，还能讲口述史，如果能将这些口述史记录下来、编辑成书，对后人是有帮助的，也有助于解决修理“钔器”之难题。

四　关键在于记忆工程

对于缺失的领域怎么办呢？由于造成缺失的原因不同，也应该有不同的对策，属于政策性的禁区，应该开放政策，当然，像宗教类的项目，不必上名录、搞文化传承人，应该有其他保护方法，如做好各种记录。对于非物质文化保护，应该区别对待，不同的情况采取不同的方法。其中能传承的，可以运用名录、文化传承人和文化生态试验保护区等政策，加以保护，对于即将消失的非物质文化则可用记录的方法，留住文化，传之后世。

怎样做好记录，把即将消失的非物质文化列入保护范围呢？我认为有三种办法。

（一）做好文本式记录

可否在名录之外，把有重要价值且即将消失的非物质文化列出一个目录，为每一项目写一本实地调查报告，要有科学性、资料性。每本少则几万字，多则二三十万字，配以插图，编成《中国非物质文化丛书》，这套书可能数以千卷，能把各种非物质文化记录下来，传之后世。它应该与“十套文艺集成”媲美。

（二）做好科学录像工作

对于非物质文化各项目，不仅要有文本，还要用科学的方法，尤其要把上述文化表演、生产过程拍摄下来，保留动态的、形象的资料，使其能活态地传承下来，可以是文身、文面、祭祀过程，也可以是牙雕、玉雕、陶作、瓷作，最后形成一套科学纪录片。一定要有最好的脚本，也要有好的摄影技术。

（三）大量搜集实物

这里所说的实物，实际是近代的民俗文物，它应该是非物质文化的组成部分。物质文化与非物质文化，二者密不可分，你中有我，我中有你，谁也离不开谁，三次非物质文化展览就是实证。

我们抓实物与文物工作不同，主要是抓好近代活态的文化，既包括物质文化，又包括与民俗文物有关的非物质文化，尤其突出工艺、表演的过程。

过去抓非物质文化较多，对实物重视不够。去年成都博物院一次就搜集老皮影 25 万件，国家博物馆一次就搜集伊斯兰民俗文物 1 万多件，说明这方面的潜力是很大的，也是大有可为的。

搜集实物要范围大，有重点，不仅要实地搜集，也应该关注民间收藏、旧货市场，广开来路。

为了做好实物搜集工作，应该有一个全面计划，按地区分阶段完成，一定制定征集制度，有账目，也要成立民俗文物鉴定委员会，设有专门的征集经费。

全国的非物质文化实物，可以分散管理、收藏，但都是国家财产，且有权调用和展出，条件成熟的可建非物质文化博物馆，为科研和群众服务。

民俗文物是历史的见证，它与文本、录像同样重要，都是记录工程的手段，有时民俗文物还起特殊的作用，可以长期收藏下来。在上世纪六七十年代初我作为中国历史博物馆的研究人员曾在大兴安岭、西双版纳搜集成套的民俗文物，30 年之后我故地重游，发现当地已经改了模样，想建民族博物馆，还要从我们单位那里借用，此时我更感到当年调查的重要，并写了《最后的捕猎者》、《版纳文物征集记》等书，民族文物成为我回忆往日民族地区历史的实证。由此看出，搜集实物也是记忆工程的重要手段。

总之，绝大部分即将消失的非物质文化都有重要的社会价值，属于保护范畴，“要抢救第一”，方法是做好记忆工程。其实这种方法也适用于其他非物质文化遗产保护。事实上，就是评上名录的非物质文化也在变化，甚至消失，这也要做好记忆工程。

（原文刊于《西北民族研究》2010 年第 1 期）

考古学研究

元谋人的历史地位

杜耀西

元谋人（又称元谋猿人）作为我国远古历史的开端已载入史册。本文就元谋人的发现及历史地位作一简要的阐述。

一

1965年5月1日，我国地质工作者在云南省元谋县进行地质调查时，在该县上那蚌村西北的褐色粘土层中发现了两颗古人类牙齿化石，一为左上内侧门齿；一为右上内侧门齿。牙齿为浅灰色，石化的程度比较深。从门齿硕大等形态观察，研究者认为是一个青年男性[1]。

元谋人牙齿的主要特征是：牙齿硕大，粗壮，唇面比较平坦，舌面的模式非常复杂。元谋人的门齿若与北京人的门齿相比较，在形态上有些相似，如门齿的大小，粗壮程度，构造的复杂等。但他们之间也存在着较为明显的差异，如元谋人牙齿的齿冠末端扩展，较宽，基部比较收缩，略呈三角形。北京人的牙齿则略作长方形。研究者根据元谋人牙齿的性质，确定其为直立人种的一个新亚种，以发现这一化石产地的元谋县命名为直立人元谋新亚种，简称元谋直立人[2]。俗称元谋人。

元谋人的两颗牙齿，经初步研究后，引起了学术界的高度重视，后来围绕含人类牙齿化石的地点，又进行了发掘和多学科的研究。

1973年冬，在元谋人化石地点的系统发掘，出土了很多哺乳动物化石、石器、炭屑等文化遗物，为元谋人的研究增加和丰富了新的内容。

在含元谋人牙齿的褐色粘土中及其附近，找到了一些石器，石器以石英岩为原料，有石片、石核、尖状器等类型。其中有出自地层的三件刮削器，一件一面保留着较平的岩面，在较宽的一边缘上进行了第二步加工；另一件形体较小又薄，近似长方形，在一侧边缘上经过加工，刃部微凹；还有一件近似方形，其中有三个边缘保留着修正的痕迹[3]。上述三件石器是元谋人石器文化的代表作品。

还应该特别提出的是在元谋人遗址中出土了一些炭屑，这些炭屑分布的特点是：炭屑多包含在粘土、粉砂质粘土中，少量夹在砾石透镜体内，炭屑分布的上、下界约3米左右，分三层，每层的间距约半米；炭屑的分布不均匀，有的较为集中，呈鸡窝状，有的地方比较分散，呈星点状；炭屑的直径一般在4－8毫米之间，最大的15毫米，最小的1毫米左右，用肉眼可以清楚地看见。后来，在探沟底部还找到了两件颜色发黑的动物化石，经鉴定可能为烧骨。研究者根据如上事实认为，炭屑可能是元谋人用火的痕迹[4]。

与元谋人石器和炭屑同出的还有许多哺乳动物化石，约40个种类，已经知道的种类有24个，现在大部分已经绝灭了。在元谋人生存的时候，动物群中比较多的云南马、牛、羚羊等是草原性的动物，鹿类则喜欢生活在热带的雨林中；竹鼠、兔、野猪、爪蹄兽、小灵猫等生活在灌木丛间较低温的草地，大型的肉食类如虎、豹、剑齿虎、犀牛和大型鹿类、象等为森林动物。根据以上情况分析：元谋人生活时的气候温暖、湿润，以草原——灌木丛林的环境为主[5]。

在元谋人遗址中采到的孢子花粉，经过科学分析知道，这里的植被是松属植物为主，还有落羽杉科，桤木属、榆属等。草本较多，如藜科，艾属等草甸植物[6]。草、木植物可以同上述动物化石互为印证，说明元谋人的生活在草原——森林环境之中。从动、植物和人类文化遗物可以推测出元谋人生活的大致情景。

地质学的研究还向我们提供了元谋人生存的绝对年代。元谋人生存的地方，是一套695米的河湖相沉积，从沉积特征、孢子花粉和哺乳类化石材料分析，自下而上可分为四段，计28层。第一段为1—4层；第二段为5—17层；第三段为18—23层；第四段为24—28层。元谋人牙齿产自第四段第25层的棕褐、褐色粘土中。第四段还出土有石器、炭屑和烧骨。哺乳动物化石有：云南马、中国犀、爪蹄兽、泥河湾剑齿虎、桑氏猎狗、原始麂、斯氏鹿、云南水鹿等40余种。其中的云南马、爪蹄兽、原始狍、枝角鹿等为第三纪的残存种，从元谋人动物群的总体性质看，为更新世早期的产物。根据古地磁法的测定，元谋组地层的形成距今150—310万年。元谋人牙齿属早更新世，距今170±10万年[7]，通称170万年。这一测定不仅确定了元谋人的生存年代，而且将第四纪地层的开端推进到310万年，这在地层学上也是件大事。

元谋人遗址，是我国更新世早期地层中唯一含人类化石的遗址。它的发现不仅对地层的划分具有重大意义，在人类社会发展历史上也占有重要的地位。

二

元谋人及其文化遗物，材料虽然不多，意义非浅，这里从人类的起源和发展，人种的形成，物质文化（工具的产生，人类对火的应用）和我国早期历史的形成，看它所处的地位。

（一）在人类起源和发展上的位置。一个世纪以来，世界各地大量化石的出土，特别是非洲、亚洲和欧洲的热带和亚热带的森林地区，发现了一系列古猿化石，这些品种不同，时代各异的化石，粗略勾画了从猿到人发展过程中的历程，也印证了达尔文的人、猿同祖和恩格斯劳动创造人的人类起源学说。

近年来的研究表明，生活在距今3000万年以前的渐新世时期的埃及古猿（因最近发现于埃及开罗西南撒哈拉沙漠的边缘地区而得名）是已知最古老的人类和类人猿的共同祖先[8]。

森林古猿是现代类人猿的祖先。森林古猿种属比较繁杂，时代延续较长，大约距今2500—500万年前。

腊玛古猿是人类的祖先，生活在距今1300—800万年前（因首次发现于印度北部西姆拉低山区的哈里塔良格尔地方的中新世后半期或上新世前半期的地层中）。我国发现的体形较小的腊玛古猿，很可能属于人的系统[9]。

就目前所知，人类社会历史的肇始是以南方古猿（纤细种）为代表。南猿首先是1924年，在南非阿扎尼亚金伯利市以北80千米的塔昂火车站附近的山洞里，发现的一个既像猿又像人的儿童头骨而得名。后来，在非洲、亚洲发现较多，因为南猿的性状较腊玛古猿为进步，已能制造粗糙的工具，已经属于人的范畴了[10]。

从以上简述可以看出，人类起源和发展的脉络是，人和现代类人猿的共同祖先是埃及猿，由此分两支演进：一支经森林古猿逐步演化到现代类人猿；另一支经过腊玛古猿——南方古猿（纤细种）到直立人。南方古猿（纤细种）已会制作工具，转化为人了。这些化石发现的地点正是达尔文、恩格斯所分析的人类起源的亚洲、非洲的森林地区。

我国是发现早期人类化石的重要地区之一。在湖北建始、巴东发现过南猿的牙齿[11]。元谋人发现后，经初步研究划归直立人阶段，研究者将元谋人的牙齿形态与类人猿、巨猿、南方古猿、北京人、智人的牙齿做了比较、研究，认为元谋人牙齿与北京人牙齿相比，差异的程度则更大。由于元谋人生存时代远比北京人为早，根据已有的直立人材料的分析，将元谋人上中门齿作为我国南方迄今已发现的早期类型直立人代表。形态上与北京人的不同地方，反映了他们可能具有从纤细类型南猿向直立人过渡的特点[12]。

这一性质说明，元谋人为早期的直立人代表，又反映出南猿的某些性状，说明元谋人在人类社会开创时期，从南猿向直立人过渡阶段上所具有的特殊作用。

（二）人种起源上的地位。人类学家在研究云南元谋人的两枚内侧门齿发现，牙齿舌面中部为一凹面，沿凹面的两面有褶起的凸棱，呈现铲形构造[13]。这种现象极其重要，它为探寻人种的起源，提供了重要的线索。

根据早年海德路加和魏敦瑞的研究，铲形门齿在现代中国人中反映最突出，以中国人女性为例，她们的上内侧门齿铲形者占 82.7%，半铲形者占 12.5%，微铲形者占 1%，非铲形者仅占 3.8%。与此相反，现代白种人女性的上内侧门齿是，铲形者 2.6%，半铲形者 5.2%，微铲形者 21.8%，非铲形者 70.4%[14]。近年，卡包奈尔在统计中国人、日本人上门齿时指出：显著铲形者，上内侧门齿为 92.7%，上外侧门齿为 91.3%，其他人种中，有的为零，最高也不超过 5%[15]。我们从中可以看出，不同种族的门齿构造其差异是何等的大呀！一般说来，黄种人的两个上内侧门齿和两个上外侧门齿都是铲形的。因此，铲形门齿成了判断黄种人的重要依据。

我国的古人类化石出土很多，对这一特征，人类学家早已注意到。北京人的上门齿，舌面中间深凹，侧缘皱起成“铲形”[16]。湖北郧县人的左上内侧门齿“齿冠两侧缘向内卷起，使舌面成铲形，内卷的程度以远中缘较大”[17]。桐梓人的右上内侧门齿，由于磨耗，舌窝部分已不保留，但从发育的底结节和齿冠两侧缘增厚看来，该门齿可能呈铲形[18]。山西襄汾丁村遗址，出土三枚人牙，其中一为右上内侧门齿，一为右上外侧门齿，两颗门齿除其原始特征外（当然比北京人为进步），舌面都呈明显的铲形[19]。较晚的河套人、柳江人、山顶洞人等也均有这一特征。

由此可以看出，从直立人到智人的各个阶段，这一特征构成一条线。这一线索勾画出了铲形门齿演变的历程。

一般的说法是，人种形成于智人时期，譬如我国柳江人、山顶洞人就是典型代表。但追根求源，从人类化石上蛛丝蚂迹的线索看，人种的起源或许还可以提前。魏敦瑞首先把北京人同黄种人挂上了钩。认为北京人是现代黄种人的直系祖先。他就是以铲形门齿这一特征作为主要论据的。目前的发现证明，铲形门齿这一特征比北京人更为遥远。不仅比北京人稍早的中更新世的郧县人存在，而且已追溯到早更新世的元谋人了。

我们知道，种族的形成也有一个发生、发展和形成的过程，这一过程经过了极为漫长的岁月，单从铲形门齿这一特征看，就可以找到它形成过程中的时间表。由于元谋人等一系列的化石特征，对种族的形成提供了重要的线索，也许可以把种族的形成时间上溯到 100 多万年前。

黄色人种又称为亚美人种（因这一种族主要分布在亚洲和美洲地区而得名），我国居民属于黄色人种的东亚支系。我国是黄色人种的重要诞生地。

（三）物质文化上的反映。元谋人遗址出土的文化遗物虽少，其意义也不可低估，我们从石器和火两方面来看。

元谋人的石器，具有代表性的三件刮削器，虽然比较粗糙简单，但均进行过第二步加工，它已不是“第一把石刀”，它是目前我国发现的与人类化石伴生的最早的石器。说明了远在 170 万年前，元谋人已使用石制工具从事生产劳动了。

在更新世初期，云南有元谋人生存。在北方的黄河两岸也留有人类活动的遗迹，如 1978 年秋，在河北省阳原县官亭村西北 500 米地方的泥河湾组地层中，出土有石核、石片、石器以及制作石器时废弃的石块计 800 余件，还有人工痕迹的骨片。这批石器，器型简单，第二步加工的较少，表现出自己的特点[20]。又如，在山西芮城西侯度出土有石器和有切刻痕迹的骨片，但以石器为多，有石核、石片、刮削器、砍砸器、三棱大尖状器等。西侯度的石器也是用石片加工的。西侯度石片文化的出现，说明石片技术以中国为最早[21]。

我国旧石器文化是以石片石器为其特征的，西侯度的石片石器的出现为探索石片石器文化的起源提供了重要的线索。

我们知道，我国的石片石器同欧洲的石核石器不同，石片石器同黄种人物质文化关系密切，元谋人的刮削器也是石片制成，从其特征和性质看，它既起到承上启下的文化发展脉络，又为黄种人的起源从文化上找到了一点线索。

关于火的问题，我们知道，远古人类对火的认识和掌握的历史是很久远的。北京人洞穴遗址，灰烬极厚，成堆分布，又有被火烧过的兽骨和其他遗物，一般认为北京人已经能够控制和掌握火了。比周口店第一地点（北京人洞穴遗址）较早的第十三地点也有用火遗迹。说明人类用火比北京人第一地点为早。

云南元谋人的遗址中，发现的与人类化石、石器、动物化石等伴存有炭屑和烧骨；山西芮城西侯度的文化层中，有经火烧过的颜色呈灰黑和灰绿色的哺乳动物筋骨，鹿角及马下颊齿[22]；陕西兰田公王岭含人类化石的堆积中，也有炭屑存在[23]，这些材料虽较少，对深入研究还有一定困难，但为探索这一问题提供了极为重要的线索。值得注意的是，上述这些火的遗迹，常常是与人类化石、动物化石或石器共存一起，反映出与人的活动有着密切的关系。基于这一事实，就把人类用火的历史从四五十万年提早到 170 万年。贾兰坡教授对这一问题作了肯定的回答也是有一定道理的[24]。最近在非洲肯尼亚也找到了 140 万年前人类用火之遗迹[25]，该地与元谋人的时代大致相当。从而增加了早期人类用火的证据。火的应用，在人类发展史上更具有重要意义。

（四）我国历史的开端。我国是一个历史悠久的国家。她不仅有 4000 年的文明史，而且随着近代考古学的发展，我国早期历史的眉目也不断清楚和向前推移。我国远古的历史，过去是靠传说写成的，1929 年在北京周口店发现第一个人类头盖骨，经过科学分析和研究，属中更新世。推断距今约四五十万年。解放以后，由于古人类化石和文化遗物的不断发现，为谱写我国早期历史提供了极为重要的线索。这里将早期重要的人类化石和文化遗物列下，可以看其一般：

早更新世：（距今 170 万年左右）有元谋人；西侯度文化；小长梁文化。

中更新世：（距今 100 万年至四五十万年）有郧县人；郧西人；蓝田人；南召人；北京人；和县人；还有其它旧石器时代初期的文化等等。

不难看出，我国远古历史的年代是不断向前推进的，从四五十万年的北京人，到 170 万年的元谋人，这样把我国的历史一下子提前了 100 多万年。

就目前所知，人类的历史已突破了 300 万年的大关，今后随着人类历史研究的进展，我国历史的曙光，也必然会向前放射光芒！

总之，元谋人在人类起源上、文化发展上、种族形成的历史上，以及对我国早期历史的研究、开创我国历史的作用上，均具有特殊的地位。

注释：

[1][2] 胡承志：《云南元谋发现的猿人牙齿化石》，《地质学报》1973 年第 1 期。

[3] 文本亨：《云南元谋盆地发现的旧石器》，《古人类论文集》，科学出版社，1978 年。

[4] 袁振新、张兴永等：《云南元谋人化石产地的综合研究》，《古人类论文集》，科学出版社，1978 年。

[5][6] 林一朴等：《云南元谋早更新世哺乳动物群》，《古人类论文集》，科学出版社，1978 年。

[7] 李普、钱方等：《用古地磁方法对元谋人化石年代的初步研究》，《中国科学》1976 年第 6 期。

[8]《三千万年前人类祖先化石》，《人民日报》1980 年 3 月 18 日。

[9] 吴汝康：《人类的诞生地在哪里？——谈世界上首次发现腊玛古猿头骨》，《人民画报》1981 年第 7 期。

[10] 贾兰坡：《有关人类起源的一些问题》，《古脊椎动物与古人类》第 12 卷，第 3 期。

[11] 高建：《与鄂西巨猿共生的南方古猿牙齿化石》，《古脊椎动物与古人类》第 13 卷，第 2 期。

[12] 周国兴、胡承志：《元谋人牙齿化石再研究》，《古脊椎

动物与古人类》第 17 卷，第 2 期。
[13] 胡承志 :《云南元谋发现的猿人牙齿化石》,《地质学报》1973 年第 1 期。
[14] 转引自贾兰坡《骨骼人类学纲要》,商务印书馆,1954 年，第 42 页。
[15] 转引自吴新智《中国古人类综合研究》,《古人类论文集》,科学出版社，1978 年，第 38 页。
[16] 贾兰坡 :《中国猿人》，龙门联合书局，1953 年。
[17] 吴汝康、董兴仁 :《湖北郧县猿人牙齿化石》,《古脊椎动物与古人类》第 18 卷，第 2 期。
[18] 吴茂森等 :《贵州桐梓发现的古人类化石及其文化遗物》,《古脊椎动物与古人类》第 13 卷，第 1 期。
[19] 吴汝康、贾兰坡 :《中国发现的各种人类化石及其在人类进化上的意义》,《中国人类化石的发现与研究》，科学出版社，1955 年。
[20] 尤玉桂等 :《泥河湾组小长梁遗址的发现及其意义》,《科学通报》1978 年第 8 期。
[21] [22] 贾兰坡、王建 :《西侯度——山西更新世早期古文化遗址》，文物出版社，1978 年。
[23] 戴尔俭、许春华 :《兰田旧石器的新材料和蓝田猿人文化》,《考古学报》1973 年第 2 期。
[24] 贾兰坡 :《从工具和用火看早期人类对物质的认识和利用》,《自然杂志》第 1 卷，第 1 期。
[25]《人类用火年代可能上溯百万年》,《人民日报》1981 年 12 月 12 日。

（原文刊于《史学月刊》1983 年第 2 期）

华北地区旧石器时代的骨、角器

安家瑗

旧石器时代的骨、角器包括打击骨器和磨制骨器两大类。在一段时间里人们对制作工具所产生的打击骨片与为敲骨取髓打破的骨片及自然破裂骨片的区分上没有严格的标准。

关于中国旧石器时代的骨器，是由法国学者步日耶（H. Breuil）于1931年最早提出的[1]，但在周口店研究者中有人对此持保留态度[2]。后来他记述了北京人遗址出土的一些有人工痕迹的碎骨和鹿角[3]。20世纪50年代末至60年代初，贾兰坡和裴文中对北京人遗址是否存在骨器问题进行过讨论[4]。70年代以后，国外一些学者通过长期观察自然状态下动物骨头破碎和埋藏的方式以及考察了一些原始部落对动物屠宰和骨骼的利用，逐渐建立了鉴别人工与非人工破碎骨骼的标准[5]。80年代以后我国学者吕遵谔、黄蕴平通过试验总结出区分人工打击骨片与敲骨取髓骨片和动物啃咬骨片的不同特征[6]。张俊山通过几十例敲骨取髓和制作骨器的试验，在此基础上对旧石器时代晚期峙峪遗址出土碎骨进行分析和研究进一步明确了区分人工与非人工破碎骨骼、敲骨取髓与打击骨器的标准。他对骨器进一步定义为：双疤类和多疤类。双疤类指位于近尖端一侧的标本，双疤连续，疤痕平缓，疤角多在60度左右；多疤类是指一侧边或近尖端一侧均有多个连续打击疤，各疤之间有部分叠压，疤缘平整，疤角多在30至70度之间[7]。

本文拟对华北已发表的骨、角器资料做一些整理，提出一些初步看法，其目的是希望同行们关心这方面的研究，更深更广地揭示古人类的生产活动。骨、角器依其主要生产技术分为两大类：打击的和磨制的，对于前者中的骨器各位研究者无统一标准。因此笔者尝试提出分类原则，主要依加工部位、刃口形态和数量等要素，把它们分为以下几个类型，见稍后的描述。至于角器目前发现数量少，不再进行分类。磨制的（包括刮制的，但不包括骨制的装饰品）或钻孔的骨器相对定型，分类原则统一，功能清楚，则均依原研究者的定名。中国北方旧石器时代不同时期的遗址或地点数以百计，依不完全统计，有骨、角器材料记述的可能有20处，现依笔者分类原则，参照石器的分类方法，分类记述如下，并在此基础上，对若干问题进行初步的探讨。

一　打击的骨器

（一）尖状器

尖状器是指一端或两端有尖的器物，有的尖状器在靠近尖端处有修理痕迹。

河北阳原东谷坨遗址　1件，为大动物（可能是马）肢骨碎片制成，长6.9、宽3.3厘米，呈不等边三角形，交互打击加工，修理痕迹主要在较小的一侧边，可见3个修理疤[8]。

河北泥河湾下沙沟早更新世地层采集　17件，分别由哺乳动物的桡骨、尺骨、胫骨及肩胛骨制成。长25.5—32、宽6.5—10.3厘米。多在破裂顶端的两侧裂面上由骨内壁向骨外壁连续修理，标本的尖刃较锐或较钝。其中1件，由哺乳动物的肱骨制成。长19.6、宽9.8厘米。破裂面有连续修理的痕迹3处，均向骨外壁加工，修疤短宽，打击点和放射线清晰，前端生成一个尖刃[9]。

北京周口店第1地点　此地点骨器由步日耶研究并发表[10]，依裴文中在图版Ⅰ下说明，这些标本在抗战期间运南京展出而丢失，因此现在研究这批骨器只有根据步氏发表的图版和文字。14件，全部由长的管状骨制成，长约4.5—16厘米。尖部做过多次修理，可见叠压的修理疤[11]。

北京周口店第4地点　1件，由犀牛胫骨制成，长22.2厘米，左侧可见浅平修疤4个，右侧修疤较多，左右两侧的修理均向骨内壁打击，尖端薄锐[12]。

辽宁金牛山遗址A地点　金牛山遗址分为A地点和C地点两处。A地点骨器发现于上部和下部，上部时代为晚更新世，下部时代为中更新世。上部发现大量碎骨，只有3件属于骨制品，下部发现的骨制品稍多，各类合计33件，属于尖状器的4件，是用管状骨制成，均为两侧做过修理并相交于一端，使之成一尖刃。尖刃分别是向骨内壁和复向加工而成。其中1件标本长6.3、宽3.5厘米，左侧整个长边都有修理痕迹，加工细致，修疤微凹，侧刃锐，呈缓弧形；右侧加工痕迹只见于尖刃部，两侧相交成薄锐的尖刃[13]。

辽宁金牛山遗址C地点　金牛山C地点遗址也分为上部地层和下部地层，打击骨器均出于下部地层。5件，其中1件标本的修理工作主要在尖刃部，各个面都有打击痕迹，右侧向骨外壁打击，背面顶端系横向打击，骨片疤重叠，使尖端成多脊的锐尖[14]。

辽宁本溪庙后山遗址　2件，标本No.224，出自第6层，用哺乳动物肢骨碎片制成。长8.8、宽1.9厘米，骨片较薄，骨片一侧边缘修理，由相反的方向打出一个锯齿状的刃缘[15]。

山西许家窑遗址　件数不详，均由管状骨制成。其中1件器身底部有从骨内壁向骨外壁左右各打击出的一个缺口。原研究者认为似是为捆绑木柄特设的[16]。

吉林寿山仙人洞遗址　2件，标本HXP. 91050哺乳动物肱骨制成，长11、宽2.7、厚0.5厘米，刃口在上端右侧的短斜边上，有向外壁连续修理形成刃口，尖端两侧亦有零星的小疤，可能是使用的结果，标本左侧曾打掉一个宽形骨片[17]。

吉林榆树周家油房遗址　此遗址出土有人工加工和使用痕迹的骨片和骨器共51件。其中出自地层的28件。第一、二、四、七各地点分别出土8、3、7、10件。无层位的23件。可归于尖状器的共5件，如编号JY—1977，V—02—25，第二地点出土。由管状骨制成，长11.6、宽3.7厘米。从背面看，在左上方打出一个缺口造成不对称的尖端。正面又经刮削而减薄尖部。腹面在左上侧有一平面，根据下方残留的凸楞看，很象是用石器刮成的，尖端两侧打击修制成尖[18]。

黑龙江五常学田遗址　1件，由野牛肢骨碎片制成，长11、宽5.4厘米。呈三角形，从骨腔面观，右下部在骨片破裂面上有由外向内打击3次的痕迹。打击点集中，小疤呈多层叠压状，在尖端右侧有若干小疤[19]。

黑龙江哈尔滨阎家岗遗址　18件，其中4件为野牛桡骨制成，其他基本上均为管状骨制成。长11.3—22、宽2.6—6厘米。其中9件一端保存关节面，另端呈尖状。有的标本器身扁，并有磨钝现象[20]。

辽宁大连古龙山遗址　共54件，长5.2—21.1厘米，均由长管状骨制成，尖部锐钝不等。多数为一侧修理疤多，另侧加工仅见于尖刃的近处。有的标本刃口修疤多浅平，呈长条形。有的标本一端或两端加工成铲状的刃口。有的平缓，有的稍尖，加工处可见连续的修理疤[21]。

山西峙峪遗址　1件，骨片制成。长4.5、宽1.2厘米。右侧整个边经过修理，左侧仅中部和尖部曾被加工过，与右侧相交成一锐尖[22]。

黑龙江昂昂溪大兴屯遗址　1件，由管状碎骨片制成。长12.8、宽2.6厘米。一侧裂面微凹，另侧较平直。在刃状边缘上有5—6处向骨内壁和向骨外壁剥片的痕迹[23]。

河北迁安爪村遗址　共3件。一件右侧下部有几处打击痕迹，左侧和右侧近端处，有向骨外壁打击痕迹，尖端处浅平的疤是自然剥离的[24]。

山西丁村遗址　4件，器形均较大，由管状骨制成，一端击断，一个端面打制出半圆形的铲状刃，另一端为关节端，不作修理，其中1件标本长16.3厘米，骨管中部直径平均为2.5厘米，为偶蹄类掌骨制成。

修理方法是将背侧面向掌侧面施一重击，顺骨管打出一平面，而后掌骨左侧面向背面斜击出一与掌骨轴面夹角为 30 度的斜面，右侧作了细致的加工，前端呈铲形锐尖[25]。

（二）三棱尖状器

三棱尖状器是指尖部横断面呈三角形的器物。

辽宁金牛山遗址 C 地点　7 件，均由管状骨制成，有的标本长 7.8 厘米，其中 3 件保留关节面。有的标本呈三角形，下端保留关节面，上部作复向加工，修出一个锐利的尖刃，横断面呈三角形[26]。

山西丁村遗址　6 件，均用管状骨制成。器形较小，长为 5.3—5.9、宽为 2—2.9 厘米。有的标本是将一厚骨片沿长轴两侧，向骨外壁打击修理，前端修成典型三棱状锐尖，器形端正，两侧对称[27]。

（三）双刃刮削器

双刃刮削器是指碎骨的两侧经加工成刃的骨器。

河北阳原东谷坨遗址　1 件，为大动物（可能是马）的肢骨碎片制成。长 5.3、宽 3.1 厘米。一边修理成凹刃，另一边被加工成较陡直的刃口[28]。

北京周口店第 1 地点　1 件，长约 19 厘米，由长的管状骨制成。左侧靠底部有一凹刃，可见连续修理疤，上端有一凹糟，底部微弯，为鸟喙形。右侧也经修理有几处长长的修理疤[29]。

辽宁金牛山遗址 A 地点　共 2 件，1 件为管状骨制成，残长 3.6 厘米，其上端为后期断缺，下端保留关节面，左侧下端是由骨内壁向骨外壁作连续的打击。这部分边缘呈多缺口状，在近关节部有一个食肉类动物的咬痕。其右侧呈缓凹刃，两面可见小的修理疤[30]。

辽宁金牛山遗址 C 地点　2 件，均由管状骨片制成，1 件外壁有四道象切割的痕迹，左侧中部由骨外壁向骨内壁打击，使部分边缘呈曲线状，修理疤清楚，刃口薄锐，同时在另一边，遗有向内向外的打击痕迹[31]。

大连古龙山遗址　4 件。管状骨制成，一般是两端破裂面上有连续的向骨外壁或向骨内壁打击的痕迹，留下多个修理疤，浅平而呈宽口型。例如有 1 件标本下端由右向左倾斜，在骨外壁遗有 3 个修理疤，打击点清楚，边缘变得相当曲折[32]。

黑龙江哈尔滨阎家岗遗址　1 件，长 22.3、最宽 3.4 厘米。平面略成圭形，右上侧边缘锋利，其劈裂面平滑而宽阔，似经刮磨。顶端略平，左侧边较直，下端较窄，左下由骨内壁向骨外壁打击，在劈裂面上遗有两个浅平的修理疤[33]。

山西许家窑遗址　出土件数不详，原报告称铲式工具，长短不一，最大的 1 件长 25 厘米，由管状骨制成，器身两侧边缘有反复加工的痕迹，底部加工的很适于手握[34]。

（四）单刃刮削器

单刃刮削器是指一边带有刃口的器物。

辽宁金牛山遗址 A 地点　11 件，多数是由管状骨制成，长 4—9.7、宽 1.8—1.9 厘米。有的标本一端平，修理痕迹短宽，修理疤呈阶状。有的标本一侧有多个修理疤，系连续打击的结果，刃口较锐，刃缘呈波纹状[35]。

山西许家窑遗址　件数不详，由管状骨制成。器物边缘均有清楚的、经多次加工的刃口。刃口可分为直刃和凹凸刃。有的标本刃口变钝，有明显的使用痕迹[36]。

黑龙江哈尔滨阎家岗遗址　4 件，由管状骨制成。长 4.3—16.5、宽 2.2—3.6 厘米。有的标本顶端是向一边倾斜的台面，背面靠近台面处遗有因打击而崩落的长而深的疤痕，劈裂面平，左上边有磨痕，远端为薄锐的弧刃[37]。

辽宁大连古龙山遗址　36 件，管状碎骨制成，最长 22.6、最短 2.1 厘米。打击痕迹均见于一侧。有的标本从中部一直修理到顶，刃缘呈波纹形，有的标本则修理中间一段，刃口平直，修理疤浅平[38]。

山西峙峪遗址　1 件，骨片制成，一侧有大小不均的修理疤[39]。

（五）圆刃刮削器

圆刃刮削器是指一端带有半圆形或近似半圆形的刃口的器物。

吉林榆树周家油房遗址　2件，1件由骨片制成，长7.5、宽5厘米。端部从骨内壁向骨外壁打击形成圆弧形锐刃。另件，由猛犸象的门齿制成，长7.7、宽3.9厘米。背面右侧有一个修理疤，形成锐刃。可能由于长期使用，背面左上方磨得十分光滑，腹面右上方也有部分磨光，为使用过的牙制品[40]。

黑龙江五常学田遗址　1件，由野牛（？）肢骨碎片制成，长8、宽3厘米，顶部为圆弧形刃缘，与刃口相邻的两侧亦有零星的修理疤[41]。

辽宁大连古龙山遗址　8件，由管状骨制成，最长17.1、最短5.1厘米。加工基本上见于一端的两侧，且较短，呈圆头形，相当钝。修疤多浅平，呈长条形[42]。

（六）多边刃刮削器

多边刮削器是指两个以上边带有刃口的器物。

辽宁金牛山遗址A地点　2件，管状骨制成。1件标本左侧有3块浅平的修理疤，系向骨内壁打击，另外几个边亦有打击痕迹。另1件顶端有似砸击的痕迹，遗有阶梯状修理疤，其右侧两面有小的修理疤，像是交互打击的，刃缘呈S形，刃口较钝[43]。

（七）雕刻器

雕刻器是指顶端有一个凿子形刃口的器物。

辽宁本溪庙后山遗址　1件，标本No.129，出自第6层。用哺乳动物肢骨碎片加工而成。长12.6、宽2.1厘米。骨片尖端上有类似雕刻器打法的加工痕迹，器身两侧由骨内壁向骨外壁方向加工，靠近根部打成一适于系把的细腰[44]。

辽宁金牛山遗址A地点　2件，均由管状骨制成。加工痕迹见于一端，制成一个类似雕刻器的刃。1件长5.9、宽2.2厘米。先由顶斜向外侧打击，留下一个长方形的小修理疤，而后斜向右内侧打击，在顶端形成一个凿子形的刃口，很像石器中笛嘴形雕刻器，两侧可见到加工痕迹[45]。

辽宁金牛山遗址C地点　3件，1件是由骨片制成，在尖端处有明显的打击痕迹，主要是由顶向下向骨内壁打击，背面斜向打了一下，使顶端形成凿子形斜口[46]。

山西许家窑遗址　件数不详，个体较小。从器身痕迹推测它的打制方法是把骨片一头斜着剥落一块小骨片，使它出现一个斜尖，然后再沿着斜尖把另一侧边缘进行仔细修理[47]。

吉林榆树周家油房遗址　1件，由管状骨制成，长13.6、宽3.4厘米，左上方先打击一片形成歪尖，右侧再修成鹰嘴式[48]。

辽宁大连古龙山遗址　10件，管状骨制成，最长16.2、最短4.2厘米，其特征为前端有单个或多个打击痕迹，形成一个类似雕刻器的刃口。有的标本类似雕刻器，小面见于顶端的两侧，多数是先由顶向右打，而后由顶斜向左打，使前端形成凿子状的刃口[49]。

山西峙峪遗址　1件，用动物的长骨片打制而成，长3.9、宽2.75厘米。器形规则，一面较平，局部经过打击，遗有修理疤。另一面加工痕迹较多，背面隆起，一侧边缘稍斜，像石器中的雕刻器那样斜着截掉一块小骨片，形成凹缘，另一侧轻轻打击，修理疤较多[50]。

二　磨制骨器（包括刮制器）

（一）鱼镖

辽宁海城小孤山遗址　1件，用偶蹄类的“炮骨”制成。头部和尾部有一部分残缺。残长18.01厘米。头部为扁锥体，主干为棱柱体，一侧有1个倒钩，另侧有2个倒钩，倒钩位于主干靠近头部处，两侧倒钩不对称，主干中部一侧有一个呈缓坡状突起的结构，其中央有一小切口，尾部削薄成纵剖面呈楔状的叶片[51]。

（二）标枪头

辽宁海城小孤山遗址　1件，用动物肢骨制成，残长7.63、下部宽1.72厘米，器身大体上呈扁锥体，一面稍凸，另面较平。凸的一面布满纵向的刮削条纹，较平一面露出骨松质，整个器身均经过研磨[52]。

（三）骨锥

宁夏水洞沟遗址　1件，用动物骨片磨制而成，发现时已残，系从中上斜向破裂，残长5.9厘米。锥尖部分已圆钝并有剥落痕迹，可能是使用痕迹，近锥尖部分稍好，略呈圆柱形。这件标本加工粗糙，线状擦痕清晰可见[53]。

辽宁金牛山遗地C地点　1件，由骨片制成，长6.66、宽1.9、厚0.8厘米。在上部左右两侧各打去一个骨片，使前端变成窄尖，再由尖端向内壁打琢，剥落两块小骨片，使顶端生成凿子状刃口，而后在骨外壁加以磨制。标本的上部和下部均遗有粗糙的磨痕[54]。

（四）骨矛头

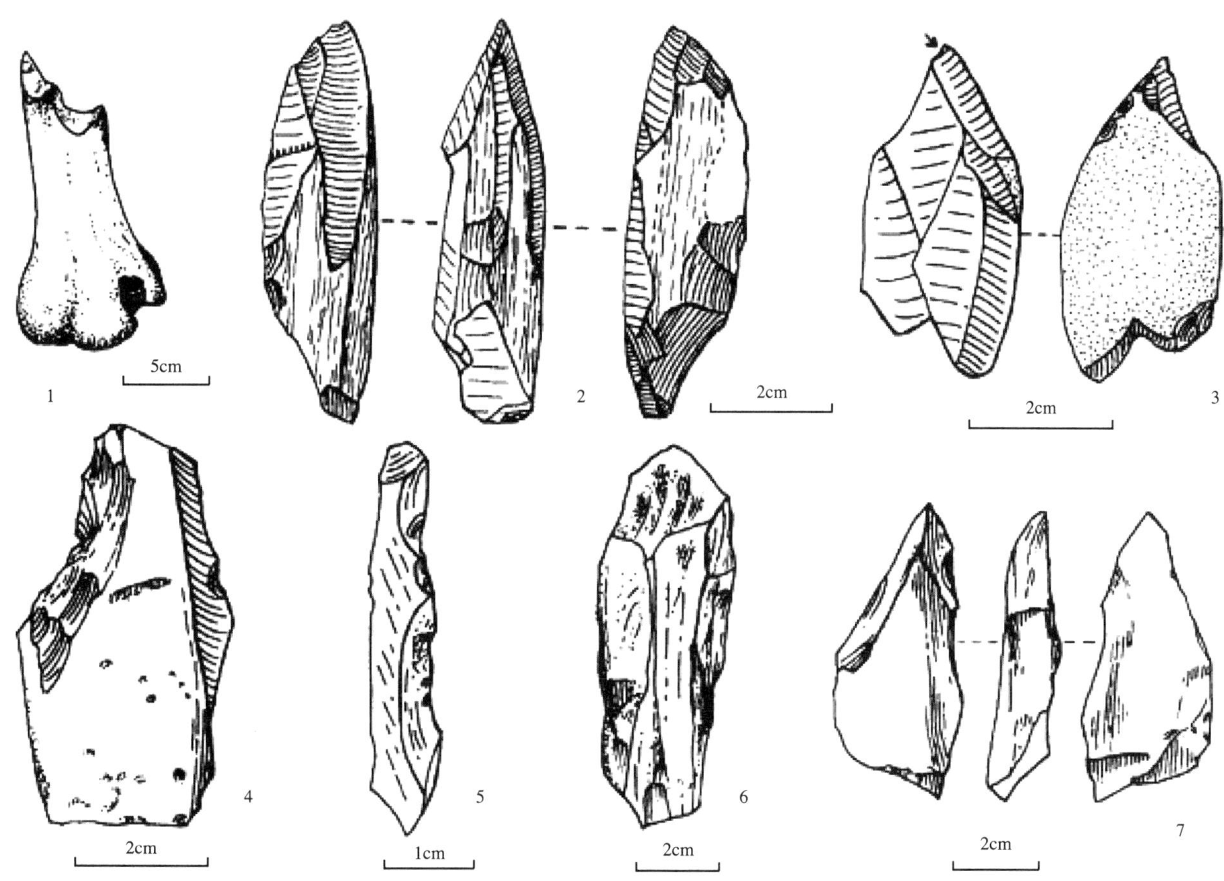

图一　华北地区旧石器时代遗址地点出土的若干打击骨器
1.尖状器　2.尖状器　3.雕刻器　4.双刃刮削器　5.单刃刮削器　6.圆刃刮削器　7.三棱尖状器

吉林榆树周家油房遗址　1件，由管状骨骨片制成，长10.7、宽3.7厘米。矛头尖端缺损，下端两边各打出一个缺口形成铤状。背部右下侧的缺口在打片之后还采用旋刮的方法，使缺口十分光滑[55]。

（五）骨针

辽宁海城小孤山遗址　共3件，1件可能是用象的门齿作原料制成，针身长77.4毫米、柄部最宽处宽4.5毫米，针眼径内径1.6毫米、外径一面为3.5毫米、另面为3.2毫米，针身光洁，呈象牙白色，针身稍弯，断面大体呈圆形，针眼圆，出土时被折成三截，但可粘接复原。针身一面上有三道不连的纵向裂纹[56]。

北京周口店山顶洞遗址　1件，残长82毫米，针身保存较好，针眼残，针眼之上的直径为3.1毫米，针眼最粗的直径为3.3毫米，针身略弯，呈圆柱，磨制的很光滑，针尖锐。据原研究者认为，此针是由刮削和磨制而成，针眼可能是用尖状器刮挖而成的[57]。

(六) 角器(角制品)

山西西侯度地点　2 件，1 件为鹿的头盖骨，左右保存了两段角，在靠近左角角节主枝的后外侧，有一个与主枝斜交的沟槽，沟槽的横断面呈 V 字形，在左角柄和角节处有刮削的浅痕，右角后面也有刮削痕迹，这些可能都是用锐利的器物切割出来的。另件为带有角柄的残破鹿头盖骨，左角柄的前外和内侧有许多横向的刮痕，主枝已不存在，从痕迹上看，似乎是被人工打掉的[58]。

河北泥河湾下沙沟早更新世地层采集　1 件，为一较完整的鹿角，在眉枝上留下许多切割痕迹，其尖端很光滑[59]。

黑龙江哈尔滨阎家岗遗址　3 件，野牛牛角尖端，残长 20—25 厘米，截面整齐，截面与角心的长轴垂直，可能是用某种物体锯割而成。1 件，马鹿角根部残段，残长 22 厘米。下端是角节部自然脱落面。上端主枝断口附近可见多处利器砍斫沟痕，沟痕长 1.5—2、宽 0.3 厘米，断面呈 V 字形，鹿角上的砍痕共计 10 余道[60]。

北京周口店山顶洞遗址　1 件，仅保存鹿角的主干大部，远端残缺。角的两个枝被截掉，并将截断面磨平，表面有很清楚的刮削痕迹[61]。

甘肃庆阳巨家塬地点　1 件，鹿角制成，长 12.8 厘米，断面椭圆形；尖端有人工打击成尖的痕迹，中心部位的骨松质有深约 1 厘米被挖去[62]。

(七) 骨管

北京周口店山顶洞遗址　4 件，可能系用鸟骨制成。骨管的表面均有短而深的横沟，多少不等，但排列方向一致，且有摩擦的光滑痕迹[63]。

(八) 磨光鹿下颌骨

北京周口店山顶洞遗址　1 件，斑鹿的下颌骨，前部和后部都已残破。保留的部分表面有清晰的摩擦痕迹，且有较深较细的刮削痕迹。从摩擦的痕迹观察，在未磨光之前，似曾将下颌骨的前端和后端全部敲去，只保存下颌骨中间的大部分[64]。

(九) 含刻划条痕的骨片

山西峙峪遗址　4 件，长 3.8—5.6 厘米，多为一侧有连续修理疤，刻划条痕数道，较细，基本上为平行刻划条纹[65]。

(十) 带臼齿的牛下颌骨

黑龙江哈尔滨阎家岗地点　3 件，均为单侧齿列，存留六个臼齿和部分下颌骨骨体，臼齿齿尖可见少许磨损折断现象，非自然力所能形成。根据其与 3 件截面平齐的牛角尖端分别相伴出土的情况，原报告者认为它们可能是古猎人用来割锯牛角的工具[66]。

三　几点认识

华北地区旧石器时代含骨、角器的遗址和地点已见报道的并不多，其中含磨制骨器的遗址仅有六处。从以上所述的骨、角制品形态和加工技术，笔者提出以下几点认识：

(一) 打击骨器的主要特点、类型和加工方式

华北地区旧石器时代打击骨器的主要特点是以大、中型哺乳动物的管状骨或其他骨骼为原料，用锤击法直接打制和修理而成，个别标本可能曾用过砸击加工。旧石器时代早期遗址，出土的骨器类型有：尖状器、三棱尖状器、双刃刮削器、单刃刮削器、多刃刮削器和雕刻器等，以尖状器为主。旧石器时代中期的骨、角器无论从分布的地点，还是从器物的类型来看都未超过旧石器时代早期，有些早期遗址的骨器类型，在中期遗址中则没有发现，如双刃刮削器。旧石器时代晚期打击骨器仍是工具的重要组成部分，无论是骨、角器的分布空间和数量都比以前大大地扩大和增加了。打击骨器的类型相对稳定，有尖状器、双刃刮削器、单刃刮削器、圆刃刮削器、雕刻器等。这表明在磨制骨器出现以后，打击骨器仍大量存在。若与同时代欧

洲旧石器时代遗址出土的工具组合相比，似可看作是华北特殊的文化现象之一。为何造成如此情况，值得深入探讨。由于打击骨器在类型和技术上与时代更早者可以比较，可能与文化传统的影响有关。

表一　华北地区旧石器时代遗址或地点出土骨、角器的分类统计

地点	类型	数量	地点	类型	数量
阳原东谷坨[9]	尖状器	1件	金牛山C地点[13]	双刃刮削器	2件
阳原东谷坨[9]	双刃刮削器	1件	金牛山C地点[13]	雕刻器	3件
泥河湾下沙沟[4]	尖状器	16件	金牛山C地点[13]	穿孔骨器	1件
泥河湾下沙沟[4]	角器	1件	金牛山C地点[13]	骨锥	1件
河北迁安爪村[13]	尖状器	3件	本溪庙后山[14]	尖状器	2件
周口店第一地点[3]	尖状器	14件	本溪庙后山[14]	雕刻器	1件
周口店第一地点[3]	双刃刮削器	1件	海城小孤山[25]	鱼鳔	1件
周口店第四地点[11]	尖状器	1件	海城小孤山[25]	标枪头	1件
周口店山顶洞[27]	骨针	1件	海城小孤山[25]	骨针	3件
周口店山顶洞[27]	角器	1件	大连古龙山[20]	尖状器	54件
周口店山顶洞[27]	骨管	4件	大连古龙山[20]	双刃刮削器	4件
周口店山顶洞[27]	磨光鹿下颌骨	1件	大连古龙山[20]	单刃刮削器	36件
山西西侯度[24]	角器	2件	大连古龙山[20]	圆刃刮削器	8件
山西许家窑[15]	尖状器	?	大连古龙山[20]	雕刻器	10件
山西许家窑[15]	单刃刮削器	?	榆树周家油房[17]	尖状器	5件
山西许家窑[15]	雕刻器	?	榆树周家油房[17]	圆刃刮削器	1件
山西丁村[24]	尖状器	4件	榆树周家油房[17]	雕刻器	1件
山西丁村[24]	三棱尖状器	6件	榆树周家油房[17]	骨矛头	1件
山西峙峪[21]	尖状器	1件	华甸寿山仙人洞[16]	尖状器	2件
山西峙峪[21]	单刃刮削器	1件	黑龙江五常学田[18]	尖状器	1件
山西峙峪[21]	雕刻器	1件	黑龙江五常学田[18]	圆刃刮削器	1件
山西峙峪[21]	含刻条痕骨片	4件	哈尔滨阎家岗[19]	尖状器	18件
金牛山A地点[12]	尖状器	4件	哈尔滨阎家岗[19]	双刃刮削器	1件
金牛山A地点[12]	多边刃刮削器	2件	哈尔滨阎家岗[19]	单刃刮削器	4件
金牛山A地点[12]	双刃刮削器	1件	哈尔滨阎家岗[19]	角器	4件
金牛山A地点[12]	单刃刮削器	11件	哈尔滨阎家岗[19]	带臼齿的牛下颌骨	3件
金牛山A地点[12]	雕刻器	2件	昂昂溪大兴屯[22]	尖状器	1件
金牛山C地点[13]	尖状器	5件	甘肃庆阳巨家塬[29]	角器	1件
金牛山C地点[13]	三棱尖状器	7件	宁夏水洞沟[26]	骨锥	1件

华北地区旧石器时代打击骨器的加工方法也随时代的不同有所变化。旧石器时代早期骨器制作总的看来比较简单、粗糙，往往是在打碎后的管状骨上，利用尖端的一侧或两侧稍稍加工修理成器。修理方法基本上采用锤击法，有向骨壁内加工的、向骨壁外加工的、复向加工的，也有采用交互打击的。所产生的修疤不固定。有呈微凹状的，有呈锯齿状的；有的刃缘形成多个细小的疤痕，有的标本修疤短宽，可见清晰的打击点和放射线。旧石器时代中期的骨器加工技术比早期的有所进步，表现在修理工作上比较细致，刃缘多做反复的修理。有的标本器型规整，两侧对称。许家窑遗址出土的1件尖状器，器身底部左右各打出

一个缺口，有学者认为这是为装柄而特设的[67]。诚然，这一推论有待更多的标本和用新的手段来验证。但为便于手握，对打击骨器的底部作特殊的处理，早期的罕见，中期有所增加。旧石器时代晚期打击骨器中多见连续和多次修理的层叠修疤，细疤浅平呈长条形或宽口形比较常见。由此不难看出华北地区的打击骨器，无论从类型上还是打制方法上都具有一定的承继性和发展性。

（二）打击骨器的功能

各类打击骨器如尖状器、刮削器和雕刻器均与相应的石器在加工上相似，刃口形态亦相似，应该说它们的功能基本相近。但可能略有不同，比如石尖状器主要是用其尖部，起锥割作用。用时将尖部刺入加工物体，然后将物体切割碎，这个切割过程既可以用于切割肉类，也可用于切割植物的块茎[68]。骨尖状器大体上能适应上述用途，但因其硬度不如石尖状器，用来割有密集纤维的植物或动物的筋腱则不如石尖状器有效，但从华北旧石器来看，石尖状器基本上是小型的，力臂比较短，做挖掘工具则显得力不从心，而骨尖状器则优于石尖状器，它的力臂长富有弹性适于挖掘。在华北旧石器时代遗址出土较多的骨尖状器或许是适应这种生产需要而存在，因此可揣测采集经济在原始人经济生活中具有重要地位。骨刮削器和石刮削器一样主要用于切割和刮削，类似今日刀的某些功能。骨雕刻器的功能尚不明确，可能是一种与刮削器用途相仿的工具。另外打击骨器的加工技术受石器类型的影响，比较典型的例子是丁村遗址出土的6件三棱尖状骨器，与丁村遗址出土的中、小三棱尖状石器很相似。可见骨器的制作与石器的制作在方法上有时是相通的。石制三棱尖状器是丁村文化中的代表性器物，骨制三棱尖状器也可看作是丁村文化的特点之一。

（三）刮制、磨制骨器的技术

旧石器时代晚期是骨、角器发展的重要时期，特别表现在锯割、刮制、磨制和钻孔等新的技术已用于加工骨、角器。一些特殊用途的骨、角器诸如鱼鳔、锥、标枪、针、矛头等在华北旧石器时代晚期有所发现，已成为旧石器时代晚期文化的重要标志。但值得注意的是与欧洲同时代遗址的磨制骨器相比，华北的不仅数量少，而且地点也少，显得很不发达，究竟什么原因造成如此结果，值得今后探索。

锯割技术在中国旧石器时代文献中讨论的不多，实际上这种技术或许曾被华北原始居民所应用，例如阎家岗出土的3件用野牛牛角尖端制成的角器，截面整齐，截面与角心长轴垂直。再如辽宁海城仙人洞发现的骨针，若不是用槽割技术制坯，很难想象能制成如此精致的骨针。学者们一般认为：当时锯割骨角的工具为锋利的石片。但饶有兴趣的是与阎家岗出土的3件牛角器相伴出土了3件带臼齿的牛下颌骨，均为单侧齿列，臼齿齿尖可见少许崩剥的现象，原研究者认为它非自然力所能形成。因此进而提出：阎家岗古猎人是用这些牛的带牙齿列的下颌骨锯割牛角的[69]。从牙齿硬度上考虑带尖锋利的动物牙齿亦可用于锯割骨、角器的工具。由此看来，在今后工作中，对华北旧石器时代人应用锯割技术应予以特别关注，期望找到直接证据。

骨针是集锯割、刮、磨和钻孔等技术于一身的器物，较好地反映出这一时期骨、角器制作的水平。有人研究过小孤山出土骨针的制作与使用，认为小孤山骨针经过选材、截料、刮磨成型和加工针眼四道工序。通过制作骨器的试验，在一定程度上复原骨针制造的过程：小孤山的骨针可能采取了从选出的骨片上以锯切开槽的方法截取窄长的骨料，然后用刮和磨的方法将长条形骨料加工成圆柱状针身，最后对针的上部细磨，使之扁薄，再用对钻方法制成针眼。山顶洞出土骨针的针眼是采用刮挖方法制成的，试验者认为刮挖较之对钻费时，效率较低[70]。

由于骨骼具有一定的韧度更适于制作锥、针、鱼鳔等细长的工具，这是石器所无法代替的，但值得注意的是磨制、刮制骨器出现在旧石器时代晚期，其数量与打击骨器数量相比并不多，也就是说磨制、刮制骨器出现以后，打制骨器仍占有相当的比例，这种现象似乎反映出磨制、刮制骨器是从华北以外地区交流或传播过来的。这与最近古人类学家和考古学家对晚期智人化石和石器的分析认为此时存在较活跃的基因和文化交流的观点相吻合[71]。

（四）关于骨器起源的探索

从目前的资料来看，华北地区骨、角器出现在早更新世的西侯度和泥河湾遗址。在旧石器时代早期的一些遗址中骨、角器的制作和使用可能已比较普遍，例如北京人遗址、庙后山遗址和金牛山遗址都出土了数量较多的打击骨器。估计骨器的出现会稍稍晚于石器的出现。因为制作打击骨器需要有比骨器更坚硬的锤，尽管可以以骨打骨，但效果远没有用石锤的好。有学者推测：打击骨器的出现是与早期人类敲骨取髓行为密切相关[72]。人们用石器或石块敲碎有髓的动物长骨时，可同时得到有尖、有锐缘的碎骨。因为兽骨的肢骨具有纵向纹理，当被击碎时很易产生带尖的长碎骨，这种碎骨的尖即使不作修理，也可使用，稍作修理，便可成为一件使用效果良好的骨器，这大概也是骨尖状器在早期遗址中较多出现的缘故之一。骨骼和岩石均为旧石器时代人类较易获得的工具原料。骨头虽不如石头坚硬，但经敲砸容易碎裂，裂边常呈锋刃状，也较易加工。

如上所述，西侯度出土的角器和泥河湾早更新世地层采集的十余件标本是目前所知华北地区最早的打击骨、角器，泥河湾早更新世出土的标本大部分是用哺乳动物的胫骨、桡骨、尺骨、肩胛骨作原料，仅在一端加工，另端保持原料的原状。加工方法比较简单，比如采用交互打击的方法，仅在尖部的一端或两端稍加修理，比起北京人、庙后山人及金牛山人遗址出土的骨器，显示出一定的原始性。泥河湾早更新世地层出土的主要是小型石制品，这种骨器较之石器具有较长的力臂，可作为小型石器难以达到的或弥补小型石器工具的不足。但就泥河湾早更新世地层采集的的骨器而言，虽是加工粗糙，但修整痕迹清楚，因此似可推测它们并不是最早的骨器，在这以前可能存在更为原始的骨器，甚至可能与自然的或人工打碎的带尖碎骨很难区别开来。

注释：

[1] Breuil H., "*Le feu et l'industie lithique et osseuse à Choukoutien*," *Bull Geol Soc China*, No.11, 1931, p.154.

[2] Black D., Teilhard de Chardin P and Yooung CC et al, "*Fossil Man in China,*" *Mem Geol Sur China Ser. A,* No.11, 1933, p.1-166.

[3][10][11][29] Breuil H., "*Bone and antler industry of Choukoutien Sinanthropus Site*," *Pal Sin New Ser 6*, 1939, p.1-41.

[4] a. 贾兰坡：《关于中国猿人的骨器问题》，《考古学报》1959年第2期；b. 裴文中：《关于中国猿人骨器问题的说明和意见》，《考古学报》1960年第2期。

[5] Behrensmeyer Anna K., "*Taphonomic and ecologic information from bone weathering,*" *Paleobiology*, No.4, 1978, p.150-162.

[6] 吕遵谔、黄蕴平：《大型肉食哺乳动物啃咬骨骼和敲骨取髓破碎骨片的特征》，北京大学考古学系编《纪念北京大学考古专业三十周年论文集》，文物出版社，1990年，第4—39页。

[7] 张俊山：《峙峪遗址碎骨的研究》，山西考古研究所编《山西旧石器时代考古文集》，山西经济出版社，1993年，第279—307页。

[8][28] 卫奇：《东谷坨旧石器初步观察》，卫奇等编《泥河湾研究论文选编》，文物出版社，1989年，第125—126页。

[9][59] 王尚尊、郭志慧、张丽黛：《河北泥河湾早更新世骨制品的初步观察》，《人类学学报》1988年第7卷第4期。

[12] 张森水：《环渤海地区旧石器时代考古回顾》，河北省文物研究所编《环渤海考古国际学术讨论会论文集》，知识出版社，1996年，第4—49页。

[13][30][35][43][45] 张森水、韩德芬、郑绍华：《金牛山（1978年发掘）旧石器遗址综合研究》，《中国科学院古脊椎动物与古人类研究所集刊》第19号，科学出版社，1992年，第21—26页。

[14][26][31][46][54] 金牛山联合发掘队：《辽宁营口金牛山旧石器文化的研究》，《古脊椎动物与古人类》1978年第16卷第2期。

[15][44]：辽宁省博物馆等：《庙后山——辽宁本溪市旧石器文化遗址》，文物出版社，1986年，第30—31页。

[16][34][36][47][67] 贾兰坡、卫奇、李超荣：《许家窑旧石器时代文化遗址1976年发掘报告》，《古脊椎动物与古人类》1979年第17卷第4期。

[17][48] 陈全家、李其泰：《吉林桦甸寿山仙人洞旧石器遗址试掘报告》，《人类学学报》1994年第13卷第1期。

[18][40][55] 孙建中、王雨灼、姜鹏：《吉林榆树周家油坊旧石器文化遗址》，《古脊椎动物与古人类》1981年第9卷第3期。

[19][41] 于汇历：《黑龙江五常学田旧石器文化遗址的初步研究》，《人类学学报》1988年第7卷第3期。

[20][33][37][60][66][69] 黑龙江省文物管理委员会等：

《阎家岗——旧石器时代晚期古营地遗址》，文物出版社，1987年，第70—74页。

[21][32][38][42][49] 周信学、孙玉峰、王志彦等：《大连古龙山遗址研究》，科学技术出版社，1990年，第7—12页。

[22][39][50][65] 贾兰坡、盖培、尤玉柱：《山西峙峪旧石器时代遗址发掘报告》，《考古学报》1972年第1期。

[23] 高星：《昂昂溪新发现的旧石器》，《人类学学报》1988年第8卷第2期。

[24] 张森水：《河北迁安县爪村地点发现的旧石器》，《人类学学报》1989年第9卷第2期。

[25][27] 陶富海、王向前：《丁村遗址打制骨片的观察》，山西省考古研究所编《山西旧石器时代考古文集》，山西经济出版社，1993年，第141—144页。

[51][52][56] 黄慰文、张镇洪、傅仁义等：《海城小孤山的骨制品和装饰品》，《人类学学报》1986年第5卷第3期。

[53] 邱中郎、李炎贤：《二十六年来的中国旧石器时代考古》，中国科学院古脊椎动物与古人类研究所编《古人类论文集》，科学出版社，1978年，第57—58页。

[57][61][63][64] Pei WC, "*The Upper Cave Industry of Choukoutien*," *Pal Sin New Ser D*, No. 9 1939, p.1-58.

[58] 贾兰坡、王建：《西侯度——山西更新世早期古文化遗址》，文物出版社，1978年，第67—68页。

[62] 谢骏义、张鲁章：《甘肃庆阳地区的旧石器》，《古脊椎动物与古人类》，1977年第15卷第3期。

[68] 张森水：《中国旧石器文化》，天津科学技术出版社，1987年。

[70][72] 黄蕴平：《小孤山骨针的制作和使用研究》，《考古学报》1993年第3期。

[71] a. 吴新智：《20世纪的中国人类古生物学研究与展望》，《人类学学报》1999年第18卷第3期；b. 张森水：《管窥新中国旧石器考古学的重大发现》，《人类学学报》1999年第18卷第3期。

（原文刊于《人类学学报》2001年第20卷第4期）

黄河流域新石器时代文化格局之演变

戴向明

一

多年来，经过考古工作者的艰苦努力，中国新石器时代考古学文化的时空框架已渐趋明朗。特别是近些年新资料的不断发现和研究的逐步深入，在空间上填补了许多空白，在时间序列上弥补了许多缺环，并修正了以往一些不适当的认识，而且对各区系文化发展谱系的研究，又使得我们对各文化的演变过程及其相互关系有了越来越清楚的了解。正是在这些研究的基础上，我们才得以对黄河流域新石器时代文化格局及其演变过程重新做一番审视和分析。

1987年，严文明先生通过对中国史前文化发展脉络和不同层次结构的分析指出，中国史前文化是一种“重瓣花朵式的向心结构”，具有统一性与多样性的特性[1]。这是对中国史前文化本质特点的精深理解和把握。

他将中国境内的新石器时代文化划分为六大文化区。中原文化区处于中心位置，即所谓的“花心”；其周围分别环绕着山东文化区、燕辽文化区、甘青文化区、长江中游区、江浙文化区，显然这是五大“花瓣”。六大区中，周边五个文化区文化发展变化的脉络都比较清楚，文化谱系较为单纯，而唯有位于中心的中原区文化类型多样，发展演变的过程极为复杂。另外，在六大区中，排列在黄河流域的三大文化区间的关系——主要指山东区和甘青区与中原区的关系——较为密切，而位于北方的燕辽区和长江流域的长江中游区及江浙区与它们的关系则相对疏远，尽管相互间也有过一些接触和影响，但总体看不是太强烈，且主要体现在各自的边缘地带。因此就本文而言，为便于突出主题，暂将另外三区抛开，而集中考察黄河流域三个文化区内文化格局的演化过程。在这三区中，中原文化区，再扩展一点，即相当于整个黄河中游区将成为我们讨论中所关注的焦点。而且我们知道，也正是在这一地区孕育了华夏文明，这与其所处的独特的位置和文化格局的复杂多变必有一种内在的联系，因此对夏王朝、华夏文明的形成机制和历史背景的探讨也终将成为本文的落脚点。

为便于分析，按照编年序列制作一张黄河流域新石器时代文化发展谱系图表是必要的（图一）。

需要说明的是，1991年，中国社会科学院考古研究所依据1988年国际^{14}C会议确认的高精度树轮校正年代表对全部^{14}C年代数据作了校正[2]，本文据此并参照近几年发表的^{14}C年代数据，对各文化、类型的年代重新作了审查和界定，从中可以发现，大部分年代值与我们以前所认定的基本相符，只有少数有所调整，个别调整幅度较大。有些情况我们将在后文中给予具体解说。

另外，有几个文化、类型尚缺^{14}C年代数据，它们在图表中的位置是根据其在文化发展谱系中的位置和文化间的比较研究确立的。

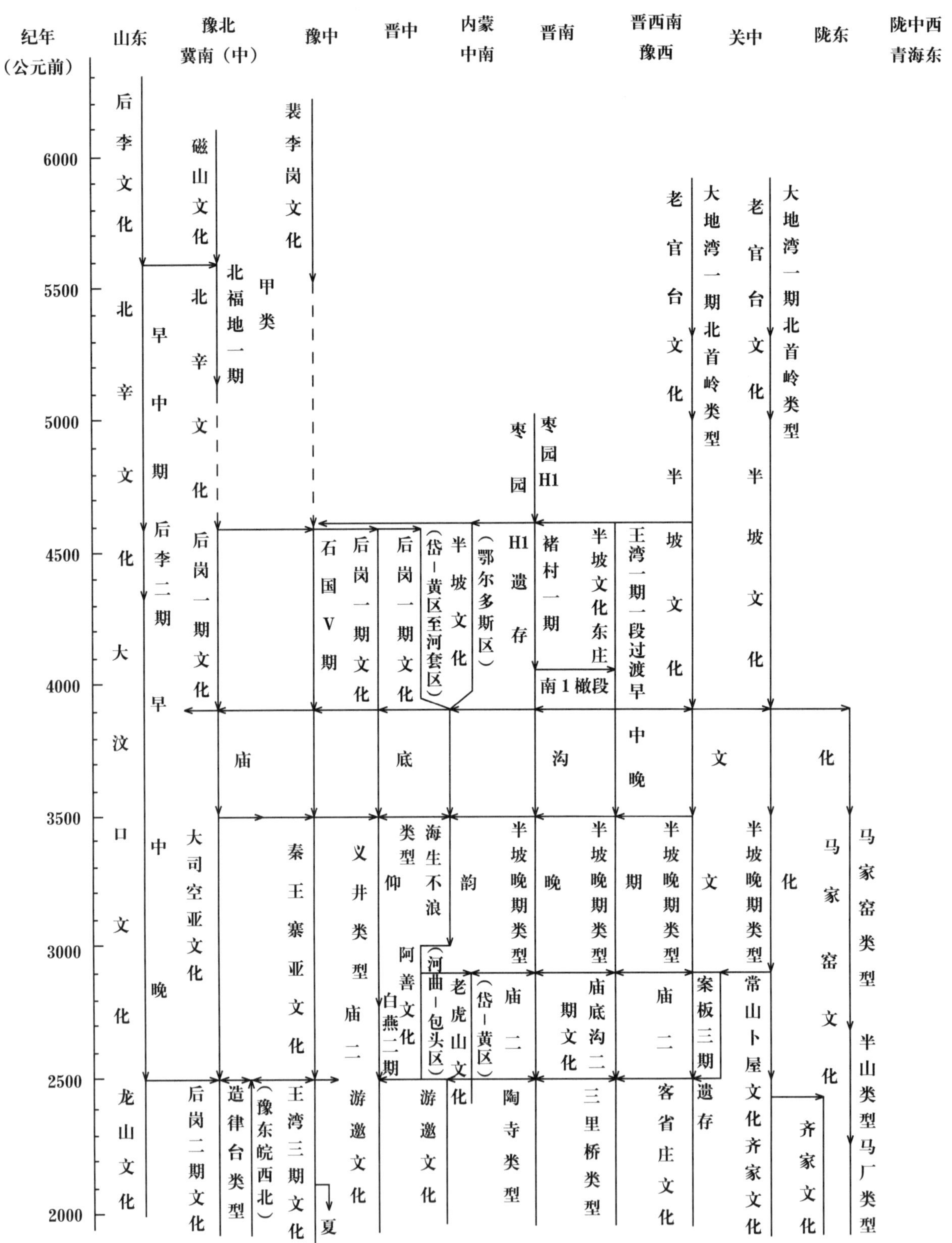

图一　黄河流域新石器时代文化谱系示意图

二

按照地质学的认识，公元前10000年左右最后冰期结束，进入后期，亦即开始了所谓的全新世。从这时起，全球气候逐渐转暖，但在最初的二三千年间，气候仍然比较寒冷，直到公元前6500年稍晚以前，能确知的整个中国北方的考古发现只有一点零星的线索，如河北徐水南庄头遗址[3]，这表明此期间的农业居址不会太多。按照严文明先生的划分法，这个时期当属新石器时代的早期[4]。我们知道，从公元前6000年稍早一点开始，黄河流域已存在具有一定数量和规模的定居农业居址，有了数量较多的粮食作物粟，有了虽较粗糙但已成熟的陶容器，石器中有了打磨得较精细的生产工具和加工工具。因此可以推知，新石器时代早期（其上限或可推到全新世的开始，即公元前10000年左右，其下限约在公元前6500年左右或稍晚），在气候、植被、土壤、水源等自然条件都比较优越的黄河流域，势必有一个农业从起源到初步发展的过程，陶器和农业工具从创制到逐步完善的过程。从渔猎、采集到经营农业，生产、生活方式的改变，导致了人类生存方式的根本性变革。由于有了农业，人们必然要过一种定居的生活，相应地就要制作陶器来满足日常生活的需要，制作工具来进行农业生产；生产、生活上的进步必然会导致人口的逐步增长、居址规模的扩大和数量的增多。因此黄河流域新石器时代早期遗存的更多发现也只是个时间早晚的问题。但另一方面我们还应看到，由于这时尚处在农业经济、农业生活初步形成和发展的阶段，在较早的年代里，或许还是农业并没占有绝对优势的、多种经济并存的局面，即使已有了一些定居的居址，很可能也是零星的、小规模的、不稳定的、短时的，人们使用的陶器、石器等物品的数量不会太多，文化堆积不会太丰厚，因此对我们来说，要发现这样的遗址可能确实很困难。在较晚的年代里，也许随着农业的进步和发展，农业在生产中的比重增加了，人口增长了，居址的规模、数量有所扩大，在使用上也有了一个比较长的稳定时期；但这一切仍会很有限，在各地区大概只局限在一些自然条件优越的狭小范围内，并且相互间处于一种相对隔离、封闭的状态；另外，由于可能从旧石器时代晚期就延续下来的不同的文化传统和不同的人群间的差别，这时各地区在陶器、石器乃至房屋、墓葬等方面可能也会表现出不同的文化面貌，这样也就存在着不同的文化差别。因而，在新石器时代早期，黄河流域的文化格局可能是一种散点式的，各地区文化规模、范围小且相互间缺乏交流，呈现出比较松散的局面。

上述关于黄河流域新石器时代早期文化发展状况和文化格局的论述，主要是在对新石器时代中期认识的基础上进行的一种逻辑推断。那么新石器时代中期的情况究竟如何呢？

三

新石器时代中期，黄河流域几个主要地区文化的发展演变都可划分为两大阶段。第一阶段，在山东有后李文化（前6300年—前5600年）[5]，豫北冀南有磁山文化（前6100年—前5600年），豫中有裴李岗文化（前6200年—前5500年），渭河流域（包括关中和陇东）有老官台文化早期即以大地湾一期为代表的一类遗存（前5900年—前5300年）。这个时期的考古发现表明，一方面各地区的经济、文化等方面有了长足的进展，出现许多较大的居址、墓地甚至祭祀遗址，并且各地都出有大量的具有系统组合特征的陶器群和石器，这一切都说明定居农业已居于主导地位，与其相关的社会文化各方面也获得了充分的发展。另一方面，从各地的文化面貌、特征看，除磁山和裴李岗文化因地域邻近而有着较密切的关系外，它们同相距较远的东面的后李文化和西面的老官台早期文化关系较疏远，陶器群中所共有的只有象圜底钵或平底钵、圈足碗、三足钵这些最简单的器类，而各自一些典型的或居主导地位的因素在这三大区中皆不互见（如老官台文化早期的三足筒形罐，裴李岗文化的小口双耳壶和磁山文化的陶盂、支脚，后李文化的釜等）。这种情况说明各地文化间或说人群间一方面并非处于完全隔绝的状态，另一方面确实又缺乏强烈的相互间的交流和影响，各自处于相对封闭、保守的状态，文化的进化主要体现在各自独立的发展上。

至于磁山和裴李岗文化，对两者的文化性质和命名问题学术界曾有过热烈的讨论，一种意见认为应据其共性而视为同一种文化，另外一种则据其差别而分为两个不同的文化。有人指出，磁山遗址早期遗物中与裴李岗文化相同的极少，特别是缺乏裴李岗文化中最具代表性的器物小口双耳壶，三足钵也很少；磁山晚期与裴李岗文化相同或相似的因素有所增加，出现了少量小口双耳壶和较多的三足钵，但仍居次要地位；而裴李岗文化的遗址中皆不见磁山文化中数量最多、最具代表性的陶盂和支脚；两者间各自有着主导因素完全不同的器物组合，又各有不同的分布地域，因此将它们视为两个不同的考古学文化较为合适[6]。我们倾向于这种认识。但由于它们地域相邻，所以如果相互间没有任何联系反而是难以想象的。上述分析也表明了从早到晚交流逐渐增多的过程，而这种交流又主要表现在裴李岗文化对磁山文化的影响上。由于它们之间的这种密切关系，可视其为两个具有亲缘关系的考古学文化共同体，并共同结合组构成一个“亲缘文化区”，而与渭水流域的老官台文化区和山东的后李文化区相并立。

到新石器时代中期的第二阶段，这种三区并立的局面有所变动，据目前已知的材料，这主要表现在山东区对豫北冀南区（包括冀中）的影响上。在山东继后李文化发展起来的是北辛文化，有人将这类遗存的编年序列整理为三期六段，但将晚期即以大汶口5—7层为代表的Ⅴ段和以后李二期为代表的Ⅵ段单独划出，命名为“后李二期文化[7]。其实，晚期陶器的组合与中期基本相同（以鼎、钵、三足钵、小口双耳壶为基本组合），器物形制上虽有差异，但明显是一种发展继承关系，所以仍可将其归入北辛文化的范畴；它与“后岗一期文化”并不是一回事，其直接后继者当是本地大汶口文化早期（刘林期）遗存。从前学术界把以江苏淮安青莲岗[8]和坯县大墩子下层[9]为代表的一类遗存或称为“青莲岗文化”，或作为大汶口文化最早一期，现在看来它与后李二期的陶器组合相似，形制相近，因此青莲岗期遗存亦应纳入北辛文化的范畴，它与后李二期一类遗存间的差别可能说明北辛文化晚期在苏北鲁南和鲁中北存在两个不同的地方类型。有关北辛文化早、中期的^{14}C年代，目前只限于北辛一个遗址，最高值为公元前5600年，恰与后李文化的下限相衔接；它的低年代值集中在公元前4300年左右和公元前4600年左右两个数据上，而青莲岗期（北辛文化晚期）大墩子遗址下层的^{14}C年代为公元前4600年—前4300年，则中、晚期的分界当在公元前4600年左右；而整个北辛文化的跨年约为公元前5600年—前4300年。北辛文化早期，炊器的结构以釜为主，釜、鼎并存，釜显然是从后李文化占主导地位的釜继承发展来的，而釜形鼎可能是受磁山文化三足钵的启发而创制的。北辛文化早期出现了三足钵、小口壶、三足壶等，尽管数量不多，但足以表明与其邻近的磁山文化对它的影响。

这种影响比起北辛文化对豫北冀南（中）区的冲击显得微不足道。这种冲击是因河北易县北福地一期甲类遗存的发现而被人们认识的[10]。遗存中的大宗器物釜同北辛文化早期的圆体釜非常相近；而釜形鼎的形制表明，这种器物应受磁山文化三足钵的诱发，在釜下加三个锥状足而创制的；敞口平底钵与北辛早期的同类器也如出一辙；此外，小口双肩耳壶、陶支脚等当是直接承袭磁山文化的因素，而那种形体较大，双耳在腹部的小口高领壶可能是小口双肩耳壶的一种衍变。这种文化因素的构成及其来源说明，大约在公元前5600年，后李文化演变为北辛文化的早期形态，在受到磁山文化微弱影响的同时，又极力向外扩展，这股势力到达河北中部的易县、涞水一带，冲断了当地磁山文化（北福地一期乙类遗存）的传统，同时又吸收、保留了磁山文化的某些因素，形成了北福地一期甲类这样的遗存，这种遗存可视为北辛文化的地方类型。有学者认为，河北南部磁县下潘汪、界段营遗址中也存在这类遗存[11]，果真如此，那么可以说大约自公元前5600年以后，从河北中部到南部可能还包括豫北地区，磁山文化在整体上皆因北辛文化的强烈冲击而中断（只部分因素有所保留），成了北辛文化的势力范围。

豫中的郑州—洛阳一线及其以南地带，目前所知继裴李岗文化之后的最早遗存以王湾一期一段和长葛石固仰韶早期遗存为代表，两种遗存大约都形成于公元前4600年以后，且其文化面貌都不是裴李岗文化的直接延续。那么从公元前5500年—前4600年近千年的时间里，这一地区的文化面貌究竟如何？是裴李岗文化的继续，还是像豫北冀南（中）区一样受到外来力量的冲击而改变了原有的文化传统？或是外来因素融合本地因素而呈现另一种状态？有待研究。

大约公元前 5300 年，渭河流域老官台文化大地湾一期过渡为北首岭类型。北首岭类型陶器组合的基本成份主要是由前期同类器演变而来，只是形制变化较大，且种类较前有所增加，其中北首岭遗址所见小口双耳罐[12]与河北易县北福地一期甲类遗存小口高领双腹耳壶相近，它在这里出现，可能是本地前期小口高领鼓腹罐受豫北冀南（中）区双耳壶影响。这表明此时两地间的交流依然存在，但非常有限，渭河流域的文化基本是按自己的传统平稳发展下来的。

从上述分析可知，新石器时代中期第二阶段文化格局的变动主要是在冀、鲁、豫地区。由于北辛文化势力的膨胀，原有的磁山文化可能被侵蚀掉，在广大地域范围内形成了一个大的北辛文化区。而渭河流域的老官台文化未受其干扰，始终保持着自己的文化传统和特色。就目前所知，这一时期黄河流域基本呈现为东面的北辛文化区同西面的老官台文化区两相并立的局面。

我们还注意到，各地区文化的发展演变并非同步，节奏不一，各地新石器时代中期的结束和晚期的开始时间也不完全相同，渭河流域约在公元前 5000 年，其他地区则大多是在公元前 4600 年左右甚至更晚。

四

大约在公元前 5000 年左右，渭河流域率先从新石器时代中期进入到了新石器时代晚期，即老官台文化的北首岭类型演变为仰韶时代早期的“半坡文化”。半坡文化的特征是人们所熟知的，其陶器的基本组合为：杯形口尖底瓶、盆、钵、罐、瓮等。有人将这一文化划分为三期[13]：早期遗存以宝鸡北首岭遗址 77M17、77M3、77M12 等为代表[14]，流行小口双耳平底瓶、“蒜头”细颈壶、钵、鼓腹罐和上腹壁较直、下腹内曲的小平底弦纹罐等。小口双耳平底瓶是本地北首岭类型的小口双耳罐受同期豫北冀南（中）区小口高领双耳壶和小口细颈壶的影响而形成的；蒜头细颈壶的起源也可追溯到北辛文化中的小口细颈壶；而鼓腹罐和直壁曲腹弦纹罐则应分别由北首岭类型中的鼓腹罐和三足筒形罐演变而来；钵亦当来源于本地前期的钵。因此，半坡文化的早期器物，主要是由其前行文化即北首岭类型的相关因素演化来的，同时接受了一些豫北冀南（中）区“北辛文化”西渐的影响。至半坡文化中期，小口双耳平底瓶演化为杯形口尖底瓶，其他器物的形制也发生了一定的变化。到半坡文化晚期，渭河流域的杯形口尖底瓶由丰满渐至萎缩，同时出现了大量的葫芦形平底瓶，其他器物亦有较大的改变。

半坡文化早期阶段大体处于北辛文化的中期。到约公元前 4600 年，山东北辛文化进入了其晚期即后李二期。据目前已知的材料，这类遗存器类仍较简单，折腹圜底鼎、钵、三足钵、小口双肩耳壶为其陶器的基本组合；发现的遗址数量也不多。

而此时在豫北冀南区，“后岗一期文化”则异军突起（据现有的 ^{14}C 测年数据，其跨年为公元前 4600—前 3900 年）。后岗一期文化陶器群的基本组合为：侈口圆腹柱状足鼎、小口圆腹圜底壶或小口细颈曲腹平底壶、平底钵、深腹圜底钵、罐等。但南、北之间在陶器组合上是有差异的，突出表现为北部如南杨庄一类的遗址中存在着大量的陶釜[15]，而南部如永年石北口、安阳后岗一类的遗址中则缺乏此种器物[16]。尽管我们不太清楚北福地一期甲类那样的遗存（相当于北辛文化早期）之后，这个地区相当于北辛文化中期的面貌究竟如何，但从上述情况还是可以推知，北部南杨庄一类同南部后岗一期一类在形成机制上定会有所差别。而且从总体上仍可看出后岗一期文化同北福地一期甲类这样的“北辛文化”有着明显的渊源关系，且这种关系在南杨庄一类遗存中表现得更为直接。总的讲，后岗一期文化中的鼎、釜、钵明显是由本地前期北辛文化中的同类器脱胎而来的，早期的小口细颈曲腹平底壶在北福地一期甲类、磁县下潘汪遗址中亦有其原型[17]，小口圆腹圜底壶则应是由前期的小口圆腹壶演变而来的；而罐类在其前行文化中找不到源头，但在其西面如洛阳王湾一期一段[18]及关中仰韶早期遗存中都有与其相近的器物，所以这里的陶罐当是从半坡文化中传入的。此外，它的靴形陶支脚、盂形灶等应是保留的磁山文化因素。尽管后岗一期文化与后李二期一类遗存都源自于北辛文化，但由于在它们之前豫北冀南（中）与山东在文化面貌上就存在着一定差异。

此时又出现更大的分化而走上了不同的发展道路，后李二期为北辛文化在其腹地的直接的自然延续，而后岗一期则是当地北辛文化经变异和在外力影响下形成的一支独具特色的新型的考古学文化。另外，约在公元前 4300 年，继后李二期、青莲岗一类遗存（北辛文化晚期）之后，大汶口早期文化兴起，且文化面貌发生了极大的改变，当然与后岗一期文化相去更远。

我们不再称后岗一期和半坡早期为代表的遗存为仰韶文化的“后岗类型”和“半坡类型”，而将它们分别视为两支独立的考古学文化，是因它们各自有着不同的分布地域（两者都有自己的文化中心区和广大的势力范围），各有特征鲜明的器物群并表现出不同的文化面貌，而且在黄河流域，它们都以独立的姿态同山东境内的北辛晚期文化和大汶口早期文化并存，这构成了这一时期黄河流域文化格局的主体形势。由此引发的对“仰韶文化”的再认识将在后文讨论。

半坡文化以渭水流域为中心（其早期遗存迄今只在这里有所发现），后岗一期文化以豫北冀南为中心。后岗一期文化形成后迅速壮大，而此时半坡文化也进入了其鼎盛期。此后两支文化都没有限于它们狭小的本土范围内，而是以强劲的势头向外扩展。

半坡文化向东发展，将晋西南的运城盆地和洛阳以西的豫西地区囊括其内，山西芮城东庄村遗存可以反映出它的文化面貌[19]，洛阳王湾一期一段遗存也可划归此类[20]。两遗址中都发现有陶鼎（足），其形制与后岗一期文化的非常相似，明显是由后者传入的。这时期郑州左近的文化内涵还不是很清楚，但因这里与后岗一期文化的本土相毗邻，只一河之隔，估计受它的影响要多一些。如此，则郑州–洛阳之间的豫中地区很可能就是半坡文化与后岗一期文化相对峙、交接、会合的地带。已发现的长葛石固仰韶早期遗存（石固Ⅴ期）[21]，既有来自半坡文化的影响（如蒜头细颈壶、翻沿盆等），也有来自后岗一期文化的因素（如鼎等），同时可能受本地前期裴李岗文化遗传因素的影响而表现出一些地方特色（如双耳罐、钵等），这就使得这里的文化面貌具有混合性。半坡文化向北发展，远达陕北地区和河套以里的鄂尔多斯地区；鄂尔多斯地区的考古工作表明，“本地区仰韶时代早期的考古学文化，主要和半坡文化有着密切地联系，此外也受到了一些后岗一期文化的间接影响”[22]。

后岗一期文化向外传播，除南下进入豫中地区以外，大概主要还有两条路线，一条于黄河北部往西进入山西境内，再沿汾河及其他河流谷地北上到达晋中的太原盆地，太谷县上土河遗址就发现了典型的后岗一期文化遗存[23]，娄烦县童子崖遗址也见有这类遗存的零星线索[24]。另一条沿太行山东麓北上，首先到达冀西北张家口以南的桑干河流域，在蔚县四十里坡遗址就发现有这类遗存的地方变体[25]。其后可能又分作两支，一支沿桑干河往西南进入雁北的大同盆地，甚至南下到忻定盆地而与南来的一支相沟通；另一支则往西北到达内蒙古中南部的集宁——丰镇一带（即岱海、黄旗海周围），然后再向西流布到河套地区。已发表的这类遗存的主要资料有凉城县红台坡下[26]和包头阿善一期[27]，从中我们可以看出它们的主体因素是来自后岗一期文化的（如柱状足鼎、小口壶等），同时也受到了半坡文化的一些影响（如黑色宽带彩陶钵），还有些因素是共有的（如红顶钵、弦纹罐等），并形成了自己的一些特色[28]，因此，即便把分布于内蒙古中南部的这类遗存划属后岗一期文化，它也是一种地方变体。

大家也许已注意到，上文分析没有论及山西的临汾盆地（本文以下将称之为“晋南地区”），这并非疏漏，而是因为这一地区近年的考古新发现使我们必须对其做一专门探讨。这种新发现即是以翼城枣园村 H1[29]和侯马褚村第一期[30]为代表的遗存。发掘者认为：宝鸡北首岭 77M3、77M17 等单位的年代早于半坡文化，属于新石器时代早期（相当于本文所说的新石器时代中期）；而枣园 H1 的钵、壶与北首岭上述遗迹中的同类器相同或相似，因此，以枣园 H1 为代表的遗存与北首岭 77M3、77M17 等单位的年代同时，属于新石器时代早期的最后一个阶段，与河北易县北福地第一期甲类遗存年代相若[31]。那么，与枣园 H1 遗存一脉相承、连接紧密的褚村一期遗存自然就晚于枣园 H1 而与半坡文化早期同时了[32]。但经仔细分析，我们的看法是：

1. 北首岭 77M3、77M17 等单位无论是陶器类型的组合还是其形制都与以 77M10 等为代表的老官台文化北首岭类型的差别很大，而与其后典型半坡文化的陶器联接紧密；故此这类遗存虽具有从北首岭类型向半坡文化过渡的性质，但按其特征理应划分为半坡文化的最早一期而不宜归入“新石器时代早期的最后一个阶段”。2. 枣园 H1 中除小口双耳壶、钵与上述半坡文化早期中的同类器相似外，它的鼓腹罐的形制也与后者的相近，只是前者为素面，后者饰绳纹；少许釜、三足盂形鼎的出现可能与东面（豫北冀南区）“北辛文化”的影响有关；而直腹罐、假圈足钵则是本地特色。综合其整体特征，枣园 H1 一类遗存当是从当地生长起来的一种受半坡早期文化强烈影响的新的考古学文化类型，其年代与半坡文化早期相当。3. 紧接其后发展起来的是侯马褚村一期遗存，各主要器类如壶、钵、盆、罐与枣园 H1 中的同类器都有着紧密的继承关系。另一方面，褚村一期小口双耳壶溜肩、瘦长体的形制与半坡文化中期小门尖底瓶有着相同的造型风格，翻沿盆、弦纹罐也都带有明显的半坡文化影响的烙印。此外，锥状足鼎应来自后岗一期文化。因此，褚村一期在保持着从前期继承下来的自身文化特色的同时，仍受着西南面和东面两大文化的影响，其中半坡文化的影响是主要的，后岗一期文化的影响次之。褚村一期的年代当在半坡文化中晚期和后岗一期文化的时间范围之内。4. 枣园 H1 与褚村一期遗存前后传承，面貌一致，同属一个文化整体。它受到半坡文化的强烈影响。却没有被半坡文化所同化，突出表现是它始终以特色鲜明的小口平底壶为唯一水器，而将半坡文化的尖底瓶、小口细颈壶都排斥在外，夹砂罐类也以自己的直腹罐为主。所以不能简单地将它归入半坡文化，当然更不能归属于后岗一期文化。此类遗存是夹在东、西两大文化集团之间的拥有自己分布地域的一个文化个体。我们同意暂时统称此种遗存为“枣园 H1 遗存”[33]。这类遗存的主要势力大概只局限于晋南地区，对外没有造成多大影响，加上其文化内涵又沾染上许多外来因素而显朦胧，因此它不具有与半坡文化和后岗一期文化同等并立的地位。在两侧为高山所阻的山西境内，它的南面即晋西南（运城盆地）属半坡文化所有，其北面即晋中（太原盆地）则为后岗一期文化所占，而它所在的晋南地区（临汾盆地）便成了两大文化集团相对峙、交融的“飞地”。

综合上述分析，仰韶时代早期黄河流域文化格局的总体形势已基本清楚。半坡文化、后岗一期文化和北辛文化后李二期——大汶口文化早期三大文化系统的并存构成了文化格局的主体框架，另外，其间还夹杂着像“枣园 H1 遗存”这样小型的地方性文化个体。其中半坡文化与后岗一期文化的兴起和扩张，成为这个时代最活跃、最动人的事件。半坡文化以渭河流域为中心，直辖晋西南豫西，往北占据了黄河以西、以南的陕北和鄂尔多斯地区；后岗一期文化以豫北冀南为中心，将从太行山东麓至黄河以东、以北的晋中（北）、内蒙古中南部、冀西北等地都纳入了其势力范围。在整个黄河中游地区，两大文化集团于黄河两岸相对峙、碰撞、交融，互相影响，互相渗透，构成了一幅多彩多姿的历史画卷。

五

继半坡文化之后发展起来的是庙底沟文化，这是学术界普遍流行，并为大多数人所接受的观点。但很早就存在着相反的认识，即认为半坡文化与庙底沟文化同时并存，近些年来持此说者亦不乏其人。随着“枣园 H1 遗存”的发现和晋南地区考古工作的深入开展，有人又提出了庙底沟文化起源于晋南，庙底沟文化早期与半坡文化晚期同时并存的认识[34]。看来，关于庙底沟文化的起源及其与半坡文化的关系仍是个复杂的问题，这里有必要重做分析。

（一）两种考古学文化若长期并存于同一区域，在通常情况下必然会出现你中有我、我中有你而逐渐混合为一的现象，但现有的材料表明，在绝大多数情况下，特色鲜明的半坡文化和庙底沟文化并不共存，且已知的所有层位关系都显示出庙底沟文化遗存叠压在半坡文化遗存之上，并无相反的例证。因此，至少在同一区域内，半坡文化与庙底沟文化不可能同时并行。

（二）在渭河流域，半坡文化的标型器杯形口尖底瓶经历了由起源到兴盛、衰退的完整的演变过程，尤其是在半坡文化晚期即“史家期”，杯形口尖底瓶由丰满渐至萎缩的变化非常明显[35]。从逻辑上讲，庙底沟文化形态丰实的重唇口尖底瓶不可能是由那种已退化了的杯形口尖底瓶发展演变来的，所以，庙底沟文化的起源、形成不会是在渭河流域。换句话说，这里的庙底沟文化并不是本地半坡文化晚期的自然延续。进一步讲，并不是所有地区的半坡文化都自然地转变为庙底沟文化了。

（三）在陕县三里桥、芮城东庄村、邠县下孟村、临潼姜寨、秦安大地湾、王家阴洼、清水河县白泥窑子等一些遗址中存在着少量庙底沟文化和半坡文化因素共生的现象，对此有人做过总结和分析[36]。单就这种现象，既可解释为半坡文化向庙底沟文化的过渡形态，也可作为两者同时并存的证据。东庄村陶器为我们解决这个问题提供了一把钥匙[37]。根据华县泉护村、陕县庙底沟和晋南等地庙底沟文化的分期[38]，可知重唇口尖底瓶口部的演化经历了一个内折唇由隆起发达到低平而逐渐退化、折唇的内夹角由明显到不明显而逐渐消失、内外唇间的唇面由凹渐平的过程，按此变化规律和演变趋向便可排出东庄村尖底瓶的早晚序列：H113:1:7 → T108:4:8 → H116:2:16 → H117:1:1（图二）。这一序列清楚地显示了杯形口尖底瓶以“逐渐压扁”的形式演化为双唇环形口尖底瓶的过程。此外，与 H117:1:1 共存的 H117:1:18 尖底瓶的口部残片同 H113:1:7 的口部极为相近，它可能是葫芦形瓶的口部，也可能是尖底瓶的口部，若为前者属正常现象，若为后者则可做两种解释：或是较早的形态在稍晚时候仍延用，或是早期残片混入了较晚的遗迹中。

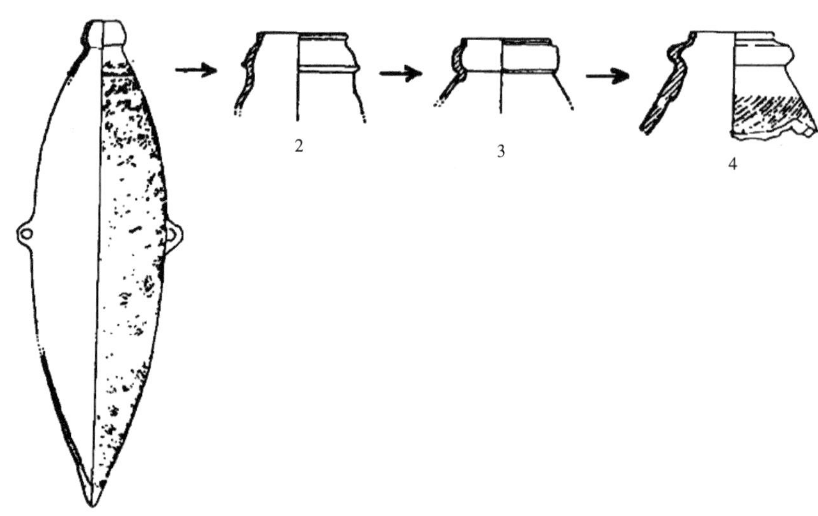

图二　东庄村尖底瓶口部的演化
1.H113:1:7　2.T108:4:8　3.H116:2:16　4.H117:1:1

东庄村陶器群中，具有半坡文化和庙底沟文化性质的陶器在同一单位中共存或两者特征在同一器物上共生的现象普遍存在。张忠培先生认为，难以将这些遗存“作年代上的划分，辨明早晚，应把东庄村的遗存视为一个有机的统一体”，“从整体上看，东庄村遗存的半坡类型因素多于庙底沟类型的因素”，“这样，东庄村遗存的文化性质与年代……是半坡类型向庙底沟类型过渡的中间环节，即这两类型之间的一个发展阶段”[39]。我们同意这种认识。如此，则在东庄村为代表的一类遗址中，杯形口尖底瓶向双唇口尖底瓶的过渡与转化在很短一段时间内就完成了。另外还需指出的是，弧边三角、弧线、圆点、弧边勾叶状纹等庙底沟文化中最基本的母体花纹也是于此时在这里最早出现的。这种过渡性遗存还发现于河南陕县三里桥遗址[40]。

东庄村、三里桥所见的那些形态最早的庙底沟文化因素只见于晋西南、豫西地区，不见于半坡文化的中心区渭河流域及其他地区；而晋西南豫西没有发现相当于半坡文化晚期即所谓“史家类型”遗存。将庙底沟遗址的仰韶陶器同东庄村的对比[41]，很容易发现绝大部分器物都可在后者中找到原型。因此，庙底沟文化应当起源、形成于晋西南豫西地区，是由当地的半坡文化演变而来，发生这种转变的时间大概是在半坡文化晚期的较早阶段，由此东庄村这种过渡性遗存中才存在同半坡文化晚期相近的杯形口尖底瓶（可能还有葫芦形瓶）、盆、钵等器物和直边三角纹、变体鱼纹等彩纹图案。庙底沟文化之所以在晋西南豫西最早形成，大概是因为这里属于半坡文化的边缘区，其文化传统较淡，而自然环境又较优越，所以容易孕育生长出一种新的考古学文化，正如在北辛文化的西部边缘区（豫北冀南）最终生长出了后岗一期文化一样。

在半坡文化晚期的较晚阶段，已臻成熟的庙底沟文化早期因素开始向外渗透、传播，其影响几乎遍及半坡文化的所有分布区。于是，大地湾 F2、白泥窑子 F1 等单位中才出现了半坡文化晚期同庙底沟文化早期器物共存的现象；尤其是在渭河流域，姜寨、大地湾、王家阴洼等遗址的半坡文化晚期遗存中，一些陶器上饰有具庙底沟文化风格特点的弧边三角纹[42]。不过，这时庙底沟文化向外扩展的势头还较弱，其影响在渭河流域及北面的黄河两岸还只是零星所见，渭河流域仍是以半坡文化居主导地位。

然而与庙底沟文化本土相邻的晋南地区的情况有所不同，这里最早的庙底沟文化即翼城南橄第一段遗存很可能属此阶段[43]。前文已提到，有人认为庙底沟文化起源于晋南，是由“枣园H1遗存”发展演变来的，其论据之一是侯马褚村那种双唇口高体陶壶受半坡文化杯形口尖底瓶的诱发而产生了双唇口尖底瓶。然而我们可以看出，这种陶壶双唇口的细致小巧的作风与庙底沟文化早期尖底瓶那种长折唇如环盖、有明显内夹角的风格相去甚远，后者不可能是由前者直接演变来的；此外，“枣园H1遗存”中单一的彩带纹饰与庙底沟文化早期彩陶花纹间也看不出有什么渊源关系。因此，庙底沟文化不会是在晋南地区由“枣园H1遗存”转变来的。相反，这里在与其相邻的晋西南庙底沟早期文化的强烈影响下，废弃原有的双唇口陶壶而采用双唇口尖底瓶，并接受其彩陶花纹及其他特征，在继承原有的一些因素的同时又改变了以往的文化面貌，从而形成了南橄一段这种具有一些地方特色的庙底沟早期文化。

继早期之后，庙底沟文化很快繁荣起来，并以强劲的势头向四周扩张，整个黄河中游及邻近地带的文化面貌、文化格局的形势发生了根本转变。原有的半坡文化、后岗一期文化——不管是在它们的文化中心区还是边缘区——无不被庙底沟文化取而代之。在如此广阔的区域内，庙底沟文化一统天下。另一方面，庙底沟文化以晋西南豫西为中心，对外形成强大的辐射波，在改变了各地原有的文化面貌的同时，各地区或保留延用了原有部分因素，或生发出一些新因素，或吸取采用了其他地方的某些因素，从而形成了不同地区各具特色的庙底沟文化。

庙底沟是晋西南豫西区已发现的最典型、内涵最丰富的庙底沟文化遗址（西王村等遗址中的庙底沟文化陶器基本不出其范畴），是我们衡量、分析其他地区庙底沟文化的基点。

西面的渭河流域，受典型庙底沟文化西进的直接冲击，改变了原有的半坡文化晚期的面貌，同时又吸取、保留了原有的一些因素，从而形成了这里内涵丰富、繁荣发达的庙底沟文化。庙底沟遗址中所见的双唇口尖底瓶、平底瓶、曲腹盆、钵、釜、灶、独具特色的彩陶花纹等最富特征的东西在这里都有众多发现；但这里却缺乏见于庙底沟遗址中的釜形鼎、敛口鼓肩曲腹罐等标型器。此外，这里瘦高体的罐、缸（瓮）、圜底盆等器物不见于庙底沟，当是由本地半坡文化晚期中的同类器流传演变而来，为当地因素[44]。另外，庙底沟文化向西的扩展极大地超出了半坡文化的西界和渭河的上游，远达黄河上游区的兰州以西。

紧邻其北的晋南地区在较早的南橄二段尚保留一些地方特点，如内折唇罐，平沿弦纹罐等；到其后的南卫一段，则基本为典型的庙底沟文化了[45]。这个地区庙底沟文化遗址的数量多，堆积丰厚，可能逐渐成为典型庙底沟文化的一个重要领地。

晋中地区，汾阳段家庄等遗址的陶器基本属于典型的庙底沟文化[46]，只是器类较庙底沟遗址要简单得多。可见这里的庙底沟文化当是由晋西南往北顺汾河河谷北上而直达于此的，它的到来竟使得原有的后岗一期文化不留痕迹而踪影全无。

当庙底沟文化继续沿汾河北上、接桑干河上游而达晋北地区的大同盆地时，势头已有所减弱。大同马家小村遗址的发掘表明[47]，当庙底沟文化到达此地时，受本地因素和周围地区部分因素影响，形成了极富地方特色的“庙底沟文化”，后岗一期文化的某些因素因而得以残留[48]。

庙底沟文化向北传播还当有另外一条途径，那就是从晋西南和关中沿黄河谷地及陕北高原上的其他线路北上而直接冲击到内蒙古中南部一带。这种冲击和影响已不像半坡文化那样只局限在河曲以里的鄂尔多斯地区，而是扩展到从河套至集宁－丰镇丘陵地带的原后岗一期文化的所有分布区。内蒙古中南部庙底沟文化的陶器组合中，除属于较为典型的庙底沟的因素外，宽侈沿弦纹鼓腹罐、敛口罐、敛口瓮、斜腹盆、宽彩带钵等因素显然是从鄂尔多斯地区的半坡文化中延续下来的（也不排除有些是来自关中因素的影响）。因此，庙底沟文化在本地区的发展应当是首先兴起于鄂尔多斯，然后再影响到黄河以东、以北地区。由于本地前期因素的遗传并占有较大的比例，另外在清水河县白泥窑子及凉城县岱海周围的一些遗址中出有本地区所特有的“火种罐”，所以这里的庙底沟文化也是一种极具个性的地方变体[49]。

庙底沟文化向东发展，与豫中地区原有的文化相遇，在对这里产生强烈冲击的同时，本地原有的一些因素也顽强地流传下来，从而在豫中亦形成了几种很有特色的“庙底沟文化”。这个地区已发现的属于庙底沟文化的主要遗存有洛阳王湾一期二段[50]、郑州大河村一、二期[51]、长葛石固Ⅵ期等[52]。总的讲，豫中地区素有用鼎的传统，此时鼎仍是一种主要的器类，数量较多，除有与豫西相同的小口折腹釜形鼎外，还有豫西和其他地区所未见的大口圆腹鼎，但这里的尖底瓶较少。洛阳—郑州一线多见庙底沟遗址中那种敛口鼓肩曲腹罐，而石固遗址中常用作瓮棺葬具的侈口鼓腹罐则为当地所特有，有可能是从本地前期文化中继承下来的；王湾有釜灶，其他两地则不见；大河村二期的钵主要是那种敛口深腹曲腹钵，且其上的彩纹新出现了如睫毛纹、月牙纹等新鲜的纹样，这点与其他两地的情况也不相同。可见在这三个各居西、东、南方位的颇具代表性的遗址间，共性和差别是并存的。王湾左近因靠近豫西，其内涵基本不出典型庙底沟文化的范畴；郑州附近则强调了庙底沟文化的某些因素而又生发出了一点新特点；石固所代表的南部区则因其地理位置的缘故而地方色彩最强。不过它们所含有的典型庙底沟文化的因素都在其中居于主导地位，正是这些共性决定了它们的庙底沟文化的属性。

庙底沟文化顺黄河北岸往东扩展，便影响到了豫北冀南区。迄今为止，这一地区的遗存发现尚少，整体文化面貌还不很清楚，但根据笔者1991年夏在河北武安县调查时所见的材料，以及曲阳钓鱼台等遗址的材料看[53]，仍具有很强的庙底沟文化色彩，原有的后岗一期文化作为一个文化整体很可能没有自然地延续下来，而是被冲断了。然而，这里毕竟是曾与庙底沟文化的前身——半坡文化分庭抗礼的后岗一期文化的本土，即使此时此地区已属于庙底沟文化的领地，原有的后岗一期文化也不会完全消声匿迹，必会有一些因素保留下来。因此，这里的庙底沟文化也定有很强的地方特色。

典型的庙底沟文化向外扩展的同时也受到周边地区一些反作用力的影响，其中主要是来自与其相邻的西面的关中地区和东面的豫中地区的影响。如庙底沟遗址中的敛口鼓肩曲腹罐、高领凸腹罐等，最早见于元君庙等遗址半坡文化晚期的遗存中[54]，甚至它的一些夹砂罐的形制也可能受到了关中的影响。又如釜形鼎，应首先形成于有着悠久用鼎传统的豫中地区，进而很快传到了豫西和晋西南，并且此种器物只局限在这两个地区使用。釜形鼎去掉三条腿便为釜，这便是在庙底沟文化本土——晋西南豫西发生的一种衍变，并且随之出现了与其配套使用的灶，这两种器物随后又传到了渭河流域，而向东的反馈大概截止在洛阳附近，其他地区则不见。对这些外来因素的吸收和发扬，丰富了典型庙底沟文化的内涵。

综合上述分析可知，庙底沟文化首先兴起于晋西南和豫西，进而直辖晋南和晋中，亦即将整个汾河流域纳入其本土范围，同时以这一狭长的区域为重心层层向外铺展。双唇口尖底瓶、彩陶曲腹盆、钵、弧线圆点勾叶三角所组成的彩色花纹等，这组风格独特的类型品，像一面鲜明的旗帜遍插各地，将原半坡文化和后岗一期文化以及夹杂其间的个别小型地方文化的所有分布区皆统一在庙底沟文化的大旗下。但各地因距中心区远近不同，或原有文化传统的不同，大多也都不同程度地继承了本地原有因素或生长出新因素而表现出一些地方特色，因此，前文所述各地区的庙底沟文化大都是可以单立为地方类型的。其中晋南、晋中直接受中心区控制而成为本土范围的一部分；渭河流域和豫中地区因与中心区邻近而与之有着较密切的关系；其他如晋北、内蒙古中南部和豫北冀南等地则都具有很强的“个性”。另一方面，各地区与中心区之间都有着内在的紧密的联系，而各外围区间的文化面貌则差异较大，关系较疏远。这种结构使得庙底沟文化就像一个巨大的、绚丽多彩的重瓣花朵，绽开在黄河中上游地区。

已知的庙底沟文化中晚期^{14}C测年主要集中在公元前3900年—前3500年之间，早期遗存因发现太少，几乎还没有测年数据，估计应在公元前4000年左右或稍早至前3900年之间。

庙底沟文化的崛起和对外扩展，使得黄河中游及其邻近地区的文化格局经历了一次重新组合的过程，原本半坡与后岗一期两大文化集团相对峙的局面，由于庙底沟文化在中间开花并向四周辐射而成一个整体。这一体系庞大而又有着内在凝聚力的文化集团同雄踞在黄河下游的大汶口文化并存，构成了这个时期整个黄河流域文化格局的总体形势。在这种局面中，庙底沟文化由于实力雄厚而对大汶口文化产生很大影响，在大汶口文化许多遗址中都可见到如曲腹盆、敛口钵、回旋钩连纹等庙底沟文化因素，而大汶口文化对庙底沟文化的影响则很小。

至此有必要谈一下对“仰韶文化”再认识的问题。对于仰韶文化，虽然还没有人就其含义作过专门探讨，但学术界明显存在着两种不同的认识：一种认为仰韶文化作为一个文化统一体是成立的，其分布范围覆盖了整个黄河中游，尽管不同时期不同地域的遗存间存在着较大的差别，但相互间更有着内在的联系，此外出于历史的原因和宏观的考虑，仍将这些相应的遗存统归在仰韶文化之内，只是把它们划分为不同的类型；另一种认为，仰韶文化体系庞杂，不同时期、不同地域间的遗存差异很大，应分解为若干个不同的考古学文化。本文经过分析，在这里提出“大仰韶文化”的概念。无论出于历史的原因还是考古学的宏观分析，作为一个文化共同体，大仰韶文化是客观存在的。仰韶文化早、中期以尖底瓶和发达的、内容生动多样的彩陶花纹为标志，以尖底瓶、盆、钵、夹砂罐、缸（瓮）为基本的陶器组合，所以仰韶早期文化即为半坡文化（后岗一期文化因面貌与之完全不同而不应包括其中），仰韶中期文化即是与之一脉相承的庙底沟文化；到仰韶文化晚期，其内部出现了分化，可以分立为若干个类型或亚文化，但只要是从前那种基本的陶器组合中的主体部分得以延续和保留的，且没有发生质的变异的，仍都应涵盖在仰韶文化范畴之内。因此，大仰韶文化有其特定的内涵和时空范围，不同时期的文化面貌有着连贯性和内在的一致性。正因如此，从半坡文化到庙底沟文化到仰韶晚期的一些“类型”，才能统一在“大仰韶文化”的概念之中。仰韶文化发展的连续性和变异性是辩证地共存的。

六

公元前3500年左右，盛极一时的庙底沟文化开始解体，中心区对外的辐射力和凝聚力逐渐减弱以至消失。仰韶文化的发展进入了晚期，由统一走向分化，黄河中上游区的文化格局又经历了一次大的变动，各地区走上了各自不同的、独立的发展道路。

渭河流域（主要指渭河中下游），属于仰韶晚期文化的包括半坡晚期和泉护二期以及与之相当的诸遗址的遗存[55]，其文化演变具有几个显著特征，分别是：尖底瓶由退化的双唇口变为喇叭口（姜寨四期、福临堡三期有较清楚的表现[56]）；彩陶急剧衰落；许多夹砂罐、缸具有在口下加双錾耳或环绕器身的附加堆纹的作风。主要器类有喇叭口尖底瓶，敛口或敞口的以素面为主的钵、碗、盆、夹砂罐、缸、敛口瓮，以及器盖、盘、器座和少量带流罐等。其中绝大部分是由本地前期庙底沟文化的相关器物一脉相承地发展演变来的，所受外来的干扰很小，显现了这个仰韶传统最浓厚地区的文化发展的持续性和稳定性。而晋西南豫西区则是另一种情形，这里作为庙底沟文化的大本营曾有过辉煌的过去，而此时对外的影响力不仅消失殆尽，而且受到了西面关中地区的较强影响。从西王村的资料看（包括“西王村仰韶晚期”和“西王村Ⅲ期文化”的陶器[57]），这里饰双錾耳和数道附加堆纹的夹砂罐、缸以及敛口瓮的形制作风与本地庙底沟文化的同类器显然缺乏直接的联系，而与关中同时期的相近，当是受后者的影响而形成的。当然，这里的文化发展也有自身的轨迹，尖底瓶由双唇口渐变为喇叭口的过程亦有清晰的显示，盆、钵、盘等也承袭前期而来。但因其中的大部分器型原本同渭河流域的就没有大的差别，此时更加相近，再加上罐、缸、瓮等受关中的影响而与之近似，这就使得晋西南豫西与渭河流域在主要器类的组合和形制特征上有着基本的一致性，两者应归为同一个文化类型，可采用最早的称谓而统称为“半坡晚期类型”，它属于“典型的仰韶晚期文化”。根据近些年的考古发现，晋南地区此期的遗存亦应属于这个类型[58]。此外，从鄂尔多斯地区的调查材料看，其南部区的此期陶器与渭河流域的相近[59]，那么，陕北和鄂尔多斯的南部也可划入这个类型的范畴之中。这样，半坡晚期类型就包括了从渭河中下游往北至鄂尔多斯南部，东至晋南到豫西这一广阔的区域。在这样大的范围内，自然会存在着地区性差别，如晋西南豫西受东面豫中的影响出现了其他地区所没有的陶豆（见于西王村），夹砂罐、缸腹壁较竖直、口径与底径之比较小的风格特征也同渭河流域的有别；晋南侯马东呈王部分夹砂罐、小口高领壶等与晋中同类器相近，当受后者影响[60]；鄂尔多斯南部区的器物亦具一些自身特点。这些差别体现了更低层次上的文化群体的划分。

在半坡晚期类型之外，仰韶文化范畴之内，还存在着另外两个极具独立性的文化类型，那就是晋中的"义井类型"和内蒙古中南部的"海生不浪类型"。对于两者尤其是后者的文化特征、性质、形成与演变的过程。笔者有专门的分析[61]。

义井类型的陶器群中，小口双耳鼓肩壶和夹砂罐是两种主要器物，尤以后者数量最多（其中包括被称为"缸"的较大型器），另外还有盆、碗、钵、豆和泥质鼓腹罐等。小口双耳壶可能同太行山以东河北境内庙底沟文化的同类器有渊源关系；早期双鋬耳夹砂罐显然是受关中半坡晚期类型同类器的影响而形成的，并在以后有了自己的风格特点；盆、碗等或源于本地或受南边影响，皆为典型的仰韶因素；部分折腹钵可能同"大司空类型"的影响有关，而豆和泥质鼓腹罐则应是来自豫中"秦王寨类型"的因素。可见义井类型是由周边多种因素汇聚、碰撞、融合而成。最明显的变化是用小口双耳壶取代喇叭口尖底瓶，这一废一立无形中使它同典型的仰韶文化间划了一条界线，有意识地表明了自身的独立性，而少量外来的"非仰韶"因素又加重了这种色彩。但从总体上看，或由南方传入的或源于本地的各种夹砂罐、盆、碗、钵等典型的仰韶因素仍居主导地位，因此单从文化的意义上说，义井类型仍可划入"大仰韶文化"的范畴。

海生不浪类型既是多种因素相聚合、创新的结果，又是起源于岱–黄区的早期海生不浪遗存同河曲区仰韶晚期早段遗存相融合、播散的结果。总体上看，仰韶文化的因素——包括本地的和外地的——始终保持着强大的实力，奠定了其文化内涵的基调，尤其是在其发展过程中的后一个时期更占相当大的优势。因此，我们同意将这种遗存归为仰韶文化晚期的一个地方类型。但由于在其最初起源地岱海一黄旗海区始终以自创的小口双耳罐排斥尖底瓶的存在，并且这种因素和来自红山文化的筒形罐、"大司空类型"的折腹钵等外来因素又充分扩展到了河曲区和包头区，同尖底瓶、夹砂罐等仰韶因素共存，使得海生不浪类型亦具有很强的独立性。

夹在晋中和内蒙古中南部之间的晋北地区仰韶晚期的总体文化面貌还不太清楚，但根据笔者在调查中所见的零星资料，义井类型的因素当已波及于此[62]。

这样，仰韶晚期文化包括了仍保持其本色和典型特征的半坡晚期类型，以及同它有着千丝万缕联系、保留延用了许多仰韶因素而又相对独立的义井类型和海生不浪类型，"大仰韶文化"至此已呈现出松散的结构，而此时豫中区和豫北冀南区的文化面貌则发生了根本的转变。

豫中"秦王寨类型"的陶器组合结构属于典型仰韶文化的因素较少[63]，明显处于劣势。本地原有的小口折腹釜形鼎已弃之不用，尖底瓶极罕见，只有敛口深腹曲腹钵、盆流传了下来。罐的数量很多，变异很大，形态多样，侈口鼓肩或鼓腹，口有大有小，许多饰弦纹（有的还有附加堆纹），有些则饰较复杂的彩纹图案，如此形成一组富有特色的罐类群，同典型仰韶文化的夹砂罐类完全不同。鼎也是一种大宗器物，主要有折腹盆形鼎和圆腹罐形鼎两类，皆承袭前期而来，乃属于"非仰韶"因素。同仰韶腹心区形成鲜明对比的是，这里的彩陶较发达，主要饰于盆、钵、罐上，图案多样，风格独特。此外受已强盛起来的东方大汶口文化的强烈影响，出现了豆、壶等，另外还有受关中、豫北冀南、长江中游影响而出现的一些因素。可见在其陶器群中，"非仰韶"因素已完全居于主导地位，整个陶器的组合结构、形制特征与典型的仰韶文化有着根本的差别而自成一格。因此，"秦王寨类型"已基本从仰韶文化中脱胎出来了。

类似的情形也发生在豫北冀南区[64]。在"大司空类型"陶器群中，少量的斜腹盆、钵、碗等当为仰韶因素的自然延续。许多侈口鼓腹罐或鼓肩罐与"秦王寨类型"的较相似，其形成可能与后者的影响有关，有的则可能是由本地前期同类器直接发展而来。最惹人注目、最富特征的则是大量的折腹盆、折腹钵、敛口钵和饰于其上的独特的彩色花纹。关于这些盆、钵的起源和形成过程，现在还不清楚，但可以看出，其早期的敛口钵、折腹钵同庙底沟文化的敛口钵和上腹较直、下腹内凹的曲腹钵的形制较相近，两者间或有渊源关系。这些器物得到了创造性发展，具有与众不同的形制特征，表面装饰有大量独树一帜的弧边三角夹平行线纹和蝶须纹等，使它成为一组具有独特风格的器物群，并以此表明了自身的独立性。由于上述特征，加之这里缺乏尖底瓶、夹砂绳纹罐等典型的仰韶因素，“大司空类型”也当从仰韶文化中分立出来了。

鉴于“秦王寨类型”和“大司空类型”同仰韶文化的巨大差异，可以将它们单立为两个考古学文化。但又因它们皆从仰韶文化中脱胎而来，同仰韶文化仍有许多割不断的关系，而且从整的文化结构、层次上看，两者都不能与西面的仰韶晚期文化和东面的大汶口文化同等并立，所以称它们为“亚文化”较合适。

这个时期，从天水以西的渭河上游至甘肃中部、青海东部区，在原庙底沟文化的基础上崛起了一支崭新的文化共同体，这就是马家窑文化的马家窑类型。它因繁缛发达的彩陶花纹和一组造型独特的器物群而从仰韶文化中分离出来。

至此我们看到，仰韶晚期的公元前 3500 年—前 2900 年左右，黄河流域从西至东散布着马家窑文化的马家窑类型、仰韶晚期文化的半坡晚期类型、义井类型和海生不浪类型、秦王寨亚文化、大司空亚文化以及大汶口中期文化，文化格局由从前那种两三个大的文化集团分割天下的形势演变为群雄并立、各自为政的局面，各文化、亚文化、类型似颗颗耀眼的星斗竞相辉映。

七

大约公元前 2900 年—前 2500 年，在原仰韶文化的本土范围内又生长起了庙底沟二期文化。在此期间，“各地文化继续分化”[65]。

对于庙底沟二期文化，学术界长期存在着模糊认识，但自《庙底沟二期文化的几个问题》（以下简称《庙二》）发表以来[66]，问题当得以澄清。该文将原被认为庙底沟二期文化的遗存分为 A、B 两群，A 群中喇叭口尖底瓶依然存在，陶器的组合结构和形制特征较前没有大的变化，所以此类遗存应仍属于仰韶晚期文化；B 群中尖底瓶已不见而转化为小口平底瓶，“斝脱颖而出，釜灶大量使用，一改仰韶时代的传统。这种变化既鲜明又突出，充分显示了一个新时代的到来”。故此，“B 群才是庙底沟二期文化。以小口平底瓶、斝、釜灶、夹砂罐和鼎构成的陶器基本组合是庙底沟二期文化的本质所在”。

《庙二》还认为，该文化的陶器组合、特征与早于它的遗存相比是含斝而无喇叭口尖底瓶，与晚于它的遗存相比则不包含鬲，这正是它处在龙山时代早期所特有的标志。但我们认为，正因为它有这样一个特点，而且就其整体文化面貌看，许多因素同前期有着明显的承袭关系，而与其后的龙山时代诸文化相比又存在着很大差异，具有承前启后的性质，所以仍可将其作为“仰韶时代”和“龙山时代”之间的“过渡性阶段”而单独划出，不宜纳入“龙山时代”。

庙底沟二期文化的中心区和分布范围是以晋西南豫西为中心，向西波及到渭河中游，向东影响到洛阳以东偃师一带，往北则达晋中和陕北的黄河两岸。各地庙底沟二期文化中的深腹盆、浅腹盆、碗以及周身匝绕数道附加堆纹的筒形夹砂罐、缸等当各自从本地半坡晚期类型中的同类器继承而来。尖底瓶转化为平底瓶乃是一种时代风尚，现在还很难说最先是从哪个地区开始的，而最能代表庙底沟二期文化特色的鼎（尤其是盆形鼎）、斝、釜灶的起源和形成机制也很令人费解。《庙二》A 群中已有少量的鼎，庙底沟二期文化的鼎当直接由其发展而来，但在此前的半坡晚期类型的遗存中却乏见，尚不知其有无和形制如何；《庙二》认为鼎来自泰沂地区的大汶口文化系统，但庙底沟遗址中所见的鼎同豫中大河村四、五期的同类器也有一定的相似性；然而不管它来源于哪种因素，其形成都包含着一种创造性，尤其盆形鼎有着独特的风格特点，而且它的最早形成地仍然应是在晋西南豫西（其他分布区无用鼎的传统且远离用鼎的东方），然后才扩展到了其他地区。釜、灶在庙底沟文化中流行于晋西南豫西和渭河流域，到仰韶晚期，目前只在宝鸡福临堡三期遗存中发现有两者的结合物——釜灶[67]。这时釜灶是只存在于关中西部还是关中东部、晋西南豫西都有而尚未发现？庙底沟二期文化的釜灶是在关中西部形成后扩散开的，还是在其他地区都有这一过程的转变？有待解决。至于斝，有人认为大汶口文化的陶鬶启示庙底沟二期文化居民把本地原有的某种器物与鬶结合起来创造出釜形斝[68]，此说有道理。而《庙二》进一步推测，斝很可能是在鬶的直接影响下，对像谷水河Ⅲ期那种高领罐形鼎加以改造而产生的。但耐人寻味的是，谷水河所在的豫中区斝却极罕见，非其本体因素，个别的发现还应是从晋西南豫西传播所至。看来，像斝这种前所未有的、具有时代变革性质的器物的产生，本来就不是简单地用类型学的逻辑所能解说得清楚的。然而，不管这些器物是怎样形成的，它们的出现都突出地体现了一种崭新的文化面貌和时代精神。创造是庙底沟二期文化的风格，变革是这个时代的最强音，这与同时期诸多考古学文化中一些特殊遗存的出现（大墓、祭坛、城址等等）所体现出的社会深层的变化是紧密相关的[69]。

现有的迹象表明，庙底沟二期文化中富有特色的鼎、斝似都首先形成于晋西南豫西区，然后以此为中心，向西、向北直接影响到西安以东的渭河下游（关中东部区）和晋南地区（陶寺早期属此类），这两地当是面貌与其基本一致的庙底沟二期文化。若然，则在原仰韶文化的腹心地区，文化发展的重心此时再一次由关中的渭河流域转移到了晋西南豫西区。

658

晋中地区以太谷白燕二期为代表的遗存中[70]，小口篮纹壶、夹砂罐、深腹盆、器盖、豆等为本地前期器物的延续，高领折肩双耳彩陶壶也当与前期的双耳壶有着承袭关系；长颈壶等应是山东大汶口文化的因素；而斝、盆形鼎、釜灶、盘口盆等则显然是来源于南面的庙底沟二期文化，就连斜腹缸（不同于原来的鼓腹）、小口无耳篮纹壶（较前形体变瘦）的形制可能也受到庙底沟二期文化夹砂罐、小口平底瓶的影响。庙底沟二期文化的因素在白燕二期陶器中占显著的、甚至主导性的地位，因此其文化性质较前当已发生了改变，可归入庙底沟二期文化的范畴。鉴于上述特点，可视其为与典型庙底沟二期文化有别的一个地方类型。但“白燕釜形斝的形态与‘陶寺类型’早期的相似，均属目前所说的庙底沟二期文化偏晚阶段”，“晋中地区目前尚未发现相当于以斝为特征的‘庙底沟二期文化’早期阶段遗存，该地区进入龙山时代的年代可能比晋南地区晚些”[71]。据报道，白燕一期二段（即义井类型的最晚阶段）已出现了个别的鼎、釜灶[72]，这些当来自南面庙底沟二期文化早期的因素。如此，则当庙底沟二期文化早期之时，晋中地区尚处于仰韶晚期义井类型的末段。这使我们看到了区域间文化发展的不平衡和非同步性。

渭河、泾河上游所在的陇东地区此时兴起了另一支与庙底沟二期文化面貌不同的文化——常山下层文化[73]。它也是在当地半坡晚期类型的基础上发展起来的，所以有与庙底沟二期文化相近的筒状夹砂罐、盆、碗等，但没有庙底沟二期文化中的鼎、斝、釜灶，而最代表其特色、数量较多的各种单耳、双耳罐却又不见或少见于庙底沟二期文化。它并非原半坡晚期类型的自然延续，而是蕴含着另一种形成机制。就其整体面貌看，它与庙底沟二期文化大相径庭，理应单立为一种考古学文化。那么，那些富有特色的单耳、双耳罐是怎样形成的呢？在早于它的宝鸡福临堡三期有一些双耳罐，而这些双耳罐又是源自何方？它们与常山下层文化的形制差异较大，两者是否有渊源关系？这些单耳、双耳罐的出现很可能是由于一种外力的作用，这种外力是否为当地另一种土著文化呢？这些问题都有待于解决。

介于陇东和关中东部之间的关中西部区（渭河中游）目前已发现的此期遗存主要有两种，一种以武功浒西庄“庙底沟二期文化遗存”为代表[74]，一种以扶风案板“第三期文化遗存”为代表[75]。对于它们的文化性质，学术界看法不一[76]。单就浒西庄遗存而言，其陶器群的整体组合结构、形制特征与典型庙底沟二期文化非常相近，无疑应划入庙底沟二期文化的范畴。这里还有一些典型庙底沟二期文化所不见的单耳鼓腹罐，显然来自西面常山下层文化，但毕竟数量有限，并不能因此而改变其文化属性，故可视其为具有地域特征的庙底沟二期文化遗存。与浒西庄相距并不很遥远的西面的案板遗址则是另外一种情形。案板三期陶器中，庙底沟二期文化与常山下层文化的因素混合共生，难分高下，难以将其归属于任何一方；而案板三期遗存又缺乏个性，没有自身特点，也很难将其单立为一个文化；它是庙底沟二期文化与常山下层文化在关中西部相遇后形成的一种具有混合性质的文化遗存（当然也应继承了本地前期的一些因素），或许我们可以说这种混合性正是其特色，若从这个角度，也许可以将其视为一种夹在两个文化之间的、具混合特性的文化类型；但由于此类遗存发现尚少，扶风以西的情况如何，此类遗存分布面有多大都还不太清楚，所以暂称之为“案板三期遗存”较合适。总之，这两种遗存反映了庙底沟二期文化由东向西、常山下层文化由西往东发展扩张、相互渗透、交互作用的史实。

内蒙古中南部继海生不浪类型之后兴起的文化有两种，一种是河曲区和包头区海生不浪类型的后继者，学者或称其为“阿善文化”，并将这种遗存分为两期三段。早期年代与“西王村Ⅲ期”相当（即本文半坡晚期类型的末段），晚期与庙底沟二期文化大体同时[77]。早期（1段）虽具有承上启下的特点，但与海生不浪类型相比已发生了质的变化。原极具代表性的小口溜肩鼓腹双耳罐已不见，而转化为小口鼓肩瘦腹双耳罐；筒形罐消失；其他如盆、钵、侈口夹砂罐等器物的形制也发生了相应的变化；绳纹极少见，代之而起的是大量篮纹，包头区还盛行连点锥刺纹；另外还新出现单耳杯等。晚期（2、3段）与早期紧密衔接，继续演化，并新出现敛口瓮等。此时河曲区与包头区的差别仍很明显，河曲区罐、瓮的数量多，盆、钵的数量较少；而包头区则以各种形态的盆、钵为大宗，罐、瓮较少。不过总体看两区的共性还是主要的，当为性质相同的遗存。此类遗存的时间纵跨仰韶晚期的末段和庙底沟二期，与其前身海生不浪类型相比已发生质的改变，作为一个整体当已从仰韶晚期文化的范畴中分离出来，理应单独立出而称为“阿善文化”。而在阿善文化东面的岱海—黄旗海区（严格说据目前的发现只限于岱海周围）则存在着另一种特色鲜明的文化共同体，有学者称其为“老虎山文化”的“老虎山类型”[78]。实际上此种遗存并不见于别处，很可能只限于岱—黄区，“老虎山文化”可专指此类。该文化分为四段，1、2段与阿善文化晚期亦即庙底沟二期年代相当；3段以斝式鬲的形成为标志，当已进入龙山时代的最早阶段。我们看到，老虎山文化1段与海生不浪类型末段之间存在缺环，即相当于阿善文化早期（仰韶晚期末段），这段时间此区很可能是农业文化的空白区，其原因我们曾有解释[79]。既然有过这样一个断层，老虎山文化就不会是由岱—黄区海生不浪型直接发展演变来的，那么它又是怎样突然在这里兴起的呢？老虎山文化的形成包含着多种因素：单耳釜形斝当是受南面庙底沟二期文化釜形斝的影响出现的，但并非简单的接受和模仿，而是体现着一种再创造；小口高领鼓肩双耳篮纹壶与晋中义井类型末段的同类器如出一辙，显然是直接来自于后者；施“五花大绑”式附加堆纹的筒状罐、敛口瓮、侈口鼓肩或鼓腹的绳纹或篮纹夹砂罐、斜腹盆、折口钵、豆等应是受阿善文化的影响出现的因素，不过其中的大部器型都有较大的变异而形成了自己独特的形制风格；数量很多的素面双耳鼓腹罐、大口尊等是新出现的器物；这里还出现了最早的甗，当是在釜形斝的形制基础上创造出来的。可见老虎山文化主要是西面的阿善文化和南面同期文化的部分因素于岱—黄区相遇后经过交汇、融合、再创造而形成的一种新型的文化共同体，它的起源和形成机制同本地前期的海生不浪类型有着相似性。

豫中地区，这个时期的遗存以大河村五期和王湾二期四段为代表[80]。以前许多人都将这类遗存划入庙底沟二期文化的范畴，实际上其陶器群的主体部分与本地前期一脉相承，衔接紧密，没有突变，文化面貌较前没有发生质的变化。它与庙底沟二期文化也判然有别，所以它仍属“秦王寨文化”的范畴，可称其为“秦王寨晚期文化”（但洛阳以东偃师二里头的此期遗存却存在较多的庙底沟二期文化因素[81]，估计洛阳—偃师之间是两个文化交汇并存的地带）。那么也就是说，当庙底沟二期文化兴起从而完成了对仰韶晚期文化的否定之时，与其相邻的豫中地区却没有发生相应的改变，秦王寨文化持续稳定地发展下来，这种现象是耐人寻味的。

此时豫北冀南区的情况如何？是“大司空文化”的直接延续，还是演变为一种新的文化类型？限于资料，这里的文化面貌目前还不太清楚。

天水以西的甘青地区，马家窑文化继续按自己的轨迹独自发展。约公元前2700年—前2600年，马家窑类型转化为半山类型[82]。如此，两者相交接的年代与庙底沟二期文化起始的时间也不吻合，也就是说，与庙底沟二期相对应的是马家窑类型的晚期和半山类型的早期。

此时在山东境内，大汶口文化已进入其晚期。

综合上述分析可知，在庙底沟二期这个阶段，黄河流域各地区文化的发展呈现出多姿多彩的局面，最突出的是原仰韶晚期文化的进一步分解，在其肌体内分化出若干个小型文化：半坡晚期类型分化出庙底沟二期文化、常山下层文化和案板三期遗存，义井类型则在这个阶段的晚期被庙底沟二期文化所同化，而在海生不浪类型分布范围内先后演化出阿善文化、孕育出老虎山文化。其他地区的文化虽有程度不同的变化，但基本都是按各自原有的轨迹平稳地过渡下来的。因此原仰韶晚期文化范围内的变动就成为这个时期黄河流域文化格局演变最剧烈、最动人的部分。另一方面，各地区文化的转变在时间上有许多是不相吻合的，变化的节奏不一，区域间文化发展的不平衡性和非同步性在这一阶段表现得尤为突出。

八

大约在公元前2500年，黄河下游的大汶口文化在经历了近两千年的漫长岁月之后，终于发生质的飞跃，转化为高度发达的龙山文化。与其相对应，黄河中上游的文化也发生了相应的转变。史前文化的发展进入了最后一个时期——龙山时代。这是一个动荡不安的时代，文化的流转变动、交汇融合、相互渗透、相互冲击表现得空前剧烈。此期间文化发展的总态势同以往那种总是由中间向四周影响为主的单一局面有所不同，而是周围几大文化板块向中间挤压，中间亦向周围反弹，群雄逐鹿中原，文化格局因此而再一次重新组合。

位于黄河上游的西北地区有与黄河中游不同的文化发展趋向。人们曾普遍认为其文化发展的谱系是：马家窑文化（马家窑类型→半山类型→马厂类型）→齐家文化，近年的考古发现和研究使人认识到马家窑文化并非齐家文化的直系前身，两者分属于不同的文化系统，各自有着独自的发展线索。《半山、马厂文化研究》一文（以下简称《半马》，该文将马家窑文化的三个类型分别称为“文化”，本文仍称它们为“类型”），对马家窑文化，特别是半山、马厂类型的内涵及其发展演变的过程做了富有成效的探讨[83]。此文认为，半山类型中、晚期当公元前2500年左右至前2300年以后，马厂类型则当公元前2300年以前至前2040年之间，两者年代上有些许交错，这大概因为不同区域半山类型转化为马厂类型在时间上有早晚之别（对于半山类型与马厂类型的相互关系，还有学者提出不同看法[84]）。《半马》的研究表明，“兰州及洮河中下游是半山文化分布的中心区”，“中期以后，文化有由南向北迁移的趋向”，晚期“其分布主要集中在兰州附近及黄河沿岸”。到马厂类型阶段，文化“分布的中心区在湟水流域至兰州一线”，而且在河西走廊马厂类型遗存的数量、规模都大大超过了半山类型。这种从早到晚文化分布重心大面积北移的原因何在？《半马》认为“至迟在马厂文化阶段，一支与其有别的文化已插足于这一地区并发展为齐家文化。很可能由于这一文化的存在及其逐步北渐，遏止了马厂文化在洮河及青海境内黄河沿岸的发展，迫使它向北及西北方向寻找自己发展的空间”。

关于齐家文化起止的绝对年代目前还难以准确界定，已有的^{14}C测年表明，它主要存在于公元前第三千纪后半叶，在相当一段时间里与马厂类型平行，其晚期当已进入公元前第二千纪初。那么齐家文化是怎样起源和发展起来的？《齐家文化的研究》一文提出了一些线索[85]。有学者认为，齐家文化是直接由常山下层文化发展来的[86]。但对常山下层文化的认识目前还主要限于泾河上游的镇原常山下层遗存，渭河上游常山下层文化的整体面貌还不很清楚，常山下层遗存的时空范围很可能并不能代表这一文化的全貌，它同齐家文化之间似还有较大缺环。但齐家文化占有绝对优势的各种双耳、单耳罐又确可追溯到常山下层一类的遗存中，两者间确应存在着渊源关系。然而，常山下层文化分布在泾、渭上游的陇东。齐家文化则从陇东一直延展到青海东部的湟水流域和河西走廊地区，这应如何解释？对此目前我们只能做出这样的逻辑推断：齐家文化最初兴起于陇东，进而迅速大规模向西扩展（其向西发展的原因可能与关中客省庄文化的西进有关），迫使马厂类型北移，并有与马厂类型交错分布的现象，两者互有影响。

在渭河中下游（关中地区），继庙底沟二期文化、案板三期遗存之后发展起来的是客省庄文化（或称客省庄二期文化）。《试论客省庄二期文化》（以下简称《客二》）一文对该文化做了较全面、详细的分析[87]。以前对客省庄文化的来源、它与庙底沟二期文化的关系一直有不同看法。《客二》再次肯定客省庄文化来源于陕西庙底沟二期文化，基本是正确的（该文所说的庙底沟二期文化包括案板三期遗存）。按本文的认识，更准确地说应是客省庄文化直接起源于关中西部的庙底沟二期文化（以浒西庄为代表）和案板三期遗存，是两者共同结合发展的产物。如《客二》所阐明，客省庄文化的大部分器形都可在这两类遗存中找到源头。不过应该指出的是，许多双耳、单耳罐等应直接来源于本地前期的同类器，但部分双大耳罐、高领折肩罐等则可能是受齐家文化的影响而形成的，而鬶、鬶形盉等则当是来自东方的因素。客省庄文化中最具代表性的器物是高体单耳鬲和双耳深腹罐形斝，后者显然是由浒西庄庙底沟二期文化中的罐形斝演变来的。单耳鬲的最初形态是三足分开、足与腹有明显分界的单耳斝式鬲，实际上就是釜下加三空足。对于它的起源和形成问题已有人做过解说[88]，认为是由本地前期的某种斝同釜灶等结合而形成的，以后又经历了由单耳斝式鬲到成熟形态的单耳鬲（腹足无分界）的演化过程[89]。大部分学者都同意客省庄文化以西安为界可分为东、西两区（西安左近包括在西区），而我们稍加注意就会发现，早期的单耳斝式鬲主要存在于关中西部区，关中东部几乎不见。由于客省庄文化的大部分器形都可在关中西部的两种遗存中找到源头，因此我们认为，客省庄文化很可能最早兴起于关中西部，随后才扩展到关中东部，并西进到泾、渭上游的陇东地区。

客省庄文化是一支以单耳鬲为代表的考古学文化，与其遥遥相对，在陕北、晋中北、冀西北、内蒙古中南部（主要指鄂尔多斯东部的黄河两岸）这一广阔地域内，还存在着另一种以双鋬鬲为特色的文化，《三北地区龙山文化研究》（以下简称《三北》）称之为“游邀文化”[90]。该文指出，这一地区龙山时代“考古学文化的面貌呈现出高度的一致性，这种一致性是由以双鋬耳为特色的鬲、斝、盉、甗、瓮、罐、盆、甑等器物构成的陶器群作为主要标志”。它将这个地区“龙山时代”的遗存分为三期，早期又分早、晚两段。早期早段遗存实际上相当于庙底沟二期，分属于以白燕二期为代表的晋中庙底沟二期文化、阿善文化、老虎山文化等；晚段以双鋬耳斝式鬲的流行为标志，进入游邀文化的范畴。《三北》认为，三北地区作为一个统一的考古学文化区域始自这一时期。那么，游邀文化是怎样形成的？受当时材料限制，包括《三北》在内的以往的研究都没有解决这个问题。有学者认为，庙底沟二期文化的釜形斝为晋中地区的居民首先提供了空足三足器的模式，由此导致的结果是，晋中地区成为黄河流域最先产生双鋬耳斝式鬲的中心区域[91]。但庙底沟二期文化中的釜形斝与龙山早期的双鋬耳斝式鬲形制上相差实在太大，很难认为两者有必然的联系，而且游邀文化早期的其它器形同晋中庙底沟二期文化的其它器形间也缺乏传承关系。如果我们把眼光往北移，就会发现游邀文化同岱海周围的老虎山文化实则有着渊源关系。老虎山文化的1、2段年代相当于庙底沟二期，至3段，单耳釜形斝在继续流行的同时，演化出了形态最早的斝式鬲，以此为标志当已进入龙山时代的最早阶段。游邀文化早期的大部分器物都可在该文化中找到源头：早期的双鋬斝式鬲当由老虎山3段F27:1那样的斝式鬲演变而来；矮体单耳斝式鬲当来自老虎山的单耳釜形斝；游邀遗址H159:13小罐上的“五花大绑”式的附加堆纹与老虎山筒状夹砂罐上的纹饰完全相同；晋中所见的大口尊、高领折肩罐、矮领鼓腹绳纹罐、敛口瓮等也与老虎山文化从早就有的这些同类器一脉相承（图三）。总之，游邀文化主要是承袭老虎山文化发展起来的，双鋬鬲的最初形态当形成于岱海周围。老虎山文化1—4段衔接紧密，不可分割，其3、4段的器类远比游邀文化早期丰富，两者风格面貌相差很大，所以老虎山晚期遗存不应包括于游邀文化的范围。老虎山文化似只截止于龙山时代早期或稍晚，中期以后突然中断，而它向外传播流布并经衍变而兴起的游邀文化却持续发展起来。造成这一历史事件的原因尚有待探索。游邀文化中期新出现了“瓮式斝”，这种富有独创性的器物成为游邀文化中极富特色的器类之一，另外此时斝式鬲已变为成熟形态的鬲；晚期最突出的变化是新出现了高领鬲、花边鬲、无鋬耳鬲和三足瓮。晚期当已进入夏的纪年。至于游邀文化不同地区间的差异、在其发展过程中与南边其他文化间的相互影响、龙山时代结束之后三北地区所发生的变化等问题，《三北》等文章已多有所论[92]，兹不赘述。

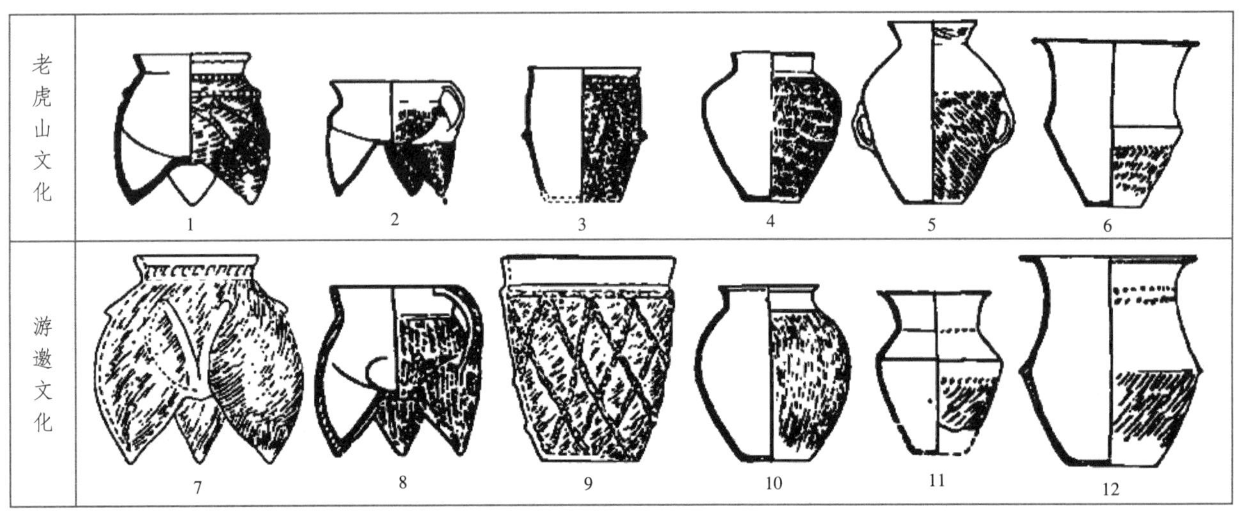

图三 老虎山文化与游邀文化陶器比较
1．老虎山（F27:1） 2．板城（F7:11） 3、5．西白玉（T3③:3、T1③:5） 4、6．园子沟（F3026:9、F2007:9） 7、9．游邀（H291:1、H159:13） 8．杏花村（H317:1） 10—12．白燕（722⑨:3、H219:15、H219:3）

客省庄文化和游邀文化两种“鬲文化”在龙山时代文化发展史中所起的作用是巨大的。《三北》对此有过精辟论述：“中国龙山时代有两个陶鬲中心，一个是三北地区的双鋬矮体鬲，一个是泾渭流域的单耳高体鬲，这两个中心的交互作用，构成了传说时代黄土高原的文化格局。”

两支文化向外发展的直接结果是单耳鬲东进和双鋬鬲南下，于晋南、晋西南豫西相交汇，并与两地庙底沟二期文化的后裔结合，分别形成了“陶寺类型”和“三里桥类型”[93]。两个类型正因为拥有相似的形成机制，所以具有很强的共性。这种共性在早期表现得更强一些，双鋬鬲、单耳鬲、斝、釜灶、侈口筒状夹砂罐、双腹深腹盆、浅腹盆、单耳杯、豆等是两者共有的主要器类，而且其中的大部分形制都较相似。两个类型的晚期器物各自承袭前期而来，有些器物的形制发生了一定改变，器类上也各有增减，两者间的差异有所增大。不过总体上讲，它们之间的共性还是主要的，应属于同一考古学文化，我们暂称之为“陶寺·三里桥文化”。

另一方面，两者间的区别也是较显著的，造成这种区别的原因主要有二：一是晋南庙底沟二期文化（陶寺早期遗存）与晋西南豫西的庙底沟二期文化原本就有所不同，陶寺早期特有的盆形斝和“扁壶”为陶寺类型所继承，而不见于三里桥类型，三里桥类型的斝则直接承袭的是当地庙底沟二期文化中那种典型的亚腰折腹釜形斝；二是三里桥类型因与豫中地区的“王湾三期文化”相邻近，受其影响（这种影响也正是三里桥类型形成机制中多于陶寺类型的一种外在力量），出现了一些为陶寺类型所不见的器物，如双耳瓮、方格纹侈口鼓腹罐等。此外，三里桥类型的双腹盆也直接受王湾三期文化的影响而形成，其形制有别于陶寺类型的同类器。两个类型在器物组合、形制特征上还有其他一些差别，兹不一一列举。凡此皆说明，两者乃是属于同一文化的两个相对独立的类型。此外，晋东南的所谓“小神类型”似也可纳入到这一文化的范畴之中[94]。

洛阳—郑州之间的豫中地区，继秦王寨晚期文化之后发展起来的是王湾三期文化[95]。这个文化的主要器类亦即它的本体因素是：三矮足圆腹罐形鼎、侈口鼓腹罐、直领或侈口鼓肩瓮（有耳和无耳两种）、双腹盆、甑、亚腰釜形斝、细柄豆和形式多样的盆、钵、碗等。这些器物基本上都可在秦王寨文化中找到源头，只是形制特征发生了很大变化，风格面貌与前期迥然不同。其中斝在秦王寨文化晚期（相当于庙底沟二期）偶见于洛阳—偃师一带，此时由西向东扩散到了王湾三期文化的整个分布区。除此而外，王湾三期文化中还有一些外来的因素，其中主要是受东面龙山文化的强烈影响而形成的，如甗、敞口浅腹盆、粗圈足浅盘豆、单耳直筒杯、鬶、盉等，这些因素东部多于西部。而“陶寺·三里桥文化”对它的影响则较微弱，单耳罐形杯可能是由那里传入的。另外洛阳周围偶见单耳鬲和双鋬鬲，但也只限于此。总体上看，王湾三期文化是排斥鬲的，就像陶寺·三里桥文化排斥鼎一样。

豫北冀南和豫东皖西北两个地区的龙山时代遗存通常被称为“后岗二期文化”和“造律台类型”（或称“王油坊类型”）[96]。后岗二期文化的陶器主要由四种因素构成：1. 侈口鼓腹罐的形制同王湾三期文化的很相近，很可能受其影响而形成，三矮足圆腹罐形鼎、直领双耳瓮、亚腰形斝等也当来自王湾三期文化；2. 甗、V形足和鸟头形足鼎、敞口浅腹盆、粗圈足浅盘豆、鬶、单耳直筒杯等显然来源于龙山文化；3. 这里存在一些罐形斝、少量的有耳或无耳鬲，当是从山西境内渗透过来的；4. 一些盆、钵、罐等器物有不见于其他文化的自身特点，很可能是继承本地前期文化的因素，只是因为这里相当于庙底沟二期的文化面貌尚不清楚，目前无法准确说出其间的变化过程。由此可见，后岗二期文化是由多种因素交汇、融合而形成的一种混合性的文化。类似的情形亦出现在豫东皖西北区，这里也受到王湾三期文化和龙山文化的强烈影响，两者相交融构成了造律台类型陶器的主体部分，而这部分陶器又基本不出后岗二期文化的范畴，这就使得律台类型与后岗二期文化具有很强的共性。但这里远离鬲的传播区，所以不见鬲，斝也罕见，而另外却继承了本地大汶口文化中的一些因素[97]，这种形成机制上的差异造成了它与后岗二期文化面貌上的差别。基于上述分析，我们暂且仍称这种遗存为“造律台类型”。

至此，龙山时代黄河流域文化发展的脉络、文化格局之形势已经清晰地显示出来。黄河上游的西北地区有着独自的文化发展趋向，马家窑文化的半山、马厂类型和齐家文化分别向北、向西扩展，与中原无争。而黄河中下游地区则是另外一种局面，兴起于关中地区的客省庄文化，崛起于三北地区的游邀文化，雄踞于黄河下游的龙山文化，或许还包括远在长江中游的石家河文化，位于西、北、东、南四个方位的这几大文化集团，对中原形成包围之势并产生强烈冲击，它们东渐西进，南下北上，生动地展示了群雄逐鹿中原这一波澜壮阔的历史景象。而位于中原核心地带的豫中地区，至少从仰韶晚期始就形战了以鼎、侈口鼓腹罐等为代表的稳定、深厚的文化传统。这一传统一直未被冲断，此时又发展起了王湾三期文化这一实力强大的文化共同体，在周围几大文化板块向中原挤压的同时，它亦顽强地向周围反弹和扩展，其结果是与其它文化相混合、交融，分别在晋南、晋西南豫西和晋东南形成了陶寺·三里桥文化，于豫北冀南形成了后岗二期文化，于豫东皖西北形成了造律台类型等几个混合性的文化类型。在这种对峙的局面中，在文化的流转变动、相互影响、相互冲击空前剧烈的历史场景中，最终在位于漩涡中心的豫中地区诞生了中国历史上第一个王朝——夏。

考古发现和研究表明，龙山时代是一个经济文化高度发展的时期，也是一个社会结构进一步发生深刻变革的时期。贫富分化、社会分层加剧，权力越来越集中在少数人手里，原始共产制过渡为军事民主制，并向国家迈进。不同的集团除和平交往以外，为了各自的利益和势力的扩张还必然会发生频繁地冲突，战争成为国家得以孕育和形成的酵母。在这一背景下，王湾三期文化正处于各种势力之争的漩涡的中心，受周围几个文化——很可能也是几个大的利益集团——的激荡和影响，为了求生存图发展，势必需要一个强有力的集权统治者（阶层），而社会内部的分化也最终导致了军事民主制的瓦解和王权的出现，于是启杀益而代之，禅让制为王位世袭制所取代，夏王朝应运而生，中国历史上的王权统治由此拉开了序幕。

王湾三期文化的后继者为二里头文化是显而易见的。但关于什么是夏文化，长期以来学术界众说纷纭。按照传统看法，夏王朝当诞生于公元前两千年之前，也就是龙山时代之末，因此我们倾向同意这样一种认识：二里头文化很可能是“太康失国”、“后羿代夏”以后的夏文化，而以煤山二期为代表的由王湾三期到二里头文化的过渡性遗存则可能是初期的夏文化[98]。如此，则当夏之初期，龙山时代的许多考古学文化尚处于其末期，其后继者与夏并存（当然，这期间夏的势力范围有所扩大，最明显的是晋西南豫西被夏所占据，成为其重要领地）。在夏之初期，其他文化集团或许还处于军事民主制之末，或许也已出现了王权统治。

九

本文对黄河流域新石器时代考古学文化发展演变的历史、各阶段文化格局不断地组合与重组的演进过程的探讨无疑是一种粗线条的勾勒，文中涉及的各考古学文化共同体，绝大部分是早已被学术界所确认和熟知的，只是在一些具体的认识上多有分歧。毫无疑问，考古学文化首先是根据它们所包含的陶器而被辨识和确立的，然后人们才去探究其他生活用具、生产工具、宗教和艺术用品、房屋、墓葬、窖穴等遗存的特征和在不同文化个体间的异同，并在比较中对该文化进行反证或修正，进而再从这些遗存中进一步挖掘反映古人社会、精神领域等方面的信息。在所有遗存中，陶器是古人最常接触、最熟悉，本身也最易变化、形制最丰富的东西。而事实证明，处在不同时空单位的文化个体间，其陶器群的组合结构、形制特征确实存在着明显的差异，因而陶器也就成了确认考古学文化最重要的指征，成了古代文化共同体（尤指新石器时代）为今人所辨识的一种外在“语言”，这正是本文论述的基础。文化是人的行为的一种外在体现，文化表现背后隐含的是人的活动，因此我们讲文化发展演变的历史，在一定程度上也就反映人的不同群体之活动、发展、变化的历史。然而这种反映终究是模糊的，不确切的，因为文化共同体并不能与人的共同体完全等同。但我们又感到，不同层次的文化共同体与不同层次的人的共同体之间定有内在的联系，怎样揭示这些联系，使人的群体行为活生生地显现出来，迄今考古学家还没有找到一条有效的途径。这是考古学的困难所在，然而也是其魅力所在。

最后，对黄河流域新石器时代文化发展的历史、文化格局不断地组合与重组的变化过程做一简要回顾和总结也许是必要的。新石器时代早期处于农业发生、发展的初期，由于考古发现的不足，文化面貌尚不清楚，估计在自然条件较优越的地方当存在一些小型的农业居址，各地会有自己的文化特点，不过相互间可能处于相对封闭的状态。新石器时代中期前段，黄河下游有后李文化，中游有磁山、裴李岗文化，渭河流域有老官台文化的早期遗存（大地湾一期），尽管社会、文化各方面较前可能有了长足的进展，但彼此间的交流仍然很少；中期后段，后李文化演化为北辛文化，由于其势力的扩张，冲断了磁山文化的传统，而在豫北冀南（中）形成了一种与之相近的遗存（北福地一期甲类），裴李岗文化至此似也突然中断，这样总体形势便演变为北辛文化与老官台文化晚期（北首岭类型）东西并立的局面。到仰韶时代早期，渭河流域和豫北冀南先后兴起了半坡文化和后岗一期文化，两者都以强劲的势头向外扩展；在此之前，陕北、晋中北、冀西北、内蒙古中南部这一地域辽阔的北方区，由于自然条件较差，很可能不是史前农业的发祥地，长期以来一直是农业文化的空白区，而半坡文化和后岗一期文化的对外发展则填补了这一空白；两大文化集团在黄河中游相对峙，而在黄河下游与它们并存的是北辛文化晚期（后李二期）及其后继者大汶口文化早期遗存。仰韶早期后段，在晋西南豫西于当地半坡文化基础上崛起了庙底沟文化，它迅速发展壮大。对外形成强大的辐射波，通过直接和间接的影响，到仰韶中期，将整个黄河中游和上游的一部分区域都纳入了其文化范畴之内，于各地形成了各具特色的庙底沟文化，只有黄河下游的大汶口文化未被冲断而仍按自身的轨迹发展。至仰韶晚期，庙底沟文化衰落瓦解，在黄河中游分化、涌现出多个独具特色的文化类型，而在天水以西至青海东部的黄河上游地区，从庙底沟文化分离出来的马家窑文化已初具规模。此外，黄河下游仍为大汶口文化。这一时期可以说是一种“群雄并立、各自为政”的文化格局。庙底沟二期，最大的变化是原仰韶晚期文化的进一步分解，其他文化虽有变化，但基本是一种内部的衍变。此期尖底瓶消失、斝出现以及相应的一些变化，标志着仰韶时代的结束和向新时代的过渡。到龙山时代，黄河上游并存着马家窑文化的晚期类型和新兴的齐家文化，而在黄河中游，在关中和“三北”地区发展起来的客省庄文化、游邀文化，连同黄河下游的龙山文化，齐向中原冲击，与从豫中向外扩展的王湾三期文化相碰撞、交融，加上它们各自之间的交汇、融合，从而形成了几个混合性的文化类型，在这场互相角逐的局势中，最终于漩涡中心——豫中地区孕育出了夏王朝。

注释：

[1] 严文明：《中国史前文化的统一性与多样性》，《文物》1987年第3期。

[2] 中国社会科学院考古研究所：《中国考古学中碳十四年代数据集》（1965—1991），文物出版社，1992年。

[3] 保定地区文物管理所等：《河北徐水县南庄头遗址试掘简报》，《考古》1992年第11期。

[4] 严文明：《中国新石器时代聚落形态的考察》，《庆祝苏秉琦考古五十五年论文集》，文物出版社，1989年。

[5] 王永波等：《海岱地区史前考古的新课题——试论后李文化》，《考古》1994年第3期。

[6] 赵朝洪：《谈磁山文化的几个问题》，河北省文物考古学会编《磁山文化论集》，河北人民出版社，1989年。

[7] 王永波：《关于后李文化的谱系问题》，吉林大学考古学系编《青果集：吉林大学考古专业成立二十周年考古论文集》，知识出版社，1993年。

[8] 华东文物工作队：《淮安青莲岗新石器时代遗址调查报告》，《中国考古学报》第9册，1955年。

[9] 南京博物院：《江苏邳县四户镇大墩子遗址探掘报告》，《考古学报》1964年第2期。

[10] 拒马河考古队：《河北易县涞水古遗址试掘报告》，《考古学报》1988年第4期。

[11][17][23] 张忠培、乔梁：《后岗一期文化研究》，《考古学报》1992年第3期。

[12][14] 中国社会科学院考古研究所：《宝鸡北首岭》，文物出版社，1983年。

[13][36][42] 赵宾福：《半坡文化研究》，《华夏考古》1992年第2期。

[15] 文启明：《略谈河北仰韶文化南杨庄类型》，《考古与文物》1985年第4期。

[16] 中国社会科学院考古研究所安阳工作队：《安阳后岗新石器时代遗址的发掘》，《考古》1982年第6期。

[18][20][50] 严文明：《从王湾看仰韶村》，《仰韶文化研究》，文物出版社，1989年。

[19][37] 中国科学院考古研究所山西工作队：《山西芮城东庄村和西王村遗址的发掘》，《考古学报》1973年第1期。

[21][52] 河南省文物研究所：《长葛石固遗址发掘报告》，《华夏考古》1987年第1期。

[22][59] 王志浩、杨泽蒙：《鄂尔多斯地区仰韶时代遗存及其编年与谱系初探》，内蒙古文物考古研究所编《内蒙古中南部原始文化研究文集》，海洋出版社，1991年。

[24] 晋中考古队：《山西娄烦、离石、柳林三县考古调查》，《文物》1989年第4期。

[25] 张家口考古队：《蔚县考古纪略》，《考古与文物》1982年第4期。

[26] 田广金：《内蒙古岱海地区仰韶时代文化遗址的调查》，出处同[22]。

[27] 内蒙古社会科学院蒙古史研究所、包头市文物管理所：《内蒙古包头市阿善遗址发掘简报》，《考古》1984年第2期。

[28] 严文明：《内蒙古中南部原始文化的有关问题》，出处同[22]。

[29][31] 山西省考古研究所：《山西翼城枣园新石器时代早期遗址调查报告》，《文物季刊》1992年第2期。

[30][32] 山西省考古研究所：《山西侯马褚村遗址调查试掘简报》，《文物季刊》1993年第2期。

[33][34][58] 田建文等：《晋南地区新石器时期考古学文化的新认识》，《文物季刊》1992年第2期。

[35] 参见赵宾福《半坡文化研究》中的分期，《华夏考古》1992年第2期。

[38] a. 黄河水库考古队华县队：《陕西华县柳子镇第二次发掘的主要收获》，《考古》1959年第11期；b. 严文明：《论庙底沟仰韶文化的分期》，《考古学报》1965年第2期；c. 山西省考古研究所：《翼城四遗址调查报告》，《文物季刊》1992年第2期。

[39][57] 张忠培：《试论东庄村和西王村遗存的文化性质》，《考古》1979年第1期。

[40][41] 中国科学院考古研究所：《庙底沟与三里桥》，科学出版社，1959年。

[43] 同[38]c。

[44] 典型遗址如：华夏泉护村，见[38]a；西安南殿村，《史前研究》1984年第1期；岐山王家咀，《史前研究》1984年第3期；临潼姜寨，《姜寨》，文物出版社，1988年；扶风案板，《考古与文物》1988年第5、6期；宝鸡福临堡，《宝鸡福临堡》，文物出版社，1993年；秦安大地湾，《文物》1983年第11期。

[45] 同[38]c。

[46] 晋中考古队：《山西汾阳孝义两县考古调查和杏花村遗址的发掘》，《文物》1989年第4期。

[47] 山西省考古研究所等：《山西大同马家小村新石器时代遗址》，《文物季刊》1992年第3期。

[48] 海金乐：《大同马家小村遗存分析》，《文物季刊》1992年第4期。

[49] 有关资料参见田广金《内蒙古中南部仰韶时代文化遗存研究》，出处同[22]。

[51] 郑州市博物馆：《郑州大河村遗址发掘报告》，《考古学报》1979年第3期。

[53] 赵印堂、杨剑豪：《曲阳县附近新发现的古文化遗址》，《考古》1955年第1期。

[54] 北京大学历史系考古教研室：《元君庙仰韶墓地》，文物出版社，1983年。

[55] 有关这类遗存的归纳总结可参见卜工、许永杰《陕晋豫地区仰韶晚期遗存的若干问题》，《华夏考古》1991年第4期。

[56] 两个遗址的资料出处可参见[44]。

[60] 山西省考古研究所等：《山西侯马东呈王新石器时代遗

址》,《考古》1991 年第 2 期。
[61][79] 戴向明 :《“海生不浪类型”文化过程论》, 北京大学中国考古学研究中心、北京大学震旦古代文明研究中心《古代文明》第 7 卷, 文物出版社, 2009 年。
[62] 北京大学考古系等 :《山西大同及偏关县新石器时代遗址调查简报》,《考古》1994 年第 12 期。
[63] 有关的资料和综合性研究可参见孙祖初《秦王寨文化研究》,《华夏考古》1991 年第 3 期。
[64] 参见陈冰白《略论“大司空类型”》, 出处同 [7]。
[65]严文明:《略论仰韶文化的起源和发展阶段》,出处同[18]。
[66] 卜工 :《庙底沟二期文化的几个问题》,《文物》1990 年第 2 期。
[67] 宝鸡市考古工作队、陕西省考古研究所 :《宝鸡福临堡》, 文物出版社, 1993 年。
[68][71][91] 许伟 :《晋中地区西周以前古遗存的编年与谱系》,《文物》1989 年第 4 期。
[69] 北京大学考古系等 :《石家河遗址调查报告》,《南方民族考古》1992 年第 5 辑。
[70] 晋中考古队 :《山西太谷白燕遗址第一地点发掘简报》,《文物》1989 年第 3 期。
[72] 晋中考古队 :《山西太谷白燕遗址第二、三、四地点发掘简报》,《文物》1989 年第 3 期。
[73] 中国社会科学院考古研究所泾渭工作队 :《陇东镇原常山遗址发掘简报》,《考古》1981 年第 3 期。
[74] 中国社会科学院考古研究所 :《武功发掘报告》, 文物出版社, 1988 年。
[75] a. 西北大学历史系考古专业 :《陕西扶风县案板遗址第二次发掘》,《考古》1987 年第 10 期 ; b.《陕西扶风县案板遗址第三、四次发掘》,《考古与文物》1988 年第 5、6 期。
[76] a. 胡谦盈 :《庙底沟二期文化与常山下层文化》, 出处同 [4] ; b. 梁星彭 :《试论庙底沟二期文化》,《考古学报》1987 年第 4 期;c. 王世和等:《论案板三期文化遗存》,《考古》1987 年第 10 期 ; d. 同 [66]。
[77] 张忠培、关强 :《“河套地区”新石器时代遗存的研究》,《江汉考古》1990 年第 1 期。
[78] 田广金 :《内蒙古中南部龙山时代文化遗存研究》, 出处同 [22]。
[80] 同 [18]、[51]。
[81] 中国社会科学院考古研究所二里头工作队 :《河南偃师二里头遗址发现龙山文化早期遗存》,《考古》1982 年第 5 期。
[82][83] 转化的年代参见李伊萍《半山、马厂文化研究》, 苏秉琦主编《考古学文化论集》(3), 文物出版社, 1993 年。
[84] 陈雍 :《关于半山文化和马厂文化关系的讨论》, 出处同 [82]。
[85]张忠培:《齐家文化的研究》,《考古学报》1987 年第 1、2 期。
[86] 胡谦盈 :《论常山下层文化》,《中国原始文化论集》, 文物出版社, 1989 年。
[87] 梁星彭 :《试论客省庄二期文化》,《考古学报》1994 年第 4 期。
[88] 同 [76] c。
[89] 参见王立新《单把鬲谱系研究》, 出处同 [7]。
[90]许永杰、卜工:《三北地区龙山文化研究》,《辽海文物学刊》1992 年第 1 期。
[92] 杨杰 :《晋陕冀北部及内蒙古中南部龙山时代考古学文化初探》, 出处同 [22]。
[93][94] 关于两者的分期、特征等情况可参见宋建忠《山西龙山时代考古遗存的类型与分期》,《文物季刊》1993 年第 2 期。
[95][96] 参见王震中《略论“中原龙山文化”的统一性与多样性》, 出处同 [86]。
[97] 李伯谦 :《论造律台类型》,《文物》1983 年第 4 期。
[98] 李伯谦 :《二里头类型的文化性质与族属问题》,《文物》1986 年第 6 期。

(原文刊于《考古学报》1998 年第 4 期)

大溪文化红烧土房屋研究

李文杰

红烧土房址起源于新石器时代中期，湖南临澧县胡家屋场遗址的皂市下层文化中发现有房基两处[1]，保存有残破硬土居住面和柱洞、红烧土层等遗迹。居住面含有大量细砂粒、碎石屑和陶末，其下铺垫红烧土。这是目前在长江流域所见年代最早的红烧土房址。皂市下层文化晚于彭头山文化早于大溪文化，其年代大约在公元前5900年至前5500年之间。

到长江流域新石器时代晚期，在大溪文化遗址内常发现红烧土房址，以宜都县（今宜都市）红花套遗址和枝江县（今枝江市）关庙山遗址最典型。1973年秋长红流域第二期文物考古干部训练班在红花套遗址清理出红烧土房址F111。该房地是大溪文化晚期的长方形地面式房址，建筑面积约59平方米，有条形基槽，在基槽内用红烧土块掺和黏土筑成墙基，东墙基南部有小门，门坎之外有门道，北墙基中部有大门，门道也有红烧土墙基，门道北端有红烧土门坎。1975年秋笔者在红花套遗址又清理出数座红烧土房址，如F301、F302是圆形半地穴式房址。

一　红烧土房址的清理方法

1979年秋笔者在关庙山遗址清理红烧土房址T51、T52④AF9之后，在F9之下发现大量红烧土块堆积，估计下面还有一座红烧土房址，这些红烧土块可能是从墙壁或屋面上倒塌下来的，于是将红烧土块加以清理，凡是块较大、形状较规整，上面留有木、竹、茅草、麻绳等痕迹的都逐块编号登记，写明在探方内的具体位置，暂时存放在探方边缘。清理红烧土块之后，首先发现一段红烧土的东墙基，笔者采用由已知求未知的方法，逐步拓展成果：顺着东墙基向南、北两个方向寻找，先后找到房址的东南墙角和东北墙角；再顺着这两个墙角向西寻找，找到南墙基和北墙基，又找到西南墙角和西北墙角；最后找到西墙基，在西墙基中部发现门口，门外有一道红烧土门坎。此时确定这是一座新的红烧土房址，编号为T51、T52④BF22（图一）[2]。清理屋内居住面时，找到位于屋内中央的方形火塘和倒塌在火塘西北边的隔墙以及屋内的柱坑。之后清理整体倒塌在北墙基和西墙基外侧的红烧土墙壁。最后清理叠压在墙壁之下的散水。终于查明整座房址的形状：F22是一座门朝西的方形地面式红烧土房址，建筑面积约35平方米。屋内以隔墙为界分为东西两间，西间（外间）是厅，东间（内间）是卧室；屋内有圆形柱坑16个，柱坑内树立木柱支撑屋顶，其中有两个柱坑分别位于火塘东西两侧，树立木柱支撑正脊；北墙西段整体倒塌在散水上，经测量，墙高175厘米，西墙南北两段都整体倒塌在散水上，略向外闪出，墙高也是175厘米。根据北墙与西墙既相邻又等高，断定外墙四壁等高、屋顶应有一条正脊、四条戗脊，呈四面坡形式。此时，将暂时存放在探方边缘的红烧土块逐块与F22的各部位加以对照，确定红烧土块出土于F22的具体位置。将这些红烧土块运回考古队室内后，逐块经过仔细观察、绘图、做成卡片，发现F22外墙的墙头朝屋内一面有二层台，墙体内外两面都有抹面，朝屋内的抹面上粉刷黄泥浆多层，墙体、抹面、黄泥浆都经过烧烤；发现屋面倒塌的红烧土49块，大多数出土于西南散水上，用掺和少量稻草截段和稻壳的黏土泥料抹成，其下面留有排列较稀疏的竹椽、木椽痕迹，椽间空当中有茅草痕迹；还有出土于火塘附近的正脊红烧土 1 块。

图一　关庙山遗址大溪文化第三期T51、T52④BF22平面、剖视图

1980 年秋武汉大学历史系考古专业 78 级学生在关庙山遗址实习，在 T76 ④ B 层发现大量红烧土块堆积，依照上述 F22 的清理方法，在红烧土块堆积之下清理出一座长方形地面式红烧土房址，编号为 T76 ④ BF30。屋内有三个方形火塘，在南北向的中轴线上排列成行。F30 的建筑面积约 52 平方米，门朝东，门外有一级用红烧土块砌成的台阶。屋内以隔墙为界分为南北两间，北间（外间）较大是厅，南间（内间）较小是卧室。此时将暂时存放在探方边缘的红烧土块逐块与 F30 的各部位加以对照，确定红烧土块出土于 F30 的具体位置。将这些红烧土块运回考古队室内后，经过仔细观察、绘图、做成卡片，发现 F30 外墙的墙头是平齐的，没有二层台，墙体朝屋外一面仅在局部有抹面；还有正脊倒塌的红烧土 7 块，戗脊倒塌的红烧土 5 块，屋面倒塌的红烧土 3 块，屋檐倒塌的红烧土 18 块。屋面和屋檐红烧土块的下面留有排列较密集的半圆木椽痕迹，却没有茅草痕迹。F30 与 F22 同属大溪文化第三期，但是二者墙头的形式、屋顶的结构明显不同。

1980 年 11 月 24 日中国社会科学院考古研究所夏鼐所长来到关庙山遗址视察，看到 F22 和 F30 都保存良好，两座房址都普遍经过均匀烧烤，他对我说：“应当测一下红烧土的烧成温度。”[3] 后来我从这两座房址的墙身、屋面、屋檐红烧土块中挑选出数块标本，请宜昌市陶瓷研究所测定烧成温度，结果如下：F22 墙身和屋面红烧土块的烧成温度均为 600℃；F30 墙身红烧土块的烧成温度为 900℃；屋檐红烧土块的烧成温度为 620℃。F30 墙身红烧土块与屋檐红烧土块的烧成温度相差悬殊，说明墙身和屋檐不是一次烧烤而成的，这一点很重要，值得注意。

我从清理 F22、F30 的过程中总结出一套红烧土房址的清理方法，即由已知求未知的方法：当发现大量红烧土块堆积时应谨慎处理，其中可能有从墙壁和屋面上倒塌下来的红烧土块，红烧土块堆积下面可能有红烧土房址，因此首先要将红烧土块编号登记，明确探方内的具体出土位置，不可将红烧土块扔掉；在红烧土块堆积下面发现有红烧土房址时，再将红烧土块与房址加以对照，根据红烧土块出土的部位和特点，来判断其原先是房屋墙壁上或屋面上的什么构件，结果查明了墙壁和屋顶的形式。已往发表的考古发掘报告中，多数只报道红烧土房基，少数报道了残存的红烧土墙壁，一般都未报道墙壁或屋面倒塌下来的红烧土块，其原因之一是不知道下面有红烧土房址，不慎将红烧土块扔掉了，结果只知道房基的形式，不知道墙壁和屋顶的形式，这样对房屋建筑形式的认识是不全面的。

二　红烧土房屋的建筑形式

关庙山遗址的大溪文化遗存可分四期，第一期可分早晚两段。大溪文化遗存测定过 10 个 ^{14}C 年代数据，其中有6个数据与地层关系相符，具体地说：大溪文化第二期（ZK—0892、ZK—0992）的年代为（达曼表校正）距今（以公元1950年为起点）5940年—5830年之间，或（高精度表校正）公元前4319年—前3544年之间；第三期（ZK—0685、ZK—0891）的年代为距今5645年—5505年之间，或公元前3779年—前3380年之间；第四期（ZK—0832、ZK—0991）的年代为距今5330年—5235年之间，或公元前3606年—前3101年之间[4]。笔者推测大溪文化第一期的年代为距今6200年—6100年之间。总之，关庙山遗址大溪文化第一期至第四期的年代约在距今6200年—5200年之间，延续了大约1000年左右。

大溪文化第一期早段的遗存由于发掘面积小，目前未见红烧土房址。从第一期晚段至第四期发现红烧土房址25座（其中形状清楚的有13座），残存的居住面和垫层20片，红烧土场地6片，红烧土堆积18片，还有大量从墙壁和屋面上倒塌下来的红烧土块，这些与房屋建筑有关的资料，在《枝江关庙山》发掘报告（待刊）中都将如实、全面、详细地报道，附有图、表，本文只能简略地提一下。

13座形状清楚房址的形状、门向、建筑面积和期别

房址号	形状	门向	建筑面积（单位：平方米）	期别
F34	长方形	向西	不包括散水66	第一期晚段
F33	长方形	向东	包括屋内垫层，不包括门前道路残存54，复原后62	第二期
F9	长方形	向南	不包括檐廊和散水50	第三期
F1	长方形	向东	不包括散水80	第三期
F30	长方形	向东	不包括门外台阶、散水52	第三期
F35	长方形	向北	包括墙基、门道残存76	第一期晚段
F25	长方形	不详	包括墙基43	第四期
F36	长方形	向东	不包括散水27	第三期
F22	方形	向西	不包括散水35	第三期
F26	方形	大门向南 小门向北	不包括散水49	第三期
F2	圆形	向东	包括门道、墙壁柱洞分布范围内66	第二期
F28	圆形	向北	包括门道、墙基7	第三期
F29	椭圆形	不详	包括垫层8	第三期

以上13座房址均为单体红烧土建筑。其中，F36为临时性简易的非正式的篱笆墙建筑，推测没有屋顶，其余12座均为正式建筑，应有屋顶。

在12座正式房址中，长方形7座，占58%；方形2座，占17%；圆形2座，占17%；椭圆形1座，占8%。可见以长方形房址占多数。有地面建筑11座，占92%；半地穴式建筑1座（F28），占8%。可见地面建筑占绝大多数。F33、F35残缺不全，难以准确地计算建筑面积，其余10座均为完整的房址。在10座完整的房址中，50—80平方米的大型房址有5座，占50%；35—49平方米的中型房址有3座，占30%；7—8平方米的小型房址有2座，占20%。可见50—80平方米的大型房址占半数，35—80平方米的大中型房址共占80%。

从总体上看，大溪文化房屋均为单体建筑，以长方形房址占多数，地面建筑占绝大多数；门向不一，以东向稍多，一般仅一个门，个别有两个门；以大中型房址占大多数。另外，从F22和F30来看，红烧土房屋均为四壁等高，没有山墙，屋顶都呈四面坡的形式；第一期晚段和第二期的房址内均未发现屋面红烧土块，推测都采用茅草屋面，烧烤技术只局限在墙壁、居住面及屋内设施上；第三期的F22和F30都出现了红烧土屋面，但是略晚于F22的F9仍然采用茅草屋面，可见在红烧土屋面出现之后，它与茅草屋面还并存一段时期；第四期沿用红烧土屋面。换句话说，第一期晚段和第二期的房屋是“不完全”的红烧土房屋，第三期才开始出现“完全”的红烧土房屋，第四期沿用“完全”的红烧土房屋。

三 红烧土房屋的工程做法

红烧土房屋的工程做法包括以下三个方面。

第一，所用的建筑材料有两类

一类是天然的材料，包括植物类和土类，这是自然界原先就有的材料。植物类有木材、竹材、茅草等。其中木材有圆木、半圆木、枋木。圆木较粗，作为墙体内部的木柱、屋内的木柱、檩条、脊檩等。半圆木和枋木都是用较细的圆木加工而成的，作为墙体内部的骨架、屋顶的椽子、泥屋脊内部的骨架。竹材有圆竹、半圆竹、竹片。圆竹、半圆竹作为屋顶的椽子。竹片排列成竹笆夹在两层居住面之间，有的粘贴在外墙的抹面上。茅草作为屋顶椽间空当中的填充材料。此外，还有麻绳、竹篾、藤条，以麻绳为主，用于绑扎墙体内部的木竹骨架和屋顶的木竹结构层。土类有生土和熟土，以生土为主，熟土较少，几乎都用黏土，将土练成泥料后用于构筑墙壁、抹居住面和屋内火塘及灶等设施，还抹成“泥背顶”。

另一类是人工制造的材料即红烧土，这是自然界原先没有的材料。木骨泥墙、居住面及屋内火塘、灶等设施经过人工烧烤，陶土发生了物理化学变化，整体达到陶化的程度，变成红烧土的墙壁、居住面及设施。另外，充分利用红烧土墙壁倒塌后所产生的红烧土块作为羼和料（熟料），掺和在黏土泥料中，用于构筑木骨泥墙，还将红烧土块用于铺设屋内居住面下的垫层和屋外的散水、道路及场地。

第二，建房所用的工具

建房所用的工具十分简陋。砍伐和加工木材、竹材的工具有石斧、石楔、石锛、石刀等。运土的工具有竹筐等，在F9：4墙壁红烧土块上留有竹筐底部的印痕。在墙壁和屋面上抹泥所用的工具应是木质的抹子，F22：91屋面红烧土块上留有细密的平行线状的纹理，是用工具（抹子）刮抹泥料的痕迹。有时甚至不用工具，直接用手抹泥，F30：46屋面红烧土块上留有一道道明显的手指抹泥痕迹。

第三，房屋的工程做法

包括外墙、隔墙、屋内垫层及居住面、屋内设施、屋面、屋外散水的具体做法，以及建房的工艺流程。现以关庙山遗址F22的工程做法为例，简要介绍如下：

建房的第一道工序是构筑外墙。先挖成条形基槽，在基槽内树立木柱或竹柱后，再用掺和大量红烧土渣的黏土将基槽填实，在地下形成稳固的条形墙基。在墙基内发现圆形柱洞20个。大多数柱洞位于墙基中间，但35、36号柱洞位于墙基朝屋内一侧，半个柱洞处于居住面内，可以设想半根柱子裸露在墙身之外。另外，在F22以东约10米处发现一块墙身倒塌的红烧土，其外表有一道凹槽，是半根竹柱遗留的痕迹，竹节直径5厘米，证实了F22半根柱子裸露在墙身之外的情况。由此可以推论：墙身内的柱子只在筑墙过程中起支撑作用，却没有承载屋顶重量的作用，外墙经过烧烤成为红烧土墙后，其硬度、抗压强度和承重能力都明显提高，可以直接承受屋顶的重量，即使墙身内部的柱子被烧毁也没有什么关系，不会影响墙身的承重能力。墙身中间以纵向并排的半圆木和半圆竹作为骨架，再以横向的半圆竹夹住骨架，还用绳索将骨架绑扎在一起，再固定在木柱上。然后在木柱和骨架两面用掺和大量红烧土渣的黏土泥料筑成墙身。F22：129墙身红烧土块表明，墙壁内外两半是先后分别筑成的，先筑朝屋内的半壁，后筑朝屋外的半壁。墙头朝屋内一面设有二层台，这是一种墙头装饰，二层台的外侧有呈拱形的高出部分，高出部分左右两侧有凹槽，这是放置椽头的地方。墙身内外两面都有抹面1－2层，用较纯的黏土泥料抹成，其作用是提高墙身防雨防潮、防风化的能力，增强墙身的耐久性。在朝屋内的抹面上从墙头至墙脚普遍粉刷黄泥浆1－11层，黄泥浆是用黄黏土淘洗而成的，粉刷后与墙身一起经过烧烤。粉刷黄泥浆可以使屋内比较明亮，墙面更加整洁而美观。北墙和西墙的高度均为175厘米，约一人高。北墙的墙脚厚31厘米，墙头厚13厘米，由于下厚上薄比较稳固。西墙中部设有门口，门外设有一道红烧土门坎，可以防止雨水倒流入屋内。

北部中央有一堵南北向的隔墙，将屋内空间分隔为东西两间，西间是厅，面积大于东间，屋主人可以从南墙与火搪之间的空当中进入东间。东间已初步具备了卧室的功能。隔墙建在红烧土块垫层之上，其做法是既没有挖条形基槽，墙基内也没有柱洞，但在墙身中间以纵向并排的圆木棍作为骨架，在骨架两面用掺和红烧土渣的黏土泥料筑成墙身，墙头上面平整，没有二层台，壁脚厚 24.5 厘米，墙头厚 14 厘米。墙身两面和墙头上都有抹面一层。抹面上粉刷黄泥浆一层。推测隔墙约一人高，墙头南北方向应与居住面平行。可见隔墙的做法比外墙简单。

屋内的地面由垫层和居住面两部分构成。垫层用大量红烧土块掺和少量黏土铺成，红烧土块横七竖八很不整齐，垫层表面不平整，铺设垫层后未经烧烤。居住面用掺和大量粉砂的黏土泥料抹成，有四层，都经过烧烤，成为红烧土居住面。

屋内挖成圆形柱坑 16 个，其中 14 个在平面上排列成方形，形成柱网，柱坑内树立木柱承托檩条；2 个位于火塘东西两侧，柱坑内树立木柱承托正脊，根据这两个柱坑的距离，推测正脊长约 3 米。为就地保护 F22，只解剖过一个柱坑（11 号），其周壁和底部有一层抹面，为橙红色，表面光滑，抹面的顶部与第二层居住面连为一体，是从第二层居住面延伸下来的，并且与居住面一起经过烧烤。在各柱坑内都有圆形柱洞，是柱脚腐朽后遗留下来的洞穴，柱脚周围的空当中都用红烧土渣掺和少量黏土夯实，以便增强柱脚的稳定性，防止木柱歪斜或柱脚下沉。

屋内中央设有方形火塘一个，可用于炊事和冬季烤火取暖。火塘有三层，周围用黏土泥料抹成埂，经过烧烤变成红烧土埂，可将火源与居住面上放置的易燃物品隔开，防止失火。上层火塘的东南角筑一个红烧土台，顶部呈圜底状，可放置圜底陶器。在火搪北侧、隔墙西侧有一个凹槽状的储藏所，可用于储藏食品。

根据外墙四壁等高、没有山墙和屋内木柱的排列状况，可以断定屋顶有一条东西向的正脊和四条戗脊，呈现四面坡的形式，在火塘附近出土正脊倒塌的红烧土 1 块，在西南散水上出土屋面红烧土 49 块。屋面的做法是：用掺和少量稻草截断和稻壳的黏土泥料抹成“泥背顶”，有些为一层，有些为二层，局部有三层，上层的表面平整；下层的下面留有圆木椽子、圆竹椽子和茅草的痕迹。椽子排列较稀疏，茅草是平铺的，排列整齐，其方向与椽子平行，作为椽间空当中的填充材料。此外，还有半圆竹痕迹，半圆竹压在茅草之上，一般与茅草成直角相交，个别成斜角相交，用竹篾或细麻绳将半圆竹与茅草绑扎在一起，并且固定在椽子上。例如 F22 ：105 屋面红烧土块，西南散水上出土，有三层，下层用掺和少量稻草截段的黏土泥料抹成，橙黄色；中层用纯黏土泥料抹成，橙红色；上层用掺和细砂的黏土泥料抹成，灰褐色。残长 12.5、残宽 11 厘米，下层厚 3.7 厘米，中层厚 0.6 厘米，上层厚 0.2 厘米。上面欠平整。侧面有纵向的圆竹椽痕迹一条，竹节清晰，残长 5.3、直径 4 厘米。下面有平铺的茅草痕迹，茅草大多数与圆竹椽平行，少数弯曲成孤形。引人注目的是：上层和中层的质地比下层稍硬，表明上层和中层的烧成温度略高于下层，应是在“泥背顶”上面进行烧烤所致。

建房的最后一道工序是在屋外用较小的红烧土块铺成散水，厚 5—15 厘米。散水上面比较平整，周围稍低，略呈斜坡状，便于往外排水，保护外墙的墙基。

四　红烧土房屋的成因

目前考古界对红烧土房屋的成因看法不一，有些学者认为是人工烧烤而成的，也有些学者认为是失火所致。各文化各遗址的情况有所不同，其成因不能一概而论。但从关庙山遗址来看，从第一期晚段至第四期的 25 座房址全部是红烧土房址，若是失火所致，难以解释。红烧土墙壁和居住面以及屋内设施肯定都是人工烧烤而成的。例如 F22 外墙的墙脚厚 31 厘米，隔墙的墙脚厚 24.5 厘米，F30 外墙的墙脚厚 28 厘米，从外表至内部都烧烤透彻，成为红烧土墙壁。经测定，F22 和 F30 墙身红烧土块的烧成温度分别为 600℃和 900℃，失火难以烧烤到这种程度。又如 S7 是一片残存的红烧土居住面，位于 T72、T73、T77 ③ A 层顶部，属第四期，面积约 30 平方米。居住面之下没有垫层，明显不同于其他房址的居住面。西北部 1 号柱坑附近的居住面有三层：下层厚 0.5－1 厘米，用掺和大量稻壳的黏土泥料抹成，经过烧烤，为橙黄色；中层厚 12.5－17.5 厘米，用掺和很多大小不同红烧土块的黏土泥料抹成，红烧土块长 7－15 厘米不等，这些红烧土块“复烧”之后为橙黄色，泥料烧烤之后为橙红色，两种红烧土界限分明；上层厚 1 厘米，用质地较纯的黏土泥料抹成，经过烧烤，红褐色。三层居住面都被烧透，应是经过长时间烧烤所致。残居住面上存有柱坑 2 个，即 1、2 号柱坑。其中 1 号柱坑（图二），呈圆形，侈口、直壁、圜底状，近底部略内收，口部直径 25.5、深 42.5 厘米，柱洞深 37 厘米。从坑壁至坑底普遍有抹面一层，厚 0.6－0.7 厘米，表面光滑，质地与上层居住面相同，是从上层居住面延伸下来的，抹面的颜色自上而下由橙红色逐渐变为橙黄色，质地由稍硬逐渐变为松软，这是自上而下烧成温度逐渐降低所致。经试验，从各部位（包括柱坑底部）取下来数块抹面浸在水中都不会解体，不会化成泥，表明抹面经过烧烤，虽然烧成温度偏低，但是已经初步陶化。树立木柱之前，在柱坑底部（即柱洞之下）垫一层灰白色黏土，树立木柱后黏土被柱脚压实，起到“暗础”作用。经试验，将灰白色黏土取下来数块浸在水中都立刻解体化成泥，表明灰白色黏土未经烧烤。在柱坑底部，未经烧烤的黏土叠压在经过烧烤的抹面之上。这一事实表明，柱坑周壁至底部的红烧土抹面都在树立木柱之前经过人工烧烤，确切地说，柱坑周壁的抹面是与上层居住面同时烧烤而成的。2 号柱坑呈圆形，斜壁、圜底，口径 15、深 9 厘米，周壁和底部都有一层红烧土抹面，其做法与 1 号柱坑相同。此前，第三期 F22 屋内的 11 号柱坑周壁的抹面也是与居住面同时经过烧烤的。

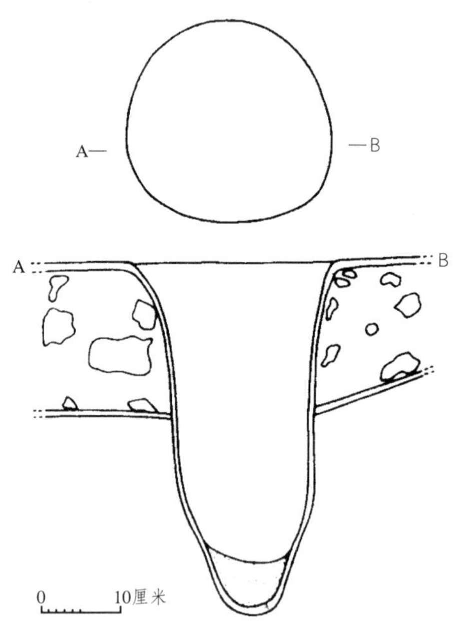

图二　关庙山遗址大溪文化第四期S7柱坑1平面、剖视图

至于第三、四期的红烧土屋面是否人工烧烤所致，目前尚难断定。假如屋面也是人工烧烤的，应采用二次烧烤法：第一次烧烤只局限于墙壁、居住面以及屋内设施；在屋内树立木柱，覆盖屋顶，在屋顶上抹泥形成泥屋面即“泥背顶”之后，在“泥背顶”上面进行第二次烧烤。由于红烧土房屋是建筑技术与制陶技术巧妙结合的产物，建房时应当有较多制陶者参与，还必须像烧制陶器那样，等待墙壁、居住面、屋面的泥料都干燥透彻之后再进行烧烤，开始要用小火，然后逐渐加大火力；烧烤墙和居住面时可以达到较高的烧成温度，上限可以达到 900℃，墙体内部的木质骨架即使被烧毁也没有什么关系，因为墙壁烧烤成坚硬的红烧土之后，可以与屋内木柱一起承载屋顶的重量；烧烤“泥背顶”时必须将烧成温度的上限严格地控制在 600℃左右，既要使“泥背顶”变成红烧土屋面，又不致将屋顶的木、竹结构层烧毁，导致屋顶坍塌。二者达到矛盾的统一，其难度之大可想而知。红烧土屋面能否烧烤成功，这是建筑考古学上没有解决的一个重要问题。

1986 年笔者在《大溪文化房屋的建筑形式和工程做法》一文中[5]，列举了红烧土房屋经过人工烧烤的证据。此文发表时，巧遇中国考古学会第六次年会在沈阳市召开，部分与会代表对此文提出疑议：“红烧土问题罗马尼亚都没有解决，你李文杰怎么能解决？”我听了后立刻意识到，红烧土房屋的成因，尤其是红烧土屋面的成因问题是带有国际性的疑难问题。但我认为外国人没有解决的问题，中国人有可能解决，中国考古学上的问题应该由中国人自己来解决。顺便提一下，安徽蒙城县尉迟寺遗址发现大汶口文化晚期的红烧土排房之后[6]，1994 年 8 月 4 日中国社会科学院考古研究所和蒙城县委、县政府共同举办一次座谈会[7]，主要讨论红烧土房屋的成因问题，笔者参加了座谈会。最近笔者从百度网上看到，中国科学院研究生院王昌燧教授和中国社会科学院考古研究所王吉怀研究员的博士研究生李乃胜的论文《我国新石器时期建筑中的几个重要问题》提到“在测试尉迟寺红烧土排房建筑部件吸水率、抗压强度和烧成温度的基础上……对尉迟寺红烧土房成因做出了定论，证明了这一建筑工艺的存在，为我国新石器时期的一大建筑特色”。采用科技手段探索红烧土房屋的成因，这是一个良好的开端。

现已发表的资料表明，红烧土房址延续到新石器时代末期（又称铜石并用时代）的石家河文化，其年代约在公元前2500年—前2000年之间，例如湖北石首市走马岭遗址发现红烧土房址一座[8]，为一曲尺形多间地面式建筑；天门市石家河遗址群的罗家柏岭遗址发现一组规模庞大、形制复杂的红烧土建筑遗迹[9]。

五 结 语

红烧土房屋存在的时期，上起皂市下层文化，下至石家河文化，前后约达3900年，它是新石器时代中期、晚期和末期房屋建筑的显著特征之一，在新石器时代晚期达到发展的高峰，以关庙山遗址大溪文化的红烧土房屋和尉迟寺遗址大汶口文化晚期的红烧土排房最有代表性。大溪文化早于大汶口文化晚期。

通过研究，对大溪文化的红烧土房屋有以下四点认识：

（一）红烧土是用黏土泥料筑成墙壁、居住面、屋内设施、屋面等建筑构件，烧烤之后整体达到陶化程度，成为人工制造的第一种建筑材料，在中国古代建筑史上占有一定的地位。红烧土构件制作较粗放；从墙壁或屋面上倒塌下来的红烧土块可以作为“羼和料”用于筑墙，或用于铺设垫层、地面、散水、道路、场地。

（二）大溪文化第一期晚段和第二期的红烧土房屋，虽然墙壁、居住面及屋内设施是红烧土的，屋面却是用茅草覆盖的，这是“不完全”的红烧土房屋；第三期出现了红烧土屋面，才成为“完全”的红烧土房屋；第四期沿用红烧土屋面。

（三）红烧土房屋是新石器时代建筑技术与制陶技术巧妙结合的产物，它具有防雨防潮、坚固耐久的优点，在多雨潮湿地区，这是当时最适宜人们居住的一种房屋。因此，在大溪文化中延续千年之久，红烧土房屋成为大溪文化的特征之一。

（四）大溪文化房屋的红烧土墙壁、居住面、屋内设施都是人工烧烤而成的。红烧土屋面是否人工烧烤所致，至今仍是一个疑难问题，只有继续采用科技手段测试红烧土标本，并且通过仿造红烧土房屋的模拟实验才能够得出恰当的结论。

注释：

[1] 湖南省文物考古研究所：《湖南临澧县胡家屋场新石器时代遗址》，《考古学报》1993年第2期。

[2] 中国社会科学院考古研究所湖北工作队：《湖北枝江关庙山遗址第二次发掘》，《考古》1993年第1期。

[3] 李文杰：《大溪文化之最》，《江汉考古》1988年第1期。

[4] 中国社会科学院考古研究所编《中国考古学中碳十四年代数据集》（1965—1991），文物出版社，1991年。

[5] 李文杰：《大溪文化房屋的建筑形式和工程做法》，《考古与文物》1986年第4期。

[6] 中国社会科学院考古研究所、安徽省蒙城县文化局：《蒙城尉迟寺》，科学出版社，2001年。

[7] 中国社会科学院考古研究所、安徽省蒙城县文化局：《蒙城尉迟寺》第二部，科学出版社，2007年，附录1。

[8] 荆州博物馆、石首市博物馆、武汉大学历史系考古专业：《湖北石首市走马岭新石器时代遗址发掘简报》，《考古》1998年第4期。

[9] 湖北省文物考古研究所、中国社会科学院考古研究所：《湖北石家河罗家柏岭新石器时代遗址》，《考古学报》1994年第2期。

（原文刊于《中国国家博物馆馆刊》2012年第6期）

鄂西屈家岭文化遗存的分期与研究

王晓田

随着对屈家岭文化的确认，长江中游及江汉平原的新石器时代文化在时间发展顺序上有了一个较完整的轮廓，但同时也引起了学术界关于屈家岭文化来源问题的讨论。近年来，在新的考古资料不断被发现的情况下，有关屈家岭文化的研究也在不断深入。根据屈家岭文化分布区域的不同特征，有人将其分为“屈家岭”和“划城岗”两个类型[1]，有人分为“屈家岭”、“青龙泉”、“关庙山”三个类型[2]，也有人分为“屈家岭”、“青龙泉”、“关庙山”、“划城岗”四个类型[3]，更有人细分为“屈家岭”、“青龙泉”、“清水滩”、“三元宫”、“高坎垄”等五个类型[4]。由于对鄂西地区类似屈家岭文化的特征认识不一致，因此出现了对这个遗存命名不一的现象。笔者曾在长江西陵峡发掘多年，通过对发掘资料的整理分析，并结合屈家岭文化进行对比研究，感觉很有必要重新认识鄂西被视为屈家岭文化的这一遗存。下面，本文仅从鄂西“屈家岭文化”遗存（以下简称“鄂西遗存”）的陶器分期入手，分析总结其文化特征，尽力弄清这类遗存的文化属性，及其与大溪文化、屈家岭文化的关系等问题。

一

鄂西遗存分布于沮漳河两岸及江陵至西陵峡江段的长江两岸。在这个区域内，已经发掘的重要遗址有宜昌中堡岛、清水滩、杨家湾，秭归苍坪，枝江关庙山，宜都红花套，当阳冯山等。这些遗址中除少数仅做过试掘或一次发掘外，多数遗址都进行过两次以上的正式发掘。其中几个主要遗址的地层堆积情况如下：

（一）中堡岛遗址

遗址位于西陵峡中部，遗存分布面积大，堆积厚，文化内涵丰富。从1979年开始到1993年底，共进行过多次大规模发掘。从发掘得知，遗址堆积厚达8米多，新石器时代、商周时期文化是主要内涵。其中，1979年发掘的第4、5层[5]，1985至1986年发掘的第8、9A、9B层及层下的一批遗迹[6]，1993年发掘的第12、13层[7]，和一批器物坑[8]，均为鄂西遗存。

（二）清水滩遗址

曾进行过两次发掘。第一次发掘中的第三期文化（即第6层）[9]、第二次发掘中扰土层下的“大溪文化晚期堆积”[10]，皆为鄂西遗存。

（三）关庙山遗址

遗址发掘分为两个阶段，第一阶段（1978年秋至1979年春）是以T53第2层为代表的鄂西遗存，即第三期文化。其上有青龙泉三期文化，下压大溪文化晚期堆积[11]。第二阶段（1979年秋至1980年春），已明确称为“屈家岭文化”的地层关系要比第一阶段复杂[12]。

（四）红花套遗址

经过大规模发掘，但发掘资料至今未见正式发表。从零星报道的材料中得知，有人将这批资料分为四期[13]，其中第三、四期文化为鄂西遗存，第四期又分早、中、晚三段。各期各段的划分是否有地层关系为依据，因未见报道无从得知。

（五）冯山遗址

曾进行小规模试掘[14]。文化内涵单一，仅见鄂西遗存堆积（即《简报》中的第 4、5 层）。两层出土的陶器没有明显变化，故做同期遗存处理。

上述几个主要遗址中，以中堡岛遗址第二次发掘的地层关系最具代表性，不但层次清楚，叠压打破关系多，而且各层次间的时代相连，文化内涵联系密切。据此，我们以这一典型的范例为主干，综合其他遗址的地层关系和出土陶器的特点，将鄂西遗存分为三期（表一）。

表一　鄂西遗存主要遗址分期表

遗址 分期	中堡岛		清水滩		关庙山	冯山	红花套
	79 年	85、86 年	第一次	第二次			
第一期	5 层	H42、62、64、259、299、338等灰坑		3、4 层	T53、T55—T80 第 3 层。H93、F10、G3 等		三期晚段 四期早段
第二期		9B层及H154、183、260、284等灰坑			T31、35、39 第 3 层。H6、23、63、66、75 等灰坑		四期中段
第三期	4 层	8、9A 层及H21、F 等	6 层		T1、201、51、64、66、80 第 2 层。M16、71、74、103 等	4、5 层 H1	四期晚段

第一期　以中堡岛遗址第 9B 层下、打破第 10 层的 H42、H62、H64、H259、H299、H338 等灰坑为代表，包括 1979 年发掘的第 5 层、清水滩第二次发掘的 T6—T10 第 3 层、关庙山 T53、T55—T80 第 3 层和 H93、F10、G3 等单位。红花套的第三期中有部分陶器和第四期早段应为此期。

陶器以夹砂褐陶为主，夹砂黑灰陶、泥质桔红陶略少，泥质黑陶、灰陶、橙黄陶很少。除大量素面陶外，带纹饰陶数量很少，见到的纹饰有弦纹、刻划纹、绳纹、戳印纹、镂孔等，并有少许彩陶器。器形多圜底、小平底及圈足器，主要陶器种类有釜、盆、钵、豆、碗、罐、壶、缸等。

釜　数量最多，夹砂陶，陶质多含草灰。

Ⅰ式　斜折沿，圆唇，沿面斜直，鼓腹（图一：1）。

Ⅱ式　斜折沿，圆唇，沿面微凹，深鼓腹，圜底（图一：2）。

盆　数量很多，轮制，分两型。

A 型　较多，泥质黑灰陶为主，也见褐陶和灰陶，圆唇，圆折腹，平底。

Ⅰ式　敛口，沿外卷，腹较深（图一：12）。

B 型　较少，泥质黑陶略多，有少量黑灰陶，折沿，圆唇，斜收腹。

Ⅰ式　微鼓腹，平底微凹（图一：4）。

钵　数量较多，泥质灰陶为主，少量黑皮褐胎陶。

Ⅰ式　敛口，尖圆唇，圆腹，平底（图一：9）。

缸　仅见 A 型，数量不多。夹砂褐陶，直口平沿，深腹圜底，沿面有凹弦纹，口沿外抹光。

Ⅰ式　腹饰较密集的网状划纹，沿面有两周弦纹，器壁厚 1—1.5 厘米（图一：7）。

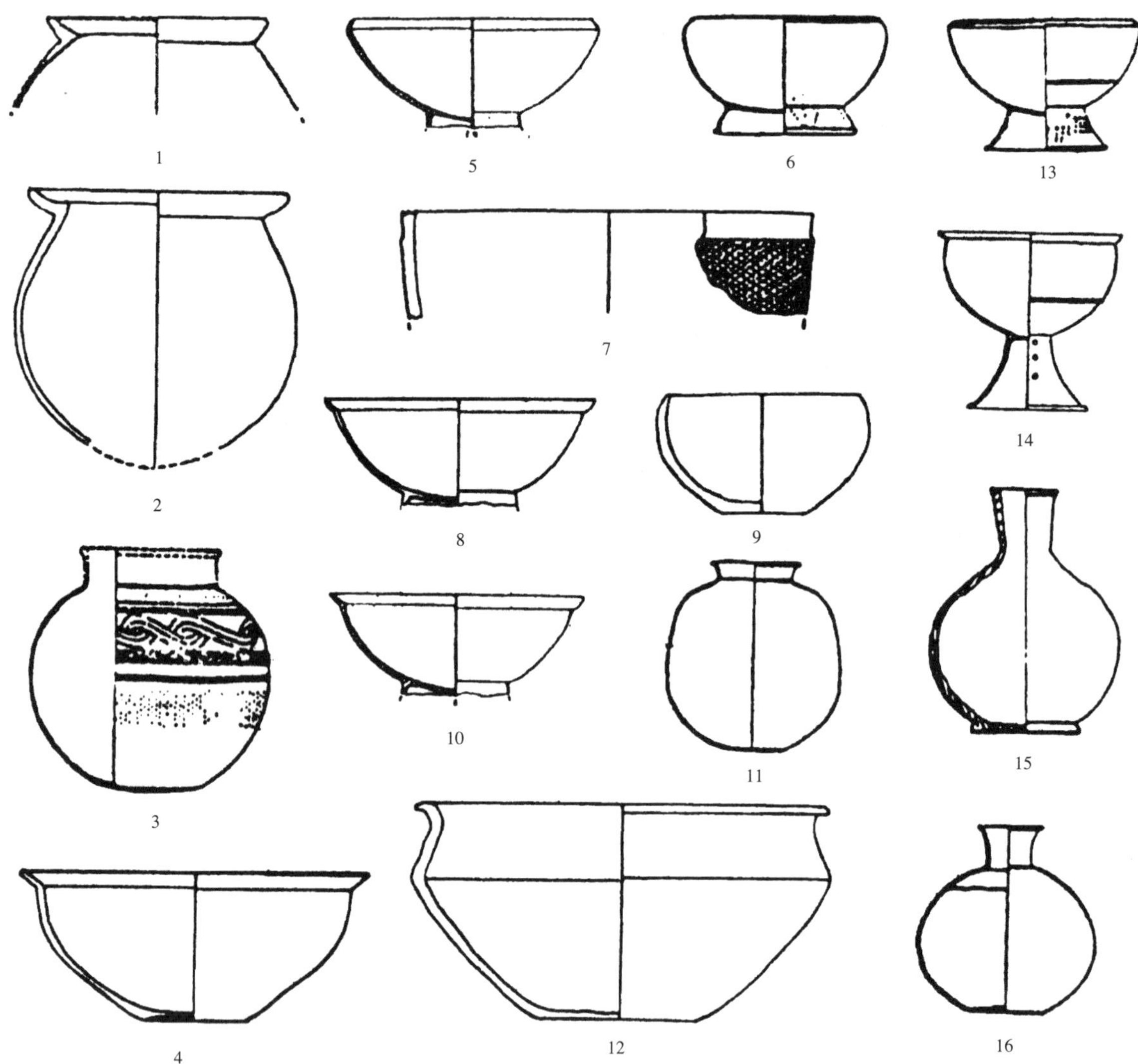

图一　鄂西遗存一期陶器
1.釜I（红四期早）　2.釜 II（中 H62:4）　3.高领罐 AI（关 T73③B:87）　4.盆 BI（中日87:48）　5.碗 AI（中 H64:21）　6.碗 AII（关 H93:4）　7.缸 AI（中H338: 16）　8.碗 BII（中 M103: 1）　9.钵I（中 H64: 1）　10.碗 BI（中 H42:9）　11.高领罐 B（关F10：5）　12.盆 AI（中 H62:2）　13.豆 AI（关H93：3）　14.豆 BI（关 G3：32）　15.壶 II（清 T6③: 1）　16.壶I（关 F10：2）

高领罐　泥质黑灰陶为主，也见桔红陶和灰陶，分两型。

A 型　小口直领，圆鼓腹，平底，素面，少量施黑彩。

Ⅰ式　腹部施红陶衣，上腹饰平行条纹加水波纹黑彩（图一：3）。

B 型　仅见此期，数量很少。领较矮，深腹，平底（图一：11）。

碗　泥质黑陶为主，黑灰陶和灰陶较少。轮制，部分器表磨光，分两型。

A 型　窄沿内折，尖唇，矮圈足。

Ⅰ式　沿部折棱明显，腹壁圆弧，圈足有小镂孔（图一：5）。

Ⅱ式　沿部折棱不太明显，圆腹，圈足有圆形戳印纹（图一：6）。

B 型　口沿外折，圆唇，沿面微凹，矮圈足。

Ⅰ式　窄沿，口微撇，腹圆弧（图一：10）。

Ⅱ式　窄沿，敞口，腹微弧（图一：8）。

豆　泥质黑陶，分两型。

A 型　窄沿内折，深盘呈碗状，腹部大多饰一周凸弦纹。

Ⅰ式　喇叭形圈足较矮，足饰小圆镂孔及乳钉纹一周（图一：13）。

B 型　口沿外折，高圈足。

Ⅰ式　窄沿，沿面斜直，深盘呈碗状，喇叭状圈足有小圆镂孔，盘腹饰一周凸弦纹（图一：14）。

壶　泥质黑陶，轮制，器壁较薄。小口，细颈，圆唇，圆鼓腹，器表磨光。

Ⅰ式　喇叭形口，平底微凹（图一：16）。

Ⅱ式　口微撇，假圈足式平底（图一：15）。

第二期　以中堡岛第 9B 层及 H150、H260、H284 等灰坑为代表，包括关庙山 T31、T35、T39 第 3 层及 H6、H23、H63、H66、H75 等灰坑。红花套第四期中段应为此期。

陶质以夹砂黑灰陶、褐陶为主，泥质灰陶、黑灰陶、黑陶较少，很少见到红陶和橙黄陶。陶器仍以素面为主，所见纹饰中以绳纹略多，也有弦纹、戳印纹、附加堆纹、压划纹、镂孔等，有很少量的彩陶和黑衣陶。器类中除延续一期的型式外，又出现了一些新的型式与种类。

釜

Ⅲ式　折沿较宽，沿面圆凹，圆鼓腹（图二：2）。

盆

A Ⅱ式　微撇口，平折沿，圆折腹，平底（图二：8）。

B Ⅱ式　敞口，折沿下垂，圆弧腹，凹底（图二：7）。

B Ⅲ式　敞口，沿下垂，斜腹，平底（图二：3）。

钵　数量较一期明显增加。

Ⅱ式　直口微敛，圆折腹，平底（图二：12）。

高领罐　数量较多，不见彩陶。B 型消失，新见 C 型。

A Ⅱ式　口微撇，肩饰两周凸弦纹（图二：14）。

C 型　数量较少，粗泥灰褐陶，器体较大，小口高领，深腹，平底。

Ⅰ式　广肩，斜直腹，肩及腹部饰斜绳纹，间抹弦纹（图二：19）。

大口罐　新见器类，器形略小，夹砂灰褐陶，深腹，平底。

Ⅰ式　侈口，束颈，圆鼓腹，腹部饰交叉绳纹，颈部有戳印纹（图二：18）。

碗　A 型数量增多，B 型很少。

A Ⅲ式　内折沿很窄，折棱明显，腹微弧，圈足外撇（图二：16）。

A Ⅳ式　窄沿内勾，折棱不明显，腹壁斜直，筒形圈足（图二：1）。

B Ⅲ式　外折沿较窄，沿面微凹，腹壁圆弧，筒形矮圈足有对称的三角形镂孔（图二：4）。

B Ⅳ式　折沿较宽，沿凹面，弧腹，圈足外撇，腹部有凸弦纹一周（图二：5）。

豆　A 型因无较好的标本不便排比。

B Ⅱ式　很少见，盘略浅，窄折沿，腹壁圆弧，高圈足微外撇，足上有竖三角形镂孔组成的图案（图二：13）。

缸　此期出现 B 型。

A Ⅱ式　厚直沿，上有四周凹弦纹，腹部饰网状纹。器壁厚 2—4 厘米（图二：6）。

B 型　数量很少，形体较大。粗泥褐陶，敞口，方唇，小平底，腹部有斜篮纹及泥条装饰。

Ⅰ式　口沿部外突呈折沿，斜直腹，腹壁厚 0.8 厘米（图二：17）。

壶形器　新出现的器类，少见。泥质橙黄陶或灰陶，扁腹，有圈足。

Ⅰ式　长颈，口外撇，圆折腹，颈、肩部施红陶衣，有网状黑彩（图二：10）。

杯　新出现的器类，极少见。泥质橙黄陶，薄胎，内外器表深黑陶衣。

Ⅰ式　微撇口，平底（图二：9）。

圈足杯　新出现的器类，很少。泥质灰陶，直腹，有喇叭状圈足。腹部多饰篦划纹。

Ⅰ式　微敛口，窄折沿，平凸底，素面（图二：11）。

鼎　很少见。泥质黑陶，盆形。

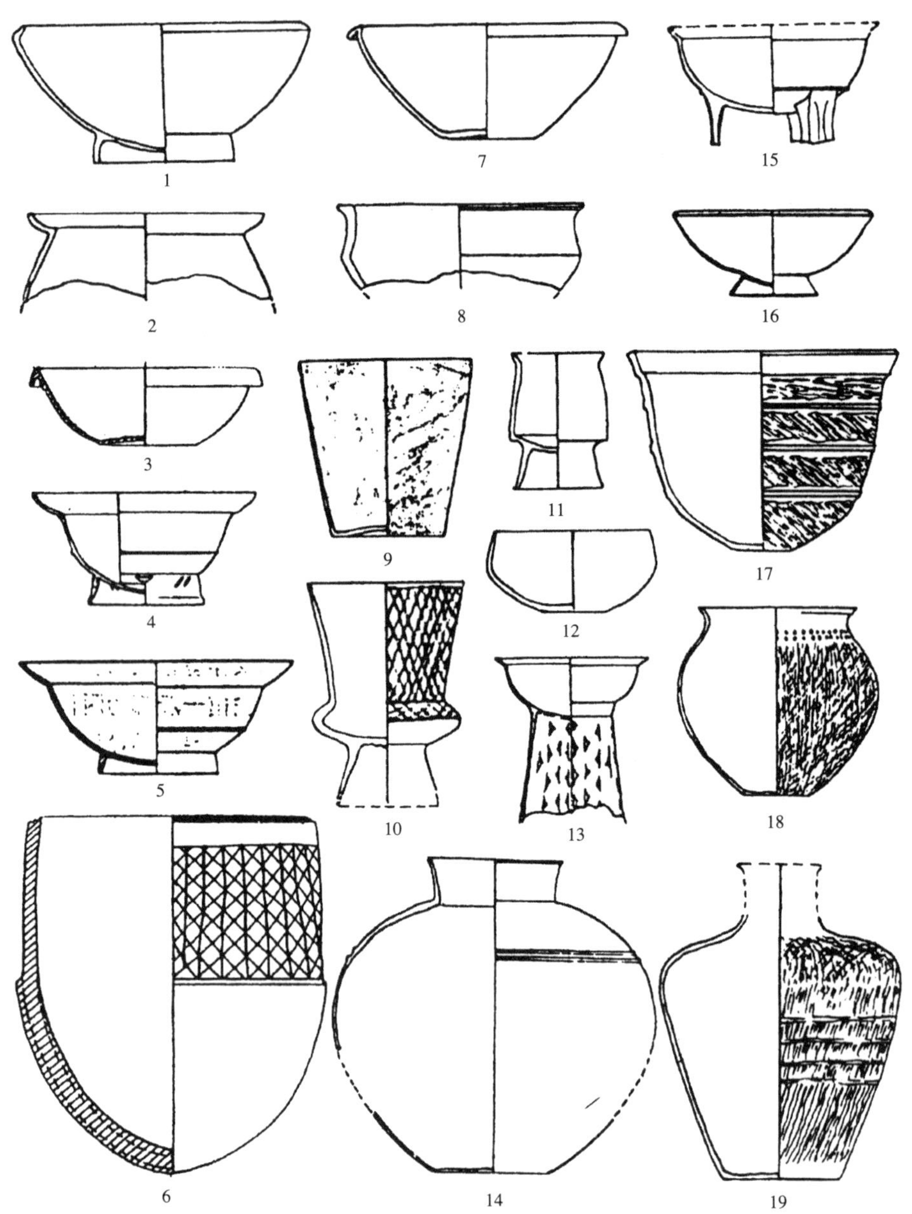

图二　鄂西遗存二期陶器

1.碗AⅣ（中MI06:1）　2.釜Ⅲ（中H154:6）　3.盆BⅢ（中T0502⑨B:190）　4.碗BⅢ（中H183:1）　5.碗BⅣ（关T35③:22）　6.缸AⅡ（中H24:1）　7.盆BⅡ（中T0107⑨B:207）　8.盆AⅡ（中T0106A⑨B:152）　9.杯Ⅰ（中TO701⑨B:28）　10.壶形器Ⅰ（中H184:2）　11.圈足杯Ⅰ（中TO503⑨B:61）　12.钵Ⅱ（中H150:5）　13.豆BⅡ（中T0801⑨B:124）　14.高领罐AⅡ（中H250:22）　15.鼎Ⅰ（中TO802⑨B:572）　16.碗AⅢ（关H75:149）　17.缸BⅠ（中T⑮④:50）　18.大口罐Ⅰ（中T0204⑨B:201）　19.高领罐CⅠ（中H284:2）

Ⅰ式　窄折沿，圜底，下附长方形扁足，腹部有凸弦纹一周（图二：15）。

第三期　以中堡岛第8、9A层及H21等灰坑为代表，包括1979年发掘的第4层，关庙山T1、T22、T23、T51、T64、T66、T80等探方第2层及M16、M71、M74、M75、M103等墓葬，清水滩第一次发掘的第6层，冯山第4、5层等。红花套第四期晚段也属此期。

陶质以夹砂灰陶和泥质灰陶为主，素面陶数量最多。所见纹饰有绳纹、篮纹、弦纹、附加堆纹、篦划纹、镂孔等，有极少量的彩陶。主要器类与第二期基本相同，但数量有变化。

釜　仍为主要器皿。

Ⅳ式　折沿，沿面圆折上翘，圜底（图三：1）。

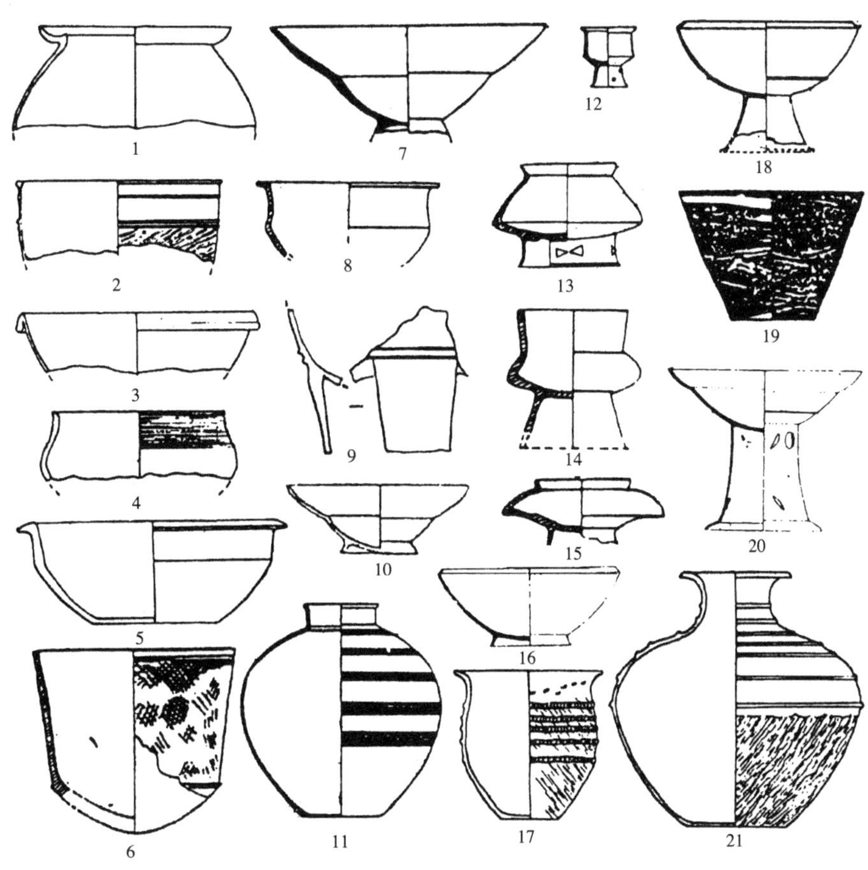

图三　鄂西遗存三期陶器

1.釜Ⅳ（中H21:5）　2.缸BⅡ（中T0602⑨A:275）　3.盆BⅣ（中T0603⑨A:145）　4.钵Ⅲ（中T0702⑨A:414）　5.盆AⅣ（中T0107⑨A:208）　6.缸AⅣ（关T51②:381）　7.豆BⅣ（关T201②:M103:1）　8.盆AⅢ（清T14⑥:75）　9.鼎Ⅱ（中T0801⑨A:118）　10.碗BⅤ（红四晚）　11.高领罐AⅢ（关T1②:11）　12.圈足杯Ⅱ（关T80②:6）　13.盂形器Ⅰ（冯T2④:16）　14.壶形器Ⅱ（中H16:4）　15.盂形器Ⅱ（清T14⑥:34）　16.碗AⅤ（清T14⑤:124）　17.大口罐Ⅱ（中H21:2）　18.豆AⅡ（关T22②:11）　19.杯Ⅱ（关T66②:15）　20.豆BⅢ（清T14⑥:35）　21.高领罐CⅡ（中T0802⑨A:545）

盆　数量已减少。

AⅢ式　平折沿，方唇，直口，折腹，上腹微束（图三：8）。

AⅣ式　沿下垂，尖唇，微撇口，折腹较浅，器壁较厚（图三：5）。

BⅣ式　沿下垂，唇部贴近腹壁，撇口（图三：3）。

钵　数量减少。

Ⅲ式　敛口，唇微外翻，圆折腹，上腹部有凹弦纹数周（图三：4）。

高领罐

AⅢ式　小口，高直领，鼓腹，平底，肩腹部有五组弦纹（图三：11）。

CⅡ式　细颈，口沿外卷，广圆肩，斜弧腹，平底，颈、肩部有七周附加泥条，腹饰斜绳纹（图三：21）。

大口罐

Ⅱ式　器形略小，侈口束颈，微鼓腹，平底，颈部有戳印纹，腹饰斜绳纹间泥条纹（图三：17）。

碗　B型的数量有增加。

AⅤ式　窄折沿，腹较浅，矮圈足外撇（图三：16）。

BⅤ式　大撇口，双腹，矮圈足（图三：10）。

豆　数量略有增加。

AⅡ式　深盘，喇叭形圈足，腹饰凸弦纹一周，圈足有三组小圆镂孔（图三：18）。

BⅢ式　浅盘，宽折沿，沿面圆凹略呈双腹状，高圈足。盘腹有凸弦纹一周，圈足饰圆形及半圆形镂孔（图三：20）。

Ⅳ式　大敞口，双腹，圈足残（图三：7）。

缸

AⅣ式　微撇口，下腹折收成圜底，方唇上有凹弦纹数周，腹饰交叉宽篮纹，折腹处有索状附加泥条纹（图三：6）。

BⅡ式　直口，深腹，腹饰宽斜篮纹及附加泥条，器壁很薄（图三：2）。

壶形器　很少见。

Ⅱ式　直口，领稍短，圆折腹（图三：14）。

杯　极少见。

Ⅱ式　撇口，斜直壁，平底，内外表施有黑陶衣（图三：19）。

圈足杯　数量略有增加。

Ⅱ式　窄折沿，直腹，平凸底，素面（图三：12）。

鼎　很少见。

Ⅱ式　直口，宽折沿，圜底，倒梯形扁足，足由圈足切割而成（图三：9）。

盂形器　新出现的器类，数量很少。泥质灰陶，敛口，窄折沿，折腹，矮圈足。

Ⅰ式　折腹不甚明显，弧底，圈足有四组三角形镂孔（图三：13）。

Ⅱ式　折腹突出，腹浅，平凸底（图三：15）。

上述三期的划分，从主要陶器的演化规律观察，期别之间没有出现较大或较明显的突变，体现了一个文化体的完整性和连贯性。在现有资料的条件下，这一分期基本反映了鄂西遗存各个阶段的文化特征。

二

在对鄂西遗存进行分期研究的过程中，发现这个遗存的内涵并不单一，从几个主要遗址的资料分析，鄂西遗存包括了三种文化因素。

表二　鄂西遗存甲种文化因素与大溪文化晚期主要陶器发展序列

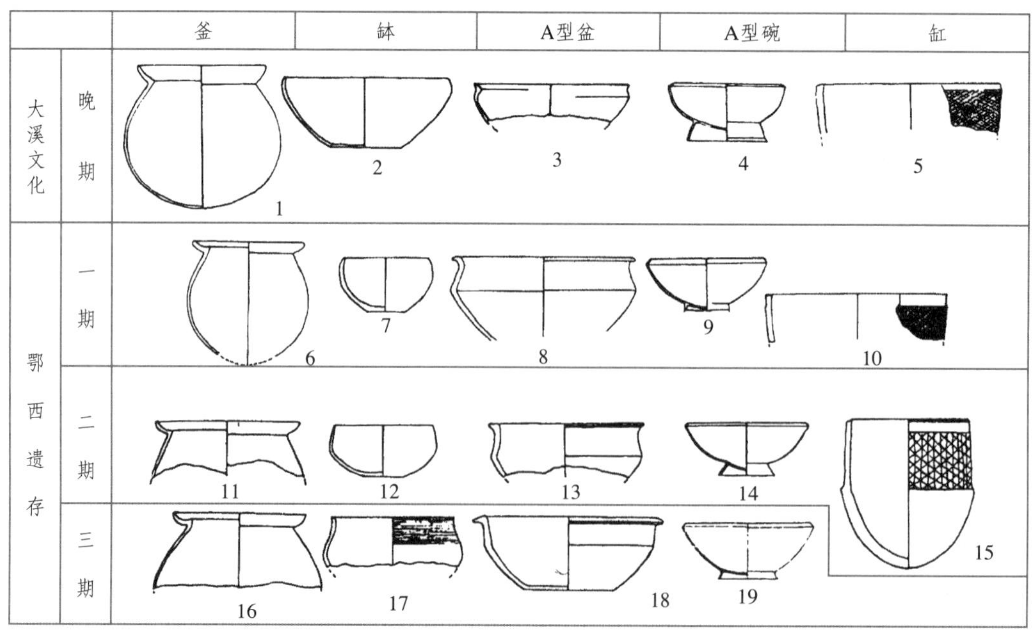

注：14.关庙山　19.清水滩　余皆中堡岛

（一）甲种文化因素

是遗存中的主要文化成分，各期中所占比重最大。一期中约占95%左右，二、三期虽有减少，仍然分别占总比例的80%－85%左右。

甲种因素主要以夹砂褐陶为主，发展到第三期时，夹砂灰陶已成为主要陶质，陶器以素面为主，纹饰中较多见的有绳纹、篮纹、划纹等。器表很少经打磨。到二期时绳纹数量有增加，篮纹和划纹的纹路渐宽，A型陶缸上的划纹已由竹枝划出的窄纹路网状纹变为由磨制的斧、锛类石器刃角部划出的宽纹路网状纹。彩陶见于一期，二、三期已极少见到。流行圜底和平底，圈足器略少，几乎不见三足器。代表性器物有A型釜、A型盆、钵、A型碗、A型豆、A型缸、A型高领罐等。二期的罐类器型式较繁杂，流行圜底和内折沿是甲种因素的典型特征。

（二）乙种文化因素

在鄂西遗存中所占比例较小。一期中仅占4%左右，二、三期略有增加，分别占总比例的15%－20%左右。

乙种因素以泥质黑陶为主，其中约半数为细泥黑陶，夹砂灰陶略少。纹饰简单，除素面陶外，一期仅见凸弦纹和圆形小镂孔，二期的镂孔变大，有圆形、三角形、柳叶形等。出现篦划纹、斜篮纹及彩陶、黑衣陶等。器形多圈足和平凹底，三足器和圜底器较少。第二期中乙种因素出现了一些新的器类，代表性陶器有B型碗、B型盆、圈足杯、黑衣陶杯、壶形器、盂形器等。器形规整，陶胎薄，宽折沿和高圈足为此种因素的主要特征。第三期时，宽折沿已发展成为双腹器。

表三　鄂西遗存乙种文化因素陶器分期

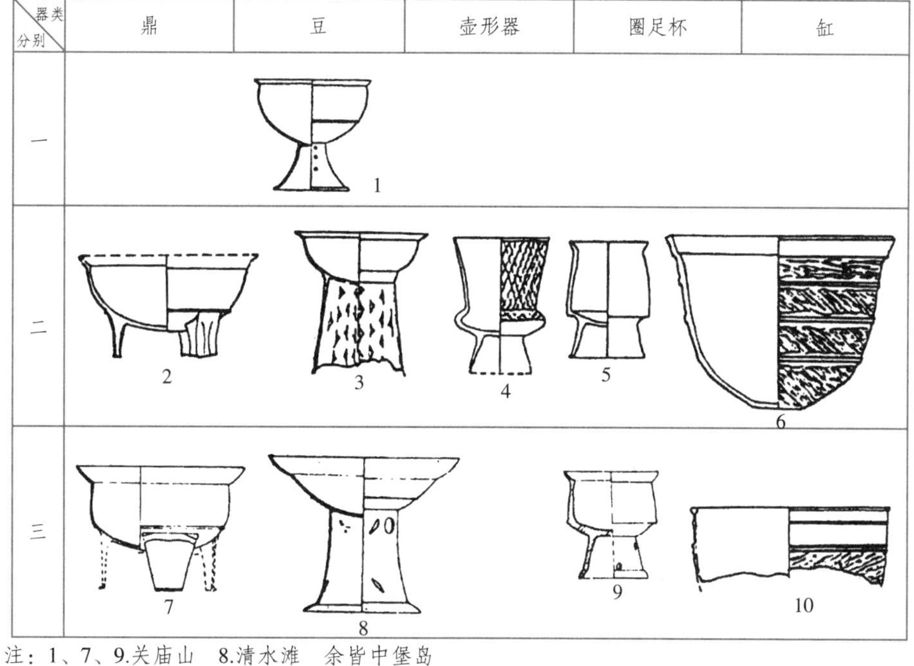

注：1、7、9.关庙山　8.清水滩　余皆中堡岛

（三）丙种文化因素

与甲、乙两种因素相比较，这种因素所占比重很小。除第一期有少量的发现外，第二、三期已经很少见到了。

丙种因素的特征与乙种因素比较接近，皆为细泥黑陶，器形规整，陶胎较薄，器形较小，器表多经打磨光亮。所见器类有小口细颈壶、B型高领罐、曲腹杯等。

上述三种文化因素随着分期的不同也在发生着较明显的变化。甲种因素是鄂西遗存的主体文化内涵，他代表了鄂西遗存的面貌特征。乙、丙种因素与甲种因素在面貌特征上有较明显的差别，他们的存在反映出周围文化对鄂西遗存的强大影响。

表四　鄂西遗存丙种文化因素与划城岗类型陶器比较

	丙种因素			划城岗类型	
	高领罐	壶		高领罐	壶
一期	1	2	早二期	3	4

注：1、2.关庙山　3、4.划城岗

三

通过前文的分析对比得知，鄂西遗存与周围文化有着十分密切的关系。这种关系所反映的恰恰是大溪文化与屈家岭文化、鄂西遗存与屈家岭文化的关系问题。

（一）鄂西遗存与大溪文化的关系

鄂西是大溪文化的中心分布区，也是鄂西遗存的主要分布区，两者的分布完全重合。这个区域内的新石器时代遗址，多数都发现有鄂西遗存直接叠压在大溪文化之上的地层关系。大溪文化发展为鄂西遗存，已为学术界的共识，这一观点在地层学中可以得到印证，在大溪文化陶器向鄂西遗存甲种因素的演化过程中则更直接地表现出来。

以釜、碗、圈足盘、钵、筒形瓶、盆、豆、缸等为组合的大溪文化有自己鲜明的文化特色。鄂西遗存的甲种因素正是在这个文化基础上发展起来的。如釜、A 型碗、A 型盆、钵、A 型缸等均可在大溪文化陶器组合中找到其早期形态（表二），特别是釜、钵、缸等器类，从大溪文化早期到鄂西遗存第三期，其形态发展的轨迹十分清楚。鄂西遗存在继承大溪文化主要特征的同时，也逐渐形成了自己的文化特征，这些特征与大溪文化有明显的区别。例如大溪文化以夹碳陶和泥质红陶为主，甲种因素则以夹砂褐陶和泥质黑灰陶最多；前者戳印纹较多，绳纹窄浅，划纹呈网状，后者绳纹、凹弦纹居多，纹路较宽，划纹呈“米”字形；前者彩陶独具特色，后者却很少见到彩陶；前者器形略小，陶胎较厚，形状不甚规整，流行圜底器和圈足器，后者器形变大，陶胎变薄，器形较整齐，流行圜底和平底器；前者的典型器类如撇口碗、矮圈足盘、筒形瓶、内卷沿盆、支座等均不见于后者，而后者繁杂的罐类器更为前者所没有。A 型盆由前者的小型折腹演变为较大型的折沿折腹；缽由圆腹变为圆折腹；内折沿器也由折棱不明显的宽斜折沿变为折棱明显、折沿近平的窄折沿等。诸多文化特征的转化，最终使以甲种因素为主体的鄂西遗存发展到一个新的文化阶段。

（二）鄂西遗存与屈家岭文化的关系

屈家岭文化是以京山、天门、钟祥等地为中心分布的具有鲜明特色的考古学文化。他与鄂西遗存的分布区域紧密相连，因此也必然会导致两者间的互相渗透与影响。若将屈家岭文化的代表性陶器与鄂西遗存相比较，便不难发现，两者之间存在着根本性的区别，这种区别正是屈家岭文化与鄂西遗存甲种因素的区别。乙种因素则与之十分接近，是屈家岭文化直接影响的产物。

《京山屈家岭》报告将屈家岭文化分为早期和晚一、晚二期，早期与晚一期之间尚有缺环，与鄂西三期相对应，鄂西第一期中乙种因素与屈家岭早期差别较大，后者流行的朱绘陶与大溪文化中晚期的彩陶风格都有相似之处。因此可以推论，屈家岭早期要略早于鄂西第一期，鄂西第二期乙种因素中的外折沿碗、黑衣陶杯、壶形器、圈足杯等与晚一期的同类器相似，可见鄂西第二、三期在时间上与屈家岭晚一、晚二期基本相当，第三期有可能还略晚于晚二期。

表五　屈家岭文化陶器分期

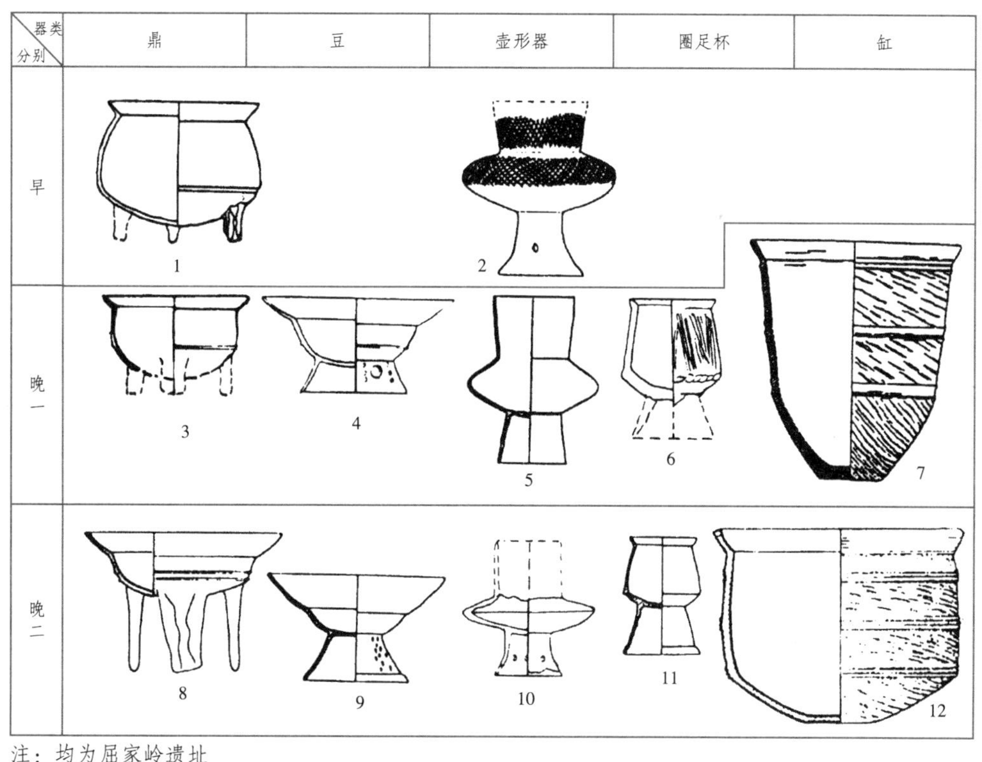

注：均为屈家岭遗址

前面已经介绍，第一期的乙种因素只能在B型碗、B型豆、B型盆类中感觉到他的存在。第二、三期乙种因素的比例有所增大，其中碗、盆、缸、壶形器、杯、鼎、盂形器及彩陶纺轮等均可在晚一、晚二期见到类似或相同的器型（表三、表四）。足见这一阶段屈家岭文化增强了对鄂西遗存的影响。虽然乙种因素产生于屈家岭文化的影响，但他们之间的陶器特征并不完全相同。如屈家岭文化典型器矮足罐形鼎，乙种因素中只见很少的残鼎足，仅见的几件高扁足盆形鼎也与之相差甚远，前者盛行的双腹器后者到第三期才出现真正的同类器。晚一、晚二期所见的内折沿碗、豆等则反映出鄂西遗存对屈家岭文化的影响。这种影响力与处于繁盛期的屈家岭文化则相去甚远。

（三）鄂西遗存与划城岗类型的关系

分布在湘北及鄂西南地区，以安乡划城岗遗址为代表的文化遗存是一种以鼎、簋、小口长颈壶、曲腹杯、直壁瓶、豆等为代表器的文化。因其内涵有屈家岭文化的某些因素，故此也被视为屈家岭文化的“划城岗类型”。

划城岗遗址发表的报告中将其内涵分为早期（大溪文化）、中期（屈家岭文化）、晚期（长江中游的龙山文化）[15]。其中，早、中期又各分为两期。尽管各期的陶器特征均有明显变化，三期文化一脉相承这一规律还是很清楚的。

鄂西遗存与划城岗类型的文化面貌虽有明显区别，互相间的影响还是可以分辨出来。以B型小口高领罐、小口细颈壶、曲腹杯等为特点的丙种因素，在划城岗早二期及中一期均可见到相似的器形（表五）。反之，划城岗早二期、中一期和中二期也发现有鄂西遗存中的内折沿类器。从丙种因素基本只见于第一期的现象分析，两种遗存的交往主要在第一期及更早阶段，第二期开始，随着屈家岭文化影响的增大，划城岗类型的影响也逐渐减弱。

综前所述，我们可以总结出以下几点认识：

1. 鄂西遗存直接源于大溪文化，是大溪文化的继续与发展。在其自身发展的过程中，不断吸取其他文化体中新的因素，形成了以釜、A 型碗、A 型豆、A 型盆、A 型缸、钵等为代表的，不同于屈家岭文化和“划城岗类型”遗存独具特色的文化体。

2. 鄂西遗存不应被简单的视为屈家岭文化的一个类型。屈家岭遗址的第三次发掘为解决屈家岭文化的来源提供了新的线索[16]，已反映出这个文化并非源于大溪文化。大溪文化与屈家岭文化的前身是同时共存、共同发展的两个文化。直到屈家岭文化的中期阶段迅速发达之后，也即在鄂西遗存的第二期阶段，两种不同的文化之间才发生了较强烈的影响。但这种影响未能改变鄂西遗存的主体文化，因此把他归入屈家岭文化只能使这个文化的性质更加复杂。

3. 鄂西遗存的发展去向目前虽然不能明确定论，但在中堡岛、关庙山、红花套遗址的地层关系中，以及第三期的 A、B 型碗，A 型盆的器类在以白庙遗址为代表的龙山文化中均可见其踪迹[17]。基本可以确定，鄂西遗存应发展为鄂西地区的龙山文化（此种龙山文化的性质尚待讨论）。相信不久的将来，新的考古发掘资料将会证实这一推论。

根据夏鼐先生提出的关于考古学文化命名所应具备的各项条件[18]，我们建议，将以中堡岛、关庙山、红花套等遗址为代表的有其鲜明文化特征，有其源流的鄂西遗存更名为“中堡岛文化”。

注释：

[1] 何介钧：《长江中游原始文化初论》，湖南省博物馆编《湖南省考古集刊》第 1 辑，岳麓书社，1981 年。

[2] 祁国钧：《试论屈家岭文化的类型与相关问题》，《江汉考古》1986 年第 4 期。

[3] 沈强华：《试论屈家岭文化的地域类型》，《考古与文物）1986 年第 2 期。

[4] 孟华平：《长江中游史前文化结构》，长江文艺出版社，1997 年。

[5] 四川大学历史系、宜昌地区博物馆：《宜昌中堡岛新石器时代遗址》，《考古学报》1987 年第 1 期。

[6] 国家文物局三峡考古队：《湖北宜昌中堡岛遗址发掘简报》，《文物》1989 年第 2 期。

[7] 国家文物局田野考古领队培训班发掘资料，待刊。

[8]《三峡坝区考古取得丰硕成果》，《中国文物报》1994 年 2 月 20 日。

[9] 湖北宜昌地区博物馆、四川大学历史系考古专业：《湖北省宜昌清水滩新石器时代遗址的发掘》，《考古与文物》1983 年第 2 期。

[10] 武汉大学历史系考古专业：《清水滩遗址 1984 年发掘简报》，《江汉考古》1988 年第 3 期。

[11] 中国社会科学院考古研究所湖北工作队：《湖北枝江县关庙山新石器时代遗址发掘简报》，《考古》1981 年第 4 期。

[12] 中国社会科学院考古研究所湖北工作队：《湖北枝江关庙山遗址第二次发掘》，《考古》1983 年第 1 期。

[13] 林春：《长江西陵峡远古文化初探》，长江流域规划办公室库区规划设计处编《葛洲坝工程文物考古成果汇编》，武汉大学出版社，1990 年。

[14] 湖北省博物馆、武汉大学历史系考古专业：《当阳冯山、杨木岗遗址试掘简报》，《江汉考古》1983 年第 1 期。

[15] 湖南省博物馆：《安乡划城岗新石器时代遗址》，《考古学报》1983 年第 4 期。

[16] 屈家岭考古发掘队：《屈家岭遗址第三次发掘》，《考古学报》1992 年第 1 期。

[17] 湖北省文物考古研究所：《1985—1986 年宜昌白庙遗址发掘简报》，《江汉考古》1996 年第 3 期。

[18] 夏鼐：《关于考古学上文化的定名问题》，《考古》1959 年第 4 期。

（原文刊于《中国历史博物馆考古部纪念文集》，科学出版社，2000 年）

试论垣曲古城东关庙底沟二期文化

张素琳

庙底沟二期文化主要分布在黄河流域晋豫陕地区，这里是中华远古文化的发源地之一。此文化由于首次发现于1956年发掘的河南陕县庙底沟遗址而得名[1]。庙底沟二期文化正处于仰韶文化和龙山文化之间，而此时正是由母系氏族制向父系氏族制过渡的社会大变革时代，所以在我国原始文化的发展史上占据非常重要的位置。随着考古工作的深入开展，陆续发现并正式发掘了许多庙底沟二期文化或与其有密切关系的遗址。而随着考古资料的不断充实，专家学者们也愈来愈多地对其文化特征、年代分期、社会性质以及文化关系诸问题加以关注。

山西垣曲古城东关遗址地处庙底沟二期文化的策源地——晋西南地区。经几年正式发掘，发现该遗址庙底沟二期文化遗存极为丰富，为我们深入研究庙底沟二期文化及相关问题提供了非常宝贵的资料[2]。笔者曾连续参加该遗址的考古调查、试掘和正式发掘工作，随后又一直参加对庙底沟二期文化遗物及资料的整理工作，因此，对庙底沟二期文化有一些初步的认识和看法。在此，将本人对该文化诸问题的粗浅看法提出来，与专家学者们共同探讨。

一　古城东关庙底沟二期文化遗存概况

古城东关遗址坐落在垣曲沇河西岸的台地上，遗址总面积约30万平方米，是晋西南地区大型古文化遗址之一。在考古发掘中，揭露面积约2700平方米。遗址分Ⅰ、Ⅱ、Ⅲ、Ⅳ区，共清理庙底沟二期（以下简称“庙Ⅱ”）灰坑约170个。另外还发现庙Ⅱ期几处房址、小型陶窑及灰沟。庙Ⅱ遗存主要集中在Ⅰ区，其次为Ⅲ区，Ⅱ区和Ⅳ区较少。遗迹中灰坑数量最多，其显著特点是分布密集，多有打破或叠压关系，情况比较复杂。灰坑的形状有袋形坑、锅底形坑、筒形坑及不规则形坑，其中袋形坑较多。灰坑大小、深浅不一，坑内多填灰土。房址发现较少，为圆形半地穴式。陶窑5座，规模较小，均为竖穴式，修建手法较简单。未发现墓葬区，仅在个别灰坑底部发现一具或数具人骨架，而且均无随葬品。灰沟1条，包含物很少。

东关庙Ⅱ遗物有石器、骨器、角器、蚌器、陶器及兽骨等，其中陶器占绝大多数。石器主要有斧、铲、锛、凿、刀、镞、耜、球、纺轮、环等。制法有磨制、打制和琢磨等几种。骨器有锥、镞、笄、针等，多系磨制而成。角器多为用鹿角加工而成的锥、凿等。蚌器数量极少，有珠、环、穿孔饰物等。陶器以夹砂灰陶为大宗，其次为泥质灰陶、夹砂灰褐陶、夹砂红褐陶。泥质黑红陶较少，彩陶更少。许多陶器的陶色不纯正，有灰、红色相间的现象。纹饰以篮纹为主，其次为素面和绳纹，有少量浅而大的方格纹、部分划纹、弦纹、按捺纹等。容器上的附加堆纹及鋬手比较发达。制法以手制为主，所以许多器物器身歪斜，口不圆，沿不平，器壁薄厚不匀。较大的陶器多用泥条盘筑和泥条圈筑法制成，罐类多用接底法合成。小杯、小碗等直接捏塑而成。部分斝足模制，足内壁留有模痕。慢轮修制罐和鼎口沿的现象较普遍。个别陶器使用快轮制成，但可以看出技术很不成熟。陶器器形有鼎、斝、釜灶、夹砂深腹罐、小口高领罐、盆、豆、杯、碗、壶、甑、缸、瓮、刻槽盆、盘、器盖、箅子、刀、纺轮、环等。其中陶制容器复原约 600 件。

灰坑中还出土大量猪骨和牛、羊、狗等兽骨。大量兽骨与石镞、骨镞、石球等生产工具同时出土，反映当时的经济活动除农业生产外，狩猎及家畜饲养业也占有相当比重。

二　古城东关庙底沟二期文化分期

东关遗址由于庙Ⅱ文化遗存极为丰富，存在较复杂的相互打破或叠压关系，出土大量遗物，并复原众多的陶器，因而为该遗址庙Ⅱ文化自身分期打下良好的基础。经几年来对遗物及有关资料的分析整理，目前已初步把东关庙Ⅱ文化分为早、中、晚三期。分期的主要依据是：首先根据各遗迹间的打破或叠压关系，确定各遗迹间相对早晚关系；其次再根据各遗迹中出土遗物确定典型陶器基本组合及其器形变化，找出器物由早到晚变化的规律。

古城东关庙Ⅱ灰坑间大多存在打破或叠压关系。除此之外，庙Ⅱ灰坑还与仰韶、龙山、东周各期遗迹间存有打破或叠压关系。总之，完整保留下来的灰坑极少。有一部分灰坑由分属庙Ⅱ早、中、晚三期的灰坑互相打破，这些打破关系为我们的分期提供了重要的地层依据。例如：

Ⅰ H185 → Ⅰ H183 → Ⅰ H199

└► Ⅰ H188

Ⅰ H242 → Ⅰ H275 → Ⅰ H237

Ⅰ H110 → Ⅰ H169 → Ⅰ H237

Ⅰ H217 → Ⅰ H218 → Ⅰ H251

Ⅰ H44 → Ⅰ H60 → Ⅰ H66

我们对这些有打破关系的庙Ⅱ灰坑出土陶器进行了分析，逐步摸清了主要的陶器组合及演变规律。如Ⅰ H185 → Ⅰ H183 → Ⅰ H199，这 3 个灰坑的相对早晚关系是很清楚的。相对较早的Ⅰ H199 中具有明显特征的陶器有：平底盆形鼎；绳纹及附加堆纹釜灶，釜与灶交接位置靠上；大袋足斝；花边口沿夹砂筒形罐，器表饰绳纹及附加堆纹；泥质灰陶镂孔豆座；器形较大的敛口深腹刻槽盆等。稍晚的Ⅰ H183 出土器物主要有横篮纹深腹罐形鼎，夹砂灰陶素面斝足，饰横斜篮纹或素面的夹砂深腹罐，腹部微鼓、绳纹加附加堆纹釜灶，泥质黑陶磨光豆座等。Ⅰ H185 出土器物有球腹凿形足竖篮纹罐形鼎、侈口花边折腹斝、竖篮纹釜灶、竖篮纹束颈腰鼓形罐、泥质灰陶无镂孔豆座、泥质灰陶素面折腹单耳杯（耳接近口沿）、篮纹小口高领罐、素面宽沿盆等。

其他各组灰坑中出土陶器或多或少，但其陶器组合基本一致，典型陶器基本遁着同一轨道演变。

根据上述地层关系及对陶器组合和演变的分析，我们可将古城东关庙Ⅱ文化分为如下三期：

（一）早期

属于早期的遗迹有房址 2 处、陶窑 5 座、灰沟 1 条、灰坑 60 余个。典型单位以Ⅰ H28、Ⅰ H101、Ⅰ H199、Ⅰ H266、Ⅰ H251 等为代表。文化特征如下：

1. 遗迹

房址有一处破坏严重。另一处呈圆形半地穴式，分为门道、门坎、居室、炊室几部分。居室直径约 2.6 米，地面平整。居室西侧下方有袋形炊室，口径 1.6、底径 1.8 米。底部有草木灰和红烧土块。

陶窑体积较小，多数被破坏。窑室呈圆形或椭圆形，由火膛、火道、箅孔等组成。

灰沟面积不清，分为十几小层，出土物很少，深约 2 米。

灰坑以袋形坑居多，占 43%。坑口多被破坏，底径 1.8—4.6 米，坑深 0.77—4 米。其次为锅底形坑、不规则形坑。

2. 遗物

有石、骨、角、蚌、陶器，其中陶器数量最多。石器中刀、斧、镞较多，其中石斧体型较大且厚重。两侧带凹口的打制石刀还占有相当比例。石镞、纺轮、圆饼、环等均磨制而成，另外还有少量石耜、锤、棒等。骨器中笄、锥、针数量较多，均磨光。蚌器很少，有小圆珠、环和小饰物等。

陶器以夹砂灰陶和灰褐陶为主，其次为泥质灰陶、夹砂红褐陶。泥质黑陶和红陶很少。纹饰中篮纹约占一半（主要是横、斜篮纹，竖篮纹很少）。其次为素面，绳纹约占1/5。此期有个别彩陶，而宽扁条状堆纹和鸡冠耳较发达。制法以手制为主，部分轮修，还有少数斝足是模制。主要器形有鼎、斝、釜灶、深腹罐、豆、杯、盆、碗、高领罐、缸等。

鼎　呈平底盆形，侈口，腹略深，大而宽扁的三足，腹部多带鸡冠形双鋬。器表饰细密绳纹或篮纹，沿下及腹部饰1—3周附加堆纹，足外常塑有1—3道竖行堆纹或刻印纹。标本Ⅰ H251:43（图一：1）。

斝　尖唇，窄平沿，领高且直，腹部扁圆。三袋足较高大，间距较近。腹部以上为泥质，素面磨光，腹部以下为夹砂，多饰横向或斜向密集的细篮纹。标本Ⅰ H251:62（图一：5）。

釜灶　器身略显矮肥，釜口较大，多呈花边口沿。灶多有4个圆形烟孔，灶门多呈方形。釜与灶交接位置偏上，釜底距灶底较远。釜灶均夹砂灰陶，器表多饰绳纹，其次为篮纹。口沿外侧及与灶的交接处箍有附加堆纹用以加固。多有半月形双鋬。标本Ⅰ H101:18（图一：8）。

深腹罐　均夹砂灰陶或灰褐陶，略呈筒形，口微侈，方唇上多印有密集的斜向细绳纹，呈花边口沿状。器表纹饰以中粗绳纹为主，其次为篮纹和素面。一般饰1—5周宽扁附加堆纹。标本IH101:26（图一：11）。

豆　器形较高大，胎略厚。豆盘多圆唇，敞口，盘底内折，凹下。豆座略高且粗，有三角形和圆形镂孔。均为泥质灰陶和夹砂灰陶，多数器表素面磨光，少数豆盘饰横斜篮纹。标本IH266:4（图一：14）。

刻槽盆　器形略大，圆唇或方唇。口多微敛，带一流，腹部略深。器表饰篮纹或细绳纹，多数带双鋬。内壁刻槽较长，略深，少数为菱形刻槽。标本Ⅰ H251:57（图一：18）。

（二）中期

属于这一期的单位只有约30个灰坑，典型单位以Ⅰ H38、Ⅰ H112、Ⅰ H188、Ⅰ H245、Ⅰ H218、Ⅰ H275代表。文化特征如下：

1. 遗迹

仅灰坑一种，形制与早期差不多，仍以袋形坑为主，坑壁较整齐，有的灰坑底部带一小龛，个别坑底埋有完整的狗骨架。底径1.8—4.2米，坑深0.3—2.5米。

2. 遗物

石、骨、角、蚌器等生产工具与早期种类大体相同，但石斧和石刀中磨制比例有所增加。

陶器的种类、陶质、陶色均与早期相差不多，但也新增加一些器类，比如早期不见的泥质灰陶折腹单耳杯等。纹饰以横、斜篮纹为主，竖篮纹比例略有增加。素面陶仍占第二位，绳纹比例下降，并出现少量大方格纹。

鼎　以圜底深腹罐形鼎为主，其次为圆腹罐形鼎。多呈夹砂灰陶或灰褐陶，个别为夹砂红褐陶。深腹型鼎多方唇，侈口，足略长厚，足底端呈凿形，器表多饰横篮纹。标本Ⅰ H188:51（图一：2）。圆腹型鼎多圆唇，侈口，口较大，最大径在腹下部。足略长，呈凿形或柱形。器表多饰横、斜篮纹，少数饰绳纹。

斝　圆唇，敞口，圆折腹，较早期略深。三足较短小，间距较远。腹部多饰宽浅的横篮纹，沿及足部素面。标本Ⅰ H38: 8（图一：6）。

釜灶　整体较早期略显瘦高，侈口，釜腹加深，釜与灶的交接处位置下移。器表多饰绳纹和几道附加堆纹，其次为斜篮纹。灶为圆形烟孔、方门。多有舌形鋬手，位置下侈。标本Ⅰ H218:50（图一：9）[3]。

深腹罐　圆唇或方唇，口微侈，腹部略外鼓，器表饰绳纹、宽浅竖篮纹、少量大方格纹。许多罐素面无纹。

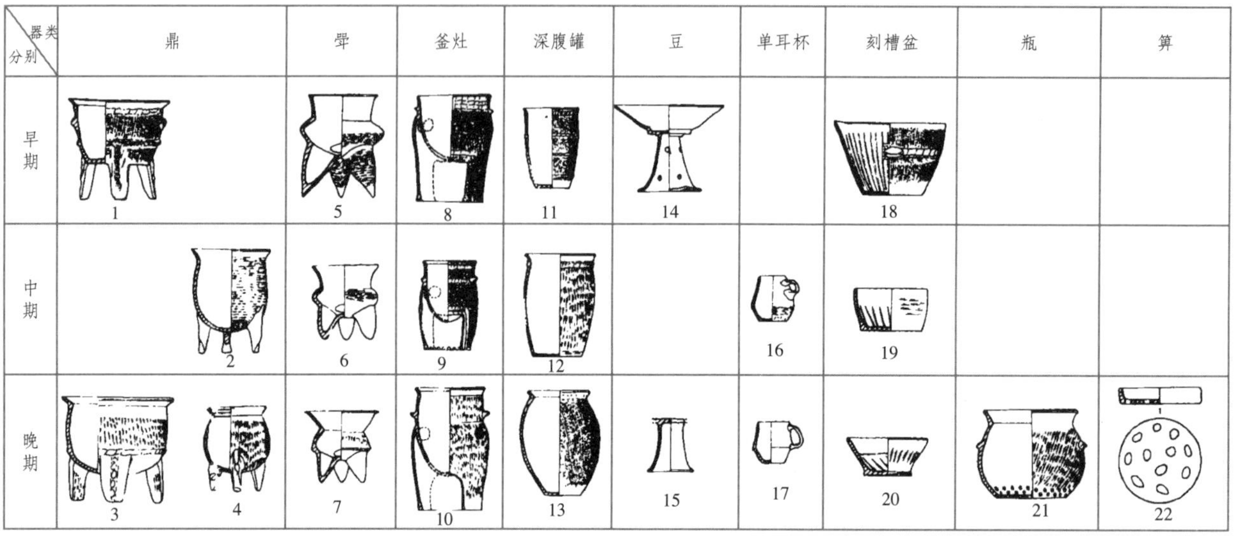

分别＼器类	鼎	斝	釜灶	深腹罐	豆	单耳杯	刻槽盆	瓶	箅
早期	1	5	8	11	14		18		
中期	2	6	9	12		16	19		
晚期	3　4	7	10	13	15	17	20	21	22

图一　古城东关庙底沟二期文化陶器分期图

1—4.鼎（ⅠH251:43、ⅠH188:51、ⅠH145:37、ⅠH145:42）　5—7.斝（ⅠH251:62、ⅠH38:8、ⅠH91:1）　8—10.釜灶（ⅠH101:18、ⅠH218:50、30:20）　11—13.深腹罐（ⅠH101:26、ⅠH88:20、ⅠH44:25）　14、15.豆（ⅠH266:4、ⅠH252:188）　16、17.单耳杯（ⅠH38:6、ⅠH145:47）　18—20.刻槽盆（ⅠH251:57、ⅠH257:24、ⅠH61:85）　21.甑（ⅠH91:9）　22.箅（ⅠH91:11）

附加堆纹数量减少，仅饰1—2道，或者无附加堆纹。标本Ⅰ H88:20（图一：12）。

单耳杯　泥质灰陶或灰褐陶。圆唇，敛口，折腹，平底，单耳较小，位于折腹上部。多为素面磨光，少数杯折腹以下饰宽浅斜篮纹，并用手抹平。标本Ⅰ H38:6（图一：16）。

刻槽盆　器形略小，圆唇或方唇，多敞口，少数敛口。腹壁微鼓，多带一流。器表多饰横篮纹，少数为斜篮纹或素面。刻槽略短。标本Ⅰ H257:24（图一：19）。

豆　仅见豆座残片，无复原器，泥质灰陶或黑陶，无镂孔。

另外还有一些宽沿盆、薄胎喇叭口小杯、敞口盆等。

（三）晚期

属于这一期的单位有灰坑70多个，典型单位以Ⅰ H44、Ⅰ H61、Ⅰ H91、Ⅰ H145、Ⅰ H185、Ⅰ H252为代表。文化特征如下：

1. 遗迹

仅灰坑一种，形制与早、中期相同。袋形坑略多，底径1.5—4.7米，坑深0.45—2.05米。有的坑底呈斜坡状，有的在坑底一侧挖一长方形小坑。有一坑底埋有较完整的人骨架。

2. 遗物

生产工具种类较前两期有所增加，数量也大大增加。许多石斧、铲、锛、刀制作精细规整。出现石镰及大量形状各异、加工精细的石镞、骨镞。另外，石质和陶质的纺轮、环种类增加。打制石器大大减少。根据一些灰坑坑壁发现的工具痕迹，推测已使用双齿木耒等工具。

陶器种类又有所增加，如圜底盆形鼎、鼓腹甑、浅盘式带孔箅、高领磨光小壶等。纹饰中竖篮纹比例大幅度上升，宽浅的大方格纹增加，还有少量菱形格纹。轮修口沿的现象很普遍，少数陶器已使用快轮制作。

鼎　新出现圜底盆形鼎，另外有大量球腹鼎。圜底盆形鼎器形高大，胎较厚重，均为方唇，宽沿侈口。足正视较宽扁，略短。器表多饰竖篮纹和斜篮纹，其次为浅方格纹，附加堆纹较少见。个别鼎带有鋬手。标本Ⅰ H145:37（图一：3）。球腹及深腹罐形鼎多侈口，束颈，器表多饰竖篮纹，足为侧视的三角形或凿形。晚期鼎的方唇上多有一周刻槽。标本Ⅰ H145:42（图一：4）。

斝　多尖圆唇，大敞口，束颈，折腹，足略短小。器表多数是在折腹上部饰竖篮纹，少数饰斜篮纹、绳纹，颈部及足部均为素面。斝的折腹处大都附加一周纽索状泥条，形成一道凸起的“花边”。标本Ⅰ H91:1（图一：7）。

釜灶　外形瘦长，多夹砂灰陶，出现少量夹砂红陶。口较直，釜腹较深，釜与灶的交接处更加偏下，半月形双鋬随之下移。烟孔多呈圆形，个别呈梯形。灶门多方形，少数呈拱形，器表纹饰以竖篮纹为主，少量横斜篮纹或绳纹。另外，还出现一种新的纹饰，即竖篮纹中带许多细横线的“隐格纹”。有的釜灶在交接处附一道宽扁堆纹。标本Ⅰ H30: 20（图一：10）。

深腹罐　此期数量大大减少，方唇或圆唇，侈口，束颈，鼓腹，外形呈腰鼓形。器表多饰竖篮纹或斜篮纹，其次为绳纹和素面，大多无附加堆纹。标本Ⅰ H44:25（图一：13）。

豆　仅见残豆座，喇叭形，无镂孔，体略小，泥质灰陶，素面磨光。标本Ⅰ H252:188（图一：15）。

单耳杯　均泥质灰陶或灰褐陶。口较大，微敛，折腹，小平底。单耳较大，位置接近口沿。器表素面磨光。标本Ⅰ H145:47（图一：17）。

刻槽盆　体略小，圆唇或方唇，敞口，斜壁，个别盆带鋬手。外饰绳纹（多用手抹平）、竖篮纹或横斜篮纹。有的内壁除竖槽外还有一圈横刻槽。标本Ⅰ H61:85（图一：20）。

甑　多夹砂红褐陶和灰陶，方唇，唇上多有一周刻槽，多宽沿，侈口，束颈，腹部圆鼓，腹近底部有2圈圆孔，底部圆孔较多，有的带鸡冠形鋬手，器表多饰竖篮纹。标本Ⅰ H91:9（图一：21）。

箅子　胎较厚，浅腹。孔有大有小，或多或少。多数为夹砂灰陶，少量夹砂灰褐陶或红陶。标本Ⅰ H91:11（图一：22）。

另外，晚期的敞口盆数量大增，还有一些宽沿盆、高领罐、夹砂缸、器盖和喇叭口杯等。

综上所述，我们可以归纳出古城东关庙底沟二期文化早、中、晚三期典型陶器变化的基本规律。

从器物的器形来看：鼎，早期以平底盆形鼎为大宗，所有的鼎足正视呈倒置梯形或长方形，不见凿形足；中期以深腹罐形鼎为主，有少量圆腹罐形鼎出现，足呈柱状或凿形；晚期则以球腹罐形鼎为主，同时还出现体形较高大的圜底盆形鼎。斝，由较直的高领逐渐向敞口发展，晚期则呈大敞口状。腹部由扁圆形逐步变为折腹形（并带一周花边）。足由高大较直变为短小外撇，三足间距由近到远。釜灶，口由大渐小，釜腹渐加深，釜与灶的交接处及鋬手位置由高渐低，整个器形由矮胖渐瘦高。夹砂深腹罐，由壁略直的筒形逐渐到腹部微鼓，最后变成束颈腰鼓形，而且数量逐步减少。豆，器形由高大到较矮小，豆座由粗渐细，由镂孔到无孔。泥质灰陶素面单耳杯，早期不见，中期开始出现。其敛口由小渐大，单耳渐大，位置逐渐上移。刻槽盆，器形由大渐小，由敛口到敞口，由深腹到浅腹。另外，晚期出现浅盘大孔陶箅，宽沿侈口竖篮纹鼓腹甑等，浅腹敞口小盆早期至晚期数量逐渐增加。

从器物的纹饰来看，绳纹及附加堆纹由早到晚渐少；中期横、斜篮纹较多，出现少量竖篮纹；晚期则以竖篮纹为主，并有不少宽浅大方格纹、菱形格纹及隐格纹。鼎足纹饰由数道竖堆纹、刻划纹，发展到按捺窝纹或者素面无纹。

从器物的制法来看，三期均以手制为主，但越到晚期经轮修的器物数量越多，晚期则开始使用快轮制陶。快轮制陶的产生不是偶然的、突发的。因用慢轮修陶在仰韶时期已经开始[4]，到庙Ⅱ期更加普遍。所以庙Ⅱ晚期在慢轮制陶的基础上产生快轮制陶技术是很自然的。否则，紧随其后的龙山时代绝不会出现快轮制陶非常普及的现象。所有事物都有其产生、发展、成熟的阶段。庙Ⅱ期间快轮技术不熟练，使用范围很有限，到了龙山时代，技术愈加成熟，使用范围更加扩大了。

古城东关庙Ⅱ文化早、中、晚三期共送交10个木炭等标本做碳^{14}C测定。其中早期2个，中期2个，晚期6个。早期Ⅰ H28的年代为公元前3095年—前2910年；Ⅰ H101的年代为公元前2855年—前2466年。中期灰坑Ⅰ H38的年代为公元前2561年—前2325年。晚期灰坑Ⅰ H145的年代为公元前2462年—前2147年；Ⅰ H108的年代为公元前2454—前2136年（以上均为高精度树轮校正数据）[5]。这些数据对东关庙Ⅱ文化的分期也有重要的参考作用。

三　古城东关庙底沟二期文化的年代、来源、去向及性质

根据碳 ^{14}C 测定，东关庙Ⅱ文化最早年代为公元前 3095 年—前 2910 年，最晚年代为公元前 2454 年—前 2136 年。由此推测，东关庙Ⅱ文化大约始于公元前 3000 年，结束于公元前 2400 年，前后持续约 600 年左右。

有关庙Ⅱ文化的起止时间目前主要有以下几种看法：（一）认为"庙底沟二期文化系统大约从公元前 2900 年至公元前 2400 年，经历了 500 年左右"[6]；（二）认为庙Ⅱ文化"约从公元前 2800 年开始，到公元前 2300 年结束，经历了约 500 年左右的持续发展"[7]；（三）认为"大约从公元前 2900 年到公元前 2300 年，经历了 600 年左右时间"[8]；（四）认为"庙底沟二期文化的年代约为公元前 2900 年—前 2500 年"[9]。古城东关庙Ⅱ文化的起止年代及持续时间，与上述几种看法出入不太大。不过在几种年代推测中，只有古城东关是依据本遗址庙Ⅱ文化各期标本的 ^{14}C 数据得出的结论，因而更准确可靠一些。

古城东关庙Ⅱ文化的前身主要是当地的仰韶文化。东关遗址本身含有仰韶早、中、晚期文化，各期之间均有承袭关系。仰韶晚期遗存非常丰富，文化面貌与西王村三期相似。东关庙Ⅱ文化早期与仰韶文化晚期之间联系比较密切，如侈口折肩夹砂小罐、敞口盆、筒形杯、侈口窄沿小杯、假圈足碗以及少量彩陶等，说明二者间存在一定的承袭关系。

东关庙Ⅱ文化的去向被以鬲为代表的东关龙山文化所代替。东关龙山文化总的面貌和特征与豫西三里桥类型龙山文化最为接近。但有些陶器特点似王湾三期文化，如小方格纹矮足罐形鼎、锐折腹双耳双腹盆等。还有一些特征则与陶寺龙山文化早期相似，如直口绳纹釜灶、单耳绳纹罐形斝、敛口折肩灶等。

古城东关庙Ⅱ文化的性质是一个应认真探讨的问题。目前学术界对庙Ⅱ文化的属性至少有四种认识[10]，各种认识都有其道理，但多数学者认为其应属于龙山文化之早期。近几年有人认为：庙底沟二期文化应是独立的文化发展阶段[11]，我觉得很有道理。首先，以鼎、斝、釜灶、夹砂深腹罐、豆、杯等为典型陶器组合的庙Ⅱ文化，在陶质、陶色、纹饰、器形、陶器组合诸方面都与仰韶文化有明显的差别。但庙Ⅱ文化脱胎于仰韶文化，所以其文化面貌中仍反映出仰韶文化的某些因素。在生产工具方面，庙Ⅱ文化中磨制石器的比例远高于仰韶文化，此外还出现了石耜、磨制石镰、二齿工具等较先进的生产工具，说明此期生产力水平也大大高于仰韶文化，应是进入了新的更高的发展阶段。

与中原龙山文化相比较，庙Ⅱ文化在陶质、纹饰、器形及陶器组合诸方面也与之有许多不同之处。尤其是龙山文化时代在制陶方面大量使用快轮技术，与庙Ⅱ期以手制为主截然不同。在龙山时代，庙Ⅱ期曾大量使用的鼎的数量骤然减少，反之，一种新的三足器——鬲开始出现。这种差别实际上反映了两种不同文化之间的差别。另外，龙山时代的生产工具的种类、数量和质量都比庙Ⅱ期要多，且更加先进。

庙Ⅱ文化上承仰韶文化、下接龙山文化，是联接二者的重要发展阶段。它以晋豫陕为主要的分布区域，有自己鲜明的文化特征与风格。庙Ⅱ文化前后持续发展 500—600 年之久，并有早、中、晚期不同的发展阶段。在陶器方面，有典型器物组合的演变序列。在制陶方法方面，既不同于仰韶文化时期基本使用手制，也无龙山文化时期快轮制陶的普及。庙Ⅱ期慢轮修陶技术使用较广泛，晚期才开始用快轮制陶，而且范围很小。三个文化发展阶段使用的生产工具种类不完全相同，制造技术差别更大，这正反映出不同的时代所具有的不同的生产力发展水平。综上所述，东关庙底沟二期文化很有可能既不属于仰韶文化，亦不属于龙山文化的范畴，而是代表着一个独立的文化发展阶段。这一认识是否正确还有待于更多更新的考古资料加以证实。

四　晋豫陕地区部分庙底沟二期文化遗存的分期

近几年来，已有不少学者对庙Ⅱ分期问题进行过研究和探讨，目前主要有以下几种观点：（一）将晋南地区庙Ⅱ文化分为"以东下冯第四层和西王村上层为代表的早期，以平陆盘南村 H1 为代表的中期和以垣曲丰村为代表的晚期"[12]。（二）将与庙Ⅱ文化有关的典型单位分为 A 群和 B 群，并指出"B 群在年代

上晚于A群”[13]。（三）将庙Ⅱ文化分为前后两期：前期的主要遗址有陕县庙底沟（二期）、平陆盘南村、王湾（二期晚）和华阴县横阵村（龙山文化层）；后期的主要遗址有偃师“滑城”（龙山文化遗址）、二里头Ⅳ区（H1）[14]。（四）将晋西南、晋南、晋中三个地区的庙Ⅱ文化各自分为早、晚两期[15]。除此以外，还有学者将陕西境内庙Ⅱ文化分期[16]，与庙Ⅱ文化有相似之处的“案板三期”文化也已分期[17]。上述种种分期大多是用不同地点、不同遗址的资料进行对比分析得出的结论。相比之下，东关庙Ⅱ文化分期不但全部用本遗址的资料，而且有可靠的打破关系和大量复原陶器及标本，以此分期当然更为准确。

东关庙Ⅱ文化的分期为晋豫陕地区庙Ⅱ文化提供了分期标准。我们试将一些与东关庙Ⅱ文化面貌较接近且资料较多的遗址进行分期。由于多数遗址资料不够全面，又缺乏地层打破关系，所以这里的分期只是一种尝试，仅供参考（表一）。

据有关资料得知，山西境内发现的庙Ⅱ文化遗址约有百处以上，主要分布在晋中地区以南的汾河流域。经正式发掘的有古城东关，垣曲龙王崖、丰村，侯马东呈王、乔山底，太谷白燕，石楼岔沟等遗址[18]。

位于东关遗址北部的丰村遗址[19]，属庙Ⅱ期的灰坑11个。其中Ⅱ区H203打破H206。根据发表的资料，H206出夹砂灰陶平底盆形鼎，器表饰绳纹及附加堆纹，足外压有三道竖行锯齿花边，呈早期特征。H203出2件夹砂褐陶罐形鼎，一件腹近球形，一件深腹，均饰横篮纹，足残，可能是凿形足，与东关庙Ⅱ中期鼎相似。

龙王崖遗址共清理2个庙Ⅱ期灰坑，无打破关系[20]。其中H106出土的鼎均为罐形，其中还有2件束颈球腹鼎，器表均饰整齐的竖篮纹。夹砂深腹罐（缸）方唇上带一圈凹槽，束颈，鼓腹，器表饰带横道的竖篮纹（即隐格纹）。另外还出土敛口较大的泥质单耳杯等，均属晚期之物。

太谷白燕遗址第一地点第二期有许多陶器与东关庙Ⅱ文化陶器接近[21]。其中F14出有夹砂灰陶平底盆形鼎，花边口沿，外饰绳纹及四道附加堆纹，扁方足外刻有竖行花纹。F2中出土高领扁圆腹长袋足斝。花边口沿大口夹砂罐（缸），器表饰绳纹及三道附加堆纹。两灰坑均出彩陶，属早期之列。H259出土的豆及器盖时代略晚，列入中期。

表一　庙底沟二期文化遗存部分遗址分期表

分期 \ 典型单位 \ 遗址	古城东关	垣曲丰村	垣曲龙王崖	襄汾陶寺	侯马东呈王	夏县东下冯	太谷白燕	陕县庙底沟	灵宝涧口	偃师二里头	告成北沟	扶风案板
早期	ⅠH28 ⅠH101 ⅠH199 ⅠH251 ⅠH266	ⅡH206		ⅢH356	HG	H208 H230	F2 F14	H35 H564 H569 H558	H1			三期前段
中期	ⅠH38 ⅠH112 ⅠH188 ⅠH218 ⅠH245	ⅡH203			H31	H225	H259	H570				三期后段
晚期	ⅠH44 ⅠH91 ⅠH110 ⅠH145 ⅠH252		H106						H3	ⅣH1	H1	

根据现有资料，我们将夏县东下冯[22]、侯马东呈王[23]、襄汾陶寺Ⅲ区等遗址中的庙Ⅱ文化遗存也试行分期（见表一）[24]。

豫西地区也是庙Ⅱ文化分布的中心地区之一，发现的主要遗址有陕县庙底沟、灵宝涧口、渑池仰韶村等[25]。其中陕县庙Ⅱ文化与东关庙Ⅱ文化面貌最接近。因原报告中未列出遗迹间的打破关系，现就所发表的资料大体分期。

从陶器特征看，陕县庙Ⅱ文化多呈早期特点。如不见中晚期的罐形鼎、瘦长型釜灶、花边折腹斝、束颈鼓形罐等。反之，有些单位出有仰韶文化特征的鼎、尖底瓶、彩陶盆等。除 H570 一件深腹罐呈中期特点外，多数单位属早期之列。H569 出土的斝是典型的早期之物，是同期斝中时代最早的一件。H558 出有平底盆形鼎、高领大袋足斝，均呈早期特征。其 ^{14}C 测定数据为公元前 2890 年—前2581 年（高精度树轮校正）[26]，与东关庙Ⅱ早期数据接近。

灵宝涧口遗址的发掘为豫西地区的庙Ⅱ文化的分期提供了新的资料[27]。报告中将涧口二期列为庙Ⅱ文化，将涧口三期列为龙山文化早期。但从发表的资料来看，这两期均应属庙Ⅱ文化范畴。因发表的陶器数量有限，陶器组合不全，分期还有一定困难，仅将个别单位列入分期表。

豫中也有一些具庙Ⅱ文化特征的遗址。如偃师二里头“龙山早期”灰坑Ⅳ H1 中[28]，出土深腹和球腹罐形鼎、束颈腰鼓形罐、敞口斜壁竖篮纹刻槽盆等，均与东关庙Ⅱ晚期陶器相同。而登封告成北沟 H1 中出土球腹凿足罐形鼎、花边折腹斝、束颈腰鼓形罐等[29]，属庙Ⅱ晚期无疑。

据统计，陕西省内可以确认属于庙底沟二期文化的遗址约有 30 处左右。经发掘和调查的庙Ⅱ文化遗址主要集中在关中东部、商洛地区、关中西部地区和陕北地区。其中关中西部遗存与晋豫庙Ⅱ遗存更接近一些。这一地区经发掘的遗址有武功县的浒西庄及扶风县的案板坪等[30]。

陕西境内的庙Ⅱ文化带有强烈的地方色彩。如与东关庙Ⅱ文化的陶器组合相似、年代相当的“案板三期”文化[31]，不同之处也较明显。

目前关于“案板三期”是否属庙Ⅱ文化的问题还无一致的答案，因其文化特征与东关庙Ⅱ文化有许多相同之处，所以也列入我们的分期表内。“案板三期”文化原已分为前后两段，其中夹砂深腹罐的早、晚变化与东关相同：其前段的罐呈深筒状，且数量较多；后段的罐数量明显减少，呈侈口鼓腹状。所以将其前段列入早期，后段列入中期。

五　古城东关庙底沟二期文化与其他地区文化的关系

东关庙Ⅱ文化在文化面貌与内涵方面与陕县庙Ⅱ文化基本相同[32]。二者在典型陶器组合、陶质、陶色、纹饰、制法等方面均大同小异。但东关庙Ⅱ遗存中少见小口尖底瓶，彩陶极少见，而陕县庙Ⅱ遗存中也不见罐形鼎、鼓腹甑、箅子等物。这说明二者虽属同一文化系统，但仍存在地域和时代差别。

东关庙Ⅱ文化中有一种细泥红陶薄胎喇叭口小杯，与南方青龙泉中层（屈家岭文化晚期）的蛋壳彩陶杯相似，尤其是口内所施图案风格大致相同[33]。另外，盂形杯和厚胎素面喇叭口杯也是南方长江中游屈家岭文化的常见之物。这类陶器在东关出土数量不多，不像当地产物，应是当时南北文化交流的产物。

古城东关庙Ⅱ文化陶器中，有些夹砂罐或杯上附有双耳或单耳，这种风格估计是受西北地区陇东常山下层文化影响的结果。

至于典型陶器之一的三足斝，是受到东方山东大汶口文化中鬶的模式影响而产生，东方泰沂文化系统对晋西南新石器时代文化有强烈的影响和渗透，这一观点已得到学术界的普遍认同。

上述情况反映，在庙Ⅱ文化发展阶段，古城东关以及晋西南地区与我国东、南、西北各地区的文化交流是比较频繁的，影响范围也是比较大的。东关庙Ⅱ文化在自身发展的过程中，不断汲取其他地区各文化中的积极因素，从而迅速崛起、充实，以新的文化面貌步入更高一层文化发展阶段。

六 结 语

古城东关遗址庙底沟二期文化遗存的发现和研究，大大加深了我们对庙Ⅱ文化诸相关问题的认识，所以具有非常重要的学术价值和意义。

我们首次依据本遗址的发掘资料，通过分析遗迹间的打破关系和典型陶器的演变规律，将东关庙Ⅱ文化分为早、中、晚三期。这三期之间联系密切，典型陶器的组合及变化、各期间承袭关系比较清楚。随着研究工作的深入开展，每一期中可能还会分出前、后几段。东关庙Ⅱ文化的分期为晋豫陕地区庙Ⅱ文化提供了分期标准，对整个庙Ⅱ文化的深入探讨必将起到很大的促进和推动作用。

东关庙Ⅱ文化大约起于公元前3000年，止于公元前2400年，前后持续约600年。整个古城东关遗址新石器文化的发展序列如下：东关仰韶文化早期→中期→晚期→东关庙Ⅱ文化早期→中期→晚期→东关龙山文化。

东关庙Ⅱ文化在自身发展的过程中，不同程度地受到南方屈家岭文化、东方大汶口文化、西北陇东一些文化因素的影响，这在其文化面貌中均有所反映。

据有关专家研究，古城东关庙Ⅱ文化早期出现的模制袋足器（斝），是目前所发现最早的模制袋足器[34]。此外，东关庙Ⅱ晚期产生快轮制陶技术。

东关遗址未发现庙Ⅱ期的墓葬区，确定其社会性质有一定困难。但与其文化面貌最为接近的陕县庙Ⅱ文化遗存发掘出一处氏族公共墓地[35]。从其葬制分析，此时期母权制已经解体。有关专家对黄河流域部分史前史的发展情况进行分析，认为“公元前三千纪初左右，确立期的父系社会在黄河流域大部分地区发生质的飞跃，过渡到父权制时代”[36]。由此推测，东关庙Ⅱ文化也已进入父权制时代。

古城东关庙底沟二期文化具有不同于仰韶文化和龙山文化的鲜明特点，又有不同的发展阶段，而且持续时间比较长，应属于独立的文化发展阶段。

注释：

[1][4][32][35] 中国科学院考古研究所：《庙底沟与三里桥》，科学出版社，1959年。

[2] 中国历史博物馆考古部等：《1982—1984年山西垣曲古城东关遗址发掘简报》，《文物》1986年第6期。

[3] 图中釜灶在《简报》中列在Ⅰ H251内，后在整理过程中发现应属Ⅰ H218，特此更正。

[5][26] 中国社会科学院考古研究所：《中国考古学中碳十四年代数据集》1965—1991，文物出版社，1991年。

[6] 罗新、田建文：《庙底沟二期文化研究》，《文物季刊》1994年第2期。

[7][10][11][15][18][31] 山西省考古研究所：《山西考古四十年》，山西人民出版社，1994年。

[8][13] 卜工：《庙底沟二期文化的几个问题》，《文物》1990年第2期。

[9] 蒋志龙：《釜形斝研究》，《考古与文物》1995年第4期。

[12] 张岱海、高天麟、高炜：《晋南庙底沟二期文化分期试探》，《史前研究》1984年第2期。

[14][33] 李文杰：《试论青龙泉文化与屈家岭文化、庙底沟二期文化的关系》，中国考古学会编《中国考古学会第二次年会论文集》，文物出版社，1980年。

[16][30] 梁星彭：《试论陕西庙底沟二期文化》，《考古学报》1987年第4期。

[17] 王世和、张宏彦、莫枯：《论案板三期文化遗存》，《考古》1987年第10期。

[19] 中国社会科学院考古研究所山西队：《山西垣曲丰村新石器时代遗址的发掘》，《考古学集刊》第5辑。

[20] 中国社会科学院考古研究所山西队：《山西垣曲龙王崖遗址的两次发掘》，《考古》1986年第2期。

[21] 晋中考古队：《山西太谷白燕遗址第一地点发掘简报》，《文物》1989年第3期。

[22] 中国社会科学院考古研究所等：《山西夏县东下冯龙山文化遗址》，《考古学报》1983年第1期。

[23] 山西省考古研究所等：《山西侯马东呈王新石器时代遗址》，《考古》1991年第2期。

[24] 中国社会科学院考古研究所山西工作队：《陶寺遗址1983—1984年Ⅲ区居住址发掘的主要收获》，《考古》1986年第9期。

[25] 河南省文物研究所：《河南考古四十年》，河南人民出版社，1994年。

[27] 河南省文物研究所：《河南灵宝涧口遗址发掘报告》，《华夏考古》1989年第4期。

[28] 中国社会科学院考古研究所二里头工作队：《河南偃师

二里头遗址发现龙山文化早期遗存》,《考古》1982年第5期。
[29] 河南省文物研究所:《登封告成北沟遗址发掘简报》,《中原文物》1984年第4期。
[34] 李文杰:《中国古代制陶工艺的分期和类型》,《自然科学史研究》1996年第1期。
[36] 张忠培、朱延平:《黄河流域史前葬俗与社会制度》,《文物季刊》1994年第2期。

(原文刊于《文物季刊》1995年第4期)

论齐家文化玉器

雷从云

齐家文化是中国黄河上游地区以甘肃、青海东部为中心的新石器时代晚期至青铜时代早期的一种文化遗存。因1924年发现于甘肃省广河县齐家坪而得名。齐家文化的年代，据“甘青地区史前文化碳—14年代”数据及树轮校正年代，为公元前2140年—前1529年的五六百年间[1]。齐家文化的特征，以前被学术界公认的有两点：一是有一群独具特征的陶器；二是使用红铜器和青铜器[2]。我们现在知道，齐家文化还有第三个特征，有一批独具特色的玉器。

《中国出土玉器全集》第十五卷，在讲到甘肃、青海、宁夏地区考古发掘出土的齐家文化玉器时说：齐家文化时期，该区域的玉器文化发展进入了一个新阶段，各地的齐家文化出土的玉器数量之大，资料之丰富，引人瞩目……重要性在于出现大量礼器性质的器物[3]。当前民间藏玉告诉我们：民间收藏的齐家文化玉器，数量更为庞大，品种更为丰富，礼器成为玉器中最为重要的部分。齐家文化玉器所携带的远古信息，为我们打开了一扇探索中华古文明的一个重要窗口，值得我们特别关注。

一　考古出土的齐家文化玉器与民间收藏的齐家文化玉器

近半个多世纪来，考古发掘出土了相当数量的齐家文化玉器。据已有的考古资料，甘肃武威皇娘娘台遗址、天水市师赵村遗址、青海民和喇家遗址、同德宗日遗址、乐都柳湾遗址、静宁治平乡后柳河村、广和、积石山、会宁、庄浪、定西、宁夏固原等地，都出土有数量不等的各式玉器。其中有的多达数十件。如甘肃武威皇娘娘台墓葬出土的玉石璧，少者1件，多者达83件；青海喇家遗址每次的考古调查、发掘都有玉器出土，一个墓葬随葬玉器多者有15件。《中国出土玉器全集》著录甘肃、青海、宁夏考古出土齐家文化玉器100多件。这些玉器表明，齐家文化玉器的数量较大，分布范围较广，玉器的品种主要有璧、琮、瑗、璜、联璜璧、斧、锛、凿、铲、刀、多孔刀、纺轮、条形器、箍形器、环、管以及玉璧芯、琮芯、玉料、绿松石饰等[4]，见于其他著录的属于考古发掘品和征集品的齐家文化玉器，品种还有玉镯、玉佩、玉圭、玉钺、璧羡、四孔器和玉璋等[5]。目前，在甘肃省博物馆，兰州市博物馆，广和、静宁的博物馆，青海省博物馆，民和县博物馆和上海博物馆玉器馆等，都有考古出土齐家文化玉器的陈列展示。

民间收藏古玉器中有相当数量的齐家文化玉器。北京、上海、重庆、甘肃兰州、青海西宁、四川成都、广东广州、深圳、佛山、顺德、浙江台州、辽宁大连和香港一些收藏家，都有十分丰富的齐家文化玉器收藏，台湾地区、美国的多家博物馆也收藏有相当数量的齐家文化玉器。据初步考察，一些情况特别值得我们注意：一是数量多，远远超过考古出土品的数量，多者拥有六七百件、上千件，甚至数千件。收藏有几十件、上百件者不在少数。二是品类多，除了考古出土品所见齐家文化玉器器型外，还见有许多新的器型，如玉舌形斤、璇玑（或称牙璧）、有领玉璧、玉戈、玉戚、玉枕形器、嵌绿松石玉牌、嵌绿松石铜牌和各式玉勒子、玉珠、玉管形器；所见玉璧、玉刀、玉璋的大小、造型、纹饰、字符各式各样、多姿多彩。另有许多不同造型的玉琮、琮形器、筒形器和圆雕作品，如各式玉立人、玉跪人、玉人形灯柱、玉鼎形器、玉鸟形器、玉蛇形器、玉龟形器、虎首形器、羊首形器、牛首形器以及不可名状的兽首形器等数十种。三是装饰纹饰丰富，用收藏家的话说“有工的玉器”不少，这些“工”(即装饰纹饰)有阴刻、减地雕或浮雕纹饰、图像和嵌错绿松石或彩石装饰。四是大型玉器多，玉璧直径在三四十厘米以上，玉刀、玉璋长度在四五十厘米以上者不在少数，还有三四十厘米甚至有五六十厘米高的大玉琮、圆雕人像和神人像。或优美、或神秘的造型，加上精细的工艺，让人震憾!

二　齐家文化玉器的特征

齐家文化玉器较其他原始文化玉器，在形制、纹饰、材质受沁等方面都有许多独自的特点。齐家人为适应祭鬼礼神的需要，创造出各种各样的玉神器和礼神用器；为适应刚刚出现的人间等级制度的需要，创造了各式玉礼器和礼仪用器；为了满足不断增长的物质生活与精神生活需求，制作出多种多样的玉用器、玩具和饰品。神器(包括祭神用器和法器)、礼器(包括礼仪用器)、用具和饰品是齐家文化玉器的主要器类。它们有的是从实用器具中改进和衍生的，更多的则是新创造的。神器器形主要有玉人和人形器、玉瑞兽和兽首形器；玉礼器和礼仪用器主要有璧、圭、璋、琮、璜、刀、钺等。不过神器和礼器在使用之初是比较难以区分的，如齐家文化玉器中有圭和璧，这在当初应是为祭祀神灵的需要而创发的，认为这种造型的玉器可以比日月、通天地，具有神礼器的性质和功能，到《周礼》之“六瑞”的圭和璧，已变成了朝聘信物。

齐家文化玉器的神器和礼器，其造型与形制特点鲜明。例如，玉璧，璧体磨制光平、形制几近正圆，一般素面无纹，璧“好”（孔）较大，单向钻孔，同时存在椭圆、方形委角和双联形璧或璧形器，一些玉璧上琢刻有几何纹、舞蹈纹或狩猎纹等纹饰；玉刀多作扁长梯形，左右两侧对称、双面磨刃、通体磨光，单向钻一至多孔不等，孔近脊背作一字形排列；也有刃、背均作弧形的多孔刀、带把刀，部分玉刀上一面嵌有绿松石装饰，或琢刻出鸟兽纹、人物纹或狩猎纹；玉璋是一种端刃器，首端多为斜凹弧形或斜“V”字形，底端呈长方形或斜长方形，侧阑有扉牙(或称“出戟”)装饰，有的玉璋上装饰鸟纹或兽纹，形制矫健、优美；玉琮，一般为琮体外方内圆，多作不分节的方柱、扁方或长方柱形，射口平圆、射台四个转角一般都琢磨成规整的圆弧形，或素面无纹，或在一面或对称两面琢刻几何纹、人物或动物纹；玉雕人像，无论男性女性均作裸身，或立或蹲，体态丰腴，肢体及五官写实而夸张，琢磨精细。它们很可能是作为崇拜与祭祀对象的祖先神；瑞兽和兽首形器以虎、羊、牛为常见，一些造型奇特神秘、不可名状的动物圆雕和兽首形器，在其他原始玉文化中很难见到。

齐家文化玉器的装饰丰富：一是纹饰内容多样，鱼虫、鸟兽、人物、神怪、日月、山水、草木都有，同一种纹饰又表现有不同内容，如动物纹即有鱼、龟、蛇、蛙、兔、羊、犬、猪、马、鹿、虎、牛、猴、鹦鹉、龙、凤、螭和神兽等约 20 种之多；又如人物纹，有表现男女的，有表现舞蹈娱乐的，有表现狩猎情景或猎获物的，尤以表现男女两性和狩猎活动的画面最多；二是图像、纹饰多以平面展开，往往充满整个画面，手法写实，质朴而生动；三是装饰手法多样，已见的有阴刻、减地雕、浮雕、圆雕、嵌绿松石、彩石等几种，除了阴刻平行细线之外，以减地手法琢磨成像者为多，所见图像大多是一幅幅浅浮雕，纹饰线条大多是一种突弦纹。立体雕件和圆雕人物、动物、神怪是齐家文化玉雕作品的另一大特点。特别是一批玉质上乘、造型优美、型体大、工艺精的圆雕人像、神人像和瑞兽，令人折服。所有这些都表明，齐家文化玉器不仅具有品类多样、装饰纹饰丰富、工艺娴熟等特点，而且充分地表现了齐家人质朴以至毫无掩饰，追求便尽情表露的性格特质。

齐家文化玉器的材质多样，优质玉材较多。优质玉材中，闪石玉的比例较大。有包括透闪石、阳起石和它们的变种角闪石玉在内的优质玉料——闪石玉，也使用准噶尔玉、蛇纹石玉、天河石、绿松石、玛瑙、水晶、萤石、青金石。青白玉、青玉居多，墨玉，还有少量的白玉、黄玉和墨玉。闪石玉（也称软玉）制作的玉器，细腻、匀润，带有乳质感或瓷质感。甘肃软玉发现于中祁连成矿带，青海软玉发现于柴达木盆地西北缘，它们的硬度6－6.5，甚或至7；密度2.95克/立方厘米或达3.02－3.44/立方厘米；折射率1.606－1.632，有双折射率为0.026者[6]。本卷著录的各式玉器和玉雕作品，包括各式玉璧、玉璋、玉刀、玉铲、玉钺、玉人、玉动物、玉瑞兽等大多数属这类优质玉材所作。其中的许多大型片状器，尺幅大、切割平整、形体轻薄，这应与玉质组织均匀的特性有关。

关于齐家文化玉器材料，主要是就地取材，就近取材。祁连山有玉材，酒泉地区产玉，齐家文化范围内的马衔山、武山等地都产玉。大量齐家文化玉器当是取自这些地方的玉材制成。同时，也不排除部分采用了甘青地区以外的玉料。据矿物分析，齐家玉器中尚有新疆和田玉和玛纳斯碧玉。

齐家文化玉器的沁色有以下几种情形：一是长时期凝结在玉器表面的一层水溶性物质，或说浆化沉积物（即玉器表面有一层包裹的皮状物），一部分玉器的颜色表现为酱黑色和土黄色。二是部分玉质在受沁后出现氧化白斑，轻者呈白色的雾状，重者呈白色或鸡骨白色，甚至看不到玉原来本质了。三是部分玉质较软的玉器，老化或氧化特征更多地表现为遍布全身的蚀斑（芝麻粒状或不规则片状），表面常见黑色或棕褐色藻状纹。不过总体说来，大部出自甘青高原黄土层的齐家文化玉器，保存相当完好，沁色十分丰富，随玉质和保存条件的不同而千变万化，五彩斑斓。这也是其他地方出土的原始文化玉器所无法相比拟的。

三　齐家文化玉器的地位

新石器时代（距今约10000－4000年前）是中国玉文化形成的时代。在中国南北东西约30个省市自治区都发现有史前玉器[7]。至新石器时代晚期大约距今5000多年至4000多年间，由于玉器在先民中的广泛运用和它的重要地位，以至后人有称这个时代为“玉器时代”。这个时期的东北西辽河流域红山文化玉器，杭州湾良渚文化玉器，已为人们所熟知。但对黄河上游今甘肃、青海大片地区繁荣发展的马家窑文化和它的玉器，对直接继承和发展了马家窑文化和马家窑文化玉器的齐家人，在黄河上游地区创造出的高度发达的齐家文化玉器，并在这个时期呈现出东北、东南和西北玉器鼎立局面，一些人还比较陌生。民间藏玉提供的信息还告诉我们，有可能是甘、青东部及附近地区的先民，齐家文化之后相当于商王朝时期，继续创造出许多更高水平的玉器，值得我们去探索。

如果我们将齐家文化玉器的特点，与其他原始文化玉器相比较，我们会得出如下印象：齐家文化玉器玉质好，有大量闪石玉制作的玉器，质地细腻、色泽光润，远远优于红山玉器、良渚玉器、凌家滩玉器等玉器的总体材质；齐家文化玉器器型丰富而复杂，不仅有大玉钺、大玉刀、大玉璋、大玉璧等大型片状器，还有各种玉琮、神物、人物、动物等立雕件和圆雕玉制品，意蕴神秘，耐人品味，而玉器之总量远远多于其他原始文化的玉器；齐家文化玉器的造型设计、切割、钻孔、琢磨和抛光等，工艺先进，并熟练地运用了管钻技术和金属工具，玉器生产具有作坊性质；齐家文化玉器内涵丰富，有大量表现神灵崇拜、祖先崇拜、生殖崇拜、动物崇拜的玉器——神器和礼神之器，还有大量表现从巫权到王权思想、等级观念的玉器——礼器和仪仗用器，也有表现人类自身的各种玉器和玉装饰品。品类繁多，形制复杂。工具类玉器刀、斧、铲已退到十分次要地位。同时具备这些特点的玉器是我们在其他史前文化玉器中所不曾见到的。这些特点决定了齐家文化玉器在中国古玉文化中占有特殊的地位。

齐家文化玉器对中国古玉文化产生了巨大影响。将齐家文化玉器与黄河中游的陕西庙底沟二期文化、陕西龙山文化（特别是陕西神木石峁龙山文化类型）、山西陶寺文化和豫西龙山文化中的一部分玉器，以及四川广汉三星堆、成都金沙遗址出土部分玉器相比较，会看到如下情形：陕西神木石峁、新华出土玉器中的刀、斧、钺、圭、璋、璜、璧、联璜璧和琮，长安出土的玉璧、玉琮；山西襄汾陶寺、芮城清凉寺出土的玉璧、琮、钺、璇玑、联璜璧等，河南偃师二里头出土的大玉刀、大玉璋和嵌松石铜饰牌，四川广汉三星堆出土玉器中的部分刀、璋、璧和金沙遗址出土玉器中的部分刀、钺、戚、戈、璋、璧、琮等，与齐家文化玉器的形制、纹饰或如出一辙，或明显属齐家文化玉器风格。其中，大部分玉器的材质也与甘、青和宁夏出土的齐家文化玉器材质相同。

黄河中下游地区仰韶文化、龙山文化高度发达，于是不少学者认为是河南、陕西原始文化“西进”，影响了甘、青地区原始文化，似乎玉器也当如此。但若我们整体分析豫陕仰韶文化与陇东仰韶文化——马家窑文化、分析豫陕龙山文化与马家窑晚期文化——齐家文化，则不会简单地得出如此结论，而会感到中国史前文化的发展轨迹应是更为复杂。史前玉文化和文明初创阶段玉文化也是如此。考古学已证明，“新石器时代中原地区始终没有大量用玉的习惯，这与南方的良渚文化、石家河文化及北方的红山文化形成反差”[8]。同样，中原乃至黄河中下游也不是早期玉器制作最发达地区。从其年代说，齐家文化与黄河中下游龙山文化相当，在夏王朝的年代范围之内而略前。早于成都平原的三星堆中晚期文化和金沙遗址。从其地理说，齐家文化雄踞黄河上游以至中游部分地区，东南则是由岷江河谷沟通的成都平原。因此，齐家文化与黄河中下游和川西北地区有联系、有影响是很自然的。这些事实似乎还可能得出另外一种结论：齐家文化玉器并非是“西进”的结果，而可能相反。是甘、青东部地区为中心的玉文化，外延与影响了黄河中游及四川成都平原的玉器制作的进程，甚至其尔后玉文化的发展。

夏代之后的商、周，是中国古代社会制礼作乐的礼制时代。玉礼制是礼制的重要组成部分。考古出土的商和西周早期的玉礼器，已经不少，只是多为小件器。与来自甘、青东部及外延区出土的丰富的民间藏玉有较大距离。在民间玉器藏品中，齐家文化玉器和后齐家文化玉器中的玉礼器占有很大比重，且种类丰富。

周人和先周文化发祥于陇东。周灭商是周人在他的“老家”——陇东，准备了必要的物质基础与精神基础的结果。对于“周因于殷礼”，无可厚非。但甚或可说：“周礼”是整理先周文化发源地的 “礼”和中原为中心的“殷礼”而创作出来的，恐更为确切。《周礼》中涉及玉器“六瑞”的圭、璧，“六器”的璧、琮、圭、璋、琥、璜，在齐家文化玉器中多已成熟。齐家文化玉器奠定了西周玉礼制的基础。

最后，我们要说：这里讲的齐家文化玉器只是一个命题，而考古出土和民间藏齐家文化玉器，则是一座宝库。它的内涵远比我们已有的认识要丰富。尽管我们对它的诠释还需要时间，但毫无疑问的是，大量的、各式各样的齐家文化玉器，它所闪烁的熠熠光辉，却是十分耀眼的！我们乐见有更多学界专业人士和玉文化爱好者去挖掘，去探讨，给齐家文化玉器相关问题一个更圆满的回答。借《民间藏中国古玉全集》齐家文化玉器卷的出版，写下这些文字，以作分论。

注释：

[1] 谢端琚：《甘青地区史前文化碳—14年代一览表》，《甘青地区史前考古》，文物出版社，2002年。

[2] 中国大百科全书总编辑委员会《考古学》编辑委员会：《中国大百科全书·考古学》，中国大百科全书出版社，1986年，第369页。

[3][4] 叶茂林：《甘肃青海宁夏新疆地区出土玉器概述》，《中国出土玉器全集》第15卷，科学出版社，2005年。

[5] a. 杨伯达：《甘肃齐家玉文化初探》，《陇右文博》1997年第1期；b. 邓淑苹：《华西系统玉器理论形成与研究展望》，《玉魂国魂》，北京燕山出版社，2008年。

[6] 亚洲国际收藏鉴定评估有限公司提供北京大学珠宝检测中心崔文元教授所提供数据。

[7] a.《中国古代玉文化概述》，古方主编《中国古玉器图典》第一章，文物出版社，2007年；b. 国立故宫博物院编辑委员会：《国立故宫博物院藏新石器时代玉器图录》国立故宫博物院，1992年。

[8]《河南地区出土玉器概述》，《中国出土玉器全集》第5卷，科学出版社，2005年，第1页。

（原文刊于《民间藏中国古玉全集·齐家文化卷》，紫禁城出版社，2011年）

虞夏时期的中原

董 琦

本文以中原文化区虞夏时期（即龙山文化时期与二里头文化时期）的考古学文化作为研究对象，分析地理因素与历史因素对考古学文化形成的不同作用，进而探索我国国家文明诞生的历史进程。

一 地理因素

中原文化区的地理分布，从水系来讲，可分为两大部分。以太白山、老君山、嵩山为界，北半部属黄河流域，以今黄河为主干，包括渭水、汾河、伊洛河、沁河等支流，以及卫河、漳河、滹沱河、唐河等古黄河的支流；以老君山、桐柏山为界，东南部为淮河流域，以淮河为主干，包括颍河、汝河、贾鲁河、涡河等支流。西南部的豫西南、鄂西北地区已经属长江流域了，以汉水为主干，包括丹江、洪河、淅川、唐河等支流。若具体划分，中原文化区大致可分为7个地理单元（图一），下面分别论述。

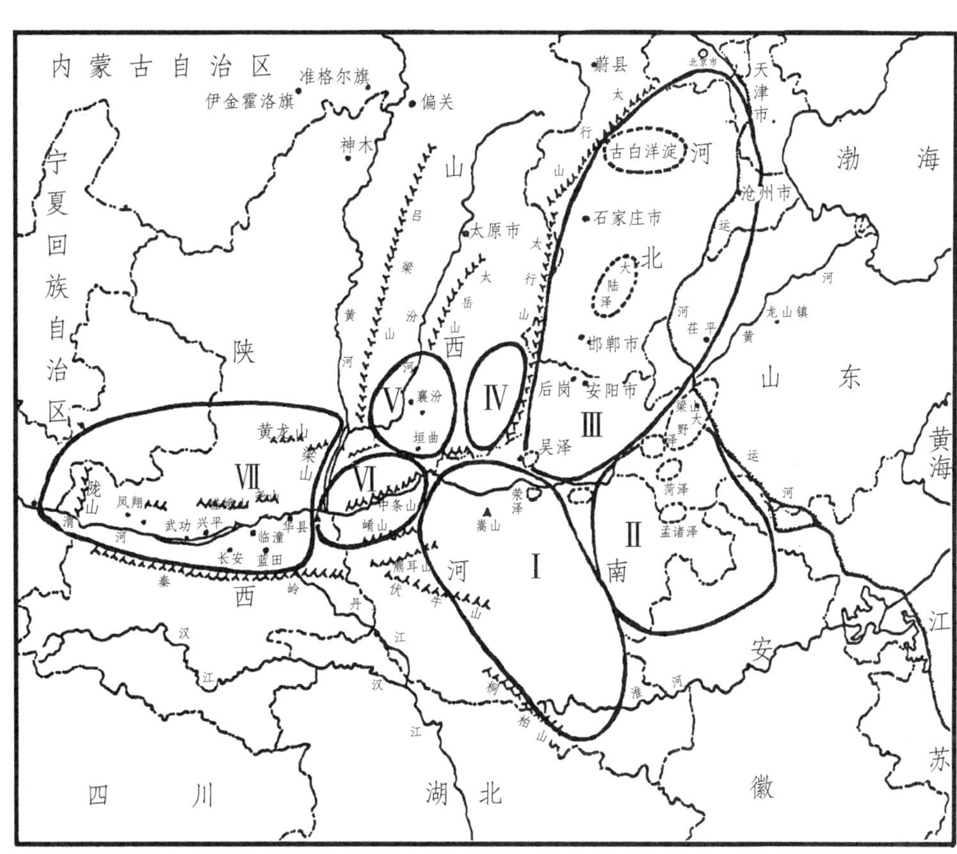

图一 中原文化区地理单元分布示意图

Ⅰ.豫中丘陵盆地区 Ⅱ.黄淮平原区 Ⅲ.华北平原区 Ⅳ.晋东南山地盆地区 Ⅴ.汾河下游盆地区 Ⅵ.晋豫陕山地盆地区 Ⅶ.关中丘陵盆地区

（一）豫中丘陵盆地区

该地区属于华北地台的华北凹陷区，总地势为西高东低，以嵩山为中心，西部有外方山、伏牛山，海拔400－1000米，最高在1400米以上；东部为山前侵蚀剥蚀丘陵，黄土台地丘陵地貌，海拔100－400米。这一地区受各期地壳运动的影响和周围单元的控制，总趋势是下沉。由于构造复杂，平行或交错的断层造成许多山间小盆地、谷地、凹陷区[1]。

（二）黄淮平原区

该地区主要为黄淮冲积平原，海拔100米以下。如细分，又可分为冲积扇形平原和冲积低平缓平原。该地区北以黄河为界，南以大别山为界，西邻豫中丘陵区，东北面及东面被一系列湖泊大泽所包围。从西向东再向南数，计有荥泽、圃田泽、大野泽、雷夏泽、菏泽、孟诸泽及鲁西南运河两侧的南阳、独山、昭阳、微山诸湖。

（三）华北平原区

该地区位于渤海凹陷的西南部，西界山西地台，北接燕山准地槽，东邻山东地台，南连河南地台。渤海凹陷，大陆下沉，逐渐为冲积物所填，形成华北平原。自第四纪更新世，从太行山及燕山冲下来的洪积物盖复于第三系地层之上，堆成冲积扇，并在其上堆积马兰黄土[2]。

（四）晋东南山地盆地区

该地区以太行山脉为主，西有太岳山，南有中条山、王屋山，山岭多呈东北－西南走向，海拔都在1500米以上。山间有长治、晋城等较大的盆地。浊漳河源于此区，并向东流往冀南豫北地区。该地区构成一个较为封闭的地理单元。

（五）汾河下游盆地区

汾河谷地在这里加宽，从地貌上形成一小型平原。周围有太岳山、中条山和吕梁山环绕，构成一封闭性较强的盆地。汾河从境内流过，北通晋中盆地，南接运城盆地。在垣曲一带，地形显著降低而形成一缺口，成为本区与外界交流的通道[3]。山西襄汾陶寺遗址的孢粉分析结果表明，4000多年前这一地区的植被应为暖湿带落叶阔叶林[4]。

（六）晋豫陕山地盆地区

该区由中条山、华山、崤山、涑水河、渭河、黄河、关中东部、黄河谷地、运城盆地等组成多元一体的地貌单元。据有关气候资料分析，现今这一带的气候变化，基本上同于西安、郑州一线[5]。另外，夏县东下冯遗址出土的木炭经有关专家鉴定，为槭（Acer. sp.）、松（Pinus. sp.）和冷杉（Abies. sp.）的木炭，反映出运城盆地曾有过茂密的森林[6]。

（七）关中丘陵盆地区

关中盆地包括渭河下游地区，位于黄土高原，是在断陷盆地基础上经黄河长期沉积和渭河干支流冲积而形成的，海拔约400－500米，号称八百里秦川。周围由终南、太华、陇山、梁山、九嵕、嵯峨、黄龙、尧山拱卫，形成一个较为独立的地理单元[7]。

上述7个地理单元囊括了中原文化区龙山文化时期诸考古学文化的分布范围（图二），说明了相对独立的地理单元与相对独立的考古学文化的形成与分布有着密不可分的关系。“不同的文化共同体，适应于不同的自然环境，而形成各自的文化特点。环境的差异也带来了文化的不同。”[8]正如马克思所指出的那样：“不同的共同体，是在各自的自然环境内，发现不同的生产资料和不同的生活资料的。所以，它们的生产方式、生活方式和生产物，是不同的”[9]。

不同的自然环境（即地域差别）是形成不同考古学文化的重要因素。但是，考古学文化是人们共同体活动的反映，并非仅仅是一个归纳性的文化概念，其分布范围的状况与自然地理环境的关系既有受制约的一面，又有冲破制约的一面。这要看该文化共同体的发展程度而论，即人类自身的生存能力和社会组织形态进步的程度如何。

龙山文化时期，生活在东部众多湖泊大泽平原区的后冈二期文化与造律台文化的先民们，与生活在西部山地、丘陵、盆地的王湾三期文化、陶寺文化、三里桥文化、客省庄文化的先民们相比较，自然地理环境不同，生活习俗与生产方式也判然有别。前者居址多于高丘平地起建，后者居址多采用窑洞式、半地穴式；前者生产工具中渔猎工具远远多于后者，后者狩猎工具远远多于前者。又因两者的地理气候环境相似（除晋南属南温带亚干旱大区外，余均为南温带亚湿润大区），所以整个中原文化区自磁山文化时期始，基本上是粟作农业区。因为这里的土壤条件和气候条件最适宜粟类作物生长[10]，这一地区普遍出土相当数量的农业生产工具和粟的遗物可作物证。又如，中原文化区龙山文化时期诸考古学文化中的袋状窖穴的数量，从西往东依次递减。而数量最多且最规范化的袋状窖穴，正是在黄土发育最好的客省庄文化分布范围内发现[11]。

处于黄河下游的平原区，古代曾经有过许多湖泊，星罗棋布，犹如今日江淮之间的水乡泽国。仅豫东鲁西一带就分布有大野、雷夏、菏泽、孟诸等古泽，形成一片湖泊大泽水网地带。自然而然地产生了独具特征的造律台文化，有别于龙山文化时期中原文化区其他考古学文化和东方文化区的龙山文化。

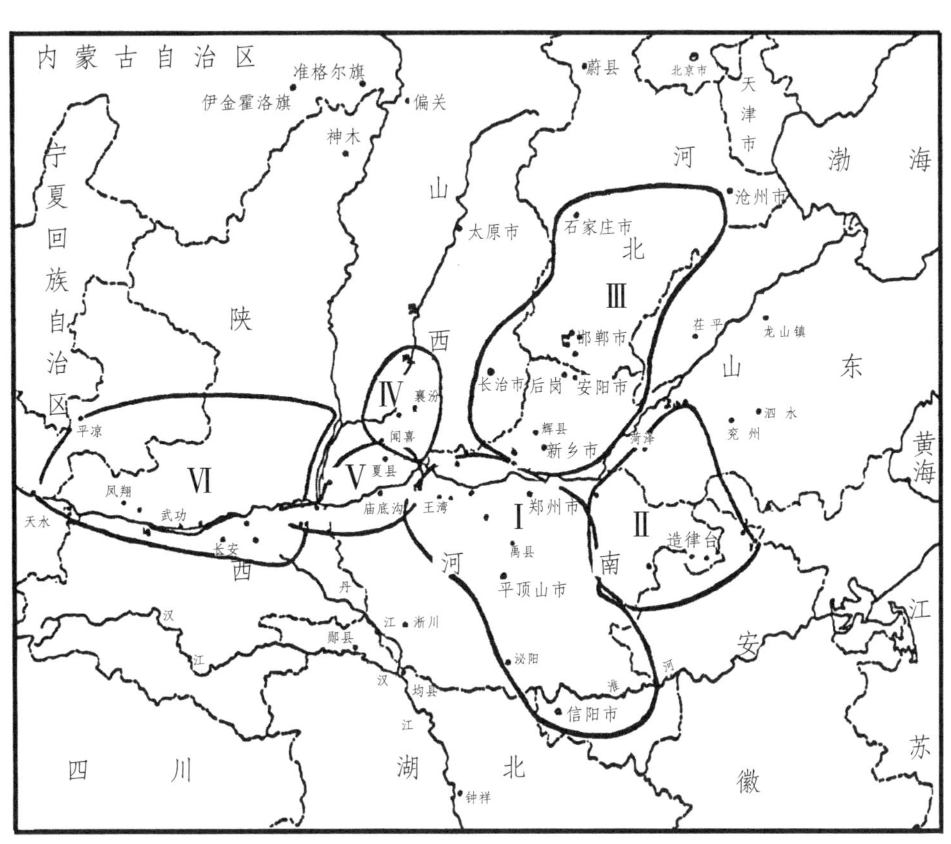

图二　中原文化区龙山文化时期诸考古学文化的分布

Ⅰ.王湾三期文化　Ⅱ.造律台文化　Ⅲ.后冈二期文化　Ⅳ.陶寺文化　Ⅴ.三里桥文化　Ⅵ.客省庄文化

二　历史因素

有的学者通过对中国近 2 万年来的气候波动与海面升降运动的研究证明，距今 6000 年之后，波动幅度明显减少，海面渐趋稳定[12]。近万年来，气温虽然出现过明显的波动，如距今 8200 年前后、距今 5800 年前后、距今 3000 年前后出现过三次明显的寒冷期，距今 9000 年前后、距今 4000 年前后我国南北也曾出现明显的低温。但是，在这几次寒冷期之间的温暖期中，气温曾数次超过现代 1℃—2℃乃至 2℃—3℃，最明显的升温时期大致在距今 7500 年—7000 年及距今 4000 年—3500 年[13]。据众多的孢粉分析结果证明，在大约距今 7500 年—2500 年间的全新世中期，总的趋势是气候温暖[14]。竺可桢先生指出，在近 5000 年中的最初 2000 年，即从仰韶文化到安阳殷墟，大部分时间的年平均温度高于现在 2℃左右，是中国的温和气候时代。当时西安和安阳地区有十分丰富的亚热带植物种类和动物种类[15]。

上述的地理气候环境概况在大约距今 7500 年—2500 年间的数千年中未有大的变化，其间却跨跃了考古学上的磁山文化时期、仰韶文化时期、庙底沟二期文化时期、龙山文化时期及历史时期的夏、商、周三代。从社会发展史的视角观察，可谓发生了翻天覆地的变化。尤以夏代前后，即中国国家文明诞生的前后，变革显得剧烈。如黄淮平原区的湖泊大泽间，龙山文化时期主要分布着独具特征的造律台文化，到了夏代发生了重大变化，东方文化区的岳石文化向西扩展，侵入了这片湖泊大泽区，占据了豫东东部地区，与豫东西部地区的二里头文化相对峙。又如，在龙山文化时期，分布着 6 个相对独立的考古学文化的中原文化区，到了夏代，却被二里头文化占据了大部分（除华北平原区大部分被先商文化占据，豫东东部地区被岳石文化占据外）。二里头文化甚至越过了伏牛山，占据了江汉文化区的豫西南、鄂西北地区（图三）。在这里，仅仅用自然环境地理因素说的解释是不够的。我们在研究自然地理因素对人类的影响同时，有必要把人类社会自身发展的因素提出来考察。

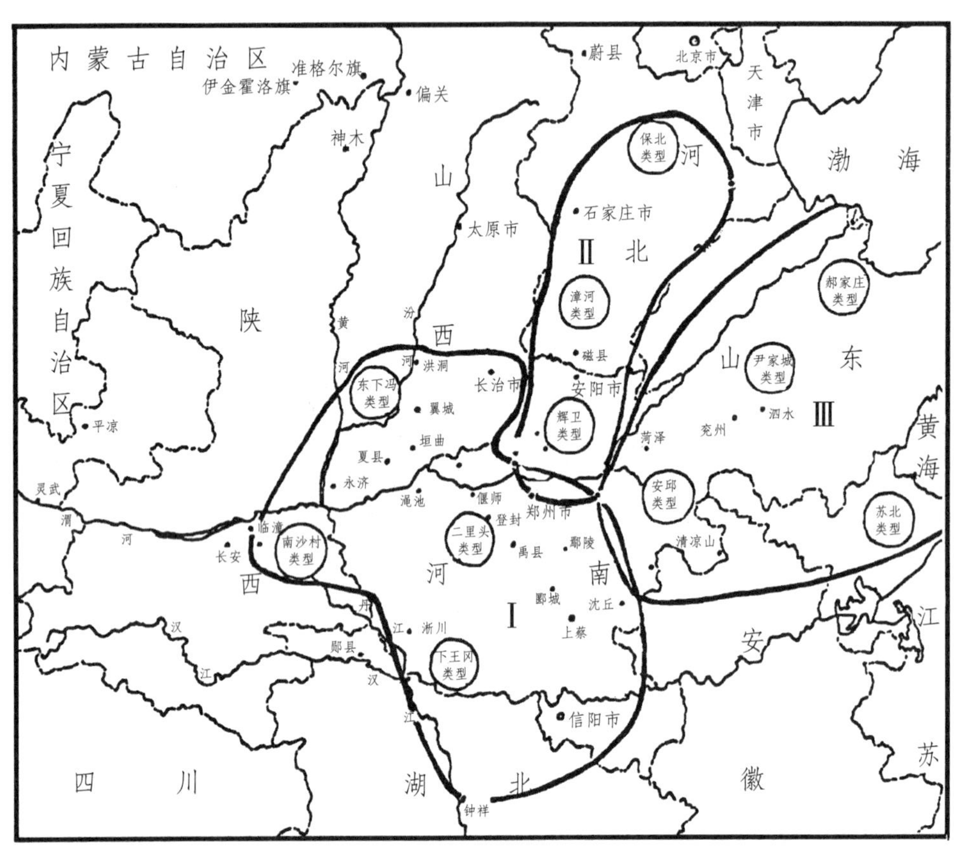

图三　中原文化区二里头文化时期诸考古学文化的分布
Ⅰ.二里头文化　Ⅱ.先商文化　Ⅲ.岳石文化

纵观我国远古文化，仰韶文化早期阶段，中原文化区对邻近文化区呈辐射为主的状态；仰韶文化晚期阶段，邻近文化区对中原文化区则呈汇聚为主的状态。在这种深层结构的历史文化底蕴的作用下，自仰韶文化晚期阶段起，整个中原文化区发生了重大变化。主线是文化区内部本身，分化为主的趋势代替了融合为主的趋势；副线是与邻近文化区的关系，从影响邻近文化区为主的趋势转变为受邻近文化区影响为主的趋势。两个发展趋势相辅相成，前者是后者的基础条件，后者则是前者的催化剂。这两个发展趋势愈演愈烈，到了庙底沟二期文化时期，中原文化区至少可以分为泉护二期文化、庙底沟二期文化、谷水河三期文化和台口一期文化。其后的龙山文化时期继续了这两个发展趋势，并使之达到了顶峰。在图二中我们看到，中原文化区已分化为王湾三期文化、造律台文化、后冈二期文化、陶寺文化、三里桥文化、客省庄文化等6个考古学文化了。这个以分化为主的历史过程大约经历了有1500年之久，最后终于被夏代以二里头文化为主的统一融合的趋势所代替。中国历史也就跨入了一个新纪元——国家文明社会。

长达1500年之久的分化为主的历史过程，反映了其间中原文化区先民们的社会组织的演进，而社会组织的演进又有赖于生产力水平的进步。恩格斯指出："生产本身又有两种。一方面是生活资料……的生产；另一方面是人类自身的生产，即种的蕃衍"[16]。数千年温暖的气候，丰富的动植物种类，为中原文化区先民们的繁衍发展提供了绝好的条件。以关中地区渭河流域为例，有些学者对这一地区新石器时代人口发展作了初步的估计："关中地区的老官台文化遗址大约有63—103处左右"，人口"约有3800至6500人，平均约有5200人左右"；"估计关中仰韶文化遗址不会超出400处之多"，估计当时的人口约有13万至22.4万人；客省庄文化时，估计"关中地区的人口约有23万至40万之多"，比仰韶文化时期的人口多一倍[17]。随着人口的增加，从仰韶文化时期到龙山文化时期，村落人口密度也迅速膨胀。如仰韶文化时期的陕西临潼姜寨第一期文化的村落遗址有2万多平方米，共发现有120座房址[18]。而龙山文化时期的河南汤阴白营遗址1400平方米的发掘范围内，却清理出62座房址[19]。处于氏族社会组织形态中的文化共同体，在不断增加的人口压力下，导致不断的分化。这种分化的结果，必然导致分布范围的扩大，以及与外界交往接触的增多。久而久之，分化出去的子体必然与母体之间产生地域上的差别，为新的文化类型的产生奠定了基础。据摩尔根研究的成果[20]，这种分化有可能导致社会政治组织向着部落——部落联盟——国家的形态演进。应当指出，所谓分化与融合的关系，是互为表里、互为因果的关系。例如，从部落中分化出氏族，尔后又在部落与氏族之间产生出胞族；从氏族中分化出家族，尔后又在氏族与家族之间产生出宗族。在这种分化组合的过程中，又产生出新的亲属部落，进而为各种部落联合体的形成奠定了基础。从虞夏时期中原文化区的诸考古学文化的分化与融合中可以看出，我国的早期国家组织，正是从史前社会的部落联合体组织中蜕变而成的。

总而言之，每一次大的分化，都孕育着更大地域范围内新的融合；每一次大的分化，都孕育着更高一级社会政治组织的诞生。从仰韶文化时期的慢轮制陶术，到龙山文化时期快轮制陶技术的普及；从龙山文化时期的铜石并用阶段，发展到二里头文化时期青铜礼器出现的青铜时代；从甘肃秦安大地湾遗址仰韶文化晚期的大房子[21]，到龙山文化时期河南淮阳平粮台遗址的城堡[22]，直至河南偃师二里头遗址二里头文化时期的大型宫殿基址群[23]；从龙山文化时期6个考古学文化的自然分布，到二里头文化时期出现了以二里头文化为首的中心文化，无一不反映着中原文化区的先民们生产技术的长足进步和社会政治组织的巨大发展。

三 结 语

考古资料证明，不同的自然地理环境对不同的文化共同体的制约是有限度的，在该文化共同体的不同发展阶段也是不相同的。即某一地理单元的自然环境能够满足该文化共同体生存与发展的需求时，这种制约是有效的。一旦该文化共同体的发展需求得不到满足时，就会冲破这种制约，而向邻近的地理单元扩展。某一文化共同体的强弱与否，与某一地理单元的制约有效程度成反比。人与动物的根本区别之一，是人具有主观能动性，人类在适应自然界的同时，也在努力地改造着人类社会与自然界。这就是人类在大致相同的自然地理环境条件下，演绎出波澜壮阔的历史图卷的内在因素。

注释：

[1] 明子时等:《河南自然条件和自然资源》，河南科技出版社，1983年。

[2] 熊毅等:《华北平原土壤》，科学出版社，1961年。

[3] 杜水生:《山西古地理环境与古文化关系初探》，《环境考古研究》第1辑，科学出版社，1991年。

[4] 孔昭宸等:《山西襄汾陶寺遗址孢粉分析》，《考古》1992年第2期。

[5] 气象科学研究院:《中国农业气候资源图集》，气象科学出版社，1974年。

[6] 孔昭宸等:《内蒙古自治区几个考古地点的孢粉分析在古植被和古气候学上意义》，《植物生态学与地植物学丛刊》第5卷第3期，1981年。

[7] 史念海:《河山集》，三联书店，1963年。

[8] 石兴邦:《论古文化与古环境研究》，《环境考古研究》第1辑，科学出版社，1991年。

[9] [德] 马克思:《资本论》第1卷，人民出版社，1953年，第423页。

[10] 黄其煦:《黄河流域新石器时代农耕文化中的作物》，《农业考古》1983年第2期。

[11] 刘东生等:《黄河中游黄土》，科学出版社，1964年。

[12] 杨怀仁等:《中国近20000年来的气候波动与海面升降运动》，《第四纪冰川与第四纪地质论文集》第2集，地质出版社，1985年。

[13] a. 孔昭宸等:《北京地区10000年以来的植物群发展和气候变化》，《植物学报》第24卷，1982年；b. 王开发等:《根据孢粉分析推断沪杭地区一万年来的气候变迁》，《中国第四纪研究委员会第三届学术会议论文摘要汇编》，1979年；c. 王开发等:《根据孢粉分析推断上海地区六千年以来的气候变迁》，《大气科学》第2卷，1978年。

[14] a. 周昆叔:《对北京市附近两个埋藏泥炭沼的调查及其孢粉分析》，《中国第四纪研究》第1卷，1965年；b. 周昆叔:《中国北方全新统花粉分析与古环境》，《第四纪孢粉分析与古环境》，科学出版社，1984年。

[15] 竺可桢:《竺可桢文集》，科学出版社，1972年。

[16] [德] 恩格斯:《家庭、私有制和国家的起源》序言，人民出版社，1972年，第3页。

［17］张瑞岭等：《陕西关中地区渭河流域新石器时代人口之估计》，《史前研究》1989 年辑刊。
［18］半坡博物馆等：《姜寨》，文物出版社，1988 年。
［19］河南省安阳地区文物管理委员会：《汤阴白营河南龙山文化村落遗址发掘报告》，《考古学集刊》第 3 辑，1983 年。
［20］［美］摩尔根著、杨东莼等译：《古代社会》（新译本），商务印书馆，1977 年。
［21］甘肃省文物工作队：《甘肃秦安大地湾 901 号房址发掘简报》，《文物》1986 年第 2 期。
［22］河南省文物研究所等：《河南淮阳平粮台龙山文化城址试掘简报》，《文物》1983 年第 3 期。
［23］中国科学院考古研究所二里头工作队：《河南偃师二里头早商宫殿遗址发掘简报》，《考古》1974 年第 4 期。

（原文刊于《中国历史博物馆考古部纪念文集》，科学出版社，2000 年）

中国夏商王国文明与方国文明试论

佟柱臣

中国是世界大国之一，也是世界文明古国之一。她的文明起源的实际情况如何？有没有自己的特点？是只在一个局部地区开始的呢，还是也有其他地区？是只在一个时代开始的呢，还是在不同年代开始的？不同地区文明起源前夕的文化基础和所达到的高度是否一样？农业经济所产生的文明与畜牧经济所产生的文明又有什么区别？像这样相当复杂和广泛的重要学术课题，需要全国学人各抒己见，才能更好地展开讨论。

文明的概念，国内外学者各有不同的解释。依照我们的观点，文明是在历史长河中一定阶段、一定条件，出现的突变现象，它是以国家的产生为主要标志的。在考古学上也有一些具体的标准：一、文明出现在金属时代；二、文明时代出现了都邑和最高权力机构；三、出现了独立的手工业；四、出现了文字。我们将以这些标准来衡量中国文明起源的若干问题。

我国夏、商、周三代是天子之国，王畿千里，而王畿之外又有许多方国。所以既有个王国文明起源问题，又有个方国文明起源问题。兹就这两种文明，试作探索。

一　夏商王国文明

王国文明，可就夏商两代物质文化论之。

二里头文化，诸家已有很多卓见，我认为二里头文化，从一期到四期都应属夏文化。

夏代已经进入青铜时代。虽然二里头文化的一期、二期尚乏发现青铜器的记录，但是，在二里头文化一期之前的登封王城岗四期 H617 窖穴，曾出土一件高约 6.5、宽约 5.7、厚约 0.2 厘米的青铜器残片[1]，重 35 克，经鉴定有 7% 的锡，并含有一定量的铅，所以系青铜器[2]。虽然已难看出器形，但确系容器。容器出现如此之早，是值得注意的。因此在河南龙山文化晚期既然已经进入青铜时代，遑论在河南龙山文化晚期之后的二里头文化了。

二里头三期有铜锥、铜刀、铜凿、铜锛、铜鱼钩、铜镞、铜戈、铜戚、铜爵和铜铃。

属于工具的：

铜锛　Ⅲ T212、F2:10，长条形，凸刃，体微曲，横剖面扁梯形，长 11.4 厘米。

铜凿　Ⅰ式，条形，采集。一面较窄，一面较宽，横剖面梯形，长 9.2 厘米。Ⅱ式，方柱形，VT7E ③ :11，体较短，横剖面长方形，长约 4 厘米。

铜锥　VH66:1，条形，横剖面近长方形，从四棱锥体聚成前锋，长约 8 厘米。晚期也有上体稍弯曲者。

铜刀　分三式。Ⅰ式，直背斜弧刃，Ⅲ M2:4，条形，长 18.4 厘米。Ⅱ式，弧背斜弧刃，M2:3，前锋上翘，柄上有 6 个斜槽，环首，长 26.2 厘米，形式较进步。Ⅲ式，直背三角形刃，形似舌头，出于晚期。

铜鱼钩　VH82:9，圆顶下有一周凹槽，钩尖锋利，长约 2.5 厘米。

此外有一铜条，出于晚期。

属于兵器的：

铜戈　分两式。Ⅰ式，曲内直援，K3:2（图一：2），长32.5厘米，内上有圆孔和云纹，援与内交接处呈直角，援上起脊，是戈中制作较佳者。Ⅱ式，直内方穿，采集，较前件小，长27厘米，内端有四齿。

铜戚　K3:1，方内上有长方形穿，半弧形刃，横剖面扁梭形，内、身之间上下有栏，长23.5厘米。

铜镞　分三式。Ⅰ式，宽叶形，VT12B③B:1，扁锥形铤，长约6厘米。Ⅱ式，尖叶形，VH73:1，斜底，横剖面扁梯形，长约4.5厘米。Ⅲ式，有翼，VH66:13，前锋叶形，起脊，双翼斜出，有长锥形铤，长约6.5厘米。T4③:1，中间起脊，横剖面菱形，锥形铤，长约3.5厘米。晚期也有此式，双翼稍短。

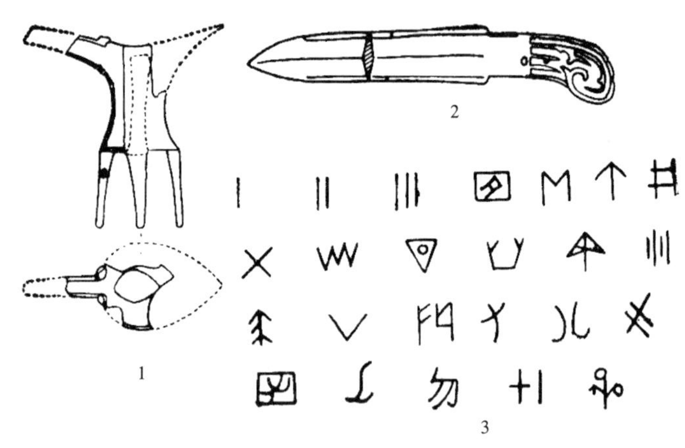

图一　二里头发现的铜器和陶器记号
1. 铜爵（采集）　2. 铜戈（K3:2）　3. 大口尊上的记号

属于饰物的：

圆泡形铜器　K3:9，径13.3厘米，中间鼓起，边上有对称双孔。

圆形铜器　K3:16，径11.6厘米，上有四孔。K3:17稍小。

镶嵌绿松石铜器　K4:2，径17厘米，外周边缘用61块绿松石嵌成圆圈，中间以十字形绿松石嵌了两圈，每圈13块。

属于礼器的：

铜爵　分两型。Ⅰ型，无柱。Ⅱ型，有柱。

Ⅰ型无柱铜爵分三式。Ⅰ式，半环形鋬，Ⅷ T22③:6，高12厘米，鋬与流呈直角，三短足中两足三棱形，一足四棱形[3]。Ⅱ式，双镂孔鋬，Ⅲ M2:2，高22.4厘米，流尾间距较长，束腰平底，三足外撇。Ⅲ式，三镂孔鋬，Ⅲ M2:1，高14.8厘米，流尾间距短，三足斜出。K3:3，高13.3厘米，流尾均较长，三足外伸。

Ⅱ型有柱铜爵（图一：1），采集，高18厘米，有短柱二，半环形鋬，流尾亦较长[4]，在发现的铜爵中似此有柱者不多。

圈足铜器残片　T1④:1，下有厚边，上有平行竖棱和镂孔，残长约3厘米。

属于乐器的：

铜铃。出于晚期，上有半环形钮，一扉，高14厘米。

以上五类仅是迄今发现的，当然并不代表当时青铜器全貌。关于二里头的青铜器，概言之：1.除工具之外，已有兵器、饰物、礼器和乐器，种类相当复杂了，但数量都不多。2. 除一部分平面工具外，特别是出现了立体的容器（包括礼器）。3.不仅使用了单范，更使用了至少有五块的合范。4.并不止于素面铜器，有的铜器镶嵌了绿松石。5.Ⅶ T22③:1铜爵经过鉴定，含铜为92%，含锡为7%，证实属于青铜器。如此可知，二里头文化不仅属于青铜时代，而且似乎是经历了一段历程的青铜时代。《左传》宣公三年："昔夏之方有德也，远方图物，贡金九牧，铸鼎象物，百物而为之备。"《墨子·耕柱》："夏后使蜚廉采金于山川，而陶铸之于昆吾。"这些文献都说明夏已炼铜铸鼎了。

二里头文化已有了统辖王畿千里的大都邑。二里头遗址东西长2500、南北宽1500米，中部发现了一号大型宫殿址（图二）。在正方形的夯土台基上筑成东西长108、南北宽100米的宫殿址，台基中部偏北有一座长方形殿址，是这座宫殿址中的主殿，东西长30.4、南北宽11.4米，四周有一圈柱洞或柱础石，为主殿的檐柱遗迹。在檐柱外侧有一圈小柱洞或柱础石，应是挑檐柱基。从檐柱东西9排，南北4排推断，应是一座面阔八间进深三间双开间的大殿址，而殿顶可能是四坡出檐式的大殿堂。殿堂的四周有廊庑，从柱洞考察，西侧廊庑应为一面坡式，而南侧、东侧、北侧廊庑，则为两面坡式，即主殿四周由廊庑围起，主殿与廊庑之间为庭院。主殿南约70米处夯土台基边缘的中间部位向外延伸一部分，有9个柱洞，应是长约40米面阔八间牌坊式的宫门[5]。所以，这应是一座由主殿、庭院、廊庑、宫门组成的伟壮宫殿。

在一号宫殿址北150米处有第二号大宫殿址（图三）。这座殿址比一号殿址稍小，建筑结构也相似，但比一号宫殿址复杂些，可能是一座与宗庙有关的建筑。二号宫殿址呈长方形，南北长72.8米，东西宽57.5—57.8米。由大墓、主殿、庭院、围墙、复廊、宫门组成。大墓紧靠主殿以北偏东处，为长方形竖穴，墓室东西长1.85、南北宽1.3米。主殿高出附近庭院约20厘米。殿基北边长32.25、南边长32.6米，东边宽12.4、西边宽12.75米。台基四边各有一排柱洞，即东西向一排10个，南北一排4个，计24个。柱洞内侧有东西长26.5、南北宽7.1米的长方形墙槽，隔成三室，是为主殿。外为由檐柱支撑的回廊。主殿四周地面为路土。庭院南北长59.5、东西宽45米。庭院东部两处出土使用陶水管排水的地下水道。庭院周围由北墙与三面廊庑围成，北墙长约57米，由料薑土夯成，墙内中段有短廊式建筑，东墙由红土和紫红土夯成，长72.8米，上有四个缺口，应为四个门道，里面有长排柱洞，应为长廊，长廊中部还有一个小室，南墙里面和外面各有长排柱洞，应是复廊建筑，中间有长约15米的长方形房址，共三间，两旁各一小室，中间较大应为宫门的门道。西墙为红土夯成，西墙之内与东墙之内相对称，也有成排的柱洞，可知亦为长廊。总之，西墙、东墙长廊为一面坡式，而南墙复廊为两面坡式[6]。

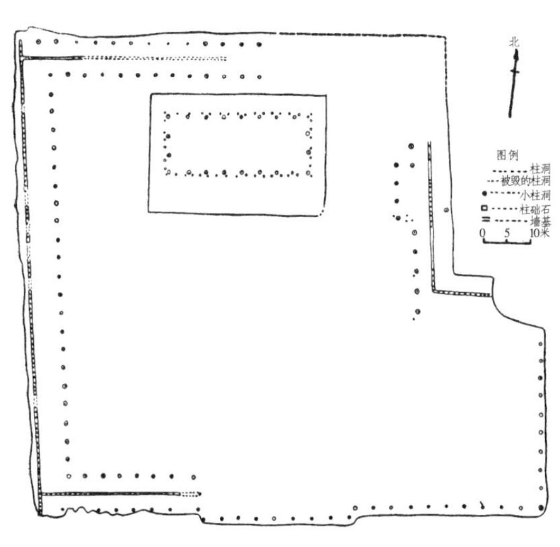

图二 二里头一号宫殿址（二里头三期）

一号宫殿址与二号宫殿址有相似之处，如殿址均有台基、长廊，柱洞与柱础石相似。但是也有些不同处：1. 一号宫殿址为方形，二号宫殿址为长方形；2. 一号宫殿址大门间距不清，二号宫殿址大门间距清楚；3. 二号宫殿址中有大墓，一号宫殿址中没有。因此二号宫殿址应为宗庙或享殿。

一号宫殿址、二号宫殿址均属三期。但是二号宫殿址下面还有二期的大面积夯土层，表明二期也可能有大型宫殿址，这是非常有学术价值的迹象。

此外二里头还有大片夯土台基约四十余座，分布在东西广阔的遗址上，想必殿堂相连，坡顶栉比。宫室之壮伟，正是王都的气魄，这应是我国历史上三代第一个王朝——夏的都邑。

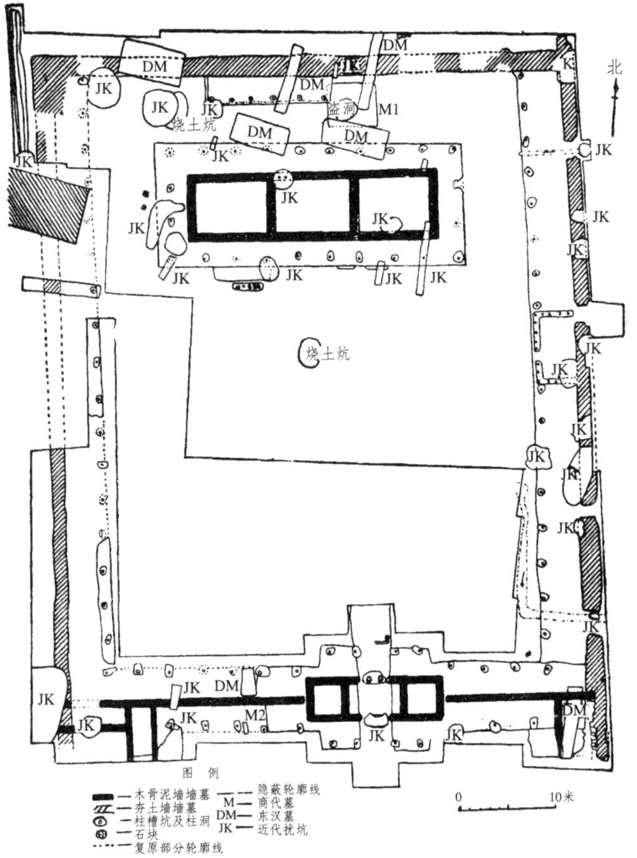

图三 二里头二号宫殿址（二里头三期）

二里头文化也出现了独立的手工业。晚期发现了大片的铸铜遗迹，有坩埚片、铜渣和陶范[7]，表明这是炼铜和铸铜的场所，即作坊之所在。地层中也曾出土大量的骨制半成品和锯骨，表明已有制骨手工业。从陶纺轮和器物上所附布纹，表明已经有了纺织手工业。还发现不少陶窑，表明有了制陶手工业。而陶觚、陶爵、陶盉和铜爵，酒器十分发达，表明已经有了酿酒业。如此发达的各种手工业显然已经脱离农业而成为独立的手工业部门。特别

图四 司母辛大方鼎（M5:789）（妇好墓出土，武丁时期）

是嵌玉片的铜器、嵌绿松石的铜戈，表明铸铜业、制玉业、制绿松石业、镶嵌手工业在手工业中有了进一步分工。

在这样手工业发展的条件下，发现了海贝、石贝、骨贝等货币，而绿松石和玉琮、玉玦等玉料，也非本地所产，而是交换来的，所以商人也出现了。

二里头文化时期已应有了文字。在大口尊内口沿上，有Ⅰ、Ⅱ、Ⅲ等记号（图一：3）。这些记号虽然还不一定是文字，但是它们具备了汉字的基本结构，应属于古文字原始系统。此外这些记号离具体实物图象已经很远，近似抽象的形体。所以，夏代有文字，应是自然的事。

综合以上所述，即约当青铜时代早期，在二里头已经出现了大都邑，出现了独立的手工业、出现了商人。铜戈、铜戚的发现，说明也出现了军旅，更出现汉字原始结构的记号。这一切都标志着从第一种原始社会生产方式进入了第二种奴隶制生产方式，出现了国家。所以中国最早出现文明的年代是夏代。最先出现文明的地域是黄河中下游。

商王朝的建立，王国文明进入了新的阶段。

商朝是灿烂的青铜时代。著录的商器之多，自不待言。就是近三十多年来小屯的发掘品，亦足可观。属于工具的有斧、锛、凿、铲、刀、削；属于兵器的有戈、钺、矛、镞；属于生活用品的有镜、匕；以及车马器等。非常引人注目的是礼器。武丁晚期至祖甲时期，有鼎、甗、瓿、斝、卣、觚、爵、盘、簋、罍、方彝、盉、觯、壶、斗、箕形器。属于这一时期的妇好墓中还有大方鼎（图四）、三联甗、分体甗、汽柱甑形器、偶方彝、鸮尊、觥、大型盂、高圈足器等，器类很多。尤其是早年出土的司母戊鼎，高 133 厘米，重 875 千克，为商代重器。这些铜器上的花纹有云雷纹、牛纹、羊纹、象纹、虎纹、鸱鸮纹、蝉纹、蛇纹、饕餮纹、夔纹、龙纹等[8]，纹饰流畅，繁缛瑰丽，显示了青铜时代的高度文明。

商代都邑，早期的当推偃师尸乡沟商城。中期的有郑州商城（图五）。郑州商城长方形，周长 14 里[9]，城墙基宽 32 米，残高 5 米，城内东北部有大片夯土台基，多系长方形，有排列整齐的柱础石，应是宫殿址之所在。城址周围更有铸铜遗址及制骨作坊。晚期的为安阳小屯，《竹书纪年》称为殷墟，东西长 12 里，南北宽 8 里。洹水之阳小屯为宫殿址、宗庙区，乙八基址南北长 85、东西宽 14.5 米[10]，为最大的殿址。洹水之阴武官村、侯家庄一带为王陵区，可知商代晚期都邑比相当夏代都邑的二里头遗址大多了。卜辞中的中商，殆指小屯王都，而洹泉，也应是洹水。天邑商、大邑商、大邑、西邑应是属于王的都邑，卅邑、卌邑应是邦族之邑，鄙可能是都邑之外的小邑。卜辞中还有东土、南土、西土、北土，指东西南北四个方向更远的地方，应是王畿千里的四至。

商王为都邑之最高主宰者。祖庚、祖甲、帝乙、帝辛时卜辞均见“余一人”，《尚书·汤誓》、《盘庚》也均见“予一人”，《礼记·玉藻》：“凡自称，天子曰予一人”，以为天下所共尊者。商王之下有多吏，卜辞中的马、多箙、多射、卫、戍多是武官，乍册、尹、史、卿多是史官，而王臣、臣、小臣多是一般官吏。王亦掌军旅，卜辞“王乍三自，右、中、左”，可知王（？）师分右、中、左，多马之官又分左、右、中三队，每队（？）100人，而其最小单位，大概是10人为什，因为武官村大墓的排葬坑多10人为一排，1004号大墓的铜戈、铜矛也多是10件为一捆。完备的国家组织和强大的王权，使商代文明已臻更高境地。

商代手工业有了进一步的发展。郑州南关外和紫荆山两地多出坩埚碎块、陶范、铜渣、木炭等，南关外多出镬范，紫荆山多出刀范。这些迹象，不仅表明了铸铜业的规模，而且表明了铸铜业内部有了明确的分工。殷墟苗圃北地，也是一个大的铸铜遗址，发现了冶炼铜炉和直径约1米的土坑炉。从陶范上看多属礼器，应是王家的手工业作坊。北辛庄出土很多骨料、半成品和成品，应是制骨作坊之所在。商代有大量觚、爵、盉、觥等酒器，显示造酒业非常发达。而铜器上的布纹和帛纹，证实布、帛的存在。

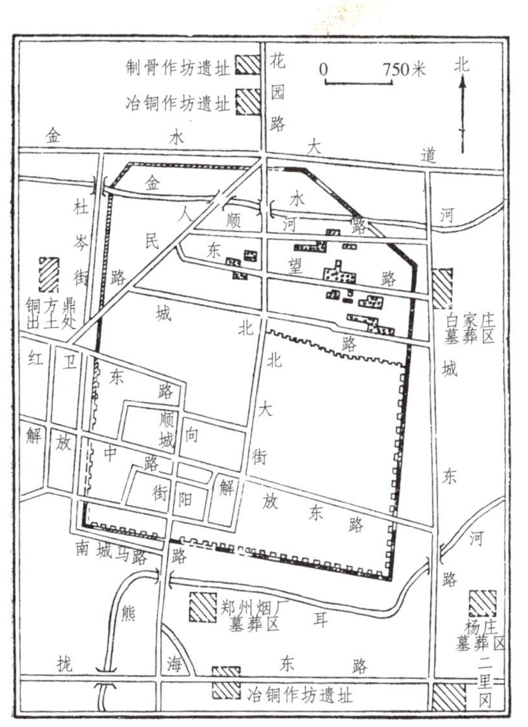

图五　郑州二里岗商城

商代商业更有了显著发展。在殷墟B14坑中发现了有孔贝，在E181方井中出土两个大贝，在后岗大型殷墓中发现了6个贝，在大司空村83座墓中，出土234个贝，此外如墓14出土一个青铜贝，墓312出土两个青铜贝，小屯妇好墓出土6880多个贝。贝作为货币是交换过程中的必然产物，所以贝有了计算数量的单位，卜辞中，“光取贝二朋，才正月取”，通说五贝一系，二系一朋，即十个贝叫一朋。

商代的甲骨文（图六），是我国迄今发现最早的文字，已经检出4600多个字，可释者约1000余字，但大部分卜辞内容可以通读，文字结构不仅从独体趋向合体，更出现大量形声字，表明已非文字出现的初始阶段。刻词的内容，多为王室贞人记事的记录，他们向上帝、先王、鬼神卜问吉凶，也卜问风雨、农事、田猎和疾病。金文始见于商代晚期，多为族徽、人名或父名、祖名，字数较少，但戍嗣子鼎有30余字，是商代较长的铭文。金文字体与甲骨文相近，只是早期字数少。金文和甲骨不仅证明商代有了文字，更证明商代有了历史记录。

综合以上所述，可以看出商代所处的青铜时代，已经进入了盛期，并出现了更大更多的都邑与小邑。手工业规模也更大，分工也更细，而交易和货币流通也更广泛。特别是甲骨金文的出现，标志着文明已经进入成熟期。

最后我们再把二里头文化所显示的夏代文明与商代文明比较一下。

图六　武丁时卜甲拓本（小屯东北地出土）

1. 二里头遗址出土的铜器种类少，造型简单，又乏纹饰，应属于青铜时代早期无疑。但商代的青铜器，种类繁多，造型奇巧，纹饰丰富而别致，显然进入了青铜时代的盛期，与二里头青铜文化不衔接，存在着一定的空隙。

2. 二里头遗址多座宫殿址，表明已经出现大都邑，其都邑之大，在中国原始社会晚期聚落中是见不到的，因此，更显示出它进入国家、进入文明阶段的特色。到了商代，王都更大，小邑也更多了，余一人和小臣与军旅，都是商代国家组织完备、奴隶制成熟的标志。

3. 虽然商代比二里头文化在手工业的种类上没有过大的增多，但是商代的规模大了，就铸铜技术而论，司母戊大鼎已经重800多千克，没有一定数量坩埚的浇铸是不可能做到的。这些都表明商代手工业有了进一步的发展。

4. 殷墟出土贝的数量比二里头多，一个妇好墓就出了6000多，一方面显示上层人物所积累的财富，一方面也显示交易的盛行。

5. 二里头已经发现了那么多记号，因此推断二里头文化应该已有文字，即夏代出现文字了。至于商代的甲骨金文，距离写实的图象已经较远，并出现大量的形声字，这是文字出现较长阶段以后的迹象，也用来记事，丰富了商王朝的史料，使文明进入了更高阶段。

二　方国文明

方国为王畿以外之余国，夏朝、商朝均有方国。

夏概以河南嵩山为中心，东渐于海，西及西河，王畿千里。王畿之外，则有方国。《竹书纪年》：相时，“于夷来宾”，少康时，“方夷来宾”，芬时，“九夷来御”，发时，“诸夷宾于王门”，而“贡金九牧”的九牧，当为诸部落之首，所以诸夷有较大部落首领，也应有方国，如有易氏、有鬲氏、有扈氏，当为方国，在文献上透露出了迹象。

在相当夏商之际的考古材料中，敖汉旗大甸子夏家店下层文化可与二里头文化相对比[11]，大甸子的陶爵与二里头铜爵，都是平底，非常相似。遗址周围用土坯筑成围墙，而赤峰一带的此类村寨址，更用石块砌成围墙，如东八家石城址便是，而且沿英金河、老哈河分布甚多。大甸子黄朱两彩绘成的云雷纹、兽面纹或似饕餮，为商代铜器花纹的祖型，达到了很高水平。特别是发现的青铜杖首和铜耳环、金耳环，表明已经进入了青铜时代。在其分布北迄西拉木伦河，南达张家口塞上的广大地域，出现的文化一致性，应是方国产生的兆头。

商代有许多方国，有的方国可能是大的部族，有的方国建立了国家组织，较大的方国有方伯。武丁时有方、土方、邛方、鬼方、亘方、羌方、龙方、御方、黎方、基方、祭方、周、缶、犬、郭、旨、沚、雀，乙辛时有人方、盂方[12]，这些多方，有个方国文明问题，值得探讨。

蜀这个方国，也见于卜辞，一般用作地名，《殷虚书契乙编》5280：“贞：蜀不其受年？”便为例证。四川广汉三星堆文化，是探讨蜀国文明的对象，出土的陶器以夹砂褐陶为主，器型主要是高柄豆、小平底罐、瓶形杯和鸟头形把勺为基本组合，纹饰有绳纹、S纹、圆圈纹及云雷纹等[13]，具有明显的文化特征，它分布于成都、雅安、汉源和阆中，表明了蜀国初期的辖境。

三星堆文化已经进入了灿烂的青铜时代，这已为一号、二号祭祀坑中出土的青铜器群所证实。一号祭祀坑出土的青铜器有跪坐人像、人头像、人面像、爬龙柱形器、虎形器和罍、尊、盘、器盖等礼器[14]。二号祭祀坑出土的青铜器有青铜人立像、人头像、人面像、鸟、鹿、戈、神树和罍、尊等礼器[15]。总计青铜人立像1件；与人头部大小相当的青铜人头像数10件；径1.34至数10厘米不等的青铜人面像约10件；青铜神树1棵；神态各异的小型青铜人像、人面像、兽面像、鸡、鸟、蛇、虎与神化动物等多件，总量近一吨[16]。诚为近世考古学史上罕见的一次重大发现。这些青铜器中的代表器，我曾在故宫博物院的《全国重要考古新发现展览》中得到了初步观察[17]。特别是高2.62米的青铜人立像（图七：1），其中冠高0.1、立人像身高1.72、座高0.8米。头戴瓣状冠，脑后有长辫，宽额，长面，高鼻，曲眉，深目，口扁而长，颔部稍平，长颈，赤足，佩足镯，足趾并拢，两手一上一下中间有孔，作斜捧物状。长裳左衽，裳上有云雷纹，短裙下垂双带，双足立于带有云纹的方托之上，托下有弯角饕餮四足相承，下有坡方台座[18]。从整体上看，人像高而颇纤细，或为巫祝之像。但如此高大的铜像，在我国这一时期是仅有的一件，即在世界上恐亦罕见其匹。一件青铜人头像（K1:11）高 37.5 厘米，平冠，编发，短额，突目，高鼻，颧部以曲棱线突出，窄长口，平颌，双耳伸出，上宽下窄，耳下缘各有一孔，表明双耳有坠饰之习，颈细而高，下呈三角形。一件青铜人头像（图七：2），高 46 厘米，坡形冠，曲眉，突目，高鼻，双颧呈曲棱形，双耳伸出，耳下缘亦似有孔，窄长口，平颌，长颈下部残断，原应近筒状，再下为三角形。这些青铜人头像，除冠部有所区别外，面部的造型基本上是一致的，显示了蜀人面貌的特征。青铜人面一件（图七：3），平首，曲眉，双目以平头圆柱形突出，非常奇特，高鼻呈卷云状，扁环形巨口，平颌，两耳斜出很长，尖如花蒂状，面部带神秘感，风格亦与青铜人头像有别。还有一件小的青铜人面，高 7.5、长 9 厘米，平颌，曲眉，突目，两侧稍现耳部，这件人面亦与以上诸青铜人头像不同。爬龙柱形铜器（K1:36），高约 40.5 厘米，龙口张开露出利齿，双角，垂髯，前后各有双足爬抱于铜柱之上，尾部卷起。还见到一件铜戈，长约 15 厘米，方内，援两侧呈锯齿状聚成前锋，像这样的铜戈形式，是很少见的。此外，据资料还有一件高 60 米，粗 1.34 米，重数百斤形状雄伟的铜像[19]。青铜神树，高约数米，树干挺拔，枝叶丰茂，有硕大的圆形果实，树枝间有游戏的飞禽，攀爬的走兽，形象怪诞，还有一支仿佛站在树桩上的大角神羊，大角之间出两个触角，只见两足，足不是偶蹄而是利爪，口出长牙，似狼又似狐狸，但总的仍像羊，故以神羊名之。这些青铜器带有伟壮感、图案化、神秘性，它的造型和风格，全国尚无可与之对比者，有明显的地方个性。

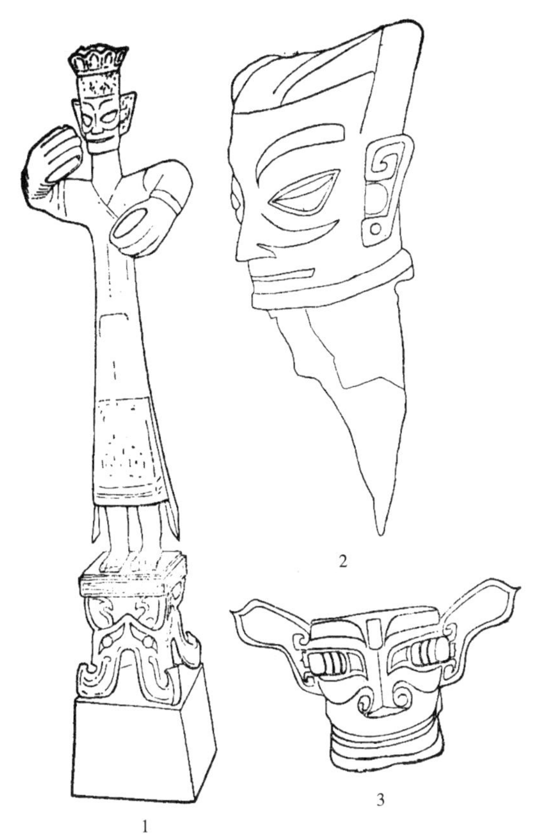

图七　四川广汉三星堆城址祭祀坑出土青铜器
1.青铜人立像　2.青铜人头像　3.青铜人面像

三星堆也出土商代礼器，引人注目，曾见到饕餮纹青铜尊，肩部有立鸟，高约 60—70 厘米，还有饕餮纹青铜罍，高约 40 多厘米。四川出土商器不只三星堆一处，早在 1960 年在彭县濛阳镇竹瓦街，已经发现盘羊首耳青铜罍、蟠龙盖饕餮纹青铜罍、兽耳涡纹青铜罍，以及青铜觯等[20]，表明蜀国已经使用了商礼器。

此外还有金器，金人面（K1:282）高鼻丰腴，口部圆长，以锻打的金箔压制成人面，再剪成双目和口部[21]，弥足珍贵，残宽 22、高 9 厘米。还有饰人面、鸟纹、鱼纹的金皮权杖（K1:1），高 142、径 2.3 厘米。以及虎形金饰（K1:11 附 1），也是金箔制成，长 11.2 厘米。

三星堆除大量本地铸造的青铜器外，也包括一部分中原商器，是蜀国进入灿烂青铜文明的重要标志。

三星堆遗址，有出现都邑的迹象，在 6 平方千米的周围，有为防御修筑的土埂，其南墙 1800 米，东墙 1000 米，西墙 600 米，北墙为鸭子河冲毁，周围约 5 千米，也算够大的了，其中曾发现排列整齐 27 座成排的木构建筑房址（图八：1），除一般为 10 平方米的小屋外，也有 60 平方米的穿斗式或抬梁式大厅堂[22]。当为方国贵族所居，表明了方国的象征。

此外成都羊子山还有大的土台建筑（图八：2），从出土的石璧与绳纹圆圈纹陶片上看，都与广汉发现的同类器一致，因此成都羊子山也应属三星堆文化，但也可能时代稍后。这座土台是四方形三级递高的建筑，高约 10 米，中心长为 31.6 米见方的第一道郭墙，以土墙围成方井，中间用土夯实，墙外 12 米处，又有第二道围墙成回字形，此第二道墙长 67.6 米，再外为台基，推算为 103.6 米。台基下面有一层厚 3—4.5 厘米的灰土。土墙基址用夯土夯实，做深 0.12、宽 6 米的基槽，从基槽向上砌成方形土砖，砖长 65、宽 36、厚 10 厘米。土砖间缝隙，用灰白细泥粘接，而使用土砖数之多，估算达 130 万块。每层方台的中间，当有土阶[23]，以便上下。如此方百米的高台，必是宫苑中的一部分，亦应是都邑的一部分。这些壮伟的建筑，也表明了方国的规模。

成都平原上还有不少大石遗迹，如成都西城内的支机石；成都天涯街的天涯石；成都武侯祠后的五块石；成都石笥街的石笋；新繁青衣江北岸的飞来石；新成弥牟镇八阵图土墩上的江石[24]。这些大石均非成都平原所产，应是从成都西部山区搬运来的，其所需劳力之众，非有蜀王的号令，是不能办到的。

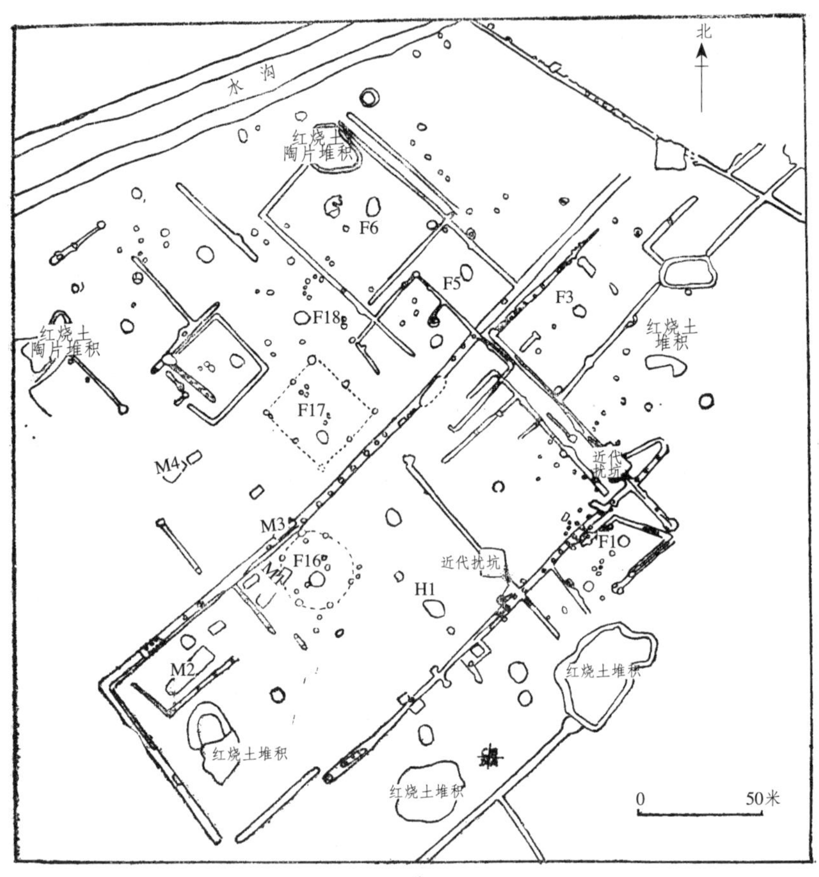

1

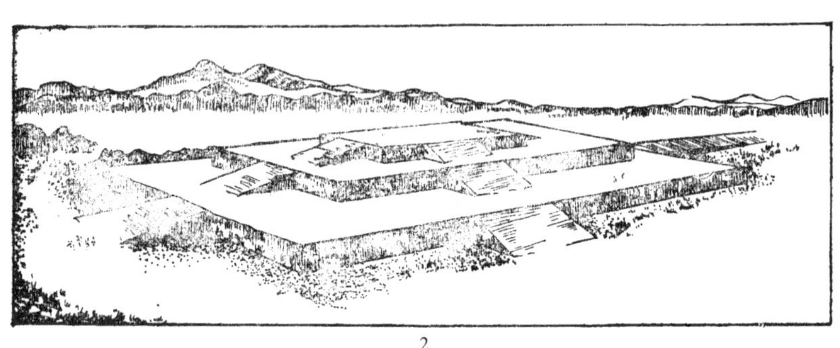
2

图八　房基与土台图
1.广汉三星堆城址房基分布图　2.成都羊子山高台复原示意图

三星堆文化尚未发现文字，但是彭县竹瓦街出土的两件商觯却是有文字的。牧正父己觯（图九），高 15.3 厘米，颈下饰饕餮纹，圈足饰云纹，器底有“牧正父己”铭文。覃父癸觯，高 13.3 厘米，颈下饰云纹，器底有“覃父癸”铭文，表明“牧正父己”、“覃父癸”这些铭文，已经见于蜀地了。

江西清江吴城遗址，可能是商代的方国——越国。

吴城遗址也进入了青铜时代，曾发现了铜刀（74 秋 T7 ⑤ :105），一期，窄柄，条形，背微凹，前锋上翘，斜直刃与柄相接处呈钝角，长 24.7、宽 2.62 厘米。二期，有云雷纹。铜戈，二期，直内，援上起脊。铜斧，有銎，弧形刃。73EM3:2，为有銎条形铜锛（图一〇：1），上体有兽面纹和蝉纹，弧形刃。三期有铜斧、铜锛、铜錾、铜刀以及铜镞。可知发现的青铜器以工具和兵器为多，但也发现了容器石范，证明也能用多合范铸容器了。此外仍有一些石范，从范上知道铜器的器形。74ET13H6:42，二期斧范，原器梯形弧形刃。74ET6H3:33、74ET8H5:29，二期，条形束腰凸刃锛范。74 秋 ET2 ③ :4（图一〇：2），三期，镞范，短叶形，双翼，锥形铤。这些证实吴城青铜文化已经达到了一定水平。

吴城周围有土城，亦称铜城，位于萧江之阳的宽阔江岸平野上，遗迹范围约 8 平方里，出土房址、窑址和墓葬，应是越国一座都邑。

当时的手工业已颇发达，在二期灰坑内有石范、铜渣、木炭等，有的坑壁经过焙烧粘有铜渣，显然已经有了铸铜业。由于原始瓷的发现[25]，当然也有较高水平的制陶业。

最值得注意的是吴城出现了文字。在 38 件器物上有 66 个文字和刻符，多刻于陶器底上，也有刻在陶坯上或石范上，以及陶刀背上。如 74 秋 T7 ⑤ :79 陶钵底上的ㄨ为数字五，74 秋 T7 ⑤ :57 陶钵底上的 × 亦为数字五（图一一：6），74E10③:19红陶碗底上的图形为刀字（图一一：1）。74秋ET1③:3红陶罐肩部的图形则释为戈。74ETBH6:25陶片上的图形（图一一：2），应释为曲。74BT13H6:33石范上的企㞢，74ET6H2:17石范上的㞢（图一一：3），为卜辞所习见，与“又”、“有”通用。74秋T7③:46黄釉陶罐上的符号，似可释为“帀止豆木口帚十中”[26]（图一一：5）。74秋 T7⑤:51陶钵底上的符号（图一一：4），似可释为“依（殷）口于千☽已五”，74坝基西区取土采集，陶钵底上的符号，可释为“入土（社）材田”[27]。这些见于陶器、陶范、石范上的字形，虽然刻划草率急就，不如甲骨文工整，但其与甲骨文属一个文字系统则是无疑的，在商代之早，在南方江西之远，竟出现同一文字，既为奇迹，也是正常现象，表明中华民族文明史上的深度和广度。

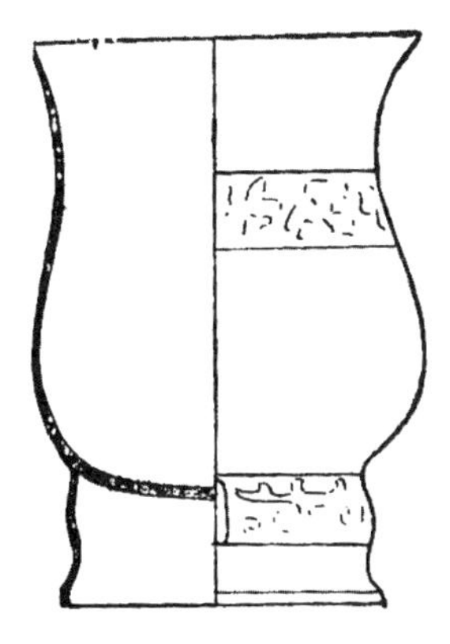

图九　四川彭县竹瓦街出土晚商牧正父己觯（底部有“牧正父巳”铭文）

图一〇　江西清江吴城青铜器及石范
1.锛（73正M3:2,二期）　2.铜镞石范（74秋ET2⑧:4,三期）

综合以上吴城既不是青铜时代早期，也不应是盛期，而接近中期偏早，但锛上的兽面纹与蝉纹也显示了一定水平，除斧、锛，刀等工具外，也有军旅使用的铜镞。而8平方公里的都邑，也并不算小，惊人的陶文发现，既表明商王国文明对越方国文明出现的影响，也为越方国文明树立了标准，实在是历史与考古、文字学上的一件大事。

在这里附带介绍一下巴这个方国文明。

巴虽然也见于卜辞，但是目前在考古学上真正可以作为探索巴方国的文化是四川巴县相当于春秋时期的冬笋坝文化[28]。

冬笋坝文化已经属青铜时代晚期。冬笋坝冬M4，兵器有铜钺、铜剑、铜戈，容器有铜鍪、铜釜、铜甑、铜盘。冬M35,兵器有铜钺、铜剑、铜矛、铜镞，容器有铜鍪、铜釜、铜甑、铜盘。当时宝轮院也铸有铜剑（图一二：1）和铜甑（图一二：2）等。不仅能铸造合范的剑、矛，也能铸造多合范的鍪（图一二：3）、釜，即不仅能铸造兵器，也能铸造容器，青铜文化达到颇高的水平。

图一一　江西清江吴城陶器、石范文字
1.红陶碗底部（74E10⑧:9, 二期）　2.陶片（74ET13H6:25, 二期）　3.粉砂岩石范（74ET13H6:33、74ET6H2:17, 二期）　4.陶钵底部（74秋T7⑤:51, 一期）　5.黄釉陶罐肩部（74秋T7⑤:46, 一期）　6.陶钵底部（74秋T7⑤:79、74秋T7⑤:57, 一期）

冬笋坝文化虽然尚未发现都邑遗址，但是涪陵小田溪，则应属巴王的王陵区，M1出土一套编钟，证明为上层贵族墓，M2出土的铜钲，上面有带王字的符号[29]，并有号令军旅进退的錞于[30]，应是王者之墓。《华阳国志·巴志》：“其先王陵墓多在枳”，枳即今涪陵，所以推断小田溪为巴国王陵区所在，因此进一步推断应有都邑。

从冬笋坝文化中分析，可知已有造船业、制陶业、铸铜业，均已经成为独立的手工业部门。

巴国已经有了自己的文字，这从万县新田铜戈（图一三）上的一行铭文，郫县杨家旱地铜戈上的铭文[31]，可以得到证实。这些铭文有一定结构，笔画较繁，无疑是字，而不是符号。可见巴国至迟在春秋时代，已具备了文明的基本特征，处于文明时代。

三　畜牧经济产生的文明

不要以为只有农业经济才能产生文明，畜牧经济也是可以产生文明的。当然世界上几个最古老的文明首先还是建立在农业经济基础之上的。我们的祖国，是个历史悠久的多民族国家，有其自身的特点，由于发展的不平衡，较大诸族进入文明阶段有早有晚，而产生文明的条件，较多的依靠农业经济，但是也有依靠畜牧经济的。

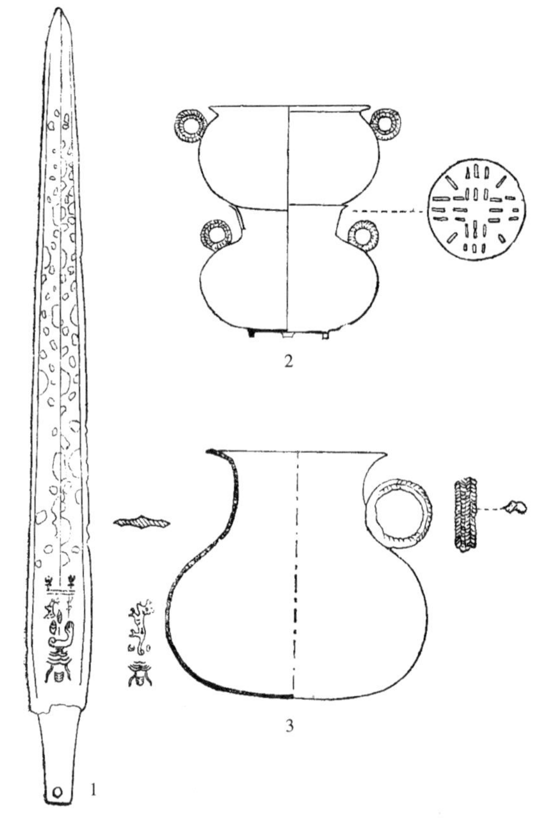

图一二　青铜器
1.四川广元宝轮院出土铜剑（宝0：21，春秋） 2.四川广元宝轮院出土铜甑（宝M13，春秋） 3.四川巴县冬笋坝出土铜鍪（春秋）

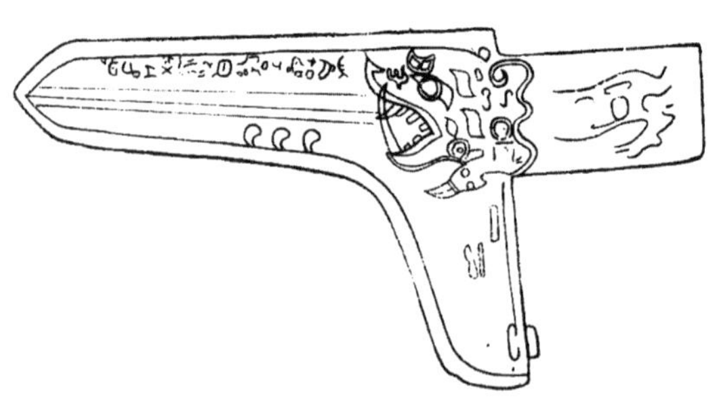

图一三　四川万县新田巴文铜戈（春秋）

匈奴就是从畜牧经济产生文明的。文明产生的时代，不是青铜时代而是铁器时代，这又表明文明也可以产生于铁器时代。

匈奴的建国约在公元前209年，相当秦二世胡亥元年。在这一时期前后的匈奴墓，准格尔旗西沟畔发现铁器数量较多，有柳叶形长剑、细把铁勺、方体锥、马衔、马镳；铜器有兽首青铜短剑、弧背凹刃蛇纹刀、三棱镞、三棱有翼镞、鹤首形饰件、鹿形饰件；还有一些金器、虎兽互噬纹饰片（图一四：5）、怪兽纹饰片（图一四：2）、卧鹿纹饰片（图一四：3）、蛇纹金饰片（图一四：1）等。铁器、铜器、金器均非常发达。玉隆太也发现鹤咀形铁斧、马衔、铺首等铁器[32]。证明匈奴是在铁器时代进入文明时期的。

游牧民族虽然没有农业民族所建立的那么大的都邑，但是有王庭，《史记·匈奴传》“岁正月，诸长小会单于庭、祠”，可资证明。单于南庭当在阴山一带，单于北庭当在鄂尔浑河一带。这两个地点应是匈奴的政治中心。此外有龙城，前书又记：“五月，大会茏城，祭其先、天地、鬼神。”当是更多人举行祭祀的场所。《汉书·武帝纪》“卫青至龙城”，龙城亦即龙庭，《文选》班固《封燕然山铭》：“蹑冒顿之区落，焚老上之龙庭。”张铣注：龙庭，单于祭天之所也。可知单于车帐驻在较久之地为龙庭，亦为行祭之处。

匈奴有王曰单于，《汉书·匈奴传》：“单于姓挛鞮氏，其国称之曰撑犁孤涂单于，匈奴谓天为撑犁，谓子为孤涂，单于者，广大之貌也，言其象天单于然也”。并已设官，前书记单于之下，“置左右贤王、左右谷蠡、左右大将、左右大都尉、左右大当户、左右骨都侯”等官级，诸大臣皆世袭。还有兵制，前书记：“自左右贤王以下至当户，大者万余骑，小者数千，凡二十四长，立号曰万骑。”“士力能弯弓，尽为甲骑，其长兵则弓矢，短兵则刀铤。”径吕即匈奴青铜直刃剑，所以匈奴的国家组织，军骑人数与兵器还是很清楚的。

匈奴进入文明的特点之一，是本民族无文字而使用汉字。前书记燕人中行说“教单于左右疏记，以计识其人众畜牧。汉遗单于书，以尺一牍，辞曰皇帝敬问匈奴大单于无恙，所以遗物及言语云云。中行说令单于以尺二寸牍，及印封皆令广长大，倨骜其辞曰天地所生日月所置匈奴大单于敬问汉皇帝无恙，所以遗物言语亦云云”。这些文献说明匈奴人是使用汉字的。从考古材料上看，西沟畔出土的银节约刻款有“二两二朱”、“二两十四朱”（图一四：4）、“少府”、“寺工”等字，陶罐有“乔石”、“**牛百市**”，瓮上有“李赤”。特别是《十钟山房印举》中的“右贤王印”印章，《凝清室印存》中的“狙居侯印”印章，《集古官印考证》中的“休屠长印”印章，说明匈奴地区是广泛使用和流行汉字的。而苏联西伯利亚贝加尔湖附近的哈卡斯自治省阿巴千南里量农庄汉代建筑址发现了“天子千秋万岁常乐未央”圆瓦当[33]，说明汉字已经见于匈奴北海一带了。

草原上的畜牧经济从狩猎经济分化出来，是匈奴人从山居猎人到草原牧人的劳动第一次社会大分工。关于手工业，青铜短剑、铜鍑表明有铸铜业；直刃铁剑和铁刀表明有铸铁业；“衣皮革、被毡裘”表明有制革业；毛布、毛毯表明有织毛业；此外也有金银器制造业。当然这些手工业中有的还未形成独立的手工业，而丝织物和铜铁矿料也有从汉庭输入的，但是有一部分独立手工业是可以肯定的。这些充分反映游牧民族匈奴人手工业出现的特点，也是进入文明阶段的标志。

四　结　语

（一）关于王国文明

作为探讨夏文化对象的二里头文化，它虽然进入了青铜时代，可是主要还是铸造生产工具和兵器，而铸造容器较少，表明相当青铜时代早期的偏晚阶段。按照这样的实际，国家和文明，是在青铜时代经历了一定阶段，青铜文化达到一定水平以后才出现的。也就是说，不是所有考古文化一进入青铜时代，就必然出现国家和文明。到了商代晚期，殷墟不仅出现了种类更多的青铜工具，而且出现了更多更大的礼器，这些酒器，食器多属重器，不仅证实了贵族生活的奢侈，而且说明了王权的加强。它不仅要求造型庄重，也要求纹饰精美。这应是出现灿烂青铜文明的内因。文明有突出的升华，王权就进一步巩固。

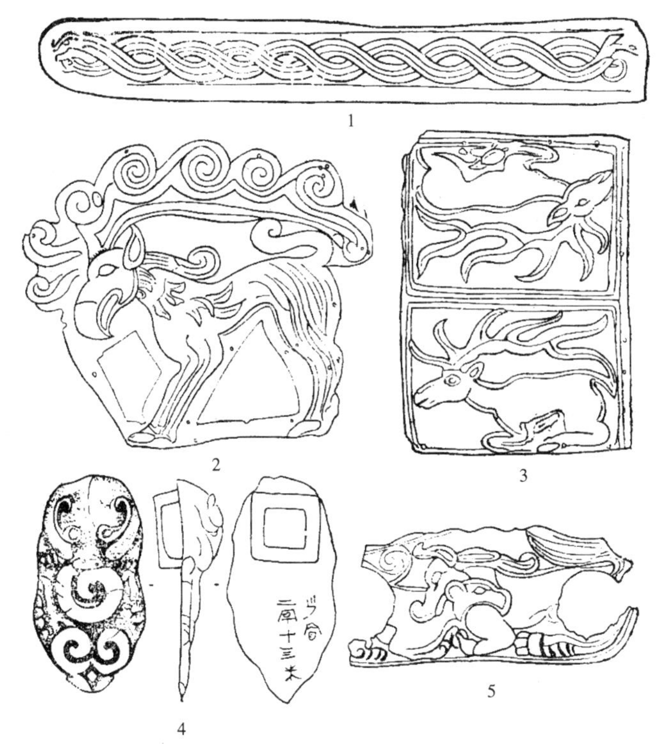

图一四　内蒙古准格尔旗西沟畔战国匈奴墓出土器物
1.蛇纹金饰片（M2:56）　2.怪兽纹金饰片（M2:29）　3.卧鹿纹金饰片（M2:46）　4.虎头形节约（M2:13，背刻“少府二两十四朱”铭文）　5.虎兽互噬纹金饰片（M2:58）

二里头是个有15平方千米的都邑，就现有的发现来说，已经分布有几十座庞大的宫殿址，显示了我国三代历史上夏代这第一个王朝都邑的规模。15平方千米之大，正是政治中心所需要的幅员，这也表明都邑不达到一定辽阔的程度，也同样是出现不了国家和文明的。因为都邑之大，表明国家机构的数量和人数，以及平民和奴隶的人数。商代不常厥邑，已经有几座王都，殷墟竟有90平方千米之大，小屯的宫殿区是武丁以后诸王施政之所，而武官村和侯家庄一带是诸王陵寝之地，把宫殿与王陵区分开了。这是商王都比夏王都有了进一步发展的标志，也是商代统辖机构数量更多，人数更多，平民和奴隶数量更多的结果。因此也表明商代的辖境比夏代的辖境地域更大，是国家和文明已经成熟的体现。

二里头的铸铜、制骨、酿酒等手工业，都是供给上层生活需要而产生的，门类已有四五个部门之多，而铜器上的嵌玉、嵌绿松石，表明手工业的进一步分工，但分工的现象还不多。商代的手工业部门虽然没有什么增加，但是手工业的规模大了，工艺高了，生产数量多了，表明手工业比二里头文化有了极大发展。二里头出现的贝类，说明已经有了交易，但是商代贝类数量更多，卜辞中还有朋这个计算贝数量的单位，说明贝这种货币已经成了交易的正常手段，是出现商人阶层的证明。

二里头虽然也有铜戚、铜戈、铜镞，表明已有军旅，但商代的军旅有右、中、左的编制，征服多方，充分体现奴隶制国家掠夺的职能。

二里头发现的符号，虽然还不一定是文字，但已属于文字系统，奠定了卜辞结构、笔画偏旁的基础，所以推断夏代是应有文字的。而商出现大量形声字，已非文字初始阶段，出现了4000多个字，可释者1000余，卜辞一般可通读，王室有了完整的历史记录，证实商代进入了高度文明。

总之，二里头文化是国家和文明的初始阶段，商代则进入了国家和文明的高度发展阶段。

（二）关于方国文明

夏代的方国，《竹书纪年》中记载有九夷。考古文化中的夏家店下层文化，应是探讨夏代在辽西地区方国的对象。

商代的方国，卜辞中有多方的记载。三星堆文化中的青铜器，其造型之伟壮，工艺之精湛，亦非青铜时代早期的迹象，而应是青铜时代的盛期。在三星堆青铜文化盛期之前，还应有个早期阶段，这个早期阶段就是应属于夏代的方国蜀国的历史范畴。三星堆青铜人立像之高大，青铜树之神秘，以及大型人像之重，都证明蜀这个方国的青铜文化达到了可与商王朝相媲美的程度而仅次于商罢了。蜀这样的政治经济地位在诸方国中是非常强大非常突出的。三星堆这个都邑周围虽然围着的是土埂，与商代夯城有区别，但是遗址上的木构建筑，则反映了蜀的特点，是殷墟所不见的。成都平原上的大石建筑，则说明了蜀人的信仰，商土也是不见的，这些都表明蜀方国的个性。竹瓦街的覃父癸觯铭文，证实商代文字到达蜀国，所以蜀国之进入文明阶段，是依赖商王国文明的，这是商王国文明对蜀方国文明的影响，也是中华文明在形成过程中的一个特殊现象，王国文明普及以促进方国文明进步的现象。

商代越国吴城遗址的青铜文化，显然不及蜀国的青铜文化，其间有一大段距离，可是出土的陶文却与甲骨文属于同一种文字系统，是越国文明的显著标志。越与蜀一样共同受到了商王国甲骨文与金文的影响，而其影响又如此之广，所以商代的方国，虽然还不是王国的直接辖区，但是文化的影响早已传播到了方国，而成为方国文明出现的一个重要因素，促进了方国历史的发展，从这里可以看到中华文明包含一定的统一因素，是不容置辩的。

春秋的巴国，虽然青铜文化和手工业也达到了一定高度，但仍然赶不上早在商代的蜀国水平，这大概是两者经济基础有所差异的缘故，可是巴有自己创造的文字。

（三）关于畜牧经济产生的文明

从农业经济基础出现文明的有夏、商王国和蜀、越、巴等方国。但是也有从畜牧经济基础出现文明的，如匈奴。匈奴进入文明时代，不是在青铜时代，而是在铁器时代，虽然没有像从事农业经济的王国、方国出现那样大的都邑，但也有龙庭和以单于为首的国家组织和骑兵，同时匈奴使用汉字，受到了中原影响。

降及五代十国时期，契丹人建国号曰辽，也是在铁器时代从氏族制进入奴隶制后转向封建制的，但他们有自己的文字——契丹文。女真人在北宋时期进入文明阶段，从氏族制进入奴隶制，他们也有自己的文字——女真文。

总之，文明的出现，既然是一些生产较发达的大的部族，从野蛮高级阶段进入文明阶段的一个特定的历史现象，那就带有广泛性，但又不是所有部族都经历的过程，那就带有特殊性，方国文明赖王国文明以促进，王国文明赖方国文明而璀璨，这应是中国古代文明的特点。因此，文明起源问题，是个复杂的学术课题，不宜简单化，进入文明的种种迹象，都应依据史实进行实际考察。

文明的产生，多半是从农业经济基础上产生的，也有从畜牧经济基础上产生的，但是没有从狩猎经济基础上产生的实例。

文明的产生，多在青铜时代，但是在一些发展较慢的部族中也有在铁器时代才产生的。

文明的产生，多是从原始氏族制解体进入奴隶制阶段产生的，但是也有从奴隶制解体进入封建制阶段产生的。唐代的南诏和渤海，是当铁器时代的盛期，进入文明阶段的，特点是他们都使用汉字。

夏代虽然尚待证实，但商与周则均属于甲骨文金文系统，蜀与越均使用此种文字，促进了本族文明的出现，可谓甲骨文金文的文明普被。当然如巴、契丹和女真，都创造了自己的文字。

文明产生的地域是辽阔的，不能认为只有一个地域，这才符合我国历史的实际。文明产生的年代也是漫长的，不能认为只有一个时代，才符合我国历史的实际。但是我国文明出现最早的年代，依然是三代之首的夏王朝，最早的地域，依然是黄河中下游。

本文承郭振禄副研究员代选卜甲，李淼、韩慧君两位工程师绘图，谨致谢意。

注释：

[1] 河南省文物考古研究所、中国历史博物馆考古部：《登封王城岗遗址的发掘》，《文物》1983年第3期。

[2] 李先登：《登封告成王城岗遗址的初步分析》，《中国考古学会第四次年会论文集》，文物出版社，1985年，第1011页。

[3] 中国科学院考古研究所二里头工作队：《河南偃师二里头遗址三、八区发掘简报》，《考古》1975年第5期。

[4] 中国科学院考古研究所二里头工作队：《偃师二里头遗址新发现的铜器和玉器》，《考古》1976年第4期。

[5] 中国科学院考古研究所二里头工作队：《河南偃师二里头早商宫殿遗址发掘简报》，《考古》1974年第4期。

[6] 中国社会科学院考古研究所二里头队：《河南偃师二里头二号宫殿遗址》，《考古》1983年第3期。

[7] 中国科学院考古研究所洛阳发掘队：《河南偃师二里头遗址发掘简报》，《考古》1965年第5期。

[8] 中国社会科学院考古研究所：《殷墟青铜器》，文物出版社，1985年，第27—58、103—118页。

[9] 河南省博物馆、郑州市博物馆：《郑州商代城址试掘简报》，《文物》1977年第1期。

[10] 石璋如：《殷墟建筑遗存》，《小屯》第一本《遗址的发现与发掘》乙编，台北历史语言研究所，1959年，第90页。

[11] 中国科学院考古研究所辽宁工作队：《敖汉旗大甸子遗址1974年试掘简报》，《考古》1975年第2期。

[12] 陈梦家：《殷墟卜辞综述》，科学出版社，1956年，第249—312页。

[13] 四川省文物管理委员会、四川省博物馆、广汉县文化馆：《广汉三星堆遗址》，《考古学报》1987年第2期。

[14] 四川省文物管理委员会、四川省文物考古研究所、四川省广汉县文化局：《广汉三星堆遗址一号祭祀坑发掘简报》，《文物》1987年第10期。

[15] 沈仲常：《三星堆二号祭祀坑青铜立人像初记》，《文物》1987年第10期。

[16]《广汉县青铜雕像群室内清理工作展开》，《光明日报》1986年12月10日。

[17] 国家文物事业管理局、故宫博物院：《全国重要考古新发现展览1985—1986》（说明书）。

[18]《考古新发现》，《人民日报·海外版》1987年10月25日。

[19] 白建钢：《四川广汉现三千年前稀世文物目睹记》之四《“天外来客”》，《光明日报》1987年2月24日。

[20] 冯汉骥：《四川彭县出土的铜器》，《冯汉骥考古学论文集》，文物出版社，1985年，第19—27页。

[21] 白建钢：《四川广汉现三千年前稀世文物目睹记》之三《黄金面罩》，《光明日报》1987年2月23日。

[22]《广汉三星堆古蜀文化遗址群展现新貌》，《光明日报》1987年3月1日。

[23] 四川省文物管理委员会：《成都羊子山土台遗址清理报告》，《考古学报》1957年第4期。

[24] 冯汉骥：《成都平原之大石文化遗迹》，《冯汉骥考古学论文集》，文物出版社，1985年，第7—10页。

[25] 江西省博物馆、清江县博物馆、北京大学历史系考古专业：《江西清江吴城商代遗址发掘简报》，《文物》1975年第7期。

[26] 唐兰：《关于江西吴城文化遗址与文字的初步探讨》，《文物》1975年第7期。

[27] 赵峰：《清江陶文及其所反映的殷代农业和祭祀》，《考古》1976年第4期。

[28] 四川省博物馆：《四川船棺葬发掘报告》，文物出版社，1960年，第1—90页。

[29] 四川省博物馆、重庆市博物馆、涪陵县文化馆：《四川涪陵地区小田溪战国土坑墓清理简报》，《文物》1974年第5期。

[30] 徐中舒：《四川涪陵小田溪出土的虎钮錞于》，《文物》1974年第5期。

[31] 童恩正、龚万廷：《从四川两件铜戈上的铭文看秦灭巴蜀后统一文字的进步措施》，《文物》1976年第7期。

[32] 田广金、郭素新：《鄂尔多斯式青铜器》，文物出版社，1986年，第351—371页。

[33] 佟柱臣：《苏联出土的有关中国考古材料》，《文物参考资料》1957年第11期。

（原文刊于《考古》1991年第11期）

关于探索夏文化的若干问题

李先登

一　探索夏文化的重要性

（一）文献记载，商代之前有个夏代，这是可信的。夏代是中国历史上建立的第一个奴隶制王朝，夏代是中国文明史的开端。研究夏代历史是研究中国古代史的重要组成部分。

目前对于夏代历史的研究是很不够的，这是一个亟待解决的薄弱环节。但是，有关夏代历史的文献资料保存到今天的数量很少，不能满足研究夏代历史的需要。在今天，研究夏代历史，必须运用考古发掘和调查新发现的实物资料。而为了运用出土的实物资料于夏代历史的研究，首先就必须研究哪些考古发现属于夏代的物质文化，否则，这些实物资料就无法运用于对夏代历史的研究。因此，探索夏文化是研究夏代历史的必要前提之一。

（二）夏代处于原始社会向阶级社会过渡的重要历史时期，是中国阶级和国家产生的关键时刻；夏代又是世界上最早出现的国家之一。因此，研究夏代历史，阐明中国阶级和国家起源的过程、特点和规律，用我们祖国生动的历史资料来丰富和发展马克思列宁主义的国家学说，尤其是关于国家起源的学说，具有重要的理论意义。

探索夏文化不仅对历史研究工作是必要的，而且又是一项意义十分重大的理论研究工作。

二　探索夏文化的涵义

从考古学上确定夏文化，即研究确定哪些考古学文化属于夏王朝时期，尤其是其中哪些考古学文化是夏王朝时期夏族的文化，这就是探索夏文化的涵义。

夏王朝是夏族在中原地区建立的，因此，探索夏族从建立夏王朝起直到夏王朝灭亡时期的实物遗存，是探索夏文化的核心。当然，在研究中，也必须联系夏族的来龙去脉，才能较彻底地弄清夏王朝时期夏族的历史。

更重要的是，夏王朝是在中原地区各族社会发展大多达到阶级社会门槛的时候，由其中社会发展最进步的夏族通过暴力等手段统一了各族后逐步建立的。这种统一和秦始皇统一中国是不同的，统一的王朝建立以后，各族仍然保持着相对的独立性。因此，夏王朝的历史不仅仅是夏王朝时期夏族的历史，对于夏王朝时期祖国大地上，尤其是西自甘肃、东至山东、北迄河北、南达浙江的广大地区内的各族的文化遗存，也都应当予以研究，这也是探索夏文化的一个组成部分。只有通过将夏族与其他各族的文化遗存进行比较研究，才能全面地弄清夏族的文化和历史。

当然，从目前来说，只有抓住夏王朝时期夏族文化这个中心环节加以突破，才便于进行对其他各族文化的研究，对整个夏文化的探索工作也才能顺利地进行。本文的论述仅限于对夏王朝时期夏族文化的探索，先河后海，非敢谓“大辂椎轮”。

三　探索夏文化的现状

新中国的建立，为探索夏文化开辟了广阔的天地。首先，解放30年来，田野考古工作取得了很大的成绩。就中原地区新石器时代和青铜时代初期的考古工作来说，发现了磁山－裴李岗文化、仰韶文化、龙山文化、二里头文化和二里岗期商文化等一系列在地层、^{14}C年代和器物类型上互相衔接的诸考古学文化。从考古学上的物质文化发展序列来看，已经没有重大的缺环或空白。考古学上的夏文化已经发掘出来了，正待我们进一步通过研究去辨认和确定它。

晚于河南龙山文化、早于二里岗期商文化的二里头文化的发现，是解放以来考古工作的重大成果之一。尤其是河南偃师二里头、登封告成王城岗、山西夏县东下冯诸遗址的重点发掘，出土了大批的遗迹和遗物，取得了重大的成绩。今天，二里头文化业已成为探索夏文化的重点。

其次，在田野考古工作的基础上，尤其是在打倒“四人帮”以后，学术界思想获得了大解放，探索夏文化的研究工作也取得了一定的成绩。

1977年11月，国家文物事业管理局在河南省登封县召开了河南登封告成遗址发掘现场会，会上就探索夏文化问题展开了热烈讨论。

1978年以来，在《河南文博通讯》、《考古》、《文物》、《郑州大学学报》、《中国史研究》、《中国历史博物馆馆刊》等刊物上发表了20余篇探索夏文化的文章，提出了几种不同的看法。大略说来，一种意见认为河南龙山文化晚期和二里头文化一、二期是夏文化；一种意见认为河南龙山文化晚期和二里头文化一至四期是夏文化；一种意见认为二里头文化一至四期是夏文化。各种不同意见争论的焦点是：第一，河南龙山文化晚期是不是夏文化；第二，二里头文化三、四期是不是夏文化。

四　探索夏文化的途径

为了今后进一步探索夏文化，对研究探索夏文化的途径，必须予以足够的重视。

首先，今后除继续深入地、有计划有重点地开展田野考古工作之外，应同时加强在考古学专业理论指导下的综合研究工作。因此，必须积极开展考古学学科专业理论的研究，首先是关于考古学文化问题的研究，从专业理论上澄清混乱，才能使探索夏文化的问题比较顺利地进行。

中国考古学学科专业理论问题的研究已经停顿将近20年了，在“四人帮”横行时期更被列为禁区，不得涉足。专业理论的研究对于每门学科来说都是非常重要的。专业理论反映本门学科的客观规律，包括进行研究的基本理论和方法。实践证明，每门学科都要在其具体的专业理论指导下进行具体的研究，才能比较顺利地向前发展；否则，就无法驾驭材料，不但得不出正确的结论，而且可能造成严重的混乱，阻碍本门学科的正常发展。

其次，探索夏文化必须与文献资料相结合。关于夏代历史的文献资料尽管很少，但是，它们对于探索夏文化却是十分珍贵的。即使是古代的传说，哪怕其中往往掺杂有神话成分，我们也不能忽视，应当谨慎地加以分析，从中提炼真金。但是，与文献资料相结合，绝不是简单地从文献资料中摘引片言只语，以论证自己的观点；而是应当对有关夏代历史的文献资料进行全面的综合分析研究，从中引出比较切合历史实际的结论，然后用以分析判断考古学文化的性质。

五　探索夏文化应注意的几个问题

（一）关于夏代的年代问题

关于夏代的纪年，目前一般采用的是公元前21世纪—前16世纪；在考古学上则采用^{14}C测定法等以测定绝对年代。但是不能简单地把凡是^{14}C测定年代在公元前21世纪—前16世纪范围之内的考古学遗存一概认为是夏文化；或把凡不在这个年代范围之内的，一概加以否定。

这是由于，首先，关于夏代的纪年，文献上本来就有不同的记载。例如：《古本竹书纪年》："自禹至桀十七世，有王与无王，用岁四百七十一年"。《路史·后纪十三》注："《纪年》并穷、寒四百七十二年"。但是，据《晋书·束皙传》："其《纪年》十三篇……则云夏年多殷"。殷代的纪年，文献上也有不同的记载，《史记·殷本纪》集解引《竹书纪年》："汤灭夏以至于受，二十九王，用岁四百九十六年"。而谯周《古史考》："殷凡三十一世六百余年"。那么，如果"夏年多殷"，则夏代至少也应在496年以上，或者应在600年以上。因此，对于夏代纪年目前的一般看法，即公元前21世纪—前16世纪，可以作为主要参考，但还不能作为绝对的标准。

其次，^{14}C测定年代法在1950年获得成功，并运用于考古学测定考古学文化的绝对年代以后，大大地推动了考古学的研究，为解决某些原始文化的年代及发展序列，提供了重要的绝对年代的依据。^{14}C测定的年代，大部分与从地层、器物推断的年代相符合。但是，^{14}C测定年代这种方法本身目前还是不完善的，它有着一定误差，现在采用的树轮校正法，也是以北美的树木年轮作为依据，对于我国是否完全适用，也是个有待研究的问题。此外，各地区不同的地质条件对测定也有影响，在采样和测定过程中也会发生某些问题等等。因此，我们对^{14}C测定提供的绝对年代的数据，不要绝对化，要采取具体分析的态度，应根据多数的数据，恰当地引用，不要单纯地引用一两个数据作为判断是否属于夏文化的依据。

再者，从考古学上来看，在古代，人类物质文化的发展变化，即便是在质变时期，也并不是很快的，是不能刀斩斧截的。具体来讲，夏人的物质文化，不会因为夏代建立而立即发生极大的显著变化。因此，在研究考古学上物质文化的发展变化时，不必斤斤计较其绝对年代是否完全相符，而主要应当从物质文化本身去分析研究。

（二）关于夏代的地域问题

文献上关于夏代的地域，有不少的记载。《史记·夏本纪》正义引吴起对魏武侯曰："夏桀之居，左河、济，右太华，伊阙在其南，羊肠在其北"。我们认为，首先，这大约是夏代晚期的疆域，或者就是夏代最大的政治疆域。至于夏代初期的地域、夏族的地域，是应当小于这个范围的。部族是在原始社会过渡到阶级社会的时期出现的，夏人或夏部族是在夏王朝建立和发展的过程中，由夏人的部落联盟逐步融合其周围的一些部落或部落联盟发展而成的，其地域是逐步扩大的。其次，夏代的政治疆域并不等于夏族的分布地域。在夏王朝的政治疆域内，除夏族外，还存在着其他的部落或部落联盟等。《左传·哀公七年》："禹会诸侯于涂山，执玉帛者万国"。王国维《殷周制度论》(《观堂集林》卷一〇)所说："然夏自太康以后以迄后桀……与商人错处河、济间，盖数百岁。"殆为实际情况。第三，考古学文化代表着一定的人们共同体。新石器时代的考古学文化一般代表一个或数个部落或部落联盟；而进入阶级社会以后，一般代表一个部族的文化。因此，一个考古学文化的分布地域，不会是很大的。并且，进入阶级社会以后，某一个考古学文化的分布范围与某一个王朝的政治疆域，也不会是简单地等同的。不同的考古学文化也是可能插花错处的。总之，我们在判断根据文献资料提供的地域范围内发现的考古学文化是否属于夏文化时，也应持谨慎分析的态度，不能简单地认为凡是在这个地域范围内发现的、时间上相当于夏代的文化，就是夏文化；地域仅仅是探索夏文化的条件，而不能作为主要的依据。

（三）关于夏代的物质文化特点

探索夏文化，首先就要了解夏代的物质文化特点。而文献上关于夏族物质文化特点的记载是很少的，这就必须从考古学文化本身进行比较分析，来确定夏族的物质文化特点。认真地研究、分析某些考古学文化本身，这才是探索夏文化的根本和基础，而年代和地域仅仅是条件而已，本末不能倒置。

解放后，考古工作的重大成就之一，就是发现并确定了二里岗期商文化，它的时代一般认为属于商代中期，其文化面貌和文化性质与殷墟晚商文化是一脉相承的。既然我们今天已经明确地认识了商文化的物质文化特点，而文献记载夏人与商人是两个族、夏人在商人之前，那么，我们就应当采取由已知的商文化出发，通过比较分析，在比二里岗期商文化时代早的考古学文化中，探索确定夏文化的特点，弄清楚哪个考古学文化是夏文化。

根据地层关系，在中原地区早于二里岗期商文化的是二里头文化，即其相对年代早于二里岗期。二里头文化 1953 年首先在登封玉村发现，20 多年来，在豫西和晋西南地区已经发现了数十处遗址。经过重点发掘的有偃师二里头、登村告成王城岗、夏县东下冯、临汝煤山、洛阳矬李等遗址。

目前一般把二里头文化分为四期。二里头文化三、四期与二里岗期商文化在文化面貌上是一脉相承的，在文化性质上是一致的。譬如，从陶器来看，二里头文化三、四期以泥质灰陶和夹砂灰陶为主；陶色普遍变为浅灰；纹饰以绳纹为主，并出现粗绳纹和内壁饰以麻点纹。这些特征和二里岗期商文化是基本相同的。而在陶器的器类上，虽然二里头文化一、二期的鼎、甑、深腹罐等依然存在；但其主要器类却是鬲、簋、卷沿圜底盆、大口尊、小口直领瓮等，这是矛盾的主要方面，代表着二里头文化三、四期的本质。而这一组陶器正是二里岗期商文化中富有特征性的器物，二者的区别仅仅是型式上的不同。又例如，二里头文化三、四期发现的铜器爵、戈、戚、刀、铃等，其器形和风格与二里岗期商文化的青铜器显然属于同一系统。又例如，在偃师二里头遗址发现了属于二里头三期的大型宫殿遗址，而在郑州也发现了二里岗期的大规模的夯土城址和宫殿遗址。总之，上述遗物和遗迹的分析都说明，二里头文化三、四期与二里岗期商文化是同一个人们共同体的文化，也就是说，它们同是商人的文化，而仅仅是时间上先后不同而已。二里头文化三、四期是商代早期的文化，或者可以称为二里头期商文化。

二里头文化一、二期与三、四期在文化面貌上的区别是很大的，它们是文化性质不同的两个考古学文化。从陶器来说，不仅陶质不同，即一、二期夹砂黑陶和磨光黑陶占有较大的比重；而且纹饰也明显不同，即一、二期以篮纹、方格纹、附加堆纹为主；而更重要的区别是器类不同。一、二期的基本器类是折沿深腹罐、罐形鼎、甑、深腹盆等，而不见鬲、簋等。这就表明，二者的炊食用具是不相同的。对于炊食用具的区别的意义绝不能低估。陶器器类的不同，尤其是炊食器的不同，表明二者的生活习惯是不同的，即一、二期的人们是以鼎和深腹罐等为主要炊食器，而三、四期的人们则是以鬲、簋等为主要炊食器。在古代，生活习惯的不同，一般应代表不同的族别，而不是同一族别在不同时期的不同。因此，二里头文化一、二期与三、四期应是代表不同的人们共同体。既然二里头文化三、四期是商代早期的文化，那么，二里头文化一、二期应当属于夏人的物质文化遗存。

从目前发现的二里头文化遗址的分布来看，三、四期的遗址发现较多，分布较广；一、二期的遗址发现较少，分布较狭，在河南省主要分布在豫西以嵩山为中心的颍水、伊水和洛水流域。

如上所述，二里头文化一、二期和三、四期代表着两个不同的人们共同体。一个考古学文化应当代表一个特定的人们共同体，而不应包括两个时代不同、地域不同、物质文化面貌不同的人们共同体。因此，根据考古学文化命名的原则，应该把二里头文化区分为两个不同的考古学文化。由于二里头遗址的堆积以二里头文化三、四期为主，因此，可以把二里头文化三、四期的遗址命名为二里头期商文化。而二里头文化一、二期在二里头遗址中并不典型，因此，二里头文化一、二期可以另选典型遗址加以命名。

河南临汝煤山遗址文化层共分三层，最上面第一层属于二里头文化二期文化层，第二层是二里头文化一期文化层，第二层下面叠压的第三层是河南龙山文化晚期文化层。这种地层叠压关系在洛阳矬李遗址和登封告成王城岗遗址均有发现，说明在豫西一带是普遍现象。它表明从相对年代来说，二里头文化一期晚于河南龙山文化晚期。再从二里头文化一期和河南龙山文化晚期二者的文化面貌和文化性质上来看，二里头文化一期是从河南龙山文化晚期发展而来，其承袭关系是十分明显的。以陶器为例，二者的主要器类，诸如鼎、深腹小平底罐、平底盆、澄滤器、鬶和器盖等，都是相同的，仅存在型式之不同。此外，从一些器物的器形变化承袭关系来看，二里头文化一期承袭河南龙山文化晚期则是很明显的。例如，河南龙山文化的直筒杯，发展为二里头文化一期的细长筒形觚；河南龙山文化晚期的三足单耳杯，发展为二里头文化一期的爵；河南龙山文化晚期的四足盘，发展为二里头文化一期的三足盘等。因此，可以认为，河南龙山文化晚期和二里头文化一期是由同一个人们共同体在先后连续的不同时期中创造的物质文化；二者之间的差别属于时期不同的差别，而不是人们共同体的不同。结合河南龙山文化晚期的 ^{14}C 年代测定，例如临汝煤山河南龙山文化晚期第六号房基中出土木炭的 ^{14}C 年代为公元前 1690±100 年（未经树轮校正），看来河南龙山文化晚期也当属于夏文化的范畴，很可能是夏代初期的物质文化。

河南龙山文化晚期，从物质文化上所反映出来的生产力水平较之河南龙山文化早期有了较大的提高，私有制有了一定程度的发展，这是夏代建立的社会经济前提。夏王朝奴隶制国家的建立，在当时是历史发展的一大进步。奴隶制建立之初，是较原始公社制度远为优越的，它适合于生产力发展的性质，因而，促使社会生产力有了进一步的发展。因此，夏代中期以后，社会生产力出现了大的发展，这在考古学上就是二里头文化一、二期的出现。所以，二里头文化一、二期在文化面貌上较之河南龙山文化晚期是一个飞跃，这是合乎历史发展规律的现象。

考古学文化代表着一定的人们共同体。在原始公社时期，这样的人们共同体是不可能很大的，大约是一个或数个部落或部落联盟。其分布地域也不可能太大，估计不可能有今天一个省区那么大的范围。夏代已经进入奴隶社会，夏文化的地域范围尚且达不到今天河南省全省的范围，则处在原始公社时期的考古学文化，譬如河南龙山文化，似不应有目前一般认为的那样大的，几乎包括河南省全省，甚至还包括河北省部分地区这么大的范围。况且，从物质文化面貌来看，现在一般所说的河南龙山文化，其内部地域性的差别也是比较明显的，有的同志曾将河南龙山文化分为三里桥、煤山、王油坊、大寒四个类型[1]。我们认为，河南龙山文化实际上包含了不同的人们共同体，应当区分为不同的考古学文化。人类社会发展到一定阶段，在工艺制作上，各个不同的人们共同体在工艺制作技术上表现出相似的特征，譬如龙山文化时期普遍都采用还原焰烧制陶器，这是合乎客观规律的现象。但是，它们终究是不同的人们共同体，还是应当区分为不同的考古学文化。这是因为，研究考古学文化并不是我们的目的，而是为了研究考古学文化所反映的人们共同体的历史发展；即研究物质文化并不是我们的最终目的，我们的目的还在于研究人类的历史。

上文所说的“河南龙山文化晚期”，指的是河南龙山文化中的“煤山类型”，而不是指整个河南龙山文化，因为河南龙山文化其他类型的文化面貌与二里头文化一、二期的区别还是比较大的。

（四）关于夏文化的性质

以上论述偏重于对于考古学文化的物质文化特征的阐明，而要确定某一个考古学文化是不是夏文化，更主要的应该是从某一个考古学文化的文化性质上来进行分析。夏代是中国古代第一个奴隶制王朝。我国是在青铜时代，而不是在铁器时代进入奴隶社会的，因此，在探索夏文化时，首先要根据出土的遗迹和遗物认真分析研究某一个考古学文化是不是青铜文化、是不是已经进入阶级社会。也就是说，首先要分析研究其性质是不是青铜时代奴隶社会的文化，这才是探索夏文化的关键所在。如果在这些方面还缺乏必要的材料，那么，我们尚不能最后确定某一个考古学文化就是夏文化。

关于青铜的问题，到目前为止，在河南龙山文化晚期和二里头文化一、二期，尽管已经发现了一些线索，但还没有发现重要的青铜遗物。当然，从二里头文化三、四期已经出现比较成熟的青铜爵、戈、戚、刀、铃等工具、武器和酒器等来推论，二里头文化一、二期及河南龙山文化晚期应当已经出现青铜，但毕竟还缺乏直接的、大量的、坚实的证据。相信在今后的田野考古工作中，必定会有新的重要的发现。

图一　登封王城岗H130出土陶文

国家的出现，在考古学物质文化上的反映，主要是出现了一定规模的城市、宫殿、兵器以及文字等等。到目前为止，在河南龙山文化晚期至二里头文化一、二期这个时期，仅登封告成王城岗发现了城墙基槽遗迹，而宫殿和大批的青铜兵器则尚未发现。至于有些文章引用在灰层或灰坑中发现的骨架残缺不全的乱葬以及大墓和小墓的区别，作为进入阶级社会的证据，尚嫌不够有力。因为在原始社会末期也可能出现这种情况。至于文字，河南龙山文化晚期已经发现了一些零星的资料，例如登封告成王城岗 H130 出土了一片刻划着[刻符]的残陶片（图一），也可能就是当时的文字。

文字是进入文明时代的标志，我们既不能认为在没有发现像殷墟甲骨文那样丰富的文字资料之前就不能确定夏文化，也不能忽视文字资料对确定夏文化的重要意义。

总之，就探索夏文化来说，目前已经发现的考古资料还是很不够的，尤其是缺乏判定文化性质的足够的资料。尽管现在还不是做出最后的结论的时候，我们仍应当积极地进行探索。只要我们在正确的专业理论的指导下，认真地贯彻“百花齐放、百家争鸣”的方针，大力加强综合研究，同时大力开展田野考古发掘和调查工作，不断积累资料，一定能够完成探索夏文化这项光荣而又艰巨的任务。

注释：

[1] 吴汝祚：《关于夏文化及其来源的初步探索》，《文物》1978 年第 9 期。

（原文刊于《中国历史博物馆馆刊》1980 年总第 2 期）

我国史前至商代前期筑城技术之发展

佟伟华

人类筑城是生产力发展到一定阶段，社会发生激烈变革的产物。从史前时期构筑的夯土城址到历史时期筑起的恢弘城市，人类筑城的历史在古代文明的发展中占有重要的一页。在中国古代文明起源与早期发展的研究中，古代城市的起源与发展的探讨是其中一个极为重要的课题。

从史前时期开始，或许是为了建立维护本集团利益的统治中心，或许是为了建立抵御外来战争的军事城堡，城址的出现，已成为历史的必然。但是，要想构筑起一定规模的夯土城址必须具备某些必要条件，一是当时生产力的发展所达到的物质水平已经能够满足在短时间内集聚大批人力和聚敛大量物资的需要；二是筑城者必须具有能够规划、组织和构筑大规模防御设施的统治权威，不仅必须具有役使在本地区内外集聚起来的大批劳动力的权力，而且必须具有占有和支配大批筑城以及生活所需物资的权力；三是必须具备建筑大规模城垣等建筑的技术实力，必须具有一批技术娴熟的工匠，他们所掌握的筑城技术足以建造起规模宏大的城垣。在以上诸条件具备的前提下，筑城这样大规模的集体行为才有可能出现。

目前在我国的黄河流域和长江流域已发现多座从仰韶晚期到龙山时期的史前夯土城址，而夏商时期特别是商代前期的夯土城址也已发现数座，这些发现成为探讨我国古代城址从出现到早期发展的珍贵资料。不少学者已就城址的性质、年代及其与文明起源的关系等问题做过多方面研究[1]，而本文则从筑城技术史的角度，初步探讨我国的夯土城址从史前到商代前期的建筑历程。这里所讨论的筑城技术主要是从城址的整体设计规划、规模、形制、布局并侧重城垣的夯筑技术等方面进行研究，城内的夯土台基及其他建筑遗迹未作重点讨论。需要说明的是，我国在黄河河套的岱海文化区还发现了许多史前时期的石城，其建筑技术与夯土城垣有很大不同，这里暂不做讨论。另外，我国虽然还发现了济南章丘城子崖岳石文化和河南偃师二里头两个处于夏代时期的城址，但亦不在本文讨论范围之内。

一　史前夯土城址的建筑技术

在我国的黄河和长江两大流域先后发现了多座史前时期的夯土城址。黄河流域的城址主要分布在中游的中原文化区和下游的海岱文化区。发现于中原地区的史前城址共有7座，即安阳后冈[2]、淮阳平粮台[3]、登封王城岗[4]、郑州西山[5]、辉县孟庄[6]、郾城郝家台[7]、新密古城寨城址[8]，大体分布于豫北和豫中地区，以郑州西山城的年代最早，属仰韶文化晚期（距今约5300年），其余几座均属中原龙山文化时期（距今约4600年—4000年）。黄河下游山东地区的史前城址也发现了十余座，大体分布于山东半岛的中部和鲁西地区，主要有济南章丘城子崖[9]、寿光边线王[10]、邹平丁公[11]、临淄田旺[12]、五莲丹土[13]、阳谷景阳岗城等[14]，这些城址的年代均属龙山文化时期。长江流域已发现的史前城址分布于中游的江汉地区和上游的川西地区。江汉地区发现了澧县城头山[15]、澧县鸡叫城[16]、天门石家河[17]、石首走马岭[18]、荆门马家院[19]、荆州阴湘城[20]、公安鸡鸣城等7座城[21]，城头山属大溪文化（距今约6000年），其余均属屈家岭文化和石家河文化（距今约 5000 年—4000 年）。川西成都平原发现的史前城址有新津宝墩城[22]、郫县古城[23]、温江鱼凫城[24]、都江堰芒城[25]、崇州双河城[26]、紫竹城等 6 座[27]，这些城址所代表的史前文化被发掘者命名为宝墩文化，相当于中原地区的龙山文化时期。

黄河流域史前夯土城址的修筑经历了早、晚两个发展阶段，早期阶段为仰韶文化晚期，这一时期中原地区城址的规模还比较小，郑州西山夯土城垣的直径只有 180 米，面积约 3 万平方米，建于丘陵与平原的交界地带。此城的平面形状虽略呈圆形，但已显现出较明显的城墙拐角，如西北隅成 45° 相交，比北墙中段宽 3—5 米。此城在北部和西部各设一门，西门宽 17.5 米，门北侧有多排柱洞密布的纵横基槽，可能为望楼建筑。北门宽 10 米，东西两侧有略呈三角形的附筑城台，门外还筑有一道长约 7、宽约 1.5 米的护门墙。正对北门有一条南北向道路，残长 25、宽 1.75 米。西门内东侧有一座扇形夯土基址，周围有数座小房环绕，北部面向一广场。城内西北和东北部共有 200 余座木骨泥墙房址，门向北或城中部。另外城内还分布着大量灰坑、窖穴、墓葬等遗迹。城外有一条宽约 4—7 米的护城壕，深约 3—4.5 米。城垣湮没于地下，保留 265 米，墙宽 3—5、残高 1.7—2.5 米。其建筑方法是先挖倒梯形基槽，自槽底筑夯土，到达地面后采用小方块版筑法筑墙体，依城墙宽度多排列三板，最多五板，每板长 1.5—2、宽 1.2—1.5 米，板块厚度多为 0.5 米左右。版筑方法有的是以立柱夹板、四面版块同时夯筑；有的是一块块先后夯筑，墙体中部则在版块中部直接填土夯筑，夯层多较厚。墙体逐层加高，呈阶梯状内收，每层内收 0.2—0.3 米。城墙夯土呈黄褐色或褐灰色，包含较多的烧土粒、碎陶片等，夯层厚 4—5 厘米。夯窝圆形，直径 3、深 0.3—0.5 厘米。从“品”字形夯窝看，使用的夯具应为三根捆成一组的束状棍夯（图一）。

晚期阶段为龙山文化时期，这一时期的龙山文化城址在黄河流域普遍崛起，其筑城技术有了很大进步。

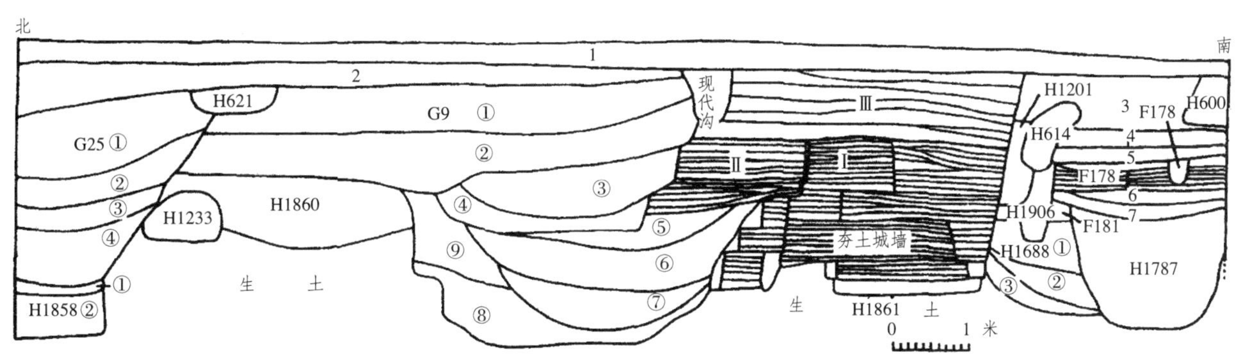

图一　郑州西山城址东北角城墙TG5东壁剖面图
Ⅰ、Ⅱ、Ⅲ城墙夯土

此阶段城址的建筑方法大体可分为两种，一种为平地起建，中原地区的淮阳平粮台、登封王城岗等城多如此修建；另一种为依托河崖和高台等自然地貌起建，山东地区的城子崖等城址多是如此，城内与城外地表的高差明显，城内低缓，城外高耸，形成高台状城址。这一时期中原地区城址的平面形状多较规则，淮阳平粮台和辉县孟庄为正方形，郾城郝家台和新密古城寨呈长方形，而登封王城岗则为并列的正方形，西城的西南拐角呈凸圆形，类似马面。山东地区城址的平面形状多呈不规则方形和扁椭圆形，有些呈圆角方形或圆角长方形，拐角多为弧形，不够规整。它们的规模，淮阳平粮台、登封王城岗、郾城郝家台及寿光边线王等城的面积较小，均只有数万平方米；而辉县孟庄、新密古城寨、邹平丁公、临淄田旺等城的面积较大，均在 10 多万平方米以上。与仰韶晚期相比，这一时期城址的规模已明显扩大，出现了面积达数十万平方米的城址，章丘城子崖、五莲丹土的面积均为 20 万平方米以上，最大的阳谷景阳岗城，面积可达 35 万平方米。

各城城门的设置多依城址自身的需要而确定，如淮阳平粮台和新密古城寨均在南北各设一门，下有路土。

章丘城子崖也是南北各有一门，其间有一路相通。郾城郝家台东墙有一缺口。寿光边线王内城的东、北两面各有一门，外城的东、西、北三面各有一门。景阳岗城也在南、西、北三面各设一门。由此看来，各城城门的设置尚无定制。值得注意的是，平粮台城南门的东西两侧发现了门向相对的二座土坯房址，应为门卫房，两房之间的路土宽 1.7 米。门卫房的设置，增加了城址的防御功能，是史前城址中少见的。南门的路土下还发现了一条北高南低的沟渠，沟底铺设一条陶水管道，其上再并列铺设二条，这样完好的排水管道是我国现已发现的最早的城市排水设施。一些城址建有环绕城垣的壕沟，多数是在修筑城垣时取土形成的，也有的是为排水而开挖的。辉县孟庄城和新密古城寨墙外均建有很宽的护城河，章丘城子崖的城垣建于河崖边缘，以河为壕。各城的布局有很大区别，城内建筑的分布无一定规则，淮阳平粮台、郾城郝家台及安阳后冈等城内分布着长方形排房或圆形白灰面房址，一些城内还分布有大型夯土台基。城子崖的夯土台基似建于城北部；王城岗的夯土台基分布于西城内中西部和东北部，下为奠基坑；古城寨的大型房基是现已发现的龙山时代面积最大的结构复杂的宫殿式建筑。夯土城垣的建筑程序一般是先清理城墙所经过的地段，自地面起下挖基槽，再开始筑夯土，如王城岗东城与西城的基槽均呈倒梯形，宽约 3—5、深 2—3 米，夯层薄厚不一，约 5—20 厘米。边线王的墙基槽宽 4—6、深 2—3 米，夯层厚 5—15 厘米。墙体宽度亦有很大不同，较窄的 3—5 米，较宽的约十余米至数十米，城子崖和平粮台墙基的宽度为 13—14 米，规模巨大的新密古城寨城墙宽度竟达 40—60 米，实属罕见。城垣有的采用版筑，有的采用堆筑与版筑结合的方法筑成。新密古城寨的城垣采用版筑法筑成，版筑的方法是用立柱固定夹板，夯筑一版后，隔开一版的位置不夯，先夯下一道版，整排夯完后，再夯留下的空版，这种版筑方法比郑州西山城址有了明显进步。版筑与堆筑相结合的方法是墙体内外壁面或城门以小版夯筑，中心部分堆筑。如城子崖的北墙曾经多次修筑，其内部用堆筑，内壁呈小斜坡形，高 2.5 米，夯层呈两面坡形，分为不规整的多小层，层厚 20—30 厘米；外壁采用版筑，壁面陡直，高 7、版筑宽度 1—2 米，夯层整齐，厚 20—30 厘米，夯窝浅圆，直径 2—3 厘米。淮阳平粮台的城垣也是由版筑和堆筑相结合的方法筑成的，内壁采用小版夯筑，高 1.2 米，版筑宽度 0.8—0.85 米，夯层厚 15—20 厘米；其外部堆筑成斜坡再夯实，逐层加高后超过版筑高度（图二）。这一时期城垣夯土的结构都不够坚硬，夯层薄厚不匀，夯窝不甚清晰，有的夯层之间垫有 1 厘米左右的细沙层。夯筑工具有的使

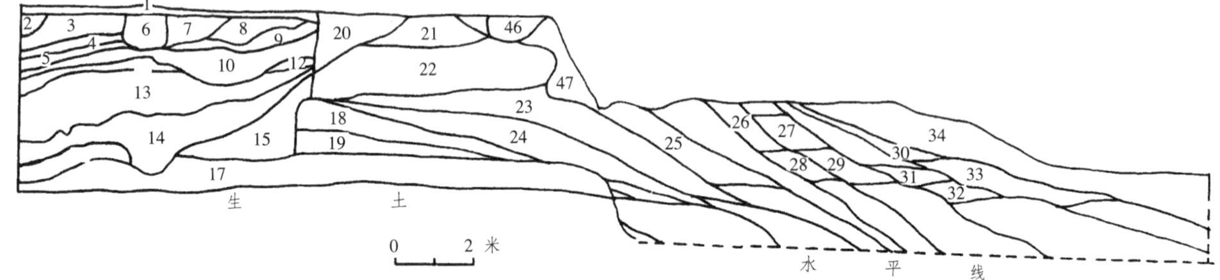

图二 淮阳平粮台城址西墙中段T29南壁剖面图
18—25.夯土城墙 26—32.城墙外侧附加夯土层

用圆形、椭圆形、不规则形卵石，夯窝大小不一；有的使用三根或四根成捆的木棍，夯窝直径 4—10 厘米、深 1—2.5 厘米。

长江流域的史前城址以澧县城头山的年代最早，城址平面形状呈圆形，规模仅有 7.6 万平方米，代表着长江流域史前城址早期的发展水平。晚于城头山的龙山文化城址，平面形状有圆形、圆角长方形、椭圆形等，多呈不规则状，少数为长方形，其原因在于这些城址多依托岗地沟崖或河沿构筑，因此形状必然受到所处地理环境的制约。城址的规模有一部分较小，石首走马岭、公安鸡鸣城、都江堰芒城、崇州双河城、紫竹城等城仅为数万或 10 余万平方米，其余规模较大。澧县鸡叫城、荆门马家院、荆州阴湘城、郫县古城、温江鱼凫城的规模均在 20—30 万平方米，新津宝墩城为 60 万平方米，最大的天门石家河城面积达 80 万平方米。各城的城门设置，有的四面各有一缺口，有的还不明确，石首走马岭和荆门马家院发现了与城壕相通的水门。城

内道路发现较少，仅在城头山东门正中发现有河卵石路，同时，城内还发现有稻田、祭坛和大量祭祀坑。由于地处长江流域，多数城都有发达的排水设施，护城壕环绕，江汉地区的城址周围有宽数十米的护城河，有的为人工开挖，有的是人工与天然河道结合。成都平原的一部分城址具有双道城垣，其间为护城壕。各城内多只有一般性建筑，少数有较大的夯土建筑，如郫县古城中部发现了长 50、宽 11 米的大型夯土台基。夯土

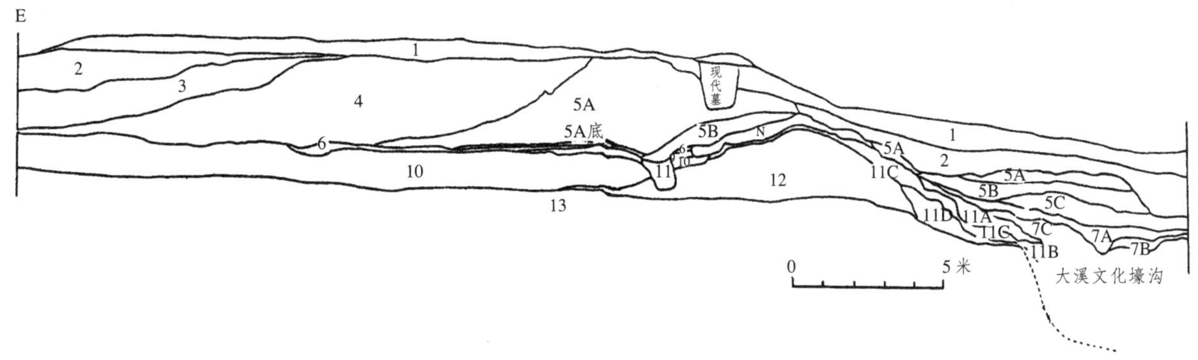

图三 澧县城头山城址西南城墙探方南壁剖面图
12层.一期城墙 8层.二期城墙 5层.三期城墙 4层.四期城墙

城垣多为平地起建，采用堆筑法，这种方法建筑的城墙坡度多较缓，石家河城为 25°，城头山城的内坡为 15°—25°。与山东地区情况相同的是，不少城由于依托岗地和河崖，因而城垣形成外陡内缓。堆筑法建成的城垣较宽，底部宽度一般为 20—30 米，城头山城、公安鸡鸣城、新津宝墩城、温江鱼凫城城墙的宽度都在 20—30 余米，最宽的天门石家河城墙基的宽度竟达 50 米。当然，有些城墙并非一次堆筑成，因多次补修故而逐步加宽，据解剖部分城垣的横剖面看，首次筑城时城头山的城垣宽 11、高 1.5 米，有的城墙建筑在先行铺垫的红烧土层上（图三）；宝墩城城墙宽 10、高 4 米；鱼凫城城墙宽 11.5、高 3 米；

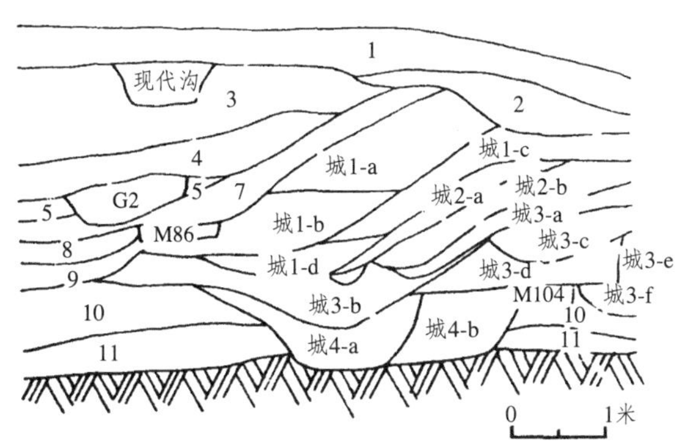

图四 天门石家河城址西墙北段T8南壁剖面图
城1—城3.城墙夯土 城4.墙体基槽

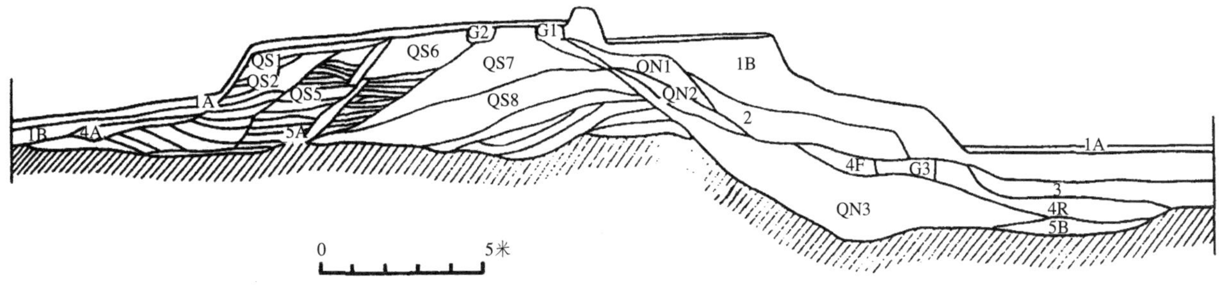

图五 新津宝墩城址北墙东端T1西壁剖面图
QS1、2、5—8.城墙南（内）侧夯土 QN1—3.城墙北（外）侧夯土

古城村城宽 10、高 2.4 米，宽度大体一致。堆筑的方法是使用纯黏土成层倾斜堆积，如石家河城和宝墩城都是先堆筑墙体中部，然后再堆筑内外两侧斜面，经夯打形成坡状大夯层，大层厚度多为 40—50 厘米，夯土的硬度，两侧斜坡一般不如墙体中部。每大层夯土由多小层组成，小层夯土堆积多呈水平状，也有的为倾斜堆积，每层厚度不一，一般厚 10—30 厘米（图四、五）。宝墩城城墙的小层夯土之间常抹一层很薄的草木灰，温江鱼凫城城墙的小夯层表面夹有一层卵石，可增加固定作用。施夯方法有的是用木棍或卵石夯打，有的是用板拍打，夯土较松，夯窝不明显。这一时期在长江流域未见黄河流域的版筑技术。

二 商代前期城址的建筑技术

黄河中游是我国夏商周三代文明的策源地，迄今为止这里发现了郑州商城[28]、偃师商城[29]、东下冯商城[30]、垣曲商城[31]、焦作府城等数座商代前期的城址[32]，其中郑州商城和偃师商城是商代前期先后修建的商王朝都城，而东下冯商城、垣曲商城和焦作府城则是方国小城或军事重镇，另外在长江流域还发现了偏居南国的方国都城盘龙城。商代前期的筑城技术比史前时期有了极大发展，城址规模明显扩大，作为商王朝都城的郑州商城和偃师商城因建于靠山面水的豫中或豫西的大平原上，其规模已达到200—300万平方米，但东下冯、垣曲商城、焦作府城等地域性小城则多建于山间丘陵地带，规模只有10多万平方米或不足。成熟的版筑技术使这些城址的平面形状均较为规整，或呈长方形，或呈梯形，也有的城垣形状因地貌条件的限制而产生小的折曲。各城的城门、道路规划有致，垣曲商城、焦作府城和盘龙城各面墙都发现有缺口或城门，有的在一面墙上，有的在三面或四面墙上。郑州商城和偃师商城也都发现了多座城门和缺口，郑州商城的每面城垣都有2—3个缺口，但尚未得到确认。偃师商城大城的东、西城垣各有两座门，东西两两相对，北墙中部还有一门，自北门向南有一条南北大道，成为城址的中轴线。城内分布着纵横10余条道路，均与城门的位置相应。城内还发现了我国最早的池苑遗迹和完整的排水系统。池苑位于宫殿区北部，为一用石块砌成的长方形水池，东西两侧各有一与水池相通的石砌排水与注水渠道，它们分别穿过城门通往城外壕沟。还有的城门下发现了大型排水涵道，水道由石板顺水流方向层层叠砌，亦通向城壕。几座商城内布局井然，已有了宫殿区、手工业作坊区、居住区等比较明确的区划，宫殿区所在的位置多在城内的偏东部，有的在南部，虽不尽相同，但都建于城内的制高点上，由多座大型夯土台基组成，并有宫城围墙，突出了宫殿区的主体地位。其方向多为坐北朝南，整个城址面向西南。宫殿区均经精心设置，偃师商城的宫殿区位于大城西南，亦为小城中部偏南，坐落在南北中轴线上，形成了以宫殿区为中轴线，城门东西对称的布局。郑州商城的宫殿区位于城内东北部，由数十座大型夯土台基和蓄水池、水井等组成，并有宫墙相围。垣曲商城的宫殿区位于城内中部偏东，两座夯土台基的方向与北城垣相平行，宫城围墙为规整的长方形，其方向为正东西南北方向。盘龙城的三座宫殿前后平行排列，也表现了明确的方向性。虽然各城内其他手工业作坊区、居住区、墓葬区等区划所在的位置均不相同，但商代前期的城址在建筑布局上已初步形成了一定规则，表现为以宫殿区为中心，其余各生产、经济、生活区围绕宫殿区分布的格局。

几座商城多有壕沟围绕，城池的结合构成了严密的防御系统。偃师商城的城壕环绕于外城城垣四周，与城垣基本平行，距各面墙的宽度约10—20米，护城壕宽约20米左右，深6—8米，沟内填土多带水浸痕，斜壁较陡。东下冯城壕紧临城垣环绕，与城墙距离仅2.5—3米，口宽5.5、深7米。垣曲商城因东、北、南三面环水，故仅在西墙外设置了护城壕，壕沟距西外墙6—8米，沟全长446、宽8—9、深约4米。沟内壁几近垂直，外壁呈斜坡状，底部较平。这三座城护城壕的宽和深都与城址规模相应，偃师商城壕沟的宽度与深度都比垣曲商城大约一倍，东下冯的壕沟规模最小。郑州商城是否存在护城壕，目前尚不十分清晰，仅在东南城角外发现有河相淤积层，有待进一步证实。盘龙城因位于四面环水的岗地上，自然已无必要再挖壕沟。

商代修建城垣的基本方法与史前大体相同，亦多采用下挖基槽上筑墙体的构筑方式，但其结构各有不同。郑州商城各面城墙的基槽似不明显，未见形制很规整的梯形基槽，只有最近发现的西南外郭墙的修建是先挖基槽，再填筑夯土，然后修筑墙体。夏县东下冯与盘龙城是否有墙基槽不明。偃师商城和垣曲商城的四面城垣均有基槽，形制多为口大底小的梯形，偃师商城的基槽宽而浅，上口宽度约为18余米，深0.6—1.3米不等。垣曲商城各面墙基槽的宽度与深度均不相同，北墙与东墙的基槽宽而浅，上口宽11—15、深0.8—1.2米；西墙与南墙基槽窄而深，上口宽4—10、深2—6.5米，这些基槽内筑满夯土，当所挖基槽跨越尚未填满或虚土填充的沟壕、房址、灰坑等遗迹时，均将这些遗迹内的松土全部清除，并加筑夯土，使基槽常常加深加宽。几座商城基槽上口的宽度最窄的仅为2米多，宽者可达19米，深度从不足1米至6.5米，相差很大。几座商城墙体的保存都很差，多残存很少部分。郑州商城各面城墙的宽度相差不大，底部残宽约为 19—22、残高 3.4—5.7 米。偃师商城城墙的墙体，外城西墙底部宽约 18、残高 1.7—1.85 米；外城北墙底部宽 16.5—19.6、顶部残宽 13.7、残高 1.5—2.9 米。盘龙城北墙残高约 1 米，保留夯土 16 层。东下冯商城南城墙保存较好，底宽 8、顶宽 7、残高 1.2—1.8 米；东城墙保存较差，残高 1、底宽 7.8、顶残宽 6.7 米。垣曲商城的南墙较宽，内墙底宽 10.75、顶部残宽 10.5、残高 1.3—1.75 米；北城墙破坏严重，残宽 5 米，西墙和东墙墙体无存。从以上比较看到，墙体宽于基槽的情况较多。郑州商城和偃师商城两座大城城墙的边长多在千米以上，宽度多在 18—22 米之间。而东下冯和垣曲商城因规模较小，故城墙明显变窄，东下冯城墙仅宽 8 米左右，垣曲商城宽 10—15 米，仅是偃师商城和郑州商城的一半（表一）。

表一　商前期城址城垣建筑结构比较表

单位：米

		郑州商城	偃师商城（大城）		盘龙城（宫城）	东下冯商城	垣曲商城	焦作府城
城垣概况	形状	纵长方形	长方形		方形	不明	梯形	方形
城垣概况	周长	6960	5800		1100	共探出 632	1470	约 1128
城垣概况	面积	300 万平方米	190 万平方米		7.5 万平方米	不明	13 万平方米	8 万平方米
北墙	总长度	1690	1240		260		338	284
北墙	探方号	C8T27	T2	T11			T5	
北墙	墙体 底宽	19	19.6	16.5			残宽 5	西宽 6、东宽 0.5 — 3
北墙	墙体 残高	3.4	2	1.5 — 1.8	1		1	2 — 3
北墙	基槽 口底宽	未见基槽	19—18.6	18.6			15.75 — 15	
北墙	基槽 深		1.2	0.2 — 1.3			1.2	
北墙	护城坡		内侧宽 2.3 外侧宽 1.6	宽 13 高 0.7	外侧陡坡状， 内侧二层台状		无存	
北墙	夯土	红褐土、砂土、灰土，层厚 0.1	红褐土	灰褐土， 层厚 0.08 — 0.12	层厚 0.08 — 0.1		棕红土，层厚 0.1 — 0.15	
西墙	总长度	1870	1710		290		外墙：268 内墙：395	280
西墙	探方号	CWT5	T1				T4	
西墙	墙体 底宽	19.35	18.4 — 18.7				无存	4 — 8
西墙	墙体 残高	1.5 — 5.15	1.7 — 1.85		1 — 3			2
西墙	基槽 口底宽	未见基槽	18.35 — 17.7				外墙：4.15 — 1.4 内墙：7.75 — 1.8	15
西墙	基槽 深		0.6 — 0.9				外墙：6.55 内墙：5.8	0.9
西墙	护城坡		内侧宽 3.3 外侧宽 5.1 — 5.25				无存	
西墙	夯土	红褐土，层厚 0.08 — 0.1	红褐土， 层厚 0.08 — 0.13					

续表一

部位	项目	细目	郑州商城	偃师商城（大城）	盘龙城（宫城）	东下冯商城	垣曲商城	焦作府城
南墙	总长度		1700	740	260	440	外墙残长：164 内墙：375	284
南墙	探方号		C3T3 C3T4			T5500	T1	
南墙	墙体	底宽	22.4	18		8	外墙：残 内墙：10.5 — 10.75	无存
南墙	墙体	残高	5.7	0.5	1 — 3	1.2 — 1.8	外墙：0.3 内墙：1.3 — 1.75	
南墙	基槽	口底宽	2.5 — 2.3	19.4 — 17.5		未见基槽	外墙：残宽 3 — 2 内墙：10.6 — 5	
南墙	基槽	深	0.55	0.8 — 1			外墙：2.7 内墙：2	
南墙	护城坡		内侧宽 3.65，顶面铺一层砂礓石碎块			外侧残宽 2.5 — 3，高 1.5，内侧残宽3.5、高1.8	宽 6，高0.15 — 0.6	
南墙	夯土		红褐土，层厚 0.08 — 0.12			红褐土，层厚 0.08 — 0.1	棕红土，层厚 0.1 — 0.12	
东墙	总长度		1700	1640	290	仅探出 52	残存 45	280
东墙	探方号		CET7			T7700	T8	
东墙	墙体	底宽	21.85	20 — 25		7.8	残宽 9.5	
东墙	墙体	残高	5.4	2.5		1	0.65	
东墙	基槽	口底宽	未见基槽			未见基槽	11	
东墙	基槽	深					0.8	2.1
东墙	护城坡		内侧宽 7.25，外侧宽 4			外侧宽 1.2、高 1.15，内侧宽 1.85、高 1	宽 2.4，高 0.3	
东墙	夯土		红褐土，黄灰土，层厚 0.07 — 0.1	红褐土		黄褐土，层厚 0.1	棕红土，层厚 0.1 — 0.15	黄花土，层厚 0.08 — 0.12

注：郑州商城外廓城已发现 5000 余米，未列入表中。

几座城址的墙体均采用分段版筑法，即在墙体一端用木板围住内外壁和横向一侧边，形成一定长度的长方形槽，一段夯完后，向前移动围板继续夯筑。墙体在每层板上移时均向内错，使城墙逐渐内倾。各城址均在墙体内外壁面上发现了版筑痕，尤以郑州商城最为清晰。郑州商城南城墙内侧壁保留较好，高 1.5 米，每块木板痕迹长约 3、宽 0.16—0.19 米。东城墙内外壁均保存近于垂直的版筑壁面，高 3.5—3.6 米，版筑痕迹清晰，木板长 2.5—3.3、宽 0. 15—0.3 米。主墙体系分段版筑而成，每一段长 3.8 米（图六）。盘龙城北城垣的墙体内侧与斜坡夯土交接处也见有垂直的木板朽痕。偃师商城外城的北城垣在夯土中发现一明显的斜向分界线，将夯土分为东西两段，两侧夯土判然有别，夯层上下相错，西侧夯土每层都翘起一小角，为挤压所致，说明夯土是由东向西逐段施工的。在两段夯土的接合面上发现上、下三列，横向的长方形木板印痕；最清晰的一列从南到北连续三个，每个高约 0.1、长约 0.3—0.4 米（图七）。垣曲商城的版筑痕也很清晰，南城墙内侧壁上的版筑痕保留了上下四列木板，每板高 0.18—0.2 米，长度不明，每上板较下板内错 0.01 米，城墙内倾（图八）。以上几座城的版筑方法基本相同，使用的木板多为窄长条形，只是长度和高度不等，高度约为 0.1—0.7、长约 2—3 米。

几座商城均有城墙附属堆积，即斜向护城坡。郑州商城南城墙的护城坡在紧靠主城墙版筑壁面的内侧，底宽 3.65 米，顶面铺有一层料礓石碎块，有可能是为防水而铺设的保护层。东城墙内外侧均有护城坡，外侧宽 4、内侧宽 7.25 米，在护城坡表面也铺设有砂礓石碎块的保护层。偃师商城外城西墙内外两侧的护城坡表面平整，呈倾斜状，分为三层，未经夯打，墙内侧堆积宽约 3.3、外侧宽约 5.1—5.25 米。盘龙城的北城垣在主墙体内侧也发现有斜向堆积，呈二层台状，外侧为陡坡状，显然也是护城坡。垣曲商城的护城坡

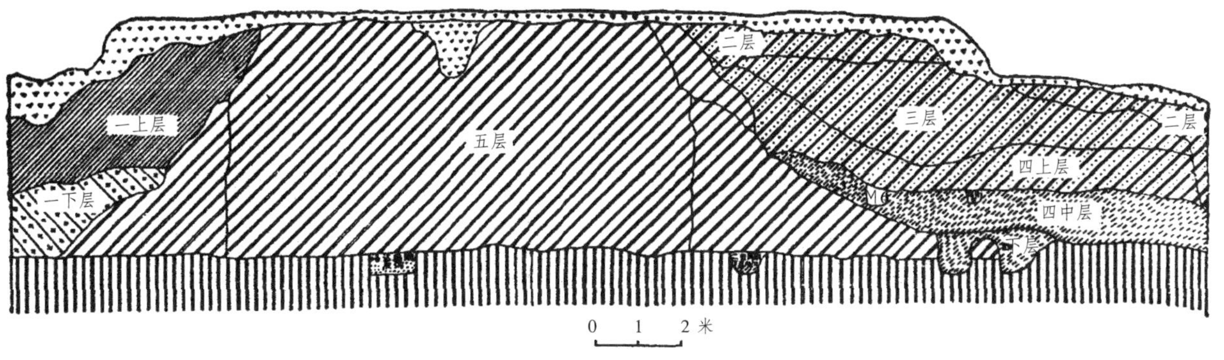

图六　郑州商城东墙北段CET7南壁剖面图
五层.城墙夯土

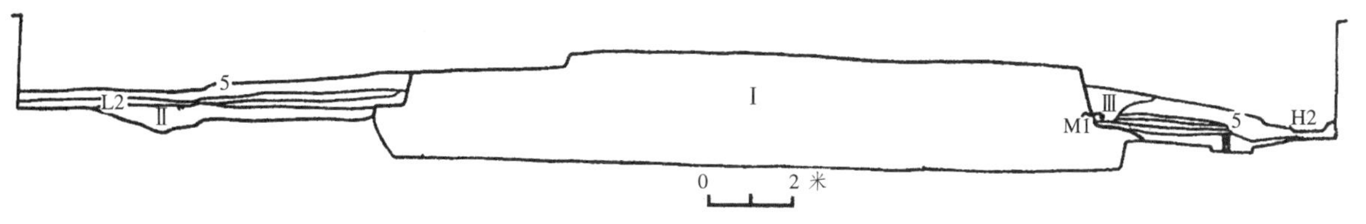

图七　偃师商城大城西墙北段T1北壁剖面图
Ⅰ.城墙夯土

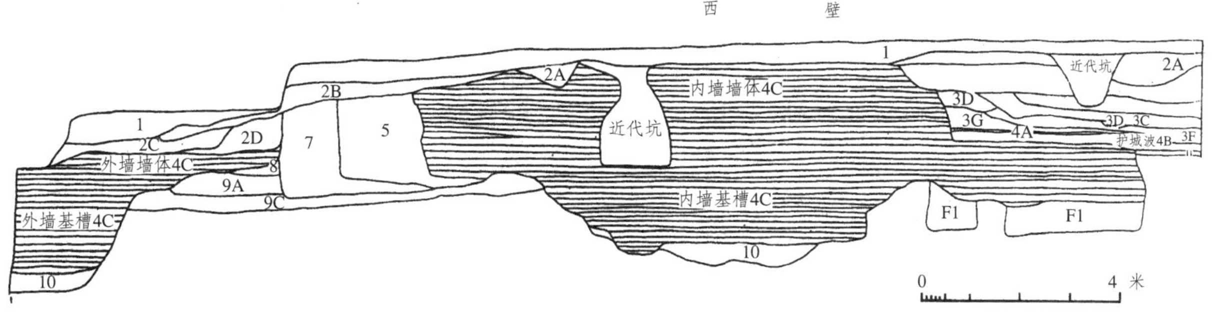

图八　垣曲商城南墙中段T1西壁剖面图
4C.城墙墙体及基槽夯土

在宫城墙及南墙、东墙内侧都有发现，南墙内侧的护城坡呈缓坡状堆积，土质坚硬，未经夯打，分为三小层，每层厚 0.1—0.15 米，坡总宽 4—7、高 0.4—0.45 米；宫城墙墙基两侧均铺垫了约 1.5—1.8 米宽的均匀的红烧土块，呈倾斜状堆积，用以防潮。从以上比较获知，几座城址护城坡的结构十分相似，均呈斜坡状堆积在墙的内外两侧，分作多层，土质坚硬，但未经夯打。

各城垣的夯土都具有夯层水平、土质坚硬等共同特点，几座商城的夯土原料均取自当地，夯土颜色有红褐色、灰色、酱红色、棕红色等，有的含少量碎陶片、烧土碎块和蚌壳；厚度一般为8—10厘米；每层夯土表面都密布尖圜底小夯窝印痕，直径多为2—4厘米，大小与深度均相差无几，多以圆木棍绑束成捆而后施夯，焦作府城有的每捆有15—20根木棍，郑州商城有少量三角形或长方形窝为其他几座城所不见。

三　史前至商代前期筑城技术的发展历程

（一）筑城的环境选择和利用

人类从史前筑城以来，设计思想便也随之产生了。主宰筑城的人，首先是要选择城址的位置和环境。如果排除战争和自然灾害等因素，首领或统治者多是在自己生活及统辖的一定区域内选择合适的地理位置和自然环境筑城，从史前时期各城址所处的位置看，城址多在山地与丘陵之间地势高亢的岗地上，或近水源或紧临河岸，与史前聚落多选择近水台地的地理环境相一致。黄河流域地处中原黄土地带，取土筑城极为便利，因此这一地区城址的防御体系多以城垣为主，而长江流域因水网密布，城址多直接依托河沿陡崖作护城河，故而在城址四周形成了发达的防御和排水系统，这些都表现了史前城址对环境的选择和依赖。在人对自然的适应抑或利用的关系中，史前时期的人类对环境的被动适应所占的比重可能更大些。

商代前期，人类除对环境的适应力有了进步外，还大大增强了对环境的积极利用和改造能力。郑州商城和偃师商城均选择在交通便利、水源丰沛、物产丰富的豫中或豫西大平原兴建，宽广的地域条件和当时所掌握的筑城技术为这两座王都设计思想的体现以及建筑规划的具体实施提供了广阔的舞台，商王朝的统治者已经完全可以按照自己的意志和要求，建造起标志着王权的都城。而垣曲商城和盘龙城则依托河、湖、山占领战略要地，并充分地占有当地的自然资源，巧妙地利用几面环水的半岛形地势，提高了军事防御能力。

（二）形状与规模的设计

城址的形状和规模，既是设计思想的体现，也受到地理环境的限制。史前城址的形状除了中原地区的少数几座为方形外，多为圆形或椭圆形，特别是黄河下游山东地区和长江中游江汉地区的城址，由于采用堆筑法构筑城垣，其拐角多呈圆弧形，形状很不规整。城址的规模一般较小，多为10—20万平方米；少数较大，面积可达60—80万平方米。

而商城的形状不论是在宽阔的平原还是在山间高地，版筑法构筑的城垣均为较规整的方形或长方形，拐角不见明显的圆弧形。城址的规模扩大很多，虽然方国小城也仅有10余万平方米，但出现了数百万平方米的宏大城市。郑州商城内城的面积达300万平方米，如果加上外郭城的面积可达600万平方米。

（三）城址方向的确定

史前城址的方向多随地理环境和地貌条件而定，常与水流方向一致，从多数史前城址看，在方向的确定上尚未掌握准确的方法。而商代前期城址的方向确定已比较准确，《周礼·考工记·匠人》："匠人建国。水地以县，置槷以县，眡以景。为规，识日出之景，与日入之景。昼参诸日中之景，夜考之极星，以正朝夕。"这里所说的悬绳法、以水平法定地平、树立标杆观察日影、夜考北极星等确定方向的方法，在商代前期很可能已经为商人所掌握。垣曲商城宫城围墙的方向为正东西南北向，围墙内东西纵长方形的大型夯土基址的方向也为正东西向。偃师商城城门位置的等分和对称；盘龙城宫殿的前后平行；以及各城宫殿区多位于城东北部，整个城址面向西南等，都说明商代前期对建筑方向的测定和掌握已达到了较高的水平。

（四）城址的布局规划

史前城址布局简单，城内多只有土坯筑成的方形或长方形排房建筑，少数房址为圆形，有的夯土基址下发现有奠基坑。只有很少的城内建有较大的夯土台基，新密古城寨发现的廊庑式大型宫殿建筑是我国龙山时期最宏伟的建筑。这些建筑基址在城的分布上无一定规则，城内尚无手工业区、居民区等明确的区划。在城址内发现的道路很少，各城城门所在位置无一定规则，多是根据环境条件和自身需要而定，但有一部分城常设有南北相对的两门，其间有道路相通。值得注意的是，郑州西山的北城门外设置了护门墙，淮阳平粮台的南门内建有门卫房，并有路土，大大地提高了城址的防御能力。

而商代前期城址的布局已经较为明确，城门规划有致，城内道路纵横。各城都有由多座大型夯土台基构成的宫殿区，宫城多有围墙与其他区域分隔开，突出了宫殿区作为王权的物化标志和统治中心的主体地位。虽然各城址内宫殿区、手工业作坊区、居民区、墓葬区所在的位置不完全一致，但各有不同的生产与生活经济区的分划已十分清楚，形成了以宫殿区为中心，其余的手工业作坊区、居民区、墓葬区围绕宫殿区分布的基本格局。显然，商代前期城址在建筑布局上已经初步形成了一定规则。当然，这种制度尚未形成十分严密的规则，如偃师商城表现出的以中轴线为中心的对称制度并不普遍存在，因此各城布局仍带有很大自主性，其建筑制度尚未严格规范化。

（五）护城壕与排水设施

护城壕在史前城址中就已出现，最初是筑城取土时自然形成了壕沟，它与城垣的结合，既提高了城的防御能力，又实现了城址排水的需要。因此这一时期的护城壕有些是人工挖成的，也有的系人工壕与自然河道结合，筑城时充分利用河崖为壕，形成护城河。特别是长江流域的史前城址由于排水的需要，城壕更是不可或缺，城壕往往十分宽阔。中原地区版筑的史前城址在对外防御上常以城垣为主，城壕为辅，而长江流域堆筑的城址多为城垣、城壕并重或以城壕为主。城址内人工修建的排水设施亦开始出现于史前时期，虽然只在平粮台南城门发现了整齐的陶质排水管道，但这一创举，首开城市地下排水管道设置的先河，这些排水设施与护城壕共同构成了史前城址的排水系统。

商城的护城壕多较规整宽大，平行环绕在城垣四周，这一时期的城壕已不仅仅是建筑城垣的副产品，而是经过精心设计和开挖的护城沟，它在降低城外地表高度的同时，实际上增加了城垣的高度。另外，壕沟难以跨越的宽度有效地阻止了外来的进犯，使深陷的城池与高大的城垣共同负载起防守的使命。商城内的水利设施更趋完善，除了环绕城墙的护城壕外，偃师商城的池苑、水渠和排水涵道，郑州商城的蓄水池和水井，构成了两个王都完整的蓄水和排水系统。

（六）城址的附属防御设施

史前时期的城址开始出现马面，如王城岗的西城西南角呈凸圆形，很可能是后期城垣马面的雏形。商代前期的城址亦使用了马面技术，偃师商城的北、东、西三面宫城墙上的凹凸折曲，类似后期城墙的马面。还有的史前城址在城门外和城垣上附加了防御设施，如郑州西山的西门北侧有望楼建筑，北门外筑有城台和护门墙，荆门马家院的城垣上筑有高台。商代前期的一些城址则采用筑双道城垣的方法以增强城垣的防御能力，垣曲商城的西城门修建了内外二道城垣，外墙设拐角将西门掩蔽在城内，这比郑州西山北门护门墙的防御能力大大提高。

（七）城垣夯筑技术

史前城垣的建筑方法多为先挖基槽，槽内筑满夯土后再从地面起建筑墙体。基槽多较浅，也有的城址无基槽，墙体宽度不同，城址规模越大，墙体越宽。城垣主要采用三种方法修建，即版筑法、堆筑法以及堆筑与版筑结合的方法。版筑法为小板夯筑，自郑州西山城所处的仰韶晚期即已产生，这一时期所使用的板较小，墙体不太规则。龙山文化时期的新密古城寨亦采用小块版筑法，在一整排中每间隔一块板先夯筑，而后再夯筑剩余部分，这种方法使所夯墙体比较规则，夯层水平，墙体坚固，标志着这一时期的小块版筑技术发展到新一阶段。黄河流域的平粮台、城子崖、景阳岗等城都采用堆筑与版筑结合的方法，很可能是因为这一区域的黄土松散，黏结性较差，如果城墙不采用版筑，城墙整体就很难筑到所需的高度。而长江流域的大多数城址都采用堆筑的方法建筑，这是因为这里广布的红土具有极强的黏结力，用堆筑加夯的方法即可筑到一定高度。另外，长江流域的水系发达，不少城址凭借护城河的天堑加强了城垣的防御能力。相对而言，城垣所负载的防御功就降低了许多，因而长江流域堆筑的城垣高度很可能比中原版筑的城垣要低，坡度较缓，而其宽度也比中原的城址更宽。史前城址各城垣墙体的宽度有很大不同，多是根据所在位置的地理条件、城址规模等因素确定的。另外，建筑方法的不同，也使城墙宽度有所区别，堆筑的城垣一般较宽。史前城址的夯土不够坚硬，夯层厚度不等，有的水平，有的倾斜，采用木棍、木板、卵石等多种工具夯筑的夯窝不太清晰，这是我国在筑城的初始阶段所经历的必然过程。

商代前期的筑城技术有了很大进步，城垣建筑的基本方法虽仍是下挖基槽，上筑墙体，但倒梯形基槽和墙体均比史前时期明显规整。基槽有宽而浅和窄而深两种，当所挖基槽遇到松软土质时，均进行了加夯处理。各城墙体的宽度相差很大，与基槽的宽度大体相应，它们的宽与深的确定，多与城址规模、城墙所处地理条件及需要修筑的高度有关。这一时期开始采用大版版筑法，不论是商代的王都还是方国小城，用版筑法建筑的城垣都极其坚固，两侧用立柱和夹板固定，城墙壁立，壁面向上内收，筑成逆墙。正如《周礼·考工记·匠人》所云："囷窌仓城，逆墙六分。"这充分说明商代前期的版筑技术已经十分普遍与成熟。版筑的商城夯土极其坚硬，其密度大大高于史前城址。夯层水平，厚度均匀，不同城址所见的夯窝十分相像，多为尖圆形，密集而清晰。施夯工具比较单一规范，多使用集束状木棍，史前时期使用卵石等其他工具砸夯的做法已经消失。商代前期城垣下多有护城坡，从而加固了墙基底部。另外，这一时期采用铺设料礓石和红烧土块对墙基进行防潮处理的方法，也是我国建筑史上的重要发明。

总之，从史前时期到商代前期，我国古代筑城的历史经历了飞跃性的发展和变化，其筑城技术也伴随着文明时代的到来进入了成熟发展的阶段。

注释：

[1] a. 杨宽：《中国古代都城制度史研究》，上海古籍出版社，1993 年；b. 许宏：《先秦城市考古学研究》，北京燕山出版社，2000 年；c. 任式楠：《中国史前城址考察》，《考古》1998 年第 1 期；d. 张学海：《试论山东地区的龙山文化城》，《文物》1996 年第 12 期；e. 张玉石：《史前城址与中原地区中国古代文明中心地位的形成》，《华夏考古》2001 年第 1 期；f. 张绪球：《屈家岭文化古城的发现和初步研究》，《考古》1994 年第 7 期；g. 张绪球：《长江中游史前城址和石家河聚落群》，严文明、安田喜宪主编《稻作陶器和都市的起源》，文物出版社，2000 年；h. 王毅、蒋成：《成都平原早期城址的发现与初步研究》，严文明、安田喜宪主编《稻作陶器和都市的起源》，文物出版社，2000 年。

[2] 梁思永：《后冈发掘小记》，《梁思永考古论文集》，科学出版社，1959 年。

[3] 河南省文物研究所等：《河南淮阳平粮台龙山文化城址试掘简报》，《文物》1983 年第 3 期。

[4] 河南省文物研究所等：《登封王城岗与阳城》，文物出版社，1992 年。

[5] 国家文物局考古领队培训班：《郑州西山仰韶时代城址的发掘》，《文物》1999 年第 7 期。

[6] 河南省文物研究所等：《辉县孟庄龙山文化城址》，《中国考古学年鉴（1993）》，文物出版社，1995 年。

[7] 河南省文物研究所等：《郾城郝家台遗址的发掘》，《华夏考古》1992 年第 3 期。

[8] 蔡全法等：《龙山时代考古的重大收获——河南新密发现中原面积最大保存最好的龙山时代晚期城址》，《中国文物报》2000 年 5 月 21 日。

[9] 张学海：《城子崖与中国文明》，张学海主编《纪念城子崖遗址发掘 60 周年国际学术讨论会文集》，齐鲁书社，1993 年。

[10] 杜在忠：《边线王龙山文化城堡试析》，《中原文物》1995 年第 2 期。

[11] 山东大学历史系考古教研室：《邹平丁公遗址发现龙山文化城》，《中国文物报》1992 年 1 月 12 日。

[12] 魏成敏：《临淄田旺龙山文化城址》，《中国考古学年鉴（1993）》，文物出版社，1995 年。

[13] 山东省文物考古研究所：《山东文物考古工作五十年》，《新中国考古五十年》，文物出版社，1999 年。

[14] 张学海：《鲁西两组龙山文化城址的发现及对几个古史问题的思考》，《华夏考古》1994 年第 4 期。

[15] a. 湖南省文物考古研究所：《澧县城头山屈家岭文化城址调查与试掘》，《文物》1993 年第 12 期；b. 湖南省文物考古研究所：《澧县城头山古城址 1997—1998 年度发掘简报》，《文物》1999 年第 6 期。

[16] 同注［1］g。

[17] a. 石家河考古队：《石家河遗址群调查报告》，《南方民族考古》第 5 辑，1992 年；b.《湖北天门市邓家湾遗址 1992 年发掘简报》，《文物》1994 年第 4 期。

[18] 张绪球：《石首市走马岭屈家岭文化城址》，《中国考古学年鉴（1993）》，文物出版社，1995 年。

[19] 荆门市博物馆：《荆门马家院屈家岭文化城址调查》，《文物》1997 年第 7 期。

[20] a. 荆州博物馆等：《湖北荆沙市阴湘城遗址东城墙发掘简报》，《考古》1997 年第 5 期；b. 荆州博物馆：《湖北荆沙市阴湘城遗址 1995 年发掘简报》，《考古》1998 年第 1 期。

[21] 贾汉清：《湖北公安鸡鸣城遗址的调查》，《文物》1998 年

第 6 期。

[22] a. 成都市文物考古工作队等 :《四川新津县宝墩遗址调查与试掘》,《考古》1997 年第 1 期;b. 中日联合考古调查队:《四川新津县宝墩遗址 1996 年发掘简报》,《考古》1998 年第 1 期。

[23] 成都市文物考古工作队等 :《四川省郫县古城遗址调查与试掘》,《文物》1999 年第 1 期。

[24] 成都市文物考古工作队等 :《四川省温江县鱼凫村遗址调查与试掘》,《文物》1998 年第 12 期。

[25][26][27] 同注 [1] h。

[28] a. 河南省博物馆、郑州市博物馆 :《郑州商代城址发掘报告》,《文物资料丛刊》第 1 期,文物出版社,1977 年;b. 河南省博物馆、郑州市博物馆 :《郑州商代城址试掘简报》,《文物》1977 年第 1 期 ; c. 河南省文物研究所编 :《郑州商城考古新发现与研究(1985—1992)》,中州古籍出版社,1993 年 ; d. 曾晓敏等 :《郑州商城考古又有重大收获——发现商代宫城墙和完整的城市供水系统》,《中国文物报》1995 年 7 月 30 日。

[29] a. 中国社会科学院考古研究所洛阳汉魏故城工作队 :《偃师商城的初步勘探和发掘》,《考古》1984 年第 6 期 ; b. 中国社会科学院考古研究所河南第二工作队 :《1983 年秋河南偃师商城发掘简报》,《考古》1984 年第 10 期;c.《1984 年偃师尸乡沟商城宫殿遗址发掘简报》,《考古》1985 年第 4 期 ; d.《河南偃师商城东北隅发掘简报》,《考古》1998 年第 6 期;e.《河南偃师商城小城发掘简报》,《考古》1999 年第 2 期 ; f. 杜金鹏、张良仁 :《偃师商城发现早期帝王池苑》,《中国文物报》1999 年 6 月 9 日。

[30] 中国社会科学院考古研究所等 :《夏县东下冯》,文物出版社,1988 年。

[31] 中国历史博物馆考古部等 :《垣曲商城(1985—1986 年度勘察报告)》,科学出版社,1996 年。

[32] a. 杨贵金等 :《焦作市府城古城遗址调查报告》,《华夏考古》1994 年第 1 期 ; b. 袁广阔、秦小丽、杨贵金 :《河南焦作府城遗址发掘简报华夏考古》2000 年第 2 期;c. 赵芝荃 :《偃师商城建筑概论——1983 年—1999 年建筑遗迹考古》,《华夏考古》2001 年第 2 期。

(原文刊于《古代文明研究》2005 年第 1 辑)

关于西周奴隶殉葬问题的探讨

郭 仁

以奴隶殉葬或杀奴隶祭祀，是奴隶社会中奴隶主压迫、残害奴隶的普遍现象。这也是我们研究奴隶社会中阶级关系的一个重要问题。

大量的考古材料证明，在我国商代曾普遍存在杀殉奴隶的现象；但是关于西周奴隶殉葬，还是一个未能完全解决的问题。由于近年来在西安沣西和北京琉璃河等地发现了一批西周时代的奴隶殉葬墓，为研究这一问题提供了新的资料，郭沫若主编的《中国史稿》一书和一些宣传报道中[1]，将这些奴隶殉葬墓作为西周奴隶社会的典型材料加以引用，中国历史博物馆《通史陈列》也将这些奴隶殉葬墓作为奴隶社会的典型材料展出。《中国史稿》并根据目前发现的奴隶殉葬墓推断说："这些墓葬还不是周王的陵墓，在王陵和诸侯的大墓里，殉人的数量可能会相当惊人的"[2]。

根据目前发现的西周时代奴隶殉葬墓的材料分析，对于这个问题有重新考虑的必要，这些奴隶殉葬墓是在什么样的情况下发生的？它在西周社会是否普遍存在？它的延续时间怎样？都需作认真的研究，才能判断是否为西周奴隶社会的典型材料。否则就会发生以点代面的错误。

本文仅就西周奴隶殉葬这一具体问题作一初步分析，以期引起历史、考古工作者的注意和进一步深入研究。

一 琉璃河奴隶殉葬墓的说明

自 1974 年以来，我们在琉璃河遗址黄土坡墓地发掘的墓葬中，共发观八座奴隶殉葬墓和一座有殉人的车马坑。其中五座奴隶殉葬墓（墓 22、51、52、53、54）已作了报道[3]，另外三座（墓 21、105、108）和一座有殉人的车马坑（Ⅰ·3 号）尚待发表[4]。

这八座墓的形制、埋葬习俗（以奴隶殉葬，并在墓底腰坑或椁顶填土中有殉狗）和随葬陶器的组合（以鬲、簋、罐为多）形制、纹饰等方面都与安阳商代墓葬大体相同。这几座墓的规模，在黄土坡墓地来说，是属于中型偏小或小型墓，其中最大者是墓 52，其墓坑长 4.3、宽 2.2、深 1.7 米。这类墓葬的较大者随葬三、五件青铜礼器（如：墓 52 出土铜鼎一、鬲一、尊一、觯一、爵一；墓 54 出土鼎一、簋一、盘一）；小墓则不出青铜礼器。这些墓葬的年代多为西周初期，少数早到商代晚期。

这里的一个重要现象是，八座奴隶殉葬墓和一座有殉人的车马坑都发现于黄土坡墓地的Ⅰ区，而该墓地的Ⅱ区与此相比，无论在奴隶殉葬、殉狗和随葬陶器等方面都有明显的不同。

黄土坡墓地Ⅱ区发掘的墓葬中，有大型墓一座（墓 202），中型墓四座（墓 251、253、265、266），在墓 202 之北还发掘了一座为墓 202 祔葬的大型车马坑（Ⅱ·1 号）。

墓 202 是一座大型木椁墓，墓室两端有墓道。该墓连接墓道全长 30 米，墓室长 7.2、宽 5.2、深 11 米。该墓虽曾被盗，墓中的主要随葬器物被盗走，但墓道底部及椁外二层台均未被扰动。墓道中和二层台上均未发现殉葬奴隶，在该墓附近钻探也未发现有殉葬坑的迹象。只在南墓道之东侧发现一个小型三角坑，坑中埋一人头骨，大约是建墓时举行某种仪式埋入的。在墓坑和墓道填土中也未发现有殉狗。在该墓之北的大型车马坑中，埋葬十余辆车，约40匹马，也未发现殉人。

墓251和墓253是两座中型偏大的墓葬，墓251坑长4.5、宽3.7、深4.6米；墓253坑长5.1、宽3.5、深7米。这两座墓均未被扰动，墓中各出20余件青铜礼器，而未发现殉人和殉狗。墓251出土陶鬲、陶豆、陶罐各一件，无簋，墓253只出一件陶鬲。墓251之东南有一车马坑（未发掘），除此之外，两墓附近也都未发现有殉葬坑的迹象。

墓266是一座中型偏小的墓葬，墓坑长3.35、宽2.35、深1.5米。该墓曾被盗掘，但椁外二层台未被扰动，也未发现殉人和殉狗的迹象。墓底也无腰坑。

墓265，坑长3.5、宽2.2米，该墓曾被盗掘，仅存墓坑四壁，未发现殉人和殉狗的迹象。

黄土坡墓地Ⅱ区发掘的小墓，也绝大多数没有殉人和殉狗，也未见陶簋。只有墓254在填土中发现殉一狗，而且在随葬陶器中还有一件陶簋；墓264，在墓底腰坑中有一殉狗，也出土两件陶簋。这两座墓与墓地Ⅰ区的墓葬相同，而在Ⅱ区则是少见的。

从以上的说明可以看出，黄土坡墓地的两个墓区所发掘的墓葬存在着明显的差异。在Ⅰ区的中、小型墓多有奴隶殉葬，多数墓有腰坑和殉狗，随葬陶器的组合多为鬲、簋、罐；而Ⅱ区的大、中型墓却无奴隶殉葬和殉狗，一般墓随葬陶器的组合以鬲、罐为主，不见陶簋。这些不同的现象，反映出两区墓葬存在着埋葬习俗之不同，这种埋葬习俗之不同说明了墓主人生前的生活习俗和信念之不同。

根据黄土坡墓地Ⅱ区发掘的墓葬资料，尤其是墓251、253等出土的有关燕侯铭文的青铜器，可以认定，黄土坡墓地Ⅱ区是西周燕侯家族的墓地，墓202之类的大墓即当是各代燕侯及其亲属的墓葬，墓251、253之类的中型墓，当是仅次于燕侯的燕国贵族墓葬；而Ⅰ区墓葬的主人则应是与西周燕侯家族具有不同生活习俗的另外一类居民。从Ⅰ区墓葬的殉人、殉狗和随葬陶器以及墓葬的年代来看，这类居民在武王灭商之前就居住在这里，他们与商族的关系相当密切，而与周族则有不同的生活习俗或丧葬礼仪。

从黄土坡墓地的这些现象分析，可以认为，西周时代以奴隶殉葬的多为商遗民或原与商人有密切关系的人们，而属于周族的燕侯家族则基本上不以奴隶殉葬。

二　从几处西周墓地看奴隶殉葬

前节所述黄土坡燕国墓地的这些现象，也同样存在于其他地区的西周墓地。

1. 浚县辛村卫国墓地[5]：1932年至1933年发掘的河南浚县辛村的西周卫国墓地，发掘了大型墓8座，中型墓6座，小型墓54座和车马坑14座。在这14座大、中型墓中，只1号墓之填土中发现一御者。17号墓的墓道中发现一养犬人。另在20号墓中发现一具狗骨架，在3号车马坑中发现八具狗骨架。除此之外的65座大、中、小型墓葬和13座车马坑中均未发现殉人和殉狗。在所发表的资料中也未见有陶簋。尤其是多数大、中型墓葬中没有殉人和殉狗，这与黄土坡墓地Ⅱ区的西周燕侯家族墓地的现象基本相同。至于墓1、17所发现的一御者和一养犬人以及墓20和3号车马坑发现的殉狗，在这个墓地中只能看成是特殊现象，它与殷墟和黄土坡Ⅰ区的中、小型墓中多有殉人和殉狗的现象相比较，简直是小巫见大巫了。辛村墓地被认定为西周卫国的墓地，大型墓属于卫国贵族即公侯或其亲属的墓葬，是可信的。由此可以认为，在西周时代，属于周族的卫侯家族也基本上不以奴隶殉葬了。

2. 洛阳东郊西周墓[6]：1952年中国科学院考古研究所在洛阳东郊东大寺发掘的殷人墓中，发现了奴隶殉葬；而在下瑶村东发掘的西周墓中却未发现殉人和殉狗的迹象。这与黄土坡墓地的两个墓区的现象基本相同。

3. 长安普渡村西周墓[7]：1954年陕西省文物管理委员会在长安普渡村发掘了一座西周墓，墓中发现两名殉葬奴隶，墓底有腰坑和殉狗。《报告》认为该墓与商墓的形制相似。尤其是这座墓中出土了两件铜觚，这在目前发现的西周墓中是很少见的现象，以此推测，这座墓的主人可能是商遗民。它不仅保留了商人的埋葬习俗，而且还保留了商人惯用的铜觚。

1953年和1954年中国科学院考古研究所在长安普渡村清理了两座西周时代的墓葬，两墓均有腰坑和殉狗，并各出两件陶簋。

4. 陕西宝鸡斗鸡台发掘的40余座陶鬲墓，未发现殉人和殉狗，随葬陶器的组合是鬲和罐，未发现陶簋。

5. 长安张家坡西周墓地[8]：1955年至1957年中国科学院考古研究所在长安张家坡和客省庄发掘了182座西周墓，在这批墓葬中有9座奴隶殉葬墓，30余座墓中有殉狗，40余座墓中出土陶簋。有殉人和殉狗的墓中多出陶簋，其中未出陶簋的墓葬多被盗掘。在4座车马坑中均发现有殉人。这些现象与黄土坡Ⅰ区墓葬的情况基本相同。这批墓葬虽然是在西周王朝的京都地区，但墓中未发现有明确国属或族属的材料，所以很难确定它们是周人的墓葬。而从墓葬形制、埋葬习俗和出土陶器来看，这些墓的主人可能与商人有关系。

6. 岐山贺家村西周墓地[9]：1973年在陕西岐山贺家村发掘的10座西周墓中，1号墓出土青铜礼器六件；3号墓出土青铜礼器七件；5、6号墓各出二件。这十座墓均未发现一殉人和殉狗，也未发现陶簋。这些随葬六七件青铜礼器的墓葬，若按黄土坡Ⅰ区墓葬的规律，是应有殉人和殉狗的。所以可以认为，贺家村西周墓地当与黄土坡燕侯家族墓地和辛村卫侯家族墓地同类。

7. 灵台白草坡西周墓地[10]：甘肃省博物馆于1967年和1972年两次在灵台白草坡发掘了9座西周墓和1座车马坑。其中1号墓出土青铜礼器23件；2号墓出土青铜礼器11件。这9座墓均未发现殉人，但多数墓有腰坑和殉狗。这种普遍有腰坑和殉狗的现象，与燕侯、卫侯家族墓地的情况有所不同。1、2号两墓出土的青铜礼器中，有“潶伯”、“㛮伯”所作之器，《报告》考证，“潶伯”是商人后裔，“㛮伯”与“潶伯”同宗，如此，墓中的腰坑和殉狗的现象，即当保留了商人的埋丧习俗；而以奴隶殉葬，到此时已经消失。

8. 灵台姚家河西周墓地[11]：甘肃省博物馆于1973年在灵台县姚家河发掘了5座西周墓。墓1出土两件青铜礼器和一批兵器，5座墓均未发现殉人和殉狗。这与燕侯、卫侯墓地的情况相同。

9. 上村岭虢国墓地[12]：1956年至1957年发掘的西周晚期至春秋时期的三门峡市上村岭虢国墓地，共发掘了234座墓葬。其中14座墓中有殉狗。尤其是这里的大墓，也未发现殉人。随葬陶器的组合是鬲、豆、罐、盆，而不见陶簋。虢国属于周族，其墓地与燕国和卫国的情况相同。

其他如：安徽屯溪西周墓[13]、江苏等地出土青瓷的西周墓也都未发现奴隶殉葬的迹象。

通过以上列举的西周时代的墓地或墓葬，不难看出，目前所发现的西周时代的墓葬中，有明确国属和族属的，如：燕国、卫国和虢国等周人的墓葬，一般都不用奴隶殉葬，而以奴隶殉葬的，多数当是商遗民或原与商人有密切关系的族人的墓葬。

关于在陕西长安、宝鸡等地发现的殉人和殉狗的墓葬，可与《左传·定公四年》所载的分殷民和成王时迁殷民于洛阳的事件相联系。周王既然能将殷民分给鲁公、康叔等人，也可能将殷民分给留在周王朝心腹地区的周人贵族，而将其迁到该地区。从甘肃灵台白草坡发现的属于殷民的潶伯、㛮伯的墓葬，可以推知，周初也曾将殷民迁到周王朝统治的心腹地区。

三　西周殉葬奴隶的性质

从各地发现的西周时代殉葬奴隶的性别、年龄和衣着以及其所从事的事务来分析，这些殉葬奴隶的绝大多数是属于家内奴隶，而不是从事生产劳动的奴隶。兹将几处发现的殉葬奴隶的基本情况列表于下。

编号	性别	年龄	随身器物	葬具	墓葬年代	其他
黄土坡 M21 · 1	不明	7—8 岁	项链		西周初期	
22 · 1	男	13—14 岁	项链		殷代晚期	
51 · 1	不明	少年			西周初期	
52 · 1	男	12 岁左右			西周初期	
53 · 1	男	9—10 岁			西周初期	
53 · 2	不明	13—14 岁			西周初期	
54 · 1	女	17—18 岁	项链、蛤蜊壳		殷代晚期	
54 · 2	不明	少年			殷代晚期	
黄土坡Ⅰ · 3 号车马坑 · 1	女	未成年			西周初期	
普渡村 M · 1	不明	儿童			西周中期	
· 2	不明	儿童			西周中期	
张家坡 M162 · 1	未鉴定	未鉴定	含贝		一期成康时代	
M204 · 1	未鉴定	未鉴定			一期成康时代	
M204 · 2	未鉴定	未鉴定			一期成康时代	
M204 · 3	未鉴定	未鉴定			一期成康时代	
M204 · 4	未鉴定	未鉴定			一期成康时代	
M206 · 1	未鉴定	未鉴定	含贝		一期成康时代	
M218 · 1	未鉴定	未鉴定			一期成康时代	
M218 · 2	未鉴定	未鉴定			一期成康时代	
M220 · 1	未鉴定	未鉴定	含贝		未定	
M312 · 1	未鉴定	未鉴定	腰下有玉鱼 2 件，蛤蜊壳		未定	
M438 · 1	未鉴定	未鉴定			1 期成康时代	
M167 · 1	未鉴定	未鉴定			未定	（车马坑）
M168 · 1	未鉴定	未鉴定			未定	（车马坑）
M185 · 1	未鉴定	未鉴定		用席裹卷	未定	（车马坑）
M192 · 1	未鉴定	未鉴定	腰部有贝串		未定	（车马坑）
客省庄 M34 · 1	未鉴定	未鉴定	腰际有贝 11 枚		未定	
M143 · 1	未鉴定	未鉴定			未定	
茹家庄 M1 · 1	女	青年	贝 4 枚		西周中期之初	
M1 · 2	男	青年		木匣	西周中期之初	守门者
M1 · 3	不明	10 岁左右		木匣	西周中期之初	
M1 · 4	不明	10 岁左右		木匣	西周中期之初	
M1 · 5	男	壮年		木匣	西周中期之初	
M1 · 6	不明	6 岁左右		木匣	西周中期之初	
M1 · 7	男	青年	耳戴小玉玦		西周中期之初	御者
M2 · 1	不明	少年		木匣	西周中期之初	
M2 · 2	女	未成年		木匣	西周中期之初	

从表上所列，可以明显看出，这些殉葬奴隶的年龄多数是10岁左右的少年儿童，有少数是年岁较大的女性青年。这些少年儿童和女性青年都不可能成为生产中的主要劳动力，而他（她）们身上往往佩带项链、贝串、蛤蜊壳等装饰，由此可知，这些殉葬奴隶当是在主人家中的被役使者。有的如一些幼童很可能是在墓主人下葬之前以某种手段临时弄来的殉葬者。表上所列的奴隶中，也有少数是男性青壮年，茹家庄发现了两名男性青年和一名男性壮年，据认为，两名青年一为守门者，一为御者；其男性壮年为一护卫的壮士。这些也都属于家内奴隶。所以可以确认，目前所发现的西周时代的殉葬奴隶多为家内奴隶；其中有相当一部分是临时弄来的殉葬者。

四 结 语

通过以上对西周时代奴隶殉葬墓的分析，可以确认，在西周时代，以奴隶殉葬已不是一种普遍的现象。尤其是在一些出土多件青铜礼器的墓葬和有明确国属、族属的周族的侯、伯等级的贵族墓葬，竟未发现殉葬奴隶，说明西周社会上层统治集团的周人贵族已不将奴隶殉葬作为一种礼制。但却还残存着商代以奴隶殉葬的恶习，保留这种恶习的，多数是商遗民或原与商人有密切关系的族人。

从各地发现的西周时代殉葬奴隶的性别、年龄和其所从事的事务来看，这些殉葬奴隶，大多数不是从事生产劳动的奴隶，而是家内奴隶，有相当一部分幼童则很可能是在墓主人下葬之前临时通过某种手段弄来的殉葬者，而其生前并不是奴隶。

在西周奴隶殉葬问题中，还有一个延续年代问题。从表上所列，可以看出，目前各地发现的西周奴隶殉葬墓的年代，多属于西周初期，说明这种习俗在西周初期保留的还较多，到了西周中期以后，就不多见了。这从灵台白草坡西周墓地只有殉狗而无殉人的现象可以得到一个线索。但在个别地区，到战国时代乃至东汉时代还有所发现，这只能看成是一种特殊现象。这种现象，一直到封建社会末期还有发生。

如上所述，可以认为，目前所发现的西周奴隶殉葬墓，不能算是西周社会普遍存在的现象，也不能作为西周奴隶社会的一条典型证据、材料。将目前发现的西周时代的奴隶殉葬墓作为西周奴隶社会的典型现象，并把它作为西周整个时代的典型材料加以引用，这种做法是值得重新考虑的。

注释：

[1] a. 郭沫若:《中国史稿》，人民出版社，1976年;b. 谷景方:《北京发现西周初期奴隶制遗迹》,《光明日报》，1975年1月6日。

[2] 同[1]a，第280页。

[3] 琉璃河考古队:《北京附近发现西周奴隶殉葬墓》,《考古》1974年第5期。

[4] 琉璃河考古队:《黄土坡燕国墓地》(未刊稿)。

[5] 郭宝钧:《浚县辛村》，科学出版社，1964年。

[6] 郭宝钧、林寿晋:《1952年洛阳东郊发掘报告》,《考古学报》第九册，1955年。

[7] a. 陕西省文物管理委员会:《长安普渡村西周墓的发掘》,《考古学报》1957年第1期；b. 石兴邦:《长安普渡村西周墓葬发掘记》,《考古学报》1954年第8期。

[8] 中国科学院考古研究所:《沣西发掘报告》，文物出版社，1962年。

[9] 陕西省博物馆、陕西省文管会:《陕西岐山贺家村西周墓葬》,《考古》1976年第1期。

[10] 甘肃省博物馆文物工作队:《甘肃灵台白草坡西周墓》,《考古学报》1977年第2期。

[11] 甘肃省博物馆等:《甘肃灵台县西周墓葬》,《考古》1976年第1期。

[12] 中国科学院考古研究所:《上村岭虢国墓地》，科学出版社，1959年。

[13] 安徽省文化局文物工作队:《安徽屯溪西周墓葬发掘报告》,《考古学报》1959年第4期。

（原文刊于《中国历史博物馆馆刊》1982年总第4期）

周代用鼎制度研究

俞伟超　高　明

序　言

周代有一套严密的礼乐制度，人们衣、食、住、行的一切举动，几乎都必须按其规定才能进行。它实际是一套不成文法。

这种礼乐制度，是适应宗法奴隶制等级制度的需要而出现的。有许多内容，本是源于氏族社会的原始习俗，而在奴隶制产生后，又成为维系和巩固等级制度的锁链及其表现形式。所以，随着宗法奴隶制的瓦解，它也日益崩溃。

马克思说："在不同的所有制形式上，在生存的社会条件上，耸立着由各种不同情感、幻想、思想方式和世界观构成的整个上层建筑。"[1]历史上不同形态的上层建筑，必然反映出其时社会生产方式的特点。通过研究先秦古礼来考察当时社会的具体形态，无疑是一个有希望的新鲜途径[2]，而这种考察的第一步，当然要先搞清楚这套古礼的原来面貌。

整套先秦的礼乐制度，是一个庞杂而又变化着的体系。现知最迟在二里头文化第三期时，已出现了只有一部分人才有使用权的青铜礼器，如爵等[3]，礼乐制度此时当已萌芽。经过后来的发展，到了周代，膨胀成一整套各种礼乐彝器都要按照贵族身份和礼仪隆杀不同而使用的繁琐制度。其中，用鼎制度占有核心位置。

鼎本是仰韶时期甚至更早的裴李岗、磁山文化时期就已出现的普通炊器，为什么后来从日用器皿中分化出来成为最重要的礼器呢？这大约同祭祀有关。当原始社会进入到父系氏族制以后，越来越发展了对天、地、山、川等等神祇的崇拜，并发生了祖先崇拜。这种信仰，到商、周之时，达于极点，凡有大事，都要卜问和祭祀种种神祇与祖先。《左传·成公十三年》所说"国之大事，在祀与戎"，正反映出了这个特点。祭祀当然会用牲肉，而牲肉是要放在某个器皿中的。估计正因鼎是祭祀所用盛牲之器，就被赋上了神圣的意义，于是便从日用器皿中分化出来而成为重器。甲骨文中贞即鼎（鼎）字，在鼎字含义的孳衍过程中，还保留着这种痕迹。

在《左传·桓公二年》、《宣公三年》、《墨子·耕柱》、《逸周书·克殷》、《国策·东周策》等篇章中，有夏铸九鼎，迁于商周以及其后楚、齐、秦诸国又企图从周天子手中夺取周鼎以作王权标志的传说和史实[4]，这反映出那时甚至把重鼎当作国家政权的象征物。鼎有如此重要的地位，周代自然会在礼乐制度中，把用鼎的规格作为各级贵族身份的一种重要标志。

周人的用鼎制度，应有自身的传统；当然，这并不是说用鼎有其制度是始于周人。在商代二里岗期墓葬中，已见到能否以鼎随葬和用鼎多寡的现象，应同墓主身份高低有关[5]。到了殷墟期，大量的自由民小墓用仿铜的陶觚、陶爵等礼器随葬，而不用仿铜陶鼎，鼎的使用权在贵族与平民之间，似已有了相当严格的界限。商人的用鼎制度目前虽因材料不足而不得其详，但商、周二代贵族等级制度的具体内容是不一样的，其用鼎制度当然有所差异。

周代实行的是一种天子、诸侯、卿、大夫、士的等级制度，它是建立在井田制那种经济基础上的。随着井田制的破坏，这套贵族等级制度及从属于它的用鼎等礼乐制度，自然相应地发生变化。讲具体一点，从西周到战国这八百年期间，用鼎制度发生了从严格到崩坏的变化。但是，这个变化在最近几年中，却往往被弄扭曲了。这一则是因为现有的西周材料不多，况且就完整的鼎制材料来说，至今还有缺环，容易误以为西周前期时鼎制尚未严格起来；二则是对符合当时使用情况的本来分类没有搞明白，不可避免地会弄错一些现象；三则是忽略了经济基础与上层建筑关系的唯物主义基本原理，以至出现了论述一种上层建筑是在其经济基础走向破坏时才得到加强的理论上的混乱。

从分析周代鼎制的分类及其使用制度开始，进而考察使用制度发生的变化，以研究周代社会等级制度的部分内容，便是此文写作的步骤和目的。

上篇　周代鼎制分类及其使用制度

鼎的分类工作，可以从形态和使用制度等不同的方面来进行。对研究先秦古礼及其反映的宗法奴隶制的等级制度，并进而考察其发生、发展、衰亡过程来说，自然应先搞清楚它们在使用制度上的分类。当然，二者又是有联系的，功用不同的鼎在形态上也往往有所差别，但这总是两个不同的方面。这里着重考察的，就是其使用制度上的分类。

在先秦古礼中，周代的鼎按其使用目的不同，可分为三大类，即镬鼎、升鼎、羞鼎。这是周人自己的分类，它本来在经学家中一直是相当清楚的，但考古学家却几乎不用它来分析大量发现的遗物。只有把这种在考古学界中被遗忘的制度恢复起来，才可能比较准确地研究周代的用鼎制度。

一　镬鼎的推定及其使用制度

鼎本是炊器，最初当兼有炊具和飨具两种功能。但后来发生分化，出现了专作炊具的镬和专作飨具的鼎，不过在其器物的自铭中，往往也可通称为鼎。当鼎在分化为镬鼎、升鼎、羞鼎三大类后，真正具有炊器意义的，只是镬鼎。

这种分化，最迟在商代安阳期已经开始。此时鼎、镬二字并见。甲骨文镬字作（《乙》2762）、（《前》6·45·8）等等，周初的《引鼎》作（《三代》3·14·6；《引觥》略同，《三代》18·21·3—4）[6]，字皆从鼎隻声，是此字古体。《引鼎》的镬字鼎符下从火，说明其本义就是煮牲的炊具。商代鼎字是象形字，镬字却是形声字，从文字发展的规律来考虑，最初出现的这种器皿就叫做鼎，随着用途上的分化，后来才出现镬。

周代把炊具之鼎叫镬，在“三礼”及郑玄注中说得很明白。例如：

《仪礼·少牢馈食礼》：“羹定，雍人陈鼎五：三鼎在羊镬之西，二鼎在豕镬之西。”

郑玄注《仪礼·士冠礼》：“煮于镬曰亨。”

郑玄注《仪礼·士虞礼》：“亨于爨用镬。”

郑玄注《仪礼·特牲馈食礼》：“亨，煮也；煮豕、鱼、腊以镬，各一爨。《诗》云：‘谁能亨鱼，溉之釜鬵。’”

《周礼·天官·亨人》：“掌共鼎、镬，以给水火之齐。”郑玄注：“镬所以煮肉及鱼，腊之器。既孰，乃脀于鼎，齐多少之量。”

《周礼·春官·大宗伯》：“凡祀大神，享大鬼，祭大示，帅执事而卜日宿，眡涤濯，涖玉鬯，省牲镬，奉玉盉，诏大号，治其大礼，诏相王之大礼。”郑玄注：“镬，亨牲器也。”

《周礼·春官·小宗伯》：“大祭祀，省牲，眡涤濯；祭之日，逆盉省镬，告时于王，告备于王。”郑玄注：

“省镬，视亨腥熟。”

《周礼·秋官·小司寇》：“凡禋祀五帝，实镬水，纳亨，亦如之。”郑玄注：“纳亨，致牲也，其时镬水当以洗解牲体肉。”

《周礼·秋官·士师》：“祀五帝，则沃尸及王盥，洎镬水。”

《礼记·内则》：“（炮豚、牂）钜镬汤，以小鼎芗脯于其中，使其汤毋灭鼎，三日三夜毋绝火，而后调之以醯醢。”

这都说明镬是贵族在祭祀、宴飨时煮牲肉及鱼、腊的炊具。

镬既为亨牲之器，其名即由此而得。前引郑玄注曾谓“煮于镬曰亨”，“亨于爨用镬”。亨的古音在晓纽、阳部，镬的古音在匣纽、铎部，晓、匣属双声，阳、铎可通转，古为双声叠韵。前人曾谓“由音求义，即义准音”，周人把镬中煮牲肉的动作叫亨，亨所用的炊具又叫镬，亨、镬即对音字，镬的命名当即从其功用为亨这一声音而来。

镬虽本为鼎属，因汉代以后，由于灶的发达，三足炊具大都被无足的釜属所代替，所以其时就都用釜来解释镬。如：

玄应《一切经音义》卷二引《方言》：“鍑，或谓之镬。”又引郭璞注：“鍑，釜属也。”

《说文·金部》：“镬，鑴也”；“鑴，甇也。”又，《瓦部》：“甇，大盆也。”

高诱注《淮南子·说山训》：“有足曰鼎，无足曰镬。”

其实，汉代的镬虽是釜形，以前的镬却是鼎属[7]。两周之时，有许多铜鼎自铭为“盂鼎”、“錳”、“釪鼎”、“鼾”、“鼾”和“黄镬”，便皆自称为镬。

把“盂”、“錳”、“釪”、“鼾”、“鼾”释为镬，是因为有了寿县蔡侯墓成组遗物的发现，才能够作出确切判断。

蔡侯墓出土铜鼎19件，最大的一件通高69厘米，形体很大，底部有黑烟炊痕，这就很像是煮牲之器。盖上又自铭为“蔡侯䌛之飤鼾”[8]。过去，陈梦家曾以“大”释“于”，说“它可能是形制较大的一种特鼎”[9]。这完全弄错了。古音于在喻纽，镬在匣纽，喻、匣双声；古韵于在鱼部，镬属入声铎部，鱼、铎又为一声之转，于、蒦二字，古代是可以通用的。《广雅·释诂》：“濩，污也”。污、汙同字，如《三国志·魏志·武帝纪》“赃污狼籍”，《后汉书·徐璆传》和《范滂传》即作“臧汙”。又，《史记·犀首传》“中国无事，秦得烧掇焚杅君之国”，《国策·秦策二》则作“中国无事於秦，则秦且烧焫获君之国”。《晏子春秋·外篇·不合经术者第八》：“臣闻……尺蠖食黄蟥”银雀山竹简作“臣闻㡿汙食黄其蟥”；马王堆三号汉墓出土《养生方》第一卷简9“则察观尺汙，尺汙之食”，简116“三日斥（尺）蠖”，第二卷简42作“三日尺扜”[10]。这些“蒦”、“于”相通之例，证明“蔡侯䌛之飤鼾”即“蔡侯䌛之飤镬”。从墓内全部铜鼎的组合看，此鼎亦正应为镬鼎（详《下篇》）。

传世《𪉖侯之孙鼎》，铭文又作“𪉖侯之孙陈之鼾”[11]。鼾为镬字的又一别体。王引之《经义述闻》卷二八曾谓：“《说文》‘樗，木也。’[11]以其皮裹松脂读若华，或作樗。《玉篇》‘樗’、‘樗’并胡霸、胡郭二切，字通作华。”罗振玉《𪉖侯之孙鼎跋》更直谓“彼作錳，作鼾，此作鼾，皆盂之变也。”[13]

镬、鼾、鼾既为音义相同的异体字，下列诸器，当并为镬鼎[14]：

𩰫鼎：“𩰫作且丁盟蒦。”[15]

瘨鼎：“王乎虢叔召瘨，易驹两，拜稽，用乍皇且文考盂鼎。”[16]

大鼎：“大拜稽首，对扬天子丕显休，用乍朕剌考己白盂鼎。”[17]

硕鼎：“硕稽首受命，敢对扬天子丕显休，用乍朕剌皇考盂鼎。”[18]

卫鼎：“隹卫乍文考□中姜氏盂鼎。”[19]

鄀公平侯鼎：“鄀八月初吉癸未，鄀公平侯自乍隮錳。”[20]

宋君夫人鼎：“宋君夫人之馔釪鼑。”[21]

王子吴鼎："隹正月初吉丁亥，王子吴择其吉金自乍飤鼾。"[22]

哀成叔鼎："乍铸飤器黄镬"。[23]

𠫑鼎从形态和字体看，约属西周中期；𤸫鼎为懿王三年时器[24]；大鼎郭沫若定为懿王时器，大抵与前器接近；硕鼎年代约亦与之相近；卫鼎稍晚一点；其余各鼎，除哀成叔鼎为战国初年物以外，皆属春秋。在整个周代，镬鼎是始终存在的。

分析西周窖藏与东周墓出土的成组礼器，又可推断出下列诸器亦并为镬鼎：

陕西扶风任家村出土大克鼎 1[25]；

河南辉县琉璃阁 M80 铜鼎 1；

辉县琉璃阁 M60 铜鼎 1[26]；

河南汲县山彪镇 M1 铜鼎 1[27]；

山西长治分水岭 M14 铜鼎 2（原报告Ⅰ式）[28]；

长治分水岭 M26 铜鼎 2(原报告Ⅰ式)；

长治分水岭 M25 铜鼎 1(原报告Ⅱ式)[29]；

河北易县燕下都九女台 M16 陶鼎 2(原报告Ⅰ、Ⅳ式)[30]；

湖北江陵望山 M1 陶鼎 1[31]；

江陵藤店 M1 陶鼎 1(原报告Ⅰ式)[32]；

安徽寿县朱家集楚幽王墓出土楚王酓志鼎 2[33]。

所有镬鼎，如与同出升鼎比较，一般是形体较大，形态有别。形态上的特点，在战国时是比较明显的。如上述分水岭、九女台、望山、藤店、朱家集所出，镬鼎大都最大，并皆无盖，往往保留更多的古式。同出的升鼎则大都有盖，仅仅是楚墓中有一种升鼎也是无盖，但又有兽纽、浅腹、平底诸特征，很容易同镬鼎区别开。不过，寿县蔡侯墓的镬鼎却是有盖的，同升鼎差别很小。特别是前述洛阳玻璃厂 M439 所出哀成叔鼎，既有鼎盖，形体又小，和同地同时的升鼎毫无差别[34]，所以要在成组鼎中把镬鼎区分出来，只能从镬鼎、升鼎、羞鼎三大类在用鼎制度上的关系出发，再尽可能地比较各类鼎在形体和形态上的差别。

在现存先秦史籍中，各级贵族使用镬鼎的制度已不得其详。唐贾公彦以为使用镬鼎的数字与升鼎相同，如《周礼·天官·亨人》疏曰："大夫（少牢）五鼎，羊、豕、肠胃、鱼、腊各异镬，镬别有一鼎，镬中肉孰，各升一鼎。"但孙诒让《周礼正义·亨人疏》以为"少牢肠胃与羊亦同镬，贾说未析"。孙诒让考为："王举牢鼎九，当有七镬：牛、羊、豕、鱼、腊、鲜鱼、鲜腊也，肠胃与牛、羊同镬，肤与豕同镬，其脀之则异鼎耳。"[35]

按照孙氏所说"肠胃与牛、羊同镬，肤与豕同镬"，镬鼎的使用制度为：升鼎九鼎用七镬；升鼎七鼎用五镬；升鼎五鼎用四镬；升鼎三鼎用三镬；升鼎一鼎用一镬。

现知最多的成组镬鼎，仅传世大鼎已见三件[36]，墓中出的，至多只有一二件。看来，随葬制度中使用的镬鼎，要远远少于此数。

二　升鼎的命名及其使用制度

周代各级贵族用鼎的制度，是以升鼎为中心，所以古人又把它叫做"正鼎"(《周礼·秋官·掌客》郑玄注)。但现在却通行"列鼎"这一不确切的称呼。

列鼎之称，是 1935 年发掘河南汲县山彪镇 M1 以后出现的。郭宝钧说："列鼎制度在山彪镇发掘以前，我们是不晓得的。山彪镇五鼎出土后[37]，在整理过程中，感觉到这一组铜鼎的形状，花纹相似，只是尺寸大小，依次递减，恐怕就是古人所谓'列鼎而食'的列鼎吧？"又说："根据已出土十几组列鼎出土的实例，我们清楚的了解：周自厉宣以降，统治阶级中的一些阔绰者，都爱用三、五、七、九成组的大小相次的列鼎随葬。”[38]这是第一次接触到贵族墓葬的用鼎制度问题，在考古学上开始了这个问题的研究，无疑是有贡献的。但列鼎此名，其义不合古训，所规定的大小相次的概念，仅仅捕捉到当时鼎制中的局部现象而忽略了主要内容，容易引起某些混乱。

所谓“列鼎”之列，在先秦文献中，原义是指鼎的陈设形式，而不是用来表明其性质。例如：

《仪礼·聘礼》：“腥二牢，鼎二七，无鲜鱼、鲜腊，设于阼阶前，西面南陈如饪鼎，二列。”

《特牲馈食礼》：“执事之俎陈于阶间，二列，北上。”

“二列”显然指鼎的摆法，而不是某种鼎、俎的专门名称。郑玄注《周礼·秋官·掌客》曰：“公腥鼎三十六，腥四牢也；侯、伯腥鼎二十七，腥三牢也；子、男腥鼎十八，腥二牢也。皆陈，陈列也。”这把“列”为陈列之义，讲得更明白。

当时，对其他物件也常用“列”字来表明其陈设形式。如：

《聘礼》：“醯醢百瓮夹碑，十以为列，醯在东。”

又，“米百筥，筥半斛设于中庭，十以为列，北上；黍、粱、稻皆二行，稷四行。门外米三十车，车秉有五籔，设于门东，皆三列，东陈。”

可见用“列鼎”一名来表明这种鼎所特有的性质，并不合古训。其实，如果按照用鼎的数字来称呼之，当时是据根所盛牲肉，把九鼎、七鼎叫做大牢，五鼎叫少牢，三鼎则曰牲，一鼎称特；凡一套大牢可统称为一牢，从来没有把一牢称为一列之例。

现在通行的“列鼎”概念，又造成了如下的误解，即必须造型相同、大小相次，才能相配成组，才能据而研究使用者的身份。其实，这类鼎固然至迟自昭、穆之际起已经有很多是形制相若、大小相次的[39]，但并不全是这样。有的是杂取各鼎，相配成套[40]；有的是形制相若而并非逐件大小相次[41]。判断这类鼎的成组数字，绝不能以此为唯一标准。

这类鼎的准确称谓是什么呢？

寿县蔡侯墓的出土物，又解答了这个问题。

蔡侯墓所出，除镬鼎外，还有两组铜鼎：一组九件，自铭为“鼑”；一组七件，自铭为“鼎升”，全铭为“蔡侯龖之饮鼎升”[42]。鼎是各类鼎属的泛称，鼎升则是这类鼎的专门名称。

鼎升的形符是鼎，声符是升，此字即由声符而得义，故可以把它叫做“升鼎”。

“升”本为动词，把镬中煮熟的牲肉实之于鼎这一动作即谓之“升”。如：

《仪礼·士冠礼》：“载合升。”郑玄注：“煮于镬曰亨，在鼎曰升，在俎曰载。”

《周礼·天官·内饔》：“王举，则陈其鼎俎，以牲体实之。”郑玄注：“取于镬以实鼎，取于鼎以实俎。实鼎曰脀[43]；实俎曰载。”

清胡培翚在《仪礼正义》中为“载合升”作疏云：“凡牲煮于爨上之镬，谓之亨；由镬而实于鼎，谓之升；由鼎而盛于俎，谓之载。”[44]这对升的意义讲得很清楚。“升”字既具此义，古人便借其音、义而把升牲之鼎名之为鼎升，它同前述镬、亨一样，都是借音得名。再扩大一些范围来考察，俎、载亦为同类例子。古音俎在庄纽，载在精纽，都是齿音，发声极近；古韵俎在鱼部，载在支部，支、鱼可旁转。俎、载古音既同，可知鼎升升，镬亨、俎载正可互为证明都是据其功用而借音得名的。鼎升的命名渊源既明，这类鼎无疑即可省写为“升鼎”。

《礼记·礼器》曾云：“君子大牢而祭谓之礼，匹士大牢而祭谓之攘。”这段话，既说明当时对升鼎的使用制度是很严格的，又反映出它曾不断地受到各种力量的破坏。

在现存先秦文献中，有关升鼎使用制度的记述，主要见于《仪礼》。此书写定于战国，其内容虽然大都源于西周古礼，但具体规定却基本是东周制度。对西周用鼎制度的考察，主要只能依靠地下材料；这将在《下篇》中讨论。但《左传·桓公二年》说：“武王克商，迁九鼎于雒”，战国时对西周的制度当然是清楚的，天子用九鼎为西周制度，应当是可靠的。这样，何休注《公羊·桓公二年传》所云“礼祭：天子九鼎，诸侯七，卿大夫五，元士三也”，自然可认为就是西周古制。

《仪礼》等战国书籍所记，正是东周制度。随宗法奴隶制走上衰亡阶段后，原有的等级制度及其从属的礼乐制度也就一步一步地受到破坏。《仪礼》等书中所见的制度，便已变化为：诸侯用大牢九鼎；卿、上大夫用大牢七鼎；下大夫用少牢五鼎；士用牲三鼎或特一鼎。其详如下：

1. 诸侯用大牢九鼎

《周礼·天官·膳夫》："王日一举，鼎十有二，物皆有俎。"郑玄注："'鼎十有二'，牢鼎九，陪鼎三。"《国语·楚语下》韦昭注："举，人君朔望之盛撰。"这里所谓的"王"，当为东周时期的周天子的泛称，此时周天子的用鼎制度，自然是承自西周古制。但《秋官·掌客》所载"诸侯之礼"又谓凡五等爵皆"鼎、簋十有二"。郑玄注亦云："鼎十有二者，饪一牢，正鼎九与陪鼎三。"这表明当时诸侯已经僭越天子之礼。同样的情况，《仪礼》中亦记之甚明。如：

《聘礼》宾致馆设食："饪一牢在西，鼎九，羞鼎三；腥一牢在东，鼎七。"

又，归饔饩于宾："饪一牢，鼎九，设于西阶前；陪鼎当内廉。东面北上，上当碑，南陈：牛、羊、豕、鱼、腊、肠胃同鼎、肤、鲜鱼、鲜腊；设扃鼏；膷、臐、膮，盖陪牛、羊、豕。"

贾疏引郑玄《三礼目录》曰："大问曰聘，诸侯相于无事，使卿相问之礼。小聘使大夫。""聘礼"既是诸侯彼此派卿、大夫致问之礼，用九鼎接待上宾，正说明诸侯可用九鼎；对前来致问的卿、大夫来说，接待之礼相当隆重，一般皆礼加一等[45]。又如：

《公食大夫礼》："上大夫八豆、八簋、六铏、九俎，鱼、腊皆二俎。"

礼食之时，鼎有一俎，九俎即有九鼎。此"公食上大夫礼"亦礼加一等，又为诸侯可用九鼎之证。

2. 卿或上大夫用大牢七鼎

周代卿、大夫中间的等级划分，众说纷纭。《左传》所记有卿、上大夫、下大夫三级；《周礼》则为卿、中大夫、下大夫三级。《左传·桓公三年》孔疏云："《周礼·序官》唯有中大夫，无上大夫也。《礼记·王制》曰'诸侯之上大夫卿'，郑玄云'上大夫曰卿'，则上大夫即卿也，又无上大夫矣。而此云'上大夫'者，诸侯之制，三卿五大夫五人之中，又复分为上下。《成三年传》曰：'次国之上卿，当大国之中，中当其下，下当其上大夫；小国之上卿，当大国之下卿，中当其上大夫，下当其下大夫'，是分大夫为上下也。"所谓上、中、下卿，不过三人，上大夫（即《周礼》的"中大夫"）亦仅数人，《王制》及郑玄所说，暗示出二者身份大概相同。史籍中通常讲的大夫，皆指下大夫而言。这里，就把卿和上大夫归并成一类而考察其使用升鼎的制度。

《仪礼》中有如下记载：

《聘礼》致馆设飧宾卿时用"饪一牢在西，鼎九，羞鼎三；腥一牢在东，鼎七"。

又，归饔饩于宾卿时用"饪一牢，鼎九，设于西阶前……腥二牢，鼎二七，无鲜鱼、鲜腊，设于阼阶前，西面南陈如饪鼎，二列"。

又，归饔饩于上介（即下大夫）时"上介饔饩三牢：饪一牢在西，鼎七，羞鼎三；腥一牢在东，鼎七"。

《公食大夫礼》礼食小聘大夫（即下大夫）时"甸人陈鼎七，当门，南面西上，设扃鼏，鼏若束若编"。

又，礼食上大夫之加于下大夫时"上大夫八豆、八簋、九俎"。（鼎有一俎，用九俎即有九鼎。）

"聘礼"是诸侯相问的嘉礼，先聘后食。这种礼仪既是礼加一等，诸侯接待异国宾卿用九鼎，接待下大夫用七鼎，可推知卿自身使用升鼎的制度当是大牢七鼎；公食上大夫亦用九鼎，则卿和上大夫的用鼎制度就是一样的。

3. 下大夫用少牢五鼎

下大夫（即大夫）所用常礼为少牢五鼎，《仪礼》记之甚明。如：

《少牢馈食礼》："羹定，雍人陈鼎五：三鼎在羊镬之西，二鼎在豕镬之西。"

贾疏引郑玄《三礼目录》讲这是"诸侯之卿大夫祭其祖祢于庙之礼"，此为大夫之礼很清楚。但贾公彦云：

"郑知诸侯之卿大夫者，《曲礼下》云'大夫以索牛'，用大牢是天子卿大夫，明此用少牢为诸侯之卿大夫。"把诸侯的卿大夫同周天子的卿大夫加以区别，恐为西周情况，东周之时是没有区别的，到春秋中、晚期时，至少是某些有力量的诸侯之卿甚至僭用了九鼎（详《下篇》），诸侯的卿大夫并不比天子的卿大夫礼下一等。那么，《曲礼下》"大夫以索牛"的记载，是否又说明下大夫可通用大牢呢？胡培翚《仪礼正义·少牢馈食礼疏》对此辨之甚明：

今案天子、诸侯祭宗庙以大牢，大夫以少牢，士以特牲，此礼之定制也。万氏之说[46]，似为得之。《杂记》曰："上大夫之虞也少牢，卒哭成事时附皆大牢；下大夫之虞也特牲，卒哭成事附皆少牢。"大夫卒哭附亦用大牢，孔疏谓加一等，此亦如士之丧，遣奠用羊、豕，乃是盛礼，非常礼也。郑注《曲礼》"大夫以索牛"云："索，求得而用之"，不以大夫用牛为常礼矣。《王制》曰："诸侯无故不杀牛，大夫无故不杀羊，士无故不杀犬豕"，郑注"故谓祭饗"，尤可证也。

《聘礼》致食众介亦用少牢，众介是士，"聘礼"既加常礼一等，又为用少牢是大夫礼之证。《仪礼·既夕礼》所记大遣奠时士用少牢，郑玄彼注云"士礼特牲三鼎，盛葬奠，加一等，用少牢也"，这在上引胡培翚书中已经解释清楚了。总之，下大夫礼的常制就是用少牢五鼎。

4. 士用牲三鼎或特一鼎

用五鼎还是三鼎，通常讲是大夫礼还是士礼的界限。《孟子·梁惠王下》有很清楚的记述：

乐正子入见曰："君奚为不见孟轲也？"曰："或告寡人曰：'孟子之后丧踰前丧'，是以不往见也。"曰："何哉？君所谓踰者，前以士，后以大夫，前以三鼎，而后以五鼎与？"

赵岐注：

乐正子曰：君所谓踰者，前者以士礼，后者以大夫礼，士祭三鼎，大夫祭五鼎故也。

士用牲三鼎，《仪礼》中记载甚多。如：

《士昏礼》将亲迎豫陈馔："期初昏，陈三鼎于寝门外东方，北面北上：其实特豚，合升，去蹄，举肺脊二，祭肺二；鱼十有四；腊一肫，髀不升。皆饪，设扃鼏。"

《士丧礼》陈大敛衣奠及殡具："陈三鼎于门外北上：豚合升；鱼鱄鲋也；腊左胖，髀不升。"

又，朔月奠："用特豚、鱼、腊，陈三鼎如初。东方之馔，亦如之。"

《士虞礼》陈虞祭牲酒器具："陈三鼎于门外之右，北面北上，设扃鼏。"

《士虞记》牲杀体数鼎俎陈设之法："羹饪，升左，肩臂臑肫胳脊胁，离肺，肤祭三，取诸左膉上，肺祭一，实于上鼎；升鱼鱄鲋九，实于中鼎；升腊左胖，髀不升，实于下鼎。扃鼏陈之。"

用特一鼎，亦为士礼常制。《仪礼》所记如：

《士冠礼》醮用酒："若杀，则特豚，载合升，离肺，实于鼎。设扃鼏。"

《士昏礼》妇馈舅姑："舅姑入于室，妇盥馈，特豚合升侧载，无鱼、腊，无稷，并南上，其他如取女礼。"

《士丧礼》小敛奠陈鼎实："陈一鼎于寝门外，堂东塾少南，西面，其实特豚，四鬄去蹏，两胉脊肺。设扃鼏。"

从上列材料看，士礼用牲三鼎还是特一鼎，往往是因用礼的隆盛或简杀之别。如"婚礼"的初婚将亲迎用三鼎，妇馈舅姑则用一鼎；"丧礼"的大敛奠用三鼎，小敛奠则用一鼎；丧祭的"虞礼"用三鼎，成丁的"冠礼"则用一鼎。但在墓葬材料中，用三鼎还是一鼎随葬，显然不是因为用礼的隆杀之别，大概这是由上士（即元士）、中士、下士这种等级上的差别所决定。

先秦古籍中关于东周时期各级贵族使用升鼎制度的记载，略如上述。这项工作，早在南宋绍定元年(1228年)就有杨复写定《仪礼旁通图·鼎数图》，整理了《仪礼》中的有关记述，至今仍可作为有用的索引。因此书在元、明时代虽屡经覆刊，自清代收入《通志堂经解》后，仅日本有宽政十一年(1799年)翻本，已不多见，故录其关于一鼎至九鼎的叙述于下，借而作为《仪礼》中所见升鼎使用制度的归纳[47]：

一鼎（特豚无配）：特豚。

《士冠》“醮子”。（特豚载合升。煮于镬曰亨，在鼎曰升，在俎曰载。载合升者，明亨与载皆合左、右胖。）

《士昏》“妇盥馈舅姑”。（特豚合升，侧载右胖，载之舅俎；左胖载之姑俎。）

[《士丧》]“小敛之奠”。（特豚四鬄去蹄，两胉脊肺。）

[《既夕》]“朝祢之奠”。（《既夕》朝庙有二庙则馔于祢庙，有小敛奠乃启。）

三鼎（特豚而以鱼，腊配之）：豚，鱼，腊。

《特牲》。（有上、中、下三鼎，牲上鼎，鱼中鼎，腊下鼎[48]。）

《昏礼》“共牢”。（陈三鼎于寝门外。）

[《士丧》]“大敛之奠”。（豚合升，鱼鱄鲋九，腊左胖。）

[《士丧》]“朔月奠”。（朔月用特豚、鱼、腊，陈三鼎如初。）

[《士虞》]“迁祖奠”。（陈鼎如殡。）

五鼎（羊，豕曰少牢。凡五鼎皆用羊、豕，而以鱼、腊配之）：羊、豕、鱼、腊、肤。

《少牢》。（雍人陈鼎五，鱼鼎从羊，三鼎在羊镬之西，肤从豕，二鼎在豕镬之西，伦肤九，鱼用鲋十有五，腊一纯。）

《聘礼》：“致飧众介，皆少牢五鼎。”

《玉藻》：“诸侯朔月少牢。”

少牢五鼎，大夫之常事。又有杀礼而用三鼎者，如《有司彻》“乃升羊、豕、鱼三鼎，腊为庶羞，肤从豕，去腊，肤二鼎，陈于门外如初”，以其绎祭杀于正祭，故用少牢而鼎三也。又士礼特牲三鼎，有以盛葬奠加一等用少牢者，如《既夕》“遣奠”：“陈鼎五于门外”是也。

七鼎：牛，羊，豕、鱼，腊，肠胃，肤。

《公食大夫》。（甸人陈鼎七，此下大夫之礼。）

九鼎：牛、羊、豕、鱼、腊、肠胃、肤、鲜鱼、鲜腊。

《公食大夫》：“上大夫九俎”，九俎即九鼎也。鱼、腊皆二俎，明加鲜鱼、鲜腊。牛、羊，豕曰大牢。凡七鼎、九鼎皆大牢，而以鱼、腊、肠胃、肤配之者为七，又加鲜鱼、鲜腊者为九。

《鼎数图》在最后还有“十鼎”，“十二鼎”两栏，所论为陪鼎之制。但杨氏对于陪鼎制度的归纳，颇为粗疏，故不逐录，在下面一节则将作比较仔细的论述。

三　羞鼎的功用及其使用制度

羞鼎是指升鼎以外的一种加馔之鼎。羞鼎之羞，义为滋味备致。如《周礼·天官·庖人》“与其荐羞之物”，郑玄注：“备品物曰荐，致滋味乃为羞。”又如《膳夫》“凡王之馈食……羞用百有二十品”，郑注：“羞出于牲及禽兽，以备滋味，谓之庶羞。”盛放“庶羞”的鼎，就叫做羞鼎。

羞鼎或称陪鼎。对于盛置大牢、少牢、特牲的升鼎而言，升鼎叫正鼎，羞鼎即曰陪鼎。《左传·昭公五年》“飧有陪鼎”句下孔疏引服虔曰：“陪牛、羊、豕鼎，故云陪鼎”；杜注：“熟食为飧。陪，加也。加鼎所以厚殷勤”，就是这个意思。郑玄注《周礼·天官·膳夫》和《秋官·掌客》，便以“牢鼎”、“正鼎”与“陪鼎”对言；郑玄注《仪礼·聘礼》所云“羞鼎则陪鼎也，以其实言之则曰羞，以其陈言之则曰陪”，又讲得更清楚。

羞鼎出现的原因，在于升鼎所盛肉羹往往淡而无味。《诗·鲁颂·閟宫》毛传：“羹，大羹、铏羹也。”《周礼·天官·亨人》：“祭祀，共大羹、铏羹。宾客亦如之。”郑司农注：“大羹，不致五味也。铏羹，加盐菜矣。”铏羹是置于羞鼎中的，大羹则置于升鼎。所谓不致五味的大羹，拿今天的话来讲，就是白煮肉，它无疑是起源最古老的一种肉羹。《左传·桓公二年》臧哀伯谏鲁桓公曰：“君人者……是以清庙茅屋，大路越席，大羹不致，粢食不凿，昭其俭也。”《荀子·礼论》（《大戴礼记·礼三本》、《吕氏春秋·仲夏纪·古乐》、《礼记·乐记》略同）则说：“大飨，尚玄尊，俎生鱼，先大羹，贵食饮之本也。”《礼记·郊特牲》（《礼器》略同）也说：“大羹不和，贵其质也。”在先秦贵族眼里，大羹是诸羹之本，使用它，体现着崇高传统，用郑玄的话来讲，是“乃得交于神明之宜也”（《郊特牲》注），所以在礼仪活动中把它放在首要地位。但这种白煮的肉羹，肯定很不好吃，即《淮南子·泰族训》所云“大羹之和，可食而不可嗜也”，《抱朴子·外篇·君道》说的“食薄味之大羹”。对于早已进入到文明时代的先秦贵族来说，平日真正食用的自然是备极滋味的肉羹。于是，在盛放大羹的正鼎而外，就出现了盛放“庶羞”的陪鼎。

传世有些铜鼎自铭为“羞鼎”，如：

武生致鼎：“武生致乍其羞鼎，子子孙孙永宝用之。”（二件）[49]

嫛匕鼎：“白匕乍嫛匕羞鼎，其永宝用。”（四件）[50]

姬[illegible]鼎：“郜鱃乍姬[illegible]朕（媵）羞鼎，其万年子子孙孙永宝用。”[51]

武生致鼎的形态、纹饰同于毛公鼎，是西周晚期物；其余二鼎未见图像，但铭文亦系西周字体。羞鼎肯定在西周已经出现[52]。

羞鼎既陪正鼎而用，其使用制度就和正鼎相配：正鼎用大牢，羞鼎也可用牛、羊、豕；正鼎用少牢，羞鼎则亦用羊、豕；正鼎是特牲，羞鼎就只能用豚。《聘礼》归饔饩于宾介云：“膷、臐，膮，盖陪牛、羊，豕”，郑玄注：“陪鼎三牲，臛膷、臐、膮陪之，庶羞加也”；郑玄又注《公食大夫礼》曰：膷、臐、膮，今时臛也。牛曰膷，羊曰臐，豕曰膮，皆香美之名。”膷、臐、膮就是羞鼎所盛肉羹之名。

这种致五味的肉羹，又叫“铏芼”，即《公食大夫记》所云“铏笔：牛藿、羊苦、豕薇，皆有滑”，《士虞记》（《特牲馈食记》略同）所云“铏芼用苦若薇有滑，夏用葵，冬用荁”。藿是“豆叶”，苦是“苦荼”，薇是“山菜”，滑是用“堇荁之属”的乾粉作芡（《公羊大夫记》郑注、陆玑《毛诗草木鸟兽虫鱼疏上》、《礼记·内则》孔疏）。用菜调和牲肉并加芡的羹就是“铏芼”，所以《礼记·内则》郑玄注说：“芼，谓菜酿也。”所谓“铏”，郑玄注《特牲馈食礼》谓“肉味之有菜和者”，注《公食大夫礼》又说是“菜和羹之器”，它既是这种肉羹之名，也是盛放这种肉羹的器名。《周礼·秋官·掌客》记载“诸侯之礼”为上公、侯伯、子男皆用“鼎、簋十有二”，郑玄彼注更曰：“（牵牲以往）不杀，则无铏、鼎”，明指铏与鼎即“鼎十有二”中的羞鼎三与牢鼎九。细审“三礼”及郑注，凡陈馔处有正鼎与羞鼎相配的，郑玄即把羞鼎称为陪鼎；单独出现的羞鼎则都称之为铏，而有时把与正鼎相陪的羞鼎也叫做铏，郑玄把羞鼎又叫做铏是很清楚的。

颜师古《匡谬正俗》卷八“羹臛”曾曰：“王叔师注《楚辞·招魂》云：‘有菜曰羹，无菜曰臛。’案《礼》云：‘羹之有菜者用梜，其无菜者不用梜’，又芼、藻二物即是铏羹之芼，案在其无菜乎？羹之与臛，烹者以异齐，调和不同，非系于菜也。今之膳者，空菜不废为臛，纯肉亦得名羹，皆取于旧名耳。”但清人胡培翚却以为颜说非，他说：膷、臐、膮与铏芼，正因有无菜而区别之[53]。其实，前引《閟宫》毛传与《亨人》及其郑司农注，都以大羹与铏羹并言，当时的肉羹显然主要只分此二大类，铏羹即铏芼，也就是膷、臐、膮。颜师古去古未远，其说还是可靠的。

《韩非子·喻志》：“昔者纣为象箸而箕子怖，以为象箸必不加于土铏，必将犀玉之杯。象箸玉杯必不羹菽藿，则必旄象豹胎。”（《韩非子·说林上》略同）藿即臛字，“土铏”既盛菽藿，就是陶质铏鼎。又，《韩非子·十过》所云“由余对（秦穆公）曰：臣闻昔者尧有天下，饭于土簋，饮于土铏”；《墨子·节用中》亦云“古者尧治天下，……饭于土熘，啜于土形”（《史记·秦始皇本纪》、《李斯传》、《自序》、《韩诗外传·三》、《盐铁论·通有》所述略同），“形”即“铏”字，以簋、铏对言，把铏为鼎类物品的意思表示得很清楚。

这种关系，唐人都很清楚，故贾公彦《公食大夫礼疏》曰："据羹在铏言之，谓之铏羹；据器言之，谓之铏鼎；正鼎之后设之，谓之陪鼎；据入庶羞言之，谓之羞鼎，其实一也。"直到聂崇义的《三礼图》和杨复的《仪礼图》，还都是这样认识的。

但清人却搞乱了这种关系，从王引之、胡培翚到孙诒让，一直夸大了"铏"与"陪鼎"二名之别，误以为"铏"根本不是鼎[54]。近马王堆M1所出遣册第27—29简为："牛苦羹一鼎"，"狗苦羹一鼎"，"丨右方苦羹二鼎"。苦是苦荼，苦羹无疑是和以苦荼的铏芼。又第19—22简为："狗巾羹一鼎"，"雁巾羹一鼎"，鲼禺（藕）肉巾羹一鼎"，"丨右方巾羹三鼎"。巾羹即堇羹[55]，也是铏芼。由此可知，铏芼确系放在鼎内，贾疏是正确的。《诗·召南·采苹》的释文引郑玄说，又把铏解释为"三足两耳有盖和羹之器"，这除了鼎属以外，别无它物。

把羞鼎、陪鼎、铏鼎这三个名称的关系弄清楚，才能真正把"三礼"中所记的羞鼎使用制度弄明白。《仪礼》中羞鼎的使用制度大略为：

1. 正鼎是大牢九鼎或七鼎，可陪羞鼎三，即膷（牛）、臐（羊）、膮（豕）俱全。如：

《聘礼》宾致馆设飧："饪一牢在西：鼎九，羞鼎三。"

又，"上介饪一牢在西：鼎七，羞鼎三。"

《聘礼》归饔饩于宾介："饔，饪一牢，鼎九，设于西阶前；陪鼎当内廉。东面北上，上当碑，南陈：牛，羊、豕，鱼、腊、肠胃同鼎、肤，鲜鱼、鲜腊。设扃鼏。膷、膮、臐，盖陪牛，羊，豕。"

又，"上介饔饩三牢：饪一牢在西，鼎七，羞鼎三。"

《公食大夫礼》上大夫之加于下大夫者："上大夫八豆，八簋、六铏、九俎，鱼、腊皆二俎。"九俎即九鼎，六铏当为膷、臐、膮二套。

但在不用正鼎而只陈羞鼎的地方，则或用铏鼎六，即牛、羊，豕各二鼎；或用铏鼎四，即牛二、羊一、豕一。如：

《聘礼》归饔饩于宾介："堂上……六铏继之：牛以西羊、豕，豕南牛，以东羊、豕。"

又"西夹……四铏继之：牛以南羊，羊东豕，豕以北牛。"

《公食大夫礼》为宾设正馔："宰夫设铏四于豆西，东上：牛以西羊，羊南豕，豕以东牛。"

2. 正鼎是少牢五鼎，因少牢无牛，羞鼎就只有羊、豕二鼎。如：

《少牢馈食礼》尸十一饭正祭："上佐食羞两铏，取一羊铏于房中，坐设于韭菹之南；下佐食又取一豕铏于房中，以从，上佐食受，坐设于羊铏之南。皆芼，皆有柶，尸扱以柶祭羊铏，遂以祭豕铏，尝羊铏。"

又，餕："司士进一铏于上餕，又进一铏于次餕。"

《有司彻》主妇献尸："主妇西面于主人之席北拜，送爵，入于房，主一羊铏，坐奠于韭俎西。主妇赞者执豕铏以从，主妇不兴，受设于羊铏之西……尸坐，左执爵，祭糗脩，同祭于豆祭，以羊铏之柶挹羊铏，遂以挹豕铏，祭于豆祭，祭酒。"

3. 正鼎为牲三鼎或特一鼎，无牛、羊，只能陪豚一鼎。如：

《士虞礼》陈虞祭牲酒器具，"特豕馈食，侧亨于庙门外之右，东面；鱼、腊爨亚之，北上……馔两豆菹醢于西楹之东，醢在西，一铏亚之。"

又，设馔飨神阴厌："鼎入，设于西阶前，东面北上，匕、俎从设……俎入设于豆东，鱼亚之，腊特。赞设二敦于俎南，黍其东稷。设一铏于豆南。"

上述皆以铏鼎一配牲三鼎之礼。但《特牲馈食礼》阴厌又云："及佐食举牲鼎，宾长在右；及执事举鱼、腊鼎，除鼏……主妇设两敦黍稷于俎南，西上，及两铏铏芼于豆南，南陈。"[54]这种以铏鼎二配牲三鼎之例，则必定都是膮而没有臐。总之，以牛膷陪大牢、羊臐陪少牢、豚膮陪特牲是羞鼎最基本的制度，而其使用数量则是从属于前者的第二位制度。

四 鼎与簋的相配制度

在先秦古礼中，除鼎以外，其他各种礼乐器也大都有其使用制度。其中，以鼎与簋的相配制度最为明确，因为这两种礼器，其一盛置牲肉，其一盛置黍稷，都是食之主，自然就把这二者作为标志贵族等级的主要礼器。为了在考察周代用鼎制度的地下遗存时，能多得到一些互为证明、互为补充的条件，有必要弄清楚鼎与簋的相配制度。

“三礼”中所见的这种制度是：

1. 大牢九鼎配八簋。如：

《周礼·秋官·掌客》记诸侯五等爵皆用“鼎、簋十有二”。郑玄注：“簋十二者，堂上八，西夹、东夹各二。合言鼎、簋者，牲与黍稷，俱食之主也。”

《仪礼·聘礼》致馆设飧：“饪一牢在西，鼎九，羞鼎三……堂上之馔八。”郑玄注：“堂上八豆、八簋、六铏两簠、八壶。”

又，归饔饩于宾介：“饔，饪一牢，鼎九，设于西阶前；陪鼎当内廉……堂上八豆……八簋继之，黍其南稷，错。”

《公食大夫礼》：“上大夫八豆、八簋、六铏、九俎。”

《礼记·祭统》：“三牲之俎，八簋之实。”

所谓“三牲”，即牛、羊、豕。《祭统》也是说以八簋配大牢九鼎，故郑玄注：“天子之祭八簋。”《明堂位》所言“周之八簋”，《诗·小雅·伐木》：“于粲洒埽，陈馈八簋”，毛传：“天子八簋”，皆为此义。

2. 大牢七鼎配六簋。如：

《聘礼》致馆设飧：“腥一牢在东，鼎七……西夹（之馔）六。”郑玄注：“西夹六豆、六簋、四铏两簠、六壶。”

又，“上介饪一牢在西，鼎七，羞鼎三。堂上之馔六。”

又，归饔饩于宾介：“腥二牢，鼎二七，无鲜鱼，鲜腊，设于阼阶前……西夹六豆……六簋继之，黍其东稷，错。”

又，“上介饔饩三牢。饪一牢在西，鼎七，羞鼎三。腥一牢在东，鼎七。堂上之馔六，西夹亦如之。”

《公食大夫礼》为宾设正馔：“（甸人陈鼎七）宰夫设黍稷六簋于俎西，二以并，黍当牛俎，其西稷，错以终，南陈。”

案《礼记·祭统》孔疏曾言“诸侯之祭有六簋”。汉唐的注疏，大抵皆以天子九鼎、诸侯七鼎的西周古制为言，所以孔颖达归纳的制度，也就是七鼎配六簋。

3. 少牢五鼎配四簋。如：

《礼记·玉藻》：“朔月少牢，五俎四簋。”

《聘礼》致馆设飧：“众介皆少牢。”郑玄注：“亦饪在西，鼎五：羊、豕、肠胃、鱼、腊，新至尚熟。堂上之馔：四豆、四簋，两铏，四壶，无簠。”

《少牢馈食礼》阴厌，“（雍人陈鼎五）主妇自东房，执一金敦黍，有盖，坐设于羊俎之南；妇赞者执敦稷以授主妇，主妇兴受，坐设于鱼俎南；又兴受，赞者敦黍坐设于稷南；又兴受，赞者敦稷坐设于黍南。”

《仪礼》写定于战国，商周之簋此时已往往演变为敦[55]，所以许多记述亦变簋为敦，此处主妇亲设四敦之礼，也就是设四簋之礼。下面所引“士礼”之文，凡用敦的亦皆同于用簋。

4. 牲三鼎配二簋。如：

《士丧礼》朔月奠：“用特豚、鱼、腊，陈三鼎如初。东方之馔亦如之。无笾，有黍、稷，用瓦敦，有盖，当笾位。”瓦敦有黍有稷，其数即为二。

《士虞礼》陈虞祭牲酒器具：“（于庙门外陈特豕馈食与鱼、腊三鼎）馔黍、稷二敦于阶间，西上，藉用苇席。”

又，阴厌：“俎入设于豆东，鱼亚之，腊特。赞设二敦于俎南，黍其东稷。”

《特牲馈食礼》阴厌："（佐食及执事举牲、鱼、腊三鼎）主妇设两敦，黍、稷于俎南，西上。"

此外，《士昏礼》初婚将亲迎谓"陈三鼎于寝门外东方……馔于房中，醯酱二豆，菹醢四豆，兼巾之；黍、稷四敦，皆盖"；下文妇至成礼亦叙述了三俎，六豆，四敦的陈设位置，好象是以四簋配三鼎。其实，三鼎是夫妇共之，四敦则为"夫妇各二"[58]，仍是以二簋配三鼎。

牲三鼎配二簋为常制，但有时亦用二簋配特一鼎。如：

《特牲馈食礼》视濯视牲："陈鼎于门外北面，北上，有鼏……几席两敦在西堂。"

又，祭日陈设："羹饪实鼎，陈于门外如初……盛两敦陈于西堂"。

但据《士冠礼》醮用酒、《士昏礼》妇馈舅姑、《士丧礼》陈鼎实、代哭等处所记，凡用特一鼎时，又往往无簋相配。

总括起来，对正鼎而言，九鼎配八簋、七鼎配六簋、五鼎配四簋、三鼎配二簋、一鼎无簋，是周代常制。不过，周代丧祭时又有所谓"阴厌"（尸未入时设祭于奥，即室中西南隅）和"阳厌"（尸既出后改设祭于屋漏，即室中西北隅）的活动，要以簋等礼器供鬼神之食[59]。供厌就要拿出一部份礼器，留下的礼器叫做"[illegible]"（或作"餕"），所以又有所谓"天子八簋，餕以六；诸侯六簋，餕以四；大夫四簋，餕以二；士二簋，则其餕也一而已"[60]的复杂情况。

主要从古籍来整理周代的用鼎制度，当然不可能完全反映出实际存在的复杂情况。第一，这种制度不是一成不变的，而这在现存古籍中是看不清楚的；第二，各级贵族由于用礼隆杀的不同，除了允许使用所能达到的最高规格的鼎制外，还可使用较低规格的鼎制，所以往往见到许多套不同规格的鼎制同时存在的现象，而这在古籍中也是语焉不详的；第三，总是会有一些同规定制度略有出入而现在还未能判其原委的事例。这必须对发现愈来愈多的考古材料进行整理，上面作的简单的归纳，仅仅是为这项考察工作寻找一个进行分析的起点。

在《下篇》中，就从考古遗存中的材料出发，看看周代贵族的用鼎制度，究竟经过了一个怎样的历史过程。

下篇　周代用鼎制度的变化

同世界上一切事物都有其发生、发展、衰亡的过程一样，用鼎制度也有这个过程。《上篇》所述夏铸九鼎，迁于商、周，秦时遭到覆没的传说，暗示出这种制度大约发生于夏代，商、周继而用之，秦以后则崩坏殆尽。

在周文化以前的客省庄二期文化遗存中，不见鼎类陶器，估计周人的用鼎制度最初是受商人的影响而产生，以后又发展起了自身的特点。它在武王灭商以前究竟发展到什么程度，至今仍很不清楚。但已有考古材料可以表明，在西周前期就已经有了像《上篇》讲的那种完整形态，并受到周王室和五等爵制的两套等级关系的约束；从西周后期开始，原有的制度则走上了破坏阶段；到战国时期，已处在急速崩坏的形势中；西汉中期以后，则几乎完全被另一套以大土地所有制为基础的庄园经济所制约的新礼俗代替。用鼎制度的兴衰同宗法奴隶制从兴盛到蜕变的过程竟是如此吻合，足以表明后者正是前者的经济基础。

马克思指出："生产关系的总和构成社会的经济结构，即有法律的和政治的上层建筑竖立其上并有一定的社会意识形式与之相适应的现实基础。""随着经济基础的变更，全部庞大的上层建筑也或慢或快地发生变革。"[61]经济基础最终决定上层建筑命运的理论，正是打开用鼎制度兴衰根源之门的钥匙。但很早以前郭宝钧提出的这种制度形成于西周晚期说，却至今仍风靡于世。如果以这种看法为基点而逻辑地解释用鼎制度产生的因缘关系，就等于说建立在宗法奴隶制度经济结构上的那种上层建筑，是要到它的经济基础走上破坏阶段时才出现。在理论上，这显然存在着矛盾。于是，几年以前便出现一种把包括用鼎制度在内的先秦礼乐制度，说成是西周中期以后为挽救奴隶制危机而"严格制度化"[62]的新解释。可是实际情况并没有解脱这个困难，周代用鼎制度的实物遗存，恰恰表明从此以后并非开始制度化，而是原有制度的逐步破坏。

现在，就具体观察一下体现这些制度的实物遗存吧！这当然不包括另有自身历史文化特点的遗存。像安徽屯溪墓这种西周遗存和江苏六合程桥墓、广东越人墓等东周遗存，属于吴、越文化系统，用鼎制度同周人有别，需另作考察。

一　西周前期用鼎制度的考察

要了解周代用鼎制度是否发生变化？发生了什么变化？自然应先把西周制度，尤其是西周前期的情况搞清楚。

自汉以来，以为“三礼”所记皆三代古风、西周遗训的观念，统治人间达二千年之久。本世纪以来资产阶级史学的疑古学派，打破了这个传统，发现这顶多是东周制度的记录，以前究竟有无这些制度，尚须从新追索。于是，传统概念中的西周制度，一下子变为虚无飘渺、不可捉摸的东西。用鼎有其制度始于西周晚期说，实质上也是这种史学思潮的产物。建国以来，特别是近几年来的考古发现，使古老的传统概念似乎又要复活。人们一次又一次地看到“三礼”所记用鼎制度的完整形态，确是西周就有，只是从西周后期开始，随着井田制和氏族宗法制的动摇，通过诸侯与天子之卿用“僭越”方式提高了自身的用鼎规格而一步一步地破坏下去。这真是“否定之否定”，人们的认识似乎是简单的往复，实际上当然是向接触问题的本质方面大大深化了一步。

这里所谓的西周前期，大体指武王至恭王时期。《史记·周本纪》云：“懿王之时，王室遂衰，诗人作刺。懿王崩，共王弟辟方立，是为孝王。孝王崩，诸侯复立懿王太子燮，是为夷王。”西周奴隶制是以氏族宗法制为其组织形式的，而这种宗法制又以长子继承制为其不可动摇的传统。懿王死后由其叔父继承王位一事在那样一种宗法制的环境中，对当时的周人来说，该有多么强烈的震动啊！从孝王篡权到诸侯复立懿王太子，无疑是一场激烈的政治斗争，而这场斗争当然正是氏族宗法制已发生尖锐矛盾的具体表现。就是从这时期开始，贵族之间转移土地的现象出现了，往日的贵族地位出现了变动，公社农民和贵族的矛盾随着土地私有现象的发生而逐步激化起来，用鼎制度也就开始变化。所谓“懿王之时，王室遂衰”，实际是整个宗法奴隶制走上衰亡阶段的开端，“共王弟辟方立”便是氏族宗法制发生动荡的体现物。从此以后接连出现的厉王时的国人暴动，共伯和的摄王政，乃至平王东迁，都是宗法奴隶制在衰亡道路上留下的明显踪迹，而懿、孝时期正是这个大变化的转折阶段。

现能搜集到反映这时期用鼎制度的实物遗存38组。凡墓葬所出只要经过扰乱已无法确断原来成组情况的，为尽量避免不准确的估计，皆不收入；属于这时期的窖藏出土材料，因原有组合都是本来就不齐全，亦概不收入。

这些材料，依正鼎为准，还只有少牢五鼎、牲三鼎和特一鼎三类。下面就先逐类、逐组考察之，然后再归纳、分析这时期用鼎制度的基本形态。

1. 少牢五鼎类

（1）甘肃灵台白草坡M1所出铜圆鼎5、方鼎2与簋3等，皆成、康时物。同出铜尊、卣铭“潶白乍宝尊彝”，潶伯即墓主[63]。

圆鼎大小有别，三件柱足（5—7号），二件分裆（1、4号）。五件鼎虽分两种形态，从铜鼎的全部组合关系来考虑，应是少牢一套；加上方鼎二，当即少牢五鼎陪羞鼎二之制。如果按照过去所流行的“列鼎”概念来分析，则就会仅仅把柱足圆鼎理解为正鼎，而把分裆圆鼎和方鼎统统当羞鼎来看待，但牲三鼎一般不陪羞鼎二，这显然不合周人之制。按之周制，五鼎应配四簋，此墓却只出三簋，疑此墓因经崩坍而曾遗失一簋。

（2）白草坡M2所出铜方鼎2等，铭“㦿白乍宝尊彝”[64]。此墓时代稍稍晚于M1，其规模及随葬品，除缺圆鼎及簋以外，皆与M1极相似，很象是未置正鼎及与之相配的簋而只用羞鼎随葬，故亦置于此类。

（3）陕西宝鸡竹园沟M1的铜圆鼎5与簋3等，时代约属康、昭[65]。此墓情况同白草坡M1近似，也是五鼎中有三鼎形制相同并大小相次（1、3、5号），并只有三簋，但因又是农民挖出大部分遗物后再清理残墓的，故怀疑原来也是五鼎配四簋的完整组合。

（4）宝鸡茹家庄M1与M2所出弶伯及其前、后妻的昭、穆之际的成组铜器。有：

M1乙椁室的圆鼎4，大小相次（乙：10—13号），另有带盘鸟足圆鼎1（乙：17号）；方鼎3，亦大小相次（乙：14—16号）；双耳簋4（乙：4—7号）；双环簋1（乙：8号）等。

M2有可分三种形态的圆鼎4（1—4号）和独柱带盘鼎1（6号）；方鼎1（5号）；双耳簋4（7—10号）；双环簋1（11号）等。

M1甲椁室的圆鼎5（甲1—5号），大小相次；簋4（甲：6—9号）等[66]。

M1乙室所出鼎、簋之铭，主要为“弶白乍自为鼎毁”；M2的鼎铭主要为“弶白乍井姬用鼎”；M1甲室的鼎、簋之铭为“兒”。弶伯当为M1乙室墓主，M2墓主井姬是弶伯之妻，M1甲室墓主“兒”约为弶伯后妻。《礼记·玉藻》云“夫人与君同庖”，郑玄注《周礼·天官·膳夫》亦云“后与王同庖”，“同庖”当然意味着用鼎同制。贵族夫妇既然用鼎同制，这三室的用鼎规格自然基本相同。

分析各室鼎制，M1乙室是用少牢五鼎（乙：10—13、17号）配双耳簋四（乙：4—7号），还有牲三鼎（乙：14—16号）配双环簋一（乙：8号）；M2则用少牢五鼎（1—4、6号）配双耳簋四（7—10号），以及特一鼎（5号）配双环簋一（11号）；M1甲室只用少牢五鼎（甲：1—5号）配四簋（甲：6—9号）。

2. 牲三鼎类

（5）陕西扶风庄白录子伯㺇墓的铜鼎3与簋2等。鼎由带盖椭方鼎二（原报告Ⅰ、Ⅱ式）和圆鼎一（原报告Ⅲ式）组成。簋亦为两种形态[67]。这些鼎、簋，虽然形态有别，但从整个组合看，显然是很规整的一套牲三鼎配二簋。器上皆有伯㺇之铭。伯㺇是穆王时人，据传世录㺇卣、录簋、录伯㺇簋，其祖先为录国诸侯，成王时臣服于周，穆王时伯㺇称其父为釐王[68]。但传世大保簋铭曰“周伐录子耶”（《三代》8·40·1），可知周人对录国的封爵为子，王仅是录国诸侯的自称。伯㺇从其称谓看是长子，按周代之制，当嗣为“录子”。此墓既在岐周发现，可证录子伯㺇直接致仕于周，从用鼎制度分析，级别与元士同。

（6）扶风刘家丰姬墓所出铜圆鼎3与簋2等。鼎大小相次，其一铭“白乍宝”。二簋形制全同。同出卣铭“甗季遽父乍丰姬宝尊彝”[69]。这是穆王时期的一套更规整的三鼎二簋。

（7）陕西长安普渡村长甶墓的铜圆鼎4与簋2等。据同出长甶盉铭，墓主长甶亦穆王时人。四鼎大小相次，最大的通高37.5，最小的通高16.5厘米[70]，当是由牲三鼎和另一类鼎组成。在所有两周墓中，凡用牲三鼎和特一鼎的，都不加镬鼎而常陪羞鼎，羞鼎的形体又比同出的升鼎为小（详下），故可推知这是正鼎三和陪鼎一的组合，最小一鼎为羞鼎。

3. 特一鼎类

有一鼎、一鼎一簋、一鼎二簋、二鼎、二鼎一簋、二鼎二簋六种组合形式。

已发现的这六种组合的材料如：

类别	出土单位	组合	材料来原
一鼎	（8）陕西扶风召李村M1	铜圆鼎1等	[71]
	（9）陕西长安张家坡M219	铜圆鼎1等	[72]
	（10）陕西长安张家坡M162	铜圆鼎1等	[73]
	（11）河南浚县辛村M55	铜圆鼎1等	[74]
	（12）北京房山琉璃河M50	铜圆鼎1等	[75]
	（13）北京房山琉璃河M52	铜圆鼎1等	[76]

类别	出土单位	组合	材料来原
一鼎一簋	(14)河南上蔡田庄墓	铜方鼎1簋1等	[77]
	(15)河南洛阳北瑶墓	铜圆鼎1簋1等	[78]
	(16)河南襄县霍庄墓	铜圆鼎1簋1等	[79]
	(17)河南浚县辛村M60	铜圆鼎1簋1等	[80]
	(18)河南浚县辛村M76	铜圆鼎1簋1等	[81]
	(19)北京房山琉璃河M54	铜圆鼎1簋1等	[82]
	(20)北京昌平白浮M2	铜圆鼎1簋1等	[83]
	(21)甘肃灵台姚家河M1	铜圆鼎1簋1等	[84]
	(22)陕西岐山贺家M5	铜圆鼎1簋1等	[85]
	(23)陕西长安张家坡M178	铜圆鼎1簋1等	[86]
	(24)陕西长安张家坡M101	铜圆鼎1簋1等	[87]
	(25)陕西长安普渡村M2	铜圆鼎1簋1等	[88]
	(26)甘肃灵台西岭M1	铜圆鼎1簋1等	[89]
一鼎二簋	(27)陕西宝鸡峪泉墓	铜圆鼎1簋2等	[90]
	(28)河南浚县辛村M29	铜圆鼎1簋2等	[91]
二鼎	(29)甘肃灵台洞山M1	铜圆鼎2等,大小、形态不同	[92]
	(30)陕西扶风齐镇M3	铜丕㫚方鼎2等	[93]
	(31)山东黄县归城姜家墓	铜圆鼎2等,大小不同	[94]
二鼎一簋	(32)陕西长安马王村车站墓	铜圆鼎2,大小、形态不同;1簋1等	[95]
	(33)河南洛阳东郊郑州铁路局钢铁厂工地墓	铜圆鼎2,大小,形态不同;簋1等	[96]
二鼎二簋	(34)陕西泾阳高家堡墓	铜圆鼎2,纹饰不同;簋2等	[97]
	(35)北京昌平白浮M3	铜圆鼎2,其一残;簋2等	[98]
	(36)陕西扶风上康村M2	铜圆鼎2,略有大小;簋2等	[99]
	(37)湖北江陵万城"北子"墓	铜圆鼎2,大小、形态同否未详;簋2等	[100]

凡一鼎与一鼎一簋、一鼎二簋,显然都属于特一鼎之制。《上篇》讲到,在《仪礼》中,一鼎无簋似为常制,一鼎二簋曾偶一用之。从实际遗存看,在西周前期,一鼎无簋固然常见,一鼎一簋则更为多见,一鼎二簋确较少见。

那些二鼎及二鼎一簋、二鼎二簋的组合,又该怎样解释呢?

《礼记·郊特牲》曰:"鼎俎奇而笾豆偶。"这里所谓必为奇数之鼎,指正鼎正言,故知二鼎当为两类鼎的组合。上述二鼎,正差不多都由不同形态或不同纹饰以及大小差别显著的两种鼎组成,其一鼎当为升鼎,另一鼎从形体都不很大这方面来考虑,估计不会是镬鼎而应当是羞鼎。《礼记·内则》曾云:"钜镬汤,以小鼎芗脯于其中,使其汤毋灭鼎,三日三夜毋绝火",这是讲用一种小鼎煮豚、羊,是放在大镬的汤中微热三日三夜而使之香美,所煮的豚、羊,当然就是所谓的羞味。烹煮羞味的小鼎虽然不是羞鼎本身,但从而可知羞鼎当是比较小的。前述(1)例白草坡M1的羞鼎,以及后面将要论及的东周羞鼎,形体正都比同出升鼎为小,二鼎中较小的一件,当为羞鼎。把这一点肯定下来后,就知二鼎一簋或二鼎二簋,也就是一鼎一簋或一鼎二簋再陪羞鼎一。传世《寏簋》有铭曰“王为周寏易贝五朋，用为宝器鼎二、段二”（《三代》8·31·3；又寏鼎略同，见《三代》4·10·1），在西周后期的郑季盨、函皇父簋和春秋的𥫗鼎等铭文中，作鼎的数字都是正鼎加陪鼎的总和（皆详下述），可知此处“鼎二、段二”之铭，正为正鼎一加陪鼎一配二簋这种组合之证。

4. 西周前期用鼎制度与五等爵制关系的推测

上述材料表明，最迟到昭、穆时期，少牢五鼎、牲三鼎、特一鼎的升鼎制度，以及正鼎五和陪鼎二、正鼎三或正鼎一和陪鼎一，还有五鼎配四簋、三鼎配二簋、一鼎无簋和一鼎配一簋或二簋的制度，都已具备，而其中除牲三鼎及与其相配的几种组合外，都已见到成、康时期的遗存，所有这些组合的出现时间，当不会晚于周初。这些组合方式，除一鼎配一簋文献阙载外，都和“三礼”所述相符，从而可推知“三礼”中的大牢九鼎、大牢七鼎以及正鼎九和陪鼎三配八簋、正鼎七和陪鼎三配六簋之制，当时也一定存在。从周初开始，这套用鼎制度显然已具完整形态。

据上述材料，又知把一套正鼎作成大小相次的形态，要到昭、穆时期才比较普遍，像（1）、（3）诸较早之例，就都是用两种形态的鼎来组成少牢五鼎。以后，也常用不同形态的鼎来相配成套，如（4）例茹家庄M1乙室和M2所出，即用二或三种形态的鼎来组成少牢五鼎。当然，后者的形成也可能是因原有的成套升鼎有所遗缺，才找它鼎配入补齐，但这至少说明形制相同、大小相次并非一套升鼎必须遵守的规定。

756

茹家庄M1乙室和M2中少牢五鼎和牲三鼎或特一鼎两种以上规格鼎制的同出之例，在时代更晚的窖藏或墓葬中所见甚多，这又说明当时因各种礼仪的内容不同，除最高规格的鼎制当依主人身份而有严格限制外，较低规格的鼎制则允许同时使用。对这些有多种规格鼎制共存的材料，自然应据其最高规格来判断主人的身份。

这种规格，在“三礼”中是天子与诸侯都用九鼎，他们属下的卿都用七鼎，大夫都用五鼎，士都用三鼎或一鼎，可是《公羊·桓公二年传》何休注则谓“天子九鼎，诸侯七，卿大夫五，元士三”，西周的本来制度究竟是哪一种呢？要肯定地回答这个问题，最好是等待西周前期各种用鼎规格的完整材料统统有所发现，但现有材料已多少提供了一些探明事实真相的线索。

从（1）、（2）、（4）例看，都用少牢五鼎随葬，墓主身份似都为大夫一级。然而（1）例白草坡M1的墓主叫㴱伯，（2）例白草坡M2的墓主叫㶟伯，（4）例茹家庄M1乙室的墓主叫强伯，其中是否有诸侯之伯呢？从金文中的称谓来考虑，凡诸侯皆作“某王”、“某公”、“某侯”、“某伯”、“某子”、“某男”等，行辈则习称“伯某父”、“孟某父”、“仲某父”、“叔某父”、“季某父”等，或下无“父”字，但亦偶见“某仲”、“某叔”、“某季”之称，故“某伯”究竟是指爵等还是行辈，现在还难以确断。不过，至少有些“某仲”、“某叔”、“某季”乃是氏称，例如虢仲、虢叔、虢季等；而且周代又是实行嫡长制，“某伯”一称当然往往可兼有诸侯之伯与行辈之伯的两重意义。金文中常见的“某伯”，至少有相当一部分是诸侯。强伯从其墓的形制来分析，应当是诸侯。

强伯及其夫人之墓都带墓道，墓道在周代称隧道或羡道，而在西周是只有天子及诸侯才能具有的。《左传·僖公二十五年》及《国语·周语中》皆谓晋文公纳定周襄王于郏以后，曾“请隧”以葬，周襄王因为这是王制而弗许。贾谊在《新书·审微》中解释曰：

> 古者周礼，天子葬用隧，诸侯县下。周襄王出逃伯斗，晋文公率师诛贼，定周国之乱，复襄王之位。于是襄王赏以南阳之地。文公辞南阳，请即死得以隧下。襄王弗听，曰：“周国虽微，未之或代也。天子用隧，伯父用隧，是二天子也。以地为少，余请益之。”文公乃退。

《国语》韦注引贾逵说及《左传》杜注，皆袭贾谊说而谓诸侯无墓道。但《史记·卫康叔世家》曰：“（周宣王四十二年，卫之共伯弟和）袭攻共伯于（卫釐侯）墓上，共伯入釐侯羡自杀。”羡道即隧道（《周礼·春官·冢人》郑玄注），可知诸侯墓至迟到西周后期也是有墓道的。后来，贾公彦以为隧道和羡道的形制有别，故在《冢人疏》中讲“天子有隧，诸侯已下有羡道”；孔颖达又以为二者无别，所以在《礼记·檀弓》疏中说《春秋》是讲“天子有隧，以羡道下棺”。这种争论可以先撇开，西周之时只有天子和诸侯这些最高等级的贵族之墓才能有墓道则是很清楚的。在已经发掘的西周墓中，除茹家庄墓以外，确实仅河南浚县辛村有八座大墓带墓道，而那些大墓又都是卫国“公侯或君夫人的墓”[101]。从筑墓制度看，強伯的身份就不象是大夫，而应是诸侯。

一个诸侯之伯，为什么只用少牢五鼎这种大夫之礼呢?

这当和周人的五等爵制有关。

《国语·周语中》曾谓，周襄王曰：“昔我先王之有天下也，规方千里，以为甸服，以供上帝山川百神之祀，以备兆民之用，以待不庭不虞之患。其余以分公、侯、伯、子、男。”《孟子·万章下》又记述当时传闻的西周五等爵制曰：“天子之卿，受地视侯；大夫受地视伯；元士受地视子、男。”这种受地之制，正如列宁在概括哲学上一般和个别的关系时所说：“任何个别（不论怎样）都是一般。任何一般都是个别的（一部分，或一方面，或本质），”[102]里面应当包含着五等爵和天子属下的卿、大夫、士之间等级比较关系的一般意义。从这种比较关系出发，可推知五等爵的用鼎制度当是：公、侯同于天子之卿；伯同于天子之大夫；子、男同于天子之士。上述強伯乃至潶伯、㴱伯皆用少牢五鼎，其制同于天子之大夫，恰恰合乎这种制度；（5）例录子伯㦰墓用牲三鼎随葬，（37）例北子墓用特一鼎随葬，皆用士礼，也正同这种制度相符。这就可知关于五等爵用鼎制度的推测，并非仅仅是逻辑的推理。至于《礼记·王制》所说“天子之三公之田视公、侯，天子之卿视伯，天子之大夫视子、男，天子之元士视附庸”，以及《尚书·尧典》“分北三苗”句下孔疏引郑玄所说“流四凶者，卿为伯，大夫为子、男，降其位耳”，虽是后起的说法，也如《孟子》所述那样，表明了周天子属下和五等爵属下贵族级别上的差异。

自从半个世纪以前傅斯年提出“五等爵之本由后人拼凑而成”之说后[103]，郭沫若同志亦发表了批判周人五服五等之制的文章[104]，西周的五等爵制以及与之相应的五服说，似乎很少有人相信了。尽管很多人见到康王时盂鼎铭中“隹殷边侯甸”（《三代》4·42·1下）的追述，知道早在商代就存在着邦畿之外的侯服、甸服之制，又见到成王时令彝铭中的“暨诸侯：侯、甸、男，舍四方命”（《三代》6·56·2），亦知这正和五等爵制相呼应，但总是以为金文中的公、侯、伯、子、男无定称，所谓西周有五等爵之制，是东周以后的捏造。其实，过去所谓的金文中的爵称无定制，往往可由以下几种情况造成：一是某些同名的封地本非一国，自然可因封爵本异而出现不同的爵称；二是某些诸侯因时代相移而发生过变动其爵称之事；三是某些在本国自称为王的封国，周王室则仍以初封的爵称来称呼之，如此等等。还应当考虑到，五等爵在当时实际主要是三等，如《孟子》谈到的受地之制，就明确分为侯、伯、子男三等，没有提到的公，当与侯基本是同一等的；《周礼·秋官·掌客》所述亦仅公、侯伯、子男三等，以侯与伯、子与男为同等。从金文材料看，《孟子》之说更接近于西周实况，《周礼》中的说法大概是后起的。但不管怎样，都是把五等爵归并为三等。值得注意的是在上述令彝中也只是说到三等，甚至在甲骨文中也只有侯、伯二等或侯、伯、子三等，《汉书·王莽传上》所载居摄二年王莽上奏亦曰：“殷爵三等，有其说，无其文”，周初的爵等实际只有三等应当是没有问题的。既然五等爵实际是三等，某些实际为同一等的爵称，当时大概可通用，这样自然会出现一些所谓无定称的现象。

很久以来，因金文材料大多无可靠的出土地点和共存关系，便很容易造成错乱的推论，现在出土情况明确的材料愈来愈多，就有可能追寻到西周五等爵制的真正踪迹。对強伯、录子伯㦰、北子等墓用鼎制度的考察，便终于使我们看到几个能够反映西周前期确实存在五等爵制的例子。可以估计，对五等爵制的认识，也会象对用鼎制度的认识一样，经历着“否定之否定”的过程。

发现了西周前期五等爵与天子所属各级贵族用鼎制度的对应关系，当然可肯定《公羊传》何休注讲的用鼎规格，确是西周的本来制度。概括地说，这时期周王室自有一套天子九鼎，卿七鼎，大夫五鼎，士三鼎或一鼎的制度，而又有另一套公、侯七鼎，伯五鼎，子、男三鼎或一鼎的制度。存在这样两套严格对应的用鼎制度，无疑即意味着当时的贵族等级制度以及与之相适应的用鼎等礼乐制度，正处在何等严密的状态！所有这时期的用鼎遗存从未见任何逾制的迹象，又表明这种制度在当时该是多么稳定啊！

经济基础最终决定上层建筑命运的理论，是放之四海而皆准的真理。用鼎制度的严格和稳定，正反映出这时期的井田制和建立其上的等级制度，也是处在稳定状态中。

二 西周后期至春秋初的第一次破坏

考察懿、孝以后的遗存，可以看到西周前期已经形成完整形态的那套用鼎制度，从此进入到逐步破坏的阶段。起初是一部分诸侯与天子之卿这一类的贵族僭用了过去的天子之礼；随后几乎所有诸侯和某些诸侯之卿也僭用了天子之礼；最后是传统的鼎制发生大紊乱。这是周初那种贵族等级制度一次又一次地遭到破坏的结果。

从西周后期到春秋初，是这个破坏过程的第一阶段。属于这阶段的用鼎遗存，排除掉被扰墓葬和窖藏中原有组合本来就不完整的材料，加上有铭文可说明鼎制的传世铜器，可收集到53组；其中，仅仅是长安张家坡M222的出土物，因是现知唯一能说明西周后期开始使用仿铜陶鼎的材料，故墓虽被盗，亦收入在内。这些材料，已基本包括了用鼎的五大类组合，各类升鼎都已具备。

1. 大牢九鼎类

（38）扶风庄白窖藏（76FZH1）所出懿王时微伯史㾓的铜簋8等。作器者“㾓”，或称“微伯㾓”（箭、匕铭），又称“微㾓”（釜铭），族徽为𢅨，在武王灭商后，自其烈祖起，世代为周王史官。㾓钟铭谓“㾓”为“左尹氏”，尹氏即作册尹，也就是内史，㾓仍为史官。同出的鬲铭曾单称“微伯”，“微”既为封地，“微伯”当即封爵之称[105]。宋代出过一件微伯娟氏鼎，铭为“重乍微白娟氏□鼎，永宝用。𢅨。”（《啸堂》上·17·2）其族徽既同，当是一个微伯。此窖虽基本未瘗铜鼎，但八簋是用来配九鼎的，微伯史㾓当用大牢九鼎[106]。

（39）传出宝鸡厉王时的虢仲盨盖铭：“兹盨友十有二。”[107]西周后期往往以盨代簋，“盨友十有二”等于说用簋十有二。《周礼·秋官·掌客》言五等爵皆用鼎、簋十有二，郑玄注：“簋十二者，堂上八，西夹、东夹各二”，故王国维曾谓“虢中以畿内诸侯为天子三公，正宜用上公及侯、伯之礼也”。[108]由盨（簋）相推，虢仲氏的虢公用鼎当为十有二，即正鼎九和陪鼎三。

（40）岐山董家窖藏所出铜器群中的此鼎3与此簋8等。鼎、簋皆宣王十七年十二月乙卯铸，故知《此鼎》当有遗失，原来应是九鼎成组。鼎铭“王乎史翏册令此曰：‘旅邑人善夫’”，此的官职是膳夫[109]。

（41）扶风上康村窖藏出的幽王时函皇父组铜器，有鼎4、簋4和匿1、甗1、壶2、罍2、盘1、匜2等[110]。盘铭云：“函皇父乍琱娟般、盉、隣器、鼎、簋一具，自豕鼎降十有一，簋八，两罍，两镜”[111]。周人以正鼎九和陪鼎三、或是正鼎七和陪鼎三为制，“自豕鼎降十有一”当为“十有二”之误。鼎、簋之铭则为“自豕鼎降十有”[112]，皆遗“二”字。今存窃曲纹的函皇父鼎，铭37字，通高57厘米，当为正鼎之一；重环纹的函皇父鼎，铭17字，通高29.5厘米，应为陪鼎之一[113]。《诗·小雅·十月之交》云“皇父卿士”，函皇父职至卿士，而卿士为西周的最高官职。

（42）传世幻伯妊簋铭：“孟𠊧父乍幻白妊賸毁八”[114]，时代属两周之交。周制既然是“夫人与君同庖”（《礼记·玉藻》），幻伯的夫人用九鼎八簋，幻伯自身当亦用此制。

（43）湖北京山苏家垅曾侯墓所出铜圆鼎9与簋7等。鼎大小相次，最大的两件铭“曾侯中子斿父自乍𩰫彝”。簋由两种型式配成，已缺其一。时代为两周之际[115]。

作器者之名，在同出铜箭和铜壶中作“曾中斿父”；传世曾子斿鼎铭又作“曾子斿择其吉金，用铸□彝”[116]。对比这几种称呼，可知“曾仲”即“曾侯仲”，“斿”即“子斿”，“父”为男子美称。郭沫若发现，周宣王时的“虢文公子段”（虢文公子段鼎）又称“虢季氏子段”（虢季氏子段鬲），“文公”是虢公生号，“子段”乃人名[117]。此例可证“曾侯”是封爵之号，“曾仲”为氏称，“子游”是其名。

曾国有好几个。有的附庸于齐（《春秋经·僖公十四年》），有的附庸于郑（《左传·襄公元年》），有的与申国为邻（《国语·郑语》韦昭注），有的附庸于楚。宋代安陆曾出曾侯钟（《啸堂》下·90·1），与此曾侯鼎出土地近，这一带的曾国，就是附庸于楚国的。这个曾国，刘节曾据叔姬邛妳匿铭“叔姬鄦乍黄邦，曾侯乍叔姬邛妳賸器𩰫彝”（《三代》10·20·2）说：“此器所谓叔姬，必为曾侯之妹或女嫁于黄国者”，又据江仲妳钟和曾姬无卹壶而谓“江、黄、曾、楚，皆互为姻娅”[118]。此墓出的铜鬲铭“隹黄口口用吉金乍鬲”，当为黄国媵器。墓中既有此媵器，墓主可能是曾侯夫人，但曾侯同其夫人的鼎制是相同的。

2. 大牢七鼎类

（44）扶风任家窖藏所出铜器群中的大克鼎1、小克鼎7、中义父鼎5与中义父鼎3等[119]，皆厉王时器。柯昌济指出“仲义父即克，周人名克多字子仪”[120]，这些鼎正是一人之器，故同出一窖。大克鼎是现知最大的西周铜器，像这样巨型的大鼎，当为镬鼎。小克鼎无疑是一套大牢七鼎。中义父鼎有五件皆铭17字，末有族名“华”；三件皆铭6字。这八件中义父鼎，显然是少牢五鼎和牲三鼎各一套。在厉王十八年至二十五年时，克为膳夫，在此以前或以后，克曾为师[121]，作小克鼎时，官职即为膳夫。

（45）河南三门峡市上村岭虢太子墓（M1052）所出两周之际的铜圆鼎7与簋6等[122]。其鼎大小相次，簋亦形制相同，是很整齐的一套大牢七鼎配六簋。

（46）传出陕西户县的宗妇鼎鄁嫛鼎7与宗妇鄁嫛簋6等[123]，铭皆为“王子剌公之宗妇鄁嫛为宗彝𩰫彝，永宝用。以降大福，保辥鄁国。”郭沫若以为“王子”为宣王之子，断为幽王时器[124]。容庚定为春秋时器[125]。西周之时，某些边鄙的诸侯，已经自称为王。但“宗妇”诸器从铭文字体和器形特征看，都是典型的秦国风格，当是平王东迁后秦国势力已达到宗周之地时一个受秦文化控制支配的鄁国之器，时代属春秋初。鄁国王子的身份，同于虢国太子，故其宗妇的用鼎制度与虢太子一样。

3. 少牢五鼎及其杀礼三鼎类

（47）长安张家坡M222出土的仿铜陶鼎5与仿铜陶簋1等[126]，时代属懿、孝左右。墓虽被盗，但陶鼎大小相次，当无缺数；陶簋则大有缺失。墓内其它陶器，亦为仿铜礼器。这是已知西周仿铜陶礼器的最早之例。

（48）扶风召陈村窖藏所出铜邧姞鼎4与弦纹鼎1；䣄姞簋5（报告Ⅰ式3件、Ⅱ式2件）与䰜姬簋1，除末一簋为𨙶叔山父所作外，皆散伯车父作[127]。全都是懿、孝以后物。邧姞鼎大小相次，原来当是一套少牢五鼎，因丢失一鼎而配以弦纹鼎。其簋疑本为四簋两套或四簋与二簋各一套，亦因有所遗失而补以它簋。

（49）长安张家坡东北郑季墓所出铜圆鼎3与盨4等[128]。盨皆铭“叔尃父乍奠季宝钟六，金障，盨四，鼎七”，“郑”始封于宣王二十二年（《史记·郑世家》），知为西周末年器。三鼎则皆西周前期物。铭中的“盨四”即相当于簋四，可知“鼎七”为正鼎五与陪鼎二。“盨四”未缺，而同铸的郑季鼎大概已经亡失，故随葬时配以它鼎。但这种与“盨四”相配的三鼎，当有如《仪礼·有司彻》所说，是一种“乃升羊、豕、鱼三鼎，无腊与肤”的用少牢而为三鼎的杀礼，即郑玄注讲的“腊为庶羞，肤从豕。去其鼎者，傧尸之礼杀于初”，三鼎所盛是羊、豕、鱼而不是豚、鱼、腊。

（50）、（51）三门峡市上村岭两周之际虢国墓中的M1706和M1810，皆出铜鼎5与簋4，鼎皆大小相次[129]。

（52）—（54）上村岭虢国墓地中的M1602、M1705、Ml820，皆出铜鼎3与簋4[130]。鼎大小相次（M1602不详），簋亦形制相同。由于这三墓的规模与随葬品的丰富程度，大体同于（50）和（51）的五鼎墓，应亦如（49）例的郑季墓，是用少牢杀礼的三鼎再配四簋。

（55）湖北随县均川区熊家老湾曾伯文墓所出两周之际的铜簋4等，鼎已遗失，原当为五件。簋铭“唯曾白文自乍宝毁”，同出铜𦉢亦铭“唯曾白文自乍”[131]。据下述（59）例，此地之曾既亦和黄国互为姻娅，当同属京山、安陆一带的曾国。这个曾国的封爵既称“曾侯”，“曾伯”当非爵称，它不是以“曾伯”为氏称，就是以“伯”为行辈之称。

（56）湖北枣阳熊集区茶庵公社段营大队两周之际曾子墓出的铜圆鼎3与簋4等[132]。铜鼎大小相次而铜簋形态一致，也是少牢杀礼三鼎配四簋。鼎铭“佳曾子中譌（谟）用其吉金，自乍𪔂彝”。对照（43）例“曾侯仲子遊父”的称谓法，知“曾子仲”即“曾仲”是氏称，“谟”为其名，“曾子”为爵称无疑。《国语·郑语》及韦昭注曾谓南阳有申国，附近又有曾国。此地既出曾子墓，下述（90）例又示知在此枣阳以北、南阳以南的河南新野县也发现了出曾子铜器的墓，这一带就是与申为邻的曾国之地是很清楚的。京山、安陆、随县一带的曾国，诸侯称“曾侯”，枣阳到新野一带的曾国，诸侯称“曾子”，两个曾国所封的爵等是不一样的，而此时“曾子”所用的鼎制，比起同时期的“曾侯”，显然要低得多。

（57）河南郏县太仆乡墓出的铜圆鼎5与簋4等[133]。鼎大小相次，其一铭“江小中母生自乍甬（用）鬲”，是江国之器。时代属春秋初。

4. 牲三鼎类

（58）上村岭虢国墓中的M1721，出有大小相次的铜圆鼎3，无簋[134]。

（59）随县均川区熊家老湾墓所出两周之际的铜圆鼎3与簋2等[135]。三鼎大小相次，最大一鼎铭“黄季乍季嬴宝鼎”；簋铭“曾中大父蛕……自乍宝毁”。曾、黄姻国，季嬴当即曾仲蛕妻，其鼎就是黄季为其女所作媵器。这是属于曾侯之国的很整齐的三鼎配二簋的组合。

（60）湖北枝江百里洲王家岗墓出的大小相次的铜圆鼎3与匜2等[136]，时代亦属两周之际。匜铭“考叔𪒠父”，同出匜铭作“塞公孙𪒠父”，墓主是一个诸侯的公孙，故用士礼。此墓无簋，匜二就是代替簋二的。

5. 特一鼎类

这一类，现知有一鼎、一鼎二簋（或以盨代）、二鼎、二鼎二匜（代簋）四种组合。《上篇》讲到，在《仪礼》中，一鼎无簋是常制，一鼎二簋则偶而用之。但西周前期的遗存，却又是一鼎一簋最为多见。从这种情况看，《仪礼》所记，实际是西周后期以后的情况。在已发现的遗存中，除（61）例为铅质明器外，其它各例皆为铜器。

一鼎的，以（61）洛阳中州路一带M3出的为早[137]；其次为（62）长安张家坡西周末年的M420所出[138]；（63）—（84）上村岭虢国墓中的M1620、M1634、M1651、M1657、M1661、M1671、M1692、M1701、M1702、M1704、M1707、M1708、M1714、M1720、M1743、M1744、M1753、M1761、M1762、M1765、M1777、M1819[139]，皆属两周之际。

一鼎二簋的有（85）西周末年的岐山贺家M3[140]和（86）两周之交的上村岭虢国墓M1640[141]二例。贺家M3是以盨2代簋，盨铭“白车父乍旅盨”。

二鼎的有（87）—（89）上村岭虢国墓中的M1612、M1711、M1715三例[142]，亦属两周之际。M1711所出二鼎形态相同，皆为浅腹，但大小未详，不知有无差别；其余二墓所出，皆有一鼎腹部很深，另一鼎即通常所见升鼎的样子。两种型式的鼎，表明这种组合同西周前期一样，仍为一升一羞。

二鼎二簋的，现知仅（90）河南新野小西关墓一例，系以匜代簋，亦属两周之际[143]。二鼎为铜圆鼎与腹部很深的敦形鼎各一，其形态上的差别，与上述虢国墓中的二鼎之别极为相似。同出甗铭“佳曾子中𧦝用其𠀠𠀠，自乍旅献”，“曾子仲𧦝”是与申为邻的曾国诸侯，已详（56）例所述。（56）例之湖北枣阳墓出了曾子鼎，此墓又出曾子甗，曾子墓地应在同一地点，似乎不可能都是曾子墓。从主要礼器看，枣阳的应当是曾子墓，此墓大概仅仅以曾子所遗铜甗随葬。

6. 关于传统鼎制的僭越以及五等爵制和贵族等级制度开始破坏的推论

事物的变化，总是通过迂回曲折的途径。上述材料表明，懿王之时西周前期的那套用鼎规格开始发生变化，但表现为时而僭越旧制，时而有所恢复，某些等级是破坏旧制较烈，某些等级又变动不大的螺旋形和不平衡状态。这正是旧有制度刚刚破坏的应有现象。

（38）例懿王时微伯史瘐可用九鼎，是已知西周传统鼎制发生破坏的最早一例。瘐的封爵是伯，官职为尹氏即内史。内史在西周官制中占什么地位，现在还说不准确，从《诗·小雅·十月之交》以卿士、司徒、冢宰、膳夫、内史、趣马、师氏七职以次相列的情况看，很可能相当于六卿的地位。西周前期的伯只能用五鼎，内史如果是六卿之一，顶多也只能用七鼎，无论从那一方面出发，微伯史瘐的用鼎规格，肯定是发生了僭越的。

（40）例宣王时膳夫此的使用九鼎，也是僭用了西周前期的天子鼎制。在《周礼》中，膳夫仅仅是上士，当然不会是西周情况。据西周金文所见，天子之膳夫，同时不止一人，故郭沫若以为“宰夫、膳夫古均名善夫，而职有上下之别”[144]。但《周礼》中的宰夫位次小宰之下，仅为下大夫，也未必可当西周的膳夫。唐兰则以为（44）例的厉王时的膳夫克，可以“出纳朕命”（大克鼎），“舍命于成周，遹正八师”（小克鼎），地位是很高的。唐说并据《十月之交》所列官职次序，推断膳夫职在师氏之上[145]。虽然在《诗·大雅·云汉》中，又以庶正、冢宰、趣马、师氏、膳夫并列而以膳夫居后，但其地位总是和内史差不多，无怪乎亦僭用了九鼎之制。应当注意的是：厉王时的膳夫克用大牢七鼎，宣王时的膳夫此却用了大牢九鼎，显然，前者大概又按传统鼎制行礼，而后者则是僭礼。以后，（41）例的幽王卿士函皇父，也使用着正鼎九、陪鼎三和八簋这种最高规格。从懿王至幽王时，天子周围六卿一类贵族反反覆覆发生的僭礼行为，表明这种现象是刚发生不久；不过，愈是接近西周之末，已愈是演成普遍的制度。

如果从五等爵制这一方面来考虑，西周前期致仕于周王室的诸侯，其官职与爵等本有严格的对应关系，但六卿一类的内史尹氏此时却封为“微伯”[146]，当然意味着以前那种对应关系开始遭到破坏，也就是说，五等爵制本身固有的爵等界限已被冲破缺口。当这个缺口一经扩大，过去所谓的五等爵本无定制的现象，才真正有所出现。从这个角度讲，这时期也发生了五等爵的僭越鼎制。

正是在这种情况下，从微伯史瘐起，到（39）例厉王时的虢公（虢仲氏）、两周之际的（42）例幻伯和（43）例曾侯，都僭用天子之礼。（45）例的虢太子和（46）例的鄀国王子用七鼎，又表明两周之际到春秋初的虢公和鄀王也必定使用大牢九鼎之礼。

但（56）例的曾子仲谟用少牢杀礼三鼎配四簋，又说明并非所有爵等的诸侯一下子都僭用了天子之礼。当然，曾子仲谟的用鼎规格如果同过去那种子、男只准用牲三鼎或特一鼎的制度来比较，也已发生僭越，不过仅仅是稍有僭越。

当周初分封诸侯时，被封为公、侯的，几乎都是周王母弟；封伯的是许多同姓或异姓小国；所谓边鄙之国，则封子、男。周初所封数以百计的成千个五等爵，后来不断兼并，力量的强弱发生新的分化，原有的爵等自然就产生名实不符现象。看来，到了西周后期，特别是两周之际，随着周王室的衰微，某些力量较强的诸侯就不管原来爵等的高低，纷纷僭用天子之礼；而某些力量弱小的诸侯，还不敢过于僭越旧制。曾侯与曾子这两个相邻而存的诸侯，一个僭用大牢九鼎，一个仅用少牢杀礼三鼎，估计就是同力量强弱不同有关。

愈来愈多的天子之卿和五等爵僭用天子鼎制一事，当然意味着周人原有的那套包括五等爵制在内的贵族等级制度的动荡，而这种动荡无疑是宗法奴隶制发生危机的讯号。

能够反映出懿、孝以后原有的贵族等级制度发生动荡的，还有（47）的长安张家坡 M222 出土仿铜鼎等陶礼器一例。

周人用仿铜陶礼器随葬是这时期新出现的现象，到了东周时期才日益增多。这种现象，在它尚未成为普遍习俗的时候，除了可直接反映墓主的相对不富裕外，还有别的意义吗？

有！这同墓主能否自备青铜礼器有关。

据《礼记》所记，能否自备青铜礼器，同有无“田禄”关系至大。如：

《曲礼下》：“凡家造，祭器为先，牺赋为次，养器为后。无田禄者，不设祭器；有田禄者，先为祭服。君子虽贫，不粥祭器；虽寒，不衣祭服；为宫室，不斩于丘木。大夫、士去国，祭器不踰竟。大夫寓祭器于大夫，士寓祭器于士。”孔疏曾云：“此据有地大夫故得造祭器。若无田禄者，但为祭服耳。其有地大夫，祭器、祭服俱造，则先造祭服，乃造祭器。”

《王制》：“大夫祭器不假。祭器未成，不造燕器。”孔疏引皇侃说亦云：“此谓有地大夫，故祭器不假；若无地大夫，则当假之。故《礼运》云：‘大夫祭器不假，声乐皆具，非礼也’，谓无地大夫也。”

《王制》又曰：“大夫、士宗庙之祭，有田则祭，无田则荐。”郑注：“有田者，既祭又荐新。”

所谓“祭器”，就是鼎、簋之类的铜礼器。《礼记》说没有田禄的大夫、士不能自备祭器，只能假用，皇侃以采地来解释田禄，是很了解当时情况的。《周礼·地官·载师》郑玄注说："宅田，致仕之家所受田也……仕者亦受田，所谓圭田也，《孟子》曰：'自卿以下，必有圭田，圭田五十亩。'"这也是以采地作致仕者的俸禄来解释田禄的。《孟子·滕文公下》又说："士之失位也，犹诸侯之失国家也……惟士无田，则为不祭。"这些说法，都是指田禄即以田为禄，有无田禄，就是有无官职。

无田禄的大夫、士既不能自备祭器，逢到吉凶之礼，则可以向闾里乃至六乡借用祭器。如：

《周礼·地官·乡师》："正岁，稽其乡器：比共吉凶二服；闾共祭器；族共丧器；党共射器；州共宾器；乡共吉凶礼乐之器。"

郑玄注："吉服者，祭服也；凶服者，吊服也；比长主集为之。祭器者，簠簋鼎俎之属，闾胥主集为之。丧器者，夷槃素俎楬豆輁轴之属，族师主集为之。此三者民所以相共也……乡大夫备集此（吉凶礼乐之器）四者，为州、党、族、闾有故而不共也。此乡器者，旁使相共则民无废事，上下相补则礼行而教成。"

这种从六乡到闾里都供有礼乐之器以备无田禄的大夫、士来借用的习惯，无疑是农村公社公有制的遗痕。在《周礼》写定的时代，农村公社已处在迅速解体阶段，这种制度当然不会是发生在农村公社的破坏阶段，而应当是承自农村公社还比较稳固的西周时代。那个时期，"大夫祭器不假"和"乡共吉凶礼乐之器"的制度，只会更加发达。在那种制度下，没有田禄的大夫、士既不能自备青铜礼器，当然就谈不上用青铜的鼎、簋等礼器随葬，以实用铜鼎等礼器随葬的主人，自然有权自备青铜礼器，也就是都有田禄。张家坡 M222 之所以用仿铜陶鼎等陶礼器随葬，恐怕就因主人是没有田禄的大夫。

再进而分析之，这种现象在西周前期根本见不到，像士这种最低等级的贵族几乎都以实用铜鼎随葬，可见那时士以上的贵族，几乎都有官职，士的特权地位明显地要比东周以后的同等贵族高得多和稳定得多。可以看到，宗法奴隶制的等级制度在西周前期该是相当风平浪静的。

懿、孝左右在长安张家坡 M222 中出现仿铜陶礼器的现象，直接揭示出那时甚至在宗周的心脏地区都发生了某些大夫已经失去田禄的情况，所谓"有地大夫"和"无地大夫"之别，大概到这时期刚刚出现，东周时期才越来越多；这也正和金文中开始出现转让土地内容的情况相吻合。井田制与建筑于其上的贵族等级制度，终于遇到了风浪。像（61）例洛阳中州路一带 M3 中铅鼎等明器的产生，恐怕也是这场风浪中的一朵浪花。尽管在全部西周后期的用鼎遗存中，这种浪花为数甚少，也就是说，这种等级制度的发生大动荡还要更晚一些，但是，从天子之卿到宗周大夫、成周之士，从姬姓公、侯到边鄙王子，在这时期纷纷僭越着过去的用鼎制度，总可说明一场大变动的已经开始。

三　春秋中期至战国早期的第二次破坏

周人用鼎制度的第二次大破坏，大致发生在春秋中期至战国早期。主要表现为：

一、周初的诸侯，至战国初已兼并成十几个。他们都远比周王室强大，这自然导致所有诸侯统统僭用天子鼎制。原有的五等爵的鼎制，已荡然无存。

二、由于土地私有制发展后世卿世禄制度的日遭破坏，旧氏族贵族的地位一天天被新兴贵族夺取，卿大夫纷纷擅了诸侯之权，于是，诸侯之卿也僭用了天子鼎制。

三、随着庶人日益从村社中脱身为自由小农和旧贵族的衰微，往日的等级制度及其从属的用鼎制度便发生根本性动摇。当然，这是不平衡的：在东方诸国，贵族和庶人有无用鼎权力的界限已被冲破；而西方秦国则没有发生。

四、旧贵族衰微后失去田禄的大夫与士自然愈来愈多，从而随葬仿铜陶礼器的现象不断增多。这时期，大夫、士一类贵族往往只用或与铜礼器一道并用陶礼器，它看来已丧失了区别"无地大夫"和"有地大夫"的意义。新获得可用士礼之权的庶人，也愈来愈多地使用陶礼器。

许多这时期的重要遗存是出在被扰之墓，故下列用鼎遗存不限于未扰单位。凡扰乱过甚的，或虽未扰动而因材料发表不齐，不能判明鼎制[147]，或所属分期阶段的[148]，则不加收入。

1. 大牢九鼎

（91）河南新郑南关郑伯墓的铜鼎 21 和簋 10 等。此墓于 1923 年被盗，出土物有蒋鸿元《新郑出土古器图志》（1923 年），孙海波《新郑彝器》（1937 年）、关伯益《新郑古器图录》（1929 年）和《郑冢古器图考》（1940 年）汇集著录。《图考》后出，核实遗物较准确，计有：

大牢九鼎一套（缺一），无盖，大小相次，是最大的一组（即《图考》“牢鼎”，《彝器》“虺螭夔文鼎”）；

大牢七鼎一套，有盖，稍小，虽大小有别，但最大三件尺寸一样，并非逐件相次（即《图考》“蟠螭鼐”，《彝器》“虺螭云文鼎”）；

羞鼎两套六件，每套三件，无盖，腹有六扉，尺寸皆近于七鼎中最小一鼎，正合乎陪上述九、七二牢之数（即《图考》“陪鼎”，《彝器》“虺螭文鼎”）；

铜簋一组八件（即《图考》“敦”、《彝器》“夔文簋”），另一组二件（即《图考》“螭耳锜”，《彝器》“蟠螭文簋”）。八簋之组，自然是配九鼎的；二簋则当如《周礼・秋官・掌客》郑注“簋十二者，堂上八，西夹、东夹各二”那种情况，是与八簋相配的另外一组。

现知春秋铜器以此为大，鼎制又为九、七二牢加羞鼎二套，墓主非郑伯莫属。同出有王子婴次卢，王国维考“婴次”即“楚令尹子重”[149]。当时，徐、楚称王，郑则为伯，诸子皆称“公子”（《左传・襄公八年》），“婴齐”如为郑人，不会称“王子”，况器上细线方格细乳纹正具南方铜器特征，铭文字体亦为楚风（《彝器》129，130 页），王说似可从。但王氏以此为鄢陵役后遗于郑地之说，则诚如杨树达所称“斯不免于凿矣”[150]。从此器的花纹看，不见于楚器，或为吴器。从全部铜器的形态和组合看，应为春秋中期偏晚之物。

（92）河南辉县琉璃阁墓甲的铜圆鼎 15 和簋 14（或 12）等[151]。此墓与墓乙发掘于 1936 年，抗战期间记录散失，解放前夕部份器物又被劫往台湾，剩下的器物并和 M2 遗物相混[152]。其用鼎情况，郭宝钧记为：“鼎 13 器又 500 碎鼎片，鼐 2 器又 2260 碎鼐片。13 鼎是否列鼎制，无从证明。”[153]仅据这个简单记录，当然无法确断原来的鼎制。但簋中有一组是八件成套，而八簋是配九鼎的，这就可知其中必有大牢九鼎。

（93）辉县琉璃阁 M60 的铜圆鼎 24、簋 6 等。郭宝钧说有“镬鼎 1、有盖列鼎 5、有盖列鼎 9，无盖列鼎 9、不成列的小鼎 5”[154]。既有镬鼎一件和大牢九鼎两套、少牢五鼎一套，所谓“不成列的小鼎 5”，应是陪大牢的羞鼎 3 和陪少牢的羞鼎 2，不像是另一套少牢五鼎。

墓甲与 M60 是春秋中、晚期之际的墓。这时期，有什么能用九鼎的贵族会埋在这里呢？

按周初封康叔于朝歌（今河南淇县），辉县即为卫地。春秋以后，卫的领地东移缩小，辉县即属晋地。至春秋中期，晋公室弱，六卿强，各占大片领地，辉县一带便归范氏所属。

据《左传・襄公二十四年》及杜预注、孔疏引贾逵说，范本为夏御龙氏，商的豕韦氏，殷末国于唐（今河北唐县一带）；成王灭唐，迁于今西安南郊为杜；宣王杀杜伯，其子逃于晋，即为士氏，后封于范，又以范为氏。《左传・宣公十二年》称士会为“随武子”，《宣公十七年》即称为“范武子”。《宣公十六年》曾曰：“春，晋士会帅师灭赤狄甲氏及留吁、铎辰。”士会即因灭赤狄余党之功而受封于范。甲氏、留吁在今冀南的永年、鸡泽和晋东南的长治一带[155]，范即今鲁西的范县东南[156]。从此，自长治越太行山经河南、河北交界一带到山东的西部边缘，为范氏之地，淇县、辉县即在其中。

《左传》又记，自鲁昭公十三年起，范与中行二氏同赵鞅相争。先是范吉射、中行寅与邯郸午等攻赵鞅，后荀跞、韩简子、魏襄子等移兵伐二氏，自定公十四年至哀公三年，范与中行氏便固守朝歌达五年，这一带当是范氏经营已久的领地中心。

此后，辉县被知伯占领，《史记・晋世家》即曰：“当是时……知伯遂有范、中行地，最强。”抗战前有智君子鉴二器出于辉县[157]，正为辉县一度属知氏之证。《晋世家》又曰：晋出公二十二年（据《索隐》引《纪年》），“赵襄子、韩康子、魏桓子共杀知伯，尽并其地。”这一带自邺（今河北临漳县西）以南，便为魏地。

同一墓地中，还有不少出七鼎或五鼎的墓，都属前六世纪至前五世纪初叶，正相当于范氏占有辉县的时期。这恐非范氏卿族的墓地莫属，其墓甲和M60的墓主，当为某两个范子。在六卿强，公室卑的形势下，范子自然是僭用了天子之礼。

（94）安徽寿县蔡昭侯墓所出铜圆鼎18和簋8、敦2等。许多铭文说明墓主是“蔡侯龤”，其尊、盘之铭“十年正月初吉辛亥蔡侯龤”，又说明在位十年以上，故只能是昭侯申、成侯朔、声侯产之一。陈梦家断为昭侯，其说可从[158]，这批铜器，当铸于公元前518—491年。

鼎中最大一件有扁盖，带炊痕，自铭为鼾即镬；其次七件无盖，腹有四兽扉，大小相次，自铭为鼾，是大牢七鼎；再次九件亦有扁盖，自铭为鼎，其中六件成对而整组仍大小相次，是大牢九鼎，最小一鼎形态同于九鼎而无铭文，疑属羞鼎而原有数量已有缺失；还有一件小口鼎[159]。正鼎为九、七二牢，与（91）郑伯墓相同，因此时簋已往往被敦取代，其八簋二敦，也就等于郑伯墓的八、二之簋。

（95）山东临淄尧王庄国子墓的铜圆鼎8等。1956年打井时挖出，共存器物未出全[160]，原来当是九鼎成套。各鼎大小相若，有“国子”、“大国”之铭，器形和同地郎家庄M1殉人坑中的陶鼎相似而足较矮[161]，当略早于郎家庄器而属春秋晚期。“国”为氏称，“大”为尊称。齐之高、国二氏自拥立桓公后，世为齐卿，至鲁哀公六年田乞立悼公而专齐政时，高、国二氏的势力被消灭殆尽。国子鼎的年代不会在此之后，所以这个国子是以卿的身份而使用九鼎。

（96）河南汲县山彪镇M1的铜圆鼎19和簋2（或4）等。此墓是1935年经盗掘后发掘的，资料未全部发表。郭宝钧曾统计出土物有：“大鼎1……列鼎7……中鼎2……小鼎9”[162]。所谓“大鼎1”，当是镬鼎。“小鼎9”高仅4.3厘米，出在殉人身旁，是专为殉人制作的明器，杀殉者既用九鼎，墓主的“列鼎7和中鼎2”，疑应合并成一套为大牢九鼎。

墓的时代，据四件华盖壶的形态，可断为前五世纪中叶。传世有赵孟壶，是前482年晋定公、吴王夫差黄池之会后所作[163]。又有传出洛阳金村的令狐君嗣子壶，陈梦家断为周威烈王十年（前416年）或周安王十年（前392年）之物[164]。这座墓的华盖壶，腹部最大径的位置介于赵孟壶与嗣子壶之间，其蟠螭纹也正是二器纹饰的中间形态，年代当就在二器之间。

此墓又有玄虡铸戈与周王叚之元用戈出在墓主左肩侧[165]。按周敬王名丐，叚、丐是古代常用的通假字，春秋时人并多用丐、叚为相配的名字，如士文伯名丐，字伯瑕，楚令尹阳丐，字子瑕等，故周王叚之元用戈当为周敬王之戈。又玄虡铸戈当年王献唐曾释为大紞铸戈[166]。过去我们也曾从其说。但“玄虡铸戈”是鸟篆字体，为南方之器。近李家浩同志考为这四个字，并因相同铭文的兵器，皆吴国王金物，遂亦订此为吴器[167]。

墓主既同范子一样，都是晋卿，自然都用大牢九鼎。

2. 大牢七鼎类

（97）—（99）辉县琉璃阁M80、M55、M75的时代，大略同于上述墓甲和M60。M80与M55应是一对夫妇并穴合葬墓。郭宝钧说：M80有“大鼎1（镬）、有盖列鼎5、无盖列鼎7……簋4，敦2”；M55有“有盖列鼎5、无盖列鼎7、小鼎2（成对）……簋4”；M75有“有盖列鼎5，空足有盖列鼎（如鬲）7”[168]。三墓都用形态彼此相异的大牢七鼎和少牢五鼎各一套。M80的四簋二敦，就总数而言，等于六簋；M55的成对小鼎和四簋，则显然都是为配置少牢五鼎的。

如上所述，春秋中，晚期的琉璃阁墓地是范氏卿族的墓地。M80有铜戈一，铭“虎佁丘君口之元用”[169]。当时，凡封君的，都有食邑，身份是很高的，但他既用七鼎，显然又低于用九鼎的墓甲和M60的墓主。晋之六卿，其时犹同诸侯，他们属下也存在着卿、大夫、士这样一些级别。这些墓主，按其用鼎制度而言，大概相当于范子属下的上大夫。

（100）、（101）山东莒南大店春秋晚期的M2所出平盖仿铜陶鼎7和M1所出平盖铜圆鼎2、敦3与平盖陶鼎 7、簋（原报告作敦）6 等[170]。M1 所出，是很整齐的一套陶七鼎配六簋；其铜鼎较大，且腹部远远深于陶鼎，应是镬鼎。M2 的大牢七鼎，大小有别。

M2 的铜编钟上有“簷叔之中子平自乍铸其游钟”等铭。簷即莒，说明是莒国贵族墓。传世春秋晚期的鄘侯簋，铭为“娄乍皇妣佥君中妃祭器八簋”等[171]，是莒侯及其夫人用九鼎八簋之证。传世又有同时期的簷太史申鼎，铭“簷大史申乍其造鼎十”[172]，据前述金文中作鼎数的文例，“鼎十”当为正鼎七与陪鼎三。这二墓的用鼎情况，同“太史”那类官吏是差不多的。

（102）山西长治分水岭 M14 所出战国早期的铜圆鼎 9 等[173]。最大的二件无盖侈耳（原报告一式），当是镬鼎，其余的有圜盖，大小相次（原报告二式），是一套大牢七鼎。

3. 少牢五鼎及其杀礼三鼎类

（103）户县宋村春秋中期秦墓的大小相次的无盖铜圆鼎 5 和簋 4 等。组合很规整[174]。

（104）、（105）宝鸡阳平镇秦家沟 M1、M2 所出春秋中期的无盖铜圆鼎 3 和簋 4 各一套[175]，当是少牢杀礼三鼎，故配四簋。

（106）山西万荣庙前村春秋中期晋墓的有盖铜圆鼎 7 和簋 2 等[176]。五鼎大小相次，二鼎成对最小，显然是少牢五鼎陪二鼎。簋仅二件，（91）、（94）及下述（117）、（120）等例表明，这阶段在配九鼎的八簋、配七鼎的六簋、配五鼎的四簋之外，又常常附加二簋或二敦，此墓所出之簋，当是属于附加簋数的范畴。

（107）山西侯马上马村晋国 M13 所出春秋中期的铜圆鼎 7 和簋 4 等[177]。鼎中Ⅰ式一件最大，无盖侈耳；Ⅱ式二件稍小，无盖附耳，是“郐（徐）王之子庚儿”所作；Ⅲ式三件又稍小，有盖；Ⅳ式一件最小，略同上式而腹稍深。同出之簋既为四件，七件鼎应是少牢五鼎和陪鼎二。其庚儿鼎是徐器，可说明原有成套铜鼎已有缺失而杂取它鼎相配，所以型式很不整齐。

（108）山东莒县天井汪春秋中、晚期莒国墓的无盖铜圆鼎 5 与平盖铜圆鼎 1 等[178]。据（111）例，这一带与无盖鼎同出的平盖鼎往往是羞鼎，但当已遗阙一件。

（109）、（110）长治分水岭 M270 和 M269 的无盖铜圆鼎 5、带盖铜圆鼎 5 和敦 2 等各一套，其 M269 缺有盖鼎 1。二墓并列，M270 的骨架为男性，M269 为女性，当是夫妇，鼎制本应相同，故 M269 肯定是少放了一件有盖鼎。二敦亦如单置二簋。其时代都属春秋中、晚期之际，但 M270 较早[179]。

（111）山东临朐杨善公社齐墓的铜圆鼎 7 和敦 2 等[180]。五鼎是一组，另二件是成对的平盖鼎，也是少牢五鼎陪二鼎再加二敦。同出壶铭纪年为“公孙灶立事岁”。《左传·襄公二十七年》至《昭公三年》载，公元前 546 年，齐的庆封当国执政；次年公孙灶等倒庆氏，执政涖事；前 539 年，公孙灶卒，铜壶铸于前 546—前 539 年期间，铜鼎当亦为春秋晚期物。

（112）辉县琉璃阁墓乙的铜圆鼎 10 和簋 4 等。郭宝钧谓有“鼎 5、鼒 5……簋 4”，“（河南省博物馆）清册中列鼎 5、鼒 5 必为形状不同的二组”[181]。簋既为四件，鼎正应是两套少牢五鼎。时代略晚于墓甲。

（113）辉县琉璃阁 M76 所出春秋末的大小相次的圜盖铜圆鼎 5 等[182]。

（114）长治分水岭 M53 所出春秋晚期的大小相次的圜盖铜圆鼎 5 等[183]。

（115）洛阳中州路 M2717 的圜盖铜圆鼎 5 等。一件最大，四件成对略小[184]，属前五世纪中叶。此墓无簋而出铜盖豆 4[185]。带盖豆是春秋中、晚期之交在黄河流域出现并很快就盛行的。它最初和簋共存，似另有使用制度（如（92）琉璃阁墓甲等），但很快就往往代替了簋的位置（如（127）南大汪 M1）。战国时，黄河流域的三鼎以下之墓，普遍用盖豆代簋，较大的墓则往往同时用簋；在楚国，则普遍用匠或敦代替簋。此墓出五鼎和盖豆四，等于是五鼎四簋。

（116）洛阳中州路 M2719 所出战国之初的陶鼎 5 和盖豆 5 等[186]。从这时期起，盖豆之数往往与鼎数同。

（117）湖南长沙浏城桥 M1 所出战国早期的陶鼎 10、簋 6、敦 2 和铜鼎 4 等[187]。陶鼎中五件圜盖，其中最大的一件、中等的二件、小的二件（原报告Ⅰ式）；还有二件小口鼎（原报告Ⅲ式），最小。在战国楚器中，小口鼎不在镬鼎、升鼎、羞鼎之列，可知这是五件成套。另三件无盖侈耳（原报告Ⅱ式），是一套牲三鼎。这是一套五鼎四簋和一套三鼎二簋加二敦。铜鼎已残而目前尚未修复，性质不明。

（118）—（120）长治分水岭 M12 所出大小相次的铜圜盖鼎 5 和簋 1、敦 2 等[188]；M25 的无盖铜镬鼎 1 和圜盖鼎 5 及敦 2 等；M26 的无盖铜镬鼎 2 和圜盖鼎 5 及簋 4、敦 2 等[189]。它们连同（102）M14 都属前四世纪中叶，在通常的青铜器分期中，可算战国中期。但从现有资料看，在鼎制变化过程中，是否并用铜、陶鼎，可作为划阶段的标志之一，而在三晋两周地区，此后凡少牢五鼎以上的墓，都并用铜、陶鼎，所以这里把这几座墓暂时放在这一阶段叙述。

分水岭的 M14 和 M26、M12 和 M25 都是夫妇并穴合葬墓。夫妇用鼎应当同制，但 M14 用大牢七鼎而 M26 却用少牢五鼎，怎样解释这种夫妇鼎制相殊的现象呢？

《礼记·中庸》曾云："父为大夫，子为士，葬以大夫，祭以士；父为士，子为大夫，葬以士，祭以大夫。"葬礼既从死者身份，就不能从其子身份的升降来寻找造成这种差异的原因，但夫妇二人后死的之人如果身份有所升降，却可能造成葬礼上的区别。《礼记·王制》所云"大夫废其事，终身不仕，死以士礼葬之"，正说明贵族地位的下降，是会在葬礼上反映出来的。

4. 牲三鼎类

（121）洛阳中州路 M4 所出春秋中期的铜圆鼎 3 和簋 1 等[190]。二鼎无盖，一鼎圜盖，似经补配成套。簋似缺一。

（122）山东临沂俄庄花园公社郿国墓的铜圆鼎 3 等[191]。原报告订为春秋中期。

（123）宝鸡福临堡秦墓 M1 所出春秋中期的无盖铜圆鼎 3、簋 3 等。二簋双耳，一簋无耳，是一套三鼎二簋再加簋一[192]。

（124）—（126）宝鸡福临堡 M3、M6、M7 各出仿铜陶鼎 3 等，M3 和 M6 又各配簋 2。鼎皆无盖直耳[193]。约亦属春秋中期。

（127）河北邢台南大汪 M1 所出春秋晚期的圆盖铜圆鼎 3 和盖豆 2 等[194]。

（128）、（129）侯马上马村春秋晚期的 M5、M15 各出圜盖铜圆鼎 3 等，M5 又出铜簋 1，M15 又出铜盖豆 2[195]。

（130）河北邯郸百家村 M57 所出春秋末年的圜盖铜圆鼎 3 和盖豆 2 等[196]。

5. 特一鼎类

这时期，庶人已逐渐普遍使用仿铜陶鼎，以青铜特一鼎随葬的，因而骤然减少。已知青铜特一鼎的遗存，有一鼎、一鼎一簋、一鼎一簋一豆、一鼎二豆、二鼎、二鼎二簋、二鼎二豆七种组合。盖豆在这里完全是代替簋的位置的，所以一簋一豆或二豆，实际就是二簋。

一鼎的有：（131）江苏邳县刘林的春秋晚期姝翫墓[197]；（132）长沙识字岭的春秋晚期 M301[198]等。

一鼎一簋的有：（133）—（137）洛阳中州路春秋中期的 M1、M6、M216、M1041（铅器）、M2415 等[199]。

一鼎一簋一豆的有：（138）、（139）河北唐山贾各庄春秋晚期的 M18 和战国早期的 M28[200]，（140）易县燕下都战国早期的 M31 等[201]。

一鼎二豆的有：（141）洛阳中州路春秋晚期的 M115 等[202]。

二鼎的有：（142）湖南韶山灌区湘乡 M1 等，属春秋中期[203]。

二鼎二簋的有：（143）侯马上马村春秋晚期的 M11[204]；（144）长安客省庄春秋晚期的 M202 等[205]。

二鼎二豆的有：（145）洛阳中州路春秋晚期的 M2729 等[206]。

用仿铜陶特一鼎随葬的小墓，从春秋中期开始发生，到春秋晚期已经多得举不胜举。此外，亦偶见殉人用陶一鼎之例，如：

（146）临淄郎家庄春战之际的 M1 殉人坑所出陶鼎等礼器。因被盗，墓主所用鼎制未详。其 17 个殉人坑内，各殉青年女子一，除掉 10 个坑只见陶鼎等残片外，其余的有一鼎一敦二豆（坑 1、2、4、8）、一鼎二敦二豆（坑 10），一鼎三豆（坑 12、13）等组合[207]。

6. 诸侯之卿僭用天子鼎制和庶人使用士礼特一鼎反映的社会变化

诸侯之卿僭用天子鼎制和东方诸国的庶人逐渐普遍使用士礼特一鼎，是这阶段鼎制变化中最重要的内容。

1952 年，郭沫若把随着井田制崩溃而导致的公室衰微和卿大夫强大，生动地描绘为：“由于私家逐渐肥于公家，下层便逐级超克上层。天子倒楣了，诸侯起来；诸侯倒楣了，卿大夫起来，卿大夫倒楣了，陪臣起来。”[208]在“天子倒楣了，诸侯起来”的西周末至春秋初，诸侯正纷纷僭用天子鼎制，而在“诸侯倒楣了，卿大夫起来”的时候，也又出现了（92）、（93）、（96）诸例所揭示的晋卿范子等僭用天子鼎制的情况。用鼎制度的变化，证实着西周后期以来发生的政治力量的二次兴衰。这就是代表土地私有制利益的新奴隶主贵族，在春秋中期以后正在登上历史舞台，把旧的氏族奴隶主贵族排挤下去。

但最能深刻说明当时发生着普遍的社会变化的，还是庶人使用士礼这个事实。

周初以来，士以上的贵族皆用鼎、簋等礼器，庶人则只能用鬲、豆、盂、罐等日用陶器，始终不用鼎。《国语・楚语上》引《祭典》云：“国君有牛享，大夫有羊馈，士有豚犬之奠，庶人有鱼炙之荐。”《楚语下》亦云：“王问观射夫曰：‘祀牲何及？’对曰：‘祀加于举。天子举以大牢，祀以会；诸侯举以特牛，祀以大牢；卿举以少牢，祀以特牛；大夫举以特牲，祀以少牢；士食鱼炙，祀以特牲；庶人食菜，祀以鱼。上下有序，民则不慢。’”“牛享”是大牢，“羊馈”是少牢，“豚犬之奠”即特牲，都是用鼎盛置的；其“鱼炙之荐”，据《诗・桧风・匪风》所云“谁能亨鱼，溉之釜鬵”，显然就是放在鬲、釜之中。从随葬品制度来看，以鬲等日用陶器随葬的小墓，无疑是庶人之墓。

但一到春秋中期，就有少量这类小墓出仿铜的陶一鼎；亦往往同出仿铜陶簋。洛阳中州路（西工段）26 座属于这时期的东周二期陶器小墓中，就有 M213 出一鼎一簋，M212 出一鼎二簋，M2202 无鼎而出一簋。它们同只出日用陶器的小墓相比，墓主的财富及其社会地位显然差不多，这就知道有些庶人已冲破过去的限制，而可以用鼎、簋等礼器了。

更晚一些的同类小墓又表明，当这个界限一经冲破，庶人使用士礼，犹如洪水泛滥，迅速布遍大地。就在中州路（西工段）墓地中，属东周三期即春秋晚期的陶器小墓有 37 座，出陶特一鼎的（基本组合为鼎、盖豆、罐即罍），便达 27 座（一座缺鼎），战国早期的 24 座东周四期的陶器小墓，更是全部用鼎、盖豆、壶等仿铜陶礼器随葬，只有四墓因组合不齐而缺鼎[209]。

除了殉人坑，难以再找到当时的低于这种规格之墓，这说明墓主确实是普通平民。拿《仪礼・士丧礼》和《既夕礼》来对照这些小墓，又知这种葬俗确为士礼[210]。《既夕礼》并说士礼所用只有“明器”而“无祭器”，郑注谓“士礼略也，大夫以上兼用鬼器、人器也。”所谓”鬼器”，当即“明器”，是不能实用的仿铜陶礼器等；“人器”当即“祭器”，是实用的青铜礼器等。只要观察一下（117）浏城桥 M1 和下述使用少牢五鼎以上规格的贵族墓，就知郑玄所说确为战国的普遍情况。在春秋晚期以后，东方诸国的庶人已普遍使用士礼，是确然无疑的了。

庶人可用士礼的深刻意义，在于意味着二者之间等级界限的消失。《国策・齐策四》有齐宣王和颜斶的对话云：“今夫士之高者，乃称匹夫，徒步而处农亩；下则鄙野监门闾里。士之贱也亦甚矣！”这本来早已表明至迟到战国中期，士同耕田的庶人是没有多大差别的，现在根据鼎制的变化又知他们二者之间界限的消失，是春秋中期开始、战国之初完成的。周人的传统等级制度遭到了多大的破坏啊！这自然又意味着旧贵族的衰微，也表现出解脱了公社羁绊的自由农民，在他们尚未破产的时候，至少在社会习俗的待遇方面，比从前是提高了一步。总而言之，土地私有制的发展，正在迫使社会来调整原有的等级制度。

这种社会现象，如果排除掉自身文化特点相当强烈的南方的吴、越和北方白狄族的鲜虞——中山等国，除秦国外，在东方诸国是到处都出现着，而一当庶人皆可以用鼎，这种礼器原有的高贵属性，无疑将要消逝。于是，用鼎制度受到破坏的方面就愈来愈广，例如庶人小墓的特一鼎，从春、战之际始，就常用二件完全一样的陶鼎，在形态上再也看不出有什么一升一羞的差别。整个用鼎制度从此便进入到崩溃的前夜了。

四　战国中、晚期的第三次破坏

战国中期以后，用鼎制度加速了它的崩坏进程。这时，秦人和东方诸国的鼎制出现了比过去更为突出的差异，所以下面就分开考察之。

1. 东方诸国的大牢九鼎类

（147）辉县固围村 M1 的陶大牢九鼎一套和簠 2 等[211]。墓已被盗，青铜礼器无存，陶鼎也只能根据残片来推出数字。从残片看，九鼎大小有别；从各器形态看，墓属战国中期。

（148）河南信阳长台关战国中期偏晚的楚墓 M1 的铜圆鼎 5 和敦 2，陶圆鼎 13 和敦 2 等[212]。铜鼎皆圜盖，一件最大，其余成对缩小。陶鼎为无盖镬鼎 2，腹带环鼻；圜盖升鼎 8，大小有别；其他有一件无盖浅腹平底鼎；另一件未详；还有一鼎为小口鼎。整个组合疑为陶镬鼎二和大牢九鼎一套，再加铜少牢五鼎陪陶羞鼎 2。铜、陶敦各二，亦犹（109）、（110）、（111）、（119）等只用二敦之例。此墓木椁是头箱、足箱、左右边箱俱全[213]，为现知楚墓椁制的最高规格，墓主当是封君一类的贵族，故鼎制规格很高。

（149）河北易县燕下都九女台 M16 的仿铜陶鼎 29 和簠 12 等。亦因被盗而铜礼器无存。鼎为无盖镬鼎二，一大一小（原报告Ⅰ、Ⅳ式）；圜盖大牢九鼎一套，大小相次（原报告Ⅱ、Ⅲ式）；无盖无耳带匕的小型大牢七鼎二套，一套腹有三扉（原报告Ⅱ式小鼎），一套无扉（原报告Ⅰ式小鼎）；羞鼎四件，皆为方鼎，一套三件，素耳素足（原报告Ⅰ式小方鼎），另一件鸟耳龙足（原报告Ⅱ式小方鼎），《仪礼・聘礼》和《公食大夫礼》都说到有二牛一羊一豕的“四铏”之制，这四件羞鼎应当就是这种组合。陶簠二套，八（原报告Ⅰ式）、四（原报告Ⅱ式）为组。鼎、簠相配之制，这时期在其他诸国往往已经紊乱了，但燕国则仍然保留着《周礼・秋官・掌客》中的“鼎、簠十有二”的老规矩，甚至羞鼎也还使用古老的方鼎那种形态[214]。

此墓所在的九女台墓区以及其北的虚粮冢墓区，在燕下都东城的西北角，周围有垣墙，当是“公墓”区，墓主应属王室之人，故鼎制隆重。燕下都主要是燕昭王以后修筑的[215]，墓的年代不会早于公元前四世纪末。

（150）寿县朱家集楚幽王墓的铜器群。此墓于 1933、1938 年两次被盗。李景聃统计 1933 年的盗掘品有：楚王酓肯鼎 1、楚王酓忎鼎 1、大牺鼎 1、有盖大鼎 1、细花大鼎 2、四兽平底鼎 9、有盖中鼐 5、有盖小鼐 8、有流鼎 1、鼎盖 1、小鼎足 1、三足簠 5、三足小簠 3、四足簠 3、簠 3 等[216]。1935 和 1938 年的盗掘品，内容不明。1952 年寿县又收集铜鼎 7 和敦 4 等，又有楚王酓忎鼎 1[217]，其他诸器不知是否与李景聃的统计物相重复。

此墓遗物因流散过甚，要把鼎、簠、敦的原来组合搞清楚是很困难的。据已发表的图像，一件无铭铜鼎最大，二件楚王酓忎鼎次之[218]，当为镬鼎，“四兽平底鼎”九件同（94）蔡昭侯墓的䵼相似，是大牢九鼎[219]；圜盖高足鼎九件，李景聃统计为（甲）、（丁）铭“铸客为集脰为之”，（戊）铭“铸客为集脰”，（乙）铭“集脰，大子鼎”，（壬）铭“大子鼎”、“集脰”，（丙）、（已）、（庚）、（辛）铭“客铸愳”，也是一套大牢九鼎[220]；还有小口鼎一件[221]。其他究竟还有几镬？几牢？几羞？尚不详。

楚自考烈王二十二年（前 241 年）迁都寿县后，至负刍五年（前 223 年）被秦所灭。《楚王酓忎鼎》已公认为楚幽王熊悍之器，其“楚王酓肯”当以马衡、唐兰的考烈王说可信[222]。故此墓应为楚幽王墓，入葬于公元前 228 年左右。直到战国末，楚王还使用着西周后期以来的很规整的鼎制。

2. 东方诸国的大牢七鼎类

（151）河南三门峡市后川 M2040 的铜圆鼎 18 和簠 2、敦 2、盖豆 4 等[223]。有六件春秋中期的无盖侈耳鼎，当是大牢七鼎缺一。又有七鼎是圜盖、环耳、矮足，五鼎是圜盖、附耳、矮足，为战国中期物[224]，簠、敦、盖豆也是战国式的。二簠、二敦当时常用，盖豆四应是配五鼎的[225]。

3. 东方诸国的少牢五鼎类（附四鼎类）

（152）辉县赵固 M1 所出大小相次的陶鼎 5 和盖豆 4，铜圆鼎 4 和敦 2 等[226]。陶器是五鼎配四豆（代簋），铜鼎中二件附耳（6、8号）、二件环耳（2、7号），应是陪陶五鼎的羞鼎两套；其中的环耳鼎也可能是簋。时代属战国中期。

（153）江陵藤店M1的无盖陶镬鼎1，腹有环鼻（原报告Ⅰ式）；圜盖陶五鼎一套，二件稍大（原报告Ⅱ式），二件较小（原报告Ⅲ式）；一件小口鼎（原报告Ⅳ式）；圜盖铜鼎2[227]。又出“越王州勾剑”1，“州勾”即“朱勾”，卒于前412年[228]，应是楚人在威王六年（前334年，从《史记》说）灭越时得来的战利品，故墓的年代还要略晚于此。楚人这时起常用四件升鼎随葬，此墓从棺椁制度看，属大夫级别的规格，故将其归入少牢五鼎类之内。

（154）江陵望山楚墓M1所出战国中期偏晚的陶、铜鼎和簋、敦等各一套。陶鼎有无盖镬鼎二，腹带环鼻；圜盖少牢五鼎一套，二件稍大，三件较小；圆盖牲三鼎一套；还有一件小口鼎；无盖无耳的少牢五鼎一套，腹有四扉，无盖侈耳的牲鼎3，浅腹平底并带兽形扉4。相配的有方座豆形陶簋6和带练盒形陶簋2，另有陶敦2。铜鼎亦只有圜盖少牢五鼎一套，二件最大，四件稍小，又二件更小。还有一件小口鼎。相配的有铜敦2[229]。

据竹简祷辞，墓主叫“悼固”[230]。楚有昭、屈、景三氏与王同姓。《楚辞·离骚序》曰：“三闾之职，掌王族三姓，曰：昭，屈，景。”此墓以北的M2，椁板上有烙印戳记“邵吕竹口”[231]，其“邵吕”当即“昭闾”，是“三闾”之一。M1与M2当为同族之墓，故知“悼固”即昭氏。据尸骨，M1的墓主是二十多岁的男子，祷辞说他“趣（趋）事王大夫”而“未又（有）雀（爵）位”[232]，审之椁制，只有头箱和边箱各一[233]，合乎通常所见的大夫规格。这是相当大夫一级而尚未封爵的贵族，所以使用五个升鼎。

（155）邯郸百家村M21的陶鼎5和盖豆3等[234]。

（156）长治分水岭M35的战国晚期陶鼎6、盖豆4和铜簋1（原报告作鬲）等[235]。各鼎未发表尺寸，当为镬鼎1和升鼎5，故以四豆（代簋）相配。

（157）长治分水岭M21的战国晚期陶鼎5和盛（即盒）4等[236]。无论是黄河流域盛行的盖豆还是江淮流域盛行的敦，战国晚期往往演变为盛，所以这仍是五鼎配四簋制度的延续。

4. 东方诸国的牲三鼎类（附四鼎类）

用青铜作牲三鼎的，又大大减少，仅见（158）韶山灌区湘乡M31一例，有铜圆鼎3、盖豆1与陶鼎2、敦2等同出[237]。还有（159）湖南浏阳北岭楚墓所出越式带盖撇足铜鼎3一例[238]。其它各例，则全是仿铜陶器。如：

（160）、（161）北京昌平松园村M1、M2各出鼎3、簋2等[239]。

（162）、（163）邯郸百家村M40、M44各出鼎3、盖豆2等[240]。

（164）湖北宜昌前坪M27的鼎3、匿2（代簋）等[241]。

（165）—（169）长沙左家公山M15[242]，伍家岭M260的鼎3、敦2，M248、M264的鼎3、敦3，M215的鼎3、敦4等[243]。这时，楚墓中五鼎以下的制度，往往脱离周人的传统轨道，故M215的三鼎四敦就不宜看作仍是少牢的杀礼。

楚人脱离旧轨道的明显表现，就是较多地出现了四鼎墓。其具体情况是：

（170）长沙识字岭基M1的铜鼎与铁足铜鼎各2、铜盛2等，与陶鼎1等共存[244]。

（171）江陵太晖观M50的陶鼎4和敦2、匿2等。鼎为两种型式，每种二件。[245]

其他的四鼎墓，也都是仿铜陶器。如（172）—（180）韶山灌区湘乡M65配敦2；M70配敦6；M74配敦2；M75配敦4；M76配敦2[246]；长沙沙湖桥MD8配敦4[247]；伍家岭237配敦3；M249配敦4；识字岭M302配敦1等[248]。

特一鼎类的二鼎从战国初起已是形态一样，故（170）、（171）二例便表明四鼎就是两套二鼎，可知这种四鼎仍应属于牲三鼎和特一鼎这个范畴。从二鼎的形态开始一样到四鼎的出现，意味着“鼎俎奇而笾豆偶”（《礼记·郊特牲》）那个周人鼎制的根本形态，在楚国终于受到了冲击。

5. 东方诸国的特一鼎类

随葬特一鼎的墓，绝大多数仍是仿铜陶器。用铜鼎的，只有以下的少量遗存。

一鼎的有：（181）—（192）江陵拍马山 M18[249]、湖南常德德山 M37（铁足）[250]、M26（与陶鼎 2 等同出）、M47、M50、M76[251]、长沙柳家大山 M35（铁鼎）[252]、长治分水岭 M20[253]、长沙伍家岭 M207（与陶鼎 2、敦 2 等同出）[254]、长沙陈家大山墓（与陶鼎、敦等同出）[255]；宜昌前坪 M23（铁足）、宜昌葛洲坝 M1[256]等。

一鼎一簋的有：（193）长治分水岭 M36（原报告簋误作鬲），与陶鼎 1、盖豆 3 同出[257]。

一鼎一敦的有：（194）长沙烈士公园 M1[258]等。

一鼎二敦的有：（195）河南新郑新郑烟厂空心砖墓[259]等。

二鼎的有：（196）长沙识字岭 M323[260]、（197）长沙紫檀铺 M30[261]、（198）长沙识字岭基 M2[262]等。

二鼎一敦的有：（199）湖北鄂城鄂钢 M53（铁足）[263]等。

二鼎二豆的有：（200）长治分水岭 M10，与陶鼎 2、盖豆 2 等同出[264]。

二鼎二敦的有：（201）长治分水岭 M11[265]、（202）长沙识字岭 M315（铁足）[266]等。

这些例子表明，楚国此时常用四鼎来代替五鼎或三鼎，显示出鼎制愈趋紊乱的迹象。这些例子又表明东方诸国此时仅楚国还较多地使用青铜特一鼎，在黄河流域则只有较大的墓才用铜鼎。例如（188）分水岭 M20 与（157）M21、（193）分水岭 M36 与（156）M35，都是有积石积炭的中型夫妇并穴合葬墓。其 M21 与 M35 用陶少牢五鼎，而 M20 与 M36 则用铜一鼎，这除了可说明那时铜一鼎和陶五鼎的使用规格大体相当外，又能看到本有使用五鼎资格的贵族忽然使用特一鼎，当然意味着鼎制又加紊乱。值得注意的是 M20 与 M36 都是接近战国末年的墓，可能是入秦以后所埋。如果联系到当时秦人的鼎制来考虑，又可推测这种紊乱是被秦人所大大推进的。

6. 秦人鼎制的特点及其对传统鼎制的破坏

已发现的战国秦墓，出青铜礼器的寥寥可数，而陶器墓的分期问题尚未很好解决，所以要较准确地说明这时期秦人的鼎制，还有困难。但只要把眼睛一转到秦人活动区，就马上可觉察到那里同东方诸国是大不一样的。

第一，庶人普遍用特一鼎的变化，基本上没有发生，连过去比东方诸国更多出现的部分贵族已用陶礼器的现象，这时也不很突出了。所以，在宝鸡斗鸡台[267]，宝鸡李家崖[268]，长安客省庄[269]、西安半坡[270]等春秋至战国的秦人墓地中，以及在陕西耀县城东[271]、侯马乔村[272]、郑州岗杜[273]、湖北云梦睡虎地[274]、江陵凤凰山[275]、内蒙准格尔旗八垧地梁[276]等战国晚期至汉初的秦人墓地中，仅仅于李家崖 M14[277]、半坡 M89[278]、侯马（乔村）M26[279]、凤凰山 M38 和 M105[280]等很少几座战国晚期秦墓中，见到陶一鼎和陶盖豆或陶盛等礼器。至于铜的，更只在睡虎地 M3[281]、凤凰山 M90[282]这二座战国晚期秦墓中各发现楚式鼎 1。这说明相当于平民身份的秦人，从总体上说是始终不用鼎的，顶多是稍微受到一点东方的庶人亦用士礼的影响。

第二，少牢五鼎以上的规格，遭到很大破坏。例如（203）四川成都羊子山 M172 之例，便表现出相当于从前大夫以上身份贵族，最迟在战国末年已变得只用铜二鼎。

羊子山 M172 是底长约六米的木椁墓，按其规模，墓主身份至少相当于过去的大夫。墓内出无盖羽状蟠夔纹的楚式大铜鼎 1 和圜盖素面的秦式小铜鼎 2。大鼎带炊烟痕，底有多次补痕，三足之一并补为铁足，当是使用已久的镬鼎。小鼎则为升鼎[283]。成都本为蜀地，自秦惠文王更元九年（前 316 年）司马错灭蜀后（从《史记·秦本纪》和《六国年表》）即为秦地。墓内的双耳铜鍪、圈足茧形陶壶和腹部弦纹突出甚高的素面铜鼎，都是秦代前后的典型秦器，墓的年代肯定在入秦以后很久。从同出有巴蜀铭文的铜罍、铜盘和巴蜀式铜戈看，墓主也许是蜀人后裔。但成都此时已是秦人控制很久之地，即使是蜀人后裔，其葬俗肯定要受到秦制的影响甚至制约。从这点出发，已可怀疑秦国其时对少牢以上的鼎制，作了很大变动。

当然，仅据孤例而作推论，自然是危险的。但还可拿稍晚一点的秦代情况，来验证战国末年的秦制。在三门峡市后川M2001这座出大半两的积石的秦代中型木椁墓中，也以成对的铜二鼎随葬[284]。按照墓葬的规模而言，如在战国的东方六国，肯定会用少牢以上的鼎制。所以，把羊子山M172和后川M2001联系在一起考虑，就可认为至迟在战国晚期秦人已往往把五鼎以上的规格，改为用铜二鼎。前述分水岭的M21、M20与M35、M36，同样可说明这种变动，并多少暗示了这种变化是先从秦人那里发生，而后才影响他地。

可以看到，战国末的鼎制，尤其是秦国鼎制，同周初相比已是面目全非了。这自然是经济基础的变动以及由此而引起的等级制度的更改所造成。战国时，天子、诸侯、卿、大夫、士和庶人那种等级制度，皆被各国另一些新的等级制度所代替；其中，尤以秦国的二十等爵制同旧制的差异为突出。这恐怕也是秦国与东方诸国所以产生较大不同处的原因之一。

仅仅考虑这一点，当然还未能解释为什么春秋中期以后东方诸国的庶人已纷纷使用士礼而秦国没有变化？这只能首先着眼于秦国社会发展进程的较为迟缓。东方诸国的土地私有制较早发生，农村公社和氏族宗法制也就较早受到破坏，旧礼制便首先受到冲击。秦国则直到商鞅变法时，才进一步摧垮家庭公社的残余、破坏村社土地所有制、发展私有制，自然当东方诸国冲破庶人不准使用士礼的界限时，秦国的庶民仍保留着质朴的村社成员气息。

历史的发展总是不平衡的。当商鞅变法时，为了推行土地私有制，就尽力排除当初在西周宗法奴隶制基础上建立起来的、对维持农村公社和旧等级制度有利的那套礼乐制度，并以秦国特有的二十等爵制为基础，大力实行军功爵。这样，战国中期以后秦国在改变旧的上层建筑的道路上，就不是象东方诸国那样用庶人使用士礼、卿大夫僭越王礼的方式来破坏往昔的鼎制，而是走着直接改变鼎制传统形式的道路。

春秋中期开始、战国中期以后特别明显的两条破坏旧鼎制道路的产生，自然又同各诸侯国历史文化传统的特点有关。秦国是后来发展起来的，所受周人制度的束缚可能较少，这大概也是后来能比较彻底地破坏周人鼎制传统的重要原因。

周初已经形成完整形态的鼎制，经过三次破坏，到了战国末，已经走到了崩溃的边缘。在第三次破坏过程中，秦人所作变革对摧毁整个用鼎制度来说，产生了大于其他列国的作用，因为秦人的新制度，通过统一六国的过程，显然对东方六国之地发生过很大影响，加速了周人传统鼎制的破坏。不过一到汉初，除秦人后裔，许多大体有八级以下民爵的小土地占有者的墓葬，又一度恢复过东方诸国的旧传统，使用着鼎、盛（即盒）、壶、钫等仿铜陶礼器；某些有高爵的贵族，也曾重新沿用六国鼎制。但历史条件毕竟已大不一样，天子、诸侯、卿、大夫、士和庶人那种等级制度既早已成为历史陈迹，社会就不会需要过去的用鼎制度了。于是，随着大土地所有制的发展，特别是汉武帝以后大土地所有制的加速膨胀，建立在这个基础上的就是与氏族宗法制性质不一样的宗族制度以及强调人身依附关系的伦理道德观念，造成了一套新的礼俗，把在井田制基础上形成的用鼎等礼乐制度，赶出了历史舞台；顶多是在不长的一段时间内，还保留着鼎这种器物。

注释：

[1]《路易·波拿巴的雾月十八日》，《马克思恩格斯全集》第8卷，人民出版社，1961年，第149页。以下引书凡重见者，皆只于第一处注明版本。

[2]在五十年代后期，杨宽已经开始了这方面的工作。见所著《古史新探》，中华书局，1965年。

[3]a. 中国科学院考古研究所二里头工作队：《河南偃师二里头遗址三、八区发掘简报》，《考古》1975年第5期，第302、304页；b. 中国科学院考古研究所二里头工作队：《偃师二里头遗址新发现的铜器和玉器》，《考古》1976年第4期，第259—261页。

[4]关于周鼎的下落，不很清楚。《史记·封禅书》曰："……秦灭周，周之九鼎入于秦。或曰宋太丘社亡，而鼎没于泗水彭城下。其后百一十五年而秦并天下。"《秦始皇本纪》亦曰："（二十八年）始皇还过彭城，斋戒祷祠，欲出周鼎泗水，使千人没水求之弗得。"

[5]参湖北省博物馆、北京大学考古专业盘龙城发掘队《盘龙城一九七四年度田野考古纪要》，《文物》1976年第2期，第13页。

［6］［13］罗振玉：《辽居乙稿·文父丁鼎跋》首先释此为镬，见1931年石印本第22页。此器情况可参容庚《商周彝器通考》上册第290页，图象见下册图22，哈佛燕京学社，1941年。又前书第24页。

［7］［27］［38］郭宝钧在1935、1937年发掘了汲县山彪镇和辉县琉璃阁的东周墓以后，开始在鼎类中认出了镬，但未作任何说明。见《山彪镇与琉璃阁》，科学出版社，1959年，第42、43、56、59页；第42、43页；第11、13页。

［8］安徽省文物管理委员会、安徽省博物馆：《寿县蔡侯墓出土遗物》，科学出版社，1956年，第6页，图版叁、叁拾壹：1。

［9］陈梦家：《寿县蔡侯墓铜器》，《考古学报》1956年第2期，第108页。

［10］周世荣：《长沙马王堆三号汉墓竹简〈养生方〉释文》，《长沙马王堆医书研究专刊》第2辑，第2、9、12页，湖南中医学院，1981年。

［11］罗振玉：《贞松堂吉金图》上卷，墨缘堂珂罗版印本，1935年，第17页；又见《商周彝器通考》上册，第302页，下册图97。

［12］（清）段玉裁：《说文解字注·樗字注》曾谓“各本樗与榑二篆互讹”。但樗、榑、檴都是同音字，王氏说樗、檴相通是对的。

［14］周初有一种像盂鼎那样形体特大的鼎，往往自铭为[illegible]，如引鼎：“引乍文父丁[illegible]。”（《故宫》1931年10月，24·1）乃孙鼎：“乃孙乍且己宗宝䵼[illegible]。”（《故宫》1932年1月，27·6）木工鼎：“乍匕戊[illegible]。”（《三代》3·8·8）堇鼎：“大保赏堇贝，用乍大子癸宝障[illegible]。”（北京房山黄土坡M253所出，见《中国古青铜器选》，文物出版社，1976年，第25器拓片图。）[illegible]象鼎在火上炊，并有匕取物，很像是镬鼎。但此字当释为鬻，是盛有菜之羹，则似为羞鼎，或为煮羞之镂，疑不能定，故此处暂不收入。

［15］罗振玉：《三代吉金文存》3·1上，上虞罗氏百爵斋印本，1937年。图像见《西清古鉴》卷二，乾隆十六年武英殿刊本，第29页。

［16］（宋）薛尚功：《历代钟鼎彝器款识法帖》嘉庆卷一〇，1页下，阮元刊本。

［17］罗振玉：《三代吉金文存》，4·32·2、4·33·1。图像见［6］容书下册图78。

［18］［51］刘体智：《小校经阁金文拓片》，1935年，3·26·1。又2·77·4。

［19］西安市文物管理处：《陕西长安新旺村、马王村出土的西周铜器》，《考古》1974年第1期，第2页，图版贰：2。

［20］同［17］，4·22·2、4·23·1。

［21］（宋）吕大临：《考古图》1·21，乾隆槐荫草堂刊本。又见王俅《啸堂集古录》上·19·3，《四部丛刊》续编本，商务印书馆，1934年。薛尚功《历代钟鼎彝器款识法帖》卷9误释“釪”为“鉶”。

［22］同［17］，4·14·1。薛尚功《法帖》卷一〇亦误释“鼾”为“鉶鼎”二字。

［23］洛阳玻璃厂M439出土，见洛阳博物馆《洛阳哀成叔墓清理简报》，《文物》1981年第7期，第65—67页。

［24］唐兰：《略论西周微史家族窖藏铜器群的重要意义》，《文物》1978年第3期，第19页。

［25］罗振玉《贞松堂集古遗文》3·34—35：“予近以询厂估赵信臣，言此器实出岐山县法门寺之任村任姓家……赵君尝为潘文勤公亲至任村购诸器，言当时出土凡百二十余器，克钟、克鼎及中义父鼎并在一窖中。于时光绪十六年也。”1930年石印本。按此窖同出大克鼎一件，小克鼎七件，中义父鼎八件（见中国科学院考古研究所《美帝国主义劫掠的我国殷周铜器集录》，第20、21、52、53页，科学出版社，1962年）。小克鼎与中义父鼎皆为升鼎（详《下篇》），大克鼎高93.1厘米，重201500克，是现知西周最大的铜器，当为镬鼎。图像见［6］容书下册图66。

［26］琉璃阁M80、M60系春秋墓，材料被劫往台湾，未全部发表，今据［7］郭书第43、56、59页。

［28］山西省文物管理委员会：《山西长治分水岭古墓的清理》，《考古学报》1957年第1期，第112页。

［29］M26所出见山西省文物管理委员会、山西省考古研究所：《山西长治分水岭战国墓第二次发掘》，《考古》1964年第3期，第120页图九：1，第121、124页；M25所出见同书第112页图十一。1，124页。

［30］河北省文化局文物工作队：《河北易县燕下都第十六号墓发掘》，《考古学报》1965年第2期，第83—85页，图版贰：2、4。

［31］湖北省文化局文物工作队：《湖北江陵三座楚墓出土大批重要文物》，《文物》1966年第5期，第42页图十四：1。

［32］［204］荆州地区博物馆：《湖北江陵藤店一号墓发掘简报》，《文物》1973年第9期，第10、17页图三七。

［33］北京历史博物馆：《楚文物展览图录》，1954年，第1—3页。李三孤堆此墓所出铜鼎以楚王酓鼎为最大，同出又有兽纽平底铜鼎和带盖圜底铜鼎各九件，应是镬鼎2和升鼎二套。

［34］此墓铜鼎仅此一件，估计正因这种镬鼎同升鼎形态无别，所以用来代替升鼎。

［35］孙诒让：《周礼正义》，商务印书馆万有文库本，1933年，第3册，第9、10页。

［36］同［6］容书上册第299页：“《大鼎》……《故宫》（二期）箸录。同铭者凡三器，一《古鉴》（二：十九），一《怀米》（下九）箸录，皆非附耳。”

［37］所谓五鼎，是指发掘品，加上以前的盗掘品，郭宝钧后订为列鼎七，实际加上所谓的“中鼎”2，应为九鼎。见［7］，第42、43页。

［39］如宝鸡茹家庄M1甲椁室所出(M1甲：1—5)，见宝鸡茹家庄西周墓发掘队《陕西省宝鸡市茹家庄西周墓发掘简报》，《文物》1976年第4期，第37页，图版肆：2上。

［40］如茹家庄M2出铜鼎6，由直耳圆鼎2、附耳带盖圆鼎2、方鼎1、独柱带盘鼎1组成，但却是少牢五鼎一套和另外的特一鼎。同上注第41、42页。

［41］如寿县蔡侯墓的一套大牢九鼎(3·1—9号)，是六件成对，三件不成对。见［8］，第7页。

[42] 见[8]，第6、7页，图版叁壹：2、3。

[43] "脀"即"升"字，也作"烝"。孙诒让《周礼正义·内饔疏》："云'实鼎曰脀，实俎曰载，者，即据《少牢馈食礼》文，他篇脀多言升……《燕礼》'脀荐主人于洗水西面，脯醢无脀'注云'脀，俎实，脀字又作烝'。《国语·周语》有'全烝'、'房烝'、'肴烝'。《特牲馈食礼》作'郁脀'。此脀并谓俎实，是脀与载对文则异，散文亦通。"

[44] （清）胡培翚：《仪礼正义·士冠礼疏》，商务印书馆万有文库本，1933年，第1册第66页。

[45] 《国语·周语中》："周之《秩官》有之，曰：'……其贵国之宾至，则以班加一等益虔。"韦注："贵国，大国也：班，次也。""聘礼"礼加一等，是周的传统制度。

[46] 指万斯大《仪礼商》。

[47] 现存元刊本、明刊本、通志堂本、日本宽政刊本各本略同，今据通志堂本迻录。原书省略的篇题，用方括弧补出；双行小注用圆括弧标明。原书分行者，今或据文义，并为一行。

[48] 元刊本、明刊本（皆北京图书馆藏）、通志堂本，日本宽政本皆误作"中"，今据《士虞礼》改正。

[49][50] 同[17]《三代》3·35·3—4；图像见容庚《善斋彝器图录》图32、33，哈佛燕京学社影印本，1936年。又3·22·3—6。

[52] 传世又有商代晚期铜方鼎铭文作"羞"(《美帝国主义劫掠我国殷周铜器集录》A68、R449)，又一鼎同铭(《三代》2·5·6)，但应是族徽而不是器名。传世又有一些铜器自铭为"羞豆"、"羞鬲"，"羞鉶"，当亦是盛放众羞的。如单𦥑生豆："单𦥑生乍羞豆，用享。"(《博古》18·16）郳姬𡥈鬲："鲁白愈父乍郳姬𡥈朕（媵）羞鬲，其永宝用。"(5件，《三代》5·31·2、5·32·1—2、5·33·1—2) 郘始鬲："郘始□母铸其羞鬲。"(《三代》5·23·2）郑叔蒦父鬲："郑叔蒦父乍羞鬲。"(《三代》5·22·3）中姞鬲："中姞乍羞鬲。秊。"(9件，《三代》5·16·4—7、5·17·1—5) 旹白鬲："旹白乍□中□羞鬲。"(3件，《三代》5·20·1—2，5·22·1) 洹子孟姜壶："用铸尔羞鉶，用御天子之事。"(2件，《三代》12·33·1—35·1)

[53] 同[44]第8册17页《聘礼疏》、第9册42页《公食大夫记疏》。

[54] 见王引之《经义述闻·鉶鼎》，《四部备要》本9卷第18页，中华书局，1936年，胡说见[42]第8册第19、20页《聘礼疏》；孙说见[33]第21册第52、53页《掌客疏》。

[55] 湖南省博物馆、中国科学院考古研究所：《长沙马王堆一号汉墓》，文物出版社，1973年，上册第132、133页。

[56] 宋严州本作"两鉶芼"，《开成石经》及《诗·召南·采蘩》孔疏引皆作"两鉶鉶芼"，知唐人所见之本，皆重一鉶字，且重一鉶字，其义始明。见[52]王书10卷第37页"两鉶芼"条。

[57] 参高明《中原地区东周时代青铜礼器研究》（未刊）。

[58][60] 见[44]第2册第14、23页《士昏礼疏》；第15册第40页《特牲馈食礼疏》。

[59] 参夏炘《学礼管释》卷一七《释阴厌阳厌》，《皇清经解续编》蜚英馆石印本，光绪十五年，第146卷第33页。

[61] 《政治经济学批判——序言》，《马克思恩格斯全集》，人民出版社，1962年，第13卷第8、9页。

[62] 邹衡：《从周代埋葬制度的变化剖析孔子提倡"礼治"的反动本质》，《文物》1974年第1期，第2页。

[63][64] 甘肃省博物馆文物队：《甘肃灵台白草坡西周墓》，《考古学报》1977年第2期，第99—129页。

[65] 宝鸡市博物馆、渭滨区文化馆：《宝鸡竹园沟西周墓》，《考古》1978年5期，第289—291页，图版壹:1，2，4，5。

[66] 宝鸡茹家庄西周墓发掘队：《陕西省宝鸡市茹家庄西周墓发掘简报》，《文物》1976年第4期，第34—56页。

[67] 罗西章、吴镇烽、雒忠如：《陕西扶风出土西周伯㺇诸器》，《文物》1976年第6期，第51—60页，图版柒：3、5。

[68] 郭沫若：《两周金文辞大系图录考释》，科学出版社，1957年，第6册第61—65页。

[69] 扶风县文化馆：《扶风县历代出土西周青铜器略目》（初稿），1976年油印本，第36、37页。

[70] 陕西省文物管理委员会：《长安普渡村西周墓的发掘》，《考古学报》1957年第1期，第75—85页，图版贰、叁。

[71] 罗西章、吴镇烽、尚志儒：《陕西扶风县召李村一号周墓清理简报》，《文物》1976年第6期，第61—65页。墓中又出陶簋1，但这种陶簋属于日用器皿组合，并非仿铜礼器，故皆不计入。

[72] 中国科学院考古研究所：《沣西发掘报告》，文物出版社1962年，第121、170页。

[73] 同[72]，第121、169页。其图版陆柒:5说明鼎内盛猪头，正合豚一鼎之制。

[74][101] 郭宝钧：《浚县辛村》，科学出版社，1964年，第24、25、34页，图版拾：1；又第7页。

[75][76][82] 中国科学院考古研究所、北京市文物管理处、房山县文教局琉璃河考古工作队：《北京附近发现的西周奴隶殉葬墓》，《考古》1974年第5期，第309—321页。

[77] 河南省文化局文物工作队第一队：《河南上蔡出土的一批铜器》，《文物参考资料》1957年第11期，第66—69页。

[78] 洛阳博物馆：《洛阳北瑶西周墓清理记》，《考古》1972年第2期，第35、36页。

[79] 河南省博物馆：《河南省襄县西周墓发掘简报》，《文物》1977年第8期，第13—15页。

[80] 同[74]，第19、34、35页，图版玖：1，拾贰：1。

[81] 同[74]，第26、34、35页，图版玖：2，拾贰：2。

[83] 北京市文物管理处：《北京地区的又一重要考古收获》，《考古》1976年第4期，第246—248、255、256页，图版贰：2、6。

[84][89][92] 甘肃省博物馆文物队、灵台县文化馆：《甘肃灵台县两周墓葬》，《考古》1976年第1期，第39—41页；第42、43页；第42页。

[85][140] 陕西省博物馆、陕西省文物管理委员会：《陕西岐山贺家村西周墓葬》，《考古》1976年第1期，第31—38页，图版贰：4、5。

[86] 同 [72]，第 119—121，169 页，图版柒壹：1、2。

[87] 中国科学院考古研究所沣西发掘队：《1960 年陕西长安张家坡发掘简报》，《考古》1962 年第 1 期，第 21 页。

[88] 石兴邦：《长安普渡村西周墓葬发掘记》，《考古学报》第 8 册，1954 年，第 109—126 页。

[90] 王光永：《陕西省宝鸡市峪泉生产队发现西周早期墓葬》，《文物》1975 年第 3 期，第 72—75 页。

[91] 同 [74]，第 19、20、34、35 页，图版拾：2，拾壹：1、2。

[93] 周文：《新出土的几件西周铜器》，《文物》1972 年第 2 期，第 9 页、第 11 页图二、第 12 页图八。墓号据 [67] 第 36 页补。

[94] 齐文涛：《概述近年来山东出土的商周青铜器》，《文物》1972 年第 5 期，第 7、8 页。

[95] 梁星彭、冯孝堂：《陕西长安、扶风出土西周铜器》，《考古》1963 年第 8 期，第 413、414 页，图版壹：1、3。

[96] 傅永魁：《洛阳东郊西周墓发掘简报》，《考古》1959 年第 4 期，第 187、188 页，图版叁，5、6。

[97] 葛今：《泾阳高家堡早周墓葬发掘记》，《文物》1972 年第 7 期，第 5、6 页。

[98] 同 [83] 同页，图版贰：1、5。原报告曾说同出残陶鼎，实为带扉陶鬲残片。

[99] 陕西省文物管理委员会：《陕西岐山、扶风周墓清理记》，《考古》1960 年第 8 期，第 8、9 页。

[100] 王毓彤：《江陵发现西周铜器》，《文物》1963 年第 2 期，第 53 页。墓中所出鼎、簋、甗皆有“北子”之铭，故可定为北子墓。

[102]《谈谈辩证法问题》，《列宁全集》第 38 卷，人民出版社，1959 年，第 409 页。

[103] 最初略述于《与顾颉刚论古史书（续）殷周间的故事》，《国立第一中山大学语言历史学研究所周刊》第 2 集第 14 期，第 31、32 页，1928 年 1 月 31 日；后又详述于《论所谓“五等爵”》，前《历史语言研究所集刊》1930 年 5 月第二本第一分本，第 110—129 页。

[104] 郭沫若：《中国古代社会研究》第四篇《五、周代彝铭中无五服五等之制》，人民出版社，1954 年，第 234—238 页。

[105] 陕西周原考古队：《陕西扶风庄白一号西周青铜器窖藏发掘简报》，《文物》1978 年第 3 期，第 4—7 页。

[106] 宋代曾出瘈所用镬鼎，见《上篇》(14)；但升鼎尚无踪迹。

[107] 商承祚：《十二家吉金图录》雪 10、11，金陵大学中国文化研究所，1935 年。

[108]《观堂别集》卷二《虢仲簋跋》，见王国维《观堂集林》，中华书局，1961 年，第 1200、1201 页。

[109] 庞怀清、镇烽、忠如、志儒：《陕西省岐山县董家村西周铜器窖穴发掘简报》，《文物》1976 年第 5 期，第 29 页。

[110] 陈梦家：《西周铜器断代》(三)，《考古学报》1956 年第 1 期，第 70、71 页。关于函皇父器的出土地点，曾有岐山清化镇与周家桥两说，今据扶风县文化馆的调查，实为扶风上康村所出。解放以前上康村一带属岐山清化镇管辖，故清化镇之说亦并不误。扶风县文化馆的调查结果，见罗西章《陕西扶风县北桥出土一批青铜器》注 [1]，《文物》1974 年第 11 期，第 20 页。

[111][112][113] 陕西省博物馆、陕西省文物管理委员会：《陕西省博物馆、陕西省文物管理委员会藏青铜器图释》，图 65；图 61、64；图 61、62，文物出版社，1960 年版。

[114] 同 [17]，7·49·3—4。

[115] 湖北省博物馆：《湖北京山发现曾国铜器》，《文物》1972 年第 2 期，第 47—53 页。

[116] 马承源：《记上海博物馆新收集的青铜器》，《文物》1964 年第 7 期，第 10 页，图版贰：1、2。

[117] 郭沫若：《三门峡出土铜器二、三事》，《文物》1959 年第 1 期，第 13、14 页。

[118] 刘节：《寿县所出楚器考释》，《古史考存》，人民出版社，1958 年，第 122—124 页。

[119] 同 [25] 所引《美帝》同页。

[120] 柯昌济《金文分域编》第 12 卷 10 页“陕西省岐山县《中义父鼎》”条，1930 年。柯氏所言，乃据王引之《春秋名字解诂》卷上“郏子克字仪父（《隐元年左传》）、周王子克字子仪（《桓十八年传》）、楚斗克字子仪（《僖二十五年传》）、宋桓司马之臣克字子仪（《哀十七年传》）”条。

[121][145] 同 [112] 唐兰《叙言》，第 6 页。

[122][141] 中国科学院考古研究所：《上村岭虢国墓地》，第 28—33、55 页，图版叁叁：1、4，叁肆：3，科学出版社，1959 年；又 69 页。

[123] 清末出土时传为七鼎、六簋、二壶、一盘，见吴大澂《愙斋集古录》第 14 册 18 页下，商务印书馆，1917 年景印本。《三代》著录为四鼎（4·4·4—4·5·3）、七簋（8·22·3—8·25·4）、二壶（12·23·1—4），一盘（17·15·2），其中有一簋的盖、器二纸拓片，当为二鼎之误。其图像见 [6] 引容书下册图 83、342。

[124] 同 [68]，第 7 册，第 156 页。

[125] 同 [6] 引容书上册，第 300、354 页。

[126] 同 [72]，第 122、123、170 页，图版柒拾叁。

[127] 史言：《扶风庄白大队出土的一批西周铜器》，《文物》1972 年第 6 期，第 30—35 页。

[128] 中国科学院考古研究所沣西考古队：《陕西长安张家坡西周墓清理简报》，《考古》1965 年第 9 期，第 447—450 页。

[129] 同 [122]，第 33—35、37、66、75 页，图版伍拾：2，伍壹：3。

[130] 同 [122]，第 33、37—41、55、65、76 页，图版拾肆：4，拾伍：4，肆伍：1、4，陆壹：3，陆肆：1。

[131] 鄂兵：《湖北随县发现曾国铜器》，《文物》1973 年第 5 期，第 21、22、25 页。

[132] 湖北省博物馆：《湖北枣阳发现曾国墓葬》，《考古》1975 年第 4 期，第 222—225 页。

[133]《河南郏县发现的古代铜器》，《文物参考资料》1954 年第 3 期，第 60、61 页。

[134] 同 [122]，第 35、67 页，图版伍肆：1。

[135] 同[130]，第 21—25 页。

[136] 湖北省博物馆：《湖北枝江百里洲发现春秋铜器》，《文物》1972 年第 3 期，第 65—68 页。

[137] 河南省文化局文物工作队第二队：《洛阳的两个西周墓》，《考古通讯》1956 年第 1 期，第 27、28 页。

[138] 同[70]，第 121、171 页。

[139] 同[122]，第 33、37、57、58、60—62、64—67、69—72、76 页，图版拾叁：2—4，拾肆：2、3，拾伍：2、3、5、6，拾陆：1、2、4—6，肆贰：2，伍捌：2，陆肆：2。

[142] 同[122]，第 31、35、56、66、67 页，图版拾叁：1，拾陆：3，肆拾：3、4，伍壹：2。

[143] 郑杰祥：《河南新野发现的曾国铜器》，《文物》1973 年第 5 期，第 14、15、18 页，第 20 页图二二。

[144] 郭沫若：《金文丛考·周官质疑》十六"善夫"，人民出版社，1954 年，第 76 页。

[146] 据庄白一号窖藏中全部铜器的铭文，史家族已知有七代，即高祖、微史刺祖、乙祖（乙公）、亚祖辛公乍册折、乙公丰、丁公史墙、微伯史。在史以前六代的称谓中，均未见爵称，从史开始才称为"微伯"，疑到时才封为伯。

[147] 如邯郸百家村 M3 的铜鼎 1 和陶鼎 9，见河北省文化局文物工作队《河北邯郸百家村战国墓》，《考古》1962 年第 12 期，第 613、614 页。

[148] 如邢台东董村 M14 的陶少牢五鼎，见河北省文化局文物工作队《邢台战国墓发掘报告》表四，河北省文化局文物工作队 1959 年 6 月铅印本。

[149] 王国维：《王子婴次卢跋》，《观堂集林》，第 899、900 页。

[150] 杨树达：《王子婴次卢跋》，《积微居金文说》（增订本）科学出版社，1959 年，第 178 页。

[151][153][154] 同[7]，第 70 页谓出簋 14，但第 43 页登记了簋 8，第 71 页登记了方座簋 4，后两种合计只有簋 12，未知孰是；又同页；又 59 页。

[152]《河南、陕西等地发现的古代青铜器·辉县战国甲墓和乙墓出土青铜器选记》，《文物》1965 年第 5 期，第 1 页。

[155][日] 泷川龟太郎：《史记会注考证》，大学史记会注考证校补刊行会，1960 年，第 39 卷，第 75、76 页。

[156]《水经注·瓠子河》："瓠河自运城东北迳范县与济濮枝渠合。"（武英殿聚珍版丛书本，卷二四 18 页上）"运城"即今山东郓城一带，故知彼时范县在今范县和梁山县之间。

[157] 唐兰：《智君子鉴考》，《辅仁学志》第 7 卷第 1、2 期合刊，1938 年 12 月。

[158] 同[9]，第 115—118 页。又，《史记·蔡世家》谓昭侯及其高祖文侯皆名为申，高祖与玄孙不可能同名，必有一误。《春秋·宣公十七年》曰"蔡侯申卒"，这是蔡文侯，可见昭侯当作他名。陈梦家谓这个蔡侯名"卯"，小篆"卯"、"申"易混，昭侯原当名"卯"。按铭中[illegible]字，实为从鬲甫声，四甫乃繁体，本应省写作"鬴"。小篆"申"作[illegible]，"甫"作[illegible]，金文"甫"多作[illegible]或[illegible]（容庚：《金文编》，科学出版社，1959 年，第 180 页），汉初古隶作[illegible]（马王堆 M1 第 34—37、86 简，见[55]下册，第 226、227 页），正易讹作"申"。

[159] 同[8]，第 6、7 页，图版叁，肆，伍，1。又，第 7 页与图版拾肆：1 的"炊器"1，很象是小口鼎，但也许是甗的下部，故未计入。

[160] 杨子范：《山东临淄出土的铜器》，《考古通讯》1958 年第 6 期，第 50—52 页。有六鼎的图像见山东省文物管理处、山东省博物馆《山东文物选集》（普查部分），文物出版社，1959 年，图 113。

[161][207] 郎家庄墓的鼎，见山东省博物馆《临淄郎家庄一号东周殉人墓》，《考古学报》1977 年第 1 期，第 88、89 页图二十：10，图版伍：1；又第 88、89、92、93 页，图版伍：1、2、7。

[162][165][168][169] 同[7]，第 11、43 页。按第 13、42 页谓小鼎为 8 件，因偶数不合鼎制，故从 9 件之数；又第 25 页，图版贰肆：1、3、4；又第 56、57、66 页；《虎佁丘君戈》见第 56、57 页图二五，图版陆叁：1，传世又有铜鼎铭"虎佁君𧱚择其吉金，自乍□□□"，封君之号相同而非一人，见于省吾《商周金文录遗》图 79，科学出版社，1957 年。

[163] 唐兰：《怀铅随录（续）·赵孟疥壶跋》，《考古社刊》考古学社 1937 年 3 月，第 6 期，第 325—327 页。

[164] 同[25]《美帝》，第 134 页、A714。

[166] 详见[7]，第 25 页，图版贰肆。

[167] 皆承李家浩同志示知。

[170] 山东省博物馆、临沂地区文物组、莒南县文化馆：《莒南大店春秋时期莒国殉人墓》，《考古学报》1978 年第 3 期，第 320、321、330 页，图版叁：2、4。

[171] 同[11]上卷第 36 页，[17]《三代》8·43·1。

[172] 同[17]《三代》4·15·1，图像见[67]第 1 册《图编》图 44。

[173] 同[28]，第 112—114 页，图版叁：1。

[174] 陕西省文管会秦墓发掘组：《陕西户县宋村春秋秦墓发掘简报》，《文物》1975 年第 10 期，第 56、57、63 页图十五、十六。原报告说各鼎分别有牛，羊、猪等骨骼。周人的少牢五鼎是不置牛的，这个记录似说明秦人已破坏了这种制度，但因目前仅见此例，故仍疑不能定。

[175] 陕西省文物管理委员会：《陕西宝鸡阳平镇秦家沟村秦墓发掘记》，《考古》1965 年第 7 期，第 340—343 页，图版贰：1，叁：1—3。

[176] 杨富斗：《山西万荣庙前村的战国墓》，《文物参考资料》1958 年第 12 期，第 34、35 页。

[177][204] 山西省文物管理委员会侯马工作站：《山西侯马上马村东周墓葬》，《考古》1963 年第 5 期，第 233—240 页，图版壹：7、叁：1；又第 230、245 页。

[178][180][191] 同[94]，第 11 页，图版捌：2；又第 12—14 页；又 12 页。

[179] 山西省文物工作委员会晋东南工作组、山西省长治市博物馆：《长治分水岭 269、270 号东周墓》，《考古学报》1974 年第 2 期 63—84 页，图版贰：1，捌：2、3。

[181][182] 同[7]，第 71 页，又第 68 页。

[183][189] 同[29]，第 124、135 页图十三：2、137 页，

图版叁：2；又第119—126、137页，图版叁：1、3、4。

［184］［186］［190］中国科学院考古研究所：《洛阳中州路》科学出版社，1959年，第92、157页，图版陆叁；又158页；又152页。

［185］这种带盖豆，在洛阳玻璃厂M439出的“哀成叔”器中自铭为“豍”（据洛阳博物馆陈列品），其命名似需重新考订，现暂从目前通行的名称。

［187］湖南省博物馆：《长沙浏城桥一号墓》，《考古学报》1972年第1期，第60—63页，图版贰:1，2，3，叁:1、2、5。

［188］同［28］，第108、109页，图版叁：4、5。原报告中的椭形簋2，实为钘（图版叁：6），故不收入。

［192］［193］中国科学院考古研究所宝鸡发掘队：《陕西宝鸡福临堡东周墓葬发掘记》，《考古》1963年第10期，第536—543页，图版壹——肆。

［194］同［148］，第5、6页，图版叁：2，肆：1、2。又见河北省文化局文物工作队：《河北邢台南大汪村战国墓简报》，《考古》1959年第7期，第347、348页。

［195］M5见［177］，第230、245页，图版壹：4、5，叁：9；M15的材料，承侯马工作站提供。

［196］同［147］，第622、632页，图版肆：2。

［197］南京博物院：《1959年冬徐州地区考古调查》，《考古》1960年第3期，第27页。

［198］中国科学院考古研究所：《长沙发掘报告》，科学出版社1957年，第38、39、169页表一，图版拾贰：1。

［199］［202］［206］［209］同［184］，第87、92、93、94页图六二:2、110、151—153页，图版肆伍:2、3，肆玖:3、4，伍拾：1、2，其M2415原报告定为东周Ⅰ期，但具体年代已到春秋中期；又第92、93、154页，又第87、93、94页图六二：7、第156页，图版伍捌：1、2；又第152—158页。

［200］安志敏：《河北唐山贾各庄发掘报告》，《考古学报》第6册，1953年12月，第67、68、85、87—89页，图版玖，拾壹——拾肆，其68页所记M18的“敦”为“簋”字之误，M18的Ⅲ式鼎实为簋。

［201］河北省文化局文物工作队：《1964—1965年燕下都墓葬发掘报告》，《考古》1965年第11期，第548—550页，图版叁：1、2。原报告的Ⅱ式鼎同于贾各庄M18的Ⅲ式鼎，亦应为簋。

［203］［246］湖南省博物馆：《湖南韶山灌区湘乡东周墓清理简报》，《文物》1977年第3期，第36、37页图二、第43页；又第46页。

［205］［209］同［72］，第134、135页图八九:1、2，图版玖伍:2、3；又第131—138、175—177页，图版玖贰——壹零壹。

［208］郭沫若：《奴隶制时代》第二版，人民出版社，1973年，第33页。

［210］可参陈公柔《〈士丧礼〉、〈既夕礼〉中所记载的丧葬制度》，《考古学报》1956年第4期，第67—84页；沈文倬：《对〈“士丧礼”、“既夕礼”中所记载的丧葬制度〉几点意见》，《考古学报》1958年第2期，第29—38页。

［211］中国科学院考古研究所：《辉县发掘报告》，科学出版社1956年版，第75页，图版肆陆，5、6。

［212］河南省博物馆：《信阳楚墓》（待刊）。又见河南省文化局文物工作队《河南信阳楚墓文物图录》，河南人民出版社，1959年，图四五——四八、五二、六一、一五五——一五八。

［213］河南省文化局文物工作队第一队：《我国考古史上的空前发现——信阳长台关发掘一座战国大墓》，《文物参考资料》1957年第9期，第21页，23页图二。

［214］同［30］，第83—85、87、91—93页，图版贰:1—6，柒:1—4，捌:1、2。按第92页图十四6、7的小圆鼎互倒。

［215］参傅振伦《燕下都发掘品的初步整理与研究》，《考古通讯》1955年第4期，第24、25页。又，传出燕下都的铜兵器铭文，亦只见昭王以后的五王，见李学勤《战国题铭概述（上）·燕国题铭》，《文物》1959年第7期，第54页。

［216］李景聃：《寿县楚墓调查报告》，《田野考古报告》第一册，1936年8月，第268—276页。

［217］殷涤非:《关于寿县楚器》，《考古通讯》1955年第2期，第22页。

［219］刘节：《楚器图释·寿县所出楚器考释》附图十曾景出一鼎，无盖，北平图书馆，1935年；《安徽省博物馆筹备处所藏楚器图录》第1集图三又景出一鼎，有扁盖，1953年景印散叶本。

［220］同［216］，第269、270页，器形见上注引《图录》图四——十；又《图释》附图十一的小口鼎，疑为这套升鼎的最末一鼎。

［221］刘节《图释》附图十一有一件小口鼎。

［222］唐兰:《寿县所出铜器考略》，《国学季刊》第4卷第1期，1934年3月，第3—5页。

［223］黄河水库考古工作队:《1957年河南陕县发掘简报》，《考古通讯》1958年第11期，第74、75页。《简报》所述鼎数缺一，据下注改正。

［224］王世民：《陕县后川M2040号墓的年代问题》，《考古》1959年第5期，第262、263页。

［225］上注又记还有二豆未见，如是盖豆，则当为配七鼎的。

［226］同［211］，第110—114页，图版捌壹:1、2、5，捌陆:3，捌柒：2a、2b，捌捌：3—5。

［227］同［32］，第8—10、17页，图三六、三七、三九、四〇，图版贰，叁：1、4、5，伍：1、3。

［228］朱匀的卒年据范祥雍《古本竹书纪年辑校订补》，新知识出版社，1956年，第48、92页：楚天越之年，据杨宽《战国史》，上海人民出版社，1957年，第164页注⑨。

［229］［231］湖北省文化局文物工作队：《湖北江陵三座楚墓出土大批重要文物》，《文物》1966年第5期，第33—55页。各类鼎的数字，承陈振裕同志见告。

［230］［233］简中屡见“为𧧻固贞”，一简见《中华人民共和国出土文物展》图13，朝日新闻社，1973年6月；又图补13。

［232］承朱德熙、裘锡圭、李家浩同志见告。

[234] 同 [147]，第 621 页图九：4、第 630 页。此墓附近的 M20 出陶鼎 3 和盖豆 4，墓的规模和随葬品的丰富程度都和 M21 近似，使用的应即少牢杀礼，因未见器物图像，所属时期不敢遽断，故不收入。

[235][236][253][257] 同 [29]，第 119、125、129、137 页，图版贰：1；又第 116、119 页，图版壹：2、10；又第 124、137 页，图版贰：6；又第 119、124、125 页图十五：2，第 137 页。

[237] 同 [203]，第 44、51 页。

[238] 张欣如：《湖南浏阳县北岭发现青铜器》，《考古》1965 年 7 期，第 374 页。

[239] 苏天钧：《北京昌平区松园村战国墓葬发掘记略》，《文物》1959 年第 9 期，第 53、54 页。二墓所出陶鼎数字《记略》未详，承苏天钧同志见告。

[240] 同 [147]，第 619、632、620 页图八：4、6。在这个墓地中，又有出陶三鼎一豆的 M5、三鼎十豆的 M8、四鼎四豆的 M10，皆因所属阶段不能确定，故不收入。

[241] 湖北省博物馆：《宜昌前坪战国两汉墓》，《考古学报》1976 年第 2 期，第 120、144 页。

[242] 湖南省文物管理委员会：《长沙出土的三座大型木椁墓》，《考古学报》1957 年第 1 期，第 95 页。

[243][248][254][260][266] 同 [198]，第 169、170 页。

[244][262] 单先进、熊传新：《长沙识字岭战国墓》，《考古》1977 年第 1 期，第 62—64 页。

[245] 湖北省博物馆、华中师范学院历史系：《湖北江陵太晖观 50 号楚墓》，《考古》1977 年第 1 期，第 56—61 页。

[247] 李正光、彭青野：《长沙沙湖桥一带古墓发掘报告》，《考古学报》1957 年第 4 期，第 65 页。

[249] 湖北省博物馆、荆州地区博物馆、江陵县文物工作组“发掘小组”：《湖北江陵拍马山楚墓发掘简报》，《考古》1978 年第 3 期，第 155、160 页，图版伍，1。

[250] 湖南省博物馆：《湖南常德德山战国墓葬》，《考古》1959 年第 12 期，第 661 页。

[251] 湖南省博物馆：《湖南常德德山楚墓发掘报告》，《考古》1963 年第 9 期，第 467、471 页。

[252] 湖南省博物馆：《长沙柳家大山古墓葬清理简报》，《文物》1960 年第 3 期，第 51、25 页图 16。

[255] 张中一：《长沙陈家大山战国墓葬清理简报》，《考古通讯》1958 年第 9 期，第 59 页。

[256] 同 [94]，第 118、144 页，图版壹：1、2。《史记·秦本纪》谓公元前 280 年“司马错……因蜀攻楚黔中，拔之”，前 278 年“大良造白起攻楚，取郢为南郡”，宜昌彼时已为秦地。从同出铜壶形态看（图版壹：2、3），这二墓年代当在入秦以后，其前坪 M23 铜印上的“颓”字也具秦篆风格，但所出鼎、壶、镜等铜器皆楚器，墓主可能是楚人后裔并延用楚之葬俗，故收入于此。

[258] 周世荣：《长沙烈士公园清理的战国墓葬》，《考古通讯》1958 年第 6 期，第 47 页。

[259] 孟昭东：《河南新郑出土的战国铜器》，《考古》1964 年第 7 期，第 368 页。

[261] 湖南省文物管理委员会：《湖南长沙紫檀铺战国墓清理简报》，《考古通讯》1957 年第 1 期，第 21 页。

[263] 鄂钢基建指挥部文物小组、鄂城县博物馆：《湖北鄂城鄂钢五十三号墓发掘简报》，《考古》1978 年第 4 期，第 257、258、260 页图八：1、2。

[264][265] 同 [26]，第 106、107 页。

[267] 苏秉琦《斗鸡台沟东区墓葬》中的屈肢葬墓部分，北京大学出版部，1948 年；苏秉琦：《斗鸡台沟东区墓葬图说》，中国科学院，1954 年，图版贰陆—叁叁。

[268][277] 考古研究所陕西考古调查发掘队：《宝鸡和西安附近考古发掘简报》，《考古通讯》1955 年第 2 期，第 34—36 页，又据俞伟超发掘日记，M14 出陶鼎、盛、瓮各 1。

[270][278] 金学山：《西安半坡的战国墓葬》，《考古学报》1957 年第 3 期，第 63—92 页，图版壹—拾陆，又 M89 曾出陶盛 2，见第 81 页图十三：2，第 91 页，图版捌：3。

[271] 马建熙：《陕西耀县战国、西汉墓葬清理简报》，《考古》1959 年第 3 期，第 147 页，图版叁：1、3、5。

[272] a. 中共侯马市委通讯组、山西省文管会侯马工作站：《殉葬》，第 1—13 页，图 1—32，山西人民出版社，1974 年；b. 山西省文物工作委员会写作小组：《侯马战国奴隶殉葬墓的发掘——奴隶制度的罪证》，《文物》1972 年第 1 期，第 63—67 页。

[273] 河南省文物工作队第一队：《郑州岗杜附近古墓葬发掘简报》，《文物参考资料》1955 年第 10 期，第 3—23 页。《简报》中的第一类第四组和第二类墓即秦人墓。

[274][281] 湖北孝感地区第二期亦工亦农文物考古训练班：《湖北云梦睡虎地十一座秦墓发掘简报》，《文物》1976 年第 9 期，第 51—62 页；又 M3 曾出铁足铜鼎 1，见第 55 页图八，56 页。

[275][280][282]《关于凤凰山一六八号汉墓座谈纪要》，《文物》1975 年第 9 期，第 11 页；又 M38 曾出铜鼎、盛各 1，M104 曾出陶鼎 1；又 M90 曾出铜鼎 1。

[276] 崔璿：《秦汉广衍故城及其附近的墓葬》，《文物》1977 年第 5 期，第 27—30、32、33 页。

[279] 山西省文物管理委员会、山西省考古研究所：《侯马东周殉葬墓》，《文物》1960 年第 8、9 期合刊，第 15—18 页。此墓出陶鼎 1 与盖豆 2 等。

[283] 四川省文物管理委员会：《成都羊子山第 172 号墓发掘报告》，《考古学报》1956 年第 4 期，第 1—20 页，图版贰：3、5，叁：4，伍：2。

[284] 黄河水库考古工作队：《一九五六年秋河南陕县发掘简报》，《考古通讯》1957 年第 4 期，第 7 页。铜鼎数字，承叶小燕同志见告。

（原文刊于《先秦两汉考古学论集》，文物出版社，1985 年）

甘肃礼县大堡子山青铜乐器坑探讨

梁 云

上世纪90年代，甘肃礼县大堡子山遗址的秦公墓被盗掘，出土了带“秦公作铸用鼎”、“秦公作宝用鼎”、“秦公作宝簋”铭文的铜器，引起了海内外学术界的关注。1994年甘肃文物考古研究所对该遗址进行了抢救发掘，清理了中字型大墓两座（M2、M3）、瓦刀形车马坑1座、中小型墓葬9座。2006下半年，早期秦文化联合考古队再次发掘，在大墓M2西南20米处发现了一座铜乐器坑，编号K5；及其周围的4个人祭坑，编号K1－K4。

K5是一近东西向的长方形坑，宽2.1、长8.8、深1.1－1.6米（图一）。坑内乐器可分为两排，南侧为编钟与钟架，北侧为编磬与磬架。南侧紧贴坑壁处为一字排开的11件青铜钟，西部是3件镈钟，其东是8件甬钟。镈钟由西向东呈由大到小排列，甬钟则大小相杂。编磬5个一组，共两组，按照由东到西、由小到大的方式排列。在编钟和编磬之间发现螺丝状骨质物15件，可能是乐器上的构件。出土的编钟体量高大，铸造精良，堪称当时秦国青铜艺术的典范之作；镈钟上的铭文更是不可多得的金文史料。正因为其意义重大，故被评为2006年全国十大考古发现之一。

大堡子山秦公墓的墓主，在学术界本来就有很大争议。经过这几年的调查，发现大堡子山不仅仅是单纯的墓地，在遗址周围还有近乎闭合的夯土城垣，将大墓及铜器坑包括在内；城内还钻探出26处夯土建筑基址。这又对遗址性质提出了新的疑问。上世纪盗掘及抢救清理出铜器的铭文比较简略，这次镈钟的铭文长达28字，为研究秦公墓的墓主提供了新的线索。本文试就乐器坑的性质、归属及坑内乐器的排列和定名做一些探讨。

一 乐器坑性质

乐器坑位于大墓的附近，是否大墓的陪葬坑？

商周时期的贵族墓葬在主墓的墓圹外多有陪葬坑，有一个数量上由少到多、内容上由简单到复杂的变化过程。简言之，西周至春秋，陪葬清一色的车马，一般来说一墓一坑，埋葬方式有车马合葬、车马分葬以及单纯的车坑或马坑几类[1]；战国时期以平山中山王墓M1为代表，除了两座车马坑之外，还出现了杂殉坑和船坑，杂殉坑内有狩猎车和猎犬骨架，与田猎有关[2]。陪葬内容的进一步扩大化，就发展成为秦始皇陵园那种完备的“外藏”制度，包括车马坑、百戏俑坑、珍禽异兽坑、兵马俑坑等；种类庞杂，大有把地上生活全部搬入地下的意图。这种“外藏”制度，在《汉书·霍光传》服虔注里被解释为“在正藏外，婢妾之藏也；或曰厨、厩之属也”。

秦陵的陪葬也没有游离于这个规则之外。在大堡子山中字型大墓之南钻探出两座车马坑，其中一座经过发掘，殉12乘车。与晋侯墓地仅晋侯墓才有车马坑的情况略有不同，秦公夫人墓也有自己的车马坑，比如凤翔秦公陵园M1是秦景公墓，其东北方向斜线排列M3、M5，是夫人和次夫人之墓，三墓的东南方向各有一座自己的车马坑。这种状况到了芷阳秦东陵依然没有改变，如Ⅰ号陵园的 M1 和 M2 被认为是庄襄王和帝太后的合葬[3]，其东南方向各有一目字形车马坑。秦东陵单纯的车马陪葬，与同时期的中山王墓比较，说明战国时秦陵陪葬制度的发展落后于东方国家；而秦始皇陵园乃集东方之大成的结果。

乐器坑位于大墓的西南，方位上与陪葬坑置于东南的秦陵传统不一样。内容上也与清一色的车马殉葬不同。既然商周陪葬坑广义上属于“外藏”部分，那么“正藏”就在墓室之内。青铜乐器作为“正藏”的主要内容，在贵族墓的发掘中已经屡见不鲜，但作为独立的陪葬坑以前尚未见到。大堡子山青铜乐器坑的性质显然很特殊，不能简单作为陪葬坑来对待。

目前考古发现的青铜礼乐器坑主要有两类，一类是祭祀坑。如湖南湘江流域的 28 处，多为一器一坑，有鼎簋等礼器，也有钟铙等乐器。发现地点位于河畔山坡，距离遗址较远[4]。又如辽宁喀左铜器群，位于大凌河两岸的山岗上，坑口盖有石板，坑壁和铜器间隙填塞石块，有专门的用意。此外还有四川广汉三星堆、彭县竹瓦街和陕西城固铜器坑。它们都应是祭祀天、地、山、川等自然神仪式后，用以享神献神的活动[5]。
另一类是应付突发事件而埋的铜器窖藏。如陕西周原和沣镐遗址的几十处，被认为是西周末年犬戎入侵、

图一　乐器坑全景

周室贵族仓促东逃前挖埋的[6]。无论哪一类，附近都没有对应的贵族墓，与陪葬坑无关。

春秋时期在中原地区发现的青铜礼乐器坑有两处：一处位于郑韩故城东城内小高庄附近，遗址面积约 22000 平方米，发掘铜礼乐器坑 18 座（礼器坑 7 座，乐器坑 11 座），殉马坑 5 座。遗迹分布比较有规律，在其东部发现春秋时期郑国祭祀遗址夯土墙基一段。礼器坑出 9 鼎 8 簋；乐器坑往往出镈钟 1 套、钮钟 2 套 20 件。从铜器形制看“其年代上限不会早于春秋早期，而下限不会晚于郑伯墓”[7]，属春秋中期，发掘者推断该遗址为郑国的社稷。由于没发现任何房屋建筑遗迹，符合社稷露天的特征；发现墙基又与文献中的“社壝”吻合，这个意见无疑是正确的。乐器坑大多三坑一组，其附近有 1 – 2 个礼器坑相配，有明

显的组合关系，是郑国公室多次祭社活动的遗留。另一处是陕西宝鸡杨家村太公庙秦武公钟、镈窖藏。乐器出在一个距地表深3米的窖穴中，5件甬钟在窖内呈一字排列，3件铜鎛围绕铜钟作半圆状，坑内尚有炭灰及少量兽骨，祭祀特征明显[8]。太公庙南临渭水，分布有烧土、灰坑和春秋陶片，有学者认为它是秦都平阳西郊外秦公室望祭山川的地点，当时的秦公望祭渭水和南山后将钟、镈瘗埋[9]。陕西的考古同仁告诉笔者，当年发现后曾在附近大范围钻探，除了零星小墓，没有高规格大墓。

图二　人祭坑

大堡子山乐器坑的年代、内涵与郑韩故城和太公庙的相近。发掘的4座人祭坑环绕乐器坑，表明当时是先埋乐器，再杀人祭祀（图二）；它们都属于一次完整的祭祀活动，乐器坑也是祭祀坑，而且是这次祭祀活动的主体。

乐器坑位于大墓M2的附近，其祭祀对象是否M2？

要解决这个问题，得先探讨M2和K5的相对年代早晚关系。5个祭祀坑均开口于第6层下，打破6层下的五花土。这种五花土较纯净，呈水平分布，当是翻动生土后填埋形成的。五花土还叠压一条自然冲沟，可见在举行祭祀前先平整土地，填平沟渠，做出一个大体水平的活动面。2006年发掘区北缘的探方壁上还挂有五花土，说明它向北延伸出去了，范围很大。戴春阳先生回忆1994年发掘大墓时的情况说：

> 尽管在这里布了10×10米的大探方4个，10×2米的探沟2条，在发掘半月有余，下挖深达2—3米后，无论是探方还是探沟内，漫无边际的全是非常纯净的五花土。……根据发现的先后，遂依次给墓葬编号为M1、M2、M3。同时发现五花土完全覆盖着这3座大墓。显然，大堡子山墓地中心区的这种大范围覆盖大型墓葬五花土的做法，应是肇始的墓上封土的滥觞。[10]

2006年第6层距地表深1—2米，其下五花土深度与戴文所说“2—3米”吻合。两次发掘中的五花土应当是一回事。戴文又说五花土覆盖着大墓，此说若属实，则地层关系为：祭祀坑→五花土层→大墓（箭头指向被打破或被叠压的单位）。但戴文有前后矛盾之处，这种大范围分布的五花土如果覆盖大墓，在平面上就无法铲刮出大墓的坑口线。既然大墓墓口的平面形状得以确认，那么墓室填土和其外的五花土一定有区别，尽管这种区别可能不明显。2006 年发掘时，乐器坑“坑内、外堆积的土质、土色十分接近，所以确认坑口范围十分困难”[11]，经反复铲刮后才得到确认。1994 年的情况应与之类似。因此，客观现象是：大墓和祭祀坑打破同一层五花土，二者的层位关系相同。

在开挖大墓和祭祀坑之前，先在墓地区域统一平整土地，做出一个水平的五花土活动面，是陵园建造的应有程序。事实上，商周宫殿在建造前都要先处理地面；陵园这么做也不奇怪。这也说明祭祀坑的年代不能早于陵园的规划和建造。

《礼记・王制》云：“天子七日而殡，七月而葬；诸侯五日而殡，五月而葬。”耗时良久，是因为要准备随葬器物，还要规划陵园，营造墓穴。K5 有可能是 M2 形成过程中的一个组成部分，也有可能是 M2 形成之后某个时间的遗存。不管哪一种可能，它与 M2 的关系都密不可分；因为祭祀坑本身位于陵园内，它的南面不远就是大墓的车马坑。

自汉儒以来，商周时是否有墓祭便是一个争议很大的问题。《周礼・春官・小宗伯》：“王崩大肆……既葬，诏相丧祭之礼。成葬而祭墓，为位。”《冢人》：“及葬……凡祭墓，为尸。”汉儒郑众认为在开始挖墓穴时举行祭祀，郑玄认为是墓成之后举行祭祀；但他们都认为祭祀对象是后土之神，以保墓穴建造顺利或墓主平安。今人杨宽亦持此说[12]。杨鸿勋则举殷墟西北岗王陵区成排的祭祀坑作为商代已有对墓主祭祀的例证[13]。

从考古资料来看，殷墟商王室大型祭祀遗迹主要有两处，一处在小屯东北地乙组宗庙基址附近，在乙七基址的南面，成排分布着上百座祭祀坑，是宗庙祭祀的遗留。另一处在武官村北地的王陵区东区，数量达 2000 多座，埋有人及马、牛、羊等动物，呈 30 多排集中分布，杨锡璋等先生认为这里是商王室用于祭祀祖先的一个公共祭祀场所，商王祭祀他们的先公先王就是在这一特定的场所进行，而不是在每个祭祀对象的墓旁进行[14]。王陵区的祭祀坑分南北向和东西向两种，以南北向的居多；东西向的被他认为属于殷墟第二期（祖庚、祖甲、廪辛时期），南北向的被推断在殷墟第一期（武丁时期）[15]；而西北冈第一代商王墓又被他认为是武丁之墓[16]。照此逻辑，南北向的祭祀坑要早于王陵？看来，武官村祭祀坑和商王陵之间的关系还有进一步研究的必要。就目前的材料而言，商代还没有在某个祖先墓旁专门祭祀的例子，原来认为的妇好墓上“享堂”建筑，后来证明与妇好墓无关[17]。

据李伯谦先生的研究，西周时期确实存在墓祭，而且是专门针对某一特定墓主举行的活动。在曲村晋侯墓地 M13、M8、M64、M62、M63、M93 的墓室前、墓道及其附近都发现有祭祀坑，坑内或埋人，或埋牛，或埋马，或埋狗；还伴出玉石器和辔饰。晋侯墓祭祀坑的数量多于夫人墓的；其中 M64 的祭祀坑成排分布，打破墓道，是多次祭祀活动的遗留。这个研究建立在考古实践基础之上，无疑是正确的[18]。需要注意的是，上面所举墓葬中，M13 年代偏早，其祭坑打破墓道，内埋一犬；其余墓葬的年代均属于西周晚期至春秋早期，属于晋侯墓地分期的后段。严格意义上的墓祭活动可能滥觞于那个时候。同时期的上村岭虢国墓地也发现有祭祀坑，分布在国君墓及高等级贵族墓的周围[19]，可资佐证。此外，2006 年在曲村晋侯墓地东南 4.5 千米的滏河南侧羊舌村，又发现一处两周之际或稍晚的晋侯墓地，其中 M1、M2 为两座南北向并穴合葬的中字型大墓，据发掘者介绍，“墓室南部和南墓道上及两侧至少发现了 227 座祭祀坑，用以祭祀的牺牲种属有人、马、牛、羊和狗，祭祀坑之间有多处叠压和打破关系，说明是多次祭祀的结果，反映了祭祀规模宏大和频繁”[20]。

《周礼》说冢人在祭墓时“为尸”是否西周古制还不好说，汉儒又解释成对后土的祭祀。如果对后土祭祀是墓成之后的常规礼制，那么祭祀遗迹的发现就应该很普遍；但在曲村晋侯墓地其他三组六座大墓及其附近并没有发现祭坑。即便同一组两两并穴合葬大墓，也有夫人墓不带祭祀坑的情况，如 M31、M102。况且对后土也没有多次反复祭祀的必要。

同理，如果大堡子山青铜乐器坑是对墓地后土之神的祭祀，那么作为一种礼制常规它应该延续到后代。然而，在陕西凤翔雍城南郊的秦公陵园，在已经报道的13个分陵园内18座中字型大墓附近，都没有类似的发现。大堡子山乐器坑的发现引起陕西考古界的关注，陕西考古所曾组织力量对秦公一号大墓（秦景公墓）附近进行细密钻探，结果在其西南发现了一座长方形坑，发掘到底后才发觉是车马坑。乐器坑也不应该是对天、地、山、川等自然神的祭祀，对这些自然神的祭祀活动没理由在秦公陵园内举行。因此，乐器坑的祭祀对象是大墓M2的墓主。雍城秦公陵园内没有发现类似的铜器坑，但不能说那里没有对特定墓主的祭祀活动。在雍城的中字型大墓和甲字型大墓墓室上的地面一般都发现绳纹瓦片；在M1墓室上有柱洞、陶水管道、“凹”字型板瓦等建筑遗迹；在M37墓口上部铺设有散水，散水中有黄色的夯土墙基，构成一个长方形的闭合空间，类似于平山中山王墓上的享堂；对墓主的祭祀活动，应是在这些墓上建筑内进行的。可见，到了春秋中期以后，墓祭的形式发生了变化，不再像大堡子山或晋侯墓地那样在墓旁挖坑了。

当然，作为对墓主的祭祀，大堡子山乐器坑还有其自身的特殊性。既不同于晋侯墓地那种仅容人畜的小坑，也不同于后世“日上四食”的奉祀[21]；乐器坑内成套的镈钟、甬钟铸造精良，为国之宝器，再加上4坑人牲，说明祭祀活动异常隆重。这可能与乐器主人的身份有关。

二 乐器坑归属

图三 K5-1正面

K5出土的铜器中以镈钟最具时代特征。3件镈大小有别，形制略同。最大的1号镈平于，椭圆口，口沿内折，舞面中央有长方形孔。镈身上下一周各有一条袢带，上缀8枚等距离的菱形枚，并间以变形三角蝉纹。袢带之间的主纹被四出扉棱分隔成纹饰相同的四组，每组又分上下两层，上层为长冠吐舌的双头龙，下层靠近前后扉棱的地方为卷身单首龙，靠近两侧扉棱的地方为变形的兽目交连纹。舞面亦被扉棱分成4组，各饰一曲体龙纹。素鼓。两侧扉棱上延舞部，连接成透雕扁蟠龙纹繁钮；每侧自下而上由七条龙纹（按龙头数量）蟠曲而成。前后扉棱各有四条龙纹（图三、四）。3号、5号镈较小，其前后扉棱都由三龙组成；5号的两侧棱钮由六龙构成（图五），3号的由五龙构成（图六）。3、5号镈的主纹亦分四组，但构图与1号不同，每组上层近前后扉棱的地方为长冠吐舌龙纹，身躯向上后卷成为侧旁一龙的吻鼻，该龙顶立弯

图四 K5-1侧面

图五 K5-5

图六 K5-3

角冠，其身躯继续下卷成另一细长吻的长须夔龙，如此呈三龙共一躯的图案（图七）；下层近前后扉棱的地方为长冠吐舌的单体龙。这种构图方式前所未见。

图七　K5-3钲部

K5 镈形制与太公庙秦武公镈（图八）、上博藏秦公镈（图九）[22]、美国藏秦公镈相似（图一〇）[23]，但还有差别。

武公镈钮桥的下端有吻吞，两侧各有弯出的歧齿，不见于其他三处的镈。两侧扉棱最下端的二龙长吻外扬，其他三处的则内卷并紧贴镈壁。武公镈袢带蝉纹为浅浮雕样式，其他三处的为阴线刻。此外，武公镈主纹上下层为对称的长冠吐舌龙纹，与上博的相同；美国镈和 K5 镈则有兽目交连纹。这种兽目交连纹是从西周晚期的窃曲纹演变过来的，在上博藏秦公鼎的腹部也能见到。

图八　秦武公镈

图九　上博藏秦公镈

从高宽比来看，上博藏镈和美国藏镈非常接近，整体器形矮宽，镈身外鼓不明显；舞横较长，连接扉棱和钮的回首龙龙身贴伏于舞面。武公镈器身中部外鼓，下鼓部内收，舞横显得较短，舞上的回首龙昂扬。K5 镈的高宽比与武公镈接近，器形瘦高，但镈身外凸不如武公镈那么明显。

可以把这四处的秦镈排出一个从早到晚演变的序列：上博藏镈、美国藏镈→ K5 镈→武公镈。K5 镈正好处于中间的形态，其扉棱和繁钮的构造、主纹的构图与前者有一致之处；器型高宽比又与后者接近。可以说，这个序列从前到后衔接紧密，没有缺环。武公镈的年代为春秋早期偏晚，K5 镈应与之接近或相当。

图一〇　美国藏镈

一般认为春秋时期的秦镈是从西周中期的眉县镈和西周晚期的克镈发展而来的。眉县镈两侧设透雕扁虎扉棱，前后设扁鸟云扉棱，形态较为原始（图一一），是湘系特镈与陕系编甬钟相结合的产物[24]。克镈的形制进了一步，两侧出现透雕连环龙纹扉棱，衶带出现菱形枚；但主纹和眉县镈一样，都是浅浮雕的对夔纹；整体器形也很接近，器壁弧度较小（图一二）。克镈与上海、美国秦镈的差别一望即知，之间还有缺环。克镈的年代为西周后期后段，当宣王之世，可知西周末至春秋初年的秦镈还有待于发现。

图一一　眉县镈

图一二　克镈

图一三　一号镈铭文

K5的一号镈正鼓部有铭文28字（加重文），共6行，前行5字，最后一行1字。现按原铭行款隶写如下（图一三）：

秦 子 乍 寶 龢
鐘 以 其 三 鎛
厥 音 鉠 = 雝 = 秦
子 畯 〓 才 立
眉 壽 萬 年 無
疆

“秦子”争议较大，或认为是秦文公之子静公，或认为是出子；笔者同意后者[25]。“龢钟”彝铭常见，秦武公镈：“乍厥龢钟。”“以”这里是连词，相当于“及”，叔夷钟：“及其高祖。”“鉠鉠雝雝”，或隶定为“鍴鍴雍雍”，象声连绵词，亦见于武公镈。

“旽”通“畯”，在西周金文中已经出现，或解作“大”，如大盂鼎：“旽正厥民。”《尔雅·释诂》：“大也。”或解作“长”，如㝬钟 ：“㝬其万年，旽保四方。”颂壶：“旽臣天子。”或解作“高”，如㝬簋：“畯才（在）立（位），乍（作）疐才（在）下。”王辉认为“疐”通“蒂”，意为根本[26]。“旽”、“疐”在秦器铭文中常见，如凤翔秦公一号大墓磬铭：“乍疐配天。”[27]天水秦公簋：“旽疐在天，高引有慶。”宋代著录秦公钟：“旽疐在位，高引又（有）慶。”徐中舒认为金文中的“旽疐”相当《诗经·崧高》中的“駿極”[28]，晋姜鼎中有“乍疐为亟”。李零同意徐说，认为旽是高的意思，晋姜鼎中“乍疐”与“为极”互文，“疐乃假为至字，是为民立极的意思，与《尚书·洪范》‘皇建其有极’‘惟皇用极’用法相同，这里疐字的用法读法与之相同”，并认为天水秦公簋的“在天”的“天”字，是“立”字的讹写[29]。这个说法很有道理。旽黔或与旽疐同义，秦武公镈：“秦公其旽黔在位，膺受天命”，有高高在上的意思。不管怎样，都是一国之君的口吻。

金文中“在位”指在天子位或诸侯位。毛公鼎：“王若曰……，余一人在位。”㝬簋：“王曰……，畯才（在）立（位）。”上举秦金文诸例皆秦公自称，可知是秦国君的惯用语。吕大临《考古图》、薛尚功《历代钟鼎彝器款识法贴》著录有秦怀后磬，铭文云“囗之配……以虔夙夕才（在）立（位），天君赐之厘。”李学勤认为怀后磬主人是春秋时期一代秦公的夫人[30]。诸侯夫人与诸侯一体[31]，在礼制许多方面享受同等待遇[32]，故在铭词中采用类似的语气。

秦子既然是国君，自然不会是未享国的太子静公，应是宪公之后即位的出子[33]。秦子镈铭文再次证明了这一点。从逻辑上说，出子可以祭祀他之前的任何一位秦公墓；但通过对其他方面的探讨，依然可以推定 **M2** 是宪公之墓。

如前所述，上海秦公镈、**K5** 秦子镈、秦武公镈衔接紧密，它们之间没有缺环。研究者都认为上海秦公镈出自大堡子山大墓，如果它是襄公所作，年代在西周晚期至春秋初年，其形制和西周后期后段的克镈不会有那么大的差距。此外，日本美秀（**MIHO**）博物馆还藏一件无铭文的秦镈，无论高宽比形态、扉棱至繁钮构造、主纹的构图都与 **K5** 的 **1** 号镈雷同，恰似出自同范（图一四）；据说它出自大堡子山大墓，说明大墓和乐器坑的年代非常接近，甚至相当。更重要的是，除了 **K5** 的秦子镈外，海内外收藏的秦子器还有澳门珍秦斋藏秦子簋盖、秦子戈，美国的秦子盉，美秀（**MIHO**）博物馆藏的秦子甬钟；它们都是上世纪 **90** 年代以后被逐步披露的，与大堡子山大墓被盗时间吻合。经过 **2007** 年的补充发掘及钻探，可以确认在大墓附近再也没有类似的礼乐器坑，说明这些海内外收藏的秦子器是从大墓中被盗掘、流散出去的。秦襄公、秦文公及静公的墓中都不会有出子所作器物，由此推断 **M2** 是宪公之墓。

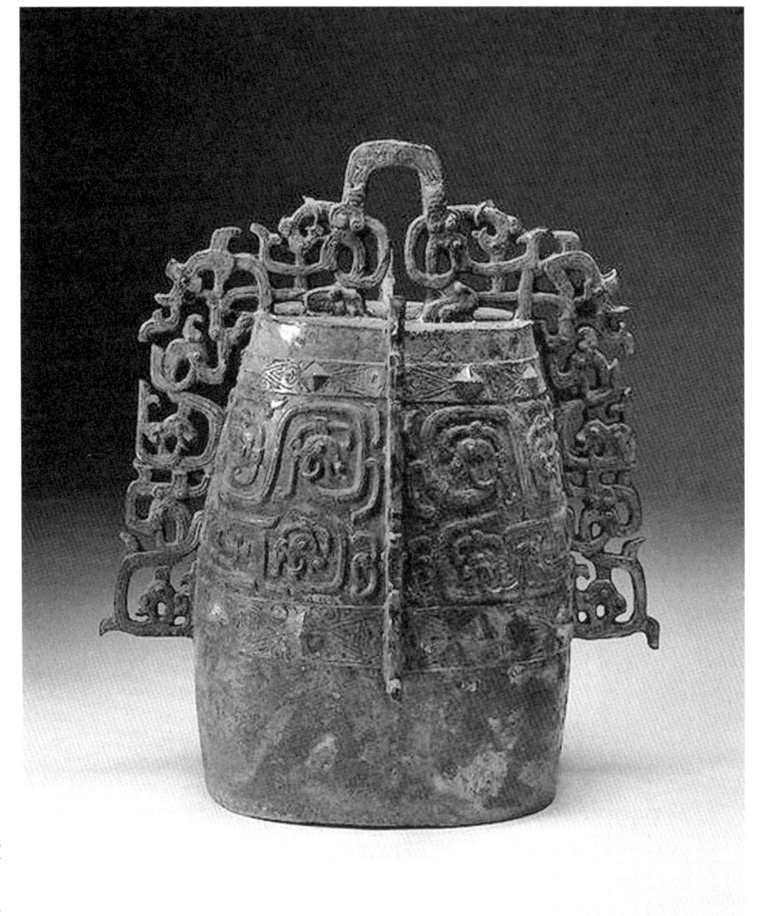

图一四　日本美秀（**MIHO**）博物馆藏镈

宪公太子本来是武公，出子借助权臣及母后之力篡位，故即位后一方面称“子”，强调自己乃先君之嫡；另一方面祭天，称自己“受命”[34]，并对其父宪公之墓隆重祭祀，宣扬自己的即位合乎法统，不过政治权术耳。出子无知孩童，这个计谋当是其背后势力策划并执行的。

M2 墓主既然是宪公，那么与之并列的 M3 墓主是谁？

陈平先生认为两墓墓主是文、宪二公[35]，笔者认为是宪公夫妇[36]。2007 年下半年在乐器坑西侧约 10 米处发现一条南北向人工壕沟，可能是秦公陵园的隍壕，这条围沟宽约 1.5 米，深约 2 米，向北延伸百米越过 M2、M3 西墓道的外侧，有把二者包括进去的趋势。虽然围沟的整体范围尚未钻探出来，但两墓属于同一陵园当无疑问，不存在它们各有自己分陵园的可能；而夫妇葬于同一陵园是秦陵比较常见的现象。经钻探大堡子山再无别的大墓，文公在位期间太子静公未享国而卒；如果该陵园是文公开辟的，静公不应葬入其中，而应附葬于其祖襄公的墓地；按照陈说，则形成了襄公与静公、文公与宪公祖孙隔代两两并穴合葬的现象，未免匪夷所思。

三　乐器的组合和定名

镈平于、弇铣、带钮，钟弯于、侈铣、带甬，形制差异很大，但文献中却没有镈的描述，而是把它归入大钟之类。如《说文·金部》：“镈，大钟，錞于之属，所以应钟磬也。堵以二，金乐则鼓镈应之。”《周礼·春官·镈人》郑注：“镈与钟同类，大小异耳。”然而甬钟本身也有大小之别，《周礼·考工记·凫人》讲述的是甬钟的制作规则，说：“是故大钟十分其鼓间，以其一为之厚；小钟十分其钲间，以其一为之厚。”单从文献而言看不出镈与钟的形态差别。

西周至春秋时期铜镈往往自名为“钟”，如陕西扶风县任村出土的克镈与克钟铭文字数、内容全同，均自名为“宝林钟”。太公庙秦武公镈与钟铭文相同，自名为“龢鐘”。金文材料说明上述文献把镈归入钟之大类的习惯在当时确实存在。但这并不代表古人对镈与钟没有区分，春秋晚期的素命镈、朱公孙班镈已经自名为“宝镈”。秦子镈铭文的“寶龢鐘”指乐器坑中的 3 件镈和 8 件甬钟，它们是同时一次铸造的；“寶龢鐘”与“三镈”是包含和被包含的关系。“钟”是通名，“镈”是专名，这也代表了当时人们对镈、钟关系的一般性看法。

在周人心目中镈的地位远不如甬钟，目前发现的西周镈仅眉县和克镈两例，远不如甬钟数量多，说明镈在宴乐及葬礼中并不是不可缺少的。像山西曲村晋侯墓地的 8 座晋侯墓中没出一件镈，但 M8 和 M6 都出编甬钟；陕县上村岭 M2001 是虢季之墓，出了 8 件甬钟而没有镈，就很说明问题。西周时期镈在礼乐生活中尚未流行，可能因为它较甬钟从南方传入中原晚了一个阶段。我们知道西周前期的甬钟都是三件一组，如宝鸡竹园沟 M7 出土的 3 件，宝鸡茹家庄 M1 乙室出土的 3 件，陕西长安县普渡村长囟墓的 3 件，河南平顶山市魏庄窖藏的 3 件。到了西周后期，甬钟发展成为八件一组，如陕西扶风齐家窖藏出土的 8 件中义编钟，晋侯墓地 M8 出土的两组 16 件编甬钟。这当然与西周音律的发展有关。一般认为西周镈来源于湖南，湘系特镈都是一次出土一件，可见是单独使用的。无独有偶，经学家也认为镈不成编次，如《周礼·春官·小胥》贾疏：“周人悬鼓与镈之大钟，惟悬一而已，不编悬。”眉县镈、克镈三件一组的形式，与西周前期的编甬钟类似，较原始的特镈有所发展；而落后于同时期的甬钟。

秦人却偏爱镈这种乐器，目前所知的秦国君带铭乐器都是有钟必有镈，如秦子镈和日本美秀（MIHO）博物馆藏的秦子钟，太公庙出土的武公镈和武公钟，北宋内府藏的秦公镈和秦公钟。镈几乎和甬钟一样不可或缺。春秋秦镈顽固坚持了西周镈椭方体的样式，四出扉棱更加繁缛华丽，只是钲部主体纹饰随时代有所变化，其风格在列国中可谓独树一帜。秦人偏爱青铜镈的原因还不好解释，或许可以从文献中找到若干线索。《周礼·春官·镈师》：

镈师掌金奏之鼓。凡祭祀，鼓其金奏之乐。飨食、宾射亦如之。军大献，则鼓其恺乐。凡军之夜三鼜皆鼓之。守鼜，亦如之。

“金奏之鼓”就是《周礼·地官·鼓人》中的“晋鼓”[37]。郑注：“谓主击晋鼓以奏其钟镈也。” 镈师掌领鼓、镈，并在军队献捷和行军守夜中当值，可见镈原本具有强烈的军乐色彩。古代军队闻鼓而进，鸣金而退，鼓、金都是指挥军队的信号系统。镈本来可能和錞于、铙、铎等一样都是军乐，这也可以解释它最初为什么是单独使用的。秦人尚武，先公先祖多死于戎难，其开国历程就是一部与西戎血战的历史，军事化生活浸染了礼仪文化的各个方面，喜好这种乐器就不足为奇了。

秦子镈于口沿内折，在正鼓及铣部有四个对称凹槽缺口（图一五），这种缺口亦见于武公镈。有学者认为它是铸造形成的，非调音槽[38]。这个说法很有道理。秦镈的内壁无隧，其椭方体能加强体腔的交混回响效果，但振动模式只有一种，只能发出一种频率音，即单音；铸成之后没有微调挫磨的必要。像太公庙出土的3件武公镈经测试就都是单音钟[39]。春秋中期以后东方列国出现的平口平于的青铜镈与秦镈有很大不同，除了没有扉棱外，合瓦形形体与甬钟一样能发双音，内壁也有挫磨调音的隧，编次数量增加，形体趋小，演奏功能强化，与甬钟或钮钟非常近似，有的甚至自名为“歌钟”，如安徽寿县出土的四件春秋晚期蔡侯镈。这恐怕是战国以后文献把镈归入钟的原因之一。

图一五　3号镈于口

目前所知周代编钟出土状态清楚的都按大小依次悬挂排列，如春秋中期郑韩故城乐器坑K16，坑北部有5根木横梁，东西两侧各有一根长支撑；在第三、四根横梁下都有10件钮钟自西向东从大到小排列；第五根横梁下自西向东从大到小挂4件镈[40]。当时是将钟架与钟按本身悬挂方式侧卧埋于坑内的。又如春秋晚期的淅川下寺M2出土的26件甬钟，是分上、下层悬挂于墓北壁的，最大的8枚悬于钟架下层，从西向东、由大到小依次一字排列；18件小钟则从西向东、从小到大悬于上层[41]，方向与上层相反。曾侯乙墓64件编钟可分若干组，每一组在钟架上也都是按大小依次一字悬挂的。编钟这种悬挂方式在金文和文献中也有反映，如洹子孟姜壶：“鼓钟一肆。”《左传·襄公十一年》：“郑人赂晋侯……歌钟二肆，及其鎛磬，女乐二八。” 杜注：“肆，列也。”周代一组形制相同、大小相次的礼器也可称为“肆”[42]。一组编钟内部之间有固定的音阶关系，大小依次编悬符合音律学的基本要求，也方便乐师演奏。然而，大堡子山乐器坑的甬钟却按中间大、两边小的方式悬挂。乐器坑8件甬钟按大小其出土号分别是K5:9、K5:10、K5:6、K5:8、K5:11、K5:12、K5:13、K5:14。最大的K5:9为西起第三件，次大的K5:10为西起第四件，再次大的K5:6反倒在西起第一件的位置。8件钟的甬部一律朝北，而且齐齐压在钟架的长横梁下，各钟之间基本等距离，不会是钟架倒塌脱落才形成这种状态，应是其本来的悬挂方式。这种编悬方式前所未见。

西周晚期至春秋早期甬钟发展为八件一组的定制，根据测音，第一、二钟只能发单音，即第一基音或正鼓音；第三至第八钟发双音，正鼓音与侧鼓音相谐构成音阶，并在右侧鼓铸小鸟或倒夔纹作为第二基音标志。全组编钟的音序为羽、宫、（角、徵）、（羽、宫）、（角、徵）、（羽、宫）、（角、徵）、（羽、宫）[43]，即起于羽音，止于宫音，音域达到三个八度的宽度，被称为“四声羽调模式”[44]。已发现的这时期编甬钟，如中义编钟、虢季编钟、晋侯苏钟，莫不如此。太公庙秦武公钟，从大到小为甲、乙、丙、丁、

图一六　K5-6

图一七　K5-8

图一八　K5-9

图一九　K5-10

图二〇　K5-11

图二一　K5-12

图二二　K5-13

图二三　K5-9侧鼓部鸟纹

戊5件，音列为羽、宫、(角、徵)、(羽、宫)、(角、徵)，"第四钟后应缺二件，第五钟后应缺一件，全组应为八件"[45]，完全沿袭了周制；而且甲、乙钟无第二基音标志，其余三钟右侧鼓有小鸟纹的情况也完全相同。

有意思的是，大堡子山乐器坑的甬钟西起第一件K5:6、第二件K5:8的右侧鼓部都没有第二基音标志（图一六、一七），其余6钟，K5:9、K5:10、K5:11、K5:12、K5:13右鼓部有小鸟纹（图一八至二三），K5:14右鼓部有倒立夔纹（图二四）。以第二基音标志的有无作为标准，K5:6、K5:8无疑是整组中的首钟和次钟，但又不是最大和次大者。

图二四　K5-14

有学者认为周代一组甬钟最大和次大的没有第二基音标志，是因为那时准确掌握低音钟的形制数据与音高的关系较中、高音钟困难，调音挫磨的工作量也很大（图二五）；形体较大的钟音区很低，已经处在人耳听觉较为迟钝的区域，没有必要花大力气去挫磨调试；况且西周编钟的音阶仅羽、宫、角、徵四声，构成音阶的音已经足够，用不着去调准两个大钟的侧鼓音[46]。这个解释相当合理。大堡子山甬钟显然是一个特例，由于尚未测音，具体的音序还不知道，自西向东可能和周钟一样是羽、宫、角、羽、角、羽、角、羽(正鼓音)，也可能是角、羽、羽、宫、角、羽、角、羽（正鼓音）。前一种可能性说明那时的秦人还没准确掌握甬钟形体大小与音阶高低的关系；后一种违背了当时音律的通则，没有领会第二基音标志的基本含义，制作、悬挂的编甬钟徒具摆设的意义。

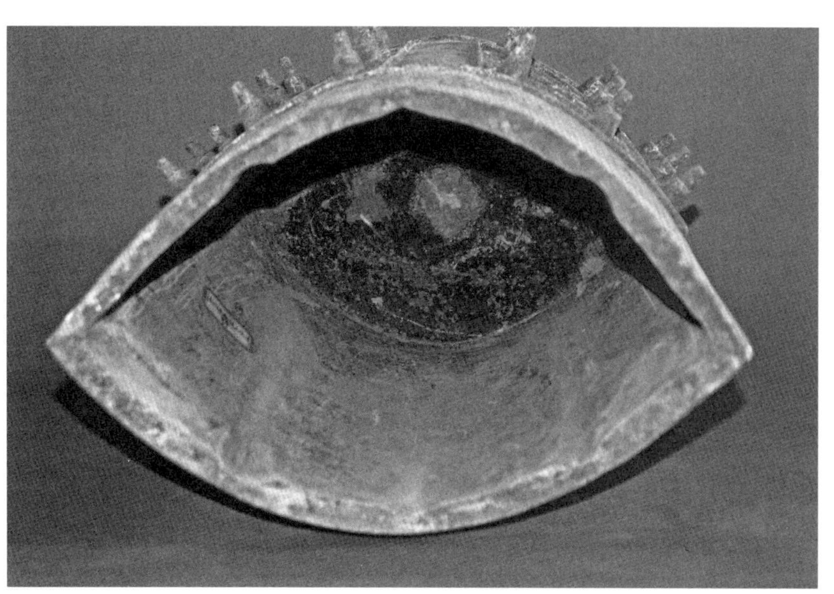

图二五　K5-9的隧

文献中有"五声"的说法，《周礼·春官·大师》："皆文之以五声：宫、商、角、徵、羽。"前举周人编甬钟四声缺"商"。研究者认为青铜乐钟结构庞大，发音绵长，连续敲击会造成不同音频的干扰，出现"混响"现象，当时演奏旋律的主要是丝竹类乐器，编钟主要用来演奏骨干音，加强节奏，烘托庄严、肃穆的气氛，其礼仪政治需要超过了对音乐性能的要求；而且周钟不用"商"音，反映了周人对商王朝的敌视态度[47]。此说可以得到文献的印证，《周礼·春官·大司乐》讲在地上圜丘祭天神，在泽中方丘祭地示，在宗庙之中祭人鬼，演奏的都只有宫、角、徵、羽四声，惟独缺"商"[48]。从这个角度说，大堡子山甬钟的悬挂方式说明秦人将编钟的礼仪功能发展至极端，把它作为象征国君身份地位的重要摆设，甚至不太在乎乐钟的音阶关系和编悬次序，进一步弱化了其声乐学上的意义。

春秋早期秦武公钟的音阶也缺“商”，还因袭了周人旧制，但春秋晚期秦景公大墓的石磬铭文却表现出对“商”声异乎寻常的重视。凤翔秦公一号大墓的石磬至少有3套，带铭的多枚，其中85凤南M1:300、M1:299、M1:253的铭文重复，应分属3套，都说：“灖=夻商。百樂咸奏，允樂孑（孔）煌……”“商”为音阶名，“灖=”即汤汤，原指流水连绵浩荡，这里形容商音高亢洪亮[49]。磬铭描述了景公行冠礼祭祀宗庙的场景，当时各种乐器或独奏或合奏，气氛热烈，商音是主声调。《玉篇》:“商，五音金音也。”秦居西方，祭白帝，主金瑞，《史记·秦本纪》记秦襄公开国后“作西畤，祠白帝”；《史记·封禅书》记秦献公都栎阳后，“栎阳雨金，秦献公自以为得金瑞，故作畦畤栎阳而祀白帝”。按照五方、五帝、五行、五声相配的观念，秦重商音有很强的政治象征意义；磬铭中的多次强调，可视作一种关乎统治合法性的隐喻。

图二六　石磬

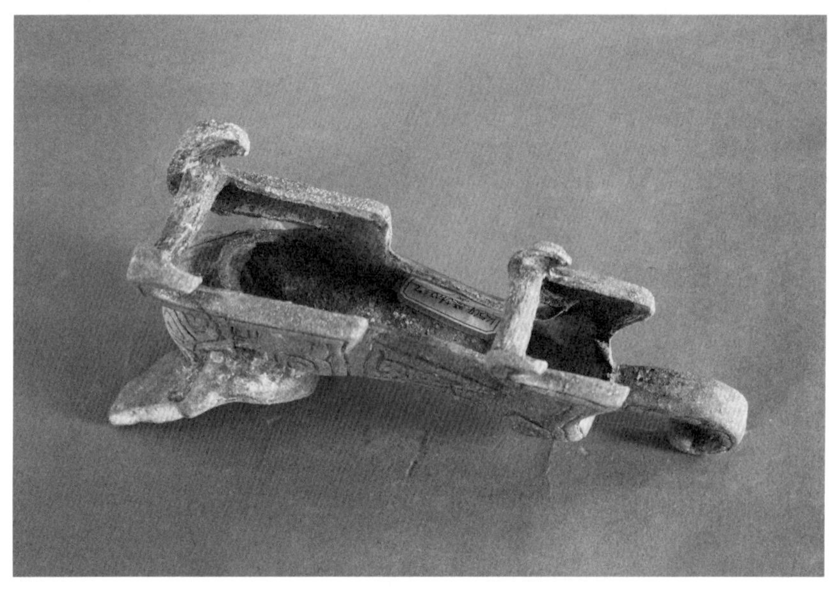
图二七　铜虎底足

周取代商为天下共主，在标榜身份地位的青铜悬乐上，在重大的祭祀场合中不用“商”音可以理解。相反，秦人本是东方古民族的一支，与殷商关系密切，只是后来迁徙到了甘肃东部。秦人先祖与商王朝关系密切，费昌、孟戏、仲衍、蜚廉、恶来都曾为商臣，《史记·秦本纪》载“自太戊以下，中衍之后，遂世有功，以佐殷国，故嬴姓多显，遂为诸侯”；周克商后，秦人地位大大下降了，西周末年再度崛起，春秋时发展成泱泱大国。从其历史渊源看，秦对“商”音不会像周人那样忌讳。春秋中期以后，为了满足演奏和娱乐的需要，东方列国的悬乐增加了商、徵两个正音而变得五音俱全，甚至较多地使用徵调式和商调式[50]，但还没有秦人那种堂而皇之题于磬石上的记事铭功类刻辞。

乐器坑北部磬架横梁下压两组编磬，每组5枚（图二六）。磬的股、鼓两边都呈微凹的弧线型，与凤翔秦公一号大墓和大堡子山秦公墓所出形制相同，乃秦磬的特色。磬分两组的现象在周代比较普遍，如西周晚期晋侯墓地M8的8枚磬分两堆搁置[51]，该墓被盗，可能缺失两件。上村岭2011（虢太子墓）出编磬18枚，按形态及大小可分两组，每组9件[52]。春秋中期的山西侯马上马村M13出石磬10枚，大小相次分两组叠置，每组5件[53]。战国早期的山西长治分水岭M269也是石磬10枚分两组依次摆放[54]。北京故宫博物院藏东周编磬上有铭文“右六”、“右八”、“左七”等，“可见其分为左右两组，每组至少八枚”[55]。两组编磬根据演奏的需要可分可合。《仪礼·大射》说在阼阶东设“笙磬”，在西阶西设“颂磬”；《周礼·春官·眡瞭》：“掌凡乐事……击笙磬、颂磬，掌大师之县。”郑注：“在东方曰笙；笙，生也。在西方曰颂，颂或作庸；庸，庸功也。”贾疏：“东方之磬为笙，西方之磬为颂。”大堡子山的两组磬是否分别是“笙磬”和“颂磬”，值得考虑。

图二八　铜虎

乐器坑出土的3件铜虎体中空，呈回首蹲踞状，前后双腿之间各有一道平撑，四足足底基本在一个平面（图二七、二八）。铜虎轻小，单手可持握，应是用于止乐的“钕虎”。秦景公墓石磬铭文云：“钕虎䎃（載）入，又（有）蟣（蠛）䎃（載）羕（漾）。”王辉引孙常叙说，认为钕虎音假为“鉏铻”，是一种节齿状物，可以止乐[56]。《吕氏春秋·仲夏纪》：“饬钟磬柷敔”，高诱注：“柷如漆桶，中有木椎，左右击以节乐；敔，木虎，脊上有鉏铻，以杖擽之以止乐。”虎形的敔可以用木制，也可以用铜制，看来这三件铜虎又叫“敔”。孙常叙也认为虎是敔的最初书写形式[57]。平顶山应国墓地出土的柞白（伯）簋铭文说：“惟八月辰在庚申，王大射于周……遂易（锡）柷虎。”李学勤先生认为柷虎就是柷敔[58]。柷、敔文献中常见[59]；《尚书·益稷》：“下管鼗鼓，合止柷敔。”郑注：“敔，状如伏虎”。大堡子山出土的恰好是“伏虎。”

图二九　铜虎出土状态

铜敔背部圆滑，没有文献所说的节齿，其使用方法也应不同。笔者做过试验，握铜虎之背，按其四足于镈的鼓部，镈声戛然而止。三件铜敔是为三件铜镈专门配置的，其中一件出土时位于两甬钟之间，应是埋葬过程中或坑坍塌后脱落滚动造成的，已经离开了它原来的位置。换言之，8件甬钟可能用不着它来止乐。这个说法除了出土状态的支持（图二九），还可以在甬钟与镈构造上的差异找到理由。合瓦形甬钟钟体两侧有棱，会对敲击正鼓部产生的振动起阻尼作用，减短钟的尾音；甬及其内的泥芯会对敲击侧鼓部产生的振动起阻尼作用；钲部的枚则对高频振动起加速衰减作用[60]。椭方体的青铜镈既无棱[61]，又无枚、甬，本身部件没有节音功能，受振动后延续音（尾音）会拉得很长，这就需要专门的节余音之物。

总的说来，秦人基本承袭了周人的悬乐制度，但又有变异，如对青铜镈的偏爱，大、小钟混杂的编悬方式，不忌商音等等，表明春秋时秦对周制的继承往往流于形式，而非根植于血脉深处的文化规范。

注释：

[1] 吴晓芸：《商周时期车马埋葬制度研究》，北京大学2003年博士学位论文。

[2] 河北省文物管理处：《河北省平山县战国时期中山国墓葬发掘简报》，《文物》1979年第1期。

[3] 王学理、梁云：《秦文化》，文物出版社，2001年，第163页。

[4] 傅聚良：《湘江流域西周时期的铜器窖藏》，《华夏考古》2007年第3期。

[5] 王睿：《关于青铜器窖藏性质的反思》，《中国历史博物馆考古部纪念文集》，科学出版社，2000年。

[6] 中国社会科学院考古研究所沣西发掘队：《陕西长安县新旺村出土西周铜鼎》，《考古》1983年第3期。

[7] 河南省文物考古研究所：《河南新郑郑韩故城郑国祭祀遗址发掘简报》，《考古》2000年第2期。

[8] 卢连成、杨满仓：《陕西宝鸡县太公庙村发现秦公钟、秦公镈》，《文物》1978年第11期。

[9] 陈平：《〈秦子戈、矛考〉补议》，《考古与文物》1990年第1期。

[10] 戴春阳：《礼县大堡子山秦国墓地发掘散记》，《秦西垂文化论集》，文物出版社，2005年。

[11] 早期秦文化考古联合课题组：《甘肃礼县大堡子山早期秦文化遗址》，《考古》2007年第7期。

[12] 杨宽：《先秦墓上建筑问题的再探讨》，《考古》1983年第7期。

[13] 杨鸿勋：《关于秦代以前墓上建筑的问题》，《考古》1982年第4期。

[14] a. 杨锡璋、杨宝成：《从商代祭祀坑看商代奴隶社会的人牲》，《考古》1977年第1期；b. 杨宝成：《殷墓享堂疑析》，《江汉考古》1992年第2期。

[15] 同［14］a。

[16] 杨锡璋：《安阳殷墟西北冈大墓的分期及有关问题》，《中原文物》1981年第3期。

[17] 同［14］b。

[18] 李伯谦：《从晋侯墓地看西周公墓墓地制度的几个问题》，《考古》1997年第11期。

[19] 河南省文物考古研究所：《三门峡虢国墓》（第1卷），文物出版社，1999年，第5页。

[20] 吉琨璋：《曲沃羊舌晋侯墓地1号墓墓主初论——兼论北赵晋侯墓地93号墓主》，《中国文物报》2006年9月29日，第7版。

[21]《汉书·韦玄成传》："日祭于寝，月祭于庙，时祭于便殿。寝，日上四食……"中华书局，1962年。

[22][38] 李朝远：《上海博物馆新藏秦器研究》，《上海博物馆集刊》第9集，2001年。

[23] 美国藏秦公镈图片资料系加州大学罗泰教授提供。

[24] 李纯一：《中国上古出土乐器综论》，文物出版社，1996年，第148页。

[25][33] 梁云：《"秦子"诸器的年代及相关问题》，《古代文明》第5卷，2006年。

[26] 王辉：《商周金文》，文物出版社，2006年，第210页。

[27][28][49][55][56]57] 王辉、焦南峰、马振智：《秦公大墓石磬残铭考释》，《中央研究院历史语言研究所集刊》第67本，第2分，1998年。

[29] 李零：《春秋秦器试探》，《考古》，1979年第6期。

[30] 李学勤：《秦怀后磬研究》，《文物》2001年第1期。

[31]《仪礼·聘礼》贾疏："以夫妇一体，故夫人亦得云社稷主。"中华书局影印《十三经注疏》本，1980年。

[32] 如《礼记·玉藻》："夫人与君同庖"，说明用鼎同制。在埋葬方面，诸侯夫人与诸侯往往采用相同的墓形，如曲村北赵晋侯墓地。

[34] 秦子簋盖："畤……，□受命□（屯？）鲁，义（宜）其士女。"

[35] 陈平：《浅谈礼县秦公墓地遗存与相关问题》，《考古与文物》1998年第5期。

[36] 梁云：《西新邑考》，《中国历史文物》2007年第6期。

[37]《周礼·地官·鼓人》："鼓人掌教六鼓、四金之音声，以节声乐，以和军旅，以正田役。……以晋鼓鼓金奏。以金錞和鼓，以金镯节鼓，以金铙止鼓，以金铎通鼓。"中华书局影印《十三经注疏》本，1980年。

[39] 同［24］，第173页。

[40] 河南省文物考古研究所：《河南新郑郑韩故城东周祭祀遗址》，《文物》2005年第10期。

[41] 河南省文物研究所：《淅川下寺春秋楚墓》，文物出版社，1991年，第426—429页。

[42] 陈梦家：《西周铜器断代》（三），《考古学报》1956年第1期。

[43] 括弧内前者表示正鼓音，后者表示侧鼓音。

[44][50] 同［24］，第242页。

[45] 同［24］，第199页。

[46] 河南省文物考古研究所等：《三门峡虢国墓》，文物出版社，1999年，第567页。

[47] 王子初：《晋侯苏钟的音乐学研究》，《文物》1998年第5期。

[48]《周礼·春官·大司乐》："凡乐，圜钟为宫，黄钟为角，大蔟为徵，姑洗为羽，……冬日至，于地上之圜丘奏之，若乐六变，由天神皆降，可得而礼矣。凡乐，函钟为宫，大蔟为角，姑洗为徵、南吕为羽，……夏日至，于泽中之方丘奏之，若乐八变，则地示皆出，可得而礼矣。凡乐，黄钟为宫，大吕为角，大蔟为徵、应钟为羽，……于宗庙之中奏之，若乐九变，则人鬼可得而礼矣。"

[51] 北京大学考古系等：《天马—曲村遗址北赵晋侯墓地第二次发掘》，《文物》1994年第1期。

[52] 河南省文物考古研究所等：《三门峡虢国墓》，文物出版社1999年，第369页。

[53] 山西省文物管理委员会侯马工作站：《山西侯马上马村东周墓葬》，《考古》1963年第5期。

[54] 山西省文物工作委员会晋东南工作组等：《山西长治分水

岭战国墓第二次发掘》,《考古》1964年第3期。
[58] 李学勤:《柞白簋铭考释》,《文物》1998年第11期。
[59]《周礼·春官·小师》:"掌教鼓鼗、柷、敔、埙、箫、管、弦歌。"中华书局影印《十三经注疏》本,1980年。
[60] 朱凤瀚:《古代中国青铜器》,南开大学出版社,1995年,第241—242页。
[61] 镈的四出扉棱不同于合瓦形钟体两侧的棱,是否有节音作用不得而知。

(原文刊于《中国历史文物》2008年第4期)

汉代画像中的车马出行图考

信立祥

在以墓室壁画、画像石和画像砖为代表的汉代画像中，车马出行图是最常见的画像题材。这种图像，不仅数量大，而且刻画生动，气魄恢弘，是汉代画像中最典型、最精彩的部分。从宋代起，这种图像就已引起了金石学家的注意，成了他们著录的对象。20世纪以来，不少考古学家对这种车马出行图进行过研究，利用它们来考证当时的舆服制度和墓主人的身份。但是，对其本来的意义及图像学含义，至今尚未有人作过论述。本文拟分别以墓室和祠堂中的车马出行图作对象，对其图像学意义略加考证。

一　墓室中的车马出行图

汉代墓室中的车马出行图，按其图像学意义，大体可以划分为两类。一类以内蒙和林格尔东汉晚期壁画墓中的车马出行图为代表，其特征是用车马出行图来表现墓主人生前的仕途经历。在该墓的前室四壁和中室的东壁到南壁，用多幅车马出行图描绘了墓主人生前从“举孝廉”、“郎”、“西河长史”、“行上郡属国都尉时”、“繁阳令”到“使持节护乌桓校尉”的仕途升迁经历[1]。在重门阀阅历的东汉晚期，墓室中不惜篇幅地满绘这种升官图，其目的无疑是为了炫耀墓主人的高贵身世。因这类车马出行图一般都有墨书榜题，其图像学意义一看即明。但汉代墓室中经常性地、大量出现的并不是这种表现墓主人生前仕宦经历的车马出行图，而是另一类车马出行图。这类车马出行图有两个显著特点：一是位置固定，一般都配置在墓室前室、中室的门额、横梁或壁面上部以及墓门的门额等较高位置上；二是这类车马出行图一般都没有榜题文字，少数有榜题文字的图像也无法直接根据其文字含义了解其图像学意义。在以往的研究中，这两类车马出行图常被混为一谈。与第一类车马出行图相比，第二类车马出行图显然在汉代墓室画像中具有特殊的意义。搞清其图像学意义，无疑有助于对汉代墓室画像的正确理解。

图一是1996年发掘的陕西神木大保当23号汉画像石墓墓门门额上所刻的车马出行图[2]。该墓为穹隆顶前后室墓，画像集中于墓门石上。门额石长197、宽40、厚7厘米；画面长160、宽33厘米。画面两端的日月图，因其云气纹与左右门柱外侧的云气纹相连，应为一组图像；画面中部的主体图像分为上下两层，上层为狩猎图，下层为车马出行图。车马出行图为一由三骑三车组成的、自右向左行进的车马出行行列，自左而右依次为：导骑一、四维轺车一、軿车一、辇车一、从骑二，其中的四维轺车和軿车应为男女墓主人的乘车。无疑，这是一幅墓主车马出行图。但出行的目的地究竟是何处，画面上没有任何表现。这种只表现行进场面的出行图，几乎占了汉代墓室画像中车马出行图的绝大多数，是一种最常见的表现形式。在少数墓主车马出行图中，出行的目的地被表现出来，1981年发掘的陕西米脂官庄画像石墓墓门门额上的车马出行图（图二）就是一例[3]。画面的中央为一高大的亭子式建筑，亭内空寂无人，亭子两侧各有一名面亭拱手而立的侍者，两人身后，各有一列由一名导骑和一辆轺车组成的车马行列向亭子式建筑驰来。在陕西绥德王得元墓前室西壁门额石的车马出行图中（图三）[4]，画面中央为一建在高台上的双层楼阁，楼阁二层墓主夫妇左右相向而

坐；楼阁右侧，由一名导骑、两名从骑、一辆轺车和一辆軿车组成的车骑行列正自右而左向楼阁行进。很显然，在这两幅图中，画面中的亭子式建筑和楼阁正是墓主车马出行的目的地。因此，只要将这种建筑的性质搞清，这类车马出行图的图像学意义就清楚了。

目前，有三组考古资料可资考证这一问题。一组是山东省苍山县元嘉元年汉画像石墓的车马出行图和墓中的石刻铭文[5]。另一组是山东省梁山县后银山东汉早期壁画墓的车马出行图[6]。第三组资料是山东沂南汉画像石墓中室的墓主车马出行图[7]。

山东省苍山县元嘉元年画像石墓为前后室墓，墓中共发现10块画像石，分别配置在墓门、前室和后室。弥足珍贵的是，在前室西壁龛室的立柱上刻有15行共328字的长篇铭文，不仅描绘了各幅画像的内容，而且准确地记述了画像的位置。在前室东、西壁的横梁上，各有一幅车马出行图。西壁横梁的车马出行图（图四），横长的画面上刻画着一座很大的木桥，桥的两端立有华表。桥上，由三名骑吏和三辆四维轺车组成的车骑行列正自右向左行进，车骑行列的前方一名胡骑正一边向左奔逃，一边回首弯弓欲射。桥下，由两名船夫所驾的船上乘坐着两位贵妇，船的四周三名渔夫正在捕鱼。题记铭文解释这幅画像的内容是："上卫桥，尉车马，前者功曹后主薄，亭长骑佐胡使弩，下有流水多渔者，从者刺舟渡诸母。"从这段铭文可以知道，这幅画像是墓主"尉"及其妻妾即"诸母"的车马出行图。前室东壁横梁的车马出行图（图五），其左侧是一座单层庑殿顶大门，其右设一单层屋顶小门，两门均开启右门扉，门内半露一手持便面的人物。大门前，一人双手捧盾正俯首屈身迎接自右方驶来的车马行列。车马行列由一名导骑、一辆軿车和一辆由羊驾驭的軿车组成，车马上方的流云中露出很多鸟头。题记铭文解释说："使坐上，小车軿，驱驰相随到都亭，游徼候见谢自便，后有羊车像其□，上既圣鸟乘浮云。"需要指出的是，题记铭文

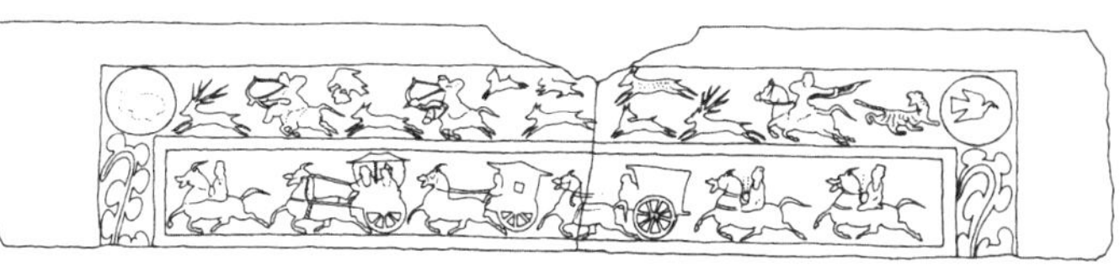

图一　陕西神木大保当23号汉画像石墓墓门门额画像

图二　陕西米脂官庄汉画像石墓墓门门额画像

图三　陕西绥德王得元墓前室西壁门额画像

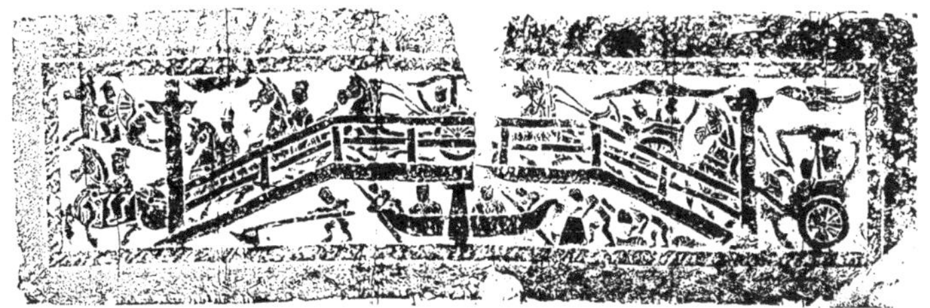

图四　山东苍山元嘉元年画像石墓前室西壁横梁的车马出行图

图五　山东苍山元嘉元年画像石墓前室车壁横梁的车马出行图

1

2

图六　山东梁山后银山汉壁画墓的车马出行图
1.南壁西段部分　2.西壁部分

中对这两幅车马出行图的记述文字是前后相连的，可证这两幅出行图是一组前后相连的画面，西壁横梁的车马出行图描绘的是墓主夫妇出发时的场面，东壁横梁的车马出行图描绘的是女墓主人到达目的地的场面，而墓主出行的目的地应就是题记铭文中所说的“都亭”。

“都亭”的题记还出现在山东梁山后银山东汉壁画墓的车马出行图中。该墓为前后室墓，后室由隔墙分为并列的三个棺室，按当时的丧葬礼制，应是男墓主人与其两位妻子的合葬墓。车马出行图绘在前室的西壁至南壁西段（图六）。西壁的画面分为上下两层，上层为伏羲、朱雀和屠牛图，下层为车马出行图。出行车马行列由导骑一、轺车三、从骑一组成，正自右向左行进，车马行列后面是一持板送行的小吏。车骑旁有墨书榜题多处：导骑题“游徼”，第一辆轺车题“功曹”，第二辆四维轺车即墓主人所乘的主车题“淳于鸿卿车马”，其后的第三辆轺车题“主簿”。车马出行的目的地绘在中室南壁西段，为一座两层楼阁式建筑，楼阁的第二层分为三室，中室坐一男性老人，两侧室内各坐一老年妇女，楼阁下层一人正开启楼门。在楼阁右侧，一名小吏正俯首屈身迎接绘在西壁的墓主车马出行行列。楼阁旁有“都亭”和“曲成侯驿”两处墨书题记。从主车的墨书题记可知墓主名叫“淳于鸿”，“卿”与“丞”通，淳于鸿生前的最高官职应为“丞”。楼阁二层所坐的一男二女应即是淳于鸿与其两个妻子的图像。现在的问题是，墓主淳于鸿与“曲成侯驿”到底有什么关系，他为什么要出行到那里去。在文献记载中，东汉时期的曲成侯只有刘建一人。据《后汉书·寒朗传》载，曲成侯刘建为东汉初期的列侯，明帝永平年间，遭人诬陷以谋反罪被捕入狱，后经寒朗救护获免。“驿”即驿站或驿馆，为当时政府所设置的旅馆，“曲成侯驿”应既是由曲成侯刘建在自己的封地所建的驿馆。从该墓的形制特点看，为东汉早期墓，大体与刘建活动时代相当。在墓主车马出行图中，只有淳于鸿的身份最高，其他人均为他的属吏和妻妾，根本找不到与刘建身份相应的人物。因此，墓主与刘建决非一人。但从图像中题记文字看，墓主与刘建之间显然有着密切关系。而弄清“都亭”的建筑性质则是搞清墓主与刘建之间关系的关键。

关于“都亭”，据我所知有两种解释。《史记·司马相如列传》载：“（司马相如）家贫，无以自业。素与临邛令王吉相善，吉曰：‘长卿久宦游不遂，而来过我。’于是相如往，舍都亭。”唐司马贞的《索隐》注曰：都亭，“临邛郭下之亭也”。关于此事，《汉书·司马相如传》的文句与《史记》大体相同。唐颜师古注曰：都亭，“临邛所治都之亭”。“亭”，是汉代的基层治安机关，职能相当于今天的公安派出所，其长官为亭长。按照司马贞和颜师古的说法，“都亭”就是设在郡县治所之亭，这是关于“都亭”的第一种解释。另据《汉书·酷吏列传·严延年传》载：“初，（严）延年母从东海来，欲从延处腊，到洛阳，适见报囚。母大惊，便止都亭，不肯入府。延年出至都亭谒母，母闭阁不见。”关于都亭，文中没有加注。清俞正燮在《癸巳类稿·少吏论》中指出，“严延年传云：母止都亭不入。都亭，邑中传舍也。”按照这一解释，“都亭”是政府在都邑中所设置的、被称为传舍的驿馆。根据汉代制度的规定，这种传舍不仅要为过往官吏提供食宿，还必须备有供他们使用的车辆和马匹。这是关于“都亭”的第二种解释。实际上，“都亭”是针对乡亭和邮亭而言的。《续汉志》注引《汉官仪》云：“十里一亭，亭长亭候；五里一邮，邮间相去二里半，司奸盗。亭长持二尺板以劾贼，索绳以收执贼。”注引《风俗通》曰：“汉家因秦，大率十里一亭。亭，留也，盖行旅宿会之所馆。”可见乡亭和邮亭，除了维持地方治安外，也为过往行旅提供食宿。所不同的是，乡亭和邮亭比都亭小，不备有供过往官吏使用的车马。

从以上考证可以看出，汉代的“都亭”，是政府在郡、县治所设置的、供往来官吏临时住宿的驿馆。那么，这种在墓室画像中被称为“都亭”的驿馆到底与墓主有什么关系？为什么墓主的车马出行行列要到那里去？首先可以断言的是，这种“都亭”决不是地下的墓室。因为在汉代人的观念中，对墓主的灵魂来说，地下墓室决不是“都亭”那样的临时住处，而是永久性的住宅。陕西省绥德县发现的东汉永元十五年（103年）郭稚文画像石墓门柱上所刻的“圜阳西乡榆里郭稚文万岁室宅”的题记[8]，就是这种思想观念的最有力的证据。另外，这种“都亭”也决不会是诸神的天上世界或西王母的昆仑山仙界。在汉代人的观念中，上帝和诸神的天上世界是极为可怕的地方，无论生前还是死后，人们都不愿到那里去，因此，把墓主车马出行的目的地看做是天上世界的某个地方，对汉代人来说，是无论如何难以想象的[9]。而西王母的昆仑山仙界是当时人们梦寐以求的极乐世界，人们都想升仙到那里，并在那里长生不老，永远过着无忧无虑、逍遥自在的仙人生活。在当时人的思想观念中，决不会把西王母的昆仑山仙界看做是“都亭”那样的临时性驿馆，升仙到那里

1

2

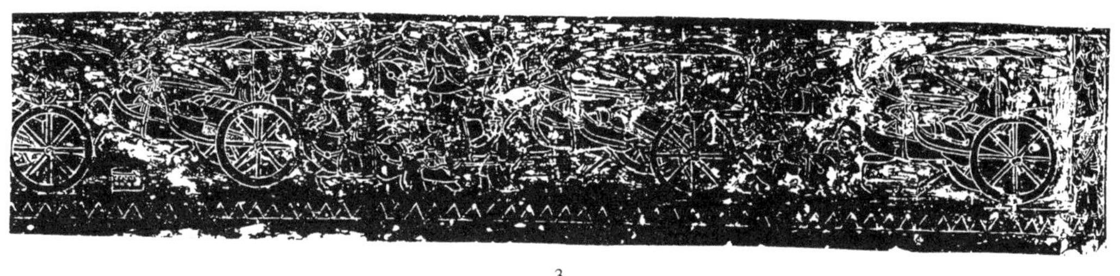

3

图七　沂南汉画像石墓中室的男墓主车马出行图
1.南壁横梁西段部分　2.西壁横梁部分　3.北壁横梁西段部分

后再重新回到现实的人间世界或地下的鬼魂世界过苦难生活。因此，这种汉代墓室画像中的“都亭”，只能是现实人间世界的某个地方。而在现实的人间世界里，与墓主有密切关系的地方只有宗庙和墓地祠堂。在当时人们的思想观念中，这种宗庙和祠堂，对墓主灵魂来说，并不是永久性住宅，而只是在祭祀日为了接受子孙祭祀才必须去的地方。就这点来说，宗庙和墓地祠堂，只不过是墓主在另一个世界中相当于驿馆的临时性住处或休憩场所。因此，也可将宗庙和墓地祠堂称做是“都亭”。至于墓室画像车马出行图中的“都亭”，究竟是宗庙还是墓地祠堂，让我们再来分析一下山东沂南画像石墓中的车马出行图。

沂南汉画像石墓为东汉晚期墓，由东、西后室、中室、前室和五个侧室共八个墓室组成，墓门和前、中、后室满刻画像，是迄今为止所发现的规模最大、画像内容最丰富的汉画像石墓。在中室横梁上，刻有男女墓主人车马出行图。男墓主人的车马出行图，从北壁西段的横梁即放置男墓主人棺柩的西主室门额开始，经过西壁横梁，直到南壁横梁西段，整个车马出行行列由两名持幢吹管的先导、一辆斧车、九辆轺车、六名骑吏和四名伍佰组成，正自右向左行进，车马行列之后是两名拱手送行的吏卒（图七）。车马出行的目的地是刻于南壁横梁西段左端的一座庭院式建筑。庭院为四合封闭式，除两厢外，共有三排房屋，两重院落。第一排和第二排房屋的中部，设有大门，两排房屋之间的第一进院落里有一口水井，井上安有木架、辘轳和绳索。第三排房屋进深较大，正中间的房间正面不设墙壁、窗户和可以启闭的门扉，而是立一大柱，上由斗拱支撑着前檐，从而将整个房间正面分为两个宽敞的门道，显然，这是庭院中的最主要的建筑。在门前，既第二进院落的中心，置一陈放食品的长方形几案，几案两侧放有壶、尊等饮食器具。庭院的正前方，建有对峙的双阙，双阙之间立着一名躬身捧盾的门吏。在双阙和庭院之间，一侧置一木架，上悬大鼓；另一侧立有肉架，上悬宰杀的禽畜，架下两个厨师正在俎案上切割操作，其旁放有壶、尊等器物。双阙外，一侧在一华表柱上拴着两匹马，另一侧停着一辆四维轺车。其右侧，是欢迎墓主车马出行行列的人群，共14人，最前部是拱身捧盾的门吏和拥篲的小吏，其后的12人分为四排，每排三人，第一排伏跪在地，前置几案，

后面三排人物均揖手拱身肃立。从这座庭院建筑的形制特点看，它只能是墓地的祠堂。首先，作为庭院建筑主要部分的第三排房屋，其正中间的房间不设窗壁门扉而用立柱的做法与山东长清孝堂山祠堂以及由蒋英炬、吴文祺复原的山东嘉祥武氏祠的武梁祠，前石室、左石室等石祠堂完全相同，说明这里决不是生人居室，而是“鬼神所在”的“祭祀之处”，是“堂”而非“室”，堂内，必有祠主神位一类的设施。另外，在第二进院落内正对“堂”的位置摆有陈设食品的几案和饮食器具，庭院外，又有庖厨操作场面，并设有献食时敲击的大鼓，这就进一步证明了这处庭院建筑是祠堂。据《汉书·元后传》载：“初，（王）莽为安汉公时，又谄太后，奏尊元帝庙为高宗，太后晏驾后当以礼配食云。及莽改号太后为新室文母，绝之于汉，不令得体元帝。堕坏孝元庙，更为文母太后起庙，独置孝元庙故殿以为文母篹食堂。既成，名为长寿宫，以太后在，故未谓之庙。莽以太后好出游观，乃车驾置酒长寿宫，请太后。既至，见孝元庙废彻涂地，太后惊，泣曰：‘此汉家宗庙，皆有神灵，与何治而坏之！且使鬼神无知，又何用庙为！如令有知，我乃人之妃妾，岂有辱帝之堂以陈馈食哉。’”由此可知，汉代皇室之庙可称为“篹食堂”。而汉代的祠堂，实际上就是建在墓地的宗庙，因此，墓地祠堂在汉代又称作“食堂”。1980年，山东嘉祥宋山出土了一块东汉永寿三年（157年）许安国祠堂刻石，上有长篇铭文，叙述了许安国病死及其父母兄弟为其坟丘祠堂的经过，其中一段说：“甘珍滋味兼设，随时进纳，省定若生时。”山东东阿出土的芗他君祠堂石柱刻铭中说：“财立小堂，示有子道，差于路食。”这些祠堂刻铭，证明了祠堂是死者接受子孙献祭的地方。另据《后汉书·李善传》载：“（李善）本同县李元苍头也。……以能理剧，再迁日南太守。从京师之官，道经淯阳，过李元冢。未至一里，乃脱朝服，持钼去草。及拜墓，哭泣甚哀，身自炊爨，执鼎俎以修祭祀。”可见汉代在墓地中是有庖厨之类准备和制作祭祀用食品的建筑的。沂南汉画像石墓男墓主车马出行图的庭院建筑中，既有陈放祭品的几案，又有庖厨场面，完全符合墓地祠堂的性质。最后，汉代的贵族豪强墓地一般都建有墓阙和墓表，庭院建筑之前立有双阙和华表，证明其应是墓地的祠堂，而不是都邑中的宗庙。基于以上分析，我们只能将图中的庭院建筑理解为墓地祠堂。其主体部分的第三排房屋应该就是祠堂所在，第一排和第二排房屋进深较小，而且院中有井，当是准备献祭食品的庖厨类建筑。饶有意味的是，在这幅车马出行图中，墓主乘坐的四维轺车正位于西后室即男墓主棺室门的上方，表明其车马行列是从这个墓室中出来的。墓主的灵魂要到哪里去呢？当然只能到专为祠主建造的墓地祠堂去，而车马出行图中的庭院式建筑，正是墓主要去的墓地祠堂。因此，这是一幅完整的墓主灵魂赴祠堂出行图。同墓中的女墓主车马出行图（图八）配置在中室北壁横额的东段，即东后室的门额上。车骑出行行列由两名前导步卒、六名骑吏、一辆轺车、一辆妇女乘坐的軿车和一辆有蓬大车组成，自右向左驶来。车骑行列的前方，虽没有画出祠堂之类的建筑，但却画出了与庭院图中相类的双阙，阙前，两人拱身执板迎接自右驰来的车骑行列，说明了女墓主车马出行的目的地也是墓地祠堂。需要指出的是，杨宽先生也注意到了沂南汉画像石墓中的这幅庭院图，并正确地将其定为祠堂，但理由却欠充分，而且把画像的位置、方向、拓片幅数搞错了[10]。

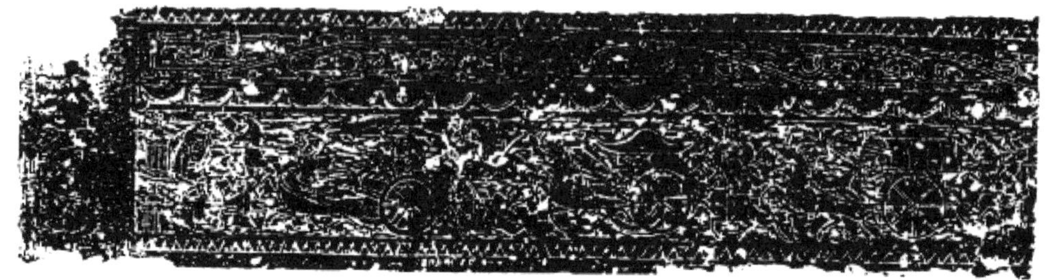

图八　沂南汉画像石墓中室的女墓主车马出行图

在墓室画像中把祠堂称做“都亭”，其原因应与两汉时期盛行的、由国家为功臣勋戚建造墓地祠堂的风气有着直接的关系。根据《汉书》和《后汉书》的记载，西汉的霍光、张安世，东汉的马援、张翕等人的墓地祠堂都是由国家建造的。由国家为死者建造墓地祠堂，无论对死者还是死者家族来说，当然都是一件值得炫耀的事情。在当时人们的观念中，肯定认为这种由国家为死者建造的墓地祠堂，与墓主人生前利用过的“都亭”一样，备有供墓主人由地下世界往来祠堂接受祭祀时所用的车马和应享用的祭品。从这个意义上说，在墓室画像中的祠堂图像旁刻写上“都亭”的榜题，与汉代画像中常见的“此上人马皆食太仓”的榜题一样，都是为了表明墓主人在地下世界有着和生前一样的高贵身份。山东梁山后银山壁画墓车马出行图中题有“都亭”榜题的二层楼阁应即是墓主人淳于鸿的墓地祠堂，在祠堂图像旁之所以再添加“曲成侯驿”的榜题，显然是为了表明墓主人的墓地祠堂是由曲成侯刘建为其建造的。

综上所述，可知汉代墓室画像中的第二类车马出行图，不管其是否刻绘出了车马出行的目的地，也不管其目的地是庭院式建筑还是单层或双层亭阁，其图像学意义即图像主题是一样的，表现的都是墓主人的灵魂从地下世界赴墓地祠堂去接受子孙祭祀的车马出行场面。这类图像在汉代墓室画像中大量出现，说明了祭祀墓主的内容是当时墓室画像最重要的表现主题。

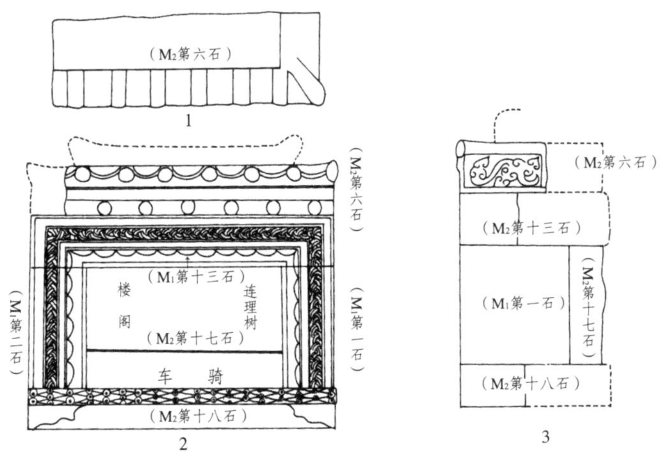

图九　山东嘉祥宋山一号小祠堂复原图
1.屋顶石　2.正面　3.侧面

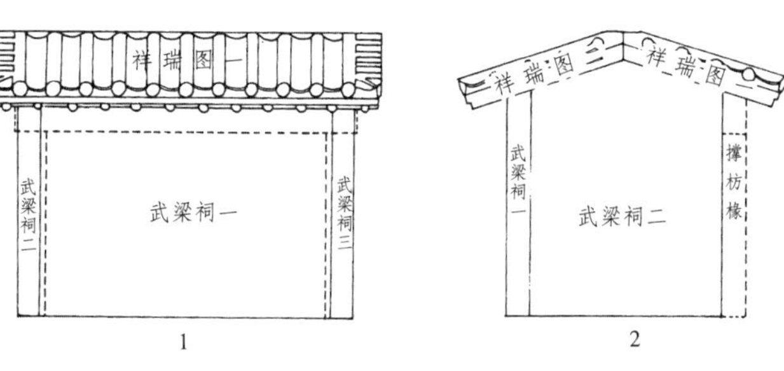

图一〇　山东嘉祥武梁祠

二　祠堂中的车马出行图

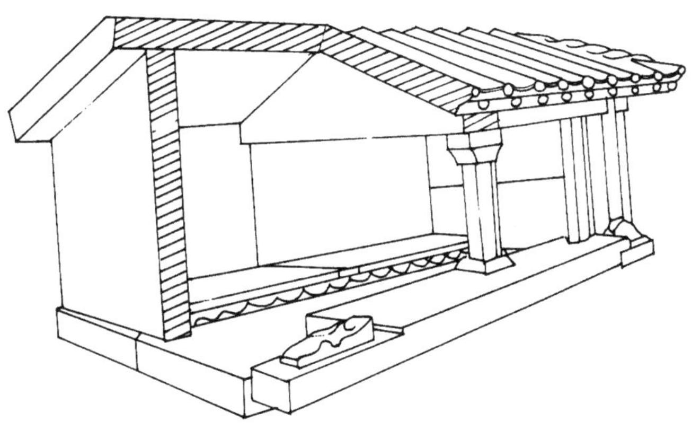

图一一　孝堂山祠堂剖视图

墓地祠堂出现于西汉早期，至西汉中期已普及到社会中层，此后，在高官显贵和缙绅豪强推波助澜的影响下，兴建墓地祠堂之风愈演愈烈，风靡了整个社会，并且终两汉之世长盛不衰。

从考古发现看，汉代的墓地祠堂按其用材不同，可以分为两类，一类为土木结构，一类为石结构。前者一般规模宏大，但因易受风雨的侵蚀和人为的损坏，已无一保存至今，仅有一些遗存的祠堂用瓦当向人们诉说着这类祠堂的兴衰。后者完整保存至今的虽然只有山东省长清县旧传为孝子郭巨祠堂的孝堂山祠堂，但近年来经蒋英炬、吴文祺的努力，已成功地复原了包括武氏祠三座祠堂在内的多种石结构祠堂[11]。这些石祠堂，按其形制，大体可分为四种。第一种是由基石、后壁石、左右侧壁石、顶石和屋脊石构成的小型单开间平顶房屋式石祠堂，前部敞门而不设门扉，顶石前部的屋檐部分刻出瓦当和瓦垄。由蒋英炬复原的山东嘉祥宋山一号小祠堂就属于这一种，祠堂外宽1.89、深0.88、通高约1.64米（图九）。这种祠堂，堂内空间狭小，高度只有0.7米左右，人无法进出，因此当时被称为“小食堂”。第二种是一种单开间悬山顶房屋式祠堂，由基石、左右侧壁石、后壁石、前后顶石和脊石构成。著名的山东嘉祥武梁祠就是这种祠堂，该祠面阔2.14、深1.47、通高约2.4米，人低头可以进出（图一〇）。第三种是双开间悬山顶房屋式祠堂，山东省长清县的孝堂山石祠为这种祠堂的代表。祠堂下设基石，左右侧壁各一石、后壁两石、檐枋石两石、顶石四石（前后坡各两石）、脊石一石，祠堂前部中央立一粗壮的八角形栌斗柱，柱上和后壁中央的方形孔槽上纵置三角形隔梁石，将祠堂分隔成两开间。祠堂后部，顺后壁横置一长贯祠堂的祭台石，将祠堂分为前后两部分。祠堂顶石上部刻出瓦垄，檐部刻出瓦当。整个祠堂面阔

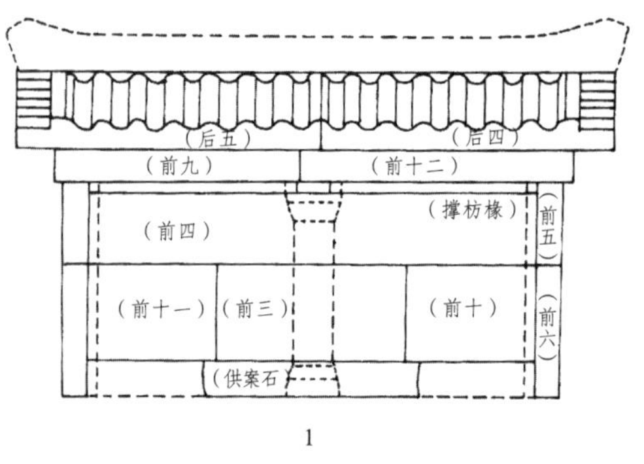

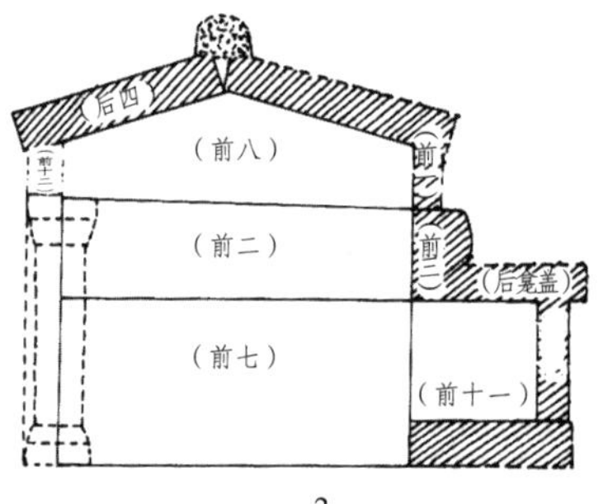

图一二　武氏祠前石室（武荣祠）复原图
1.正视图　2.剖视图

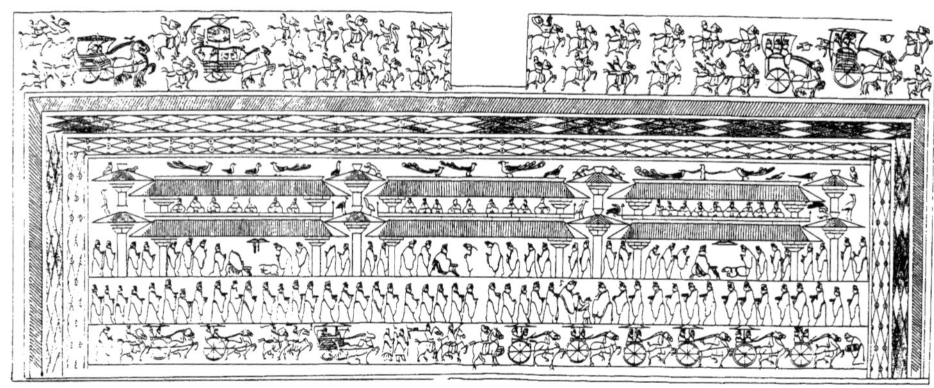

图一三　孝堂山祠堂后壁画像

4.14、深2.5、通高2.64米，人稍低头即可进出（图一一）[12]。第四种的形制和大小与第三种祠堂相近，但后壁下方的正中增加了一个向外突出的小龛。这种小龛，由基石、左右侧壁石、后壁石和顶石组成，形制、大小与第一种小祠堂十分接近，唯一不同的是没有脊石。经蒋英炬、吴文祺复原的山东嘉祥武氏祠的前石室（图一二）和左右室都属于这种祠堂。

汉代的墓地祠堂，无论是土木结构的还是石结构的，都来源于先秦时期设在都邑中的宗庙，其内部也像宗庙一样，以奇诡华丽的画像为装饰。土木结构的祠堂由于无一保存至今，其内部的壁画，我们只能凭借东汉王延寿在《鲁灵光殿赋》中那富丽动人的描绘去想其仿佛了。石结构的祠堂虽也大都倾圮，但其奇伟瑰丽、深沉雄大的画像，仍把当时墓地祠堂的风采形象地展现在我们面前。

从考古发现看，石结构祠堂内一般满刻画像，尽管不同祠堂的画像内容千差万别，但其画像的题材类别及其配置有着严格的规律性。一般是：祠堂顶部为表现天上诸神内容的画像；左右壁最上部为西王母、东王公等表现仙人世界的画像，其下刻庖厨、宴饮、乐舞百戏、胡汉战争和孔子见老子、周公辅成王等历史故事画像；祠堂画像中最主要的内容——“祠主受祭图”配置在后壁，在第四种祠堂中，则配置在后壁小龛的后壁；车马出行图也是后壁最常见的画像题材，而且往往长贯后壁和左右壁。由此可以看出，祠堂画像从内容的选择到其配置是严格按照当时人们的宇宙方位观念来进行的，即把表现当时人们观念中的、全部宇宙的四个组成部分即天上诸神世界、昆仑山仙人世界、现实人间世界和地下鬼魂世界内容的图像，按照祠堂内部高低方位进行配置，从而将祠堂内的狭小空间描绘成一个完整无缺的宇宙世界。这一点，对于我们分析祠堂中的车马出行图是至关重要的。

祠堂中的车马出行图，按其图像学意义，可分为两类。一类是祠堂画像中固定不变的内容，几乎每座祠堂都有，而且都配置在祠堂后壁的最下部，即“祠主受祭图”之下。另一类车马出行图则各祠堂内有无不定，一般都配置在“祠主受祭图”之上即后壁的上部和其他祠壁的上部，在第四种祠堂中，则配置在龛室之上的后壁上部。山东省长清县的孝堂山祠堂后壁画像（图一三），可以说是表现这两类车马出行图的典型例子。该壁画面由纹饰带分为上下两大部分，每部分各有一幅车马出行图。一幅车马出行图配置在没有纹饰边框的后壁最上部，因图中自左数第一辆驷马安车后面有“大王车”三字题记，古来就被称为“大王出行图”。另一幅车马出行图配置在“大王出行图”下面的、由复合纹饰带围起的画面内。复合纹饰带内的画面分为上中下三层。上层为“祠主受祭图”，大半是为了构图的均衡，图中左右并列着三座楼阁双阙，每座楼阁的下层，都是祠主受人祭拜的场面，楼下并排端坐着祠主的妻妾。而在其他祠堂的“祠主受祭图”中，一般只有一座楼阁双阙。中层为“孔子见老子”历史故事画像。车马出行图被配置在最下层，因图中主要人物乘坐的四维轺车后面刻有“二千石”三字题刻，可以称为“二千石出行图”。现在的问题是，为什么同一座祠堂的后壁上要画两幅车马出行图？这两幅车马出行图各有什么图像学意义？为了搞清这个问题，让我们分别对这两幅车马出行图进行一下考察。

先让我们考察一下“大王出行图”。实际上，祠堂后壁上部的车马出行图只不过是“大王出行图”的中间部分，其前、后部分分别配置在东、西壁三角形山墙下面的壁面上部。这幅“大王出行图”，从东壁南端开始，由10人组成的欢迎队伍排成上下两列，正在迎接自左面走来的出行行列。其中，前面的两人为戴进贤冠的官吏，上部的官吏旁刻有“相”字题记，其后为四名执戟武吏和四名持板文吏。出行行列以两名持弓伍佰为先导，其后陆续为导骑两名，持弓伍佰一名，骑吏两名，持弓伍佰一名，载两人骆驼和载三人大象各一匹，执戟步卒五名，骑吏四名，轺车两辆，骑吏两名，其后持戟伍佰两名（图一四：1）。接下来的部分转入祠堂后壁上部的画面，计有各式马车四辆，骑吏30名。最前方为两名骑吏，其后为载有三名乘者的两马轺车两辆，在前一辆轺车的后部，斜插着两根綮戟。接着是22名骑吏和两名伍佰。紧接其后的是由两匹马牵引的“鼓乐车”，车的中央立着高高的伞盖，伞盖前后两侧垂着龙首状流苏，“鼓乐车”分为上下两层，上层两个鼓手正从前后两侧敲击着固定在车盖柄上的建鼓，下层四人正吹奏着笙笛。车后是两名骑吏。接着是这一庞大出行行列的主车——由四匹马牵引的“大王车”，车盖和车体的装饰非常华丽，车内端坐着一位身份很高的人物。“大王车”后为四名骑吏。以下部分转入祠堂西壁。最前部为四名持戟伍佰，其后是18名骑吏，再后为两辆轺车，最后以两名骑吏结束了整个出行行列（图一四：2）。全部出行队伍由各种不同身份的人物117人，马74匹，各类马车八辆，骆驼和大象各一匹组成，其规模之宏大，场面之雄伟，为汉画像中所仅见。正因为如此，这幅“大王出行图”自北宋以来一直受到很多金石学家的注意，几乎所有的研究者都将“大王出行图”的主要人物即“大王车”中端坐的显贵看作是孝堂山祠堂的祠主。近年来，李发林和夏超雄二人也沿袭了这一看法，分别将孝堂山祠堂的祠主考定为死于西汉武帝天汉四年（前97年）的济北王刘胡[13]，和死于东汉安帝永宁元年（120年）的济北王刘寿[14]。除了文献根据，李发林还将孝堂山祠堂后面的坟丘规模的大小作为自己的论据。据他判断，“从墓的坟堆底边周长达80米左右，高3米以上的事实看，此墓肯定不是一般人的墓”。不仅如此，

图一四　孝堂山祠堂“大王出行图”的东、西壁部分
1.东壁部分　2.西壁部分

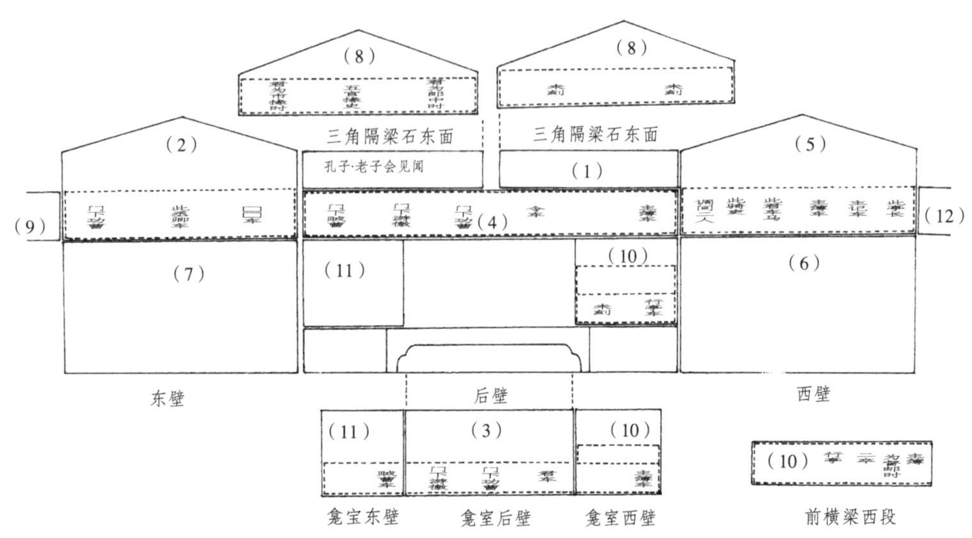

图一五　武荣祠画马出行图中的题记配置图

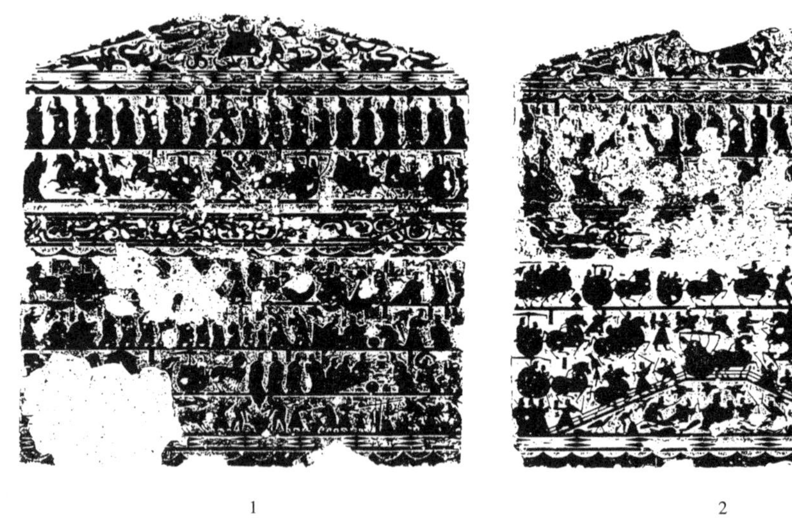

图一六　武荣祠东、西侧壁画像
1.东侧壁　2.西侧壁

他还沿用了《金石录》和关野贞的旧说，把孝堂山祠堂前的一座汉代石室墓看做孝堂山祠堂后面的坟墓的“隧道”，认为“这样大的崖墓，只有王侯才筑得起”。笔者曾在河北省先后调查、发掘了多座两汉时期的诸侯王和列侯的陵墓，这些陵墓的封土高度都高达15米以上，封土占地面积一般都在1万平方米以上。最大的诸侯王陵，例如河北省定州市陵北村的一座西汉晚期中山王陵，封土高度达25米以上，占地面积达10余万平方米。与这些巨大的诸侯王陵墓相比，孝堂山祠堂后面的坟丘只不过是中小型汉墓。换言之，李发林和夏超雄把“大王出行图”中的主要人物即“大王车”中端坐的显贵定为孝堂山祠堂祠主的看法欠妥。那么，到底“大王出行图”中有没有祠主的图像？祠主与“大王出行图”中所描绘的活动究竟有什么关系？为了搞清这一问题，让我们再来考察一下山东省嘉祥武氏祠的前石室即武荣祠堂的车马出行图。

如前所述，武氏祠的前石室即武荣祠属于第四种祠堂，是后壁附设龛室的双室石祠堂。祠堂内虽然刻有多幅车马出行图，但从其配置位置上看，只有两种。第一种配置在龛室后壁的最下部即“祠主受祭图”的下部和龛室东西侧壁的下部以及龛室西侧的祠堂后壁下部。第二种则配置在龛室之上的祠堂后壁上部和与之高度相同的祠堂东西侧壁上部、祠堂的三角形隔梁以及祠堂前部的横额即檐枋内面（图一五）。如果将祠堂后壁或龛室后壁的“祠主受祭图”作为分界线来看待这两种配置在不同位置的车马出行图，武荣祠的配置规律与孝堂山祠堂大体相同。第一种相当于孝堂山祠堂后壁下部的“二千石出行图”，第二种相当于孝堂山祠堂后壁上部的“大王出行图”。让我们先来考察一下武荣祠的第二种车马出行图。从武荣祠三壁的画像配置看，其后壁第一层和与其平行的东西壁第二层是长贯三壁的“孔子见老子图”，第二种车马出行图配置在紧靠其下的后壁第二层和东西壁第三层。东壁的出行图（图一六：1）自左向右展开，左端一名执板官吏正屈身迎接自右而来的车马行列。出行行列由两名伍佰、四名骑吏和三辆轺车组成，最前方为两名导骑，接着一辆刻有“门下功曹”题记的轺车，其后为两名伍佰，紧接其后的是出行行列的主车——刻有“此丞卿车”题记的四维轺车，再后为两名骑吏和一辆轺车，最后为一名执板屈身送行的小吏。因画面的前后两端分别有欢迎者和送行者，这幅出行图应为一幅独立完整的画像。后壁第二层的车马出行图（图一七：1）也是一幅独立完整的画像，画面的前后两端分别为欢迎者和送行者，出行行列由八名骑吏、两名伍佰和五辆轺车组成，自前而后各辆轺车的题记分别为“门下贼曹”、“门下遊徼”、“门下功曹”、“令车”和“主簿车”，其中，刻有“令车”题记的四维轺车为主车。西壁第三层的车马出行图（图一六：2）同样也是一幅独立的图像，整个图像由刻有“调间二人”的两名伍佰，有“此骑吏”题记的两名骑吏，有“此君车马”题记的主车——四维轺车，一名骑吏，有“主簿车”和“主记车”题记的两辆轺车和最后刻有“此亭长”题记的送行小吏组成。其他四幅车马出行图分别配置在三角形隔梁石东西两侧的第三层和祠堂前部的檐枋内面。其中，只有三角形隔梁石东侧第三层和祠堂西室檐枋内面的车马出行图中刻有题记，其中主车的题记分别为“君为市掾时”、“为督邮时”、“君为郎中时”，其余的题记有“行亭”、“二卒”、“五官掾史”、“主簿”等。在这些车马出行图中，主车均为四维轺车，因其旁刻有“此君车马”、“君为市掾时”、“为督邮时”、“君为郎中时”的题记，其乘者当然只能是祠主。那么题记中的“君”即祠主究竟是谁呢？在武氏的四种碑文中，只有武荣碑文中所记述的武荣生前官职与上述车马出行图中祠主的官职大体相符。据碑文所记，武荣生前曾先后担任过州书佐、郡曹史、主簿、武官掾、功曹、守从事、督邮、郎中、执金吾丞等官职，其中的主簿、督邮、武官掾和郎中等官职均见于上述车马出行图中主车的题记，因此将武氏祠前石室定

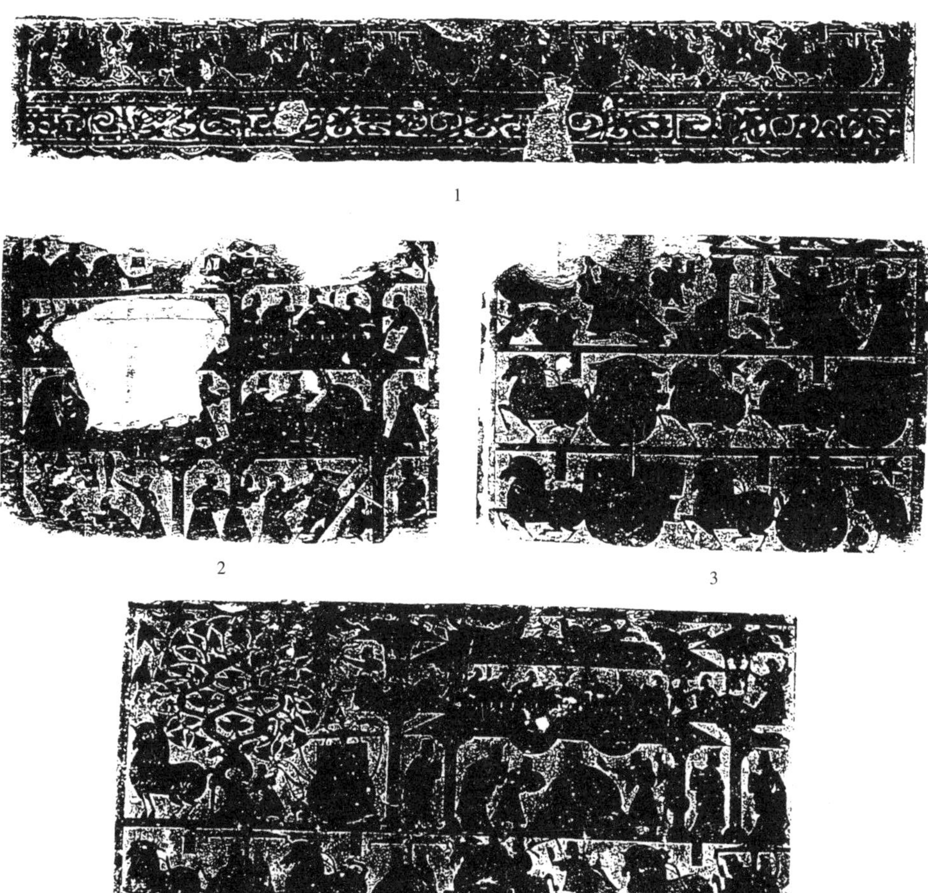

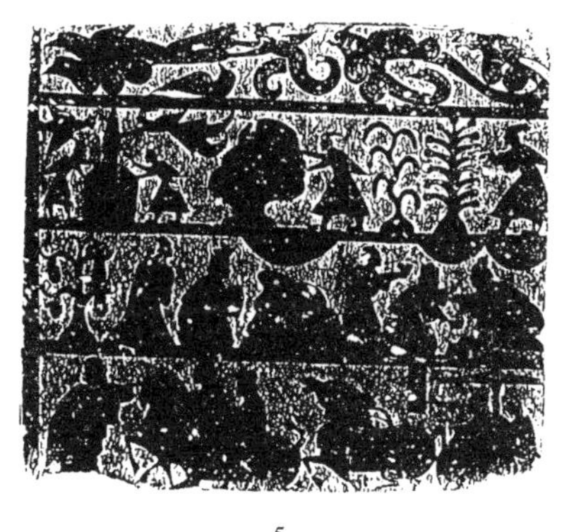

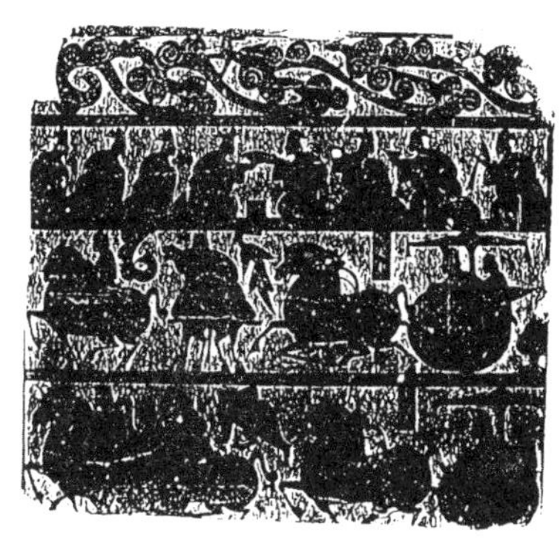

图一七　武荣祠后壁画像（缺第一层画像）
1.龛室外祠堂后壁第二层　2.龛室外祠堂后壁东段　3.龛室外后壁西段　4.龛室后壁　5.龛室东侧壁　6.龛室西侧壁

为武荣祠堂是恰当的。由此可以看出，这些配置在“祠主受祭图”之上的、祠堂壁面较高位置的车马出行图，表现的并不是祠主灵魂出行的场面，而是祠主生前的官宦经历。在武荣祠堂的这些车马出行图中，端坐在主车中的人物都是祠主武荣本人，但在其他祠堂的这种车马出行图中，有时端坐在主车中的人物并不是祠主，而是比祠主身份更高的人物。根据宋代洪适《隶续》和清代阮元《山左金石志》等书的记载，在山东鲁峻祠堂的石刻画像中，有一幅刻有“祀南郊从大驾出时”题记的车马出行图。所谓“祀南郊”，就是由皇帝在都城的南郊举行的祭天活动，所谓“大驾”，就是皇帝的专用车马。从题记中可以知道，这幅车马出行图中的主要人物不是祠主，祠主鲁峻只不过作为“大驾”即皇帝车马出行行列的从者跟随皇帝参加了“祀南郊”的祭祀仪式。毫无疑问，这一经历，无论对祠主鲁峻来说还是对其家庭来说，都是极为荣耀的事情。这也正是这一经历以画像形式被描绘在鲁峻祠堂中的原因。因此，我们在利用这类车马出行图来考察祠主的身份时，为了避免判断上的失误，必须慎重对待。

现在，让我们再回过头来看一下孝堂山祠堂的“大王出行图”。如前所述，将这幅图中的主要人物推定为孝堂山祠堂的祠主，明显与孝堂山祠堂后面的祠主坟墓规模不符。其原因当与鲁峻祠堂中的“祀南郊从大驾出时”车马出行图的情况相同，即孝堂山祠堂的祠主不是“大王出行图”中的主人公，而只不过是以从者身份参加了“大王”即某位诸侯王的车马出行。大概这是祠主一生中最值得炫耀的经历，所以死后才被描绘在他的祠堂中。那么“大王出行图”中的哪位人物是祠主呢？图中迎接大王车马出行行列的人群中虽有地位很高的“相”，但其位置偏在祠堂东壁的最南端，不可能是祠主。我认为，祠主的图像应在“大王出行图”的中间部分即祠堂的后壁位置。由于“大王车”以外的轺车均无题刻，我们还无法断定哪辆是祠主的轺车。还要指出的是，这类车马出行图，因祠主生前的经历不同。其图像的具体场面、规模也各不相同。

让我们再来考察一下孝堂山祠堂后壁的“二千石出行图”。出行图的画面自右向左展开，最右端是一位双手捧盾的亭长，正躬身迎接由左面驶来的车马行列。车马行列以六辆轺车为先导，其后为四名骑吏和两名伍佰，接着是有“二千石”题记的四维轺车主车，主车之后为两名骑吏、两辆轺车和一名骑吏，最后为持板躬身的送行者。现在的问题是，图像中端坐在主车中的那位“二千石”官吏究竟是不是祠主？如果仅从这幅车马出行图本身看，这个问题无法找出答案。但在武荣祠中，与孝堂山祠堂“二千石出行图”配

1

2

3

图一八　武梁祠画像
1.东侧壁　2.后壁　3.西侧壁

置位置大体相同的第一种车马出行图，主车旁的题记将端坐在主车中的人物与祠主的关系明确地揭示出来。这幅车马出行图从龛室外的祠堂后壁西段开始，经龛室的西侧壁和后壁，一直延续到龛室东侧壁，构成一幅完整的画面。在车马行列的前方，是捧盾躬身迎接的亭长，车马行列以两名骑吏为先导，其后为“贼曹车”（图一七：5）、“门下游徼”车、“门下功曹”车、两名骑吏和两名持便面的伍佰，再后就是车马出

行行列的主车——位于龛室后壁下层右侧、刻有“君车”题记的四维轺车（图一七：4），接着是骑吏三名、“行亭车”一辆（图一七：6）、大车和“主簿车”各一辆，最后为执板躬身的送行者（图一七：3）。另外，在紧靠这幅出行图的上一层，即龛室外祠堂后壁西段和龛室西侧壁的下数第二层画面，也配置着一幅内容连贯的车马出行图。出行图从龛室西侧壁下数第二层画面的左端开始，最前方为两名导骑，其后是“导吏车”（图一七：6），再后为妇女专用的軿车一辆，最后为一名骑吏和一辆大车（图一七：3）。耐人寻味的是，出行图中刻有“君车”题记的主车，恰好位于祠堂后壁“祠主受祭图”的下部，而“祠主受祭图”是表现祠主在祠堂中接受子孙祭祀的祠堂最主要的画像，从这一点看，端坐在主车中的“君”应为祠主无疑。这两幅车马出行图应分别为表现男女祠主即武荣及其妻子的车马出行场面的画像。与这两幅出行图相对照，可知孝堂山祠堂后壁的“二千石出行图”中主要人物——端坐在主车中的“二千石”官吏，也就是孝堂山祠堂的祠主。现在，产生了一个新的问题：为什么这类车马出行图总是配置在祠堂后壁或祠堂龛室后壁的“祠主受祭图”之下？换言之，这类车马出行图与“祠主受祭图”究竟有什么关系？因上面所列举的祠堂画像，在祠主车马出行图和“祠主受祭图”之间都有分界线，特别是孝堂山祠堂后壁的画像，在祠主车马出行图和“祠主受祭图”之间隔着一幅“孔子见老子图”，从而使这一问题变得暧昧不明了。为了找出这一问题的答案，让我们再来考察一下武梁祠后壁和左右侧壁的画像（图一八）。在武梁祠中，“祠主受祭图”被配置在后壁下部的中央位置，其两侧和与之相连的祠堂左右侧壁下部的画面，都分为上下两层，上层描绘的是历史故事画像；下层的画像，“祠主受祭图”右侧为祠主车马出行图，左侧为车马停放图和庖厨图。值得注意的是，“祠主受祭图”与其两侧的祠主车马出行图及车马停放图、庖厨图之间，没有任何分界线，这就清楚地表明了祠主车马出行的目的地就是“祠主受祭图”中由楼阁双阙所表现的墓地祠堂。“祠主受祭图”右侧的祠主车马出行图由八名骑吏、一辆四维轺车主车、一辆妇女专用的軿车和一辆带蓬大车组成，表现了祠主武梁夫妇的车马出行行列正向墓地祠堂行进的场面。“祠主受祭图”左侧的车马停放图，因没有祠主的形象，表现的应是祠主夫妇到达墓地祠堂后的景象，庖厨图表现的则是祠主的子孙为祠主夫妇准备祭祀用品的场面。从汉画像石的图像配置规律看，这种祠主车马出行图之所以被配置在祠堂壁面的最下层，显然是为了表明祠主夫妇的车马出行行列是从位置较低的地下世界来到墓地祠堂的。在这里不容忽视的一点，是武梁祠的这几幅图像之间，存在着明显的时间差。祠主车马出行图是祠主夫妇赴墓地祠堂途中的场面，车马停放图是祠主夫妇到达墓地祠堂后的场面，而“祠主受祭图”则是祠主夫妇在墓地祠堂中接受子孙祭祀和朝拜的场面。其中，“祠主受祭图”是这些不同主题图像的核心，可以说其他图像都是围绕着这个核心而展开的。

耐人寻味的是，在“祠主受祭图”的上部、下部都配置有车马出行图的祠堂中，“祠主受祭图”和其上部的车马出行图之间，一般都隔着一条很宽的复合花纹带。例如，在孝堂山祠堂后壁的“祠主受祭图”和其上的“大王出行图”之间，隔着一条由穿线纹带、菱形纹带和平行凿纹带组成的很宽的复合花纹带；而在武荣祠中，隔在两者之间的是由垂幛纹带、龙云纹带和平行凿纹带组成的复合花纹带。这种由复合花纹带形成的引人注目的分界线，明显地把祠堂后壁的画面分为上下两大部分。分界线之上的车马出行图等图像，表现的是人间现实世界的内容；分界线之下的“祠主受祭图”和祠主车马出行图等图像，表现的是地下鬼魂世界的内容。这种复合花纹带，与其说具有装饰意义，倒不如说具有宇宙世界分界线意义更为恰当。

综上所述，可知在汉代的基地祠堂画像中，与地下墓室一样，也存在着图像学意义截然不同的两种车马出行图。一种是配置在祠堂后壁“祠主受祭图”的上方和其他祠壁上部、表现祠主生前最值得炫耀的经历的车马出行图，这种车马出行图与其下部的“祠主受祭图”没有必然的联系，属于祠堂画像中可变内容的画像。在这种车马出行图中，由于祠主的身份和社会地位不同，有时祠主是出行队伍的主人公，有时祠主仅作为出行队伍主人公的从者而出现。另一种车马出行图配置在祠堂后壁“祠主受祭图”的下方，表现祠主为了接受子孙祭祀，从地下世界赴墓地祠堂途中的场面。这种车马出行图，因与其上方的“祠主受祭图”有着不可分割的联系，都配置在“祠主受祭图”的下方或两侧，并与“祠主受祭图”一起，构成祠堂固定内容画像中的一组最重要的的图像。这种图像配置规律，是由祠堂为祭祀祖先之处这一建筑性质所决定的。

三 墓室画像与祠堂画像的关系

从严格的意义上说，汉代的地下墓室和墓地祠堂是一组相互关联的礼制建筑。当时的人们认为“夫礼，始于冠，本于昏（婚），重于丧祭”[15]，把对已故祖先的厚葬和祭祀看做是最重要的礼制行为和儒家所提倡的“孝”的最重要的表现形式。这一点，只要看一看古代礼书中几乎三分之二的内容是关于丧葬礼制的就很清楚了。而地下墓室和墓上祠堂正是对已故祖先进行厚葬和祭祀的地方。

“以生事死”是古代礼制的重要丧葬原则，根据这一原则，地下墓室必须仿照生人居室来修造。例如，战国晚期的儒家著名代表人物荀子在《荀子・礼论》中指出，“丧礼者，以生者饰死者也，大象其生以送其死也。……故圹垄，其貌象室屋也”。无疑，这种做法与古代人的灵魂不死的观念有着密切关系。在古代人的观念中，认为人死后，其灵魂在地下世界仍然像生前一样过着同样的生活，因此为死者营造的地下墓室也应像生人居室一样。实际上，汉代规模巨大的多室墓就是按照这一丧葬礼仪观念来营造的，以画像石墓、画像砖墓和壁画墓为代表的汉代装饰墓也是如此。古代贵族的居室一般都分为“前朝”和“后寝”两部分，“朝”又称为“堂”，“寝”也称为“室”。“朝”或“堂”为主人接待客人和进行公务活动的地方，“寝”或“室”为主人及其家属的燕居之处。与此相同，汉代的前后室墓和多室墓，也和生人居室一样，分为前堂和后寝两部分。放置墓主棺椁的后室是墓主灵魂燕居之处，其功能相当于生人居室中的“寝”或“室”；紧靠后室之前的中室或前室，则是墓主灵魂在地下世界进行公务活动和接待客人的地方，其功能相当于生人居室中的“朝”或“堂”。从山东苍山东汉元嘉元年画像石墓的石刻铭文看，汉代将地下墓室中紧靠后室之前的中室或前室称作“堂”是很清楚的。

建立在地下墓室之上的墓地祠堂，其前身是先秦时期的宗庙。而先秦时期的宗庙，不仅是统治者祭祀祖先地方，也是举行军政大典活动的重要政治场所，举凡朝聘、册命、宣战、出军、献俘等活动都在宗庙进行。因此，宗庙都建在统治者居住的都城中。《左传》庄公二十八年云：“凡邑有宗庙先君之主者曰都，无曰邑。”也就是说，先秦时期，宗庙和祖茔是分开的，这种做法，与“古不墓祭”的祭祀习俗有着直接关系。由于战国时期墓祭的出现和普及，至迟到战国晚期，秦、楚等国已开始在先君的陵园旁立庙。至西汉初，惠帝刘盈采纳博士叔孙通的建议，在其父汉高祖刘邦的陵墓——渭北的长陵附近重建了一座称为“原庙”的高庙，使祖庙、祖陵建在一起成为定制。于是高官贵戚、缙绅豪强群起仿效，纷纷在墓地兴建当时被称为“庙祠”、“斋祠”、“食堂”的祠堂，至迟到武帝时期，建造墓地祠堂之风已风靡了整个社会。本来，“庙”是对“寝”而言的。蔡邕《独断》指出：“宗庙之制，古者以为人君之居，前有朝，后有寝，终则前制庙以象朝，后制寝以象寝。庙以藏主，列昭穆；寝有衣冠、几杖、象生之具，总谓之宫。”也就是说，在先秦宗庙制度中，对寝宫来说，“庙”即是“朝”或“堂”。但宗庙移到茔地成为陵庙或墓地祠堂后，其性质也发生了微妙的变化。对墓地的“寝”来说，它仍然是“朝”或“堂”，对地下墓室来说，它也是“朝”或“堂”。反之，对墓地祠堂来说，地下墓室是墓主即祠主日常居住和生活的“寝”。

综上所述，可知汉代有墓地祠堂的多室墓有两个“堂”。一个“堂”是地下墓室中紧靠后室之前的中室或前室，另一个“堂”虽建在墓室上方坟丘旁的祠堂。这两个“堂”，作为灵魂在地下世界燕居生活以外的活动场所，对墓主来说都是不可缺少的。前者是墓主灵魂在地下世界接待宾客和处理公务的地方，后者是墓主灵魂会见其在世子孙和接受他们祭祀的地方。换言之，这种墓地祠堂从某种意义上说，是地下鬼魂世界和现实人间世界的联络站，是人鬼的交流场所。墓地祠堂的这种特殊性质，决定了其画像与地下墓室画像之间存在的必然的联系。

大概由于缺少墓室画像和祠堂画像直接对应的第一手资料，以前的研究，都把墓室画像和祠堂画像作为互相独立的研究对象，分别进行考察。这种片面的、孤立的研究方法，显然不利于从整体上正确地把握和理解汉代画像。但新中国成立以来的近半个世纪时间里，考古调查发掘出的大量汉代画像资料，特别是蒋英炬、吴文祺等人利用零散画像石对各类石结构墓地祠堂所做的正确复原，已经使墓室画像和祠堂画像之间的对应比较研究成为可能。实际上，汉代墓葬的这两种“堂”，不仅画像的内容、组合及其配置非常相似，而且两者的画像在图像学意义上，也有着不可分割的紧密联系。最能表现这种紧密联系的图像，就是配置在地下墓室“堂”的横梁、墓门门额和墓地祠堂后壁最下部的车马出行图。在这两种车马出行图中，出行行列的主人公都是墓主即祠主。前者为了表明墓主的车马行列是从位置较低的地下世界出行到位置较高的墓地祠堂去，都配置在中室或前室中位置较高的横梁和墓门门额上。后者为了表明祠主的车马行列是从位置较低的地下世界来到位置较高的墓地祠堂的，都配置在“祠主受祭图”之下的祠堂后壁最下部。这两种车马出行图宛如一条纽带，将墓室画像和祠堂画像有机地联系在一起，换言之，通过这两种车马出行图，当时人们观念中的地下鬼魂世界与现实人间世界的联系得到了体现。它们和祠堂后壁的“祠主受祭图”一起，构成了一组完整表现祭祖礼仪活动场面的画面。

最后，还必须指出的是，作为汉画像中固定不变的题材，上述两种墓（祠）主赴祠堂车马出行图和祠堂后壁的“祠主受祭图”，不仅都配置在墓室和祠堂最显著的位置，而且大量出现，反复被表现，证明了这种表现祭祀祖先活动的图像无疑是汉画像中最重要的内容。也就是说，当时对墓室和祠堂的画像内容影响最大的并不是社会上流行的升仙思想，而是传统的祖先崇拜观念和以“仁”为核心、以“孝”为主要内容的儒家伦理观念。

注释：

[1] 内蒙古自治区博物馆文物工作队：《和林格尔汉墓壁画》，文物出版社，1978年。

[2] 陕西省考古研究所、榆林地区文物管理委员会：《陕西神木大保当第11号、第23号汉画像石墓发掘简报》，《文物》1997年第9期。

[3] 吴兰、学勇：《陕西米脂官庄东汉画像石墓》，《考古》1987年第11期。

[4] 陕西省博物馆、陕西省文物管理委员会：《陕北东汉画像石刻选集》图10，文物出版社，1959年。

[5] 山东省博物馆、苍山县文化馆：《山东苍山元嘉元年画像石墓》，《考古》1975年第2期。

[6] a. 关天相、冀刚：《梁山汉墓》，《文物参考资料》1955年第5期；b. 中国社会科学院考古研究所：《新中国的考古发现与研究》，文物出版社，1984年，第448—449页。

[7] 曾昭燏、蒋宝庚、黎忠义：《沂南古画像石墓发掘报告》，文化部文物管理局，1956年。

[8] 陕西省博物馆、陕西省文物管理委员会：《陕北东汉画像石刻选集》图74、75，文物出版社，1959年。

[9] 信立祥：《论汉代的墓上祠堂及其画像》，《汉代画像石研究》，文物出版社，1987年，第181—203页。

[10] 杨宽：《中国古代陵寝制度史研究》，上海古籍出版社，1985年，第129—130页。

[11] a. 蒋英炬、吴文祺：《武氏祠画像石建筑配置考》，《考古学报》1981年第2期；b. 蒋英炬：《汉代小祠堂》，《考古》1983年第8期。

[12] a. 蒋英炬：《孝堂山石祠管见》，《汉代画像石研究》，文物出版社，1987年；b. 俞伟超、信立祥：《孝堂山石祠》，《中国大百科全书·考古卷》，中国大百科出版社，1986年。

[13] 李发林：《山东汉画像石研究》第10节，齐鲁书社，1982年。

[14] 夏朝雄：《孝堂山石祠画像、年代及主人试探》，《文物》1984年第8期。

[15] 《礼记·昏义》，中华书局影印十三经注疏本，1980年。

（原文刊于《东南文化》1999年第1期）

汉代的牛耕

张振鑫

中国是世界文明发达最早的国家之一。我国古代有素称发达的农业和手工业。在封建制代替奴隶制的一段时间里，生产关系比较适合生产力发展的要求，推广铁制农具，兴修水利，提倡牛耕，改进耕作制度，农业生产有了很大的发展。特别是西汉中期，大规模地提倡和推广牛耕，成为我国犁耕发展史上一个重要的时期。举农百事，耕种为先。下面谈谈汉代牛耕的发展。

图一　武威磨嘴子西汉末年木牛犁模型

图二　平陆枣园村王莽时期壁画墓牛耕图

图三　滕县宏道院东汉画像石牛耕图

一　“耦犁”和汉代牛耕的基本形式

在我国，据考证早在殷代已经有了牛耕。但是关于牛耕形式的记载，最早却是见于汉代。《汉书·食货志》：“用耦犁，二牛三人。”探讨汉代牛耕的形式，首先遇到的就是关于“耦耕”的复原的问题。

《汉书·食货志》记载“耦犁”，寥寥七字，极为简略。因而人们对于“耦犁”作出了各种不同的解释。归纳起来主要有三种：(一)二牛各挽一犁，二人各扶一犁，一人前引二牛，两张犁并行耕作[1]；(二)二牛挽一犁，一人扶犁，二人各牵一牛[2]；(三)二牛挽一犁，一人扶犁，一人按辕，一人牵牛[3]。三种解释，各有一些道理。第一种解释，在用生牛的情况下，两张犁并行耕作，只用一人牵牛，可以节省一个牵牛人。第二种解释，在耕牛尚未驯服，或开垦生荒地的情况下，用二人牵牛，也未为多余。东汉末崔寔《政论》说的辽东耕犁，“用两牛，两人牵之，一人将耕”[4]，就是属于这一类情况。第三种解释，在耕犁不具备控制深浅的犁箭装置的情况下，用一人专门掌辕，来控制耕地的深浅，也是提高耕地质量的一种办法。正如解放前云南纳西族用二牛挽一犁，一人前引二牛，一人在犁辕一侧按辕，一人扶犁那样。对以上三种解释，仅据文献资料，还难于作出定论，得出一种统一的见解。但是并不会因此就无法对汉代牛耕的形式得到一致而确切的了解。

随着我国考古发掘工作的大规模开展，有越来越丰富的实证材料，使得我们可能对于汉代牛耕的形式和耕犁的结构作具体的考察。已经出土的汉代犁耕图像和模型有：甘肃武威磨嘴子西汉末年木牛犁模型（图一）[5]、山西平陆枣园村王莽时期壁画墓牛耕图（图二）[6]、山东滕县宏道院东汉画像石牛耕图（图三）[7]、江苏睢宁双沟东汉画像石牛耕图（图四）[8]、陕西绥德东汉画像石牛耕图（图五）[9]、陕西米脂东汉画像石牛耕图（图六）[10]、内蒙古和林格尔东汉壁画墓牛耕图（犁具已漫漶不清）[11]。这些模型和图像，虽然有的线条比较粗陋，刻画难免差误，但都是当时形象地反映牛耕的极珍贵的材料。此外，更出土了大量汉代犁铧等实物。对于这些形象和实物材料加以综合研究，便不难了解汉代牛耕发展的状况。

综观这些图像和模型，大多是二牛抬杠式，而且只有扶犁的一个人同时驱赶着耕牛进行耕作。武威西汉木犁模型和绥德东汉牛耕图所表现的虽然只有一头牛，但由于都是单长辕犁，所以可以推定也是二牛抬杠式。二牛抬杠式的犁耕，即两头牛抬着犁衡，挽拉一张长辕犁，一人扶犁并驱赶耕牛，而不用专门的牵牛人和按辕人，是汉代牛耕通常的基本形式。

二　耕犁基本定型[12]

从犁架结构、犁铧和犁鐴、畜力牵引三个方面来考察汉代耕犁本身的构造。

（一）犁架结构

1．有了犁床（又称犁底）。由“跖耒而耕”（跖，zhí 音直，脚踏）的原始耒耜，发展成为畜力犁，一般地说，首先是在耒的下部增加了横曲贴地的犁床。由于有了犁床，从耕具本身来看，便由自上而下跖入的耒耜，变成了贴地拖行的耕犁；从生产操作来看，便由一跖一

图四　睢宁双沟东汉画像石牛耕图

图五　绥德东汉画像石牛耕图

图六　米脂东汉画像石牛耕图

图七　嘉峪关魏晋画砖墓牛耕图

坺（bá 音拔，起土）的间歇动作，变成了迈步前进的连续动作；从劳动效率来看，便由一点一坑地坺土，变为连续不断地坺土，从而大大提高了劳动效率。武威西汉木犁模型、平陆西汉牛耕图、绥德和米脂东汉牛耕图，都把犁床刻画得清晰醒目。当然也有犁梢（犁柄）和犁床并没有截然分开，而是由一根曲木下来接犁铧的。滕县、睢宁东汉牛耕图所反映的耕犁，就属于这一种。这种耕犁更多地保留了原始耒耜的遗迹，同时也为后世部分地区所沿袭[13]。

2. 有了犁辕。犁辕，是在耒的中下部添置的拉杠，是由耒耜发展成畜力犁不可或缺的传动部分。汉代耕犁多是单长辕，如武威西汉木犁模型，平陆西汉牛耕图，睢宁、绥德、米脂东汉牛耕图，都是单长辕犁。滕县东汉牛耕图所示耕犁，则是双长辕。单长辕须有两头牲畜牵引，双长辕多由一头牲畜牵引。不论单长辕或双长辕，都是犁架笨重，回转不便。崔寔《政论》说的“辽东耕犁，辕长四尺，回转相妨”，王祯认为是属于没有耕索的长辕犁，并指出：长辕犁耕“平田则可，至于山限水曲，转折费力”[14]。这种长辕犁，后世有些地区一直沿用了下来。甘肃嘉峪关魏晋画砖墓牛耕图所展示的耕犁，其结构与武威西汉木犁模型完全相同，也是单长辕（图七）[15]。唐、宋时代仍有长辕犁的牛耕反映到图像上[16]。直到近代，如甘肃河西地区的二牛抬杠、西藏昌都的大木犁、山东掖县的独角犁、河北宁河的水田耠子（耠，huó 音活）等，也还是单长辕或双长辕[17]。

同时我们也看到，莫高窟唐代壁画已经有了短辕犁，唐末陆龟蒙著《耒耜经》记载了短辕的“江东犁”，元代王祯的《农书》和明代徐光启的《农政全书》都有短辕犁的图像。这种短辕曲辕犁，大约是从唐代兴起的一种耕犁，它是对长辕犁的改进和发展。

3. 有了犁箭。在犁架结构上一个有争议的问题是，犁箭在我国犁具发展史上是什么时候出现的？所谓犁箭，是控制耕犁入土深浅的部件。调整犁箭的木楔（设置在与犁辕交叉处），使犁辕与犁床之间的夹角张大或缩小，决定犁头的深入或浅出，是耕犁上一种较进步的装置。有人认为，只有到唐代陆龟蒙《耒耜经》所写的“江东犁”，才有可以调整深浅的装置。但考古材料证明，早在汉代，犁箭就已经出现了。平陆西汉牛耕图和滕县、睢宁、绥德、米脂东汉牛耕图所反映的耕犁，都已经有了犁箭的装置。滕县和睢宁两张东汉犁，于犁箭中部特别刻画出活动式的木楔。米脂的东汉耕犁，犁铧是装在犁床之上另一部件的前端，这个部件与犁箭交叉，可以上下移动，正是用以控制深浅的。分析这些形象材料，犁箭在西汉时就已经出现，应该是毋庸置疑的。

从犁架的结构来看，由犁梢、犁床、犁辕、犁衡到犁箭这样一些畜力犁的主体构件，在西汉后期到东汉，都已经具备了。

（二）犁铧和犁鐴

铧，是耕犁坺土的锋口，它在耕犁前端承受最大的摩擦力。汉代的犁铧，除个别地区尚有用铜制和木制的以外，大都已是全铁制的。就现在所能见到的汉代铁犁铧，概括起来说，已经达到了这样的水平：

1. 基本定型。一般地说，铧的前端呈锐角或钝角，前低后高，断面中部凸起（有的上面中部有凸脊而下面板平，有的上下两面都凸起），两等边三角形或菱形、扁圆形銎，这就消灭了呈板平形式的原始耒耜的遗迹，从而更便于入土和坺土。这种形制的犁铧，从我国犁具发展史上看，是基本定型了的，后来的犁铧大抵都是沿着这一基本形制发展和演变的。

2. 有不同的种类。有用于开垦生荒地的、有用于耕熟地的，也有用于开沟做渠的，等等。为适应不同的需要，铧的形制和大小各有差别。

陕西富平、蓝田、蒲城、兴平近年出土以及宝鸡斗鸡台过去出土的一种小铧[18]，钝角、稍尖角或锐角不等，上下两面凸起，扁圆形或菱形銎。这类铧，轻巧灵便，适用于“翻转熟地”[19]。

陕西蓝田、蒲城、长安、礼泉、西安、咸阳、陇县等地[20]，以及各地出土的一种较大犁铧，似舌形，前端呈锐角，上面凸起，中有凸脊，下面板平，两等边三角形銎。这类铧，锐利厚重，适用于“开垦生地”，王祯称之为“鑱”[21]。

出土汉代犁铧中，有一种巨型铧，前端锐角，上面中部凸起，下面板平，平面和断面均呈两等边三角形，特大的，其长、宽都在40厘米以上。如辽阳三道壕出土的西汉铁铧长40、宽42厘米，山东滕县长城村出土的汉代铁铧长48、宽45厘米，石家庄东岗头村出土的汉代铁铧长41、宽46厘米，重12.5千克，福建崇安出土的汉代铁铧重15千克。这类巨型铧显然不是一般耕地做垄的，也不是一二牛力所能挽拉的，而是适应水利灌溉的需要，用来开沟做渠的，王祯称之为“浚铧”，往往需用数牛牵引[22]。

3. 全铁制犁铧前沿套接铧冠，以保持刃口锋利。出土战国和汉代V形器，过去一向被称为“犁铧”，有人曾提出过异议，认为是耜的套刃，而不是犁铧[23]。近年来陕西蒲城、礼泉、西安、陇县等地出土了汉代铁铧前沿套接着V形器，从而证实此器乃是铧冠[24]。

犁鐴，亦称犁镜、犁碗。“起其坺者鑱也，覆其坺者壁也。”[25]铧坺土，鐴翻土。鐴装在铧的上边，是铧的一种复合装置，是由耒耜发展成耕犁之后的一项重要创造。犁鐴究竟创始于何时，大家曾有过不同的认识。有人根据《周礼·考工记》的记载，认为战国时已有犁鐴[26]。但是迄今并没有战国时期的犁鐴出土。我们能够见到实物的，最早的是汉代铁犁鐴。山东安丘，河南中牟、鹤壁，陕西长安、礼泉、西安、咸阳、陇县等地，都有汉代铁犁鐴出土。至迟到汉代已经有了铁犁铧和犁鐴的复合装置，是无可怀疑的。而且，陕西出土的汉代犁鐴，有向一侧翻土的菱形鐴、板瓦形鐴，有向左右两侧翻土的马鞍形鐴，说明当时对于犁鐴的设计和使用已经达到相当的水平。

（三）畜力牵引

由“跖耒而耕”变为用畜力挽犁，在犁耕发展史上是一大进步。然而直到战国，关于牛耕的记载也还是偶见的，出土物也有限。到了汉代，不仅有文字记载，更有了形象的材料。那么汉代利用畜力挽犁是发展到了怎样一种状况呢？

1. 多用肩轭。平陆西汉牛耕图和睢宁、米脂东汉牛耕图，反映的都是二牛抬扛式的肩轭。这种肩轭，不如更进步的曲轭“用控牛项，轭乃稳顺”那样来得服贴牢靠[27]，但是比起更为原始的角轭，即把犁衡拴在牛角上来牵引，显然是得力多了。

2. 运用牛环、牛绺导牛。我国劳动人民很早就掌握了穿牛鼻即用牛环的技术。甲骨文、金文中已有反映，战国《吕氏春秋·重己》、汉代《淮南子·主术训》都有关于穿牛鼻的记载。牛鼻穿环，系以绳索，即牛絭，利用牛环牛絭导引耕牛行进调转，可以省去专门的牵牛人。平陆西汉牛耕图和睢宁、米脂东汉牛耕图，都是二牛挽犁一人扶犁而没有专门的牵牛人。米脂东汉牛耕图明显地刻画出牛环，用一短绳系住二牛。睢宁东汉牛耕图于二牛到犁梢之间的三条横线，有人认为是双辕，其实只有下边一条直线是单长辕，上边两条曲线正是牛絭，系于犁梢间，由扶犁人掌握导牛。这在嘉峪关 魏晋画砖墓牛耕图上就反映得十分清楚了[28]。

3. 有了一牛挽犁。汉代的文献记载和形象材料，多是二牛挽犁。唯有滕县东汉牛耕图，却是只用一牛挽拉的双辕犁。《说文解字》：“辈，两壁耕也。”段注：“谓一田中两牛耕，一从东往，一从西来也。”一牛挽犁耕田，到东汉已经反映在文字结构上，其产生自应更早。一牛能够挽犁耕田，除土地条件允许，也说明犁具重量的减轻，反映犁耕的进步。

综上所述，汉代耕犁虽然还存在犁架笨重等弱点，也还保留着原始耒耜的某些遗迹，但是，从犁架结构、犁铧和犁鐴，到畜力牵引，作为畜力犁来说，是已经基本定型了的。后世耕犁，都是在这样一个基础上改进和发展的。“全人类的首要的生产力就是工人、劳动者。”[29]2000年前的犁耕能够达到这样的水平，是劳动人民在长期生产实践中探索创造的结果，是广大群众辛劳和智慧的结晶。到唐末陆龟蒙《耒耜经》所记的“江东犁”由大11个部件组成，是短辕曲辕，辕头又有了可以转动的犁槃，牲畜套耕索挽犁，整个耕犁更为轻巧，更为完备，因而也更为进步了。但是不能因此就像有的人所认为的那样，只有到了"江东犁"的时候，我国的耕犁才算基本定型，因而把我国耕犁的基本定型推后了千余年。

三　牛耕的推广

如果从殷代把牛用于耕田算起，我国的牛耕已有3000多年的历史。但是在奴隶制生产条件下，对于奴隶主来说，使用耕牛反而不如驱使奴隶来得合算，所以牛耕不能及时得到推广。只有挣脱了奴隶制的桎梏，特别是到了西汉中期，牛耕才真正开始得到推广。汉武帝时，搜粟都尉赵过在陕、甘一带推广牛耕和“以人挽犁”，“提倡代田法”，“回多垦辟”[30]。进而各郡“遣令长、三老、力田及里父老善田者受田器，学耕种养苗状”[31]，在我国历史上第一次大规模地推广了牛耕。其后，东汉任延在九真郡铸作田器，推广牛耕，“田畴岁岁开广”[32]。王景在庐江郡“教用犁耕”，“垦辟倍多”[33]。由于牛耕的推广，牛与农业生产的关系更见密切。《后汉书》开始有了关于“牛疫”的记载[34]。公元76年(建初元年)汉章帝诏书里说：“比年牛多疾疫，垦田减少，谷价颇贵，人以流亡。”[35]从文献记载来看，西汉中期及以后的一段时期，由北到南，广泛地推广了牛耕。

大量的考古材料，同样有力地反映了汉代牛耕得到了推广。汉代牛耕已被形象地反映到思想和艺术领域，如前述殉葬明器和墓室壁画、画像石等，这是目前所知我国最早的一批牛耕图像。汉代的铁犁铧，更在广大的地区被发现。据不完全的统计，在北起辽宁，南到云南、贵州，东起山东、福建，西到甘肃、四川的广大地域内，其中包括河北、山西、陕西、河南、江苏、安徽等，共计13个省的50多个地点，出土了汉代的铁犁铧(云南出土铜犁铧)、犁鐴以及犁铧铸范[36]。汉代铁犁铧出土地域如此广泛，出土数量之多更远远超过以前历代金属犁铧出土数量的总和。

当然，不能不想到，备有耕牛和犁具耕田，不是广大无地少地的贫苦农民所能办到的。“民跖耒来而耕，负担而行，劳罢而寡功，是以百姓贫苦而衣食不足……”[37]牛耕的推广，是同地主经济的发展，特别是大土地所有制发展相适应的，受益的主要是地主阶级，尤其是大土地所有者。

具有实践经验的劳动人民，最聪明，最有才能。几千年来，他们在农业生产中有许多创造发明，积累了丰富的生产经验。但是，在剥削制度的残酷压榨下，劳动人民的聪明才智受到极大的压抑和摧残。如同整个农业生产在封建社会中长期没有革命性的变革一样，耕犁基本定型以后，虽历2000年之久，并无根本性的改造，直到解放前，有的地区所用的耕犁还保留着汉代耕犁的某些遗迹[38]。革命就是解放生产力。新中国成立之后，我国农业走上了社会主义的康庄大道。粉碎“四人帮”，生产力大解放。当前，一个农业学大寨、普及大寨县和农业机械化的伟大革命群众运动，正在全国广大农村轰轰烈烈地开展，七亿农民的伟大创造力正在迸发出来。它必将极大地促进各条战线社会主义事业的蓬勃发展。在英明领袖华主席和党中央的亲切关怀和直接领导下，在本世纪内全面实现农业、工业、国防和科学技术的现代化，使我国国民经济走在世界前列的宏伟目标，是一定要实观，一定能够实现的!

注释：

[1] a. 安作璋:《汉史初探》，学习生活出版社，1995年；b. 李剑农:《先秦两汉经济史稿》，三联书店，1957年；c. 石声汉:《从齐民要术看中国古代的农业科学知识》，科学出版社，1957年；d. 范文澜:《中国通史简编》，人民出版社，1949年；e. 郭沫若主编《中国史稿》，人民出版社，1976年。

[2] 中国农业科学院、中国农业遗产研究室、南京农学院中国家业遗产研究室:《中国农学史》上册，科学出版社，1959年。

[3] a. 谢忠梁:《我国古代的二牛耕田法》，《江海学刊》1963年第5期；b. 宋兆麟:《西汉时期农业技术的发展》，《考古》1976年第1期。

[4] (汉)崔寔:《政论》，(清)严可均辑《全后汉文》卷四六，中华书局，1958年。

[5] 甘肃省博物馆:《武威磨嘴子三座汉墓发掘简报》，《文物》1972年第12期。

[6] 山西省文物管理委员会:《山西平陆枣园村壁画汉墓》，《考古》1959年第9期。

[7] 傅惜华辑《汉代画象全集》初编，巴黎大学北京汉学研究所，1950年。

[8] 江苏省文物管理委员会:《江苏徐州汉画象石》，科学出版社，1959年。

[9] 陕西省博物馆、陕西省文管会:《陕北东汉画象石刻选集》，文物出版社，1958 年。
[10] 陕西省博物馆文管会革委会写作小组 :《米脂东汉画象石墓发掘简报》,《文物》1972 年第 3 期。
[11] 内蒙古文物工作队、内蒙古博物馆《和林格尔发现一座重要的东汉壁画墓》、吴荣曾《和林格尔汉墓壁画中反映的东汉社会生活》,《文物》1974 年第 1 期。
[12] 耕犁指的是畜力犁，又称步犁。
[13] 如陕西三原唐初李寿壁画墓牛耕图，见《唐李寿墓壁画试探》,《文物》1974 年第 9 期。近代如陕西三原、延安，河北宁河，甘肃一些地区的土犁，见农业部编《农具图谱》第 1 卷，通俗读物出版社，1958 年。
[14]（元）王祯 :《农书》卷二二，清乾隆武英殿聚珍版。
[15][28] 张朋川 :《嘉峪关魏晋墓室壁画的题材和艺术价值》,《文物》1974 年第 9 期。
[16] 如初唐李寿墓壁画的单长辕犁。莫高窟 23 号盛唐壁画的双长辕犁、榆林窟 25 号中唐壁画的单长辕犁、莫高窟 61 号宋代壁画的单长辕犁，均见《从榆林窟壁画耕作图谈到唐代寺院经济》附图,《考古学报》1957 年第 2 期。
[17][38] 农业部编《农具图谱》第 1 卷，通俗读物出版社，1958 年。
[18][20] 陕西省博物馆等:《陕西省发现的汉代铁铧和鐴土》,《文物》1966 年第 1 期。
[19][21]（元）王祯:《农书》卷一三，清乾隆武英殿聚珍版。
[22]（元）王祯 :《农书》卷一九，清乾隆武英殿聚珍版。
[23] a. 孙常叙 :《耒耜的起源及其发展》，上海人民出版社，1964 年 ; b. 达人 :《有关战国时代牛耕的几个问题》,《文史哲》1963 年第 1 期。
[24] 出土的战国、汉代 V 形器中，有些可能是耜的套刃。
[25]（唐）陆龟蒙 :《耒耜经》，扫叶房山石印本。
[26] 刘仙洲 :《中国古代农业机械发明史》。
[27] 王祯 :《农书》卷一二，清乾隆武英殿聚珍版。
[29]《列宁选集》第 3 卷，人民出版社，1955 年，第 843 页。
[30][31]《汉书 · 食货志》上，中华书局，1962 年。
[32]《后汉书 · 任延传》，中华书局，1965 年。
[33]《后汉书 · 王景传》，中华书局，1965 年。
[34]《后汉书 · 五行志》、《后汉书 · 刘般列传》，中华书局，1965 年。
[35]《后汉书 · 章帝纪》，中华书局，1965 年。
[36] 据已发表的各地考古报告统计。
[37]（汉）桓宽 :《盐铁论 · 未通》，明涂祯翻刻本。

（原文刊于《文物》1977 年第 8 期）

概说水下考古理论与实践的几个问题

张 威

中国水下考古的产生为我国考古学研究开创了一个崭新的领域，经过十余年的实践，已取得了一定的成绩，积累了不少经验，使我们今天有可能对有关水下考古理论与实践的几个问题做一些初步的总结和探索。

一 关于水下考古学的名称与含义

水下考古学是英文 Underwater Archaeology 的直译，它应是相对于 Field Archaeology 即田野考古学而派生出的一个名词，其含义是对一切水域遗留下来的古代人类文化遗存进行调查、发掘和研究的一门考古学分支学科。但最初我国的考古学者曾称之为“水底考古学”（如 1986 年版《中国大百科全书·考古学》），日本则称之为“水中考古学”。

就目前所知，国内第一次使用“水下考古”这个名词是在 1986 年 6 月新华社记者写的一份报道——《我国陶瓷专家建议重视水下考古工作》。同年 9 月，国务院批准了国家科委、文化部《关于加强我国水下考古工作的报告》，这意味着中国水下考古的起步，也意味着我国正式使用水下考古来命名这一空白学科。此后，随着工作的不断进展，水下考古学逐渐被文物考古学界和社会公众所接受，而“水底考古学”则没有人再提起。

水下考古学这一名称特点鲜明，意义明确，使人很容易理解为什么水下考古能够发展、分化成为一门考古学的特殊分支。而且，它的涵盖性强，无论是古代沉船还是古代港口，无论在海洋还是在江河湖泊，所有沉没在水下的古代人类活动的遗迹与遗物都可归入水下考古的工作领域。因此，水下考古所涉及的学术领域是多层次、多方面的，如航海考古、沉船考古、海港考古、洞穴考古等等。

水下考古学还可以被看做是田野考古学在水域的延伸，它的首要任务是开展水下调查发掘工作。为此发展和形成了一整套调查发掘的工作方法，并广泛应用多学科的相关技术，采用大量的特殊器材和设备，从而使水下考古学独立为考古学的一个分支。但是，对考古资料的全面整理分析和综合研究就不是水下考古一家所能独立完成的了，必须借助其他相关学科的介入，及各有关学科专家的协作，才能达到调查发掘的最终目的（例如历史学中的有关学科、海洋科学、造船学、古陶瓷学、航海学等）。

水下考古学虽然有其相对独立性和特殊性，但仍不能脱离考古学的范畴。因为，作为考古学自身特有的方法论，如地层学、类型学以及通过实物资料分析和观察社会面貌的方法同样适用于水下考古学。这里容易使人疑惑的是地层学的应用问题。很显然，就一处水下沉船遗址来说，其原生堆积都是一次形成的，不存在时间上的早晚关系，划分层位也没有年代意义；但是，与陆地考古发掘一样，水下考古发掘不仅要解决遗址的时间问题，还要解决遗址的空间问题，在这方面也要遵循地层学的基本方法和原则。例如，注意遗迹与遗物的位置和共存关系，自上而下地逐层清理，利用各种技术手段记录遗迹、遗物的三维结构等，正如英国水下考古学家马克·雷德纳普所说：“高水平的地层学记录工作现在已被看作是水下的日常工作。”（《水下考古——一门十分普及的新兴学科》）也正因为如此，水下考古发掘才能与打捞盗掘活动区别开来。

任何学科都有其局限性，水下考古也不例外。我们都知道，与人类在海洋的活动有关的遗址、遗物决不仅仅保存在水下，人们要更加全面地观察和分析几千年来人类海洋活动的历史，研究人类的海洋文化，不是水下考古一门学科所能完成的，内容更为广泛的海洋考古学即由此产生并蓬勃兴起。

对于海洋考古学，国内介绍的还不多，人们可能还不够了解；更由于水下考古学是在海洋中诞生的，所以人们往往容易把水下考古学和海洋考古学看做是一回事，实际上，它们是考古学中两个不同的分支学科。二者之间既有十分密切的联系，又有一些差别。

二　关于海洋考古学的名称与含义

海洋考古学是从英文 Maritime/Marine Archaeology 翻译而来的，其定义是调查、发掘和研究古代人类从事海洋活动之文化遗存的考古学分支学科。对于这一定义，各国考古学家有基本一致的认识。英国著名的海洋考古学者基思·麦克洛利（Keith Muckelroy）在《海洋考古学》一书中指出：“海洋考古学就是人类在海上活动之物质文化遗存的科学研究，它涉及海洋文化的所有方面，不仅仅意味着船舶等航海技术的遗存。”“对作为海洋活动专门技术的船舶遗存的研究，只是海洋考古学的部分领域——航海考古学内容。”英国的圣·麦格雷（S. McGrail）在《海洋考古及民族志的几个问题》一文中也说海洋考古的中心内容是“海洋文化”；西澳大利亚海洋博物馆水下考古部主任、东南亚与大洋洲海洋考古的开创者吉米·格林（Jeremy Green）的《海洋考古：技术手册》作为一本强调海洋考古技术的专著，虽主要针对海洋环境中遗存的海洋文化，但明确指出：“陆地上发现的古代沉船虽不出于海洋环境，也不属于水下考古，但却无疑属于航海或海洋考古学。”所以，海洋考古学区别于其他考古学分支的特点在于其研究对象是海洋文化，而不是其他什么。

海洋考古学的确立在于人类两大文化活动的差别，即海洋文化活动与陆上文化活动的区分。从这个角度来说，海洋考古与大陆性文化考古并列。海洋文化研究是个庞大复杂的学术体系，涉及多种科学，作为研究海洋文化的分支学科之一，海洋考古仅涉及古代人类海洋文化的遗存部分，如古代船舶遗存及其所体现的造船、行船技术，港口与码头遗迹及其所体现的航海文化、技术，古外销物品、舶来品及其所体现的海上文化交流等。海洋考古学研究必须与海洋文化研究的其他领域、甚至海洋自然科学的某些领域协作，才能顺利发展，并最终促成海洋文化多学科研究的一同进步。与海洋考古学密切相关的这些重要领域有文献史学、民族志与社区人类学、某些工程科学。

但海洋考古学与海洋文化研究中的历史学所强调的从文献史料和社区人类学所强调的从现存社区中去寻找海洋文化史的信息明显不同。作为考古学的分支学科之一，它应包括从调查、发掘等田野领域到理论综合的完整的考古学过程。同样强调获取实物资料时的地层学规范，整理资料时的类型学规范及综合概括与理论复原。

人们的海洋活动是多方面的，除了航海活动外，还包括沿海居民的其他海上活动。由于海陆变迁等原因，人类的海洋文化遗存不仅发现于水下，还见于陆上。因此，海洋考古学的学术领域也是多方面、多层次的。主要包括航海考古（Nautical Archaeology）、船舶考古（Boat Archaeology）、海港考古等，还包括海洋性聚落的考古发现与研究，如我国沿海地区史前考古中常见的贝丘、沙丘遗址应主要就是这种海洋性的聚落文化遗存。船舶考古的核心是沉船考古（Shipwreck & Wreck Archaeology），它的对象是考古发现的古代沉船实物，包括不同埋藏环境（水下、淤积陆地等）中的沉船。

此外，不同时代的考古学文化形成不同的分支，如石器时代考古、青铜时代考古、铁器时代考古；不同类别物质文化遗存的考古研究形成不同专题或分支，如聚落考古、陶瓷考古、船舶考古等；不同的操作技术所形成的不同分支，如物理考古、航空考古、遥感考古等；海洋考古学与这些分科都有交叉重叠关系。

这里还要着重探讨一下水下考古学对于海洋考古学的特殊重要性。

从理论上讲，海洋考古的遗迹和遗物埋藏于陆上和水中两种不同的环境中，因此，海洋考古工作既需要水下考古学，又离不开陆地考古中的一般理论、方法与技术。但在实践上，海洋考古学与水下考古学确实存在非常特殊的关系，从某种意义上说，水下考古已成为海洋考古的专门技术。这有两个方面的客观原因。第一，海洋文化遗存主要埋藏在水下而不是陆上，特别是古代海上交通中的沉船等重要遗存又主要埋藏在海底，因此，水下考古专门技术对于海洋考古学来说具有特殊的重要性。第二，随着现代常规潜水技术的发明，水下考古学也主要是应海洋考古、特别是海底沉船考古的需要而产生的，不断发展与进步的水下考古专门技术也主要是被运用于海洋文化遗存的调查与发掘中，只是后来才被运用到埋藏于水下的大陆性文化遗迹的调查发掘中。因此，水下考古技术也成为海洋考古学区别于其他考古学分支的一个特点。正如吉米·格林在《海洋考古：技术手册》中所说的："海洋考古虽不是水下考古，但讲到海洋考古技术时仍主要是针对海洋埋藏环境而产生的一系列水下技术问题，而且这些技术中的许多方面无疑还有效于陆上环境埋藏的海洋文化遗存、特别是淤陆中的古代沉船。"当然，并不能因此而将水下考古技术完全等同于海洋考古学。

三 关于水下考古学与海洋考古学的关系

综上所述，水下考古学和海洋考古学既有着密不可分的联系，在研究方法和研究领域等方面有许多相同点，又存在着一些区别，最根本的区别在于海洋考古的遗存埋藏于水下和陆上两种环境。从这个角度上讲，水下考古学是海洋考古学的专门技术，也是海洋考古学存在的基础。这就如同田野考古学与其他考古学分支，如史前考古学的关系一样。

如果照此来认识水下考古与海洋考古的关系，我们就不难理解，为什么有"水下考古之父"之称的美国考古学家乔治·巴斯（George Bass）在得克萨斯 A & M 大学成立了航海考古研究所而没有叫做水下考古研究所；他主持的该大学人类学系海洋考古专业也没有称做水下考古专业。但这并不意味着他忽视水下考古学对于海洋考古学的重要作用，由他主编的一系列海洋考古方面的专著，副标题都是"基于水下考古学"（Based on Underwater Archaeology），如《航海史》、《美洲的船舶和沉船遗址》等。这代表了大部分水下考古专家对于海洋考古学与水下考古学关系的认识。

目前我国海洋考古学的研究还非常薄弱，主要原因在于我国的水下考古学还处于"初级阶段"，在专业队伍、技术设备等方面仅初具规模，水下考古资料的积累还远远不够。尽管如此，国内某些单位已先行开展了海洋考古及相关领域的一些学术研究。如在海港及相关史迹的调查研究方面，厦门大学考古专业在本科生、研究生课程中开设了《泉州港考古》、《海外交通史迹》等课程，参加泉州后渚沉船发掘及海交史迹的调查，编著有《古刺桐港》、《海外交通史迹研究》、《安海港史研究》、《月港研究论文集》等。

但无论怎样，海洋考古学要取得真正的发展，考古学家从陆地走向海洋是一种历史的必然。中国自20世纪20年代开始自己的田野考古工作以来，至80年代已对陆地上各考古学文化的时空框架有了基本了解。在中国古代的对外交往活动中，中国和日本、南洋、西亚、北非的一些直接联系，无不例外地都是通过航海发生，而在这些交往的航路上或多或少地都留下当时活动交往的痕迹，沉船更是这一时期交往留下的最直接的遗物。因此，要进一步了解中国和这些地区古代文明的相互关系，必须大力开展水下考古工作，进而全面开展海洋考古学的研究。

四　关于水下考古的专门方法及多学科技术的应用

如前所述，水下考古是调查、发掘水下埋藏的一切人类文化遗产的考古技术领域，是田野考古从陆上向水域的延伸。与田野考古一样，要求考古学者必须亲临水下从事调查和发掘，不能像捞宝者那样仅雇职业潜水员在水下“工作”，这一点与一般考古学有相同的性质；另一方面，水下环境与陆上环境差异悬殊，所以，它较之一般的陆上考古技术而言有特殊的内容。正如《麦克米兰考古学辞典》所指出的：“水下考古的所有目标和方法都与一般考古学相同，但为解决水下发掘、记录和从海中或湖中取出发现物的问题，以及随之而来的一系列出水文物保护问题，产生了大量专门技术。”

不同水域所具有的同陆上埋藏环境不同的物理、化学性质，决定了水下考古特有的技术规范，根据我们多年的经验，主要体现在三个方面：

第一，考古潜水是水下考古同陆上考古的主要差别。水下环境比陆上环境要困难和复杂得多，田野考古要求考古学者亲临遗址工作，水下考古学者则必须掌握现代常规潜水技术，克服困难潜入水下开展考古调查、发掘工作。

第二，调查、发掘工作中特有的技术环节。水下作业涉及不同水域环境的水流、潮汐、水温、能见度、水底地貌等因素，搜寻、定位、勘测、发掘、记录等环节都需要一批特殊的技术、方法和专有设备。

第三，出水文物保护技术的特殊性。出水、特别是出于海水的文物，其所处环境变化明显大于出土文物，需运用一整套包括脱水、脱盐、去锈、防腐和超长期保护环节在内的特殊文保、处理技术。

基于上述规范，多学科相关技术的应用是水下考古最为显著的特点，涉及到自然科学、工程技术科学的许多领域。包括潜水物理，潜水生理与医学，海洋物理、化学、生物学，遥感技术与空间技术，水下工程等。

（一） 水中环境与考古潜水技术

水下考古工作的前提是考古学者亲临水下调查和发掘，不能依赖职业潜水员为所谓的“海洋考古学家”打捞文物。考古学者不仅需要打捞文物，而且要考察、记录遗迹、遗物在水下的分布情形、位置关系及相关自然物和环境间的关系，只有考古学者亲自动手才能最大限度、最高精度地了解水下埋藏文物的内容和性质。地中海、澳洲等水下考古经典地区的工作都是以乔治·巴斯、吉米·格林等著名考古学者亲临水下工作而著称，南朝鲜新安沉船正是因为全面雇用职业潜水员操作而一直被视为非正规的海洋考古实践。

水下与陆上考古技术的不同首先来源于工作环境的巨大差别。水下环境比陆上环境要复杂得多，从某种意义上说要艰难得多。考古潜水首先要面对的是一个黑暗的世界、高压的区域、低温的场所、动荡与较少方向感的环境，因此，水下考古探索较之陆地考古需要克服更多障碍，涉及更多的理论与技术领域。当潜下水没过头顶时，你就要有一种意识，你已经到了一个完全不同的生存环境了。人的视觉、听觉也都与陆地上的完全不同，由于面罩及潜水服等原因，人不像在陆上那样对自己周围一目了然，也较陆上更加笨重。视角不到陆地的三分之一，视觉范围不到十分之一。水下作业者不仅需要有坚强意志和无畏精神、训练有素的技术和丰富的经验，而且还要有相对强健的体质。

潜水是人类克服水下复杂条件适应水中环境的一种专门技术，它是水下考古技术的组成部分。水下考古之所以迟于陆上考古一个世纪后才产生，就是由于考古学家没能探索到合适的进入水中进行考古作业的手段——考古潜水。

考古潜水主要使用现代常规潜水技术，包括管供重潜、管供轻潜、自携式轻潜。自携式轻潜不同于水面供气，而是潜水员自身携带气瓶的潜水方式（Selfish Contained Underwater Breathing Apparatus，简称 SCUBA）。这种空气轻潜水方式是水下考古调查、发掘作业中所选用的最方便的潜水方式。目前考古潜水中还常用一种管供轻潜，除不携带气瓶以外，其余装具均相同于自携式轻潜，只是由水面供气机（Hookah）在工作平台或母船上直接将空气加压，由一条长的中压软管通到水下，经二级减压供潜水员使用，这种方式有稳定不断的气体来源，适合固定遗址的表面勘查和发掘。

（二） 水下遗址的调查与定位技术

水下遗址调查所采用的搜寻方法可分为人工目测搜寻法和电子遥感探寻技术两类。影响调查方法选用的因素有水中能见度、水深、水流、水底地貌、遗址内涵特点、遗址类型和分布范围。

1. 人工目测搜寻法

人工目测搜寻法是不借助于机械和电子感应手段，凭考古学家在水中潜航靠目测观察寻找遗址的调查方法。人工搜寻法受水中环境限制较多，如一般要求能见度较好，水流不宜太急，水底起伏不宜过分剧烈，以减轻水下潜游搜寻难度等，同时还要求遗址内涵有较大程度的暴露，最适合于暴露并突出海底地面的沉船等遗址，而要寻找被泥砂覆盖的沉船或史前遗址的文化层堆积则是很困难的。依据各国和我们的工作经验，水下遗址的人工搜寻大体可以采取以下几种方式进行：

（1）牵引目测法

就是用船只牵引水中的考古潜水队员沿着划定的路线搜寻的办法。牵引船所走的路线是事先划定的，一般是以遗址可能位置为中心划出一方块区域，再以宽度小于遗址可能分布范围的间隔划出牵引船来回行驶的路线，要求牵引船不要偏离航向，以避免空白地带。水中牵引目测法是一种简单、经济的水下遗址调查法，这种方法在 1998 年— 1999 年西沙群岛水下考古工作中取得了突出的效果。但在能见度差、遗址不暴露的情况下往往不奏效。

（2）平行潜游目测法

考古潜水员在水中按一定方向、路线潜游观察的调查方法。一般地，所走路线也是同牵引法一样，在以遗址可能位置为中心的方块区域内从一侧向另一侧来回潜游，为控制潜游方向的恒定不偏，在水中设置一纵向导航绳，导航绳两端设置浮标以使水面控制人员把握搜寻位置，随时掌握搜寻员所潜游的方向、位置。由一根垂直于导航绳的游泳绳连结着与导航绳平行的方向潜行观察。为确保搜寻员间距恒定不变，他们必须向导航绳一侧拉紧游泳绳。搜寻员之间的距离由能见度决定，如能见度为 3 米，间距可以为 5 — 6 米不等。潜游目前也是一种经济简单的调查方法，对于暴露不充分的水下遗址效果同样不理想。

（3）圈游目测法

就是在遗址可疑区域内分片搜寻，每片都在其中心钉一根标桩，捆上皮尺或带有长度标志的绳子，搜寻绳两端设置水上浮标。在皮尺或绳子上由中心向外以一定的间隔设置一个潜游观察员，间隔以略小于能见度两倍的宽度为宜。之后围绕中心圈游 360° 便结束该片搜寻，以此类推作第二片区的搜寻，避免空白地带。水中圈游目测也是一种经济而原始的搜寻办法，该办法的技术和潜游法简单、容易，是一种常用的水下搜寻探摸法。1990 年的定海调查、1992 年绥中调查都曾使用过这种方法。

（4）单人潜艇搜寻法

顾名思义就是借助装载一人的水下潜航器做水下搜寻观察，潜航器上可以安装先进的电视摄像和摄影系统，潜水员可以随时同水上取得联系。虽借助于机械手段在水中航行，但仍依靠考古学家自身目测观察，而不是电子感应手段，可适用于较深的水域，是一种先进而昂贵的水下遗址人工目测搜寻调查法。

2. 电子遥感探寻技术

就是借助声、光、磁等感应媒介对水底和水底以下一定深度的地层堆积状况发生远距离感应，并以一定符号、图像、数据反映出来，供考古学家分析水下遗址位置的电子探寻技术。这是一套准确、快速、高效的水下遗址调查的现代化手段。它们有许多优点，考古学家只要在调查船上判读、分析遥感探寻的图像、数据、符号就可以发现遗址的可能位置。调查中受水中能见度、水底地貌、水流等环境因素影响较小，有些遥感手段可以测知被泥砂埋藏于水底以下地层中的水下遗址。依据遥感媒介的不同，可分成三类：

（1）磁力探测法

磁力探测法本是用来测定地壳中岩石的组成、性质和岩层构造的地球物理学方法。地球的磁场起因于地球中心高压高温液体的电子流，地球上的磁力线在南北磁极上会聚。地壳中的岩石和矿物质受到地球磁场的影响也发生极化而具有磁性，不同的岩石和矿物质的磁力性质各异，一种称为磁力计的仪器能灵敏地反映出这些岩、矿物质的磁性状况，用数学方法将磁力计上反映出来的磁强消去正常磁场或背景磁场的影响，余下的磁力图案便是地壳内岩石的磁性所引起的磁力异常，根据这种磁力异常图案便可推断岩石的组成、岩层的性质和构造。

由于金属物质、陶瓷器皿也具有不同程度的不同于周围磁环境的异常磁性，考古上便利用这一原理进行地下和水下含金属、陶瓷器的古代遗址的调查。含金属构件的中国古代陶瓷贸易商船遗址的调查就可使用这种方法。辽宁绥中三道岗沉船遗址调查便使用了该方法，但由于遗址中金属物体的缺乏和瓷器磁性过于微弱，而没能从磁性图案上明确地反映出来。

（2）水声探测法

水声探测法一般称声纳法，它包括用水声方法对水中目标进行探测、定位、跟踪、识别、通讯、导航等。按工作原理的不同，可分成被动式声纳和主动式声纳两类。被动式声纳是利用接收目标舰艇发出的噪声和目标舰上装的主动式声纳发射的信号来探测目标，并测定方位和距离。主动式声纳也称回音定位声纳，它自己发射声波，通过接收目标的挡返回波来发现目标，并测定其方位、距离等。依据水下遗址特点，水下考古调查均采用主动式声纳。水下考古调查搜寻常用的主动式声纳系统按功能分成三类，即高精度测深法、水底地貌测量法、浅地层剖面法。

高精度测深仪是垂直向下发射声波，接收海底回波来测定海深。一般的测深仪只有一个垂直向下的波束，测量船垂直下方的深度；而多波束测深仪则可以发射一组宽波束，接收一组窄波束，能快速测量较宽的一条航道的水深。高精测深对于判定突出并暴露于水底地面的遗址，特别是沉船遗址的存在具有很有效的参考价值。调查人员可以在水面分析、研究测深声纳接收信号后所显示出来的水深图像，判定遗址的存在。

水底地貌仪是一种高分辨力的海底的地貌测量设备，它采用一个长方形基阵，在垂直方向上获得一个较宽的方向性。通过发射短脉冲记录回波，可测量探测船两侧一定宽度的水下地貌。声纳脉冲发射基阵安置在探测船前部，即前发射声纳扫描；也可安置在探测船侧，即旁测声纳；也可拖曳在船后。测量船在行驶过程中就可连续记录，实现船只运动方向的扫描，从而完成一幅海底地貌图。声纳地貌仪不仅可以指示凸起于海底表层之上的水下遗址的位置，还可以反映出物体外形，图像上的黑白浓淡还可以说明高差，是水下沉船遗址调查搜寻中最有效的手段之一。广东台山南海沉船和辽宁绥中三道岗沉船遗址的调查就采用了这一方法。

浅地层剖面仪是用来探测海底地层结构的声纳仪器，它是通过发射换能器发射声脉冲，冲突水底浅地层，脉冲遇到浅地层不同结构成分的沉积物质，所反射回来的不同回波被拖曳鱼形水听器基阵接收，可以探测海底数十米的地层结构。浅地层剖面仪广泛使用于海洋地质、海洋矿产调查领域，在水下考古调查中，可以测知埋藏于海底泥砂之中或泥砂层以下的各种类型的水下遗址地层堆积范围、高度、内涵等。

（3）光波探测法

利用激光及其他光波发射装置，发射并回收目标挡返光束从而探测目标位置的方法，原理同声波系统一致，目前尚未广泛运用。

由于电子探寻信号的多解性，上述各种电子遥感搜寻方法的单一使用都不可能完全有效地达到目的，如果能在调查时将磁性感应法、高精测深法、水底地貌声纳图像法、浅地层剖面法综合使用，得出的信号供我们从含磁性、凸出高度、大小结构、厚度与埋藏深度等方面特征做综合分析，则效果更好。

遥感搜寻方法所提供的水下遗址位置等信息还只是一个可能性，水下考古调查人员还必须以此为指导，选择合适的各种人工搜寻法进行水下探摸，采集标本，以最终决定遗址的存在和性质。遥感探查和人工搜寻对水中环境遗址状况、经费等条件要求不一，遥感探查可以调查较大面积的水域而人工搜寻范围则极为有限，遥感探测结果是一种多解的可能性，而人工搜寻以及标本的采集则是对遗址位置属性的确定，所以，在背景资料所指示的位置准确性不高的水下遗址的考古调查中，一般是两种方法结合进行，即在经遥感探查将遗址可能位置集中在若干可疑点后，选择合适方式进行人工搜寻，最后确定遗址的位置。

3. 水下遗址定位技术

由于水下遗址所处的环境与陆上遗址的巨大差异，水下遗址的定位较之陆上更为必要，也更为困难。

对于陆上遗址而言，只要一经调查发现，考古学者甚至无需借助设置任何标志物就可以比较容易再返回到遗址上。但对于水下遗址则不然，水下遗址一经调查确定位置后，可以在遗址上选择恰当点设立永久性基桩，并在基桩上方拉设一个浮标，使得考古队员可以轻而易举地从水面浮标位置顺着浮标绳顺潜到遗址上方，进行下一步考古作业，但浮标常因人为破坏或自然原因而丢失。对于跨年度作业的遗址，不管是近岸水域中的古代遗址还是茫茫大海中的远岸遗址，都无法凭记忆或印象使调查者再访遗址，如果没有相当精确的定位，将使调查到的遗址得而复失。水下遗址的定位依遗址离岸远近分成两类，即近岸遗址定位法和远岸遗址定位法。

（1）近岸遗址定位法

由于近岸遗址可以利用岸上的各种参照点，或可以在岸上设立水下遗址永久定位参照点，所以只要借助简单的测角、测距仪器，甚至于无需借助任何仪器即可找到水下遗址。依据岸上可资定位的参照物分布特点，近岸水下遗址定位法可以有参照坐标法、人工标基法、水上测角法、岸上测角法。

（2）远岸遗址定位法

由于远岸遗址无法利用岸上的各种永久坐标为定位参照物，只得借助于雷达导航和卫星导航装置。

雷达导航是在岸上设置一个雷达波发射器，在水下遗址上方的工作船上设立雷达波接收器，输出信号经处理可确定遗址与雷达发射器间的方位角和距离。

卫星导航定位通过全球卫星定位系统（GPS）可以更精确地获得地球上任一点的准确定位，近年来已经常见于水下遗址的定位中。

从目前的定位技术发展来看，全球定位系统可能取代所有其他用仪器的定位方法，因为这种方法既简便又准确，也大大地降低了费用。

（三） 水下摄影、 摄像技术

水下摄影是一项非常专业的摄影技术，不仅需要专门的水下照相设备，而且还需要娴熟的潜水技术。水下摄影是水下考古记录工作中一个十分重要的环节。许多在陆地也许是不需要摄影的内容，但是在水下就变成是必须的。因为，在田野考古原始资料的记录工作中，文字、绘图和摄影是三个相辅相成的部分。但在水下考古发掘工作中，由于水下自然环境变化，在水下进行文字记录几乎是不可能的，而一些常规的测量绘图方法所测出的数据可能失去其准确性，其他方式的记录方法也许会有缺漏。因此水下摄影摄像就显示出了突出的作用，不仅可获得图形资料，也可对其他记录方法作出补充和修正。

同时，我们还可以利用照片详尽完整地记录下工作的全部过程，可以使人们对水下考古工作有一个比较完整清晰的概念，为今后水下考古工作的开展和改进提供可靠的资料依据。

水下摄像是记录水下工作的一种最为直观的方式，是对水下遗迹现象动态观察的有效手段，从整个水下考古工作来看，每个发掘季节在水下摄像方面都花去了较多的潜水作业时间。水下摄像所获得的录像资料是考古发掘资料的重要组成部分，我们可以通过摄像的内容来分析、研究水下遗址的情况，在考古报告的编写过程中，可以经过电脑处理直接利用其中的画面。此外它还有特殊的作用，为编辑制作电视节目提供基本素材，有利于向社会和公众公布工作成果，扩大影响。

由于我国沿海的水下能见度普遍较差，因此水下摄影与摄像始终都是我国水下考古工作中的一个难题。尽管我们采用了水下低光摄像系统等高科技设备，但难以获得记录遗址整体面貌的图像资料，水下摄影拼接也还没有成功应用的实例。因此，与国外先进水平相比，我们还存在着很大差距。

总之，多学科技术的广泛应用，使水下考古不仅集中了考古专业人员，而且集中了地质工作者、造船工程师、勘测工作者、物探遥感专家、电子工程师、海洋历史学家共同工作，使这门新兴科学充满活力，发展前景十分广阔。

以上对水下考古若干问题的探讨是相当粗浅的，但毕竟是我们第一代水下考古工作者十多年实践经验的一个粗略的总结。水下考古是中国历史博物馆考古部承担的国家项目之一，它的每一项成果也是考古部的工作成绩，值此考古部成立20周年之际，仅用这篇短文以示纪念。

（原文刊于《中国历史博物馆考古部纪念文集》，科学出版社，2000年）

探讨北礁水下沉船与郑和船队之关系

孙 键　李 滨

辽阔的海洋以其博大的胸怀为人类的航行提供了便利，成为不同文化相互展示、交流的舞台。千百年间人类在同自然抗争中，在海洋中遗留了大量的痕迹，分别记录着不同历史时期的人类文明。古代沉船的发现往往填补了历史的空白，从另一个角度改写了人类几千年来波澜壮阔的航海史、探险史、殖民史以及商业贸易和文化交流的历史。诚如英国著名地质学家莱伊尔所言：“海底逐年堆积起来的代表着人类勤劳和技艺的大量不朽器物，也许比任何时候欧洲大陆上存在的还多。”[1]在我国西沙群岛的北礁海域即存在着大量不同历史时期的古代沉船遗迹，是我国珍贵的水下文化遗产宝库之一。

北礁的地理位置处于海南岛与西沙群岛之间，从北礁到海南之间横亘的是深达4000余米的南海海盆，120多千米的海程，再无可供泊船的海区。北礁既是大陆出海远航的第一站，又是从南洋回帆船只的最后

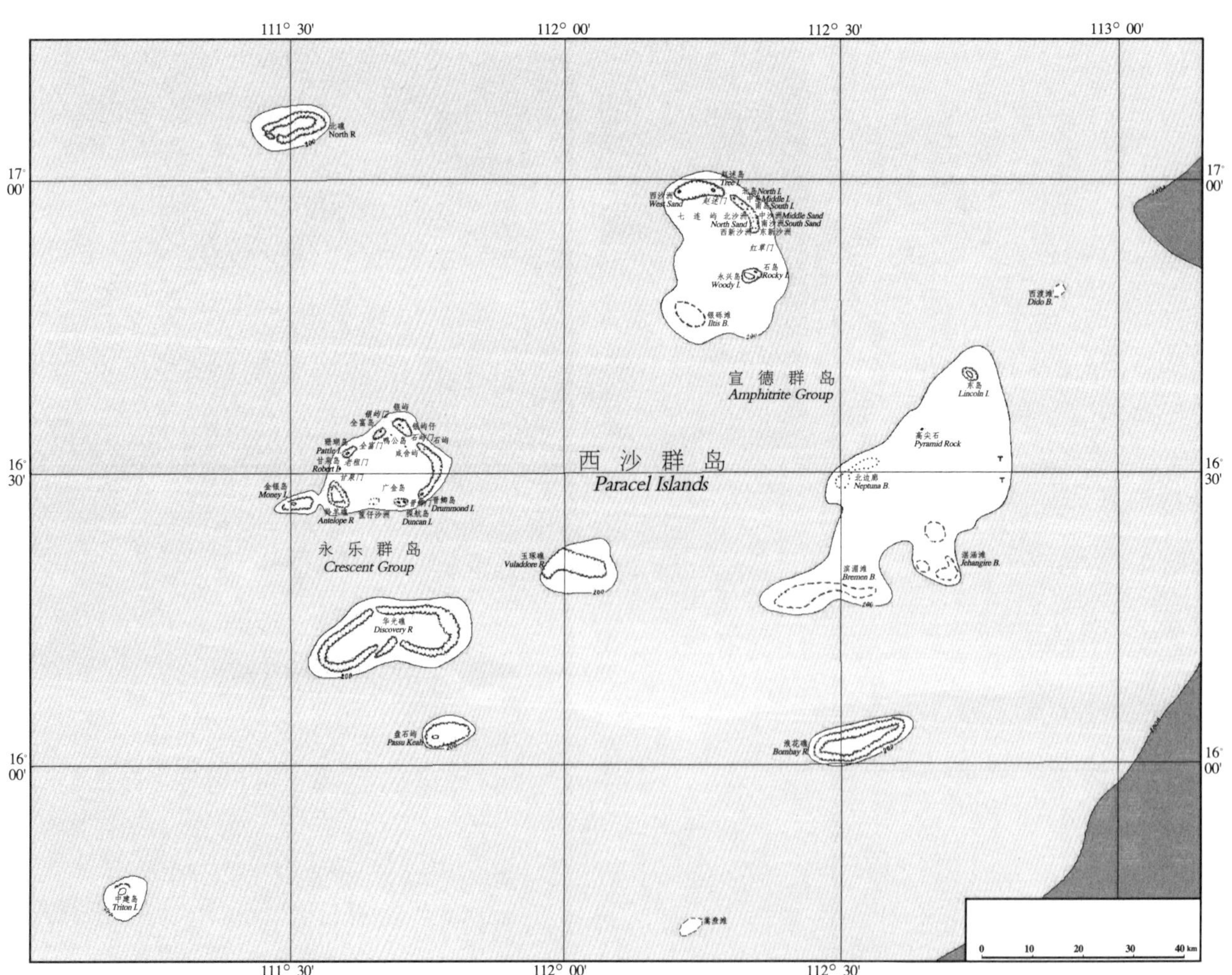

图一　遗址位置图

可资利用的地理标识，是来往南海船只的必经之路。北礁原为全封闭型珊瑚环礁，现存的水道是为船只避风（只限8级以下的北风），70年代由我国人工爆破而成，并设有导航灯塔一坐。传统上来自中国大陆的古代航船到此可分为东、中、西三条航海路线，前往越南、马六甲半岛、中东、印度尼西亚、爪哇、马来西亚等地。就北礁而言，是海路上比较危险的水域，现代的海图中仍将该处列为高危险水域（图一）。

图二　永乐通宝

在1995年、1999年、2007年等历次对北礁的考古调查中，我们发现多处水下文物遗存地点，文物遗存基本上为瓷器、铜钱等，年代从宋至民国。其中的一个水下文物遗存非常值得我们关注，在50×30米的范围内有数量极大的铜钱分布于海底。这些铜钱的年代包含有唐、宋、元、明各个朝代的“开元”、“元丰”、“元佑”、“熙宁”、“景定”、“太平”、“祥符”、“至正”、“洪武”、“永乐”等诸年号，其下限为明代永乐（图二、三、四）。从水下遗迹的现象推测，我们认为很有可能是明代初期的一条沉船遗物。那么沉船是否与同时期著名的郑和船队存在关联，是非常值得关注与研究的问题。

图三　洪武通宝

关于郑和下西洋的目的、船队规模等方面史学界历来存在着许多不同的看法，这里不做讨论，但是整个航海的过程是确凿无疑的。曾经随同郑和一起参与了第四次（1413年—1415年）、第六次（1421年—1422年）及第七次（1431年—1433年）下西洋的马欢在其所著的《瀛涯胜览》一书中记到“宝舡六十三号,大者长四十四丈四尺,阔十八丈;中者长三十七丈，阔十五丈”，“记下西洋官校、旗军、勇士、同事、民稍、买办、书手，通记两万七千六百七十员名”[2]。与之类似，在祝允明的《前闻记》、清代张廷玉编纂的《明史》等文献中提到的参与下西洋的官兵人数亦大致在两万七八千人左右。郑和每次远航的船队都拥有100至200余艘大小船舶，最多的一次是第一次下西洋有船208艘。

图四　珊瑚与铜钱凝结块

虽然目前尚未见到有关郑和船队船只沉没的存世文献资料，但是这并不说明沉船事件的不可能存在。由于郑和船队历次航行都是由数百艘船只组成，随行人员有近30000之众，规模如此庞大的风帆船队在科技尚不发达的600余年前的太平洋、印度洋上穿梭往返数十年，不发生沉没之类的海难事故几乎是不可想象的事情，所以从理论上讲是应该有可能发现当时的沉船的。实际上关于类似和郑和有关的沉船在东南亚一直流传，英人孟席斯亦多次提到在各地有争议的发现。

明代是中国航海史上的鼎盛时期，郑和七下西洋的壮举举世闻名，在《郑和航海图》中的“石星石塘”、

"万生石塘屿"即为南海诸岛[3]。据王佐《琼台外记》载"长沙"、"石塘"等地属万州(今海南省万陵县)辖制[4]。1527年成书的《海槎余录》非常具体地指明"千里石塘在崖州海面之七百里外"[5]。西沙群岛中最大的岛屿永兴岛所属的宣德群岛海域到海南岛榆林港的距离为180海里(约333千米),换算成旧制完全符合书中的描述,说明至迟到16世纪初,中国已非常精确地掌握了西沙群岛的地理数据。同时郑和航海所采用的线路基本上都是"自苏州刘家河泛海至福建五虎门扬帆,首达占城"[6],也就是说船队从国内的各港口驶至福建五虎门水域集中,再从此出发驶往越南占城,分赴各国,这条航线恰恰是要经过西沙北礁的。中国古代南海海运线路开辟的历史比较久远,至迟可以上溯到秦汉时期,据唐代贾耽所著的《广州通海夷道》记载来看[7],唐代以前通往南海的海上航线一般均避开了位于南中国海中央的西沙群岛,而穿越海南岛与大陆间的琼州海峡,过今天的北部湾至越南占城,转沿海岸线航行。这一点从我们今日在西沙群岛发现的唐代遗物较少也可得到旁证。这一传统的航线一直延续使用[8]。不同的是从宋代开始,中国大陆出产陶瓷、丝织品等特产的主要经济区日趋集中在江苏、浙江、江西、福建等地,放洋出海已经不再局限于广州一隅。而穿越琼州海峡的旧有航线因为远离经济发达地区,货物需要长途贩运不仅费时费力而且加大了成本;在运输工具上也得到了长足进步,海舶的吨位日趋庞大,比前代吨位增大许多,以风帆驱动的海船会更依赖季风(沿岸航行需要迁就海岸线,航道选择受到很大限制)等种种经济上的考虑,实际上已被废止。郑和下西洋亦是如此,船队选择了从中国沿海出发,由海南岛的东南角掠过,到北礁后再前往各地的航行线路。

我国古代的南海海上航行主要依靠季节风力,通常在秋冬季利用东南季风出航,次年的春夏利用盛行的西南季风回航,错过季风季节就会多滞留一年。朱彧的《萍州可谈》明确地记有"船舶去以十一月十二月,就北风。来以五月六月,就南风。"[9]中国古代航海中的谚语有云"上怕七洲、下怕昆仑"[10],内中的"七洲"即指西沙一带的海域,这是我国劳动人民常年海上活动的经验之谈。南宋的著名航海活动家赵汝适曾做过更进一步的解释,"海之极……南对占城,西望真腊,东则千里长沙、万里石床,渺茫无际,天水一色。舟船往来,唯以指南针为则,昼夜守视唯谨,毫厘之差,生死系焉"[11]。《宋史》中关于南宋"天禧二年(1018年)九月,其王嘿排摩谍遣使皮罗帝加"、"皮罗帝加言,国人诣广州,或风飘船至石塘,即累岁不达矣"的记载恰成为南海航路危险的佐证[12]。宋以后航海活动日趋频繁,有关南海石塘、长沙的文献记载连篇累牍,虽然限于当时的科学技术,还无法正确解释原因,但古代的航海者们直觉上已明了"观夫海洋,泛无涯涘,中匿石塘,孰得而明之。避之则吉,遇之则凶"[13]。"万州有千里长沙、万里石塘,然俱在外海,海舟触沙立碎,入港多无出者,人不敢近"[14],闪避海中暗礁的道理了。即使人们在长期的海上活动中积累了丰富的经验,但是由于受到古代航海技术手段的限制,海中船舶遇险的情况仍是非常普遍的一种事情。

具体到北礁来看,北礁礁盘和西沙许多礁盘不同的是,它的礁盘外缘更窄,向海一侧的礁体陡峭,同海平面形成70余度夹角,这种地质结构对航行于此的船舶构成相当大的威胁,极易发生触礁的事故。船只一旦触礁,船体会被坚硬的珊瑚礁体割裂,在潮水与海风的共同作用下,船只会在短时间内断裂沉没,并将所载的物品倾覆于礁盘内外,造成同一沉船分散于礁盘内外两侧的遗址分布状态。处于北礁礁盘内的另一遗址发现的大量明末时期的福建漳州窑青花瓷器,在礁盘内外也是均有分布,同时,位于礁盘外侧的因散布地点水深(20—40米),少受潮汐风浪扰动,保存更为完好。

早在20世纪20年代,我国海南渔民就在北礁发现打捞过铜钱,70年代陆续又有大批铜钱被发现出水,后由当时广东省文物部门组织了两次考古调查,在文物调查中在该地点打捞出水铜钱400余千克,铜锭24块(69千克)等遗物[15]。由于当时中国考古工作者尚不具备水下作业的能力,所出水的文物主要是由渔民打捞的,并未掌握水下地貌、文物范围等第一手材料。

在2007年度的工作中,通过潜水考察我们发现水下遗物的分布是有一定规律的,也就是沿着一条深约2—3米的水下沟槽呈线状散开。该处海底为长满珊瑚的坚硬石底,往往是数十枚"洪武通宝"、"永乐通宝"胶结成一堆,可以看出有许多铜钱是成组相摞的,钱孔都对得相当齐整,当是穿索腐烂后的遗留,这些"洪武通宝"、"永乐通宝"的铸刻文字清晰,边缘轮廓没有丝毫的磨损,完全有别于共出的其他年代铜钱。

整个遗址表面未发现有瓷器之类的其他文物。在距离这个遗址不远的海底，水下考古队曾经于 1999 年发现有象牙、石碇等遗物，但是两者之间的相互关系目前尚不明了。

由于北礁属于封闭型环礁（图五、六），无论何种船只都无法正常驶入礁盘内部，但是水下现存的所有文物由分布非常集中，那么可以排除沉船是从礁盘内航行到此停泊的可能，而应当是被外力送入这一浅水水域。在每年的 12 月至次年 1 月的东北季风盛行时期，虽然冬季的南海没有可怕的台风，但是终日不停的东北季风风力通常在 6 级左右，并常伴有短时的 7—8 级大风，海面会出现波长很长的 4—5 米高的涌浪。此时，如果船只在靠近礁盘盘体航行，出现驾船失误或操控失控的现象，船只很容易出现被巨

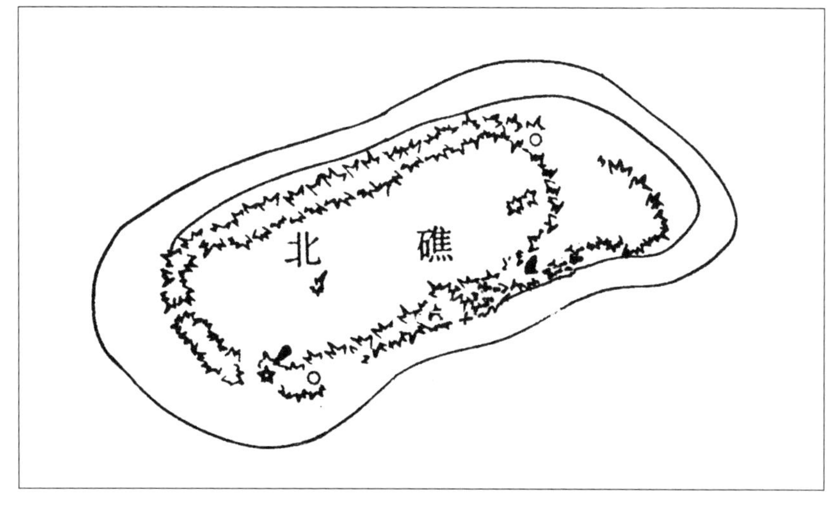

图五　北礁平面示意图

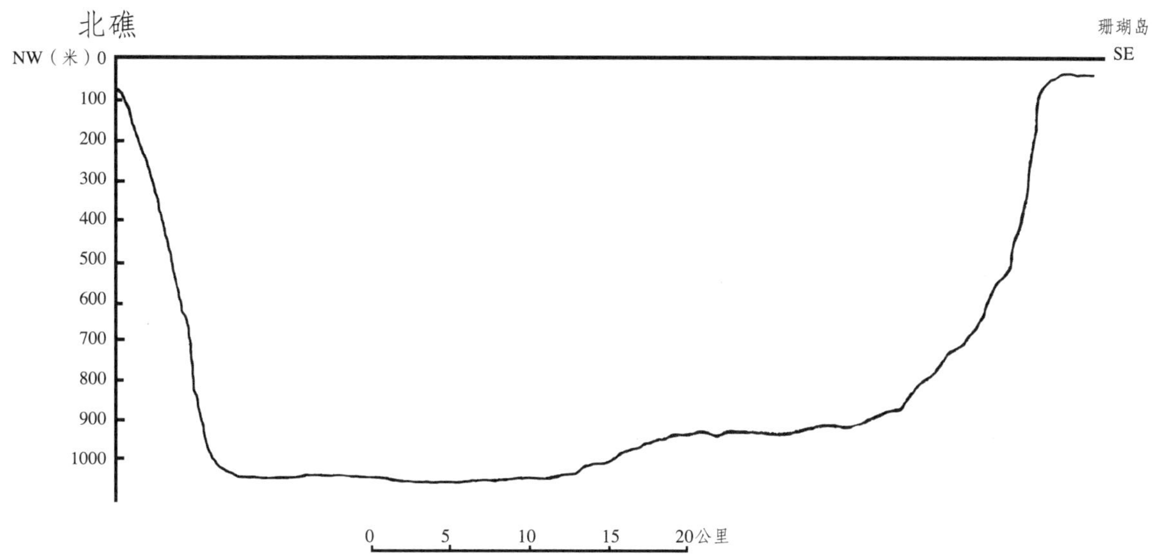

图六　北礁—珊瑚岛海底地形剖面图

浪托起抬入礁盘内浅水珊瑚丛中搁浅造成船体碎裂的情况。郑和七下西洋也是利用季风在“十二月，福建五虎门开洋，张十二帆，顺风十昼夜至占城”，回国时“等候南风正顺，于五月中旬开洋回还”[16]。

北礁遗址中发现的钱币以“洪武通宝”“永乐通宝”的年代最晚且数量最大，这些铜钱全部是新币，看不出流通使用过的痕迹。虽然同出的有“开元”、“元丰”、“元佑”、“熙宁”、“景定”、“太平”、“祥符”、“至正”等不同年号的铜钱，但是它们数量稀少而且均是单枚杂处，所占比例几可忽略，从中国钱币的使用上，后代使用前代质地精良的铜钱现象并不鲜见。

在明代初期为了防备倭寇以及南方各地的反抗势力，明政府除了类似郑和下西洋这样的官方行为，对于民间是采用非常严厉的海禁措施的。同时即便是民间私自进行的海外贸易，他们所使用的货币也只能是从国内市场流通渠道获得的旧币，而且数量有限。与受到严厉禁锢的民间海外贸易相反，永乐时期出于政治、外交、贸易等方面需要，推行实行“怀柔远人”的官方对外政策。永乐六年（1408 年）开铸永乐通宝钱，“至九年又差官于浙江、江西、广东、福建四布政司铸永乐通宝钱”[17]，用于对外贸易和赏赐。在有关文献中曾多次记载了关于郑和为下西洋而从国库中支取宝钞、明政府赏赐觐见使节银两、铜钱的

行为。如永乐十九年（1421年）“送各番国使臣回还，合用赏赐并带去银两、缎匹、铜钱等件，敕至即照依坐去数目关给与之”。宣德五年（1430年）的敕书为“仍于南京天财库支钞十万贯，与尔为下番之费”。从“仍于”二字的说法可以看出携带大量铜钱的行为不是偶一为之的行为[18]，所以我们可以得出在郑和船队上会携带有数量很大的中国铜钱之物，而且这些铜钱是从国库直接领出，是没有使用过的新钱。事实上当时的东南亚对中国的货币是存在着需求的，在同时代的西洋诸国少有自己铸币的能力，许多地区流通使用中国铜钱，往往是“爪哇国通用中国历代铜钱，旧港国亦使用中国铜钱，锡兰国尤喜中国铜钱，每将珠宝换易”，“市中交易亦使中国铜钱”[19]。

西沙群岛考古调查中发现的永乐钱数量巨大，第一次清理古钱约80706枚，其中永乐钱49684枚；第二次清理能看清文字的铜钱1995枚，有永乐钱1215枚，其所占比例超过60%。在东沙群岛清理古钱，发现有大中通宝、洪武通宝、永乐通宝三种，“胶结在珊瑚石中有一串是清一色的永乐通宝新币”，“在珊瑚石中间的永乐通宝相当整齐，不见其他品种混杂其间，连铜钱的方孔穿孔都对得很齐……可见这批永乐通宝是从钱厂或仓库直接上船出海的”[20]。相反的例证却是永乐通宝钱在国内出土的数量稀少，甚至许多明清时期的钱币窖藏中不见一枚。近年在湖北省襄樊汉江中出水了大量的明代钱币，这批明代钱币“以万历通宝最多，其次是弘治通宝、宣德通宝、泰昌通宝、嘉靖通宝，最少为永乐通宝、隆庆通宝”[21]。这与在南海和国外很多国家、地区却不断有永乐钱的大宗发现，成为巨大的反差，说明极有可能大量的钱币被运用于对外贸易和赏赐。

综合来看，发现于北礁的以铜钱为主的水下遗址为研究明代的海外贸易、交通提供了非常重要的实证。加拿大著名的水下学者詹姆斯·P. 德尔加多曾充满热情地期望“考古学最伟大的一份奖赏就是未来大洋中可能发现的郑和宝船残骸。如果大海中仍有保存，世界历史将会有很大的不同”[22]。如果结合时间、地点、航线、遗物等诸多因素考虑，这个遗址中明代沉船很有可能是郑和船队中的一只，当然更多的考证还有待于将来的正式水下考古发掘来解决。

注释：

[1] [英] 查理士·莱伊尔著、徐韦曼译:《地质学原理》第47章，北京大学出版社，1959年，第197页。

[2] 马欢著、万明校注《明钞本〈瀛涯胜览〉校注》，海洋出版社，2005年，第5页。

[3] 向达注《郑和航海图》卷二四〇《武备志》，《中外交通史籍丛刊》1，中华书局，2000年，第40页。

[4] 转引自唐胄纂修《正德琼台志》，海南地方志丛刊，海南出版社，2006，第19页。

[5] 顾岕:《海槎余录》，陈继儒辑《宝颜堂秘笈》，上海文明书局石印本，1922年。

[6]《明史》卷三四，中华书局，1974年。

[7]《新唐书》卷四三下《地理志》七下，中华书局，1975年。

[8] 参看《指南正法》、《顺风相送》、《两种海道针经》，《中外交通史籍丛刊》1，中华书局，2000年。

[9]（宋）朱彧:《萍州可谈》卷二，中华书局，2006年。

[10]（宋）吴自牧:《梦粱录》卷一二，知不足斋丛书本。

[11] 赵汝适:《诸蕃志·海南》，《中外交通史籍丛刊》1，中华书局，2000年，第216页。

[12]《宋史》卷四八九《列传第二百四十八·外国五·占城》中华书局，1977年。

[13]（元）汪大渊:《岛夷志略·万里石塘》，《中外交通史籍丛刊》3，中华书局，2000年，第318页。

[14] 道光《琼州府志》卷四上引“乾隆旧志”，清萧应植、陈景埙纂修《琼州府志》，上海古籍出版社，1995年，第17页。

[15][20] 广东省博物馆、广东省海南行政区文化局:《广东省西沙群岛第二次文物调查简报》，《文物》1976年第9期。

[16] 马欢著、万明校注《明钞本〈瀛涯胜览〉校注》满喇加条，海洋出版社，2005年。

[17] 道光《重纂福建通志》卷五三《钱法》，《台湾文献丛刊》标点本第84种，远流出版社，2007年。

[18]（明）巩珍:《西洋番国志》，《中外交通史籍丛刊》1，中华书局，2000年，第9页。

[19] 马欢著、万明校注《明钞本〈瀛涯胜览〉校注》爪哇国、旧港国、南浡里国、锡兰国条，海洋出版社，2005年，第18、31、49、56页。

[21] 邓传忠:《湖北襄樊出土明代中期钱币》，《安徽钱币》2009年第1期。

[22] [加] 詹姆斯·P. 德尔加多: *Lost WarShips*:《沉舰——3000年海战史的考古之旅》，北京图书馆出版社，2004年，第45页。

（原文刊于《郑和下西洋研究》2007年第4期）

遥感与航空摄影考古理论和实践

杨 林

文化遗产是人类历史信息的载体，通过各种高科技手段将这些历史信息提取出来，并加以科学和历史的分析处理，就可以了解到人类历史发展轨迹和演变规律的内涵。作为研究人类历史发展过程的田野考古学，19 世纪初叶在西方诞生，20 世纪初才传入中国。在近 200 年的发展过程中，田野考古学始终在不断吸取自然科学研究成果，逐渐得到成熟和发展。20 世纪中期以后发展起来的航空航天技术、遥感技术、全球卫星定位系统、地理信息系统、虚拟现实技术等都是以获取和分析处理空间信息为目的的对地观测技术，把这种对地观测技术与田野考古结合起来，从空间观测地球，可以发现大量人类历史文化的印迹，将这些印迹客观地反应出来并研究它们的分布规律和特性，就为田野考古学研究开启了一扇新的科技之窗，使我们能够全方位、多时像的从多维角度去理解和重现人类文明历史的进程。1996 年春季在洛阳和 1997 年在内蒙古东南部地区开展的航空摄影考古勘察就是遥感等技术运用于田野考古在中国进行的首次尝试。

中国幅员辽阔，历史悠久，是世界上唯一有着 5000 年以上连续发展史的国家，文化遗产遍布全国各地，据最新数字：现有世界文化与自然遗产 40 处，国家级重点文物保护单位 2351 处，省、市级文物保护单位数十万个。举世闻名的古代丝绸与陶瓷之路，从陆地和海洋，把中国的文化和技术传播到世界各地，也吸收了世界各民族先进的文化，为人类社会的发展和文明的进步做出了巨大的贡献。随着我国建设事业速度的加快和人们精神生活的巨大需求，面对祖先留下的这么多珍贵的历史遗产，我们如何应用高技术手段，去更好地发掘、保护和管理这些遗产，已成为摆在我们面前的一项艰巨任务。对地观测技术能够全面、立体、快速有效地探明地上和地下古遗迹的分布信息，在现代考古中发挥着十分明显的作用，遂逐渐成为考古研究的重要手段。

目前，世界上遥感与航空摄影考古事业蓬勃发展，各发达国家和地区全国性遥感组织几乎都有专门从事遥感考古研究的机构和专家。1996 年，在联合国教科文组织倡导下，法国空间局（DNES）、美国宇航局（NASA）、欧空局（ESA）、日本宇宙事业开发团（NASDA）等共同筹备开展世界性的“空间考古研究”，并正式召开了以“遥感考古”命名的国际学术会议，确立了空间信息技术在发掘和保护人类遗产中的科学地位。从 20 世纪末到 21 世纪初国际上利用空间信息技术开展人类文化遗产项目的研究工作主要在埃及的金字塔、横贯亚欧大陆的丝绸之路、蒙古成吉斯汗陵墓、柬埔寨吴哥遗址、南美印加和玛雅文明等遗迹的研究和保护方面开展。

随着我国遥感技术的发展和考古研究的需求，2001 年 11 月，中科院、教育部和国家文物局三家联合成立了“遥感考古联合实验室”，旨在优势互补，学科交叉，自然科学与社会科学共同促进、共同发展。随后分别在浙江、安徽、河南、江苏、内蒙、陕西、云南、四川、新疆等地成立了实验室下属的遥感考古工作站。到目前为止，主要开展了河南洛阳古城址和古墓葬、陕西统万城、秦始皇陵、西周丰镐遗址、内蒙古东中西部地区古遗址、秦长城与秦直道、河北山海关长城、四川三星堆遗址、茶马古道、京杭大运河、明长城、古代丝绸之路、罗布泊和居延，以及为“中国文明探源”工程河南二里头、山西陶寺和浙江良渚等大型遗址的遥感考古研究。建立了包括12000张30—40年代我国大陆航空照片和数万张不同时期和不同分辨率卫星照片的资料数据库。2002年12月召开第一届全国遥感考古会议；2003年11月召开以遥感考古为主题的第二百六十三次香山科学会议；2004年10月在北京召开首届国际遥感考古会议；2004年4月科技部批准在遥感考古联合实验室的基础上，成立国家遥感中心所属的自然与文化遗产遥感研究部；2005年6月研究部被联合国教科文组织接纳为开放性合作伙伴机构，2008年联合国教科文组织在上述机构基础上，筹备在中国成立亚太地区数字遗产与遥感考古二级国际组织。

一　遥感考古的理论和方法

(一) 遥感考古的原理

所谓遥感考古，就是运用遥感技术，获取遗迹对象的电磁波或超声波信息，并运用光学或计算机图形图像处理技术，对这些信息进行滤波、分类、边缘增强、反差变换、特征提取或假彩色合成等处理，再根据影像的色调、纹理、图案及其时空分布规律进行分类、识别和解译，确定遗迹对象的空间位置、分布范围、结构构成等诸方面特征，进而进行文化与自然信息追踪、考古分析测量、地形地貌与遗迹对象的虚拟复原等研究工作。

遥感考古的基本前提是考古遗迹在遥感影像等信息上，反映出某些区别于其他自然资源现象的特性。这些特性用遥感的方法，可以从电磁辐射的特点和几何形状的特征这两个方面进行研究、区分。由于遗迹现象与周围自然环境现象的差异，辐射电磁波的情况也就不一样，而电磁波波谱特征在其时间变化和空间分布规律，反映在遥感影像上表现为不同的影像色调和由不同色调组成的各种图案，进而分析研究遗迹所处的时空变化和分布规律。所以遥感考古的工作原理，是建立在遗迹或现象的物理属性、电磁波波谱特征和影像特征三者的关系上，遥感影像的解译原理，是根据影像的色调、图案及其分布规律，来判断遗迹对象的波谱特征，从而确定遗迹对象的属性。

在遥感考古工作中，通过传感器接收的资料记录了大量的土壤学、地质学、地貌学、生态学和地理学等的信息，它们通过不同的方式，反映出考古遗迹或现象的特征，为此，必须掌握考古遗迹对象的影像特征，才能对遥感影像进行正确的解译。遗迹对象以各自的方式存在于自然环境中，形成独特的遗迹土壤标志、阴影标志与植被标志，构成考古遗迹最基本的三大影像特征。

1. 遗迹土壤标志

通常情况下，埋藏较浅的遗迹或现象在耕地中是很容易发现的，尤其是耕土层翻犁过之后，其中所隐含的各种土壤差异更加明显，所以，这个时期拍摄的航空影像，能够清晰地反映出遗迹或现象的某些特征。在土壤色泽差异较小的地方，因为其致密度和含水量的不同，遗迹或现象仍然可以在热红外影像、雷达影像等遥感资料中显示出来，为考古遗迹的探查工作提供重要的线索。如夯土基址、道路等在实地调查时很难发现，而在航片上却以浅色的线状影像特征表现出来，并且可以根据这种遗迹标志，绘出古代建筑基址和道路分布图。

在久旱少雨、土壤较为干燥的季节里收集的遥感影像上，遗迹土壤标志的显示效果较为清晰，特别是在暴雨后再连续天晴三四天后，显示的效果最佳，能反映出地下较深地层中的遗迹情况，探测出通过地面标志无法辨认的墓葬、道路、城墙和古河道等遗迹。另外，在沙漠、戈壁地区，这种遗迹标志更加清晰地表现出古代城址、建筑基址、墓葬和古河道、道路等遗迹现象。

2. 遗迹阴影标志

残存于地面之上的遗迹总会呈现出一定的微地貌特征，它们在倾斜太阳光线的照射之下，其阴影的明暗、形状、大小和组合方式，清晰地反映出遗迹的特征。因此利用早、晚太阳斜射，阴影最为明显时，在空中对这种遗址进行摄影和分析，就能判断出遗迹的残存状况、分布范围等。

遗迹的阴影标志受航空摄影时太阳高度角的直接影响，并且与地表的微地貌特征有关。对于地形起伏小，遗迹相对高度不超过 2 米而且相距较远的遗址，应该在较低太阳高度角情况下进行航空摄影，也就是说早晨或傍晚的航空摄影，能够获得较好的阴影标志；对于地形起伏较大的遗址，如果遗迹高低参差不齐，而且相互间的距离很近，则需要选择合适的摄影时间，最好是在正午前后进行航空拍摄，以避免较高地物的阴影遮挡了较低的遗迹或现象。如果条件许可，最好能够拍摄一天中不同时间的航空影像，以便于将不同方向的阴影进行比较，对遗迹情况做出正确的判断。

3. 遗迹植被标志

地下遗迹与周围自然土壤包含的水分及养分不同，从而影响上面生长植物的长势和颜色。这些差异在遥感影像上都有各自的表现特征，从而成为判断地下遗迹或现象的植被标志。

地下不同的遗迹或现象，对植被的生长情况有不同程度的影响。在填平的壕沟、渠道一类的遗迹上，因为填土的质地疏松，含水量比周围土壤丰富，也相对比较肥沃，所以会刺激植被的生长，从而显示出“正向”的植被标志。然而，如果地下有夯土、瓦砾或古道路一类遗迹时，土壤则比较贫瘠、板结，透水性能差，抑制了植被的生长，于是就会出现“负向”的植被标志。

一般情况下，草本植物显示出来的植被标志比较明显，而且在每一个植物的生长季节都会重复出现，其中谷类农作物产生这类标志的效果最佳，并且在农作物趋于成熟的季节里，产生植被标志的农作物与背景环境中的农作物因生长情况的差异，成熟时就会出现或早或晚的现象，因而更容易从遥感影像上判别出来。其中的垂直摄影航片上，比较容易区别出植被生长密度差异的特征；而植被的生长高度与色彩差异等的植被标志，在低太阳高度角（早晨或傍晚）时倾斜摄影的航片上显示效果较好。

除了上述三种标志外，由于自然环境的变化许多遗迹还会在雨雪、洪水等条件下有较明显的反映，我们称之为雨雪标志和洪水标志。

（二）工作方法

从宏观上讲，遥感考古学方法以成像遥感技术系统为基本框架，包括遥感信息资料的收集和获取、遥感信息资料的整理和储存，以及遥感信息资料的分析和利用等三大组成部分。具体到一般情况，不同类型的古遗址，不同的研究目的，遥感考古的方法和步骤并不完全相同。总体来说，可以按以下步骤进行：

1. 确定研究对象、内容及目的。不同的研究内容和目的，对地学资料、考古资料以及遥感图像成像的

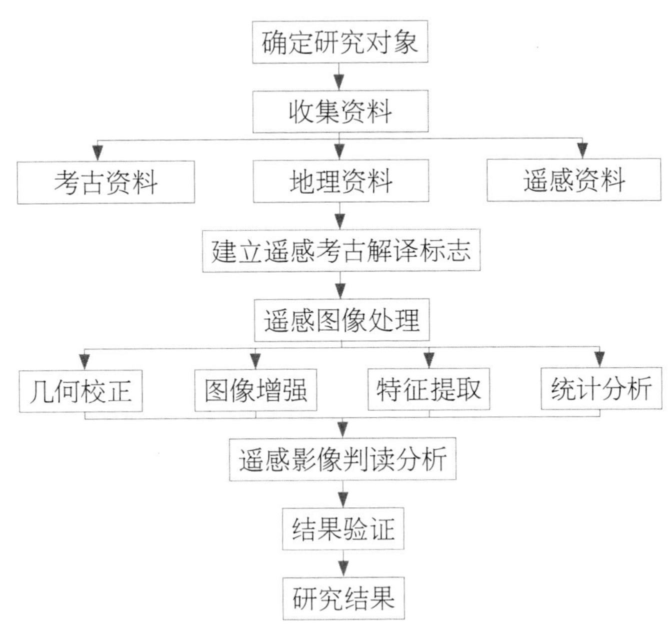

空间分辨率、时间等的要求不同。因此，确定研究内容及目的，是遥感考古工作的基础。

2. 资料收集。收集研究区域的考古资料、历史文献资料，地形图、专题地图等地理信息，卫星影像、

各时期航片等遥感考古信息资料。

3. 建立遥感考古判读解译标志。古城址、古河道、古运河等不同的遗址类型在遥感图像上表现为不同的形状和色调，因此，不同的遗址类型需要建立相应的解译标志，以便于对考古遗址进行分类研究。

4. 遥感图像处理。对遥感图像进行几何校正、增强、信息提取以及统计分析等，以满足目视解译和考古研究的需要。

5. 遥感图像判读分析。根据已建立的解译标志，对研究区域的遥感图像进行判读解译，并利用遥感图像特有的光谱特征，对考古遗址进行环境分析、遗迹分析和制图等研究。有条件的还可以通过立体镜或三维视图软件对图像进行立体观察和三维复原。

6. 结果验证。遥感分析一般是从宏观的角度对考古遗址进行大范围的调查、测量和研究，为了得到遗址内部的形制结构等更多、更详细的信息，也是为了对遥感图像分析的结果进行验证，还需要对研究区域进行田野考古勘查验证，以保证研究结果的科学性和准确性。

二 空间信息技术在遥感考古中的应用

空间信息技术在考古中的应用主要体现在以下几个方面：利用航片或者卫星数据，通过直接的或隐约显露的“解译标志”识别或发现古代遗迹；利用空间信息技术对现存历史文化遗产进行动态监测与保护研究；从遥感影像上识别和提取古环境演变所遗留下来的各种证据，为恢复古环境和研究当时社会、政治、经济、文化与自然环境的关系服务；遥感考古制图与建立空间考古信息系统，为考古资源的管理规划服务；以及结合地理信息系统技术、虚拟现实技术进行古遗址和古环境的虚拟重现，为古代文化遗产保护规划和利用服务。下面分别加以论述。

（一）空间信息数据源获取

自 1972 年第一颗民用对地观测卫星问世以来，光学和微波传感器得到了极大的发展，目前可以获得多光谱、多分辨率、多角度的光学遥感数据及多模式的合成孔径雷达数据。 现在在轨运行的卫星有 3000 多颗，其中相当一部分是对地观测卫星。美国的 Landsat 卫星系列（TM 和 ETM）、 法国的 SPOT 卫星、日本的 JERS 卫星、印度的 IRS 卫星系列、以色列的 EROS 系列、前苏联 / 俄罗斯卫星、中—巴资源卫星，以及 Seasat SAR, SIR-A, SIR-B, SIR-C, SRTM, Radarsat, ENVISAT 卫星都为我们提供了大量的遥感数据。这些卫星已广泛地用于农、林、地质、水文、海洋、土地利用等领域，但由于空间分辨率还达不到对考古目标的有效探测，这些数据多用在考古环境分析和宏观研究等方面，如长城、大运河、古丝绸之路等项目。美国解密的 60—70 年代时期的 CORONA 间谍卫星数据，及前苏联的高分辨率 KVR 间谍卫星数据，则被广泛地用于考古遗址的研究，这些卫星数据都是胶片图像，数据质量远不如数字图像清晰。近年来发展起来的商业化高分辨率遥感卫星，如 SPOT-5, IKONOS, EROS, Quickbird 都能提供 5 米分辨率以上的多光谱遥感数据，而 IKONOS 和 Quickbird 的全色波段数据则分别为 1 米和 0.64 米，能满足测绘比例尺 1 ： 50000—1： 10000 的制图要求。这些数据能为考古勘查提供更详细的考古遗址信息，能广泛地用于考古学研究。随着我国卫星事业的发展，2005 年发射的国产小卫星“北京一号”可以获取三个 32 米分辨率多光谱波段和一个 4 米分辨率的全色波段遥感数据，可以在很大程度上改变我国遥感考古数据主要依赖国外高分辨率卫星数据的现状，用国产卫星进行中华文明探源，将有更加重要的意义。

机载遥感数据的获取对考古研究是一种重要的手段。我国 863 计划信息获取与处理技术主题主持研制的实用型模块化成像光谱仪（OMIS）、宽视场面阵 CCD 超光谱成像仪、机载三维成像仪、高分辨率 CCD 面阵数字航测相机，及 L-SAR 实用系统可为遥感考古提供高分辨率、全天候的遥感图像。轻型飞机航测勘察、热气球、无人飞机遥感摄影都能为大比例尺遥感考古制图服务。

古文化遗址历经数百至数千年风雨的冲刷、自然的侵蚀和人为因素的作用，特别是经济建设加速了人类对地貌的改造活动，再加上战争和灾害为文化遗址带来的创伤，许多遗址的自然面貌已被改变，还有的早已消失无存。因此，利用各种遥感手段获得过去历史时期的资料就更显得弥足珍贵。从美国购回的二战航片、CORONA 卫星照片等信息和我国 50 年代以来拍摄的航测照片，都是分析历史文化遗产不可多得的重要信息源。

（二）利用空间信息技术发现考古遗址

由于保存于地表或地表以下的古代遗迹随着岁月的流逝逐渐湮灭，有的变为农田，有的形成村镇，但由于这些遗迹全部为人工建成，与周围没有经过人工扰动的土壤环境存在着差异，这就形成了这一地区在土壤、水分、地表温度等一系列的特别征象。人们在平地观察，这些特别征象的表现是微乎其微的，但这些微弱的差异在遥感图像上则形成了明显的光谱差异，因此这些古遗址能被识别出来；此外，由于雷达的全天候的成像能力及对一定地物的穿透能力，地物的后向散射特性决定了古遗址能从雷达图像上识别出来。 目前已有很多利用遥感技术发现古遗址的实例，充分说明了遥感在考古应用中的作用。例如：美国的考古学家们利用卫星遥感影像发现了早已沉没海底数千年的古埃及名城亚历山大；欧洲的考古学家根据早期照片发现了多处古罗马的建筑遗址和著名的“罗马大道”；美国宇航局埃姆斯研究中心的科学家利用遥感技术揭开玛雅文明荣枯盛衰的奥秘，成功地识别出了古玛雅遗址的范围和特点；另外他们根据遥感图像指出公元 800 年前后在美洲发生了气候逐渐干燥、森林大量退化、人口膨胀和大规模战争等自然、社会因素的变化，正是这些变化因素导致玛雅文化的急剧衰落并最终从这里消失。位于阿曼境内的 Ubar 古城在公元前 3000 年到公元 1000 年期间曾是阿拉伯繁华的乳制品、香料商贸中心，在《一千零一夜》、《古兰经》等著作中都提到过，然而却神秘地消失了。考古学家和美国宇航局喷气推进实验室的科学家一起，利用 Landsat, SPOT, SIR-A 数据对沙海中的古城进行遥感分析，在 Landsat 影像多条道路的交汇处发现了消失的古城遗迹。希腊考古学家用红外像片在科林斯湾发现了公元前 373 年毁于地震的 Helike 古城。考古学家还用 1994 年航天飞机成像雷达 SIR-C/X-SAR 和 AIRSAR 对处于茂密森林中的柬埔寨吴哥古城进行研究，重建了吴哥古城的分布范围，使其由原来的 200—400 平方千米扩大到 1000 平方千米，并勾绘出环绕遗址之间的古运河水系，使我们了解到已消亡的吴哥古城的壮观原貌。对于国内考古界探寻多年的一些遗迹，如西周丰镐遗址和王陵、北魏平城和金陵、成吉思汗陵等，都可以利用空间信息技术结合传统的考古学方法进行研究和探寻。

（三）历史文化遗产的调查、保护与遥感监测

我国的文物古迹遍及各地，又数量众多，其中包括大型古代聚落遗址、古城址、陵墓等，许多已被列入或今后可能被列入世界文化遗产名录。空间信息技术无疑是探寻古遗址、动态监测历史文化遗产变化情况及古遗址保护的有效手段。联合国教科文组织也把遥感和 GIS 技术作为世界遗产保护研究的重要技术，并多次组织这方面的学术研讨会，特别是 2002 年 10 月为纪念世界遗产公约签订 30 周年纪念日，在法国举办的“遗产保护的空间应用”大会就说明了联合国教科文组织对空间信息技术的重视程度。以历代长城为例，我国不同时期修建的长城从丹东虎山到嘉峪关全长 7000 多千米，由于沿线生态环境的不断恶化，再加上人为因素的破坏，破损现象非常严重，特别是在西部干旱荒漠区，多数地段都已被流沙掩埋。目前长城只有三分之一修复和保护完好，另有三分之一残破不全，还有三分之一早就不复存在。因此，利用空间信息技术探明长城的分布，更好地保护好长城已经到了刻不容缓的地步。丝绸之路是连接我国与西方文化交流的主要路径，无论是中国还是外国，在这条道路上遗留着许多文物古迹，如尼雅古城、楼兰古城、中亚土库曼斯坦的 Merv 古城。1994 年航天飞机成像雷达过境我国尼雅古城和 Merv 古城时，中国、美国和加拿大等国考古学家利用 GPS 技术和 IKONOS 等图像对古城进行了精确定位和多学科的遥感考古研究，促进了遥感考古领域的交流与合作，形成了遥感技术为保护文化遗产和进行考古研究服务的共识。

（四）空间信息用于古环境研究

古代环境的恢复，对于研究当时的社会政治、经济文化与自然环境的关系有着重要的意义。用遥感信息研究长周期的历史环境变迁，主要是依据它在遥感图像上所遗留下来的“痕迹”来进行识别。因为各种

研究对象，都有其区别于其他对象的特征，其中不少特征得以不同程度的保留。这些特征反映在遥感图像上，则可以通过色调、阴影、形态、大小、纹理等的差异识别出来。

一个地区的环境演变，最主要的是水系的演变，这主要包括水系变迁、湖泊的变化以及海岸线的演变等。利用遥感图像上地物特定的光谱特征，通过土壤湿度、盐度及沉积物组分等信息的分析，可以很清楚地将水系变迁的路线、方向甚至成因反映出来。

目前，应用遥感技术进行环境考古，热点主要集中在运用多时相、多源和多分辨率卫星及航天图像进行考古遗址环境监测、景观考古、环境变化和社会变革的关系研究以及历史时期环境恢复等方面。

中国国土资源航空物探遥感中心利用卫星遥感探索楼兰古城的消亡之谜，指出因古孔雀河上游两次地质滑坡堵住河道并切断水源，导致楼兰古城因断水而被遗弃，最终消亡。尽管这种论断有些争论，但这种研究方法和探索方向是值得肯定的。

（五）考古专题制图与文物考古信息系统

目前，在国际上，利用遥感进行考古制图是遥感考古的主要内容，发展得十分广泛，尤其是高分辨率卫星图像和航空照片，是大比例尺制图的主要数据源。利用遥感和 GIS 技术进行大规模的遗址调查，并精确定位，为古代遗址环境监测、遗址规划、保护提供了重要的基础资料。

GIS 在考古学中的应用研究是多方面的，可以应用于从考古数据采集到数据存储、分析、解释以及表达的各个方面。具体地说可以总结为以下几个方面：建立考古信息管理系统，建立考古遗址三维模型，进行考古遗址的发展和演化模拟，GIS 考古研究等。

目前在中国，GIS 应用于考古研究的水平与国外相差较大，主要以利用 GIS 建立考古数据库、文物管理信息系统为主。用 GIS 技术，将考古区域的图像数据、属性资料等组织起来，建立文物考古信息系统，便于进行文物的管理和查询。近年来，中国文物信息咨询中心正着手制定这一领域的发展研究规划，争取在短时间缩短这种差距。

（六）数字考古与古人类遗址环境重建

自 20 世纪 90 年代以来，出现了数字考古和虚拟现实技术，它是指运用先进的计算机技术和数字技术进行历史考古、文化与自然遗产的保护与研究。虚拟现实技术是其应用发展过程中的关键技术。选择将虚拟现实技术作为数字考古研究课题的技术层次支撑，是因为数字考古的研究所要表达的信息是多维的，既要有历史科学性，又要有文化艺术性，还要求有环境的真实性。而这些多维度信息的表达就目前的计算机技术而言，必需虚拟现实技术的高性能硬件设备的支撑。在数字考古研究中，还会涉及其他各类计算机技术，例如扫描技术、图像信息处理、计算机存储设计、地理信息系统等。

利用数字技术可以重建历史文化遗址。大英博物馆内演示的古希腊神殿，美国洛杉矶美术馆演示的古罗马城堡，都是根据残缺部件“修复”仿真的。在中国“数字故宫”与敦煌石窟也即将付诸实现。遥感考古联合实验室开发制作了贵州明代城堡海龙屯虚拟现实系统、山海关虚拟现实系统等。我们可以利用虚拟现实技术恢复已消失的古城（如楼兰古城、统万城等）的原貌，同时也可对现今古迹进行虚拟现实仿真，为文物保护和展览展示提供一份宝贵的电子资料。

三 结 论

综上所述，遥感考古的优势主要表现在以下几个方面：一是就覆盖范围来说，遥感考古可以获得研究区的全局信息，而地面观测只能获得视线内的地物景观，无法构成对全局的图像；二是就光谱范围来说，人的肉眼只能观测到可见光部分的电磁波反射能量，而遥感则能利用紫外线、可见光、红外线、热红外、微波等全波段电磁波来观察探测地物；三是就时空分辨率来说，田野考古只能在特定的时间对考古对象进行野外勘查，而遥感考古则可利用卫星多时间重复频率所获得的数据积累获得研究区的遥感数据，研究考古遗址区随时间变化的地形景观及古遗址的情况。在空间分辨率上，高分辨率商业卫星已经能提供和航空摄影测量所得图像相比的多波段遥感图像。同时，遥感考古光谱分辨率高、穿透能力强（能获取地表下一定深度的考古信息）并可以对考古文物进行无损探测，所有这些优势使得遥感考古在考古学空间信息数据获取、考古遗址勘测探寻、历史文化遗产保护及监测、古代环境复原等方面可以发挥重要的作用。

应用对地观测技术进行文化与自然遗产研究，是自然科学与社会科学、高新技术与人文科学相互交叉、渗透、融合的一门新兴科学，它可将考古学推向一个全新的发展阶段。随着我国卫星遥感技术的提高，遥感考古在我国将有得天独厚的优势。

目前，遥感考古正面临大好机遇和挑战。国家“十二五”科技发展规划，我国将继续发射资源、气象、海洋系列卫星，环境与灾害监测预报小卫星和测绘等卫星。2005 年发射的“北京一号”小卫星除 4 米高空间分辨率的全色 CCD 相机外，还具有 32 米多光谱扫描仪，特别是其中的红外、近红外谱段对遥感考古是十分重要的。另外，由于采用了新型相机设计，使卫星扫描面积达到 600 × 600 千米，并具有在 24 小时内重访的能力。它的这些优越性能不仅在灾害监测等方面发挥优势，而且在考古研究、文化遗产的监测和保护方面将发挥重要作用，将为该星增添新的应用领域，使我国的遥感考古更具有特色，并可根据与联合国科教文组织签署协议这一有利平台，参与开展世界文化与自然遗产的监测和保护工作，提高我国卫星应用在国际上的影响力。

利用空间信息技术来研究历史文化遗产可能会遇到许多科学问题，这是非常自然的。诸如遥感对古代遗产信息的作用机理是什么，从遥感图像提取古遗址信息的不确定性问题，我们如何认识古地理景观以及遥感波谱的弱信息处理等问题都是亟待解决的。但是作为一个新兴的学科，随着空间信息技术与考古学的发展，随着空间信息技术人员与考古学家的不断交流，遥感考古研究应用中的理论、方法与技术会逐渐得到加强和完善，遥感考古和数字遗产等科技考古学科体系终将会得以发展与实现。

（原文收入《1996 年洛阳地区遥感考古报告》，文物出版社，待刊）

试述《三峡文物保护规划》的意义

郝国胜

1992年4月，全国人大通过了兴建三峡水利枢纽工程的决议，按照工程建设目标，三峡大坝建成蓄水后将形成面积达1080平方千米的三峡水库，涉及620千米的22个县区将随着三峡工程的建设进度逐渐淹没。

有着绮丽风光的三峡地区，作为沟通南北、连接东西的文化孔道，保留有大量自远古以来的文化遗存，由于三峡水利工程的建设，这些文化遗存面临着被江水淹没的危机。保护和抢救受到淹没威胁的文化遗产，是工程建设者和文物工作者义不容辞的责任和义务。然而，当三峡水利工程已经开工时，三峡淹没区内的文物有多少，价值如何，怎样保护，仍没有确切的定论。探明三峡文物状况，制定保护方案，核算保护经费的文物保护规划工作亟待开展。

一 《三峡文物保护规划》的形成

1993年11月，国家文物局调集了全国26个文物科研单位的文物工作者开赴三峡，开始了对三峡文物保护的普查工作。1994年3月，经国务院三建委与国家文物局会商决定，由原中国历史博物馆和中国文物研究所共同组建“三峡工程库区文物保护规划组”（以下简称规划组），全面负责三峡水利工程淹没和迁建区文物古迹保护规划的编制。

规划组成立后，在国家文物局的领导和协调下，除承续了26个单位的委托关系外，又根据需要相继增加了4个单位。至此，30个委托单位的300余名文物工作者，对长达620千米的22个县区的即将淹没和迁建区的地下、地面文物，进行了深入细致的基础勘测和调查工作。1996年，规划组根据30个委托单位的基础规划成果，编制完成了《长江三峡工程淹没及迁建区文物古迹保护规划报告》（以下简称《三峡文物保护规划》），并分两批提交相关委托部门。

《三峡文物保护规划》包括总报告、分省报告和分县报告三部分。总报告6册（包括5册附录），即：《长江三峡工程淹没及迁建区文物古迹保护规划报告》及附录1《四川省涪陵市白鹤梁题刻保护规划报告》（重庆市直辖后，原属四川省的三峡库区部分隶属重庆市，下同）、附录2《四川省云阳县张桓侯庙保护规划报告》、附录3《四川省忠县石宝寨保护规划报告》、附录4《民族民俗文物保护规划报告》、附录5《博物馆建设规划报告》。分省报告2册，即：《湖北省文物古迹保护规划报告》、《四川省文物古迹保护规划报告》。分县、区（市）报告22册（每县、区1册），包括：湖北省的宜昌、秭归、巴东、兴山，重庆市的巫山、巫溪、奉节、云阳、万县市龙宝区、万县市五桥区、万县市天城区、开县、忠县、石柱、丰都、涪陵区、武隆、长寿、巴县、江北、重庆市市区、江津市的报告。同时，编制了《三峡工程库区地面文物保护规划经费概算细则》和《〈长江三峡工程淹没及迁建区文物古迹保护规划〉有关内容的修订与补充》。此外，还编制了《三峡工程库区文物保护规划基础资料》（每县、区1册，共22册），并对200张“万分之一三峡地形图”进行了文物点的详细标注。三峡文物古迹保护规划成果总计54册，280余万字。

1998年8月，《三峡文物保护规划》获国务院三建委组织的专家论证会通过。2000年，获国务院三建委批准并在三峡淹没和迁建区实施。

二　《三峡文物保护规划》承载了千余处三峡文物的保护

《三峡文物保护规划》是在大规模文物普查和众多知名专家学者参与下集体完成。尊重科学，力求实际是《三峡文物保护规划》的基本追求，妥善保护好文物，将文物损失降到最低限度是《三峡文物保护规划》的现实目标。

（一）摸清了淹没和迁建区内文物的基本状况

由于诸多原因，淹没和迁建区内文物的基本情况一直没有探明。基此，摸清淹没和迁建区内的文物状况是规划工作的首要任务，经过300余名文物工作者2年多的实地调查，三峡淹没和迁建区的文物“家底”基本摸清，1282处文物和文物点初步确定为保护对象。其中，地下文物829处，地面文物453处。这些文物和文物点是三峡地区各个历史发展阶段的过程载体，具有极高的史料和研究价值。按照规划组组长俞伟超先生的归纳，这些文物和文物点包括：60余处旧石器时代遗址和古生物化石点（含14个难得的未被扰动的旧石器遗址）；80余处新石器时代遗址；100余处具有解开古代巴人历史之迷的巴人遗址和包括巴王墓在内的巴人墓地；数十处可说明楚、秦文化进入三峡地区历史过程的遗址和墓地；470余处汉至六朝的遗址和墓地；6处包括白鹤梁在内的枯水水文题刻和90余处宋代以来的洪水题刻；2处汉代石阙和数十处唐代以后的摩崖造像、碑碣、摩崖诗文题刻；300余处表现三峡自然地理和民俗民风特点的庙祠、民居、桥梁等明清建筑物；诸多的古栈道、古纤道构成的世界上规模最大的古代航运遗迹；大量土家族等民族民俗文物，称得上是古代巴文化遗迹延续至今的活标本。

这些珍贵的历史遗存和遗迹，是数万年以来当地人民适应自然环境而生存和发展的历史载体。不同民族间相互影响和融合的过程，一些难解的历史之迷，有望从中揭开。

但是，由于对《三峡文物保护规划》的审批时间过于漫长，一些文物和文物点在没有得到适时的保护的情况下，遭到了非法盗掘和野蛮施工的破坏，致使一些文物在最后审批时，因失去了保护的可能而被剔除。此外，由于在文物普查期间，沿江两岸没有明显的淹没线标志，致使少量越线的文物点被列入规划中。到2000年，经有关部门确认，属三峡工程保护范畴的文物总量为1087处，其中，地下文物723处，地面文物364处。与水利部门1993年之前所提供的数据相比，多了近10倍。

文物“家底”的探明，填补了三峡淹没和迁建区文物总量长期难以确定的空白，为三峡文物保护工作的全面开展确定了保护对象。

（二）对淹没和迁建区内文物进行了科学的价值评估和保护措施分类

《三峡文物保护规划》对已探明文物的价值进行了科学的剖析和评估，特别对一些具有填补学科空白和重大历史佐证的文物予以了重点剖析。对每一处文物的渊源、年代、类别、状况、规模和地理位置以及价值等都做了详尽的阐述和科学的分类，形成了明晰的文物“清单”。依据“清单”，各时期，各县区的地面、地下文物状况一目了然。

在对文物保护措施的制定上，《三峡文物保护规划》根据各文物和文物点的价值、保护单位级别、社会影响和保存状况等，依据地下、地面文物的特点，制定了不同等级的保护措施。

地下文物的保护以A、B、C、D予以区分，A级为价值最高，保存状况最好，保护力度最强，发掘面积最多的级别；B级为局部发掘；C级为少量发掘；D级为采样式发掘。对那些不易进行发掘保护的文物点，也制定了登记建档的保护措施。

地面文物则根据文物价值、类别、质地、形式、位置和保存状况等，以原地保护、搬迁保护、留取资料的不同保护方式，分别对每一处文物和文物点制定了保护方案。其中，原地保护包括升高复制和异地复制，主要针对石刻、古栈道、古纤道等不宜移动的文物。搬迁保护主要针对古建筑、古桥梁等相对能够移动的文物。对现存状况不太理想的则以留取资料的方式进行特殊方式的保护。

（三）制定了与工程进度相符的文物保护进度指标

按照三峡工程建设进度的要求，涉及22县区的淹没区将按四个时间段分期蓄水。即：1998年坝前水位涨至海拔82.28米（蓄水前坝前水位为海拔78.2米），2003年坝前水位涨至海拔135米，2006年涨至海拔156米，2009年三峡工程竣工，坝前水位将达海拔175米。以上蓄水时间，意味着各蓄水高程内的文物，必须在各个蓄水时间段之前，完成对其的保护。

为此，《三峡文物保护规划》根据蓄水进度，将文物的保护时间和范围按以下阶段进行。第一阶段，1996年—1997年完成海拔83米水位线以下的文物保护。第二阶段，1998年—2002年底完成海拔135米水位线以下的文物保护。第三阶段，2003年—2005年底完成海拔156米水位线以下的文物保护。第四阶段，2006年—2009年完成海拔177米水位线（含2米风浪浸没高程）以下的全部文物保护。

对以上各淹没线内文物所在高程、发掘面积、具体实物数据指标等，《三峡文物保护规划》均制定了详细的方案。相关实施部门可依据规划中文物指标的各种系数和保护阶段各年度投资系数，核算出每个文物点，每个阶段所需人力、财力的具体量化数据，以突出文物保护的计划性。

（四）制定了文物保护经费概算和分期投资的分割经费计划

三峡文物保护经费的确定应遵循调研——规划——论证——完善——审批的程序后才能确定，这是科学的工作程序。而有关部门在没有彻底探明淹没和迁建区文物状况的情况下，却将文物保护经费锁定在3亿元人民币以内，要求规划组以此为“限额”进行规划，这种做法，违背了科学求实的基本原则。在文物主管部门和规划组力争无果的情况下，规划组只得在与相关部门签署的委托合同书上，以人们普遍遵循的科学求实概念，化解了“限额”的非科学性束缚。

《三峡文物保护规划》根据30个科研单位的普查成果，以每处文物和文物点所需具体的经费为基数，累计核算出19.8亿元。经过1998年10月的调整和复核，调整后的经费虽与原规划经费有较大幅度的下浮，但下浮的成分中，包含了另辟投资途径的博物馆项目和民族民俗文物的保护项目及因审批时间的拖延而使文物受损无法保护的项目等。但与“限额”的3亿元相比，已大有突破。这是规划成果的显现之处，它为三峡文物保护工作的全面开展，奠定了最基本的经济基础。

在对具体项目的投资规划中，《三峡文物保护规划》紧紧围绕各个不同淹没时间段的蓄水进度，制定了以项目定经费，以蓄水进度为投资概算细目，细目中将每处文物的总体数据、经费概算、年度投资计划、具体高程、工作年限、年度经费所占总体经费比例等，一一列出。做到了工作量、工作进度与投资量、投资进度的合理比例关系，避免了工作进度与经费拨付进度脱钩的尴尬局面。

（五）对“白鹤梁水文题刻”、“张桓侯庙”、“石宝寨”制定了专题保护规划方案

“白鹤梁水文题刻”、“张桓侯庙”、“石宝寨”地处淹没区，在受淹文物中，属最重要的地面文物。它们历史悠久，规模宏大，保存完好，具有特殊的历史、文化、艺术价值，已列为国家级文物保护单位。对这三处文物的保护，规划组极为谨慎，特委托专业性较强的高等院校，分别进行了专题性的重点规划，形成了《三峡文物保护规划》中总报告的3个附录部分。

1. 白鹤梁水文题刻

白鹤梁是一处长年沉没于江水之中的天然石梁，在石梁的中段，保留了自唐至民国的160余幅3万余字的水文题刻，记录了1200余年72个枯水年份的长江水位资料，素有“世界第一水文站”和“水下碑林”之称。

在规划期间，围绕对“白鹤梁水文题刻”的保护，存有较大争议，部分专家和领导主张采用切割迁移

的方式，将带有题刻内容的石体，切割成块，移至博物馆。规划组及大多数专家学者认为：根据我国《文物保护法》和国际上普遍遵循的《威尼斯宪章》精神，“白鹤梁水文题刻”不能移位，不应脱离赖以生存的水环境，原地建造“水下博物馆”是保护和利用的最佳方案。为此，委托天津大学制定了两套“水下博物馆”方案上报。在专家论证会上，虽然天津大学的方案因技术等问题未获通过，但与规划组的“水下博物馆”思路相一致的“无压型水下博物馆设计方案”获得了通过和批准。

2. 张桓侯庙

张桓侯庙位于重庆市云阳县，又称张飞庙，是为纪念三国时期蜀将张飞建造的寺庙建筑。楼、亭、阁、殿、廊是张飞庙的主要建筑，它与茂密的古植被、自然的山体地势、潺潺的飞流瀑布浑然一体，构成了“巴蜀一胜境”的人文景观。又因保存有大量汉唐以来的名人字画、石刻、木雕等，成为三峡地区的“文藻胜地”而吸引了众多游客。

对该建筑群的保护，采取异地搬迁的方案并无争议。但在选址问题上，却存在多种意见。规划组委托清华大学就整体搬迁和三种不同思路的选址方案进行了规划，形成了《四川省云阳县张桓侯庙保护规划报告》。报告中对主体建筑的搬迁和附属建筑的古桥梁、码头、道路、环境、供电系统等项目的建设进行了经费概算和方案细部的规划，对不同的选址方案采用了分析和归纳的方法，逐一剖析和阐述。经审议，位于江南的盘石镇新址方案和报告中制定的整体搬迁方案获得了通过。目前，有关部门依据规划，已将张桓侯庙的古建筑群成功搬至了盘石镇，一些人文景观和环境风貌也予以了复原。

3. 石宝寨

石宝寨位于重庆市忠县，以阁楼式建筑为主体，前面环水，后倚山峰，奇异优美，是三峡亮丽的风景点之一，冠有“璀璨的明珠”之称。

北京建筑工程学院承接了规划组的委托，完成了《石宝寨保护规划报告》。报告中对“原地保护”与“易地搬迁”两大类多个方案进行了比较分析，制定了“原地保护”的四种“围堤保护方案”。即：条石围堤抬高寨楼楼门方案、条石围堤寨楼减层方案、混凝土围堤抬高寨楼楼门方案、混凝土围堤寨楼减层方案。并对以上方案的工程细目、经费概算、投资计划等进行了详细规划。在论证会上，专家们对“原地保护”的原则予以了确认，对“围堤保护方案”予以了优化吸取，形成了更具科学性的“护坡仰墙”方案。

（六）制定了对民族民俗文物的保护规划

经过数千年的繁衍生息和战火纷飞的乱世融合，三峡地区多民族的居民体，逐渐被以汉族和土家族为主的民族取代，多民族的特殊习俗和血脉，融入在主体居民中，形成了以近水环境相依，群体环境相靠的具有特殊民俗的居民体。他们世代延续，虽有进化，但传统和古朴的民风，民族关联的血脉，多有保留。这是典型的“非物质文化遗产”，也是传统文化遗痕的再现。但是，故土的群体凝聚氛围和三峡特殊的近水环境是赖以生存的条件，一旦脱离，将会淡化甚至消亡。

三峡水库蓄水后，承载着“非物质文化遗产”和“活标本”的居民体将要迁移，将要脱离近水环境和整体的凝聚氛围，依附在他们身上的传统文化习俗和由此滋生的相关文物及血脉关系也将被打乱或消亡。对此，文物专家们忧心忡忡，认为保护和抢救这些民族民俗的有形和无形文化遗产，应该与保护其他类型的文物具有同等重要的意义。在听取多方意见后，规划组委托了中央民族大学对淹没区民族民俗文物的保护进行了专题规划，形成了《民族民俗文物保护规划报告》。

报告以征集民俗文物，记录迁移前的民间习俗和传统生活习惯及生产状况为主，对古今关联的族群关系，则采用DNA的测试方法（提取古人遗骨基因和现代人血样基因进行鉴别对比），寻找与古人关联的后裔群体。这是一部有着超前意识的报告，具有填补学科空白的意义。在论证会上，与会专家虽然给予了高度和客观的评价，但由于工程方面的专家以不属工程保护范畴为由，反对立项。最后，以另行立项和另行筹资方式，未将该项目列入保护规划。这是三峡文物保护中最为遗憾之事，令许多专家学者惋惜不已。

随着科学进步和文物保护领域的拓宽，对无形文化遗产和相关文物的保护已越来越引起人们的关注。

如今，许多专家学者和职能部门已对类似的项目予以了高度重视，文化部成立了“中国民族民间文化保护工程”的课题研究机构，“老北京商业民俗抢救工程”已被列入此项课题。相信，在未来的文物保护工作中，对民族民俗文物的保护定会引起更高度的重视而采取更有效的保护措施。

（七）对三峡地区博物馆建设制定了总体规划

在对三峡淹没和迁建区文物进行具体保护规划的同时，考虑到在实施阶段中，定会出土和征集大量文物，以现有的三峡地区博物馆和文物管理所的条件而言，很难承载保管、研究、利用的职能。为此，规划组委托国家文物局博物馆专家组就三峡地区的博物馆建设项目进行了总体规划，形成了三峡地区《博物馆建设规划报告》。报告拟在重庆市建设三峡博物馆，在宜昌和万县建设三峡博物馆分馆。论证会虽然给予了高度评价，但以不属工程投资范畴为由，建议另行立项和筹资。基于此，有关部门已另行申请，在获得有关部门的批准后，得到了重庆市和中央财政的经费支持。目前，投资数亿元的重庆中国三峡博物馆已在重庆市中心落成。

（八）制定了《地面文物保护规划经费概算细则》

在《三峡文物保护规划》的编制过程中，对地下文物保护的经费核算，可依据已有的定额标准，对地面文物保护经费的测算则缺乏适用的核算依据。为此，规划组约请了众多资深古建和文物专家，就文物的属性和三峡地区的特殊性，编制了《三峡工程库区地面文物保护规划经费概算细则》（简称《概算细则》）。《概算细则》是面向三峡地区的地面文物，按文物建筑、古石刻、古桥梁等分类，以搬迁保护、原地保护（含异地复制）、留取资料为主要措施的概算文本。意在科学合理地安排保护经费，规范地面文物保护经费的计算标准。

1996年，该文本经国家文物局古建专家组评审，获得通过。同年，获国家文物局批准。但是，在三建委组织召开的论证会上，工程方面的专家以审批手续不够完备为由极力反对，虽然文物专家予以了有力的申辩，最终以再进一步完善审批手续而待通过。会后，经中国文物学会对《概算细则》的复核、审议、修订，完善后的《概算细则》获得了相关部门的批准，已正式在三峡地区实施。《概算细则》的制定和实施，填补了我国地面文物保护缺少经费核算依据的空白，为进一步规范全国地面文物保护经费的计算标准，出台适合我国地面文物保护经费的概算依据文本，奠定了基础。

（九）制定了《修订与补充》文本

根据专家论证会意见，1998年，规划组对《三峡文物保护规划》作了相应的修订与补充，形成了《〈长江三峡工程淹没及迁建区文物古迹保护规划〉有关内容的修订与补充》（简称《修订与补充》）。其中，剔除了由于迁建区的变化、防护区设置及淹没区高程具体化等因素形成的不属保护范围的42处文物和文物点；将保护经费统一调整到1993年5月的价格指数上；调整了部分文物的保护方案和保护等级；对在审批《三峡文物保护规划》期间遭到毁坏的44处文物予以了说明和保护方案的调整；对于民族民俗文物的保护和博物馆建设项目，剔除了经费数据，提出了另行立项、另行筹措资金的建议说明等。《修订与补充》的形成，进一步完善了《三峡文物保护规划》，使《三峡文物保护规划》更具可行的现实意义。

三　《三峡文物保护规划》的现实与深远意义

对三峡淹没和迁建区制定的《三峡文物保护规划》，是至今为止我国规模最大、涉及范围最广、参与人数最多的文物保护规划，也是一项史无前例的文物保护的系统工程。它充分反映了我国文物保护的方针、政策、理念，体现了现阶段我国文物保护的总体水平。

详实的文物普查，填补了三峡淹没和迁建区文物总量和文物状况不确定的空白；可行的保护意向，基本达到了“最大程度地抢救，力争把损失减少到最小”的效应；合理的经费测算和投资计划，确保了有限的资金发挥最大的效益；众多科研机构的联合和参与，开创了我国考古学、建筑学、民族学以及水下考古、地质勘探、地理测绘、生命科学等多学科相结合的文物保护规划的先河；文物工作者的齐心努力，锻炼了文物队伍，造就了一批专家学者，为三峡文物保护工作的全面开展奠定了人才基础；成功的规划之举，为我国文物保护工作积累了可借鉴的经验，“先规划，后实施”已成为我国重点文物保护单位及大型文物保护工程项目的基本程序。《三峡文物保护规划》已被视作大型工程文物保护规划的蓝本和范例。

在对《三峡文物保护规划》进行论证和审批的漫长阶段，三峡文物保护问题引起了全社会的广泛关注，一些有识之士和新闻媒体纷纷进言或发表言论，希望尽快实施规划，加大对三峡文物的保护力度，形成有史以来规模最大的文物保护高潮。为此，有关部门和领导及时调整了对三峡文物保护的政策，适时通过了《三峡文物保护规划》。

由国务院三建委组织召开的专家论证会对《三峡文物保护规划》给予了客观的评价，认为《三峡文物保护规划》“有坚实的科学基础，所列的文物项目比较全面、准确，所提出的保护措施在总体上是可行的。贯彻了‘保护为主，抢救第一’和‘两重、两利’（注：重点保护，重点发掘；既对基本建设有利，又对文物保护有利）的方针。”“《三峡文物保护规划》为研究三峡地区文化历史的特点和发展，做了有益的探索，是一部配合大型基本建设文物保护规划的好报告。”

《三峡文物保护规划》不仅具有保护好三峡文物和将文物损失降低到最小程度及增加三峡工程文明色彩的现实意义，更具有唤起全社会对文物保护的关注，唤起各级政府加强对文物保护力度的意义。如今，全社会已越来越重视对文化遗产的保护，政策也在朝着有利于保护文化遗产方面倾斜，这些与三峡文物保护的成功规划有着密切的关系。

参考文献：

1. 国务院三峡工程建设委员会办公室、国家文物局：《长江三峡工程淹没及迁建区文物古迹保护规划报告》中国三峡出版社，2010年。

（原文刊于《中国历史文物》2005年第5期）

美术史研究

兰亭八柱帖

杨宗荣

兰亭八柱帖是清弘历（乾隆帝）集虞世南、褚遂良、冯承素三人临摹的王羲之兰亭序、柳公权书兰亭诗并后序、董其昌临柳公权书兰亭诗，以及他自己临董其昌临柳公权书兰亭诗、常福内府钩填戏鸿堂刻柳公权兰亭诗原本，还有于敏中补戏鸿堂刻柳公权书兰亭诗阙笔等八卷而题名为兰亭八柱的。在弘历题兰亭八柱序里说："充为艺苑联珠，题曰兰亭八柱。若承天之八山峻峙，极和布而为埏，譬画卦之八体流形，奇偶比而依次。"这是他命名的本意。

兰亭八柱排比的次序是：一、虞临兰亭，二、褚临兰亭，三、冯临兰亭，四、柳书兰亭诗并后序，五、内府钩填戏鸿堂柳书兰亭，六、于敏中补戏鸿堂柳书兰亭阙笔，七、董临柳书兰亭诗，八、弘历临董临柳书兰亭诗。现在这八个卷子藏在故宫博物院。

在北京中山公园西南长廊中有一小厅，中置一长方的石屏，是1917年移来的，是圆明园的遗存。石屏的阳面，浅刻口（贾）全所画的兰亭修禊图，背面刻有弘历题诗三首，其第一首注云："右甲子夏所题圆明园四十景之一也，已亥春辑兰亭八柱之册，因就此亭易以石柱，而各刻一册于柱以承其傅……"第二首注云："向因董其昌戏鸿堂刻有柳公权书兰亭诗本，字句多阙，因命于敏中补成全字本。初阅戏鸿堂帖时，意谓柳迹无存矣，嗣于石渠宝笈中得柳书兰亭诗真迹，复得董其昌临柳卷，乃并董刻原本后余所临董卷，钩摹泐石；然究非永和九年原序，则复捡内府所藏虞世南、褚遂良、冯承素摹本兰亭，因并为钩刻，合成八册，名曰兰亭八柱云。"这又是说明辑刻兰亭八柱的原意。至于原刻的八石柱并未发现，或在圆明园被焚毁时早被破坏了。

八柱中的柳公权书兰亭诗是赝品早有定议。虞、褚、冯三摹本兰亭，虽有不少前人的题跋，但也不是真迹，是唐人抚摹钩填的。三卷之中又以虞褚二本为佳，被人称为神龙本的冯摹兰亭却不逊于前二者。唐人双钩廓填的技巧，已达到了登峰造极。这三个卷子，清润秀气，温美而不拘窘，也可以说逼真神似，充分地表达出摹钩的神妙，它们在当时即被珍视，何况又传留了一千数百年，更是弥足珍贵了。

王羲之的字，被人誉为书圣。梁武帝评他的字说："王羲之书，字势雄逸，如龙跳天门，虎卧凤阁，故历代宝之，承以为训。"（见《书苑菁华》）而在文献上记载，又以兰亭序为王书中煊赫有名者。可是真迹早已不存了（唐太宗李世民死后殉葬），现在我们能够看到妙得王书神情的仿佛者，能不说是罕见的珍品吗！

（原文刊于《文物参考资料》1957年第1期）

灵岩彩壁动心魄
——岩上寺金代壁画小记

潘絜兹

山西繁峙县岩上寺，坐落在五台山北麓，创建于金正隆三年（1158年）。当时朔漠地区佛教信徒，每于四月初八纪念佛诞，纷纷越长城、跨北岳，远道前来朝拜五台，岩上寺是香客进山第一个接待站，所以颇具规模，香火很盛。其后佛教衰微，这座寺院也就渐趋败落了。经过八百多年的漫长岁月，这个荒僻山村，几乎已被人们所遗忘，除寺侧一株参天古杨和院内五棵苍劲古松，依然枝柯峥嵘、生机盎然外，庙宇多已毁坏，只余一座南殿是原来的建筑（图一）。

图一　岩上寺外景

岩上寺南殿是文殊殿。殿中心为方形大佛坛，尚遗留有一组金代彩塑，有文殊、胁侍、天王等像，虽断头残臂，仍可看出艺术之精湛。而最引人注目的还是四周的壁画，彩色纷披，精工至极，令人炫目惊心。它是我国壁画遗产中的瑰宝。

解放以后，全国进行文物普查，虽也有文物工作者到过岩上寺，但那时只着重于古建筑，而南殿屋顶是经元延祐二年（1315年）落架翻修的，非复原来形制，勘查者根据梁枋题记，定为元代遗物，并没有充分注意到壁画的价值，因此仅把它列作县级文物保护单位。“文化大革命”中，国家文物局为筹备山西省壁画赴日本展览（后因“四人帮”干扰破坏未得实现），于1973年进行复查，才发现岩上寺壁画原是金代遗物，有确凿的制作年月和画工姓名，一下子把时间推前了157年。这一发现，意义十分重大。笔者是应山西省之约参加壁画临摹工作，于1974年4月中旬到达岩上寺的，在这里和本省文物美术工作者一道工作两月有余，终朝面壁，调朱敷粉，手摹心追，留下了深刻的印象。现在就记忆所及，谈点个人对岩上寺金代壁画的观感。

岩上寺壁画满布四壁，高达 3 米以上，总面积约为 90 平方米。由于历年久远，保管不善，损残颇甚，特别是下方和南北壁靠近门窗处，剥落磨损的程度更为严重。画面凡属施用银朱铅粉的，都已变黑；沥粉堆金的装饰，更大都剥落。墙面还有漏雨痕和大断裂痕，以及由粗劣维修所加的创伤，真是疮痍遍体。尽管如此，仍没有掩盖壁画夺目魅人的光彩。

壁画内容，西壁为佛传，描绘了佛教始祖释迦牟尼的一生事迹。东壁是本生画，可辨识的有大方便佛报恩经孝养品，描绘须阇提（善生）太子割身肉孝养父母的故事，其余未详。北壁西侧绘五百商人航海遇难罗刹女营救的故事；东侧绘一组塔院。南壁两侧绘有殿阁楼台，下方有两排供养人像。画工题记在西壁南上方，有“大定七年□□二十八日画了灵岩院□□画匠王逵年陆拾捌”等字，院内有金正隆三年断碑一方，载明王逵的身份是“御前承应画匠”，并题有“同画人王道”，说明岩上寺壁画是金朝宫廷画师王逵和王道（身份不详）经过十年精心创作才告完成的（图二）。

图二　金正隆三年碑中之画工题名

佛教造像设教，壁画总是宣传教义的，且必然把教主拔高为超凡人圣的“神”，大肆渲染。佛教、经变（经文故事）、本生图（佛的前身诸世故事）都跳不出这个圈子。我们在岩上寺壁画中看到的也是这种情况。岩上寺西壁以一组宫廷建筑为中心，展开了广阔的社会背景，把释迦的一生事迹，都巧妙地安排在画面之中。释迦原是古天竺尼波罗南境一个小城主净饭王的儿子，姓乔答摩，名悉达多。因他属于释迦族，人们尊称他为释迦牟尼，意思是释迦族的圣人。他因看到天竺上层社会的黑暗和人生诸苦，才出家修行，创立了佛教，四处传道。他活到八十岁死去，他的死被叫做“涅盘”，意思是成就无上正觉、永生不灭之意。壁画为了把他神化，在他母亲摩耶夫人受胎时，寝宫四周放射出彩色祥光。这个不凡的婴儿从母亲衣袖中降生。受洗时沐浴着九龙吐注的净水，一手指天，一手指地，表示自己是天壤间最尊贵的人。事实是摩耶夫人根据当时风俗，要回母家去分娩，路过兰毗尼花园，在树下休息时生下他的，和普通婴儿没有两样。悟道成佛后的释迦，更是莲花托足，彩云驾身，圣光绕体，身躯也远比“凡人”高大了。

但是佛传也好，或者来源于民间故事、表现释迦降生前许多世的各种“本生图”也好，总是现实世界的反射。剥去宗教的外衣，透过虚幻的表象，就显示出生活本相来了；何况有许多故事情节，就是直接反映现实生活的呢。岩上寺壁画在这个意义上，给我们展示了无比丰富的历史画卷。首先，画家把发生在古天竺的佛教故事搬到了中国这块土地上，而且就在宋、金这个封建社会里。其次，作为意识形态的绘画，也必然会倾注作者自己的爱憎和思想感情，突破教义的牢笼。我们在岩上寺壁画中看到所有宫廷城阙，都是依据金中京的形制画出的。楼台亭榭、民宅村舍、茶楼酒馆，以至磨坊水碓，也都和当时的构造相合。这方面建筑学家正在进行深入研究，就不多说了。画面出现的各色人物（神鬼除外），也都穿着宋、金时代的衣冠服饰，其他如车辇、旗仗、兵器、农具，等等，莫不反映了宋、金时代的社会生活和典章制度。而这一切又是结合生动的故事情节来表现的，就更增加了生活气息和艺术感染力量。佛传记述：乔答摩・悉达多太子（释迦）天资聪敏，知识广博，勇武有力，善骑射。画面表现他力大过人，居然把一头巨象高掷空中。又画他立鼓作靶，驱马疾驰，骤然回身挽弓发箭的刹那间情景，眼神、箭头、鼓心成一条直线，非常传神（图三）。太子出游四门，见生、老、病、死诸苦的场面也很感人。画中表现的人生诸苦，其实是宋、金社会民族压迫、阶级压迫下人民苦难的一个缩影。太子决心出家，父王企图从生活享受上羁縻他，于是我们在画面上看到了宫中的女乐。那些由于劳累之极停歌罢舞，东倒西歪地枕着乐器酣睡的宫女们（图四），不正是封建社会被禁锢在深宫的妇女的不幸命运的真

图三　西壁之太子骑射图（摹本）

图四　西壁之倦睡宫女图（摹本）

实写照吗？太子终于在一个深夜悄悄出了宫（图五），入山苦修六年，形容枯槁，鸟雀在他头上做了窠，结果徒劳无功，这画面的处理是颇有讽刺意味的。后来他终于放弃了苦行，接受一个牧女供养的牛奶，那挤牛奶的场面也是非常写实的（图六）。在整壁佛传中，宫廷生活内容占了很大的比重（图七），画家如没有长期的观察和深切的感受，如此真实地表现形制繁复的宫廷建筑、文武百官朝觐的盛大场面、后妃宫女的内宫生活是不可想象的。另一方面，画家对社会生活也是十分熟悉的。如西壁左上方，绘有一座酒楼，反映的就是市民生活（图八）。画面酒帘高挑，上写“野花攒地出，村酒透瓶香”。楼内座客满堂，有品茶饮酒的，也有说唱卖艺的。楼外更是热闹，有叫卖各种饮食的小贩，或手提，或摆摊，或推车，或挑担，引逗着妇女和孩童，还有算卦的盲人，游方的和尚，等等（图九、一〇）。这形形色色的人群，不由使我们联想起张择端《清明上河图》中描绘的汴梁的闹市。

图五　西壁之太子出宫图

我们再来观察东壁的壁画。须阇提太子本生故事描绘的是波罗奈国王宠幸的大臣罗睺，心生恶逆，起兵篡夺王位。国王、王妃和太子须阇提仓皇出奔，因迷路粮食吃尽，国王拔刀欲杀王妃为食，太子止之，割自身肉三斤，两份供父母，一份自食。父母别去后，太子又受到化作狮子的帝释的试探，真是苦头吃足。后来国王得到邻国的支援，胜利复国，来寻太子骸骨，见太子身体平复如常，十分欢喜，共载大象而归。这个故事荒唐透顶，目的只是要说明释迦前生作为须阇提太子时种下善因，做出了非凡的孝行而已。但是画面上不也表现了封建社会宫廷政变的某些现实和古代氏族社会饥食人肉的野蛮遗俗么？东壁壁画虽同样充满宗教说教，人神相杂，但真实地反映现实生活的画面也是随处可见的。如左上方画深山遇仙场景，是一幅非常优美的仕女画。还有赶驴人，也可以看成风俗小品画。中央一组高层殿阁楼台，有宫廷贵族设香案迎接冉冉自月宫而降的女仙，使我们想到宋人《拜月画》、《耿先生炼雪图》的画面和唐明皇游月宫的故事。殿阁上方画一群嬉戏的儿童（图一一），如果不掺杂几个丑怪的鬼卒，便是绝好的可以与苏

图六　西壁之挤牛奶图（摹本）

图七　东壁之宫中图（摹本）

图八　西壁之酒楼图

图九　西壁之市井图

图一〇　西壁之酒楼市肆图（摹本）

汉臣作品比美的《婴戏图》。尤其是有一处磨坊，真实地表现了劳动生活。正在运转的水轮主轴带动了磨面和舂米的机轮，转动磨盘和石臼旁都有人在操作。整个水磨坊的机械结构十分具体清楚，没有对生活的精细观察是决画不出来的。其他还有牛耕和农具等，都说明画家生活知识的丰富广博。东壁壁画之精丽尤过于西壁，所画女仙和宫廷仕女，风度闲雅，身姿秀美，使我们联想到五代顾闳中《韩熙载夜宴图》、宋陈居中《女孝经图》、阮郜《阆苑女仙图》等名迹，真有异曲同工之妙。东壁界画也十分精细，加上多处施加沥粉堆金的装饰，更显得富丽堂皇。作为配景的山水树石，用大青绿法，层峦叠嶂，烟云映带，宛如仙境，引人入胜。

南壁西侧壁画值得注意的是下方一艘遇难海船（图一二），在大海中颠簸，桅杆断折，风帆飘落，船夫奔走抢险，船舱中人仓皇莫知所措。虽然壁画磨损过甚，面目漫漶，但船型和人物的生动形象仍依稀可辨，这是我国古代航海船舶的珍贵形象资料。更令人惊佩不已的是上方的海市蜃楼，细入毫发，大不盈尺。建筑结构繁复，透视正确。艺术之精，比天籁阁旧藏宋人《滕王阁图》、《黄鹤楼图》尤有过之，李嵩辈高手亦当敛手，因为如此精细的界画绘于直立的墙壁比平铺的纸绢上难度要大得多（图一三）。东侧壁画的宝塔，也很精细，底层附有耳房是少见的，想必有所依据。北壁壁画主体是界画楼阁，下方画两排供养人像，已残，题记也难辨认了。

壁画总的印象是内容丰富，人物生动，布局精巧，设色妍雅，不同于一般寺观壁画做法，十分接近于卷轴画，是典型的北宋院体。更令人惊叹的是这样大面积的工笔重彩画，一丝不苟，找不到起稿和粉本痕迹，而且线条变化多样，无一废笔。这种精熟的画艺，没有数十年功力是决难达到的。画工王逵（王道当是其助手）完成此殿壁画已68岁，他是金朝宫廷画工，想必是由北宋翰林图画院入金的。因为北宋亡时，王逵已28岁，当时金兵攻克东京，大掠财物，掳走百工、技艺、妇女、内侍、僧道、医卜、娼优和后妃亲王等贵族，直至徽、钦二帝，王逵恐也在其内，遂被留作金廷“御前承应画工”了。当时的女真族金王朝，文化落后，不可能培养出王逵这样的画家；再则壁画中表现的宫廷建筑、旗仗卤簿、衣冠服饰……全是北宋形制，这对于确定王逵原为北宋宫廷画工，也是有力的旁证。当然这只是一种推测，确切的结论仍有待进一步的查考。

岩上寺金代壁画为我们提供了宋、金社会丰富的形象资料，可供历史、宗教、社会、建筑、美术等各方面的专家研究。岩上寺壁画的发现，可说是我国艺苑中的一件大事。

图一一　东壁之婴戏图（摹本）

过去我对金代绘画的知识是十分贫乏的，只从画史上知道金显宗完颜允恭能画獐鹿人物，海陵郡王完颜亮能画竹，其余善画的有王庭筠（山水）、王邦基（人物）、徐荣之（花鸟）、杜锜（鞍马）等，为数不多，也未见遗迹。卷轴画中只有张瑀《文姬归汉图》（吉林省博物馆藏）是金代难得的精品。山西绛县发现的金墓壁画，画工粗劣。1973 年冬，我看了山西朔县崇福寺弥陀殿的金皇统年间壁画，才震惊于金代绘画水平之高，所惜皆为佛菩萨组合的《说法图》，规模虽然宏伟（都是 4 — 5 米高的大像），画艺虽然精湛，内容却很贫乏，远远比不上岩上寺的壁画。岩上寺壁画的发现，使我改变了对金代绘画的旧观念。新的美术史，必须给岩上寺金代壁画以重要的篇页，填补这个空白。

图一二　南壁之海船遇难图（摹本）

拉拉杂杂写了许多，只是些粗浅的感受。结束本文时想郑重提出几点建议：

一、吁请把岩上寺改为全国重点文物保护单位。

二、整修庙宇、环境和道路（由京原线五台山站到天岩村不足 10 千米，但没有公路），可辟为五台山旅游区的一个参观点。

三、对壁画进行加固、修复、临摹、摄影、出版，组织学术研究。

四、举办壁画摹本（已临有 27 幅，现存山西省文物工作委员会）和照片展览，向国内外作宣传。

图一三　南壁之海市蜃楼

山西省南有永乐宫，北有岩上寺，堪称寺观壁画的“双璧”。它和甘肃省莫高、榆林石窟壁画，陕西省永泰、章怀、懿德墓葬壁画鼎峙而三，都属我国古代壁画遗产的瑰宝。岩上寺后来居上，但因发现较迟，保管评介工作都做得不够，希望有关部门把这一处珍贵文物重视起来，切实解决上述问题，这应当不仅是我一个人的心愿。

（原文刊于《文物》1979 年第 2 期）

纪功与记事：明人《抗倭图卷》研究

陈履生

由中国国家博物馆收藏的《抗倭图卷》（图一）[1]，绢本设色，高 31 厘米，宽 570 厘米，是一幅表现明代嘉靖年间苏州、松江一带抗击倭寇侵略的历史画卷[2]。

关于“倭寇”，有必须要说的话。近年来，中国史学家出现了一些关于“倭寇”的新论，樊树志在《倭寇新论——以“嘉靖大倭寇”为中心》一文中说：“关于明代的‘倭寇’，在理解上存在误区，概念与

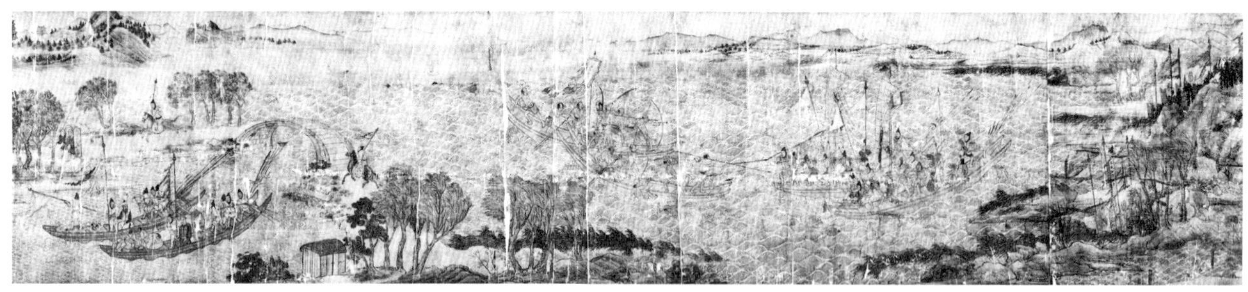

图一　抗倭图

史实都有混淆，甚至九十年代出版的《中国历史大辞典》中也仍留下明显的痕迹。该辞典明史卷的‘倭寇’条说：倭寇是指‘明时骚扰中国沿海一带的日本海盗’。这个结论是很成问题的。也难怪，它其实是以往史学界的一种流行观点。值得注意的是，这种历史认识已经远远落后于史学自身的发展。”[3]林仁川在《明代私人海上贸易商人与“倭寇”》一文认为，“倭寇”的首领及基本成员大部分是中国人，即海上走私贸易商人，嘉靖时期的“御倭”战争是一场中国内部的“海禁”与反“海禁”的斗争[4]。戴裔煊《倭寇海盗与中国资本主义的萌芽》一书指出，倭患与平定倭患的战争，主要是中国社会内部的阶级斗争，不是外族入寇[5]。王守稼在《嘉靖时期的倭患》一文说，明朝政府把王直集团称为“倭寇”，王直集团也故意给自己披上“倭寇”外衣，他们其实是“假倭”，而“真倭”的大多数却是王直集团雇佣的日本人，处于从属、辅助的地位[6]。然而，本文所论的与《抗倭图卷》相关的“倭寇”，因画面上倭寇的旗幡上书有“日本弘治一年”（图二），而所有的倭寇的形象以及装束也都是日本人的形象和装束，因此，关于“倭寇”的属性就没有再讨论的必要。

图二

《抗倭图卷》利用横卷的形式，描绘了倭寇来犯、烧杀抢掠、灾民逃难、水上鏖战、得胜班师、出城迎兵这一完整的历史过程，其独特的构思，巧妙的布局，宏大的场面，生动的表现，精细的刻画，是中国绘画史上能够表现承传关系的难得的纪功图卷和记事作品，具有重要的历史和艺术价值。

从研究的角度来看，《抗倭图卷》与明代佚名的《平番得胜图卷》作为反映明代边疆危机中“南倭北虏”的姊妹篇[7]，是研究“南倭北虏”相关历史的重要的形象资料。而在艺术表现上，《平番得胜图卷》具有明显的宫廷绘画风格，如同表现宣宗的《明宣宗宫中行乐图》一样[8]，《抗倭图卷》则是典型的吴门风格。这种南北地域的不同，院体与民间的差异，是美术史研究中的一个重要话题。因此，《抗倭图卷》表现出了特殊的个案研究的意义。

兴废之戒与图像纪功的传统

中国绘画自古就有明确的功用性，“以忠以孝，尽在于云台。有烈有勋，皆登于麟阁。见善足以戒恶，见恶足以思贤。留乎形容，式昭盛德之事；具其成败，以传既往之踪”[9]。因为“记传所以叙其事不能载其容，赋颂有以咏其美不能备其象”，而为了“使民知神奸”[10]，绘画就凸现了重要的社会价值。“见三皇五帝莫不仰戴；见三季异主莫不悲惋；见篡臣贼嗣莫不切齿；见高节妙士莫不忘食；见忠臣死难莫不抗节；见放臣逐子莫不叹息；见淫夫妒妇莫不侧目；见令妃顺后，莫不嘉贵”[11]。绘画与观者之间的关系，是建立在皇权政治基础上的社会价值观，因此，中国绘画从先秦开始就发展了这种社会价值观，并为中国绘画史开启了它最初的篇章。

《孔子家语·观周》记载：“孔子观乎明堂，睹四门墉，见尧舜之容，桀纣之象”，曰“兴废之戒也”。汉王充《论衡·须颂篇》中记有：“宣帝之时，图画汉烈士，或不在画上者，子孙耻之。何也，父祖不贤，故不图画也。”这些都是汉王延寿在其《鲁灵光殿赋》中所说的“恶以诫世，善以示后”。绘画“成教化，助人伦”的教育功能[12]，是辅助社会教化和人伦发展的一种手段，图像化或可视性在于能够直观地将教化和人伦的思想传达给观者，而统治者的利用正是发现了它的社会价值。因此，在汉代就得到了广泛的运用，“汉宣帝甘露三年，单于始入朝，上思股肱之美，乃图画其人于麒麟阁，法其形貌，署其官爵姓名”[13]。而除了在麒麟阁这样的皇家殿堂内绘制11功臣像之外，各地也以同样的方式表彰功臣[14]。这些历史的图像，今天可见的有西汉的帛画《车马仪仗图》（湖南省博物馆藏）和汉代壁画墓中的壁画，以及大量的画像石等，其中许多反映墓主人生前战功和事迹的绘画，都印证了史书的记载。

与画像纪功相关的是，在汉代，除了在鲁灵光殿这样的场所绘制功臣像之外[15]，西汉和东汉还设置了专门存放功臣画像的麒麟阁[16]、云台[17]。当这样一种制度传续到唐代，凌烟阁上阎立本所画的“皆真人大小”的24位功臣画像[18]，令唐太宗李世民“常前往怀旧”。因此，“凌烟阁”成为一种象征。

“千载寂寥，披图可鉴”[19]。而“刻石勒铭，图画其像”作为纪功的两种方式[20]，“刻石勒铭”在秦始皇时期已经出现。秦始皇在统一六国之后，自二十七年（前220年）至三十七年（前210年）先后五次巡行天下，并七次刻石纪功，炫耀声威。《后汉书·窦融列传》中记东汉时窦宪率兵打败匈奴，一直追击到燕然山，刻石纪功而还。原址在新疆巴里坤城西五十里之石人子的《汉敦煌太守裴岑纪功碑》[21]，记载汉永和二年(137年)敦煌太守裴岑率3000人，诛杀呼衍王等，“斩馘部众，克敌全师，除西域之灾，蠲四郡之周，边境艾安，振威到此”。勒石纪功作为与战争相关的一种礼仪，是远离皇宫之外疆场中常见的手段，它一直激励着将士为国效劳，也成为将士英勇奋战的终结目的和追求。汉司马相如《封禅文》云：“勒功中岳，以章至尊。”唐薛存诚《东都父老望幸》诗曰：“众愿其难阻，明君早勒功。”明徐熥《送李太守擢宪滇南》诗寄希望：“他日勒功留片碣，点苍如黛石嵯峨。”

从西汉宣帝图像麒麟阁，到东汉明帝图像云台，唐太宗图像凌烟阁，汉唐两代先后有七帝九次诏令绘制功臣图像[22]，以纪功来褒扬为国立下战功的功臣，激励后者效忠朝廷，并在更大范围内实现教化的功用。可以说纪功是为了治国的统治目的，而图像则是实现这一目的的具体手段。早期的纪功图基本上是肖像画的形式，“法其容貌，署其官爵、姓名”，并不反映具体的功绩以及立功的过程。但是，这一传统的发展，随着绘画技艺的精进，以记事的方式来纪功，在超越肖像的局限性方面将具体的事迹表现出来，从而在表现一个相对具体的历史过程的画面中，通过具体的情节和生动的形象，更好地宣扬了功勋的事迹。这种人和事并举的纪功方式，可以看成是纪功形式的发展。而这样一种记事方式的延续和发展，则不断地扩大了它的运用范围，最有代表性的是五代的画院待诏顾闳中奉后主李煜之命而画《韩熙载夜宴图》（故宫博物院藏）。顾闳中凭借自己敏锐的观察力和惊人的记忆力，画出了韩熙载在家中夜宴的过程，而李煜看到了画面中生活腐败、醉生梦死的韩熙载已无政治野心，也就放过了韩熙载。记事绘画的功能性通过《韩熙载夜宴图》得到了充分的发挥，而这些表现现实的作品经过时间的沉淀，就成为今天的历史故事画，又为后人提供了难得的能够印证历史的图像资料。

可以说记事绘画发展到五代的时候，已经有了相当高的成就，除《韩熙载夜宴图》之外，五代胡瓌的《卓歇图》（故宫博物院藏），表现契丹族可汗率部下骑士出猎后歇息饮宴情景；南唐王齐翰的《勘书图》（南京大学藏）描绘了文士勘书之暇挑耳的闲适景象；南唐周文矩的《重屏会棋图》（故宫博物院藏）刻画的是南唐中主李璟与其弟会棋的过程；周文矩的《文苑图》（故宫博物院藏）则表现了四文士吟咏属文的文人风采；以及表现民间生活的佚名作品《闸口盘车图》（上海博物馆藏）等。这些绘画史上的代表作，其艺术上的成就也得力于绘画材质的进步，以及从墙壁到绢素的变化。这一历史性的变化使得绘画有可能向精致化的方向发展，也更便于记事性的绘画成为一种历史的图样。

记事性的绘画是中国人物画成就的代表。明代《抗倭图卷》作为纪功与记事相结合的绘画，在主题和情节的表现方面，又在前人的基础上有了新的发展。虽然，对明代绘画的品评有“人物近不如古”的说法[23]，可是，在明代表现重大现实题材的作品中，与宫廷绘画风格迥异的《抗倭图卷》可以看成是非宫廷而具文人气象一派的代表，是明代人物画承前启后的标志之一。

《明史》 列传第二百十《外国三》中记[24]，“日本，古倭奴国。唐咸亨初，改日本”。“宋以前皆通中国，朝贡不绝”，可是，元世祖数遣使赵良弼招之不至，乃命忻都、范文虎等帅舟师十万征之而不成”，“后屡招不至，终元世未相通也”。直到明洪武四年（1371年）十月，日本遣其僧祖来京奉表称臣，中日关系修复。虽然明初“沿海要地建卫所，设战船，董以都司、巡视、副使等官，控制周密”。然而，“迨承平久，船敝伍虚”，而此间日本处于南北朝时代，国内战争中有不少溃败的武士流亡海岛沦为寇，时有窜犯我辽宁沿海，并移至山东、浙江、福建沿海。“自古讲和为上，罢战为强，免生灵之涂炭，拯黎庶之艰辛”，因此，“终鉴蒙古之辙，不加兵也”。

洪武十七年（1384年），朝廷“命江夏侯周德兴往福建滨海四郡，相视形势。卫所城不当要害者移置之，民户三丁取一，以充戍卒，乃筑城一十六，增巡检司四十五，得卒万五千余人。又命信国公汤和行视浙东、西诸郡，整饬海防，乃筑城五十九。民户四丁以上者以一为戍卒，得五万八千七百余人，分戍诸卫，海防大饬”。此后，明初的海防体系发展到嘉靖时期，因为明朝廷内政日趋腐败，海防松弛，“及遇警，乃募渔船以资哨守。兵非素练，船非专业，见寇舶至，辄望风逃匿，而上又无统率御之。以故贼帆所指，无不残破”。所以，倭寇乘机相继窜犯今山东、江苏、浙江、福建、广东沿海，据岛为巢，攻城掠地，深入久踞。而倭寇所到之处，烧杀抢掠，给沿海民众带来了深重的灾难，成为中国历史上明朝的倭寇之患。时至嘉靖三十二年（1553年）三月，“汪直勾诸倭大举入寇，连舰数百，蔽海而至。浙东、西，江南、北，滨海数千里，同时告警”。这时候，“论文有孔、孟道德之文章，论武有孙、吴韬略之兵法”的大明，长期被倭寇骚扰的问题开始暴露出来。而“海禁复弛，乱益滋甚”的久病，一时难得良医，故倭寇得以“纵横来往，若入无人之境”。

嘉靖三十三年（1554年），兵部尚书张经总督军务期间，“乃大征兵四方，协力进剿”。嘉靖三十四年（1555年）五月，原有的倭寇“复合新倭，突犯嘉兴，至王江泾，乃为（张）经击斩千九百余级，余奔柘林。其他倭复掠苏州境，延及江阴、无锡，出入太湖”。“时贼势蔓延，江浙无不蹂躏。新倭来益众，益肆毒。每自焚其舟，登岸劫掠。自杭州北新关西剽淳安，突徽州歙县，至绩溪、旌德，过泾县，趋南陵，遂达芜湖。烧南岸，奔太平府，犯江宁镇，径侵南京。倭红衣黄盖，率众犯大安德门，及夹冈，乃趋秣陵关而去，由溧水流劫溧阳、宜兴。闻官兵自太湖出，遂越武进，抵无锡，驻惠山。一昼夜奔百八十余里，抵浒墅。为官军所围，追及于杨林桥，歼之”。结果是“贼不过六七十人，而经行数千里，杀戮战伤者几四千人，历八十余日始灭。”其后的十月，“倭自乐清登岸，流劫黄岩、仙居、奉化、余姚、上虞，被杀掳者无算。至嵊县乃歼之，亦不满二百人，顾深入三府，历五十日始平。其先一枝自山东日照流劫东安卫，至淮安、赣榆、沭阳、桃源，至清河阻雨，为徐、邳官兵所歼，亦不过数十人，流害千里，杀戮千余，其悍如此”。

倭寇之患至嘉靖四十年（1561年），“浙东、江北诸寇以次平”。嘉靖四十一年（1562年）十一月，“亟征俞大猷、戚继光、刘显诸将合击，破之。其侵犯他州县者，亦为诸将所破，福建亦平”。其间，随着派使臣赴日交涉；日本有关方面重新奉明国典，制止倭寇；同时加强与日本的官方贸易，倭寇之患渐消。从历史的角度来看，嘉靖时期的倭患是明王朝和贫民的灾难，而所出现的与之相关的许多事情，在今天都成了诸多学科研究的对象，其中也包括在绘画史方面研究这一时期出现的抗倭题材的作品。

明史中的倭寇和抗倭成为绘画题材进入到当时的绘画之中，现存的除了《抗倭图卷》之外，还有与之相似的东京大学史料编纂所收藏的《倭寇图卷》，以及中国国家博物馆收藏的《太平抗倭图》等[25]，也有像史籍记载中的周世隆的《关公退倭图》这样的作品[26]。因为这一题材的绘画与当时流行的文人绘画在艺术理念上相去甚远，所以，不能作为主流方式而存在，画者不在画上署名或题跋，更不可能进入到文人的书画著录之中。而根据《抗倭图卷》的绘画水平，它又不是一般的民间画工所能为。尽管如此，这类作品所承担的社会功用，并不逊于那些供奉在皇宫内的宫廷绘画，以《太平抗倭图》为例，作为纪功和记事，它不仅记录了历史事件，同时，还作为纪功传统的延续，在当地有着久远的影响，成为爱国主义和英雄主

图三　太平抗倭图

义的形象教材。“抗战前，每年的 5 月 13 日至 15 日庙会时，就悬挂在温岭城门关公庙中，城里的人几乎都要去看一下，附近农村也有特地赶来看的，观众终日不绝”[27]，可见它的教化功能以及在一个地区的影响力是超乎寻常的。

《太平抗倭图》（图三）描绘了明朝嘉靖三十一年（1552 年）太平（今浙江台州温岭县）人民英勇抵抗倭寇侵犯的事迹。该画在入藏中国国家博物馆之前，一直藏于温岭县城之中，因此，它的民间属性如同绘画的主体一样。尽管明代的宫廷画家商喜创作了《明宣宗行乐图》，另有宫廷画家创作了《明宣宗宫中行乐图》，但宫廷画家以及宫廷绘画所特有的皇权意识不可能去关注那些宫廷之外的事情；尽管嘉靖年间“南倭北虏” 所表现的边疆危机已经危及到大明政权[28]，但宫廷画家仍然处于“行乐”题材的构建之中。可是，这种围绕皇帝行

图四　平番得胜图

乐的主题创作，不像同为明代的《平番得胜图卷》（图四）那样具有更为深刻的主题内容，以及更为复杂的主题表现形式。虽然在抗倭的历史中，官军的作用以及直接受朝廷指挥的抗击倭寇的战斗，仍然表现出了它的国家意识，并没有像“平番”那样具有重要的社会影响力，因此，就不可能启用宫廷画家去表现这一历史事件。

图五

《抗倭图卷》与《太平抗倭图》不同的是，《抗倭图卷》采用了自明代出现的皇家纪功图卷的构图方式，像《明宣宗宫中行乐图》、《平番得胜图卷》一样，通过连续性的表现来叙述一个完整的历史事件，使宏大的史诗般的皇家气象出现在《抗倭图卷》之上。如果以更接近宫廷绘画的《平番得胜图卷》为参照，那么，《抗倭图卷》实际上是与“南倭北虏”相关的一幅《抗倭得胜图卷》。

毫无疑问，《抗倭图卷》实际存在着纪功的功用。然而，《抗倭图卷》的图式特点决定了它不是用于悬挂而达到宣教功用的绘画。它为何而画？画与何人？以及与之相关的许多其他问题，在今天都是一个历史的谜案。因为该画无题无跋，仅在末尾有两方印章，一漫漶而不可识，另一为闲章“扁舟五湖”。从“扁舟五湖”的意义来看，它与抗倭的主题相反，应该是该卷在流传过程中的收藏印记。显然，缺少了作者和创作时间的信息，也就增加了相关研究的难度。关于该画的创作时间，因为画中的倭寇船的旗幡上书有“日本弘治一年”（1555 年），这为我们确定了基本的时间坐标——大致成于明嘉靖三十四年（1555 年），或之后，但不会远离 1555 年。1555 年，在浙江王江泾，兵部尚书张经率部众大败倭寇，“击斩千九百余级”，是《明史》中记载的最大的胜利。因此，也有学者据此而认为该画成于 1555 年，所画即为“王江泾大捷”[29]。

图六

王江泾南邻嘉兴，京杭大运河穿镇而过，虽然这里水系发达，却没有水系通往东海，也没有水系通向较近的太湖，更远离长江，与《抗倭图卷》表现的地形不符。而该画面末端城墙的旗帜上有“障江重地”四字（图五），另外，画面中明军的旗帜上又有“障江兵”，则说明所画的地点应该是在江边。这与画面开始处所表现的长有大片芦苇的江边景象相吻合。还有在卷末从城里走出的一队迎接凯旋官兵的队伍中，有一面旗帜上书有“苏松水陆官兵”（图六），这里的“苏松”应该是明代“财赋半天下”的苏州府和松江府。在地理上，松江府有长江的入海口和江岸，苏州府所属的昆山和常熟县也都有沿长江的江岸。因此，可以说画面所表现的地点不在嘉兴的王江泾，而应该在长江边与苏州府和松江府有关连的某个地方，这就和具体的“王江泾大捷”没有了关系。由此也可以这样认为，为了某种目的，所图只是表现具体的抗倭事件，表现倭寇来犯的祸害以及抗倭的胜利，即没有具体指向的纪功和记事。

那么，为什么画此图卷？也值得探讨。在“王江泾大捷”之前，“帝乃遣工部侍郎赵文华督察军情”。工部侍郎赵文华乃明朝重要权臣严嵩的义子。“王江泾大捷”之后，“（赵）文华颠倒功罪，诸军益解体。（张）经、（李）天宠并被逮，代以周琉、胡宗宪。逾月，（周）琉罢，代以杨宜”。“应天巡抚曹邦辅以捷闻，（赵）文华忌其功。以倭之巢于陶宅也，乃大集浙、直兵，与（胡）宗宪亲将之。又约（曹）邦辅合剿，分道并进，营于松江之甎桥”。与这段记载相吻合的是，画面中明军的旗帜上出现了“浙直文武官僚”，又有“苏

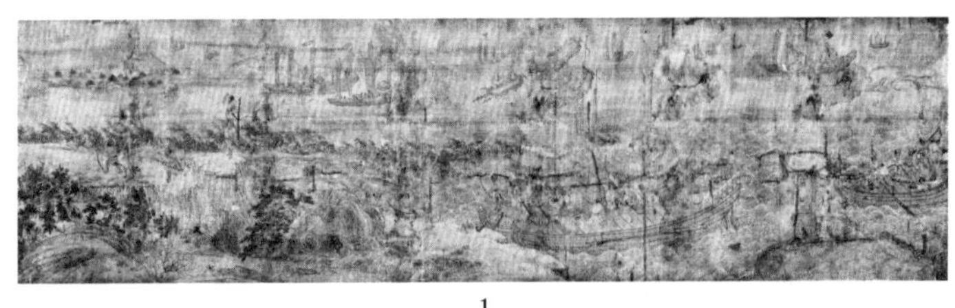

1

2

3

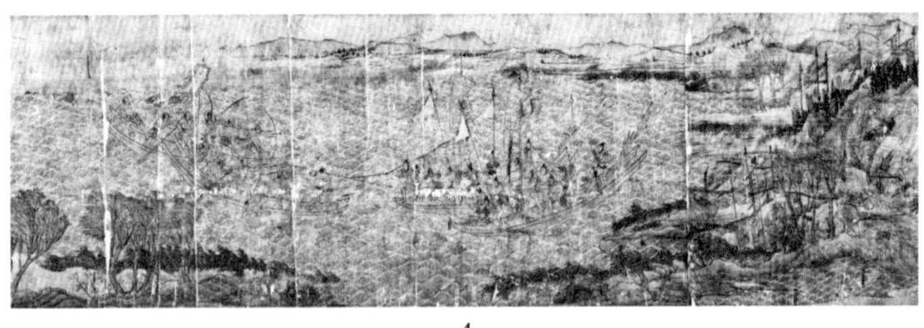

4

5

6

图七

松水陆官兵”。可是，面对赵文华的“大集浙、直兵”，“倭悉锐来冲，遂大败，文华气夺，贼益炽”。“而（赵）文华自甑桥之败，见倭寇势甚，其自柘林移于周浦，与泊于川沙旧巢及嘉定高桥者自如，他侵犯者无虚日，（赵）文华乃以寇息请还朝”。

通过《明史》中的上述记载，可以作这样的推测，为了达到“请还朝”的目的，赵文华借助于王江泾的胜利，以表示“寇息”，既纪功，又记事，于是，有了《抗倭图卷》。而从该画的主题内容和技术难度来看，如果没有特别的动机，没有强权的组织或强力的推动，是很难画出如此规模和如此水平的作品。就当时的情况而言，只有由帝遣派督察沿海倭寇军情的工部侍郎赵文华具有这样的实力，而且他具有组织创作的动机。做这样的推论，又是建立在明代政治的基础上，因为如此表现边疆危机的宏大场面所反映的政治诉求，内中存在着合理的逻辑关系。而嘉靖年间的倭患又在一定程度上反映了明代政治的腐败，党同伐异，宦官弄权，陷害忠良，从严嵩到赵文华[30]，以及这一时期抗倭名将最后的冤屈，无不表现出了与该画相关的政治背景。

《抗倭图卷》的叙事内容与结构特点

以明代嘉靖年间抗倭现实为依据的《抗倭图卷》，用跨越时空的连续性的表现方式，表现了当时“贼势蔓延，江浙无不蹂躏”的社会灾难，而从海防森严到海防废弛所暴露的明代政治问题，通过抗倭又从另外一个侧面反映了国家政治对于国家乃至民众的影响。尽管其中有明代官军的浴血奋战，也有媾和和离间等策略，可是，上层中的嫉妒、陷害又影响了平定倭寇的局势。《抗倭图卷》去除了这一历史过程中的种种支脉，以颂扬抗倭胜利为主旨，表现出了纪功与记事的双重意义。

《抗倭图卷》大致可以分为6段：倭寇来犯、烧杀抢掠、灾民逃难、水上鏖战、得胜班师、出城迎兵（图七：1—6）。在这样一个叙事性的画面结构中，作者没有平均对待每一个段落，在6段之中以第一段“倭寇来犯”为最长，而以最后一段“出城迎兵”为最短，因此，可以说突出倭患的严重性应该是该画的一个重点，而突出了倭患的严重性也就突出了抗倭胜利的功绩。遗憾的是，全卷中的第一段前面缺失，但目前的宽度

图八

图九

已在其他各段之上。对照日本东京大学史料编篆所所藏的《倭寇图卷》，目前卷首的倭寇大船应该是完整的，而且在它的前面还有一段江景以及远处海上的其他倭寇船只，这样的构图符合这一时期中国绘画横卷构图的基本程式和中国绘画审美的基本原理。

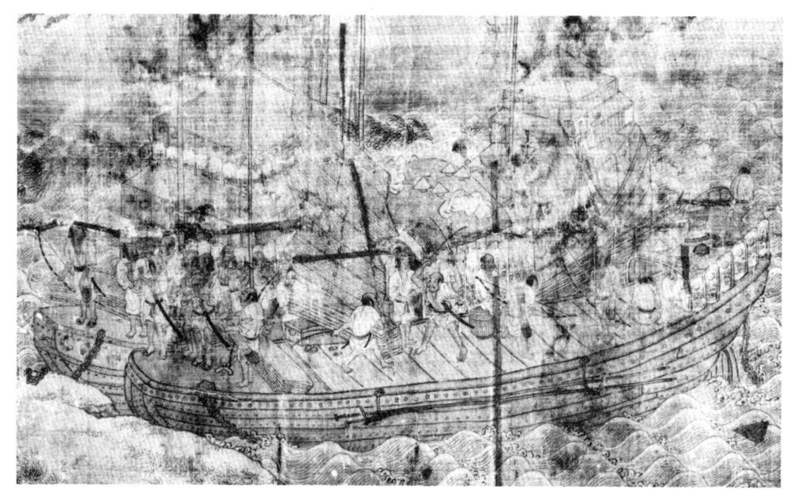

图一〇

《倭寇图卷》以倭寇来犯为起首，近处有三艘大船，其中的两艘已经泊舟靠岸，并有12名持弓或佩剑的武士离船后成为先头部队，分散在道路和周围的坡石间。坡顶上有一武士立于另一武士的肩上，作瞭望状，成为此段中比较引人注目的一个中心(图八)。而躲在左下石头后面的二倭寇(图九)，与上面前行的倭寇之间形成的呼应，表明了他们所采取的袭击方式为“其行必单列而长，缓步而整，故占数十里莫能近，驰数十日不为劳”[31]。远处的海面上，“连舰数百，蔽海而至”，与《明史》中的描述非常相似。在这一段图像中，倭寇没有遇到任何抵抗，所表现的是气势汹汹，印证了当时倭寇在这一地区“纵横来往，若入无人之境”的记载(图一〇)。

图一一

第二段表现倭寇登岸后的烧杀抢掠。这里远离江边，但能看到远处的江色。地势由右至左渐高，其间田埂交错，树木葱郁。画面中被烧的民房烈焰腾腾，这是中国绘画史上少见的景象。受到惊吓的鸡向左侧

1

2

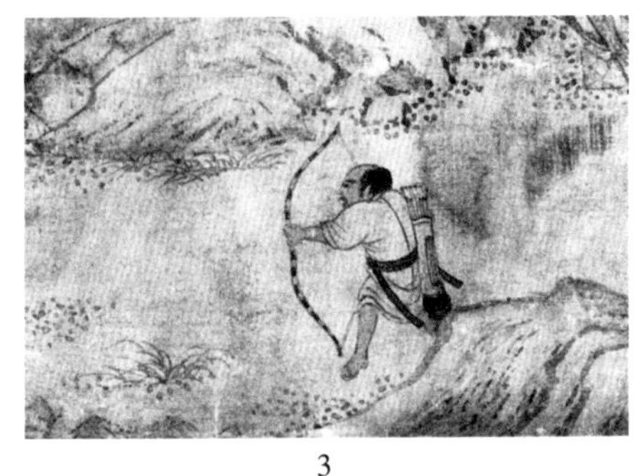

3

图一二

1

2

图一三

图一四

图一五

逃窜，成为这一段中表现主题的一个重要的细节。房屋后面的高坡通向右侧江边的道路上，六倭寇将从村民家中掠夺的财物或扛或抬走向右侧（图一一），无疑，这里连接着第一段中靠岸的倭寇大船，所表明的是倭寇要将抢夺来的财物搬运到他们的船上。画面的下方，倭寇有的正在放火烧民房，有的射箭，有的舞刀，气焰嚣张（图一二：1—3）。

通过一段树林的间隔，画面进入到第三段，这是一幅生动的“明代流民图”。失去家园的难民扶老携幼，肩挑背扛，正从陆路和水路向远离倭寇的方向走去。背井离乡的恐慌、不安、杂乱、盲目等众生相跃然画上。画面分上下两部分，下面是水边，表现岸边陆路和水路上逃难的人，是一运动的过程（图一三：1、2）。而左上部则是一群已经到达安全地点的休息的难民，大都席地而坐，其中有的支锅做饭，有的吃饭，有的聊天（图一四）。而在这群人的右边则有一人向另外两人转告前面的情况。值得品味的是，在水边还存在着一个社会阶层的对比，官员和有钱的大户人家的贵妇（图一五），坐在船上从水上逃难，免去了行路的劳累，与岸上步行的普通民众形成了比照，这一细节的处理深化了主题的表现，表现出了倭患对整个社会的影响。

第四段是明军与倭寇水上鏖战的场面。这是一个由远海入江、又进入到江内的一处水面。江水波涛翻滚。显然，这是倭寇来犯的另一个入口，也符合当时倭寇来自沿海各地的记载。远处群山层叠，并蜿蜒而至画面的右侧，陆路上旌旗招展，坡石丛林间埋伏有“威武神捷天兵”（图一六）。双方各有两船。左边挂有“日本弘治一年”旗幡的倭寇船上，倭寇大都赤裸上身，除水手之外，武士或持长矛，或弯弓射箭；另有一络腮胡双手持刀者，应是军中的指挥官；还有一旗手。右边的明军，船挂满帆，士兵皆全部戎装，唯有发号施令的指挥官装束不同。士兵中除有持矛和弓者之外，还有旗手以及吹号、敲锣、击鼓者，更有一炮手在船头的火炮前[32]，可见明军的武装实力和气势远远高于倭寇。双方短兵相接，阵前长矛相向（图一七：1、2）。倭寇已成败局，有落水的，还有落水后往船上爬的。而船后的水面上散落有抢来的箱子、包袱等。

图一六

第五段的开始紧接上段左下方的岸边的坡石、芦苇以及树林，导引出了本段右下方的道路，中间二水中分，形成了一块分割水路的陆地，它与画面右下方道路之间有一拱桥相连，而左边则是连接下一段通往城里的一条道路。拱桥是全画中出现的唯一一座桥梁，它的远处是长江的入海口，烟波浩渺。长江水通过拱桥进入到内河。远处的江水波涛翻滚，内河的水流则相对平缓。拱桥前有一骑马传送前方捷报的使者（图一八）。岛与画面右前方相隔的水面上，是得胜班师的战船。一船上竖立书有“神捷第一荷水兵团长”的旗幡（图一九）。两船上都稳坐一指挥官。一船头有4个被捆绑的倭寇俘虏，姿态各不相同；另一船头则有被砍下来的倭寇首级。在二水中分所形成的陆路上，有一队押着倭寇俘虏的陆军，他们持各式兵器，其中还有击鼓吹号者，有手提倭寇首级者，在往下一段通向城里的路上行进（图二〇：1、2）。队伍后面的不远处又有一骑马报信的使者。远处的群山中有巍峨的佛塔以及寺庙，群山脚下的左侧是村庄，表现出江南家园的秀美景色。

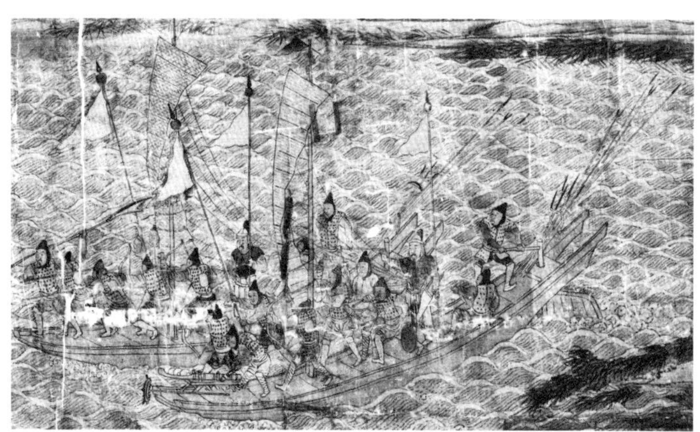

1

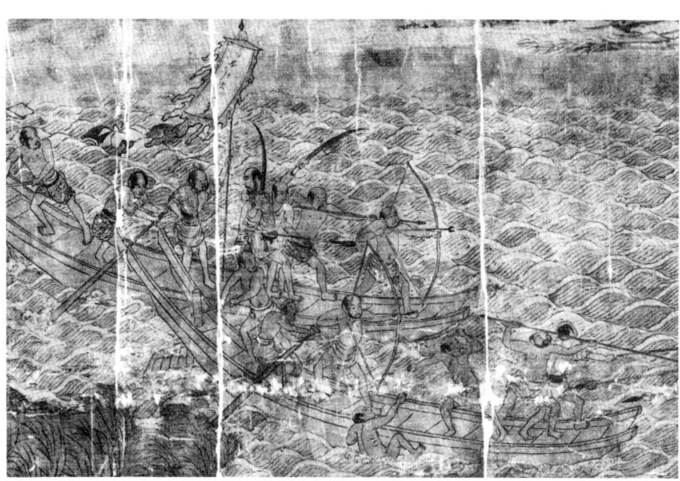

2

图一七

最后一段的近景是一队骑马的文武官员以及持有不同武器的士兵，远处是城墙。城墙上旌旗招展，其中的一面旗帜上书有“障江重地”；城墙上士兵林立，城墙内屋宇可见。城墙的腰部被水边的云气所断，形成了与近景之间的空间关系，虚实相生。全卷的末尾以高高的山石松树掩映，由此营造的效果是，从山石间走出来的官兵是出自城中，从而进一步交待了画面前后之间的呼应关系。迎接的队伍以旌旗开道，最前面的一面旗

图一八

图一九

1

2

图二〇

图二一

帜上书有“浙直文武官僚”，表现了此番抗倭“大集浙、直兵”的声势，其后的一面旗帜上书有“苏松水陆官兵”，这是属于南直隶南京使司的部队（图二一）；旁边另外一面旗帜上的文字已无法辨认。由此可以看出这里的具体地点应该是隶属于苏州府或松江府的临江的某一城池（图二二）。

《抗倭图卷》把发生在不同时间和不同地点的事件集中到一个连续的画面之中，表现了一段时间以来从倭寇侵犯到平定倭患的一个过程，不管是纪功，还是记事，都较好地实现了它的功用目的。然而，这样一种方式的选择有可能带来艺术表现上的缺少变化的平铺直叙，在失去生动性的表现时，只剩下纪功和记事的功用。但是，《抗倭图卷》有着独特而富有意味的结构方式，用艺术的手法，将对于具体事件的记录变成了具体事件的表现，从而解决了记事方式中容易出现的就事论事的局限性，而这应该归功于分段表现不同内容（事件）的方式。

可以说，《抗倭图卷》结构的复杂程度是明代绘画中少有的，在中国绘画史上也是属于具有复杂结构的代表。它的复杂性是基于事件本身的多样性，有陆路的逃难，也有水上的鏖战，更有水陆并举的登陆以及由水路到陆路的班师等，如果画成一个六开的册页，像连环画那样也能够表现出“抗倭”这一事件的开始和终结，这样会省却连接段落之间的困难。如同明沈周的《两江名胜图册》（上海博物馆藏）一样，所画的长江、淮海两岸的名胜彼此没有关连。可是，《抗倭图卷》将不同的时间和地点所发生的不同事件集合于一个画面之中，那么，所要面对的就不像在特定时间和空间范围内那样简单，而是需要将6个画面所构成的具有不同时间和空间的内容进行整合和串联，其中最重要的就是处理段落之间的连接。显然，只有通过高超的艺术处理，才能够突破、超越时间和空间的限制，实现完美结合，达到浑然一体的境界。作者在分段构图中利用了未来分段欣赏的特点，所以，充分发挥了想象力，把一些现实中的不可能变成了艺术的可能，而且通过人们对此前的回顾和联想，将不同内容的段落有机地连接到了一起，并表现出了一定的合理性。

图二二

在《抗倭图卷》的结构方式中，作者较好地利用了中国绘画中横卷形式的展示和欣赏的特点，通过具有设计意味的道路和水系的变化，使每一段的主题内容都有与之相应的具体环境，而这些具体的环境又完全来自于对苏、松地区地理的认知，无疑，也反映了作者对生活形象的敏感。利用横卷的形式，分段描绘，早在东晋顾恺之的《洛神赋图卷》（故宫博物院藏）中就已经出现，其后出现的《北齐校书图卷》（美国波士顿博物馆藏），也可以看成是这种方式另外一种运用形式。与宋以前的同类绘画不同的是，该图的结构方式是在移步换景的基础上不断地变换焦点，在一个没有定律的散点透视的关系中，通过调整视线的高低，使画面表现出了内在结构的变化。从这一方面来看，《抗倭图卷》也不同于这一时期文徵明所画的表现湖山景色的山水横卷，如《浒溪草堂图卷》（辽宁省博物馆藏）等，因为这一类表现江南的山水横卷，从元黄公望的《富春山居图》（浙江省博物馆、台北故宫博物院藏）开始，就是在同一视线的基础上作平行移动。

《抗倭图卷》的艺术源流和艺术特色

在明代绘画的人物画体系中有历史和现实两类题材。在现实题材的作品中，纪功图、行乐图、高士图、风俗图是四个不同的系统，都以纪实为目的，表现现实社会不同阶层中的人和事。纪功图表现宫外的战事或其他重要事件，如佚名画家的《平番得胜图卷》；行乐图表现皇家的巡幸与行乐，代表作有商喜的《明宣宗行乐图》、刘俊的《雪夜访普图》（故宫博物院藏）和佚名画家的《明宪宗元宵行乐图》（中国国家博物馆藏）；高士图表现当朝官员或文人的聚会，以及文人的雅事等，代表作有宫廷画家谢环的《杏园雅集图》（镇江博物馆藏）、吕纪和吕文英合作的《竹园寿集图》、杜堇的《题竹图》；风俗图则以表现民间风情中具有民间趣味的事物，代表作有计盛的《货郎图》（故宫博物院藏）、佚名的《货郎图》（上海人民美术出版社藏）等。属于纪功图类型的《抗倭图卷》，在明代人物画体系中应该说是一个特例，因为它本该以院体的风格出现，却像风俗画那样表现出民间的特色。在明代绘画中，代表宫廷绘画的院体与地方性的浙派、吴派形成了鲜明的对比，反映到《抗倭图卷》之上，其所属的派系则一目了然。从艺术风格方面来看，《抗倭图卷》与院体和浙派相去甚远，而与吴派相近，这也从一个方面反映了它的出身以及文化基因。

截止到1555年，吴门四大家中的沈周、唐寅、仇英已经殁世，惟有文徵明健在[33]，不过他已是86岁的老人。从对“吴门画派”的一般认知来看，包括“明四家”在内的当时的吴门文人画家是不可能去画《抗倭图卷》，而一般的文人画家也没有能力画出像《抗倭图卷》这样的作品。就画面所表现的地域以及具体

图二三

图二四

的画法，该画的作者应该对苏、松地区的地域特点和文化传统比较熟悉；具有很好的师承和绘画能力；在当地有一定的声名；并与“吴门画派”有一定的联系，而且应该活在1555年或稍后的这一段时间前后。

16世纪的吴门地区是“吴门画派”的全盛时期，文徵明是社会影响最大的画家，其传人多达七八十人，仅文氏家族的画家就有很多。在文徵明的山水画法中，其中之一的典型特征是在山石的上方以及围绕在树根的周围，点以浓密的苔点，这是图二三、图二四文徵明继承其老师沈周的画法而来。从这一点上来比照，《抗倭图卷》的画法却与之完全不同，因此，应该排除与文徵明系统的直接的联系。从绘画风格上来看,《抗倭图卷》更接近仇英的画法[34]，只是没有仇英所画的精细，显得比较粗简。如果把仇英的《人物故事图册》之一（图二三）与《抗倭图卷》做一比较[35]，就可以看出《抗倭图卷》与仇英的画法有着更为紧密的关系，因为它与《抗倭图卷》末尾的构图不仅比较相似，而且松树的画法更有几分类同，远山的画法则完全相像（图二四）。

漆工出身的仇英，年轻时以善画结识了许多当代名家，又拜周臣为师，并在著名鉴藏家项元汴等收藏家中见到大量的古代名作，并临摹了许多古代精品，如《临宋人画册》、《临萧照高宗中兴瑞应图》、《临张择端清明上河图》等，均一丝不苟。仇英所画严谨周密、刻画入微，为文徵明、唐寅所器重。仇英擅人物、山水、花鸟、楼阁界画，他在把握宏大的场面，表现复杂叙事内容方面的能力，在明代是首屈一指的。其画法主要师承赵伯驹和南宋“院体”画，但融入了文人画的笔墨情趣。从总体来看，仇英虽然技艺高超，但属于吴门中的另类。就仇英当时的影响力而言，其身边应该有许多入室弟子，而基于文人绘画的影响力，仇英的传人没有文徵明的传人那样有名。可是，就传承而言，只有仇英一派中的能人有这样的实力来完成《抗倭图卷》，而文徵明的传人中基本上都在山水画的范围之内，偶有能够超出点景人物之上的人物画画家，同时期中可能只有兼善人物的陆治[36]，但陆治的风格又超逾《抗倭图卷》精细，却未见过有表现如此复杂内容的画面。

在吴门风格的影响下，《抗倭图卷》以一种超于主流的文人的表现方式，又在远离院体风格的影响下，全面而生动地表现了一个重大的社会事件，完成了纪功和记事的使命，同时又在艺术上为明代的绘画史贡献了一幅难得的精品。其艺术的特色和艺术的成就，既有在一个历史过程中发展记事性绘画的贡献，又有在艺术表现上自立于明代绘画史的成就。

首先，《抗倭图卷》的复杂结构所表现出的在连续性画面中分段之间的连接，构思巧妙，富于变化，呈现出的是一个具有高度技巧的设计。在它之前的《韩熙载夜宴图》，5 段之间是以屏风为其自然间隔。如果说《韩熙载夜宴图》在具体事件的表现中仍然突出人物肖像的描绘，而《抗倭图卷》则是以表现事件为主。尽管这一事件是由倭寇、贫民、官兵等无数的人组成，可是，全卷并没有细致地去刻画画面中的人物，只是将与具体事件相关的人物纳入到山水之中，其情形如同顾恺之的《洛神赋图卷》，但每一个具体人物在画面中的比例则比《洛神赋图卷》中的人物小很多。然而，这又不同于此前或这一时期山水画中的点景人物，只是一种点缀或点题。因此，在以表现人物活动为主的《抗倭图卷》中，6 段之间的交接只有在与地形地貌相关的山水结构中实现起承转合。这之中的关键是能否表现出自然的契合，从而在天衣无缝的契合关系中达到一气呵成的连续性，这对于像《抗倭图卷》这样复杂的画面，是有相当难度的。

图二五

图二六

可以说，《抗倭图卷》是同类型分段结构作品中在处理段落之间方面的典范。因为它在结构方式的多样性方面表现出了彼此不同的丰富变化，而在交界处的处理上又通过人物关系进一步强化了主题的表现。如第二段中的倭寇将抢夺来的财物准备搬运到此前一段中倭寇的船上，而这一条路上，还有先期下船的正走向第二段的方向准备去抢夺的倭寇，完全看不出段落之间的接缝。第四段右上方一组逃向安全地带休息的难民，其空间范围是背靠左侧的山林，是远离水面的一块高地（图二五）。而这一片山林正与下一段相连，是下一段右侧水边的山坡，这里埋伏有众多的官兵。所谓的安全地带是因为背靠着官兵，与主题相关的意义在这里体现出来。第四和第五段的相接的是一片水面和近处的水岸、树林，完全融为一体，非常自然。可是，作者在第五段的开始处安排了一骑马传送捷报的使者，又把第四段中水上鏖战的胜利，传递到了下一段（图二六）。自然的地形地貌的结合，和与主题相关的人物关系的结合，互为补充，相辅相成，成为《抗倭图卷》的一个重要的艺术特色。

面对一个丰富的内容和复杂的结构，全卷从头至尾所表现出的整体性，使得《抗倭图卷》消解了段落的局部感觉，表现出了浑然一体的整体风格。无疑，就中国的人物画与人物所处环境的关系而言，中国文人把对山林的感觉表现在山水图像之中，使山水画勃兴，并后来居上走到了中国画发展的前列，山水画的自然观也就成了中国艺术的一大特色。然而，《抗倭图卷》处于人物画和山水画之间，既有人物画的丰富内容，又有山水画的自然观念，为了记事性的真实感，在表现上处理好人物与周围环境的关系就成为一个关隘。《抗倭图卷》在艺术与自然的关系上，极尽所能地将人物和环境统一在一起，相互交融，既表现了生活的真实性，又表现了超于生活的艺术性，这在明代主题性绘画中也是不多见的。

细节的表现，是《抗倭图卷》的又一个特色。在艺术表现上，《抗倭图卷》虽然没有去细致地刻画人物，却在很多相关细节的表现上显现出了难得的精心。其中的许多细节从表面上看与主题没有直接的关系，如第一段中内河的水面上有一对野鸭，但是，从整体上看，它们既表现了家园的安宁与美好，更重要的是通过这一细节的表现，强化了倭寇对美好家园的破坏，在一定程度上加强了主题的表现（图二七）。在第二段中，被倭寇焚烧的房屋中跑出来2只鸡，在画面上是非常小的细节，同样对于主题的表现有着重要的帮助。另外，全画中出现的兵器也是多种多样，既有明军与倭寇的不同，又有各阵营之间的差异。至于服饰方面，也是如此。尤其是在最后一段迎接凯旋的队伍中，因为有“浙直”和“苏松”以及来自其他地区的队伍，旗幡的不同，文武官僚装束的区别，同样显现出了合力剿倭的声势。在表现倭寇方面，在第二段中的一组反映掠夺的倭寇，前后是扛包袱的，中间安排了两个抬箱子的，所显现的作者的匠心，都表现出了《抗倭图卷》在细节表现上的特色。在自然景观的表现方面，作者以现实为依据，陆路和水路的来龙去脉，陆路与田埂的结合，山岗与前景的关系，无一处不交代清楚，每一处都经得住推敲。所以，画面结构虽然复杂，但细部的表现毫不马虎，为《抗倭图卷》增添了许多值得玩味的内容。

图二七

再以全卷中水的画法为例，在明代沈周、文徵明表现湖山的山水作品中，对于水面的处理，一般以空白来表现文人画的空灵，多数不画水的波纹；偶尔画出水的波纹也都比较简单而率意。而《抗倭图卷》从头到尾都有很大面积的水面，根据不同的水面画出不同的波纹，严谨而精细，不厌其烦。这之中江水的波涛翻滚，大河的水流涌动，在第五段中的拱桥前后有着明显的表现。而拱桥的桥下，江水进入内河的湍急又呈现出不同的表现方式。另外，全画中还有小河的静水涟漪。画面中江水与内河之水的画法完全不同，衬托出了江水的波涛汹涌，也帮助了主题的表现。其中主体水面中的水的画法所呈现的装饰性，是一种规律性的定势，是一种符号化的表现方式。而内河中的水则依据坡石表现出了生动性的变化，更接近于文人的表现方式（图二八）。

作为以表现人物活动为主的主题创作，《抗倭图卷》虽然没有对人物的精细刻画，可是，人物造型生动，刻画精简，不仅是它的特色，也是它的优长。因为全画中的多数人物处于运动之中，所以，人物的动态表现成为该画的一个特点。以第四段水面上的激战为例，倭寇这一边的武士与船上划船的、掌舵的以及落水的，构成了一个拼死抵抗的组合（图二九）。而与之相对的明军方面，人物的表现则相对平稳，显现出了一种必胜的信心。

图二八

结 语

图二九

在中国绘画史的研究中，受到文人画艺术思潮的影响，人们普遍注重文人艺术的普世价值，因此，人物画在明清两代出现了历史性的衰退。明清两代对于人物画的关注，往往集中在历史故事题材的表现上，忽视了现实题材在绘画史上的社会功用。而在现实题材中，又集中在与文人相关的高士图上。在这样一种美术史的关系中，对民间画工或非文人艺术的轻视，成为一种习以为常的态度，因此，使得像《抗倭图卷》这样的具有较高艺术水平的人物画作品，不能在美术史上占有应有的位置。对于像《抗倭图卷》这样的具有一定社会功用的作品，不管是出于什么样的创作动机，作品自身所表现的社会事件，以及这一时期艺术与社会的关系，都决定了它是研究重要历史事件不可或缺的形象资料，更重要的是对已有的美术史认知的补充——它不仅丰富了吴门艺术的内容，改善了以往认知中的明代绘画的结构，而且为美术史研究中纪功和记事性绘画在明代的发展，都提供了重要资料。

注释：

[1] 载中国国家博物馆编《中国国家博物馆馆藏文物研究丛书·绘画卷·历史画》，上海古籍出版社，2006年。该图为1965年购于北京宝古斋。

[2] 据沈登苗先生统计，“上世纪至今，海内外关于倭寇研究及相关内容的论著在800篇（部）左右，除中文版的500篇，尚有日文写成的200篇，用英文等其他文字撰写的及本文遗漏的中文论著等在100篇左右。”沈登苗：《明代倭寇研究中文论著题录500种及编著感言》，学术批评网，2005年3月22日。

[3] 樊树志：《倭寇新论——以“嘉靖大倭寇”为中心》，《复旦学报》（社会科学版）2000年第1期。

[4] 林仁川：《明代私人海上贸易商人与“倭寇”》，《中国史研究》1980年第4期。

[5] 戴裔煊：《倭寇海盗与中国资本主义的萌芽》，中国社会科学出版社，1982年。

[6] 王守稼：《封建末世的积淀和萌芽》，上海人民出版社，1991年。

[7][25] 中国国家博物馆藏、中国国家博物馆编《中国国家博物馆馆藏文物研究丛书》，上海古籍出版社，2006年。

[8] 故宫博物院藏、故宫博物院编《明代宫廷书画珍赏》，紫禁城出版社，2009年。

[9][12]（唐）张彦远：《历代名画记》，中国书画全书编辑委员会《中国书画全书》一，上海书画出版社，1993年。

[10]《左传·宣公三年》，中华书局印影十三经注疏本，1980年。

[11]（三国）曹植：《画赞》（并序），载（清）严可均辑《全三国文》，商务印书馆，2010年。

[13]《汉书·苏武传》，中华书局，2007年。

[14]相关的记载有："蜀平，光武下诏表其间。益部记载其高节，图画形象。"（《后汉书·独行传》）"晨于都宫为杨起庙，图画形象。"（《后汉书·方术传》）"张乔深痛惜之，乃刻石勒铭，图画其像。"（《后汉书·南蛮传》）"邕死年六十一，缙绅诸儒莫不流涕，兖州陈留闻之，皆画像而颂之。"（《后汉书·蔡邕传》）"高彪迁内黄令。帝敕同僚临送，祖于上都门，诏东观画彪像以劝学者。"（《后汉书·文苑传》）"延笃遭党事禁锢，卒于家。乡里图其形于屈原之庙。"（《后汉书·延笃传》）"郡县表之，为雄立碑，图像其形焉。"（《后汉书·列女传》）

[15]鲁灵光殿为景帝三年（公元前154年）原淮南王刘余徙封曲阜后始建。

[16]麒麟阁为汉武帝建于未央宫之中，主要用于藏历代记载资料和秘密历史文件。后汉时为表彰功臣，将对汉有功的功臣画像存放于麒麟阁，由此，麒麟就象征辅佐帝王的将相功臣。麒麟阁先后供奉了11位功臣，霍光为第一，其次为张安世、韩增、赵充国、魏相、丙吉、杜延年、刘德、梁丘贺、萧望之、苏武等，史称"麒麟阁十一功臣"。

[17]云台为东汉明帝派人放置光武帝拂过中兴时的28员功勋卓著的大将画像的高台。东汉明帝永平年间（58—75年），皇帝派人为28员功勋卓著的大将画像，并摆放在南宫云台之上，纪念28人为建立东汉王朝所立下的汗马功劳，史称"云台二十八将"。

[18]凌烟阁位于唐太宗李世民皇宫内三清殿旁，贞观十七年（644年）二月，李世民为怀念当初同打天下的众功臣，命阎立本在凌烟阁内描绘了24位功臣的图像，李世民亲为之赞，褚遂良题阁。所画"皆真人大小，时常前往怀旧"。凌烟阁先后有功臣像132幅，其中可准确考证的功臣人名共111人。参见章尚正《汉唐图像褒奖功臣论》，《人文杂志》2002年第6期。

[19]（南齐）谢赫：《古画品录》，载于安澜编《画品丛书》，上海人民美术出版社，1982年。

[20]《后汉书·南蛮传》，中华书局，2007年。

[21]《汉敦煌太守裴岑纪功碑》，隶书，6行，行10字。在新疆巴里坤哈萨克自治县。此碑上锐下大，孤笋挺立，望之如石人，因名其地。清雍正七年(1729)大将军岳钟琪移置将军府，雍正十三年撤师，又移置巴里坤城关帝庙。

[22]参见章尚正《汉唐图像褒奖功臣论》，《人文杂志》2002年第6期。

[23]徐沁：《明画录》，中国书画全书编纂委员会编《中国书画全书》卷十，上海书画出版社，1996年。

[24]《明史》，中华书局，1974年。以下未标明出处者，皆出于此。

[26]嘉靖《太平县志》卷一八"杂事"条。转引自王伯敏《明代民间杰出历史画"太平抗倭图"》，《文物》1959年第5期。

[27]王伯敏：《明代民间杰出历史画"太平抗倭图"》，《文物》1959年第5期。

[28]嘉靖年间，明王朝面临空前的边疆危机。北方的蒙古各部落统一后，势力强大。嘉靖二十五年（1546年），俺答称汗，遣使议和，求通贡市，世宗不许，屡请屡拒。嘉靖二十九年（1550年）六月，俺答率军侵大同，后退兵开市。一直到嘉靖三十二年（1553年），北部边境蓟辽地区滋扰不断。后世将嘉靖年间"北虏"与东南沿海倭寇之患的边疆危机，合称"南倭北虏"。

[29]孙键：《明代倭患与〈抗倭图卷〉》，中国国家博物馆编《中国国家博物馆馆藏文物研究丛书》，上海古籍出版社，2006年。

[30]对于与倭寇相关的严嵩、赵文华的评价，美国学者苏均炜在《大学士严嵩新论》中指出："很多史书，尤其是《明实录》和《明史》，对于为嵩执行倭寇政策的赵文华，极尽污蔑歪曲之能事。我在给《明代名人传》写的赵文华和那本倭寇书里，就为赵某人的冤屈伸雪。支大纶在他的《世穆两朝编年史》里，对嵩极表痛恨，但对文华的功绩却是推许的。在当时的环境里，只有像文华那样敢作敢为而又有识见，才可以担当和应付倭寇问题。同时也经过他选拔和推荐出倜傥非常的胡宗宪、声望素孚有似唐顺之那样的人才来，经过这些人的努力与责成，人才渐出，东南也就慢慢平定下来，终于海上贸易也变成合法化了。"（引自网络文章）

[31]（明）郑若曾：《筹海图编》卷二，中华书局，2007年。孙键在其《明代倭患与〈抗倭图卷〉》，一文中论述其队形"是所谓的'四分五裂——胡蝶阵'"，见中国国家博物馆编《中国国家博物馆馆藏文物研究丛书》，上海古籍出版社，2006年。

[32]"十四世纪明朝水军已经开始有建制的使用火器用于水战。明军是世界上第一支大规模装备武器的军队，十五、十六世纪的明军已经开始大规模装备火器"。参见孙键《明代倭患与〈抗倭图卷〉》，中国国家博物馆编《中国国家博物馆馆藏文物研究丛书》，上海古籍出版社，2006年。

[33]文徵明（1470年—1559年），原名壁。42岁起以字行，更字徵仲。因先世衡山人，故号衡山居士，世称"文衡山"。长州（今江苏苏州）人。出身于官宦世家，54岁被授翰林院待诏，57岁辞归出京，不再求仕进，以戏墨弄翰自遣。晚年声誉卓著，号称"文笔遍天下"。诗宗白居易、苏轼，文受业于吴宽，学书于李应祯，学画于沈周。文徵明的绘画兼善山水、兰竹、人物、花卉诸科，尤精山水。早年师事沈周，后致力于赵孟頫、王蒙、吴镇三家，自成一格。画风呈粗、细两种面貌。粗笔源自沈周、吴镇，兼取赵孟頫古木竹石法；细笔取法赵孟頫、王蒙，于精熟中见稚拙。设色多青绿重彩，间施浅绛，于鲜丽中见清雅。

[34] 仇英（1498 年—1552 年），名英，字实父，一作实甫，号十洲，又号十洲仙史。太仓（今江苏太仓）人，移家吴县（今江苏苏州）。曾师周臣学画，苦学成功，是人物、山水画的一位能手，文徵明赞其为“异才”，董其昌也称赞他为“近代高手第一”。

[35] 故宫博物院藏、中国美术全集编辑委员会编《中国美术全集·绘画编·明代绘画（中）》，上海人民美术出版社，1989 年。

[36] 陆治（1496 年—1576 年），字叔平，号包山，吴县（今江苏苏州市）人。曾从师祝允明、文徵明学书画。善画花鸟、山水。花鸟得徐熙、黄筌遗意，勾勒精细，敷色清丽，有妍丽派之称，与陈淳并重于世。山水既受吴门派影响，也吸取宋代院体和青绿山水之长，用笔劲峭，景色奇险，意境清朗，自具风格，在吴门派画家中具有一定新意。工诗文，善行、楷书法。

（原文刊于《中国国家博物馆馆刊》2011 年第 2 期）

解读明人《抗倭图卷》
——兼谈与《倭寇图卷》的关系

朱 敏

2010 年 7 月，笔者获知在日本东京大学史料编纂所收藏有一幅《倭寇图卷》，该图的绘画内容、布局结构和中国国家博物馆的明人《抗倭图卷》非常相似，这么一幅流传无序的绘画作品出现了如此相近的两个本子，在传世的绘画作品中也不多见，引起了中日两国研究者的共同关注。本文试图解读明人《抗倭图卷》的创作时间与内容，进而结合《倭寇图卷》，推断二者的相互关系。

一 明人《抗倭图卷》

明人《抗倭图卷》，绢本、设色，纵 31、横 570 厘米。中国国家博物馆藏。藏品号：Y1964。无题签。1965 年入藏。

画面内容依次分为四部分，分别是倭寇入侵、百姓避难、水面交战与献俘报捷。

展开画面，宽阔的海面上由远及近驶来多艘船只，船上高挂着白底红边的百脚旗帜，船上坐满了倭寇。远处的船只船帆升起，正全速朝陆地行驶；近处已有三只船放下船帆，一只船上，两名倭寇双手划桨，准备靠岸，另两只船则已抛锚停靠岸边。船上的倭寇或交谈，或拾弓箭，或抽刀挥舞，一副磨刀霍霍、迫不及待的样子。最前面的一艘船头，聚集着一群倭寇，其中一人手持折扇，高声宣读，其余众人双掌相对，抱于胸前。岸上，已有倭寇三两成组，有两名倭寇，爬上路边一块巨石，一人站立在另一人的肩膀上，向远处瞭望，其他倭寇，或张弓，或握刀，匆匆向着前面的村庄行进。

沿着乡间的土路，第一批登岸的掠夺者已经抢到了他们的战利品，他们有的肩扛大大的包袱，有的两人抬着一只木箱，里面或许装着丝绵锦绣、古玩字画、药材毡毯[1]。从他们弯曲的身子，沉重的步伐，不难想象掠夺的残酷。临近村落，房舍火焰冲天，四名倭寇双手各持一刀，相互比划说着什么。一名倭寇拉弓作射箭状。倭寇前面是成群逃离家园的老人、妇女、儿童，他们带着自己剩余的家当，肩扛担挑，向前奔跑。有的从水路乘船，有的从陆地逃离，就连躲过劫难的两只鸡，也惊恐万分，鸣叫着拼命向前奔跑。在远离倭寇的山坡上，逃难的人们坐地休息，有的架锅做饭，有的互相交谈，婴儿在母亲怀里熟睡，幼童缠着母亲讨要食物，人们脸上写满了惊恐与疲惫。

就在疲惫的人们身后，山间旌旗林立，刀枪丛生，陡然出现了一队设伏的明朝军队。他们手提盾牌，身着铠甲，打着书写“火照奇兵右伏”、“设伏猛烈天兵”、“国”、“靖”、“威武大捷天兵”等字样的旗帜行进，场面威武雄壮。而在水面上，双方已经短兵相接，正面交战。明军军备充足，船头置火炮（铳）、火妖等火器，船尾放置长枪、镋钯、天蓬铲等冷兵器。军官亲自坐镇，锣鼓助威，士兵个个奋勇。对面倭寇，已显败迹，水面上是落水挣扎的倭寇、击碎的船板、抢劫来的财物。倭寇船上旗面书写“日本弘治一年”。

随着一手持“报”旗一手策马的士兵奔至一座石拱桥，画面呈现的是胜利的景象。桥的另一端也是一骑马报捷士兵，二马奔驰可谓“捷报频传”。水路上有两艘明军的船只，其中一只旗幡上书写着“报捷第一荷水兵团长”，船头或是倭寇的首级，或是被捆绑的倭寇，船上各坐着一名军官，二人面露喜色，相互畅谈。陆地上，更是凯歌高奏，一队持刀、戟的士兵正押送着被俘获的倭寇朝驻地走去。一名士兵肩扛长枪，单膝跪地向前来迎接的主帅报告战况。在迎接队伍的最前列，一士兵高举着写有“浙直文武官僚”的旗帜，旗手两侧士兵各执斧、立瓜仪仗，当中骑马者，头戴官帽，身着大红色的官服，神情淡定。随后是并排的三名旗手，其中一旗幡上书“苏松水陆官兵”，他们身后有多名骑马官员。再后，则是一队持刀枪的士兵，有两面旗帜，分别书写“田州报效狼兵长”、“川广义□□兵”。画面最后是一处城墙，上面旗帜飘动，其中一面旗帜反书“……障江……重地”，每个垛口站立着一名士兵，随后是长松坡石，画面到此结束。画卷右下角有白文篆书方印二，上面一印，字迹漫漶不清，下面一印为“遍舟五湖”，或为藏家印记。

14 世纪初，日本处在南北朝分裂时期，封建诸侯割据混战，在战争中失败的一些封建主纠结武士、商人和浪人到中国沿海地区，进行走私、抢劫等海盗活动，被称之“倭寇”。明朝初期，统治者重视巩固海防，“百余年间，海上无大侵犯，朝廷阅数岁一令大臣巡警而已。至嘉靖中，倭患始起”[2]。一方面是吏治腐败，海防松懈废弛。另一方面，朝廷忽视了正常海外贸易的需求，没有正确处理朝廷、民间与海外正常的贸易关系。先是接受一些朝臣“倭患起于市舶”的建议，贸然将设在福建、浙江和广东的市舶司罢除，同时承袭传统的海禁政策，使得正常的贸易受到阻碍，直接导致了走私活动的猖獗。日本本土的倭寇与一些内地富商大贾互相勾结利用，进行劫掠。明人《倭变事略》载：“小民好乱者，相率入海从倭，凶徒、逸囚、罢吏、黠僧……不得志群不逞者，皆为倭奸细，为之向导。”倭患愈演愈烈，遍及东南沿海地区，直接威胁到明朝廷的存亡。

于是，嘉靖皇帝着手整顿东南沿海的军事防备。先是委派朱纨为浙江巡抚[3]，负责管理浙闽海防军务。朱纨到任后，采取革渡船，严保甲，搜捕与倭寇相通的奸民，整顿营伍，添设战船，加强海防等措施[4]。虽然这些措施取得了一定成效，但同时触犯了一些地方豪绅的利益，最终，朱纨遭到弹劾，被罢免官职，逮捕入京讯问。朱纨愤恨交加，服药自尽。他所竭力加强的防卫措施自然流产，“浙中卫所四十一，战船四百三十九，尽籍尽耗”[5]。

嘉靖三十一年 (1552 年) 四月，倭寇自浙江舟山、象山等处登陆，劫掠台州、温州、宁波和绍兴等地。同年五月，倭寇攻陷黄岩县城。消息传到京师，嘉靖皇帝和朝臣们再次感到事态的严重，给事中王国祯、御史朱瑞登请求复设都御史，“令吏部推堪任者，晏驰赴任，督兵剿贼”[6]。嘉靖皇帝颁令以巡抚山东右佥都御史王忬[7]出任浙江巡视，兼管福兴漳泉提督军务大臣，并添设分守浙直参将各一员，以俞大猷和汤克宽任之，俱听王忬节制。嘉靖三十二年 (1553 年) 闰三月，海盗王直勾结倭寇大举入犯，“连舰百余艘，蔽海而至。南自台、宁、嘉、湖以及苏松，至于淮北，滨海数千里同时告警”[8]。“上海及南汇、吴淞、乍浦、蓁屿诸所皆陷，苏、松、宁、绍诸卫所州县被焚掠者二十余”[9]。王忬虽督军抵御，取得普陀大捷，却也打草惊蛇，使得倭寇由原先的大群集团活动改为分散袭扰。由于王忬没能有效阻止倭寇的进犯，被调任大同巡抚。李天宠代王忬巡抚浙江。此后，温州、台州、宁波、绍兴等地均不时遭到倭寇侵犯。

嘉靖三十三年 (1554 年) 五月，经给事中王国祯、贺泾和御史温景葵建议，嘉靖皇帝任命南京兵部尚书张经以都察院右副都御史[10]。总督南直隶、浙江、山东、两广、福建等处军务，授予他“一应兵食俱听其便宜处分。临阵之际不用命者，武官都指挥以下，文官五品以下，许以军法从事”的权力[11]。张经对倭寇早有认识，之前针对地方官员的职责增加军事装备、士兵人员几方面，曾提出“各处巡抚，严督所属，预集兵舡，以守要害；追补纳料军士，以实行伍；清理积岁料银，以造战舡”[12]。张经到任后，采取了六条措施：1. 查复备倭旧政。2. 总会水战兵船。3. 编立本地主兵。4. 议设海防职守。5. 议置游兵防护。6. 申明赏罚条格[13]。抗倭斗争由被动出击、独立作战到积极防守、协同作战，奖罚分明，抗倭斗争进入了转折时期。

此后，经胡宗宪、俞大猷、戚继光等人努力，最终扫除了倭寇。

明人《抗倭图卷》在明军与倭寇水面激战画面中，倭寇船只旗幡上墨书 “日本弘治一年”，它为图卷内容的考证提供了时间依据（图一）。

“日本弘治一年”即明朝嘉靖三十四年（1555年）。同时期曾亲自参加抗倭斗争，为抵抗倭寇出谋献策的布衣军事家郑若曾[14]在《筹海图编》一书中详细记载了当时倭寇骚扰，明军反击的详细情况（表一）。

表一　明朝嘉靖三十四年倭夷入侵与抗倭情形表[15]

	慧潮	漳泉	兴福	温台	宁绍	杭嘉	苏松	常镇	淮扬
正月						徐海自柘林来攻乍浦所，犯海宁，攻平湖县，破崇德县。寻至湖州府，攻归安县，攻德清县。	老鹳嘴贼遁走，与柘林贼和。贼攻南汇所。佥事董邦政攻川沙漥贼巢，大破之。贼攻金山卫。总兵俞大猷,副使任环、孙宏轼都浙直官兵败贼于胜敦。贼入崇明县，沙耆民兵大败之。		
二月						贼攻嘉兴府。	贼攻青邨所，指挥翁时奖等击败之。		
三月							贼围上海县。贼攻金山卫，总兵俞大猷击败之。副使任环败贼于野茅洪。		
四月				贼犯瑞安县。	贼犯绍兴府。贼犯慈溪县。贼攻余姚县。	贼攻乍浦所，遂至嘉兴府。总督都御史张经，巡按御史胡宗宪会兵大破之于王江泾，斩首三千余级。	贼攻常熟县。副史任环大败三丈浦之贼。贼攻崇明县。柘林贼首徐海分踪出掠苏州、常熟、崇明。	贼攻无锡县。	贼犯通州。贼攻海门县，知县赵卿击败之。贼犯扬州府。
五月				贼攻爵所。	贼犯余姚县。贼攻三山所，指挥刘朝恩击败之。	贼犯平湖县。指挥李希贤击败之。贼攻乍浦所。	贼犯吴江县，巡按御史周如斗击败之。任环破贼于陆泾壩。既而复击三丈浦之贼，大败之。贼复巢柘林。		参将乔基等击贼于吕四场，大败之。
六月					贼复犯余姚县，乡兵击败之。贼自观海卫遁归。都指挥王霈等追败之于霍山洋。参将卢镗败贼于马鞍山新林，复追败于胜山龟鳖洋。	贼犯杭州府。贼自平望复回嘉兴府，取道嘉善之王店。推官刘泉复大败之。	贼自杭州遁归，道出吴江之平望。巡按御史胡宗宪、副使任环等督浙直官兵会击大败之。贼犯松江府。贼攻苏州府。常熟三丈浦之贼遁出海。太仓知州熊桴追败贼于登州沙。副使任环、总兵俞大猷败贼于马蹟山。	副使王崇古败贼于靖江。	

	慧潮	漳泉	兴福	温台	宁绍	杭嘉	苏松	常镇	淮扬
七月							知府方廉用计毒柘林贼巢，贼死者千余人。浙江提督胡宗宪遣参将卢镗、都司王沛败贼于金山洋。柘林贼移巢陶宅。剧贼五十三人犯苏州，提督都御史曹邦辅讨平之。		
八月					副史孙宏轼、参将卢镗击贼于大陈山，平之。贼首林碧川就擒，沈南山就戮。		七丫港、吴淞江贼遁出海，把总杨尚英追击，败之。总督侍郎杨宜遣游击将军曹克新、副使任环攻川沙贼巢，击走之。贼犯上海县。		
九月					贼巢舟山之谢浦。				
十月				贼犯宁海县。提督都御史胡宗宪讨贼于龛山，平之。	贼犯余姚县。参将卢镗败贼于梁衢。	贼犯海盐县，知县郑茂、指挥徐行健讨平之。			
十一月		贼犯镇东卫。官兵败贼于东岳山。							
闰十一月				贼犯平阳三港，寻至平阳垦。	贼犯嵊县，官兵讨平之。		贼屯周浦，四川佥事焦希程率土兵攻败之。贼遁出海，总兵俞大猷、副使王崇古追败贼于吴淞江口。		
十二月				副使谭纶等攻南鹿山贼于清风岭，平之。					

由表一可以看出，倭寇侵犯地区包括福建的镇东卫，浙江的温州、台州、宁波、绍兴、杭州、嘉兴，江苏的苏州、松江、常熟、镇江、扬州。其中，嘉兴、苏州、余姚县多次被扰，遭受倭乱最重。冯贤亮曾根据《明实录》记载的倭寇入侵情况统计过数字，洪熙至正德的年间，史书中有记载的较大入侵记录不超过 10 次，嘉靖年间倭乱达 179 次[16]；仅嘉靖三十四年，倭寇侵扰次数就达 37 次，从年初正月到年底十二月，月月有记录，倭寇猖獗，可见一斑。从表一我们也清楚看到，这一年，明军开始主动抗击倭寇，并取得局部胜利。

图一　日本弘治一年

图二　浙直文武官僚与苏松水陆官兵

在画卷后部前来迎接胜利归来的人马中，有两面旗上书写“浙直文武官僚”、“苏松水陆官兵”，它们对判断战役地点有一定帮助（图二）。

“浙”指浙江，是明行政省。沿海府为温州府、台州府、宁波府、绍兴府、杭州府、嘉兴府。

“直”指南直隶，即今天的江苏。明代自永乐年间明成祖朱棣将国都由南京迁至北京，南京为陪都，成为南方的政治经济文化中心。沿海府有松江府、苏州府、常州府、镇江府、扬州府和淮安府。

“苏”指苏州府，有七县，分别是长州、吴江、昆山、常熟、嘉定、太仓、崇明。

“松”指松江府，有三县，分别是华亭、上海和青浦。

按照明代浙直兵防官制，根据抗倭斗争的需要，主要负责人是总督，总督浙、直、福军务，兼巡抚浙江都御史，驻扎浙江。初为朱纨，继为王忬。嘉靖三十三年 (1554 年)，总督与巡抚分设，张经以都察院右副都御史身份总督南直隶、浙江、山东、两广、福建等处军务，李天宠为浙江巡抚。同时，任命胡宗宪为浙江巡按监察御史，负责监察纪功。三十四年，特敕赵文华督察直浙军务侍郎。除此之外，设有负责粮草的巡视海道副使，分守各府的兵备副使、参将及把总。因此，按照“日本弘治一年”，这里的“浙直文武官僚”当指以上这些人。由于兵制规定，总督、巡抚驻扎浙江，由此也可以断定战役地点是在浙江。江苏、浙江自然条件优越，物产丰富，因此苏州、杭州、嘉兴等地就成为倭寇骚扰抢劫的主要地区之一。

直隶兵防官制，分守苏、松府设有参将，主要负责本府军务。而图卷中出现“苏松水陆官兵”应该不是上述官兵，而是指苏松海防同知率领的军队。此官职是在张经上任后条陈总会水战兵船，议设海防职守，嘉靖皇帝下旨设置的。主要针对当时倭寇来犯，船必由海洋，来必由浙东，而明军船只数量有限，兵力匮乏。根据“吴淞江口及黄浦一带皆通海要路，兵船既设，统领无人，请于苏、松各增设海防同知一员”[17]。张经主张“合浙之东西，江之南北各把总兵船为一体，每总以其半为游兵，半为守兵”[18]。遇到倭寇来犯本地，要全力以赴，遇到倭寇进犯它处，则守兵留守，游兵追捕，形成了江、浙兵相互协调，相互策应。从而有助于兵力的集中，便于指挥调配，做到江浙沿海共同防御。

画卷中部的两面旗上书写“靖”（图三）、“田州报效狼兵长”（图四），表明是有客兵参战的。

“靖”指“保靖兵”，明初设保靖宣慰司，隶属湖广都指挥使司。每年奉表朝贡。嘉靖三十三年冬，明朝廷征调永顺、保靖客兵“协剿倭贼”[19]。三十四年，永顺宣慰彭翼南、支仕宣慰彭明辅统兵 5000 人，保靖宣慰彭荩臣率兵3000入浙抗倭。《明史》“保靖州军民宣慰使司”记载：保靖兵“遇倭于石塘湾，大战，败之。贼北走平望，诸军尾之于王江泾，大破之”[20]。其中“尾之于王江泾，大破之”就是指“（张）经遣参将卢镗督保靖兵援，以（俞）大猷督永顺兵由泖湖趋平望，以（汤）克宽引舟师由中路击之，合战于王江泾。”战后，彭荩臣被封为昭毅将军[21]。如图卷所绘，保靖兵与“威武大捷天兵”的“国”字号明军追击倭寇，断敌后路，与史书记载是相符的。

图三　靖

图四　田州报效狼兵长

田州，在今广西。明设田州府，每年遣使奉表贡马及方物[22]。当地狼兵以骁勇善战，以少胜多著称。其中又以田州岑氏兵，更负盛名。张经曾总督两广军务，因此提议征调狼兵参加抗倭斗争。嘉靖三十四年四月，田州土官首领岑猛的妾瓦氏夫人亲自统率其孙岑大寿、岑大禄，头目钟南、黄仁等领兵4100名，战马450匹；归顺州头目黄虎仁等领兵863名；南丹州头目莫昆、英从舜等领兵550名；那地州头目罗堂等领兵590名；东兰州头目岑褐等领兵750名，共6853名，一同出征。至苏州，总督张经命其分隶总兵俞大猷，参加了金山卫之战、漕泾镇之战、王江泾之战，以杀贼多，诏赏瓦氏及其孙男岑大寿、大禄银币，余令军门奖赏。但随着张经遭诬陷死去，狼兵和湖广土兵无人管辖，军饷遭到克扣，于是引起狼兵、土兵的抢劫行为。“十一月，止征狼、土诸兵”[23]。瓦氏夫人率领狼兵回师田州，不久病死。

从画卷内容和能够明确辨认的文字看，它表现的是王江泾战役。其中保靖兵和田州兵作为客兵被征调参加抗倭斗争，这是嘉靖抗倭中特定时期的用兵政策，是当时卫所兵不具备直接抗倭力量，明朝廷采取的临时补救措施。因此，画面出现 “田州” 、“靖”这些客兵字样。并且，田州兵参加抗倭前后仅存在半年多，时间是嘉靖三十四年，因此使用“田州” ，具有更为明确的时间指向。画家在此书写“田州报效狼兵长” ，显然是和“日本弘治一年”相互印证，明白无误地告诉我们战役的时间是嘉靖三十四年。加之画面表现出明军与倭寇交战的作战方式与战术以及献俘人数之多，由此，笔者推断画卷描绘的是“王江泾大捷” 。

王江泾位于嘉兴以北13.5千米，水路北通苏州、松江、常州，南达杭州、宁波、金山、绍兴、温州，是苏杭地区著名的丝绸之乡。

嘉靖三十三年，徐海率和泉、萨摩、肥前、肥后、津州、对马等岛倭寇，聚集在柘林（今上海松江区），并以此为据点，四出劫掠。三十四年正月，倭寇犯平湖、湖州，攻乍浦、归安，破崇德。二月，攻金山、嘉兴。四月，倭寇分头劫掠苏州、常熟、崇明、湖州和嘉兴。攻崇明、江北的倭寇，遭到太仓知府熊桴的阻击，败没于登州沙。攻常熟、无锡的倭寇，屯三丈浦[24]。

五月，柘林倭寇4000余人突袭嘉兴，总督张经已经进行了细致的筹划。明军做好了反击的准备，最后一颗棋子——湖广永顺、保靖的土司兵也已到位。先是分遣参将卢镗督狼兵、土兵水陆出击，保靖宣慰使彭荩臣的保靖兵与倭寇遇于石塘湾，双方大战，落败的倭寇欲北走平望，又遭到了副总兵俞大猷

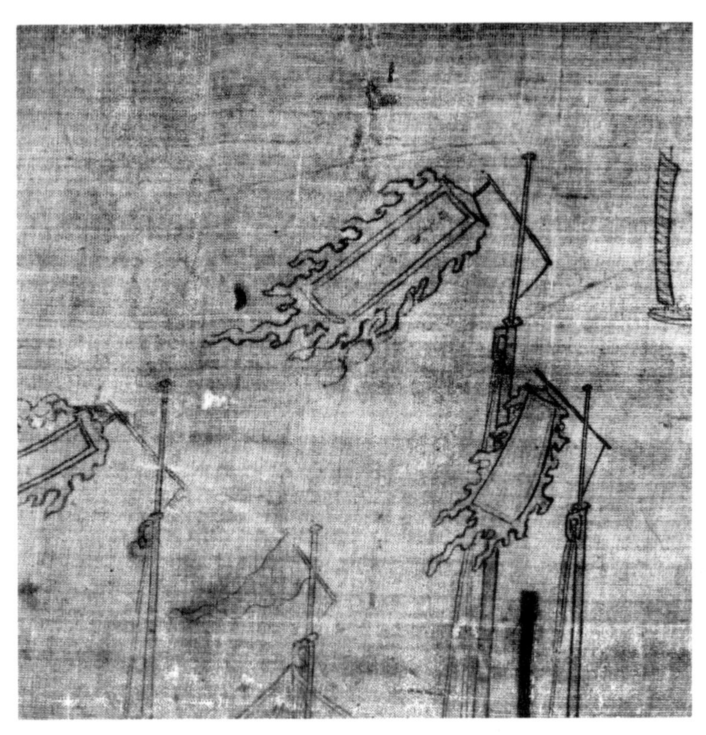

图五　日本弘治三年

率永顺宣慰司彭翼南德的永顺兵阻击，倭寇只好逃至王江泾。张经再次命大猷督永顺兵在前堵截，卢镗率保靖兵在后追击，汤克宽引舟师从中路正面交手。这次战役，明军水陆协同作战，取得了胜利，“共擒斩首一千九百八十人有奇，溺水及走死者甚众”[25]，其余的几百倭寇，奔归柘林。这是“自有倭患来，东南用兵未有得志者，此其第一功云”[26]，大大提高了明军的士气。

在画卷开始，从海上入侵的倭寇船只旗幡上残留淡淡墨迹，经日方红外线照相处理，依稀显现出来“日本弘治三年”，即嘉靖三十六年（1557 年）（图五）的字迹。

同一画卷上出现两个不同时间，令人费解。我们再来了解嘉靖三十六年倭寇入侵与抗倭情形（表二）。

表二　明朝嘉靖三十六年倭夷入侵与抗倭情形表[27]

嘉靖三十六年	慧潮	漳泉	兴福	温台	宁绍	杭嘉	苏松	常镇	淮扬
三月			贼犯福州府。						
四月					贼犯定海关。		贼犯营前沙，同知熊稃击走之。		贼攻海门县。
五月									贼犯扬州府，山东兵击败之。参将卢鏜败贼于湾头。贼入宝应县。
六月									副使于德昌大败泗州之贼。千户汪时中败贼于扬子湾头，追至庙湾，平之。
十月			贼攻进连江县，官兵击走之。						
十一月					总督侍郎胡宗宪诱贼首王直入定海关，擒之。				

从表二中得知，到嘉靖三十六年，由于明军加强防守，倭寇进犯次数已经大大减少至 6 次。杭州、嘉兴地区已经恢复了安宁，苏州、松江地区也仅有局部地方受到侵扰，侵犯重点转移到了福建和江苏的淮扬地区。最为突出的是发生在十一月的总督侍郎胡宗宪诱贼首王直入定海关并擒之这一事件。

由于明人《抗倭图卷》是以连环画形式，由不同画面组成，画面的地域跨度长，内容丰富，时间递进展开，因此画面出现两个不同的时间。有两种可能：1. 暗喻战役时间与创作时间。2. 表现倭乱持续时间之久，倭患之猖獗。笔者倾向前者，“日本弘治一年”是画作反映的历史事件时间（这与画面内容是相互吻合的），“日本弘治三年”是作者绘画时间，即作者以倒叙的方法，以“日本弘治三年”开始追溯发生在“日本弘治一年”的王江泾战役。这也反映出作者创作此图时，限于当时社会政治的黑暗，官场间的相互争斗，出于某种政治因素，只能含蓄表达。这一点也可以从使用日本纪年，而不是正统的中国年号得到印证。

解读完画卷内容，我们不禁心生疑问，画家如此精心绘制的图卷，为何没有署名？画家如此渲染战役大捷，为何没有说明为谁而作？显然，此画卷背后有不为人知的隐情。

本来是一场值得颂扬的战役，但是主要参与者在随后几年，人生发生了重大变故。指挥战役的总督张经因不追随严嵩党羽赵文华，战前遭“糜饷秧民，畏贼失机”的弹劾[28]；战后又被严嵩诬陷“文华、宗宪合谋进剿，经冒以为功”[29]。世宗听信谗言，将张经逮捕入狱，五个月后，被斩。后人有诗“君不见王江泾头张尚书，凯歌声里征囚车”[30]，就是感叹张经的遭遇。

李天宠，浙江巡抚，为人正直，赵文华诽谤他“嗜酒废事”[31]，世宗遂以胡宗宪代其职。不久，御史叶恩又弹劾李天宠纵寇，世宗再次听信谗言，逮捕李天宠，与张经同一天处死。

俞大猷、卢镗、汤克宽，抗倭名将，多次与倭寇交战，对平定浙江倭寇，功不可没。在王江泾战役中，俞大猷为苏松副总兵，统永顺兵在前堵截倭寇。卢镗，参将，领保靖兵在后追击倭寇。汤克宽，提督海防诸军，领军水路攻击。三人在王江泾战役中，虽然是重要的参与者，但不是真正的部署指挥者，而画家刻意渲染的是一个完整的战役，突出的是战术部署、战略指挥者。

胡宗宪，与赵文华、严嵩父子结交。初为浙江巡按监察使，王江泾战役后，擢为左佥都御史，后总督浙直福建军务。嘉靖三十五年诱降并歼灭了倭寇徐海部。三十九年（1560 年），又以平海盗汪直功，加太子太保。四十一年（1562 年），因南京给事陆凤仪弹劾其为“严党”而入狱。五十四年病死狱中。《明史·胡宗宪传》中有:“及经破王江泾，宪宗与有力。”[32]明确记载他对王江泾战役出了力，但不是指挥者。

赵文华，嘉靖朝工部侍郎，党附严嵩，以“祭告海神”抗倭被世宗派到浙江。在王江泾战役中，强调自己与胡宗宪“以毒酒将船载到贼里佯弃，贼得酒，中毒”[33]。将战役首功归于自己和胡宗宪。笔者设想，如此大功，也宜于在画面中大肆表现，不会如此低调，因此图卷不是歌颂他们。

因此，笔者认为，这幅画卷是为张经所画，是张经的部下或家人为缅怀张经所画。中国古代绘画，在最初时，并不署画家名款，直到宋代，才有画家将自己的名款藏在山石树木上。此幅画卷的作者为当时时局所限，不敢公开为张经鸣冤，出于自我保护，用藏款的方式，借用旗幡，以榜题的形式巧妙地将战役的时间、地点隐匿其中。这也就可以解释画面上出现的是日本年号的问题。

二 《倭寇图卷》

《倭寇图卷》，绢本，设色，纵 32、横 523 厘米。日本东京大学史料编纂所藏。藏品号：S0080－2。经文求堂书肆从中国带至日本。题签：“明仇十洲台湾奏凯图”。

《倭寇图卷》，画面也可分为四个部分：倭寇来袭、民众避难、水面交战与明军增援。

水面上由远及近驶来五艘满载倭寇的船只，远处一艘船上，一名倭寇正张弓搭箭，迫不及待，船上旗帜书写着“日本弘治四年”。近处靠岸的两艘船，已经抛锚靠岸，有倭寇跳下。路上，倭寇结队而行，或交谈，或持弓射箭，有两名倭寇，爬上路边一块巨石，一人站立在另一人的肩膀上，向远处瞭望。

沿着乡间的土路，第一批登岸的掠夺者已经带着他们的战利品返回，一户院落已经火焰冲天。一名倭寇持刀挥舞恐吓百姓，一名倭寇弯腰捡拾遗落的包袱，前面是成群逃离家园的人们。隔岸山坡上是一组逃难的人群，有的席地而坐，有的站着交谈，有的架锅做饭。山后还有一艘搭载逃难百姓的小船。

水面上是两艘明军船与两艘倭寇船，明军船在画卷左侧，倭寇船在画卷右侧，双方正面交锋。明军全力进攻，敲锣助威，或张弓搭箭，或以长枪将倭寇挑落水中。船上旗帜书写“大明神捷海防天兵”、“第二哨”、“护国救民”。后面桥洞下，一艘明军船赶来助战。倭寇则呈现败象，水面上落水的倭寇，有的奋力逃生，有的已经溺水沉没。桥边，一名士兵持“报捷”旗，骑马报讯。

大队明军全副武装列队出城，走在最前列的是一手持剑，一手持盾的士兵，随后士兵持长枪、刀、钩镰、三角旗，再后几名身着铠甲的军官围在一红袍主将周围，骑马前行。他们身后旗帜招展，队伍正从城门走出，城门门洞上书“海防新城”。

《倭寇图卷》原题签为“明仇十洲台湾奏凯图”，是一幅工笔青绿重彩画。仇十洲即仇英，字实父，号十洲，江苏太仓人，后居苏州。明代著名书画家，与沈周、文徵明和唐寅并称为“吴门四家”。生活于明弘治至嘉靖时期，书画著述上大多将他的卒年定为嘉靖三十一年（1552 年）[34]。擅画人物、山水、楼阁界画，尤长于临摹。画法主要师承赵伯驹和南宋“院体”。以其传世的青绿山水《桃源仙境图轴》和《倭寇图卷》相比较，《桃源仙境图轴》山形高低错落有致，山石勾勒而不皴擦，施以石青石绿；《倭寇图卷》的山石却是勾勒后作披麻皴，尤其是在倭寇瞭望站立的山石下，唐突地使用了大块青色，给人生硬的感觉。在人物的处理上，《桃源仙境图轴》中的三个文人和两个童子，人物的动态和表情描绘得细致入微。《倭寇图卷》人物则显粗糙，尤其是将逃难妇女的衣服颜色、明军士兵上衣、旗帜马鞍以及倭寇百脚旗边，使用了同一种蓝色，这与画史中记载作画严谨周密、刻画入微的仇英不相符。由于仇英的人物画线条流畅，形象准确，色彩艳丽，为人们喜爱，在苏州一带，临摹之风盛行，此图可能是题签者附会于仇英。国家博物馆藏《百美图》、《美人春戏图》均属这类作品。

经过日方红外线照相技术处理，画面有“日本弘治四年”，“大明神捷海防天兵”字样。“日本弘治四年”即嘉靖三十七年（1558 年）。这里传递了一个重要信息——海防明军，查阅史料，嘉靖时期并无出兵台湾事宜的记载，由此可知，题签与画卷内容不符。日本田中健夫和川上泾先生认为题签系后加，否定了“台湾奏凯”之说，认定为描绘“倭寇活动”，并将图卷定名为《倭寇图卷》（表三）[35]。

表三　明朝嘉靖三十七年倭夷入侵与抗倭情形表[36]

	惠潮	漳泉	兴福	温台	宁绍	杭嘉	苏松	常镇	淮扬
一月	贼首许西池犯揭阳县。贼入蓬州所。提都督御史王钫遣副使林懋举等击败之。								
二月			贼犯福州府。	贼攻乐清县。	贼酋毛烈据舟山岑港。都指挥戴冲霄擒王直余党陈秀山等。				
三月			贼犯福宁州，巡抚都御史阮鄂会兵击败之。						

	惠潮	漳泉	兴福	温台	宁绍	杭嘉	苏松	常镇	淮扬
四月		贼攻慧安县。	贼首严山老人安海城。佥事盛唐等击败之。贼陷福清县。贼攻兴化府。	贼犯松门卫。贼犯桃渚所。贼攻台州府，佥事李三畏、知府谭纶击走之。追至隘顽所海滨，复大败之。贼攻宁海县。贼攻仙居县，参将戚继光讨平之。贼攻温州府，总督胡宗宪遣参将戚继光、张鈇讨平之。					
五月		贼攻泉州府。贼入南安县。贼攻崇武所。贼攻慧安县。贼分犯漳、泉郡县。贼首洪泽珍引倭入寇，据旧浯屿为巢，分踪入掠。							
六月					贼犯观海卫。贼犯昌国卫。				
八月					官兵进剿舟山贼巢，悉平之。				
十月	贼自漳州如饶平，入黄冈民镇，据之。佥事经彦寀攻破之。								

从表三中可以看到，经过明军的努力，浙江的杭、嘉府，直隶的大部地区不再受倭寇侵扰，王直余党陈秀山被擒，舟山贼巢被铲平，直隶、浙江的倭患得到控制。戚继光作为抗倭将领投身到抗倭斗争中。福建则由于明军投入的兵力较少，成为倭寇侵犯的重灾区。

嘉靖倭患之所以猖獗，主要原因之一就是海防松弛。当时军屯制度遭到破坏，卫所减员十分严重，旧制每卫军 5000 人，至此，除福建永宁卫外，无一足额，浙江地区每卫平均军额 1104 人，仅仅是原额的百分之二十二[37]。船舶和器械也很破旧和残缺，当时能够用于作战的浙江、福建的战船、哨船“十存一、二”[38]，急需用船时只能招募渔船。由于兵非素练，船非专业，遇见倭寇，往往望风而逃。图中双方交战仍以明军告捷，画面中的“护国救民”、“大明神捷海防天兵”以及“海防新城”都在昭示着明军海防力量的强盛。这与张经出任总督，被迫征调客兵参战的王江泾战役发生时期是不相符的。明军中具有神捷天兵，最为后人熟知的当属“戚家军”。嘉靖三十五年（1556 年），戚继光为参将由山东调往浙江，镇守宁波、绍兴、台州三府，发现当地军队中恶习泛滥，于是出榜招兵，另建一支由义乌的农民和矿工组成的新军。经过严格训练，这支军队在台州曾取得十三战十三捷战绩，成为日后让倭寇闻风丧胆的“戚家军”。这与图卷中的“日本弘治四年”时间上是相吻合的。仅就此图卷内容看，应该晚于王江泾战役，成图于明军海防力量壮大之后的明末清初之际。

三　明人《抗倭图卷》与《倭寇图卷》之间的关系

根据二图的画面描述，不难看出其中有许多相近之处。大到画卷的总体布局（都由四个部分组成，前三个部分皆是倭寇入侵，百姓避难，正面交战），小到画面的细节描写（瞭望行进、掠夺放火与两组逃难的人群、双方交战船只数量、交战方式），细微至时间使用的都是日本年号，出现位置也非常相似，说明二图卷之间具有承接关系。

首先，明人《抗倭图卷》具有很强的写实性。

1. 画家准确地描绘了倭寇的形象：赤脚、单衣、腰挎倭刀，“月代”式发型。

2. 画家将倭寇的战术与倭寇的行径融入画面，巧妙自然。

画家借用了一些倭寇经常使用的战术来表现倭寇的入侵。如卷首，靠岸船头上聚集的倭寇表现了“贼每日鸡鸣起，蟠地会食，食毕，夷酋踞高坐，众皆听令，册展视今日劫某处，某为长、某为队……”[39]而其中的持扇首领（图六），从侧面表现了倭寇与明军正面交战时使用的“蝴蝶阵”。“临阵以挥扇为号，

图六　挥扇倭寇

图七　倭寇焚烧房屋

图八　逃难人群

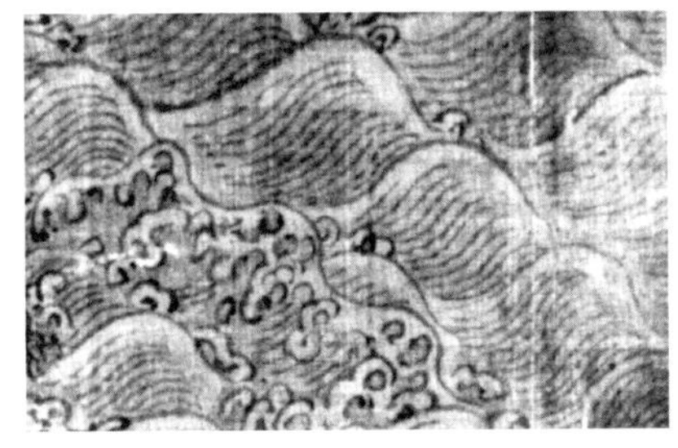
图九　海水

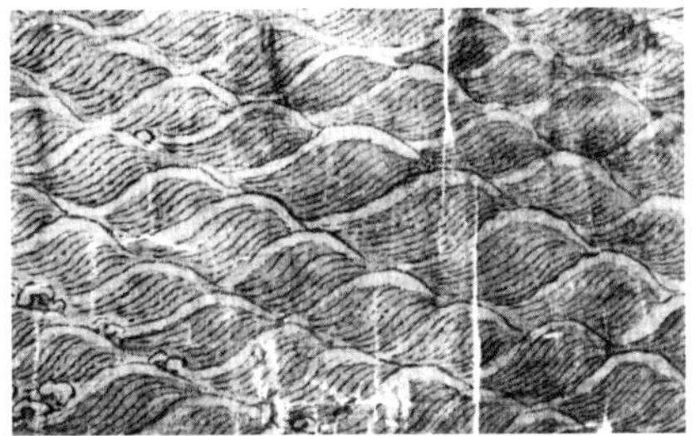
图一〇　湖水

图一一　河水

一人挥扇，众皆舞刀而起，向空挥霍”[40]。此外，画卷中的倭寇皆三、二成组，每组间隔很长，突出的就是“长蛇阵”[41]。

画家选取了倭寇放火焚烧屋舍和百姓逃难的典型情节表现倭寇的行径（图七、八）。史料记载，倭寇所到之处，“焚烧房屋，掳掠妇女财物”[42]“劫掠将终，纵之以焚，烟焰烛天，人方畏其酷烈，而贼则抽身去矣”[43]。倭寇的行径，致使“吴越中村落市井，故称殷富者，半为丘墟”[44]。“吏民死锋镝、填沟壑者且数十万计”[45]。《倭变事略》就曾有“三十四年，贼袭击夹石寇镇，放火三日，死者无数”[46]的记载。

3. 画面细节准确翔实。

水

画家将海水、湖水和河水用三种画法表现，海水画成起伏很大的曲线，湖水画如鱼鳞，河水仍画作鱼鳞状，但形状较小（图九、一〇、一一）。

兵器

图一二　天蓬铲　　图一四　镗钯

倭寇兵器主要是倭刀和大弓。倭刀身窄刃利，在与明军作战时可以“斩一刀，十数枪齐断”[47]。使用熟练的倭寇战时“手舞双刀，刀长五尺余，手腕运动开锋甚长。其刀飞舞，通身如雪，无间可击”[48]。大弓“弓长七八尺，矢长四五尺，镞之铁者如燕尾，镞之竹者如长枪。城外隔河而射，中城内屋，钉瓦入椽而没镞”[49]。

图一三　王琼事迹图册之一

明军兵器既有传统的刀、枪、斧、标枪、钩镰，还有天蓬铲、镗钯等典型武器。天蓬铲（图一二），“形如月牙，内外皆锋刃。横长二尺，柄长八九尺，或一丈。陆兵马步战，第一利器也”[50]。国家博物馆藏明人绘《王琼事迹图册》就绘有这种兵器（图一三）。镗钯（图一四），“此器自有倭患时使用，在闽、粤、川、贵、云、湖皆旧有之，而制不同，乃军中最利者。”

不仅如此，明军战船上，还使用了火器，一是架设在船头的火炮（铳），一是圆形球状体，类似火妖。

据史料记载，明洪武时期就建立了军器局、兵仗局、安民厂、内官监等由中央直接掌握的制造各种火器的专门机构，大量生产“大将军炮”、神铳、手把铁铳、手把铜铳、碗口铳等不同种类的火器。按明制每百户配铳手10名、刀牌手20名、弓箭手30名、炮手40名。至明中叶，已是“京军十万，火器手居其六”

的比例。在抗倭战争中大量使用了发射弗朗机铳、驰行敏捷的蜈蚣船[51]。如果明人《抗倭图卷》的作者没有亲历其事是很难创作出如此写实的作品的。

船

船有海船、河船之分。海船主要借助风帆作动力，桨为辅助工具。小型的河船往往用橹和篙。明人《抗倭图卷》中，倭寇来自海面上的船只使用风帆和桨，搭载百姓和押解俘虏的船只使用的是橹和篙，属于河船。而在《倭寇图卷》中，出现了倭寇以摇橹推进的船只。橹是一种纵向自摇式“推进器”，除推进作用外，还有操纵船舶转弯、调向等作用。但是靠人力用较小的冲角与水中连续划动的方式，在海船中几乎很难达到效果，更不可能在渡海而来的倭寇船上出现。极有可能是作者在周边（江南）的生活环境中见到后想当然而作。之所以两图卷出现具体细微的差异，似乎与作者生活时代的不同有关。

其次，明人《抗倭图卷》主题突出，创作意图明确，布局缜密，一气呵成。

明人《抗倭图卷》的主题思想是歌颂王江泾战役的胜利，借以颂扬指挥战役的指挥者。画卷犹如一幅连环画，跌宕起伏。作者开始以宽阔的海面和大小不一的倭寇船只，以及倭寇在船上挥刀张弓的凶狂情态，交代了图卷的创作背景——倭患猖獗。紧接着以百姓家园被毁，财物被抢，流离失所来表现倭寇入侵给社会带来的危害，突出抗击倭寇已经刻不容缓。于是画家借掩映于山间的旗帜与双方水上正面交战，渲染明军的气势，强调明军与客兵协同作战， 突出追击与水陆合围的战术思想，从而体现战役筹划严密，战术思想明确。最后以战役指挥者出城迎接押送俘虏得胜归来的战士结束画卷。

明人《抗倭图卷》中，双方交战的方向不同，倭寇的船头朝海，明军船头朝城，显示的是倭寇败退，明军挡住退路，双方交战的情形（图一五）。《倭寇图卷》中双方的船头方向与各自的进攻防御方向一致，倭寇是从海上来，倭寇的船只向前，呈进攻态势。明军船头面向出海方向，处于防御态势（图一六）。再如画卷的第四部分不同，明人《抗倭图卷》突出的是迎接献俘（图一七），《倭寇图卷》则是列队出征（图一八），队中不仅士兵身着统一的军服，队列整齐，骑马的将领也是身披铠甲，显示出抗倭力量的强盛，突出明代海防力量的加强。这种不同体现了二图作者的创作意图，表达了作者的思想感情，也对认识二图卷的创作时间起到决定性作用。

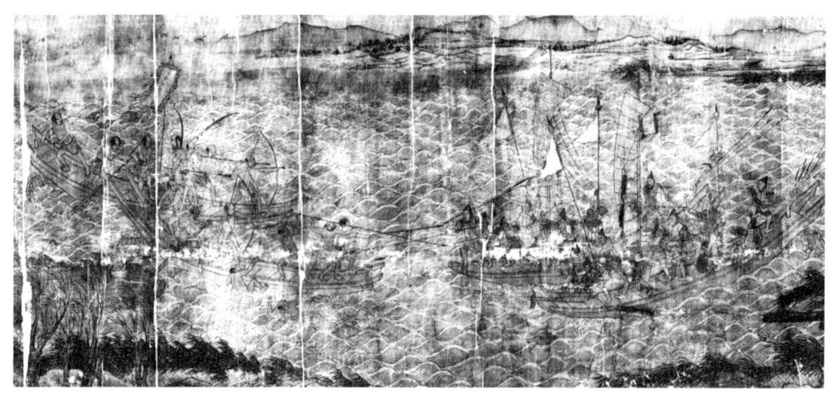

图一五　抗倭图卷　双方交战

图一六　倭寇图卷　双方交战

第三，绘画风格具有时代特征。

明人《抗倭图卷》画面背景犹如一幅山水长卷，引人入胜。全图笔墨精细，设色秀雅，画风明显受到文徵明（1470年—1559年）影响。嘉靖年间，中国绘画处于“院画”势力日微，“浙派”渐趋末流，“吴门画派”日趋主流的时期。以文徵明为代表的文人画家，山水师法赵孟頫及“元四家”中的王蒙和黄公望，形成景致平和，笔墨清秀，抒情而富有书卷气的文人画风。在当时名声煊赫，求其书画者甚众，从之学画者也甚多，因此，四方学文徵明画风者极广。文徵明书画创作的巅峰时期，应是本图作者绘制之时，因此图卷呈现的画风具有时代特征。

由此可见，明人《抗倭图卷》成图时间与战役时间相距不远，是一幅写实的历史画卷。

图一七　抗倭图卷　献俘

现今由于照相技术的推广，书画印刷品的出现，人们可以观摩到大量的名人书画真迹；而在明人《抗倭图卷》产生的年代，书画作为私人藏品，只为皇室和个人收藏，即使看到真迹，也往往只能记住一些有代表性的情节，再根据自己的主观意识进行再创作，《倭寇图卷》最大的可能是作者曾见到过明人《抗倭图卷》，然后根据自己对倭寇的认识创作出的书画作品，由此出现了这种二者初看相似，细看有别的情况。宋张择端《清明上河图》在明清时曾出现了不同的仿本，就是例子。

图一八　倭寇图卷　出征

总之，明人《抗倭图卷》是一卷创作于同时代的写实绘画作品，它忠实地记录了王江泾战役。《倭寇图卷》则是明末或清初人根据明人《抗倭图卷》临摹创作的作品，它反映了作者在抗倭斗争取得一定胜利后，对明代海防力量加强的认识。抗倭斗争这一重大历史事件，前后历时200多年，虽然在史书、地方志及明人笔记小说中有所记载，但以图像记载却极为少见，因此明人《抗倭图卷》与《倭寇图卷》具有很高的历史价值。

注释：

[1]（明）郑若曾：《日本图纂》记倭好丝、丝绵、布、绵　、红线、水银、针、铁链、铁锅、瓷器、古文钱、古名画、古名字、古书、药材、毡毯、马背毡、粉、小食箩、漆器、醋。《日本史料汇编》，中华全国图书馆文献缩微复制中心，第161—164页。

[2]《明史》卷九一《兵志》，中华书局，1999年，第1499页。

[3]朱纨（1494年—1550年）字子纯，号秋崖，长洲（今吴县）人。正德十六年（1521年）进士，历官知府、南京

刑部员外郎、四川兵备前使、广东布政使。嘉靖二十五年（1546年），擢升为右副都御史。次年，任提督闽浙海防军务。

[4]《明史》卷二〇五《朱纨传》，中华书局，1999年，第3599页。

[5]同[4]，第3601页。

[6]（明）王士琪：《皇明御倭录》卷五，《御倭史料汇编》（二），全国图书馆文献缩微复制中心，第238页。

[7]王忬（1507年—1560年），字民应，号思质，江苏太仓人。嘉靖二十年（1541年）进士。

[8]《明世宗实录》卷三九六。

[9]《明史》卷二〇四《王忬传》，中华书局，1999年，第3595页。

[10]张经（1492年—1555年），字廷彝，号半洲，侯官县（今福州市）洪塘乡人。明正德十二年（1517年）进士，著有《半洲诗集》。

[11][12][13]《明世宗实录》卷四一〇。

[14]郑若曾（1503年—1570年），昆山人，字伯鲁。精天文、地理、地图、军事。曾为胡宗宪幕僚，为抵抗倭寇出谋献策。因平倭有功，朝廷授锦衣，未受。著有《日本图纂》、《筹海图编》、《江南经略》、《万里海防图论》、《江防图说》等。

[15]（明）郑若曾：《筹海图编·嘉靖以来倭夷入寇总编年表》卷八上，中华书局，2007年，第517—529页。

[16]冯贤亮：《明清江南地区环境变动与社会控制》，上海人民出版社，2002年，第289、298页。

[17][18]《明世宗实录》卷四一八。

[19]《明史》卷三一〇《永顺军民宣慰使司》，中华书局，1999年，第5353页。

[20][21]《明史》卷三一〇《保靖州军民宣慰使司》，中华书局，1999年，第5356页。

[22]《明史》卷三一八《田州》，中华书局，1999年，第5519页。

[23]（清）谷应泰：《明史纪事本末》卷五五《沿海倭乱》，中华书局，1977年，第856页。

[24]（明）郑若曾：《筹海图编·倭寇分合始末图谱》卷八下，中华书局，2007年，第581—582页。

[25]（明）徐学聚辑《嘉靖东南平倭通录》，《御倭史料汇编》（一），全国图书馆文献缩微复制中心，第183页。

[26]（明）王士琪：《皇明御倭录》卷六，《御倭资料汇编》（二），全国图书馆文献缩微复制中心，第353页。

[27]（明）郑若曾：《筹海图编·嘉靖以来倭夷入寇总编年表》卷八上，中华书局，2007年，第540—542页。

[28]（明）赵文华：《嘉靖平倭祇役纪略》卷一，《明代基本史料丛刊·邻国卷》，线装书局，2006年。

[29]《明史》卷二〇五《张经传》，第3602页。

[30]沈学渊：《严家兵诗》，转引自陈懋恒《明代倭寇考略》，人民出版社，1957年，第40页。

[31]《明史》卷二〇五《李天宠传》，中华书局，1999年，第3602页。

[32]同[31]，第3604页。

[33]（明）赵文华：《王江泾捷报》。

[34]杨仁恺主编《中国书画》，上海古籍出版社，1990年，第435页。

[35]a.[日]田中健夫：《〈寇図巻〉について》，日本东京大学史料编纂所提供；b.[日]川上泾：《〈倭寇図巻〉の絵画表現について》，日本东京大学史料编纂所提供。

[36]（明）郑若曾：《筹海图编·嘉靖以来倭夷入寇总编年表》卷八上，中华书局，2007年，第542—548页。

[37]陈懋恒：《明代倭寇考略》，人民出版社，1957年，第36页。

[38]《明史》卷二〇五《朱纨传》。

[39]（明）郑若曾：《日本图纂·倭术》，《日本史料汇编》（一），全国图书馆文献缩微复制中心，第165页。

[40][41][43]（明）郑若曾：《日本图纂·倭术》。

[42][45]（明）范表：《海寇议前》，收《玄览堂丛书续集》，转引自李光璧《明代御倭战争》，上海人民出版社，1956年，第43页。

[44]（清）查继佐：《罪惟录·日本传》卷三六，北京图书馆出版社，2006年，第607页。

[46]（明）朱九德：《倭变事略·三十四年初三日》，广文书局，1964年。

[47]（明）朱九德：《倭变事略·三十四年五月初三日》，广文书局，1964年。

[48]《上海县志》卷一一。

[49]（明）朱九德：《倭变事略·倭船三十七只泊龙王塘》，广文书局，1964年。

[50]（明）郑若曾：《筹海图编》卷一三下，中华书局，2007年，第950、957页。

[51]转引自《中国军事史》第三卷《兵制》，解放军出版社，1987年，第403页。

（原文刊于《中国国家博物馆馆刊》2011年第2期）

不同的孤愤与狂放
——徐渭和朱耷花鸟画比较

熊广琴

徐渭和朱耷，是中国绘画史上两位杰出的天才，最富创造性的写意花鸟画家。他们生活在不同的时空，有不同的精神气质、思想背景、生活环境和人生遭遇，因而造就了他们不同的艺术。简单说，他们的作品，精神上都很孤愤，艺术上都很狂放。但他们的孤愤和狂放又相当的不同。本文试就这些不同及其根源作一探索和比较。

浊世浮沉与遁入空门

徐渭（1521年—1593年），字文长，号天池，晚又号青藤道人。1521年出生在浙江山阴一个没落官宦家庭，幼时聪慧异常，8岁已能作八股文，16岁仿扬雄《解嘲》作《释毁》。20岁考取秀才。21岁入赘潘家，主要生活是以读书应试为主，兼习诗书和古琴；虽然他幼年丧父，但青少年这段时光不仅美好，而且堪说前途在望。比徐渭晚105年出生的朱耷（1626年—1705年），号八大山人、忍庵、传綮、雪个、个山、驴、驴屋等。朱耷有着更为幸运的人生开端：生为明朱氏王族贵胄，天资聪颖，在父祖辈的艺术熏陶下，八岁能诗，善书法、篆刻，精绘画，十五六岁即应科举考试，荐为诸生（秀才），“学而优则仕”的美好前景如在眼前。

两位天才似乎有着大致相仿的幸运开启。然而，在不同的大时代里，却经历了完全不同的人生。

徐渭25岁之后，便连连厄运，先是家庭多变故。长兄去世，妻子病故，离家教书谋生，生活清苦。四次乡试，均未录取。37岁时入胡宗宪幕府当书记，参加抗倭战役，也多有建树。徐渭好像找到了用武之地，但好景不长，几年后他却遭到更惨的命运。44岁，第八次应试仍未中；胡宗宪获罪，在狱中自杀，徐渭怕受牵连，精神受到极大刺激而发狂。次年又失手杀死继妻，被执坐监七年，后经朋友营救才获释。这时徐渭已53岁。对比徐渭，朱耷另有一场更为惨烈的人生遭遇。19岁清兵入关，大明灭亡，“扬州十日”，“嘉定三屠”，使这个王孙公子，逃命荒山野谷之中，同年父死，妻子死。躲藏四年之后，23岁，朱耷在新奉山削发出家为僧。但28年后，师傅弘敏的圆寂再次把他推入痛苦绝望的深渊，痛定思痛后，他决定还俗做一个画僧，这时他已52岁。这一想法真正实现时，已55岁。

徐渭和朱耷的人生遭遇，都很悲哀，但性质和程度又各不相同。在前者，虽说有“性格使然”的因素，但更多的还应归结到人生际遇的偶然性，主流价值的大门对其依然是敞开的；在后者，作为王室成员，国破家亡，自身性命不保，即使能苟全性命于乱世，要实现人生的社会价值也是不可能的了。

真性情与“狂”

徐渭和朱耷皆以“狂”出名。

徐渭的“狂”是两种不同内质的体现。一种是才子的狂，一种是疯子的狂。才子一般都会有些狂，如诗人李白，杜甫写过一首《近无李白消息》的诗："不见李生久，佯狂真可哀。世人皆欲杀，我独怜其才。敏捷诗千首，飘零酒一杯。匡山读书处，头白好归来。"一个"杀"字令人不寒而栗，反衬了李白的才，也昭示了才子们因才而狂的悲剧命运。还有那个徐渭在《四声猿》里激赏、自比的"击鼓骂曹"的才子祢衡，史称他"少有才辩，而尚气刚傲，好矫时慢物"。这和徐渭"恃才傲物，不拘礼法，愤世嫉俗，孤僻偏执"的性格多么相像。据说他有才而屡试不中的因素之一，是他答卷时恃才逞气的结果；他在胡府做幕僚时也因不拘小节和傲视权贵的倨狂，而引起官场某些人的"畏而怨"。狂，是才气膨胀的结果，是成就感难以抑制的发泄。徐渭诗书画皆精，特别是他的文学成就更是卓尔不群，写有《四声猿》剧本，令当时著名戏剧家汤显祖激赏不已："四声猿乃词坛飞将，辄为演唱数通，安得生致文长，令自拔其舌。"但他的这些成就再高，在当时也只限于他所在的小圈子，博得几个知音欣赏而已。这只能让他聊得慰藉，根本不能平复他奔赴主流价值体系的激荡心情。徐渭不仅有抱负，而且抱负很大，他是要做济世安邦的栋梁之才的；在儒家的道统里如他被喝彩的这些文艺才能，在中华文林里只能算株奇花异草而已，这怎能让他甘心？所以徐渭是不可能把主要精力放在绘画等技艺上"积极修行"的，虽然他"最终"的价值还是体现在绘画上的开拓性，而成全他这番作为的，恰又是他的这种天纵之才和特异个性。

另一种狂，是他在胡宗宪案之后，害怕受牵连，精神极度紧张导致崩溃，采取斧击、穿钉、碎肾等手段自杀，"九死而九生"。这是一种狂疾，日后受刺激又多次复发，并因此误杀继妻，酿成更大的人生悲剧。这种狂与思想、性格有很大的关系，但主要是一种生理上的病态。这种病态反映在艺术中，也就不同一般。在这点上，他与后来的荷兰画家凡·高有相似之处。

朱耷的"狂"也分两种，一种是文人的狂，另一种是佯狂。狂，是文人特色性标志之一，狂，也是文人自信的表现。自信，使中国文人具有抗争勇气，也是中国文人在时代大环境中，保持精神独立的根本。所以历来有"宁为狂狷不为乡愿"之说。鲁迅对魏晋时期文人的狂狷，如嵇康阮籍等人的行为，不仅持宽容的态度，甚至赞赏和欣赏，认为是一种"人"个性意识的发现。同样作为真性情的流露，朱耷的狂一方面类同于魏晋文人的"返归自然"，另一方面却是不得已而为之。朱耷的现实遭际已不仅仅是徐渭似的仕途受挫，家破人亡，而是伴随自己的王朝覆灭的一切价值和权利的"粉碎虚空"；徐渭似的金刚怒目，愤世嫉俗已远远不能使他躲过生死浩劫。

面对政治黑暗、战争离乱、社会不公、生老病死，历史上的哲人有时会用自己特有的方式理性地直面惨淡的人生。如我们熟悉的典故，发生在战国时代的庄子"鼓盆而歌"，妻子死了，不泣而歌。这在常人看，似很荒唐，但在庄子看来，人总是要死的，死是回归自然。这是智者对悲痛沉重和死亡的超越方式。

魏晋乱世，这种故事很多，《世说新语》里有类似的故事：建安七子之一的大文人王粲死了，很多人来吊唁。王粲生前喜欢听驴叫，他被安葬完毕，魏文帝曹丕亲自到坟前祭奠。曹丕对墓前同来吊唁的人说："王粲生前喜欢听驴叫，我们大家都来学一声驴叫，为他送行。"于是，依次每人都学了一声驴叫，带头的却是皇帝。曹丕不愧是大文人，真本色，一反常情，顿露真性。

这些"笑在嘴角，悲在心尖"，堪称"黑色幽默"的故事，在朱耷的现实人生里，不断上演。在西方"黑色幽默"又称"绞刑架下的幽默"，据说得名于一个死刑犯，他在临刑前仍看着绞架从容地说："你这玩意儿结实吗？"面对惨痛人生，朱耷正是依凭老庄哲学精神的传承沾溉，使他能够以大智慧，一次次地化解困境，绝境，侥幸活命。较典型的事例有：

其一，在临川为清廷服务的文人胡亦堂的堂上，忽大笑，忽大哭。一日傍晚，突然撕裂自己的僧衣投入火中焚烧，独自走回南昌，于闹市手舞足蹈，癫态百出——朱耷出家，本是覆巢之下的无奈之举，为"觅一个自在场头"，静心修行，他曾有诗云"栖隐新奉山，一切尘事冥"。可渐渐发现那里依然有各种纷争，随着师父的圆寂，内心的挣扎又激荡开来，对自我，对存在价值的追问，让他下决心还俗。由人间——世外——人间，如此戏剧般的轮转，现实毕竟不是舞台，谈何容易啊。只有让一个正常人变成疯子，用这种方式，朱耷遂"脱壳"、"逃禅"。

其二，还俗后，对人不交一言，遇有人要说话，便以“哑”字示人——据说朱耷的父亲暗哑，而他本人却是“善诙谐，喜谈论，娓娓不倦，尝倾倒四座”的人。父不能言已是悲哀，为避祸（他的好友北兰寺主持澹雪，就因出言不慎，被官府杀害），自己善谈会论却要装聋作哑，这是何等悲哀、荒谬。

其三，有武人强逼他去府上画画，几日不让回，他便在大堂之上拉屎撒尿，弄得武人无可奈何，不得不放他走——这是秀才和兵的对峙，也是精玉和粗石的对垒。一个“金枝玉叶”要用这种方式方摆脱莽夫的纠缠，何等无奈悲哀。

其四，自号“驴”——56岁以后，朱耷如此称呼自己，有时在画上就签一“驴”。是自虐，自嘲，还是反讽？亦或是赤子之心的袒露？也许只有他自己知道了。

儒家讲“内敛”，道家讲“超越”。可实际操作起来又是多么的艰难，这其实是人格、意志、信念和智慧的较量。

愤世嫉俗与遗世独立

中国历史上的文人知识分子大多得志时进而为儒，失意时退而为道。徐渭一生屡进屡挫，屡挫屡进，始终没有“柔退”或退隐。

“渭尝云：余读旁书，自谓别有得于首楞严、庄周、列御寇。”[1]这是徐渭在《自为墓志铭》中的自述，可见他对庄子学说的了解和兴趣。却未受其影响。

徐渭27岁时，遭遇妻子病故，第二次乡试未中，家境破落，人生失遇，心头郁积深沉苦闷。为求解脱，去拜王阳明大门徒季本为师。季本是“心学”浙中学派的代表人物，主张“致良知”，即以人的天性，而不是以政治、社会伦理等因素去作为判断是非的标准。这一思想和徐渭的性情一拍即合，故对其很有影响。以真情、真性直面一切，灌注诗、书、画、文，是徐渭的一大特色。

徐渭之所以一直在尘世的泥淖里挣扎、浮沉，除了上面所说因素之外；客观上还有一个更重要的原因，那就是，他的入世精神。他不可能像元代、魏晋文人，以及后来的朱耷那样，在山水之间去放逐自己的。元代不仅是异族入主中原，而且，95年来未设科考。知识分子的人生价值得不到实现，王冕的“不要人夸颜色好，只留清气满乾坤”，吟唱的正是个体价值“不能”，也“得不到”主体价值承认的抑屈难言，不得不自我舒解、超越、升华的心态。魏晋南北朝时代，则是历史上少有的社会大动荡、大破坏的时代，连连战争，三国鼎立，“白骨露于野，千里无鸡鸣”的景象，随处可见。世道的黑暗造成人心的绝望。个体生命只有通过相互间“品藻”的方式以“自珍”；把自己放逐在山水之间求得永恒的超越。如“竹林七贤”和陶渊明《归去来兮辞》的诞生，就是在这样的背景下。徐渭生活的晚明时代，虽然政治黑暗，但市民社会已经有些萌芽，个性相对解放，王阳明的“心学”盛行，百姓生活形态多样而丰富， 徐渭虽然“八试犹未中”，却依然是“不甘”的。欲济世担当而不能，便转而愤世。

愤世嫉俗到极端，便是“纵诞”——饮噱，憎恶富贵人。徐渭经常闭门在家，与狎者数人豪饮。讨厌富贵之人，自郡丞以下，想见他的人，都予拒绝。曾有人来拜访，推门欲进，他却抵着门不让进，说“徐文长不在”，因此常招人不解和怨恨。

这样的情绪常在他的诗文和画作中发泄和排遣，最典型的是《墨葡萄》——“半生落魄已成翁，独立书斋啸晚风。笔底明珠无处卖，闲掷闲抛野藤中”；《榴实图轴》——“山深熟石榴，向日笑开口。深山少人收，颗颗明珠走”；《雪竹图》——“画成雪竹太萧骚，掩节埋清折好梢。独有一般差似我，积高千丈恨难消”；《画蟹图》——“稻熟江村蟹正肥，双螯如戟挺青泥。若叫纸上翻身看，应见团团董卓脐”；《芭蕉石榴图》——“焦叶屠埋短后衣，墨榴铁锈虎斑皮。老夫貌此谁堪比，朱亥椎临袖口时（这里用的是‘朱亥刺秦皇’典）”。从“无处卖”、“恨难消”、“刺暴君”，可以看出他激烈的心情和愤怒的情绪，他和现实差不多是在肉搏了。对徐渭这样一个有才华而不得施展的文人，不甘沉没，却又只能赍志饮恨地活下去，是多么艰难的岁月！徐渭终其一生的辛苦努力和艰难拼搏，也没有实现自己的人生理想，没有超越本我的冲突型人格，心中始终有一个不能触碰的坚硬的伤疤——块垒。

创作是内心的延伸，是失落的补偿，是不幸的发泄，是忧患之歌，也是希望之歌。对作者来说，创作是一种理想，一种解脱，一种梦幻。但是个人的愤世嫉俗，是一种狭隘的感情。孟子曰“伯夷隘”。隘就是狭隘。对历史上的卓异人士，先哲尚做如此严格的评品，他是站在人和社会和自然更宏观的角度来看的。“我国传统艺术论‘意境第一’。诗如此，画亦如此。意境有高低，叹老嗟卑，意境限于个人；感时忧世，意境胜了一筹；最高的意境，则需与天地同脉拍。这就是‘宇宙感’。”[2]

然而，境界的提升和超越是很艰难的，它需要主客观多方面的条件。儒家学说之所以有持久的生命力，是因为它是维系和平衡人和社会两者关系的强有力的纽带。人不仅有生死的追问，还有存在的追问。对后一个问题儒家给了一个最好的答案——为社会为他人奉献——“修身、齐家、治国、平天下”，借以实现人生价值的最大化。修身的根本目的是为了齐家、治国、平天下；反向运动则是“达则兼济天下，退则独善其身”。儒家的这种“兼善”观，几乎是每个读书人发蒙时命定的人生价值。因此，“壮志未酬”是他们最大的抱憾。代代士人有同样的价值追求，却有各自不同的人生和归宿。

有论家认为朱耷：“他如果没有遇到家国之变、没有悲剧身世、不产生个人与环境的激烈冲突，他的思想感情艺术趣味也就很难有别于晚明的一般文人士大夫。”[3]这样的持论很有道理。但他的成就一定不会小。这是由他的禀赋和悟性等个人因素决定的。人虽然是外部环境造就的，但内因还是主要的。中国几千年的封建史，不知有多少王朝兴替，更不知有多少贾府甄府坍塌，为什么只有一部《红楼梦》，一个曹雪芹？有清300多年，生在峥嵘富贵之家，风花雪月，吟诗作赋的八旗子弟不知其数，为什么只出一个纳兰容若呢？和朱耷同样遭遇的王孙公子也不知其数，为什么只有一个八大山人卓然而立？不是值得我们深思吗？

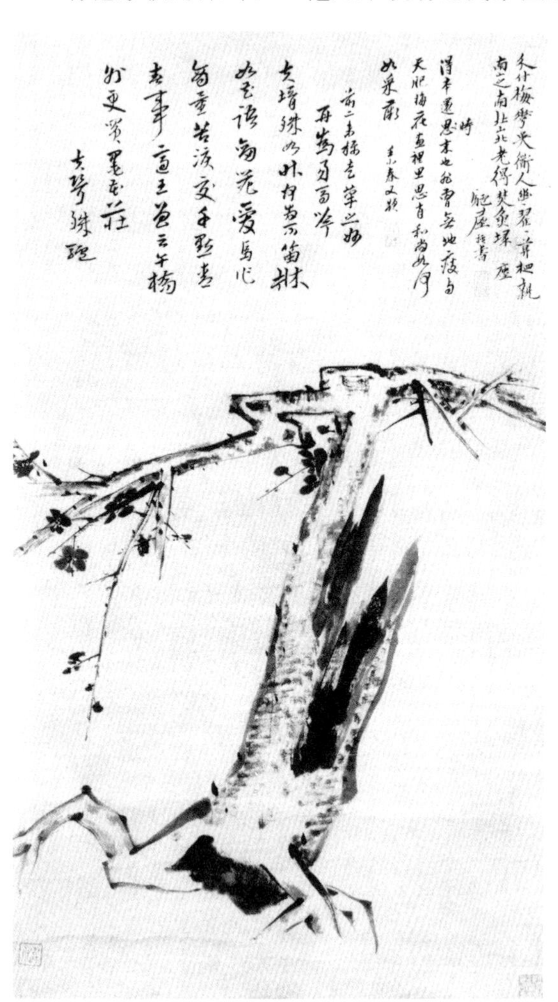

图一 朱耷《古梅图》96cm×55.5cm 故宫博物院藏

朱耷入佛门是为了存命，他也曾苦心静修。如果没有存在价值的再思考，他可能以此为归宿了；如果仅有现世“责任”的觉醒，而没有特殊的才能，他可能也只好滞留于此，像一些不得不出家的王室成员一样，在晨钟暮鼓中消遁。可朱耷不一样，他要“回家”。人生初始的教育和来自自身的一股力量，促使他非这样做不行，他也是“不甘”的。可他早已是被主流价值抛弃，在尘世无立足之地的“活死人”。“明知不可为而为之”，朱耷终于以儒家的这种精神去做了。

1674年，朱耷49岁，端午节后，他请友人黄安平为他画像——《个山小像》，三年后，他携此像毅然离开奉新寺，专程到介菊庄，请佛门师兄饶宇朴题跋，并说：“兄此后直以贯休、齐己目我矣！”贯休是五代画僧，齐己是唐代诗僧。朱耷以贯休、齐己自比，表明他要以诗画终其一生。1679年，清廷为笼络人心，编修《明史》，开博学鸿词科，很多前朝遗民纷纷出山，或由科举或由举荐步入仕途。目睹现实，朱耷深知复明无望，但他既不愿俯首清朝，也不愿再过谈空说无的日子。这一年在临川胡亦堂堂上，朱耷接触种种世事，内心积压的愤懑越来越重，终于，裂服焚烧，“发狂”出走。得以还俗。这时他已55岁。

还俗后的朱耷，居无定所，初被侄子收留，一度住在“西埠山”的贫民窟，后又寄居北兰寺，最后筑简陋的“寤歌草堂”聊度晚年。生活困苦，无米下炊，但更令他痛苦的还是精神。这一时期，他更号为“个山”，自称“个山驴”。自叹“梅花画里思思肖，和尚如何如采薇”。郑思肖是南宋画家，宋亡后不肯降元座必向南，朱耷以其自比；伯夷和叔齐在周灭纣后，不食周粟，在首阳山采薇度日终致饿死，他们让朱耷自责，自愧不如。上面两句诗，题在他57岁所作的《古梅图》（图一）上。

图中，一株露根老梅，主干微直斜，大部分躯干已残破，破败处用笔尖利果断，势如刀削，墨重而丰富，在整个画面中十分突出；完好的躯干部分，简笔横皴，如斧凿刀斩，和破损处形成强烈对照。横枝用笔劲健，迂回蟠屈，顶平秃，势微横斜。小枝上墨点梅花，似零星细微，又内蕴生机。画上题诗多首，除了上面那两句外，还有“老得焚鱼扫虏尘”，“苦泪交千点”，这些直接反映他遗民情绪的内容。所署日期：“壬小春”，只写了天干的“壬”，却不写地支的字，这和郑思肖画兰不画土，异曲同工，表示故国沦亡。这幅画是朱耷还未从遗民情绪的“小我”中解脱出来时期的代表风格和典型样式。

1684年，朱耷59岁，在他新作的《花竹鸡猫图册》上，首见署款“八大山人”。他在艺术实践中悟得真知，在禅学的境界中发现了“自我哲学观”。他取《大涅槃经》中的“八大有自在我”[4]，意即无我才是大我，大我才能自在，自在则为大我。

自此他真正“放下”了现实的世俗价值观，在艺术天地中，去建树自己。

这一年朱耷进入了艺术创作的蜕变期。精神境界的升华带来艺术境界的提高，经过还俗后近10年的艰苦努力，他完成了“突破期（56—66岁）”的积累和转型，进入一片光明灿烂的“成熟期（66—80岁）”。标志着朱耷以儒家的弘毅精神实现了真正自我。一个被“世遗”之人，最后却能“遗世”而独立。可见他的坚韧，他的智慧，他的能力，和他的伟大。

独立啸傲与天人合一

徐渭有副名联：“两间东倒西歪屋，一个南腔北调人。”似乎是他一生的自况。上半联是现世的果——穷困潦倒，下半联是因——一个不合时调的人，即不拘礼法的人（幼读儒家经典不守礼法，注定有才也济不了世）；而在绘画史上，正好相反，下半联是因——一个弹别调的人，即心性极强的人，上半联是果——有一席之地（“东倒西歪”可看做谦词）。有这样的“因果”命数，徐渭的天才只能限定他做一个艺术家，他的坎坷实是对他作为艺术家的最好成全。他已经把他的人生成就最大化的实现了——以艺术独立画史。可惜这一点徐渭生前看不到。因不自觉，故总在“啸傲”，不过即便看到，他也会不以为然。因为在儒家的道统里，“游于艺”，其本身并不是目的，只是实现“志于道，据于德，依于仁”目标的一种手段。对徐渭来说，“学而优则仕”那盏明灯始终照耀着，他只能做一只飞蛾；就像祥林嫂，不停地“捐门槛”，直到鲁四老爷站出来说“捐多少条也没用”，才绝望地在风雪夜死去。可死得何其不甘！换一个时空和角度看，祥林嫂还是超生了——在鲁迅的笔下，因为她终究真诚地付出过，积极地努力过。但祥林嫂生前关心的却是她在地狱里的待遇，这又让人联想起徐渭，他的艺术成就彪炳史册，却并非他现世着意所求，完成不了他现世的救赎。所以徐渭的作品都是祥林嫂似的倾诉——怀才不遇、愤世嫉俗、感时忧世。“要知猿叫肠堪断，除是依身自做猿”，这是他的诗句，真可谓“满纸激愤言，一把辛酸泪”。这种内容上强烈的主观感情的宣泄，构成了徐渭作品文人画的最大特点。

徐渭的文艺天赋最先是表现在文和琴上，传说他12岁拜师学琴，14岁拜师学琴谱。一个月中学会22个琴谱，并自制《前赤壁赋》琴曲谱。在音律方面的深湛造诣对他日后的信笔挥洒的风格形成，应是有所裨益的。他学画则晚，1551年，结交著名画家谢时臣、沈仕，才在他们影响下开始作画，此时，他已31岁。画的多为墨竹和花卉。但他真正把精力放在书画上，是他的晚年，这期间，前十年他以书画交友，云游四方，后十年定居老家山阴，以卖画和课徒授经度日。

在绘画上徐渭继承的主要是宋元文人画、禅宗画，明代吴门画派和浙派的水墨写意画传统。尤其是吴门的陈淳对其涵溉最深。他曾跋《陈白阳花卉卷》："陈道复花卉豪一世，草书飞动似之；独此帖既纯完，又多而不败。盖余尝见闽楚壮士裘马剑戟，则凛然若罴；及解而当绣刺之细，亦颓然若女妇，可近也。非道复之书与染耶！"表达了自己对陈淳的钦佩之情。陈淳祖述文徵明、沈周，修养全面，不拘师法，淡墨欹毫，开拓了水墨写意花卉的新格局。徐渭正是在此基础上，以其真率和狂放的性情，天纵的才气和全面的修养，把明以来的水墨文人写意画，向前推进了一步。徐渭一反传统文人写意画的内敛和含蓄，以本色和真性情放笔挥毫，直书胸臆；草书入画，节奏分明，韵律和谐，水墨淋漓，构成了他作品笔墨的最大特色。"反常而合道"，是因为有文的高深综合修养和书的精能，这两块庞固基石的托垫。

徐渭喜草书作画，对书画同源和和书画结合，有很清晰的认识："盖晋时顾陆辈笔精匀圆劲净，本古篆书家象形意，其后为张僧繇、阎立本，最后乃有吴道子，李伯特即稍变犹知宗之，迨草书盛行，乃始有写意画，又一变也。"[5]他纵横捭阖、潇洒自如的写意画法，实得益于书法，尤其是草书笔法。这在他以梅、兰、竹、菊等为主题的传统题材中表现的犹为明显。

在用墨上，他喜水墨法，并在墨里加大水量，有时掺胶。他非常推崇水墨画法："大抵以墨汁淋漓、烟岚满纸、旷如无天、密如无地为上。""百丛媚萼，一干枯枝，墨则雨润，彩则露鲜，飞鸣栖息，动静如生，悦性弄情，工而入逸，斯为妙品。"[6]这是他以水墨抒情写性的体会和心得。

《杂花卷》（图二）是徐渭的代表作，卷纸后有樊樊山的题诗："天池有笔化工在，千花万叶交相扶。牡丹水仙押两头，石榴裂齿梅硕须。葡萄芭蕉美在叶，勾筋引络铁线初。中间双桐为主位，两干圆径五寸余。

图二　徐渭《杂花卷》　30cm×1053.5cm　南京博物院藏

长不满纸限于纸，气势十丈龙门如。"[7]后两句诗点出了这件作品的最大特点。此作是手卷，长 10.5 米，宽 30 厘米，是典型的供把玩细读的文人画作品。这种制式利于物象的多姿态铺陈和深入描绘，长于节奏和韵律的呈现；因而不大适宜水墨大写意画法去表现，也不易于表现出非凡的气势。这件作品的高妙处在于，用水墨大写法，不仅以大笔墨得神似，而且得形似。"得神似"的大笔墨已近乎抽象，如图中的葡萄和荷叶等；"得形似"的笔墨，精微、细腻，甚至传达出了物象的质感。如图中的紫薇、牡丹和桐花等。这就在技术上大大扩展了"大笔头"的表达能力。"大笔头"在生宣纸上生发这样的效力，是徐渭在水墨技巧上的独到处。为加强对水氲墨彰的控制，体形入微的需要，在水墨里掺了些胶，一般来说掺胶易伤"真"；但在他这里不仅不伤，而且还增加了特殊的笔墨韵味，使笔墨在抽象和具象之间赢得了更为宽广的地带。

这是一件一气呵成的长卷，不仅具备了一件同类佳作在节奏上迭宕起伏、流畅抒情的优点，而且又呈“气势”之长——“气势十丈如龙门”。徐渭很多精品佳作，如《葡萄图》、《榴实图》等在技巧上都达到了很高妙的水平。但这件手卷，最大程度地包容了他的特点和优势。

朱耷涉画事始于少年时代，入佛门后，开始大量写生作画，并以此排解情绪。他存世的最早作品是他34岁时所作的《传綮写生册》，因此，有论者把他这时直到还俗称为“萌芽期（34—56岁）”。循着朱耷这一时期的作品，可以看出他和徐渭在花鸟画上所承之源差不多；不同的是朱耷有更长久的写生实践和更注重对林良、陈淳写生传统的继承，在笔墨上则深受董其昌影响。

由“小我”升华为“大我”，朱耷的绘画艺术也进入成熟期，这也是他书画风格的形成期。他从‘小我’中摆脱出来之后，全部精神凝聚在艺术世界里，在和自然的“悟对”中，身心获得了全面自由。此时，他笔下的花鸟、鱼石，已不是一般性的寓物抒情，而是以主体精神观照自然物象，经过独特的个性化笔墨语言的再塑，创造出一个全新的、“物我合一”的、“幻化”的艺术形象。用笔吸收篆书笔法，修正了以前扁方刻削的笔触，追求笔、形、意的浑朴自然，“空山无人，水流花开”。这一时期的花鸟画作品呈现出空灵、静谧、浑朴、雄健、含蓄、朗润、凝重、笔简意繁的风格特点。朱耷画过很多《鱼》、《鱼鸟图》，这一类作品最能代表他创造的“有意味的形式”，也最能引人遐思。

图三　朱耷《鱼》33cm×27cm　北京荣宝斋藏

看这幅《鱼》（图三），这是最能代表朱耷风格的简笔作品。画面上是一条从远方游来的鱼，浑身透着冷气，微微露齿，又仿佛内含着欲言的热情，它从哪里来？欲往哪里去？浑身丰富的鳞甲，不着一笔完全空白，本可略去的牙齿，却又精心刻画，近而可视的大眼睛，反变成无法琢磨的两个小黑点，省略这么重要的生物特征，它却能让我们感到它的鲜活，它的心跳，法门的关键就在用笔的虚实，背上一处大的“断笔”和另两处似断又连的笔（“断笔”造成的空虚，由左上方的题字和印来充填），它们是整个身体在呼吸的“窍门”，再加上促使整个身体律动的弧线作用，这条鱼和自然圆融了。但包裹它的是水还是空气？它在游弋或在飞？它到底是鱼还是鸟？它到底是什么，怕不是一个魂灵吧？它在“幻化”。长久和它对视，不禁会有这样的追问。大师的作品总是包含太多的意匠。

看这幅《鱼鸟图》（图四），左上方一鸟居石，对天凝神。右下方两鱼优游，平行前进。鸟和鱼互不搭理，本在情理之中；两条同模同样的鱼却也“无话”，让人费解。它们继续前行，既执著又犹疑，在寻觅还是在等待？他们在想什么？还有那只蹲着的鸟，昂首缩脖。它在凝望，在凝望中沉思，在沉思中又与谁感同身受呢？这样的姿势它已经保持了多久？几天，几年，还是几个世纪？大师是在品味旷世的孤独，还是表达对热闹和平庸的疏离，亦或是花开花谢两由之的超然？

看这幅《鱼鸟图》（图五），一鱼一鸟，属异类，但它们的姿势显然是在对话，说什么呢？异类却在交流，是表示知音难觅、世界大同，还是终得一知己的慰藉？一岸一石，好像离我们并不遥远，可鱼的形态又让我们感到陌生，它不像是从普通的江河而来（齐白石的小鱼，一见即是从他家乡的小河里游来，带着他童年温暖的记忆），倒像是从大洋深处游来，地老天荒，不知越过了几重洋，游过了多少岁月，终于游来；那小鸟，古朴灵动，欣然相迎，那鱼满眶珍重，倾身颔首。不消问，那块凌空的矶石就是汉水边的古琴台，这是俞伯牙和钟子期的相会。

图四　朱耷《鱼鸟图》　172.7cm×85cm　上海博物馆藏

图五　朱耷《鱼鸟图》　116.5cm×48cm　天津历史博物馆藏

再看这幅《鱼鸟图》（图六），画面上一片虚空的水和一块突出水面的石。近处，石上是两只静息的鸟，一只朝东一只朝西，一只露黑背，一只坦白腹；远方，是两条游动的鱼，一条大而墨重，一条小而色浅，一条在前，一条居后，随往同向游，却各自落单。鸟儿似眠又听，鱼儿似游又止，让人禁不住开口欲问所以，可转念，不禁哑然，轻叹。一幅画里包含这么多的辨证因素（章法上靠题字去平衡），又处理得如此轻松自然，生趣盎然，需要有怎样的智慧，怎样的心情。

朱耷的这些作品，在意境上最突出地体现了他的风格，即宇宙时空的无限和微茫；个体生命的微妙及对永恒时空的超越。

从朱耷成熟期的大量作品来看，除了上述“天人合一”平淡天真的意境表现外，他是从绘画本体诸因素的建设来构建自己风格的。在造型上，是以神写形、形神合一、体物入微；在笔墨上，是笔简墨精、体形凝意、拙朴劲健；在章法上，是简约空阔、奇崛开张、气势博大。如，这一时期的：松、荷、葡萄、石、鸭、鹰、鹌鹑、猫、小鸟等作品都是以上这些特色的突出反映。

朱耷在绘画上所取得的成就，虽有客观环境因素促使，更重要的是他主观追求，是他倾大半生的努力实践和一世智慧的结晶。艺术史证明，凡是在艺术语言上，有重大建树者，都是沉潜在艺术创造的事业中，长年累月，专心致志，始得所成。艺术风格中包含着技巧的锤炼，而技巧的获得离开千锤百炼别无它途。艺术与技巧关系的直接体现就是意境与意匠的辨证关系。没有匠心再怎么苦心构思也不能体现为个性化的意境。正是从这个意义出发，我们认为，朱耷不仅仅是在意境上比徐渭高；就绘画本体因素的建设性而言，

图六　朱耷《鱼鸟图》　25.2cm×105.8cm　上海博物馆藏

朱耷的成就也是更高的。

徐渭和朱耷都是对后世产生广泛而深刻影响，有鲜明风格的个性派画家。徐渭的水墨大写意花鸟画风，对清代的朱耷、石涛、扬州八怪、海派乃至近现代的吴昌硕、齐白石等人都产生了深远的影响。朱耷简逸高迈的花鸟画风对扬州八怪、海派，以及齐白石、张大千、潘天寿等人产生深刻影响。

“传统艺术中本来存在着不可数计的活性基因，只要人们重新发现它，攫取出来与现代因素整合，就有可能成为新的艺术生命。”[8]作为后工业时代的学习者，两位大师的作品又将给我们什么样的泽被和启示呢？

徐渭和朱耷相比，在绘画上的修行是不自觉的，他的成就主要得力于书和文的造诣，更在于文人画，诗、书、画（印相对次要一些）三位一体的形式和“直以书法入画法”，以及借物抒情、托物言志和题材的随意性。当然，在绘画本体上，他不仅继承了陈淳以来的吴门传统，而且作了很大的开拓。完成这种开拓主要靠天纵其才；其开拓性最主要表现在：笔墨的相对独立性和形的相对抽象性。对这其中“相对”度的理解和把握，可能正是徐渭水墨大写意绘画给现代绘画提供的营养，给中国画的实践者提供的现代性启示。

朱耷在绘画上的修行，是由“渐修”到“顿悟”的过程，而且是自觉的。正因其自觉，所以他达到了常人达不到的境界，即“天人合一”。“天人合一”、“中庸之道”以及“温柔敦厚”等作为中国文化的哲学背景，在当今时代，依然有强大的生命力。因此，朱耷的花鸟画，不只是在“由技进道”的方法论上给我们以启发；也可以像潘天寿那样从他的绘画性的诸元素出发，生长出自己的枝叶；他所创造的“天人合一”的意境，不仅具有永恒的魅力，也是对中国画在新的时代怎样表达人和自然的关系和新的人文关怀的启示。

注　释：

[1]《自为墓志铭》，《徐渭集》，中华书局，1983年。

[2]《朱屺瞻画语》，上海人民美术出版社，1997年。

[3]薛永年：《论八大艺术》，《八大山人》，人民美术出版社，2003年。

[4]《佛学大辞典》，文物出版社，2002年。

[5]《徐文长三集》卷二〇《跋·书八渊明卷后》，《徐渭集》，中华书局，1983年。

[6]《徐文长三集》卷一六书《与两画·史》，《徐渭集》，中华书局，1983年。

[7]徐渭作《杂花卷》，后纸樊樊山题，南京博物院藏。

[8]郎绍君：《二十世纪中国美术文选》（下），上海书画出版社，1999年。

（原文刊于《中国花鸟画》2009年第1期）

横笔行天下　奇哉张大千

吕长生

1932 年 5 月 10 日，张大千 34 岁生日时作自画像，美术界的许多好友在画像上题跋。著名画家徐悲鸿题诗云："其画若冰雪，其髯独森严，横笔行天下，奇哉张大千！"[1]张大千而立之年前后的艺术成绩及其潜在的艺术才华，受到慧眼识珠的徐悲鸿先生的高度赞赏。自此而后的半个世纪，张大千足迹漫游中外名山大川，画展办在中外著名都市；曾经定居南北美洲，晚年回到祖国宝岛。独特的人生经历，辉煌的绘画艺术，真的应验了当年徐悲鸿先生之说。

在新世纪第一年的金秋，我们在张大千曾经生活过的北京，举办"张大千绘画艺术回顾展"，纪念这位伟大的爱国主义艺术家，中国人民的奇男子，四川百姓的好儿子，各方面都有十分重要的现实与历史意义。

张大千刻意丹青，勇于探索，技艺超群，画绩卓著，他给我们留下了数以万计的名画佳作，见解独到的绘画理论。总结、学习、借鉴这些丰富宝贵的艺术遗产，使之发扬光大，十分必要。回顾张大千近 70 年的艺术生涯，他的绘画大致可以分为三个时期：30 岁以前的早期成长时期；30 至 60 岁的中年成功时期；60 岁以后的晚年化境时期。

一　早年的成长时期

张大千绘画的成长时期，可以分为继承家学与拜师名家两个阶段，用他自己的话说，即是"幼饫内训，冠侍通人"[2]。

1899 年 5 月 10 日，张大千生于四川内江县一个普通人家。父亲从事小贩生意。母亲曾友贞聪慧仁慈，擅长绘画、白描、绣花等。曾以刺绣、画花鸟为业，补充家用。所画工笔花鸟远近闻名，人称"张画花"。1918 年，58 岁的曾友贞画设色《猫蝶图》[3]（台北故宫博物院藏），白猫静卧，花蝶飞舞，旁缀花草。神气生动，工致清新。画幅有四川籍著名学者傅增湘于 1923 年的题跋，文中说"此虽写生小帧，而风韵静逸，正复取法徐黄……夫人既擅绝诣，晚岁尽以手诀授哲嗣善子、大千"。继承家学，儿女学画。大千的二哥善子、大姐琼枝，都自幼从母学画。善子成年后以画虎名世。良好愉快的家庭绘画环境，培养了张大千的绘画兴趣，幼承母教，兄姐传授，悟性高，长进快。少年练画习字，坚持不断。19 岁，随着长他 17 岁的二哥善子赴日留学，学习染织技术。仍坚持自学绘画。母亲是他学习绘画的启蒙老师；善子给予了他极为重要的帮助。张大千常说："我之所以绘画艺术有此成就，是要感谢二家兄的教导。"[4]

1919 年夏，张大千留学回国，放弃所学专业技术，寄居上海，拜师名家，专心学画。先后师承曾熙（1861 年—1930 年）、李瑞清（1867 年—1920 年）学习书法、绘画、诗文。

书法"学三代两汉金石文字，六朝三唐碑刻"[5]，对临、背临碑帖，练习双钩书体，研究笔画转折、字体结构之妙。二位名师，学养高深，山水、花鸟各有擅长，推崇清初石涛、八大等名家绘画。当代美学家伍蠡甫《中国画论研究》评石涛说："明末清初，有保守的董其昌，更有革新的石涛。"名师出高徒。

张大千三生有幸，从师步入创新画派的门径。凡山水、人物、花鸟画，自清石涛、八大、渐江、石溪，明唐寅、仇英等，上追宋元历代名家，以古人为师。用心学习，刻苦钻研，临摹名作，掌握技法。他认为："绘画必须从临摹入手……临摹有了深厚的根基，才能谈到创作。"[6]当时他临摹石涛的画，已可乱真，并掌握了鉴赏石涛画的本领。二十多岁的张大千，已获"石涛专家"的赞誉。

学习写生，训练严格。他总结说："写生首先要了解物理，观察物态，体会物情，必须要一写再写，写到没有错误为止。"[7]回忆当年在二师门下，他"效八大为墨荷，效石涛为山水，写当前景物，两师嗟许，谓可乱真"[8]。师法古人，实地写生，可以乱真，其功力之深，可想而知。

石涛《画语录》"搜尽奇峰打草稿"、"借笔墨以写天地万物而淘泳于我"、"山川与余神遇而迹化"、"师古人之心"、"借古开今"等绘画思想[9]，是张大千师法古人的同时，必须学习的师法造化的经典理论。李瑞清曾对张大千说："黄山看云，泰山观日，实属生平快事！"[10]以自己的亲身体会，使学生明白走进大自然，师法造化的重要性。1927年春，29岁的张大千同二哥善子，第一次登上了风景秀丽的黄山，诗文绘画收获不少。后来他总结说："作画须多作旅行，漫游名山大川，博览奇花异木，飞禽走兽，即是绘画资料之源泉。"[11]

师从古人，师法造化，读书博览，张大千"循正确路径用功"[12]，书法、绘画、诗文大有进步。1924年，26岁时他随二哥善子参加上海的"秋英会"，拜见雅集聚会的文人儒士。应善子的朋友、前辈们的赏识，在众人面前，张大千放笔绘画题诗，显露才华，一鸣惊人，被赞之为"后起之秀"。1925年在上海举办第一次个人画展，山水、人物、花鸟、走兽等百余幅作品，全面展现了他的绘画才能与水平；展品销售一空，展览大获成功。1925年作《人物》图[13]，绘二位老者相对席地而坐，造型准确，眉目传神；衣纹线条细劲流畅，敷色简洁。体现了张大千已趋成熟的绘画技能与风格。

30岁以前，张大千成长道路上的丰收果实，预示着他即将踏入建功立业的征程。1929年春，全国第一届美术展览会在上海举行，31岁的张大千被聘为全国美展干事会员；1931年，他33岁，被选为中国古代画展代表之一，赴日本为其审定展品。

二　中年的成功时期

张大千认为："作画重在工力，应依个人兴趣，循正确路径用功，自可抵于成功之域。"[14]30岁以后，张大千的艺术园地花繁叶茂，硕果累累，呈现出他抵达"成功之域"艺术创作的丰收景象。山水、人物、花鸟等精细工笔画法经常为其所用；泼墨山水、花卉也是他喜欢的艺术手法；粗笔山水、简笔人物间或为之；绘画重视结构，喜欢亮色，立意创新；工致、大气、明丽的艺术风格成熟；雅俗共赏，十分喜人。

（一）山水画

1936年3月，《张大千画集》在上海出版，徐悲鸿作序称："大千以天纵之资，遍览中土名山大川，其风雨晦冥，或晴天佚荡，其中樵夫隐士，长松古柏，竹篱茅舍，或崇楼杰阁，皆与大千以微解，入大千之胸。"介绍其内容，赞赏其画风；接着又说，他自己1933年应西欧诸国之请，"展览中国艺术，大千代表中国山水作家，其清丽雅逸之笔，实令欧人神往"[15]。展品中张大千的一幅《江南山水》，被莫斯科博物馆购藏。这是他的绘画作品第一次出国展览，并被购藏。

50岁之前的20余年间，张大千走进大自然，师法造化。他三上黄山，两登西岳，初吊龙门，南游雁荡、莫干，再攀罗浮，感怀衡岳，久居青城，屡上峨眉，西出玉门，东游渤海，写生画稿，作诗记怀。归来创作了大量的绘画作品。1934年秋，在北平第一次举办个人画展，作品气势、敷色、气韵均面目一新，轰动故都，给北方画坛极大震动。此后数年间，上海、天津、武汉、兰州、西安、成都、重庆等，各地画展，

图一

图二

图三

图四

一个接一个，屡获成功。

张大千的精细工笔山水画，为数较多。写华山北峰的《华山苍龙岭图》（图一）[16]，图上题诗有句“百丈苍龙岭，昂头看人云”。细笔精致，山石纹路钩勒入微；淡花青、浅石黄分别薄染轻晕山体，清丽透亮，柔和温润；山路隐现向上，飞瀑断续而下；峰在云海中，松遍岭坡间，近景古松郁茂，山头雄浑，二人背向读者，面向云海峰峦，昂头远望。真是岭如苍龙，游于云海。《青城望坡图》[17]清淡明洁，如梦幻之境。《祝融峰图》（图二）[18]高峰奇伟，山路曲折；山石分别染以浓墨、深绿、浅青、淡黄，强烈而柔和。《浅绛黄山云海图》（图三）[19]，云如浪涌，峰似巨舰；松青云白，山著绛色，单纯而丰富。《浅绛山水图》[20]，远山巍峨，近景临河高树茅屋；仅仅有茅屋与二三处山崖阴面晕染绛色，余则多为光照阳面，少许淡水墨、浅花青，轻轻皴擦。全幅色气清爽，令人心旷神怡。

没骨法画山水，不用钩勒，纯然以色渲晕点染。张大千用此法所画山水，细润精丽，别有韵味。《峨眉清音阁图》（图四）[21]，张大千自题为“双桥清音”。据峨眉实景用没骨法绘成。山峦起伏，云流其间，溪水弯曲，绿树遍野；清音阁及阁前双桥，居画幅中心位置，坐落于丛绿之中；用浅绛、淡石绿及花青，没骨法画峰峦坡岸，浑然一体，不见着笔痕迹。《山重云岭图》[22]，峻岭雄壮，其体势明暗，用没骨法细细点染，使山体有明显的石质感，仿佛可以触摸到一样，从中也透露着坚强的力量感。《秋林幽人图》[23]敷色薄而明亮，悠悠淡远，别是一番天地。张大千的没骨山水画，有的清新，如春风拂面；有的虚淡，似梦幻一般。立意创新，画出多种多样的意境美，是张大千山水画的自觉追求。

张大千的粗笔山水画，别有情趣，运笔用墨有着书法的韵味。《华山金锁关图》（图五）[24]笔法奔放，竖、横、斜多向皴擦，墨分浓淡；山势高峻，石若斧劈，古松苍劲，遍布峰峦；山染浅绛，松点淡花青；云绕山腰，虚实相映；山脊“S”形反向走势，越远越高；关道曲折，时隐时现，通达峰顶。《雁荡奇观图》[25]写雁荡大龙湫高峰飞瀑景色。浓墨重绿，粗笔或擦或点，再染以淡花青，气象碧翠，生机盎然，极尽南国山水风光韵致。《黄山绝顶图》（图六）[26]画山石，粗笔劲爽，墨有浓淡，点染浅绛花青，峻增山岩，扑面而来。《合作山水图》（历博大千画展图册中的图版16）是素有“南张北溥”之称的两位名家的又一次合作。溥儒画松古茂精细，行草书题识语；山岭、坡石、板桥及岭上二位细笔古装人物，均张大千所画。画山石张大千走笔粗放迅疾，用墨干湿浓淡，层次分明，时出飞白；坡岭浑厚，人物飘逸。《春城游归图》[27]写1948年秋自青城游归道中所见风景。画山运笔粗放流畅，或钩或擦；细笔画树点草；借绢地浅米黄为山体阳面底色，时或少许淡水墨花青浅染，颇为别致，又一气象。

张大千的山水画，不管其水墨或设色，无论其细笔，或粗笔或没骨法，虽画法不同，立意有别，却有三方面的共同之处。从章法看，把高山、江河、白云、古树、长空等，诸多景观要素，用大手笔将其大安排、大调度，运用大小、远近、高低、虚实、动静、深浅、明暗等对比手法，强调突出了各景观之间互相映衬、相辅相成的作用，给人观赏视觉以强烈冲击。俯视所画《江南小景图》（图七）[28]，仰视所画《华山老子挂犁松图》（图八）[29]等，最为典型。从敷色看，浓重深暗者较少，间或有之亦在画幅局部；浅淡明丽者居多；色气柔和，温润典雅，清新朗洁，赏心悦目。从景点看，凡山路小桥，寺院茅屋，小树岸草，舟帆飞瀑等，安排巧妙，时隐时现，半藏半露，或大或小，远近高低，错落有致，悠远深邃，空间感、神秘感俱生。张大千说：“画有三美：曰亮、曰大、曰曲。”[30]果然，他的画，因章法讲究而有的气势，成就了一个“大”字；因敷色清丽而有的气色，呈现了一个“亮”字；因景点巧构而有的气韵，妙造了一个“曲”字。所以，大开大合、清新亮丽、幽深蕴涵的气息神韵，是张大千山水画的艺术风格，独特个性。

图五

图六

图七

图八

（二）人物画

张大千的人物画，大致可以分为肖像画、仕女画及先贤、道释造像等。表现手法以设色工笔见长，作品较多。水墨意笔、减笔人物，偶尔为之，十分生动。他认为：“画人物最重要的是精神。……精神是内心的表露。在中国传统人物的画法上，要将感情在脸上含蓄的现出，才令人看了生内心的共鸣。”[31]面部表情准确、精细的描绘，是表现内在精神、感情的关键，这是张大千一生的追求，也是他的成功之处。

肖像画，必须提到张大千的自画像。据专家称，他几乎每年都要画数张自己的像，分赠亲朋好友。他的自画像，有工笔，意笔，减笔等不同的画法。设色工笔《三十九岁自画像》（图九），画于特殊的历史背景下，尤为重要。

1937年，“七七”事变爆发，日本侵略军占领北平。刀光之下，与百姓一样，张大千失去了自由。在沦陷区不与日伪政权合作，诗画明志。当年10月作《三十九岁自画像》[32]：东坡帽，笏头鞋，汉装长衫；正面长髯，盘腿而坐，手置膝部，眉宇冷峻，目光如柱，肃然自信；身前溪水长流，岸草劲健；身左苍松，老干粗壮，松根盘结。松之主干似由人的膝部生发，向左斜出，又如弓弯，转而向右，斜出幅外；在其上方，主干、支干重现画面，向左横出，冠部松针茂盛悬垂，支干或断折如戟；或弯曲交错，状如龙舞长空。有风东来，松枝左摆。左上角题词一首：

图九

十载笼头一破冠，
峨峨不畏笑酸寒，
画图留与后来看。

久客渐知谋食苦，
还乡真觉见人难，
为谁留滞在长安？！

后书词牌名及款：“浣溪沙。大千自写像并题，时丁丑十月也。”[33]其词气势磅礴，胸怀坦荡，掷地有声。走！冲出魔爪，如有不测，“画图留与后来看”。视死如归，高风亮节，跃然纸上。题书结体端正，行气贯通。他认为“艺术为感情之流露，为人格之表现”[34]。在特定的历史条件下，张大千以擅长的设色工笔精心仔细绘自画像，衬以苍松流水，坚信前途光明，寄托自己的情怀，这诗、书、画，无疑是国难当头，身处困境时，他大义凛然的宣言书——尔奈我何！

水墨意笔《三十四岁自画像》[35]，1932年作大半身左向侧面立像，长髯短发，描绘较细，一笔点睛，十分传神；意笔淡墨钩画肩背部。左侧草书：“壬申二月八日，漏巳三下，篝灯自写三十四岁小像，怆然南望，不胜归思矣。蜀人张爰。”50年代后期所作减笔自画像头部及一小猴头部，均神气活灵活现，草书题“我同我的小猴儿。”见于《大千狂涂册》第十二开中的图版23。两幅自画像画法不同，年岁不同，心情也不同。

张大千写生水墨减笔肖像画，讲究笔墨，妙传神情，表现了他写生肖像的超凡能力。1941年的《为陈书舫写影图》[36]，书题“辛巳三月十一日，书舫过我寓斋，戏为写影博笑。大千居士爰”。《写心德六侄十九岁画像》书题云：“戏写心德六侄十九岁像。时在服中，故鬑鬑颇有须也，八叔爰。”[37]两幅均为胸像。头发浓墨乌黑；次之眼睛眉毛，用墨稍重一些；其余全为淡墨。特别是画川剧青年女演员陈书舫的衣纹，更是笔细墨淡。妙用笔墨，分开层次，突出了流露内心感情的面部及眼眉部位，吸引观者的视线，感受演员的清秀俊美、六侄的朝气蓬勃，栩栩如生，各有个性。

《纨扇仕女图》（图一〇）[38]亦工亦写水墨画仕女大半身像，右手举而置于脖后，左手倒持扇端沿，置于胸前，扇端边沿恰恰接于口唇之下。如此布局，如前述肖像画一样的用笔墨，突出仕女的面部，高鼻小口，眉清目秀，气质优雅。也是“辛巳春日”1941年画，没有说是画谁。但从构图、手法看，与前述两幅写生肖像画类似，或是忆写某人。

仕女画，是张大千人物画的重要题材。设色工笔较多，水墨意笔较少。张大千笔下的仕女，有古代仕女画的遗意，但内在的精神，有时代的气息，更具张大千心中仕女美的姿态风韵，颇有个性。张大千认为：“仕女面部设色不可太浓，仕女必须脱俗恬淡，有飘飘然之感。”[39]形态美，气质美，微妙的动感美，是他理想中的仕女形象。

1945年设色工笔《芭蕉仕女图》（图一一）[40]，仕女、芭蕉、湖石均用色清淡透亮，仕女乌发浓黑，薄染胭脂，一点口红，是全幅引人视线的亮点，淡墨细笔钩描衣纹，淡细至有无间，膝下渐渐虚去不画；仕女头饰凤簪、衣之领、袖、腰带均花青明丽，蕉叶水墨淡花青为背景，使人与叶之空间感明显。画幅以仕女为主，仕女以面部为主，如浮云中，悠然飘来。1940年淡彩细笔画《仕女图》（图一二）[41]，仕女扶石而坐，右手持扇遮挡脸面一小部分，口唇恰好露出一半，目光专注，若有所思，似含微笑，从容优雅。内心的笑“在脸上含蓄的现出”，此图如此精到入微的描写，实属张大千仕女画的精品。

上个世纪三、四十年代，上海等都市生活，张大千十分熟悉。以市民生活为题，画当时的摩登女郎，满脸浓艳，或朱唇深重，与上述仕女相反，意在表现其低俗的神气。是张大千对世俗社会一种倾向的批评。如《摩登仕女图》[42]、《南国仕女图》（历博大千画展图册中的图版18）等，都是如此。

图一〇

水墨仕女，如1943年《水墨仕女图》[43]、1944年《仕女倚竹图》[44]略带写意笔法，轻快爽利。前者双目正视前方，后者稍稍低首，眼观左侧；神情各异，画出人物瞬间的面部表情、内心活动，正是张大千仕女画的艺术特点、成功之处。

水墨意笔或设色工笔画仕女背影图，姿态优美，气质闲适，别有一番情趣。如《蕉荫仕女图》（图一三）[45]，设色工笔，为画仕女背影形象的代表作。

张大千设色工笔或水墨工笔画先贤道释造像，如《松下老子图》（图一四）、《东坡先生笠履图》（图一五）[46]，前者作于1941年，题识并说时在敦煌，后者作于1947年。都是他中年时期人物画的精品。前图是他回忆昔年曾见元赵孟頫画《松石老子图》，今“略追其意”而作，苍松树冠茂密，位于画幅上半；其下老子侧身袖手坐石上，白发稀疏，长衣宽袖，衣纹繁复。广额下双眉紧锁，注目前方。成功刻画了老子一位思想家的先哲形象。后图东坡头戴竹笠，长髯、长衣、宽袖、腰带均在飘动中，足登木屐，右手握竹杖，左手前摆，匆匆向前行进的样子。如果说前图尽显老子的沉思之状，如松针之密、衣纹之繁一样的思绪，在老子的脑海里，一切都在一个静字中呈现；那么，后图则妙传东坡的急行之态，画无背景，空旷之中，心神专注于行走，借衣袖腰带的飞扬，表现东坡向前的神态，一切都在一个动字中展开。前图，静的没有声息；后图，动的满幅声响。两幅图两种意境，读来令人过目不忘。立意构思之妙，运笔用墨之精，真正大家手笔，匠心独具。

1941年5月初，张大千离开成都，远赴敦煌，临摹壁画。1943年11月返回成都。次年1月25日《张大千临抚敦煌壁画展览》在成都开幕。自撰展览序言说：“盖大千平生流连画选，倾慕古人，自宋元以来真迹，其播于人间者，尝窥见什九矣。欲求所谓六朝隋唐之作，世且笑为诞妄。”[47]张大千31岁时，听过年长他19岁的朋友叶恭绰（号遐庵）的一席评说：“人物画一脉自吴道玄、李公麟后已成绝响，仇实父失之软媚，陈老莲失之诡橘，自清三百年，更无一人焉。”力劝张大千弃山水、花鸟画，专攻人物画。1975年张大千撰写《叶遐庵先生书画集序》，回忆了这段往事，接着说他自己“厥后西去流沙，寝馈于莫高、榆林二石室者，近三年，临抚魏、隋、唐、宋壁画几三百帧，皆先生启之也”[48]。张大千敦煌之行，实现了他寻求宋元以前六朝隋唐绘画作品的目的。具体说，他实地考察、欣赏、研究、临摹了六朝、隋唐、五代、辽等历史时期的人物画（图一六）。这是他一贯主张师从古人，绘画必须从临摹入手的一次具体实践，历史时空的延伸、扩大。

面对宏篇巨制、技艺超凡的古代壁画及实施临摹，对张大千来说，是体验、感受古代名家绘画时的心路历程；对古壁画来说，是检验、实证张大千人物画的技能、水准所达到的高度。没有相当的运笔描线的基本功，没有高超的色彩感觉与敷色技能，没有深入领会原作神韵的审美感受能力，等等，要复原临摹，是不可能的。学者陈寅恪评价张大千临摹敦煌壁画展时说：张大千“天才特具，虽是临摹之本，兼有创造之功，实能于吾民族艺术上别辟一新境界，其为‘敦煌学’领域中不朽之盛事，更无论矣”[49]！这些壁画摹本的展览、宣传，给当时正处于抗日战争时期的中国人民以民族自信、自尊及争取胜利的巨大鼓舞；对自新文化运动以来就存在的数典忘祖的民族虚无主义思潮，是有力的一击。同时，这些高水平的摹本，已有重要的文物价值；是进行学术研究、文化教育等社会文化活动的宝贵资料。

图一一

图一二

图一三

图一四

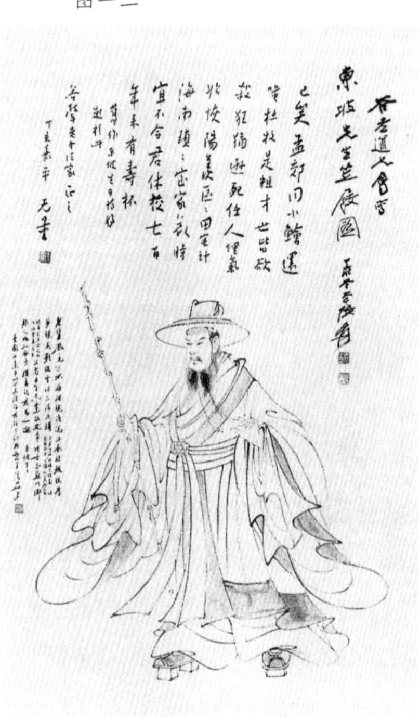
图一五

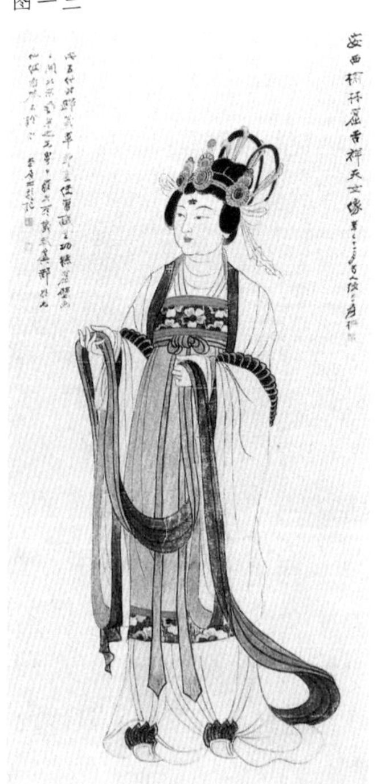
图一六

（三）花鸟画

梅兰竹菊，飞禽走兽，张大千样样精通。他中年时期的花鸟画，仍然是运用工笔、意笔或二者相结合的艺术表现手法，力求画幅的意境情趣灵秀生动，艳丽明亮。

张大千认为：“衣当重彩，食要美味，画也复如此，最要紧的不在技巧，而在气味如何。”[50]工笔重彩的气息韵味，是他的花鸟画的艺术特点之一。1932年他34岁时，精心绘制了《金荷》等图，参加徐悲鸿筹办的赴欧洲的《中国近代绘画展览》，次年在巴黎展出，他的《金荷》被法国政府购藏。因之，徐先生说“张大千的荷花，为国人脸上增色”[51]。此幅虽难目见，但从他中晚年所作其它钩金红莲图中，花瓣轮廓钩以金色细线的画法，即知他早年的《金荷》，也是意在表现荷花受阳光照耀时，花瓣轮廓所生成的光影效果。

对张大千来说，不仅仅是光色的感觉反应，其中还包含着佛教信仰的感情。1947年，张大千在成都昭觉寺作《朱荷图》，题诗二首，并跋云：“《洛阳伽蓝记》：准财里内有开善寺，入其后园，见朱荷出水，绿萍浮水。是远古有朱荷矣。又佛书以红莲为喜，故末句及之。予之为此，定有愕然而惊，莞然而笑者矣。丁亥十月朔，大千张爰，成都昭觉寺记。”[52]张大千画荷花，写生从自然中来，临摹从古人来；同时，读史书从文献来，使荷花有了社会人文信仰的感情色彩。这正是他为什么爱画荷花的重要原因。他的《朱荷通景屏》[53]气魄宏大，工笔重彩，朱荷艳丽。前述昭觉寺作《朱荷图》，也当是类似此通景屏上朱荷的画法及风格。著名画家叶浅予先生藏张大千的诸多作品中，“有一轴五尺整幅荷花和一个荷荫小禽扇面，都是细笔重色”。叶先生说这件扇面也是绘朱荷，满而大的荷叶下藏着一只墨羽小禽，而且是扇面结构的中心，荷花成了陪衬，使通常情况下以花为主的花鸟画的主宾关系，颠倒过来。叶先生评曰：“这是画家在构思立意中的神来之笔。”[54]

张大千意笔为主画荷花，情景多样，异彩纷呈，一幅一个色调，一幅一种情趣。浅设色《荷花图》[55]一叶一花，均匀布局于幅面上部，一反惯例，空间留白于幅面的中、下部；花干紧贴幅右边直上，叶干自右下角向左上角斜去，对角线分割幅面，使其空间感更明显丰富了。花是全开状，花瓣、花须、莲蓬由外到内，一层层均钩描清楚；意笔扫叶，上淡下浓，有悬垂感。花之娇嫩，叶之润肥，干之丰圆，都表现得神完气足。

1945年，为欢庆抗日战争胜利作《喜浪摇荷图》（图一七）[56]，浅设色水墨意笔，写一大荷叶，满布画幅，其势倚侧，下部墨彩浓重，荷干弯曲，荷叶真有左右摇摆之感。一花左上，含苞初放，一花右下，蓓蕾之状。画家以形像思维的绘画语言，把抗战八年来，心中一直期盼的胜利，终于实现时的无比喜悦，具像画幅，气势浩大；命名同样豪迈，说喜已成浪，荷之为喜，人之为喜，共为一体，借物抒情，意犹未尽，题诗画上。诗中有句：“夫喜收京杜老狂，笑嗤胡虏漫披猖。”其后识语说：“乙酉八月十日，倭寇归降，举国狂欢，祉布道兄见访昭觉寺，为写此留念。”以画为主，配以诗文，倾吐心中的大喜，国家民族的大喜。就艺术效果而言，在张大千为数众多的意笔荷花图中，此幅妙写其动感意境的佳作，实不多见。

其他如1948年的设色《秋荷图》[57]，以石绿为基调，水墨晕化，碧翠满塘，白莲怒放，生机盎然。1949年的浅设色《荷花图》[58]，阔叶豪迈，白莲高洁；题语：“润之先生法家雅正。已丑二月，大千张爰。”是1949年二月画赠毛泽东主席的。借赞颂宋周敦颐《爱莲说》所谓“莲，花之君子者也”的高风亮节，“代表与者受者的风骨性格”（张大千论画之句）[59]。

张大千的工笔重彩花鸟画，有宋人遗风，更有他个人灵秀活泼，清丽雅逸的风采，扬弃了宋人的滞重之感。1941年作《梦蝶图》[60]、1942年作《双雀图》（图一八）[61]，均画于他旅居敦煌之时。前者题曰“每思青城旧游，辄有梦为蝴蝶之感”，折枝绿叶自左上角长出垂下，一只花蝶停落在上部一叶；后者因沙洲秋日清晨见群雀，联想宋人画雀，他自己“偶尔涉事”，“兴来微吟，摇笔属纸”；幅面右上角向左伸出红叶树枝上，双雀并排卧立。两图均细笔工致，栩栩如生，尤其后者树叶被虫咬吃的残破处，也十分逼真。

工笔画红叶小鸟，是张大千中年及以后十分喜欢的题材。1946年作《醉霜红叶图》[62]，昆明湖忆写青城山中樟楠诸树“未秋先红，璀璨似锦”；1951年作《红叶玉鹅图》[63]，均是一段苍劲树干，数片鲜亮红叶，一只神气小鸟；布局从容，空间留白广大（图一九）。1950年旅居印度，写《红叶小鸟图》题诗并跋云：“庚寅立秋后二日，小步岭头，红叶一株，朱熊熊如火齐。青城樟楠诸树多有未秋先红者，因写图，并拈四十余字记之，客大吉岭。”[64]寄托了他无限深情的思乡之情。

上述花鸟画诸图，均用笔工细，敷色明艳。最显著的共同点是，置景取舍精练，删繁就简，恰当的位置书题一行或几行诗文，幅面留白空间十分开阔，景物集中突出，空白以无为有，疏朗之美，已至极致。简明的景物形像，一下子就与读者融为一体，使人既赏心悦目，又神清气爽，仿佛置身于作家笔下妙造自然的典型情景之中，会有同徐悲鸿一样的“呜呼，大千之画美矣”[65]！的赞叹。张大千经营位置奇思巧构，

图一七

图一八

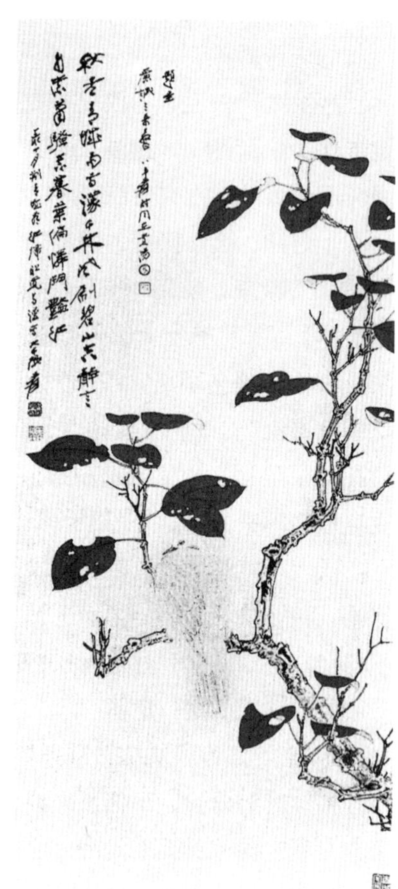

图一九

以少胜多，别开新面，给读者以自由丰富的想象空间。这是他的工笔重彩花鸟画的独特之处。

读张大千中年时期的花鸟画，并读1946年徐悲鸿对张大千花鸟画的评论：“写莲花尤有会心，倘能舍弃浅绛，便益见本家面目。近作花鸟，多系写生，神韵秀丽，欲与宋人争席。”[66]诚哉！斯言。

三 晚年的化境时期

张大千认为:“一个成功的画家,画的技能已达到化境,也就没有固定的画法能够拘束他,限制他。所谓‘俯拾万物’，‘从心所欲’，画得熟练了，何必墨守成规呢？”[67]张大千60岁以后，他的绘画已达到化境，即得心应手的化境时期。

所谓化境，既指造型技能，又含创造意境。技能是手段，意境是目的。意在笔先。明确的意境情趣驾驭着熟练的技能手法，从心所欲，挥洒自如。张大千认为画“以美为基点”，“谈到真美，当然不单指物的形态，是要悟到物的神韵”。在艺术创作中如何实现呢？张大千有超越前人的生动叙述：“画家自身便认为是上帝，有创造万物的特殊本领。画中要它下雨就可以下雨，要出太阳就可以出太阳；造化在我手里，

不为万物所驱使；这里缺少一个山峰，便加上一个山峰，那里该删去一堆乱石，就删去一堆乱石，心中有个神仙境界，就可以画出一个神仙境界。……总之，画家可以在画中创造另一个天地，要如何去画，就如何去画，有时要表现现实，有时也不能太顾现实，这种取舍，全凭自己思想。何以如此？简略地说，大抵画一种东西……一定要在像和不像之间，得到超物的天趣，方算是艺术。”[68]画家是一个“上帝”，有“特殊本领”，能呼风唤雨，驱使万物，把心中美的神仙境界画在纸上，奉献给读者。为了这个崇高美梦的实现，画家一生都在探索，寻找前进的路径、阶梯、方法及手段。张大千晚年一改过去的精细工笔艺术手法，或粗笔写意，或泼墨泼彩，或泼法、意笔、工笔相结合，绘画风格情趣，大为改观。山水气象博大，深邃莫测；偶画人物，多为减笔，生动传神；墨彩荷花，叶肥花艳。山水、人物、花鸟等画成就辉煌，风格独特，呈现了出神入化的无穷艺术魅力。

1964年春，作《幽谷图》，张大千将墨与彩分别大量泼于纸上，然后急速拉动画纸，上下晃移，使墨彩顺着画纸的高低而自然流淌，最后墨彩渗化造型成像；这时酌情在不同部位，皴擦晕染，或点画钩线。一会儿景观奇妙，墨彩斑驳的《幽谷图》完成了。张大千对在旁边观看作画的女儿张心瑞说“这样画可因势利导，取其自然，得其天趣”[69]。心中的天趣，画中的意境，用泼墨泼彩的手法完成。事后三年，更大的一幅同名《幽谷图》，用同样的方法泼洒画好，彩墨交融，烟云弥漫，淋漓斑驳，如梦如幻。表明他对新的绘画手法的不断探索，对幽谷意境美的不断创新。

1962年作水墨设色《青城山通景》[70]，俯视山河，博大辽阔，烟云浮动，如浪翻涌，苍苍茫茫，天地云海间，宏伟壮丽。画中渗透着海外游子思念故乡的情结。1965年的《浅绛泼墨山水》及《青绿泼墨山水》意在表现两种不同色调山水的不同美感，前者雄伟浑厚，后者苍翠迷濛。1962年《蜀楚胜迹册》清润飘逸；1973年《渔家乐》（图二〇）[71]简洁典雅；1980年《阿里山浮云》（图二一）[72]滋润清丽；同年的《振衣千仞岗》[73]高旷雄浑，又深幽奇秀，等等。景观不同，色气有别，神韵相异，都是张大千晚年泼墨泼彩山水画的佳作。

图二〇

泼墨泼彩法与意笔、工笔相结合，是张大千晚年众多山水佳作的艺术表现手法，唯其如此，方能实现他认为画之美要有亮、大、曲的三要素。1968年的《长江万里图》[74]、1981—1983年的《庐山图》[75]，均为绢本水墨设色，宏篇巨制，气象万千，峰峦起伏，山岚弥漫；宋人之雄迈、元人之秀丽兼而有之。前者江水壮美，岸域辽阔，绿色明快，生气勃勃；后者山高谷深，飞泉如练，淡染石黄，山光闪耀。均于细部工笔点画高树丛林，钩勒庙宇房舍，加添舟帆人物，描绘曲径小桥；墨分淡浓以别远近高低，皴有长短而现崇山峻岭。泼墨泼彩已使画幅具有了亮、大之美的同时，工笔钩勒收拾具像，大大增强了画中“曲”美的内涵——丰富性、幽深感、空间感、神秘感。1969年张大千作泼彩《杏花春雨图》寄赠朋友侯北人。侯先生回忆说：“记得在我第一次看到他的泼彩山水时，立刻被那瑰丽的彩色，磅礴淋漓的水墨，细致的钩勒笔法所震惊，是完全突破了古人的樊篱……后来居士所作的山水，便多是这种画风，举世为之惊叹推赏，使中国山水画另辟一个新的天地。”[76]

1981年春，著名画家谢稚柳先生说：“泼彩，是张大千发明的。古有泼墨，今有泼彩，张大千的泼彩有很深的传统渊源，中国当代画家，张大千数第一！”[77]这是完全正确的评价。唐代王洽泼墨挥洒，云水山石，神奇巧变，为中国画史上泼墨法的开山鼻祖。宋代米芾、米友仁父子，写江南云山之景，颇有新意，世称其戏墨为米家云山。史书不载其泼墨，相反，用“解作无根树，能描濛鸿云”评价米友仁的山水画。一个“描”字，道破了小米比其父大米之写意云山，已大大降格了。水墨晕化，积墨堆点，是传世米家云山的画法。元高克恭、方从义，明董其昌，均以米家云山为宗，承袭前人，横点积叠画法，板滞有余，气韵不足，学米已是虚有其名，何谈望王洽之项背。王洽之后，千余年来，挽救泼墨山水于衰微者，唯张大千一人!

对张大千而言，明清不足论，超越宋元，自画史学习王洽泼墨山水，不知其是否得见王洽遗迹？因之，张大千的泼墨法，师从古人，多在主观意想中；师法造化，却自客观实景来。1965 年作《胜盖丹罗山晓》，写巴西居所八德园对面优美的晨光山色。诗后题语说：客人与他“朝暮坐八德园，东望胜盖丹罗峰，极烟云之变，索为写此。”画幅泼墨泼彩，烟云流变，水气淋漓，迷蒙中见晨光亮色。师法造化，是真实的峰峦景色；敢于创新，更是妙造的心中气象。张大千“漫游名山大川，博览奇花异木”，涵养于胸，发之可为泼墨泼彩山水“绘画资料的源泉”多矣！更主要的是他心胸博大，从不墨守成规。石涛讲过“借古开今”；张大千说过“兴古为新”[78]。他工笔、意笔之用已至娴熟，为了淋漓痛快地传情达意，效唐人而行泼墨法，进而泼彩，是其艺术创作自身内在规律发展的必然结果。如果说王洽的泼墨山水，是古典表现主义的杰作；那么，张大千的泼墨泼彩山水，则是现代表现主义的典范，时代气息、个性风格，自在其中。

图二一

图二二

泼墨泼彩法、意笔、工笔等多种艺术手法并用，张大千晚年创作了为数不少的朱荷、金荷图（图二二）。他曾说：“中国画重在笔墨，而画荷是用笔用墨的基本功。”[79]八大、石涛等名家的荷花图，提供了可资借鉴的手法；昆明湖荷塘一花一叶的姿态神韵，是他创作荷花图的生活源泉。在早年、中年工笔、意笔画荷的基础上，运用泼墨泼彩法，涉笔成趣，朱荷明艳，钩金亮丽；泼洒写荷叶，丰润茂盛；荷干水草骨法用笔，气脉贯通，爽然挺拔。水墨、花青、石绿妙用，融为一塘，更加映衬出钩金朱荷的高贵典雅。蓝天晴空，荷塘美景，一池绿肥，万点红艳，始终寄托着张大千赞美自然、人生的热烈情怀。

纵观张大千早年、中年及晚年的绘画艺术与绘画思想，还是徐悲鸿先生说得好：“大千潇洒，富于才思……夫能山水、人物、花鸟，俱卓然自立，虽欲不号之曰大家，其可得乎？”[80]

2001 年 8 月 5 日于北京方庄向静茶园

注释：

[1] 李永翘：《张大千年谱》，四川省社会科学院出版社，1987 年，第 64 页。

按：以下凡引见该书者，简称《年谱》。

[2] 张大千：《大风堂名迹·序》，《年谱》，第 288 页。

[3]《无人无我 无古无今——张大千画作加拿大首展》，裕华彩艺印刷公司，2000 年，图册第 22 页。

[4] 同［1］，第 20 页。

[5][8] 张大千：《四十年回顾展自序》，《年谱》，第 414 页。

[6] 同［1］，第 426 页。

[7]《张大千论画——画说》，《年谱》，第 535 页。

[9] 石涛：《画语录》之《变化章第三》、《山川章第八》，《昭代丛书》第 76 册。

[10] 同［1］，第 29 页。

[11][12][14][30] 同［7］，第 376 页。

[13]《张大千精品集》，四川人民出版社，1995年，第51页。

[15] 同 [1]，第88—89页。

[16]《张大千作品选》，天津人民美术出版社，1984年，第42图。

[17] 同 [13]，第22页。

[18] 同 [13]，第24页。

[19] 同 [13]，第26页。

[20] 同 [13]，第27页。

[21] 同 [13]，第29页。

[22] 同 [16]，第29图。

[23] 同 [16]，第32图。

[24] 同 [16]，第42图。

[25] 同 [16]，第35图。

[26] 同 [13]，第35页。

[27] 同 [13]，第23页。

[28] 同 [13]，第25页。

[29] 同 [16]，第41图。

[31]《张大千论画——如何画人物》，《年谱》，第540页。

[32] 同 [3]，第176页插图41—2。

[33] 同[1]，第101页。按:《年谱》录文把“酸寒”误为“寒酸”。

[34] 同 [11]，第377页。

[35] 同 [3]，第174页。

[36] 同 [13]，第49页。

[37] 同 [13]，第57页。

[38] 同 [13]，第61页。

[39] 同 [13]，第440页。

[40] 同 [13]，第59页。

[41] 同 [13]，第69页。

[42] 同 [13]，第60页。

[43] 同 [13]，第64页。

[44] 同 [13]，第71页。

[45] 同 [13]，第66页。

[46] 同 [13]，第51、45页。

[47] 同 [1]，第183页。

[48] 张大千:《叶遐庵先生书画集·序》，《年谱》，第431页。

[49] 同 [1]，第191页。

[50] 同 [1]，第213页。

[51] 同 [1]，第70页。

[52] 同 [1]，第229页。

[53] 同 [16]，第26图。

[54] 叶浅予:《张大千的绘画艺术》，见 [16] 图前文。

[55] 同 [13]，第43页。

[56] 同 [16]，第20图。

[57] 同 [16]，第19图。

[58]《毛泽东故居藏书画家赠品集》，人民美术出版社，1983年，第4图。

[59] 同 [7]，第538、539页。

[60] 同 [16]，第11图。

[61] 同 [13]，第39页。

[62] 同 [16]，第13图。

[63] 同 [16]，第12图。

[64] 同 [1]，第263页。

[65] 同 [1]，第89页。

[66] [80]，徐悲鸿:《中国今日之名画家》，《年谱》，第218页。

[67] 同 [7]，第538页。

[68] 同 [7]，第537页。

[69] 同 [1]，第356、357页。

[70] 同 [3]，第32页。

[71] 同 [3]，第47图，第191页。

[72] 同 [3]，第53图，第203页。

[73] 同 [16]，第73图。

[74] 同 [3]，第34、35页；又同 [16]，第77、78图。

[75] 同 [3]，第38、39页。

[76] 同 [1]，第394页。

[77] 同 [1]，第483页。

[78] 张大千题跋周士心《晚香图》语，《年谱》，第268页。

[79] 同 [1]，第244页。

（原文刊于《五百年来一大千·张大千绘画艺术回顾》，文物出版社，2001年）

科技史与文物保护

指南车记里鼓车之考证及模制

王振铎

一 绪 言

凡利用机械构造，或非直觉所能了解之物理现象而制造之器物，吾国旧日大抵称为“奇器”。此类奇器，考之典籍，多所称述。《荀子·宥坐篇》云：“孔子观周庙，有‘欹器’焉。使子路取水试之，满则覆，中则正，虚则欹。”[1]《淮南子·天文训》、《论衡·乱龙篇》所记之“燧阳”取火，皆其类也[2]。

指南车及记里鼓车，亦奇器之一，最为旧日史家所盛称。明清以还，欧陆科学渐输中土，国人自耻缺然，浅学迂儒，每持此类奇器，夸张于世，谓是西术所不逮[3]。此种谬论，辄为通人所厌听。吾人生逢斯世，固当以科学态度，考察先民所创造之奇器，究为何物，亦今日治史学者之责任也。

整理古代奇器史料，盖有三难。史籍中记述奇器之发明，太半推之荒古神话，其时代故不易定，其发明之源流，益以茫昧。或孤证仅存，殊难据以为实，其难一也。关于奇器之记述者，又多非深通其原理之人，其所描写，仅具外形，多不详其内部之机构。浮辞夸张，难以为据。或以怪诞之道术，杂糅其中，真谬莫辨，其难二也。夫某一时代有其惯用之术语，后人苦于释诂。如《周礼·考工记》之车制，以清儒考据之密，而阮、毕、程、郑诸家，尚各有异辞，其难三也。

凡此三难，为时代拘囿，前辈学者，所以不能解释其究竟者，因于考工常识，为士大夫所忽略，其治学方法，多以文字训诂之资料，辗转互证，但求文字上之通贯，不问其原理条件之能否适合，如阮元《考工记·车制图考》，可见一斑。笔者尝谓理董斯类史料，以下三事为必具之方法：

一曰：以科学所指示吾人之定理为原则[4]。

二曰：以其本身之特征为条件[5]。

三曰：以其他辅助材料为旁证[6]。

《荀子·宥坐篇》所记之“欹器”，以其本体之特殊条件推之，必为利用水平之原理，使此“欹器”改变其重心倾覆作用无疑。惜其所记寥寥数字，对于此器外体形状，忽于形容，我人又无旁证，足以补其外形之阙如。然如东汉张衡，所创造之候风地动仪，隋唐以后，其法虽绝，而《后汉书》所记，尚备具前举之三方法，若为之模制，虽未敢据为必似，然不中不远矣[7]。本文即据此三则而言，匪敢私智臆度也。

二 东汉至赵宋间机械工程之发展

吾国器物之有机械构造，滥觞先秦。《庄子·外篇·天地》云：

> 子贡过汉阴，见一丈人，方将为圃畦，凿水而入井，抱瓮而出灌，搰搰然用力甚多，而功寡，子贡曰：有械于此，一日浸百畦……凿木为械，后重前轻，挈水若抽，数如沃汤，其名曰槔。

此古代之桔槔也，利用之原理，为杠杆[8]。《史记·秦始皇本纪》云：

始皇初即位，穿治郦山，及并天下，天下徒送诣七十余万人，穿三泉，下铜而致椁，宫观，百官，奇器，珍怪，徙藏满之。令匠作机弩矢，有所穿近者辄射之。以水银为百川江河大海，机相灌输，上具天文，下具地理。以人鱼膏为烛，度不灭者久之。

此嬴秦繁重之机械构造也。汉晋以降，机械之制，巧夺先秦，《西京杂记》云：

高祖入咸阳，周行库府，有铜人十二枚，列在筵上；琴筑笙竽，各有所执，筵下有三铜管；其一管空，一管有绳大如指。使一人吹管，一人扭绳，则众乐皆作，与真乐无异。（卷三）

长安巧工丁缓者……作卧褥香炉，一名被中香炉。本初防风，其法后绝，至缓始更为之，机环转运四周，而炉体常平。……又作七轮扇，连七轮，皆径丈，相连续，一人运之，满坐寒颤。（卷一）

《西京杂记》世称伪作，所记数事，固不敢据以为实，然视为一种西汉机械之暗示，要非无征也。

东汉机械奇器之创造者，及传述家，可考者十余人，后汉张衡为太史令时，尝作浑天仪，具南北极赤道；列廿四气，廿八宿，中外星官，及日月五纬，置于密室，以漏水转之。令伺者密户而唱，璇玑所加，某星始见，某星今没，合契若符。因其关捩，转瑞轮蓂荚于阶下，随月盈虚，依历开落，又制滴漏，补之浑仪，以铜为之，再叠差置。下开二孔，以玉虬吐漏水入两壶；左为夜，右为昼。左壶盖上铸仙人，右壶铸胥徒；皆以左手抱箭，右手指刻。并以图说明之，亘古之创意也[9]。

灵帝中平时，有毕岚者，尝铸作天录虾蟇吐水之法，作翻车渴乌，以简洒道之费。开后人机车引水，虹吸注流之祖[10]。同时扶风人马钧，睹时制之绫机制作粗拙，丧工费日，易以十二蹑之制，效率倍增[11]。更作自动百戏之机，以大木雕构，其形若轮，平地施之，潜以水发。设为歌乐舞象，令木人自动鼓吹，跳丸掷剑，缘絙倒立之象，舂磨斗鸡之巧，变化万端。并补诸葛之弩，发石之车，以机鼓轮，首尾电至，时人奇焉[12]。

晋东渡以后至李唐之初，伟大之发明家，北有解飞、魏猛，南有耿询、祖冲之。北齐之信都芳，隋之临孝恭，皆有制作。飞、猛合制之舂车，设木人于车上，车行则木人踏碓，行十里，米成一石。飞又制檀车，设金佛于车上，饰以九龙吐水之景，作木人恒以手摩佛心腹，又十余木人作撮香投炉、绕佛捐礼之状[13]。南齐之祖冲之于制奇器之外，精通算历，所著有《九章注》及《缀数》数十篇。定圆周密率在3.1415927与3.1415926之间，此法同今日术学之圆周密率3.1416相同。而冲之发明，先于西方千载也[14]。造千里船，于新宁江试之，日行百余里，更造水碓磨于乐游苑，武帝亲自临视[15]。北齐之信都芳，著《四数周髀宗》，集五经算事为《五经宗》，又聚浑天仪欹器，候风地动仪，铜乌刻漏诸巧事为《器准》，并注《重差》、《勾股》等书[16]。炀帝时，耿询创作一小时计，可携之马上，名曰“马上刻漏”。与询同时之临孝恭有《欹器图》、《地动铜仪注》数卷。其书今皆不存[17]。

六朝时，新奇战具，数数而出。《陈书·黄法氍传》之拍车，《徐世谱传》之拍舰，皆为机械之构造，机关发石之利器。《黄传》中并载有步舰之名。《新唐书·太宗九王传》云：

曹王教为战舰，狭二轮踏之，鼓水疾进。

《宋史·岳飞传》亦谓：

（杨么）浮舟湖中，以轮激水行，其行如飞，旁置撞竿，官舟迎之辄碎。

此六朝步舰之遗法耶？审其理，去西人早年之Steamer用双明轮之激水法相似。

隋朝有杜实者，修作“水饰”，以悦炀帝。观其所记，乃一种大规模之水转弄器，都势七十二种，堪称机构之巨制[18]。

唐则天如意中，海州进一匠，造十二辰车，回辕正南则午门开，马头人出。四方回转，不爽毫厘。又作大火通铁盏，盛火辗转不翻，此同《西京杂记》之被褥香炉，同物而异用也[19]。

宋仁宗庆历中，有巧工李姓，制一器，中置机械，上刻木为钟馗，高二三尺；右手持铁简，以香饵置左手中，鼠缘手餐，则左手扼鼠，右手运简毙之[20]。

观乎此，吾国古代机械之进步，唐宋以上，已有其悠久之历史。动力之应用，汉代已知水力替代人工。在机械构造上，杠杆，轮轴关捩枢纽之法，已运用纯熟矣。最称异者，汉时已有齿轮之机械。《雪堂所藏古器物图》[21]，著录齿轮范一，铭文为“东口（三）”。范以陶制，出齿十六，作斜倚形，中有方模突起，固知此轮铸成后，必受贯于方轴之上，轴与轮必有连转之运动，审其铭文，篆法严正，故为汉物无疑（图一）[22]。

图一　汉棘齿轮范（左）及范铭（右）

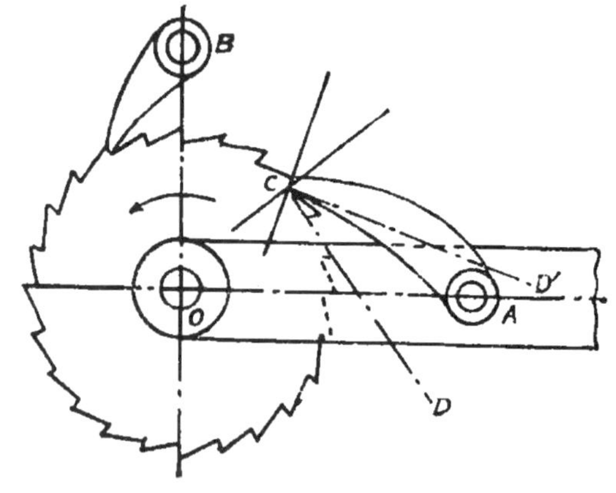

图二　棘齿轮

考斜倚齿轮，近代多以棘齿轮呼之，在别于转动齿轮而言。其为用，在使机械之运动，有间断之作用（图二）[23]。罗氏所藏之齿轮范，审其体制，当为汉代之棘齿轮无疑。此轮在汉代究用于何种机械，固不得知，然借此可得两种暗示：（一）汉代必已发明齿轮之应用机械；（二）汉代必更有繁重之机械构造。盖不如此，无以制造间歇运动之机械齿轮。转动齿轮虽未发现实物证明其体制，而东汉张衡《应闲篇·述客问》有云：“参轮可使自转，木雕犹能独飞。”据《晋书》本传李贤注引，至晋代傅玄亦称张衡能令三轮自转。此种能自转之多轮机构，乃齿轮之机构耶？汉赋每喜铺张典故，或泛指平子之巧思耶？总之吾人观乎汉人之机械记述，及棘齿轮范之明证，汉代已知齿轮之传动作用，不无可能也。

三　指南车

（一）司南同指南车之关系

1. 秦汉以前关于司南之称述

吾国旧日史家，以指南车与指南针混为一谈，此在宋末已然矣。试观宋金履祥撰《通鉴前编》即谓（指南）“车上用子午盘以定四方也”。章太炎先生《指南针考》云：

> 近世罗盘之制，以慈石作针定子午，谓之指南针，航海者赖之。西人谓自中国往也。当罗盘未作时，于古有指南车。《鬼谷子》称肃慎氏献白雉于文王，还恐迷路，周官因作指南车以送之。《洪范·五行传》曰：晋献公虽与指南车终不觉矣，齐桓公中才矣，而（疑原文有误）指南车而悟，失之则惑。管仲、桓公指南车也（《御览》指南车部引）。《鬼谷》作于周末，《洪范·五行传》成于西汉，自是时已有指南车之称，则必有其物矣。然《鬼谷》云：“周公所作”，则殊未谛。盖《周礼》成于周公，《考工记》复在其后。《记》称匠人运国，为规识日出之景。昼参之日出之景，夜考之极星，以正朝夕。则是时未有指南之器也。据《考工》称“秦无庐”，则其书当作于东周，是时指南针犹未就。逮《鬼谷》在七国时，已有其器，是当起于春秋战国间也。然偶有作者，其传未广。《魏书·马钧传》称马先生与高堂隆、秦朗争言及指南车。二子谓古无记，言之虚也。先生曰古有之。明帝乃诏先生作之，指南车成（引同上，亦见《魏志·杜夔传》注引）。传至晋《卤簿令》，称指南车驾四马，正道匠一人，驾士十四人，巾帻绯衫，大口袴（引同上），则用于朝廷，以为仪器矣。而崔鸿《后赵录》称尚方令解飞机巧若神，造指南车就，赐爵关内侯（引同上），则百年之中传其术者已多矣。盖指南针必用慈石，周秦间诸子多言慈石取铁，顾未尝言其指南；则知是时，偶有识者，始知用之，他人犹不喻也。至马钧作车既成，相距百年，而解飞又作，是必慈石指南之说，已传

于世人也。其后以作车不便，更作罗盘。然推其名可见者，实自《鬼谷》始，推其成器备用，实自马钧始。[24]

西人治中国史者，最初亦踵此说。翟理斯 (Giles) 教授于1906年在 Adversaria Sinica 杂志（pp.107—115）中，发表一文，讨论吾国指南车之史迹，即信此车盖为古代之指南针。1909年，翟氏更于《宋史》中发现指南车之轮齿之尺度记载，乃复将此章之一节译出，以更前说之非是，并就正于 Cambridge 大学教授合金逊 (B. Hopkinson)，而以其复书同时再刊布于同杂志中（1909，PP.219—222）。其后日人山下博士，更广其说，谓中国古代之指南车，皆利用机械，其构造上与指南针完全无关。并谓中国人在南宋以前，不知磁之指极性。关于前一说，自晋至宋，史证凿然（详后文），确无可疑。而其所谓南宋以前不知磁有指极性之论，实为重大之错误。山下云：

指南车既为后汉之张衡，三国时代之马钧所创造，则斯时代之中国人，仅知磁有吸铁之能力而已。彼等何能应用指极性，以造指南车乎？即使能应用，则后汉、三国、两晋、南北朝、隋、唐时代之记录中，除记磁石之引铁外，当然非论及其特征（指极性）不可。而何以必于宋时记录中，始论及其指极性（见《梦溪笔谈》）并指极性之应用（《萍洲可谈》）乎？是则宋朝以前，决不知磁石有指极性也。[25]

山下此种论据，忘用默证，而吾国古籍论及磁之指极性，实不起于宋；至迟在后汉之初叶，已有明确之记录。王充《论衡·是应篇》有云：

司南之杓，投之地，其柢指南。鱼肉之虫，集地北行。

《说文》：杓，枓柄也。段注：枓柄，勺柄也。观其构造及作用，恰如今之指南针。盖其器如一挹注器之小勺，投之地柄不着地，故能旋转自如，指其所趋之方向也。

此种明确之记载，以《论衡》成书之年代推之，当在后汉之初，而指南杓之出世，则未必始于此时。细审《论衡》之文，以司南之杓，同蛆虫背阳喜阴之特性并举，毫不暗示司南之杓，为当时之最新发明。而先秦之载籍，屡有关于司南之记载：《韩非子》：“先王立司南，以端朝夕。”《鬼谷子》：“郑人取玉，必载司南，为其不惑也。”[26]其所记之司南，为利用磁之指极性之司南欤？抑利用机械构造之司南欤？审其文理，当为指极性之司南无疑，理由有四：

（1）《鬼谷子》所言之司南，以文法之构造上观之，司南为一受载之物，“载”之宾辞；若其为庞大之车驾则何能，亦何须受载？故所谓司南，必属受载之物，决不能为车驾，文中并未有车字之影迹。

（2）战国末年，磁石之吸铁性，尝为时人所称述（见《吕氏春秋》、《鬼谷子》等书）。故磁石为当时之一种普通物，则兼知其指极性，亦属可能。

（3）东汉初叶以前，虽有司南之名，已知磁有指极性，惟独无利用机械之指南车，并且无指南车之名，似时人不知有此物。吾人今日作此言，可谓受载籍残缺之限。然梁代博闻之沈约，在《宋书·礼志》中已云：“至于秦汉，其（指南车）制无闻矣。”

（4）我人固知晋以来之指南车，为一种机械构造，其所以能指之方向，在车起行之先赖吾人之配置（详下文）。而司南为利用自然现象之指极性，固非人工所强为。故司南之名，为据其本体特殊现象（指极性）而成，指南车必为袭司南而得名。如此，则利用天然指极性之司南，至迟在战国末年已有其物，而机械构造之指南车，当居其后。

2. 司南与指南车混称之原因

《韩非子》所记之司南，其用在“以端朝夕”。《周礼·考工记》云：

匠人建国，水地以悬，置槷以悬。眡以景为规，知日出之景，与日入之景；昼参诸日中之景，夜考之极星，以正朝夕。

《考工记》所述之“景”，审其为用，颇似今日之规[27]。而《韩非子》所言司南之用正与此同，必为一种以司南正规景之别构（或似今日之日晷仪）。而《鬼谷子》之司南，是载之以辨方向之物。其为用殊无定制，故先秦典籍，从未闻有指南车之名也。此种明白之故实，后人何以附会成指南车？约略言之，其原因甚为简单。

考马钧所造之指南车，汉末已见于天子卤簿，晋以后之学者，不能追述其发明人，两汉史书又无笔述，而时人每每于先秦典籍中发现司南之称述，故以为古代已必有其物矣。执史之吏，不求甚解，附会成说，猥袭相传，如《宋书·礼志》引《鬼谷子》只言“司南”，今本之《鬼谷子》于司南之下，增“之车”二字。是故前者史家为之臆造，后来者忘为补益，年代愈后其混构愈深矣。

（二）指南车发明之时代

指南车之发明人，晋以来之学者，推功黄帝。关于黄帝制器之传说，奚蚩指南一事，今之学者多已辨证其诬[28]。夫吾国车之发明，《墨子·非儒篇》、《荀子·解蔽篇》、《吕氏春秋·君守篇》、《淮南子·修务训》，皆谓奚仲作车。至《易·系辞传》始立异辞：“黄帝尧舜……服牛乘马，以利天下，利重致远，盖取诸随。”其说已近荒唐。然尚未言造指南车，倡此说者首见于崔豹之《古今注》，谓黄帝造作指南车，以御能作大雾之蚩尤。《史记·黄帝本纪》云：

> 蚩尤作乱，不用帝命。于是黄帝乃征师诸侯，与蚩尤战于涿鹿之野，遂擒杀蚩尤。而诸侯咸尊轩辕为天子，代神农氏。

涿鹿之战，以崔豹之言观之，指南车为克胜蚩尤之唯一战具，尤为黄帝之重要发明，何先秦载籍及《史记》不记其事耶？清儒崔述尝辨之，以为后人所托称：

> 《古今注》云：“指南车起黄帝与蚩尤战于涿鹿之野，蚩尤作大雾，兵士皆迷，于是作指南车以示四方，遂擒蚩尤。”又云：“华盖，黄帝所作也。与蚩尤战于涿鹿之野，常有五色云气，金枝玉叶，止于帝上，有花葩之象，故因而作华盖也。”余按《易·大传》文“服牛乘马”在“黄帝尧舜氏作”之后，则黄帝时尚未必有车也。纵使有之，始亦岂遂能工巧如是！至于华盖之作，文饰益盛，尤非上古俭朴之风。盖皆后人之所托称，故今不录。[29]

《古今注》并谓周公造指南车，以送荒外远使，此说起自西汉伏生《尚书大传·归禾》。谓周公居摄，天下和平，越裳氏以三象重译来献白雉。至平帝元始元年（1年）王莽居摄，私意复古，重演此段历史之佳话。尝示意益州塞外蛮夷，称越裳氏重译献雉之举，借以自比周公。《汉书》卷九九《王莽传》云：

> 太后乃下诏曰：“大司马新都侯莽，三世为三公，典周公之职，建万世之策，功德为忠臣，宗化流海内。远人慕义，莽复奏曰：“太后秉统数年，恩泽洋溢，和气四塞，绝域殊俗，靡不慕义，越裳氏重译来献白雉，黄支自三万里贡生犀，东夷王度大海奉国珍，匈奴单于顺制作，去二名，今西域良愿等，复举地为臣妾。”越裳氏重译献白雉。其以召陵、新息二县，户二万八千益封莽，复其后嗣，畴其爵邑。”

考《归禾》、《汉书》，皆未尝言周公以指南车赐诸远人，故《古今注》之言，实不足据信矣。兹将黄帝及周公造指南车之故事撮其要者表之于后：

黄帝造指南车传说之演变

《史记》	《古今注》	《今本古今注》	《志林》	《黄帝内传》
蚩尤作乱，不用帝命。于是黄帝乃征师诸侯，与蚩尤战于涿鹿之野，遂擒杀蚩尤。而诸侯咸尊轩辕为天子，代神农氏，是为黄帝。	指南车起于黄帝之与蚩尤战涿鹿之野，蚩尤作大雾，士皆迷路，故作指南车。	大驾指南车起黄帝与蚩尤战于涿鹿之野，蚩尤作大雾，兵士皆迷，于是作指南车以示四方，遂擒蚩尤而即帝位，故后常建焉。	黄帝与蚩尤战于涿鹿之野，蚩尤作大雾弥三日，人皆惑，帝命风后法斗机，作指南车以别四方。	玄女为帝制司南车当其前，记里鼓车当其后。

周公作指南车传说之演变

《尚书大传》	《古今注》	《今本古今注》	《御览》引《鬼谷子》
交趾之南，有越裳国。周公居摄六年，制礼作乐，天下和平，越裳以三象重九译而献白雉曰：道路悠远，山川阻深，恐使之不通，故重九译而朝。成王以归周公，公曰：德泽不加焉，则君子不飨其质（贽）；故政令不施焉，则君不臣其人，吾何获此赐也？其使请曰：吾受命吾国之黄耇者久矣，天之无别风淮雨，意者中国有圣人乎？有则盍往朝之。周公乃归之于王，称先生之神，以荐于宗庙。周既衰，于是稍绝。	旧说周公所作，周公致太平，越裳氏重译来献，使者迷其归路，周公赐骈车五乘，皆为司南之制。	旧说周公所作也。周公治致太平，越裳氏重译来贡，白雉一，黑雉二，象牙一。使者迷其归路，周公赐以文锦二匹，軿车五乘皆为司南之制，使越裳氏载之以南，缘扶南林邑海际，期年而至其国，使大夫宴将送至国而还，亦乘司南而背其所指，亦期年而还。至始制车辖轊皆以铁，还至铁已销尽，以属巾车氏，收而载之，常为先导，亦服远人，而正四方⋯⋯.	《鬼谷子》曰：肃慎氏献白雉于文王，还恐迷路，周公因作指南车以送之。

指南车在汉代之有无问题，魏明帝时廷臣高堂隆、秦朗同马钧尝为争辩。高、秦二子谓古典无记，言之虚也，马钧创意造指南车之明证（详下文）。梁沈约谓后汉张衡尝造作指南车（详下文）。《晋书·舆服志》置指南车于卤簿，左思《吴都赋》亦云：

俞骑骋路，指南司方，出车槛槛，被练锵锵。

此车在汉末已必有其物矣。吾人观乎汉代机械工程之成就，故知机械之指南车，在东汉末年必已通行矣。

（三）历朝指南车之记述

创造指南车者，当以三国时之马钧为可信。《魏书》卷三《明帝纪》裴注引《魏略》云：

使博士马钧造指南车，水转百戏。岁首建巨兽，鱼龙曼延，弄马倒骑，备如汉西京之制。

《魏书》卷二九《杜夔传》裴注云：

先生为给事中，与常使高堂隆、骁骑将军秦朗争论于朝，言及指南车，二子谓古无指南车，记言之虚也。先生曰古有之，未之思耳！夫何远之有。二子哂之曰：先生名钧字德衡，钧者器之模，而衡者所以定物之轻重，轻重无准，而莫不模哉？先生曰：虚争空言，不如试之以效也。于是二子遂以白明帝，诏先生作之，而指南车成。此一异也，又不可以言者也。从此天下服其巧矣。

自马钧造指南车成，晋时用为卤簿仪仗之一。《晋书》卷二五《舆服志》云：

司南车一名指南车，驾四马，其下制如楼三级。四角金龙衔羽葆，刻木为仙人，衣羽衣，立车上，车虽回转，而手常南指，大驾出行，为先启之乘。

《宋书》卷一八《礼志》云：

指南车，其始周公所作，以送荒外远使。地域平漫，迷于东西，造立此车，使常知南北。《鬼谷子》云：郑人取玉，必载司南，为其不惑也。至于秦、汉，其制无闻。后汉张衡始复创造。汉末丧乱，其器不存。魏高堂隆、秦朗，皆博闻之士，争论于朝，云无指南车，记者虚说。明帝青龙中，令博士马钧更造之，而车成晋乱复亡。石虎使解飞，姚兴使令狐生又造焉。安帝义熙十三年，宋武帝平长安，始得此车。其制如鼓车，设木人于车上，举手指南。车虽回转，所指不移。大驾卤簿，最先启行。此车戎狄所制，机数不精，虽曰指南，多不审正。回曲步骤，犹须人功正之。范阳人祖冲之，有巧思，常谓宜更构造。

宋顺帝升平末，齐王为相，命造之焉。车成，使抚车丹阳尹王僧虔、御史中丞刘休试之。其制甚精，百屈千回，未尝移变。晋代又有指南舟，索虏拓跋焘使工人郭善明造指南车，弥年不就。扶风人马岳又造，垂成，善明鸩杀之。

《南齐书》卷一七《舆服志》云：

指南车，四周厢上施屋，指南人衣裾襦天衣，在厢中。上四角皆施龙子，县杂色真孔雀毦，乌布皂复幔，漆画轮，驾牛，皆铜校饰。

《南齐书》卷五二《祖冲之列传》云：

初，宋武平关中，得姚兴指南车，有外形而无机巧（《南史》作杼），每行，使人于内转之。升平中，太祖辅政，使冲之追修古法。冲之改造铜机，圆转不穷，而司方如一，马钧以来未有也。时有北人索驭驎者，亦云能造指南车，太祖使与冲之各造，使于乐游苑对共校试，而颇有差僻，乃毁焚之。

《魏书》卷一八四《礼志云》：

太祖天兴二年，命礼官捃采古事。制三驾卤簿，一曰大驾……千乘万骑，鱼丽雁行，前驱，皮轩、阘戟、芝盖、云罕、指南，复殿，豹尾。

《隋书》卷一〇《礼仪志》云：

指南车，大驾出，为先启之乘。汉初，置俞儿骑，并为先驱。左太冲曰："俞骑骋路，指南司方。"后废其骑，而存其车。

《旧唐书》卷四五《舆服志》云：

唐制天子车舆，有玉辂、金辂、象辂、革辂、木辂，是为五辂，耕根车，安车、四望车，已上八等，并供服乘之用。其外有指南车，记里鼓车……并为仪仗之用。

《唐书》卷二四《车服志》云：

……又有属车十乘：一曰指南车，二曰记里鼓车，三曰白鹭车。

《唐书》卷二三《仪卫志》云：

指南车，记里鼓车，白鹭车……皆四马。有正道匠一人，驾士十四人。皆平巾帻、大口绔、绯衫。

《玉海·车服部》云：

宪宗元和十年阅新作指南车于麟德殿。（按《宪宗本纪》不载）

又云：

元和十五年十月辛巳金公亮修成指南记里鼓车。（按《宪宗本纪》不载）

赵宋朝记指南车之历史，并详于内部机械构造。燕肃上指南车之造法。其后吴德仁复修改燕法以上之。事见岳珂《愧郯录》，与《宋史》卷一四九《舆服志》同。《志》云：

指南车一曰司南车。赤质，两箱画青龙、白虎，四面画花鸟，重台，勾阑，镂拱，四角垂香囊。上有仙人，车虽转而手常南指。一辕，凤首，驾四马。驾士旧十八人，太宗雍熙四年，增为三十人。仁宗天圣五年，工部郎中燕肃始造指南车。肃上奏曰："黄帝与蚩尤战于涿鹿之野，蚩尤起大雾，军士不知所向，帝遂作指南车。周成王时，越裳氏重译来献，使者惑失道，周公赐骈车以指南。其后，法俱亡。汉张衡、魏马钧继作之，属世乱离，其器不存。宋武帝平长安，尝为此车，而制不精。祖冲之亦复造之。后魏太武帝使郭善明造，弥年不就，命扶风马岳造，垂成而为善明鸩死，其法遂绝。唐元和中，典作官金公立以其车及记里鼓上之，宪宗阅于麟德殿，以备法驾。历五代至国朝，不闻得其制者，今创意成之。其法：用独辕车，车箱外笼上有重构，立木仙人于上，引臂南指。用大小轮九，合齿一百二十。足轮二，高六尺，围一丈八尺。附足立子轮二，径二尺四寸，围七尺二寸，出齿各二十四，齿间相去三寸。辕端横木下立小轮二，其径三寸，铁轴贯之。左小平轮一，其径一尺二寸，出齿十二；右小平轮一，其径一尺二寸，出齿十二。中心大平轮一，其径四尺八寸，围一丈四尺四寸，出齿四十八，齿间相去三寸。中立贯心轴一，高八尺，径三寸；上刻木为仙人，其车行，木人指南。若折而东，推辕右旋，附右足子轮顺转十二齿，击（系）右小平轮一匝，触中心大平轮左旋四分之一，转十二齿，车东行，木人交而南指。若折而西，推辕左旋，附左足子轮随轮顺转十二齿，击（系）左小平轮一匝，触中心大平轮右转四分之一，转十二齿，车正西行，木人交而南指。若欲北行，或东，或西，转亦如之。"诏以其法下有司制之。

大观元年，内侍省吴德仁又献指南车、记里鼓车之制，二车成，其年宗祀大礼始用之。其指南车身一丈一尺一寸五分，阔九尺五寸，深一丈九寸，车轮直径五尺七寸，车辕一丈五寸。车箱上下为两层，中设屏风；上安仙人一执杖，左右龟鹤各一，童子四各执缨立四角，上设关戾。卧轮一十三，各径一尺八寸五分，围五尺五寸五分，出齿三十二，齿间相去一寸八分。中心轮轴随屏风贯下，下有轮一十三，中至大平轮。其轮径三尺八寸，围一丈一尺四寸，出齿一百，齿间相去一寸二分五厘，通上左右起落，二小平轮，各有铁坠子一，皆径一尺一寸，围三尺三寸，出齿一十七，齿间相去一寸九分。又左右附轮各一，径一尺五寸五分，围四尺六寸五分，出齿二十四，齿间相去二寸一分。左右叠轮各二，下轮各径二尺一寸，围六尺三寸，出齿三十二，齿间相去二寸一分；上轮各径一尺二寸，围三尺六寸，出齿三十二，齿间相去一寸一分。左右车脚上各立轮一，径二尺二寸，围六尺六寸，出齿三十二，齿间相去二寸二分五厘。左右后辕各小轮一，无齿。系竹簟并索在左右轴上，遇右转使右辕小轮触落右轮，若左转使左辕小轮触落左轮。行则仙童交而指南。车驾赤马二，铜面，插羽，鞶缨，攀胸铃拂，绯绢屉，锦包尾。

《玉海·车服部》引《宣和卤簿记》云：

唐初指南车，有其名而车破坏。将作大将杨务廉性巧，奉敕改作，终不能至。开元中卫普善作车，令直少府监。元和中巧工金忠义（公立）作指南车，记里鼓，宪宗于麟德殿观之。

《金史》卷四三《舆服志》云：

大定十一年，将有事于南郊，命太常寺检宋南郊礼，卤簿当用……明远车、指南车、记里鼓车……各一。

《金史·仪卫志》云：

天眷法驾……指南车，记里鼓车，各三十人。（卷四一）

大驾卤簿，世宗大定三年，袷享用黄麾仗三千人，分四节。……第二节，金皂纛旗一十二人。朱雀队三十四人，指南、记里鼓车，皆五十二人。（卷四二）

康熙三十五年刊本《历代赋汇》，卷八九有唐张彦振作《指南车赋》一篇传于世，其文云：

缅窥皇始，倾听巢风，时仪朴略，化迹冥蒙，结绳云谢，徽章渐通。乃服牛而乘马，爰斵木而观蓬。故圣人因象以制器，随物而兴功。北斗在天，察四时而行度；司南在地，表万乘之光融。尔其法制奇诡，神妙无穷。见其指而皆知其向，观其外而莫测其中。轮须借于奚子，妙乃发于周公。观夫作也，扃关脉凑，衡枢星设，烟萦电转，鬼聚神灭，离朱目乱，计然思绝，公输服其心工，王尔惭其手拙，虽词给而口敏，终难得而缕说。至如帝容顺动，王涂充泰，二月东巡，万国南会，羽卫出而天动，笳鼓鸣而雷磕，司南于是备属车，引行旆，候薰风而进指，仰卿云而乘盖，超摇光景之中，缥缈烟霞之外。同夫越鸟，常有意于南枝；异彼鲁人，竟无情于殿最。惟皇明之远瞩，驱八骏以遐举，既访道于襄城，亦寻仙于海渚。岂须老马之智，宁借小童之语？赖我司南，不迷其所，伊司南之用薄，逢国道之昌平，就日月于天路，闻箫韶于玉京，常使朝朝承北阙，何辞岁岁指南行。

总观所录史实，指南车创自三国之马钧，盛行于历朝卤簿，宋燕肃并传其制法，辽金以降，史无闻焉。兹以各时代制造此车之人，表之于下，借便检讨。

历代制造指南车之人名表

西历	年代	制造人	备注
	太古	黄帝	荒诞无其事
	西周	周公	荒诞无其事
	东汉	张衡	孤证不足据
235	三国	马钧	成
333—349	后赵	魏猛　解飞	成
417	后秦	令狐生	成
424—452	后魏	郭善明	未成
	后魏	马岳	垂成为善明鸩杀
477—478	刘宋	祖冲之	成
	刘宋	索驭驎	未成
616—647	唐	杨务廉	未成
806—820	唐	金公立	成
1027	宋	燕肃	成
1107	宋	吴德仁	成

（四）近代指南车之讨论

元明以降，指南车已不见用于天子卤簿。此悠悠数百年中，对此车作研讨者，海内无闻焉。晚近以来，欧陆学者，见我国古籍中记载指南车之玄妙，遂发思古之幽情。翟理斯 (Giles) 与合金逊 (B. Hopkinson) 两教授，在《宋史》中发现关于齿轮之记载后，谓斯车为一种机械之构造。翟、合两氏，因苦于我国古籍之难读，尝有误译与漏译之病。故结论曰："其（指南车）机械包含有轮之装置，惟其轮不能施于工作。"[30]继翟、合二氏作进一步之研究者，为英人 A. C. Moule 氏，于 1924 年在 *T'oung Pao*（《通报》）上发表一文[31]，名曰《中国之指南车》(*The Chinese South-Pointing Carriage*)[32]。首言自 1906 年以来，翟、合二氏研究之经过，并指出翟、合二氏之误。介绍燕肃、吴德仁二家指南车各据之原理，并解释其各轮间之互相关系，颇为审密。然其不能明白指出者，为小平轮之间断运动之装置。总之 A. C. Moule 氏仍未能作具体之说明。

（五）燕肃法指南车之模制

1. 燕法所根据之原理

汉末以来之指南车，我人已知其为机械之构造，更据燕肃、吴德仁二家所传之制法，固知其所据之原理，去近代差动齿轮机 (differential gear) 之功能尚远。凡用齿轮五，足轮二，滑车二，都为九轮。其各轮之齿数大小，见下表及图三。

轮别	轮		齿轮		
轮名	足轮	小轮	附足立子轮	左右小平轮	中心大平轮
轮数	?	2	2	2	1
直径	60 寸	3 寸	24 寸	14 寸	48 寸
圆周	180 寸		72 寸		144 寸
齿距			3 寸		3 寸
齿数			24	12	48

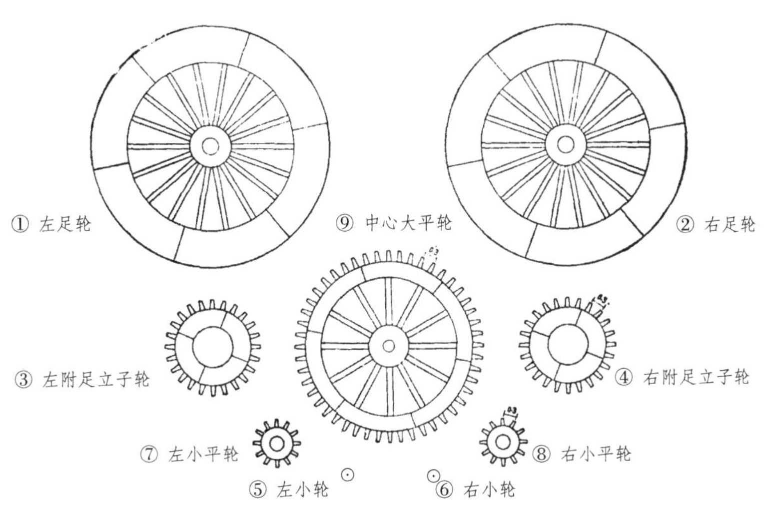

图三　宋燕肃指南车轮齿图

图四　足轮及立子轮之构造（指南车）

此九轮之为用，Moule 氏已考证明白，兹不赘述。足轮当即载车之车脚轮。所谓“横木下立小轮二，其径三寸，铁轴贯之”之小轮，必为滑车无疑（以左右所系小平轮及车轮之动作推定）。二附足立子轮当附于二足轮之上（足轮内毂）（图四）。大平轮当居于车之中央。左右小平轮，当在大平轮与二附足子轮之间也。以燕肃记此车运转之情形观之，左右小平轮为悬系之状，经滑车而系于车辕之后端。因于车辕之左右移动，被悬系之小平轮一上一下，使中心大平轮同附足子轮，作或联或断之衔转。吾人既知其各轮大小齿数，及各部位之装设，与运转之情形，则足轮转一周，附足子轮亦随之转一周，因小平轮之转动，则中心大平轮，必随之转动。附足子轮出齿二十四，中心大平轮出齿四十八，较附足子轮之齿数而倍之，则足轮转一周之时，中心大平轮必转二十四齿（半周）。此种轮齿转动之结构，为一种规则性对称式 (Symmetry) 之轮机装置，则其车体在运转时，亦必有其必守之规则（详下文）。故在原则上，必以某足轮为圆心，以他足轮供此圆心而旋转，始堪以附足子轮转二十四齿（一周），中心大平轮亦转二十四齿（半周）。则立于贯心轴上之木仙人，不失其初指之方向。既如此，则两足子轮间之距离，为一重要问题，燕肃未语及；而足轮之直径及附足子轮、中心大平轮之齿数，记载明确，故不难以推求。

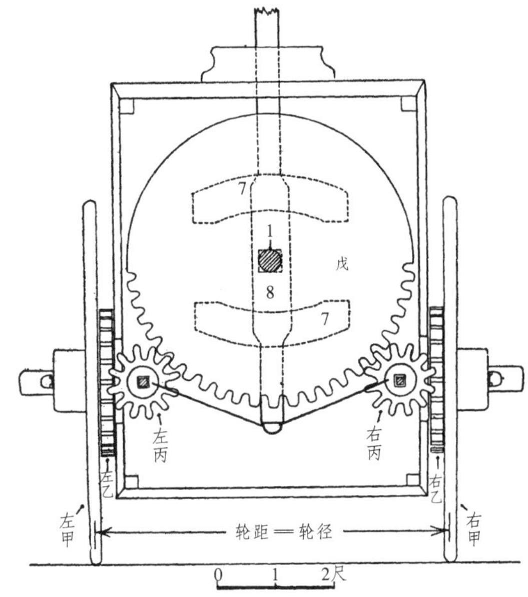

图五　指南车部分名称图
1.贯心立轴　7.压辕板　8.车辕　甲.足轮　乙.立子轮　丙.小平轮　戊.中心大平轮

由于两足轮间之距离为六尺，亦即附足子轮（二十四齿）与足轮半径（三尺）之比，必等于中心大平轮（四十八齿）与车体轨迹之圆心半径（六尺）之比也。既如此，则左足轮供右足轮（不动之圆心点）顺转一周时，中心大平轮必逆转一周，足轮顺转之数，同中心大平轮逆转之数相抵，故立于贯心轴上之木仙人，固可永保持其从来所指之方位（图五）。

2. 燕法学理上当补充之条件

《宋史·舆服志》记燕法之制，在乎说明斯车所根据之原理，而略于全车各部位之结构说明。我人既知此车在运转时各部位所表现之动态，故不难以燕法学理之必具条件，以最直接之方法，为之补充，验其究竟。

贯心轴与中小大平轮之结构，《宋史·舆服志》云：“中心大平轮一，其径四尺八寸，围一丈四尺四寸，出齿四十八，齿间相去三寸。中立贯心轴一，高八尺，径三寸，上刻木为仙人。”文中所谓之木仙人为标

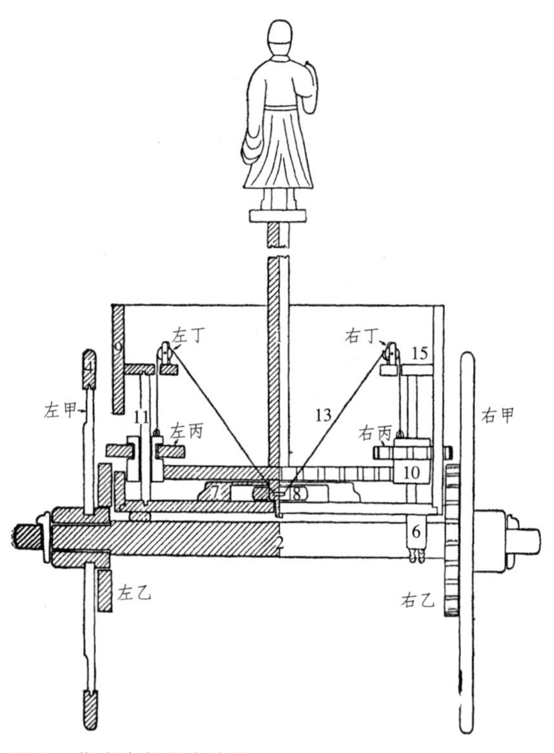

图六　指南车部分名称图
1.贯心立轴　2.车轴　4.辋（又名牙）　6.伏兔
7.压辕板　8.车辕　9.车箱　10.铁坠　11.立柱
13.拉索　15.横木　丁.小轮

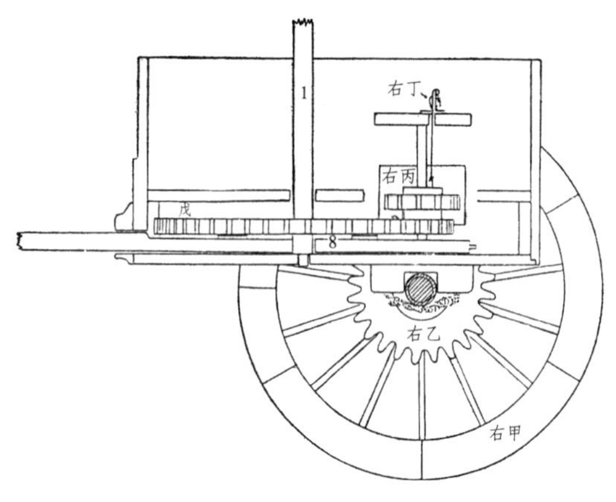

图七　指南车部分名称图
1.贯心立轴　8.车辕

示中心大平轮所转之方向，故贯心轴与大平轮，是必结合牢固。而两足轮间之距离，必为六尺，则中心大平轮，当位于车轴之前方；贯心轴之下端插入车底，必有如图五至八中之1、戊之情形也。

车辕之构造，《宋史·舆服志》云："其法用独辕车……若折而东，推辕右旋……若折而西，推辕左旋。"故知此车辕，当在车之中部，可以左右移转。而中心大平轮下之贯心轴入车底窠中，则此贯心轴必联贯于车辕之中，并为车辕移转之支点无疑矣（图五至七、九中之8）。

车辕同中心大平轮抵拒之解决，Moule氏以为车辕居中心大平轮之上。此种设计必使贯心轴负力过大，则车辕同大平轮之抵拒不易解决，予以为非是。而较为简便之方法，能汰除其互相间之抵拒者，必于车辕之上，大平轮之下，增设持辕之平几二，上可以承托大平轮之平衡，下可以持拄车辕之起动也（图五、六、九中之8、7）。

左右小平轮之装置，《宋史·舆服志》云："若折而东，推辕右旋，附右足子轮顺转十二齿，系右小平轮一匝，触中心大平轮左旋四分之一，转十二齿，车东行，木人交而南指。"此小平轮介于附足子轮与中心大平轮之间，为介绍联动作用，可以上下起落，有或联或断之功用，并知其为绳（竹篾）所系通过横木下之小轮（滑车）固索于车辕后端[33]。我人观乎此种机械装设，必当有二轴，使小平轮在上下运动时有所倚沿。系于后辕之绳，通过滑车后如直接索于小平轮上，则必使小平轮不能旋转自由。《宋史·舆服志》记吴法云："通上左右起落，二小平轮，各有铁坠子一……左右后辕各小轮一（滑车），无齿，系竹篾并索在左右轴上。"燕吴二家指南车造法在原则上本相同（详下文），而吴法之附属机构亦必与燕法相类。吴法之小平轮既有立轴铁坠子之装置，燕法中亦必有之。故燕法小平轮亦必装置于一铁坠子之上，使堪自由旋转。姑设铁坠子之中心为一方孔，再立一方轴，将铁坠子受于方轴之中，故此铁坠子只能沿方轴而起落，其本体无旋转之可能，将绳（竹篾）索于铁坠子之上，则小平轮脱离拘束矣（图五至七中之左丙、右丙、10）。

车制之外形及其他　指南车之外形，历朝殊无定制，虽史典有记，殊难据以考证，强求不如守拙，故本模型之制，姑具是形。其他如辐凑之制，本之《周礼·考工记》，牙，辕，衡，轭诸形，参之古代画像刻石，作综合之补充，要在其内部之机械，复燕肃之旧观而已（图一〇、一一）。

3. 燕肃指南车驾御法

当此车起行之际（下文参看图五、六、七），必先使木仙人指向南，车辕（8）居车之正中位。二小平轮（左丙右丙）因有绳（13）通过滑车（左丁右丁）索于车辕（8）之后部，故作悬系之状，左右立子轮（左乙右乙）及中心大平轮（戊）各不衔接。此车若欲左转一直角90°，车必先停，车辕左右之服马向左转，因合力作用，即将车辕推往左侧，故辕之后端转向右，使右小平轮（右丙）附坠子（10）下落，与右足轮（右甲）同中心大平轮（戊）作三轮衔接状。于是车乃转动，因车辕（8）向左推动，故左足轮（左甲）不转动，右足轮（右甲）

以左足轮（左甲）为中心，作圆周之旋转，故右足轮（右甲）行此圆周之四分之一时（即一直角），适右足轮自转半周（右立子轮）（右乙）与右足轮同毂(5)，其出齿二十四，半周及十二齿，右小平轮（右丙）同其衔转，故转一匝（十二齿），中心大平轮（戊）随之向右转十二齿，其出齿四十八，故右转其一周之四分之一（即一直角）。车既毕转，辕归正中之常位，两丙轮又持平衡无系之初状。故与戊轮乙轮脱离衔接。车既向左转一直角，立于贯心轴之木仙人，随戊轮右转一直角，其所指方向仍无移变也。

图八　指南车内部机构（1934年制）　图九　大平轮下层车辕装置情形（1934年制）

（六）燕肃、吴德仁二家制法比较

燕肃于仁宗天圣五年（1027 年）造指南车成[34]，而吴德仁之献指南车于大观元年（1107 年），后于燕肃正八十年。吴法所据之原理，为师燕法而成。在轮机构造上，吴法分上下两部，其上部增益卧轮一十三，在使四龟鹤、四童子同中立木仙人同时转动而设，盖前八物当各立于一平置之齿轮上；此木仙人亦必附着于一平置之齿轮；如将此八轮（四龟鹤、四童子）与中心之轮（木仙人）相联，使之转于合宜之方向，则相互之间必须设四个齿轮与木仙人下之平轮互相联络，故上部之轮数都为十三也。吴法司南之主要机关，均在下部。燕法指南车，车体之阔不出六尺之数（两足轮之距离），而吴法车体之阔为九尺五寸，其两足轮之距离当不止于此数，以 Moule 氏之推算约在一丈二尺左右，因于其中心大平轮齿之加繁，足轮直径之减少，小平轮与大平轮之间增添二副叠轮之故也。其文中最不易解释者为左右之附轮，及车脚上之二立轮，语意含混，不易解释其究竟。其他如文中所谓下部齿轮数为十三，然若以燕法之定轮法推之，将足轮及滑车算在轮数之内，则得数十五。欲符合十三数，或须将足轮除外不算耶？或三五二字之刊误耶？如吴法各齿轮之齿距，以分配轮齿法推算之，又多不合学理，Moule 氏尝辨之，表录于后：

图一〇　指南车模型侧面图（1934年制）

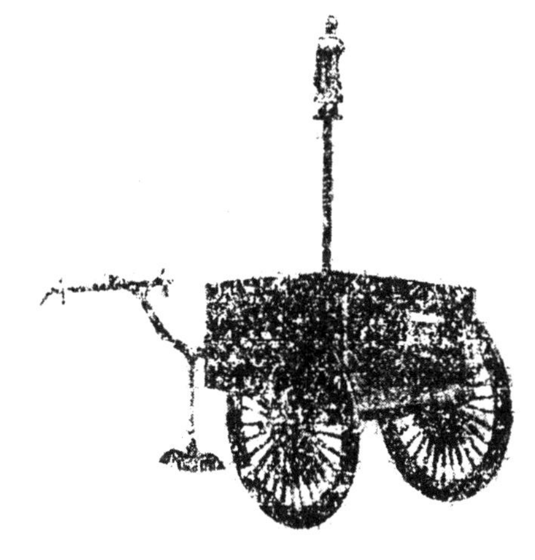

图一一　指南车模型后部图（1934年制）

轮名		左右附轮	左右小平轮	立轮	叠轮下轮	叠轮上轮	大平轮
直径		15.5 寸	11 寸	22 寸	21 寸	12 寸	38 寸
齿数		24	17	32	32	32	100
齿间距离	原载	2.1 寸	1.9 寸	2.25 寸	2.1 寸	1.1 寸	1.25 寸
齿间距离	改正	2.02 寸	2.03 寸	2.16 寸	2.06 寸	1.18 寸	1.19 寸

观上表所证吴法齿距错误情形，固知非刊刻之误，实吴德仁制造手法上之欠审正也。夫齿轮之学在今日机械工程学中，为一专门学问，其齿距轮径比例之推求方法，在今日固为一易解之事。大观去今已八百余年，作此繁复之轮齿机构，而有此错误，故所难免，无足怪也。总之吴德仁指南车之制法，不过将燕肃法扩而充之，使车体增大，并添饰龟鹤童子之动作，在原理上与燕法同出一辙。

四　记里鼓车

记里鼓车，一名大章车。其用为能自报告驱行之里数。车中装设机械，每行一里，车上之木人击鼓一槌。晋以来，仅为天子之卤簿仪仗所用，与指南车相雁行。唐宋以后又增木人十里击镯之事，较古法为繁。至元朝此车已不见用于卤簿，明清以降未闻有传其制者，此车遂绝迹于人间。

（一）历代记里鼓车之记述

此车见于史籍，始自《晋书》卷二五《舆服志》。其言曰：

记里鼓车驾四，形制如司南，其中有木人执槌向鼓，行一里，则打一槌。

《宋书》卷一八《礼志》云：

记里车，未详所由来，亦高祖定三秦所获。制如指南，其上有鼓。车行一里，木人辄击一槌。大驾卤簿，以次指南。

《南齐书》卷一七《舆服志》云：

记里鼓车，制如指南。上施华盖，子襟衣，漆画鼓；机械在内。

《隋书》卷一〇《礼仪志》云：

记里车驾牛，其中有木人执槌，车行一里，则打一槌。

《旧唐书》卷四五《舆服志》云：

其外有指南车，记里鼓车，白鹭车，鸾旗车……

《唐书》卷二四《车服志》云：

又有属车十乘：一曰指南，二曰记里鼓车，三曰白鹭车……

《宋史·舆服志》记此车之制为两层，已能一里击鼓，十里击镯，仁宗天圣五年（1027 年）内侍卢道隆上其造法。徽宗大观元年（1107 年）内侍吴德仁更修改卢法上之[35]。

《宋史》卷一四九《舆服志》云：

记里鼓车，一名大章车。赤质，四面画花鸟，重台，勾阑，镂拱。行一里，则上层木人击鼓；十里，则次层木人击镯。一辕，凤首，驾四马。驾士旧十八人，太宗雍熙四年，增为三十人。仁宗天圣五年，内侍卢道隆上记里鼓车之制："独辕双轮，箱上为两重，各刻木为人，执木槌。足轮各径六尺，围一丈八尺。足轮一周，而行地三步。以古法六尺为步，三百步为里，用较今法五尺为步，三百六十步为里。立轮一，附于左足，径一尺三寸八分，围四尺一寸四分，出齿十八，齿间相去二寸三分。下平轮一，其径四尺一寸四分，围一丈二尺四寸二分，出齿五十四，齿间相去与附立轮同。立贯心轴一，其上设铜旋风轮一，出齿三，齿间相去一寸二分。中立平轮一[36]，其径四尺，围一丈二尺，出齿百，齿间相去与旋风等。次安小平轮一，其径三寸少半寸，围一尺，出齿十，齿间相去一寸半。上平轮一，其径三尺少半尺，围一丈，出齿百，齿间相去与小平轮同。其中平轮转一周，车行一里，下一层木人击鼓；上平轮转一周，车行十里，上一层木人击镯。凡用大小轮八，合二百八十五齿，递相钩锁，犬牙相制，周而复始。"诏以其法下有司制之。大观之制[37]，车箱上下为两层，上安木人二身，各手执木槌。轮轴共四[38]。内左壁车脚上立轮一，安在车箱内，径二尺二寸五分，围六尺七寸五分，二十齿，齿间相去三寸三分五厘。又平轮一，径四尺六寸五分，围一丈三尺九寸五分，出齿六十，齿间相去二寸四分。上大平轮一，通轴贯上，径三尺八寸，围一丈一尺，出齿一百，齿间相去一寸二分。立轴一，径二寸二分，围六寸六分，出齿三，齿间相去二寸二分。外大平轮轴上有铁拨子二。又木横轴上关戾、拨子各一。其车脚转一百遭，通轮轴转周，木人各一击钲鼓。

《金史》卷四二《舆服志》云：

大定十一年将有事于南郊，命太常寺，检宋南郊礼，卤簿当用……指南车、记里鼓车……

《金史》卷四一《仪卫志》云：

天眷法驾……指南车、记里鼓车，各三十人。

此车与指南车皆消沉于元明，而元代之杨维桢有《记里鼓车赋》一篇[39]，固知当时对此车尚有明确之观念也。其文云：

虚轮晕轸，横辕倚輗。平厢层构，低高间施。木镌象以正立，手潜奋以有持。列鼓镯于上下，各叩击以司时。

《唐全文》中亦有《大章车赋》一篇，作者阙名。《历代赋汇》转录之，谓唐张彦振著[40]，其文云：

舜为天兮禹为相，七政齐兮八风畅，备礼容兮和乐章，同车书兮一度量。龙楼恭己，则无为以垂衣；鸾跸豫游，或有时而端望。伊大章之攸作，冠轮舆而为上。其始也，委材质于资斧，授规模于梓匠；其终也，援桴鼓于天街，动輗轨于霜杖。乃画界疏疆，正位辨方；候之以节步，先之以启行；象雷而鸣，曾不闻其霆击；如蓬之转，终不见其飘扬。遵彼坦涂，违兹险阻；匆忘情而习静，殊不知其处所；类智者之行藏，同至人之默语。历代传宝，鼓车逾好，有异人谋，宛同灵造；行不由径，动能合道；向使贵贱混并，高卑不问；应无迷远之疾，讵有穷途之患？则是大章为器，国容之利，指方位于遥空，数田里于厚地，节六鼓以鼍骇，首五辂而鳞次。望尘不及，初非千里之遥；听响争先，终欣一日而至。夫然，则可以式序秩宗，发挥乐府，扶持辇毂，隐翳干羽；以家刑国，何一二之能谈；自迩陟遐，虽万亿而可数。墨客胡为，来攀桂枝？悬鼓待鸣，仰淳淳之风俗；克车就驾，识穆穆之威仪。伊可大而可久，谅斯焉而取斯。

总观上文，《宋书》、《隋书》记此车之制均与《晋书》无异，惟《通典》附注引晋崔豹《古今注》云：

大章车，所以知道里也，起自西京，亦曰记里车。车上下为二层，皆有木人。行一里，下层击鼓；行十里，上层木人击镯。

今伪本《古今注》及后唐马缟《中华古今注》所记此车之制，与此悉符[41]。考伪本《古今注》为割裂马书而成[42]。而杜佑为唐人，决不及见后唐以来之伪本。若《通典》所引出杜佑手，则所引必另一伪本，或为崔豹之原书。若此则晋代之大章车已能一里击鼓，十里击镯矣。而隋、宋、晋之大章车只能报一里之数，与此不合。此疑案张荫麟先生尝辨之，谓《通典》所引之《古今注》为后人所增益，所言至确。其言《宋卢道隆吴德仁记里鼓车之造法》云：

1. 崔豹为晋东渡前人，杜佑既引其记里鼓车，则不当又谓东晋刘裕平秦所获记里鼓车，不详其所由来。

2.《通典》所引与伪本字句悉符，有后人采伪本添注，而传刻者误为原文之可能。

然记里鼓车之增益十里击镯之事当起于何时？以马缟之书记此车之制观之，当起于唐。此车之制造人，宋唐以前史未言及，而《古今注》及《中华古今注》均谓《尚方故事》中有造车法，惜此书已失，无可考也。《皇朝类苑》谓唐之金公亮（立）、宋之苏弼尝修造之[43]，其言曰：

1

2

图一二　合金逊教授所制之记里鼓车
1.前侧面　2.后侧面

图一三　汉孝堂山画像石大王车前之鼓车（依《支那山东省汉代坟墓之表饰》）

> 《西京记》云：记里鼓车者，车上有二层，皆有木人，行一里则下一层击鼓，行十里上一层击钟，其机法皆妙绝焉。隋开皇九年平陈得此车，唐得而用焉，金公亮重修此车，古制或云数里数也，今皇朝苏弼重修焉。

苏弼年代，史无可征，然《皇朝类苑》成书于绍兴十五年（1145年），苏氏固居其前，而唐以上之制车人及创造人，又两不可考矣。

（二）近代关于记里鼓车之讨论

当合金逊与翟理斯讨论吾国指南车之制度时，合氏并发现《宋史·舆服志》载记里鼓车之事，尝制一模型，刊之报端（图一二），齿轮为金属质琢成，车以木就，车脚为无辐之辁。设鼓镯于箱上，施机轮于车下，虽不合制而亦恢奇可喜。1914年翟理斯更作一文曰："The 'Taxicab' in China"[44]，介绍合氏之作，刊之"Adversaria Sinica"（《嶰山笔记》）中。至1925年张荫麟先生师 A. C. Moule 之指南车造法，进一步推究记里鼓车，发表一文曰《宋卢道隆吴德仁记里鼓车之造法》[45]，考订各齿轮之相互关系，颇称审密矣。

（三）汉以来鼓车之形制

考古代之车，有挝鼓之制者，汉时已有其事矣。《汉书》卷六三《燕刺王旦传》云：

> 建旌旗鼓车，旄头先驱。

卷七六《韩延寿传》云：

> 延寿衣黄纨方领，驾四马，傅总，建幢棨，植羽葆，鼓车，歌车，功曹引车，皆驾四马，载棨戟。

《后汉书》卷一一九《南匈奴传》云：

> 秋，南单于遣子入侍，奉奏诣阙。诏赐单于冠带，衣裳……乐器鼓车，棨戟兵甲。

卷一〇六《循吏列传》第六十六云：

> 建武十三年，异国有献名马者，日行千里，又进宝剑，贾兼百金，诏以马驾鼓车，剑赐骑士。

卷三九《舆服志》云：

> 后有金钲黄钺，黄门鼓车。

《晋书·舆服志》云：

> 次黄门前部鼓吹，左右各一部，十三人，驾四。次戟鼓车，驾牛，二乘，分左右。

总观上文，汉代之鼓车，为一种普遍之物。晋代去汉未远，其卤簿中之鼓车，当存汉之遗制，而晋代卤簿中更见有"记里鼓车"之专名，故尤足反证汉晋之"鼓车"，其非晋而后之记里鼓车明矣。

考鼓车之制，汉、晋《舆服志》皆未言及。而汉代孝堂山画像石于大王车前刻有鼓车一乘（图一三）[46]。《山左金石志》云：

前有一车，驾三马，一人御，车箱哆口如箕。中坐四人各相向，如作乐状。车中柱一，柱擎物似鼓，下系二铃，旁各立一人，举物作跳舞挝鼓状。柱端有盖，二带下垂。[47]

《金石索》云：

此大王车前之鼓吹车也。中坐四人吹排箫，其上有盖，上复有二人击树鼓，鼓角悬二铃。其上有顶，垂二龙首。[48]

《隋书》卷一〇《礼仪志》所记之鼓吹车，同此车颇相似，其文云：

鼓吹车，上施层楼，四角金龙，衔旒苏羽葆。凡鼓吹，陆则楼车，水则楼船，在殿庭则画笱虡为楼，楼上有翔鹭栖乌，或为鹄形。

图一四 足轮及立轮之构造（记里鼓车）

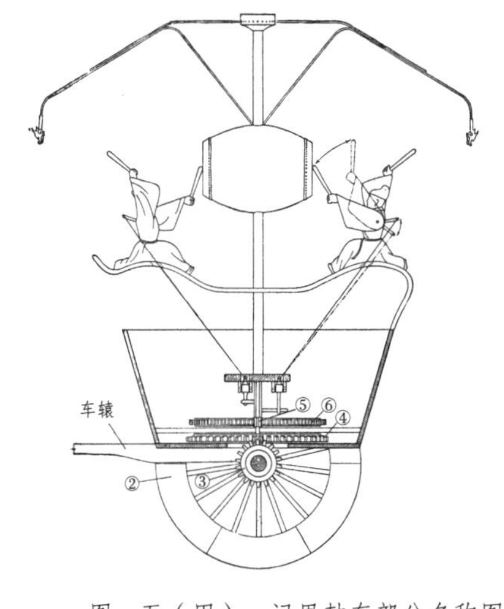

图一五（甲） 记里鼓车部分名称图
1.左足轮 2.右足轮 3.立轮 4.下平轮 5.旋风轮 6.中平轮

吾侪固知晋以来之记里鼓车形制特征，为一种重层构造，四角，并施有龙首之装饰。挝鼓者居上层，与此多相契合。然此画像石并无榜题谓此车为记里鼓车，故吾侪亦不敢穿凿附会谓其为记里鼓车。然总不外汉时鼓吹车之一种。既如此，则晋以来记里鼓车之外形制度，当由汉之鼓车蜕变而成[49]。

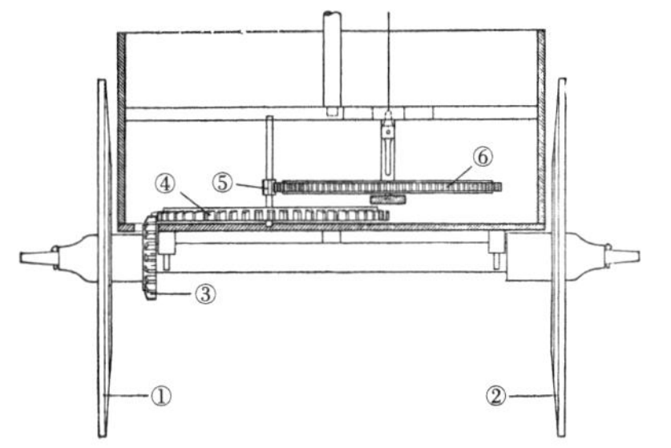

图一五（乙） 记里鼓车部分名称图
1.左足轮 2.右足轮 3.立轮 4.下平轮 5.旋风轮 6.中平轮

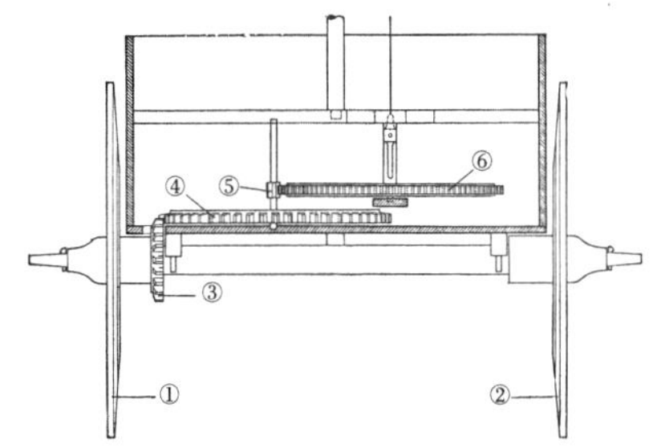

图一五（丙） 记里鼓车部分名称图
1.左足轮 2.右足轮 3.立轮 4.下平轮 5.旋风轮 6.中平轮

（四）记里鼓车之模制

1. 卢道隆、吴德仁二家制法之原理

按《宋史·舆服志》记卢法之形制，在原理上颇易解释，即足轮转一周时，与左足轮同毂之立轮，亦随之转一周。下平轮与立轮有直角衔动作用；而立轮出齿十八（图一四），下平轮出齿五十四，较立轮之齿数三倍之。故足轮转一周，则下平轮必转其三分之一，而旋风轮又与下平轮同轴，其出齿为三；则下平轮转三分之一时，旋风轮必转一齿；同旋风轮衔接之中平轮其齿为百，旋风轮转一齿，则中平轮亦必转一齿。既如此，足轮转一周（足轮一周而行地三步，古法六尺为步，三百步为里），则中平轮亦转一齿（即三步亦即百分之一里）；如转百周则中平轮转百齿（即一周）。中平轮轴顶旁有铁拨子一，推动关捩拨子，则下层之木人击鼓。中立平轮之顶并有小平轮一，出齿十，同其衔接之上平轮出齿百，故此小平轮转一周，上平轮转十齿，我人固知小平轮同中平轮连轴共转，转一周即一里，上平轮出齿百，转一周必为百齿即十里，其轴顶旁再设有铁拨子即关捩拨子之作用，故使上层木人击镯（图一五、一六，小平轮、上平轮之装制见张荫麟之《宋卢道隆吴德仁记里鼓车之造法》，《清华学报》第 2 卷第 2 期）。

按卢法之原理不过如是。而文中记各齿轮之直径大小多有不可理解者，如记小平轮云："其径三寸少半寸"，如解作二寸五分，则轮周当合七寸五分，与"围一尺"及"齿间相去一寸半"俱不合；如解作三寸又半寸，或三寸稍不足，惟与齿距半寸之说，仍未能符合。然就原文所载足轮径长，及各齿轮齿数分配轮齿法算之，固可证其不误矣。兹将其各轮之尺度大小表之于下（表见下页）。

《宋史》记吴德仁之制法，较卢法尤为凌乱，数目字之讹误者，如径三尺八寸，围一丈一尺无论矣。

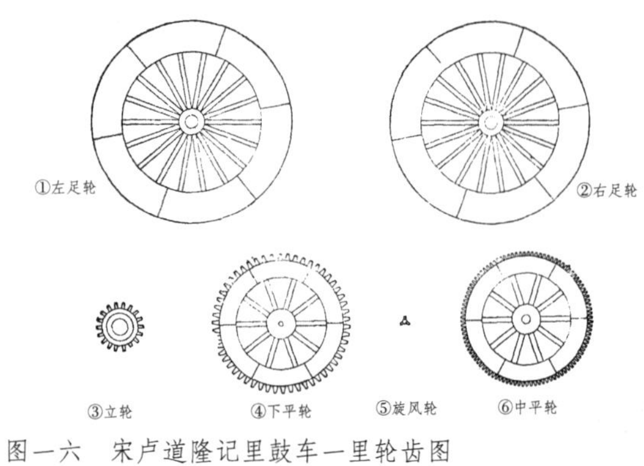

图一六　宋卢道隆记里鼓车一里轮齿图

其各齿轮间衔接关系，文中亦未能述说明白。张荫麟先生之论证云：

“车脚（即足轮）”上既有“立轮”在车箱内，则必当更有一轮焉，附于足轮之内向而与此立轮相衔接，惟文中无之。其所谓“又平轮一”当平置于立轮上，与之相衔接。盖平轮之齿数（六十）为立轮齿数之三倍，立轮转三周时，平轮适转一周，其用正与卢法之（立轮、下平轮）同（图一六）。惟再读下文，则难题立见。所谓“大平轮”当与何轮相衔接乎？所谓“立轴一”，当为何轮之轴乎？吾细思之，“立轮”，当即上“又一平轮”之平轮之轴；“大平轮”当与此立轴之齿相衔接，故原文云：“立轴一……外大平轮”也。此立轴正与卢法之（旋风轮）轮相当，此大平轮正与卢法之（中平轮）轮相当。盖立轮上有三齿，大平轮有百齿，故立轴及立轴所镶附之轮（即“又一平轮”之平轮）转一周时，大平轮适转 3/100 周；而大平轮转一周时，立轴及平轮适转 100/3 周，立轮及足轮适转 3×100/3 即 100 周；卢法（中立平轮）轮转一周时，足轮适转一百周，正与此同。由是观之，吴法与卢法原理上全相同，所不同者，惟吴于（立轮、下平轮）二轮间添设一轮，而又改易其齿数耳。然上述诸轮仅是敷车箱下层之用。吴法据《宋史》所称，既为两层制，则至少必当尚有二轮，与卢法之（小平轮、上平轮）轮相当。而《宋史》独付阙如。此实极重要之遗漏。文中所谓，“轴上有铁拨子二”，此拨子究作何用，至今尚无从揣测也。[50]

轮别	轮	齿轮					
轮名	足轮	立轮	下平轮	旋风轮	中平轮	小平轮	上平轮
轮数	2	1	1	1	1	1	1
直径	60 寸	13.8 寸	41.4 寸		40 寸	2.5 寸（?）	20.5 寸（?）
圆周	180 寸	41.4 寸	124.2 寸		120 寸	10 寸	100 寸
齿		2.3 寸	2.3 寸	1.2 寸	1.2 寸	1.5 寸	1.5 寸
齿数		18	54	3	100	10	100

观张先生之考证各齿轮之关系，颇称允当。惟张先生据《宋史》所称吴法之两层制，而疑其十里击镯构造，为《宋史》记载遗漏，予以为可以不必。考记里鼓车之重层制，并不始于宋，自晋至隋记里鼓车皆为一里击鼓之制，而其外形制度，皆从出于汉代鼓车之重层制。《宋史》虽谓吴法之车箱分上下二层，故不能谓其必有十里击镯之设矣。吾人细审《宋史》原文，尤未见暗示此车有分报里数之语气，其文云：

车脚转一百遭，通轮轴转周，木人各二，击钲鼓。

文中记外大平轮轴上，有铁拨子二，横木轴上关捩拨子各一。以予思之，此四个拨子必为变换轮轴之运动方向而设。考齿轮之运转度数每至其车行一里之时，则必当有一组变换此种动向之机械，使上层之木人有击鼓之动作，简言之，即是将圆周之运动改变成直线之运动，改变此种运动之机构舍关捩作用而莫由。文中所言之拨子，及关捩拨子，吾人固不知形状，而其作用不外如图一七所绘之情形。A 为外大平轮上之轴，BB' 为铁拨子，CC' 为关捩拨子。BB' 在一直线上而方向相反，位置之高底有差，长短各异。CC' 以文中所记当置于横木上（以 CC' 上之横轴入于横木中，此拨子可左右摆动），上系以绳同木人相连。如此则外大平轮转一周（一里）则轮轴 A 随之转一周，BB' 亦转一周；当其转一周时，则将关捩拨子推动，故系于 C 之木人击鼓（或钲），系于 C' 之木人击钲（或鼓）。吴法原文所谓外大平轮上有铁拨子二；而吾人固知外大平轮转一周为一里，此二拨子在一轴上，则其所表现之击鼓、击钲作用亦必相同。既如此，吴法记里鼓车之记里法，必为车行一里，车中上下层之二木人同时击钲鼓矣。以关捩作用在吴法中之装置特点（二铁拨子均设于外大平轮轴上）观之，尤足证《宋史》记吴法在文字上未尝遗漏。

总之吴法在原理上同卢法相同，张荫麟先生已考订明白，其不同点，即卢法于中平轮以外增添一组齿轮，能一里击鼓，十里击镯，吴法师卢法而制，不过变通其齿轮结构，能使车行一里，二木人同时击钲挝鼓而已。吴法之各轮尺度见下表。

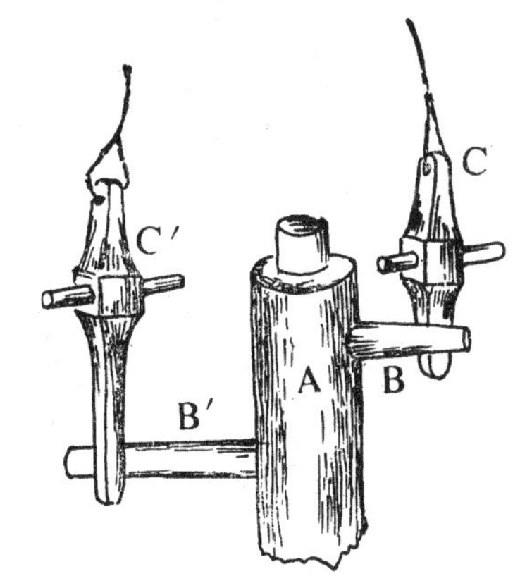

图一七　大平轮上铁拨子及关捩子之装置
A.平轮立轴　B.铁拨子　C.关捩拨子
B'.铁拨子　C'关捩拨子

轮别	轮	齿轮			
轮名	足轮	立轮	平轮	上平轮	轴轮
轮数	2	1	1	1	1
直径	60 寸	22.5 寸	46.5 寸	38 寸	2.2 寸
圆周	180 寸	67.5 寸	139.5 寸	110 寸	6.6 寸
齿距		3.36 寸	2.4 寸（？）	1.2 寸	2.2 寸
齿数		20	60	100	3

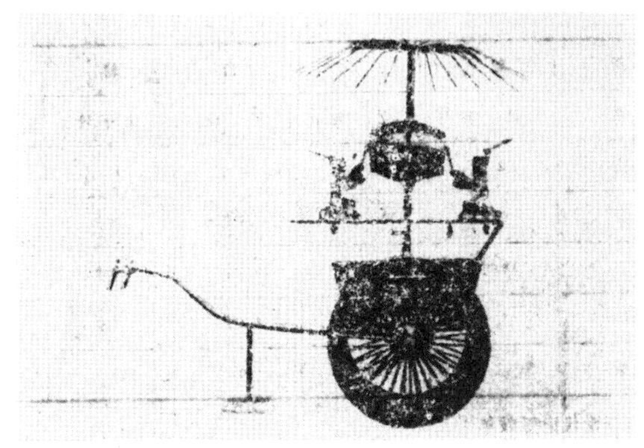
图一八　记里鼓车侧面图

2. 模制晋代记里鼓年

曩年合金逊教授所制记里鼓车之模型，其轮轴构造之趋于穿凿无论矣[51]。其最大缺点，为车体外形之无所依托，故有此滑稽之构造（图一二）。吾侪于模制此车时，则车体之外形必为先决问题，始不踵合氏之覆辙。惟历代记此车之形制虽属不详，然皆与孝堂山大王车前之鼓车相似。在传世之绘画刻石及较详明文字不足证实此车之形制之先，故不妨以孝堂山画像之鼓车为根据，弥补记里鼓车外形之阙如。本模型之制，即依是而作，内部机构补以燕法，而汰其十里击镯之制，复晋代记里鼓车之旧观焉。

考汉代之浮刻画像，以今日之审美观念观之，其作风故多古拙雄健之趣。而如持此类手法简朴之画像材料作为治史之证据，则有数事当商榷者：汉代浮雕画像所绘作之事物，多属不合比例，如人与屋同高，舟车小于人体[52]。其不合透视者，如孝堂山画像石之鼓车（图一三），车轮既施之以斜视投影法，而车箱则以直视之线条绘作之，故吾人无法推定其体制。其他如车为二层制，其上一层似一曲版状之物并立有二人。吾侪设想，二人之重量大约有三百磅之多，此微细之曲形线所表现之承重能力有所不足；如所绘御者之上半身作断体状于车箱外，更属滑稽。总之此种绘画吾人只可对其所画之事物，作一种概念之会意而已，固不可据为实事之写真也。

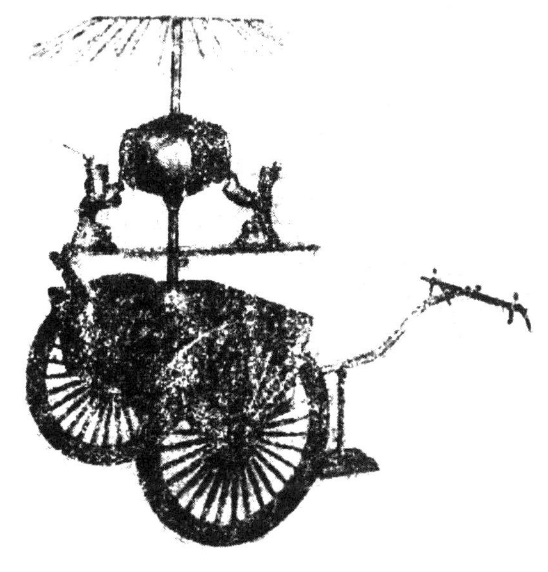
图一九　记里鼓车后部侧面图

图一八、一九为仿孝堂山画像石之鼓车而制（图一三），其第二层因不详画像石之曲形线所代表之意义，姑以平面之长木条代之。其上之二人，依《晋志》所记，改为木制，盖弓之制，因画像所绘为布缯所覆，轮辐之数，遂致阙如，姑以《周礼·考工记》补之[53]。辕、衡、軏诸形参之汉制，其全车之结构，以孝堂

图二〇　记里鼓车内部齿轮之装置

山画像（鼓车）为准的。内部机械，构造如下：

卢法记一里之齿轮数为四个。立轮一，下平轮一，旋风轮一，中平轮一（图一六）。将此一组齿轮装置于车箱之上，必有如图二〇之情形（以下参看图一五）。当左足轮（①）转一周之时，右足轮（②）亦转一周。与左足轮同毂之立轮（③）随足轮转一周。下平轮（④）同立轮（③）衔接，立轮转一周，下平轮（④）转三分之一周。旋风轮（⑤）因与下平轮同轴，故所转度数相同；旋风轮（⑤）又与中平轮（⑥）衔接，故转百分之一周。足轮在地面转三百周时，则中平轮（⑥）转一周（即一里）。而中平轮轴（⑥）顶旁有一铁拨子，亦随（⑥）轮转一周，故将横木轴上之关捩拨子（C）推动作斜倚形；系于关捩拨子（C）之绳，其上端或经滑车系于木人之活动肩上，因关捩拨子之斜倚作用，将绳拉动，木人之活动肩臂以肩轴为支点，故使肩臂抬起；当拨子之拨动作用转过时，因木人肩臂之本体重量而又下落，故二木人各击鼓一次。其击鼓之时间，即中平轮转一周之时，亦即《志》中所云：“其中有木人执捶向鼓，行一里则打一捶也。”

模型中关捩拨子及铁拨子之相互间之关系，其形制为求全二木人同时挝鼓，故将关捩拨子设计为二。而晋代记里鼓车之关拨装置，不敢谓必如此，然吾人固知汉代已知有关拨作用，如传世之弩机及汉时之天文仪器（见注［9］）已有其制矣。其各部位之构造联络均于图一五甲、乙、丙三图中表示明白，姑不赘述。

五　结　论

综上所言，吾人对指南车及记里鼓车之认识有下列数点：

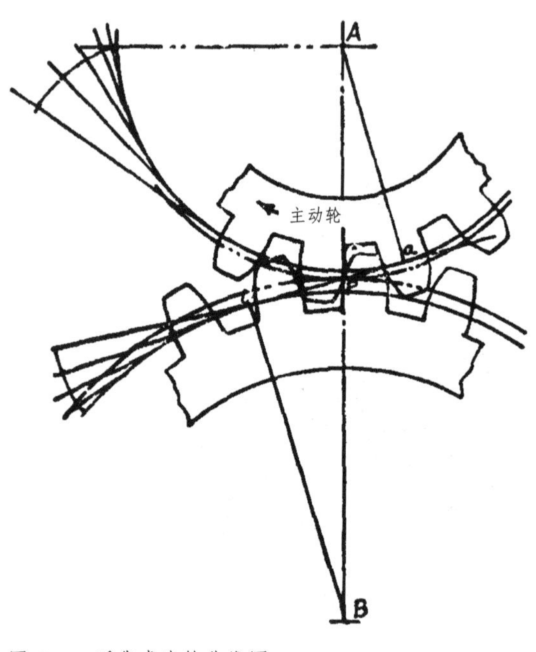

图二一　近代式齿轮曲线图

（一）观乎古代奇器制造之瑰伟，因知吾国机械工程之发展，汉以上自有其悠久之历史。故指南车出现于汉末，极为可能。记里鼓车虽未详其所由来，由其构造上及出现之时代（晋）上推测之，亦当不后于指南车。

（二）指南与记里二车之历史既相同，何指南独能附会其作者于黄帝或周公，当不外战国以前，古史凭诸臆造，始作器物，荒古竞托，以鸣奇异。后古史家如崔豹之徒，思欲推指南车之起源于远古，以耸听闻，而苦无史料是据，其说难完，乃求所以能附会者。适战国以下，史已见“司南”之名，恰投彼辈所怀，二者之为用又相类，遂被牵合为一，于是指南车乃成为黄帝、周公所作。而记里鼓车则不然，汉代古籍整理已有系统，师承相传，极为明晰，苟有附会，人多能立斥其妄。在此以前于记里鼓车以无类似之事物，附会者无以施其技，故《古今注》亦只能谓，“未详其所由来”。及作《黄帝内经》时，黄帝作指南车之说已大行，因二者之构造相同（机械），乃连类及之，而有“玄女为帝制指南车当其前，记里鼓车当其后”之说，至此记里鼓车遂亦为黄帝所造矣。时代愈后，其历史传说愈长，我国古史传说多由层叠式演义而成，何啻此二车已也。

（三）予所制二车模型，每苦于载籍记述之不密，姑作此综合之补充。本模型之形体，故不足代表其本来制度，然在原理上，当相去未远也。考两车齿轮之构造，《宋史》虽记载详明，而是否如予模型中齿轮之琢作，固为问题，因予模制时，乃就近代之洗床 (Milling Cutter) 而制，故齿间距离即齿数之多寡，虽与《宋史》无异，其齿轮曲线，则为近代式[54]（图二一）。而明代之齿轮，尚属方齿制[55]，故宋代齿轮，其形制或较明代更为古拙也。

（四）由燕肃、卢道隆之造法，及予所制模型验之，指南车在驾御时，必依上文所述之迟缓并繁琐之方法，否则不能使其司南无误。记里鼓车在驾御上虽不及前者复杂，然其驭行时，所记之里数，亦不能如其原则上所计算之准确。总之此二车之构造原理，在今日看来实属幼稚[56]，故断定其不能行于坎途，更需人力随车管理。则历代只备用于卤簿仪仗，并设有“正道匠人”者，良有以也！

本文之作，在求了解指南车及记里鼓车之真相，作具体之认识。而引证，绘图，及模型之制作，疏漏纰缪，固所不免，惟望读者教正焉。

丙子除夕之夜写讫于北平研究院

注释：

[1]《孔子家语》亦载此事。《家语》疑王肃伪作；《宥坐篇》亦非荀卿原书之文。然此二书总不出汉人之手。

[2]《乱龙篇》云：“今使道之家，铸阳燧取飞火于日。”即近代凸透镜之原理。

[3]参看王仁俊之《格致古微》，此书成于1895年，清末风行一时。

[4]如亚奇默德原理，牛顿之三大定律，几何学上之定理等皆属之。

[5]如攲器之满则覆，中则正，虚则攲。

[6]如研究古代之杠杆作用。《庄子·外篇·天地》之桔槔，汉武梁祠画像石之汲水图，为良好辅助资料。

[7]参看拙著《汉代张衡候风地动仪制法之推测》，《燕京学报》第20期。

[8]Usher所著《机械发明史》，谓桔槔乃埃及发明，在公元前1550年。而吾国桔槔至少在战国时已有记载，实际应早于此时。

[9]据《晋书》、《隋书·天文志》及《全后汉文》。

[10]《后汉书》卷七八《张让传》。

[11]《三国志·魏志》卷二九《裴注》引《魏略》。

[12]据《魏略》张鹏一辑本。

[13]据《邺中记》，东晋陆翙著。

[14]《隋书·律历志》引。

[15]《南史·祖冲之传》。

[16]《北史·信都芳传》。

[17]《北史·耿询传》，《隋书传本》。

[18]《大邺拾遗记》。

[19]据唐张鷟《朝野佥载》。

[20]据《宋稗类钞》。

[21]罗振玉：《雪堂所藏古器物图》，第34页。

[22]容庚：《金文续编》第六，五东部体例。

[23]参看图二之棘齿轮，为近代机械上制造简单者。轮旁有卡子二（A. B.）或一，阻动力之退转。

[24]《国华月刊》，1卷5号。

[25]文圣举译文：《科学》9卷4期，第398页—408页，民国十三年四月。

[26]《鬼谷子》不见《汉书·艺文志》，世疑其伪，今本《鬼谷子》，故不足信。本文引自《宋书·礼志》，姑备一说。

[27]（清）戴震：《考工记图》。

[28]齐思和：《黄帝之制器故事》，《史学年报》第2卷1期。

[29]《崔东壁遗书》，补《上古考信录》，卷之上，26页。顾颉刚编订本。

[30]参看Adversaria Sinica，1909年，第219—222页。

[31]32卷2、3合期，1924年，第83—98页。

[32]张荫麟译：《宋燕肃、吴德仁指南车造法考》《清华学报》第2卷第1期。

[33]滑车之位置，燕法云在横木下，吴法云在左右轴上。本模型之滑车（图五、六之左丁、右丁），因制造时为手法所限，姑置于横木上，然在原则并不冲突，因绘图已就，不便改置，姑从其误。

[34]《宋史本纪》卷九云：“壬寅复造指南车”。即1027年11月6日。

[35]参看宋岳珂《愧郯录》卷一三，明岳元声刊本。

[36]“立”字疑衍。

[37]《宋志》记指南车云：“大观元年内侍省吴德仁，又献指南车，记里鼓车之制。”故大观之制，必为吴法无疑。参看《愧郯录》。

[38]“共”原文作“其”，据《愧郯录》改。

[39]《古今图书集成·经济汇编·考工典》卷一七五《车舆部》第14页。

[40]《历代赋汇》卷八九《舟车部》有《大章车赋》谓张彦振著。卷九三《音乐部》并有唐柳宗元之《数里鼓赋》一篇。

[41]《古今注》及《中华古今注》卷一，第1页。

[42]参看《四库全书总目提要》卷一一八。

[43]（宋）江少虞：《皇朝类苑》卷八五，诵芬室重刊本。

[44]“Taxicab”一字译为中文为“出租之自动车”，如汽车之装有Taximeter者是，亦即“自动租金表示器”。俗称

为里数表。

[45][50]见《清华学报》第2卷第2期，第635页。

[46]孝堂山在山东肥城县西北六十里，其建祠时代不详，而以刻石之题名推之，以“平原湿阴邵善君，以永建四年四月二十四日来过此堂，叩头谢贤名”之题名为早。永建为顺帝年号，居汉之末叶（135年）。

[47]《山左金石志》卷七，清儒毕沅，阮元同撰。

[48]清冯云鹏、冯云鹓编，邃古斋藏本。

[49]《晋书·舆服志》谓记里鼓车，形制如司南。本《志》记司南车云：驾四马，其下制如楼三级。四角金龙衔羽葆。

[51]如合氏以直角折齿齿轮解释直角联动关系等。参看图一二。

[52]参看两城山、武梁祠、孝堂山诸画像石。

[53]《周礼·考工记》云：轮辐三十，以象日月也。盖弓二十有八，以象星也。

[54]近百年来（机械革命后）机械之速率增加，齿轮之制造遂多改良。其主要点在牙齿之曲线，亦即齿距圆有完全滚动接触之讲求。插图二一为一对标准渐开线式之轮齿画法图。模型中恐其生抵拒，姑存此制。其他如轮体之构造，《宋志》未详；以予思之，亦当有辐有辋，将齿装固于辋围之四周。

[55]参看王祯《农书》、宋应星《天工开物》载水转翻车图。

[56]宋代所传指南车之运动情形，在以某足轮为不动点，以他足轮为转动线。然如利用两足轮同时转动之差动齿轮，则可千回万转，任意驭行，不失所指。今日汽车之差动齿轮构造堪供参考。如记里鼓车之庞大笨重，同今日小不竟寸之记里表较之，虽大不相同，而记里鼓车仍为世界最早利用齿轮减速机械之最早发明。

补　记

客夏予既成此两车，寻复悟模型体制犹有未当，顾以图绘已就，遂亦未遑改作。会事闻于南京，于是有国立中央博物院筹备处，会同全国手工艺品展览会约为之模制，运京展览（图二二、二三）。型体依市

图二二　二次模制之指南车

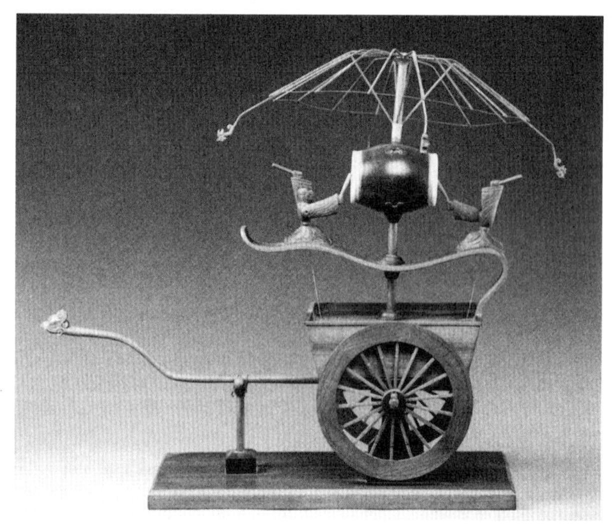

图二三　二次模制之记里鼓车

尺缩为十分之一，计在机械上之改正：为指南车之二滑车改置于横木下，固与《宋史》吻合矣；如记里鼓车之关拨作用，采予文中图一七之设计，亦较初制者为合理；如各齿轮之直径较大者施以辐辏，更为原则上当有之补充（参看图三、一六）。关于二车之外形如轮盖之制，不拘于《考工记》。而近年浚县所出周车残迹，及各家著录之车器、明器、石刻等，皆堪供诸参考。如记里鼓车使其尽肖于汉孝堂山画像之鼓车，惟指南车之外形因难考证，故仍本予最初设计而施以长方箱式云。

二十六，五，三十，振铎又记

（原文刊于《史学集刊》第3期，商务印书馆，1937年）

江西瑞昌铜岭商代木辘轳
——兼论中国古代轮轴的认识与应用

祝大震

在“全国考古新发现精品展”的展览大厅里，陈列着一件江西瑞昌博物馆所藏商代木辘轳（图一）。它是一件极为珍贵的反映中国传统工艺技术，反映中国古代机械发展史的不可多得的文物精品。

本文试图从中国古代机械发展的角度，从中国古代对轮、轴认识和使用的角度探索商代木辘轳的制作、使用等技术问题，以此阐明这件珍贵文物的历史地位。

一 轮和轴概念的形成与初步应用

在悠久的中国历史上，有许多的发明和创造。轮与轴的发明和使用就是这许许多多的发明之一。

中国古代对轮、轴的认识与应用，同世间的一切事物一样，都有一个认识和实践的过程。中国古代先民认识和使用轮、轴机械装置有着十分清楚的发展过程。

图一 木辘轳（商）

在中国，轮、轴的发明和使用，发生在远古的母系氏族社会时期，距今约10000年前。而轮、轴概念的形成必然要经历更久远的历史时期。笔者认为人类对轮、轴的认识与人类对滚动这一自然现象的认识有着密切的联系。滚动这一自然现象早在人类产生之前就客观地存在于世界之中。人类产生以后的上百万年中，通过人类长久的观察、实践，我国先民终于认识、掌握和使用了这一自然规律。石球的出现和使用就是人类对滚动这种自然现象的认识和使用的有力证明。石球是10万年前后，我国旧石器时代晚期打制成的一种石质狩猎工具。1954年在山西省襄汾丁村旧石器遗址中出土过质地较软的石灰岩打制而成的石球多件（图二）。1976年山西阳高许家窑出土石球多达2000多枚（图三）。在对石球的长期使用中，石球滚动的特点被人们逐渐认识。从对球运动的认识，转变为对轮运动的认识经历了很长的历史阶段。经历了从实践到认识、从认识到实践的多次反复。

图二 石球（许家窑出土）

对于石球的使用，考古学和民族学界有多种认识，推测了多种使用方法。一则认为石球用手抛击，作为武器打击狩猎目标，另一则认为石球借助绳索抡动抛出打击狩猎目标。对于后一种抛击方法，民族史学家曾利用近代少数民族使用的流星索加以深刻的说明，指出流星索“在一枚石球上拴一网套，并系一短绳，绳的梢端打一结。使用时，以手捏住绳结头，用力转动手臂，然后伺机向野兽抛去（图四）[1]。用力转动手臂的结果，就形成了以手为圆心，以短绳为半径，以石球运动的轨迹画出了一个圆，画出了一个不停转动的圆。这个圆的圆心和圆周都在不停地运动。这样，人们将圆心的概念逐步演变为轴心的概念；将圆周的概念逐步演变为轮的概念。随着社会生产的发展与劳动的实践，人们从认识轮与轴的概念转化为轮与轴的应用。

图三　石球（丁村出土）

从考古发现的大量实物说明，中国最早使用轮、轴的工具是纺织工具纺轮（图五）。纺轮的出现，证实了七八千年前我们的祖先初步应用了轮与轴。纺轮是七八千年前的原始先民们为加强麻或植物纤维的拉力给植物纤维加捻的工具。这种工具在我国许多新石器时代遗址中都有发现，这些出土的纺轮多以陶片或石片打磨成较薄的圆柱形，它的圆心被打磨成一个圆孔，用以安装捻杆。使用时，将麻纤维缠绕于纺轮和捻杆上少许，令纺轮旋转，同时不断添续入麻纤维，由于纺轮的旋转，使麻纤维不断加了捻。从纺轮的工作情况，我们可以看到七八千年前的原始社会先民们以捻杆为轴、以薄圆柱形的陶片、石片的轮，一组包含轮与轴的工具出现了，这是中国历史上出现的最早的圆形轮。纺轮的转动是以捻杆为轴心的转动。不过，纺轮的转动是平行于地面的转动。至此，人们对轮、轴的概念已完全形成，以它们为主体的机械也随时代的发展向生产、生活各个领域迈进。

图四　流星索使用方法示意图

二　轮与轴的广泛使用

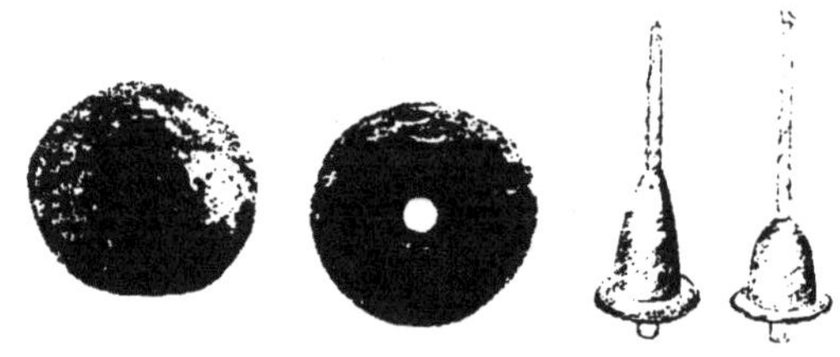

图五　纺轮（半坡出土）

在四五千年前，运用轮、轴原理制造的工具主要是陶轮，它比较广泛地应用于陶器的制造。这种机械使用了几千年后，一直延续使用到今天。

陶轮一直到今天还没有被人们在考古遗址中发现，但它的存在和使用不难被出土的陶器所印证。在山东等地龙山文化遗址出土了不少造型工整、器壁较薄、通体留有明显的同心圆划痕的黑陶器。这些文物间接地说明，在他们的制作中使用了用轮、轴制作的工具陶轮。

据传统工艺考察和民族文化遗存的调查。我们不难复原陶轮的形制和了解陶轮使用方法。陶轮下面以竖木为轴，以木或陶制成圆盘，选其中心置于竖木轴心上，使圆盘平行于地面装置。使用时，一个转动陶轮，一个以双手或简单的工具修筑陶坯，使器物成形（图六）。

车的制造和使用是我国广泛使用轮、轴机械的又一明显例证。中国古代有一套完整的车制，车的制造历史源远流长。

据传早在四五千年前，黄帝时已经制作了车，战车、指南车都有制造。文献记载，夏代早期的奚仲也已制作并改进了车的制作。《荀子·解蔽》就有“奚仲作车”的记载[2]。

商代造车更有多种考古发掘的实物作证 。在殷墟发现的甲骨文中有不少象形的“车”字。从这些甲骨文字中我们可以推测出商代车的不同种类。“⊕—⊕”为一轴两轮的车；“⊕⊞⊕”为一轴两轮带舆的车；

为一轴两轮带伞盖的车；“”为一轴两轮双马驾单辕车。商代车的遗迹在考古中多有发现，在殷墟的车马坑中曾发现有不少车马器，并有不少车的遗迹被较完整地发现，使我们不难看到车的原貌，使我们清楚地看到殷人对轮、轴的制造和使用。

商代车的使用改变了纺轮、陶轮的轮平行于地面的状况，车的轮已变为垂直于地面，这是轮、轴使用上的进步。车的使用还告诉我们商时人们对轮、轴的应用更加广泛。

三 商代木辘轳的发现和使用

商代的木辘轳出土于1988年江西省瑞昌市夏坂镇铜岭商周矿冶遗址。考古工作者认为它是商代的遗物，指出“木辘轳为古代机械装置，国内（以前）见到的实物为汉代，这一发现又把轮轴机械装置用于矿山生产提前到了商周时期”[3]。在铜岭遗址中与木辘轳先后出土的还有“装载工具木锹、木铲、竹筐；提升工具木钩、绳索等”[4]。据此，考古工作者明确提出木辘轳为古矿提升机械。它是迄今我们见到的最早的用于提升重物的轮、轴机械。

图六　快轮制陶示意图

辘轳的制作和使用标志着我国对轮、轴机械的制造和使用已有了很大进步，这种进步是一种飞跃，它为我国起重机械的制造开了先河；为定滑轮的制造迈出了极有意义的一步。因而木辘轳在中国古代机械史中占有重要地位。

商代木辘轳为一整块圆木，经刳削、修整加工而成。“其长43厘米，径42厘米”[5]。辘轳圆径中心有一圆形凹窝，在“凹窝面见炭灰痕，疑为凿轴洞时用火烧”[6]，再刳成轴洞以穿辘轳轴。可惜这件辘轳轴洞没有凿通，又据辘轳表面没有明显的使用痕迹，说明它是一件未加工完成的半成品。但它丝毫不影响我们观察、研究商代辘轳的形制。

辘轳圆轴体的两端分别刳成6个凸起的梯形木墩。有学者认为这些木墩在辘轳工作时起扳手的作用，使辘轳运转，又可以约束辘轳提升绳索使其在木墩中间运行，使其正常工作。对于两排12个木墩起到扳手作用的解释笔者不敢苟同。首先我们知道，辘轳是在古矿井中出土的，它是矿石的提升工具。由于矿石比重大，每一筐矿石都是很沉重的，据竹筐大小推测，每次提升的矿石重量最少也有30千克。靠高出辘轳轴面不足5厘米的凸形木墩扳手是难将30千克以上的矿石运上地面的。因此笔者认为12个木墩只起约束井绳的作用。由于此辘轳不能扳动使其运转工作，那么木辘轳确切地说它应该叫“滑车”。它在使用中，只起一个定滑轮的作用。

滑车的使用，是轮轴机械的一个突破，它为滑轮组的出现奠定了基础。滑车的出现，改变了力的方面，使操作者便于操作使用，从而提高了生产效率。用滑车提升矿石时，先将绳索的一端垂入矿井，系于装矿石的竹筐上；绳索绕过滑车后，由人拉着绳索的另一端。当人力拉动绳索后即将装矿石的竹筐提起。这样使用滑车既轻便又省力，便于将比重较重的铜矿石提升至地面。

从木辘轳的另外一个结构看，不难看出商代滑车制作和使用技术的进步。在木辘轳两排凸起的梯形木墩中间的轴面上，凿制有方形口的斗状插孔。据考古工作者推测，这一孔洞可能为辘轳添加润滑剂的孔洞。对于润滑剂的使用，应该说在商代使用完全是可能的，水、植物油、动物油都可以作为润滑剂使用。

商周以后，中国古代对轮与轴的使用更加广泛。除纺轮、陶轮、车辆、辘轳、滑车等继续使用以外，春秋时期在军事上出现了以辘轳和定滑轮组成的巢车。两汉时期在金属冶炼方面出现了以水为动力的轮、轴机械水排；在农业方面出现了以水为动力的轮、轴机械水碓以及碾、磨等粮食加工机械；在纺织方面出现了以轮、轴为主要结构的纺车、织机等。不难看出，在农业、手工业、陶瓷、纺织、矿冶诸多领域中具有轮与轴的机械均被广泛使用，从而构成了中国古代机械史的主要内容。这种轮、轴机械在中国传统工艺使用的工具一直流传到今天，供人们使用。

注释：

[1] 宋兆麟：《石球与飞石索》，《史前研究》1985 年第 2 期。

[2]《荀子·解蔽》，上海书店诸子集成本，1986 年。

[3] 贡同：《江西瑞昌发现商同时期采铜遗址》，《江西文物》1989 年第 1 期。

[4][6] 江西省文物考古研究所铜岭遗址发掘队：《江西瑞昌铜岭商周矿冶遗址第一期发掘简报》，《江西文物》1990 年第 3 期。

[5] 采自 1997 年《全国考古新发现展览》资料卡，未刊。邵文良先生提供。

（原文刊于《中国历史博物馆馆刊》1998 年第 1 期）

百炼钢刀剑与相关之问题

孙 机

一 铜器的“湅”数

冶金史上说，我国古代有一种百炼钢。这个品种的名称是从文献和口头习惯用语里来的，当然也参考了对出土钢铁制品所作的金相鉴定以及铭文中记载的工艺规格。但是，在我国早期金属制品的铭文中未有用“炼”字的，只有对“湅”数的记载。而且这种铭文最先不是出现在钢铁制品上，而是在铜器上。因此在讨论之前，有必要先对铜器铭文中的湅数加以考察。

在铜器铭文中，湅数最少的为“三湅”：

> 黄龙元年（229 年）太岁在丁酉，七月壬子朔，十三日甲子，师陈世严造作三湅明竟……久富贵。（吴黄龙镜）[1]

再多的为“四湅”：

> 建初元年（76 年），工杨吴造，四湅，八石。（汉建初弩机）[2]

也有“五湅”的：

> 永安六年（263 年）五月廿五日，费氏作竟，五湅青司（同，铜）竟。服镜者位至三公九卿十二大夫，长生□□宜子，家有五马千头羊，子孙昌，宜侯王光。（吴永安镜）[3]

讲究的铜器则为“十湅”：

> 上林十湅铜鼎，容一斗，并重十斤。阳朔元年（前 24 年）六月庚辰，工夏博造。四百合，第百一十七。（汉阳朔鼎）[4]
>
> 乘舆十湅铜鼎，容一斗，并重十一斤三两。元延三年（前 10 年），供工工彊造，护臣武，啬夫臣彭兼，椽臣丰，主守右丞臣放，守令臣赛省。（汉元延鼎）[5]
>
> 建武卅二年（56 年）二月，虎贲官治十湅铜濡錍鏃百一十枚。工李岩造，部郎丙，彤朱，椽主，右史侍郎刘伯录。（汉建武弩机）[6]

以上铭文中的“湅”字应指铜的精炼。粗铜含有杂质，影响它的铸造和机械性能，入炉重新熔化，使杂质造渣除去，可使铜的质量得以提高。但湅字的本义指丝帛的漂练，与冶金无关[7]；因此在这里它应是炼字或鍊字之假。《隶释·冀州从事郭君碑》云：“服职锻湅。”可证。炼、鍊均指熔炼。《说文·火部》：“炼，铄治金也。”《华严经音义》引《珠丛》：“镕金使精曰鍊。”镜铭中有“湅冶铜锡去其宰（滓）”[8]，“玄湅三圌，灭绝孚（浮）秽”等语[9]。《考工记·㮚氏》“改煎金锡则不秏”，郑玄注：“消湅之精不复减也。”林尹注：“改，更也，谓更番煎鍊。出矿金属必含有异质，故更番煎鍊以去之。”[10]都把这层意思说得很清楚。上引十湅铜鼎是御用之器，其铭文中不仅记有湅数，并标明该器之容量、重量、制造年份、制器工匠之名、监造官员之名、本批产量、本器序号等，体例谨严，内容应可信据。故所记湅数也应是可靠的。建武弩机是虎贲守卫宫廷的兵器上的部件，质量要求高，铜材须精炼，且铭文的体例与上引鼎铭相近，可见所记湅数亦非虚文。我国古代多以孔雀石等氧化铜矿作为冶铜的原料，所含金属杂质主要是铁。而根据检验得知，曾侯乙墓出土编钟的含铁量小于0.1%，越王句践剑刃部的含铁量为0.39%，秦俑坑中士兵俑所持铜剑，含铁量亦仅为0.6%；如此精纯的铜质应是多次熔炼的结果。但就汉代而言，当时生产的供冶铸用的铜锭的质量已相当高，如汉长安城宣平门附近发现的有“汝南富波宛里田戎卖”铭记的铜锭一批10块，各重34公斤，含铜率已达99%[11]。因此在浇铸之前对这类铜材再进行精炼的次数亦无须太多，上引铜器铭文中所记之三至十湅，已经是很可观的冶炼规格了。

可是至3世纪时，与上述三湅镜并存的一些铜镜的铭文中，湅数却猛增到百湅。如：

建安七年（202年）九月廿六日作明竟，百湅青同，世□五马□□。[12]

[12]**黄武元年（222年）大岁在□□□□□□□□□□日中，制作百湅明竟。清□且富□□万年，宜侯王，立至三公，及古。**[13]

黄龙元年（229年）太岁在己酉，七月壬子朔十三日甲子，师陈世造作百湅明镜。其有服者，命久富贵，宜□□。[14]

黄龙元年太岁在丁巳，乾坤合化，帝道始平。五月丙午，时加日中，造作明竟，百湅青铜。服者万年，位至三公。辟除不祥。[15]

镜铭中的“百湅”虽然出现于东汉末，但这种说法直至3世纪中叶始盛行；可能为同一制镜师在黄龙元年所制之镜，有的称“百湅”，有的却仍称“三湅”，可证。不过这些标出“百湅”的镜子的质地并不比前一类有明显提高，湅数却无端增加了几十倍，因此其真实性很可疑。试想建初弩机作为八石强弩的机廓，才仅仅四湅，建武虎贲弩机亦仅十湅，铸武器不过如此，铸日用之镜又何须多达百湅呢？其实，器物铭文本身已为这个问题的解释提供了线索。如前所述，有工官列衔署名、制作规格清楚的铜器铭文，内容一般比较可靠。因为这类器物是工官所造，大部分是供皇室或官府使用的。而另一类由民间手工业者生产，主要用作商品出售的铜器，那上面如有铭文，其中就往往包含一些服务于商业目的的语言。如：

延熹元年（158年）造作□□□成雷□□锺，廿二斤，直钱二千四百。大吉，□□富贵，宜田家，□意□长生。[16]

器铭中既标明价格，还说了一些“宜田家”等吉语，表明制作此器是为了向“田家”之类顾主出售。再如：

永元六年（94年）闰月一日，十湅牢尉斗，宜衣。重三斤，直四百。保二亲，大富利，宜子孙。[17]

此铭的体例与延熹锺大致相同，但标明是“十湅”之器。这是一件民用的熨斗，其冶炼规格不会和皇帝用的鼎相同，所谓“十湅”应属夸张之词。至于镜铭中的“百湅”，更是亟言其材质之优异的虚夸的说法。比如上引吴黄龙元年百湅镜的铭文中说：“五月丙午，时加日中，造作明竟。”吴国当时用乾象历，这年五月癸丑朔，初四日丙辰，十四日丙寅，二十四日丙子，五月内无丙午日。可见“丙午”云云，“百湅”云云，都是套话，并非实录，亦与工艺规格了不相涉。

二　钢铁刀剑的“湅”数

汉代以来，钢铁制品的铭文中也有记明“湅”数的，但只见于锻制的刀剑而不见于铸造的容器。它们的数字比较大，多为几十湅。如：

建初二年（77年），蜀郡西工官王愔造五十湅□□□孙剑□。[18]

永元十六年（104年），广汉郡工官卅湅（中缺）史成，长荆，守丞熹主。[19]

永元十□年，广汉郡工官卅湅书刀，工冯武（下缺）。[20]

永初六年（112年）五月丙午，造卅湅大刀。吉羊，宜子孙。[21]

其中永元书刀之铭文的体例最完备，所记湅数应可信。但它是解放前出土的，目前不知收藏在何处，亦未经科学检验。建初剑和永初刀是近年出土的，作过金相鉴定。它们都是用含碳较高的炒钢锻打而成。

在永初刀上看到“硅酸盐夹杂物有明显分层，如以位于同一平面的连续或间断的夹杂物作为一层的标志，由三个观察者在100倍显微镜下，整个断面观察到的层数分别平均为31层、31层弱及25层”[22]。在建初剑的断面上也观察到高低碳层相间的分层现象，数目近60层[23]。这种现象应是将坯件折叠锻打的结果。由于湅数与刀剑的分层数基本一致，所以湅数“可能是指叠打后的层数”[24]。不过应强调指出的是，钢铁刀剑铭文与铜器铭文中湅数的含义是不同的。钢铁刀剑铭中的湅字当与“潄”字相关。《说文·支部》：“潄，辟潄铁也。”《文选·七命》“万辟千灌”，李善注：“辟谓叠之。”朱骏声在《说文通训定声》中也说，潄是“取精铁折叠锻之”。这与从金相分析中得出的结论是一致的。故刀剑和铜器在铭文中虽然都称经过多少“湅”，却分别指潄（折叠锻打）和炼（熔化精炼）这两种不同的工艺而言，内涵完全是两回事。不过在折叠锻打的过程中，钢件的层数是以几何级数增加的，因此产品的层数即湅数较大，但折叠锻打的次数，即其本义上的潄数要少得多。

制造钢铁刀剑时，通过加热锻打，“会使钢的组织致密，成分均匀，夹杂物减少、细化”[25]，从而提高钢的质量。但在反复锻打的过程中，钢的含碳量也在不断变化，而这种变化又与其他多种条件相关连，须由匠师适时地作出判断，准确地加以掌握，断难用固定的锻打次数代表其质量标准。更由于钢铁刀剑必须保持一定的含碳量，所以绝不能无限制地增加折叠锻打的次数。也就是说，不能无条件地认为锻的次数愈多，刀剑的质量愈高，即如朱骏声所说的“愈锻愈善”[26]。相反，如果锻打过度，脱碳过量，刀剑还会失去应有的硬度，以致不成其为钢件了。并且，我国在西汉末年已经发明炒钢，江苏出土的新莽残剑已是用炒钢锻成的。炒钢的原料是生铁，可在炒钢炉中有控制地将它的含碳量减少到较适宜的程度，然后趁热锻打成型。与以前的块炼渗碳钢相比较，既没有从块炼铁带来的大共晶夹杂物，而且也省去了渗碳的繁慢工序，使生产者能通过较简便的手续获得质量更好的成品，实际上是一种匀碳制钢法。所以随着技术的进步，钢铁刀剑的锻打加工量不是日益繁重，而是愈来愈合理而适度。由于我国的炼钢技术是朝着这个方向发展的，故至南北朝时，就发明了工效更高、利于大批量生产的灌钢法。

但是，与这一趋势相反，在较晚的文献中有关湅数的记载反倒多起来了。东汉前期的建初剑上标出了创记录的五十湅，而东汉晚期更出现了所谓百炼钢。此词在我国始见于东汉末年。陈琳《武库赋》说：“铠则东胡阙巩，百鍊精刚。”[27]赋不厌侈，这里用的“百鍊”显然是文学作品中的修饰语。试看同样是铠，同时代的诸葛亮在作具体指示的军事训令《作刚铠教》中只说：“敕作部皆作五折刚铠”[28]。杨泓先生认为这种钢铠“大约是迭锻五次而成的”[29]。“五折”和“百炼”在加工次数上的差距之大，正和“三湅”镜、“五湅”镜和“百湅”镜之间的差距相当；可见这两类提法存在着性质上的不同。钢铠如此，刀剑也不例外。如曹操在《内戒令》中曾提到“百炼利器”[30]。他说的百鍊同样是泛指加工之精熟。当时对“鍊”字和“辟”字的用法不甚严格，如曹丕《典论·剑铭》说：“余好击剑，善以短乘长。选此良金，命彼国工，精而鍊之，至于百辟”（《北堂书钞》卷一二三引）。曹操说的百鍊和曹丕说的百辟用意相同。不过实际操作时，既无须百炼，也无须百辟。《论衡·率性篇》说：“世称利剑有千金之价，……其本铤，山中之恒铁也。冶工锻炼，成为铦利。……工良师巧，炼一数至也。”王充认为恒铁只要“炼一数至”，就能“成为铦利”。而同一过程在《太平经》中却被说成：“工师击冶石，求其中铁，烧冶之使成水。乃后使良工万锻之，乃成莫邪。”“五折”和“百鍊”、“炼一数至”和“良工万锻”之间，不仅存在着实事求是和夸张失实的区别；而且还把原先指产品之层数的湅数，混同于潄数，也就是折叠锻打的次数了。于是“百炼钢”仿佛就是锻打百次的钢，由此派生出的成语“百炼成钢”，进一步强化了这种观念，遂使之更加纠缠不清。虽然对铜材来说，“百湅”尽管夸张，但其精炼的次数从概念上讲并无限制；而钢材折叠锻打的次数却必须适可而止。《册府元龟》卷一六九所记五代时各地向朝廷进奉之刀，不是“九炼神钢刀”，就是“九炼纯钢手刀”或“九炼神钢陷金银刀”；可见迟至10世纪，“纯钢”和“神钢”亦仅九炼而已。不过考虑到建安年间的铜镜铭文中已云“百湅”；而在镜铭中铸出这个词，理应出现于它已被世人熟悉之后，因而“百湅”开始用在铜器上的时间无疑比“百炼钢”一词的产生更早些。更由于“百炼”对炼钢术说来本不确切，所以这种提法应是从铜器之“百湅”那里套来的。如果以上推测能够成立，那么我们只能把“百炼钢”看成是口头俗语或文学上的美丽词藻，而不能用它来代表实际的工艺规格，更不能作为一类钢铁品种的科学定名。要给这类以折叠锻打为特征的钢材命名的话，与其称作百炼钢，还不如称作“辟炼钢”较为适合。

三　日本奈良出土的“中平”纪年铭“百练”钢刀

我国国内已出土的钢铁刀剑，铭文中记录的湅数未有超过五十湅的。但日本奈良县天理市东大寺山一座4世纪后期的古坟中出土的一柄钢铁大刀之错金铭文说：

中平□年（184年—189年），五月丙午，造作支?刀，百练清刚。上应星宿，下?辟不祥？。[31]（图一：c）

这是迄今所知唯一有中国纪年的铁刀铭文中出现“百练”字样的例子。这口刀尚未发表金相鉴定报告，材质的情况不得而知。仅就铭文而论，其体例与几枚3世纪后期的吴镜之铭颇为相似。如：

太平元年（256年），五月丙午，时加?日?中?，道始兴，造作明竟，百湅正铜。上应星宿，不达□□。[32]

太平元年五月丙午，时茄日中，□□□□，帝道始壁𡋯（夷）。吾作明镜，百湅正铜。上应星宿，下辟不祥。服者老寿，长乐未英。三公九卿，五马千羊。君作。[33]

永安四年（261年）太岁己巳，五月十五日庚午，造作明竟，幽湅三商。上应列宿，下辟不祥。服者高官，位至三公。女宜夫人，子孙满堂。亦宜遮道，六畜潘伤（蕃昌）。乐未央。[34]

天纪元年（277年）闰月廿六日，造作明竟，百?湅?正?铜?。上应是（星）宿，下辟不羊。服者富贵，位至侯王。长乐未央，子孙富昌兮[35]。

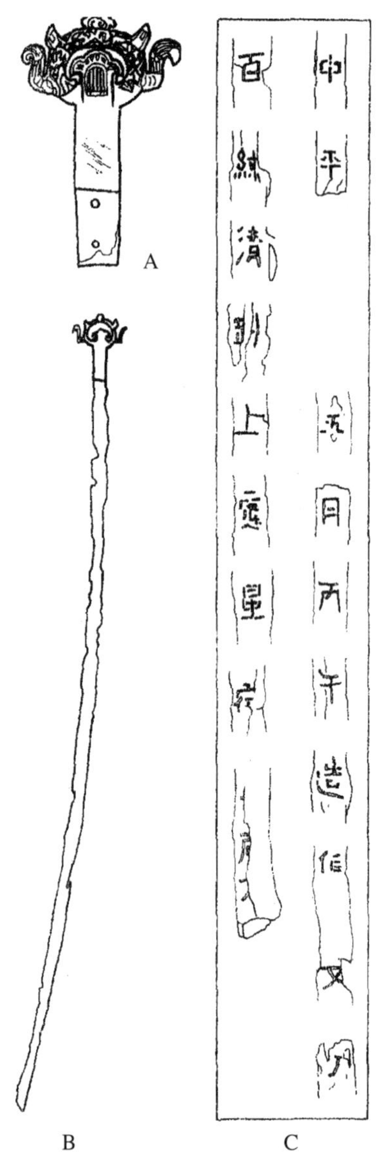

图一　日本奈良东大寺山出土的“中平”大刀
A.刀首　B.大刀全形　C.铭文

其中前一例的文句与刀铭很接近，唯末句残缺，文意不明。而后三例中如将“下辟不祥”以下的句子略去，并参照当时多数镜铭之例，在“造作明镜”句后均接以“百湅正铜”，这样再与刀铭相较，则除了制作年月不同，以及其本体一为明镜，一为大刀，其质地一为正铜，一为清钢以外，竟尔是惊人地相一致。看来这不是偶然的。

铭文中湅数超过五十的刀剑在日本还有好几例。除“中平”刀外，石上神宫所藏来自百济的七支刀的铭文说：“泰□四年六月十一日丙午正阳，造百练七支刀”[36]。年号中“泰”下一字多释为“和”，也有释“初”或“始”的；多数学者认为其制作年代大抵为4世纪后期[37]。又熊本县玉名郡江田村船山古坟出土的一柄银错马纹大刀，铭文中也说是“八十练”的“好□刀”；并说：“作刀者名伊太加，书者张安也。”[38]此刀的时代为5世纪后期。其铭文中记有书者张安之名。张姓当时在中国和朝鲜半岛都是大姓，带方郡姓张的就很多，所以虽然不能肯定张安系来自中国大陆或朝鲜半岛，但他不会是日本人。这就说明日本古刀剑的制作有东渡的外来工匠参与其事[39]。还有一柄在埼玉县行田市稻荷山古坟出土的剑，作者是后来被尊称为雄略天皇的倭王武。据考定，制作的年代为公元471年。剑上有错金长铭，其中说：“吾左治天下，令作此百练利刀。”[40]值得注意的是，日本出土的“中平”刀、船山刀、稻荷山剑及传世的七支刀铭文中的“百练”、“八十练”皆用“练”字。而东汉时的文字中以“练”代“湅”者仅偶或一见[41]。通常均使用“湅”字，中平年间也是如此。东京五岛美术馆所藏中平六年四兽镜的主铭及副铭中都有“幽湅三羊”之语[42]。“练”字要到3世纪中叶才用得比较广泛。如一枚建兴二年（253年）镜的铭文中有“五练九章”，晋张协《手戟铭》中也有“清金练钢”之句[43]。而上述在铭文中使用练字的日本出土刀剑，除“中平”刀外，都表明是4世纪以后的制品。因此，“中平”刀能否早到2世纪，也就值得怀疑了。

此外，“中平”刀的铭文还反映出一个问题，即其书体之稚拙在中国国内出土的这一时期有错金铭文的器物中几乎找不出第二例。如果它不是发掘品而是来历不明的流散文物，那么对它的真伪其甚至都会因此而产生不同的看法。并且此铭文中“刀”上一字半泐，仅余下半部之“又”，或释作“支”，然而中国并无“支刀”一词。也就是说，仅就铭文而言，“中平”刀上就存在着不少疑点。

“中平”刀是不是中国汉代的制品？看来是值得重新考虑的。（1）“百炼”一词虽出现于东汉末，但由于“中平”刀铭系模仿镜铭，所以严格说此词还不是由口语或文学作品中直接进入刀铭的；必须当它在镜铭中已司空见惯之后，才能为此刀铭所袭用，故时间理应比镜铭晚一步，不能早于3世纪20年代。何况“上应星宿，下辟不祥”之文例在铜镜上出现于3世纪50—70年代。“练”字的使用也是3世纪中叶以后才常见。因此，很难设想这些现象会在2世纪80年代的中平年间一同出现。（2）铭文的书体与其错金的豪华规格奇怪地不相称。这么高级的器物如在中国国内制作，铭文的书体不会不相称到这种地步。（3）“中平”刀出土时附有日本式的三叶铜环首，底部有穿孔（图一：A、B），铜环首和刀身应铆接在一起。此环首为日本制品，殆无疑义。研究者或认为它是后配之物，但并无确证。和上面谈到的情况联系起来考虑，它会不会就是此刀原有的环首呢？对这些问题的解释，笔者的设想是：这口刀可能是3世纪后期在日本制作的，制作者中有东渡的中国吴地的工匠参加，因为“中平”刀铭有不少地方与吴镜铭文相似。所以正像王仲殊先生研究三角缘神兽镜时得出的结论，当时有自吴东渡的中国工匠在日本工作[44]。这些人中既有铸镜师，看来也有锻刀师。吴的锻刀技艺是很著名的。据陶弘景《刀剑录》说，黄武五年（226年）孙权曾命工以南钢越炭制刀万口。但东渡的工匠虽能锻刀，却不见得工书法，也不像在中国国内之易于倩人代笔。所以他们所制的刀，尽管也嵌刻错金铭文，书体却达不到应有的水平。而且还顺应当地的风习加进了如“支（？）刀”一类词语。另外，笔者还认为刀铭的“中平”或系“太平”之误书，太平是吴主孙亮的年号，相当公元256年—258年，正处于刀铭中各种现象兼行并存的时期。何况“中平”刀铭与上引太平、永安、天纪诸镜铭极其肖似，也使人有理由提出这一设想。东渡的工匠远在异国，音讯隔阂，改元之初，对其用字容有未谛。加以自2世纪中叶以来，中国年号用“平”字的太多了，如汉桓帝的和平，汉灵帝的熹平、中平，汉献帝的初平、兴平，曹魏的嘉平等，都出现在太平纪年之前不久，这种情况也容易促成误字的产生[45]。

总之，如果这是一口于3世纪后期由中国侨居在日本的工匠所锻之刀，则其刀铭亦不过是随俗敷衍成文而已。在国外的条件下，东渡的工匠不太可能在短期内使冶金技术更加精进，因此这柄刀也难以作为冶金史上辟炼钢工艺的一个新高度的代表。退一步说，至少在上述疑问尚未解决、刀的材质尚未验明之前，不能用它作为汉代“百炼钢”的实物例证。

四　附论亶洲的地理方位

对于“中平”刀，最近王仲殊先生发表的文章中仍认为它是汉灵帝时在中国制造的[46]。王先生还认为：“据《后汉书·东夷传》和《三国志·吴志》记载，在会稽郡东方的远海中有亶洲，传说秦始皇遣方士徐福率童男童女数千人至此洲不归，世代相传，到东汉后期和三国时代人口发展到数万户，其人民时有去会稽郡贸易的。我认为亶洲是日本列岛的一部分，所以推测奈良县东大寺山古坟出土的‘中平’纪年铭大铁刀是东汉末年从江南的会稽郡传入日本的。”王先生并指出：“大量吴镜存在于日本各地的古坟中，这正是亶洲人民西渡到吴的会稽郡进行贸易的结果。”[47]

笔者对“中平”刀的看法已论述如上，兹不赘；这里只想再谈谈有关亶洲的问题。由于隋唐以后我国文献中不再出现此洲名，故三国六朝人说的亶洲与后代地志脱节；加上徐福移民的传说纠缠于其中，遂使它变成一个不易解决的老问题。其实在有限的原始史料中，亶洲大致的地理方位还是有线索可寻的。

关于亶洲的记载最先见于《三国志》卷四七《吴书·孙权传》：“（黄龙二年）遣将军卫温、诸葛直将甲士万人浮海求夷洲及亶洲。亶洲在海中。长老传言，秦始皇帝遣方士徐福将童男童女数千人入海求蓬莱神山及仙药，止此洲不还，世相承有数万家，其上人民时有至会稽货布。会稽东县人海行，亦有遭风流移至亶洲者。所在绝远，卒不可得至。但得夷洲数千人还。”这段话给人的印象是，徐福去的是亶洲，亶洲时常有人到会稽买布。可是它又“所在绝远，卒不可得至”，这就显得互相矛盾了。《后汉书》卷八五《东夷传》关于夷、亶二洲的记载，系据《汉书·地理志》和《吴志·孙权传》综合整理而成，却没有《孙权传》里“亶洲在海中”一语，这种情况似非偶然。少了当中插进去的这句话，则徐福畏诛远遁之地应被理解为前面先提到的夷洲。此洲与《史记·封禅书》所记在“勃海中”的三神山之方位不间，可避开秦始皇如继续搜寻时的锋芒，比较合理。后面会稽东冶人海行遭风云云，说到的才是澶洲。《后汉书》这段文字的结构可如下表所示：

会稽海外有东鳀人，分为二十余国，又有	
夷洲	传言秦始皇遣方士徐福将童男女数千人入海，求蓬莱神仙不得。徐福畏诛不敢还，遂止此洲。世世相承，有数万家，人民时至会稽市。
及	
澶洲	会稽东冶县人有入海行遭风，流移至澶洲者。所在绝远，不可往来。

根据这样的理解，则徐福去的是夷洲，夷洲人有数万家，时至会稽贸易。而亶洲则是一个很遥远的地方，除遭风漂流的航海者外，很少有人去过。今本《孙权传》“亶洲在海中”一语，或系阑入之旁文，范晔所见本可能并无此语，否则《吴志》关于夷、亶二洲的记叙之文理就欠通顺了。

吴沈莹《临海水土志》说：“夷洲在临海东南。”故夷洲即今之台湾，对此，学术界已有定论。亶洲的地望虽不能完全确定，但不会是一个小岛，否则不值得孙权大动刀兵；然而又绝不是日本。因为写《后汉书》的范晔是5世纪的人，这时正是倭五王与南中国交往频繁，被王先生称为日本对中国的关系的“急进期”之际[48]。所以范晔不可能仍把日本说成是“所在绝远，不可往来”的地方。

关于亶洲的记载还见于《抱朴子·金丹篇》，谓：“古之道士，合作神药，必入名山。……若不得登此诸山者，海中大岛屿亦可合药。若会稽之东翁洲、亶洲、纻屿洲，及徐州之莘莒洲、泰光洲、郁洲，皆其次也。”由于这里将会稽海外和徐州海外的岛屿分别胪列，所以其地理区划比《三国志》和《后汉书》更加明确。这些海岛的具体位置虽不能尽知，但也有相当清楚的，比如郁洲就很有名，见《水经注·淮水》。这里是孙恩的根据地之一，见《晋书·孙恩传》。其地即今江苏连云港市之云台山，昔为岛屿，清康熙五十年后海退沙淤，已与大陆连接。故郁洲古属徐州，殆无疑义；同时也表明《抱朴子》上述记载可信。

至于会稽郡，其北界在今钱塘江口，因而“会稽海外”当指北纬30°以南海域。汉代滨海诸郡对其近海岛屿亦应行使管辖权。西汉琅琊郡与东海郡的界域刻石位于连云港市东连岛桅尖山的羊窝头峰北坡，刻石面海而立；可证[49]。所以一些大岛屿的行政隶属关系应是基本明确的。《御览》卷七八二曾说纻屿洲上有徐福童男之后，这和《后汉书》的记载亦可互相印证。此洲如《抱朴子》所记，乃位于会稽海中，则当与夷洲相去不甚远。徐福所率男女在夷洲繁衍的后代既众，那么再迁至邻岛也是完全合理的。更由于去过亶洲的人是从东冶（今福州）出海的，故亶洲甚至有可能位于北纬26°以南。黄龙二年孙权征夷洲及亶洲之事，在《三国志·吴书·陆逊传》又《全琮传》皆作夷洲及珠崖。汉武帝平南越后，在今海南岛上置珠崖、儋耳二郡。《汉书·贾捐之传》说：“儋耳、珠崖郡皆在南方海中，洲居。”可见此二郡之地亦可称洲。汉昭帝始元五年（前82年）罢儋耳郡，并于珠崖。但儋耳这个名称还在使用。《三国志·吴书·陆凯传》说他：“赤乌中除儋耳太守，讨珠崖。”谭其骧先生认为：“这说明了孙权用兵珠崖、儋耳，旨在得其土地人民，故发兵之前，先已任命了儋耳太守。”[50]则吴时或泛称海南岛为儋耳、儋耳洲。儋、亶音近，所以亶洲即指儋耳洲而言，也是有可能的[51]。而古文献中对日本的方位的提法则完全不同。《汉书·地理志》说：“乐浪海中有倭人。”颜师古注引《魏略》：“倭在带方东南大海中。”《后汉书》卷八五《东夷传》说：“倭在韩东南大海中。”都指出它的方位在朝鲜半岛东南。诸史对倭和夷、亶二州从来都区别得很清楚，没有将它们并在一起叙述的，更不要说将亶洲指为日本列岛的一部分了。

徐福传说至今仍是一个热门话题。或谓徐福去的地方就是日本。此说最早见于后周时所纂《义楚六帖》卷二一，系闻自日僧弘顺。谓：“日本国亦名倭国，在东海中。秦时徐福将五百童男女止此国也，今人物一如长安。……徐福至此谓蓬莱，至今子孙皆曰秦民。”五代去秦已远，耳拾之谈，本不足信。但自六朝以来，确有不少华人移居日本。《续日本纪》说大和国高市郡的居民几乎都是大陆移民，他们被称为秦人，多从事丝织业。唐代更有不少大陆移民落籍日本。《义楚六帖》中的说法，可能就是从他们中间散播出来的。宋时此说愈益流行。欧阳修《日本刀歌》说：“传闻其国居大岛，土壤沃饶风俗好。其先徐福诈秦民，采药淹留丱童老。百工五种与之居，至今器玩皆精巧。”[52]至明代，遂将徐福所去之地、夷亶二洲与日本均混为一谈。明太祖《致日本国王书》中也将孙权征伐过的夷洲说成是日本[53]。其实夷洲即台湾本无可置疑；当时孙吴北临强魏，绝无轻易沿海北上征伐日本之理。明陈仁锡《皇明世法录·日本考》中甚至说：“徐福……入海求蓬莱仙人不得，惧诛，止夷、亶二洲，称秦王，国号倭。”诸说后来竟为日本人所接受，日人之《本朝通鉴》卷一就掇拾起上述讹传，虚构出神后庚戌三十年，吴王孙权遣将浮海“侵我西鄙”等本不存在的记事。而日本各地之“徐福墓”，更纯属为迎合传说而制造的假古董了。

至于日本古坟中出土的中国铜镜到底是经由哪条路线输入的，则是一个须要另行探讨的问题。不过至少，亶洲人民西渡易镜说恐难以成立，“中平”刀与亶洲人民更不曾发生关系。

注释：

[1] 湖北省博物馆、鄂州市博物馆：《鄂城汉三国六朝铜镜》图111，文物出版社，1986年。

[2] 容庚：《秦汉金文录·汉金文录》卷六，中研院历史语言研究所，1931年，第667页。

[3] 见注［1］所揭书，图91。

[4][5] 见注［2］所揭书，卷一，第9、18页。

[6] 河北省文物局文物工作队：《河北定县北庄汉墓发掘报告》，《考古学报》1964年第2期。

[7]《考工记·㡛氏》：“湅丝。”孙诒让正义：“凡治丝治帛通谓之湅。”

[8] 罗振玉：《辽居杂著·汉两京以来镜铭集录》，第9页。

[9] 见注［1］所揭书，图112。

[10] 林尹：《周礼今注今译》，书目文献出版社，1985年。

[11] 祝梓城：《西安汉城遗址附近发现汉代铜锭十块》，《文物参考资料》1956年第3期。

[12][13][14] 梅原末治：《汉三国六朝纪年镜图说》，桑名文星堂，1942年，第33、56、62页。

[15] 见注［1］所揭书，图85。

[16][17] 见注［2］所揭书，卷二，第119页；卷四，第364页。

[18] 徐州博物馆：《徐州发现东汉建初二年五十湅钢剑》，《文物》1979年第7期。

[19][20] 注［2］所揭书，卷六，第661、662页。

[21] 刘心健等：《山东苍山发现东汉永初纪年铁刀》，《文物》1974年第12期。此刀铭中最后的“宜子孙”三字为锈所掩，后经X线透视显出。

[22] 李众：《中国封建社会前期钢铁冶炼技术发展的探讨》，《考古学报》1975年第2期。

[23][24][25] 韩汝玢等《中国古代的百炼钢》，《自然科学史研究》1984年第4期。

[26]（清）朱骏声《说文通训定声·乾部》“湅”下之说。

[27][28]《太平御览》卷三五六、三五三引。

[29] 杨泓：《中国古兵器论丛》，文物出版社，1985年，第31页。

[30]《太平御览》卷三四五引。

[31][日] 梅原末治：《奈良县栎本东大寺山古坟出土の汉中平纪年の铁刀》，《考古学杂志》48卷2号，1962年。

[32][34][35] 见注[12]所揭书，第75、86、98页。

[33] 程长新、马希桂：《吴太平元年神兽镜》，《文物》1984年第9期。

[36][37] 李进熙：《广开土王碑と七支刀》，学生社，1980年。

[38][日] 末永雅雄：《（增补）日本上代の武器》本文篇，图版篇14；木耳社，1981年，第120—123页。

[39] 日本早在弥生前期的熊本县玉名郡天水町的斋藤山贝冢中已有铁器出土，冶铁技术是从中国和朝鲜传入的。中、朝冶铁工匠且有人在日本定居。《肥前风土记》说三根郡汉部乡是由于居住着来自中国的冶铁工匠而得名。《日本书记》中则有关于“韩锻部”的记载。

[40] 见注[38]所揭书，本文篇第369—379页，图版篇77。

[41] 梁上椿《岩窟藏镜》2集中、图32所录东汉中后期之“桼言镜”铭文中有“练治”一语。而在西汉时，湅、练两字纵使在一则文字中同时出现，亦互不混淆。如江苏连云港侍其繇墓所出遣册木方上，既记有“练禅襦”，又记有“湅黄沙复𦅻裾褕”和“湅黄丸复绔”。虽然在这里前者指素练，后者指漂洗过的黄纱、纨，与冶金无关；但用字是区分得很清楚的。

[42][日] 保坂三郎：《古代镜文化の研究》卷1，图171，雄山阁，1986年。

[43] 见注[12]所揭书，第70页。《御览》卷三五三引

[44] 王仲殊：《关于日本三角缘神兽镜的问题》《考古》1981年第4期。

[45] 对于当时的日本使用者来说，刀上刻有中国年号，就等于加上中国商标，成为可炫耀的珍物。年号是“中平”或“太平”，似无关紧要。至于铭文书体之工拙，更不成问题，因为3世纪时日本在这方面有鉴赏能力的人还很少。

[46][47][48] 王仲殊：《古代的日中关系——从志贺岛的金印到高松冢的海兽葡萄镜》，《考古》1989年第5期。

[49] 刘凤桂、丁义珍：《连云港市西汉界域刻石的发现》，《东南文化》1991年第1期。

[50] 谭其骧：《长水集续编·自汉至唐海南岛历史政治地理》，人民出版社，1994年。

[51][日] 手冢隆义：《孙权の夷洲·亶洲远征について》，《史苑》29卷3号，1969年。在记载中，亶洲的情况和当时的海南岛确有某些近似之处。初元三年（前46年）汉弃珠崖，之后长期未于其地立郡。孙权想用兵将此岛重新收入版图，引起全琮的反对，他说这里是：“殊方异域，隔绝障海，水土气毒，自古有之”（《三国志·吴书·全琮传》）。《水经注·温水》引王范《交广春秋》也说这里“皆殊种异类，被发雕身……不服德教”。这时海南岛甚至被目为在“南极之外”，正与史称亶洲“所在绝远”的提法相合。

[52]《欧阳永叔全集·外集》卷四。

[53]《明太祖御制文集》卷一六。

（原文刊于《文物》1990年第1期。）

从文物资料看中国古代造船技术的发展

王冠倬

我国造船业有着悠久的历史，而且取得了辉煌的成就。史籍提供了研究资料，文物对史籍又作了补充。本文试从文物方面按时代先后对中国古代造船业的发展作一叙述。

一

捕鱼是原始人群主要生产方式之一。生活的需要推动人们去寻求能够飘浮于水面的工具。古人“见窾木浮而知为舟”[1]。人类多次观察到树叶、木枝在水面飘流，受启发而造出了筏和船。

筏是用籐条或草绳将数棵树干并排捆扎而成。现在有些地方还在使用它，只不过筏体和捆扎用的材料改进而已，如竹筏、皮筏等。

船的制造可能与筏同时。最早的船是独木舟。“刳木为舟，剡木为楫，舟楫之利以济不通，致远以利天下。”[2]将一段较粗的树干剜成槽状，船就造成了。

由于年代久远，现在已见不到原始社会的独木舟。除文献记载外，后世的独木舟就成为研究早期独木舟的重要依据。1958年，在江苏武进县奄城地区发现了三只春秋战国之际的独木舟。最大的一只，长约11米，最大宽90、深约42厘米。中部宽，两端窄，略呈梭形。船的整体是用一根粗大树干剜成的，与文献所记“刳木为舟”相符。类似的独木舟，在别处也有发现，如：1973年在福建连江县出土了西汉独木船；1976年在广东化州县出土六只东汉独木舟；1960年江苏扬州出土唐代独木舟。这些独木舟，虽然时代不同，大小不一，都是用整段树木剜成的。它们虽不是最原始的独木舟，却可使我们借以了解原始社会独木舟的基本构造。它们具有较强的生命力，尽管先进的船只已经广泛使用，仍是必要的辅助性的水上工具。

独木舟的出现是一项重大的发明创造，标志着人类征服水域迈开的第一步。

生产力不断发展，造船技术随之不断改进。1958年在陕西宝鸡市郊区新石器时代遗址出土了一件陶壶，似船形，壶腹绘有渔网纹，两端上翘，是模拟船的外形制造的生活用品。1960年在黑龙江海林县牡丹江右岸的岩壁上发现了一处相当于原始社会时期的绘画。画中有一只小船，船的首尾也是上翘的。这种船型受水的阻力小，因而行速快，是造船技术的一大进步。后世的独木舟也有这种上翘形式，上述江苏武进、广东化州和江苏扬州出土的三只独木舟就是如此。

原始社会造船术的另一发展是桨的制造。开始是“剡木为楫”，将树枝稍加修整而成。后来制成真正的桨。1958年，在浙江杭州和吴兴出土了数只新石器时代木桨。桨的形制有三种：一种是窄桨片，宽度仅为10—14厘米，与桨柄相差无几，柄和桨片由一整段树枝砍削而成；另一种是宽桨片，宽为19厘米，也是由一根整木制成的，但桨片长于桨柄；第三种也是宽桨片，宽约26厘米，桨片、桨柄分别由两块木料制成，用绳绑在一起。桨的迎水面大于树枝的迎水面，使用木桨，能够加速船行。但桨片窄，划水效果不会很显著；桨片比桨柄长，重臂大于力臂，划水时费劲；桨片与桨柄宽度相差无几，还保留树枝当楫的痕迹。上述种种说明它们是初期木桨的形制，尚待进一步改进。1977 年在浙江余姚县河姆渡出土一件原始社会木桨，距今约 7000 年。该件造型匀称，桨柄上还雕刻有精致的花纹，制作技术渐趋成熟。

二

奴隶社会的生产水平较原始社会有显著的提高，坚韧而锋利的青铜工具代替了石器，为造船技术的发展创造了条件。

甲骨文中已有舟字，写作[illegible]、[illegible]、[illegible]、[illegible]、[illegible]、[illegible]、[illegible]、[illegible]、[illegible]，是象形字。从字形看，它已不是独木舟，而是由数块木料组成的木板船。可以肯定：最迟在商代前期，我国已经使用木板船。从独木舟到木板船是个很大进步。独木舟的大小受树段的限制，需用树干都是比较粗大的，而木板船则可根据实际需要决定所造舟的大小，或者用数块较小的木料拼造较大的船，人类获得了较大的造船的自由。

早期的木板船应是比较简单的，而且保留有独木舟的痕迹。现代的云南摩梭人仍使用独木舟，日久船坏，需要修理，他们就取下尚可使用的船舷木接在另一条船上，拼装成一只新的加高了的独木舟。1975 年在江苏武进出土一只秦汉时的木船，全船用三段木料组成，船底是平板，两舷都是整根圆木，木料之间用楔形木榫铆合。民族资料和出土文物启发我们设想：为了修理独木舟，或者为了改善它的性能以扩大载重量，开始是用旧船舷或整根圆木加高其首尾和两舷，后来又直接在木板上安装船舷，于是形成了早期的木板船。这种船属于过渡型，可能就是甲骨文所表示的船型，尚不是后世所说的全木板船。

甲骨文中又有风字，写作[illegible]，亦训为凡。有同志认为就是帆字，[illegible]字形象地表现了帆的外貌。既然有帆，必然有支撑帆的工具，当时这种工具可能很简陋，甚至不定形，但它是桅杆的雏形。在我国商代，很可能已经立桅扬帆借风使船了。

最早的船是作为水上生产和交通工具而出现的，但进入阶级社会后，它的用途逐渐扩大到军事方面。商代末年，周武王伐纣，让吕尚在黄河渡口准备 47 条木船运送军队[3]。西周中叶，周昭王南征楚国，回来时，“济于汉，船人恶之，以胶船进王。王御船至中流，胶液船解，王及祭公俱没于水中而崩。”[4]上述记载是目前所知有关用船来运送军队的较早的材料，实际情况还应出现的更早。用于军事的第二种形式是排列众舟制造浮桥。商代末年，周文王娶商王之女为妻，“造舟为梁”[5]，过渭河迎亲。这种浮桥乃贵族或行军专用，并非民用桥梁。

春秋时期造船技术取得迅速发展，船只使用的数量和范围日益扩大，南方有的地方还创设了专门造船的工场——船宫[6]。公元前 647 年，晋国缺粮，秦国运粮的船队，浩浩荡荡经渭水、黄河、汾水直达晋境[7]。公元前 6 世纪末，伍子胥建议吴王训练水军，他说：“船名大翼、小翼、突冒、楼舡、桥舡。今舡军之教比陵军之法，乃可用之。大翼者当陵军之车，小翼者当陵军之轻车，突冒者当陵军之衡车，楼舡者当陵军之行楼者也，桥舡者当陵军之轻足剽定骑也。”[8]大翼长十二丈，宽一丈六尺，可载战士、划船手九十一人[9]。中翼船长九丈六尺，小翼长九丈[10]。此后在吴楚、吴越战争中，双方都出动水军。公元前 487 年，吴水军沿海路北上攻齐[11]。在越灭吴的战争中，越“中军，泝江以袭吴，入其郛，焚其姑苏，徙其大舟”。又“沿海泝淮以绝吴路”[12]。在吴齐、吴越战争中，吴越两国都采用过海上攻击路线。我国驾船出没于海上，并非自吴越始，夏王帝芒“东狩于海，获大鱼”[13]。《诗经》亦云：“相土烈烈，海外有截”。[14]但像吴越两国这样大规模的海上进军，却是前所未有的。从内河航行发展到海上航行，证明了当时造船和航行技术的进步。

三

战国时期冶铁业日益发展。铁制工具的普遍使用，对造船业极为有利。1978 年，在河北平山县中山国一号墓的随葬坑中出土了大小五只木船。大船的船板用铁箍拼联而成，隙缝处有铅皮填塞，这是我国用金属作为造船辅料的最早发现。由于该坑曾两次被盗掘过，木船详情已无法得知。但我们知道，解放后出土的战国铁器中有些条状物、尖状物：山西侯马地区墓葬出土了11枚铁针；辽宁抚顺市以及湖北江陵地区出土过铁锥；安徽淮南市瞿家洼出土了8枚铁棺钉；湖南长沙黄土岭出土了6枚铁棺钉和一些普通铁钉。看来当时铁钉的使用已比较普遍。既然中山国木船已使用铁箍，也许有可能在造船时也使用了铁钉。

当时一些国家拥有数目可观的船队。公元前468年，越国由会稽迁都至琅砑时，有“死士八千人，戈船三百艘”[15]。秦国偏处西陲，也有庞大船队，“司马错率巴蜀众十万，大舶船万艘，米六百万斛”[16]，顺江而下攻打楚国。一次战役竟出动战船万艘，可见当时战船之多。

由于战船使用日广，有些著作就专门讲述。《墨子》云：“并船以为十临，临三十人，以船为辕辒；二十船为一队，选材士有力者三十人共船。”[17]这是水上行军、布阵、战斗的方法。有时需要以步卒对水军。1957年山东临沂银雀山汉墓出土竹简《孙膑兵法》下编有《水阵》一节，就专题讲求步兵攻击敌船、控制渡口和水军登陆后扩大战果的方法[18]。甚至一些文物如1935年河南汲县战国墓出土的水陆攻战舰（图一），也以水上战斗场面作纹饰。战船分为两层，上层是持械格斗的武士，下层是背向前方划桨的操船者。同时告诉我们，这时已有了双层船。类似纹饰的青铜器还有四川成都百花潭出土的嵌错金铜壶和北京故宫收藏的宴乐渔猎攻战纹壶（图二）。

图一　战国水陆战舰船纹

图二　战国宴乐渔猎攻战纹壶船纹

船只在民间，也是必要的生产和生活用具。古代往往将一些生活品或其模型作为随葬品，“生前认为最珍贵的物品，都与已死的占有者一起殉葬到坟墓中，以便他在幽冥中能继续使用。”[19]我们在古墓中发现过战国时代的船棺，它是用粗大树干刳成外形象船的葬具。船棺在四川巴县和昭化县出土最多，江西和福建也有，说明船舶在人们日常生活中占有重要位置。

四

汉朝建立后，船舶制造技术也越来越高。汉代木船有几个显著的特点。

（一）行船设施基本完备

桨：原始社会已有木桨，到此时完全定型。解放后在广州、江陵、长沙出土的木船模型，有5桨的（图三、四）、10桨的，还有16桨的。桨又叫楫、札、櫂。“在旁拨水曰櫂，櫂，濯也，濯于水中也，且言使舟擢进也。又谓之札，形似札也。又谓之楫，楫捷也，拨水使舟捷疾也。”[20]桨越多，船体越大，航行速度也越快。

橹：外形似桨而比桨大。《正字通》曰：“长大曰橹，短小曰桨。纵曰橹，横曰桨。”橹多支在船尾的支架上，摇动时，橹在水中左右摆动，两侧水的压力出现差异，因而产生推力。还可以用橹来控制方向，作用似舵。江陵、长沙、广州出土的汉船模型，以及云南晋宁、广西出土的汉代铜鼓上的船纹饰，船尾都有一划水器，形状和大小皆与桨同，但按其放置的位置来看则应是橹。从这些出土资料不难看出从桨到橹的演变。有时，船的前后皆置橹，如在湖南常德发现的侧身人像纽铜錞于底部的船纹就是如此。这种情况往往在流急滩多的河道中出现，为保证安全，在船头增加一橹协助调整方向。

舵：是控制行船方向的工具。古代划船用楫（桨），桨既是船的动力，也能掌握航向。甲骨文中有一“般”字，读音为盘，写作般，是手持桨划船的形象。《说文》解曰：“般，辟也，象舟之旋。从舟从殳，殳令舟旋者也。”证明当时确已用桨来调整船向。后来随着造船术的进步，行船工具的分工日益明确，于是从桨演变出了专司方向的舵。1954 年广州市十九路军坟场东汉墓出土一只陶船模型，尾部有舵，其叶片宽大，而形制与桨相似。但上述西汉 16 桨木船模型等，船尾尚没有舵，只是以桨代舵。可能舵是在西汉末东汉初时出现的，由桨演变而来。广州东汉陶船的桨形舵表现了它的演化过程。舵的名称也是在东汉时正式提出的，最早见于刘熙的《释名》，写作柂。“其尾曰柂，柂，拕也，在后见拕曳也，且弼正船使顺流不使他戾也。”[21]

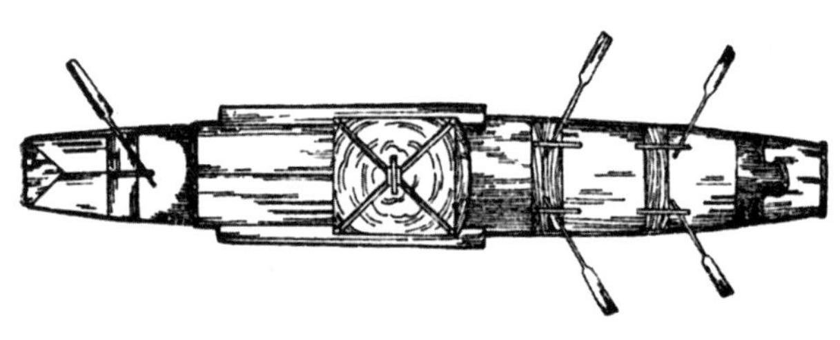

图三　西汉广州五桨木船

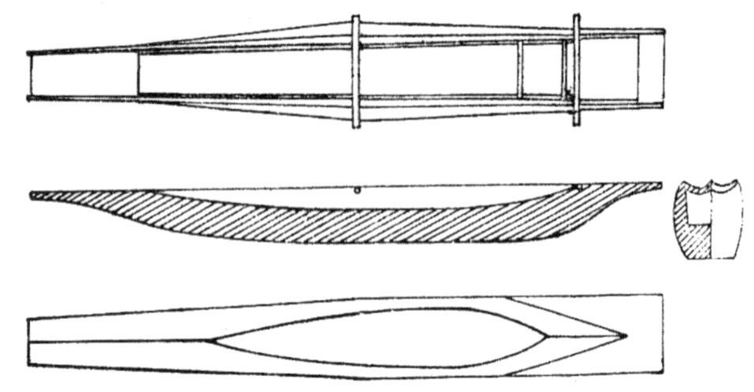

图四　西汉江陵五桨木船

帆：秦汉时使用更为普遍。“随风张缦曰帆。帆，汎也，使舟疾汎汎然也。”[22]

桅：汉代正式有此名称，“前立柱曰桅”[23]。既曰“前立柱”，那么也许还有后面的副柱。一柱挂一帆，汉代可能已有数桅数帆的大船。

矴：又写作碇，石质，沉于水底或掷于岸上用以固定船位。广州出土的东汉陶船，船尾系有一物，正视呈“十”字形，侧视则为“Y”形，已有后世多齿锚的特点，故称之为石锚。这是目前见到的最早的锚。

除上述各项外，汉代还使用了撑船的篙、作启动用的筰、防止两船碰撞的交。总之，行船设施已基本具备。

（二）船舶的专业化

汉代木船已有客船、货船、战船等几大类，每一类又因用途、规格的差异分为若干种。以战船为例，据《释名》所记，运送士兵登陆攻击滩头阵地的船叫“先登”，船体狭长用于冲突敌方船队的船叫“艨冲”，用以观察敌情的船叫“斥侯”，轻型快速者叫“赤马舟”，防御设备较好的主力船叫“舰”，船体短行驶稳妥者叫“艒”，此外还有小型战船叫“艇”[24]。这些战船，有的要求轻便快捷，有的要求安全平稳，有的当尖兵，有的是决战主力，解决办法是采用不同的船体结构，轻捷者狭而长，平稳者阔而短，当时人们已经掌握了一定的流体力学的知识。

（三）楼船

广州出土的东汉木船模型的舱房是双层的，即简单的楼船。其实，楼船在东汉以前就有了。《越绝书》记载：战国时期，越国由会稽迁都至琅玡“使楼舡卒二千八百人，松柏以为桴”。秦始皇“使尉屠雎将楼船之士以攻越”[25]。汉武帝为征伐南粤，在长安挖昆明池训练水军，“治楼船高十余丈，旌旗加其上，甚壮”[26]，《释名》中关于楼船的叙述：“其上屋曰庐，象庐舍也。其上重屋曰飞庐，在上故曰飞也。在在其上曰爵室，于中侯望之如鸟爵之警视也。”[27]楼船不仅外观巍峨，而且上列矛戈、树旗帜，攻防得力[28]，如一座可以移动的水上堡垒。东汉光武帝建武九年（33 年），汉将岑彭曾利用楼船打败盘踞在四川的公孙述[29]。后世不断制造楼船，有的作为战船，有的专供游幸乘坐。

（四）双体船

古代把这种船叫作“方”或“舫”，郭璞说：“方，併两舟也。”1976 年广西贵县罗泊湾西汉墓出土一件铜鼓，上有六组船纹。每只船上有五位带羽冠者划桨，一人在后操橹。船体是双身的，中间用横木联结。

在汉代，木船还被用在农田水利上。1957 年四川成都、1961 年广东佛山的汉墓中都出土过水田模型（图五），田畔沟渠中放有陶制小船，说明在一些水网地区，木船已成为农业工具之一。

木船的形象还出现在汉代壁画、画像石、画像砖上。山东嘉祥武梁祠石刻有水陆攻战图和泗水捞鼎图。四川新都县发现的莲池画像砖，在水波磷磷的湖面上荡漾着一叶小舟。内蒙和林格尔汉墓出土的“居庸关”、“渭水桥”两幅壁画上，河船交驶。湖南长沙马王堆汉墓帛画上，也画有一只船舶。至于云南、广西等地，则集中表现在铜鼓的纹饰上。铜鼓是古代少数民族一种战斗、生产、祭祀用具，上面的花纹从各个角度反映了他们的生活。不少铜鼓上有羽人划船纹，形象非常生动。

图五　东汉水田和船（模型）

随着造船术的进步，这一时期造出了更大的海船。西汉初年，中国海船远涉重洋到达印度半岛[30]。孙权黄龙二年（230 年），吴国卫温率军一万渡海东达台湾[31]。嘉乐二年（233 年）吴国大夫张弥等统带万人渡海北上至辽东[32]。孙权还派遣朱应、康泰自海上访问东南亚诸国[33]。上述活动所需要的海船不仅数多而且规模大，其中最小的，不计乘客，光载马就达八十匹[34]。当时的大海船，“张七帆”[35]，有的“长二十余丈，高去水三、二丈……载六七百人，物出万斛”[36]。

特别值得一提的是朱应在其著作中还记叙了用帆的技术。他说：“随舟大小或作四帆，前后沓载之。……其四帆不正前向，皆使邪移相聚以取风，吹风后者激而相射以并得风力，若急则随宜增减之。邪张相取风气而无高危之虑，故行不避迅风激浪，所以能疾。”[37]这是我国最早记叙使用风帆的资料。

五

279 年，晋军六路攻吴。最大的战船，“方百二十步，受二千余人。以木为城，起楼橹，开四门，上皆得驰马来往”[38]。史书上称晋军“舟楫之盛，自古未有”！

西晋亡后，江北地区继续造出颇具规模的船只。如后赵石虎迁都到邺城时，运洛阳的铜钟、翁仲、九龙、铜驼等物过黄河，“造万斛舟以渡之”[39]。当时度量衡制较小，万斛约为二千石左右。后赵的造船力量是比较强的，造船工匠总数不下于 17 万人，因而能制造出相当数量的船只。后赵伐辽西段辽之役，出动了“舟师十万”。讨伐慕容皝之役，规模更大，兵士“满五十万，具船万艘，自河通海，运谷豆千一百万斛于安东城，以备征军之调”，这一时期，出动一万条船的事例绝非仅有。如 378 年前秦与东晋的淝水之战中，秦军总数百万，水陆齐进，“运漕万艘，自河入石门达于汝、颍”。

江南还造成了另外的船。宋人摹顾恺之的《洛神赋图》上有东晋时画舫的形象。“舫，併两舡也，”[40]即双体船。《洛神赋图》中的舫有并列的船身，船上重楼高阁，纹饰华美。双身船，行速慢，但是平稳，所以多作游船（图六），曾有“缯綵舟”之名[41]。间有内河、近海双体船。舫的出现虽早于晋代，但画舫形象材料首推《洛神赋图》。

图六　晋双体画舫《洛神赋》

随着船体的加大、加高，木船船体结构由若干木板拼装而成，木板交错重叠，集小材为大用，又加固了船体。这种结构始于何时，目前尚不清楚。

但《风土记》云：东晋时，永宁县“会五板以为大船，以五会为名”[42]。此处的五板，非指船底、两头、两舷五块整板而言，因为仅用五块板是拼装不成大型船只的。古汉语中，三、六、九有多数之义，五亦如此。五又有纵横交错之义。所以，五会船乃是数重木板交错重叠构成。这种结构可能在晋以前就出现了，否则难以解释前代大船的制造。可以认为最晚在东晋时我国已掌握了重板造船的技术。

刘宋时，祖冲之制造千里船“于新亭江试之，日行百余里”[43]。由于记载过于简略，加之未留下图像资料，我们现在难以明了千里船的动力结构。但从当时机械学已经比较发达的情况考虑，这种船可能是在船体水下部位安装叶轮，人力踏动激水前进，其行速大大超过臂力划桨的木船，以千里马誉之，故曰千里船。如果这种估计符合实际的话，则祖冲之的创造开后世轮船的先河。

这一时期的海船制造和航海技术也有很大的提高。据法显著《佛国记》云，法显乘坐的中国海船，可容200人，还设有小型的辅助用船。书中还谈到石碇和天文导航的问题：“大海弥漫无边，不识东西，唯望日月星宿而进。若阴雨时，为逐风去亦无准……海深无底，又无下石住处，至天晴已，乃知东西。”天文导航首先是在海上航行中总结和发展起来的，《佛国记》证明：中国船工们在那时已经通晓这一技能。

六

隋朝在灭陈的战役中曾出动过强大的水军。隋军一路自扬州渡江；另一路自四川出发，沿江而下。上游水军乘坐的“五牙”战舰，高百余尺，起五层楼，载战士800人，船上前后左右还置有六处拍竿，各长五丈，用以击沉敌船。稍小的“黄龙”船，亦可载战士500人[44]。

隋炀帝南巡江都的龙舟，高四十五尺，长二百尺，阔五十尺，四重，有正殿、内殿、朝堂、迴廊，还有160间舱房。皇后乘坐的翔螭舟，比龙舟小，也极尽豪华。随行人员分乘不同的船只，多达数千艘，排列长达200里[45]。显示出隋代造船业的雄厚力量。

当时全国许多地方都能造船，开皇十八年（598年），隋文帝诏：“吴越之人，往承弊俗，所在之处，私造大船，因相聚结，致有侵害。其江南诸州，人间有船长三丈以上，悉括入官。”[46]山东沿海也是造船基地之一，隋炀帝为伐高丽。在东莱郡造大海船300艘[47]。现在已见不到当时造的海船，但有幸在这一地区发现了另外的船只。1975年在山东平度县胶莱河下游出土一只隋代木船，残长20.24米，最大宽2.82米，是双体船（图七）。两条船身各是一条独木舟，船外缘有翼板，并排的船体中间用横向木板联结，再以铁钉固定。船头有竖孔和U形槽，当是船上建筑物的遗迹。胶莱河北流入渤海，古船出口地点距河口不远，现在海水大潮时仍能逆流上涨到古船沉没处。古船底部淤泥中有红螺、背瘤丽蚌、紫石房蚌、四角蛤蜊等海生动物遗壳，说明此地当时乃是海滩。这是一条近海行驶的船。

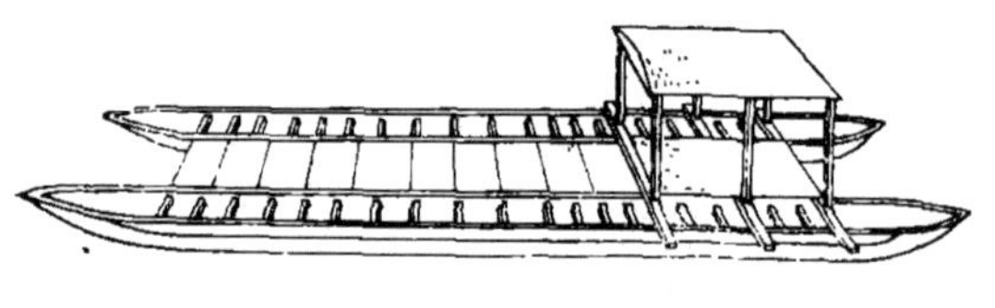

图七　隋平度双体木船

唐在统一战争中，多次使用水兵，如征伐肖铣之役，李孝恭统带的水军就拥有大小战船2000余艘[48]。

唐代内河交通很发达，“凡东西郡邑无不通水，故天下货利，舟楫居多”[49]。《旧唐书·崔融传》也说：“天下诸津，舟航所聚，旁通巴、汉，前指闽、越，七泽十薮，三江五湖，控引河、洛，兼包淮、海。弘舸巨舰，千轴万艘，交贸往还，昧旦永日。”唐代水路，东西干流是长江。运河是沟通长安至江南的主要水道，东南漕米由大运河，经洛阳转运到长安，最高年运量为二百万石。但是，唐代内河船还没有超过万石的，所以“江湖语曰：水不载万。言大船不过八九千石”。8世纪后期，俞大娘的航船最大，“居者养生送死悉在其间，开巷为圃，操驾之工数百”[50]。此船之大，“不啻载万”——差不多可载一万石，毕竟还不是万石船。唐朝末年，地方割据势力日益强大，荆南节度使成汭水军中最大的船叫“和州载”，“舰上列厅宇及洎司局，有若衙府之制”，费时三年方才造成[51]。此船体形巨大，可能已超过万石。

唐代海上航线有近海和远洋两种。唐诗中多处见到反映近海运输的句子，如杜甫“云帆转辽海，粳稻来东吴”，“吴门转粟帛，江海陵蓬莱”。唐末，李宽父子自江浙运米经海路至泉州，平粜赈灾[52]。五代时，中原王朝使臣赴吴越、闽，有时就是从山东登、莱二州出海南下[53]。唐代远洋贸易的主要港口有广州、泉州、扬州、明州、登州等处。北方航线可通日本、朝鲜；南方航线可至东南亚和阿拉伯地区。唐初，裴立德在洪州造“浮海大航”[54]。天宝二载（743年），鉴真和尚东渡日本，船上除船工外，还有18名僧人和85名工匠，以及大量经卷、香料等物资[55]。唐代的广州也是造船中心之一。岭南节度使杜佑督造的船舶分为楼船、蒙冲、斗舰、走舸、游艇、海鸥等六类。该地区也制造远洋航船。唐人李珣说：“波斯家以广南山谷所产之柯树为舡舫。”所说波斯家乃当时对来到中国的波斯商人之称呼。他们利用中国产的优质木料和中国工匠的高超技术制造海船，足以说明中国船的先进性。现在我们未见到唐代大型海船的实物。1973年在浙江省宁波市唐代渔浦门附近发掘出一艘木船，同时出土700余件瓷、漆、木器，有的瓷器上有“大中二年”（唐宣宗年号，848年）款识。渔浦门北面紧临余姚江，东南是甬江、余姚、奉化三江的汇合处，自古以来就是重要海港码头。所以该船是一条唐代晚期的对外贸易船。但从出土木船遗体来看，此船不大，甚至可能小于鉴真乘坐过的海船。据僧人玄应说，唐代有种叫“苍舶”的大海船，长二十丈，可载六七百人[56]。中国海船坚固完善，有较强的抗御风浪的能力，所以到中国来的阿拉伯商人多愿意乘坐中国船。

唐代的船舶制造还有几方面值得提出。

（一）车船。唐德宗时，洪州刺史李皋“运巧思为战舰，挟二轮踏之，翔风鼓浪，疾若挂帆席”[57]。古代称一轮为一车，所以叫车船。李皋虽不是车船的发明者，他用以制造战船，也是创举。另外，这段材料明确记载了车船的动力装置，对研究造船史有很大意义。

（二）沙船。沙船是以古代平底船为基础发展起来的一种船型，平底、方头、方艄、船身较宽、吃水浅，具有航行安全和通过浅水的优点。沙船最先出现在长江下游，“以出崇明沙而得名”[58]。崇明沙是在唐朝初年形成并命名的[59]，所以沙船的产生应在唐中叶以后。沙船性能优异，不仅大量用于内河或近海，还用于远洋航行。后唐庄宗同光二年（924年），沉没在爪哇岛三宝垅附近的一艘中国海船就是沙船[60]。宋元明清各代，沙船都是我国主要船型之一。

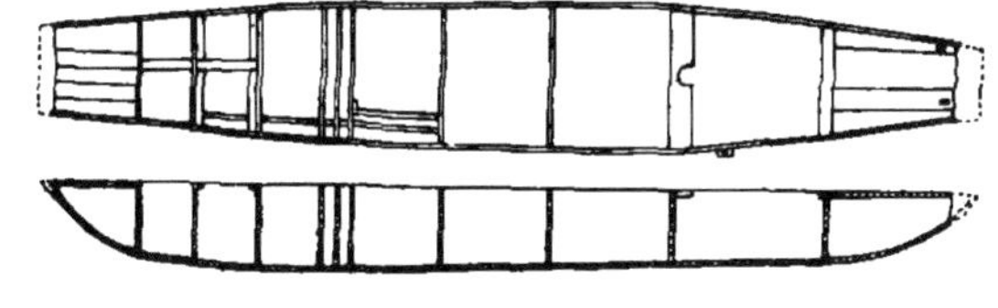

图八　唐如皋内河木船

（三）水密舱。将船舱用木板隔成数间，予以密封，叫水密舱。外国学者说始于宋代，其实在唐代就已经出现。1973年在江苏如皋县出土一只唐早期的木船（图八）。全船分为九舱，舱房间设有隔舱板；船舱和船底用铁钉按人字形钉牢，缝间用石灰桐油填塞，严密坚固。1960年在江苏扬州施桥镇出土了两只唐晚期的木船。其中的大船分为五个大舱和若干小舱（图九），隔舱板与船舷榫接，隙缝处都用油灰填塞。这种水密舱的船体结构有两个明显的优点：如果一舱受损，其他舱房也不致漏水，既保证了航行和货物安全，又便于抢修坏舱；同时，隔舱板横向支撑船体，增强了抗御侧向压力的能力。

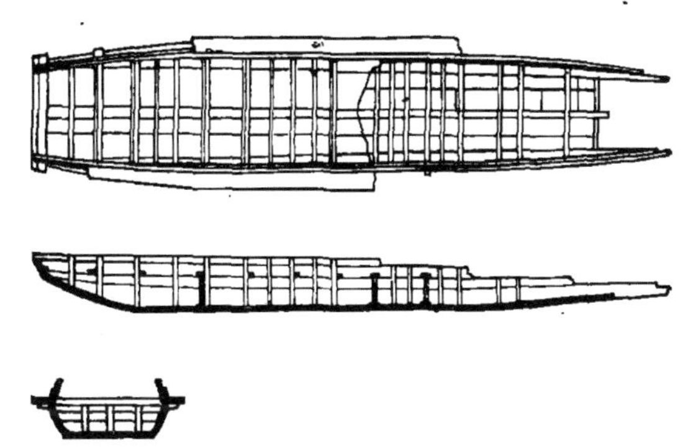

图九　唐扬州内河木船

（四）船底涂漆。唐德宗贞元（785年—804年）时，杜亚任扬州长史兼淮南节度观察使。春季赛船，杜亚“令以漆涂船底，贵其速进”[61]。船底涂漆，不仅能减少水的阻力，更重要的是防腐。后世一直沿用着船身涂油的办法。

（五）关于金属锚。中国何时出现了金属锚？早期的金属锚是什么样子？五代人卫贤的《闸口盘车图》为我们提供了形象资料。此图的主画面是一座水磨房，毗邻的河道上有往来运送粮食的木船。船头放着一具铁锚，四齿，并列在柄的一侧。内河船靠岸停泊时，或将缆绳系在岸边固定物体如木桩、树木、大石等物上，或将系有石块的绳索抛上河岸，以固定船位。此锚代替了石块，锚齿抓住地面，定位方法又前进了一步。但也应该看到，此锚的形状类似农业工具铁搭，与后世习见的三齿锚、四齿锚完全不同；另外，为了保证锚齿抓住地面，还必须加以外力，不适于水下定位，可能主要用于较小的内河船只。尽管它不够完善，它终究是一种早期出现的铁制船舶定位工具，在发展过程中，锚齿由一侧排列改为按圆周均匀排列，就成了以后的四齿锚、三齿锚。

七

宋元时期，海外贸易达到我国历史上的顶峰，被称为“陶瓷之路”的海上交通线代替了陆上的“丝绸之路”，成为中西方文化和经济交流的主要通道。宋元造船业突飞猛进，不少地方都有造船场。宋太宗至道（995年—997年）时，各州一年共造船3237艘[62]。南宋初年，虽然战事频繁，江淮四路仍造船2700余只[63]。元朝拥有的船数也很惊人，元世祖至元七年（1270年），一次就造战船5000艘[64]。元代初年在黄河行驶的木船总数超过15000只[65]。政府所掌握的海船也有15000艘[66]。

这一时期的内河航运非常发达。王安石诗：“千艘来交荆，万舸去扬豫”，概括地描绘了宋代内河船只来往如梭的盛况。往来于长江的航船，在宋末元初时，每年多达二三十万艘[67]。运河继续发挥着沟通南北的重大作用。北宋中叶，经运河运到开封的粮食最多时达到八百万石[68]。宋元内河船是什么样子呢？1978年上海嘉定县吴淞江沿岸出土一条宋代木船。该船残长6.23米，约为全长的三分之二。船头呈方形，独桅（只保留金刚座及桅孔），残存七舱，隔舱板已朽但留有痕迹。船板木料或用榫口或用铁钉衔接，船舷两侧设护舷木。该船的横截面呈U形，两旁为船舷，底部先从两边下削而后转为平底。平底外部隔有一定宽度有两根平行的截面为半圆的长木帮衬，以加强船底的纵向强度。这种结构颇象后来船上的龙骨，暂称之为双龙骨。船底从平到多角到尖，龙骨从无到二到一，有一个摸索改进的发展过程。这种双龙骨船提供了形象的变化过程。1978年在天津静海县元蒙口村附近古运河河道发现北宋末年的木船。船体近似长方形，长14.62米，方头，平底，十三舱。上部舷板为二重板，用密集排钉钉牢，油灰填眼。船尾有一平衡舵，保存完好。这种舵能够缩小平面摆动力距，动作灵活，效果较好。关于平衡舵，我们在《雪霁行江图》、《江天楼阁图》、《清明上河图》等画中可以看到（图一〇）。其中最早的是《雪霁行江图》，作者郭忠恕，一生跨后周、宋两个朝代，所画的平衡舵可能在五代时就已出现，最迟也不会晚于北宋初年。天津市元蒙口宋船虽然时代稍晚，但它是第一件实物资料，意义重大。元代木船近年来也有发现。1975年河北磁县漳河故道附近出土了六只元船，有的船的尾部还烫有“漳河分省粮船”等字。六条船都已残破，但仍可看出方头平底，分为数舱。其中最大的五号船，残长16.6米，十一舱，也是平衡舵（图一一）。

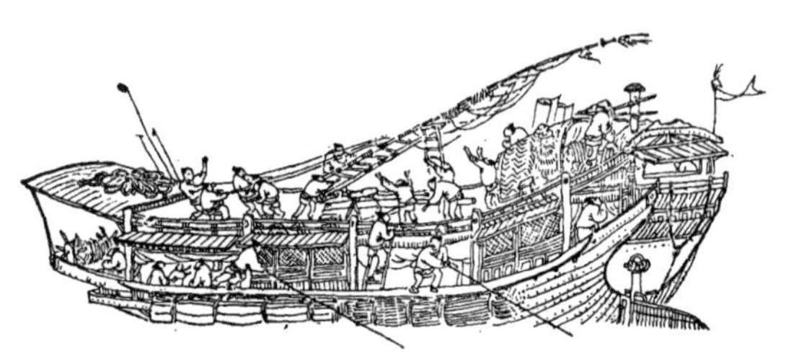

图一〇　宋江船《江天楼阁图》

图一一　元磁县漕船

上述诸船都比较小，较大的船在《清明上河图》中可以看到。画中以写实手法绘出在汴河中行驶的数十艘客船、货船和漕船。船舷用木板交错钉成，有平衡舵，船上建筑齐全，桅座为人字形，根据需要可以放倒或竖起，船上有桨有橹，橹甚大，需要六七人操作。

宋代已造出载重万石以上的大船，北宋张舜民在岳州亲眼见过。他说：“丙戌观万石船。船形制圆短，如三间大屋。户出其背，中甚华饰，登降以阶梯。非甚大风不行，钱载二十万贯，米载一万二千石。”[69]

元朝初年的大江船，载重一万二千康塔儿，合一万六千石[70]。古今中外，船舶的长与宽之比总是战船大于客船、货船，也就是说战船比客、货船狭长。而同一类船的长宽比，又总是现代船大于古代船。原因何在？造船时同时要考虑到速度和安全两个因素。古代以木造船，抗压力不很强，在速度与安全难以得兼时，只能权择其一。战船以快为上，所以其形狭长，客、货船以稳为主，所以相对粗短。随着造船技术的进步和造船材料的改善，特别是金属代替了木材，加大了安全系数，速度与安全的矛盾有所缓和，客、货船的长宽比有条件适当地扩大，所以同类船的长宽比现代船大于古代船。岳州万石船“形制圆短，如三间大屋”，长宽比是较小的；天津元蒙口木船的长宽比为3.75，就稍大一些；宋孝宗乾道五年（1169年）明州造的四十二桨海战船，长八丈三尺，阔二丈[71]，长宽比是4.15，就更大了。曾有同志认为，古船都是粗短的，也有人认为古船都是狭长的，皆与事实不符。

宋元海船也是相当大的。宋徽宗宣和五年（1123年），宋朝出使高丽的船队包括有两艘“神舟”和六只“客舟”。每只客舟“其长十余丈，深三丈，阔二丈五尺，可载二千斛粟”。即载重二千石。“神舟”的具体尺寸不见记载，但“其长阔、高大、什物、器用、人数，皆三倍于客舟”[72]。三倍的长和宽是可能的，三倍的高大就值得分析，不一定是三倍的舱深。姑且只以三倍的长、阔计算，“神舟”载重量约为“客舟”载重量的九倍——一万八千石。宋元时最大的海船可承载数万斛。万石船的舵杆一般“长不过三丈”，如用于数万斛的大船则力不胜任，“卒遇大风于深海，未有不中折者”。因而这种特大海船的舵杆，要选用钦州产的紫荆木、乌婪木，“缜理坚密，长几五丈。虽有恶风怒涛，截然不动”[73]。

除远洋航运外，元代的近海航运也取得突出的成就。元代的粮食和赋税收入在很大程度上依靠东南地区，所以很重视运河运输和近海运输。仅属于大都城的运粮船就有900余只，8000余船户[74]。属济州管辖的有3000艘，船工12000人[75]。在海运方面，经过三次调整，形成了自长江口至海河口的沿海航线，运至大都之粮，开始时一年是四万二千余石，元文宗天历二年（1232年）时增至三百三十四万余石[76]。

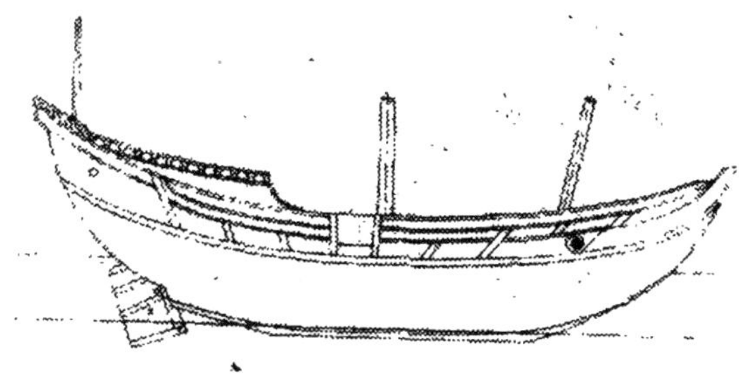

图一二　南宋泉州海船

能制造如此巨大而又众多的河船、海船，确实反映了宋元时高超的造船技术和雄厚的实力。但仅仅是船大、数多是不够的，还要有合理的结构、适宜的设备，便于使用。在这方面，宋元船舶也是很突出的。

（一）水密舱出现于唐而推广于宋元。除上述上海、天津宋船和磁县元船外，1974年福建泉州出土的南宋海船又一次提供了实例（图一二）。该船残长24.20、残宽9.15米，分为十三舱，隔舱板基本完好，用铁钉将它们与船舷钩连。事实证明，当时的河船和海船都已采用水密舱结构。

（二）制成了尖底船。据《宣和奉使高丽图经》记载，宋代的海船，“上平如衡，下侧如刃，贵其可以破浪而行”[77]。船的横截面呈V形，船底有贯通首尾的龙骨，吃水深，抗御风浪的能力强，但不适于较浅的水域。宋高宗绍兴二十八年（1158年），在“明州上下浅海去处”造平底海战船——魛鱼船十只，而在“福建、广南海道深阔”处“造尖底海船六只”[78]。宋宁宗嘉泰三年（1203年）造的四百料铁壁铧咀船，全长九丈二尺，十一舱，两旁装有叶轮，船底有“通心脊骨一条”，是一种尖底车船[79]。1979年在浙江省宁波市东门口古代码头遗址处发掘出一艘尖头、尖底、方尾的海船（图一三）；从同地层出土的瓷器分析，该船是南宋中晚期的遗物。古船残长9.3、残高1.14米，最大宽约4.4米。

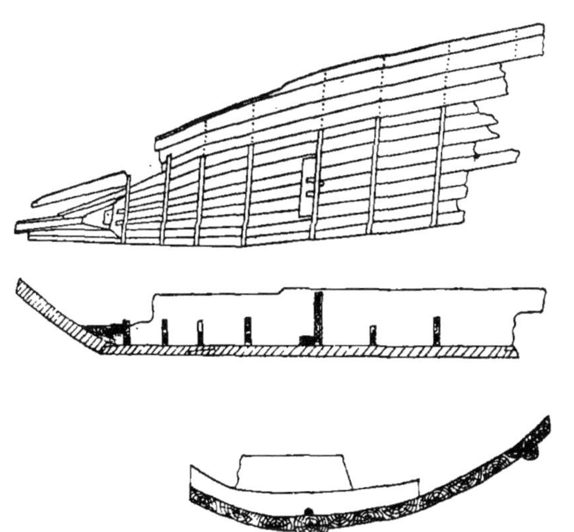

图一三　宋宁波海船

上部结构已腐朽毁坏，但底部、船体壳板与抱梁肋骨、龙骨等都结合在一起，保存较好，船舱内的隔舱板的安装和舱板上圆形木塞镶补的痕迹也很清楚。主龙骨的后半部已残断，余长 7.34、宽 0.26、厚 0.18 米，估计全长在 10 米以上。这条船是我国发现的最早的单龙骨尖底船实物。又如前面提到的泉州湾南宋末年古船，上部扁阔，两舷下削，底部有龙骨，也是一只尖底船。

（三）防摇设施。宁波南宋海船两边船舷的第七和第八板接缝处，各有一根截面为半圆的纵向长木，紧贴在船壳板上，并用铁钉钉合。这一部位正当船只的舭部，据武汉水运学院造船系席龙飞、何卫国老师考证，这两根长木即舭龙骨，其作用是减缓船舶右左摇摆以加强航行稳定。外国船舶装置舭龙骨，大约是在 19 世纪的头 25 年，依此推算，中国在船上采用防摇设施，较外国至少提前 6 个世纪。

（四）宋元海船一般有二至四根桅杆，据《伊本·巴图塔游记》云，有的大船曾多达 12 桅。桅多则帆多，在一根桅杆上，除正帆外还有小帆，谓之“野狐飙”[80]。帆多就加大了迎风面，又可根据风向调整帆的角度，利用多面风。

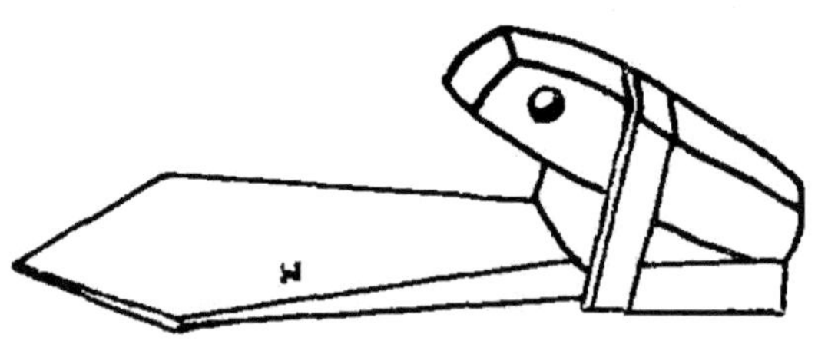

图一四　元单齿铁锚

（五）每船有主锚和副锚，以加强船只停泊时的稳定性。北宋出使高丽的海船还未使用铁锚，而是在“石两旁夹以二木钩”[81]，尚属石锚。1975 年在上海南汇东海农场里护塘外出土铁锚一件，呈钩状，但柄与齿是由两个部件加箍连结而成的。从出土地点分析，此锚可能是南宋之物。至迟不下于元（图一四）。1956 年山东梁山县出土明洪武五年款的铁锚。形制与后来常见的四爪铁锚完全相同。此锚铸造成熟，非初期产品，估计在以前已经使用这种铁锚了。

（六）舵是控制航向的工具。如前所述，宋代已使用平衡舵。泉州古船尾部有纹关木残段，用以升降船舵，证明当时有了升降舵。有的大船，既有主舵，又有副舵，甚至在需要时“从上插下二棹”协助尾舵控制方向，叫“三副舵”[82]。

（七）船上设有探水铅锤，时时测量水深，以防搁浅[83]。

（八）中等以上的船都是用一定厚度的木板交错重叠组装成的，用铁钉钉牢，油灰填缝。泉州海船，船底为二重结构，船舷为三重结构。为了保证船只的牢固，元代海船“例以三载一新”[84]。马可波罗则说：“每年修理一次，加厚板一层。”[85]宋元造船技术基本相似，宋代也应如此。

（九）宋元海船可载六七百人甚至千人以上，载货也很多，而且在海上长期航行，所以要有相应的设施以住人和贮货。北宋末年的“客舟”，“上有房屋，高及丈余，四壁施窗户，如房屋之制。上施栏楯，采绘华焕，而且帘幕增饰”[86]。元初的中等海船，“甲板上有船房，房数在六十以上，每房有一船客，居甚安适[87]。伊本·巴图塔在他的游记中亦云：“船分四层，内分舱房及公用厅房，以供船上商人之需。且舱房之中，尚附带有小间，各人自有其门户锁钥，储藏什物。妻妾子女亦同居一所，而船员之携带眷属者亦然。”1973 年在山西繁峙县岩上寺发现的壁画中有一幅《海船遇难图》，虽只残存一半，但仍可看出船上有整齐排列的木构建筑，廊柱、雕花隔扇、阶梯齐全（图一五）。壁画有“大定七年”款识，是金代作品。但画风是北宋院体，画面上的宫庭建筑、仪仗卤簿、衣冠服饰也是北宋形制，所以壁画反映的内容、形象应是北宋情况。宋画《雪霁行江图》、《江天楼阁图》中的江船，上部之建筑也层次清晰，历历入目。将这些形象资料与史籍对照，可以大致了解宋元船上建筑的面貌。

（一〇）使用船坞修船。据《梦溪笔谈》记载：“龙船，长二十余丈……岁久腹败，欲修治，而水中不可施工。熙宁中，（1068 年—1077 年）中，宦官黄怀信献计，于金明池北凿大澳，可容龙船，其下置柱，以大木梁其上。乃决水入澳，引船当梁上，即车出澳中水，船乃笐于空中。完补讫，复以水浮船。”这是世界上关于船坞的最早记载。

（一一）宋元时造船已采用了滑道下水法。《金史》云：完颜亮正隆（1156 年—1161 年）时，张中彦主持造船并在黄河上驾浮桥，“巨舰毕功，将发旁郡民曳之就水。中彦召役夫数十人，治地势顺下倾泻于河，取新秫秸密布于地，复以大木限其旁，凌晨督众乘滑曳之，殊不劳力而致诸水”[88]。

以上所述，只是概括地介绍宋元造船技术的发展。

宋元时的船舶有内河、海船两大类，每一类又可分为若干种。这里特别介绍一下车船。车船始出现于南朝，成于唐。宋代车船首先是李纲在长沙制成的，他自称：“长沙有长江重湖之险，而无战舰水军。余得唐嗣曹王皋遗制，创造战舰数十艘，上下三层，挟以车轮，鼓蹈而前”[89]。此后在宋高宗建炎四年（1130 年），鼎州知州程昌禹造成长二十至三十丈的车船六艘，用以攻击杨幺起义军[90]。杨幺也造车船以拒敌，最大者长三十六丈，载兵千人[91]。由于车船速度快，机动灵活，所以它得到较快的发展。宋高宗绍兴五年（1135 年），两浙转运副使以“备控扼，缓急遇敌追袭掩击须用轻捷舟船”为由，请求打造五车、九车、十三车战船 42 艘[92]。宋孝宗乾道四年（1168 年），建康府水军造一车十二桨四百料战船[93]。淳熙八年（1181 年），荆湖帅臣造成五车、六车、七车、八车战船[94]。次年，建康府又造车船 90 只[95]，有的车船还有特别的名称，一种飞虎船，“旁设四轮八楫，四人旋干，日行千里”[96]。又有铁壁铧咀船，也是车船。一些显官贵族又把车船造成游艇，南宋末年宰相贾似道在杭州西湖的游艇，“船栅上无人撑驾，但用车轮脚踏而行，其速如飞”[97]。元兵南下灭宋时，伯颜也使用了车船，“设划车，中流数千艘，乘风直进，势不可敌”[98]。

图一五　金海船（山西繁峙岩上寺壁画）

在江河，特别是在大海中航行，急流险滩，恶风巨浪，时时威胁着船只的安全。哪里是安全航道？目的地在何方？必然遇到导航问题。早期是天文导航，宋元时发展为仪器导航。1099 年—1102 年间，进出于中国广州的海船上已使用了指南针[99]，这是全天候的导航工具，可以弥补天文导航之不足。另外，这一时期还出现了航标。民间自行设置的航标要早一些，如宋高宗绍兴（1131 年—1161 年）时修筑的福建泉州海口的关锁塔，官方正式设置航标始于元武宗至大四年（1311 年）。当时，运粮海船自刘家港北上，近海浅滩屡屡搁浅船只，损粮伤人。所以该年由苏显经办将两只木船“抛泊西暗沙咀二处，竖立旗缨，指领粮船出浅”。运粮船“务要于暗沙东，苏显鱼船偏南正西行驶，于所立号船西边经过，往北转东落水行使，至黄连沙咀抛泊，候风开洋”[100]。这是海上浮标，以后又在山东半岛成山角附近构筑了永久性的岸标。元仁宗延祐四年（1317 年）“设立标望于龙山庙前，高筑土堆，四旁石砌。以布为蟠。每年四月十五日为始，有司差夫添力竖起。日间于上悬挂布蟠，夜间悬点火灯。庶几运粮海船，得以瞻望”[101]。

卓越的造船技术、先进的导航设施，加上船工们丰富的行船经验，正是这些条件，使宋元时期的造船和航运事业远远居于世界的前列。

最后，附带谈一下“料”的问题。

宋元史书谈到船的时候往往使用“料”一词。如“建炎中，平江造战船，略计其费，四百料八艣战船长八丈，为钱一千一百五十九贯”[102]。宋宁宗时，临安船场“造成八百料马船四只，五百料六只……五十料小船一百二只”[103]。又如“海商之舰，大小不等，大者五千料，可载五六百人，中等二千料至一千料，亦可载二三百人”[104]。显然，料是当时使用的衡量船只大小的单位。但是，宋元的船又以“石”为计量单位，料与石有什么关系？宋代运粮的漕船，“以五百料船为率，依例八分装发，留二分揽载私物。……八分正装计四百硕（石），二分加料计一百硕”[105]。载重的十分之八为四百石，十分之二为一百石，全载共五百石，与该船大小是五百料吻合。再以三百料船为例，也是二八分装，“每船一只，装米二百四十石外，有六十石力”[106]。全船共装载三百石，与三百料亦相合。由此证明，料与石相当，若干料船即载重若干石的船。古船载重往往以米为准，所以以石为单位。至于料，它原本是一般工程的计量单位，如，宋宁宗时，黄榦主持修安庆城，“城分十二料，先自筑一料，计其工费若干，然后委官吏、寓公、士人分料主之”[107]。每一料代表了一定的工程量及所需工时原料数额和人力数量。造船时也以料作为每打造容积为一石的船体所需工时、人力，材料的计量单位。料的多少与船的载重量成正比，久而久之，料与石通用，成为人所共知、可以代替石来衡量船只大小的习惯量词。

八

明代造船实力雄厚，史书中多次记载明代大规模造船。如，明太祖洪武五年（1372 年），“诏濒河九卫造海舟六百六十艘”[108]。明成祖永乐三年（1405 年），“五月丙戌，命浙江等都司造海舟千一百八十艘”[109]。又据《明会要》云，永乐十年（1412 年），为扩大漕粮的运输，一次所造漕船就多达 2000 余艘[110]。明代船舶的种类也很多，仅战船就有蜈蚣船、乌艚、十装标号、鞕风、苍山、海苍船、艟艄船、沙船、鹰船、网梭船、八卦六花船、车轮轲、破船轲、鸳鸯船、子母舟、一颗印巡船、三板船、哨船、轻浅便利船、巡座船、战座船等等；还有一种两头船，“旋转在舵，因风行驰，诸船无逾其速”[111]。1958 年在山东梁山县宋金河支流发现了一条明代木船，全长 21.8、腰宽 3.44 米，共十三舱，最大深为 1.40 米。随船出土有一只铁锚和刀剑，箭簇、甲片、铁锅等物。锚上有“洪武五年造”铭文，说明该船是明初的内河兵船。宋金河乃漕河之一段，这只船可能是运粮队的护航船。

最能代表明代造船成就的是海船——大福船，“容百人，底尖上阔，舵楼三重。可顺风行，不能逼岸泊”[112]。漳、泉海船，“大者，广可三丈五六尺，长十余丈，小者广二丈，长约七八丈。弓矢刀楯战具都备，猝遇贼至，人自为卫，依然长城，未易卒拔焉”[113]。明中叶出使琉球的海船，“长一十五丈，阔二丈六尺，深一丈三尺，分为二十三舱。前后竖以五掩大桅，桅长七丈二尺，围六尺五寸。……舵用四付，其一置，其三防不虞也。橹用三十六枝。……大铁锚四约重五千斤。……艀船二，不用则载以行，用则藉以登岸也。水四十柜。……架舟民梢用一百四十人有奇”[114]。

上述海船固然很大，但最大的还是郑和下西洋时乘坐的宝船。从明成祖永乐三年至明宣宗宣德五年（1405 年—1430 年），郑和历经三朝，七次下西洋，先后到达三十多国，对沟通中国和这些地方的经济文化交流，促进双方的相互了解起了积极的作用。郑和七次航行所率船队都很庞大，随员、兵士也很多，如第四次下西洋时，有 63 艘宝船[115]、28560 人[116]。宝船有大小七号，最大者长四十四丈，宽十八丈。

宝船是在南京宝船厂打造的。宝船厂始建于明初，“洪武初，即都城西北隅空地，开厂造船。其地东抵城濠，西抵秦淮卫军民塘地，西北抵仪凤门第一厢民住官廊房基地，阔一百三十八丈；南抵留守右卫军营基地，北抵南京兵部苜蓿地及彭城张田，深三百五十四丈”[117]。其遗址在今南京市汉中门和挹江门之间的江东公社一带，紧靠长江。此地在嘉靖时有一龙江船厂，曾制造长十五丈的海船。有同志以此为据，认为宝船厂无力制造长四十四丈的大海船，宝船的尺寸是被夸大了的，实际船体是在长十余丈、宽三丈的范围之内。这里的关键是搞清宝船厂与龙江厂的关系。明初的宝船厂规模很大，但后来“承平日久，船数递革，厂内空地，暂招军民佃种，只留南北水次各一区，以便工作。畎浍中界，而厂遂分为前后矣”[118]。宝船厂的一部分成为农田，剩下的部分分为前厂和后厂。到明嘉靖十五年（1536 年），改名为龙江船厂[119]。由此得知，龙江船厂虽承袭宝船厂，但其规模已经缩小、造船能力相应降低，不能以龙江厂的大小和造船能力来推断宝船厂也造不出偌大的海船。1953、1957、

1965年相继在江东公社宝船厂遗址出土了大舵杆、船用盘车等物。大舵杆质地为铁力木，长11.07米，截面略呈四方形；一端有穿孔，可装置舵柄；下有榫槽，可装舵叶，从榫槽测知，舵叶之高应超过六米（图一六）。这样的大船舵，绝非十余丈长的船所能使用的。盘车亦是铁力木，长3.23米，可起重一千斤以上的铁锚，只有在较大的船上才能使用。出土文物证明，宝船厂能够制造像宝船那样的大船。还有同志认为，按史书所记宝船尺寸，其长宽比值是2.44，似嫌过小，宽十八尺应是宽于八尺之误。然而我们知道，古代客船、货船的长宽比都是比较小的。如张舜民在岳州看到的万石船“形制圆短，如三间大屋”；朱彧在广州目睹的中国海船“方正如一木斛”；泉州湾出土的古船长宽比约为2.6。在中国古代，越是远洋船，其长宽比值就越小，这样的结构比较符合航行中的安全要求。所以，没有充足理由可以证明宝船之宽应为八尺而不是十八尺。

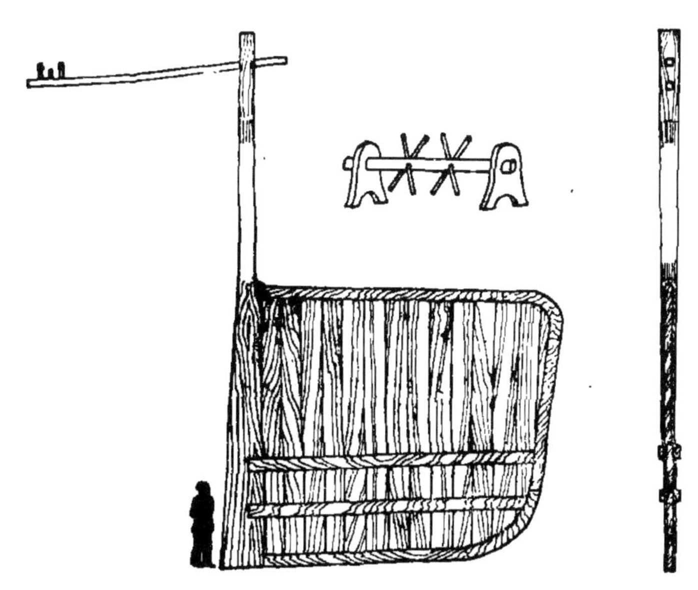
图一六　明宝船船舵复原示意图

此外，明代著名船厂还有两处，一在今江苏北部清江；一在今山东北清河。这些船厂的规模都很大，如清江厂，有4所总场，82处分场，3000余工匠，年造船在500只以上。明代造船有统一规格和用料标准。以载重一千石的海船为例，规定用料是“杉木三百二根，杂木一百四十九根，株木二十根，榆木舵杆二根，栗木二根，橹柸三十八枝，丁线三万五千七百四十二个，杂作一百六十一个，桐油三千一十二斤八两，石灰九千三十七斤八两，艌麻一千二百五十三斤三两二钱”[120]。

明代造船业发展的另一标志是关于船舶专著的问世。这类书有沈啓的《南船记》、李昭祥的《龙江船厂志》、朱家相增修的《清江漕船记》等。还有一些书，如茅元仪《武备志》、宋应星《天工开物》等，虽非专著，但有相当篇幅讲到船。这些书的内容以明代造船技术、造船方法、管理制度为主，也兼及古代造船的历史，是研究中国古代船舶发展史的宝贵资料。

明代出现了一些记载航路和针路的书。前者以天文导航为主，绘制了航行路程、方向、港湾地形等等，以《郑和航海图》为代表；《武备志》中收有该海图和过洋牵星图。此外还有《顺风相送》、《指南正法》等。后者记叙了沿途所用指南针的方位，以《武备志》和慎懋赏的《海国广志》最详，此外还有黄省曾的《西洋朝贡典录》、张燮的《东西洋考》等书。

但是，明、清两朝多次实行海禁，其间虽时有开放，对船只尺寸、桅数、桅高和航行目的地等仍多方限制。但中国造船业依然取得一些可喜的成果。麟见亭在《鸿雪因缘图记》中描述过19世纪前期中国的海船，并附有船图。他说：“海舶制度，头艄俱方，其头梁俗名利市头，船后舵名水关。凡四桅，前曰头称；次曰头樯，上悬顺风旗；中曰大樯，上立雀杆，冠以鲤鱼旌；次曰尾樯，上竖五色旗。……门旁方舱，以贮淡水，名水柜。有名同而实异者，车盘是也，在前用以抛锚，在中用以挂帆，在后用以收舵。……有木椗，以夹喇泥木为上，次用乌盐木，盖南洋泥性过柔，铁锚易走，故设此制。又有水垂，以铅为之，重十七八斤，系以水线，综绳为之。……所至辄縋水底，俾泥沙缘垂而上，验其色即知地区，量其线即知深浅。至行水驶风，辨方定位，则妙在针盘，下盘嵌于舱板，以针定字，上盘安于艄舱，以字定针，舵师穴其窍而窥焉。”[121]中国海船四桅、三盘车、铁木二锚、上下二针盘，设有水柜，不仅继承了前代的优良技术，而且又有所发展。当时中国的造船和航运事业仍具有一定的规模。

鸦片战争以后，西方殖民势力侵占我国领海，甚至深入我国内河，中国造船业受到沉重打击，逐渐衰败下去。

注释：

[1]《淮南子》卷一六。

[2]《周易注疏》卷四。

[3][39][40]《太平御览》卷七六八。

[4]《史记·周本纪四》。

[5]《诗经·大雅·文王之什·大明》。

[6]《越绝书》卷二。

[7]《左传·僖公十三年》。

[8][41][42]《太平御览》卷七七〇。

[9]《太平御览》卷三一五。

[10](晋)张景阳:《七命》李善注，见《文选》卷三五。

[11]《左传·哀公十年》。

[12]《国语·吴语》。

[13]《竹书纪年》卷上。

[14]《诗经·商颂·长发》。

[15]《越绝书》卷八。

[16]《华阳国志》卷三。

[17]《墨子·备水》卷一四。

[18]《孙膑兵法》。

[19][德]马克思:《摩尔根〈古代社会〉一书摘要》,第51页。

[20][21][22][23][24][27]《释名·释船》卷七。

[25]《史记·严朱列传》。

[26]《汉书·食货下》。

[28]《三辅黄图》。

[29]《后汉书·岑彭传》。

[30]《汉书·地理八下》。

[31][32]《三国志·吴书·吴主传二》。

[33]《梁书·海南诸国传》。

[34]《三国志·吴书·吴主传二》注引吴书。

[35][36][37]《太平御览》卷七七一。

[38]《晋书·王濬传》。

[43]《南史·祖冲之传》。

[44]《隋书·杨素传》。

[45](唐)杜宝:《大业杂记》。

[46]《隋书·高祖下》。

[47]《资治通鉴》卷一八一。

[48][54][96][98]《龙江船厂志》卷八。

[49][50]《唐语林》卷八。

[51](唐)孙光宪:《北梦琐言》卷五。

[52]《泉州府志》卷六四。

[53]《旧五代史》。

[55][日]真人元开:《唐大和上东征传》。

[56]《一切经音义》卷一。

[57]《旧唐书·李皋传》。

[58]乾隆《崇明县志》:唐中宗神龙时(705年—707年),于长江冲积而成的沙岛上设崇明镇，名称沿用至今。

[59]雍正《崇明县志·沿革》卷二。

[60]束世澂《郑和南征记》引坎派尔《印度尼西亚的过去和现在》。

[61]《旧唐书·杜亚传》。

[62]《宋史·食货上三》。

[63][71][78][79][90][92][93][94][95][103][106]《宋会要辑稿·食货》卷一四五。

[64]《元史·世祖四》。

[65]《马可·波罗行记·西州城》。

[66]《元史·世祖十二》。

[67]《马可波罗行记·新州城》。

[68]《宋史·孙长卿传》。

[69](宋)张舜名:《画墁集》卷八。

[70]《马可·波罗游记》这里讲真州城。

[72][77][80][81][82][83][86]《宣和奉使高丽图经》卷三四。

[73](宋)周去非:《岭外代答·舵》卷六。

[74]《古今图书集成》食货典一八二《漕运部·杂录三》。

[75]《元史·世祖十》。

[76]《元史·食货一》。

[84]《元史·黄溍传》。

[85][87]《马可·波罗行记》第157章。

[88]《金史·张中彦传》。

[89](宋)李纲:《梁谿文集》卷二九。

[91][102](宋)陆游:《老学庵笔记》卷一。

[97][104](宋)吴自牧:《梦粱录》卷一二。

[99](宋)朱彧:《萍洲可谈》卷二。

[100][101]《大元海运记》。

[105]《宋会要辑稿·食货》卷一四三。

[107]《宋史·黄榦传》。

[108][111][112]《明会要·兵五》。

[109]《明成祖实录》卷三五。

[110]《明会要·食货四》。

[113](明)张燮:《东西洋考》卷九。

[114]《使琉球录》。

[115]《郑和家谱》。

[116](明)马欢:《瀛涯胜览·占城国》。

[117][118][119]《龙江船厂志》卷四。

[120]《明会典·工部二十·船》。

[121](清)麟庆撰、(清)汪春泉绘《鸿雪因缘图记》第一集。

(原文刊于《中国历史博物馆馆刊》1983年第5期)

大型铁质文物现场保护的实验研究

潘 路　杨小林

引 言

位于山西省永济县西的蒲津渡遗址是古代著名的三大渡口之一。早在战国秦昭襄王时，已在此架设浮桥以通秦、晋。1989 年在永济县西发现的铁牛、铁人等文物是唐开元年间作为地锚用于固定铁索浮船桥的。其中每只铁牛重约 50 吨。气势恢宏的铁牛、铁人、铁山和七星柱等既表现了唐代冶金铸造的高超技艺，也为后人留下了极其珍贵的文物。

1991 年 3 月经国家文物局批准，由山西省考古所牵头组队对遗址进行了科学发掘。1992 年由山西省考古所、中国历史博物馆、北京科技大学三家联合组成铁牛遗址保护课题组。根据“原地、原位、原貌”的原则，制定了实验室研究和现场抢救保护方案。后因总体工程保护方案迟迟未能落实，资金不能到位，现场保护工作未能如期全面进行。本文是对前阶段实验室保护研究工作的总结。

一 保护实验思路

任何文物遗址的保存和保护，现场环境的分析和调查都是必不可少的一步。这包括对当地大气及土壤的温湿度、土壤及地下水的酸碱度、土壤中的细菌含量、土壤及器物表面锈蚀的主要成分和各种成分的离子浓度等的调查、分析和测量。在这些调查研究和实验室分析结果的基础上，再通过理论上的研究，实验室的具体实验，最后制订具体的现场保护方案。

我们于 1994 年 4 月赴铁牛群遗址现场对铁牛附近的土壤、地下水、地面水、土壤湿度及地面水位周期变化进行了实地考察。首先我们对水的温度、水味、颜色、透明度、pH 值等现场的物理性质进行了现场检测。当时正值 4 月，不同部位的水温为 13℃－17℃，水味偏咸，水的颜色微呈浑浊，当时当地室外气温为 15℃－18.5℃，相对湿度 37%。当时对水中游离的二氧化碳现场做了定性分析，并在抽水泵处、2 号铁牛旁流水处、3 号铁牛与 4 号铁牛之间外栏处取了 3 份水样。取样后在 24 小时内对水中的氯离子、硫酸根离子、碳酸根离子、钙镁离子、游离的二氧化碳、耗氧量、总碱度、水的硬度等进行了常规化学定量分析（详细数据见表一、二、三）。通过这些调查分析的结果使我们对铁牛群现所处的环境状态有了比较全面的了解。

从环境分析与铁器保存现状看，虽然从分析中得知在土壤和地下水中铁细菌、硫酸盐还原菌和氯化物成分比较高，但是由于铁器处在碱性环境中，因此地下部分铁器的腐蚀速率不应很高。现在的变化主要是因为文物出土后保存环境的突变，大量的氧气的侵入和大气风化的结果。

现在文物的地上部分急需尽早处理以减缓这种由环境突变产生的加速腐蚀，特别是文物在地上和地下相临部分尤为关键。因为在这相临部分微环境始终在变，在地下和锈蚀层中氯化物的影响下，会大大加速铁器的腐蚀。

表一　水分析报告一

物理性质	水味	咸	颜色	微黄	状态	浑浊
含 / 量	每公升水中含量					
	毫克			毫克当量		
CL^-	415.80mg/l			11. 73me/l		
SO_4^{2-}	249.76mg/l			5. 2me/l		
CO_3^{2-}	49.92mg/l			1.66me/l		
HCO_3^-	927. 68mg/l			15. 20me/l		
Ca^{2+}	44. 89mg/l			2. 24me/l		
Mg^{2+}	81. 72mg/l			6. 72me/l		
游离 CO_2						
耗氧量	14. 05mg/l					
总硬度	10.4me/l					
总碱度	16. 86me/l					
pH	8. 74					

水样编号：TNS—1　取样地点：2#、3#牛之间外栏处　水温：13℃　气温：14℃

表二　水分析报告二

物理性质	水味	偏咸	颜色	无色	状态	透明
含 / 量	每公升水中含量					
	毫克			毫克当量		
CL^-	433.90mg/l			12.24me/l		
SO_4^{2-}	578.89mg/l			15.80me/l		
CO_3^{2-}	35.64mg/l			1.18me/l		
HCO_3^-	456.54mg/l			7.48me/l		
Ca^{2+}	134.67mg/l			6.72me/l		
Mg^{2+}	141.06mg/l			11.60me/l		
游离 CO_2	0.435mg/l					
耗氧量	23. 46mg/l					
总硬度	19.40me/l					
总碱度	8. 67me/l					
pH	8. 5					

水样编号：TNS—2　取样地点：2#牛后流水处　水温：15.5℃　气温：14℃

表三　水分析报告三

物理性质	水味	咸	颜色	无色	状态	透明
含 / 量	每公升水中含量					
	毫克			毫克当量		
CL^-	514.00mg/l			14.49me/l		
SO_4^{2-}	826.13mg/l			17.2me/l		
CO_3^{2-}						
HCO_3^-	504.86mg/l			8.27me/l		
Ca^{2+}	115.43mg/l			5.76me/l		
Mg^{2+}	97.28mg/l			8.00me/l		
游离 CO_2	5.05mg/l					
耗氧量	37.57mg/l					
总硬度	14.50me/l					
总碱度	8.27me/l					
pH	7.92					

水样编号：TNS—3　取样地点：抽水泵处　水温：15℃　气温：14℃

从我们查阅的大量铁质文物保护的资料表明，目前在工业和文物保护界金属铁器的保护方法主要有：1. 酸性介质中缓蚀钝化处理；2. 碱性介质中缓蚀钝化处理；3. 低压氢等离子体还原法；4. 液氨保护处理法；5. 索氏洗涤处理法；6. 阳离子交换树脂法；7. 阴极保护法；8. 激光保护处理法；9. 化学还原洗涤法；10. 电解还原洗涤法；11. 涂层封护保护法等等。

一般来说，在实际应用时都是几种方法的组合使用。其实，从各种方法作用的原理上分可将上述方法主要分为两大类：一类为洗涤还原去除铁器上的有害锈蚀；另一类为铁器的钝化缓蚀处理。铁器上的有害锈蚀主要是指铁器上的氯化物（如羟氯化铁，二价三价铁的氯络离子等）和铁器上的酥松锈蚀（如铁的氢氧化物等）。而铁器的钝化缓蚀处理是指通过化学方法在铁器的表面形成一层致密的保护膜。对文物的处理和工业上不同的是所形成的保护膜不能影响文物的质感和外观。

经过对各种方法及对现场的情况条件详尽的分析和讨论之后，我们认为在机械、化学除锈、化学还原之后采取在碱性介质中钝化处理，最后再在文物表面做封护处理是蒲津渡遗址铁器群切实可行的最佳保护方案。

对铁牛群首先采取机械和化学除锈主要是考虑三点：1. 要尽可能去除铁器锈蚀中的氯化物，因为通过分析我们知道铁牛群的锈蚀层中含有大量的氯化物；2. 我们要尽可能用洗涤的方法除去器物上的氯化物，而器物上的锈蚀厚度对氯化物的扩散速率影响很大；3. 通过实验我们知道锈蚀对缓蚀剂的缓蚀效率影响极大。采取化学还原的目的是为了扩大氯化物在洗涤过程中的扩散速率。众所周知，器物上氯化物的去除是由扩散和溶解两步来完成，而其决定速度的一步在扩散。通过公式 $Q=2AC_0（DT ／）^{1/2}$ 可以看出铸铁的脱盐速度是由扩散理论控制的，而器物上锈蚀层的孔隙度极大地影响氯化物的扩散速率，通过还原来增大器物表层的孔隙度，从而达到去除氯化物的目的。在碱性介质中钝化处理考虑的是现场的碱性环境（土壤和地下水的 pH 值为 7.5—8.5），在这样大的环境条件之下用酸性试剂显然是不适宜的。为了比较，我们在实验中对处理铁器的常用酸性试剂，如单宁酸和磷酸等也做了定性的比较实验。另外，对于像铁牛这样的大型铸铁铁器用氢还原法、液氨法和阳离子交换树脂等方法是不切实际的。

从理论上我们知道，铁器在干燥空气中的氧化，尽管氧化作用的热力学推动力很大，却是个非常缓慢的过程。在这种“干态”下形成的氧化膜很薄、致密且无害。并且它对进一步的氧化和腐蚀还起到一定的阻蚀作用。但是，当铁器处于湿态就完全不同了，其由于复杂的溶解、氧化和再沉积等过程，倾向于形成酥松多孔的氧化膜。在没有氯化物等其它电解质的情况下，其主要反应为：1. 铁的氧化作用。由于生成 $Fe（OH）_2$，FeO，（OH）等，使溶液的 pH 值降低，另外由于复杂的锈蚀层的再氧化作用生成较致密的 $r\text{-}Fe_2O_3$ 和 Fe_3O_4 使这种氧化反应速度逐渐受阻；2. 析氢反应。Schikorr 曾在《电化学》杂志上撰文指出，铁屑在水中的反应尽管是非常缓慢的，但却能历经数月持续不断地析出氢气。我们在做定性对照实验时，把铁器样品放在蒸馏水和自来水中实验证实了这一点。这在金属活泼顺序表中也可以看出，虽然在碱性及中性环境中这种反应的速度可能非常缓慢。

如果铁器埋藏环境中有氯离子和其他电解质，则它们可大大加速铁器的腐蚀。尤其是氯化物，由于氯离子离子半径小，所以它的钻透能力很强，另外它的电负性很强，它能破坏或取代金属的氧化物，形成可溶盐。在氯化物等可溶性电解质作用下，不能形成致密的铁的氧化物保护膜，并且由其所形成的酥松的腐蚀产物具有一定的蓄水作用，在酸性或碱性和一定湿度的环境条件下铁器的腐蚀会继续周期性的进行下去。这也是为什么在铁器保护中一定要尽可能去除锈蚀层中的氯化物。

二　实验及讨论

在上述现场调研、分析和实验思路方法探讨之后，我们对选定的缓蚀钝化剂等进行了一定的定量、定性对比实验。对缓蚀剂进行比较实验的目的有两个：1. 通过样品的重量变化测定由缓蚀所形成的氧化膜厚度及样品的腐蚀程度；2．通过盐雾腐蚀箱中的加速反应检验各类缓蚀剂的缓蚀效率、样品重量损失等。

实验一　空白对照实验

将样品 O、C、A、D 浸泡在 500 蒸馏水中，蒸馏水用 1N 的 NaOH 调至 pH=9.5。23 小时后，O、C、D 三样品钻孔处出现黄色锈蚀，有黑灰色絮状物脱落在器物内。样品边沿及钻孔下方均有不同程度的黑色痕迹。48 小时后，在黑色痕迹上面覆盖了一层棕红色锈蚀，将样品轻轻提出水面，棕色锈蚀物自然脱落。72 小时后浸泡液的 pH 值为 6—7，样品提出后，器物底部有一层棕红色沉淀物。

实验过程中出现的现象的分析与讨论

1．样品浸泡前后浸泡液 pH 值的变化

铁器在水中的化学反应如下：

$Fe+2H_2O=Fe(OH)_2+H_2\uparrow$

$4Fe(OH)_2+2H_2O+O_2=4Fe(OH)_3$

由于在反应过程中生成 $Fe(OH)_2$ 和 $Fe(OH)_3$ 沉淀，消耗了溶液中的 OH^-。所以使 pH 值下降，酸度增大（溶液 pH 值由 9.5 降为 6.5 左右）。

2．样品表面黑色絮状物的转变过程

由上述化学反应方程式我们得知，铁器在含氧蒸馏水中首先生成 $Fe(OH)_2$，并放出氢气。由于氢氧化亚铁不稳定，并且在水中的溶解度较大（1.6410/L），它易于被水中或空气中的氧所氧化，生成氢氧化铁。浸泡液中所产生的铁锈实际上是由 $Fe(OH)_2$ 和 $Fe(OH)_3$ 的混合物组成。

3. 从理论上讲在含氧蒸馏水中，当溶液中的 NaOH 的含量高于 1g/L 时，或溶液的 pH 值高于 9.5 以上时，铁器在水中的腐蚀就基本上停止了。这是由于加入 OH^- 后所产生的同离子效应，抑制了氢氧化亚铁和铁的氧化物的溶解，使得铁器溶解反应难以继续进行下去。对于在实际中具体使用多大浓度的氢氧化钠为最佳，还需要进一步的实验。

实验二　亚硝酸钠缓蚀实验

将铁器样品 C、A、G、N 称重后浸泡在 20% 的 $NaNO_2$ 溶液中。浸泡前溶液的 pH 值为 9.5。134 小时后将样品取出。浸泡前后溶液的 pH 值没有变化。自然干燥后用万分之一的电子天平再次称重，其分别增重 234mg、537mg、605mg。通过重量法计算其氧化膜的平均厚度为 0.7039mg ／ cm^2（实验数据表格见表四、五）。

表四　缓蚀剂缓蚀效率比较

	腐蚀速率 $mg/dm^2 24h$	腐蚀速率 mm/y	百分变化 %w/w	缓蚀速率 %
对照	419.60-484.04	1.94-2.24	0.57-0.61	
磷酸盐	885.77-907.79	4.11-4.21	1.20-1.30	
亚硝酸盐 1	349.88-382.91	1.62-1.77	0.51-0.47	15.52-22.76
亚硝酸盐 2	108.70-123.18	0.50-0.57	0.13-0.17	72.81-74.38

注：对照 = 蒸馏水用 NaOH 调至 pH=9.5

磷酸盐 $=5\%H_3PO_4+0.15\%ZnO+0.1\%NaNO_2$

亚硝酸盐 $1=20\%NaNO_2+1\%K_2CrO_4$

亚硝酸盐 $2=20\%NaNO_2$

表五　缓蚀增重及氧化膜质量

	增重 mg			氧化膜厚度 A			腐蚀层厚度 A			产物
对照	1	3.8	3.5	1240	4300	4722	900	3150	3420	$Fe(OH)_2$ $Fe(OH)_3$
亚盐 1	23.4	53.7	60.5	29200	66600	75180	21200	48300	54500	Fe_2O_3 Fe_3O_4
亚盐 2	24.4	24.8	69.9	30900	30400	86400	22400	22000	62700	Fe_2O_3 Fe_3O_4

注：对照 = 蒸馏水用 $NaNO_2$ 调至 pH=9.5

亚盐 1=20% 的亚硝酸钠

亚盐 2=20% 的亚硝酸钠 +1% 的铬酸钾

将上述样品全部放入盐雾腐蚀箱中，盐雾腐蚀箱的工作室温度设为 38℃，饱和器温度设为 40℃，喷雾液为 5% 的氯化钠的溶液。开机后半小时后观察未见有腐蚀点。继续开机，又过半小时后关机观察发现在样品 C、A、G、N 上边沿处均出现黑色痕迹，其上有黄色锈蚀点。一个半小时后关机取出再次观察发现黑色痕迹上的黄色锈蚀点增多。3 小时后，所有的样品的边沿、两面都出现黄色锈斑。

分析和讨论：

1. 亚硝酸钠属钝化型缓蚀剂，可直接或间接氧化被保护的金属，在其表面形成金属氧化物薄膜，尤其是对铁等过渡金属元素有良好的保护作用。铁在有亚硝酸钠缓蚀剂的溶液中首先在样品表面产生 $Fe(OH)_2$，并放出氢气。由于亚硝酸钠的氧化作用，$Fe(OH)_2$ 在样品表面直接转化成具有保护的氧化性薄膜，从而阻止 $Fe(OH)_2$ 在溶液中的溶解和被水中溶解的氧氧化成没有保护性的产物 $Fe(OH)_3$。

2. 在盐雾腐蚀实验中，大量氯离子参与反应是加速腐蚀实验的重要因素。由于氯离子钻透力强，加之铁对它的吸附力很牢固，所以它很容易在氧化膜的电极表面吸附，与此同时氯离子排挤并取代氧化膜中的氧离子，由于氧化物的溶解度在水中很高，在一定的湿度下就会造成样品表面某区域的小孔腐蚀，从而造成整个金属的腐蚀。其反应方程式如下：

$Fe_2O_3+6Cl^-+3H_2O=2FeCl_3+6OH^-$

$FeCl_3+3H_2O=Fe(OH)_3+3HCl$

这也正和我们在实验中所观察到的现象一致。

实验三　除锈对缓蚀效率的影响

从公式：

$\tilde{C} \approx k_1C_{0exp}(-k_2D_t/d^2)$

我们知道锈层厚度对器物上氯化物的去除影响特别大，那么它对缓蚀剂的效率影响如何呢？为此我们对样品除不除锈对缓蚀效率的影响进行了对照实验。

样品 1 用 Q1 去锈剂除锈后，再在 20% 的 $NaNO_2$ 溶液中浸泡 24 小时；

样品 2 不除锈、不加缓蚀剂；

样品 3 不除锈、在 20%/$NaNO_2$ 溶液中浸泡 24 小时。

将样品 1、2、3 同时置于盐雾腐蚀箱中，喷雾液为 5%NaCl，工作室温度 36—38℃，饱和器温度 40—42℃，雾喷时间 45 小时（具体数据表格见表六）。

表六　除锈对缓蚀效率的影响

	腐蚀速率 mg/dm²24h	腐蚀速率 mm/y	百分变化 %w/w	缓蚀速率 %
样品－1	120.75-226.68	0.5596-1.0506	0.1590-0.3072	61.11-79.00
样品－2	585.73-601.00	2.7146-2.7854	0.6602-0.7918	
样品－3	470.75-512.30	2.1817-2.3740	0.6378-0.6962	1.85-1.88

注：样品 1= 样品用除锈剂除锈后，再在 20% 的 $NaNO_2$ 溶液浸泡 24 小时，然后置于盐雾腐蚀箱中 4.5 小时。

样品 2= 样品不除锈，不加缓蚀剂，盐雾腐蚀箱 4.5 小时。

样品 3= 样品不除锈，在 20% 的 $NaNO_2$ 溶液中浸泡 24 小时，盐雾腐蚀箱中 4.5 小时。

缓蚀效率结果表明样品 3 由于加入缓蚀剂之前未曾除锈，它的缓蚀效率极低。这是因为样品上的锈蚀部分阻碍了缓蚀剂在样品上的有效成膜过程，而样品 1 除锈后加入缓蚀剂，由于没有锈蚀产物的干扰，缓蚀效率升高，腐蚀速率自然就降低了。由表可知，样品 1 的缓蚀效率是样品 3 的 33 倍，样品 3 的腐蚀速率是样品 1 的 3.8 倍。

样品 2 由于未加缓蚀剂因而腐蚀速率最高。

实验四　磷化实验

将样品 P、I、K、W 浸泡在 8.5% H_3PO_4、0.15%ZnO、1%$NaNO_2$ 的水溶液中。半小时后取出。样品表面都有一层不均匀的灰白色覆盖物，浸泡液呈深褐色，溶液中有少量沉淀生成。浸泡过程中有大量气泡产生。自然干燥后，样品均有不同程度的失重现象。

按上述盐雾腐蚀条件再将样品放入盐雾腐蚀箱中进行腐蚀实验，半小时后，4 块样品的沿边及表面均出现锈蚀（实验数据表格见表四）。

磷化处理主要是在金属表面生成一层不溶性的磷酸盐（磷酸铁、磷酸锌）。由于磷酸是沉淀型缓蚀剂，它和金属的结合力较差，其缺陷主要是膜厚又多孔，所以一般在磷化处理之后要进行后处理，如涂漆、蜡封或树脂封护等，来弥补它的不足。实验中由于没有进行这步处理，所以这组磷化试样和前几组试样相比是腐蚀速率最高，缓蚀效率最差的。实验中产生的气泡是反应中阴极区析出的氢气，样品表面上的不均匀灰白色沉淀为反应生成的磷酸铁（灰色）、磷酸锌（白色）。

三　其他实验

（一）颜色实验

任何文物的保护处理都要遵循一个基本原则，即保持文物的原貌。这就是在去除文物表面锈蚀，并对文物进行缓蚀稳定处理后不改变文物本身的质地颜色，并保持它的古色古香。因此，对选定的缓蚀钝化剂必须要进行颜色实验。我们先后用新旧铸铁、锻铁器，古代铁器参考品分阶段进行了缓蚀处理，观察器物处理前后表面颜色的变化，实验持续达 3 年。实验结果表明，我们所选用的缓蚀钝化剂对文物质地本身及锈蚀部分均不会引发颜色上的变化。

（二）洗涤最低浓度实验

我们知道，由于氯离子能大大加速铁器的腐蚀速度，并使腐蚀不断反复深入，因此在铁器的洗涤过程中选用含有氯化物的自来水显然是不合理的。我们经过实验发现蒸馏水对铁器，尤其是对铸铁铁器也有相当大的腐蚀作用。这就是上述我们所提到的氧化作用和析氢反应。因此，在洗涤过程中就需要在蒸馏水中加入一定量的缓蚀剂，以减少由于洗涤对器物造成的腐蚀。我们通过选用 0.1%、0.2%、0.5%、1%、2%、5% 等不同浓度的缓蚀剂证明，只要在水中加入 0.2% 的缓蚀剂就能保证铁器在洗涤过程中不受到腐蚀。

（三）表面封护剂实验

目前保护界和工业上所使用的钝化缓蚀剂的作用都是有限的，它需要其他方法来加强它的效果。表面封护就是有效的方法之一。为此，我们对目前常用的表面封护剂，如聚醋酸乙烯酯、聚乙烯醇、三甲树脂、聚乙烯醇缩丁醛、B-72、微晶石蜡等进行了为期 5 个月的室外耐候实验，这次的实验结果对我们今后的馆藏文物保护也极具有意义。通过实验我们选定了 SC-1 混合型表面封护剂，其在耐蚀和抗水方面要好于欧美目前在大型室外文物上应用的封护剂。

四 结 论

尽管目前国内外对大型室外文物的现场保护尚有一些问题，其中包括一些必要的物理设施，但是我们通过实验证明通过采取适当的保护方法可以大大减缓文物的腐蚀速率，从而达到保护文物的目的。就山西蒲津渡铁牛群的保护来说，除锈、还原、洗涤、缓蚀、封护各个环节都不可少，在现场工作时，还要采取必要的干燥、加热等物理措施。在科学日新月异的今天，更深入、广泛、周密的研究工作应需继续，新的方法、新的材料也要不断地补充到我们的研究和保护方案中来。

（原文刊于《中国历史文物》1998 年第 2 期）

维护保存腐蚀青铜器准则的探讨

周宝中

一 保持原状是维护青铜器的基本要求

历史文化遗物都具其特有价值，保护文物的实质是保持其历史价值、艺术价值和科学价值，只有保留文物的本来面貌，才能保持其珍贵价值。对文物做维护技术处理时，必须遵守不改变原状的原则。青铜器的原状应包括器物造型、纹饰、色彩、工艺、材料等，所以在选择衡量某种保护技术处理方法时，要把对青铜器原状是否有影响作为基本要求，特别要重视青铜器外观的变化。

在腐蚀青铜器有害锈的防治方法中有：碱液浸泡法、氧化银法、苯骈三氮唑法等。这些方法或将铜的氯化物转化为不含氯离子的稳定物质，或将铜的氯化物用化学和物理的方法封闭起来，与空气中的氧气、水分隔绝，使青铜器处于稳定状态。

碱液浸泡法。将腐蚀青铜器置于倍半碳酸钠（$NaCO_3 \cdot NaHCO_3 \cdot 2H_2O$）水溶液中浸泡，使铜的氯化物逐渐转换为稳定的铜的碳酸盐，青铜器的氯离子被置换出来转入浸液中。浸液需定时更换，直至浸液中无氯离子出现为止。随后将器物用蒸馏水往复清洗除去碱液，干燥后封护。该法从理论上是可行的，并被实验证实。缺点是置换反应时间长，甚至长达一年时间都未能将器物内的氯化物置换干净，氯化物不仅存在于锈层表面，而且已渗入器物腐蚀层的深部，难以置换彻底。另一特点是氯化物被置换清除后，器物表面新生成孔雀石腐蚀层，虽然碱式碳酸铜本身就是青铜器腐蚀层的一部分，但其颜色鲜艳均匀，给人以改变原状的感觉。但它仍是一种有效清除有害锈的方法，特别是对有害锈严重濒临毁坏的青铜器，采用此法可使之得以挽救。一般不宜使用这种使器物外貌颜色改变较大的方法。

1955年发掘的安徽寿县蔡侯墓，出土青铜器486件，是春秋晚期的遗存。该墓是土坑墓，墓内灰黄色的五花土含大量氯化物和其他无机盐，且地势低洼，墓内潮湿，无机盐遇潮水解形成电解质溶液，使青铜器发生电化学腐蚀。加之泥土挤压受力不匀，大批器物残损变形。出土后又使用了稀醋酸除锈、自来水浸洗除泥垢等非科学手段，给蔡侯青铜器带来危害。对蔡侯青铜器的抢救技术措施，主要是碱液浸泡法，倍半碳酸钠水溶液浓度5%，浸液温度控制在50℃—60℃，浸泡时间6个月，多次更换浸液并检测氯化物含量，至浸液氯离子在5PPm以下为止。经技术处理后的蔡侯青铜器外观鲜绿但能完整陈列于展厅，而未处理的青铜器在囊匣中已无法取出，有害锈已通体皆是。说明碱液浸泡法在抢救青铜器上的功效。

氧化银封闭法。对斑点状局部腐蚀的青铜器，应选用R.M.Organ提出的氧化银法。即用机械法剔除器物表层粉状锈蚀物，露出灰白蜡状的氯化亚铜（CuCl），然后将由氧化银（Ag_2O）与乙醇调成的糊剂，填涂于氯化亚铜表面，再将器物置于潮湿环境中，使其充分作用，形成氧化亚铜和氯化银，覆盖于氯化亚铜表面。如此反复操作多次，直至器物在相对湿度为90%的高湿环境中，仍不出现粉状有害锈为止。此法既可控制有害锈蔓延，又避免器物整体颜色的改变，维持青铜器的原有外观。但它仅适于局部腐蚀及有镶嵌物的青铜器。

苯骈三氮唑法。苯骈三氮唑法（$C_6H_4N_2 \cdot NH$）是杂环化合物，与铜及其盐类形成稳定络合物，在铜合金表面生成不溶性且相当牢固的透明保护膜，使青铜器有害锈被抑制并稳定下来，防止水蒸汽和空气污染物的侵蚀。用蒸馏水和甲苯、丙酮等溶剂，清除青铜器表面的泥土油污，然后浸入苯骈三氮唑酒精溶液中进行渗透，或将苯骈三氮唑酒精溶液涂布于器物表面，即可形成络合物保护膜。但苯骈三氮唑法易受热升华，失去保护作用，所以应在器物表面涂一层高分子材料做封护膜。此法是目前应用最广的维护青铜器简便有效方法。经苯骈三氮唑法处理的青铜器，其外观质感未发生明显变化，仅颜色比处理前略有加深，基本保持文物原貌。

二　青铜器腐蚀物的选择性清除与保留

青铜器腐蚀物覆盖层是古艺术品的象征。青铜器的化学成分主要是铜、锡、铅，含少量的铁、镍、锌、硅等杂质。数千年前的青铜制品，都不同程度地被腐蚀。处于稳定状态的腐蚀物，可保护内部金属免遭腐蚀。不稳定的腐蚀物，使腐蚀继续延伸扩展。

腐蚀物覆盖层是复杂的，常见的腐蚀物有：棕红色的氧化亚铜（Cu_2O）、黑色的氧化铜（CuO）、靛蓝色的硫化铜（CuS）、黑色的硫化亚铜（Cu_2S）、蓝色的硫酸铜（$CuSO_4 \cdot 5H_2O$）、绿色的碱式硫酸铜（$CuSO_4 \cdot 3Cu(OH)_2$）、绿色的碱式碳酸铜（$CuCO_3 \cdot Cu(OH)_2$）、蓝色的碱式硫酸铜（$2CuCO_3 \cdot Cu(OH)_2$）、灰白色的氯化亚铜（$CuCl$）、浅绿色的碱式氯化铜（$CuCl_2 \cdot 3Cu(OH)_2$）、白色的氧化锡（SnO_2）等。

铜的氧化物、硫化物、硫酸盐、碳酸盐等腐蚀物，对青铜器是无损的，这种自然形成的稳定性矿化层，应原状保留。危害青铜器的腐蚀物外灰白蜡状的氯化亚铜和浅绿色粉状的碱式氯化铜，氯化物是危害青铜器的根源，必须毫无保留地清除。

对青铜器腐蚀物的鉴别应运用现代分析测试手段，做成分分析和结构分析，包括激光微区光谱分析、X 射线荧光分析、X 射线衍射分析、电子显微微区分析和化学分析等，以查明腐蚀产物的组成。至少需做定性分析，检测是否存在氯化物。经验丰富的科技保护工作者，可通过显微镜分析和直观鉴定，来确定有害锈蚀物的存在，但仍应以上述检测结果为据。

在此基础上对青铜器腐蚀物做选择性清除。可采用物理方法或化学方法清除腐蚀物，但要仅除去有损于青铜器保存的铜的氯化物，而保留其他腐蚀物。那种不论腐蚀物的组份，将腐蚀层全部剔除的做法是不可取的，同样将腐蚀层原状全部保留的主张也是很危险的。前者完全改变了青铜器的历史面貌，后者将致使青铜器彻底损坏，只有选择性地清除才是科学的。

闻名于世的司母戊鼎，1939 年 3 月出土于河南安阳侯家庄武官村，1946 年 6 月重新掘出送至南京，1959 年调至中国历史博物馆收藏展出。这件器物是我国商代青铜艺术发展到高峰时期的产物，它以造型雄健浑厚、纹饰庄重精美、铸造工艺独特而著称。近年来对其进行养护技术处理，即采用选择性清除有害斑点状局部锈蚀物的方法，氧化银和苯骈三氮唑法兼用，并用超声波洁除技术清除覆盖纹饰的泥垢，获得满意结果。

司母戊鼎的重量为商周青铜器之冠。1939 年出土以来，各种文献书刊多有介绍，开始称重约 700 千克，1957 年后皆改为 875 千克。1994 年 10 月中国历史博物馆科技部与中国计量科学院合作，对该鼎做标准计量测试，结果表明为 832.84 千克。

商妇好鸮尊，于 1976 年在河南安阳殷墟妇好墓出土，整体作鸮形，通高 45.9 厘米，重 16.7 千克。商龙虎尊，于 1957 年在安徽阜南月儿河出土，通高 50.5 厘米，重 20 千克，融线雕、浅圆雕、浮雕技法于一器。西周鸭尊，于 1955 年在辽宁凌源海岛营子出土，通高 44 厘米，整体作鸭形。西汉雁鱼灯，于 1980 年在山西朔州出土，通高53厘米，长34.5厘米，系青铜彩绘灯具。上列中国历史博物馆收藏的青铜珍品皆经过选择性清除有害锈蚀物的技术处理。河北省博物馆收藏的西汉长信宫灯，曾遭有害锈腐蚀，经中国历史博物馆科技保护人员做技术处理后，已得到妥善保护。

三　应保存青铜器健康的原状

究竟什么是青铜器的原状，有不同的理解和认识。某件青铜器制作时的状态，可称之为始状。但它是历史遗物，不论在地下埋藏，还是于民间流传，皆历尽沧桑，在人为作用和自然力影响下，其始状多已发生变异，历史地形成了历经变化的状态，青铜器表面色彩典雅的矿化层，已不是青铜器制作时的始状。

有的认为，保持原状就是恢复其原始状态，其结果是损坏了文物的价值，也是很难被接受的。有的把考古发掘出土时的状态或入博物馆收藏时的状态，当作青铜器的原状，即对此面貌不得改变，这种对青铜器原状的理解是不妥的。

维护文物要保存其健康的原状。覆盖青铜器的有害物质，除腐蚀层的氯化物外，还有泥土、污垢和硬结凝聚物，若允许这些有害物质长期伴随青铜器，其结果是器物的毁灭。故伴随青铜器的有害物质，必须坚决清除。否则，因病害缠身劣化变质现象日趋严重，其原状也难以维持。

清除污物的方法，以对器物无损且简便、有效为宜。清洗去污是常用的洁除手段，即将器物浸入蒸馏水中洗涤，可清除器物表面的泥污，也能溶除可溶性无机盐。需用冷热蒸馏水反复清洗数次，直至清洗液中无氯离子为止。为加速清洗亦可在超声波清洗器中进行。对不能涤除的土垢，则采用超声波洁除机，依据超声波震动原理，去除器物表面沉积硬结的碳酸盐、硅酸盐等覆盖物。特别是将覆盖铭文纹饰的土垢剔除干净。也可配合使用其他小型工具进行机械性除垢。

为检查青铜器内部腐蚀状况，确定有害物质是否除净，还需做加速腐蚀检验，将青铜器置于调湿箱中，箱内相对湿度控制在90%，放置时间约24小时，观察有无粉状锈生成，若发现有害锈，再做清除直至除净为止。

经上述技术工艺，清除泥垢和硬结物之后，虽然改变了它出土或入馆收藏时的面貌，但并未损其价值，反而更加提高该青铜器文物的价值。

中国历史博物馆科技部，承担了对北京大学赛克勒艺术和考古博物馆收藏的156件腐蚀青铜器，做养护修复技术处理的任务，其中山西侯马曲村西周墓出土的青铜器67件，包括簋、盂、卣、尊等器物。处理前后相比改观较明显。其余河北唐山出土的商代弓形器、河北滦县出土的青铜鼎、河北唐山出土的西周青铜斧等，也经除污处理。

四　妥善保护和再现考古信息遗存

青铜器上附着的丝织物残片痕迹、木材残片痕迹、火烧痕迹、使用痕迹、铸造范土及器物上的花纹、铭文、镶嵌物等考古信息遗存，都要原状妥善保护。在对青铜器进行表面技术处理的过程中，应加倍细致地养护维修，使之更为清晰、明显、牢固。

对被腐蚀物和硬结凝聚物覆盖的考古信息遗存，在可能条件下，应采取技术措施使其再现。可用X射线探伤仪对器物做无损检测，从X射线摄影胶片，可查明器物内部的锈蚀状况、完残断裂程度、修复补配部位及被覆盖的铭文、花纹等。对发现的文字和纹饰，可依字迹和花纹的范围去除腐蚀物或凝聚物，显露出前所未有的考古信息遗存。这种原状的变化，更增加该器物的珍贵价值。

错金银云纹铜犀尊，于1963年在陕西兴平豆马村出土。重12.5千克，高32.4厘米，长57厘米。整体呈犀形，造型生动，工艺精湛，是一件西汉精美青铜器。该器物1983年赴意大利展览之前，做维护技术处理，除将有害锈清除外，还显示出腐蚀层下的错金银纹饰。

犀尊出自地下窖藏，土质干燥，器物腐蚀层主要是蓝绿色的碱式碳酸盐，仅其臀部的局部发现有害锈。清除有害锈采用电解法，设备简单只一台直流稳压电源，阴极接犀尊铜体，阳极装吸附氢氧化钠溶液的棉球，阳极触及有害锈处，使之发生电化还原反应。在反应中氯化物逐渐被分解。电解后再清洗、干燥、浸涂苯骈三氮唑缓蚀处理。

在清除有害锈的过程中，发现犀体的错金银纹饰。犀尊通体为稳定的孔雀石腐蚀层，不宜去除，为防止化学药品会改变腐蚀层的颜色，而采取机械法除锈，谨慎地沿纹饰纹路的走向逐渐清除覆盖花纹的锈蚀物和土垢。处理结果，既保存了犀尊通体的孔雀石锈层，又展现了精美的错金银花纹。纹饰自然流畅，云纹边缘嵌有金丝，云纹内嵌金丝牛毛，达数十对；头部纹饰更精致，长睫毛，三层眼缘，皆为金丝所嵌；腹部和腿部的毛为银丝嵌成；尾部的毛上嵌金下嵌银；犀趾也为金丝所嵌。从犀体嵌槽的刀痕，可知犀尊纹饰嵌槽是铸后雕刻的，再将金银丝捶打入槽。此次在维护犀尊的技术处理过程中，不仅发现了错金银纹饰，还形象地揭示了西汉时期高超娴熟的错金银工艺水平。处理后的犀尊外貌明显改变，但得到各方人士的赞许。

何尊是一件有重要历史价值的青铜器，其珍贵价值的倍增也是经过维护技术处理的结果。何尊于1965年在陕西宝鸡出土，器物完好，通体呈银灰色，尊内壁和底部有腐蚀层和硬结凝聚物。1972年该尊送至中国历史博物馆做维护技术处理。选用锌–氢氧化钠电化还原法清除尊内底部腐蚀层，将锌粒铺于尊器底部，再注入液温为80℃的氢氧化钠溶液，此时产生快速反应，至气体逸尽，倒出氢氧化钠溶液和锌粒，再用蒸馏水反复清洗除去残液。之后腐蚀层和凝聚物松动脱落。如此重复操作两次，尊底铭文显现出来。用电化还原法清除覆盖铭文的腐蚀层，效果良好，铜体受到阴极保护，字迹清晰光亮。不致受化学药物的浸蚀和机械除锈操作不慎造成的擦痕。该尊表面的有害锈用氧化银法封闭，苯骈三氮唑缓蚀和三甲树脂封护。

何尊出土多年未发现铭文，经维护技术处理后出现的119字（破洞处损3字），引起考古学、历史学界的重视。铭文记述周成王迁都成周（今河南洛阳东郊）等西周初年极为重要的史实，何尊是迄今所知西周第一件有确切纪年铭文的青铜重器。这个重要发现，功在默默无闻的文物保护科技工作者。

在维护处理北京大学赛克勒艺术和考古博物馆的腐蚀青铜器的过程中，经X射线探伤，发现7件西周青铜器的铭文。有的清除覆盖锈蚀层露出文字，有的因铜体质地不佳，裂隙严重不宜清除覆盖层，只得依X射线胶片识别鉴赏铜器铭文。

五　维护文物需综合应用现代与传统技术

维修养护青铜器需通过技术手段，包括现代科学技术和民间传统工艺。

中国青铜器修复技术历史悠久。至19世纪上叶，青铜器修复尚未形成行业，少量的修复也属皇家造办处，民间青铜器修复作坊技术水准很低。19世纪中叶以来，古代青铜器成为高档商品，助长各地盗掘古墓葬、古遗址，于是青铜器修复行业随之发展，既将破损青铜器修复完整，又伪造古代青铜制品。以假乱真的复制技术日臻成熟，青铜器的辨伪能力也逐渐提高，同时造就出修复青铜器的能工巧匠。

随着博物馆事业的发展，修复青铜器的特艺技师承担出土文物和馆藏文物的修复任务。各博物馆建立的文物保护科技机构，也是从传统修复技术开始。传统修复技术人员为维护青铜器作出贡献。

传统的青铜器修复工艺有拼接、整形、焊接、粘结、补配、錾刻、铸造、鎏金、去锈、修饰等十个工序。这项技术至今仍发挥着作用。但在现代科学技术高速发展的时代，对民间传统技艺，必须科学地鉴别继承，取其精华，使之更为完善。

有些操作工艺对青铜器的保存不利则应剔除。如：锡焊会导致电化学腐蚀，焊药残留于器物也加速腐蚀；锯解整形法，损伤青铜器基体；所用材料并非提纯物质，而带入腐蚀铜器的电解质等。

现代科学技术手段在当代被广泛应用。对青铜器进行材料质地分析检测、质变机理的探讨、维护方法的研究等方面，应采用最新技术和仪器设备。亦可将各学科的新技术成果，选择性地移植于青铜器养护修复技术中，对青铜器做维护技术处理时，除必要的设备工具和药品材料外，主要依靠文物保护科技人员的经验技能和精心操作。

经修复技术处理后的青铜器，应做清洗、干燥、缓蚀、封护处理，才能消除隐患使之得以妥善保存。清洗为去除修复过程中残存的有害物质。干燥宜用电热干燥箱、远红外线干燥箱或红外线照射灯等设备。烘干处理温度为 40℃－50℃，干燥时间约为 8 小时。缓蚀用苯骈三氮唑（BTA）乙醇溶液做缓蚀剂，BTA 浓度为 1%－3%。施加缓蚀剂的方式，整体浸渗和表面涂布均可。封护剂有聚乙烯醇缩丁醛、丙烯酸乳液和三甲树脂等。三甲树脂由甲基丙烯酸树脂、甲基丙烯酸丁脂和甲基丙烯酸脂组成，它韧性大、折亮度小、成膜牢固，性能优于其他材料。树脂封护后的光泽，可用特制的消光粉做消光处理。修复部位需进行着色修饰处理。

应用现代科技与传统工艺相结合的技术措施，圆满地完成了三星堆青铜立人像和大型人面具的修复。1986 年于四川广汉三星堆村发掘两座祭祀坑，出土青铜器 600 多件。1987 年开始修复养护技术处理。其中最突出的是青铜立人像和大型人面具。

青铜立人像，全高 260 厘米，其中基座高 78.8 厘米，雕像自身高 163.5 厘米，头上帽高 17.7 厘米。重 180 多千克。这件与真人等大的古蜀人雕像，在考古发掘中首次发现。大型人面具，高 65 厘米，宽 138 厘米，为三星堆出土的大批面具中最大者。但发掘出土时已严重损毁，由中国历史博物馆承接这项修复任务。

六　新材料的使用应控制在最低限度

在除锈、去污、加固、补配、充填、缓蚀、封护、修饰等工艺过程中，使用新材料是必然的，但要慎重不可滥用，将新材料的使用量控制到最低限度。

保持文物的原状，包括保持其原材料，使用新材料的目的是为保护原材料，而不能取而代之。

青铜器做技术处理过程中使用的化学药剂有：乙二胺四乙酸钠、酒石酸钾钠、六偏磷酸钠、重铬酸钾、柠檬酸、氢氧化钠、碳酸钠和碳酸氢钠、氧化银、碱式甘油、硫脲、碱性连二亚硝酸钠、过氧化氢、苯骈三氮唑等，在完成除锈、去污、缓蚀等工艺后，不宜将有损青铜器的物质残留附着于青铜器之上，应清除干净。经技术处理后，仍伴随青铜器的新材料和化学处理后的新生物，不允许给青铜器带来新威胁。

在加固、充填、补配、封护等工艺过程中，使用高分子材料的种类和数量均不断增加，它们是人工合成的一类高分子量的聚合物，具有结合能力强、可塑性能好、固化速度快等优点，受到使用者的重视。曾在青铜器维护技术工艺中使用的材料：聚醋酸乙烯脂、聚乙烯醇缩丁醛、聚甲基丙烯酸甲脂、聚甲基丙烯酸丁脂、环氧树脂、丙烯酸树脂和传统天然材料蜂蜡、漆片等。

青铜器上滥用高分子材料是不妥的。合成树脂使用过量会降低青铜器金属质感，外貌改观较明显。更重要的是高分子材料的老化，给青铜器造成后患。尽管新的合成材料会延缓老化时间，但文物是要世代相传的，两者无法相比。为避免给后辈带来麻烦乃至难以弥补的损失，对高分子聚合物的使用应慎重处理。

经维护处理的青铜器，最后一道工序是封护，这是为阻止潮湿环境的影响而采取的防护技术措施，对封护材料应选择具可逆性者，易于去除。若维护后的青铜器收藏在温湿度调控适宜的密封柜中，则不必做封护处理。

七　调控收藏陈列环境是妥善保存青铜器的关键措施

影响青铜器保存的环境因素主要是气候变化和空气污染。危害青铜器的物质是水和氯化物。氯化物对青铜器的侵蚀，导致有害粉状锈的滋生，而潮湿的环境则加速有害锈的蔓延。

青铜器腐蚀的外因是环境。古代青铜器久埋地下，与土壤、地下水接触，若地下环境中既含氧又有氯化物存在，则成为有害锈滋生的祸根。这些腐蚀青铜器表面多孔，易于残存电解质、水汽，出土后在大气中活动加速，加之空气污染物中的氯化物和潮湿环境，则造成青铜器的毁坏。安徽寿县春秋蔡侯墓出土的青铜器群即遭此厄运。

长期埋于地下的青铜器，也并非全被腐蚀。四川新都战国墓出土的青铜器，大部分器物仅表面轻度氧化变黑，有的仍闪烁金光，毫无腐蚀物存在。从墓室地下水成分检测结果得知，地下水呈弱碱性，主要含镁钙离子。

1978年于湖北随州擂鼓墩出土的战国早期曾侯乙墓，出土各类文物7000多件，其中巨型青铜编钟一套65件，总重2500千克，钟架铜构件2500千克，钟上有错金铭文2800余字。还有青铜礼器和用器140余件，包括：通高130厘米、重360千克的大铜缶，通高61.5厘米、重168.5千克的冰酒器方鉴等。这组青铜器群也没受氯化物的侵蚀，从青铜器表面凝结物的成分分析结果表明，也主要为镁钙离子。这种无氯的埋藏环境是保存良好的原因所在。

灰白色蜡状的氯化亚铜，在潮湿环境中可生成碱式氯化铜的试验结果表明：氯化亚铜在相对湿度为95%的潮湿环境中，经2小时即形成碱式氯化铜；在相对湿度为78%的潮湿环境中，需4小时形成碱式氯化铜；在相对湿度为58%的环境中，需24小时形成碱式氯化铜；在相对湿度为35%以下的环境中，则未形成碱式氯化铜。说明干燥环境是对保存青铜器有益的，即使存在有害粉状锈，也呈稳定状态不致扩散蔓延。衡量博物馆气候环境的主要指针是空气温度和相对湿度。博物馆建筑物内空气温度和相对湿度的标准数值是：温度为15℃—25℃，相对湿度为45%—65%。但对不同质地文物有更严格的控制范围，收藏青铜器的环境空间，其相对湿度应在45%以下，35%—40%为最佳环境。中国地域辽阔，气候差异很大，北方地区冬季在强劲持久的西北大陆季风影响下长达五个月。由于冬季积雪不多，植被缺乏，春季气温上升，相对湿度猛降。北京地区的空气相对湿度有六个月的时间在40%以下，这种自然气候环境对青铜器保存是有利的。但夏季海洋气流自东南吹来，潮湿多雨，相对湿度为达70%—80%。由此可见仅靠自然环境提供的温湿度条件是不可能令人满意的，必须采取空调措施，既要利用自然环境，又要改善气候环境。对于气候潮湿的广大南方地区，则只有依靠空调措施，才是有效可靠的。

建筑物空间环境的控制，特别是昼夜连续地调控到低湿范围，需要建筑物结构严紧封闭，并配备空调设备，这对许多博物馆在目前是难以实现的。而控制收藏青铜器的文物柜则可做到密封，并加入调湿材料，控制柜内的微气候达到要求。

海洋的潮湿空气，含有氯化物等盐分，季风将其输送至滨海地区和内陆，造成盐雾污染，氯化物的结晶颗粒具有吸湿性，它沉附于青铜器上，使器物局部的相对湿度加大，更促使有害锈发展。为此还需采用防止空气污染物的措施。

上述对腐蚀青铜器进行维护技术处理中必须遵循的准则的论述，望得到各位同仁的理解和赞同。

（原文刊于《文物保存维护研讨会专辑》，台北文化建设委员会，1995年；
后收入《文物保护科技文集》，台北历史博物馆，2000年）

检测挥发性有机酸和甲醛的两种方法

张晋平　（英）大卫·蒂克特　（英）劳娜·格林

一　引　言

关于博物馆展出环境的有机挥发性物质会引起文物损坏已经有了很多报道。从 1973 年以来，在大英博物馆应用奥蒂试验方法（Oddy test）评估使用于保存和展出文物环境的材料的适用性，这个方法的缺点是需要等待 28 天得到试验结果。有几种快速的检测方法已经被引进。1982 年大英博物馆的 Daniels 先生和 Ward 女士报道应用叠氮化钠方法检测会引起银器变暗的还原性硫化合物。贝尔斯登试验方法（Beilstein test）被用于含氯成分的化合物测定在大英博物馆已经应用了超过 15 年，含氯材料被认为可能腐蚀铜器，1986 年加拿大文物保护研究所的 Williams 先生整理发表了贝尔斯登试验方法的详细操作过程。挥发性有机酸和醛类被认为会引起铅和其他材料腐蚀，至今还没有快速检测方法的报道，人们仍然应用奥蒂试验方法，以铅的腐蚀程度检测挥发性有机酸和醛类，以此决定保存和展出文物环境的材料的适用性。

我们探索性研究了用时少于两小时的两种定性试验方法，一种是碘化钾—碘酸钾方法用于检测挥发性有机酸，另一种方法是应用变色酸方法检测挥发性甲醛。

二　碘化钾—碘酸钾方法检测挥发性有机酸

（一）反应

碘化钾—碘酸钾方法基于酸和碘化物及碘酸盐的反应，能够使淀粉产生蓝紫色。

$$HAc \longleftrightarrow H^+ + Ac^-$$

$$5I^- + IO_3^- + 6H^+ \rightarrow 3H_2O + \beta I_2$$

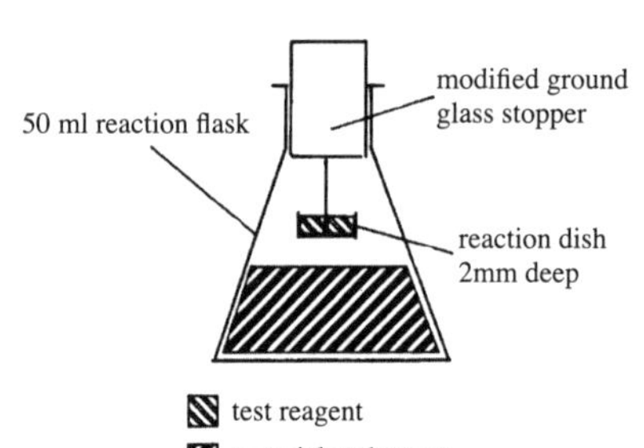

图一　试验玻璃器皿

在室温条件下，展柜材料会散发挥发性有机酸。应用碘化钾—碘酸钾试验方法时，提高试验温度可增加展柜材料的挥发速率。

碘化物、碘酸物和淀粉溶液被滴于小反应皿内，将被试验样品放入锥形瓶中，盖好后将锥形瓶放于 60℃烘箱内。如果溶液变成为蓝紫色，这一阳性结果表明有挥发性有机物（图一）。

（二）影响碘化钾—碘酸钾方法的因素

1. 反应皿的深度被认为很重要，淀粉和碘混合溶液依赖于扩散的挥发性有机酸进入反应皿中，才会发生反应。深的反应皿限制了有机酸的扩散。试验用 2 毫米深的和 25 毫米深的反应皿进行比较，2 毫米深的反应皿更好。

2. 试验温度会影响溶液显示蓝色的速度。试验用 60℃，80℃，100℃温度比较，发现 60℃是最佳温度，如果超过 80℃，将不会有蓝色显现。高温会导致反应溶液溶液蒸发，限制了有机酸保持于反应溶液中。

3. 样品质量将影响试验溶液变成蓝色的时间。所有的木材都会散发不同数量的挥发性有机酸。我们应用了两种材质的木料，选择不同质量进行了独立试验。第一种木材是岑树木锯屑，试验质量从 0.025 克到 0.300 克，观察到的变色时间结果见表一。这一结果表明 0.300 克不是一个足够的质量。第二种木材选用山毛榉木，将其锯成 0.045 克至 2.8 克的小块，观察到的变色时间结果见表二。在这一试验中，质量为 2 克样品认为最适宜，重复试验用 2 克样品也得到验证。

表一　岑树木锯屑在锥形瓶中引起反应皿溶液变色的时间

岑树木锯屑质量	反应皿溶液变蓝色的时间
0.025 克	2 小时未变色
0.100 克	40 分钟
0.300 克	25 分钟

表二　山毛榉木块在锥形瓶中引起反应皿溶液变色的时间

山毛榉木质量	反应皿溶液变蓝色的时间
0.045 克	2 小时未变色
0.700 克	15 分钟
2.800 克	15 分钟

4. 试验溶液的保存有时间限制，我们发现碘化钾试剂必须在两星期之内使用，超过两星期有可能出现假的阳性结果。碘酸钾和淀粉溶液试剂可以保持 8 周时间。时间长了，淀粉也可能会变成凝胶状，需要再次加热溶解。

（三）操作方法及过程

用蒸馏水分别配制：(a)2% (w/v) 的碘化钾（KI）试剂，(b)4% (w/v) 碘酸钾（KIO_3）试剂，(c)0.1% (w/v) 可溶性淀粉溶液试剂。将 3 种溶液分别滴入两滴于反应皿中。加入 2 克试验材料于锥形瓶中，盖后放入 60℃烘箱中，30 分钟后观察结果。如果溶液变为蓝色，表明样品散发挥发性有机酸。这样的材料将不能被用于文物展柜，因为这些挥发性有机酸有可能会损害文物。

三　变色酸方法测定挥发性甲醛

（一）反应

变色酸试验方法基于甲醛进入变色酸溶液后会变为紫色，反应机理目前还不清楚。应用变色酸试验方法时，提高试验温度可增加展柜材料的甲醛的挥发速率。变色酸试验方法曾经被人们用做点滴试验。变色酸溶液被滴于反应皿中（图一）。样品放入锥形瓶后，盖后放入 60℃烘箱中等待溶液是否变为紫色。

（二）影响变色酸试验方法的因素

1. 试验依赖于扩散的甲醛进入反应皿中的变色酸溶液，才会发生紫色反应。我们发现反应皿深度很重要。

我们选择了 2 毫米深的、9 毫米深的反应皿和 25 毫米深的小反应瓶进行比较试验，得出结论 2 毫米深的反应皿效果最佳。

2. 试验温度会影响溶液显示紫色的速度。我们试验了 20℃，60℃和 100℃温度对于反应时间的比较，发现 60℃是变色酸试验方法的最佳温度。

3. 样品质量将影响试验溶液变成紫色的时间。试验选用不同质量的胶合板锯屑，由于胶合板通常用脲—醛树脂或者酚—醛树脂胶，游离甲醛会散发出来。记录溶液变为紫色的时间。结果见表三。最佳样品量选定为 2 克。

表三　胶合板锯屑在锥形瓶中引起反应皿溶液变色的时间

胶合板锯屑质量	反应皿溶液变紫色的时间
0.025 克	2 小时未变色
0.100 克	30 分钟
0.300 克	15 分钟
0.700 克	15 分钟
2.800 克	10 分钟

（三）操作过程及方法

1. 将 (1% w/v) 变色酸加入浓硫酸溶液中（97%w/w），此溶液必须保存在低于 4℃条件下，两天内可以使用。

2. 加入大约 0.2 毫升（10 滴）变色酸溶液于反应皿中（图一）。

3. 将 2.0 克样品放入锥形瓶中。

4. 盖后将锥形瓶放入 60℃烘箱中。

5. 30 分钟后检查试验结果。

如果试验溶液变为紫色，表明样品含有游离甲醛。这样的材料将不能被用于文物展柜，由于甲醛有可能会损害文物。

四　碘化钾—碘酸钾试验方法和变色酸试验方法与奥蒂试验方法对照

（一）奥蒂试验方法

奥蒂试验方法是很多博物馆通常应用的方法，也包括大英博物馆。试验是将抛光的金属片置于试验瓶内，在试验瓶内增加一定水分创造高湿条件，瓶中放入试验样品后置于 60℃烘箱中。28 天后，观察是否金属表面有腐蚀情况以确定应用于文物保存和展出的环境材料是否适宜。

我们应用碘化钾—碘酸钾试验方法、变色酸试验方法与奥蒂试验方法对多种材料进行了比较试验。奥蒂试验方法选择铅金属片，因为铅金属片对挥发性有机酸和甲醛敏感。我们按照英国国家标准 BS6806 的改进水萃取定量分析方法对 4 个样品做了游离甲醛的测定。这一方法也使用了变色酸，但是测定溶液颜色的变化程度应用紫外光 / 可见光分光度计分析。

（二）讨论

所有“奥蒂试验方法”的铅片试验被确定为不适用的材料，应用碘化钾—碘酸钾试验方法和变色酸试验方法也得出相同的结论，没有一例不同。但是应用变色酸试验方法测定 2065 号样品和 2532 号样品为阳性结果，而“奥蒂试验方法”的铅片试验肉眼没有观察到腐蚀，得到阴性结果。应用水萃取定量分析方法测定得知 2065 号样品和 2532 号样品的游离甲醛分别是 336 mg/kg 和 1177 mg/kg（表四）。这一结果表明变色酸试验方法所检测甲醛的灵敏度高于“奥蒂试验方法”的铅片腐蚀的水平。

表四　应用三种试验方法检测多种材料的比较试验结果

材料	编号	变色酸方法	碘化钾－碘酸钾方法	奥蒂方法	英国国家标准 BS6806 方法甲醛含量 mg/kg
醇烯漆（干膜）	798	阴性	阳性	不适用	
白乳胶（干膜）	800	阳性	阳性	不适用	
Ultra 180（纺织品）	1709	阴性	阴性	可久用	低于检测值
塑料夹	1716	阴性	阴性	可久用	
Cortinova（纺织品）	2065	阳性	阴性	可久用	336
黑色天鹅绒	2192	阳性	阳性	不适用	2660
皇冠漆 c2-55（干膜）	2203	阴性	阴性	可久用	
皇冠漆 c1-80（干膜）	2204	阴性	阴性	可久用	
皇冠漆 c2-75（干膜）	2205	阴性	阴性	可久用	
硬纸板	2490	阴性	阴性	可久用	
Ultra 119	2517	阳性	阴性	不适用	
Gatorfoam	2532	阳性	阴性	可久用	1177
Deloria 清漆（液体）		阴性	阳性	不适用	
Deloria 清漆（干膜）		阴性	阳性	不适用	
Meloseal5 漆（液体）		阴性	阳性	不适用	
Meloseal5 漆（干膜）		阴性	阳性	不适用	

五　结　论

碘化钾—碘酸钾方法和变色酸方法与奥蒂试验方法应用铅检测相比，相关试验样品具有非常好的一致性。变色酸方法比奥蒂试验方法对于甲醛更灵敏。因此，应用这一试验方法可能排除掉一些原来认为安全的材料。然而，比起那些对于不适宜的材料反应不灵敏的试验方法，这一试验方法更容易被接受。碘化钾—碘酸钾方法是用于专门检测挥发性有机酸的方法，变色酸方法是用于专门检测甲醛的方法。引起铅金属腐蚀的主要有害气体是挥发性有机酸和甲醛。然而，有些胶粘剂中含有酚或者氨，它们也会造成铅金属腐蚀。应用碘化钾—碘酸钾方法和变色酸方法不能检测到酚和氨，但是应用奥蒂试验方法，酚和氨则能够引起铅腐蚀。这两种方法比奥蒂试验方法更具有优点，因为它们仅需要少于 2 小时来完成。但是，这两种方法不能完全替代奥蒂试验方法，因为奥蒂试验方法还可以检测到其他腐蚀铅的气体。

（原文刊于《美国文物保护》季刊第 33 卷，1994 年第 1 期）

谈梁山汉墓壁画的摹绘

章毅然

1954年一年中，我先后参加了临摹河北望都、山东梁山两地汉墓的壁画工作，望都汉墓壁画已在《文物参考资料》1954年第十二期发表，现在只把梁山汉墓壁画的摹绘情况在这里作一简单介绍。

梁山的汉墓分前后两室，壁画主要是画在前室四壁及室顶、前室顶及北部棺室的门券上还画有日月云气花纹。前室自西壁经南壁至东壁的壁画内容，都是互相联系的。西壁是人物车马，前两车坐着“游徼”、“功曹”，后车是“主簿”，中间为主车，题着“淳于口卿车马”，似乎是墓主。在南壁的第一幅，上有楼阁，下为门卫。楼阁标题“都亭”，阁右有一人躬腰捧着物品迎接车马，阁左有二人似奔驰状，标题为“口成侯驿”。接着就是墓门券上绘一座三间的平房，每间都画有人物，或坐榻，或站立持棍作把门状，但已模糊不清。在东壁，前有没叶的树一株，树身及枝上满点着朱点，上方站着一只乌鸦，树后为标题“子元、子礼、子任……”等一行九人，似为墓主的子女画像。

全部壁画，都带着写意和漫画的形式，但是笔意中有规律，有含蓄。最突出的是“门卫”和“云气”，看来虽只几笔单纯的线条，却画得极雄健生动。如门卫，只在用笔的轻重转折上，便把头、帽、衣襟的变化表达了出来；云气，在用笔起落虚实上，便显出了高下起伏，涌卷轻扬。其他如表现统治阶级的高车驷马，耀武扬威；迎接车马的鞠躬致敬，神色仓皇，把那封建制度下阶级悬殊的一切情态，用简练的笔法传神入妙，这就是从现实生活中体验得来的艺术作品。

临摹古墓壁画，就是为了保存古代艺术的遗迹，便于研究和接受优良的民族艺术遗产，这是一项具有重要意义的工作。因此摹绘者的技术水平与原壁画者的技术水平不能相距太远，否则，纵令摹绘得形象准确，也掌握不住原画的精神。

摹绘时要忠实于原作，克服主观。根据我的经验，摹绘工细线条，易于处理，而摹绘粗长带着写意画法的线条，则事先必须深刻考虑。它的一笔的起落和浓淡虚实，全在笔的大小适宜，及笔上沾水墨的多寡得当，所以应该先用另纸试绘，与原画线条和浓淡虚实相合时，然后再正式着笔。使用的笔宁可稍大，不宜过小。大笔含水墨可自由加减，要是想秀劲些，可利用笔尖；小笔因含水墨的分量有限，用它来处理粗长的线条则气力不足。中国古代绘画艺术的“骨法用笔”，首重气韵，就是要求达到体现事物的“形”似“神”真的境地。

摹绘壁画进行着色时，必须注意到原壁画的线条与色彩的先后关系，以及它的虚实浓淡或若隐若现处。倘是对它的先后顺序不研究，对色彩的深浅也不仔细分析，摹绘出来一定会失掉它的真实性。

梁山汉墓壁画的色彩，仅运用朱、黑、绿、黄四种矿物质色绘成，与辽阳、望都汉墓壁画的设色大同小异，既朴实，又鲜明耐久，这是足以作为说明汉代绘画风格的特征之一，所以对于壁画的颜色处理，是需要极慎重的态度，不容许我们摹绘工作者稍有轻率和曲歪的。

（原文刊于《文物参考资料》1955年第5期）

丹丹乌里克佛寺壁画的保护修复

铁付德　佟文康

一　前　言

丹丹乌里克佛寺壁画，是2002年10月由新疆文物局、新疆文物考古研究所和日本佛教大学尼雅遗址学术研究机构共同组队考察丹丹乌里克遗址时发现的，后由新疆文物考古研究所于11月进行清理发掘后揭取。中日双方在以往良好合作的基础上，就合作进行丹丹乌里克壁画的保护和研究达成了共识，并获得中国国家文物局的批准。2004年3月9日—16日中日双方有关考古、艺术和文物保护专家在新疆文物考古研究所对已经揭取运回的壁画进行了细致的考察（图一），讨论制定了“丹丹乌里克佛寺壁画保护方案”。2004年5月在北京论证通过了“丹丹乌里克佛寺壁画保护方案”（图二）。依据该方案，中日双方文物保护专家共同协作，对丹丹乌里克佛寺壁画进行了成功的保护。

图一　中日双方专家调查壁画现状

在壁画保护修复研究进行的同时，有关丹丹乌里克佛寺壁画的考古学研究也在同步进行，依据对丹丹乌里克遗址新发现的佛寺壁画的认识，佛寺为唐代遗存，这批壁画的时代上限在公元7世纪晚期，具有较高的历史和艺术价值[1]。为了有效地实施对这批壁画的保护，必须充分认识壁画的损坏类型和损坏程度，并建立壁画的损坏形式与壁画基体材料和制作工艺之间的联系。因此，对中国古代壁画材料及制作工艺作一简要介绍，有助于加深对丹丹乌里克壁画制作工艺和材料特征的认识，以便选择有效的保护修复实施方案。

图二　中日双方专家在北京论证壁画保护方案

二　中国古代壁画及其保护研究的现状

（一）壁画的制作工艺和结构

中国古代壁画的绘制方法，最早见于《汉宫典职》中记载“尚书奏事于明光殿，省中书皆以胡粉涂壁，紫青界之，画古烈士，重行书赞”。这种方法后世沿用了很久，直到明清。魏、晋、隋、唐时期，有关壁画制作方法记载甚少，据敦煌壁画研究表明，北魏、北齐年间的壁画多用黄土、泥沙制作壁面，壁面灰泥层内掺麦秸作筋，壁面的质量略显粗糙[2]。唐代壁画表层出现石灰和胶的混合物[3]。晚唐至宋代，壁画第二层细泥内出现沙子和胶泥，以增强壁面的强度和韧性[4]。宋代壁画的制作，在《营造法式》卷一三《泥作制度·壁画》中有记载：“造画壁之制，先以粗泥搭络毕，候稍干，再用泥横被竹蓖一重，以泥盖平，又候稍干，钉麻华以泥分批令匀，又用泥盖平。以上用粗泥五重，厚一分五厘；若拱眼壁，只用粗、细泥各一重。上施砂泥，收压三遍。方用中泥、细衬泥，上施沙泥。候水脉定，收压十遍，令泥面光泽。（凡和沙泥，每白沙二斤，用胶土一斤，麻捣洗择净者七两）。”[5]唐以来壁画研究表明，除其壁质粗泥中有麦秸和麦糠而无竹蓖、中细泥和细泥中有麻筋外，皆与上述记载相同。明清少量壁画，粗泥之外掺和白灰，抹成麻筋白灰壁或麻筋掺灰沙泥壁，壁上涂白粉，后涂底色作画，此壁面适于石窟和墓葬环境。寺观壁画多采用土坯作墙，麦秸粗泥或麻筋中泥、细泥制壁，即易制作又易保持壁画色泽，壁画的耐侯性较好[6]。

(二) 壁画的粘结材料

早期的壁画绘画，胶结材料被用于颜料的调配。据文献记载这些胶结材料主要有动物胶、植物胶、酪素和干性油四大类 20 多种[7]。动物胶和鱼胶通常主要用于灰泥层的粘接和壁画颜料的调配。这一类胶主要来自一些动物的骨骼和皮，常见的胶有牛皮胶、兔皮胶和鱼鳔胶。植物胶主要包括阿拉伯树脂胶、黄芪胶和樱桃胶。糖和淀粉也是这一类胶中的主要一种。酪素也作为壁画颜料、临时涂层和灰泥层的胶结物。此外，无机粘接材料如碳酸钙的粘接作用也早为人们认识，只是石灰干燥固化形成的碳酸钙的粘接作用是和其在灰泥层中的粘接作用联系在一起的。

(三) 壁画的颜料

颜色是古代壁画的重要构成材料，壁画的价值借助颜色得以体现，古代壁画的损坏对壁画的颜料层的稳定造成影响，同样壁画颜料自身的蜕变也是壁画损坏的类型之一。对古代壁画颜料的分析，其最终目的就是要通过壁画颜料的分析研究，探索颜料蜕变和壁画损坏形式之间的联系，进而对壁画材料的蜕变和保护修复研究提供最直接的依据。1935 年美国盖斯特曾对被华尔纳窃运到美国的敦煌壁画和彩塑颜料进行过分析。他们采用普通的光学显微镜和化学分析发现这些样品中，不仅存在孔雀石、石青、雌黄、雄黄、赭石等天然材料，还存在铅白、红丹、银硃、大青和靛蓝等人造材料[8]。早期的颜料研究也包含了 1938 年 R.J.Gettens 对巴米扬[9]、克孜尔壁画所作分析的报道[10]。中国在 80 年代由化工部涂料研究所和敦煌研究院合作，对敦煌壁画颜料进行了全面的 X 射线衍射剖析[11]。1984 年周国信对中国部分石窟和墓葬壁画的分析，鉴别出 26 种自然矿物颜料[12]。Cheng Qing 等人，采用了光学显微镜、X 射线微量分析仪和微区 X 射线衍射仪等方法，对中国福建省宋代和元代墓葬壁画的 60 个颜料样品进行了分析[13]。

(四) 西域壁画

壁画艺术在世界上不同民族、不同地域和不同文化背景下有着广泛的分布。东西方壁画沿着自身的道路演变和发展，虽然各具特色，然而却存在着或多或少的联系。格伦威德尔著《印度的佛教艺术》一书论及，连接希腊及东亚形式艺术的链节，必须在中国新疆地区去找，昔日的巴克特利亚东北的阿富汗和西北印度的希腊艺术形式，大约在基督纪元初，已经被佛教利用，稍加变化，而创造神及圣哲的肖像。于是佛教经帕米尔，复经喀刺昆仑山到新疆，之后传到中原、高丽和日本[14]。

随佛教艺术在汉代开始传入中国，当时印度的绘画艺术可能也逐渐传入。北魏时期的壁画，除了汉代的传统之外，受印度和西域的影响很大[15]。中国传统壁画与印度壁画的制法有相似之处，向达在《莫高、榆林二窟考》中作了描述与比较：敦煌千佛洞（莫高窟、榆林窟）均是先以厚约半寸之泥涂窟内壁上使其平整，泥内以铿碎之麦草及麻筋作骨骼起加强作用。此泥层上再涂上一层薄如卵壳之石灰，石灰层极薄如纸张的厚度。在干燥的石灰面上施彩色，使其透入石灰面下之泥层。印度阿健陀 (Ajanta) 等处石窟壁画，大都制作于高砢不平之壁上，涂厚约 1/8 — 3/4 英寸泥牛粪与淡黑色石粉混合之泥层，泥中常掺有极细的碎草及谷糠末，其上再涂一层薄如卵壳之石灰层，然后在白色的石灰层上作画。印度壁画制度与新疆库车、吐鲁番以及敦煌所见者相同，唯所用材料因地域出产不同而略有差别。这段论述比较了中国和印度传统壁画的制作方法和材料[16]，反映出了西域壁画的材料和技术特征。

无论是干壁画还是湿壁画，其构造通常由支撑体、灰泥层、白灰层 (并非总是存在) 和颜料层构成。灰泥层主要材料为石灰、粗沙、细沙、泥土和石粉等，为了提高壁画灰泥层的强度，一般情况下需要加入增强纤维材料。绘画所用材料以无机矿物颜料为主。因地域不同，材料可能有一些差异，但是其性能和功能十分相似和接近。这种相似为丹丹乌里克壁画损坏类型的研究以及壁画保护和修复技术的相互借鉴提供了依据。

(五)壁画的损坏与保护

壁画构成材料和结构中，墙壁支撑体、灰泥层和绘画层都可能产生损坏[17]。这种损坏可能是多种形式复合而成的[18]。壁画的损坏除与壁画的构成材料和制作工艺有关[19]，与壁画所处环境有害因素之间关系也极为密切[20]。对壁画的这些损坏形式和原因的了解，是研究壁画保护和修复处理的基础环节。

1. 支撑体

墙壁支撑体是壁画的主要构成要素，建筑物结构的危险、墙壁的弱化和坍塌是常见的壁画损坏形式[21]。这种损坏可能来自于墙壁构成材料的缺陷，如采用了未烧透的砖，或者采用了含有盐分的粘土和其他劣质材料。材料的空隙率、热传导性和可溶盐的种类和性质，均会对壁画支撑体的安全构成影响[22]。此外，雨水、地下水、建筑物基础的坍塌、不适当的修复等，也会对支撑体的强度造成影响[23]。支撑体的损坏往往与建筑物的毁坏紧密相关。当支撑体的后部暴露可见时，可对墙壁支撑体进行维修和加固，当支撑体是岩石或墓壁无法维修和加固时，通常先将壁画揭取，对支撑体进行维修加固后，再将壁画复位[24]。

2. 灰泥层的损坏

灰泥层通过自身的粘结提供了对支撑体的固定作用，而这种固定力常常会由于相对湿度的变化和水的迁移而失去，从而引起灰泥层和支撑体的分离，在灰泥层和墙壁之间形成空鼓，这种空鼓有时可达几米的区域。这种分离的原因也可能来自灰泥层中原存粘合材料的老化、灰泥层和墙壁内盐分的存在和迅速的热胀冷缩[25]。空鼓的进一步发展会由于空鼓面积过大而坠落，这种脱落有时也会来自灰泥层的收缩和膨胀的交变，或是来自建筑机械和地震等震动。聚丙烯酸类树脂、聚醋酸乙烯乳液、缩醛类树脂常被用来粘合空鼓和脱落。

3. 壁画表面的粉化

灰泥层可能变成粉化和粗糙状，尤其发生在壁画表面存在盐风化的情况下。盐的存在弱化了灰泥层的内聚作用，盐在结晶过程中膨胀，在灰泥层中产生应力，使其破裂，从而导致壁画表面的粉化。盐损坏是保护者最为关注的问题，因为它常导致灰泥层的破裂、粉化和完全损坏。此外，光线、雨水也会使壁画表面风化而变得粗糙。空气中灰尘的物理摩擦、雨水的溶出、阳光下的干缩和膨胀也会产生同样的结果。通常采用聚乙烯醇缩丁醛和 Paraloid B-72 等材料加固[26]。

4. 颜料层的损坏

(1) 污迹

壁画的表面常常存在各种类型的污迹，从基体通过毛细作用渗透至表面的水携带的可溶组分，也会在壁画表面积聚留下污迹。藻类和真菌生长也会在壁画表面留下永久的污迹。鸟类在壁画表面的滴落物通常是很难清除的。开放的地点壁画表面也会明显地留下观众人为留下的痕迹[27]。

(2) 风的磨蚀

含有尘土和沙粒的风对壁画存在磨蚀作用，在壁画表面造成尘粒沉积[28]。在潮湿情况下尘粒的酸碱性也会对壁画造成腐蚀作用。沉积的灰粒使得壁画表面暗淡，有时会完全遮盖壁画表面[29]。在无湿气作用的状况下，这些尘粒可能容易去除，然而，在有湿气存在下，这些尘粒是相当难以清除的。

(3) 盐侵蚀

盐在表面与内层的运动是由湿气和蒸发引起的，可溶盐来自灰泥层或其分解过程，随水分蒸发富集在表面形成白色沉积物[30]。水分蒸发时，在毛细作用下，通过灰泥层微孔也会连续提供含盐的液体从而不断形成结晶[31]。当结晶长大膨胀形成压力导致壁面开裂[32]。对于各种类型的壁画，盐腐蚀是保护者最为关心的问题。这种损坏表现在壁画表面和内部的风化，导致壁画表面开裂、剥落和粉化[33]。如果墙面有足够的强度，盐在结晶过程中被挤出，在表面形成风化，反之，壁面在压力下逐渐碎裂，造成对灰泥层的损坏。

钠、钾、镁和钙的硫酸盐对壁画是最危险的盐，这些盐类损坏常表现为降低壁画结构的内聚力[34]。硫酸钙可以形成一种白色的硬壳遮盖壁画的表面，在大气环境影响下，也可通过壁画构成材料碳酸钙的硫酸化反应在灰泥层中形成损坏。硝酸钠、硝酸钾和硝酸钙等高溶解性的盐，通常会在壁画表面形成较厚的风化层[35]。碳酸钙作为壁画的主体成份之一，通常不会对壁画造成损坏，然而，一旦在壁画表面形成坚硬的垢层，将难以去除。氯化物盐一般形成在靠近海洋的气候条件下[36]。支撑层和灰泥层中的硅会在渗透水的作用下缓慢向壁画表面迁移，在壁画表面形成白色的二氧化硅或硅酸盐的硬壳层。

(4) 颜料层的起甲剥落

壁画颜料层呈粉状或片状剥落与颜料层中胶粘剂的老化有关。天然有机物胶粘剂通常在热、光、湿度、昆虫和微生物的作用下会出现分解。紫外光会导致颜料层颜料的氧化。阳光、热和胶粘剂重复性的胀缩也会导致颜料层的开裂和脱落。徐毓明 1982 年总结了敦煌壁画保护的方法，他认为壁画的加固材料走过了从植物油涂层（胡麻子油）到动物蛋白质胶涂层（酪素、动物胶）继而到天然树脂涂层（虫胶）再发展到合成树脂材料涂层的过程[37]。李最雄、西浦忠辉认为壁画颜料层龟裂是敦煌壁画损坏的主要形式和主要的研究内容。他们对聚醋酸乙烯乳液、聚乙烯醇、Paraloid B-72 和一些无机加固材料作了选择试验[38]。1989 年胡继高报道了在敦煌壁画的龟裂起甲修复中采用了聚醋酸乙烯乳液和聚乙烯醇混合材料。在他的工作中也对 1957 年捷克专家格拉尔等采用酪素胶、石灰水、胶矾水修复敦煌起甲壁画的情况作了检讨[39]。

(5) 水的冲刷

来自墓葬周围的地下水，地上建筑物破损漏下的雨水，均会对壁画造成冲刷，从而在壁画表面留下冲刷的痕迹。地下水和雨水携带的可溶盐在壁画表面留下垂直的白色条纹。这种白色结晶是液态水中的低溶解度物质在壁画表面的积聚形成的。

(6) 退色

在自然光和人工照明情况下，壁画的颜色会出现退色或者是颜料层的模糊。光源中的紫外部分具有损坏性的光化学作用，常常引起壁画颜料的退色[40]。由于过度的剥落壁画表面也会出现退色[41]。表面涂层的蜕变也会使壁画表面出现模糊[42]，通常这几种退色形式是需要加以区分的。

5. 微生物、昆虫、鸟和蝙蝠

热带和亚热带气候下壁画的另一种损坏形式就是微生物的生长。菌类、藻类和苔藓类，这些微生物出现在壁画表面通常是不规则的、绒毛状的，一般有绿、黑、白、黄等色。这些损坏不仅改变壁画表面的颜色，引起壁画表面的粉化使颜料层失去内聚力，进一步发展也会侵蚀壁画深层的灰泥层[43]。壁画通常也会受到昆虫的危害，尤其是那些粘土作灰泥层的壁画，粘土灰泥层包含有谷壳、麦秸、草和其他天然材料，这些材料容易受到昆虫的影响。银鱼、白蚁和甲虫对壁画会造成严重的危害。鸟和蝙蝠的粪便也会对壁画表面造成严重的污染[44]。

6. 环境温湿度问题

环境的过分干燥将会引起墙壁的脱水导致壁画损坏，通常这种损坏也是多种形式复合而成的，比如灰泥层失去内聚强度、胶粘剂老化失去粘接力而变得脆弱，动物胶和树胶会变得脆弱。石膏灰泥层对过分干燥尤其敏感，石膏在 35 度中等湿度下就会脱水。

（六）壁画的揭取保护

1. 壁画揭取的原因及原则

由于壁画存在多种类型的损坏，壁画的现场保护技术得到发展。当壁画原存环境已经不能保证壁画的安全存在时，壁画的揭取即成为主要的保护手段之一。壁画揭取的初期发展阶段是在意大利开始的，稍后波及到波兰和英国，并逐渐影响到了欧洲的其他一些国家。亚洲的壁画揭取技术与西方相比相对要晚一些，但亚洲壁画的丰富，也促使亚洲的壁画揭取与保护技术有了较大的进展。国际间的交流日益增多也使中国的壁画保护研究显得十分活跃。

2. 壁画的揭取技术和所用材料

中国20世纪初墓室壁画开始发现出土[45]。1952年陕西咸阳张家湾工地唐墓壁画的揭取是中国最早的壁画揭取。茹士安先生1955年总结这一揭取工作的方法：从上而下，用水清洗壁画表面泥土。炭火干燥壁画表面。用桃胶贴布于壁画表面。用薄刃刀铲，自下而上分离壁画。用夹板固定搬运壁画。后期处理是清理壁画并水洗壁画后背，用石膏灌注壁画后背，必要时在石膏层中加入钢筋。最后去除壁画表面贴布[46]。1960年祁英涛报道了永乐宫壁画的揭取方法，具体步骤包含清洗表面、胶矾水封护、用团分浆糊贴纸、贴布、靠板保护、开缝锯切、揭取[47]。1982年祁英涛等人对永乐宫壁画的后期复原修复作了最终报告[48]。1981年孟振亚对山东嘉祥山隋墓壁画揭取方法与上述基本相同，所不同的是，他在贴纸和布时加入了桃胶，灰泥层背部采用桃胶和石膏混合物并嵌入铁丝网加厚2—3厘米[49]。1983年辽宁北票莲花山辽墓壁画的揭取采用了三甲树脂作为画面的加固剂、贴布用粘合剂，壁画背面采用了加有三甲树脂的石膏背衬[50]。1990年徐毓明介绍了他对北周李贤墓葬的壁画揭取过程中采用的方法，他在壁画加固过程采用了聚乙烯醇缩丁醛，以不同浓度由低到高加固三次。他认为传统的贴面材料桃胶和团粉浆糊容易残留在壁画表面滋生霉菌，而采用了聚乙烯醇作为贴面粘合剂。并且它采用了E44环氧树脂、3051聚酰胺树脂和玻璃纤维布制成1.5—2.0cm厚度的可移动支撑层[51]。同一时期少林寺千佛殿壁画[52]、芒砀山西汉柿园墓壁画的揭取也采用了棉纤维增强的环氧树脂配合木质框架作为后背支撑体[53]。1993年陕西省文物保护中心，在彬县五代时期的冯辉墓壁画加固中，第一次采用了非水溶性加固剂Paraloid B-72[54]。20世纪60年代有用生漆贴布的现象，70年代开始采用环氧树脂和方管状铝合金型材框架作为后背支撑，至90年代逐渐在中国西北部形成主流[55]。坏氧玻璃钢后背的厚度大约1毫米，并与铝合金框架配合组成支撑体。罗黎等人在其文中已经提及环氧树脂的不透水、有变形张力等致命缺陷，他们认为急待研究新的替代材料[56]。1998年谢伟认为，对于陕西普遍采用环氧树脂加固后背的缺点越来越多地暴露了出来[57]。杜小帆、泽田正昭等人认为由于环氧树脂的不可逆性，壁画再修复处理成为难以解决的课题[58]。敦煌的研究也指出，错误的修复方法会导致壁画表面风化的加速[59]。2002年铁付德等人，针对已经揭取并保存在博物馆的壁画所出现的问题，以中国西汉时期的“四神云气图”壁画为例，采用现代分析仪器研究了壁画的损坏，采用材料力学的有限元方法，研究了壁画后背棉纤维增强的环氧树脂和木龙骨框架组成的可移动支撑体的变形对壁画造成的破坏，研究了变形支撑体的去除技术，探索了新型支撑体的材料和制作技术[60]。

3. 中国境内对西域壁画的早期揭取

中国尽管早在1952年已经开始对壁画实施揭取保护，然而，令人遗憾的是在中国境内最早揭取的壁画则是由德国探险家勒柯克等人1905年在新疆拜城县克孜尔地区进行的。这一时间比中国人1952年的壁画揭取的时间早了大约50年。勒柯克在《新疆文化之宝库》一书中记载了他们揭取壁画采用的工具、材料和方法，为对那一时期壁画揭取（准确讲是西方壁画揭取）的材料和技术的情况有所了解，并与张湾壁画揭取的方法和当今壁画的揭取技术进行比较，特将其节录如下：

> 此将壁画的割取法记述如下：画上先涂泥料一层，泥料系泥土杂以骆驼粪、碎草及植物纤维等而成，抹上使其平滑，再加垩土一层。
>
> 割取的方法：先将画的周围，用极快的刀切断，但需十分的谨慎。缘雕刻物，已直达壁画。壁画的大小，适于装箱之用。以车运大箱，次则以骆驼运，小则以马运。
>
> 此一部分工作，有时应将画的边线，剪成曲线，或三角形，以防止透浮面及其他重要部分。
>
> 次则壁上凿孔，需用丁字斧，使画的沿边，备有空处，便于用狐尾锯。其空处则以斧凿等物，凿石而成，幸此类石料皆松软，颇以奏功。
>
> 假使浮层出现恶劣状态，则雇人以毡毯覆于其上，压紧则壁画自易于移动。
>
> 壁画既经割出，其画板则由壁上缓缓移动。先将其上壁画取出，慢慢放下，直俟壁画放于平板之上，成平行线为止。平板的下部，则使之与壁相接触。

此种工作，特别重要。在工作时间，需运用极其灵巧而敏捷的手腕。

装包也不是易事：第一，平板的准备，必须能容画幅，并且各边均需长处3寸之4寸；次则两块平板，各铺以直角形有弹性的芦草两层，上覆毡毯一层，再覆以柔软棉絮一层；然后将画放于板上，其油饰方面则向下；再加棉花隔层，将第二画片放上，其画面则向上。再多，仍依次排置。

我们可依此法装包壁画六件，但再多则箱内就不能容纳了。

此成堆的画片，我们循序，均铺以棉絮一层毡一层，以及直角形的芦草两层，然后再上加板，一如前述的方法。而在壁画的边缘，与平板长出的部分之间，其空处则塞以亚麻草，使之充满，再用绳索周围束紧，包裹就完毕了。

箱的大小，也须周围比包裹长3—4寸，先在箱底铺有弹性的芦苇草一层，次则将捆好的包裹放入，周围的空处，都用芦草充塞。至包裹桩顶，也铺以有弹性的芦苇草一层，然后加盖上钉。

我们所有壁画，都照以上方法包裹装置，不曾稍有松懈。[61]

这段记载反映出如下事实：德国人实施了在中国境内对中国壁画的早期揭取；揭取采用的工具有刀、凿、斧、锯；材料有泥、骆驼粪、植物纤维、棉、毡、靠板、平板；工序有以泥贴面，刀铲、锯切，靠板保护。勒柯克等人揭取的壁画中的一部分，二战期间毁于盟军的轰炸，其余现藏于德国柏林印度艺术博物馆。

欧洲现今壁画揭取操作的步骤为：贴表面保护层之前表面的清理；贴表面保护层操作；分离；背部处理（支持材料的应用，衬里，过渡层）；新的支撑体的建造；在支撑体上固定可拆卸的固定片；表面覆贴物的清除[62]。如果把其二者壁画揭取保护技术的主干做以比较，将会发现时过百年，壁画的揭取在壁画贴面材料上有了很大变化，但是在壁画揭取的工具、程序和操作上，似无太大变化。

三 丹丹乌里克壁画的保护研究

（一）前期研究

1. 丹丹乌里克遗址与新发现的佛寺壁画

丹丹乌里克遗址位于新疆塔克拉玛干沙漠腹地（图三），暴露在沙漠地表之上（图四），散布在南北长约10余千米、东西宽约2千米的范围内。其中建筑遗址大都分布在南部，主要是一组组的木柱围篱、灌溉渠道、枯死的桑树等。北部建筑遗址较少，以地表散布大量陶片为特点。

发现的这座佛寺基本被沙丘掩埋（图五），唯西南处暴露出4根高约1米的立柱，佛寺东南角的东墙

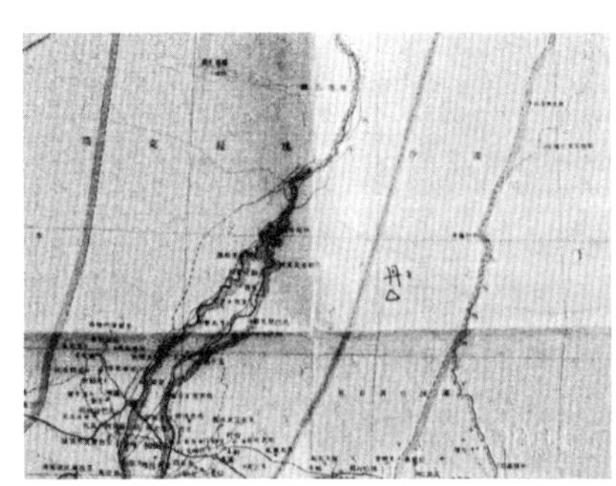

图三　丹丹乌里克地理位置

图四　沙漠腹地的丹丹乌里克遗址

图五　丹丹乌里克佛寺

向外倾倒，部分壁画因风吹走了表面的沙子而暴露，故被本次考察发现。发掘清理工作即依露出的壁画进行清理（图六），东墙壁画显露后逐渐扩大（图七），最后清理出了整个佛寺的轮廓（图八）。

佛寺为“回”字形，南北长8.2、东西宽6、残高0.2—1米（西南角保存较高），外回廊保存基本完整。内回廊约5米见方，中心有十字木框架，或为中心柱支架，门朝北开。墙为胡杨立柱夹芦苇结构的木骨泥墙，壁画直接绘在泥墙之上（图九）。

图六　佛寺清理现场

图七　清理中的丹丹乌里克佛寺

图八　清理后佛寺的轮廓

2. 丹丹乌里克壁画的抢救性揭取

该佛寺东墙外回廊墙壁整体向外倾倒，所以该墙壁面上壁画保存基本完整。其余三面内外回廊均坍塌，墙壁坍塌方向或内或外，壁画上下叠压，损坏严重，总共清理出壁画 30 余块、总面积约为 10 余平方米。从壁画的绘画内容和绘画技法来看，该壁画具有较高的历史和艺术价值。然而，由于新疆地理位置和气候环境的独特，丹丹乌里克壁画长期埋没于沙漠之中，经历自然环境有害因素的影响，使得丹丹乌里克壁画遭受到一定程度的损坏，若不及时进行揭取，将会使该壁画进一步遭受更严重的自然损坏，新疆文物考古研究所在沙漠性恶劣环境下，对该壁画进行了抢救性揭取。

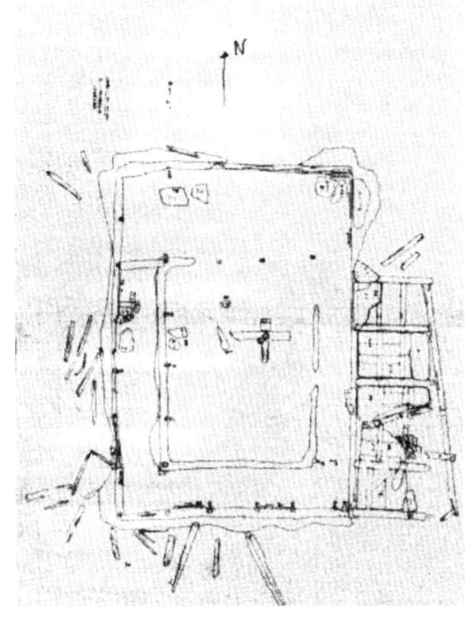

图九　丹丹乌里克佛寺的平面图

（二）保护历史及保护材料调查

1. 现场环境

丹丹乌里克佛寺位于新疆塔克拉玛干沙漠腹地。塔克拉玛干沙漠位于塔里木盆地中心，东西长约 1000 千米，南北宽约 400 千米，面积 33.76 万平方千米，仅次于非洲撒哈拉大沙漠，是世界第二大沙漠。“塔克拉玛干”维吾尔语意为“进去出不来”，又称“死亡之海”。塔克拉玛干沙漠流动沙丘面积广大，沙丘高度一般在 100—200 米，最高达 300 米左右。沙漠腹地，沙丘类型复杂多样，复合型沙山和沙垄，宛若憩息在大地上的条条巨龙；白天，塔克拉玛干赤日炎炎，银沙刺眼，沙面温度高达 70℃—80℃。在世界各大沙漠中，塔克拉玛干沙漠是最神秘、最具有诱惑力的一个。沙漠中心是典型大陆性气候，风沙强烈，温度变化大，全年降水少。塔克拉玛干沙漠，系暖温带干旱沙漠，年最高温度达 67.2℃，年最低气温达零下 30℃，昼夜温差达 40℃以上；平均年降水不超过 100 毫米，最低只有 4 毫米；而平均蒸发量高达 2500—3400 毫米。全年有三分之一是风沙日，大风风速每秒达 300 米。由于整个沙漠受西北和南北两个盛行风向的交叉影响，风沙活动十分频繁而剧烈，流动沙丘占 80% 以上。据测算低矮的沙丘每年可移动约 20 米，近一千年来，整个沙漠向南伸延了约 100 千米。

由此可见，塔克拉玛干沙漠的气候条件极为恶劣，丹丹乌里克佛寺壁画长期埋没于沙漠环境，依据沙漠气候特点，沙子内的温度低于沙表的温度，然而，从发现时的现场看，壁画的一部分暴露在沙子外边，因而，壁画可能长期经历过高温与低温的交替变化。由于壁画存在于倒塌的东墙之上，在沙漠风力的作用下，壁画可能经历时有时无的沙子覆盖，并长期经历风沙的磨蚀。壁画所处环境是极为恶劣的。因此壁画的抢救性揭取保护是非常必要的，对壁画的长久保存具有重要意义。

2. 壁画揭取工艺和材料

壁画的揭取是在沙漠性气候条件下进行的，所以壁画揭取的工作环境也是极为恶劣的。壁画揭取所用的一切材料和工具都要依靠骆驼花费几天的时间运入，这就要求对壁画揭取所需要的材料和工具有充分的估计。由于对佛寺的考古清理同时进行，壁画的实际数量和面积是不确定的，考古清理中可能出现的实际状况也是不能预见的，这就给材料和工具的准备增加了难度，这种难度也进一步增加了壁画揭取的困难。

图一〇　壁画表面的清理

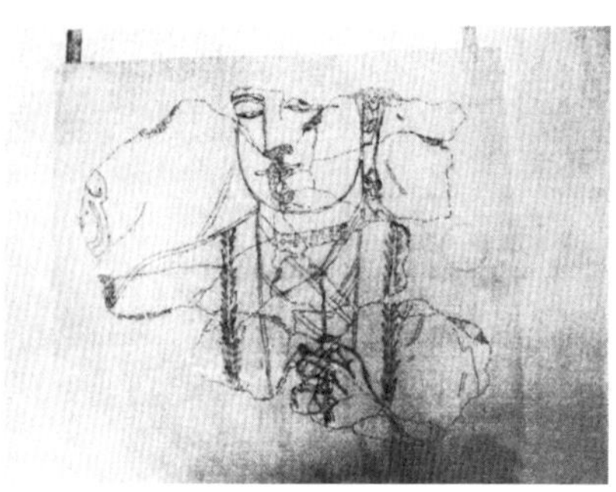

图一一　壁画的临摹

图一二　壁画的临摹图

图一三　壁画表面的封护加固

图一四　壁画表面贴纸保护（1）

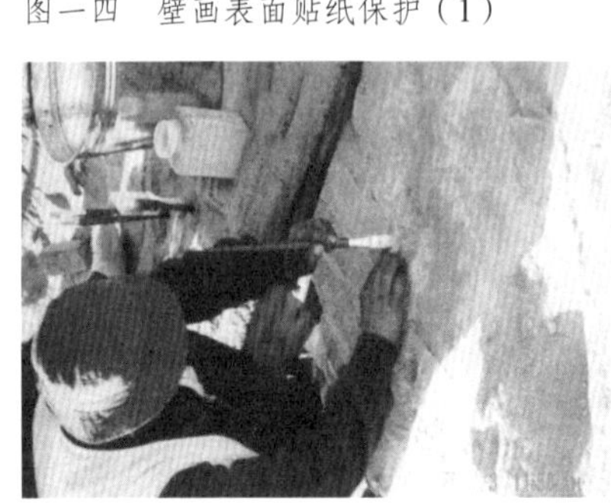

图一五　壁画表面贴纸保护（2）

壁画揭取是在当年的 11 月进行的，当时的天气，白天温度较高，晚上温度很低，带至现场的水和化学试剂在晚上冻结，甚至在上午的较长时间内，也是如此。每天能够勉强坚持的可工作时间相对较短。当时的季节，沙漠内多风，在对壁画表面进行加固和贴面保护时，遇到更多的困难。如遇风沙较强，壁画揭取等工作将被迫停止。从现场运走壁画的包装夹板，均为在现场临时制作。上述表明，在沙漠气候条件和恶劣的环境下，壁画的揭取具有非常高的难度。一些壁画揭取时需要在现场做的工作无法进行，如表面的污垢清理等，对于这些工作留待壁画揭取后运回实验室进行。

(1) 壁画表面的现场清理

依照考古发掘的工作程序，先对现场进行拍照和绘图记录，依次对佛寺遗址区进行清理。在考古清理出的作业面上，逐一对露出的壁画表面进行清理，壁画表面的清理采用软羊毛刷，沿露出的壁画表面，顺同一方向轻轻刷扫，慢慢清理掉壁画表面的沙子和尘土。清理时，先从一个小的区域开始，逐渐扩大，避免沙子和尘土对壁画表面颜料层的磨擦（图一〇）。由于时间以及现场条件的限制，对壁画表面较为坚固的污垢未作现场清理处理。从整体技术路线上考虑，对这样的坚固污垢拟留待壁画运回实验室后再进行细致的清理。

(2) 临摹

为了记录壁画在现场的原始状况，首先采用照相的方法，对壁画表面的原始状态进行记录，随后采用透明的绘图纸对壁画表面的图案进行临摹。仔细临摹壁画图案，不仅要尽量忠实原有的图案纹路，并且要格外小心，避免临摹的动作和所用临摹材料对壁画表面造成损坏（图一一、一二）。

(3) 表面封护

壁画的表面封护，从理论上也可以选择水溶性材料，但是，由于沙漠地区温差较大，若采用水溶性材料，将会导致溶剂冻结。表面加固材料冻结，体积膨胀，将会产生应力，进而对壁画表面造成极大的破坏作用。当大气温度回升，冻结的加固材料将会溶化，溶化的水又会对壁画表面造成损坏，无法达到加固目的。基于上述原因，现场对壁画表面的加固，采用了 3% 的 Paraloid B-72 丙酮溶液进行封护（图一三）。

(4) 贴面保护

新疆文物考古研究所的专业人员，在壁画表面的贴面保护时，常用的贴面纸为日本纸和中国宣纸。由于沙漠中气候多变，风沙较多，带入沙漠的日本纸在使用中，当风力较大时撕裂损坏较多，出现短缺。随后则采用小块的镜头纸作为替代，对壁画表面进行贴面保护。现场应用表明，镜头纸贴面效果良好，适合在沙漠环境风力较大的情况下的操作使用。壁画表面贴纸采用的粘结剂为 5%Paraloid B-72 丙酮溶液（图

图一六　壁画揭取时的情况

图一七　壁画背部的加固

图一八　夹板结构

一四、一五）。

(5) 壁画揭取过程

佛寺的壁画是直接绘制在佛寺墙壁的内侧一面，由于墙壁向外倒塌，壁画位于倒塌后的墙壁的上表面。随着墙壁的倒塌，壁画也随之碎裂，呈面积大小不等的块状。部分壁画在墙体倒塌后与墙体分离，残留灰泥层的厚度约为10厘米厚，另一部分壁画仍然附着在残墙上，其后背保留有更厚的墙体和灰泥层。大部分壁画与后背墙体依然具有较好的结合。然而，毕竟经历了上千年的时间，壁画整体强度较低，显得疏松和脆弱。揭取时，采用手锯轻轻地去除壁画背部较厚泥层，再用铲刀等工具将背部轻轻铲平，保留后背灰泥层厚度约为2—3厘米（图一六）。

图一九　骆驼运输壁画图

(6) 壁画背面加固

由于壁画灰泥层比较酥松，内聚强度较低，为保证壁画的安全，并考虑运输上的安全，在现场对壁画的背面灰泥层进行了临时加固，采用的加固材料为5% Paraloid B-72丙酮溶液。加固时，采用羊毛刷沾取加固剂，将加固剂轻轻刷涂在壁画的背部，待溶剂挥发后再刷涂第二次。采用同样的方法，对壁画后背的加固处理依据壁画的强度情况，进行3—5次（图一七）。

(7) 包装运输

丹丹乌里克位于塔克拉玛干沙漠腹地，沙漠内沙丘遍布，地形复杂，唯一的交通运输方式，就是采用骆驼驮运至沙漠边沿，再改换汽车运输。考虑到从沙漠内将这些壁画运回乌鲁木齐，需要长达几天的骆驼和汽车运输，为避免运输过程中可能存在的颠簸对壁画造成损坏，壁画的包装十分重要。实际包装方法，采用了在壁画的正面和背面用聚苯乙烯泡沫塑料作为垫衬缓冲材料，聚苯乙烯泡沫塑料外面再采用木质夹板，夹板四周采用螺丝锁紧（图一八），以保护壁画不受运输中的震动损伤。对包装好的壁画，先采用骆驼运输（图一九），再改用汽车运输，将壁画运回新疆文物考古研究所实验室。

（三）壁画材料的初步分析

对于已经揭取回的壁画，保存在新疆文物考古研究所文物库房。2004年3月9日—16日中日双方专家，现场考察讨论时对个别壁画表面的贴面材料进行了去除，其余均未打开。对库房保存的这些壁画进行观察，壁画总体情况稳定（图二〇、二一）。

了解壁画的制作材料，研究壁画的损坏类型，为制定壁画的保护修复方案奠定基础，对壁画的典型位置和损坏位置进行了取样分析。

1. 目的

在方案讨论之前，曾对壁画残块做过初步分析，本次分析仅只是对壁画灰泥层、颜料层的成分和灰泥层的形貌进行了初步研究。这些研究除了对壁画材质进行基本了解外，也为保护方案的制定提供依据。

2. 样品

样品选自这批壁画一同出土的一个残块（图二二），2004年1月在中国国家博物馆进行了初步分析。

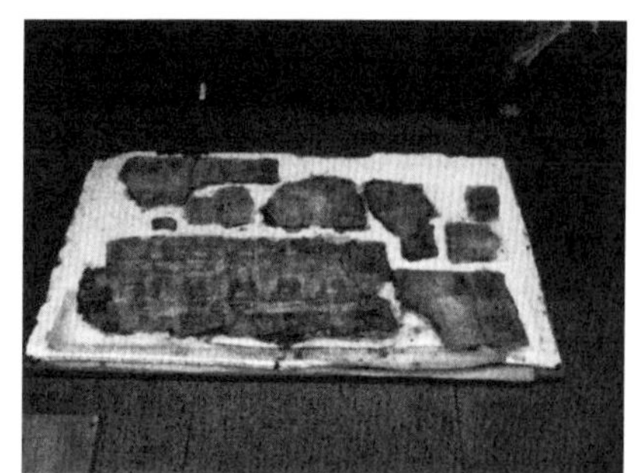

图二〇　壁画在库房中的情况1

图二一　壁画在库房中的情况2

图二二　分析样品的残块

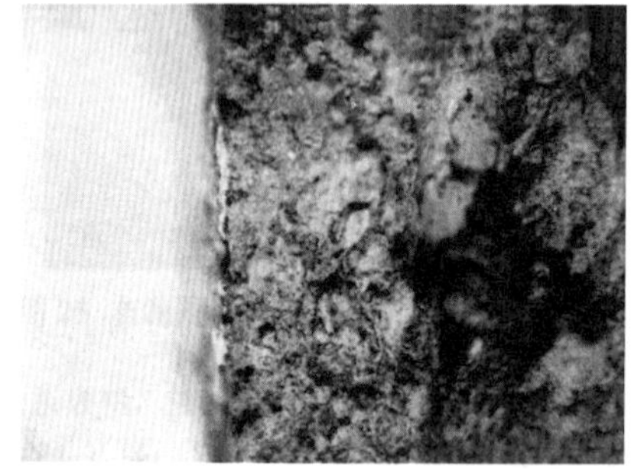

图二三　壁画表面存在不连续的白色层

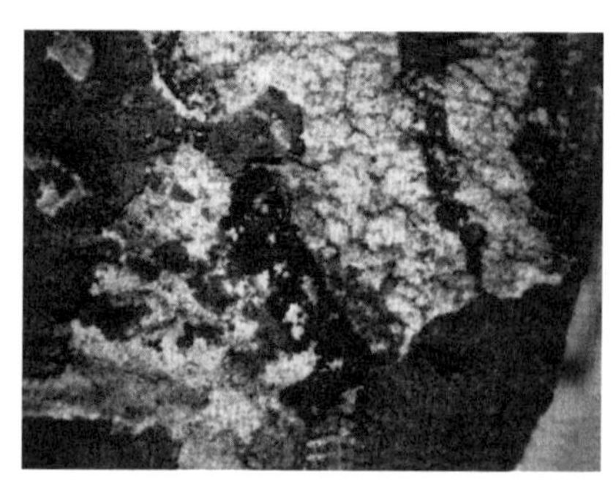

图二四　红色、白色颜料的关系

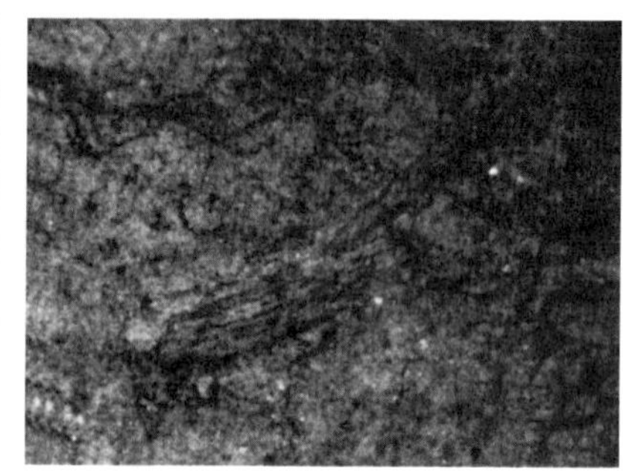

图二五　灰泥层内纤维类物质脱落后留下的痕迹

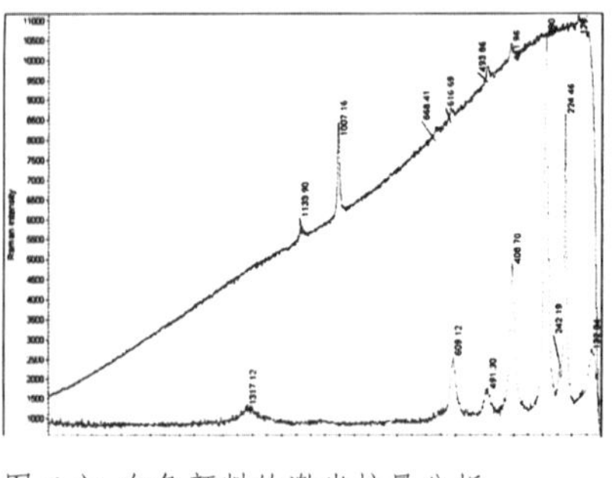

图二六 白色颜料的激光拉曼分析

图二七 红色颜料的X射线显微镜分析结果

选作样品的残块长约5、宽约3.5厘米，残块上仅存在红、白两种颜色。

3. 分析结果

(1) 灰泥层结构的显微镜观察

依据对灰泥层样品的初步分析，灰泥层材料是采用沙子和泥土组成，然而由于先前的初步分析取样量和取样部位较少，为加大对该壁画的了解和认识，仍需要对灰泥层的化学成分及结构进行进一步的深入分析。

(2) 壁画表面存在不连续的白色层

依据显微镜分析结果，壁画的表面存在一层白色物质（图二三），这提示壁画的表面可能存在白灰层。然而由于此层呈不连续状，也提示此层可能是堆积的白色颜料层。

(3) 白色颜料与红色颜料的关系

壁画的颜料分析，不仅是为了了解丹丹乌里克壁画的制作工艺和绘制方法，为下部进行的壁画保护修复提供依据，同时也要为该项目所涉及的考古和艺术史研究提供技术数据支持。

显微镜观察显示，在连续的红色颜色线条脱落位置下可见白色颜料存在（图二四），由此可知红色颜料存在于白色颜料之上。

(4) 灰泥层中的纤维状痕迹

显微镜观察显示，壁画灰泥层中偶然存在纤维状物质脱落后留下的痕迹（图二五），由于这样的现象在壁画灰泥层中出现的极少，因此还不能判断是有意添加的还是无意混入的。对此仍需作进一步的分析和研究，以确定壁画灰泥层内是否存在有意添加的纤维类物质。在该样品中，也存在少量的毛发类材料，至于这类毛发材料的种类以及是否是有意加入，仍需作进一步研究。修复中，对更多的壁画灰泥层作了观察，没有发现更多的纤维状物质，因此，倾向认为丹丹乌力克壁画灰泥层中没有添加纤维增强物质。

（四）XRD分析

灰泥层的XRD分析表明，壁画的灰泥层是由碳酸钙和沙子组成，红色颜料是铁的氧化物。

（五）激光拉曼光谱分析

白色颜料的XRD分析效果不好，对于上部XRD分析未能确定的白色颜料，采用激光拉曼光谱分析得出，白色颜料为二水硫酸铅（图二六）。

（六）红色颜料的X射线显微镜分析

X射线显微镜分析表明，红色颜料主要是含铁类的物质组成（图二七），该分析结果中也存在有铝、硅、钙和铅元素，此应为红色颜料下面存在的白色颜料和灰泥层材料的背景响应。

四 壁画现状调查及保护修复

丹丹乌里克壁画揭取后，经过长途的运输运抵新疆文物考古研究所，在对丹丹乌里克壁画进行保护修复之前，必须对这些壁画存在的问题进行全面的调查研究。这些调查研究的内容包含：壁画表面的污垢及沉积物；壁画支撑层的碎裂情况；壁画运输途中的颠簸及震动对壁画的损伤情况；壁画表面的开裂；壁画灰泥层的松动；壁画颜料层与下部灰泥层基体的结合情况；壁画的平整度以及厚薄的均匀程度；壁画表面颜料层的缺失情况；壁画表面加固的效果；壁画在新疆文物考古研究所库房保存的环境条件。上述调查结果，对制定丹丹乌里克壁画的保护修复方案具有重要的意义。

关于丹丹乌里克壁画保护技术和材料的选用，应结合该壁画的特点和现状考虑。因此，在壁画保护技术和材料选用时应充分注意。该壁画已经被从现场揭取运回实验室，在此之后所进行的工作和研究，应严格按照科学的程序进行；该壁画揭取时，由于现场条件的限制，一些需要在现场做的工作无法在现场进行，因此在实验室要补充这些环节。比如对壁画表面的污垢进行清理；灰泥层强度较低，有松动和分层现象，因此需要加固补强；该壁画保留的灰泥层厚度不一致，仍然需要对后背进行处理；壁画表面存在裂缝，因此需对壁画裂缝的粘结和补强；在壁画后背支撑体选择过程中应充分考虑材料的力学稳定；现场曾经对壁画进行过表面的加固，贴面用粘结材料采用的也是Paraloid B-72，由于现场高温和相对低湿度的特点，溶剂挥发较快，导致渗透深度不够，在表面有所积聚。在选用表面加固材料时应考虑原有材料的存在；该壁画长期存在于较为干燥的环境，并且今后的保存环境也属于相对比较干燥的环境，在材料的选用上应充分注意；所有材料的选择均必须注意其稳定性和适用性以及可再处理性，坚持最小干预原则。

需要重点说明的是，由于该项目属中日双方共同合作的性质，使得本项目具备在更宽的范围内选择材料和技术的条件。对材料和技术的选择建立在如下案例的基础上：

日本法隆寺阿弥陀堂正殿壁画的保护技术；

中法合作新疆喀拉敦佛寺壁画保护技术（新疆文物考古所已经掌握并在应用）；

中国西汉四神云气图壁画的保护技术（支撑材料的力学稳定技术）。

这三个保护项目已有成功的经验，围绕三个项目也存在一些主体的待选材料，这些材料除个别情况外，基本包含了目前壁画保护修复所用的主体材料。方案讨论过程中项目组认为，除相同的材料外，可借鉴三个项目所用的材料，以加大材料的对比筛选，对比的方法一是材料性能测试对比，二是模拟实验效果对比。通过对材料的比较，从中筛选适合丹丹乌里克壁画的保护修复材料。同时在保证性能的基础上，对材料的价格、是否容易获得也做出相应的考虑。还需指出，材料的选择范围限定在已有成功应用例子的条件下，性能比较和模拟试验比较，主要指对这一类材料的比较。

(一) 壁画表面污垢及清理

前面已经提到，在沙漠环境，由于气候恶劣，白天温度高，夜晚温度低，加之风沙等因素的影响，在现场无足够的时间和条件对壁画表面的坚硬的污垢进行清理。部分壁画表面局部有颗粒状沉积物存在（图二八）。沉积物在局部位置分布密集，粒径小于1毫米。壁画表面存在的这种颗粒状的沉积物，并且这种污垢和沉积物较为坚固（图二九）。这种污垢和沉积物，是在长期的沙漠埋藏环境形成的含硅、钙元素的

图二八　壁画表面的污垢

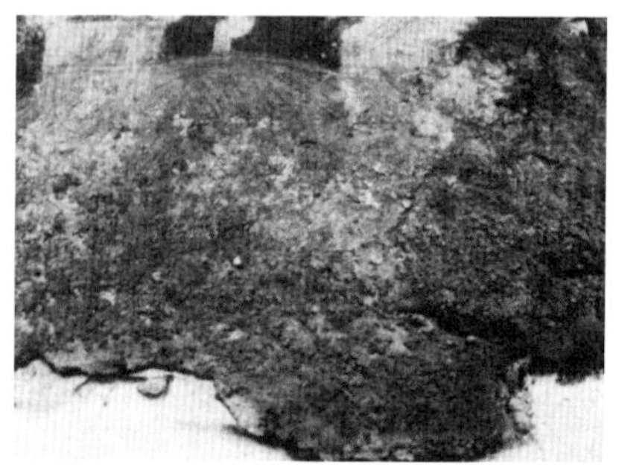

图二九　壁画表面的颗粒状沉积物

图三〇　壁画表面的裂缝

图三一　壁画裂缝的修复与复位

图三二　壁画灰泥层的松动

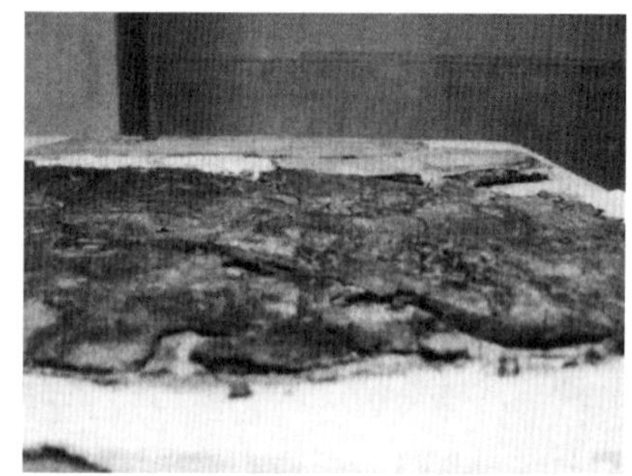

图三三　灰泥层的分层

无机化合物。虽然沙漠环境降雨量及小，但是在长达上千年的埋藏过程中，这一区域完全有可能有过一定的降雨，并携带沙子中的可溶物在壁画表面沉积，即便在完全干燥的情况下，表面沉积的可溶物也会与壁画基体产生无机固态反应，从而生成新的难溶的无机沉积物。实验表明，这种沉积物坚硬、难溶于水、难溶于丙酮等有机溶剂。

实际保护修复中采用蒸馏水、乙醇和丙酮等溶液对壁画表面的污垢和颗粒状沉积物进行软化，结合采用手术刀、钢针、微型锉刀和超声波等物理方法，对壁画表面的污垢和颗粒状沉积物进行清理。清理过程中发现，壁画表面片状的污垢质地较软，污垢与壁画表面之间存在界面，将污垢软化后，采用棉签沾取丙酮轻轻擦拭，可将这些污垢去除。较大的颗粒沉积物与壁画表面已结合在一起，并且难以软化，采用机械方法虽然可将其去除，但是清理过重，会造成壁画基体受损。实际修复中仅将这些颗粒沉积物顶部的大部分除去，留下的部分控制在比壁画略高的程度。这样的处理，既保证了整体外观的协调，也避免了对壁画的损伤。

（二）壁画表面的开裂

壁画表面的开裂现象在已揭取的壁画上比较普遍，部分裂缝较深，贯穿壁画灰泥层，部分裂缝较长呈放射状（图三〇）。这种裂缝在壁画揭取前已经存在，裂缝的产生原因，可能来自承载壁画的东部墙体倒塌所产生的震动。由于壁画长期埋藏在沙子之中，墙体倒塌产生的震动、沙丘移动产生滑移，使得壁画上多部分裂缝已经明显错位。修复中，采用在壁画下面放置托板的方式，移动托板，使壁画的裂缝复位，对齐画面，并在裂缝中注入 Primal AC33 和泥土的混合物进行粘接加固（图三一）。

（三）灰泥层松动

依据对壁画灰泥层的观察和研究，已经揭取的丹丹乌里克壁画，大部分壁画后背的灰泥层有松动现象（图三二），松动严重的位置甚至呈现出灰泥层碎裂的情况。从灰泥层松动或碎裂的位置观察，这些松动和碎裂，带动了灰泥层出现分层现象。灰泥层分层现象严重的地方，表现出灰泥层的酥粉（图三三）。依据对壁画灰泥层的分析研究，壁画的灰泥层中，不含起加强作用的纤维类物质。因此丹丹乌里克壁画灰泥层出现的松动、碎裂、酥粉和分层等损坏，除了与佛寺墙壁倒塌产生的振动、沙丘移动产生的推动力有关外，壁画灰泥层中不含纤维类物质可能是造成上述损坏的主要原因之一。

对壁画灰泥层松动、碎裂和分层损坏，当这些位置比较松软的情况下，可采用 30% 聚醋酸乙烯乳液进行渗透加固。加固方法为采用注射器将加固乳液，沿裂缝和分层的缝隙缓慢注入加固乳液，对碎裂和分层程度较轻的位置一般加固2次，对碎裂和分层较重的位置，可增加加固的次数，直到被加固的位置明显固结在一起为止。当存在碎裂和分层的位置比较致密的情况下，高浓度的加固剂难以被吸收，这种情况下，可采用15%的Primal AC33乳液进行加固，Primal AC33加固剂具有很好的渗透能力，从而对这些碎裂和分层的位置起到很好的加固效果。实际修复中，采用这两种加固材料进行加固处理，效果良好。

（四）壁画表面凸凹不平

部分壁画表面呈现凸凹不平状（图三四），这种不平来自于墙体倒塌时，其他物体对壁画表面的碰撞，也可能来自于压在壁画表面上的其他物体所产生的重力所致。这种现象在壁画正面朝上放置时更为明显，其原因也应与壁画后背的灰泥层厚度不一致有关。前面已经提到过，由于沙漠环境恶劣，当时壁画在现场揭取时，工具和材料简陋，整体操作时间必须限定在所携带的给养消耗完之前完成，所以时间极为紧迫，在现场无法严格控制壁画后背灰泥层的厚度。

在实验室的实际修复中，当对壁画的表面进行过清理、加固，并对壁画的裂缝复位粘接和后背灰泥层的加固之后，在壁画的正面再贴上起保护作用的日本纸，将壁画再翻至正面朝下，暴露出壁画后背的灰泥层，采用铲刀和电动磨轮，对壁画后背灰泥层凸起的部位进行磨削。为确保壁画正面的平整，先对壁画后背进行平整处理1次，然后在壁画后背喷洒纯净水2次，使壁画后背灰泥层润湿，润湿程度以灰泥层表面不产生水的积聚为准，润湿灰泥层的作用，是使灰泥层产生一定的软化，目的是借助灰泥层的软化，最终使壁画的正面恢复平整。这样的处理，可进行2—3次。

图三四　壁画表面的凸凹不平

当进行过上述的处理之后，采用聚醋酸乙烯乳液，对壁画后背的灰泥层进行加固处理，第一次加固用聚醋酸乙烯乳液的浓度为10%，第二次提高到20%，第三次为30%。采用浓度由低到高的方法，是保证加固剂能很好的渗透，以保证最终的加固效果。

（五）壁画颜料层与灰泥层结合不良

由于壁画灰泥层基体存在的碎裂、分层等损坏，壁画颜料层与下部灰泥层结合情况较差（图三五），从而在局部位置表现出起甲和脱落，这种现象也与颜料层中胶粘剂的老化有较大的关系。在丹丹乌里克佛寺现场对壁画揭取时，虽然对壁画的颜料层做过加固，但是由于现场的加固时间仓促，难以起到最佳的加固效果，因此，这一现象在大部分壁画上依然存在。

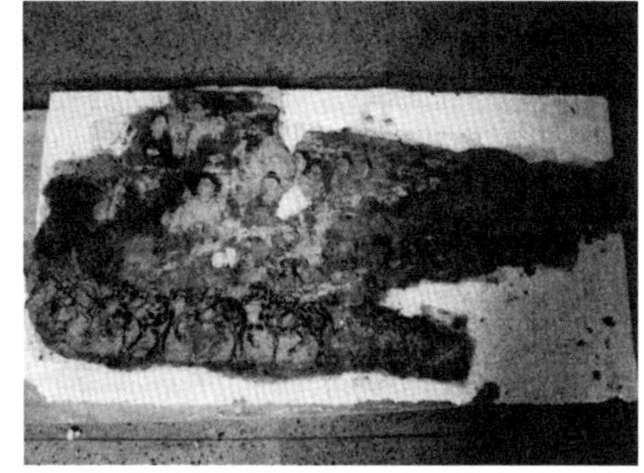

图三五　壁画颜料层与灰泥层结合不良

在实验室对这些壁画表面的颜料层的起甲和脱落损坏进行修复时，采用5%Paraloid B-72丙酮溶液作为加固剂。加固时，采用医用注射器，将加固剂顺着起甲的缝隙注入，并确保加固剂能到达起甲处的根部，如果起甲的表皮过大，从起甲开口处注射加固剂，难以使加固剂到达起甲处的根部，这时可选择从外表直接将加固剂注射在起甲处的根部，注射加固剂的量以能从起甲开口处看到加固剂为准。当注射加固剂后，等待1分钟左右，使加固剂能对起甲位置有一定的渗透，然后再注射1次，稍停片刻，顺着起甲的方向用油画刀轻压起甲的表面，将起甲部位压回壁画表面。起甲位置面积过大的情况下，可采用包裹棉花的白色绸布，顺起甲的方向将起甲轻轻压实在壁画表面。

（六）壁画表面的Paraloid B-72处理及实验室再加固

壁画在现场揭取时采用过Paraloid B-72，所以壁画表面已存在Paraloid B-72加固剂，并在壁画表面形成了一个很薄的覆盖层。由于当时揭取的过程中现场的沙漠气候和环境的恶劣，除个别壁画外，在现场没有足够的时间对壁画表面进行仔细的加固。壁画表面Paraloid B-72的主要应用目的也是为了贴纸，尽管对壁画表面颜料层也有一定的加固作用，然而由于下渗深度不够，仍然起不到真正的加固作用。为了实现对

图三六　壁画表面的B-72

图三七　壁画表面颜料层的缺失

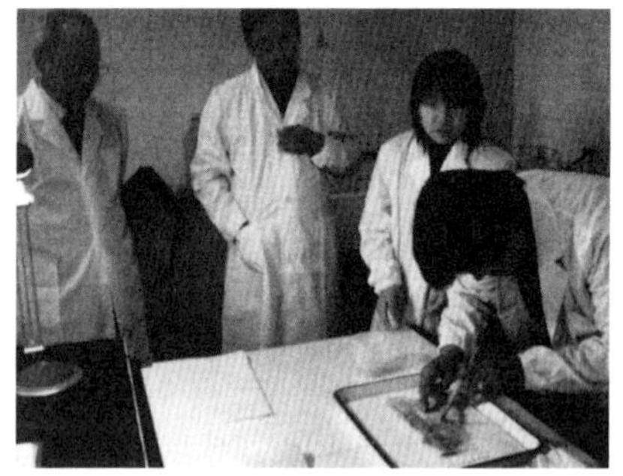
图三八　壁画表面采用日本纸海藻胶贴面保护

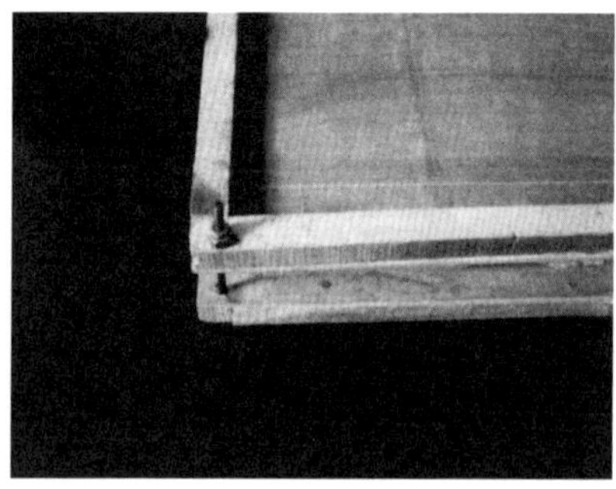
图三九　壁画翻动用的木质夹板

壁画表面颜料层的有效加固，必须对壁画表面进行再次加固。

考虑到壁画表面已经存在Paraloid B-72膜层，为了兼顾与原有材料的一致性，加固材料仍以Paraloid B-72为首选材料。为了评价和比较加固效果，同时也采用骨胶、HPC等材料作对比模拟试验。

在沙漠现场揭取壁画时，由于白天沙漠的气温较高，空气极为干燥，加固剂中的溶剂挥发较快，因此加固剂难以渗透到足够的深度，从而在壁画表面产生积聚。由于壁画表面有Paraloid B-72的积聚，导致部分壁画表面直观上看有颜色略深的现象（图三六），断面观察可清楚地发现，Paraloid B-72下渗深度不够，在表面有较多的积聚。

实际修复中，采用羊毛笔蘸取丙酮溶液，轻轻擦拭壁画表面，然后在另一丙酮溶液中将毛笔上粘的Paraloid B-72涮净，重复这样的过程3—5次。这种做法，一是要洗脱壁画表面多余的Paraloid B-72，二是促使壁画表面的Paraloid B-72向下渗透。既保证了壁画表面的加固效果，也使壁画表面因加固剂积聚导致的颜色加深现象得到改善。

（七）壁画表面颜料层缺失

大部分壁画表面有颜料层的缺失现象(图三七)，这种现象可能与墙体倒塌时颜料层的振脱或风沙的磨蚀有关。实际保护修复中，为了保证壁画的原始形貌，对壁画颜料层脱落的位置没有补绘，依据这样的原则，对壁画缺失的部分，也是采用仅将缺失部分填充起来，并保留比原始画面略低的程度，对填充部分表面不做色彩的补绘，以保证修复过的部位与原来的画面能清楚地辨识。

（八）贴面保护

在壁画正面的保护修复基本完成后，接着要对壁画的背面进行进一步的处理，为了在壁画保护和修复中确保壁画正面不受损伤，必须对壁画正面进行贴面保护。实际保护修复中，贴面材料采用了日本纸和中国宣纸，贴面粘结剂采用了日方保护修复专家提供的海藻胶(图三八)。壁画在修复保护过程中需要必要的翻动，为了确保翻动过程中对壁画的保护免受损伤，须采用木质夹板，夹板靠壁画一侧需要垫衬5厘米厚海绵一层（图三九）。

（九）壁画后背的加固和补强

壁画后背灰泥层厚薄不均匀，应首先平整后背（图四〇），然后对后背灰泥层进行加固。加固物质采用了Paraloid B-72。在壁画后背灰泥层加固好的基础上，采用碳纤维增强的Paraloid B-72刷涂后背（图四一），以补强后背，便于与干涉层和支撑体胶结。

（一〇）过渡层

在壁画基体和可移动支撑体之间插入过渡层的目的，主要是为了将来必须对壁画进行再一次保护时，可通过对易于分离的过渡层的破坏，实现壁画与可移动支撑体的分离。对德国产发泡材料、中国产QH-B8发泡材料(图四二)、中国产软木板以及法国无机胶凝材料比较筛选后，确定采用软木板（图四三）和无机胶凝材料配合使用的方式作为过渡层。过渡层与壁画灰泥层胶结时，对灰泥层的不平整位置，采用日本塑性环氧树脂衬平。

（一一）可移动支撑体及与壁画的粘接

依据前述中国、日本以及法国的技术，均采用了本国的航空级蜂窝铝板作为可移动支撑体。这是一种新型的壁画后背支撑材料，具有优良的力学性能。丹丹乌里克壁画修复中采用了中国产航空级全铝蜂窝板，蜂窝板的厚度为12毫米（图四四）。

壁画后背、过渡层和可移动支撑体的胶结用胶粘剂，在选用时除了考虑粘接强度，同时也充分注意粘接剂的弹性和韧性，以确保无较大粘接应力产生，对性能不同的材料进行层间过渡，实现支撑体和整个壁画体系的稳定。为避免粘接应力可能对壁画造成的损坏，壁画与支撑体之间粘接时，采用了中国“西汉梁国王陵柿园墓揭取壁画的损坏机制及保护研究”的研究成果，即改性聚氨酯弹性结构胶，实现了壁画与可移动支撑体的粘接。粘接效果表明，采用这样的弹性粘接剂（图四五），对整个粘接体系而言十分稳定。

图四〇　壁画后背平整及清理

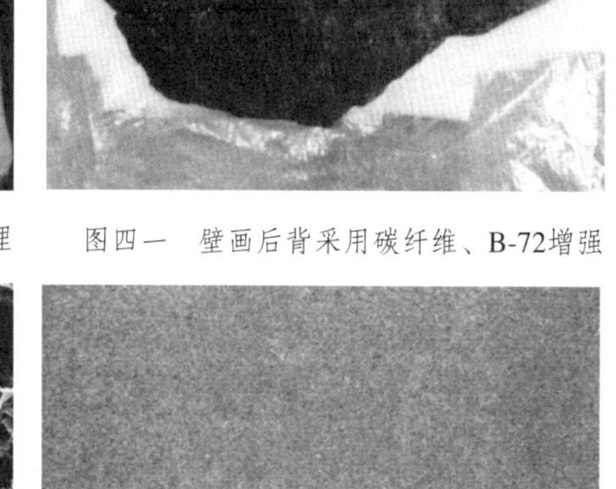

图四一　壁画后背采用碳纤维、B-72增强

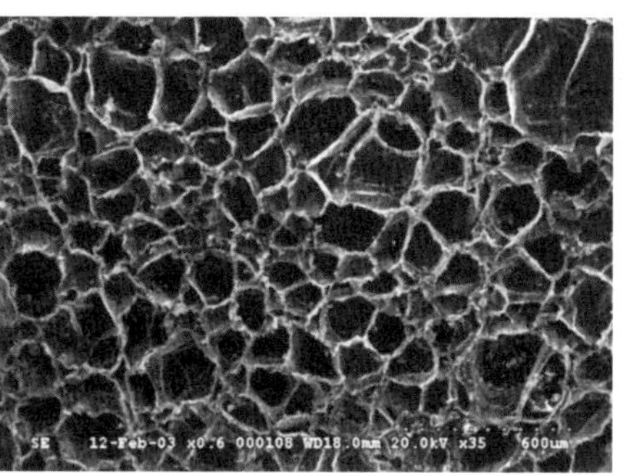

图四二　中国产QH-B8发泡材料的微观结构

图四三　修复中采用的中国产软木板

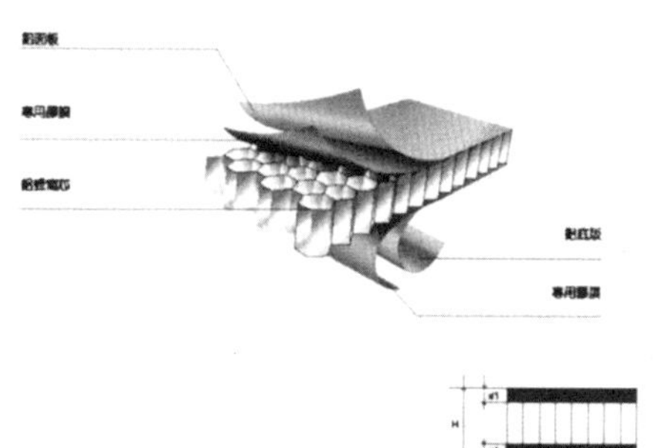

图四四　蜂窝铝板的内部结构

图四五　蜂窝铝板涂敷改性聚氨酯弹性粘结剂

（一二）表面的修复

当壁画与过渡层和可移动支撑体粘接之后，将壁画翻动至正面朝上。采用纯净水喷雾至壁画表面的贴纸保护层，待贴纸层完全润湿后，轻轻将贴纸从壁画表面分离。取下封护的贴面材料后，对壁画表面进行必要的修复和必要的补色，补色位置应做明显的标记。

图四六　中日双方专家在研究讨论

（一三）壁画表面的最终加固

最后，采用3%BTA丙酮溶液对壁画的表面进行最终加固。

（一四）丹丹乌里克壁画保护修复过程的部分照片

丹丹乌里克壁画的保护修复，在长达两年有余的时间内，中日双方专家不辞辛苦，团结协作，经过全体参加壁画保护修复专家的艰苦努力，取得了成功。此处给出的部分照片，记录了这一过程的部分场景（图四六—五五）。

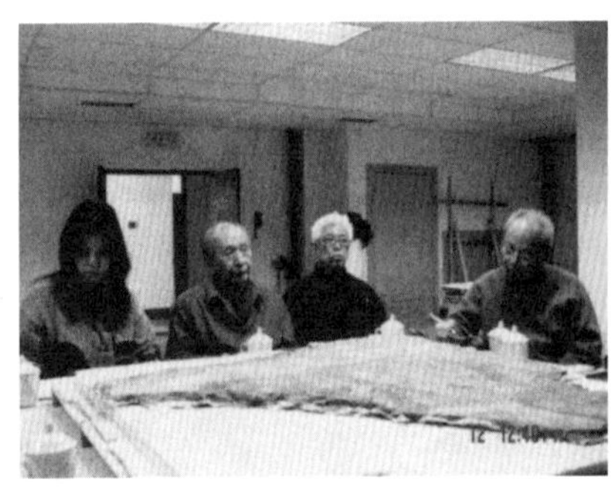
图四七　参加修复方案制定的部分日方专家

图四八　考察途中的小岛康誉先生

图四九　沙漠营地

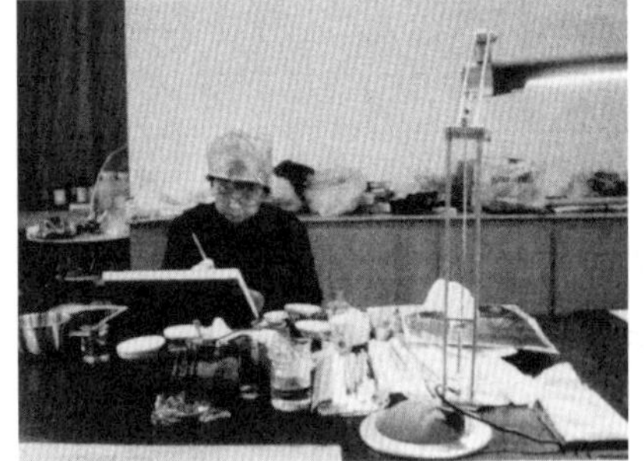
图五〇　日方专家在临摹壁画

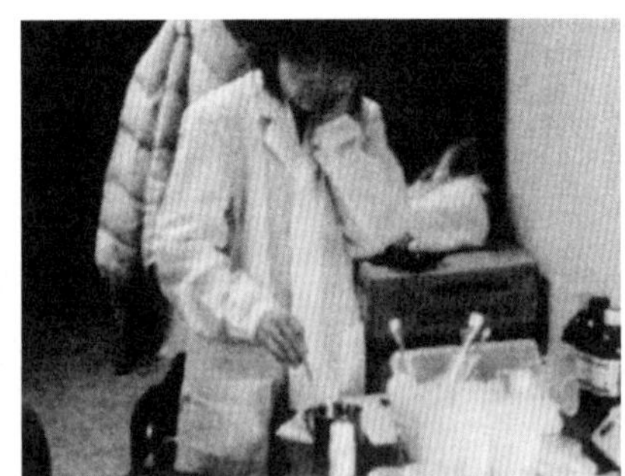
图五一　日方专家在配制保护剂

图五二　日方专家在修复现场

图五三　中日双方专家现场的合作

图五四　日方专家临摹的丹丹乌里克壁画

图五五　参加壁画保护的中日专家

五　项目研究资料及保护修复档案

项目研究过程中，尽一切可能做了文字、图片和影像资料记录，建立丹丹乌里克壁画的研究和保护档案。项目结束时对上述资料进行汇总和总结，结果并入了保护修复档案。项目的最终报告，包含丹丹乌里克壁画的历史背景、分析实验数据、保护修复采用的材料种类。完成最终报告，最终报告并入档案。

六　结　语

经过中日双方文物保护技术专家近2年的精心工作，新疆丹丹乌里克佛寺出土的全部壁画的保护和修复工作已经顺利完成。修复壁画共30块，约10余平方米。

2006年7月11日，新疆文物局在乌鲁木齐召开了"丹丹乌里克佛寺壁画保护评审会"，中国和日本的文物保护专家听取了丹丹乌里克壁画保护课题组铁付德博士的汇报、并仔细观摩了已经修复的全部壁画后，一致认为：丹丹乌里克佛寺壁画具有重要的历史、艺术和科学价值，加固修复工作进行得很及时；壁画方案是在科学实验的基础上充分吸取了日本、法国和中国壁画保护的成功经验，技术路线科学合理，参加保护工作的专业人员素质较高，多学科科技人员参与，并将壁画保护与科学研究、人才培养有机的结合，建立了一种新型的壁画保护研究模式，具有普遍推广价值。专家们建议，将丹丹乌里克壁画保护研究范围进一步扩展，并以此模式结合各地具体情况，解决新疆地区壁画保护和研究中的问题。

注释：

[1] 刘国瑞、屈涛、张玉忠：《新疆丹丹乌里克遗址新发现的佛寺壁画》，《西域研究》2005 年第 4 卷，第 52—60 页。

[2] 段修业：《对莫高窟壁画制作材料的认识》，《敦煌研究》1988 年第 3 期。

[3] 祁英涛：《中国古代壁画的揭取与修复》，《河南文博通讯》1980 年第 4 期。

[4] 李国选：《唐代墓室壁画之研究》，《陕西历史博物馆馆刊》1998 年第 5 期。

[5]（宋）李明仲：《营造法式》卷一三《泥作制度·壁画》。

[6] 柴泽俊：《山西寺观壁画》，文物出版社，1997 年。

[7] 苏伯民：《色普法在古代绘画胶结材料分析中的应用》，《敦煌研究》2003 年第 1 期。

[8] 罗瑟福·盖斯特著、王进玉译：《中国颜料的初步研究》，《敦煌研究》1987 年第 1 期。

[9] R.J.Gettens, "*Technical Studies*," Vol.4,1938,p.186.

[10] R.J.Gettens, "*Technical Studies*," Vol.6,1938, p.281.

[11] 徐位业、周国信、李云鹤：《敦煌研究》创刊号，1983 年。

[12] 周国信：《古代壁画颜料的 X 射线衍射分析》，《美术研究》1984 年第 3 期。

[13] ChenQing,Sinkai and Tetuo, *"An analysis of pigments from Sung and Yuan Dynasty tomb wall paintings of Fujian Province in China,"Bunkazai Hozon Shufuku Gakkai shi: kobunkazai no kagaku*, 41,1997, p.78-87.

[14] 靳柯克著、陶谦译：《外国探险家西域游记》，《新疆文化之宝库》，新疆美术摄影出版社，1994 年，第 184 页。

[15] 董希文：《关于壁画的形式和制作方法》，《美术研究》1990 年第 1 期。

[16] 刘凌沧：《传统壁画的制法和技法》，《美术研究》1984 年第 1 期。

[17] 段修业：《对莫高窟壁画制作材料的认识》，《敦煌研究》1988 年第 3 期。

[18] [22] O.P. Agrawal, "*Examination and Conservation of Wall Paintings*, "New Delhi:Sundeep Prakashan,2001, p.24.

[19] a. F.Pique, M.Derrick, "*Original Technique of the Mural America Tropical by David Alfaro Siqueiros," Materials Research Society Symposium Proceeding,* Vol. 352,1995,p.365-371. b. 孙儒僩：《莫高窟壁画保护有关问题》，《文物保护技术》第 5 辑，1987 年。

[20] a. 唐玉民：《敦煌莫高窟大气环境质量与壁画保护》，《敦煌研究》1988 年第 3 期；b. 盛芬玲、李最雄、樊再轩：《湿度是铅丹变色的主要原因》，《敦煌研究》1990 年第 4 期。

[21] 徐毓明：《古代壁画构造及影响壁画保护诸因素的探讨》，《考古与文物》1989 年第 6 期。

[23] 同 [18]，第 24—25 页。

[24] 祁英涛：《中国古代壁画的揭取、修复与复原安装》，《中国古代建筑和保护与维修》，文物出版社，1989 年，第 111—143 页。

[25] Shenhav Dodo, Biegelajzen David, "*Conservation of a wall painting from a Jewish monumental tomb of the first century CE at Jericho," The Israel Museum Journal*, No.1, 1982 , p.75-78.

[26] Lavagnino,Emilio, "*The conservation and restoration of mural paintings,"Mouseion: bulletin de l'Office international des musées*, 39-40, 1938, p.223-235.

[27] a. Agrawal O.P.,"*Conservation notes: Kusum Sarovar, Govardhan,"The India magazine of her people and culture*, 11, No.9, 1991,p.78-79. b. Erisoty, Steven and Duhl Susan,"*The collaborative treatment of Edith Emerson's Scenes of Philadelphia wallmural, 1930-31,"*Postprints, 1996,p.11-13.

[28] Musso, Luisa,"*Dimora mediterranea (A Mediterranean residence) MCM*, "No. 45, 1999, p.12-15.

[29] 屈建军：《敦煌莫高窟大气降尘的初步研究》，《文物保护与考古科学》1992 年第 2 期。

[30] Miura Sadatoshi, Nishiura Tadateru, Zhang Yongjun and Wang Baoyi,"*Climate at Dunhuang Mogao Grottoes, Part 2:* 1989-1991,"*Hozon kagaku*, 31, 1992, p.87-94.

[31] Gittins Mark, Vedovello Sabina, Dvalishvili Maka and Kuprashvili Nana, "*Determination of the treatment and restoration needs of medieval frescos in Georgia," 13th triennial meeting Rio de Janeiro*, 22-27, 2002, p.560-564.

[32] Shenhav Dodo, Biegelajzen David, "*Conservation of a wall-painting from a Jewish monumental tomb of the first century CE at Jericho," The Israel Museum journal*, No.1, 1982, p.75-78.

[33] Piqué F., Dei L. and Ferroni E., "*Physicochemical aspects of the deliquescence of calcium nitrate and its implications for wall painting conservation," Studies in conservation,* 37, No.4, 1992, p.217-227.

[34] Stavroudis Chris, Zebala Aneta, "*For the birds: conservation treatment of the Bird Hall diorama murals in the Santa Barbara Museum of Natural History," Newsletter (Western Association for Art Conservation)*, 21, No.1, 1999, p.20-21.

[35] Mauro M., Guarini G.G.T. and Dei L.,"*A thermal method for quantitative determination of potassium nitrate in wall paintings," Science and technology for cultural heritage*, 6, No.1, 1997, p.35-41.

[36] Klenz Larsen, Poul and Bollingtoft Peder, "*Desalination of a painted brick vault in Kirkerup Church*," 12th triennial meeting, Lyon, 1999, Preprints*(ICOM Committee for Conservation)*, Bridgland, 1999, p.473-477.

[37] 徐毓明：《关于敦煌壁画保护方法的评价》，《文物》1982 年第 12 期。

[38] 李最雄、（日）西浦忠辉：《PS 加固风化砂石雕的进一步研究》，《敦煌研究》1988 年第 3 期。

[39] 胡继高:《敦煌莫高窟壁画修复加固工作的检讨与展望》,《文物保护与考古科学》1989 年第 12 期。

[40] Dei Luigi, "*Green degradation products of azurite in wall paintings: identification and conservation treatment,"Studies in conservation*, 43, No.2, 1998, p.80-88.

[41] Bush Alan, "*The Vyne Chapel muralpaintings of Spiridone Roma," The picture restorer*, No.14, 1998, p.10-12.

[42] a. Lal B.B., "*Ajanta Murals: their composition and technique and preservation," Archaeological Survey of India*, 1967, p.53-59. b.Dei Luigi, "*Materials for wall paintings conservation: change of physicochemical properties, ageing effects and reversibility," Occasional papers (British Museum)*, 135, 1999, p.73-80. c. 李现:《炳灵寺石窟老君洞早期壁画的清理和科学保护》,《考古》1986 年第 8 期。

986

[43] Berner Michaela, Wanner Gerhard and Lubitz Werner, "*A comparative study of the fungal flora present in Medieval wall paintings in the chapel of the Castle Herberstein and in the parish church of St.Georgen in Styria," Austria, International biodeterioration & biodegradation*, 40, No.1, 1997, p.53-61.

[44] a.Watt David, *"The consolidation and repair of St.Mary's Church," Houghton-on-the-Hill, Norfolk, Transactions (Association for Studies in the Conservation of Historic Buildings)*, 22, 1997, p.31-39. b. Wall Nancy, Schwartzbaum Paul and Teiwes Helga, "*With a mission in mind," Tucson guide quarterly*, 1995, p.66-71.

[45] a. 李文信:《辽阳发现的三座壁画古墓》,《文物参考资料》1955 年第 5 期；b. 余剑华:《中国壁画》, 中国古典艺术出版社, 1958 年。

[46] 茹士安:《介绍我们处理古墓壁画的一些经验》,《文物参考资料》1955 年第 5 期。

[47] 祁英涛:《永乐宫壁画的揭取方法》,《文物》1960 年第 8、9 期。

[48] 祁英涛、柴泽俊、吴克华:《永乐宫壁画迁移修复技术报告》,《山西文物》1982 年第 2 期。

[49] 孟振亚:《山东嘉祥山一号隋墓壁画的揭取方法》,《文物》1981 年第 4 期。

[50] 李宏伟:《辽宁北票莲花山辽墓壁画的揭取》,《考古》1988 年第 7 期。

[51] 徐毓明:《北周李贤墓壁画的揭取和修复技术》,《文物保护与考古科学》1990 年第 6 期。

[52] 陈进良、蔡全法:《少林寺千佛殿壁画的临摹揭取与复原》,《中原文物》1987 年第 4 期。

[53] 陈进良:《芒砀山西汉梁王墓地》, 文物出版社, 2001 年, 第 317 页。

[54] 白崇斌:《彬县五代冯辉墓壁画加固技术小节》,《考古与文物》1994 年第 6 期。

[55] 李西星:《陕西唐代墓葬壁画》,《陕西历史博物馆馆刊》第 2 辑, 三秦出版社, 1995 年。

[56] 罗黎、张群喜、徐建国:《陕西唐代墓葬壁画》,《陕西历史博物馆馆刊》第 1 辑, 三秦出版社, 1994 年。

[57] 谢伟:《唐墓壁画保护若干问题探讨·西唐代墓葬壁画》,《陕西历史博物馆馆刊》第 5 辑, 三秦出版社, 1998 年。

[58] 杜小帆、(日)泽田正昭等:《古代墓室壁画的保护与修复》, 唐墓壁画国际学术讨论会, 2001 年, 第 20-24 页。

[59] Miura Sadatoshi, Nishiura Tadateru, Zhang Yongjun and Wang Baoyi, "*Climate at Dunhuang Mogao Grottoes. Part 2:1989-1991," Hozon kagaku*, 31, 1992, p.87-94.

[60] 铁付德:《西汉梁国王陵柿园墓揭取壁画的损坏机制及保护研究》, 2004 年北京科技大学博士学位论文。

[61] a. 魏长洪编《外国探险家西域游记》, 新疆美术摄影出版社, 1994 年;b. 勒柯克著、郑宝善译:《新疆文化之宝库》, 1994 年, 第 231-246 页。

[62] Isabelle Brajer, "*The Transfer of Wall Paintings Based on Danish Experience*," London: Archetype Publication Ltd, 2002.

(原文刊于《丹丹乌里克遗址——中日共同考察研究报告》, 文物出版社, 2009 年)

文物摄影之我见

施宗平

文物是人类历史上物质文化和精神文化的遗存。它所蕴藏的信息具有历史、艺术、科学等价值，是一个国家、一个民族历史发展的重要文化遗产。文物包括的范围很广，有古代建筑、文化遗址、科学发明、艺术作品、美术字画、日用器皿、生产用具和能够反映社会历史不同制度的重要文献、手稿、影像资料等。文物按质地可划分为：石器（石碑、石塔、石雕）、陶瓷器（彩陶、素灰陶、瓷器、唐三彩）、金属（金、银、铜、铁器）、木器、泥塑、玻璃器皿、工业塑料、丝织、纺织、纸质品等。

在现代社会生活中，文物越来越受到人们的重视与喜爱。但大多数的文物都保存在博物馆等机构中，除了到现场参观外，通过图片欣赏是认识文物重要的途径之一，所以文物摄影具有非常重要的作用。那么，我们的文物摄影工作者采用什么样的技术表现手法，把众多文物的科学价值（真实性）和艺术价值（艺术性）如实地反映出来，客观地将文物本身所具有的深层次底蕴呈现给广大读者，这是一件值得我们从事文物摄影的人深入研究和探讨的课题。本文是笔者长期从事文物摄影工作的点滴认识和体会，在此愿意与同行们商榷，以致相互启发。

文物摄影是人们以照相机作为主要工具，对客观历史遗存的三维物体（文物），主观上进行二维平面影像记录或反映的过程。文物摄影分类中应属静物摄影，其具体操作中也包含有广告摄影、科技摄影的技法。但是，诸多门类摄影的表现手法不完全适用于文物摄影，譬如对比、陪衬、虚化手法等。因此，这要求文物摄影工作者必须研究和把握文物摄影与其他门类摄影所依存的共性及特殊的个性，强调文物摄影作品的艺术欣赏性。只有这样，才能将文物所具有的内涵表现得淋漓尽致；才能为从事文物研究的人员提供真实、完整的科研资料；才能使广大读者通过“品尝”具有艺术韵味的文物摄影作品，在解读文物之中感受着历史社会的发展和文化的变迁。

如何抓住文物摄影特殊的个性，拍摄出文物自身文化底蕴和它的精、气、神韵味，笔者通过多年的拍摄实践认为：抓住文物的形、质、色，科学有效地运用摄影手段，就可客观地反映出文物的真实性；掌握光的性质和特点，把握摄影用光规律，了解光在文物摄影中的造型作用，并借以背景、光、色的烘托和渲染的气氛，就能增强文物摄影作品的艺术魅力，增加感染力。

一　形、质、色，是文物真实性本质特征的外在表现

（一）形：即文物的形态。文物形态是被摄文物的外在轮廓形式，是区别一类文物与另一类文物的基础和依据。文物摄影离不开对客观文物形态的直接表现。当人们看到某一物件的轮廓形象时，即知道是什么文物体，这种认识能力主要靠平时的练习，靠眼睛的观察、大脑的思维和思维后的比较。一件文物体是扁圆形、圆柱形，还是球形，是立方体、四边形、梯形，还是多边形，它们都是以一个独特的形态通过摄影的画面来展示着主体。如：罐、鼎、杯、尊等。那么，怎样才能在文物摄影作品中表现出文物的形态呢？

首先，摄影是一门用光作画的艺术，它要求用控制光效来表达文物的多样形态。对立体文物通常用侧光、逆光照明法，以勾勒出文物外沿的轮廓线，达到强烈的立体形态感效果。其次，要掌握文物拍摄角度，即拍摄点与被摄文物之间水平高度的变化关系。任何文物本身就是一件艺术品，艺术家在雕塑时，就已经为人们精心选择了一个最佳角度，这个角度正是我们在拍摄文物时精心要寻找的拍摄点。我国文物种类繁多，文物摄影工作者在拍摄文物之前必须要对文物的形态进行一番观察和揣摩，根据不同的文物而采用不同的拍摄角度。如：平面性文物应采用平摄角度；一件立体性质的文物，应采用 15°—75° 侧面拍或俯拍的角度。只有用不同的角度拍摄，才能把文物的最佳形态美用画面呈现给读者，使人们为之惊叹而对文物产生浓厚的兴趣。

在摄影中能够影响文物形态改变的因素有两个：一是摄影镜头的焦距。由于镜头的透视关系，焦距越短，文物的形态变形越大。二是拍摄角度。从摄影语言来讲，物体形态是由无数的点会聚成线，再有无数线组成面而形成的。不同的拍摄角度会有不一样的视觉效果，产生不一样的物体形态。

（二）质：即文物的质感。它是指各种文物的质地和表面结构。这种质地和表面结构对人们的视觉、触觉的冲击所产生的不同感受，是人的生理上的多种感觉器官同心理因素共同作用而形成的结果。如对镜子的表面感到是光滑的玻璃，晶莹剔透的物体首先想到的是玉器，甚至当我们闭上眼睛，通过触觉也能感觉到纸、木、布等不同的质地。因此，对文物摄影工作者来说，必须运用摄影造型手段和技术条件，充分表现文物体的表面结构，给人以强烈的质地感受，增强文物摄影作品的艺术表现力。

文物的质感体现是由文物对光线反射程度的不同来决定的。文物的形态、质地各异，拍摄时使用的器材和拍摄方式方法也有所不相同，对于光线运用的也有很大差别。应根据文物体对光的反射状况，把文物体分为透明体和半透明体、吸光体和半吸光体、反光体和半反光体三大类。合理地运用布光技巧，真实地再现文物的质感。

1. 对于透明体和半透明体的文物（如玻璃器皿、玉器等）一般应采用柔和的透射光或侧、逆光照明，背景光可暗些，使这些物体既晶莹剔透，又可轮廓分明、线条清晰可见。

2. 对吸光体和半吸光体（如木、陶、纺织衣物、出土青铜器等），通常情况下应采用侧强主光加辅助光、装饰光同时使用，光比宜大，以表现出这类文物体的粗糙、凹凸、纹理起伏变化的质感，给人以强烈的视觉冲击力。否则，文物在画面上会显得平淡无力。

3. 对于反光体和半反光体文物（如镀金属器皿、瓷器等），多采用主、副光布光法，副光应均匀，光比不宜过大。根据文物反光的情况，并不断调整灯光的照射方向，或者，在不影响最佳拍摄角度的前提下转动文物，防止文物体反射产生的耀斑干扰视线，总之，光斑的处理要以符合摄影构图要求为准则。但是，有的时候光斑在文物摄影作品中是需要的，如果处理得当，光斑对文物摄影作品能起到“画龙点睛”的作用。对于特殊的文物可特别处理，有时候可采用多个灯光漫散射照明法，也能够取得意想不到的艺术效果。

（三）色：即文物本身固有的色彩，它是生动的视觉语言。例如：出土的青铜器常常带有黄绿相间的铜锈色。我们日常所看到的文物色彩，是在一定光线照明条件下，通过文物自身对外来光线的反射作用于人的视觉功能，才使我们产生对文物色的认识和感受。因此，光是色形成的物理基础，色从光来，色随光变。一般情况下，能够影响文物色真实还原的主要因素有以下几个方面：

1. 色温。是光源发出光的光谱成分，通常用 K 表示，它是标明光源色的一种标志和符号。在彩色摄影中，由于彩色胶卷分为灯光型（低色温 3200K）和日光型（高色温 5600K）两种，如果用低色温型胶卷在高色温条件下拍摄，文物体会偏蓝色，反之，文物体偏红色。一般情况下，文物摄影力求采用同型胶卷，在相对应色温条件下拍摄，忌用混合色温。

2. 曝光。即光线通过相机镜头对胶片的银盐的“冲击”作用，其量的多寡，对色的形成也产生影响。如：曝光过多色明度高、饱和度低、色觉强、色的纯度低。否则反之。因此，文物摄影做到正确曝光是基本功。

3. 环境（包括背景）。被摄文物主体周边的环境颜色，同样具有反射作用而影响到文物本身颜色能否真实再现，这一点往往容易被人们忽视。因此，文物摄影的环境选择应以中性色调为宜，忌用大红大紫色调。

4. 光源。物体的颜色是由于它们对光源光谱成分中每一种波长的光的吸收量的不同而产生反射，并在观者的眼中引起彩色视觉。所以，物体的颜色也随光源的变化而改变。如：红光和绿光同时投到白色文物体时，文物体呈现是黄色，叫加色效应；当黄色文物体在品红光下出现红色，在蓝光下呈暗灰色，在青光下呈现绿色，称减色效应。了解和掌握光源色的规律有着重要意义，在文物摄影实践中，对色光的运用必须做到“惜墨如金”。

在文物摄影中的形、质、色乃是相互依存的有机整体，一幅优秀的文物摄影作品必然是体现文物形、质、色的完美结晶。

二　正确用光是文物摄影作品艺术性的内在要求

“摄影摄影，有光才有影”。就是人们常说的“摄影的影像载体是纸，光就是笔和墨”，这就很形象地说出了摄影就是利用光线造型、用光作“画”的一门艺术。文物摄影不外如此，光不仅是表现各种文物体的形、质、色艺术美形式，真实客观地再现文物外在形态特征重要手段，而且是体现摄影作品艺术性、渲染气氛、表达情感的基本条件。

文物摄影大多是在室内利用灯光来完成的。所以，根据光的不同投射方向和角度、性质、用途，可将光分为：平光、侧光、逆光；直射光、散射光；主光、副光、背景光、装饰光（顶光、底光）等。

平光。也称顺光，其投射方向和照相机镜头摄轴平行。平光应用，所摄物体没有明显反差，缺乏立体感，多用于平面文物或大面积布光。

侧光。它是从照相机的左侧或右侧 30°—60° 处投向被摄体，其高度约 45°—60° 左右。侧光照明，所摄文物体明暗对比、立体效果强烈。

逆光。 也称轮廓光，其投射方向与照相机镜头相对、从被摄物体背后射来的光。投射角度约为 120°—240°，高度以照射不到镜头为宜。轮廓光的应用，物体形态突出，主体与背景分割，增加空间深度感。

直射光。其特点是亮度高、方向性强，可造成明显投影。在实践中，应根据文物不同的形态、质地、色彩和不同的艺术造型气氛，而采用不同的照射方向、角度和高度。

散射光。照度弱、没有方向性，可柔化投影，对物体造成较小反差。由于照度低，实际工作中会有曝光上的不利因素，但只要技术上提供保证，在散光照明下，也能取得非常满意的文物摄影作品。

主光。也称塑型光，它具有明显的方向性，能突出表现被摄体的外形特征和质地。主光大多采用侧、逆光照明。是文物摄影中最常用的用光之一。

副光。也称补光，用来补助主光照射不到较暗的部分，调整光比和反差。但副光的亮度不得超过主光的亮度，以避免影响或破坏摄影画面的造型效果。

背景光。它是调整主体与背景的影调对比，以突出主体，打破沉闷，活跃画面的一种环境光。如果背景光运用得当，不仅仅在一定程度上能消除背景上杂乱灯光投影，同时能更好地渲染、烘托、美化主体，使主体更具有视觉吸引力。

装饰光。是用来弥补画面上，被摄物体光照不足或要突出某一局部，借以调整照明水平、美化画面的特殊光效。它可以是一盏灯、一个小镜子、一块布或一个很小的反光体。由于这种光方向变化大，照明范围小，它在文物摄影造型中起到不可忽视的作用。

正确用光是一门深奥的学问，采用什么性质和什么角度的光线对文物摄影来说是至关重要的。不能正确地用光，再先进的器材都无法表现出文物摄影作品的那种赏心悦目的视觉效果。

三　适宜的背景能增强文物摄影作品的艺术品味

背景是在被摄主体后面的衬景，以强调主体处在什么环境之中，它对突出主体、丰富作品内涵起着画龙点睛的作用。文物摄影作品的艺术性除了考虑正确用光之外，同时还要考虑背景色调的选择，如果选择不当会使作品功亏一篑。

可供文物摄影选用的背景材料主要有布质、纸质等。那么，对这些布质、纸质背景材料的色调选择就应该以烘托、渲染、美化主体为出发点，使主体更加鲜明突出，令人瞩目。

在我们过去的实际工作中曾有过这样的做法，凡是“革命”、“先进”、“贵重”的文物用红色的背景；反之，则采用蓝色的背景。以红、蓝色调来烘托文物的“珍贵”与“低贱”，这种错误做法暂不评论，它人为地违背了摄影艺术的一般规律和法则。无论是什么样的文物，只要是用摄影术来表现，就必须尊重和严守摄影艺术的规律和法则。文物摄影作品一般要求古朴、庄重、典雅，背景应以中性色调为宜。在文物摄影中，大红大绿的背景会喧宾夺主，严重干扰文物色彩的正确还原，造成适得其反的效果。笔者经过海内外考查和分析许多文物摄影作品之后，认为：可供现代文物摄影选用的背景基本上应该是黑、白、灰三种色调，即使有所变化也是在这三个主色调之中，这已逐渐受到文物摄影工作者的关注。黑色背景可集中人们的视觉注意力，主体形态格外鲜明突出，引人注目；白色的背景给人以简洁、纯净的视觉印象，使作品清秀明净、细腻淡雅，别有情趣；灰色的背景介于黑、白两者之间，它的应用是在淡雅中追求韵味，在洗练中追求朴实，实现清淡而不苍白的视觉效果。

背景的处理是一个重要环节，只要我们在文物摄影中细心地选择，就能使画面内容精练准确，视觉形象得到完美的再现。

文物摄影不仅因为它的工作性质特殊而成为摄影艺术中的一个独特门类，而且是文物知识传播的重要手段。文物摄影从表面上看是一个表现形、质、色、用光、选用背景的拍摄过程，其实它是一个系统的、复杂的综合工程。摄影不仅是技术问题，还是一个艺术的渗透。摄影者的历史文物知识、文化底蕴都潜移默化地影响着摄影作品的精、气、神的韵味。摄影者首先必须具备一定的文化素质；其次要懂得历史；第三要了解文物、懂得文物；第四要有娴熟的摄影技术技巧；最后要有高档次的摄影器材。因此，我们一定要在文物摄影工作中，努力学习，认真实践，不断提高对文物摄影的认识。创作出更多、更好、更美的文物摄影作品奉献给广大读者。

（原文刊于《中国博物馆通讯》2002 年第 4 期）

摄影术的演进与照片的鉴定法

丁敏京

1839年8月19日，法国政府向公众宣布法国物理学家、画家达盖尔发明的银版摄影术，开始了摄影成为人类一种生活方式的新时代。自此，人们将自身与世间瞬间的真实形象长久定格并保存起来的梦想变成了现实。

摄影术一经出现，即以闪电之速征服了世界。今天，它已发展成为人类共同享有的视觉语言文化，是具有独特价值和重要作用的社会生产力。

摄影术问世后，留下许多珍贵镜头。照片虽然采用与绘画同一感性与平面的形象表现手段，但比绘画更具独特的优点：

第一，它具有历史价值、实证价值。照片能原状地保留历史，只要是现场拍摄的，就有不可替代性。人们能以各种方法运用它，把历史的、现实的加以对比，使空间移位，时间浓缩。

第二，它有审美价值。摄影的出现提高了人类普遍的艺术视觉感受能力。

第三，它能迅速传递世界不断变化、不断出现的信息与知识，有时能替代文字或者语言。

第四，它以客观形象所营造的气氛与情感感染读者、启发读者。

因此，照片在博物馆陈列展览、传播历史与科学文化的宣传教育中，发挥着重要的作用。

照片是文物，而且是现代博物馆文物收藏中的一个至关重要门类的全新认识，正逐步取代长期对其轻视或贬低的意念。自1993年起，国家文物局组织的我国馆藏近现代文物鉴定确认工作，全面开创了自新中国建立以来，将为数甚少而极具历史、科学价值的原版照片确定为国家一级文物之先河。

在照片底版、照片被广泛收藏和运用的同时，它们的鉴定工作随之而生。同世界上任何事物一样，摄影作为一种文化现象也处在矛盾的统一体中，其不仅有自身的优点，也存在着不可避免或难以克服的弱点，表现在：

第一，摄影是纪实的，同时又是创造的。不论是自然科学家还是社会学家运用摄影，均经大脑思维选择被摄对象，所得作品不是简单写真，而是一种创造，作品无不表露出拍摄者的目的、立场和观点。而随着人们对摄影认识的发展和软片及现代高科技手段的相继问世，又为其创造提供了较为方便的条件和多条路径。摄影者出于自身某种目的，可易如反掌地对被摄对象采取移花接木、增删汇聚等方法进行改变和伪造。

第二，底版、照片需借助文字加以说明，当事者可真实、客观、全面地解释画面及一切相关情况，也可由于某种原因，扭曲事实或者简略，甚至完全遗漏。

第三，在摄影术迅速发展的今天，如若对不断出现的新式镜箱与镜头使用不当，往往导致某些底版、照片的失真。

为使博物馆收藏的照片底版、照片能实现现代化的科学管理，为社会研究提供准确信息，并为国家保存真实可信的形象档案史料，现今必须加强照片底版和照片的鉴定工作。

所谓照片底版、照片鉴定，即掌握一定近现代社会知识与自然知识的主体，借助现代科学技术检验手段，依据相关事物共性与个性标准，在一定理论方法指导下，通过对照片底版、照片感性和理性的认识，从而识别其真伪，揭示其内容（时间、地点、人物、事件）、情节（拍摄背景、流传经过）、质地、留存数量，辨别其版别（原版、翻版）、进而确定其价值并作出科学评断。

目前，我国博物馆照片底版、照片收藏的要求与特点是：

第一， 以中国的发展为主要题材。

第二， 具有一定、重要和特别重要历史、艺术、科学价值。

第三， 画面清晰、情态优美、构图合理、择距得当。

第四， 基本以散片形式存在。

第五， 多数为复制的底版和翻版的照片。

第六， 是一般摄影用和建国前极少数电影用的银盐感光材料。

基于这些要求与特点，我认为：中国博物馆馆藏照片底版与照片的鉴定，拟从以下几方面入手。

一 摄影术在中国的发展与传播状况

任何事物的发展变化，其内部的对立统一不仅提供事物自身运动的源泉，而且规定着事物发展方向，其外部的对立统一在一定条件下也将影响事物的性质和发展状态。摄影术在中国的产生与发展、影响与传播，无疑是它的内部与外部矛盾性交相作用的结果，谙其状况，对底版、照片鉴定具有十分重要的指导作用。

摄影术发明于法国，改进于英国，完善、革新于美国、德国及日本。

中国对摄影术的研究几乎与欧洲同步。1844 年邹伯奇制造出中国第一架照相机，20 世纪 30 年代，张印泉研制出 135 照相机各种长焦镜头。

然而，中国摄影术的发展较大程度受着西方摄影术的影响。19 世纪中叶，随着外国势力的入侵，一方面西方摄影术开始传入，金属版、玻璃干版、赛璐珞软片，以及不同品牌德国、美国、英国照相机、照相纸、闪光器材在市场出现；另一方面资本主义、帝国主义列强和军阀统治、戕害、阻碍了中国自身摄影术的发展。尽管如此，中国人敏察世界先进摄影术，适时提出了重要的美学摄影理论，用现实主义的纪实摄影及新闻摄影拍摄出许多质量并不逊色于其它国家的形象档案资料。

由于中国幅员广阔，政治、经济等发展极端不平衡，摄影术在中国的传播呈不均衡板块状：即东南较快，西北较慢；沿海较快，内地较慢。

像陕甘宁边区从 20 世纪 30 年代中期至 40 年代中期，随着斯诺、美军观察组等外国记者与团体的进入，才出现黑白摄影和目睹彩色摄影的风采。也由于中国在地域上处于西方摄影术传播的中段与末端，摄影术在中国的运用、推广与消亡呈迟缓状。如彩色摄影术与材料在欧洲发明近 20 年后引进国内，至 80 年代初广为流传，像非扩散性成色剂制造的内偶式彩色胶片、油溶性成色剂制造的彩色胶片等；又如“1940 年，徐肖冰拍摄的百团大战”照片底版，即是当时世界上已被淘汰的玻璃版。

90 年代初，曾有单位请革博确认“本世纪初拍摄的苗族地区彩色照片”时间的准确性，我们依据彩色摄影术在中国的发展与传播状况，给予的回答是：照片拍摄时间至早不超过本世纪 40 年代中期。具体讲：1935 年前彩色反转片，1939 年彩色负片在欧美初见端倪，其传入中国尚且需要一定时间，更何况是中国边远地区。

中华人民共和国成立后，在摄影术传播范围不断扩大、步速加快的同时，我国摄影术有了长足的发展，自行制造的多种类型胶片、相纸、照相机等相继问世，打破了国外在中国对该领域的完全垄断，但较之世界先进国家仍具差距，任重而道远。

二　底版、照片自然属性的变化与判定

（一）底版

随着科学技术的进步，照片底版不断得到改进提高，臻于系统完善。其间的每一次出新、飞跃显现出的区别于以往的特征，以及非合理因素的消亡，大多可成为把握某种底版存在于一定阶段的基本标准。

确定底版存在于特定阶段的主要依据是：

1. 片基（质地）

类别：

中国博物馆馆藏照片底版依其片基（质地）性质可划分为三类：

（1）1851 年—1871 年最早传入中国的英国发明的玻璃版。

（2）1889 年美国伊斯曼公司推出的古德温发明的轻便薄韧的硝酸纤维素酯胶卷（即薄膜胶塞璐咯软片）。

（3）20 世纪 40 年代问世的不易燃烧的三醋酸纤维素酯软片。

鉴别方法：

（1）感官判定。玻璃底版较之其它两种底版具有突显的质感差别，通过视觉、手感即可区分。

（2）红外光谱仪测试。硝酸版与醋酸版的分辨可利用红外光谱仪进行。

红外光谱鉴定的原理：

客观存在的有机物，因其分子中特征官能团的殊异，而形成了各自特征的红外吸收光谱。因此，利用红外光谱仪测得的底版红外光谱吸收波长，即能确定底版的类别。如：吸收峰 1641CM—1　是硝基的特征吸收位置，以此可确定其为硝基类（图一）；吸收峰 1741CM—1 是醋酸基团的特征吸收位置，以此可确定其为醋酸类（图二）。

红外光谱法的优点：

测定迅速，仅需几秒钟。不损坏原件而直接读取红外吸收光谱。

2. 尺寸

一种类型的胶卷与相应照相机的发明、运用，互为条件，相互促进。它们分别存在的时间是：

（1）135 胶卷、照相机

1889 年美国人首先制造出黑白胶卷；1935 年柯达公司研制出彩色反转片；1939 年德国阿克发公司开始出售彩色负片。

1913 年德国巴那克将此胶卷运用于他自制的小画幅相机，经不断改进，于 1925 年以“莱卡”命名，135 照相机问世。

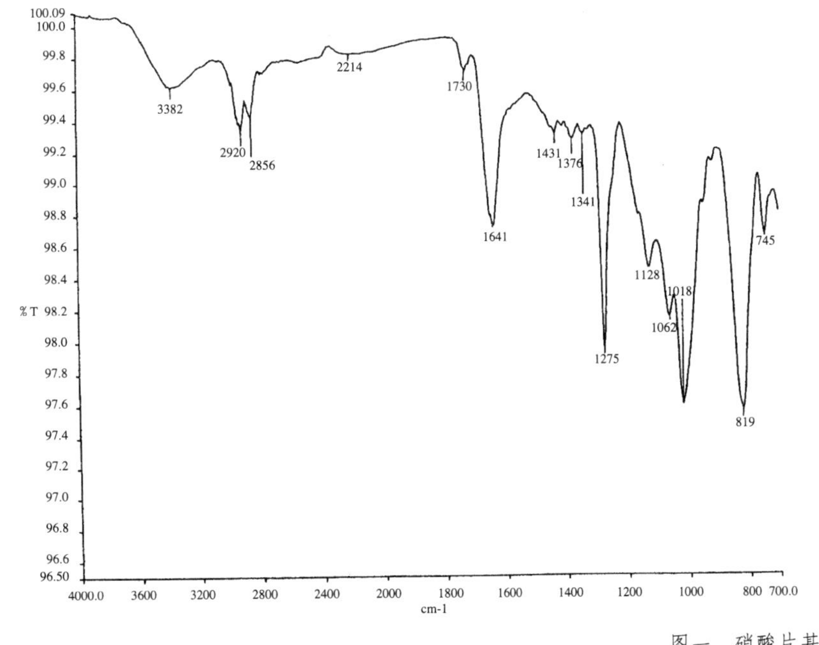

图一　硝酸片基

（2）120 胶卷、照相机

1914 年柯达公司正式定型生产 120 胶卷。

1929 年德国罗莱公司最先推出 120 照相机。

（3）126 胶卷、照相机

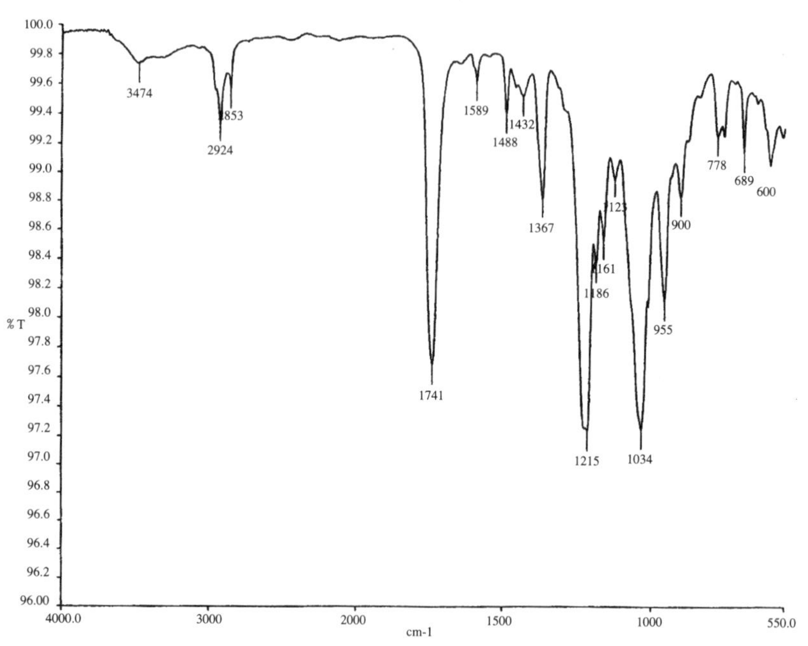

图二　醋酸片基

1962 年柯达公司同时研制出胶卷（仅供应彩色负片）和照相机。其曾盛行于 60 年代，至 70 年代逐渐被 110 胶卷、照相机取代。

（4）110 胶卷、照相机

1972 年柯达公司又推出 110 胶卷（仅供应彩色负片）和照相机。

3. 片边标识

50 年代前，少数 135 黑白胶片片边部分有其品牌，像柯达 KODAK、片基（质地），像硝酸 NITRATE、感色性能，像全色 PANCHROMATIC 等英文，和张数阿拉伯数字标识。至 80 年代，因全球胶片片基（质地）、安全性能、感色性能的逐步定型，故胶片片边标识从 50 年代的安全片 SAFTY，发展到仅存品牌与张数。

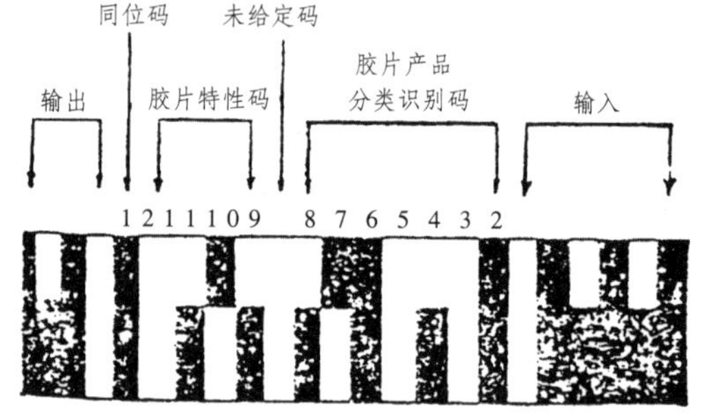

图三　输入、输出编码形式固定不变。未给定码，同位码起着间隔作用。

随着微电脑技术的广泛应用和标准化体系的不断发展，1983 年美国柯达公司研究发明的 135 彩色胶卷 DX 编码系统被列入美国国家标准，并由国际照相制造商协会统一受理各国申请、注册和推广使用。其间的胶片片边潜影条形码的规定，自此，将世界各国胶片的生产和使用纳入了统一的标准化体系之中。

潜影条形码的内容与识别：

在 24×36 毫米标准画幅中，片边一侧均具两组潜影条形码。每组长 11.43 毫米，由 23 个线条形码排列组合，胶片经冲洗加工后呈黑白相间的条纹，表示以下主要信息（图三）

（1）胶片的类别

它通过输入码后的 7 个线条形码的 128 种形式组合，识别胶片产品的类别。胶片产品分类识别码为各胶片厂通过向照相制造商协会申请取得的该厂产品专用分类号。如：乐凯彩色胶卷产品分类为 100，柯达为 80，富士为 8。

（2）胶片的特性

其经未给定码和同位码之间的 4 个线条形码的 16 组编码形式，表示胶片的不同特性。胶片特性号与胶片产品分类号是组合使用。如：乐凯彩色胶卷Ⅱ为 100/2，BR－100 为 100/4。

条形码的组合形式，依胶片产品的类别、特性差异而不同，也依胶片产品的具体类别与特征而固定不变。如乐凯彩卷潜影条形码图例所示。

此外，各别厂家为督查其产品质量，在应用潜影条形码同时，胶片片边又附加数码，如“3907”，“3”表示光印机号（即胶片制造机号），“907”表示 99 年 7 月生产。

4. 底色

一些感光材料厂生产的胶片，不同阶段采用了不同底色。例如：中国乐凯公司生产的黑白胶片底色：1976 年－1996 年呈浅灰色、1996 年－1999 年呈蓝灰色、1999 年至今呈品色。

（二）照片

相纸运用的极大随意性、多样性，使照片阶段性的划分着实变得困惑，究其内部相互联系、相互作用较凸显的方式—纸基（基本质地）与标识的发展、变易，应是照片洗放大致断代的主要标准。

1. 纸基（基本质地）

类别：

照片依其纸基（基本质地）性质主要分为三类：

（1）与摄影术同步发端的原纸照片。

（2）1881 年开始推广使用的钡地纸照片。

（3）1965 年问世的聚乙烯和二氧化钛成分的涂塑纸照片。

鉴别方法：

（1）感官判定

涂塑纸照片与其它两种照片比较，具有单面光亮平滑，纸张洁白细腻、韧性强、吸水少等特征，通过视觉、手感可立即区分。

（2）扫描电镜 /X 光射线能谱仪检测

原纸照片和钡地纸照片的分辨，可通过扫描电镜 /X 光射线能谱仪对其进行元素定性的检测分析，以“钡”的存在与否为主要区分标志。

2. 标识

极少数照片的一侧或下方，印有其拍摄地点和时间的标识。

彩色照片、部分黑白照片背面时常浅印着相纸品牌的英文水印标识，像柯达 KODAK、富士 FUJI、阿克发 AGFE、乐凯 LUCKY 等。它们分别由不同的感光材料厂印制，并沿着各自的路经变化与完善，如：柯达相纸品牌标识，从小柯达、大柯达发展到金柯达。乐凯相纸品牌标识，自 20 世纪 80 年代末推出的“LUCKY”，至 1998 年更换为“PROFESSION”。

三　画面凝存信息的认识与分析

摄影领域横跨自然科学与社会科学，几乎无所不包。它不像其它学科那样集中、完整，而是溶于或者散见、渗透于政治、经济、军事、文化、科学、技术、生活……之中，与社会诸领域紧密系结，因而使照片鉴定工作难度增大。同时，博物馆收藏着众多翻版片，依据底版、照片自然属性之渐进，无法确定它们的具体情形，即使为原版、原片，也仅能界定较宽泛的时间。因此，照片鉴定更多依其画面凝存信息的认识与分析而实现。概其主要切入点：

（一）相关主体的客观忆述

相关主体：指以场景、人物、风光等为照片内容的知情者，包括摄影者、被摄者及其他有关者，他们是历史的参加者和见证人。相关主体的客观忆述是照片鉴定最为直接有效的方法，也是博物馆一项具有战略意义的经常性、细致性、紧迫性的任务。

譬如：1956 年，中央新闻电影制片厂向中国革命博物馆拨交的部分抗日战争和解放战争时期近 2 万张照片，仅在拨交单上注明总体照片的摄影者、保存情节，再无任何其它附加文字。为弄清每张照片的内容，革博图片组专业人员展开了艰辛地调查。他们多次访问百忙中的摄影者徐肖冰、吴印咸、吴本立、周从初等和其他知情者，做到详细纪录，及时整理，反复核实，虽几经政治运动而中断，但依然一如既往，清楚了绝大多数照片的细节。时至今日此项鉴定工作仍在进行。

又如：80 年代中，革博开始着手整理李德全 50 年代捐赠的冯玉祥活动的照片（约 5000 余张）。面对说明的匮乏，工作人员首先熟悉、掌握冯玉祥一生活动的主要脉络和与其密切接触的人士，进而通过冯玉祥之女冯弗伐与原冯玉祥贴身秘书、侍卫等建立了友好联系。尔后有的放矢地拟定调查计划，再告知对方照片需了解情况的大致范围和要求，并征得对方同意后，分赴上海、本市等地专访，终于鉴定出大部分照片的内容。

再如：为使历史不留缺憾，1979 年 4 月，中国革命博物馆主动出击，到云南昆明，请唯一健在的，曾为朱德在云南陆军讲武堂之同窗、护国讨袁之战友杨如轩先生，鉴定一张有其在内的朱德与众人合影的照片，当人们刚刚清楚照片的时间、地点、人物和情节返回后不久，即传来老人不幸病逝的消息。

（二）相同类别的推证

将鉴定清楚、有确切时间、地点、人物、事件、景物、情节的已知照片作为标准物，与需要鉴定的同类未知或不详的照片，通过画面进行比较和分析，找出其共性，进而全部或部分的推知、推正，或同一场景，其它场景的印证。

如：1992 年，新华社向全国发行了数十张邓小平南巡的照片，老人的风采、着装，陪同人员容貌、装束及由衷而发的喜色等都深印在人们的脑海中。1996 年，中国革命博物馆在举办“邓小平纪念展览”搜集资料中，发现一张除场景不同，其他诸要素均与上述几乎完全相同的照片，虽无只字说明，但无可置疑地断定是小平同志南巡片。因其空间构图、人物瞬间情态、拍距选择远比同类照片胜于一筹，遂在展览中大胆启用。后经多方探寻得知，此片为杨绍明伴随小平出巡时所摄，从而证实了我们的判断。

又如：90 年代，革博征集到一批苏联国际儿童院中国学生的活动照片。苏联国际儿童院是在共产国际关怀下，由苏联国际革命战士救济会发起，于 1929 年在瓦斯基诺（后迁至伊万诺沃、莫尼诺）成立的，以保护、抚养和教育各国共产党人和革命者的子女为对象的学校。蔡和森、向警予、毛泽东、朱德、刘少奇、任弼时、赵世炎、苏兆征、罗亦农、林伯渠、李富春、林彪、高岗、萧三等中国先驱者的后代都曾在此学习。这批照片史实准确，人物清楚，征集人员在将馆藏需鉴定的“中共早期领导人活动照片册”与其反复比照分析中，补充了该册部分照片的缺佚，校正了部分照片的谬误。像“周恩来夫妇与陈祖涛等四位孩子合影”的照片，经比证应为：1940 年，周恩来在苏联养病期间，偕邓颖超到莫尼诺国际儿童院看望中国学生时，与赵世炎之长子赵令超、次子赵施格，张太雷之子张芝明，郭亮之子郭志成的合影。

（三）所录事物的运动及相关学科的掌握和运用

除磁记录现象外，世界上没有比摄影更能形象记录、历史再现运动、变化发展的事物在瞬间和空间形式中的存在，也没有比摄影更宽泛学科领域的涉足，因此，掌握和运用所录事物运动规律与特征及相关学科知识，则是照片鉴定的重要手段之一。

1. 摄影在中国应用范围拓展的阶段性特征

科学的发展对摄影术至深至远的影响，及人们关于摄影本质、性能与作用认识的进步，较为集中的体现在摄影应用范围的拓展，其阶段性特征为照片的断代提供了历史依据。

摄影术传至中国后，与美国相同，亦首先将其应用于人物肖像。19 世纪 50 年代，上海设立照相馆，开始了静态人像摄影。

至 19 世纪末，以中国为题材的摄影涉及了新闻、军事、工业、社会生活。由于历史的原因，有些照片由外国人拍摄。如：1860 年，英法侵略军攻天津破北京、中国社会风貌等。中国人拍摄的照片有：19 世纪 70 年代初，修复后的天津大沽炮台、洋务运动中一些军工企业的兴起与首批产品等。

进入 20 世纪，摄影在中国广泛流行。30 年代，莱卡相机的传入、王洁之“至美瞬间”论和沙飞“武器论”等摄影美学重要理论的提出，以及战争与革命的现实，使中国摄影在反映社会政治、经济、文化、教育、体育、卫生、对外关系等方面得到了发展，像中国革命博物馆珍藏着的“陕甘宁边区集锦”照片，即是较为集中的代表作之一。

70 年代以来，由于世界摄影技术的现代化，中国摄影应用范围也逐步延及人体内部观察、金属结构分析、地质勘探、水下研究、空间探索、生物学、植物学等各个科学研究领域。例如：一张“原子结构“的照片，虽未注明时间，但毋庸置疑地断定为70年代后拍摄，因为自此，摄影技术与电子技术、遥感技术结合，使摄影冲破了无光不能摄影、不可视无法摄影的局限，成为人类异常敏锐的第三只眼睛。

2. 摄影者作品题材、表现手法的个性特征

由于摄影者深受其所处时代、地域的影响与制约，以及摄影者在政治、思想、文化、生活、习俗和审美情趣方面的差异，形成了各自作品题材和表现手法的不同风格。其中凸现出来的个性化特征，为照片鉴定提供了重要的依据。

譬如：当我们目睹周璇、阮玲玉之艺术近照时，即刻会联想及摄影家薛伯青。薛伯青早年在上海从事电影拍制工作，30年代的明星剧照几乎均出于他手。1939年后，他以职业为掩护，开始拍摄新四军活动的新闻照片。随着中华人民共和国的建立，他全身心地投入到新中国的电影摄影事业。

又如:“鲁迅在木刻展览会上与青年谈话”的照片，从题材选择和深入生活、现场，不干涉对象的摄影技法，可推知为沙飞30年代所摄。因为此时，沙飞受世界求真求实新思潮的影响，针对中国流行的艺术摄影，提出“摄影是一种武器”的论点。1936年，他在上海为鲁迅及普通百姓拍摄的现场人像和在广州、桂林举办的个人摄影展，获得很大成功。人们从他的揭露民族危机和旧世弊端，以社会矛盾对比唤起民众的作品中，感受到一种新的属于另一个时代的气息，交口称誉其摄影是一种“革命”。

相反，提及摄影者，也可知悉其取材特点或表现风格。如郑景康拍摄的照片，多以陕甘宁边区风貌、重要人物活动、社会生活、大型纪念活动等为题材。拍摄中，他善于细微观察，捕捉表现人物内在气质与事物发展的典型瞬间，所得作品真实、自然、生动、传情。如：“1948年10月，郑洞国到哈尔滨”；“50年代的红绸舞”；“1962年，意在笔先 画家与老舍”，均为其杰出代表作。特别是1945年，在延安拍摄的“毛泽东与朱瑞合影”的照片，更为历史不朽佳作。自此片发表后，各解放区集会、庆典等重要性活动使用的毛泽东单人像，多采用这张照片剪裁印制。开国大典时，悬挂在天安门城楼上的毛泽东巨幅画像又以该片为依据，且由毛泽东审定，画家周令钊绘制而成。

其他不具殊异题材、彰显个性特征的摄影者，依其生活的起迄年代，活动空间范围，也可断其所摄照片的大致时间与区域。

3. 其他事物运动的表象特征

人们的服饰、发型、相貌、年龄、姿势、轮廓；景、物的性质、形状、款式、风格、标识、色彩等时代、民族、地域、文化、自然、人文诸方面的特征，时常是其他事物运动表象在照片鉴定中可依据的至关重要因素。图片工作者只有灵活运用较宽泛的相关学科知识，才能真正达到照片解读之目的。

例1：1999年，为纪念中华人民共和国成立50周年，在中国革命博物馆与中国历史博物馆举办的《文物工作五十年展》中，一幅“邓小平参观陕西省秦始皇兵马俑博物馆”的照片吸引了大量观众。可是，有些人反映：“该片说明应补上刘少奇的名字。”我们为此认真观察了画面，发现由于摄影的略微失真，使照片右侧第1人原本即形似、貌似刘少奇，变得愈加酷似。众所周知，刘少奇、邓小平是同时代中国党和国家的领导人，国庆庆典、八大会场、十三陵水库工地、七千人大会、外交舞台……都留下了他们共同的身影，人们已将他们紧密联系在一起。但是，查阅有关历史沿革：1974年开始挖掘秦始皇兵马俑坑，1979年在原址上建立的博物馆向公众开放。而刘少奇已于1969年含恨九泉，何以会与小平一起参观该馆。再仔细察看画面，人潮中露出了丁关根同志微笑的面容。丁关根，1980年后逐步步入政界，绝无与刘少奇共踏殿堂之机，依据以上判断，解除了对该片的疑义。

例2：“1998年，安徽凤阳县梨园公社小岗生产队当年包干到户部分带头人及其子女合影”的照片说明，曾一度写成“全部带头人合影”。当我们的注意力停滞于画面时，不由产生一种疑惑：历经20载，这些先期改革者均已步入知天命之年，然而有的人的面孔不仅没有深深地镌刻上较之他人更艰辛的岁月痕迹，相反却表露出稚嫩的神情。后经调查获悉：拍摄该片时，因个别当事者外出，遂让其子替代。鉴于此片的失实释义，革博立即予以更正。

例 3：“1951 年 5 月 1 日，少年儿童队伍通过天安门广场”的照片，最初说明仅指出：“国际劳动节”，即“5 月 1 日”，笔者从以下两个因素分析，最终将照片年代确定为“1951 年”。

第一，照片原文件注明“1951 年 5 月入藏”，即该片不迟于此时间拍摄，或者说该片绝不会在此时间之后拍摄。

第二，史料记载天安门城楼悬挂的毛泽东画像，自 1950 年 10 月 1 日至 1952 年 9 月，为免冠面向右侧头像，画面中具有明显此标识。

例 4：90 年代末的某期“正大剧场”猜猜看项目中，主持人曾出示两张“某人阴天在海边留影”的照片，请观众回答此片拍摄的具体时间。画面上呈现出的唯一差异是：一张人物的衣衫向前吹拂；一张则向后飘摆。笔者根据白日岸边、夜晚海上风速大小互易之自然运动规律，和风速与压强成反比之物理原理，推断出前一张照片为白天，后一张为傍晚。恰好符合所问问题的思路与答案。

例 5：2000 年 9 月，革博在筹备《馆藏原版老照片集珍》展时，清理出几张“炮厂大汽锤车间”的内外景照片。在仔细查看画面，反复推敲比较后，发现片中可推知的主要表征有：

第一，房屋、门窗的式样与自然环境，似将人们带进中国的江南。

第二，车间的高阔，设备的恢宏，显示出大机器生产的气势。

第三，左侧物影线条柔和、阴影宽大；中间至右侧物影线条略分明、阴影稍小、光覆盖面较宽的自然光与人造闪光中镁光条光源的特征，使可依据镁光条在中国的运用与消亡的历史发展阶段，推测出照片拍摄的大概时间在 19 世纪末左右。

随后，进一步查阅了相关史料，获悉 19 世纪下半叶，在上海创办的江南制造总局内设有“炮厂大汽锤车间”。基于照片的珍贵，即在展览中展出。

例 6：中华民国国旗以红色为基调。倘若你从辛亥革命后所摄黑白照片中追寻，不难会发现其明暗层次上表现的变异，一是与人类的视觉相反，呈黑色；二是与人类的视觉基本一致，呈浅灰色。究其断界的时间，估且勿庸言及片中所涉史实，仅就底版感色性能的沿革，也可推知，1926 年，由于化学增感剂的全面发现，美国伊斯曼柯达公司推出了感受到一切颜色的全色版。自此，黑白摄影影调进入了饱和时代。亮丽的红色不再为黑色所表征，而以浅灰色展示在世人面前。

四　全方位、深层次的考察和探究

应当指出：世界是多样性的物质统一体，多样性物质处在普遍联系之中。底版、照片不仅由其内部相互联系、相互作用着的要素按一定的方式所组成，而且是同周围事物相互联系、相互作用的统一体。因此，对底版、照片的鉴定往往不能采用单一的方法，而应全方位对它的边款、语言、文字、笔迹、印章、装帧等进行综合考察，才可最终断知，并揭示其内涵，作出科学评判。

也应当指出：人们对事物的认识不是一次完成，而是从片面到全面，由肤浅到深入的渐进过程。照片自征集伊始，经登录、编目、分类、典藏等工作程序，直至公开使用，无不是人们对其鉴定逐步深化、到位的过程。

（一）中国革命博物馆馆藏吴印咸、徐肖冰、吴本立等拍摄的“陕甘宁边区集锦”黑白原版底版、原版照片和尔后翻拍的底版与照片的辨别方法：

1. 分析画面显现的自然特征

凡影像清晰，层次丰富，细腻、柔和，影调饱和、明快的底版与照片均为原版、原片。凡影像混浊，层次减少，反差相对增大，周边虚化，非画面以外的痕迹及影纹依稀可见的底版与照片一定为翻版、翻片。这是决定原版底版、原版照片与否的绝对性标准。即使因拍摄不当而造成虚化的原版底版与照片，也不会违背层次减少的规律。

观众未免会失望。所以，吕文中提出的方向、方针和定位，既相互衔接又相互补充，构成了对博物馆功能的完整表述；它是开创性的又是总结性的，是国博百年办馆经验的集中体现。

办馆的指导思想和发展定位清楚了，就可以站在这个制高点上回望百年来的科研成果。纵览众山，群峰林立。首先，围绕着收藏和展出，我馆研究人员发表了许多很好的意见。本书所收万冈文谈了“藏品立馆”的问题，认为：“藏品是博物馆赖以生存的关键”，“我们必须确立‘藏品立馆’的理念。”博物馆要发展，就不能不千方百计地丰富馆藏。他提出：“我馆应根据‘保护为主，抢救第一，合理利用，加强管理’的文物工作方针，树立‘中外兼收，古今并重，突出重点，坚持标准’，全方位收集藏品的理念。”有了丰富的藏品，就要做到“制度健全，账目清楚，鉴定确切，编目详明，保管妥善，查用方便”；在管理上下工夫。这些话虽然朴素，却是颠扑不破的。不过还应当认识到，藏品虽然可以用来办展览，有使用的目的，但收藏本身也是目的。书中所收苏东海文说：“我们既要看到为使用而收藏的目的，也要看到为收藏而收藏的目的；我们既要看到文物为今天、明天以至子孙万代的使用的意义，也要看到永远保存人类文化足迹不使之消失的意义；既要看到使用文物产生的社会效益，也要看到保存文物使之永续存在也是一种社会效益。”高瞻远瞩，从更深层的底蕴上阐述了收藏的重要性。而且随着现代信息化手段的推广，我馆也在着手建立藏品信息管理系统。书中所收安莉文就此发表了系统的见解。安文认为这一系统的建立，“不仅实现了博物馆藏品管理工具与手段的升级换代，而且引发了博物馆藏品管理的指导思想和工作模式的深刻变革。”文中还对信息规范、智能检索、数字典藏等问题作了探讨。最后说：“藏品信息管理从传统向数字化、网络化管理模式的转型，为数字国博的建设奠定了基础。”但愿这一美好的前景早日到来。

不过从现实情况出发，馆藏文物还是要摆出来给观众看的。如何办好陈列，是博物馆人长久的研究课题。就陈列而言，无论美工设计如何创新，声光电如何配合，基本面还是由文物支撑起来的。书中所收李俊臣文说，“只有坚持以文物为基础的原则，体现陈列形象化的特征，才能办出为观众所欢迎的展览。”又说，文物的“历史真实感和直观性具有文字所不能代替的感染力。我们的陈列工作就是要靠文物说话，调动一切手段帮助文物说话。”当然，这并不是说可以不重视陈列艺术；恰恰相反，成功的艺术设计是对文物形象的强化，使文物以最佳状态和最佳视角呈现在观众面前；进而使观众更清楚地认识、体会和理解文物的内涵，感受文物所带来的震撼。本书中之李仁才文就是对陈列艺术所作的研究。他说：“我认为一个陈列的艺术设计大体上包括陈列设备、序幕厅、重点场景和大型辅助展品三个方面。”“只注意一个方面而忽略了其他方面，都会影响陈列艺术形象的完整性。”文中并具体讨论了联壁柜、静电喷塑、浮雕壁画、蜡像、补景画、丝网印等设备和技术的应用，探索如何使之增强陈列艺术感染力的方法。此外，博物馆工作者面前还有一道潜伏的暗流，这就是观众的“博物馆疲劳”。尽管展厅中五光十色、琳琅满目，可是有些观众却会出现精神上的疲倦感，注意力下降，甚至匆匆离去。本书中王蕾文讨论了这个令博物馆人不愿意看到的现象。文中说：“展览不仅是展品的简单陈列，更应该注重观众的感受，因为观众能否得到愉悦的享受是展览成败的关键之一。”在作了多方面的探索后，她得出的结论是：“陈列设计的每一个环节都应从观众的角度出发，满足观众的认知需求，符合观众的审美心理。”这些话虽然语不惊人，却最耐深思。也正和本书所收齐吉祥文的意见异曲同工。齐文说：“服务的一个核心问题是‘热爱受众’，只有热爱受众，才能全心全意为受众服务，才能竭尽全力地从事社教活动，才能宽容受众。”他是从事社会教育工作的，文中的“受众”就指观众。将两篇文章的主张归纳起来看，着力点仍然要落实在中央提出的“以人为本”的精神上；对此博物馆工作者正铭记在心。

丰富的藏品、先进的布展手段，均须反映在陈列当中。而提升陈列内容设计的水平，则是工作的重中之重。围绕我馆的两个基本陈列——“古代中国”和“复兴之路”，研究人员上下求索，从理论探讨到史料考订，从宏观到微观，对在五千年的历史风涛中涌漾飞溅的漫天星雨，追踪寻觅，分析解剖，取得了多方面的成果。就古代史而论，书中所收巩绍英文与任常泰等之文，研究的是商周时代的社会性质。巩文称：“上帝的崇拜和祖先的崇拜结合在一起的神权政治，成为奴隶主贵族政治思想的核心。强大的家族宗法制度和严密的等级制度，加强了奴隶主贵族的统治力量。”到了春秋时，虽然有的政治家“实行一些政治改革，但没有离开这个基本立场。”而任常泰等之文在考察此“大变革的春秋时代”时，则以“国人”（居住在城郭中的自由民）与奴隶主贵族之间的斗争为切入点。称“‘国人’的向背以及他们的斗争，不仅关系到某一个国家或某一政治势力的成败与存亡，更重要的是它对瓦解奴隶制度，打击没落的奴隶主贵族势力，对支持新兴封建势力的成长和建立封建政权的斗争，都起着重大的作用。”虽然新的通史陈列按朝代划分，不再强调社会分期，但他们的文章中有些提法鞭辟入里，就加深对商周社会的认识而言，仍然大有裨益。在经济史方面，孔祥星对唐代前期西州土地的租佃关系、朱睿根对唐代和籴制度的研究，都不仅依据传统史籍的记载，而且大量引用出土文书，反映出作者对第一手的原始材料的重视；因此，得出的结论可信度更高。他们的文章反映出，唐代社会的经济生活在所讨论的时间段里大体上是平稳的。西州的土地租佃，“主要是小土地占有者之间的交错出租，”“产生这种出租方式的主要原因乃是均田制下所授田地的零星分散，为了保证农业生产的顺利进行”之所致。并未出现均田制已被破坏，小农都变成大土地所有者的佃户的局面。朱文则认为“和籴”使戍兵就地解决军粮，交纳赋税的百姓免除了长途运输的脚费。元和年间实行的“和籴”，允许百姓直接粜粮给政府，又免除了转卖所受剥削，都是有利的。虽然长庆以后，官吏与豪强侵吞和籴之利，但政府严加禁断。所以不能“只见其弊，全盘否定，而把它看成是完全的掠夺手段，造成灾难性的后果，这种观点是不全面的。”二文持实事求是的态度，显然是对极左之风的纠正。又如齐钟久在评价石达开时，明确说：“‘四害’横行的时候，石达开被定为‘阶级异己分子’、‘分裂主义者’、‘叛徒’，从此也就没有人再敢讲石达开的好话了。”但他认为：“石达开是太平天国前期重要的领导人之一，”“在天京事件中顾全大局、光明磊落，取得了太平天国军民的拥护和信任。”“石达开的严重错误在于远征不返，坚持分裂，”“总观石达开的一生，应该说是功大过小，是个应当肯定的人物。”杜永镇在评价戊戌维新运动时也说：“在林彪、‘四人帮’横行的日子里，历史研究横遭浩劫，戊戌维新的历史，也遭受其肆意歪曲和践踏。”杜文的结语是：“戊戌维新运动，是一次资产阶级民主革命性质的启蒙运动。”“尽管这个历史任务资产阶级维新派无力完成，”却为“辛亥革命在思想理论上作了必要的准备。”从这些议论中可以感受到我馆学者之拨乱反正的理论勇气。当然，他们绝不是要建立新的一言堂。文中表示，“尽管彼此之间还存在着不同的论点，但目的都是为了在共同的探讨中”求得“正确评价”。坚定地表明了学术民主的立场。除了对重大问题进行理论上的探讨外，本书中有的文章还对某些隐晦不明、很少有谁提起的事物进行考证。如于采芑讨论了“大朝”这个名号的含义。过去只在古钱谱上见过一种“大朝通宝”钱，有人认为“大朝”是蒙古国的年号，却苦于缺乏考古资料或文献记载予以证实。所以晚近的各种史学论著与辞书都几乎不提它。于文则以十一条文献资料、十二条石刻款识及墨书题记、一件“大朝国师”木印和一件出土的“大朝通宝”银钱为据，证明“大朝”是忽必烈建立元朝之前的蒙古国号。在历史上，建国号可以算是荦荦大事，而“大朝”的名号却竟然被历史淡忘。大家知道，考证靠材料说话；能找到两三条无懈可击的材料，就不是孤证，问题就足以论定了。而于文却在如此冷僻的领域中，一下子举出二十五条证据来，堪称拥有压倒性的说服力，后人对此将无以置喙。而在本书所收研究中国古代史的文章中，还应当特别提到王宏钧的《走向复兴的反思：11 到 19 世纪的中国与世界》。此文探讨了中国在世界历史上从先进向落后转变的过程和原因。以 11 世纪左右中国出现三大发明、欧洲走出“黑暗时代”为起点，到 1840 年中英鸦片战争前结束。依次论述了三大发明的世界意义，东西方航海事业之不同的目的，西欧资本主义兴起和中国落后趋势的形成，工业革命的兴起与古老文明的衰落。在这篇洋洋洒洒的长文中，许多话极为精到。比如文中说到，“中国封建社会晚期出现的‘康雍乾盛世’”，“实质已是西天的晚霞”。“这时，两千多年来曾经推动中华文明取得辉煌成就的社会机制及其各种历史积极因素，已逐渐转化为社会发展的消极力量”。“小农业和家庭手工业牢固结合，是中国封建经济结构的特点。这种封建经济结构具有深厚的自我调节机制和再生产机制，推动封建社会自身不断发展。到了封建社会晚期，这种调节机制、再生机制已转化为巨大的历史惰性，使封建地主制下的自然经济结构难以解体，而长期延续下来。明清时期商品经济的发展程度，并不足以改变这种状况；新的生产方式的因素，也难以滋生成长。这是西方资本主义兴起以后，中国从先进退到落后的首要原因。”一言以蔽之，一个国家如若不奋发图强，积极进取，跟不上世界发展的步伐，就要因为落后而备受欺凌。这是掷地有声、语重心长的历史诤言。然而沐浴在今天的阳光里，从反思的角度反过来品味这重意思，岂不正是对新中国的礼赞，对改革开放的讴歌吗！

研究古史应熟悉古文献，本书也收录了一些研究古文献的文章。其中洪廷彦文讨论了东汉何休的《春秋公羊解诂》。本来《公羊传》不叙史事，它是藉《春秋经》来发挥自己的政治哲学主张的。《公羊传》讲“大一统”、讲“三世说”、讲“微言大义”。那些“微言大义”很容易被后人附会利用，何休的《解诂》更是借《春秋经》来抒发他自己的见解。比如在“大一统”问题上，他一方面讲“内诸夏而外夷狄”；另一方面又说只要夷狄“行仁义”，到了太平世则夷、夏无别。洪文认为何休的这些看法在历史发展进程中还是有积极意义的。本书中何珍如研究《明史·食货志》之文，认为殿本《明史·食货志》来源于王鸿绪《明史稿·食货志》；王氏之《志》来源于万斯同《明史稿·食货志》；万氏之《志》来源于王原《明食货志》；而它们共同的史料依据是《明实录》。这是经过认真勘比得出的结论。再如黄燕生研究了馆藏《四库全书总目残稿》，将稿中篇目分类的改动、排列次序的变化、文字的润色删改等，一一作了校理。亦极见工力。

中国国家博物馆不仅要展出中国之遥远的过去，还要展出中国的近代和现代，主要由“复兴之路”陈列承担起这个使命。其宗旨如上面举出的吕章申文所说：“是回顾1840年鸦片战争以来，中国各阶层人民在屈辱苦难中奋起抗争，为实现民族复兴进行种种探索。特别是中国共产党领导全国人民争取民族独立、人民解放、国家富强、人民幸福的光辉历史。充分展示历史和人民怎样选择了马克思主义、选择了中国共产党、选择了社会主义道路、选择了改革开放。”在这个阶段的开始，西方的物质文明已经传入我国。本书中苏生文的文章说，“鸦片战争之后，随着中国的被迫开放及远洋航运的发达，从遥远的欧洲舶来的体现西方物质文明的声光化电、饮食器用、交通通讯、市政建设、文化娱乐、居住方式乃至生活方式都不同程度地传入中国”。从而引发了种种矛盾冲突，同时也使清末民初的中国社会风俗产生变化。这当中，归国留学生起了开风气之先的作用，他们积极倡导、大力宣传。如本书曹欣欣文所说，“他们比同一时期的其他社会群体更多地接受了西方先进的科技、文化和民主思想”。“因此，他们对中国传统社会风俗的弊端有较为深刻的认识。同时，19世纪末20世纪初民族危机的加深，使他们怀有强烈的民族存亡的忧患意识”。而20世纪初的中国，在帝国主义、封建主义的黑暗统治下，国家四分五裂，军阀连年混战，人民生活在水深火热之中，革命的火种已经布满大地。这时，正如夏燕月的文章所说，“忧国忧民的毛泽东”出现了，他于1918年“和蔡和森等发起组织新民学会”。“不久，蔡和森等人离开湖南赴法勤工俭学，毛泽东即成为新民学会的实际领导人”。“在他的影响和带领下，新民学会发生了质的飞跃，一批先进青年集合在马克思主义的旗帜下”，“为长沙共产党早期组织的建立打下思想基础”。“列入全国组党计划的长沙共产党早期组织，在新民学会先进分子中秘密诞生。长沙共产党早期组织是在毛泽东的筹划下建立的”。“1921年6月毛泽东接到上海发起组通知，于月底同何叔衡作为代表去上海参加中共一大。大会宣告中国共产党成立，中国革命由此进入了一个新的时代”。“党的一大召开后，毛泽东通过建立党的各级组织，领导工人运动，使湖南地区罢工斗争得到迅速发展，初步实现了马克思主义与中国实际的结合”。这些翔实的记述，无疑是办展之可靠的依托。但是，情况又如方孔木等的文章中所说，“在几十年的艰难困苦和曲折复杂的斗争中，我们党积累了极其丰富的经验，其中既有成功的，也有失败的。正确地宣传党的斗争历史，科学地研究和总结这些历史经验和教训”，对于继承革命传统，具有重要的意义。但怎样才能做到科学的总结呢？“就是坚持辩证唯物主义和历史唯物主义，从历史实际出发，实事求是”。“周恩来同志说过：‘只有忠于事实，才能忠于真理。’”“但要做到忠于事实，首先要有一个老实的严肃的治学态度，不能为了某个时期的需要去改铸过去的历史。同时，要做到忠于事实，也不能把任何材料都看成是真实的历史，而要将丰富的原始材料进行去粗取精、去伪存真的分析和真理，讲求其真实性和可靠性。”这些意见在办展时也有必要认真考虑。本书中还收录了对革命史中的一些事件的考察报告。如陈继馨文较全面地论述了第一次国内革命战争时期，以湖南为中心的全国农村大革命。夏立平文对1927年5月间是否发生过十万农军围攻长沙一事作了剖析。王凌云文则讨论了1928年至1930年在莫斯科中山大学发生的派别纠纷问题。这些文章的内容有的是组成调查组调研的收获；也有的是第一次公开发表的资料。其重要性均不言而喻。书中有的文章并涉及对外关系。吴金华研究了二战结束后的东京审判。文中认为“总的看来，东京审判是严肃公正的，得到了全世界包括日本进步舆论的支持”。“但东京审判也有它不彻底的方面”。更由于“日本天皇制的政治保护和财团的经济支持，使得日本右翼有市场兜售其否认侵略战争性质的观点，日本军国主义复活的危险也依然存在”。“为了不让历史的悲剧重演，日本人民应与中国人民和世界人民一道，为民主和正义，为世界的永久和平而努力”。

文物考古研究是本书中另一大类。在古文物方面，朱凤瀚文讨论了一件西周早期的青铜簋：䚄（尧）公簋，是尧公为其妻姚所制。妻姚的父族为舜之胤裔。史载尧、舜部族关系密切。此尧公虽未必是尧的后代，但也不能完全排除这种可能。这就为古史中尧、舜部族事迹的探寻提供了线索。又簋的铭文说，制器的时间是“王廿又八祀”。朱文认为此王可能是西周的成王或康王。但以簋的器形和铭文字体与二王在位的年数对比，却发现了一些龃龉之处，则又为西周历谱的研究提出新的课题。王冠英文讨论了我馆收藏的栾书缶。这件器物很有名，器表有错金铭文，相当精美。以前多认为它是春秋中期晋国大夫栾书所制，甚至拿它当作一件标准器看待。王文从其器形、铭文等方面的特点分析，认为这是在楚地制作的楚式器。结合文献中所记栾氏家族的历史，进一步断定它是自晋奔楚的栾书之孙辈栾盈流亡楚国时所制，应改称“栾盈缶”。对于东周青铜器的研究而言，是一项很重要的更正。马非百文讨论了西安出土的杜虎符，它是秦国杜县调兵用的虎符。符上的铭文开头就说：“兵甲之符，右在君，左在杜。”马文指出，过去发现的秦国虎符，新郪符称“在王”，阳陵虎符称“在皇帝”，而此符独称“在君”。秦代称君者只有惠文君一人，因此它只能是秦惠文君时之物。在现存的秦虎符中，它的年代是较早的。其考证一针见血，殆不易之论。青铜器之外，陶瓷器也是馆藏文物中的大项。书中所收李知宴文讨论了唐代长沙窑烧造的瓷器。通常长沙窑产品多施青釉，但有的在釉料中加钴，烧成宝石蓝釉；或加铜，烧成红釉。这些新发明对陶瓷工艺水平的提高起了不可估量的作用。在装饰方面，长沙窑把彩绘与题写诗句结合起来，常在水注上写几句通俗的小诗，这在陶瓷史也是一大创举。后世广泛采用诗、画结合的方式装饰瓷器，实肇始于此时。长沙窑瓷器还大量外销，在东南亚、印度、斯里兰卡乃至北非，都能看到它的踪迹。书中所收李锡经文专门讨论了外销瓷的问题。他说：“中国瓷器在东汉后期开始外销，”“隋唐五代时期瓷器外销逐渐增加，”“宋代以后情况大有改变，海外交通和海外贸易的大发展，使得瓷器大量外销。瓷器的外销又强有力地促进瓷业的发展。”“如浙江的龙泉窑，福建的德化窑，泉州的磁灶窑，广东的潮州窑、惠阳窑、西村窑等之所以发展那样迅速、规模那样大，就是外销推动瓷业发展的结果。”书中所收耿东升文对此又作了进一步的阐述。他说：“远销欧洲的景德镇瓷器在 16 — 18 世纪达到高潮。”并列出若干具体事例：明万历十二年，荷兰王室已向中国订购瓷器 96,000 件。康熙二十一年，有 12,000,000 件瓷器被荷兰商船运到欧洲，其中除少量日本瓷器外，大都为中国瓷器。瓷器运到西方后，欧洲人或依照自己的生活习惯进行改装，如加上装饰或镶边，甚至把瓶子改为水罐或带流的壶。后来欧洲人在华定烧，造型、釉色和图案都要求有西方的艺术风格。清乾隆时的《景德镇陶录》称之为“洋器”、“洋瓷”。说：“洋瓷通过九江关、粤海关而出口，式样奇妙，岁无定样。”陈浏的《陶雅》则说，这些瓷器“精妙无匹，西商争购”。可见其旺销之状况。丝织物是中国的名产，能被博物馆收藏的标本大都相当珍罕。本书中沈从文的文章介绍了其中的一个特殊品种：织金锦。它通常有两种：一种叫明金，直接缕切金丝上机；另一种叫捻金，将切成的缕金再缠在丝上，成为金线，可以织，也可以绣。这项技术在唐代还处于起步阶段，发现的实例不多，但并不等于说在当时的上层社会中不使用它。可是宋代则不然。宋人重生色花，即写生折枝。金碧山水在宋人画中只备一格，并非第一流。织锦的艺术重点在色彩配合，不在加金。元代却又是一番景象。这时大量生产遍地金的织金锦，叫纳石失。不仅丝织物加金，毛织物也加金，叫毛缎子。不仅百官衣服用织金锦，三品以上官员的帐幕也用。《马可波罗游记》说，用织金锦做的军用营帐长达数里；应是事实。这种情况之所以出现的原因是多方面的，和当时蒙古统治者的文化水准、装饰爱好、艺术理解都有关系。更重要的还是当时国势扩张，及推行的一种新政策，用大量纸币吸收黄金，蒙古贵族因占有巨额黄金的事实分不开。单纯从丝织物加金看，纳石失可以说是进入高潮、盛况空前。可是从全方位的历史大背景看，不过是文化落后的游牧民用武力取得胜利时，出现的“文化后退”现象。沈文讲的虽然是丝织技术，但不仅具有辩证的眼光，而且叙事优雅，娓娓道来，文字犹如行云流水。在纺织物中与锦帛并重的，起初是麻布，宋元以后是棉布。王芳的文章以乾隆《御题棉花图》为据，讨论了清代北方从植棉到棉布织染的全过程。指出，“乾隆时期，棉花已经‘遍植中土’”。“北方人民已具有较高水平的植棉技术”，和“一套比较齐全的棉花加工和纺织工具及成熟的技术”。织出的布“以缜密、匀细为上乘。肃宁产的棉布能和著名的松江布媲美”。此类研究与经济史及社会生活史皆密切相关。此外，李维明之于甲骨、于成龙之于楚简、史树青之于金银错、王永红之于佩饰、王俪阎之于钱币、孙彦贞之于着装、关双喜之于家具、孙克让之于铜镜、宋兆麟之于民族文物，也都在不同的领域中纵横驰骋，各出胜说，均不乏创获。不过这些都是可移动的文物，而对于不可移动的文物，如建筑物乃至街道，我馆学人也有研究成果。书中之刘如仲文将明清时天安门的兴修沿革、建筑特点、政治功能及战火中的经历，有机地联系起来，作了详尽的说明。天安门是开国大典中五星红旗升起的地方，是中国人民心目中的圣地，加深对天安门的历史的了解很有必要。再如王冶秋文谈了北京的琉璃厂。这里在辽代是海王村，明代是一片烧琉璃瓦件的窑厂。清康熙中叶窑厂停废，后来新春集市在此举办，并逐渐发展成书市。乾隆时为了编《四库全书》，开“四库馆”，需要流通图书的卖场，书肆遂愈益兴盛。同时，如卖眼镜、裱书卷、糊锦匣、刻印章，以及出售各种文具的店铺渐聚集于此。再往后，字画碑帖、金石文玩也成为琉璃厂经营的主要项目。到了今天，这里是北京著名的文化街，将伴随首都的发展而更趋繁荣。王文的研究方法有类编写地志，视野开阔宏大而观察细致入微，是一篇典范之作。但上述之可移动与不可移动者说的都是古代文物，对近现代文物而言，鉴定标准则很不相同。书中之沈庆林文说：“同重大事件相联系是近现代文物的一个重要不同。”“以《中英联合声明》的签字笔为例，它的价值不在笔的外形有什么特殊性，也不在于它作为笔的写字功能。作为笔，它不是罕见物，使它成为文物的主要价值在于用它在《中英联合声明》上签过字，同香港回归这一重大历史事件相联系。”他又说：“如果是古代的一支笔，不论它是否同某一个历史人物或历史事件相联系，它都可以被确认为一件文物。”但近现代文物则不然。所以，“对近现代文物的鉴定可以用三句话来概括：辨真伪，明事迹，清流传。辨真伪，就是要排除赝品和非文物；明事迹，就是要弄清文物和历史事件、历史人物的关系，了解文物在历史事件中的作用；清流传，就是要了解文物是怎样流传下来的，弄清流传经过对于辨别文物的真伪也有重要意义。”这些意见虽然也是从点滴的工作经验中积累起来的，但已经具有指导意义；处理近现代文物时，恐怕不能脱离开它而自行其是。

至于真正的考古资料，倒不存在辨真伪的问题，因为这是考古队员挖墓葬、蹲灰坑，用手铲一点一点清理出来的。我馆进行的考古研究主要集中在古代国家出现的前后，即从原始时代晚期到历史时代早期这一阶段。虽然，研究的范围不能不上溯到旧石器时代，探索的脚步也不能不从早期直立人的出现开始。本书所收杜耀西文指出，一百七十万年前的元谋人遗存中已有石制工具和用火的痕迹，已经出现了文明的曙光。安家瑗文则对华北地区旧石器时代的骨、角器作了系统的考察。而由于我馆考古部门选定的发掘地点主要在山西垣曲东关和河南渑池班村一带，均位于古代的中原地区，也正是在这一地区孕育了古华夏文明，所以研究的目光也多向本地区投射。戴向明文描述了龙山时代黄河中下游各考古学文化并存的形势：“兴起于关中地区的客省庄文化，崛起于三北地区的游邀文化，雄踞于黄河下游的龙山文化，或许还包括远在长江中游的石家河文化，”“对中原形成包围之势并产生强烈冲击。”而位于中原核心地带的豫中地区，“此时又兴起王湾三期文化这一实力强大的文化共同体，在周围几大文化板块向中原挤压的同时，它亦顽强地向周围反弹和扩展，”从而在晋南、豫西“形成了陶寺三里桥文化，于豫北、冀南形成了后岗二期文化，于豫东、皖西北形成了造律台类型等几个混合性的文化类型。”“在文化的流转变动、相互影响、相互冲击空前剧烈的历史场景中，最终在位于漩涡中心的豫中地区诞生了中国历史上第一个王朝—夏。”但夏文化如何确认，长期以来不得要领。河南偃师二里头文化的发掘，为问题的解决提供了契机。二里头文化是继王湾三期文化兴起的，已进入青铜时代，社会中的阶级分化已十分明显。按照地层和典型器物排比，二里头文化可分为四期。本书中李先登文说：“二里头文化一、二期与三、四期在文化面貌上的区别是很大的，它们是文化性质不同的两个考古学文化。”“二里头文化三、四期是商代早期的文化，”“二里头文化一、二期应当属于夏人的物质文化遗存。”这也是多数学者所认可的看法。本书董琦文则对这一进程作出了理论上的概括。他认为这一时期中原诸考古学文化的分化与融合是互为表里、互为因果的关系。“每一次大的分化，都孕育着更大地域范围内的新的融合；每一次大的分化，都孕育着更高一级社会政治组织的诞生。从仰韶文化时期的慢轮制陶术，到龙山文化时期快轮制陶技术的普及；从龙山文化时期的铜石并用阶段，发展到二里头文化时期青铜礼器出现的青铜时代；从甘肃秦安大地湾遗址仰韶晚期的大房子，到龙山文化时期河南淮阳平粮台遗址的城堡，直到河南偃师二里头文化时期的大型宫殿遗址群；从龙山文化时期六个考古学文化（王湾三期、造律台、后岗二期、陶寺、三里桥、客省庄）的自然分布，到二里头文化时期出现了以二里头文化为首的中心文化；无一不反映着中原文化区的先民们生产技术的长足进步和社会政治组织的巨大发展。”尽管用的是专业的语言，却表述得清楚明白。除中原地区外，我馆考古人员还参加了甘肃礼县大堡子山秦国墓群的部分发掘工作。本书所收梁云文讨论了这里出土的一座青铜乐器坑的性质、归属及乐器的组合和定名等问题。认为乐器的主人是春秋早期的秦君出子；编钟的悬挂方式与周制不合；而出土的三件空心铜虎应是文献中所称用以“止乐”的敔。此外，如李文杰之于大溪文化、王晓田之于屈家岭文化、张素琳之于庙底沟二期文化、雷从云之于齐家文化，也都就其中的一些问题提出中肯的意见，取得了可喜的成果。我馆的水下考古研究中心和遥感与航空摄影考古中心是两个技术含量很高的部门，它们所依据的科学理论以及实践中的方法问题，在张威和杨林的文章中得到阐发。

美术作品中的古代绘画，我馆藏品以风俗画和历史画见长。在历史画中，《抗倭图卷》表现了中国人民抵御外寇入侵的主题，是非常有意义的一件。图卷的画面分四部分，分别是倭寇入侵、百姓避难、水上交战与献俘报捷。但它的内容与日本东京大学收藏的《倭寇图卷》很相近。本书中朱敏文认为：“明人《抗倭图卷》成图时间与战役时间相距不远，是一幅写实的历史画卷。”而“《倭寇图卷》则是明末或清初人根据明人《抗倭图卷》临摹创作的作品。”但近年来有一种说法，认为“倭寇”的首领及基本成员大部分是中国人，即海上走私的商人，并不是外族入侵。对此，本书中陈履生文指出，“画面上倭寇的旗幡上书有‘日本弘治一年’，而所有倭寇的形象及装束也都是日本人的形象和装束”。那些赤脚髡头、缠裈半裸、挥舞倭刀的海寇，怎么能不是日本人呢！接下来，陈文从艺术表现的角度作了分析，认为《抗倭图卷》画出了“一段时间以来从倭寇侵犯到平定倭患的一个过程。”“作者较好地利用了中国绘画中横卷形式的展示和欣赏的特点，通过具有设计意味的道路和水系的变化，使每一段的主题内容都有与之相应的具体环境”。并说：“在吴门风格的影响下，《抗倭图卷》以一种超于主流的文人的表现方式，又在远离院体风格的影响下，全面而生动地表现了一个重大的社会事件，完成了纪功和记事的使命，同时又在艺术上为明代的绘画史贡献了一幅难得的精品。”为这幅长卷的历史和艺术价值作出了权威性的论定。

在科技史方面。佟伟华文研究了上古时代的筑城技术，从城址的形状、规模、布局、道路、城门、排水设施、护城壕，以及城垣的夯筑等方面，阐述了技术进步的历程。王冠倬文研究了我国的造船技术。从原始的独木舟、早期木板船，一直说到 19 世纪的中国大海船。并对中国古代造船技术中的多项创造发明，如龙骨装置、双体船、水密舱、防摇设施、舵与帆的配合使用等方面作出评价。说到科技史，许多人还会想起我馆王振铎复原的古代科学仪器模型。本书所收王文是讨论指南车和记里鼓车的工作原理和复原方案的。这两件模型都很成功，既符合古文献中的记载，施工技术未超越古代之认知的限度，试验运行时也没有出现障碍。但王氏的复原也并非全部都是成功的，有些已被证明并不可行。然而尽管如此，他的工作仍不失为一次演练，从中昭告后来者应如何避免误入歧途。所以他那里的负面的教训，仍然是有价值的、可宝贵的。

我馆的科技部门除了对馆藏文物之经常性的保护修复工作外，还承担了若干大项目。如潘路等之文讨论了山西永济蒲津渡唐代作为地锚用于固定铁索浮桥之铁牛、铁人的现场保护问题。这里的铁牛每头重约 50 吨，是珍贵的古代大型铁质文物。要对它进行现场保护，在除锈、还原、洗涤、缓蚀、封护等各个环节上，都有不少待解决的问题。潘文中介绍了拟进行的各项实验的思路、机理及应注意的事项。但这项工作因故未能如期启动，方案仍有修改补充的余地。又如铁付德等之文研究了新疆丹丹乌里克唐代佛寺壁画的保护修复问题。由于佛寺遗迹位于塔克拉玛干沙漠腹地，无法在原址保护，必须揭取后转至他处。针对这种情况，乃对揭取、封护、包装运输，以及污垢的清洗、开裂松动处的加固、颜料与灰泥的结合、贴面保护、后背加固、插入过渡层、加设可移动的支撑体等技术，一一进行试验，最终选取了最佳方案进行操作。又经过两年的努力，将壁画全部修复。

我馆对大型古代佛教遗址做的工作，除丹丹乌里克古佛寺外，还应举出对江苏连云港孔望山东汉摩崖造像的调查研究。孔望山是一座孤立的小山，传说孔子曾登此山望东海，故名。这里的雕像一直被视为“古圣贤遗像”。后来认识到其中有佛教的内容，也仍然认为是“用中国汉代传统的画像石技法表现外来的佛教题材”，“并没有明显的犍陀罗艺术风格”。本书所收王睿文则指出，这里的释迦涅槃像“刻画准确，头枕右手，右胁向下”。这是“于西北印度创立，流行于印度本土、中亚与西域广大区域标准涅槃图的要素之一，但早期汉译佛经及相关文献中并未提及”。汉地工匠“仅凭经文雕刻完成是不可想象的”。所以它应是“以犍陀罗涅槃图为粉本，表现形式上受到了佛经等文字记述的影响而进行了本土化创造而成”。这一结论对于认识佛教在中国早期传播的实际情况有重要意义。

写到这里还不能不提起，孔望山摩崖中有佛教造像的内容，是 1980 年 5 月我馆史树青到此参观时发现的。按照以往的观点，这类雕刻的时代应晚到魏晋，现在一下子提到东汉，未免令人错愕。但孔望山佛教造像作为重大学术课题于 1981 年在国家文物局召开的讨论会上被认可后，迅即引起轰动。《人民日报》《光明日报》《中国文化报》《文物报》《文艺报》《新华社通讯》《今日中国》《中国建设》等报刊的报导铺天盖地。1988 年孔望山造像又被列入第三批全国重点文物保护单位的名单中。这时有不少人敦促史先生写文章谈这件事。以他的学养，拼凑一篇漂漂亮亮的急就章绝不在话下。但他却认为自己的长项不在此，不是研究佛教艺术的专家，不冒虚名，不曾下笔。这和抢风头赶浪头的趋利之徒，本质上有泾渭之别。

本文集收录的文章很多，胜义纷陈。这篇介绍挂一漏万，谨供读者参考。

2003年以来的国博学术研究工作与成果综述

陈履生

学术是博物馆的立馆基础；博物馆学术水平的高低、研究成果的多少、学术影响的大小，学术人才的成就，都直接关系到一个博物馆的地位和影响。因此，学术形象在博物馆发展的过程中需要不断维护和塑造。2003 年，中国国家博物馆的组建，整合了原中国历史博物馆与中国革命博物馆的学术力量，扩大了学术研究的领域和学科之间的联系，近十年来，成果丰硕。据不完全统计，2004 年至 2011 年，本馆专业人员在各类专业期刊、报刊上发表学术论文约 1100 余篇；出版学术著作 60 余部。学术影响力已经成为新国博国家文化形象窗口的重要支柱。

吕章申馆长在制定国家博物馆的发展方略中，提出了“人才立馆、藏品立馆、业务立馆、学术立馆”，这是一个具有相互关联的四个方面——“人才”是为学之人，是学术的首要；“藏品”需要学术的梳理，学术的研究，而“藏品”的收藏则需要学术的眼光和学术的把握；“业务”在博物馆中有着多方面的表现，在文物和艺术品的收藏、展览策划、考古、科技保护、公共教育、对外交流等领域都需要学术的护航。由此可见，在“四个立馆”中，“学术”可以建构其中的联系。因此，在“学术立馆”的办馆方针指导下，相关部门积极制定了一系列学术管理的规章制度，组织开展了不同层面和不同学科又具有多种形式的学术活动，加强了与国内外学术机构的联系和交流，为建设具有国博特色的学术研究体系打下了坚实的基础，其中已有的业绩已经成为当代学术研究和文化创造的重要内容。

一　建立学术委员会，加强学术科研工作的规划与管理

国家博物馆组建后，与其他工作齐头并进的是加强了对学术与科研的规划与管理。为了使学术与科研工作得以充分展开，又有条不紊，渐次推进，有序发展，充分调动广大业务人员的科研积极性，营造良好的科研环境和学术氛围，提高国家博物馆科研的整体实力，实现国家博物馆科研项目管理的规范化、制度化、科学化。2010 年先后制定了《国家博物馆科研项目管理办法》、《国家博物馆科研成果奖励办法》、《国家博物馆学术出版管理条例》等规章制度。

2010 年 8 月，根据本馆开展工作的实际需要，成立了中国国家博物馆学术委员会，吕章申馆长任学术委员会主任。学术委员会的主要职责是组织国家博物馆学术研究中长期规划和年度计划的论证、科研课题的立项和验收评审、科研成果奖励的评审、学术成果水平的评估，为学术研究和发展相关的决策提供咨询和建议。2010 年，国家博物馆设立馆级自主科研课题项目，并设置专项经费 80 万元，以组织推动馆内的科研活动。2010 年 11 月，召开了学术委员会第一次会议，主要讨论通过了《中国国家博物馆学术委员会章程(草案)》及 2011 年度馆级科研课题，其中议讨论通过了 2011 年度馆级科研课题 7 项。

学术委员会建立之后，在编修馆史、编辑百年文集等重要学术活动中发挥了重要的作用，同时也在其

他业务活动中参与决策，或为咨询、顾问，表现出了它在专业方面的影响力。

二　积极申报科研课题，以课题制带动学术研究在不同层面上的发展

为了推动科研工作，提升研究水平，本馆组织科研人员积极申报国家社会科学基金项目、文化部文化艺术科学研究项目、文化部科技提升项目、国家文物局文物保护科学和技术研究课题等。2003 年度，《金属文物病害及其防治的研究》获得国家科委科技攻关项目立项，《商周鼎簋类青铜器的铸造工艺》、《山西垣曲古城东关早期文化遗存与仰韶文化研究》被国家文物局文物保护科学和技术研究课题立项；2005 年度，《楚简中纪时、卜巫与祭祷制度的研究》获得国家社科基金项目立项； 2008 年度，《馆藏锡铅器保护研究》获国家文物局文物保护科学和技术研究课题立项； 2009 年度，《英国公私庋藏中国书画源流及现状研究》项目通过国家文物局专家组立项审批。2010 年度，中国国家博物馆作为第二主持单位，由学术研究中心承担的“十一五”国家科技支撑项目《文物出土现场保护移动实验室》研发项目，获得国家文物局文物保护科技创新一等奖。同年，《国家可控考古试验场前期设计及建设标准研究》获国家科技支撑项目立项。2011 年度《中国古代青铜器铸造工艺及展示传播研究》获文化部科技提升项目科研项目立项。

与之同时，从 2010 年开始，本馆设立自主科研课题，以从更广泛的层面上推动本关的学术研究。学术研究中心向全馆征集项目建议，收到课题建议共计 40 项。其中近现代史类 5 项、科技保护类 6 项、管理类 8 项、历史文物与考古类 7 项、美术与展陈设计类 10 项、数字化及其他类 4 项。经过初步审查评议，通过项目 20 项。最终经学术委员会评议通过了 2010 年度馆级科研课题 7 项。它们是：《国家博物馆藏品影像的知识产权管理》;《近年国内博物馆原创性临时展览研究——以国家一级博物馆 2008 年—2009 年运行状况评估为例》；《中国国家博物馆馆史研究（1912—1949 年）》；《海外中国文物调查与研究》；《近现代文献复制技术研究》；《后母戊鼎综合技术研究》；《金属展柜与木制展柜内空气质量分析及比较研究》。

三　加强对藏品的研究，促进馆藏转化为独特而重要的展览资源

对于藏品的研究是本馆学术研究工作的重点之一。主要成果有八卷本《中国国家博物馆馆藏文物研究丛书》，对馆藏文物中的绘画、甲骨、瓷器、明清档案、历史图片进行了系统的梳理。其他专著还有《〈乾隆南巡图〉研究》，《画梦——聊斋图说赏析》等，以及与馆藏相关的“抗倭图卷”研究，辛亥名家书法作品研究，沙飞影像作品研究，非洲雕刻艺术研究，周抡园捐赠作品研究，都从不同方面对馆藏文物和艺术品进行了专题研究。

博物馆的展览是博物馆的重要资源，也是博物馆的重要基础。与这一基础相关联又同样为基础的是藏品，而联系其中的则是研究。如何将馆藏资源转化为展览资源，能够反映所属博物馆的研究能力和研究水平。因此，研以致用在一定程度上也表现出博物馆内部的综合协调能力。从国博改扩建工程开始就已经着手进行的“复兴之路”和“古代中国”基本陈列，就集中了本馆在藏品研究方面的多年成果。新馆试运行以来的展览，将长期研究的成果转化为展览资源，通过展览而呈现出学术研究的成果，则成为本馆学术研究工作的又一亮点，也反映了博物馆研究工作的特点。由研究成果带动的展览主要有馆藏青铜器、佛造像、书画、玉器、钱币、瓷器以及非洲雕刻等特展，其他临时展有：“馆藏辛亥名家书法精品展”，“百年沙飞——纪念沙飞诞辰百年摄影捐赠展”等。

后　记

为纪念中国国家博物馆建馆100周年，我们编辑出版了这本《百年国博纪念学术文集》。

本文集收录自上世纪30年代至2012年年初公开发表过的本馆研究员的文章121篇，它们是百年国博学术历程和成果的缩影。文集按内容分为八个部分：博物馆学、中国古代史、中国近现代史、文物研究、考古学研究、古文献研究、美术史研究、科技史与文物保护。我们试图通过这样的选编，尽可能全面地向读者展示我馆不同时期、不同部门、不同领域的学术成果，以及我馆从国立历史博物馆时期至中国国家博物馆时期不同历史阶段的研究特点和学术水平。基于历史的原因，不同时期有不同的学术要求，而编选也需要兼顾不同学科，并尽可能全面展现各个时期研究人员的研究成果。因此，论文水平或有参差，论点或有争议。

对于文章的编辑，需要说明的是：内容方面，我们原则上尊重原始发表的状态，收入全文，但囿于篇幅，删减了原文摘要、关键词及与研究内容无关的附记等。此外，我们还对文中的错字、衍字、漏字、病句进行了必要的订正和修改，并统一了全书的体例格式。为方便读者查阅核对，在每篇文章末尾处标注了原文的详细出处。

文集在编辑出版过程中，本馆学术委员会先后召开了五次评审会，对参选文章进行评议和评选，王宏钧、苏东海、孙机、夏燕月、沈庆林、陈瑞德、刘如仲等先生还亲自审阅文章并提出许多宝贵意见，孙机先生还对编辑体例提出了具体的方案。我馆学术研究中心承担了对文章的初选，评审、初校、编辑、出版等具体工作。铁付德、李守义同志统筹策划全书的编辑出版，高世瑜、李露露、孙彦贞、于采芑、马玉梅、姜舜源、李守义、王方、朱亚光、杨超、杨煦等同志在校对、编辑过程中付出了大量的心血，王方、朱亚光、杨煦承担了大量事务性工作。黄燕生、王青海等相关部门的同志给予了大力协助。北京时代华文书局的余玲、徐敏峰也为文集出版付出了辛勤劳动。本文集的顺利出版是所有同仁协助配合、共同努力的结果，在此一并致谢。

由于编者水平有限，加之排印时间仓促，如有疏漏和错误之处敬请读者不吝指正。

编者

2012年5月

图书在版编目（CIP）数据

百年国博纪念学术文集 / 吕章申主编. — 合肥：安徽人民出版社, 2012.6

ISBN 978-7-212-05302-4

Ⅰ. ①百… Ⅱ. ①吕… Ⅲ. ①博物馆—中国—文集
Ⅳ. ①G269.26-53

中国版本图书馆CIP数据核字(2012)第125881号

百年国博纪念学术文集 主编：吕章申

出 版 人：胡正义 策　　划：韩　进
责任编辑：余　玲　徐敏峰 责任校对：智王晴
责任印制：刘　银 装帧设计：张子龙

出　　版：时代出版传媒股份有限公司（http://www.press-mart.com）
安徽人民出版社（http://www.ahpeople.com）
（合肥市翡翠路1118号出版传媒广场8层　邮编：230071）
发　　行：北京时代华文书局有限公司
（北京市东城区安定门外大街136号皇城国际A座8层　邮编：100011）
电　　话：010-64266769　010-64264185转8067（传真）
印　　刷：北京图文天地制版印刷有限公司 电　　话：010-84488980

开　　本：889×1194　1/16 印　　张：64.25 字　　数：2000千字
版　　次：2012年6月第1版 2012年6月第1次印刷
书　　号：ISBN 978-7-212-05302-4 定　　价：280.00元